Philologen-Jahrbuch

Gymnasien · Gesamtschulen

Kunzes Kalender 107. Jahrgang

Landesausgabe Nordrhein-Westfalen 59. Jahrgang
begründet von Wilhelm Oberle

Schuljahr 2007/08 · Stand vom 1. Oktober 2007

Herausgegeben
im Auftrag des Philologen-Verbandes Nordrhein-Westfalen

2008

Verlag des Philologen-Jahrbuches · Münster

48155 Münster, Soester Straße 13
Telefon (02 51) 690-127/128, Telefax 690-143
E-Mail: philologen-jb.kunze@aschendorff.de
Homepage: www.aschendorff.de

Verantwortlich für die Redaktion:
OStD Bernhard Spaniol
Eduard-Istas-Str. 25
41334 Nettetal
Telefon (0 21 53) 54 72
Telefax (0 21 53) 95 24 09
E-Mail: bernhard.spaniol@telego-online.de
dienstlich:
Telefon (0 21 66) 9 69 85 0
Telefax (0 21 66) 9 69 85 99
E-Mail: spa@gymnasium-odenkirchen.de

© Verlag des Philologen-Jahrbuches, Münster · 2008
Printed in Germany
Ohne Gewähr
Das Werk ist urheberrechtlich geschützt.
Jede Verwertung in anderen als den gesetzlich zugelassenen Fällen bedarf
deshalb der vorherigen schriftlichen Einwilligung des Verlages.

Gesamtherstellung: Aschendorff Medien GmbH & Co. KG, Druckhaus · Münster

Bestellnummer 77848
ISBN 978-3-402-77848-7

Vorwort

Liebe Kolleginnen und Kollegen,

das neue KUNZE-Jahrbuch, die 59. Landesausgabe Nordrhein-Westfalen, liegt vor. Neu aufgenommen wurden in diesem Jahr auch die Abendrealschulen, so dass wir Sie neben Gymnasien, Gesamtschulen, Abendgymnasien, Weiterbildungskollegs und Kollegs auch über diese Schulform informieren können. Die wichtigsten Daten liegen bereits vor, sie werden mit der nächsten Erhebung vervollständigt. Hier wie auch bei den anderen Schulformen erfordert eine komplette Datenerhebung nicht nur einen erheblichen Zeitaufwand für den Bearbeiter, sondern auch die Unterstützung der Schulleitung, für die wir ausdrücklich danken möchten.

Mittlerweile konnte die Online-Abfrage für die Erfassung der statistischen Daten der Gymnasien fertig gestellt werden. Auch für alle anderen Schulformen werden eigene Online-Abfragen entwickelt und schulformspezifisch angeglichen. Allerdings werden so nur die statistischen Daten, zum Beispiel zu Klassen-, Kurs- und Schülerzahlen, erfasst. Alle personenbezogenen Daten werden im Sinne des Datenschutzes auch weiterhin per Brief angefordert.

Zu Beginn des neuen Schuljahres erhalten alle Vertrauenslehrer Passwörter mit einer ausführlichen Beschreibung, mit denen die bestehenden Daten aktualisiert werden können. Diese personenunabhängigen Angaben werden dann auf dem PhV-Server gespeichert und bearbeitet. Selbstverständlich können diese Daten auch weiterhin in schriftlicher Form eingereicht werden. Um sicher zu gehen, dass die Erhebungsbogen bei den Berichterstattern angekommen sind, ist eine Rückfrage über die jeweilige Email-Schuladresse vorgesehen.

In diesem Jahr hat die Zahl der Schülerinnen und Schüler an den Gymnasien weiter zugenommen um ca. 8000 Schüler, an den Gesamtschulen ist die Zahl in etwa gleich geblieben. Diese und viele andere Angaben werden Sie im neuen Kunze wieder entdecken können.

Bedanken möchte ich mich bei Frau Ulrike Voß und ihren Mitarbeitern im Aschendorff-Verlag, die in mühevoller Kleinarbeit das Kunze-Jahrbuch auf den neuesten Stand gebracht haben. Dies wäre ohne die Unterstützung der Berichterstatter in den Schulen, Seminaren, im Ministerium und bei den Bezirksregierungen und ohne die Hilfe der Bezirksvorsitzenden nicht möglich gewesen. Auch Ihnen möchte ich hiermit herzlich danken.

Wir setzen weiterhin auf die engagierte Mitarbeit vieler Kolleginnen und Kollegen, um die Aktualität des Kunze-Jahrbuchs noch lange erhalten zu können.

Nettetal, im März 2008   Bernhard Spaniol

Verzeichnis der wichtigsten Abkürzungen
Siehe auch Erläuterungen zu den Schul- und Lehrerverzeichnissen auf Seite 37.

Schulen

ASN	amtl. Schulnummer
st.	städtisch
stl.	staatlich
pr.	privat
G	Gymnasium
GesSch.	Gesamtschule
i. E.	in Entwicklung
i. A.	im Abbau
Jg.st.	Jahrgangsstufe
Kl	Klassen
Ku	Kurse
Sch	Schüler(innen)
Abit	Abiturienten(innen)
L	Lehrkräfte
Dez	Dezernent
BR	Bezirksregierung

Lehrer

(s. auch B. Lehrerverzeichnisse S. 37)

LRSD	Leitender Regierungsschuldirektor
mit ' (LRSD' usw.)	Zusatz für Frauen
OStD	Oberstudiendirektor
LGED	Leitender Gesamtschuldirektor
StD	Studiendirektor
DGE	Direktor Gesamtschule
OStR	Oberstudienrat
StR	Studienrat
OSchL	Oberschullehrer
Ass d. L.	Assessor des Lehramtes
StRef	Studienreferendar
GwL	Gewerbelehrer
GwOL	Gewerbeoberlehrer
HdL	Handelslehrer
RSchL	Realschullehrer
SekIL	Lehrer für die Sekundarstufe I
HSchL	Hauptschullehrer
VSchL	Volksschullehrer
SSchL	Sonderschullehrer
L	Lehrer
R	Rektor
GER	Gesamtschulrektor
GymnL	Gymnastiklehrer
SpL	Sportlehrer (unter D als Beamter)
(Vw)	mit Verwaltungsaufgaben betraut
(V)	Vertrauenslehrer(in) des Philologen-Verbandes
(L)	Vorsitzende(r) des Lehrerrates
(F)	Fachleiter am Stud.-Sem.
(B)	Verwalter der Lehrerbücherei (auslaufend)
(T)	Teilzeit/Altersteilzeit

M.	Mater u. Maria
P.	Pater
Sr.	Schwester
i. K.	im Kirchendienst
i. A.	im Auftragsverhältnis
z. A.	zur Anstellung
°	Mitglied des Philologen-Verbandes
☐	Mitglied der Gewerkschaft Erziehung und Wissenschaft
△	Mitglied der VLG (Die Alternative)
*	Mitglied des Verbands Bildung und Erziehung
x	Mitglied der freien Interessengemeinschaft fidel – die Alternative

Lehrbefähigungen

(Abkürzungen entsprechen überwiegend den derzeitigen Abkürzungen der UVD; in Klammern: SekI)

Amk	Amerikanistik
AL	Arbeitslehre
Astr	Astronomie
BI	Biologie
BW	Betriebswissenschaft
C	Chinesisch
CH	Chemie
D	Deutsch
E	Englisch
EK	Erdkunde
EL	Ernährungslehre
ER	ev. Religion
EW	Erziehungswissenschaft
F	Französisch
G	Griechisch
GE	Geschichte
Geo	Geologie
Gkd	Gemeinschaftskunde
GL	Gesellschaftslehre
H	Hebräisch
HW	Hauswirtschaft
I	Italienisch
IF	Informatik
K	Japanisch
KR	kath. Religion
KU	Kunst
Kug	Kunstgeschichte
KW	Kunstwissenschaft
L	Latein
LN	Linguistik
LI	Literatur
M	Mathematik
MU	Musik
MW	Musikwissenschaft
N	Niederländisch
NW	Naturwissenschaften
O	Portugiesisch
P	Polnisch
PA	Pädagogik
PH	Physik
PK	Politik
PL	Philosophie
PP	prakt. Philosophie
Pr	philos. Propädeutik
PS	Psychologie
R	Russisch
Rel	Religion (ohne Konfessionsangabe)
RelW	vgl. Religionswissensch.
RK	Rechtskunde
Rum	Rumänisch
RW	Rechtswissenschaft
S	Spanisch
Schwed	Schwedisch
SN	Sonderpädagogik
Soz	Soziologie
Sozkd	Sozialkunde
SP	Sport
SW	Sozialwissenschaften
T	Türkisch
TC	Technik
TX	Textilgestaltung
VW	Volkswirtschaft
Vt	Vietnamesisch
W	Werken
WL	Wirtschaftslehre
WW	Wirtschaftswissenschaft
Z	Neugriechisch

Bekenntnisse

k	katholisch
e	evangelisch
ak	altkatholisch
angl	anglikanisch
ap	apostolisch
Chr	Christengemeinschaft
CS	Christi Wissenschaft
d	dissidentisch
efk	evang.-freikirchlich
eref	evang.-reformiert
fr	freichristlich
fr calv	frei calvinistisch
g	gottgläubig
gk	griech.-kath.
isr	israelitisch
m	mennonitisch
meth	methodistisch
mo	mormonisch
mos	mosaisch
msl	moslemisch
neuap	neuapostolisch
oB	ohne Bekenntnis
ökum	ökumenisch
orth	orthodox
ref	reformiert
unit	unitarisch
ZJ	Zeugen Jehovas
Leerraum	keine Angabe

Inhaltsverzeichnis

Abkürzungen	4
Philologen-Verband Nordrhein-Westfalen	6
Deutscher Philologenverband	10
Deutscher Lehrerverband	11
Lehrerverbände Nordrhein-Westfalen	11
Aktionsbündnis Schule	11
beamtenbund und tarifunion	11
Weitere Organisationen im Gymnasial- und Gesamtschulbereich	12
Fachverbände	13

Teil I: Die Unterrichtsverwaltung in Nordrhein-Westfalen

Ministerium für Schule und Weiterbildung	15
Landeszentrale für politische Bildung	19
Die Bezirksregierungen im Landesteil Nordrhein	
Bezirksregierung Düsseldorf	20
Bezirksregierung Köln	23
Die Bezirksregierungen im Landesteil Westfalen	
Bezirksregierung Arnsberg	25
Bezirksregierung Detmold	27
Bezirksregierung Münster	29
Fachaufsicht – Gymnasien	31
Landesprüfungsamt	32

Teil II: Schulteil

Änderungen in den Kunze-Nummern	37
Erläuterungen zu den Schul- und Lehrerverzeichnissen	37
1. Die Gymnasien im Landesteil Nordrhein	39
2. Die Gymnasien im Landesteil Westfalen	288
3. Weiterbildungskollegs (Abendgymnasien, Kollegs), Studienkollegs	
a) Abendgymnasien	503
b) Kollegs (Institute zur Erlangung der Hochschulreife)	515
c) Studienkollegs	523
d) Abendrealschulen	526
4. Gesamtschulen	529
5. Weitere Bildungseinrichtungen, die zur Hochschulreife führen	
a) Oberstufen-Kolleg NW	651
b) Berufskollegs	651
c) Freie Waldorfschulen	654
d) Rheinische Förderschule (Förderschwerpunkt körperl. u. motor. Entw.)	657
e) Rheinisch-Westfälisches Berufskolleg für Hörgeschädigte	658
6. Die Studienseminare für das Lehramt an Gymnasien und Gesamtschulen	
a) Landesteil Nordrhein	660
b) Landesteil Westfalen	696

Teil III: Statistischer Teil

A. Schulen	728
B. Schüler(innen)	732
C. Lehrer(innen)	738
D. Entwicklungsübersicht 1950–2007	740
E. Studienseminare für das Lehramt an Gymnasien und Gesamtschulen	743
F. Im Dienst verstorbene Kollegen(innen)	745
G. Im Ruhestand verstorbene Kollegen(innen)	746
H. An Auslands- und Europaschulen tätige Philologen aus NW	748

NAMENVERZEICHNIS 750

Philologen-Verband Nordrhein-Westfalen

(Gesamtverband der Lehrerinnen und Lehrer an den Gymnasien, Weiterbildungskollegs, Studienseminaren, Gesamtschulen und Hochschulen Nordrhein-Westfalens)

Geschäftsstelle: Graf-Adolf-Str. 84, 40210 Düsseldorf
Tel. (02 11) 17 74 40, Fax (02 11) 16 19 73
PhV NW im Internet: www.phv-nw.de; E-Mail: info@phv-nw.de

Geschäftsführer: Andreas Bartsch

Verbandsorgane: „BILDUNG AKTUELL", phv spezial
Herausgeber: Der Geschäftsführende Vorstand
Redaktion: Hans-Ulrich Tholuck, Gerhard Müller-Frerich, Anika Studenroth
Graf-Adolf-Str. 84, 40210 Düsseldorf, Tel. (02 11) 17 74 40, Fax 16 19 73
Verlag: dphv-verlagsgesellschaft mbH, Graf-Adolf-Str. 84, 40210 Düsseldorf, Tel. (02 11) 3 55 81 04, Fax (02 11) 3 55 80 95, E-Mail: dassow@tkc.de

Rechtsabteilung: P. P. Cieslik, Justiziar

Konto: Inhaber: Philologen-Verband NW; Sparkasse Krefeld, Kto.-Nr. 366 088 00, BLZ 320 500 00

Geschäftsführender Vorstand:

1. Vorsitzender: OStR Peter Silbernagel, Ardennenstr. 25, 52249 Eschweiler
Tel. (0 24 03) 3 42 20, Fax 12 94

Stellv. Vors.: (aus dem Landesteil Nordrhein)
StD Jürgen Baues, Hebbelstraße 3, 50226 Frechen
Tel. (0 22 34) 93 29 60

Stellv. Vors.: (aus dem Landesteil Westfalen)
StD Gerhard Müller-Frerich, Ruthgerusstr. 17, 44289 Dortmund
Tel. u. Fax (02 31) 40 33 17

Schatzmeister: Andreas Bartsch, 41334 Nettetal, Kreuzmönchstr. 48, Tel. (0 21 57) 46 01, Fax 13 07 77

Schriftführer und Pressesprecher:
StD Klaus Schwung, Koppelweg 1, 59701 Hamm
Tel. (0 23 81) 8 67 05

Referent für Öffentlichkeitsarbeit und Medien:
Hans-Ulrich Tholuck, Jürgengang 7, 45138 Essen
Tel. (02 01) 25 28 43

Vors. der ASS: Dorothee Kreitz-Dammer, Kurze Str. 71, 45721 Haltern
Tel. u. Fax (02 31) 9 17 23 40

HPR-Vors.: OStR Wilfried Haßler, Vor dem Eschend 9, 50170 Kerpen, Tel. (0 22 73) 5 15 56, Fax 5 53 28

kooptiert: OStR Jörg Mülhausen, Mallinkrodtstr. 3, 52066 Aachen, Tel. (02 41) 6 42 90, Fax 6 46 87
Peter Paul Cieslik, Justiziar
Andreas Merkendorf, Vorstandsreferent
Stefan Avenarius, ASS-Bildungsreferent

Gesamtvorstand:

Die Mitglieder des obengenannten Geschäftsführenden Vorstandes sowie die Beisitzer:
Dorothea Marx, Sengerweg 27, 51107 Köln, Tel. (02 21) 9 86 23 81, Fax 9 86 23 82 (Region I)
Hartmut Beckmann, Am Rehwinkel 10, 33619 Bielefeld, Tel. (05 21) 10 52 38 (Region VIII)
Dr. Rolf Brütting, Kettelerweg 51, 44141 Dortmund, Tel. (02 31) 43 01 56 (Region VII)
StD Rolf-T. Lindner, Rheinaustr. 26, 53225 Bonn, Tel. (02 28) 46 27 50 (Region II)
StD Dr. Lothar Jansen, Idenbrockweg 179, 48159 Münster, Tel. (02 51) 21 34 59 (Region V)
OStR' Cornelia Kapteina-Frank, Schloßgarten 2, 45355 Essen, Tel. (02 01) 68 11 27 (Region IV)
OStR Egbert Lewicki, Dorstener Str. 347 E, 44625 Herne, Tel. (0 23 25) 5 31 71 (Region VI)
StD' Petra Schlotte, Hückesfeld 7, 41238 Mönchengladbach, Tel. (0 21 66) 8 77 90 (Region III)
sowie die Referenten und der Vorsitzende des Ehrenrates:

Referenten:
Angestelltenfragen: Dorothea Marx, Sengerweg 27, 51107 Köln, Tel. (02 21) 9 86 23 81
Bildungsfragen: StD Gerhard Müller-Frerich, Ruthgerusstr. 17, 44289 Dortmund, Tel. (02 31) 40 33 17
Frauenfragen: OStR' Karin Hayn, Zum Teller Hof 26, 42553 Velbert, Tel. (0 20 53) 4 07 45
Gesamtschulfragen: OStR' Anne Törner, Bachstr. 10, 46240 Bottrop, Tel. (0 20 41) 98 91 28;
OStR Dr. Paul Reiter, Rungestr. 7, 44795 Bochum, Tel. (02 34) 9 43 01 71, Fax 9 43 01 72
Pensionärsfragen: StD Karl-Heinz Schepke, Bandelhöhe 15, 32756 Detmold, Tel. (0 52 31) 3 18 82

Philologen-Jahrbuch: OStD Bernhard Spaniol, Eduard-Istas-Str. 25, 41334 Nettetal, Tel. (0 21 53) 54 72
Privat- und Ersatzschulfragen: StD Peter Lochner, Danziger Str. 7, 52351 Düren, Tel. (0 24 21) 7 11 87
Rechtsfragen: StD Jürgen Müller, Pauenstr. 19, 41179 Mönchengladbach, Tel. (0 21 61) 58 12 01
Schulaufsicht: StD Klaus Schwung, Koppelweg 1, 59701 Hamm, Tel. (0 23 81) 8 67 05
Schulleitungsfragen: StD Klaus Böckeler, Auf den Peulen 8, 57439 Attendorn, Tel. (0 27 22) 5 21 31
Seminar- u. Fachleiterfragen: OStD Andreas Pfennings, Windheckenweg 12, 53902 Bad Münstereifel, Tel. (0 22 53) 18 01 57, Fax 54 13 71
Zweiter Bildungsweg: StD Andreas Schmidt, 45139 Essen, Brandhövel 55, Tel. (02 01) 29 10 72

Vorsitzender Ehrenrat: OStD Franz-Josef Schlotmann, Lindenstr. 60, 58642 Iserlohn, Tel. (0 23 74) 28 31

Ehrenvorsitzender: StD Peter Heesen, Friedrichstr. 169/170, 10117 Berlin, Tel. (0 30) 40 81 40

Ehrenmitglieder:
StD a. D. Helmut Beckmann, Rehwinkel 12, 33619 Bielefeld, Tel. (05 21) 10 21 41
OStD a. D. Bernhard Fluck, Auf der Krone 42, 40489 Düsseldorf, Tel. (02 03) 74 06 27
Prof. Dr. Werner Heldmann, Albecker Steige 32, 89075 Ulm, Tel. (07 31) 2 25 77
StD a. D. Dr. Walter Hupperth, Albertus-Magnus-Str. 50, 51375 Leverkusen, Tel. (02 14) 5 81 79
StD a. D. Gerhard Langenbach, Oberer Grifflenberg 87, 42119 Wuppertal, Tel. (02 02) 42 21 24
Präsidentin a. D. Dr. Hanna-Renate Laurien, Dillgesstr. 4, 12247 Berlin, Tel. (0 30) 7 74 10 40
OStD i. K. a. D. Josef Rose, Hangstr. 25A, 52076 Aachen, Tel. (02 41) 6 14 16
StD Wolfgang Sause, Hentzenallee 11, 42897 Remscheid, Tel. (0 21 91) 6 42 49
StD Karl Heinz Schepke, Bandelhöhe 15, 32756 Detmold, Tel. (0 52 31) 3 18 82
OStD Franz-Josef Schlotmann, Lindenstr. 60, 58642 Iserlohn, Tel. (0 23 74) 28 31
StD a. D. Hans Martin Siebert, Weimarer Str. 58, 53332 Bornheim, Tel. (0 22 27) 14 3
OStD a. D. Franz Trüpel, Dr.-Karl-Hirschberg-Str. 4a, 47441 Moers, Tel. (0 28 41) 2 73 85
LRSD a. D. Dr. Fritz Vomhof, Blumenstr. 22, 40764 Langenfeld, Tel. (0 21 73) 7 49 42

Arbeitsgemeinschaft der Studienreferendare und Studienräte (ASS) – Vorstand
Vorsitzender: Dorothee Kreitz-Dammer, Kurze Str. 7a, 45721 Haltern, Tel. u. Fax (0 23 64) 6 84 00
Stellv. Vorsitzender Nordrhein: Thomas Ahr, Volmerswerther Str. 385, 40221 Düsseldorf, Tel. (02 11) 3 03 50 76
Stellv. Vorsitzender Westfalen: Dr. David di Fuccia, Königsstr. 25, 58511 Lüdenscheid, Tel. (0 23 51) 8 30 24, Fax 66 51 82
Referat Lehrerausbildung: Dr. Alexander Joist, Hugo-Schmöle-Str. 6, 53879 Euskirchen, Tel. (0 22 51) 12 40 43
Referat Arbeitslose Lehrer: Christian Meier, Aegidiistr. 46, 48143 Münster, Tel. (02 51) 79 61 02
Referat Studienräte: Dirk Brenig, Klapperstr. 9, 52249 Eschweiler, Tel. (0 24 03) 55 55 80
Referat Lehramtsstudenten: Miriam Quodbach, Rösrather Str. 667, 51107 Köln, Tel. (mobil) 01 63 2 53 97 69
Kooptiert: Elmar Gunkel, Immingfeldweg 32, 48703 Stadtlohn, Tel. (0 25 63) 96 97 50, Fax 9 69 92 96
          Silvia Gold, Grüner Weg 18, 45966 Gladbeck, Tel. (0 20 43) 4 51 39
          Nilgül Karabulut, Königstr. 1, 53113 Bonn, Tel. (02 28) 69 29 85

ASS-Geschäftsstelle: Graf-Adolf-Str. 84, 40210 Düsseldorf, Tel. (02 11) 17 74 40,
Stefan Avenarius (Bildungsreferent)

Sächsischer Lehrerverband (SLV)
Partnerverband des Philologen-Verbandes NW
Geschäftsstelle: Meißner Str. 69, 01445 Radebeul, Tel. (03 51) 8 39 22-0, Fax 8 39 22-13
1. Vorsitzende: Ingrid Schwaar, Sarrasanistr. 9, 01097 Dresden, Tel. u. Fax (03 51) 8 03 89 51

Hauptausschuß (HA):
Zum Hauptausschuß gehören die Mitglieder des Gesamtvorstandes und die Vorsitzenden der Bezirksgruppen in Nordrhein und Westfalen.

1. Bezirksgruppen von Nordrhein (Regionen)

Aachen: (Reg. II)	OStR Jörg Mülhausen, Mallinckrodtstr. 3, 52066 Aachen, Tel. (02 41) 6 42 90, Fax 6 46 87 – Aachen, Alsdorf, Baesweiler, Eschweiler, Herzogenrath, Monschau, Stolberg, Würselen
Bonn: (Reg. I)	Ulf M. Schmitz, Cäsariusstr. 118a, 53639 Königswinter, Tel. (0 22 23) 90 93 09 – Bonn, Bornheim, Eitorf, Hennef, Honnef, Königswinter, Lohmar, Niederkassel, Meckenheim, Neunkirchen-Seelscheid, Rheinbach, St. Augustin, Siegburg, Troisdorf, Windeck
Düren: (Reg. I)	OStR Peter Lochner, Danziger Str. 7, 52351 Düren, Tel. (0 24 21) 7 11 87 – Düren, Hürtgenwald, Jülich
Düsseldorf: (Reg. III)	StD Rainer Linden, Kapeller Hofweg 67, 40595 Düsseldorf, Tel. (02 11) 70 37 30 – Düsseldorf, Monheim
Duisburg: (Reg. IV)	Florian Hillje, Unter den Eichen 56, 40625 Düsseldorf, Tel. (02 11) 2 91 31 90 – Duisburg
Essen: (Reg. IV)	OStR' Cornelia Kapteina-Frank, Schloßgarten 2, 45355 Essen, Tel. (02 01) 68 11 27 – Essen
Euskirchen: (Reg. I)	OStR' Erika Busch-Schulten, Schönauer Bergweg 17, 53902 Münstereifel, Tel. (0 22 53) 18 04 24 – Euskirchen, Kall-Steinfeld, Mechernich, Münstereifel, Schleiden, Zülpich
Heinsberg: (Reg. II)	StD Eckhardt Schönfeld, Arndtstr. 4, 52511 Geilenkirchen, Tel. (0 24 51) 6 61 07 – Erkelenz, Geilenkirchen, Heinsberg, Hückelhoven, Übach-Palenberg, Wegberg
Kleve: (Reg. III)	Jürgen Thiessen, Am Stadtpark 2, 47546 Kalkar, Tel. (0 28 24) 99 92 55 – Geldern, Goch, Kalkar, Kevelaer, Kleve, Uedem
Köln: (Reg. II)	StD Jürgen Baues, Hebbelstr. 3, 50226 Frechen, Tel. (0 22 34) 93 29 60 – Bedburg, Bergheim, Bergisch Gladbach, Brühl, Erftstadt, Frechen, Hürth, Kerpen, Köln, Overath, Pulheim, Rösrath, Wesseling
Krefeld: (Reg. III)	OStR Dieter Rullich, Am Krickerhof 32, 47877 Willich, Tel. (0 21 56) 25 00 – Krefeld
Leverkusen: (Reg. II)	Anita Weber, Lukasstr. 6, 50823 Köln, Tel. (02 21) 52 97 61 Leichlingen, Leverkusen, Odenthal, Wermelskirchen
Mettmann: (Reg. III)	OStR' Karin Hayn, Zum Teller Hof 26, 42553 Velbert, Tel. (0 20 53) 4 07 45 – Erkrath, Haan, Heiligenhaus, Hilden, Langenfeld, Mettmann, Ratingen, Velbert, Wülfrath
Mönchengladbach: (Reg. III)	StD Jürgen Müller, Pauenstr. 19, 41179 Mönchengladbach, Tel. (0 21 61) 58 12 01 – Mönchengladbach
Moers: (Reg. III)	OStR Dieter Jarzinka, Lehrerstr. 22, 47167 Duisburg, Tel. (02 03) 3 94 57 04 – Duisburg-Rumeln-Kaldenhausen, Homberg, Kamp-Lintfort, Moers, Neukirchen-Vluyn, Rheinberg, Rheinhausen
Mülheim/Ruhr: (Reg. IV)	OStR Johannes Krauledat, Grünhof 16, 45134 Essen, Tel. (02 01) 47 23 65, Fax 3 60 18 93 – Mülheim/Ruhr
Neuss: (Reg. III)	StD Josef Rühl, Ludgerusstr. 14, 41564 Kaarst, Tel. (0 21 31) 95 82 83 – Dormagen, Grevenbroich, Jüchen, Kaarst, Korschenbroich, Meerbusch, Neuss
Oberberg: (Reg. I)	OStR Christoph Menn-Hilger, Hackenberger Str. 9, 42897 Remscheid, Tel. (0 21 91) 4 60 10 19 – Bergneustadt, Engelskirchen, Gummersbach, Lindlar, Radevormwald, Waldbröl, Wiehl, Wipperfürth
Oberhausen: (Reg. IV)	OStR Dr. Johannes Thielen, Biefangstr. 99, 46149 Oberhausen, Tel. (02 08) 63 14 09 – Oberhausen
Remscheid: (Reg. IV)	StD' Christel Nover-Schmitz, Fürberger Str. 61, 42857 Remscheid, Tel. (0 21 91) 7 70 96 – Remscheid
Solingen: (Reg. IV)	StR Peter Wolsing, Am Eichelkamp 185, 40723 Hilden, Tel. (0 21 03) 6 03 85 – Solingen
Viersen: (Reg. III)	StD Wilhelm Timmermann, Ungerather Kirchweg 6c, 41366 Schwalmtal, Tel. (0 21 63) 3 02 47 – Grefrath, Kempen, Nettetal, Schwalmtal, Tönisvorst, Viersen, Willich
Wesel: (Reg. IV)	OStR Joachim Henning, Eupener Weg 28a, 45481 Mülheim, Tel. (02 08) 48 89 95 – Dinslaken, Emmerich, Rees, Voerde, Wesel, Xanten
Wuppertal: (Reg. IV)	OStR Dr. Folkert Hensmann, Martinstr. 6, 58332 Schwelm, Tel. (0 23 36) 1 60 64 – Wuppertal

2. Bezirksgruppen von Westfalen (Regionen)

Arnsberg: StR Wendelin Peine, Kaiser-Otto-Ring 58, 34431 Marsberg, Tel. (0 29 92) 6 51 37 –
(Reg. VII) Arnsberg, Brilon, Marsberg, Medebach, Meschede, Sundern, Winterberg

Bielefeld: OStR Hartmut Beckmann, Am Rehwinkel 13, 33619 Bielefeld, Tel. (05 21) 10 52 38 –
(Reg. VIII) Bielefeld, Bünde, Enger, Herford

Bochum: StR' Helga Wieland-Polonyi, Gevelsberger Str. 140, 45549 Sprockhövel,
(Reg. VI) Tel. u. Fax (0 23 39) 66 21 – Bochum, Hattingen, Witten

Borken: OStR Ulrich Martin, Grenzweg 21a, 46325 Borken, Tel. (0 28 61) 60 38 31
(Reg. V) Ahaus, Bocholt, Borken, Gronau, Reken, Stadtlohn, Vreden

Coesfeld: OStR Dr. Bernhard Kewitz, Wahrkamp 2c, 48653 Coesfeld, Tel. (0 25 41) 98 03 45 –
(Reg. V) Coesfeld, Dülmen, Lüdinghausen, Nottuln, Senden

Dortmund: StD Dr. Rolf Brütting, Kettelerweg 51, 44141 Dortmund, Tel. (02 31) 43 01 56 – Dortmund
(Reg. VI)

Gelsenkirchen: OStR Dr. Burkhart Fidora, Pommernstr. 64, 45770 Marl-Drewer, Tel. (0 23 65) 1 68 82 –
(Reg. V) Gelsenkirchen

Gladbeck-Bottrop: Rainer Hürter, Finkenweg 53, 46244 Bottrop, Tel. (0 20 45) 34 37
(Reg. V) Bottrop, Gladbeck

Gütersloh: Gabriele Bremke-Moenikes, Johanniskamp 4, 33378 Rheda-Wiedenbrück, Tel. (0 52 42)
(Reg. VIII) 4 88 28 – Gütersloh, Halle, Harsewinkel, Rheda-Wiedenbrück, Rietberg, Schloß Holte-Stukenbrock, Steinhagen, Verl, Versmold, Werther

Hagen: OStR' Heike Ladde, Am Südenberg 34a, 58644 Iserlohn, Tel. (0 23 74) 7 14 35
(Reg. VI) – Ennepetal, Gevelsberg, Hagen, Herdecke, Schwelm, Wetter

Hamm: OStR Klaus Schwung, Koppelweg 1, 59071 Hamm, Tel. (0 23 81) 8 67 05 – Hamm
(Reg. VI)

Herne: OStR Egbert Lewicki, Dorstener Str. 347e, 44653 Herne, Tel. (0 23 25) 5 31 71, Fax 5 31 69 –
(Reg. VI) Herne, Wanne-Eickel

Lippe: StD Kurt Pohlmann, Voßheider Str. 8, 32694 Dörentrup, Tel. (0 52 65) 18 74 – Barntrup,
(Reg. VIII) Blomberg, Detmold, Lage, Lemgo, Oerlinghausen, Salzuflen

Märkischer Kreis: StD Armin Eickmann, Waldsaum 16, 58119 Hagen, Tel. (0 23 34) 4 07 88 – Altena, Halver,
(Reg. VII) Hemer, Iserlohn, Kierspe, Lüdenscheid, Meinerzhagen, Menden, Plettenberg

Minden: OStR Karl Erich Schmeding, Ravensberger Str. 119, 32457 Porta Westfalica, Tel. (0 57 06)
(Reg. VIII) 12 62 – Espelkamp, Lübbecke, Minden, Löhne, Bad Oeynhausen, Petershagen, Porta Westfalica, Vlotho

Münster/Warendorf: StD Dr. Lothar Jansen, Idenbrockweg 179, 48159 Münster, Tel. (02 51) 21 34 59 – Ahlen,
(Reg. V) Beckum, Münster, Oelde, Ostbevern, Telgte, Wadersloh, Warendorf

Olpe: OStR Paul Meurer, In der Sengenau 21, 57489 Drolshagen, Tel. (0 27 61) 7 23 50, E-Mail:
(Reg. VII) Paul.Meurer@gmx.de – Attendorn, Lennestadt, Olpe, Schmallenberg

Paderborn-Höxter: StR Hendrik Sauerwald, Auf der Töterlöh 1, 33100 Paderborn, Tel. (0 52 51) 52 78 04 – Bad
(Reg. VIII) Driburg, Beverungen, Brakel, Büren, Höxter, Paderborn, Steinheim, Warburg

Recklinghausen: Christian Meier, Brüderstr. 12, 48145 Münster, Tel. (02 51) 79 61 02 – Castrop-Rauxel,
(Reg. V) Datteln, Dorsten, Haltern, Herten, Marl, Oer-Erkenschwick, Recklinghausen, Waltrop

Rheine: Linus Heckötter, Wupperstr. 7, 48431 Rheine, Tel. (0 59 71) 28 08 – Emsdetten, Greven,
(Reg. V) Ibbenbüren, Lengerich, Mettingen, Neuenkirchen-St. Arnold, Ochtrup, Recke, Rheine, Steinfurt-Borghorst, Steinfurt-Burgsteinfurt, Tecklenburg

Siegen-Wittgenstein: OStR Rainer Ohrendorf-Weiss, Thymianweg 6, 57078 Siegen, Tel. (02 71) 87 00 85 –
(Reg. VII) Berleburg, Hilchenbach, Kreuztal, Laasphe, Netphen, Neunkirchen, Siegen, Wilnsdorf

Soest-Lippstadt: StD' Hannelore Hornig, Am Dornbusch 32, 48163 Münster, Tel. (0 25 01) 9 52 26 – Erwitte,
(Reg. VII) Geseke, Lippstadt, Rüthen, Soest, Warstein, Werl

Unna: Dr. Matthias Laarmann, Wethmar Mark 103, 44534 Lünen, Tel. (0 23 06) 7 22 54 – Bergkamen,
(Reg. VI) Bönen, Fröndenberg, Holzwickede, Kamen, Lünen, Schwerte, Selm, Unna, Werne

Deutscher Philologenverband e. V.

Geschäftsstelle:
  Friedrichstr. 169/170, 10117 Berlin, Tel. (0 30) 40 81 67 81, Fax 40 81 67 88, Homepage: www.dphv.de
  Geschäftsführerin: Gabriele Lipp
  Pressesprecherin und Redakteurin der Zeitschrift „Profil": Eva Hertzfeldt, Tel. (0 30) 40 81 67 89

Verlag:
  dphv-verlagsgesellschaft mbH, Graf-Adolf-Str. 84, 40210 Düsseldorf, Tel. (02 11) 3 55 81 04, Fax 3 55 80 95,
  E-Mail: dassow@dphv-verlag.de
  Auslands-Kunze: Das Jahrbuch der aus der Bundesrepublik Deutschland an Auslandsschulen vermittelten
  Lehrkräfte wird seit der Ausgabe 2005 in der Verantwortung des DPhV herausgegeben.

Geschäftsführender Vorstand:
  1. Vorsitzender: Heinz-Peter Meidinger, Graf-Montani-Str. 4, 84326 Falkenberg
         Tel. (0 87 27) 72 73, Fax 71 69
  Stellv. Vors.:   Dr. Horst Günther Klitzing, VII. Gartenreihe 25, 66740 Saarlouis
         Tel. (0 68 31) 4 87 98 51, Fax 4 89 50 88
  Schatzmeister: Andreas Bartsch, Kreuzmönchstr. 48, 41334 Nettetal
         Tel. (0 21 57) 46 01, Fax 13 07 77
  Beisitzer: Ralf-Gerhard Köthe, Eichberg 3, 99768 Ilfeld
         Tel. (03 63 31) 4 66 13, Fax 4 65 61
         Prof. Dr. Susanne Lin-Klitzing, Friedrich-Ebert-Str. 24, 35039 Marburg
         Tel. (01 62) 4 02 59 62
         Gabriela Kasigkeit, Strokower Str. 173, 10407 Berlin
         Tel. (0 30) 4 25 49 05, Fax 42 85 99 49
         Rainer Starke, Göbelbastei 10, 31832 Springe
         Tel. (0 50 41) 97 28 26, Fax 97 28 26
  Vorsitzender der Bundesarbeitsgemeinschaft der jungen Philologen im DPhV:
         Dr. David-S. Di Fuccia, Königstr. 25, 58511 Lüdenscheid
         Tel. (0 23 51) 8 30 24, Fax 66 51 82
Ehrenvorsitzende: OStD a. D. Bernhard Fluck, Auf der Krone 42, 40489 Düsseldorf, Tel. (02 03) 74 06 27
         OStD Hans Durner, Waldstr. 18, 82041 Oberbiberg, Tel. (0 89) 6 13 27 91
         StD Peter Heesen, Friedrichstr. 169/170, 10117 Berlin, Tel. (0 30) 40 81 40

Landesverbände:
Baden-Württemberg: Karl-Heinz Wurster, Gebelsbergstr. 101, 70199 Stuttgart, Tel. (07 11) 6 07 14 51, Fax
6 07 14 15, Geschäftsstelle: Alexanderstr. 112, 70180 Stuttgart, Tel. (07 11) 2 39 62-50, Fax (07 11) 2 39 62-77
Bayern: StD Max Schmidt, Am Bachfeld 6, 85567 Bruck, Tel. (0 80 92) 8 31 52
Geschäftsstelle: Implerstr. 25a, 81371 München, Tel. (0 89) 74 61 63-0, Fax (0 89) 7 21 10 73
Berlin/Brandenburg: Kathrin Wiencek, Wittbrietzener Str. 12, 14547 Elsholz, Tel. (03 32 04) 4 01 56
Geschäftsstelle: Dominicusstr. 3, 10823 Berlin, Tel. (0 30) 8 34 14 60, 84 40 99 51, Fax 84 40 99 52
Bremen: OStD Hartmut Voigt, Holthorster Weg 12, 28790 Schwanewede, Tel. (04 21) 62 14 64 p.
Geschäftsstelle: Rembertistr. 28, 28203 Bremen, Tel. (04 21) 70 00 43, Fax (04 21) 70 28 26
Hamburg: Jan-Dirk Strauer, Eckerkamp 55, 22391 Hamburg, Tel. (0 40) 53 32 72 09, Fax (0 40) 53 32 72 08
Geschäftsstelle: Papenstr. 18, 22089 Hamburg, Tel. (0 40) 25 52 72, Fax (0 40) 2 50 59 49
Hessen: StD Dr. Knud Dittmann, Feldbergstr. 27a, 65719 Hofheim a.T., Tel. (0 61 92) 96 39 98
Geschäftsstelle: Schlichterstr. 18, 65185 Wiesbaden, Tel. (06 11) 30 74 45, Fax (06 11) 37 69 05
Mecklenburg-Vorpommern: Jörg Seifert, Kleiner Warnowdamm 12, 18109 Rostock, Tel. u. Fax (03 81) 1 21 58 63
Geschäftsstelle: Lindenanger 70, 18069 Lambrechtshagen, Tel. u. Fax (03 81) 8 00 54 80
Niedersachsen: Guillermo Spreckels, Finkenberg 1a, 21339 Lüneburg
Geschäftsstelle: Sophienstr. 6, 30159 Hannover, Tel. (05 11) 36 47 50, Fax (05 11) 3 64 75 75
Nordrhein-Westfalen: OStR Peter Silbernagel, Ardennenstr. 25, 52249 Eschweiler, Tel. (0 24 03) 3 42 20
Geschäftsstelle: Graf-Adolf-Str. 84, 40210 Düsseldorf, Tel. (02 11) 17 74 40, Fax (02 11) 16 19 73
Rheinland-Pfalz: OStD Max Laveuve, Lessingstr. 8, 67663 Kaiserslautern, Tel. (06 31) 27 28 28,
Fax (06 31) 27 28 30
Geschäftsstelle: Fritz-Kohl-Str. 13, 55122 Mainz, Tel. (0 61 31) 38 43 10, Fax (0 61 31) 37 11 07
Saarland: StD Klaus Lessel, Bornwiesstr. 25, 66359 Bous, Tel. (0 68 34) 35 60, Fax (0 68 34) 77 06 48
Geschäftsstelle: Cloosstr. 11, 66333 Völklingen, Tel. (0 68 98) 29 98 75, Fax (0 68 98) 29 99 18
Sachsen: Frank Haubitz, Prießnitzstr. 46, 01099 Dresden, Tel. (03 51) 8 10 38 18
Geschäftsstelle: Königsbrücker Landstr. 79, 01109 Dresden, Tel. (03 51) 8 02 52 47, Fax 8 02 52 41,
E-Mail: pvs.dresden@t-online.de
Sachsen-Anhalt: Dr. Jürgen Mannke, Gerichtsrain 43, 06217 Merseburg, Tel. (0 34 61) 21 68 24
Geschäftsstelle: Sixtistr. 16a, 06217 Merseburg, Tel. (0 34 61) 20 35 62, Fax (0 34 61) 41 54 58
Schleswig-Holstein: OStD Helmut Siegmon, Haus 14, 24214 Wulfshagen, Tel. (0 43 46) 41 22 61
Geschäftsstelle: Clausewitzstr. 14, 24105 Kiel, Tel. (04 31) 8 19 40, Fax (04 31) 80 45 35
Thüringen: StD Ralf-Gerhard Köthe, Eichberg 3, 99768 Ilfeld, Tel. (03 63 31) 4 66 13, Fax (0 36 31) 4 65 61
Geschäftsstelle: Alte Leipziger Str. 50, 99735 Nordhausen-Bielen, Tel. (0 36 31) 91 82 77, Fax 91 82 78

Deutscher Lehrerverband (DL)

Angeschlossene Mitgliedsverbände:

Deutscher Philologenverband (DPhV), Friedrichstr. 169/170, 10117 Berlin,
Tel. (0 30) 40 81 67 81, Fax 40 81 67 88, E-Mail: info@dphv.de, Homepage: www.dphv.de

Bundesverband der Lehrerinnen und Lehrer an beruflichen Schulen (BLBS),
Friedrichstr. 169/170, 10117 Berlin, Tel. (0 30) 40 81 66 50, Fax 40 81 66 51
E-Mail: verband@blbs.de, Homepage: www.blbs.de

Verband Deutscher Realschullehrer (VDR), Dachauer Str. 44b, 80335 München,
Tel. (0 89) 55 38 76, Fax 55 38 19, E-Mail: info@vdr-bund.de, Homepage: www.vdr-bund.de

Bundesverband der Lehrerinnen und Lehrer an Wirtschaftsschulen (VLW),
An der Rosenhöhe 5, 33647 Bielefeld, Tel. (05 21) 5 22 93 03, Fax 4 17 60 68
E-Mail: vlw-bund@vlw.de, Homepage: www.vlw.de

Geschäftsstelle:

Burbacher Str. 8, 53129 Bonn, Tel. (02 28) 21 12 12, Telefax (02 28) 21 12 24,
E-Mail: info@lehrerverband.de, Homepage: www.lehrerverband.de

Präsident:

Josef Kraus, Fürstenstr. 59, 84030 Ergolding bei Landshut

Schatzmeister: Hans-Joachim Kluge, Am Bildstock 8, 36100 Petersberg

Schriftführer: Manfred Timpe, Kobbachstr. 41, 60433 Frankfurt

Lehrerverbände Nordrhein-Westfalen (LNRW)

Sprecher (2008): Peter Silbernagel (PhV)

Homepage: www.lnrw.de

Partnerverbände:
Philologen-Verband Nordrhein-Westfalen
Graf-Adolf-Str. 84, 40210 Düsseldorf, Tel. (02 11) 17 74 40, Fax (02 11) 16 19 73
Vorsitzender: Peter Silbernagel

Verband der Lehrerinnen und Lehrer an Wirtschaftsschulen, Landesverband NRW e.V.
Völklinger Str. 9, 40219 Düsseldorf, Tel. (02 11) 4 91 02 08, Fax (02 11) 4 98 34 18
Vorsitzende: Elke Vormfenne

Verband der Lehrerinnen und Lehrer an Berufskollegs in NRW e.V.:
Ernst-Gnoß-Str. 22, 40219 Düsseldorf, Tel. (02 11) 4 91 25 95, Fax (02 11) 4 92 01 82
Vorsitzender: Wolfgang Brückner

Aktionsbündnis Schule (ABS)

Sprecher: Peter Silbernagel
Geschäftsstelle Philologen-Verband NW, Graf-Adolf-Str. 84, 40210 Düsseldorf, Tel. (02 11) 17 74 40,
Fax (02 11) 16 19 73
ABS im Internet: www.aktionsbuendnis-schule.de
Mitglieder: siehe Internet

dbb – beamtenbund und tarifunion

dbb beamtenbund und tarifunion
Friedrichstr. 169/170, 10117 Berlin, Tel. (0 30) 40 81 40, Fax 40 81 49 99, E-Mail: post@dbb.de
Dienstleistungszentrum West, Winkelsweg 2, 53175 Bonn, Tel. (02 28) 3 08 45-0, Fax 3 08 45-29,
E-Mail: dlz_west@dbb.de

dbb nrw beamtenbund und tarifunion
Gartenstr. 22, 40479 Düsseldorf; Postfach 32 02 46, 40417 Düsseldorf, Tel. (02 11) 49 15 83-0,
Fax 49 15 83-10, E-Mail: post@dbb-nrw.de, Homepage: www.dbb-nrw.de

Lehrerverbände im dbb

Philologen-Verband Nordrhein-Westfalen
Graf-Adolf-Str. 84, 40210 Düsseldorf, Tel. (02 11) 17 74 40, Fax 16 19 73. Vorsitzender: Peter Silbernagel
Realschullehrerverband Nordrhein-Westfalen
Graf-Adolf-Str. 84, 40210 Düsseldorf, Tel. (02 11) 1 64 09 71, Fax 1 64 09 72. Vorsitzender: Ulrich Brambach
Verband der Lehrerinnen und Lehrer an Wirtschaftsschulen, Landesverband NRW e. V.
Völklinger Str. 9, 40219 Düsseldorf, Tel. (02 11) 4 91 02 08, Fax 49 83-418.
Vorsitzende: Elke Vormfenne
Verband der Lehrerinnen und Lehrer an Berufskollegs in NRW e. V.
Ernst-Gnoß-Str. 22, 40219 Düsseldorf, Tel. (02 11) 4 91 25 95, Fax 4 92 01 82.
Homepage: www.vlbs.de; Vorsitzender: Wolfgang Brückner
Verband Bildung und Erziehung, Landesverband NRW
Westfalendamm 247, 44141 Dortmund, Tel. (02 31) 42 57 57-0, Fax 42 57 57–10,
E-Mail: info@vbe-nrw.de, Homepage: www.vbe-nrw.de. Vorsitzender: Udo Beckmann
Verband der Blinden- und Taubstummenlehrer NRW
Arneckestr. 75, 44139 Dortmund, Tel. (02 31) 55 60 43.
Vorsitzender: Jürgen Siebeck

Weitere Organisationen im Gymnasial- und Gesamtschulbereich

Rheinische Direktorenvereinigung: OStD Konrad Großmann, Friedrich-Rückert-Gymnasium,
Rückertstr. 6, 40470 Düsseldorf, Tel. (02 11) 8 99 83 10, Fax 8 92 92 08: 1.138
Westfälische Direktorenvereinigung: OStD' Dr. Luise Berg-Ehlers, Königsallee 77/79, 44789 Bochum, Tel. (02 34) 9 30 20 10, Fax 93 02 01 10; Graf-Engelbert-Schule Bochum: 2.080
Ring der Abendgymnasien im Lande NW e. V.: Sprecherin: Karin Bödeker (3.050), Am Flussgraben 14, 59558 Lippstadt; Stellvertreter: Heinz Ackermann (3.040), Monika Bramhoff (3.045), Bernhard Nadorf (3.030), Dr. Ingrid Wiede (3.015)
Ring der Kollegs – Institute zur Erlangung der Hochschulreife – im Land Nordrhein-Westfalen e. V.: Sprecher: Anthony Allport, Hegerkamp 123, 45329 Essen, Tel. (02 01) 35 48 82, Fax 33 39 85,
E-Mail: anthony.allport@cantab.net
Arbeitsgemeinschaft der Lehrkräfte an den Studienkollegs für ausländische Studierende im Land Nordrhein-Westfalen: Sprecher: N. N., Studienkolleg Bochum, Girondelle 80, 44799 Bochum
Bundesarbeitskreis der Seminar- und Fachleiter/innen e. V. (BAK): 1. Vorsitzender: Prof. Dr. Volker Huwendiek
Geschäftsstelle: Hebelstr. 17, 76698 Ubstadt-Weiher, Tel. u. Fax (0 72 51) 6 34 54, E-Mail: bakmail@aol.com; Homepage: ww.bak-online.de; Vierteljahreszeitschrift: „Seminar Lehrerbildung und Schule"
Landesgruppe NRW: Sprecher: Bernd Sensenschmidt, Hermann-Löns-Str. 5, 57250 Netphen, Tel. (0 27 1) 7 62 01, Fax 6 81 90 53, E-Mail: bsensenschmidt@t-online.de
Landesarbeitskreis der Ausbilder(innen) an Studienseminaren – Lehramt an Gymnasien und Gesamtschulen – in Nordrhein-Westfalen e. V.: Vorsitzende: OStD' Dr. Margarethe Rolshoven (6.163)
Vertrauenspersonen der schwerbehinderten Lehrerinnen und Lehrer an Gymnasien:
Hauptvertrauensperson beim MSW: StD Dr. Udo Kleine (2.210), Winnebrockstr. 9, 33790 Halle,
Tel. (0 52 01) 90 36 u. (01 73) 2 72 71 82, Fax (0 52 01) 90 36
VP für Bereich BR Düsseldorf: OStR' Ingrid Georg (1.116), Auf'm Hennekamp 42, 40225 Düsseldorf,
Tel. (02 11) 33 58 80
VP für Bereich BR Köln: OStR' Anne-Gret Schröer (1.490), Nelly-Sachs-Str. 5, 53757 St. Augustin,
Tel. (0 22 41) 2 34 00 37
VP für Bereich BR Arnsberg: OStR Franz-Joseph Keunecke (2.363), Universitätsstr. 55, 58455 Witten,
Tel. (0 23 02) 2 60 16
VP für Bereich BR Detmold: StD Dr. Udo Kleine (2.210), Winnebrockstr. 9, 33790 Halle,
Tel. (0 52 01) 90 36 o. 50 63 u. (01 73) 2 72 71 82
VP für Bereich BR Münster: StR Ulrich Konert (2.195), Varusstr. 11, 45721 Haltern, Tel. (0 23 64) 96 54 43

Gewerkschaft Erziehung und Wissenschaft: Landesverband NW: Landesvorsitzender: Andreas Meyer-Lauber; stellv. Vorsitzende: Dorothea Schäfer u. Norbert Müller; Geschäftsstelle: Nünningstr. 11, 45141 Essen, Tel. (02 01) 2 94 03 01, Fax 2 94 03 51, E-Mail: info@gew-nrw.de, Homepage: www.gew-nrw.de; Fachgruppe Gymnasium: Norbert Becker, An der Mühlenstege 2, 45721 Haltern, Tel. (0 23 64) 85 90, Fax 85 90, E-Mail: becker-haltern@t-online.de, Homepage: ww.gymnasium@gew-nrw.de

VLG – Vereinigung nordrhein-westfälischer Lehrerinnen und Lehrer an Gymnasien (Die Alternative): Vorsitzender: Dr. Wolfgang Diepenthal, Taubenstr. 13, 42281 Wuppertal, Tel. (02 02) 50 74 28, Fax 7 69 88 96, E-Mail: Diepenthal@t-online.de; Geschäftsstelle: Ingrid Biermann, Böllerts Höfe 20, 45479 Mülheim, Tel. (02 08) 42 41 58, E-Mail: ingrid-biermann@t-online.de

fidel – die Alternative Freie Interessengemeinschaft der Lehrerinnen und Lehrer an Gesamtschulen; Vorsitzender: Andreas Meyer, Aachener Str. 216, 40223 Düsseldorf, Tel: (02 11) 15 43 32, Fax 7 35 69 03, E-Mail: info@fidel-nrw.de, Homepage: www.fidel-nrw.de

Vereinigung der KorrekturfachlehrerInnen e. V. (VdKorrekt): Vors.: Reinhard Heider, Stoppelbergstr. 29, 32839 Steinheim, Stellv. Vors.: Maria Sangmeister, E-Mail: reinhardheider@yahoo.de, Homepage: www.korrekturfachlehrer.de

Bundesverband Deutscher Privatschulen e. V. (VDP) (Bildungseinrichtungen in freier Trägerschaft): Bundesgeschäfts- und Pressestelle: Darmstädter Landstraße 85a, 60598 Frankfurt a. M., Tel. (069) 60 91 89-0, Fax 60 91 89-10, E-Mail: vdp@privatschulen.de, Homepage: www.privatschulen.de.

Landeselternschaft der Gymnasien in NW e. V.
Vorsitzende: Gabriela Custodis
Geschäftsstelle: Barbara Kols-Teichmann, Karlstr. 14, 40210 Düsseldorf, Tel. (02 11) 1 71 18 83, Fax 1 75 25 27, E-Mail: info@le-gymnasien-nrw.de, Homepage: www.le-gymnasien-nrw.de.

Landeselternrat der Gesamtschulen in NW e. V.
Geschäftsstelle: Eichengrund 15, 33106 Paderborn, Tel. u. Fax (0 52 54) 95 71 86, E-Mail: LER.NRW@t-online.de, Homepage: www.ler-nrw.de; Vorsitzende: Annette Plümpe, Dürerstr. 30, 59199 Bönen, Tel. (0 23 83) 40 92, E-Mail: pluempe_a@yahoo.de.

„Hochbegabtenförderung" e. V.
Vorstand: Jutta Billhardt, Karsten Otto. Bundesgeschäftsstelle: Am Pappelbusch 45, 44803 Bochum, Tel. (02 34) 93 56 70, Fax 9 35 67 25, E-Mail: bochum@hbf-ev.de.

Fachverbände

Landesverband katholischer Religionslehrerinnen u. -lehrer an Gymnasien in Nordrhein-Westfalen e. V. (LKRG): Vorsitzender: OStR Herbert Großlohmann, Brakeler Weg 17, 45659 Recklinghausen, Tel. (0 23 61) 2 80 23.

Bund evangelischer Religionslehrerinnen u. -lehrer an den Gymnasien und Gesamtschulen in Westfalen und Lippe: Vors.: StD Hartmut Drüge, Kriemhildstr. 18, 33615 Bielefeld, Tel. (05 21) 78 71 54 07; Stellv.: StD Dr. Albrecht Willert, Gerhart-Hauptmann-Str. 31, 45657 Recklinghausen, Tel. (0 23 61) 2 71 71.

Gemeinschaft Evangelischer Erzieher e. V. (Rheinland/Saar/Westfalen): 1. Vors.: Superintendent i. R. Pfr. Friedhelm Polaschegg, Hünxe; Geschäftsführer: Bernd Giese, Geschäftsstelle: Postfach 11 02 30, 47142 Duisburg, Tel. (02 03) 54 72 44, Fax 54 87 26, E-Mail: kontakt@gee-online.de, Homepage: www.gee-online.de.

Landesarbeitsgemeinschaft der Verbände evangelischer und katholischer Religionslehrerinnen und -lehrer aller Schulformen in NRW (LAGVR): Vorsitzender: Klaus Schlupkothen, Priembergweg 68b, 45257 Essen, Tel. (02 01) 48 73 31, E-Mail: KlausSchlupkothen@gmx.de.

Fachverband Deutsch im Deutschen Germanistenverband e. V.: Bundesvorsitzende: Dr. Gisela Beste, Friedbergstr. 29, 14057 Berlin, Tel. (0 30) 33 77 29 36, E-Mail: gisela.beste@gmx.de.

Deutscher Altphilologen-Verband: Vorsitzender: Prof. Dr. Stefan Kipf, Humboldt-Universität, Institut für Klassische Philologie, Unter den Linden 6, 10099 Berlin, Tel. (0 30) 20 93 26 56, E-Mail: info@altphilologenverband.de. „Forum Classicum": Prof. Andreas Fritsch, Wundtstr. 46, 14057 Berlin. Landesverband Nordrhein-Westfalen: Vorsitzende: StD' Cornelia Lütke Börding, Teplitzer Str. 20, 33803 Steinhagen, Tel. (0 52 04) 64 91; Stellv.: StD Dr. Peter Lütke Westhues, Weinberg 5, 33100 Paderborn, Tel. (0 52 51) 69 02 84; OStR Dr. Dietmar Schmitz, Am Veenteich 26, 46147 Oberhausen, Tel. (02 08) 67 57 72.

Gesamtverband Moderne Fremdsprachen (GMF): Präsident: Prof. Dr. Franz-Joseph Meissner, Justus-Liebig-Universität Gießen, Karl-Glöckner-Str. 21, 35394 Gießen. „Die Neueren Sprachen (DNS)", Schriftleitung: Prof. Dr. Konrad Schröder, Marconistr. 30B, 86179 Augsburg, Tel. (08 21) 5 98 27 45. Landesverband Nordrhein: StD Erwin Klein, Ronheider Winkel 23, 52066 Aachen, Tel. (02 41) 60 17 57. Landesverband Westfalen-Lippe: StD Max Bracht, Avenstrothsweg 12, 33332 Gütersloh, Tel. (0 52 41) 1 63 10.

Vereinigung der Französischlehrerinnen und -lehrer e. V. (VdF): Bundesgeschäftsstelle: Am Haanes 15a, 35440 Linden-Leihgestern, Tel. (0 64 03) 96 36 63, E-Mail: geschaeftsstelle@fapf.de, Zeitschrift „französisch heute". Landesverband NRW: Vorsitzender: StD Andreas Nieweler, Hohenloher Str. 18, 32756 Detmold, Tel. (0 52 31) 56 52 56, Fax 56 52 57, E-Mail: Andreas.Nieweler@t-online.de

Fachvereinigung Niederländisch e. V.: Geschäftsstelle: Haus der Niederlande, Alter Steinweg 6/7, 48143 Münster, Fax (02 51) 8 32 85 30, E-Mail: info@fvnl.de, Homepage: www.fachvereinigungniederlaendisch.de; Vorsitzende: Dr. Veronika Wenzel; Zeitschrift: „nachbarsprache niederländisch"(nnplus), Redaktionsanschrift: wie Geschäftsstelle.

Deutscher Russischlehrerverband e.V. (DRLV): 1. Vorsitzende: Dr. Helgard Lörcher, Gaisbergstr. 75a, 69115 Heidelberg, E-Mail: helgard-loercher@t-online.de – 2. Vorsitzende: OStR' Eva Gothsch, Bismarckstr. 57, 42115 Wuppertal, Tel. (02 05) 30 73 14, Fax 31 10 88, E-Mail: eva.gothsch@web.de.

Deutscher Spanischlehrerverband (DSV) Vorsitzender: Prof. Dr. Walther L. Becker, Findelgasse 7, 90402 Nürnberg; Zeitschrift: „Hispanorama", Homepage: www.hispanorama.de; Landesvorsitzender NRW: Thomas Döring, Bielefeld, E-Mail: tdoering@uni-bielefeld.de.
Gesellschaft für Angewandte Linguistik (deutscher National-Fachverband der „Association Internationale de Linguistique Appliquée"): Präsident: Prof. Dr. Bernd Rüschoff, Universität Duisburg-Essen, Campus Essen, Fachbereich Geisteswissenschaften: Anglistik, Universitätsstr. 12, 45117 Essen, Tel. (02 01) 1 83 40 52, Fax 1 83 42 25, E-Mail: praesident@gal-ev.de; Geschäftsstelle der GAL: Universität Duisburg-Essen, Campus Essen, Fachbereich Geisteswissenschaften: Anglistik, Universitätsstr. 12, 45117 Essen, Tel. (02 01) 1 83 34 61, Fax 1 83 42 25, E-Mail: geschaeftsstelle@gal-ev.de.
Verband Deutscher Esperanto-Lehrer: p/a Michael Josef Scherm, Von-Thürheim-Str. 47, 89264 Weißenhorn, Tel. u. Fax (0 73 09) 77 71, E-Mail: MJ.Scherm@t-online.de, Zeitschrift: „Esperanto und Unterricht".

Verband der Geschichtslehrer Deutschlands: Dr. Peter Lautzas, Bettelpfad 46, 55130 Mainz. Verbandszeitschrift: „Geschichte in Wissenschaft und Unterricht". Landesverband NW: Vorsitzender: StD Dr. Rolf Brütting, Kettelerweg 51, 44141 Dortmund, Tel. (02 31) 43 01 56, Fax 42 45 57, E-Mail: rbruetting@t-online.de. Geschäftsstelle: c/o StD Klaus Fieberg, Wiehbachtal 129, 51381 Leverkusen, Tel. (0 21 71) 76 01 05, E-Mail: Klaus.Fieberg@historikerweb.de. Verbandszeitschrift: „Geschichte, Politik und ihre Didaktik", Schriftleitung: StD' i. R. Dr. Erika Richter, Ulmenweg 8, 59872 Meschede, Tel. (02 91) 86 12.
Fachverband Philosophie e. V.: 1. Bundesvorsitzender: Dr. Bernd Rolf, Hubertusstr. 123, 47623 Kevelaer, Tel. (0 28 32) 73 92, Fax 97 06 52, E-Mail: berndrolf@freenet.de; 1. Landesvorsitzender NRW: Klaus Draken, Am Dönberg 65H, 42111 Wuppertal, Tel. (02 02) 77 23 96, E-Mail: Klaus.Draken@gmx.de, Homepage: www.fvp-nrw.de; der Landesverband NW ist Herausgeber von: „Der Philosophieunterricht in NRW".
Verband der Pädagogiklehrer und Pädagogiklehrerinnen e. V.: Geschäftsstelle: Hubertusstr. 32, 46485 Wesel, Tel. u. Fax (02 81) 8 24 52, E-Mail: vdp-geschaeftsstelle@gmx.de; 1. Vorsitzender: Dr. Christoph Storck; 2. Vorsitzender: StD Dr. Elmar Wortmann; Kassenwartin: Heike Walbrodt-Derichs; Zeitschrift: „Pädagogikunterricht". Homepage: www.vdp.org.
Verband der Psychologielehrerinnen und -lehrer e. V.: Anschrift: (Schriftführerin) Kerstin Greischel, Loitzer Dorfstr. 21B, 03130 Felixsee, Tel. u. Fax (03 56 98) 8 08 55, E-Mail: pgreischel@t-online.de; Vorsitzende: Monika Wagner-Hans, Wobachstr. 47/1, 74321 Bietigheim, Tel. (0 71 42) 5 41 29, E-Mail: m.wagner-hans@bize.de; Verbandszeitschrift: „Psychologieunterricht".
Deutsche Vereinigung für politische Bildung e. V.: Bundesvorstand: 1. Vorsitzende: StD' Dorothea Weidinger, Freischützstr. 102, 81927 München; 2. Vorsitzender: Dr. Wolfgang Sander, Bergstr. 10, 35463 Fernwald; Schatzmeisterin: Brigitte Grenz, Friedrich-Engels-Str. 47/113, 99086 Erfurt; Landesvorstand NW: 1. Vorsitzender: Hans-Joachim v. Olberg, Weißenburgstr. 47, 48151 Münster; 2. Vorsitzende: Birgitt Keen, Pfalzstr. 43, 40477 Düsseldorf und Helmut Bieber, Pösgesweg 6, 47259 Duisburg.
Verband der Rechtskundelehrer e. V.: 1. Vorsitzender: Christian Grobauer, Beulstr. 15, 58642 Iserlohn, Tel. (0 23 74) 1 42 99, E-Mail: rechtskundelehrer@gmx.de u. grobauer@gmx.de; 2. Vorsitzender: Rüdiger Johannkemper, 50389 Wesseling, Birkenstr. 32a, Tel. (0 22 36) 4 02 26. Verbandszeitschrift „Rechtskunde".

Verband Deutscher Schulgeographen e. V., Landesverband Nordrhein-Westfalen: 1. Vorsitzender: Jürgen Neumann, Am Waddenberg 29, 41515 Grevenbroich, Tel. (0 21 81) 49 92 37, E-Mail: neumann.gv@t-online.de; 2. Vorsitzende: Dr. Karin Steinhäuser, Groschenweg 8c, 50859 Köln, Tel. (0 22 34) 94 25 15, E-Mail: karin.steinhaeuser@t-online.de; Homepage: www.erdkunde.com.
Gesellschaft Deutscher Naturforscher und Ärzte e. V.: Präsidentin: Prof. Dr. Christiane Nüsslein-Volhard, Tübingen; Generalsekretär: Prof. Dr. Jörg Stetter, Wuppertal; Geschäftsstelle: Hauptstr. 5, 53604 Bad Honnef, Tel. (0 22 24) 98 07 13, Fax 98 07 89, E-Mail: gdnae@gdnae.de, Homepage: www.gdnae.de.
Deutscher Verein zur Förderung des mathematischen und naturwissenschaftlichen Unterrichts: 1. Vorsitzender: OStD Arnold a Campo, Kammannstr. 13, 58097 Hagen, Tel. (0 23 31) 88 03 88, Fax 88 03 95, E-Mail: acampo@t-online.de; Geschäftsführer: Karsten Reckleben, Walter-Frahm-Stieg 30, 22041 Hamburg, Tel. u. Fax (040) 6 57 01 62, E-Mail: reckleben@t-online.de. „Der mathematische und naturwissenschaftliche Unterricht": Hauptschriftleiter: Prof. Dr. Bernd Ralle, Kebbestr. 29, 44267 Dortmund.
Studienkreis Schule/Wirtschaft NW: Geschäftsstelle: Uerdinger Str. 58–62, 40474 Düsseldorf, Tel. (02 11) 4 57 32 42, Fax (02 11) 4 57 31 44, E-Mail: RAMTHUN@bildungswerk-nrw.de, Homepage: www.bildungswerk-nrw.de; Geschäftsführerin: Dr. Gudrun Ramthun.

Verband Deutscher Schulmusiker: Landesverband NRW e. V. (VDS NRW): Dr. Walter Lindenbaum, Rinkerodeweg 37a, 48163 Münster, Tel. (02 51) 7 62 40 24, Fax (02 51) 7 62 40 25, E-Mail: lindenbaum@vds-musik-nrw.de
Arbeitskreis für Schulmusik (AfS): Bundesvorsitzender: Prof. Dr. Jürgen Terhag, Dagobertstr. 38, 50668 Köln, Tel. (02 21) 9 12 81 81 17, Fax 9 12 81 81 23, E-Mail: juergen.terhag@afs-musik.de; Geschäftsstelle: Alfons Klüpfel, Rhönblick 25, 97618 Hohenroth, Tel. (0 97 71) 68 69 63, Fax 68 69 62, E-Mail: akluepfel@afs-musik.de.
BDK Fachverband für Kunstpädagogik e. V.: BDK-Bundesverband, Geschäftsstelle: Jakobistr. 40, 30163 Hannover; Vorsitzender: Clemens Höxter; Landesverband NRW: Vorsitzender: Rolf Niehoff, Pirolstr. 22, 40627 Düsseldorf.
Arbeitskreis Textilunterricht NW: Geschäftsstelle: Melanie Groß, Am Turm 12, 45239 Essen, Tel. (02 01) 6 17 73 30, Fax 6 17 73 31, E-Mail: melaniegross@aktextil-nrw.de, Homepage: www.aktextil-nrw.de; Zeitschrift: Textilgestaltung.
Deutscher Sportlehrerverband: Präsident: OStD Helmut Zimmermann. Geschäftsstelle: Johansenaue 3, 47809 Krefeld, Tel. (0 21 51) 54 40 05, Fax 51 22 22, E-Mail: DSLV-NRW@gmx.de.

Teil I

Die Unterrichtsverwaltung in Nordrhein-Westfalen

Ministerium für Schule und Weiterbildung des Landes Nordrhein-Westfalen (MSW)

Dienstort Düsseldorf (D): Völklinger Straße 49, 40221 Düsseldorf
Tel. (02 11) 58 67-40, Durchwahl 58 67-Nebenstelle, Fax (02 11) 58 67-32 20,
E-Mail: poststelle@msw.nrw.de, Homepage: www.schulministerium.nrw.de
Dienstort Soest (S): Arbeitsstab Bildungsforschung und -statistik, Entwicklung von Kernlehrplänen, Grundlagen für Zentrale Prüfungen und Lernstandserhebungen
Paradieser Weg 64, 59494 Soest, Tel. (0 29 21) 68 3-1, Durchwahl 68 3-Nebenstelle, Fax 68 3-2 28

Ministerin für Schule und Weiterbildung:	**Barbara Sommer** (App. 35 35/35 36)
Ständiger Vertreter der Ministerin:	Staatssekretär **Günter Winands** (App. 35 23/35 26, Fax 35 22)
Persönliche Referentin:	**Gabriela Goedel-Hoche** (App. 36 31, Fax 35 37)
Presse:	**Andrej Priboschek** (App. 35 17, Fax 32 25)

ABTEILUNG 1	**Haushalt, Personal und Organisation**
	Abteilungsleiter: **Ernst Rainer Stehl** (App. 32 76/32 77, Fax 35 92)
Gruppe 11	Haushalt, Fördercontrolling, Lehrereinstellung, IT-gestützte Verfahren in Schulen und Schulverwaltung
	Gruppenleiter: **Wilhelm Knevels** (App. 33 01/33 02, Fax 32 60)
Referat 111	Grundsatzangelegenheiten des Haushalts-, Kassen- und Rechnungswesens, Fördercontrolling, Neues Haushalts- und Rechnungswesen, LRH, BdH
	Referatsleiter: **Wilhelm Knevels** (App. 33 01)
Referat 112	Haushalt Schule, Ministerium, Haushaltsaufstellung, (HAV), HKRTV, Fragen des Bau- und Liegenschaftsbetriebes, Schulbau, BdH
	Referatsleiter: **Hermann Mohnen** (App. 33 21)
Referat 113	Lehrereinstellungen, Lehrerversetzungen
	Referatsleiter: **Jörg Packwitz** (App. 35 43)
Referat 114	IT-gestützte Verfahren in Schulen und Schulverwaltung
	Referatsleiter: **Rolf Zimmermann** (App. 32 21)
Gruppe 12	Personal, Organisation, Verwaltungsmodernisierung, Informationstechnik, Veröffentlichungen, Innerer Dienst
	Gruppenleiterin: **Susanne Steinforth** (App. 33 78/33 77, Fax 33 79)
Referat 121	Personal und Personalentwicklung Ministerium
	Referatsleiterin: **Susanne Steinforth** (App. 33 78)
Referat 122	Verwaltungsmodernisierung, Bürokratieabbau, Organisation und Organisationsentwicklung des Ministeriums und des nachgeordneten Bereichs, E-Government
	Referatsleiter: **Stephan Scholz** (App. 34 86, Fax 35 16)
Referat 123	Informationstechnik im Ministerium, Koordination Informationstechnik nachgeordneter Bereich
	Referatsleiterin: **Bettina Schwanke** (App. 32 19)
Referat 124	Allg. Publikationen, Fachinformationen, Amtliche Veröffentlichungen, Messen
	Referatsleiter: **Gregor Berger** (App. 34 26)
Referat 125	Innerer Dienst
	Referatsleiter: **Georg Schoppe** (App. 33 10, Fax 33 30)
ABTEILUNG 2	**Personal Schulbereich, Dienstrecht, Schulrecht**
	Abteilungsleiterin: **Karin Paulsmeyer** (App. 35 46/35 47, Fax 35 95)
Gruppe 21	Dienstrecht, Personalvertretung, Personalangelegenheiten Schulbereich
	Gruppenleiter: **Jürgen Schürcks** (App. 32 71/32 72, Fax 36 68)
Referat 211	Personalangelegenheiten der Schulaufsichtsbehörden, Laufbahn- und Nebentätigkeitsrecht, Schwerbehindertenrecht, Personalvertretung
	Referatsleiter: **Jürgen Schürcks** (App. 32 71)
Referat 212	Beamtenrecht, Disziplinarrecht, Arbeits- und Gesundheitsschutz
	Referatsleiter: **Gerhard Haas** (App. 35 73)
Referat 213	Weiterentwicklung des Dienstrechts, Personalentwicklung
	Referatsleiter: **Wilfried Mlodzian** (App. 32 65)
Referat 214	Arbeits-, Tarif-, Sozialversicherungs-, Besoldungs-, Versorgungsrecht
	Referatsleiter: **Alfred Möller** (App. 32 86)

Referat 215	Personalangelegenheiten der nachgeordneten Behörden und Einrichtungen und der Lehrkräfte, Ordensangelegenheiten Referatsleiter: **Rüdiger Lülff** (App. 35 78)
Referat 216	Gleichstellungsbeauftragte, Reflexive Koedukation Referatsleiterin: **Dr. Birgit Klimeck** (App. 36 43)
Gruppe 22	Schulgesetzgebung, Schulrecht, Ersatzschulfinanzierung, allgemeine Rechts- und Verwaltungsangelegenheiten, Datenschutz Gruppenleiter: **Werner van den Hövel** (App. 35 31/35 32, Fax 36 76)
Referat 221	Schulgesetzgebung, Schulrecht, Verfassungsrecht, Staatskirchenrecht, Rechtsbereinigung, Ferienordnung, Schulgesundheitswesen Referatsleiter: **Werner van den Hövel** (App. 35 31)
Referat 222	Schulverwaltung, Schulpflicht, Schulverhältnis, Ausbildungs- und Prüfungsordnungen, Rechts- und Verwaltungsangelegenheiten der Gymnasien, Berufskollegs und besonderen Einrichtungen, Datenschutz, Bundes- und Landesgesetze Referatsleiter: **Volkmar Kumpfert** (App. 34 89)
Referat 223	Schulen in freier Trägerschaft, Anerkennung ausländischer und internationaler Ergänzungsschulen Referatsleiter: **Stefanie Overbeck** (App. 36 79)
Referat 224	Ersatzschulfinanzierung, Refinanzierungsangelegenheiten der Ersatzschulen Referatsleiter: **Dr. Manfred Lieberich** (App. 33 09)
Referat 225	Schulverfassung, Ausbildungs- und Prüfungsordnungen und Rechts- und Verwaltungsangelegenheiten der Grund-, Haupt- und Realschulen, der Gesamtschulen und der Förderschulen, Recht der Allgemeinen Weiterbildung Referatsleiter: **N. N.**
Referat 226	Schulfinanzierung, Lernmittelfreiheit, Lehrerarbeitszeit, Schülerfahrkosten, Ausbildungsförderung Referatsleiter: **Hartmut Pietsch** (App. 35 65)
Referat 227	Vergabestelle, Grundsatzangelegenheiten und Meldepflichten im Vergabewesen, Justitiariat Referatsleiter: **Joachim Fehrmann** (App. 32 87), Dienststelle Soest, Tel. (0 29 21) 68 3-3 16
Arbeitsstab 3	**Grundsatzangelegenheiten des Bildungswesens, Eigenverantwortliche Schule, Qualitätsanalyse an Schulen, Qualitätsentwicklung, Bildungsdialog** Arbeitsstableiter: **Dr. Heinfried Habeck** (App. 35 83, Fax 35 88)
Referat 31	Grundsatzangelegenheiten des Bildungswesens, Bildungsberichterstattung, Aufgabenplanung und Controlling, Grundsatzfragen der Qualitätsentwicklung und Schulstrukturen, Grundsatzfragen der Zusammenarbeit mit der Schulaufsicht, Sicherung von Lernzeit, Modellversuche Arbeitsstableiter: **Dr. Heinfried Habeck** (App. 35 83)
Referat 32	Eigenverantwortliche Schule, Modellvorhaben Selbstständige Schule, Regionale Bildungslandschaften, Weiterentwicklung der Schulaufsicht Referatsleiterin: **Ute Wohlgemuth** (App. 34 13)
Referat 33	Bildungsdialog: Dialog mit Eltern, Schüler- und Lehrerverbänden sowie Schulleitungen, Bürgerbüro Referatsleiter: **Norbert Gundlach** (App. 31 47)
Referat 34	Qualitätsanalyse an Schulen, Qualitätstableau und IT-Verfahren der Qualitätsanalyse, Schulung der Qualitätsteams, Zielvereinbarungen nach Qualitätsanalyse Referatsleiter: **Wulf Homeier** (App. 33 11)
ABTEILUNG 4	**Lehreraus- und fortbildung, Individuelle Förderung, Internationales** Abteilungsleiter: **Dr. Ulrich Heinemann** (App. 34 43/34 44, Fax 35 93)
Gruppe 41	Individuelle Förderung, Hochbegabte, Fortbildung, Internationales Gruppenleiter: **Wolfgang Koch** (App. 36 32/36 33, Fax 36 34)
Referat 411	Individuelle Förderung, Hochbegabtenförderung, Schule und Beruf/Wirtschaft, Schule und Universität, Fördervereine, Stiftungen, Sponsoring Referatsleiter: **Wolfgang Koch** (App. 36 32)
Referat 412	Entwicklung, Planung und Koordination von Fortbildung und Qualifizierung im Schulwesen, Medienberatung/E-Teams, Lernmittel Referatsleiter: **Paul-Dieter Eschbach** (App. 35 07)
Referat 413	EU-Angelegenheiten, EU-Vorhaben im Schulbereich Referatsleiter: **Volker Theimann** (App. 34 29, Fax 34 19)
Referat 414	Schulische Arbeit im Ausland, internationaler Austausch, internationale Angelegenheiten, bilaterale Abkommen im Bereich Schule Referatsleiterin: **Hildegard Jacob** (App. 34 56)
Gruppe 42	Lehrerausbildung Gruppenleiter: **Ulrich Wehrhöfer** (App. 34 31/34 32)
Referat 421	Grundsatzfragen der Lehrerausbildung, Anerkennung der Lehramtsbefähigungen und Lehramtsprüfungen Referatsleiter: **Ulrich Wehrhöfer** (App. 34 31)

Referat 422	Lehramtsstudium, Studienreform, Zentren für Lehrerbildung, Prüfungsämter für Erste Staatsprüfungen Referatsleiterin: **Dr. Annegrit Brunkhorst-Hasenclever** (App. 34 38)
Referat 423	Vorbereitungsdienst, Studienseminare für Lehrämter an Schulen, Qualitätssicherung und -entwicklung, Seminarstruktur Referatsleiter: **Reinhard Gerdes** (App. 33 58)
Referat 424	Seiteneinsteiger, Landesprüfungsamt für Zweite Staatsprüfungen, Landesinstitut für Landwirtschaftspädagogik, Lehrkräfte ohne Lehramt Referatsleiter: **Dr. Harry Liedtke** (App. 32 09)
ABTEILUNG 5	**Allgemeinbildende Schulen, Förderschulen** Abteilungsleiter: **Manfred Walhorn** (App. 34 61/34 62, Fax 35 94)
Gruppe 51	Grundschule, Förderschulen, Realschule Gruppenleiter: **Ralph Fleischhauer** (App. 34 63/34 64, Fax 36 72)
Referat 511	Förderschulen, Förderschwerpunkte: Lernen, Sprache, emotionale und soziale Entwicklung, Waldorfförderschulen Referatsleiter: **Ralph Fleischhauer** (App. 34 63)
Referat 512	Förderschulen, Förderschwerpunkte: Sehen, Hören und Kommunikation, geistige Entwicklung, körperliche und motorische Entwicklung, Schule für Kranke, Hausunterricht Referatsleiterin: **Gabriele Mauermann** (App. 32 93)
Referat 513	Grundschule, Gemeinsamer Unterricht, Übergang Kindergarten/Grundschule Referatsleiterin: **Dorothee Schneider** (App. 36 20)
Referat 514	Realschule Referatsleiter: **Joachim Keferstein** (App. 37 36)
Referat 515	Ganztagsangebote in der Grundschule, Öffnung von Schule, Schule und Kultur, Bildung für nachhaltige Entwicklung, Schulpsychologie Referatsleiter: **Dr. Norbert Reichel** (App. 33 98)
Gruppe 52	Gymnasium, Gesamtschule, Weiterbildungskolleg, Koordination Qualitätssicherung und Grundsatzfragen der Curriculumentwicklung Gruppenleiterin: **Marietrud Schreven** (App. 34 51/34 52, Fax 36 73)
Referat 521	Gymnasiale Oberstufe Referatsleiterin: **Marietrud Schreven** (App. 34 51)
Referat 522	Fremdsprachen, Internationale Abschlüsse, Schulaufsicht: Reg.-Bezirke Düsseldorf und Köln Referatsleiterin: **Henny Rönneper** (App. 36 81)
Referat 523	Sekundarstufe I des Gymnasiums, Aufbaugymnasium, Weiterbildungskolleg, Waldorfschule, Schulaufsicht: Reg.-Bezirke Arnsberg, Detmold und Münster, mathematische, naturwissenschaftliche, technische Fächer, Informatik Referatsleiterin: **Renate Acht** (App. 34 67)
Referat 524	Gesamtschule, Kolleg für Aussiedler, Studienkollegs für ausländische Studierende, Schulsozialarbeit, Oberstufenkolleg, Hochschulzugang Referatsleiter: **Ulrich Thünken** (App. 33 03)
Referat 525	Koordination Qualitätssicherung und Grundsatzfragen der Curriculumentwicklung, Länderübergreifende Verfahren der Standardentwicklung Referatsleiter: **Dr. Christoph Burkard** (App. 33 81)
Referat 526	Zentrale Prüfungen Abitur und Sekundarstufe I, Logistik Zentrale Prüfungen Referatsleiter: **Karl-Heinz Beier** (App. 32 23)
Referat 53	Hauptschule, Ganztagsangebote in der Hauptschule Referatsleiter: **Horst-Dieter Kückmann** (App. 35 76)
ABTEILUNG 6	**Berufliche Bildung, Allgemeine Weiterbildung, Kirchen und Religionsgemeinschaften** Abteilungsleiterin: **Dr. Beate Scheffler** (App. 33 17/33 18, Fax 36 77)
Gruppe 61	Berufliche Bildung Gruppenleiter: **Norbert Gudlat** (App. 34 03/34 04, Fax 36 69)
Referat 611	Grundsatzangelegenheiten der Beruflichen Bildung, Bildungsgänge der Fachschulen, Schulaufsicht: Reg.-Bezirk Düsseldorf Referatsleiter: **Norbert Gudlat** (App. 34 03)
Referat 612	Bildungsgänge der Fachoberschulen und der Berufsfachschulen (FHR und AHR, Berufsabschluss nach Landesrecht), Schulaufsicht: Reg.-Bezirk Detmold Referatsleiter: **Lothar Herstix** (App. 34 68)
Referat 613	Bildungsgänge der Berufsschulen (Fachklassen des dualen Systems), Berufsbildungsbericht, Schulaufsicht: Reg.-Bezirk Münster Referatsleiter: **Richard Stigulinszky** (App. 34 73)
Referat 614	Bildungsgänge der Berufsschulen (ohne Fachklassen) und der Berufsfachschule (FOR), Anerkennung ausl. Bildungsnachweise, Schulaufsicht: Reg.-Bezirke Arnsberg und Köln Referatsleiter: **Herbert Hecker** (App. 32 80)
Gruppe 62	Allgemeine Weiterbildung, Migranten, Politische Bildung, Werteerziehung, Kirchen und Religionsgemeinschaften, Schulsport Gruppenleiterin: **Ulla Ohlms** (App. 35 61/35 62, Fax 36 69)

18 Ministerium für Schule und Weiterbildung

Referat 621	Migranten, religiöse Bildung muslimischer Schülerinnen und Schüler, Gesundheitsförderung Referatsleiterin: **Ulla Ohlms** (App. 35 61)
Referat 622	Politische Bildung, Werteerziehung, Allg. Angelegenheiten des Religionsunterrichts, Kirchen und Religionsgemeinschaften, Drogen- und Gewaltprävention Referatsleiter: **Prof. Dr. Heinz-Werner Poelchau** (App. 33 56)
Referat 623	Schulsport Referatsleiter: **Rolf-Peter Pack** (App. 34 30)
Referat 624	Allgemeine Weiterbildung Referatsleiter: **Jürgen Kruse** (App. 37 95), **Heike Maschner** (App. 32 47)
-7-	**Arbeitsstab Bildungsforschung und -statistik; Entwicklung von Kernlehrplänen, Grundlagen für Zentrale Prüfungen und Lernstandserhebungen** Leiter des Arbeitsstabes: Gerd Möller (App. 36 19, Fax 0 29 21/68 3-2 28)
Referat 71	Schulstatistik und Prognose, Quantitative Analysen, Arbeitsplanung und Programmcontrolling Arbeitsstab Referatsleiter: **Gerd Möller** (App. 36 19)
Referat 72	Entwicklungsarbeiten Standardüberprüfungen und schulische Standards Referatsleiter: **N. N.**
Referat 73	Betreuung Modellversuche Referatsleiter: **N. N.**
Referat 74	Webbasierte Datenerhebung und -aufbereitung, IT-Fachverfahren und Logistik, Verwaltungs- und Fachunterstützung Referatsleiter: **N. N.** (Tel. 0 29 21/68 3-2 35/3 58)
Referat 75	Weitere verwaltungsfachliche Unterstützung, Übergangsmanagement Liegenschaft Soest, Einsatzmanagement ID Soest, Tagungsbetrieb Referatsleiter: **Joachim Fehrmann** (Tel. 0 29 21/68 3-3 16)

Im Ministerium für Schule und Weiterbildung tätige Pädagogen

Name	Amtsbezeichnung	Lehrbefähigung
Acht Renate	MR'	M CH
Beier Karl-Heinz	MR	D R ER
Braun-Bau Susanne Dr.	RD'	E D
Brunkhorst-Hasenclever Annegrit Dr.	MR'	D ER PL
Eschbach Paul Dieter	MR	M PH IF
Gerdes Reinhard	MR	M PH
Habeck Heinfried	LMR	D GE
Homeier Wulf	MR	M PH
Jacob Hildegard	MR'	E EK
Möller Gerd	LMR	M EK
Pallack Andreas Dr.	RD	M PH
Prasse Arne	StD	SW D SP
Reichel Norbert Dr.	MR	D F
Roenneper Henny	MR'	F R
Schneider Dorothee	MR'	M SP
Schreven Marietrud	LMR'	D KR
Thünken Ulrich-Ernst	MR	EK D TC
Walhorn Manfred	MD	G SW
Wohlgemuth Ute	MR'	E D

Hauptpersonalrat der Lehrer an Gymnasien beim Ministerium für Schule und Weiterbildung

1. Vorsitzender:	OStR Wilfried Haßler (PhV), 1.025, Vor dem Eschend 9, 50170 Kerpen, Tel. (0 22 73) 5 15 56, Fax (0 22 73) 5 53 28
1. Stellv. Vors.:	StD Dr. Rolf Brütting (PhV), 2.176, Kettelerweg 51, 44141 Dortmund, Tel. (02 31) 43 01 56
2. Stellv. Vors.:	OStR Peter Silbernagel (PhV), 1.710, 52249 Eschweiler, Ardennenstr. 25, Tel. (024 03) 3 42 20

StR Andreas Bartsch (PhV), 1.712, Straelen – Tel. (0 21 57) 46 01; StD Jürgen Baues (PhV), 1.407, Frechen – Tel. (0 22 34) 93 29 60; StD Norbert Becker (GEW), 2.305, Haltern – Tel. (0 23 64) 85 90; OStR' Gabriele Bremke-Moenikes (PhV), 2.621, Rheda-Wiedenbrück – Tel. (0 52 42) 4 88 28; StD Dr. Wolfgang Diepenthal (VLG), 1.817, Wuppertal – Tel. (02 02) 50 74 28; StD' Gerda Fürstenberg (PhV), 2.006, Ahlen – Tel. (0 23 82) 12 27; StD' Cornelia Kapteina-Frank (PhV), Essen – Tel. (02 01) 68 11 27: StD' Monika Kirfel (GEW), 1.435, Köln – Tel. (0 22 34) 7 38 43; OStD Gerhard Müller-Frerich (PhV), 2.400, Dortmund – Tel. (02 31) 40 33 17; L' i. A. Dorothea Marx

(PhV), 1.434, Köln – Tel. (02 21) 9 86 23 81; StD Alfred Pieper-Eiselen (GEW), 2.085, Bochum – Tel. (02 34) 52 41 49; OStR' Salome Poß (GEW), 3.061, Neuss – Tel. (0 21 51) 31 23 18.

Hauptvertrauensperson der schwerbehinderten Lehrkräfte beim MSW: StD Dr. Udo Kleine (2.210), Winnebrockstr. 9, 33790 Halle/Westf., Tel. (0 52 01) 90 36 o. 50 63 u. (01 73) 2 72 71 82

Hauptpersonalrat für Pädagogen und Pädagoginnen an Gesamtschulen beim Ministerium für Schule und Weiterbildung

Vorsitzende: StR' Irene Pasternak (GEW), 4.274, Essen; 1. Stellv. Vors.: L Werner Balfer (GEW), 4.493, Köln; 2. Stellv. Vors.: StD' Dorothea Schäfer (GEW), 4.880, Unna.
Soz.-Päd.' Karin Clermont (GEW), 4.410, Herten; StD Rüdiger Gruel (GEW), 4.511, Krefeld; RSchL' Ulla Hahne-Beckmann (VBE), 4.300, Gelsenkirchen; SekIL' Petra Lindenau (GEW), 4.222, Düsseldorf; L i. A. Rainer Lummer (Schall), 4.740, Paderborn; StR Andreas Meyer (fidel), 4.512, Krefeld; L i. A. Cetin Mogultay (GEW), 4.361, Hamm; OStR Dirk Prinz (GEW), 4.090, Bonn; RSchL' Ina Quack-Bertram (GEW), 4.651, Mönchengladbach; StR Hans Herbert Schürmann (GEW), 4.052, Bielefeld; SekIL' Dorothea Stommel (VBE), 4.274 Essen; OStR' Anne Törner (PhV), 4.111, Bottrop.

Hauptvertrauensperson der schwerbehinderten Lehrkräfte: SekIL' Renate Thiel, Essen, Tel. (02 01) 51 74 41.

Landeszentrale für politische Bildung

Dienstanschrift: Landeszentrale für politische Bildung
 Dienstgebäude: Horionplatz 1, 40213 Düsseldorf, Tel. (02 11) 86 18 46 15, Fax 86 18 46 75
 E-Mail: info@Politische-Bildung.NRW.de, Homepage: www.Politische-Bildung.NRW.de

Leiterin: LMR' **Maria Springenberg-Eich** (App. 46 10)

Referat 611 Grundsatz und Förderung
 Referatsleiterin: LMR' **Maria Springenberg-Eich**

Referat 612 Veranstaltungen
 Referatsleiterin: MR' **Carmen Teixeira**

Referat 613 Printmedien
 Referatsleiterin: RAng **Prof. Dr. Andreas Kost**

Referat 614 Audiovisuelle und elektronische Medien
 Referatsleiterin: RAng' **Ulrike Filgers**

Arbeitsgebiete:

Die Landeszentrale für politische Bildung Nordrhein-Westfalen ist dem Ministerium für Generationen, Familie, Frauen und Integration zugeordnet. Sie hat die Aufgabe, im Land Nordrhein-Westfalen die politische Bildung und die politische Kultur insbesondere in den Bereichen von Schulen, außerschulischer Jugendbildung, politischer Weiterbildung und Hochschulen mit dem Ziel zu fördern, die Bürgerinnen und Bürger in ihrer Bereitschaft zur Wahrnehmung demokratischer Verantwortung in Staat und Gesellschaft zu unterstützen. Sie soll ferner das Interesse und das Engagement für deutsche, europäische und internationale Probleme und deren friedliche Lösung stärken.

Die Bezirksregierungen im Landesteil Nordrhein

Bezirksregierung Düsseldorf – Schulabteilung
Cecilienallee 2 (Dienstgebäude Fischerstr. 10), 40474 Düsseldorf, Tel. (02 11) 475-0

Behördenleiter: Regierungspräsident **Jürgen Büssow**
Regierungsvizepräsident: **Jürgen Riesenbeck**

Abteilung 4:
Abteilungsleiter: AbtDir **N. N.**
D e z e r n a t 41: Grundschulen – Primarstufe – und Sonderschulen
    Dezernenten (Grundschulen): LRSD' **Erika Monnartz**, LRSD' **Dr. Elisabeth Sänger-Feindt**, RSD' **Claudia Rehm**
    Hauptdezernent: LRSD **Dr. Albert Noll**
    Dezernenten (Förderschulen): LRSD **Johannes Bretschneider**, RSD' **Gisela Sandrock**

D e z e r n a t 42:
    Hauptschulen – Sekundarstufe I –
    Hauptschulen – Dezernenten: LRSD **Karl-Heinz Schulze**, RSD **Gerhard Mayer**
    Realschulen – Dezernenten: LRSD' **Doris Basu**, RSD **Heinz-Gerd Hornen**, LRSD' **Maria Elisabeth Ott**, LRSD **Hans-Jochen Scheller**, RSD **Joachim Stemmer**

D e z e r n a t 43: Gymnasien – Sekundarstufen I und II –
Hauptdezernent: LRSD **Friedhelm Schütze**
Dezernenten: LRSD **Dr. Georg Bubolz**, LRSD **Dr. Lothar Düver**, LRSD **Werner Fuchs**, LRSD' **Inge Risken**, LRSD **Dr. Martin Schneider**, LRSD **Norbert Stirba**, LRSD **Jürgen Trockel**, LRSD **Bernd Wiese**, OStD' **Antonia Dicken-Begrich**, OStD **Joachim Schöpke**, StD **Dr. Winfried Bentgens**

D e z e r n a t 44: Gesamtschulen – Sekundarstufen I und II –
Hauptdezernent: LRSD **Robert Pannasch**
Dezernenten (Gesamtschulen): LRSD **Peter Behringer**, LRSD' **Christine Fasselt**, LRSD **Klaus Nevries**, LRSD' **Heidemarie Schäfers**, LRSD' **Ingrid Wenzler**

D e z e r n a t 45: Berufskollegs – Sekundarstufe II –
Hauptdezernent: LRSD **Erhard Adamek**
Dezernenten: LRSD **Uwe Ebbinghausen**, LRSD **Johannes Jacobs**, LRSD' **Grunhild Lehmkuhl**, LRSD **Klaus Lindner**, LRSD' **Veronika Schlotmann**, OStD' **Martina Hornung**, StD' **Karin Grigo**

D e z e r n a t 46: Lehreraus- und -fortbildung
Hauptdezernent: LRSD **Dr. Hubert Göbbels**
Dezernenten (Ausbildung): LRSD **Wolfgang Romey**, RSD **Willi Risters**
Fachleiter (Fortbildung): KR' **Barbara Bredebusch**, KR' **Ina Erbing-Schulthoff**, KR **Friedhelm Müller**, GER' **Barbara Koch-Riotte**, StD' **Doris Schmidt**, StD **Egon Petrak**, StD **Lutz Seemann**, StD **Karl-Heinz Göris**

D e z e r n a t 47: Personalangelegenheiten
Hauptdezernentin: LRD' **Dorothea Dittmann**
Dezernenten: RD **Bernd Polster**, ORR **Brüggemann**, ORR' **Alexandra Büdgen**, RD **Michael Henrich**, RD **Joachim Ziesche**, RR' **Gesine Fein**, RR **Martin Völpel**

D e z e r n a t 48: Schulrecht und Schulverwaltung, Schulbau, Kirchensachen, Ersatzschulfinanzierung
Hauptdezernent: RD' **Brunhilde Schoel**
Dezernenten: ORR **Oliver Limberg**, ORR' **Elke Kurth**, ORR **Andreas Ludwig**

D e z e r n a t 49: Kunst- und Kulturpflege, Weiterbildung, Zweiter Bildungsweg, Sport
Hauptdezernentin: LRSD' **Monika Lenkaitis**
Dezernenten: RSD' **Sibylle Wallossek**, LRSD' **Gerit Christiani**

Mitglieder der Personalvertretungen für Lehrerinnen und Lehrer bei der BR Düsseldorf
Gymnasien (Personalrat), Fax (02 11) 4 75 59 90):

Vorsitzender:	StD Jürgen Müller (PhV), 1.523, Pauenstr. 19, 41179 Mönchengladbach, Tel. **(02 11) 4 75 40 05 BRDü**, (0 21 61) 58 12 01 p.
1. Stellv. Vors.:	StD' Cornelia Kapteina-Frank (PhV), 1.222, Schloßgarten 2, 45355 Essen, Tel. **(02 11) 4 75 50 05 BRDü**, (02 01) 68 11 27 p.
2. Stellv. Vors.:	L Andreas Bartsch (PhV), 1.712, Kreuzmönchstr. 48, 41334 Nettetal, Tel. (0 21 57) 46 01
1. Schriftführer:	StD Wilhelm J. Timmermann (PhV), 1.736, Ungerather Kirchweg 6c, 41366 Schwalmtal, Tel. (0 21 63) 3 02 47
2. Schriftführer:	StD Rainer Linden (PhV), 1.130, Kapeller Hofweg 67, 40595 Düsseldorf, Tel. (02 11) 70 37 30

OStR' Renate Aust (GEW), 1.300, Heiligenhaus – Tel. (02 11) 28 35 18; StD' Ingrid Biermann (VLG), 1.554, Mülheim – Tel. (02 08) 42 41 58; StD Michael Brischke (GEW), 1.818, Wuppertal – Tel. (02 02) 2 98 48 22; L i. A. Winfried Dinger (Schall), 1.823, Wuppertal – Tel. (02 02) 2 72 16 93; OStR' Petra Floris (PhV), 1.645, Rheinberg – Tel. (0 28 43) 83 52; OStR' Juliana Goez (PhV), 1.135, Düsseldorf – Tel. (02 11) 7 18 26 07; OStR' Mechthild Grubing (GEW), 1.595, Oberhausen – Tel. (02 03) 35 49 84; OStR Reinhard Haase (GEW), 1.220, Essen – Tel. (02 01) 69 05 01; OStR' Karin Hayn (PhV), 1.805 Wülfrath – Tel. (0 20 53) 4 07 45; OStD Claus Hösen (PhV), 1.390, Kleve – Tel. (0 28 26) 74 03; OStR Ulrich Kemper (GEW), 1.570 Neukirchen-Vluyn – Tel. (0 28 45) 29 05 67; StD' Ulrike Marx (VLG), 1.506, Meerbusch – Tel. (0 21 32) 7 25 16; OStR Gottfried Paul (GEW), 1.453, Krefeld – Tel. (0 21 51) 50 52 61; StR' Martina Rienhardt (GEW), 1.584, Neuss – Tel. (0 21 31) 16 68 66; OStR Dieter Rullich (PhV), 1.451, Krefeld – Tel. (0 21 56) 25 00; StD' Petra Schlotte (PhV), 1.353, Jüchen – Tel. (0 21 66) 8 77 90; StD Andreas Schmidt (PhV), 3.120, Essen – Tel. (02 01) 29 10 72; OStD Hans-Ulrich Tholuck (PhV), 1.150, Duisburg – Tel. (02 01) 25 28 43; StD' Andrea Unterbirker (PhV), 1.470, Langenfeld – Tel. (0 21 74) 15 63; StR Peter Wolsing (PhV), 1.697, Solingen – Tel. (0 21 03) 6 03 85.

VP der schwerbehinderten Lehrer: OStR' Ingrid Georg (1.116), Auf'm Hennekmap 42, 40225 Düsseldorf, Tel. (02 11) 33 58 80

Gesamtschulen (Personalrat):

1. Vorsitzender:	OStR Franz Woestmann, 4.160 Dinslaken, Dr.-Otto-Seidel-Str. 3, 46535 Dinslaken, Tel. **(02 11) 4 75 50 03 BRDü**, (0 20 64) 5 39 45 p.
1. stellv. Vors.:	L' Claudia Paar, 4.701 Neuss, Friedrich-v.-d.-Schulenburg-Str. 51, 41466 Neuss, Tel. **(02 11) 4 75 50 03 BRDü**, (0 21 31) 47 03 58 p.
2. stellv. Vors.:	OStR Dieter Berghoff, 4.221 Düsseldorf, Tel. **(02 11) 4 75 50 03 BRDü**, (02 11) 24 58 68 p.

Christiane Bethke (VBE), 4.385, Heiligenhaus – Tel. (0 21 02) 5 12 35 p.; Alfred Brörmann (GEW), 4.160, Dinslaken – Tel. (0 20 64) 9 30 04; Dieter Gerdes (GEW), 4.960 – Wuppertal – Tel. (02 12) 3 83 90 44; Matthias Glade (fidel/SchaLL), 4.945, Willich – Tel. (02 11) 3 36 71 76 p., Irmgard Groß (GEW), 4.681 – Mülheim – Tel. (02 08) 46 18 62; Konrad Illigen (GEW), 4.245 – Duisburg – Tel. (0 28 41) 8 74 94; Jutta Jahnke (NRWL), 4.670, Monheim – Tel. (0 21 73) 96 07 13 p.; Angelika Meinhold (GEW), 4.243, Duisburg – Tel. (02 03) 37 78 62 p.; Andreas Meyer (fidel/SchaLL), 4.512, Krefeld – Tel. (02 11) 15 43 32; Angelika Nordmann (GEW), 4.680, Mülheim – Tel. (01 75) 2 02 04 32; Marc Pletziger (fidel/SchaLL), 4.246, Duisburg – Tel. (02 03) 72 70 75 p.; Arnd Ried (SchaLL), 4.249, Duisburg – Tel. (0 28 41) 9 79 84 79 p.; Siegfried Scharmann (GEW), 4.695, Nettetal – Tel. (0 21 58) 25 56 p.; Alfons Scherer (GEW), 4.700, Neuss; Dagmar Stempel (fidel/SchaLL), 4.945, Willich – Tel. (0 21 62) 81 46 43 p.; Dorothea Stommel (VBE), 4.274, Essen – Tel. (02 01) 47 03 61; Rolf Stuke (NRWL), 4.720, Oberhausen – Tel. (0 21 02) 93 27 70; Edith Zischke-Siewert (GEW), 4.240, Duisburg – Tel. (02 03) 78 47 40 p.

VP der schwerbehinderten Lehrer(innen): Renate Thiel, 4.271, Essen – Tel. (02 01) 51 74 87

Schulstädte – BR Düsseldorf

(In Klammern Gesamtzahl der örtlichen Gymnasien, Abendgymnasien, Kollegs und Gesamtschulen)

Brüggen (1); Dinslaken (4); Dormagen (4); Düsseldorf (29); Duisburg (27); Emmerich (1); Erkrath (2); Essen (31); Geldern (2); Goch (2); Grefrath (1); Grevenbroich (3); Haan (1); Heiligenhaus (2); Hilden (3); Hünxe (1); Jüchen (1); Kaarst (2); Kalkar (1); Kamp-Lintfort (2); Kempen (2); Kevelaer (1); Kleve (3); Korschenbroich (1); Krefeld (14); Langenfeld (2); Meerbusch (3); Mettmann (2); Mönchengladbach (15); Moers (8); Monheim (2); Mülheim (8); Nettetal (2); Neukirchen-Vluyn (1); Neuss (8); Oberhausen (10); Ratingen (3); Rees (1); Remscheid (6); Rheinberg (1); Schermbeck (1); Schwalmtal (1); Solingen (7); Straelen (1); Tönisvorst (1); Uedem (1); Velbert (4); Viersen (6); Voerde (2); Wesel (3); Willich (2); Wülfrath (1); Wuppertal (17); Xanten (1)

BR Düsseldorf

Name	in der gegenw. Dienstst. seit	Amts-bezeichnung	Lehr-befähigung	Bekennt-nis	Tag der Geburt
a) Schulfachliche Dezernate:					
Romey Wolfgang	1. 6.93	LRSD	E-TC M		19. 9.48
Fuchs Werner	1. 9.98	LRSD	EK SW		4. 4.50
Düver Lothar Dr.	2. 8.99	LRSD	D PL		18. 6.47
Schütze Friedhelm	1. 1.00	LRSD	GE PL SW		10.10.50
Pannasch Robert	15. 4.01	LRSD	TC PH		8. 4.50
Nevries Klaus	1. 2.03	LRSD	D EK		11. 7.47
Fasselt Christine	15. 5.05	LRSD'	M SP	e	22.12.54
Behringer Peter		LRSD	M SP		31. 3.46
Bubolz Georg Dr.		LRSD	PA KR PL	k	6. 5.51
Göbbels Hubert Dr.		LRSD	D BI	k	9. 3.46
Risken Inge geb. Stein		LRSD'	E F	e	24. 5.53
Schäfers Heidemarie		LRSD'			
Schneider Martin Dr.		LRSD	R E		53
Stirba Norbert		LRSD	M PH IF	k	17.10.52
Trockel Jürgen		LRSD	EK SP		17. 4.49
Wenzler Ingrid		LRSD'			
Wiese Bernd		LRSD	BI CH	e	22. 4.53
Schmidt Doris	15. 3.89	StD'	GE SW	e	11. 5.54
b) Verwaltungsfachliche Dezernate:					
Dittmann Dorothea		LRD'			
Henrich Michael		RD			
Polster Bernd		RD			
Ziesche Joachim		RD			
Ludwig Andreas		ORR			
Limberg Oliver		ORR			
Macke-Gieseking Wolfgang		ORR			
Brüggemann Ulrich		ORR			
Fein Gesine		RR'			

Bezirksregierung Köln
Zeughausstr. 2–10, 50667 Köln, Postfach 10 15 48, Tel. (02 21) 147-0, Fax 1 47 31 85

Behördenleiter: Regierungspräsident **Hans-Peter Lindlar**
Abteilung 4:
Abteilungsleiterin: AbtDir' **Gertrud Bergkemper-Marks**

Dezernat 43: Gymnasien

Hauptdezernent: LRSD **Rolf Schormann**
Dezernenten: LRSD **Hans Elbracht,** LRSD **Winfried Gosmann,** LRSD **Paul Palmen,** LRSD' **Dr. Ilona Schulze,**
LRSD **Fritz Schwarz,** LRSD **Dr. Wolfgang Welz,** LRSD' **Dr. Karola Wirths**

Dezernat 44: Gesamtschulen

Dezernenten: LRSD **Dr. Bürvenich,** LRSD **Bernward Gilles,** LRSD' **Marion Grau,** LRSD **Thomas Löwenbrück,**
LRSD' **Christel Schlott**

Dezernat 45: Berufskollegs

Dezernenten: LRSD **Otto Allendorff,** LRSD **Andreas Blank,** LRSD **Hartmut Müller,** LRSD **Franz Remy,**
LRSD **Tilo Schmidt**

Dezernat 46: Lehreraus- und -fortbildung

Hauptdezernent: LRSD **Dr. Wolfgang Hehemeyer**
Dezernenten (Ausbildung): RSD' **Erika Altenburg**
Dezernent (Aus- und Fortbildung): LRSD **Dr. Wolfgang Hehemeyer**
Fachleiter (Fortbildung): StD **Peter Gatzweiler**

Dezernat 47: Personal- und Stellenplanangelegenheiten

Hauptdezernent: LRD **Rolf Stratmann**
Dezernenten: RD' **Angela Kaumanns,** RD' **Dr. Meike Mohl,** RD' **Marianne Moors,** RD **Michael Odebrecht,**
ORR **Ralf Ballast,** ORR' **Inge Ensinger,** RR' **Irmgard Steinmann-Hasse,** RR' **Tamara Begenisic,**
RR **Dr. Ulf Randhahn**

Dezernat 48: Schulrecht und Schulverwaltung, Schulbau, Ersatzschulen

Dezernenten: RD **Manfred Kämmerling,** ORR' **Birgit Spieles,** RR **Thomas Kaspari,** RR **Dirk Kremer**

Dezernat 49 (Weiterbildungskollegs): LRSD **Burkhard Henkes**

Dezernat 4Q: Qualitätsanalyse an Schulen

Hauptdezernent: LRSD **Michael Dorn**
Dezernenten: LRSD **Norbert Schwedt,** LRSD **Uwe Selzener,** RSD' **Christa Kuhle,** RSD **Meinolf Schreiber,**
RSD **Hans Wielpütz,** RSR' **Susanne Schwier**

Mitglieder der Personalvertretungen für Lehrerinnen und Lehrer bei der BR Köln
Gymnasien (Personalrat), Tel: (02 21) 1 47 25 14, Fax 1 47 28 84

1. Vorsitzender:	StD Rolf T. Lindner (PhV), 1.310, Rheinaustr. 26, 53225 Bonn Tel. (02 28) 46 27 50 p., **(02 21) 1 47 25 14 BRK**
1. Stellv. Vors.:	OStR' Erika Busch-Schulten (PhV), 1.560, Schönauer Bergweg 17, 53902 Bad Münstereifel, Tel. (0 22 53) 18 04 24 p., **(02 21) 1 47 25 14 BRK**
2. Stellv. Vors.:	StD Winfried Blum (PhV), 1.403, Uhuweg 11, 50997 Köln, Tel. (0 22 33) 92 21 22
1. Schriftführerin:	OStR' Gisela Neumann (PhV), 1.035, Rennbahnstr. 57, 50737 Köln, Tel. (02 21) 74 33 50
2. Schriftführerin:	L' i. A. Sigrid Koppelmann (PhV), 1.616

StD Jürgen Baues (PhV), 1.407, Köln – Tel. (0 22 34) 93 29 60; StD' Claudia Bensen (VLG), 1.484, Düsseldorf – Tel. (02 11) 39 62 30; OStR Hans-Jürgen Borkowski (PhV), 1.433, Köln – Tel. (0 22 33) 92 31 50; StR Dirk Brenig (PhV), 1.320, Eschweiler – Tel. (0 24 03) 55 55 80; SekIL' Constanze Graf-Kreft (GEW), 1.482, Leverkusen – Tel. (0 21 02) 49 98 59; StR' Nilgül Karabulut (PhV), 1.020, Aachen – Tel. (02 41) 4 46 51 28; L' i. A. Sigrid Koppelmann, (PhV), 1.416, Köln – Tel. (02 21) 8 88 67 09; OStR' Gisela Neumann (PhV), 1.035, Köln – Tel. (02 21) 74 33 50; L' i. A. Dorothea Marx (PhV), 1.434, Köln – Tel. (02 21) 9 86 23 81; OStR Jörg Mühlhausen (PhV), 1.006, Aachen – Tel. (02 41) 6 42 90; L i. A. Dr. Martin Pötz (GEW), 1.404, Köln – Tel. (02 21) 13 64 44; OStR Wolfgang Reimann (GEW), 1.061, Bonn – Tel. (0 22 24) 9 88 38 60; StD' Cornelia Sanio (PhV), 1.486, Köln – Tel. (02 21) 68 08 93 93; StR' Petra Carmen Schinker (PhV), 1.044, Wiehl – Tel. (0 22 62) 70 10 93; OStR Heribert Schmitt (GEW), 1.790 – Tel. (0 22 05) 89 53 17; StR Ulf M. Schmitz (PhV), 1.061, Königswinter – Tel. (0 22 23) 90 93 09; StD Eckardt Schönfeld (PhV), 1.305, Heinsberg – Tel. (0 24 51) 6 61 07; StR Hans Josef Vöckel (PhV), 1.414, Köln – Tel. (02 21) 62 62 58; L i. A. Josef Vollmert (GEW), 1.716, Troisdorf – Tel. (02 21) 62 60 00; OStR' Annette Werthmann (GEW), 1.003, Aachen – Tel. (02 41) 8 94 05 21;

Gesamtschulen (Personalrat):
L i. A. Franz-Josef Kaesberger (PhV), 4.388, Hennef; StR' Kathleen Seidel (PhV), 4.920, Wassenberg

VP der schwerbehinderten Lehrer: OStR' Anne-Gret Schröer (PhV), 1.490, Nelly-Sachs-Str. 5, 53757 St. Augustin, Tel. (0 22 41) 2 34 00 37, Fax 2 34 08 92, E-Mail: anne@my-schroeer.de; **BRK:** Tel. (02 21) 1 47 36 57, E-Mail: anne-gret.schroeer@brk-nrw.de

Schulstädte – BR Köln (In Klammern Gesamtzahl der örtl. Gymnasien, Abendgymnasien, Kollegs, Gesamtschulen)
Aachen (15); Alsdorf (2); Baesweiler (1); Bedburg (1); Bergheim (3); Bergisch-Gladbach (6); Bergneustadt (1); Bonn (25); Bornheim (3); Brühl (3); Düren (7); Eitorf (1); Engelskirchen (1); Erftstadt (2); Erkelenz (1); Eschweiler (3); Euskirchen (2); Frechen (1); Geilenkirchen (3); Gummersbach (3); Heinsberg (1); Hennef (2); Herzogenrath (2); Bad Honnef (2); Hückelhoven (1); Hürtgenwald (1); Hürth (2); Jülich (3); Kall (1); Kerpen (2); Köln (46); Königswinter (2); Kreuzau (1); Kürten (1); Langerwehe (1); Leichlingen (1); Leverkusen (8); Lindlar (1); Lohmar (1); Marienheide (1); Mechernich (1); Meckenheim (1); Merzenich (1); Monschau (1); Bad Münstereifel (2); Neunkirchen (1); Niederkassel (1); Nümbrecht (1); Odenthal (1); Overath (1); Pulheim (3); Radevormwald (1); Reichshof-Eckenhagen (1); Rheinbach (1); Rösrath (1); Ruppichteroth (1); St. Augustin (2); Schleiden (2); Siegburg (2); Stolberg (2); Troisdorf (2); Übach-Palenberg (2); Waldbröl (2); Wassenberg (1); Wegberg (1); Weilerswist (1); Wermelskirchen (1); Wesseling (1); Wiehl (1); Windeck-Herchen (1); Wipperfürth (1); Würselen (3); Zülpich (1).

BR Köln

Name	Amts-bezeichnung	Lehr-befähigung	Bekennt-nis	Tag der Geburt
a) Schulfachliche Dezernate:				
Wirths Karola Dr.	LRSD'	M HW	e	6. 1.44
Gosmann Winfried	LRSD	GE D	k	12. 6.45
Welz Wolfgang Dr.	LRSD	PH IF		5. 6.43
Remy Franz	LRSD	Argr-W		8. 9.48
Schmidt Tilo	LRSD	WW SW	e	15. 1.45
Schormann Rolf	LRSD	E GE		10. 2.44
Löwenbrück Thomas	LRSD	M IF		
Müller Hartmut	LRSD	TC-Kfz EK W-Geo		23.10.53
Schwarz Fritz	LRSD	KU BI		8. 1.50
Allendorff Otto	LRSD	M E-TC		25. 5.51
Schlott Christel	LRSD'	M CH EK		25. 8.49
Hehemeyer Wolfgang Dr.	LRSD	PH M IF	k	14. 5.46
Palmen Paul	LRSD	EK F	k	10. 1.54
Henkes Burkhard	LRSD			23. 2.46
Gilles Bernward	LRSD			9. 4.49
Schulze Ilona Dr.	LRSD'	CH PH EK		8. 1.50
Grau Marion	LRSD'			
Elbracht Hans	LRSD	M WW (IF)	e	11. 9.50
Bürvenich Helmut Dr.	LRSD			
Blank Andreas	LRSD			
Gatzweiler Peter	StD	L KR		23. 3.59
Altenburg Erika	RSD'			22.12.43
b) Verwaltungsfachliche Dezernate:				
Bergkemper-Marks Gertrud	AbtDir'			
Stratmann Rolf	LRD			
Kämmerling Manfred	RD			
Kaumanns Angela	RD'			
Mohl Meike Dr.	RD'			
Moors Marianne	RD'			
Odebrecht Michael	RD			
Ballast Ralf	ORR			
Ensinger Inge	ORR'			
Pustowka Katja	ORR'			
Spieles Birgit	ORR'			
Begenisic Tamara	RR'			
Kaspari Thomas	RR			
Kremer Dirk	RR			
Randhahn Ulf	RR			
Steinmann-Haase Irmgard	RR'			

Die Bezirksregierungen im Landesteil Westfalen

Bezirksregierung Arnsberg
Laurentiusstr. 1, 59821 Arnsberg, Tel. (0 29 31) 82-0
Behördenleiter: Regierungspräsident **Helmut Diegel**
Abteilung 4:
Abteilungsleiter: AbtDir **Christian Salomon**

Dezernat 43: Gymnasien
Hauptdezernent: LRSD **Eugen-Ludwig Egyptien**
Dezernenten: LRSD **Rudolf Hamburger**, LRSD **Reinhold Klüter**, LRSD **Rainer Koch**, LRSD **Peter Josef Kurtenbach**, LRSD **Dr. Gernot Oelmann**, LRSD **Klaus Psarski**, LRSD' **Elke Schlecht**, LRSD **Karl-Heinz Vondracek**, OStR **Wilbert Neuser**

Dezernat 44: Gesamtschulen
Hauptdezernent: LRSD **Martin L. Treichel**
Dezernenten: LRSD' **Hildegard Vörös-Rademacher**, LGED' **Schulz**

Dezernat 46: Lehreraus- und -fortbildung
Hauptdezernentin: LRSD' **Maybaum**
Dezernenten: RSD **Dr. Seegraef**, StR' **Hupfeld**

Dezernat 47: Personal- und Stellenplanangelegenheiten
Hauptdezernent: ORR **Hofacker**
Dezernenten: ORR **Christoph Becker**, ORR **Kürzel**, RR' **Hübner**, RR **Martin Wewer**

Dezernat 48: Schulrecht und Schulverwaltung, Schulbau, Kirchensachen, Ersatzschulen, Sport, Sportstättenbau, Weiterbildung, Kunst und Kulturpflege, öffentliche Bibliotheken
Hauptdezernent: LRD **Günther Wichelmann**
Dezernenten: LRD **Böhle**, RSD **Thomas Michel**, ORR **Dieter Barz**, ORR **Tenschert**

Dezernat 4Q: Qualitätsanalyse an Schulen
Hauptdezernent: LRSD **Haymo Amonat**
Dezernenten: LRSD' **Barthel**, LRSD **Peuker**, LRSD **Dr. Manfred Poppe**, RSD **Semmler**, RSR' Dr. **Grassie**, RSR' **Dr. Mattern**, RSR **Müller**, StD **Heier**

Mitglieder der Personalvertretungen für Lehrerinnen und Lehrer bei der BR Arnsberg
Gymnasien (Personalrat):

Vorsitzender:	StD Siegfried Schräjahr, 2.115, Ratmerstein 62, 59929 Brilon Tel. (0 29 61) 21 12
1. Stellv. Vors.:	StD' Hannelore Hornig (PhV), 3.050, 48163 Münster, Am Dornbusch 32 Tel. (0 25 01) 9 52 26
2. Stellv. Vors.:	StD Klaus Schwung (PhV), 2.319, 59071 Hamm, Koppelweg 1 Tel. (0 23 81) 8 67 05
Schriftführerin:	OStR' Bärbel Brecl-Trinde (PhV), 2.600, Hösinghausen 27, 58540 Meinerzhagen Tel. (0 23 58) 12 95

StD Dr. Rolf Brütting (PhV), 2.167, Dortmund – Tel. (02 31) 43 01 56; StD Hans-Joachim Dohle (PhV), 2.736, Warstein – Tel. (0 29 02) 37 40; L' Dorothee Kreitz-Dammer (PhV), 2.169, Dortmund – Tel. (0 23 64) 6 84 00; OStR' Heike Ladde (PhV), 2.293, Iserlohn – Tel. (0 23 74) 7 14 35; OStR Dr. Volker Lehmann (VLG), 2.173, Dortmund – Tel. (02 31) 73 46 56; OStR Egbert Lewicki (PhV), 2.364, Herne – Tel. (0 23 25) 5 31 69; OStR Wolfgang Marciniak (GEW), 2.666, Soest – Tel. (0 29 21) 66 56 13; OStR Winfried Massmann (PhV), 2.345, Herdecke – Tel. (0 23 90) 97 40 52; OStR' Ursula Meiß (GEW), 2.362, Herne – Tel. (0 23 23) 49 03 42; L Paul Meurer (PhV), 2.402, Iserlohn – Tel. (0 27 61) 7 23 50; OStR Rainer Ohrendorf-Weiß (PhV), 2.659, Siegen – Tel. (02 71) 87 00 85; StD Diethard Rekate (GEW), 2.022, Arnsberg – Tel. (0 29 31) 1 42 99; OStR' Vera Volkmann (GEW), 2.655, Siegen – Tel. (0 27 62) 92 94 64; L' Gabriele Waldow (GEW), 2.452, Lüdenscheid – Tel. (0 23 51) 6 63 07 39; StD Dr. Frank Wollers (PhV), 2.326, Hattingen – Tel. (0 23 24) 3 07 74; OStR Harald Wunderlich (GEW), 2.183, Dortmund – Tel. (02 31) 17 88 17

VP der schwerbehinderten Lehrer: OStR Franz-Joseph Keunecke, 2.363, Universitätsstr. 55, 58455 Witten, Tel. (0 23 02) 2 60 16, Fax 42 53 91

Westfalen – BR Arnsberg

Gesamtschulen (Personalrat):

Vorsitzende: OStR' Bettina Roska-Hofmann (GEW), 4.194, Dortmund
Stellv. Vors.:   L' Birgit Hermann (GEW), 4.351, Hagen
                     L Detlev Ruppert (GEW), 4.402, Herne

L Jürgen Breuckmann (GEW), 4.361, Hamm; L' Anneliese Czock (VBE), 4.192, Dortmund; L i. A. Dr. Jürgen Dragowski (GEW), 4.820, Siegen; L i. A. Raimund Filter (SCHALL), 4.860, Sprockhövel; L Josef Frese (VBE), 4.290, Fröndenberg; GER' Hannelore Gieseker (GEW), 4.860, Sprockhövel; L i. A. Peter Grigori (PhV), 4.040 Bergkamen; OStR' Gerda Gnad (GEW), 4.460, Kamen; L i. A. Jürgen Hentzelt, 4.197, Dortmund; StR' Ulrich Kriegesmann (GEW), 4.073, Bochum; Achim Peters-Lefeld (GEW), 4.450, Iserlohn; StR' Gabi Richter (PhV), 4.290, Fröndenberg; StR' Klaudia Rosinski-Rohde (GEW), 4.073, Bochum; L' Eva Schmitz-Beuting (GEW), 4.590, Lüdenscheid.

VP der schwerbehinderten Lehrerinnen und Lehrer: L Volker Bachmann, 4.950, Witten

Schulstädte – BR Arnsberg

(In Klammern Gesamtzahl der örtlichen Gymnasien, Abendgymnasien, Kollegs und Gesamtschulen)

Altena (1); Arnsberg (5); Attendorn (2); Bergkamen (2); Berleburg (1); Bochum (19); Bönen (1); Brilon (1); Dortmund (26); Ennepetal (1); Erwitte (1); Fröndenberg (1); Geseke (2); Gevelsberg (2); Hagen (12); Halver (1); Hamm (8); Hattingen (3); Hemer (1); Herdecke (1); Herne (8); Hilchenbach (2); Holzwickede (1); Iserlohn (6); Kamen (2); Kierspe (1); Kreuztal (2); Bad Laasphe (2); Lennestadt (2); Lippstadt (5); Lüdenscheid (4); Lünen (4); Marsberg (1); Medebach (1); Meinerzhagen (1); Menden (3); Meschede (2); Neunkirchen (1); Nordkirchen (1); Olpe (2); Plettenberg (1); Rüthen (1); Schmallenberg (1); Schwelm (3); Schwerte (2); Selm (1); Siegen (10); Soest (4); Sprockhövel (1); Sundern (1); Unna (5); Warstein (1); Werdohl (1); Werl (2); Werne (2); Wetter (1); Wilnsdorf (1); Winterberg (1); Witten (5).

BR Arnsberg

Name	Amtsbezeichnung	Lehrbefähigung	Bekenntnis	Tag der Geburt
a) Schulfachliche Dezernate:				
Salomon Christian	AbtDir	CH BI		10.10.49
Amonat Haymo	LRSD	M PH	e	9. 5.44
Barenbrock Günther	LRSD	D PL	k	28. 9.42
Egyptien Eugen-Ludwig	LRSD	F KR SP	k	25. 2.54
Klüter Reinhold	LRSD	CH BI	k	5. 9.50
Oelmann Gernot Dr.	LRSD	D EK	e	23. 4.44
Psarski Klaus	LRSD	M IF KR	k	17. 2.47
Treichel Martin L.	LRSD	GE ER	e	5. 2.47
Vondracek Karl-Heinz	LRSD	E SW	e	11. 1.51
Vörös-Rademacher Hildegard	LRSD'	E GE		19. 9.51
Hamburger Rudolf	LRSD	E		22. 6.48
Koch Rainer	LRSD	D EK	k	4.11.49
Kurtenbach Peter Josef	LRSD	GE SW		6.12.53
Poppe Manfred Dr.	LRSD	D GL		1.11.51
Schlecht Elke	StD'			
Schinzel Helge	RSD	Ft WL	e	14. 3.42
b) Verwaltungsfachliche Dezernate:		in der Unterrichtsverwaltung seit		
Wichelmann Günther	LRD	01	k	15. 9.44
Barz Dieter	ORR	15. 4.92		20. 8.48
Wiek Jürgen	ORR	6.01		
Becker Christoph	ORR	1. 7.02	e	1. 7.62
Kehler Christiane	ORR'			
Michel Thomas	OStR	8.99	k	18. 2.60
Evers Melanie	RR'			
Wewer Martin	RR z. A.			

Bezirksregierung Detmold

Leopoldstr. 15, 32756 Detmold, Tel. (0 52 31) 71-0/12 95, Fax (0 52 31) 71-12 97

Behördenleiter: Regierungspräsidentin **Marianne Thomann-Stahl**
Ständiger Vertreter: Regierungsvizepräsident **Anton Schäfers**

Abteilung 4:
Abteilungsleiter: AbtDir **Michael Uhlich**

D e z e r n a t 43: Gymnasien
Dezernenten: LRSD **Dr. Egon Gindele**, LRSD **Ingo Klemisch**, LRSD' **Gertrud Pannek**, LRSD **Dr. Rainer Wittmann**

D e z e r n a t 44: Gesamtschulen
Dezernenten: LRSD' **Mechthild Krämer**

D e z e r n a t 45: Berufskollegs
Hauptdezernent: LRSD **Jochen Bödeker**
Dezernenten: LRSD' **Ilona Demberg**, LRSD' **Karin Kirchhof**, RSD **Helmut Zumbrock**

D e z e r n a t 46: Lehreraus- und -fortbildung
Hauptdezernent: **N. N.**
Dezernent (Ausbildung SII/SI/P/SP): LRSD **Dr. Robert Kirchhof** (Gymnasium, G/HSch Sek.St. I, Sonderpädagogik)
Dezernent (Fortbildung): **N. N.**

D e z e r n a t 47: Personal- und Stellenplanangelegenheiten
Hauptdezernent (Gymnasien): RD **Wolfgang Müller**
Dezernent (Gesamtschulen): ORR **Harald Bruster**

D e z e r n a t 48: Schulrecht und Schulverwaltung, Schulbau
Hauptdezernent: RD' **Maria Kisting-Dierker**

Mitglieder der Personalvertretungen für Lehrerinnen und Lehrer bei der BR Detmold

Gymnasien (Personalrat):

1. Vorsitzender: StD Jörg Kuna (PhV), 2.502, Erikaweg 10, 32429 Minden
   Tel. (05 71) 3 85 66 92
1. Stellv. Vors.: StD Kurt Pohlmann (PhV), 2.419, Voßheider Str. 8, 32694 Dörentrup
   Tel. (0 52 65) 95 49 01
2. Stellv. Vors.: StD Karl Erich Schmeding (PhV), 2.700, Ravensbergerstr. 119, 32457 Porta Westfalica
   Tel. (0 57 06) 12 62
Schriftführer: OStR' Klaudia Schmitter (PhV), 2.121, Endebutt 12, 32120 Hiddenhausen
   Tel. (0 52 21) 68 92 03

StD Hartmut Beckmann (PhV), 2.057, Bielefeld – Tel. (05 21) 10 52 38; OStR' Gabriele Bremke-Moenikes (PhV), 2.621, Rheda- Wiedenbrück – Tel. (0 52 42) 4 88 28; OStR Reinhard Heider (VdKorrekt), 2.674, Steinheim – Tel. (0 52 33) 86 46; StD Heinz-Werner Klare (PhV), 2.726, Warburg – Tel. (0 56 43) 12 70; OStR' Jutta Kloß (PhV), 2.690, Verl – Tel. (0 52 41) 5 98 05; StR Sven-Olaf Moock (VdKorrekt), 2.674, Horn-Bad Meinberg – Tel. (0 52 34) 9 95 38; OStR Horst Peterjürgens (GEW), 2.157, Detmold – Tel. (0 52 31) 8 92 91; L' i. A. Bettina Ploeger (GEW), 2.191, Bad Driburg – Tel. (0 56 46) 310; StD Kurt Pohlmann (PhV), 2.419, Lemgo – Tel. (0 52 65) 95 49 01; StD Norbert Prisett (GEW), 2.590, Paderborn – Tel. (0 52 54) 80 82 58; OStR' Martina Reinking-Heer (GEW), 2.056, Bielefeld – Tel. (05 21) 2 70 28 02; StR Hendrik Sauerwald (PhV), 2.587, Paderborn – Tel. (0 52 51) 52 78 04; StD Karl Erich Schmeding (PhV), 2.700, Vlotho – Tel. (0 57 06) 12 62; StD Uwe Voelzke (GEW), 2.603, Porta Westfalica – Tel. (05 71) 7 52 98; OStR Günther Vornholt (GEW), 2.281, Gütersloh – Tel. (0 52 41) 69 01

VP der schwerbehinderten Lehrer: StD Dr. Udo Kleine (2.210), Winnebrockstr. 9, 33790 Halle (Westf.), Tel. u. Fax (0 52 01) 90 36 o. 50 63

Gesamtschulen (Personalrat):

Vorsitzender: Dietmar Winsel, (GEW)
1. stellv. Vors.: Elke Haendel, (GEW), Bielefeld
2. stellv. Vors.: Klaus Möcker, Spenge

StR Thomas Birke (PhV), 4.790, Rödinghausen; Monika Büscher (GEW), 4.420; Uwe Gennet (VBE); Rudolf Grautstück (SchaLL); Ludger Großebrummel (VBE), 4.331; Ludger Klein-Ridder (GEW), 4.331; Jürgen Klipker (VBE), 4.130; Ela Lakeberg (GEW); Klaus Lindemann (GEW); Rainer Lummer (SchaLL); Marion Reis-Baecker (GEW)

VP der schwerbehinderten Lehrer: Heike Stuckmann, 4.390, Herford

Schulstädte – BR Detmold

(In Klammern Gesamtzahl der örtlichen Gymnasien, Abendgymnasien, Kollegs und Gesamtschulen)

Barntrup (1)
Beverungen (1)
Bielefeld (18)
Blomberg (1)
Boenen (1)
Borgholzhausen (1)
Brakel (2)
Bünde (3)
Büren (2)
Delbrück (1)
Detmold (6)
Bad Driburg (3)
Enger (1)
Espelkamp (1)
Gütersloh (4)
Halle (1)
Harsewinkel (1)
Herford (4)
Hiddenhausen (1)
Hille (1)
Höxter (1)
Horn-Bad Meinberg (1)
Hüllhorst (1)
Lage (3)
Lemgo (2)
Leopoldshöhe (1)
Löhne (2)
Lübbecke (1)
Minden (5)
Oerlinghausen (1)
Bad Oeynhausen (2)
Paderborn (9)
Petershagen (1)
Porta Westfalica (2)
Rahden (1)
Rheda-Wiedenbrück (2)
Rietberg (1)
Rödinghausen (1)
Bad Salzuflen (2)
Schloß Holte-Stukenbrock (1)
Spenge (1)
Steinhagen (1)
Steinheim (1)
Verl (1)
Versmold (1)
Vlotho (1)
Warburg (2)
Werther (1)

BR Detmold

Name	in der gegenw. Dienstst. seit	Amtsbezeichnung	Lehrbefähigung	Tag der Geburt
a) Schulfachliche Dezernate:				
Wittmann Rainer Dr.	27. 5.89	LRSD	BI CH	17. 1.48
Spichal Dieter	9. 3.90	LRSD	D GE	27. 8.46
Gindele Egon Dr.		LRSD	D GE PL	16. 8.44
Krämer Mechthild		LRSD'	BI PA	20. 8.50
Pannek Gertrud		LRSD'	D E	53.12.54
Klemisch Ingo		LRSD	M PA	26. 8.51
Kindt Volker		StD	PH IF	13. 3.48
b) Verwaltungsfachliche Dezernate:			in der Unterrichtsverwaltung seit	
Müller Wolfgang		RD	1. 9.03	
Kisting-Dierkes Maria		RD'	1. 9.03	
Bruster Harald		ORR	1. 1.04	
Elhaus Christine		RR' z. A.	1. 9.04	

Bezirksregierung Münster

Albrecht-Thaer-Str. 9, 48147 Münster, Tel. (02 51) 411-0, Fax 411-40 00
E-Mail: poststelle@brms.nrw.de; Homepage: www.brms.nrw.de
Behördenleiter: Regierungspräsident **Dr. Peter Paziorek**
Ständiger Vertreter: Regierungsvizepräsident **Alfred Wirtz**
Abteilung 4:
Abteilungsleiter: AbtDir **Reinhard Aldejohann**
Abteilungsassistenz: ORR **Rainer Hofmann**

Dezernat 43: Gymnasien
Hauptdezernent: LRSD **Johannes Kaiser**
Dezernenten: LRSD **Klaus Dingemann**, LRSD' **Ingrid Hesekamp-Gieselmann**, LRSD **Dr. Ulrich Hillebrand**, LRSD **Dr. Gernot Oelmann**, LRSD **Gernod Röken**, LRSD' **Barbara Schankin**

Dezernat 44: Gesamtschulen
Hauptdezernent: LRSD **Dietrich Scholle**
Dezernent: LRSD **Dr. Werner Brandt**

Dezernat 45: Berufskollegs
Hauptdezernent: LRSD **Hans-Henning Jasper**
Dezernenten: LRSD' **Monika Appler**, LRSD **Fr.-W. Horst**, LRSD **Peter Marberg**, LRSD **Rudolf Schumacher**, LRSD **Erwin Semelka**

Dezernat 46: Lehreraus- und -fortbildung
Dezernent (Ausbildung): RSD **Rüdiger Klupsch-Sahlmann** (Primarst., Sek.St. I u. Sek.St. II)
Dezernent (Fortbildung): LRSD **Dieter Merten**

Dezernat 47: Personal- und Stellenangelegenheiten
Hauptdezernent (Lehrereinstellung, Seminareinweisung, Stellenplan): LRD **Thomas Schmidt**
Dezernent (Gymnasien): ORR **Matthias Richter**
Dezernent (Gesamtschulen): ORR **Jörg Knebelkamp**
Dezernent (Berufskollegs): ORR **Rainer Hofmann**

Dezernat 48: Schulrecht und Schulverwaltung, Schulbau, Kirchensachen, Ersatzschulen, Sport, Sportstättenbau, Weiterbildung, Kunst und Kulturpflege, öffentl. Bibliotheken
Hauptdezernent: RD **Martin Risse**
Dezernenten: LRSD **Günther Dvořák**, RR **Martin Holtmann gen. Niehues**, **Hans-Peter Boer**

Dezernat 4Q: Qualitätsanalyse an Schulen
Hauptdezernent: LRSD **Walter Ruhwinkel**
Dezernenten: RSD' **Jacobi**, StD **Dr. Kazek**, RSR' **Dr. Lange-Werring**, RSD' **Philipp**, RSR **Dr. Potente**, RSR **Röder**

Mitglieder der Personalvertretungen für Lehrerinnen und Lehrer bei der BR Münster
Gymnasien (Personalrat):

Vorsitzender:	StD Reinhard Schulze Lohoff (PhV), 2.654, Pastorsesch 9, 48159 Münster Tel. (02 51) 21 28 59, Fax 2 63 94 30
1. Stellv. Vors.:	StD Elmar Gunkel (PhV), 2.669, Immingfeldweg 32, 48703 Stadtlohn Tel. (0 25 63) 96 97 50, Fax 9 69 92 96
2. Stell. Vors.	OStR Bernd Hillenkötter (PhV), 2.715, Wallstr. 26, 45770 Marl Tel. (0 23 65) 8 45 07
1. Schriftführer:	OStR Karl-Friedrich Thomsch (PhV), 2.071, Möllenweg 27, 46499 Hamminkeln Tel. (0 28 52) 9 41 64, Fax 9 41 46
2. Schriftführerin:	OStR' Charlotte Renner (PhV), 2.244, Am Goldberg 6, 45894 Gelsenkirchen Tel. (02 09) 27 27 85

OStR' Annette Bagusche (GEW), 2.715 Waltrop – Tel. (0 23 61) 1 33 17; StD Norbert Becker (GEW), 2.305, Haltern – Tel. u. Fax (0 23 64) 85 90; OStR' Gabriele Biedermann (PhV), 2.205, Emsdetten – Tel. (0 25 71) 4 06 86; StD' Gerda Fürstenberg (PhV), 2.006, Ahlen – Tel. (0 23 82) 12 27, Fax 85 35 68; OStR Linus Heckötter (PhV), 2.626, Rheine – Tel. (0 59 71) 28 08; OStR Michael Hilbk (PhV), 2.654, Senden – Tel. u. Fax (0 25 06) 83 26 32; OStR Ralf Kerstgens geb. Enk (GEW), 2.683, Telgte – Tel. u. Fax (0 25 06) 30 26 25; StD Dr. Bernhard Kewitz (PhV), 2.195, Dülmen – Tel. (0 25 41) 98 03 45; OStR Dieter Michel (VLG), 2.396, Ibbenbüren – Tel. (0 54 51) 7 35 31, Fax 89 94 33; OStR' Dr. Karin Obst (PhV), 2.270, Greven – Tel. (0 25 33) 34 63, Fax 35 08; StR' Katharine Plümer-Krabbe (GEW), 2.150, Coesfeld – Tel. (02 51) 3 94 44 78; L Claus Polifka (GEW), 2.070, Bocholt – Tel. (0 28 71) 4 45 32; StR' Maria Sangmeister (VdKorrekt), 2.626, Rheine – Tel. (0 59 71) 8 00 82 30; OStR Alfons Wittenbrink (GEW), 2.420, Lengerich – Tel. (05 41) 8 60 14 68

VP der schwerbehinderten Lehrer: StR Ulrich Konert (2.195), Varusstr. 11, 45721 Haltern, Tel. (0 23 64) 96 54 43

Westfalen – BR Münster

Gesamtschulen (Personalrat): OStR' Anne Törner (PhV), 4.111, Bottrop

Schulstädte – BR Münster
(In Klammern Gesamtzahl der örtlichen Gymnasien, Abendgymnasien, Kollegs und Gesamtschulen)

Ahaus (2)	Haltern (1)	Ostbevern (1)
Ahlen (3)	Havixbeck (1)	Recke (1)
Beckum (2)	Herten (2)	Recklinghausen (8)
Bocholt (4)	Ibbenbüren (2)	Reken (1)
Borken (3)	Lengerich (1)	Rheine (4)
Bottrop (5)	Lüdinghausen (2)	Saerbeck (1)
Castrop-Rauxel (3)	Marl (5)	Senden (1)
Coesfeld (3)	Mettingen (3)	Stadtlohn (1)
Datteln (1)	Münster (18)	Steinfurt (2)
Dorsten (3)	Neuenkirchen (1)	Tecklenburg (1)
Dülmen (3)	Nordwalde (1)	Telgte (1)
Emsdetten (1)	Nottuln (1)	Vreden (1)
Gelsenkirchen (13)	Ochtrup (1)	Wadersloh (2)
Gladbeck (4)	Oelde (1)	Waltrop (2)
Greven (1)	Oer-Erkenschwick (1)	Warendorf (3)
Gronau (1)	Olfen (1)	

BR Münster

Name	in der gegenw. Dienstst. seit	Amtsbezeichnung	Lehrbefähigung	Bekenntnis	Tag der Geburt
a) Schulfachliche Dezernate:					
Jasper Hans-Henning	87	LRSD	WW E	e	16. 5.44
Schumacher Rudolf	1. 3.90	LRSD	BI Agrar-W.	k	13. 5.49
Dvořák Günther	95	LRSD	SP SW	e	27.10.49
Kaiser Johannes	1. 8.96	LRSD	PA KR		28.10.46
Brandt Werner Dr.	1. 1.97	LRSD	M PH		26. 1.46
Horst Fr.-W.	16. 9.97	LRSD	M EK IF	e	30.12.53
Hillebrand Ulrich Dr.	21.12.99	LRSD	E F	k	12.12.48
Röken Gernod	14. 8.00	LRSD	ER SW EW	k	27. 2.51
Semelka Erwin	01	LRSD	ETC HolzTC MetallTC	k	15. 1.48
Appler Monika	1. 6.02	LRSD'	HW Theol EL	k	27. 4.56
Ruhwinkel Walter	1. 6.02	LRSD	M BI PH		24. 1.53
Scholle Dietrich	1. 9.03	LRSD	D GE		29. 5.48
Merten Dieter	1. 9.03	LRSD	F EW		6. 9.48
Dingemann Klaus	1. 2.05	LRSD	M IF	k	31.12.49
Schankin Barbara	1. 2.05	LRSD'	BI GE	k	20.10.56
Marberg Peter	1. 2.06	LRSD	WW Steuern + Revision	k	15. 6.49
Hesekamp-Gieselmann Ingrid		LRSD'	L D	e	20.11.48
Oelmann Gernot Dr.		LRSD	D EK	e	23. 4.44
Klupsch-Sahlmann Rüdiger	1. 1.02	RSD	SP EK D	k	23. 8.50
b) Verwaltungsfachliche Dezernate:			in der Unterrichtsverwaltung seit		
Schmidt Thomas		LRD	6.02		31. 5.58
Risse Martin		RD	1. 6.99	k	13. 9.61
Hofmann Rainer		ORR	1. 4.02		14. 4.54
Holtmann gen. Niehues Martin		RR	1.12.03	k	21. 9.62
Richter Matthias		ORR	3.04		18. 3.61
Knebelkamp Jörg		ORR	14. 6.04		21. 9.60

Fachaufsicht an den Gymnasien der 5 Regierungspräsidien

(Stand: 28.02.08)

Fach	RB Düsseldorf	RB Köln	RB Arnsberg	RB Detmold	RB Münster
Biologie	Wiese	Schwarz	Klüter	Dr. Wittmann	Schankin
Chemie	Wiese	Dr. Schulze	Klüter	Dr. Wittmann	Klüter
Chinesisch	Schormann	Schormann	Schormann	Schormann	Schormann
Deutsch	Dicken-Begrich/ Lenkaitis	N. N.	Koch/Neuser	Pannek	Hesekamp-Gieselmann
Englisch	N. N.	Schormann	Vondracek/ Hamburger	Pannek	Dr. Hillebrand
Erdkunde	Trockel	Palmen	Koch	Koch	N. N.
Erziehungswissenschaft	Dr. Bubolz	Dr. Bubolz	Kurtenbach[1]	Röken	Röken
Evangelische Religionslehre	N. N.	N. N.	N. N.	N. N.	N. N.
Französisch	Risken	Palmen	Egyptien	Egyptien	N. N.
Geschichte	Schütze	Gosmann	Kurtenbach	Dr. Gindele	N. N.
Griechisch	N. N.	N. N.	N. N.	N. N.	N. N.
Ernährungslehre	Dr. Wirths	Dr. Wirths	Dr. Wirths	Dr. Wirths	Dr. Wirths
Hebräisch	N. N.	N. N.	Hesekamp-Gieselmann	Hesekamp-Gieselmann	Hesekamp-Gieselmann
Informatik	Schöpke/Stirba	Stirba	Psarski	Klemisch	Dingemann
Italienisch	Risken	Risken	Risken	Risken	Risken
Japanisch	Schormann	Schormann	Schormann	Schormann	Schormann
Jüdische Religionslehre	Dr. Bubolz	Dr. Bubolz	Psarski[1]	Kaiser	Kaiser
Katholische Religionslehre	Dr. Bubolz	Dr. Bubolz	Psarski	Kaiser	Kaiser
Kunst	Schwarz	Schwarz	Schlecht	Schlecht	Schlecht
Latein	N. N.	N. N.	Hesekamp-Gieselmann	Hesekamp-Gieselmann	Hesekamp-Gieselmann
Literatur	Schütze	Gosmann	Hamburger	Dr. Gindele	Hesekamp-Gieselmann
Mathematik	Schöpke/Stirba	Elbracht	Psarski	Klemisch	Dingemann
Musik	Dr. Bentgens	Palmen[1]	Schlecht[1]	Dr. Gindele[1]	N. N.
Neugriechisch	N. N.	N. N.	N. N.	N. N.	N. N.
Niederländisch	N. N.	N. N.	N. N.	N. N.	N. N.
Philosophie	Dr. Düver	Henkes[1]	Neuser	Dr. Düver	Dr. Düver
Physik	Stirba	Dr. Welz	Klüter[1]	Stirba	Dingemann
Politik	Fuchs	Elbracht	Vondracek	Röken	Röken
Portugiesisch	N. N.	N. N.	N. N.	N. N.	N. N.
Psychologie	Dr. Bubolz	Dr. Bubolz	Dr. Bubolz	Dr. Bubolz	Dr. Bubolz
Rechtskunde	Vondracek	Vondracek	Vondracek	Vondracek	Vondracek
Russisch	Dr. Schneider	Dr. Schneider	Dr. Schneider	Dr. Schneider	Dr. Schneider
Sozialwissenschaften	Fuchs	Elbracht	Vondracek	Röken	Röken
Spanisch	N. N.	N. N.	N. N.	N. N.	N. N.
Sport	Trockel	Trockel	Schlecht	Schlecht	Dvořák
Technik	Pannasch	Pannasch	Pannasch	Pannasch	Pannasch
Türkisch	Dr. Hillebrand	Dr. Hillebrand	Dr. Hillebrand	Dr. Hillebrand	Dr. Hillebrand

[1] Ansprechpartner

A. Landesprüfungsamt für Erste Staatsprüfungen für Lehrämter an Schulen NRW

Zentrale Verwaltung:	Henri-Dunant-Str. 65, 45131 Essen, Univ. Essen, Tel. (02 01) 1 83 73 23, Fax 1 83 73 20, E-Mail: pruefungsamt1e@pa.nrw.de
Komm. Leiter:	LRSD **Dieter H. R. Demtröder**, Tel. (02 01) 1 83-73 53
Stellvertreter:	N. N.
Stellvertreter a. d. Hochschule:	Prof. Dr. Beyer (Bochum), Tel. (02 34) 32-2 25 05
	Prof. Dr. Ralle (Dortmund), Tel. (02 31) 7 55-29 36
	Prof. Dr. Knapp (Siegen), Tel. (02 71) 7 40-25 62
Leiter Zentrale Verwaltung:	N. N., Tel. (02 01) 1 83-73 22
Geschäftsstelle **Bielefeld**:	Universitätsstr. 25 (N) 4, 33615 Bielefeld, Tel. (05 21) 1 06 51 43
Leiter:	RSD **Hans-Peter Rosenthal**
Geschäftsstelle **Bochum**:	Universitätsstr. 150, 44780 Bochum, Tel. (02 34) 3 21 19 15
	E-Mail: pruefungsamt1bo@pa.nrw.de
Leiter:	RSD **Peter Meurel**
Geschäftsst. **Dortmund**:	Emil-Figge-Str. 68, 44221 Dortmund, Tel. (02 31) 7 55 41 65
	E-Mail: pruefungsamt1do@pa.nrw.de
Leiter:	RSD **Reiner Hundt**
Geschäftsstelle **Duisburg**:	Geibelstr. 41, 47057 Duisburg, Tel. (02 03) 3 79 22 23
Leiter:	RSD **Volker Rennert**
Geschäftsstelle **Essen**:	Henri-Dunant-Str. 65, 45131 Essen, Tel. (02 01) 1 83 73 21
Leiter:	RSD **Volker Rennert**
Geschäftsstelle **Köln**:	Zentrale Verwaltung, Gyrhofstr. 19, 50931 Köln, Tel. (02 21) 4 70 29 05
Geschäftsstelle **Köln I**:	Albertus-Magnus-Platz, 50923 Köln, Tel. (02 21) 4 70 22 73
Leiter:	RSD **Harald Hochgräfe**
Außenstelle **Aachen**:	Templergraben 83, 52056 Aachen, Tel. (02 41) 8 09 43 30
Leiter:	RSD **Ludwig Geerkens**
Außenstelle **Bonn**:	Römerstr. 164, 53117 Bonn, Tel. (02 28) 73 42 98
Leiter:	RSD **Ludwig Geerkens**
Geschäftsstelle **Münster**:	48143 Münster, Bispinghof 2 B, Tel. (02 51) 83-2 30 60, Fax 83-2 30 68/69
Leiter:	RSD **Dr. Tenkhoff** (Lehrämter Gymnasium und Gesamtschule/SekII/I)
	RSD **Abels** (Lehramt Berufskolleg)
	RSD **Terstiege** (Lehrämter GHR-GS/GHR-Ge/P/SekI)
Stellvertreter:	**Prof. Dr. Moerschbacher**
Geschäftsst. **Paderborn**:	Fürstenweg 15, 33102 Paderborn, Tel. (0 52 51) 13 48 10
Leiter:	RSD **Hans-Peter Rosenthal**
Geschäftsstelle **Siegen**:	Hölderlinstr. 3, 57068 Siegen, Tel. (02 71) 7 40 41 21
	E-Mail: pruefungsamt1si@pa.nrw.de
Leiterin:	RSD' **Elke Strack**
Geschäftsst. **Wuppertal**:	Gaußstr. 20, S 10.04, 42119 Wuppertal, Tel. (02 02) 4 39 27 94
Leiter:	RSD **Christian Denstorff**
	E-Mail: pruefungsamt1w@pa.nrw.de
Außenstelle **Düsseldorf**:	Universitätsstr. 1/23.31, 40225 Düsseldorf, Tel. (02 11) 8 11 41 03
Leiter:	RSD **Christian Denstorff**

Mitglieder (Philologen) nach Dienststellen differenziert:

Bezirksregierung Düsseldorf

Biologie:
- ESSEN: StD Dr. Bickel; OStR Eilken; OStR' Dr. Fleischmann, StD' Gubisch; OStR Haase; StD Heidlberger; StR Dr. Körner; StD Dr. Kricke; StR Maruhn; OStR Dr. Thielen
- DÜSSELDORF: StD Dr. Bickel; OStR' Dr. Fleischmann; OStR Hänsch; OStD Merkle; StR' Dr. Riehl; OStR Thielen; StD' Unterbirker; LRSD Wiese; LRSD Windeln

Chemie:
- ESSEN: StD Dr. Bickel; OStR' Grommes; StD' Gubisch; StD Hoffmann; OStR Katzer; StR Dr. Körner; StD Meloefski; OStR' B. Plorin; OStR D. Plorin; StD Radermacher; StD' Ulrichs; StD Dr. Wolter
- DÜSSELDORF: StD Dr. Bickel; StD Heidemeyer; StD' Lorenz; StD Meloefski; OStR D. Plorin; StR' Dr. Riehl; StD' Ulrichs; StD' Dr. von Wachtendonk; LRSD Windeln; StD Dr. Wolter
- DUISBURG: OStR' Grommes; StD' Gubisch; OStR' Haubruck; StD Hoffmann; StR' Dr. Körner; StD Radermacher; StD' Ulrichs; StD Dr. Wolter
- WUPPERTAL: StD Heidemeyer; StD Dr. Körner; StD' Lorenz; OStR' Dr. Riehl; StD' Ulrichs; StD' Dr. von Wachtendonk; LRSD Windeln; StD Dr. Wolter

Deutsch:

ESSEN — OStD Andorfer; StD Badziong; StD' A. Götz; OStD Dr. Grobe; LRSD Hoffmann; StD Dr. Jahnke; StR Jansen; OStD' Lenkaitis; OStR Nowak; OStD Prinz; StD' Dr. Teetzmann; StD Wilhelmus

DÜSSELDORF — OStD Andorfer; OStD Dr. Bastian, StD' Hirdes; StD Dr. Keuchen; StD Dr. Kauffeldt; OStD i. K. Mainz; StD' Dr. Müller; OStR' Dr. Schmidt-Wilpert; StD Uerscheln; StD' Treude-Haendeler; StD Waldmann

DUISBURG — OStD Andorfer; StD Claus; OStD Dr. Grobe; LRSD Hoffmann; StR Jansen; StD Dr. Kauffeldt; StD Dr. Keuchen; OStR Dr. Meuter; OStR' Dr. Schadt-Krämer; StD' Dr. Teetzmann

WUPPERTAL — OStD Andorfer; StD Dr. Bastian; LRSD Dr. Düver; StR Jansen; StD Dr. Kauffeldt; OStD i. K. Mainz; StD' Dr. Müller; OStR' Dr. Schmidt-Wilpert; StD' Treude-Haendeler; StD Uerscheln; StD Waldmann

Englisch:

ESSEN — OStD Blümer; StD Falkenstein; StD' Dr. Göbel; OStD Dr. Grobe; GED Dr. Hansen; StD' Ibach-Hankewitz; StD' Masseling; StD Nagels; StD' Ostkamp; LRSD' Risken; OStD i. K. Steiffert; OStD Dr. Sykorra

DÜSSELDORF — StD Althoff; StD Falkenstein; StD Flock; OStR' i. K. Hillcoat-Kayser; MR' Jacob; StD Dr. Jansing; StD Kunz; StD' Masseling

DUISBURG — StD Falkenstein; OStD Dr. Grobe; GED Dr. Hansen; StD' Masseling; LRSD Merker; StD' Porteous-Schwier; OStD i. K. Steiffert; OStD Dr. Sykorra; OStD' Dr. Zachrau

WUPPERTAL — StD Falkenstein; StD Flock; OStR' i. K. Hillcoat-Kayser; StD Dr. Jansing; StD Kunz

Erziehungswissenschaft:

ESSEN — StD Alliger; OStD Andorfer; StD Dr. vom Berg; StD Brauer; StD Brick; StD' Brunkau; OStR Buckard; LGED Dahlhaus; OStR' Droste; StD Dücker; OStD Ewert; StD Garritzmann; StD' Gemein; StD Götzen; StD K.-D. Hoffmann; LRSD Horst; RSD Klupsch-Sahlmann; StD Knöpfel; StD Dr. Kricke; StD Leitzen; StD Lüderitz; StD Meloefksi; OStD Metzing; StD' Meyer; StD Möllers; OStR Dr. Oster; StD Dr. Storck; StD' Dr. Teetzmann; Ref.' Thien; OStD Wiegemann; StD Wilhelmus

DÜSSELDORF — OStD Andorfer; StD Brauer; StD Brick; StD Brunkau; OStR' Burmeister; StD Dr. Dahmen; OStR' Druyen; OStR Fehr; StD Flock; StD Garritzmann; OStR Kahlbau; StD Lüderitz; OStD i. K. Mainz; StD Meloefski; OStD Dr. Rehfus; StD Rundnagel; OStR' Schmidt; StD Dr. Storck; Ref.' Thien; StD' Treude-Haendeler; StD Uerscheln; LRSD Windeln

DUISBURG — OStD Andorfer; OStR' Berning; StD Brauer; StD Brick; StD Brunkau; OStR' Druyen; OStD Ewert; StD Götzen; LRSD Horst; StD Dr. Kricke; StD Leitzen; StD Lüderitz; OStD Metzing; OStR Dr. Meuter; StD' Meyer; StD' Michely-Weirich; StD Möllers; OStR Dr. Oster; StD Sachnik; StD' Dr. Teetzmann; OStD Wiegemann

WUPPERTAL — OStD Andorfer; StD Artz; StD Blobel; StD Brauer; StD Brick; StD Brunkau; OStR' Burmeister; StD Dr. Dahmen; OStR' Druyen; OStR Fehr; StD Flock; OStR Kahlbau; StD Lüderitz; OStD i. K. Mainz; StD Rundnagel; OStR' Schmidt; StD Dr. Storck; StD' Treude-Haendeler; StD Uerscheln; LRSD Windeln

Französisch:

DÜSSELDORF — StD i. K. Blume; StD i. K. Greulich; StD' Hochstein-Peschen; StD Dr. Kaal; OStD' Kayser-Hölscher; StD' Dr. Simon-Schäfer; StD Dr. Stolze

DUISBURG — StD i. K. Blume; StD' Fidelak; StD' i. K. Greulich; StD Dr. Kaal; StD Mahnert; StD' Dr. Simon-Schäfer; StD Dr. Stolze; OStD Dr. Sykorra

WUPPERTAL — StD i. K. Blume; StD' i. K. Greulich; StD' Hochstein-Peschen; OStD' Kayser-Hölscher; StD Dr. Stolze; StD' Weidl

Geographie:

ESSEN — OStD Binnenbrücker; StD Dr. Heske; LRSD Trockel

DÜSSELDORF — StD Drüeke; StD Dr. Heske; StD' Koletzko; OStR Dr. Leers; OStR Lindner; OStD Lippert; OStD Meersmann; LRSD Windeln

DUISBURG — OStD Binnenbrücker; StD Dr. Heske; OStR Lindner; OStR Lippert; StD Schneider; LRSD Trockel

Geschichte:

ESSEN — StD' Alliger; StD Beckmann; OStR Bramsiepe; StD Heiermann; StD Menzel; StD Nixdorf; StD Verwohlt

DÜSSELDORF — StD Dierselhuis; LRSD Schütze; StD' Treude-Haendeler

DUISBURG — StD Dr. Menzel; StD Nixdorf

WUPPERTAL — StD Dierselhuis; LRSD Schütze; StD' Treude-Haendeler

Informatik:

DUISBURG — LRSD van Briel; OStD Claas; LRSD Horst; OStD Minnema; StR Dr. Pallack; StD Tillmann

Italienisch:

DÜSSELDORF — StD' Bujny; StD' i. K. Greulich; OStD' Kayser-Hölscher

DUISBURG — StD' Bujny; StD' i. K. Greulich

Kunst:
- ESSEN: StD Engels; StD Jüttner; OStD Klopschinski; StD Littke; OStR' Talkenberg; StR' Wanstrath; StD Wilhelmi
- DÜSSELDORF: StD' Lehder; OStR' Sprothen-Scheidt; OStR' Talkenberg; StR' Wanstrath; StD Wilhelmi
- WUPPERTAL: StD' Lehder; OStR' Sprothen-Scheidt; OStR' Talkenberg; StR' Wanstrath; StD Wilhelmi

Latein:
- DÜSSELDORF: StD' Dr. Bäcker; StD i. K. Burdich; StR Liesen

Mathematik:
- ESSEN: StD Dr. Heske; LRSD Horst; StD D. Müller; OStR Dr. Oster; StR Dr. Pallack; StD Schlupp; StD van Stephoudt
- DÜSSELDORF: StD Bongers; LRSD van Briel; StD Dr. Heske; OStD Meersmann; OStD Minnema; StD Dr. Neveling; StR Dr. Pallack; StD Rodenbücher
- DUISBURG: LRSD van Briel; StD Dr. Heske; LRSD Horst; OStD Minnema; StD D. Müller; OStR Dr. Oster; StR Dr. Pallack; StD Ritter
- WUPPERTAL: StD Bongers; LRSD van Briel; OStD Meersmann; OStR Dr. Neveling; StR Dr. Pallack; StD Rodenbücher

Musik:
- ESSEN: OStR Buckard; StD Dücker

Pädagogik:
- ESSEN: StD Brick; LGED Dahlhaus; OStR' Droste; StD Garritzmann; StD' Gemein; StD Knöpfel; StD Lüderitz; OStD Metzing; OStR Dr. Oster
- DÜSSELDORF: StD Artz; StD Brick; OStR i. K. Burmeister; StD Dr. Dahmen; OStR' Druyen; OStR Fehr; StD Flock; StD Garritzmann; OStR Kahlbau; StD Lüderitz; OStR' Schmidt; StD Dr. Storck
- DUISBURG: OStR' Berning; StD Brick; OStR' Druyen; StD Lüderitz; OStD Metzing; OStR Dr. Oster
- WUPPERTAL: StD Artz; StD Brick; OStR i. K. Burmeister; StD Dr. Dahmen; OStR' Druyen; OStR Fehr; StD Flock; OStR Kahlbau; StD Lüderitz; OStD Dr. Rehfus; OStR' Schmidt; StD Dr. Storck

Philosophie:
- ESSEN: OStR Dr. Heizmann; OStR Dr. Peters; L' Peters; OStR Rolf; StD' Spieles-Küppers; StR Dr. Traub, OStR' Dr. Wiesen
- DÜSSELDORF: StD Pätzold; OStR Dr. Peters; OStD Dr. Rehfus; StR Dr. Traub; OStR' Dr. Wiesen
- DUISBURG: OStR Dr. Heizmann; OStR Dr. Peters; StR Dr. Traub
- WUPPERTAL: LRSD Dr. Düver; OStR Dr. Heizmann; StD Pätzold; OStR Dr. Peters; OStD Dr. Rehfus; StD Dr. Traub

Physik:
- ESSEN: StD Berger; OStR Markus; StD Möllers; StD D. Müller
- DÜSSELDORF: OStD Claas; StD Treffeisen
- DUISBURG: OStD Claas; StD Möllers; StD D. Müller
- WUPPERTAL: StD Berger; OStD Claas; StD Treffeisen

Psychologie:
- DUISBURG: OStD Merkle; OStD Strobel; StD' Dr. Vautrin

ev. Religionslehre:
- ESSEN: StR Jansen; StD Dr. Traub
- DUISBURG: VL Fernholz; StR Jansen; StD Dr. Traub; StD' Wilken
- WUPPERTAL: OStD Dr. Bastian; StR Jansen; StD Rundnagel; StD Dr. Traub

Sozialwissenschaften:
- ESSEN: OStR Bieber; OStR Bramsiepe; StD Dahm; OStR Dr. Feltes; OStR' Gesell; StD Goltsche; StD Gruel; StD Heiming; StD Schäfer; StD Schorlemmer; StD Weiß
- DUISBURG: OStR Bieber; OStR Dr. Feltes; L' Gesell; StD Heiming; OStR Dr. Meuter; StD' Wandt; StD Weiß
- WUPPERTAL: StD Gruel; OStR' May

Spanisch:
- DÜSSELDORF: StD Baur; StD Dr. Kaal; StD Dr. Stolze
- DUISBURG: StD Dr. Kaal; OStR Löffler; StD Dr. Stolze

Sport:
- ESSEN: StD Götzen; StD Jahrke; RSD Klupsch-Sahlmann; StD' Meyer; OStR Omsels; Ref.' Thien; OStD Thomann; LRSD Trockel; StR Winhuysen
- DÜSSELDORF: OStR Hänsch; StD Kirschner; OStR Köhn; OStR Omsels; OStD Thomann
- WUPPERTAL: StD Kirschner; OStR Köhn; OStR Omsels; OStR Söhngen; OStD Thomann

Technik:
- ESSEN: OStR Markus; StD Möllers; StD Schünemann; StD Thiele; OStR Trimborn

DUISBURG   StD Klatte; StD Möllers; StD Schünemann; OStR Trimborn

Türkisch:
ESSEN   L Polat; L' Polat

Wirtschaftslehre/Politik:
ESSEN   StD Dr. vom Berg; StD Droste; StD Gruel; StD Heiming; OStD' Dr. Koewius; StD Weiß
WUPPERTAL   StD Gruel; OStD' Dr. Koewius

Wirtschaftswissenschaften:
ESSEN   StD Dr. vom Berg; StD Droste; OStD Kaiser; OStD' Dr. Koewius; StD Lorenz; StD Pothen; StD Weiß; OStD Wiegemann
DUISBURG   StD Hitzmann; OStD Horn; OStD' Dr. Koewius; LRSD Lindner; StD Lorenz; OStR Neumann; StD Pothen; StD Sachnik; StD Weiß; StD' Wandt; OStD Wiegemann
WUPPERTAL   OStD' Dr. Koewius; StD Lorenz; OStR' May; StD Pothen; OStR' Dr. Schmidt-Wilpert; StD Stemberg

Interkulturelle Pädagogik:
ESSEN   OStD Ewert; StD Knöpfel

Bezirksregierung Köln

Biologie: StD Bernges 1.661; OStR Dr. Büschges 1.001; OStR Dr. Hemberger 1.070; StD Joußen 1.845; LRSD Dr. Kirchner BR Köln; StD Dr. Liesenfeld 1.064; StD Meyer 1.402; StD Oltrogge 1.005; Schweitzer-Genscher

Chemie: StD Bernges 1.066; StD Dr. Beutler 3.020; StD Dr. Imhoff 1.066; LRSD Dr. Kirchner BR Köln; StD' Dr. Otto 1.486; StD Prenting 1.001; StD Thalmann-Vilter 1.411; LRSD Dr. Wambach BR Köln; StD Winterlich 1.008

Deutsch: StD Dr. Biermann 1.615; LRSD Blum BR Köln; StD Dr. Bräuer 1.060; MinR' Dr. Brunkhorst-Hasenclever MSW; StD Dr. Dierkes 1.661; StD Erlinghagen 1.560; StD Gier 1.006; OStD Hummes 1.411; OStR Dr. Jansen; StD Janczukowicz 1.001; OStD Jung 6.106; StD Kayser 1.064; StD Klein 1.414; StD Loew 1.481; LGED Moll 4.550; StD Dr. Reisner 1.400; StR' Scheller 1.405; StD de Schmidt; OStR Dr. Schmidt 1.106; StD Schurf 1.584; LRSD Dr. Spitzer BR Köln; StD' Sturm-Schubert 1.583; OStD Dr. Tippkötter 1.404; StD' von Wittgenstein 1.350

Englisch: StD Glenz 1.070; StD Dr. Haas 1.422; OStR Dr. Nimax 1.009; StD Opalke 1.061; StD Richter 1.310; StD Schmidt 1.480; StD Teichmann 1.066; StD Dr. Theumer 6.105; StD Wagner 1.415; StD Zierold 1.481

Erdkunde: StD Gieren 1.108; StD Hillerich 1.185; StD' Koletzko 1.137; LRSD Dr. Kottmann; StD Lindlau 1.040; StD Dr. Maier 1.107; OStR Müller 1.482; StD Dr. Schemann 1.425; StD Sieberg 1.715; StD Willinek 1.067

Französisch: OStD Berzborn 1.545; StD' Chougrani 1.482; OStD Dilk 1.067; OStR Dr. Hellmann 1.001; StD' Dr. Lessig 1.062; StD Mager 1.068; StD' Muhr 1.408; StD Dr. Raue 1.090; StD Reinhold 1.403; StD' Thielbeer 1.125

Geschichte: StD Dr. Becker 1.060; OStR' Bittner 1.505; StD Bergmann 1.551; OStD Dr. Gemein 1.410; StD Gerske 1.054; OStD Gilliam 1.582; StD Herwick 1.403; StD Dr. Hombach 1.056; StD Horrichs 1.006; StD Dr. Huckenbeck 6.115; OStD Kober; StD' Dr. Neubert 1.064; OStD Dr. Nikolay 1.057; StD Pesch 6.141

Griechisch und Latein: LRSD Blum BR Köln; OStR Dr. Esser 1.186; StD Dr. Frings 1.050; OStD Dr. Gilliam 1.582; StD Dr. Hagen 1.052; OStD Dr. Kohlwes 1.050; LRSD Dr. Kottmann; StD Dr. Lenzen 1.067

Hauswirtschaftswissenschaft: Berger 1.430; StR' Greiser 1.530; OStR' Dr. Maiworm-Baatz 3.100; StR' Severin 1.581

Italienisch: StD Dr. Henke 1.060

Mathematik: StD Berg 1.057; StD Brochhagen 6.148; OStD Dr. Emundts 1.003; StD Dr. Follmann 1.001; RSD Hagemeier PA; StD Helbing 1.403; StD Dr. Heuser 1.043; StD Kähmer 1.007; StD Kamann 1.434; StD Löcherbach 1.065; StD Lomen 1.070; OStR' Schneider-Kirchheim 1.434; StD Dr. Souvignier 1.007; StR Stumm 1.067; OStR' Dr. Wirtz 1.058; StD Woehlke 1.065

Musik: OStR' Ritter v. Rittershain 1.042

Niederländisch: StR' Scheller 1.108

Pädagogik: StD Backes 1.506; StD Dr. Becker 1.060; StD Geyer 1.350; StD' Kinne 1.057; StD Dr. Meurer 1.062; StD Mohr 1.436; StD Dr. Pester 1.054; OStD Dr. Püllen 6.100; StD Dr. Pulm 1.616; LRSD' Rauch BR Köln; LRSD Dr. Spitzer BR Köln; StD Studemund 6.105; Dr. Theumer 6.105; StD' Weigelt

Philosophie: StD Dr. Dierkes 1.661; StD Erlinghagen 1.560; StD Dr. Heuser 1.043; StD Dr. Klein 1.404; OStD Last 1.424; StD Dr. Pester 1.054; OStD Dr. Schümmer; LRSD Dr. Spitzer BR Köln; OStD Dr. Wittek 1.286

Physik: StD Bensch 3.010; StD Goblet 1.003; RSD Hagemeier PA; StD Löcherbach 1.065; StD Reimers 1.069; OStR' Schneider-Kirchheim 1.434; StR Stauder 1.061; StR Stumm 1.067; StD Woehlke 1.065

ev. Religion: StD Engels 1.067; StD Gremse 6.106; StD Mager 1.068; StD Studemund 6.105; StD Weigelt 1.690; OStD a. D. Wiehe

kath. Religion: StD Breuer 1.440; StD Erlinghagen 1.802; StD Gerszke 1.054; OStR Dr. Jansen 1.432; StD Trimborn 1.050; StD Dr. Warnke 1.136; StD Dr. Weidenbrück 1.069; StD Wienand 1.200

Russisch: StD Larisch 1.128; StD' von Wittgenstein 1.350; OStR' Zenke 1.411

Sozialwissenschaften:	StD Breuer 1.407; StR Dr. Elsing; StD' Glass 1.407; StD Dr. Klugmann 1.065; StD Heitmann 1.050; StD Bernd Steeger 1.420
Spanisch:	StD' Dr. Lessig 1.062; StR Dr. Löhndorf 1.350; LRSD Merker BR Düsseldorf; StD' Schwerin v. Krosigk 1.421
Sport:	StD Boeker 1.486; OStR Büttner; LRSD Dr. Kottmann PA; LRSD Meusel BR Düsseldorf; StD Tanner 1.065; StD Theuerkauff 1.054; StD Thumser 6.160; OStD Zimmermann

Bezirksregierung Detmold

Biologie:	OStR Boekamp 2.055; StD Heitjohann 2.281; StD Luchmann 2.500; StD Schmidt 2.564; StD Dr. Thiemann 2.357; LRSD Dr. Wittmann BR Detmold
Chemie:	StD Dr. Menke 2.565; OStR Pieper 2.063; StD Dr. Thiemann 2.357; StD Weitkamp 2.063; LRSD Dr. Wittmann BR Detmold
Deutsch:	OStD Dr. Engelen 2.280; StD Hackfort 2.589; StD Kohrs 2.590; StD Pohlmann 6.220; StD Raskob 2.056; StD Schmitz 2.588; StD Ulrich Scholz 2.055; StD Stauss 2.033
Englisch:	OStR' Dulige 2.590; StD' Grape 6.220; OStR Hentschke 2.357; StD Dr. Hilker 2.055; AR Dr. Kramer 2.246; StD Lammert 2.291; OStR' Ohm 3.165
Erziehungswissenschaft:	StD Borgmeyer 2.588; RSD Brinkmann BR Detmold; StD Dörrer 2.158; StD Eckholt 2.056; LRSD Dr. Gerhards BR Detmold; StR Dr. Hain-Ernst 2.589; OStD Dr. Heinen 6.220; StD Hollensteiner 2.156; StD Jolk 6.220; OStD Krugmann 3.165; OStD Dr. Lenhard 2.564; StD Lorenzen 2.058; OStD Rolfes 4.110; StD Saur 2.417; OStR Schewe 2.057; StD Ulrich Scholz 2.055; StD Schorer 2.060
Französisch:	LRSD Dr. Ewald BR Detmold; StD Graf 2.323; OStR Koselitz 2.357; OStR Kremeyer 2.281; StD Dr. Mayer 2.191; OStR Dr. Netzer 2.061
Geschichte:	OStD Bollmann 2.638; StD Jupke 2.060; OStD Kranzmann 2.058; StD Lendzian 2.440; StD Dr. Ohly 2.055; OStR Rösel 2.357
Kunst:	StD Schulze-Weslarn 6.220
Latein:	StD' Lütke-Börding 2.064; OStR Rösel 2.357
Mathematik:	StD Hilker 2.057; OStR' Kiyek 3.165; StD Dr. Krauß 2.589; StD Leßmann 6.220; StD Lindner 2.690
Musik:	OStR Günther 2.585; OStR Dr. Martin 2.159; StD Wiedemann 2.587; OStR Zwanziger 2.156
Pädagogik:	StD Biermann 2.357; StD Dörrer 2.158; StD Eckholt 2.056; OStD Dr. Engelen 2.280; StD' Gess 2.058; StD Schewe 2.057
Philosophie:	StD Dr. Althoff 2.357; OStR Dr. Heider 2.588; StD Litterscheidt 2.621
Physik:	StD Kleine 3.165; OStD Wilkening 3.005
ev. Religionslehre:	OStD Dr. Diekmann 2.436; LRSD Theissmann BR Detmold
kath. Religionslehre:	StD Hunger 2.587; StD Löhning 2.588; StD Wagener 2.585
Sozialwissenschaften:	LRSD Dr. Gerhards BR Detmold; StD Klare 2.726; OStR Meske 2.062; OStR Rösel 2.357; OStD Sauerländer 2.121; StD Schmidt 2.445
Spanisch:	StR' Hormann 2.603
Sport:	StD Dörrer 2.158; OStR Hentschke 2.357; StD Klöpping 2.067; OStR Koselitz 2.357; StR Puhlmann 2.064

B. Landesprüfungsamt für Zweite Staatsprüfungen für Lehrämter an Schulen

Zuständig für die Zweiten Staatsprüfungen aller Lehrämter an Schulen des Landes Nordrhein-Westfalen.

Landesprüfungsamt für Zweite Staatsprüfungen für Lehrämter an Schulen

Otto-Hahn-Str. 37, 44227 Dortmund, Tel. (02 31) 93 69 77-0, Fax 93 69 77-79
E-Mail-Anschriften: Vorname.Nachname@pa.nrw.de
Homepage: www.pruefungsamt.nrw.de

Leiter:	LRSD **Heinz Brinkmann**
stellv. Leiter u. Geschäftsführer:	RSD Erik-Andreas Pieper (Gymnasien/Gesamtschulen)
Geschäftsführerin:	Ulrike Kropp (Grund-, Haupt- und Realschulen und die entsprechenden Jahrgangsstufen der Gesamtschulen)
Geschäftsführer:	N. N. (Sonderpädagogik)
Geschäftsführer:	Clemens Eichhorst (Berufskollegs)

Teil II
Schulteil

Stand des Schulteils ist grundsätzlich der 1. 10. 2007. Berücksichtigt sind aber schon nach diesem Termin in Kraft getretene Änderungen im Bereich der Unterrichtsverwaltung (S. 15–36).

Änderungen in den Kunze-Nummern gegenüber dem letzten Jahrbuch 2006/07

NEU	ALT	NEU	ALT
2.711	Auflösung	–	6.160 Auflösung

Erläuterungen zu den Schul- und Lehrerverzeichnissen
Stand vom 1. Oktober 2007

A. SCHULVERZEICHNISSE

Im Anschluss an die Angaben zur jeweiligen Schule (Kunze-Nr., Schulort, Name der Schule, Anschrift usw. – ggf. E-Mail und Homepage im Internet) erfolgt die Angabe der **Klassen und Kurszahlen** und der **Schüler(innen)** des laufenden Schuljahres sowie der **Abiturienten(innen)** des Vorjahres.
Die **Klassenzahlen** sind aufgeteilt nach Erprobungsstufe und restl. Sekundarstufe I; die **Kurszahlen** für die Sekundarstufe II geben die Gesamtzahl der Grund- und Leistungskurse an; die **Schülerzahlen** sind aufgeteilt nach Erprobungsstufe, restl. Sekundarstufe I und Sekundarstufe II.
Bei den Angaben sind Schülerinnen grundsätzlich in Klammern nachgestellt, auch an reinen Mädchenschulen; ihre Zahl ist stets in der Gesamtzahl enthalten.
Bei der **Sprachenfolge** werden die an der jeweiligen Schule vorhandenen Möglichkeiten der Sprachenwahl für die 1. (ab Jg.st. 5), die 2. (ab Jg.st. 7) und die 3. (ab Jg.st. 9) Fremdsprache nacheinander angegeben.
Ferner ist angegeben die zuständige **Bezirksregierung** und der **Schuldezernent** sowie die **amtliche Schulnummer** (ASN) des Landesamtes für Datenverarbeitung und Statistik Nordrhein-Westfalen.

B. LEHRERVERZEICHNISSE

Die im Schulkopf hinter der Gesamtzahl nach den Lehrergruppen aufgeschlüsselten **Zahlen für die Lehrkräfte** enthalten alle an der Schule mit mindestens der Hälfte der Pflichtstunden unterrichtenden Kolleginnen und Kollegen – auch wenn sie nicht namentlich aufgeführt sein sollten –, unabhängig von ihrer Planstelle; Beurlaubungen sind nicht mitgezählt. (S. auch die nachfolgenden redaktionellen Richtlinien.)
Alle Lehrkräfte werden nur an ihrer Beschäftigungsanstalt geführt. Kommen mehrere Anstalten in Betracht, wird die Lehrkraft in der Regel der Hauptbeschäftigungsanstalt zugeordnet.
Die Gruppeneinteilung der Lehrkräfte sowie die weiteren Angaben erfolgen nach folgendem Schema:

1. Beamte
A = Oberstudiendirektor(in), auch StD als Leiter(in) eines nicht voll ausgebauten Gymnasiums (mit Angabe in Klammern), A_1 = Studiendirektor(in) als Ständige(r) Vertreter(in) eines Oberstudiendirektors, A_2 = Studiendirektor(in) als pädagogische(r) Fachleiter(in) oder als Fachleiter(in) am Studienseminar für das Lehramt für die Sekundarstufe II, dieser mit Zusatz (F) und ohne Berücksichtigung seiner Planstelle, **B** = Oberstudienrat(in), **C** = Studienrat(in), **D** = sonstige(r) Beamter(in) mit Angabe der Dienststellung (hier erscheinen auch die als SpL a.e.a.Sch. verbeamteten Dipl.-SpL), **E** = Studienrat(in) z. A.
Ist am Stichtag die Stelle des Oberstudiendirektors(in) vakant gewesen, so wird ggf. unter A ( ) der kommissarische Schulleiter angegeben. Ist die Stelle des Studiendirektors als Ständigem Vertreter des Oberstudiendirektors nicht besetzt oder noch nicht eingerichtet, so erhält der (die) mit der Verwaltung dieses Amtes betraute Kollege(in) – sofern nicht unter A_1() angegeben – den Zusatz (Vw). Diesen Zusatz erhält an Schulen mit mehr als 40 Lehrerstellen auch der (die) zusätzlich mit Verwaltungsaufgaben betraute Kollege(in).
Für die Beamten ist angegeben der **Tag der Ernennung** (grundsätzlich Tag der Aushändigung der betr. Urkunde bzw. des Zusatzvertrages, sofern die Aushändigung nicht vorzeitig erfolgt ist), die **Lehrbefähigung**, das **Bekenntnis** und der **Tag der Geburt**. Die Angabe der Lehrbefähigungen umfasst dabei nur die Fächer, in denen das Zweite Staatsexamen bzw. eine Zusatzprüfung abgelegt worden ist, unabhängig davon, ob z. Z. in allen diesen Fächern unterrichtet wird oder ob ggf. auch in anderen Fächern Unterricht erteilt wird.
Die **Einordnung in die Gruppen A–E** erfolgt grundsätzlich nach dem Tag der Ernennung. Stimmt dieses Datum bei zwei oder mehr Lehrkräften überein, so erfolgt die Ordnung nach dem Tag der Ernennung in ein Amt der nächst niedrigen Laufbahngruppe und in Gruppe E nach dem Datum der ersten Staatsprüfung bzw. nach dem Tag der Geburt (seit 1979/80 ausschließlich). Bei fehlendem Ernennungs- und/oder Geburtsdatum erfolgt die Einordnung in Anschluss an das letzte Ernennungsdatum der jeweiligen Lehrergruppe zunächst nach dem Geburtsdatum und dann nach dem Alphabet.

2. Auftragslehrkräfte
F = Lehrkraft mit Laufbahnvoraussetzung als beamtete Lehrkraft am Gymnasium, jetzt aber im Angestelltenverhältnis tätig (häufig sog. Ass. d. L.), **G** = jetzt im Ruhestand (a. D.) befindliche ehemals beamtete Lehrkraft der Gruppen A–C, **H** = sonstige Auftragslehrkraft.
Diese Lehrkräfte erteilen alle mindestens die Hälfte der vorgeschriebenen Pflichtstunden. Es sind angegeben die derzeit erteilten **Unterrichtsfächer**, das **Bekenntnis** und der **Tag der Geburt**. Die Angabe der Unterrichtsfächer bedeutet hier weder den Besitz der jeweiligen Lehrbefähigung, noch werden hier grundsätzlich alle jemals erworbenen Lehrbefähigungen aufgeführt.
Die **Einordnung in die Gruppen F–H** erfolgt nach dem Tag der Geburt und bei fehlendem Geburtsdatum im Anschluss an das letzte Geburtsdatum nach dem Alphabet.

1. Die Gymnasien im Landesteil Nordrhein
– Regierungsbezirke Düsseldorf und Köln –

1.001 Aachen Kaiser-Karls-Gymnasium gegr. 1601
st. G. f. J. u. M.
Augustinerbach 7, 52062 Aachen – Tel. (02 41) 94 96 30, Fax 9 49 63 22
E-Mail: 167290@schule.nrw.de, Homepage: www.kaiser-karls-gymnasium.de
Kl: 8/14   Ku: 89/13   Sch: 835 (296) (220/380/235)   Abit: 72 (27)   BR Köln
L: 43 (A 1, [A$_1$] 1, A$_2$ 5, B 19, C 11, D 2, E 3, F 1, H 2)   ASN: **167290**
Spr.-Folge: E, L/F, F/L, S/H   Dez: LRSD' **Schulze**

A	**Jaegers** Paul-Wolfgang Dr.[1]	14. 9.93		E N	k	8. 4.49	**Oslender** Frank	29. 3.05	M PH	17.10.68
							von Bracht Kurt		E SP	24. 6.47
A$_1$	(**Bertram** Jürgen StD A$_2$)	25.11.02	°	L KR	k	30. 7.58	**Ulrich** Uwe		KU I	22. 1.54
A$_2$	**Schwemmer** Bernd	27.12.94		BI EK		29. 7.53	**Pickartz** Alfred-Jakob		D SW	20. 2.54
	Körlings Heribert M. A.[1]	17.11.99	°	D KR	k	31. 1.56	**Keuthen** Bernd		M SW	1. 2.55
							C	**Thiele** Bärbel geb. Schumacher	6. 3.79 ° GE F k 21. 7.48
	Jansen Ute geb. Teufert	29. 6.01		D R	e	24. 8.52	**Lennartz** Johannes	1. 9.79	° MU GE k	8. 9.46
							Gerlach Danielle (T)	30. 4.82	F D k	4. 1.51
	Holz Olaf Christian Dr. (F)	14. 9.97		SP BI		13 6.55	**Marczok-Falter** Stefan (T)	6. 4.84	E GE k	20. 2.50
	Gablik Ralf (F)		°	KU GE	e	13. 9.61	**König** Maria	7. 8.95	° E KR k	21. 2.60
B	**Büschges** Gereon Dr. (T)	8.12.78	°	CH BI	k	3. 8.45	**Birken** Gisela geb. Wimmer (T)	22. 1.02	L G GE k	12.11.67
	Thon Joachim	1.12.79		E GE	k	24. 7.44	**Kranz** Christoph	21. 5.02	KU MU	8. 1.67
	Weise Margrit (T)	25. 8.84		BI CH	k	17. 8.50	**Lenzen-Tomberg** Hans-Josef	30. 5.05	D E ER e	25. 5.66
	Trentzsch Hartwig (Vw)	4. 2.93		PA SP		17. 8.51	**Frey** Josef		M EK	13. 7.52
	Neumann-Britsch Erika (T)	8. 3.96		CH SW	e	31. 3.53	**Kranz** Karin		D PL	15. 7.70
							Kessler Susanne (T)		E GE	30. 8.71
	Schlömer Wolfgang	9. 3.96		PH SP		17.11.53	D	**Winzen** Ute-Marie geb. Decker SekIL'	11. 3.84 EK BI k 17.10.51
	Zanke Claudia	14. 6.96		E D	k	27. 4.52	**Kleingarn** Angelika (T)			
	Bach Dagmar	26. 7.00		EW SW			E	**Baucke** Etienne (T)	22. 8.05	M PH S	9. 7.74
	Stephan Christa geb. Stephan	31. 7.00		F EK	e	1. 7.50	**Werner** Verena	22. 8.05	F SP	
	Berard Günter	29. 8.01	°	M PH IF	k	17. 3.51	**Maahsen** Sandra (T)		BI KR k	6.10.69
							F	**Mirgartz** Elisabeth		E F	22. 9.57
	Buhren Jochen	20. 8.02	°	ER SW PK		8.10.55	H	**Gier** Georg Dipl.-SpL		SP k	14. 8.48
							Kanonis Stylianos		Z gr-orth	7. 6.52
	Adamschewski Dirk	24. 8.04	°	E M	k	12. 3.70				

[1] Lehrbeauftr. an d. RWTH Aachen

1.002 Aachen Gymnasium St. Leonhard gegr. 1626
st. G. (5-Tage-Woche) m. zweisprachigem dt.-frz. Zug f. J. u. M.
Jesuitenstr. 9, 52062 Aachen – Tel. (02 41) 41 31 98-0, Fax 41 31 98-37
E-Mail: leoac@t-online.de, Homepage: www.gymnasium-st-leonhard.de
                                                                              BR Köln
L: 38 (A 1, A$_1$ 1, A$_2$ 4, B 12, C 16, D 1, H 3)   ASN: **167368**
Spr.-Folge: E/F, F/E, L/N   Dez: LRSD **Schwarz**

A	**Dick** Günther	1. 6.01		M PH IF		29. 4.47	B	**Nottebaum** Jürgen	25. 1.80	D EK k 19. 5.48
A$_1$	**Bartz** Beatrix geb. Bindels			F SP	k	5. 1.55	**Schulze** Walter	20. 5.86	L GE	30. 5.50
							Conrad Bernd	3. 7.96	° F PL e	28. 3.49
A$_2$	**Kroemer** Doris Dr.	16.10.89		EK F (KR)	k	2. 6.47	**Schneege** Paula geb. Kuck	3. 7.96	D PL k	20. 5.52
	Lehmann Rolf	12. 7.94		D GE (L)		16. 6.46	**Ratte** Rita geb. Peters	1. 9.96	BI CH k	29. 7.49
	Hienzsch Annette geb. Mann	1.11.96		CH		25. 1.50	**Schulte** Mechth. (T)	1. 9.96	D PA	19. 2.54
							Kühn Vera (T)	1. 8.01	D KR k	7.11.52
	Kraft Rosemarie geb. Döhlings	1. 7.01		GE F		26. 7.49	**Stolz** Johann Josef	13. 8.01	F SW k	24. 4.53

	Köttgen-Klambt	1. 9.02	PA SW	k	13. 8.51	**Mulorz** Klaus	23. 6.03	M PH	18. 3.70
	Elisabeth geb. Köttgen (T)					**Leibold** Jutta (T)		KU E	27. 9.53
	Barwich Ilse (T)	20.11.02	F E		4. 1.51	**Lück** Rainer		M PH e	22. 5.64
	Vogel Irmgard		M EK	k	23. 6.55			IF	
	geb. Schumacher (T)					**Priwitzer** Volker		MU D oB	4. 7.72
	Sommer Angelika		F EK	k	30. 1.56	**Plum** Anke		M E	28. 3.75
C	**Westerkamp** Wolfg.	19. 3.83	CH PH	e	12. 1.46	**Engels** Markus		M IF	
	Dipl.-Chem.					**Herforth** Susanne		M S	
	Wilke Dagmar	23. 9.83	E PA	e	3. 3.48	**Langela-Bickenbach**		E N	
	geb. Biedermann					Adriane			
	Schnetger Wilhelm-	1.12.83	GE KR	k	21. 1.52	**Thürwächter** Roman		D SP	
	Heinrich		M			D **Jacobs** Helga	1. 8.91	KR EK k	13.12.57
	Bickmann Dorothée	18. 8.84	MU D	k	24. 3.48	geb. Ott SekIL' (T)			
	Fischer Ursula	22. 6.86	E F	e	29. 4.53	H **Mählmann** Dieter Dr.		° E SP k	12. 7.46
	geb. Franz (T)					**Zieger** Renate geb.		SP k	10.11.50
	Opitz Gretel	1. 3.01	BI CH		17. 4.47	Jünemann			
	Poorten Heike (T)	1. 1.02	D KU		26.12.61	**Remy** Jochen Pfr.		ER e	27. 2.66
	Braun Christine (T)	1. 8.02	E F	k	12.12.69				

1.003 Aachen Couven-Gymnasium gegr. 1818
st. G. m. zweisprachigem dt.-engl. Zug f. J. u. M.
Lütticher Str. 111a, 52074 Aachen – Tel. (02 41) 70 52 00, Fax 7 05 20 32
E-Mail: schulleitung@couven-gymnasium.de, Homepage: www.couven-gymnasium.de

Kl: 10/19 Ku: 188/33 Sch: 1231 (562) (307/539/385)   Abit: 109 (50)   **BR Köln**
L: 72 (A 1, [A$_1$] 1, A$_2$ 5, B 20, C 27, D 2, E 11, F 4, H 1)   ASN: **167332**

Spr.-Folge: E, F/L, L/F, S   Dez: LRSD' **Dr. Schulze**

A	**Bartz** Adolf	1. 2.07	D PL			**Daimler** Michael	30. 8.82	E EK e	17. 7.50
A$_1$	(**Steininger** Torsten OStR)		E GE	e	13. 4.59	**Freyaldenhoven**			
A$_2$	**Söhngen** Manfred	6. 1.92	F E		31.12.47	Herbert	1. 8.83	D SP k	18. 7.52
	Vogt Wolfgang	1. 8.96 °	PH	k	18. 9.48	**Eck** Heinz-Josef (T)	4. 5.84	D SW k	7. 9.52
	Seidelmann Antje	12.98	F PA		8.10.51	**Quecke-Twickler**	5. 7.85	M EK k	30.10.51
	Fußberger Hildegard		M SP	k	1.12.52	Doris geb. Quecke (T)			
	geb. Laumen (T)					**Hartges** Ulrich	85	F SP k	21. 3.53
	Messelken Jutta		D E	e	14. 5.55	**Ligmann** Frajo	1. 8.99	IF M	11. 9.65
	geb. Kottmann (T)					**Boberg** Britta	1. 1.02	L ER e	21. 4.68
B	**Kaub** Ernst-Jochen	23. 3.83 °	F D	k	24.11.42	(M)			
	Schalek Lilian	90	D E LI			**Fündling** Christiane	1. 8.02	E GE	19. 3.71
	Wittke Karin	1. 1.94	E SW	e	24.11.52	**Richter** Stephan	1. 2.03	E PL k	25.10.64
	Kall Alfred Dr.	23. 1.94 °	KR EK	k	13. 7.46	**Haag** Wilhelm		SP k	6. 8.44
	Hünseler Wolfgang	1. 6.96	E GE	k	24. 2.46	**Frechen** Elisabeth		F KU	18. 8.49
	Dr.		PK					TX	
	Engelmann Hans-	6. 3.97 °	M EK	e	15. 9.49	**Kirschfink** Franz-Josef		° PH M k	10.10.50
	Egon		ER			**Schmidt** Doris		F EK k	31.10.51
	Gatzweiler Karl-Josef	6. 3.97	PH KR	k	14. 5.57	**Terwiesche** Andreas		CH SP	18.10.61
	Hagemann Helmut (T)	3.97	GE SW		1. 6.54	**Herrmann** Reiner		L GE k	7. 6.64
	Weller Monika	1. 8.00	BI CH		28. 3.52	**Becker** Susanne		D ER e	4. 7.65
	Venth André		MU SP	k	28.12.44	**Werden** Angelika		D GE	21.12.66
	Halfenberg Frances		PL F	e	25. 6.49	**Lütten** Yvonne		M S e	9.12.68
	Falter Anna geb. Falter (T)		E EK	k	9.10.50	**Godemann** Dorothea		D MU	30.12.68
	Werthmann Annette (T)		BI		2. 3.51	**Fengler** Christian		° MMU	13.10.72
	Metz-Klein Gabriele		D E		24. 8.52	**Schön** Corinna		E EK	24.12.70
	Knörzer Martin (T)		BI CH	e	14.11.52	**Kraik** Claudia		E GE	15. 2.71
	Bacher Rita (T)		F SP		1.11.53	**Rünker** Ute		M PH k	3. 9.71
	Adolphs Alfred		° BI EK	k	4. 8.55	**Schoop** Michaela		M S	28. 3.73
	Hürtgen Hildegard		° M BI	k	1. 1.60	D **Gebauer** Annette	22. 4.80	E SP k	11. 3.53
	Dipl.-Math.' (T)					RSchL' (T)			
	Braun Stefan		D PL	e	5. 7.63	**Reimann** Hedda L'		D KU	16. 3.59
	Richter Tanja (F)		° E GE		23.10.68	E **Kauke** Birgit	1. 4.03	M MU k	14. 9.74
C	**Westerkamp**	10. 4.78	M CH		2. 1.49	**Groteclaes** Silvia	22. 8.05 °	BI D k	9. 7.68
	Christine geb. Junghans (T)					**Garcia Martinez**	22. 8.05	S D k	8. 1.75
	Opitz Monika	3. 3.79	D GE		22.12.46	Miguel			
	geb. Novak (T)					**Roth** Ruth- Maria	22. 8.05	E S	8.12.76
	Deserno Gisela	15. 2.80	CH SP	k	8. 2.51	**Busse** Martin			30. 7.73
	geb. Utzel (T)					**Großmann** Lars		E SW	26. 3.75

	Schmidt Björn	E L	2.12.75		Krüger Gabriele	KU KW e	13. 5.50
	Krause Judith	D KR k	5. 5.76		Droste Peter Dr.	D GE k	11. 8.59
	Buhr Henning	M IF MU	23. 9.76			PP PL	
	Heidemann Berit	M SP	1. 4.78		Bruthecker Christine	E F	24. 6.64
F	Opitz Heidrun Ass' d. L.	D SW PK	16. 4.48	H	Tunaj Marian	° KR SP k	20. 1.47

1.004 Aachen Gymnasium St. Ursula gegr. 1848
pr. G. (5-Tage-Woche) f. M. d. Ursulinen-Kongregation Calvarienberg-Ahrweiler e. V.
Bergdriesch 32–36, 52062 Aachen – Tel. (02 41) 47 03 04 35, Fax 2 35 95
E-Mail: sekretariat@st-ursula-aachen.de, Homepage: www.st-ursula-aachen.de

Kl: 6/14   Ku: 111/26   Sch: 825 (825) (173/376/276) **BR Köln**
L: 54 (A 1, A$_1$ 1, A$_2$ 4, B 14, C 15, E 9, F 7, H 3) ASN: **167344**
Spr.-Folge: E, L/F, F, S Dez: LRSD **Schwarz**

A	Marsden Josefine	1. 2.05	E GE k	26. 6.48		Schulten Berthold	1. 9.99	M EK k	20. 6.66
	geb. Horbach					Breuer Karsten	1. 2.02	° D GE k	29.11.69
A$_1$	Hermanns Reiner	1. 2.05	° BI CH k	30.10.54		Seckler Barbara (T)	1. 2.03	D S k	6. 6.66
A$_2$	Gaidetzka Hans-	1. 8.94	° CH k	17. 9.45		Vandeneschen-	1. 2.03	D KR k	3. 9.70
	Wolfgang Dr.					Reimman Andrea (T)			
	Moese Ernst	2. 8.99	° D GE k	8. 8.53		Heitzer-Birken	1. 3.04	F D k	18. 2.73
			SW PK			Carmen			
	Ebner Martin	6. 9.04	L EK k	10.12.62		Smits Kordula	1. 8.04	MU E k	29. 1.66
	Evertz Martin	6. 9.04	GE SP k	28. 9.63		Ervens Monika	1. 8.04	M BI k	3.11.75
B	Fassbender Gertrud	1. 8.93	° E KR k	12.10.51				KR	
	geb. Wallraven (T)					Jöris René	6. 9.04	D KR k	16. 4.74
	Wilke Gabriele	1. 8.94	M PH k	24. 1.51		Schüller Stephanie	2. 9.04	D KR k	1. 6.73
	geb. Max		SP			geb. Indlekofer			
	Rick Peter	1. 8.96	° M PH k	31. 5.49		Frantzen Paraskevi	2. 9.04	M E gr-orth	17. 6.74
	Kupper Marianne	2. 8.99	° E PA k	12.11.50		Wyrsch Nikolas	1. 8.07	CH BI k	13.10.74
	geb. Seidenfaden (T)				E	Markmann Anne	1. 8.02	M PA k	11. 2.72
	Ochel Monika	2. 8.99	° BI E ER e	21. 5.56		Biemans Karin	1. 8.03	E F	5. 7.73
	geb. Uhlmann					Hirsch Kirstin	22. 8.05	D F k	1. 2.77
	Beitzel Manfred	1.11.99	S GE k	29. 1.58		Gehrke Constanze Dr.	24. 6.06	D E k	12. 3.74
	Röttger Michael	1.12.00	L KR k	19. 6.60		Kemman Judith	1. 8.06	D E k	1. 7.78
	Goertz Arnd	1. 2.03	GE KR k	10.11.63		Fink Michaela	1. 8.07	CH F k	16. 9.72
	Borgmann Jutta (T)	1. 2.03	D PL k	30. 4.61		Brockmann Barbara	1. 8.07	D E k	10. 1.76
	Kallhoff Monika (T)	1. 2.03	L D k	3. 1.66		Welters Norbert	1. 8.07	M PH k	24. 8.77
	Biemans Patrick	1. 2.06	M PH k	22. 6.73		Weber Britta	1. 8.07	S E k	10. 1.79
	Scholz-Plum	1. 3.06	HW BI k	4.12.55	F	Krieger-Heveling		BI k	31. 7.54
	Angelika (T)					Mechtild			
	Kupczyk-Joeris	1. 3.06	D EK k	25. 9.51		Lengersdorf Ursula		KU k	27. 2.59
	Rita (T)					Wieshöfer Ingrid		° EK SP k	26. 1.61
	Lensges Anke	1. 3.06	° M BI k	25. 5.68		Schoenen Christiane		KU k	12. 5.69
			EL			Archantoglou Martha		SP k	22. 4.74
C	Delvaux de Feuffe	1. 8.81	F GE k	31.12.44		Kessler Sabine		PL D k	8.11.76
	Emmanuelle geb. Volk					Baches Kristina		PA D k	5. 7.79
	Schulte Marianne (T)	1. 8.85	EK SP k	25. 5.49	H	Fiebig Helga		ER e	29. 1.62
	Jordan Werner	1. 8.92	MU SP k	23.11.57		Schädler-Böhme Anja		F k	25.10.66
	Jochum Adelheid	1. 2.93	° E F L k	22. 6.56		Zander Anette Dr.		PH M k	17. 5.74
	Dr. (T)								

1.005 Aachen Viktoriaschule gegr. 1870
pr. G. f. J. u. M. d. Ev. Kirche im Rheinland
Warmweiherstraße 2–8, 52066 Aachen – Tel. (02 41) 9 46 19-0, Fax 9 46 19-31
E-Mail: schulleitung@viktoriaschule-aachen.de
Homepage: www.viktoriaschule-aachen.de

Kl: 6/12   Ku: 96/25   Sch: 815 (458) (185/357/273) **BR Köln**
L: 44 (A 1, A$_1$ 1, A$_2$ 4, B 12, C 12, E 6, F 7, H 1) ASN: **167307**
Spr.-Folge: E, F/L, F, S Dez: LRSD' **Scholze**

A	Schneider Axel	10. 8.01	D ER e	18. 8.54	A$_2$	Meister-Lucht Ulrike	1. 8.00	◻ D SP e	
			PL			geb. Meister			
A$_1$	Kaufmann Manfred		° BI EK e	28. 9.51		Opitz Matthias Dr.[1]	23.12.01	L G GE e	21. 4.44

	Hermsdorff Klaus Dieter	24. 9.03	E MU	e	3. 7.60
	Kleinfeld Heiko		BI ER	e	28. 3.57
B	Lucht Lutz Walter	1. 8.81 ▫	EK SP	e	
	Roesner Verena	24. 4.84	E F	e	11. 6.49
	Heibrok Reinhard	30. 5.95	CH SP	e	6. 9.51
	Seppe Gabriele	10.10.96 °	E EK	e	21. 2.54
	Friedhoff Friedrich	15.12.99 °	M PH IF MU	e	2. 9.48
	Katthage Gerhard Dr. (T)	24.12.01	D ER PL	e	6. 5.60
	Schmidt Karl Wilhelm Dr.[1]		D GE	e	27. 9.59
	Morjan-Drees Birgit		E F	e	22. 2.61
	Hiltmann Andreas		D E	e	10. 8.62
	Schleifer Jörg		D ER	e	18. 8.66
	Petereit Jutta geb. Petereit		° L ER	e	24. 2.67
	Kluge Katharina		D GE	e	25. 2.68
C	Holtermann Michael	30. 1.83	KU	e	12.10.46
	Andre Gisela	25. 9.92	KR SW	k	4. 7.59
	Becker Kurt	5. 8.94	BI CH	e	4. 2.60
	Bölling Axel	28.10.97	D E	e	20. 2.63
	Weber Helmut	1.10.98	M PH	e	27. 6.65
	Alvarez-Brückmann Christina Maria	18. 2.03	F KR	e	17. 2.72

	Egerland Harald (V)	18. 2.03 °	D GE	e	2.10.67
	Nießen Jutta geb. Sistermanns (T)	6.10.03 °	E KR	k	24.10.68
	Jantzen Beatrix (T)	28. 4.04	BI SP		18. 5.62
	Schnell Christoph		M GE	e	1. 6.71
	Klier Andreas		SP EK	e	7. 1.72
	Homm Hermine		° E CH		23. 6.74
E	Borgetto Natascha	10.04 °	D E		18. 8.75
	Göbel Miriam	04	L SP KR	k	5. 5.70
	Greschik Frank Dr.		M PH		
	Kramer Andreas		EK GE SW		
	Maresch Ernst		M E		
	Wiswedel Kerstin		F KU		
F	Kozlowski Barbara		E EK	e	28.11.47
	Lutter Manfred		MU	e	6. 6.48
	Kleines Bärbel geb. Preis		CH M	e	16. 9.62
	Aymans Franz-Josef		SP		31. 3.58
	Schwartz Eva geb. Seidel		MU M	k	22. 4.59
	Stoffers Susanne geb. Anders		BI KU		23. 2.60
	Hinz Viola		CH M		
H	Salber Helmut Dipl.-SpL		SP	e	18.11.51

[1] Lehrbeauftr. an d. RWTH Aachen

1.006 Aachen Einhard-Gymnasium gegr. 1886
st. G. f. J. u. M.
Robert-Schuman-Str. 4, 52066 Aachen – Tel. (02 41) 6 70 17/18, Fax 6 50 06
E-Mail: spillner@einhard-gymnasium.de, Homepage: www.einhard-gymnasium.de

Kl: 9/16 Ku: 145/28 Sch: 1120 (573) (268/443/409) Abit: 110 (60) **BR Köln**
L: 75 (A 1, A$_1$ 1, A$_2$ 5, B 22, C 26, D 4, E 11, F 5) ASN: **167356**
Spr.-Folge: E, L/F, F/L/I Dez: LRSD' **Dr. Schulze**

A	Spillner Dieter	1.10.00	CH EK	e	18. 4.50
A$_1$	Geradts Jochen	21. 8.01 °	E SP	k	17. 1.55
A$_2$	Kuchen Winfried (F)	28. 6.78 °	F PL	k	20. 3.45
	Schulte Heide geb. Junge (T) (F)	10.78 °	SP M	k	1. 6.42
	Goffart Erich	28. 2.96 °	BI SP	k	25. 4.46
	Wimmer Mechthild geb. Stelzer	16. 2.98 °	E Kug	e	18. 6.52
	Hummel Bernhard (F)	23. 9.02 °	PH	k	3. 9.49
B	Hartmann Jochen	5. 1.79 °	BI	e	25.10.44
	Fuhs Walter	7. 1.79 °	EK D	k	2. 4.44
	Espenhahn Gerlind geb. Bohle (T)	1. 1.80	E BI	k	28.11.47
	Endres Karl	29.11.80	PA SP MU	k	4. 5.46
	Lesker Heinrich	30.12.81 °	D E		29. 9.47
	Pohl Monika (T)	15. 5.90	M EK		23.10.46
	Leunissen Kornelia	27.12.90	D I	k	4. 7.52
	Käppler Marion	19. 1.93	BI CH		21.12.49
	Mülhausen Jörg	20. 1.93 °	E EW	k	17. 5.51
	Tonn Monika geb. Throne	18. 2.93 °	CH ER	e	17. 6.48
	Mahr Maria geb. Jansen (T)	1. 1.94	M (KU)	k	24. 6.52
	Sasu Ulrich	1. 1.94 °	PH PA	k	9. 5.46
	Bücken Irmgard geb. Hahn (T)	1. 1.94 °	M PA	k	13. 2.54
	Mertens Stephan	1.10.95 °	BI PH SP	k	21. 3.56
	Bischof Wolfgang	31. 5.96	MU D KW	k	22. 6.49
	May-Schröder Dorothee (T)	9.12.96 °	D PA MU	e	2. 3.53
	Baer Detlef	8.12.00 °	GE SW		9. 4.52
	Conrad Thomas (V)	31. 8.01 °	CH BI	e	18. 3.55
	Ragusi Beate (T)	12.11.01	E F	k	26. 9.52
	Käse Josefine Dr.	31. 8.04	GE SP		9. 9.61
	Dosquet-Bünning Dorothee (T)	26. 9.04	E GE	k	7. 8.59
	Wallraff Hans-Peter	26. 9.04 °	L GE	k	21. 3.63
C	Kosalla Heinz-Josef	1. 8.82	SP Soz	k	3. 3. 49
	Felsch Waltraud (T)	10. 2.83	M F	k	26.10.51
	Beaujean Ulrich	28. 2.83 °	F I		4. 7.49
	Eichner-Bertram Barbara (T)	10. 9.84	KU EK	k	16. 1.52
	Paulsen Lilian	5. 8.85	PH M	k	10. 8.52
	Meinertzhagen Margot geb. Klein (T)	5. 2.86	F D	k	7.11.53
	Gebhardt Edeltraud (T)	19. 8.89	M PH	e	7. 4.54
	Abelein Ruth	7.12.99	F D	e	1.10.60
	Frühwein Oliver	2. 8.01 °	M PH	k	11.11.71
	Spoo Martina (T)	20. 8.01 °	KR EK	k	15.10.60
	Hinz Guido (T)	1. 1.02	PH ER (I)	e	21. 6.66

	Gehrt Helmtrud		1.02	D SP				Spangenberg Ursula	4. 9.81	M EK	k	15. 6.54
	Köster Peter	2.	9.02	° PH BI	k	24. 1.69	E	Kochs Julia	6. 8.05	° F D	e	12. 3.75
				EK				Crasborn Monika	19. 8.05	E F	e	22. 5.74
	Holz Christiane	2.	9.02	° F E	k	28. 8.72		Hickel Werner Dr.	1. 8.06	D PL		29. 4.67
	Hilkenbach Sandra	15.	9.03	° L D	k	1. 5.74		Kwiatkowski	1. 8.06	BI EK	k	6.10.75
	Stümke Anja	1.	4.06	° D MU	k	20.12.75		Henning				
	Severin Antje	25.	5.04	° GE Soz		13. 3.72		Küpper Daniela	1. 8.06	GE EW		19.10.76
	Orth Helga	8.	6.04	° M D	k	2. 3.75		Baumann Bettina (T)	9. 8.06	D KR	k	8. 3.72
	geb. Klinkenberg							Jaksch Christine	9. 8.06	° BI EK	e	24. 7.76
	Rustemeyer Frank Dr.	21.	6.04	D GE	k	21. 6.73				MU		
				KR				Hilbert Tabea	16. 8.06	E L		28. 5.79
	Koch Stefanie	28.	6.04	° M CH	k	21. 1.76		Sander Kristin	1. 8.07	D E		29. 9.76
	Backhaus Denise	9.	8.06	° D E	k	24. 9.75		Zieliski Astrid	1. 8.07	° BI PH	e	19.10.73
	Proy Kerstin	9.	8.06	° E ER	e	25. 2.76		Moore Marie-Jeanette		E L		19.10.75
	Wetcke Ute	9.	8.06	° F BI	k	28. 3.77	F	Leisgen Michael		° KU		30. 3.44
	Willemsen Elmar Dr.	1.	2.07	° D PH	e	26. 2.73		Kämmerer Ulrich		ER D	e	17. 6.51
	Küpper Petra-Maria	1.	8.07	M KR	k	25.10.77		Kaufmann Elisabeth		M CH		16. 3.57
	Werbelow Christoph			E SP		9.12.59		Behre Maria Dr.[1]		° D KR	k	26. 9.57
D	Paulsen Adrian SpL	23.12.75		SP EK	k	20. 2.47				PL PP		
	Steffens Harald SekIL	27.12.83	°	D MU	k	14. 5.55		Schumann Jörg		GE SP PK		
	Soika Ilse	1.	9.81	M EK	e	11.10.54						

[1] Lehrbeauftr. an d. RWTH Aachen

1.007 Aachen Pius-Gymnasium gegr. 1956
pr. bischöfl. G. (5-Tage-Woche) f. J. u. M. d. Bistums Aachen
Eupener Str. 158, 52066 Aachen – Tel. (02 41) 60 90 40, Fax 6 09 04 29
E-Mail: pius-info@web.de Homepage: www.pius-gymnasium.de

Kl: 8/17 Ku: 143/22 Sch: 1105 (493) (257/512/336) Abit: 93 (30)   BR Köln
L: 62 (A 1, A_1 1, A_2 5, B 22, C 19, D 2, E 5, F 7)   ASN: **167370**
Spr.-Folge: E, L/F, F/L   Dez.: LRSD' **Dr. Schulze**

A	Els Josef Dr.	1.	8.96	° D GE	k	6. 1.54		Hubbertz Peter	1.11.05	° E CH	k	4. 8.63
A_1	Tank Helmut	1.	8.00	° SP M	k	9. 6.51		Gillessen Dieter	1.12.06	KR MU	k	21. 5.61
				IF				Ellerich Christel (T)	1.12.06	° D E	k	15. 6.63
A_2	Bragard Guido Dr.	1.	5.89	° M PH	k	18.12.48		Kathöfer Bettina	1.12.06	° M BI	k	26. 1.73
				IF			C	Knörzer Marie-	1. 2.88	M BI	k	27. 9.53
	Kreus Arno	1.10.01		D EK	k	31.12.49		Therese (T)				
	Forst Willi	1.11.04		E PL	k	8.11.48		Verheyen-Göbel	1. 8.99	SP KU	k	23. 8.61
	Gier Norbert	1.11.04		D KW	k	17. 6.55		Ute (T)				
	Wick Alfred	1.12.06		D E KR	k	7.11.54		Grisard-Hölscher	1. 9.99	° L GE	k	11.11.65
B	Pauls Stefan (T)	1. 3.80		BI CH	k	12. 2.47		Stefanie (T) (V)				
	Eckelmann Karl	1. 2.85		SP BI	k	9. 8.46		Heusgen-Gatzweiler	1.12.99	D EK	k	7.11.65
	Cormann Josef (L)	1. 7.92		PH SP	k	14. 2.50		Monika (T)				
	Diederichs Hermann	1. 7.92		EK F	k	17.11.51		Derichs Wilhelm	1. 1.02	D KR	k	8. 6.63
	Mevissen Helmut	1. 7.92		D BI	k	16. 9.53		Josef				
	Theß Reiner	1. 8.97		F SP	k	27. 6.53		Siek Andrea	1. 1.02	F SP	k	5.12.67
	Poschmann Harald	1.11.98		KU SP	k	4. 4.52		Weth Stephanie	1. 8.02	° D MU	k	30.12.68
	Schillings Johannes	1.10.99		GE SP	k	12. 1.52		Markert Jörg	1. 4.03	° E F	k	5.12.63
	Hammers	1.10.99	°	D GE	k	11. 7.53		Janßen Roland	1. 9.03	M PH	k	17. 6.69
	Trudemarie							Clemens Stefan (T)	1. 5.04	° BI CH	k	14. 3.63
	Finken Helga (T)	1.11.00	°	M E	k	4. 6.55		Bischof Markus	1. 1.05	M PH	k	18.10.73
	Fischer Joachim (T)	1.12.00		M BI	k	29. 9.58		Lohmann Birgit	1. 3.05	E KR	k	8. 7.65
	Niederau Karl Dr. (T)	1.10.01		GE L	k	5. 6.44		Kreutz Thomas (T)	1. 5.05	M GE	k	4. 6.75
	Meier Ursula Dr.	1.10.01		CH PH	k	20.10.53		Seesing Ralph	1. 7.05	PH KU	k	4. 8.67
	Brassel Ulrich (F)	1.10.01		D MU	k	28. 5.64		Wulfhorst Barbara	1. 8.05	E S	k	27. 2.70
	Krüssel Hermann Dr.	1.11.02		L KR	k	20. 1.60		Hillemacher Ralf	1. 8.05	D KR	k	13. 9.73
	(T)									SW		
	Hölscher Wilhelm (T)	1.11.05	°	L GE	k	17. 8.55		Pilz Ulrike	1.12.05	EK SP	k	23. 1.70
	Hautzer Astrid (T)	1.11.05		M KR	k	18. 7.62		Vogelsang Gabriele	1.12.05	E M	k	20. 3.74
	Straukamp-Korte	1.11.05		D KR	k	26. 6.63		Rau Christian (T)	1. 2.06	L GE	k	12. 5.70
	Almut (T)											

D	Schultze Zwjata SekIL' (T)	20.12.91 °	M SP	k	19. 2.57	F	Behnke Anneliese	KU	k	16. 3.49
							Eckstein Harald	D GE	k	14. 7.51
	Gatzen Thurid (T)	1. 8.07	M PH	k	28. 2.65			KR		
E	Drosson Marc (T)	1. 2.06	E KR	k	25.12.75		Schellen Norbert	D E	k	14. 7.52
	Metzger Karl-Josef	1. 2.06	M F	k	28. 5.77		Ritzerfeld Petra Dr.	BI CH	k	29. 7.62
	Bartsch Rodrigo	1. 7.06	M MU	k	18.11.73		Schunck Monika	D E	k	5. 7.67
	Groß Elena	1. 2.07	E D	k	19. 6.78		Vandenbergh Axel	EK SP	k	18.11.71
	Banaszek Violetta	6. 8.07	M BI	k	19.11.76					

1.008 Aachen Rhein-Maas-Gymnasium gegr. 1835
st. G. m. zweisprachigem dt.-frz. Zug (5-Tage-Woche) f. J. u. M.
Rhein-Maas-Str. 2, 52066 Aachen – Tel. (02 41) 60 94 30, Fax 60 39 70
E-Mail: rmg@rmg.ac.nw.schule.de, Homepage: www.ac.shuttle.de/ac/rmg
Kl: 8/16   Ku: 129/19   Sch: 963 (466) (237/426/300)   Abit: 67 (33)   BR Köln
L: 64 (A 1, A$_1$ 1, A$_2$ 6, B 15, C 20, D 2, E 13, F 5, H 1)   ASN: **167319**
Spr.-Folge: E/F (bil.), F/E, L, N   Dez: LRSD' **Dr. Schulze**

A	Edeler Ingrid Dr. geb. Kleinen	1. 9.94 °	Kug KUk EW KW BI D		26. 8.42		Lenz-Leuchter Gudrun (T)	21. 1.02	DR	11.11.61
A$_1$	Hellmann Peter Dr.	25. 9.02	SW EW e SP ER		8.12.53		Pohl Annegret (T)	21. 1.02	GE KR k	2. 1.67
							Elling Monika	22. 3.02	D PL k	31.12.60
A$_2$	Balthasar Ulrich	5. 2.93	EK SP	k	10. 2.47		Goos-Loy Antje	25. 4.02	GE F e GL	6. 4.72
	Houben Helga geb. Haller	25. 3.97 °	F EK (bil.)	k	14. 2.49		Lindlahr Stefan	30. 4.03	M PH e	4. 2.74
	Imbusch-Jung Birgit (F)	19. 5.99	F GE	k	15. 6.53		Ost Monika (T)	28. 7.04	D MU k	1.10.68
	Radtke Bernd Dr.	13. 2.02	M PS		28. 4.48		Förster Klaus	22. 9.04	D E k	12.10.70
	Eichstädt Matthias	11.12.03 °	M IF		30. 9.64		Debrus Marcel	9. 8.07 °	GE PL k PP	14. 7.74
	Kremer Ursula geb. Schwarz (T)	22. 5.05	E D GE N	k	2. 3.45		Azarvan Angelika		D E M k PH	10. 7.56
B	Maue Heide (T)	10. 9.79	D SP ERe		8.12.48		Bulazel Tamara (T)		D E e	9. 5.67
	Schumann Götz	26. 7.95 °	D SP (ER)	e	8. 1.53		Biesing Ruth		F SP	18. 8.67
							Dreidoppel Ansgar		M EK	16. 3.74
	Pfannmüller-Kramer Evelin geb. Kramer	1. 6.96 °	E F	e	23. 9.47		Jenner Ute		N SP D	7. 1.75
							Ritter Anne		CH PL e	
	Kirchübel Thomas	3. 7.96 □	BI CH		16. 5.55	D	Alt-von der Stein Irmgard (T)		KU TX	18. 2.57
	Bongs-Beer Eugenie (T)	5. 2.98	KU KW		29.10.46	E	Gossani Sylvia	1. 2.01	M PH	2. 3.70
	Brauers Wolfgang (T)	27. 4.99	BI SP IF		3. 1.48		Potthoff Sigrun	22. 8.05	BI E	11.12.74
							Hellenbrand Britt	22. 8.05	BI M PA	14.11.76
	Dreyer-Scheeren Beatrix	27. 4.99 °	KR M	k	3.12.56		Veysey Helga geb. Wicker	1. 2.06	KR D k	29. 8.75
	Prenting Walburga	22. 5.00	CH		25. 5.51		Hungerbach Elisabeth	1. 6.06	E SP	15. 1.76
	Franzen Heinz-Werner	10. 9.01	F GE (bil.)		13. 4.53		Klemmt Florian	1. 8.06 °	M SP EK k	28. 9.74
	Held-Kupczyk Roswitha	30. 8.02	KU KWk		19. 2.51		Braunleder-Willems Christiane geb. Willems	9. 8.06 °	D PL PP	18. 2.78
	Louwen Michael	30. 8.02	BI EK		13.12.53		Kubicki Thomas Dr.	1. 2.07	M PH oB	24.12.65
	Müller Ernst-Werner	9. 8.07 °	D SP	e	7.10.51		Scheufens Jochen	1. 2.07 °	MU BI k	3. 9.76
	Kroll Sylvie	9. 8.07	D F		13. 2.71		Heiderhoff Kirsten	1. 8.07 °	GE(bil.) e F	27. 1.77
	Rühl Elke	9. 8.07	D E		12. 2.66					
	Philipp Thomas		GE F				Braun Mira	1. 8.07	SP EK oB KU	9. 4.78
C	du Bois-Reymond Anne-Madeleine (T)	1. 3.81	M SP		7.10.51		Priebs Claas	6. 8.07	SP EK k	1. 9.77
	Fürniß-Goege Barbara geb. Fürniß (T)	20. 8.82	E BI		15. 1.51		Mühlberg Carsten		D N	6. 8.70
						F	Zemler Wolfgang		° D L F	30. 3.54
	Irrmischer Hans-Jürgen	30. 8.82 °	EW PH IF	e	27. 5.46		Felsberg Klara		M GE e	13. 8.58
							Pankow Marion		D GE oB	16.11.64
	Caspers Hedwig (T)	5.12.88	KR F HW	k	12.12.57		Kayser Stefan		M PH k IF	11. 7.70
	Idries Samira	16. 8.01	D GE		14. 5.67		Herrmann Sascha		M IF k	7. 8.73
	Förster Petra	1. 1.02	ER SP	e	6.11.69	H	Remy Jochen Pfr.		ER e	27. 2.66

1.009 Aachen Geschwister-Scholl-Gymnasium gegr. 1968
st. G. m. modif. Ganztagsform (5-Tage-Woche) f. J. u. M.
Stolberger Str. 200, 52068 Aachen – Tel. (02 41) 50 39 62, Fax 53 74 14
E-Mail: becker@gsg-ac.de, Homepage: www.geschwister-scholl-gymnasium-aachen.de

Kl: 6/10   Ku: 74/11   Sch: 560 (274) (138/231/191)   Abit: 51 (26)   **BR Köln**
L: 42 (A 1, A_1 1, A_2 5, B 13, C 15, D 1, E 4, F 2)   ASN: **167381**
Spr.-Folge: E, L/F, F/L, S   Dez: LRSD' **Dr. Schulze**

A	**Becker** Nikolaus	1. 6.01	E PA	k	3. 6.53		**Schulte-Nover** Renate		BI CH k	10. 4.53
A_1	**Sammet** Rolf-Dieter Dipl.-Math.	11. 4.86	M	k	30. 4.45		(T) **Müller-Pohl** Beate (T)		BI KU	
A_2	**Haupt** Dietmar (T)	14. 2.96	M EK		20. 1.48	C	**Ullrich** Walter	27. 1.81	D SW e	25. 1.50
	von Löhneysen-Braam Madeleine (F)	17.12.99	□ BI CH		30. 8.49		**Gödde** Heinrich **Schmitz** Theo	14. 3.83 11. 4.88	EK GE k ° M EK k	15.12.52 20. 6.49
	Bröhl Helwig Walter	6. 3.01	° KR D	k	12. 2.52		**Lehniger** Kai **Delpy** Gabriele	1. 8.01 1. 02	° E SP e BI CH	19. 6.69 8. 8.58
	Bloyinski Axel	10. 5.01	EK M	e	17.11.50		**Conrads** Dagmar geb. Kreuz (T)	1. 1.02	° L E k	2. 4.68
	Hüttner Ingrid geb. Lentes (T)	30. 9.02	D PA	k	17. 9.52		**Diehl** Tanja geb. Schischke	30. 6.05	° E SP e	25.10.66
B	**Stichl** Helmut (T)	24. 1.80	° E SP	k	29. 9.44		**Eck** Monika (T)	1. 8.05	F BI	6. 1.73
	Hilgers Astrid	18.12.92	MU D		3. 3.54		**Reineke** Guido	1. 8.05	BI F	24. 8.74
	Schulte-Zurhausen Barbara (T)	14. 3.96	KU M	k	27.12.55		**Granzen** Katja (T)	1. 8.06	D GE	26. 5.63
	Stickelmann Bernd	5. 9.96	° D SP	k	20.12.48		**Almstedt** Miriam **Bereznai** Vanessa	1. 2.07 1. 2.07	E SP E F	28.12.72 15. 7.74
	Wirtz-Heinecke Monika geb. Heinecke	21. 3.97	M F	k	2. 4.47		geb. Werner **Schneyder** Klaus	1. 8.07	E MU	21. 4.76
	Happ Walburga geb. Neugebauer (T)	21. 3.97	° E SP KR	k	27.10.54		**Williams** Cordula **Grodde** Olaf		M PH ° L SP e	11. 2.63 14. 7.70
	Erdmann Kay	19. 3.01	D KU		2. 8.56	D	**Joepen-Walter** Gisela SekIL' (T)	1. 8.82	BI M k SP	17. 2.49
	Dahmann Inge	1. 2.07	BI CH	k	30. 9.59	E	**Quaschner** Robert	1. 2.06	SW SP	31. 8.73
	Philipp-Dix Barbara	1. 6.07	PH PL		9. 8.61		**Neumann** Andrea	1. 8.06	S F	10.10.78
	Schins Guido	1. 6.07	° D GE KR	k	1. 6.70		**Vennemann** Michael **Rousselle** Sandra	1. 2.07 1. 2.07	M PH D PL	13. 5.75 4.12.75
	Rotheut Barbara geb. Lingnau (T)		PA D	k	18. 8.51	F	**Merz** Reiner **Evers** Helmut		° KR PL k BI PL	8. 7.56 14.12.58

1.010 Aachen Anne-Frank-Gymnasium gegr. 1970
st. G. (5-Tage-Woche) f. J. u. M.
Hander Weg 89, 52072 Aachen – Tel. (02 41) 1 76 92 00, Fax 1 76 92 26
Homepage: www.anne-frank-gymnasium.de

Kl: 5/12   Sch: 667 (302) (119/300/248)   Abit: 44 (25)   **BR Köln**
L: 43 (A 1, A_2 5, B 14, C 14, D 8, E 1)   ASN: **167320**
Spr.-Folge: E, F/L, L/F, S/N   Dez: LRSD **Dr. Schulze**

A	**Winterlich** Berthold	12.10.98	° CH M		22. 9.48		**Klems** Martha	15. 4.97	D EK k	21. 8.53
A_2	**Kaiser** Alfred	3. 2.93	E SP	k	19. 2.50		**Lange** Knut	20. 6.00	D SP	26. 2.49
	Konrads Johannes (T)	16. 4.97	D PL		22. 3.48		**Jerusalem** Brigitte geb. Kutzera (T)	20. 6.00	E SP	12.12.55
	Busse Klaus[1]	7. 1.03	CH BI		4. 2.54		**Orlowski** Aloys	15. 8.01	SP GE k	21.11.55
	Fichtner Erle Dr. (F)		CH	e	28.12.43		**David Ballero** Eva-Maria (T)		SW GE E	2. 5.48
	Lantermann Elisabeth geb. Buck (T)		D PL	k	28.12.46					
B	**Pohlenz** Dagmar (T)	8. 9.80	E		28. 2.49	C	**Heeskens** Itta (T)	13. 9.76	F SP	4. 4.47
	Reufsteck Friedrich	1.12.81	EK PH	k	25.11.50		**Wienke** Wolfgang (T)	8.12.81	CH M e	27. 9.50
	Winandy Erika (T)	9. 8.84	F D	e	11. 6.50		**Switala-Leuchter** Ingrid (T)	3. 8.82	F KR	14. 3.53
	Baltes Maria (T)	8.11.90	M PH	k	9. 9.51		**Horn** Sigrid	28. 8.83	PA M e	5. 3.52
	Jäcker-Vernazza Claudia (T)	26. 8.92	KU F		28. 8.53		**Creutz** Gertrud (T)	23. 4.85	E SW	30. 9.54
	Kahlke Klaus (T)	28. 5.93	E EK		27. 7.50		**Lenders** Leonore (T)	14. 5.86	F PA	28.11.50
	Emde Karin	19. 1.94	M EK	e	25. 4.54		**Stappert** Susanne (T)	28.10.88	KU CH k	12. 1.57
	Zimmer Manfred	3. 4.97	E F		18. 9.43		**Krämer** Gabriele (T)	8. 5.96	GE L k	10. 8.60

	Schröter Ingeborg (T)	D PL	22. 7.49		Ziesen Friedrich SekIL	4. 9.81	M MU	3. 9.55
	Stötera Barbara (T)	M	12. 7.52		Königs Barbara (T)	4. 9.81	EK BI	25.11.56
	Baumgarten Gabriele (T)	E F	11. 4.54		Bernau Friederike (T)	18. 9.85	D E	e 4. 4.49
	Schedler Wolfgang	D PL	6.11.61		Ahren Sylvia	8.94	F KU	17.11.57
	Röhrig Tanja	BI ER e	26. 1.68		Schaefer Ulrike	8.96 °	M PH e	9.10.55
	Heinze Stephanie (T)	L KR	26. 6.69		von Blok Inken	2. 8.07	L ER	5.10.63
D	Ruiters-Nägeler Gisela	23.12.80 M CH	2. 5.48		Peters Silke (T)		° MU PA	9.11.70
				E	Dick André	1. 2.07	E KR k	23.12.75

[1] kommiss. A[1]

1.011 Aachen-Kornelimünster Inda-Gymnasium gegr. 1968
st. G. f. J. u. M.
Gangolfsweg 52, 52076 Aachen – Tel. (0 24 08) 30 71, Fax 76 93
E-Mail: post@inda-gymnasium.de, Homepage: www.inda-gymnasium.de

Kl: 10/18   Ku: 149/22   Sch: 1142 (564) (321/507/314)   Abit: 72 (47) **BR Köln**
L: 63 (A 1, A₁ 1, A₂ 7, B 16, C 23, D 1, E 4, F 5, H 5) ASN: **167293**
Spr.-Folge: E, L/F, F/L, N Dez: LRSD' **Dr. Schulze**

A	Holtgräwe Irmgard geb. Salz	1. 8.99 °	M EK k	26. 5.46		Röllinger Ursula geb. Meyer (T)	10.12.83	E EW k	21. 1.53
A₁	Bierganz Arthur	1. 8.07 °	L GE k	14.10.63		Schneider Claudia geb. Bleil (T)	8. 1.86	E EK e	10. 5.53
A₂	Kirsch Hans-Georg	10.90	PH k	22. 4.46					
	Wernerus Hubert (Vw)	1. 6.94	CH k	14. 1.49		Scheiter Brigitte geb. Hupfeld (T)	17. 2.86	KU Kuge	16. 6.54
	Laschewski-Müller Karin geb. Laschewski (F)	26. 3.97	D SW e GE	31.10.53		Hardt Christian (T)	10.94	E SP	15. 4.58
	Schierp Sabine geb. Lüttger (T)	31. 8.99	E PA e	1. 5.52		Bilo Martin (T)	28. 7.97 °	SP BI	24. 1.60
						Ritter Bernd	2.02	M SW k	17. 3.65
	Siemons Norbert	23. 3.01 ▫	M PL k	29. 4.52		Hingst Barbara	15. 9.02	E GE MU	22.10.69
	Haase Gabriele geb. Kühn (F)	4.11.02 °	M KR k	27. 2.63		Kirschbaum Floor geb. Garen	15. 9.02	M E	3. 3.72
	Kirsch Gisela geb. Thelen		D EK k	27.11.52		Ehms Heidrun geb. Cleven	31. 1.03 °	E D e	16. 3.70
B	Therstappen Norbert	28. 9.82	M IF k	12.11.46		Miehlke Frank	15. 9.04	SP PA e ER	27.10.65
	Löhrer Rolf (T)	10.12.86 ▫	D GE k	27. 2.51					
	Offermanns Anneliese geb. Roderburg Dipl.-Math.' (T)	12.10.93	M k	1.10.52		Hackforth Ulrich	15.10.04	M MU oB	21. 6.74
						Pfeifer Carmen (T)	6. 9.05	BI E k	6. 5.75
						Falkenberg Jutta	1. 2.06	BI KU k	3. 2.70
	Schneider Martina	22. 8.95 °	E KR k	21. 7.57		Bauer Sascha	2.06	M PH k	18. 3.74
	Steinel-Schrenk Uta	18. 9.95	ER F e SW	14. 4.54		Schneider Magdalene (T)	9.06	F MU e	12. 6.65
	Heinemann Burkhard	8. 3.96	BI k	23. 3.45		Dorda Christine	18. 3.07 °	D F e	24. 1.77
	Ewers Konrad	8. 3.96	M PH k IF	14. 7.53		Nix Katja (T)	10. 8.07	D PL oB	23. 4.73
						Wilhelm Timo (T)	10. 8.07 ▫	D SW k PK	14. 4.76
	Walmrath Lothar Dr.	21. 3.97 °	D GE k	14. 1.55					
	Grahn Max	1. 6.00 °	E D GE k	14.12.63		Kapinos Anna	10. 8.07 ▫	SP BI k	24. 3.77
	Buschhüter Klaus	1. 7.00 °	PH SP k (M)	13.11.57	D	Lippok Irmgard	2. 3.94	M BI k KR	30. 7.59
	Rohé Johannes	20. 8.01 ▫	D SW PK	20. 6.51	E	Hoppe Martin	24. 5.06	GE PK k PL KR	28. 1.72
	Rip Hans-Peter	20. 8.01 °	L SP e	5. 9.57		Dietrich Laura (T)	6. 8.06	F MU	23. 1.78
	Nelleßen-Wefers Doris (T)	20. 8.01 °	KR F H k	9. 5.62		Kasaci Sonja	8. 8.07	D E k	28.12.76
	Haberkern-Wosnitza Walburga geb. Haberkern (T)	19.11.01	E KR k	21. 2.55	F	Gotzes Björn Schulz-Herbertz Barbara	8. 8.07 °	KR N k ▫ E SP PP k	13. 6.77 13. 8.54
	Luz Angela	1. 4.02 °	E L e	22. 7.62		Schäfer-Zurhelle Bernd		D SW oB	12. 5.57
	Köster Luitgard	21. 6.05	N GE k	11.12.62		Kirch Ulrich		D SP k	4. 6.57
C	Conrads Heidrun (T)	1. 8.80	M oB	15. 8.49		Egerding Manfred		° D BI k	15. 3.58
	Beaujean Yvonne geb. Fey (F)	23. 6.81	F EK k	6. 5.51		Bretschneider Anette geb. Hannemüller Dr.		° E F e	6. 3.62
	Scheurer Christoph	20.11.81 °	CH EK k	15.12.50	H	Dressen Walter Dipl.-Ing.		M PH k	15. 9.45
	Westphal Gisela (T)	11. 4.83	D EW k	15.12.52					

Gymnasien Nordrhein – BR Düsseldorf · BR Köln

Stockem Gabriele geb. Malecha GymnL'		SP	k	21. 2.48	Schenk-Augenbroe Griseldis Dipl.-Des.'	KU	e	1. 2.52
Kirchmeyer Monika geb. Walenciak Dipl.-SpL'		SP	k	28. 4.51	Soddemann Cora geb. Trümpener SekIL'	KR EK	k	8.10.56

1.015 Alsdorf Gymnasium gegr. 1914
st. G. (5-Tage-Woche) f. J. u. M.
Theodor-Seipp-Str. 1, 52477 Alsdorf – Tel. (0 24 04) 5 58 80, Fax 55 88 29
E-Mail: 167400@schule.nrw.de, Homepage: www.gymnasium-alsdorf.de

Kl: 5/10 Ku: 72/16 Sch: 623 (306) (158/268/197) Abit: 58 (27) **BR Köln**
L: 33 (A 1, A_1 1, A_2 3, B 11, C 8, D 1, E 4, F 3, H 1) **ASN: 167400**
Spr.-Folge: E, F, L/F Dez: LRSD **Palmen**

A	Bock Wilfried	29. 8.02	M EK (IF)	k	9. 5.55	C	Düngfelder Norbert	12.10.83	BI CH	24. 7.52
A_1	Schenk Werner	6.12.91	° M PH	k	22. 2.48		Adam Charlotte	24. 1.02	° L GE k	19. 1.63
A_2	Rahders Helmut	10.11.90	° M PH	e	17. 6.49		Müller Stephan	1. 8.02	° MU D k	27.10.67
	Heller Elisabeth geb. Hofmanns	1.10.99	F D	k	25. 7.48		Schmitz Torsten	1. 8.02	° D GE k	8. 8.72
	Dittberner Hedwig geb. Lauscher	30. 8.02	M PH		22.10.48		Wollnik Helmut	7. 8.03	° L GE k	12. 1.66
							Dölle Andreas Prof. Dr.	30. 5.05	° PH CH k	23.12.56
B	Voigt Wolfgang	9. 1.79	° EK BI	e	14. 8.46		Humphrey Astrid		° E F k	3. 6.51
	Lethen Jan	9. 1.79	M	k	6. 9.43		Becker Marita Dr. (T)		BI CH e	10.10.61
	Handke Dieter	1. 8.79	E FR	e	23. 9.49	D	Weiß Monika geb. Simons SekIL'		D MU k	2. 1.58
	Mussa Gisela geb. Beeretz	18.12.79	KU W		4. 7.47	E	Fuest Stefanie geb. Radke (T)	28. 8.01	° KR D k	6.12.71
	Backhaus Wolfgang	16. 7.99	PA GE	k	3. 1.51		Nemec Sabine geb. Grupe	1. 2.06	° F E	12.11.62
	Charl Rosemarie	19. 7.99	° F E	k	23.11.49					
	Eichhorn Rolf	17. 7.00	SP EK	e	3. 2.53		Krause David	6. 8.07	D PL	18.11.75
	Steinbiß Ingrid Dr. (T)	3. 8.01	° M PH		11. 1.58	F	Jacoby Ruth-Maria geb. Appelt		E F ER e	7. 1.52
	Thyssen Dieter	11.01	M KR GE	k	24. 8.44		Sachse Christian		E SP e	23. 7.55
	Bongardt Gisela geb. Schaaf		° EK BI	k	1. 5.48		Jendges Rainer		° M ER e	7. 2.62
						H	Mägerlein Christa geb. Ollfisch Dipl.-SpL'		SP k	27.12.48
	Wüller Martin		° CH BI	k	1.11.67					

1.020 Baesweiler Gymnasium gegr. 1971
st. G. (5-Tage-Woche) f. J. u. M.
Otto-Hahn-Str. 16–18, 52499 Baesweiler – Tel. (0 24 01) 21 51, Fax 8 80 57
E-Mail: sekretariat@gymnasium-baesweiler.de
Homepage: www.gymnasium-baesweiler.de

BR Köln
L: 65 (A 1, A_2 6, B 27, C 20, D 6, E 3, H 2) **ASN: 167411**
Spr.-Folge: E, F, L, I Dez: LRSD **Palmen**

A	Jenniches Irene geb. Hensen	23. 9.04	° D GE	e	3. 1.48	Schaffer Ilse geb. Bierfert (T)	24.12.81	° F SW k	18. 2.53
A_2	Winter Günter Dr.	11.12.79	E GE L	k	2. 1.46	Ziemons Ralph	1. 7.82	E F KR k	3. 4.50
	Sonntag Alfred	8. 7.94	M PH	e	24.12.43	Keßelheim Ute (T)	10.12.82	E F k	4. 2.52
	Schroeder Ulrich Dr.	25. 7.94	D PA MU	k	2. 9.44	Abel-Olsen Gabriele (T)	5. 6.82	SW PK k SP	9. 1.53
	Welper Gerhard	19.10.94	° M EK		21.10.47	Merschen Wilhelm	1. 7.92	M SP k	10. 4.55
	Fresenius Helga geb. Spencer	9. 1.98	° D E	k	9.12.51	Grigoleit-Kellenter geb. Kellenter	20. 1.93	D EK k	28. 7.48
	Mänz Günter		M MU	k	18.11.52	Hager Helmut	20. 1.93	BI PL k	21. 5.51
B	Metz Kurt	14. 4.80	E EK	k	9. 2.47	Zielinski Hans Jürgen	18. 1.94	SW SP k	20. 8.50
	Schippers Hans-Joachim	14. 4.80	E	k	14. 7.47	Simon Silvia geb. Storch (T)	26. 7.95	° BI EK k	14. 3.51
	Elies Rolf-Peter	15. 7.80	M EK		3. 8.45				

	Odenkirchen Margarete geb. Weiß	22. 9.95	° GE EW	k	24. 4.54		**Appelt** Stephanie (V)	1. 8.02	° D BI	25.12.72
							Meyer Jan-Hendrik	6. 2.03	M EK k	27. 7.73
	Kullick Peter	3. 7.96	D GE	k	22. 7.49		**Mauritz** Britta geb. Hansen	1. 8.03	▫ D SW	8. 6.65
	Fresenius Herbert	20. 3.97	° D PA L	k	29. 3.51					
	Dahmen Dorothee geb. Papen (T)	20. 3.97	F EK	k	27. 5.54		**Utermöhle** Julia	1. 3.05	° M PH e	25. 2.76
							Arlt Annette	1. 9.05	° D SP ERe	4. 5.73
	Alt Bernd (T)	10. 3.99	° F EW	k	19. 1.53		**Schröder** Elke geb. Krahwinkel	10.07	I F	17. 8.71
	Küsters Hubert	14. 8.00	M PH	k	23. 3.52					
	Niehsen Franz-Josef	14. 8.00	M SP		25.12.51		**Pankert** Alice		° BI CH k	24. 9.60
	Jansen Manfred	2.10.01	° KR MU	k	29. 8.54		**Lerner** Ansgar Dr.		M PH	13.10.63
	Karabulut Nilgül		° D E		19. 8.73		**Blech** Martin		▫ E D	15.10.68
	Reichert Alfons		CH PH	k	21. 8.54		**Tietze** Bettina geb. Banerjee		° ER E	7.11.72
	Jansen Kurt Dr.		° CH EK	k	29. 5.60					
	Barbier Rita geb. Kick (T)		F KR GE	k	12. 6.62	D	**Geißler** Elisabeth geb. Mennekes SpL'	17. 2.78	° SP k	4. 2.47
	van den Berghen Birgit geb. van Treeck (T)		M BI	k	1. 1.66		**Bürgerhausen** Eva-B. geb. Lauterbach SekIL'	28. 6.83	° KR D k	12. 3.54
	Welz Martin		MU M	k	29. 6.67		**Westhoff** Berthold		KU PL k	11. 5.47
	Bohn Klaus						**Müller** Hans-Willi (T)		° E D k	6. 9.58
C	**Krings** Herbert (T)	14.12.79	KU W	k	6. 9.47		**Giese** Uwe		CH EK e PH	
	Grymbowski Josef	18. 4.80	M		22. 3.50					
	Wirtz Karl-Heinz	8. 2.81	° D SW		27. 3.50		**Schreyer** Barbara		E MU k	
	Dembek Wolfgang	4. 5.83	D F	e	8. 7.51	E	**Gatto** Franca Rosanna	22. 8.05	I F k	8. 5.71
	Nesselrath Hans G.	30. 6.83	E EK	k	10. 2.49					
	Dollmann-Molitor Helga (T)	27. 1.86	D SW	k	27. 1.53		**Fischer** Heike geb. Pfleiler	1. 8.06	° E F e	5. 5.66
	Schmitz Beate (T)	1. 1.02	E BI	k	30. 4.68		**Bielert** Kerstin	9. 8.06	° E D k	10. 4.78
	Schröder Joachim Dr.	8. 5.02	° L GE	k	16. 8.68	H	**Becht** Renate geb. Müller Dipl.-SpL'		° SP k	11.12.51
	Schiller Urs	1. 8.02	GE KR	k	13.11.69					
	Flake Jolanthe geb. Olschimke	1. 8.02	° E SP	k	1. 4.71		**Müller** Lieselotte geb. Joepen GymnL'		° SP k	11. 8.52

[1] Lehrbeauftr. an d. RWTH Aachen

1.025 Bedburg Silverberg-Gymnasium gegr. 1842
st. G. (5-Tage-Woche) f. J. u. M.
Eichendorffstr. 1, 50181 Bedburg – Tel. (0 22 72) 23 20, Fax 33 38
E-Mail: silverberg.gym@t-online.de, Homepage: www.bedburg.de/gymnasium
Kl: 12/18   Ku: 91/17   Sch: 1081 (512) (342/471/268)   Abit: 60 (33)   **BR Köln**
L: 62 (A 1, A$_1$ 1, A$_2$ 6, B 23, C 19, D 2, E 5, F 1, H 4)   ASN: **166753**
Spr.-Folge: E, F/L, L/F, F/L/S   Dez: LRSD N. N.

A	**Rüttgers** Heinz	16. 2.04	M BI	k	1. 8.50	**Kronen** Norbert	18. 7.95	KR SP k GE	6. 8.50
A$_1$	**Nieth** Wilhelm	15. 7.04	F GE	k	13. 9.51				
A$_2$	**Todtenhöfer** Berthold	30.12.81	F EK	k	24. 9.45	**Trams** Elke geb. Janke	30.10.95	D PL	26. 2.51
	Rietschel Wolfgang	9. 6.86	GE D SW	k	19.10.46	**Wefers-vom Berg** Dorothee geb. Wefers	27. 2.96	KU F k	6. 2.53
	Spürck Cornelia geb. Schneider	1. 4.94	D PA	k	14.10.52	**Schmitz** Klaus (F)	1. 6.05	M KR	10.11.56
	Weber Arnold (F)	4. 1.99	D SW		23.10.51	**Zwißler** Ellen geb. Gotzen	13. 6.07	E TX	7. 3.57
	Dey Klaus	14. 7.04	M PH	k	2.12.53				
	Hütte Hartmut Dr.		M PH IF			**Schulte** Ingeborg geb. Nowack	13. 6.07	ER EK e	10. 9.58
B	**Neuenfeldt** Dieter	1. 4.81	M PH	e	12.12.43	**Zimmermann** Thomas	13. 6.07	D MU k PA	29. 6.59
	Scheel Karl-Heinz	24. 7.81	E EK	k	14. 9.47				
	Haßler Wilfried	28.12.81	M	e	11. 7.48	**Gärtner-Bala** Andrea geb. Gärtner		E GE	
	Köhlen Leonhard	8. 7.82	BI CH	k	1. 2.50				
	Guhrmann Monika geb. Nattkamp	30. 3.84	BI	k	27. 2.50	**Gompf-Hohenschon** Josy geb. Gompf		D F	
	Engel Rainer	28. 4.84	BI CH	k	14. 8.49	**Hübbel-Stein** Anneliese geb. Hübbel		F GE	
	Diekhans Bernhard	20. 3.87	PH	k	13. 6.44				
	Bierkamp Detlef	4.12.92	E GE	e	25. 4.55	**Pantel** Roswitha		CH	
	Rohm Gudrun	1. 1.94	E PL		30. 3.52	**Stein** Clemens		M PH IF	
	Siegmund Reiner	25.10.94	PL D	k	25. 6.53	**Weck-Speicher** Christa		F GE	

	Name	Date	Subj1	k/e	Date2
C	Drosner Petra	9.11.82	D E	e	29. 5.55
	Engel Michaela	30.11.83	MU F	k	9. 4.53
	Varnhorn Paul Ulrich	1. 4.84	D PA	k	5. 5.53
	Lehmann-Kempkens Anita geb. Lehmann	10. 9.85	E D	e	13.11.53
	Grimberg Beatrix geb. Neuwirth	3. 6.93	E L	k	16. 8.57
	Fathi Dagmar	15. 8.96	BI KR	k	20. 4.60
	Nentwig Peggy	10. 8.98	KU SW		6. 7.68
	Rosenbaum Marc	21. 1.02	M SW	k	14. 5.70
	Zerck Katja	9. 9.02	E S	e	12.10.69
	Mathiak Ilka	1. 8.03	E SP		18.10.71
	Remke Kathrin	1. 4.04 °	D PA	k	28. 2.74
	Tausch Astrid Maria	18. 1.05	D KR	k	5.12.74
	Ilg Sonja	13.10.05	S E		
	Schulte Nadine	22. 8.06	D E		
	Breuer Birgit	24.10.06	D L		14.12.60
	Haas Meike	22.12.06	BI EK		4.12.74

	Name	Date	Subj1	k/e	Date2
	Kruse Arno		M PL		20. 1.50
	Schlosser Gernot		L SP	e	26.10.55
	Linden Monika		M SW	k	28. 2.57
D	Paulun Angelika geb. Linkenbach	15. 8.82	D MU	e	4. 6.57
	Krayer Egon	30. 9.83	M GE KR	k	9. 7.54
E	Esser Kerstin	1. 2.06	M F	k	1. 6.78
	Brinkmann Ingrid	9. 8.06	EK SP		22. 1.66
	Bergmann Andrea geb. Müller	6. 8.07	M KU	e	21.12.63
	Jesheit Simone	6. 8.07	D SW	e	5. 4.76
	Thiel Thomas	6. 8.07	BI PH	k	7. 2.77
F	Arling Ulrich		L GE		28. 3.58
H	Schink Heidemarie		SP		17. 6.53
	Wilms Regine		D E		24. 4.56
	Rütten Falko		D E	k	29. 1.76
	Grimberg Peter Dipl.-SpL		SP		

1.035 Bergheim Erftgymnasium gegr. 1842
st. G. f. J. u. M.
Füssenichstr. 27, 50126 Bergheim – Tel. (0 22 71) 47 37-20, Fax 47 37-37
E-Mail: erftgymnasium@bergheim.de, Homepage: www.erftgymnasium.de

Kl: 8/15   Ku: 151/26   Sch: 1071 (568) (197/450/424)   Abit: 71 (45)   **BR Köln**
L: 64 (A 1, [A_1] 1, A_2 5, B 18, C 18, D 1, E 8, F 8, H 4)   ASN: **166765**
Spr.-Folge: E, L/F, F   Dez: LRSD **N. N.**

	Name	Date	Subj1	k/e	Date2
A	Hummelsheim Franz Josef Dr.	25. 8.99 °	D EK	k	5. 4.51
A_1	(Paeßens Maria StD' A_2)		D KR	k	13. 7.62
A_2	Hippmann Werner	19.11.92	D GE	e	2.10.44
	Sauer Cäcilia (Vw)	17.11.99	CH EK	k	6. 9.54
	Drodt Wolfgang	16. 1.02	L BI		12. 7.55
	Bodewig Norbert	26. 9.03 °	M IF	k	23. 3.52
	Hildebrandt Roswitha	26. 9.03 °	CH M	k	20. 5.56
B	Hamacher Peter	20.11.78	M PH	k	2. 1.48
	Kayser Margret geb. Trappe (T)	30. 7.79	D SW		4. 8.45
	Welters Theo (T)	8. 8.80	MU E	k	1. 6.46
	Drüg Werner	7. 9.81 °	EK SP	k	17 4.49
	Jäger Helmut (T)	22. 2.85	M MU	e	4.11.50
	Wiskirchen Franzjosef Dr. M. A.	23.12.87	D GE KR		18. 2.52
	Hempel Ellen geb. Schäfer (T)	14.12.90 °	E F		14. 5.55
	Kessel Peter	29. 3.93 °	D EK	k	13. 7.53
	Oldenburg Ute	29. 3.93 °	M EK	k	28. 4.55
	Heidemann Reinh.	1. 2.94	SP BI		28. 3.52
	Neumann Gisela (V)	22. 6.95 °	BI EK	e	12.12.54
	Ruland Ralf	23.10.01	SW EW	k	1. 7.50
	Bovians Torsten	23. 6.05	E F	k	18.11.61
	Freihals Christoph (L)	23. 6.05 °	D KR		3. 1.66
	Grossmann Oliver	7.07 °	L GE	k	21.12.68
	Clemm Peter	7.07 □	E GE	e	13. 7.67
	Heckers Kirsten	7.07	E PS	k	5. 3.72
	Maaßen Katja		F D	k	
C	Bittner Wolfgang	1. 3.81 °	E EK	k	7. 8.49
	Schäfer Ulrich	12. 9.81	M	e	12. 3.50
	Schwarz Ingeborg (T)	1. 9.83	F GE	k	29. 6.51
	Kamphausen Christian	3. 9.84	GE SW	k	8. 1.48

	Name	Date	Subj1	k/e	Date2
	Hütz Heinrich	22. 5.85	PH TC	k	26. 3.52
	Wiedemann Rafael	14. 7.92 °	E S	e	9. 5.59
	Haensch Andrea geb. Reichmann (T)	1. 9.93 °	M BI	k	5. 4.62
	Krey-Leiden Marion	8.10.97 □	D PS		11. 3.64
	Otremba-Twents Elke (T)	1. 1.02 °	E S		11. 3.69
	Lüßgen Heike (T)	1. 8.02	ER EK	e	9. 3.72
	Panek Ilona (T)	1. 8.02	D PA	k	6. 3.68
	Schmolke Philipp	1. 2.03 □	D E		20. 9.67
	Dachsel Kerstin	30. 3.06 °	BI CH		29. 8.66
	Buchholz Sabine Dr.	28. 9.06	D E	k	2. 1.70
	Röderer Daniela	11.11.06	E BI	k	30. 7.75
	Knapp-Trauzettel Silke	2. 7.07 °	D KU	k	18. 3.71
	Panzyk Susanne geb. Steinforth		° BI M	e	23. 6.77
D	Vosen Annelene RSchL' (T)	1. 2.79	F E		14. 1.51
E	Heidtmann Katrin geb. Scheibe	1. 2.06 °	M PH	k	13. 3.79
	Reichartz Katja	9. 8.06 °	D GE	e	2. 8.76
	Dulle Anke	9. 8.06	D KR	k	21. 6.77
	Wehner Julia	9. 8.06	D PL	k	7.12.77
	Cobi Alexandra (T)	8. 8.06	D E		
	Köhlen Sandra	1. 2.07 °	F PA	k	13.10.78
	Heimann Kai	6. 8.07	E SP	k	6.12.77
	Heidtmann Axel		° M CH	e	11. 8.75
F	Grande Silvana Dr.		M	k	13. 3.47
	Hesius Hendrik		KR	k	1. 1.51
	Langer Bozena		° L IF	k	29. 6.56
	Eisenburger Wolfgang		° L KR	k	14. 1.57
	Bremer-Abels Uta		KU D	k	19. 5.71
	Krug Reinhard		° M PH	k	8. 8.71
			IF		

	Meyer Judith		° D PA	30. 3.73		Wollgarten Herm. Dipl.-SpL		SP	k	18. 1.50
			SW			Becker Elke Dipl.-SpL'		SP	k	28. 7.50
	Rohn Karin		D PA			Ebel Wolfgang		EK SP	k	31. 3.57
H	Dollinger Jutta geb. Rothe		° SP	27.10.49						

1.036 Bergheim Gutenberg-Gymnasium gegr. 1970
st. G. (5-Tage-Woche) f. J. u. M.
Gutenbergstr. 2–6, 50126 Bergheim – Tel. (0 22 71) 7 68 67-0, Fax 7 68 67-67
E-Mail: gutenberg.gymnasium@bergheim.de, Homepage: www.gugy.de

Kl: 9/14   Ku: 89/16   Sch: 912 (461) (276/396/240)   Abit: 99 (50)   BR Köln
L: 52 (A 1, A$_1$ 1, A$_2$ 6, B 23, C 13, D 2, E 1, H 5)   ASN: **166777**
Spr.-Folge: E, L/F, F/L, S/I   Dez: LRSD **N. N.**

A	Thies Stephan	21. 2.05	D L	k	6. 4.57		Höpfner Rolf	17.10.01	F PK	28. 4.54
A$_1$	Fiebig Gisela	18. 5.06	° E EK	e	8. 6.54		Fuchs Hans-Peter	22.10.01	M SP k	30. 4.51
A$_2$	Erken Elmar	24. 1.78	° PH M	k	6.11.43		Gerhards Michael	8.12.06	° CH PH e	10. 5.59
	Cichon Günter	26. 8.80	EK E	k	21. 2.48		Anton Bernd Dr.		D PL	
	Küppers Heribert	9. 9.92	E BI	k	29.12.47	C	Plenkers Friedel	25. 6.79	° E SP oB	4. 7.46
	Becker Iris	30.10.95	° M KR	k	9.12.53		Breidenbach Cilly	1. 2.81	E F	25.12.49
	Gierlich Heinz Dr. (F)	29. 6.99	° D KR	k	7.11.49		Schutte Gerhard	5. 2.81	D GE e	18. 5.51
	Klink Hella (F)		° S D				Marcus Harold	6. 8.82	KU S	10. 7.46
B	Frönd Werner	23. 9.77	GE L	k	26. 4.46		Rüttgers Christiane (T)	11. 4.83	BI SP e	12.12.52
	Schleeger Raimund	30. 1.78	SP EK	k	21.10.45					
	Wildenburg Josef	1. 2.80	D PA	k	3. 3.50		Otten-Frasadakis Claudia	4. 9.84	F I k	23. 6.53
	Heldman Thomas (T)	1. 2.80	D R		24. 6.45					
	Rudolph Werner	29.11.80	E BI		30. 8.46		Jeckel Gabriele	7. 1.97	D SW E k	2. 2.63
	Strauß Ursula geb. Nalbach (T)	20. 8.81	D GE	k	18. 1.49		Schöneweiß Kerstin	1. 8.99	D MU e	27. 3.65
							Berger Gisela	14. 2.06	S D	13. 7.67
	Schmeißer Veit	24. 8.81	E GE	e	19. 2.49		Neuss Sabine	16. 5.07	° EK SP KR k	16. 1.77
	John Helge	8. 1.83	GE E	k	10. 3.44					
	Peters Margret	9. 4.84	D SW	k	2. 1.51		Damschen Ulrich		° KR E k	11.10.62
	Schmall Hans-Dieter	24. 8.84	BI	e	2. 2.50		Drewe Ute geb. Rucki		D EW	5. 4.67
	Müller Franz-Peter	24. 8.84	° GE SW	k	4.11.48	D	Grözinger Beate SekIL' (T)	3.83	E EK k	15.11.52
	Reuter Ulrich	1. 3.85	° M	e	16.10.48					
	Siebertz Heinz Peter Dr.	25.11.87	BI		20. 5.50		Horstmann-Tjong-Ayong Andrea (T)	1. 8.94	MU GE k	3. 1.66
	Kokisch Wolfgang Dr.	1. 2.93	° CH		13.11.47	E	Heinrichs Sylvia	6. 8.07	° D PA k	2.12.74
	Franken Manfred	10. 1.94	SP EK	k	1. 9.46	H	Fröhlke Eva geb. Lücke Pastorin		ER e	17. 1.50
	Douven Wolfgang	31. 1.96	° D KU	e	27. 8.55					
	Nieth Petra	10. 7.98	° KR M	k	31. 5.62		Bingel Sieglinde Dipl.-Math.'		M e	27. 4.51
	von Laufenberg-Pingen Maria (T)	9. 3.99	E SW	k	26. 9.55		Dugandzic Monika Dipl.-SpL'		SP k	23. 7.51
							Kurtz Bernhard		PH SP	6. 7.56
	Lingens-Leser Gertrud	30. 6.00	D Kug	k	31. 7.50		Walschburger Anja		L BI e	4. 4.78

1.040 Bergisch Gladbach Nicolaus-Cusanus-Gymnasium gegr. 1888
st. G. (5-Tage-Woche) f. J. u. M.
Reuterstr. 51, 51465 Bergisch Gladbach – Tel. (0 22 02) 5 30 10, Fax 5 30 19
E-Mail: ncg@ncg-online.de, Homepage: www.ncg-online.de

Kl: 9/17   Ku: 140/26   Sch: 1068 (540) (240/469/359)   Abit: 82 (44)   BR Köln
L: 64 (A 1, A$_1$ 1, A$_2$ 4, B 18, C 21, D 2, E 5, F 6, H 6)   ASN: **167046**
Spr.-Folge: E+L/E+F, –, R/L/F/G   Dez: LRSD **Gosmann**

A	Liesenfeld Norbert	1. 2.04	° GE L	k	23.12.42		Porada Christine geb. Hörmann (T)	9. 1.80	° F GE e	7. 1.47
A$_1$	Scherwionke Michael	16. 1.06	° E KR	k	18. 8.45					
A$_2$	Lammert Wilfried	28.11.92	° L GE	k	14. 4.43		Niesen Bruno	9. 7.81	° D L k	18. 6.45
	Lücke Paul	16.11.05	° BI	k	6. 6.49		Kuhlmann Paul-Jürgen Dr.	11. 1.95	M	13. 1.47
	Flohr Peter	18. 1.06	SW PL	k	21.11.49					
	Zinzius Joachim	29. 6.06	F GE	k	6.10.50		Schmücker Reiner	21. 2.97	BI CH	26.12.50
B	Kroeber Peter	1. 3.79	° E	k	11.10.43		Borchert Joachim	23.10.00	M PH	28. 7.48

	Name	Date 1	Subj 1	k/e	Date 2
	Bölle Brigitte	30.10.00	D GE	e	14. 6.51
	Feldbinder Klaus	22. 8.01	M PH	e	21. 6.48
	Riesenbeck Bernhard	2. 9.02	D EK	e	6. 8.48
	Musso-Roegele Brigitta (T)	7. 6.05	SW PA	k	2. 7.53
	Mönig Marc Dr.	1.12.05	MU F	k	22. 4.70
	Schiffmann Raphaela	1.12.05	BI D KR	k	26. 6.73
	Geyer Hans-Wilh.	23. 1.07 °	M PH		12. 4.52
	Neumann Ulrike geb. Lohrenz	23. 1.07	E KR	k	21.12.68
	Beckmann Martina	23. 1.07	E R	k	5.11.68
	Meyners Michael	4. 9.07 □	D L	k	14.10.72
	Peters Monika	4. 9.07	M PH	k	13. 5.58
	Stark Peter		M PH		12. 5.49
C	Ehrich Silvia geb. Suxdorf (T)	1. 8.77	D EK	e	30.10.45
	Wünsch Friedhelm	3. 8.79 °	F SP		8. 4.48
	Haak-Pilger Ursula (T)	21. 9.79 °	F GE	k	3.10.50
	Döllscher Andreas	21. 9.79	M		13.10.48
	Müller Marianne	19. 8.80 °	CH	k	17.11.48
	Pilger Hermann	19. 8.80 °	E F	k	23. 1.51
	Roegele Bernhard	1. 3.81	SW GE	k	9. 8.50
	Orlowski Monika (T)	30. 8.82	D PA	e	7. 8.48
	Beisenherz-Galas Renate geb. Ferchland (T)	9. 1.86	ER D		26.11.45
	Peters Rolf	14. 5.87 °	D L GE	k	29. 4.50
	Jäger Gerhard	13. 9.00	MU SWoB		13. 7.65
	Hellmann Britta	25. 1.05	D E	e	22. 8.72
	Doth Sandra	19. 8.05			
	Rivet Manuela Dr.	15. 3.06	E EK	k	26. 4.69

	Name	Date 1	Subj	k/e	Date 2
	Grothe Thorsten	2. 2.07	E KU	k	23.10.73
	Gilde Stephanie	24. 5.07	F GE	k	29. 3.75
	Spillmann Jörn	7. 8.07	BI EK	k	6. 1.76
	Gerber Daniela	9. 8.07	G L	k	14. 5.60
	Schürkämper Claudia	28. 8.07	MU PA	e	23. 4.76
	Raible Silvia	13. 9.07 °	G L GE	e	21. 5.71
	Zwicker Edna		D E		25. 1.71
D	Ubber Maria Elisabeth geb. Winkin	26.10.81	M EK	k	3. 3.54
	Marcinek Hubert	1. 2.82	EK KU	k	20. 8.53
E	Grün Verena	1. 2.07 °	E GE	k	11.10.76
	Hees Sven	1. 2.07	M PH	k	15. 4.78
	Sedlmayr Christiane	6. 8.07 °	BI EK	k	6. 8.75
	Weißenberg Volker	7. 8.07	BI EK	k	22. 4.76
	Meyborg Gerrit	13. 8.07	E GE	e	30. 4.76
F	Schellhaas Juliane Dr.		° M CH	e	9. 6.49
	Quitter Werner		M PH		2. 7.50
	Balle Johannes Dr.		D PL PP	k	13. 3.69
	Bierekoven Heike		D E	e	2. 4.69
	Müller Christina		SW PA	k	27. 6.79
	Kauth Ingeborg geb. Spottog		° KU KR	D	
H	Frangenberg Hans-Günter		SP	k	3. 9.43
	Rodekirchen Ricke		KU TX		11. 4.45
	Frangenberg Monika geb. Pütz SpL'		SP	k	23.12.47
	Bilo Wolfgang		SP		2. 8.51
	Heimann Ulrich		SP		
	Traub Erich		SP		

1.041 Bergisch Gladbach   Dietrich-Bonhoeffer-Gymnasium   gegr. 1964
st. G. (5-Tage-Woche) mit zweisprachigem dt.-frz. Zug f. J. u. M.
Am Rübezahlwald 5, 51469 Bergisch Gladbach – Tel. (0 22 02) 28 33-0, Fax 28 33 28
E-Mail: dbg.gl@netcologne.de, Homepage: www.dbg-gl.de

Kl: 10/17   Ku: 119/24   Sch: 1025 (569) (280/415/330)   Abit: 73 (46)   **BR Köln**
L: 58 (A 1, A$_1$ 1, A$_2$ 5, B 20, C 17, D 3, E 7, F 3, H 1)   ASN: **167034**
Spr.-Folge: E/F, L/F/E, F/L/S, S/F   Dez: LRSD **Gosmann**

	Name	Date 1	Subj	k/e	Date 2
A	Josmann Gerd	1. 8.05 °	r.Ma.M IF (KR)	k	11. 4.54
A$_1$	Littmann Elke geb. Mehring	21. 2.06	EK F	e	15.11.52
A$_2$	Siepe Rosemarie geb. Otten	1. 5.80	F E		19. 8.45
	Emrich Norbert (Vw)	9. 6.97	M	k	6. 4.50
	Kloock-Eimermacher Karl-Heinz	28.10.97 °	KR SW PK PL	k	11. 6.49
	Klose Monika	10. 8.98	BI CH	k	9. 4.57
	Hübenthal Hedwig (T)	20. 6.00	E EK	k	13. 7.58
B	Jansen Luise (T)	1. 8.79 °	GE F		1. 7.46
	König Michèle geb. Gouan	1. 3.80	F D	k	8. 8.48
	Ziffus Günter	2.12.81	BI EK	k	23. 3.49
	Kölle Katja (T)	27. 7.82	M D		20. 3.48
	Braun-Stamm Marlies (T)	20. 8.84	E		9.11.46
	Brinkschulte Ulrike (T)	12. 2.96	M PH		23. 7.57

	Name	Date 1	Subj	k/e	Date 2
	Limbach Agnes geb. Weiler	29. 6.01 °	E EK	k	3.11.49
	Baumhekel Ralf	20. 8.01 °	M PH	e	3. 7.65
	Metzing Hans Jürgen	31.12.02	E D	e	13. 9.46
	Diemert-Mandl Brigitte	31.12.02	E PA		
	Greifeld Gabriele	24. 8.04	BI EK	k	13. 7.54
	Weiland Elke	24. 8.04	SP SW PK		3. 4.55
	Witzleben Kerstin (T)	24. 8.04	F E	e	13. 4.69
	Lamberts-Piel Christa Dr.	1. 6.05	D MU	k	25.11.68
	Röser Gottfried	17. 6.05	D SP	k	26.10.51
	Kern Klaus Dieter	23. 1.07	M SP		24.12.50
	Berg Dörte (T)	26. 7.07	GE F		31. 8.54
	Mathiak Susanne	31. 7.07	E GE	e	23.12.71
	Roscher Anita		BI		
C	Neuwerth Gabriele (T)	1.10.81 °	M EK		28. 1.49
	Vilter Eleonore (T)	3. 8.82	E PL		7. 1.53
	Ehlen Hildegard	30. 4.84 °	MU KU D	k	9. 7.49

	Name	Date 1	Subj	k/e	Date 2
	Lorenz Bernd	3. 9.84	KR D	k	1. 8.50
	Fischer Esther	1. 6.00	M PH		21. 3.72
	Schenke Elisabeth (T)	29. 8.01	D MU	k	13. 3.58
	Luhnen Bettina	21. 1.02	BI SP	k	26.10.68
	Rickmann Esther (T)	10. 2.03	D F	k	22. 5.71
	Bongartz Kathrin (T)	18. 3.03	D ER	e	28. 1.71
	Bornemann Annika (T)	21. 6.04	F GE	e	7. 8.72
	Kleiner Tobias	15. 9.05 °	M CH	e	17. 5.74
	Henrique Stéphanie	13.12.05	D F	e	14.11.74
	Hardkop Ilka	24. 2.06	M GE		21. 8.71
	Vogel Imke (T)	20. 3.07	F GE	e	27. 5.74
	Gutsche Veronika	29. 3.07	SP E	k	22.10.73
	Oestreich-Priebe Torsten		D MU	e	5.11.68
D	Rüttgen Wolfgang	1. 9.81	BI SP		13. 3.52
	Nantke Jürgen	1. 8.83	M D	e	14. 5.51
	May Beate (T)		EK MU	k	10.11.56
E	Weyer Bastienne-Noëlle	17.10.05	D PA	e	5.12.76
	Pennemann Christiane (T)	9. 8.06	PH PL	e	9. 4.62
	Dielmann Alexander	1. 2.07	CH BI		21. 6.77
	Heinrich Anke (T)	1. 2.07	D PA	k	11. 1.78
	Simon Ingo	6. 8.07	E SP	e	25. 8.73
	Kuhn Nadine (T)	6. 8.07	BI SP S	k	28. 2.75
	Wetzel Anja (T)	6. 8.07	S KU		12. 8.80
F	Jarczyk Christiane (V)		° ER EK D GE	e	17. 7.51
	Ellerhold Margit		KU SP		21. 9.55
	Plum Beate		D KU	k	8. 3.57
H	Papadopoulos Abraam		SP gr-orth		17.11.47

1.042 Bergisch Gladbach-Bensberg Albertus-Magnus-Gymnasium gegr. 1903 (1858)
st G. (5-Tage-Woche) mit zweisprachigem dt.-engl. Zug f. J. u. M.
Kaule 3–15, 51429 Bergisch Gladbach – Tel. (0 22 04) 5 32 41, Fax 5 33 41
E-Mail: 167010@Schule.nrw.de, Homepage: www.amg-bensberg.de

Kl: 8/16   Ku: 148/24   Sch: 1040 (521) (252/466/322)   Abit: 105 (62)   **BR Köln**
L: 58 (A 1, A$_1$ 1, A$_2$ 4, B 18, C 19, D 1, E 8, F 5, H 1)   ASN: **167010**
Spr.-Folge: E/E+F, L/F, F/L   Dez: LRSD **Gosmann**

	Name	Date 1	Subj	k/e	Date 2
A	Roider Karl-Heinz Dr.	1. 8.86 °	PA CH	k	6. 9.44
A$_1$	Kronenberg Werner	16. 5.91	GE F	k	9. 7.53
A$_2$	Schlitzer Günter	1.11.99	E BI	k	22. 5.45
	Sattler Alice geb. Diehl (T)	1. 4.02	M	k	12. 8.52
	Rubruck Wolfgang	27. 4.05	BI SP	e	31. 7.54
	Wittwer Ernst (Vw)	1. 9.07	GE EK (KR)	k	1. 6.49
B	Schütz Klaus-Henning	13.12.80 °	M		5. 2.47
	Kaiser Heribert Dr.	9. 9.81 °	M PH	k	12. 6.44
	Ebeling Ingelore (T)	1. 9.94	KU W		28. 7.52
	Peters Robert	16. 7.96	E EK (ER)	e	15. 9.48
	Halfmann Bernd	19. 7.96	SP EK	k	4.12.50
	Friedrich Herbert	21. 2.97	BI EK	k	30. 3.50
	Scholl Jutta geb. Schaefer	21. 2.97	D F	k	14. 6.51
	Hegeler Johanna geb. Weyersberg (T)	19. 9.00	BI SP		1. 7.50
	Schulte Helmut	19. 9.00	D PL		15. 8.48
	Saborowski Gisela	1. 8.01 °	E GE	efk	26. 7.44
	Rosenthal Franz	1. 8.01	CH EK	e	19.10.45
	Baltes Georg	1. 8.01	D SP	k	23. 4.52
	Jaeger Achim	1. 8.02 °	EK SP	e	3.10.57
	Demmin Stefan	1.12.02	KU KW	k	1.12.52
	Rückert Monika geb. Ohneiser	1. 8.03	M PH	k	28. 7.47
	Doenhardt-Klein Erika (T)	1. 3.07	BI CH PH	k	30. 8.57
	Klisch Jürgen	1. 7.07	D GE SW		22. 5.64
	van Els Gisa (T)	1. 7.07	E ER	e	16. 6.68
C	Wennemar Brigitte	3. 2.75	F SP (L)	e	21. 7.44
	Erdnüss Arndt	24. 3.80	CH	e	22. 8.47
	Müller-Gräve Christa (T)	19.12.84	M PH (IF)	k	28. 1.55
	Fischer Elke	11.10.88	BI CH Soz	k	17. 4.49
	Weller Katrin geb. Biele (T)	16. 9.98 °	E SP	e	23.12.63
	Keller Jochen	1. 1.02	ER M	e	13. 7.66
	Burger Frederik	20. 5.03	MU PA	k	7. 3.71
	Volkmann Daniel	1. 8.04	M PH		30. 6.72
	Knapstein Stefan	15. 9.04	L GE D	k	18.12.69
	Anslinger Patricia	15. 9.04	E KR	k	25. 2.71
	Krämer Daniela	1. 2.05	BI SP	k	11. 1.74
	Freudenstein Svea	1. 2.06	E F		14. 5.74
	Klein Detlef Dr.	1. 4.06 °	D E		4. 8.60
	Lamers-Etienne Aurélie	1. 4.06	D F		17.10.73
	Becker Frank	1. 5.06	D EK	k	1. 5.71
	Baumann Andrea (T)	1. 8.06	E F		29.11.76
	Mazer Christina		F D		6. 5.69
	Dreesmann Anke		D BI		30. 5.75
	Röttges Christian		M SW		25. 5.76
D	Ueberberg Hans SekIL	28. 1.87	KR MU	k	30. 8.52
E	Kusinski Katharina	1. 8.05	KU D		1. 5.73
	Brödemann Stefan (T)	1. 8.05	E EK		23. 9.74
	Green Qiana Deon		GE ER	e	14.11.76
	Forster Felix		E GE		31.10.77
	Domsel Maike		F KR	k	1. 5.78
	Günther Carla		M BI		6. 7.78
	Possel Stephanie		E MU		28. 4.80
	Baum Patrick		F PL		
F	Ahrens Wilfried		E GE		27. 7.48
	Kaluza-Gode Gisela		D PL	k	6.10.54
	von der Brüggen Michaela		CH M		16. 7.60
	Hoemann Maria		M PH		22. 7.61
	Faymonville Rolf		L KR	k	2.10.62
H	Daubenbüchel Franz-Joseph Dipl.-SpL		SP	k	9. 9.50

1.043 Bergisch Gladbach-Bensberg-Frankenforst Otto-Hahn-Schule-Gymnasium-Bensberg
gegr. 1965
st. G. (selbstständige Schule) (5-Tage-Woche) f. J. u. M.
Schulzentrum Saaler Mühle, 51429 Bergisch Gladbach
Tel. (0 22 04) 3 00 40, Fax 30 04 77, E-Mail: ohg-bensberg@t-online.de

Kl: 10/19   Ku: 154/26   Sch: 1191 (573) (303/525/363)   Abit: 96 (48)
L: 69 (A 1, A$_1$ 1, A$_2$ 9, B 15, C 27, D 3, E 7, F 1, H 5)
Spr.-Folge: E, L/F, F/L, S/H

BR Köln
ASN: **167022**
Dez: LRSD **N. N.**

	Name	geb.	Fächer		Eintritt
A	Knoch Wolfgang	18. 8.04	° M IF	k	7. 1.52
A$_1$	Sanio Cornelia		° M EK	k	22.11.54
A$_2$	Heuser Manfred Dr. Dr. (F)	29. 7.82	° M PH PL	k	19. 5.44
	Linnerz-Anselm Gerda (F)	15.10.85	D F	k	10. 3.50
	Nohn Ruth B. geb. Deitenbeck (T)	28. 2.92	° E F	e	23.10.46
	Wecker Reinhold Dr.	1. 7.94	° MU SP MW (M) WL	k	18. 7.46
	Glaser Hans	1. 4.96	° D GE		7.11.44
	Ortmanns Peter (F)	1. 2.98	SW PK E		31.12.58
	Rathmann Rosel geb. Berks	16. 6.00	CH BI		19. 7.53
	Vogel Karl (Vw)	25. 5.05	M PL IF	e	16. 9.52
	Schmitz Klaus Dr.	31. 8.07	° D GE PK	k	3. 8.52
B	Bamberger Dieter	29.12.78	° E F	k	17. 6.43
	Morsches Max	10. 1.79	M	k	14. 2.46
	Bamberger Gabriele geb. Müller	7.12.79	° E F		18.12.43
	Blazek Margarete geb. Brückmann (T)	18. 1.94	° D F	k	6. 7.48
	Tillmann Jürgen	1. 7.96	PH (M)	k	7.10.49
	Fiedler-Lammers Frauke (T)	19. 9.00	E TX	e	10.10.54
	Hahn Anette geb. Grau	17. 7.01	EK GE	k	6. 1.51
	Goecke Mechtild geb. Luhschelder (T)	1. 8.01	° D KR	k	3.10.57
	Windisch Marie-Theres (T)	12. 7.04	BI EK		19. 5.50
	Linkwitz Michael	3. 6.05	BI CH	e	23. 1.69
	Wecker Rosemarie geb. Kahl (T)	9. 5.06	MU MW	k	22. 1.50
	Plückebaum Heiner	16. 5.06	° D BI	k	11. 1.68
	Sautmann Jeannette geb. Wasserschaff (T)	16. 5.06	F E	k	18. 4.67
	Arndt Detlef		° PH IF SP	k	22.10.51
	Stromberger Regina		D SW ER	e	14. 4.55
C	Weiß Friedhelm	31. 1.79	F GE	e	29. 6.49
	Hermes Ursula (T)	1. 5.94	° CH SP	k	25. 1.62
	Kühr Georg	7. 2.96	□ MU SW	k	4. 9.61
	Langheinrich Irid (T)	1. 2.02	BI EK ER		15. 2.63
	Zinkler Ute (T)	1. 2.02	□ KU F	e	11. 6.65
	Heumann Michael	1. 9.03	M PH	e	6.10.66
	Moormann Ruth (T)	1.12.04	S E		11. 3.71
	Glowania Karina	1. 8.05	KR D GE		5.10.66
	Faust Anja	20. 8.05	E SP	k	6. 4.76
	Langer Patricia (T)	22. 8.05	BI E		2.12.60
	Köhne Ingo (V)	1. 9.05	° D L	k	30. 7.73
	Saelzer Richard	15. 9.05	° E KR MU	k	23. 9.72
	Faust Julia Johanna	25. 9.05	D F PL	e	18. 7.73
	Sulski Karl-Josef	15.11.05	M PH SP	k	11.10.75
	Jaeger Sabine	1. 1.06	S E		22. 2.71
	Molis Arne	1. 8.06	CH BI		1.10.75
	Hasenkamp-Walrafen Ruth	22. 8.06	BI KR		14. 2.75
	Werner Vivien	29. 8.06	E F		7. 4.76
	Klein Joachim	6. 9.06	M PH	e	30.12.74
	Hilger Fabian	6. 9.06	D KU	k	15. 3.73
	Schön Tina	15. 9.06	ER D		5. 3.77
	Meisenberg Veronika (T)	29. 3.07	° D PL		5.11.69
	Fladerer Alexander Dr.	1. 8.07	° PH CH		7.10.72
	Albert Inga	1. 8.07	L EK		20.12.73
	Czolbe Melanie	1. 8.07	° D F		23. 9.77
	Tsironis Claudia geb. Berg (T)		E SW		15. 5.51
	Bahrouz Dirk geb. Meier		BI EK		
D	Sauerwald Elke geb. Weiler RSchL' (T)	22.12.76	E D	k	24. 7.44
	Plack Werner SpL	1. 3.77	SP	k	21. 6.48
	Engels Erwin SekIL	4. 9.81	BI SP	k	25. 9.50
E	Lotz Johannes	9. 8.06	KU SW		7. 1.75
	Middelhauve Jens	9. 8.06	BI CH		25. 7.75
	Heinz Nicole	1. 2.07	KR		12. 1.79
	Rentzi Evangelia	6. 8.07	E SP	gr-orth	30. 6.73
	Walschek Anita	6. 8.07	E KU	k	19.11.75
	Aguirre Janin	6. 8.07	S BI	k	2.12.75
	Callsen Anne	6. 8.07	D GE	e	27. 8.79
F	Heimann Joerg		D GE		12. 9.69
H	Klietsch Heiko Dipl.-SpL		SP	k	25.12.44
	Morsches-Maaßen Marita geb. Maaßen		E EK	k	30. 4.48
	Agratz Wiebke		S		20.12.69
	Couchoud Boris		SW EK GE	k	29. 8.75
	Lentzen-Gruhn Simone		L F		

1.044 Bergisch Gladbach Gymnasium Herkenrath gegr. 1974
st G. (5-Tage-Woche) f. J. u. M.
St.-Antonius-Str., 51429 Bergisch Gladbach – Tel. (0 22 04) 98 45 03, Fax 98 45 30
E-Mail: gymnasium-herkenrath@t-online.de
Homepage: www.gymnasium-herkenrath.de

Kl: 7/14 Ku: 126/24 Sch: 944 (513) (207/382/355) Abit: 120 (62) **BR Köln**
L: 63 (A 1, A_1 1, A_2 4, B 22, C 23, D 5, E 1, F 1, H 5) ASN: **184664**
Spr.-Folge: E, F/L, F/S, F/L/S Dez: LRSD **Gosmann**

A	Blazek Paul	15. 5.98 °	M PH	k	27. 2.47	Kühl Beatrix	21.11.83 °	F EK k	20.10.52
			KR			Giese Walter	18. 8.84	M PH	8. 4.52
A_1	Buschhüter Peter	24.11.99	D GE		7. 3.49	Mühle-Salm	1. 5.86	E F	9. 1.51
A_2	Opladen Wilmund	28.12.81 °	M KR k		2.12.44	Elisabeth (T)			
	Abt Eduard	29.11.85	EK SP k		11. 6.46	Antreter Michael	1. 9.92	D KU	29. 9.56
	Wolterhoff Maria	18. 1.94	D GE		13. 5.47	Ollenschläger Ingrid	2. 8.93	E SW	9. 2.54
	Mahkorn Tilmann	11.12.95	MU k		5. 4.50	(T)			
B	Wirtz Heinz-Peter	28. 3.79 °	CH EK k		11. 3.49	Spiegel Heinz Ulrich	17. 8.93	E M k	11. 7.58
	Bachem Heribert (T)	10.10.79	M IF		19. 3.50	Beckmann Christoph	7. 9.95	E L	15.11.61
	Gürtler Marianne (T)	7. 7.81	M		24. 9.48	Schinker Petra	31. 1.02 °	D R	28. 4.70
	Metzner Gabriele (T)	1.12.81	E GE k		5.11.46	Arns Joachim	1. 2.04	GE KR k	11. 6.69
	Steinke Oswald	1. 3.82 °	D GE		27. 9.50	Katirtzis Stephan	1. 2.04	BI KR k	3. 2.71
	Lösch Hans-Jürgen	1.12.82	PH k		24. 9.46	Quack Irja	15. 9.04	KU D	17. 2.71
	Brass Heribert	1.10.84 °	D GE k		4. 8.47	Eickhoff Verena	15. 9.04	D BI k	6. 3.75
	Wirth Hedwig geb. Weber (T)	18.12.84	CH BI k		13. 4.51	Nelißen Julia	10. 5.05 °	D F	30.12.73
	Kramer-Gordziel Juliane (T)	1.11.85	E SP e		11. 3.50	Schilling Florian	7. 8.05 °	EK ER	19. 2.73
						Renne Bettina	6. 9.05	E BI	26. 2.70
	Haupt Edith geb. Theobald (T)	21.12.90	M TX		16. 9.52	Seuffert Matthias	1. 2.06	M PH	29. 1.71
						Ruhe Niko	9. 3.06 °	S E PL	9. 5.69
	Henke Regina (T)	1. 2.93 °	BI CH e		6.12.45	Stahl Nicole	6. 9.06	MU SP	14.12.72
	Pfarr Joachim Dr.	20.10.93 °	M PH k		24. 4.43	Sebe-Opfermann Christine	10.06	CH KU	6. 2.71
	Neu-Elsberger Else (T)	18. 1.94	SW SP k		5. 8.47	D	Boddenberg Linda SekIL'	29. 7.77	D GP e	16. 2.50
	Groß Peter	17. 1.96	E EK k		28. 4.47	Viehmann Iris SekIL' (T)	26. 3.84	M ER e	25.10.55
	Bornkessel Bernd	20.10.00	PA SW e		4. 3.52				
	Bauduin Wolfgang	27. 7.01	GE SP		5.10.49	Weißenburger Claudia SekIL'	8.11.95	BI CH	17. 1.65
	Tietig Walter	27. 7.01	E SW e		19. 3.50				
	Diesing Winfried	19.11.02	BI EK k		10.12.51	Müller-Hamm (T)		D EK k	7. 4.54
	Sydow Detlef	12. 7.04 °	CH BI k		29. 9.52	Scharrenbroch Petra (T)		E F	23. 2.62
	Osterode Rüdiger (V)	10.05 °	KR EK k		5. 6.53	E	Blum Tanja	1. 2.06	D F	15. 7.74
	Riege Jutta (T)	9. 6.06	L M e		1.12.60	F	Goßner Elisabeth		D L	28. 5.63
	Flaig Alexandra	9. 6.06	E SW PL		16. 3.68	H	Hermes Rudolf		° SP M k	28. 6.53
							Siebenkäs Matthias		L SP	21.11.54
C	Becker-Jetzek Beatrix (T)	1. 8.77	D GE k		20. 8.49		Koch Ursula geb. Vaaßen Dipl.-SpL'		SP k	5. 7.55
	Schütz Katharina	1. 2.78	PL F k		12. 6.49		Verroul Edmond		F PL k	16. 5.56
	Lamprecht Iris (T)	15. 3.80	E SP e		27.12.48		Koch Dieter Dipl.-SpL		SP	
	Steinke Hildegard (T)	1. 9.83	D PA k		1. 3.51					

1.045 Bergneustadt Wüllenwebergymnasium gegr. 1923
st. G. f. J. u. M.
Am Wäcker 26, 51702 Bergneustadt – Tel. (0 22 61) 7 89 18-0, Fax 7 89 18 17
E-Mail: info@wwg-bergneustadt.de, Homepage: www.gymnasium-bergneustadt.de

Kl: 6/12 Ku: 85/16 Sch: 685 (370) (179/305/201) Abit: 56 (24) **BR Köln**
L: 43 ([A_1] 1, A_2 4, B 11, C 13, D 1, E 6, F 6, H 1) ASN: **166960**
Spr.-Folge: E/F, F/L, L/F, I Dez: LRSD **Gosmann**

A_1	(Barke Jörg Dr. OStR)	12. 7.02	D CH		22. 8.58	Wessendorf Klaus	1. 6.02 °	CH BI k	6. 1.51
A_2	Pohl Walter (T)	10.95 °	M PL IF k		19. 7.47	B Hackemann Peter	18.12.78	D E	29. 5.43
						Ischebeck Arn. (T)	23. 1.80	ER M e	27. 8.46
	Linden Reiner	5. 5.99	SP E k		16. 4.54	Gruß Michael	23. 1.80	BI	19.10.49
	Köhler Johannes (T)	16. 6.00	CH BI k		26. 7.47	Wörtche Joachim (T)	1. 6.81 °	CH EK k	13. 4.52

	Fleischhut Ulr. Dr. (T)	25. 4.83	☐ D GE	e	10. 2.44	
	Veris Maria geb. Wisser	6. 9.94	☐ GE EK	k	4. 2.51	
	Günther Peter (T)	1. 6.95	EK E	k	11. 9.47	
	Donges Rainer	1. 1.99	M PH	efk	21. 3.53	
	Schulte Reinhard (Vw) (V)	16. 7.01	° M BI		22. 4.62	
	Vogel Svenja		M EK		28. 2.69	
	Sokhanvar Marietta (T)		L F I		23. 6.69	
C	Neisen Melanie geb. Thull (T)	1. 2.78	° D E	k	2. 6.48	
	Müller Hans-Theo (T)	11. 3.83	° E D	k	16. 8.51	
	Rohr Bernhard	11. 9.84	° D PL GE L		8.12.50	
	Döbbeling Marion (T)	13. 9.84	° D SW PA	k	2. 2.53	
	Bröker Heinrich (T)	17.10.84	° E GE	k	19. 3.51	
	Magers Carmen (T)	10. 5.01	SP KU	k	26. 5.70	
	Höfig Eckhart Dr.	1. 1.03	KU D		12. 9.69	
	Köchling Regine (T)	03	E F		21. 8.70	
	Bülte Ellen (T)	1. 2.05	° D GE		23.11.70	
	Heisterkamp Maria	1. 2.05	MU SP	k	5. 4.66	

	Zizka Daniel	15. 2.07	° M SW	e	1. 4.76
	Giebeler Florian (T)	1.10.07	M PH MU		4. 2.75
	Berndt Andreas		M SP		7. 7.69
D	Müller Hans-Herm. SekIL	4. 9.81	☐ SP BI	e	22. 9.54
E	Deitmer Christian	9. 8.06	° BI SW		8. 7.75
	Jokela Susanna (T)	9. 8.06	D E		9. 8.75
	Oldendorf Franziska	14. 8.06	D F	e	15. 1.71
	Strunk Kerstin	2. 8.07	F E		16. 8.72
	Haupt Jana	2. 8.07	EK SP	k	30.11.78
	Zimmermann Stephanie	2. 8.07	D GE		
F	Hillnhütter Dietmar		° PH KU	e	29. 9.42
	Engbruch Karl-Heinz		☐ ER F GE	e	11. 7.44
	Schelte Hans-Georg		° KR PL	k	18. 3.55
	Gottschalk Birgitt Dr.		D F	oB	20.11.60
	Bergmann Kirsten		I GE	e	4. 4.66
	Petermann Kay Dipl.-SpL		SP		
H	Sterzik Oliver Dipl.-SpL		SP	e	21. 4.69

1.050 Bonn Beethoven-Gymnasium gegr. 1626
st. G. (5-Tage-Woche) f. J. u. M.
Adenauerallee 51-53, 53113 Bonn – Tel. (02 28) 77 74 30, Fax 77 74 34
E-Mail: beethoven-gymnasium-bonn@t-online.de
Homepage: www.beethovengymnasium.de

Kl: 8/16   Ku: 127/23   Sch: 952 (421) (237/423/292)   Abit: 104 (54)   **BR Köln**
L: 57 (A 1, A$_1$ 1, A$_2$ 6, B 20, C 18, D 1, E 6, F 1, H 3)   ASN: **166236**
Spr.-Folge: E/L, L/E, F/G, F/I   Dez: LRSD **Elbracht**

A	Wolfshohl Alexander	3.05	D GE		9. 5.45
A$_1$	Ehrhart Christel geb. Eggeling	23.11.95	D EK		25.12.47
A$_2$	von der Linde Bernd (T)	10. 1.94	M		
	Schaumann Ralf Dr. (F)	1. 2.97	GE KR PH	k	8. 3.43
	Giesen Renate	30. 5.05	BI	k	29. 1.53
	Eberhard Annette geb. Mausbach (T)	9. 8.07	D E	k	22.10.49
	Leggewie Dorothee (T)	24. 9.07	E SP	k	24. 9.53
	Große-Brauckmann Dietrich		BI EK	e	6. 9.46
B	Kuppe Eckart Dr.[1]	31.10.78	° L G M	k	2. 4.43
	Klemmt Volker	18. 1.79	D SP	e	14. 3.43
	Woelker-van Eyll Angelika	1. 2.79	° F ER	e	25. 2.44
	Moser Peter (L)	16.12.81	SP PA	e	17.12.47
	Kasprzyk Franz	1. 5.82	PH	k	10. 2.50
	Brinkmann Sabina Dr.	1. 6.94	D F		
	Bauer Sigrid	1. 6.94	M	e	12. 5.53
	Salz Birgit (T)	11. 3.96	M PH	k	21. 9.49
	Knecht Heinz-Josef Dr.	15.12.97	BI		
	Merzbach Günter (T)	12. 5.99	BI	e	28. 6.48
	Tosstorff Dagmar	2. 5.00	° I F GE L		29. 2.56
	Dickob-Rochow Gisela	20.11.00	SW E		
	Spancken Mariluise	2. 5.02	D EK		4.11.49
	Herpel Reiner	5.12.06	D SP	k	14. 3.51

	Hendorf-Pfennig Carola (T)	30. 8.07	F KU	e	7. 1.49
	Welke Stefan	30. 8.07	° M		20. 6.49
	Schwippert Karin geb. Jungblut (T)	30. 8.07	° E BI	e	31. 3.55
	Gremse Ruth (T)		D F	e	9. 9.47
	Clemens Sybille (T)		BI E	e	21. 1.49
	Wissing Tono		D MU	k	12.12.62
C	Jopp Elisabeth	1. 8.78	D EK		27. 9.47
	Mildner Hans-Ulrich	31. 8.81	° E EK		18. 8.47
	Schieweck Bernd (T)	21.12.83	° PL F		25. 3.53
	Meyer Johannes	14.12.84	EK SW	k	29. 8.51
	Harting Daniela (T)	25. 2.88	BI F	e	8. 6.51
	Dreisiedler Thomas (T)	1. 8.88	° M PH		2.10.57
	Bordin Martin (T)	10.97	L G GE	k	7. 3.62
	Braun Dieter	1. 9.99	L G PL	k	25. 9.63
	Gräf-Fröhlich Frauke (T)	22. 1.00	D L	k	4.11.61
	Seine Volker	10.00	BI CH	k	23. 7.67
	Büttner Robert	19. 2.01	L GE	k	12.12.67
	Meinert Sabine (V)	1. 8.01	° M MU	e	26. 1.71
	Franken Julia geb. Esch	1. 8.02	D KR	k	4. 1.71
	Piel Andrea	11.11.02	CH SP	k	1. 9.69
	Schaaf Frieda	6.05	GE KR	k	22.12.73
	Mosebach-Kaufmann Inge		L ER	e	10. 8.56
	Lambert Verena		° KU PL	k	19. 5.68
	Weber Ursula (T)		KU MU		

D	Schmidt-Preuß	1. 8.77	GE SP	e	25.11.49		Monschau Jacqueline	6. 8.07	E GE	k	2. 2.74
	Brigitte geb. Mix RSchL' (T)						Dr.				
E	Fischer Enno	9. 8.06	M PH		4. 3.75		Kirchhoff Lutz	6. 8.07	L GE	k	26. 3.79
	Wienecke Katharina	9. 8.06	D E	e	7.11.76	F	Becker Marie-Luise		D PL	e	3. 5.46
	Winter Jan	9. 8.06	GE SW	k	5. 2.77	H	Dziri Nourredine Dipl.-SpL		SP	msl	28. 7.49
	Roterberg Sabine	1. 8.07	GE MU	k	22. 8.78		Zielinski Martin Dr.		KR PL	k	5. 9.56
							Petrat Rüdiger Pfr.		ER	e	

[1] Lehrbeauftr. an der Univ. Bonn

1.051 Bonn-Bad Godesberg Aloisiuskolleg gegr. 1871
pr. G.[1] (5-Tage-Woche) f. J. u. M.[2] d. Norddeutsche Jesuitenprovinz Köln +
Aloisiuskolleg gGmbH
Elisabethstr. 18, 53177 Bonn – Tel. (02 28) 8 20 03-101, Fax 8 20 03-34
E-Mail: schule@aloisiuskolleg.www.de, Homepage: www.aloisiuskolleg-bonn.de

Kl: 6/13 Ku: 123/29 Sch: 854 (209) (170/399/285) Abit: 64 (-) **BR Köln**
L: 52 (A 1, A₁ 1, A₂ 8, B 14, C 11, D 1, E 6, F 10) ASN: **166399**
Spr.-Folge: E/E+L, L, F/G, I Dez: LRSD Elbracht

A	Wissmann Bernhard	1.12.01	° D GE	k	30.12.51		Sudmeier Wolfgang	1. 8.93	F KU	e	16. 2.58
A₁	Käufer Maria-Therese	1.12.02	M SP	k	28.10.53		Bernsen Barbara	1. 2.94	° E F	k	14. 6.62
A₂	Adams Klaus Dieter	1. 8.95	D PA	k	25. 2.47		Zettelmeier	1. 8.97	F KU		22. 8.60
	Sabel Bernhard	1. 8.99	GE L		14. 9.54		Bettina (T)				
	Servos Dieter	1.12.01	° CH BI	k	22.12.50		Ennen Frank	1. 8.98	MU SP	e	29.12.61
	Wichterich Peter	1.12.02	SP EK	k	18. 1.46		Juhre Jens	1. 8.01	D E	k	12. 8.69
	P. Schneider Theo Dr.	1.12.02	KR PA	k	30.12.46		Kost Rainer	1. 8.04	GE SP SW	k	21. 5.60
	(T)										
	Günterberg Andreas	1.12.03	SW M	k	28. 8.54		Stueber Dirk	1.12.04	D EK	k	16.12.71
	Venth Gustav	1.12.03	° L KR	k	12. 6.57		Molzberger Mathias	1.12.04	GE KR	k	14. 8.76
	Gillrath Peter (V)	1.12.04	° E KR	k	15. 1.56		Fahrenbach Marc	1. 8.06	M SP	k	24. 9.77
B	Jansen Barbara	1. 1.89	E GE	k	16. 2.45		Wiegmann Kai		D E	k	25.11.73
	geb. Milz (T)					D	Hörsch Wolfgang SpL	16.12.77	° SP	k	3.11.44
	Glöckner Gudrun	1. 1.89	E BI	k	18.12.48	E	Pusch-Kunze Marion	1. 8.03	D E	k	20.11.71
	Schendzielorz Paul	1. 3.89	° MU PL	k	12.12.51		geb. Kunze				
	Prühs Elisabeth	1. 5.89	BI		8.11.47		Sell Robert Dr.	1. 8.04	D GE	k	6. 3.70
	geb. Schnicke (T)						Breuer Jörg	1. 8.04	° M CH	k	11. 8.71
	Jüttner Kurt	1.10.90	° D GE	e	8. 2.48		Redmann Melanie	1. 8.04	D I	k	24. 1.73
	Predigthelfer						Langner-Rüb Raffaela	1. 8.07	E M	k	1. 8.78
	Pieper Gudrun	1. 2.96	E BI		28. 2.48		Schubert Vera	1. 8.07	BI D	e	6. 9.78
	geb. Steinbach (T)					F	Haunhorst Mario		° M PH	e	5. 3.53
	Hensle Johannes	1. 8.99	° KR M	k	23. 3.58		Wielpütz Dieter		EK SP	e	24. 4.54
	Pönisch Andreas	1.12.01	EK KU	k	2. 9.56		Söndgerath Cornelia		E M	k	7.56
	Götter Mareike	1.12.03	° E D	k	19. 6.58		Uhrig Kerstin			k	30. 6.57
	Lücker Anja	1.12.03	L G I	k	5. 6.63		Jendrzewski Peter		D SW	k	11. 2.58
	Münch Paul	1.12.03	M PH	k	15. 4.61		Eisele Bettina		ER GE	e	18. 8.59
	Opderbeck Martina	1.12.04	BI CH	e	10. 1.63		Damast Thomas Dr.		F PL	k	24.10.60
	Odekerken Walter	1.12.04	SP EK	k	18.12.59		Kerkhof Rainer Dr.		L G	k	14.12.63
	P. Kraemer Gundolf	1.12.04	GE KR	k	26.10.61		Schoenenbroicher		L	k	30. 1.66
	(T)						Thomas				
C	Winkelmann	1. 8.93	SP GE	k	28. 6.56		Külshammer Max		M PH	k	19. 4.77
	Wilhelm										

[1] m. Internat f. J. u. M. (jeden 2. Samstag Unterricht)   [2] seit 2002 Koedukation ab Jgst. 5

1.052 Bonn Collegium Josephinum Gymnasium gegr. 1880
pr. G. f. J. d. Provinzialats d. Redemptoristen, 51065 Köln, Holsteinstr. 1
Kölnstr. 413, 53117 Bonn – Tel. (02 28) 5 55 85 60, Fax 5 55 85 97
E-Mail: gymnasium@cojobo.de, Homepage: www.cojobo.bonn.de

Kl: 7/13 Ku: 119/19 Sch: 891 (226/380/285) Abit: 73 **BR Köln**
L: 53 (A 1, A₁ 1, A₂ 8, B 22, C 10, E 4, H 7) ASN: **166248**
Spr.-Folge: L/E, E/L, G/F Dez: LRSD Elbracht

A	Billig Peter	1. 8.93	D PL	k	22.12.51	A₂	Prenger Bodo	1. 5.89	M SP	k	22.12.46
A₁	Lipperheide Ulrich	1. 8.94	BI EK	k	4.11.52		Knecht Werner	1. 9.94	EK BI	k	19. 4.54

Gymnasien Nordrhein – BR Düsseldorf · BR Köln

	Name	Datum	Fächer			Name	Datum	Fächer	
	Dreyer Hinnerk	1. 8.95	D EK	k	10. 5.52	Lückge Bernhard	1. 4.05	E MU k	7. 5.63
	Pohl Friedrich Dr.	1. 8.96	M PH	k	9. 5.46	Neffgen Uwe	1. 5.06	M PH k	3. 6.64
	Gauger Barbara Dr.	1. 1.00	G L D	k	7. 3.51	Sieburg Manfred	1. 5.06	D L GE k	16.12.63
	Haffke Jürgen	1. 7.00	EK GE SW	k	21. 1.53	C Schäfer Karl-Georg	2. 9.93	KU D k	14. 3.61
						Vollmer Georg	1. 8.96	D BI k	22. 6.65
	Wagner Winfried	1. 2.05 °	BI CH	k	22.10.49	Werner Matthias	1. 8.97	E SP k	13. 3.61
	Mertens Klaus	1. 2.06	E SP	k	18. 3.50	Spiegelmacher	1. 8.99	D KU k	20. 5.67
B	Nathrath Johannes	30. 4.84	F L R	k	7. 2.51	Ute (T)			
	Brendebach Walter	1. 4.85	SP EK	k	1. 7.49	Völzgen Georg	1. 8.02 °	BI KR k	1. 1.67
	Deutsch Fritz	1. 5.89	M PH	k	10. 9.49	Tenten Jürgen	1. 8.03 °	L KR k	14. 2.68
	Altmann Klaus Dr.	16.10.91	G L MU	k	4. 6.52	Zvonar Annegret	1. 8.03	D E ER e	6. 6.69
	Wirtz Anton (T)	3. 9.92 °	M SP	k	27.12.52	Wilbert Thomas	1. 8.03	D GE I k	9.10.70
	Kenn Monika Dr.	1.10.92	M CH	k	4. 9.45	Feinendegen Hildegard Dr.	15. 9.05	E GE k	11. 2.72
	Scherer Günter	12. 7.93	PL D	k	18.11.53				
	Pauly Helmut	1. 1.94	M PH	k	20. 3.53	Fritz Armin	1. 3.06	E SP k	19.12.71
	Coester Carl-Curt	1. 9.94	D GE	k	9. 9.51	E Löcke Yvonne	1. 2.06	E KR M k	24. 8.77
	P. Schmidt Josef	1. 9.94 °	M KR	k	27. 1.49	Offer Martin	9. 8.06	M PH k	24. 9.76
	Jurina Kitti Dr.	1. 1.95	KW D	k	29. 8.53	Sumpter Ingrid	9. 8.06	E ER e	22. 9.77
	Delfmann Thomas Dr.	1. 1.95	D E	k	5. 6.58	Becker Tanja	1. 2.07	F GE k	24.10.78
	Schmitz Karl Albert	1. 5.95	D E GE	k	7. 2.55	H P. Niesemann Peter		KR BI k	30.12.42
	Umlauf Helmut	1. 8.95	BI CH	k	23. 7.57	P. Knapp Friedhelm		KR k	2. 7.51
	Servos Doris (T)	1. 8.97	BI CH	k	10. 6.54	Gmeiner Alois Dipl.-SpL		SP k	20.10.51
	Hildebrand Thomas	1. 8.99	M PH	k	10. 6.57	Geiger Gabriele		M PH k	5. 2.61
	Vogt Michael	1. 8.99	SW F	k	15. 8.57	P. Langer Jürgen Dr.		KR k	16. 7.63
	Hoverath Günther	1. 5.02	PH M	k	12. 2.61	Salm Eva		KU k	27. 7.64
	Schöndube Matthias	1. 5.02	L F	k	16. 5.62	Müllenbach Oliver		MU k	26. 6.80

1.053 Bonn-Oberkassel   Ernst-Kalkuhl-Gymnasium   gegr. 1880
pr. G.[1] (5-Tage-Woche) f. J. u. M.; U.-Tr.: Ernst-Martin Heel
Königswinterer Str. 534, 53227 Bonn – Tel. (02 28) 9 70 90 90, Fax 9 70 90 98
E-Mail: schule@kalkuhl.de, Homepage: www.kalkuhl.de

Kl: 6/12   Ku: 111/21   Sch: 747 (337) (145/324/278)   Abit: 76 (33)   **BR Köln**
L: 46 (A 1, A_1 1, A_2 7, B 13, C 18, F 4, H 2)   **ASN: 166418**
Spr.-Folge: E, F/L, F, S   Dez.: LRSD **Schormann**

	Name	Datum	Fächer			Name	Datum	Fächer	
A	Hieronymi Bernhard	1. 8.00 °	M SP	k	15. 8.45	v. Eichborn Detlev	1. 2.98	BI SP	21. 6.56
A_1	Bewerunge Klaus	1. 8.00 °	E F	e	15.10.52	Thomas Grita	1. 2.98	MU EK e	26.11.60
A_2	Bergmann Ellen	1. 5.91 °	E PL	e	4.12.50	C Schulze-Diesel Jochen	1.12.95	D PL	14. 9.56
	Heel Ernst-Martin	1. 5.91	D GE	e	18. 6.50				
	Mondry Ernst (V)	1. 1.95 °	M PH	k	27. 2.55	Haas Sabine	1. 8.95	D KU e	17. 7.60
	Meiling Kurt	1. 8.96 °	M SP	k	4. 4.53	Schreiber Ralf	1. 8.95	E SP k	31.10.60
	Stephan Wilfrid	1. 2.00	CH BI	e	6. 9.53	Haufer Stefan	1. 8.95 °	GE L k	18.12.62
	Noll Regina geb. Hemesath (T)	1.10.06	E SP	k	7. 2.56	Tenge Kai-Rüdiger	1. 8.96	D ER e	17. 2.61
	Fingerhuth-Spindler Antje geb. Fingerhuth	1.12.06 °	CH PA HW M	k	20.10.56	Nöh Christine	1. 8.96	E MU e	17. 4.62
						Bretz Hubert	1. 2.97	GE SP k	28. 5.59
B	Süßenberger Hannelore geb. Schücker (T)	1. 5.79	GE F	e	20. 2.45	Maas Peter	1. 2.97	M SP IF	21.11.60
	Erker Monika (T)	1. 8.85	E TX	k	26. 4.49	Döhr Martin	1. 6.97	D KU ·	18. 6.60
	Peters Ursula	1.10.85	PA SP		26.12.50	Willcke Monika	1. 8.97	F SP k	6. 4.62
	Kriegler Hans-Joachim	1.10.90	L EK	k	17. 4.46	Schäfer-Zipper Heike (T)	1. 8.97	M KR k	29. 5.62
	Puschmann-Slapa Angelika geb. Puschmann (T)	1.10.90	E D	e	30. 4.54	Kleinespel Claudia Dr.	1. 8.97	D F e	22.11.62
	Kreis Klaus	1. 1.91	BI EK	k	27. 2.52	Wittrock Ingo	1. 1.02	M PH	
	Ludwig Meinolf	1. 5.93 °	KR D	k	23. 8.54	Naique-Dessai Ravi	1. 1.02	CH M	6. 6.69
	Theil Gerhard	1. 1.95	M PH	k	8. 7.54	Gasenzer Susanne geb. Walter	1. 2.07	E S	9.11.74
	Köhler-Zang Marion geb. Köhler (T)	1. 8.96 °	L GE	e	9. 4.56	Krüsselmann Kerstin	1. 2.07	E GE	4.10.76
	Schalenbach Christian	1. 8.96	D F		4.10.53	Vogt Anke Fermor Rafael	1. 8.07	M SP ° D ER S e	7. 3.75 21.10.68
	Adenauer Georg	1. 2.98	BI EK	k	2.12.58	F Dahlmann Angelika geb. Wasmer		F E e	15. 6.46

58 Gymnasien Nordrhein – BR Düsseldorf · BR Köln

Vieweger Cornelia		D PK SW	e	29.11.53	H	Stephan Monika Dipl.-Theol.' Lüdtke Werner	KR EK PK SW	k	19.11.58 7. 6.64
Möckel Stephan		EK SP	e	24. 4.57
Jasinski Thorsten		SP		8. 7.74

[1] m. Internat f. J. u. M.

1.054 Bonn Ernst-Moritz-Arndt-Gymnasium gegr. 1882
st. G. (5-Tage-Woche) f. J. u. M.
Endenicher Allee 1, 53115 Bonn – Tel. (02 28) 77 72 70, Fax 77 72 84
E-Mail: post@ema-bonn.de, Homepage: www.ema-bonn.de

Kl: 8/16 Ku: 154/27 Sch: 1101 (459) (247/485/369) Abit: 99 (48)   BR Köln
L: 67 (A 1, A$_1$ 1, A$_2$ 5, B 18, C 30, D 1, E 5, F 6)   ASN: **166250**
Spr.-Folge: E, L/F, F   Dez: LRSD **Elbracht**

A	Bettscheider Uwe Dr.	10. 8.07 °	M PH IF	e	17. 3.63		Nettekoven Hans-Joachim	21.12.83	SP EK	e	31. 1.47
A$_1$	Stüttgen Dieter Dr.	12. 9.02	D GE	ak	25. 9.44		O'Daniel Almut	8. 6.84	D E	e	6.11.52
A$_2$	Komossa Sabine	1. 2.86	M PH		26. 6.46		Pütz Astrid (T)	30. 9.84	SP F	e	15. 6.53
	Henn Heinz-Peter	30. 1.92	MU D	k	18. 3.48		Fabry Marita geb. Mispelbaum	3.12.84 °	KR E	k	22.11.53
	Hausmann Heidrun geb. Wohlrab	13. 2.93	M	e	20. 6.46		Hess-Daniel Gabriele geb. Hess (T)	19.12.84	E Sozkd		7. 7.53
	Link Dietmar (F)	28.11.00	M IF	e	17. 7.50
	Plitt Wilhelm	6. 7.01	E EK	k	13. 2.50		Symons Angelika geb. Bahlmann (T)	14. 9.85	E PA	k	27. 8.52
B	Scholzen Alfred Dr.	1. 2.79	M PH IF		29. 7.43		Figulla Gisela	85	KU W TX		
	Bongardt Ulrich Dr.	1. 9.81	CH	k	24. 4.44
	Grund Harald	11.11.82	D E	k	13. 1.47		Peren-Eckert Almuth (T)	1. 8.98	ER D	e	29. 8.67
	Friederichs Renate (T)	1. 6.94	CH BI	k	27. 2.53
	Schmelz Norbert	1. 6.94	EK SP	k	21. 3.44		Schaefer Claudia	29. 8.98 °	D L		25. 3.59
	Faxel Peter (Vw)	3. 2.97	BI CH	k	28. 3.51		Hillert Rita (T)	8.99	L F		22. 4.63
	Dreesen Werner	16. 3.97	D PL		2. 7.48		Bröcker Simone geb. Henke (T)	1. 5.01	F SP	k	14. 5.69
	Weingarten Alfons (T)	18. 6.01	BI EK	k	28. 3.52
	Dierkes Almuth geb. Hellwig (T)	20. 6.01 °	D F ER	e	10. 9.47		Dubois Christian	1. 8.01	BI CH		16.12.68
							Stiewe Joachim	21. 1.02	GE E	k	27.10.68
							Olejniczak Christian	3. 2.03	PH CH		8. 1.72
	Matthies Elisabeth geb. Jäger (T)	1. 8.01	E KR	k	21. 8.50		Gitmans Daniel (T)	9. 8.05	D GE	k	8.11.74
							Herkenrath Andreas	1. 9.05	M MU		18. 3.70
	Weiler Ingrid geb. Henn (V)	30. 6.04 °	EK PA	k	3.11.50		Liebreich Jens	15. 9.05	M PH		7. 7.73
							Hein Hendrik	25. 9.05	F SP	e	17. 5.74
	Schüller Heinz-Toni	30. 6.04	MU KR	k	13. 6.58		Sonntag Raphaela (T)	27. 4.07 °	M D	k	10. 3.73
	Ammermüller Heike geb. Eschenhagen (T)	28. 2.05	BI SP		26. 3.46
	Viebahn Elke (T)	15. 6.07	D R	e	23. 7.53		O'Daniel Patrick		BI EK		14.12.51
	Roos Helmut		SP EK	k	29. 9.49		Seidler Elisabeth (T)		GE KR	k	17.11.53
	Dickmeis Birgit geb. Ley		E EK	e	29. 4.51		Overländer Ruth	°	L GE	k	17. 6.70
	Stauf Franz-Josef		GE EK	k	26. 3.53	D	Zotz-Schumacher Regina geb. Zotz SekIL' (T)	4. 2.82	E KR	k	10. 9.54
	Schütte Carla (T)		KU		16. 4.54	E	Wethkamp Vera Dr.	9. 8.06 °	M PH	k	23.10.72
C	Bohrer Irene (T)	1. 2.75	E F		13.12.47		Damm Julia	9. 8.06 °	BI PH	k	25.12.74
	Skrzipek Klaus	19. 8.78	F SP	k	16. 9.44		Dahmen Josef	1. 2.07	M IF	k	14. 4.74
							Cheng Nancy Shui-Yen	21. 3.07	D ER	e	19.11.71
	Lockermann Elisabeth (T)	5. 2.79	E F		26. 2.47		Colonius Kerstin	6. 8.07	M PH		7. 9.76
	Müller-Munscheid Hanna (T)	8. 6.79	E SP		20.11.49	F	Wix Guido		KU	k	27. 3.48
							Kocanis Hiristo		SW PL PK		20. 5.48
	Huhnen-Venedey Elisabeth	9.79	BI CH		3. 7.49		Barz Birgitt		D GE	e	27.12.59
	Beltz Christine	9. 2.82 °	M EK		4. 9.51		Engels Benedikt Dr.	°	D GE	k	16. 6.66
	Pfannstiel-Brakmann Inge (T)	1. 8.83	D GE		9. 2.49		Brieger Christiane		E D		23. 5.72
	Schlenter-Passmann Siegrid geb. Schlenter (T)	30. 9.83	M EK	k	14. 6.52		Reuber Barbara		D KR	k	

1.055 Bonn-Bad Godesberg   Otto-Kühne-Schule Godesberg   gegr. 1883
pr. G.[1] f. J. u. M. d. Otto-Kühne-Schule Godesberg GmbH
Otto-Kühne-Platz 1, 53173 Bonn – Tel. (02 28) 95 66-0, Fax 95 66-50
E-Mail: paeda@paedagogium-godesberg.de
Homepage: www.paedagogium-godesberg.de

Kl: 6/12   Ku: 118/23   Sch: 847 (438) (185/357/305)   BR Köln
L: 54 ([A] 1, [A$_1$] 1, A$_2$ 8, B 18, C 17, E 1, F 8, H 1)   ASN: **166327**
Spr.-Folge: E, L/F, F, S   Dez: LRSD **Elbracht**

A	(Gantzsch Joachim StD A$_1$)	1. 8.95	° EK SW	e	6. 8.49	C	Kölpin Uwe (T)	1. 9.91	SP EK	e	28. 2.58
A$_1$	(Wöhleke Dirk MichaelStD A$_2$)	1. 8.95	M PH	e	23. 2.54		Trost Hans-Peter	1. 8.92	ER F SP	e	1. 2.56
A$_2$	Kuster Wolfram	1. 1.95	MU PA	e	16. 6.47		Kopp Ute (T)	1. 2.93	BI M SP	k	11. 6.60
	Simons Ewald	1. 1.96	D GE	oB	2. 4.50		Lichtner Marion	1. 8.94	F BI	e	27. 3.58
	Klinke Jost	1. 8.97	D GE		28. 4.50		Meyer-Seeßelberg Anne (T)	1. 8.94	MU ER	e	29. 4.61
	Hollinder Gabriele Dr.	1.12.98	M PH	k	25. 6.52						
	Zwirner Michael	1. 4.99	M SP	k	1. 3.56		Wackertapp-Finkenrath Andrea (T)	1. 2.95	D PL		16.11.59
	Weiß Roland	1.12.04	° BI CH PA	k	12. 8.52		Heiliger Magdalena (T)	1. 2.96	PA D		15. 2.60
	Baur-Saatweber Dorothee (T)	1. 2.06	D SW		16. 8.49		Holert Jürgen	7. 3.96	E EK	e	27.10.56
	Kühne Klaus-Otto (T)	1. 2.06	E SP	e	6. 5.61		Jansen Hans-Jürgen (T)	1. 4.97	EK BI		6. 1.58
B	Op de Hipt Brigitte geb. Prelle (T)	12.12.84	E GE		28.12.48		Coester Ursula Dr.	1. 8.97	F D GE	k	28. 7.63
	Fechner Klaus	1.10.88	SP EK	k	17. 1.49		Gesthuysen-Meißner Astrid (T)	1. 2.99	E KR	k	14. 2.65
	Tack Thomas	1.10.90	M PL		3. 7.51		Deistler Simona	1. 8.02	S E		1. 7.66
	Siefart Hans Ulrich	1.10.90	KU W		31. 5.51		Grote Heike geb. Zibell (T)	1. 2.04	D ER	e	10. 7.68
	Bornefeld Diethelm	1. 5.91	KU W		12. 4.52						
	Niepelt Jürgen	1. 7.91	SW SP	e	25. 4.50		Vermehr Annette	1. 2.05	D E		28. 4.72
	Fechner Peter	1. 1.94	BI SP	k	10.10.47		Decker Thomas	1. 2.05	M ER		9. 6.72
	Stücker Katharina	1. 1.94	MU L		26.11.57		Felbick Cornelia (T)	1. 2.05	L F		28. 4.73
	Roth Friedhelm (T)	1. 8.95	D PA PL	e	22. 3.47		Tappel Frank	1. 9.06	PH CH	k	3. 8.73
	Hoppe Marion geb. Dose (T)	1. 8.95	E D		23. 4.54	E	Schmidt Moritz	1. 9.06	F SW		11. 9.70
						F	Klocke Ulrich		SP		14. 7.48
	Schick Joachim	1. 8.97	L KR	k	30. 7.59		von Mallinckrodt Peter		D PL	e	19. 3.50
	Körner Wilfried	1.12.98	CH M		19. 2.59		Hack-Schreyer Klaus-Dieter		KU W		23.12.53
	Rogge Anke	1.12.98	ER F	e	21. 9.59						
	Mirgartz Willi	1. 4.99	M PH	k	15.12.58		Albrecht Alice		BI SP	k	3. 2.56
	Königs Willibert	8. 1.00	D E		7. 5.59		Pappert Michael		SP		15. 8.57
	Dirks Ulrich	1. 1.03	E GE	e	16. 9.59		Kölpin Gerda		BI EK	k	31. 7.60
	Clingen Beate (T)	1. 2.06	D PA	k	12. 3.59		Both Stefanie		E KR	k	16. 8.60
	Drescher Ulrich Dr.	1. 2.06	° D ER KU	e	14. 7.58		Schoutz Stefanie		SP PA		28. 4.73
						H	Beyer Hans		KU	k	17. 9.47

[1] m. Internat Pädagogium Godesberg GmbH f. J. u. M.

1.056 Bonn-Bad Godesberg   Clara-Fey-Gymnasium   gegr. 1896
pr. G. f. J. u. M. d. Erzbistums Köln
Rheinallee 5, 53173 Bonn – Tel. (02 28) 96 21 30, Fax 9 62 13 22
E-Mail: sekretariat@cfgbonn.de, Homepage: www.cfgbonn.de

Kl: 6/10   Ku: 88/12   Sch: 638 (638) (159/268/211)   Abit: 62 (62)   BR Köln
L: 39 (A 1, A$_2$ 6, B 9, C 13, D 1, E 1, F 6, H 2)   ASN: **166431**
Spr.-Folge: E, F, L, S   Dez: LRSD **Elbracht**

A	Heinen Birgit	1. 8.02	° M CH	k	16. 7.57		Bleeker Lothar Dr.	1.10.06	° E KR GE	k	26. 6.64
A$_2$	Troßmann Christa	3. 9.93	E D	k	20. 1.51						
	Dorn Peter Dipl.-Theol.	1. 6.94	KR EK PK	k	11.11.51	B	Dickas-Kahlweldt Anna geb. Kahlweldt	1. 8.80	° F L S	e	26. 2.46
	Hummel Rita geb. Hemmer (T)	1.10.95	D GE	k	2. 7.45		Meyer Juliane (T)	16. 1.84	D EK PK		6.12.50
	Metzen Georg	1.10.05	M PH	k	18. 8.57		Anspach Marie-Luise geb. Nettesheim (T)	27. 1.84	E D	k	25. 3.50
	Meurer Joachim	1.10.05	M KR	k	12. 4.58						

Gymnasien Nordrhein – BR Düsseldorf · BR Köln

Anspach-Heine Elisabeth geb. Heine	22. 2.84	CH M k	19. 7.47	
Eberle Fritz (T)	12. 4.84	L F k	25. 3.47	
Valentin Hildegard geb. Scharf	1. 4.85	BI CH k	10. 8.51	
Dittmayer Herbert H.	1. 4.85	F GE k	18.11.46	
Glees-zur Bonsen Hildegard geb. Glees (T)	1.10.96	KR BI k	18. 1.59	
Burger-Engwald Ulrich	1.10.05	MU EK k PK	4. 9.55	D
Herttrich Rita (T)	22. 5.83	M EK k PK	21.11.52	C
Keßel Monika geb. Peters	19. 8.83	D GE k	17. 1.52	
Stoffer-Gnau Marg. Maria	23. 9.83	E F k	31.12.47	
Junglas Johannes (V)	1. 9.89	GE SW k PK	6. 6.52	
Hutter Barbara (T)	1. 9.89	ER e	26.11.55	
Flock Annegret (T)	1. 9.89	EK M k PK	13. 5.56	
Bubert Hermann	1. 8.92 °	M SP k	14. 8.57	

Anders Peter (T)	2. 9.94	KR SW k PK	5. 9.60	
Nüsser Olaf Dr.	1.11.94	D L G k	8. 6.61	
Küpper Engelbert	1.10.02	SP D k	16.12.64	
Reimer-Lehmann Britta	1.11.05	D S k	19. 8.70	
Vollmer Sandra	1. 8.06	BI D k	16. 9.76	
Picker Ursula Dr.	1. 2.07	S F k	25. 5.74	
Zöller-Rosendahl Walburga VSchL' (T)	8. 5.73	KU k	24. 7.47	
Dreesen Barbara	1. 8.06	D KU k	21. 8.74	E
Jüngling Frank		BI CH k M	11. 4.55	F
Bremmekamp Marita		M EK k	29. 5.55	
Teusch Maria		E SP k	25. 7.56	
Peters-Lapsien Birgitt geb. Peters		E BI PH k	16. 3.58	
Heuermann Beate geb. Rapp		SP F	18. 3.58	
Knauf-Blaas Verena		MU k	4. 3.59	
Geller Ingrid geb. Fliegenschmidt		SP L e	14. 6.49	H
Seiler Monika		SP k	4. 9.56	

1.057   Bonn   Clara-Schumann-Gymnasium   gegr. 1915
st. G. (5-Tage-Woche) f. J. u. M.
Loëstr. 14, 53113 Bonn – Tel. (02 28) 77 74 40, Fax 77 74 44
E-Mail: csg@clara-online.de, Homepage: www.clara-online.de

Kl: 8/15   Ku: 120/15   Sch: 887 (505) (252/389/246)   Abit: 49 (35)   **BR Köln**
L: 51 (A 1, [A$_1$] 1, A$_2$ 6, B 16, C 11, D 2, E 9, F 4, H 1)   ASN: **166340**

Spr.-Folge: E, F, L/I, I   Dez: LRSD **Elbracht**

A	Nikolay Willi Dr.	23. 8.99 °	GE EK k SW	19.12.50
A$_1$	(Bach Heinz-Albert StD A$_2$)	3. 2.97	M PH k	23. 4.49
A$_2$	Weber Luise	6. 1.92 °	M PH k	27. 3.50
	Lange Sylvia geb. Cibis	27.11.97 °	F EK	28.12.51
	Huber Joachim	1.10.01	M	23. 4.49
	Schumann Werner (F)	23. 6.05 °	E EK k	1.12.50
	Schöpper Josef (F)	11. 9.07 °	PH EK IF (M)	2. 7.46
	Henke Roland Dr.[1] (F)		D ER PL	22. 9.53
B	Lauterbach Karin geb. Allhoff	18.12.78	E F k	11. 2.44
	Heidermanns Petra (T)	13. 1.79	ER L k	27. 8.46
	Kilpert Bernd	18. 1.79	GE D k	26. 4.44
	Kaiser Georg	1. 1.82 °	KR D k	6. 7.49
	Bersch Peter	10.90	M IF (PH) k	17. 7.51
	Menzel Jutta geb. Wagner (T)	1. 6.94 °	E F e	30. 5.43
	Berlage Thomas	1. 6.94	MU GE	20. 1.54
	Zwiebler Karl-Heinz	1. 5.00	D SP k	26. 7.51
	Schoppe Andreas Dr. (F)	12.11.01	KU SW e ER	19. 6.61
	Müller Reinhold	1. 4.02	E GE e	15.10.55
	Sprich Alfred	7. 3.03	SP M k	27. 9.50
	Gräf-Adams Gaby (T)	1. 8.07	BI EK	15. 5.53
	Schoppe Heike (T)	1. 8.07	F SP I	18. 3.63

	Wippermann Hubert	1. 8.07 °	D GE k	4. 1.68
	Wessel Petra (T)		° E GE e	30. 5.57
	Duvenbeck Luitgard geb. Liese (T)		M PH	
C	Söntgerath Herbert	1.12.80	PH k	31. 1.49
	Britsch Veronika	30. 3.81	KU KW e	30. 1.43
	Holtappels Gunter	24. 2.82 °	SP E	9.10.48
	Schilling Günther	17. 2.83 °	SW EW k	28. 2.48
	Jahn Bruno	19. 8.86	BI CH k	1.12.48
	Fabritius Juliana	23. 9.92 °	KR KU k	9.10.56
	Steinmann Petra geb. Gesthuisen	1. 8.94	ER D e	26.11.58
	Lewalder Petra (T)	10.97	EK E e	24. 4.63
	Baumöller Katja geb. Hans	2. 9.02 °	D E k	20. 5.72
	Friedemann Kerstin (T)		D F e MU	12.11.66
	Mues-Kuttenkeuler Silvie		° D F I	2.11.67
D	Nellen-Bölingen Helma geb. Bölingen SpL' (T)	8. 1.76	SP e	3. 5.50
	Frings Martha SekIL' (T)	28. 1.87	MU BI k	7. 6.59
E	Schneider Dirk	1. 8.06	D PL k	24. 7.69
	Schmidt Oliver	1. 8.06	D SP k	29. 3.70
	Haubrich Sandra	9. 8.06	BI CH k	3.11.65
	Frangini Laura	9. 8.06	D I	16. 3.72
	Kemper Tobias Dr.	6. 8.07 °	D GE k	19. 4.73
	Wimmer Katrin	6. 8.07	E MU e PP	9. 6.76
	Schmitt Gisa	6. 8.07	D ER e	1.10.77

Gymnasien Nordrhein – BR Düsseldorf · BR Köln   61

	Degenhardt Lars	6. 8.07	° M GE	k	27. 2.78		**Körner** Rafael		° BI CH	17. 8.60
	Küster Alexander	6. 8.07	BI EK		15. 3.78		**Wagner** Ines		KU	11.11.63
F	**Krupp-Gerochristodoulou** Anne		L F KR	k	26.11.56	H	**Hart** Valerie geb. Stub		° E	25. 4.48

[1] Lehrbeauftr. an d. Univ. Bonn

1.058   Bonn   Liebfrauenschule   gegr. 1917
pr. G. (5-Tage-Woche) f. M. d. Erzbistums Köln
Königstr. 17–19, 53113 Bonn – Tel. (02 28) 21 07 00, Fax 21 42 83
E-Mail: lfsbonn@t-online.de, Homepage: www.liebfrauenschule-bonn.de

Kl: 6/11   Ku: 93/17   Sch: 720 (720) (190/316/214)   Abit: 64 (64)   **BR Köln**
L: 44 (A 1, A₂ 4, B 10, C 9, D 2, E 5, F 11, H 2)   ASN: **166297**
Spr.-Folge: E+F/E+L, F/S/L, S   Dez: LRSD **Elbracht**

A	**Lenz** Brigitte	1. 9.96	D GE	k	14. 9.49		**Over** Hildegard	1. 9.03	° E D PL k	17.12.70
A₂	**Dohmes** Gabriele Dr.	1. 6.94	BI HW	k			**Stratmann** Veronika geb. Stratmann (T)	1. 1.05	S F k	26.11.69
	Metten Ulrich	1.12.00	° EK F	k	29. 5.53					
	Joksch Wolfgang	1.10.04	M IF SP	k	3. 3.58		**Auhagen** Sabine	2. 5.07	S E k	2. 5.67
							Gödderz Gabriele (T)		BI M k	
	Kiggen-Freidel Walburga	20. 4.07	° M SP	k	24. 3.56	D	**Joksch** Marion geb. Berg SekIL' (T)	1. 8.85	M SP k	15. 5.54
B	**Lammert** Thomas	1.10.97	CH BI IF	k	19. 3.62		**Nix** Christian	1.12.00	MU BI EK k	26.12.64
	Spieckermann Petra geb. Lüdenbach (T)	1.10.97	HW TX	k		E	**Hilker-Schäfer** Maria-Theresia (T)	7. 7.05	E F k	21.11.63
	Neu-Huppertz Jutta geb. Neu	1.10.99	E EK EW	k	21. 5.52		**Voiß** Thilo	7. 7.05	S E k	11. 8.71
	Dittmaier Edelgard (T)	1.12.00	GE EW L	k	24. 3.47		**von Finckenstein** Benita	1. 4.06	PH M k	16. 4.71
	Hahn Dorothea	1.12.01	KR PH	k	20.11.49		**Pütz** Nicola	1. 8.06	D GE k	11.11.75
	Heßeler Ludwig	1.10.02	MU D	k	23. 4.60	F	**Benner** Alexandra Dr.	1. 2.07	BI CH k	23. 5.75
	Hönscheid Sibylle geb. Heil (T)	1.10.05	BI CH	k	20.11.48		**Seifert** Ruth geb. Heibges		KU D k	24. 1.54
	Laube-Bruchhausen Bettina	1.10.05	° KR D	k	1. 7.61		**Hünerbein** Anne geb. Reinartz		EK SP k	8. 2.54
	Everschor Britta	1.10.05	L M GE	k	16.12.65		**Franken** Jutta		F D k	19. 1.56
	Schürmann-Bjelic Claudia	1.10.05	D GE	k	10. 6.66		**Nierhauve** Martina		KU I k	30. 4.57
							Neu Ansgar		E GE k	12.11.58
							Keusen Eva		SP KR k	13. 2.59
C	**Windgassen** Ulrike (T)	1. 8.84	D SW	k	1. 1.54		**Noever** Elisabeth		F D MU k	4.11.60
	Holl Gertrud geb. Krücken (T)	1. 6.86	M SP	k	5. 1.54		**Fremmer** Sabine Dr.		E S k	17. 5.71
	van dem Brink Markus (T)	1.10.98	° M PH	k	22. 6.64		**Schüller** Jürgen		BI CH k	3. 7.75
							Wenzel Sandra		BI CH k	19. 4.77
							Brandt Nina		D GE k	15.10.79
	Gansen Stefan	1. 8.03	M PL	k	2. 1.71	H	**Strahl** Rosemarie SpL'		SP TX k	10. 1.48
	Molderings Silke geb. Scholz (T)	1. 9.03	E F	k	12. 1.70		**Rieske** Uwe Dr.[1]		ER e	26.12.61

[1] Lehrbeauftr. an d. Univ. Aachen

1.059   Bonn-Beuel   St.-Adelheid-Gymnasium   gegr. 1920
pr. G.[1] (5-Tage-Woche) mit zweisprachigem dt.-engl. Zug f. M. d. Erzbistums Köln
Pützchens Chaussee 133, 53229 Bonn – Tel. (02 28) 97 73 60, Fax 9 77 36 26
E-Mail: sag@sag-bonn.de, Homepage: www.sag-bonn.de

Kl: 7/16   Ku: 134/16   Sch: 1001 (1001) (221/477/303)   Abit: 93 (93)   **BR Köln**
L: 55 (A 1, A₁ 1, A₂ 5, B 12, C 19, E 4, F 11, H 2)   ASN: **166339**
Spr.-Folge: E, L/F, F/L, E/F/L/S   Dez: LRSD **Elbracht**

A	**Bachner** Egbert	1. 8.00	° M PH	k	23. 2.54	**Schlechtriemen** Paul	29. 2.00	D EK k	18.10.50
A₁	**Campe** Ulrich	15.10.99	KR D	k	21. 7.59	**Steinert** Michael (L)	1.10.05	GE SW k	27. 1.53
A₂	**Hartlapp** Ursula geb. Kivernagel	29. 2.00	M SW	k	26. 9.51	**Krämer** Susanne geb. Deussner	1.10.05	PH M k	28. 2.53

	Lindner Ute		M SP	k	18. 9.56
B	**van Rey** Dorothee	29.10.79	GE D	k	13. 9.47
	geb. Bauer (T)				
	Franz-Geschke	22.10.82	BI CH	k	6. 6.49
	Hildegard geb. Geschke				
	Holl Hildegard	12. 3.84	E EK	k	5. 7.48
	geb. Oswald				
	von Lillienskiold	1. 7.87	BI	k	28. 3.49
	Ruth				
	Strößer Hans-Dieter	1. 6.94 °	M PH IF	k	9. 8.53
	Kaiser-Töns	1.10.97	D KR	k	11. 1.50
	Annette geb. Töns (T)				
	Deppe Angelika	1.10.05	EK BI	k	25. 7.53
	geb. Schlotmann				
	Stein Jürgen	1.10.05	KU	k	4.10.50
	Boch Bernhard	1.10.05 °	KR PH	k	30. 9.61
	Hanke Hildegard	1.10.06 °	D L	k	14.11.58
	Schalück Andreas Dr.	1.10.06	GE SW	k	30. 4.65
	Hoppmann Brigitte		° L PL	k	25. 6.47
	geb. Hüll				
C	**Fritzsche** Hans-Josef (V)	1. 3.84 °	MU D	k	25.10.52
	Wolf Beatrix	1. 2.98	SW KR	k	27. 4.68
	Becker-Scheurer	14. 8.00 °	L GE	k	27. 5.68
	Annegret				
	Haverkamp Kristina	1.10.03	D F	k	31.12.67
	geb. Pieper				
	Steimel-Hurson	1.10.03	E GE	k	17. 5.69
	Susanne geb. Steimel				
	Krämer Michael	1.10.03 °	L S	k	3.11.70
	Wenzl-Malucha	1.10.03	E SW	k	
	Simone				
	Schumacher Esther	1. 9.04	MU D	k	4. 6.70
	geb. ter Huerne				
	Müller Stephanie	1. 3.07	D KR	k	24. 4.76

	Eckert Nicole	1. 8.07	D F	k	12. 5.75
	Köhnen Nicole	1. 9.07	E BI	k	1. 5.74
	Bergmann Barbara		KR GE L	k	1. 1.64
	Neuhaus Iris geb. Rittberger		F S	k	24.11.66
	Cremers Volker		M PH	k	6.11.67
	Schramm Judith		E SP	k	17. 4.69
	geb. Hieronymi				
	Gasenzer Matthias		M F	k	25.10.70
	Kramer Daniela		M D	k	25. 9.72
	geb. Allendorf				
	Junker-Hartmann Sandra		° BI KR D	k	27.10.72
	Mauel Lutz		CH EK	k	9.11.73
E	**Schopen** Eva	1. 2.04	MU ER	e	25. 4.74
	geb. Brinkmeier				
	Annerbo Ursula	24. 6.06	E D	k	20. 9.65
	geb. Dietz				
	Müssener Markus	1. 2.07	E LI	k	6. 9.76
	Glasner Dagmar		E GE L	k	9. 9.76
F	**Dubois-Gering** Ingrid		SP EK	e	25. 2.49
	Freisen Dorit geb. Boos		SP	e	28. 6.53
	Rohde Margarete		KU S	k	2. 1.54
	Kraus Jutta geb. Juchem		KU	k	12. 2.56
	Wulf-Dünner Kunigunde		° E EK	k	11.10.56
	Forstbauer Margret		D E	k	24. 5.57
	geb. Unland				
	Kreye Irmgard		E M	k	11. 7.57
	geb. Schlüter				
	Altberg Michael		E GE	k	22.11.60
	Kalenberg Thomas Dr.		° CH BI PL	k	20. 2.62
	Schwarzer Annette		° MU	k	13. 7.66
	Buballa Stephanie		D F	k	13. 1.67
H	**Ernst-Dörsing** Axel Pfr.		ER	e	3. 2.68
	Scharf Dieter Pfr.		KR	k	

[1] m. Tagesheim

1.060 Bonn-Bad Godesberg Nicolaus-Cusanus-Gymnasium[1] gegr. 1951
st. G. (5-Tage-Woche) m. zweisprachigem dt.-engl. Zug f. J. u. M.
Gotenstr. 50, 53175 Bonn – Tel. (02 28) 77 75 70, Fax 77 75 66
E-Mail: 166388@schule.nrw.de, Homepage: http://ncg.bonn.de

BR Köln
ASN: **166285**

L: 50 (A 1, A$_1$ 1, A$_2$ 5, B 14, C 19, D 1, E 4, F 4, H 1)

Dez: LRSD **Elbracht**

Spr.-Folge: E/E (bil.), F/L, F, S/I

A	**Neubert** Brigitte Dr.	3. 5.91 °	D GE		2. 8.48
	geb. Schlenczek				
A$_1$	**Rottländer** Gottfried	1. 2.05 °	EK F L	k	13.10.51
A$_2$	**Heep** Doris	6. 1.92	E GE	k	16. 8.48
	geb. Müller				
	Stauder Dieter (F)	18.12.97	M PH IF	k	23. 2.52
	Dickmann Walter	4. 8.99	D KR	k	26.11.53
	Kalmutzki Inge (F)	00	BI CH	k	12. 8.50
	Mollenhauer Angelika	5.06	F EK	e	3. 3.53
B	**Oehmke** Anke	3. 1.79	D GE	k	15.12.46
	geb. Schönefeld (T)				
	Cramer Theodor-Wilhelm	4.12.80	ER D SW	e	28. 5.46
	Veith Norbert (L)	2. 7.81	SW SP		7. 6.47

	Maurer Christiane Dr. (T)	1. 6.94	E EK	e	2. 2.52
	Dargatz-Seuffert Sigrid	1. 6.94	F E	k	26.10.52
	Gramann Anne (T)	1. 6.94	E F	k	17. 4.49
	Nöthlichs Peter	28. 2.97	SW SP	k	16. 2.51
	Felke Wolfgang	1. 5.01	PH	k	1. 3.51
	Linnemann Maria	1. 5.01	MU F	k	5.10.49
	Knittel Nicole	22. 8.02 °	E BI		27.12.68
	Hennicke Dagmar (T)	8.02	D SW	k	23. 7.53
	Saib Karim	1. 8.07	E SP	e	17. 3.63
	Wehrmann Manfred		CH SP		22.11.52
	Rabus Klaus		M PH IF	k	28.10.59
C	**Lorentz** Gabriele	27. 8.79 °	BI	k	18.12.47
	geb. Barwaldski				

Gymnasien Nordrhein – BR Düsseldorf · BR Köln

Name	Datum	Fächer		Datum
Böhme Roswitha geb. Breidenich	21. 9.79	D PL	e	21. 3.47
Bange-Naaf Ilona geb. Naaf	20. 2.80	D R		8.12.47
Kappallo-Pasquale Ria	10. 6.81	GE E		2. 7.49
Möltgen Helga geb. Fahlbusch (T)	4. 3.82	BI	e	11. 7.47
Brisken Maria geb. Holthausen	18. 3.82	M SP	k	2. 3.53
Baumeister Ulrike (T)	20.12.82	BI SP	e	7. 5.54
Peikert Karin	6. 1.83	E EK		28. 8.51
Herche Gabriele	1. 3.83	D PA		23.12.53
Gitzelmann Inge geb. Schmidt	15. 3.83	SP D PP	e	25. 6.51
Schassek Christiane	20. 9.89	KU E	e	2. 6.57
Schlepper Rosemarie geb. Hoyk (T)	9.91	E EK		28. 4.49
Utecht Cordula	19. 8.96	M PH	e	12. 4.67

Name		Datum	Fächer		Datum
	Fortrie Bernd	2. 7.01	M PH	k	16. 5.65
	Haupts Dorothee	20. 8.01	E GE	k	17. 7.71
	Ellinger Gudrun	12.02	D I	k	24. 4.68
	Schittko Dr.		L PL G		3. 6.65
	Peters Cordula		D GE		1. 8.70
	Achenbach Gabriele geb. Beck (T)		R GE		
D	Klinkhammer Walter SekIL		MU GE		7. 8.52
E	Koch Anne-Christin	1. 2.05	M KR	k	28.10.77
	Abilleira-Fernandez Monica	7. 8.06	S D	k	26. 8.74
	Spiess Nicole geb. Bartsch	7. 8.06	M EK	e	18. 2.79
	Rath Karin	1. 8.07	D E		23. 1.78
F	Molkenthin Marina geb. Neumeyer Dipl.-SpL'		SP	e	29. 1.54
	Baumstark Wolfgang		M IF		4. 1.56
	Hintzen Anne		KU KR	k	25. 7.61
	El-Shabassy Asmah		M CH	msl	6. 4.75
H	Maurer Antje Pfr.'		ER	e	3. 4.63

[1] Nicolaus-Cusanus-G. zusammengelegt (1. 8. 92) mit Heinrich-Hertz-G. (gegr. 1956)

1.061 Bonn Friedrich-Ebert-Gymnasium[1] gegr. 1954

st. G. (5-Tage-Woche) m. zweisprachigem dt.-frz. Zug u. Montessori-Abt. f. J. u. M.
Ollenhauerstr. 5, 53113 Bonn – Tel. (02 28) 77 75 20, Fax 77 75 24
E-Mail: abi-bac-ib@feg-bonn.de, Homepage: www.feg-bonn.de

Kl: 10/20   Ku: 161/29   Sch: 1194 (659) (313/505/376)   Abit: 105 (61)
L: 84 (A 1, A$_1$ 1, A$_2$ 6, B 19, C 47, D 1, F 9)
Spr.-Folge: E/F, F/E, S/L, S

BR Köln
ASN: **166364**
Dez: LRSD **Elbracht**

	Name	Datum	Fächer		Datum
A	Andereya Anne		M D	k	5. 7.55
A$_1$	Frings Andrea		E L		26.12.54
A$_2$	Marx Jürgen	18. 5.92 °	D GE	e	22.11.50
	Grote Iris Dr.	1. 1.95 °	BI EL (M)		8. 7.48
	Mertens Hans Günther		BI SP	k	23.11.46
	Martin Hartmut		M PH		10. 3.50
	Funke Wolfgang		SP F		
B	Heimbach Karla geb. Maaßhoff	1. 8.80 □	ER PA		21.11.44
	Sethe Cosima	3.11.90	D KR (E)	k	4. 3.43
	Witzke Jeanine geb. Gaiotti	4. 1.93	F D	k	25.10.43
	Hönow Jutta	4. 1.93 °	E F	e	4. 2.47
	Durst Dorothee (T)	31. 1.97	F S M	e	3. 4.52
	Quirin Waltraud geb. Augustin	10.99	D E	e	17. 1.51
	Helmig Michael	10.99 °	SP EK	k	19.10.50
	Lambert Gerhard	12.11.01	D PL KR	k	29. 7.54
	Rosenkranz Ulrike		F EK	k	13. 1.50
	Reimann Bruno Wolfgang		EK GE	k	24. 1.50
	Rosendahl Beate (T)	°	E GE	k	20.10.50
	Münstermann Dorothee		F S		6. 1.53
	Linzbach Ute (T)		SP E		11. 5.53
	Kapitza Carola (T)		F SP	k	1. 4.54
	Stratmann Angelika geb. Peters (T)		KU EK		7. 3.57

	Name	Datum	Fächer		Datum
	Schlömer Beate		D SP KR	k	13. 5.61
	Bramstedt Uwe		KR BI PL	k	24. 5.69
	Lagrange Eliane geb. Lagrange (T)		F EK		
	Zensen Ralf Dr.		BI CH		
C	von Rengarten Evelyn (T)	22. 9.79	GE E		21. 8.49
	Twirdy Hans	1. 9.80	BI EK	k	7. 3.47
	Lappessen Hans-Rudolf (T)	4. 7.81	KR PA	k	26. 6.50
	Löbach-Frisch Gabriele (T)	4. 1.83	PA SW		
	Praemassing-Gneist Lucia (T)	31. 7.83 °	F GE		31. 8.52
	Hornberger-Dietz Helga (T)	5. 9.83	E PA		
	v. Bornstaedt Elisabeth geb. Kalle	21. 9.83	M	e	5. 4.51
	Haarmann Gerhard	8.12.83	E PA		21. 1.50
	Lindner Claus-Jürgen	8.12.83	SP EK		2.11.48
	Kuhl Agathe Christ. geb. Blum (T)	20.12.83 °	F PA		8.11.53
	Vossel Brigitte geb. Waltermann (T)	20.12.83	SP PA	k	9. 9.54
	Hoekstra Ulrike (T)	15. 3.84	M EK		7.11.54
	von Maydell Joachim Hermann	4. 9.84	D GE		8.12.52
	Krebs Inge Dr. (T)	1. 2.95	D PL	e	5. 6.42
	Schmitz Ulf	8. 8.02 °	CH D		10.11.67

Josten Gabriele	8.02	° M E	k	4. 6.72	Arand Gisela (T)		MU F	k	
Soentken Hans		° M		17. 1.44	Bendisch Ilka		M E		
Vesper Sabine		F ER	e	27. 2.46	Block Andrea		CH		
Jansen Adelheid (T)		BI SP		31.12.49	Bohnhoff Ulrike				
Steltzer Karin		E BI		30. 7.50	Egbers Michaela		D F	k	
Dirsch Boris Dr.		M PH		3. 4.52	Ernst-Brandt Gabi Dr.		M PH		
Schlosser Kathrin		M CH	e	13. 7.52	Fehmer Judith		M E		
Ernst Anke		ER D	e	27. 3.54	Geiss Peter Dr.		F GE		
Figulla Gisela		KU		8.12.54	Grothe Stephan		SP M		
Kindl Eva Martina		D KR	k	1. 7.64	Stender Anne		F PL		
Seitzl Heiko		SP BI		30. 8.65	D Özer Yalcin SpL	29.12.75	SP	msl	6. 6.42
Meschede Kerstin		M CH	e	23. 9.66	F Berkemeier Dorothee		ER BI	e	16. 6.63
Körner Christof		MU EK		30. 8.67	Gravenhorst Petra		D E SP		5. 6.66
Breuer Uta		S CH		2. 9.70	Maraite Pierrot		F L		29. 1.74
Schlieben Nils Helge Dr.		CH BI PH		9. 1.72	Neuhauser Eva Maria		KU		
Zieseniß Sabine		D GE		26. 5.74	Pernau Marie-Helene geb. Nodot		BI	k	
Rieländer Hanna		D GE ER	e	31. 8.74	Raschke Eva-Christine		KU		
					Sato Yuko		K		
Röhrig Anne		MU E	k	31. 8.74	Schulte-Laggenbeck Angelika		E S		
Kubern Sabine		D E PL	e	13. 3.76					
Blum Melanie		M E		4. 1.78	Wloka Anke				
Perrighey Melanie		F GE		28. 1.80					

[1] zusammengelegt (1. 8. 93) mit ehem. Elly-Heuss-Knapp-Gymnasium (gegr. 1954)

1.063 Bonn-Bad Godesberg Amos-Comenius-Gymnasium gegr. 1955
pr. G. (5-Tage-Woche) f. J. u. M. d. Ev. Kirche im Rheinland
Behringstr. 27, 53177 Bonn – Tel. (02 28) 95 34 10, Fax 33 51 58
E-Mail: acg@aol.com, Homepage: www.acg-bonn.de

Kl: 6/12 Ku: 99/17 Abit: 78 (45)
L: 52 (A 1, A$_1$ 1, A$_2$ 5, B 14, C 21, D 1, F 7, H 2)
Spr.-Folge: E, F/L, F, S

BR Köln
ASN: **166261**
Dez: LRSD **Elbracht**

A	Weigeldt Christoph	1. 8.06	BI EK SP	e	21.10.60	Urff Werner		M PH IF	e	19. 2.56
A$_1$	Grunow Cordula Dr.	1. 8.05	D ER	e	2.12.61	C Kelderbacher Renate geb. Fiedler	2. 2.77	SP EW TX	e	8. 2.48
A$_2$	van Heukelum Rainer	30. 6.95	KR F	k	3. 3.50	Steinbrück Gertrud Dr. (T)	1. 9.82	BI	e	13. 7.49
	Hürter Wolfgang (Vw)	18. 7.96	BI		20. 7.47	Adam Susanne geb. Herz (T)	27.11.85	KU KW	e	21. 3.54
	Feuerstein Jörg	18. 9.96	° GE EK	e	20. 5.50	Vinçon Günter	18. 4.90	MU D	e	24. 5.58
	von Drachenfels Irmela geb. Stegert (T)	2. 2.98	D GE		27. 3.48	Rabenstein-Stöhr Ulrike (T)	23. 3.92	E EW	e	14. 4.55
	Pick Peter	24. 9.03	M PH		27.11.53	Kempen Michael (T)	1. 8.93	KR GE	k	19.12.58
B	Dietrich Dietmar	11. 8.82	SP F	e	7. 8.46	Möbius Volker (T)	30. 8.93	E GE	e	7. 2.55
	Steinhoff Karl-Hermann (T)	18. 4.84	CH PH	e	19.10.46	Gräser Birgit (T)	11. 4.94	BI ER	e	10. 8.60
	Stutterheim Kurt	23. 4.90	° KU W	e	26. 4.49	Koltermann Ulrike	6. 8.96	D SW	e	1. 9.60
	Stümer Andreas	20.12.94	PH M	e	5. 4.54	Nowottny Maike (T)	8. 4.97	BI ER	e	18. 8.59
	Diehm Jan	22. 9.95	D GE Sozkd	e	16. 8.49	Zimmermann Barbara	27. 3.98	E F	e	24.11.57
	Niefindt Anette	22. 9.95	D ER	e	6.11.52	Lindemann Tanja	20. 8.03	E ER	e	1.12.72
	Baumgärtner Vera geb. Poggensee (T)	27. 1.98	° GE EW	e	2. 1.54	Stehlgens Meike	7. 7.05	E GE	e	8. 1.69
	Hertweck-Carl Marianne geb. Hertweck (T)	19. 2.98	BI	e	30.11.47	Weber Patricia (T)		D E	e	4. 6.62
						Zuber Frauke		E ER SP	e	3. 6.68
	Kost Karlheinz	17.11.99	E EW (MU)	e	12. 1.58	Katernberg Heinz Werner		D ER	e	12. 6.69
	Engels Karl Peter	23.11.99	M PH	e	25. 2.56	Mathy Peer		M EK	e	16. 9.69
	Kolling Marion (T)	23.11.99	BI EK	e	6. 4.59	Krause Janett		BI CH	e	31. 8.69
	Schmitt Gudrun geb. Patzig (T)		SP GE	e	31.12.48	Niedrich Jens		L PL	e	11. 1.71
						Strittmatter Vera F.		E S	e	1. 2.71
	Krings Hans Joachim		L G D	e	6. 7.55	Hackländer Björn		M PH	e	1.11.72

D	Koban-Müller Christiane	22. 9.05	D MU	e	31. 5.67	Wolfertz Michael Dr.	M PH	e	18.12.72
F	Müller-Marsall Margarethe Dr.		S F	e	12. 8.55	Schulte-Sprenger Cordula	E KU	e	21. 1.73
	Semder-Lütz Dagmar		F EK	e	17.10.55	Browarzik Uta	SP PL	e	
	Hofmann Andrea		E SP	e	17. 1.60	H Knothe Stefanie	° D L	e	28. 3.48
	à Brassard Monika		M IF	e	22. 6.66	Ziegler Thomas	SP	e	1. 5.78

1.065 Bonn Tannenbusch-Gymnasium gegr. 1961

st. G. m. Musikzwg. u. Sportzwg. f. J. u. M.
Hirschberger Str. 3, 53119 Bonn – Tel. (02 28) 77 70 90, Fax 77 70 94
E-Mail: tabubonn@gmx.de, Homepage: www.tabu.bonn.de

Kl: 6/14   Ku: 112/19   Sch: 841 (441) (164/369/308)   Abit: 64 (43)   BR Köln
L: 49 (A 1, A$_1$ 1, A$_2$ 3, B 18, C 18, D 1, E 3, F 3)   ASN: 166406
Spr.-Folge: E, L/F, F/L, I/H   Dez: LRSD Elbracht

A	Hellberg Wolf Dieter	12. 6.92	D EK	e	12. 1.44	Nolte Faustinus	1. 3.81	KU W k	5.10.48
A$_1$	Galilea Martina	17.11.04	D MU		18. 7.65	Schäfer Helene (T)	22. 9.82	E EK k	26. 7.51
A$_2$	Keßeler Eduard	10. 6.94	MU SWk		16. 7.46	Balke Heiner	22. 8.83	EK SP e	14. 6.50
	Döring Andreas	10. 9.03	SW PA k		23.12.52	Thiesen Ursula geb. Schneider (T)	20.12.83	BI SP e	27. 7.51
	Daniels-Gentsch Stefanie	23.11.06	E M		6. 4.69	Zurhoven-Ladenthin Christa (T)	20. 5.85	D BI k	5. 6.53
B	Sobola Verena geb. Hermes	18. 1.79	° E F	k	21. 3.43	Naderhoff Carsten	1. 02	M SP	5.10.63
	von Wyhl Michael	5. 8.81	BI KR H	k	16. 3.52	Brüggemann Ruth (T)	1. 8.02	° L GE k	25. 1.67
	Damian Herbert	1. 1.82	F GE	k	22. 2.43	Pridik-Reuschenbach Susanne	13. 8.02	MU D e	13. 2.70
	Lucas y Leon Elfrun geb. Brüsewitz	2.12.94	D GE	e	23. 5.49	Bosse Gabriele (T)	10. 1.03	F D ER e	23. 1.57
	Borchardt Matthias	1. 8.95	M PH		17.10.56	Pizzo Giovanni Dr.	10. 5.05	PL GE k I KR	21. 8.66
	Wierichs Karl	20. 3.96	E R		13. 5.52	Gaßner Manuel	28. 9.05	BI SP k	30.10.72
	Seemann Gudrun geb. Schaefer	17. 3.97	CH EK		31.10.51	Schlegel Jens	17.11.05	D SP e	17. 3.76
	Greiffendorf Kurt	17. 3.97	° PH		19. 4.47	Zelgert Marc Dr.	31. 5.06	BI CH e	18. 6.72
	Scheffler Christine	8.98	E SP		30. 7.53	Gruhn Wolff Dietrich (V)	30.12.06	° L F D e	3. 2.72
	Kuchta Norbert	25. 3.99	E D		7. 2.52	Heß Stefanie	1. 4.07	D I k	20.10.69
	Müller Ingrid (T)	4. 6.99	° D ER		13. 2.53	Jankowski Eva	16. 9.07	D GE k	22. 4.77
	Toparkus Herbert	8. 5.00	M EK		25. 5.48	Kehren Wolfgang (T)		BI CH ak MU	1.10.58
	Schüler Eva-Maria	8. 5.00	KR D PK	k	25. 3.50	D Reuter Edith geb. Brandenburg SekIL' (T)	10.11.83	M CH e	16. 2.56
	Nolte Jürgen	5. 4.05	D SP		19.11.59	E Krupp Rebecca geb. Herpel	1. 2.06	D E e	11. 1.75
	Miebach Franz Josef	18. 5.06	SP BI	k	28. 3.59	Heidelbach Thiemo	1. 2.07	M SW PK	15. 4.77
	Galilea Frank	3. 1.07	D MU		30. 7.71	Naus Mirko	1. 8.07	E D k	29. 3.73
	Wüpper Antje Dr.	3. 1.07	D ER		25. 3.71	F Siegburg Werner Dr.		E EK k	15. 6.52
	Lückge Hildegard geb. Möhren (T)	1. 9.07	E MU	k	7. 8.69	Stolz Marie-Luise		F PL k PP	30.11.57
C	Meinert Ursula geb. Weiss (T)	1. 2.78	° BI SP		17. 3.47	Kayser Christa		L G D e	10. 6.62
	Laufer Stefanie geb. Simonsen (T)	26. 9.80	° M EK	k	11. 6.51				

1.066 Bonn-Duisdorf Helmholtz-Gymnasium gegr. 1961

st. G. (5-Tage-Woche) m. zweisprachigem dt.-engl. Zug f. J. u. M.
Helmholtzstr. 18, 53123 Bonn – Tel. (02 28) 77 72 50, Fax 77 72 64
E-Mail: sekretariat@helmholtz-bonn.de, Homepage: www.helmholtz-bonn.de

Kl: 10/17   Ku: 145/33   Sch: 1154 (514) (286/492/376)   Abit: 115 (39)   BR Köln
L: 71 (A 1, A$_1$ 1, A$_2$ 4, B 27, C 21, D 3, E 6, F 7, H 1)   ASN: 166376
Spr.-Folge: E, L/F, F/L/I, S   Dez: LRSD Elbracht

A	Berg Martin	1. 5.91	° M PL	e	16.10.44	A$_2$ Lange Hans-Joachim Dr.	19.12.88	D F k	23. 6.44
A$_1$	Imhoff Klaus Dr.	1. 7.92	° CH M IF	e	2. 6.43	Herse Peter	1.12.90	E EK e	30.11.46

	Teichmann Dieter	1. 2.92 °	E GE	e	5. 2.45
	Feuerstein Horst	1. 8.94	MU E	k	22. 5.43
B	Velte Rainer	91	M PH IF		15. 5.51
	Felten Ludwig	21.12.92	BI EK	k	18. 1.55
	Kaldeich Werner	1. 8.93	M SW	k	3. 8.50
	Sinapius Ulrike (T)	1. 6.94	D ER	k	7. 4.48
	Huber Ursula (T)	30.11.95	F I	e	14. 8.50
	König Karl-Heinz (T)	2.96	E SP		24. 4.44
	Pöttgen Bernd (T)	1. 4.96 °	SP EK	k	29.11.48
	Heufelder Georg (T)	1. 4.96 °	KU	k	17. 9.49
	Pieper Harald[1]	9.97 °	F S		
	Scholtheis Sabine	1.99 ▫	D F LI		16.10.63
	Hillen Ingrid Dr. geb. Baumann (T)	7.99 °	D GE		
	Schürmann Bernhard	7.99	D SW	k	2. 6.53
	Krechel Renate geb. Manegold (T)	5.00	KR E	k	27. 9.48
	Meurs Heinrich (T)	1.01 °	KR BI	k	21. 3.48
	Kliesch Barbara (T)	7.01 °	D EK	e	9. 7.52
	Müller Jenny	2.02	E EK	k	14. 1.52
	Dirnberger Meinhard	5.03	F CH	e	13.12.49
	Thünker Christian	6.04	M SP	k	10.11.69
	Finger Cornelia	6.04	L F	k	11. 7.62
	Helzel Hannah (T)	25. 5.05	D GE		4. 7.68
	Lauth Brigitte	6.05	E EK	k	24. 2.66
	Schämann Susanne	7.05 °	D ER	k	11. 1.68
	Jarchow Markus	7.06 °	L ER	e	23.10.66
	Moneke Beate (T)	15. 6.07	BI EK		23. 6.54
	Löckmann Marc Aurel (V)	15. 6.07 °	M L	k	30. 9.74
C	Schneider Harald (T)	1. 2.80	E EK	k	3. 9.46
	Beyer Waltraud (T)	2.80	GE F	k	7. 6.50
	Kapitza Ulrich	1. 3.82	F S	k	4. 9.52
	Keßler Christel (T)	8.84	E GE		1. 2.53
	Kopp Ursula (T)	1. 7.85	BI EK	k	16. 6.50
	Lüpke Holger	14.12.87	E ER	e	11.11.49

	Nüsslein-Eggers Elke (T)	9.88	BI CH PA		28. 5.54
	Viltz Peter	92	GE MU		
	Frech Julia (T)	8.01 °	E SW PA	k	22.12.69
	Schulz Karin (T)	1.02	E BI	e	22. 3.69
	Schülter Sabine (T)	7.02	M D		29.12.71
	Steilemann Andreas	7.02 °	E SP		9. 4.70
	Stark-Bauer Elke	1. 3.05	PH M	e	28. 4.69
	Eckelt Christian	3.05 °	M PH (MU)	k	17. 4.73
	Schmidtke Martina	8.05 °	KU M		4. 3.75
	Weißmann Axel	2.06	M PH		15. 7.73
	Barth Michael	8.06 °	MU BI	e	19. 9.70
	Gemein Petra	10.07	M CH	e	16. 5.75
	Viebahn Nikolaus (T)		PH SP		24. 1.47
	Dornbusch Lothar		M PH		
	Wallraff Irmgard		KR D	k	
D	Hackler Ursula geb. Schmidt SpL' (T)	11. 2.77	SP	e	1. 7.47
	Meyers-Portz Sibilla	4. 5.83	D GE KR	k	14.12.55
	Lutz Monika (T)	1. 2.87 °	M CH	k	19. 1.57
E	Borgmann Annecke	9.04 °	D GE SP		22. 7.72
	Beyer Marlis	8.06	SP PA		11. 8.69
	Furchheim Isabel	8.06	E F		11.10.76
	Krause Bernd	1. 2.07	D GE		8. 9.72
	Truetsch Monia	1. 2.07	M PH	e	1.12.78
	Franz Harald	1. 2.07	L GE		18.12.79
F	Rössler Siegfried		D PA	k	30. 8.53
	Jungblut Jutta		SP		23.11.54
	Poggel Elisabeth	°	F GE	k	3.11.61
	Mehnert Jens	°	D PL	e	6. 2.67
	Bulian Anke		BI EK D	k	27. 7.68
	Grabner Stefanie Dr.		F SP		25. 4.71
	Frings Ulrike	°	KU GE (E PK)		
H	Glas Gerhard		E SW	k	13. 7.56

[1] Lehrbeauftr. an d. Univ. Bonn

1.067 Bonn-Beuel Kardinal-Frings-Gymnasium gegr. 1964

pr. G. f. J. u. M. d. Erzbistums Köln
Elsa-Brandström-Str. 71–91, 53227 Bonn – Tel. (02 28) 4 21 61-0, Fax 4 21 61-10
E-Mail: webmaster@kardinal-frings-gymnasium.de
Homepage: www.kardinal-frings-gymnasium.de

Kl: 8/16   Ku: 140/22   Sch: 1052 (382) (260/464/328)   Abit: 100 (39)   **BR Köln**
L: 63 (A 1, A_1 1, A_2 7, B 17, C 21, D 2, E 2, F 10, H 2)   ASN: **166273**
Spr.-Folge: L/E, E/L, F, S/F   Dez: LRSD **Elbracht**

A	Wimberger Karl-Ludwig	1. 8.92 °	D PL		10.12.42
A_1	Lenzen Rudolf Dr.	1. 9.80 °	L G	k	2. 8.43
A_2	Falk-Nagel Reiner	1. 2.94	M PH IF	k	19. 4.53
	Fuß Josef	1. 6.94	D GE KR	k	10. 8.49
	Breil Helmut	1.10.95 °	M IF	k	
	Niecknig Ralf Dr.	1.10.00 °	M EK IF	k	15. 6.49
	Weiffen Achim	1.10.02	EK SP	k	26. 5.53
	Bermel Claudia	1. 7.06	E GE F	k	20.12.62
	Möhring Markus	1. 7.07	CH BI	k	24. 6.60
B	Rose Heinz-Peter	30. 1.84	BI F	k	13.10.49

	Wix Gabriele geb. Fuchs	1. 8.85	D PL KU		15. 4.52
	Gilleßen Reinhold	7. 8.85	M PH	k	5. 6.49
	Vahsen Bernhard	1. 7.87	EK SP	k	6.12.49
	Patt Hans	1. 7.87 °	E EK	k	7. 5.49
	Goertz-Lenzen Hannelore (T)	1.10.97 °	D E		
	Blume Werner	1.10.97	M SP	k	30. 6.51
	Bauer Johannes Dr.[1]	1.10.99	F SW	k	8.11.49
	Schlinkmann Hans-Peter (V)	1.10.99 °	E F	k	28. 4.55
	Kasimir-Kohlmeyer Dorothée geb. Kasimir (T)	1.10.00	F E	k	25. 5.51

	Name	Date 1	Subj	k/e	Date 2
	Huppertz Helmut	1.10.00	D PL KR	k	25. 3.51
	Graaf Klaus	1.10.00	PH M	k	28.12.54
	Isajiw Markus	1.12.01	BI SP SW	k	24. 7.61
	Severin Jörg Dr.	25.10.04	M BI	k	28. 1.60
	Bleck Christiane	1.10.05	ER EK	e	4. 4.57
	Schröder Michael	1.10.05	M PH	k	12. 6.67
	Friker Jacqueline (T)	1.10.06 °	M PH	k	11.10.60
C	Schilling Bernd	1.11.83 °	D GE	k	28.11.47
	Steutenbach Mechthild	1. 2.88 °	E GE	k	7. 9.54
	Schüller Annette (T)	31. 8.91	BI CH	k	3. 5.57
	Kessel Gabriele	1. 8.96	BI SP	k	
	Zens-Hoffmann Elisabeth (T)	1. 8.97	D E	k	7. 2.62
	Dreiner Hildegard	1. 8.98	BI SW	k	4.11.64
	v. Bülow Beate (T)	19. 8.98	BI CH	k	20. 2.61
	Brück Anna (T)	1. 1.02	SP GE BI	k	22. 4.66
	Brohl Christof	15. 8.02 °	L GE	k	29.10.67
	Schmitt Stephan	15. 8.02 °	D KR	k	26. 9.70
	Heselhaus Thomas	1. 8.03	CH M EK	k	20.12.70
	Bruns Simone (T)	2. 8.04 °	M BI	k	17. 6.74
	Decher Tobias	2. 8.04 °	D KR	k	24. 6.74
	Strohmeier Achim	2. 9.04 °	L GE	k	26. 5.69
	Mauel Julia (T)	1. 4.06 °	M D	k	22.10.74
	Kasper Muriel	1. 4.06	E LF	k	4. 5.70
	Haenelt Tim	1. 5.06	MU BI	k	8.11.70
	Thülig Monika	1. 8.06	SP D	k	11. 5.58
	Kurth Martina geb. Zablinski	1.10.06	M CH	k	8.11.76
	Lackmann Markus	°	BI SW	k	26.10.71
	Bodmann Martina M.		E D	k	30.10.72
D	Meister Annette VSchL' (T)	1. 8.75	E D M	k	7. 3.48
	Berger Andreas	21. 9.84	MU SP	k	13.10.53
E	Haslbeck Eva Maria	24. 6.06	S KR E	k	21. 7.70
	Jobi Birgit	24. 6.06	D KR SW	k	4. 8.76
F	Hessel Marietheres		KU D	k	7. 7.53
	Bröhl Renate geb. Beyenburg		D SW	k	19. 5.54
	Schweigert Irmtrud		L KR	k	11. 5.57
	Kreuser Barbara		M PH	k	27. 7.59
	Preyer-Albers Ingeborg		SP GE	k	4. 6.60
	Amberg Andreas		D LI	k	13.11.62
	Brohl Annette geb. Klimek		M PA	k	23. 4.71
	Klimek Bettina		D L	k	27.12.77
	Schmidt Christel		L KR	k	
H	Nöring Ralf Dipl.-SpL		SP	k	10. 9.54
	Haermeyer Andreas G. Pfr.		KR	k	

[1] Lehrbeauftr. an d. Univ. Bonn

1.068   Bonn-Bad Godesberg   Konrad-Adenauer-Gymnasium   gegr. 1964
st. G. in Ganztagsform (5-Tage-Woche) f. J. u. M.
Max-Planck-Str. 24–36, 53177 Bonn – Tel. (02 28) 77 76 30, Fax 77 76 34
E-Mail: sekretariat@adenauer-bonn.de, Homepage: http://adenauer-bonn.de

Kl: 7/12   Ku: 127/22   Abit: 77 (37)   **BR Köln**
L: 54 (A$_1$ 1, A$_2$ 5, B 18, C 22, D 2, E 3, F 3)   ASN: **166420**
Spr.-Folge: E, L/F, F/L, F   Dez: LRSD **Elbracht**

	Name	Date 1	Subj	k/e	Date 2
A$_1$	Trimpop Guido	1. 8.07 °	M KR (IF)	k	23. 7.63
A$_2$	Menge Friedhelm	13.12.95	D BI	k	3. 7.47
	Wiese Christian	13.12.95	M PH (IF)	k	22. 9.44
	Tramnitz Birgit geb. Oellerich (T)	12.10.06	EK F	k	16. 1.51
	Hochheim Rainer Dr.	12.10.06	D GE	k	11. 5.53
	Löhnenbach Hans-Josef (F)	14. 8.07	PA SP	k	18. 2.55
B	Münstermann-Wolf Anne (T)	1. 2.79	E F	k	22.12.46
	Thomas Jutta (T)	9. 2.79 □	ER D	e	22. 5.46
	Haumann Walter	14. 4.80	D PL	e	25.10.43
	Straimer Christian	21. 5.82	D PA	k	13. 9.47
	Schmitz Dieter (T)	18.10.82	KU Kuge	k	21. 8.50
	Schmitz Reinhard	7. 9.84	M (IF)	k	24. 3.47
	Paul Karin	1.12.90	CH	e	24. 9.49
	Loske Andreas-Michael	25. 9.91	GE SW	k	20. 6.43
	Reuter Ingeborg	1. 6.94	BI		
	Lange Johannes	1. 6.94	SP EK		9.10.48
	Loske-Kautz Margret geb. Riedel	28. 2.96	F GE		25. 3.50
	Bald Uta geb. Müller-Nordhorn (V)	28. 2.96 °	F EK	k	7. 8.48
	Schwarz-Sierp Charlotte (T)	1. 2.97	KU		29. 4.51
	Klein Bernhard	1. 2.97	D MU	k	31. 3.52
	Freifrau von Massenbach Helga	17.12.97	E GE	e	23. 5.50
	Ziegler-Flory Detlef	2. 5.00	D EK	e	6. 3.53
	Aretz Karin (T)	15. 5.07	D F	e	16.12.47
C	von Rüden Margarethe	1. 8.74	D GE		26. 9.47
	Pastewka Cornelia (T)	1. 2.81	BI CH	k	29. 7.52
	Scholzen Heidi	1. 4.81	F L GE		16. 3.50
	Fröhlich Anorte (T)	11. 9.81 °	BI CH	k	11. 5.51
	Schmitz Gabriele	3. 9.82	BI		11. 6.52
	Becker Karl Peter	16. 2.83	E SP	k	9.12.48
	Jarsombeck Christiane geb. Petermann (T)	2.11.83	EK D		28.10.51
	Stock Maria (T)	84	E EK		23. 4.53
	Wellkamp Birgit geb. Kolf	1. 8.85	D E	k	17.11.54
	Schaaf Waltraud	23. 4.90 °	M PH	e	22.12.55
	Loos-Krechel Elisabeth	1. 8.92 °	PA KR	k	9. 1.56
	Romanski Roswitha	1. 1.96	BI SP		14. 6.57
	Cypionka Marion Dr. (T)	24. 3.99	F E		26. 3.62

Gymnasien Nordrhein – BR Düsseldorf · BR Köln

Tofote Karsten		1. 4.02	M SP	e	24. 7.68	D	**Filusch** Sibylle	8. 3.83 °	M BI k	28. 2.54
Dornbusch Michael	10. 1.03	KR EK (M)	k	17.12.70		SekIL' (T)				
							Wollnik Karin (T)	16. 8.00	BI D CH	e	8. 4.63
Kummer Wolfram		6.04	SW GE	k	29. 5.68					
Aye Björn		1. 2.05	M E	e	24.10.71	E	**Alkan** Erkan	20. 2.06	M IF	29. 5.75
Bruns Merle		22. 2.07	E SP	e	14. 4.78		**Potschka** Kolja	6. 8.07	E PL e	5. 7.75
Sticklies Sarah		20. 8.07	E F	e	14.11.78		**Kok** Jan	6. 8.07	SW SP e	28.10.75
Mehnert Monika (T)			SW E (PA)	e	17. 5.44	F	**Matz** Marie-Luise		D F	29. 7.57
Bergmann-Söfker Elisabeth (T)			° M	k	16. 5.51		**Grimm** Sieglinde Dr.		D E PL k SP	26. 4.60
Zimmermann Herbert			° D L	k	3. 6.53		**Becker-Droste** Annedore geb. Becker		SP EK e PA	24. 2.61

1.069   Bonn-Röttgen   Carl-von-Ossietzky-Gymnasium   gegr. 1964
st. G. in Ganztagsform (5.–8. Jg.st.) (5-Tage-Woche) f. J. u. M.
Im Schmalzacker 49, 53125 Bonn – Tel. (02 28) 77 73 70, Fax 77 73 74
E-Mail: sekr.cvo@t-online.de, Homepage: www.cvo-bonn.de

Kl: 6/13   Ku: 83/16   Abit: 59 (32)   **BR Köln**
L: 52 (A 1, A$_1$ 1, A$_2$ 6, B 17, C 19, D 1, E 4, F 1, H 2)   ASN: **166315**
Spr.-Folge: L/E, L/F, F   Dez: LRSD **Elbracht**

A	**Radermacher** Elke geb. Gräf	1. 9.94	E F	k	15. 5.49	C	**Funke** Ingeborg	7.10.82 °	M F k	18. 2.52
A$_1$	**Aretz** Manfred	20. 9.95	M	e	2. 9.47		**Buhr-Lapuhs** Rosemarie geb. Lapuhs	20.12.82	E GE e	6. 8.49
A$_2$	**Quecke** Wolfgang	1. 3.95	BI	k	30. 1.50		**Uher** Chanelle geb. Gassenmann	1. 8.83	KU k	27. 7.54
	Schlüter Antonius	20.12.96	PH M	k	1. 5.44		**Gomm** Charlotte	8. 1.85	E PA e	17. 3.52
	Brüntjen Eckart	4. 9.99 °	MU D		14.11.46		**Lubitz** Renate-Klara geb. Ulbig (T)	2.11.85	CH M k	11. 9.51
	Nelles Maria geb. Spanke (F)	27.11.02 °	M PH		27. 6.58		**Gamst** Gisela geb. Schutz (T)	1. 2.86	L GE SW	2. 3.53
	Prinzen Heinrich (F)	22. 6.05	PA SW	k	16. 3.51		**Simonis** Ursula geb. Denkhaus (T)	10. 8.95	M EK	1. 4.60
	Anlauff Alfred	18.12.06	F EK		5. 1.52		**Haefner** Martin	18. 9.99 °	BI CH e	30. 4.67
B	**Selbach** Eva geb. Franzen	19. 1.79	BI		13. 2.44		**Rutz** Karl-Friedrich	20. 8.02 °	CH EK e	18.12.67
	Hartig Klaus	19. 1.79	M PH IF		22. 4.48		**Merschhemke** Cordula geb. Geurts (T)	22. 8.02 °	D L	20.12.66
	Heynen-von Hippel Camilla (T)	15. 1.80	E F	e	2. 5.48		**Thierkopf** Guido Dr.	14. 2.03 °	M PL k	18.12.65
	Jain Gunhild geb. Huchel	21. 8.81	E GE		21. 2.50		**Wetzel** Ute Dr.	6. 9.05	F L	17. 2.74
	Frantz Renate geb. Baron (T)	1. 6.94	F L	k	1.10.48		**Krappen** Nicole	28. 3.06 °	D E	16. 3.74
	Hummel-Podszun Karin	1. 6.94	D KU		20. 2.54		**Sebastian** Antje	12.12.06	E ER IF e	27. 8.76
	Graf Franz-Josef	1.96	D EK		4. 3.52		**Wicke** Kirsten	18.12.06 °	D ER e PA	22.11.72
	Franke Maria-Theresia geb. Gier	31. 5.96 °	D GE		1. 4.48		**Fischer** Eva-Regine (T)		EK SP	2. 4.46
	Christian Walter	31. 5.96	D KR	k	15. 3.51		**Knauss** Elisabeth (T)		D EK	3. 7.52
	Vogel Rolf	21. 2.97	PA ER	e	17. 2.47		**Dotzauer** Ingrid		BI GE e	14. 4.54
	Gläßer-Meuser Karin geb. Gläßer	21. 2.97	PA SW		31.12.53	D	**Hofer** Maria		L GE k	24. 5.67
	Hanenberg Stephan (L)	1. 4.98	D KR	k	3. 5.60		**Augustin** Barbara geb. Rolle (T)	1. 5.94	D KR k	14. 7.58
	Grünter Markus	1. 9.99	KR MU	k	14.10.62	E	**Küpper** Nina	22. 8.05	F SP	24.11.73
	Hubert-Koranyi Annelies (T)	3. 8.99	D E	e	4.12.49		**Schieder** Thomas	23. 1.07	M PH k	15. 1.74
	Heyn Gisela	22. 6.05	F M	k	31. 7.49		**Dreiner** Ulrike	20. 6.07	SP BI	14. 8.73
	Albert-Daniel Eva geb. Albert	27. 3.07	GE E		30. 8.59		**Budinger** Torsten	20. 6.07	SP CH	22.10.73
						F	**Herrmann** Ingo		BI SP	25.10.56
						H	**Heeren-Jones** Dagmar geb. Möller SpL'		SP KU e	28. 8.47
							Michels Georg Dr.		GE KR k	30. 1.61

1.070 Bonn Hardtberg-Gymnasium gegr. 1966
st. G. (5-Tage-Woche) m. zweisprachigem dt.-frz. Zug f. J. u. M.
Gaußstr. 1, 53125 Bonn – Tel. (02 28) 77 73 30, Fax 77 73 24
E-Mail: 166352@schule.nrw.de, Homepage: www.hardtberg-gymnasium.de

Kl: 6/13   Ku: 126/16   Sch: 834 (388) (180/353/301)   **BR Köln**
L: 53 (A 1, A_1 1, A_2 1, B 14, C 21, D 2, E 7, F 5, H 1)   ASN: **166352**
Spr.-Folge: E/F, F/E, L, I   Dez: LRSD **Elbracht**

A	Stauder Inge	7. 1.94 °	CH	k	20. 9.51	Schwake Timotheus	1. 9.05	D ER	e	14. 8.73
A_1	Grüderich Andreas	14. 5.07 °	D MU	e	22. 5.55			SW		
A_2	Everding Karl-Heinz	20.12.96 °	M EK	e	8. 9.51	Schwarzer Stefan	15. 9.05 °	E MU	k	25. 9.74
	(V)					Ricken Ralf Dr.	1. 3.06	M PH	k	29. 6.71
B	Lindstrot Maren	1. 1.80	M	e	25.10.46	Berghoff Veronika (T)	1. 8.06	KU KR		20. 3.70
	geb. Laeseke (T)					Kremer Silke (T)	1.10.06	PH M	k	31. 8.74
	Schaeffer Egbert	8. 3.82 °	CH	e	26.10.42	Palmowski Doreen	24.11.06	E EK		4. 3.70
	Piepkorn Ursula	91 °	E R	k	4. 9.49	(T)				
	Bunk Jutta	1. 1.96	BI	e	1. 7.51	Mävers-Mücke	1. 9.07	F GE		25. 1.69
	Koch Claudia (T)	1. 1.96 °	D GE		12. 4.50	Katja (T)				
	Hemberger Horst Dr.	1. 1.96	BI EK	e	2. 4.47	Hesselmann Peter		E SW		4. 6.51
	Fauck Helmut	20.11.96	M SP	e	19. 4.53	Kolsdorf-Krause		E GE	k	23. 6.53
	Wonka Dieter	20. 4.97	F SP	k	29. 7.48	Angelika (T)				
	Lehnen Jürgen	20. 4.97	M	e	11.11.43	Bansemer Esther		F EK	e	2. 4.54
	Ruwe Cornelia (T)	1. 8.01 °	BI EK E	e	30. 9.53	Kaibel Jutta (T)		M ER		28. 5.72
	Loben Toni (T)	1. 7.04 °	F EK	k	2.11.46	Graham Cordelia		E GE	k	
	Geyer Petra	1. 9.06	D EK	e	14.11.51	D	Wehner Erhard SpL	14. 6.78	SP	e	4. 3.46
	Heßelmann Dieter	15. 7.07	BI EK	k	18.10.66	Marx Heike SekIL'	7. 3.84	M GE	e	13. 3.56
			KR			(T)				
	Bröckelmann Jörg	15. 7.07	ER SW	e	13. 1.69	E	Neumann Birgit (T)	22. 8.05	D BI	k	27. 7.75
C	Simon Dagmar	8.10.76	BI EK	e	31. 1.46	Schallenberg Andrea	9. 8.06 °	D GE	k	3. 9.71
	geb. Hilger (T)					Dr.		PL		
	Ackermann Gerd-	1. 9.78 °	F S D	e	17. 4.51	Lerch Carolin	9. 8.06	M MU	k	1. 9.75
	Peter					Schieferdecker	1. 2.07	PH BI		3. 8.61
	Krupp Herbert	6.10.78	F GE	k	25. 4.48	Henrike Dr.				
	Ollig Marlene (T)	12. 6.85 °	E SP	k	2. 3.54	Kaufmann Eva-Maria	1. 2.07	F GE		13. 7.72
			PA			Achilles Hendrik	1. 2.07	M IF		21. 7.80
	Friemann Heike	88	BI CH	e	23. 5.57	Bergmann Moritz Dr.	11. 4.07	F GE		30. 3.74
	Wallraff-Kaiser	1. 2.95	F D	k	24. 2.50	F	Blömer Ulrich		KU	e	25.12.46
	Mechthild (T)					Stöppler Erich		E GE	e	5.10.47
	Vochs Martina	1. 8.97	F KR	k	20.12.60	Kohlhaas-Bembenek		D KR	k	29. 3.56
	Langer Simone	1. 1.02 °	D E		12. 4.68	Ingrid				
	geb. Drosse (T)					Roland Regine		D PL	e	29. 4.56
	Schlag Günther	1. 9.05 °	D L		29.12.72	Borchardt Hildegard		D BI		20. 4.59
						H	Meinecke Susan		EK SP		22. 8.77

1.080 Bornheim-Hersel Ursulinenschule[1] gegr. 1852
pr. G.[2] (5-Tage-Woche) f. M. d. Erzbistums Köln
Rheinstr. 182, 53332 Bornheim – Tel. (0 22 22) 9 77 10, Fax 9 77 11 50
E-Mail: ush@ursulinenschule-hersel.de, Homepage: www.ursulinenschule-hersel.de

Kl: 6/12   Ku: 108/16   Sch: 801 (801) (196/333/272)   Abit: 59 (59)   **BR Köln**
L: 45 (A 1, A_1 1, A_2 6, B 10, C 10, F 9, H 2)   ASN: **167125**
Spr.-Folge: E, L/F, F/L, S   Dez: LRSD **Elbracht**

A	Dockter Markus	1. 2.00 °	F EK	k	14. 8.47	B	Herzog Barbara (T)	1. 2.84	M PA		16. 5.51
			KR			Brenig Irmgard	1. 1.89	BI CH	k	9. 1.52
A_1	Burbaum Monika	1. 8.03	E KR	k	17.10.64	geb. Wagner				
	geb. Callhoff					Küpper Johannes	1. 5.89 °	KR GE	k	3.12.51
A_2	Esser-Miczaika	1. 3.91 °	E F	k	26.12.46	Dipl.-Theologe				
	Agnes					Christensen Eva	1. 1.93	GE E	k	18. 1.53
	Mickisch Helmut	1. 8.91 °	E F L	k	13. 8.46	geb. Horwedel				
	Falckenberg Ulrike	1. 1.93	BI SP		5.11.46	Liefländer Ursula	1. 8.93	D PL		8.10.54
	geb. Falckenberg					geb. Kösling (T)				
	Temming Claudia	1. 8.98	E F	k	16. 2.53	Aretz Hiltrud	1. 8.93 °	E PA		8. 7.53
	Knapowski Andreas	1.10.05	M EK	k	17. 7.60	Powalla Siegfried	24. 8.93 °	F KR	k	19. 4.49
	Herwartz Thomas	1.10.05				Hövel Friedrich	1. 4.96	D GE	k	14.10.51

	Name	Date 1	Subject	k/e	Date 2
	Stute-Verscharen Elke geb. Stute	1. 8.98	BI EK	k	23. 2.54
	Ruhl Uta (T)	1.10.04	M SP	k	24. 2.61
	Möhrer Alexander	1.10.04	F MU	k	18. 2.60
	Knapowski Astrid	1.10.06	M EK	k	19. 7.60
	Oldeweme Christoph	1.10.06	D GE	k	9. 6.66
	Anlauff Jutta (T)				
	Ehrhardt Thomas				
	Gies Marianne (T)				
C	Schoenemann Brigitte Dr. geb. Heggemann (T)	1. 8.90	BI EK	k	14. 5.54
	Messerer-Schmitz Gabriele geb. Messerer	1. 8.95	KU PL	k	21. 7.56
	Schneider Stephan	1. 8.95	M GE	k	8. 4.59
	Wiesmann Renate geb. Neyses (T)	1. 2.96	F SP	k	23. 5.56
	Kitzel Hedwig	1. 8.96	E KR	k	3. 7.59
	Rathmann Ursula	1. 8.96	D ER	e	18.10.60
	Schulz Martina geb. Behr	1. 8.03	M PH	k	30. 7.71

	Name	Date 1	Subject	k/e	Date 2
	Schäfer Kerstin	1. 3.05	M ER	e	7.12.75
	Strucken-Paland Christiane	1. 8.06	F L MU	k	28.10.72
	Gottwald Daniela geb. Thöle	1.10.06	M PH	k	30. 7.73
F	Jacobi Marlies geb. Hild früher StR'		° L GE	k	10. 4.48
	Wylegala Horst Dieter Ass d. L.		D KU	k	11. 9.54
	Berlo Astrid		D KR	k	31.12.57
	Krzeminski Irene		S	k	7. 6.59
	Gabriel Ilona		BI CH	k	14. 7.60
	Zimmermann Felicitas (L)		BI SP	k	8.12.63
	Esser Susanne		S SP	k	18. 3.67
	Paland Ralph Dr.		MU	k	8. 3.71
	Schüler Stefan		GE SW	k	20.11.77
H	Mauel Beate geb. Schneider HSchL'		D GE BIk		17.11.52
	Roggenkamp Barbara				

[1] der Schule ist eine Realschule f. M. angegliedert [2] m. Übermittagsbetreuung

1.081 Bornheim Alexander-von-Humboldt-Gymnasium gegr. 2000

st. G. i. E. (12. Jg.st.) (5-Tage-Woche) f. J. u. M.
Adenauerallee 50, 53332 Bornheim – Tel. (0 22 22) 99 11-100, Fax 9 91 11 11
E-Mail: sekretariat@avh-gymnasium.de, Homepage: www.avh-gymnasium.de

Kl: 9/16   Ku: 81/7   Sch: 898 (452) (272/463/163)   Abit: –   BR Köln
L: 57 (A 1, A$_2$ 4, B 11, C 26, E 5, F 6, H 4)   ASN: **194232**
Spr.-Folge: E, L/F, F/L, S   Dez: LRSD **Elbracht**

	Name	Date 1	Subject	k/e	Date 2
A	Engelhardt Brigitte Dr. geb. Henning	1. 8.06	° BI CH	k	20. 2.50
A$_2$	Wollburg Brigitte geb. Pauly	13.12.04	M EK	k	22.12.51
	Hensel Dorothea geb. Geier	26. 9.06	° BI EK	k	28.12.53
	Langner Frank	9.07	M SW		28. 1.71
	Peters Elisabeth		D EW	k	5. 3.51
B	Albrecht-Neumann Ingrid	11.11.82	° GE E		
	Klaus Ralf-Dietmar	28. 1.91	° SP BI	e	28. 7.52
	Dopstadt Rudi	1. 8.00	EK KU		16.12.53
	Echterhoff Gisela geb. Schriever	1. 8.02	D PL		25. 4.55
	Wagner-Borgolte Monika	30. 8.02	D SW	k	7.10.52
	Jansen Marcello	23. 4.04	° M SP	k	28. 5.65
	Emert Jürgen	25. 8.06	MU EK	e	3. 4.67
	Lohmann Willy	28. 8.06	L D	k	12. 7.64
	Keusekotten Monique geb. Jäger (T)	1. 6.07	F GE	k	22. 5.51
	Kaiser Thomas	1. 6.07	BI CH IF	e	16. 8.67
	Leibniz Bettina		M SP	k	22.12.65
C	Will Madeleine Dr. geb. Schneider	1. 2.80	EK KR GE	k	20. 3.49
	Erdelen Beate Dr.	10.83	BI CH		31.10.50
	Schmoll Ute	1. 8.93	M BI SP		14. 7.61
	Mutschke Sabine	1. 8.97	M CH IF		17. 2.65
	Zahn Deborah geb. Eck	1. 8.00	D E		23.12.67
	Sobotka Gudrun	18. 2.00	M D		24. 1.69
	Scheitinger Thomas	11. 6.01	° BI M	k	20.11.68
	von Borstel Gregor	9.01	CH GE	k	4.11.70
	Schmitz Birgit	11.01	D PL	k	25. 7.69
	Mertens Sandra	01	M BI	e	26. 6.70
	Rahn-Sander Wiebke	15. 9.02	D HW		26.10.72
	Bieniek Andrea	3. 3.03	D BI S	k	2. 4.70
	Schneider Kerstin	1. 8.03	M ER	e	29.12.73
	Hübert-Kuß Cornelia	1. 2.04	MU D	k	24. 2.73
	Bergfeld Belinda	11.04	D GE		4. 4.73
	Waasem Thomas	28. 6.05	° M PH	k	17. 6.76
	Waasem Kristina geb. Herwartz	1. 2.06	L SP	k	7. 3.77
	Schall Marc	13. 5.06	E F		27.12.73
	Fuchs Maja	1.12.06	F ER	e	15.10.75
	Müller Carolin	1. 5.07	E F		11.10.73
	Stork Malik	1. 8.07	SP SW		13. 4.67
	Prior Verena	1. 8.07	SP EK	e	30. 4.75
	Löw Alexandra	1. 8.07	KU EW	k	28. 8.75
	Jacob Gabriele Dr.		° CH PH PA		15. 2.67
	Hagemann Silke		M PH		2. 7.68
	Glohr Daniela		E F	k	10. 7.72
E	Meier Steffen	9. 8.06	KU D ER	e	4.10.75
	Suchan Alexander	9. 8.06	L GE	e	23. 8.76
	Krude Eva geb. Koll	9. 8.06	E SP EK		28. 4.77
	Grommes Swantje	1. 4.07	° BI KR	k	11.12.76

	Weidlich Nadja	1. 8.07	F S		1.12.76		Schwagers Thomas		MU GE k	5. 5.75
F	Stoppa Ingeborg		SP EK	20. 3.45	H	Becher-Mayr Astrid	D EW e	15. 3.57
	Habermann Uwe		D GE	13. 7.55		Dorando Wiebke	ER e	9. 2.63
	Hansen Irmgard		GE KR k			Pagel Dorothee	° BI CH e	25. 8.66
	Bauer Gabriele		E F	25. 6.56			EW	
	Buhl Joshua		PH M	16. 2.69		Coenen Annette	D E	28. 4.77

1.090 Brühl Max-Ernst-Gymnasium gegr. 1865
st. G. f. J. u. M.
Rodderweg 66, 50321 Brühl – Tel. (0 22 32) 92 31 30, Fax 9 23 13 23
E-Mail: info@meg-brueh1.de, homepage: www.meg-brueh1.de

Kl: 10/19   Ku: 141/24   Sch: 1191 (632) (300/528/363)   Abit: 93 (48)   **BR Köln**
L: 76 ([A] 1, A$_1$ 1, A$_2$ 6, B 21, C 26, D 5, E 7, F 7, H 2)   **ASN: 166881**
Spr.-Folge: E, L/F, F/L/S   Dez: LRSD **N. N.**

A	(Phiesel Berthold StD A$_1$)	13.11.98 ° M WW k	11. 6.53		Terheggen Wilfried	1. 9.99 ° KR SP	7. 3.58
						Melzer Andreas	1. 1.02	M SP	20. 4.68
A$_1$	Eckmann Franz	9. 9.93	EK SP	26. 1.44		Rechenberg Kirsten	4. 7.02	BI CH k	11.11.66
A$_2$	Mattar Ingeborg geb. Bauer	4.12.85 ° D E	e	24. 2.44		Müller Johannes		M PH k	24. 4.49
						Fuhs Walter	° M IF	16. 7.49
	Hellenbroich Christoph	13. 2.92 ° D PL	k	2. 9.50		Pawlitzki-Kolvenbach Regina (T)		D EK	30. 8.51
	Kröhne Christina geb. Müller (T)	1.11.94	MU	k	22. 7.49		Mundorf Birgit (T)		BI F k	9. 3.53
	Witsch Reinald	20.11.94	E EK	k	20. 1.47		Sass-Blauhut Karin		EK ER	9. 2.57
	Leder Klaus	5.11.96	BI EK		11. 1.50		Höfer Johannes		D KR k	18. 1.60
	Vogelfänger Hans (Vw)	5. 6.97 ° M PL	k	20. 5.52		Klug Dagmar	° L ER	26. 6.63
						Hennig Anja		KU ER	4. 7.65
B	Ladage Dieter Dr.	1. 4.77 ° GE L	k	15. 8.43		Schmidt Dorothea		D SP	30. 8.65
	Bucco Christian	1. 9.92 ° M		31. 7.51		Langenohl Bertil		D KR	14. 9.66
	Tobor Ursula	1. 2.94	E S	e	26. 4.50		Kapelle Marina		KU SP	6.12.66
	Müller Hubert	31.10.95	E SP	k	23.12.49		Buchholz Thomas		L M	30. 4.67
	Schuster Gottfried	3.96	M PH		10. 5.52		Leschinsky Katja		D MU	16. 2.72
	Böhme Heinz-Günter	16. 1.97 ° E F		18. 6.52		Peters Dieter		BI CH M	
	Eschner Freimut	2. 1.98	D GE		23. 9.48		Unkel Mechtild		M BI	
	Riepe P. Johanna	27. 4.98 ▫ M PH IF	18. 5.55	D	Partting-Spilles Vera Sigrid		KU EK M	7. 6.53
	Wachow Klaus-Peter	11. 9.01	D EK		15.11.49		Steinberg Barbara		▫ CH D PH	3. 4.55
	Pauleau Irene Dr.	11. 9.01	D S						
	Nédélec Eva	1.10.07	F S		10. 5.50		Horst Heinrich		GE SP	2. 5.55
	Lorenzen Dagmar (T)	1.10.07	F D		2. 6.60	E	Eversmeyer Gesa	1. 8.06	KU M PA e	3. 9.76
	Stragholz Anne	1.10.07	E KR		10.10.68				
	Kosanke Robert		M PH		5. 9.47		Kühn Christiane	8. 8.06	D SP ER e	3. 8.76
	Deitermann-Gerdes Angela (T)		M	k	26. 4.49				
	Brück Klaus		° M IF		18. 1.50		Kutsch Oliver	9. 8.06 ° CH SP k	27. 8.76
	Moritz Elisabeth (T)		M	k	9. 8.50		Krause Berenike Dr.		D E	14. 3.74
	Schmitz-Sauermann Johannes		D SW		19. 4.52		Fink Ulrike		E EK	27. 2.75
						Matthiesen Nils		E SW	22.11.76
	Gießübel-Weiß Ingrid Dr.		EK GE				Krumm Constanze		F SP	31. 1.78
	Rußbild Geert		D PL			F	Rauscher Christoph	° SP SW	28.12.53
C	Gierlich Ingrid geb. Bein (T)	1. 8.78	D GE	k	19. 6.49		Busch Heidrun		D	27. 2.54
	Trösser Theo	23. 8.83	GE SW k	8. 5.50		Althoetmar-Smarczyk Susanne		E GE k	30. 6.55
	Deiters Dorothee	11.84 ° CH KR k	28. 9.55		Krämer Ulrike		° M SP	21.11.56
	Petran-Bitter Gerlinde (T)	22. 1.85	CH BI		26. 3.49		Deges Brigitte		° D E	24. 5.70
						Rohde Andreas		D GE	
						Schleimer Klaus-J.		MU F	
	Schmidt Elvira	19. 5.98	F ER	e	10. 9.60	H	Neumann Monika		SP	18. 6.51
	Sieben Helmut	98	KU		3. 2.59		May Iris		E F e	24. 3.57

1.091 Brühl St.-Ursula-Gymnasium gegr. 1893
pr. G. f. J. u. M. d. Erzbistums Köln
Kaiserstr. 22, 50321 Brühl – Tel. (0 22 32) 7 07 07, Fax 70 70 80
E-Mail: stursulabruehl@netcologne.de, Homepage: www.stursulabruehl.de

Kl: 8/16   Ku: 159/30   Sch: 1193 (670) (268/517/408)   Abit: 122 (70)   **BR Köln**
L: 71 (A 1, A₁ 1, A₂ 10, B 26, C 15, D 2, E 4, F 12)   **ASN: 166893**

Spr.-Folge: E/L, L/F, F/L, I   Dez: LRSD **Gorissen**

A	Otte Werner	1. 8.85	° L KR	k	10. 2.47		Heinen Erika	1.10.06	D KR	k	18.11.60
A₁	Pickartz Claire	1. 8.02	° M EK	k	19. 5.58		Maubach Jochen (V)	1.10.06	° L GE	k	19. 9.70
A₂	Maurer Rolf	1. 7.87	L G	k	21.10.47	C	Bettinger Mechtild (T)	1. 8.83	L F	k	27. 2.54
	Wortmann Elisab.	1.10.91	F L		24. 1.45		Schneider Helga (T)	1. 8.83	E PA	k	12. 6.53
	geb. Bruns (L)						Hardt Wolfram (T)	1. 8.93	D PL	k	4. 2.56
	Schumacher Wilh.	1.10.91	EK EW	k	9. 2.48		Ovelhey Michael	1. 8.93	BI SP	k	27. 2.58
	Legutke Ursula	1.10.91	M SP	k	13. 8.53		Zachert Jürgen (T)	1. 8.94	E F	k	19.11.61
	Terstiege Günter	1. 6.94	° PH M	k	18. 9.47		Volk Hans-Dieter	1. 2.96	D SW	k	5. 3.60
			IF				Berens Marion	1. 8.03	E GE	k	17. 9.69
	Morell Veronika	1. 6.94	D GE	k	27. 5.56		Thüsing Barbara	1. 8.03	L D	k	11.12.69
	Rau Albert	1.10.99	° E SP	k	15. 8.53		geb. Kierdorf (T)				
	Mittelstedt Ingrid	1. 1.02	M CH	k	8. 3.57		Schell Christiane	1. 8.03	EK BI	k	17. 3.74
	Krüger Ursula	1.10.02	EK BI	k	18.12.55				M		
	geb. Jussen						Heinl Bernhard	1. 5.04	MU KR	k	24.11.69
	Tillmann Claudia	1.10.03	E F	k	19.12.63		Becker-Nett	1. 5.04	D E	k	10. 7.71
B	Sommer Renate	1. 9.85	M BI	k	10.12.45		Christiane (T)				
	geb. Faßbender						Rödding Irene	1. 5.04	F KR	k	23.12.73
	Schneider Monika (T)	1. 9.85	F GE	k	28. 4.48				SP		
	Donie Robert	1.10.92	° SP KR	k	11. 4.51		Weißbrich Stefanie	1. 8.06	E KR	k	18.10.76
	Klesse Ulrich	1.10.92	D GE	k	31. 1.53		Fanailou Britta	1. 8.06	M PH	k	1. 5.77
	Esser Ulrike	1. 6.94	° BI	k	8.11.51		Pfeiffer Tanja	1. 6.07	E M	k	3.11.75
	Struwe Elisabeth (T)	1. 6.94	BI GE	k	15. 6.52	D	Wittmaack Helga	28. 7.76	SP	e	2. 8.46
	Adrian-Balg	1. 6.94	BI EK	k	13. 5.51		geb. Neubauer FachL'				
	Marie-Theres						Otto Magdalene	1. 9.76	ER D	k	23. 4.52
	Kroll Hugo	1. 6.94	D KU	k	19. 1.57		geb. Giesler RSchL' (T)				
	Menke Ulrich	1. 6.94	MU EK	k	29. 1.60	E	Matheis Joachim	1. 2.07	D F	k	27. 2.73
	Möllmann Martin	1. 6.94	M GE	k	25. 2.60		Meyer Daniel	1. 2.07	E GE	k	1. 1.76
	Belz Jürgen	1.10.95	CH BI	k	30. 1.55		Salamon Jennifer	1. 2.07	D KR	k	29. 6.78
	Heinemann Peter	1.10.95	° M KR	k	12. 7.58		Hombach Peter	1. 2.07	GE M	k	4. 5.80
	Wolf Raymund (T)	1.10.95	° BI EK	k	28. 6.54	F	Schneider Heinz Dr.		PA D	k	11. 7.49
	Timpe Harald	1.10.96	M E	k	15. 6.54		Ass d. L.				
	Schmidt Ludger	2.10.00	M PH	k	29. 4.57		Zwietasch Regina		SP	k	24. 5.51
	Schwellenbach	1.12.01	I SP	k	19. 9.55		Windisch Birgitta		D GE	k	24. 2.55
	Thekla						Husten-Schriede		E KU	k	5. 9.56
	Ankermann Angela	1.10.04	MU KR	k	3. 9.59		Eva-Maria				
	Müller Bernd	1.10.04	L I	k	6. 1.60		Zeit Margret		E EK	k	19.10.58
	Gützlaff-Beckstedde	1.10.04	M SP	k	21. 7.56		Hörster-Hansen		D F	k	28. 3.59
	Tony						Marion				
	Hoverath Helmut Dr.	1.10.04	M PH		30. 5.58		Hegge Margrit		D MU		27. 2.60
	Oster Beate	1. 8.05	D KR	k	15. 4.58		Grothaus Sabine		EK GE	k	24.11.60
	Naaß Herbert	1.10.05	CH BI	k	3. 4.57		Abt Birgitta		E L	k	22.10.64
	Belz Bernadette	1.10.05	E KR	k	20. 2.59		Möllmann Hanswerner		SP EW	k	25. 3.66
	geb. Speck						Benkel Christina		D PL	k	19.12.75
	Neuhaus Juliane (T)	1.10.05	BI EK	k	5.11.56		Rodermond Thomas		EK SP	k	23. 7.78

1.095 Dinslaken Otto-Hahn-Gymnasium gegr. 1913
st. G. f. J. u. M.
Hagenstr. 12, 46535 Dinslaken – Tel. (0 20 64) 5 40 50, Fax 73 17 85
E-Mail: otto-hahn-gymnasium@t-online.de, Homepage: www.ohg-dinslaken.de

Kl: 8/16   Ku: 113/17   Sch: 962 (497) (216/468/278)   Abit: 79 (45)   **BR Düsseldorf**
L: 57 (A 1, A₁ 1, A₂ 5, B 19, C 21, D 3, E 4, F 1, H 2)   **ASN: 165487**

Spr.-Folge: E, F/L, L, S/F   Dez: LRSD **Stirba**

A	Rolfs Christine	1. 2.04	° EK BI	e	2. 5.47	A₂	Klein Klaus	8. 2.92	E D	k	1. 9.48
A₁	Henning Joachim (V)	1. 8.01	° CH EK	e	26.11.49		Seidel Wolfgang	29.10.92	GE WW		7. 3.47

Gymnasien Nordrhein – BR Düsseldorf · BR Köln

	Nowaczyk Walter	12. 3.03	D KR	k	15.10.53
	Albers Wolfgang	24. 5.04	M PL IF	k	6. 8.51
	Stehr Simone-Tatjana (F)	10. 8.07 °	D SW		28.12.70
B	Behne Horst-Dieter (L)	1. 3.79	M IF	e	23.12.44
	Odenbrett Christa-Elisabeth (T)	1. 3.80 °	BI CH	k	18. 4.49
	Vroliks Peter (V)	15.12.81 °	PH M IF	k	1. 3.49
	Riedel Hans-Eberhard	1. 8.82 °	E EK EW	e	18. 4.50
	Fischer Hans-Peter	15. 3.84	D PL	k	28. 4.44
	Offergeld Manfred	1. 7.84 °	E EK	k	10. 9.51
	Gruhlke Gabriele geb. Knippenberg (T)	1. 4.85	BI SP	k	4. 3.49
	Scheibel Ursula	12. 1.93	F EK	k	3. 5.53
	Heuger Anneliese	15. 1.96 °	E EW	k	5. 1.53
	Zampich Michael	15. 1.96	EK SP	e	5. 2.55
	Heckes Ulrike (T)	5. 8.02	D EK	e	9. 4.52
	Schloemer Christoph	16. 8.02 °	F MU	k	30. 9.61
	Henkel Ingeborg	26. 8.03	F PL		9.12.49
	Müller Reiner	29. 6.04	D PA	k	10. 5.52
	Grunewald Wilfried	26. 6.06	PH M IF	k	1.12.53
	Köhne Thorsten	26. 6.06 °	M CH	k	29. 1.69
	Becker Claus	21. 6.07	E EK	e	28. 5.68
	Loy Rudolf	25. 6.07	L KR EK	k	1.10.58
	Hemmers Christiane geb. Möde (T)	18. 7.07	D KU	e	28. 3.55
C	Esche Gabriele (T)	1. 8.78	BI SP	k	21. 4.49
	Ebeler Monika	27. 8.79	E GE	k	4. 2.49
	Wegner Marlies geb. Heinen (T)	11.10.79	GE E	k	22. 5.51

	Melsheimer Thomas (T)	1. 9.80	E D	k	24. 6.49
	Ungar Rainer (T)	1. 2.85	D GE MU		4. 6.51
	Dämbkes Anna-Maria (T)	4.11.85	M PH	k	17. 8.55
	Mues Silke	1. 8.90	BI ER	e	5. 7.60
	Reinders Yves	12. 3.04 °	SP PH	k	29.10.71
	Kleimann Andreas	9. 7.04	SW D	k	23. 2.72
	Schulz Cornelia (T)	1. 8.04	S F	e	25.12.73
	Pollerberg Gerhard	11. 8.04	M CH BI	k	28. 6.67
	Hawix Gerhard	20. 8.04	KR L	k	9. 5.70
	Schauerte Dagmar	8. 4.05	M F	k	10. 5.76
	Seeger Ariane geb. Schatten	17.11.05	D S	k	12. 2.76
	Müller Eva-Maria	1. 8.06	D SW		20. 6.71
	Heesen Ricarda	1. 8.06	M PL		31. 1.72
	Dachowski Marta	19. 3.07	KU BI	k	13. 7.75
	Grewe Ralf	6. 6.07	SP GE		8.11.72
	Kasperek Sarah	18. 6.07	EK PA	e	14.11.77
	Damm Andreas	1. 8.07	SP E	k	23.10.75
	Braun Marion	6. 9.07 °	D GE	e	11. 8.75
D	Rehder Klaus SekIL	4. 9.81	M PH	k	22. 8.54
	Groppe Hans-Joach.	1. 8.82	M CH IF		21. 2.49
	Engel-Brils Dagmar SekIL'	7. 8.84 °	ER GE	e	27.10.50
E	Kleine Katrin	4. 4.05	M CH	k	27. 3.78
	Nicolai Nina Dr.	1. 2.07	E CH		20. 8.74
	Brücker Susanne	1. 2.07	D ER	e	15. 2.79
	Schmidt Florian	6. 8.07	KU BI	e	8. 8.76
F	Sternberg Brigitte		° D GE	k	10.10.65
H	Nölle-Beißel Eva		SP KU		4. 3.50
	Gruhlke Heinz-Wilhelm		° SP	e	28. 5.53

1.097 Dinslaken Theodor-Heuss-Gymnasium gegr. 1960 (1901)
st. G. (5-Tage-Woche) f. J. u. M.
Voerder Str. 30, 46535 Dinslaken – Tel. (0 20 64) 43 99-0, Fax 43 99-33
E-Mail: schule@thg-dinslaken.de, Homepage: www.thg-dinslaken.de

Kl: 9/16 Ku: 161/27 Sch: 1104 (600) (256/451/397) Abit: 98 (62) BR Düsseldorf
L: 60 (A 1, A$_1$ 1, A$_2$ 5, B 21, C 17, D 4, E 2, F 7, H 1) ASN: 165505
Spr.-Folge: E, L/F, L/F, S Dez: LRSD Stirba

A	Drengemann Hans	1. 8.03 °	BI CH		25. 5.46
A$_1$	Güldenberg Theodor		EW GE	k	12. 9.49
A$_2$	von der Heyde Claudia	1.11.89	D SP	e	22.11.50
	Wienhausen Beate geb. Degenhardt	2. 5.90	PH EK		27.11.53
	Hagedorn Alexander	16. 6.04 °	BI CH	e	19.12.49
	Wiek Dieter	1. 6.07	E EK		17.10.47
B	Kasper Hans	5. 3.80	E SP	k	10. 9.47
	Bosch Ursula	8. 3.80	M TX	k	13.11.49
	Wolf Werner	11. 3.80 °	L F		30. 8.45
	Korte Henning	1. 8.80	SW E		7.10.48
	Anton-Ueckert Herbert	28. 9.82	M EK	k	13. 7.47
	Müller Herm.-Josef	9.12.83 °	E GE	k	21. 5.49
	Strych Eduard	1. 4.84	D SP	k	16. 6.49
	Angelstorf Karl	25. 8.84	KU W	k	1. 8.46
	Langenberg Hans Rainer	27. 8.84 °	E F	k	19. 6.49
	West Wilhelm	1. 8.87 °	EK SW PK		16.10.50

	Wetzel Ulfert	1. 8.88	SW PK		7. 3.49
	Kraßnigg Adolf	1.11.89	D SP	e	25.11.47
	Lerch Werner	1.10.90 °	MU (EK)	e	27.12.52
	Manthei Gisela	1.12.90	F SP		7. 5.54
	Kaldewey Ulrike (T)	21.12.92	M EK		10. 3.56
	Khanna Gabriele geb. Schröder	1. 8.06 °	E EK	k	14. 2.51
	Wienemann Dietrich	1. 8.06	KR SW	k	9. 3.54
	Stumkat Werner	1. 8.07 °	M SP		26. 5.50
	Patzelt Eduard	1. 8.07	D GE	k	8. 9.50
C	Vichta Wolfgang	30. 8.82	M		12.10.46
	Baum Henning	4. 3.83	E GE		1. 2.50
	Ginster Reinhard	17. 8.83 °	F GE	k	15. 6.50
	Paswark Heinz	4. 9.84	E GE		24. 8.51
	Rinke Günther	15.11.84	BI GE	k	31. 3.54
	Podlatis Renate	1. 9.96	E EK	k	17. 7.50
	Uebbing Hugo	1. 9.96 °	KR GE	k	16. 6.55
	Vollert Dirk	28. 8.98	KU ER	e	21.10.62
	Plüschau Corinna	1. 8.02	E L	e	16. 9.72

	Name		CH PA	k	13. 8.53		Patzelt Antje	4. 3.84	ER SP	e	25.12.56
	Hermeling Willi		CH PA	k	13. 8.53		Patzelt Antje	4. 3.84	ER SP	e	25.12.56
	Krysmanski Bernd Dr.		BI KU	e	12. 2.55		geb. Kunnig SekIL'				
	Wösthoff Martina Dr.		D KR	k	19. 5.57	E	Beissel Eva	6. 8.07	D SW		
	Schnütgen-Pauels Gertrud		KU E	k	14. 1.60	F	Köhler Monique geb. Bringer		F	k	15. 1.48
	Schmidt Karen		D GE		17. 3.75		Reinbacher Ulf		M SW	e	12.11.54
	Dickmann Jenny geb. Klingenburg		E D	efk	26. 6.76		Heinle Frieda geb. Beisel		D R	k	22.10.54
							Brauner Dorothée		M EW		6.11.56
	Flink Stefanie		M BI		15. 8.76		Greiffer Margarete		° MU KR	k	18. 8.61
D	Wozny-Franz Astrid SekIL'	3. 6.83	D BI		27. 9.54		Landwehr-Schreyer Annette		L D		19.11.64
	Gründel Klaus SekIL	4. 3.84	M ER	e	13.10.52		Reiter Lydia		CH F		14. 5.68
	Koßmann Udo SekIL	4. 3.84	M BI	e	2. 7.54	H	Herzig Rainer SpL		SP	k	1. 4.45

1.098 Dinslaken-Hiesfeld   Gymnasium im Gustav-Heinemann-Schulzentrum   gegr. 1991
st. G. f. M. u. J.
Kirchstr. 63, 46539 Dinslaken – Tel. (0 20 64) 4 89 10, Fax 48 91 22
E-Mail: info@gymnasiumhiesfeld.de, Homepage: www.gymnasiumhiesfeld.de

Kl: 6/12   Ku: 100/17   Sch: 696 (345) (175/316/205)   Abit: 69 (37)   **BR Düsseldorf**
L: 41 (A 1, A$_1$ 1, A$_2$ 5, B 15, C 12, E 4, F 2, H 1)   ASN: **191139**
Spr.-Folge: E, F/L, F   Dez: LRSD **Stirba**

A	Ziegler Wulfhart Dr.[1]	1.12.91	° D GE L	e	22.10.43		Kleineberg Andreas (F)	23. 5.06	KU GE	e	24. 1.63
A$_1$	Angst Ulrich	1.10.03	MU PH	e	19. 1.58						
A$_2$	Schröter Heike	20.12.95	M PH	e	23. 2.56		Thiemann Andreas	1. 7.06	° BI CH	e	9. 6.69
	Meyer Brigitte (F)	1. 6.99	MU SP	e	13. 3.66	C	Thieme Jens (T)	1. 2.78	E BI		5. 9.46
	Schäfers Joachim	1. 2.00	M PL		5. 1.51		Sieben Gerhard (T)	17.12.83	BI	k	21. 9.49
	Schmiedt Oda Bettina	1. 5.00	D EK		2. 1.54		Stankewitz Rainer	25. 9.84	° E SP		16.11.50
	Gressel Paul-Gerhard	1. 8.02	M SP	e	8. 8.54		Richard-Soethe Karen	1. 6.98	D PA		5. 4.65
B	Schuck Helga geb. Gumpert (T)	1. 7.84	E GE		15. 2.46		Jäger Heike	1. 8.98	MU ER	e	11. 4.63
	Hüsken-Jantze Astrid (T)	1. 2.93	E SP		5. 4.56		Koppe Maria	1. 8.00	E KR	k	11. 7.56
							Becker Dorothea	1. 1.02	L G M		19. 6.67
	Gormanns Karl	1.10.94	D SW	k	22.12.51		Maasmann Maria-Elisabeth	1. 1.02	EK KR	k	13. 7.66
	Melsheimer Claudia geb. Kautz (T)	1. 2.96	E SP	k	12. 8.51		Illers Anja (T)	15. 9.03	D PL	e	6. 1.68
	Balke Ingo	1. 2.96	E SW		1. 1.49		Bhattacharya Denis	15. 9.03	PH CH TC	e	24. 7.68
	Frohnhofen Klaus	1. 2.96	° L SP		12. 1.58						
	Marguth Friederike	1. 7.98	BI CH	e	7. 3.55		Steinbach Anja	23. 9.04	E EK	k	12. 2.71
	Seidl Günter	1. 6.00	M EK	e	13.12.52		Pilarek Kolja	1. 2.07	M GE		2.10.77
	Schulz-Marzin Joachim	1. 6.00	D GE		7.10.50	E	van Raay Tom	1. 8.05	F KU		24.10.74
							Hue Vanessa	1. 8.06	D PA	k	1.10.75
	Grommes Irene geb. Rübner (T)	1. 6.00	M CH	e	27. 5.53		Scholand Christina	1. 8.06	BI PA	k	22. 4.78
							Brinckmann Britta	1. 8.06	M D		21. 5.79
	Willbrand Axel	27. 7.02	PH TC		25. 2.66	F	Wiegandt Micaela		F PL		29. 3.57
	Kahlke-Freier Beatrix	1. 8.04	D KR	k	27. 9.61		Krome-Deblieck Beate		D F		7. 5.57
	Lewandowski Sabine	1. 7.05	° D E	e	8. 3.65	H	Schwind Wolfgang Dipl.-SpL		SP		18. 6.48

[1] Lehrbeauftr. an d. Univ. Düsseldorf

1.101 Dormagen   Bettina-von-Arnim-Gymnasium   gegr. 1961
st. G. f. J. u. M.
Haberlandstr. 14, 41539 Dormagen – Tel. (0 21 33) 24 55 30, Fax 24 55 31
E-Mail: bva-gym@t-online.de, Homepage: www.bva-dormagen.de

Kl: 9/14   Ku: 116/20   Sch: 962 (476) (278/386/298)   Abit: 86 (44)   **BR Düsseldorf**
L: 57 (A 1, A$_1$ 1, A$_2$ 4, B 19, C 14, D 5, E 6, H 7)   ASN: **165748**
Spr.-Folge: E, L/F, L/F   Dez: LRSD **Dr. Bubolz**

A	Schieren Bernhard	2. 5.91	L GE	k	26. 5.45	A$_2$	Paeske Arn. Dr. (F)	21.10.76	L CH	e	6. 4.44
A$_1$	Seyfert Wolfgang	3. 1.92	M PH (IF)	k	4. 8.46				GE		

	Koßmann Peter (F)	19.11.90	KR PA k (D M)	17.10.44	
	Garritzmann Helmut	7.12.92	D PA k	15. 4.51	
	Roeben Edeltraud geb. Psutka (T)	17. 5.00	D EK k	30.10.50	
B	Berger Paul	1.10.75 °	E F KR k	20. 7.43	
	Wielpütz Gunther Dipl.-Phys.	28. 5.79	PH (M) e	21. 6.47	
	Köhler Gerhard	15. 3.80	E F IF k	20.12.48	
	Buchfink Michael	5.11.82	GE D e ER	8. 6.48	
	Bailly Jürgen (Vw)	21.12.82	D SW (M)	7. 8.49	
	Homann Bärbel geb. Keuthen (T)	22. 9.84	EK D e	8.12.50	
	Manikofski Beate	1. 3.85 °	E EK	11. 3.49	
	Pollmann Werner (T)	28.12.90	E GE k	25. 7.48	
	Hommerich Annemarie geb. Weibezahn (T)	21. 2.95	SW GE k	10.10.48	
	Hilger Karl-Günter	21. 2.95	M PH k (IF)	29. 1.55	
	Rosenkranz Joachim (V)	17. 1.96 °	BI CH k	18. 2.48	
	Frankenstein Dieter	17. 1.96	KU PA e	25. 1.52	
	Führing Ralf	1.10.03	E F	7. 5.53	
	Breivogel Wolfgang	6.10.04	M PH	2. 2.53	
	Greiser-Garritzmann Christel geb. Greiser (T)	18. 7.07	E PA	17. 7.53	
	Möldgen Rainer	30. 7.07	BI (EK)	27. 1.48	
	Wolff Hans-Werner	30. 7.07	ER D e	8. 2.56	
	Tritz Sylvia geb. Keidel (T)	2. 8.07	F GE e	14.10.49	
C	Weißkirchen Ferdinand	1. 9.81	E GE k SW	19. 5.52	
	Gebhard Wolfgang	4. 9.84	MU D k	29.11.48	

Waßenhofen Monika (T)	7.11.88	BI D k	4. 5.53	
Wormuth Frauke (T)	15. 9.04	F S	3. 9.71	
Brunner Hauke	1. 2.05	E BI e	2. 2.71	
Kraegeloh Lars	1. 8.06	D GE e	4. 6.67	
Borchers Nina	1. 8.06	MU PL	15. 7.67	
Vatheuer Thomas	18. 3.07	E CH k	9.12.74	
Waidmann Diana	1. 8.07	D KU k	1. 9.76	
Glaubitz Roswit	17. 8.07	E KR k	24. 8.75	
D Zsagar Brigitte geb. Blaschke RSchL' (T)	19. 8.74	BI EK e	8. 5.46	
Gundlach-Romanus Petra geb. Gundlach (T)	25. 3.81	E EK e (M)	15. 9.51	
Grohé Friedrich Joseph SekIL	7. 9.81	M PH	2. 3.52	
Leitzgen Barbara geb. Dresen SekIL' (T)	10. 5.83	D EK k	7. 9.54	
Zettner Bärbel (Vw) (T)		M SW		
E Gnaß Christoph	3. 4.06	L GE e	26. 3.75	
Claßen Sonja	9. 8.06 °	M BI k	6. 7.76	
Stock Michael	9. 8.06	S D E e	19. 8.76	
Krane Sylvia	9. 8.06	EK SP k	31.12.76	
Buhmann Sandra	23. 8.07	D BI	16. 4.77	
H Wegmann Ursula geb. Henatsch GymnL'		SP e	27. 5.49	
Janzen Marlies geb. Dolfus Dipl.-SpL'		SP k	14. 8.49	
Schott Doris geb. Rohrbach RSchL'		M BI e	8. 2.51	
Volkenrath Thomas Dipl.-SpL		SP e	23. 2.52	
Grosser Jürgen Dipl.-SpL		SP e	8. 1.53	
Seiler-Lorenz Heike		D F	17.10.62	
Lamm Beate		D E	2. 9.68	

1.102 Dormagen-Hackenbroich Leibniz-Gymnasium gegr. 1973
st. G. f. J. u. M.
Dr.-Geldmacher-Str. 1, 41540 Dormagen – Tel. (0 21 33) 69 81, Fax 6 36 51
E-Mail: leibniz-gymn.dormagen@t-online.de
Homepage: www.leibniz-gymnasium-dormagen.de

Kl: 9/17   Ku: 115/19   Sch: 1055 (535) (268/474/313)   Abit: 55 (27)   BR Düsseldorf
L: 59 (A_1 1, A_2 3, B 20, C 18, E 11, F 4, H 2)   ASN: **183787**
Spr.-Folge: E, F/L, L/F, S   Dez: LRSD **Dr. Bubolz**

A_1	Kremer Herbert	1. 2.04	SP M	29. 1.55	
A_2	Küffer Hartmut	21.12.95	D EK e	24. 5.46	
	Blömacher Eliana	1. 6.07	E KR k	27.10.59	
B	Moll Harry	24. 9.79 °	E F ER e	23. 9.46	
	Weber Wolfgang	1. 2.80	BI e	20. 9.48	
	Diesel Ingolf	28. 8.80	BI EK e	20. 6.46	
	Schleicher Jürgen	26. 6.81	D GE e	13. 7.47	
	Pohley Holger	26. 6.81	M	25. 5.48	
	Höffler Hans	4. 5.84	BI EK k	11. 6.46	
	Schnell Manfred	6. 9.84 °	M	25. 1.50	
	Meyer Thomas	15. 2.85 °	SP GE e	3. 4.48	
	Schneider Hermann	19. 3.85	D GE k	7. 7.50	
	Nitsch Beate geb. Pitzka (T)	1. 8.89	F TX k	3.12.52	
	Schlömer Philipp	20. 2.96 °	D SW k	29. 8.47	
	Müssener Michael	1. 9.04 °	D SW k	30. 9.50	
	Meurs Joachim	1. 8.06	SP L k	11. 6.55	
	Krieger Barbara	1. 8.06	M PA k	29. 7.66	

Kassanke Nicole	5. 6.07	D E k	15. 1.73	
Hiller Petra	20. 6.07	BI CH	26.11.60	
Stevens Peter	28. 6.07	D PL k	10. 3.46	
Posselt Caroline	16. 7.07	M	2. 6.61	
Flamm Britta geb. Wehrmacher	16. 7.07	E S k	29. 9.68	
Hinz Monika geb. Waldheim	18. 7.07	GE F k	24. 8.52	
C Böser Dieter	19. 2.79	GE D k	28. 6.47	
Neuendorf Ute (T)	6. 1.83	PA SW e	2. 6.49	
Gottbehüt Karl-Hz.	27.12.84 °	M PH	15. 5.51	
Hoffmann Bernd	19. 8.98	M IF	25. 8.67	
Klugkist Ines	1. 8.00 °	E S	4. 5.70	
Urhahne Birgit	27. 5.03	KR F k	30. 1.71	
Kurth Heike	18. 7.03	E KU	26. 8.72	
Moll Isabel	1. 2.05	M PH	4. 4.72	
Kremer Edda	15. 9.05	D E	11. 6.72	
Albach Daniela	4. 2.06	L KR BI k	12.12.75	

	Name	Date	Subjects	Date 2
	Schroth Detlef	1. 8.06	BI SP	17.11.67
	Wulfmeier Amelie	1. 8.06	D E	31. 1.75
	Vierling Julia	22. 8.06	D PA	25. 9.71
	Becker Teresa	10.06	E S	1. 6.70
	Wippermann Julia	5. 2.07	L GE	31. 7.75
	Zeller Maarika	19. 3.07	E ER	25. 7.74
	Sperling Gabriele		D MU k	17. 8.66
	Ingenleuf Jens		SW ER	26.10.68
E	Hennemann Julia	1. 2.05	MU F	25.11.73
	Standke Frank	1. 2.05	M CH	8. 2.76
	Weckbecker Anke	1. 2.06	D GE k KR	4. 4.75
	Schneider Jörn	1. 2.06	PH CH	20. 6.66
	Große-Schware Bernhard	1. 8.06	MU EK	8. 5.62

	Name	Date	Subjects	Date 2
	Klein Michael	1. 8.06	M GE	25. 9.65
	Gläser Catherine	1. 8.06	D PS	30. 5.73
	Kunter Nicole	1. 8.06	E EK	28. 9.73
	von Bothmer Stephanie geb. Paulsen	1. 8.06	F GE	30. 9.75
	Gray Sabine	1. 2.07	D E	13. 7.75
	Essmann Thomas	1. 8.07	SP KR k	7.10.76
F	Rosier Susanne		D KU	8. 8.55
	Löffler Claudia		F BI k	10. 1.61
	Jacobs Dirk		BI PH	23. 5.65
	Josephs Helena		BI CH	15. 1.66
H	Chtai Moncef Dipl.-SpL		SP msl	28.11.44
	Blöcher-Leßle Elke		SP	24. 8.53

1.103 Dormagen-Knechtsteden Norbert-Gymnasium gegr. 1947
pr. G. f. J. u. M. d. Norbert-Gymnasium e. V.
41540 Dormagen – Tel. (0 21 33) 89 63/64, Fax 8 11 70
E-Mail: postmaster@norbert-gymnasium.de, Homepage: www.norbert-gymnasium.de

Kl: 10/20 Ku: 206/33 Sch: 1423 (699) (309/621/493) Abit: 129 (68) **BR Düsseldorf**
L: 80 (A 1, A₁ 1, A₂ 9, B 22, C 21, D 2, E 8, F 15, H 2) ASN: **165773**
Spr.-Folge: L/E, E/L/F, F, S Dez: LRSD **Dr. Bubolz**

	Name	Date	Subjects	Date 2
A	Zanders Josef (V)	1. 2.95 °	GE D SW	k 12. 7.46
A₁	Hahnen Peter	1. 8.99 °	M IF	k 17. 1.48
A₂	Weiß Michael	1. 8.93 °	D PL	k 29. 5.47
	Moßmann Franz-Josef	1. 2.95 °	GE D	k 4.10.49
	Thon Hans-Jürgen	1. 8.98 °	SP EK	e 15. 2.48
	Otto Lothar	1. 5.99	SP EK	e 21.10.46
	Odenthal Hans-Michael	1. 8.00	M BI	k 13.10.53
	Glombek Albert	1.12.01 °	D PL	k 26.11.49
	Zanders Lilli	1.12.01	BI ER	e 3. 2.52
	Maibücher Norbert	1.12.06 °	E EK	k 2. 6.53
B	Dribusch Ulrich	25. 8.78 °	L GE	k 21. 8.42
	Albrecht Peter	25. 8.78 °	SP EK	k 25.10.43
	Neukam Renate (T)	14. 5.80 °	BI CH	k 11. 7.48
	Schneider Otto	28. 8.80 °	F E	k 20. 5.47
	Schillings Friedhelm	15. 5.82 °	L GE	k 28.11.47
	Zündorf Bernward	1. 8.83	CH	k 18. 5.48
	Dribusch Dorothea (T)	1. 7.88	D PL	k 21. 2.50
	Wilhelms Ute (T)	1. 6.89	M IM	k 5. 8.51
	Klein Detlev	1. 6.89	EK SP	k 13. 2.51
	Bulich Sibille	2. 1.94 °	F EK	k 23.11.48
	Jann Hermann-Josef	2. 1.94	D F	k 11. 9.49
	Pentzlin Franz-Rudolf (T)	1. 2.94 °	E EK (KR)	k 26. 6.53
	Ammon Jürgen	1. 2.94	M PH IF	e 20. 6.52
	Kamella Eva-Maria (T)	1. 3.95	BI CH	k 22. 1.55
	Schlömer Herbert	1. 5.95	SP SW	k 17.10.53
	Reinwald Georg	1.11.96	D EW	k 25. 9.53
	Reßmeyer Reinhilde	1.11.97	BI GE	e 8.12.54
	Heidger Edith	1.12.00	KU E	k 22. 1.56
	Esser Rudolf	1.11.01	M PH	k 27.11.54
	Menzel Robert	1.11.01	M PH IF	k 6. 5.58
	Helten Hans-Peter	1.12.02	D GE	k 8.10.54
	Molitor Georg	1.12.02	MU KR	k 15.12.60

	Name	Date	Subjects	Date 2
C	Franck-Peltzer Jutta (T)	1. 1.92	E GE	k 26. 1.56
	Werner Monika	1.12.95	D KU	k 7. 1.61
	Hagen Birgitta (T)	1.10.96	D E	k 30. 9.62
	Meuter Marion (T)	1.12.99	M PH	k 20. 2.66
	Strotkoetter Bernhard	1. 2.03	M BI	k 26. 5.68
	Colberg Carsten	1. 8.03	M PH	k 5. 7.72
	Kohl Reiner	1.10.03	M PH	k 29.10.71
	Pohl Martin	1. 8.05	D GE	e 26.11.71
	Creutz Christian	1. 8.05 °	D KR	k 25. 4.72
	Otten Bettina	1.11.05	L CH	e 10. 2.72
	Bertram Claudia	1. 3.06	MU KR k	7. 9.72
	Görtz Ruth	1. 3.06	D PA	k 18. 1.72
	Sieprath Ellen	1. 3.06	L KR	k 20. 4.73
	Becker Claudia geb. Trapp	1. 3.06	M BI	e 28. 6.72
	Kessen Kathrin	1. 3.06	E BI	k 6. 3.73
	Hupfer Aurelie geb. Müller (T)	1. 2.07	F S	k 24. 8.73
	Kramm Nicole-Susann geb. Jansen (T)	1. 2.07	E SW	k 2. 3.74
	Faust Daniela	1. 4.07	D E	k 12. 5.75
	Wunder Sandra	1. 4.07	D PA	k 23. 8.76
	Haag Anne (T)	1. 4.07	E S	k 30.11.76
	Helduser Andrea	1. 4.07	M GE	k 20.12.76
	Odenthal Gertrud (T)	1. 1.92	D EK	k 23. 9.55
E	Lohmann Christiane	1. 2.06	D SP	k 24.10.72
	Schmittmann Kirsten	1. 2.06	E S	2.11.74
	Dormann Eva	1. 2.06	D S	k 6. 5.76
	Steiners Petra (T)	1. 2.06	E L	k 6. 8.76
	Borghoff Simone geb. Kühle	1. 2.06	E KR	k 31. 1.77
	Meusch Martina	1. 2.06	M KR	k 4. 4.77
	Glahn Andreas	1. 2.07	M SW	e 14. 1.75
	Weidmann Andrea	1. 2.07	BI SP	k 27. 1.76
F	Keining Horst		KU	9. 2.49
	Franken Jörg Dipl.-SpL		SP	k 23. 8.54
	Gasten Maria-Theresia	°	F KR	k 16. 5.58

Scholz Sibylle		M PA	k	29.10.59	Groß Stephanie	F SP	k	12.10.74
Nötzel Ellen		F ER	e	30. 7.61	Pauer Sören	E SP	e	4. 8.77
Wulkow Gesine		D GE	e	7. 1.64	Gerdelmann Anne	D E	k	30. 1.78
Krätschmer Ute		M KU	k	18. 6.65	Braunisch Katrin	KR SP	k	6.12.78
Kemper Sigrid		F PA	k	7. 9.66	Riedel Nadine	M CH	e	22. 3.79
		KR			H Schmitz Hubert	MU	k	12.10.59
Sabranski Sabine		S	e	15. 6.67	Pfeiffer Christoph Pfr.	ER	e	6. 3.64
Geister Gilbert		KU	e	10. 7.73				

1.105 Düren   St.-Angela-Schule   gegr. 1681
pr. G. f. M. d. St. Angela Schulgesellschaft mbH
Bismarckstr. 24, 52351 Düren – Tel. (0 24 21) 1 60 41, Fax 2 07 96 42
E-Mail: sekretariat@angela-dueren.de, Homepage: www.angela-dueren.de

Kl: 6/12   Ku: 94/15   Sch: 776 (776) (194/340/242)   Abit: 73 (73)   **BR Köln**
L: 42 (A 1, A_1 1, A_2 5, B 10, C 16, E 3, F 4, G 1, H 1)   ASN: **167502**
Spr.-Folge: E, F/L, F, S   Dez: LRSD **N. N.**

A	Habrich Heinz-Wolfgang	1. 8.02	°	D KR	k	19.11.52	Stienen Astrid geb. Winkel (T)	1. 4.99	° D ER	e	23. 7.63
A_1	Isaac Harald	15.10.04		M EK	k	10. 7.52	Schick Irmgard (T)	1. 8.99	D KR	k	18. 8.66
A_2	Offermann Hans-Dieter	1. 8.97	°	CH	k	9. 2.51	Statzner Britta	1. 8.01	E SP	k	6. 1.67
	Maevis Christoph	1. 8.97		E SW	k	4. 4.55	Fietze Pia geb. Stumm (T)	1. 8.01	F GE PK	k	9. 3.68
	Schricke Ulrich	1. 2.04		D GE	k	3. 5.49	Litt Wolfgang	1. 8.01	L GE	k	16. 4.70
	Lehnen Heinz-Peter	1. 8.06		KU D	k	26.12.54	Tilke Sigrid geb. Thelen (T)	1. 2.02	E SP	k	30. 6.61
	Cremer Friederike	1. 8.06		M KR	k	6.12.64					
B	Opperskalski Annette	19. 6.84		EK F	k	19. 3.45	Schöngarth Frank	1. 8.03	D GE ER	e	8. 2.69
	Schierbaum Mich.	1.10.86		E EK	k	14. 9.46	Kloesgen Birgit	1. 8.05	S E	k	3.12.68
	Hubo Heinz	1.10.86		M PA	e	28. 1.47	Herter Yvonne	1. 8.05	MU D	k	1. 8.71
	Schumacher Willi	1.10.93	°	SW F	k	13. 3.52	Schall Bernd	1. 8.05	E D	k	6. 8.71
	Neuendorf Maria-Theresia geb. Heinen	1. 8.01		M BI	k	31.12.54	Heinen Annette	1. 2.06	M E	k	8. 4.77
							Jansen Alexa	1. 2.07	D KR	k	19. 7.74
	Ehrhardt Maria-Theresia geb. Kosanke (T)	1. 8.01	°	E EW	k	1. 1.55	Richter Herbert	1. 8.07	D KU	k	4. 9.65
						E	Quadflieg Georg	1. 2.05	M PH	k	10. 6.75
	Gutrath Roswitha geb. Prusiewicz (T)	1. 8.03		BI E	k	5. 5.51	Nybelen Jürgen	22. 8.05	L KR	k	8. 7.70
							Kürten Andreas	1. 8.07	D KR	k	23.11.75
	Hennies-Langen Margret (T)	1. 8.06		F E		2.11.53	F Leitzen Marion geb. Seidel		BI EK	k	29. 9.54
	Kirch Bernhard	1. 9.07		PH EK	k	6. 1.59	Löbermann Ingeborg Dr. geb. Schreck		BI CH	k	10. 6.56
	Kilian Raija geb. Fleischer	1. 9.07		M S	k	18. 2.69	Zschocke-Remberg Jessica geb. Zschocke		SP	k	17. 1.67
C	Joseph Monika (T)	1. 4.84		EK SP	k	14. 5.53					
	Meier Heribert	1. 8.86		BI CH	k	27.12.50	Bauer Elke		D GE	k	7. 9.68
	Hellmann Ulrike geb. Tillmann (T)	1. 2.89		SP EW	k	7.10.54	G Guntermann Irmg. geb. Maubach RSchL'		° D F	k	10. 1.39
							H Weber Georg		MU	k	6.11.62

1.106 Düren   Stiftisches Gymnasium
stift. G. (5-Tage-Woche) f. J. u. M. (U.-Tr.: Gymnasialverwaltungsrat)
Altenteich 14, 52349 Düren – Tel. (0 24 21) 28 99-0, Fax 28 99-16
E-Mail: stift.dueren@t-online.de, Homepage: www.stiftisches.de

Kl: 9/16   Ku: 132/22   Sch: 1036 (447) (260/475/301)   Abit: 72 (32)   **BR Köln**
L: 52 (A 1, A_1 1, A_2 6, B 17, C 12, D 3, E 8, F 3, H 1)   ASN: **167514**
Spr.-Folge: E/L+E, E/L/F, S   Dez: LRSD **N. N.**

A	Pfaff Jürgen	27. 8.99	E EK	e	22. 6.49	Adrian Karin geb. Vasips	6. 5.96	D E	30. 8.50
A_1	Erkner Herbert	30. 9.93	E EK	k	29. 6.49				
A_2	Nachtwey Joachim	10.12.86	F SP	k	26. 8.45	Engels Horst	20. 3.98	PH	k	6. 2.48
	Becker Hildegard geb. Bein	14. 1.93	BI EK	k	31. 5.51	Schrott Franz-Josef	22. 6.99	GE D	k	13. 1.47

Gymnasien Nordrhein – BR Düsseldorf · BR Köln

	Holländer Hans-Georg	26. 7.04	M PH	e	24. 3.54
B	Linz Jörg (V)	26. 8.80 °	D BI	e	23. 8.49
	Hemprich Reiner	26.10.81 °	EK E	k	29. 9.48
	Küsgens Uta geb. Goerres (T)	29.10.82 °	SP BI	k	16. 2.45
	Kohleick Gerhard	29.10.82	L G	e	17. 1.53
	Bröcker Gabriele geb. Lohse	10.12.86	E D	e	22. 4.51
	Kreymborg Helm.	10.12.86 °	M PH	k	21. 9.49
	Schmitt Volker	30.12.98	KR GE	k	3. 2.48
	Michels Astrid geb. Breuer (T)	98	MU CH	k	14. 8.53
	Brucker-Lock Gudrun geb. Brucker (T)	17.11.05 □	BI CH	e	8. 7.56
	Gentgen Achim	30.11.06	M PH	k	20. 2.56
	Brenner Lothar (L)	30.11.06 °	F E	k	20. 9.53
	Kahlen Beate	30.11.06 °	EK SW	k	22.10.52
	Bünten Günter	30.11.06	BI EK	k	12. 4.62
	Mönkediek Markus	30.11.06	MU SP	k	8. 3.67
	Hembach Christina	30.11.06	D FS	k	3. 6.71
	Meier Helmut	31. 1.07	EK SP	k	22. 5.51
	Zysk Manfred		BI CH		
C	Roth Christine geb. Teubner	4. 6.80 □	SP E	e	30.10.49
	Pühringer Ralf	5. 8.82	M EK	e	3. 1.45
	Werkmeister Joh.	5. 8.82 °	SP SW	k	6. 9.49
	Kirchhart Wilhelm	3. 6.83	D PL	k	15.12.51
	Duisberg Gudrun geb. Hille (T)	21.10.83	BI EK	e	27.11.52

	Steinmann Gertrud geb. Reifferscheidt (T)	25.10.84	E EK	k	23. 5.54
	Sigglow Hans-Herm.	1. 7.88	D E	e	15. 2.54
	Hoppermann Ludger (T)	1. 7.88	KR L	k	23.11.55
	Michels Klaus (T)	16. 8.88	L E	k	26. 2.52
	Hildebrand Jens	1. 1.02	E D	e	30. 5.69
	Jaeger Achim Dr.	04	D GE		63
D	Mohr Bruno SekIL	27. 5.83	KR SP	k	17.10.48
	Bodden Anne SekIL' (T)	27.12.84	D EK	k	14. 8.43
	Winkelmann Christine Dr.	19. 8.96	S D		22. 8.55
E	Will Robert	1. 2.06 °	E D	k	19. 5.74
	Staats Inga	1. 2.06	F D	k	28.12.76
	Röther Jessica geb. Holzmüller	1. 2.06	M SP		7. 4.79
	Schulte Jürgen Dr.	1. 8.06 °	PH CH (M)	k	13. 9.68
	Herget Isabel	1. 8.06	L PH	k	21. 9.78
	Floßdorf Ruth geb. Wilms	1. 2.07 °	KR GE	k	8. 5.76
	Jonientz Britta geb. Ages	31. 7.07	BI SP		2.11.76
	Buß Anne	31. 7.07	D E		9.12.77
F	Magiera Dietmar	°	M PL	k	19. 5.45
	Ehrcke Peter		M PH		
H	Orkisz Marita		KU	k	12. 2.48

1.107 Düren   Gymnasium am Wirteltor   gegr. 1828
st. G. (5-Tage-Woche) m. zweisprachigem dt.-engl. Zug f. J. u. M.
Hans-Brückmann-Str. 1, 52351 Düren – Tel. (0 24 21) 20 90 9-0, Fax 20 90 9-29
E-Mail: schulleitung@wirteltor-gymnasium.de
Homepage: www.wirteltor-gymnasium.de

Kl: 12/24   Ku: 182/28   Sch: 1461 (648) (361/672/428)   Abit: 91 (42)   **BR Köln**
L: 81 (A 1, [A₁] 1, A₂ 8, B 24, C 23, D 3, E 13, F 7, H 1)   ASN: **167540**
Spr.-Folge: E, L/F, F/L, S   Dez: LRSD **N. N.**

A	Müller Wilh. Josef	1. 5.92 °	D EK	k	3. 9.44
A₁	(Paulun Rüdiger StD A₂)		BI CH		27. 4.56
A₂	Wanke Ulrich (F)	10. 8.81 °	M EK	k	9. 9.44
	Keppler Karl-Walter	1. 2.92 °	E GE	k	19.11.46
	Vogel Ursula geb. Alfermann (F)	18. 1.93	D GE	k	3. 8.47
	Klein Erwin (F)	18.12.97	F S	k	7.11.52
	Nepomuck Friedrich	2. 5.05 °	F EK	k	9. 7.50
	Fähnrich Herbert	14. 3.07 °	M PH	k	27. 5.47
	Tankiewicz Hans-Georg	14. 3.07	D GE	k	14.12.52
	Loos Joachim	7. 8.07	D SW	e	29. 3.54
B	Kläs Hans-Dieter	8. 1.79	M PH		4.12.44
	Vornholt Kurt	1. 2.79	E SP	k	7. 8.43
	Lanz Dieter	11. 2.80	SW WW		25. 9.47
	Esser Rainer	12.11.84	D EK SP	k	4. 3.50
	Krings Hans-Jakob	15.11.84	BI KR	k	15. 4.49
	Kemmer Edith	2. 5.85	SP M	k	27. 4.52
	Querengässer-Shibli Ingrid	1. 3.87 °	E GE	oB	19. 1.47

Peters Jutta geb. Schulz	4.12.90 °	M EK		4.12.52
Fiedler-Nachtigall Marion	1. 2.93 °	KU E	k	8.11.50
Kritzler Herbert-Bernhard	1. 6.93	BI PA	e	23.12.49
Schübeler-Jannes Ursula geb. Schübeler	1. 9.94	GE F	k	23. 4.54
Müller Horst-Günter Dr.	29.11.94	M PH		20. 9.51
Schramm Harald	27. 7.95 °	E PA		24.11.50
Rausch Karl-Heinz	20.11.95	EK SP	k	17. 6.54
Räther Manfred	23. 3.96	D GE	k	25. 1.51
Ernst Christel	15.12.96	E GE	k	23. 5.55
Reepen Wolfgang	9. 7.97	D MU	k	27. 1.52
Franken Manfred	9. 7.97	M CH	k	31. 7.54
Wilms-Markett Angelika	1. 8.01 °	M PL	k	23. 2.54
Schroeder Jürgen	8. 5.06	PH	k	8. 8.50
Mohren Wolfgang	8. 5.06	L KR	k	8. 5.62
Stiel Margot	11. 9.07	D GE		31.12.47
Hedemann Rolf	11. 9.07	BI CH	e	29. 9.48

Gymnasien Nordrhein – BR Düsseldorf · BR Köln   79

	Mauel Stephan	11. 9.07	L E	k	5. 8.54		Ax Christina		BI PA		11. 4.74
	Tangemann		PA PL F		1. 7.49		Landt				
	Hans-Georg					D	Uerlings Peter HL'	5.12.73	KU D	k	27.12.49
	Kronen Gundula		CH BI	k	6. 3.58				KR		
	Kleinebreil Magnus		D MU	k	3. 8.62		Brinckwirth Sylvia	13.10.81	D KU	k	5. 3.55
C	Kuhlen Irmgard	31. 3.80	F SP	e	31. 1.48		SekIL'				
	Fettweis Viktoria	19. 8.80	E D		12. 1.51		Weiser Gabriele	1. 8.82	BI D	k	18. 4.54
	geb. Herz						geb. Weinhold				
	Schwarz Dieter	15. 5.81	BI CH	k	2. 9.48	E	Flach Ulrike	15. 9.03	E GE	k	24. 4.74
	Vogt Reinhard	3. 8.81	KU GE	k	13. 4.51		Peitzmeyer	1. 2.06	F S	k	26. 3.74
	Röther Marita	3.11.81	E F	k	8.11.50		Bernadette				
	geb. Eismar						Faulhaber Christian	1. 2.06	BI SP	k	5. 5.75
	Evertz Ferdinand	26. 8.82	M KR	k	1.10.52		Schimanski Cerstin	1. 8.06	D SP	oB	2. 2.64
	Nevels Harald	31. 8.82	E F	k	14. 1.47		Wehrs Petra	1. 8.06	E GE	e	17.12.70
	Küpper Helmut	4. 3.83	M SP	k	19. 8.51		Tegethoff Vera	1. 8.06	D EK	k	22. 6.76
	Nöllgen Günther	19.12.83 °	E EK	k	29. 8.51		Siegler Christian	1. 8.06	L M	efk	9. 8.77
	Matthes Helga	5.11.84	E S	k	24. 7.52		Lamm Claudia	1. 8.06	KR M	k	9.10.78
	Küpper Rosina	11. 7.89	E KR	k	31. 5.57		Welters Christian	1. 8.07 °	SW PA	k	26. 9.76
	geb. Börder								MU		
	Zittermann Hubert	1. 8.91	M SP	oB	10. 8.57		Kaeseler Niklas		E EK		12. 5.75
	Hennes-Burg Marie-		9.94	M CH	k	27. 6.58		Donath Svenja		D GE		21.10.75
	Luise geb. Hennes						Schumacher Ina		BI F		20. 4.76
	Müller-Riedel Axel		95	MU PK	e	1. 2.61		Burghardt Jens		M ER	e	12. 1.77
	Theis Manfred	9. 9.99	M PH	e	22.11.67	F	Hupp Herbert Dipl.-SpL		SP		6. 6.51
	Miseré Claudia	2. 8.01	E S	k	21.11.66		Runkel Christian Dipl.-SpL		SP	k	2. 7.52
	Schlossbauer Sigrid	1. 1.02	L GE	e	20. 5.60		Engels Willi		G KR	k	17.12.54
	geb. Gotzen		ER						SP		
	Lyncker Elke	22. 1.02	D KU R		29. 3.65		Ahn Werner		E SW		2.10.56
	Pressler Sabine	1. 8.05	L D G	k	23.11.72		Braun Johannes Dr.		D GE		16.10.68
	geb. Drüen						Radermacher Pia		E G		28. 7.74
	Wilms Anna				28. 7.66		Homeier Julia				28. 7.77
	Krause Dorothee		M SP	k	20. 3.70	H	Peter Bettina		D PP		27. 4.70

1.108 Düren Rurtal-Gymnasium gegr. 1880
st. G. f. J. u. M.
Bismarckstr. 17, 52351 Düren – Tel. (0 24 21) 20 63 8-0, Fax 20 63 8-29
E-Mail: info@rurtalgymnasium.de
Homepage: www.rurtalgymnasium.de

Kl: 6/11   Ku: 65/10   Sch: 618 (253) (182/297/139)   Abit: 52 (23)   **BR Köln**
L: 35 (A$_1$ 1, A$_2$ 2, B 13, C 11, D 1, E 3, F 3, H 1)   ASN: **167526**
Spr.-Folge: E, L/F, F/L, I   Dez: LRSD **N. N.**

A$_1$	Großmann Gabriele	1. 4.93 °	D EK	e	24. 6.53		Rudorf Helmut	14. 5.81	D PL	k	15.10.48
A$_2$	Krupp Hartmut	1.10.03	BI SP		27.11.47		Keiffenheim	12. 6.84 °	M EK	k	4.12.52
	Herzog Roger	17. 3.05	M PH IF		27.10.61		Ernst-Josef				
B	Reuter Petra	11.10.94	CH E	e	5. 1.50		Schmitz Lothar	1. 8.99 °	M PH	k	7. 2.51
	geb. Billstein (T)						Gajewski Stephanie	1. 6.06	BI E		
	Krifft Helmut	11.10.94	M WW	k	26.12.53		Sonnenberg	1. 8.06	BI CH		30. 4.74
	Grigowski Dietmar	7. 9.00	F BI	k	12. 3.48		Friederike				
			EW				Krüger Lydia	15. 9.06	L G		30.11.75
	Schäkel Lothar	1. 8.01	BI CH	e	24. 4.54		Dülken-Jonas Annerose		EK R		15.11.61
	Gerlinger-Erkner		9.02	F GE		21. 6.52		Kinast Marion		F D I		20.11.61
	Beate						Wenz Carina		M EK		22. 8.69
	Stein Alexandra	5. 7.05 °	BI EK	k	10. 7.70		Barth Kathrin	1. 8.07	L KR	k	14. 9.70
	Terhorst Daniela	15. 8.07	D MU		3. 9.64	D	Heuser Carsten L z. A.	1. 2.07	F SP		11. 3.77
	Lichtschlag Axel	15. 8.07	D SP		13. 3.68	E	Schmidt Barbara	1. 8.03	D SP		16.10.72
	Klar Annette	15. 8.07	M PH		4.10.70		Lamers Anne	1. 8.06	D SW		1.10.77
	Schwarz Michael		E SP	e	15. 2.51		Manzo Manuela	6. 8.07	I F		24. 1.78
	Flatten Arnold		M PH		25. 9.58	F	Jansen Gerhard		E D KR	k	27.12.54
	Meisen Silke		D E KR		5. 3.69		Ritter Andreas		MU D		23.10.63
	Rauh Regina		D KU				Neuheuser Peter		BI ER		23. 7.68
C	Robens Hans	8. 5.81 °	E EK	k	5. 9.47	H	Fricke Wolfgang		KU		14. 3.46

1.109 Düren Burgau-Gymnasium gegr. 1969
st. G. m. zweisprachigem dt.-frz. Zug f. J. u. M.
Karl-Arnold-Str. 5, 52349 Düren – Tel. (0 24 21) 1 21 96-0, Fax 1 21 96 16
E-Mail: schulleitung@burgaugymnasium.de, Homepage: www.burgaugymnasium.de

Kl: 7/14 Ku: 90/15 Sch: 762 (353) (189/353/220) Abit: 63 (37) **BR Köln**
L: 48 (A_1 1, A_2 4, B 15, C 13, D 3, E 3, H 9) ASN: **167538**
Spr.-Folge: E/F, F/E, L/I, S Dez: LRSD N. N.

A_1	Dahmen Horst	1. 8.07	E SP		27. 3.49		Weser Heribert (T)	13. 9.80 °	M PH (IF)	k	27. 5.48
A_2	Wurzel Bettina Dr. Dipl.-Päd.' (F)	15. 8.81	M SP	k	16. 4.48		Schneiders-Pasch Marita geb. Schneiders (T)	25. 8.81 °	D SP	k	21. 7.48
	Meusemann Helga Dr. geb. Stickelmann	1. 6.94	F GE		10. 3.49		Wiechowski Stefan	17. 4.83	M KR		30. 8.50
	Mäsch-Donike Martina geb. Mäsch (F)	1. 8.99	F MU	k	21. 4.63		Matthes Axel	22. 4.83	S F	e	24. 2.53
	Breuer Elisabeth		BI CH				Heinrichs Franz	7.11.88	E KR EW	k	11. 1.51
B	Schmidder Fritz	1. 2.79	F SP	k	1. 2.47		Schindel Rainer (T)	1. 8.01	KU BI		30. 3.62
	Fähnrich Beate geb. Dahmen (T)	23. 4.80	E EK	k	10. 4.51		Malzbender Michaela	7. 6.04	F SW PK		14.12.71
	Schumachers Manfred	1. 7.80	EW SW		27. 6.48		Seletzky Julie geb. Kleinert	1. 2.05	KU PL (M)	e	9. 3.74
	Bublitz Wolfgang	8. 7.81 °	M PH (IF)	e	13. 2.48		Pfeiffer Claudia	2. 2.05	L E		7. 4.73
							May Alexander	1. 2.06	D E		14. 2.69
	Brocks Hans Dieter	1. 8.81 °	M PH	k	20. 1.51		Herzbruch Anja	1. 8.06	M PH		13. 3.70
	Thönnessen Leonhard	1. 8.81	BI CH	k	27. 7.49	D	Stelter Rosemarie geb. Klauck	29.11.78	SP	e	6. 7.43
	Bernardy Felix	1.12.81 °	KR SP PL	k	7. 7.47		Janknecht Rudolf SekIL	4. 9.81	D EK	k	16. 8.51
	Harzheim Gonde geb. Beckers (T)	1.12.81 °	D GE	k	13.11.45		Jansen Vera geb. Heuser SekIL' (T)	81	D EK	k	8. 5.55
	Kern Günther	21.12.81 °	M SP	e	21.11.47	E	Unger Regina	9. 8.06	M MU	k	20. 5.78
	Neulen Ernst	1. 9.82 °	D GE	k	4. 7.51		Bußmann Monika	9. 8.06	D GE	k	17.11.79
	Frey-Theves Hannelore	1. 8.94	EK EW	k	30. 8.53		Schiffer Nadia geb. Vidal	8. 8.07	D F		5. 5.74
	Gülden Klaus	17. 7.95	F PL	k	6. 6.50	H	Roggendorf Bernd Dipl.-SpL		E SP	k	15. 9.48
	Lützeler Gerda geb. Hassel	27. 7.95	D GE	k	29. 9.54		Caspers-Dahmen Gabriele geb. Fink Dipl.-SpL'		SP	k	29. 1.55
	Ilbertz Hubert	21. 2.01	M BI (IF)	k	29.10.62		Wilms Yvonne geb. Gall		D F		15. 7.59
							Berger Eva		D I	e	18.11.62
	Ehrhardt Ulrich (F) (V)	1.10.07	F E	e	5. 4.53		Lorbach Helga		D BI	k	26. 8.68
							Rösler Axel		KU	e	17. 7.75
C	Rohr-Devaux Renate geb. Rohr (T)	27. 2.79 °	F E		7.10.49		Maeße Esther geb. Fink		BI EK	k	13.12.76
							Dost Fabian		MU	e	11. 7.78
	Dietrich Friederike M. geb. Schmöhe (T)	31. 8.80	ER E	e	28. 8.45		Rips Sofia		BI CH	k	17. 3.80

1.115 Düsseldorf Görres-Gymnasium gegr. 1545
st. G. f. J. u. M.
Königsallee 57, 40212 Düsseldorf – Tel. (02 11) 8 99 84 00, Fax 8 92 94 70
E-Mail: gy.koenigsallee@stadt.duesseldorf.de, Homepage: www.goerres.de

Kl: 7/13 Ku: 88/15 Sch: 836 (373) (212/381/243) Abit: 69 (39) **BR Düsseldorf**
L: 54 (A 1, [A_1] 1, A_2 5, B 16, C 20, D 1, E 4, H 5) ASN: **164446**
Spr.-Folge: L/E, E, F/G, I Dez: LRSD N. N.

A	Wirtz Otto Dr.	1. 9.94 °	F	k	12. 9.43		Gromig Herbert	27. 2.93 °	L GE		12. 8.51
A_1	(Dienst Willi StD A_2)	30.11.95 °	M PH	e	31.10.47		Siebert Gerhard	5. 1.96	L GE		9. 9.42
A_2	Müller Friedrich Prof.[2] (F)	11.12.85 °	D GE	e	21. 3.46		Wiesen Brigitte Dr. geb. Kerzmann (F)	13. 8.03 °	M PL	k	28. 7.52
	Simon-Schaefer Berthe-Odile Dr. geb. Meurer	2. 5.89	D F		21. 4.47	B	Bowinkel Marion geb. Kling (T)	21. 1.80 °	L G E	e	23. 4.46

	Strohe Dorothea	1. 2.80 °	L GE KR	k	21. 4.48	**Müller** Doris	10.10.00	M BI	25. 5.69
	Zimmermann Rudolf	1. 8.81	D KR	k	14.10.43	**Nellen** Elke-Irmgard	9.01 °	E F k	22.11.68
	Kessel Winfried	1. 8.81 °	E D	k	18. 3.50	**Prisack** Hans (T)	1. 1.02	M PH	14. 4.63
	Grosse-Brockhoff Annelen Dr. (T)	10. 6.83 °	D GE	k	2. 9.49	**Maaßen** Kathrin	7. 5.02	M CH e	22. 2.69
						Maerker Barbara[1]	1. 8.02 °	L E k	14. 1.65
	Scharfschwerdt Edith geb. Uniatowski	1. 8.84 °	D EK	e	1.11.48	**Steiner** Martin	25. 3.05	D KU k	13. 4.67
						Dornhöfer Iris	1. 8.05	M CH	20.10.75
	Kreutz Peter	21. 2.97 °	M PH	e	31. 5.53	**Lehmacher** Silke	1. 2.06	E GE	29. 1.72
	Böker Karin	1. 5.02 °	EK E	e	21. 1.47	**Holzamer** Petra	14. 3.06	M BI	20. 7.73
	Brandt Christine (T)	1. 5.02	KU KW		21. 7.54	**Haas** Melanie	1. 8.06	D SP	11.10.68
	Wallhorn Rainer	1. 1.03	D SW	k	30. 4.52	**Hütter** Heike	1. 8.06 °	CH EK k	28. 1.69
	Maasjost Reimund	1. 7.03	D GE		20.11.52	**Kühn** Gudrun geb. Horstkotte	6. 9.06	D ER	27. 5.77
	Desombre-Jüttner Marianne geb. Desombre (T)	1. 7.03	F EK	e	3.10.51	**Grothkast** Simona	1. 5.07	BI KU k	24. 9.71
						Schreiber Riccarda		G L e	15. 5.71
	Hoffmann-Bruns Marlies	1. 7.03	CH EK	e	20.12.55	**Roschanski** Marc	°	D GE SP	24. 1.74
						D **Kindla-Romeiko** Hildegard	1. 8.83	BI HW e	8. 3.56
	Kleinheider Michael		M KR	k	7. 8.61				
	Lethen Tim		M IF	e	23. 4.71	E **Gabel** Bruno	19. 9.05	SP GE	9. 2.62
	Hauke-Wilceck Cordula		E BI (M)	e		**Günther** Roland	1. 9.06	E PL	7.11.73
						Kropf Michael	1. 2.07	M IF k	20. 6.72
C	**Röder** Eva-Maria geb. Meyer (T)	7. 6.82 °	E F	k	31. 1.53	**Martin** Mareile	1. 2.07	M BI k	24. 7.79
						H **Brall** Ulrich	°	M U F k	24. 2.45
	Dausinger Lucia	3. 9.82	SP SW	k	4. 6.53	**Weßelmann** Joseph	°	L GE k	8.12.48
	Ott-Möller Helene geb. Möller (T)	8. 2.83	E GE	e	18. 2.52	**Biskupek** Georg		G MU k KR	28. 3.54
	Krolop Bernd Dr.	1. 3.87	D PL SW		23. 3.51	**Gladtfeld** Hans-Peter		M PH	5. 3.62
						Smidderk Lenore		E R e	29. 1.66
	Miller Angelika	4. 4.89	L F	k	26. 5.58	**Drascher** Thorsten Dr.		M PH e	19. 2.70

[1] Lehrbeauftr. an d. Univ. Düsseldorf   [2] Lehrbeauftr. an d. Univ. Duisburg-Essen

1.116 Düsseldorf Luisen-Gymnasium   gegr. 1837
st. G. f. J. u. M. – UNESCO-Projektschule
Bastionstr. 24, 40213 Düsseldorf – Tel. (02 11) 89 98-570, Fax 89 98-599
E-Mail: luisen-gymnasium@web.de, Homepage: www.luisen-gymnasium.de

Kl: 6/12 Ku: 108/17 Sch: 763 (442) (172/332/259) Abit: 67 (46)
L: 48 ([A] 1, A$_1$ 1, A$_2$ 2, B 14, C 11, D 3, E 4, F 6, H 6)
Spr.-Folge: E/F, L/E/F, R/F, I

BR Düsseldorf
ASN: **164501**
Dez: LRSD **N. N.**

A	**(Mesenhull** Wolfgang StD A$_2$)		M SP		1. 8.54	**Gerstner** Erwin		M PH e IF	17. 1.66
A$_1$	**Hölscher** Hermann J.	1. 6.07	PA SP		31. 7.50	**Püttmann** Martin		CH SW e	20.12.68
A$_2$	**Rohrwasser** Sigrid	29. 8.03 °	GE F	e	30. 6.52	C **Westerhoff-Wahler** Eva-Maria	1. 2.79	F PA k	2. 5.48
	Michel Claudia (T)		MU D						
B	**Georg** Ingrid	9. 9.74 °	G L		Chr 4. 8.43	**Rief** Doris geb. Becker	25. 5.79	E EK	3. 3.49
	Hülsmann-Diewald Annette (T)	2.12.79	BI HW		11. 2.48	**Beermann-Reetz** Marlene (T)	1. 3.81	D EK	10. 2.51
	Münstermann Hildegard geb. Christ (T)	12. 6.80	GE E	e	11. 3.50	**Schneider** Karl-Hz.	22. 4.82	D EK	3. 4.51
						Gerhardt Helmut	23. 6.82	D PL k	8. 6.46
	vom Steeg Gerd	16.12.80	EK E	e	30. 4.48	**Zielinski** Christiane (T)	1. 2.98	KR L k	9. 2.65
	Becker Maria (T) (V)	29. 7.81 °	E F	k	25. 6.49				
	Boochs Charlotte	22.12.81	F E I	k	12.11.49	**Kruse** Ulrich	1. 1.02	M SW e	19.11.66
	Renk Christl (T)	20. 8.92 □	E R	e	14.12.51	**Lemanski** Lars	1. 2.03	F EK	12. 7.71
	Iliescu Eugenia	21. 8.02 °	M PH	k	1. 4.44	**Wagener** Christine (T)	15. 9.06 °	M CH e	13.12.74
	Leers Kurt-Jürgen Dr.	5. 6.03 °	EK D	k	20. 1.49	**Nolde** Andreas	1. 2.07	M BI	13. 3.77
	Müller Michael	14. 7.04	F GE	e		**Theis** Nikola			
	Kropp Eva	7.06	F R		18. 2.50	D **Böker** Brigitte DiplSpL' SekIL'	22. 4.82	BI SP k	12. 3.49
	Krikowski-Martin Katharina (T)		D ER		5. 2.59				

	Name	Geb.	Fächer		Datum
	Lamprecht Dorit SekIL' (T)	26. 3.84	KU KR	k	7. 7.56
	Vogelbusch Annemarie	6. 8.07	KU I	e	12. 3.70
E	Jürgens Dirk Dr.	8. 8.06	D GE		7.10.71
	Heldt Jana geb. Schulze	9. 8.06	M PH IF		9. 6.65
	Patten Gabriele geb. Patten	9. 8.06	° BI EK (MU)	k	26. 4.73
	Blöcker Berit	9. 8.06	CH BI		17. 4.78
F	Kaufmann Marie-Catherine		F I	k	22. 4.50
	Salzwedel Michael		L PL PP		23. 9.55
	Wedler Martin		KU ER	m	19. 8.63
	Danneberg Kerstin Dr.		BI PH		30.12.69
	Wissing Nikola		D F		17. 9.77
	Funk Thorsten		PL KR	k	6. 9.78
H	Lambertz Peter Dipl.-SpL		SP		4.11.48
	Braun Constanca Dipl.-SpL'		SP		21. 8.49
	Brettschneider Angela Dipl.-SpL'		SP	k	11. 6.54
	Schaddach Regina Dipl.-SpL'		SP	k	1. 6.55
	Weifenbach Petra		KU		10. 4.61

1.117 Düsseldorf Humboldt-Gymnasium gegr. 1838
st. G. (5-Tage-Woche) mit musikalischem Schwerpunkt f. J. u. M.
Pempelforter Str. 40, 40211 Düsseldorf – Tel. (02 11) 8 99 24 95, Fax 8 92 96 19
E-Mail: gy.pempelforterstr@stadt.duesseldorf.de
Homepage: www.gy-humboldt.eschool.de

Kl: 8/16   Ku: 132/26   Sch: 1074 (573) (254/482/338)   Abit: 93 (43)   **BR Düsseldorf**
L: 61 (A 1, A₁ 1, A₂ 6, B 15, C 20, D 1, E 11, F 2, H 4)   ASN: **164320**
Spr.-Folge: L/E, E/F/L, L/G/F, I   Dez: LRSD **Fuchs**

	Name	Geb.	Fächer		Datum
A	Syring Volker		E SP ERe		14. 8.58
A₁	Kellner Rolf (T)	25. 8.95	M	k	4.12.49
A₂	Pohlig Werner	6. 12.89	D EK	e	7. 9.52
	vom Dorp Carl Dr. (V)	30.10.92	° BI CH	e	19. 3.55
	Bathe Bernd	1. 4.97	D GE	e	6.10.44
	Mie Rita	7.01	D EK	k	30.10.49
	Arning Gitta	1. 5.03	E GE PA	k	5. 4.54
	Danzeglocke Michael	05	KR SP I		10. 9.57
B	Baumann Annette (T)	3. 1.84	KU		12. 7.47
	Hänsch Klaus (T)	3. 4.84	° BI SP	e	29.10.49
	Loew Hartmut (T)	13.12.85	CH	k	11. 6.44
	Salm Christina (T)	14.11.94	D MU	k	14. 6.55
	Exo Evelyn geb. Tschipke	2. 2.96	E EK (ER)	k	9. 3.49
	Weber Winfried	2. 2.96	F SP	k	2. 1.53
	Schmitz Sandra	11. 3.02	M PH	k	3. 9.67
	Ibdah Gisela geb. Vietoris	1. 7.02	EK SW	k	23.10.47
	Loose Gerold	1. 7.02	E GE		5. 6.53
	Bietenbeck Hubert (T)	1. 7.02	M PH IF	k	29.10.55
	Steinmaßl Wilfried	1. 7.02	M MU	k	6. 7.56
	Frerking Sabine geb. Braun	14. 7.04	° E M	e	23. 7.70
	Giesing Katrin geb. Niehues	05	SW E	k	14. 4.74
	Otto-Hamada Susanne		□ E GE	k	14.12.61
	Rammelmann Endrik		BI CH GE	k	10.12.73
C	Zimpel Adolf	20. 3.80	PH M	k	28. 7.49
	Dolinsky Monika (T)	16.10.81	BI SP	e	9. 2.51
	Binder Manfred	11. 4.83	M PH	e	26. 7.52
	Teubner Bertram	31. 7.83	□ F PA		22.10.50
	d'Heureuse Horst	4. 9.83	D GE	frz.- ref	10. 5.50
	Buse Reinhard	4. 9.83	□ D PL		4.11.48
	Rüttgers Marita (T)	13. 8.84	F GE	k	26. 2.53
	Schulte Hendrick Dr.	3. 5.99	G L	e	25. 6.63
	Frisch Stephanie	1. 8.01	° F KR	k	12. 8.69
	Peters Ulrike	9. 4.02	E F MU	k	2. 3.68
	Giesing Benedikt Dr.	1. 2.03	GE SW PL	k	24. 3.67
	Johnson Stuart	1. 8.02	E SP	angl	20. 1.72
	Przybilla Andreas	14. 3.03	G L	k	31. 5.63
	Muth Kerstin	1. 2.04	□ D SW I	e	25. 3.73
	Oberholz Josef	1. 8.04	SP L		13. 1.63
	Ludewig Heike (T)	1.10.04	KU EK	e	9. 1.65
	Leifels Sascha	16. 8.06	M SP	k	14. 7.74
	Traub Nicola (T)		M E	efk	20. 3.68
	Täger Beate		D ER	e	21. 9.72
	Stalpers Ute (T)		M D	e	
D	Lipka Gernot SekIL	8.12.93	° ER GE	e	21. 4.55
E	Göbels Dirk	1. 2.04	° E GE	k	5. 3.74
	Krüger-Senger Regina	6. 9.04	E ER		20. 7.75
	Meyer Thomas	1. 2.05	EK L	k	6. 9.72
	Soyka Mike	05	D KR	k	21. 3.77
	Klatt Nicole	8. 8.06	E BI		27. 4.78
	Graß Kerstin	9. 8.06	° D EK	e	6.10.76
	Eigenrauch Sebastian	12.06	MU GE		13. 3.77
	Meyer Kathrin	1. 2.07	M BI CH	k	29. 6.79
	Klüppel Anne	6. 8.07	E SP	k	5. 3.79
	Ruben Sandra	20. 8.07	D ER	e	9.11.70
	Lo Re Guiseppe		□ M BI	k	10. 3.77
F	Kethers Klaus		KU EK	k	16. 6.57
	Schiffmann Bettina Dr.		G L GE	k	9. 8.57
H	Pohl Robert geb. Levermann GymnL'		° E	k	28. 6.45
	Roever Ulrich		° D MU	e	21. 8.59
	Natalini Enrica		GE PL PA I		22. 8.65
	Hormila Marjatta		KU SP		

1.118 Düsseldorf Geschwister-Scholl-Gymnasium gegr. 1872
st. G. (5-Tage-Woche) f. J. u. M.
Redinghovenstr. 41, 40225 Düsseldorf – Tel. (02 11) 8 92 82 10, Fax 8 92 92 07
E-Mail: geschwscholl-gymn@schulen.duesseldorf.de
Homepage: www.gsg-duesseldorf.de

Kl: 9/16 Ku: 84/15 Sch: 929 (465) (257/447/225) Abit: 74 (37)
L: 58 (A 1, A$_1$ 1, A$_2$ 7, B 18, C 21, D 2, E 3, F 1, H 4)
Spr.-Folge: E, F/L, F

BR Düsseldorf
ASN: **164458**
Dez: LRSD **Dr. Düver**

	Name	Datum				
A	Schrader Hans-Hermann	14. 5.01	° PH EK	e	27. 8.53	
A$_1$	Kirchhoff Thomas	2. 5.89	° M IF		24. 2.50	
A$_2$	Honermann Peter	1. 3.92	D L EW KR	k	31. 1.47	
	Creemers Ronald	3.12.92	SW EK	oB	5. 8.46	
	Hermann Hanns	28.10.93	° MU EK	k	13.10.43	
	Wehrhahn Ernst	29. 9.94	GE EK	oB	9. 7.48	
	Correnz Walter (F)	20.12.96	M SW	k	29. 7.51	
	Bickel Horst Dr. (F)	7. 6.99	BI CH		11. 5.50	
	Ecken Stefanie (F) (T)	23. 8.07	M D		26. 3.67	
B	Peter Horst	1. 2.80	CH	e	6.12.44	
	Höpke Gisela geb. Koll (T)	7. 7.81	M		12. 3.48	
	Gutwinski-Voigt Ute geb. Voigt (T)	8. 7.81	CH F	e	29. 6.49	
	Beil Manfred	31. 8.81	BI	e	24. 2.47	
	Kopp Horst	18. 9.81	SP EW	oB	11. 1.45	
	Stapper-Wehrhahn Margret (T)	11. 1.93	D SW		22.11.54	
	Scharlipp Jutta	13. 1.93	° D E	k	20. 1.51	
	Helmich Hans-Joachim Dr.	18. 1.93	D PL	e	27. 6.48	
	Schmidt Laurita	11. 1.95	M EK		16.11.54	
	Horion Thomas	11. 1.95	M PH IF		21. 6.54	
	Mergelmeyer Heinz	18.12.95	M IF		13. 5.49	
	Wahl-Aust Theodor	18.12.95	R SW		30.11.50	
	Rettberg-Rebhan Ute geb. Rettberg (T)	19. 1.96	R E		21. 5.54	
	Sander Hildegard	26. 4.04	KR EK	k	6. 6.56	
	Cloppenburg Klaus	15. 5.07	M PH		10. 9.60	
	Lohmann Torsten	29. 6.07	D BI		29. 3.73	
C	Köhn Annegret	1. 2.80	E F	oB	29. 6.50	
	Schneider Klaus	19. 8.80	° M	k	18.11.42	
	Schützler Michaela	1. 2.81	BI	oB	31. 7.49	
	Adams Walter	12. 7.82	SP EK	k	3. 2.50	
	d'Heureuse Marie-Therese (T)	1. 9.82	E TX	k	6. 4.52	
	Dürselen-Wöske Gertrud geb. Dürselen	1. 3.83	SP SW		7. 1.51	
	Flender Harald	31. 7.83	SP EK	e	18. 2.47	
	Winter Sylvia geb. Keller (T)	1. 8.83	D EW	e	19.11.51	
	Dembski Manfred	4. 9.84	D PK LI SW		2. 2.52	
	von Bossiazky Gabriele (T)	15. 7.86	D EK KU	k	20. 9.54	
	Kopp Peter	19. 1.88	° E EW		12.10.48	
	Sowa-Winter Sylvia Dr.	2.11.89	MU GE	k	8.11.49	
	Jopen Heinrich (T)	1. 8.91	PH IF	oB	28. 3.51	
	Bevis Susanne	1. 9.99	D E		22. 2.69	
	Lucius Katja (T)	28. 3.01	E M		23.11.68	
	Schubert Imke	2. 1.02	D BI		24. 7.67	
	Fluck Marie-Kathrin (T)	18.10.04	L F	k	18. 5.58	
	Merkel Diana	16.10.05	D ER	e	24. 9.72	
	Menzel Manuela	14. 2.06	° L KR	k	20.11.68	
	Douka Paraskevi	26. 7.07	D SP EW		13. 9.72	
D	Tetz Henrike	14. 8.00	ER	e	19. 6.63	
	Tibbe Daniela	22. 1.07	ER	e	24.11.75	
E	Junker Melanie	14. 2.06	E F	k	22.12.75	
	Simon Stefanie	7. 8.06	D CH	k	10.12.73	
	Bevilacqua Franco	7. 8.06	F M	k	19. 8.75	
F	Deschner-Schmitt Gertrud geb. Deschner Ass' d. L.		R GE	e		
H	Goergens Franz		KR GE	k	19. 2.43	
	Sievers Horst		PH	e	24.10.49	
	Carleton Michael		MU		2.12.49	
	Hoffmann Gerhard		SP	e	21. 1.53	

1.119 Düsseldorf Leibniz-Gymnasium gegr. 1896
st. G.[1] (5-Tage-Woche) f. J. u. M.
Scharnhorststr. 8, 40477 Düsseldorf – Tel. (02 11) 8 92 78 11, Fax 8 92 78 10
E-Mail: leibniz-gym@gmx.de, Homepage: www.leibniz.gymn.de

Kl: 7/11 Ku: 86/15 Abit: 41 (17)
L: 42 (A 1, A$_1$ 1, A$_2$ 4, B 12, C 10, D 2, E 4, F 3, H 5)
Spr.-Folge: E, Z/F/L, I, I

BR Düsseldorf
ASN: **164471**
Dez: LRSD **Dr. Düver**

A	Verfürth Bernd	12. 4.91	M		6. 9.50	
A$_1$	Pechtel Detlef	1. 8.01	° BI CH	e	15.12.49	
A$_2$	Niehoff Rolf (F)	31. 8.81	KU	oB	20. 1.44	
	Klein Brigitta	30. 4.06	SW PA		25. 6.52	
	Warchola Gudrun (T)	19. 6.07	E EW		3. 4.52	
	Röhrig Bernd		M PH			
B	Grope Christiane	1. 1.79	D F	oB	8. 5.46	
	Krüger Gudrun	19.12.79	° E F		3. 3.47	
	Böhme Ulrich	18.10.82	E GE		9. 7.49	
	Konrads Norbert	1. 8.87	D I		4. 4.50	
	Braun Ingrid geb. Teutsch (T)	25. 3.92	° M	e	21.11.48	
	Ortmann-Falkenstein Gisela	13. 1.93	BI CH	oB	5. 9.50	

Gymnasien Nordrhein – BR Düsseldorf · BR Köln

	Name	Datum	Fächer		
	Voigt Sigrun	13. 1.93	GE D	e	10. 5.49
	Reinartz Eckhard Dr.	28.11.94	SP M		9. 1.43
	Nietsch Manfred (T)	28.12.94	KU D	oB	20. 1.50
	Bujny Rosemarie (T)	1. 2.05	I F D		
	Reifers Iris	17. 4.07 °	M EK	k	18. 1.74
	Lucht Michael	21. 9.07	D SP		14.10.67
C	Eiffler Petra	29. 9.83	D PA	e	12. 8.52
	Beiseken Hans-Peter (T)	4. 9.84	F EK	oB	8. 4.50
	Schwietering Birgit	2. 4.98	E I		30. 3.61
	Zeh Rainer	1. 8.02	M PH	k	20. 3.69
	Bikaki Efthalia (T)	26. 3.03	D GE	gr-orth	2. 5.71
	Lehmann Anja	21. 2.07	I M		30. 3.78
	Rech Stefanie	5. 6.07	I E		9. 8.75
	Sonntag Stephanie	2. 7.07	L D		25. 6.64
	Heidenreich Eske (T)	9. 8.07	E F		21. 9.70
	Heuser Christian	18. 9.07	GE KU		16. 1.76
D	Konrads Astrid geb. Flender SekIL'	9. 1.84	TX ER	e	29. 4.56

	Name	Datum	Fächer		
	Köstler Angelika SekIL'	9. 3.84	D SW	k	3. 1.56
E	zur Mühlen Nathalie	22. 8.05	D MU		20.12.70
	Müller Melanie Dr.	1. 2.07	BI EK		21. 6.76
	Röder Iris (T)	2. 8.07	BI CH	e	4.12.73
	Giunta Luigi	2. 8.07	I SP	k	12. 3.75
F	Brune Rainer		KR SP	k	7. 8.54
	Baumhauer-Conen Annegret		BI GE		3.10.57
	Brembach Ute		D MU		
H	Schönfelder Ingolf		SP BI	e	15.10.46
	Yannidakis-Hahne Catherine		Z KR	gr-orth	8. 2.50
	Rose Agnes geb. Bommes		SP	k	13. 8.53
	Banik Helmut Pfr.		ER	e	13. 7.63
	Myriouni Alexia		EK OR Z GE	gr-orth	10. 5.68

[1] Montessori-Gymnasium im Aufbau

1.121 Düsseldorf Max-Planck-Gymnasium gegr. 1906
st. G. f. J. u. M.
Koetschaustr. 36, 40474 Düsseldorf – Tel. (02 11) 8 92 72 11, Fax 8 92 92 06
E-Mail: schule@max-planck.com
Homepage: www.max-planck-gymnasium-duesseldorf.de

Kl: 8/12   Ku: 90/14
L: 44 (A 1, A$_1$ 1, A$_2$ 4, B 15, C 19, D 1, E 2, H 1)
Spr.-Folge: E, L/F, F/L

BR Düsseldorf
ASN: **164495**
Dez: LRSD **N. N.**

	Name	Datum	Fächer		
A	Reusrath Edith	2.11.98	E SW	e	8. 7.51
A$_1$	Exo Lothar	8. 5.92 °	E EK ER	e	13. 9.46
A$_2$	de Schmidt Winrich Dr. (F)	31. 8.78	D PL		7.10.42
	Becker Gerhard (V)	30.12.94 °	M SP KR	k	25.12.49
	Autenrieth Theo	29.11.95	PH SW	k	31.12.52
	Krumwiede Herm.	27. 2.01	M PH IF		15. 2.54
B	Holzhausen Ulrich (T)	15. 1.79	MU D	e	26. 9.44
	Meise Ulrich	8. 1.80	M PH		3.10.49
	Volk Gerlinde geb. Matenar (T)	29. 1.80	M	k	23. 4.46
	Kalusche Michael	23. 4.85	D PA PL		29. 5.51
	Heuck Wolfgang	27.12.94 °	BI CH		14. 3.55
	Weimer Wolfgang Dr.	14. 2.96	PL GE		3. 3.49
	Gürtler Ulrike	15. 4.96 °	D L		21. 6.49
	Lorentzen Wolfgang	16. 4.96	GE EK		5. 7.49
	Enderes Gabriele	26. 5.98	D GE		18. 1.54
	Reinartz Christine (T)	29. 7.03	E F		23. 7.50
	Winter Reinhard	30. 7.03 °	ER EK	e	11. 2.54
	Raschke-Croft Marina	17.10.03	E EW	e	18. 1.55
	Schwarze Axel Dr. (T)	9. 8.07 □	D PL ER	e	20.10.51
C	Schönewald Hans-Josef	7. 2.83	D GE	k	23. 9.49

	Name	Datum	Fächer		
	Kuck Cornelia	1. 3.83	E PL	e	1. 4.54
	van der Meulen Lothar	1. 8.83 °	GE F		10. 7.50
	Flügel Adolf	4. 9.84	PA SW		6. 9.49
	Erxleben Susanne	13. 5.97	M PH		10. 3.56
	Haude Birgit geb. Kramm (T)	3. 5.99 □	D BI	e	9. 9.60
	Blech Dorothee geb. Schaepersmann	7. 8.00	E F	e	13. 6.61
	Becker Volker	1. 4.01	E SP		6. 8.68
	Buchholz Birgit	7. 1.02 °	BI CH		13. 2.67
	Jakobs Claudia (T)	7. 1.02	D E		13. 1.69
	Schumacher Petra	1. 2.04	E BI		29. 8.70
	Götz Matthias	19. 7.04 °	E SP		21.12.72
	Jüttner Pascale	20. 8.04	E F	e	30. 7.72
	Swietlik Andreas	15. 9.04	KU PS	k	31. 8.65
	Samel Stephanie	15. 9.04 °	MU F	e	3.10.73
	Enste Katja geb. Woth	11. 2.05 °	BI CH	e	27. 9.75
	Himmel Serena Lucy geb. Kreis	19. 3.05	E SP	k	6.12.72
	Frevert Thomas	29. 8.05	D EK	e	31.10.52
D	Bender Angelika geb. Mendorf SekIL'	26.11.80	M PH	k	19.10.55
E	Kratz Bianca geb. Lindner	1. 8.05 °	M KU		17. 9.72
	Münstermann Christiane geb. Herdörfer	1. 8.07	D KU	k	3. 3.62
H	Bienefeld Karl Wilhelm		KR	k	29. 6.49

Gymnasien Nordrhein – BR Düsseldorf · BR Köln 85

1.122 Düsseldorf-Benrath Schloß-Gymnasium Benrath gegr. 1907
st. G. (5-Tage-Woche) f. J. u. M.
Hospitalstr. 45, 40597 Düsseldorf – Tel. (02 11) 89-9 84 10, Fax 89-2 91 91
E-Mail: benrather@schloss-gymnasium.de, Homepage: www.schloss-gymnasium.de

Kl: 8/15 Ku: 98/15 Sch: 866 (458) (212/387/267) Abit: 64 (33)   **BR Düsseldorf**
L: 57 (A 1, A$_1$ 1, A$_2$ 8, B 16, C 19, D 3, E 5, F 2, H 2)   ASN: **164343**
Spr.-Folge: E, L/F, F/L, S   Dez: LRSD **Dr. Düver**

A	Belzer Sigrid	8.10.97	° D R	k	13. 1.51	Peters Joachim	2. 3.82	F SW e	3. 2.52
	geb. Hummerich					Schneider Klaus	28. 2.83	D SP	28. 7.48
A$_1$	Heise Manfred	1. 8.00	° PH EK	k	23. 1.56	Blumenthal Anna (T)	10. 2.84	° M SW	10. 1.50
			IF			Knist Ursula	4. 6.84	BI SP k	14. 8.53
A$_2$	Koletzko Barbara (F)	26. 3.82	° F EK	k	21. 2.48	geb. Faßbender (T)			
	Lehder Gabriele	20.12.85	KU Kugk		17. 7.49	Bärmann Sigrid	1. 8.84	KU e	28.11.50
	(F) (T)					geb. Braunholz (T)			
	Wagner Wolfgang (T)	1. 2.86	E F	e	29. 9.44	Redder Elke	17. 3.89	M ER e	10. 9.57
	Berndt Peter	5. 3.86	BI SP	k	5. 2.49	geb. Sternal			
	Buchloh Michael	27. 3.92	M EK	e	11. 7.53	Pleschinger Eva (T)	19. 8.89	L F k	24. 4.47
	(Vw)		IF			Zilkens Udo Dr.	10. 5.00	M MU	1. 7.64
	Junker Lothar (F)	25. 5.98	KR SW	k	13. 3.49	Skusa Nicole (T)	1. 1.02	M SW k	27.10.70
			PL			Brink Ilka (T)	19. 8.02	BI CH e	6. 5.68
	Wansleben Gerhard	10. 6.00	PL PH	k	26.10.54	Pickmann Martin	10. 9.04	D KR k	9. 1.69
	Scheuten Dominik (F)	4. 9.07	E EK	e	13.11.69	Beer Anka Dr. (T)	1. 2.06	° E KU	29. 1.73
B	Kocsis Isabel	29.11.78	° D GE		30. 3.44	Fritze Gerd (T)	6. 9.06	PH EK e	5. 7.71
	geb. Rümann (T)					Trottenburg Vera (T)	24. 5.07	D MU k	16.10.72
	Bander Otto (T)	7. 9.81	° GE KR	k	19. 1.49	Rohde Christiane		D ER e	11. 6.62
	Schwamborn Uta (T)	1. 5.84	° D PL		24. 6.46	Dr. (T)			
	Werner Heinz	1.11.87	E GE S		30. 5.52	Wötzel Christiane (T)		CH BI	
	Heermann Alfred	1.11.90	PA SW		12. 2.51	D Ahrweiler Gerd SekIL	1. 2.83	EK SP k	18. 8.51
	Hoffmann Gerd	2. 2.96	EK SP	e	12.10.48	Werth Klaus-	1. 2.83	M SW k	23. 8.50
	Schneider Susanne	17. 3.99	F S		3. 1.60	Helmut SekIL			
	Dr. (T)					Vollmer Doris SekIL'	13. 6.83	KU TX e	27. 6.55
	Keller Reinhard	26. 6.02	D PL		3. 7.50	E Dicks Barbara (T)	9. 8.06	° D E k	2.11.71
	Renz Reinhart	18. 7.02	BI EK		12. 8.51	Konrad Alexander	9. 8.06	E PL PP	1.11.74
			IF			Finkmann Christina	6. 8.07	° D F k	26. 1.75
	Riehl Barbara Dr. (T)	25. 7.02	BI CH	e	25. 3.60	(T)			
	Brandt Helge	20. 6.07	IF M		3. 5.73	Marquardt Kathrin	6. 8.07	BI CH e	3. 5.77
	Geskes Michael	21. 6.07	° D E	e	19. 5.72	Schäfer Philipp	6. 8.07	E GE k	12. 9.77
	Fanselow Rumjana		° E R		29. 3.53	F Schütz Bernhard		SP M k	5. 5.52
	geb. Zaperkova							PS	
	Wilbrand Susanne		° CH M	k	30.10.53	Offermanns		° GE SW k	11.10.52
	Gratzfeld Elke (T)		° M PH	k	26.10.56	Maria-Theresia		KR	
C	Hashemi Brigitte	11.12.80	D EK	k	27. 9.49	H Radl Raimund		MU k	16. 8.53
	geb. Maier					Dittmann-Flatten Petra		SP BI k	10. 1.54
	König Raluca	22. 9.81	E D	gr-	23. 3.50	Dipl.-SpL'			
	geb. Paladi (T)			orth					

1.123 Düsseldorf-Oberkassel Cecilien-Gymnasium gegr. 1907
st. G. mit zweisprachigem dt.-engl. Zug u. SekI-Montessorizwg.
(5-Tage-Woche) f. J. u. M.
Schorlemerstr. 99, 40547 Düsseldorf – Tel. (02 11) 8 92 33 11, Fax 8 92 90 38
E-Mail: verwaltung@cecilien-gymnasium.de, Homepage: www.cecilien-gymnasium.de

Kl: 9/15 Ku: 126/21 Sch: 964 (599) (265/421/278) Abit: 59 (39)   **BR Düsseldorf**
L: 57 (A 1, A$_1$ 1, A$_2$ 8, B 20, C 7, D 2, E 11, H 7)   ASN: **164392**
Spr.-Folge: E, F/L, F/I/K, S/K   Dez: LRSD **Dr. Düver**

A	Kayser-Hölscher	1.11.98	° F I	k	10. 2.48	Raeune Renate	11.11.94	F GE	23. 2.50
	Christa					geb. Posthaus (T)			
A$_1$	Limberg Bernd	1.11.98	D SW		15.12.52	Kurt Irmgard	6.12.94	F D k	30.11.47
A$_2$	Jansen Heribert	7. 6.90	° D GE	k	11. 8.43	geb. Stratesteffen (T)			
	Schatz Wolfgang	21. 1.92	M		12. 3.48	Bergmann Beatrice (T)	7. 2.96	° D SW k	27. 1.50
	Meise Karin	2.12.92	M	e	17.10.52	Bäcker Notburga	6. 2.97	° L D F oB	26. 4.49
	geb. Lemmert (T)					Dr. (F)			

	Jupe Ralf	28. 8.99	BI KU	k	23. 8.62	Theuer Stefanie	1. 8.00	E BI	27. 5.69
B	Kirsten Elke geb. Hennemann	28. 2.79	BI EK	e	11. 6.48	Jäger Dirk	10. 8.00	ER MU e	23. 4.67
						Baczyk André	1. 8.03	M SP	25. 4.73
	Geerkens Monika (T)	2. 4.82	S F		4.11.52	Giese Alexandra geb. Ehlers	22. 2.07	E M	14. 7.77
	Zimmler Sigrid	9. 1.95	SP EW	e	19. 5.46				
	Conradi Gunhild (T)	21. 2.97	E D		23. 6.46	D Menges Ulrike L'	1. 9.76	BI M	29. 8.50
	Klaissle Marianne	21. 2.97	F PL	k	3. 9.50	Wilimzig Andrea	1. 8.07	L I R	27. 2.76
	von den Driesch Michael	20. 5.98	BI	k	1.12.50	E Weber Corinna	1. 8.05	E GE	12.12.73
						Maasackers Ulrich	1. 2.06	M CH	18. 3.75
	Lange Dorothea	20. 5.98 °	E F	k	23. 5.53	Wegener Esther	1. 2.06	D GE	5. 4.76
	Maiwald Sibille (T)	20. 5.98	E GE	e	2. 3.49	Ruckelshauß Ursula	1. 8.06	M PH	5. 8.69
	Roppel-Gertz Ruth (T)	20. 5.98	E F	k	26. 2.55	Schmidt David	1. 8.06	BI CH	8.12.74
	Gilbert Sylvia (T)	26. 5.98	E EK	k	9. 6.59	Elbers Anne-Kristin	1. 8.06	F MU	10. 1.77
	Schreiber-Schatz Ingrid geb. Schreiber (T)	7.02	KU EW		1. 7.51	Beucker Esther	1. 8.06	GE KU	26.10.77
						Plümacher Sylvie	1. 8.06	F D	26.10.77
	Wiedemann Alfons	7.02	SP EK	k	23. 9.48	Franz Sabrina	1. 8.06	E CH	14. 4.80
	Leidemann Karin	7.02	M PH	e	29. 7.55	Schnabel Sebastian	1. 8.07	D GE (MU)	27. 7.75
	Schäfer Hans-Jürgen	1. 8.03	KR CH	k	19.11.65				
	Winkelmann Martina	1. 8.03				Krieg Isabell	1. 8.07	KU E	20.10.78
	Perlick Ines	16. 7.04	D ER	e	26. 6.68	H Heinrichsmeyer Wilhelm Dipl.-SpL		SP	3. 6.48
	Gutjahr-Dölls Christian-Stuart	1. 4.07	E SW		29.12.71				
						Ebner Norbert		E GE	16.12.48
	Kunz Christa	1. 8.07	D KU		11. 8.54	Wichert Helga		SP k	16. 1.54
	Snellman Christiane (T)	1. 9.07	E EK	e	22. 1.52	Graf Marion GymnL'		SP	5. 3.54
	Schmidt Elisabeth	1. 9.07	KR M	k	5. 9.61	Giese Andrea geb. Sporleder Dipl.-SpL'		SP	8. 8.55
C	Ruhl Klaus	1. 9.80	D EK	k	28. 3.51	Shimizu-Bethe Megumi		K	15.11.68
	Gertz Herbert	22. 8.82	M PL	k	25.11.50	Saito Dr.		K	
	Stumpf Christoph	6. 1.00	M PH		18. 2.65				

1.124 Düsseldorf-Oberkassel Comenius-Gymnasium gegr. 1908
st. G. (5-Tage-Woche) f. J. u. M.
Hansaallee 90, 40547 Düsseldorf – Tel. (02 11) 8 92 37 12, Fax 8 92 91 81
E-Mail: gy.hansaallee@stadt.duesseldorf.de, Homepage: www.comenius-gymnasium.de

Kl: 7/12 Ku: 122/19 Sch: 840 (422) (210/319/311) Abit: 55 (33)
L: 47 (A 1, A_1 1, A_2 4, B 14, C 12, D 1, E 11, F 1, H 2)
Spr.-Folge: E/S+E, F/L, F, S

BR Düsseldorf
ASN: **164434**
Dez: LRSD **Düver**

A	Matthes Monika geb. Schäfers	1. 8.02 °	F E	k	2. 2.53	Lietzke Edelgard	3. 6.03	BI e	21. 6.49
A_1	Faßbeck Claus Dipl.-Phys.	1. 8.96	PH		31. 1.47	Lueb Constanze (T)	3. 6.03	KU	27. 4.51
						Jepkens Annegret	13. 7.04	CH MU	17. 9.62
A_2	Schüring Jost (T)	24. 2.00	SW PK		7. 9.44	C Hühn Gerda-Louise (T)	7. 3.79	KU W k	10. 2.45
	Aehling Georg	9. 9.02	M IF WW		1.11.51	Wiemann	1. 1.02	E S SW	22. 7.67
	Hartmann-Scheer Ingrid	20. 4.02	L E	e	30. 3.43	Borbe Nicole geb. Dullisch	11. 1.02	CH M e	18.10.69
	Hackstein Armin (F)		KU D	e	7. 1.54	Raupach Kirsten (T)	15.10.02	E D PA	7. 9.66
B	Fritzsche-Thier Claudia	19.12.79	KU		15. 7.45	Busch Michael	15.10.02	M BI	13. 1.70
						Wegner Katrin	2.12.02 ☐	E D k	4.10.71
	Klein Günther	23. 7.80	KR E BI	k	10. 5.45	Brands Markus	3. 7.03	E KR k	13.12.71
	Danzeglocke Karl-Hans	17. 8.84	D EW KR	k	30. 7.53	Bußmann Markus	3.11.03	GE PK SW	29.11.69
	Fanter Wolfgang	1. 6.94	F EK	k	16. 5.52	Masuhr Susanne (T)	13. 7.04	SP S	9. 9.70
	de Jong Hans-Dieter	30.12.94	S E		10 9.43	Giesing Jan	15. 7.04	D SP k	21. 7.71
	Weinforth Friedhelm Dr.	5. 9.95 °	L GE		15.10.56	Schäfer Christian	1. 8.07	M IF	17.10.67
						Abs Kerstin geb. Rottmann		E BI e	29.12.59
	Kamp-Rettig Ulrike (T)	21. 2.96	E PA	e	27. 4.54				
						D Greulich Angelika SpL'		SP k	24. 1.44
	Kikillus Rüdiger	22. 2.96	BI EK		5. 3.54	E Schwarting Julia geb. Klapheck (T)	20. 8.01	E M BI k	31. 1.71
	Thiele-Reuter Angelika (T)	18. 6.02	GE D	k	13. 6.50	Palma Conchi Dr.	21. 7.04	D S	11. 4.72
	Ott Rainer	18. 6.02	E EW		18. 5.51	Ifland Heike	9. 8.05	F D e	11. 6.67
	Tepe Barbara (T)	9. 7.02	E PL	e	6. 5.56	Fries Hilmar	22. 8.05 ☐	MU F e	7. 3.70

	Claußen Oliver	1. 2.06	GE ER	e			Limberg Martin	6. 8.07	° D GE	e	8. 2.78
	Hillert Ino	1. 2.06	M PH	e			Wiesen Bernd		M PH	k	16. 5.77
	Funken Peter	1. 2.07	D GE		25. 7.72	F	Baumgart Elke		° D PL	e	20. 5.58
	Koch Mike Oliver	1. 2.07	BI EK	k	3. 7.78	H	Müller Peter-Axel		SP	e	26. 9.48
	Wieczorek Marlene	6. 8.07	SW GE	k	5.12.77		Taschner Johannes		ER	e	31. 5.64

1.125 Düsseldorf St.-Ursula-Gymnasium gegr. 1909 (1681)
pr. G. f. M. u. J. d. Erzbistums Köln
Ritterstr. 16, 40213 Düsseldorf – Tel. (02 11) 32 00 56, Fax 32 00 59
E-Mail: sekretariat@st-ursula-gymnasium.de, Homepage: www.st-ursula-gymnasium.de

Kl: 10/20 Sch: 1367 (755) (314/605/448) Abit: 130 (87)
L: 79 (A 1, A_1 1, A_2 12, B 27, C 17, D 2, E 4, F 12, H 3)
Spr.-Folge: E/L+E, F/L/E, F/L, S

BR Düsseldorf
ASN: **164380**
Dez: LRSD **Dr. Düver**

A	Baltes Michael	1. 8.00	° L GE	k	9.12.53		Kurella Petra (T)	1.10.05	M PH	k	2. 4.62
A_1	Gillrath Johannes	1. 8.05	KR E	k	11. 1.60		Keusch Nicole	1.10.05	KR D	k	14. 6.59
A_2	Thielbeer Ingrid (T) (F)	18.10.78	D F	e	16.10.43		Salz Rudolf	1.10.05	M BI	k	23. 4.61
	Toups Werner (V)	1. 6.89	° E EK	k	1. 6.49		Brinkmann Gregor	1.10.06	KU PH	k	1.10.60
	Feldmeier Claudia geb. Stürmer (T)	1.10.91	D GE	k	10.10.51		Epping Jörg	1.10.06	L BI	k	31.10.63
	Krücker Peter	1. 6.94	F MU	k	31. 7.53		Kretschmann Stefan	1.10.06	M PH	k	8. 7.66
	Sudhoff Wolfram	1. 6.94	PH M	k	3. 7.54	C	Ebel Barbara	1. 8.93	° BI CH	k	24. 4.62
	Schmitz-Hofbauer Anneliese geb. Hofbauer (T)	1.10.95	F D	k	3.11.47		Koch Herbert	2.94	° L G	k	10. 1.60
	Brecklinghaus Franz-Rudolf	1.10.95	M PA	k	16. 3.54		Scharenberg Beate	1. 8.94	BI EK	k	2. 1.59
	Bonsels Herm.-Josef	1.10.98	EK D	k	4. 2.54		Rings Andrea (T)	1. 8.95	E BI	k	15. 9.59
	Jägers Alfons	1.10.99	E GE	k	6. 2.55		Lemmer Susanne	1. 8.96	E GE	k	9. 5.60
	Warthmann Dirk	1.12.00	° M EK IF	k	2. 3.54		Krüger-Kirdorf Gabriele geb. Cramer (T)	1. 9.96	° D S	k	29. 4.60
	Müller Vitus	1. 7.03	MU F	k	29. 3.56		Windbergs Eva-Maria geb. Berendahls (T)	1. 4.97	SP M	k	16.10.57
	Hummerich Marietta	1. 5.05	SW M	k	6. 8.54		Habers Christiane (T)	1. 8.97	BI CH	k	6. 8.63
B	Muziol-Riedel Gisela geb. Muziol	24. 7.79	D GE	k	8. 8.47		Reufels Michael	13. 7.98	L SP	k	17.11.59
	Kersting Renate geb. Tasche (T) (L)	1.12.85	E EK	k	15. 9.50		Krabbel Klaus	1. 8.98	M SP	k	5. 9.63
	Krienen Heinz-Peter Dr.	1.10.92	PL D	k	4. 4.53		Tübing Paul	1. 9.99	M SP	k	22. 1.61
	Drux Brigitte	1.10.92	° E GE	k	26. 5.53		Glößner Birgit	1. 1.02	E F	k	29. 5.61
	Zimmermann Maria-Monika	1. 6.94	BI F	k	7. 5.55		Bauza y Courogny Véronique	1. 1.02	E F S	k	16. 1.64
	Pisters-Janßen Barbara geb. Pisters (T)	1.10.95	° D SW	k	19.11.54		Bülte Cornelia geb. Hahn (T)	1. 1.02	KR D	k	5. 3.71
	Hambitzer Jochen	1.10.95	M PH	k	10. 3.54		Brinkmann Birgit	1. 3.03	D KU	k	20. 6.72
	Stolz Beatrix geb. Schreckenberg	1.10.96	D PA	k	31. 1.54		Wiegand Jens	1. 9.03	ER GE	e	26. 8.66
	Schumacher Ursula (T)	1.10.96	E F	k	7. 3.54		Gonzalez Gerndt Sol	1. 9.03	D PL	k	28. 7.69
	Wöllgens Andrea	1.10.96	SP E	k	22. 2.58	D	Rybak Sr. Monika (T)	1. 8.80	D KR	k	28.12.52
	Helfert Nicole	1.10.96	° SP EK S	k	8. 3.60		Zimmermann Renate	16. 7.92	M SP	k	21. 3.62
	Pelzer Irmgard	1.10.98	EK F	k	13. 2.56	E	Kaletha Brigitte	1. 2.06	M L	k	5. 7.71
	Kochler Birgitta (T)	1.10.99	M EK	k	30. 7.54		Kereszti Kirsten (T)	24. 6.06	E D	k	22. 9.75
	Brennecke Frank-Olaf	1.10.99	BI SP	k	1. 5.57		Gruber Uta Valeska	1. 5.06	KR EK	k	23. 3.73
	Kaldun-Reimer Cornelia geb. Kaldun	1.11.00	SP GE	e	12. 2.57		Finn Carsten	1. 2.07	M SW	k	16. 6.77
	Wienen Kerstin geb. Hermens	1.11.00	° L F	k	14. 7.60	F	Doll Sabine Dr.		BI CH	k	1. 3.52
	Wollny Dorothee	1.11.00	KR D	k	6. 6.62		Kirchner Clemens		° CH BI	k	8. 7.53
	Hegge Ludwig	1.11.00	PL MU	k	3.10.57		Maschner Hans-Wilhelm		D GE	k	17. 4.56
	Graßkemper Annemarie	1.12.01	KR EL	k	21. 4.64		Lawrenz-Pollmann Birgit		E SP	k	18. 7.56
	Herzner Hubert	1.10.04	BI CH	k	26. 9.55		Hannappel Angelika		E F	k	31. 1.57
							Dresken Werner		L KR G	k	2. 9.58
							Blanke Arnold		° M SP	k	1. 2.60
							Motte Ursula		KU PL	k	6. 4.60
							Hill-Boelter Jochen		KU KR	k	15.12.61
							Rasche Marcus		GE KR	k	16. 7.66
							Schlör Veronika Dr.		D KR	k	15. 9.67
							Hönig Martin		MU	k	10.11.70
						H	Seitz Regina geb. Pape		SP	k	17. 7.53
							Schneider Christiane		E	k	12.10.62
							Fanta René Kaplan		KR	k	20. 9.72

1.126 Düsseldorf-Benrath Annette-von-Droste-Hülshoff-Gymnasium gegr. 1910
st. G. (5-Tage-Woche) f. J. u. M.
Brucknerstr. 19, 40593 Düsseldorf – Tel. (02 11) 89 28 98-0/1, Fax 8 92 91 89
E-Mail: gy.brucknerstr@stadt.duesseldorf.de, Homepage: www.annettegymnasium.de

Kl: 8/16 Ku: 105/15 Sch: 961 (500) (243/437/281) Abit: 71 (46)
BR Düsseldorf
L: 51 (A 1, A_1 1, A_2 5, B 20, C 18, E 3, H 3)
ASN: **164355**

Spr.-Folge: E/F, F/L, F/L, S
Dez: LRSD **Dr. Düver**

A	Rehfus Wulff Dr.	1. 9.94	PL D	e	26. 9.44		Knist Norbert	6. 9.02	SP EK k	31. 5.52
A_1	Vinke Brigitte geb. Schlingmann	1. 8.02	M PA	e	16. 1.54		Schulz-Köttgen Thilo (T)	13. 8.03	M PH e	23. 1.56
A_2	Metzmacher Mathilde geb. Schwemin	1.12.92	D KR	k	6. 5.49	C	Wanstrath Barbara geb. Niederdrenk	1. 2.81	KU W	29.11.48
	Egler Johann	8.12.92	M IF	k	27.11.51		Blanchard Georg	3. 8.82	SP F e	28. 9.42
	Becker Günter	1. 6.94	D EK	k	27. 3.53		Klaus Paul Friedrich	9. 8.84	KU D	16. 4.51
	Faßbender Peter	1. 5.02	CH	k	14. 2.50		Stern Henning	17. 8.84 ▫	GE SW e S	22. 9.51
	Freudenberger Michael	30. 8.04	D PL	k	7.10.49					
B	Reinisch Christel geb. Rademacher (T)	9. 1.79	F	k	24. 8.44		Schäfer Rita geb. Rohlmann	1. 3.88 °	BI E k	1. 8.58
	Langner Doris geb. Einig	8. 1.80	F CH	k	4.12.46		Holzmüller Irene geb. Müller	16.10.89	M E	16. 5.56
	Schmauck-Burgdorf Brigitte geb. Burgdorf	27.11.80	BI	e	11.10.45		Scharkowski Birgit geb. Gemmer (T)	2. 9.93	M PH e	31. 7.61
	Schürmann Monika geb. Hilsmann	1. 2.81	F PA	e	9.11.47		Pretschker-Sarji Pia geb. Pretschker (T)	18.11.93	GE KR k	17. 4.56
	Lange Siegfried	1. 2.81	EK E	e	29. 4.49		Kranenberg Hartmut	8. 8.94	M BI	6. 2.59
	Rintelen Viktor	1. 8.81	D PL		15.10.50		Krämer Edda	1. 8.99	L M	8.11.67
	Schmeja Notburga	20. 1.83	GE D	k	18. 2.43		Palm Kristina	1.12.03	F MU k	5. 3.74
	Oeking Brigitte	13.12.85	E SP				Hesse Marco	1. 4.05	M BI k	11. 7.72
	Förster Peter	7. 1.86	E PA	k	23. 3.50		Stelter Martina	28. 4.05	D E	29. 5.67
	Erkelenz Ralph	14. 3.88	E F	k	24. 6.54		Wrobel Silvia	1. 6.05	D L k	28. 8.74
	Krüger-Brück Gudrun geb. Brück	24. 1.91 °	F GE		25. 1.51		Henze Andrej	1. 6.05	KU GE e	29.11.74
	Schönherr Rita geb. Koch	5. 5.93 °	D SW IF	k	4. 3.49		Harbeke Matthias	1. 8.06 °	M PH k	23. 4.77
	Rauscher Helga geb. Obrussnik	23.10.93	EW EK	e	13. 6.53		Welsch Edmund		E D k	4. 5.50
	Bohmann Adolf	23.10.93	M PH		9. 7.52		Heßelmann Undine (T)		D E k	31. 3.59
	Stellberg Rüdiger Dr. (T)	1. 6.94	F EK		2. 2.49	E	Märtin Stefanie	1. 8.06	L GE	23. 8.74
	Rübbelke Antonius (F)	20. 2.96	PH KR	k	7.11.56		Weckler Peter	6. 8.07 °	E KR k	10. 7.74
	Griesel Rainer	25. 3.97	EW SP		27. 9.49		Schoppe Anika	6. 8.07	F SP	26. 6.79
	Hübinger Karin geb. Vorpahl	6. 9.02	BI CH	e	16. 6.50	H	Lehmann Wolfgang Dipl.-SpL		SP e	7. 3.49
							Broch Udo		ER EK e	10. 4.49
							Fricke Martin Pfr.		ER e	20. 1.66

1.127 Düsseldorf Lessing-Gymnasium und Lessing-Berufskolleg[1] gegr. 1910
st. Schulen (5-Tage-Woche) d. Sek. I u. II (NRW-Sportschule) f. J. u. M.
Ellerstr. 84, 40227 Düsseldorf – Tel. (02 11) 8 92 26 10, Fax 8 92 91 51
E-Mail: gy.ellerstr@stadt.duesseldorf.de, Homepage: www.gy-lessing.eschool.de

Kl: 5/8 Ku: 102/24 Sch: 601 (292) (144/194/263) Abit: 113 (59)
BR Düsseldorf
L: 56 (A 1, [A_1] 1, A_2 3, B 17, C 12, D 3, E 9, F 8, H 2)
ASN: **164483**

Spr.-Folge: E, L/F, F, L/F
Dez: LRSD **N. N.**

A	Langhoop Horst		D SW	e	3. 3.55	B	Hamann Doris	16. 1.80	D E	11. 4.48
A_1	(Rademacher Monika geb. Kunz StD' A_2)	30.10.95	E SW	k	22.12.50		Lambert Detlev	28. 8.81	MU M e	14. 3.47
A_2	Heidemeyer Peter (F)	1. 8.81	CH BI	e	11.11.43		Krell Robert	13.12.85	PH M IF	20.12.53
	Gottschalk Reimund	15.12.92	BI CH	k	11. 2.52		Scheffler Wolfgang	12.12.89	CH EK	30. 9.44
	Bleckmann Dietrich	30.10.95	F ER	efk	13. 4.44					

	Thienemann	12.12.89	BI	e	9. 3.50		**Radtke** Anke		M BI	e	14. 5.77
	Haidemarie geb. Piork (T)						geb. Scholz				
	Noé Georg	1. 6.94	D SW	k	6. 8.51	D	**Lücke** Astrid RSchL'	30. 8.78	F EK GE		7. 1.49
	Wöske Detlev (T)	28.12.94	D EW		18. 2.52		**Hüttner** Birgit	7. 9.81	E SW	e	19. 3.55
	Bockel Josef	16. 1.95	M WW	k	16. 3.52		geb. Grulich SekIL'				
	Rugenstein	8. 1.96	D PA	e	25.12.51		**Friedrichs** Ute SekIL'		M BI		5. 1.55
	Joachim (T)					E	**Schmiedecken** Maike	15. 9.03	BI CH	e	24. 7.73
	Schirmers Monika	22. 2.96	D KR	k	15.10.51		**Van den Berg** Marc	22. 8.05	SP KR	k	5.12.74
	geb. Kater						**Ritzmann** Simone	1. 2.06 °	D E	e	29. 3.75
	Wurm Peter		2.96	D GE	e	7. 7.46		geb. Dübner				
	Paul Ulrich	29. 2.00 °	M PH		21. 6.57		**Klein** Ronald	1. 2.06	M IF		22. 7.78
	Habrichs Marianne	15. 7.03	BI CH		10. 8.62		**Schneider** Jeannette	1. 3.06	L F		27. 6.75
	Rümpel Jörg	6. 2.04	BI CH	e	13. 5.69		geb. Lüttich				
	Uhr Heike	1. 8.05	D SW		14. 8.68		**Armbrust** Anja	1. 2.07	M IF	e	17.12.79
	Boldt Andrea	1. 8.06	BI E		30. 5.65		**Kaufhold** Carsten	6. 8.07	KU PL	e	30. 7.73
C	**Fuhr** Hans-Joachim	27.10.80	M	e	26.10.48		**Schiwy** Maik	6. 8.07	E SP	k	29. 8.74
	Veit Cornelia	30. 9.83	D KU		16. 9.50		**Hantsch** Philipp		BI CH		12. 5.76
	Alberti Ekhard	5. 9.87	BI EK	k	22. 1.54	F	**Kohn** Christa		SW D		24. 4.52
	Heimlich Almut		5.92	E R		28. 4.58		**Schürmann** Gabriele		PL F		17. 7.56
	Esch Barbara	11. 7.94	BI CH	k	10. 4.62		**Ulrich** Gabriele		E F D		1. 3.57
	Koch Heidemarie	1.12.04 °	L EK		17.12.72		**Dupont-Wiegand**		E ER	e	22.11.59
	Bungartz Marion	1.11.05	BI PH SP		28. 7.69		Marion				
	Bernhardt Volker		F EK		12. 1.53		**Untermann** Anne		D PL	e	13. 5.58
	Fischer Carmen (T)		E D	e	25. 1.53		**Korthaus** Kristina		BI SP		2.11.64
	Hobohm Sabine		SP PA		26. 4.74		**Borgs** Georg Dr.		BI CH		
	Rüther Hendrik		SP PH		28.12.75	H	**Gülke** Thomas Dipl.-SpL		SP		11. 3.52
							Nemesch Robert Dipl.-SpL		SP		24. 4.52

[1] Zwei Schulen unter einer Leitung. Das Berufskolleg (5.153) hat 336 Schüler/innen

1.128 Düsseldorf Goethe-Gymnasium mit ehem. Rethel-Gymnasium (zus.gelegt 1983)
gegr. 1911/1903
st. G. (5-Tage-Woche) mit zweisprachigem dt.-engl. Zug f. J. u. M.
Lindemannstr. 57, 40237 Düsseldorf – Tel. (02 11) 8 92 33 51, Fax 8 92 95 50
E-Mail: gy.lindemannstr@stadt-duesseldorf.de, Homepage: www.goethe-gymnasium.de

Kl: 8/16 Ku: 110/20 Sch: 994 (577) (253/452/289) Abit: 76 (48)   **BR Düsseldorf**
L: 58 (A 1, A$_1$ 1, A$_2$ 4, B 20, C 15, D 3, E 6, F 3, H 5)   ASN: **164318**
Spr.-Folge: E, L/F, F, T   Dez: LRSD **Schütze**

A	**Glenz** Renate	24. 4.87	E F	e	9. 7.48		**Hedderich** Irmgard	14. 7.03	E GE	k	28.11.54
A$_1$	**Hein** Ulrich	1. 8.96 °	M H ER	e	27. 4.51		geb. Ketteler (T)				
			IF				**Stöckler** Annette (T)	14. 7.03	KU KR	k	20.11.57
A$_2$	**Schlegel** Eva	1.11.90	D EK	e	19.12.48		**Hollkott** Thomas	1. 1.07 °	BI PH	k	16. 6.67
	Stieleke Michael	12. 8.94	D GE		10. 1.53		**Wissmann** Ilka		5.07	EK SP		13.9.53
	Dapper-Neufeind	1. 2.00	D GE IF	k	26. 6.47		**Hütter** Carsten	6. 6.07 °	E L	k	21.12.65
	Gerhard (T)						**Steffen** Ursula	6. 6.07 °	E M	k	17.11.74
	Eitner Monika	30. 3.01	M PA	k	1. 5.52		**Italiani** Gisela		CH	k	29. 7.44
B	**Finis-Aust** Annelie	9. 1.79	F GE	k	29.10.43		geb. Kersting (T)				
	geb. Aust (T)						**Morgenthaler** Julia		D PA		30. 7.51
	Wietschorke Klaus	16. 5.84	R SP	k	21. 5.49		**Reuffer** Petra Dr. (T)		D E	e	3. 1.52
			KR				**Dern** Christian		D ER	e	23. 3.69
	Schleyer Ruth	1. 9.90	F L		6. 1.52	C	**Kohls** Ursula (T)	1. 9.83	D SW		
	geb. Bujanowski						**Lückert** Elinor	8.11.83	E EK		31. 7.51
	Raven Achim	21.12.90	D PL		8. 4.52		**Tolzmann-Chiadzwa**	26. 9.84	E GE		23. 2.54
	Poppek Wulf	21.12.90	M IF		18. 5.48		Hildburg (T)				
	Doms Manfred	21.12.90	M PH	k	28. 2.45		**Isele** Sebastian	3. 6.85	F D		29. 3.44
	Noske Joachim	1. 6.00	E D		2. 6.51		**Zemter** Claudia	1. 8.97 °	E SW	e	
	Schnitzler Joachim	31. 5.02	CH EK	k	16. 6.55		geb. Poestges (T)				
	Rosnowski Wolfgang	31. 5.02	E EK	e	29. 6.55		**Wehren-Zessin** Heike	1. 8.99 °	D L	k	30. 4.65
	Severin Uwe (T)	14. 7.03	M CH	e	13. 3.54		(F)				

	Hüning Michael	1. 1.02 °	E L GE	k	5. 9.57
	Schulte-Fischedick Valer (T)	1. 1.02	E BI	k	24. 5.68
	Klein Martin	7. 7.03 °	GE PL KR	k	22.12.72
	von Busekist Annika (T)	15. 9.03 °	D KR		16. 9.74
	Bosch Caroline	03	MU F		8.10.70
	Veselka Brigitte	6. 4.06 °	M PH	e	7. 8.74
	Schuschel Andreas	1. 8.06	E F	e	26. 1.68
	Rothe Jennifer	10.07 °	F BI E	k	28. 2.77 21. 3.70
	Wolf Alexandra (T)		E		21. 3.70
D	Jungbluth Rüdiger SekIL	15. 1.83	MU F		9.10.52
	Froehlich Heidemarie SekIL' (T)	3. 3.83	D E		22. 3.52
	Bauer Jürgen SekIL		M EK IF	k	30. 9.53

E	Rams Leonie (T)	22. 8.05	F S		
	Schnurr Silke	1. 8.06 °	E KU	k	1. 4.77
	Joos Sabine	1. 8.06	M BI	e	17.10.77
	Ebert Sandy	1. 2.07	D MU		
	Edenfeld Gundula Dr.	1. 2.07	BI E		
	Conrad Doris	1. 8.07	CH M		
F	Akçora Nerkis (F)		° T	msl	15. 8.46
	Lang Brunhilde geb. Löffeck		BI D	e	14. 6.49
	Göricke Helmut		D PL		16.11.64
H	Nacken Jürgen SpL		SP		12. 6.47
	Fiacre Klaus-Jürgen				17.12.48
	Richter Bernd		SP	e	16. 5.50
	Grillo Renate geb. Blum		SP		27. 8.50
	Becke Hans-Joachim Dipl.-SpL		SP	k	11.11.50

1.130 Düsseldorf-Gerresheim Gymnasium Gerresheim gegr. 1947
st. G. (5-Tage-Woche) f. J. u. M.
Am Poth 60, 40625 Düsseldorf – Tel. (02 11) 8 92 76 25/6, Fax 8 92 92 60
E-Mail: gy.ampoth@stadt.duesseldorf.de, Homepage: www.gymnasium-gerresheim.de

Kl: 9/14   Ku: 110/19   Sch: 953 (474) (272/393/288)   Abit: 62 (31) **BR Düsseldorf**
L: 54 (A 1, A$_1$ 1, A$_2$ 4, B 14, C 23, D 1, E 6, F 3, H 1) ASN: **164513**
Spr.-Folge: E/F, F/E/L, F/L Dez: LRSD **Dr. Düver**

A	Thomann Claus	14. 8.93	E SP	e	18.10.45
A$_1$	Trost Elke geb. Raudszus	94	D E PA	e	25.11.46
A$_2$	Linden Rainer (V$_2$)	2. 5.89 °	PH	k	2. 2.52
	Kämpken Werner	10.89 °	F PL ER	e	29. 8.52
	Amend Gisela	25. 9.02 °	BI EK		23.12.51
	Leiendecker Karin Dr.		E F		
B	Welter Klaus Jürgen	30.11.78 °	E SP	k	29. 5.44
	Schmiedel Friedemann	10.12.80 °	BI CH PH	e	9. 5.46
	Müller-Willems Claus-Jürgen	15.12.80 °	D SP	k	7.12.42
	Perpeet Theo	8. 7.81 °	M	k	17.11.46
	Wilfert Cornelia (T)	9.90	BI EK	k	25. 2.54
	Finis Petra geb. Wantia (T)	8.92 °	BI SP	k	16. 1.54
	Wagner Irmgard geb. Dahmen (T)	5.93	M GE	k	16.12.51
	Schiffler Petra	96 °	D SW	k	18. 7.52
	Hesmert Wilfried	96	E SP		
	Scholz Peter	8.03 °	BI ER	e	12.10.60
	Eckel Ulrike (T)	1.11.04	F SW		15. 9.49
	Reichenbachs Renate geb. Siemund	9.12.05	R GE PK		13. 7.52
	Cornelißen Petra	21. 9.07	KU D	e	18. 9.55
	Wiesendahl Martin	21. 9.07	M PH	k	19. 4.72
C	Köhnen Hermann	6. 8.76 °	L GE	k	28. 9.48
	Herhaus Brigitte	28.11.78 °	BI CH	k	18. 7.47
	Baston Gabriele (T)	9.81	M PH	e	12.10.52
	Hintz Hans	30. 8.82	D PL SP (I)		5. 6.48
	Lemm Joachim	11. 4.83 °	E EW	k	18. 3.53
	Esser Christoph	1. 8.83 °	EK SP	k	6. 8.52

	Heinrichs Werner	8.83	E PA		8. 8.51
	Heylen Klaus	7. 9.83 °	EK M	k	11. 7.52
	Wilke-Borchert Kerstin	4.84 °	M SW	e	23. 1.54
	Bongartz Heinz Peter	4. 9.84 °	L D	k	31. 1.50
	Karrenberg Karin	4. 9.84	KU E		
	Fennhoff Elke (T)	13. 2.88	E F		21. 8.56
	Kladde Karl-Hermann	8. 8.94	D GE	k	14. 8.52
	Adler Christina	1. 1.02 °	M CH	e	26. 8.69
	Daly Andrea	1. 1.02 °	E I KR	k	11. 2.68
	Waldmann Kirsten	04	KU D	e	5. 8.67
	Osada Hauke (V$_1$)	23.12.05 °	MU D	e	31.10.70
	Schnelle Dirk	1. 2.06 °	BI CH M	k	30.11.71
	Scheulen Heike	1. 8.06	E EK	k	23. 3.69
	Welp Nina	10.06	EK SP	k	29. 4.77
	Homberg Nadine	31. 8.07	E SP		6. 2.76
	Hoppenbrock Axel	6. 9.07	PH M SP IF	e	8.12.70
	Bock von Wülfingen Teresa	6. 9.07	F GE		1.11.76
D	Heim Joachim SekIL		M PH	k	26.11.52
E	Tigges Jutta	1. 2.06	MU F	k	3.11.75
	Uttendorfer Michael	8. 8.06	PH SP		25. 1.71
	Langbein Jens	8. 8.06	D GE		18. 5.72
	Weyrauch Mike	8. 8.06	SW SP		28.11.73
	Pollmann Bastian	8. 8.07	D GE	e	27. 6.74
	Rusche Tanja	6. 8.07 °	BI EK		28. 5.76
F	Boßmann Birgit geb. Breitfeld		° D GE	e	26.10.44
	Numsen Nicole		M F I		30. 8.71
	Kremer Holger		D GE		7. 8.73
H	Lohrer Anke		KU		4.12.69

1.131 Düsseldorf-Kaiserswerth Erzbischöfliches Suitbertus-Gymnasium gegr. 1947
pr. G. (5-Tage-Woche) f. J. u. M. d. Erzbistums Köln
An St. Swidbert 53, 40489 Düsseldorf – Tel. (02 11) 1 59 25 00, Fax 15 92 50 22
E-Mail: verwaltung@suitbertus.de, Homepage: www.suitbertus.de

Kl: 8/16 Ku: 130/25 Sch: 1034 (550) (248/477/309) Abit: 85 (53)
L: 61 (A 1, A$_1$ 1, A$_2$ 10, B 22, C 18, E 1, F 7, H 1)
Spr.-Folge: E/L, L/F, F/G, I/S

BR Düsseldorf
ASN: **164306**
Dez: LRSD **Dr. Düver**

A	**Tenhaken** Hans Dr.	1. 8.00	E GE	k	7.10.43		**Schmitz-Arenst** Matthias	1.12.00	F KR	k	16. 8.59
A$_1$	**Nickenig-Heimbach** Wilfried	1. 1.01	° D F	k	3.10.51		**Blank-Kluger** Ilse	1.10.02	D ER	e	15. 8.58
A$_2$	**Fischer** Johannes	15. 3.88	GE F S	k	7. 9.49		**Stamm** Anne geb. Schlierkamp (T)	1.12.02	° E KR	k	12.12.57
	Loers Heiner	1.10.91	M IF	k	21. 7.50						
	Hornstein Ingrid Dr. geb. Schmitz	1.10.91	° EK F	k	18. 8.49	C	**Benedens** Luise geb. Hesterbrink (T)	1. 2.79	° KR D	k	26. 8.46
	Lüllau Ingrid Dr.	1.10.91	E EK SP	k	5. 8.49		**Stamm** Bernhard	1. 8.90	° E GE	k	17. 8.58
	Nisters Werner	1.10.91	SP EK	k	2. 3.50		**Schaffer** Hannelore geb. van Eys (T)	1. 8.92	M EK	k	17. 8.62
	Seitz Klaus	1.10.91	KU	k	10. 1.52		**Rademacher** Udo Dr.	1. 2.93	MU L		14. 2.63
	Geuß Bernhard	1. 9.97	KR EK	k	25.12.59		**Greif** Michael	1. 2.94	L GE	k	16. 7.60
	Nückel Rainer	1.10.98	GE R	k	10. 3.53		**Barner** Gabriele Dr. geb. Marhofen	1. 2.94	F GE	k	19. 4.61
	Etz Franz-Josef	1.12.00	L KR	k	25.10.52						
	Deppe Ursula geb. Birken	1.10.04	M PH	k	22. 6.55		**Katlun** Jürgen	1. 2.94	M PH	k	11.12.61
							Heidemann Gudrun (T)	1. 8.94	D GE		22. 1.56
B	**Schneider** Roland	1.12.78	D PL KR	k	11. 9.44		**Vinke** Andreas	1. 8.94	° CH EK	k	3. 3.59
	Ewald Werner	22. 4.82	BI M	k	21.12.47		**Kainzmaier** Eugen	1. 8.94	° D KR	k	29.11.60
	Loers Monika geb. Esser (T)	1. 7.87	M EK	k	26. 3.53		**Breuer** Gertrud (T)	1. 8.94	BI D	k	28. 1.63
	Strauß Sigrid	1.10.92	BI CH	k	4. 2.52		**Kremer** Robert Dr.	1. 8.95	L G I	k	20. 9.61
	Weber-Bremm Ruth	1.10.92	KU	k	3. 8.51		**Kröger** Hartmut	1. 9.97	BI CH PH	k	10. 5.61
	Weirich Hermann-Josef (T)	1.10.92	EW E	k	26. 1.50		**Droste** Stefan	1. 9.97	M CH		19.12.61
	Kalenberg Heinz-Gerd	1.10.92	M PH	k	5.12.53		**Polke** Christiane (T)	1. 9.97	D EK	k	2. 3.62
	Reinhard Monika geb. Grotenrath	1.10.92	E F	k	20. 6.56		**Geradts** Marlies	1. 8.06	BI CH	k	7. 8.61
							Roth Iris (T)		S SP	k	10.10.68
	Veit Ralf	1. 6.94	L F	k	26. 5.56		**Herold** Christoph		M BI	k	10. 5.70
	Saher Ulrike	1. 6.94	M PH	k	27. 8.58	E	**Elmer** Edina	9. 8.06	E D	k	2. 7.80
	Nuyen Thomas	1. 6.94	° SP BI	k	8. 6.56	F	**Klosak-Corres** Michael		D PL	k	17. 6.51
	Parent Martin	1.12.95	MU L	k	26.11.54						
	Degen Helge	1.10.96	° D PL	k	30. 3.52		**Koch** Bernhard		E D	k	26. 8.55
	Ley Dieter	1.10.96	E F	k	5. 7.56		**Mack** Simone		KU MU	k	3. 2.56
	Laux Bernd	1.10.96	PH EK	k	16.12.55		**Verhoeven** Christoph		E EK IF	k	1. 5.57
	Paulus Werner	1.10.98	M PH	k	27. 9.56						
	Neutzer Michael	14. 8.00	BI SP	k	27. 1.59		**Könnecke** Bettina geb. Sieber		SP KR	k	5. 1.60
	Kretschmann-Einsfelder Natascha	14. 8.00	MU ER	e	31. 1.60		**Ackermann** Walburga geb. Schillings		E GE	k	5. 3.61
	Kirchkamp Ursula geb. Beckord (T)	28. 8.00	SP GE	k	10. 6.56		**Veh** Markus		D GE	k	1. 9.77
						H	**Tobias** Emil Dipl.-SpL		SP	k	13.10.46

1.132 Düsseldorf-Kaiserswerth Theodor-Fliedner-Gymnasium gegr. 1950
pr. G.[1] (5-Tage-Woche) f. J. u. M. d. Ev. Kirche im Rheinland
Kalkumer Schloßallee 28, 40489 Düsseldorf – Tel. (02 11) 9 40 57-01, Fax 9 40 57 47
E-Mail: mail@tfg-duesseldorf.de, Homepage: www.tfg-duesseldorf.de

Kl: 8/18 Sch: 1220 (705) (245/536/439) Abit: 131 (75)
L: 88 (A 1, A$_1$ 1, A$_2$ 14, B 19, C 33, D 2, E 7, F 8, H 3)
Spr.-Folge E, F/L, F/I/L, S/I

BR Düsseldorf
ASN: **164460**
Dez: LRSD **N. N.**

A	**Jacobs** Michael	1. 8.06	PA ER SW	e	4. 8.54		**Müller** Traudel	1.11.82	F EK	e	19. 4.48
A$_1$	**Raidt** Jürgen	1. 8.03	MU E	e	13. 7.60		**Breitmar** Beate geb. Gansohr	1. 2.83	M PH	e	11. 7.49
A$_2$	**Krüger** Annemarie (T)	14. 6.82	ER E PA	e	23. 5.46		**Gieseler** Horst (Vw)	23.12.88	PA GE (ER)	e	12. 4.49

	Heiden Annette (F)	1. 6.94	D GE	e	8. 6.52	Buchholz Friederike (T)	11. 4.94	E	e	10. 6.55
	Pleger Hanns-Eckart	1. 6.94	M PH IF	e	25. 5.54	Jaenecke Christiane geb. Posern (T)	2. 9.94	EK M	e	22.10.59
	Kauffeldt Rolf Dr. (F)	1. 6.94	D GE	e	24. 9.50	Schürmann Andrea geb. Krämer (T)	29.11.95	E ER	e	31. 3.64
	Müller-Gamber Ursula geb. Gamber (T)	30. 4.96	E D	e	10. 2.44	Junge Gudrun (T)	8.12.95	E F	e	4. 2.63
	Wittazscheck Manuel	22.12.98	KU D	e	17.12.46	Breitkopf Volker	8. 2.96	KR SW GE	k	28.11.60
	Viehmeister Friedel	18. 9.99	D E		18. 2.57	Wilmsmeier-Miele Ulrike (T)	8. 5.96	SP BI	e	22. 4.64
	Schneider Rolf	31. 8.00	E R ER L	e	11. 5.50	Wallhorn Beate (T)	3. 7.96	D	e	21. 3.61
	Sanden Karola	14. 9.07	D ER	e	18. 1.57	Olejnik Petra geb. Finkenrath	19. 8.96	D PA	e	21. 9.59
	Weitkamp Martin		° MU GE ER MU	e e	11. 1.57 9. 5.57	Bürger Claudia (T)	23. 8.96	D GE	e	12.10.56
	Allemeyer Jutta					Wachtel Annerose (T)	20.12.97	M L	e	30.12.63
B	Thielen Martin geb. Halverscheid	26. 1.84	PH	e	15. 5.48	Schmitz-Arenst Petra geb. Arenst (T)	30. 8.01	F KR	k	29. 8.60
	von Stülpnagel Sylvia geb. Gerlach	22.11.88	° KU M	e	25.11.53	Scheffner Tina geb. Neubacher	2. 9.02	D KU		11. 8.72
	Clemens Gerlinde geb. Wörner	25.11.88	° BI CH	e	18. 4.51	Bramsemann Claudia geb. Winter (V)	20.12.02	° EK M	e	6. 9.74
	Wischnewski Henrik	2. 6.89	° E R	e	4. 6.48	Zielke Heiko	10. 1.03	D GE	e	20. 6.68
	Baumgarten Volker	28. 6.95	SP D IF	e	1. 6.53	Köster Stefan	10. 7.03	L M	k	24. 9.71
	Görner Regine (T)	30. 4.96	CH BI	e	15. 5.55	Meyer Carelia (T)	19. 5.04	SW E	e	8. 1.75
	Behrens Hagen	30. 4.96	D PK	e	19. 3.51	von Dreusche Inga geb. Sandschneider	28. 5.04	E D	e	7. 7.75
	Hinterleitner Gabriele (T) (L)	30. 4.96	F GE	e	12.11.55	Köhn-Bechtel Sandra	5.11.04	CH ER	e	26. 6.68
	Flötotto Heinrich (T)	22.12.98	KR PA	k	15. 7.53	Höhn Steffen	24. 2.06	GE M	e	25.12.75
	Hofmeister Ingrid	22.12.98	E EK	e	5. 5.56	Babanek Peter	21. 9.07	° F GE	e	26. 7.75
	Meyer Günter (Vw)	22.12.98	SP M IF	e	19. 1.58	Krause Britta	21. 9.07	KU I	e	8.12.73
	Hensel Karin	18. 8.99	M EK	e	22. 2.59	Pradel Frank		D BI	e	19. 9.73
	Scheffner Uwe	25.11.99	M PH	e	11.12.62	D	Müller Jutta geb. Schmidt RSchL'	27. 7.77	M BI	e	12. 4.49
	Deußen Christoph (F)	25.11.99	M PH	e	12. 1.66	Fester Ursula geb. Mehl	22. 9.82	ER D	e	15.11.42
	Gossmann Berthold	30. 8.00	CH EK	e	18. 8.52					
	Kuhn Lilia	18.12.01	ER SW	e	30. 6.56	E	Schnapka Uta (T)	19. 8.03	E M	e	2. 6.70
	Miele Claus	19.12.03	D SP	e	8. 2.60	Hahnen Ute (T)	15. 9.03	MU F	e	17.11.70
	Ziermann Kathrin	19.12.03	F S	e	26.12.71	Canet-Liegener Janine	9. 9.04	E S	e	15. 2.74
	Jaenecke Christoph	22. 8.05	EK E	e	3. 8.56	Ruffert Jens	13.12.04	E SP	e	8. 9.71
C	Krüger Ulrike (T)	31. 5.79	M	e	5. 4.51	Jeziorowski Ruth	1. 2.05	D E	e	30. 3.75
	Menke Doris (T)	31. 8.81	E EK	e	31.10.48	Höing Katja geb. Priemer	1. 2.07	D E	e	
	Terjung Hans-Jürgen	15. 5.84	M SP	e	28.11.48	Hörath Tim	1. 2.07	M L SP	e	
	Langnickel Ute (T)	31. 1.86	MU D	e	14. 1.55	F	Wasmund Otto Dr.		BI PH	e	10. 5.48
	Barten-Windt Ingrid geb. Barten (T)	4. 2.86	M PL ER	e	5. 8.55	Lienemann Klaus Dr.		BI EK	e	27.10.50
	Allgeier Beatrix geb. Andersen (T)	25. 1.89	° E L	e	23. 3.57	Scholten Alfons		KR GE	k	13. 4.58
	Berghaus Bärbel geb. Theilmann (T)	31.10.90	° M PH	e	18. 1.59	Halbach Gisela		E PA	e	27. 5.60
	Hoffmann Annette geb. Strauß (T)	21.12.90	F GE	e	4. 5.55	Mauritz Roman		BI SP	e	14.11.61
	Vaßen Ulrike (T)	13. 3.93	BI D		29. 3.60	Frowerk Katja		BI PH	e	24. 6.67
	Flintrop Regina (T)	26. 3.93	D SP	e	1. 7.62	Borski Eva		KU	e	
	Schaele Karin geb. Müller (T)	15. 2.94	E SP	e	10. 5.61	Burbach Maria-Luise		SP	e	
						H	Reuter Ulrich Dipl.-SpL		SP	e	9. 7.46
						Liebl Doris geb. Prött		CH M	e	2. 7.53
						Klees Ulrich Dipl.-SpL		SP		26. 7.53

[1] m. Tagesinternat f. J. u. M.

1.135 Düsseldorf-Gerresheim   Marie-Curie-Gymnasium   gegr. 1962
st. G. (5-Tage-Woche) f. J. u. M.
Gräulinger Str. 15, 40625 Düsseldorf – Tel. (02 11) 8 92 18 26, Fax 8 92 92 80
E-Mail: mariecurie-duesseldorf@yahoo.de, Homepage: www.mariecurie-d.de

Kl: 8/12   Ku: 80/16   Sch: 868 (485) (241/387/240)   Abit: 82 (47)   BR Düsseldorf
L: 50 (A 1, A₁ 1, A₂ 4, B 17, C 20, E 4, F 1, H 2)   ASN: **164379**
Spr.-Folge: E, L/F, F, S   Dez: LRSD **Dr. Düver**

A	**Münnix** Norbert Dr.	14. 8.05	° E GE	k	23. 2.48	**Kluge-Mimmack**	1. 8.80	F SW		13. 3.54
A₁	**Schleyer** Jochen	1. 2.06	F S		10.12.49	Kornelia (T)				
A₂	**Verfürth** Dorothee (T)	2.96	□ D EW	k	10. 2.55	**von Oelffen-Roelen**	80	F TX		27. 8.50
	Mickartz Heinrich (F)	3.96	D E		3. 7.48	Britta (T)				
	Bartholdy Monika Dr.	1. 8.02	D GE SW		12. 6.50	**Veltin** Rüdiger	3. 8.82	EK SW	k	3. 2.53
	Eitner Joachim		° M SP	k	24.10.52	**Wessel** Heinz-Ulrich	17. 8.83	SW EK	e	19. 4.52
B	**Beel** Ellen	28.11.80	SP E	e		**Gerlt** Klaus (T)	22. 8.83	E D CH	e	21. 6.49
	geb. Reinstädtler					**Bürgstein** Peter (T)	4. 9.83	D PL		19. 6.50
	Schmitz-Pütz	11.12.89	° M EK	k	25. 7.50	**Eisel** Klaus Dr.	18. 8.86	° CH (M PH)		3. 7.48
	Angelika geb. Schmitz (T)					**Piepers** Christina		8.98	° F S L	oB	22.11.65
	Dißen Maria (T)	1. 4.92	D TX	k	13. 1.52	**Petersen** Karola	1. 7.01	M SP		4. 2.69
	Bonus Wolfgang	26. 1.93	M PH	k	22. 3.49	geb. Braun				
	Belles-Fünfgeld	1. 2.93	° F GE		11.10.46	**Mund** Ulrike	1. 8.01	BI E		7.10.67
	Claudia (T)					**Voß** Oliver	1. 8.02	° D GE		26. 6.71
	Ritter Gerd	3.96	M PH	k	12. 7.50	**Buscher** Frank	6. 9.04	KU SP	k	5.10.72
			KR			**Tillmann** Anke	1. 8.05	MU E		18. 6.74
	Wippermann-Janda	5.97	□ E ER D	e	21. 3.57	**Walther** Katja		10.05	E D		13.10.72
	Stephan Dr. geb. Wippermann					geb. Weyen				
	Schmitz Roswitha (T)	4.00	F PA	k	7. 4.53	**Markmann** Jens	1. 9.06	BI GE		12. 5.74
	Goez Juliana	21. 5.02	° L E	k	25. 7.55	**Tiedge** Dagmar (T)	1.10.06	D KU	e	4. 9.68
	geb. Diwisch (V)					**Jumpertz** Christina	16. 4.07	□ E SP	k	13. 2.77
	Hanke Stefan	1. 7.02	SP SW	k	28. 4.53	**Cornels** Holger Dr.	1. 8.07	BI CH	k	1. 8.72
	Münnekhoff-Bellot	12.04	F D		17. 7.	**Rehe** Anja		E D		23. 4.72
	Doris					E **Nowak** Jörg	9. 8.06	D E	k	19. 6.66
	Zwick Barbara (T)	18. 1.06	BI D	k	11. 8.62	**Terbuyken** Marion (T)	9. 8.06	MU GE		22. 2.75
	Hoffmanns Christian	24. 5.07	M PH	e	4. 3.72	**Hapich** Ulrich	1. 2.07	KU	e	11. 4.68
			(IF)			**Koesler** Petra	1. 8.07	E KR	k	14. 5.74
	Beiermann Imma (T)	16. 6.07	KR D	k	26. 9.64	F **Slawik** Michael		° L GE	e	7. 1.60
	Kraus Werner		PH	k	10. 3.49			ER		
	Krieg Uwe		° M			H **Romeyk** Ulrike		SP	e	19. 5.52
C	**Berninghaus**	1. 2.80	GE E		20. 6.50	geb. Leboterf Dipl.-SpL'				
	Marianne geb. Mielich (T)					**Smidderk** Lenore Pfr.'		ER	e	29. 1.66

1.136 Düsseldorf   Georg-Büchner-Gymnasium[1]   gegr. 1983 (1951/1965)
st. G. i. E. u. Aufbau-G. (11.–13. Jg.st.) f. J. u. M.
Felix-Klein-Straße 3, 40474 Düsseldorf – Tel. (02 11) 89-9 40 05, Fax 89-2 93 73
E-Mail: gy.felixkleinstr.@stadt.duesseldorf.de
Homepage: www.georg-buechner-aufbaugymnasium.de

Kl: –/–   Ku: 253/42   Sch: 610 (373) (–/–/610)   Abit: 179 (92)   BR Düsseldorf
L: 48 (A₁ 1, A₂ 5, B 11, C 11, D 1, E 12, F 7)   ASN: **164525**
Spr.-Folge: –, –, –, F/E/L/S/R   Dez: LRSD **Schneider**

A₁	**Ziemann** Dieter	1.12.04	M PH	e	11. 3.54	**Skupski** Angela	13. 8.81	□ D PA		29.11.48
			IF			geb. Wittich (T)				
A₂	**Baumgardt-Thomé**	14.11.95	D PL	k	25. 3.51	**Schwinum** Arnulf	85	F PA	k	29.11.50
	Yvonne Dr. geb. Thomé					**Ueffing** Herbert	2.96	M PH	k	21. 1.47
	Schulte Hans (T)	1. 8.00	□ PH		21. 3.49	**Buchwald** Dietmar	2.96	° D GE	k	4.12.52
	Cornelissen Hans-	30.12.00	D F	k	11. 2.53			PL		
	Joachim (T)		S GE			**Gummersbach** Achim	2.97	□ BI EK	k	5. 8.52
	Burchartz Norbert	28. 7.03	° BI CH	k	4. 4.50	**Ulrich** Andreas	4. 5.98	M SP	k	6. 4.58
	(V)					**Burchartz** Ursula	14. 5.02	° EK EW	k	9. 7.53
	Lersch-Adler Bettina	1. 8.07	D PL	e	15. 1.55	geb. Hundt				
	(F)		ER			**Ewers** Ludger	16. 5.02	D PL		17.10.49
B	**Niermann** Wolfgang	3. 1.79	□ M		23.12.47	**Welle** Angelika (T)	20. 5.03	D E	k	23. 1.62

	Altenhof Mechthild	1. 8.04	F EK D		10. 7.46		Al-Haj Mustafa	22. 8.05	D E		2. 1.77
C	Markert Hartmut (T)	13. 5.81 °	E EK	e	23. 9.44		Suad (T)				
	Hennig Albrecht (T)	22. 7.81	BI GE	e	16. 7.50		Escarate Lopez Luis	14. 9.05 □	D S	k	10.10.78
	Valentin Heidrun geb. Berner (T)	81 °	F GE	k	13. 9.50		Irrgang Katharina geb. Verfürth	1. 2.06 °	D SW		19.11.78
	Wälter-Schott Gisela (T)	82 □	D GE	k	8. 8.50		Willeke Christian	3. 8.06	D MU	e	19. 6.68
							Gerhards Markus	8. 8.06	EK SW	k	24. 3.77
	Lenz Manfred (T)	15. 2.83	D KU		19.12.51		Schmidt Sabine	9. 8.06 °	D E	k	6. 1.77
	Purps Anne (T)	19.10.84	F EW	k	16. 6.54		Fischer Heike	9. 8.06	BI ER	e	2. 2.78
	Koppmann Anette	97	E D	e	13. 9.60		Ledabo Thomas Dr.	1. 2.07	M IF		10. 6.72
	Dielmann Grit	04	D E R		23. 4.67	F	Fischer Roland		L EW	k	4. 7.46
	Esser Claudia geb. Bruns	1. 4.05	M SP	k	1.10.73				PL KR		
							Grunwald Cordula		R BI KR	k	14. 7.58
	Schmöe Marius	1. 8.05	SW GE		28. 5.71		Sigov Igor		□ CH R	e	26. 6.64
	Boewig Bettina		GE R	k			Geisen Barbara Dr.		° D KU		12. 7.69
D	Krüger Jochen SpL		SP	e	27. 2.43		Bonholt Helge		D GE		17. 8.70
E	Schiebel Florian	15. 9.03	E SP	e	13. 5.72		Patzelt Tatjana		E SP	e	22.12.76
	Kubitza Thorsten	1. 8.04	CH KR	k	30. 1.68		Giefers-Ludwigs Radegunde		D E		
	Walther Michael	1. 5.05 °	M SP	e	28. 7.75						
	Nemetschek Antje	22. 8.05	CH BI	e	19. 2.75						

[1] Clara-Schumann-Gymnasium (gegr. 1951) am 1.8.83 vereinigt mit dem Aufbaugymnasium (gegr. 1965)

1.137 Düsseldorf-Urdenbach Gymnasium Koblenzer Straße gegr. 1967

st. G. (5-Tage-Woche) f. J. u. M.
Theodor-Litt-Str. 2, 40593 Düsseldorf – Tel. (02 11) 8 99-76 00, Fax 8 92 91 90
E-Mail: sekretariat@kobi-gymnasium.de, Homepage: www.kobi-gymnasium.de

Kl: 8/15 Ku: 93/15 Sch: 881 (442) (225/386/270) Abit: 71 (37) **BR Düsseldorf**
L: 46 ([A] 1, A_1 1, A_2 5, B 17, C 15, D 2, E 3, F 1, H 1) **ASN: 164409**
Spr.-Folge: E, L/F, F/L, S Dez: LRSD **Dr. Düver**

A	(**Labouvie** Peter StD A_1)	15.12.03	D SP		11. 5.52		**Willms** Astrid	20. 6.07	M KR	k	19. 8.69
							Krauth Sabine	20. 6.07	L KR GE	k	15. 2.73
A_1	**Bierfert** Rolf	1. 5.95	M EK IF	k	15. 5.46						
							Bärens Cornelia		D SW PK		2. 5.55
A_2	**Treffeisen** Wolfgang (F)	6. 3.92 □	PH IF		31.12.48	C	**Landen** Günter	22. 8.79	E EK	e	11. 8.47
	Beuser Peter	16.12.92	D E	k	5. 6.54		**Shoukry** Ursula geb. Linz	20. 2.81	M	k	9. 4.50
	Wolf-Heiland Margot geb. Wolf	1. 6.94	E GE PK	k	27. 1.49		**Kremer** Christa	16. 4.81	D KR		17. 3.51
	Gotthardt Annerose	1. 1.96	BI D	e	18. 4.55		**Hardt** Beate	9. 3.82	KU KW		10.11.48
	Lambert-Brahms Ursula	1. 2.97	MU GE	e	21. 5.47		**Wünsche** Harald	22. 3.82 □	E EW	e	22. 9.48
B	**Kraus** Wilfried Dr.	1. 1.79	D PL PA	k	4.12.44		**Koch** Walter	21. 6.82	M PH	k	24. 2.49
							Klünker Petra	6. 8.82	E GE	k	20. 6.52
							Peter-Weihrich Annegret	22. 8.83	KU		
	Meurer Ingbert	9. 7.81	BI SP	k	10. 7.43		**Braun** Gisela geb. Wolff	1.10.84	BI		25.12.48
	Sicker Astrid	21.11.85	M		9.11.50						
	Rehfus Barbara geb. Rakow (T)	1. 3.92	E SP	k	17. 9.50		**Riegels** Dieter	19. 8.87	ER D PL		28.10.51
	Eckhardt Jutta geb. Chlechowitz	1. 2.96	D PA	k	17. 5.54		**Hengst** Carsten	1. 8.03	F ER	e	15. 4.67
							Schäfer Simone	6. 5.05	S E		2. 7.70
	Flock Klemens	1. 2.96 □	D SP	oB	29. 1.52		**Kricke** Bianca (V)	22. 6.05	M BI	e	12. 2.75
	Frohn Ursula geb. Tönnißen (T)	1. 2.96	SP F	k	30. 6.51		**Strauß** Alrun	29. 6.07	D E		23. 3.78
							Eichert Ulrike		ER MU	e	27.10.54
	Kerch-Griesel Helga geb. Kerch	1. 2.96	E SP		10.10.54	D	**Knöll-Schütz** Susanne (T)	8. 3.84	M EK		2.12.55
	Dach Astrid Dr.	31. 7.02	D EK	e	4. 4.49		**Glatzel** Manfred	19. 9.91	PH SP	e	24. 5.58
	Burkert Sylvia Dr.	31. 7.02 □	GE SW		10.10.48	E	**Ciuman** Nathalie	1. 3.07	F E PP	k	17. 5.78
	Volles Rolf	1. 8.04	CH PL	k	27. 2.54		**Marienfeld** Maik		BI E		6. 7.75
	Potthoff Herbert	1. 8.04	GE EK SW PK		17. 8.47		**Radermacher** Philipp		S SP	k	15. 4.77
						F	**Spatz** Heike		F L	e	8. 8.56
	Münchmeyer Kirsten	9. 1.07	E D		9. 1.55	H	**Bark** Günter		SP		7. 6.51
	Kuhn Axel	20. 6.07	MU L	k	2. 7.67						

1.138 Düsseldorf Friedrich-Rückert-Gymnasium gegr. 1969
st. G. (5-Tage-Woche) f. J. u. M.
Rückertstr. 6, 40470 Düsseldorf – Tel. (02 11) 89-9 83 10, Fax 89-2 92 08
E-Mail: rueckert-gymn@schulen.duesseldorf.de, Homepage: www.rueckert-gym.de

Kl: 8/11   Ku: 90/12   Sch: 737 (388) (220/304/213)   Abit: 47 (26)
L: 45 (A 1, A_1 1, A_2 6, B 13, C 14, E 4, F 1, H 5)
Spr.-Folge: E, L/F/S, S, S

BR Düsseldorf
ASN: **164537**
Dez: LRSD **Dr. Düver**

A	Großmann Konrad	30.11.94	SW EK	e	17. 1.52		Kuhmann Monika (T)	7. 9.81	D PL k	3. 5.52
A_1	Schleier Inge	1. 8.01	ER D	e	8. 5.56		Frenz Christel (T)	3. 8.82	F TX k	21. 5.51
A_2	Lüngen Gerd (V)	13.12.95	° E GE	k	12.12.49		Echternacht	4. 9.84	F EK k	21. 3.54
	Winter Helmut (F)	1. 8.98	D GE	e	14. 1.52		Hildegard (T)			
	Heyn Wolfgang	31. 7.02	GE L	e	19. 6.47		Gethmann-Kort-			
	Greßnich Rolf	10.02	EK SW	k	14.12.52		länder Dorothee (T)	15.12.86	KR PL k	8. 9.47
	Plaga Hannelore	19. 7.04	D PL	e	11.10.48		Hankwitz Christine	22. 7.01	° KR E	25. 2.72
	geb. Ihl (T)						geb. Schobernd			
	Müller Beatrix Dr. (F) (T)		D F				Uffelmann Petra	29. 7.03	E SW I	11. 1.71
B	Raspel Reinhard	16.12.83	BI CH	k	11.12.44		Möllenberg Stefan	1. 8.03	° KR SP k	20.12.71
	Dieler Hans-P.	30. 1.85	BI	k	8. 3.51				IF	
	Peters Jürgen	9. 8.85	D PL	k	14.11.48		Kayser Birgit	10.03	° E BI k	20. 9.67
	Emonts-Holley	87	M SP	k	3. 1.51		Schomacher Almut	1. 8.06	° SW S k	13.12.66
	Matthias		(PH)				Bülte Kai	1. 8.06	° L ER D e	6. 7.73
	Hennrich Antje	22.12.94	° BI E	e	29. 5.52		Scheiter Renate (T)		KU	11. 6.54
	Kusch Dorothea	30. 6.02	GE D		27. 4.54		Fuchs Heike		PH CH	4.11.59
	Goldstein Sybille (T)	30. 6.02	° F S	e	14. 4.53	E	Marcos Cabañas	9. 8.06	S EK k	26. 5.75
	Evers Manfred Dr.	31. 7.02	KR IF	k	31. 5.51		Caroline			
	Bell Edeltraud	1. 6.03	F GE	k	4. 4.53		Zander Claudius	9. 8.06	MU E k	31.10.75
	geb. Kochanek (T)						Bergmann André	6. 8.07	SW SP e	17. 9.77
	Mayerhöfer Barbara	1. 6.03	KU KW		28. 8.53		Berkemeier Nina	6. 8.07	E D N	8. 1.79
	(T)					F	Kursawe Hans-Dieter		KR EK k	21. 8.44
	Pohl Dagmar	1. 6.03	D E		28. 2.53		Dr.			
	Clausing Wilfried	7. 8.03	M SW	e	23.10.52	H	Quperns Ellen		E oB	17. 3.46
	Nelles Petra Dr.	17. 2.05	BI CH		4. 1.60		Woitalla Karlheinz Dipl.-SpL		SP	1. 6.49
			PH				Kinert Hans-Joachim		SP	15.11.50
C	Kaufmann Christel	1. 2.80	F EK	e	25.12.50		Dipl.-SpL			
	geb. Mettelem (T)						Miller-Sonnenberg Josefine		D GE k	14. 1.56
	Brinkmann	20. 2.80	° M	e	5. 8.51		Marx René		MU	5. 4.72
	Gabriele (T)									

1.139 Düsseldorf Freies Christliches Gymnasium gegr. 2004
pr. G. i. E. (Jg.st. 5–9 u. SekII) in Ganztagsform f. J. u. M.
Buchenstr. 1[1,] 40599 Düsseldorf – Tel. (02 11) 99 94 75, Fax 99 94 76
E-Mail: sekretariat@fcg-duesseldorf.de, Homepage: www.fcg-duesseldorf.de

Kl: 6/5   Ku: 86/17   Sch: 382 (170) (140/121/121)   Abit: 20 (6)
L: 27 (A 1, C 9, E 2, F 15)
Spr.-Folge: E, F/L,.S S/I

BR Düsseldorf
ASN: **194955**
Dez: LRSD **N. N.**

A	Marienfeld Ulrich	1. 8.04	M SP	efk	20. 6.59	F	Hirsch Ute		D ER	e
			ER						GE	
C	Franken-Sievers Heike		BI ER	e	2.11.64		Hullen Hauke		D SW	efk
	Falk Ulrich		° E EK	efk					PK	
	Stenzel Michael		M PH	efk			Marquaß Liv		SP	
			(IF)				Oberdörfer Irene		D E	
	Josten Marc		° D M PL k				Prangemeier Monika		E LI k	
	Hackländer Heiko		M PK	efk			Sievers Heike		ER BI	
			SW				Spiekermann Gerard		M PH	e
	Hallermann Eva		E F						IF	
	Keimer Eva Marie		D KR				Stuhlträger Susanne		EK BI	
	Napiwotzki Nicole		F SW				Wehmeyer-Pastura Katja		D I	
E	Bürger Steffen		MU ER	efk			Zahn Thorsten		EK SP	e
	Heckes Katja								M	

[1] ab April 2008

1.150 Duisburg Landfermann-Gymnasium gegr. vor 1280
st. G. m. zweisprachigem dt.-engl. Zug f. J. u. M.
Mainstr. 10, 47051 Duisburg – Tel. (02 03) 36 35 4-0, Fax 36 35 4-25
E-Mail: landfermann@aol.com, Homepage: www.landfermann.de

Kl: 10/19   Ku: 150/23   Sch: 1257 (590) (324/555/378)   Abit: 87 (46)   BR Düsseldorf
L: 73 (A 1, A_1 1, A_2 5, B 23, C 23, D 2, E 13, F 4, H 1)   ASN: **164549**
Spr.-Folge: E/L, L/F/E, L/G/F/S   Dez: LRSD **Fuchs**

A	Tholuck Hans-Ulrich	16. 4.97	°	L GE	e	25. 6.44	Kiessling Gert	15. 5.84		KU BI	e	22. 9.49
A_1	Kleinschnellenkamp Detlev	1. 2.99	°	M PH IF	k	21. 6.51	Hamm Gabriela (T)	4.12.85		GE PA	k	24.11.53
							Hoffmeister Eva-Maria (T)	15. 4.86		BI D	k	15.10.55
A_2	Weinstock Karl-Ernst (F)	25. 5.79		S D	oB	26.12.44	Blütters Norbert (T)	31. 3.88		M PH	k	22. 9.53
	Wesser Günther (L)	13. 1.86	°	M	efk	9.12.48	Schellinger Anke (T)	10. 8.00		D M		11.12.69
	aus der Fünten Jürgen	19. 3.01		KR D	k	18.10.43	Berghoff Bärbel	2. 5.03		D EK	e	20. 5.68
							Lindke Andrea	9. 4.04	°	KR L G	k	11. 1.70
	Weyer Ursula (T)	15. 5.03		F SW		13. 8.52	Rohrbach Ruth (T)	21. 7.04		E L		26. 1.72
	Hergt Gisela Dr. M. A. geb. Bergmann	11. 6.05	°	E Amk L	e	4. 9.48	Reuber Matthias	21. 7.04	°	E PL	k	22.11.71
							Schinke Simone	21. 7.04	°	D S	e	20. 4.74
B	Nolte Wulf (T)	21. 1.79	°	KU W	e	27. 3.43	Lotz Dorothee	22. 8.05	°	E GE	e	20. 6.75
	Schweden Werner	2. 2.79		SP GE		18. 3.44	Wiggershaus Andreas	1. 8.06		BI D PA		11. 8.69
	Welzel Manfred	13. 2.79	°	F E	e	4. 6.43	Sin Uwe	1. 8.06		MU KR	k	29.11.73
	Wolf Werner	27. 2.80	°	E GE		17. 8.48	Landen Gunilla	1. 2.07		D E		17.12.74
	Poeten Jürgen (T)	8. 7.81		EK IF M		10. 4.50	Höffkes Thorsten	1. 4.07	°	E GE		18. 3.74
							Stuhlsatz Claudia	1. 8.07		E S	k	30. 8.77
	Frey Horst	7. 6.85	°	M IF	k	24. 2.51	Höppner Jörg (T)	9. 8.07		F PH		13.12.66
	Zastera Ulrike	23. 7.85		E EK	e	19. 6.51	Heil Kerstin	9. 8.07		BI F	k	23. 3.78
	Fritz Ortwin	4.12.85		PH	k	15. 7.49	Jäger Ursula Maria (T)		°	BI EK		20. 4.55
	Zittro Elke	1.11.87		D GE	k	10. 2.51	D	Kaulhausen Walter SekIL	30. 5.84	□	SP D	k	10. 8.52
	Freude-Siering Irmgard (T)	5. 1.93		F EW		21. 7.53	Mueller Ursula (T)	1. 8.91		ER KU	e	27. 6.56
	Meyer Thomas (T)	28. 2.96		E PK	e	25. 9.53	E	Kayser Peter	22. 8.05		EK PH	e	20. 8.71
	Gladnigg Jutta (T)	28. 2.96	°	E SP ER	e	19. 8.54	Gossens Elisabeth	25. 7.06	°	E EK	k	4.11.61
							Enninger Dagmar (T)	9. 8.06		BI D	e	5. 8.67
	Scholz Brigitte (T)	13. 5.02		EK F	k	4.11.51	Anacker Herrad	9. 8.06		ER S	k	16. 8.68
	Bergheim Eckart Dr.	13. 5.02	°	BI CH	k	13. 8.43	Jung Claudia (T)	9. 8.06		M PH		28. 1.73
	Wallau Michael	6. 9.04		M EK	k	6. 6.54	Schmitt Sebastian	9. 8.06		BI SP		28. 9.73
	Zeise Christa (T)	6. 9.04	°	D EK SW	k	12. 1.51	Lippek Katharina	8. 8.06	°	E GE	e	25. 7.78
							Epping Matthias	1. 2.07		L F	k	6. 9.76
	Jansen Andreas (F)	1.11.05		ER D	e	25.12.61	Zieger Johannes	6. 8.07		E SW		2. 7.74
	Kroseberg Martin	9. 6.06		E BI	e	23. 4.69	Einecke Silvana	6. 8.07		D E	k	4. 1.78
	Wiese Reiner (T)	18. 4.07	°	M EK	k	30. 8.51	Auras Heike	6. 8.07		BI SP		7. 2.79
	Schmitt Rainer Dr.	18. 4.07	°	D L	k	23. 6.66	Nakas Maria	6. 8.07		D SP		2. 5.79
	Hillje Florian (V)	18. 4.07	°	MU KR	k	2.12.66	Steffen Caja	6. 8.07		M PH	k	
	Busch Britta	18. 4.07		E SP	e	6. 8.69	F	Zockoll Roland		°	ER GE	e	1. 2.55
C	Plundke Karlheinz (T)	1. 3.82		GE EK		20.12.48	Schneider Patricia			D PL	e	3.11.70
							Spönemann Dirk			ER PL	e	
	Schidzik Monika (T)	29. 8.83		BI EK	k	3. 2.55	Strehblow Claudia Dr.			BI CH		
	Neuhalfen Ellen (T)	16.11.83		D GE	k	27. 7.53	H	Klier Siegfried Dipl.-SpL			SP	k	12. 7.51

1.151 Duisburg Steinbart-Gymnasium gegr. 1831
st. G.[1] f. J. u. M.
Realschulstr. 45, 47051 Duisburg – Tel. (02 03) 2 78 17 u. 2 78 27, Fax 2 26 83
E-Mail: info@steinbart-gymnasium.de
Homepage: www.uni-duisburg.de/schulen/stg/informationen.html

Kl: 10/20   Ku: 136/21   Sch: 1224 (558) (313/597/314)   Abit: 126 (58)   BR Düsseldorf
L: 79 (A 1, A_1 1, A_2 10, B 22, C 20, D 2, E 11, F 4, H 8)   ASN: **164586**
Spr.-Folge: E/F/L, F/L, L/F, S/K   Dez: LRSD **Fuchs**

A	Minnema Peter-Michael	1. 8.97	°	M PH IF	k	16. 2.55	A_2 Hülsbusch Norb. (F)	30. 8.77	M IF	k	6. 8.46
							Hergt Tobias Dr. M. A. (F)	1. 8.80	° E GE	e	19.12.47
A_1	Euteneuer Michael	3.11.99	°	D E	k	16. 7.50		

Kloos Günter (F)	1.12.85	SP BI	k	31. 3.47	
Schumacher Günter (F)	12. 8.96	SW GE D		27. 1.47	
Broch Karin geb. Bohne (Vw) (T)	21. 3.97 °	M EK	e	28.12.49	
Schmidtlein Christiane geb. Sonntag (F)	1. 5.99	D E	k	3.11.49	
Riehn Dieter	8. 6.00	BI E		22.11.50	
Liedtke Frank	13. 9.01	BI CH	e	1. 4.46	
Deboße-Stenger Beate geb. Deboße (T)	27. 6.02 °	M PH	k	27. 6.58	
Plorin Birgit geb. Waterkamp	1. 5.04 °	CH F	e	20. 2.55	
B Puhe Ludger	14. 4.75	D GE	k	26.10.42	
Kloer Winfried (T)	1. 2.79	D KU		21.12.46	
Weinbach Horst (T)	1. 2.79 °	MU EK	e	22. 3.49	
Isensee-Huhle Birgitt geb. Huhle (T)	1. 8.79	D L	oB	18. 7.46	
Becker-Adam Wolfgang	20.12.79 °	PH IF		20. 1.47	
Münstermann Irene geb. Robeck (T)	27.10.80 °	E EK	e	29. 8.49	
Kalthöfer Ruth	10.11.87	F D	k	4. 8.50	
Stein Friedhelm (T)	6.12.89 □	D PL	k	31. 8.44	
Kramkowski Gudrun Maria	14.12.90	E GE	k	3.12.52	
Schmidt Ingrid (T)	1. 2.96	D PA	e	30. 5.53	
Gaida Reinhard Dr.	9. 7.02 °	BI EK	k	11. 9.55	
Schmitz Barbara geb. Hartmann (T)	9. 7.02	KR GE	k	25. 5.55	
Burs Hans-Peter	1. 6.03 °	EK SP	e	21. 8.46	
von Vangerow-Hauffe Rita geb. Kutz (T)	1.12.04	D SW		12.12.50	
Volmer Hans	1.12.04	M SP IF	k	28. 9.50	
Kleene Heike (T)	1.12.04 °	L E	e	9. 4.57	
Weber Bianca	26.10.05 °	D PA		5. 5.74	
Neumann Silke	24. 5.06	M F	e	21. 9.69	
Dimnik Veronika geb. Stephan (T)	26. 5.06	E GE	e	5. 1.50	
van den Daele Daniela	22. 5.07	KR L EK	k	30. 9.74	
Gligor Christin	14. 6.07 °	BI D		19. 8.74	
C Fatheuer Winand (T)	2. 3.80	E SP		2.10.47	
Polt Verena geb. Powilleit	22. 9.83	F GE		22. 1.53	
Graby-Meimers Ingrid geb. Meimers (T)	15.10.84	E F	e	14. 3.55	
Haßlinghaus Petra geb. Kokott (T)	9. 1.95 °	D KR	k	10.12.58	

Klein Jörg	1. 1.02 □	ER GE	e	11. 6.61	
Grätz Susanne (T)	1. 8.02	M CH	e	21.10.70	
Mevissen Claudia Dr.	2. 3.04	PH CH PA	k	23. 4.71	
Philippi Nicole Dr.	1. 8.04	E SP		29. 9.64	
Spliethoff Michael	1. 8.04	KR E D	k	16. 1.69	
Reichold Gesine (T)	10. 1.05	MU E		13.12.70	
Krogull Heike	1. 8.05	ER E	e	26. 9.75	
Thamm Sascha	27. 9.05 □	GE SW	e	8. 5.73	
Buchthal Ralf	6.11.05 □	SW BI		17.10.67	
Werner Sonja (T)	9.06	D PA	k	11. 7.71	
Rosenthal Lars	10.06	ER SW	e	1. 9.76	
Schmidt Olaf Dr.	6. 9.06	BI CH		5.11.67	
Kedzierski Nina (T)	8. 8.07	KU D	e	7. 7.73	
Mai-Buchholz Adelheid-Edith geb. Mai (T) (V)	8. 8.07 °	S BI		13.11.68	
Abt Walter	8.07	PA SP	e	9. 9.66	
D Brahmstädt Monika SekII.'	17. 9.84	D KU	k	9. 5.55	
Wollert Hartwig SekII.	15.10.84	BI SP		9.10.54	
E Fastje Diana	22. 8.05	E L	e	21. 8.73	
Wissing Michael	22. 8.05	M E		6. 2.76	
Glinka Birgit (T)	22. 8.05	PH IF	e	17. 3.79	
Ausborn-Brinker Sandra Dr. (T)	1. 2.06	D PL PP	e	9. 4.68	
Söller Claudia (T)	9. 8.06	S E	e	19. 4.71	
Rödiger Stephanie (T)	9. 8.06	GE E	k	16. 9.74	
Ilgen Udo	9. 8.06	BI SP KR	k	26. 4.75	
Schnor Lars	1. 2.07 □	M ER	e	3.11.75	
Walter Stephanie	12. 2.07	EK PA	k	7.11.71	
Hötten Christian	14. 6.07	M E	k	16. 8.75	
Schmahl Johanna	6. 8.07	D GE		3. 7.75	
F Mutz Dietmar		IF M		11.10.50	
Meyer Detlef SekII.		M PH IF		18. 2.52	
Kizilaslan Murat		EK SW		17.11.73	
Hucke Julia		° D PA		25. 3.76	
H Deth Burghard Dipl.-SpL		SP	e	4.12.47	
Berheide Gudrun geb. Ehrenberg		SP TX	e	5. 1.52	
Kröning Siegmar Dipl.-SpL		SP	e	21. 4.52	
Stadler Angela Dipl.-SpL' Dipl.-Päd.'		SP		8. 6.52	
Mönkemeier Gerd Dr. Pfr.		ER	e	4. 4.63	
Volke Frank		MU	k	12. 8.64	
Matsuo Kaoru		K		18. 6.67	
Havers Peter		KR	k	14. 8.72	

[1] mit Teilzeitinternat

1.153 Duisburg-Meiderich Max-Planck-Gymnasium gegr. 1891
st. G. (5-Tage-Woche) f. J. u. M.
Werner-Wild-Str. 12, 47137 Duisburg – Tel. (02 03) 44 99 20, Fax 4 49 92 29
E-Mail: 164665@schule.nrw.de, Homepage: www.du.nw.schule.de/mpg

Kl: 9/18 Ku: 119/18 Sch: 1048 (553) (267/474/307) Abit: 80 (51)
L: 58 (A 1, A_2 4, B 14, C 17, D 6, E 10, F 4, H 2)
Spr.-Folge: E, L/F, F/L, L/F

BR Düsseldorf
ASN: **164665**
Dez: LRSD **Fuchs**

A	Stalleicken Klaus-Dieter	16. 9.94	D PL	e	16.12.48
A_2	Cordes Udo (F)	1. 2.77	M	e	9.10.43

Doering Rainer	22.12.95 °	SW EK	e	28. 5.51	
Groten Michael	5. 2.97	M EK	k	20. 6.49	
Höttges Ulrike	18. 4.05	D ER	e	23. 2.58	

B	Richter Christoph (T)	7. 9.81	E SP	2.	8.46
	Diekhoff Jochen	7. 9.82 °	D GE	30.	1.49
	Osterloh Jan	1. 4.84	BI	18.	8.46
	Krusch Rüdiger	1. 8.84	F EK		9.11.45
	Bieroth Hans Bernd	5.10.84	F PA k	8.	4.49
	Pütter Eva	22.10.85	CH BI k	4.	1.48
	Eiermann Hans Albert	14.12.90	D MU e	13.	8.50
	Habiger Franz	14.12.90	E PA k	30.11.53	
	Deppermann Monika	8. 1.93 °	M k	11.	5.52
	Heland-Braam Regina geb. Heland (T)	22.12.95	M EK e	15.12.55	
	Hankwitz Ralf	23.11.05 °	GE ER e	23.	9.69
	Kanacher Gudrun	5. 4.06	D PL e	2.	6.70
	van Huet Arndt	5. 4.06	D SW k SP	8.	4.71
	Bandusch Ralf	1. 7.07	PH SW k	11.	7.68
C	Zöller Karl-Heinz	6. 7.82 °	EK SP k	17.	6.47
	Vollmann Martin	19.10.83 °	M PH e	26.	1.53
	Gerritzmann Angelika (T)	29.10.84	D PA	24.	5.49
	Klein-Genz Birgit (T)	30.10.84	KU KW k	26.10.54	
	Tillmann-Bredehöft Eva geb. Tillmann (T)	20. 3.85	GE SW e	20.10.51	
	Mülders Paul-Gerd	10.12.85 °	M PH k	19.	6.50
	Schmitz-Schmelzer Harald geb. Schmitz (T)	7. 1.86	KU KW e	8.	3.53
	Horgas Ulrike geb. Haltermann	13. 1.93 °	D KR k	16.	6.56
	Vey Martina geb. Vey	25. 1.98	E MU k	2.	7.63
	Wittig Timo	28. 8.98	M PH e	6.	8.65
	Füten Petra	6. 9.04	F IF	7.	4.67
	Müller-Nermann Kirsten	1. 2.05	▫ E BI	24.	2.73
	Aretz Ruth	1. 8.05	L GE k	23.	7.64

	Hansen Maren	1. 8.05	D GE	11.	4.66
	Bleckmann Petra	29. 9.06	BI SP k	13.11.74	
	Kneip Andreas		PH GE	5.	3.59
	Struck Christoph		SP BI	10.	2.70
D	Bonnes Eckhard SekIL (T)	2. 9.81	M PH k	18.12.52	
	Kreuzmann Ursula geb. Klute SekIL' (T)	18. 2.83	ER KU e	26.11.55	
	Kühnen Ursula geb. Ohs SekIL' (T)	6. 2.84	M BI k	6.	2.56
	Ohs Petra geb. Lehr SekIL' (T)	9.11.84	E SW k	11.	7.55
	Spenner Britta	18. 8.00	E BI	18.	9.67
	Nerrlich Claudia	29. 1.01 °	D ER e	23.	1.69
E	Meier Silke geb. Trompeter	1. 2.00	ER E e	12.	1.72
	Reinartz Andrea Dr. geb. Kumetz	14. 8.00 °	D E k	29.	9.69
	Kappen Gottfried	6. 9.04	MU D	10.	1.64
	Spielkamp Ellen	6. 9.04	SP E	9.	4.70
	Behnisch Stefanie	6. 9.04	BI CH e EK	17.12.71	
	Maaß Desirée	1. 2.05	D E	23.	4.70
	Downey Fiona Sandra	1. 2.05	D L	10.	9.76
	Janßen Michael		GE SW	13.	6.63
	Seuser Ingo		CH PA	22.11.73	
	Thimm Barbara		F PA	8.	8.77
F	Rombach Erika		PL D	7.	9.54
	Brauner Michael Dr. Dipl.-Phys.		° CH PH k	6.11.58	
	Böhner-Aschoff Ralf		PL KR k	27.	2.59
	Kuhn-Ertl Ute (V)		° L GE	6.	4.63
H	Seilz Cornelia geb. Schröder FachL'		SP W k	28.10.50	
	Haupt Claudia		▫ E D	5.	9.56

1.155 Duisburg Mercator-Gymnasium gegr. 1901
st. G. f. J. u. M.
Musfeldstr. 152, 47053 Duisburg – Tel. (02 03) 2 83 79 60, Fax 2 83 79 66
E-Mail: sl@merc-gym.du.nw.schule.de, Homepage: www.mercator-gymnasium.de

Kl: 7/11 Ku: 94/14 Sch: 860 (373) (201/320/339) Abit: 65 (30)   **BR Düsseldorf**
L: 51 (A 1, A$_1$ 1, A$_2$ 5, B 16, C 12, D 1, E 7, F 6, H 2)   ASN: **164604**
Spr.-Folge: E, L/F, F/L   Dez: LRSD **Fuchs**

A	Boden Gabriele	1. 7.99	BI	23.10.52	
A$_1$	Müller Wolfgang	1. 8.01	D SW e	21.4.49	
A$_2$	Kuhler Barbara geb. Langer (T)	2. 2.94 °	D E k	13.	2.45
	Wilhelmi Bernd (F)	14. 9.98	D KU		
	Dobert Peter	6.04	M e	30.10.47	
	Sextro Christiana (F)		F GE k	8.12.54	
	Kelle Susanne		M BI	9.11.60	
B	Reichwein Wolfgang-Johannes	1.11.90	E SP k	8.	1.52
	Buchholz Reinhard	1.12.90 °	M PH e F	24.	8.51
	Tschauder Jürgen	1.12.90	E GE e	9.	8.50
	Lüdeke Georg (T)	4. 1.93	D GE oB	14.	2.55
	Scholz Detlef	1. 6.94	BI k	15.	4.52

	Harmuth Heiko	31. 1.96	PH EK e	31.10.52	
	Unverricht Wilfried	25. 4.03	EK GE mo	23.	7.51
	Janssen Lothar	25. 4.03	D KU	5.11.53	
	Freitag Peter	16.10.04	M	30.	6.47
	Gorn Volker	06	SP SW e PK	4.10.66	
	Trautmann Wolf-Rüdiger		GE PA k	29.	8.48
	Kamp-Schmoll Gudrun		BI EK	18.	5.54
	Hermes Raimund Dr.		L GE k	13.	2.69
	Sakowski Bettina		CH D e	4.	8.73
	Oberste-Padtberg Marcus		D MU e ER	25.	9.74
	Herhold Sandra		E D		

C	Meier Beatrix	1.	9.79	M SP	12. 4.52		Berger Kay	17. 3.05	BI ER e	4. 2.72
	Petrick Annette	15.	9.04	M KU			Harnischmacher	25. 5.05 °	L SW k	14. 6.76
	Lösken Heike	1.	4.05	SP PA e	18. 8.69		Wibke			
	geb. Paraschivescu						Burghardt Björn	22. 8.05	BI L	
	Deharde Dana		9.05	GE SP k	21. 7.72		Berg Annika	1. 2.07	E KU e	2.12.77
	Kastenholz Mira	1.	2.06	D E ER e	16. 1.71		Reuter Michel	6. 8.07	BI EK e	19. 8.76
	Horstmann Britta	1.	3.06	KU D k	22.11.76	F	Fendrich Marlies		KU k	4. 5.53
	Borr Michael	1.	8.06 °	CH SP k	21.12.68		Ludwig Sabine		M EK e	23. 3.59
	Schulz Alfred			E D e	12.10.53		Wullhorst Claudia		° BI KR k	27. 6.59
	Reinhold						Eberhardt Gisela		D SP e	26. 1.60
	Urbach Dirk			D GE	4. 5.72		Gehrke Dirk		SP	24. 8.69
	Schüller Frank			F PL	11. 8.72		Janssen Philipp		GE PL k	17. 3.70
	Baum Viola			E F	26. 5.75				PP E	
	Wibbe Ulrike			E EK		H	Axning Dirk		° SP k	12. 1.51
D	Redner Jutta	18.	2.83	E GE k	19. 1.56		Dipl.-SpL			
	geb. Krämer SekIL'						Petrasch Ingeborg		M F e	
E	Kues Melanie	1.	2.04	PH CH			geb. Sievers			
	Heinen Peter Paul	1.	2.05	MU GE k	27. 2.71					
	Dipl.-Mus.-Päd.			R						

1.157 Duisburg-Hamborn Elly-Heuss-Knapp-Gymnasium gegr. 1904

st. G. (5-Tage-Woche) f. J. u. M.
Am Grillopark 24, 47169 Duisburg – Tel. (02 03) 54 43 90, Fax 5 44 39 39
E-Mail: ellyheussknapp.gymnasium@stadt-duisburg.de, Homepage: www.ehkg-du.de

Kl: 8/13 Ku: 144/17 Sch: 865 (454) (224/356/285) Abit: 56 (31)   BR Düsseldorf
L: 51 (A 1, A_2 3, B 17, C 14, D 6, E 8, F 2)   ASN: **164677**
Spr.-Folge: E, F/L, F/L, F/I/K/L   Dez: LRSD Fuchs

A	Peller Lutz	15. 5.02	MU ER e	15. 4.59		Körver-Buschhaus		E GE	21.10.57
A_2	Goldner Joachim (F)	19. 7.79	SW GE k	24. 6.47		Harald			
	Grashöfer Wolfgang	18. 6.00 °	BI CH e	9. 4.54		Diegeler Elisabeth		L I	22.11.60
B	Mertens-Elm	8. 7.81	E GE e	21. 1.49		Kalus Beate		E GE	14.11.61
	Brigitte (T)					Bertling Annette		D PA k	17. 3.63
	Averbeck Rainer	16. 5.84 °	L E k	7. 5.53				KR	
	Putz Volker	11. 5.85	CH e	26. 4.50		Buhren Daniela		SP EK	27. 6.69
	Lenhardt Harald	16.12.85 °	M SP k	7.11.49		Gelbke Katja		KU F	4. 8.70
			IF			Malmström Ilka		M EK	28. 7.71
	Necker-Schleicher	1. 1.93	BI M e	13.12.54		Nusch Daniela		D BI	22. 6.72
	Sigrid (T)					Tatzki Karla		D PS	18. 1.78
	Hoppe Alfred	1.11.94	BI CH	7. 6.53		Kucklick Christel		GE SW	
	Altenbeck Doris	15. 3.96	D PL k	30. 6.51	D	Ludwig Roswitha	7. 2.78	SP k	10.12.48
	Mahlberg Marianne	15. 3.96	F GE L k	17. 1.52		geb. Bongartz SpL' (T)			
	Axt Norbert	25. 9.97	BI CH	23. 9.58		Mißbach Sabine	25. 1.83	D E	15.12.55
	Dohmen Michael	7. 8.06	M PH	13. 2.52		SekIL' (T)			
	Knobloch Günther	7.12.06	L G KR k	12. 8.65		Schnabel Eva	1. 6.84	EK KU	22. 8.49
	Vieler Gabriele	2. 5.07	BI KU	18. 8.64		geb. Gutt SekIL'			
	Winkler-Ketelhut	16. 5.07	D M	28. 7.72		Stockschläder Peter		MU	7. 3.59
	Heike					Wenzel Christa		EK SW	14. 4.70
	Besslich-Krecklen-	20. 6.07 °	E ER	26. 9.61		Kammering Heide		SP EK	
	berg Karla (T)				E	Böttcher Anke	2. 9.02	D GE	29.11.73
	Hennig-Scheifes Rolf	11. 7.07	D MU	25. 1.68		Brandner Judith	2.05	D M	14. 6.78
	Lottes Regina Dr.	1. 8.07	D PS	25. 1.65		Poppke Babette	8.05	E F	30. 9.73
	Becker Uwe	6. 8.07 °	KR GE k	14. 9.75		Fremder Christian	8.05	D EK PL	2. 8.74
	Dipl.-Theol.					Goerlich Martin	8.05	PH SP	1.11.75
C	Giaume Claudia	8. 9.82	PA SW	18. 9.52		Mulia Marc		PL SW	2. 7.69
	geb. Zunzer (T)					Lowinski-Rudolph		E F S	23. 5.73
	Lüttke Hans	17. 5.84 □	SW EW	13. 8.52		Ricarda			
	Anlauf Dorothee	13. 4.88 °	BI CH	9. 9.58		Knapstein Stefan		SW GE	30.12.73
	geb. Abel (T)				F	Helmert Margarete		E e	8.12.48
	Kempkens Ralf	15.11.04	F E S e	18.11.52		Römer Uwe		D SP	17. 5.55

1.158 Duisburg-Homberg Franz-Haniel-Gymnasium gegr. 1908
st. G. (5-Tage-Woche) f. J. u. M.
Wilhelmstr. 25, 47198 Duisburg – Tel. (0 20 66) 2 03 50, Fax 20 35 35
E-Mail: fhg@fhg-du.de, Homepage: www.franz-haniel-gymnasium.de

Kl: 9/18 Ku: 109/21 Sch: 1023 (505) (257/493/273) Abit: 73 (44) **BR Düsseldorf**
L: 61 (A 1, A$_1$ 1, A$_2$ 5, B 22, C 20, D 2, E 8, F 1, H 1) ASN: **165979**
Spr.-Folge: E, F/L, L/F, S Dez: LRSD **Fuchs**

A	Binnenbrücker Werner	21. 5.85	°	E EK ER	e	15. 5.45		Bühlbäcker Hermann Dr.	7. 5.07	D E PL	k	13.11.68
A$_1$	Knierim Ulla	23. 1.86		E GE	e	17. 8.44	C	Schminck Siegfried	1. 9.80	PA EK (M PH)	k	15.11.46
A$_2$	Kampmann Dietmar	20.10.94		D SW IF	e	26. 8.50		Rosenthal Detlef Dr.	1. 5.82	CH		27. 4.49
	Mertens Hans-Günther Dr.	7.11.94		GE F	e	1. 1.48		Schneller Dieter	1. 5.82	KU KW	k	15. 6.50
	Olschowka Bernhard	21.12.95		SP SW	k	3. 1.53		Winante Reimund	8. 7.83	GE EK		20. 8.52
	Wiegelmann Michael	5. 6.00		D SP	k	23. 3.54		Peter-Perret Elisabeth Dr. (T)	11. 2.88	ER SW	e	3. 1.59
	Junkers Fritz	25. 1.02		GE SW		1. 8.53		Kurz Ethel Maria	15. 3.00	KU BI		10. 8.68
B	Jansen Rüdiger	28.12.81		M SP	k	10. 2.49		Hänsler Ulrike	1. 1.02	E BI	e	18. 1.70
	Plorin Dieter (V)	7. 1.93	°	CH EK IF	e	7.10.50		Gödde Cornelia	1. 1.02	D KU	k	19.10.67
	Leliveldt-Stephan Giesela geb. Leliveldt (T)	20. 1.93		BI E		10. 6.55		Esser-Hausmann Uta (T)	1. 1.02	°	D SP	k	13.11.68
								Tobias Jörg	1. 2.03	L GE		
	Hülsmann Heiner	5. 2.96		E F		22. 7.51		Tanneberger Nicola geb. Tewes	1. 2.04	M BI	e	25. 5.74
	Thummes Norbert	9. 5.97	°	EK ER	e	6.11.57						
	Illbruck Wolfgang	7. 7.98		E EK	e	15.10.49		Griguszies Karsten	1. 3.04	SP MU		31. 7.71
	Janßen Wolfgang	7. 7.98		M ER SP	e	19.11.53		Schiel Heike	3. 3.04	E M	e	16. 2.73
								Rudert Andrea (T)	15. 8.04	D PH	k	16. 7.71
	Harbecke Franz-Josef (T)	7. 3.00	°	KR E	k	1.10.48		Hlawa Sabine	15. 3.05	E F		8. 8.71
	Zbick Eva Maria Dr. geb. Michel	29. 3.00		M MU		3.10.54		Zeidler Kerstin	22. 3.05	E D		15. 6.72
								Bremer Björn	28. 4.06	D SW		30. 6.72
	Kuhlmann Ulrike	1. 8.00		ER D EK	e	18. 2.55		Löhr Nicole	4. 7.06	M BI		5.10.75
								Hofrichter Christina	27.12.06	° D E	k	5. 2.76
								Soschniok Sandra	2. 1.07	D KR	k	17. 8.72
	Hansmann Reinhold	27. 5.02		D SW	e	6. 9.52	D	Hähn Birgitt SekIL'	1. 2.83	PH M		3.11.54
	Wiedenfeld Markus	27. 5.02		M PH IF		15. 3.62	E	Grolmuss Alexander	15. 9.03	CH PH	k	6. 2.74
								Schoofs Anja	6. 9.04	E F	e	2. 7.75
	Oppermann-Gruber Anja Dr.	27. 5.02		E D EK PA	k	12. 3.69		Lomberg Marc	19. 4.05	CH SP	k	10. 1.76
								Hood Annette	22. 8.05	E SP	e	30. 3.73
	Stieldorf Marc	15.10.04	°	M PH	e	18. 4.70		Kryscio Anna Dr.	1. 8.06	BI CH		26.12.66
	Schlie Guido	15.10.04	°	D KR	k	9. 6.70		von Querfurth Barbara	1. 8.06	M MU		17.10.69
	Tenhaven Martin	15.10.04		M IF	k	4. 4.70						
	Müller Bodo	16. 1.06		M BI		4.11.65		Neuhaus Martin	1. 8.06	SP EW	e	1.12.70
	Immig René	16. 1.06		L BI	k	19. 8.67		Feyen Martin	1. 8.06	° F GE	k	9.10.76
	Steinhäuser Karin	25. 9.06		M PH IF		4. 5.72	H	Fuhrmann Doris geb. Löckmann		GE D KR	k	11. 2.44
	Czinczoll Sebastian	7. 5.07		L PL	k	19. 2.71						

1.159 Duisburg St.-Hildegardis-Gymnasium gegr. 1954
pr. G. (5-Tage-Woche) f. M. d. Bistums Essen
Realschulstr. 11, 47051 Duisburg – Tel. (02 03) 92 97 50, Fax 9 29 75 55
E-Mail: hildegardis@shg-duisburg.de, Homepage: www.shg-duisburg.de

Kl: 6/12 Ku: 106/17 Sch: 801 (801) (186/351/264) Abit: 82 (82) **BR Düsseldorf**
L: 49 (A 1, [A$_1$] 1, A$_2$ 6, B 12, C 9, E 9, F 7, H 4) ASN: **164598**
Spr.-Folge: E/E+L, L/F, F/L, S Dez: LRSD **Fuchs**

A	Bücking Ursula	1. 2.95	°	E SW	k	4.10.55	Hein Monika geb. Kleinbölting	1.11.00	° M PH	k	26. 7.50
A$_1$	(Oster Christoph Dr. OStR)[1]	1.11.99	°	M MU PA	k	12. 6.62					
A$_2$	Ostermann Michael	1. 9.94	°	M PH		25.11.52	Sendt Rolf	1.11.00	GE E	k	5.10.50
	Grevener Hildegard geb. Krämer	1. 2.97		D GE	k	11. 7.46	Hartmann Margret geb. Furthmann	1. 8.05	° BI KR	k	14. 7.54
							Türnau Dirk		° D KR	k	8. 6.60

B	Artz Herm.-Josef	6. 8.79	° EK GE	k	20.10.47		Fournet Gabriele	1. 8.04	° D F	k	14.10.69
	Wedding Angelika geb. Theobald (T)	1. 8.84	E F	k	28. 1.51	E	Müller Marion	21. 7.04	E GE	k	29. 5.74
							Horn Stefanie	1. 8.04	SW BI CH	k	4.10.73
	Heitmann Stefan	7. 8.85	BI	k	25. 1.50						
	Henneken Franz	1. 6.89	° M EK	k	17. 5.53		Weidert Katharina	7. 7.05	D BI	k	10. 6.76
	Jablonski Berthold (L)	1. 5.92	D GE	k	22. 3.51		Neumann Alexandra	7. 7.05	° E GE ER	e	20. 7.76
	Steinfels-Baudet Françine geb. Baudet (T)	1. 3.93	F S	k	4. 4.51						
							Huizinga Kerstin	1. 2.06	D ER	e	21. 4.64
	Bünk Georg	1. 3.96	MU KR	k	24. 4.58		Müller-Goldkuhle Corinna	1. 8.06	MU KU	k	7.12.73
	Clemens Claus	1.12.97	° F S	k	28. 6.52						
	Kusebauch Ralf	1.10.99	SW PK D	k	12. 8.53		Oehmen Barbara		E EK	k	14. 9.74
							Schmidt Fabian	1. 2.07	L KR	k	10. 5.77
	Rathert Bernd	1. 9.02	° SP BI	k	24. 9.58		Stenkamp Frigge geb. Fisser	1. 8.07	E KR	k	13. 4.79
	Küpper Gabriele		° SP EK PK	k	26.11.60						
	Prinz Ursula		° M KR	k	6. 6.60	F	Seng Ulrich Dr.		KR GE	k	1. 8.49
C	Heinemann Monika (T)	27. 8.79	D EK	k	8. 8.50		Ix Heinrich Dr. Ass d. L.		CH	k	28. 8.50
							Cellarius Susanne Ass' d. L.		° KU F	k	16.12.53
	Steiner Ingrid (T)	1. 8.80	M PH	k	15. 3.54		Powik Martin		D KR	k	25. 4.57
	Wilzek Hans-Norbert	2. 8.87	° M PH	e			Mohn Sabina		° F GE	k	5. 9.57
	Biddermann Martina	1. 8.98	° M EK	k	20.11.64		Becker Thomas		GE KR	k	29. 3.60
	Kotecki Elke	1. 8.99	SW SP	k	10. 3.66		Beutel Laura Dr.		° M IF	orth	27.11.74
	Leiters Ursula	1. 8.00	° L G	k	28. 8.67	H	Possmann Wolfgang		MU	k	6. 9.50
	Wolf-Hein Simone geb. Wolf (T)	1. 8.01	° D PL MU	k	13. 3.68		Saddeler Regina Dipl.-SpL'		SP	k	24. 9.53
							Bückers Christa		SP	k	27.12.53
	Sebastian Bettina	1. 8.02	° M EK	k	10.12.72		Hippler Angelika geb. Berghoff		KU	k	2. 6.54

[1] stellv. Schulleiter seit 01. 2.08

1.160 Duisburg-Hamborn Abtei-Gymnasium gegr. 1954 (1905)
pr. G. (5-Tage-Woche) m. zweisprachigem dt.-engl. Zug f. J. u. M. d. Bistums Essen
An der Abtei 10, 47166 Duisburg – Tel. (02 03) 55 59 40, Fax 5 55 94 32
E-Mail: abtei-gymnasium@uni-duisburg.de, Homepage: www.abtei-gymnasium.de

Kl: 8/16   Ku: 119/21   Sch: 960 (523) (221/466/273)   Abit: 79 (34)   **BR Düsseldorf**
L: 56 (A 1, A₁ 1, A₂ 9, B 18, C 9, D 1, E 4, F 9, H 4)   **ASN: 164641**
Spr.-Folge: E, F, L, S   Dez: LRSD **Fuchs**

A	Regenbrecht Thomas	1. 8.05	° KR M	k	27. 5.61	Wagner Stefan	1.11.99	° E L	k	25. 4.61
A₁	Keller Theo		° M EK	k	4. 6.53	Gottlieb Dirk	1.11.06	D KR	k	6. 5.62
A₂	Steffen Renate	1.12.97	E	k	29. 9.43	Hinkes Bernhard	1.11.06	M SP	k	9. 5.63
	Mellis Winfried Dr.	1.12.97	° M PL IF	k	14.10.53	Kuon Susanne	1.11.06	MU EK	k	29. 8.64
						C Wagner Susanne (T)	1. 8.94	D SP	k	7. 8.63
	Beilmann Andreas Dr.	1.10.99	° KR E GE	k	2. 1.58	Kuster Barbara (T)	1.12.95	E F	k	2. 6.64
						Bredol Gregor	1. 9.98	E D	k	23. 2.64
	Menden Josef	1.12.04	D SP	k	26. 7.56	Stein Ludger	1.12.99	E KR	k	14. 9.62
	Gras Elmar	1.10.05	PH EK	k	22. 5.54	Tewinkel Brigitta (T)	1. 8.02	M EK	k	13. 8.68
	Brandt Ulrich	1.10.05	PH CH	k	10. 5.53	Hardt Tanja	1. 2.04	° M CH	k	17. 4.73
	Disselkamp Christoph	1.10.05	L KR	k	6. 4.59	Kalfhues Frank	1. 8.04	PS SW		9. 4.74
B	Walczak Theo	3. 2.84	° BI	k	19. 6.47	Kalfhues Michaela	1. 8.06	S F	k	19.11.71
	Beissel Peter	1. 6.84	° D PA	k	29. 6.46	Feger Michaela (T)		L F	k	
	Tüllmann Norbert (T)	1. 1.87	° GE EK	k	23. 9.46	D Keller Gisela	11. 8.80	MU D KR	k	11. 8.53
	Tüllmann Ruth	1.11.87	° GE F ER	e	23. 3.52	geb. Wirtz HSchL' (T)				
	Ullrich Stefanie	1. 6.88	° M PL	k	4. 1.52	E Soetekou Andreas	1. 2.07	E PS	k	2. 8.77
	Steiner Manfred	1. 5.91	EK SP	k	11. 6.52	Niegot Adrian	1. 2.07	D MU	k	
	Winkler Sonja	1. 5.91	° E D	k	30.11.54	Schmidt Fabian	1. 2.07	L KR	k	
	Wiese Ulrike geb. Schloots (V)	1.11.91	° EK M	k	20. 8.52	F Kunza Winfried Ass d. L.		D GE	k	25. 3.45
						Bettin Dieter Ass d. L.		° E EK	k	27. 9.47
	Rengshausen Meinolf	1.11.91	° PA SW	k	19.12.53	Jenderek Peter Ass d. L.		° BI CH	k	17. 4.52
	Steinmetz Helmut	1.12.92	° BI D	k	29.11.46	Schürmann Norbert		D KU	k	28. 7.52
	Kettler Werner	1.11.95	MU GE	k	16. 9.54	Trawny Wilma SekIL'		E EK	k	20. 3.56
	Wiese Gertrud Dr.	1.12.96	BI CH	k	27.11.58	Bönigk Barbara Ass' d. L.		M PH	k	6. 8.59
	Hahn Thomas	1.12.96	D E	k	10. 7.57	Burgdorf Markus Dr.		BI	k	25. 8.71
	Nonn-Hahn Sigrid	1.11.99	E F	k	15. 5.60	Busch Anne		BI ER	e	
						Peters-Bukowski Angela		D CH	k	

H	Dewald-Fink Margit geb. Fink GymnL'		SP TX	k	16. 1.49	Kempinski Renate geb. Meyer GymnL'	SP	k	29. 9.50
	Lange Wilfried Dipl.-SpL		SP	k	19. 2.50	Grünhage Hermann-Josef	KR	k	

1.162 Duisburg-Huckingen Reinhard-und-Max-Mannesmann-Gymnasium gegr. 1964
st. G. mit Ganztagsangebot f. 5.–10. Jg.st. (5-Tage-Woche)
mit zweisprachigem dt.-engl. Zug u. naturwiss. Zweig f. J. u. M.
Am Ziegelkamp 13–15, 47259 Duisburg – Tel. (02 03) 2 83-71 82, Fax 2 83-71 28
E-Mail: info@mannesmann-gymnasium.de
Homepage: www.mannesmann-gymnasium.de

BR Düsseldorf
ASN: **164616**
Dez: LRSD Fuchs

L: 48 (A 1, A$_1$ 1, A$_2$ 5, B 20, C 10, D 1, E 2, F 2, H 6)
Spr.-Folge: E, L/F, F/L/S, L/F/I

A	Keens Birgitt	1. 5.92	E SW		30. 6.52		Stirnberg-Langosch Silke	▫ BI SW	k	67
A$_1$	Druyen Carmen		PA E	k	30. 1.55					
A$_2$	Lüderitz Wolfgang (F)	20. 3.97	E EW		27. 9.52		Laser Anke geb. Link	° L MU	e	12. 5.68
	Kramann Günter (F)		E EK		2. 1.47		Burmester Kerstin	M BI		2.12.71
	Schrooten Dietrich		D GE	e	17. 2.53		Stockmann Claudia	M L	k	15. 3.75
	Sönnichsen Peter		° D SP	e	7. 9.56		Müller Wolfgang (T)	D SW		
	Zeyen Stefan Dr. (F)		D GE	k	14. 2.63	C	Juda Willibald	19. 4.80 M	k	8. 2.48
B	Brückel Karl-Hans	28.10.77	E EK	k	15. 8.44		van Üüm Christiane	11. 8.80 E SP	oB	28. 2.51
	Heyermann Winfried	1. 9.82	KU W	k	11. 2.48		Christoph Hans-Michael	12.12.84 ° D PA	e	16. 2.51
	Apel-Siber Heide (T)	1. 4.91	° D GE		26.11.53					
	Breuer-Ritz Hildegard	21. 2.92	E BI				Immekus Klaus	1. 8.05 E F	k	29. 4.68
							Katzer Annette	E GE		20. 2.66
	Bouvier Thomas	1. 1.93	E	k	22. 6.48		Linke Naoko	° E I		4. 3.68
	Brockhaus Monika	1. 1.94	M		23.11.47		Jäger Jeannine	F S EK	k	12. 5.70
	Feck Claus	21. 1.96	SW EK	k	5. 5.53		Hagenbuck Andrea	° BI CH	e	4. 2.72
	Berchem Friederike (T)	28. 2.96	▫ KU KW		21. 3.51		Wildeboer Swaantje	D MU	e	26. 4.72
							Zuckel Sonja	° E BI	k	29. 7.76
	Kubiak-Kurth Dörte	23. 2.00	BI ER	e	27. 3.62	E	Teipel Sebastian	1. 9.04 ° BI SP	k	30. 7.74
	Betting Angela	1. 8.03	E EK KR	k	25. 8.67		Lang-Thiel Friederike	MU D	k	25. 6.67
						F	Tetling Klaus Dr. (F)	D PL	e	17. 4.53
	Rinken Anton		PH	k	22. 2.50		Cohrs Sigrid	M SW	k	29. 1.55
	Merkel Monika geb. Weber (T)		M EK	k	17. 6.54	H	Kisker Joachim Dipl.-SpL	SP	k	11.11.46
							Hemmen Eberhard Dr.	ER	e	24. 2.50
	Krause Olaf		EK SW PK	e	27. 2.63		Wormit Renate geb. Kuschnereit	SP	k	28. 2.51
							Turgut Ahmed Dr.	T	msl	1. 9.51

1.163 Duisburg-Hamborn Clauberg-Gymnasium gegr. 1966
st. G. in Ganztagsform (5-Tage-Woche) mit Tagesheim f. J. u. M.
Kampstr. 23, 47166 Duisburg – Tel. (02 03) 2 83 54 15, Fax 2 83 54 60
E-Mail: clauberg-gymnasium@uni-duisburg.de

Kl: 2/9 Ku: 84/13 Sch: 464 (257) (38/211/215) Abit: 42 (28)
L: 26 (A 1, A$_2$ 3, B 9, C 1, D 2, E 4, F 2, H 4)
Spr.-Folge: E, L/F, F/L, F/S

BR Düsseldorf
ASN: **164630**
Dez: LRSD **Fuchs**

A	Roth Hartmut		BI CH	e	8. 1.50		Stamm Harald	28. 2.96 ▫ M PH IF	e	9. 5.54
A$_2$	Kastrup Wolfgang[1]	12. 3.93	▫ SW PA	e	14. 8.49					
	Hermes Peter	14.10.94	D PL	e	16. 5.52		David Reinhard (T)	23. 5.96 ▫ L ER	e	21. 1.47
	Burghausen Axel	1.12.95	° D KR GE MU	e	10. 7.53		Heitzer Margit	1. 9.03 E D		11. 7.58
							Wienholt Bernd	E EK SP	k	16. 1.61
B	Salisch Heike Friedhelm	6.11.87	D E		28.10.51					
						C	Gehnen Marianne (T)	24. 8.93 MU F	e	26. 4.61
	Schmeller-Agridag Sabine geb. Limbart (T)	7.12.90	▫ KU	e	21. 6.49	D	Unseld Volker SekIL	80 ° M SP		10. 3.54
							Wilhelm Gabriele	D HW		
	Kükenthal Hans-Georg	14.12.90	▫ PA D		5. 8.48	E	Bruse Katrin	6. 9.02 F CH		6. 8.72
							Fahrendorf Monika	22. 8.05 BI GE	k	27. 7.72
	Büschler Ulf	22.12.92	M		13. 5.52		Arndt Sabine	D PA		
	Wiese Annegret	19.10.94	F PL	k	7. 4.50		Lüers Sabine	M IF		

F	Germann Norbert	D GE	k	11. 2.55	Klees Frank	° E EK	efk	19. 7.52
	Mattes-Burchert Andrea	◻ BI D		11. 4.66	Kobal Gülsüm	° T	msl	17. 9.53
H	Krämer Ingeborg	KU TX	e	20. 5.43	Özcan Ahmet Sener	◻ T D	msl	24. 7.59

[1] Lehrbeauftr. an d. Univ. Duisburg

1.165 Duisburg-Rheinhausen Krupp-Gymnasium gegr. 1916
st. G. (5-Tage-Woche) m. zweisprachigem dt.-engl. Zug f. J. u. M.
Flutweg 62, 47228 Duisburg – Tel. (0 20 65) 2 00 95, Fax 9 05 83 57
E-Mail: 166030@schule.nrw.de, Homepage: www.krupp-gymnasium.de

Kl: 9/16   Ku: 116/20   Sch: 986 (519) (267/445/274)   Abit: 61 (31)   BR Düsseldorf
L: 56 ([A] 1, A_1 1, A_2 3, B 18, C 10, D 4, E 17, F 1, H 1)   ASN: 166030
Spr.-Folge: E, L/F, F/L, L   Dez: LRSD Fuchs

A	(Jöckel Peter StD A_1)	8. 4.02	◻ D SW	oB	25. 5.54	Hentschel Ute	8. 8.97	M PH	e	18.12.62
A_1	Großterlinden Gisela	8. 8.99	D GE	k	13. 2.48	Kuschnik Anne	1. 8.03	D E		18. 7.67
A_2	Haferkamp Lothar (L)	2.12.92	° M	e	16.10.44	Rosenfeld Heide	15. 9.05	° E SW	e	24. 1.72
	Küsters Gerhard Dr.	2. 6.00	D PL		28. 2.52	Klömmer Wolf-Hendrik	15. 3.06	° E EK		29. 9.71
	Willemsen Fred	2. 6.00	BI CH		5.11.52					
B	Kluth Elisabeth	8. 3.79	MU EK	k	21. 7.48	Müller Stefanie	1. 8.06	D GE	e	20. 8.76
	Sprothen-Scheidt Dorothea geb. Scheidt	30. 8.80	KU Kug	k	22. 6.47	D Hitpaß-Veldhoen Helga	1. 8.80	F GE	k	25. 7.55
	Küppers Brigitta geb. Bunzel	11.12.92	° BI E ER	e	14. 1.50	Klefisch Brigitte geb. Vesely SekIL'	3. 5.82	° M PH IF	k	7.10.47
	Jarzinka Dieter	29.12.92	° M		3.11.51	Isbein Marlies SekIL'	9. 3.84	SP KU	e	24. 1.56
	Weber Hans-Joachim	1. 6.94	CH PS	e	5. 3.49	Woltering Bernd Uwe SekIL	28. 9.92	ER SP	e	8.12.56
	Häuser Reinhard	25. 6.02	E EK	k	4. 3.46					
	Jahn Achim	16. 7.02	° D KU	e	28.12.65	E Liman Carsten	1. 8.04	SP L		27. 6.72
	Manthey Sabine	17.10.03	BI ER GE		26. 9.60	Rommerskirchen Barbara	1. 8.04	D E		18. 7.72
	Herrmann Benedikte	7. 5.04	D L	k	23. 5.66	Scheitler Markus	1. 8.05	E EK	e	9. 2.71
	Hüllen Robert	7. 5.04	° BI CH		7. 1.71	Liehr Yvonne	1. 8.05	E SP		26. 2.75
	Völker Christiane	7. 5.04	KR D	k	12. 6.64	Thomas Manuel	1. 8.05	GE SW	k	11. 5.75
	Enninger Jost	11. 7.06	D MU		8. 3.66	Laudert Ulrike	1. 8.05	D KU	k	13.11.75
	Wirtz Heiner	11. 7.06	E KR	k	29. 6.67	Rohde Oliver	1. 8.05	L GE		22. 6.76
	Johannes Dr.					Thiel Julia	1. 8.05	F EK	k	9.11.77
	Boßmann Birgit geb. Ewel (T)	2. 4.07	M SW	k	29. 9.54	Bürger Heike	1. 2.06	F D		25.10.77
	Mika Manfred	2. 4.07	M PH	oB	26.10.43	Grünewald Stefanie	1. 2.06	E EK		25.11.77
	Kranke Jürgen	2. 5.07	M PH	e	15. 2.66	Hofmann Dirk	1. 3.06	SP BI	e	24. 7.72
	von Redwitz Christiane	2. 5.07	E F	k	21. 7.71	Kaninke Yvonne	9. 8.06	SP BI		13. 6.76
						Bäcker Anne	9. 8.06	KR D	k	25.10.77
	Weskamp Uwe	6. 8.07	E GE	oB	3. 8.68	Bunnick-Fietenbach Norma	9. 8.06	D PA	e	9. 6.78
C	Bellmann Rainer Dr.	1. 9.80	° M		27. 9.45	Schauff Daniel	10.12.06	E GE	k	23. 7.73
	Ritterbach Rolf	1. 3.81	BI		2. 2.51	Pfeiffer Manuel	1. 2.07	M IF	e	9. 6.76
	Füllinger Ute (T)	3. 8.81	F PA	k	15. 5.53	Ockler Tanja	6. 8.07	SP D	k	26. 3.78
	Schweizer Karl-Ekkehard	1. 8.83	° D GE	e	20. 4.47	F Johann Regina Dr.		M PL		21. 9.54
	Dreißig-Worm Phöbe (T)	10. 8.94	° L ER	e	16. 5.61	H Alpagut Yesim		BI CH	msl	10. 7.74

1.167 Duisburg-Rumeln-Kaldenhausen Albert-Einstein-Gymnasium gegr. 1970
st. G. f. J. u. M.
Schulallee 11, 47239 Duisburg – Tel. (0 21 51) 41 90 81 46, Fax 41 90 81 19
info@aeg-duisburg.de, Homepage: www.aeg-duisburg.de

Kl: 6/15   Ku: 119/21   Sch: 839 (449) (167/402/270)   Abit: 63 (31)   BR Düsseldorf
L: 51 (A 1, A_1 1, A_2 3, B 16, C 15, D 3, E 4, F 6, H 2)   ASN: 166080
Spr.-Folge: E, L/F, F, L/I   Dez: LRSD Fuchs

A	Weber Karl-Heinz	07	° E EK	k	8.10.51	A_2 Feldmann Harald (T)	2.97	° MU EK	k	23. 1.44
A_1	Brüggemann Josef	07	M BI IF	k	11. 8.50	Berthold Manfred	2. 5.07	F L EK		28. 1.50

B	Neven Eckehard	13. 7.78 °	EK SP IF	e	17. 4.45
	Roewer Ulrich	23.12.81	BI CH	e	10.11.50
	Kilbert Sabine (T)	20. 3.84 °	D E	e	10. 1.49
	Grafschaft Walter Dr.	15. 5.84 °	F GE L	k	9. 8.45
	Hermsen Ernst-Jürgen	7. 3.85	E SW	k	22.10.49
	Bahr Veronika geb. Nachtsheim	20. 3.85	L R	k	8. 5.49
	Göllner Klaus	23. 7.85 □	PH	k	9. 9.50
	Brode Marc (V)	3. 5.07 °	M CH	e	4. 6.74
	Jelitto Steffen	31. 8.07	L ER	e	14.11.68
	Siewert Burkhard		GE SW IF	e	21. 7.50
	Ganzow Brigitte (T)		M PH		25. 1.51
	Kreyenberg Regine		D KU	k	27.11.51
	Galts Carmen geb. Bolle (T)		ER D SW	e	20. 6.55
	Henze Uta geb. Friedrich		D PL		1.12.63
	Lienenbecker Heike (T)		M BI	e	7. 7.69
C	Henne-Inacker Brigitta geb. Henne (T)	10. 1.84	F PA	k	14. 6.52
	Hiller Nikolaus	4. 9.84	E SP		14.10.51
	Hoffmann Bernd	30. 8.85 °	E SW	e	13. 1.49
	Böhm Bianca	1.10.01	M SP	k	
	Hogel Britta	15. 9.02	E GE	k	15. 3.73
	Schlüsselburg Henrike (T)		SW SP		18. 2.54

	Schaper-Bruns Andrea		D E	k	21.11.72
	Schiffer Tanja (T)		D E	k	22.12.73
	Arens Silke		M PH EK		6. 1.74
	Berberich-Latour Verena		BI EK MU		19. 7.74
	Klein Monika		KR D	k	23.12.74
	Frohmann Matthias		ER PA	e	
	Koppatz Karin (T)		M BI		
	Langenberg Katrin		D F		
D	Rickfelder Christa geb. Graber SekIL'	4. 9.81	D GE	k	6. 1.56
	Thielen Doris geb. Schneider SekIL' (T)	15. 5.88	ER KU	efk	27. 7.56
	Dortelmann Petra SekIL'		KR MU	k	25. 8.56
E	Burger Martin Dr.	9. 8.06	PL D L	k	7.11.65
	Schulte Beate Dr.	9. 8.06	CH G		13. 7.75
	Brinkschulte Volker		D E		
	Mau Thomas		MU SP		
F	Scheifes Günter		° E EK	oB	6.10.54
	Bruns Dirk		BI KU		28. 5.61
	Wolfers Dieter		D PL		28. 9.68
	Conrad Sabine		E PA		
	Hildner Simone		D E		
H	Reichl Alfons Dipl.-SpL		SP	e	30.11.50
	Dolanec Rita geb. Lamers		SP	e	29.12.55

1.168 Duisburg-Walsum Kopernikus-Gymnasium gegr. 1963
st. G. (5-Tage-Woche) m. zweisprachigem dt.-engl. Zug f. J. u. M.
Beckersloh 81, 47179 Duisburg – Tel. (02 03) 48 51 9-0, Fax 48 51 9-20
E-Mail: kopernikus.gymnasium@stadt-duisburg.de, Homepage: www.kgw-web.de

Kl: 9/18 Sch: 1089 (569) (259/508/322) Abit: 90 (43)   **BR Düsseldorf**
L: 61 (A₁ 1, A₂ 2, B 21, C 24, D 3, E 7, F 2, H 1)   ASN: **165517**
Spr.-Folge: E, L/F, F/L   Dez: LRSD **Fuchs**

A₁	Stauch Rudi	1. 8.04	EK M	k	28. 4.59
A₂	Tenter Wilhelm	1.12.95	D E	e	29.12.51
	Heffels Norbert	7. 6.04	E EK	k	14. 1.50
B	Schepers Friedrich	1. 1.80	MU D	e	25. 8.45
	Eckermann Ingo	16. 5.80	BI SP	k	28. 8.43
	Fuhrmann Ursula geb. Lehmann	1. 4.85	E F	k	26. 1.50
	Riesterer Dietmar	29. 1.93	SW EK	k	1. 7.48
	Stirba Marita geb. Driesen (T)	29. 1.93	BI EK	k	29.11.55
	Steinort Hans Dipl.-SpL	16. 9.94 °	SP EK	e	14. 5.50
	Borchert Hans-Jürgen	2.11.94	KU W		23.11.48
	Stella Klaus (F)	2.11.94	M PH		5. 6.54
	Seegers Lothar Dr.	10. 3.00 °	BI		3.10.47
	Pfeuffer Rosamunde (T)	17. 8.02 °	M PH (IF)	k	23. 6.54
	Kowalsky Manfred	20. 8.02	M PH	k	26. 2.60
	Cziborra Burkhardt	1. 7.03	BI E	e	1. 5.50
	Tauer Gisela geb. Tauer (T)	20.11.03 □	CH M		10.10.49
	Rickers Thomas	20.11.03	GE KR	k	23. 3.56
	Höyng Hildegard geb. Baumeister (T)	21.11.03	KR D	k	4. 9.55
	Brehm Norbert	4. 7.06	SP EK		6. 2.58

	Kluyken Georg	21. 5.07	CH M	k	1. 6.62
	Zeiger Claus	24. 5.07	M PH	k	9.12.66
	Franz Stefan	15. 6.07	M PH	k	20. 1.67
	Nestler Alexandra	19. 7.07	D KU PA	e	11. 5.70
	Grätz Stephan	1. 8.07	PH M		24.11.68
C	Vöhringer Suse geb. Weil (T)	19. 5.79 □	MU E		10. 8.50
	Neugebauer Helmut	11. 8.81 °	D GE		2. 2.50
	Wimmershoff Daniela geb. Vendel	17. 2.82	CH	orth	3. 1.49
	Müller Sandra (T)	2. 8.99	D KU	e	18. 9.68
	Schiffer Sabine geb. Immig (T)	27.10.99	D BI		12.12.68
	Hermann Iris (T)	8.10.01 °	L D		27.10.70
	Heikaus Stefanie	8. 5.02	BI E	k	12. 9.71
	Löhl Annette	30.10.02	E SW	e	1. 8.72
	Baumgarten Kordula	13. 1.03	D E	e	28.12.69
	Schuberth Kathrin	5. 3.03	D ER		16.12.69
	Koberg Gabriele	29. 4.03	D F	e	2. 2.70
	Loske Boris	24. 7.03	E GE		3. 4.72
	Poppendieck Maren (T)	3.12.03	F BI		7. 6.73
	Wolff Tanja	28. 5.04	E ER	e	22. 4.75
	Wenzel Stefan	4. 9.04	PH EK	k	24.10.72
	Berresheim Anke	9.12.04	M ER	e	13.11.75

	Jungk Thomas	1. 2.05	D GE	12.11.69	E	Bock Sabine	6. 9.04	M BI IF	17. 1.65
	Hoeksema Kay	9. 1.06	M PL IF	8.12.68		Krause Sandra geb. Houba	6. 9.04	E SW	23. 4.76
	Aghamohammad Sonja	15. 9.06	D PL S	12. 2.71		Schnitzer Andrea	24. 3.06	D ER e PA	15.10.77
	Bechthold Jutta	23. 3.07	GE L	14. 2.77		Schubert Mario	1. 4.06	CH SP	24. 5.77
	Lamprecht Christian	1. 8.07	E EK	20.10.70		Mujan Marijana	8. 8.06	D F	26. 6.76
	Thomas-Tecklenborg Stephanie	1. 8.07	D L PL	7.12.74		Honegger Andrés	1. 2.07	S GE	28. 2.74
	Wolf Christian		PH EK	25.10.68		Kähmann Claudia	1. 2.07	E D	21. 2.77
	Mehner Michaela		F E	19. 2.71	F	Schutten-Springer Antonius		KU	22. 6.48
D	Wagner Uwe SpL	22.12.76	SP e	31. 1.45
	Giebfried Barbara geb. Wirriger SekIL' (T)	16. 8.83	SP BI k	14. 5.55		Wolff Maruth		F PL k	21. 9.55
					H	Heiland Renate geb. Niemietz GymnL'		SP k	24. 7.46
	Burichter Bernhard SekIL	4.10.83	KR SW k	25.12.53

1.170 Eitorf Siegtal-Gymnasium gegr. 1909
G. f. J. u. M. d. Gemeinde Eitorf
Am Eichelkamp, 53783 Eitorf – Tel. (0 22 43) 9 21 50, Fax 92 15 15
E-Mail: 167137@schule.nrw.de, Homepage: www.siegtal-gymnasium.de

KL: 8/17 Ku: 153/21 Sch: 1025 (487) (219/456/350) Abit: 77 (45)   **BR Köln**
L: 73 (A 1, A_1 1, A_2 8, B 15, C 30, D 10, F 5, H 3)   ASN: **167137**
Spr.-Folge: E, L/F, F   Dez: LRSD **Dr. Welz**

A	Teubler Werner	3. 8.99	CH BI k	20.11.50		Leuner Ursula (T)	4. 9.84	E SP	25. 6.50
A_1	Sagorski Margarete geb. Müller	26.11.99	M EK k KR	23. 2.56		Keppenhahn Monika (T)	12.10.84	D GE e	10. 7.51
A_2	Esser Franz (T)	1. 1.94	EK SP k L	12. 4.49		Mühlhaus Bernd	6. 1.88	L GE k	14. 2.54
						Schligtenhorst Ulrike (T)	1. 3.00	MU D	4.11.69
	Villwock Gudrun (T)	24. 3.97	PL ER e	15. 5.50
	Weier Michael (F)	30. 6.99 °	BI CH k	19. 2.55		Grimm Sonja (T)	1. 8.02	E PA e	10. 8.68
	Trachte Willbert (T)	1. 5.01 °	PH e	8. 6.50		Haas Thomas	1. 8.02	M PH k	1. 6.71
	Girard Marie-Luise (Vw)	1. 8.02	F GE L k	28. 5.51		Stober Miryam	1. 8.02	E D	28. 6.71
						Lenzenbach Kirsten	15. 9.03	D SP e PA	12. 1.71
	Fritz Klaus-Peter	1. 8.03	E GE e	23. 9.46
	Herrig Ernst-Stefan (F)		EK SP	4. 8.51		Rühl-Bruckner Roswitha (T)		SP PA	18. 7.51
	Wenzel Lothar		SW SP			Kaspar Silke (T)		E F	10. 7.66
B	Höveler Rolf	1. 8.81	F BI k	13. 6.48		Kähler Andrea (T)		M CH IF	23. 2.69
	Steinhoff Gisela (T)	1. 8.92	CH EK e ER	10. 8.52		Gee Birgit		E BI	29.10.71
						Becker Björn		M EK	
	Dreuw Karl-Hans (T) (V)	1. 5.93 °	D EK k	11. 4.51		Gentsch Yvonne		D ER e	
						Heuser Hanno		M PH	
	Engels Heinz-Peter (T)	25. 5.94	E F	15. 7.51		Klevenow Gero		MU	
	Mueser Ingrid (T) geb. Blesius (T)	25. 5.94	E SP k	27. 7.53		Kremser Sascha		SP	
						Kreutzner Stephanie (T)		BI CH	
	Dreuw Barbara geb. Baust	1. 7.95	EL BI k	2. 4.51
	Fehr Anne	25.11.96	D PL	14. 6.49		Löhr Katja (T)		CH M k	
	Thiel Kuno (T)	1. 8.01 °	KR SW k PA	22. 3.56		Panknin-Ulmcke Christian (T)		D	
						Petri Johanna		GE PA e ER	
	Schönwald Martina (T)	1. 8.01	E SP	31. 3.62
	Ringkamp Marga (T)	1. 8.02 °	M BI IF k	29. 9.60		Priebe Tim		° E GE	
	Thomalla Oliver	1. 8.02 °	GE SW k	16. 6.69		Röpke Barbara		F	
	Vorsmann Barbara geb. Gürtzgen (T)		SP D k	28. 1.47		Stergiopoulos Aikaterini		D PL	
	Lüling-Benedix Monika (T)		E TX			Waßenberg Nils		° D SW	
	Thiel Maria (T)		D KU		D	Esser Claire geb. Siebmanns RSchL'	17. 2.75	E EK k	19. 3.49
	Wirtz Wolfgang		M SW k IF			Plüür-Billen Uta-Maria SekIL' (T)	1. 8.97	D MU k	
C	Fritzen-Tüttenberg Petra (T)	1. 8.80	D EK k	26. 3.54		Arens Christina (T)	15. 9.03	SP L k	7.11.61
	Buntrock Michael	1. 8.83	PH M	4. 5.49		Jeuck Willi SekIL (T)		° F EK e GE	2. 6.46

	Verbeet Gertrud		BI KU		3. 3.58	F	Baumann Julia		EK BI
	Wierschem Dagmar (T)		D PA SP		20.11.60		Becker Annika		D SW
							Elsner Jürgen		M CH
	Wunderlich-Segatz Alexandra (T)		GE KU		21. 7.73		Fischer Bianca		D PL
							Nitsch Malte		SP GE
	Steppuhn Andrea		EK BI		20. 1.75	H	Hack Sabine		KU
	Langenbach Ingrid (T)		D BI				Wagner Martina		F
	Zillgen Kristina		F SP				Zeyen Maria		KR k

1.175 Emmerich Willibrord-Gymnasium[1] wiedergegr. 1832 (8. Jh.)
st. G. f. J. u. M.
Hansastr. 3, 46446 Emmerich am Rhein – Tel. (0 28 22) 50 14, Fax 6 81 59
E-Mail: willibrord-gymnasium@t-online.de
Homepage: www.willibrord-gymnasium-emmerich.de

Kl: 6/14 Ku: 106/17 Sch: 881 (497) (213/408/260)   **BR Düsseldorf**
L: 51 (A 1, A$_1$ 1, A$_2$ 6, B 18, C 17, D 3, E 3, F 2)   ASN: **166091**
Spr.-Folge: E, F/E, F/R, N   Dez: LRSD **Stirba**

A	Joosten Joachim	4. 8.97	° D SP	k	7.10.44	C	Heimer Hans-Joach.	12. 5.82	° PH M	e	26. 9.51
A$_1$	Fastenrath Werner (Vw)		M PH		13. 6.47		Weber Charlotte (T)	6.11.87	D L		8. 1.48
A$_2$	Drabert Dorothee	14. 3.92	E GE		1. 5.50		Kurnoth Gabriele	1. 8.90	° E ER	e	4. 5.58
	Siebers-Fischbach Elisabeth Dr.	15. 8.03	M PL	k	1. 5.49				SP		
							Fellendorf Holger	9.06	GE D		28.10.74
	Meimerstorf Hartmut	1. 6.04	° M PH IF	e	19.11.50		Bonekamp Holger		BI CH		23. 4.56
							Holtkamp Rudolf		E SP		28. 9.60
	Wetschewald Stefan	6. 1.05	D N BI	k	11. 4.64		Rosen Christiane (T)		KU SP	k	18.10.61
	Kuhren Dieter	7. 4.06	E R	e	21. 2.50		Wimmers Ralf		EK SW		2. 3.63
	Hegel Klaus (F)	1.12.06	M PH		6.12.71		Skibba Michael		PH IF TC		26.11.65
B	Dörr Ellen	1. 5.83	D F	e	14. 5.50						
	Arndt Ingrid (T)	27.12.93	BI		17.12.48		Paul Thomas		BI SP		29. 6.67
	Plueckthun Erika geb. Rosema	22.12.94	° BI D		16.10.49		Thiele Johannes		D R KU		20. 7.67
							Schlotmann Peter		M GE		24.10.69
	Gies Herbert	8.12.95	E EK		8. 3.50		Dorr Natascha		D SP	k	10. 1.74
	Peters Susan	13. 3.96	BI CH		19. 3.54		Westhoff Karin geb. Schmald		° CH BI	k	10.10.74
	Rossa Björn	6.06	° SW KR	k	13. 4.62						
	Reinartz Stefan	6.06	M SW PK	k	9.12.72		Bauten Anke		E SP	k	22.10.76
							Schulte-Wülwer Iris		M CH	k	3.11.77
	Kerner Ulrich	6.07	E KR		24. 6.56		Niehaus Tanja		PA E		
	Dulige Andrea	6.07	L GE	e	27. 3.67	D	te Laak Kurt SpL	17. 2.78	SP	k	25.11.48
	Brokamp Thomas	6.07	D PL	k	19. 2.70		Ebben-Heimer Ursula SekIL' (T)	28. 2.81	M BI	k	22. 1.56
	Steinecke Werner (T) (L)		D EK	e	18.12.46						
	Sickelmann Heinz-Dieter		KU GE	k	3.10.49		Kalmutzki Ulrike SekIL'	13. 7.83	M CH		4. 3.55
	Ulland Heinz		E PL	e	4. 6.52	E	Heesener Björn		BI SP		7. 4.77
	Klug Peter (T)		D PL		14.12.52		Bilke-Arndt Astrid		L GE		13. 4.77
	Häp Marita		PK F		6. 7.53		Moll Sandra		D E		2. 6.77
	Kestin-Furtmann Kornelia geb. Kestin (T)		KR EK	k	26. 6.54	F	Brinkmann Jörg		D GE		20. 1.63
							Eicher Silke		D F	e	
	Rennecke Markus		KR MU	k	30. 1.65						

[1] Hansa-G. (gegr. 1923) seit 1. 8. 90 vereinigt mit dem Willibrord-G.

1.180 Engelskirchen Aggertal-Gymnasium gegr. 1965
G. f. J. u. M. d. Gemeinde Engelskirchen
Olpener Str. 13, 51766 Engelskirchen – Tel. (0 22 63) 31 78, Fax 4 78 74
E-Mail: aggertal-gymnasium@t-online.de, Homepage: www.atg-engelskirchen.de

Kl: 6/12 Ku: 98/23 Sch: 789   **BR Köln**
L: 44 (A 1, A$_1$ 1, A$_2$ 4, B 17, C 9, D 5, E 4, F 2, H 1)   ASN: **167101**
Spr.-Folge: E, L/F, L/F/S, F/S   Dez: LRSD **Gosmann**

A	Vilshöver Klaus D. Dr.	20. 8.99	F GE	k	25.12.48	Nägel-Harmsen geb. Harmsen		▫ M EK (MU)	e	15. 6.50
A$_1$	Hettmann Claus Rudi	20. 8.99	D PA		30.12.50					
A$_2$	Elvert Klaus		00	MU EK		22. 1.53	Bock Frieder		▫ M (ER)	e	20. 6.51

	Peping Thomas		▫ D SW	k	7. 3.54	C	Wesselmann Norbert	13.10.83 ° M PH k	12. 9.46
B	Schäfer Helmut	1. 2.79	M PH	k	24. 5.48		Schmidt Annedore (T)	12.12.88 CH BI e	28. 7.49
	Dudak Friedhelm	18. 5.79 °	BI (M)	k	6.11.42		Schulert Torsten	GE SP	17.10.67
	Ortmanns Karin Dr. geb. Giesen (L)	30.10.82	CH	k	3.10.44		Ophuisen Sabine (V)	° F ER e	3. 3.69
	Friese Helwig	16. 4.84	D GE	e	4. 1.44		Frielingsdorf Claudia	E L	23. 6.71
	Pabst Albrecht Dr.	15.10.84 ▫	BI CH	e	29. 7.47		Baitz Christian	M PH	7.11.74
	Stimberg Michael	29. 2.96	M PH	k	5. 9.54		Klüter Valita	E PH	
	Schmidt Maria geb. Maaßen	29. 2.96	BI SP	k	1. 4.46		Linßen Marc	L F GE	
	Ries Werner		KR SP GE		17. 9.46		Landwehr Bettina	E KU	
	Burger Angelika geb. Nolte (T)		° E	k	21.10.46	D	Pietschmann Ulrike	ER	31. 7.56
							Peping Andrea	D EK	22. 8.66
							Baldus Peter	E S	29. 7.71
							Pinner Hermann-Josef	L KR	6. 8.77
	Schroeder Elke		BI SP		27. 5.47		Heuser Anna-Elisabeth	KU D k	
	Sehmer Thomas		BI EK		10. 6.49	E	Bose Maya	1. 2.07 D L	
	Rosenthal Werner		GE SW		11. 3.51		Skodra Agathe	E F	24. 5.70
	Nieswandt-Cremer Irmgard		▫ D SW	k	18. 7.54		Krienke Matthias	M PL e	7. 8.75
							Herold Robert	D E PL k	25. 5.76
	Dorpinghaus Georg		F PA		30. 6.61	F	Klösgen Josef	° D MU k	25.11.49
	Michels Maria		F KR	k	29. 9.62		Pilarczyk Werner	E KU k	3. 7.56
	Hargarten Bernhard (V₂)		° D GE		3. 1.63	H	Teipel Heidemarie geb. Kirst Dipl.-SpL'	SP k	8. 2.53
	Lukas Rainer		D MU		31.12.67				

1.185 Erftstadt-Lechenich Gymnasium gegr. 1946
st. G. (5-Tage-Woche) f. J. u. M.
Dr.-Josef-Fieger-Str., 50374 Erftstadt – Tel. (0 22 35) 95 22 73, Fax 95 22 75
E-Mail: sekretariat@gymnasium-lechenich.de
Homepage: www.gymnasium-lechenich.de

Kl: 9/15 Ku: 117/19 Sch: 963 (505) (244/404/315) Abit: 85 (47)   **BR Köln**
L: 59 (A_1 1, A_2 3, B 16, C 25, D 3, E 6, F 4, H 1)   ASN: **166789**
Spr.-Folge: E, L/F, F/L   Dez: LRSD **N. N.**

A_1	Holtz Franz	1. 2.04	E EK	k	14. 9.49	Schmitz Irmgard (T)	7. 4.86	D KR k	31.10.53
A_2	Hillebrand Hans-Peter	25. 9.03	M GE		11. 4.55	Streit Ursula	28. 6.90	CH BI k	3. 3.51
						Middel Inga (T)	1. 2.93	D L k	11. 2.62
	Bastgen Peter	4. 5.05 °	PH M	k	20. 8.53	Graf Ute (T)	1.10.97	ER D L e	10. 6.61
	Krüger Gerhard	9.06 °	BI EK		27. 5.51	Lingmann Achim	1. 1.02	PH M k	10.12.69
B	Roßbach Hans-Gerd	27. 6.75	D KR	k	25. 7.44	Küstner Kirsten geb. Raulf (T)	15. 1.02	D E S k	30.10.70
	Bongard Helmut	30. 1.79	MU E	k	18. 4.47				
	Kisters-Honnef Ursula geb. Honnef	20. 6.79 °	GE KR	k	6.10.45	Meyer Michael	11. 6.02	D MU	22. 9.67
	Klapperich Winfried	20.12.79	E EK	k	18. 2.44	Schmalenbach Kristina geb. Vogeler	15. 9.04 °	E S	7. 4.72
	Kürten Ulrich	26.11.80	M	e	22. 9.44	Ekert Dorothea	27. 1.06	KR KU k	20. 1.66
	Krause Helgard	13. 4.01	KU EK		17. 5.43	Foegen-Rumsmüller Kerstin	8. 8.06 °	M L k	27. 5.76
	Sartor Roland	7. 6.01	D PA		17. 9.50				
	Hamacher Ursula	1.12.02 °	EK M	e	8.12.53	Falkenhagen Björn	5. 9.06		
	Grüter Michael	1. 6.04	D GE	k	14. 8.48	Rumsmüller Christoph	11.06 °	M SP k	18. 1.74
	Ochse Armin	29. 7.04 °	F R		25. 7.50				
	Scheipers Karl-Heinz	1. 6.05	CH	k	14. 2.50	Plucinski Annette	11.06	MU GE k	2. 7.66
	Schwieren Anja	9. 5.06 °	E F		24. 5.66	Gofferjé Julia	1. 2.07	E S e	11. 3.76
	Berkessel Nanette (T)	24. 7.07	M CH		31. 7.60	Neugärtner Peter	1. 8.07	BI KR	24. 6.69
	Denvir Uta	30. 7.07	D E	e	9. 6.60	Böhmer Margret	1. 8.07	D GE	24. 9.73
C	Meffert Hans-Eugen	17.10.77	SP BI	k	20. 9.46	Kraushaar Anke		L SP	6. 4.63
	Klodt Kurt	1. 3.78	M SW	k	28. 9.46	Degen Barbara (T)		E SP	9.12.64
	Erb Doris (T)	10. 8.81 °	BI M		23. 6.52	D	Dietz Brigitte SekIL'	9. 8.82	ER KU e	11. 7.52
	Schneider Maria (T)	8.12.81	E GE	k	30. 4.51		Meibrink Uta SekIL'	25. 5.84	D ER e	11. 3.56
	Lüdtke Doris	1. 8.83	F PA		5.11.52		Vogt Christiane	9. 7.92	BI KR k KU	22. 7.56
	Koch Dolores (T)	23.10.84	D SW	k	2. 2.51					
	Mertens Otto	30. 1.85	SW WW	k	1.12.47	E	Ehrle Verena	9. 8.06	D BI k	14. 8.76
							Nunez Isabel	11. 8.06 °	D S k	5. 2.72

	Schindler Jochen	6. 8.07	D GE	24. 2.71		Löbbert Eva-Maria Dr.		F L M	k	25. 4.57
	von Hatzfeld Felix	6. 8.07	GE PL	11. 2.73		Lenz Carsten		BI SP		25. 7.71
	Klein Diana	6. 8.07	E M	13. 4.83		Dany Sigrun		L CH		
	Schulte Kathryn		E EW	23. 4.75	H	Andräs Folke Dipl.-SpL		SP	e	15. 9.51
F	Krahé-Feller Marie		EK KR SP	k 11. 4.56						

1.186   Erftstadt-Liblar   Ville-Gymnasium   gegr. 1974
st. G. (5-Tage-Woche) f. J. u. M.
Schwalbenstr. 1, 50374 Erftstadt – Tel. (0 22 35) 4 38 56 u. 92 22 53, Fax 92 22 55
E-Mail: sekretariat@ville-gymnasium.de, Homepage: www.ville-gymnasium.de
Kl: 10/18   Ku: 122/24   Sch: 1070 (562) (267/490/313)   Abit: 93 (54)   **BR Köln**
L: 63 (A 1, A_1 1, A_2 4, B 22, C 12, D 5, E 14, H 4)   ASN: **184690**
Spr.-Folge: E, L/F, F/L   Dez: LRSD **N. N.**

A	Stenger Wilfried	17. 1.02	M PH (IF)	k	17.12.44		Friedrich Wolfgang	1. 9.82 °	SP EK e	25. 9.48
							Wischermann-	20.10.83 □	D GE k	24.12.51
A_1	Roselieb Almuth	29. 5.06	S F	e	5. 5.61		Bolwin Gisela			
A_2	Kessler Heinr.-Otto	1. 8.80 °	EK E		15. 6.46		Melzer Beate	1. 9.84	F GE k	30.12.53
	Pechuel-Loesche	29.11.85	M PH IF	e	7. 2.49		geb. Klein (T)			
	Rainer (Vw)						Drijfhout-Putzmann	3.12.84 °	BI TX k	19.10.55
	Esser Heinz	16.12.94 °	E L	k	18. 1.52		Antje			
	Dieter Dr.						Theobald Uwe	14. 1.86	M PH	19. 6.47
	Kraschutzki-	27. 3.07	E F S		8. 8.54		Schlag Ursula (T)	1. 2.88 °	F L	21.10.54
	Schölmerich Sabine (T)						Vix-Höschler Annette	1. 2.88 °	E KU e	8. 1.56
B	Braun Gerd	22. 2.79 °	L ER	e	30. 3.47		Bienert Astrid	1. 8.96	E L	
	Feige Günther	3. 3.80 °	D SP	e	1.10.48		geb. Maumené			
	Hellenbroich	5. 3.80	SP D	k	24. 2.51		Lamers Angelika (T)	10. 1.98	D KR k	4.10.54
	Marianne geb. Keil (T)						Trimpop Christiane	13. 3.06 °	D GE e	12. 8.72
	Jakob Arnold	14.11.80 °	M IF	k	21. 5.47		geb. Schönbohm		PA	
	Dipl.-Math.						Löber Anja	1. 8.07	E EK	22. 5.76
	Trhal Eva-Maria	8. 7.81	E GE		13. 2.48	D	Laszig Martin SekIL	4. 9.83	GE PK e	1. 5.52
	geb. Held						Schlömer Heinz	12.11.86 °	BI SP k	14. 8.50
	Opara Burgunde	1. 7.82	ER D		1. 5.46		SekIL			
	geb. Reimann						Golka Angelika	1. 2.87 °	ER E	9.10.54
	Hecker Inge	3.11.82	F GE	k	16.11.48		SekIL' (T)			
	Krehl Harald	27.11.82 °	SP ER	e	23. 3.48		Berger David Dr.	1.10.02 °	D KR k	8. 3.68
	Luthmann Karin	1. 8.84 °	F GE	k	16. 9.51	E	Franke Angela	3. 9.04 °	D PA	21.12.71
	geb. Eck (T)						Bülow Axel	6. 9.04	E SP	16.11.73
	Kämper Thea	1. 9.84 °	D SW		4. 6.50		Kröger Achim	22. 8.05 □	EK G IF	30.12.68
	geb. Hoffmann (T)						Krimm Elisabeth	22. 8.05	MU E e	4.12.74
	Köpping Eberhard	23. 7.85 °	M PL		11. 2.49		Lübbering Silke	22. 8.05 °	F SP k	1. 4.77
	(V)						Hutmacher Ina	1.10.05	E D	21. 4.76
	Wagner Dietmar	4.12.92 °	M SW		24.11.54		König Jochen	1. 2.06 °	BI CH e	17. 4.72
	Sommersberg Wilh.	29. 1.93	BI EK		26. 5.52		Ritschel Nina	1. 2.06	E EK	14. 4.77
	Pollmann Hannelore	1. 6.94 °	R E	k	21. 4.52		Sieverding Christine	1. 2.06	D KU k	5. 5.77
	Martzog-Apandi	1. 5.96 °	BI TX	k	24. 7.49		Olschak Alexandra	9. 8.06	E PA	30. 1.74
	Regina geb. Martzog						Blankenheim	9. 8.06	M PH k	30. 5.78
	Overzier Gabriele	17. 2.97	R E SP	e	20. 8.52		Thomas			
	Riffarth Wilfried	17. 3.97	BI CH		6.12.51		Drehsen Sabine	1. 8.07	BI KR	30. 6.75
	Lohest Veronika	24. 3.99	D EK		18. 6.56		Nieberg Kristina	1. 8.07	E FD e	16. 4.77
	Mathar Egon	22. 8.01	PH M IF		22. 4.50	H	Lange Josefine geb.		SP k	21. 3.55
	Klitscher Andreas	1. 6.07 °	D SW	k	23. 5.72		Puxbaumer Dipl.-SpL'			
	Schneider Julia	19. 6.07 °	BI CH	e	10. 8.69		Wolter Karl Dipl.-SpL	°	SP	28.10.55
	Vieth Josef	26. 6.07 °	MU M		28. 4.48		Jordan Astrid		L E R	4.11.64
C	Hoppe Marlies	7. 4.82	M PH	e	2. 5.52		Bachem Guido		□ M IF k	11. 2.67
	geb. Stephan (T)									

1.190 Erkelenz Cusanus-Gymnasium gegr. 1830
st. G.¹ (5-Tage-Woche) f. J. u. M.
Schulring 6, 41812 Erkelenz – Tel. (0 24 31) 7 00 25, Fax 8 19 61
E-Mail: hn@cge-info.de, Homepage: www.cge-info.de

Kl: 14/26   Ku: 232/45   Sch: 1752 (964) (371/710/671)   Abit: 218 (129)
L: 103 (A_1 1, A_2 9, B 31, C 41, D 3, E 5, F 10, H 3)
Spr.-Folge: E/F, L/F, F/S, F/L/N/S

BR Köln
ASN: **167599**
Dez: LRSD **Palmen**

A_1	Hündgen Rita	20. 9.04	°	GE M	k	15. 6.53	Pelzer Johann	26. 2.81	SP EW	k	8. 3.47
	geb. Gansweidt			SP			Wego Brigitte	1. 3.81	E EK	k	27. 1.49
A_2	Jogmin Kurt	29.11.80		M PH	k	29.11.43	geb. Sachtleber (T)				
	Thelen Heinz	4. 3.86	°	D GE	k	6. 1.45	Müller Gerd Peter	5. 3.81	BI EK	k	17. 3.49
				PL			Trier Wolfgang	13.10.81	E F	k	28. 7.44
	Schorlemer	4. 3.86		GE L	k	13. 5.47	Müller Matthias	26.11.81	BI EK	k	22.12.50
	Maria Magdalena						Palitza Wilfried	31. 8.82	D EK	k	30. 6.52
	Porschen Dieter	18.12.92		M	k	2. 3.45	Jäger Michael	4. 3.83	M PH	e	
	Dipl.-Math. (Vw)						Kummer Erich	15. 3.83	D SP	k	9. 9.49
	Vondenhoff Karl-Heinz	24. 3.95		BI CH	k	13.10.52	Exner Arizaga Lor.	11. 4.83	KR SW	k	10. 8.44
							Beeretz Carl	5. 7.83	BI SP	k	5. 4.48
	Koller Georg	22.12.95		CH	k	17. 9.46	Willkomm Gisela	26. 8.83	E KU	k	21. 8.53
	Müller Robert (F)	22.12.95	°	M EW	k	6. 9.50	geb. Seeger (T)				
	Schwittlinsky Peter	5. 2.07	°	M PH		9.12.52	Thömmes Vinzenz	4. 9.84	PH	k	22. 7.48
	Gronenthal Willi	3. 9.07		D EK	k	26.11.54	Dipl.-Ing.				
B	Wiertz Karl-Walter	22.12.78		L E	k	11.12.43	Kohnen Marianne	3.10.84	° E BI	k	16.10.54
	Klein Heinrich Wilhelm Dr.	28. 3.79		L E	k	3. 6.46	geb. Mertens				
							Tipp Christiane	17. 1.85	F GE	e	16. 9.53
	Baetz Marianne (T)	23. 4.79		E GE	k	8.10.48	geb. Kirchhoff (T)				
	Knauber Horst	1. 4.80		D EK	e	26.12.46	Scherer Franz	24.10.85	KR EK	k	1. 5.51
	Begrich Hans-Jörg	25.11.80		E EK	e	14.11.49	Geiser Friedhelm (T)	1. 9.87	° M PH	k	19. 2.58
	Wego Hans-Josef	27. 8.82		E EK	k	27.11.50	Lenzen-Hoffmann	19. 8.88	E KU	e	29.10.56
	Cuber Hans-Wilh.	17.12.82		CH EK	k	11.11.51	Susanne geb. Lenzen				
	Hasse Kurt	10. 5.84	°	CH	k	1. 2.45	Joußen Frank	1. 8.92	° E KR	k	28. 7.59
	Borgs Paul (V)	10. 5.84	°	M KR	k	26.12.50	Ochmann Diana	1. 9.92	L KU	k	22. 7.59
	Kaiser Wolfgang	22. 6.84		MU EK	e	20.12.47	Nolten Andrea	1.12.01	E HW	k	14. 9.72
	Roeben Berthold	1. 8.84	°	D EK	k	24. 1.50	geb. Jurasch (T)				
	Laumen Alois	1. 2.85	°	M SP	k	10. 7.53	Couson Horst	6.12.02	M MU	k	16. 1.53
	Borgs Agnes geb. Micus	1. 2.85	°	D GE	k	19. 1.52			KR		
							Spieckerhoff Silke	1. 2.05	E S	e	26. 8.67
	Therstappen Rainer (T)	28.11.85		E EW	k	23. 1.53	geb. Neckenbürger				
							Goß Andreas	19. 3.05	L SP		8.9.69
	Bürger Bruno	1. 9.87		D GE	k	9.10.51	Sauer Yvonne	8. 7.05	° D GE	e	26. 6.78
	Deck Michael	19.12.90		D SW	k	1. 7.54	geb. Lade				
	Viethen Elmar	18.12.92	°	D EW	k	9.10.53	Tack Rena	15. 9.05	° E SP	k	15. 6.76
				(GE)			geb. Rehmann				
	Laufs Karl-Heinz	18.12.92		KU KW	e	2.10.53	Stephan-Ragazzi	22. 2.06	° SW KR	k	11. 9.73
	Jansen Renate	17. 1.94	°	PH (M)	e	24. 4.50	Monika geb. Stephan (T)				
	geb. Rommel						Kähler Anja	15. 3.06	° D E	k	19. 8.73
	Uwer Marlies	17. 1.94		E F	k	7.10.53	geb. Prumbach				
	geb. Gossen (T)						Dänekas André	15. 3.06	M IF	e	6. 9.74
	Bücken Ludger	17. 1.94	°	D KU	k	8. 3.52	Stolz Jürgen	15. 3.06	M EK	k	23. 8.75
	Reul Johannes	26. 7.95		PH SP	k	21. 6.54	Engelmann Heike	7. 4.06	M SW	e	3.10.75
	Lambertz Joachim	1. 1.97		D SW		26. 9.51	Forg Michael	1. 5.06	° MU SP	k	16. 9.66
	Bexten Josef	1. 1.97		E SW		30. 8.48	Banha-Krebsbach	8. 5.06	° F EW O	k	1.12.76
	Seidl Rolf	1. 1.97		CH SP	k	24. 7.51	Maria geb. Banha (T)				
	Korte Monika	1. 1.97		E F	k	15. 1.55	Schuhmachers Astrid	1. 8.06	° M KR	k	23. 3.78
	geb. Glasmacher						geb. Jansen				
	Kasten Mechthild	1. 9.02		E SP	k	6.10.55	Hoff-Hermann	30. 7.07	D BI	k	19. 6.71
	Frauenrath Klaus Dr.	16. 4.07	°	D EW	k	4. 3.48	Alexandra (T)				
	Prisack Bernadette	16. 4.07	°	GE F	k	13.11.52	Kappel Gunnar	6. 9.07	PH SP		20.10.71
	geb. Garwol						Metzen Nicole		D S	k	5. 1.76
	Stüttgen Dieter Dr.	16. 4.07	°	D EW		4.12.53	geb. Brodeßer				
	Prüfert-Schmitz		°	MU E			Leyk Gisela Dr.		BI CH		
	Mechthild geb. Schmitz (T)						Swora Wilhelm		M PH		
C	Gatzen Marianne	19. 1.79		M	k	14. 1.50	D Timm Hans-Jörg	26. 1.83	ER D	e	4.10.53
	geb. Maßen (T)						RSchL				
	Bosau Wolfgang	27. 8.79		EK SP		20.10.47					

110 Gymnasien Nordrhein – BR Düsseldorf · BR Köln

	Schovenberg Jürgen	2. 9.91	M EK	k	30. 7.57	
	SekIL		MU			
	Dürselen Christiane	21. 7.94	L E		17. 7.61	
	L' (T)					
E	Dietsch Anna	1. 2.06	E N	k	29. 6.78	
	Dömkes Anja-Maria	9. 8.06	E SP	k	27. 9.75	
	Opitz Anne	9. 8.06	D BI SP	e	22.11.76	
	Mohren Rodolfo	6. 8.07	SP GE		22.11.72	
	Zaspel Susanne	6. 8.07 °	D N	e	17. 5.79	
F	Eckhardt Hans-Joachim		° BI EK	e	29.11.48	
	Ass d. L.					
	Biermann Waltraud		ER SW	e	6. 8.50	
	Persaud Thakur Ass d. L.		M		13. 1.51	
	Deisel Frank Ass d. L.		D PL		1. 2.54	
	Rißmayer Elke		M SW		17.10.55	
	SekIIL' (L)					
	Kehren Bernd Ass d. L.		N ER	e	1. 9.56	
	Heimann Edmund		D KU	k	8. 8.58	
	Jungilligens Petra		F S	k	8. 5.63	
	Ricklefs Miriam		° D ER	e	13. 6.68	
	Filla-Ganser Andrea		° E KR	k	14. 9.69	
	Ass' d. L.					
H	Haak Hatto		KU	k	31. 1.47	
	Mendez Munoz Juan		S N	k	25. 9.74	
	Tillmanns Markus		D PL			

[1] mit Mehrsprachigkeitsprofil englisch-französisch, Certilingua-Schule, Musikprofil und Ganztagsbetreuung f. d. Jg.st. 5 und 6

1.191 Erkelenz Cornelius-Burgh-Gymnasium gegr. 1962

st. G. (5-Tage-Woche) m. zweisprachigem dt.-engl. Zweig f. M. u. J.
Schulring 4/Zugang Krefelder Str., 41812 Erkelenz – Tel. (0 24 31) 40 01/2, Fax 7 70 61
E-Mail: info@cbg-erkelenz.de, Homepage: www.cbg-erkelenz.de

Kl: 11/17 Ku: 105/17 Sch: 1028 (557) (319/475/234) Abit: 77 (42) BR Köln
L: 56 ([A] 1, [A$_1$] 1, A$_2$ 7, B 19, C 17, D 2, E 7, F 2) ASN: 167599
Spr.-Folge: E, F/L, F Dez: LRSD Palmen

A	(Auth Michael	1. 8.00	M IF	k	23. 8.47	
	StD A$_1$)					
A$_1$	(Boidol Peter OStR)	26. 7.95	D KU	k	31. 5.58	
A$_2$	Moß Hans-Joachim Dr.	15. 4.95	M		9. 7.48	
	Stillfried Wolfgang	12. 1.96	D GE	k	3. 3.47	
	Koch-Wittmann Inge geb. Koch	21. 3.97 □	D GE			
	Trautwein Jürgen	18. 7.01 □	D PL		23.12.53	
	Bürger Georg (V)	17.12.01 °	M EK	k	5. 8.49	
	Wittmann Wolfgang	13.11.02	D KR	k	28.12.49	
	Brunbauer Gunold	1. 8.04	M IF PLk		27. 5.47	
B	Passadakis Alex.	18.12.79	EK E	k	25. 2.46	
	Haase-Rademacher Gisela geb. Haase (L)	19.12.79	EK BI	e	8. 6.49	
	Laß Sigrid	11.11.80	BI SP	e	21.10.49	
	Blecke Brigitte (T)	21.11.80 °	F E	k	29. 5.47	
	Niehsen Fred	1. 8.81 °	GE SP	k	29. 7.49	
	Braken Bernd	16.12.87	E SP		16.10.52	
	Wassenberg-Kummer Gabriele geb. Wassenberg	25. 5.94	SW SP	k		
	Wambach Mechtild geb. Labs	30.10.95	TX M IF	e	26. 3.52	
	Bergs Hannelore geb. Liebmann (T)	6. 1.97 °	PH EK	e	24. 4.50	
	Ohrem Elisabeth geb. Steffens	6. 1.97	D PA			
	Otto Klaus	6. 1.97	BI ER	e	21. 6.54	
	Nießen Karin (T)	1. 2.99 □	E KW	k	22. 2.55	
	Eckhardt Margitta geb. Heinz-Fischer	1. 2.99	E EK	k	13. 7.52	
	Stute Barbara	26. 6.00 °	E D		6. 7.60	
	Hömke-Nagel Petra geb. Hömke (T)	8.10.01	D KU	e	5. 5.62	
	Geller-Lennartz Ulrike geb. Geller	7. 3.02	E SW	k	30. 5.57	
	Tillmanns Barbara Dr.	19. 9.05	CH PH PA	k	11. 8.67	
	Voß Michael	22. 5.07 °	M PH	k	1. 3.69	
	Reinders Peter Dr.	22. 5.07	L G GE	e	16.11.65	
C	Esser Dorothea geb. Reul (T)	1. 2.79	F TX	k	20.10.50	
	Lege Helmut	1. 2.79	D KR	k	7. 3.44	
	Wundram-Stillfried Petra geb. Herrmann (T)	29. 8.79 □	BI EK	e	10.12.49	
	Bartz-Nevels Antonie geb. Bartz (T)	14. 4.82	F GE	k	15. 9.50	
	Wiewer-Becker Agnes geb. Wiewer	5.10.84	PA PK EK	k	23. 1.53	
	Mork Helga Dr. geb. Fuchs (T)	6. 3.92	L SP	e	10.12.56	
	Heck Richard	1. 8.01 °	M E		29.11.69	
	Jannusch Angela	1. 1.02	L EK		14. 4.64	
	Bleutgen-Freitag Antje geb. Bleutgen	1. 9.04	E CH	neuap	2. 6.70	
	Hochschultz Michael geb. Bacic	1. 9.05	M PH GE		10. 8.72	
	Jablonski Miriam geb. Hüwe	27. 4.06 □	M BI		6. 2.73	
	Heimburg Sylke geb. Luther	26. 7.06	D KU		18.12.64	
	Weyand Tina	1. 8.06	F MU	k	19. 6.75	
	Goertz Heike	1. 8.06	E GE	k	23. 7.75	
	Nonn Stephanie	15. 9.06 °	D I	k	29.10.75	
	Muyzers Melanie geb. Esser	9. 8.07 °	D GE SP	k	27. 7.76	
	Jütten Hans-Peter		E EK	k	5.10.56	
	Klahm Ingrid geb. Gosda SekIL'		CH SP	k	15.10.55	
	Lowis-Auth Astrid geb. Noculac SekIL'		D KR	k	23.11.64	
E	Pape Christian	9. 8.06	BI SP	e	23. 1.76	
	Nübold Thorsten	9. 8.06	M BI	k	22.11.76	
	Lieck Marion	1. 2.07	MU (M)	k	15.10.75	
	Tamburrino Sandro	1. 2.07	I F		10. 9.77	
	Hackbarth Björn	6. 8.07	EK SP	k	20. 8.74	

Pelka Astrid	6. 8.07 °	BI CH	e	13. 2.75	F	Moß Irmgard		D EW k	17. 5.58
Rehberg Nicole geb. Dollmann	6. 8.07	D KR	k	31. 8.78		Schneider Ursula		M PH k	25. 8.59

1.195 Erkrath Gymnasium am Neandertal gegr. 1968
st. G. (5-Tage-Woche) f. J. u. M.
Heinrichstr. 12, 40699 Erkrath – Tel. (02 11) 24 08 72-0, Fax 24 08 72-10
E-Mail: gymneander@gymneander.de, Homepage: www.gymneander.de

Kl: 8/13 Ku: 87/15 Sch: 789 (411) (217/344/228) Abit: 64 (38)   BR Düsseldorf
L: 44 (A 1, A_1 1, A_2 4, B 17, C 11, D 1, E 7, F 1, H 1)   ASN: 165657
Spr.-Folge: E, L/F, F, S   Dez: LRSD N. N.

A	Pfänder Monika	1. 8.96	D E	k	10.10.49		Eisel Ulrike geb. Kutter		BI CH	k	18. 4.53
A_1	Gruttmann Hans	1. 8.07	PH SP		1. 6.60		Clodius Jutta		E F	k	8.12.61
A_2	Waldmann Wolfgang (F)	24. 3.82	D PL	k	5. 9.45		Stosiek Kathrin		F S	k	27. 7.73
	Schäfer Monika geb. Flasch	10. 1.97 °	M KR IF	k	23. 9.49	C	Fuhrmann Swantje Noack Joachim	3. 8.81	° D KU GE EK SP	e e	12. 7.74 10.10.47
	Hankammer Gerd		° E EK	k	8. 7.46		Wieler Ulrich	1. 8.83	E PL	k	7. 1.53
	Hagenah Antje		ER SP PA	e	24. 7.56		Büscherfeld Doris	17.10.97	MU KR	k	16. 6.62
B	Schmidt Ludwig	1. 8.78 °	L GE	k	9. 2.48		Tegethoff Wolfgang	18. 8.99 °	D M	k	20. 4.65
	Freyberg Annemarie geb. Lahme (T)	26. 7.79	E D	k	22. 4.48		Stahl Barbara geb. Zenerino		M PH	k	22. 1.65
	Bröhmer Angelika geb. Winter (T)	25. 1.80 °	D GE	k	30.11.44		Ritter Nicole (T)		S F E	e	11. 8.67
	Jürgens Christoph	1.12.80	BI EK	k	15. 4.47		Voß Stefan		° L ER	e	16. 4.72
	Stiers Helmut	7. 1.82	BI	e	7. 3.50		Heß Isabel		E GE		5.11.74
	Bielski Johannes	2. 8.84 °	M U WW SW	e	18. 7.48		Schellkes Daniela Hübschen Katrin		M PH E F	k k	14. 5.76 30. 9.76
	Klein Peter	24.12.85	CH	k	6. 1.51	D	Hütter Maren		E F	e	2. 4.77
	Graf Karl-Heinz	9. 2.96	M PH	e	10. 5.50	E	Tappe Elmar SekIL	4. 9.82	BI SP	oB	22. 3.51
	Völkel Christa geb. Foerster	9. 2.96 °	M	e	19. 5.51		Rieneckert Sandra Thomas Christina	22. 8.05 1. 2.06	E D KR D	k	17. 5.77 25.12.77
	Mutke Hans-Jürgen	30. 8.02	SP EK	e	6. 5.51		Nummert Carsten	2.06	D KU		5.10.75
	Bielski Mechthild geb. Renert	30. 8.02	SW D		23. 5.50		Westphal Wilhelm Breitenbach Michael	18. 5.06 1. 8.06	E SP S SP IF	k k	13.10.76 29.11.66
	Ehsmajor-Griesmann Herbert	30. 8.02	KU SW	oB	19. 8.57	F	Wörner Thomas Wich Meike	1. 8.06 6. 8.07 °	M CH F GE L	e	19.11.73 10. 5.76
	Migdal Karin geb. Scholz (T)	1. 8.06	D GE	k	8. 6.53	H	Meier Sonja Romahn-Vogel Dorothee GymnL'		KU E SP	e k	11. 2.69 2.11.47

1.196 Erkrath-Hochdahl Gymnasium Hochdahl gegr. 1969
st. G. (5-Tage-Woche) f. J. u. M.
Rankestr. 4–6, 40699 Erkrath – Tel. (0 21 04) 4 27 70, Fax 4 69 06
E-Mail: info@gymnasium-hochdahl.de, Homepage: www.gymnasium-hochdahl.de

Kl: 8/15 Ku: 111/22 Sch: 926 (460) (244/392/290) Abit: 89 (53)   BR Düsseldorf
L: 51 (A 1, A_2 5, B 15, C 14, D 4, E 10, F 1, H 1)   ASN: 165669
Spr.-Folge: E, L/F, F, I   Dez: LRSD Schütze

A	Smolka Dieter		E PA PK SW	e	25. 8.49		Schumachers Walter Becker-Lavanoux Lorenz	25. 6.80 1. 8.81 °	D GE F PL	k	13. 8.48 2.11.50
A_2	Grimm Albrecht (T)	1. 8.81	E SP	k	27.11.45		Linden Peter (L)	1.12.81	GE F	k	3.12.50
	Henseler Johann	1. 6.90	EK GE	k	13. 7.46		Böhner Georg	31.12.81 °	F SP KR	k	28. 7.49
	Birkenkamp Hans-Ulrich (Vw) (V) (T)	14. 2.95 °	M	e	23. 8.46		Wuttke Andreas	21.12.84	D PL	oB	18. 5.52
	Hütt Klaus	16. 1.96	F PL I	e	23. 2.50		Linden Ingrid Dr. geb. Mayer (T)	9. 1.85	E GE		1. 7.48
	Kühnen Klaus (F)	15. 1.01	BI KR	k	21. 3.59		Pagel Alfred	1.12.85	L F	e	25. 4.46
B	Hinzmann Marie-Luise geb. Krafft	30.10.79	M	k	26.12.47						

	Name	Date 1	Subj		Date 2
	Piechocki Axel	1.12.85 °	M CH	e	23. 9.52
	Brockmann Bernh.	9. 2.96	PH M		19. 1.49
	Reichenbächer Helmut	9. 2.96	BI EK	e	13. 7.52
	Trostorf Jürgen	1. 2.07	CH SP	e	31. 3.55
	Muth Horst	8. 6.07 °	M CH	e	22.12.56
	Stahmer Wolfgang	25. 7.07	M PH		24.10.55
	Walter Iris	25. 7.07	E ER	e	5. 3.66
C	Meise Annemarie geb. Trog (T)	1.11.78	M CH		29. 1.49
	Wirtz Brigitte geb. Fuchs	28. 1.80	D EK	k	28. 3.51
	Knoche Manfred	4. 2.80	M	e	14.11.42
	Kinza Hannelore	1. 8.80	M BI	e	31. 5.51
	Pohlmann Franz-U.	13. 8.80	GE SW		28. 7.45
	Palm Renate geb. Rüffer (T)	1. 9.80	BI PA	e	28. 7.49
	Rabbe Walter	1. 3.82	KU W	e	21. 9.50
	Herrmann-Groß Karen-Martina	23. 7.82	E EK	e	27.11.50
	Fraedrich Ralf Dr. (T)	3. 8.82 °	M EK	e	13. 3.50
	Klappert Brigitte geb. Wülfing	1. 3.83	D SP	e	29. 5.53
	Vetten Wolfgang	30. 9.83	PA KU	k	18. 6.45
	Behrens Michael	4. 9.84 °	BI EK	k	16. 7.51
	Dietze Claudia (T)	14.11.85	F EW I	e	10.10.53
	Nitsche Alexander (T)	1. 1.02	MU KU		24.12.64
D	Schumachers Brigitte geb. Kolle SekIL'	12. 5.80	M D		13. 6.53
	Grunendahl Klaus SekIL	4.12.82	E SP	e	15.10.52
	Molitor Bettina geb. Kolb SekIL' (T)	3. 5.83	D ER		27. 9.55
	Kaynig Rosemarie geb. Lang SekIL' (T)	3. 7.83	D BI		26. 9.52
E	Paulat Nadine	4. 6.04 °	D E	k	19. 4.76
	van Ruiten Iris geb. Brandt	1. 2.06	E SP	e	29. 1.75
	Krabbe Susanne geb. Bölting	9. 8.06	D MU	k	26.11.74
	Rinkens Maike	9. 8.06	E F	k	5. 2.76
	Neumann Nicola	9. 8.06	D EK	e	20.10.76
	Herrmann Kai	1. 2.07	IF ER		19. 8.73
	Raue Carsten	1. 2.07	D KR	e	15. 7.76
	Hartmann Meike	1. 2.07	E SW		28. 7.78
	Parchettka Regina	6. 8.07	BI SP		21.12.78
	Duwenig Caroline	6. 8.07	D GE		13. 2.79
F	Behr Annette		F I		21.10.70
H	Lorenz Andrea Dipl.-SpL'		SP		1. 9.57

1.200 Eschweiler Gymnasium gegr. 1848

st. G. (5-Tage-Woche) m. zweisprachigem dt.-engl. Zug f. J. u. M.
Peter-Paul-Str. 13, 52249 Eschweiler – Tel. (0 24 03) 5 06 70, Fax 50 67 25
E-Mail: schulleitung@gymnasiumeschweiler.de
Homepage: www.gymnasiumeschweiler.de

Kl: 11/19 Ku: 116/20 Sch: 1127 (565) (307/515/305) Abit: 81 (38)
L: 68 (A1, A$_1$ 1, A$_2$ 7, B 22, C 21, D 2, E 7, F 5, H 2)

Spr. Folge: E, L/F, F

BR Köln
ASN: **167435**
Dez: LRSD **Palmen**

	Name	Date 1	Subj		Date 2
A	Reinartz Ulrich	15.11.98 °	M EK	k	13. 3.46
A$_1$	Berretz Horst	6.10.97	M MU	k	27.10.44
A$_2$	Kaul Helmuth	21.12.81 °	F E	k	23. 6.43
	Becker Alfons (Vw)	30.12.94 °	M BI (IF)		9.11.48
	Schnitzler Gisela	22.12.99 °	E D	k	18. 4.52
	Borghans Friedrich	24. 9.01	D Soz	k	26. 4.55
	Müller Christine geb. Liebmann	30.10.03	M PA (IF)	e	30. 6.53
	Peters Peter Dr.	1. 2.06 °	D GE		25. 5.61
B	Petrovitsch Friedhelm	29. 9.73 °	KR GE	k	11. 8.43
	Brauers Rosemarie geb. Köhler (T)	10. 9.82	SP F	k	24. 9.50
	Bengel Lothar	27.11.95 °	F BI	k	17. 2.53
	Kreßner Martina geb. Plenkels (T)	30. 5.96	GE ER	e	5.11.46
	Dovern Hans-Josef (T)	30. 4.97	D PA		15.11.51
	Jäckel-Krapp Karla	30. 4.97 □	D EW		6. 2.55
	Wilke Rainer	19. 7.99 °	M SP (IF)		24.10.48
	Loevenich Ursula (T)	19. 7.99	BI EK		19. 1.55
	Vaupel Birgit (T)	7. 9.00	E F	oB	25. 6.59
	Schneider Arno Dr.	11.12.00 °	F SP	k	15. 4.54
	Lamour Ludger	11.12.00	SP EK	k	9. 5.51
	Scheidt Rudolf	11.12.00 °	L KR SP	k	5. 5.57
	Weber Maria geb. Kranz	25.10.01	BI EK	k	15. 4.54
	Reimer-Winkhold Irene	30. 8.02	F GE	k	30. 7.53
	Beilharz Joachim	22.12.05 °	D KR	k	27.10.69
	Esser-Palm Regina (T) (F)	22.12.05	D F	k	2. 7.65
	Beck Ingrid	7. 9.06	E GE		24. 6.52
	Grunewald Winfried	11. 9.06 °	M PH	k	24. 3.70
	Köllges Melanie	12. 7.07	BI CH SW ER (PH)	e	2. 9.74
C	Westphal Gunter	20. 4.83 °	EK SP	k	5. 7.50
	Scheuble Elisabeth (T)	4. 9.83 °	E F	k	28. 2.55
	Zimmermann Gisela (T)	20. 5.85	D SW		9. 2.55
	Müller-Nowak Annelie (T)	4. 9.85	D TX	k	14. 7.55
	Witte Ursula (T)	31.10.94	M BI		21. 3.62
	Buchholz Claus	23. 8.96 °	PH SP	k	2. 4.62
	Schnitzler Ursula (T)	7.10.96 □	CH KU	k	24. 9.61
	Keuthen Rosemarie	1. 1.02	E GE		22. 1.63
	Becker Patrik	1. 1.02	E L	k	10. 4.63
	Hilgers Hans Dr.	20. 8.02	D PL	k	22. 7.65
	Diel Anja geb. Liefke (T)	15. 3.03 °	D BI	e	24. 2.73
	Breuer Anja	1. 8.06	E EK	k	20. 6.77

	Hemsing Nathalie	1. 8.06	D SW EW	k	19. 1.78	E	Zelenka Alexandra	1. 8.07	E GE EK	k	23.12.74
	Schmitz-Siebertz Vanessa	1. 8.07	E L	k	24. 7.76		Müller Anne		▫ D KR	k	30. 9.75
							Molitor Katrin		D BI	e	19. 3.77
	Plum Heinz		F D		1.12.48		Dahmen Bernd		D KR	k	
	Welter Ursula (T)		▫ D PK KR	k	22. 4.49		Steup Elke		E F		
						F	Kremer Peter		E GE	k	14. 1.53
	Bölte Ursula		▫ KW KU	k	26. 5.53		Schnalle Ursula		E SW		12. 1.54
	Herrmann Andrea (T)		L D S		1. 8.66		Hinzen Georg		° M PH		22. 1.55
	Fries-Ewert Anke-Katrin		° E S	e	20. 4.69		Schwenger Christel		D KU		5. 5.55
	Kupfer Annette		° KU PL	e	14. 3.75		Vogt Manfred Dr.		° PH CH		28. 4.59
D	Pütz Ute SekIL' (L)	21. 9.84	M KR	k	14. 9.54	H	Hellmich Almut Dipl.-SpL'		SP		18. 8.57
	Hellwig-Willkomm Christa		M BI		10. 1.57		Parsiegel Christian		MU	e	9. 2.62

1.201 Eschweiler Liebfrauenschule gegr. 1906
pr. G. f. J. u. M. d. Bistums Aachen
Liebfrauenstr. 30, 52249 Eschweiler – Tel. (0 24 03) 7 04 50, Fax 7 04 51 20
E-Mail: bisch-gym.liebfrauen@bistum-aachen.de, Homepage: www.bls-eschweiler.de

Kl: 8/17   Ku: 107/19   Sch: 1012 (559) (254/476/282)   Abit: 76 (56)   **BR Köln**
L: 59 (A 1, A$_1$ 1, A$_2$ 6, B 17, C 16, E 4, F 5, H 9)   ASN: **167423**
Spr.-Folge: E, L/F, F/L   Dez: LRSD **Palmen**

A	Meier Manfred Dr.	1. 8.01	PH CH	k	1. 4.52		Dienst Christa	3. 8.82	D EK	k	21. 3.49
A$_1$	Schopen Bert	1. 8.01	MU M	k	5.10.52		geb. Joeris				
A$_2$	Thomas Johannes	15. 1.88	M (IF)	k	12.10.47		Hahn Helga	1. 3.83	D E	k	19. 8.53
	Thomé Herbert	15. 1.88	D F KR	k	9. 4.50		geb. Raskopp (T)				
	Frings Heinz-Theo	1. 9.94	D PL	k	24. 7.55		Niehues Gregor	1. 8.93	° L SP (IF)		10. 5.58
	Mainz Hans-Heinrich	1.10.97	M SP	k	13. 3.53						
	Schmitz Petra (L)	1.11.00	° E KU	k	28.10.55		Herkenhoff Birgitt	1. 9.94	E MU	k	2. 9.61
	Fels Meinrad	1. 8.03	° GE CH KR	k	31.12.54		Pieper Ines (T)	1. 9.94	MU GE	k	7. 6.62
							Brinkhues Winfried	1. 9.94	D SP	k	11. 8.56
B	Rechler Klaus (T)	12. 3.80	° CH EK	k	16. 8.48		Knippschild Wolfgang	1. 9.97	E SP	k	3. 3.63
	Ruskowski Agnes geb. Geulen (T)	12. 3.80	° F E	k	12. 4.48		Lietz Barbara	1. 9.97	D GE		5. 3.63
							Schönen Rita	1. 9.03	E GE		17. 5.58
	Nobis Rudolf (V)	1. 2.85	° EK E	k	27. 4.47		Welter Bruno	1.10.04	KR PA	k	20. 9.52
	Claßen Ingrid (T)	1. 2.85	F E	k	2. 5.51		Krückels Cornelia (T)	1. 5.06	° M KR	k	5. 1.75
	Becker Lorenz	1.10.85	E SP	k	5. 1.50		Vandenberg Uta geb. Schulte-Richtering (T)	1. 6.07	° L SP	k	30. 4.74
	Körfer Peter (V)	1. 7.89	° D SW	k	5. 6.53						
	Leusch Reiner (T)	1. 6.90	M BI (IF)	k	25.10.51		Sonntag Lars	1.10.07	M F	k	19. 2.76
						E	Collet Bernhard Dr.	1. 9.04	PH CH	k	3. 9.65
	Schwoll Rolf	1. 7.92	EK SP L	k	8.12.53		Busert Barbara	1. 7.06	BI EK	k	3. 3.74
							Friedhoff Christiane	1. 2.07	BI D	k	31. 8.77
	Becker Maria geb. Drießen (T)	1.10.97	KR D	k	3. 1.54		Gessen Britta	1. 6.07	° D F	k	11. 8.75
						F	Gawlitza Dorothee		BI EK	k	26. 3.57
	Stumm Herm. Josef	1.10.98	KU W	k	12. 4.49		Sonanini Edeltraud		BI EK	k	25.10.57
	Gerhards Hildegard geb. Prümm	1.10.98	CH EK	k	26. 9.55		Kaiser Marianne		M PH	k	7. 8.60
							Reimertz Philipp		° BI CH	k	2. 1.68
	Weiskorn Rita (T)	1.11.98	KR GE	k	11.11.60		Potthoff-Münnich Svenja geb. Potthoff		GE D	k	22. 7.75
	Braun Berthold	1.10.99	D PA	k	7. 6.51						
	Schwarz Hildegard geb. Olma	1.11.04	D E	k	2. 8.53	H	Luther Hel. geb. Roubaud		L F	k	5. 9.44
	Hogen-Forst Iris geb. Hogen	1.11.04	E SW	k	28. 8.60		Hillebrand Ingeborg		° D E	k	10. 1.48
							Zimmermann Herta geb. Stupp RSchL'		M EK	e	26.12.48
	Kremer Matthias	1.11.05	D SP PL	k	10. 3.58		Friedhoff-Fourné Brigitte		K		
	Gier Carsten	1.12.06	M PH	k	15. 5.73		Fabian Horst Dipl.-SpL		SP	k	18. 7.53
C	Freitag Elisabeth-Charlotte geb. Schlömer	1. 3.80	M PH	k	7. 3.52		Meier Frauke		ER	e	26. 4.65
							Hoppe Michael		MU	k	3. 2.66
	Bernhardt Veronika geb. Kisters (T)	1. 8.81	BI SP	k	24. 9.51		Büttgen Claudia geb. Brunnenbauer		SP	k	18.10.66
	Tholen Anne (T)	1. 8.82	BI CH KR	k	27. 4.53		Körfer Sarah		SP	k	10. 2.81

1.210 Essen-Holsterhausen B.M.V.-Schule gegr. 1652
pr. G. (5-Tage-Woche) f. M. d. Augustiner Chorfrauen aus d. Congregatio
Beatae Mariae Virginis
Bardelebenstr. 9, 45147 Essen – Tel. (02 01) 8 70 22 53, Fax 8 70 22 22
E-Mail: info@bmv.essen.de, Homepage: www.bmv.essen.de

Kl: 11/24 Ku: 177/37 Sch: 1472 (1472) (355/665/452) Abit: 144 (144)   **BR Düsseldorf**
L: 89 (A 1, A_1 1, A_2 12, B 23, C 30, D 1, E 6, F 6, G 1, H 8)   ASN: **164860**
Spr.-Folge: E/L, E/L/F, E/F/L/S, E/L/F/S   Dez: LRSD **Schütze**

A	Michalski M. Ulrike	1. 8.97	° KR D	k	12. 7.60		Schöler Barbara	22. 2.84	° GE E	e	11. 2.53
A_1	Freifrau von Schenk	1. 8.97	° GE D	e	10.12.49		geb. Neumann (T)			
	zu Tautenburg-Wilms		SW				Növer Eva-Maria	27.11.84	M SW	k	18. 7.55
	Angelika geb. v. Schenk						geb. Maas (T)			
	zu Tautenburg						Buschkamp Marion	30. 1.86	° BI CH	e	14. 5.56
A_2	Langensiepen Helmut	1. 4.88	KR M	k	13.10.48		geb. Klomfaß (T)			
	Norpoth Albert-Leo	1. 5.93	EK SW	k	19.12.48		Ruthe Christiane	1. 1.87	BI CH	e	
	Müller Lothar	1. 5.93	° KR F	k	11. 7.46		geb. Rabe (T)			
	Blum Reinhard	1. 5.93	° M EK	k	22. 7.57		Hobach Jutta geb.	16.12.87	BI M	k	4.10.55
	Niekämper Ursula	1. 8.94	M PA	k	6. 1.53		Küpperfahrenberg (T)			
	Rüsing Michael	1.12.99	° M PH	k	18. 9.55		Auth-Henrich Petra	1. 2.90	E F SP	k	2. 2.56
			IF				geb. Auth (T)			
	Großkinsky Edith	1.12.99	PH M	k	8.11.55		Daehne Angelika	1. 9.90	EK SP	k	19. 1.56
	Niekämper Martin	1.12.99	° M KR	k	9. 2.59		Füser Barbara	1. 1.91	E KU	k	17.10.58
	Wirgs-Sandhövel	1.12.00	° CH M	k	4. 9.55		geb. Füser (T)			
	Gabriele geb. Wirgs						Gerleve Maria	1. 8.91	BI F	k	12.12.57
	Godland Hermann	15.12.01	MU L	k	26. 2.56		geb. Schlierkamp (T)			
	Nesemann Markus	1.12.04	KR L	k	27. 6.59		Beckmann Peter	1. 8.91	S E	e	18. 3.57
	Gowik Birgit	1.12.06	° M MU	k	3. 2.49		Heitkamp Klaus-Wilhelm	1.11.91	ER EK	k	29. 4.59
B	Schützdeller Paula	18. 1.79	M		26. 4.47		Gerleve Andreas	1.11.91	BI EK	k	18. 8.59
	geb. Flensberg (T)						Günther Andreas	1. 2.93	GE PL	k	11. 2.58
	Dann Gertraud	18. 1.79	F EK	k	11. 2.42		Blum Andrea	1. 8.93	° M PH	k	6. 3.60
	geb. Hübl						geb. Sonnenschein			
	Grewers Leonie	18. 1.79	° D EK	k	29.11.45		Schudack Beate	1. 2.94	E PA	e	5. 8.59
	Schnorr Heinz-Dieter	21. 2.84	D KR	k	14. 1.47		geb. Klawon (T)		ER		
	Klein-Hoppe	21. 2.84	° EK D	k	10. 6.50		Diwersy Dorothee	31. 8.94	° D KU	k	5.10.59
	Barbara geb. Hoppe						Printz Katharina	21. 1.95	MU GE	k	10.12.56
	Emkes Uwe	1.2.85	D F	e	29. 5.49		geb. D'ham			
	Jägersküpper Klaus	1. 4.88	° D EK	k	18.10.54		Klasmeier Susanne	1. 8.95	° E M	k	28. 4.63
	Dr. M. A.						Husemeyer Sabine	1. 8.97	GE S	e	5. 3.66
	Frehsmann Wilma	1.11.89	E PA		6.11.52		Wodetzki Christel	1.10.99	KR GE	k	24. 9.62
	geb. Küpper (T)						geb. Schlierkamp			
	Blum Ulrike	1.11.89	E F	k	27.11.55		Gerding Cordula	1.10.99	E KR	k	15. 8.66
	geb. Lippelt (T)						geb. Lehmann			
	Ziegler Hildegard	1.11.89	KR MU	k	29.10.47		Severin Judith	1.10.99	MU D	k	6. 7.62
	geb. Rahe (T)						geb. Erpenbeck			
	Schürmann-Preußler	1.11.89	° GE D	k	20. 8.55		Luthe Martina	1. 1.02	° L KR	k	2.12.67
	Barbara geb. Schürmann						Boddenberg-Nopper	1. 1.02	° L D	k	29. 1.70
	Czerny-Walde	1. 6.94	SP EK	k	5. 7.54		Silke geb. Boddenberg			
	Christiane geb. Czerny						Fischer Wilhelm	1. 8.03	M PH	k	22. 9.71
	Günther Thomas	1. 6.94	GE KR	k	26.10.54		Vordermark Sonja	1. 9.03	S D	k	20. 8.71
	Kamp Georg	1. 6.94	M BI	k	17. 3.58		Heuser Ingrid RSchL'	1. 8.77	F BI	k	3. 2.48
	Müller-Lange Beate	1. 8.96	D SW	k	26. 8.50	D				
	geb. Müller					E	Nadeschdin M. Vera	1. 8.98	D EK	k	12. 6.64
	Bartsch Barbara	1. 8.96	° BI EK	k	1. 6.54		Kampelmann Kathrin	1. 2.00	L GE	k	27. 4.71
	Girschek Manfred	1. 8.96	° D PL	k	10. 3.51		Kimmeskamp	1. 2.02	M KU	k	5. 4.69
			KR				Sr. M. Anna-Klara		HW		
	Wroblewski Hans-Joachim	1. 8.96	° D PL	k	21. 8.53		Brandt Sr. M. Beate	1. 2.04	M CH	k	24. 6.69
	Eiserlo Ortrud	1. 8.96	° EK E	k	21.11.53		Kröger Reinhard	1. 2.07	E EK	k	26. 2.78
	geb. Borgmann		KR			F	Püttmann Thomas	1. 2.07	M IF	k	2.12.78
	Arens Jutta	1. 8.96	° E S	k	12. 2.59		Kuld M. Dorothea (OStR')		D L	k	11. 9.42
	geb. Becker						Günther-Mutschler Barbara		BI	k	11. 3.53
	Müther Elisabeth	1. 4.03	° GE SW	k	29. 3.53		geb. Günther StR'			
	geb. Besnak (T)						Husemeyer Angela		KU TX	k	15.11.54
C	Schaefer Maria	19. 8.80	F EK	k	10. 6.50		geb. Böss			
	geb. Sieverding (T)						Hengsbach Monika		D F	k	29. 5.56
							Ass' d. L.			

	Norpoth Maria-Theresia geb. Bartholomä Ass' d. L.		SW GE	k	21.11.59	Schützdeller-Cloidt Claudia geb. Schützdeller HSchL'		EK D	k	9.11.49
	Menke-Pechmann Heike geb. Menke SekIL'		SP	k	17. 5.60	Schraven Birgit geb. Schmitz RSchL'		M SP	k	16. 1.51
G	Belker M. Mathilde StD' A_1 a. D.		D GE	k	1.10.31	Blomberg Brigitta Dipl.-Päd.		PA PS	k	9.11.51
H	Purling-Wittwar Elizabeth geb. Purling		° E L		18. 7.45	Schmitz-Kloppenburg Monika		° M	k	24. 7.52
	Romberg Annegret		KU	k	8. 3.46	Käse Susanne		D PA	e	4. 3.77

1.211 Essen Burggymnasium gegr. 1824 (9. Jh.)

st. G.[1] (5-Tage-Woche) f. J. u. M.
Burgplatz 4, 45127 Essen – Tel. (02 01) 8 27 70 30, Fax 8 27 70 31
E-Mail: burggymnasium.info@schule.essen.de, Homepage: www.burggymnasium.de

Kl: 6/12   Ku: 92/22   Sch: 677 (256) (164/312/201)   Abit: 53 (23)   **BR Düsseldorf**
L: 45 (A 1, A_2 4, B 14, C 15, D 3, E 4, F 4)   **ASN: 164756**
Spr.-Folge: E/E+L, L/F, F, S   Dez: LRSD **Trockel**

A	Klopschinski Klaus-Wolfgang	1. 5.91		D KU	e	29. 2.48	List-Bolduan Astrid (T)	31.10.83	SW E	e	14. 3.53
A_2	Lalla Helmut Dr. (F)	15. 9.79		EK M	k	15. 6.48	Dick Renate geb. Gallinger (T)	22. 7.85	D GE	oB	10. 7.49
	Johannes-Tholuck Hildegard	11. 5.00	°	D GE	k	17. 2.49	Brücher Lutz	26. 4.86	CH PH	oB	24. 3.52
	Mause Doris (F)	30. 7.03		D E		28. 3.65	Schulte Relindis	19. 4.96	° KR E	k	18.10.61
	Kuhnke Karin			D KU		20.11.51	Edel Farinha Stephanie geb. Edel (T)	1. 2.03	E BI		18. 2.71
B	Naumann Gabriele	29. 3.79		F GE	oB	11. 9.46	Rieckermann Katrin	30. 3.03	KR E SW		14. 5.70
	Bovermann Regina	26. 8.81		BI		26. 7.50	Brech Alexander		10.04	L M	e	6.10.74
	Meier Brigitte geb. Pöppelmeyer (T)	31. 8.81		D F	k	4. 6.46	Bender Wolfgang		E PL		14. 4.51
	Schaperdoth-Buse Claudia	30.12.81		BI		8. 4.52	Schroer Gabriele		BI SP KU		16. 6.56
	Antweiler Walter	22. 3.85		M EK		6.12.50	Millmann Olaf		D SP	e	13. 1.68
	Heuer Heinz	18. 6.85		F EK	k	14.11.48	Lanzenau Stefan		M L		20. 3.74
	Knierim Klaus-Peter	24. 9.86		E SW	oB	13. 6.51	Steffen Sonja		D KU		24. 4.78
	Pesch Renate geb. Hempel	3.12.90		M EK	e	1.12.54	D Ludwig Brigitte geb. Wigge (T)	4. 9.81	M SP	e	23. 1.56
	Velten Michael	18. 4.93		MU EK		18. 7.52	Hund Sabine (T)	6. 3.84	KU ER	e	2.12.56
	Kierst Peter	2. 6.96		M IF	oB	12. 2.49	Gorrath Helmut		SP EK		30. 8.44
	Kaminsky Hans-Dieter	31. 8.04		F SP	e	11. 9.49	E Heil Bettina geb. Servaty		M BI		12. 1.65
	Garnjost Cornelia geb. Poell	31. 8.04		E BI	k	1. 3.55	Krüger Sabine		D BI		20. 5.65
	Wehrend Anja Dr. geb. Hasselbach	31. 8.04	°	ER MU	e	8. 3.63	Griestop Tanja geb. Punsmann		M SP		15.11.71
	Nehrling Petra			E L	e	22. 7.69	F Eisenblätter Jan		S SP		14. 2.67
C	Kassenböhmer Claudia geb. Schütz (T)	19. 2.82		F GE		23. 9.51	Becker Sabine		CH GE		25. 8.69
	Guth Helmut	31. 8.82		MU M		20. 2.50	Betz Kirsten		PL GE		8. 8.70
	Leib Helga geb. Lauff (T)	18.10.83		M EK	e	24. 7.53	Jung Kirstin		PH MU		

[1] m. Musikklasse

1.212 Essen-Werden Mariengymnasium gegr. 1858

pr. G. f. M. d. Bistums Essen
Brückstr. 108, 45239 Essen – Tel. (02 01) 49 22 26, Fax 49 62 24
E-Mail: marienschule-werden@t-online.de, Homepage: www.marienschule-werden.de

Kl: 6/11   Ku: 87/22   Sch: 702 (702) (169/298/235)   Abit: 66 (66)   **BR Düsseldorf**
L: 42 (A 1, A_1 1, A_2 5, B 10, C 11, D 1, E 2, F 7, H 4)   **ASN: 164707**
Spr.-Folge: E, F/L, F, I   Dez: LRSD **Trockel**

A	Loewen Hanspeter	1. 2.94	°	M PH IF KR	k	22. 3.48	A_2 Lohmann Maria-Theresia	29. 7.88	E GE	k	2. 8.44
A_1	Greulich Angela	1. 8.94	°	E F I	k	13. 7.53					

	Name	Datum	Fächer		Datum 2
	Späker Paul	24. 7.90 °	BI CH IF	k	10. 6.53
	Höbler Ulrich	1. 1.95 °	E GE	k	2. 7.53
	Wallmann Peter Dr.	1. 7.02 °	E GE	k	3. 2.47
	Lepping Christoph	1.10.05 °	E MU	k	9. 3.61
B	Hans Wilfried (V)	29. 8.81 °	M PH	k	6. 4.50
	Kromer Uta (T)	7. 9.81	E EK	k	3. 3.45
	Mundt-Krönfeld Helma geb. Krönfeld	24.11.82 °	E ER	e	15.10.49
	Bartels Marion geb. Klaus	22. 3.91	D PA Sozkd	k	11. 7.49
	Krämer Claudia geb. Marklein (T)	6. 6.91 °	TX KU	k	24.10.52
	Merta Armin	1. 1.93	M	k	23.11.48
	Walden Sabine	1.11.95 °	M EK	k	21. 7.53
	Koch Franz-Josef	1.12.96 °	D GE	k	3. 8.51
	Wolinski Dirk	1.10.06	MU D	k	2.11.66
	Suthe Jochen	1.10.06 °	PH KR M	k	2. 7.71
C	Blaschke Rainer Dr. (T)	11. 8.81	E GE KU	k	15. 3.48
	Walthoff Heinz-Jürgen	2. 9.87 °	L M	k	26. 2.55
	Schwarzer Michael	1. 8.98	L KR	k	23. 5.63
	Richtscheid Christiane geb. Pagel	1. 8.02	BI SP	k	4.11.68
	Springmann Angelika geb. Stapelmann	1. 2.04 °	E BI	k	17. 7.71
	Rohe Katrin (T)	1. 2.04 °	KR D PA	k	21.12.72
	Leipe Ulrike geb. Dlugay	1. 8.05 °	E KR	k	26.10.73
	Hamm Judith geb. Hendricks	1. 8.05 °	L M	k	1. 6.75
	Bette Jens	1. 9.05	E EK	k	26. 9.74
	Welling Martin Dr.	1. 8.07	D GE	k	11. 6.74
	Passiep-Best Juliane (T)		BI EK	k	14. 1.55
D	Heyer Waltraud geb. Wolf RSchL '	1. 2.78 °	E EK	k	9. 2.48
E	Niehaus Markus	26. 6.06	D SP	k	29. 1.75
	Spernol Melanie	1. 8.07	D PA KR	k	28. 8.75
F	Kromer Ulrich		BI	k	12.12.52
	Schanze Peter	°	D GE	k	21. 3.56
	Warthmann Barbara geb. Fabig		F PA	k	4. 8.59
	Galemann Bärbel geb. Heine		M F	k	24. 2.64
	Geerkens Edith		BI CH	k	18. 4.75
	Hüsges Anke		SP BI	k	14. 4.77
	Wiese Cécile geb. Vantard	°	D F	k	23. 5.79
H	Scheib Petra geb. Schrödel	°	HW CH PH	e	29. 6.52
	Peschke Gabriele geb. Starosczyk Dipl.-SpL'		SP	k	5. 2.54
	Späker Silvia geb. Klein L'		BI M TX	e	20. 7.54
	Recksing Hermine Dipl.-SpL'		SP	k	18. 2.56

1.214 Essen-Rüttenscheid Helmholtz-Gymnasium gegr. 1864
st. G. (5-Tage-Woche) mit zweisprachigem dt.-frz. Zug f. J. u. M.
Rosastr. 83, 45130 Essen – Tel. (02 01) 86 06 73 30, Fax 86 06 73 31
E-Mail: info@hg-essen.de, Homepage: www.hg-essen.de

BR Düsseldorf
ASN: **164800**
Dez: LRSD **Trockel**

L: 52 (A₁ 1, A₂ 6, B 18, C 15, D 3, E 6, F 2, H 1)
Spr.-Folge: E, L/F, F

	Name	Datum	Fächer		Datum 2
A₁	Zilles Beate	1.12.91	BI D	k	7.12.52
A₂	Heiermann Wilhelm (F)	27. 3.82	E GE	k	8. 8.48
	Rost Jürgen	23.12.85 °	L GE	e	6.11.47
	Krupp Dagmar	10.12.92 °	M GE	e	23.10.51
	Göbel Heidi Dr.	1. 6.94	E GE PK	k	23.11.43
	Bielefeld Michael	24. 7.94	D PL	k	24. 4.50
	Schlupp Richard (F)	29. 7.99	M PA	k	8.12.53
B	Stiller Brigitte geb. Schuchardt	5. 2.79 °	F GE	k	4. 4.47
	Schött Angela M. A. (T)	14. 2.80	D F	k	26.10.46
	Scholten Hildegard	4. 3.80 °	D L	k	15.12.46
	Crone Michael Dipl.-Phys.	4. 6.82 °	PH	e	7. 3.47
	Pieper Heinrich	24. 2.84 °	CH EK TC	e	21. 9.46
	Jung Marlene (T)	31. 8.84	CH BI	k	10.10.53
	Hagenguth Rolf Dipl.-Math.	28. 9.84 °	M IF	e	11.12.49
	Genatowski-Höfmann Rainer	22. 3.85 °	E EK	k	28. 8.46
	Köster Dietmar	17.12.85	E SP		18. 9.49
	Jürgens Kristina Dr. M.A. (T)	30.10.90	D E		24.11.51
	Wöller Hildegard (T)	27.12.90 °	F EK KR	k	3. 4.53
	Giebels Theo	18. 3.92	KU W	k	23. 7.50
	Severin Rainer	26. 3.93	M PH	e	3. 7.54
	Krahl-Ewers Silvia	28. 4.93	E SW PK	e	2. 9.50
	Höbler Ursula	1. 6.94	E BI		30.11.52
	Frömgen Gerhard	12. 2.96 °	E GE	e	8. 9.54
	Fienhold Evelyn	24. 6.02	M PH		15. 3.48
C	Osieck Angelika	1.12.80	E SP		30.10.52
	Hartmann Paul Josef	25. 9.81	PL D		13. 6.50
	Hullmann Roswitha	7. 7.83	SP E	e	28. 3.53
	Reinhardt Wolfgang	4. 9.84	SW EK	k	18. 4.53
	Slevogt Wolfram	19.11.84 °	F GE MU		19.10.53
	Mlodzian Norbert	14. 4.86	BI EK		19.10.55
	Schauß Uwe	8. 2.96	SW ER	e	10. 5.61
	Glose Michaele	1. 8.03 °	M KR	k	10. 6.70
	Hülsmann Christa	1. 8.04	KR D	k	22. 3.73
	Junker Katja	20. 8.04 °	F S	e	14. 9.72

	Maschmeier Annette	5.11.04	D ER	e	11.12.73		Greiwe-Schröder	8. 7.86	M SP k	21. 7.56
	geb. Kreutzer						Waltraud SekIL' (T)			
	Brahmst Stephan	2. 9.05	BI SP		19. 8.68	E	Szünstein Marcel	1. 8.05	CH TC	20. 6.74
	Hinz Christof	1. 8.06	M PH		20. 7.71		Dragoun Nadja	1. 8.05	E S	8. 4.75
	Brüggemann Nina	6. 9.06	EK ER PA	e	22.11.75		Dittmar Erdmuthe	1. 2.06	D KU	
							Georg Gereon	1. 2.06	MU E	9. 8.73
	Fels-Hinterwälder		GE SW		6. 9.51		Kappler Stefan	9. 8.06	E D	27.10.73
	Ulrike (T)						Gerdelmann Dirk	9. 8.06	D GE	22. 4.76
D	Wolf Bernd SekIL	9.12.81	SP BI	e	12. 8.54	F	Nowak Waldemar Ass d. L.		TC PH	14.12.52
	Laurich Norbert	23. 6.86	SP BI				Spohr Ute		F GE	2. 7.61
	Dipl.-SpL SekIL					H	Scheve Peter Dipl.-SpL		SP k	13. 3.46

1.216 Essen-Steele Carl-Humann-Gymnasium gegr. 1854
st. G. f. J. u. M.
Laurentiusweg 20, 45276 Essen – Tel. (02 01) 8 56 89 30, Fax 8 56 89 31
E-Mail: gymnasium@carl-humann.de, Homepage: www.carl-humann.de

Kl: 8/12 Ku: 102/22 Abit: 69 (35)   BR Düsseldorf
L: 49 (A 1, [A$_1$] 1, A$_2$ 4, B 15, C 10, E 7, F 6, H 5)   ASN: 164872
Spr.-Folge: E, F/L, L/F, S   Dez: LRSD Trockel

A	Stuckmann Elmar	4.10.79	F GE	e	20. 3.43		Betting Ulrich	27. 6.83	CH TC k	7. 5.47
A$_1$	(Schloemer Peter StD A$_2$)	22. 6.90 □	M IF		19.10.47		Burre Maria Theresia geb. Hamm (T)	14. 9.83	GE F k	20. 9.53
A$_2$	Siebenborn Elmar Dr. (F)	1. 7.83	L D	k	6. 8.42		Blume Heinrich Dr. (T)	9. 6.86 °	CH k	9. 8.46
	Brockmann Reinhard	1.12.92 °	MU D	k	13. 5.49		Backwinkel Christine geb. Kronjäger (T)	88 °	M PH e	15.11.55
	Wunsch Ronald	1. 2.95	EK D	k	3.11.49		Großlindemann Ulrich	10. 4.89	M PH k	12.11.54
	Fillies Anke (F)	1. 2.98	D PL GE	oB	26. 6.62		Garnjost Petra (T)	01	ER D e	23. 6.68
B	Erwig Klaus	26. 3.79 °	E (M)	k	26.10.44		Winkelmann Olaf	1. 8.07	E EK oB	18. 3.70
	Knierim Theresia	24. 4.84 □	EK M		4. 7.48		König Claudia	1. 8.07	PA SW k	2. 9.77
	Stohldreier Werner	19.10.84	F PL		6. 3.51		Bianco Thomas		M CH k	26. 6.71
	Kohaus Bernd	6.12.85 °	D EK	k	13. 4.49	E	Er Ugur	9. 8.06	M PH oB	20.11.73
	Geschwinder Hans-Gerd Dr.	23.12.85	KR PA	k	27. 1.45		Schwarz Sabine	9. 8.06	S D k	19. 3.74
	Gheno Claudia	1. 1.91 □	GE D		19.12.51		Brandenburg Nina (T)	9. 8.06	D E k	21.10.77
	Floßbach Doris geb. Bongard	1. 1.91	F PA	k	30. 6.53		Tresbach Dirk	19. 2.07 °	L ER k	13. 7.72
	Gradert Susanne	1. 1.91 □	D GE		10.12.52		Bierenfeld Stephanie	19. 2.07	E PA k	21. 8.78
	Stadler Andrea (T)	20. 1.93	F KU KW	e	24. 9.52		Mutafoglu Sibel	1. 8.07	E D msl	4.11.77
							de Greiff Marcus	6. 8.07	EK SW oB	20. 4.75
	Mantel Nikolaus Dr. (V)	18. 2.93 °	L GE		27. 7.54	F	Stach Monika Ass.' d. L.		D PL k	21.12.55
							Schömburg Dietmar		SP BI k	16. 4.58
	Roth Hans-Jürgen	6. 2.96	D KU	k	13. 3.54		Dahmen Thomas		E GE k	8. 8.72
	Beckervordersandforth Katharina (T)	1. 8.07	BI	k	26. 7.48		Golinske Christiana (KU)		EK PA k	14.10.75
	Mellis Mechthild geb. Stevermann (T)	1. 8.07 °	M EK		2. 7.54	H	Hass Annika		M BI	30. 1.78
							Krämer Berth. Dipl.-SpL		SP k	29.10.46
	Imedio-Murillo Eloisa	1. 8.07	BI S	oB	6.10.69		Scheve Hildegard		SP KR k	7.10.48
	Eberhardt Jürgen		EK SW	k	19. 8.49		Bast Klaus Dipl.-SpL	□	SP k	10. 4.49
C	Huerter Heribert	1. 9.81 °	KR GE	k	30.11.53		Klein Heidi		SP	14. 7.53
							Dahlhoff Joachim Pfr.		ER e	25. 8.60

1.217 Essen-Bredeney Goetheschule gegr. 1899
st. G. (5-Tage-Woche) f. J. u. M.
Ruschenstr. 1, 45133 Essen – Tel. (02 01) 8 41 17 13, Fax 8 41 17 26
E-Mail: goetheschule@t-online.de, Homepage: www.goetheschule-essen.de

Kl: 7/13 Ku: 101/16 Sch: 898 (369) (227/419/252) Abit: 85 (34)   BR Düsseldorf
L: 49 (A 1, A$_1$ 1, A$_2$ 3, B 17, C 17, D 2, E 2, F 5, H 1)   ASN: 164781
Spr.-Folge: L/L+E, E/L/F, F, S/I   Dez: LRSD Trockel

A	Bittner Vera	2. 5.90 △	F G	e	26. 5.51	Schroth Gunther	1.12.92	M PH IF k	12. 2.46
A$_1$	Goltsche Patrick M.	2.11.98	PA SW		11. 5.47	
A$_2$	Haucke Ullrich	15. 4.83 °	MU M	e	18. 2.45	

	Popis Inge geb. Diefenthal	26.11.02	° D E	k	12. 1.43	Naujokat Heidi geb. Hümbs (T)	2.10.89	D SW ER	e	2. 5.54
B	Rode Klaus (T)	16. 1.80	EK E	e	23.12.46	Fleckhaus-Porrmann Sylvia geb. Fleckhaus	22. 1.92	BI PA	k	10. 3.54
	Schulte Norbert	29.12.81	BI	k	27. 1.50					
	Fitscher Inge geb. Röttgen	5. 4.84	BI		17.11.49					
	Schmidt Diethard	22. 2.85	SP EK	k	20. 3.48	Kuhmann Handabaka Margarete	14. 3.00	S D	k	29.12.65
	Pfeiffer Stephan	28. 6.93	L GE	k	19.11.46	Abend Martin	1. 8.01	E S	e	22. 5.65
	Schumacher Felix Dr.	1. 3.95	PH M	k	12. 2.47	Boergen Arie	2. 9.02	E GE		19. 5.70
	Pieper Joachim M. A.	1. 5.00	GE F IF	k	30. 9.50	Lietzke Nadine (V)	1. 8.04	° M ER	e	14. 3.74
	Wülfing-Stoll Iris geb. Wülfing	18. 5.01	L F S		27. 2.65	Rosemann Barbara geb. Köhne	3. 7.05	D ER	e	13. 4.71
	Zywietz-Godland Christiane geb. Zywietz	25. 4.02	MU MW E		27.11.55	Handszuj Stephan Dr.	1. 8.05	E GE		27.10.66
						Schmidt Christian	1. 2.07	BI E		27. 1.76
	Erdmann Meike geb. Ettling	18.12.03	E S	e	13. 2.69	Neumann-Schillings Helga		EK WW		14. 2.49
	Klosta Helga geb. Münch (T)	19.12.03	EK M	e	22. 4.54	Paternoga Robert Dr.		M PH		10.10.70
						Deufel Anja geb. Krampe		E CH M	k	3. 3.74
	Gerke Reinhard	30.12.03	SW PA		9.11.51					
	Franke Michael	24. 5.06	D KR	k	23. 7.66	D Peiffer Ursula geb. Baer HSchL'	14. 8.73	M GE KU	e	18. 6.46
	Schmidt Sandra geb. Ahlers	23. 4.07	E M	k	13.10.71					
						Antweiler Ricarda geb. Kampmann SekIL'	9. 1.84	SP EK	k	31. 8.54
	Haas Nicola Dr.	31. 5.07	° M PH	k	10. 1.67					
	Kühl Claudia geb. Svoboda	31. 5.07	F SP		14. 1.73	E Ruhrbruch Jan	9. 8.06	F D		23.11.73
						Schönwitz Marcus Dr.	10. 8.06	MU SP	k	15. 4.76
	Bartsch Michael	21. 6.07	° M SP	e	13. 8.69					
C	Deller Hans-Alois Dr. (L)	11. 8.80	° E F	k	8. 7.46	F Hoffmann Elisabeth		D GE		4. 8.50
						Koppenborg Ingo Dr.		GE KU		28. 8.58
	Conrad Sigrid (T)	19. 8.80	M CH	e	22. 9.51	Hake Ursula geb. Schapertöns		GE L		22. 6.60
	Bergers Ruth geb. Scheidemantel	22. 8.83	L R	e	4.11.51					
						Schnell Susanne		D KU		5.12.61
	Haß Gabriele	4. 5.88	° L F E G	k	15. 7.54	Herdemerten Sven		D GE		18. 2.70
	Kretschmann Brigitte geb. Hühn	26. 8.89	° ER PL	e	1. 5.57	H Grüning Marie-Christine geb. Crouzet		F	k	27. 7.49

1.218 Essen-Borbeck Gymnasium Borbeck gegr. 1901
st. G. m. zweisprachigem dt.-engl. Zug f. J. u. M.
Prinzenstr. 46, 45355 Essen – Tel. (02 01) 6 13 03 30, Fax 6 13 03 31
Dépendance Wüstenhöferstr. 85, Tel. (02 01) 67 48 90, Fax 6 85 29 37
E-Mail: 164859@schule.nrw.de, Homepage: www.gymbo.de

Kl: 7/18 Ku: 116/18 Sch: 979 (359) (214/473/292)   BR Düsseldorf
L: 61 ([A] 1, A$_1$ 1, A$_2$ 4, B 23, C 27, D 1, E 2, F 1)   ASN: **164859**
Spr.-Folge: E, L/F, F/L   Dez: LRSD **Trockel**

A	(Alsleben Ursula StD' A$_2$)	2. 4.03	PL E		20. 8.50	Freyse Annegret	27. 1.93	□ D E		8. 2.54
						Schäfer Dorothee	1. 6.94	° SW M	k	12.12.51
A$_1$	Stadler Jörg	27. 6.05	E GE	e	17. 8.51	Heimeshoff Cornelia	28. 3.95	PA SW		3. 4.52
A$_2$	Weiß Gerd	26. 2.92	SW WW		22.10.45	Blumensaat Volker	28. 3.95	CH BI	e	4. 3.54
						Dannenberg Rainer	28. 3.95	° PL KR	k	4. 8.55
	Filthuth Andreas	9.12.92	E SW	k	27.12.49	Tillenburg-Köttler Beate geb. Tillenburg	10. 2.96	EW BI	k	21. 2.52
	Teutsch Angelika geb. Hinz (F)	20. 5.99	° D F		29.11.50					
						Prause Sabine	10. 2.96	° D KU		10. 6.52
	Müller Stephan	13. 6.00	MU		9.11.55	Leibold-Schuhmann Brigitte	18. 8.02	SP M BI	k	24. 3.54
B	Hüsken Lothar	1. 2.79	° E KR	k	25. 3.45					
	Bramkamp Jürgen	14. 5.79	□ D GE	k	28. 9.44	Barez Gudrun geb. Szepanowski	15. 6.03	BI neuap		26. 2.51
	Geistert Hannelore geb. Breidenbach	2. 6.81	E F	k	7. 8.49					
						Benkert Barbara	26. 7.03	GE PK		2.12.52
	Kinscher Rolf	20. 6.83	° M		30. 9.49	Paashaus Wolfgang	20. 7.04	F SP	e	29. 9.50
	Hendriks Christine geb. Müller-Liebenau	28. 3.85	F KU		2.12.52	Schulz Jutta	20. 7.04	BI EK		27. 5.53
						Veddermann	24. 5.05	E GE		8. 4.66
	Ehlert-Fejér Christine geb. Ehlert	18.12.85	F EK ER	e	28.12.51	Frank Dr.		PL F		
						Neugebauer Ernst-Peter		° EW ER	e	19.10.56

	Name	Date	Subjects		Date
	Krumm Jens-Christoph		D L		1. 7.68
	Müller-von Erdmannsdorff		M PP		
	Reiche Michael		L E		
C	Herforth Klaus	15. 7.79	D EK	e	17. 7.48
	Naujokat Uwe	1. 8.80	E EK	e	16. 6.51
	Kick Walburga	19. 8.80	BI EK	k	7.12.49
	Weber Bernd	19. 8.80	EK SP		6. 2.49
	Südmeyer Volker	4.12.80 °	M ER		28. 9.44
	Deckers-Fabian Gerlinde	19. 8.81	EW F		19. 1.49
	Niclauß Margit geb. Grünich	4.10.81	SW F		25. 8.46
	Schuhmann Ulrich	3. 8.82	EK F	k	2. 3.52
	Marré Werner	4. 9.84	PH Astr		12. 3.48
	Ganady-Hamann Andrea	8. 2.95	ER GE	e	7. 9.56
	Dirmeier Carola geb. Claahsen	18. 2.85	D KU		14. 1.55
	Mevenkamp Klemens	28. 4.86	SP M	k	5. 1.56

	Name	Date	Subjects		Date
	Stein Andrea	26. 2.99	M CH		20. 1.62
	Lipp Florian	9. 1.02	L D		17.11.67
	Wölbern Dierk Oliver	1. 8.02	E MU	e	12. 5.67
	Becker Susanne	1. 8.02	D E		4. 2.69
	Dannert Jörn	1. 8.03	BI MU		19. 8.68
	Ciuraj Helmut	1. 8.06	D GE KR	k	7.12.67
	Marzinzik Frank	1. 8.06	SP D (IF)	neuap	24. 4.70
	Koch Silke	1. 3.07	EK E	e	13. 5.77
	Klever Sonja	3. 7.07	E D		27. 4.77
	Burchard Jutta		E EK		10.12.50
	Ginter Regina		EK SP	k	16. 5.55
	Stüwe Ulrich		° D ER	e	7. 8.55
	Arenfeld Klaus		PH TC		15. 7.60
	Yilmaz Sema		PH M		8. 1.68
D	Emde-Bringenberg Christa Dipl.-Päd.	17. 2.83	KU D	k	24.12.55
E	Rieder Michael	1. 2.06	SP M	k	18. 1.77
	Hasanor Anna	9. 8.06	E F R		31. 7.74
F	Busch-Liefke Susanne	19.12.05	D GE		20. 5.65

1.219 Essen-Altenessen Leibniz-Gymnasium gegr. 1905

st. G. m. zweisprachigem dt.-engl. Zug f. J. u. M.
Stankeitstr. 22, 45326 Essen — Tel. (02 01) 3 69 05 30, Fax 3 69 05 32
E-Mail: leibniz-gymnasium@schule-essen.de
Homepage: www.leibniz-gymnasium-essen.de

BR Düsseldorf
ASN: 164770
Dez: LRSD **Trockel**

L: 67 (A 1, A$_1$ 1, A$_2$ 6, B 20, C 25, E 6, F 1, H 7)
Spr.-Folge: E, L/F, F/L

	Name	Date	Subjects		Date
A	Reimer Manfred	16. 8.93	SW WW		25. 6.46
A$_1$	Böss Rüdiger	28.10.02	E F	k	11. 7.51
A$_2$	Sarlette Burkhard	14. 8.78 °	L GE	k	28. 6.42
	Rütten Wilhelm	24.12.85 °	D EK		10. 8.43
	Hanakam Wolfgang	24. 7.90	M	k	18. 5.51
	Berger Reinhard	1. 8.90	PH IF		21. 6.50
	Maszuhn Werner	22.12.95	E F		9. 6.53
	Schenk-Funke Lisa (T)	28. 5.03	D E		17. 7.52
B	Klapdohr Karlheinz	10.12.77 °	M PH IF		8. 9.42
	Bahr Wilfried	29.12.78 °	M ER IF		29.10.46
	Stiller Peter (T)	23. 4.79 °	E	e	24.11.44
	Kurth Hans-Helmut	1. 2.80	CH		3.12.44
	Mertig Rainer	4. 3.80	E EW EK		8. 2.48
	Kühn Günter	7. 7.81	KU W		7. 8.46
	Sollmann Kurt Dr.	7. 3.83	D GE	oB	19. 4.46
	Thien Roderich	8. 2.84	D EK	e	30.11.49
	Villwock Werner	17.12.85 °	D E	e	9. 9.49
	Schulte-Kappacher Hildburg	30.12.85	E D	oB	7.10.44
	Decker Walter	30.12.85	D SW	k	5. 5.50
	Küster Monika geb. Schiewek	19.11.87	D GE	k	17.10.50
	Lehweß Barbara	7. 1.91 °	F E	e	25. 2.54
	Beyer Harald	18. 3.92	D EK ER		1.12.50
	Thewissen Ute	28. 4.93	D F	k	18. 8.53
	Prangenberg Heinrich	28. 4.93	SP D	k	28.12.51
	Lutz Peter	21.11.94	M MU		21. 9.61
	Wittig Jürgen	1. 8.96	EK GE		4.12.47
	Bestek Friedhelm (T)	1. 8.96	D PL	e	17.11.53
	Uehlecke Dorita geb. Peikert (T)		BI EK	e	1. 3.54
C	Kiem Manfred	8.11.80	SW E ER	e	24. 4.51
	Plicht-Engel Karin geb. Engel (T)	22. 1.82	PH	e	23. 2.51
	Hansen Friedhelm Dr.	7. 7.83	M		8.12.46
	Sadra-Foschepoth Ilona geb. Sadra	18.10.83	F SW	e	13. 3.52
	Greuel Ulrike (T)	26. 9.84	D GE		7. 8.52
	Müller-Vogel Elisabeth geb, Müller (T)	22.10.84	F SW		27. 8.53
	Zillien-Wunsch Elisabeth geb. Zillien (T)	7.11.84 °	D GE	k	10. 8.53
	Brauer Udo	2. 8.92	MU M	e	12. 4.58
	Stockem Monika	18. 8.93	KU M		4.12.56
	Rettenmeier Ulrike (T)	1. 8.94	SP M	k	29. 2.52
	Zurheiden Antje	1. 2.01	ER M		12. 4.72
	Meyer-Pfeil Manuela	8.01	D KR	k	21.12.66
	Paus Susanne (T)	1. 1.02 °	E KR	k	3. 9.61
	van Treel Alexandra	1. 8.02	BI CH	e	10.12.69
	von Manstein Nina (T)	19. 3.03	E GE	k	20. 9.71
	Nieding Thomas	28. 5.03	MU GE F	e	25. 9.59

	Bongartz Friedhelm (T)	25. 9.03	BI KR	k	15. 8.67		Kobusch Beate Dr.	9. 8.06	D L	k	28.11.74
							Weyers Sandra	9. 8.06	PH M		12. 6.75
	Fritz Angela	30. 4.04	L EW	k	4. 1.73	F	Kasper Hartmut Dr.		D PL	k	29. 8.59
	Jentsch Michael Dr.	23. 6.04	M EW		17. 7.71				KR		
	Tienken Christiane	24. 6.05	BI CH		11.12.70	H	Hinz Helmut Dipl.-SpL		SP EK	k	3. 8.43
	Quante Jutta	23. 2.06	BI SP	k	20. 3.74		Krinninger Georgia		KU	k	22. 5.47
	Günther Oliver	24. 5.06	E GE	k	20. 5.72		Callies Ingo		SP		1. 3.48
E	Kimmeskamp Stefan Dr.	6. 9.04	BI SP	k	9. 1.71		Wiegandt Dagmar		SP	e	10.11.51
							Gibson Anke		E		24.12.62
	Bungert Oliver	5. 8.05	E SP	k	25. 8.73		Luxem Martin		BI		6. 1.65
	Strauch Christian	22. 8.05	M PH	k	8. 8.75		Kallenbach Stefan		CH EK		10. 2.74
	Maseizik Stephan	9. 8.06	CH BI		27. 9.67						

1.220 Essen-Werden Gymnasium Werden gegr. 1906 (9. Jh.)
st. G.[1] (5-Tage-Woche) f. J. u. M.
Grafenstr. 9, 45239 Essen – Tel. (02 01) 86 05 78 30, Fax 86 05 78 33
E-Mail: post@gymnasium-essen-werden.de
Homepage: www.gymnasium-essen-werden.de

BR Düsseldorf
L: 77 (A 1, A$_1$ 1, A$_2$ 6, B 21, C 28, D 3, E 9, F 3, H 5) ASN: **164719**
Spr.-Folge: E, L/F, F Dez: LRSD **Trockel**

A	Schönau Felicitas	1. 2.05	D E	k	27.12.55		Radermacher Ellen geb. Görres	30. 8.82 °	F GE	e	22.10.48
A$_1$	Lambertz Hermann	1.11.04	E EK	k	7.11.52
A$_2$	Dücker Georg	6. 1.94	MU D	k	12. 7.49		Lukas Ingeborg geb. Dormann (T)	28. 9.82	D GE	e	24. 9.52
	Hülswitt Karl-H.	3.12.00	M		17.10.46
	Wolf Dagmar (T)	3. 2.03	BI CH		16. 2.56		Wellermann Gabriele	29. 9.82	PA F	k	16. 3.52
	Zander Hans	1.11.04	M	k	13. 2.49
	Albrecht Elke		° M	e	5.10.46		Schmitz Hannel. (T)	2. 8.84	L F	e	13.11.44
	Rundnagel Hans-Jürgen (F)						Jacobs-Neumann Cornelia (T)	4. 9.84	EK PA	k	11. 2.53
B	Fuhrmann Udo (T)	2. 5.78	M PH	k	24. 4.46
	Holsträter Rolf	26. 1.79	SP EK	e	11. 3.44		Kaiser Anne (T)	19. 7.90	MU D	e	3.12.55
	Schnelle Heinrich (T)	1. 2.79	M EK	oB	1.11.45		Jungblut Rainer (T)	6.10.00	SW SP	e	16.10.65
	Baxmeyer Hannelore geb. Heinze	6. 8.79	F D	e	24. 3.44		Ellenbruch Martin	7. 3.01	KU E	k	23. 6.64
							Kolip Sandra (T)	1. 8.02	D E	e	8. 9.70
	Haase Reinhard	12.11.87	WW BI	e	12.10.52		Berg-Rose Nicola (T)	30. 1.04	E D	k	31. 7.68
	von Sperber Yvonne	26.11.90	E SP	e	26. 4.48		Becker Susanne	1. 2.04	EK SP	k	21.12.69
			PS				Purps Carola	12. 3.04	ER D	e	20. 9.73
	Schimke-Kuklik Ingeborg	12. 1.93	D PL	e	27. 6.48		Hermey Markus	1. 8.04	BI SP		5.10.61
							Hörentrup Jens	30.11.04	CH M	e	21.11.73
	Altenhenne Karl	28. 4.93 °	F EK	e	4.10.47		Lambergar Sabine	1. 5.05 °	E I	k	12. 3.71
	Bartels Reinhold	28. 4.93	E PL	k	1. 2.50		Küpper Cornelia		SP M	e	26.11.56
	Przybilla Klaus (V)	5. 2.96 °	BI SP	k	10. 2.55		Weber Annette (T)		KR L	k	28. 1.64
	Borowka Peter-René	8. 2.96	PH SP				Mecking Stephanie (T)		MU		30. 3.66
	Bosset Helga	21. 2.00	E KU	e	6. 2.56		Hermann Oliver		E SP		7. 2.71
	Tekülve Rita	25. 4.02	D EK	k	17. 5.54		Kucki Sven		E SP		2.11.71
	Wintering Mechthild	25. 4.02	D SW				Buchholz Inga		KU CH		13.11.73
	Wiggen Joachim	29. 7.03 °	M EK KR	k	3. 6.53		Stiller Jeannette K.		D E		8. 3.76
							Düser Christina		E BI		16.11.76
	Niemeier Elke (T)	1.12.03	F GE I	e	3. 3.52		Bleckmann Rosemarie (T)		F GE		
	Kampe Hartmut		D GE	e	1. 4.52	D	Reichel Anita VSchL' (T)	1. 2.74	D ER	e	30.11.49
	Schmitz Klaus		CH M	k	23. 8.55
	Schwechheimer Sigrid (T)		MU MW	e	4. 1.58		Hammel Ute SekIL'	29. 4.83	KU TX	k	29. 3.56
	Tebart Ursula		° SP EK				Seysen Franz-Peter SekIL	4. 3.84	BI KR	k	25. 6.52
C	Bermig Eva-Maria geb. Wenderoth (T)	14. 3.78	F GE	e	11. 6.46
						E	Becker Kathrin	1. 8.04	BI E		31. 7.73
	Steinwender-Willing Eva geb. Steinwender (T)	1. 2.81	BI EK	e	10. 5.51		Liehr Florian	1. 2.07	M IF		13.10.76
							Krister Dominik	1. 2.07	E GE	k	11. 2.78
	Kremer Mechthild (T)	22. 4.81	D GE	e	23.12.49		Badiou Claire	1. 8.07	F L		27. 2.76
							Kohnen Marcus		BI CH		21. 9.72
	Rabente Susanne (T)	1. 3.82	E GE	k	11. 2.55		Busse Alexander Dr.		PH PL		26. 8.71
							Ant Christiane		D KR		25. 3.74

Gymnasien Nordrhein – BR Düsseldorf · BR Köln   121

	Brill Karsten		D E	5. 6.74		Kapp Patrizia		SP		2. 7.48
	Gemein Ralf		E KU	27. 5.75		Marin Y Alarcón Rosemarie		SP	k	13. 9.48
F	Blech Ulrich		° PH ER e	24. 3.54		Kan Françoise Michaux		SP		27. 5.55
	Kukuczka Maria		D KR k	4.10.58		Pomp Renate		SP	k	31. 5.59
	Hohenschuh Roland		D GE			Loigge Heinz		SP		15. 8.64
	Ass d. L.									

[1] Tanz als Leistungsfach und 4. Abiturfach

1.221 Essen-Holsterhausen Alfred-Krupp-Schule gegr. 1908
st. G. f. J. u. M.
Margaretenstr. 40, 45144 Essen – Tel. (02 01) 8 56 92 30, Fax 8 56 92 31
E-Mail: 164884@schule.nrw.de, Homepage: www.alfred-krupp-gymnasium.de

Kl: 4/8   Ku: 63/10   Sch: 503 (222) (129/234/140)   Abit: 36 (10)
L: 29 (A 1, A₂ 3, B 10, C 9, D 2, E 3, H 1)   **BR Düsseldorf**
Spr.-Folge: E, F/L, L/F, F/L   ASN: **164884**
                                                               Dez: LRSD **Trockel**

A	Pieper-Gehrloff Barbara	8. 8.96	E EK ER	e	7. 9.51		Mau Helga	11. 8.82	□ D ER	e	25. 9.43
							Franke Alfons	1. 8.83	KU E	k	15. 4.49
A₂	Schütte Michael	1. 1.97	□ PH M	k	30. 6.47		Viehausen Maria geb. Vedder (T)	18. 8.97	D KR	k	9. 4.56
	Hieret-Mackay Inge geb. Mackay[1]	22. 9.03	D E		18. 2.53						
							Janiak Klaus	15. 9.03	M SW		10. 3.73
	Dröse Bernd	11. 7.06	D BI	k	30. 6.54		Rueter Angela (T)		M PH		3. 3.54
B	Schodlok Otmar	11.11.75	M PH	e	21. 6.44		Berger Monika		L MU		11. 8.57
	Modrow Elke	1. 3.95	D F		28. 4.54		Hipler Brigitte (T)				
	Eising Inge (T)	1. 2.96	D KU	e	19. 8.55		Humpich-Röhl (T)		D SW		
	Ladwig Wolfgang	1. 5.97	° D EK	e	6. 8.49	D	Fabisch Petra	10. 1.85	MU KR	k	11.10.56
	Gierdal Ursula	7. 8.04	BI D	k	9. 8.53		Wieschermann Marita (T)		EK GE		
	Telges Kathrin	2. 8.07			21. 1.76	E	Borowski Dr.	22. 8.05	M PH		9. 9.75
	Willmann Wolfgang		E SP		27.11.48		Schmidt Sebastian	1. 2.06	GE SW		21. 7.76
	Urch Berthold		ER MU	e	20.10.59		Glänzel Michael	9. 8.06	EK SP		16.12.73
	Habel Ina geb. Krause		L F		6.10.61	H	Hirt-Jablonowski Nathalie		GE ER	e	
	Vogel Werner		E GE								
C	Hanser Wolfgang	11. 8.81	BI CH		8. 9.48						

[1] kommiss. A¹

1.222 Essen-Bredeney Grashof Gymnasium gegr. 1910
st. G. (5-Tage-Woche) m. zweisprachigem dt.-engl. Zug f. J. u. M.
Grashofstr. 55–57, 45133 Essen – Tel. (02 01) 8 56 90 30, Fax 8 56 90 31
E-Mail: grashof-gymnasium.info@schule.essen.de
Homepage: www.grashof-gymnasium.de

Kl: 6/14   Ku: 118/17   Sch: 850 (403) (197/418/235)   Abit: 71 (32)
L: 53 ([A] 1, A₁ 1, A₂ 5, B 14, C 20, E 3, F 5, H 4)   **BR Düsseldorf**
Spr.-Folge: E, F/L, F/L, S/I   ASN: **164732**
                                                               Dez: LRSD **Trockel**

A	(Rink Matthias StD A₁)	1.11.03	° D SW	k	22.10.53		Meyer Karin geb. Meyer	8.10.81	D F		12. 9.48
A₁	Hebel Ulrike	2. 8.00	I F PA	e	8. 7.61		Volmering Sabine Dr. (T)	1. 4.00	D EK	e	17. 7.46
A₂	Kelterbaum Joachim Dipl.-Math.	26.11.92	° M	e	20. 7.50		Jahnes-Pickartz Elvira (T)	1. 4.00	EK E	e	5.11.54
	Privou Kristine (F)	26.11.92	F GE D		17.12.52						
	Hoffmann Ursula	8.10.02	E F I	k	3. 1.51		Schwermann Irmela	1. 9.02	CH		13. 8.50
	Reddig Barbara	22.11.02	D GE	e	13.10.44		Felden Gertraud	1. 9.02	F S	k	27. 7.53
	Kapteina-Frank Cornelia (V)	1.10.04	° BI CH		18. 7.53		Kamin-Gall Barbara (T)	1. 9.02	M SW	k	22.11.53
B	Schrübbers Monika	1. 1.80	D KR	k	14. 4.46		Bielefeldt Ulrike (T)	15.12.03	D SW		23. 4.53
	Achenbach Ulrike (T)	1. 2.80	° D GE	k	18. 1.49		Klauwer Heinz	2.12.04	E KU	k	8. 1.54
	Mohr Klaus	18. 8.81	BI EK	e	19.10.47		Mecklenbeck Sabine	2.12.04	KU BI		10.10.61
							Ellwanger Holger	1. 8.06	D MU		18. 2.70

Gymnasien Nordrhein – BR Düsseldorf · BR Köln

	Roth Andreas	28. 2.07	E GE		21. 8.67		Backes Elisabeth (T)	1. 8.05		k	5. 8.70
C	Lohmann Kornelia	1. 3.81	E F	e	11. 4.53		Memedoski Emin	1. 8.05	E GE		11. 7.73
	Nellessen Dagmar geb. Endemann (T)	17. 9.82	L F		24. 8.51		Mai Petra	1. 8.05	D E		22. 8.67
							Pieper Alexander	1. 8.05	D SP		3. 8.74
	Schaffrodt Dirk	1. 8.83	M PH	m	3. 5.53		Minzenbach-Stief Judith	1. 8.06	L KR GE S	k	11.10.77
	Haas Friedhelm	4. 9.83	D PL	e	19.11.52						
	Rixfähren Uwe	15.10.84	E EK	e	19. 2.51		Grömling Thomas	22. 8.07	F SW		5. 6.73
	Merkel Regina	14. 4.85	L F		23. 2.55	E	Richter Christian	1. 2.05	E SW		19. 4.71
	Sadrinna Christa (T)	30.11.85	PH EK		25.12.55		Granath Claudia	16. 9.05	M ER	e	9. 4.75
	Rasmus Hillen geb. Bohlmann (T)	28. 6.01	E SW		3. 3.68		Thunig Elisabeth		M PA		18.11.70
						F	Jahnke Elisabeth geb. Seher		M PA		8.11.50
	Lohmann Christine (T)	28. 8.01	D MU	k	8.12.68		Brauer Ursula		BI CH		9. 8.54
	Jerosch Daniel	1. 2.04	L ER		17. 1.72		Lehmann Dorothea		M PH	k	30.10.56
	Fritsche Andreas	1. 8.04	M PH		26. 3.66		Hiegemann Monika Dr.		BI CH		10.12.57
	Dietel Susann (T)		D MU	e	18. 9.61		Pohl Anneliese		I GE		6. 8.63
	Barth Susanne Dr. geb. Rautenberg	3. 9.04	D L	e	18. 6.58	H	Brückner Barbara GymnL'		SP TX	k	12. 2.48
							Graen Eckhard Dipl.-SpL	° SP		e	10. 8.50
	Leukefeld Sonja geb. Schminke	8.10.04	BI PL SP		6. 4.73		Trapski Eva-Maria GymnL'		SP	k	4. 7.53
							Künne Sabine		D KU		9. 4.57

1.223 Essen Viktoriaschule gegr. 1912
st. G. f. J. u. M.
Kurfürstenplatz 1, 45138 Essen – Tel. (02 01) 8 56 91 30, Fax 8 56 91 31
E-Mail: viktoria@viktoriaschule-essen.de, Homepage: www.viktoriaschule-essen.de

Kl: 5/13   Ku: 119/21   Sch: 791 (448) (144/321/326)   Abit: 55 (26)
L: 48 (A 1, A$_1$ 1, A$_2$ 7, B 19, C 15, D 2, F 1, H 2)
Spr.-Folge: L/E, L/E/F, L/E/F/S

BR Düsseldorf
ASN: **164720**
Dez: LRSD **Trockel**

A	Schippmann Hans	1. 5.89	° D GE	k	24. 8.47		Michel-Mentzel Gudrun geb. Michel (T)	6. 3.07	BI CH		10. 8.57
A$_1$	Bach Rüdiger	1. 2.05	° KU KW	e	16. 6.49						
A$_2$	Damm Monika	23.12.85	° MU F	k	6. 8.47		Cichon Angela	3. 8.07	D TX		7. 3.55
	Lammert Egon	30. 5.90	PH M	e	21. 8.48		Haase Marco	11. 9.07	M ER	e	21. 2.67
	Goldkuhle Josef (Vw) (V)	8. 1.92	° M (EK)	k	20. 7.47		Frieling Jürgen		D E	k	9. 5.47
						C	Hensel-Voßkamp Ute geb. Voßkamp (T)	25.10.82	M E	e	21. 6.49
	Friese Maria geb. Kleinhietpaß	8.12.92	D KR	k	10. 4.47						
	Twittmann Hans	11.12.92	PL D	e	14. 3.52		Blettgen Gabriele geb. Heinze	1. 2.80	EK PA (ER)	e	1. 2.50
	Hansknecht Alfred	28. 3.95	° F EK S		7. 9.50		Pontius Willi	10. 3.80	° PH M	k	2.11.49
	Armbruster Heidrun geb. Wycisk	30. 1.97	SP EK M		1. 9.45		Colle Jutta geb. Schomberg (T)	11. 8.80	M PH	e	23. 9.47
B	Müller Wolfgang Dr.	29. 6.82	GE E	e	21.1.48		Podacker Günter	26. 6.82	BI	e	5. 2.48
	Haler Regina	31. 8.84	E F		27. 6.48		Hammacher Doris geb. Pley (T)	11.11.82	D SW	k	31.12.52
	Tomaszewski Gerd	29. 9.84	° E SP	k	5. 3.53						
	Kusenberg Angelika geb. Knauber	1.10.89	D GE	k	10. 4.53		Klingler Arno	18.10.83	E EW		21.12.51
							Schütz-Frericks Mechthild geb. Bruck	30. 4.84	KU SW	e	13. 6.49
	Witte Bärbel (T)	89	E EK	k	4. 1.56						
	Hockamp Annegret geb. Spitmann	4.12.90	BI CH	k	25. 4.52		Freihold Ursula geb. Hartzmann	4. 9.84	D EK		24. 5.51
	Pütz Klaus-Dieter	21. 1.91	° PL MU	k	16.10.53		Wittkamp Günter	1. 8.86	M PH		24.10.49
	Buchholz Astrid geb. Lambertz	28.12.92	° D KU	k	14. 5.56		Meykadeh Axel	1. 8.99	° L G CH		17. 3.66
							Kamper Rodrigues Eva Maria	22. 8.05	S SP	k	4.12.74
	Steinhausen Karin	17. 2.93	E EK	k	18.11.51						
	Hybel Rainer	28. 3.95	° D SP	k	8. 2.51		Holtz Britta	1. 8.06	F D	e	13.10.68
	Schwachenwalde Gunter	12. 2.96	SW WW	e	21. 2.52		Tenberge Sarah	1. 2.07	L KR G	k	14. 2.78
							Priese Hannelore Dr.		CH BI		10. 8.48
	Mielke Christian	12. 2.96	D SW		17. 6.53	D	Budde Edgar SekIL	4. 3.83	SP GE	k	10. 7.55
	Okon Michael	3. 3.97	° F M (IF)		20. 7.54		Rixfähren Jutta geb. Lippke SekIL'	8. 6.83	E BI	e	13. 2.50
	Fabisch Norbert	1.12.04	GE KR		29. 5.56						
	Wilmes-Siebert Martha	1. 8.06	D SW KU	k	13. 5.51	F	Wowereit Winfried		ER GE	e	29. 3.52
						H	Tiemann Mechthild		SP	efk	3. 5.48
							Leuschner Gerhard Dipl.-SpL		SP	k	17. 4.55

1.224 Essen-Rüttenscheid Maria-Wächtler-Gymnasium gegr. 1937 (1897)

st. G. (5-Tage-Woche) m. zweisprachigem dt.-engl. Zug f. J. u. M.
Rosastr. 75, 45130 Essen – Tel. (02 01) 86 06 95 30, Fax 86 06 95 31
E-Mail: maria-waechtler-gymnasium.info@schule.essen.de
Homepage: www.mwschule.de

Kl: 10/20 Ku: 152/23 Sch: 1184 (642) (304/558/322) Abit: 65 (40)
L: 67 (A 1, A_1 1, A_2 7, B 16, C 28, D 1, E 12)
Spr.-Folge: E, L/F, F/L, S

BR Düsseldorf
ASN: **164811**
Dez: LRSD **Trockel**

A	Prinz Elmar		D SP	oB	7. 1.52	
A_1	Wilting Klaus		° M PH		31. 8.54	
A_2	Stolze Helmut Dr. (F)	24.11.79	° F S	e	3. 9.43	
	Becker Klaus (F)	1. 2.80	° D EK	k	27. 7.46	
	Jankowski Franz	1. 7.83	F S		20.10.45	
	Rischke Dimo-Michael	16.10.92	° E EK	k	9. 5.47	
	Mielchen-Woköck Christiane	19. 1.94	CH BI		19. 2.55	
	Weitz Joachim	14.12.95	° EK F	k	1. 1.50	
	Mayk Ude (F)		D SP	k	20. 8.47	
B	Aldejohann Annegret (T)	1. 8.80	° M BI IF		19. 4.48	
	Baumanns Werner	30. 6.81	M	e	8.11.46	
	Engelhardt Christof	12. 5.82	KU D	e	24. 4.49	
	Petter Bernd-Ludwig	31. 8.84	SP EK	e	25. 6.47	
	Pippow Gertraud geb. Pfluger (T)	2.88	° PL D PA	e	13. 5.45	
	May Gabriele	27. 9.89	SW HW		3.10.47	
	Wemßen Johannes	27. 9.89	PL M		22. 4.52	
	Brandau Sabine	29. 4.93	E BI		17. 1.54	
	Burre Eckhard	12. 2.96	° SW E	e	6.11.52	
	Apold Johannes	27. 2.96	KR GE	k	5. 5.52	
	Simanowsky Ursula	30. 6.97	M IF			
	Kirsten Renate geb. Müller	1.10.04	BI EK		2. 6.54	
	Hermanns Susanne	1.10.04	E S	k	4.11.54	
	Stienissen Gerhard		° F MU		12. 8.46	
	Bär-Bellermann Eva-Maria (T)		D E	k	21.11.46	
	Loosen-Frieling Iris		D PK SW		20. 5.50	
C	Fuhrmann Adelheid geb. Korth	1. 2.80	ER SW	e	25. 6.47	
	Plicht Horst	6. 5.80	° PH	e	12. 6.50	
	Ollenik Ursula geb. Aymanns (T)	4.12.80	D PA	k	11. 5.50	
	Flaskühler Ingeborg geb. Sperber	27. 4.81	E GE	e	8. 3.54	
	Witsch Sonja	6. 8.81	M		18. 5.50	
	Giese Michael	28.10.81	KR D	k	17. 2.44	
	Weiß Michael	1. 8.83	SP F	k	7. 6.51	
	Rohling-Töpper Ellen geb. Rohling (T)	14.12.83	E GE (MU)	e	8.11.53	
	Peters Klaus	13. 8.84	KU KW		21. 7.53	
	Olleschik Liane	1. 8.88	F PL MU		21.10.53	
	Zaschke Benjamin	1. 9.02	° MU BI		13. 7.66	
	Ueberholz Markus	1. 8.04	° D SP	k	20. 4.68	
	Bienk Alice	9. 8.06	D F	e	30.10.70	
	Koppitsch Christiane geb. Stadler		SP KU ER	e	3. 2.47	
	Peters Annegret		SP EK		9. 5.49	
	Schulze-Springer Marie-Luise (T)		E EK		23. 5.49	
	Bischoff Adelheid (T)		° E D		6.10.53	
	Bruß Uwe		BI ER	e	8. 4.60	
	Winking Ingrid (T)		E BI		26. 6.62	
	Hochgürtel Peter		L KR	k	3. 3.66	
	Leydel Andreas		M CH	oB	14. 7.70	
	Schormann Rainer		PH M IF			
E	Lotz Andrea	1. 8.04	D E	efk	15.11.67	
	Baackmann Angela	1. 8.04	D KR	k	12. 7.72	
	Peters Oliver	1. 8.05	BI SP	k	6. 8.73	
	Wickboldt Jessica	1. 8.05	D CH	k	17.11.78	
	Hülsken Martina	3. 4.06	E M	k		
	Redenius Nils-Henje Dr.	9. 8.06	E SP		3. 1.75	
	Rottenecker Susanne	9. 8.06	L KR	k		
	Vogt Nadja	16. 8.06	S SW	k		
	Storcks Ursula		E EK	k		

1.225 Essen UNESCO-Schule gegr. 1964

st. Aufbau-G. f. J. u. M.
Steinmetzstr. 9, 45139 Essen – Tel. (02 01) 2 80 26 30, Fax 2 80 26 31
E-Mail: 164835@schule.nrw.de, Homepage: www.unesco-schule-essen.de

Kl: –/8 Ku: 154/24 Sch: 527 (281) (–/156/371) Abit: 59 (32)
L: 39 (A 1, A_1 1, A_2 3, B 13, C 18, D 1, H 2)
Spr.-Folge: –, E, L, F/L

BR Düsseldorf
ASN: **164835**
Dez: LRSD **Trockel**

A	Kleine-Möllhoff Norbert	12. 6.01	° GE KR PK	k	17. 2.49	
A_1	Radzuweit Jürgen	13. 7.87	PH M	e	2.12.47	
A_2	Papies Rudolf	26. 2.92	° PA M	k	19.10.52	
	Emde Reimund Dr.	22.12.94	□ SW WW	k	31. 7.46	
	Coenradie Jürgen	12. 6.02	M EK		20. 7.54	
B	Pförtner Helmut	20.10.80	D GE	k	3. 7.49	
	Kötter Hildegard geb. Fuest (T)	27. 6.81	F EK	k	9. 2.49	
	Jagdmann Christoph	28. 3.85	BI	e	9. 9.47	
	Kassenböhmer Heinz	1.12.90	° F MU	k	4. 5.48	
	Neumann Claudia	27. 2.93	M	e	7. 9.51	
	Lottko Martin	1. 2.96	M GE	k	20.12.55	
	Günther Klaudia geb. Hirnstein (T)	25. 1.00	E F	k	3. 9.53	
	Becker Sigrid	22. 5.02	□ D SW		9. 2.51	
	Derksen Edith (T)	1. 8.03	□ D BI		19. 8.50	
	Ullenboom Volker	14.12.04	□ KU BI			
	Ruthmann Birte	25. 5.07	E ER	e	14. 3.66	

Gymnasien Nordrhein – BR Düsseldorf · BR Köln

	Name	Datum 1	Fach 1		Datum 2
	Linden Carmen	25. 5.07	E D		23.12.73
	Gräf Annette (T)		D PA		11. 6.47
C	Lethaus Werner	22. 8.79	E EK	e	17. 7.47
	Stephan Christoph	27. 4.81	CH	k	23. 5.51
	Schlupkothen Klaus	2.11.81	ᐱ PL KR	k	8. 6.48
	Stange Martha	1. 8.82	L D	k	4. 9.47
	Giltz-Leitgen Edith (T)	5.12.87	D SW	k	5. 8.52
	Haas Sabine (T)	1. 9.93	BI KU		13. 3.62
	Höh Beate (T)	1. 1.02 °	D BI	k	22. 6.64
	Bernat Torsten	13. 2.04	M SP		22. 5.70
	Guse-Becker Kerstin Dr.	6. 3.06	CH PH	k	7. 9.66

	Name	Datum 1	Fach		Datum 2
	Mische Sandra	6. 9.06	E PA	k	5. 8.73
	Lichtenstein Silvia	19. 3.07	ᐱ E PL	k	14. 7.76
	Schulte Lisa	9. 6.07 °	E SP	k	13. 8.76
	Kirstein Klaus-Peter Dr.	22. 8.07	GE ER	e	26. 8.65
	Sauer Thomas	19. 9.07	GE EK		29. 4.74
	Frondziak Brigitte		GE PA		18.12.46
	Majert Ulrike		D SP		1.11.59
	Scheding Sven		E SP		16.12.69
D	Veitisch Jürgen SekIL	31. 8.81	ᐱ D KU		27. 2.53
H	Kaiser Regine geb. Gräfer		ᐱ D	e	20. 7.45
	Löhrmann Christoph		ᐱ L SP	k	2.11.60

1.226 Essen-Borbeck Mädchengymnasium gegr. 1965

st. G. (5-Tage-Woche) f. M.
Fürstäbtissinstr. 52–54, 45355 Essen – Tel. (02 01) 6 85 02 30, Fax 6 85 02 31
E-Mail: maedchengymnasium-borbeck.info@schule.essen.de
Homepage: www.mgb.essen.de

Kl: 7/11 Ku: 82/14 Sch: 721 (721) (206/314/201) Abit: 60 (60) BR Düsseldorf
L: 41 (A 1, [A$_1$] 1, A$_2$ 4, B 12, C 11, D 1, E 4, H 7) ASN: 164744
Spr.-Folge: E, F/L, F/L/R, F Dez: LRSD Trockel

	Name	Datum 1	Fach		Datum 2
A	Gemein Elisabeth	1. 8.02	D PA	k	4. 5.46
A$_1$	(Kurda Joachim OStR)	1.10.04 °	M PH	e	28. 2.64
A$_2$	Portner Ute (F)	22. 2.80 °	M CH	e	9.12.45
	Beckmann Harald (Vw)	22.10.81	GE EK	e	7. 6.44
	Koenigs Marie-Luise	1. 10.03	BI HW	k	26. 6.51
	Nixdorf Bärbel (F)	1. 8.07	BI GE		19. 4.55
B	Geistert Wolf-D.	1. 2.80	CH PA	k	16. 3.48
	Schött Harald	29. 2.80	D F	k	30. 5.49
	Twiehaus Monika (T)	7. 8.81	MU M		17. 9.50
	Kottenhoff Margarete Dr.	1. 2.85 °	GE F		17. 8.49
	Slomka Ursula	3.12.90	KU KW		28.12.50
	Depping Heinz	29. 5.98	D EW	e	7. 8.50
	Schlotte Astrid geb. Upphoff (T)	31. 7.98 °	SP E	e	5.12.51
	Altenhoff-Röhl Bettina	14. 2.00	E F		3. 4.64
	Weber Ute geb. Fischer	15. 7.02	EK E		27. 7.52
	Bräunig Guido	24. 5.06	MU E	k	19. 2.66
	Rüken-Hennes Gabriele	1. 8.07	D SW	e	22. 2.68
	Poppek Klaus-Dieter		M		19.11.48
C	Steffen Monika geb. Kurig (T)	30. 1.80	M		26. 2.49
	Sack Wolf-Dieter	1. 3.81	BI EK	e	26. 9.47
	Borrmann-Heimannsberg Gisela (T)	20. 3.81	F R		3. 3.51

	Name	Datum 1	Fach		Datum 2
	Vorgerd-Schachner Kordula geb. Vorgerd (T)	27.10.82	SP SW	k	29.10.52
	von der Eltz Wilhelm	1. 8.83	EK SW EW	e	5. 5.52
	Schnettler-Dietrich Beate Susanne	18. 9.97	ER PL	e	8. 8.56
	Schwarz Andreas Dr.	8. 8.00	KU E		11.12.63
	Gäbel Adelheid-Charlotte	24. 5.01	E ER	e	7.11.69
	Danilieva Sylvia (T)	14. 3.05	R E		29. 4.71
	Schrammen Silva Elisa	5. 1.07	F BI	k	3. 2.78
	Kotzur Tobias	1. 8.07	E L	k	30. 4.74
D	Visse Rita geb. Engels SekIL'	4. 6.83	D EK	e	2. 8.55
E	Brick Martina Dr.	1. 2.06	BI CH		8.12.63
	Heix Daniela	10. 8.06	F MU	k	12. 8.77
	Breitgraf Sabine Bianca	1. 2.07	D GE KR	k	27. 2.75
	Schwenk Tanja (T)	1. 8.07	D KR	k	30.10.75
H	Sporleder Iris Dipl.-SpL'		SP		22. 9.50
	Schwarz Dietmar Dipl.-SpL		SP		21. 6.54
	Dautzenberg Martin Dipl.-Theol.		KR	k	17. 9.61
	Sentürk Orhan		E EK SP		31.12.75
	Tomczyk Alexandra		BI E	k	13. 2.77
	Koch Muriel		F GE	k	3.11.79
	Hanauska Valerie		E MU	k	2. 2.81

1.228 Essen-Borbeck Don-Bosco-Gymnasium gegr. 1966

pr. G. (5-Tage-Woche) f. J. u. M.[1] d. Dt. Provinz d. Salesianer Don Boscos, München
Theodor-Hartz-Str. 15, 45355 Essen – Tel. (02 01) 6 85 03 43, Fax 6 85 03 66
E-Mail: schulverwaltung@dbgessen.de, Homepage: dbgessen.de

Kl: 6/12 Ku: 165/26 Sch: 999 (438) (203/399/397) Abit: 105 (24) BR Düsseldorf
L: 57 (A 1, A$_1$ 1, A$_2$ 8, B 19, C 13, D 2, E 1, F 10, H 2) ASN: 164896
Spr.-Folge: E, L/F, F/L, F Dez: LRSD Trockel

	Name	Datum 1	Fach		Datum 2
A	Jäger Hildegard	1. 8.02	E PA GE	k	6. 5.52
A$_1$	Sommer Winfried	1. 8.96 °	EK KR	k	13. 7.49
A$_2$	Marschall Hartwig	30. 7.90	M	e	1. 4.45

	Rump Wolfgang	1.10.91	D PA Soz	k	4.11.48		Weller Ute	1. 8.00	E F k	16. 8.64
	Hollmann Klaus	1. 9.97	GE SW	k	15. 1.51		Klein-Bösing Heike	1. 2.02	F SP k	2. 4.71
	Dahmen Michael	1.10.98 °	KR L	k	31. 7.56		Gronenberg Maria	1. 3.02	M PH k	26. 1.65
	van Megern Claus	1.11.98 °	M PH	k	9.12.47		Kreilos Jutta	1. 2.04 °	KR BI k	10.10.73
	Leibold Georg	1. 8.00	EK SP S	k	31. 7.55		Gora Sabine	1. 7.04	SP PA e	8. 8.68
							Ketz Andrea	1. 7.05 °	E KR k	10. 9.72
	Hengst Georg	1. 6.03	MU E	k	31. 7.58		Erdmann Astrid	1. 3.06	D KR k	17. 1.73
	Theren Gregor	15.12.06	CH BI	k	9. 7.51		Berger Katleen	1. 3.06	GE BI PH e	22. 6.74
B	Sonntag Wolfgang	1. 8.81	L EK	k	12. 5.49					
	Cloidt Ewald	1. 2.85	EK F	k	15. 3.48		Berresheim Marc	1. 7.06	M PA k	12. 4.75
	Gerstenberger Brigitte geb. Heinz	1. 8.85	M CH	k	30. 1.53		Schmidt Joachim	1. 8.07	M PH k	16. 1.73
							Egbert Thomas	1. 8.07	D SP k	25. 8.76
	Müller Uwe	4.11.86	GE SP L	k	12.11.49		Schulte Hemming Annette		E EK	15.12.59
	Pohlhaus Knut	1. 4.87	D SW	k	7. 5.52	D	von der Gathen Gregor SekIL	1. 2.92	SP KU k	2. 4.57
	Kemmerich Petra	18.10.89	EK BI	k	27. 9.54		Meuers Michael SekIL	1.10.92	KR MU k	29. 9.58
	Schmidt Paul	8.11.89	M KR	k	13. 8.49					
	Fleck Bernhard	1. 5.93	D KU	k	7. 6.44	E	Rumpenhorst Christiane		E KR k	27. 1.70
	Fehrholz Friedrich	1. 1.94	D KU	k	19. 9.53					
	Möllmanns Jürgen (T)	1. 1.94	PH CH	k	3. 6.50	F	Stübben Joachim Ass d. L.		D E L k	17. 3.53
	Steinhardt Axel	1. 3.96	D SP	k	11.12.51					
	Bastuck Josef	18.11.98	MU KR	k	29. 3.53		Wittek Beate Ass' d. L.		E GE e	19. 4.55
	Veldscholten Wolfgang	1. 8.01	M PH	k	7. 6.56		Beck Michael Dr.		PH PA k EK	22. 8.58
	Meise-von Ambüren Martin	1. 6.02	GE D	k	14. 9.55		Mauve-Golinja Birgit		D EK k	30. 8.60
							Schröder Susanne Dr.		F CH k	7. 2.61
	Hohmann Marlene geb. Kohnen	1. 7.04	M BI	k	9.10.56		Ostermann Thorsten		D M k	19. 5.68
							Götte André		PA SW k PK	30. 3.71
	Schrepper Georg	1. 7.04	GE SP	k	16. 4.66					
	von Przewoski Wolfgang	1. 7.05 °	EK BI	k	13. 5.57		Bourakkadi Karim		PA SW	30. 3.73
							Dreier Matthias		BI SP k	20. 8.76
	Bourdoux Jochen	1.11.05	ER GE	e	13. 1.59		Castle Chris		E	16. 6.77
	Niemczyk Ralf Dieter	1. 9.07	KR SW	k	31. 1.61	H	Hill Peter		E e	16. 8.50
C	Ludwig Achim	1. 8.95	SP GE	k	15. 8.60		Craemer Angelika		M BI k	27. 6.53

[1] Koedukation seit 1. 8. 99

1.229 Essen-Stoppenberg Gymnasium am Stoppenberg gegr. 1966
pr. G. in Ganztagsform (5-Tage-Woche) f. J. u. M. d. Bistums Essen
Im Mühlenbruch 51, 45141 Essen — Tel. (02 01) 8 31 00-3, Fax 32 14 32
E-Mail: gymstoppenberg@gas.e.nw.schule.de
Homepage: www.gymnasium-am-stoppenberg.de

Kl: 6/12   Ku: 145/20   Sch: 829 (441) (189/343/297)   Abit: 89 (50)
L: 51 (A 1, A_1 1, A_2 8, B 22, C 6, D 1, E 5, F 3, H 4)
Spr.-Folge: E, L/F, F/L

BR Düsseldorf
ASN: **164793**
Dez: LRSD **Ottersbach**

A	Bleck Heinz-Otto	1. 8.93	M SP	k	21. 9.44	Jennes Rudolf	9. 9.85	M PH k	10. 4.54
A_1	Meier Karl-Heinz	1. 8.00	BI SP D	k	21. 4.55	Dolny Reinhold	1. 8.93	MU D k	5. 2.52
A_2	Klein Heinz-Werner	1.12.96	M EK	k	18.10.48	Hogrebe Rainer Franz	1. 8.93 °	D SW EK	13.11.54
	Planert Irmgard	1.12.97	M IF EK	k	23. 8.50	Hardelauf Hans-Jürgen Dr.	1.12.94	BI CH k	20.11.56
	Schleiffer Hans-Bernd	1. 8.98	M PH	k	2. 3.52	Greitemeier Gabriele (T)	1.12.96	E KU k	29. 2.52
	Berger Annegret	1.10.99	E D	k	7.10.55	Trost Cornelia	1.12.96	E SP k	25. 5.56
	Feuser Harald	1.11.01	D L	k	6. 5.60	Bauer Georg	1.12.96 °	BI CH k	17. 5.51
	Thiesbrummel Norbert	1.11.02 °	E EK	k	16. 6.59	Book Rainer	1.10.98 °	E EK KR	1. 5.51
	Bungarten-Kavermann Thomas	1. 9.03	KU D	k	3.11.58	Kemmerling Hans Josef	1.10.98	M EK k	31. 1.60
	Krumscheid Ulrike	1. 9.03	E F	k	27.10.53				
B	Petermeyer Gerd Dr.	1. 1.85	KU EK	k	10. 7.51	Brune Monika geb. Spork (T)	1.10.99 °	L E k	10. 9.60
	Buckemüller Wolfg.	5. 8.85	SP SW	k	21. 9.53				

Gymnasien Nordrhein – BR Düsseldorf · BR Köln

	Name	Datum 1	Fächer		Datum 2
	Becker Marcus	1.10.99	M PH	k	7.11.59
	Wessling Viktor	1.11.04	KR GE PL L	k	18. 3.60
	Brzoska Wolfgang	1. 8.05	E GE	k	18.10.61
	Huber Gereon	1. 8.05	L GE	k	27.11.61
	Dreckmann Andreas	1. 8.05	D GE	k	30. 3.64
	Baumgarten Dirk	7. 8.05		k	1.12.68
	Krösmann Christiane	1.10.06	D KR	k	18.12.60
	Guntermann Jörn	1.10.06	PH KR	k	5. 5.62
	Nolte Christine	1.10.06	MU D	k	21.11.64
	Jelich Meinolf				
C	Czernek Renate	22. 8.80	D EK	k	1. 8.49
	Müllender Wolfgang	1. 8.95	M CH	k	18.11.59
	Woznik Claus-Peter	1. 8.95 °	MU KR	k	9. 2.59
	Bonsen Susanne	98	D SP	k	15. 9.63
	Daun Matthias	1. 8.02 °	F GE	k	12. 5.71

	Name	Datum 1	Fächer		Datum 2
	Forch Martin	1. 8.03	E GE	k	5.12.72
D	Kessler Peter SpL		SP	k	19. 4.47
E	Dörre Martina	7. 7.05	M MU	k	8. 8.77
	Tanzer Uta-Maria	26. 6.06	F GE	k	23. 8.74
	Koch Daniel	26. 6.06	IF SW	k	15. 7.75
	Kemper Kathrin	26. 6.06	D E	k	28. 6.77
	Ciecior Andreas	1. 2.07 °	BI D	k	29. 5.79
F	Lohaus Hermann Gymnasialpfr.		° KR PL	k	15. 2.46
	Dahmen Gabriele		L GE	k	8. 2.60
	Klüber Christoph		EK SP	k	21. 2.61
H	Gerrard Michael		E	e	18. 1.50
	Sirsch Wolfgang		W	k	20. 9.54
	Gemlau Andreas		W	k	31. 1.61
	Klipper-Joura Silke Katharina		TX	k	10.11.63

1.230 Essen Gymnasium Essen Nord-Ost gegr. 1968
st. G. in Ganztagsform (5-Tage-Woche) f. J. u. M.
Katzenbruchstr. 79, 45141 Essen – Tel. (02 01) 8 32 15 30, Fax 8 32 15 31
E-Mail: geno.essen@t-online.de, Homepage: www.nord-ost-gymnasium.de

Kl: 8/16 Ku: 158/21 Sch: 979 (504) (208/443/328) Abit: 82 (41)
L: 65 ([A] 1, A$_2$ 3, B 20, C 24, D 6, E 9, H 2)
Spr.-Folge: E, L/F, F, S

BR Düsseldorf
ASN: **164847**
Dez: LRSD Trockel

	Name	Datum 1	Fächer		Datum 2
A	(Brennholt Udo StD A$_2$)	15.12.04 °	M SP IF	e	10.12.59
A$_2$	Kemper Reimund	21.12.95 °	EK D	k	4. 7.48
	Nieswandt Wilfried	1. 2.97 °	D PL	e	19. 4.51
	Vaut Wilfried	15. 6.07 °	CH PA	k	21. 8.48
B	Kluth Petra geb. Schöneweiß	30. 6.78 °	M EK		4. 9.47
	Burkert Renate	9. 1.79 °	CH M	e	1. 4.44
	Herker Gerhard	16. 1.80 °	F GE	k	17. 3.49
	Thoennissen Norbert	17. 9.80 °	GE L	k	15.10.44
	Diergardt Werner	29. 6.81 °	M PH	efk	10. 5.49
	Scholz Brigitte	1. 8.81	E KU	e	5. 4.48
	Niesenhaus Berthold	4. 1.82	F GE	e	29. 7.49
	Wegner Wolfgang	7. 1.82 °	SP PA E		23.10.48
	Thoennissen Gabriele geb. Soddemann	30.12.85	GE F	k	8.10.50
	Albrecht Klaus	1. 2.96 °	MU F	e	25. 1.54
D	Domrös-Henscheid Roswitha geb. Domrös	1. 5.98 °	F D	e	20. 1.53
	Ewers Joachim	23.12.99	BI SW	k	3.10.49
	Heinrichsen Paul	11. 7.03 °	M E IF	oB	12. 6.48
	Jenderek Irene geb. Tenbieg	23.12.04	BI CH	k	22. 9.55
	Koball Michael Dr.	1. 6.07	E MU		27. 6.65
	Reimann Jutta	1. 6.07	BI M		21. 8.66
	Meier Gerhard		BI	oB	18.12.47
	Imberg Wolfgang		BI SP		13.10.50
	Weber Paul-Gerhard		SW EK		2. 4.59
C	Helf Margrit	80	E R	k	17. 1.51
	Diederichs Sigrid geb. Schröer	29.10.83	GE SP	k	20. 1 54
	Wolf Mechthild	4. 9.84	Soz PA	k	12.11.53
	Beirau-Müller Susanne	18. 9.84 °	E GE	e	9. 3.54
	Kreuzburg Birgit	19.11.84	E PL	e	26. 7.51
	Limbeck Margret	13.12.88	KU SW	k	27. 7.52
	Jostes Andreas	2. 8.99 °		k	30.12.69

	Name	Datum 1	Fächer		Datum 2
	Amedick Christoph	2. 1.01	L E	k	21. 7.65
	Müller Melanie	8. 8.02	BI D SP		4. 1.73
	Ginkel Pamela	18. 8.03			7. 8.71
	Benninghoven Ulrike	7. 6.04	PH SP		7. 2.68
	Auer Holger	15. 9.04	PH SP		31.12.69
	Frehmann Silja geb. Umann	18. 9.04	D ER	e	15. 5.75
	Teuchert Sabine	3. 4.06	D ER		30. 4.68
	Pohlmann Bettina	3. 4.06	E D PA	k	5. 4.74
	Döker Kai	6. 6.06 °		e	5. 1.68
	Rodeck Patrick	6. 6.06	M SP		17. 7.76
	Bothe Silke	1. 8.06	F BI	k	19. 9.67
	Hennig-Hasselmann Ursula		E S	k	29.10.58
	Bösing Andreas		BI EK	k	25. 9.73
	Heintze Volker		M PH		8. 1.75
	Gietmann Birgit		° M L		
	Gül Muhammet		SW T		
D	Stratmann Sabine geb. Balzer HSchL'	16. 7.71	BI W	k	1. 3.44
	Büning Ulrike geb. Jarmuzek SekIL'	26. 3.82	D EK	k	15. 8.54
	Ruth Birgit geb. Zager	6. 7.91	ER EK	e	5.12.56
	Plischka Alfred SekIL		° D KR	k	15.11.51
	Prantschke Ute SekIL'		SP BI		3.10.55
	Gröpper Heribert		GE MU		
E	Haesel Tobias	6. 9.04	SP M	k	2. 2.75
	Auwelaers Martina	22. 6.05	F D S PA		3. 6.71
	Scholz Daniel	22. 6.05	M CH		14. 5.76
	Binert Monika	1. 2.06	D GE		26. 8.73
	Delic Meida	1. 2.06	E GE		16.10.78
	Zander Dirk	2. 5.06 °	L SP	e	20.10.74
	Krieger Silke	9. 8.06			21. 3.64
	Grünig Thomas	9. 8.06		k	19. 2.75
H	Lehtpere-Murphy Sadie-Margaret geb. Murphy		E		15.12.48
	Ihtiyar Nese				

1.231 Essen-Steele Gymnasium an der Wolfskuhle gegr. 1969

st. G. (5-Tage-Woche) m. zweisprachigem dt.-engl. Zug f. J. u. M.
Pinxtenweg 6, 45276 Essen — Tel. (02 01) 86 06 97-30, Fax 86 06 97-31
E-Mail: gymwolfskuhle@cneweb.de, Homepage: www.gymnasium-wolfskuhle.de

Kl: 8/16   Ku: 150/25   Sch: 1030 (537) (213/436/381)   Abit: 99 (63)
L: 64 (A 1, A$_2$ 5, B 24, C 21, D 2, E 4, F 3, H 4)
Spr.-Folge: E/E (bil.), L/F, F, S

BR Düsseldorf
ASN: **164902**
Dez: LRSD **Trockel**

A	Lowinski Gerhard	1. 8.00	M IF PL	k	25.12.46		Steinert Marlies	2. 8.82	E EK k	4.12.50
A$_2$	Armbrüster Jürgen (T)	18.10.92	M (IF)	k	12.10.47		Poetsch-Nasr Annelore	1. 8.83	F TX	11.12.51
	Hoyer Hans Peter	24.12.93	° E F	e	20. 1.49		Olszok Maria geb. Oberholz (T)	1. 8.83	GE TX	14. 5.53
	Schrick Annegret Dr.	27.12.95	E EK				Aßmann Ingrid	19. 9.83	SW E	19. 4.47
	Frenz Christina (F)	21.12.00	E D		11. 1.64		Usinger Johannes	1. 8.84	KR SP	29. 7.48
	Boing Clemens (Vw)	27. 3.01	M EK		15.10.52		Jockenhöfer Ulrike (T)	1. 8.84	M EK	24. 2.55
B	Hofmeister Hans-Ulrich	28.10.77	° E F	e	15. 9.43		Santos Simone (T)	22.11.00	S E	25. 5.71
	Kober-Sonderfeld Ralf	2.12.78	D PL		19. 5.50		Haldenwang Ute	1. 8.01	E GE e	28. 2.68
	Marenbach Helmut (T) (V)	1. 8.80	° M PH	k	7. 9.48		Göhmann-Papsdorf Annegret geb. Göhmann (T)	1. 1.02	□ L ER e	11. 2.61
	Mayk Renate (T)	1. 8.81	F SP	e	13.12.49		Laupenmühlen Janine	6. 9.05	E BI	20.12.76
	Bramsiepe Norbert	30.12.81	GE SW	k	18. 2.49		Grotthaus Katrin geb. Gonsior	1. 8.06	S KR k	9. 3.76
	Mischor Gerlinde geb. Heinelt (T)	30.12.81	BI	k	3.10.51		Heitmann Christine	1. 8.06	D MU e	10. 3.76
	Gans Erich Dipl.-Chem.	22. 3.95	° CH	e	13. 5.45		Schwacke Andrea	15. 3.07	° L PII k	25.10.74
	Breimhorst Christine geb. Röthe (Vw)	27. 3.95	M ER		13. 5.57		Titze Christina (T)	1. 4.07	E D k	20. 6.77
	Herden Wolfgang Dipl.-Math.	9. 2.96	° M PH	e	25.12.54		Drawe Michael	1. 8.07	M IF	16. 7.74
	Eberle-Frank Ingrid Dr. (T)	15. 3.96	D EK	k	8. 6.50		Reiffer Martin	1. 8.07	E KR k	13.11.75
	Ortmann Susanne (T)	19. 5.98	D F		21. 9.53		Lindscheid Annette geb. Knoll (T)		° CH BI e	26. 4.54
	Ehleben Peter	20. 3.00	D GE	e	9. 6.48	D	Honnacker Christoph SekII	12. 3.84	E BI k	30. 8.56
	Schmale Esther (T)	16. 7.02	D EW		28.10.53		Hartmann-Möller Dagmar SekII' (T)	10. 5.84	BI D	2. 2.56
	Maruhn Robert	1. 8.02	BI MU		21. 4.59	E	von Below Antina	1. 2.06	E BI e	22. 3.77
	Eilken Kerstin (T)	1.12.04	BI CH		26. 4.58		Hess Holger Dr.	9. 8.06	CH PH	19. 2.69
	Coste Dirk	1.12.04	BI EK	e	6. 3.59		Hille Silke	9. 8.06	D KU e	8.12.75
	Schmidt Claudia (T)	1.12.05	M E	e	21. 9.61		Lindecke Thomas	6. 8.07	E S	6.12.78
	Grabert Stefanie	23.12.05	° M PH		15.10.68	F	Ernst Ilse		D KU	9. 6.57
	Rupprecht Martin	14. 6.06	KR MU	k	1. 7.62		Loos Roland		L PL ER	e 7.10.59
	Bergmann Claas	14. 6.06	E GE		21. 3.71		Malzahn Tamara		M IF	29. 5.74
	Jakob Jutta (T)	1. 5.07	° L D	k	13. 3.61	H	Kleis Alfred Dipl.-SpL		° SP k	20. 4.47
	Kühsel Marcus	1. 5.07	GE SW	D	17. 5.70		Altenbeck Gerlies geb. Jüntgen Dipl.-SpL'		SP k	15. 9.47
	Goerke Cordula geb. Böckenkröger (T)	1. 5.07	E S	e	13. 2.71		Aßmann Marie-Luise geb. Kaldemorgen GymnL'		SP k	9. 8.49
C	Koeller Volkmar	13. 3.79	GE SW	e	19. 2.49		Thierheimer-Nogge Regina geb. Dinkelbach		SP k	8. 1.51
	Sollmann Meinholde	7.11.80	D GE		3.11.46					
	Niemann Ingrid (T)	9.10.81	ER PA	e	27. 9.52					

1.232 Essen-Kettwig Theodor-Heuss-Gymnasium gegr. 1941

st. G. m. zweisprachigem dt.-engl. Zug f. J. u. M.
Hauptstr. 148, 45219 Essen — Tel. (0 20 54) 9 54 30, Fax 95 43 43
E-Mail: thg.sek@cityweb.de, Homepage: www.thg-essen.de

Kl: 7/13   Sch: 834 (228/378/228)   Abit: 64
L: 47 (A 1, A$_1$ 1, A$_2$ 5, B 15, C 14, D 3, E 2, F 4, H 2)
Spr.-Folge: E, L/F, F, S

BR Düsseldorf
ASN: **165578**
Dez: LRSD **Trockel**

A	Wilk-Mergenthal Gudrun	30. 8.90	M IF		21. 6.48		Bedbur Claus	27. 1.95	PL KU e	28.11.51
A$_1$	Jahnke Walter Dr.	1. 1.91	D GE	k	25. 2.48		Klein Gerd (Vw)	15.12.95	MU D	23.12.52
A$_2$	Brunn Maria-Luise (F)	17.12.80	° BI CH	k	17. 4.44		Schnell-Klöppel Petra geb. Schnell	1. 5.00	EK SW k	21. 5.53

Gymnasien Nordrhein – BR Düsseldorf · BR Köln

	Name		Date	Subj		Date
	Ibach-Hankewitz			E GE MU	e	9.10.58
	Sabine geb. Ibach (F)					
B	Roericht Birgit	12. 1.79		E F	e	10. 3.45
	geb. Ponsch (T)					
	Mohrmann-Meßing	8. 1.80		D SP	k	4. 3.48
	Maria geb. Meßing (T)					
	Gatzweiler Winfried	29.12.81		E EK	k	19.12.47
	Ehlert Burgel	31. 1.85		BI CH	e	5. 5.49
	Zemke Herbert	4.95		F PL		3. 4.52
	Tiemessen Rolf	2.96 °		E F	e	5. 7.50
	Reimann Siegfried	2.96		M PH	e	10.11.54
	Stübe Goswin Dr.	8.02		MU D	k	22. 5.61
	Gentzsch	1. 8.05		E EK SP	k	23.11.73
	Koehn Christian	21. 6.07 °		M ER	e	14. 9.69
	Rahmlow Gabriele			CH EK	e	26. 8.54
	geb. Pustolla					
	Walbrodt-Derichs Heike			L PA ER	e	21. 3.61
	Roman Tena Maria Luisa			E S		7. 2.68
	Bosse Mabel			S F		15. 6.70
	Nierhaus Petra			E GE	k	19. 8.72
C	Eissing Karla geb. Krämer (T)	21. 1.76		L KR	k	25.10.44
	Frieling-Huch Jutta geb. Wenner	5. 3.80		D PA		18. 1.51
	Kretschmer Sigried (T)	1. 8.82		D PA	k	19. 5.52
	Olszok Klaus	4. 6.83 °		D EK	e	8. 1.53
	Lohmann Hans-W. (V)	1. 8.83 °		M WW	k	20.12.53
	Heckel-Korth Sigrid-Angelika geb. Heckel (T)	13. 9.83		E CH	e	24. 3.52
	Kleinholz Monika geb. Truss (T)	18. 4.85 °		D R	e	5.11.51
	Warias Klaus	11.85		L WW	k	12. 5.53
	Fleischhauer Rainer	6. 9.07		M IF	k	8. 1.76
	Beulen Christa			BI CH		27.12.54
	John Almut			KU ER		14.12.56
	Juncker Andreas			E EK	k	1. 7.71
	Baron Joanna			M PH	k	9. 3.73
	Fiolka-Busse Elisabeth (T)			E SW		
D	Thörner Klaus VSchL	1. 8.72		SP M PH	e	25. 4.45
	Schröder Uwe SekIL	4. 9.81		D KU	e	26.12.54
	Becker-Seidel Ute geb. Becker	4. 9.81		SW GE		4. 9.55
E	Hörsch Carolin geb. Klitscher	7. 8.06		D KR	k	27. 3.76
	Fehlings Madeleine	1. 2.07		F EK PS	e	29. 4.79
F	Herzog Andreas Dr. (habil)			D GE		21. 3.59
	Verführt Uwe Dr.			PH CH		21. 3.61
	Riemer Erik			E PL PP	e	23. 2.77
	Proske Adriane			E D	k	16. 8.77
H	Freistühler Johann-Bernhard Dipl.-SpL			SP	k	
	Horn Edgar Dipl.-SpL			SP	k	

1.233 Essen-Überruhr Gymnasium Essen-Überruhr gegr. 1974
st. G. (5-Tage-Woche) f. J. u. M.
Langenberger Str. 380, 45277 Essen – Tel. (02 01) 8 84 05 00, Fax 8 84 05 20
E-Mail: contact@gymeu.de, Homepage: www.gymeu.de

Kl: 9/18 Ku: 126/21 Abit: 63 (37)
L: 63 (A 1, A₁ 1, A₂ 3, B 18, C 26, D 2, E 9, F 2, H 1)
Spr.-Folge: E, F/L, L/F/R, S

BR Düsseldorf
ASN: **184640**
Dez: LRSD **Trockel**

	Name	Date	Subj		Date
A	von Heymann Gabriele	1. 8.07	F R		2. 8.54
A₁	Oberpichler Erich	17. 8.04	PA SW		12. 9.50
A₂	Schuy Harald Dr.	18.12.85	D EK	k	29. 1.49
	Teubert Wilhelm	25.10.89	D F	e	24. 5.51
	Pförtner-Sohlmann Barbara	1. 01	E SP	k	21.12.49
B	Reuter Werner (T)	10. 1.79	D PL PP		7. 9.43
	Behnke Helmut	27. 2.80	M (BI)	e	22. 2.49
	Breuker Uwe	1. 7.81 □	D GE		8. 1.49
	Thimm-Brede Inge	9. 7.81	M PH		15. 3.49
	Weizel Martin	15. 7.81 □	PH M	k	3.10.49
	Loch Roswitha geb. Fierenz (T)	31. 8.81	F GE	e	5. 5.49
	Nieswandt Christine geb. Letsch	19. 4.84	D SP (BI)	e	6. 4.50
	Rösen Hedwig geb. Engberding (T)	3. 9.84 °	D EK	k	11.11.49
	Klevenz Klaus	3. 9.84	MU	k	4. 5.49
	Eilmes Ursel geb. Dongowski	6.12.90	D GE	e	8. 8.50
	Pippow Lutz	21.12.90	PL D	e	15. 2.43
	Hundert Edmund	14.12.92 °	EK R	k	1. 4.49
	Winkler-Zimmermann Dietlinde (T)	1. 9.02 °	BI CH	e	
	Kerpen Angelika	1. 6.07 °	KU W		14. 8.52
	Schaller Katja	1. 7.07	E ER	e	7. 1.60
	Gromes Jutta	1. 7.07	M F		10. 5.71
	Lange Ursula		F PA KR	k	27.11.52
	Klähn Bernd Dr.		PH PL		
C	Marks Gisela geb. Junghanns (T)	11. 5.79	M EK	e	7. 3.50
	Hartmann Helmut	1. 2.80	E SP	e	28. 7.50
	Buckstegge Felix	31. 8.81	GE SW PP		30. 5.52
	Herrig Annette geb. Pennekamp (T)	9. 7.82 °	F R	k	25. 2.49
	Panek Margit (T)	14. 3.83	HW BI		7. 9.52
	Guhlich Brunhild	14. 3.83	M PA		2. 6.54
	Felden Wolfgang	2. 5.83 °	EK CH	e	10. 2.52
	Steggers Claudia geb. Weymann (T)	31. 5.83	D PA	k	9. 3.53
	Grüning Cornelia geb. Kruse (T)	7.11.83	PA E F	e	23. 6.52
	Griesmann Berit (T)	19. 9.84	E PA		17. 9.53
	Marth Michaela geb. Kort (T)	2.11.84 °	E S	e	28. 2.54

Gymnasien Nordrhein – BR Düsseldorf · BR Köln   129

	Bartosch-Dülks Monika (T)	15.11.84	M EK	k	28.12.55		Barkhaus Mechthild		E S PL	
	Möller Christine geb. Wiemer (T)	7. 1.86	BI SP	k	16.11.55	D	Lampe Sagitta SekIL' Saß Hildegard RSchL' (T)	13. 5.83	E KU ER D E e	23. 1.51 1. 5.48
	Kloubert Barbara (T)	3. 2.86	CH EK	k	1. 9.54	E	Bierwirth-Claus Beate Dr. (T)	6. 9.04	PH CH	11. 9.65
	Zeck Gunther	5. 6.89 °	EK BI	e	10. 2.46					
	Ziemer Petra (T)	21. 9.95	M SP	e	26. 2.63		Rath Jochen	1. 2.05	L SP e	17. 3.76
	Vierth-Heitkämper Dorothee	28. 8.96	ER KU	e	7.12.61		Weber Detlef	1. 2.06	M PH k	3.12.74
							Unteregge Sonja	1. 3.06	L E	10. 5.76
	Schindler Susanne (T)	9. 7.98 °	E L		18. 3.65		Grotkamp Marina (T)	7. 6.06	L R	14. 3.72
	Grote Katja Dr.	1. 2.02	D GE KR	k	12. 9.67		Nahlovsky Erika	3. 8.06	E KU	12.11.74
							Janert Christiane	1. 2.07	BI GE	
	Köller Ludger	19.12.02	MU KR	k	6. 3.71		Beierle Thorsten	1. 8.07	BI SP k	22. 4.75
	Kalinowski Ulf	19. 9.06	SW SP		5. 8.76		Kassel Julia		D E	
	Tolksdorf Michael	1. 8.07	CH SP	k	25. 8.66	F	Bühlbecker Heinrich		MU KR k	6. 1.61
	Triller Rolf		SP BI		9. 3.52		Temme-Harmsen Lucia		MU L k	30.12.63
	Bertsch Ursel (T)		E F	oB	16. 9.53					
	Fahimi Meike		° E S		21. 4.58	H	Gäbel Georg Dr. Pfr.		ER e	23. 4.69

1.240   Euskirchen   Emil-Fischer-Gymnasium gegr. 1851
st. G. (5-Tage-Woche) m. zweisprachigem dt.-frz. Zug f. J. u. M.
Emil-Fischer-Str. 23–27, 53879 Euskirchen – Tel. (0 22 51) 14 73 21/22, Fax 14 73 23
E-Mail: emil-fischer-gymnasium@t-online.de
Homepage: www.emil-fischer-gymnasium.eu

Kl: 8/14   Ku: 106/19   Sch: 857 (415) (229/358/270)   Abit: 68 (35)   **BR Köln**
L: 54 (A 1, A_1 1, A_2 7, B 13, C 18, D 2, E 5, F 4, H 3)   ASN: **166807**
Spr.-Folge: L/E/F, E/L/F, F/L, S   Dez: LRSD **Welz**

A	Dreiseidler Alexandra	21. 8.01	M PH IF	e	4.11.50		Lautze Günter (T)	1. 2.79	BI F k	1.10.49
							Wolter Heinz	27. 8.79	D GE k	2. 5.45
A_1	Thiemel Erich	26. 8.02 °	M	k	23. 9.47		Hellmund Astrid geb. Paul	13. 4.81	F EK e	29. 1.51
A_2	Schlüter Dirk (F)	16.12.77	SP D (KR)	k	3. 8.44		Carstens Uwe	15.10.81	M e	20. 9.50
	Kolter Helga geb. Burow	7. 8.92 □	D GE SW		20. 6.48		Meurer Christa	30. 8.82	D KU e	4. 9.51
							Preusker Marlene (T)	7.11.82	M PH k	28.11.52
	Dettbarn Ralf	1. 4.97	M KR	k	8. 2.51		Vogeler Uwe	8. 7.83 °	D PL ER	3. 3.52
	Fettweiss Claus	24. 9.97	E SP	k	23. 7.45					
	Giffhorn Barbara Dr. geb. Höhl (F)	1. 2.00 °	E HW	k	20. 2.49		Logothetis Brigitte geb. Lenhardt	7.11.83	SW GE	29. 9.53
	de Jong Hans	31. 8.01 □	M EK	k	10. 2.53		Frost Rita-Maria geb. Schnirpel (T) (V)	25.10.88 °	KR CH k	8.12.56
	Marx Rita	5.11.01	D KR	k	12.10.51					
B	Felten Heinz	1. 2.81	PH	k	30. 8.45		Kabatnik Sigrid (T)	1. 8.91	E KU e	25. 7.61
	Scholz Gertrud geb. Garden	12. 2.85	BI CH		23.11.51		Lang Tanja	1. 7.00	E PA	3.12.69
							Bube Christoph	1. 8.03 °	MU EK k	11.11.61
	Schleser Josef	19.11.92	M	k	3. 8.47		Zierke Gesa	1. 8.04	M PH k	8. 3.69
	Schaffartzik Elisabeth geb. Honnef (T)	22. 9.93	GE SP	k	20. 8.46		Rodriguez Cordula geb. Rosinski	15. 3.05	E MU k	24.12.70
	Gruber Eva-Maria geb. Bauer	22. 9.93	CH BI		7.10.46		Scholz Barbara	22. 4.05	L GE k	17. 7.72
							Rütten Karsten B. Dr.	1. 8.06	BI KR k	29.12.70
	Koenen Renate geb. Baumgart	1. 1.94	M SW		20. 7.47		Daniels Maren geb. Wollersheim (T)		E EL k	15. 4.72
	Flink Annemarie	14. 1.94	D EK (M)	k	7. 2.50	D	Fisang Herbert SekIL	25. 5.83	M SP k	2. 1.54
	Hellmund Roger	15. 6.04	D EW		17. 6.49					
	Bungartz Margret	15. 6.04 °	L F SP	k	26. 3.54		Schneider Heinz-Toni SekIL	7.11.83	EK SP k	27. 5.53
	Küpper Hermann-Joseph	1. 3.06	F PA	k	23.10.51	E	Schüttenhelm Julia	22. 8.05	E KU	4. 7.73
	Braun Angela (T)	4. 9.07	E PA	k	10. 9.64		Metzig Birgitte Dr.	1. 8.06	BI CH	4. 5.65
	Fritsch Corinna Dr.	4. 9.07 °	D GE	k	20. 6.67		Röttgen Felicitas	1. 8.06	E GE	29. 7.71
	Hallay Catrin	4. 9.07	E S		25.11.72		Lübke Valeska Dr.	1. 8.06	SW D e	13. 9.75
C	Vielhaber Rudolf	1. 8.78	SP EK	e	27. 8.45		Kötting Kerstin	1. 8.06	D PL k	31. 1.77

F	Schoeller Anne-Marie Ass' d. L.	D F		30. 9.53	H	Jacobsmeier Thea geb. Hanisch Dipl.-Biol.'	◻ BI		29. 3.48
	Kohnert-Vellen Ulrike	D PL		1.10.55		Schröder Bert Dipl.-SpL	SP		1. 1.49
	Müller Dorothee	D GE		30. 6.57		Hanke Saara	E		1. 9.64
	von Bargen Susanne	L GE	e	26. 4.59					

1.241 Euskirchen Marienschule gegr. 1868
st. G. (5-Tage-Woche) m. zweisprachigem dt.-engl. Zug
u. Musikzweig (5. u. 6. Jg.st.) f. J. u. M.
Basingstoker Ring 3, 53879 Euskirchen – Tel. (0 22 51) 14 86 30, Fax 14 86 31
E-Mail: sekretariat@mseu.de, Homepage: www.mseu.de

Kl: 8/16   Ku: 123/22   Sch: 1027 (573) (249/440/338)   Abit: 66 (38)   BR Köln
L: 62 ([A] 1, A₂ 5, B 22, C 19, D 2, E 8, F 2, H 3)   ASN: **166790**
Spr.-Folge: E, F, L, R   Dez: LRSD **Welz**

A	(Antwerpen Jürgen StD A₁)	6. 8.01 °	PH M	k	21. 6.53	Hansen Josef	4. 3.81	BI	k	7. 5.49
						Krüger Irmgard geb. Heller (T)	3. 9.81	E PL	k	29. 3.52
A₂	Bitterberg Rosemarie geb. Murk (T)	28. 2.97	M	k	12. 7.51	Winterscheidt Hildegard geb. Ank (T)	20. 9.82 °	E GE	k	29.12.53
	Dahmen Herm. J. (Vw) (V)	13. 9.99 °	M	k	18. 2.46	Feuerstein Barbara geb. Stadie (T)	6.12.82	F GE	e	4.12.50
	Dahmen Herbert	9.12.99	SP EK BI KR	k	11.11.50	Wonneberger Bernd	28. 4.83	SW GE	k	9.11.52
	Rittner Martin	31. 7.01 °	SP BI	k	22. 2.52	Kohr Helmut (T)	1. 8.83	SP EK		13. 5.50
	Hürter Ludwig	28. 5.02	M SP	k	7. 4.53	Passbach Lothar	18. 4.84	CH	k	4. 7.49
B	Steiner Rita geb. Spies	22.11.79	E	k	11.10.48	Schlomm Maren (T)	1. 8.91	E SP		13. 2.57
	Müllers Manfred (T)	22.11.79	D GE Sozkd	k	9. 5.48	Wassong Rosemarie geb. Biok (T)	19. 8.93 °	L KR		19. 7.58
	Wöllgens Margarete geb. Lange (T)	29.12.81	D F	k	22. 9.49	Kortmann Ulrich Wolter Michaela geb. Brill (T)	20.10.93 1. 1.02 °	ER CH SP F	e e	2. 3.58 31. 8.57
	Westphal Rüdiger	30.12.81	KU	e	10. 5.44	Kleinebreil Marion geb. Metz (T)	1. 1.02	D R	k	19. 5.67
	Krebs Frauke geb. Breuers	2. 4.82	D KR	k	10. 4.44	Bönsch Jürgen	1. 8.05 °	D PA SW PL		10.10.69
	Vogel Gisela	6.12.85 °	E TX	e	23.10.51	Söder Uta geb. Muhle	6. 9.05 °	D KR	k	22. 3.72
	Dimassi Monika geb. Görtz	29. 7.92	E F		15. 8.43	Soika Matthias	26. 9.05 °	M PH	k	17. 6.70
	Diefenthal Angelika geb. Regh (T)	1. 6.94 °	E PA	k	28.12.54	Heuser Andrea (T)	19.10.05	D F	k	5.11.74
	Kraußße-Ismar Sabine geb. Krauße	31. 1.97	EK SW	e	19. 4.55	Radicke Maren Schuldt Nicole	29. 6.07 ° 1. 7.07	M BI E EK	k k	7. 4.79 30. 3.73
	Müllers Ulrike geb. Schwaderlapp (T)	24. 3.99 °	E GE Sozkd	k	7. 8.48	D	Frese Christel SpL' (T)	28.11.76 °	SP	e	3. 8.44
	Stramm Beate geb. Gausepohl (T)	24. 3.99 °	M	k	30. 7.52		Mertens Brunhilde Anna geb. Hilgers	4. 9.81	M E	k	8. 5.55
	Bell Linda geb. Biertz	27. 6.00	F PA	k	10. 2.52	E	Luke Barbara geb. Kleine (T)	1. 2.06	MU D	k	2. 6.75
	Selbach Rudolf	28. 6.00	D PL	k	29. 6.46		Werner Marcus (T)	9. 8.06	M PH		6. 4.67
	Kinnen Anneliese geb. Müller	28. 6.00	BI	k	4. 5.50		Hendriks Willem Potthast Katharina (T)	9. 8.06 22. 1.07	E GE N F ER	k k	31.10.76 15. 9.76
	Schneider Elke geb. Luchhardt	2. 4.01	HW CH	k	13. 3.54		Salentin Stephan Binder Stefan	23. 1.07 7. 5.07	BI HW SP D	k k	10. 9.72 26. 1.77
	Steinberger Ferdinand	15.10.01 °	E SP	k	9. 7.57		Wohlberg Lars Köster Katarzyna geb. Krys	8. 5.07 16. 7.07	E GE MU PA	e k	10.11.76 23.11.75
	Wollrab Ariane	29. 6.05	D PL	e	8. 2.49	F	Rabsch Ulrich		° KR GE	k	20. 5.56
	Kreuels Bernadette geb. Drüeke (T)	29. 6.05	M CH	k	9. 1.53		Niemiec Renate geb. Smolorz		D PA	k	31. 3.76
	Linden Karl-Josef	1. 7.06	SP EK	k	26. 8.52	H	Rolenc Jaroslav Dr.		CH PH		5. 5.45
	Bleck Ulrich	1. 7.06 °	L D	k	22.12.55		Kahles Ingrid geb. Thomas		° D E		23. 8.45
	Luke Michael	1. 9.07	D MU	k	20.11.67		Theissen Liselotte geb. Berchem SpL'		SP	k	14. 9.51
	Kontny Kirsten geb. Welsch	1. 9.07 °	D EK	k	17. 5.70						
C	Altenbeck Wiltrud geb. Limbeck (T)	21. 1.75	GE L SW	k	10.11.44						

1.250 Frechen Gymnasium gegr. 1963
st. G. (5-Tage-Woche) f. J. u. M.
Rotdornweg 43, 50226 Frechen – Tel. (0 22 34) 9 55 56-0, Fax 9 55 56-66
E-Mail: leitung@gymnasium-frechen.de, Homepage: www.gymnasium-frechen.de
Kl: 10/17 Ku: 110/21 Sch: 1003 (515) (260/453/290) Abit: 91 (40)   **BR Köln**
L: 57 (A 1, [A₁] 1, A₂ 5, B 18, C 20, D 3, E 5, H 4)   ASN: 166900
Spr.-Folge: E, L/F, F/L, F/S   Dez: LRSD **N. N.**

A	Kesberg Helmut	2. 5.89 □	D GE	e	1. 8.48		Dünnwald	11. 4.95	D SW		2. 1.58
A₁	(Kupsch Martin Dr. StD A₂)	1. 2.00	GE ER	e	3. 8.60		Karl-Heinz (T)				
A₂	Rödder Alfred	1. 1.97	BI CH	k	30. 1.48		Richerdt-Pohle Claudia (T)	1. 8.96	D ER	e	23. 3.62
	Maurer Johann	22. 3.01	GE KR	k	21.11.43		Franck Wilhelm Dr.	1. 2.02	L GE		22. 5.56
	Huttenburg Astrid geb. Corsten	7. 5.02	E GE				Guddat Julia	4. 3.03	MU BI		6. 7.70
	Feltes Paul	1.11.02	CH PH		12. 4.53		Sieb Markus	29. 8.05	M SP		22. 4.70
	Schreier Jürgen	1. 7.06 °	M PH	e	15. 9.53		Renz Alexander	29. 8.05	M PH		17.10.74
B	Meyer Robert	28. 7.80 °	KR GE	k	10.10.48		Wendel Andreas	16. 5.07	EK SP		30. 8.71
	Kraft Sabine geb. Junker	29. 7.80	BI CH	e	11. 3.49		Kühnst Peter Dr. (T)		GE SP	e	16.11.46
	Tönnessen Klaus (Vw) (T) (V)	17. 8.81 °	M	k	16. 6.47		Schumacher Inge (T)		E SP		19.10.51
	Noever Joh.-Wilh.	20. 2.85 °	M PH	k	12. 9.47		Stier Sigrid (T)		F PA		25. 2.53
	Riepen Matthias	20. 2.85 °	F GE	k	11. 6.52		Dappen Joachim		L PL		24.10.56
	Schüler-Bendler Birgit (T)	1. 1.97	E D				Frielingsdorf-Shalamzani		L GE		15. 2.69
	Winterhoff Hans-Günter	25. 2.99	D PA		27. 2.49		Kaiser Eva		D PL		27. 8.71
	Wilhelms Michael	20. 9.01	BI CH		31. 3.51		Walter Stefanie (T)		D E SP		21. 1.73
	Kozok Inge geb. Seidel (T)	20. 9.01	E F		5. 1.53		Beckmann Wiebke		E SW	k	19. 1.76
	Wegener Edith	1.12.02	E EK		22. 4.51	D	Bachmann Brigitte geb. Korn (T)		D GE		
	Rabeler Annette	1. 4.04	D BI		26. 5.62		Ortmann-Müller Barbara geb. Ortmann	1. 4.82	ER SW	e	9. 6.51
	Bäumer Nele (T)	1. 8.07	D KU		19. 7.70		Steffens Dagmar SpL' (T)		SP		15. 2.47
	Zimmers Jörg	1. 8.07	M PH		23. 5.68		Lüpsen Christel G/HL' (T)		M EK KU	k	29.12.47
	Dietershagen Oliver	1. 8.07 °	M PH		23. 5.73	E	Brüdigam Andrea	1. 2.06	BI SP	e	13. 4.78
	Gebhardt Albrecht		BI				Zemann Tanja N.	1. 8.06	F S	e	26. 6.74
	Mathieu Erika		M				Braukmann Christoph	1. 8.06	D SW		10. 8.74
	Schmitz-Otten Helga geb. Otten (T)		D F				Schendt Stefanie	1. 8.06	D E	k	31.12.77
C	Gneist Dietrich	26.10.81 °	D GE	e	23. 5.50		Lau Dajana	1. 8.07	BI SW		3.11.81
	Schmidt Gudrun (T)	19. 8.83	E D		17. 8.53	H	Wolf-Nimrichter Monika geb. Nimrichter		KU EK	k	8.11.47
	Poll Helmut (T)	20. 1.84	F GE		25. 6.51		Dollinger Rolf		SP		21. 3.50
	Schmitz Dorit	1. 8.94	D MU		16.12.63		Jach Annette geb. Drescher		SP	e	21. 8.51
							Erbacher Miriam		M KU		16. 5.63

1.255 Geilenkirchen Bischöfl. Gymnasium St. Ursula gegr. 1856
pr. G. (5-Tage-Woche) f. J. u. M. d. Bistums Aachen
Markt 1, 52511 Geilenkirchen – Tel. (0 24 51) 80 45, Fax 6 53 16
E-Mail: st.ursula.gk@t-online.de, Homepage: www.st-ursula-gk.de
Kl: 10/20 Ku: 227/36 Sch: 1442 (832) (325/611/506) Abit: 161 (102)   **BR Köln**
L: 76 (A 1, A₁ 1, A₂ 11, B 28, C 20, E 5, F 9, H 1)   ASN: 167629
Spr.-Folge: E, L/F, F/L, F/L   Dez: LRSD **Palmen**

A	Küsters Matthias	1. 8.93 °	KR GE	k	23. 6.46		Schiffer Martin	19.11.99	BI EK	k	22. 2.54
A₁	Coers Bernward (V)	8. 8.04 °	D PA	k	10. 7.52		Reifferscheidt Peter	1.11.04	D KR	k	19. 4.55
A₂	Wyrsch Karl	17. 1.83	PH M	k	3.12.43		Verbocket Hermann-Josef (Vw)	1.12.06 °	KR M	k	5. 6.58
	Friedhoff Michael	1. 7.92	E GE	k	5. 5.45		Jansen Leo	1.12.06	KR MU	k	7. 5.59
	Teves Ernst	29. 9.94	M PH	k	18. 5.47		Portz Helga Dr. (L)	1.12.06 °	M PH	k	19. 5.62
	Böhmer-Maus Sieglinde	1.10.97	F PA	k	1. 6.45		Singer Ursula		KR D	k	9. 4.60
	Wischnewski Norbert	1.11.98	F SP	k	15. 2.55	B	Blasel Paul-Walter	1. 3.81	PL D	k	19. 9.44
							Geier Herbert	1. 9.81	M PH	k	21.10.44

Keimes Heinz	6. 1.83		M EK	k	17.12.47	Michalke-Dauber Angela (T)	2. 9.94	M PH	k	24. 6.62
Bieseman Inge geb. Gottfried	1. 3.84	°	E F	k	23.11.49	Diedring Beate Dr.	8. 8.96	BI SP	k	16.11.59
Hansen Gertrud	1. 2.85	°	D GE	k	13. 2.43	Schmitt Armelle	1.10.02	F L	k	27. 8.66
Reisbacher Ursula geb. Christfreund	11. 5.85	°	BI E	k	14. 7.49	Jansen Robert	1.10.02	° M EK	k	25. 4.69
						Reymer Brigitte	1.10.02	° MU PA		19. 6.69
Jaegers Albert-W.	11. 5.85		E SP		15. 5.49					
Claßen Peter	1. 4.89		EK F	k	13. 3.49	Oberthür Ruth	12. 8.03	E KR		3. 2.61
Vidahl Monika geb. Beckers	1. 4.89	°	E PA	k	4. 6.50	Sieben Elke geb. Hillemanns	12. 8.03	L GE	k	13. 9.63
Dohmen Franz-Josef	1. 4.89	°	E GE	k	28. 1.49	Hermbecker Heike	12. 8.03	° KR F		11. 7.70
Dejosez Therese geb. Bertrand (T)	1. 7.92	°	BI CH	k	12.10.53	Hütten Heike	12. 8.03	D M		2. 5.72
						Sakowski Tanja geb. Hengstebeck	12. 8.03	E BI		6. 6.72
Backhaus Norbert	17. 8.93		KU	k	12. 9.52					
Sieberichs Luise	20. 8.93	°	D E	k	15. 1.48	Kamphausen Thomas	14. 6.04	° MU KR	k	26. 9.74
Lipps Engelbert	23. 8.93	°	PH EK	k	10.10.48	Schloemer Andrea	14. 6.04	° KR GE D	k	15. 9.66
Simons Ursula geb. Rutrecht	1. 8.96		M BI	k	3. 3.51	Anlauf Rüdiger	14. 6.04	° CH SW	k	27. 1.70
Erdel Cornelia	1.10.99		SP BI	k	23. 7.53	Hülden Frank	22. 8.05	E CH	k	8. 4.69
Sieben Thomas	1.10.99		WW SP	k	22. 7.53	Marangi Riccardo	1. 2.06	L SP	k	24.12.74
Rauber Renate	1.10.01	°	GE E	k	14. 9.61	Mader Katrin	1. 2.06	D SW	k	1. 1.78
Villis-Habermann Claudia (T)	1.11.04	°	D E		31.12.59 E	Kremer Andreas	22. 8.05	E SP	k	6. 9.73
						Krömeke Lars	1. 2.06	° L D	k	23. 8.73
Schoenen Robert	1.11.04		D CH	k	10. 2.61	Dicke Florian	1. 2.06	M PH	k	17. 9.76
Frey Heinz	1.11.05		SP GE	k	23. 1.55	Koch Sandra	1. 7.06	L G	k	26.11.75
Paulus Edith (T)	1.11.05		M PH		21. 7.61	Schmidt Laura geb. Bodzioch		D GE	k	23.10.70
Seelmann Sylvia geb. Geisler	1.11.05		KU GE	k	18. 8.61					
					F	Rupp Paul		E EK	k	1. 2.53
Speuser Hildegard geb. Wolff	1.11.05	°	BI CH	k	25. 5.57	Knauf Georg		PL D SW	k	17. 9.53
Birken Joachim	1.11.05	°	L G GE	k	8. 5.65	Schniering Ulrich		SP KU	k	17. 4.54
Abidemi Ursula	1.11.05		D KU	k	2. 5.62	Velthaus Angelika		D F SW	k	14. 1.55
Nohn Christoph	1.11.05	°	D GE	k	14. 4.66	Brandt Walter		D KR	k	26. 4.55
Zurek Helmut			M EK	k	11. 5.54	Seedorf Anneliese		ER SW	e	1.12.55
C Fabry Gertrud (T)	22.12.88	°	M PH	k	2. 8.57	Wolff Birgitta		D KR	k	27. 8.58
Herchenbach Georg	18. 9.92		KR M	k	12. 3.57	Nowak Sarka		F SW	k	1. 6.74
Gaden-Weeg Heike (T)	18. 9.92	°	D LI SP	k	17. 9.59	Bronnenberg-Louis Marita				
Speuser Margarete geb. Burek	6.11.92		CH BI	k	16. 6.57					
					H	Corsten Ursula geb. Vogel		E	e	13. 5.49

1.260 Geldern Friedrich-Spee-Gymnasium gegr. 1927
st. G. (5-Tage-Woche) f. J. u. M.
Friedrich-Spee-Str. 25, 47608 Geldern – Tel. (0 28 31) 84 94, Fax 98 01 07
E-Mail: Friedrich-Spee-Gymnasium@gmx.de, Homepage: www.fsg-geldern.de

Kl: 7/17 Ku: 132/22 Sch: 939 (339) (213/453/273) Abit: 88 (38) **BR Düsseldorf**
L: 54 (A 1, A_1 1, A_2 6, B 16, C 18, D 1, E 7, F 4) ASN: **165682**
Spr.-Folge: E, L/F, F, S/I Dez: LRSD' Risken

A	Kirchhart Karl	1. 8.03	M PH IF	k	24. 3.56	Theis Willi	2.11.94	M	k	5. 9.51
						Strathen Dieter	30. 1.96	° SP EK	e	6.11.48
A_1	Dartmann Maria	1. 5.05	M EK IF	k	18.12.55	Klosterkamp Barbara (T)	30. 1.96	SW EW	k	7.12.52
A_2	Börgers Peter	9.12.92	SP EK	k	27. 5.49	Kroschel Manfred	14. 4.97	CH BI	e	19.12.51
	Nolte Ludger (F)	1. 8.98	D PL	k	10.11.52	Theis Elvira	26. 5.98	D E		15. 8.48
	Kaal Gisbert Dr.	22.12.01	F S	k	28.11.50	Heider Peter	7. 4.00	D KR	k	29. 6.45
	Kern Martin	11. 9.03	M EK	e	27.12.54	Adrian Rudolf	5. 7.02	GE D		11.11.51
	van Nunen M.-Theresia	9. 4.05	BI GE	k	6. 7.50	Kelzenberg Sieglinde	1. 8.03	SW PA	k	5. 7.53
						Arbogast Hans Jochen Dr.		MU EK	k	5. 3.54
	Gantenberg Rudolf					Germes Rudolf		E S KR	k	19.12.67
B	Wölk Hartmut (T)	16.12.80	BI	e	17.11.47	Schmitz Werner		KU E		
	Briele Elisabeth	11. 4.83	BI EK	altl	5. 3.51 C	Evers Manfred	20. 6.79	E EK	k	12. 7.48
	Janssen Gisela	8.12.92	F GE	k	22.10.50	Kunte-Aue Ursel (T)	15.10.79	CH BI	k	6.11.50
	Nordmeier Klaus	1. 6.94	EK M	e	9. 2.51	Voß-Obst Renate	2. 9.81	D F		25. 7.49
	Kühn Alfred (T)	2.11.94	° F S		10. 9.49	Kaul Lieselotte (T)	1.10.81	E F	k	24.10.50

Gymnasien Nordrhein – BR Düsseldorf · BR Köln 133

Münnich Barbara (V) (T)	6. 7.83	° M	k	18. 1.53		Bussmann-Schär Steffen Gerlinde		M BI	
Perry Stefan	10.10.87	E F	e	8. 9.50	D	Krakau Dieter SekIL	3. 7.84	BI EK k	10. 1.54
Pöllen Godehard	9. 2.88	MU L	k	4.10.52	E	Wittmann Elke	24. 7.03	E SW	11. 4.73
Riemen Angela geb. Kisters (T)	30. 9.89	° L KR	k	7. 6.60		Redlich Susann	22. 8.05	D ER e	28. 2.77
						Buerke Monika	1. 2.06	SP EK	24. 9.77
Reinhardt Angelika	19. 8.96	KR PH	k	12. 3.59		Kretzmann Laura	9. 8.06	E EK	3. 3.77
Lois Dagmar (T)	28. 5.99	KR L	k	16. 6.64		Fischer Kerstin	9. 8.06	° M BI	30. 8.77
Teschner Katrin	6. 5.00	E M	k	18. 7.68		Dierks Eva	6. 8.07	KU PL	11.12.77
Kleckers-Gebel Andrea (T)	12. 6.03	D KR EW	k	11.10.61		Blecher Frank Michael		SP GE k	9. 4.76
					F	Dahlmanns Michael		D GE	12. 2.55
Goos Alexandra	1. 8.03	M CH	e	30. 3.73		Arbogast Barbara geb. Murmann		E F k	24. 5.56
Kirchhart Gabriele (T)		M PH	k	23. 5.56					
Weiring Birgit		D KR	k	25. 9.73		Schmidt Matthias		SP EK k	23. 4.58
Sickelmann Jörn		KR D	k	24.10.73		Paul Beate		D L e	

1.261 Geldern Lise-Meitner-Gymnasium gegr. 1952
st. G. (5-Tage-Woche) f. J. u. M.
Friedrich-Nettesheim-Weg 6–8, 47608 Geldern – Tel. (0 28 31) 84 95, Fax 8 09 31
E-Mail: schule@lmg-geldern.de, Homepage: www.kle.nw.schule.de/lmg

Kl: 9/16 Ku: 129/23 Sch: 1006 (648) (276/419/311) Abit: 117 (82)   **BR Düsseldorf**
L: 63 (A 1, A$_2$ 6, B 20, C 23, D 4, E 2, F 6, H 1)   ASN: **165694**
Spr.-Folge: E, F/L, L/F/N   Dez: LRSD' **Risken**

A	Fischer Hubert Dr.	16.11.92	° KR L	k	25.10.44	Hendrich Wolfgang	22. 8.88	ER SW	e	5.10.52
A$_2$	Hoffmann Klaus-Dieter (F)	13.11.79	CH PH		5.10.48	Ruland Dorothea (T)	96	E F I		19. 2.54
						Mader Wolfgang	21. 5.99	M PH F	k	17. 3.69
	Beckers Heinrich (V)	1.11.94	° M	k	1. 4.51	Pohl-Rinkens Margit (T)	1. 1.02	E D	k	8. 3.60
	Liebert Klaus-Peter	1.11.95	SP BI	oB	9. 6.46					
	Heinke Peter	7. 1.97	L GE	k	11. 4.48	Ridder Rolf (T)	1. 1.02	M KR	k	19.12.61
	Smitmans Ernst	1. 2.97	E EK	k	12. 6.54	Küppers Ursula (T)	1. 1.02	° L E	k	28. 3.66
	Stanetzky Lothar (F)	15. 8.07	D E KR	k	25. 3.62	Sturm Petra geb. Weirauch (T)	1. 1.02	MU D	e	22. 7.67
B	Willkomm Gisela geb. Kessel (T)	2. 2.79	° BI CH	e	28. 8.47	Magiera Katharina (T)	19.12.05	D KU	e	28. 9.71
	Joosten Hans (T)	5. 2.79	° MU L	k	19. 4.47	Dickmann Sven	21.12.05	D GE	k	12. 2.76
	Schall Frank	1. 2.80	CH	k	1. 4.51	Helmrich Ulf	29. 8.06	M KR	k	2.10.71
	Carlé-Jacob Beatrix (T)	1.10.92	BI EK	k	24. 3.48	Rottes Dirk	6. 9.06	° M PH	e	4. 9.67
						Bäumer Maik	1. 2.07	° PH IF	k	16.12.77
	Jäger Gabriele (T)	1.10.92	SP E	e	28. 7.53	Helpenstein Georg	19. 3.07	E SP	k	25. 4.66
	Dorra Margot	1.10.94	D PK	oB	16.10.51	Kaisers Hans-Josef	2. 4.07	M CH	k	13. 5.74
	Halmanns Gerhard	1. 1.96	D GE	k	26. 2.53	Brauers Christian	1. 8.07	D SW	k	29.12.77
	Hünnekens Johannes	1. 1.96	EW KR	k	7. 3.50	Simon Katja	9. 8.07	D PS	e	25. 4.73
	Schenk Ruth	1. 1.96	D PL	k	4. 8.48	Peters Kathrin	9. 8.07	° D E	k	29.10.77
	Görtz Franz Peter	1. 4.97	° BI EK M	k	7.10.48	Bornheim Hermann		SP GE L		30. 4.50
	Rapp Sieglinde	1. 4.97	BI HW	e	17. 9.53	D Begrich-von Moock Christiane (T)	20. 2.80	KU	k	20. 2.48
	Soppa Anke geb. Dreiskämper	1. 5.98	KU	oB	31. 7.50	Krakau Ursula geb. Hübner SekIL' (T)	4. 9.81	BI ER	k	16. 4.55
	Schrix Klaus	26. 5.98	D EK	e	23. 2.50	Dachsel-Paduschek Angela (T)	1. 2.83	D GE	k	13. 2.55
	Diehr Achim Dr.	1. 7.04	° MU D	k	20. 6.65					
	Lipke Knut	1. 7.05	° E ER	k	11. 1.60	Herbers Hannelore SekIL'	7. 3.84	SP CH	k	5. 3.56
	Rohlmann-Reineke Cordula	1. 7.05	E D	k	4. 7.68					
	Tholen Elisabeth (T)	1. 1.07	E EW	k	17. 9.54	E Speich Monika	9. 6.06	D I		12. 1.72
	Sieben Wilfried	1. 2.07	° EK SP	k	29. 3.53	Schröder Kristina	9. 8.06	E F	k	17.11.76
	Möller Jörg	1. 4.07	KU SW	k	18. 3.67	F Preißler Beatrix		D F	k	25.12.45
	Gantenberg Ingeborg geb. Haupthoff					Huesmann Johannes		PL KR	k	17. 8.57
						Hilgert Sabine		E EK		19. 5.59
C	Böhm-Röttges Heide (T)	20. 6.79	BI	e	23. 6.45	Mohren Hartmut		° SP D	e	21. 7.59
						Stöber Dirk Dr.		° M PH	e	28. 9.59
	Reugels Maria (T)	10. 6.83	BI EW	k	27. 5.53	Herma Holger		F EK	e	13. 2.68
	Dietrich Karl-Heinz	13. 6.83	F GE	k	14. 8.52	H Schwetje Paula geb. Taylor		E	angl	9. 7.48

1.265 Goch-Gaesdonck Collegium Augustinianum gegr. 1849 (1965)
pr. bischöfl. G.[1] f. J. u. M. d. Collegium Augustinianum, Gaesdonck
Gaesdoncker Str. 220, 47574 Goch – Tel. (0 28 23) 96 10, Fax 96 11 00
E-Mail: poststelle@gaesdonck.de, Homepage: www.gaesdonck.de

Kl: 6/13 Ku: 91/17 Sch: 829 (322) (185/392/252) Abit: 62 (16)
L: 46 (A 1, A$_1$ 1, A$_2$ 3, B 7, C 14, E 4, F 14, H 2)

Spr.-Folge: E, L/F, F/S, L/F/S

BR Düsseldorf
ASN: 165918
Dez: LRSD **Stirba**

A	Steiffert Hans-Georg	1. 2.93	E SW GE	k	21. 3.46		Becker Markus		PH M L		
							Dagger Stefanie		MU L		
A$_1$	Linsenmaier Jürgen	1. 8.01	PH	k	24.12.48		Dahmen Petra		E SP		
A$_2$	Thömmes Hermann	11. 7.95	MU D	k	1.12.42		Krallmann Thomas		KR SP		
	Böhmer Josef	1. 9.01	D GE E	k	4. 9.46				EK		
	Bormann Reiner	1. 9.01	M SP	k	16. 9.53		Peuten Andreas		EK		
B	Hering Christa	19. 9.99 °	E GE	k	8. 3.49	E	Gruber Torsten	1. 2.05	KU KR PL	k	26. 9.72
	Johag Günter (V)	1. 9.01 °	M	k	7. 2.48						
	Baumann Jan-Gerd	1. 9.01	BI EK	k	12. 3.52		van Bentum Marco	1. 2.06	M PH	k	18. 7.73
	Göbel Rüdiger	1. 9.02	EK BI TC	k	18.10.63		Bours Michael	1. 2.06	GE SW	k	16.10.75
							Bosch Alexandra	1. 2.06	E D	k	12. 3.77
	Schalück Gerhard		BI KR SP	k	1. 7.60	F	Bender Peter Ass d. L.		L EK	k	13. 3.55
							Verhaelen Peter Ass d. L.		D	k	3. 9.56
	Pohl Angelika		D E	k	11. 6.62		Mann D.		M CH	k	7. 2.57
	Verbeek Stefan		E S	k	3.11.69		Rose Jörg		L G	k	27. 9.58
C	Damberg Marcel	15. 1.02	CH EK PH	k	22. 5.70		Bergers Rudolf		D IF	k	6.11.60
							Kisters A.		L	k	2. 1.61
	Kleine-Grefe Simone	1. 2.04	D E PK	k	15. 8.73		Winter Wolfgang Ass d. L.		L G	k	9. 2.61
	Burdich Christiane		F BI		28.10.67		Hendricks M.		MU	k	18. 9.65
	Klawikowski Petra		PH CH	k	27.10.71		Hühnerbein Jürgen Dr.		° D GE	k	28.10.67
	Horstman Ansgar		CH KR	k	20. 2.72		Eiden M.		KR	k	7.10.70
	Boland Martin		D SP	k	25. 1.73		Cürvers Herbert		KU		
	Poley Lars		D KR	k	27.12.73		Dieren Andrea		KU		
	Heistrüvers M.		E SP	k	11.10.75		Lipka Karin		D		
	Becker Andreas Dr.		M IF PH			H	Kuypers Barbara		D KU	k	18. 6.56
							Zalewski Pawel		SP	k	17. 8.61

[1] m. Internat f. J. u. M., Ganztagsunterricht in Oberstufe

1.266 Goch Gymnasium gegr. 1905
st. G. f. J. u. M.
Hubert-Houben-Str. 9, 47574 Goch – Tel. (0 28 23) 92 95 0, Fax 92 95 17
E-Mail: info@gymgoch.de, Homepage: www.gymgoch.de

Kl: 9/15 Ku: 100/16 Sch: 914 (498) (273/388/253) Abit: 75 (36)
L: 51 (A 1, A$_1$ 1, A$_2$ 7, B 16, C 16, D 1, E 6, F 3)

Spr.-Folge: E/E (bil.), L/F, F, N

BR Düsseldorf
ASN: 165906
Dez: LRSD **Stirba**

A	van Eickels Dieter	17. 4.97 °	D EK	k	29.11.46	Vels-Singendonk Veronika	28.11.90	KR PL	k	1. 6.55
A$_1$	Ring Martin	1. 2.07	BI EK	e	25. 9.54					
A$_2$	Fingerhut Mechtild	26. 2.92	M IF	k	16. 6.45	Promer Gisela	27. 2.92	M (ER)	e	2.11.50
	v. Gemmeren Michael	31. 8.92	D (L)	k	21. 2.49	Wudtke Günther	26. 4.93 °	CH GE	e	17. 9.53
						Kirchberg Klaus (L)	26. 4.93	E SW	e	26. 8.52
	Ruhs Inge (F)	8. 5.98	D SP	e	11. 9.53	Janßen Thomas	22. 4.94	MU PL	k	17.10.57
	Graven Heidi (F)	1. 2.99 °	EK M IF	e	30. 4.60	Pieper Ingeborg	22.11.94	D SW (KR)	k	10.12.47
	Bremer Gerd-Hans	18. 5.01 °	E EK	k	24.11.50	Böving Hans-Peter	30. 1.96	BI CH	k	11. 4.53
	Becker Michael	23. 3.07	GE SW	k	6.10.52	Schneider Karl-Heinz	12. 6.02 □	E EK	e	25. 6.47
	Schulz Dieter (F)	20. 8.07	D GE		9.11.50	Schoofs Hildegard	12. 6.02	CH BI	k	5.10.54
B	Rudolph Arthur	19. 1.80	E R	k	21.12.46	van Kempen Caroline	31. 7.06	PH TC		17. 2.69
	Jäger Hildegard geb. Kohlhoff	1. 8.80	F SP	k	29.14.48	Voß Norbert	30. 5.07	L MU	k	22. 7.62
	von Prillwitz Wolfg.	1.10.82 °	BI	e	2. 7.47	Rasch Evamaria	31. 5.07 °	KR GE	k	12. 2.67
						Heinemann Christine-I.				

C	Linnemann Ulrich	1. 2.79	EK SP e	12. 3.48	
	Brüx Manuel	1. 3.81	KU W k	6.10.48	
	Roers Walter	28. 9.81	F EK N k	9. 2.48	
	Pauwels Hedwig	17. 4.82 °	BI HW k	8. 5.45	
	Mohr Karl	28. 3.83	SP GE k	30.9.50	
	Haupt Renate geb. Nickel	10.10.83	E SP e	10. 5.51	
	Baumann Maria geb. Meise	23.12.83	CH BI k	22. 5.54	
	Kerkhoff Günter	10. 5.84	EK SP k	16. 6.53	
	Wolf Sebastian Dr.	1. 8.88 °	M PL	28. 9.52	
	Wans Gabriele geb. Ganswindt	31. 8.95	KR L k	26. 4.64	
	Schütmaat Norbert	1. 2.04	M PH k	8.10.69	
	Klump Nicole	1. 2.04 °	M PL oB	10. 6.74	
	Tubbesing Sonja geb. Raether	20. 1.06	D EK	19. 5.76	
	Jansen Nicole	1. 3.06	D N (KR) k	30. 6.74	
	Slanar Nicole	28. 9.06 °	D ER e	25.10.77	
	Kretzschmar Sibylle				
D	Sprenger Birgit geb. Hartmann RSchL'	1. 8.77	E GE	25. 6.46	
E	Blankenburg Antje	1. 3.06	D ER e	6. 7.78	
	Janßen Marc	9. 8.06	D EK e	9. 4.76	
	Gleumes Christian	9. 8.06	E SW k	2. 6.76	
	Nebelung Christina geb. v. d. Sandt	1. 2.07	N SP k	10. 7.76	
	Schraven Jennifer geb. Bitter	1. 2.07	M BI k	3. 7.79	
	Keuck Lucie	6. 8.07	D BI k	13.11.78	
F	Sander Udo		KU e	24. 6.46	
	Beeck Susanne geb. Havemann		SP e	2. 4.54	
	Butler Helge Dr.		PH CH e	11. 5.62	

1.270 Grefrath Liebfrauenschule Mülhausen gegr. 1888
pr. G.[1] f. M. u. J. d. Kongregation d. Schwestern U. L. Frau e. V.
Hauptstr. 87, 47929 Grefrath – Tel. (0 21 58) 91 72 00, Fax 91 72 25
E-Mail: sekretariat@lfsm.de, Homepage: www.lfsm.de

Kl: 10/20 Ku: 150/25 Sch: 1262 (730) (322/571/369) Abit: 120 (79)
L: 67 (A 1, A$_1$ 1, A$_2$ 8, B 20, C 14, D 3, E 3, F 12, H 5)
Spr.-Folge: E, L/F, F, I

BR Düsseldorf
ASN: **165797**
Dez: LRSD Kuchler

A	Josten Lothar	1. 8.00	D PA PL k	2. 1.53	
A$_1$	Beeck Gabriele	1. 8.03 °	D GE k	5. 7.54	
A$_2$	Napolowski Bernd	1. 9.89 °	KR GE k	26.12.44	
	Simons Horst	1. 9.89	M PH k	16. 4.49	
	Linzenich Sr. M. Petra	1. 1.94	M SW k	12.12.49	
	Thißen Rolf-Günter	1. 2.99 °	D PA PL k	2. 7.45	
	Sturm Josef	1. 8.97	D GE k	21. 3.53	
	Göbel Gerhard (Vw)	1. 8.03 °	M IF k	19. 3.50	
	Abeling Franz-Josef	1. 8.07	D KR k	24. 2.55	
	Rütten Theodor Dr.	1. 8.07	E GE k	19. 1.53	
B	Lange Lothar	1. 2.84 °	D L k	9. 7.46	
	Cremer Elfriede geb. Kommerschiedt	1.10.92	F EK k	13. 4.53	
	Pscheidl Walter	1.10.92	BI CH k	24. 4.52	
	Bürger Gerhard	1.10.92 °	M SP k	11. 2.53	
	Eckart Wolfram	1.10.92 °	E GE e	10. 9.51	
	Bayer Marion geb. Lauxmann	1. 1.94 °	M PH k	10. 5.53	
	Peters Helga geb. Schröder	1. 1.94	E EW k	30. 4.54	
	Honig Heinz	1. 8.97	E EW k	14. 7.52	
	Selbach Klaus	1. 8.97	BI SP k	10.12.52	
	Holtermann Werner	1. 8.99 °	M BI k	16. 9.55	
	van Gemmeren Heinz	1.12.00	E EK k	25. 9.50	
	Nolte Elvira geb. Heiß	1. 4.04 °	D EW k	17.11.55	
	Porzer Dorothea geb. Graeber	1. 4.04	D GE ER e	28. 6.57	
	van de Rieth Angelika geb. Hackstein	1. 2.06	BI M k	14. 1.57	
	Hellinge Barbara	1. 2.06 °	KR EK k	16. 1.61	
	Zanders Elisabeth	1.10.06 °	GE MU k	26. 9.68	
	Aretz Christoph	1.10.06 °	M PH k	2.12.68	
	Hoffmann Stella geb. Friedrich	1.10.06	KU EW D k	24. 7.71	
	Schwitanski Magnus	1. 8.07	SW KR k	12. 8.60	
	Schmidt Andrea	1. 8.07	BI CH k	27.12.71	
C	Bürkert Angelika geb. Gillers	7. 9.86	TX SW k	22. 4.52	
	Hense Thomma	1. 8.88 °	BI HW k	16. 6.54	
	Fendel Christian	1. 8.90	L MU k	20. 3.57	
	Simons Lilo geb. Bunzel	1. 8.91 °	E ER k	13.10.59	
	Borsch Georg	1. 2.94 °	KR L G k	22. 8.56	
	Ottengraf Bernd	1. 8.94	M PH k	16. 1.58	
	Scheel Andrea geb. Müller	10. 8.00	M CH k	18. 8.70	
	Zwickler Babette geb. Schapdick	1. 8.03	E KR k	6. 5.72	
	Harking Birgit	1. 8.05	KU EK k	17.12.59	
	Nothen Lutz	1. 8.05	E F k	30. 7.72	
	Pfeiffer Inga	1. 2.06	M KU e	12. 9.72	
	Schnelle Nicole	1. 2.06	BI SP k	10. 7.75	
	Bönsch Britta geb. Gramse	1. 2.06	E I k	15.12.64	
	Schröers Yvonne	1. 8.06	BI CH k	5.12.73	
D	Dahl Heidemarie geb. Kempkes SekIL'	18. 8.81	D GE k	7. 1.57	
	Michiels Gisela RSchL'	1. 8.82	E EK k	10. 7.55	
	Vietoris Michael L	1. 8.92	BI EK k	8. 5.57	
E	Kroppen Thomas	1. 8.05	L SP k	21.11.75	
	Hermges Melanie	1. 2.06	BI F ER e	26. 5.76	
	Zirwes Vanessa	1. 8.06	M PH k	24. 2.78	
F	Exner Peter		D PL k	20. 4.43	

Dewes Maria	KU	k	17. 3.55		Peters Heinrich	M PH	k	11. 5.59
Lehmann Bernd	MU	k	16.10.55		Femers Monika	E	k	28.12.61
Omsels Karlheinz	° GE F	k	8. 3.56		Wiesmann Stefan	PK SW	k	11. 2.63
Schröder Gabriele	BI F	k	14. 5.56	H	Reske Manfred	SP	k	15.10.43
geb. Scheuren					Dams-Steffens Stefanie	KR MU	k	8. 6.61
Thume Michael	EK GE	k	30.10.56		Mertens-Dahlke	KR	k	22. 7.63
Schwagmeyer Claudia	BI SP	k	28. 4.57		Susanne			
Glameyer Ute	F R	e	28.12.57		Coronato Susanna	I	k	7. 1.64
Nowak Sigrid	KR MU	k	31. 5.58		Söller Alexandra Dr.	GE D	k	28. 2.64

[1] Ganztagsunterricht in d. Jg.st. 5–8; mit bil. u. naturwiss. Zweig ab Jg.st. 7

1.275 Grevenbroich Erasmus-Gymnasium gegr. 1861

st. G. (5-Tage-Woche) m. zweisprachigem dt.-engl. Zug f. J. u. M.
Röntgenstr. 2–10, 41515 Grevenbroich – Tel. (0 21 81) 2 38 70, Fax 23 87 23
E-Mail: erasgym@grevenbroich.de, Homepage: www.erasmus.de

Kl: 8/16   Ku: 126/20   Sch: 1048 (568) (251/489/308)   Abit: 84 (59)   **BR Düsseldorf**
L: 63 (A 1, A_1 1, A_2 5, B 20, C 22, D 2, E 5, F 3, H 4)   ASN: **165712**
Spr.-Folge: L+E/E/E (bil.), L/F, G/F/I, S   Dez: LRSD **Dr. Bubolz**

A	Jung Michael	14. 5.02	° M WW	k	1. 7.54	Ewald Helga (T)	20.10.94	BI CH	k	18. 9.51
A_1	Wachten Paul Georg	3. 2.97	° L GE	k	21.11.43	Terwolbeck-	15. 3.96	E EK	k	18. 9.59
A_2	Heinrichs Leonie	17. 9.92	E GE	k	12. 8.51	Tenbrock Maria (T)				
	geb. Biewer					Abels Sybille (T)	1. 8.01	M PH		24. 8.69
	Kirchhoff Manfred	9.12.94	° M PH	e	24.10.51	Lilie Isabel (T)	1. 1.02	D KR	k	2. 6.71
			IF			Urban Heike	1. 2.03	E L		11.12.70
	Chaise Bernd	16. 2.01	□ D GE	k	23. 8.51	Schaefer Claudia	3. 2.05	S D	k	2. 3.74
	Cwik Eckard	15. 5.02	E EK	k	15. 5.48	Eick Annette (T)	14. 8.05	MU F		22. 2.66
	Willkomm Norbert	10. 5.04	° GE SP		15. 4.50	Isensee Christine	2. 9.05	E ER	e	10. 6.69
B	Veiders Charlotte	1. 8.79	D F		12. 4.45	Kingerske Dirk	2. 9.05	E GE		25. 8.72
	geb. Knabe (T)					Lönne Martin	2. 9.05	GE SW		3. 1.74
	Groth Ingo Burkh.	30. 8.79	M SP	e	23. 9.44	Hof Andreas	2. 9.05	SP BI		2. 3.74
	Rümens Herbert	6. 2.80	° BI EK	k	26.10.47	Wessels Uta	19. 3.06	CH SW		29.11.75
	Thieltges Gerd Dr. (T)	22.12.81	F PL	k	4. 5.47	Struß Carsten	1. 8.06	M SP		6. 2.71
			E L			Romanski Sylvia	1. 8.06	D S		2.10.76
	Trauer Siegfried	1. 5.85	CH	k	7. 9.47	Jansen Alexander	14. 2.07	M PH		3. 9.68
	Zimmermann Walter	21.12.90	E F	k	14. 2.51	Sikora Kerstin (T)	10.07	D SP		30. 8.74
	Altmann Werner	24. 3.92	□ EW SW	k	22. 9.50	Pusch Christina	10.07	E D		29.10.76
	Ruffert Dieter	26. 2.93	° GE SP	e	24.11.53	Erdmann-Westerhoff		° MU D	e	20. 7.52
	Schmitz Reinhard	7. 2.95	M EW	k	15.12.49	Liane geb. Erdmann (T)				
	Meyer Marie-	23. 2.96	° D E		4. 9.55	Stirl-Kotzlowski Rita (T)		° EK CH		7.12.55
	Theres (T)					D von Livonius	14. 6.78	SP	k	21. 6.49
	Fey Wolfgang	25. 6.98	° D PL	e	25. 3.50	Christiane geb. Mayer SpL'				
	Lorenz Niels (T)	18. 4.02	M SW		11. 9.57	Sarholz Ulrike	1.10.80	M EK	k	3. 2.52
	Esders Jürgen (T)	26. 4.02	D L		21. 7.59	HSchL'		KU		
	Dahmen-Brock	1. 9.03	F GE I	k	22. 7.52	E Wichelhaus Kerstin	1. 2.06	DE KU		4.12.70
	Birgitta					Schmitt Heiko	6. 8.07	MU EW		7. 2.75
	Holitschke Jürgen	29. 9.04	KU W		22. 7.49	Carouge Magdalena	6. 8.07	E BI		17.11.76
	Freese Harald	28. 9.05	CH BI		22. 1.54	Vosen Roland	6. 8.07	BI SP		18. 5.77
	Hermann Oliver (L)	31. 5.06	E ER	e	29. 4.62			(M)		
	Rehse Reinhard	18. 5.07	D GE		2. 7.51	Einecke Volker		D S		11. 7.78
	Winter Uwe	18. 5.07	L MU	e	12. 2.62	F Pandorf Guido		D KR	k	25. 6.58
	Reipen Monika		E GE EW		10. 7.48	Lahaye Dorothea (V)		° L G		28.10.63
C	Wimmer Mechtild	1. 2.79	° M	k	24. 5.49	Kurczyk Stephanie		L F		19.12.73
	geb. Richter (T)					H Welsandt Norbert		SP	e	26. 9.48
	Golland-Heinrich	10. 2.84	F GE		30. 1.52	Vogt Matthias		EK KR	k	7. 6.75
	Gudrun (T)					Clauß Andre		SP		23.12.77
	Wefer Wolfgang	15.11.85	° M PH	k	29. 3.53	Heinzel Philipp		SP		13. 2.78

1.276 Grevenbroich Pascal-Gymnasium gegr. 1971
st. G. f. J. u. M.
Schwarzer Weg 1, 41515 Grevenbroich – Tel. (0 21 81) 6 21 31 u. 97 54, Fax 95 42
E-Mail: email@pascal-gymnasium.de, Homepage: www.pascal-gymnasium.de

Kl: 10/16 Ku: 148/27 Sch: 1113 (549) (306/436/371) Abit: 128 (65)
L: 65 (A 1, A$_1$ 1, A$_2$ 9, B 21, C 15, D 3, E 8, F 2, H 5)
Spr.-Folge: E, L/F, F/L, S

BR Düsseldorf
ASN: **165724**
Dez: LRSD **Dr. Bubolz**

	Name	Datum	Fach	k/e	Geb.
A	Schauf Manfred	1. 2.06	PH E	k	27. 9.55
A$_1$	Arndt Konrad	5. 6.00	M PH IF	k	22. 6.47
A$_2$	Hammelstein Anton	6. 2.80	KR M	k	29. 4.46
	Roszinsky Eckart (F)	1. 8.80	SP EK	e	18.10.47
	Meurers Johann-Gerhard	5.12.80 °	M PH	k	23.8.46
	Janka Alfred	18.12.81	M PH	k	6. 5.45
	Sturm-Schubert Tamara	11. 9.92	D SW	e	5. 7.54
	Lieven Josef	23. 1.95 °	GE EW	k	31. 1.48
	Uppenkamp Wolfg.	7. 4.95 °	E D	k	30. 3.53
	Lang Gabriele (F)	6.10.97	E F I	k	5. 4.53
	Glasmacher Monika (F)	4. 2.99	BI KR M	k	29. 3.59
B	Quenel Ludwig	31. 1.79 °	E GE	k	14. 9.44
	Thieltges Hildegard geb. Simonis (T)	1. 2.79 °	EK F	k	31. 5.50
	Orth Karin	1. 2.79	D ER	e	25. 7.47
	Rathenow Volker	1. 2.80	D PL		14.11.45
	Roth Monika geb. Deutschmann (T)	1. 8.80	D EK	e	8. 2.49
	Königs Roland	16. 2.82	BI CH	k	13. 2.50
	Jüterbock-Nielen Annelen (T)	1. 2.85	CH BI		11.11.51
	Meister Gudrun	8. 7.85	BI EK		26. 9.48
	Albrecht-Domke Sylvia	1.12.92	SP D		29. 8.50
	Uhler Peter (V)	5. 7.95 °	L GE	k	29. 1.55
	Klein Falko	22. 2.96 °	EK D	e	22. 8.47
	Kirchhoff Werner	22. 2.96	PH IF	k	26. 2.51
	Schumacher Willi	22. 2.96 °	D GE L	k	25. 5.52
	Ksoll Wolfgang	18. 5.00	M EK IF	k	25. 4.55
	Prost Rudolf	18. 5.00	M PH	k	3. 3.55
	Kuttner Marianne geb. Jonas (T)	29. 7.02	D GE	k	15. 3.56
	Krüger Stefan	1. 8.02	MU E	e	9.11.62
	Köhler Christa	1. 7.06	E KR		18. 1.58
	Lüderitz Simone	1. 7.06	L KR		29. 1.68
	Theilmann Jürgen	1. 6.07	MU M		27.12.66
	Vogel Uta	1. 8.07	E F	k	19. 1.72
C	Nobis Adalbert Dr. (T)	27. 4.81 °	GE L	k	29. 1.47
	Zöller Walter	2. 5.82 °	KU E		21. 7.50
	Schmülling Anneliese geb. Schütt (T)	29.11.83	D EK	e	16. 1.53
	Junggeburth Josef (T)	1. 9.84	F EW	k	3. 7.52
	Schmülling Heribert	4.10.84	PH EK	k	30. 5.50
	Deinzel Sabine geb. Pfefferkorn (T)	22. 8.95	E KU		7. 9.53
	Bremer-Plieth Heidi (T)	15.12.96	S D	e	21.12.61
	Wölfer Beate geb. Wölfer (T)	19. 4.99	M KR	k	3.10.62
	Clases Cordula	2. 8.02	D PK SW		18. 8.69
	Schneider Sebastian	28. 4.03	KU L	k	21.11.67
	Jürgensen Peter	21.10.05	BI PK SW	e	17. 4.70
	Viertmann Ingo Dr.	24. 8.06	CH M PH SP		9.10.59
	Korsten Simone Dr.	1. 3.07 °	D E		
	Laufenberg Ansgar	13. 3.07	E S	k	4. 3.70
	Nobis Gabriele geb. Zerhak (T)		E D	k	7. 1.51
D	Greven Doris geb. Kludßuweit (T)	20. 5.83	M MU	e	23. 1.56
	Uhle Gabriele geb. Nötzel (T)	8. 8.91	KR D	k	27. 9.56
	Bonekamp Elisabeth (T)		GE SW		
E	Kölzer Petra	20. 8.01	E SP	k	29. 4.68
	Kern Nina	1. 2.03	E SW		1. 7.71
	Sieks Barbara	6. 9.04	BI MU		24. 9.72
	Krüger Regina	6. 9.04	E ER		20. 7.75
	Ottermann Dominika	17. 7.06			
	Aubel Matthias	1. 2.07	M ER	e	21.11.75
	Brandenburg Jan	1. 2.07			
	Werneknick Christian		D SW	k	23. 1.74
F	Homann Heinz-Josef		KU KW	k	13. 3.50
	Merschieve Stephan		KU PK	k	29. 6.77
H	Leines Manfred Dipl.-SpL		SP	k	24. 8.48
	Schmitz Peter Dipl.-SpL		SP	k	16. 9.49
	Corsten Hans-Willy Dipl.-SpL		SP	k	29. 4.50
	Thon Jutta		SP		17. 6.52
	Faßbender Doris geb. Baum		SP F	k	9. 9.57

1.285 Gummersbach Gymnasium Moltkestraße gegr. 1902
st. G. f. J. u. M.
Moltkestr. 41, 51643 Gummersbach – Tel. (0 22 61) 2 33 81, Fax 6 19 53
E-Mail: mail@gym-moltke.de, Homepage: www.gym-moltke.de

Kl: 6/14 Ku: 112/21 Sch: 835 (469) (179/389/267) Abit: 67 (37)
L: 44 (A 1, A$_1$ 1, A$_2$ 4, B 16, C 9, D 1, E 3, F 4, H 5)
Spr.-Folge: E, L/F, F/L, S

BR Köln
ASN: **166984**
Dez: LRSD **Gosmann**

	Name	Datum	Fach	k/e	Geb.
A	Stell-Schleef R. Christine	15. 6.04	BI EK	k	29.11.48
A$_1$	Anding Michael	1. 2.06	M SP	e	23. 9.51
A$_2$	Fischbach Christoph (V)	15. 9.95 °	BI EW (KR)	k	8. 2.52

	Lepperhoff Gerd (Vw)	8.11.95	M WW (IF)	e	27.12.49	C	Jambor Christian	1. 2.80	PH	k	16.12.45
							Göttinger Reinh.	25. 2.80	E GE	e	1. 8.47
	Hartmann-Lück Marita	20.12.96	F SW	e	28. 2.54		Schmidt Christoph	19. 8.80	F EK ER	efk	23.11.48
	Brabender Arno (F)	1. 2.00 °	D PL ER	e	5. 7.51		Klimpel Cordula	1. 8.83	F SW PK		21. 5.56
							Noss Claudia geb. Gallert	30.12.85 °	BI SP	e	11. 3.54
B	Niedtfeld Heidrun geb. Dürr	1. 2.80	MU GE	e	27. 4.47		Bosbach Ute	1. 8.97	D GE	k	18. 1.67
	Steckelbach Annelene	20.12.96	F SP	k	1. 1.51		Müller Astrid	1. 1.02	E D SP	k	26. 3.71
	Gabler Hans Jürgen Dr.	20.12.96	D F	e	2. 5.44		Schuhl Andreas	1. 8.05	L GE KR	k	23. 5.65
	Dannenberg Eva	29. 1.99	M CH		27. 4.52		Lennartz Sabine	1. 8.06	S F	k	9. 2.60
	Rippchen Reinhold	29. 1.99	D PL		25. 4.51	D	Rohr Maria SekIL'	8. 4.96	BI GE	k	6.10.60
	Schulze Axel	3. 4.00	D E		15. 1.48	E	Picker Marion	22. 8.05	M SP	k	3. 2.76
	Felix Marcus	2. 7.01 °	D E	e	31. 3.66		Bee Georg S.	1. 8.06	KU KR	k	25. 6.66
	Frank Karin	1. 3.04	EK SP		10. 3.54		Scheffels Kerstin	1. 2.07 °	E D		31. 8.07
	Hellert Barbara	1. 3.04 °	L EK	k	31.12.64	F	Lensing Wilhelm Dr.		° M BI (IF)		27. 8.52
	Reschner Werner	1. 8.04 °	M	e	22. 4.45		Schuster Dagmar		D GE	e	24.11.59
	Türpe Monika	31. 8.04	D E		17.12.69		Bräunling Martina		SP BI	k	26. 7.62
	Krebs Marcus	9. 5.05 °	M PH	k	4.10.69		Wille Markus		M CH	k	25. 8.74
	Koch Peter	7. 4.06	MU SWe		15. 7.67	H	Walter Heinz-Jürgen SpL		SP	k	22. 8.46
	Elsner Holger		M CH	e	29. 5.60		Everling Aurel		ER	e	7. 6.59
	Niklas Markus		° D KR	k	28. 2.75		Moldrickx Kerstin Pfr.'		ER	e	4. 9.60
	Pausch Jochen		E GE				Junglas Michael		BI CH	e	11. 4.61
							Frank Siegfried		ER	e	7. 3.69

1.286 Gummersbach Gymnasium Grotenbach gegr. 1946
st. G. m. zweisprachigem dt.-frz. Zug f. J. u. M.
Reininghauser Straße 32, 51643 Gummersbach – Tel. (0 22 61) 2 31 82, Fax 92 19 53
E-Mail: mail@gymnasium-grotenbach.de, Homepage: www.gymnasium-grotenbach.de

Kl: 8/13 Ku: 112/14 Sch: 839 (467) (231/320/288) **BR Köln**
L: 52 (A 1, A$_1$ 1, A$_2$ 5, B 18, C 10, D 1, E 12, F 2, H 1) ASN: **166972**
Spr.-Folge: E/F (bil.), L/F, F/L, S/L Dez: LRSD **Gosmann**

A	Effner Michael	1. 2.04 °	PH IF	k	30. 1.48		Griss Birgit	2. 3.07	L GE	k	4. 5.60
A$_1$	Will Beatrix geb. Gövert	19. 9.05 °	M PH	k	31. 7.56		Rusert Roswitha	7. 3.07	D ER	e	21. 3.68
A$_2$	Rädel Matthias (F)	1.11.76 °	M PH		15. 5.44	C	Dinges Georg	10. 8.82	BI		7. 1.48
	Hannemann Josef Werner	21. 1.94 °	D GE ER		25.10.45		Ostbomk Heinz Anton	6. 5.83	D SW	k	6. 9.44
							Vaerst Annemarie (T)	5.12.83	BI D		28.10.48
	Krobbach Hans Erich	15. 9.95 °	M PH		21. 8.48		Orendi Marianne	22.12.83 □	MU EK	e	2. 2.52
	Lühr Konrad Dr.	10.11.95	EK SP	e	29. 3.43		Wiertz Marie-Luise (T)	18. 9.84	E F	k	13. 2.55
	Honisch Peter	1. 5.02 °	M EW	k	3. 7.52		Pagelsdorf Gabriele (T)	1. 8.90 °	MU CH	e	17.11.60
B	Brand Gabriele geb. Sonnenschein	1. 2.79	BI SP	k	31. 5.43		Grosalski Isabelle geb. Pieper	1. 1.02	GE F		18. 2.71
	Ismar Elfriede (T)	30.10.79 °	E SP	oB	10.11.46		Albani Claudia	17.11.06 °	E S	k	30.12.06
	Müller Wulf-Jürgen	9. 1.80	M PH		4. 8.48		Höffken Sigrid-Beatrice	9. 8.07	D GE		13. 6.74
	Morgenstern Hans Joachim	30.12.81	D SP		10.12.49		Grünhofer-Pausch Bärbel (T)		E EK	e	
	Botzem Klaus	10. 5.84 °	M EK	k	4. 3.48	D	Schneider Johann	31.12.75	SP		8. 3.44
	Bochnick Franz J.	30. 8.84	M	k	2. 2.51	E	Grothe Maren	19. 8.05	BI EL	k	25. 5.76
	Ludwig Michael	30.11.85	D PL	k	25. 1.51		Helser-Vögele Sabine	19. 8.05	D PL	k	15. 7.76
	Eicker Horst	6. 3.87	KU EK	k	10. 4.46		Thies Anne-Kathrin	1. 2.06	E KU	k	4. 2.78
	Lauf Peter	1. 2.96	CH BI	e	25.12.55		Henkel Cordelia	1. 8.06	BI EK KR	k	29. 9.75
	Wald Bernhard	29. 2.96	SP KR	k	31. 5.53						
	Mansel Brigitte geb. Beier	20.12.96 °	EK F		22. 3.51		Reul Kerstin	1. 8.06	D E	e	11. 1.77
	Engbruch Brigitte (T)	20. 6.01	E F	k	1.10.52		Fink Florence	1. 8.06	F EK		7. 5.77
	Baumann Detlef	20. 6.01	M ER	e	18. 5.55		Keune Marcel	1. 8.06	D PL PPe		18. 2.78
	Müller Gabriele	14. 8.01	CH PA	k	17. 5.50		Schallat Diana	1. 8.06	F GE		21. 2.79
	Brügger Kirsten	15. 9.03	L SP	e	5. 6.63		Kunsmann Raphaele	1. 2.07	F GE	k	24. 7.76
	Weigel Katja	1. 7.04	E SP	e	29. 1.71						

Claus Matthias	1. 2.07	E SW PK PL	e	5.12.76	F	Arns-Quiter Stephanie		° E MU k S	8. 5.60
Adams Thorsten	1. 8.07	D GE	k	15.12.75		Hebrock Andreas		SP SW e	25.11.74
Schuffert Meike	1. 8.07	D SP	k	27. 2.81	H	Krobbach Jens		BI e	9. 9.75

1.290 Haan Gymnasium gegr. 1967
st. G. (5-Tage-Woche) f. J. u. M.
Adlerstr. 3, 42781 Haan – Tel. (0 21 29) 3 74 50, Fax 37 45 27
E-Mail: leitung@gymhaan.de, Hompage: www.gymhaan.de

Kl: 9/13   Ku: 84/14   Sch: 852 (464) (249/363/240)   Abit: 43 (25)
L: 47 ([A] 1, A_1 1, A_2 3, B 15, C 18, D 2, E 3, F 4)
Spr.-Folge: E, L/F, F, S

BR Düsseldorf
ASN: **165530**
Dez: LRSD **Schütze**

A	(von Wiser Friederike StD' A_1)		M EK	e	18.12.56	Pieper Klemens Landau Jutta	1. 8.83 7. 9.84	GE SW SP SW	12.10.53
A_1	Gerlach Helmut	1. 9.06	M SP		24. 1.50	Dylewski Petra	5. 9.85	BI SP	16. 4.55
A_2	Kutsch Hans-Dieter (Vw)	26.10.92	° M PH IF		13. 1.51	Lingner Sabine Junklewitz Michael	20. 8.88 31. 8.92	KU BI M PH	8. 1.56 18. 5.58
	Löpke Kornelia geb. Schweden	7. 5.02	° L E	k	3. 6.57	Wolf-Krautwald Marita	1. 8.93	M PH	8. 5.56
	Haas Silvia geb. Wilde (T)	27. 6.02	EK M		28.10.48	Weber Petra Wucherpfenning Petra geb. Salmann	1. 8.03 1. 2.04	S E D SP	12. 7.63 27.12.72
B	Balacescu Brigitte	1. 2.77	D KU M		6.12.44				
	Hendrichs Renate (T)	1.10.78	BI E		28.12.45	Pieper Jessica	1. 8.04	E EK	17. 3.71
	Koll Karl-Reinh. Dr.	1.10.78	F GE		2. 8.45	von Höven Sandra	2.06	E F k	22. 2.77
	Umbach Harald	1.10.78	D EK		15. 1.46	Pfister Marion	1. 8.06	D KR k SW	16. 8.53
	Kliebisch Wilfried	1.10.81	° E SP		5. 9.46				
	Woike Renate	15.12.81	BI ER	e	9.10.50	Gabelin Carola	1. 9.06	E MU	20.11.76
	Denecke Heinz-Martin Dr.	31. 3.92	° M PH PL	k	17.11.46	Welting Willi Maiweg Petra (T)		° CH BI e EK GE	10. 3.53 27. 4.58
	Lepenies Burkhard	15. 4.93	F EK		23. 2.51	Könes Ilka		D BI	19. 5.72
	Borgstedt Winfried	1. 6.96	D SW	k	20. 6.50	D Harth Günther G/HL	75	MU ER M	14.10.47
	Zickel Andreas	9.11.01	PH KR IF	k		Schöddert Ulrike G/HL'	78	CH ER D	14. 5.49
	Krüger-Wensierski Peter (V)	8. 7.02	° D GE		21. 6.48	E Schöning Barbara Rosenboom Silke	5. 8.07 5. 8.07	GE SP e E SP oB	5. 1.78 29. 1.79
	Chinnow Heidemarie		E PA		13.12.53	Florichs Christiane	5. 8.07	D SP k	11. 2.79
	Stiebel Roland		M PH		19. 3.72	F Kanhai Ute		F SP	4.10.60
	Zeoli Patrizia Dr.		° D E PL		11. 7.73	Meißner Svetlana Dr.		M PH oB	11. 1.66
C	Hindrichs Hanne	1. 8.80	F EK		25. 6.50	Krieckhaus Andreas Dr.		L GE e	1. 1.67
	Tatzel Sigrid	1.10.81	KU KW		25.10.51	Ligus Sonny		D PL e	9. 6.68
	Gösser Wolfgang	2.11.81	PH		25. 5.46				

1.300 Heiligenhaus Immanuel-Kant-Gymnasium gegr. 1968
st. G. f. J. u. M.
Herzogstraße 75, 42579 Heiligenhaus – Tel. (0 20 56) 9 82 50, Fax 98 25 30
E-Mail: verwaltung@gymnasium-heiligenhaus.de
Homepage: www.gymnasium-heiligenhaus.de

Kl: 6/11   Ku: 84/14   Sch: 675 (346) (165/291/219)   Abit: 59 (39)
L: 39 (A 1, A_1 1, A_2 4, B 15, C 12, E 4, H 2)
Spr.-Folge: E, F/L, F

BR Düsseldorf
ASN: **165542**
Dez: LRSD **Schütze**

A	Clevinghaus Bernd Dr.	15. 6.82	SW RW		25. 9.45	Noack Manfred Chilla Reinhard	10. 1.96 23. 1.97	° CH e D GE k	20. 8.46 26. 9.51
A_1	Gogoll Wolfgang	1. 6.94	□ F EK	k	10.11.51	B Brodersen Ingwer	16.12.78	° D GE e	11. 9.42
A_2	Wallberg Karin geb. Deisel (T)	26.11.94	SW EK	e	19. 8.50	Kaiser Maria (T) Aust Renate (T)	1. 2.79 30. 3.84	D PL oB □ E R oB	12.11.44 22.11.49
	Zimmermann Bernhard	1.11.95	° M EK IF	k	1. 9.53	Mutzberg Jürgen	24.11.84	PH M k	4. 7.52

Schumacher Huberta (T)	29. 1.96	E EK	k	26. 9.48	
Moss Vera geb. Düttmann (T)	29. 1.96 □	F SW	oB	19. 1.52	
Brüßler Ingo (Vw)	29. 1.96	D GE	e	28. 9.52	
Potthaus Jörg	17. 1.97	D GE	e	15. 4.54	
Claussen Jörn	2. 9.02	M CH	e	2. 7.59	
Schlechtriemen Rolf	1. 8.04 °	M PL	k	12.11.54	
El Sherif Andrea (T)	23.11.05	E F	e	15.4.69	
Bowyer Diane	8. 8.06 □	E S	k	18. 5.71	
Tetzner Kerstin	1. 3.07	D MU	k	16. 2.75	
Wirtz Dirk	1. 3.07 °	SP SW		23. 8.73	E
Kallmeyer Julia	1. 5.07	E SP		25.11.74	
C Riebe-Beicht Roswitha (T)	2.11.81	KU	k	3. 2.50	
Bauer Bruno	3. 8.82 °	GE L	k	10.10.47	H
Atorf-Fischer Birgit (T)	20. 9.82	SW PA	k	4. 5.53	
Polonyi Rolf	1. 3.83	E F	e	11. 1.50	
Bäßler Martin	5. 9.84	E EK	e	12. 9.55	
Proske Hubert	22. 9.84 °	BI ER	e	17. 7.47	
Nitsch Alessandra	1. 2.03	D KU PA	k	8. 8.72	
Op Het Veld Christoph Dr.	1. 8.03	L GE PK	k	1. 3.69	
Stanek Sonja	2. 5.05	E MU	e	29. 1.74	
Bröckerhoff Dirk	1. 2.06 °	E KR	k	10.11.74	
Niederhauser Melissa	1. 8.06	E BI	k	11.10.76	
Kraus Christina	1. 8.07	D BI	e	28. 8.76	
Fernbacher Yvonne	1. 2.07	E EK	e	20. 8.75	
Kohlen David	1. 2.07	PH SW		12. 9.76	
Sander Adrianne	1. 2.07 °	M BI		21. 9.80	
Christiansen Mareike	1. 8.07	D S		12.11.72	
Böhm Siegfried Dipl.-SpL		SP	k	24. 2.43	
Stahr Gisela GymnL'		SP	k	8. 4.49	

1.305 Heinsberg Kreisgymnasium gegr. 1925
G. f. J. u. M. d. Kreises Heinsberg
Linderner Str. 30, 52525 Heinsberg – Tel. (0 24 52) 96 44-0, Fax 96 44-29
E-Mail: kreisgymnasium-heinsberg@t-online.de
Homepage: www.kreisgymnasium-heinsberg.de

Kl: 12/19   Ku: 133/26   Sch: 1182 (623) (337/523/322)   Abit: 102 (52)   **BR Köln**
L: 68 (A 1, A_1 1, A_2 7, B 20, C 28, D 5, E 4, F 2)   ASN: **167630**
Spr.-Folge: E, L/F, L/F, E/L/F   Dez: LRSD **Palmen**

A	Krewald Annegret	1. 8.02	M PL	k	20. 2.56	
A_1	Menzel-Böcker Stefan	1. 8.06	D BI PL		29. 7.69	
A_2	Schmitz Ewald	21. 2.92	D GE	k	14. 6.46	
	Nijs Johann	19. 5.92	E SP	k	5. 8.50	
	Jansen Herbert	20.11.92 °	M	k	8. 1.52	
	Schattow Wolfgang	19. 8.94 °	BI CH	k	4.11.44	
	Schönfeld Eckhardt (T) (V_1)	24.10.94 °	EK M	k	27. 1.46	
	Friebe Hans	16. 4.96	E EK	k	7. 3.48	
	Wegmann Wilfried	16. 4.96 °	E SP	k	9. 1.50	
B	Feldbusch Klaus Dr.	10.11.78 °	G L (M)	k	2. 2.44	
	Losen Joachim (T)	28. 2.79 °	M PH	k	24. 5.47	
	Schemmerling Michael	3. 9.79	F PL		2. 9.44	
	Paffen Norbert (Vw)	4.12.79	D GE	k	5. 4.45	
	Werner Volker	28. 7.80	E	e	5.10.44	
	Meisen Reinhard	1. 9.81	M SP	k	7. 9.47	
	Schieren Ludwig	30.12.83 °	D EK	k	28. 9.48	
	Josten-Rühl Katharina geb. Josten	1.11.85	MU EK	k	13.11.49	
	Schreinemachers Hubert	11. 3.93	D GE	k	12.11.48	
	Rödig Irene geb. Nolden (T)	22. 3.96 °	EK M	k	18. 3.51	
	Jumpertz Rudolf	22. 3.96 □	SW SP EK	k	12. 8.49	
	Hils Helmut	22. 3.96	BI PA	k	15.11.50	
	Weres-Dohmen Franziska geb. Weres (T)	11. 2.97	F EK	k	3. 7.50	
	Hastenrath Heinz-Peter	11. 2.97	EK BI	k	31.12.49	
	Maaßen Renate geb. Führen	11. 2.97 °	D PA	k	26. 5.54	
	Kämper Barbara	10. 8.00	E KR	k	8. 5.62	
	Kries Andreas	14. 8.01 °	PH GE	k	13. 2.65	
	Call Krimhild geb. Blume	20. 8.01	EK D	e	13.12.51	
	Derichs Wilhelm	1. 3.06 °	M ER		58	
	Schaaf Alfred	°	D EK	k	2. 2.53	
C	Pittel Gisela geb. Noethlichs (T)	1. 8.77	E	k	16. 7.45	
	Bach-Gilliam Karin geb. Gilliam (T)	29. 8.79	E GE	k	8. 8.50	
	Erdmann-Blöchl Sybille geb. Erdmann	11. 2.80	D GE	k	18. 4.47	
	Braun Renate geb. Becker (T)	3. 4.81	D E	k	9. 3.47	
	Simos Adamantios Dr. (T)	11. 6.81	CH	gr-orth	25.12.45	
	Backhaus Josef	16. 4.82	E GE	k	15. 2.51	
	Bies Annemarie (T)	28. 8.82 °	EK M	k	2. 4.51	
	Krause Eckart (T)	1. 8.83	PA SW	k	6. 7.51	
	Frenken-Ollertz Ulrike geb. Frenken (T)	4. 9.83	D F	k	4. 3.54	
	Ulrich Gerd	20.10.83 °	BI EK	k	15. 3.49	
	Neffke Helmut Dr.	18. 9.84 °	M	k	17.11.47	
	Ofers Alexandrine	19. 9.84	SP F	k	19. 4.54	
	Kofferschläger Günter	10. 7.92	CH KR	k	9. 1.59	
	Depke Anke-Irina (T)	8. 8.95	F EK	e	13. 7.58	
	Kaufmann Sabine (L)	12. 3.96	BI CH	k	30.11.64	
	Peter Sabine geb. Icker (T)	2. 4.98 °	KU D	k	6. 4.67	
	Höhn Stefan	1. 1.02 °	SP PL		16. 1.68	
	Leinders Christof	1. 1.02 °	L E	k	29. 4.68	
	Diepenthal Jörg	1. 8.03 °	D PL	k	16. 8.74	

	Schröder Christof	11. 8.04 °	KR SW	k	10. 9.68		Krings Theodor	4. 2.92	MU D k	14. 2.55
	Nübel Ariane	27. 8.04 °	L GE MU	k	12. 4.67		SekIL			
	Hoffmann Peter	23.12.04	M PH	k	22.11.73		Hallmann-Müller Birgit geb. Hallmann (T)	12. 8.99	D PK k	3. 3.60
	Kraft Eva-Maria	21. 2.05	KU D	k	11. 9.75		Dahlmanns Magda geb. Rütten SekIL' (T)		KR E k	9. 1.56
	Dumke Ralf	8. 7.05	KU SP	oB	31.10.72					
	Holz Alexandra	23. 2.06 °	D E	k	18. 2.75		Dohmen Alexander	9. 8.06	M PH k	19.10.71
	Lengersdorf-Roeben Katja	8. 5.06 °	L SP	k	12. 2.76	E	Kasulke Christoph Tobias (V₂)	9. 8.06 °	L G e	4.10.70
	Thies Nicola geb. Breuke	17.11.06	BI SP	k	26.10.77		Braß Sandra	1. 8.07	BI PH	13. 5.76
							Lennertz Monika	1. 8.07	D KR k	22. 4.81
	von den Driesch Frank	31. 7.07 °	M KR	k	25. 7.76		Stüve Ralf		SP M BI	3. 5.69
						F	Reckendorf Gerhard Dr.		BI SP k GE	31.12.57
D	Lingnau Renate geb. Amedick FachL' (T)	10. 3.76	KU W	k	23. 5.51		Kraneburg Gabi		MU k	8.12.63

1.310 Hennef Gymnasium gegr. 1970
st. G. (5-Tage-Woche) f. J. u. M.
Fritz-Jacobi-Str. 18, 53773 Hennef – Tel. (0 22 42) 50 31, Fax 86 61 25
E-Mail: info@gymnasium-hennef.de, Homepage: www.gymnasium-hennef.de

Kl: 11/18   Ku: 137/27   Sch: 1160 (601) (318/485/357)   Abit: 89 (51)   BR Köln
L: 63 (A 1, A₂ 7, B 21, C 22, D 4, E 5, H 3)   ASN: **167149**
Spr.-Folge: E/L, E/F/L, L/F/G, R   Dez: LRSD **Dr. Welz**

A	Beemers Birgitt	17. 8.95 °	EW BI		19. 5.48	Pannek-Brader Eva-Maria Dr. (T)	3. 4.83	BI	k	24.11.48
A₂	Offergeld Werner	5. 6.81	EK SP	k	18.10.44					
	Lucas Werner	24.10.94 °	D GE	k	27. 5.44	Detmar Brigitte	5. 4.83	PA SW	k	3.11.53
	Lindner Rolf T.	24. 9.97 °	M	k	2. 7.48	Albrecht Gertrud (T)	18.11.83	F SP	k	9. 5.53
	Thiemann Wilmar (F)	13. 2.99	R ER	e	15. 9.51	Kloppenburg Michaele	7. 1.99	L MU	k	7. 3.68
	Pfeffer Marga	27. 8.00 °	M PH	e	8. 3.48					
	Gilich Gernot Dr. (V)	27. 9.02 °	KR PA	k	20. 9.44	Mludek Marianne	22.11.01	M EK KR	k	16. 5.49
	Bohne Edith	29. 9.04 °	L G	k	19. 9.48					
B	Pauli Nora	13. 3.79	D F	k	24.11.42	Glaser Beatrix (T)	1. 1.02	M L	e	10. 2.62
	Etzenbach Gisela geb. Böhmer	16.11.79 °	E F	k	14. 2.50	Nonnemann Anna M.	18. 1.02	D MU	k	1. 4.69
						Haas Senta	5. 8.02 °	M PH	k	31. 7.72
	Wiest Norbert	1. 1.80	BI		26. 8.47	Kipp Georg	16.12.02 °	KU E	efk	20. 6.68
	Hannig Karla	5. 5.80 °	F GE	k	14. 7.47	Perpeet Wolfgang	15. 8.03	D E		17. 9.60
	Stephan Martin	27. 4.81 °	L SP	k	17. 2.44	Hemscheidt-Klein Annette (T)	10.12.03	SP F		25. 9.57
	Kramarz Gabriele	20. 8.81	D PA		9. 9.49					
	Kersting Wilhelm	22.10.84	D PL	k	1. 6.46	Terrahe Kerstin geb. Tigges	1. 3.04	M IF	k	19. 6.72
	Wittig Peter	18. 1.85 °	EK WWk		13. 5.47					
	Friesen Jutta	15. 2.87	E EK		29. 1.49	Busch Stephan	15. 9.04	MU PL	k	11.11.69
	Reuter Wolf	6. 5.96	E R			Grimm Heike	9. 8.06	M PH	k	21. 6.71
	Schenk Manfred	16. 2.97	M EK	k	3. 9.51	Heiseke Jens	11. 8.06	D L	k	24. 4.75
	Wester Stefan	16. 2.97	KR GE	k	19.11.52	Piesche Thorsten	7. 9.06	E GE		9. 7.72
	Engel Winfried	30. 8.02 °	D KU W		29.12.53	Czaja Thomas	10.06	PH D		9.11.70
	Pesch Lothar	1. 6.06	M KR	k	8.11.50	D	Gmeiner Elfie	3. 8.81	D GE	k	19. 7.48
	Sommer Marlene (T)	1. 6.06	EK F	k	9.12.54		Schier Irmgard	1. 9.81	M SP		9. 6.55
	Hangele Gabriele	31. 7.07	M EK	k	10. 5.53	Müller-Schledorn Gabriele SekIL' (T)	20. 8.01	ER	e	30. 8.56
	Bartscherer Irene	31. 7.07 °	D E	k	27. 5.71					
	Lüders Anja	31. 7.07 °	ER L	e	9. 1.73	Schulte Rita (T)	20. 8.01 °	M BI		12. 2.56
	Jonen Hans-Günter		EK SW	k	20. 3.49	E	Westhofen Jörg	1. 2.05	CH BI	k	15. 6.76
	Landthaler		BI CH	e	22. 5.50	Becker Daniela M.	22. 8.05	SP BI		24. 3.74
	Cleff Regine		E EK		5.11.51	Hachmeier Friederike	22. 8.05	G L	e	25. 7.77
C	Teschner Renate geb. Panhoff	16. 5.78	D PL	e	20. 5.48	Wittbrodt Inga	1. 2.06	E SP		9. 8.79
						Luchner Christian	1. 9.06	GE SP	e	27.10.76
	Frings Gunhild (T)	26. 6.78	F CH	e	13. 5.48	H	Großmann Adolf		D M PL		5.12.52
	Feider Margarete (T)	1. 8.79	D EK		3. 5.50	Smyhatz-Kloss Bettina Dr.		PH EK	e	6. 2.68
	Vahsen Barbara (T)	2. 1.80	F GE	e	9. 5.51					
	Essel Waltraud	11. 3.81 °	GE F		8. 4.51	Klewitz Katharina		BI D		21. 9.71

Gymnasien Nordrhein – BR Düsseldorf · BR Köln 141

1.320 Herzogenrath Gymnasium gegr. 1865
st. G. (5-Tage-Woche) f. J. u. M.
Bardenberger Str. 72, 52134 Herzogenrath – Tel. (0 24 06) 40 45/6, Fax 1 39 42
E-Mail: gymnasium@schule.herzogenrath.de
Homepage: www.gymnasium-herzogenrath.de

Kl: 11/19 Ku: 129/23 Sch: 1144 (547) (307/494/343) Abit: 68 (27) **BR Köln**
L: 70 (A 1, A_1 1, A_2 7, B 22, C 26, D 3, E 5, F 5) **ASN: 167447**
Spr.-Folge: E, L/F, F/L, N Dez: LRSD **Palmen**

A	**Granz** Reinhard	12. 3.02	D MU	k	13. 3.49		**Mosemann** Helga (T)	16. 4.81	CH SP	k	8. 4.52
A_1	**Jansen** Brigitte	13. 5.04	M MU	k	23. 4.54		**Küppers** Udo	1. 9.82	SP F	k	14. 4.55
	geb. Gerkes						**vom Felde-Weinert**	30. 3.83	PA SP		22. 9.53
A_2	**Braam** Udo	18. 1.95	EK PH		22. 5.51		Gudrun geb. vom Felde (T)				
	Capell Heinz	10. 1.96	BI EK		21. 3.52		**Sauer** Gabriele	29. 5.84	E R	k	7. 7.54
	Förster Klaus	17. 1.96	PL D	k	18. 2.50		geb. Knura (T)				
	Braam Manfred (F)	9.12.97	D GE N		1. 3.52		**Barth** Heide (T)	13.10.84 □	M PA	e	27. 1.55
	Franken Werner	17. 6.98	E EK		29.11.49		**Schönberger** Dagmar	22. 3.85	SP EK	e	23. 2.54
	Röhrens Marianne	1. 9.01	M IF	k	9. 3.52		(T)				
	Vos Elisabeth (T)		D PA				**Meyer** Regina	9. 7.01	KR BI	k	14. 2.64
B	**Kegler** Reinhard	20.12.75	M (PH) IF		27.10.43		**vom Berg** Alexandra	27. 8.02 °	D E	k	13. 2.70
	Sequeira Sophie	12. 1.79 °	F GE	k	9. 3.44		**Buntenkötter** Bernd	2. 6.03 °	E GE	k	21. 8.69
	geb. Longueval-Buquoy						**Cohnen** Christian	15. 9.03	E GE		8.12.70
	Geulen Gisbert	12. 1.79	M PH		26. 4.46		**Gossens** Anja	1. 2.04	L GE	k	4.10.73
	Heller Stefan	10. 1.80	SW PK		30. 4.45		**Wehmeier** Caren	1. 8.05	D KU	e	13. 5.69
	Schmerz Herbert	1. 4.80	E EK	k	23.11.47		**Winter** Nadja	27. 1.06	BI KR GE	k	25.11.74
	Brandelik Gerda (T)	1. 8.80	E KR		10.11.44		**Reichel** Kristin	7. 8.06	M SP KR	k	4. 8.76
	Zander Walter	4. 9.81	E EK	k	23. 5.48						
	Melin Marie Luise	1.11.90	E D	k	20.11.46		**Münch** Christoph	1. 2.07 °	D KR	k	16. 9.77
	geb. Federhen (T)						**Laumen** Britta	21. 6.07 °	L GE D	k	6.12.77
	Klingenberg	14. 5.92 °	D MU	k	3.11.51		**Mosbach** Marion	1. 8.07	M GE		25. 8.70
	Hildeg. geb. Quadflieg						**Herrmann** Ursula	6. 8.07 °	D F KR	k	3. 4.69
	Janschewski Werner	26. 7.95	M	k	15. 1.46		**Büttner** Hans-Jürgen		° D MU SP		5. 9.54
	Hoekstra-von Cleef	20. 2.96	D Soz	k	26. 2.53		(T)				
	Wilma geb. von Cleef (T)						**Peukert** Brigitte (T)		F L		16.12.55
	Carl Paul Dr.	18. 4.96	BI lCH		23.10.48		**Freund-Weil** Michaela		° D F		2. 2.58
	Cloos Wolfgang (T)	14. 4.97	PH SP		26. 5.50		**Ipach** Gisela (T)		BI EK		
	Orban Gerd	6. 9.04 °	F EK M	k	6. 2.51	D	**Wassenberg** Christina	1. 8.73	KU HW	e	22.11.49
	Kleine-Finke Andreas	5.10.05 °	BI CH	k	17.12.71		**Esser** Bernd	1. 8.81	EK M		16. 4.55
	Benczek Jürgen	1.11.06 °	M PH	k	15. 8.57		**Mevissen** Ursula	1.12.92	D ER	e	2. 1.60
	Patzelt Christian	1.11.06	L GE		21. 9.65		SekIL' (T)				
	Brenig Dirk	21. 9.07 °	D E		13. 7.67	E	**Mojsisch** Gerrit	22. 8.05	E SP		21. 4.77
	Middendorf Jörn	21. 9.07	M BI		14.11.68		**Ruch** Markus	27.10.05	GE SP		24.10.72
	Kellermeier Bianca	21. 9.07	D E	k	23. 4.74		**Szabó** Gabriela (T)	1. 2.06	E F	k	16.10.70
	geb. Knoke						**Battenfeld** Sven	9. 8.06	SW EK SP	k	19. 3.75
	Kottowski-Klasner Elke		E PA								
	geb. Kottowski (T)						**Belten** Nicole	6. 8.07	GE D		27.10.75
C	**Bongers** Gerd	5. 8.78 °	N D	k	16.12.44	F	**Haak** Bruno		F GE		16.12.52
	Pohlmann Barbara	3.11.79	E F	e	6. 2.50		**Bauer** Verena		D EK GE		1. 7.60
	geb. Laut (T)										
	Radtke Margarete	7.12.79	BI EK		2.12.49		**Becker** Frank		D PL		13. 4.65
	geb. Scheeren						**Höing** Klaus		F N	k	7. 5.70
	Dimovic Hildegard	1. 2.80	SP PA	k	18.11.48		**Stegelmann** Eva-Maria		° M IF	k	2. 2.78
	geb. Naefe										

1.325 Hilden Helmholtz-Gymnasium gegr. 1910
st. G. (5-Tage-Woche) f. J. u. M.
Am Holterhöfchen 30, 40724 Hilden – Tel. (0 21 03) 89 03-0, Fax 89 03-30
E-Mail: 165554@schule.nrw.de, Homepage: www.hilden.de/hgh

Kl: 9/16 Ku: 132/29 Sch: 1017 (491) (271/413/333) **BR Düsseldorf**
L: 59 (A 1, A_1 1, A_2 5, B 20, C 23, D 3, E 1, F 3, H 2) **ASN: 165554**
Spr.-Folge: E, L/F, F, F/S Dez: LRSD **N. N.**

A	**Rädisch** Karl-Heinz	1. 2.05	EW SW M		11.11.53	A_1	**Schmidt** Gottfried	27.10.93 °	KR F	k	11. 8.44
						A_2	**Cremer** Claus	17.12.80 °	E F	e	6. 5.42

	Kremer Annerose geb. Stenzel (T)	20.11.92	M BI	k	10. 4.50		Josch Karl-Heinz	1. 5.82	EK M	e	19. 9.51
	Wüsthoff Renate	20. 1.94	PA D	k	8. 7.52		Stölb Hermann	3. 8.82 °	D PL	k	27. 6.50
	Bolten Reiner	17. 2.95	PH M	k	4. 4.49		Matczak Angelika (T)	26. 1.84	E PA		13. 3.51
	Geißler Heinz (T)	17. 2.95 □	GE SW	k	27. 6.53		Huppertz Paul (T)	15. 4.84	SP F	k	25. 6.54
B	Timmerbeil Klaus	18.11.78	D ER	e	10. 5.46		Behrens Rita geb. Feldwisch gen. Drentrup	15. 6.84	M EK		53
	Vonnahme Doris geb. Grolms (T)	20.12.79 °	CH M	k	19. 2.50		Ickler Klaus-Jürgen	15. 8.84 °	M PA		31.1.53
	Stricker Annegret (T)	1. 8.80	M EK		5. 1.48		Kürten Fred	13. 9.84	D GE		21. 8.49
	Bentlage Gabriele geb. Dreier (T)	4.12.80	BI	k	6.12.49		Maibücher Sigrid (T)	13.12.84	E SW		28. 7.54
	Birnbach Gabriele (T)	1. 2.81 °	E EK	k	7. 9.47		Wilps Angela (T)	30. 9.85 □	GE PA	k	20. 7.54
	Kaethler Brigitte (T)	22. 7.82 °	E EK		28. 5.49		Geißler Cornelia geb. Weßling (T)	15.11.85	D ER	e	4. 6.54
	Gorsboth Hans-Otto	1. 9.82 °	M GE	k	9. 1.50		Kolb Anton	7. 8.89	M PH	k	28. 4.51
	Paffen Horst	1. 7.84 °	BI CH		12. 3.49		Ottermann Thomas	13.11.97	D KR	k	21. 3.61
	Dornscheidt Wilhelm	26. 2.85	E F	k	25. 1.43		Loibl Thomas	1. 2.99	L SP	k	19. 4.62
	Meyer Axel	20. 3.85	GE SP		28. 7.48		Steuer Annette	1. 1.02	E SP	k	25.10.58
	Mulder Renate	6.11.89	F E	e	8. 8.53		Krause Martina	1. 8.02	MU E neu ap		14.12.71
	Heyer Rolf	11. 8.90	E EK	k	29. 4.51		Fuß Christoph	21. 1.04	D SW	k	28. 2.71
	Schirmers Gerhard	11. 2.93	BI KR	k	23. 5.50		Wilkes Verena	9. 3.06	D PL PPe		30.11.75
	Streckert Ursula (T)	15. 6.94	D GE ER	e	12.12.48		Koch Hartmut	9. 8.06	PH BI	k	12. 1.65
	Tries Michael	15. 3.95	M EK	k	27. 5.53	D	Kehren Jutta SpL' von Eynern Frauke HSchL'	18. 1.77 12. 4.78	SP D KU MU	e k	19. 4.46 15.12.47
	Fink Dagmar	16. 2.96 °	D GE	k	25. 5.55		Trojand Elisabeth SekIL' (T)	3. 3.84	M EK	k	15.11.55
	Uebbing Doris	18. 3.97	D E	e	1.11.52						
	Osterwind Bernhard	18. 3.97	BI EK KR	k	23.10.54	E	Währich Nina S.	9. 8.06	E F	e	23.10.76
	Krell Cornelia (T)	12. 4.00	M CH	e	22. 5.53	F	Pleschinger Johann Dr. Ass d. L.		° M PH	e	16. 1.47
	Wilholt-Zepf Ursula geb. Wilholt	12. 4.00	E PA	k	18.12.52		Valembois Dominique Ass' d. L.		D F	k	12.11.50
C	Schlimm Helmut	30. 7.79 °	KU W		7.11.48		Bieberstein Joanna		CH EK M	k	3. 1.59
	Haider Christiane geb. Schulze (T)	18.10.79	KU KW	e	21. 4.50	H	Tsambikakis Paraskewas Dipl.-SpL		SP	gk	29. 7.43
	Lieverz Frank	6. 8.80	BI F	k	10. 7.48		Kraft Heinz-Jürg. Dipl.-SpL		SP EK		11.10.47
	Krieger Monika (T)	18.12.80	GE F	k	26. 6.50						
	Brunner Thomas	1. 3.81	SW PA	k	7. 5.51						

1.326 Hilden Dietrich-Bonhoeffer-Gymnasium gegr. 1955
pr. G.[1] (5-Tage-Woche) f. J. u. M. m. Musikkl. u. Talentförderung Judo
d. Ev. Kirchen im Rheinland
Gerresheimer Straße 74, 40721 Hilden – Tel. (0 21 03) 36 36, Fax 36 33 33
E-Mail: dbg@eszhilden.de, Homepage: http://bonhoeffer.eszhilden.de

Kl: 8/16   Ku: 163/29   Sch: 1151 (642) (240/477/434)   Abit: 125 (77)
L: 78 (A 1, A$_1$ 1, A$_2$ 12, B 27, C 26, D 1, E 2, F 2, H 6)
Spr.-Folge: E, F/L, F, S/N/L/R

BR Düsseldorf
ASN: 165566
Dez: LRSD N. N.

A	Göbeler Ulrich	1. 6.95	KU KW	e	22. 6.47	B	Heinemann Karl-Martin	1. 2.81	E F SI	e	23. 9.47
A$_1$	Mertens-Billmann Inge	1. 2.06	F BI	e	26. 1.55		Gessner Elke (T)	15. 8.84	D GE		21. 4.50
A$_2$	Kuschmann Günter	20. 9.93	KU	e	10. 6.44		Fiesser Wilhelm Dr.	22.12.84	D F		28. 9.48
	Peter Till	31. 8.94	BI CH	e	23.11.47		Bluhm Annette	23. 8.85	CH	e	7.12.42
	Gronemeyer Siegfried	31. 8.94	BI ER D PL	e	29.11.49		Teudt Wolfgang	30. 8.85	D EK		10. 2.45
	Naaf Helmut	28. 6.95	EK M	e	11. 9.47		Combächer Ralf	12. 3.90	GE E		15.10.47
	Scheer Bernd	30. 6.95	E EW		9. 1.53		Hertle Rainer (T)	12. 3.90	D M		24. 4.48
	Schäfer Dorothea	14. 8.96	M R	e	29. 1.53		Wellhausen Christa (T)	13. 3.90	D ER	e	2. 2.55
	Arnold Gisela geb. Arndt (T)	14. 8.96 °	M SW		27. 1.51		Sämmer Anneliese	16.10.92	KU EK		9. 3.52
	Danyel Karl-Heinz	27. 5.98	MU KU	e	7. 6.45		Bordon Gertrud geb. Thullner	1. 6.94	CH PH	e	19.11.45
	Kotthaus Udo	29.11.00 °	PH PL	e	21. 4.54		Raabe Birgit	1. 6.94	M SW ER	e	21. 8.55
	Burmeister Ursula	1.11.05	BI EW	e	30. 3.53						
	Anderssohn Jürgen	28. 9.06	M PH	e	25. 8.57		Bünning Ruth (T)	1. 6.94	M EK		21.11.55
	Becher Wolf	1.12.06	D EW	Ne	9.10.46		Klinghöfer Heinr.	1. 6.94	SP PH	e	5. 5.55

	Barthel Uwe	14.10.94	M PH	e	13.10.53
	Beindorf-Wagner Volker	20. 9.96	KU KW	e	2. 1.54
	Taffanek Bernd (V₂)	20. 9.96 °	BI EK	e	14. 4.55
	Bierwirth Gabriele (T)	20. 9.96	D F		3. 4.54
	Möllering Angelika geb. Hager	13.11.97	EW M	e	3.10.56
	Kempkes Christiane	10.12.97	KR E	k	8. 8.59
	Scholl Udo	14. 8.00	ER M	e	22. 8.57
	Albrecht Mareike	15. 7.03	R F D	e	31. 3.55
	Wagner-Hucke Astrid (T)	15. 7.03	BI F	e	18. 5.61
	Plaggenborg Karin	17. 8.05	E SP	e	4. 9.57
	Goebel Petra	9.10.06	BI PA		10. 4.60
	Beele Jörg	30.10.06 °	BI SP	e	18. 9.56
	Braukmann Martin	22. 5.07	M PH IF	e	9. 4.64
C	Damerau Reinhard Dr. (V)	19. 8.80 °	GE R	e	19. 9.49
	Büren-Linke Ute geb. Büren (T)	12. 8.83	F SP	e	4. 3.53
	Krauß Johannes Walter Dr.	7.11.85	L G	e	23. 7.54
	Wortberg Hans-Werner	8.10.87	KR KU	k	7. 3.55
	Schlichting Marlies geb. Stienecker (T)	2.10.91	E F	e	3.10.55
	Stein Christiane (T)	23. 4.92	D ER	e	4. 2.61
	Krajewski Stephan	16. 9.93	SP KR	k	14. 7.58
	Stallberg Annegret (T)	23. 8.94	E F D	e	6. 4.55
	Harms-Bartosch Ulrich	2. 9.94	PH SW	e	25.12.56
	Fragemann Heike (T)	2. 9.94	E F	e	28. 8.55
	Dreifert Marlies	2. 9.94	D EK		5. 1.57
	Fischer Karin	12.10.94	BI SW	e	30.11.57
	Weingarten-Dunn Britta (T)	12.10.94	KU D	e	26. 9.59
	Röttger Christiane (T)	16.11.94	D MU	e	19.12.57
	Oesterwind Rainer	15. 5.95	ER GE	e	11. 4.59
	Voget Julius (T)	13.10.95	ER MU	e	15. 4.55
	Pfeifer Dorothea (T)	15. 8.96	E F	e	14. 9.60
	Vogelsang Jutta (T)	1. 8.99	PH SP	e	17. 1.57
	Kammeier Petra	7. 1.02	D GE		6.10.65
	Köser Carsten	6. 9.04	D MU ER	e	16. 3.72
	Hinz Markus	22. 9.05	S E		16. 6.66
	Keden Jan Helmke Dr.	22. 9.05	D MU	e	20. 3.74
	Hammelrath Will	1. 8.06	CH EK ER	e	29.10.66
	Dalladas Markus	1. 8.07	CH IF	e	23. 7.71
	Rauthe Simone Dr.	1. 8.07	D GE		16. 4.74
	Klahr Martina		SP EK		17. 5.60
D	Quast Renate RSchL'	1. 2.78	D F	e	18. 6.46
E	Stein Christian	1. 2.05	ER D		24.10.75
	Bauer Alexandra	1. 2.06	E D	e	23. 6.77
F	Fischer Bernd		SW EW	e	24. 1.54
	Schlatter Peter		SP	k	1. 2.68
H	Harley Alan		E	angl	12.10.47
	Jancke Khadige		SP	e	15. 8.50
	Davies Alun		E	angl	22. 2.51
	Jetzki Manfred		SP	e	8.12.51
	Ferenschild Gerhard		D PL		17. 6.59
	Tober Andrea		MU D	e	21. 7.72

[1] m. Internat u. Tagesinternat f. J. u. M.

1.340 Bad Honnef Siebengebirgsgymnasium gegr. 1918

st. G. (5-Tage-Woche) f. J. u. M.
Rommersdorfer Str. 78–82, 53604 Bad Honnef – Tel. (0 22 24) 9 34 30, Fax 93 43 12
E-Mail: info@sibi-honnef.de, Homepage: www.sibi-honnef.de

Kl: 9/13 Ku: 159/21 Sch: 990 (502) (270/376/344) Abit: 96 (52) **BR Köln**
L: 59 (A 1, A₁ 1, A₂ 5, B 15, C 23, D 2, E 8, F 3, H 1) ASN: **167150**

Spr.-Folge: E, L/F, F/L, F Dez: LRSD **Dr. Welz**

A	Nowak Joachim	4. 1.03	D SW	k	20. 4.54
A₁	Ritter Armin	19. 2.04 °	E GE KR	k	3.12.53
A₂	Steuer Gerd	22.12.93	BI	k	17. 1.44
	Walkembach Norbert	18. 6.01	F SP	k	3. 4.50
	aufm Kampe Helgi Dr.	18.10.06	M IF	e	6. 4.50
	Werner Detlef	18.10.06	CH	e	17. 2.49
	Hinz-Loske Angelika (T)		D PL		
B	Dauer Wolfgang	26. 9.80	SP D	k	25.11.47
	Sangenstedt Konrad	15.12.81	E EK		17. 2.48
	Berns Andrea	23. 1.96	GE F	k	17. 6.54
	Krings Werner (T)	17. 6.98 °	M IF	k	26. 5.45
	Freudenreich Angelika geb. Hurtenbach	27. 6.00	KU	k	8. 4.53
	Raile Hans-Joachim	2. 5.01 °	MU D	k	6. 6.47
	Hoppen Bruno (L)	14. 8.01 °	EK D	k	20. 2.48
	Burdick Heribert	5.11.04	E Soz	k	14. 1.51
	Kretschmar Hagen	5.11.04	SP EK	e	10. 3.49
	Korsch Cornelia	1. 9.05	PH M	k	30. 5.54
	Monzel Angelika geb. Thomas (T)	1. 1.06 °	D GE	e	16. 7.47
	Mösch Hildegard geb. Kruckenbaum (T)	1. 2.06	E KR	k	25. 9.64
	Tyrichter Hans (T)	21. 8.07	D EK		10.11.49
	Schröder Ursula	21. 8.07	D PL	k	12.11.61
	Schütze-Rehling Marco	21. 8.07	M PH		18.11.69
C	Röhle Gundel geb. Brenschede (T)	27. 8.79	BI CH	e	27. 6.48
	Schulz Edith geb. Rörig (T)	18. 9.79	D F	k	20. 9.50
	Grube Dieter (T)	18. 8.80 °	EK GE	e	23.11.48
	Maerker Ruth	18. 8.80	E EK		1. 1.51

Gymnasien Nordrhein – BR Düsseldorf · BR Köln

	Langer Hartmut (T)		80	D E	k	6. 4.47		Beyer Thomas Dr. (T)	1. 2.07	M PH e	7. 2.70
	Hamm-Mayer	21. 3.81		BI E	k	5. 6.52		Brack Arne	18. 3.07 °	M EK k	10. 3.76
	Ursula geb. Hamm (T)							Ringel Jochen	17. 5.07 □	ER BI e	31. 5.71
	Soyka Ruth	11. 3.82		F SP	e	10. 2.52		Baulmann Pia	9. 8.07	DE BI k	10. 1.76
	geb. Bartel (T)						D	Schloer Ursula	4. 9.81	KU TX k	2. 7.52
	Jamai Gabriele	7. 9.84 °		F S				geb. Sandherm (T)		D	
	geb. Hain (T)							Meffert Angelika	20.10.83	M GE	26.12.52
	Hofmann Elke (T)	8.10.95		M SP	e	27. 1.61		SekIL'			
	Rott Thomas	2. 4.03 °		L GE	k	2. 1.73	E	Wolf Dirk	11.11.05	SW GE e	28. 8.69
	Zens Heike (T)	1. 2.05 °		M PH	k	9.11.71		Linßen Katrin	1. 2.06 °	L F k	18. 8.76
	Pfeifer Christian	1. 8.05		BI CH	k	18. 5.73		Bosse Silke (T)	9. 8.06	MU SP e	23. 4.78
	Schmidt Wiebke (T)	22. 8.05 □		ER E	e	6. 9.73		Bröhl Susanne	6. 8.07	CH BI	25.12.73
	Westhues Inga	31. 1.06		E F	k	15.11.73		Arenz Ellen-Vivian	6. 8.07	D GE k	4. 6.78
	Hüging Daniel	25. 4.06		D SP	k	12. 9.75		Pallast Gregor	6. 8.07	SW BI	18. 8.78
	Haase Heike	25. 4.06		D BI	e	25. 3.76		Stodden Marc		CH BI	
	Weyland Michael	1. 5.06 °		M SW	e	12. 7.74	F	Blasek Anne-Laure		F L	16. 8.52
	Flink Beate	20. 5.06		GE KR	k	1.12.64		Schneider Jürgen		° ER SP e	29.12.56
	geb. Kreutz (T)							Kaibel Andreas		D M IF	14. 3.69
	Emmerich Kirsten	8. 8.06 °		E KR PA	k	1. 7.75	H	Dressel Friedrich		MU	30. 5.56

1.341 Bad Honnef Gymnasium Schloß Hagerhof gegr. 1960
pr. G.[1] (5-Tage-Woche) f. J. u. M. d. Schloß Hagerhof GmbH u. Co. KG
Menzenberg 13, 53604 Bad Honnef – Tel. (0 22 24) 9 32 50, Fax 93 25 25
E-Mail: info@hagerhof.de, Homepage: www.hagerhof.de

BR Köln
L: 34 (A 1, A$_1$ 1, A$_2$ 3, B 8, C 6, E 1, F 14)   ASN: **167162**
Spr.-Folge: E, L/F, S   Dez: LRSD **Dr. Welz**

A	Meisterjahn-Knebel	1. 2.96	D EW	k	14. 7.53		Harting Joachim		° BI PL		12. 1.69
	Gudula Dr.						Dörr Olaf		D E	k	8. 3.69
A$_1$	Sieber Matthias	24. 9.01	SP BI	e	7. 8.60	E	Franz Heike	8.06	F S	e	15.10.76
A$_2$	Treffart Jörg	14. 8.98	D GE PK L		5.12.49	F	Nölken Brigitte		D KR	k	23.12.48
	Neuen Klaus	1.11.02	M EK	k	10. 9.55				MU		
	Bamberger Helmut	1.10.05 °	SP D PL		1. 3.55		Fabelje Ursula		E F	k	6.10.49
B	Thomas Erik	24.11.82	E EK SW PK		21. 8.50		Brück Bernhard Ass d. L.		° E GE	k	30. 6.54
	Horstmann Christiane	4. 6.97	D E		6.11.51		Preuten Gerhard		° MU SWk PK		30. 8.56
	Wittkopp Heiko	1.11.98	M PH	e	19. 6.52		Bohnau Susanne Ass' d. L.		BI	k	23. 5.57
	Braun Albrecht	1.11.00 °	F E		4. 8.51		Rapreger-Wirtz Jens Ass d. L.		° CH BI	e	5.11.57
	Fenger Jürgen	1. 8.03	M SP		17. 9.58		Noreike-Klier Anke		KU		20. 7.59
	Stehr Peter	1.12.03 °	D KU	k	28. 2.59		Wellner Michael Ass d. L.		EK SP	e	18. 7.60
	Willmeroth Iris	1. 2.06 °	E F	k	1. 4.59		Schwarz Claudia Ass' d. L.		KR GE	k	10. 1.61
	Ahlke Reinhard	1. 2.06 °	D GE		3.10.65		Krämer Dirk Dr.		PH M	e	9. 2.61
C	Otto Martin	1. 8.97	SP BI	e	8.10.62		Berg Jürgen Ass d. L.		° KR GE	k	22. 4.62
	Lukas Barbara	1. 8.98 °	GE SP	k	20. 7.60		Budzick Gabriele		M	k	24. 7.62
	Laufer Michael		SP BI	k	8. 1.55		Bachmann Jochen Ass d. L.		ER PL	e	12.11.62
	Kinder Sophie		G L	k	26. 6.66		Ummenhofer Bettina		E F		

[1] m. Internat f. J. u. M; Sportförderung; Reformpädagogik nach Montessori

1.345 Hückelhoven Gymnasium gegr. 1962
st. G. in Ganztagsform (5-Tage-Woche) f. J. u. M.
Hartlepooler Platz, 41836 Hückelhoven – Tel. (0 24 33) 8 60 52, Fax 8 58 05
E-Mail: gymnasium.hueckelhoven@t-online.de
Homepage: www.gymnasium-hueckelhoven.de

Kl: 9/21   Ku: 156/23   Sch: 1146 (616) (262/541/343)   Abit: 124 (64)   BR Köln
L: 78 (A 1, A$_1$ 1, A$_2$ 7, B 24, C 26, D 4, E 4, F 7, H 4)   ASN: **167642**
Spr.-Folge: E, F/L, L/F, S   Dez: LRSD **Palmen**

A	Woltery Walter	1. 8.01 °	M PH	k	5. 4.54	A$_2$	Fischer Franz-Josef	15. 1.97 °	M CH	k	9. 3.56
A$_1$	Sanders-Edel Gundi	1. 5.02	E EK		14. 7.54		Porsch Birgit	11.99	D GE	e	30. 7.48

	Verdang Hubert	1. 4.01	E	k	29. 6.46	Jansen Markus (T)	6.01 ▫ D E WW	k	18. 6.67
	Fluhr-Leithoff Birgit	1. 2.02 ▫	D EK SW PK	meth	12.11.52	Rössing Michaela	1. 1.02 D M BI	k	9. 1.69
	Knubben Barbara geb. Fiebich	13. 3.02	KR EW	k	12. 4.53	Buhl Dorina	1. 1.02 ° D E	k	20. 5.69
	Kathrein Margret (T)	16.10.03	BI CH	k	17. 7.55	Strömer Jochen (F)	25. 9.02 M SP	k	26. 9.70
	Sturms Ilma geb. Körner	1. 5.07	E KR	k	28. 7.62	Lehnen Michael	1. 2.03 ° E KR	k	17. 6.72
						Klotz Torsten	5. 2.03 M PH	e	30. 7.71
B	Walter Heidi geb. Scherkamp (T)	2. 2.80 °	E F SP	e	30. 6.48	Pfalz Evelyn (T)	1. 9.03 ° E S	oB	11. 5.74
						Brendt Astrid geb. Spiertz (T)	15. 9.03 ° D E PA	k	31. 7.67
	Winners Wolfgang	30.10.90	BI CH	k	5.12.53	Vieten Claudia	1. 4.04 ° MU D	k	1. 7.68
	Walbert-Mataré Elisabeth Dr.	95	D KU EW	e	28. 5.44	Neubeck Dorothee	15. 9.04 PA SP	k	19. 2.71
	Dille Peter	29. 1.97 °	BI EK	e	19. 8.51	Löhr-Spelthann Julia geb. Löhr	15. 9.04 ° D S	k	18. 2.75
	Witges Hermann	30. 1.97	M	k	25. 1.51	Harth Arne	21. 4.05 M ER	e	14. 2.75
	Gebhart Jutta geb. Kiehl (T)	17.12.97	E M		7. 1.52	Schmitz Markus (T)	15. 9.05 ° M PH	k	11. 6.73
	Fell Irmtraud geb. Bauer	4. 3.98 °	D GE	k	12. 8.48	Irmak Kenan Holger Dr.	15. 9.05 ▫ SW GE	k	17. 4.65
						Karasek David	21. 3.06 ▫ BI CH	oB	13. 8.73
	Gotta Kornelia (T)	1. 1.99 °	BI CH		9. 1.54	Thelen Agnes	1. 8.06 ° M EK	k	27. 4.77
	Roth Wolfgang Dott. (T)	15. 6.00	E GE I	e	17.12.57	Hahn René	16. 3.07 ° GE E	k	25. 8.71
	Griese-Behr Sonja (T)	1. 7.00	D E		2. 9.49	Wintgens Ellen	1. 8.07 M SW PK	k	21. 7.77
	Schwittlinsky Renate geb. Hofmann (T)	1. 7.00	M BI	e	26. 4.56	Diehl Ute	5. 8.07 D GE	e	21. 5.79
						Reul Ursula (T)	SP EK	k	5. 2.56
	Schiff Bianca (T)	02 °	SP E	k	22. 9.67				
	Hecker Annelore	28. 6.04 °	KR PK SW	k	10. 2.61	D	Krüger Elfriede RSchL' (L)	24.12.77 BI E	e	24.12.50
	Uffmann-Bär Rita	19. 1.05 ▫	D ER	e	16. 1.58	Felden Margot geb. Wienands SekIL' (T)	27. 4.83 M KU	k	9. 2.56
	Gipperich Dirk	2.05	E SP	e	22.11.66				
	Rubel Thomas (V)	15. 9.05 °	KR L	k	4.12.68	Schröter-Ziemann Marianne SekIL'	26. 6.85 EK KU		9.11.54
	Schlonski Frank Dr.	15. 9.05 °	L G	k	8. 3.64	Randerath Susanne SekIL' (T)	6.96 D EK	k	28. 4.64
	Schröder-Kometz Stephanie (T)	2.11.06 °	E D	k	13. 7.62	E	Diener Ilka	14. 2.05 D E PL	e	13.12.72
	Kruse Sandra	2.11.06 ▫	M IF	e	11. 5.70	Keuter Marcel	15. 3.06 ° L E	k	25. 9.73
	Rütten Guido	2.11.06 °	KR D	k	15. 5.64	Grates Carmen	9. 1.07 ° M E		8.12.77
	Peter Ralf	2.11.06 °	M PH	e	1. 3.66	Gilges Markus	12. 3.07 M PH	k	21.12.72
	Latour Ulrich	31. 1.07	BI SP	k	27. 9.63	F	Blenkle Eckhard	▫ E EK	e	2. 3.51
	Parnow Stefan	31. 1.07	BI SP	e	20. 7.65	Hein Joachim Ass d. L.	ER SP	e	16.10.54
	de Bruyn Nicole	31. 1.07 °	F SW	k	14. 2.70	Correnz Margret	D SW	k	7. 9.56
C	Stratmann-Kurzke Ralf	10. 8.89	SP KU	k	11. 7.59	Wefers-Herzogenrath Gabriele	D GE	k	26. 3.58
	Steijvers Astrid geb. Pflüger (T)	29. 4.93	L G		26.12.59	Claßen Angelika	° L G F	k	1. 8.59
						Begaß Frederic	D F	k	7.12.67
	Dahlmanns-Kranz Irene (T)	1. 2.99	D KR	k	20. 4.61	H	Kremers Willi Dipl.-SpL	SP	e	5. 7.48
	Pelz Claudia	1. 8.99	D KR	k	20. 4.66	Giebler Michael	D MU		20. 3.59
	Rohe Peter (T)	19. 8.99	MU PL D		10. 4.63	Drießen Frank	M PH	k	5.12.62
						Seitz Arwed Dipl.-SpL	SP	e	9. 1.65

1.348 Hürtgenwald-Vossenack Franziskus-Gymnasium gegr. 1967
pr. G.[1] (5-Tage-Woche) f. J. u. M. d. Kölnischen Ordensprovinz d. Franziskaner
Franziskusweg 1, 52393 Hürtgenwald – Tel. (0 24 29) 3 08-60, Fax 3 08-66
E-Mail: franziskus-gymnasium@web.de, Homepage: www.franziskus-gymnasium.de

Kl: 5/8 Ku: 82/15 Sch: 611 (342) (161/256/194) Abit: 64 (40)   **BR Köln**
L: 36 (A 1, A_1 1, A_2 5, B 13, C 7, D 1, F 7, H 1)   ASN: **167551**
Spr.-Folge: E, L, G/F, F   Dez: LRSD **N. N.**

A	P. Schorr Peter	1. 6.06	KR PA	k	8. 5.52
A_1	Cordes Peter Dr.	1. 8.02 °	L G KR	k	29.12.58
A_2	Kraft Lothar	1. 4.00	D SP	k	30. 5.46
	Mölders Heinz J.	1. 4.00	CH EK	k	18.12.50
	Kummer Gerold	1. 8.02 °	M KR	k	9. 2.59

Hövels-Höfler Elisabeth geb. Hövels (T)	1. 8.06 ° BI F	k	18.11.61
Mohren Thomas	1.11.06 ° M L	k	22. 4.65
B Jansen Hans Reiner (T)	1. 5.89 EK F	k	2.12.43

Breuer Wilfried	1. 2.91	M PH	k	16. 2.52	
Deutz Barbara geb. Werner (T)	1. 2.92	E PL	k	26. 3.52	
Reinartz-Braun Dorothee geb. Reinartz (T)	1. 2.92	D F	k	17. 6.53	
Feuerriegel Helmuth (T)	1. 5.93 °	E PA	k	18.11.51	
Zens Hans-Dieter	1. 1.94	BI CH	k	19. 8.51	
Wildrath Gerd	1. 1.94	D LI KR	k	7. 2.56	
Herrmann Thomas (V)	1.11.98 °	D GE L	k	10. 7.55	
Engels Harald	1.11.98	D GE	k	5. 2.56	
Blatzheim Bernhard Pfr. (T)	1. 6.06 °	KR GE	k	28. 2.52	
Hachmer Gerhard	1. 8.06	MU PH IF	k	15.11.57	
Lütten Bettina	1. 2.07	BI CH	k	27. 4.62	
Sieven Dirk	1. 2.07	EK SP	k	7. 4.65	
C Jaquet Manfred	1. 9.92	GE SP	k	17. 1.55	
Kühn Ulrich	1.11.96	D KR	k	3.12.60	
Borck Gabriela geb. Steinert (T)	1. 8.97	BI SP	k	27. 2.62	

Peuser Kerstin geb. Förster (T)	1. 1.02 °	M BI	k	6. 8.66	
Carillo Ulrich Dr.	1. 8.03 °	M PH IF	k	3. 3.60	
Nieswandt Miriam	1. 6.05 °	E F	k	17. 4.74	
Schulz Christiane	1. 2.06	G F MU	e	2.10.70	
D Palm Reinhard SekIL	1. 8.95 °	D EK MU	k	17. 2.59	
F Schnabel Jutta		KU	k	23.11.53	
Br. Abs Winfried		MU	k	27. 9.54	
Engelen Barbara geb. Bünten SekI/IIL'		E GE	k	20. 2.57	
Amendt Clemens Ass d. L.		SP GE Gkd	k	3. 5.58	
Jansen-Hüttemann Dorothee geb. Hüttemann SekI/IIL'		E F	k	15.11.60	
Fuhs Maria Dr.		D GE PA	k	23. 1.63	
Mohren Carola		L D	k	6.11.64	
H Br. Mauritz Wolfgang		KU	k	21.10.56	

[1] m. Internat f. J.

1.350 Hürth Ernst-Mach-Gymnasium gegr. 1961
st. G. f. J. u. M.
Bonnstr. 64/66, 50354 Hürth – Tel. (0 22 33) 9 74 26-0, Fax 70 83 53
E-Mail: sekretariat@emg-huerth.de, Homepage: www.emg-huerth.de

Kl: 9/14   Ku: 132/24   Sch: 957 (474) (244/398/315)   Abit: 75 (42)   **BR Köln**
L: 50 (A 1, A$_2$ 5, B 12, C 23, D 6, E 2, F 1)   ASN: **166911**
Spr.-Folge: E, F/L, F/I, I/S   Dez: LRSD **N. N.**

A Hüntemann Gabriele geb. Schlingmann	1. 2.06 °	D GE	k	12. 6.54	
A$_2$ Disselbeck Rainer	20. 2.92 °	E EK	k	4. 2.48	
Hilger Albert	21. 3.96	KR M	k	7.11.46	
Gores Otto	28. 8.07	BI EK	k	9. 8.48	
Lauscher Martina	24. 9.07	SP EK	k	16. 2.54	
Potthast Vera		D PA		9.10.54	
B Schmitz-Grieff Dagmar geb. Grieff	31. 1.79	M EK	k	22. 6.48	
Bannwarth-Pabst Walburga (T)	12. 4.79	BI EK	k	19. 9.49	
Domine Robert	21. 1.80	M PH	e	22. 9.47	
Ernst Bernt-Walter	10. 5.80 °	GE D	oB	21.12.42	
Schuhen Wilfried	7. 9.81	M		3. 7.48	
Frings Gabriele	11.94	PS D		1.12.53	
Hammes-Therré Hermann-Josef Dr.	23. 6.95	CH	k	25. 4.51	
Holland Peter (Vw)	21. 8.95	D SW IF		7. 2.55	
Kämper Werner	22. 2.96	D PL		18. 8.47	
Kosack Christa (T)	12.97	D SW	k	18. 3.49	
Schüren Ilse (T)	19. 9.01	D E		28. 5.49	
Radig Anna	1. 8.06	D MU		10. 5.63	
C Spevacek Rolf	14. 1.77	SP E	k	13.10.45	
Gockel Edith	4. 9.83	SW WW	k	8.10.51	
Präder Annegret (T)	18.10.83	E KR	k	11.12.54	
Vittoria Alda	10.83	F I		10. 9.49	
Müller Georg	2. 2.87	KU D	k	23.12.55	
Philippek Heiner	10.95	L SP	k	15.11.65	
Schröder Michael	1. 2.01	M PH	k	14. 5.69	
Brock Matthias	1. 7.02	KU D	e	28.12.62	

Behr Dorothee	1. 8.03 °	D SP	e	9. 7.63	
Geers-Khawatmi Dunya geb. Khawatmi	2. 2.04	I E		24. 8.70	
Pospischil Kerstin	1. 8.06	BI EW	e	4. 7.54	
Waltermann Irmgard	1. 8.06	E GE	k	24.12.65	
Evers Gregor	1. 8.07	M PH	k	11. 3.68	
Wenzel Inga geb. Brune	1. 8.07	F E		25. 2.76	
Dominke Manon	1. 8.07	GE PA ER	e	9. 6.76	
von Cleef Nicole	1. 8.07	L KR	k	15. 5.78	
Knechten Thomas	1. 8.07 °	CH BI KR	k	13. 7.78	
Bremer Dorothee (T)		D SW		21. 4.51	
Tannhäuser Anna Maria (T)		F S KR	k	31.12.52	
von Dombois Thekla		MU E	e	27. 6.61	
Kluth-Dzialdowski Petra		E D		2. 9.68	
Günther Sabine (T)		° D GE			
Keddo Gabriele		CH BI			
D Schäfer Ingeborg geb. Schmitz SpL'	10. 6.78	SP	k	31.12.44	
Vogt Eva (T)	1. 2.03	M BI		11. 1.53	
Schumann Willi		ER GE	e	16. 7.49	
Hempel Maximilian SekIL		KR SP	k	18. 1.53	
Broich-Kubel Brigitte-Annemarie SekI/IIL' (T)		E D			
Frensch Elmar		SP GE			
E Gronendahl Andrea	22. 8.05	BI CH	e	1. 2.77	
Streerath Bernhard	1. 8.06	MU GE		16. 2.62	
F Greef Markus		GE S D		30. 8.61	

1.351 Hürth Albert-Schweitzer-Gymnasium gegr. 1974
st. G. m. zweisprachigem dt.-span. Zug f. J. u. M.
Sudetenstr. 37, 50354 Hürth – Tel. (0 22 33) 8 05 51 09, Fax 8 05 51 55
E-Mail: sekretariat@asg-huerth.de, Homepage: www.asg-huerth.de

Kl: 9/18   Ku: 164/26   Sch: 1137 (609) (264/488/385)   Abit: 91 (34)
L: 64 (A 1, A₁ 1, A₂ 4, B 14, C 19, E 14, F 6, H 5)
Spr.-Folge: E/S, L/F, F/L, S/R

BR Köln
ASN: **184706**
Dez: LRSD N. N.

A	Ortmann Hubert	19.11.98	◻ D PL	e	14. 2.48		Burow Ulrich	7. 1.03	D E	e	20. 3.70
A₁	Schäfer Alfred	5. 6.97	° KR GE L	k	30. 1.52		Kalter Ute	17. 9.04	S GE	k	7. 7.72
A₂	Tuchscherer Bruno	27. 3.01	PH	k	10. 7.49		Goost Kirsten geb. Velden	17. 9.04	M BI (KU)	k	8.11.74
	Neukirchen Hermann	7. 6.05	PH M	k	1. 1.51		Langen Sabine	6. 8.07	M PH	k	2. 6.70
	Baues Christine geb. Henn (V)	7. 6.05	° E R		12. 8.51		Frohn Gerd		EK KU	k	29. 8.58
	Leist Gerhard (Vw)	13. 9.06	° BI	k	5. 1.50		Dillerup Ingo		D SW	k	10. 1.61
B	Köster Engelina geb. Bunk (T)	1.12.79	° E		3. 4.45		Zöllner Martina		D MU PL		21. 2.65
	Pees Klaus	1. 3.80	° E EK L	k	5. 4.47		Bieker Lisa geb. Nguyen Huyen-Tran		M IF	e	2. 9.67
	van den Höövel Norbert	14. 3.80	GE D	k	13. 9.46	E	Wallmeroth Volker (T)	16. 2.04	S GE		25. 9.70
	Menge-Verbeeck Renate Dr. geb. Verbeeck (T)	1. 8.80	E R	k	26. 5.46		Mentz Ingo (T)	1. 3.04	BI F	e	24. 1.70
	Heinl Klaus	13. 8.81	° M ER (IF)	e	8. 4.47		Nieto Aguilar Victoria	6. 9.04	E SF	k	16. 4.74
							Stratmann Ina	6. 9.04	EK KU	k	16. 3.76
	Beyer Johann	1. 1.86	GE E	e	7.10.49		Bösader Christiane geb. Günther	6. 9.04	E BI	k	24.12.76
	Günther Wilhelm	28. 2.96	D SW	k	20.10.50		Grüner Christoph	1. 2.05	° MU CH	k	27. 8.74
	Germund Detlev	22. 1.99	M PH	k	22. 6.53		Lebrun Dorothée (T)	22. 8.05	E EK		16.12.70
	Nowak Engelbert	1. 4.00	F KU	oB	24. 4.52		Odendahl Daniela	22. 8.05	° E SP		24. 1.72
	Smetan Maria Therese geb. Kuhn (T)	12.12.02	D PA	k	29. 5.52		Altrock Suntka	22. 8.05	D BI		1.10.77
	Jürgensen-Engl Thorsten	4. 8.05	° M CH		4. 3.72		Drabek Claudia	1. 2.07	BI CH	e	6. 6.75
							Löcke Martin	1. 2.07	E PA	k	29.11.76
	Vieler Birgit	23. 1.07	M CH	e	28. 5.62		Spielmans Heike		M MU	k	11. 7.77
	Bösader Guido	25. 1.07	° D S		25. 2.70		Kierdorf Larissa		D F		19.10.77
	Linden de Almeida Kerstin (T)	30. 1.07	° D S		21. 4.67		Czernik Sandra		BI GE		2. 3.79
						F	Mazagol Michèle Ass' d. L.		F TX	k	6. 1.52
C	Dickhof Hadwig	6. 8.79	D BI (KU)	e	23. 1.49		Schilling Herbert		BI CH		13. 9.52
							Schiffer Willi SekIIL		° D EW	k	22.11.54
	Sombroek Peter	10.10.79	SP GE	k	22.12.48		Goebels-Engels Cordula		D PL	k	23. 5.55
	Kollner-Gregoire Angelika	25. 2.83	D SW	e	26. 7.52		Tesche Ullrich Dr.		M PH	e	12. 8.58
	Klein Dorothee (T)	31. 7.83	° D GE	k	7.12.53		Ackers Ute		D PS KU		12. 5.75
	Marstatt-von Pein Gunhild (T)	4. 9.84	MU M	e	22. 5.54	H	Kemtzian Olimpia		SP		24. 4.45
	Droste Beowulf	1. 8.90	E ER		16. 8.59		Conrads Ulla geb. Bütefür Dipl.-SpL'		SP		21. 1.49
	Schneider Birgit	1. 8.01	ER L	e	22. 2.64						
	Raskob Edeltraud	13. 8.01	KR PL	k	27.12.59		Schäfer Anna		KR	k	16. 6.50
	Nolte Martin	4. 2.02	S GE EK		10. 2.64		Henz Walter Dipl.-SpL		SP	k	25.11.50
	Schmidt Georg	5. 2.02	KR L	k	16. 2.61		Schwarzpaul Elke Dipl.-SpL'		SP		23.10.51
	Herder Sylvia	7. 2.02	E SP		15. 5.65						

1.353 Jüchen Gymnasium gegr. 1999
G. (5-Tage-Woche) f. J. u. M. d. Gemeinde Jüchen
Stadionstr. 75, 41363 Jüchen – Tel. (0 21 65) 87 14 80, Fax 87 14 81
E-Mail: gymnasium-juechen@t-online.de, Homepage: www.gymnasium-juechen.de

L: 50 (A 1, A₁ 1, A₂ 2, B 15, C 14, D 3, E 10, F 3, H 1)
Spr.-Folge: E, F/L, F, S

BR Düsseldorf
ASN: **193914**
Dez: LRSD N. N.

A	Acker Gerd	1. 8.05	° D SW	k	25. 7.47		Bertrams Birgit geb. Wirtz	12. 1.07	M KU		17. 8.56
A₁	Schlotte Petra	1. 8.05	° M	k	9. 6.52						
A₂	Rühl Josef	12. 3.03	° GE L KR	k	21.11.47	B	Vollenbroich Reinhard	10. 9.82	° F SP		2.10.49

Gymnasien Nordrhein – BR Düsseldorf · BR Köln   149

	Balster Dietrich	27.12.94	PH SP	e	12.12.54	Seifert Ines	6. 9.06	E SP	k	25. 7.74
	Jansen Elke	29. 1.96	BI CH		21. 2.50	Anger Michael	6. 9.06 °	D E	k	2. 8.75
	Engels Herbert (T)	23. 2.96 °	BI CH	k	2. 6.53	Klein Astrid	9. 9.06 °	F SP	k	25. 5.74
	Ruf Christian	31. 3.02	E SP	k	21. 7.59	Höffgen Sonja	5. 6.07 °	S L		14. 2.76
	Enderle Jörg (T)	13. 8.02 °	MU GE	k	22.12.58	geb. Sieberichs				
	Dederichs Jutta	12. 9.03 °	F MU		18.10.63	Genscher Andreas	1. 8.07	M EK	e	28. 2.78
	geb. Köppen (T)					Roeckerath Michaela	1. 8.07	E BI	k	28. 6.78
	Schmitz-Dierselhuis	26. 3.04	D PA	k	5. 4.53	Wäntig Frank	9. 8.07	D GE	e	5.11.75
	Claudia (T)					D Peter Karl-Heinz	1. 2.84 °	BI EK	e	10. 9.53
	Schlasze Karl-Heinz	24.11.05	M EK	e	25. 2.55	Philipp Peter SekIL	8. 3.84	EK SP	k	4. 2.53
	(T)					Neuhöffer Angelika	8. 3.84	D KU	k	8. 8.56
	Müller Eleonore (T)	24.11.05	E MU	k	6.10.61	geb. Dues SekIL'				
	Settels Gabriele	12. 3.07 °	KR M	k	4. 8.71	E Roske Kerstin	22. 8.05	D GE	e	2. 1.79
	geb. Schmitz					Daub Kerstin (T)	9. 8.06	D KU	e	29. 8.73
	Schmitz Gregor (T)	12. 3.07	M PL GE		19. 4.68	Sannemann Henning	9. 8.06 °	M GE	e	6. 7.75
	Klingelhöfer Ralph	12. 3.07	D SP	k	19.10.69	Meissner Thilo	9. 8.06	E SP	k	21. 2.77
	(T)					Teipel Christina	1. 2.07	E SP	eref	24.12.77
	Bröking-Mingers	27. 6.07	BI CH		1.12.67	Pfitzner Stephanie	1. 2.07	M SP	k	10. 4.79
	Beate					Schmalz Rouven Dr.	16. 4.07	PH CH		19. 6.72
	Cammarata Judith (T)	29. 6.07 °	E L	k	27. 9.66	Meyer Martin	6. 8.07	SP EK		17. 1.76
C	Retz Hans-Jürgen	1. 9.83	D EK	k	1.11.50			GE		
	Matner Stephanie (T)	31.10.02 °	E ER	e	12. 7.71	Scheepers Burkhard	6. 8.07 °	SW GE		3.12.77
	Jansen Beate	30. 3.04	M SW	k	31. 7.72	Voermanns Sandra	6. 8.07	D PA	k	28. 9.79
	Wirtz Albert	15. 9.04	F KR	k	29. 8.70			GE		
	Feise Johannes	22. 3.05	E ER	e	11. 2.69	F Franzen Ulrich Ass. d. L.		D PL S	k	14. 6.53
	Rommerskirchen	21. 6.05	E PL	k	8.10.68	Schroeder Karl		EK GE	k	20. 5.59
	Bernd					Bachmann Tanja		GE SW	k	13. 6.77
	Pelster Frank	22. 8.06	M SW	k	4. 4.75	H Rennhak Sandra		BI CH		16. 8.68

1.355 Jülich   Gymnasium Zitadelle   gegr. 1571
st. G. (5-Tage-Woche) f. J. u. M.
Zitadelle, 52428 Jülich – Tel. (0 24 61) 97 86-0, Fax 97 86-12
E-Mail: info@gymnasium-zitadelle.de, Homepage: www.gymnasium-zitadelle.de

Kl: 10/19   Ku: 123/22   Sch: 1118 (475) (271/520/327)   Abit: 64 (24)   **BR Köln**
L: 64 (A$_1$ 1, A$_2$ 8, B 20, C 18, D 4, E 4, F 7, H 2)   ASN: **167587**
Spr.-Folge: E, L/F, F, S   Dez: LRSD **N. N.**

A$_1$	Kreiner Karl-Heinz	26.10.95 °	M PL	k	27. 1.53	Lothmann Josef Dr.	31. 1.85 °	L GE	k	1. 4.48
A$_2$	Kosak Bernhard	1. 6.94	D ER	e	12. 6.48	Sachtleber Gerold	31. 1.85	EK SP	k	21. 9.43
	Dr. (F)		PL			Werner Franz-Josef	1. 2.85	E SP	k	30. 4.51
	Strobelt Günter Dr.	23.12.96	BI SP	e	8. 9.47	Gündel Barbara	25. 6.87	SP EK	k	21. 6.51
	Finken Reinhold	17.11.97	M PH	k	3.11.50	geb. Türke				
	Blum Irene	31. 5.99	D EK	k	19. 5.51	Egberts Maria	3. 2.95	E GE	k	15. 4.54
	geb. Wallraven					geb. Niehaus (T)				
	Sprickmann	1.11.00	PH M	e	11. 3.49	Giesen Hans-Josef	3. 2.95	M PH	k	22. 3.50
	Rainer Dr. (F)					Chittka Ulrike (T)	14. 7.95	D E		3.12.50
	Körver Edith Dr. (F)	18.12.00	F E		8. 6.64	Püllenberg Heike	1. 1.97	F EK	e	11. 6.53
	Pelzer Manfred	30. 3.01 °	M EW	k	10. 7.52	Sowa Martina	1. 8.06	KR MU	k	17.10.56
	(Vw) (V)							PL D		
	Pauels Heinz Norb.	10. 6.02	E SP		15. 9.48	Brehm Evita (T)		F S	k	29. 5.53
B	Willingshofer	30.11.77 °	L E	k	1. 4.44	C Eigelshoven Josef	3. 2.80	D SW	k	27. 2.51
	Heinz (T)					Lubjuhn Klaus-	1. 9.80 °	GE SW	e	31.10.47
	Strobelt Katharina	8.12.79	BI EK	k	3.10.50	Dieter		PK		
	geb. Kochs					Lay Christina	9. 9.84	E BI	k	7. 1.55
	Hermes Alfred	24. 1.80 °	M IF	k	31. 8.46	Bähr Walter	20. 8.91 °	BI CH	k	4.10.57
	Brandes Klaus Dr. (T)	27. 8.80 °	D E	e	23.11.43	Borell Joachim	3. 1.01 °	M PH	k	8. 2.68
	Oligschläger Ulrich	1.12.80	BI CH	k	5. 5.49	Schlader-Thouet	4. 7.01 °	E KR	k	20.12.67
	Fettweis Ernst	21. 5.81	D EK		24. 1.47	Petra				
	Hummelsheim Karl	1. 8.81	M	k	18. 9.49	Albers Sigrid	11. 1.02 °	D SW	k	31. 5.64
	Ludwig Dipl.-Math.							PK		
	Kaiser Herm.-Josef	29. 3.84	PA EK	k	10. 7.48	Kremer Michael	1. 8.02	PH CH	k	9. 4.70
	Globig Eckhard Dr.	29. 3.84	M PH	e	2.11.44			M		
	Bollig Wilfried	1. 8.84	D GE	k	9. 4.48	Stollorz Annette	14. 8.02 °	D EW	e	23. 2.71

	Cremer Bernd	15. 8.03		M PH	k		Höner Irmgard	4. 5.83	BI TX	k	25. 4.55
	Maintz Mario	15. 3.05	°	D KR	k	14. 3.70	SekIL' (T)				
	Herrmann Sabine	25. 7.05		D SP	k	20. 8.72	E	Friese Annika	22. 8.05	D ER	e	28. 1.72
	Rüping Stefan	24.11.05		M PH	k	28. 3.64		Neumann Dirk	1. 2.06	° E GE	e	6. 5.77
	Wille	1. 8.06		M GE		25. 2.73		Hansen Andre	14. 2.06	M F	k	1. 9.75
	Scheepers Roswitha			E KU	k	17. 2.55		de Wit Anke	1. 8.07	D EW	e	16. 2.79
	geb. Scheepers						F	Markewitsch Willi		D GE	k	26. 4.55
	Gramm-Boehlen			D EK				Armbruster Eva		D GE	e	2. 6.57
	Elisabeth (T)							Nitsch-Kurczoba Rosi		E F	k	12.12.57
	Obiera Pedro			D MU				Bonzeck Thomas		S F	k	14. 4.59
D	Glittenberg Heidi	1.10.74		E F	e	13.10.46		Dodt Achim		F ER	e	8.11.59
	geb. Tabbert RSchL' (T)							Spiertz Ruth Dr.		D PL	k	25. 7.63
	Mittelstaedt Antje	3.12.75		KU W	e	4. 7.51		Brümmer Janna Dr.		BI CH	e	12. 1.67
	geb. Müller FachL' (T)						H	Schorr Wolfgang		KR KU	k	
	Duwe Inge geb. Lieb	18.10.78		MU ER	e	4. 3.44						
	RSchL' (T) (L)											

1.356 Jülich Mädchengymnasium Jülich St.-Josef-Schule gegr. 1891
pr. G. (5-Tage-Woche) f. M. d. Fördergemeinschaft f. Schulen
in freier Trägerschaft e. V., Köln
Dr.-Weyer-Str., 52428 Jülich – Tel. (0 24 61) 97 83-0, Fax 97 83-33
E-Mail: sekretariat@mgj-online.de, Homepage: www.mgj-online.de

Kl: 6/13   Ku: 95/15   Sch: 773 (773) (192/373/208)   Abit: 59 (59)   BR Köln
L: 55 (A 1, A_1 2, A_2 3, B 11, C 10, D 2, E 2, F 24)   ASN: **167575**
Spr.-Folge: E, F, L, S   Dez: LRSD **N. N.**

A	Nagelschmitz Ines	1. 2.00	°	HW	k	22. 3.47		Robert Karla (T)	1. 8.07	° M SP	k	8. 8.76
				WL PK			D	Herzog Monika	9. 1.78	° EK E	k	31.12.50
A_1	Lochner Peter (V)	1. 8.01	°	PH M	k	19. 8.50		RSchL'				
				IF				Cober Dorothea		KU KR	k	5. 2.53
	Billstein Norbert	1. 8.01	°	M IF	e	15. 3.51	E	Berweiler Susanne (T)	1. 9.04	D BI	k	10. 9.75
A_2	Bardenheuer Maria (T)	1. 6.01	°	L KR	k	19. 7.53		Ruppert Christina	9. 8.06	D E	k	6. 8.76
	Kupper Eberhard	1.12.02		D PA	k	14. 5.52	F	Kraft Gertrud		KU KR	k	15.11.48
	Kempen Edmund	1. 2.05	°	M EK	k	24. 2.53		Degenhardt Heidrun Dr.		SP	k	3.11.52
B	Kegel Helga (T)	1. 4.91	°	F D	k	15. 2.47		Batfalsky Ute		M BI	e	21. 8.54
	Esser Jutta	1. 8.96	°	F EK	k	31.10.50		Schauff Thomas Dr.		KR L	k	21. 8.54
	geb. Rämsch (T)							Mangold Peter		° E D		19. 9.54
	Döpp Christel	1. 2.97		BI SP	k	9. 5.50		Fuchs Birgitt Dr.		CH PH	e	28. 4.55
	geb. Gerhards (T)							Stommel Elisabeth		E F	k	19. 6.55
	Jansen Günter	1. 2.97		MU EK	k	1. 3.51		Conzen Gerda		E	k	20. 2.56
	Kastenholz Katharina	1. 4.00		M KR	k	11. 9.56		Philippen Stefanie		BI SP	k	18. 8.57
				IF				Escher Michael		M PH	k	12. 2.60
	Merres Anita	1. 4.00		F D	k	26. 4.57		Süberkrüb Maike		BI EK	e	3. 6.60
	Groos Bettina (T)	1. 4.00		KU E	e	26. 4.59		Poth Theresa		SP N	k	3. 2.62
	Schruff Hansbert	1. 5.01	°	E GE	k	15.11.60		Loevenich Markus Dr.		° PH CH	k	15. 6.62
	Aatz Udo	1. 2.05		E F	k	16. 2.62		Kremling Susanne		HW	k	17.10.62
	Dammer Bernhard	1. 2.05		M GE	k	3.11.67		Langenberg-Pelzer		° D PL	k	23.10.62
	Kwirant Martina	1. 4.06	°	D F	k	18. 6.63		Gerit Dr.		SW		
C	Thouet Monika (T)	1. 9.95		E F	k	3.12.65		Goymann Susanne		E BI	k	5.11.62
	Lenzig Udo	1. 8.98		ER	e	19.11.65		Simons Ernst M.		MU	k	24. 2.63
	Lohe Ingeborg (T)	1. 8.02		PH CH	k	1. 3.61		Adriany Sabine		D E	k	7.11.63
	Clemens Christiane	1. 8.03		D KR	k	4. 5.72		Brammen Anette		BI D	k	24. 8.64
	(T)							Nowara Sabine		SP	k	19. 3.73
	Terodde Lutz	1.10.03	°	F GE	k	14. 1.68		Schädler Astrid		BI E	k	1.12.75
	Dürselen Ute (T)	1. 8.04		SP EK	e	7. 3.62		Krips Stephanie		° E MU	k	25. 9.76
	De Haan Stephanie	1. 9.04		D PA	k	29. 1.72				PA		
	(T)							Floßdorf Thomas		PL GE	k	10. 3.77
	Molero Christina	30. 9.04		M PH	k	7. 5.71		Krebs Thorsten		BI GE	k	24.11.78
	Canovas Teresa	1. 8.07		KU S	k	2. 1.72						

1.357 Jülich-Haus Overbach   Gymnasium Haus Overbach   gegr. 1918
pr. G.[1] f. J. u. M. d. Niederdeutschen Ordensprovinz d. Oblaten d. hl. Franz v. Sales
Overbacher Weg, 52428 Jülich – Tel. (0 24 61) 93 03 00, Fax 93 03 99
E-Mail: haus.overbach@fh-aachen.de, Homepage: www.overbach.de

Kl: 8/14   Ku: 128/19   Sch: 947 (415) (242/421/284)
L: 59 (A 1, A₁ 1, A₂ 7, B 18, C 15, D 2, E 3, F 12)
Spr.-Folge: E, L/F, F, S

BR Köln
ASN: **167563**
Dez: LRSD **N. N.**

A	Lingen Heinz	1. 8.90		PH EW (M)	k	17.12.52	Schmidt Christiane geb. Ervens (T)	1. 8.85	D SP	k	18. 7.57
A₁	Hesse Lothar	1. 5.04	°	PH M	k	27. 1.58	Stöckmann Anne	1. 6.88	D SP	k	24. 2.55
A₂	v. Wirth Helmut (F)	2.12.81	°	M EK	k	19. 1.44	Ernstes Detlev (T)	1. 8.89	E		11.10.54
	Brockes Ewald	1. 5.90	°	M PH	k	20. 4.52	Bunkofer-Schäfer Angelika (T)	1. 8.89	L F	k	17.12.56
	Beyß Heinz-Josef	15.12.92	°	L GE	k	3. 6.46	Hillebrand Rainer	1. 8.89	° E GE	k	8. 4.53
	Marquardt Annette geb. Tönnes (T)	15.12.92	°	D EK	k	12.10.51	Lowis Christina (T)	1. 8.89	D KR	k	24. 7.57
	Geusen-Asenbaum Christiane (T)	1. 6.00	°	D EK	k	29. 8.51	Kämper Martin Dr.	1. 8.97	L E	k	28. 6.61
	Wouters Stefan	1.11.01	°	D GE	k	18.10.53	Braunsfeld Thomas	1. 1.02	E F	k	31.10.72
	P. Karduck Manfred	1. 8.03	°	KR MU	k	13. 6.39	Geukes Uschi (T)	1. 6.02	° S D	k	10. 5.66
B	Blum Max	1. 8.79	°	D EK	e	22.10.46	Thume Christian	1. 8.02	BI SW	k	20. 1.68
	Fraikin Heinz	1. 8.79		PH (M)	k	30. 9.48	Hebeler Stephan	1. 2.06	BI MU	e	30. 3.70
	Marquardt Wilh. (T)	28.10.80	°	EK F	k	26. 8.49	Gotzen Steffi (T)	1. 4.06	CH D	k	25. 9.75
	Winnikes Theodor	1. 7.86		EK SP	k	12. 2.49	Mehlan Marit	1. 2.07	° D MU	k	17. 7.74
	Gier Robert	1. 7.86	°	M SP	k	1. 6.49	Schramm Ellen	1. 4.07	M CH	k	23. 7.75
	Brodeck Heinz (T)	1. 7.86	°	E R		3.11.49	D	Klöcker Margrit RSchL'	1. 2.78	EK E	k	30.12.46
	Franke Witold	1. 7.86		SP CH	k	17. 6.47	Rudolph Herrmann	1. 5.88	° BI		12. 1.53
	Duppach Erwin (V)	1.12.88	°	D GE	k	7. 6.51	E	Erdtmann Ulrike	1. 9.01	D MU	k	4. 7.67
	Löw Maria-Therese	1.12.90	°	D KU	k	27. 8.49	Achenbach Henning	1. 2.06	S E	k	24. 2.74
	Meier Herbert	1.12.90	°	SP F	k	3.12.53	Dolfen Jenny	1. 8.06	° L E	e	5. 2.75
	Reggentin Klaus	1.12.90	°	M PH	e	6.10.54	F	Maeßen Georg		L PL	k	30. 9.52
	Henneke Thomas	1.11.94	°	BI SP	k	22. 9.56	Dunker Dagmar		BI EW	k	31. 3.57
	Krummenauer Jürgen	15.11.94	°	M PH	k	28.11.54	Naeven Hans-Bert		GE SW	k	4.12.57
							Görtz Michael		KU SP	k	29. 6.59
	Steffen Roswitha Dr. geb. Ringleb (T)	15.12.96		M PH	k	30. 7.50	Schade-Schulz Marietta		° E S	k	21.10.59
							Müllender Kaja		D EW	e	13. 5.60
	Decker Werner	1. 6.01	°	BI CH	k	17.11.55	Koof Gertrud		° BI KR	k	28. 8.60
	Pallaske Jürgen	1. 4.04		E D EW	k	20. 5.63	Telaak Martin		MU	k	27. 9.62
	Schober Ursula (T)	1. 5.04	°	D F	k	2. 5.50	Sellmann Martin		KR F	k	17. 2.67
	Vogelsang Thorsten	1. 3.07		M PH	e	31. 3.74	Meyers Simon		GE S	e	23. 8.74
C	Osterfeld Marion geb. Suchowitzki (T)	4. 2.78	°	PH (M)	e	3.10.49	Groth Anja		BI SP	k	9. 1.75
							Reifferscheidt Jörg		EK R	k	14.11.77

[1] m. Internat

1.360 Kaarst   Albert-Einstein-Gymnasium   gegr. 1966
st. G. (5-Tage-Woche) f. J. u. M.
Am Schulzentrum 14, 41564 Kaarst – Tel. (0 21 31) 51 25 90, Fax 66 89 50
E-Mail: aegkaarst@arcor.de, Homepage: www.aegkaarst.de

Kl: 6/12   Ku: 87/14   Sch: 738 (370) (183/314/241)   Abit: 44 (16)
L: 44 (A 1, A₂ 4, B 15, C 9, D 1, E 7, F 5, H 2)
Spr.-Folge: E/L, F/L/E, L/F

BR Düsseldorf
ASN: **165736**
Dez: LRSD **Dr. Bubolz**

A	Brinkmann Brigitte	2.11.98	°	D E	k	29. 5.50	B	Piesniak Irmgard geb. Fühles (T)	24. 2.78	E GE	k	25.12.47
A₂	David Ursula geb. Strohbücker (F)	26.10.81		F SP	k	9.10.48		Philipps Franz-Josef	1. 3.80	° E EK		4. 9.44
	Schaefer Jürgen Dr. (F)	29. 5.98		D SP	k	1. 3.55		Krull Hans-Peter	7. 9.81	BI	e	20. 1.48
								Hermes Ferdinand	9.12.85	KU PA SP	k	24. 4.49
	Tänzer Holger (Vw)	14. 5.00		M SP	e	30. 3.52						
	Hoepfner Waltraud geb. Jülich (T)	8. 7.05		M EK	k	25. 2.55		Drennhaus Maria	7.11.90	E EK	k	15. 2.50
								Pukies Ursula	30. 4.93	D E		25. 9.55

	Name	Datum 1	Fächer		Datum 2
	Danz Ernst-Joachim Dr.	18. 1.95	MU E	e	18. 1.52
	Neumann Manfred	1. 6.02 °	F R ER	e	8. 1.55
	Kindervater Hermann	1.12.04	D GE	k	29. 1.49
	Priwitzer Gottfried	7. 6.06	MU D	k	27. 4.55
	Konzelmann Karl-Heinz	24. 7.06	M IF		26. 9.50
	Schäfers Peter	20. 6.07	M EW	k	22. 5.52
	Tümmers Roswitha geb. Hippel (T)	21. 6.07	F GE S	k	14. 5.53
	Holzberg Magdalena geb. Kraft (T)	21. 6.07	F GE	k	22. 7.53
C	Schmetzke Hellmut	19. 8.80	PH EK	k	23.12.48
	Meißner Heinrich	21. 8.80	D PL	k	30. 5.48
	Leygeber Hermann	31. 8.83	BI EK	k	12.11.52
	Leitholf Marion geb. Andree (T)	10. 2.84 °	E EW	k	5. 5.53
	Smolinski Ursula	4. 9.84	KR SP	k	14. 9.51
	Onyegbari Ute geb. Weber (T)	10. 8.01	D KU		14. 3.67
	Dincman Meltem	1. 8.03	L E		24.11.70

	Name	Datum 1	Fächer		Datum 2
	Reuter Caroline				22. 4.70
	Ellinghaus Silke		D CH	e	17.12.74
D	Burmeister Henry	22. 6.84	BI SP	e	20. 4.49
E	Brune Kathrin	1. 9.04	D E	k	24. 9.71
	Flaskamp Raphael	27. 1.06	BI D		17. 3.77
	Rasch Rebekka	5. 7.06	F SP		14.10.75
	Willms Ulrike	1. 2.07	EK M		19. 4.74
	Schneider Dennis	1. 2.07	GE L		4. 4.78
	Großerüschkamp Inga	1. 2.07	F SW		6. 3.79
	Kanders Judith	6. 8.07			24. 1.79
F	Afflerbach Karl-Ulrich		ER EK D	e	22. 8.48
	Pongs Ulrich Dr.				22.12.52
	Ingenhag Robert Paul				17. 2.58
	Merten Sabine		PA SW		10. 6.63
	Leitsch Britta				28. 8.74
H	Nevalainen-Giesen Merja geb. Nevalainen		E		1.12.44
	Guntermann Renate geb. Wenzel GymnasL'		TX W	e	16. 3.48

1.361 Kaarst-Büttgen Georg-Büchner-Gymnasium gegr. 1974
st. G. (5-Tage-Woche) f. J. u. M.
Am Holzbüttger Haus 1, 41564 Kaarst – Tel. (0 21 31) 79 53 80, Fax 7 95 38 18
E-Mail: mail@gbg-kaarst.de, Homepage: www.gbg-kaarst.de

Kl: 7/12 Ku: 72/14 Sch: 698 (325) (203/327/168) Abit: 56 (27) **BR Düsseldorf**
L: 44 (A 1, A₁ 1, A₂ 7, B 16, C 3, D 2, E 3, H 1) ASN: **184731**
Spr.-Folge: E, F/L, L/F, S Dez: LRSD **Dr. Bubolz**

	Name	Datum 1	Fächer		Datum 2
A	Saßmannshausen Gisela	8. 2.99	D GE		16.10.51
A₁	Kummer Berthold	2.11.98	M SW	k	5. 6.54
A₂	Frenzke Gudrun geb. Herberholz (T)	2. 7.81	D F (SP)	e	13. 7.47
	Bambeck Klaus	12.12.81	SP EK	k	28. 9.46
	Porten Peter	29.12.81	MU EK		18.10.44
	Poestges Volker	11.12.92	E SP	oB	28.11.47
	Thyll Ulrike B. A. (F)	8. 5.98	E D	k	6. 3.53
	Sauter Michael (F)	2. 5.01 °	EW E	k	13. 7.52
	Theuer Jürgen Dr. (F)		D F	k	6. 1.50
B	Sander Bernhard	10. 7.81 °	M	k	22.12.46
	Leuffen Karl-H.	18.12.81	GE EK (KR)	k	30.12.48
	Fabian Klaus	28.12.83	KU PL	e	21. 5.51
	Aldenkirchs Klaus (T)	20. 3.84	D GE	k	22. 5.46
	Neukirchen Günter	7.12.84	PH CH	e	2.12.51
	Palmen Franz-Josef	15. 3.85	M	k	10. 2.49
	Hagen Peter	23. 7.85	M WW	k	24.12.47
	Silberbach Ulrike geb. Petermann (T)	1. 1.95	BI CH	k	1.11.49
	Becker Horst-Peter	17. 7.02	CH	k	29. 8.50
	Beier-Schubert Gertrud (T)	1. 9.04	D E	k	25. 2.53
	Dörrenbecher Gilbert	8. 8.01	D PA		8. 1.49
	Bramke Dietrich		° BI EK		14.12.46

	Name	Datum 1	Fächer		Datum 2
	Schäfer Brigitte geb. Prangenberg (T)		BI	e	1. 1.50
	Banken Hans Peter (T)		F SP		
	Hoffmann Dorothea (T)		E F		
C	Finke-Ruprecht Renate geb. Finke (T)	21.12.81	PH	e	27. 9.51
	Manns Renate geb. Brall (T)	21.12.81	D PL	k	14. 4.49
	Schädiger Gabriele (T)	28. 7.82	E D	k	14. 2.50
	Schink Ernst Henning	15.11.83	E F		10. 2.52
	Bayer Ingo (T)	24.11.83	F SW	e	22. 1.52
	Frisch Gerhard	15.11.84	EK CH	k	25. 3.53
	Werker Volker	1. 1.02 °	L KR	k	31. 8.67
	Andersch Marcel	1. 8.02	M PH		26. 7.64
	Delbeck Birgitta		Kug KU	k	29. 6.47
	Halbach Renate (T)		CH PH	k	21.10.47
	Comes-Seyfi Gabriele gab. Comes (T)		F SW	k	1.12.54
D	Kollnot Helga geb. Kronen SekIL' (T)	5. 4.84 °	TX KR	k	12. 3.55
	Lüke Maria SekIL' (T)	16. 4.84	E KU	k	10.12.56
E	Schuppener Henriette	22. 8.05	ER GE	k	19. 4.77
	Olczak Magdalena	1. 2.07	S E		23.11.78
	Wegener Elisabeth		D BI	k	23. 6.77

1.365 Kalkar Gymnasium gegr. 1946 (1434)
st. G. (5-Tage-Woche) f. J. u. M.
Am Bollwerk 16, 47546 Kalkar – Tel. (0 28 24) 92 50 11, Fax 44 34
E-Mail: gymnasium-kalkar@t-online.de, Homepage: www.gymnasium-kalkar.de

Kl: 4/8   Ku: 81/11   Sch: 551 (306) (116/245/190)   Abit: 64 (36)   **BR Düsseldorf**
L: 37 (A 1, A₁ 1, A₂ 4, B 14, C 11, D 1, E 3, F 1, H 1)   ASN: **165920**
Spr.-Folge: E, F/L, F, F   Dez: LRSD **Stirba**

A	George Elisabeth geb. Robke	6. 9.01	° MU D F	k	4.11.46		Gebel Michael Dr.	27. 6.06	° PA SW KR PH	k	20. 8.61
A₁	Weber Stephan	18. 2.02	° MU E	k	27.12.51	C	Rutner Ulrike (T)	15. 9.75	E SP		3. 8.47
A₂	Freytag Friedrich	31. 8.92	E EK	e	3. 3.42		Schillings Marianne	9. 4.80	D E	k	3. 4.48
	Hinzen Reinhard (V)	22.10.92	° SP M	k	31. 7.46		Tammen Rita (T)	11. 2.81	M TX	k	5.12.52
	Barnhusen Manfred	10. 1.94	CH		9. 2.48		Heßling Hans-Jürgen	20. 3.81	SP SW	k	13. 1.50
	Sommer Anke (F)	11. 8.99	KU ER	e	6.10.62		Wohning Rainer (T)	30. 8.82	D PL	e	26. 7.48
B	Zakrzewski Wolfg.	22. 9.80	° D GE	k	6. 7.48		Hermanns Barbara	4.10.83	EK M	k	28. 1.53
	Hinzen-Unger Birgit geb. Unger	1.10.82	BI	k	27. 7.49		Christ-Thünnesen Dorothee (T)	13. 7.85	E F	k	6. 6.51
	Schuster Wolf-Bernd	5. 4.84	° BI EK	k	5.11.49		van Nüß Birgit	1. 1.02	° M KR		
	Unger Manfred	11.11.87	° M EK	k	20. 1.50		Vogelpohl Elisabeth Dr.	1. 8.02	D KR PA		14.12.67
	Maaßen Hildegard	5. 1.93	M GE	k	11.11.55						
	Braun Dagmar geb. Franz	24.11.94	D CH	e	7. 6.52		Hoffmann Sabine	21. 8.02	L M	k	29. 4.71
							Kamer Yvonne	1. 8.06	D GE		9. 4.68
	van Elten Jürgen	2. 2.96	° GE EK	k	4. 3.51	D	Jansen Irma geb. van Heys	8. 4.82	BI ER	k	18. 3.53
	Ungemach Monika	2. 2.96	° F GE		24. 1.55						
	Berendonk Heinz-Josef	10. 4.00	SP EK	k	6. 4.49	E	Grabenberg Vanessa	9. 8.06	° D E	e	11.11.72
							Vermeulen Andreas Dr.	1. 2.07	BI PH	k	19.10.72
	Mohn Almut (T)	3. 7.02	D EK	e	6. 2.50		Bollenberg Anke	1. 2.07	KR F	k	22. 4.78
	Fischböck Anette	1. 5.04	D E KU	k	17.11.67	F	Klasen Iris		E PS	k	7. 3.53
	Dommen Hans Peter	19. 5.04	° M PH	e	1. 8.52	H	Weber Maria-Antoinetta geb. Srakar Dipl.-SpL'		° SP	k	4.10.52
	Krebbing Frank	31. 3.06	M PH	k	12. 3.69						

1.367 Kall-Steinfeld Hermann-Josef-Kolleg gegr. 1924
pr. G.¹ f. J. u. M. d. Provinzialats d. Norddt. Provinz d. Gesellschaft d. Göttl. Heilandes (Salvatorianer), Köln
Hermann-Josef-Str. 4, 53925 Kall – Tel. (0 24 41) 889-141, Fax 18 33
E-Mail: gymnasium@hermann-josef-kolleg.de, Homepage: www.hjk-steinfeld.de

Kl: 6/12   Ku: 101/18   Sch: 813 (427) (185/370/258)   Abit: 56 (20)   **BR Köln**
L: 42 (A 1, A₁ 1, A₂ 4, B 13, C 15, D 1, E 2, F 3, H 2)   ASN: **166844**
Spr.-Folge: E, L/F, F, F/(L)   Dez: LRSD **Palmen**

A	P. Kerschgens Heribert SDS	1. 8.05	KR M	k	10. 9.66		Ohlerth Burkhard	1. 7.02	° M KR	k	10. 6.56
A₁	Latz Heinrich	1. 8.05	E EK	k	26. 2.52		Pchalek Siegmund Mag.	1. 7.02	MU SP	k	5. 7.55
A₂	Langen Ulrike geb. Schwenke (T)	12.11.79	° F L	k	22. 8.46		Knoll Marlis geb. Tönnis	1. 8.02	L KR	k	5.11.61
	Tegtmeier Horst (Vw)	1. 8.00	M PH		4. 1.54		Frauenrath Willi	1. 8.92	D L		11.12.56
	Paulus Ulrich	1. 8.05	° BI SP	e	3. 1.48		Wollgarten Günther				
	Hermes Maria geb. Meyer (L)	1. 8.05	° M KU	k	9. 8.54	C	Zumbé Agnes geb. Peters (T)	23. 4.79	BI HW		4. 5.49
B	Zimmermann Adelheid geb. Eversheim (T)	29. 9.78	° E EK		9. 5.45		Krüger Mechthild geb. Wehenkel (T)	12. 9.80	KU W	k	8. 1.49
	Gerhards Rudolf Dipl.-Math.	1. 3.87	M	k	13. 4.52		Wollgarten Regina geb. Gröger	28. 4.84	D PL	k	4. 3.55
	Schröder Oswald Dipl.-SpL	1. 7.87	GE SP	k	27. 8.51		Deutsch Heinz Theo	1. 8.84	° D PL	k	17.12.53
	Raetz Günter	1. 7.87	F SP	k	1. 6.54		Arenfeld Bernd	1. 9.84	° BI SP	k	26. 5.48
	Krüger Jürgen	3. 5.88	BI SP	e	6.10.48		Worms Sabine	11. 4.86	° KR D	k	5.12.54
	Olligschläger Erwin	26. 5.88	CH	k	8. 6.50		Mertens Erich	1. 8.91	M PH	k	8. 5.58
	Löhnertz Werner M. A.	1. 8.91	GE EK	k	12. 8.49		Schmidt Heinr. Joh. (V)	1. 8.93	° F KR	k	5. 8.59
	Kirfel Anna Maria geb. Schlöder (T)	1. 8.91	° D GE	k	4. 8.48		Pfingstmann Mechthild geb. Kuckertz (T)	2. 9.94	M MU	k	8.12.63
							P. Cyrys Paul SDS	1. 8.02	M PH KR	k	17. 6.66

	Wilms Christopher Markus	1. 6.03	SW EK	k	9. 7.69		**Lüttgen** Marita	1. 2.07	D KR	k	15. 6.78
						F	**Inden** Johannes Dipl.-Math.		M	k	19.12.50
	Tiesarzik Alexandra	20. 8.04	CH BI	k	29. 3.73		**Verhoff** Heinrich Ass d. L.		E KR	k	24.11.54
	Schmees Hermann	1. 9.04	E GE	k	27. 2.63		**Kruk-Heimbach** Veronika geb. Kruk Ass' d. L.		D E	k	13. 6.60
	Michels Marcus	1. 2.06	E D	k	9.11.69						
D	**Weimbs** Gerd SekIL		KR KU	k	26.10.53	H	**Grunwald** Rositha geb. Berz		W	k	12.10.45
E	**Dingmann** Matthias Dr.	1. 2.07	F GE	k	7. 2.74		**Latz** Eleanor B. A.		E GE	angl	2.12.52

[1] m. Internat f. J.

1.370 Kamp-Lintfort Gymnasium gegr. 1964
st. G. (5-Tage-Woche) f. J. u. M.
Moerser Str. 167, 47475 Kamp-Lintfort – Tel. (0 28 42) 3 36 20, Fax 3 36 39
E-Mail: schulleitung@gymnasium-kamp-lintfort.de
Homepage: www.gymnasium-kamp-lintfort.de

Kl: 8/16   Ku: 113/20   Sch: 953 (517) (233/424/296)   Abit: 64 (41)   **BR Düsseldorf**
L: 57 (A 1, A_1 1, A_2 3, B 16, C 19, D 1, E 6, F 8, H 2)   ASN: **165980**
Spr.-Folge: E, L/F, F/L   Dez: LRSD' Risken

A	**Zilske** Siegfried	1. 8.93	D GE	e	13. 2.44	**Grobenstieg** Wolfgang (T)	28. 8.95	D KU		16. 1.63
A_1	**Geßner** Wolfgang	1. 4.00	D PL ER	e	7.12.52	**Mehner** Hans-Christian	11. 5.98	E MU	e	16. 8.64
A_2	**Paeßens** Wilhelm (T)	19.10.93 °	BI CH	k	24. 6.46	**Schmitz-Ortmann** Ellen (T)	1. 1.02	D GE		14. 1.67
	Kotowski-Jensch Agnes geb. Kotowski	15. 3.05	M BI	k	22. 6.55	**Specht** Sabine	1. 1.02	ER L	e	2.10.68
	Hoßbach Heike	1. 5.07	D GE	e	29. 3.55	**Naber** Andrea geb. Fuest (T)	6. 9.04	E L	k	19. 3.62
B	**Feuerstein** Christa geb. Schnee (T)	18. 2.78	M PH	e	24. 9.45					
	Rottgardt Jens	15. 1.79	D EK	e	2.12.48	**Soost** Claudia	23.12.04	E F		13. 6.67
	Obst Hans-Christian (T)	18. 1.79 °	D EK	k	19. 3.45	**Scherbarth** Martina geb. Böhnert (T) (V)	15. 8.05 °	KR PL	k	15. 8.70
	Dietrich Hans-Jürgen	7.10.80	GE E	e	1.11.46	**Raser** Robert	1. 2.06	PH SP		13.10.71
	Voßmeyer Gerhard (T)	6.12.80 °	M SP		24. 3.49	**Eickholt** Erika (F)	1. 8.06	E F		9.11.64
	van Treeck Haydée (T)	1. 2.81	E F	k	23. 8.49	**Glorius** Marc	9. 8.06	GE KR	k	12. 5.67
						Wirths Kerstin (T)	4. 7.07	D ER	e	12. 3.69
	Maier Jürgen (T)	9.10.82	M SP		11.10.47	D **Koch** Berthold SekIL	22.12.82	KR GE	k	14. 1.47
	Helbig Wilfried (T)	17. 5.83	M SP	e	14. 4.47	E **Reimann** Irina	1. 8.05	D F		14.11.75
	Radicke Bernd (T)	30.12.92	M PH	e	4. 3.50	**Breker** Nicole	1. 8.05	M PH	k	26. 2.77
	Schwagers Thomas	20.12.95	MU SP	k	6.11.48	**Jaskolla** Michael	9. 8.06	M BI		17. 9.76
	von Bassewitz Bernd	1. 9.02	E D	e	10.11.51	**Cebulla** Silvia (T)	9. 8.06	D GE		22.12.77
	Lemoine Petra geb. Kasischke (T)	1. 8.06	BI	e	5.11.50	**Kersting** Almut	1. 2.07	GE SW		10.10.77
	Renner Birgit	1. 8.06 °	E ER	e	7. 5.58	**Spitzer-Zmijanjac** Nataŝa	1. 2.07	E GE		8. 8.79
	Illbruck Johanna geb. Wojtanowski (T)	1. 5.07	EK SP	k	6.11.50	F **Michely** Helen geb. Wilson		° E		27. 7.48
	Möllmann Veronika (T)	1. 5.07	D KU	k	26.11.56	**Wallasch** Dieter		PH M	e	1. 3.56
	Lichius Martin (T)		D PL			**Wiedner-Schneider** Sabine		CH BI		20. 1.57
C	**Rinio** Ottfried	6. 5.80 °	BI		31. 5.47	**Panske** Birgit		° L EK	k	29. 1.58
	Warmbt Volker (T)	1. 8.80	ER GE	e	20. 3.51	**Keller** Michael		KU SP		1. 3.59
	Nikoleizig Bernhard	7. 6.81 °	EK WWk		8. 3.45	**Haubruck** Thomas		I GE		29. 3.62
	Masella Peter (T)	8. 6.83	M PL	k	26.10.53	**Seidel** Renate Dr. geb. Czyborra		CH PH		20. 9.66
	Rast Henryk (Vw)	1. 8.83 °	EK R	e	29.12.48					
	Block Rosemarie (T)	2. 1.85	E SW	e	30. 6.54	**Jebbink** Klaus Dr.		D EK		27. 9.69
	Bergmann Edelgard geb. Beckmeyer (T)	26. 3.85	BI E	k	19. 5.55	H **Müller** Gisela GymnL'		SP	e	13. 4.48
	Dörper Birgit (T)	5.12.88	BI CH	k	7. 6.57	**Opalka** Gisela geb. Aretz GymnL'		SP	k	14.11.53

Gymnasien Nordrhein – BR Düsseldorf · BR Köln   155

1.375 Kempen   Gymnasium Thomaeum   gegr. 1659
st. G. (5-Tage-Woche) f. J. u. M.
Am Gymnasium 4, 47906 Kempen – Tel. (0 21 52) 41 41, Fax 55 73 62
E-Mail: verwaltung@thomaeum.de, Homepage: www.thomaeum.de

Kl: 8/14   Ku: 91/15   Sch: 894 (418) (262/410/222)   Abit: 53 (25)   **BR Düsseldorf**
L: 53 (A 1, A$_1$ 1, A$_2$ 4, B 17, C 10, D 2, E 14, F 3, H 1)   ASN: **165803**
Spr.-Folge: E, L/F, F/N, S   Dez: LRSD **Dr. Bentgens**

A	**Kaum** Edmund	1. 8.02 ° E EK k	8. 7.50		**Burgbacher** Christa	3. 8.82	BI CH	e	24.11.52
A$_1$	**Vetter-Rehkämper** Gudrun geb. Vetter	1. 2.06 E EK k	6. 1.52		geb. Käsekamp (T) **Timmann** Otto	15.11.82	KR GE	k	15.11.51
A$_2$	**Menzer** Klaus-Dieter	1.10.89 ° D SP e	17. 7.48		**Nowotzin** Michael	15. 4.84	CH BI	k	30. 6.52
	Käberich Jürgen	1. 8.92 PH M k	10. 2.46		**Lehnen-Brixius**	3.10.84	D PA	k	16. 8.52
	Schieferstein Udo	1. 1.94 E PL e	11. 4.50		Margrit geb. Lehnen (T)				
	Dreiser Herbert	1.11.95 ° GE SP k	20. 6.50		**Sitzler-Grefen** Adelheid geb. Sitzler (T)	1.10.00 ° M KU PA ER		e	7. 2.66
B	**Hausen** Adelheid Dr. (T)	3.12.80 F PL S k	21.12.44		**Fastabend** Susanne geb. Roerig (T)	1. 8.06	F SW	k	30.11.67
	Nienhaus Brigitte geb. Niewiadomsky (T)	1.10.90 ° F PA	3. 4.51		**Timpe** Gina geb. Attokaran (T)		° E KR	k	8. 5.71
	Krüger Dirk	25.11.94 ° M EW e	11.10.47	D	**Heinen** Reinhardt SekIL	2.12.82 ° KU KR		k	23.10.54
	Stürtz Frauke geb. Hammes (T)	1. 1.96 ° BI k	22. 7.49		**Pleines-Hanisch** Helga geb. Pleines SekIL' (T)	1. 3.83	D GE	e	6. 1.56
	Beer Gertrud geb. Hillen	11. 1.96 ° E EK k	28.12.50	E	**Hoffmann** Martin	1. 2.05 ° M IF		e	6. 9.76
	von Behren Ulrich	10. 4.97 E EK k	24. 6.55		**Wildner** Sophia (V)	1. 8.05 ° E MU		e	7. 6.75
	Burgemeister Saskia geb. Burgemeister (T)	1. 8.99 D KU	20.11.67		**Junglas** Kathrin (T)	1. 8.05	D S	k	2. 8.76
	Lange Johannes	27. 5.03 GE D k	14.11.51		**Holz** Stefanie	1. 8.05	M SP	k	13.12.77
	Thönes Wilhelm	27. 5.03 SW M k	26. 3.53		**Danczyk** Sandra (T)	25. 8.05	GE EK	e	31.10.76
	Kurschildgen Hans-Klaus	22. 6.04 ° BI k	5. 8.51		**Brinkmann** Dirk Dr.	1. 2.06	PH CH	e	9. 9.61
	Fröhling Anna	17. 1.07 BI L SP	27. 5.62		**de Jong** Sonja	1. 2.06	L N	k	20.11.77
	Bürschgens Hans-J.	M EK k	4. 9.48		**Aydin** Serpil	1. 8.06	D PA	msl	5. 6.76
	Richter Annerose geb. Zeise (T)	M e	14. 5.51		**Rogge** Nadine	1. 8.06 ° CH SP		e	26. 3.78
	Berten Kornelia geb. Rex (T)	SP D k	10. 3.55		**Michalak** Sabine	1. 2.07 ° E D			9. 9.73
	Köhler Marion geb. Wolfel (T)	PH SP e	10. 4.57		**Gondert** Andrea	1. 2.07	M F	k	11. 5.78
	Hellmann Rosalie	° L MU k	27. 7.69		**Brendel** Jessica	6. 8.07	ER GE	e	12. 8.77
C	**Bährsch** Herbert	2. 9.79 ° F GE	15.11.46		**Senholdt** Stefanie	6. 8.07 ° E D		e	12.10.78
	Minke Norbert (T)	9. 4.81 ° D ER e	27.11.49	F	**Klaus** Malgorzata **Unterberg** Claus Dr.		KU SP CH PH		25. 5.67 8. 9.67
	Rehring Karsten (T)	3. 8.82 D SW k	20. 9.45		**Wulfmeier** Miriam	° E D			24.10.69
					Mey Heike		F S		14. 2.70
				H	**Cistecky** Dieter		SP	e	13. 8.49

1.376 Kempen   Luise-von-Duesberg-Gymnasium   gegr. 1892 (1867)
st. G. (5-Tage-Woche) f. J. u. M.
Berliner Allee 42, 47906 Kempen – Tel. (0 21 52) 28 16, Fax 51 61 21
E-Mail: lvd-gymnasium@t-online.de, Homepage: www.lvd.de

Kl: 6/12   Ku: 117/19   Sch: 936 (531) (204/443/289)   Abit: 88 (56)   **BR Düsseldorf**
L: 62 (A 1, A$_1$ 1, A$_2$ 5, B 21, C 21, D 2, E 6, F 2, H 3)   ASN: **165815**
Spr.-Folge: E, F/L, S, S   Dez: LRSD **Dr. Bentgens**

A	**Helfenbein** Rainer Dr.	1. 9.94 ° D PL e	8.10.45	**Halberstadt** Doris (T)	1. 8.80	BI TX	k	26. 4.48
A$_1$	**Schneider** Friedhelm	3. 5.88 ° EK SP k	4. 1.45	**Lemmer** Hans-Joach.	1. 8.80	E GE	k	1.10.48
A$_2$	**Timmermann** Wilhelm	28.11.94 ° F GE k	31. 3.54	**Schmitz-Reichel** Hildegard (V)	2. 6.84 ° D EK		k	31. 3.51
	Caspari Hildegard	14.11.95 M BI k	20. 9.48	**Scheele** Karin (T)	21.12.92 ° F TX ER		e	22. 9.51
	Schmitz Odilia (T)	27. 3.00 ° M k	12. 1.51					
	Stein Stephan Dr. (F)	1. 8.02 M PH k	9. 2.64	**Horster** Lambert	31.12.92 ° D KR		k	30. 7.50
	Endenich Hans-Georg	23. 3.07 M SW	12. 4.52	**Novotny-Greven** Vera	31.12.92 ° F S		e	8. 8.52
B	**Groll** Gerhard	11.11.78 D F	23.12.43					
	Höffmann Meinh. Dr.	27. 2.79 BI EK k	22. 6.44	**Reichel** Hans	5. 1.94 ° E EW		e	7. 9.49

Gymnasien Nordrhein – BR Düsseldorf · BR Köln

	Name	Datum	Fach		Datum 2
	Linssen Irmgard	15. 1.96 °	BI CH	k	11.11.53
	Lieblang Michael	15. 1.96 °	M EW	k	4. 1.54
	Bongartz Ursula	15. 1.96	SW EK	k	29. 8.53
	Pegels Hans-Gottfried	13. 5.98	M BI	k	4.12.53
	Greyn Hans-Dieter	5. 6.98	CH SW	k	5. 3.53
	Götting Michael	24. 2.00	D GE	k	1.10.53
	Buchmann Claudia	29. 5.02 °	KR E	k	18. 9.56
	Schüßler Berthold	1. 6.02	E MU		24. 6.59
	Zimmermann Oliver (F)	16. 8.05	M IF	k	14. 5.71
	Finke Ludger	31. 5.07	D KU		2. 5.58
	Sprenger Jutta	31. 5.07 °	E KR	k	18. 9.69
	Bauer Alexander	11. 9.07 °	PH KR	k	2. 3.68
C	Höffmann Birgit (T)	1. 8.77	D BI		24. 6.45
	Kurschildgen Gabriele (T)	12. 2.81	BI	e	22. 6.53
	Haupt Christina	17. 2.81	E EK	e	6.12.48
	Bergau Elisabeth (T)	13. 3.81	KU	k	7. 4.53
	Birmes Maria	5. 8.82	M PH	k	14. 1.54
	Schrage Sigrid	31. 8.83 °	L KR	k	15. 2.57
	Eßer Gabriele (T)	14. 9.83	SP EW	k	26. 1.53
	Bendig Rita	11. 1.84	E PA	k	9. 4.47
	Pliska Annette	7. 9.84 °	SP EW	k	15. 2.51
	Hardt Annemerie (T)	15. 2.85 °	F BI	k	26. 6.54
	Knappe Rainer (T)	5.12.85	M PH	oB	14. 5.56
	Klauß Silvia	7.91 °	M PH	k	21. 9.60

	Name	Datum	Fach		Datum 2
	Lipka Sabine	92	F S		29. 4.63
	Wiegand Andrea	01 °	L ER	e	17. 9.69
	Baartz Susanne	1. 1.02	D ER	e	4. 7.64
	Panten Wolfgang (F)	1. 8.05	M CH	e	19. 9.67
	Stein Mario	16. 8.05 °	GE MU	k	29. 3.74
	Reinlein Tanja Dr. (F)	1. 8.06 °	D PL	k	20. 8.71
	Lübbers Markus	1. 8.06 °	SW EK	k	16. 6.73
	Heuser Ralf geb. Strerath	1. 8.06	SP EK M		1.12.73
	John Susanne	10.06	L GE	oB	8.12.63
D	Middeldorf Eva-Maria SekIL'	9.11.84 □	E KU	e	3. 8.55
	Lochter Jörg	1. 8.87 °	GE MU	e	18. 8.48
E	Schneider Miriam	1. 2.05 °	D EK	k	30. 1.78
	Preen Kira	1. 2.06 °	E D	k	1. 6.73
	Rott Philipp	1. 2.06	E F	k	23. 5.75
	Beusch Sabine	1. 8.06 °	CH BI	k	3.10.64
	Veit Daniel	1. 8.06	GE PL	k	9.11.69
	Celiker Mehtap	1. 8.07	E F	msl	26. 3.75
F	Roth Stephanie		M IF		11. 9.56
	Terschlüsen Thorsten		° D EK	e	26.10.65
H	Saleh-Zaki-Marienfeldt Gudrun		SP TX	e	10. 3.46
	Dohmen Renate		SP	k	26. 4.50
	Schlott Klaus-Dieter Dipl.-SpL		SP	e	22. 7.52

1.380 Kerpen Gymnasium[1] Europaschule gegr. 1968
st. G. in Ganz- u. Halbtagsform m. zweisprachigem dt.-engl. Zug f. J. u. M.
Philipp-Schneider-Str., 50171 Kerpen – Tel. (0 22 37) 9 29 41-0, Fax 9 29 41-40
E-Mail: sekretariat@gymnasium-kerpen.de, Homepage: www.gymnasium-kerpen.eu

Kl: 21/33   Ku: 230/39   Sch: 2151 (1073) (587/867/697)   Abit: 139 (84)   **BR Köln**
L: 133 (A 1, A$_1$ 1, A$_2$ 15, B 33, C 45, D 5, E 19, H 14)   ASN: **166741**
Spr.-Folge: E, L/F, F/L/S/R/I, F/L/S/R/I   Dez: LRSD **N. N.**

	Name	Datum	Fach	Datum 2
A	Ripp Bernhard	1. 9.94 °	GE L	20. 9.47
A$_1$	von Freeden Christiane	25. 2.99	E D	24. 6.46
A$_2$	Vietor Herbert	29. 5.81 °	MU E	4.10.45
	Rader Christoph	25. 2.86	KR GE	9. 1.46
	Dahmen Hans-Dieter (F)	7. 7.93 °	BI CH	19.12.49
	Schumacher Helmut	6. 1.94	M (PH) IF	17.10.49
	Wilbers-Drerup Annette	11. 7.94 °	D PA	29.11.49
	Bickmann Rosvita Dr. (F)	29. 1.97	D PA	25. 7.51
	Pohlmann Monika (F)	18. 1.99 °	BI CH	21. 1.56
	Schnütgen-Weber Jutta (F)	19. 1.99	BI EK	9. 2.54
	Klein Klaus (T)	20.10.03	D GE	9. 8.45
	Stöwe Helga geb. Przesdzienk (T)	28.10.04	D PL	13.12.44
	Eisenlohr Katharina Dr. geb. Millowitsch	29.10.04	D PL	12. 8.47
	Pfaff Brigitte geb. Euteneuer (T)	22.12.04	E TX	6.10.52
	Krollmann Patrick (F)	22. 6.05 °	BI CH	19. 6.54
	Rümmler Martin (V)	28. 3.07 °	L GE	25.12.50
	Woidtke Bernd	28. 3.07	GE SW	19. 8.51
B	Stilz Barbara geb. Legutke (T)	1. 2.79	KR F	25. 2.46

	Name	Datum	Fach	Datum 2
	Jentsch Herbert (T)	28. 3.79 °	EK BI	12. 9.44
	Lepper-Isbein Traute	25. 5.81	M PH	24.11.47
	Kloke Reinhard Dr. (T)	22.12.81	M PH	10. 6.48
	Esser Friedrich Dr.	30. 8.82	M PH IF	25. 6.49
	Löffler Dieter	30. 8.82	PH	22. 4.49
	Nagel Hans	17. 5.84 °	BI (KR)	3.12.47
	Bergerhausen Hans-Ulrich (T)	6. 2.85	E (CH)	30. 4.45
	Brück Herbert	25. 2.85 °	KR EK	25. 4.43
	Kell Inge (T)	14. 1.94	D PA	13. 2.52
	Reinhardt Knut	8.12.95	EK TC IF SP	20. 4.44
	Lohr Ingrid	22. 1.96 °	BI EK	8. 8.49
	Schorn Norbert	15. 1.97 °	EK SP	7. 9.49
	Dreyer Ulrike geb. Kuhmichel (T)	22.10.98	M MU	3. 6.56
	Theil Monika (T)	31. 7.00 °	ER MU	11. 6.55
	Salz Jutta	2. 7.01	HW BI	21. 8.64
	Thies Anette geb. Jackat (T)	1. 8.01	M CH	15.10.59
	Schulz-Keune Andrea geb. Keune	19. 9.01	F R	9. 1.48
	Ulbrich Cornelia (T)	12.12.01	M	28. 3.52
	Klopffleisch Regina	28. 5.04 °	D PA	11. 6.67
	Schmoltzi Marianne	21. 1.05	CH HW	27. 3.57
	Cohnen Elke	4. 5.05	M BI	8. 4.74

Name	Date 1	Subjects	Date 2
Alpmann Thomas (T) (F)	20. 6.06 °	CH PH GE F	15. 8.63
Joeris Ricarda (T)	20. 6.06 °	L F	5. 3.69
Backhausen Dirk	20. 6.06	M PA	16. 7.67
Venatier Lutz	20. 6.06	EK SP PK	31.12.71
Schulte-Mattler Katharina	28. 3.07	E R	24. 3.68
Kemper Dominik	28. 3.07 °	D SP	3. 5.75
Dunkel Andrea	28. 3.07 °	M EK	28.12.75
Necker Berthold Dr.		M EK IF	17. 4.49
Reinholz Maria		D E	11. 1.50
Leubner Christina geb. Messner		D PL	16. 8.51
Dänner Alfred		GE PA ER	
C Fahling Franz	2.11.78	BI	21.10.48
Robbe Bernhard	10. 4.79	GE E	15. 4.46
Wöstmann Hermann-Josef	17. 9.79	M	10. 8.47
Risse Karl (T)	14. 4.80	M SW	9. 2.49
Morche Hans-Jürgen	27. 4.80	PH	30. 3.47
Gumprich Winfried (T)	17. 2.81	PH M	4.11.48
Köllner Roswitha	8. 4.81 °	EK SW	25. 8.49
Boden Monica geb. Nasch	11.12.81	M	10.11.49
Fabini Christa (T)	15.10.82	D E	14. 5.51
Depka Silvia (T)	17. 6.83	BI CH	4. 7.54
Metz Hermann	1. 8.83	CH EK	13. 6.47
Guse Günter	4. 6.84	SP D	24. 1.53
Bollinger Luise	4. 9.85	D EW	23. 6.53
Schoenwaelder Gerda	19. 8.89	M KU	15. 9.53
Wolff Metternich Ulrike (T)	2.12.93	MU SP	1. 6.54
Mewes-Heining Ingrid	2. 9.94	BI SP	8. 6.61
Skiba Frauke (T)	1. 8.99	BI CH	21. 2.65
Dippel-Brandt Almut geb. Dippel (T)	30. 7.99	D F	22. 9.66
Kempe-Weidkamp Birgit	22. 5.00 °	BI HW	6.11.65
Karkowski Kornelia (T)	29. 1.01	M KR	17. 1.57
Schütz Beate (T)	13. 6.01	L F	27. 2.64
Müller-Verse Tanja (T)	1. 8.01 °	D F PA k	15. 8.71
Bongard Ursula	1. 1.02	L F I	14.12.67
Castor Corinna geb. Thiemann (T)	11. 3.02 °	E EK	24.10.70
Radensleben Sabine	1. 8.02 °	E SP	14. 2.70
von Boetticher Hartmut	1. 2.04	D EK	7. 9.68
Spittel Claudia (T)	16. 2.04 °	D HW	23. 1.65
Lentzen-Burmester Ulrike geb. Lentzen	1. 8.04	E SW	26. 2.72
Brosius Thomas	15. 9.04	E GE	30.11.69
Garcia-Körfgen Nicole	15. 3.05	S D	25. 5.76
Lapczynski Nicole (T)	14.12.05 °	D F	20.11.70
Bildhauer Thomas	1. 2.06	EK SP	10.10.71
Rose Susanne (T)	24. 2.06 °	E EK	3. 9.69
Aletsee Madlen geb. Wege (T)	6. 9.06	CH BI	19. 2.72

Name	Date 1	Subjects	Date 2
Strucken Tatjana	6. 9.06 °	D GE	11. 5.75
Moraw Antje	6. 9.06 °	D PA	14. 7.76
Ulrichs Anne	6. 9.06 °	F S	1.11.76
Schümmer Claudia	4. 2.07 °	E GE	9. 9.75
Bischoff Katharina	22. 2.07	E GE	2.12.75
Kärmer Andrea (T)	24. 5.07	F SP	4. 5.73
Bathke Oliver (T)	1. 8.07	E SW	18. 4.72
Löwe-Lopez Estrella (T)	9. 8.07	S E	7. 2.66
Müller-Hillebrand Holger	10.07	D SW	15. 9.72
Heckner Richard		D PL PK SW PA	6. 7.50
Labuhn Michael		D E	7.12.61
D de Gavarelli Ulrike	14. 9.76	KU e	6. 4.49
Schnabel Hans Joachim SekIL	7. 5.83	KU ER	5. 8.54
Schumacher Johannes	20. 6.88	EK MU	28. 6.57
Schnabel Ingrid geb. Kolb SekIL'		KU ER	10. 7.56
Horchler-Schäfer Ingrid		M SP	
E Evers Andrea (T)	22. 8.05	E F	23. 8.60
Peters Sandra	22. 8.05 °	KR SP M	5. 4.76
Dohmstreich Ute (T)	18.10.05	M BI	9.11.65
Wolff Katharina	18.10.05	D KU	20.10.72
Schorn Nicolas	1. 2.06	L GE	21.11.72
Köllmann Silke	9. 8.06	D GE	12. 6.75
Liebner Mathias	9. 8.06	E M	9. 1.76
Berners Rebecca	9. 8.06 °	CH BI	25. 9.77
Frenzel Stefan	9. 8.06	E SP	17. 4.78
Henseler Heike	1. 2.07	I F	29. 1.78
Rüttgers Axel	1. 2.07 °	KR D	16. 2.80
Wichmann Heike (T)	1. 8.07	EK GE KR	21. 9.69
Staratschek Julian	1. 8.07	KR EK	28.12.69
Zuber Esther geb. Lueb	6. 8.07	BI CH	22.12.74
Frieske Sascha	6. 8.07	SP GE	6. 8.75
Klee Daniel	6. 8.07	E EK	15.10.76
Dombach Anika	6. 8.07	D PA	15. 3.77
Schieb Reina Alexa	9. 8.07	D PL	1. 9.79
H Lingner Adelheid geb. Henning		E Rum EW	27. 4.47
Ockels Susanne geb. Müller Dipl.-Psych'		PS	2. 5.48
Wunsch Anne-Maria geb. Vincent		F	23. 1.50
Palm-Schrötter Rebecca geb. Palm B. A.		E TX	2.11.50
Philippi Werner		SP	26. 6.52
van Ginkel Kornelia		D KU	6. 9.53
Keller Beathe		SP	11. 1.54
von Laufenberg Georg		E GE	1. 2.54
Steinmetz Agnes (F)		° KR MU	13. 8.58
Schmidt Katharina geb. Bittel		BI CH	18.12.59
Herbertz Ralf		ER	15. 3.62
Kronsbein Doris		E S	15. 6.64
Wingenbach Jürgen		BI SP	17. 2.75

[1] am 1. 8. 94 vereinigt mit ehem. Leibniz-G. (gegr. 1982)

1.385 Kevelaer Kardinal-von-Galen-Gymnasium gegr. 1942
st. G. (5-Tage-Woche) f. J. u. M.
Schulzentrum Auf der Hüls 1, 47623 Kevelaer – Tel. (0 28 32) 9 33 70, Fax 93 37 69
E-Mail: kvggk@online.de, Homepage: www.kevelaer.de/kvgg

Kl: 6/12   Ku: 79/14   Sch: 735 (396) (197/327/211)   Abit: 52 (28)   **BR Düsseldorf**
L: 40 (A 1, A$_1$ 1, A$_2$ 3, B 12, C 10, D 1, E 7, F 1, H 4)   ASN: **165700**
Spr.-Folge: E, L/F, L, N   Dez: LRSD' **Risken**

A	**Willkomm** Anton Dr.	6. 7.92		M PH	k	8. 8.44		**Mohn** Theodor	3. 2.81	BI EK	k	30. 8.51
A$_1$	**Hagedorn** Karl	1. 8.02	°	M PH	k	15. 6.55		**Föhrder** Andrea	1. 2.05	° E GE		8. 1.72
A$_2$	**Müllenmeister** Werner	16. 2.77	°	M PL	k	11. 3.43		**Hagene** Sylvia Dr.	9. 8.06	KR GE	k	20. 7.69
								Dickhoff Stephanie (T)		E F		23. 1.51
	Rolf Bernd Dr. (F)	12.11.04	°	D PL		1. 3.50		**von Prillwitz** Sybille (T)		° BI M	e	6.11.51
	Röttger Werner	30. 3.05		M	k	5. 6.49		**Storb** Christoph		° M PH		12. 4.62
B	**Klöpf** Karin	19.12.78	°	F EK	k	10.10.43		**Robens** Marcel		° L KR	k	31. 7.65
	Meyer Heribert	8.12.82		E GE	k	9. 1.48	D	**Wans** Paul SekIL	10.83	° KR KU	k	31. 3.57
	Kirchesch Rudolf	22.12.82	°	D EK	k	1. 2.49	E	**Wessing** Kirsten	22. 8.05	E N		29.12.70
	Kaul Anselm	23.12.82	°	E EK	k	19. 6.47		**Flemming** Barbara	22. 8.05	MU GE D	oB	25. 9.72
	Müller Marie-Luise	30.12.82	°	CH	e	12.12.50						
	Verheyen Theodor	30.12.82	°	D SP	k	26. 2.48		**Schneider** Kerstin geb. Tapken	1. 2.06	° D SW	k	8. 9.69
	Kleff Cornelia (T)	15.11.83		BI EK	k	29. 6.55						
	Kunte Helmar	13.12.85		M	oB	4. 1.49		**Wilzopolski** Jochen	1. 2.06	CH BI	k	23. 7.74
	Janssen Matthias (V)	8. 1.93	°	GE EK	k	29. 9.42		**Casseboom** Dirk	9. 8.06	D SP	k	20. 7.74
	Furth Dorothee	1. 1.96	°	E SW	k	14.12.55		**Schnatz** Jörg	9. 8.06	° D E	e	27. 9.75
	Pleger Markus	8. 7.02	°	IF M	k	1.10.68	F	**Janßen** Monika		° N E	k	9. 4.61
	Koppers Rudolf	1. 7.06		SP EK	k	6. 3.53	H	**Lettmann** Heiner		SP BI		27. 5.47
C	**Pesch** Gisela	1. 2.79	°	M D	k	14. 7.49		**Bender** Ursula		H KR GE		14.11.58
	Meyer Marie-Luise geb. Lehmann	19. 8.80	°	E GE		17. 5.50						
								Weikamp Holger		KR GE	k	3. 8.63
	Timp Arno	20.12.80		KU W		31. 3.49		**Maaßen** Helmut Dr.		ER PL	e	

1.390 Kleve Freiherr-vom-Stein-Gymnasium gegr. 1817
st. G. f. J. u. M.
Römerstr. 9, 47533 Kleve – Tel. (0 28 21) 7 29 50, Fax 2 48 00
E-Mail: stein.kleve@web.de, Homepage: www.stein.kleve.de

Kl: 9/12   Ku: 93/13   Sch: 835 (427) (264/344/227)   Abit: 60 (35)   **BR Düsseldorf**
L: 45 (A 1, A$_1$ 1, A$_2$ 4, B 13, C 12, D 2, E 4, F 6, H 2)   ASN: **165931**
Spr.-Folge: E, L/F, F, N   Dez: LRSD **Stirba**

A	**Hösen** Claus	9. 1.01	° D EW KR	k	30. 3.52		**Settnik-Schaufenberg** geb. Settnik	10. 4.07	° D PL	k	27. 1.71
A$_1$	**Nüß-Steih** Margret	8.11.02	F GE	k	20. 8.48	C	**Spätling** Thomas	17. 1.78	KR F	k	3. 9.42
A$_2$	**Stynen** Kurt (T)	29.11.94	E EW		26. 5.51		**Gowitzke** Marion (T)	5. 2.80	PH	e	23. 8.50
	Brockhoff Jürgen (T)	1.1.97	BI CH	k	8. 7.54		**Fichtner** Ursula geb. Pollok (T)	1. 9.81	D E	k	31. 5.50
	Braun Günter	3. 5.00	SW GE	k	5.12.50						
	Risse Peter	7. 5.02	M PH	k	26. 8.47		**Daams** Burkhard	7. 6.83	M EK	k	21.12.53
B	**Zakrzewski** Birgit	27. 3.80	F EK		7. 3.48		**Kutscher** Tamara (T)	10. 8.99	E SP	e	21. 2.65
	Gowitzke Bernd (T)	21. 3.85	D EK	k	30. 9.49		**Buß** Barbara (T)	1. 1.02	E PL		13.11.66
	Biefeld-Schuster Eva geb. Biefeld (T)	17. 1.96	BI EK	e	22. 9.48		**Spicker** Anna-Maria (T)	1. 1.02	E KU	k	31.10.67
	Lennartz Christian	24. 6.98	ER PH	e	24. 9.59		**Bauer** Susanne	1. 8.03	D BI		15. 7.71
	Marx Joachim	17. 3.00	E F		21. 4.49		**Ingensand** Stefan	1. 2.04	° SP BI	k	15. 6.72
	Steih Hans	17. 3.00	M Gkd		23. 4.50		**Hohlbein** Esther (T)	31. 1.06	D BI		28.11.75
	Noël Norbert	17. 3.00	GE KR	k	10. 4.53		**Prahl** Stefan	1. 8.06	E SP		3. 4.74
	Kluge Wolfgang	1. 6.02	SP EK	k	9. 6.52		**Bremer** Renate (T)		SP EK	k	16. 1.51
	Schmitz-Marx Hildegard (T)	26. 6.03	° M SW	k	23. 1.53	D	**Wiggers** Ute	1. 1.79	SP MU	e	24. 2.50
							Wilking-Mölders Katharina (T)		KR EK	k	25. 3.56
	Helpenstein Norbert	26. 6.03	L CH	k	15. 7.62						
	Thiessen Jürgen (V)	1. 5.04	° L G GE	k	22. 4.65	E	**Große Holthaus** Simone	6. 3.06	D KR		1.12.77
	Lettmann Georg	19. 3.07	M GE IF	k	12. 4.72		**Krach** Annette	9. 8.06	EK SW		23. 2.65

	Rattmann Martina	9. 8.06	M KR	k	31.12.78	Grepel Barbara		° E L	e	14. 3.57
	geb. Wooning					Beyer Kerstin		MU		29. 3.74
	Bleisteiner Timo	1. 2.07	M PH		7. 5.77	Otten Afra		D N		13. 2.76
F	Sand Eva-Maria		KR	k	30. 7.46	H	Harper Thomas		° E	angl	25. 7.48
	Reinkens Jochem M. A. (L)		N D	k	5. 7.47	Hellmuth Gabriele GymnL'		SP	k	2. 7.52
	Roesch Wolfgang		KU KW		15.12.52					

1.391 Kleve   Johanna-Sebus-Gymnasium   gegr. 1935
st. G.[1] f. M. u. J.
Ackerstraße 80, 47533 Kleve – Tel. (0 28 21) 99 77 69-0, Fax 99 77 69-66
E-Mail: 165943@schule.nrw.de, Homepage: www.jsg-kleve.de

Kl: –/9   Ku: 76/11   Sch: 398 (225) (–/238/160)   Abit: 88 (55)   BR Düsseldorf
L: 26 (A 1, A_1 1, A_2 4, B 9, C 7, D 2, E 1, F 1)   ASN: 165943
Spr.-Folge: E, L/F, F/L, N/I   Dez: LRSD N. N.

A	Ulrich Herbert	30. 6.92	° KR GE PA	k	14. 1.44	Krieger Gottfried (T)	1. 8.04	KU W		8.12.50
						Scholten Werner	1. 8.04	EK SP	k	12.11.51
A_1	Urbach Wolfgang	1. 8.02	° D GE SW	k	8. 1.52	Geurtz Helma (T)	1. 8.04	L E N EK	k	25. 6.55
A_2	Kahm Friedhelm (F)	30.11.94	BI	k	29. 2.48	C	van de Braak Franz (T)	11. 5.80	M PH	k	17.11.50
	Pauls Brigitte geb. Feldmann (F)	1.12.94	E GE	k	20. 2.48	Theissen Arion (T)	15.12.80	F EK		23. 5.50
	Ueding Werner (Vw)	4.12.95	M IF	k	22.12.48	Schadowski Joachim (T)	2. 5.82	E EK	e	22.12.49
	Götz Annegret geb. Hölscher (T)	3. 5.00	D E N	k	10. 5.57	Koenen Georg	1. 8.83	SP EK	k	17.12.50
B	Vorbrüggen Ludwig	1. 3.79	° D PK	k	5. 3.46	Nitzold-Briele Gudrun	25.10.84	° F EW	k	27. 2.55
	Katschak Gerhard	17. 3.80	BI	e	6. 8.47					
	Wunderlich Ursula geb. Seemann (T)	27. 8.80	° M EK		4. 7.48	Zieße-Wolf Angelika (T)	29.10.84	° CH BI		11. 6.54
	Steinert-Schmitz Sabina geb. Schmitz (T)	17. 1.96	D E I		4. 5.51	D	Rother Angelika geb. Stöth	6. 6.84	M PH	k	16. 7.54
	Maslow Katharina	17. 7.02	° D KR		7. 4.59	E	Rößler Björn		M PH	e	7. 6.71
	Neerincx Jürgen (V)	27. 8.02	° D EK	k	2.10.51	F	Rother Hartmut		CH EK		20.10.44

[1] Kl. 7–13

1.392 Kleve-Kellen   Konrad-Adenauer-Gymnasium   gegr. 1969
st. G. (Ganztagsunterricht) f. J. u. M.
Köstersweg 41, 47533 Kleve – Tel. (0 28 21) 97 60 10, Fax 97 60 23
E-Mail: contact@k-a-g.de, Homepage: www.k-a-g.de

Kl: 8/11   Ku: 88/15   Sch: 770 (415) (232/323/215)   Abit: 58 (32)   BR Düsseldorf
L: 46 (A 1, [A_1] 1, A_2 3, B 15, C 16, D 4, E 2, F 3, H 1)   ASN: 165955
Spr.-Folge: E, L/F, F/L, N   Dez: LRSD Stirba

A	van Leewen Gerhard	1. 8.00	BI EK	k	20. 5.50	Baltes Monica geb. Verrit (T)	7.12.92	° D GE	k	19. 6.48
A_1	(Paterok Wolfgang StD A_2)	3.12.92	D GE PK		18. 9.43	Packheiser Gabriele geb. Tessmer (T)	1. 7.94	E EK	e	25. 8.47
A_2	Bleisteiner Jürgen (F)	18. 7.79	L GE	k	30. 5.46	Düffels Werner	16.12.94	D MU	k	3. 5.50
	Seuken Werner	13.12.94	° M PH IF	e	13. 5.50	Degen Dörte (T)	27. 3.95	BI EK	e	7. 4.51
B	Degen Ulrich	30. 3.79	F EK		26.12.44	Oberschilp Klaus (T)	17. 1.96	D PA		19. 1.51
	Packheiser Hartmut	1. 4.79	D GE	k	3. 5.43	Rütters Dieter	30. 8.04	BI CH	k	6. 4.52
	Romeiser-Paterok Christine geb. Romeiser	1. 4.79	D L		20. 5.46	Wichern Gerd	30. 8.04	CH BI PK		22. 9.56
	Sonnenschein Wolfgang	1. 8.80	SP EK	k	9. 4.49	Hollands Klaus		° SP BI		28. 4.56
						C	Premer Sabine (T)	2.11.80	SP BI		3.11.50
	Samel Barbara geb. Dormeier (T)	16.12.81	F EK	k	26. 9.44	Gruitrooy Walter	11. 8.81	CH	k	28. 3.52
	Broekmans Theo	24. 9.87	° GE SP L	k	14. 3.50	Middeldorf Brigitte (T)	1. 3.83	F GE		18. 5.54
	Friedrich-Foeckeler Marianne (T)	30.11.90	M	k	13. 9.50	Biener-Hendricks Irmgard geb. Biener	1. 8.83	° F D	e	6.11.53

Gymnasien Nordrhein – BR Düsseldorf · BR Köln

	Hassenpflug Peter	1. 8.90	° M PH IF	e	18. 4.57		Heynen Ingolf SekIL	4. 3.84 ° M PH	k	12. 2.55
							Kirchhof Ute SekIL'	8. 3.84 D EK KU	k	9. 8.52
	Derksen Brigitte	1. 1.02	° M KR	k	6. 5.63					
	Westhoff Markus	1. 2.04	° M PH		11. 7.73		Walter Gottfried SekIL (T)	22. 2.89 D MU		16.10.54
	Hendrickx Kristina geb. Ritter	1. 8.04	° E N		10. 4.71	E	Slomiany Marco	1. 8.06 ° GE PL		26.11.72
	Simandi Andreas	1. 8.04	° E D		23.10.73		Tönnissen Melanie	1. 2.07 M BI	e	9. 6.80
	Knops Claudia	1. 2.05	° F E	k	8.12.71	F	Amecke gen. Mönnighoff Christoph	° PL KR	k	4. 5.58
	Janßen Bruno		BI EK	k	1. 2.62		Reinemuth Beate	D GE		8. 7.64
	Boland Kathrin (T)		E D (SP)		15. 7.68		Grause Roland	D PK E		14. 2.70
	Szubries Leonie		D N		19. 3.69					
	Willnat Matthias		M ER	e	28. 6.72	H	Roelofsen Theo Dipl.-SpL	SP	k	17. 6.48
D	Seuken Martha SekIL' (T)	30.11.83	MU SP	e	10. 4.53					

1.400 Köln Dreikönigsgymnasium gegr. 1450
st. G. f. J. u. M.
Escher Str. 247, 50739 Köln – Tel. (02 21) 9 17 40 50, Fax 17 47 53
E-Mail: info@dkg-koeln.de, Homepage: www.dkg-koeln.de

Kl: 7/12 Ku: 98/13 Sch: 737 (375) (219/321/197) Abit: 49 (30) **BR Köln**
L: 42 ([A] 1, A_1 1, A_2 3, B 11, C 17, D 1, E 7, H 1) **ASN: 166698**
Spr.-Folge: E, F/L, L/F, S Dez: LRSD **Schwarz**

A	(Windmüller-Loser Renate geb. Loser StD' A_1)	20. 8.01 ° E	22. 9.47		Schmitz Oliver	01 ° KR D PL	k	28. 8.69
A_1	Thalmann-Vilter Elke		CH BI		Struve Astrid	3.11.04 E GE	e	6. 4.74
A_2	Kastenholz Willi	8. 5.01 ° MU D k	6. 3.49		Siepe Volker	22. 8.06 SP SW	k	16.11.74
	Wagener Andrea	25. 5.05 D KU k	16. 1.62		Dreyer Frank	1. 8.07		
	Fischer Gerhard	17.11.06 M (IF) k	27. 3.48		Hundeiker Wiebke	9. 8.07 E D GE		
B	Gleisle Günter	18. 1.79 ° D GE k	28. 8.46		Siebert Martin	22. 8.07 GE IF		28. 2.71
	Kastenholz Ursula (T)	6. 8.79 E BI k	8. 5.49		Schulz-Keune Kurt	E D		30.10.47
	Strempel Dietrich	26. 8.80 F (S) k	5. 2.43		Lobe Stefan Dr.	D GE		13. 3.48
	Wassermeyer Christa geb. Ossenbach (T)	1. 7.81 E F k	8. 7.45		Viell Astrid Dr.	° BI F	e	11. 5.50
					Henning Heike	CH SP		29. 9.57
	Finken Annemie	82 ° KR M k	27. 4.46		Derkum Ludwiga	° M BI		9.11.60
	Dobrinski Ingeborg Dr.	25. 5.83 MU EK	28.12.45		Richter Nicole	° SP EK KR	k	31.10.71
	Schmidt-Erker Hans-Josef	24. 1.85 PL D oB	26.10.44	D	Schmitz Birgit SpL'	6. 1.77 SP (EK TX)	k	12. 5.48
	Tröger Ursula (T)	13. 1.94 L KR H k	5. 6.50	E	Ilaender Christian	1. 8.07 GE SW		1. 7.75
	Weiand-Schneider Rosy (T)	11.10.96 CH EK k	19. 8.51		Kohlhaas Lisa	1. 8.07 F KU		8. 8.75
					Höttermann Tim	1. 8.07 SP EK		28. 6.76
	Hees Bettina	7. 8.01 ° L G e	31. 7.50		Schumacher Sebastian	1. 8.07 BI CH		11. 4.78
	Nitsch Hans	7. 8.01 F EK	13.11.50					
C	Kordsmeyer Jürgen (T)	1. 2.79 E EK	4. 5.48		Mohr Deborah Dr. Mitterer Thomas	1. 8.07 D GE CH PH		2. 8.78
	Kutz Norbert Josef	1. 8.83 M PH k	3. 1.52		Ulber Christiane	E PL		
	Klein Rainer	2. 9.83 D SW	25. 6.50	H	Weber Margarita Dipl.-SpL'	SP E	e	25.10.54
	Lämmel Gabriele	1. 8.93 F KU						

1.401 Köln Ursulinenschule gegr. 1639
pr. G.[1] f. M. d. Erzbistums Köln
Machabäerstr. 47, 50668 Köln – Tel. (02 21) 12 30 07, Fax 13 54 70
E-Mail: ursulinenschule-koeln@gmx.de, Homepage: www.ursulinenschule-koeln.de

Kl: 8/20 Ku: 147/28 Sch: 1227 (1227) (255/617/355) Abit: 90 (90) **BR Köln**
L: 62 (A 1, A_1 1, A_2 11, B 18, C 17, E 1, F 7, H 6) **ASN: 166704**
Spr.-Folge: E, F/L, R/F/I, F/I, I Dez: LRSD **Dr. Wambach**

A	Graeff Klaus (T)	1. 8.96 ° M PH k	7. 6.45	A_2	Orthen Norbert Dr.	1.10.96 ° D BI k	10. 6.48
A_1	Berschick Britta geb. Appels	1. 8.03 D BI KR k	3. 8.59		Büttner Christa geb. Fett (T)	1.10.00 BI CH k	14. 1.52

	Name	Date	Subjects		Date2
	Walter Alfred	1.12.01	KR D	k	10. 9.54
	Schüttler Manfred	1.10.02	EK M IF	k	5. 4.52
	Schmitz Angelika geb. Ohlerth (T)	1.10.04 °	D GE SW	k	2.12.54
	Kalthoff Bernhard	1.10.04	KR M H	k	14. 6.60
	Schieb-Niebuhr Ursula geb. Schieb (T)	1. 3.06	R F	k	27. 1.51
	Schreer Dietmar	1 6.06 °	D GE	k	17. 2.57
	Haspel Verena geb. Hillebrands (T)	1. 7.07	MU M	k	31.12.60
	Quis-Buchholz Erika	1. 7.07	M MU	k	28. 7.61
	Müller-Huntemann Ursula	1.10.07	SP EK	k	1. 9.61
B	Orthen Marika geb. Kolvenbach	9. 9.85 °	E F	k	9. 8.49
	Räke Margarete geb. Vogt (T)	9. 9.85	BI CH	e	2. 7.46
	Kissels Reiner	1. 1.86	BI PA	k	11. 1.48
	Koch Jürgen	15. 7.88	CH BI	e	22. 4.53
	Schmitz Hannelore	1. 6.94	R D	k	21. 2.47
	Lauten Gerd Dr.	2. 2.95	E GE	k	4. 6.58
	Althaus-Sanner Gerhild	1.10.95 °	E R	k	5. 3.51
	Deutsch Peter Rainer (T)	1.10.95	E KU	k	19. 5.52
	Deest Hildegard geb. Schneider	1.10.95	GE SP	k	25. 6.52
	Foerster Andreas (T) (V)	1. 4.96 °	MU D	k	18.11.63
	Dresbach Ursula geb. Heuser (T)	1.10.96	M CH	k	9.11.51
	Schlesinger Claudia geb. Erbse	1.10.96	F SP	k	20. 4.53
	Springer Ellen	1.10.96 °	SP E	e	9.10.55
	Plum Karl-Josef	1.10.97	KR PA	k	4.11.56
	Jahnel-Achilles Maria	1.10.97	L F KR R	k	6. 6.52
	Grüning Genoveva geb. Gödert	1.10.99	L MU	k	11. 9.57
	Hofer Sylvia geb. Lieder (T)	1.10.00	L F	k	5. 5.56
	Furth-Terheggen Elke geb. Furth (T)	1.10.02	D KU	k	1. 1.60
C	Prager Françoise (T)	2. 1.84	F I	k	14.10.44
	Reckert Petra-Maria	1. 1.89	CH PH	k	28.12.53
	Pichler Veronika	1. 4.90	M SP	k	20. 8.53
	Nöllgen Claudia geb. Blittersdorf (T)	1. 6.93	E SP	k	16. 1.56
	Knoch Anneliese geb. Dinkelbach	1.10.93	PH M	k	4. 8.55
	Zimmermann Max (T)	1. 9.94	KR KU	k	10.11.59
	Nicolaus Susanne (T)	1. 8.94	BI EK	k	28.10.61
	Zimmer Johanna (T)	1. 5.96	KR BI I	k	30.12.61
	Polster Martina geb. Johanning-Meiners	1. 7.97	D SP	k	12.11.61
	Rogge Stephanie	1.11.97	KR EK	k	23. 8.61
	Neffgen Michael Dr. (T)	1. 8.99	M PH	k	9. 2.64
	Encke Karin-Bettina (T)	20. 8.01	ER D M	e	29. 8.68
	Servos Raimund	1. 2.03	M PH	k	9. 8.73
	Bungart Frank	1. 3.06 °	D ER	e	13. 6.75
	Hörstemeier Stefan	1. 3.06	M SW	k	17. 1.77
	Buschmann Julia	1. 6.07	E GE	k	21. 3.77
E	Birk Jana Dr.	1. 2.07	E F	k	6. 3.74
F	Prümm Angelika		M SP	k	21. 7.53
	Stute Marita geb. Mevis		M PH	k	5.11.53
	Witte Marlene Dr.		KR D	k	21. 9.56
	Goebel Guido		M IF	k	3.11.61
	Meye Helga		E F	k	24. 5.62
	Fangmann Judith		SP I M	k	3.12.76
H	Lang Doris		D EK	k	12. 9.46
	Herff Beatrix geb. Schumann Dipl.-SpL'		SP EK	k	22. 5.51
	Lützenkirchen Monika geb. Sehlmeyer		KU E	e	14. 2.57
	Raddatz Marion		SP	k	14. 7.61
	Halbe Sandra		SP	k	2.10.74

[1] m. Tagesheim; Kooperation m. Realschule f. M. in gleicher Trägerschaft

1.402 Köln Friedrich-Wilhelm-Gymnasium gegr. 1825
st. G. (5-Tage-Woche) f. J. u. M.
Severinstr. 241, 50676 Köln – Tel. (02 21) 2 21 91-6 28, Fax 2 21 91-5 84
E-Mail: office@fwg-koeln.de, Homepage: www.fwg-koeln.de
Kl: 8/12   Ku: 160/26   Sch: 1006 (458) (237/342/427)   Abit: 87 (53)
L: 60 (A 1, A$_2$ 5, B 13, C 24, E 11, F 4, H 2)
Spr.-Folge: E, L, F, L/F

BR Köln
ASN: **166613**
Dez: LRSD **Schwarz**

	Name	Date	Subjects		Date2
A	Jansen Peter Dr.	1.10.98	D PL KR	k	27. 7.45
A$_2$	Wieck Rainer	11. 3.92	D GE	e	18. 7.46
	Frizen Werner Dr. (F)	1.12.96	D PL KR L	k	1. 5.50
	Spiller Harald	1. 5.97	GE SW	k	14. 3.52
	Effertz Ronald	22. 7.04 °	M PH IF	k	12.12.52
	von Hesberg Bärbel Dr.	11. 1.07	D GE		16.10.52
B	Benner Heinz	30. 4.79	E GE	e	1. 7.44
	Giersberg Sigrid Dr.	12. 9.80	PL D		3. 5.47
	Hoffmann Brigid	1. 6.81	E F	e	20. 6.49
	Lenze Ingrid geb. Behrendt	1. 3.93	BI	e	18. 8.51
	Schumacher Bernd	1. 1.94	GE SW		11.10.49
	Henrichs Wolfg. Dr.	1. 3.96	BI EK	k	13. 5.52
	Rex Werner	1. 5.97	KR PA	k	5. 9.51
	Drews Manfred	15. 4.02	L PH		22. 6.52
	Sänger Joachim	1.12.02	D PA		9. 5.48
	Ehlers Leif (F)	1. 6.05	E BI		7. 4.70
	Altenähr Franz	21.10.05	M EK		6.12.51

	Hallerbach Birgit	30. 9.05	E PA	k	14. 9.61		Furth Andrea	15. 9.06	E SW	28. 6.77
	Schumacher		L G GE		20. 3.46		Mareczek Sylvia	13. 3.07	SP EK k	13. 3.75
	Winfried Dr. (T)						Brosch Patrick	1. 8.07	L GE e	16. 7.70
C	Adams Cornelia	2. 1.80	BI EK	k	25. 5.52		Fintz Joachim		M	22. 7.45
	Hinze Gisela	19. 8.80	BI CH	k	22. 8.48		Bergheim Andreas (T)		CH BI	7. 5.62
	geb. Müller								GE	
	Thurz Udo	4. 9.84	KU PL	e	10.10.50	E	Woelke Yvonne	6. 9.04 °	M BI k	25. 5.74
	Breuer Günter	4. 9.84	GE PK	k	28. 4.48		geb. Wurm (T)			
	Egdorf Björn	11. 3.88 °	ER PH	e	5. 4.53		Wilhelm Benjamin (T)	9. 8.06	D E GE e	8. 4.75
	Bleidt Ingo	1.11.96	MU SP	k	5. 1.62		Schulz Michael	9. 8.06	CH SP k	12. 1.77
	Rutsch Christina	10. 4.00	D ER	e	17. 2.67		Hahn Tobias	9. 8.06	M PH e	21. 1.77
	Vollmer Ulrike	1. 1.01	MU D	k	18. 3.65		Deters Evelyn	1. 2.07	M SP	3. 4.74
	geb. Sautter (F)						Pickartz Stephan	1. 2.07	D SP	8. 4.77
	Oelke Stefanie (F)	1. 2.01	BI KU	k	28. 4.62		Schmutter Peter	1. 8.07	IF M	25. 9.72
	Hanebeck Frauke (T)	1. 1.02	L F		20. 3.67		Weber Julia-Maria	1. 8.07	D L	10. 7.77
	Roeder Julia	27. 8.02	D L	e	21. 9.68		Volger Angela	1. 8.07	BI F	20. 1.78
	von Wülfingen	1. 9.03	F SW		29. 8.69		Weyers Sara	1. 8.07	D GE k	1. 1.79
	Andrea (T)		(MU)						(KR)	
	Schlieben Olaf Dr.	1. 8.04 °	PH M		9. 3.69		Beyer-Engels Tanja	6. 8.07	KU k	30.11.69
	Klemen Silke (T)	15. 9.04	CH SP		19. 7.74	F	Skeide-Panek Gudrun		M D e	22. 4.58
			(M)				Botana José		° E F S k	9. 1.60
	Juchheim Anja	1. 3.05	E GE	e	29. 5.75		Balters Ulrike		CH PH	29. 1.64
	Handschuh Patrick	1. 7.05	E BI	e	30.12.66				IF	
	Schick Andreas	5. 3.06	M SP	e	2.12.73		Kaiser Barbara		D F k	22. 1.69
	Heukemes Gabriele	7. 4.06	L KR G	k	24. 9.73	H	Zimmer Peter		SP k	29. 9.67
	Melsheimer Anja	22. 8.06	D KU		17.12.67		Fays Jean-Charles		SP	11. 8.80

1.403 Köln Gymnasium Kreuzgasse gegr. 1828
st. G. (5-Tage-Woche) m. zweisprachigem dt.-frz. Zug f. J. u. M.
Vogelsanger Str. 1, 50672 Köln – Tel. (02 21) 27 97 1-0, Fax 27 97-1 40
E-Mail: schule@kreuzgasse.de, Homepage: www.kreuzgasse.de

Kl: 8/16 Ku: 128/23 Sch: 997 (492) (251/439/307) Abit: 72 (30)   **BR Köln**
L: 65 (A 1, A$_1$ 1, A$_2$ 10, B 16, C 17, D 4, E 7, F 7, H 2)   ASN: **166601**
Spr.-Folge: E/F, L/F/E, F/L/S   Dez: LRSD **Schormann**

A	Sandte-Wilms	1. 2.06 □	E F		19. 5.51		Schütt Manfred	16.12.97 °	E SP k	22.11.54
	Angelika						Enderichs Doris	17.12.97	M PL k	5. 4.54
A$_1$	Siepmann Elisabeth	1. 3.06 °	F D	k	8. 5.44		geb. Ross (T)			
	geb. Kloidt						Ebenfeld	12. 6.98	E EK e	20. 4.50
A$_2$	Kayser Wolfgang (F)	4. 2.80 °	E F	e	25.12.43		Friedrich-W.			
	Barausch-Hummes	9. 5.80	E		10. 8.45		Wichert Rolf Dr.	15. 6.98 °	D MU e	2. 5.53
	Elke geb. Barausch (F)						Kaiser Wilhelm	28. 5.99	PH M k	2. 8.50
	Blum Winfried (T) (V)	8. 1.86 °	EK L	k	8. 4.46				IF	
	Birkner Clemens	21. 1.94 °	BI EK	k	28. 8.48		Sudbrack-Kudascheff	29. 5.00	D SW	18.12.52
	Klein Jost (F)	1. 6.94	GE F	e	11. 5.49		Cornelia geb. Sudbrack			
	Ries Heinz-Gert Dr.	29. 2.96 °	EK GE		9. 9.46		Hippmann Heribert	1. 3.01	BI e	31. 7.46
	Cremer Helmut	30. 6.97	EW SW	k	9. 6.52		Stege-Gast Daniela	9. 8.06	KR D k	10.10.66
	Krechel Hans Dr. (F)	16.12.97 °	F EK	k	9. 9.51		Knop Uwe		M PH	4. 3.66
	Liebertz-Weiden-	16.12.97 °	KR F				Knötgen William	28. 8.02 °	M PH k	3. 6.71
	hammer Sylvia (F)								SP	
	Woltersdorf Klaus (F)	22.12.05	D F		7. 6.50		David Silke		° D GE S	
B	Tsakmakidis-von	28.11.75	D GE	e	3. 8.43	C	Heideking Anna	15. 1.79	D GE k	30. 7.48
	Neubeck Anna-Luise						Maria geb. Ellinger (T)			
	geb. von Neubeck						Bereczki Ildiko (T)	14. 9.81 °	KU W	23. 4.47
	Schneider Paul	27. 9.79 °	M	k	11. 4.48		Hartenfels Cornelia	26. 3.82	PL GE k	27. 4.52
	Strathmann Margret	28. 2.93 °	E S	e	2. 4.47		Garbella-Femerling	3. 8.82	EK E k	21. 8.52
	(T)						Maria geb. Garbella (T)			
	Unsin Reinhard Dr.	4.10.93 °	M		23.12.48		Weißig Elfriede	8. 5.84	BI SW k	24.10.50
	(Vw)						geb. Mülleneisen (T)			
	Schönenberg	16. 8.96	GE R		23. 9.52		Hülm Werner	5. 8.85	GE EW k	13. 6.46
	Ingeborg geb. Baar						Niewerth Bruno	4. 9.89 °	L KR k	21. 3.58

	Name	Datum 1	Fach 1	k/e	Datum 2
	Schulte Christa (V)	25. 6.96	° D EK		
	Steinbach Juliane	1. 8.96	° D ER	e	4. 7.61
	Blanke Andrea (T)	22. 4.98	E SW		13. 5.55
	Feldmann Birgit (T)	29. 2.00	M CH	k	2. 6.69
	Böing Maik (F)	23. 7.01	° F EK	k	10. 4.71
	Benken Christian	1. 1.02	D GE		22. 4.67
	Hoerner Anne (T)	7. 8.02	BI CH	k	26.10.70
	Matysiak Mirja geb. Hüsing (T)	15. 9.04	° M E	e	14. 6.71
	Gough Silke	1. 2.06	° D E	k	18. 9.73
	Gerlt Gabriele (T)		F KU ER	e	9.10.51
D	Echterbecker Barbara geb. Christinnek SpL'	29.12.75	SP	k	9. 7.43
	Dienst Gabriele (T)	10. 8.82	BI SP	k	2. 3.52
	Münch-Lascyk Martina geb. Münch (T)		D E	k	17. 9.59
	Delsemmé Simone		F EK	k	16. 5.78
E	Klein Markus Dr.	31. 1.06	CH PH		18. 1.64
	Falterbaum Irene	3. 8.06	E PL		11. 9.77
	Straas Udo	1. 8.07	ER E	e	20. 3.58
	Rickert Marc	6. 8.07	E SP		24.10.72
	Forthaus Thilo	6. 8.07	M SP	k	17. 3.75
	Hoffmann Jennifer	5. 9.07	D PS		5. 9.76
	Weier Sandra	07	S SP	k	6.11.69
F	Diewald Ute		D KR	k	10. 3.55
	Haasbach Ulrich		M PH	k	1. 8.56
	Mester Jürgen		° KU D	e	10. 2.61
	Himmelreich Anke		F MU	e	18. 9.62
	Lamsfuß-Schenk Stefanie		F GE	e	5. 6.63
	Belitz Ina Dr.		F GE	e	1. 5.64
	Roemer Stephan		L G		31.10.66
H	Trump Sylvia-Regina		° SP	e	12. 9.48
	Orzel Johannes Dipl.-SpL		SP	k	20. 1.50

1.404 Köln-Mülheim Rhein-Gymnasium gegr. 1830

st. G. (5-Tage-Woche) f. J. u. M.
Düsseldorfer Str. 13, 51063 Köln – Tel. (02 21) 3 55 33 69-0, Fax 3 55 33 69-11
E-Mail: rhein-gymnasium@netcologne.de, Homepage: www.rhein-gymnasium.de

Kl: 7/16   Ku: 105/17   Sch: 887 (466) (204/441/242)   Abit: 80 (38)   **BR Köln**
L: 49 (A 1, A_1 1, A_2 5, B 15, C 14, D 2, E 5, F 6)   ASN: **166455**
Spr.-Folge: E, L/F, F/L, I   Dez: LRSD' **Dr. Wirths**

	Name	Datum 1	Fach	k/e	Datum 2
A	Hoffmann Jochen Gerd Dr.	21. 8.01	F GE	e	19. 6.52
A_1	Theil Rolf	10.03	CH EK	k	14. 5.53
A_2	Sistermann Rolf Dr. (F)	23.10.78	ER D SW PL	e	24.12.43
	Prinz Rainer	1.12.92	° MU F		2. 5.49
	Sommer Ingrid geb. Keil	1.11.99	M EK	k	3.12.54
	Schädlich Alfred	10.03	IF	e	9.11.44
	Raus Gerd	11. 3.05	GE F	k	4. 5.42
B	Kempen Hans-Günter	1. 5.79	BI	k	12.10.46
	Hallmann Anita geb. Messner	1. 2.80	EK F		29. 7.49
	Weise Hans-Gerd	12. 6.80	PA KU	k	10.11.49
	Grabbe-Vollmert Ursula geb. Schnitzler	25. 6.81	MU MW (F)	k	11. 9.47
	Scholter Wolfgang	21. 9.84	F D		14. 2.47
	Vleurinck Ingrid geb. Baden (T)	5. 1.95	E PA	k	1. 5.53
	Heinze Franz-Josef	14. 2.97	D EK	k	13.11.50
	vom Hofe Kornelia geb. Schmelzer	99	SW E	k	6. 5.54
	Micheel Silke	1. 9.00	D ER		20. 7.63
	Bös-Meyer Monika	1. 8.01	E PL	k	18. 8.54
	Göbels Wolfgang	6. 8.01	M	k	11.12.46
	Schüller Friedrich	6. 8.01	BI CH	k	17. 4.49
	Tiedemann Antje	7. 6.04	D BI		4. 7.70
	Grande Katrin geb. Bureick	29. 9.06	M SW		8.11.68
	Nobbe Thomas	29. 9.06	M CH		3. 5.68
C	Bräutigam Wilma	10.10.84	D PA SP		30.12.55
	Guggenberger Brigitte	31. 8.92	SP BI	e	2. 5.60
	Petzhold-Fischer Astrid	1.10.97	L ER	e	27.12.60
	Santel Nicole geb. Wissmann (V)	2. 2.01	° E I	k	5. 8.68
	Küppers Herbert	17. 9.02	SW KR	k	22.10.64
	Reinhardt Carsten	24. 2.03	M SW		24. 9.67
	Dombrowsky Mirko	17. 3.03	D E		28. 9.71
	Schneider Karen	9. 7.04	BI D	e	15.12.72
	Schmitter Jörg	31. 1.05	L KR		1. 2.72
	Tremel Marc	1. 2.05	M SP		11.10.70
	Graeser Heike	31. 3.05	E GE EK		11. 3.70
	Mimkes Christian	6. 9.05	SP EK	e	24. 2.69
D	Grünwaldt Peter SpL	8. 2.78	SP		15. 9.44
	Heider-Franc geb. Heider SekIL'	11.10.96	E F KR	k	21. 1.61
E	Herrmann Rudolf	24. 6.04	CH PH		5.11.64
	Minger Volker	10. 2.05	D SP		21. 2.75
	Meyers Sandra		E GE		8. 2.74
	Albertsen Markus Dr.		BI CH		21. 7.74
	Karsten Heinz		E F		10. 1.75
F	Triller Karin geb. Vantournhout		E F	k	24.11.46
	Jaenicke Rainer-Maria		KU	k	27. 5.47
	Fromme Helmut		GE PH	e	23. 7.53
	Eichelmann-Barth Gerhilde		E D		20.10.54
	Graf Andreas Dr.		D GE		19. 4.58
	Pötz Martin Dr.		E I	oB	26.11.60

1.405 Köln Humboldt-Gymnasium gegr. 1833

st. G. f. J. u. M. (m. MusikG. in Ganztagsform)
Kartäuserwall 40, 50676 Köln – Tel. (02 21) 2 21-9 19 11, Fax 221-79 10
E-Mail: humboldt-koeln@web.de, Homepage: www.humboldt-koeln.de

Kl: 9/17   Ku: 167/31   Sch: 1188 (655) (276/500/412)   Abit: 132 (78)   BR Köln
L: 74 (A 1, A₁ 1, A₂ 9, B 20, C 24, D 1, E 7, F 9, H 2)   ASN: **166649**
Spr.-Folge: E, L/F, F/L   Dez: LRSD **Schwarz**

A	Junge Harald Dr.	1. 2.01	D EK	e	24.12.52		Scheller Ingrid	4. 5.84	D N		19. 6.49
A₁	Schlemmer Hilde-gard geb. Krichel	1.12.02 °	BI F	k	16. 9.51		Ellerhold Erika geb. Maschwitz (T)	9. 5.84 °	F S	e	29.11.52
A₂	Jünnemann-Stark Brigitte	22.11.85	MU F	e	19.12.48		Perpeet Marion	14. 8.00	E D		15. 5.67
	Stark Hans	1. 1.94	D PL	k	24. 7.43		Schmitz Petra	28. 8.00	KU GE		
	Schneider Hans-Wolfgang	2. 3.95	BI EK	e	8.12.48		Junker Eva-Marie	7.01	E EK	k	5. 2.62
	Riedel Klaus (F)	96	MU		30.11.54		Schulz Ingrid	1. 1.02 °	E F		7. 6.65
	Dahm Rüdiger	1. 6.97	D SW	k	7.11.47		Cremer Carmen	1. 8.02	D E		
	Aldermann Birgit Dr. (F)	18.12.97	BI KU		4. 4.52		Oréal Eva	15. 9.04	F M	k	5. 6.71
	Mannsky Herbert	27. 3.01 °	M PH		9.12.49		Kurzrock Tanja Dr.	6. 3.06	M D		6. 2.69
	Mannheims Michael	25.10.06	M PH		9. 3.61		Kaufhold Lutz Till	30. 3.06	M SP	k	17.10.74
	Wiesel Gertrud	21.12.06	D GE PP	k	17. 3.53		Kunze Stephanie	15. 3.07	BI CH	k	7.12.74
							von der Bank Gunhild	8.06 °	E KR	k	10. 3.75
							Ostermann Isabell	8.06	E F		10. 3.77
							Fath Christine	21. 9.06 °	E SP		4. 2.77
							Ulrich Thomas	9. 8.07	PH SP	e	23. 8.67
B	Schultz-Meurer Sybilla geb. Meurer (T)	27.11.78	BI	k	9.12.47		Glaser Reinhard	°	CH BI	e	10.12.47
	Theben Ludger	18. 5.79	L SP	k	11.12.46		Arens Birgit		E BI		17. 6.64
	Schmidt Horst Peter	1. 4.94	E SP	e	14.10.50		Mastroeli Maria		E F		31. 5.73
	Deckers Albert	1. 4.94	D GE		21.10.47		Badde Susanne		BI MU		
	Hagemann Heidrun	1. 6.94	D SW PP		23. 2.51		Korte Petra		ER KU		
	Thomé-Meyer Hildegund geb. Thome (T)	1. 6.94	F GE		6. 3.54	D	Prinsloo Sabine SekIL' (T)	20. 3.84	E GE		15. 8.53
	Waeger Norbert	1. 9.94 °	GE E PP	k	13.10.52	E	Schneider-Musshoff Andreas	9. 8.06	D GE		3. 5.76
	Moll Günter	5.96	M EK		16. 2.47		Grande Steffen	9. 8.06	PH E	e	
	Thulke Otmar Dr.	5.96 °	M PH	e	27. 2.49		Sonderhof Anita	1. 2.07	KU SP		11.12.79
	Sökeland Cornelia (T)	5.96	E D PP		5. 4.52		Pehe Martin	6. 8.07 °	CH EK		
	Boltz Gabriele	28. 6.97	F S		14.11.49		Singer Katja	6. 8.07	E D		
	Schürmans Dieter	28. 6.97	KR PA	k	12.10.54	F	Hinze Ernst		BI CH		4. 7.45
	Thorwarth Rita geb. Schittek	28. 6.97 °	E F		18. 4.50		Besson André		PH		17. 8.48
	Glöckner Angelika geb. Drobner (T)	25.11.97	SP EK		4. 3.55		Schmitz-Reith Paul		M EK		1. 5.53
	Bold Petra	27. 5.99	M F SW	k	5.11.57		Specker Andreas Dr.		D MU	k	5. 8.58
	Tenhagen Andrea	8. 6.00	MU D		1. 7.63		Müller Michael Dr.		° PH IF (M)	k	12.12.59
	Manten Birgit	10.07	L PL		16. 3.64		Schwingel Anja		D PA		11. 6.64
	Wittka-Jelen Michael	07	KR BI CH	k	22. 3.61		Hahn Susanne		PS SW PK		
	Korun Katja		D PS		29. 7.64		Forens Marlene		S GE		
C	Eschert Sigrid (T)	4.78	ER M		21. 3.49	H	Hanisch Franz-Josef Dipl.-SpL		SP	k	21.11.46
	Damerow Karl-Hz.	25. 8.78	BI SP		6. 1.45		Hofmann Werner Dipl.-SpL		SP		22.11.49

1.406 Köln Apostelgymnasium gegr. 1860

st. G. f. J. u. M.
Biggestr. 2, 50931 Köln – Tel. (02 21) 40 63 18-0, Fax 40 63 18-28
E-Mail: e-post@apostelgymnasium.de, Homepage: www.apostelgymnasium.de

Kl: 6/12   Ku: 98/18   Sch: 766 (332) (190/349/227)   Abit: 81 (39)   BR Köln
L: 46 (A 1, A₁ 1, A₂ 5, B 14, C 12, E 9, F 3, H 1)   ASN: **166479**
Spr.-Folge: L/E, E/L, F/G, S   Dez: LRSD' **Dr. Wirths**

A	Zimmermann Klaus Dr. Dipl.-Päd.[1]	2.11.01 °	M KR PA	k	2. 2.50	A₂	Pabelick Norbert (T) (F)	29. 2.80	D GE		25.11.45
A₁	Becker Franz Dr.	31.12.81 °	L GE	k	17. 7.43		Jamann Horst-Elmar	1.10.90	D L	k	4.12.42

	Name	Datum 1	Fächer 1		Datum 2
	Klein Ingrid	1. 1.91	BI		8. 2.44
	Theissen Renate	30.10.97 °	D GE ER	e	14.10.46
	Bolle Rainer	16.10.00	BI	e	3. 9.45
B	Gerhards Joachim (T) (V)	27. 2.78 °	L GE	k	25. 7.43
	Weyer Günter	16.10.79	SP EK	e	3. 8.44
	Kuhn Elke	26. 1.94	E TX	k	30. 3.54
	Nurtsch Gerhard	96	D GE PL	e	28. 4.48
	Hartmann-Feltes Maria geb. Hartmann (T)	1. 9.02 □	L E	k	7. 8.60
	Harke Steffen	18.11.02	M PH		1. 3.65
	Baldus Angelika	4. 5.04 □	F GE	k	9. 7.61
	Lauhues Ulrich	1. 6.05 °	L I KR	k	21.10.59
	Rudolph Michael	22. 6.05 □	E GE SW	k	29.12.56
	Langner Michael (F)	14.12.06	D GE	oB	29.10.65
	Görgens-Klein Eva geb. Klein	14.12.06 °	D MU	k	23.10.69
	Adolph Marita geb. Kopietz	1. 2.07 °	D E	e	23. 2.52
	Rehder Frank-Dietmar	07	PH M	e	7. 5.53
	Kloten Anita		KU PL		
C	Schreier Viktor	13. 1.79 °	BI PH	k	15. 7.45
	Krings Sibille (T)	18. 8.93	KR MU	k	25. 9.61
	Lennartz Martin (T)	4. 9.95	MU D	k	19. 8.60

	Name	Datum 1	Fächer		Datum 2
	Hasbach Lutz	1. 2.98	M CH SP	k	17.10.67
	Schulz Christine geb. Köcher (T)	1. 1.02 °	M PH		16. 7.69
	Krummel Bruno	1. 1.02	EK KU	k	26. 3.70
	Krämer Wendy geb. Schreiner	28. 5.02 °	KR S	k	3. 1.72
	Heykamp Horst	3. 2.04	E GE		26. 3.68
	Hanke Dirk	18. 3.05	M PH	e	17. 1.73
	Seeck Oliver	29. 4.05 □	EK SW SP	e	18. 3.74
	Meilinger Carsten	18. 5.05 °	L G GE	k	5.12.72
E	Kery Katrin	10. 2.04	D SP		
	Schenk Michael	6. 9.04	M PH	e	13. 6.67
	Lehnardt Vera geb. Scholzen	6. 9.04	CH BI KU	k	12. 9.75
	Klatt Franziska	6. 9.04	D ER PL	e	20. 4.76
	Waldmann Anke	14. 2.05 °	E SP	k	28. 6.77
	Köster Katrin	22. 8.05 □	M SW	e	19. 4.75
	Eiting Sylvia	1. 2.06	M SP	k	21. 5.74
	Ferfer Ruth	11. 6.06 °	BI CH	k	18. 5.74
	Peterhoff Ira (T)	1. 8.06	F BI	k	30. 7.74
F	Tschierske Ulrich Dr.		D PL		6. 2.52
	Teupe Peter Dr.		E EK		20. 7.56
	Breidt Norbert		E F		16. 3.61
H	Piel Reinhard Dipl.-SpL		SP		28. 3.48

[1] Lehrbeauftr. an d. Univ. Köln

1.407 Köln Königin-Luise-Schule gegr. 1871
st. G. (5-Tage-Woche) f. J. u. M.
Alte Wallgasse 10, 50672 Köln – Tel. (02 21) 35 58 21-0, Fax 35 58 21 10
E-Mail: 166492@schule.nrw.de, Homepage: www.koenigin-luise-schule.de

Kl: 6/12 Ku: 91/17 Sch: 791 (397) (195/363/233) Abit: 62 (40)
L: 46 (A 1, A$_1$ 1, A$_2$ 4, B 14, C 17, D 1, E 6, F 2)
Spr.-Folge: E, F/L, F

BR Köln
ASN: **166492**
Dez: LRSD **Schormann**

	Name	Datum 1	Fächer		Datum 2
A	Boddenberg Ulrich	1. 2.07 °	D PA	k	23. 3.54
A$_1$	Gräfe Andreas Dr.[1]		PH CH		6. 3.62
A$_2$	Baues Jürgen	22. 6.89 °	M EK	k	18. 2.49
	Schütt Antonia geb. Lenz	1. 3.96	D GE	k	26. 1.43
	Stein-Sluimer Gisela (F) (T)	1. 8.96	EK HW	k	27. 8.51
	Frings-Mock Marliese (V)	18. 3.97 °	F PA	k	9.11.52
B	Blum Carola geb. Heising (T)	1.10.79 °	D PL	k	16.10.48
	Stiegel Rolf	3. 3.91	D GE		2. 1.54
	Orlowski Christa geb. Krämer (T)	1. 4.97	E GE		29. 5.53
	Paske Elisabeth geb. Führer (T)	15. 3.98 °	BI CH	k	28. 9.51
	Weiss-Wright Evelin	30. 3.99	E ER	e	18. 9.63
	Pöplau Barbara (T)	8. 8.00 °	M BI	k	5.10.59
	Preußer Gerhard (T)	1. 8.01	E D PL	e	10. 6.50
	Weiden Silvia Maria	5. 3.04	E CH	k	8. 9.68
	Labusch Alexandra (F)	23. 6.05	E SW	e	23. 4.69
	Reichel Claudia	1. 8.06	E F		4. 1.72
	Wimmer Regina	27. 9.06	E GE	k	27. 9.51
	Krone Wolfgang	10.07	M SP		4. 3.57
	Kasch Sylvia Dipl.-Volksw.'[2]		SW WW	e	27. 3.47
	Miebach Heribert-Josef		° D GE		
C	Hülm Gabriele	5. 9.84 °	D EW	k	23. 3.48
	Zelgert Kai Dipl.-Phys.	1. 1.02 °	PH CH	k	13. 7.66
	Dieckow Peter (T)	1. 2.02	D E	e	1. 6.64
	Antons-Klug Karina	8. 2.02	KU D	k	30. 5.70
	Heesen Stephan	30. 6.03	PH MU		6. 8.68
	Aston Michaela	15. 9.04 °	D SP	e	17. 9.73
	Drießen Dirk	15. 3.05	E D	k	7. 2.73
	Oliver Joris (T)	1. 2.06	MU KU		30. 9.71
	Fittkau Sandra	2. 2.06	E F	k	30.10.74
	Höflich Elke (T)	1. 8.06	M CH	k	20. 7.64
	Sanner Birga	1. 8.06	KU E		14. 4.73
	Maas Frauke	1. 2.07	M PH		27. 1.72
	Linden Britta	19. 3.07 °	D F		30. 7.76
	Erkelenz Dirk	9. 8.07	L GE	e	17. 6.68
	Faßbender Sinje	24. 8.07	E SW	e	9. 4.77
	Voigt-Bock Tanja		D GE F	k	12. 4.70
	Drägestein Silke		° L SP		
D	Killmaier Werner		° D MU	k	23. 8.62
E	Burg Iris	22. 8.05	E SW	k	14.10.71

Krefis Berit	1.	2.06	M E MU	e	31. 3.78	Wolff Tobias F Soujon Ingrid	2.	2.07	EK SP k SP k	17. 4.77 21. 5.56
Fritsch Barbara	1.	2.07	M KU	e	26.11.76	Dipl-SpL'			
Seifarth Jasmin	1.	2.07	D KR	k	7. 5.79	Franke Robert			SP BI	19. 3.60
Paetz Ariane	1.	2.07	M BI	k	14. 2.80				

[1] L i. A.   [2] Lehrbeauftr'. an d. Univ. Köln

1.408 Köln-Mülheim Gymnasium Mülheim gegr. 1876
st. G.[1] (5-Tage-Woche) f. J. u. M.
Genovevastr. 58–62, 51063 Köln – Tel. (02 21) 22 19 94 41, Fax 8 60 12 10
E-Mail: 166583@schule.nrw.de, Homepage: www.genoveva-gymnasium.de

Kl: 5/12 Ku: 126/19 Sch: 738 (407) (129/308/301) Abit: 72 (40)   **BR Köln**
L: 46 (A 1, A₁ 1, A₂ 2, B 15, C 16, D 3, E 1, F 6, H 1)   ASN: **166583**
Spr.-Folge: E, L/F/T, L, L/F/E   Dez: LRSD' **Dr. Wirths**

A	Brandenburg Godrun	28. 8.95	□ D GE		16. 2.46	Georg-von Bibra	9.89	ER MU		23. 5.59
A₁	Knorreck Bernd		M		14.10.50	Christoph		E		
A₂	Seiler Ingrid Dr.	22.12.95	□ L GE G	e	16. 2.47	Dreyer Gabriele	1.2.92	F KU		
	Spang Günter	24. 2.96	□ M EK (IF)		5.11.53	Kulling Anne	30. 8.93	D L	k	24.10.47
B	Wimmershoff Manfred	27.11.80	° KU M	k	14. 8.46	Golembowski Ute	24. 8.96	□ BI PA	e	14. 7.61
	Holzapfel-Hallerbach Mechthild geb. Holzapfel	25. 1.85	D PA	k	14. 9.46	Klinkott Eva-Susan Schrage Axel	24. 8.96 24. 6.03	BI EK CH SP	k	24. 5.60 20. 4.71
	Kemmerich Anne geb. Kemmerich (T)	8. 1.93	□ SW D	k	25.12.53	Hansen Henning Vogel Renate	16.10.04	SW ER E F	e	22.12.73 29.11.49
	Wüllner Manfred	18. 1.94	□ EK F	k	5.10.46	Schwarz Ursula		M PH	k	10. 4.54
	Weber Bernd Dr.	12.12.95	° EK GE	k	20. 4.46	Heitmeier Anke		E R	e	6. 8.66
	Jung Christa geb. Koch	21. 3.96	F EK	k	8.10.52	Müller Karsten		R SP	e	30. 7.67
	Wank Christel geb. Nünninghoff (T)	11. 3.97	□ D PL	k	7. 7.45	Lohmann		D GE EK	k	30.12.71
	Bracht Gert	11. 3.97	° SP EK	e	9.11.50	D	Henn Werner HSchL	27.11.77	PH CH BI M	k	27.11.50
	Balster Detlef	1. 8.00	M PH	k	22. 9.61	Güßgen Ulrike geb. Halfar SekIL'	19. 4.82	SP GE EK D	k	29. 1.54
	Middelmann Bettina	11. 9.01	M PH		3. 3.56				
	Stosnach Friederike	6. 6.02	E ER	e	16. 2.51	Feisel Angelika		E F	e	7. 9.51
	Sicking Ursula	19. 4.04	L KR	k	25.11.63	E	Hutsch Petra	9. 8.06	E SP		4. 4.75
	Koch Hans-Joachim	28. 4.04	□ D PL	k	8. 8.61	F	Seyhan Mustafa Dr.		CH	msl	8. 3.45
	Straßfeld Anja	8. 8.06	E F	k	15.11.72	Bartmann Manfred Ass d. L.		□ D SW	k	25. 7.54
	Mergard Markus		□ M IF	e	21. 9.64	Otto-Gaede Albert		D MU	k	3. 5.58
C	Schumann-Strate Eva	1. 5.80	BI		1. 2.49	Engelberth Annette		PA D		
	Kolf Franz-Josef (V)	14. 7.82	° D GE	k	26. 7.49	Klosterkötter Martin		KU PL		
	Vogt Gabriele (T)	11. 4.83	M PH (IF)		11. 8.50	Küsgen Ruth		F GE		
	Philippi Corinna	24. 8.83	E D	k	16. 4.52	H	Radimsky Jürgen Dipl.-SpL		SP	k	31. 8.50

[1] m. Tagesinternat f. spätausgesiedelte Sch.

1.409 Köln-Ehrenfeld Albertus-Magnus-Gymnasium gegr. 1878
st. G. (5-Tage-Woche) f. J. u. M.
Ottostr. 87, 50823 Köln – Tel. (02 21) 5 59 20-0, Fax 5 59 20-30
E-Mail: amg@amg-koeln.de, Homepage: www.amg-koeln.de

Kl: 6/12 Ku: 78/14 Sch: 730 (372) (193/364/173)   **BR Köln**
L: 43 (A 1, A₁ 1, A₂ 4, B 9, C 16, E 9, F 3)   ASN: **166662**
Spr.-Folge: E, F/L, L/F, S   Dez: LRSD **Schormann**

A	Heuer Ulrike	1. 8.97	□ D EW BI	k	3. 2.55	Weber Klaus (Vw) (V) Hartlieb Wilfried	26. 5.04	° PH SP BI	e k	5. 8.49 14.12.49
A₁	Ramacher Eckhard	10. 7.75	M PH	e	24.10.42	B	Kann Gabriele geb. Söntgenrath (T)	27.11.78	M SP	k	14. 6.47
A₂	Lesemann Angelika	28. 1.91	BI		6. 8.50					
	Gritzner Günter	12. 3.92	KU W	k	21. 6.43	Meurer Rüdiger	14. 1.94	D L	k	20. 7.48

	Name	Datum	Fächer	Datum 2
	Garbrecht Gabriele	00	E F SP k	6. 1.56
	Eschner Roland	20. 9.02	KU W EK	5.12.50
	Minartz Klaus	1. 8.04	M	13. 9.48
	Vosen Wilfried	1. 2.05	BI M k	18. 9.49
	Petzke Wolfgang	1. 8.05	E ER e	10. 5.53
	Lange Ernst		SP EK	3.11.48
	Legutke Christoph Ulrich		M SP k	8. 1.50
C	Steinberger Kata (T)	30. 8.82	PA SW	7. 1.50
	Vorhausberger Peter	31. 7.98	MU L EK	1. 1.64
	Schumacher-Maisch Kathrin	1. 8.99	D E	11. 4.63
	Quasching Dirk	1. 1.02	M PH	17. 4.68
	von der Stein Gabriele	1. 1.02 °	D E	29. 1.64
	Rickell Ulrike	1. 1.02	D PL F k	13. 7.66
	Köhle Bettina	1. 8.02	GE E	7. 4.71
	Rosenmüller Silke	2.04	E SW	24. 6.69
	Westhoff Wilma	9.04	D KR k	2. 5.75
	Dirla Glynis geb. Gross	6.05	BI E	1. 7.74
	Elspaß Margarete		EK E k	25. 3.50
	Lucks Reiner geb. Strompen		L M KR k	4. 1.66
	Al Arab Thomas		MU D	27. 5.68
	Empt-Hamacher Julia		D F	29. 8.70
	Schneider Sabine		M SW e	27. 4.71
	Hutmacher Anne		E SP	12. 8.74
E	Berbesch Marian	1. 8.04	D L	2.12.66
	Hennen Wendel	1. 2.07	D GE k	14. 7.75
	Schwerdfeger Björn	1. 2.07	SP M e	4. 2.78
	Trapp Sven	12. 2.07	D PL	21.11.75
	Leyhe Jochen	1. 8.07	F SW e	21. 6.72
	Elbaum Dariusz	1. 8.07	MU M	1. 8.74
	Hecht Helge	1. 8.07	CH PH e	2. 7.77
	Knop Karsten		GE F SP	31. 8.74
	Winkler Stefanie		F E	15.12.76
F	Klusemann Jörg Dr.		BI CH	13. 5.60
	Droß Thomas Dr.		° CH PH e	27.12.67
	Müller Holger		° GE D	8. 8.71

1.410 Köln Hansa-Gymnasium gegr. 1897
st. G. (5-Tage-Woche) f. J. u. M.
Hansaring 56, 50670 Köln – Tel. (02 21) 2 21-9 11 52, Fax 1 39 12 73
E-Mail: 166637@schule.nrw.de, Homepage: www.hansa-gymnasium-koeln.de

BR Köln
L: 49 (A 1, A_1 1, A_2 4, B 14, C 13, D 2, E 8, F 4, H 2) ASN: **166637**
Spr.-Folge: E, L/F, F/S, S/F Dez: LRSD **Schormann**

	Name	Datum	Fächer	Datum 2
A	Kahl Horst	11. 4.03	M KU IF	1. 7.51
A_1	Wieczorek Hartmut Dr.	26.11.92	PH M e	26.10.47
A_2	Hesse Waltraud geb. Schillen	11.94	M	16. 9.49
	Thiede Ulrike	24. 3.97	D PL e	19. 6.52
	Wunsch Alfons	30. 5.01	M EK k	27.12.52
	Simanowsky Thomas-Ewald	4.10.02	D GE k	3. 6.52
B	Richter Gudrun	1. 2.96	CH BI e	5. 2.55
	Reindl Uta (T)	4.97	D E k	28. 5.51
	Engelhard Dorothea (T)	4.97	MU GE k	6.10.58
	Theobald Margarete	1. 8.00	E F k	12. 6.60
	Heidtmann Ralf	16. 4.04	F GE e	17. 7.50
	Saher Dirk Dr.	16. 4.04	M IF PH	
	Manthey Susanne	3. 5.05	L SP BI k	3.11.60
	Turner Sabine (T)	3. 5.05	E D k	6. 6.70
	Wagener Silke	1. 2.06	PH CH e	15.12.66
	von Würzen Susanne	23. 1.07	M E e	31.10.72
	Seyfarth Carsten	1. 9.07	M PH k	13.10.73
	Malzan Nicole	1. 9.07	M GE e	26. 2.74
C	Liedtke Monika (T)	1. 2.82	E SW k	25. 9.50
	Kohle Jürgen (T)	16.11.82	CH k	31. 1.44
	Schroer Walburga	19. 9.84	D F k	26. 2.53
	Burgmer Brigitte (T)	4. 9.85	KU	14. 9.46
	Hanrath Silvia (T)	1. 9.02	KR D k	5.11.67
	Föllmer Isabelle	15. 9.04	KU E	10. 1.74
	Stevens Silke (T)	27.12.05	CH BI e	15. 1.68
	Stein Daniela	15. 3.06	E SP e	14. 4.68
	Arntz Ingo	22. 8.06	SW EK k	19. 5.71
	Graser Andreas		M PH	27. 8.59
	Dahmer Sigrun (T)		D S E	
D	Hellmich Hermann SpL	23.12.76	SP	22.11.49
	Müller Ernst-Georg SpL		F SP e	30. 8.43
			ER L	
E	Knaup Julia	6. 9.04	KR D k	3. 1.72
	Simon Anke	6. 9.04	S F	14. 9.74
	Renard Marie (T)	1. 2.06	E F	11. 3.77
	Löhr Heike	9. 8.06	PL D k KU	1. 1.76
	Hahn Sebastian	9. 8.06	M SW (GE)	16. 5.76
	Zelenka Götz	1. 2.07	G EK k	29. 3.72
	Rösner Anna Katharina	1. 2.07	D BI e	4. 5.79
	Rehmsmeier-Lampa Claudia	6. 8.07	D PL e SW	29.10.74
F	Kulschewski Gudrun		ER PP e PL	
	Bitzenhofer Gudula		KU D k	20. 4.58
	Jasper Fred Dr.		PH BI	15.11.62
H	Völker Okka Dipl.-SpL'		SP	26. 1.49
	Raak Martin Pfr.		ER e	20. 4.67

1.411 Köln   Kaiserin-Augusta-Schule   gegr. 1902

st. G. (5-Tage-Woche) f. J. u. M.
Georgsplatz 10, 50676 Köln – Tel. (02 21) 2 21-9 19 45, Fax 2 40 13 21
E-Mail: sekretariat.kas@schulen-koeln.de, Homepage: www.kaiserin-augusta-schule.de

BR Köln
ASN: **166595**

L: 45 (A 1, A$_2$ 2, B 12, C 18, D 1, E 8, F 2, H 2)
Spr.-Folge: E/F, F, L, L

Dez: LRSD **Schwarz**

A	Löwen Peter	1. 8.00	PA SW	e	31. 7.49		Simons Edith-A.	28. 5.86 °	SP F	
			GE				Dipl.-SpL'			
A$_1$	(Etzler Birgit geb.	28. 9.99	F SW	k	13. 4.51		Gelleschun Reinhard	1. 8.88	E SP SW	14. 4.52
	Koch-Schulte StD' A$_2$)						Fischer Oliver	19. 8.97	M GE	23. 4.66
A$_2$	Marschollek Ruth		ER EW	e	22. 2.50		Palmen-Lamotke	5.00	MU F e	22.12.68
	geb. Hundhausen						Annegret			
	Weischer Marie-		D GE	e	10. 9.54		Hils Thomas	00 □	E F	11. 7.69
	Luise geb. Gläsker (T)						Schrogl Athanasia	1.02	E F gr-orth	22. 1.65
B	Abshoff Annemarie	10. 4.79	M PL		5.11.46		Cremer Georg	1.02	BI D k	8. 8.69
	geb. Hoffmann (T)						Senger Thomas	1.02	E GE k	10. 8.65
	Hartmann Jürgen	24. 4.80	EK PA		30. 8.48		Vieth Thomas	1. 2.02	M PH oB	30. 5.71
	Brandenburg	1. 6.80 □	M PH	e	23. 3.48		Völler Ralph	4.02	M PH k	16. 7.70
	Rainer-J. Dr.		IF				Hartzheim Hedi	02	KU F	21. 9.56
	Friedrichs Norbert	15.12.80	EK SP		7. 1.47		Schreyer Meyka	04 °	D KU	27. 4.67
	Dipl.-SpL						Hermanns Margret		M F k	11. 8.61
	Ulrich Monika	1. 1.96	BI	k	18.11.47		Spang André J.		MU KR	
	geb. Risse					D	Bentfeld Thomas	18. 1.83	KU D	2.10.54
	Schleithoff-Dammeier	1. 8.99	D GE	k	3. 9.51		SekIL			
	Charlotte geb. Schleithoff (T)					E	Binding Heiner	11.01	KU	16.10.58
	Düwell-Luhnau	17. 8.00	EK SW		22. 4.50		Lefering Sandra	1. 2.03	M BI k	26. 1.73
	Thomas						Kleine-Homann Anne	2. 9.05	D E	
	Ruschhaupt Irmgard	6.01	M PA	e	10.10.52		Schulz Judith	05 □	D BI F	1. 3.74
	geb. Fuß (T)						Heiseler Andrea	4. 4.06 □	CH BI	19.12.71
	Kage Michael		E EK	e	15. 3.44		Heyen Anke	9. 8.06	F PL	20. 3.72
	Schmietz-Schomaker		□ D GE		13.11.51		Urban Maik	06	M SP	7.10.76
	Monika						Kucharska-Jansen		PH CH	
C	Wulf-Hussmann	1. 8.80	D F	k	22.10.48	F	Grau Markus		ER D e	17. 9.43
	Agnes						Pepin-Schürgers Marie-		D F	26. 2.49
	Bühner Bernd	1. 4.82	E GE	e	3.11.50		Françoise Ass' d. L.			
	Menke Bärbel	12.10.82	D PL		2. 4.52	H	Zamorano José Dipl.-SpL		SP	22.12.46
	geb. Stürmlinger (T)						Jablonski Daniela		SP k	27. 1.57
	Gerwinn Franz	1.10.83	EK SP	k	17. 8.51		geb. Liertz Dipl.-SpL'			
	Schäfers Petra	8. 1.85	F R KR	k	1. 1.54					

1.412 Köln-Nippes   Gymnasium Nippes   gegr. 1903

st. G. f. J. u. M.
Blücherstr. 15–17, 50733 Köln – Tel. (02 21) 71 66 14 10, Fax 71 66 14 20
E-Mail: 166443@schule.nrw.de, Homepage: www.gymnasium-nippes.de

Kl: 6/12   Ku: 111/21   Sch: 821 (420) (184/331/306)   Abit: 67 (35)

BR Köln
ASN: **166443**

L: 55 ([A] 1, [A$_1$] 1, A$_2$ 5, B 13, C 20, E 6, H 9)
Spr.-Folge: E, L/F, F/L

Dez: LRSD **Schormann**

A	(Prinz Gisela		MU D	e	15. 1.49		Gubitz Hans		M IF SP	11. 3.50
	StD A$_1$)						Krengel Wolfgang		GE F k	13. 9.50
A$_1$	(Bramhoff Michael	5. 4.04	SW GE		15. 7.50		Wittstamm Gabriele		BI CH k	19. 5.52
	StD A$_2$)						Heske Edeltraud (T)		M TX k	27. 7.53
A$_2$	Ließem Borghilt	3. 2.92	D E	e	25. 7.48		Steinmann Hartmut		PH EK e	29. 1.54
	Kutsch Werner	3. 9.04	M	e	27.10.52		Rink Claus Dr.		Geo GE EK	7. 3.54
	Jendges Klaus		M EK		23. 1.47		Schmitt Marianne		E GE	26. 8.58
	Willenbrink Birgit (F)		S E	k	24. 8.64		Weiland Thilo		° D PL k	25. 2.66
	Esch Irmgard		SW PA				Hoffmanns Annelie		BI	
B	Gawlik Horst Jürgen	9. 1.80	D EK		24. 2.49		Pagel Wilfried		F GE	
	Noä Irmhild	19. 1.93	D GE			C	Stracke Wolfgang	18. 8.83	SP EK k	6. 1.49
	Kirsch Rainer	1. 3.94	EK CH		11. 8.47					

	Meyer Elvira	24. 9.84	D GE ER	e	6. 1.51	Seimetz Doris		
	Mackenbach Ruth	15.11.85	D MW		6. 3.56	E Krahau Maja	E KU	14. 8.72
	Wilkop Marion	1. 1.02	E F	e	11.12.70	Parensen Dörte	BI SP	24. 4.74
	Menke Manfred		GE SW		1. 6.43	Collatz Steffen	E SP	19. 8.74
	Hönig Katharina (T)		D E		28. 3.46	Anton Stephan	BI KR k	9. 4.75
	Schiedermair Monika		PH EW		16. 8.51	Hansel Anja	M D	8. 9.78
	Wagner Herbert		SP SW		30. 4.52	Müller Bettina	M BI	
	Leßmann Helga		ER	e	22.10.52	H Reeve de Becker Patricia	E KU angl	30. 9.48
	Falk-Stute Anne		E KU		10. 3.53	Kombrink Klaus	M PA	13. 9.63
	Pilgram Elke (T)		E L		12. 2.61	Scheel Olaf	IF CH	25. 8.69
	Schwanitz Barbara		MU SP		3. 2.65	Dickopp Martina	F S	
	Puntigam Oliver		GE S		27. 1.68	Hoffmann-Vogt Madeleine	SP F	
	Jelic Vlado (F)		D E SP		2. 8.69	Rüntz Brigitte	KU	
	Martin Viola (T)		BI KU		28. 4.70	Seifert Ingeborg	L PL	
	Tiedau Joachim		D PL PP		11. 5.70	Uerschels Joachim	MU	
	Brinsa Michael		KR L k		13. 5.70	Zabinski Christiane	F	
	Detemble Nicole (T)		F BI		19.10.71			

1.413 Köln-Deutz Deutzer Gymnasium gegr. 1908

st. G. (5-Tage-Woche) f. J. u. M.
Schaurtestr. 1, 50679 Köln – Tel. (02 21) 88 79 07-0, Fax 88 79 07-28
E-Mail: 166571@schule.nrw.de, Homepage: www.schaurte.de

Kl: 4/8   Ku: 103/12   Sch: 574 (314) (130/231/213)   Abit: 49 (16)   **BR Köln**
L: 35 (A 1, A_1 1, A_2 4, B 11, C 13, E 2, F 3)   ASN: **166571**
Spr.-Folge: E, F/L, L/F, S   Dez: LRSD' **Dr. Wirths**

A	Scheid Rolf	14. 2.03 °	D GE k	25. 6.50	Gräfen Robert	4. 2.82	D GE k	7. 5.48
A_1	Passmann Hans-Peter	9. 8.00 °	M PH k	12. 5.51	Arndt Patricia geb. Martinie (T)	20. 7.83 °	D F k	16.12.52
A_2	Bengel Michael (F)	1.10.85	D PA k	25.10.46	Schweitzer Stefan (T)	8. 9.86	KU	7.12.52
	Guntermann Marga geb. Kaul	24.10.90 °	M EK IF e	14. 8.50	Günther Rosmarie geb. Löwe	20. 9.90 °	F E L e	30.10.55
	Anselm Rolf-Robert (F)	8.12.98	PA SP e	5. 5.43	Kansy Marcus	4. 2.00	PL D	5. 1.67
	Röthig Torsten	6. 8.07	M R e	23. 4.54	Tocci Gabriela	23. 5.02 °	KR GE k	16. 1.70
B	Schubert Rainer	23. 1.79	D E e	21. 6.44	Stegger Inga	17. 3.05 °	D SP E k	4. 7.73
	Lützow Manfred (V)	1. 8.84 °	EK F	13.10.45	Kuck Susanne	9. 6.05	E EK e	5. 4.76
	Göbel Klaus	16.12.92 °	MU D k	7. 3.52	Axer Ruth geb. Axer	1. 2.06	L CH	16.12.69
	Hubrath Astrid	22. 1.96 °	E F S		Köster Michael	1. 2.06	E SW	17. 6.70
	Funke-Schumacher Margret geb. Funke (T)	11. 3.97	BI SP	3. 4.52	van Deest Torsten	31. 1.07 °	E SP k	26.10.71
	Toonen Rolf	19. 8.00 °	BI GE k	23. 7.61	Baeck Barbara	4. 8.07	BI SP e	2. 5.62
	Blumrath-Götze Eva-Maria geb. Götze	23. 8.00	CH F e	30. 5.56	E Simkunaite-Folkers Inga geb. Simkunaite	9. 8.06	R GE k	25. 5.74
	Schumann Brigitte geb. Kaiser	23.12.02 °	PA SP SW	22. 7.51	Schwerdfeger Esenija geb. Zimmermann	9. 8.06	M R	12.11.77
	Holzapfel Margret geb. Onland	22. 6.05	E EK e	29. 9.52	F Gießmann Hildegard geb. Schneiders		M CH k	6. 2.54
	Bradtke Martin	22. 6.05 °	CH M k	28. 9.54	Shepherd Claudia geb. Müller SekIL'		□ BI KU k	18.10.57
	Kölling Dorothee (T)	4. 9.07	ER D	13. 8.54	Staguhn-Alshuth Bettina geb. Staguhn		D PL e MU	24. 6.60
C	Kreck Andreas	3. 4.81 °	PH	18. 2.50				

1.414 Köln-Mülheim Hölderlin-Gymnasium gegr. 1912

st. G. (5-Tage-Woche) J. u. M.
Graf-Adolf-Str. 59, 51065 Köln – Tel. (02 21) 35 58 86 5-0, Fax 35 58 86 5-25
E-Mail: info@shg-koeln.de, Homepage: www.shg-koeln.de

Kl: 8/14   Ku: 113/18   Sch: 816 (406) (210/344/262)   Abit: 71 (41)   **BR Köln**
L: 55 (A 1, A_1 1, A_2 5, B 14, C 27, D 2, E 3, F 2)   ASN: **166625**
Spr.-Folge: E, L/F, F/L, S   Dez: LRSD' **Dr. Wirths**

A	Hauser Anne geb. Pahn	6.11.96 °	F E k	21.12.46	A_1 Huppertz Wolfgang	11. 1.05 °	E D e	22. 6.51
					A_2 Forte Manfred	17. 7.89 °	M PH k	9. 5.43

	Nieß Günther	2. 1.92	BI	9. 3.47		Kreckwitz Hanns Dr.	13. 4.84	BI k	21. 4.46
	Huppertsberg Beatrice	16.12.93	KU Kug W	13. 6.47		Kleinebeckel Irene (T) Schumacher Susanne	4. 9.84 1. 8.88	D EW k KR F k	6. 3.55 9.10.50
	Burghardt Franz Josef Dr. Dr.	2. 1.96	M PH IF	23. 8.52		(T) Alpes-Günther Ulrike	1. 2.93	M PH	19. 3.56
	Lemmert Renate	31. 7.97	BI EW e	24. 6.47		(T)			
B	Schmitz Joh.-Egon	1. 1.79	D GE	24.10.43		Stephan Michael	22. 8.98	E GE k	22. 4.62
	von Dahlen Peter Dr.	14.12.79	E	29. 1.44		Kramer-Heinrichs Martina (T)	18. 8.99	M E e	17. 9.69
	Stöter Heinz-Wilh.	13. 7.81	D PA e ER	20. 4.49		Trümper-Liekenbrock Elke	1. 1.02 °	D SP	11. 3.72
	Piskol Ursula	4.12.81	D SW e	21. 8.51		Scherer Kerstin	9.02	D GE e	22.12.70
	Messer Dagmar (T)	16.12.92	CH BI k	30. 8.54		Üffing Birgit (T)	9. 7.04	E S	11. 7.71
	Hick Raimund	21. 9.91	EK SP IF	1. 9.57		Hofius Dörthe (T) Impekoven Kirsten	19.11.04 1. 8.06 °	M BI S GE	3. 5.72 2.12.75
	Neuburg Rochus	31. 3.94	CH	15.12.46		geb. Beyer			
	Gehrke-Bramhoff Beate	20.12.94	E EW	24. 5.51		Hupperth-Schmickler Judith	9. 8.06	L KR k	1.11.65
	Niehues Reinhard	7. 4.97	M IF k	2.10.49		Simonis Sabine	22. 8.06	E SP	27. 1.74
	Esser Heinz-Bert	7. 4.97 °	L EK k	3.11.53		Vöckel Hans-Josef (T)		M PL	20. 3.52
	Lange Albert	10. 9.01	M KR k	2.12.56		Schwarz Ingrid		D SP e	25. 3.53
	Drießen Hedwig	1. 8.04	D EK e	19. 1.52		Rübsamen Michael (T)		M PL	31. 7.53
	Piek Franz Otto		° D L	9. 6.43		Floß Ulrich Dr.		D SP	2. 2.57
	Eysler Hans-Ulrich		° GE SW L	20.11.48		Schulze Andrea		M KU	6. 2.57
C	Plankermann Wolfg.	31. 1.80 °	D PA k	24. 5.43		Cremer Friedrich		° M PL k	11. 2.61
	Müller-Keding Heinz	1. 8.80	D SW	8. 4.48	D	Klinkhammer Wolfg.	18.10.76	KU W k	2.12.44
	Clef Erwin Dr.	9.12.81	CH k	8.10.49		Ulke Sabine SekIL' (T)		M KU	1. 2.56
	Reinwardt Roland	9. 6.82	EK D k	5.12.48	E	Belkadi Hassan	9. 8.06 °	E EK msl	6. 2.73
	Quodbach Ulrich	17. 8.82	MU EK k	7. 8.48		Adelhelm Dorothée	9. 8.06	D GE e	1.11.73
	Farin Ute geb. Paar	1. 9.82 °	E F e	15.10.49	F	von Bülow Brigitta		EW GE ER	17. 6.58
	Sladek Ingeborg geb. Sladek (T)	15. 8.83	SW F k	25. 1.54		Stanton		° D EK	8. 5.63
	Herbig Renate geb. Schergel	12. 1.84	E SP	16. 6.48					

1.415 Köln-Lindenthal Liebfrauenschule gegr. 1917
pr. G. (5-Tage-Woche) f. M. u. J. d. Erzbistums Köln
Brucknerstr. 15, 50931 Köln – Tel. (02 21) 40 50 74, Fax 4 00 02 30
E-Mail: info@lfs-koeln.de, Homepage: www.lfs-koeln.de

Kl: 10/17 Ku: 122/27 Sch: 1118 (605) (309/509/300) **BR Köln**
L: 69 (A 1, A$_1$ 1, A$_2$ 11, B 18, C 20, E 6, F 10, H 2) ASN: **166467**
Spr.-Folge: E+L/E, L/F, F/I, S Dez: LRSD **Schwarz**

A	Schulten-Willius Ingrid geb. Schulten	1. 2.03	E GE k	26. 7.56		Dresbach Bernhard	1. 9.87 °	PH M k IF	7. 9.49
A$_1$	Zopes Heinrich Dr.	1. 2.06	BI CH k	2. 5.62		Mergenbaum Wilhelm	1.10.92	D MU k	27. 3.52
A$_2$	Lob Heinz Peter (T)	1. 8.86	E	18. 7.47		Weber Christa	1. 6.94 °	D GE k KR	2. 9.52
	Jülicher-Kalter Rita (T)	1.10.91	E PA k	13. 6.49					
	Undeutsch Elisabeth	1.10.91	M SP k	26. 9.51		Degenhardt Joachim	1. 6.94	KR GE k	22. 5.52
	Bolz Norbert Dr. (T)	1.10.92 °	E·EK k	21.10.46		Kramp Karin (T)	1. 6.94	D PA k	7.11.53
	Kipping Brita geb. Heyer	1. 6.94 °	E F k	5. 1.50		Blum Kornelia geb. Zimmer (T)	1.10.95 °	L F k	1. 2.49
	Strang Udo	1.10.99 °	M PH k	18.10.58		Schäfer Ulrich (T)	1.10.95	KR L k	22.10.56
	Meyer-Wolters Petra	1. 8.04	D E k	22. 9.64		Ewersmeyer Rita	1.10.95	E KU k	10. 2.60
	Lantwin Thomas	1.10.04	PH M k	9. 5.57		Lange Johannes	1.10.96	MU ER e	9. 2.57
	Voß Monika geb. Vianden	1.10.05	CH BI k	11.12.58		Burbach Karl-Bernd Hemmen Elke	1.10.96 1.10.05	EK SP k D SW k	29.10.59 10. 8.59
	Ballermann Klaus	1.10.05	L D	9.12.61		Friederichs Wilfried	1.10.05	D KU k	10. 4.60
	Weber Wolfgang	1. 2.07	EK BI k PK	24. 3.58		Weymer Angelika Kasprovicz Karin	1.10.05 1.10.06 °	KU GE k GE D k	11.12.60 22. 2.51
B	Faust Bernhard (T)	1. 8.79 °	KR CH k	26. 8.46		geb. Demel			
	Becker-Werner Dorothea Dr. geb. Werner	1. 9.87	L F k	5. 3.45		Holzum Bernd Greifenberg Thomas	1.10.06 1. 2.07	D L MU GE k	17. 3.59 14. 5.60

C	Brouwer Martin (T)	15. 8.93	F PL	k	20.11.60		Heinisch Christoph		L M	13.11.74
	Rubers Paul-Gerd (T)	1. 2.95	EK KR	k	11. 7.59	E	Wenner Karsten	1. 2.07	D MU k	18. 2.79
	Wiedemann Gabriele geb. Henn (T)	1. 8.94	E GE		27. 7.60		Zons Christian	1. 8.07	M GE k	15.11.75
							Tretter Christoph	1. 8.07	E KR PL k	20. 2.79
	Krux Heinz Willi	1. 9.94	M PH	k	25. 3.60		Zywietz Dorothee	1. 8.07	M GE k	15. 9.79
	Krutmann Andreas	2. 9.94	BI SP	k	8. 7.59		Kayser Astrid		E GE k	5. 1.76
	Kolb Heinz Walter	1. 8.96	M PH	k	30. 1.63		Weiler Norman		EK BI k	28. 6.76
	Ohagen Hermann-Josef (T)	1. 1.02	EK GE		24. 3.64	F	Mergenbaum Angelika		D PL k	1. 6.54
	Lieth Achim	1. 2.03	M KR	k	26.11.65		Kox Elsbeth		E k	13. 5.56
	Baschta-Küpper Anke geb. Küpper (T)	17. 7.03	E I	k	26. 3.62		Krug Ursula geb. Friederichs		BI CH k	21. 6.58
	Hoyos-Román Victoria	15.10.03	SP S		10. 8.71		Timmer Agnes geb. Scheiffarth		E KR k	24. 6.59
	Althoff Stefan	31. 7.04	D EK		22. 7.72		Schmidt Gabriele		D PL k	1.10.61
	Schulte-Rudolphi Christiane geb. Rudolphi (T)	1.11.05	F KU		7.11.55		Volpers Barbara		BI CH k	14.12.62
							Horn Charlotte		ER e	15. 5.64
							Bornemann Monika		L G k	18. 8.68
	Lengsholz Christoph (T)		KR SW	k	15. 3.62		Weitz Martin Dr.		KR k	17.11.70
	Bornemann Michael		M D	k	1. 6.66		Welp Wiebke		KU SW k	9. 7.76
	Stark Karola (T)		M SP	k	19.12.67	H	Berghoff Ute geb. Jöstingmeier Dipl.-SpL'		SP k	31.10.52
	Schlenger Andreas		D E	k	8. 5.69					
	Hüllen Thorsten		D GE	k	21. 2.71		Peisker Christa geb. Stahl Dipl.-SpL'		SP k	23. 3.54
	Weiß-Müller Britta (T)		D E	k	1. 2.73					
	Pangsin Tanja (T)		D PA SP	k	14. 4.74					

1.416 Köln-Sülz Hildegard-von-Bingen-Gymnasium gegr. 1917
st. G. f. J. u. M.
Leybergstr. 1, 50939 Köln – Tel. (02 21) 9 41 57 12, Fax 9 41 57 14
E-Mail: 166716@schule.nrw.de, Homepage: www.hvb-gymnasium.de

Kl: 6/11 Ku: 84/16 Sch: 724 (430) (185/309/230) Abit: 58 (33) **BR Köln**
L: 45 ([A] 1, A$_2$ 5, B 16, C 12, E 1, F 8, H 2) ASN: **166716**
Spr.-Folge: E/L+E, F, F/L, I Dez: LRSD **Schwarz**

A	(Becher Maritha geb. Krings StD' A$_1$)	1. 8.02 °	BI	k	18.10.48		Steinmeyer-Bartella Gudrun (T)	2. 1.96	F GE SW	8.12.54
A$_2$	Zangerle Herbert[1]	1. 2.93	SP GE KR	k	10. 4.51		Luimes Julia	10. 4.97	BI E e	30.11.51
							Neumann Gisela geb. König (T)	10. 4.97 °	M EK k	22. 7.52
	Hahn Rita geb. Becker (T)	2. 8.95	D GE LN	k	4. 3.54		Scheffel Claudia	10. 4.97	MU ER e	10. 3.60
	Ludwig Hans-Joachim	12. 3.96	M PH IF	e	16. 5.54		Jansen-Zimmermann Birgit (T)	26. 4.99	HW BI	5.10.55
	Volk Maria (F)	18. 1.99	D HW KR	k	14. 7.50		Weinreich Elisabeth-Charlotte	22. 8.01	F KR k EW	10. 3.54
	Arnold Meinolf	22. 1.07	KR SP		1. 7.57	C	Demberg Gerlinde geb. Gohritz	1. 8.73 °	M e	13. 8.42
B	Stumpf Gabriele geb. Darmstädter (T)	10. 1.80	E GE	k	30. 9.47		Tückmantel Andrea	12. 3.81	EK E	22.11.50
	Coignet Ingrid geb. Spürck (T)	10. 1.80	F GE		21.11.48		Wittchow-Höhn Gabriele geb. Wittchow (T)	7. 9.81	E BI	18.11.51
	Schubert Gabriele geb. Leicht (T)	4.12.80	ER D	e	25. 6.45		Glatz Birgit geb. Härting (T)	1. 9.82 °	BI SP	12.10.50
	Fey-Hagen Gabriele geb. Fey (T)	8.10.84 °	PL D	k	28. 3.50		Bohne Jutta	4. 9.82	BI e	21. 4.53
	Raude Dorothee Dr.	23. 1.85	BI CH		1. 9.44		Hermes Hildegard geb. Kröger	4. 3.83	D KR k	28. 5.53
	Sabel Rolf D.	1. 2.87	L RW	k	7. 9.49		Gusko Bernd	3. 9.84 °	F EK IF k	1. 1.50
	Duisdieker-Güttsches Dorothee	1. 9.94	F I	k	8. 2.52		Brink Gudio Dr.	1. 1.02	L MU k	6. 4.68
	Schmidt-Millard Ilona geb. Millard	11.12.95	PA D	oB	27.10.47		Kolloch Rainer	2. 8.05	M PH	24. 2.75
							Umlauff Karin (T)	10.06 °	D GE k	12. 3.70
	Pytlik Ferdinand (T)	2. 1.96	PH	k	17.10.46		Simon Kathrin geb. Högner	27. 4.07 °	E SP k	12. 1.77
	Poethen Magdalena	2. 1.96 °	D EK	k	31. 7.50		Spreckelmeyer Hanna	9. 8.07	E D e	11.10.74

172 Gymnasien Nordrhein – BR Düsseldorf · BR Köln

E	Ise Hanna	1. 2.07	M SP		30.12.78		Timmermann Monika	° L F	k	7.11.58
F	Geist-Heitz Sigrid		F SW	e	12. 8.42		Erlenhoff Anke	KU EK	e	18.12.59
	geb. Geist						Meuser Markus	D PL		7. 8.62
	Peter Andreas		BI CH		20. 2.49	H	Fetten Heinz-Josef Dipl.-SpL	SP	e	19. 9.52
	Koppelmann Sigrid (V)		° M KU PA		15. 8.54		Engelskirchen Christel	° SP	k	11. 2.53
	Hutschenreuter Heidrun		GE SP		28. 1.56		Dipl.-SpL'			

[1] kommiss. A[1]

1.417 Köln-Kalk Kaiserin-Theophanu-Schule gegr. 1938
st. G. (5-Tage-Woche) f. J. u. M.
Kantstr. 3, 51103 Köln – Tel. (02 21) 98 76 03-0, Fax 98 76 03-18
E-Mail: 166650@schule.nrw.de, Homepage: www.kts-koeln.de

Kl: 7/12   Ku: 137/19   Sch: 831 (443) (195/364/272)   Abit: 61 (36)   **BR Köln**
L: 49 (A 1, A$_1$ 1, A$_2$ 5, B 17, C 16, D 1, E 4, F 2, H 2)   **ASN: 166650**
Spr.-Folge: E, L/F, F/L, S   Dez: LRSD' **Dr. Wirths**

A	Lindberg Monika	15.12.02	D GE		19. 4.50	C	Polenthon Christian	5.11.79	PA SP k	13. 2.47
A$_1$	Brozio Hans-Friedrich	15. 9.03	° EK PA		6. 9.50		Brückner Wolfgang	1. 2.80	□ D GE k	14. 5.49
A$_2$	Bender Hans-Ulrich	6. 9.85	° EK D SP		23.10.48		Neuhaus Ulrike	1. 9.80	M BI k	9. 2.48
	Seemann Ines	19. 1.94	° D GE	e	4.11.49		geb. Terhoeven			
	geb. Benkert						Gilmour Ines	1. 8.82	° M TX k	30. 8.53
	Klemp Christoph (F)	1. 2.99	° KR PH	k	4. 5.56		geb. Welker (T)			
	Altehenger Heinz-	1. 4.05	M PH	k	22. 2.55		Seemann Stefan	8. 3.83	D PL e	6. 6.51
	Michael						Schweden Manfred	1. 8.83	F GE k	27. 1.51
	Merten-Boeßenecker	1. 8.05	D SW	e	15. 7.52		Spang Vera	24. 6.98	F KR k	
	Ulrike geb. Merten						Uhlig Sabine (T)	1. 1.02	E L k	14. 7.67
B	Buhse Hans-Joachim	25. 4.80	° E EK	e	1.12.47		Trompetter Nicole (T)	1. 2.03	E KU k	23.11.70
	Hoffmann Gisela	86	E EK	e	25. 4.48		Röger Cécile (T)	15. 4.03	F S	24. 4.68
	Gräwe Volker	15. 8.92	D SW ER	e	24. 8.48		Fink Veronika (T)	15. 9.04	° D L	19. 2.73
	Vogt Helmut Dr. (T)	19. 1.94	GE E		13. 2.51		Rohloff-Höhl Julia	1. 5.05	D ER e	7. 8.74
	Schremper	29. 2.96	□ EK F		17. 9.50		Kuchs Karsten	3. 8.05	M GE k	28.10.71
	Marianne						Rudel Claudia	14. 2.07	° D SW	22.10.71
	Hoffmann Günter	21. 3.97	BI SP	k	8. 4.48		geb. Arnoldy			
	Bolle Klaus	27. 3.97	° CH EK	k	3. 54		Jörgens Maria (T)		D KU k	21. 4.69
	Albrecht Gert	27. 3.97	M PH	e	14.10.50		Festerling Georg Dr.		E D	
	Hessing Ulrike (T)	21.11.97	CH EW	k	13.11.54	D	Hüsgen Ulrike SpL'	16. 6.78	SP	18. 4.48
	Gerhards Erhard	30. 8.02	° BI CH	e	20.10.54	E	Lenz Matthias	7. 8.06	D PL e	10. 3.75
	Gocke Manuela (T)	27. 2.04	E KR		17. 6.59		Niehues Fokke	1. 2.07	SP MU k	8. 4.77
	Rech Gabriele	1. 2.05	° F GE		29. 6.54		Wunsch Barbara	6. 8.07	D E	24.11.69
	geb. Clasen						Frederichs Anja	6. 8.07	D PA e	18. 8.71
	von Oy Wolfram	22. 6.05	PH MU	k		F	Grund-Evans		E S	2. 1.49
	van Uem-Lempert	13. 6.06	KU F	k	10. 1.56		Elisabeth geb. Evans			
	Birgitt (T)						Schuhmacher Sabine		BI CH	29. 4.59
	Haiduk Georg	13. 6.06	L M	k	5. 3.64	H	Wieland Hans-Jörg		SP	8. 1.51
	Weuffen Georg	14. 9.07	M IF		8. 5.69		Dipl.-SpL			
	Becker Jessica	14. 9.07	E MU	k	28. 3.73		Thönnessen Stefan		D GE L k	19. 3.61

1.418 Köln-Bayenthal Irmgardis-Gymnasium gegr. 1927
pr. G.[1] (5-Tage-Woche) f. J. u. M. d. Erzbistums Köln
Schillerstr. 98/100, 50968 Köln – Tel. (02 21) 37 32 82, Fax 34 13 96
E-Mail: info@irmgardis.de, Homepage: www.irmgardis.de

Kl: 8/16   Ku: 116/25   Sch: 894 (547) (135/463/296)   Abit: 103 (63)   **BR Köln**
L: 63 (A 1, A$_1$ 1, A$_2$ 11, B 20, C 19, D 2, F 6, H 3)   **ASN: 166560**
Spr.-Folge: E, F/L, F/L/S, S   Dez: LRSD **N. N.**

A	Ottersbach Angelika	1. 8.00	° D E	k	12.12.53	A$_2$	Kirchner Paul	1.10.92	° M PH k IF	5. 1.52
	geb. Tillmann									
A$_1$	Thelen Rainer	1. 2.98	° M BI	k	2. 4.52		Borak Gabriele (T)	1.10.95	SW EW k	14. 5.54

	Hermanns Martin	1.10.95	E SP	k	2. 7.48	C	Fieten-Dederichs	1. 2.79	F EK	k	10. 6.47
	Eschweiler Thomas	1.10.95	M PH IF	k	18. 6.53		Katharina (T)				
							Klein Angela (T)	1. 6.85	KR E	k	13. 1.56
	Mies Gerhard Dr.	1. 3.96	F EK	k	24. 8.49		Hartzheim Mark (T)	10. 4.89	KU E	k	14.10.54
	Schneider Peter (T)	1.10.96	E GE	k	24. 4.51		Farber Klaus	1. 8.92	M SP	k	27. 3.60
	Stragholz Monika geb. Buchen	1. 7.05	E TX	k	21.11.49		Schürmann Günter	1. 8.94	° MU KR	k	30. 4.59
							Höwing Elisabeth geb. Kerschgens	1. 9.95	° M PH	k	12. 6.62
	Müller Bernhard	1.10.05	L KR	k	23.10.57						
	Oppenhäuser Judith	15. 3.07	° M BI	k	30.11.67		Stemberger Gabriele (T)	1. 9.95	S BI	k	8. 1.60
	Hamacher-Wirtz Birgit geb. Hamacher	3. 9.07	E GE	k	3. 4.54		Hahnen Joachim (T)	1.12.96	CH E	k	29. 4.62
	Breitbach Thomas Dr.		E EK	k	6. 5.57		Casper Rainer	1. 2.98	GE SP	k	11. 9.61
B	Schotte Margarete	6. 4.84	D GE	k	7. 4.48		Wenzel Monika geb. Zimmermann (T)	31. 7.04	PL D	k	20. 7.71
	Erlinghäuser Martha geb. Henke (T)	1. 7.87	F GE	k			Igelmund Hildegard (T)		BI F	k	2.12.54
	Waid Roswitha geb. Hasler (T)	1. 7.87	E BI	k	8. 4.50		Pabich Claudia		L GE	k	9. 2.64
	Salevič Marion Dr. geb. Schneider (T)	1. 7.87	MU D	k	1. 3.49		Schütte-Finetti Barbara geb. Schütte (T)		D L	k	15. 7.64
	Bruns-Weisbaum Dagmar geb. Bruns	1.10.97	° E GE	k	18. 1.55		Dücker Dieter		° SW EK	k	27. 1.65
							Tebroke Susanne		EK M	k	7. 7.66
	Heider Gabriele geb. Sossna (T)	1.10.97	D E	k	26. 7.55		Buchholz Stefanie		GE D	k	20. 4.68
							Hahnen Judith geb. Knelles (T)		° F S	k	3. 2.69
	Bayard Agnes	1.10.97	CH M	k	25.11.56		Mentz Katja (T)		BI EK	k	9. 3.72
	Schuld Josef (T)	1.10.97	D SP	k	21.12.59		Löckmann Susanne geb. Dickebohm		° L BI M	k	16. 9.74
	Reffgen Georg	1.10.99	KR D	k	4. 2.58						
	Anders Waltraud (T)	1.10.04	CH KR	k	16. 2.61	D	Rittweger Edeltraud geb. Sowade (T) (V)	1. 2.78	SP	e	28. 3.48
	Schmitz-Stickelmann Britta geb. Schmitz (T)	1.10.05	S E	k	29. 8.63		Rauch Hildegard SekIL' (T)	31. 8.92	M GE	k	4. 8.53
	Heidweiler Matthias	1.10.05	° MU PL	k	21. 1.58						
	Kurbjeweit Jürgen (T)	1.10.05	GE D	k	2. 4.61	F	Kutsch Marieluise		M EK	k	18. 4.46
	Gutknecht Sabine geb. Eversmann (T)	15. 3.07	D GE	k	12. 1.47		Hunold Marita		° M EW TX	k	1. 7.52
	Dietzel Ruth (T)	16. 3.07	° M IF	k	19.11.71		Thillmann Jürgen		KU PL	k	13.10.57
	Wehnes Marion	1. 6.07	EK CH BI	k	18.12.67		Pattscheck Sybille		° KU D	k	11. 4.58
							Koll Angelika geb. Faßbender		M GE	k	5. 6.59
	Goldberg Martin		M PH	k	17. 3.57						
	Bentler Beate (T)		D ER	e	19.11.57		Röder Stephanie		F KR	k	
	Beyen Stephan		° L KR	k	8. 1.60	H	Botz Elke		SP	k	1. 5.50
	Eichmann Andreas (T)		D ER	e	4.12.62		Roesch Gabriele geb. Albus		SP	k	12. 7.54
							Thranberend Klaus Pfr.		KR L	k	4.11.67

[1] mit Übermittagsbetreuung

1.419 Köln-Sülz Elisabeth-von-Thüringen-Schule gegr. 1954
st. G. (5-Tage-Woche) f. J. u. M.
Nikolausstr. 51–53, 50937 Köln – Tel. (02 21) 28 58 07 31
E-Mail: evt@schulen-koeln.de, Homepage: www.evt-koeln.de

Kl: 7/11 Ku: 99/14 Sch: 779 (401) (194/318/267) Abit: 70 (34) **BR Köln**
L: 47 (A 1, A_1 1, A_2 4, B 14, C 19, E 7, H 1) ASN: **166730**
Spr.-Folge: E, F/L, L/F, S Dez: LRSD **Schwarz**

A	Dionisius Günter	1. 4.92	E SP	k	24. 5.46	Hoque Hildegard geb. Schnitzler	1. 6.94	M EK	k	29. 1.52
A_1	Colberg Wolfgang	20. 8.01	° M		1. 3.49					
A_2	Liedgens Walter	14.12.89	BI CH		2. 8.50	Hesse-Berndorf Cornelia (T)	1. 6.94	KU EK	k	25. 4.53
	Eckermann Dorothea	17. 9.99	M EK		14.11.54					
	Rose Margarete geb. Linnartz (T)	9.07	SW PA		3.12.52	Otte Eva-Maria (T)	1. 6.98	PA SW	k	14. 3.50
						Ludwig Heinrich		SP EK	k	14. 3.50
	Nausester-Hahn Erika geb. Nausester (T)	10.07	MU D		12. 1.56	Heuel Renate geb. Judick		BI CH	e	29. 4.53
B	Engelhardt Anna-Maria geb. Dörpinghaus (T)	20.12.82	F GE		15.10.47	Jaschinger-Skoruppa Martina geb. Jaschinger (T)		D PA	k	13. 8.53
	Weidemann Angelika	5. 4.93	° BI EK		3. 8.50	Holtschneider Monika				

	Klein Inge		D SW		Weßler Barbara	1. 8.07 □	D GE k	2. 7.69
	Tilly Michaele		F S		Zelinsky Bärbel		F E	14.12.45
	Zinken Rosa-Maria Dr.		D GE TX		Waldorf Christiane		D PL	19. 5.48
C	Nemetz Volker	5. 2.82	GE SP	16. 6.49	Dr. (T)			
	Hunke-Schmidt Hedwig (T)	1. 8.82	D E k	15. 9.53	Wegner-Graf Meike geb. Wegner		E F e	17. 2.64
	Kitze Wolfgang	1. 9.82	KR D k	12. 5.49	Reinhardt Frank		SP EK	27. 2.67
	Jacob Jutta	6. 9.84	BI E e	22.10.51	Petermann Kerstin		L CH	24. 8.72
	Kohls-Bremer Uwe	15.12.88	L GE e	22. 8.51	Burkardt Thomas		M PH	
	Gollos Michael	20. 2.03	ER GE e EK	14. 2.70	E Ahlers Dagmar	1. 4.04	L GE	
					Muck Nina	1. 2.05	D E	
	Bauer	1. 8.04	L GE PL		Vollrath Anja	11. 4.05	M BI	
	Walden Horst	1. 8.04	M EK		Conrad Julia	1. 8.06	F D PA	25. 5.74
	Wieching Jutta	1. 8.05	M PH		Mauel Arno	1. 8.07	E MU k	23. 5.77
	Lehnen Julia Dr.	1.10.05	KR F S		Warnecke Ivonne	1. 8.07	D BI SP e	20. 7.77
	Becker Lea Dr.	1.10.05	M IF		Fromm Carolin		E F	
	Sowa Eike	1. 9.06	BI CH e ER	28. 6.72	H Röttgen M. Dipl.-SpL'		SP	

1.420 Köln-Deutz   Gymnasium Deutz   gegr. 1955
st. G. f. J. u. M.
Thusneldastr. 15–17, 50679 Köln – Tel. (02 21) 88 79 12-11, Fax 88 79 12-30
E-Mail: postmaster@thus.k.nw.schule.de, Homepage: www.thussie.de

BR Köln
ASN: **166558**

L: 49 (A 1, A$_1$ 1, A$_2$ 4, B 20, C 13, D 2, E 3, F 4, H 1)
Spr.-Folge: E, L/F, F/L, S

Dez: LRSD' **Dr. Wirths**

A	Witteck Klaus Dr.	12. 8.82	D PL e	19. 8.45	Offermanns Ursula	1. 2.06	E KR k	17. 4.61
A$_1$	Wolf Patricia		LD k	16. 9.62	Zirden Ellen		D E	1. 8.61
A$_2$	Mialkas Ursula geb. Linden (T)	23. 3.92	E GE	28.10.48	C Ockenfels Bruno	3. 8.79	D KR k	30. 5.48
	Zänder Sigrid geb. Maedel	12. 1.94 °	E F	12. 8.49	Fongern Margret geb. Grommers (T)	19. 8.79	GE SW k	22.11.46
	Steeger Bernd	1. 7.97	GE SW k	11.11.51	Wisdorf-Noack Jutta (T)	1. 4.81	E SP	13. 6.50
	Meisig Peter	1. 7.97	D PL	5. 2.47	Kohl Ilona	4. 9.85	D GE	8. 9.49
B	Reutersberg Karin geb. Pietzner (T)	28. 9.79	M	13.11.47	Prisco Nathalie	31. 7.03	SP E e	22. 2.71
					Kretzschmar Gaby	1. 9.03	D EK S k	2. 1.72
	Ferger Veronika geb. Steffens	1. 1.93	EK F k KU	12. 7.52	Kocak Filiz geb. Tasci	1. 2.05	F E	6. 4.75
	Holzapfel Elke	22. 3.93	E SW k	14. 1.54	Schubert Lars	10.05	EK SP e	2. 7.72
	Poth Rainer	18. 1.94	EK GE k	31. 7.49	Konty Natalie	1. 8.06	BI PA	29. 1.68
	Foerster Wilhelm	23. 5.96	EW GE	8. 8.51	Pollmeier Ulrich	9. 8.06	M PH R	19. 6.61
	Brühning Dagmar geb. Paech (T)	23. 5.96	D SW e	28. 3.54	Reichert Sönke	9. 8.06	SP BI	1.11.67
	Solf Georg	28. 7.97 °	BI CH k	3. 2.49	Pallaske Christoph Dr.		CH GE PH SW	29.11.69
	Schäfer Thomas	28. 7.97	E PA	20.12.51	D Herde Susanne geb. Schmitz	4. 9.81	CH KU e	7. 7.56
	Jaitner Angela geb. Tonner	28. 7.97	GE SW	26. 5.54	Darougheh Kerstin geb. Haase SekIL'	22. 4.96	D MU	21. 4.60
	Schröder Diethard	4. 5.98	D PL	8. 3.52	E Ecks Vera	1. 4.04	D E GE k	30. 8.75
	Josten Tilmann	4. 5.98	BI EK	7.12.53	Deuster Volker (V)	22. 2.06 °	PH CH k	27. 3.66
	Duchardt-Hellbarth Eva Maria	5. 8.99	M PH	25.10.49	Lübbert Katrin		M PA	2. 9.78
	Beier Brigitta geb. Minters (T)	5. 8.99	M EW k	4. 8.54	F Wiegand Margret Dr.		M PL e	12. 2.53
	Garnier-Weiß Ulrike geb. Weiß	1. 8.00	SW PA S	4. 4.51	Schopen Hans-Simon Möller-Weiser Dietlind Dr.		M SP MU D	14. 3.55 20.11.57
	Fricke Detlev	1. 8.00	BI E e	5.11.59	Seliger Maria		D E k	17. 6.60
	Murschall Cornelia geb. Krah (T)	1. 8.00	E D	14. 2.54	H Blum Michael Dipl.-SpL		SP k	1.11.52
	Henke Heike	9.12.02	L ER e	4. 3.59				

1.421 Köln-Buchheim   Johann-Gottfried-Herder-Gymnasium   gegr. 1956
st. G. (5-Tage-Woche) f. J. u. M.
Kattowitzer Str. 52, 51065 Köln – Tel. (02 21) 9 69 55 12, Fax 9 69 55 55
E-Mail: mail@herdergym-koeln.de, Homepage: www.herdergym-koeln.de

Kl: 10/16   Ku: 173/25   Sch: 1127 (573) (297/442/388)   Abit: 110 (60)   **BR Köln**
L: 67 ([A] 1, [A_1] 1, A_2 7, B 16, C 26, D 1, E 8, F 2, H 5)   ASN: **166686**
Spr.-Folge: E/F, L/F/E, L   Dez: LRSD' **Dr. Wirths**

A	(Röhrig Johannes Dr. StD A_2)	1.10.99	F E G I	k	25.11.52	Hanspach Ingrid	18. 8.97	D GE		3. 1.53
						Funk Elisabeth (T)	1. 8.00	L CH	k	11. 6.63
A_1	(Fischer Georg OStR)		D EW SW	k	12.12.45	Beeker Arne Dr.	1. 1.02	M PH	e	28. 4.65
						Schulten Monika	1. 8.03	D SP	e	23. 4.69
A_2	Wilms Wolfgang	11.11.94	F GE		25. 8.49	Bongard Manfred	1. 8.03	GE EK		9. 7.60
	von zur Mühlen Monika (T)	7.12.95	M SW		25. 5.47	Rosenkranz Sabine	1. 5.05	E S	k	11. 4.75
						Kutschera Anne	23. 8.05	E	e	27. 1.67
	Niehues Clemens	1. 8.00	M		17.12.47	Wehner Philipp	1. 2.06	L E	k	17. 1.75
	Schubert Jörg	1.10.03	D PL	e	4. 8.51	Schmidt Marten	1. 2.06	E S	e	24. 5.75
	Hagemann Heinz-Ulrich	30. 9.05	BI EW		20. 4.52	Bendix Uta Henriette	1. 8.06	G KU	k	5. 8.64
						Dippe Steve	1. 8.06	M PH	e	8. 4.71
	Lätsch Hermann	4.12.06	D SW I		3. 9.56	Heckmann Thorsten	1. 8.06	GE KR	k	1.10.77
	Preußer Renate	3. 8.07	D F	e	23. 9.48	Peter Helga geb. Mathes		D EK	k	28. 8.48
B	Meissner Herbert	1. 2.80	BI	k	21.10.48	Reinhardt Dieter		M EK	k	25. 1.51
	Krönig Rainer	27.11.82	E GE		28. 1.47	Urmersbach Anna Maria		D SW		2. 1.52
	Müller-Ruckwitt Dorothea geb. Ruckwitt (T)	19. 1.94	D KR	k	18. 2.47	Stahl Ursula		BI E		17. 7.55
						Kessens Andreas		KR M EK	k	21. 4.59
	Eimermacher Hans-J.	19. 1.94 °	SW EK	k	22. 4.49					
	Flamming Bernd	19. 1.94 °	ER PA	e	26. 3.50	Münch Thomas Dr.		CH PH		17. 1.62
	Stricker Barbara Christ. geb. Beyer (T)	21.12.95	EK E	e	9. 6.53	Bolten Kathrin geb. Hempel		E D		27. 1.73
	Wiemann Wolfg. Dr.	16. 4.97 °	CH	k	29. 8.42	Rupprich Ingbert		PH M		
	Ißelburg Ursula (T)	16. 4.97	E SW		16. 9.50	Wider Stefanie		M PH		
	Ponsar Karl-Heinz	1. 9.01	BI SP		6.10.51	D Krein Gabriele (T)		D SP	k	5. 2.56
	Veith Anja	31. 5.04	E ER	e	26. 8.64	E Fritz Jeanette geb. Kappes	1. 9.03	E GE	e	6. 3.73
	Noguerol Dapena Maria Angeles	31. 5.04	E S		28. 3.69	Reich Heiko	1. 9.03	MU BI	e	4. 7.74
	Bolz-Kappius Monika (T)	21. 2.05	F S	k	7. 9.48	Kropp Bettina	22. 8.05	L F		16.10.74
						Schmitt Simone	1. 9.05	E F	k	27. 6.74
	Hartmann Christoph	21. 2.05	CH EK			Trottmann Nils	15. 1.07	F SP	e	17. 7.78
	Fahnenmüller Joachim	25. 9.06	M PH		13. 1.63	Schultz Sebastian	1. 8.07	E GE		25. 4.75
						Preuß Michael	1. 8.07	M SP	k	14. 4.78
	Feltges-Blasczyk Walburga	25. 9.06	D GE		23. 1.62	Hugo Silke	6. 8.07 °	D KU		5.12.58
						F Hartmann Heike		SP		28. 2.54
	Griebel Barbara geb. Schüttauf	1. 8.07	D F	k	9. 8.60	Kammerath Ines		R IF M		15. 2.60
						H Pircher Hubert Dipl.-SpL		SP		29. 1.46
C	Leder-Franzmeier Franz	4. 7.83	D PA		24. 5.52	Graetsch Annie geb. Roden		F	k	6. 5.47
						Samuel Vivian B. A.		E		17.12.47
	Seidel Volker	1. 8.83	KU PL	e	6. 2.44	Kruft Ottmar Dipl.-SpL		SP		29. 5.48
	Zimmermann-Löhr Lisa (T)	23. 6.87	D SW		16. 7.53	Herder Reinhart		SW	oB	11.12.48

1.422 Köln-Sülz   Schiller-Gymnasium   gegr. 1956
st. G. (5-Tage-Woche) f. J. u. M.
Nikolausstr. 55, 50937 Köln – Tel. (02 21) 28 58 07 21, Fax 28 58 07 11
E-Mail: 166728@schule.nw.de, Homepage: www.schiller-gymnasium.de

Kl: 7/12   Ku: 111/21   Sch: 864 (436) (226/358/280)   Abit: 74 (41)   **BR Köln**
L: 50 (A 1, A_1 1, A_2 4, B 13, C 24, E 1, H 6)   ASN: **166728**
Spr.-Folge: E, F/L, L/F, S   Dez: LRSD **Schwarz**

A	Schulz-Krause Anni	11. 5.04	D SW		6.12.54	Trapp Dorothea Dr.		E EK		
A_1	Alers Werner	11. 5.06	M SW IF		27. 2.49	B Strupkus Klaus	1. 2.79	F EK	e	19. 2.43
A_2	Schmitz Burckhard	1. 6.88	F GE		14. 6.45	Placke Heinrich Dr. (T)	27.11.80	BI SP	k	8. 3.47
	Faber Helmut	8. 7.04	D KR	k	24. 3.48					
	Klomp Wolfgang	19. 6.06	CH EK		27.10.51	Biciste Manfred	1. 1.85	M		21. 2.45

	Juchem Eva Maria	26. 4.93	Soz F	k	21. 3.54	Mertins Daniela	12. 6.06	E MU	24. 6.76
	Kayser Rita (T)	4. 3.96	BI TX	k	15. 5.54	Reckmann Ulrich	1. 8.06	SP SW	18. 2.72
	Frings Horst (T)	12. 3.97	D E		11. 1.51	Schücker Dagmar	22. 8.06	L BI	22.12.76
	Wintersohl Cornelia	10.05	BI CH		30. 8.54			MU	
	Pawelczik Arndt	10.05	E GE	e	22. 4.65	Nienberg Markus	15.11.06	M IF SP	1. 5.73
	Köhler Margret	1.12.05	KU W			Kuhn Jörg (F)		MU	4. 2.48
	Haeusler Eike	7.12.06	M PH		15. 2.66	Berner Ursula Dr.		F ER	e 7. 3.50
	Weber-Bemmann Ingrid		D PL		24. 8.44	Sterz Dietmar		D SW	24.11.50
	Roger Beate		KU		23.11.44	Best-Zellner Doris		D PA	23. 2.52
	Budde Annette		D EW			Müller Hans-Georg		E SP	10. 4.53
C	Both-Ellor Renate (T)	1. 8.82	D GE		5. 6.50	Dickler Marlene		M BI	12.11.54
	Küpper Christa (T)	24. 9.84	F GE	k	9. 4.54	Hübner Sabine		F S	6. 7.61
	Scheferhoff Georg	8.98	GE KR	k		Land Dagmar		E M	e 4.11.69
	Niemann Matthias	10. 2.00	D MU		22. 6.66	Mertens Georg		M PH	
	Wasen Edith (T)	31.10.02	MU L			E Schachtsiek Kristina	26. 6.07	PA E EK	30. 3.77
	von Niesewandt	1. 8.03	BI CH		24. 6.66	H Holzgreve Bernhard		KR	k 2. 9.44
	Detlev					Hartstone Nicholas		E	16. 3.45
	Venjakob Martin	29. 1.04	M PH		4. 6.71	Geis Rüdiger Dipl.-SpL		SP	e 21. 2.48
	Huhndorf Andreas	5. 5.04	L EK S		26. 3.72	Schmidt Petra		KU	23. 7.48
	Esser Lea geb. Pispers	10.04	BI D	k	13.11.75	Overbeck Volker		BI	9.10.48
	Rendel Hannah	11. 2.05	E D SP		1.10.72	Ameling Stephanie		D E	27.10.71
	Löher Judith	19. 5.06	D KU S		2. 3.76				

1.424 Köln-Bickendorf Montessori-Gymnasium gegr. 1961
st. G.[1] (5-Tage-Woche) m. zweisprachigem dt.-ital. Zug f. J. u. M.
Rochusstr. 145, 50827 Köln – Tel. (02 21) 5 95 72 31, Fax 5 95 72 49
E-Mail: mail@monte-koeln.de, Homepage: www.monte-koeln.de

Kl: 5/8 Ku: 88/19 Sch: 592 (281) (159/229/204) Abit: 38 (19) **BR Köln**
L: 38 (A 1, A$_2$ 4, B 14, C 8, E 3, F 8) ASN: **166480**
Spr.-Folge: E, F/I, L, I Dez: LRSD **Schwarz**

A	Hack Elisabeth		D PA	k	12. 1.54	Kalter Herbert		M IF	k 11. 5.51
	geb. Herzner							SW	
A$_2$	Vohmann Heinz	1. 2.86 □	BI M			Osterloh Anke (T)		M SP	
	Jürgen Dr. (T)					C Ludwig Sigrid	1.12.79	M	e 6. 4.52
	Wenschkewitz	11. 2.00	E GE	e	13. 3.43	geb. Belkner			
	Margret geb. Hartmann		SW			Wilms Richard (T)	18. 1.02	SP L	6.10.63
	Müller-Heßling	30. 1.02	KU D	k	8. 2.55	Meyer Babette (T)	7. 5.03	D MU	k 23. 9.69
	Thomas (T)					Günthner Markus	1. 8.04	E BI	k 25. 4.74
	Eilers-Stawinoga	23. 6.05	ER L	e	11. 4.58	Schlautmann Heike	20. 4.05	E SP	k 13.10.72
	Petra (F)		GE			Gecius-Kombrink		F SP	e 25. 1.56
B	Müller Maria	23. 1.79	D PL	k	11. 8.44	Susanne (T)			
	geb. Grewelding					Hoffmann Sonja		○ D GE SP	6.11.70
	Käubler Heinz	14.12.79	SP GE	e	11. 9.46	Hauswald Nikolas		F SP	22. 1.72
	Dipl.-SpL (Vw)					E Schlüter Andreas (T)	1. 2.06	D SW	e 1.11.73
	Gemein-Krapp Paul	24. 6.82	M PH	k	25.11.46	Warren Julian	9. 8.06	○ BI EK	23. 2.77
	Nägel Wulf Dr.	30.11.85 □	BI CH	e	14.12.48	Händler Tina		D SP	13. 4.79
	Ludwig Frank	10. 5.95	PH		3. 8.48	F Wirk Michael		E EK	e 13. 7.55
	Dipl.-Phys.					Mocka Jürgen		ER	e 28. 5.56
	Krebs Gernot	26. 9.01 ○	E EK	e	6. 1.48	Lantwin Elisabeth		○ M PA	k 24. 5.58
	Haring's Barbara (T)	26. 9.01	M	e	13. 5.51	geb. Hogenschurz			
	Freitag Dorothea	19.10.05	BI CH	e	15. 2.60	Boers Philippa		KU D	1.11.61
	Weigel Babette (T)	19.10.05	I E	e	21.10.61	Zimmermann Markus		ER	e 18. 7.63
	Blumenthal Annie	27. 9.06	F I		25.10.51	Poppke Ilona Dr.		KR	k 23. 9.64
	Alberti Roberto Dr.	27. 9.06 ○	D I EK		21. 8.62	Wegmann Michael		I GE PL	k 9. 2.67
	Schmidt Antje (T)	27. 9.06	F D	e	14. 1.67	Schmitt Angelika		BI PA D	

[1] Grundlage d. päd. Arbeit d. Schule sind die Prinzipien d. Montessori-Pädagogik

1.426 Köln-Niehl Erich-Kästner-Gymnasium gegr. 1966
st. G. f. J. u. M.
Castroper Str. 7, 50735 Köln – Tel. (02 21) 93 88 99 9-0, Fax 93 88 99 9-22
E-Mail: post@ekg-koeln.de, Homepage: www.ekg-koeln.de

Kl: 6/8 Ku: 91/10 Sch: 589 (254) (188/217/184) Abit: 47 (20) BR Köln
L: 36 (A 1, A_1 1, A_2 3, B 12, C 8, D 1, E 4, F 4, H 2) ASN: **166546**
Spr.-Folge: E, L/F, F/L, S Dez: LRSD **Schormann**

A	Schütze-Sladek Dieter	12. 5.03		M SW	e	27.12.53	Menking Bettina (T)	2.10.97	F MU	e	24. 2.65
							Ermschel-Rumpf Kerstin geb. Ermschel	2. 7.01	E F	e	31. 1.70
A_1	Meißner Wolf	1.12.01		CH PH		30. 6.45					
A_2	Hufschmidt Jochen	12. 4.05		D ER EW	e	18. 2.45	Fokken Gabriele geb. Roth (T)	7. 2.02	D KR	k	4. 4.70
	Petran Matthias Dr. (T)	2. 8.06		CH BI		23. 9.48	Geller-Patzelt Renate	22. 1.04	D E		5. 7.66
	Pabst Inga (F)			D PL KU			Hoffmann Julia	24. 2.06	EK M	k	20. 9.75
B	Esser Brigitte geb. Schoele (T)	25.11.78		M	e	11. 8.46	Schäfers Angela		D E		2. 3.58
							Reiferscheid Maria		F SW		
	Mannheim Michael	18. 1.79		D MU		11.12.46	D	Maring-Böhler Birgit SekIL' (T)		D KU		
	Geisthoff Mechthild geb. Kremer	28. 1.80		E		27. 7.46	E	Prech Martina	23. 8.05	L SP		11.11.73
							Ritter Ulrich Dr.	7. 8.06	E S		4. 1.66
	Klever Alfred	18.11.91		D GE		12. 1.50	Kotthaus Michael	26. 1.07	SP EK		
	Müller-Alander Klaus-Peter	1. 2.95		E GE	k	23. 3.50	Henke Thorsten	3. 8.07	D GE		
							F	Müller-Hill Rita geb. Wendling		GE F	k	12. 4.49
	Hausmann Birgit	18. 3.96		D SW		11. 5.46	Harbusch Erwin Dr.		CH PH M		19. 1.52
	Meyer Ulrike (T)	18. 3.96		D EW	e	28.10.51					
	Schramm Sabine	18.12.96 □		KU PL LI		26. 6.57	Funcke-Tetzlaff Barbara geb. Funcke		GE PA	e	30. 7.53
	Mohr Ilka	6. 8.01		D EK			Borstell Ursula		E GE KR	k	3.11.59
	Deumeland Birgit	16. 5.06		Ł EK IF	e	16. 3.65					
	Schneider Olaf	27. 4.07		M PL	k	30. 4.68	H	Prumbaum Heinz Dipl.-SpL		SP	k	11. 8.44
	Werner Helmut			M PH							
C	v. Levetzow Evelyn geb. Kompisch	8. 1.79 °		BI	k	18.11.48	Schuchardt Ulrich Dipl.-SpL		SP	k	5. 5.49

1.430 Köln-Porz Stadtgymnasium gegr. 1908
st. G. (5-Tage-Woche) f. J. u. M.
Humboldtstr. 2–8, 51145 Köln – Tel. (0 22 03) 89 40 20, Fax 29 45 31
E-Mail: stadtgymnasium@netcologne.de, Homepage: www.stadtgymnasium.net

Kl: 9/16 Ku: 155/30 Sch: 1138 (605) (291/483/364) Abit: 58 (35) BR Köln
L: 71 (A 1, A_1 1, A_2 4, B 22, C 19, D 1, E 17, F 1, H 5) ASN: **167060**
Spr.-Folge: E, F/L, F, S Dez: LRSD **Schormann**

A	Gowers Enno	1.12.92 °	M E (PH)	efk	25. 5.46	Dabek-Völkert Dagmar	11. 2.87	CH	e	14. 7.50
A_1	Marx Rainer Dr.	15. 4.04 °	BI	k	3. 8.46	Wegener Klaus (T)	17. 8.92	F S	k	18. 5.49
A_2	Eder Marlies geb. Schneider (Vw) (T)	1. 1.94 °	M BI	e	26. 4.54	Greineder Felicitas geb. Groß (T)	14. 1.94	BI EK	k	15. 5.54
	Bellon-Kettenring Marianne geb. Kettenring	1. 2.95	E	e	3. 5.49	Hilbert Klaus-Christian (T)	2. 1.96	D PA	e	26. 9.46
	Pranschke-Mertens Elfriede geb. Mertens	22.12.95	GE SW		28. 9.44	Moritz Bernhard	2. 1.96	D GE	k	1.12.49
	Gottschalk Gabriele geb. Ritter (T)	12. 7.05 °	E F	k	21.12.50	Nettekoven Regina (T)	14. 3.97	M PA	k	20. 1.55
						Külschbach Maria	14. 3.97	M PH	k	9. 8.55
B	Kampmann Monika (T)	20.11.78	M PA (MU)	k	19. 7.46	Walter Renate	14. 3.97	D KR	k	16. 3.58
						Lenz Hans-Josef Dipl.-SpL	23. 8.01	SP M		19. 3.55
	Hofer Gabriele (T)	1. 2.79	D KR	k	2. 8.47	Finke Renate (T)	10.10.01	D GE	e	24. 1.54
	Sander-Lang Karin (T)	1. 2.80	D PL	e	23. 1.48	Haus Regina	9. 2.04 °	MU L		3.12.66
						Fasse Gisela	1. 3.04 □	D GE LI		25. 4.53

	Strubelt Sylvia	4. 5.04	D PA (BI ER)	e	26. 1.51		Lipprandt Gabriele geb. Aust (T)		
	Frölich Ludger	4. 5.04	L SP	k	11. 8.61	D	Eimermacher Ellen RSchL'	1. 8.73	F E k 14. 2.45
	Heidenreich-Träber Angela-Maria	7. 3.05 °	PH M	k	14. 2.53	E	Deuster Ralf	22. 8.05	PH EK 6. 2.70
	Roth Konrad	7. 3.05	D PA	k	2.11.49		Fischer Bettina	22. 8.05	E PA 25. 7.73
	Steffens Bärbel (T)	7. 3.05	KU E		28. 6.62		Basar Natividad	6. 8.06	F SW S 11. 9.76
	Braakmann Jürgen (T)	12. 6.06	M SW IF	k	6. 1.55		geb. González Henche Basar Unsal Cahit	9. 8.06	GE SW 2. 7.66
	Schraml Claudia (T)	12. 6.06	D SP		26.12.60		Lockmann Ute Dr.	9. 8.06	D KR k 6. 6.72
C	Limbach Theodor (T)	1. 8.78	E F	k	17.10.46		Frey Sebastian	9. 8.06	MU SP 2. 5.74
	Ahrens Manfred	1.12.80	E EK	e	6. 2.49		Kaballo Sarah	9. 8.06 □	F KU k 9. 9.75
	Heilinger Hanna geb. Fischer (T)	22.12.80	D PL	e	30.11.50		Ewald Patricia Dekidis Claudia	9. 8.06 1. 2.07	E PL 12. 7.76 ER L e 15. 2.75
	Lilienthal Doris (T)	24. 4.81	D F	e	3.11.49		Maylahn Bianca	1. 2.07	BI L k 28. 5.77
	Becker Andreas-Georg	14. 3.82	CH	e	19.12.52		Querbach Anke	15. 2.07	GE PA k 7. 3.75
	Schneider Alfred	3. 8.82	EK GE	e	11. 6.48		Jäschke Christiane	6. 8.07	SP E 17. 8.63
	Jansen Marielouise geb. Esser (T)	9.12.83	D EK	k	26. 7.53		Vogt Patrick Simon Andreas	6. 8.07 6. 8.07	SP BI k 12. 3.75 BI PH k 10. 5.77
	Weitzel-Schöler Margot geb. Weitzel (T)	15. 5.84	BI CH	k	17.10.54		Hinz Patricia Heutz Regina	6. 8.07 6. 8.07	ER SW e 14. 6.77 E GE e 10. 4.78
	Weber Alfred	1. 8.87	M PH		3. 5.53	F	Petersen		E S e 11. 8.77
	Brill Christa (T)	21. 6.88	CH BI		12. 5.56		Antje-Karoline		
	Tobias Ralf	15. 6.04	ER E	e	22. 5.73	H	Schirrmacher Burkhardt Dipl.-SpL		SP e 6. 4.48
	Mahlmann Iris (T)	15. 9.04	F D		23. 8.71		Niermann Gerd		SP PA 1. 9.49
	Bilke Christian	20. 3.05	M S	k	3. 4.74		Naujoks Marlies		M E 11. 9.49
	Tremel Jan Dr.	10. 5.05 °	M SP	e	6. 9.71		Priebus Dorothee Dipl.-SpL'		SP 17. 7.50
	Klein Claudia	1. 2.06	BI PA		21. 9.74		Dalay Bülent		SW 24. 7.61
	Großgart Merle	30. 3.06	KU D	e	12. 2.75				
	Elbers Michael	1. 6.06	MU D	k	20. 8.74				

1.431 Köln-Porz Maximilian-Kolbe-Gymnasium gegr. 1966
st. G. (5-Tage-Woche) f. J. u. M.
Nachtigallenstr. 19–21, 51147 Köln – Tel. (0 22 03) 6 10 51, Fax 6 69 03
E-Mail: sekretariat@mkg-koeln.de, Homepage: www.mkg-koeln.de

BR Köln
ASN: **167058**
Dez: LRSD' **Rauch**

L: 36 (A 1, A_1 1, A_2 2, B 13, C 10, D 1, E 6, F 1, H 1)
Spr.-Folge: E, F/L, L/F, S

A	Möring Karsten	3.12.92	GE EK	e	30. 8.49		Nöllgen Friedhelm		E F
A_1	Nilges Marlene	20. 6.97 □	D SP		24. 3.51	C	Schneider Reinhard	1. 2.79 °	PH IF k 16. 8.48
A_2	Buchheim Hans	23. 7.97	MU E				Weber Harald	1. 8.79 °	F SP e 27.11.43
	Stricker Herbert		D PL	k	3. 2.47		Wolff Friedhelm	1. 3.80 °	PH IF 18. 8.46
B	Krewinkel Michael	1. 1.79	CH SP	k	12.10.46		Gerhards-Ruth Hildegard (T)	8.80	D SW 20. 8.52
	Ochel Heinz	25. 1.79	BI ER	e	24. 8.47		Rabe Klaus	4. 9.81 °	M 3.10.51
	Heilmann Hans (T) (V)	25. 1.79 °	SP EK		31.10.46		Feyen Rosemarie	3. 9.84	F TX e 12. 3.54
	Gantenberg Johs.	17. 3.80	CH EK	k	26. 9.46		Fischer Sandra	1. 1.02	S E 13.12.69
	Lippler Birgit geb. Böhme	3. 7.81	M PH		28. 5.47		Poth Vera (T) Brock Sigrun (T)	27. 3.06 21. 8.06	M E KU ER e 8. 3.64
	Krötz Gabriele (T)	3. 7.81	BI EK	k	29. 7.50	D	Tsakas Lieselotte	10. 9.79	SP 20. 3.48
	Clemens Gerda (T)	30.12.94	L GE	k	14.11.44		geb. Wetzel SpL'		
	Hindrichs Ernst-Joachim	1. 8.95 °	GE D IF	e	13. 1.51	E	Franzen Ruth Neumann Dorothee	13.12.05 2. 2.06	D KR k 24. 9.75 ER GD e 15. 2.68
	Spengler Gerhard Dr.	4. 7.96 °	KR PL	k	6. 7.42		Löw Sylvia	1. 2.06	E KU k 3. 8.78
	Schmerwitz Reinhard	28. 8.01	E D		27. 9.44	F	Rade Uwe Ass d. L.		GE R 1.11.43
	Magirius Regina (T)	10. 8.06	E PA	e	18. 2.52	H	Diepers Ursula Dipl.-SpL'		SP k 17. 1.51
	Greber Hilke geb. Meints		BI CH		21. 4.46				

1.432 Köln-Porz   Lessing-Gymnasium   gegr. 1972
st. G. m. zweisprachigem dt.-engl. Zug f. J. u. M.
Schulzentrum Zündorf, Heerstr. 7, 51143 Köln
Tel. (0 22 03) 9 92 01 66, Fax 9 92 01 68
E-Mail: headteacher_lessing@hotmail.com
Homepage: www.lessing-gymnasium.kbs-koeln.de

Kl: 8/16   Ku: 180/33   Sch: 1109 (601) (233/487/389)   Abit: 40 (28)   **BR Köln**
L: 70 (A_1 1, A_2 5, B 22, C 21, D 2, E 13, F 4, H 2)   ASN: **183040**
Spr.-Folge: E, F/L, F/I, I/R   Dez: LRSD **Schormann**

A_1	**Memmert** Udo	17. 5.04	°	M SP	k	10.12.49		**Meister** Jomar Dr.	1. 2.03	M CH		9. 2.67
A_2	**Eischet** Walter	23. 1.80	°	E GE	k	19.10.43		**Franzen** Gregor	15. 3.04	MU ER	k	21. 9.72
	Wullen Traugott-Lothar (F)	25. 8.80		E L		13. 2.45		**Eikel** Sabine	15. 8.05	D KU		6.11.75
								Alshut Claudia	19. 3.06	D KR	k	2. 5.74
	Reisewitz Margit	1. 8.94		E GE	e	18. 4.50		**Bzik** Stefan Dr.	6. 9.06	CH PH		11.12.67
	Weber Peter (V)	21. 2.97	°	B I		ak 26.12.47		**Saviano** Ottavio	15. 9.06	L I	k	25. 4.76
	Jacobs Brigitte			D E		17. 1.52		**Kremer** Monika		KU W		17. 8.50
B	**Vandenbossche** Michèle (T)	1. 8.79	□	I F		16.12.46		**Jünger** Angelika (T)		M EK	k	3. 1.53
								van Laack Gabriele (T)		D E	k	15. 7.55
	Viehof Waldemar Dr.	1. 4.85		BI EK	k	30.12.49		**Mertens** Ursula (T)		BI CH	k	12.11.59
	Schumacher Frieder	18. 8.92		KU U	k	13. 3.57		**Kuhn** Birgit		E EK	k	14. 8.67
	Deylitz Gabriele	19. 1.94	°	E PL D		6. 4.51		**Jütte** Christoph		E EK	k	21. 4.68
	Reisbitzen Gabriele	19. 1.94		SP EK		3. 7.49		**Jansen** Heide		E EK	e	3. 5.71
	Noll Brigitte	20. 2.95		D GE	k	19. 3.54		**Zimmermann** Anne				
	Schützendorf Henning (V)	24. 8.95	°	L GE ER	e	17. 1.53	D	**Schrömbgens** Heike SekIL' (T)	28. 2.83	BI E		5.10.49
	Birkenfeld Günter geb. Titz	20.10.95		D PA		1.11.49		**Dartsch** Evelyn geb. Dehmel (T)		M I		15.11.59
	Harnacke Klaus	20.10.95		R F	k	10. 3.54	E	**de Wijn** Boris	1. 2.05	E GE		5. 9.71
	Raitz Monika (T)	14. 2.97		E PA		26. 6.53		**Moritz** Nino	1. 2.05	D PL		16. 4.73
	Piepenbrock Jürgen	14. 2.97		L EK		12. 6.54		**Thauer** Daniela	1. 2.05	M SP	k	13. 5.76
	Siebertz Karin (T)	30. 6.00	□	E PA	k	26. 8.53		**Ulusan** Cuma	22. 8.05	SP T		1.11.72
	Hübner Kunigunde (T)	1. 8.01		SW EK		4.11.51		**Jarosch** Dirk	22. 8.05	D ER	e	10. 2.74
	Schumacher Hiltrud	1. 8.01		KR SW	k	9. 1.58		**Priebe** Claudia	1. 2.06	D MU		8. 8.70
	Behringer Dietrich	19. 3.03		E PK	k	23. 7.62		**Sourek** Patrick	25. 4.06	KR PL GE	k	10. 8.71
	Mäß Jörg	16. 6.05	°	M SP	k	14. 2.69						
	Meinecke Andrea (T)	1. 7.06		E M	e	26. 2.70		**Kollmann** Frauke (T)	9. 8.06	D SP		12.12.70
	Rechmann Markus	1. 7.06		M PH		14. 2.74		**Merx** Alexandra	9. 8.06	D SP		31. 5.73
	Rotthauwe gen. Löns-Kindhäuser Heike (T)	1. 8.06		E F	e			**Wölfer** Britta (T)		D GE		2. 2.70
								Goy Bianca		D L		
	Feit Iris			BI CH	k	8. 3.60		**Littschwager** Tobias		BI SP		
	O'Daniel Hildegard (T)			GE F				**Püttmann** Herbert		PH BI		
C	**Bach** Marita (T)	16.12.81		BI EK	k	27. 8.52	F	**Kohls** Catherine		M PH IF	e	8. 8.47
	Höffgen Kurt	1. 3.83		M PH		17. 3.54						
	Kucharzewski Sofia	21.11.83		GE R	k	13.10.50		**Stahl-Mitscher** Karin		SP		15. 4.53
	Bastian Peter	9. 1.84		E GE		17. 1.50		**Stärk-Lemaire** Hiltrud Henrike		D ER	e	4. 7.75
	Rüttgers Heinz-Georg	8. 8.90	°	M PH		17. 3.53						
	Fink Petra	1. 1.02		D MU PL	e	28. 5.68	H	**Eichler** Frank Dipl.-SpL		SP	e	25. 1.48
								Koch Irmgard geb. Adolphs Dipl.-SpL'		SP	k	22. 7.51
	Müller Veronika	20. 9.02		BI E	k	2. 4.71						

1.433 Köln-Rodenkirchen   Gymnasium Rodenkirchen   gegr. 1965
st. G. (5-Tage-Woche) f. J. u. M.
Sürther Str. 55, 50996 Köln – Tel. (02 21) 9 35 55 10, Fax 93 55 51 32
E-Mail: webteam@gymnasium-rodenkirchen.de
Homepage: www.gymnasium-rodenkirchen.de

Kl: 12/20   Ku: 157/22   Sch: 1249 (611) (356/569/324)   Abit: 87 (36)   **BR Köln**
L: 75 (A 1, [A_1] 1, A_2 7, B 22, C 23, D 1, E 9, F 5, H 6)   ASN: **166935**
Spr.-Folge: E, L/F, F/S   Dez: LRSD **Schormann**

A	**Tillmann** Erhard	17.11.04		E F S	k	10. 7.43	A_2	**Sachs** Ursula (F)	6.82	M EK		9. 3.51
A_1	**(Lens-Lölsberg)** Anne-Marie StD' A_2)	11. 6.01		SW F N	k	15. 3.52		**Heinze** Norbert Dr. (F)	10.85	D E		13. 7.44
								Schwarz Caspar	1. 6.97	M		10. 8.48

	Name	Datum	Fächer		Datum 2		Name	Datum	Fächer		Datum 2
	Ilgen-Müller-Wüsten Uta (T)	1. 2.01	D E		8. 9.47		Wilke Brigitte (T)	7.91	E SW		3. 8.49
	Wülfing Rolf Dieter	1.10.03 °	CH		16. 9.48		Weinspach Gabriele	2.94	D KR	k	26. 1.60
	Müller Elisabeth (T)	7.06	D KR PA	k	4. 7.52		Funk Katharina	8.97	S D SP		27. 3.67
	Papouschek Ulrich	8.06	CH SP		2. 9.52		Schopen Dunja	1.01	L D		1. 3.67
B	Janowski Karl Heinz	25.11.78	R E		22. 1.43		Geldmacher Cerstin	1.02	D SW	k	9.12.67
	Hermanns Udo (T)	5. 2.79 °	PH		17. 6.47		Küsgen Veronika geb. Manke	1.02	KU PH	k	9.10.71
	Obermayr Christa	30. 3.79	BI SP		27.12.48		Fuest Stefanie	1. 2.03	L KR	k	20. 9.72
	Kabelitz Jutta geb. Meyer (T)	23. 4.79	D GE		24. 8.48		Werner Petra	20. 2.03	D ER	e	21.12.62
	Dückers-Küffer Renate (T)	1. 7.81	D GE		17. 7.49		Kokavecz Yvonne	15. 9.03	D E		22. 6.68
	Goede Heiko	1. 7.81	M		28.11.47		Pungel Sebastian	13. 3.05	MU EK	e	30. 6.68
	Küsgen Ute geb. Stock (T)	11.82	D Soz PK		18.11.48		Lessel Barbara	1. 8.05	S F		28. 6.75
	Borkowski Hans-Jürgen (V)	1. 3.85 °	CH	e	12.12.52		Klein Holger	1. 9.05	SW SP EK		14. 5.73
	Ludwig Gisela	1. 6.94	SP EK		21. 2.54		Stuhldreher Felicia (T)	10.05	D E		27. 5.71
	Schäfer Udo	1. 6.94	M PH		5. 5.49		Dietershagen Eva geb. Lück (T)	1. 8.06	M PH	k	30. 8.78
	Petschel Eberhard	1. 6.94	PH		4.10.51	D	Kowalzick Regina SekIL'	3.84	HW ER		30. 5.55
	Klein Hans-Peter	1. 2.96	D PL		29. 9.52	E	Schmidt Georg	3. 5.04	E GE		19. 9.73
	Weber Gerhard	1. 6.97	CH BI		7. 9.51		Hegerath Christoph	6. 9.04	KU D		1. 1.68
	Molitor Cornelia (T)	1. 6.97	M TX		30. 3.54		Specks Christoph	1. 2.06	SP L	k	7. 8.73
	Peters Jens (T)	9.97	F EK		2. 8.52		Ebschbach Doreen	8. 8.06	BI EK SP		6.11.77
	Klein-Uerlings Birgit (T)	5.01	E SW		11. 3.54		Nowak Barbara (T)	8. 8.06	PL KR SP	k	7.11.74
	Heufelder Gabriele geb. Stockmann (T)	5.02	F S		3. 6.52		Magdeburg Moritz	8. 8.06	M GE	k	30.12.74
	Winkelmann Marianne	1. 9.02	MU D EW	k	11. 3.55		Zündorf Petra	1. 2.07	GE L		
	Michels Gisela	10. 3.03	BI HW		8. 4.51		Gebhardt Kristina	27. 6.07	BI SW		1. 2.80
	Last Ralph	07	D GE	e	25.11.69		Bogedain Teresa	6. 8.07	D GE	k	5. 1.79
	Linnenbaum André	07	M BI SW	k	10. 9.71	F	Wolf Karin-Maria		D KR	k	23. 7.56
	Klinger Roland		PH IF				Conrad Andreas		D PL		14. 9.56
C	Denda Otto	27. 3.80	E F		31. 1.48		Müller Gabriele		BI EK		23. 3.59
	Schliffke Barbara	3. 8.81	E R		3. 6.48		Fuß Peter Dr.		D PL	k	18. 7.66
	Plett Arthur	6. 8.81	M		17. 7.46		Gaßner Antonia		S F	k	1. 9.70
	Börter Caren (T)	8.81	E EW		10. 2.55	H	Sachs Annemarie geb. Gottschling		M PH		29. 4.47
	Pawlitzki Klaus	10.81	E EK		21. 1.48		Hesse Gabriele Dipl.-SpL'		SP MU		28. 1.49
	Wisbert Rainer Dr.	1. 2.82	PL PA SP	k	31. 3.47		Floßdorf Joachim		SP		1. 8.48
	Hehr Hans-Dieter	1. 8.83	GE PL		29.11.50		Nickel Annette geb. Stommel Dipl.-SpL'		SP		31. 3.52
	Ragowski Axel	6.86	E D		31. 3.55		Busch-Schmidt Sigrid Dipl.-SpL'		SP		25. 3.56
	Lemke Erika	12. 8.88	M CH		28.11.56		van Duiven-Petschel		KU	e	15. 3.62

1.434 Köln-Ostheim   Heinrich-Heine-Gymnasium   gegr. 1974
st. G. (5-Tage-Woche) f. J. u. M.
Hardtgenbuscher Kirchweg 100, 51107 Köln – Tel. (02 21) 98 97 60, Fax 98 97 62 54
E-Mail: h.heine.koeln@t-online.de, Homepage: www.hhgonline.de

Kl: 7/9   Ku: 91/16   Sch: 712 (353) (207/265/240)   BR Köln
L: 44 (A 1, A$_1$ 1, A$_2$ 4, B 15, C 15, D 3, E 2, H 3)   ASN: **184858**
Spr.-Folge: E, F/L, F, S   Dez: LRSD' **Dr. Wirths**

	Name	Datum	Fächer		Datum 2	Name	Datum	Fächer		Datum 2
A	Meisenberg Georg	20. 8.01	KR D		7. 3.49	Bauer Hannelore (T)	13. 1.94	D SW	k	8. 3.51
A$_1$	Hambloch Walter	8.10.04 °	PH	k	27.12.49	Carspecken Bernd	13. 1.94 °	M	e	26. 5.50
A$_2$	Böttger Hellmuth	31. 1.86	GE EK	e	6.10.44	Rittweger Hartmut	4. 3.96 °	SP PA KR	k	17. 9.45
	Gutbrod Barbara (T)	9.10.90	EK BI	e	4. 8.49	Schulte-Rumich Jürgen	2. 3.99	E F	e	6.10.50
	Schick Gert	29.11.90	M SW	e	20. 3.44	Herget Veronika (T)	2. 3.99	PA F		20.10.51
	Hußmann Norbert		D GE	k	2. 1.43	Hoffmann Peter	1. 2.00	EK CH		13. 3.53
B	Mandt Friedhelm	27. 1.79	M PL	k	1. 2.44	Schäfer Elisabeth	11. 7.00	D SW S		3. 9.51
	Schneider-Kirchheim Doris	29. 1.79	M PH	e	11. 3.47					

Warnau Martin Dr.	24. 7.00	° CH	k	13.10.46	
Etzweiler Monika geb. Vonderhagen (T)	1. 6.01	D KW		1. 6.52	
Bäuerle Rolf	13.12.01	SP F		26. 3.48	
Schlüter Claudia (T)	23. 9.06	° D KR	k	20. 3.68	
Heymann Dirk	23. 9.06	° GE EK E		16. 2.68	
Birkmann Birgit geb. Jackisch	6. 9.07	° M ER	e	22. 4.71	
C Meyer Ihno		7.80	CH PH		2. 5.48
Berger Monika (T)	1. 3.81	BI	k	2. 8.50	
Niemann Anette (T)	3. 8.82	R E	e	20. 3.52	
Haep Otmar (T)	3. 8.82	GE SW	k	4. 1.50	
E Schmitz-Bergmeier Gabi (T)	3. 8.82	BI EW		21.10.52	
Moritz Gunter	4. 5.84	D PL		18. 7.52	
Fernandes-Lingnau Monica (T)	20. 3.98	D E S		2. 6.67	
Völmicke-Karrenberg Christoph	1. 2.00	GE SP	k	19. 4.66	

Koç Tülay	1. 2.01	° E S		13. 7.70	
Mann Frieder	20. 8.01	SP ER	e	6. 6.61	
von Grabczewski Markus	27.10.05	° L D		3. 5.71	
Fulgraff Brigitte	9. 8.06	MU D	k	29. 7.70	
Grüter Dirk	9. 8.06	EK M	e	6. 3.72	
Steffens Sarah	1. 9.06	SP BI	k	18. 5.76	
Maxeiner Ingeborg		KU EK		15.11.58	
D Heintz Ingrid	26.11.73	D E F		17. 9.48	
Esser Rita	1. 2.06	D GE	k	3. 2.59	
Berens Silvia	1. 2.06	E KR	k	6. 3.75	
E Pels Susanne	1. 2.06	L D	k	17.11.77	
Franz Christian	8. 8.06	D MU		25.11.68	
H Krieg Johannes Dipl.-SpL		SP	e	20. 2.48	
Marx Dorothea Dipl.-SpL'		° SP		21. 4.51	
Koch-Bilstein Helga Dipl.-SpL'		° SP BI	e	22.11.52	

1.435 Köln-Weiden Georg-Büchner-Gymnasium gegr. 1969
st. G. in Ganztagsform (5-Tage-Woche) f. J. u. M.
Ostlandstr. 39 (Schulzentrum), 50858 Köln – Tel. (0 22 34) 40 96-0, Fax 70 07 10
E-Mail: gbgym@gmx.net, Homepage: www.gbgym.eu

Kl: 10/15   Ku: 95/14   Sch: 913 (462) (284/415/214)   Abit: 70 (35)   **BR Köln**
L: 59 (A 1, A$_1$ 1, A$_2$ 5, B 18, C 20, D 4, E 4, F 6)   ASN: **166923**
Spr.-Folge: E/E+L, F/L, F/S, S   Dez: LRSD **Schormann**

A	Görtner Beatrix	1. 9.93	□ D SW		16. 5.51	
A$_1$	Wagenführ Michael	10.04	D GE			
A$_2$	Elsner Elke Dr. geb. Veltmann	1.12.95	CH M		3. 2.44	
	Fetten-Gschaider Ursula Dr. geb. Gschaider	17. 2.97	PA D	k	18. 3.50	
	Dalgas Gudrun geb. Drilling	13.11.97	° E D		15. 5.52	
	Meyer Rudolf	2. 5.01	M	k	3. 3.48	
	Kirfel Monika		□ D SW			
B	Schwerdtner-Kruse Heide geb. Kruse	29. 1.79	KU W	e	19. 7.46	
	Kupczyk Hiltrud geb. Pfeiffer	18. 6.80	BI CH	k	21. 1.46	
	Stengert Gerd	12.10.81	BI SP	e	28.11.50	
	Hueck Friedrich	1. 7.95	M IF		15. 7.50	
	Turner Martin	6. 3.98	° E EK		27. 1.49	
	Anton Monika geb. Rhiem (T)	1. 7.99	D PL	e	30. 6.49	
	Stawinoga Andreas	26. 5.00	BI F	k	1.12.51	
	Hammes Eberh. (T)	1. 6.00	□ GE D		14. 1.51	
	Hölters Georg (T)	6. 8.01	D PA		21. 9.50	
	Kenkmann Hans-Josef	6. 8.01	D PL		16. 8.52	
	Roth Brigitte geb. Zehl	12. 5.03	□ MU E	e	2. 5.51	
	Schlicht Claudia (T)	1. 5.05				
	Seibert-Kemp Reimar geb. Seibert	1. 5.05	° E L	e	8.10.68	
	Schraaf Sabine	1. 6.06	BI CH	k	20. 1.68	
	Ußner Ulf	1. 6.06	E M		22. 6.71	
	Bäcker Frank	1. 6.06	M D	k	24. 9.71	
	Heinrichs Meike geb. Orth		M BI	e	25. 6.51	
	Gringmuth Jochen		PH SP			
C	Siebertz Margarete geb. Jung (T)	20. 3.80	BI	k	4.12.52	

	Hempel Reinhard	1. 3.81	M PH	k	18.11.49	
	Hallab Mohammed Dr.	3. 8.81	CH	msl	1. 2.43	
	Riedel Irene	8.81	D GE			
	Feise Ingrid (T)	2.90	E S		28. 8.53	
	Wrede Klaus-Jürgen (T)	25. 3.96	KR MU	k	19. 8.63	
	Stapper Ricarda (T)	1. 8.98	E ER	e	23. 9.60	
	Menzel Brigitte	1. 1.02	M PH		22. 8.69	
	Lauterbach Dorit	5. 9.02	KR E		30.10.70	
	Olbrich-Denhof Sabine	31. 7.04	□ SW GE	e	19. 9.68	
	Bergmann Florian	1. 8.05	° M EK	k	5. 9.75	
	Gentsch Jörg-Manfred	1. 2.06	E L		22. 5.68	
	Wolff Axel	1. 2.06	E D		29. 7.69	
	Schuppener Christoph geb. Heinz (V)	1. 2.06	° F ER	e	10. 2.72	
	Wendeler Stefanie geb. Baitz	1. 2.06	° E S		7.11.74	
	Hentschel Nicole	6. 3.06	L D	k	9. 8.73	
	Probst Kristina	6. 3.06	MU E	e	5.11.76	
	Haenlein Andreas	15. 3.06	□ GE SW M	k	26. 8.74	
	Blank Bernd		E KU		20.11.54	
	Frisch Michaela		° M PA		1. 2.79	
D	Fröhlich Dagmar	14. 8.78	SP KU	k	30.11.47	
	Struck Sylvia RSchL'	26. 9.78	GE F		6. 1.50	
	Willems Wolfgang SekIL	14. 3.83	□ EK GE		4. 8.51	
	Toksoez Imke geb. Aretz SekIL'	4. 5.83	KU D		18.12.56	
E	Braumann Kristin (T)	1. 2.02	D M	e	1. 5.70	
	Rost Gabriele	9. 8.06			17. 5.72	
	Kleene Christoph	9. 8.06			11.10.74	
	Jansen René	9. 8.06	BI SP		19. 1.75	
F	Wachten Hermann SpL		SP D	k	23. 1.54	
	Happ Martin Dr.		° SP KR	k	11.10.55	

Achilles-Scholl Ursula		ER	e	24. 4.60	Ebersoll Peter Sarateanu Andrea		BI CH PL F	29. 1.67
Schäfer Andrea		▫ E F SP	k	27. 4.64				

1.436 Köln-Volkhoven/Weiler Heinrich-Mann-Gymnasium gegr. 1975
st. G. (5-Tage-Woche) f. J. u. M.
Fühlinger Weg 4, 50765 Köln – Tel. (02 21) 97 94 64-0, Fax 97 94 64-30
E-Mail: schulleitung@hmg-koeln.de, Homepage: www.hmg-koeln.de

Kl: 12/19   Ku: 131/24   Sch: 1213 (600) (350/509/354)   Abit: 81 (42)   **BR Köln**
L: 66 (A 1, A_1 1, A_2 7, B 23, C 15, D 3, E 6, F 4, H 6)   ASN: **185255**

Spr.-Folge: E, L/F, F/L, S   Dez: LRSD **Schwarz**

A	Krause Peter	1. 8.97	D GE		18.12.43	C	Mayer-Merkl Renate	78	D E	e	4.12.43
A_1	Mohr Michael	1. 8.97	D EW	k	18.10.50		Dittkuhn Volker	1. 9.81	BI SP		15. 3.48
A_2	Rau Jürgen	31. 1.86	M IF	k	12. 7.44		Ukatz Christiane	19. 9.84	E TX		15. 2.54
	Stracke Ulrike geb. Zielinski	6. 3.92	GE D		22.12.48		Schulz-Koppe Heinz-Jürgen (T)	9.84	E GE L	e	20. 4.48
	Riemer Wolfgang Dr. (F)	6. 7.92	M IF	e	3.12.51		Beran-Ivanov Renate geb. Beran	84	F R	k	27. 7.53
	Euler-Ott Michael	13. 1.95	F SP GE	k	13. 8.51		Wittko-Rohde Sigrid	85	D KU PL		17.11.62
	Kraeber Kristin-Heide	1.96	E BI		24. 2.48		Arth Eva-Maria (T)	24. 1.02	M D	k	18. 2.70
	Steffens Hannelore (T)	6. 9.00	L GE	k	13. 4.49		Sackmann Diana	15. 9.05	D BI		25. 1.74
	Wauer Sylvia	4. 1.02	E EK	k	21. 5.55		Kowalewski Barbara Dr. (T)	6. 3.06	D L (KR)	k	1. 5.71
B	Schütte-Appenrodt Brigitte	22. 6.84	BI EK	e	14. 6.46		Hedwig Anne	1. 8.06	F MU		14. 2.75
							Sklarz Thorsten	1. 8.06	BI CH		1.12.75
	Sterk Ursula (T)	10. 8.84	M PH	k	25.10.48		Duncker Friederike	1. 8.06	M PH		21. 4.78
	Klein Jürgen	1.10.84	M		3.10.50		Zirwes Claus	15. 9.06	KU BI		24. 1.73
	Wicke Hubert (T)	84	° D PA		6.10.50		Surrey Inga	11.11.06	CH M		5. 1.77
	Stiller Heide	6. 3.87	E SP	k	21. 9.50		Berners Alexandra	7. 9.07	CH BI	k	25. 9.77
	Behne Reinhard	7.12.90	D GE	e	1. 3.52	D	de Silva Rosemarie geb. Horst SekIL'	9. 5.80	D R		30. 7.45
	Ostendorf Nicolaus	25. 8.92	MU D	k	2.12.50						
	Zocholl Peter	4. 6.93	E PL		17. 3.49		Krath Hella SekIL'	81	E SP		14. 6.46
	Schreiber-Bremer Margot	19. 1.94	D KW	k	10. 2.48		Felten Michael SekIL (T)		° M KU		9. 8.51
	Lamsfuß-Albert Ulrich	19. 1.94	SW GE		9. 8.52	E	Wilhelm Annette	9. 8.06	E GE		18.10.76
	Löhr Friedrich	10. 1.96	M SW		20. 6.53		Schuchardt Jill	10.06	D PK		12.11.73
	Görgen Gerda (T)	10. 1.96	M PA	e	23.10.54		Winter Jörn	6. 8.07	D MU		14.12.73
	Donsbach Horst	24. 3.97	SP PA (M TC KR)	k	7.10.54		Freiesleben Konstanze Dr.	6. 8.07	PH BI		1. 8.75
							Meyer Sebastian	6. 8.07	ER EW	e	11. 5.77
	Adams Sabine (T)	24. 3.97	L GE	e	25. 5.56		Kreutz Anna	6. 8.07	E SW		5. 6.77
	Grunwald Elke (T)	30. 8.01	F SW		9. 2.55	F	Rothe Peter		E SW		19. 7.55
	Koenen Hans-Peter	27. 9.01	M MW IF	k	30.12.50		Möller Joachim		SW E		24. 9.55
							Euteneuer-Böttcher Petra		M BI		10.10.56
	Kröll Maria-Theresia	27. 9.01	SP EK	k	21. 9.53		Böckenhoff Astrid		F KR	k	28. 9.61
	Soujon Edith	6. 9.04	E SP	k	2. 8.55	H	Szük Peter Dipl.-SpL		SP	k	12. 8.47
	Winking Beatrix	3. 5.05	F GE D		23. 2.64		Schillings Sita		SP		11.10.51
	Knauf Kornelia (T)	13. 3.07	CH PA		31. 1.55		Tetzlaff Dominique		F D		21. 2.52
	Quadflieg Sebastian	13. 3.07	D BI		4. 4.68		Samberger Gerd Dipl.-SpL		SP	k	7. 3.54
	Konietzko Joachim	7. 8.07	° PH M	e	19. 3.53		Samberger Petra SpL'		SP		1. 9.55
	Landes Dirk	7. 8.07	M BI	e	1.12.70		Bierhoff Anne		E EK		13.11.75

1.437 Köln-Pesch Gymnasium Pesch gegr. 1976
st. G. (5-Tage-Woche) f. J. u. M.
Schulstr. 18, 50767 Köln – Tel. (02 21) 99 09 10, Fax 9 90 91 11
E-Mail: 185437@schule.nrw.de, Homepage: www.gymnasium-pesch.de

Kl: 6/12   Ku: 103/19   Sch: 736 (372) (155/321/260)   Abit: 64 (38)   **BR Köln**
L: 44 (A 1, A_1 1, A_2 3, B 13, C 17, D 1, E 4, F 1, H 3)   ASN: **185437**

Spr.-Folge: E, F/L, F, S   Dez: LRSD **Schwarz**

A	Klug Hans Theo	27. 2.04	° M GE (IF)	k	17. 1.49	A_1	Hillebrand Gerhard	1. 1.05	SP EK	k	29.10.48
						A_2	Erle Angela	15.11.00	D SW	e	26. 5.52

	Leichsering Barbara	11.10.02			
	Eizenhöfer Wolfgang	29. 3.07		BI EK k	5. 8.47
B	Benninghoven Helmut	23. 9.82		MU D e	4. 8.46
	Unterstenhöfer Christopher	18.10.82	°	E F	10. 9.46
	Holtmann Gunther	1. 6.94		D PL k	27. 2.53
	Steiner Beate geb. Günsche	18. 8.95		E ER e PA	16. 5.53
	Neumann Ernst	24. 3.97		M PH e	16.12.50
	Schmitz Harald	24. 3.97		M E k	29. 6.56
	Genscher Klaus	30. 4.97		M BI e	19. 1.50
	Kolvenbach Vera geb. Göbgen (T)	11. 6.01		F GE k	26. 7.52
	Munkel Roland	15. 2.02		D PL k	29. 8.49
	Sandmann Heinrich	1.12.02		M PH k	9. 4.54
	Lischka Adelheid	1. 1.03	°	MU PA k E	21.12.54
	Braun Sabine geb. Fabisch	18. 4.05		BI CH k	18. 3.52
	Beuel Cornelia	1. 6.07		D E k	28.12.71
C	Brucks Hannelore	3. 8.81		F E k	31. 3.51
	Fischer Elisabeth (T)	10. 1.84		HW PA k	25. 8.46
	Schnautz Horst	6. 4.84		E SW e	20. 4.52
	Pasing Bärbel (T)	4. 9.85		R EK e	27. 9.52
	Förster Ingrid geb. Rinke (T)	3.10.85		CH SP k	15. 2.55

	Dahners-Rump Ingeborg geb. Dahners (T)	21. 6.86		F E	29.10.46
	Ott Dagmar (T)	16.10.87		D GE	16.11.54
	Schulz Ulrike Dr. geb. Malesky (T)	22. 4.88		BI · e	28. 2.48
	Arndt Elisabeth (T)	20. 7.89	°	M CH k	26.11.50
	Carp Kirsten	1. 1.01		D SP k KU	21.11.67
	Stroff Christian	21. 2.02	°	L GE G k	6.10.67
	Prasser Pia	15. 9.02		E KU	1. 6.71
	Linke Markus	20. 8.04		S SP k	25. 1.70
	Roth Claudia	1. 2.05		D ER e	26. 1.65
	Schmidt Peter	1. 8.06		D KR k SP	6.10.69
	Sieben Johannes	1. 8.06		S EK k SP	6. 5.74
D	Mödder Thomas	13.11.79		BI M k SP	9. 5.49
E	Büscher Jens	1. 8.06		M SW e	29.11.76
	Guardiera Petra Dr.	1. 2.07		E SP e	3. 9.74
	Strauch Stephanie	1. 8.07		CH KR k	1.11.72
	Pludra Eva	1. 8.07		F SP k	18. 3.76
F	Wensing-Westphalen Gisela			SP SW e	8. 4.49
H	Neustadt Hans			KU k	24. 6.44
	Greve-Bussmann Camilla Dr. Dipl.-SpL'			SP	6. 4.49

[1] Lehrbeauftr. an d. Univ. Köln

1.441 Königswinter-Oberpleis   Gymnasium am Oelberg   gegr. 1970
st. G. f. J. u. M.

Weiler Weg 25, 53639 Königswinter – Tel. (0 22 44) 93 41 00, Fax 93 41 01

E-Mail: oelberg-gymnasium@t-online.de, Homepage: www.gymnasium-am-oelberg.de

Kl: 10/17   Ku: 168/25   Sch: 1139 (557) (303/493/343)   Abit: 85 (46)   **BR Köln**

L: 68 (A 1, A_1 1, A_2 5, B 20, C 28, D 2, E 6, F 2, H 3)   ASN: **167186**

Spr.-Folge: E, F/L/F+L, F/L   Dez: LRSD **Dr. Welz**

A	Krautschneider Friedrich Dr.	21. 1.05		M PH e	5.11.47
A_1	Waage Frank	1. 6.80	°	BI SP k	29. 8.48
A_2	Weyler Willi	15.11.82	°	M PH k	5. 1.43
	Schnetker Franz-Josef	12.04		D PA k	26. 1.43
	Engfeld Friedrich	1. 5.07		BI e	16. 9.45
	Lohmar Gabriele (T)	1. 5.07		BI CH e D GE	19. 3.51
	Andreae-Hinrichs Hilke (T)				
B	Müller Andreas	1. 2.79	°	KR D k	9.10.43
	de Cenival Ursel geb. Brzoska	2. 4.79		F SP e	24. 2.45
	Maag Hans-Dieter	1.10.79	°	F SP k	20. 6.47
	Müller Franz-Josef	5.82		M PH k	29. 4.50
	Barth Maria-Magdal.	16. 9.82	°	PH M k	18. 8.49
	Becker Alois	12.12.84	°	EK SP k	16. 9.45
	Durst Berthold	7.91		M BI e	
	Burkhardt Claudia	23. 1.96		SP EW k	30.12.53
	Ding Harald	31. 1.96	°	PH M e	9.12.49
	Jahnen-Foit Christina	2. 7.96		D EW	25.12.50
	Keldenich Hans-Josef M. A.	20. 8.01		EK EW k	18. 3.51
	Kapitza Gabriele	20. 8.01		E GE	
	Tschierse Frank	03		M CH	14. 1.52
	Förner Alfred	1. 9.04		SP SW k	10. 5.45

	Jawtusch Helmut	1. 5.06		M e	19. 2.51
	Große Wilde Ludger	1. 8.06		KU KW	
	Grundei Dieter	1. 8.06		E GE k	12. 7.52
	Prüsener Elisabeth (T)	1. 8.06	°	E D	12. 8.52
	Werfel Monika (T)	1. 8.07	°	D MU k	1. 2.63
	Berger Barbara (T)			° BI SP	5. 4.44
C	Schäfer Hubert	31.10.79	°	L G I	16. 6.48
	Hucht Michael (T)	19. 8.80	°	D PL k	14. 2.50
	Spang Helmut	4. 2.81		KR PA k	31. 7.48
	Bergerhausen-Fuchshofen Birgit (T)	1. 3.81	°	M EK k	21.11.52
	Kloppert Regine	10.12.81		F GE k	1. 7.50
	Walkembach Dorothée geb. Wüsten (T)	27. 8.82		F SP	14. 2.54
	Haughian Beate	82		PL E PP k	12. 2.53
	Bürger Barbara (T)	6.83	°	M PH e	27.10.52
	Hirschmann Ekkeh.	14. 9.84		D SW	24.12.51
	Schell-Koch Anne (T)	24.10.84		SP SW	23. 2.53
	Hagen Ursula (T)	21. 1.85		D EW k KR	7. 2.54
	Effing Christoph (V)	12.97	°	L KR k MU	10.10.61
	Zensen Nicole	98		D SP	30. 7.69
	Kiyose Elvira (T)	20. 8.00		KU D	19. 8.56
	Demes Renate (T)	20. 8.01		CH BI e	3. 5.54

	Mertens Frank	14. 2.02	E S		22. 4.69		Lautze Marlene		KU SP	e	1. 5.57
	Küll Ingo	1. 6.03	D ER	e	13. 9.68		geb. Kiczezjak SekIL' (T)		ER		
	Thomas Stefan	1. 6.03	M PH	k	4. 3.71	E	Linnow Judith	1. 2.05	L E	k	15. 8.75
	Michel Isabel	1. 2.04	E F	k	21. 7.72		Weinrich Monika	9. 8.06	S F	k	10. 3.78
	Lorek Sabine Dr.	1. 9.04	° D GE ER	e	15.12.66		Kollbach Claudia Dr.	1. 2.07	° D G	e	13. 1.73
	Huneke Jens	12.11.05	F GE		29. 1.74		Rapp-Neumann Claudia	1. 8.07	E MU	k	25.12.56
	Jansen Stefanie Dr. geb. Wolf	1. 3.06	° GE E	k	29. 1.70		Völker Birgit	1. 8.07	D E	k	9.10.76
							Schulz Christian	1. 8.07	SP D	k	17. 6.77
	Krüger David	1. 5.06	MU EK	e	17. 4.75	F	Pützstück Ralf		M SP	k	17. 4.59
	Rewer Judith	1. 8.06	° E SW	k	23. 7.76				EK		
	Danso Florence	1. 8.06	ER BI	e	21. 1.70		Weyler Monika		M CH	k	14. 1.80
	Karabulut Handan	1. 8.07	° D E		4. 3.75	H	Merian Hartmut		BI SP	e	3. 6.44
	Lichtwardt-Zinke Konstanze	1. 8.07	BI CH		6. 1.64		Krenzer Elisabeth		BI		21. 4.50
	Neumann Brigitte (T)		D E				Wiedenmann Claudia		M SW Rel		18. 3.57
D	Spring Angela	20. 8.01	M BI	k	1.12.55						

1.442 Königswinter   CJD Jugenddorf-Christophorusschule   gegr. 1992
   pr. G.[1] (5-Tage-Woche) m. integrierter Hochbegabtenförderung f. J. u. M.
   d. Christliches Jugenddorfwerk Deutschlands e.V., 73061 Ebersbach/Fils, Teckstr. 23
   Cleethorpeser Platz 12, 53639 Königswinter – Tel. (0 22 23) 9 22 20, Fax 92 22 12
   E-Mail: sekretariat@cjd-koenigswinter.de, Homepage: www.cjd-koenigswinter.de

   Kl: 7/12   Ku: 150/25   Sch: 879 (450) (196/351/332)   Abit: 92 (48)   **BR Köln**
   L: 56 (A 1, A$_1$ 1, A$_2$ 1, B 13, C 15, E 2, F 23)   ASN: **191700**
   Spr.-Folge: E+L, F/L, S, S/K   Dez: LRSD **Dr. Welz**

A	Heide Johannes Dr.	1. 8.06	ER GE		4. 6.58		Trachternach-Höfting Dagmar	1. 7.07	D KR		21. 8.63
A$_1$	Meyer Wilhelm	1. 1.01	E SP	e	20. 2.58		Schneider Ruth		D PL		24. 5.63
A$_2$	Karres Astrid	1. 6.06	D KR	k	29. 1.62	E	Weisser Verena	1. 7.05	M CH		10. 5.76
B	Taufenbach Frank	6.99	° M SP	e	8.10.62		Manz Stephanie		F GE		10. 8.74
	Koropp Lutz	6.99	° D GE	e	2. 3.61	F	Schmidt-Adler Heidrun geb. Schmidt		E GE		3. 9.50
	Müller Volker	6.99	□ M SP IF	e	25. 1.62						
	Heimbach Christoph	6.99	D GE	k	25. 7.63		Ebel Rolf		EK SP	e	18. 2.51
	Harmat Angelika	1. 7.01	° E KR	k	10. 6.59		Losse Peter		° D SW	e	1. 6.52
	Prinz Stefan	1. 4.02	KR SP PA	k	14. 2.61		Redemann Ruth		F S	k	17.10.53
	Sticksel Peter	1.12.02	° M SP	k	6.10.60		Bewerunge Christine		E S		22. 4.54
	Poll Andreas Dr.	1.10.05	° PH M	e	30. 8.63		Faßbender Gisela		BI CH		12. 9.54
	Sarver Claudia	25.10.05	M PH		13.12.67		Einhoff Monika		E F	k	2. 3.55
	Schröder Klaus	1.10.06	PH KU	e	7. 3.64		Feldkötter Wilhelm		D SW	k	13. 6.55
	Schmitz Winfried Dr.	1. 2.07	M PH		20. 7.61				PK		
	Schäfer Bernd Ulrich	1. 3.07	BI EK	k	1.10.70		Jacquemin Monique		F BI	k	3. 3.57
	Frey Anne	1. 7.07	° L GE	k	21. 4.70		Leh Pia		ER	e	17. 4.57
C	Stein Claudia	24. 8.95	L GE	k	5. 9.64		Mayer Uta		E PK	k	27. 5.57
	Höft Dieter	6. 9.95	SP SW	k	28. 9.57		Weufen-Püschel Irmgard		E F	k	22. 7.57
	Brückmann Rüdiger	20. 3.97	MU SP	e	25. 9.65		Fernholz Heike		E S		23. 7.57
	Faltinat Rainer Dr.	31. 7.97	EK BI	k	30. 6.59		Nowak Susanne Dr.		D F	e	1. 3.59
	Woelke Jens	99	CH SP	e	3.12.61		Schwarzwald-Dirks Susanne		E PA	k	15.10.59
	Oswald Michael	1. 1.02	M PH	e	26. 1.59						
	Greve Birgit	1. 1.02	BI CH		19.11.60		Euskirchen Sabine		BI SP	k	12. 5.61
	Helbig Michael	1. 6.02	SP PA	k	1. 5.68		Neuendorf Bärbel		D KR	k	3. 1.62
	Vreden Lukas	1. 6.03	S GE	k	1. 9.68		Panek Jacek		MU	k	28. 3.63
	Mayer Tobias	14.10.04	M PH	k	21. 3.65		Flösch Margit geb. Hofmann		ER GE	e	3. 9.65
	Neuhaus Angela	14.10.04	EK BI	k	17. 1.66		Trumpa Heike		K		10. 6.67
	Moravec Cordula	1.10.06	GE KR	k	31.10.68		Hoffmann Heike		D F	e	10. 3.70
	Krause Michael	1. 3.07			23. 6.62		Stern Bettina		D E		18. 9.71
							Lang Michael		GE SP		31. 1.74

[1] m. Internat f. J. u. M., Kooperation m. Realsch. in gleicher Trägerschaft

1.445 Korschenbroich Gymnasium gegr. 1976
st. G. (5-Tage-Woche) f. J. u. M.
Don-Bosco-Str. 4–6, 41352 Korschenbroich – Tel. (0 21 61) 61 78 10, Fax 6 17 81 13
E-Mail: gymnasium.korschenbroich@t-online.de
Homepage: www.gymnasium-korschenbroich.de

Kl: 8/16   Ku: 120/23   Sch: 982 (479) (255/430/297)   Abit: 96 (47)

L: 63 (A 1, A$_1$ 1, A$_2$ 6, B 20, C 28, D 3, F 3, H 1)

Spr.-Folge: E, F/L, L/F

BR Düsseldorf
ASN: **185607**
Dez: LRSD N. N.

A	**Schmitz** Beatrice Dr.	1. 2.04		E F	k	16.12.61	**Hütz** Gisela	3. 9.82	° D GE	k	11.12.54
A$_1$	**Lieser** Wolfgang	1. 8.01	°	BI KR PA	k	5. 1.47	**Gaus-Hörner** Sylvia geb. Hörner	2.11.82	D E	e	21. 3.52
A$_2$	**Höckendorf** Lothar (F)	13. 9.77	°	E F GE	e	22.12.42	**Jansen** Norbert	15. 1.83	EK E	k	1. 5.54
	Conrads Gisela	22.12.81		M PH	k	15. 9.46	**Florenz** Franz-Günter	1. 8.83	SP F	k	20.10.50
	Brocker Günther	2.12.85		M SP	k	18. 9.49	**Büdding** Bernd (T)	1. 8.83	D GE	k	5. 1.52
	Drießen Hans-G. (Vw)	19. 8.92	°	GE EK	k	8. 2.47	**Mainka-Schmidt** Ingeborg geb. Mainka (T)	1. 8.83	E EK	k	6. 8.52
	Neubert Ursula geb. Holper (T)	10. 5.00		MU D M	k	15.12.47	**Schmitt** Gabriele geb. vom Stein (T)	4.11.83	SW WW	e	20. 3.52
	Dammers Wolfgang	23. 5.02		CH PA	k	4. 4.51	**Rameil** Annette geb. Schweins	20. 4.84	° D E	k	4. 4.55
B	**Steinmetz** Christiane geb. Lorenz (T)	1. 3.80		D E	e	14. 8.48	**Kuropka** Christiane geb. Fröhlich (T)	28. 4.88	D Soz		10. 2.53
	Gabriel Angelika geb. Hansberg (T)	10.12.80		E F	oB	23. 7.48	**Creuset** Elisabeth geb. Stoffmehl	1. 8.88	F EW		7.10.54
	Richartz Heinz-Dieter	1. 2.81		E EK	k	1. 5.49	**Duscha** Hedwig (T)	1.12.88	° M PH	k	14. 4.54
	Rochholl Angelika (T)	10. 9.82		D F S	e	18. 2.49	**Paßmann** Claudia (T)	4. 9.91	KR M	k	14. 1.61
	Lorenz Ullrich	10. 9.82	°	D EK	e	22. 2.47	**Eckhardt** Ulrike geb. Franzke (T)	10. 8.91	BI ER	k	10. 6.60
	Menzel Wolfgang Dipl.-Phys.	18. 4.84		PH	e	15.12.45	**Wiedenstritt-Ulrich** Maria geb. Wiedenstritt (T)	21.11.94	M CH	k	25.12.53
	Ißler Axel	20. 9.84		SP EK	e	29.10.50	**Kiefer** Rudolf Franz (T)	18. 8.99	M SW		28. 7.65
	Buhl Albin	1. 6.85	°	M IF	k	2. 5.45	**Albrecht** Patrick	4.11.99	° GE L	e	27. 2.68
	Dietsch Wolfgang Dr. Dipl.-Chem.	2.12.85	°	CH	e	20.10.48	**Menzel** Anke (T)	10. 2.00	BI M	e	12.10.63
	Battke Klaus	6.12.85		KU W	e	17. 5.45	**Ring** Asmus (T)	18. 8.00	E ER	e	13. 7.66
	Pukies Volker (V)	22.12.88	°	D PL	e	23. 2.48	**Thüer** Marlies geb. Heßler (T)	2.12.01	E MU	k	6. 5.70
	Hedtstück-Kloos Lilo geb. Hedtstück (T)	1.11.90		D SW	k	26. 1.49	**Daschkewitz** Angela geb. Kremer (T)	1. 1.02	° BI KR		17. 8.61
	Reifferscheidt Renate	1. 6.94		F EW		10. 6.53	**Grootens** Nicole	4. 4.03	L KR	k	29. 9.69
	Otten Hans-Peter	17. 1.95		BI SP	k	23. 5.55	**Koll** Sophie geb. Soudais	31. 1.04	F D		27.12.72
	Grope Silvia geb. Hering	17. 1.95	□	CH BI		12. 2.52	**Heller** Sandra	12. 7.04	° E SP		13. 4.73
	Platzbecker Heiner	17. 1.95		M PH	k	29. 9.53	**Schulz** Cordula	2. 9.04	E KU		7. 4.72
	Brocker Gabriele geb. Ratke (T)	26. 1.95		E SP	e	21. 5.54	**Strömer** Holger	16. 9.04	E SP	k	29.12.72
	Offermanns Michael	28.12.95		D GE	k	19. 2.52	D **Helten** Hans-Gerd RSchL	11. 3.76	SP BI	k	27. 6.49
	Pfingsten-Guerrero Lara Magdalena geb. Pfingsten	28.12.95		E S	k	6. 4.53	**Hilke** Norbert SekIL	24. 8.88	° BI SP	k	19. 2.54
	König-Nickel Ulrike geb. König (T)	20. 8.04		F TX	e	10. 5.54	**Reyer** Christine L'	15. 2.96	E MU	k	5.12.65
C	**Slesiona** Elisabeth geb. Herbst (T)	4. 8.80		BI TX	e	6. 5.47	F **Ahrens** Kerstin Ass' d. L.		° G L ER	e	4. 7.59
	Heinrichs Ursula geb. Dreßen (T)	1. 9.80		EK M	k	26.11.51	**Saus** Regine Ass' d. L.		° MU KR	k	22. 5.62
	Grundmann Hans	24. 9.81	°	M		10. 3.52	**Höppe** Ursula		D KR		18. 7.66
							H **Kemper** Brigitte geb. Ruhfus L'		KU	e	8.10.50

1.450 Krefeld Gymnasium am Moltkeplatz gegr. 1819
st. G. (5-Tage-Woche) f. J. u. M.
Moltkeplatz 12, 47799 Krefeld – Tel. (0 21 51) 5 80 51, Fax 59 84 93
E-Mail: sekretariat-am-moltke@t-online.de, Homepage: www.moltke-krefeld.de

Kl: 6/12   Ku: 90/15   Sch: 767 (354) (180/363/224)   Abit: 55 (25)   **BR Düsseldorf**
L: 44 (A 1, [A₁] 1, A₂ 4, B 13, C 12, D 5, E 2, F 5, H 1)   ASN: **164987**

Spr.-Folge: E, L/F, F/L, S   Dez: LRSD **Dr. Schneider**

A	Neumann Rolf	1. 2.06	BI CH	e	22.12.48	Aengenendt-Hendrix	19. 8.85	BI PK		3. 4.53
A₁	(Aalam-Behr	1. 9.00	E D	e	4. 7.51	Gabriele (T)				
	Anneliese geb. Behr StD' A₂)					Brantl Christiane	9.12.85	ER D	e	10. 1.56
A₂	Froesa Christiane	21. 1.93	E D	e	12. 4.51	geb. Wöhr (T)				
	Hannen Karl-Josef	27.10.95	M	k	4. 3.47	Keil Cordula (T)	13. 6.97 °	D KR	k	16. 3.62
	van Randenborgh	1.12.95	D GE	e	9. 3.51	Sander Martin	28. 8.98	MU ER	e	18. 8.61
	Wolfgang					Stein Heike	27. 5.03	F E S		8. 6.67
	Kalff Dagmar	9. 6.04	D KU	e	22. 8.52	Overkamp Tanja	27. 2.06	BI SP		1. 4.77
	geb. Krülls					Verwiebe Barbara Dr.	6. 8.07	L F S	k	9.10.67
B	Hofmann Jürgen	21. 5.75	L EK	k	27. 7.43	Pyschik Martin		° M EK	k	4. 4.73
	Grau Irmhild	20.12.79	E L	e	17. 5.49	D Schumacher-Hirt	1. 8.83	KU GE	k	2. 7.55
	Syrek Albert	20. 2.80	SP EK	k	1. 9.45	Edith (T)				
	Schultz Rainer	25. 8.80	F EK	e	16. 9.45	van Blanken-Möckel	1. 8.84	KU D	k	10. 1.55
	Potrykus Erich	10. 3.84	EK SW	oB	27. 2.48	Karin (T)				
	Knur Lothar	27. 3.84	M SP	k	25. 1.50	Niedeggen Blanka		SP CH	e	31.10.46
	Arndt Johannes	29. 1.93	F EK	k	29. 9.47	Mendzigal Georg		BI CH	k	3.12.52
	Krause Rainer (T)	1. 6.94	D PL		13. 8.49	Rademacher Günter		M MU	k	17. 9.56
	Roob Elke (T)	6.12.95	E D	oB	21. 4.52	E Reddig Alexandra	9. 8.06	CH PH		18. 5.78
	Dyballa Herbert	22. 1.97	M PH	k	12. 5.51	Buscher Melanie	1. 2.07	E GE	k	12. 5.75
	Boor Erika (T)	22. 1.97	GE EK		26.12.50	F Aengenheister Franz		KR PL	k	1.10.42
	Küster Eva (T)	27. 6.06	E F	k	31. 5.54	Heinrich Dr.		GE		
	Dick Karin geb.	15. 3.07	SW PA	oB	10.12.54	Wilms Heinrich		° RW GE	k	3. 5.50
	Stöcker					Stompel-Oles Ulrike		SP KR	k	5.12.54
C	Knölke Werner	19. 5.79	PH	oB	14. 8.49	Meurers Oliver		D PS		16. 8.68
	Heinze Günther	30. 8.82	EW E	k	22. 1.44	Möllecken Christian		D SP	oB	3. 3.76
	Dückers Werner	9. 4.84	M PH	k	9. 3.55	H Grumm Kerstin		SP		2.10.66

1.451 Krefeld Fichte-Gymnasium gegr. 1851
st. G. f. J. u. M.
Lindenstr. 52, 47798 Krefeld – Tel. (0 21 51) 8 46 60, Fax 84 66 84
E-Mail: sekretariat@fichte.de, Homepage: www.fichte.de

Kl: 6/12   Ku: 87/13   Sch: 712 (301) (181/306/225)   Abit: 46 (21)   **BR Düsseldorf**
L: 39 ([A] 1, [A₁] 1, A₂ 4, B 14, C 9, D 1, E 6, F 2, H 1)   ASN: **164963**

Spr.-Folge: E, L/F, F/L, S   Dez: LRSD **Dr. Schneider**

A	(Fröchte Waltraud	12. 3.93	GE D	k	4.10.48	Janda Kathrin	19.12.06 °	M E		23.11.68
	geb. Kerfs StD' A₂)					Dupont Marion	19.12.06	L D		26. 2.69
A₁	(Kutz Wolfgang Dr.	1.10.99	F SW	k	20. 4.59	geb. Nieder				
	OStR)		EW			Verhoeven Karsten	19. 6.07 ▫	E ER	e	16.12.70
A₂	Hüskes Wolfgang	1. 6.94 °	E SP S	k	3.10.47	Trauschies Elke	21. 6.07	BI SP	e	6. 9.55
	Saenger Johannes (F)	1. 6.94	D PL	e	13. 5.50	Wigbels Joachim		D KR	k	13.10.51
	Behler Barbara		SP E	k	27. 1.53	Berrens Erich		BI CH	k	23. 2.54
	geb. Jentges (T)					C Maur Marlene (T)	8. 4.80	D GE		5. 8.49
B	Schubert Manfred (T)	7. 2.79	M PH	e	15. 6.50	Rougui Helga	1. 7.82	F GE		13. 3.53
	Niessen Marliese	9. 2.80	D GE	e	24.11.47	geb. Böhle				
	geb. Blanke (T)					Gätzen Gabriele	29.10.84 °	E F		2.11.54
	Hoppe Andreas	9. 3.93	BI SP	k	27. 9.50	geb. Wester (T)				
	Popovič Peter	9. 3.93	CH PL	e	20. 9.50	Dierks Matthias	1. 2.02	M PH	e	10.11.67
	Rosendahl Gudrun	8. 9.03	D F	k	29.10.53			ER		
	geb. Kurten (T)					Hubrecht Elisabeth	1. 2.02 °	L F E	k	22.12.57
	Rullich Dieter (T)	18. 9.03 °	M PH	k	22.10.52	geb. Janssen (T)				
			(IF)			Welter Saskia	1. 2.04	KU E		2. 5.71
	Braunschweig Petra	29. 9.03	MU EK	k	14.11.52	Meißner Sonja	3. 5.04	EK PA		26.11.72
	geb. Herbers									

	Pungs Eugen geb. Völkle	24. 8.05		KR L H k	26.11.70		**Lubienetzki** Jessica	9. 8.06	E SP	e	13.11.77
	Busch Leif			° SW SP k	4. 2.72		**Grest** Anika	9. 8.06	EK D	e	1. 6.78
D	**Breuer** Ernst-Peter SekIL	25. 6.81		D E k	15. 7.46	F	**Schwarz** Daniela **Waldschmidt** Ulrike-Ursula geb. Freischlad		MU D M ER		10. 4.77 26. 9.59
E	**Terli** Özlem	1. 2.05		E SP	30. 1.76		**Stermann** Arndt		D PL PPe		30. 5.70
	Casper Michael	22. 8.05		M CH	30. 3.77	H	**Metzner** Joachim Dipl.-SpL		SP	e	13. 6.43
	Füllenbach Simone	9. 5.06	▫	M D k	28. 6.76						

1.452 Krefeld Arndt-Gymnasium gegr. 1851
st. G. (5-Tage-Woche) f. J. u. M.
Dionysiusstr. 51, 47798 Krefeld – Tel. (0 21 51) 77 28 03, Fax 78 61 08
E-Mail: arndt-gymnasium@gmx.de, Homepage: www.arndt-gymnasium.com

Kl: 7/13   Ku: 88/11   Sch: 740 (373) (213/338/189)   Abit: 61 (27)   BR Düsseldorf
L: 46 ([A] 1, [A$_1$] 1, A$_2$ 4, B 13, C 10, D 2, E 13, F 1, H 1)   ASN: 164940
Spr.-Folge: L/E, E/F/L, F/G   Dez: LRSD N. N.

A	(**Rosendahl** Harald StD A$_1$)	14. 8.00	°	D PL	19. 3.52		**Moioli** Peter	23. 5.80	EK GE k	25.12.50
A$_1$	(**Waerder** Benedikt OStR)	8. 9.03	°	L G GE k	28. 7.65		**Risges** Manfred **Pingen** Udo	8. 4.83 11. 4.83	° D GE k E SP k	17.10.52 19. 4.52
A$_2$	**Böckmann** Axel	16. 4.00		M EW k	2. 7.52		**zur Lage** Edigna geb. Pfannerstill (T)	20.10.83	° E F k	3. 3.54
	Meckel Isabel (T) (F)	15. 4.02		GE KR k	17.11.58		**Lohmann** Gabriele	1. 1.02	° E F	15. 4.62
	Rehring Monika geb. Geisen (T)	15. 7.02		D SW k	18. 3.53		**Umlauf** Karin **Ahles** Manfred	1. 1.02 1. 1.02	MU L e ° L M k	7. 3.66 22.12.66
	Kühne-Franken Sibylle (T)	16. 4.03		SW GE e	10.11.50		**Bremer** Anne **Pöttker** Heike	1. 4.03 9. 8.06	BI CH eref ° BI EK e	1. 5.73 1. 3.76
B	**Tannert** Manfred	1.12.78	°	D EK e	23. 6.44	D	**Schober** Christiana SekIL'	4. 4.85	D BI e	17. 1.56
	Märsch Wilfried	28. 3.80		KR D k	28. 2.47					
	Rademacher Gabriele (T)	27. 2.82		D GE e	22.11.50	E	**Knippenberg** Guido **Lübke** Silvia	1. 8.05 8.01	° D EK ° E PL e CH	12.10.73 10.12.71
	Boddin Mathilde geb. Vetten (T)	26.10.94		D GE k	6. 6.54		**Schier** Dagmar	1. 2.05	D	14. 4.62
	Richter Norbert (T)(V)	22.11.94	°	M PH k	27. 3.50		**Zhu** Sylvia **Klein** Manuela	1. 2.05 1. 8.05	° F E BI ER	18. 5.74 8. 5.71
	Kauzleben Hans-Dieter	22. 5.02	°	M k	24. 7.51		**Schmitz** Ansgar **Fuchslocher** Frauke	1. 2.06 1. 2.06	KR L k E SP e	19. 3.75 28. 9.77
	Dedring Dorothea geb. Hebel	21. 6.02	°	E ER e	23. 1.62		**Kalinski** Yvonne **Deregowski** Margarete	1. 3.06 9. 8.06	BI M MU D k	17. 1.79 8. 9.66
	Jösch Gabriele	11. 9.03		M BI k			**Rohmer** Tilmann	9. 8.06	CH SP	12. 3.71
	Kauzleben Gisela (T)	29. 9.05		M e	6. 5.52		**Krömer** Dorthe	9. 8.06	F GE k	19. 9.77
	Richter Hans-Jörg	29.12.06		D KR k	11. 3.67		**Emse** Anneke	1. 2.07	BI PH e M	14.10.75
	Krusat-Dahmen Ingrid (T)	15. 6.07	▫	KU D	27. 8.52		**Kraus** Regine	1. 2.07	E F k	23.12.79
	Frohnert Ursula (T)	2. 7.07		E F k	17. 2.52		**Heß** Sandra	6. 8.07	MU e	24. 9.74
	Adamek Barbara			KU KW k	10.10.50	F	**Csire** Lajos		SP F	
C	**Martin** Heinz-Gerhard	29.12.79	°	M PH e	14. 7.48	H	**Wimmers** Irmgard Dipl.-SpL'		SP k	

1.453 Krefeld Ricarda-Huch-Gymnasium gegr. 1848
st. G. (5-Tage-Woche) f. J. u. M.
Moerser Str. 36, 47798 Krefeld – Tel. (0 21 51) 80 00 28, Fax 80 03 17
E-Mail: postmaster@gyrch.krefeld.schulen.net, Homepage: www.ricardahuchgym.de

Kl: 9/13   Ku: 109/17   Sch: 885 (556) (267/348/270)   Abit: 75 (41)   BR Düsseldorf
L: 54 (A 1, A$_1$ 1, A$_2$ 3, B 18, C 20, D 1, E 7, F 2, H 1)   ASN: 164999
Spr.-Folge: E, F/L, L/F, N   Dez: LRSD Dr. Schneider

A	**Roscheck** Uwe	1. 1.02	BI CH k	31. 7.55	**Possekel** Evelyne geb. Werdin	20. 6.90	E F	29. 9.47
A$_1$	**Schäfer** Heidi	23.12.03	M MU e	13. 2.54				
A$_2$	**Kirch** Klaus (F)	1. 5.77	PA D oB	23. 9.44	**Bruski** Maria		M PH	19. 9.48

B	Wietzorek Paul Günter	1.12.78	D GE	k	30.10.42		Schulz Regina	1. 1.95	E KR		28. 6.59
							Behling Andreas	1. 3.05	ER GE	e	19. 6.69
	Hofmann Beate geb. Hölters	1.12.78	F EK	k	17. 2.45		Buch Petra (T)		SW L PL		7. 3.54
							Habicht Andrea		MU F	k	27. 4.63
	Windmueller Margaret	21. 1.80 °	E	k	26.10.46		Schnabel Kirsten		CH E	e	12. 6.64
							Alber-Schwarzer Antje		D KU	e	13. 4.68
	Hachmann Fritz	30.11.90	SP EK	k	31. 3.48						
	Miehlbradt Birgit geb. Sprenger Dipl.-Biol.'	30.11.90	BI	oB	22. 9.47		Mennemeyer Astrid		M PA KR	k	26. 6.73
	Bleidorn Bernd	1. 1.93	M SW	e	15. 3.53		Hilger Eva		D PA		
	Schäfers Heribert	1. 6.94	BI E	oB	26. 1.48		Hilger Norbert		PH EK		
	Bazille Hans-Joachim	1.11.94	EK SP	e	5. 6.50		Joschl-Blocklinger Veronika		D KU		
	Sandmann Wilhelm	1.11.94	L MU		27. 7.56						
	Paul Gottfried	28.12.95	BI M		19. 8.49		Kessen Bettina		SP D F		
	Eder Frank	4. 7.02	E EK		5. 3.54		McRae Miriam		KU E		
	Schmitz Irene geb. Rattay	29. 8.02	M EK	e	12. 8.52	D	Stäglin Ruth geb. Kleinheyer SpL' (T)	6. 4.78	SP	k	7. 1.49
	Münker Irmgard	13. 9.03	F GE	k	4. 5.52	E	Kessen Philipp geb. Bölicke	1. 8.06	CH D		19.10.75
	Wirges Christiane geb. Leisenheimer (T)	29. 9.03	EK F D	k	7. 8.48						
							Höppner Kirsten Dr.	1. 2.07	D SW		23.11.72
	Huylmans-Ries Ursula (T)	29. 9.03	F PA		14. 4.52		Schulze Schwicking Stephanie	1. 2.07	SP E S		20. 6.77
	Rockhoff Dorothea		MU ER	e	10. 4.67		Hübel Birger	1. 8.07	D PL PP		2.11.67
C	Seifert Brigitte (T)	1. 2.79	M TX	e	11. 8.50		Oskieski Heide	1. 8.07	D PL		2. 8.74
	Beckmann-Reul Gabriele (T)	27. 8.80	D GE	e	6.10.50		Müller Ruth	1. 8.07	GE EK		8.10.76
							Ebert Sascha	1. 8.07	BI EK		21. 3.78
	Peters Hans	21. 9.82	D SP		7. 6.53	F	Schneider Ute		M PL		3. 8.54
	von Ondarza Carlotta	6.12.84	BI HW	e	13. 6.54		Voß Michaela		D KR	k	6. 3.58
	Delker Karl	16. 2.88	BI N	k	22.12.54	H	Habersack Angelika geb. Schütz		SP	k	19. 2.50
	Salzberger-Baumm Ursula (T)	1. 6.90	L GE D		23. 3.55						

1.454 Krefeld Marienschule gegr. 1885
pr. G. (5-Tage-Woche) f. M. u. J. d. Ursulinen-Kongregation e.V., Ahrweiler, Kalvarienberg
Hubertusstr. 120, 47798 Krefeld – Tel. (0 21 51) 9 77 30, Fax 97 73 33
E-Mail: marienschule-krefeld@t-online.de, Homepage: www.marienschule-krefeld.de

Kl: 7/14   Ku: 129/22   Sch: 937 (647) (197/417/323)   Abit: 94 (61)   **BR Düsseldorf**
L: 60 (A 1, [A$_1$] 1, A$_2$ 7, B 13, C 24, E 2, F 9, H 3)   ASN: **164938**
Spr.-Folge: E, F/L, L/F, S   Dez: LRSD **N. N.**

A	Neuenhofer Klaus	1. 2.07	M PH	k	5. 6.54		Schild-Stüer Claudia	1. 8.05	E M	k	24. 5.67
A$_1$	(Juntermanns Ralf StD A$_2$)	1. 2.07	M PH	k	18. 8.70		Charlier-Leiber Maria geb. Charlier	1. 2.06 °	KR D	k	12. 3.48
A$_2$	Frigger Franz-Josef (T)	1. 8.81 °	L KR	k	9. 3.44		Renger Ursula geb. Leyener (T)		° E F		12. 1.52
	Heutz Lothar	1. 8.98 °	D GE	k	19.12.47						
	Hagemeyer Monika	1. 8.00	D GE	k	1.12.45		Hannig Astrid geb. Böhmer (T)		° E SP	k	20. 5.54
	Jäschke Roland	1.11.01 °	BI	k	8. 7.49						
	Lichtenberg Werner	1.11.01 °	D PL	k	8. 6.52		Krause Maria geb. Leenders (T)		MU D	k	10. 9.54
	Witte Sonja	1. 2.07	KU D	k	1.12.71						
	Theile Sr. Barbara		D KR PL PA		7.10.41	C	Prüfer Anette (T) geb. Kröner	1. 8.83	E KR	k	24. 1.53
B	Losberg Hermann-Josef (V$_2$)	1. 2.80 °	M	k	24. 2.44		Pingen Dorothee geb. Jansen (T)	1. 8.85	E PA	k	7. 1.55
	Thiel Joachim	1. 2.84 °	E	k	25. 1.44		Bennertz Katrin	1. 3.02	L GE	e	7.12.65
	Genneper Margarete (T)	1. 8.84	BI PA	k	21. 2.49		Hoffmann André	1. 2.03	KU SP	k	26. 1.70
							von Basum Cordula	1. 2.03	D PL	k	6. 8.72
	Geihe Georg	1. 8.99 °	CH BI	k	22.10.52		Joswowitz Kirsten Dr.	1. 8.03	KR GE	k	29. 2.68
	Kröner-Graw Brigitte	1.11.02	BI EK	k	13. 9.52		Linnartz Klaus	1. 8.03	E F	k	18.12.69
	Schultz Elke geb. Steffens (T)	1.11.03	F GE	k	26. 9.52		Hoff Ansgar Dr.	1. 8.03	PL D KR	k	
	Schild Norbert	1.11.03	M SP		15. 9.66		Fluß Frank	1. 9.03	D GE SP	k	
	Moll Edelgard (T)	1. 8.05	E GE ER	e			Hansen Dirk	1. 9.03	BI EK	k	

Möhring Jessica	2. 3.04	PH M	k		E	Meibeck Christa	1. 2.05	D M k	17. 4.77
Spiekermann Susanne	2. 3.04	BI GE M	k			Lotz Johannes Dr.	1. 2.07	M PH k	11.10.74
Happe Christian	1. 8.04	PH GE	k	2. 3.70	F	Severin-Mommers		M EK k	31. 5.54
Lauterbach Jörg	1. 2.05	ER EK	e	26. 7.72		Tran Sr. Maria Magdalena		Vt k	19. 8.55
Plümäkers Ira	1. 2.05	M BI	k	6.11.75		Kahles Susanne		KR GE k SW	12. 1.58
Spanaus Winfried Dr.	1. 1.06 °	L SP E	k	20. 5.62		Micus Gabriele		S k	24. 8.61
Opheys Guido	1. 2.07	M PH	k	23. 3.76		Weber Anette		E PL k	17. 6.64
Schilbach Ulrich		M GE (PH)	e	16. 3.69		Koopmann Stefan Knechtel Martin		KR GE k MU KR k	7. 8.65
Gartz Stefanie		° MU E	k	1. 5.69		Kürschner Bettina		KU D k	
Schwagereit Dagmar		L GE	k	21. 7.69		Ludwig Astrid		CH BI k	
Pelzer Tanja		D EW	k	9. 9.69	H	Bennet Susan RSchL'		E SP angl	21. 3.44
Degen Silke		E SP	k	14. 9.70		Zurborn Brigitte geb. Strenge GymnL'		° SP e	1. 3.48
Pehla Maike		E SP	k	9. 9.71					
Straub Susanne		ER D PA	e	24. 2.76		van Mierlo Bettina		E k	

1.455 Krefeld-Uerdingen Gymnasium Fabritianum gegr. 1903
st. G. m. zweisprachigem dt.-engl. Zug (5-Tage-Woche) f. J. u. M.
Fabritiusstr. 15a, 47829 Krefeld – Tel. (0 21 51) 57 99 49-0, Fax 57 99 49-119
E-Mail: post@fabritianum.de, Homepage: www.fabritianum.de

Kl: 8/16   Ku: 121/21   Sch: 970 (489) (234/455/281)   Abit: 81 (44)   **BR Düsseldorf**
L: 56 (A 1, A$_1$ 1, A$_2$ 6, B 21, C 16, D 2, E 7, F 1, H 1)   ASN: **164926**
Spr.-Folge: E, F/L, F/L   Dez: LRSD **Dr. Schneider**

A	Obdenbusch Horst Dr.	1. 8.00 °	E EK	k	5. 8.52	Florenz Peter	26. 2.81 °	D GE	
A$_1$	Frohnert Burkhard	1. 4.95	EK E		1.10.48	Thäsler Gerda	10. 8.82	EK SP	
A$_2$	Salge Hans-Joachim	20. 1.94	E EK	e	14. 6.51	Walbröl Walter (T)	30. 8.82 □	SW PA	4.11.51
	Urbas Klaus Dr.	2.11.94	F EK		11. 6.47	Nawrath Lothar (T)	11. 4.83	D SW	2. 9.50
	Schütz Christian	19.12.96	M EK IF		10. 6.51	Löwer Marianne (T)	22.12.83	SP D e	18.11.54
	Humpert Monika (T)	4. 4.00	D GE			v. Hoegen Jutta	3. 9.84 °	F EK k	
	Lenzen Werner	19. 4.00	BI CH	k	27. 4.45	Pazzini Alfred Christian	15.11.85	KU KW k	16. 3.53
	Altmeier Silvia geb. Roth	18.11.05	E GE		26. 4.51	Hubbertz-Müller Ulrike (T)	1.12.87	PK SW	14. 3.52
B	Büchter-Römer Ute Dr.	30.11.78	MU D	e	5. 7.46	Huwer Andreas	19. 3.04 °	M PH k	9.11.69
	Bonus Willibert	18.11.80 °	BI EK	k	13. 8.48	Rommel Bele geb. Wulf	28. 1.05	D KU e	31. 3.70
	David Erhard	24. 8.82	F GE	e	25. 6.49	Bischof Hans-Rudolf	11. 4.83 °	M IF	e	9. 4.50	Lohmann Eva	1. 2.05	M PL k	15. 1.73
	Dahlmann Jürgen	10. 3.84 °	M PH	k	8. 2.51	von der Nahmer Felix	21. 5.05 °	L G PL e	9. 3.70
	Meyer Dietlinde (T)	15.12.85	D PA	e	12.11.52	Mühle Eric	23. 3.06 °	E EK k	6.10.73
	Behler Jürgen	27. 2.92	SP E	e	22.11.50	Beyer Silke Maren	15. 7.07	M E oB	21. 1.68
	Spahn Angelika	30.12.92	F GE	e	11. 1.52	Deimel Marc Dr.	6. 9.07	D SP k	29. 6.63
	Dick Heribert	12. 1.93	SP EK		17. 9.49	Kühn Ingo SekIL	13. 1.82 °	M PH TC	18. 3.49
	Lück Wilhelm	12. 1.93	D GE	k	26. 4.51	D	Tillmann-Salge Ursula	30. 4.84	KR TX k	4.10.55
	Atzert Carola	1. 6.94	BI	k	4. 6.45	E	Adenheuer Carsten	1. 2.05	M PH e	19. 3.78
	Luhnen Gertrud (T)	22.12.95	M PA	k	6. 4.52	Tegeler Jana geb. Eberle	22. 8.05 □	E GE k (bil.)	21. 4.76
	Nienhaus Josef	1. 5.98	E F		18. 5.50					
	von den Driesch Friederike (T)	1.10.98	E GE			Hieke Michaela	1. 2.06	D F	4. 5.76
	Wilke Klaus	21. 2.00	ER E	e	3. 3.58	Blumenroth Thomas	9. 8.06 °	D BI e	13. 4.76
	Tillmann Thomas	23. 5.02	L ER	e	29. 4.68	Süßbrich Eleonore	1. 2.07	L E k	7. 4.78
	Kopietz Annelore	30. 5.02	BI CH	e	16.11.49	Albrecht Julia	1. 2.07	D MU e	17. 8.78
	Galbas Norbert	5. 1.05	M			Busch Thorsten	1. 2.07	SW SP e M	1. 2.79
	Schmidt Maria geb. Mülders	10. 1.05	CH KR	k	29. 5.62	F	Gehlen Doris geb. Steigenberger		M SP e	27. 2.58
	Hegyaljai Esther	2. 5.07 °	MU D		15. 4.67					
	Westbomke Martin	2. 5.07	E KR	k	17. 5.58					
C	Seepe Gabriele	1. 3.80 °	KU F	e	30. 1.51	H	Lampertz Gesine Dipl.-SpL'		SP	18. 8.48

1.456 Krefeld-Uerdingen Gymnasium am Stadtpark gegr. 1929
st. G. (5-Tage-Woche) f. J. u. M.[1]
Nikolaus-Groß-Str. 31, 47829 Krefeld – Tel. (0 21 51) 4 65 72, Fax 47 40 35
E-Mail: postmaster@gymnasium-am-stadtpark.de
Homepage: www.gymnasium-am-stadtpark.de

Kl: 7/13   Ku: 103/15   Sch: 847 (463) (203/381/263)   Abit: 75 (36)   **BR Düsseldorf**
L: 51 (A 1, A$_1$ 1, A$_2$ 4, B 17, C 18, D 1, E 5, H 4)   ASN: 164951
Spr.-Folge: E, L/F, F, S   Dez: LRSD **Dr. Schneider**

A	Nagels Rolf	1. 8.00	E SP	k	7.10.48	Berkemeyer Silvia	24. 8.82	E GE	k	9.10.50
A$_1$	Ortmann Anita	2. 9.94	BI M	k	4. 8.49	(T)				
A$_2$	Mielke-Hölscher	27. 7.90	E GE L	k	20. 6.46	Makhloufi Elke	26. 9.84	F GE	e	29. 8.52
	Ursula geb. Hölscher (T)					geb. Janczik				
	Köth Gerd	1. 2.97	M EW	k	15. 2.53	Pehe Karl-Heinz (T)	24.12.85	BI PH		17. 1.51
	v. Wachtendonk	24.10.97	CH	k	23. 5.49	Schmitz Martina	1. 1.02	M KR	k	18. 3.62
	Magdalene Dr. geb. Schmitz (F)					Küsters Andrea	28.10.02	M CH	k	15.11.72
	Severens Karl-Wilh.		E SP	e	31. 8.51	geb. Douteil				
B	Kaufmann-Thönes	1. 2.79	E GE		26. 3.48	Rheims Stefan	1. 8.04	M EK		21. 7.69
	Hiltraut geb. Kaufmann (T)					Gallé Nicole (T)	11. 1.06	BI CH	e	14. 5.70
	Wittkämper Wolfg.	1. 6.94	KU W	e	17. 4.50	Hasbach Kerstin	16. 1.06	D SW	e	28. 4.76
	Kasprowicz Udo	1. 6.94	D GE ER	e	25. 4.53	Kleeberg Stefan	1. 2.06	E F		5.12.68
						Rey Manfred	9. 8.06	CH SP		12. 4.68
	Theuke Monika (T)	18. 2.00	CH EK	k	6. 6.54	Wirtz Ulrike (T)	9. 8.06	D BI	k	5.11.77
	Wüllner Gabriele (T)	22. 5.02	F EK	e	21.10.53	Birmes Claudia (T)	°	BI SP	k	29. 9.61
	Bosse Astrid (T)	22. 5.02	M PA SW		4. 2.56	Tück Bernd		D MU	k	27. 8.71
	Jaletzke Ulrike (T)	28. 7.03	E S			Frömgen Katrin		D E	e	4.11.72
	Draube Gerald (T)		M KR	k	2. 3.68	geb. Winter				
	Strauch Silvia	28.10.02 °	BI CH	k	20.12.71	Sievers Marc		PA IF		10.10.74
	geb. Kalkofen (T)					Siewert Dana		F S	e	16.10.75
	Köpke Heike (T)	1. 8.06	D E		11. 9.70	Kemnitz Werner		KU		
	Limper Bernh. Dr.		D GE PL	k	18.10.49	D	Pleikis-Zeiske	1. 8.81	E EK	k	14. 8.54
						Cornelia SekIL' (T)				
	Bongert Ulrich		PH SP	e	6. 6.50	E	Kehrmann Marius	1. 2.06	M KR	k	26. 4.76
	Vey Jürgen		MU M		26. 3.60	Hellwig Sonja	9. 8.06	D L		28. 4.77
	Maubach Regine		D MU	e	7. 6.60	Neumann Anja	1. 2.07	D GE		25. 5.72
	geb. Klöß (T)					Scharf Nadja	1. 2.07	E BI		27. 9.77
	Schröder Andreas		L KR	k	21. 3.68	Hopmann Barbara		SP KR	k	8.12.76
	Breitenbach Perus (T)		D SP			H	Leyckes Dieter Dipl.-SpL		SP EK	e	25. 3.54
	Düster Klaus		EK SW			Rademacher Almut		BI SP	e	12. 9.58
C	Dulin Sabine	1. 8.82	BI EK	e	4.3.52	Pudleiner Alke Dr.		CH		19.11.59
	geb. Schmermund (T)					Draube Maria Vega		F S	k	11. 8.68

[1] mit Doppelqualifikation Abitur u. chem.-techn. Ass. in d. Oberstufe

1.457 Krefeld Maria-Sibylla-Merian-Gymnasium gegr. 1961
st. G. f. J. u. M.
Johannes-Blum-Str. 101, 47807 Krefeld – Tel. (0 21 51) 3 76 60, Fax 37 66 44
E-Mail: msm.kr@gmx.de, Homepage: www.msm-gymnasium-krefeld.de

Kl: 9/14   Ku: 101/13   Sch: 924 (507) (271/399/254)   Abit: 68 (37)   **BR Düsseldorf**
L: 52 (A 1, A$_1$ 1, A$_2$ 5, B 17, C 18, D 3, E 6, H 1)   ASN: 164975
Spr.-Folge: E/F, F/L/E, L/S   Dez: LRSD **Dr. Schneider**

A	Köhler-Degner	1. 6.94 °	CH BI EK	e	23. 9.45	Tümmers Beate	9. 2.80	GE EW F		8.10.46
	Maria Dr.					geb. Dahabi (T)				
A$_1$	Strohe Heinz	1. 2.06	PH M	k	3.10.53	Cox Manfred	20.12.90	F SP	k	15.10.46
A$_2$	Klein Ulrich	19. 2.92	E EK	k	11. 5.46	Mühlenberg Monika (T)	23. 1.96	D GE	k	23. 7.49
	Schön Bettina (F)	1. 8.92	BI EK	k	14.11.63					
	Lungwitz Harald	9. 1.03	CH M		24. 9.51	Andermahr Franz-Josef	28. 4.98	KU KW		2. 9.47
	Possekel Klaus	30. 9.04 °	E SP		20. 1.48					
	Lehmann Heike	22. 6.07	E F		11.11.54	Trapp Birgitta	22. 5.02	KW EK		31. 8.52
B	Klöppel-Steimel	9. 2.80	BI	k	13. 1.47	de Schmidt Angela geb. Hüther	24. 5.02	D GE PP		3. 6.51
	Gisela geb. Klöppel									

Gymnasien Nordrhein – BR Düsseldorf · BR Köln

	Name	Date1	Subj1	k/e	Date2
	Hauer Klaus-Peter	10. 9.04	M SP		19.10.58
	Klösges Helmut	13. 9.04	MU PA KR	k	11. 3.51
	Wienand Helga (T)	13. 9.04	E SW		
	Janßen Ralf Dr.	22. 9.05	KR PL	k	30. 1.61
	Meurer Olaf (F)	6. 1.06	F SP	k	30. 3.72
	Genth Ute geb. Glißmann (T)	19.10.06	BI E	e	3.10.53
	Schüßler Veronika (T)	20.10.06	GE E	k	26. 8.51
	Werner Katharina	16. 5.07	KU BI	e	9. 6.65
	Knechtel Monika (T)	16. 5.07	L KR	k	16. 9.69
C	Blau Gabriele geb. Möllenbeck (T) (L)	22. 8.77	D EK	k	16. 3.50
	Breßlein Volker (T)	30. 8.79	PK Soz PL WW		5. 7.48
	Wiechmann Dietmar Dr.	1. 7.82	D GE		10.10.49
	Schäfer Wolfgang (T)	4. 8.83	D SW		22. 1.53
	Welling Claudia	11. 6.03 °	D E	e	28. 2.74
	Hüttemann Alexandra	8. 9.04 °	E S	k	6. 3.74
	Neutag Ralf	2. 2.06	PH M		25. 7.70
	Hagedorn Birte	10. 2.06	D F		1. 2.72
	Kunze Anne Kristin	22. 2.06	D SP		9.10.74
	Fuchs Nicole	23. 6.06	CH M	k	18. 6.76
	Eckholt Marike	9. 8.06	D SW	k	28. 8.75
	Kemper Holger	16. 1.07	BI SP	e	18. 8.74
	Baumgart Anika	19. 8.07	L PA		10.12.75
	Smolorz Ursula (T)		M BI	k	4. 5.52
	Nowacki Christel geb. Schmitz (T)		M PH	k	1.12.52
	Lutz Sibylle (F) (T)		D KU		9.10.72
D	Oyen-Rademacher Veronika SekIL'		D MU	k	29. 7.56
	Hertelt Anne-Kathrin (T)		D SP		4. 6.62
	Kunze Mike		D GE		29. 1.76
E	Kruse Martina	6. 9.04	E SP	k	9.12.75
	Pokroppa Frank	1. 2.06	M PH		26.10.71
	Hagedorn Thilo	9. 8.06	M EK		23. 8.77
	Lukoscheck André	1. 2.07 °	F S		7. 7.74
	Meyer Laura	1. 2.07	D SW		15. 7.77
	Pitul Paula (T)	6. 8.07	M IF		30.10.76
H	Vetter Annette		ER	e	2. 4.65

1.458 Krefeld Gymnasium Horkesgath gegr. 1970
st. G. (5-Tage-Woche) f. J. u. M.
Horkesgath 33, 47803 Krefeld – Tel. (0 21 51) 87 88 50, Fax 87 88 51 24
E-Mail: info@gymnasium-horkesgath.de
Homepage: www.gymnasium-horkesgath.de

Kl: 6/9   Ku: 113/21   Sch: 698 (402) (141/263/294)   Abit: 38 (25)   **BR Düsseldorf**
L: 46 (A 1, [A$_1$] 1, A$_2$ 4, B 14, C 13, D 1, E 7, F 2, H 3)   ASN: **164914**
Spr.-Folge: E, L/F, F/N, F/L/N/S   Dez: LRSD **Dr. Schneider**

	Name	Date1	Subj1	k/e	Date2
A	Seth Klemens	1. 9.05	D SW	k	15. 4.54
A$_1$	(Knappmann Ulrich StD A$_2$)	12.10.05	L EK ER	e	17. 5.53
A$_2$	Ross Ingrid geb. Reufels (T) (F)	10. 2.77 °	D E		1. 5.45
	Schirmer Brigitte geb. Birmes (T)	23. 2.93	GE D	k	28. 1.47
	Stürtz Robert	18.11.94 °	PH M	k	2. 3.48
	Firmenich Dieter	25. 7.02	E PL	k	23. 4.49
B	Edelmann Ursel geb. Schneider (T)	24.11.78 °	E GE	e	23.10.46
	Brinkmann Bernd Erich	22.12.78	MU E	e	7.12.45
	Brose Siegfried	1. 3.80	BI	k	31. 8.48
	Heitmeier Theodor	1.12.80	D PL	k	24. 3.49
	Altmeier Herbert	1. 2.81	GE D L		19. 3.49
	Rößel Hartmut	1. 9.81	D GE	e	18.11.46
	Wolters Helmut Dr.	21.12.81	PH M	k	24. 1.44
	Rullich Ursula geb. Sieffert (T) (V$_2$)	22.11.95 °	M PH		10. 5.51
	Seidel Manfred	27. 9.04	M	e	1. 1.51
	Cox Bernd	27. 9.04 °	N KR	k	13.11.59
	Zander Wolfgang (Vw)	1. 5.06	D CH	k	3. 1.53
	Groenewald-Walter Katja geb. Groenewald (T)	1. 5.06	SW D GE		27. 4.72
	Baldauf Brigitte	10. 5.07	KU	k	6.10.60
	Rottgardt-Carstensen Christiane geb. Carstensen (T)		F GE		8. 1.49
C	Kurz Cornelia (T)	1. 2.80	D GE	e	3. 1.51
	Liethen Franz (T)	19. 8.80 °	M	k	25. 4.49
	Link Klaus-Dieter	1. 8.82	BI CH IF		2. 3.51
	Zaremba Regina geb. Abele	26. 8.82	D E	k	30. 5.52
	Struck Elisabeth geb. Pauloweit (T)	21. 4.84 °	BI CH	k	8. 9.54
	Strautmann Richard (V)	13. 2.86 °	F ER SP R		6.10.53
	Annen-Oomen Roswitha geb. Pohl	10.11.86	D KR	k	15. 2.55
	Ditzen Gisela	1. 8.95 °	M SP		8. 1.63
	Juchem Martin	11.12.02	E S		16. 7.68
	Lambertz Till	1. 8.06	D SW (IF)	k	27. 3.69
	Jansen Sabine	22. 9.06	KU BI	k	26. 6.76
	Kirfel Sandra	1. 2.07	M SP	k	15. 1.77
	Runge Anja	6. 8.07	F EK	e	2. 7.73
D	Bartling Eckhard SekIL	8. 3.83 °	M PH IF	e	5. 1.52
E	Herold Wiga geb. Seeling (T)	1. 2.06	E N	k	31.10.73
	Rickert Sebastian	9. 8.06	EK SP	k	13. 2.76
	Roll Torsten	9. 8.06	E F	e	4. 2.77
	Stephan Andrea	1. 2.07	ER D	e	15.11.77
	Jakobiedeß Michael	6. 8.07	E GE S	e	16. 3.73
	Rassek Gesine	6. 8.07	SW EK	e	25. 1.76
	Kleymann Britta	6. 8.07	KU SP		5.12.77
F	Peschken Hans-Dieter		° KU GE		9. 3.43
	Spangenberg-Hüshoff Elke geb. Spangenberg		E GE		3. 3.55
H	Eichholz Miriam Pfr.'		ER	e	23.12.44
	Krins Joachim Dipl.-SpL		SP BI	k	28. 9.53
	Palm Beate		SP	k	18.11.53

1.460 Kreuzau Gymnasium gegr. 1993

G. (5-Tage-Woche) f. J. u. M. d. Gemeinde Kreuzau
Schulstr. 17, 52372 Kreuzau – Tel. (0 24 22) 9 41 60, Fax 94 16 16
E-Mail: gymnasium-kreuzau@web.de, Homepage: www.gymnasium-kreuzau.de

Kl: 7/15   Ku: 141/21   Sch: 856 (439) (189/377/290)   Abit: 71 (27)   **BR Köln**
L: 54 (A 1, A_1 1, A_2 4, B 16, C 26, D 1, E 2, F 3)   ASN: **192090**
Spr.-Folge: E, L/F, F   Dez: LRSD **N. N.**

A	**Röther** Wolfgang	15. 2.05	D EK		9. 1.49	**Kretzer** Anja	15. 5.06	M KU	12. 2.75
A_1	**Kaptain** Johannes	28. 4.05	M PH	k	31. 3.52	**Engelmann** Karsten	8. 1.07	PH CH	22.12.76
A_2	**Steven** Ulrike	9. 5.01	GE SW		9. 5.53	**Fränkel** Kerstin	10.07	D E	23. 7.72
	Emondts Wolfgang Dr.	1. 8.01	BI CH		15.11.54	**Wink** Willi		F EK	3. 7.48
	Schröder Albert		M KR	k	23. 8.48	**Kramer** Friedrich		M PH	1. 4.52
	Pohl Franz		D SP	k	12. 6.52	**Esser** Ulrike (T)		M CH	30. 6.54
B	**Arnoldt** Wolfgang	24. 3.97	E SW	k	9. 6.55	**Hickethier** Ernst		SP KU	2. 8.56
	Kraus Arno	1. 6.00	F EK		28. 8.52	**Dahlmanns-Baliki** Bärbel		M PL	27. 7.57
	Stöhr Helmut	1. 6.00	SP ER		10. 7.57	geb. Baliki (T)			
	Huber Angelika (T)	30. 8.01	D E (KU)		4. 9.49	**Pütz** Edmund		E GE	16. 6.58
	Schröteler-Kluck	1. 6.04	BI GE		17.11.63	**Wittlinger** Martina (T)		BI	8. 1.60
	Sabina (T)					**Niemeyer** Gisela (T)		E ER	1. 3.60
	Straub Marion	1. 6.04	M PL		22.12.69	**Michalski** Thomas Dr.		CH PH	9. 6.61
	Pietsch Gabriele (T)	1. 2.05	M SP		1. 2.55	**Hahn** Patricia		D KR	27.11.61
	Mertens Barbara	1. 2.05	D E		10.11.70	**Braun-Ludwigs**		L KR	24. 5.62
	Simberger Sandra (T)	1. 2.06	D KR		5. 9.66	Franziska			
	Gath Ralf	1. 2.06	SP EK KR			**Ebbertz** Christian		D MU	17. 7.65
	Thomas Ulrich		F GE		15.10.46	**Fischer** Ann-Kathrin		E SP	21.11.65
	Pils Walter		KU		27.12.46	**Hundt** Konstanze (T)		F S	26.11.69
	Seitz Ingrid (T)		E TX KU		3. 5.51	**Böhme** Klaus		D KR k	22. 6.70
	Kapellmann Heinz		CH M		7.10.51	**Giesen** Karin (T)		F S	17. 4.73
	Fischer Günter		M PA		28. 1.52	**Deister** Stephan		D SW	11. 6.73
	Maurin Bernhard		D GE		17. 8.54	**Bauermann** Sandra		M KR k	13. 5.75
C	**Strube** Gabriele (T)	24. 3.83	BI PA		2. 7.53	D **Franke** Irene (T)		KU M	7.10.58
	Jansen-Poppe Cäcilia	3. 1.84	E F S	k	18.12.48	E **Christoff** Julia	1. 2.06	E BI	11. 2.79
	(T)					**Schmidt** Ina	1. 8.06	D PL	7. 2.78
	Döller Georg	30. 8.01	L GE		10. 3.63	F **Preiß** Eveline SpL'		SP	6. 1.50
	Janßen Christiane (T)	7. 5.03	E SP		13. 9.67	**Wichert-Heuser** Andrea		E F	15.11.56
	Rubel Gerda	1. 2.05	D GE		31. 5.69	**Mariot** Yannick		D F	11. 7.47

1.470 Langenfeld Konrad-Adenauer-Gymnasium gegr. 1966

st. G. f. J. u. M.
Auf dem Sändchen 24, 40764 Langenfeld – Tel. (0 21 73) 7 30 56, Fax 7 51 03
E-Mail: sekretariat@kag-langenfeld.de, Homepage: www.kag-langenfeld.de

Kl: 12/22   Ku: 160/27   Sch: 1333 (650) (341/597/395)   Abit: 111 (62)   **BR Düsseldorf**
L: 78 (A 1, A_1 1, A_2 7, B 26, C 27, D 3, E 7, F 3, H 3)   ASN: **166145**
Spr.-Folge: E, L/F, F/L, S   Dez: LRSD **Schütze**

A	**Claas** Hans-Joachim	1. 2.94	M PH	e	16. 2.51	**Karad** Peter Dr.	21.12.92	CH k	20.11.46
			IF TC			**Wehmeyer** Helmut	21. 2.96	E S k	20. 6.44
A_1	**Hofer** Wilfried	18. 1.85	M PH	k	29. 9.46	**Kesterke** Hans-	1. 8.98	CH e	7. 7.49
A_2	**Hölters-Rüth**	9.12.92	BI	k	26. 6.52	Joachim		(M PH)	
	Annegret Dr.					**Eisenblätter** Peter	3. 8.98 °	M PH	29. 6.51
	Robertz Monika	29. 1.96	F GE			**Wüst** Hiltrud (T)	3. 8.98	L M	efk
	Unterbirker Andrea	13. 6.97 °	M BI IF k		12. 2.57	**Hildebrandt**	3. 8.98 °	M PH e	4. 3.61
	Eilers-Klefisch	1. 8.98	GE ER	e	11. 4.58	Ralph-Erich			
	Sylvia Dr.					**Reiner** Brigitte (T)	29. 4.02	M E	15. 6.52
	Eichler Bernhard	1.10.01	CH	k	19.10.46	**Noé-Depiereux**	29. 4.02 □	SW EK	2. 8.52
	Grobusch Hans-	8. 1.03	D EW	oB	14. 2.53	Monika geb. Depiereux			
	Joachim					**Pytlik** Markus	23. 8.02 °	D MU k	5. 8.66
	Wendler Helmut		BI		3. 6.48	**Schwarz** Anneliese	12. 9.02	KR GE k	21. 4.56
B	**Hofer** Sibylle Dr.	25.11.80	D MU	e	8.12.43	(T)			
	Kirchhoff Annette	29.10.82	F GE	k	12.10.48	**Meyer** Kerstin	8.07	D ER e	28.12.67
	Jommersbach	31. 3.84	M SW	k	26. 5.54	**Kleuters** Nikolaus	8.07	PH BI	20. 2.73
	Hermann-Josef					**Weiß** Martina	8.07	M PH k	22. 4.76

	Scherl Michael		M	k	12. 2.47
	Noack Gabriele (T) (V)		° BI EK	k	25. 4.52
	Holzapfel Heinrich		M PA	k	2. 3.53
	Schröer Marion		M PH	k	27. 7.58
	Drogin Beatrix (T)		° E KU	k	8.10.58
	Weber Anja (T)		E BI	k	3.12.64
	Schmitz-Molkewehrum Uta		□ E PA		8. 5.65
	Bleckmann Matthias		E D	e	17. 5.66
	Rath Thomas		E S	k	28. 1.67
	Chinnow Manfred		E F		
C	Grittner Ingrid geb. Richter	2.11.79	D PL	k	17.12.51
	Frieges Uta geb. Hempel (T)	1. 3.81	D PL	e	30. 9.49
	Wolters Margot (T)	4. 9.81	BI	e	24. 2.51
	Volles Krista (T)	1. 8.82	F EK	e	27.10.51
	Verholen Michael	18. 9.82	D GE	k	19. 3.51
	Reuschenbach Frieda (T)	1. 8.83	° M PH	k	25. 8.52
	Lang Wolfgang (T)	24.10.94	M PH	k	12.10.59
	Zafiris Andrea	4. 9.00	E GE		3. 6.68
	Speidel Hans-Peter (T)	1. 1.02	CH SW		24. 5.65
	Stiebel Christiane (T)	1. 1.02	° E GE		15. 1.71
	Köllner Katrin (T)	1. 1.02	° D E	e	2. 6.71
	Ursin Marco	1. 8.03	D KU		24. 1.68
	von Gehlen Nicola Dr.	04	M BI	e	20. 6.62
	Krause Axel	22. 3.06	KR SP	k	14. 6.72
	Habermeier Mirko	27. 2.07	L BI		
	Adler Katrin geb. Rein	6. 8.07	D SP	e	12.10.73
	Thomas Alexandra	7. 8.07	KU D		
	Schreiber Stefanie (T)		° M ER	e	9. 3.67
	Stubbe Delia		D E	e	8.12.70
	Tonn Cornelius		L F		18.11.71
	Vis Stefan		D MU		27. 1.73
	Bräuer Christine (T)		° ER BI		
	Conrad Katrin (T)		D SP		
	Höller Christian		D MU		
	Illigens Stefanie		° E S		
	Taeger Katharina		D GE		
D	Rein Siegfried SpL	22.12.76	SP	e	23.10.42
	Beseke Christa geb. Fink SpL'	26. 1.77	SP		1. 2.49
	Beine Günther		PK GE EK		7. 1.54
E	Gohr Martina Dr.	1. 2.06	D F		
	Buhtz Christian	9. 8.06	E SP		
	Meirat Corinna	1. 2.07	E EW	e	10. 5.78
	Beyer Barbara	1. 2.07	CH KR	k	12. 6.78
	Fries Horst	16. 4.07	EK SP	k	1. 4.71
	Braunhardt Mike	6. 8.07	BI EK	e	25. 7.76
	Jungblut Sandra	6. 8.07	E GE	k	20.10.77
F	Frenger Klaus-Dieter		L GE		2. 2.54
	Kohls Ursula		BI GE		21.10.57
	Pütz Elke		° D L		9.11.59
H	Zimmermann Bernd Dipl.-SpL		SP	e	28. 6.46
	Thomann Hilke geb. Oldewurtel		SP TX	e	5. 1.49
	Widera Ursula Dipl.-SpL'		SP	k	11. 5.49

1.475 Leichlingen Gymnasium gegr. 1970
st. G.[1] f. J. u. M.
Am Hammer 2, 42799 Leichlingen – Tel. (0 21 75) 30 35, Fax 89 07 96
E-Mail: sekretariat@gym-leichlingen.de, Homepage: www.gymnasium-leichlingen.de

Kl: 9/16 Ku: 130/19 Sch: 1012 (535) (259/441/312) Abit: 69 (27) **BR Köln**
L: 55 (A 1, A$_1$ 1, A$_2$ 3, B 18, C 14, D 3, E 3, F 8, H 4) ASN: **166157**
Spr.-Folge: E, L/F, F/L/S, S Dez: LRSD **N. N.**

A	Schellin Uwe	1. 6.94	° E EK	e	22. 6.43
A$_1$	Hildenbrand Jürgen	23. 6.94	E EK	e	28.10.48
A$_2$	Löffler Klaus-Richard	14. 2.80	° M	k	5. 3.44
	Schulze Gert	9.10.01	F SP	e	25.10.44
	Kluge Peter (Vw)	3.11.03	° PH IF	e	18. 2.50
B	Appelhans Irmgard	31. 1.79	° BI M	k	2. 6.47
	Nolden Paul Werner Dr.	27. 6.81	CH	k	28. 6.44
	Arlt Roland	16.12.81	D F		15. 9.45
	v. Oppenkowski Ulrich	2. 7.82	° F PA KR	k	19. 6.46
	Hunds Rolf	4.10.84	M PH	k	25.11.48
	Büchel Otto	1. 2.85	F GE	e	27. 2.49
	Rosin Magdalene	21. 2.85	° MU F	e	17.12.48
	Wallbaum Ursula Dr.	14.12.95	° M EK KR	k	30. 1.50
	Theilenberg Joachim	14.12.95	M PH		31. 1.55
	Rottländer Maria	16. 9.96	D GE		27.12.51
	Haase-Krautz Angelika	21.11.01	F EK	e	16. 4.52
	Schäfer-Ludwigs Frigga (V)	6. 2.04	° F S		6. 4.52
	Koppers Sylvia (T)	7. 6.05	BI EW	e	27. 3.53
	Weber Anita	7. 6.05	° F L	k	25. 9.64
C	Schmitz-Wensch Elisabeth (T)	21.12.06	E GE	k	20. 2.55
	Schmuck Gabriele	21.12.06	CH GE		30.10.60
	Feeth Dagmar	21.12.06	D E	k	14. 1.67
	Anhold Dierk	29. 8.07	° E F		12. 2.67
	Orlowski Bernd	3. 8.82	M SW	e	22. 4.45
	Kaiser Helmut	3. 8.82	E F S	e	24. 7.49
	Bauer Michael	24. 3.83	° D PL	k	26. 4.52
	Mausberg Stephan	4. 9.85	° BI KR	k	7. 6.52
	Engels Thomas	17. 3.01	° MU KR	k	29. 4.66
	Kiss Sabina	31. 1.02	KU PA D	e	24. 3.68
	Kiencke Antje	22.10.02	E D		30.11.69
	Pohland Cathleen (T)	10.05	° M PH		2. 1.70
	Zerweck Bruno Dr.	9.11.05	E GE	k	10. 4.68
	Meyer Regina geb. Stöhr	13. 4.06	EK ER	e	8. 8.77
	Pelster Anke (T)	8. 8.06	BI CH		31.12.66
	Twittmann Claudia (T)	12. 3.07	° E L		3. 2.74
	Peters Morten	9. 8.07	D E	oB	8. 5.73
	Goesmann Angelika	10.07	D GE	k	31.12.75
D	Mosblech Bernd SpL	22.12.76	SP	e	12. 8.43

	Name	Date 1	Subj 1		Date 2
	Clausdeinken Dieter SekIL	1. 7.81	M PH		25. 5.49
	Dietz Siegfr. SekIL	22. 6.83	CH M	efk	5. 7.53
E	Panten Astrid	8. 8.06	E SW	k	16. 6.77
	Wessels Kerstin geb. Häger	6. 8.07	D KU	k	5. 3.76
	Thönessen Nils	6. 8.07	BI EK	k	3. 5.78
F	Vogt Karl Heinrich		SW GE		21. 4.50
	Mehlich Monika		M EK	k	19.10.50
	Pesch Andrea Dr.		D PL	oB	21. 6.57
	von Hoerschelmann Dorothee Dr. (F)		D PL ER	e	30. 7.58
	Bednarek Gerhard Dr.		CH PH	k	15. 6.59
	Meyer-Stoll Klaus		D GE	e	15. 1.63
	Esseling Ingrid		M EK	k	27. 6.73
	Claßen Björn		° CH BI	k	27.12.76
H	Brandlhofer Uwe Dipl.-SpL		SP	k	12. 9.44
	Küster Gesine Dipl.-SpL'		SP	e	2.10.45
	Shoukry Kamal Dipl.-Ing.		PH	msl	18. 2.46
	Worms Klaus Dipl.-SpL		SP		12. 3.54

[1] MINT-EC-Schule

1.481 Leverkusen Lise-Meitner-Gymnasium gegr. 1923
st. G. (5-Tage-Woche) f. J. u. M.
Am Stadtpark 50, 51373 Leverkusen – Tel. (02 14) 8 30 26-0, Fax 8 30 26 90
E-Mail: info@lms-lev.de, Homepage: www.lise-meitner-schule.de
Kl: 11/21 Ku: 183/30 Sch: 1387 (721) (329/602/456) Abit: 118 (60) BR Köln
L: 83 (A 1, A_1 1, A_2 4, B 26, C 27, D 5, E 7, F 9, H 3) ASN: 165013
Spr.-Folge: E, L/F, F/S, S Dez: LRSD N. N.

	Name	Date 1	Subj		Date 2
A	Pulm Manfred Dr.	25. 6.92	E PA	k	10. 4.54
A_1	Schorn-Kussi Ulrike	1. 2.05	BI CH		9.10.57
A_2	Duisberg Wolfgang (F)	10. 7.81	E PA		20.10.47
	Knöfel Ute geb. Harke	9. 3.92 °	BI CH	e	13. 3.46
	Schwenke Gerhard	15. 9.04	F GE	e	14. 6.46
	Westhäuser Angelika geb. Knoch (T)	9. 1.06	CH SP	e	21. 5.57
B	Rösgen Sigrid geb. Dieterich (T)	3. 2.75	F GE	e	5. 9.43
	Gronewald Anne geb. Lichter (T)	23. 1.79	L GE	k	9.12.44
	Baukloh Peter	24. 1.79	M PH		17. 3.48
	Elsen Rudolf	30. 6.82 °	EK BI	k	26. 2.51
	Selbach Hans-Ludwig (T)	1.10.82 °	E GE		25. 8.47
	Bundschuh-Heß Ursula	28.12.82 °	M CH	e	5. 5.47
	Krüger-Lindenblatt Susanne Dr.	92	CH PH		8. 1.58
	Breick Karl-Heinz	6.10.93	SP D	k	6. 9.51
	Lichius-Quitter Franziska geb. Lichius (T)	6.10.93	M BI	k	29.12.55
	Roszak Rudolf	29. 2.96	KU		25. 7.49
	Hilgert Christiane geb. Karg	8. 7.97	BI PA	k	4. 8.51
	Hombach Hildegard	5.10.98	MU D	e	29. 7.49
	Titz Sonja (T)	23.10.98	F E	k	6. 1.51
	Halfenberg Kurt	1. 4.99	M PL		3. 7.51
	Scuffil Antje geb. Helling	1. 4.99 °	PH CH		14.10.50
	Unkelbach Thomas	20.11.00	PH M (IF)		1. 2.62
	Hohmann Reinhild (T)	20.11.01	E F S	e	18. 8.63
	Prinz Michael	3. 2.04	KR M		29. 4.69
	Schlömer-Mosblech Margot	13. 1.05	E S		18.11.59
	Schulz Rainer	15. 3.06	GE SW	e	11. 8.66
	Feldmann Siegfried Dr.	15. 3.06	CH BI		8. 3.62
	Schultz Eike	4. 8.06	EK SW	k	12. 5.72
	Wambach-Laicher Judith Dr.	8. 8.06	M CH	k	30. 3.69
	Marsmann Barbara	25. 6.07	BI PH		31.10.56
	Eder Uta (T)	25. 6.07 °	L KR	k	7. 5.66
	Germer Dorothea Dr.	23. 7.07	D GE	e	7. 5.67
C	Kluge Ingrid geb. Halfen	19. 8.80	D EK	k	8. 1.50
	Vollmeyer-Helm Ingrid geb. Helm (T)	9.11.82 □	D TX	e	14.11.50
	Maasfeld Mechthild (T)	10. 9.96	E PA		27. 8.53
	Mott Barbara	1. 8.01	D E	k	15. 8.65
	Zinn Heidrun	1. 8.01	D E	e	6. 3.68
	Wullstein Miriam (T)	1. 8.01	M SP	e	12. 5.70
	Thul Stefan	9. 8.01	PH M		5. 9.62
	Sterly Ellen	1. 1.02	D F		21.11.60
	Knöll Alexandra Dr. (T)	1. 1.02	E F	k	21. 3.65
	Wübken Eva (T)	1. 2.02	D KR BI	k	12. 2.70
	Klinke Dominikus (T) (V)	2. 8.02 °	D KR	k	28. 6.67
	Wöhning Ulrich	1. 2.03	M SW	e	22. 2.72
	Dörner Anja	26. 1.04	E D	k	22. 9.72
	Roth Dirk	6. 9.04 °	D EK	k	13. 6.71
	Schulte Claudia	1. 2.05	D BI	k	20. 6.73
	Kremper Mario	1. 2.06	S BI		1.12.73
	Paassens Anke geb. Jepsen-Föge	28. 3.06	F S	e	12. 2.72
	Lohmann Judith	1. 8.06	M BI	k	9. 9.75
	Brunkau Vera	1. 8.06	D E	e	6. 3.77
	Kuhlmann Meike	1. 8.06	E MU	e	18. 4.77
	Küppers Rolf	28. 8.06 °	L PL PP	k	9. 2.72
	Hüntemann Bettina	1.10.06	CH SP	k	5. 4.72
	Kowalski Michael	15. 9.07	M IF PH		9. 3.71
	Gelies-Mould Sabine		E SP	k	11.11.62
D	Schäfer Marlis SekIL' (T)	8. 2.74 °	D F M	e	
	Gauchel Knut SpL	4.12.76	SP	e	27. 2.44
	Nordt Karola geb. Frese SekIL' (T)	4. 9.81	KU HW		4. 4.45
	Fischer Renate SekIL'	3. 5.83	KU EK	k	13. 7.49

	Herzog Birgit geb. Frimmersdorf SekIL'	26. 3.84	MU KR	k	30. 8.55	Lehmann-Greif Martin Dr. (Vw)	BI M	e	28. 5.56
E	Mentz Ursula	22. 8.05	M SP PL	e	1. 1.74	Zander Werner	PL D GE		28.11.58
						Wilden Bettina	E D		15. 9.60
	Milles Vera	9. 8.06	D E		29. 9.75	Böhle Brigitte	L G	k	12. 1.62
	Abel Judith	1. 2.07	D SW		20. 4.79	Pannhausen Alessandra	D E		18.11.67
	Heyer Wiebke	1. 2.07	E BI		6. 5.79	Landsch Patricia	D GE SP	k	
	Limberg Andrea	6. 8.07	KU PA		11. 4.75				
	Schorcht Petra	6. 8.07	F D		30. 8.76	H Geylenberg Klaus	SP	k	28. 9.51
	Jäger Monika Dr.		M IF		21.12.65	Dicke Rolf Dipl.-SpL	SP ER	e	27.11.53
F	Yücel Maria		D GE PK		21. 2.55	Zerr Renate Schulpfarrerin	ER	e	15. 4.65
	Löppenberg Ferno		D PL		10. 5.55				

1.482 Leverkusen   Freiherr-vom-Stein-Gymnasium   gegr. 1960
st. G. (5-Tage-Woche) f. J. u. M.
Morsbroicher Str. 77, 51375 Leverkusen – Tel. (02 14) 8 55 71-0, Fax 8 55 7-1 30
E-Mail: fvstein@schulen-lev.de, Homepage: www.fvstein.leverkusen.de

Kl: 11/15   Ku: 144/28   Sch: 1097 (551) (330/415/352)   Abit: 111 (62) **BR Köln**
L: 70 (A 1, A_1 1, A_2 6, B 21, C 25, D 1, E 12, H 3)   **ASN: 165001**
Spr.-Folge: E/L, L/E/F, F/S/G, F/S/R/G   Dez: LRSD' **Dr. Wirths**

A	Romain Monika geb. Valten	8. 2.06	E D	e	28. 2.46	Mitschke Monika Dr. geb. Richter (T)	° CH SP		
A_1	Lammert Wolfgang	4.11.88	° PH	k	20. 8.46	C Schoberth Eva geb. Opfermann (T)	20. 4.78	BI CH k	28. 6.49
A_2	Melcher Wolfgang	15. 4.80	° PH	k	20. 3.43				
	Kürten Wilhelm	6.11.92	L G SW	k	11. 2.45	Haupt Günther	27. 3.79	° EK GE PK SW	e	6. 8.46
	Marewski Bernhard	21.12.92	EK D	k	15. 6.48				
	Enzensperger Manfred (F)	11. 2.99	E PA	e	24. 8.52	Bollmann Angelika	3. 2.80	° SP M	e	5.10.51
	Pauer Hans-Gerhard	23. 9.04	° GE EK		24. 2.49	Heise Helga geb. Götze (T)	1. 3.82	° CH	e	19.11.50
B	Liebrich Edelgard geb. Norwig	7. 6.78	° E EK		24. 1.45	Thelen Gertrud geb. Renkes (T)	13. 9.83	D PL	k	17. 7.47
	Schön Elke geb. Lichtenberg	1. 1.79	° E F	k	11. 9.42	Keders Petra geb. Billion (T)	16. 9.83	F EK	k	15. 5.54
	Ahrens Gerhard	1. 1.79	F KU		1. 2.45	Watrin Evelyn geb. Benndorf (T)	5.10.83	S F		26. 5.53
	Schramm Petra geb. Tuxhorn (T)	1. 1.79	M	k	30. 4.47	Palm-Coenen Monika geb. Palm (T)	9. 1.85	S F		
	Dopke Bernd	18. 6.80	PH M	e	6.10.49	Tummes Birgitta (T)	23.11.85	° F S SP	e	2. 2.46
	Wittek Jürgen	12. 6.81	° BI	e	28.10.46	Englich-Errens Edith geb. Englich (T)	30. 9.88	KU E		1. 7.56
	Juchem Hans Wilhelm (V)	20.12.82	° E GE	k	13. 4.48				
	Lutz Helga geb. Henkel (T)	20.12.82	M	e	20. 4.52	Kuhl Eva geb. Habig (T)	4.10.88	KU GE	k	5. 2.55
	Schäning Werner	27. 8.87	D SW PK	oB	9. 1.49	Röhrig Andreas	1. 8.95	D GE	k	22. 6.62
	Braun Reinhold	24.10.94	EK PA	k	30.12.48	Heyne-Kugelmann Marion geb. Heyne (T)	8. 5.01	KU	k	15. 4.61
	Teichert Angelika geb. Drögemeyer	21. 2.96	M E	k	1.12.53	Held Carl-Otto	12.01	SP EK	oB	3. 8.47
						Lill Ursula (T)	1. 8.02	L BI	k	6. 9.71
	Steuernagel Gerd	15. 3.96	M	k	21. 4.51	Zank Bettina	9. 6.04	SP GE	k	1. 1.67
	Kames Stefan Dr.	31. 7.97	MU KR	k	18. 4.61	Meisen Lydia	20. 8.04	M F BI	k	22. 8.65
	Wilhelm Margarita Dr. geb. Hannibal (T)	5.10.98	CH	k	16. 5.48	Combüchen Eva Maria	15. 2.06	BI SP		17.12.71
	Meier Gerald	10. 9.01	MU D	e	6. 4.57	Flothow Jörg	1. 8.06	M PH	k	24. 3.75
	Schmidt Gero	14.12.05	D ER	e	24. 2.65	Otto-Dadič Julia geb. Otto (T)	28. 8.06	E P SW KR	k	17. 7.74
	Ducke Joachim (F)	11. 1.07	L KR	k	17. 5.67				
	Haupt Christa geb. Haas	11. 1.07	° M	k	16. 3.52	Franke Julia	26. 3.07	F GE	k	21. 8.74
						Eibach Martin Dr. (T)	29. 3.07	MU ER	e	24.11.69
	Stiehm Norbert	21. 5.07	R E	k	30. 1.49	Kulbarz Janina	16. 9.07	E KU	oB	7. 6.72
	Kahindi Dany geb. Lipp	21. 5.07	E GE	oB	12. 2.60	Nuy Verena	16. 9.07	D SP M	k	23. 1.76

	Giese-Hommes		PA D		14. 6.54	Klingenberg Christine	2.11.06	BI CH e	8. 2.78
	Renate geb. Giese (T)					Schmitt Michel	3. 5.07	BI SP k	30. 8.76
D	Graf-Kreft	20. 4.83	M GE k		18.12.50	Raatz Dagmar	7. 5.07	SW GE k	19.10.75
	Constanze geb. Graf					Radvan Florian Dr.	7. 5.07	E D	
E	Oshadnik Eva	14. 1.05	D PL EK		26. 6.75	Fischer Anke	28. 6.07	L SP k	19.12.73
	Otto Stephanie	9. 8.06	BI M k		3. 5.70	geb. Pospil (T)			
	geb. Kaether (T)					Hoppe Indra	2. 7.07	E F	25. 5.78
	Jende-Soeken Gundula geb. Soeken (T)	9. 8.06	D GE e		4.11.72	H	Hüttner Harald	SP e	21. 5.45
						Pass Mechthild geb. Tubes		° BI k	16. 6.50
	Viess Thorsten	9. 8.06	E EK oB		8. 7.74	Anglet Andreas Dr.		D PL k	22. 1.61
	Vogel André	9. 8.06	KR BI k		8. 3.77				

1.484 Leverkusen-Lützenkirchen   Werner-Heisenberg-Gymnasium   gegr. 1976
(1866/1910)
st. G.[1] m. zweisprachigem dt.-frz. Zug f. J. u. M.
Werner-Heisenberg-Str. 1, 51381 Leverkusen – Tel. (0 21 71) 70 67-0, Fax 70 67 41
E-Mail: whg@schulen-lev.de, Homepage: www.whg.schulen-lev.de

Kl: 10/20   Ku: 143/20   Sch: 1114 (479) (291/549/274)   Abit: 73 (34)   **BR Köln**
L: 62 (A 1, A_1 1, A_2 7, B 17, C 22, D 1, E 8, F 4, H 1)   ASN: **166200**
Spr.-Folge: E/F, L/F/E, S, L   Dez: LRSD **N. N.**

A	Gerling Martin Dr.	2. 9.05	D BI k	18. 6.49		Maaßen Barbara (T)	1. 1.02	E D e	17. 9.67
A_1	Bensen Claudia	30.11.06	F GE e	30. 7.70		Appel Christiane	1. 5.04	D E	20. 8.74
			EW			Schütz Volker Dr.	1. 8.04	E SP e	2. 4.69
A_2	Schön Eduard (F)	1. 8.80	GE F k	28.10.45		Pötzsch Nicole	15. 9.04	BI SP	30. 4.73
	Tigges Helmut (F)	21.10.85	KU e	1. 8.48		Jopen Gabriele	13. 1.05	D L	23. 7.64
			Kug			Haas Kirsten (T)	30. 3.05	E EK	10. 3.73
	Fieberg Klaus (F)[2]	16. 1.99	GE D	9. 3.52		Barrasa Rodriguez Carlos	28. 7.05	S SW	3.12.66
	Wolbert Ursula (F)	8.12.99	F GE k	10. 2.54					
	Lindenau Manfred	18. 7.01 °	EK F e	14. 1.52		Spielmans Jürgen	22. 8.05	M MU	4. 2.72
	Paar Franz	23.11.05 °	M PH IF	29. 3.51		Vrancken Kai (Vw)	15. 3.06	E CH	12. 1.71
	Jankovic Marianne geb. Bender	8.12.06	BI k	20.12.46		Guschas Claudia geb. Borowski	21. 4.06	E GE	30. 5.74
B	Braun Franz Peter	12.12.78	D EK	9.12.44		Buscher Tobias	25. 4.06	E R (MU)	13.10.69
	Thalermann Anne geb. Rose (T)	12.12.78	BI SP e	1. 2.49		Schlößer Susanne Dr.	1. 8.06	CH EK	18. 7.68
	Hölzer Norbert	21.12.82	KR M k	13. 3.48		Mailahn Wiebke	6.11.06	D KU PL	13. 1.73
	Benkenstein Barbara geb. Rumler (T)	18. 3.85	E EK e	24.11.50		Keil Beate	13.11.06	D E k	29. 9.73
						Jostock-Petters Doris (T)	1. 2.07	BI CH k	19. 6.67
	Georg Wolfgang	8. 7.97	MU M e	13.12.48					
	Küster Olaf	22. 8.97 °	M	16. 5.49		Schiele Cornelia	2. 5.07	F M	7. 8.77
	Nowak Gerhard	29. 9.01	PH M e	29.12.51		Sirch Gisela Dr. (T)	1. 8.07	PH CH	3.12.64
	Baltes Brigitte (T)	20.11.01	F EK	14.10.53		Müller-Rindfleisch Margarete (T)		BI	31.10.49
	Jarosch Wolfgang	30. 8.02	GE SW	15. 3.52					
	Vogdt-Tillmann Peter	1. 9.04	F KR k	8.11.66	E	Bracht Marcus	10.05	PH EK	18.11.68
	Schöllmann Christel	10. 5.05	M SP k	20.10.67		Ketterer Anne	1. 2.06	BI KR	8.10.76
	Krämer Birgit	10. 5.05	E BI k	1. 3.71		Hannen Ann-Kristin	1. 2.06	E PL	22. 6.78
	Hill Frank Dr.	18. 8.06	M PH e	30.12.66		Sammarro Gianni	3. 3.06	D KU	17. 6.71
	Stibor Britta	18. 8.06	D GE	21. 3.73		Windrath Elke (T)	8. 8.06	D ER	4.11.76
	Gilles Rita Dr.	24. 7.07	PH CH k	9. 3.65		Stahl Silvia	16. 5.07	E BI k	20.12.76
	Zdrallek Andreas	24. 7.07	D CH	28. 8.74		Thümmel Tina	6. 8.07	CH SP e	5.10.76
	Hierholzer Claudia	2. 8.07	D GE	12. 2.71		Seemann Gesa (T)	6. 8.07	D KU	24. 4.78
C	Bischoff Heike (T)	15.10.84	D PA	25.10.53	F	Schüürmann Knut		GE EK e	30. 3.55
	Künstler Peter	25. 7.85	SP SW e	23. 4.51		Ohlig-Feldmar Regina		BI GE	11. 8.63
	Obliers-Laube Susanne (T)	23. 5.01	E SP	14. 9.69		Brunn Ingmar		E GE	28. 1.70
					H	Schmidt-Späing Bruno Dr. Pfr.		ER e	11. 7.50
	Schmitz-Pollaert Sabine (T)	1. 8.01	D PL e	8. 6.67					

[1] MINT-EC-Schule u. IB-World-School   [2] Lehrbeauftr. an d. RWTH Aachen

1.485 Leverkusen-Opladen Marienschule gegr. 1866
pr. G. f. J. u. M. d. Erzbistums Köln
An St. Remigius 21, 51379 Leverkusen – Tel. (0 21 71) 4 89 01, Fax 2 91 33
E-Mail: mso@marienschule.com, Homepage: www.marienschule.com

Kl: 9/18   Ku: 153/32   Sch: 1202 (733) (272/545/385)   Abit: 92 (61)
L: 71 (A 1, A_1 1, A_2 11, B 23, C 15, D 2, E 4, F 10, H 4)
Spr.-Folge: E, F/L, L/F, I/S

BR Köln
ASN: 166182
Dez: LRSD' **Dr. Wirths**

A	**Malecki** Ludwig	1. 8.93	° M	k	19. 5.48		**Spennrath-Werges** Heike	1.10.06	D KU	k	20. 9.70
A_1	**Nielen** Joachim	1. 2.01	° M SW	k	14.10.53		**Schäfer** Annette	1.10.06	E S	k	27. 9.72
A_2	**Montkowski** Walter	1. 5.92	° GE SW KR	k	21. 3.46	C	**Kirchhoff** Heino	1. 3.91	KR E SP	k	20. 3.54
	Thierjung Hans-Georg	1. 9.94	° D PL	k	13.11.50		**Flecken** Ursula	1.12.92	F I	k	3.12.56
	Rapp Peter (V)	1.11.95	° F EK	k	23. 2.49		**Eisenhuth** Volker	1.11.95	° BI	k	23.11.47
	Peppersack-Weber Martina	1. 8.93	M SP	k	30. 4.60						
	Becker Klaus	1. 5.96	° M PH	e	12. 8.52		**Hermanns** Elisabeth	1.10.94	L M	k	19.11.58
	Voß Werner	1.12.96	° M PH	k	2. 5.58		**Riemen** Jochen	1. 8.96	MU GE	k	1. 1.59
	Hohmann Wolfgang	1.10.97	SW PA	k	12.11.50		**Knoblich** Ursula	1. 9.98	KR L	k	14. 9.61
	Franken Bruno	1.10.97	° PA BI	k	29.12.54		**Roche** Claudia	1. 9.02	GE F	k	13. 6.72
	Falter Susann geb. Herkenrath	20.10.99	° D SW	k	7. 5.56		**Zumbrink** Thomas	12. 9.02	D SW	k	29.11.65
	Mies Elisabeth	1.11.00	E F	k	25. 9.54		**Montag** Michaela	26. 2.03	E KR	k	6. 7.72
	Scharfenberg Petra geb. Bürner	1. 7.05	° BI EK	k	26.11.55		**Heiny** Petra geb. Rohe	1. 8.04	° E KR	k	8. 8.72
							Pitsch Thomas	1. 9.04	D SW	k	20. 9.75
B	**Dondorf** Alfons	1. 8.81	° G L KR	k	4. 7.46		**Wessendorf** Stephan	1.10.04	D F	k	11. 8.71
	Lawrinenko Nikolaus	31.10.85	M PH	k	24. 2.50		**Relotius** Ute	1.10.05	D ER	e	8. 7.75
	Braun Dieter	4.11.85	E EK	k	29. 1.48		**Hannig** Astrid	1. 9.06	D E	k	15. 6.75
	Tröger Gert Dr.	14. 7.86	° KR GE	k	26. 6.43		**Pick** Carsten	1. 2.07	° GE ER	e	13. 5.73
	Rösgen Johannes	30. 9.86	° KU EK	k	27. 9.46	D	**Fricke** Gerd-Wilhelm	6. 7.88	SP GE	k	10. 7.53
	Skwara Ferdinand	1.10.90	M PH	k	25. 7.52		**Giebisch** Almuth SekIL'	23. 8.93	M MU	k	4.10.63
	Elsenpeter Horst	1.12.91	° GE F	k	18.10.53	E	**Kühnert** Matthias	1. 2.07	E	k	12. 6.74
	Scharfenberg Michael	1.10.92	BI EK	k	15. 2.53		**Rasbach** Ulrich Dr.	14. 2.07	M PH	k	30. 1.72
	Heise Elke	1.12.96	D EK	k	26. 6.56		**Lisson** Alexandra	21. 6.07	D S	k	19.12.74
	Hoffmann Edgar	4. 5.01	° SP EK	k	27. 7.53		**Nolte** Matthias Dr.	21. 6.07	CH BI	k	1.10.76
	Glöckner Claudia geb. Wrench	4. 5.01	D E	k	15.11.62	F	**Montkowski** Elisabeth		HW CH	k	29.12.48
	Walthier Gabriele	1.12.01	° BI PA	k	3. 8.51		**Heidan** Claudia		CH BI	e	7. 2.51
	Teepker Karin	1.12.01	D E	k	27.11.58		**Hösen** Hildegard		M PH	k	13. 9.53
	Szwierczynski Ansgar	1.12.01	M KR	k	24.12.65		**Uthemann** Jutta		E L	k	17. 6.55
							Wloskiewicz Christine		KR M	k	2. 1.65
	Kemper Gabriele Dr.	1.10.04	CH M	k	25.11.57		**Ludwig** Stefanie		D SP	k	30.12.72
	Brückner-Schunk Thomas	1.10.04	GE E	k	9. 6.60		**Schmerling** Alice geb. Ettwein		D E	k	20. 9.73
	Glöckner Ulrich	1.10.04	CH BI	k	1. 9.59		**Kramer** Katharina		E KR	k	28. 2.75
	Overberg Peter-Heinrich Dr.	27.10.05	° M BI	k	15. 2.57		**Schmedding** Saskia		CH E	k	31. 3.75
	Löhr Monika	27.10.05	MU D	k	9. 2.65		**Buschmans** Jutta		D GE	k	30. 9.77
	Lowinski Klaus	27.10.05	° D KR MU	k	21. 6.67	H	**Daniels** Helmut Gymnasialpfr.		KR	k	6.10.43
							Dyballa Maria Dipl.-SpL'		SP	k	25.10.48
	Bräunl Christoph	27.10.05	° M L	k	22. 9.68		**Wandel** Gabriele geb. Kievel Dipl.-SpL'		SP	k	15.11.48
							Demmer Christian		SP	k	25. 1.77

1.486 Leverkusen-Opladen Landrat-Lucas-Gymnasium gegr. 1906
st. G.[1] (5-Tage-Woche) m. zweisprachigem dt.-engl. Zug f. J. u. M.
Peter-Neuenheuser-Str. 7–11, 51379 Leverkusen – Tel. (0 21 71) 71 10, Fax 71 12 99
E-Mail: 166194@schule.nrw.de, Homepage: www.landrat-lucas.de

Kl: 13/25   Ku: 344/56   Sch: 1858 (1011) (384/703/771)   Abit: 197 (120)
L: 115 (A_1 1, A_2 10, B 31, C 47, D 4, E 6, F 9, H 7)
Spr.-Folge: E, L/F, S, I/R/C/G

BR Köln
ASN: **166194**
Dez: LRSD' **Dr. Wirths**

A_1	**Liedtke** Gertrud	19.11.87	GE L	k	7. 2.43	**Jungbluth** Carmen	3.10.85	F TX PA	k	4. 6.52
A_2	**Böcker** Dieter (F)	11. 5.77	PA SP	k	28. 4.42					

Gymnasien Nordrhein – BR Düsseldorf · BR Köln

Rosenfelder Elisabeth (T)	27. 3.92	D Soz	k	18.11.48
Donius Udo (T)	22.12.92	E GE	k	8. 2.45
Dörmann Peter (Vw)	10. 6.94	SP EK	e	7. 2.48
Schattschneider Petra (F)	1. 2.00 °	E S	e	15. 9.61
Kalcher Joachim Dr.	3.10.00	D PL	e	18. 6.51
Knechtges Marion geb. Schayer (T) (Vw)	11. 4.05	EK SW	e	25. 2.55
Gardenier Frauke (F)	23.12.05	D E I	k	7.10.62
Holtwick Birgit (F)	29.12.05	E F	k	1. 6.69
B Glaesemer Wolfgang	1. 1.79	D GE	e	6.12.43
Michels Wolfgang	17. 1.80 °	SW PK	k	6. 8.46
Gatermann Peter	1. 3.80	SP GE	e	15. 6.51
Giesel Helmut Dr.	3. 7.80	L ER	e	6.11.43
Steinbach-Werner Barbara (T)	26. 6.81	D SP	k	31. 8.44
Wintersohl Ursula	12. 9.81	BI M	k	16. 8.50
Wintersohl Ulrich	23.10.82	D KR	k	12.11.51
Wolf Klaus	22.12.82	KU	e	4. 2.49
Piepenbrink Annemarie (T)	19. 1.94	F I	e	23. 4.51
Brockmann Karl-Michael (T)	19. 1.94	PA SW		24. 5.53
Mazalla Ulrike	29.10.95	BI PA	k	8.10.54
Stark Michael	2. 5.96 °	GE D		22. 4.47
Carmesin Rainer	31. 1.97	SP EK	e	3. 6.45
Schnurrbusch Michael	31. 1.97	E EK		22. 4.53
Ziemke Peter-Michael (T)	27. 2.97	M KU	e	22. 7.55
Wüllner Sabine	30. 3.98 °	M EK		5. 7.49
Fulda Angelika (T)	6. 7.98	F R	e	10. 2.51
Becker-Fulda Peter Georg (T)	29. 2.00	PS F MU	k	10. 4.50
Seym-Born Peter Dr.	14. 4.00 °	BI CH	efk	5.11.50
Söder Lucia geb. Weber (T)	20. 2.01	M PH	k	21.12.50
König Joachim	23. 7.01	CH (M PH)		24.12.44
Köser Magdalene	17. 7.02	BI CH	k	4. 7.48
Firl Sabine geb. Walther (T)	10.10.04	D E	e	1. 7.53
Dreesmann Hans Günther	10.10.04	BI GE	k	22. 6.56
Oellers Bettina (F)	21. 6.05	RK SW		7.12.68
Urbschat Manfred	20.12.05	BI CH	k	12. 3.53
Kraatz Andrea Dr. geb. Schüttler (T)	20.12.05 °	CH		10. 6.47
Lommerzheim Renate geb. Herf (T)	6. 3.07	CH ER L	e	31.12.57
Vedder Brigitte	6. 3.07	F ER MU	e	21. 6.61
Buse Margarethe (T)	6. 3.07	E BI		20. 1.63
C Becker Ursula geb. Lange (T)	13. 3.78	E EK	k	14. 6.48
Lüpke Marianne (T)	23.10.79	S F	e	11. 2.47
Cremer Peter	7. 8.81 °	E L	k	22. 9.47
Schramm Johannes	29. 6.82	MU E PA		1. 1.50
Tappen Barbara (T)	9. 9.82	I F	k	10. 3.50
Schneider-Wellems Waltraud geb. Schneider (T)	20.10.82	D GE		21. 7.46
Syberberg Jutta	4. 9.84	F S	e	28.10.52
Kraus Bernhard	5.10.87 °	M PS	k	3. 1.54
Onnen-Saelens Eva-Maria (T)	13. 9.89	KU TX F	e	5. 1.52
Heupgen Marcus	19. 8.96	E SP		24. 8.63
Armata Ursula	11.10.96	D PA	k	29. 5.60
Wimmert Jörg Dr.	8. 1.97	L SP		24. 4.62
Gerber Klaus	1. 8.99	M PH	k	10. 4.66
Wild Edgar	10. 8.00	D MU		17.11.65
Steins Rolf	1. 1.02	SP E		26. 5.62
Krumm Gabriele	1. 1.02 °	E F SP		4. 8.63
Esmaeili-Fathabadi Barbara (T)	1. 1.02	D F KR	k	5. 9.64
Henke-Imgrund Judith	31. 1.02	D KR	k	7. 5.71
Baake Kathrin	3. 5.02 °	D PA		20. 5.69
Halbach Abel	1. 8.02	M PL PA	e	23. 2.69
Kerber Christoph	15. 9.02	KU SP		24.12.65
Noch Katja Natascha	14. 7.02	M SW		12. 1.70
Heggemann Frank	1. 2.03 °	SP BI		19. 1.67
Neugebauer Karl J.	11. 8.03	SW KU		5. 5.54
Lungstraß Doris	9.12.03	D PL	e	22. 9.69
Pflieger Gabriele	31. 7.04	BI CH		11. 8.58
Oertel Susanne	15. 9.04	BI SP		31.10.68
Stiller Timo Dr. (T)	15. 9.04	D SP		13. 1.72
Mahlke Anja (T)	1.11.04 °	E BI	e	22. 1.72
Rickert Wibke	1. 2.05	M IF		26. 2.70
Schein Uta geb. Markus	3. 2.05 °	E GE	k	29. 6.74
Lathe Frank	15. 3.05 °	M PH		29.10.67
Beer Julia Mareike	1. 8.05	M PH		30. 4.77
Pirincci Melda	30.11.05 °	CH TC M		10.11.75
Wirtz Angela	6. 2.06	E GE	k	27. 2.75
Isermann Marco	12. 6.06	D PL	k	3. 1.71
Ditscheid Benedikt	1. 8.06	E KR	k	10.12.76
Distelrath Claudia (T)	9. 8.06	L BI	e	18. 9.63
Hopf Sandra (T)	9. 8.06	F CH	e	16. 7.72
Bocklet Nicole	22. 8.06	D E	e	20.11.67
Gerhardus Norbert	1. 2.07	GE KU	k	16.10.71
Koppe Markus	1. 2.07	E EK	k	17. 4.73
Nowadnick Susan geb. Kramer	1. 2.07	E BI	k	15. 7.76
Wegener Wolfgang		GE PH		6. 2.45
D Lenz Frank SekIL	4. 9.81	MU ER	e	16. 4.54
Barry Jutta geb. Miserre SekIL'	3. 5.83	D R	e	17. 7.49
E Handler Rafael	1. 2.05 °	SW KR		21.10.71
Bruns Doris	1. 2.06	M PH	k	24.11.66
Koch Olivia	9. 8.06	KU		22. 8.68
Blechschmidt Martin	9. 8.06	SP EK		15. 7.70
Mühlenberg Sascha	9. 8.06	D PL SW	k	23. 9.75
Becker Janine	9. 8.06	E ER	e	11. 3.78
F Guo Fritz		D PL		14. 8.46
Reisinger Marion Dr.		M PL IF	k	27. 3.48
Lierenfeld Hermann-Josef		° M PH		11.11.53
Westphal-Hamdoun Michaela		° E F	e	24.12.61
Baumann Iris		D GE	e	20. 8.64
Büsch Klemens		D R		12.10.67
Bürger Michael		PS SW	k	16. 4.69
Moshövel Frank		EK D PK SW	k	6. 4.75
Barz Stefan		D PL	e	13. 9.75
H Wetter Rolf Kunstmaler		° KU	e	30.12.42
Ecker John M. A.		SP E Soz		12.10.48
Bösebeck Ursula geb. Baerends		SP	e	24. 7.53
Maubach Rita Dipl.-SpL'		° SP		12.12.54

Wellmann Jutta geb. Schlüpmann Dipl.-SpL'		SP	e	20. 5.56	Benedetti Michael Dr. Pfr. Schneider Inga	ER SP	e k	5.12.65 21.12.69

[1] MINT-EC-Schule; Eliteschule des Sports

1.488 Lindlar Gymnasium gegr. 1998
G. f. J. u. M. d. Gemeinde Lindlar
Voßbrucher Str. 1, 51789 Lindlar – Tel. (0 22 66) 9 01 23-0, Fax 9 01 23-22
E-Mail: schule@gymnasium-lindlar.de, Homepage: www.gymnasium-lindlar.info

Kl: 8/13   Ku: 98/18   Sch: 862 (452) (225/396/241)   Abit: 62 (40)   **BR Köln**
L: 46½(A 1, A₁ 1, A₂ 3, B 17, C 16, D 1, E 5, F 2)   **ASN: 193513**
Spr.-Folge: E, L/F, F, I   **Dez: LRSD Gosmann**

A	**Güth** Ulrich	23. 8.05 °	L CH	k	4.10.53		**Biergann** Hildegard	18. 3.04 ° F MU	3. 4.71
A₁	**Schwarz** Silvia	1. 2.05 °	M PA				(T)		
A₂	**Ohoven** Ulrich	24.11.97	D SW		22. 6.53		**Coroly** Daniela (T)	6. 9.04 ° F SP k	5.12.74
	Spicher Walter	6. 7.00 °	MU D	k	24. 3.51		**Kulka** Axel	22. 8.05 PH M	20. 8.65
	Schulte Vera Dr.		° M ER D e				**Seck** Robert	22. 8.05 ° D KR PH	
B	**Steiff** Ursula geb. Kemnade (T)	1. 6.79	M EK	k	23. 8.47		**Thonemann** Silke	13. 4.05 E GE ER	27. 9.75
	Stolz Angela (T)	26. 4.01	E SW	k	12. 7.53		**Hering** Johanna	22. 6.05 E F I	11. 8.74
	Mistler Sabine (T)	30. 4.02 °	E SP	k	22. 1.66		**Winkelhag** Peter	31.12.05 D PL	18.10.73
	Höller Beate	30. 8.02 °	E D	k	4. 1.60		**von Leoprechting** Heike geb. Schumacher (T)	9. 8.06 D KR k	25. 6.73
	Roos Kirsten (T)	18.12.03 °	M SP	e	4.12.65				
	Luhnen Martin (V)	18.12.03 °	SP D	k	24.11.67		**Faber** René	KU k	3. 9.73
	Beckmann Christina	18.12.03 °	D MU		23. 5.65		**Sczyslo** Apostolia	F E orth	13.10.74
	Saal Ralf	30. 7.04 °	L GE		4. 4.67		**Stähle** Mathias	EK D	30. 9.75
	Mistler Frank	21. 3.05 °	E SP	k	17.12.68		**Junghans** Ruth (T)	E KU	
	Kauer Martin	22. 8.05 °	M IF CH	e	2. 9.71	D	**Schmitz** Andre **Ebert** Elisabeth	° I SW 5.10.82 D GE	29.11.49
	Irlenbusch Caroline	7. 4.06	M GE	e	26.12.63	E	**Witt** Andreas	9. 8.06 ° GE BI k PL	8.11.72
	Kamps Sabine	7. 4.06 °	M PH		5. 9.68				
	Rahner Ulrich	21. 6.07	BI ER		21.10.68		**Hilgers** Nicole (T)	9. 8.06 ° CH BI e EK	10. 1.74
	Raue Karen	21. 6.07 °	M KR	k	15. 5.74				
	Rogge Ina	9. 8.07 °	D L ER	e	11. 3.71		**Küllmer** Bettina	9. 8.06 F GE	27. 9.77
	Tempel Ursula (T)		E GE				**Uthzerath** Sabine	1. 2.07 ° PH BI e	28.12.78
C	**Huhn** Klaus-Martin	25. 1.88 °	BI SP		16. 9.53		**Dudziak** Rebecca	9. 8.07 ° F M k	10. 1.81
	Hartmann Sabine Dr.	1.10.00 °	E SP EK	e	2. 8.65	F	**Lieberich** Anke **Flehmer** Frauke	D E e GE E	28. 3.77
	Rübo Anja	1. 2.04 °	I KU E		4. 2.69				

1.490 Lohmar Gymnasium gegr. 1991
st. G. (5-Tage-Woche) f. J. u. M.
Donrather Dreieck, 53797 Lohmar – Tel. (0 22 46) 1 80 28, Fax 85 38
E-Mail: sekretariat@gymnasium-lohmar.de, Homepage: www.gymnasium-lohmar.de

BR Köln
L: 53 (A 1, A₁ 1, A₂ 5, B 16, C 13, D 5, E 9, F 1, H 2)   **ASN: 191140**
Spr.-Folge: E, L/F, F/I, S   **Dez: LRSD Dr. Welz**

A	**Sonnenberger** Uta	2. 9.02	M EK	k		**Fuhr** Monika geb. Tack	22. 6.95 E MU	14. 6.49
A₁	**Thielmann** Dieter	1. 9.04 °	M PH	e	21.10.43			
A₂	**Kilches** Monika	6.96	D SW		28. 6.46	**Murzel** Regina	12. 3.99 BI EK	22. 6.52
	Knappe Detlef	19. 2.98	M EK		4.10.48	**Grebe-Horstmann** Marieluise geb. Grebe	12. 3.99 D EK e	19.11.51
	Cramer Christel geb. Janzen	22.10.99 °	E EK	k	17. 7.47			
	Ernst Wolfgang	30. 7.01 °	M	k	25. 8.50	**Hirschberg** Dietrich	2. 5.01 D GE e	17. 4.48
	Feldmann-Kahl Christel	25. 8.04	BI CH	k	7. 2.52	**Schäl** Hans-Dieter	2. 5.01 ° PH M e IF	18. 3.50
B	**Nölle** Fritz Dr.	27.12.79	E EK	e	3. 8.44	**Pilz** Wulf Ch. B. A. M. A.	25. 6.01 ° GE SW PK EK WW	25. 8.48

	Kuhn Dieter	30. 8.02	CH SP				Bernoth Anja Dr.		D I	e	9. 5.73
	Bernhardt-Beyer	30. 8.02 °	E D	k	29. 3.53		Volkmann-Killmer		F SP		3. 8.75
	Cornelia geb. Bernhardt						Yvonne				
	Tiede Evelyn	30. 8.02	E F ER	e	12. 1.56		Ehrenberg Andrea		D SW	k	8. 6.77
	Schröer Anne-Gret	1. 1.04 °	EK PA	k	22. 8.53	D	Deselaers Gabriele	79	E D	e	6. 2.48
	geb. Reuther						RSchL'				
	Zielasko Johanna	18. 5.05	E KR	k	8. 4.57		Leroff Ulrike	80	D ER	e	6. 5.55
	Immhoff Christine	26. 6.06	F PA	k	28. 9.53		geb. Westerhoff SekIL'				
	Herres Ulrike	26. 6.06	ER L	e	1. 1.67		Wittpahl Eva-Maria	12. 9.83	BI SP	k	10. 4.54
	Ferjani Ursula		D GE		22.12.46		SekIL'				
	geb. Lück						Scholemann Heinz-				
	Brahm Susanne		S D		4. 3.61		Willi SekIL	4. 3.84	M KR	k	4.11.52
C	Molitor Monika	1. 8.80	M EW	k	27.11.50		Graf-Schulz Helmut	1. 5.92	M SP		
	Engels Rüdiger	28. 7.82 °	M SP			E	Kemper Andreas Dr.	1. 2.06	M PH	k	11. 5.74
	Miemczyk Gisela	4.10.83	E F		17. 5.52		Spieß Christoph	1. 8.06	E L	k	11. 2.76
	geb. Kölschbach						Finkenrath Thomas		S MU		30. 6.72
	Bollweg Monika	9. 8.84	E TX (M)	k	14.11.46		Kaas Sebastian		GE L		12.12.72
	geb. Köster						Heese Mario		PL KU		22. 9.73
	Schlegel Waltraud	8.85	F GE	k	19. 4.54		Trautwein Sabine		GE KR	k	26.10.73
	Graessner Petra	1. 8.01	IF M	k	14. 4.68		Schwager Nikolaus		CH PA		27. 9.75
	Reinhardt Helga	1. 1.03	F SP	k	19. 2.68		Boppré Clemens		° E GE		27. 1.76
	Schmidt Alexander		EW SP		12. 9.49		Kadner Iris		M SW		10. 4.81
	Ferfers Marion		BI CH		25. 7.52	F	Hermsdorf Hannelore		D E		29. 6.54
						H	Seidel Flora Dott.		E I	k	25. 2.47
	Irmer Susanne		° KU SP	k	19. 2.70		Sturm Hans-Joachim		SP		

1.495 Mechernich Gymnasium Am Turmhof gegr. 1964
st. G. f. J. u. M.
Nyonsplatz, 53894 Mechernich – Tel. (0 24 43) 40 31, Fax 89 23
E-Mail: 166856@schule.nrw.de, Homepage: www.gat-mechernich.de

Kl: 8/16   Ku: 77/14   Sch: 887 (463) (236/433/218)   Abit: 60 (31)   **BR Köln**
L: 48 (A 1, A₁ 1, A₂ 5, B 14, C 17, D 1, E 8, H 1)   ASN: **166856**
Spr.-Folge: E, L, L/F   Dez: LRSD **Palmen**

A	van de Gey Josef	1. 8.00 °	F GE	k	19. 3.51	Lennackers Vera	6. 9.05 °	L GE	k	29. 3.74
A₁	Melenk Hartmut	13. 8.01	PH ER	e	7. 9.51	geb. Faßbender				
A₂	Wergen Rainer	17. 1.95 °	D PL	k	11. 2.44	Jung-Kaballo Daniela	15. 9.05 °	E BI	k	15. 6.75
	Dr. M. A. (T)					Weiss Jörg	17. 9.05 °	M F	k	12.11.73
	Esch Hans	7. 3.01 °	SP SW	k	19. 3.49	Röttger Petra	30.12.05 °	M BI	k	24.10.74
	Noël Monika	19.11.01 °	BI CH	k	13. 8.57	Sandschneider Anke	1. 8.06 □	D BI		4.12.76
	geb. Ruschke (F)					Hammerschmidt	2. 8.06	D F KR	k	15. 7.77
	Jakob Christa	14.10.03 °	M CH	k	8.10.49	Mechthild				
	geb. Schneider					Marenbach Stefan	9. 8.06 °	CH PH	k	25. 2.75
	Eckern Marita	26. 9.06 °	E F		29.12.68	Kreitz Micha	16. 8.06 °	GE SW PK	k	10. 6.78
B	Schlosser Hermann Josef	20. 9.82 °	M	k	1. 4.48	Schwab Renate Dr.	22. 8.06 °	BI CH	k	11. 4.64
	Hilger Franz-Josef	6. 5.96	E GE	k	9. 1.49	Lutsch Maritta	22. 8.06 °	E KR	k	16. 2.72
	Wolf Heinrich	1. 8.01 °	M EK SP	k	2. 3.53	Daamen Caroline		M BI		30. 5.75
						Rütten Vera		° D EK	k	11. 6.76
	Ferber Wolfram Dr.	2. 9.02 °	L MU	k	21. 4.61	Kolf Anna		D KR	k	30. 6.77
	Sina Martin (F)	1. 7.04	CH KR	k	16. 6.65	Horeyseck Georgia		E M	e	9. 3.78
	von Berg Bianka	7.10.04	M D			Domeier Vera		D SP	k	14. 3.78
	Meyer Heinz-Friedrich	1. 3.06	SP E	k	24. 7.50	D Henk Ursula SekIL'		KR E	k	11. 1.56
	Hüchting Thalke	1. 3.06 °	E SP	e	17.11.69	E Schroeder Arnold Dr.	1. 2.06 °	CH PH		20. 6.64
	Joist Alexander Dr. (F)	06 °	D KR	k	6. 9.72	Hermes Katinka	9. 8.06 °	D F	e	10. 4.75
	Schmitz Michael	07 °	M KR	k	3. 4.73	Naß Claudia	9. 8.06 □	D GE EK	e	8. 9.76
	Fenge Tanja	07 °	E F	e	12. 6.73	Czimek Volker	1. 2.07	EK SP	e	23. 6.74
	Schmitt Jürgen		KU W		5.11.49	Grau Patricia	1. 2.07	EK D	k	3. 7.77
	Berners Heinz		EK SP	k	21. 5.53	Humpert Nadine	1. 2.07	M SP	k	24. 8.79
	Bardt Ulrike Dr. (F)		° D F PL	k	24. 4.67	Daniel Christoph	6. 8.07	EK BI PH	k	6.10.76
C	Höltge Birgit (T)	19. 3.82 °	E GE	e	2. 5.52	Braun Verena	6. 8.07	E F	k	21. 9.78
						H Schwenk Eike Dipl.-SpL		SP		11.10.44

1.500 Meckenheim Konrad-Adenauer-Gymnasium gegr. 1968

st. G. (5-Tage-Woche) f. J. u. M.
Königsberger Str. 30, 53340 Meckenheim – Tel. (0 22 25) 91 74 01, Fax 91 74 03
E-Mail: schulleitung@kag.meckenheim.de, Homepage: www.kag.meckenheim.de

Kl: 6/15   Ku: 110/22   Sch: 852 (422) (165/395/292)   Abit: 80 (43)   BR Köln
L: 51 (A 1, A$_1$ 1, A$_2$ 5, B 15, C 18, D 4, E 5, F 1, H 1)   ASN: **167198**
Spr.-Folge: E, F/L, L/F, S   Dez: LRSD **Dr. Welz**

A	**Wolber** Helmut	3. 5.89	° F SP	k	5. 9.47	**Hellberg** Heidi	2. 2.82	° BI	e	25. 7.45
A$_1$	**Knoth** Peter	15. 8.00	E EK	e	24.11.46	geb. Lerche (T)				
A$_2$	**Herrlinger** Eberhard Dr. (V)	9. 9.81	° BI E	e	29. 9.44	**Woudboer** Edith	25. 3.82	F GE	k	15. 9.51
						Hartmann Wilfried	19. 5.83	M		21. 7.46
	Peters Hubert	3.12.85	PH M	k	6. 4.47	**Byleby-Lipus** Margarete	2.11.83	E EK	e	18. 3.53
	Schröder Peter	26. 5.93	D SW	e	8.10.49					
	Wehner-Eckl Annemarie	22. 3.95	BI	k	31. 5.47	**Petersen** Sven	1. 9.84	E EW		19. 6.50
						Rempel Bernhard	15.10.85	KR SP		14. 8.54
	Krause Joachim	27. 2.96	D PL		22. 8.45	**Pfeifer** Monika geb. Heidemeyer	16. 5.88	° M PH		7. 8.54
B	**Nökel** Frank (T)	1. 9.79	PH M	e	27. 6.47					
	Teichert Monika	4. 2.80	° E F	k	22. 3.48	**Pilger** Christa	20. 5.88	° E S	k	19. 4.55
	Strelau Friedhelm	5. 2.80	BI SP	e	21.11.48	**Boehm** Stephanie	30.10.03	ER KU	e	8. 3.69
	Hoffmann Ingeborg geb. Jakubik (T)	27. 6.81	BI EK	e	16. 2.48	**Trimborn** Daria	21.12.04	° E F	k	10.11.65
						Emmerich Annette	9. 8.05	E L		26. 7.73
	Hahn Thomas	1. 8.81	EK M	e	5. 5.51	**Eßer** Nicole	30.11.05	F SP		3. 4.72
	Felten Dieter	1. 6.94	M SP	k	18. 1.52	**Schneider** Silke	31. 5.06	D GE		25. 1.76
	Rothe Roland	1. 6.94	M PH		11. 6.54	**Sleegers** Kristiane	31. 5.06	D KR	k	15. 2.77
	Megow Wolfg. (V$_2$)	3. 9.96	° D PL	e	19. 5.43	**Giesen-Prauss** Maria		F KR	k	4. 8.56
	Jaskulski-Strache Roswitha	5. 4.01	GE PA	e	9. 4.53	D	**Valentin** Wolfgang SekIL	1. 4.83	M PH	k	22. 1.49
	Dalboth-Tiersch Josy	22.12.04	F D			**Knichel** Christel	12. 7.83	E EK	e	13.12.50
	Eigen Maria	17.10.05	MU F		7. 3.58	**Ross-Siekmeier** Barbara geb. Hardtke SekIL'	8. 5.96	MU SW	e	28. 6.56
	Kirchner Gabriela	7. 2.07	E ER	e	14.12.60					
	Fergen Ulrike	7. 2.07	CH SP BI	e	11.11.68	**Ebel** Cornelia		M EK		1. 3.53
						E	**Düx** Vera	1. 2.05	BI CH	k	7. 5.75
	Vogt Wilfried		° EK SP	k	16.12.43	**Rinke** Anja (T)	22. 8.05	L E	e	11.11.67
	Hecht Stefan		M		8. 8.47	**Routh** Janine	22. 8.05	L D	k	23. 4.73
C	**Kremer-Mansel** Barbara geb. Mansel (T)	1. 2.77	° D GE	k		**Günther** Jörg	6. 8.07	GE SW		29. 1.69
						Haupt Michael		D SW		6.10.75
	Opfermann Winfried	1. 3.81	SP EK	k	18. 3.46	F	**Küpper** Monika		E SP		21. 1.56
						H	**Schmelzer** Martin		CH		11.11.62

1.505 Meerbusch-Büderich Mataré-Gymnasium gegr. 1968

st. G. in Ganztagsform (5-Tage-Woche) mit zweisprachigem dt.-engl. Zug f. J. u. M.
Niederdonker Str. 32, 40667 Meerbusch – Tel. (0 21 32) 50 95 0-0, Fax 50 95 0-50
E-Mail: matare@meerbusch.de, Homepage: www.matare.de

Kl: 9/15   Ku: 89/15   Sch: 900 (442) (250/418/232)   Abit: 52 (28)   BR Düsseldorf
L: 58 (A 1, [A$_1$] 1, A$_2$ 6, B 19, C 19, D 1, E 3, F 8)   ASN: **165761**
Spr.-Folge: E, F/L, F/L, S   Dez: LRSD **Dr. Bubolz**

A	**Winterwerb** Jörg	2.11.98	° D PA PL	e	25. 9.48	**Richter** Gerhard	25. 2.85	BI CH	e	18. 6.49
						Fugmann Wolfgang	1. 1.86	° M EK	e	12. 5.49
A$_1$	(**Lütticken** Renatus StD A$_2$)	13. 4.00	° M PL		26. 7.47	**Witzani** Ludwig Dr.	1.12.89	SW PA GE PL PS	e	9. 8.50
A$_2$	**Neubert** Frank (F)	7. 1.91	MU D	e	29.10.48	**Müller** Bernhard	29.12.92	D E	k	21. 6.47
	Wienen Ulrich	7.10.93	M PH	k	3. 2.51	**Weeke** Anne	26. 7.02	E GE		1. 2.53
	Richter Norbert	10.11.94	° GE E	k	9. 6.44	**Belthle** Friedhart	26. 7.02	M CH IF		21. 6.61
	Stuke-Wennemann Eveline (F)	1. 7.00	° E GE	e	22. 7.61	**Beyerle** Ingrid	22. 9.04	BI	k	31. 7.48
						Reinhart Herta	22. 9.04	EW SW	k	2.12.52
	Fietze Jürgen	23. 5.01	BI M	k	20. 1.55	**Freisberg** Bernd	1. 8.06	GE SW	k	30.12.53
	Lauf Angelika	28. 9.04	D GE	k	20.10.45	**Reif** Anne	9. 8.06	□ E EK		12. 7.71
	van der Berg Ingrid	78	SP BI		29. 7.49	**Nemetschek** Peter	1. 7.07	E SP		27. 1.50
B	**Raider** Donald	3. 7.81	° E (SP)	e	29. 8.48	**Martens** Thomas Dr.	1. 7.07	BI ER M	e	27. 8.58
	Bedbur Heinz	1. 8.81	GE EK		3. 7.44					

	Jakob Edgar	1. 7.07	M PH	k	23. 2.59	Wöhrmann Petra		M IF k	4. 6.54
	Reuter Thomas	1. 7.07	D E	e	7. 7.68			EW	
	Hüttermann Carsten	1. 7.07 °	E KR	k	5. 4.72	Sievers-Schmitz Birgit		F GE e	14. 2.55
	Wieseler Sigrid		◻ M			Lipken-Simon Sabine		S SW	11. 7.65
C	Ruprecht Hans Ulrich	1. 2.78 °	L GE		2. 5.48			GE	
	Klopschinski Antje	15. 8.80	D GE	e	2. 7.50	Böhmer Achim		CH EK	1.12.67
	Welsch Christian	1. 9.81	M EK		8.12.50	D Welsch Ria	6. 3.84	E KR k	8.10.55
	Stockhausen Anne-Marie	14. 1.82	F R		7. 4.51	E Graf Sabine geb. Wentz	1. 2.07 °	D PA	30. 4.75
	Kölbel Thomas	28. 4.82	D PL	k	26.12.52	Aust Conrad	1. 2.07 °	GE SP k	26. 9.77
	Hardt Ulrike	3. 5.82	KU KW	e	17. 3.51	Hellmann Henrike	1. 2.07	E F	29. 5.79
	Wagener Ulrich	2. 8.82	D PL	e	21. 5.51	F Toups Theo		SP k	30.10.48
	Walter Heribert Dr.	18. 7.83	D PL	k	9.12.50	Mann Heinz Hubert Dr.		D KU	17.12.49
	Sauermann Klaus-Peter	28. 8.85	F KR	k	17. 6.52	Sälzer Werner		° M PH	7. 7.52
						Riemer Ulrike geb. Kolmetz		MU ER e	16. 4.57
	Siebertz Hella	92	KU F		27. 7.53	Sommerfeld-Bansberg Elisabeth		° BI KU k	7.11.58
	Trüschler Sabine	1. 8.03	SP BI	k	26. 2.73			PA	
	Seeburg Gabriela	30.11.04	KU BI		26. 7.71	Decker Birgit		D EK	1. 9.59
	Spenrath Daniela	25. 2.05	D SP		30. 1.73	Rosenau Ute		ER E	e 29. 6.60
	Tauke Oliver	1. 8.06	E GE		8. 2.66	Hillebrands Robert		° MU	23. 8.68
	Schliebitz Tobias	1. 8.07 °	L PL	e	28. 8.75				

1.506 Meerbusch-Strümp Meerbusch-Gymnasium gegr. 1968
st. G. (5-Tage-Woche) f. J. u. M.
Mönkesweg 58, 40670 Meerbusch – Tel. (0 21 59) 9 65 60, Fax 91 63 98 18
E-Mail: smg@meerbusch.de, Homepage: www.smg-meerbusch.de

BR Düsseldorf
ASN: **165750**

L: 66 (A 1, A₁ 1, A₂ 7, B 23, C 19, D 6, E 7, H 2)

Spr.-Folge: E/F, L/F/E, L/F

Dez: LRSD **Dr. Bubolz**

A	Keusen Ulrich		M PH	k	5.12.49	Harder Ingrid	2. 6.80 °	GE KR k	28. 2.45
A₁	Söller Ilse-Dore	1. 2.05	E GE	e	29.10.59	Vogel Sybille	4. 9.84	M EK k	28. 7.54
A₂	Vogel Franz	20.12.94	M PH	k	17. 6.53	Weule Arndt	30. 3.03	S SP	18. 4.68
	Lichtenstein Leonard	26. 2.97	BI	e	18. 8.49	Breimhorst Anja	1. 8.05	M PA k	13. 8.76
						Dömer Anna	1. 8.05	F KR	23. 8.76
	Marx Ulrike (F)	1. 6.98 △	BI EK	e	22. 4.54	Küstermann Martin		D PL	9. 4.48
	Weber Erika geb. Brand	1. 8.02	E EK	k	7. 6.49	Strauch Gerwin		E MU k	31. 8.51
	Backes Dietrich (F)		PA ER L	e		Cadé Magit		E F	k 23.10.52
						Klaeren Susanne		KU F k	30. 6.66
						Caspari Karin		F GE	31. 8.66
B	Muckerheide Harald	22. 9.77	PH	k	28.12.43	Meurer Ute		L G SP k	12.11.68
	Siecken Gisela	9. 1.78	F SP S	e	21. 1.44	Bussek-Merle Roswitha		D BI k	27. 3.70
	Scheer Heidemarie geb. Sprung	22. 1.79	KU W	e	5.10.42	Plass Astrid		SP EK k	19. 4.72
	Bucher Sylvia geb. Lohöfer	18.10.82	EK SP		4. 9.46	Silz Inga		M PH e	18. 8.72
	Vogel Jens	19.12.85	CH		18. 3.47	Ören Hakan		D BI	7. 8.74
	Siebertz Peter	18.12.92	D SW		14. 7.52	D Schneider Edith geb. Göckler SekIL'		KR E	23. 8.52
	Sandmann Michael	1. 8.02	M PA	k	30. 7.51	Kurz Christiane geb. Bartz SekIL'		D HW e	27. 8.53
	Neumann Jürgen	1. 8.02 °	M EK	e	13.10.54	Hildebrandt Thomas SekIL		CH BI k	10. 8.56
	Hüttl Thomas	1. 8.02	GE CH	k		Özdemir Elif		PA SP	20. 9.77
	Koppenhagen Siglinde	1. 8.05 °	E PA	e	20. 9.53	E Keßler Carola	22. 8.05 △	MU D e	7. 4.67
	Paepenmöller Klaus	10. 8.06	M WW			Bukow Sylvain		BI EK	1.10.72
	Clauss Wolfgang		° E EK	e	13. 2.48	Steffens Nicole		D E	14. 3.76
	Schanowski Carola		D E	e	2.10.52	Franzen Ulrich		M SP	19.11.76
	Siber Hans-Joachim		M SP	k	21. 1.54	Meyfarth Karin		F SP	16. 1.77
	Winkelmann Klaus		D E	k	20. 7.54	Claßen Angela		PA PH	24. 5.77
	Pohl Ulrike		EK MU	k	20. 4.63	Lehm Constance		L I	18. 7.77
	Schiebler Dorothee		BI CH		5. 5.64	H Ruhwedel Rainer		E ER	9. 3.57
C	Tarras Hartmut	18. 3.80	E GE	k	7. 9.47	Schmiedeke Richard Pfr.		ER e	3. 4.58

1.510 Mettmann Konrad-Heresbach-Gymnasium gegr. 1904 (1857)

st. G. (5-Tage-Woche) f. J. u. M.
Laubacher Str. 13, 40822 Mettmann – Tel. (0 21 04) 96 72-0, Fax 96 72-29
E-Mail: verwaltung@khgme.de, Homepage: www.khgme.de

Kl: 10/16 Ku: 102/14 Sch: 973 (523) (291/437/245) Abit: 65 (34)   BR Düsseldorf
L: 58 (A 1, A$_1$ 1, A$_2$ 2, B 16, C 24, D 2, E 7, F 5)   ASN: **165591**
Spr.-Folge: E, L/F, F/L   Dez: LRSD **Schütze**

A	Leder Anneke	1. 9.94		F GE		4.11.48	Arend Kerstin (T)	1. 1.02	E D	11. 3.66
A$_1$	Kirschner Rudolf	1. 8.00		CH SP		27. 5.52	Möllney Ulrike Dr. (T) 26. 1.03		E GE	10. 3.60
A$_2$	Eicker Ursula	31. 5.06	°	E GE	e	11. 1.48	Kosel Bernd	1. 8.03	° BI SP	13. 5.67
	Hinzmann Werner (T)	1. 4.07		M PH	k	19. 5.48	Baier Holger	15. 9.04	E EK e	8. 5.68
B	Decker Klaus-Dieter	22.12.78	°	CH	k	23. 5.44	Filiz Halime	1. 5.05	E PL	26. 9.74
	Richter Udo	29. 2.80		E EK ER	e	1. 3.48	Ihle Silvia (T)	6. 9.05	F SP e	4.11.73
							Eckholt Nicole	15. 9.05	F E k	6. 8.74
	Spelz Jürgen (T) (V)	1. 8.80	°	E F		15. 7.47	Zon Joanna (T)	3.11.05	D KU k	3.10.72
	Grützmacher Bernd	7. 7.81		BI SP	e	14. 5.49	Urban Detlef Dr.	1. 2.06	L GE k	12. 2.72
	Meinelt Matthias	21. 5.82		M		12. 5.51	Strigl Bettina	6. 3.06	D PL	17. 6.71
	Höhle Reinhilde (T) geb. Hammesfahr	29. 1.93	°	E GE	k	27. 4.46	Datko Gabriele (T)	14. 4.06	M EK k BI	13. 5.67
	Bergs Heinz	12.12.95	°	D L PL EW		23. 4.49	Prigge Malte	6. 7.06	BI M e	21. 9.72
							Fuchs-Kerschgens Ute (T)	18. 9.06	E F k	27.12.75
	Kucharczyk Jürgen	22. 5.02		GE D	k	8. 2.52	Klein Alexander	1. 1.07	° F GE E k	6.12.73
	Tekaat Manfr. Dr. (L)	9.11.04	°	F GE M	e	21. 1.50	Meurer Simon	8. 3.07	M SP k	29. 5.75
	Becker Berthold	9.11.04		D EK	k	8. 3.53	Nagel Christine (T)	1. 4.07	D ER	17. 6.62
	Breuer-Viefers Ingrid geb. Breuer (T)	12.12.05		BI EW	k	9. 1.52	Mattern Stefanie	29. 5.07	D BI k	8.10.77
	Greiwe Mechtild	12.12.05	□	CH EK	k	12. 3.57	D Claßen Evi geb. Milting (T)	12. 3.73	M U e	17. 9.45
	Wellmann Udo	24. 7.06		EW E	e	27. 8.52				
	Hinzmann Mechthild	1. 6.07		CH PL	e	29.11.54	Macher-Hauptstein Julia geb. Macher SekIL'	31. 1.83	□ GE D	12. 5.55
	Ehrhard Andreas	1. 6.07	□	M MU	k	27.11.70				
	Knoblich Horst	1. 6.07		M ER	e	11.12.72	E Verstappen Tobias	22. 8.05	SP k	19.12.74
C	Eichinger Karl-Johann	3. 9.83		D SW L	k	28.11.51	Reh Barbara (T)	9. 8.06	° D MU k	19. 4.68
	Gründl Ingrid geb. Hübner (T)	18. 9.83		D PK KR	k	24. 4.53	Höwel Alexander	9. 8.06	EK SW e	2.11.72
							Moll Mareike	9. 8.06	D SW e	29. 2.80
	Hennig Ulrike	4. 1.84		M EK	k	27. 6.53	Hannaford Michael	1. 2.07	BI E	20. 2.79
	Groß-Obels Irmgard geb. Groß (T)	4. 9.84		SW SP	k	1. 8.53	Reinking Anke	6. 8.07	D SP	26. 2.80
							Bernthaler Senta	6. 8.07	E GE	11. 4.80
	Molitor Peter geb. Müller (T)	29. 8.85		M PH	k	18. 2.51	F Holzwig Peter Dr.		KU PL	6. 7.49
							Mosler Peter		KR PA k	10. 2.54
	Hoepfner-Max Barbara geb. Max (T)	1. 8.01	°	CH BI	k	6. 5.68	Schmitz Andrea		D SP	1.11.58
							Verhoeven Barbara		KU	8. 2.62
	Fuchs Helga geb. Schweitzer (T)	1. 1.02		KU SP	k	15. 9.50	Jacobs Ulrich		GE F	13. 3.71

1.511 Mettmann-Metzkausen Heinrich-Heine-Gymnasium gegr. 1969

st. G. (5-Tage-Woche) f. J. u. M.
Hasselbeckstr. 4, 40822 Mettmann – Tel. (0 21 04) 49 09-0, Fax 49 09-115
E-Mail: hhg-me@t-online.de, Homepage: www.hhg-mettmann.de

Kl: 6/12 Ku: 77/13 Sch: 665 (312) (159/304/202) Abit: 64 (24)   BR Düsseldorf
L: 40 (A 1, A$_1$ 1, A$_2$ 4, B 11, C 16, D 2, H 5)   ASN: **165670**
Spr.-Folge: E, F/L, F, F   Dez: LRSD **Schütze**

A	Thomas Sabine geb. Schmalstieg	7. 4.03	°	CH PL		3. 3.54	Kords Hans-Christ.	22.12.92	° MU M e	19. 4.50
							Verfürth Annegret geb. Schmitz (T)	1.12.94	D E	4.11.52
A$_1$	Dach Peter Dr.	1. 5.04		D EK	k	25. 4.48				
A$_2$	Klose Dietmar (F)	21.11.80		MU EK	e	2. 3.43	Behrendt-Vohr Heide- marie geb. Behrendt (T)	1.12.94	BI e	15. 6.52
	Landwehr Bernhard	1. 2.92		M	k	31. 1.49				
	Brückner Johannes	21. 1.97		E EK	e	8. 2.49	Kropp Wilhelm (T)	1. 3.97	D SW	14. 9.44
	Kleinhans Gerhild (T) (F)	1.12.04		M BI		29. 9.60	Frank Edith (T)	22. 5.02	M PH e	20.10.49
							Olschewski Karin geb. Lehmkühler	1. 1.05	MU k MW	10. 2.52
B	Becker Jürgen	11.12.89		D SW L		26. 7.52				

Gymnasien Nordrhein – BR Düsseldorf · BR Köln

	Faber-Dürrschmidt	1. 1.05	F PA	k	23. 1.52	Dohlen Jörg (T)	19. 9.04	D GE	k	17. 8.70
	Gertrud geb. Faber (T)					Scholz Marie-Luise	1. 9.05	M PH	k	20. 4.57
	Kaiser Ronald	1. 1.05 °	M PH		22.11.68	(T)				
	Leis Ulrich	1. 1.06 °	M PA		14. 1.53	Mielke Frank	6. 9.05 °	BI SP	e	23. 6.71
	Kamphausen Bodo	1. 8.07 °	BI CH		29. 1.68	Titze Oliver	1.12.05 °	ER D	e	30.10.67
C	Kattan Barbara	7. 1.80 °	E F	k	18.11.49	Heckroth Mark	1. 2.07 °	M KR	k	25. 7.75
	geb. Schmitt					Feldmeier Jörg	1. 8.07	D GE		13. 2.78
	Kirchdorfer Elfriede	1. 3.81 □	SP PA	e	28. 8.51	Schaurer Claudia	6. 9.07 °	E EK		24. 9.72
	(T)					D Lutzmann Rudolf	4. 9.81	EK SP	k	18. 6.51
	Glienke Hans-Joachim	7. 4.82 °	PH	e	26. 3.47	SekIL				
	Dipl.-Phys.					Gödde Jochen (T)	1. 2.88	BI ER	e	25. 2.57
	Herbst Birgit	7. 7.95	E SP	e	21. 3.62	H Wispel Bernd Dipl.-Theol.	°	KR	k	17. 1.47
	de Witt Ellen (T)	1. 3.03	L D	oB	8. 8.72	Held Veronika geb.		SP	e	26.12.47
	von Kries Maud (T)	1. 8.03	E SW		24.12.71	Schildmann SpL' u. WkL'				
	Majewski Stephanie	1. 2.04	D GE	e	26. 9.71	Düren Klaus Dipl.-SpL		SP	k	2. 8.54
	geb. Schröder					Heinenberg Dirk		E GE		2.12.57
	Rombeck Julia (T)	1. 8.04 °	F BI	k	23. 8.68	Krollmann Fritz-Peter Dr.		PL D	e	17.11.63

1.520 Mönchengladbach Bischöfliche Marienschule gegr. 1830
pr. G. (5-Tage-Woche) f. J. u. M. d. Bistums Aachen
Viersener Str. 209, 41063 Mönchengladbach – Tel. (0 21 61) 4 77 77-0, Fax 4 77 77-29
E-Mail: Bisch-gym.Marienschule@bistum.aachen.de, Homepage: www.marienschule.de
Kl: 10/19   Ku: 177/33   Sch: 1312 (753) (311/543/458)   Abit: 140 (85)   **BR Düsseldorf**
L: 74 (A 1, A_1 1, A_2 11, B 25, C 21, D 1, E 6, F 7, H 1)   ASN: **165037**
Spr.-Folge: E/L, L/F, F/L, S   Dez: LRSD **N. N.**

A	Oberdörster	1. 8.93	M PH	k	18.12.48	Rose-Storck	1.12.97	D KU	k	21. 4.61
	Wilhelm Dipl.-Math.					Christiane geb. Rose				
A_1	Konder Johann	1. 8.05	SP EK	k	28. 2.52	Lachmund Ilse	1.12.97	BI EK	k	26. 4.59
A_2	Tomberg Ernst	1. 9.90	L GE	k	13. 4.48	Hötker Maria	1.12.97	D E	k	3. 6.57
	Roffmann Evamarie	24. 4.91	BI CH	k	14. 6.52	Jentgens Thomas	1.12.97	KU EK	k	20. 1.58
	geb. Hußmann (F)					Fink Barbara	1.11.00	SW E	k	9. 2.60
	Queck Heinz	1. 7.92	SW EW	k	1.10.51	Pfeiffer-Meyer Ursula	1.11.02	D E	k	10. 1.61
	Kölling Klemens	1. 9.94	KR D	k	12. 3.54	Peters Georg	1.11.02	MU KR	k	5. 2.57
	Storck Christoph Dr.[1]	1. 8.96	D KR EW	k	5. 7.56	Winter Annemarie	1.12.04	D SP	k	13.11.60
	Bleilevens Franz	1.11.98 °	M PH	k	9. 3.54	Bentler Bodo	1.12.04	BI GE	k	23.10.61
	Josef					Pigulla Kathrin	1.12.04	D S	k	13. 7.62
	Zanders Johannes (L)	1.11.00	M PH	k	8.11.51	Schmidt Wolfgang	1.11.05	EK SP	k	27. 1.58
	Aurelio Barbara	1.11.01	D KR	k	23. 7.50	Krings Christiane	1.11.05	M BI	k	24. 1.62
	geb. Heider					geb. Pullen (T)				
	Ludwigs Kurt	1.12.03	E EW	k	28. 9.54	Engels Rainer	1.11.05	E F	k	1. 6.64
	Gerards Peter Dr.	1.12.06	BI CH	k	29. 3.52	Folz Wolfgang	1.11.05	M PH	k	2.11.67
	Döben Dieter Dr.	1.12.06	MU SW	k	7. 9.60	Dohmen Birgit	1.11.05	E BI	k	31. 7.73
B	Maaßen Mechtild	1. 2.85	CH KR	k	24.11.54	geb. Heinrichs				
	geb. Eckers (T)					C Wiefels Lilo (T)	17.10.85	F KU	k	25. 9.55
	Linn Dieter	24. 4.91	SP EK	k	15.10.53	Held Monika (T)	1. 8.93	KU EW	k	30.11.57
	Fröhlich Ursula	29. 4.91	M CH	k	24. 6.53	Kluth Gabriele	1. 8.95	D GE	k	14.12.60
	geb. Horst (T)					geb. Altmann (T)				
	Fröhlich Albert	1. 7.92	M PH	k	1. 6.54	Powik Jutta (T)	1. 9.95	E SP	k	31. 7.61
	Seeliger Wilfried	1. 7.92	KR PL PA	k	25. 9.53	Werth Heinz Gerd	1. 9.97	M SP	k	26.11.60
	Dipl.-Theol.					Boonen Barbara (T)	1. 9.97	D BI	k	27.10.65
	Wollenweber Wolfg.	1. 6.93	KR L	k	25.12.55	Graafen Thomas	1. 9.98	D GE	k	11. 3.61
	Achten Christa Maria	1. 6.93	D GE	k	20. 8.56	Alertz Birgit	1. 6.01	L M	k	18. 9.65
	geb. Stockhausen					Atrops Walburga	1. 8.02	SP EK	k	5. 5.66
	Queck Beate	1. 9.94	M EK	k	3. 3.56	geb. Beines				
	geb. Mertens (T)					Wedershoven Britta (T)	1. 5.03	E BI		2.11.71
	Rescheleit Wolfgang	1. 9.94	ER SP	e	24. 5.55	Hammes Nicole	1. 8.03	D E	k	11. 3.70
	Schubert Walfried[2]	1.12.97	KR L	k	27.11.57	Quadflieg Eva-Susanne	20. 8.03	D E	k	22. 3.69

	Emunds Marika	1. 9.03	F EK	k	1.10.71		Handke Silke	1. 2.07	E KR	k	11. 5.79
	Meurer-Eilermann Dorothee	1. 9.03	D GE	k	22. 9.71		Trilck Tobias	1. 6.07	E EK	k	3.10.75
	Achterfeldt Babette	1. 9.03	D KR	k	5.10.73		Tolles Melanie	1. 6.07	F SP	k	17.11.77
	Förster Roman	1.12.03	E BI	k	7. 1.73		Cöppicus Sr. Angela	1. 8.07	M BI	k	8. 3.73
	Förster-Moreno Christina geb. Döhmen	1.12.03	BI SP	k	26. 5.75	F	Nix Heinz		CH EK	k	4. 4.52
	Kiemeswenger Dominik	1. 4.04	M GE	k	18. 5.71		Fischer Ellen		PA M	k	20. 6.54
	van Bebber Cornel	1. 8.04	BI CH	k	21. 4.74		Schröders Annette geb. Baum		F KR	k	26. 8.58
	Pastor Heinrich	1. 2.05	M KR	k	11. 9.70		Lischewski Peter		MU	k	10. 2.64
	Hitzges Martin	22. 8.07 °	E D	k	20.11.73		Steinfort Franz		D GE	k	4. 6.66
D	Mobers Karl SekIL	7. 9.81	MU KU	k	17.10.49		Sonntag-Werkes Lydia		BI CH	k	10. 6.70
E	Klein David	1. 2.06	M PH	k	24. 4.75		Wagner Thomas		SP EK PK	k	1. 9.74
	Hommen Katrin	1. 2.07	D SW	k	27.10.76	H	Mertens Danielle geb. Marchionini C.A.P.E.S.		F	k	30. 6.46

[1] Lehrbeauftr. an d. Univ. Dortmund, Duisburg-Essen und Münster   [2] Lehrbeauftr. an d. Univ. Düsseldorf

1.521 Mönchengladbach Gymnasium Am Geroweiher gegr. 1875
st. G.[1] (5-Tage-Woche) f. J. u. M.
Balderichstr. 8, 41061 Mönchengladbach – Tel. (0 21 61) 8 10 9-0, Fax 8 10 99-99
E-Mail: info@gymnasiumamgeroweiher.com
Homepage: www.gymnasiumamgeroweiher.de

Kl: 8/14   Ku: 85/15   Sch: 828 (460) (243/368/217)   Abit: 57 (37)   **BR Düsseldorf**
L: 48 (A 1, A$_1$ 1, A$_2$ 3, B 18, C 13, D 5, E 5, F 2)   ASN: **165049**
Spr.-Folge: E, L/F, F/L, F   Dez: LRSD **N. N.**

A	Lothmann Wolfgang	11. 2.04 °	D SP	k	22. 3.51		Friesen Almut geb. Borcherding (T)		D KU	e	1. 4.53
A$_1$	Meyer Michael	1. 9.05	BI CH	k	27.11.55		Gutt Regina		° KR GE	k	24. 1.56
A$_2$	Brieden Rainer	28.11.80	D PL	k	12. 5.45	C	Riethdorf Manfred	6. 8.81	KR PA	k	2. 4.44
	Lenzen Stefan	14.12.95 °	M PH (IF)	k	14. 2.56		Albrecht Michael	6. 8.81	D PL (E)	e	1. 9.46
	Herzog-Stock Barbara	4. 9.06	E D	e	28. 6.52		Dülpers Volker	1. 8.82	SP PA		17. 2.50
B	Gossel Johanna geb. Eickmans (T)	1. 3.79 °	F EK	k	24. 6.47		Pleitgen Michael (T)	1. 8.82 °	E D	k	3. 2.53
	Ilgert Erhard	27. 3.81 °	M	e	1. 3.43		Silberbach Gerhard (T)	4. 9.84	D KU	k	28. 8.51
	Schuld Margarete geb. Krämer	16. 7.81	M BI	e	19.12.48		Hojnicki Hans Walter	4. 9.84	D SW	k	8.12.51
	Küttner Winfried	16. 8.83 °	MU ER E	e	12. 3.52		Reder Andrea (T)	8.04	BI D		19. 3.65
							Hoffmann Axel	1. 8.06	D E		27. 7.69
	Schlosser Anneliese	1. 3.85 °	CH BI		30. 3.45		Noethlichs Sarah	1. 8.06	F GE		4. 5.76
	Horster Brigitte geb. Bons (T)	30.10.89	D GE	k	22. 5.48		Berndsen Guido	1. 8.06	M PH		11. 6.76
	Postelmann Holger	30.10.90 °	E GE	k	17.10.49		Hülsenbusch Angela	1. 2.07	D KR	k	
	Pütz Notburga	8.12.92	F GE	k	17. 9.49		Everding Dorothea		KU		16. 9.49
	Kemnitz Axel	23. 7.03	M IF	e	21. 2.43	D	Rohrig Cordula (T)		E F	e	26. 9.61
	Kunze Annemarie (T)	6.05	E EK	k	29. 9.53		Simon Gerd SekIL	11.12.82	BI EK	k	4. 7.50
	Bever Rosel geb. Hoffmann	6.05	M ER	e	26. 4.58		Dunker Angelika SekIL'	29. 7.84 °	D E	k	5. 2.55
	Glander Ingo Dr. Dipl.-Chem.	1.12.06	CH		4.10.44	E	Czekalla Margarete SekIL' Wienholz Kathrin	1. 2.06	SW GE M BI	k	10. 3.55 1. 5.79
	Cürlis Nicola	1. 5.07 °	L M	e	27.10.67		Syrmoglou Alexandros	1. 8.06	D E	gr-orth	16. 7.75
	Kanis Cordula	1. 5.07	MU EK	k	20. 6.70		Klemt Markus	1. 8.06	D SP	k	25. 2.77
	Breuer Martina geb. Holtus	1. 5.07	L F	k	29. 3.74		Baumann Melanie	1. 2.07	E F	k	31. 8.78
	Noël Norbert		F GE		27. 8.48	F	Striewe Juliane Krawinkel Georg SpL	1. 2.07	M SP SP	k	4. 4.80 6.12.50
							Brüggen Martina		L PA	k	26. 6.70

[1] m. Montessori-Zweig in SekI

1.522 Mönchengladbach   Stiftisches Humanistisches Gymnasium   gegr. 1877
st. G. f. J. u. M.
Abteistr. 17, 41061 Mönchengladbach – Tel. (0 21 61) 8 23 60 70, Fax 8 23 60 99
E-Mail: info@huma-mg.de, Homepage: www.huma-mg.de

Kl: 7/12   Ku: 140/19   Sch: 908 (525) (181/370/357)   Abit: 53 (25)   BR Düsseldorf
L: 53 (A 1, A_1 1, A_2 6, B 18, C 15, D 3, E 7, H 2)   ASN: **165062**
Spr.-Folge: E, L/F, F, F   Dez: LRSD N. N.

A	Jacobs Heinz-Theo	1. 8.02	°	M EK	k	11. 4.53		Krause Bernward		D GE	
A_1	Schuld Dieter	8.12.92	°	M ER	e	8. 7.48	C	Maile Jürgen	1. 2.79	M k	18. 4.49
A_2	Hoffarth Rüdiger	11. 2.92	°	F PA (ER)	e	1. 1.47		Lange Klaus	22. 9.79 °	E e	16. 1.50
								Kurczyk Marian	19. 3.80	MU GE k	7. 5.48
	Müller Christine	1.12.94		BI	e	11. 3.45		Verhufen Kurt (T)	3. 8.82	KU k	4.12.49
	Schmitz Werner	1. 6.04	°	D E		20. 5.54		Schräder Eva-Maria (T)	4. 5.01 °	L KR	3. 2.71
	Stapper Hans	6. 7.06		D EK	k	16. 3.50					
	Schäfer Frank (F)			D SW	e	4. 5.47		Rost Peter		D SP k	10. 5.62
	Godoj Claudia (F) (T)			E KR SW	k	8. 5.58		Wünstel Andreas Dr.		BI CH	3. 4.64
								Dembowski Barbara		MU BI e	28. 5.64
B	Combach Rolf	23.10.78	°	M CH	k	23. 3.46		Dickmanns Jörg		E SW	1. 2.73
	Röpke Uwe (T)	6.12.78		CH EK	k	7. 4.49		Bodewein Gerhard	°	D EK k	11. 5.73
	Lieverscheidt Ute (T)	1. 8.80		D F	e	27. 2.46		König Corinna		L F	12,11.73
	Bongartz Manfred	1. 8.80		M		18. 1.47		Otten Andrea		BI EK	10.11.75
	Rochelt Gabriele geb. Fidora (T)	1. 8.81	°	BI CH	e	12. 3.50		Berg Silke		PK EK	7. 4.77
								Int-Veen Katrin		M KR	25. 5.77
	Stracke Peter	1.11.82	°	PA E	k	14.12.48		Bergemann Michael		E GE	28. 5.77
	Radermacher Ulrike (T)	2.10.90		D GE	e	9.10.54	D	Otten Ernst Otto SpL	6.12.76	SP k	7.12.44
	Rütten Paul	18.12.92		F GE		5. 2.50		Laubach Wolfgang SekIL	20. 7.81	M SP k	10. 6.55
	Stüben Peter Dr.	2. 1.95		GE PL		16.11.53		Junker Heinz SekIL	26.12.82	KU KR k	13. 8.54
	Weber Brigitte	10. 8.84		F EW			E	Drexler Andreas Dr.	1. 2.06 °	CH PH	19.12.72
	Herzog Winand			D SW	e	10. 3.49		Schleicher Denise	9. 8.06	E D	21.10.76
	Schaeben Rita (T)			F SP	e	23. 5.50		Wilken Diana	9. 8.06	BI SP	25.10.76
	Schroers Dorit geb. Prauß			E SP	k	26. 2.51		Dauven Marcel		* IF PH k	25. 3.73
								Schepper Henrik		F SP e	12. 1.76
	Busenius-Pongs Claudia			GE EK PK	e	8. 3.52		Schillings Daniel	°	E L SP k	5. 4.78
								Pontzen Alexander	°	BI EK	29.11.78
	Rasch Marion			PH SP		3. 5.55	H	Heikamp Harald		SP k	6. 9.49
	Bolten Alexander			D GE		27.10.73		Blau Norbert		KR GE k	7.10.66
	Dreßel Erika geb. Herrgen			M CH		9. 6.75					

1.523 Mönchengladbach   Math.-Naturw. Gymnasium[1]   gegr. 1987 (1887/1966)
st. G. (SekI m. Ganztagsangebot, 5-Tage-Woche) f. J. u. M.
Rheydter Str. 65, 41065 Mönchengladbach – F (0 21 61) 9 28 91-00, Fax 9 28 91-29
E-Mail: info@math-nat.de, Homepage: www.math-nat.de

Kl: 10/20   Ku: 164/26   Sch: 1188 (487) (272/510/406)   Abit: 88 (41)   BR Düsseldorf
L: 76 (A 1, A_1 1, A_2 6, B 22, C 28, D 3, E 5, F 5, H 5)   ASN: **165050**
Spr.-Folge: E, L/F, F, S   Dez: LRSD N. N.

A	Habrich Ingrid geb. Langenfeld	1. 2.04	°	D SP	k	24. 5.55	B	Görner Harald (T)	1. 8.74	D GE	23.12.43
A_1	Peters Eckart	1. 8.02	°	CH EK	e	5. 4.49		Mielke Doris geb. Fitzke	1.11.75	D L e	17.10.42
A_2	Drüeke Norbert (F)	20. 6.78		E EK	k	12. 1.43		Breuer Edelgard geb. Bremicker	23.12.78 °	ER GE e	25.10.46
	Müller Jürgen (V)	1. 1.97	°	CH EK	e	22.10.51					
	Göbel Angela geb. Ebus	1. 8.03	°	BI CH		5.11.54		Fidora Udo	8. 1.80	E SW	16. 9.48
								Schimanski Rolf	18. 4.80 °	D GE e	22. 6.44
	Peters Herbert	27. 5.04	°	E PA	k	17. 6.51		Schiffl Harald	21. 6.80	M (IF) k	23. 6.46
	Waldhausen Reiner	21. 1.05		SP E	e	26. 8.46		von Krebs Rüdiger (T)	28.10.80 °	E EK e	1. 2.46
	Tipp Hans	19. 4.07	°	EK F	k	12. 2.48					

Pispers Raimund	2. 7.81	L PL	k	22. 9.47	
Schlabach Ursula geb. Werner	30. 8.82	D F	e	7. 1.48	
May Monika geb. Laszig	18. 1.93	F R	k	22. 4.50	
Gotzen Gerhard	2.11.97 °	CH EK	k	21. 4.53	
Fuchs-Roussel Margret geb. Fuchs	1. 8.03 °	M PH MU	k	1. 8.53	
Eube Eberhard	16. 7.04 °	PH (IF)	e	4. 4.45	
Heinrichs Marcell	16. 7.04 °	D GE	k	24.11.49	
Doxakopoulos Rita	16. 7.04 °	E F	k	22. 1.51	
Eckert Egon	28. 6.05	D EK	k	28. 3.52	
Fell Josef	26. 8.05 °	L GE	k	4. 2.50	
Ahr Thomas	23. 8.06 °	CH BI	k	21. 9.72	
Corban Thorsten	23. 8.06 °	MU L	k	30. 6.73	
Thomann Iris	14. 3.07 °	E F	k	21. 9.73	
Op de Hipt Ines geb. Schülke	14. 3.07 °	M CH	e	6.12.75	
Schultes Stephanie	27. 3.07 °	D KR (MU)	k	16. 9.75	
C Klug-Knopp Hille	8. 8.80 °	PH CH		11. 7.48	
Schmitz Manfred	24. 2.81 °	GE EK SW	k	28. 8.51	
Kremer Irmgard geb. Müller (T)	1. 3.83	E F	k	2. 6.51	
Meier-Trautvetter Norbert	15. 8.84	KU KW		29. 9.52	
Junghanns-Nolten Doris (T)	3. 9.84	SW BI ER	e	17. 7.54	
Sontag-Hasler Karin (T)	1.10.84 °	E GE	k	26. 3.53	
Coenen Simone geb. Laumeier (T)	28. 7.00 °	F S	k	3. 6.66	
Gotzmann Dörthe	1. 8.04 °	M SP	k	20. 6.66	
Kremser-Hüttermann Eva	1. 8.04 °	F GE	k	31. 5.71	
Steinhoff Christiane	19. 8.04 °	D E			
Lauterbach Stefanie	17. 1.05 °	M PH	k	16.11.71	
Spengler Simone	10. 6.05 °	M L	e	15.10.73	
Hartl Melanie	8. 7.05 °	D PA	e	26. 5.73	
geb. Ebenhofer					
Mayer Thomas	1. 8.05 °	GE KR	k	25. 2.70	
Tippmann Frank	29. 9.05 °	GE SP	k	14. 7.69	
Weikamp Jan	1. 8.06 °	BI CH M	k	25.11.64	
Knoben Axel	1. 8.06	E SP		3.10.68	
Pohlmann Christoph	1. 2.07 °	M IF	k	20. 1.77	
Steinkamp Axel geb. Meyer	19. 3.07 °	D MU SP	e	11.12.73	
Weitz Sandra	1. 4.07	E BI	k	8.11.75	
Ditges-Wolkowski Anja	23. 5.07 °	D E GE	k	28. 5.76	
Todzy Simone	1. 8.07	BI SW	e	10. 4.69	
Veiser Katja	9. 8.07 °	D SP	e	3. 2.75	
Heller Ulrike	22. 8.07	EK D		9. 2.71	
Schillings Frank	22. 8.07	BI SP	k	18. 1.73	
Blockhaus Harald		D KU		15. 3.51	
Vens Norbert	°	M PH	k	13. 1.67	
Prinz Anita	°	KU KW			
D Gellißen Marlies SekIL'		SW GE	k	24. 3.43	
Meiners Heinz Josef		SP E	k	16. 5.47	
Brockers Wolfgang SekIL		GE SP		5. 8.50	
E Langer Katrin	1. 2.06 °	M BI	k	28.12.77	
Lenzen Nicole	17. 2.06 °	D S	k	30.11.73	
Knepper Jochen	16. 4.07 °	E L	e	10. 2.77	
Mladenovic Sandra	6. 8.07	D BI		27. 8.75	
Scheulen Thorsten	6. 8.07	GE SW	k	15. 5.77	
F Mies Christiane	°	MU D	e	4. 8.57	
Blomen Peter Dr.	°	PL KR	k	13. 7.59	
Keil Stephan	°	E KR PL	k	12. 8.62	
Krülls Martin	°	BI KR	k	10. 4.70	
John Volker		M PH		4. 5.77	
H Wolcott Kenneth F.	°	E GE D	oB	19.12.45	
Plein Walter Dipl.-SpL	°	SP E	k	26. 7.46	
Borkowsky Gerd Dipl.-SpL		SP	k	2.11.47	
Wörndle Françoise geb. Le Yondre (L)	°	F M		31. 8.48	
Kirfel Dorothea geb. Siegert	°	SP	k	30. 9.49	

[1] Math.-Naturw. Gymnasium (gegr. 1887) vereinigt mit dem Neuspr. Gymnasium (gegr. 1966)

1.525 Mönchengladbach-Rheindahlen Gymnasium Rheindahlen gegr. 1969
st. G. (5-Tage-Woche) f. J. u. M.
Geusenstr. 29, 41179 Mönchengladbach – Tel. (0 21 61) 5 88 56-00, Fax 5 88 56-29
E-Mail: verwaltung@gymnasium-rheindahlen.de
Homepage: www.gymnasium-rheindahlen.de

Kl: 6/11   Ku: 71/11   Sch: 617 (327) (164/298/155)   Abit: 54 (27)
L: 35 ([A] 1, A_1 1, A_2 3, B 13, C 11, D 1, E 2, H 3)
Spr.-Folge: E, L/F, F/L

BR Düsseldorf
ASN: **165086**
Dez: LRSD **N. N.**

A (Kühn Rainer StD A_1)	1. 8.03 °	EK BI ER	e	20. 5.53	
A_1 Bruder Armin	1. 8.07	D E		26. 7.60	
A_2 Verjans Hans Georg Dipl.-Math. (Vw)	14.12.92	M (IF)	k	2. 9.51	
Engels Peter	22.12.06	M PH (IF)		18. 3.49	
Spiegelhoff Maria Elisabeth (F)		SP TX BI	k	6. 5.49	
B Schopphoven Johannes	2.11.77	F GE	k		
Heming Karl Heinz	5. 4.79	KU	k	26. 7.48	
Hoffmanns Marie-Luise	9.11.79	GE EK	k	23. 6.46	
Brisken Manfred	9.10.80 °	M PH	k	27.10.48	
In der Smitten Rolf	28.10.80	M ER	e	22. 2.45	
Hüske Michael	1. 8.81	BI EK	e	24. 7.49	

	Name	Date	Subjects		Date
	Herx Peter	8. 3.85 °	F EK	k	1. 9.48
	Laubach Herbert	1.12.85	CH SP	k	30. 5.47
	Wester Wolfgang	27.11.90	GE EK	k	24. 2.48
	Uher Carola	27.11.90	D F	k	1. 5.54
	Bruysten Jochem		PK SW EW		8. 5.47
	Verhoeff Diana		E D		27. 5.51
	Schreiber Hildegard		D GE		
C	Lux Peter	1. 2.79	M PH		
	Beckers Michael	4. 9.81	KU		6. 7.48
	Dichans Ralf	3. 8.83	E SP		23. 7.50
	Hocks Hildegard (T)	22. 9.83	PA E	k	31. 7.54
	Engelke Wolfgang	2. 4.84	M EK	e	1. 8.50
	Hocks Bernhard	17. 9.84 °	E PA ER	e	5. 9.52
	Wessel Ursula	19. 3.90	MU D	k	17. 1.56
	Schwiers Stephan	1. 8.03 °	D KR	k	15. 2.65
	Sadler Vanessa (V)	31.10.05 °	D E	k	30. 6.74
	Flemming Volker Dr.		CH	k	29.11.46
	Hanisch Wieland		D EK		20.12.46
D	Schroers Marianne geb. Westerhoff SekIL' (T)	6. 3.83	KU BI	k	30. 5.56
E	Feist Marion	9. 8.06 °	BI KR	k	12. 7.79
	Treptow Britta	1. 2.07 °	L F	k	13. 9.76
H	Klein Thomas WkL	°	W	k	10. 8.46
	Lambertz Hans Theo Dipl.-SpL		SP	k	27. 2.48
	Marz Marl. geb. Plaumann		SP		

1.527 Mönchengladbach-Rheydt Gymnasium an der Gartenstraße gegr. 1833

st. G. (5-Tage-Woche) f. J. u. M. mit zweisprachigem dt.-engl. Zug
Gartenstr. 154, 41236 Mönchengladbach — Tel. (0 21 66) 92 79 80, Fax 9 27 98 11
E-Mail: sekretariat@gymga.de, Homepage: www.gymga.de

Kl: 8/13 Ku: 113/23 Sch: 890 (534) (225/387/278)
L: 53 (A 1, [A₁] 1, A₂ 5, B 19, C 12, D 7, E 1, F 5, H 2)
Spr.-Folge: E/L+E, F/L/E, S/F

BR Düsseldorf
ASN: **165300**
Dez: LRSD **Windeln**

	Name	Date	Subjects		Date
A	Reichartz Peter	1. 2.97	D SW	k	1. 2.49
A₁	(Ciupka Erwin StD A₂)	30.10.89	BI EK	k	16. 7.50
A₂	Klouth Richard Dr.	19.10.92 °	M PH IF	k	4. 2.48
	Schameitat Anne-Bettina geb. Stehle (F)	15. 6.94	L F I		18. 1.58
	Fischer Heribert	4.12.96	PA KR PL	k	12. 7.49
	Eickhoff Annemarie geb. Jansen (F)	4.99	KU Kugk		25. 1.53
	Theißen Udo	2. 5.07	M PH		30.10.51
B	Blumenthal Wilfried Dr.	17. 8.78	L GE SW		6. 9.44
	Rösel Jürgen	13. 1.79	F Soz Gkd	e	19. 4.45
	Kloos Horst	13. 1.79	PH M		4.10.42
	Otto Ursula geb. Büschkes	28.10.80	E GE	k	3. 8.47
	Hagel Evelin geb. Unzner	28.10.80 °	M PH	k	9.11.50
	Ambaum Rita geb. van Ginkel (T)	26. 6.81	EK GE	k	19. 7.47
	Hochheimer Elke geb. Ewert	1. 9.82	E D		7. 4.48
	Opdenberg Ulrich	1. 1.96	PA SW	k	19. 8.53
	Crisp Wobine geb. Rode	1. 1.96 °	E BI	e	13. 4.54
	Melde Horst	1. 8.98 °	L PL	e	24. 5.49
	Fell Engelbert	1. 2.00	PA M	k	16. 3.50
E	Reintjes Ulrich	1. 4.00	M SP	k	2. 8.54
F	Höckmann Ulrich	22. 5.02	KU D	k	17.12.53
	Bodewein Heinz-Josef	24. 5.02	D SP	k	29. 4.50
	Mennicken Wolfgang	1. 7.03	CH BI	e	28.10.47
	Habetha-Müller Anke geb. Habetha (T)	1. 7.03	M ER	e	19.12.63
	Frenkel-Herx Monika	4.10.89	D GE	e	4.10.51
	Thunich Maria geb. Pohlmann	2. 5.07	M TX	k	30. 1.52
	Vannkann Angela	2. 9.07	SP EK	k	10. 5.54
C	Hart Karl	1. 3.78	E EK	k	30.12.46
	Essel Paul Rolf	23.11.83	GE EK	k	25. 7.49
	Gottlieb Marga geb. Fritzsche (T)	13. 3.84	E F	e	9. 8.52
	Hidding Ingrid	26. 3.99	BI KR	k	9. 7.57
	Zbirovsky-Baumgard Carola		F S		8. 2.50
	Berndt Ute		D F		3. 8.60
	Treske Natascha geb. Janczyk		E D	e	7. 4.67
	Wiedemann Andreas		CH SP PH		23. 8.69
	Niehoff Silke		E EK	k	21. 5.71
	Schäfer Simone		E EK	k	28. 2.72
	Stanski Alexandra		D E	k	15. 1.74
	Schmidt Miriam		D GE	k	10. 9.75
D	Krause-Hupperich Petra geb. Krause SekIL'	15. 4.85	KU EK	k	29.12.56
	Bongers Karola geb. Welbers SekIL'		° M SP	k	24.10.54
	Eichert Julian		E GE MU		25. 1.74
	Liebrecht Nina		D EK	e	22.10.74
	Welters Frank		MU GE	k	3. 3.75
	van de Linde Martin		E PK	e	21.10.76
	Schulze Kirsten		E F	e	31. 5.78
E	Loss Ingo	1. 8.06	BI CH		11. 9.70
F	Trabandt Ulrich		° GE BI ER	k	21. 8.51
	Wolff Werner		BI EK	e	8. 9.59
	Córdoba Harold		S F		20. 5.67
	Blum Sandra		S F		10. 2.70
	Messing Kathrin		D BI		
H	Jordy Bärbel geb. Schäfer Dipl.-SpL'		SP	e	30. 9.46
	Aben Barbara GymnL'		SP	k	18. 7.52

1.528 Mönchengladbach-Rheydt-Odenkirchen   Gymnasium Odenkirchen   gegr. 1861
st. G. (5-Tage-Woche) f. J. u. M.
Mülgaustr. 43, 41199 Mönchengladbach – Tel. (0 21 66) 96 98 5-0, Fax 96 98 5-99
E-Mail: schulleitung@gymnasium-odenkirchen.de
Homepage: www.gymnasium-odenkirchen.de

Kl: 9/17   Ku: 155/28   Sch: 1121 (566) (260/474/387)   Abit: 102 (53)
L: 68 (A 1, A$_1$ 1, A$_2$ 8, B 22, C 20, D 5, E 6, F 2, H 3)
Spr.-Folge: E/L, L/E/F, G/F/L, S

BR Düsseldorf
ASN: **165311**
Dez: LRSD **N. N.**

A	Spaniol Bernhard	1. 2.07 °	M CH	k	10.10.54
A$_1$	(Kolsdorf Ludwig OStR)	1. 7.92	E SW	k	2. 2.54
A$_2$	Fußangel Hans-Walter	1.10.77 °	L GE SW		12. 9.43
	Barnscheid Horst	24. 8.80	M PH		22. 1.47
	Wilms Manfred Dr.	31.10.89	BI CH	k	21. 3.49
	Hörchens Peter	31. 8.92 °	BI CH ER	e	18. 9.51
	Kremer Franz Peter	29.11.92	E GE SW	k	6. 9.42
	Schüngeler Heribert Dr.	6. 1.94 °	GE D	e	10.12.48
	Coentges Helmut (F)	5. 5.98 °	F EK PA	e	30. 6.48
	Hell Siegfried	1. 5.04 °	BI CH	e	2. 2.52
B	Kasan Rolf (V) (L)	16. 5.84 °	PH	e	13. 3.44
	Becker Kurt	14. 8.84	M PH	k	23. 6.52
	Wirtz Wilh.-Josef	29. 9.84 °	F EK	k	26. 3.47
	Kox Egon	28. 1.85 °	L D	k	14.12.50
	Peters Walter	8. 3.85	CH SP	k	6.12.51
	Rulfs Joachim	19. 7.85	D PL	e	19. 7.48
	Weber Sigrid	23. 1.93	BI	k	8. 8.49
	Bellen Hans-Dieter	23. 1.93	M IF	k	14. 2.48
	Rommerskirchen-Lange Brigitte geb. Rommerskirchen	20. 1.94 °	EW TX HW	k	8. 6.52
	Limburg Angela	1. 1.96 °	E W	k	19. 1.52
	Finke-Gabriel Barbara geb. Finke	1. 2.96	D BI	k	22. 5.51
	Coenen Hans Josef	1.12.06	M SW	k	24. 5.54
	Heumannskämper Mathilde	1.12.06	F EW	k	8. 6.53
	Walbergs Michael	1.12.06	D MU	k	22. 2.54
	Foitzik Ursula	1. 7.07	D F	k	29. 9.50
	Wenthe-Kiltz Ursula geb. Wenthe	1. 7.07	F E	k	10.11.51
	Esser Walter	1. 7.07	M SP	k	25.11.54
	Lenzen Andrea	1. 7.07	M E	k	11. 5.57
	Büttgen Stephan	1. 7.07 °	M L	k	4. 4.69
	Eickeler Birgit	1. 7.07	M PH	e	16. 6.71
	Hochscherf Gerd	1. 9.07	GE R ER	e	2.12.53
	Biester Gabriele geb. Albertz		M SP	e	8.10.52
C	Schröder Ursula	19. 8.80	E F	e	24.12.50
	Kohnen Hans-Willi	22. 5.81 °	M PH	k	21. 2.52
	Glaeser Anne	1. 3.82 °	F D	e	14. 6.49
	Durst Hedwig geb. Uphoff	8. 4.83	D GE	k	10. 6.51
	Ramisch-Moos Elisabeth geb. Ramisch (T)	2. 9.83 °	E F	k	1. 6.53
	Klusen Ingrid geb. Schmidtpott	31. 3.84	D EW		30. 1.55
	Leisten Franz	27. 8.84	D GE	k	1. 9.52
	Weinberg Irmenburg geb. Hesch (T)	12. 2.85	E PA	k	2. 8.53
	Waschk Waldemar	25. 9.85	D GE		26.10.54
	Hekers Leonie	28. 1.03 °	BI M SP	k	9. 1.70
	Hilsemer Carsten	1. 8.04	SP BI	k	14. 3.70
	Schmitz Andreas	1. 8.04	E BI	k	6. 3.72
	Eßer Ralf	16. 9.04 °	L G	k	10. 4.72
	Bünstorf Ulrich	19. 3.05	ER EK	e	1. 2.74
	Verdang Kirsten	1. 2.05 °	KR E	k	24. 2.74
	Ervens Thomas Dr.	1. 8.05 °	KR L	k	23.11.72
	Hoffmann Stefan	1.11.05	GE F S	k	19.10.69
	Albrecht Christian	1. 2.07 °	EK SP		16.10.72
	Cremers Roman	1. 8.07	E GE	k	25.11.74
D	Schultz-Floric Susanne SekIL'	4. 3.83	GE SW		11. 7.51
	Thissen Herbert SekIL	3. 5.83	M EK		25.10.54
	Freundlieb Hildegard geb. Erkes GHSchL'	4. 6.83	SP M	k	16. 1.56
	Wunschik Birgit SekIL'	5. 4.84	D KU	k	8. 4.54
	Kaumanns Adele SekIL'	21. 4.84	MU KR	k	6. 6.56
E	Kronibus Katharina	1. 2.06	KU GE		23. 6.76
	Reynders Stefanie	8. 8.06	E GE		21.11.75
	Busch Maria	8. 8.06	(MU) D	e	26. 9.76
	Zimmermann Jeannine	20. 7.07	D E		5.10.78
	Kiziltan Eren	6. 8.07 °	D PL		8. 7.75
	Garcia-Montana Ana-Maria	3. 9.07	D S		2.11.72
F	Strahl Monika		° D MU KR	k	16. 4.60
	Lemken Ansgar		EK SW		26. 9.75
H	Wingender Lothar Gymnasialpfarrer		° KR	k	20. 2.43
	Juhra Rolf Dipl.-SpL		SP	k	31.12.45
	Trettin Armin		SP	k	4. 7.52

1.529 Mönchengladbach-Rheydt   Hugo-Junkers-Gymnasium   gegr. 1827
st. G. (5-Tage-Woche) f. J. u. M.
Brucknerallee 58/60, 41236 Mönchengladbach – Tel. (0 21 66) 62 87 00, Fax 6 28 70 29
E-Mail: info@hugo-junkers-gymnasium.de
Homepage: www.hugo-junkers-gymnasium.de

Kl: 7/12   Ku: 105/16   Sch: 815 (442) (195/353/267)   Abit: 54 (34)   **BR Düsseldorf**
L: 46 (A 1, A$_1$ 1, A$_2$ 4, B 15, C 14, D 6, E 4, H 1)   ASN: **165293**
Spr.-Folge: E, L/F, F/L, S/H   Dez: LRSD **N. N.**

A	**Bremges** Wolfgang		BI CH	e	10. 6.53	**Winkels** Rita (T)	1. 8.80	D F	k	2. 7.53
A$_1$	**Meyer** Hans-Ulrich Dr.	1. 5.07	CH BI		12. 6.49	**Schiefer** Peter	25. 2.81 °	E GE	k	26. 2.49
						Netz Manfred	1. 2.82	BI SP	k	5. 8.49
A$_2$	**Beck** Bernhard (F)	14.12.85 °	KR GE	k	27. 8.44	**Mertens** Jürgen	1. 2.82	D PA	e	21.11.52
	Keuchen Rolf Dr.	1. 6.94	D PL	k	26. 7.47	**Falter** Rudolf	3. 8.82	EK SP	k	25.12.48
	Feldbusch Michael Dr.	28.11.94 °	L GE	k	7.11.50	**Winkels** Herbert	16. 3.83	SP F	k	3. 5.53
						Krönert Karl-Heinz	27. 8.84	M IF		13.11.50
	Rolfes Manfred (L)	1. 5.07	SP F	k	29. 7.47	**Meyer** Beate geb. Meyer (T)	1.12.88 °	M CH	k	10. 9.56
B	**Böttcher** Ursula geb. Salacki	1. 8.79	L GE	k	13. 9.45	**Dembowski** Bruno geb. Altmann (T)	8. 2.96	MU BI	E	7. 2.62
	Erdmann Heinz	30.10.80	KR D	k	9. 8.45	**Leitmann** Susanne	4. 2.02	F MU		9.12.65
	Laufenberg Ulrich	30.10.80	E F L	e	16. 7.49	**Langner** Christine	3. 3.03	E GE	k	14. 5.70
	Schüngeler Gabriele	18. 7.81	E SP	e	25. 7.49	**Reese** Marc	8. 2.04 °	M PH	e	15. 3.69
	Klug Hans Dr.	6. 8.81	PH CH		26.10.47	**Fröhlich** Brigitte (T)		M PA		15.10.54
	Hunz Gudrun geb. Görner	7. 9.81	E D	e	1.11.49	D **Loetz** Jörg SpL	24.12.76	SP	e	20.11.44
	Schönert Heinz	5.11.82 °	SP E M	e	29. 1.44	**Bloemertz** Thomas SekIL	22. 8.83	BI EK D	k	27. 5.51
	Rother Wolfg. (V)	5.11.82 °	CH		24.10.48	**Chittka** Martina geb. Pfeiler L' z. A.	31. 7.06 °	M IF	e	4. 7.60
	Verhufen Monika geb. Schlürscheid	6. 2.92	KU W		11. 9.51	**Weßling** Heinz SekIL		° EK BI	k	9. 7.49
	Becker Manfred	18. 3.92 °	EK D	k	28. 8.52	**Lehmkühler-Grieger** Franzis SekIL'		TX KU	k	12. 8.56
	Wiesen Herbert Dr.	9.12.92 °	M PH PL	k	22. 1.53	**Cönen** Marlene SekIL'		ER TX	e	3.12.56
	Cremer Anna Maria	12. 1.93	BI CH	k	22. 3.54	E **Kraft** Vera	31. 7.06	D F		
	de Clerque Angelika geb. Schlotter	23.11.94	F D	e	26. 4.54	**Brokmann** Ingo	1. 2.07	D PL PP		2. 2.76
	Poulter Monika	11. 1.96	PA E	k	20. 4.52	**Sablotny** Anne geb. Lauterbach	6. 8.07	E PA		13. 3.79
	Beem Gabriele	29. 1.96	E GE	k	23. 2.54	**Lentzen** Miriam		E EK		
C	**Bock** Heinz Peter	27. 8.79 °	M EK	k	21. 6.51	H **Reuter** Ingo Dr. Pfr.		ER	e	17. 3.68

1.530 Mönchengladbach-Giesenkirchen   Franz-Meyers-Gymnasium   gegr. 1975
st. G. m. zweisprachigem dt.-engl. Zug (5-Tage-Woche) f. J. u. M.
Asternweg 1, 41238 Mönchengladbach – Tel. (0 21 66) 98 65-0, Fax 98 65-99
E-Mail: schulleitung@fmg-mg.de, Homepage: www.fmg-mg.de

Kl: 7/14   Ku: 125/21   Sch: 851 (447) (208/353/290)   Abit: 99 (63)   **BR Düsseldorf**
L: 53 (A 1, [A$_1$] 1, A$_2$ 6, B 18, C 21, D 1, E 2, H 3)   ASN: **184688**
Spr.-Folge: E, F/L, F, I   Dez: LRSD **N. N.**

A	**Abts-Job** Karin geb. Abts	12.11.02 °	E EW	k	2. 7.53	**Plücker** Dieter (T)	6. 8.79	M PH	e	3. 6.50
						Berg Dieter	19. 8.80 °	M		20. 1.47
A$_1$	**(Loosen)** Klaus Dr. StD A$_2$)	16. 7.03	CH	e	14. 2.52	**Tipp** Wilhelm	19.11.81 °	CH SP	k	12. 1.50
						Lettgen Johannes	27. 1.84 °	M SP	k	2. 5.50
A$_2$	**Schwarz** Alexander	19.12.81 °	E D	e	23. 8.49	**Koch** Ulrich	28.11.84 °	SP M	k	23.10.52
	Pohlhaus Ruth	12.94	E EK	k	27. 5.53	**Stevens-Banken** Brigitte geb. Stevens (T)	27.11.87	F D	k	22. 5.52
	Bongers Heinz	28. 9.95 °	M EK	k	24. 6.53					
	Schiffers Harald	30.11.95	D EK	k	6. 5.52	**Breuer** Peter-Heinz	27.11.87 °	M PH	k	7. 2.52
	Butschen Franz	22. 7.04 °	M EK	k	26. 7.52	**Klusen** Peter	27.11.87	D SW		20. 3.51
	Rögels Marion geb. Hintzen (F)		° BI	k	16. 5.49	**Hüske** Gisela geb. Stutzki (T)	16.10.89	EK GE	e	18. 1.52
B	**Liewerscheidt** Dieter Dr.	21. 5.75	D GE	k	20.11.44	**Bodenschatz** Gerh. (T)	8.12.90	SW EW	k	27. 9.49
	Schulte Josef	1. 1.79	GE SP		24. 3.49	**Hell** Lilla-Eliza geb. Pavel (T)	18. 3.92	BI CH	k	19.12.53

Heinrichs Georg (T)	18.12.92	M PH	k	3. 2.55
Lettgen Gisela geb. Peters (T)	22.12.96 °	M PL	k	7. 2.55
Stehle Martina geb. Amend (T)	2.11.97	BI CH	k	26. 2.55
Ingendahl Gertrud	30. 3.07 °	M EK	k	19.12.54
Deppe Elmar	30. 3.07 °	PH M	k	26. 5.54
C Froitzheim Gabriele	1. 8.78	D F	k	22. 9.48
Kiesel Gerhard	19. 8.80 °	F EK	e	7. 1.49
Krall Werner	5. 6.81	SP EK	k	1.12.49
Striebe Karl	15. 8.83	KU	oB	20. 2.50
Hecht Ursula	27.10.83	D KU	e	16. 6.53
Stupperich Clemens	15. 8.84	KU PL	k	28. 5.51
Philipps Klaus	4. 9.84	EK SW	e	24. 2.51
Becker Petra	4. 9.84	E EW	k	21.12.53
Falter Bernhild geb. Arlt (T)	15. 9.84	BI SP	e	6. 5.53
Donner-Hochscherf Elisabeth geb. Donner (T)	22. 7.86	M BI	k	19. 2.55
Fett Peter	19. 8.86 °	D MU	k	8. 6.52
Syben Reiner (T)	20.10.87	KR SW	k	3. 7.55
Mühlen Reinhard Dr.	23. 6.95 °	D ER	e	21.10.61

Leuthen Annette (L)	1. 1.02	E L	k	31.12.65
Maibaum Susanne geb. Mertens (T)	1. 1.02	BI E	k	3. 2.70
Mohr Oliver	1. 8.04 °	E EK EW	e	8. 1.75
Klein Petra geb. Hesse	15. 3.05 °	L F	k	4. 6.74
Dahm Kai	21. 4.05	E EK	k	21. 7.72
Schippers Jörg	1. 8.05	D SP	k	12.10.69
Nacken Thomas	1. 8.05	L SP	k	12.12.73
Hegmann Christian (T)		F I	k	1. 5.73
D Nierhoff-Dittmann Ursula geb. Nierhoff SekIL' (T)	4. 3.84	CH GE	e	16. 4.55
E Willmann Anne	1. 2.06	D KR	k	28. 1.78
Bolduan-Burggräf Ineke	16. 4.07	D E	e	4. 8.79
H Leuchtgens Paul-Theo Dipl.-SpL		SP	k	2.11.52
Warner Achim Dipl.-Theol. (V)		° GE KR E	k	15. 3.64
Ragazzi Cesare Dr.		I PL KR H	k	11. 6.68

1.535 Moers Gymnasium Adolfinum gegr. 1582
st. G. f. J. u. M.
Wilhelm-Schroeder-Str. 4, 47441 Moers – Tel. (0 28 41) 9 08 04 30, Fax 9 08 04 44
E-Mail: info@adolfinum.de, Homepage: www.adolfinum.de

Kl: 9/17   Ku: 151/26   Sch: 1139 (585) (268/475/396)   Abit: 72 (34)
L: 69 (A 1, A₁ 1, A₂ 7, B 25, C 25, D 1, E 5, F 2, H 2)
Spr.-Folge: L/E, L/F, G/F, L/F/H

BR Düsseldorf
ASN: **166005**
Dez: LRSD' Risken

A van Stephoudt Hans		M PH		5. 3.56
A₁ Klein Andrea		° M SP	k	13. 5.60
A₂ Schönemann Heinr. Dr. Dipl.-Chem. (F)	1. 9.82 °	CH	e	16.12.43
Porteous-Schwier Gunthild (F)	17.12.90	E F	e	9. 8.51
Canton Karl-Michael	10. 2.96 °	PH M	k	5. 7.49
Stegmann Monika	23. 4.01	E PA	e	26. 3.46
Neunzig Michael (F)	02	M PH	k	10. 9.65
Riedel-Bauer Renate geb. Riedel (T)	12. 6.03 °	M EK	k	15. 9.52
Vollendorf-Löcher Maria		BI GE		12.12.53
B Schneiderwind Winfried	20. 4.79	F	k	14.12.47
Naumann Rainer	25.11.80	E GE	e	4. 4.48
Ettwig Barbara (T)	26.11.80	MU PA	k	20.11.48
Louven Werner M.A.	80	E Ge		21.12.47
Kurella Manfred	7. 7.81 °	SP EK	e	11. 4.50
Kiel Ulrich	2. 9.81 °	BI CH	e	26.10.46
Küppers Udo	22. 4.83	D E ER	e	25. 9.49
Labudda Wolfgang	21. 1.93 °	M	k	15.12.50
Lammert-Stegner Bärbel (T)	27. 1.93	D SP	e	29.12.48
Malcherek Hubert	22. 3.95 °	M Astr	k	21. 9.49
Fiedler-Scheffner Marita (T)	2. 3.99 °	F E ER	efk	31. 3.63
Rahrbach-Sander Cordelia	1. 8.03	D MU	e	28.10.62
Landes Claudia	10.03	D F		18. 3.52
Voß Ulrich	10.03	L KR	k	14. 4.63
Wans Peter	1. 8.06	L KR	k	21.10.62
Roth Georg		D KU		4. 2.52

Stührenberg Anne (T)		M SP		9.11.54
Schattenberg Martin		BI SP	k	19. 7.60
Demmer Martin (F)		° L MU	k	9. 9.61
Frings Thomas		L E	k	27. 5.62
Heße Jens (F)		G L		22. 7.64
Gotsmann Vera (T)		D M	k	19. 9.68
Klag Thorsten		° M PH		2. 9.71
Schüttauf Nicole		D E	k	17. 9.72
Stock Monika		F E		
C Riedel Irma (T)	1. 8.82	F BI	e	18. 1.54
Kammler Christian	12. 3.83	M PH	e	6.12.51
Franken Heinz-Joachim	17. 3.83	D PL		1.12.50
Panzer Helmut	17. 8.83	E GE	k	25. 9.51
Hanßen Monika (T)	26.10.83	D SW	e	28. 1.53
Max Georg	3.10.84	D E	k	9.11.49
Schmidt-Henkenius Helmut	9.11.84	D PL KW	oB	15. 9.48
Roentgen Rolf	23.11.84	SW PA	oB	29. 1.51
Nolte Thomas	30.11.85 °	KR SW	k	27. 2.54
Kämpf Ursula	31. 3.86 °	E M	k	25. 2.56
Schäfer Wolfg. Dr.	30. 6.88 °	L G		20. 9.54
Gerstenberger-Badura Thomas (T)	1. 9.88 □	D ER	e	27. 3.52
Backes-Winkelmann Ruth (T)	10.12.91	GE SW	e	27. 6.49
Krauskopf Jörg	10.02	ER	e	9. 8.57
Reiss Barbara	1. 2.04	D SP	k	21. 1.59
Skorwider Nicole	1. 8.06	M EW	e	31.12.70
Ernst-Redeker Eva	1. 8.06	E D	k	17.12.75
Kleine Evelyn Dr.		BI CH	k	2. 4.68
Kerschner Thomas Dr. (T)		PH SP	k	23. 5.69

Gymnasien Nordrhein – BR Düsseldorf · BR Köln

	Kisters Ernst		° BI EK	k	28.12.71	E	Evers Christina	9. 8.06	D KU	k	10. 4.77
	Remy André Dr.		BI CH	e	14. 8.72		Dinkelmann Kai Dr.	1. 2.07	KU GE	e	20. 9.75
	Lind Andreas		CH PH	e	24.11.72		Neumann Sven	1. 2.07	G L	e	10. 3.76
	Glos Ruth		M MU	k	15. 3.73		Kuster Peter	1. 8.07	M BI	k	8. 9.59
	Kozianka Thomas		GE SP	k	26.10.76		Schrader Ursula	1. 8.07	E SP	k	5.12.77
	Vogel Lars		E SP	k	23. 6.77	F	Meyering Regine		° F D	k	26.11.73
D	Lietzow Christel	17. 5.84	BI MU	e	2.12.53	H	Syben Wolfram Pfr.		ER	e	24. 4.64
	SekIL'						Sommer Annette		H	e	

1.536 Moers   Grafschafter Gymnasium   gegr. 1911
st. G. f. J. u. M.
Bankstr. 20, 47441 Moers – Tel. (0 28 41) 8 89 00 8-0, Fax 8 89 00 8-1 11
E-Mail: info@grafschafter-gymnasium.de, Homepage: www.grafschafter-gymnasium.de

Kl: 6/12   Ku: 98/18   Sch: 829 (508) (198/352/279)   Abit: 70 (45)   BR Düsseldorf
L: 48 (A 1, A_1 1, A_2 6, B 13, C 10, D 2, E 5, F 6, H 4)   ASN: **165992**
Spr.-Folge: E/F, F/E/L, L/F   Dez: LRSD' **Risken**

A	Hucks Hans Jürgen	10. 8.00	D PL	e	3. 7.52		Nolte Marianne	14. 6.87	F KR	k	11. 7.55
A_1	Schellenberg	10.10.86	° M PH	k	2. 3.46		Bieberneit-Kamann	30. 3.89	M	oB	1. 2.51
	Hans-Joachim						Jürgen				
A_2	Schmidt Klaus	23.12.81	D GE	e	9.12.43		Hußmann Eva (T)	21. 8.01	E KU	k	12. 6.69
	Thomas Gerhard	27. 2.86	PH (M)	e	11. 7.49		Blumenstengel	1. 8.03	MU GE	e	5. 7.64
	Dipl.-Phys. (L)						Matthias				
	Verspohl Ulrich (T)	7.12.87	CH EK	e	30.10.50		Knaack Marion	3. 8.04	F GE SP		28. 5.71
	Fondermann Werner	2. 5.89	D PL	e	25. 5.47		Stec Karin (T)	8. 8.06	E F	e	16.10.70
	Meywerk Jochen (T)	27. 1.92	SW M	e	18. 2.51	D	Ingenlath-Flach	4. 3.84	E KR	k	28. 8.55
	Eickmeyer Ulrich	1.12.94	M SW	e	5. 5.52		Anna-Maria (T)				
B	Hamacher Rolf	19. 2.85	KU PA		21. 9.50		Frahm Gabriele		BI EK	oB	3. 1.49
	Hegenbarth-Rösgen	30. 6.85	° F EK		14. 2.48		geb. Wilker Dr.				
	Annelie Dr.					E	Maschmeier	1. 2.06	E ER	e	27. 6.77
	Heckhausen	7. 1.86	° BI CH	oB	30. 8.50		Anne-Katharina				
	Heidrun geb. Labs (T)						Böer Katja	2. 8.06	E KR	k	29. 1.78
	Kirchmann-Wanders	16. 6.93	E PA	k	1.10.51		Ehler Martin	1. 2.07	° M IF		6.11.72
	Dorothea geb. Pricha						Wissing Birgit	1. 2.07	□ F GE		1. 5.78
	Stenders Michael	1. 6.94	D SP	e	8. 9.50		Winkels Vera-Diana	1. 2.07	KU BI		16. 2.79
	van Mölken Rolf	20.12.94	° M EK	e	30. 9.53	F	Strautmann Renate		F GE	oB	14. 3.56
	Ufermann Gerhard	22.12.95	D E	e	24. 4.52		Richter Susanne		MU GE	e	24.12.56
			(ER)				Dase Erwin		BI D	e	7. 5.56
	Burgi Christiane	1. 8.00	D E	e	27. 8.64		Barwitzki-Graeber		E F	e	17. 8.58
	Schnabel Dagmar	12.11.02	M CH	e	26. 7.63		Martina				
	Heening Martin	1. 9.04	° GE L	k	5. 6.67		Nowak Joachim		□ D KU	k	30. 9.58
	Nitsche Jürgen	26.11.04	E L	e	19. 9.55		Prill Stephan Dr.		□ BI CH		31. 1.69
	Bienemann Claudia	23. 2.07	° D E		6.11.69	H	Palnau Klaus Dipl.-SpL		SP	e	10. 7.48
	Goedecke Ines	18. 5.07	ER SW	e	15. 8.61		Page Kathleen		E		28. 7.48
			(M)				Ehrig Barbara geb.		SP		15. 4.55
C	Sahmel Edith	7. 4.82	D MU	e	24. 1.50		Strathmann				
	Einsfelder Heribert	1. 5.82	F EW	oB	15.10.49		Syben Wolfram Pfr.		ER	e	24. 4.64
	Böhm Lothar	4. 9.84	D SP	e	23. 2.51						

1.537 Moers   Gymnasium in den Filder Benden   gegr. 1971 (1926)
st. G. u. Aufbau-G. f. J. u. M.
Zahnstr. 43, 47447 Moers – Tel. (0 28 41) 79 08-0, Fax 79 08-21
E-Mail: gfb@gfb1.de, Homepage: www.gfb-neu.de

Kl: 9/16   Ku: 112/17   Sch: 1015 (515) (282/441/292)   Abit: 68 (44)   BR Düsseldorf
L: 59 ([A] 1, [A_1] 1, A_2 4, B 18, C 22, D 4, E 3, F 3, H 3)   ASN: **166017**
Spr.-Folge: E, L/F, S, S   Dez: LRSD' **Risken**

A	(Hoffmann André	1. 8.04	CH EK		12. 4.63	A_1	Dohrmann-Burger	27.10.93	SP F	e	17. 3.46
	StD A_1)						Annette				
A_1	(Domrose Anke Dr.	19. 1.06	CH PH	e	12. 7.66		Mols Bernd	15.12.95	M SP		7. 8.53
	StD' A_2)						Ickler Ernst	8. 7.04	° MU E	e	25.10.51

	Brög Armin	26. 3.07	M PH	k	31.12.50	Kiel Martin	23. 7.82	D PL	12. 1.54
B	Wolf Hans-Werner	23. 4.79	E EK	k	15.10.47	Werner Armin	1. 2.83	L ER e	2. 6.52
	Wiedenbach Anne-Monika geb. Basener	1.12.79 °	F GE	k	2. 4.47	Wefers Hans-Herm.	15. 8.83	F EK	
						Frerichs Wolfgang	1. 9.84	E SP	5.12.47
	Steegmanns Fritz	29. 1.80	D L	k	15. 6.46	Evers Johannes	18. 8.99	D MU k	6. 8.66
	Nietsch-Grein Beate	27. 8.80	D F		18.11.48	Böckmann Brigitte	13. 7.03	E BI	31. 3.70
	Kaiser Elmar	19.12.81	M	k	18.11.47	Kimpeler Andrea	20. 8.04	L F	12. 5.64
	Weinbrenner Ursula	9. 9.82	KR D	k	14. 8.47	Becker-Andermahr Christian	1. 2.05	PH KR k	21. 1.71
	Muhl Franz	27. 6.84	BI SP	k	18.11.45				
	Kaup Manfred	2. 8.84	M		18. 5.49	Knoll Vera	15. 3.05	E S	27. 1.74
	Schäfer Frank	5. 2.85	D PA SW		27. 9.51	Teller Simone	9. 8.06	E D	3.12.69
	Huhndorf Beate geb. Mosel	1. 8.85	PH EK	e	28.10.53	Vorsmann Elke	20.12.06	F BI ER e	5.11.77
						Weymann Tanja	29. 4.07	D SW	28. 2.77
	Klepin Waltraud	27.12.90	D PA	k	25.11.48	Lachmann Marc	6. 8.07	GE EK	8. 3.67
	Talkenberg Juliane	14. 5.93	KU EW	e	8. 8.51	Hagedorn Anna	9. 8.07	L SP	7.10.68
	Fabian Leopold	23. 5.96 °	BI CH	k	26. 1.52	Brücher Felicitas		KU F	6.10.59
	Schleutermann Friedrich	3. 2.00	E GE	e	23. 5.48	D Wolf Dagmar	8. 3.83	KU D	
						Klepin Siegfried SekIL'		M PH	16.10.50
	Jakob Kurt	29. 8.02	E GE			Gramer Christa SekIL'	°	ER GE e	1. 7.54
	Kellershohn Helmut	18.11.05	GE KR	k	18. 3.49	Hendrich Edelgard SekIL'		BI TX	5. 7.54
	Jensch Wolfgang	30. 5.07	M BI	e	29.10.54	E Fritz Heidrun	1. 2.05	E ER	16. 9.75
	Piel Frank	30. 5.07	M CH		8. 2.69	Wagner Andrea	4. 4.05	D SW	7.12.76
C	Ernst Wolf	18. 3.80	GE Soz	e	5. 8.49	Kersken Nils	9. 8.06	S SP	5. 7.66
	Schulleri Margarete	19. 8.80	CH BI		7.12.51	F Kniesel Rosemarie		S D	15.11.58
	Lück Bodo	18.12.80	PL GE	e	29. 5.49	Gröger Martina		D PA	29. 9.67
	Biedermann Maria-Theresia geb. Undorf	30. 4.81	F D	k	10. 9.49	Schmiedchen Christina		E S	15. 7.70
	Koch Brigitte	10. 8.81	E D		9. 1.49	H Ohms Peter Dipl.-SpL		SP k	16.10.48
	Meier Werner	7. 9.81	M		28. 5.50	Rapp Erich Dipl.-SpL		SP e	13. 1.50
	Janßen Bernd	21. 7.82	M Soz	e	13.11.51	Rapp Elke Dipl.-SpL'		SP k	31. 3.56

1.538 Moers-Rheinkamp Gymnasium Rheinkamp – Europaschule Moers gegr. 1966
st. G. m. zweisprachigem dt.-engl. Zug (5-Tage-Woche) f. J. u. M.
Kopernikusstr. 8, 47445 Moers – Tel. (0 28 41) 94 28-0, Fax 94 28-28
E-Mail: sekretariat@gymnasium-rheinkamp.de
Homepage: www.gymnasium-rheinkamp.de

Kl: 8/14   Ku: 100/15   Sch: 855 (428) (224/390/241)   Abit: 74 (46)   **BR Düsseldorf**
L: 51 (A 1, A₁ 1, A₂ 3, B 16, C 20, E 9, F 1)   ASN: **166078**
Spr.-Folge: E, L/F, F/L, I/R   Dez: LRSD' **Risken**

A	Burger Friedrich	1. 8.05	D SP	oB	11. 5.50	Hartmann Ingrid (T)	6. 8.07	M GE	16. 9.54
A₁	Duensing Heinz-Werner	14. 5.03 °	M PH TC (IF)		12. 2.53	Lischewski Friedhelm Dr.		E SW	21. 7.48
A₂	Joos Sylvia geb. Riedl	19.12.94	BI D	k	19. 1.50	Finke Manfred		D PA	
	Schäfer Burkhard	27. 4.06	E GE		20.11.46	C Siemes Luise geb. van de Braak (T)	11. 8.81	BI CH k	21. 2.52
	Haubruck Anne	9. 8.07	BI CH		11. 2.56				
B	Neuroth Hans-Leo	21.12.78 °	L GE	k	18. 5.43	Gerke Franz-Josef	1. 3.82	SP EK k	25.11.49
	Hänschke Bernd (T)	19. 1.80	MU L	e	1.12.48	Bongartz Heiner (T)	4. 3.82 °	E GE	2.10.52
	Schwetzel Ernst	29. 1.80	SP EK	e	23.12.49	Nasse Ursula	19. 8.83	D SW	18.11.53
	Gerstung Karl-Friedrich	7. 7.81 °	PH M		25. 5.46	Gotzes Ulrich	14. 9.84	M PH k (IF)	26. 9.52
	Fiegen Heribert (V)	11.11.81 °	F EK (L)	k	3.11.48	Mazuch Michael	18.11.85	M PL	8. 5.53
	Schink Dieter (T)	11.11.81	CH BI	k	13. 2.50	Schoschies Klaus	23. 6.88	M ER e	17. 7.54
	Mayer von Wittgenstein Amelie (T)	7. 3.85	I F	e		Lenzen Barbara (T)	21. 8.89	D MU k	2. 3.56
						Wolf Andreas	13. 2.96	SP KU e	14. 8.62
	Mols Helmut	22. 3.96	M SP		13.11.49	Smitmans Mechthild	1. 8.00	BI SP k	17. 3.57
	Stumpf Marianne geb. Kosma (T)	22. 3.96 °	F EK M	k	14.10.51	Jürgens Ute	1. 1.02	D E k	24. 4.62
	Lindner Theodor	28.11.00	D E		10.11.58	Klümpen Heinrich M. A.	20.12.02	E GE	4.11.62
	Berendes Rudolf	9. 6.06	BI KR	k	25. 5.64	Mechmann Anke	1. 8.06	BI F e	29.10.62
	Enzweiler René (T)	30. 5.07	E GE	k	27. 6.53	Ruffer Folke	1. 8.06	E ER e	24.11.65
	Paris Norbert	30. 5.07	CH (IF)	e	8. 6.49	Mayboom Petra	1. 8.06	PH M oB	9. 5.71

Gymnasien Nordrhein – BR Düsseldorf · BR Köln

	Hampel Ricarda	31. 7.07	E EK (bil.)	k	11. 8.75		Walbrun Mark	1. 8.06	BI D	k	22. 4.70
							Elfgen Gregor	1. 8.06	BI E	k	19. 8.74
	Vahle Anne-Kathrin	31. 7.07	E I	e	17.12.76		Stenders Silvia	9. 8.06	D KR	k	18. 5.79
	Tobias Christa geb. Zumbrägel (T)		° F L	k	16. 9.43		Weidler Astrid	31. 1.07	D PL		22. 9.69
							Trefzer Oliver geb. Mertens	31. 1.07	M MU		8. 5.78
	Hufen Anja		MU GE	k	20. 3.72		Brune Christian	6. 8.07	D GE	e	15. 6.76
	Butenberg Cornelia						Schwinge Jens	6. 8.07	E BI		22. 3.77
E	Reiners Heidrun	1. 2.06		e	31. 5.75	F	Stanley Christopher Ass d. L.		KU		29.12.45
	Teuber Martin	1. 2.06	E GE	e	13. 8.77						

1.541 Monheim Otto-Hahn-Gymnasium gegr. 1968
st. G. (5-Tage-Woche) f. J. u. M.
Berliner Ring 7, 40789 Monheim – Tel. (0 21 73) 95 59 10, Fax 95 59 18
E-Mail: schulleitung@ohg.monheim.de, Homepage: www.ohg.monheim.de

Kl: 10/20   Ku: 167/32   Sch: 1321 (702) (314/555/452)   Abit: 109 (57)   **BR Düsseldorf**
L: 80 (A 1, A$_1$ 1, A$_2$ 5, B 24, C 31, D 2, E 10, F 2, H 4)   ASN: **166169**
Spr.-Folge: E, L/F, F, I   Dez: LRSD Wiese

A	Bastian Hagen Dr.	10. 7.98	D GE ER	e	14.11.53	Strakeljahn Renate geb. Hülstrunk	10.10.84	° F EK KR	k	11. 2.55
A$_1$	Anhut Ulrich		BI EK	k	11. 2.48	Kasten Wolfgang	31. 1.85	SP EW		21. 8.52
A$_2$	Menge Hans Jochen Dr.	27. 7.81	R E	k	16. 6.46	Bias Rainer	19.11.85	M SP		1. 4.55
						Marusczyk Karin	21. 9.83	E PL		2. 9.51
	Pieper Harry (V)	17. 1.95	° M PH	e	14. 5.47	Neubert Barbara	18. 8.92	° M BI		22.11.57
	Beerens Rainer	6.11.95	E EK		7. 6.46	Wissing Barbara	8. 8.94	E TX		13. 4.52
	Kroll-Saurbier Hildegard	18.12.96	° E GE KR	k	25. 1.54	Ulbig Meike	1.02	EK SP	k	9. 4.70
	Klein Ralf	20. 6.04	ER KU	e	20. 9.57	Jäsche Cordula	18. 2.02	° M KR	k	8. 7.72
B	Krämer Helmut	1. 8.80	MU D	k	3.10.45	Hildebrand Andreas	1. 8.02	° M PH		1.11.68
	Schreiber Gerd	28.12.81	E EK	k	29. 7.48	Zimmermann Peter (V$_2$)	1. 8.03	° D L	k	21. 2.70
	Marusczyk Reinhold	28.12.81	D PL	k	22.10.49	Welzel Andrea	15.11.03	F SP		31. 7.67
	Schlee Harald	27. 8.82	BI SP	e	10. 3.44	Paul Claudia	16. 9.04	E F	k	26. 1.73
	Jaugey Gesine geb. Schütze	30. 8.82	D F	e	26. 1.45	Lücke Katja	1. 8.05	BI CH SP	k	17.10.71
	Gutenberger Lothar	5.11.82	F EK	k	1. 7.46	Auth Katrin	31. 8.05	L BI	oB	15.11.75
	Füting Manfred	27. 2.84	D GE	e	16.11.44	Schmidt Michaela	4.10.05	GE I	k	7. 5.76
	Gettmann Edeltraut	1.12.84	BI CH	e	26. 8.50	Heintz Annette	16. 2.06	D GE	e	8. 8.73
	Wittmann Georg	20. 3.85	° PH	k	5. 1.47	Wranik Alina	20. 3.06	D E	k	18.11.74
	Michel Peter	18.12.85	D GE		15.10.48	Drechsel Oliver	15. 7.06	M MU	e	10. 5.73
	Schneider Monika	2.12.92	D SP	e	21.12.49	Bungter Barbara	22. 1.07	° F I	k	9. 3.77
	Hillen Ute	29.12.92	D GE		8. 2.51	Lazzaro Alessandro	3. 7.07	D MU		7. 7.69
	Ronsdorf Ursula	25. 1.96	D I	k	10. 5.50	Bartmann Sarah	1. 8.07	° GE LE	k	11. 1.74
	Schmidt Peter Hartmut	25. 1.96	M PH		17. 6.55	Hankammer Hannelore		E EW		4. 4.52
	Zumkier Hans Joach.	30. 4.98	BI CH		25.12.51	D	Dörpinghaus Monika SekIL'	26. 1.84	ER GE	e	3. 4.56
	Ronsdorf Ernst	8. 2.99	D I L	e	10. 7.46	Reitmeier Eva SekIL'	29. 3.84	E KU		24. 5.56
	Spielmann-Locks Dorothea	16. 5.02	D SP		18. 7.53	E	Helsper Anja	1. 2.05	M KR	k	22. 8.77
						Simons Mirco	1. 2.06	° M E SP	k	22. 2.78
	Gauder Josef	17. 5.02	M EK		20. 7.52	Lensing Ina	9. 8.06	D E	k	11. 2.74
	Boll Liane	31.10.05	D GE		14. 9.52	Amberg Ellen	9. 8.06	D ER	e	6.10.76
	Krapp Ulrich	31.10.05	M SW		5. 8.48	Schwarz Maike	9. 8.06	D F	e	18. 9.77
	Boll Hans Jürgen	1. 4.07	E GE		11. 2.54	Sanhaji Reda	1. 2.07	M IF		25. 5.72
	Lemme Anke	1. 4.07	D SW		25. 1.69	Bungter Andreas	1. 2.07	BI F	k	30. 9.75
	Wolff		D ER	e		Kaiser Martin	1. 2.07	M PH	k	27. 6.77
C	Bielitza Detlef	12. 9.77	E		30. 9.47	Gelhausen Petra	6. 8.07	D I	k	11. 3.75
	Schaffrodt Heike	9. 9.80	° CH R	m	7. 9.50	Beckmann Miriam	6. 8.07	D F		7. 3.80
	Saller Walter	11.11.80	BI		4. 4.47	F	Wilhelm Ulrike		° D RW		19.10.51
	Lammert Albert	9. 9.81	° M	k	17. 8.49	Montag Birgit Dr.		° EK GE	k	19. 6.65
	Piecha Michael	31. 8.83	KU		3. 7.51	H	Engels-Steffens Ursula geb. Engels		SP	oB	28. 8.46
	Groener Gisela-Maria	10. 9.83	KU W	k	4. 8.52	Möller Hans-Jürgen Dipl.-SpL		SP	k	20. 5.49
	Emmerich Dagmar	17.10.83	° EK EW	e	9. 9.53	Bröhl Peter Dipl.-SpL		SP	k	4. 4.50
	Kaiser Georg	26. 1.84	KR EW	k	12. 7.46	Fricke Christiane Dipl.-SpL'		SP		26. 7.52
	Völl Josef	15. 9.84	SW GE		27. 7.52					

1.545 Monschau St.-Michael-Gymnasium gegr. 1921
st. G. (5-Tage-Woche) f. J. u. M.
Walter-Scheibler-Str. 51, 52156 Monschau – Tel. (0 24 72) 8 00 10-0, Fax 8 00 10-30
E-Mail: sekretariat@mgm.monschau.de, Homepage: www.mgm.monschau.de

Kl: 8/14   Ku: 118/18   Sch: 879 (412) (206/401/272)   Abit: 76 (35)
L: 53 (A 1, A$_1$ 1, A$_2$ 3, B 12, C 23, D 2, E 7, F 4)

BR Köln
ASN: **167459**

Spr.-Folge: E, L/F, F, S

Dez: LRSD' **Dr. Schulze**

A	Stresius Lothar Dr.	14. 2.04	D KR L	k	11. 8.49	Bauer Rainer	30.11.02	D KU		9.12.62
			PL			Kremer Sandra	12. 2.03	D S		23. 3.72
A$_1$	Münstermann Hans Dr.	7. 6.04	D G GE L	k	28. 9.59	Dümmer-Lingscheidt Heike	4. 6.04	KR L	k	30. 1.72
A$_2$	Arndt Ulrich (F)	27.10.99 °	PH M PL		16. 2.49	Laude Achim	4. 6.04	GE SP		1. 2.72
	Leubner Walter	16. 8.06	E PL	k	12.12.51	Boukes Charlotte	6. 9.05	F S		4. 5.74
	Voell Helmut	16. 8.06	D SW IF		29. 4.52	Schnitzler Dagmar geb. Koullen	5.10.05	D E		19.11.74
						Baumtrog Katharina	13. 1.06	M PH		21. 9.70
B	Freundel Karsten	8. 1.79	E EK	e	27. 6.43	Syrig Ralf Dr.	1. 2.07	CH PH		2. 3.67
	Bodden Otto	21. 8.80	SP GE	k	14. 7.43	Lenzen Lutz	1. 2.07	M PH		14.11.72
	Amend-Bergweiler Christa geb. Amend (T)	1. 1.94	D GE SW	k	1.11.48	von Kuk Stefanie geb. Schauff	6. 3.07	CH M SP		17.11.75
	Furkert Wolfgang (T)	12. 1.96	BI SP PH		3. 1.49	Zander Harald	2. 7.07	GE KR		5. 1.76
	Kallfelz Axel (T)	12. 1.96 °	SP D	e	14.10.49	Kopplin Sebastian	3. 7.07	F MU		2. 8.73
	Scherer Reinhold (T)	8. 4.97	KU Kug	k	19. 3.51	Greiling-Goeke Maike (T)		BI E		4.10.59
	Etschenberg Paula (T)	24. 6.99	BI CH		23. 4.49	Thäle Birgit		E D		18. 1.66
	Furkert Hildegard geb. Mießen	24. 6.99	EK SP	k	1.10.51	Kupp Nicole geb. Hoß (T)		KR L		25. 3.72
	Voell Pia geb. Maassen (T)	13. 8.01	D PA	k	24.10.53	D	Theißen Maximilian SekIL	28. 3.84	M SP	k	21. 2.55
	Tambornino Peter	28.11.01	GE SW		20.11.57	E	Krienke Jola (T)	29. 6.98	BI ER M		27.10.71
	Gotzen Bernd Dr.	25. 5.05	M IF		21. 4.72		von der Lohe Anne	1. 2.06	D KR		15. 5.76
	Jansen Bernd Dr. (T) (L)	21. 6.06	E F	k	25. 1.58		Schaps Marcus	1. 2.06	KR M		25. 8.76
							Elsner Stefanie	1. 2.07	F GE		17. 6.78
C	Herwartz Christiana geb. Fietzek (T)	26. 1.81	SP E	k	13. 8.50		Gagelmann Stefanie	1. 2.07	E SP		29. 2.80
	Püttmann Matthias	26. 1.82	SP F	k	9. 6.50		Molzen-Liesegang Nicole	6. 8.07	EK SW		6. 7.79
	Dering Hubert	3. 8.82 °	D E	e	18. 9.49	F	Förster Martina		KR TX M		19. 1.59
	Ruch Wolfgang	10.12.84	BI EK ER	e	9.11.53		Federwisch Matthias Dr.		M PH		5. 2.59
							Thoma Sylvia		BI M		23. 4.77
	Dittforth Delia	1. 1.02	BI D		11. 2.70		Kohl Andreas		M		4. 7.61

1.550 Mülheim Karl-Ziegler-Schule gegr. 1852
st. G. f. J. u. M.
Schulstr. 2–6, 45468 Mülheim – Tel. (02 08) 30 87 0-0, Fax 30 87 0-49
E-Mail: Karl-Ziegler-Schule@stadt-mh.de, Homepage: www.karl-ziegler-schule.de

Kl: 8/15   Ku: 112/21   Sch: 939 (434) (229/422/288)   Abit: 73 (31)
L: 58 (A 1, A$_1$ 1, A$_2$ 5, B 15, C 22, D 4, E 8, F 1, H 1)

BR Düsseldorf
ASN: **165098**

Spr.-Folge: E, L/F, F, S

Dez: LRSD **N. N.**

A	Andorfer Werner					Isenbügel Otto (T)	25.11.78	F D	e	28.10.46
A$_1$	Fuchs Ute geb. Blumberg	2.11.98	D EK	e	21. 1.51	Gaza Bärbel geb. Kresse (T)	21. 1.80	M (EK)		13. 9.47
A$_2$	Bondzio Günther	26. 5.83 °	E F	e	22.10.41	Engbert Christa (T)	25. 1.80	BI SP	k	3. 8.47
	Lütteken Elisabeth	24. 1.94	SW PA	k	17. 9.51	Schunk Margret (T)	7. 7.81	E PK	k	25.12.46
	Kaschuge Heidrun geb. Worm (T)	30. 5.97 °	D EK	e	2. 7.48	Müller Heribert	24. 2.84	PH (IF M)		3. 7.46
	Spieles-Küppers Monika (F)	1. 7.99	BI PL	k	6. 5.56	Fuchs Dieter	30.11.92	M EK		8.10.52
						Domes Ulrike (T)	1. 1.96	E F	e	29. 9.54
	Brockhaus Egbert	8. 5.02	M		24. 1.52	Wache Michael	27. 3.98	SP EK	k	20.10.50
B	Reich Werner	7. 9.78	L GE	e	21. 2.42	Grote Norbert	1. 5.98	D MU		15.11.48
						Sybert Ingrid (T)	20. 6.98	BI EK	k	1. 1.48

Gymnasien Nordrhein – BR Düsseldorf · BR Köln

	Name	Datum	Fächer		Datum 2
	Nölke Sigrid (Vw)	18.12.99	F TX	k	14. 6.51
	Schröder-Hille-brecht Barbara	17. 7.02	E SW	e	20.11.49
	Wandolski-Uhlen-bruck Ruth (T)	17. 7.02	M PA		6.12.54
	Schneider Pascale geb. Baulard		D F		14. 8.50
C	Nickel Siegfried	9. 9.80	° CH	e	13. 9.50
	Hilgers Gabriele	30. 8.81	M PL	k	24. 5.50
	Hué Hans-Georg	1. 9.81	D GE	e	29. 8.53
	Lostermann-De Nil Annette geb. Lostermann (T)	19. 9.83	GE SW	k	13.12.52
	Regnery Hs.-Helmut	4. 9.84	D KR	k	1. 6.48
	Brand Monika geb. Ganz	17.10.85	KU SW	e	27. 3.50
	Weber Monika (T)	23. 6.86	BI KU		1. 7.55
	Wilmsen Frank (T)	15. 3.96	° D E	k	13. 3.61
	Möser Mathias	8.12.96	D MU	e	31.12.62
	Klippel Petra geb. Schäfer	9. 5.01	° KR E	k	28.12.70
	Schmitz Nadja (T)	1. 1.02	° M PH	k	15. 9.66
	Hömßen Martin	1. 1.02	M SP		15. 9.64
	Jatzek Erika (T)		° SP E	e	30. 1.54
	Maurer Gabriele (T)		E M	k	6. 5.56
	Hochgreve-Müller Brigitte		E BI		3.10.58
	Horstmann Markus Dr.		° BI SP		5.12.68
	Platte Judith geb. Siefke		SW S		30. 5.70
	Schepers Dorothee		D E		3. 3.71
	Imgrund Alexandra		D BI		25. 4.71
	Blasberg Anne-Katrin		E ER	e	6. 1.72
	Polakovic Petra		SP BI		9.10.73
	Andrae Janine Dr.		° D L		4. 2.76
D	Gwiasda Alfred SpL	8.12.76	SP	e	24. 9.42
	Kasper Christiane HSchL' (F)	1. 8.79	E KU D	k	21. 4.54
	Rethmeier Jörg SekIL	4. 5.83	GE SW	e	14. 5.54
	Offermann Andrea SekIL'	1. 7.83	D EK	k	14. 8.55
E	Scholten Christian Dr.		° CH PH		3. 4.70
	Schuhknecht Jens		EK SP		26. 4.70
	Lyhs Barbara		E GE		10. 5.70
	Datta Robin		M EK		22. 4.71
	Lägeler Henriette Dr.		M PA		25. 9.72
	Ritter Kirsten		L GE		1. 8.73
	Goworek Andre		D GE		22. 9.75
	Spindeler Julia		E GE		5. 5.78
F	Hieret Manfred		EK SW	e	28. 4.46
H	Berns Stephanie		D ER		24. 1.72

1.551 Mülheim Luisenschule gegr. 1838
st. G.¹ f. J. u. M.
An den Buchen 36, 45470 Mülheim – Tel. (02 08) 3 00 46 90, Fax 30 04 69 49
E-Mail: luisenschule@stadt.mh.de, Homepage: http://nw.schule.de/mh/luisegym

Kl: 9/18   Ku: 137/22   Sch: 1128 (596) (281/490/357)   Abit: 67 (40)
L: 68 (A 1, A₁ 1, A₂ 6, B 19, C 29, D 1, E 5, F 5, H 1)
Spr.-Folge: E, F/L, L, S

BR Düsseldorf
ASN: 165104
Dez: LRSD **Dr. Schneider**

	Name	Datum	Fächer		Datum 2
A	Troost Bernhard-Friedrich	1.11.04	M SP	e	30. 8.51
A₁	Meier Ute geb. Weinert	6. 6.05	D PL	e	21.10.53
A₂	Laska Hans Peter (F)	19.11.90	D EW		24. 5.46
	Wilde Wolfgang	1.12.92	F SP		11. 9.45
	Traub Hartmut Dr. (F)	24. 5.03	ER SW PL	e	28. 7.52
	Toulouse-Lingnau Christine	15. 6.04	° D GE	k	23.10.45
	Maaßhoff Friedhelm	1.10.04	BI EK		16. 3.53
	Hotze Elisabeth	27. 7.07	KU D PL PK KR	k	9. 9.51
B	Pöpperling Petra (T)	15.11.78	ER E		1. 2.48
	Schmitz Rolf	2. 1.79	E F	oB	12. 2.48
	Shittu Elisabeth geb. Schierl (T)	12. 6.80	D F SW	oB	14. 8.48
	Schüttler Fritz-Peter	2.12.80	E EK		3. 5.48
	Schubert Dieter	1.10.89	M	k	2. 1.50
	Sattler Reinhard	20.12.94	E SW		5. 4.50
	Oselies Reinhard	3. 1.95	M	e	2. 4.48
	Behnke Rainer	9. 2.97	L PL GE	e	29. 8.53
	Nötges Brigitte (T)	13. 1.00	□ SW D		21. 9.44
	Kuchler Elisabeth (T)	1. 8.02	D PA	k	19.10.50
	Sbrzesny Manfred	1. 8.02	PH	e	30.12.45
	Arendt Edeltraud geb. Wolf	9.12.03	CH EK	e	21.11.57
	Jaax Peter	1.11.04	GE SW	k	15. 1.45
	Schmitz-Flottmann Stefan	1.11.04	SW SP		5. 7.63
	Wortberg Andreas	1. 7.05	D MU	k	9. 5.63
	Niechoj Norbert	7. 4.06	BI PA	k	25.11.50
	Klein Hans-Peter	24. 5.07	EK E	k	16. 4.47
	Schwechten Kurt	22. 6.07	M	e	4. 8.46
	Poths Ursula (T)		D EK		4. 8.51
C	Funk Wilfried	14. 2.78	PH CH	k	19.10.47
	Offermanns Peter	1.11.78	M SP	k	22. 2.48
	Kahlert Wolfgang	3.12.79	BI	k	23. 7.46
	Much Wolfgang	14. 4.80	E GE	oB	25. 9.49
	Bavendiek Doris (T)	27. 7.83	BI HW		14. 5.54
	Novacescu Bernd	5.10.83	△ M EK	e	8. 5.53
	Fleischer Christoph (T)	12. 8.84	CH EK		12. 3.54
	Willmann Gudrun (T)	22.11.84	BI E		15. 3.55
	Prenntzell Gerhard	27. 5.91	KU SP		18. 5.56
	Coupette Regina (T)	18.10.91	E F MU		6. 4.59
	Cordes Anke geb. Braun	28. 8.95	D KR	k	5. 5.66
	Höffken Katrin	1. 2.00	° M F MU	e	5. 3.71
	Möws Sandra	21. 8.01	M KR	k	25. 7.72
	Goyen Sandra	1. 2.02	D SW	k	29. 4.71
	Krysmalski Markus	1. 2.03	M PH		11. 1.69
	Reuen Sascha	1. 2.03	° D SW	k	10. 1.71
	Kiesow Imke	1. 8.03	E S	e	24. 3.71

Sinnecker Annette	1. 8.04	L KR	k	22. 3.70	D	vom Bruck Marion	9. 5.84	SP KU	18. 8.56
Matteoschatt Uwe	2. 8.04	F ER	e	30. 6.76	E	Wenzel Jörn	9. 8.06	E SP	10. 9.73
Theyßen Christin	16. 9.04	D CH		27. 2.73		Von der Beck Sabine	9. 8.06	D KU	21. 2.78
Hinz Thomas	17. 9.04	D ER	e	15. 8.64		Ucsnay Isabel	1. 2.07	E F	k	4. 3.75
Revuelta-Cramer Lorena	19. 3.05	S F		3. 6.73		Schymik Andreas	6. 8.07	GE KR	k	30. 1.73
						Frieling Daniela	6. 8.07	SP EK	13. 5.78
Andres Jutta	18. 3.06	D E		11. 8.73	F	Raschke Robert		SP	21. 8.49
Hamann Antje	1. 8.06	M EK		11. 1.68		Möller Roland		E SP	e	20. 9.58
Grzib Matthias	1. 8.06	D GE		28. 2.69		Kühnen Ute		EK KR D	24. 6.59
Gehlhoff-Hilgers Esther	31. 8.06 °	D F	e			van Treeck Peter Dr.		BI KU	26. 6.63
						Salewsky Petra		F PA	7. 8.65
Schick Nicole (T)	13. 1.07	F MU		15. 2.74	H	Schwickrath Marion geb. Kula		SP	k	7. 1.50
Hartmann Patrick	19. 9.07	F S		24. 9.75					
Longo Karin (T)		F PL		11. 2.54					

[1] Partnerschule des Leistungssports mit Teilzeitinternat

1.552 Mülheim Otto-Pankok-Schule gegr. 1852
st. G. f. J. u. M.
Von-Bock-Str. 81, 45468 Mülheim – Tel. (02 08) 4 55 39 60, Fax 4 55 39 99
E-Mail: otto-pankok-schule@t-online.de, Homepage: www.otto-pankok-schule.de

Kl: 7/16   Ku: 123/46   Sch: 905 (456) (195/425/285)   Abit: 94 (45)   **BR Düsseldorf**
L: 54 (A 1, A_1 1, A_2 6, B 17, C 20, D 3, E 4, F 2)   ASN: 165128
Spr.-Folge: L/E, E/L/F, F/G/L   Dez: LRSD **Dr. Schneider**

A	Werneburg Karl Heinz Dr.	2. 5.88	E EK	k	22. 6.47		Schütz Ralf	19. 3.02	L GE	k	7. 8.62
A_1	Welker Ursula geb. Heuser	1. 4.03	D EK	e	24. 7.46	C	Jung Ulrich	1. 8.78	MU D	k	20. 2.50
							Simmerock Bernd	1. 2.79	M SP	2.10.47
							Hedrich Hans-Joachim	3. 8.82	E F	e	16. 7.51
A_2	Kuhlmann Gert (F)	7. 7.79 °	D L	k	15.12.42		Garbe-Müller Renate geb. Garbe	3. 8.82	CH BI	e	29. 3.53
	Nierhaus Jochen	4.12.80	GE D PK		3. 3.43					
	Felsch Jürgen Dipl.-Math.	23. 8.90 °	M	k	28. 9.48		Reichel Klaus-Martin Dr.	12.11.82	GE EK Kug	e	31. 3.46
	Gorzawski Heribert	25. 8.92	D GE	k	17. 1.48		Dorzok Peter	1. 8.83	E SW	18. 2.50
	Nierhaus Hans-Werner	1.12.96 △	E GE	e	19.12.48		Bittmann Erich	4. 9.83	SP E	e	12. 1.52
	Junik Joachim	1. 1.97	D GE ER		9. 5.52		Cohnen-Brammerz Linda (T)	9. 9.83	D PA	k	29. 4.53
							May-Waters Birgitt (T)	2. 6.84	D PA	e	27. 8.51
B	Küppers Brigitte geb. Schmelter (T)	1. 2.79	SP BI	k	21.10.46		Eschmann Thomas (T)	4. 9.84	D GE	k	22.11.53
							Kasselmann Dagmar	1.10.84	F GE	2.11.52
	Berker Günter	1. 2.79	E SP	e	24. 2.43		Brügmann Gabriele geb. Schröder (T)	29.10.84 °	F D	k	20. 2.54
	Michalski Rainer	22.12.79	M WW		3. 1.49					
	Ennekes Joachim	31. 1.80 °	D GE	e	11. 4.43		Blatz-Gentges Lieselotte (T)	2.12.85	CH EK		20. 1.53
	Henning Klaus Dieter	12. 6.80	E PL KR		22. 3.47					
							Rehfuß Lothar	28.11.88	SP ER	e	17. 8.58
	Jarmer Günter	14.11.80	BI	e	18. 4.48		Hendricks Klaus	1. 3.91 °	L G	k	17. 2.58
	Warzilek Reinhard	2.12.80	EK CH	k	30. 4.50		Wandrey Gerald	6. 9.04	PH GE	e	3. 9.69
	Weimann Franz	22. 8.83	M	k	5. 9.49		Christmann Sandra	10.06	F E		9.12.70
	Bril Cornelia (T)	25. 2.84	SP E	k	9.11.51		Gartz Susanne	19. 3.07	MU E	k	4. 2.75
	Lochthove Heribert Dr.	28. 1.91	D SW	k	1. 6.48		Decool Claudia	2. 4.07	SP E	k	19.11.75
							Maaßhoff Beate		BI KR	k	7. 8.61
	Weiler Hans-Otto	7.11.92	M		20.10.49	D	Henrich Beate SekIL'	20. 2.81	E M		29. 2.56
	Görner Gabriele (T)	7. 1.93	M PH	e	8. 5.46		Weber Bernh. SekIL	4. 9.81	BI EK		6.10.51
	Krauledat Johannes (V)	22. 1.96 °	F PL MU	e	30. 7.50		Gabka Ilse SekIL'	4. 9.81	E KU	k	18. 3.57
						E	Frilling Markus	1. 2.06 °	CH PH	12. 7.71
	Hamerski Hans-Dieter	22. 1.96	EK SP SW		31. 8.51		Ciborowius Helena	1. 2.07	D E		16. 2.72
							Tulumoglu Sabri	1. 8.07	SP GE		26.11.76
	Servatius Joachim	1. 4.98	EK W		18. 1.50		Deinert Agnes	6. 8.07	BI PA	k	30. 7.79
	Plohmann Lothar	15.12.99	KR D PL	k	13.12.53	F	Holtkamp Klaus		D KU		12. 8.43
							Hepp Hans-Peter		KU		1. 2.64

1.553 Mülheim   Gymnasium Broich   gegr. 1965
st. G. (5-Tage-Woche) m. zweisprachigem dt.-engl. Zug f. J. u. M.
Ritterstr. 21, 45479 Mülheim – Tel. (02 08) 4 55 48 00, Fax 4 55 48 39
E-Mail: gymbroich@stadt-mh.de, Homepage: www.gymnasium-broich.de

Kl: 8/17   Ku: 137/22   Sch: 1057 (550) (242/456/359)   Abit: 95 (58)   **BR Düsseldorf**
L: 65 (A 1, A$_1$ 1, A$_2$ 6, B 17, C 31, D 3, E 1, F 3, H 2)   ASN: 165116
Spr.-Folge: E, L/F, F/L, S/H   Dez: LRSD **Dr. Schneider**

A	Metzing Ralf	1. 6.92	° D PA	e	3. 1.52		Kucki Gerd (T)	21. 8.80	EK SP	e	21. 3.45
A$_1$	Lux-Tiemessen Cornelia	24. 1.05	° E F	k	1. 7.54		Wagner Petra	6. 8.81	D EK		29. 5.51
							Schäffer Vera	11. 8.81	E SW	e	3. 2.52
A$_2$	Falkenstein Norbert (F)	14.10.79	E KR	k	25. 2.45		Ehms Margarete geb. Blettgen (T)	24. 8.82	° E F		21. 9.50
	Husemann Angelika (T)	5. 7.00	M EK		23. 7.54		Heise Petra (T)	1. 8.83	E EK		15. 5.52
	Leitzen Peter	1. 8.00	PK SW	k	6. 7.48		Vogel Ludwig	22. 8.83	PA BI	k	2. 7.53
	Makowka Hanspeter	6. 5.02	MU GE	oB	22. 9.60		Oberscheidt Dagmar	1. 9.83	° D E		3.10.52
	Becker Ina	8. 6.05	° M PH		4.11.67		Weyel Monika	2. 9.83	ER D	e	12.10.52
	Bosée Angelika		E GE		2.10.53		Wittenborn Ulrike	1. 8.84	E F (KU)	e	22.12.53
B	Zimmermann Gerd (L) (T)	1, 2.78	° GE D	k	1.11.44		Gißke Walter	4. 9.84	BI CH	e	12. 1.50
	Münchert Peter (T)	1.12.78	M PH		3.10.44		Weidt Brigitte (T)	7. 9.84	D SW		29. 3.53
	Stenzel Detlef	26. 8.80	SP F	k	11. 2.47		Hammer Gisela geb. Althoff (T)	2. 1.85	° F CH	k	4. 7.54
	Booms Helmut Dr.	1. 1.85	° WW SW	k	1.10.49		Luhr-Kloos Elisabeth (T)	1. 9.86	° F EK	e	17. 3.50
	Kelsch Silvia	12. 6.85	PA F	k	15. 4.51		Piaszenski Carmen	14. 1.02	MU BI D	e	29. 9.68
	Warzilek Jutta geb. Bümlein	1. 7.85	EK SP	k	26.12.49		Baron Christian	10. 1.05	M PH		18.10.73
	Eilken Rolf	29.12.94	BI CH	e	1. 1.58		Seuberlich Ulrike	1. 4.05	E MU		28.11.71
	Ridderskamp Hans	25. 1.96	M	k	22. 6.51		Liu Piu-Kai	12. 6.06	M BI		5.12.78
	Roelofsen Maria	25. 1.96	F GE	k	22.12.52		Olbrich Alexander	14. 9.06	E GE	e	29. 7.72
	Hesse Godehard	2. 2.02	° L KR	k	21. 7.63		Laupitz Sven	9. 1.07	D E		5. 7.75
	Wyrwich-Schmeer Martina (T)	6. 6.02	ER EK	e	17. 2.59		Heemels Angela	19. 3.07	D E	k	4.10.73
							Mittelbach Michael	24. 5.07	L GE		23. 5.69
	Strötgen Monika	5.11.04	KR EK	k	20. 2.58		Lange Andreas	6. 8.07	M PH		13.12.74
	Limberg Martin	5.11.04	ER L	e	20. 8.65		Wehr Benedikt		MU BI	k	17. 7.62
	Quednau Heike Dr.	17. 8.05	D SW		13. 6.61	D	Slapnik Reinhard geb. Süßmilch SekIL	30. 5.84	ER BI	e	28. 2.53
	Geihe Michael	1. 5.06	M PH IF	k	31. 1.67		Becker Karin geb. Wentzell SekIL' (T)	1. 8.98	M BI		9. 1.55
	Klaes-Hachmüller Monika Dr.	10. 5.07	° D L		4. 5.60		Siemandel-Feldmann		KU		9.10.53
	Stadel Ursula (T)		M PH		53	E	Reiner Rita	1. 2.07	° E SW PK	e	12.10.72
C	Donig Dagmar (T)	26. 1.77	M PH		28. 9.43						
	Kalender Ulrich	31. 1.77	M SP		17. 9.45	F	von Bancels Doris		CH GE		12. 9.51
	Kohlsdorf Ingeborg	1. 2.79	BI (M)	e	25. 7.47		Vogt Veronika		D KU		19. 4.62
	Brack Evelyn (T)	9. 2.79	BI	oB	24.10.49		Schwenk Ursula		S BI KR	k	20. 2.71
	Heilker Eva (T)	15.10.79	E SW	k	4. 8.49	H	Hartmann Peter		° EK M IF	k	18. 2.43
	Ortmann Thomas	25. 3.80	GE F	k	28. 1.50						
	Haußmann Ilse Dr. (T)	1. 8.80	° M EK	e	11. 8.48		Hauschulz Michael		D EK	k	17.11.43
	Weber Georg	19. 8.80	KU SP		6. 2.49						

1.554 Mülheim   Gymnasium Heißen   gegr. 1975
st. G. (5-Tage-Woche) m. zweisprachigem dt.-engl. Zug f. J. u. M.
Kleiststr. 50, 45472 Mülheim – Tel. (02 08) 4 55 40 80, Fax 4 55 40 89
E-Mail: gymnasium.heissen@stadt-mh.de, Homepage: www.gymnasium-heissen.de

Kl: 8/16   Ku: 118/10   Sch: 946 (457) (249/425/272)   Abit: 61 (28)   **BR Düsseldorf**
L: 47 (A 1, A$_2$ 2, B 14, C 23, D 3, E 3, H 1)   ASN: 185322
Spr.-Folge: E, L/F, F/L, S   Dez: LRSD **N. N.**

A	Krallmann Marion geb. Reitis	1. 2.99	° M PH		4. 7.49	B	Lanzerath Joachim (V)	1.12.78	° D ER	e	1. 9.43
							Brenninkmeyer Gisela geb. Huchzermeyer	19.10.84	° M SP	e	4. 8.45
A$_2$	Beckmann Renate	24. 1.92	MU E	k	12.12.46						
	Biermann Ingrid geb. Siegert	30.10.92	D GE ER	e	14. 2.51		Bitter Wilfried	13.12.85	M		10. 7.49

Heitkamp Elisabeth geb. König	25.10.90	BI SP	k	27.10.55	
Freihoff Lothar	18. 3.93	M ER	e	21.11.52	
Giesbert Ragnhild geb. Zais	18. 3.93	E BI	e	22.11.52	
Kammler Ursula	1. 6.94	E M	k	26. 6.53	
de Wit-Yokoi Karin	8.12.94	E D PA	e	1.10.51	
Straub Roland	30. 1.96	E BI		7.10.51	
Jabs Karin geb. Ruckelshauß	1. 3.00	CH WW	e	27. 8.51	
Dißelmeyer Robert	03	MU M		26. 4.67	
Kauker Irmgard	16. 4.07	E M		27. 4.50	
Eschmann Angela	23. 5.07	D GE	k	9.12.55	
C Spöhr Peter	1. 9.78	GE SW	k	15. 2.46	
Kruse-Hartmann Ursula	28. 3.79	MU E		15. 8.48	
Reinartz Claudia	7.10.81	SP PA	k	26. 6.47	
Möller Peter	10. 9.82	D PL	e	14. 9.45	
Werntgen Gerd	30. 6.83	E GE		24. 9.52	
Krause Irene geb. Lipp	23. 7.83	CH	k	25. 3.48	
Vogt Werner	12.12.84	KU KW	k	6. 9.49	
Wegenaer Ursula	22. 8.87	L SP	k	16. 3.54	

Speetzen-Schnatmann Dörthe	24. 1.89	KU D	e	19. 2.57	
Macke Michael	29. 6.92	D E	k	22. 8.59	
Pfannstiel Ingeborg	19. 1.96	E L		1.10.62	
Schlüter Adelheid	1. 8.00	KR BI	k	11. 6.68	
Kötter Sebastian	25. 3.07	EK PH		17. 5.75	
Heusel Heike	1. 8.07	D SW PK	e	25. 6.67	
Schuchert Cordula	22. 8.07	M BI	k	31. 7.75	
Mohr Holger				25. 8.56	
Ruschinski Rudi		CH EK		6.11.66	
Guderley Roland Dr.		GE BI KR	k	17.12.68	
Preiser Niels				31.10.74	
Risken Sven				20. 3.76	
D Kut Beate geb. Demkowsky SekIL'	11. 8.81 °	ER D EK	e	20. 2.53	
Albracht Linda SekIL'	4. 2.83	D MU		24. 6.55	
Neu Brigitte SekIL'		ER HW	e	8. 3.52	
E Imhoff Mareike	6. 9.04	D S		7. 5.75	
Breil Michael	6. 8.07	CH PH		6. 9.69	
Roßmeyer Miguel				29.12.76	
H Voß Gernot Dipl.-SpL		SP	k	21. 6.51	

1.560 Bad Münstereifel St.-Michael-Gymnasium gegr. 1625
st. G. (5-Tage-Woche) m. zweisprachigem dt.-engl. Zug f. J. u. M.
Markt 9–11, 53902 Bad Münstereifel – Tel. (0 22 53) 92 13-0, Fax 92 13-20
E-Mail: kontakt@stmg.de, Homepage: www.stmg.de

Kl: 6/12   Ku: 133/22   Sch: 847 (433) (195/356/296)   Abit: 95 (48) **BR Köln**
L: 48 (A 1, A$_1$ 1, A$_2$ 4, B 17, C 15, D 1, E 5, F 4) ASN: 166820
Spr.-Folge: E (bil.), F, L, S/F Dez: LRSD' **Dr. Schulz**

A Neft Paul-Georg	28.10.94 °	BI EK	k	20.12.50	
A$_1$ Schlößer Herbert	17. 2.95 °	PH M IF	k	19.11.47	
A$_2$ Thelen Christel geb. Leichtle	1. 8.81	EK E	e	8.10.48	
Krüger Hans-Theo	25. 1.86 °	EK E	e	3.10.49	
Stein Walter	2. 6.97 °	PH EK	k	7. 3.50	
Harmuth Werner	24. 6.98 °	F EK	k	24. 3.50	
B Busch-Schulten Erika (V)	8. 9.90 °	F EK	e	12. 6.50	
Kazmierczak Reiner	27.11.92	CH		5.11.48	
Bednarz Hans-Dieter	27.11.92	BI EK	k	14. 7.50	
Langner Bernhard	1. 6.94	M PH	k	4. 1.51	
Roitzheim Gertrud geb. Wilden Dipl.-Math.'	1. 6.94	M	k	4.50	
Pfeifer Paul	1. 6.94 °	BI E	k	25. 8.53	
Keil Ursula Dr. (T)	8.12.95 °	D GE	k	26. 5.50	
Bröckerhoff Martin	19. 5.96	M EW	k	31.10.51	
Mewes Hans-Detlef	10. 5.97 °	M PH IF	k	31. 7.52	
Ismar Peter	6.99	D SW	e	24. 9.52	
Schumacher-Menningen Anette Maria	11. 5.00	D EW	k	31. 1.52	
Schneider-Kroll Wolfgang	11. 5.00	D KR		4.11.54	
Stein Veronika	18. 8.01 °	CH EK	k	12. 3.52	
Borsch Ingrid	6. 8.04	E GE	e	22. 3.50	
Krämer-Jaax Christine	13. 9.04	F GE		24. 8.52	
Schulten Marius (T)	6. 9.07	E EK	oB	15. 1.49	
Schorrlepp Annett	6. 9.07	SP KU	e	10.12.62	
C Trump-Plum Helga	25. 2.80	F D	k	20. 9.51	

Menningen Klaus Dieter	1. 3.80	KU	k	8. 2.50	
Heuel Karl (T)	13. 8.81	BI	k	16. 3.49	
Bergmann Ulrich	11. 5.82 °	D GE ER	e	6. 4.45	
Paustian Sylvia geb. Heidrich (T)	1. 1.02	MU F	k	19.10.68	
Scheuer Wolfgang	6. 9.04	M PL (ER)		15. 9.68	
Hausotter Florian (T)	1. 2.05 °	MU SP		10. 3.68	
Hausotter Berit	15. 3.05 °	D MU	e	1.10.72	
Kaßner Sonja geb. Schoenmakers	31. 3.05 °	E GE		25. 1.74	
Borgmann Marion	8. 3.05	E S		20. 7.70	
Ohmes Sabine	22. 2.07	F SP	k	24. 4.75	
Stewart Patrick	7. 6.07 □	E GE		10. 5.73	
Becker Nina	1. 8.07	M BI		22. 4.77	
Teschauer Tanja		D KR	k	5. 3.74	
Herb Fridtjof Dr.		° F SP E		16. 3.74	
D Berners Luise geb. Bresgen SekIL' (T)	5.11.80	D SP	k	2. 8.52	
E Küppers Vera	22. 8.05 °	BI KR	k	18.10.77	
Fraedrich Jasmin	9. 8.06	M SP		24. 2.75	
Mombaur Michael	9. 8.06 °	D GE		17.11.76	
Franken Jessica	9. 8.06	F SW PL		13. 5.77	
Klein Daniela	1. 1.07	SP CH	e	13.11.77	
F Sebastian Klaus Albert		SP D		7. 5.44	
Gehring Axel		E SW	e	17. 5.49	
Siebold Helmut		° ER EW		14. 5.55	
Birk-Schröder Dagmar		° D KR	k	5. 2.56	

1.561 Bad Münstereifel Erzbischöfliches St.-Angela-Gymnasium gegr. 1921
pr. G. (5-Tage-Woche) f. J. u. M. d. Erzbistums Köln
Sittardweg 8, 53902 Bad Münstereifel – Tel. (0 22 53) 54 51-0, Fax 54 51-28
E-Mail: sekretariat@st-angela-bam.de, Homepage: www.st-angela-bam.de

Kl: 6/13   Ku: 106/21   Sch: 740 (396) (158/345/237)   Abit: 96 (57)   BR Köln
L: 50 (A 1, A_1 1, A_2 4, B 14, C 14, D 3, E 3, F 6, H 4)   ASN: 166819
Spr.-Folge: E, L/F, F/I, I/F   Dez: LRSD Schormann

A	Spiluttini Theo	31. 8.92	° F GE	k	17. 5.50		Eckert-Louis	5. 7.93	° D PA BI k	11.10.60
A_1	Mehren Helmut	31. 8.92	° M PH	k	17. 8.47		Susanne (T)			
A_2	Nettersheim Egon	26. 2.92	BI EK	k	1. 5.48		Schneider Georg	15. 7.93	PA PL k	3. 6.58
	Kemper Detlev	26. 2.92	M BI	k	27. 5.48		Dipl.-Theol.		KR	
	Krisinger Franz	6. 4.95	CH EK	k	18. 5.53		Hölzemann Joachim	21.10.93	M EK k	6.11.55
	Helfer Bernhard	27.10.05	° E GE	k	13. 9.59		Lier Klaus (V)	13. 6.94	° M MU k	21. 4.56
B	Ohlenhardt Michael	30. 1.84	° M	k	12. 6.47		Wöstemeyer Hans-	15.10.94	E SW k	24. 7.56
	Hintemann Egon	1. 7.87	° BI KR	k	8. 9.46		Georg			
	Louis Bernhard	1. 7.87	° BI EK	k	30. 9.49		Buissin Patrick	1. 9.03	KR D k	24. 7.71
	Dykau Annelie	1. 7.87	M SP	k	30. 1.54		Dörflinger Julia (T)	1. 4.04	KU SP k	23.11.72
	geb. Mütter						Preiss Robert	1. 8.05	KR L k	23. 7.65
	Liebing Norbert (Vw)	23. 8.93	E EK	k	9. 9.51	D	Koch Irene	16. 1.76	D GE k	25.10.49
	Röser Werner	6. 4.95	PL D	k	17. 8.53		geb. Bulich L'		EK	
	Kitzing Eberhard	6. 4.95	F EK	k	18.11.53		Kirchner Alfred	1.11.82	D EK k	16.11.50
	Mertens Franz	25. 4.95	M PH	k	16.12.54		HSchL		KU	
	Dominick Ursula	28. 4.95	BI SP	k	2. 3.49		Schild Gottfr. SekIL	4. 8.83	E SP k	9. 6.55
	Kurth Dieter	20. 8.96	° E R	k	22. 6.52	E	Heinzen Michaela	22. 8.05	E F I k	3. 5.74
	Waasem Albert	20. 8.96	M PH	k	23. 8.55		Hochköpper Nicole	22. 1.07	E EK k	2. 3.78
	Backes Claudia	25.10.04	D MU	k	8. 8.60		Durst Frank	25. 1.07	D GE k	13. 3.72
	geb. Alten					F	Brückner Waltraud		° D EK k	28. 9.55
	Olbricht Klaus-Peter	27.10.05	° PH SP	k	15.12.58		geb. Odekerken			
C	Hallmann Lucia	1. 2.80	F GE	k	4. 6.51		Wirthmüller Johannes		D KR I k	13. 8.61
	geb. Gerke (T)						Peltzer Susan		° E ER e	21. 8.61
	Ohlenhardt Monika	12. 4.81	D HW	k	13. 7.50		Monreal Manuela geb. Huttig		KR D k	25. 6.73
	geb. Temming (T)					H	Güttes-Gepp		SP k	28. 4.43
	Madré Gisela	1.10.85	M PH	k	20. 1.56		Renate Dipl.-SpL'			
	geb. Tönnes (T)						Schnicke Josef Kantor		MU k	9.12.44
	Gebhardt Birgit	20.10.89	° E F	k	30.12.55		Begiebing Christoph Dipl.-SpL		SP k	17.10.49
	geb. Lülsdorff						Rech Günter Dipl.-SpL		SP k	21. 1.54
	Schröder Marlis	7. 1.92	° F MU	k	29.12.58					

1.565 Nettetal Werner-Jaeger-Gymnasium gegr. 1943
st. G. (5-Tage-Woche) f. J. u. M.
An den Sportplätzen 7, 41334 Nettetal – Tel. (0 21 53) 91 17 97, Fax 91 17 99
E-Mail: wjg@wjg-nettetal.de, Homepage: www.wjg-nettetal.de

Kl: 9/15   Ku: 138/21   Sch: 1016 (541) (255/428/333)   Abit: 72 (45)   BR Düsseldorf
L: 58 (A 1, A_1 1, A_2 5, B 20, C 18, D 4, E 5, F 2, H 2)   ASN: **165827**
Spr.-Folge: E, L/F, F, N/S   Dez: LRSD Dr. Bentgens

A	Ponzelar-Warter	7. 5.02	BI CH	k	18. 7.49		Zedelius Justus	24.11.82	KU Kug e	14.11.45
	Elisabeth geb. Ponzelar						Schmitz Ulrich (V)	9. 3.84	° E SP e	6. 9.49
A_1	Esser Hartmut	1. 8.07	M PH	k	6.10.57		Hubatsch Klaus	22. 9.84	° L ER e	21.11.50
A_2	Traut Klemens (Vw)	24.12.85	° M CH	k	26. 6.50				GE	
	Güthoff Gerhard	10. 1.94	M PH	k	16. 6.49		Fritz Marlene	28. 1.85	° BI EK e	5. 7.50
	Eikelberg Heino	30.11.94	° E EK		13.12.49		Martin Irene	28. 1.85	PA BI k	6. 3.50
	Granz-Schiffl	8.10.01	M		6.10.49		geb. Bühl			
	Hildegard						Mirbach Hartmut	1. 7.85	KU KugoB	12. 7.49
	Erdorf Angelika	1. 4.03	D PA	k	3. 9.48		Born Reinhard	13.12.85	EK SP k	21. 5.51
B	Krienen Peter	2. 2.79	° CH	e	14.10.43		Rehkämper Hans	13.12.85	° D PL e	7.12.48
	Fourné Peter (T)	9. 5.80	° L GE	k	1.10.46		Meyer Renate (T)	19. 1.95	D E k	14. 5.52
	Halberstadt Ludwig	12. 6.80	BI KR	k	28. 4.47		Reiss Karl Josef Dr.	19. 1.95	CH BI k	17.12.50
	(T)						Pies Margret (T)	23. 1.96	F SW k	11.11.51
	Kleinmanns Irmgard	4. 8.80	E EK	k	5. 9.49		Vitz Gabriele (T)	23. 1.96	M EK k	6. 5.52
	(T)									

	Kahmann Gabriele (T)	28. 8.03	D PA	k	29. 6.54	Rees Stephan	15. 9.06 °	M PH k	30.10.73
	Prapolinat Birgit	1. 9.04	BI		22.12.50	Caris Nora Gabriele (T)	1. 2.07 °	D E S	7. 5.75
	Kahmann Bernd (T)	1. 9.04	M PA		14. 4.53	Izquierdo von Paller Monja	10.07 °	BI EK	8. 6.77
	Leenen Johannes W.	23. 5.07 °	L KR	k	3. 3.61				
C	Schmude Mechtild	1. 8.80	MU M	k	12. 9.50	D	Linssen Hans Josef HSchL	14. 9.77 °	KR PK k SP	16.12.47
	Dickhoff Herbert Dr. (T)	15. 9.81	F EK	k	28. 2.47	Wirtz Karl	3. 8.79	E EK	24. 5.49
	Wernitz Angelika (T)	3. 8.82	E F	e	25. 1.52	Zitz Johanna SekIL'	1. 8.80	D E k	19.11.55
	Stöber Michael	17. 4.83 °	D GE	k	1. 2.44	Derendorf Rainer SekIL	20. 3.84	SP GE k	11. 5.56
	Orlea Christa (T)	1. 9.83	SP EK		13.12.54				
	Schüller Irmgard (T)	9. 9.85	SW D		25.11.54	E	Albeck Nina	9. 8.06	N D	11.11.76
	Paumen Barbara (T)	20. 3.88 °	M EK	k	20.12.55	Schrama Corinna	22. 1.07	GE KR	7.11.70
	Städter Uwe	15.11.90 °	N F		1. 9.53	Maaßen Thorsten	22. 1.07	E GE	28. 2.76
	Luyken Bärbel	2. 8.02 °	D GE	oB	17. 3.73	Izquierdo von Paller Alfonso	6. 8.07	EK GE k	2. 1.76
	Kastner Rike (T)	13. 1.03 □	E GE	e	7. 8.71				
	Jerzewski Birgit (T)	1. 2.03 °	D E	e	16. 3.71	Braun Nicole	6. 8.07	BI KU	15. 6.79
	Schade Sonja	17. 2.04	F SP	e	22. 2.74	F	Schüller Robert		BI CH k	7. 6.50
	Bröse Michael	1. 8.04 °	M PH	e	11.10.68	Wolters Wilfried		PA SP	28. 1.55
	Feist Björn	14. 1.05	MU GE	e	8. 9.72	H	Monod Albertino		MU k	2. 8.45
	Prümen Barbara (T)	22. 8.05 °	D GE	k	7. 4.67	Thoenes Petra SpL'		SP k	23. 1.54

1.570 Neukirchen-Vluyn Julius-Stursberg-Gymnasium gegr. 1906
st. G. (5-Tage-Woche) f. J. u. M.
Tersteegenstr. 85a, 47506 Neukirchen-Vluyn – Tel. (0 28 45) 30 81/82, Fax 39 19 65
E-Mail: info@jsg-nv.de, Homepage: www.jsg-nv.de
Kl: 9/20   Ku: 138/22   Sch: 1162 (633) (283/544/335)   Abit: 96 (54)
L: 65 (A 1, A$_1$ 1, A$_2$ 5, B 19, C 26, D 6, E 2, F 5)
Spr.-Folge: E, F/L, L/F/N/I, S

BR Düsseldorf
ASN: **166066**
Dez: LRSD' **Risken**

A	Reimers Siegfried	2. 9.94	SP EK	e	19. 7.46	Gocht Lieselotte geb. Dueck	14. 6.07	E D	16. 5.54
A$_1$	Müller Detlef	1. 7.95 □	M PH	k	18. 1.51	Gipmans Martina	14. 6.07	E EK k	1.12.59
A$_2$	Wolter Hans-Winfried Dr. (F)	21.12.92	CH	k	19. 5.46	C	Dühr Arno	1. 9.79 °	MU SP e	14. 7.48
	Scholz Horst	1.12.94	D PL		1. 7.46	Suermondt Rita (T)	4. 8.80	D GE N	6.11.47
	Uhlrich Klaus-Michael	1.11.95	E SP		14. 4.50	Fortmann Michael	7. 7.81	M	19.10.48
	Thummes Ewald	29. 5.02 °	PH EK	e	13. 5.52	Spemes Hans-Peter	18.10.82	BI CH k	11.12.49
	Wolter Barbara geb. Hoffmann	21. 6.04	PA SW D	e	14.12.47	Soth Johannes	20.10.83	KR KU k	8. 6.52
						Ostbomk Willi	5. 9.84	E SW	21. 9.48
B	Doerth Hans-Jürgen	4.12.78	GE L	e	18. 3.43	Pütz Ingrid geb. Ortsack	11. 9.85	D SW	1. 3.54
	Frisch Renate (T)	2. 7.81 □	D PA	e	23. 2.51	Göhl-Alberts Heike	17. 6.98	BI CH e SP	10. 2.62
	Sperler Michael	1. 8.81	KU PL	k	21. 2.50				
	Auler Hans-Wilhelm (T)	8. 9.82	EK CH	e	9. 7.48	Bomhauer Ralf	17. 8.00 °	M KR k	5. 8.68
						Bentgens Anna	26. 3.01	L MU	12. 8.67
	Jestrich Doris (T)	26. 1.88	WW BI		28.11.54	Boxwell Katja	29. 9.01 °	E KR k	25. 3.72
	Winkels Friederike geb. Winkels	18. 1.93	MU EK	k	30. 8.49	Müller Katrin	15. 4.02	D MU	20. 3.72
						Kotulla Denise	1.10.02 °	E KR	10. 7.71
	Kemper Ulrich	22.12.95 □	GE SW	E	10. 1.51	Engbers Hedda geb. Jannemann	7. 1.03	M PH	3.11.72
	Brendgen Helga geb. Fenkes	1. 4.97	F SP	k	8.10.54				
						Berges Christian	24. 2.03	E SW e	24. 3.69
	Marten-Cleef Susanne (T)	25. 6.98	D ER	e	25. 2.60	Sommer Gabriele	24. 2.03	D E e	14. 8.70
						Bohlen Andrea	1. 8.03 □	M IF e	9. 8.74
	Rehwinkel Hans-Peter	23. 3.00		BI EK	1. 7.51	Wiese Henning	14. 7.04	S SP	16.10.71
	Messner Hans-Gerd	23. 3.00	F EK		2.12.49	Bühning Ulrike (T)	3. 8.04	KU ER	25. 5.63
	Schabhüser Annegret (T)	19. 7.02	D EW LI		2. 8.53	Breder Monika	1. 8.06	M PA	16.10.69
						Köhler Nadine	6. 8.07 °	D BI	4. 5.76
	Hentschel Eva (L)	19. 7.02	M PH	e	6. 7.62	Findeisen Marc	19. 9.07	BI SP e	18. 7.74
	Carl Erich	28. 8.02	F GE	e	19. 1.49	Offermanns Stephanie	29. 9.07	GE SP k SW	21. 5.78
	Schmitz Dietmar Dr. (V)	26. 3.03 °	L F S	k	7. 1.57	Sprenger Christina		° F SP e	20.12.69
						Walper Maik		D CH oB	14. 7.72
	Rother Klaus Dr.	18. 7.03 °	M GE		11. 8.66	Rudolph Petra		CH M e	21. 1.75

	D	Hoppstock Wolfdieter SpL	27. 6.78	SP		28. 8.50	E	Römer Verena	9. 8.06	E ER	e	3.12.75
								Kortmann Andreas	9. 8.06	E EK	e	11. 2.76
		Schimanski Angela SekIL' (T)	2. 3.83	GE D	e	6. 1.56	F	Bruno Christiane		° E GE	k	6. 4.57
		Karwig Jutta SekIL' (T)	2. 3.83	E F	e	30. 4.56		Wissen Ernst		PH CH M		20.12.58
		Peine Hubert SekIL	27. 5.83	SP BI	e	27. 5.54		Czubayko-Reiß Astrid Dr.		D ER	e	1. 7.60
		Prahl Rüdiger SekIL	7. 6.83	° E EK	e	14. 3.56		Nappo Emilia		S F	k	10. 7.62
		Malms Dorit SekIL'	28. 8.95	M ER	e	23. 6.67		Gryzla Ute		E SP		29. 6.63

1.575 Neunkirchen-Seelscheid Antoniuskolleg-Gymnasium gegr. 1957
pr. G.[1] (5-Tage-Woche) f. J. u. M.
d. Norddeutschen Provinz d. Salesianer Don Boscos, Köln-Mülheim
Pfarrer-Schaaf-Str. 1, 53819 Neunkirchen-Seelscheid
Tel. (0 22 47) 91 77-12, Fax 91 77-11
E-Mail: gymnasium@antoniuskolleg.de, Homepage: www.antoniuskolleg.de

Kl: 8/20   Ku: 161/34   Sch: 1232 (636) (252/572/408)   Abit: 104 (61)   **BR Köln**
L: 69 (A 1, A$_1$ 1, A$_2$ 9, B 19, C 15, D 3, E 4, F 14, H 3)   ASN: **167204**
Spr.-Folge: E, L/F, F/L   Dez: LRSD **Dr. Welz**

A	Müller Gerhard	1.10.99	CH PH	k	15.11.57		Albus Manfred Dr.	28. 8.98	MU SP	k	16. 5.63
A$_1$	Ollig Norbert	1. 8.91	BI SP	k	16. 5.51		Schrief Cordula	1. 5.00	M PH	k	4. 2.66
A$_2$	Henkel Maria	1. 8.88	M PH	k	5.12.49		Deller Andreas	1. 8.01	KR M	k	28.11.65
	Gude Werner	1. 8.88	F GE	k	10. 4.51		Hensen Heidrun	28. 8.02	D GE	k	31. 5.72
	Euteneuer Heinz	1. 5.91	SP SW	k	16. 9.48		Al-Khalaf Bianca geb. Olry	28. 2.03	M PH	k	26. 9.73
	Ferrari Ulrich	1. 1.92	F GE	k	25.11.49						
	Meis Rosemarie	1. 5.92	M PH	k	13.11.54		Reuter Bernd Dr.	12. 2.05	CH BI	k	28. 6.68
	Hartkopf Monika	8.97	° D PL	k	6.10.54		Gräf Sandra geb. Wässerle	13. 9.05	° E PA	k	7. 7.73
	Schneider Bernd	1. 5.98	D EK	k	29.11.56						
	Wallbaum Willi	1. 6.00	PH M	e	15. 5.43		Langer Isolde	1. 5.07	PH SP	e	27. 5.60
	Altmann Barbara	1. 6.00	MU PA	k	8. 9.57		Pinzek Norbert	26. 6.07	° D CH	k	28. 9.71
B	Stutzkowsky Herbert	1. 9.84	E EK	k	14. 6.48	D	Klapdor Christiane geb. Zschiesche RSchL'	8.74	F EK ER	k	21.11.48
	Haerten Barbara	1. 8.88	D F	k	21.10.51						
	Siebert-Gasper Dieter	1. 8.88	KU D	k	2.11.49		Storck Karin geb. Schäl VSchL'	1. 8.74	D GE ER	e	16. 2.50
	Hufgard Manfred	1.10.90	BI CH	k	2.11.51						
	Joachim Oskar	1.10.90	D SW PL	k	30. 9.52		Ollig Elisabeth VSchL'	1. 8.74	KR BI	k	30. 4.51
						E	Helzel Christian	1. 2.06	M PH	k	14. 5.75
	Wittig Gerhard	1.10.92	EK M	k	1. 8.53		Seiffert Diemo	1. 2.07	E KR	k	11. 2.77
	Scheurich Gernot	1.10.92	M SW	e	15. 9.54		Heinbuch Nadine	1. 2.07	D EK SP	k	10.11.77
	Dreckmann Hubert	1.10.92	EK SP	k	26. 2.56						
	Mermet Klaus	1. 1.95	M EK	k	5. 2.53		Berg Pamela	1. 2.07	E F	k	20. 1.79
	Immekus Beatrix	1. 1.95	E BI PS	k	1.11.54	F	Wittbusch Lise		F E	k	14. 7.46
							Klein Armin		KU	k	13. 4.51
	Plitzko Bernhard	1. 1.95	L M	k	28. 7.54		Dünchheim Bruno		D EK	k	31. 1.53
	Kramer-Fischer Margret	1. 1.95	BI CH	k	19. 7.55		Klein Hans		E PL	k	18.10.53
							Klassmann Werner		D GE	k	14. 3.55
	Salz Heinz	1. 1.96	L SP	k	30. 6.55		Klein Bruno		F SP	k	1. 4.55
	Grundei Gudrun	1. 1.96	D GE	k	21. 9.53				KU		
	Holz Hans Adolf	1. 1.96	ER GE	e	2. 8.57		Schwarz Jutta		E F	k	12. 5.55
	Schmitz Marion	1. 5.98	KR D	k	9. 7.57		Falkenstein-Wittig Barbara		M EK	k	27. 8.55
	von Berg Bruno (V)	1. 4.00	° L GE	k	24. 9.64		Bergheim Andreas		° E F	k	25. 3.58
	Arzdorf Wolfgang	1. 6.03	BI SP	k	7.11.61		Emans Brunhild		M KU	k	21.11.63
	Scheurich Eva	1. 7.05	E F L	k	1. 2.54		Schleking Christian		E F	e	20. 1.75
C	Buszello Hannelore	1. 1.87	ER D	e	20. 7.55		Schmenk Julia		E KR	k	13. 4.75
	Rieger Anni	30. 4.90	KR M	k	18. 8.60		Langner Ralf		GE SW	e	15. 4.76
	Wald Petra	1. 8.94	E F	k	24.12.57		Schäfer Annette		D KR	k	3.12.76
	Liptow Stephan	1. 8.94	BI GE L	e	20. 1.60	H	Wittbusch Wolfgang		SP	e	22. 3.45
	Euskirchen Norbert	1. 9.95	M SP	k	8. 9.59		Rejeb Susanne		SP	e	4. 4.51
	Wermescher Ursula	1. 8.96	CH SP	e	27. 7.59		P. Lüersmann Thomas		KR	k	16. 6.64

[1] m. Tagesinternat

1.580 Neuss Quirinus-Gymnasium gegr. 1616
st. G. f. J. u. M.
Sternstr. 49, 41460 Neuss – Tel. (0 21 31) 17 06 70, Fax 1 70 67 32
E-Mail: Quirinus-Gymnasium@mail.isis.de, Homepage: www.quirinus-gymnasium.de

Kl: 10/19   Ku: 157/28   Sch: 1271 (493) (315/572/384)   Abit: 98 (30)   **BR Düsseldorf**
L: 72 (A 1, A_1 1, A_2 10, B 20, C 23, D 3, E 7, F 6, H 2)   **ASN: 165130**

Spr.-Folge: L/E, E/L/F, G/F   Dez: LRSD **Dr. Bubolz**

A	**Hamacher** Johannes Dr.	1. 5.91	° L E	k	16. 7.48		**Brauwers** Gisela	1. 8.81	F D	e	3. 4.52
A_1	**Korfmacher** Franz-Peter	28. 2.92	° L GE	e	24. 4.47		**Flücken** Peter Georg	15.11.82	SW D	k	8.11.50
A_2	**Rave** Gerd Dipl.-Math.	27. 2.92	° M (IF)	k	7. 4.46		**Lercher** Friedrich	25. 5.83	SP BI		19. 9.52
							Feilhauer Günter	3.11.83	° BI CH	k	12. 4.49
	Weber Hans-Alois Dr. (F)	1. 6.94	° GE Soz	k	15. 9.48		**Fieser** Jürgen	5. 9.84	M PA	e	10.12.52
	Pricking Reinhard	1. 6.94	° E L	k	20. 8.48		**Humpert** Egbert	18. 9.84	° M SW	k	9. 3.48
	Dersch Brigitte (F)	21.11.95	D GE	k	31.10.50		**Lindlar** Hannelore (T)	7. 5.88	° F L		4. 1.56
	Hillen Peter (F)	1. 6.98	D GE		9. 7.54		**Meis-Schrörs** Christiane	8. 8.95	D KU		18. 4.58
	Kempen Willibert (F)	19.10.99	° KR D	k	8. 2.56		**Wünsche** Anne-Christine	1. 8.99	L G PL		24. 9.68
	Köhler Elisabeth	1. 3.01	KU W KW	k			**Baumbauer-Nitsch** Kirsten	1. 2.01	M SP		12. 2.69
	Zander Julius	1.11.02	BI CH	k	10. 2.62		**Paul** Monika	1. 1.02	E KR	k	23. 8.68
	Dauben Ulrich	30. 8.07	L SP	k	1. 3.62		**Meinhardt** Esther	1. 1.02	CH SW		14. 9.68
	Philipp Anke Dr. (F)		BI E EK	e	17. 1.68		**Hamacher** Ulf	1. 2.02	L G KR	k	18. 7.69
B	**Loose** Hans-Georg Dr.	18. 1.79	° F GE	k	23. 9.42		**Gossmann** Bettina	20. 8.02	D E	e	26. 5.71
	Köther Hermann	25. 2.80	KU PA	k	8. 7.48		**Kutzer** Karin	1.11.03	E F		18. 4.73
	Eickhoff Christine (T)	16.12.80	° M (PH)	k	3. 6.49		**Stienecker** Thomas	19. 3.04	PH SP	k	30. 4.71
	Schönberger Enno Dr.	7.10.81	° CH	e	14. 9.43		**Prien** Ruth	17. 7.04	F GE	k	27. 1.69
	Habitz Heidemarie	30.11.90	° E GE	k	24. 5.53		**Hümbs** Nicola	6. 9.04	E EK	k	4. 4.72
	Classen Edmund	5. 1.95	° M SP	k	22. 7.52		**Weege** Katja	12. 1.07	CH SP	k	18. 5.77
	Essers Christina geb. Klömpges (T)	19. 1.95	° GE E	k	15.10.50		**Mohr** Reinhold		D GE	e	9. 4.50
							Müller Katharina		E BI		21. 5.66
	Scherer Winrich-Jürgen	21. 2.96	D PL	k	27. 6.55		**Scheufler** Wolfgang		M PH		22. 8.68
	Bertram Heinz-Diether	21. 2.96	KR E	k	10. 8.47	D	**Leenders** Ulrike SekIL'	24. 7.84	KR SP	k	20. 2.56
							Minet Beate	1. 3.87	F MU	e	23. 8.56
	Schucker Elke (T)	10. 6.96	BI EK	e	28. 1.53		**Broens** Ingrid (T)		M EK		5. 3.56
	Engels Hans-Jürgen	1. 3.99	D PL	k	26. 1.49	E	**Südtmann** Anja	1. 1.02	D ER	e	28.12.71
	Schmutzler Wolfram	1. 3.99	SP EK	k	7. 1.50		**Stier** Jochen	6. 9.04	PH SP	k	21. 8.70
	Kleinebeck-Lindenberg Monika	17.12.99	° D PL		17. 4.55		**Heinke** Sebastian	9. 8.06	E EK	k	2. 6.75
	Schovenberg Albert	14. 8.02	° E EK	k	3. 8.50		**Janßen** Dörte	1. 2.07	M BI	k	26. 5.75
	Joswowitz Gerald (F)	15. 8.02	° MU L		7. 9.64		**Dernbach** Cornelia	30. 7.07	PA KU	k	9. 9.78
	Götte Torsten	27. 8.02	SW D		12.10.52		**Holländer** Nicole	6. 8.07	E ER		24.10.78
	Güdelhöfer Matthias Dr.	27. 8.02	° MU KR	k	9. 3.59		**Steber** Christian	30. 8.07	EK SP		25. 1.76
	Wambach Ralf	15. 9.03	M PH		16. 2.63	F	**Lüttringhaus-Engels** Beate		D GE		19. 5.54
	Blens Johannes	15. 9.03	° M MU	k	2.10.67		**Gref-Schmitt** Dorothea		M	k	16. 9.58
	Korbmacher Christel		° PA GE KR PS	k	8. 2.47		**Niedballa** Thomas Dr.		ER CH M	efk	13. 2.59
							Ehrlich Erika		BI KR		16. 7.60
							Hinz Ralf Dr.		° D PL		9. 4.62
							Hansmeyer Christian		E SP		18. 2.71
C	**Dick** Katharina geb. Jansen (T)	25. 1.78	° BI	k	17. 8.46	H	**Philippé** Marilyn		E		13. 9.46
							Lindlar Rolf		M PH	k	6. 9.53

1.581 Neuss   Schule Marienberg   gegr. 1857
pr. G. (5-Tage-Woche) f. M. d. Erzbistums Köln
Rheinstr. 3, 41460 Neuss – Tel. (0 21 31) 2 30 56, Fax 27 15 08
E-Mail: mail@GymnasiumMarienberg.de, Homepage: www.GymnasiumMarienberg.de

Kl: 12/24   Ku: 180/31   Sch: 1546 (1546) (377/707/462)   Abit: 118 (118)   **BR Düsseldorf**
L: 90 (A 1, A₁ 1, A₂ 12, B 25, C 34, E 6, F 7, H 4)   ASN: **165153**

Spr.-Folge: E/L, L/F/E, F/L, S   Dez: LRSD **Dr. Bubolz**

A	Burdich Josef	1. 8.06		L GE	k	6. 5.54		Schmutzler Doris	14. 3.85	SP D	k	19. 1.51
A₁	Wolber Mechthild	1. 8.06		BI KR	k	23. 7.57		geb. Meuter (T)				
A₂	de la Haye Lothar	1. 3.87	°	M IF	k	27. 2.46		Drees-Holz Gabriele	1. 8.85	D EK S	k	29. 5.55
	Zumbé Hildegund (Vw)	1. 4.88	°	PA HW	k	1. 4.50		geb. Drees				
	Wery Bernd M. A.	1. 7.88		E GE	k	31. 8.50		Hirnstein Irmgard	16. 9.85	BI TX	k	14.10.54
	Kettler Horst	1. 7.88		SW PH	k	22. 2.49		Fabry Marlene	1. 4.86	E GE	k	1. 4.55
	Dipl.-Päd.			M				Jungblut Rita	1. 7.94	BI SP	k	15.10.57
	Grifka Anita	1.12.90		M PH	k	25.11.51		Pinzek Ursula Maria	1. 6.95	° KR SP	k	11. 4.59
	geb. Hertleif							Getz Andrea (T)	15. 8.96	L KR	k	16.11.63
	Kimstädt Rainer	1.12.90		D PA	k	28. 9.50		Mohren Ulrike	1. 6.97	° S D	k	19.10.62
	Dücker Johannes	1. 6.94		D PL	k	31. 3.47		geb. Schindler				
	Vetter Gabriele	2.10.98	°	E EK	k	20. 2.51		Vliegen Martin	1. 2.00	KR GE	k	18. 3.67
	geb. Engelhardt							Monz Thomas	1. 8.01	L GE	k	24. 5.68
	Kühling Karl Dr.	2.10.98		MU D	k	15. 6.59		Hoffmann Annette	1. 1.02	E L	k	20. 8.65
	Gruschka Olaf	7. 1.01		D KU	k	16. 5.56		Wedekind Dorothée	1. 1.02	M PH	k	20. 9.68
	Loosen Karin Dr.	1.10.04	°	CH (M)	k	26. 3.52		geb. Hahne				
	geb. Streit (T)							Löhr Verena	1. 2.03	D KR BI	k	27. 1.72
	Bernd-Krauße	1.10.06		KW EK	k	20. 5.54		Eschbach Jan Martin	5. 9.03	E GE	k	30. 6.71
	Ursula geb. Bernd							Branmann Klaus	5. 9.03	° M PH	k	31. 5.69
B	Böttcher Gabriele	5. 8.82	°	CH HW	k	5. 8.47		Dipl.-Phys.				
	geb. Münch							Reitze Alexandra	1. 8.04	M SW	k	8. 5.73
	Langkamp Kordula	1.12.83		M	k	24. 4.52		geb. Huse				
	geb. Schmitz (T)							Sibbel Kerstin	1. 8.04	ER GE	e	2. 1.70
	Bruscha Margot (T)	1.11.84	°	F SP L	k	28. 4.48		Becker Ursula	1. 8.04	M BI	k	18. 3.71
	Schrader Walter (V)	1.11.84	°	CH M	k	16. 2.51		Köhne Michael	1. 8.04	L GE	k	24. 5.71
	Schmitz Marlies	1. 1.85		F GE	k	8.10.52				MU		
	geb. Mersch (T)							Lamers Heike	1. 3.05	D E	k	18. 4.67
	Brodde Rolf	1. 1.85		EK M	k	15. 7.50		Siemoneit Katja	15. 1.06	D F S	k	5. 4.70
	Tophofen Donata	3.11.96	°	M PH	k	14. 7.57		Bittis Christiane	1. 2.06	° D E	k	22. 5.70
	Weirich Regina	1.10.99		BI (M)	e	19. 8.49		Bendel Christian	1. 2.06	D R	k	2.11.73
	geb. Matthes (T)							Zimmermann Arno	1. 2.06	MU SP	k	22. 1.75
	Anlauf Hans-Bernd	1.10.99	°	PH M	k	6. 7.52		Meisenberg Bruno	1. 8.06	° KR EK	k	29.12.67
	Winkelhüsener	1.10.99		BI CH	k	9 6.52		Krischer Ruth	1. 8.07	E BI	k	22. 1.76
	Theresia							Dohmessen Andrea	6. 9.07	D GE	k	29. 7.75
	Messerschmidt	1.10.99		KR GE	k	31. 8.51		Krieger Christoph	6. 9.07	PH CH		15. 8.75
	Friedhelm							Ditscheid Stefanie	24. 6.06	D KR	k	21. 5.78
	Barcz Joachim	1. 2.02		L E	k	8. 3.62	E	geb. Otten				
	Link Anne Karoline	1. 2.02		D GE	k	22.10.62		Rausch Ellen	1. 2.07	E GE	k	12. 6.74
	Jagemann Peter	1.10.04		M PH	k	2.12.53		Pohl Kathrin	1. 2.07	E GE	k	8. 4.79
	Granderath-Schramm	1.10.05		D GE	k	15. 1.52		Schneider Katja	21. 6.07	EK SW	k	7. 7.73
	Angela									KR		
	Tymister-Spörl Beate	1.10.05		D GE	k	3.12.55		Winkels Thorsten	25. 6.07	EK BI	k	15. 3.74
				KR				Oedinghofen Ralf	1. 8.07	EK	k	4. 2.72
	Exner-Scholz Sabine	1.10.05	°	L GE	k	12. 4.58	F	Schildgen Elisabeth		M IF	k	21.10.55
	geb. Exner (T)							geb. Breuer				
	Ahlfs Marita	1.10.05		D F	k	14. 8.64		Funke Annette		SP EK	k	15. 1.56
	Schlüter Martina (T)	1.10.06		M PH	k	17. 7.56		Linscheid-Burdich		D L	k	26.11.56
	Palm Joachim	1.10.06		L GE	k	7. 6.63		Susanne Dr.				
	Deussen Uta-Maria	1.10.06		E F KR	k	8. 5.69		Schomaker-Huett Anke		° D ER	e	21. 4.57
	Stuttmann Eva-Maria	1.10.06	°	D E	k	29. 7.72		Schulze-Mattler		SP PS	e	21. 8.64
	Kippels Simone Dr.	1.10.06		D E	k	13. 1.69		Ulrich		ER		
C	Wagner Renate	27. 8.79		D GE	e	12.11.49		Banaschick Benedikt		E GE	k	21. 4.76
	Reibel Günter Dr. (T)	1.10.79	°	EK GE	k	10. 3.44		Oevers Regina geb. Neu		D KR	k	21. 6.76
				SP			H	Seyfert Ilse Ing. grad.		TX	k	25. 8.50
	Marquardt Gabriele (T)	3. 8.82		EK F	k	17.10.50		Gruschka Andrea		KU	k	14. 3.58
	Heinke Martina	1. 3.84		D E	k	18. 2.53		Roos Gabriele		SP	k	8. 9.62
	Severin Michaela	1.11.84		BI CH	k	8.12.55		Kürten Martin Schulseelsorger		KR	k	16.10.65
	geb. Linden (T)											

1583 Neuss   Nelly-Sachs-Gymnasium   gegr. 1957
st. G. (5-Tage-Woche) f. J. u. M.
Eichendorffstr. 65, 41464 Neuss – Tel. (0 21 31) 7 40 48-0, Fax 7 40 48-20
E-Mail: info@nellysachs.de, Homepage: www.nellysachs.de

Kl: 8/16   Ku: 105/19   Sch: 947 (535) (247/419/281)   Abit: 64 (31)   BR Düsseldorf
L: 55 (A 1, A_1 1, A_2 7, B 17, C 21, D 3, E 2, F 2, H 1)   ASN: **165141**
Spr.-Folge: E, L/F, F/L, F/L   Dez: LRSD **Dr. Bubolz**

A	Noirhomme Hanns-Friedrich		E F		26. 8.53		Friedrich Wencke	1. 8.07 °	CH M	k	14. 4.76
							Velten Renate		D GE		11. 6.47
A_1	Kirchhartz Ludwig	1. 8.97	BI CH		8. 7.50	C	Horn Karin	2.11.79 °	EK SP	e	29. 1.48
A_2	Haverkamp Laurentius	24. 2.92	PL D	k	10. 8.49		Kurz Sylvia geb. Krieger (T)	29. 7.82	E F	e	12. 8.53
	Königs Berthold	1. 2.93 °	BI CH	k	13. 2.50		Ostendorf Gabriele geb. Stephan	4. 9.83	D KW	k	5. 7.52
	Weigelt Hans-Jürgen	20.12.96	M EK IF	e	18. 4.52		Röhling-Schneiders Heidemarie geb. Röhling (T)	4. 9.83	F SW	k	26. 7.54
	Schommartz Ralf	20. 2.97	D GE	oB	3. 9.51		Bathen Gertrud geb. Hennesen (T)	21. 5.84 °	D E	k	4.12.51
	Heintz Gabriele geb. Kohl (F)	13. 4.99 °	M KR	k	25. 5.56		Jansen Elisabeth I. (T)	4. 9.85	F GE		1. 7.53
	Goetz Heidi Dr. geb. Hamann	1. 9.04	M SP		22.11.52		Günther Ralph	9. 5.88	M PH IF	k	22.10.53
	Frieß-Nemetschek Anja (F)	1. 8.07	E ER	e	1. 3.66		Seifert Bettina geb. Georg (T)	27. 9.90	D GE		14. 2.52
B	Slesiona Karl-Heinz (V)	6.12.79 °	E EK	k	5.12.44		Salewsky Michaela	23.11.93	MU KR	k	25. 1.60
	Lorbach Gertrud geb. Gleis (T)	18.11.80	EK E		20. 9.49		Nadler Marion	26. 6.96	D E		29. 5.57
	Schmalohr Sieglinde geb. Liebing (T)	26. 6.81	MU F	e	28.11.45		Lowis Brigitte	1. 8.01 °	KR L	k	11. 2.66
							Kunst Anne	1. 1.02 °	KU PL	k	5. 6.67
	Ackermann Ilse geb. Swoboda	1. 9.81	E GE		15.12.48		Georg Jens	1. 1.02	GE ER	e	
	Lenzen Marcelle	13. 6.85	KU KW		13.11.46		Kirfel Johannes	16. 2.03 °	L KR	k	3. 3.67
	Herold Marita	1. 6.94	F GE	k	27. 1.52		Kostrzewa Sabine	16. 9.04	E F	k	30. 1.74
	Hoffmeister Brigitte Dr.	5.11.98 °	CH M	k	29. 5.59		Rogge Iris Dr.	16.11.04	L D	e	31. 3.62
	Reul-Orban Veronika geb. Reul	4. 2.99 °	HW PA		4. 2.53		Floßdorf Maren	15. 3.05	D CH	k	12. 2.71
							Weyerke Urs	3. 8.06	D SP	k	21. 5.68
	Uerlichs Ludwig	30. 3.00	E SP		23. 9.51		Thomsen Sigrun		MU BI		
	Leßmann Magdalene (T)	1. 7.02	M CH	k	9. 3.55	D	Hötte Birgit	6. 3.78	SP	e	5. 3.46
							Raudenkolb Ursel geb. Kalschener SekIL'	7. 9.81	M KR	k	9.12.56
	Gesell Monika	1. 7.02	SW EW	k	5. 4.54	E	Kaun Ursula SekIL'	26. 4.83	BI F		21.11.55
	Oelze Almut	12. 9.03	D GE		25. 8.54		Horst Brigitte	27. 1.06	E BI	e	9.10.76
	Schulenberg Annedore	1. 8.06	M	k	25. 4.50		Lütke Brochtrup Petra	9. 8.06	E EK	k	12.10.74
						F	Pues Roland		° M PH		25. 1.66
	Klümper Rolf	1. 8.07	PH SP	k	14.11.67		Adleff Jürgen Dr.		M PH	e	23. 6.70
						H	Kowarzik-Vossen Petra geb. Kowarzik Dipl.-SpL'		SP	e	5. 4.54

1.584 Neuss   Alexander-von-Humboldt-Gymnasium   gegr. 1966
st. G. f. J. u. M.
Bergheimer Str. 233, 41464 Neuss – Tel. (0 21 31) 74 04 90, Fax 7 40 49 11
E-Mail: avhgneuss@mail.isis.de, Homepage: www.avhgneuss.de

Kl: 8/11   Ku: 112/20   Sch: 835 (342) (232/290/313)   Abit: 62 (29)   BR Düsseldorf
L: 46 ([A] 1, A_1 1, A_2 5, B 15, C 10, D 1, E 10, F 1, H 2)   ASN: **165165**
Spr.-Folge: E, L/F, –, F/L   Dez: LRSD **Dr. Bubolz**

A	(Kath Gerhard StD A_1)		PH SW		10. 7.53		Klück Karl (F)		M IF		28. 5.51
A_1	Abramson Björn	17. 5.89	GE PA	k	1.11.49	B	Paulus Winfried	5. 2.80	PH M	k	7.12.44
A_2	Fabricius Wolfgang	19.11.82 °	M WW IF	k	7.11.47		Mensing Peter	1. 2.81	E D	k	4. 8.43
	Bongartz Wolfram	8. 1.86	GE F L	e	11. 4.48		Kühnel Anneliese geb. Militz	8.81	D GE (ER)	e	20.12.48
	Winkels Ingeborg geb. Weiß (T)	20. 9.93	BI CH	e	10.11.46		Biebricher Birgit geb. May	7. 9.81	BI CH	e	8.12.48
							Stumpf Reinhard	1.10.81 □	PH (M)	e	24. 5.47
	Kiltz Bernd-Jürgen Dr.	5.10.95	D F	k	18.10.47		Schäfer Johannes	5.12.85	D BI	k	14.10.49

	Nerstheimer-Hoffmann Uwe (T)	2. 1.95	F PA		23. 6.49		Guillou Nicola	10. 8.98	M E	22.12.67
							Boekhorst Christa (L)	1. 1.02	L SW k	11.11.65
	Baumann Ursula geb. Janßen (T)	18. 1.95 ▫	D PA	k	21. 1.51		Faupel Kathrin	1. 3.06	E SP EK	8.11.76
							Wölke Markus	10.07	CH SW	9. 3.74
	Nebe Johannes	5. 2.96	M PL	e	11. 9.49	D	Halama-Pelzer Ursula Maria SekIL'	3. 2.83	M PH k	5.12.52
	Neitzel Manfred	7. 2.96	M CH	e	20. 7.51					
	Rienhardt Martina	1.10.06	D PA	k	20. 5.66	E	Lorenz Max	1. 3.05	D KU	7.12.74
	Breuer Norbert	16. 7.07	L KR	k	16. 4.68		Reuter Saskia	1. 2.06	E KU	14. 2.77
	Gelau Irmingard	31. 7.07	E MU	e	20. 9.70		Walmanns Marion	1. 2.06	M KR	13.10.77
	Jansa Heinrich (V)	31. 8.07 °	BI KR	k	25. 9.48		von Winterfeld Julia	1. 8.06	D PL	24. 1.73
	Koblitz-Tank Angelika geb. Tank (T)		E PA	e	18. 3.51		Vollmer Sven	1. 8.06	GE SP	26. 5.75
							Häußler Dana	1. 8.06	BI KR	6. 2.76
C	Bohnert Regina geb. Bemba (T)	20. 2.77 °	E F	e	1. 9.45		Berse Sonja	1. 8.06	D BI	22. 3.78
							Feldmann Heiko	1. 2.07	MU PL	13.10.75
	Schucker Wolfgang (T)	4. 2.81	BI CH	e	26.12.47		Voll Stefanie	1. 2.07	M ER e	29. 1.80
	Otte Petra	1. 8.82	F SP		5. 3.54		Hollinger Isabelle	3. 8.07	D E	21.11.75
	Braun Helmut Dipl.-Math. (T)	3. 8.82	M	k	18. 5.52	F	Kopner Annette Dr.		CH PH	8. 9.59
						H	Leenders Jan Dipl.-SpL		SP KR k	24. 9.46
	Sprenger-Franke Antje geb. Sprenger	14.11.83	GE SP	e	4. 7.51					
							Schenkel Marie-Theres geb. Bongers Dipl.-SpL'		SP k	23. 9.55
	Ferfers Gisela geb. Fisser (T)	10.12.93	KU W	k	26. 5.52					

1.585 Neuss   Marie-Curie-Gymnasium vereinigt mit dem **Theodor-Schwann-Gymnasium**[1]   gegr. 1969
st. G. (5-Tage-Woche) f. J. u. M. (m. Doppelqualifikation – Abitur u. Chem.-techn. Ass. – in d. Oberst. u. zweisprachigem dt.-engl. Zug)
Jostenallee 51, 41462 Neuss – Tel. (0 21 31) 29 57 40, Fax 2 95 74-44
E-Mail: mcg-neuss@t-online.de, Homepage: www.mcg-neuss.de

Kl: 8/14   Ku: 102/14   Sch: 875 (400) (250/386/239)   Abit: 64 (32)   **BR Düsseldorf**
L: 53 (A 1, A_1 1, A_2 3, B 18, C 21, D 4, E 2, H 3)   ASN: **165189**
Spr.-Folge: E, F/L, F/L, L/F   Dez: LRSD **Dr. Bubolz**

A	von Vulteé Andreas	14. 2.91	D EK	e	6.10.50		Medler Agnes geb. Hogrefe		BI EW k	1. 2.47
A_1	Schüttler Hartmut	9. 3.01 °	E F	e	28. 9.45					
A_2	Conrads Helmut	1. 6.94	D PL		21.10.51		Röck Klaus		BI SP	
	Heinrich Hans-Joachim	1. 9.03 °	E F	e	25. 2.53		Schlänger Albert		° F GE	
						C	Nehring-Wilk Brigitte	8.80	D F e	4. 3.50
	Lambeck Michael	29.10.04	D SP	k	1. 2.53		Hedding Jürgen Dr.	82	CH k	2. 5.48
B	Heynen Bernd Dipl.-Math.	21. 3.80	M (IF)		19. 7.47		Hanisch Sabine Dr.	7. 6.01	CH PH	30. 1.66
							Bielert Dunja	1. 8.01	D ER e	3. 8.71
	Jablinski Manfred Dr.	1. 8.80	D PL L ER	e	14. 4.46		Schulte zu Sodingen Elke	1. 1.02 °	E GE e	8. 6.60
	Neugebauer Ulrike geb. Groos	1. 8.81 °	F SP		28. 2.51		Breer Angela	3. 2.03 °	D MU k	17. 1.68
							Lensing Caroline	19. 3.04 ▫	E D k	28. 6.66
	Klever Friedbert	28. 6.84	F GE SW	k	16.11.51		Kamann Martin	15. 9.04	M BI	13. 9.72
							Wedde-Prates Birgit	10.04	D ER	7. 6.71
	Frank Jürgen Dr.	10. 1.96	CH	k	7. 2.48		Bergner Nikolas	1. 2.05 °	SP SW	12. 9.66
	Gross Peter	1. 8.02	MU F				Roos Danica geb. Mielcarek	24. 6.05	E KR k	18. 6.74
	Rißen Maria	1.10.03	D E	k	9. 2.64					
	Krätz Ursula	1.10.03	E EK	k	27. 1.60		Wiesensee Dirk	23. 3.06	M PH	17. 1.67
	Böckenholt-Neyses Angelika	23. 9.04	E SW	k	16. 1.54		Rödding Jens Christian	20. 6.06 °	CH BI e EK	14.12.72
	Vorkauf Christian	24.11.05 °	CH D		30. 4.68		Gabriel Stephanie	13. 6.07	M PA	13. 3.77
	Pommerening Ralf	24.11.05	E GE		21. 3.72		Trendelberend Rainer	9. 8.07	E EK	26. 3.68
	Meissner Reinhard	31. 5.06	BI EK	k	23. 2.52		Micha Alexander		KU KW	29. 5.48
	Winkelmann Anja	21. 5.07 °	E GE		17. 5.68		Quentin Sabine		F PA	19. 9.49
	Kahlki Michael	25. 5.07 °	BI GE L PP		6.10.51		Persch Ruth		° M k	19. 3.52
							Zick Heribert		° EK PH	25. 3.52
	Schirra Christian	25. 5.07 °	M L	k	2.12.69					

Gymnasien Nordrhein – BR Düsseldorf · BR Köln   227

	Gerlach Angelika		° E EK	k	10. 3.53		Willems Ute		KR KU	k	4. 8.58
	geb. Gerlach					E	Vahedipour Johanna	28. 7.06	D KR	k	10. 9.75
	Kröll Annette		D EW				Engelhardt	1. 8.07	M F I	k	24. 5.78
	geb. Dahlmanns						Anne-Kathrin				
D	Nehrig Wilhelm	20.10.77	M SP	k	2. 1.51	H	Gödde Ilse SpL'		SP	k	16. 8.46
	SekIL		BI				Petkewitz Wolfgang		ER	e	8. 2.54
	Koenen Hans-Josef	1. 2.79	M SP	k	21. 2.52		Dr. Pfr.				
	SekIL		EK				Erzig Hildegard SpL'		SP	k	4. 7.54

[1] vereinigt (1. 8. 92) mit ehem. Theodor-Schwann-Gymnasium (gegr. 1956)

1.586 Neuss-Norf Gymnasium Norf gegr. 1973
st. G. (5-Tage-Woche) f. J. u. M.
Eichenallee 8, 41469 Neuss – Tel. (0 21 37) 9 18 20, Fax 91 82 29
E-Mail: info@gymnasium-norf.de, Homepage: www.gymnasium-norf.de

Kl: 9/16 Ku: 114/20 Sch: 954 (450) (262/404/288) Abit: 84 (41)   BR Düsseldorf
L: 64 ([A] 1, [A$_1$] 1, A$_2$ 7, B 20, C 14, D 9, E 8, H 4)   ASN: 165785
Spr.-Folge: E/L, F/L, L/F   Dez: LRSD Dr. Bubolz

A	(Killich Klaus StD A$_2$)	23.11.94 °	SP GE	k	6.2.55
			IF		
A$_1$	(Rothmann Joachim OStR)	25. 2.85	M	k	27.11.51
A$_2$	Schurf Bernd (F)	13. 9.76	D F	k	3.11.43
	Habbig Rolf	7.12.79	GE L	k	21. 8.43
	Dierselhuis Günter	8. 7.81	F GE	k	1. 8.45
	Flock Peter (F)	10. 7.81	E PA	k	13. 7.47
	Freiburg Bernd	14.12.92 °	L E	k	5. 4.49
	Henning Bernd (F)	3. 6.98	SP D		6. 2.51
	Isenrath Regine	15. 3.00	EK M	k	
	geb. Neuhaus (T)				
B	Fischer Horst	6.12.78	M PH	k	15. 2.44
	Fischer Werner	1. 2.79	F GE	k	28. 1.49
	Fust Gisela (T)	23. 1.80	E	k	5.12.48
	Neitzel Loni	7.11.80 °	E GE	k	7.10.49
	geb. Brickler (T) (V)				
	Wittmer Karl	7.12.82	BI CH	k	2. 8.50
	Gande Werner	1. 6.84 °	F E	e	10. 6.52
	Klaas Karl	28. 8.84	M EK	k	21. 2.47
	Fehr Hans-Joachim	6. 5.85	EW SW		24. 3.51
	Winterscheidt Helmut	25.11.87 °	F EK	k	17. 5.49
	Quandel Detlef	1.11.90	E PL		30.10.52
	Lindenlauf Horst	1.11.90 °	M PH	k	24. 4.54
	van Wylick-Eilers Gabriele (T)	1.12.92	D SW	k	10. 6.53
	Koch Klaus	18. 1.93	GE ER	e	14.11.58
	Hasenöhrl Wolfgang (T)	8. 1.96	D PL		24. 7.51
	Stock Herm.-Josef	10. 1.96 °	L EK	k	21. 7.51
	Hof Herbert (T)		CH		17. 3.47
	Kremer Stefan	1. 8.07	D SP	k	30. 3.71
	Gnida Antje (T)	1. 8.07	MU ER	e	
	Hoff Christina (T)	1. 8.07	S D		
	Krämer Gisela		GE SP		16. 5.49
C	Wrasmann Barbara Dr. geb. Schmidt (T)	19. 8.80	D GE		26. 2.47
	Jankowski Ulrich	10. 8.81	PH	e	1. 8.50
	Engels Brigitte (T)	6. 1.83	E PL	k	17. 8.51

	Selg Maria (T)	14. 3.83	HW CH	k	11. 5.50
	Burry Margot (T)	21.11.83 °	E PA	k	2. 5.54
	Bartosz Andreas	18.11.85	KU	k	5. 2.50
	von Tschirnhaus Barbara (T)	19.11.92	E KR	k	8.10.56
	Dörnemann-Berg Lucia (T)	14. 3.97	D KR	k	27. 2.62
	Fischer Ursula	1. 8.00	F S		11. 2.70
	Noll Clemens	18. 3.02	SW KR	k	25. 8.67
	Zernikow Othmar		D MU		13. 7.60
	Mehlhorn Birgit (T)		BI		
D	Mischel Brigitte G/HSchL'	21. 2.83	BI M	e	7. 8.55
	Behrenbruch Gabriele SekIL' (T)	26. 4.83	F E	k	6. 3.55
	Klatte Jürgen SekIL	9. 5.83	SP BI	k	16. 8.55
	Fehr Jutta SekIL'	18. 8.83	SP KU		24. 5.48
	Hönig Inge geb. Storm SekIL'	10.10.83	D SP		19. 8.48
	Gullakowski Helga SekIL'	11.10.83	KU BI	e	20. 7.46
	Heck Christine SekIL' (T)	7.11.83	D EK		16. 5.55
	Kessler Cornelia SekIL'	10. 4.84	KU TX	e	5. 3.55
	Philippsen Peter G/HSchL		PH M	k	24.11.50
E	Seidel Markus Dr.	1. 2.06	PH CH		1. 2.72
	Föckeler Julia	1. 2.06	E EK		28. 7.75
	Schulte Ulrike	1. 2.06	M PA		10. 7.78
	Held Monika	1. 8.06	E D		5. 6.70
	Pfeifer Stefan	1. 8.06	D PL		8. 7.70
	Mädler Andrea	1. 8.06	BI PA		5. 3.77
			KU		
	Dreesbach Petra	1. 8.06	D GE		6. 6.77
	Kühn Stefanie	1. 8.06	M BI		24. 5.78
H	Janzen Heinz-P. Dipl.-SpL		SP	e	30.12.48
	Ehm Rotraud Dipl.-SpL'		SP	k	13. 8.51
	Kaja-Rösgen Bärbel geb. Kaja		KR	k	16. 6.53
	Ludwig Sarah		D E	k	25. 5.75

1.588 Niederkassel-Lülsdorf Kopernikus-Gymnasium gegr. 1973

st. G. (5-Tage-Woche) f. J. u. M.
Kopernikusstr., 53859 Niederkassel – Tel. (0 22 08) 90 07 10, Fax 9 00 71 10
E-Mail: 183775@schule.nrw.de, Homepage: www.kopernikus-gymnasium.de

Kl: 10/18 Ku: 123/25 Sch: 1154 (636) (298/495/361) Abit: 99 (67) **BR Köln**
L: 65 (A 1, [A$_1$] 1, A$_2$ 6, B 19, C 17, E 11, F 9, H 1) ASN: **183775**
Spr.-Folge: E, L/F, L/F, S Dez: LRSD **Dr. Welz**

A	Seibert Barbara	5. 9.94	GE F	k	16. 7.45	Gottschlich Bernhard	18.10.83	° L MU	k	14.10.49
A$_1$	(Büchler Dorothee	19. 3.02	° E CH		12. 7.50	Ludwig Silke (T)	18.12.84	° D Kug		7. 1.55
	StD' A$_2$)					Bühs Heike	23. 2.87	BI		14. 8.52
A$_2$	Schmitz Franz-Josef (F)	1. 8.80	▫ D KR	k	19. 5.47	geb. Rosenkötter (T)				
	Rehmer Wolfgang	15.12.80	CH SP	k	3. 6.45	Tratnik-Würbel	23.11.94	KR MU	k	
	Unger Martin (L)	30. 8.99	E PA	e	2. 3.50	Martina				
	Warrlich Ria	6.01	GE F	e	13.11.50	Schetter Ursula	18. 8.01	D KU		5.12.69
	Lambertz Peter (F)		D PA	k	13. 3.54	Ziemer Michael	1. 8.03	D PL	k	16. 6.66
			GE			Fabry Annabel	19. 8.04	D KU	k	7. 3.73
	Schumacher Andreas		D SW		7. 8.60	Uebel-Lepartz Christa		F EK		6. 5.51
B	Rumpel Friedrich	18. 1.79	BI CH	k	16. 4.47	Assmann Lothar		M PL		1. 3.52
	Witt Ernst	25. 4.79	° E EK	e	25. 5.45	Naaß Annegret (T)		F KR	k	18. 4.57
	Engelhardt Edgar	25. 1.80	PH M	k	22.12.46	Kappallo Angela		D ER		15. 1.59
	Selbach Martin	1.11.82	M	k	24. 9.45	Weil Jürgen		▫ D E	e	2. 3.59
	Vehlow Burkhard	19. 2.93	° M EK	e	22. 8.52	Bretthauer Eva-Maria (T)		E PA		9.10.60
			IF			Schinkhof Stefanie		D SW	k	12. 9.74
	Schwering Angelika	11.94	F GE		5. 3.51	E Kopplow-Jochum	29. 3.04	E SP	e	27. 7.74
	Mohren Michael		F S	k	11. 5.45	Daniel				
	Randhahn Steffen		° PH		27. 8.46	Brandt Pascale	6. 9.04	CH E	k	26.10.74
	Dipl.-Phys.					Heil Julia	6. 9.04	CH EK	k	8. 6.76
	von Seggern Monika (T)		E SW		28. 7.47	Junge Rebekka Dr.	22. 8.05	D L	e	18. 3.69
	Streit Jens		GE EK		7. 7.48	Günther Holger		BI SP		14. 6.73
	Bartolic Eduard		BI EK	k	21. 8.48	Verhülsdonk Miriam		D F		1. 7.76
	Bollig Hans-Jürgen		D SW		12.11.48	Kellerbach Anja		E SP		30.10.76
	Ducke Erwin		PH M	k	31. 3.50	Weber Stephanie		D KR		22. 2.77
	Dieball Dierk		E PA	e	10. 5.50	Dahmen Meinhard		M IF		
			ER			John Ilka		L PL		
	Müller Ursula		M	k	1.11.52	Langer Miriam		BI SP		
	Schröder Gerhard		° SP EK	k	10. 4.53	F Hankammer Gertrud		▫ D E		1. 4.43
	Langen Georg		° EK GE	k	5.11.55	Wehling Anneliese		M PL	k	1. 3.52
			(SP)			Wagner Heinz		D GE		7.12.53
	Richter-Hellenschmidt		D SP		30. 7.62	Seipel Gunter		BI E EK		11. 4.56
	Christine (T)					Bohmann Jörg (V)		D SP		29. 3.61
	Marx		BI			Haun-Schmitz		D MU	e	23. 4.62
C	Gottschlich	15. 1.80	F TX	k	9.10.49	Dagmar				
	Rosemarie geb. Giesen (T)					Hesse Jan		IF M		29. 1.64
	Koch Regine	1. 5.80	° F GE	e	24. 1.51	Lassen Dörte		E S		15.11.75
			ER			Martin Johannes Dr.		M PH		24. 8.76
	Münch Renate	1. 7.82	SP EW	k	10. 4.53	H Christmann Manfred		SP	e	2.11.48
	geb. Adams (T)					Dipl.-SpL				

1.589 Nümbrecht Gymnasium gegr. 1992

G. (5-Tage-Woche) f. J. u. M. d. Gemeinde Nümbrecht
Zum Schulzentrum 5, 51588 Nümbrecht – Tel. (0 22 93) 91 30 40, Fax 91 30 68
E-Mail: 191693@schule.nrw.de, Homepage: www.gymnuem.de

Kl: 6/11 Ku: 82/18 Sch: 671 (392) (158/296/217) Abit: 39 (16) **BR Köln**
L: 40 (A 1, A$_1$ 1, A$_2$ 2, B 15, C 6, D 3, E 5, F 4, H 3) ASN: **191693**
Spr.-Folge: E, F/L, F, I Dez: LRSD **Gosmann**

A	Schäfer Günter Dr.	1. 1.00	° M IF	e	25.10.44	Eilmes Wolfgang	18. 8.92	E EK	k	7. 1.50
A$_1$	Weier Therese	1.11.00	° CH EK	k	23. 3.54	Ecker Diether	21. 6.95	D PA	k	13. 3.48
A$_2$	Didszuweit Peter	25.11.94	E D		22. 7.49	Seuthe-Balluff Ute	9.12.96	° E GE	e	6. 9.52
	Schiffelmann Stefan	04	M PH	k	6. 2.70	Steenken Hermann	27.10.97	° D SP	k	20. 2.50
B	Vogt Jürgen	82	▫ BI LI		9. 7.46					

Orlikowski Ragna-Manuela	10. 1.99	M PH	e	4. 1.52	
Josko-Munsch Edith	10. 1.99	M CH			
Sturm Marion	26. 2.00	E SP		2. 2.53	
Manstedten-Barke Helén	17. 3.00	F KR	k	4. 1.62	
Büttner Susanne	7.01 °	D L	k	26. 4.66	
Lepsius Axel Peter	6.04	M PH PL	e	18. 1.68	
Selting Stephanie	10. 3.06	SP BI	k	20. 8.70	
Stolz Uwe		E SW		10. 3.51	
Höwer Brigitta		E		25. 3.59	
Schneider Christian		M PH		6. 9.65	
C Glase Christine Dr. (T)	1. 2.98	BI	k	6. 2.52	
Köster Ursula		10.00	M CH	k	22. 2.57
Busch Claudia	1. 1.02	M F	e	21. 8.65	
Schröder Martin	1. 2.02 °	D MU	k	18. 8.66	
Hüwe Kathrin geb. Schulz-Brüggemann	19.10.05	E SP	e	13. 8.76	

Schneider Nils	18. 8.06	I SW SPe		18. 4.71	
D Frisch Angelika	8. 8.94	M EK	e	27. 7.59	
Prinz Christoph	16. 8.94	MU KR	k	8. 6.59	
Radler Birgit		KU ER EK	e	31. 5.56	
E Schubert Birthe	1. 2.06	D F	e	18.10.77	
Weber Nicola	1. 2.07	D E KR	k	7. 3.79	
Schulz Marcel	23. 2.07 °	BI SP	e	4. 3.78	
Apel Manuela	1. 8.07	E F		15. 4.68	
Conrad Jan-Henning	1. 8.07	D GE	k	10. 2.73	
F Eichhorst Thomas Peter	1. 8.07	D GE	e	16. 7.64	
Bokelmann Andrea		F I	k	17.12.66	
Rotthoff Raymund		° L GE SW			
Wingen Brigitta		D GE	k		
H Dorlaß-Müller Monika		E R	e	2. 4.65	
Kramer Anja		(R)	e	5.10.68	
Biermann Holger		EK SW		24. 9.71	

1.591 Oberhausen Heinrich-Heine-Gymnasium[1] gegr. 1987 (1873)

st. G. (5-Tage-Woche) m. zweisprachigem dt.-engl. Zug f. J. u. M.
Lohstr. 29, 46047 Oberhausen – Tel. (02 08) 4 10 01-10 u. 4 10 01-11, Fax 4 10 01-29
E-Mail: webteam@hhg.ob.nw.schule.de, Homepage: http://nw.schule.de/ob/hhg

Kl: 8/12   Ku: 76/11   Sch: 702 (314) (229/291/182)   Abit: 62 (36)
L: 41 (A 1, A$_1$ 1, A$_2$ 4, B 14, C 8, D 4, E 6, F 3)
Spr.-Folge: E, L/F, F/L

BR Düsseldorf
ASN: 165207
Dez: LRSD Stirba

A Winkler Rolf	1. 8.07	D GE SW		19. 4.52	
A$_1$ Nett Thomas	1. 8.07	E SP	k	17. 8.65	
A$_2$ Moock Ralf (F)	1.11.76	M PH	k	17. 8.44	
Grabow Karl	1. 7.01	M SP	k	15. 4.51	
Fricke Bernhard	18. 3.04 °	F KR	k	15. 1.49	
Schrepper Rainer	1. 5.05	CH PH	e	14. 7.48	
B Gebhard Volker	1.11.77 °	D SP	k	29. 4.43	
Woitecki Ulrich	1. 2.79 °	M	k	26. 1.49	
André Norbert	1. 1.80	PL D	k	21. 9.45	
Sartoris Theo	2. 1.80 °	M	k	13. 5.49	
Wüsthoff Gerhard	1. 2.80	E ER	e	28. 8.49	
Bourguignon Wolfgang	17.12.81 °	M PH	e	20. 4.49	
Beyer Lutz Dr. (V) (T)	15. 4.82 °	EK E	k	18. 4.54	
Baumgärtner Klaus	25.11.94	F SW PK		9. 4.50	
Nagel Heinz	30. 9.04	M SW IF	e	22. 9.52	
Wittstock Inge geb. Kempken (T)	30. 9.04	PH M	ap	29. 6.57	
Jung Gisela	7. 4.06	MU D	k	18. 5.52	
Dzewas Beate	13. 4.07	KU MU	e	20. 9.63	
Jansen Birgitt (V)	13. 4.07 °	GE MU		11. 4.66	
Gerstenberger Jan	13. 4.07	E GE	e	26.10.71	

C von Söhnen Albrecht geb. Piecuch	2. 8.78 °	F GE	e	6. 5.48	
Sauer Brigitte	3. 8.81 □	GE EK	e	6. 4.53	
Grumpe Franz-Josef	1. 3.83 □	BI EW		1. 1.53	
Höhn Ekkehard	11. 2.88 °	BI F		3. 6.51	
Sowa Stefan	1. 2.06	L GE	e	19. 1.74	
Unger Daniel	6. 3.06	GE SP	e	29. 9.71	
Lontzen Nadine geb. Hesselbrock	31. 5.07	E F	k	25. 2.77	
Depuhl Petra	11. 7.07 °	E D	e	8.11.69	
D Kranz Hans-Jürgen SpL	16.12.76	SP	e	21. 1.49	
Klövekorn Annette	22. 2.96	ER MU	e	17. 2.60	
Blaut Dorothea	1. 2.05	BI EK	k	8. 7.61	
Fankhänel Birgit	9. 8.06 °	D R	k	16. 9.64	
E Tschacher Doreen Dr.	22. 8.05	M CH		28. 4.69	
Thiel Katja	1. 2.06 °	D L		14. 3.75	
Müller Marcus	9. 8.06	M SP	k	18.10.73	
Lux Daniela	9. 8.06 °	D PL PPe ER GE		9.11.78	
Niedrich Sandra	1. 2.07	E D GE	e		
Marmann Melanie Dr.	6. 8.07 □	BI EK		19. 3.74	
F Feldmann Birgitt Dr.		E SW	e	2. 1.53	
Lejeune Reiner		□ GE PK ER	e	6. 1.53	
Aschoff Mechtild		KR PA	k	17. 7.59	

[1] Heinrich-Heine-Gymnasium (gegr. 1873) vereinigt mit dem Novalis-Gymnasium (gegr. 1873)

1.592 Oberhausen-Sterkrade Freiherr-vom-Stein-Gymnasium gegr. 1905
st. G. (5-Tage-Woche) f. J. u. M.
Wilhelmstr. 77, 46145 Oberhausen – Tel. (02 08) 43 78 80, Fax 43 78 81 17
E-Mail: fvsg-ob@t-online.de, Homepage: www.fvsg-ob.de

Kl: 10/22   Ku: 138/22   Sch: 1198 (567) (275/582/341)   Abit: 111 (51)   BR Düsseldorf
L: 73 (A 1, A$_1$ 1, A$_2$ 7, B 26, C 29, D 2, E 3, F 3, H 1)   ASN: **165244**
Spr.-Folge: E, L/F, F/L/R, S   Dez: LRSD **Stirba**

A	Nieswand Klaus	1. 8.02	°	D PL ER	e	15.10.49	C	Michael Marianne geb. Tintrop (T)	28. 8.74	E KR	k	8. 7.45
A$_1$	Hofrath Gisela	24. 4.95		M SP		10. 9.48		Drese Rainer	4. 8.80 °	M		21. 2.49
A$_2$	Unger Jürgen (F)	29.10.79		E GE	e	18.12.43		Ettlinger Marianne (T)	19. 8.80	D EK		6.10.51
	Unteregge Klaus	22. 7.81 °		E SP	k	10. 7.46		Brüne Angelika	5. 8.82	M PH	k	6. 5.53
	Schlattmann Ursula Dr. geb. Feil (T)	10. 1.94 °		D E	k	7. 7.48		Gellweiler Alfons (T)	10. 9.84	D SW	k	23. 4.50
	Kirschall Ulrike geb. Wienke	15.12.95		BI EK	e	26.11.49		Felberbauer Klaus (T)	5.11.84	D E	e	5. 2.51
								Heise Angelika	10.11.84	KW GE	k	13. 4.54
	Grau Hedi geb. Seegers (T)	30. 1.97		M PH	k	5. 7.54		Preiser Jutta (T)	28.10.85	D PA	e	21. 6.53
								Häfel Hendrik	11.12.85	KU KW	k	1. 5.48
	Malach Jürgen (F)	17. 6.97		PH PS	k	18. 7.52		Schad Hans	11.12.85	KW E	k	1. 2.53
	Schröer Roland	18. 5.00		M PH	e	21. 7.51		Scholz Thomas (T)	11.12.85	D BI	k	3. 6.53
B	Gottlieb Paul-Georg	1. 6.78 °		E EK	k	16. 7.43		Dichter-Uhrhan Ursula (T)	7. 1.88	PH PA	k	10.11.53
	Schleicher Helmut (T)	1. 1.80		D PL	k	10. 3.47						
	Weber Heinz Johann	1. 8.80 °		G L	k	2. 1.47		Hellweg Gerda geb. Pälmke (T)	30. 3.89	MU E	k	21. 7.55
	Koenen Gerhard	1. 8.80		E SP	k	23.11.50						
	Pithan Gerhard	31. 1.84		PH M	k	17. 2.50		Schmidt-Rosner Sabine geb. Schmidt (T)	1. 5.99	D ER	k	15.11.64
	Höfmann Ulrich	30. 3.84		M		13. 8.49						
	Fritsch Christel	18. 6.84		D GE	e	5. 7.50		Evers Mechthild	20. 8.01 °	E S	k	6. 9.69
	Winter Irene geb. Gelzleichter	19.10.84		D F	k	3. 4.51		Koschade Stefanie (T)	1. 1.02	D BI		26.10.65
								Voigt Gottfried	1. 1.02	BI CH		19. 5.66
	Pickardt Wilhelm	14.11.85		PH	k	9. 7.49		Eberwein Sabine geb. Schenk (T)	1. 1.02	L E	k	3. 4.67
	Jansen Margret geb. Stumpe (T)	12.12.85		D F	k	25. 7.52						
								Striethorst Holger	12. 5.03 °	L KR	k	24. 7.68
	Thielen Johannes Dr.	18.12.85 °		BI PA	k	6. 7.50		Bardelle Sandra	12. 5.03 °	E PS	e	4. 1.70
	Appenzeller Marie-Luise geb. Beck (T)	9. 1.86		D SW		19.10.54		Willecke Julia	27.11.03	E R		18. 7.73
								Ottemeier Silke (T)	25. 2.05 °	D S	k	14. 1.73
	Damann Peter	22.10.87		M PL IF		22. 5.55		Bütröwe Katrin	25. 2.05	M SP		28. 4.75
	Jantze Robert	13.11.87		ER SP	e	4. 7.53		Niewerth Alexandra	31. 1.06 °	D KR	k	5. 3.76
	Müller Friedhelm	13.11.87		CH BI	e	12. 1.52		Westphal Alina	1. 7.06	M L		8. 5.75
	Hain Wolfgang	13. 1.90 °		F GE		22. 5.53		Frischke Eva (T)	1. 8.07	BI SW		28. 2.77
	Haun Anke geb. Spitzer	20. 3.90		MU SW	e	2. 9.54		Schleck Christian	1. 8.07	D GE SW		1.11.75
	Schielke Hartmut	18. 1.93		D EK	e	17. 2.50		Svoboda Michael		M SP		5.12.73
	Braam Werner (T)	15.12.95		M EK	k	14. 9.53	D	Andrees Klaus SekIL	22. 8.83 °	MU SP ER	e	6. 8.50
	Pickardt Eva-Maria geb. Isselhard	1. 3.98 °		M	k	2.10.49						
								Breil Wilfried SekIL	9. 5.84	GE SP	k	27. 7.54
	Weber Christa geb. Schöneberg (T)	1. 2.00		KR E	k	6. 6.57	E	Heinemann Christoph (T)	22. 8.05	M PH	e	14. 5.76
	Sieg Detlef	1. 5.02 °		ER GE	e	16. 3.61		Wiethaup Vanessa	7. 8.06	E F	k	5. 5.73
	Nover Monika geb. Hoor (T)	13. 6.02		M SP	k	17. 2.52		Dick Dennis	6. 8.07	EK BI		27. 7.72
							F	Hüser Ingeborg geb. Knitter		E EK	e	1.12.55
	Hütig Lothar	31. 3.03		D PA	k	26. 2.50		Schönfelder Barbara		KU GE SW	k	13. 1.58
	Himmerich Karin Dr. geb. Passkowski (T)	29. 4.03		CH EK		21. 4.61		Nunez Granados Susana		S F	k	7. 1.65
	Steinmann Alexandra geb. Riesmeier (T)	2. 5.07		MU BI	k	4. 4.68	H	de Haan Wilhelm Dipl.-SpL		SP	k	31. 5.49

Gymnasien Nordrhein – BR Düsseldorf · BR Köln   231

1.593 Oberhausen-Sterkrade Sophie-Scholl-Gymnasium gegr. 1894
st. G. f. J. u. M.
Tirpitzstr. 41, 46145 Oberhausen – Tel. (02 08) 37 79 50, Fax 37 79 51 17
E-Mail: sschollgym@aol.com, Homepage: www.ob.shuttle.de/ob/ssg/

Kl: 10/17   Ku: 137/23   Sch: 1086 (626) (283/459/344)   Abit: 105 (60)   BR Düsseldorf
L: 65 (A 1, [A$_1$] 1, A$_2$ 11, B 19, C 18, D 6, E 3, F 3, H 3)   ASN: **165220**
Spr.-Folge: E, L/F, F/L/R, F/E/L   Dez: LRSD **N. N.**

A	Willert Harald		L SP	e	24. 6.53	C	Schug Lydia	20. 2.80	GE D		4. 4.51
A$_1$	(Böhner Christa	22. 5.90	° E F	e	2.12.49		geb. Grillemeier (T)				
	StD' A$_2$)						Hüttenhoff Ulrike	2. 4.81	D SW		20. 7.51
A$_2$	Stratmann	22. 7.81	EK BI	k	5. 6.46		geb. Moczigemba (T)				
	Hans-Georg (F)						Steinke Herbert	22. 1.82	EK SP	k	27. 9.53
	Weingartner Alfred	1. 1.86	□ M	k	21. 4.49		Häußler-Suchanek	30. 8.82	F EK		12.12.51
	Spurtzem Johannes	1.12.87	□ E EK		13. 1.49		Iris geb. Suchanek (T)				
	Scholz Reinhold (Vw)	11.89	M	k	27. 9.51		Arbeiter Monika Dr. (T)	82	BI	e	15. 2.48
	Heinke Werner	11. 7.90	□ PH	e	15. 5.53		Gunhold Klaus	21. 1.83	M EK	k	6. 9.53
	Klein Peter	1. 3.92	□ F PL	e	26. 1.51		Rotthäuser Michael	29. 3.83	E SW		16. 3.50
	Schütze Ute	9.12.92	E R		24.12.50		Klar Hanns-Joachim	22. 8.83	BI EK	k	7. 8.50
	Lindner Michael	7. 1.94	EK GE		10. 3.53		Jocks Siegrid (T)	23. 8.83	R EK		1. 3.54
	Jerkel Manfred (T)	1. 6.94	□ EK CH	e	26. 5.50		Jäschke Georg	15. 8.84	GE KR	k	31.10.53
	Woköck Reinhard	1. 1.97	M	e	27. 7.53		Krämer Meinhard	19. 2.88	° M PH		20. 3.56
	Wandt Marion (F)		E WW				Möhlmann Mathias	23. 8.93	L ER		2. 5.58
			SW				Henn Ortrud (T)	22. 3.96	D L		14. 4.57
B	Germann Kornelia	8.11.78	M PH	k	4.11.45		Hosiepe Ralph	1. 8.06	M SP		6. 9.66
	geb. Vennemann (T)						Schiemanowski		□ BI EK	k	17.12.53
	Neubauer Knut	23.10.80	M PH		14. 4.48		Cornelia		PK		
	Inderwisch Lydia	6. 1.82	D TX		7.12.48		Willems Thomas		D GE	k	17. 9.67
	geb. Laslop								KR		
	Merkel Walter	1. 9.82	° L GE	k	2. 2.51		Schumacher Silke		F D	e	21. 6.69
	Hübel Anne-Marie	21. 7.83	BI	k	4. 3.48	D	Lütte Margret	23.12.76	SP	e	13.11.47
	Dr.						geb. Drzycinski SpL'				
	Weber-Meier	1.10.84	BI EK	e	15. 4.47		Keiten Regina Dagmar	10.83	D KR	k	14. 9.56
	Inge geb. Weber (T)						SekIL'				
	Funke Annegret	1.10.84	E PA	e	23. 5.50		Jochmann Ulrike	10. 7.84	KR MU	k	16.12.56
	geb. Fuchs (T)						geb. Erbe (T)				
	Meinerz Sigrid	1. 2.85	F SP	e	17. 1.54		Pirch Joachim	9. 8.06	BI PH	e	20.12.65
	geb. Fox						Perrey Sandra	9. 8.06	D E		12. 6.75
	Niesen Rolf	1.12.85	D E	e	8.11.50		Voss Heinrich		□ KU KR	k	11. 1.50
	Hupperich Peter	1. 1.86	D GE		24. 9.47	E	Thierjung Katrin	9. 8.06	D E		15. 1.76
	Tagaz Walter	03	ER D	e	27.10.54		geb. Altbrod				
	Erzigkeit Jürgen	07	□ SW EW		30. 1.53		Schmidt Agnieszka	9. 8.06	MU BI		18. 8.77
	Fellensiek Holger	07	M MU		6.10.63		Kaczmarek Maren		E PA	k	22. 9.77
	Leppkes Kurt		PL D		25. 6.47	F	Bloßfeld Gerd Dr.		CH	e	17. 3.44
	Ninck Marianne		□ D PA	k	4. 6.51		Hinger Johann		□ KU W	k	16. 4.47
	Brittinger Franz		E EK				Jürgens Klaus		M		5. 4.52
	Große-Förderer Ursula		F SW			H	Müller Winfried Dipl.-SpL		SP	k	9. 9.53
	Lipkowski-Sifrin Roswitha		KU				Benninghoff Claus Dr.		CH PH	e	29. 9.69
	Posselt Brigitte (T)		D SW								

1.594 Oberhausen Elsa-Brändström-Gymnasium gegr. 1874
st. G. (5-Tage-Woche) m. Montessori-Zwg. f. J. u. M.
Christian-Steger-Str. 11, 46045 Oberhausen – Tel. (02 08) 85 78 90, Fax 8 57 89 11
E-Mail: ebg@gym-elsa-ob.de, Homepage: www.gym-elsa-ob.de

                                                                                              BR Düsseldorf
L: 69 (A 1, A$_1$ 1, A$_2$ 9, B 18, C 15, D 4, E 17, F 1, H 3)   ASN: **165219**
Spr.-Folge: E, L/F, F   Dez: LRSD **N. N.**

A	Risse Erika Dr.	27. 2.86	D E		27. 4.48		Malzahn Hein-Peter	28. 2.92	° M PH	e	5. 9.47
A$_1$	Heidrich Charlotte Dr.	25. 2.02	GE EK		28.12.50		Sonderfeld	1. 5.97	° L GE		18. 4.54
A$_2$	Götzen Hans-Rainer	16.11.79	GE SP		14. 1.45		Karl-Theo (F)				
	(F)						Piffko Clemens	1. 6.00	PH TC	k	
	Schumacher	2. 5.89	D GE PL		22. 1.51		Alliger Martina (F)	1. 8.01	° GE L	k	10.11.66
	Heinrich						Weber Beate	24. 5.02	D I EK	k	21. 9.53

	Name	Date	Subj		Date
	Hucke Bettina	1.10.04	D PA M	e	16. 3.56
	Meyer-Behrendt Rosemarie		D SP	e	11. 3.52
B	Westermann Arnold	10.10.84	PA SW		17. 4.47
	Haakert Karl-W.	12.11.84	D PL		30. 7.47
	Wirtz Michael	4. 1.93	CH EK	k	12. 2.52
	Kowertz Michael	15.10.95	D KR	k	2. 7.49
	Bendels Hubert	15.10.95	PA SW		1.11.47
	Rehbein Uta (T)	15.10.95	E F	e	27. 5.53
	Jacobi Bernhard	15.10.95	BI CH	Chr	8. 3.54
	Kleedehn-Göllner Ulrike	1.12.96	E F PA	e	1. 1.49
	Steinbach Gero	1.12.96	KU PL	k	14. 2.59
	Müller Renate	1. 2.97	E PA	k	2. 2.55
	Wrede Lydia (T)	1. 2.98	F KU		29. 8.52
	Heckmann Monika (T)	1. 2.98	BI EK	e	10. 8.54
	Meyer-Rieforth Cornelia	1. 8.00	E SP	k	10. 8.57
	Ingenhaag Peter	20. 8.04	M PH	k	19.12.65
	Allhoff Jörg	20. 8.04	D BI		
	Schrader Heike	13. 4.07	D KU		
	Kamps Dirk		D ER	e	15.10.59
	Kuhn Markus		M IF		
C	Hüttenhoff Helmut	18. 1.79	D GE	e	21. 1.49
	Borner Gerhard	19. 7.82	E PA	e	10. 6.47
	Törk Iris (T)	14. 3.84	CH EK	k	2. 2.55
	Schewe Marion (T)	10. 9.84	□ E PA		20. 2.53
	Schweinoch-Kröning Cornelia geb. Schweinoch (T)	8.11.85	KU GE	k	3. 1.55
	Backens Kerstin	3. 2.88	D GE	e	13. 3.55
	Büchel Christa	1. 8.95	E SW	k	10.11.53
	Burger Elisabeth	1. 8.96	SW GE	k	19. 8.52
	Felbecker Sabine Dr.	1. 9.97	E KR G	k	11.12.60
	Klamser Helmut	1. 8.98	D GE	e	

	Name	Date	Subj		Date
	Volmer Christa	1. 8.98	CH		
	Heyroth Steffen		M PH		18. 9.66
	Filaccia Marco		SW BI		
	Klaus Adelheid		EK CH		
	Sambeth-Sorge Hiltrud		M MU		
D	Lemke Renate	22. 7.82	D EK	k	6.12.55
	SekIL'				
	Kraus Wolfgang	6. 6.84	M EK (IF)		29. 3.51
	SekIL				
	Montag Iris SekIL' (T)	21. 9.84	M BI	k	13.10.56
	Fellensiek Petra	1. 8.00	D MU		
E	Nowak Dagmar	1. 2.02	M PL	e	8. 6.71
	Wentzel Thomas	4.12.02	SW SP		18. 1.69
	Simon Mathias		D PA IF		13. 2.50
	Gonschior Mara		E EK		17.11.70
	Reichertz Stefan		MU GE		20. 9.74
	Brüning Sabine Dr.		MU M		23.11.74
	Wolf Maike		BI D		15. 7.75
	Berenwinkel Carolin		L D		10. 6.77
	Bitthöfer Tatjana		M F		
	Froitzhuber Cornelia		M BI		
	Hartinger Johannes		F D		
	Heinrich Nadine geb. Henschke		M KR		
	Meyer Andrea		E D		
	Kühne Claudia geb. Gross		E D		
	Tausend Sabine (V)		E I		
	Temmler Gerhard		E SP		
F	Dörscheln Ulf				20. 8.56
H	Spieckermann Erich Dipl.-SpL		SP	e	6. 1.47
	Herbrand Annegret		SP HW	k	10. 8.52
	Hegmanns Brigitte Dipl.-SpL'		SP MU	e	26. 1.55

1.595 Oberhausen   Bertha-von-Suttner-Gymnasium gegr. 1964
st. G. (5-Tage-Woche) f. J. u. M.
Bismarckstr. 53, 46047 Oberhausen – Tel. (02 08) 43 96 10, Fax 43 96 11 15
E-Mail: bvsgym@t-online.de, Homepage: www.bertha-ob.de

Abit: 85 (46)   **BR Düsseldorf**
L: 73 (A 1, A$_1$ 1, A$_2$ 4, B 20, C 30, D 5, E 6, H 6)   ASN: **165190**
Spr.-Folge: E, L/F/T, S   Dez. LRSD **N. N.**

	Name	Date	Subj		Date
A	von Tettau Michael	1. 8.01	□ D SW		15. 1.52
A$_1$	Gohe Michael		D SW		
A$_2$	Jansen Reiner (Vw)	28.11.95	° M EK IF	k	6.11.52
	Kayser-Lantin Gisela geb. Kayser (T)	30. 9.04	□ M PA		14. 1.54
B	Wehner Norbert	21. 3.80	° GE L	k	14. 5.43
	Bramsiepe Anneliese geb. Ronge (T)	1.10.84	□ M EK	k	18. 6.52
	Culemann Sigrid (T)	28. 3.85	D E		1. 7.49
	Berns Ingrid geb. Dorrang	20.12.85	□ D PA		6. 4.49
	Ebbers Manfred	1.10.90	M EK	e	25.10.54
	Gref Marianne (T)	1. 4.92	M PH	k	11.12.50
	Schortemeier Helmut	1.11.94	M SW (IF)	k	23.10.55
	Grubing Mechthild (T)	1.12.94	□ PA SW	k	26. 4.54
	Wende Rolf	21.12.95	E GE	e	5.10.45

	Name	Date	Subj		Date
	Mangold-Wettwer Ulrike	21.12.95	BI F	e	24.12.54
	Rumpf-Worthen Cornelia	26. 7.99	D F	k	23. 2.50
	Dyczmons Erhard	10. 1.00	° PH CH	e	18. 6.44
	Kretschmer Horst	6. 5.02	E PA	e	15. 9.52
	Rosenow Irmgard geb. Kussel (T)	6. 5.02	M BI	k	2. 1.61
	Schmitt-Groh Silvia geb. Schmitt (T)	1. 6.06	M CH	e	22. 9.57
	Haas Sabine		° D PL KR		
C	Fricke Johanna geb. Bauer (T)	1. 2.79	F EK	k	8. 4.48
	Kellner-Pithan Ulrike geb. Kellner (T)	15.10.79	E F	k	19. 3.50
	Hauschulz Beate geb. Wächtler (T)	19. 8.80	EK PA	k	7.11.50
	Hogel Rolf	10. 3.82	D PL	oB	1. 8.51

Engel Ulrich geb. Hemmelmann	1. 3.83	GE R	k	25. 9.51	
Lapin Olaf	12. 4.83	E F	e	5. 8.52	
Surmann Rosemarie geb. Theilmann (T)	1. 5.83	M PH	e	30. 1.54	
Birk Ursula (T)	3. 5.83	E F	e	13. 3.56	
Tantius Hans-Gerd	4. 9.83	° E SW		13. 1.54	
Elfes Jutta (T)	23. 8.83	CH SP	k	4. 4.54	D
Uhr Dagmar	1.10.83	E SP		21. 8.53	
Möller Klaus	15. 8.84	BI SP	k	26.10.53	
Bruckmann Bernd (T)	5.11.84	° GE SP		2. 1.55	
Lieber-Kaiser Uta geb. Hopp	5.11.84	PA E	k	25. 4.55	
Kleine Ursula	1. 8.86	E ER	e	2. 1.59	
Szyperski Waltraud (T)	11. 4.88	F D PL	k	15. 1.55	E
Hänel Joachim	13. 4.88	° KR D	k	24. 2.57	
Spancken Gertrud Dr. (T)	19. 4.88	° BI M	k	7. 1.55	
Steinrötter Mechthild geb. Sändner (T)	31.12.94	KU SP	k	7. 8.62	
Wortmann-Hahn Barbara (T)	5. 5.97	BI MU		23. 7.65	H
Özcan Seher	7. 8.06	D T		19. 7.76	
Aengenendt Rita	15. 8.06	° D SP		1. 8.71	
Schaufelberger Doerthe	24. 8.06	D ER	e	31.12.69	
Rosenkranz Wiebke		KU BI	e	13. 8.60	

Schubert Stefan		° M GE	e	9. 2.72
Hayen Hauke		M PH		29. 4.73
Grindberg Kirsten		E SP		
Hirschhausen Wolfram		MU BI		
Schön Katja		KR L		
Siebert Alexander		CH BI		
Dorin Elfi SekIL'	4.12.82	KU ER	e	26. 1.49
Rubbert Edith SekIL'	18. 2.83	D GE	e	28.10.55
Kappert Ruth geb. Holsten SekIL' (T)	31. 7.84	M BI	k	23. 8.56
Bergmann Marita geb. Bergmann (T)	1. 2.91	ER EK	e	23. 2.56
Musfeld Rainer	1. 8.91	° SP KR	k	24. 2.56
Schmidt Christina	22. 8.05	CH PH		11. 8.71
Peix Stefanie	22. 8.05	GE L		6. 1.74
Bennemann Torben	22. 8.05	GE KR SW	k	24.10.74
Stratenwerth Andreas	7. 8.06	SP SW		11.10.71
Lafontaine Georgine	7. 8.06	D F		10.10.77
Lübke Katrin	9. 8.06	E R	k	8. 1.74
Schmidt Helga SpL'		SP	e	13.12.46
Pearson Marion Dolm.'		E		30.12.47
Rodenbach Norbert Mag.		F PA	k	25. 3.48
Dietze Juliane GymnL'		° SP	e	5.10.50
Cieplik Marion GymnL'		SP	k	4. 6.53
Magiera André		° D PL	k	23. 3.65

1.598 Odenthal Gymnasium gegr. 1992
st. G. (5-Tage-Woche) f. J. u. M.
An der Buchmühle 29, 51519 Odenthal – Tel. (0 22 02) 97 67-0, Fax 97 67-30
E-Mail: schulleitung@gymnasium-odenthal.de
Homepage: www.gymnasium-odenthal.de

Kl: 8/15 Ku: 99/24 Sch: 884 (491) (212/395/277) Abit: 56 (37)   BR Köln
L: 56 (A 1, [A$_1$] 1, A$_2$ 3, B 20, C 21, D 1, E 4, F 4, H 1)   ASN: **191711**
Spr.-Folge: E, F/L, F/L, S   Dez: LRSD **Gosmann**

A	Schmoll-Engels Angelika		BI CH	k	20.10.51
A$_1$	(Longen) Rudolf StD A$_2$	16. 5.05	° M PH IF	k	7. 2.52
A$_2$	Schäfer Heinz (F)	7.12.99	BI SP	k	14. 7.52
	Brochhagen Dietlinde (T)	1. 3.00	° D MU	e	10. 8.54
B	Mohns Hildburg (T)	1. 2.80	E EK		22. 8.47
	Bach Jürgen	28. 2.91	S GE	e	6. 9.55
	Belde Christiane Dr. (T)	1. 7.93	° D GE		24.12.51
	Silberhorn Christel (T)	11.94	° SP M		24.12.50
	Vogel Elisabeth geb. Droste (T)	3. 1.95	D EK		6. 1.52
	Blöhm-Dicke Marianne (T)	9. 6.99	D GE		
	Steinhauer-Weingart Wolfgang	10. 1.01	° SW EW	e	2. 6.53
	Taflinski Hans M. A. (V)	29. 1.01	° E KR R	k	6. 7.48
	Goßrau Brigitte (T)	29. 1.01	E EK		7. 9.54
	Michaelis Eva geb. Oberreuter (T)	20.12.01	D MU		
	Rau Hildegard (T)	28.11.02	BI EK	e	17. 2.48
	Rainer Michael	11. 1.05	M CH		20. 4.71

Küfer Sabine	11. 1.05	° M PL	k	3. 1.68
Lauert Christiane	7. 6.05	° BI CH	e	5. 1.72
Domes Hannelore (T)		° E L		6. 4.46
Lagler-Haese Ursula (T)		D KU		22. 6.52
Häck Silvia (T)		° KU SP		31. 8.63
Roggenkamp Markus		D E		29. 6.64
Garmann Daniel		M IF		6. 3.72
Heilig Heike (T)	6.12.80	ER E F	e	2. 1.53
Peters Aurelia (T)	27. 9.83	F GE		3. 3.50
Witt Brigitte (T)	11. 7.84	F GE		17.12.50
Schröder Marita	8. 8.96	F KU	k	12. 9.63
Schreiter Eva (T)	1. 1.02	D ER	e	19. 6.59
Schaffrath Frank	1. 1.02	L SP		17. 8.68
Krause Guido	1. 8.02	M EK	k	4.10.68
Schmitz Martina (T)	20.12.02	° BI E	k	4. 5.73
von Oy Ruth (T)	16. 1.03	PH EK	k	3. 3.63
Dauter Sören	2. 2.04	E ER	e	17. 1.72
Fischer Uwe	1. 2.05	° M PH IF		28. 8.70
Nieder Petra	22. 8.05	M PH		13.11.65
Sittkus Gudrun (T)		E GE S	e	5.12.47
Grosche Rita (T)		EK SP	k	27. 7.49
Hinz Werner		KU		15. 8.49
Hansen Sabine		D E		2. 7.64
Kohrs Eva-Maria		D BI		31. 3.75

	Usadel-Anuth Kerstin		D KR	k	20. 7.75	F	Schlegel Cornelia Dr.	CH PH	31.10.56
D	Kollecker-Radix Anja	7. 9.01	F PK SW	e	17.10.68		Wessel Susanna	E F	5. 1.57
							Butscher Alexander	D R GE efk	10. 5.71
E	Schneider Tim	25. 1.06	E MU		14. 6.75		Fischer Yvonne	CH BI	3. 1.77
	Braun Christian	11. 7.06	BI SP		18. 8.71	H	Jüngel Ute	SP k	14. 3.55
	Kiefer Björn	6. 8.07 □	BI EK D	k	4. 8.76				

1.600 Overath   Paul-Klee-Gymnasium   gegr. 1975
st. G. (5-Tage-Woche) f. J. u. M.
Pérenchiesstr., 51491 Overath – Tel. (0 22 06) 30 25, Fax 8 45 62
E-Mail: sekretariat@pkg-overath.de, Homepage: www.pkg-overath.de

BR Köln
L: 78 (A 1, A₁ 1, A₂ 7, B 22, C 23, D 3, E 9, F 7, H 5)   ASN: **184159**
Spr.-Folge: E, L/F, L/S), S/F   Dez: LRSD **Gosmann**

A	Wesche Jürgen	1. 9.00 °	F GE	k	4. 4.52		Krause Wolfgang	15.11.81 °	EK CH	k	30. 3.52
A₁	Schwartz Bernd	1. 5.01 °	GE D	k	10.12.48		Klein Herm. Willi	24. 8.82	F EK	e	20. 8.50
A₂	Peter Michael	7.12.82 °	M PH IF	k	24. 2.45		Schweden Hildeg. (T)	5.10.82	GE SW	k	15. 2.52
							Schumann Bettina	27.10.82	D GE	e	16. 3.51
	Fischer Georg	26.11.85	EK D	k	23. 8.48		Eschbach Hildeg. (T)	24. 3.83	E SP	k	30. 7.50
	Dato Peter	26.11.85 °	S E	k	1.11.49		Schauerte Maria-Magdalene geb. Ruppertz (T)	24.12.83	GE SW		7.12.52
	Bernatzki Norbert (F)	18. 1.99	D KR	k	23. 1.50						
	Hege-Wilmschen Ingrid Anette Dr. (T)	1.12.04	GE SW		11. 8.52		Lüdenbach Klaus-Peter	4. 9.84	CH EK	e	4. 8.46
	Lindecke Ulrike (T)	4.06	E PA SW		24. 6.51		Schmidt Birgit (T)	10. 9.85 °	E D	k	27. 4.55
	Braedel Holger	1. 5.07	D F	e	25. 8.70		Seppelfricke Agnes Dr. (T)	6. 1.88 °	PL ER PA	e	6. 5.56
B	Bohle Hermann	15.12.78 °	E EK	k	8.12.44		Engelbertz Ulrich	6. 9.94	L KR	k	16. 9.61
	Meyen Rainer	1. 2.80	BI CH	e	16. 4.45		Kippels Sabine	1.10.99 □	E D	k	16. 7.65
	Müller Wolfgang	5.12.80 °	BI EK (KR)	k	13. 8.48		Ubber-Steiger Ulrike	20. 8.02	MU BI	k	15. 8.71
	Klein Ursula geb. Mencke (T)	10.12.80 °	D PL	e	5. 8.50		Rehme-Schlüter Gerhard	15. 9.04	M EK		
	Groenewegen Margareta geb. Hoffmann (T)	9. 9.82	E GE		7. 7.49		Gerhards Michael	9. 9.05 °	M SP F	k	20.10.69
							Kislat Angela	18. 9.05 °	E SP	k	28. 6.74
	Meuter Georg	11.11.82	D EW		3. 4.49		Tegtmeier-Nerlich Ulrike	1. 8.06	D F	k	10.11.68
	Bohm Gerd-Peter Dr.	18.11.82 °	CH BI M	k	13.12.44		Braukmann Stephanie	1. 6.07	KR BI	k	10. 9.75
	Wiertz Wolfram	9. 4.84 °	PH M	k	30.11.47						
	Müller-Mrowinski Susanne (T)	20.11.85	BI D		19. 6.50		Rohde Eva	1. 8.07	D E		25. 9.69
							Neyer Claudia (T)		F KR	k	8. 1.63
	Neu Hans-Dieter	1. 9.93	M	k	13. 2.52		Borys Katharina		KU GE		8. 4.79
	Margedant Ingeborg geb. Heep (T)	1. 9.93	F GE	k	29. 9.42		Morig Nicole				
						D	Lange Hildegard RSchL' (T)	26. 6.79	SP E	k	20. 3.54
	Pott-Franck Julius Dr. (F)	28. 1.94	D PL	k	24. 5.46						
							Kirches Julitta RSchL'	4. 9.81	KU M	k	8.10.51
	Bellinghausen Karl-Heinz	11. 8.95	EK SP	k	18.11.52		Löwenberg Walther SekIL	30. 4.84	KU ER	e	3. 9.49
	Klatt Wolfgang	1.11.96	CH	e	2. 3.50	E	Teschner Susanne	1. 2.05	MU PL		9. 2.71
	Möhring Robert (T)	17. 5.98	F S		21.10.51		Breidbach-Heintzer Andrea	22. 8.05	KU BI	k	26. 1.73
	Beck Karl	15. 2.02	E L	k	1.12.48						
	Parnow Ulrike geb. Parnow (T)	1.12.03 °	BI D ER	e	16. 3.56		Schönfisch Sonja	22. 8.05	E F	e	8.12.75
							Albrecht Nicole geb. Bodden	22. 8.05	D GE	k	14. 9.76
	Gottke Karen geb. Schmidt (T)	4.06	D L	e	7. 1.62						
							Barenhoff Christina	22. 8.05	M GE	e	8.10.76
	Lüke Christina	4.06	BI M EK	e	25. 9.73		Krohn Vera	1. 2.06	E SP		15. 1.76
							Schmidt Sandra	9. 8.06	KR F		7. 2.76
	Schmitz-Lauruschkat Ellen	1. 3.07	D PA	k	12.10.52		Heide Sabine	6. 8.07 °	E D	k	14. 2.77
							Wegele Melanie	6. 8.07 °	E SP	k	2. 3.79
	Klute Christof	1. 3.07	KU D PL	k	30. 8.66	F	Peter Wolf-Dietrich		M GE	e	22.10.55
							Mehlmann Ralf Dr.		M PH	k	21. 5.59
	Borrusch Sylvia (T)	1. 3.07	KU M	e	20. 6.68		Menke Kathrina		° F PL		7.12.59
C	Wittkampf Rainer	2.79 □	M IF	k	7. 1.48		Maciejok Jens		□ BI PH	e	6. 2.67
	Eggert Margret (T)	1. 8.80	D SP		27. 9.53		Neukäter Patrick		GE SP		25. 2.75

Gymnasien Nordrhein – BR Düsseldorf · BR Köln   235

	Name		Subj		Date
	Seebo Eva		D E		27. 1.77
	Weiffen Christian		▫ BI KR	k	26. 6.78
H	Cabrera Fajardo Fresia Dipl.-SpL'		SP	oB	11.11.44
	Prangenberg Lothar Dipl.-SpL		SP	k	8. 3.48
	Miess Erwin Dipl.-SpL		SP	e	5. 3.51
	Wachenfeld-Puhl Dietlind Dipl.-SpL'		SP	k	22. 3.52
	Witsch Richard Dr.		MU		4. 4.52

1.615 Pulheim   Geschwister-Scholl-Gymnasium   gegr. 1969

st. G. (5-Tage-Woche) f. J. u. M.
Hackenbroicher Str., 50259 Pulheim – Tel. (0 22 38) 96 54 40, Fax 9 65 44 24
E-Mail: buero@scholl-gymnasium.de, Homepage: www.scholl-gymnasium.de

Kl: 13/23   Ku: 145/23   Sch: 1363 (703) (380/620/363)   Abit: 133 (77)   BR Köln
L: 79 (A 1, A$_1$ 1, A$_2$ 7, B 19, C 26, D 3, E 13, F 5, H 4)   ASN: **166959**
Spr.-Folge: E, L/F, F/L, I   Dez: LRSD **N. N.**

	Name	Birth	Subj		Date
A	Niessen Andreas	8.07	MU EK	k	12. 3.65
A$_1$	Cordts Elke	8.07	F EW		3. 1.51
A$_2$	Uebach Rolf (Vw)	1. 7.82	PL GE		11. 2.46
	Paulus Robert	11. 3.92 °	M PH		1. 5.48
	Grün Manfred	19. 4.97	GE D		22. 9.51
	Schmitz Resi (F)	22.12.97	E EW		13.10.55
	Görg Aloisius (F)	1. 2.98 °	M PH	k	15. 8.52
	Rudzki Dorothea	29. 9.03	F SP		29. 9.47
	Maute-Moosbrugger Doris (F)		BI SP		
B	Liermann Eckard (T)	1. 1.79	M PH		31. 3.46
	Stumpf Peter	1. 1.79	E GE		24.12.44
	Lender Wilfried	17. 1.79	E EK		28. 3.46
	Hadam Emmi (T)	1. 4.79	SP E		7. 6.43
	Weyer-Fabrega Inga (T)	1. 9.79	D ER	e	11.11.42
	Schorr Peter	4. 9.81 °	E GE I		2. 3.51
	Gabriel Theo (T)	1.12.81	KR PL PA		10. 5.45
	Wessels Dieter	1. 1.82	BI		25. 7.48
	Hünseler Ursula Dr. (T)	1.12.84	M	k	29.10.46
	Meyer Udo (L)	92	D GE		14. 5.46
	Müller Reinhard	5.96	D EW		23. 8.52
	Collins William	28. 7.99 °	D E		4. 3.53
	Kerz Birgitt (V)	10. 1.02 °	BI HW KR (M)	k	18.11.54
	Bonow Renate	2. 4.04 ▫	M SW		1.11.55
	Ohrem Christian	22. 3.05 °	M SW		3.12.50
	Brands Rudolf	22. 3.05	D BI		12. 7.53
	Zittermann Franz-Josef	16. 8.06	M PH		11. 7.51
	Gockel Annkathrin	16. 8.06	KR KU	k	21. 6.72
	Wolff Carsten (F)	16. 8.06	E F GE	e	1.11.69
C	Petermann-Pagener Micaela (T)	79	D GE		6. 5.48
	Wegener Karl-Heinz Dr.	7. 4.83 °	GE D ER		6. 4.48
	Baumann Hildegard (T)	1. 8.83	PA M		2.11.52
	Schiffer Margret (T)	1. 8.83	E GE		16. 7.53
	Casser-Gödde Claudia (T)	4. 9.83	M EK	k	27. 3.55
	Hüber Anneliese (T)	25. 8.92	M CH		4. 9.51
	Heeg Evelyn (T)	2. 6.93	D E	k	2. 8.57
	Molitor Dorothea (T)	1.12.97	MU E	k	7. 8.65
	Stiehler Martina	12.98	MU EK	e	13. 9.67
	Potthoff Corinna	1. 1.02	D SP	e	18. 6.63
	Hilger Karin (T)	1. 1.02 °	D BI	k	31. 5.65
	Gerling Sonja	15. 9.04 °	L PL CH	k	6.11.73
	Bensmann Edith	9.04 °	MU KR	k	4. 7.73
	Endlich Lars	04	E BI SP	k	15. 6.66
	Lindner Karin	3. 5.05 °	D GE	e	17.11.69
	Többicke Marianne	12. 7.05	D SP	e	5. 6.68
	Blix Kirsten	6. 9.05 °	E SP	k	14. 3.74
	Menz Heike Dr.	24. 9.05 °	D BI		8. 8.65
	Bossinger Michaela	1. 9.05	E D		8.10.71
	Brosch Ursula	15. 8.06	F ER	e	29.10.73
	Miller Nadine	15. 8.06	D BI	k	20. 4.78
	Schulte Mario	4.07	SP BI	k	8. 1.72
	Dlugosch Martin	6. 8.07	EK SP KR	k	22. 5.74
	Meyer Ellen		F SW		4. 7.52
	Hanfland Doris		G L I ER	e	26. 6.62
	Mathar-Schlechtriemen Gustel		PS F		
D	Cremer Brunhilde SpL'	30. 6.77	SP		7. 4.49
	Kühnast Dietrich SekIL	4. 3.84 °	ER SW		19. 7.43
	Fritz Magdalene SekIL'	7. 9.81	M EK		21. 6.55
E	Vierhaus Susanne	1. 8.02 °	M PH	e	14. 1.68
	Loh Johannes	1. 9.04	D GE		9. 6.71
	Bußmann Regina	22. 8.05	KU F	k	12. 6.75
	Wawrzinoszek Uta	1. 2.06	CH M	k	20. 4.76
	Rottinghaus Nicole	1. 2.06	D GE	k	24.11.76
	Scherl Elisabeth-T.	9. 8.06	E D	k	9. 5.65
	Wasen Markus Dr.	9. 8.06	CH BI	k	15.12.68
	Weinreich Martin	9. 8.06	BI E	k	13. 8.74
	Hemker Julia	9. 8.06	D F PL	e	12.12.77
	Behrendt Achim	6. 8.07	E BI	k	20.10.76
	Vorberg Jörg	6. 8.07	E I	k	6. 8.77
	Püttmann Katharina (T)		D GE	k	6. 9.70
	Schüwer Martin		D E		
F	Brands Monika		D GE	k	26.10.54
	Dörffler Friedrich		KU	e	29. 4.61
	Noack Hans		M PH	e	14. 9.63
	Schulz Clemens		° EK SP L	k	18. 3.75
	Dolenga Anke		EK SP M	e	6. 1.76
H	Kolb Hans-Joachim Dr. M. A.		L EK		6. 1.45
	Gramlich Rainer Dipl.-SpL Dipl.-Psych.		SP PS		24. 9.45
	Mentzel Peter Dipl.-SpL		SP		3.10.46
	Zila Pia		SP BI		15. 9.50

1.616 Pulheim-Brauweiler Abtei-Gymnasium gegr. 1973
st. G. f. J. u. M.
Kastanienallee 2, 50259 Pulheim – Tel. (0 22 34) 9 82 02 11, Fax 9 82 02 23
E-Mail: 183910@schule.nrw.de, Homepage: www.abtei-gymnasium-brauweiler.de
Kl: 10/20 Ku: 142/25
L: 75 (A 1, A₁ 1, A₂ 7, B 23, C 23, D 2, E 6, F 9, H 3)
Spr.-Folge: E, L/F, F/L, F/S

BR Köln
ASN: **183910**
Dez: LRSD **N. N.**

A	Büttner Horst		° E SP	e	9. 1.49	Hackforth-Scholz	1. 1.02	D SP	k	7.11.59
A₁	Kleinofen Dieter	3. 8.93	° PH M	k	19. 2.45	Gabriele				
A₂	Polonyi Edith	23. 8.92	M	e	13. 8.51	Klimm Christiane	1. 1.02	BI D	e	27. 6.65
	Meurer Gabriele	12. 1.94	F L	k	25. 8.46			MU		
	Daners Hermann	13.12.95	° EK GE	k	5. 3.50	Breuer Christoph	1. 1.02	° D E	k	20. 3.69
	Fink Werner (F)	15. 2.99	E GE		9. 6.49	Bizer Benjamin	8.03	E ER	e	1. 8.74
	Braun Norbert	27. 8.02	° M KR IF	k	28. 8.57	Balfanz Anja	4.04	D SP		4. 2.75
	Schmidt Robert	18.11.02	D SP		1. 8.50	Hasselbach Therese	26. 7.04	E F	e	4. 8.73
	Gödde Wilhelm (F)	20. 6.03	° E EK	k	21. 4.52	Boeti Pasquale	15. 9.04	EK SP	k	30. 1.67
B	Scheffler Marianne	25. 1.80	GE D	e	1. 4.48	Krammer Andrea	21. 9.04	° M BI	k	21. 9.72
	Burchert Hans Joach.	1. 6.81	M PH	k	30. 8.48	Uebe Anna	21. 9.04	° L GE ER	e	1. 3.73
	ten Eicken Klaus	1. 6.81	E EK	e	13. 5.47	Weber Silvia	21. 2.05	S SW		14. 3.76
	Mülheims Peter	15.12.81	° M EK	k	11.10.50	Epe Daniela		D CH		21.11.60
	Boes-Eisenbeiss Brigitte	1. 8.82	BI	k	3.11.49	Loose Martin		GE ER	e	11. 6.62
	Siebertz Renate	8.12.82	CH GE		26. 8.50	Soergel Edith		BI F	k	28. 9.65
	Kranz Sabine	20.12.82	D E	e	29. 7.48	Rosenau Sabine M. A.		D KU	e	8.11.67
	Thomas Harald Dr.	20.12.85	D GE L		3. 4.47	Hanhardt Alexandra		F E		4. 2.77
	Rudloff Simone	16. 1.94	BI CH		13. 1.47	Thiel Andrea geb. Balensiefer		M KR	k	8. 3.78
	Müller Herm.-Josef	11. 7.95	° D PL		24. 7.51	D	Schmitz Dagmar SekIL'	2.11.78	BI PH CH		21. 6.53
	Schmöle Ursula	28. 8.95	BI EK	k	9.12.50	El-Arabi-Dietz Barbara SekIL'	1. 2.87	MU KR k		30. 6.60
	Klewer-Best Heidrun	22. 1.96	D GE	e	16.10.51					
	Pick Beatrix	19. 6.96	D EW	k	17. 2.55	E	Marius Heidi geb. Spannig	8. 8.94	° E L	k	7. 2.61
	Szük Elke	7. 3.97	D SP	e	25.12.49					
	Korsten Iris	6. 5.99	D F	e	30.12.51	Wolf Susanne	1. 2.06	E SP		14. 8.75
	Coninx Martina	28. 3.00	F GE	k	23.10.55	Limberg Stefan Dr.	16. 8.06	PH CH		4. 5.62
	Falckenthal-Selbeck Ulrike	28. 3.00	° BI SP	e	9. 7.54	Schray Björn	7. 9.06	SP EK		31. 3.72
	Gorgels Beate	18. 9.01	M MU	k	16. 4.61	Möller Lea	1.07	° D GE		11. 9.79
	Hoffmann Jan	27. 6.06	D PA	e	29. 4.66	Goll Thomas		D ER		7. 9.72
	Duchatsch Ingrid	27. 6.06	E F	k				MU		
	Reichelt Mathias		D EK	e	16. 9.51	F	Dünnwald Jutta		E F	e	7.11.55
	Hötter Gerd Dr.		F KU		8. 4.58	Deußen-Huylmans Barbara		° PL KR	k	11. 5.56
	Backherms Torsten		M SW	k	18.12.71	Korsch Adelheid		F SP	k	29. 7.58
C	Klimm Irmgard	1. 8.74	E EK	e	1. 1.46	Merkel Karola Dipl.-Inform.'		IF	e	7. 8.59
	Froitzheim Rita	1. 3.82	° BI CH	k	27.10.48	Gier-Schenke Claudia		M CH		6.10.66
	Lehmann-Füsting Gisela	2. 6.87	M SP PA		15. 9.51	Niermann Felicitas		E SP	k	5. 3.68
	Halfter Eva-Maria	1. 8.90	° M BI		2. 8.60	Guntermann Isabelle Dr.		D PL R		24. 5.69
	von Schwarzenberg Helga	9. 8.90	D KR	k	27. 5.59	Borsbach Josef		KR SW MU	k	12.10.72
	Zeit Christoph	23. 8.94	M PH	k	2. 3.58	Soll Daniel Dr.		M PH		11. 4.74
	van Reimersdahl Norbert	10. 8.98	MU SW		31. 7.65	H	Schuchardt Ursula		SP E	e	21.12.52
						Becker Harald		SP	k	23.12.52
						Rehbein Elisabeth M. A.		S		26.10.62

1.620 Radevormwald Theodor-Heuss-Gymnasium gegr. 1968
st. G. (5-Tage-Woche) f. J. u. M.
Hermannstr., 42477 Radevormwald – Tel. (0 21 95) 92 98 90, Fax 92 98 91
E-Mail: thg.radevormwald@t-online.de, Homepage: www.thg-radevormwald.de
Kl: 6/11 Ku: 83/12 Sch: 702 (379) (196/274/232) Abit: 48 (21)
L: 33 (A 1, A₁ 1, A₂ 4, B 13, C 8, D 1, E 2, H 3)
Spr.-Folge: E, L/F, F/L

BR Köln
ASN: **166212**
Dez: LRSD **Gosmann**

A	Beyer Achim		° D L GE	k	21. 2.62	A₂	Gerhards Heinz-P.	1. 8.92	BI F	k	14. 9.49
A₁	Fischbach-Städing Matthias	15.11.02	L M	e	29. 5.61	Raschke Johannes	9. 8.02	□ M PH	k	8. 7.66
						Peters Kerstin	26.10.05	D GE	k	9. 3.67

	Jacobs Thomas		° D KR L	k	17. 7.58
B	Viebach Martin	7.12.78	° D F	e	9. 4.47
	Viebach Hildegund geb. Kober	1. 9.79	E F	e	12. 4.47
	Forster Wolfgang	20. 9.82	D GE	k	6. 1.49
	Döhl Jürgen	1. 2.85	M IF	e	2. 4.50
	Kirschner Harald	5.11.85	M EK	e	1. 6.48
	Söffing Werner Dr.	1. 9.87	° L G	e	1. 7.49
	Scheibner Claudia	1. 8.94	D MU	e	8. 6.56
	Ruhland Michael	29. 2.96	PK Soz EW GE	oB	17. 5.45
	Kuhlmann Michael		E EW	k	18. 8.50
	Diaczyszyn Zbigniew		° D KR PL	k	24.10.50
	Menn-Hilger Christoph		° M KR	k	29. 5.69
	Hachen Elmar		° D SW	e	24. 4.66
	Biermann Tanja		E BI	e	17. 8.73
C	Denger Brigitte geb. Moskob	1. 8.76	F GE	k	14. 2.48
	Geuter Roswita geb. Wenz	1. 2.79	° F EK	k	10. 4.49
	Dureuil Michael	12. 2.79	KU EK		24. 7.50
	Blocksiepen Volker	1. 8.83	° EK PH	e	6. 8.52
	Nath Gabriele		D ER	e	6. 3.64
	Vogler Einar		E D	e	14. 6.66
	Rödding Carsten		° M PH	e	2. 7.72
	Wintersohl Nina		° E BI	k	24. 5.77
D	Furgoll Inge geb. Sommer	4. 9.81	D KU	e	19. 5.45
E	Hinnenthal Nadine	1. 2.05	° CH BI		27. 6.75
	van Well Sigrid	1. 8.05	° M KR	k	10. 8.73
H	Ronge Birger Dipl.-SpL		SP	e	28. 3.47
	Trott Wolfgang SpL		SP	oB	25. 4.48
	Königsbüscher Uwe		ER	e	27. 6.55

1.625 Ratingen Carl Friedrich von Weizsäcker Gymnasium[1] gegr. 1903
st. G. (5-Tage-Woche) f. J. u. M.
Karl-Muecher-Weg 2, 40878 Ratingen – Tel. (0 21 02) 5 50 47 00, Fax 5 50 94 70
E-Mail: sekretariat@cfvw-gymnasium.de, Homepage: www.cfvw-gymnasium.de

Kl: 10/15   Ku: 90/19   Sch: 989 (463) (307/429/253)   Abit: 107 (61)   BR Düsseldorf
L: 59 (A 1, A_1 1, A_2 6, B 23, C 21, D 1, E 5, F 1)   ASN: **165608**
Spr.-Folge: E, L/F, F/L, S   Dez: LRSD **N. N.**

A	Römmler Bernhard	1. 8.93	PH		2. 6.51
A_1	Lausch Peter	9.11.98	M PH	e	13. 2.54
A_2	Abraham Jürgen	6. 1.83	° PH	k	4. 1.47
	Vogel Ulrich (L)	25. 2.92	° D SP	k	29. 1.45
	Artz Franz-Josef	25. 2.92	KR SW EW	k	14. 4.44
	Schaal Dieter	27. 8.92	M	e	5. 5.50
	Erlekotte Ortrun geb. Saalmann (T)	20.11.92	M		15. 7.43
	Lemke Reinhard		E GE	e	27.11.50
B	Stauffenberg Ulrich	1. 1.79	E SP		12. 9.46
	Zerweck Ulrich (T)	1. 2.79	L D		10. 7.46
	Mohr Hans-Norbert	1. 2.79	BI		6. 1.47
	von Pless Sibylla geb. Freiin von Villiez	1.12.79	KU TX	k	20.11.44
	Kaspar-Daun Marlene geb. Kaspar	16.10.80	BI E	k	7. 8.46
	Schmidt Hartmut Dr.	19. 2.81	CH	k	29. 8.48
	Mantyk Rolf	30.12.81	M	k	8.12.48
	Schneider Bernhard	1. 7.82	M PH	k	30.10.46
	Plattner Norbert (Vw)	25. 7.83	° EK D (KR)	k	1. 2.47
	Wirtz Elmar	1. 4.84	D EK		19.10.48
	Feder Paul (V)	19. 7.84	° E EK		24.12.45
	Frick Ernst-Ludwig (T)	24. 9.84	PA EK	e	26. 8.48
	Leers Erika Anita geb. Steffen (T)	22. 3.85	EK F ER	e	19. 9.49
	Adolphs Hartmut	21. 6.85	B	e	24. 9.45
	Schäfer Heinz	21. 6.85	M SP	k	24. 9.50
	Kappes Hans	25. 6.85	E GE	k	9. 3.47
	Gesing Bernd	17.12.90	D PL		11.11.46
	Kochler Erich (T)	30. 3.92	M EK		16. 5.53
	Wörner Detlef	1. 2.93	GE SP		18.12.49
	Rausch Axel (T)	28.12.95	E D		17.12.51
	Terhorst Rita geb. Stuhldreyer (T)	25. 1.96	° E CH	k	6. 6.54
	Schoppmann Monika	1. 2.96	GE SW		27. 9.53
	Zakowski Günter		° L GE		
C	Gausing Eva-Maria (T)	16.12.79	° BI CH	k	11. 5.49
	Bielitza Sabine geb. Rädisch (T)	2. 3.81	KU PA		4. 7.49
	Margraff Christine (T)	11. 8.81	D F	k	25. 5.50
	Obermeier Gudrun geb. Schmalhaus (T)	27.12.81	ER GE	e	24. 8.49
	Bell Rainer	3. 8.82	EK F	e	20. 1.52
	Gunasekara Ute (T)	1. 8.83	D F		27. 9.53
	Rösemeier-Zöll Karin (T)	2. 8.83	F S	k	21.12.52
	Melles Lothar	10. 8.84	M EK		19.10.52
	Bleyer Burkhard	4. 9.84	GE PL	e	26. 9.50
	Zindler Wolfgang	4. 9.84	GE EK		11.12.52
	Brüheim-Köhler Angelika (T)	8.11.84	SW KU		9. 2.52
	Schöttler-Claßen Christel Theresia	4. 9.85	L F GE	k	13. 3.52
	Hauschopp Carola (T)	24.11.86	MU D		23. 4.52
	Feilen Katharina	30.11.87	KR E	k	11. 1.56
	Pohl Ulrike geb. Ihne (T)	22. 3.88	D GE ER	e	11. 9.50
	Schwebke Volker	24. 5.95	D MU	e	6.10.60
	Meier Klaus	22. 9.95	M SP	e	6. 4.61
	Seele Karen (T)	1. 2.04	SP F ERe		9. 4.68
	Freudewald Kerstin geb. Hitzbleck (T)	6. 9.05	D SW		17. 6.72
	Brüggestrath Torsten	1. 5.06	° D KR	k	13. 2.75
D	Adolphs Susanne SekIL' (T)	4. 3.84	BI KU	k	8. 1.56
E	Terfve-Blank Corinne	9. 8.06	F E		7. 9.63
	Henseler Mike	9. 8.06	CH SP		12.12.75
	Sauer Ivonne geb. Giolda	9. 8.06	D E	k	17.12.76

Koelbel Vanessa (T)	6. 8.07	D BI	k	16. 9.77	F	Jeuck-Einheuser		CH BI	4. 1.53
Özbey Yasmin	6. 8.07	BI SP		18. 5.78		Kornelia SekIL'			

[1] vormals Theodor-Heuss-Geschwister-Scholl-Gymnasium

1.627 Ratingen-Lintorf Kopernikus-Gymnasium gegr. 1972
st. G. f. J. u. M.
Duisburger Str. 112, 40885 Ratingen – Tel. (0 21 02) 5 50 48 62, Fax 5 50 94 86
E-Mail: kglrat@aol.com, Homepage: www.kopernikus-gymnasium-ratingen.de

Kl: 8/11 Ku: 91/13 Sch: 753 (369) (221/321/211) Abit: 57 (27)   BR Düsseldorf
L: 46 (A 1, A_1 1, A_2 4, B 15, C 11, D 2, E 9, F 1, H 2)   ASN: **183532**
Spr.-Folge: E, L/F, F   Dez: LRSD **Schütze**

A	Lewen Detlev	4. 8.99 ° M		e	28. 6.50		Lau Sigrid	19. 8.82	M SW	30. 1.52
A_1	Leib Jochen	28. 5.03	M PH	k	20. 9.54		Markert Eva Jakobe	26. 8.82	E F	e 16. 9.51
A_2	Schreckenberg Wilhelm (F)	18.12.85 ° BI MU		k	18. 3.50		geb. Müller (T)			
							Kordecki Ignatius	8. 3.83 ° D PL	k	5. 4.52
	Bähr Thomas	15. 3.02	EW SP	e	11. 4.46		Mentzen Dieter	22.12.83 ° M PH	k	27. 9.52
	Preiss Maria-Victoria (T)	1. 7.04 ° F S		k	11. 4.52		Pheiffer Christine	4. 9.84	F S	e 11. 6.53
							Schraven Stefan	1.11.01	M SP	22. 9.71
	Lowin Corinna (V)	8. 9.05 ° BI E		e	26. 8.66		Bruch Gracia	6. 6.05	D KR PL	k 22.10.72
B	Verpoort Ruth (T)	26. 6.80	F EK		1. 9.48					
	Schlicht Georg	26. 6.80	L GE	k	31.12.48		Urschel Christina (T)	16.11.05	D E	k 25. 3.73
	Behrendt Ingrid geb. Schlichting (T)	23. 3.84	E F		17.11.47		Süßelbeck Andrea geb. Bone (T)	1. 8.07	M SP	1. 3.66
	Schieren Helmut	26. 4.85 □ GE EK			22. 5.46	D	Meier Angelika geb. Riemann SekIL'	5. 4.83	D SP	8.11.46
	Korneli Iris geb. Sauer (T)	29. 1.96	E GE	k	1.12.55		Winterfeldt Burckard SpL		SP	e 15.11.43
	Krey Beate	9. 4.96	CH	k	28. 4.52	E	Müller-Dewald Angela	1. 3.05	E MU	k 13. 4.77
	Abels Günter	18. 7.02 ° EW GE SW			2. 5.53					
	Jonen Kurt	30.12.04	D GE	e	12. 2.51		Leidreiter Anke geb. Rüssing (T)	1. 2.06	CH PH	10.12.64
	Weidner-Kien Erika	30.12.04	M EK	e	29. 6.53					
	Wansleben Klaus	11. 5.06 □ M EK IF		e	27.11.52		Hilgert Veronika geb. Stolte	1. 2.06	D ER	e 8. 5.72
	Lowinski Mirjam geb. Kreye	29. 5.06	E F KU	k	2. 8.69		Nieragden Elke (T)	9. 8.06	M SP	e 13. 6.57
	Gehlen Bärbel geb. Lingemann (T)	18. 6.07	BI				Schmidt Mirko	9. 8.06	E SP EK	e 4. 8.76
	Espenkötter-Brinkmann Cornelia geb. Espenkötter (T)	18. 6.07	E EW W	k	14.11.52		Walter Stefanie geb. Oelze	9. 8.06	D BI KR	k 12.11.77
							Gerstenberger Marta geb. Brzezinski	1. 2.07	E GE	k 17.11.73
	Schubert Kerstin geb. Schumacher (T)	18. 6.07	L BI		5. 5.72		Zimmermann Jan	1. 2.07	D ER	e 9. 4.79
						F	Hesse Elisabeth		D ER	e 22. 6.62
	Gatt Ursula (T)		BI	k	3. 5.50	H	Löbbecke Almut geb. Detering		ER D	e 15. 8.44
C	Bockx Christiane	13. 4.82 ° KU Kug			23. 3.47					
	Schöneberger Beatrix	8. 6.82	SP EK				Hütterott Jan		D MU	e 18.11.58

1.628 Ratingen-West Dietrich-Bonhoeffer-Gymnasium gegr. 1978
st. G. f. J. u. M.
Erfurter Str. 30, 40880 Ratingen – Tel. (0 21 02) 5 50-49 32, Fax 5 50-94 93
E-Mail: dbg-ratingen@arcor.de, Homepage: www.dbg-ratingen.de

Kl: 6/11 Ku: 91/16 Sch: 730 (373) (171/310/249) Abit: 52 (28)   BR Düsseldorf
L: 45 (A 1, [A_1] 1, A_2 1, B 16, C 21, D 2, E 1, F 1, H 1)   ASN: **186016**
Spr.-Folge: E, L/F, F, S   Dez: LRSD **Dr. Schneider**

A	Klein Ernst Rüdiger M. A.	10. 1.97 ° D E		e	16. 4.49	B	Jankowski Jochen (T)	12. 6.80	E SP	e 25. 3.50
							Gebhart Monika (T)	1. 8.80	D EK	26. 2.49
A_1	(Basten Ralph StD A_2)	24. 3.05 ° M EK IF		k	17. 5.52		van Schwamen Heiner	1. 7.84	EK GE	4.11.51
A_2	Wüst Beatrix (T)	22.12.95	E TX	k	5. 3.55		Meyer Gerd	2. 9.84	E EK	k 31. 1.48

	Schmidt-Lehr Ursula (T)	31. 1.85	L EK	k	3. 9.47
	Brasche Heinz	23. 2.85	D SP	e	7. 6.49
	Gerlich Karin (T)	29.11.85	M BI		13. 9.52
	Andernach Bernhard (T)	7. 1.86	M		14. 5.46
	Eyermanns Hedwig geb. Küppers	29. 5.92	F EK	k	27. 8.53
	Thomassen Ludger	19. 1.93 °	SP EK	k	14. 6.49
	Rachow Gerlinde (T)	1. 6.94	E KU		15. 1.55
	Bieber Angelika geb. Ries	8.12.94	D F		8.12.51
	Frese-Radeck Reinhilt geb. Frese	29. 1.96 °	BI EK	k	18. 6.53
	Vonnahme Hubert	22. 5.02 °	CH EK BI	k	14. 4.55
	Korfmacher Petra geb. Haddenhorst (V)	24. 6.02 °	ER D		22. 9.59
	Florin Uwe	8. 6.07	D L		1. 4.63
C	Schneider Elmar	5. 9.81	E D		18. 2.50
	Balkow Manfred (T)	2. 4.82	E SW		
	Langner Martin	26. 4.82	M W	k	20. 3.52
	Schütte Brigitte geb. Pelzer (T)	12. 8.82	EK SP (M)	k	22. 1.53
	Viegener Christa	12. 7.83	D SW		20. 3.53
	Reder Hans-Gerd	1. 8.83	M PH		20. 2.51
	Vangelista Beatrix	4. 8.83	SP F	e	27.12.51
	Meiswinkel Wilfried	15.10.84 °	F GE	k	22. 4.53
	Schick Anneli (T)	10. 2.88	M PH		14. 1.56
	Fest Gabriele	13.10.88	F GE MU		21. 2.53
	Drews-Michels Meike	1. 1.90	BI CH		18. 5.58
	Pannen-Pagels Nelie	14. 9.95	BI KU		19.11.61
	Gilson Karl-Heinrich	10.96	KR GE	k	13. 5.60
	Nienhaus Andreas (T)	15.12.04	D KR	k	19. 2.70
	Brinda Thomas	1. 8.05	M PL	e	17. 6.76
	Gellink Ellen	17. 8.05 °	E BI	e	14. 9.74
	Franke Michaela	10.12.05	D GE	e	27.12.75
	Cloosters Regina (T)	13. 1.06	M MU	k	20. 2.65
	Karstens Melanie	19. 9.07	SW SP	e	6. 5.78
D	Gassen Helga SekIL' (T)	8.80	E M		
	Wittfeld Klaus SekIL	8. 1.83 □	E MU	e	2. 9.52
E	Brendgens Verena	18. 5.06	D E	k	6. 4.76
F	Löwenberg Annette		ER PA	e	17. 9.61
H	Goletz Hermann Dipl.-SpL		SP	e	30. 3.52

1.629 Rees Gymnasium Aspel gegr. 1851
st. G. f. J. u. M.
Westring 8, 46459 Rees – Tel. (0 28 51) 98 22 49, Fax 98 22 50
E-Mail: gymnasium-aspel@t-online.de, Homepage: www.aspel.de.vu

Kl: 8/12   Ku: 75/12   Sch: 785 (412) (227/365/193)   Abit: 54 (30)   **BR Düsseldorf**
L: 44 (A 1, A₁ 1, A₂ 3, B 15, C 11, D 3, E 8, H 2)   ASN: **166133**
Spr.-Folge: E, F/L, F   Dez: LRSD **Stirba**

A	Claus Roman	1. 2.02 °	EK BI		29.11.49
A₁	Schlattmann Michael	19.10.93 °	KR D	k	6. 5.49
A₂	Soll Erwin	8.11.89 °	M (IF)	k	7.10.50
	Beyer Jörg Dr.	26.10.92 °	EK GE	e	3.12.46
	Wichert Günther (F)	1. 1.96	BI CH	k	14.12.53
B	Laufenberg Joachim	15. 3.80 °	BI CH	k	28. 1.49
	Lohmann Christina geb. Mosolf (T)	28. 8.81 °	E SP	k	24.12.49
	Wankum Franz	30. 3.92 °	D E	k	18. 2.53
	Pflug Karl-August	2.12.92 °	M (IF)	k	26. 3.47
	Römer Theo	7.12.92	MU L	k	9. 9.48
	Beyer Karin geb. Pankow (T)	29.12.95 °	E GE	k	12.11.49
	Krebel Christoph	29.12.95 °	PH PA	k	18. 9.50
	von Thenen Hubert	2. 9.02 °	M PH	k	16. 8.53
	Boßmann Elisabeth (T)	1. 9.03	F SW	k	24. 6.54
	Koster Cordula geb. Meurs (T)	1. 8.04 °	E KR	k	25. 5.70
	Klug Elisabeth geb. Hoffmann	4. 9.06	D SW	k	2. 9.51
	Janssen Harald	20.11.06	PH M	e	27. 6.49
	Kopka Annette	2. 4.07	E BI	e	7. 5.69
	Kuhlen Nicola	13. 4.07	MU L		17. 2.68
	Hübner Cordula geb. Wind	4.07	E D	k	9. 8.74
C	Kappenberg Nicole	1. 9.03	D F	k	14. 2.68
	Dickmann Kai	2. 1.04	BI SP	e	8. 7.69
	Twardy Eva-Maria	15. 3.05	M PH	k	23.10.69
	Snethkamp Hendrik	1. 6.05	E GE	e	5. 5.77
	Meuser Christian	6. 9.05	F KR	k	27. 9.71
	Scheffler Wendi	19.12.05	D EK	k	5.10.74
	Bückers Agnes	31. 1.06	M KR	k	11. 9.76
	Semrau Nicole	3. 5.06 °	D PL		27. 2.79
	Ruhle Pascale	22. 3.07	D N		27. 1.77
	Janßen Susanne	23. 4.07	E GE	k	12. 3.65
	Appelt Susann geb. Beinlich	7. 8.07	D ER	e	9. 7.73
D	Meurs Michaele geb. Roebrock HSchL' (T)	1. 8.82	BI CH	k	13.12.54
	Beenen Johannes SekIL	15. 3.84	KU SP	k	13. 9.53
	Tenhonsel Hildegard geb. Engemann SekIL' (T)	24. 4.84	BI SP	k	5. 1.56
E	Krude Christina geb. Kelbassa	9. 8.06	EK SP	k	9.11.76
	Büning Andrea	1. 2.07	E F		18. 6.77
	Resing Marc	1. 2.07	D N	k	22. 8.78
	Wolter Doris	1. 2.07	BI SP	e	12.10.79
	Musfeld Andrea	16. 4.07	D SP	k	15. 6.78
	Meyer Stephan	6. 8.07	ER BI	e	29.10.74
	Hinkes Thomas	6. 8.07	BI SP	k	2. 8.75
	Luimes Michael	6. 8.07	GE SW	e	7. 7.78
H	Bruns Reinhard Dipl.-SpL		SP	k	4. 8.51
	Brolle Anja		GE R PL	k	23.12.69

1.630 Remscheid   Ernst-Moritz-Arndt-Gymnasium   gegr. 1827
st. G. (5-Tage-Woche) f. J. u. M.
Elberfelder Str. 48, 42853 Remscheid – Tel. (0 21 91) 16-26 93, Fax 16-39 92
E-Mail: emagym@gmx.de, Homepage: www.ema-rs.de

Kl: 8/15   Ku: 138/32   Sch: 988 (523) (229/386/373)   Abit: 93 (48)   **BR Düsseldorf**
L: 62 (A 1, A_1 1, A_2 6, B 20, C 17, D 1, E 6, F 7, H 3)   ASN: **165270**
Spr.-Folge: E, L/F, F/L, S   Dez: LRSD Wiese

A	Schumacher Hans-Heinz	1. 8.05	M SW IF		13.11.54		Albers-Schulze-Kelling Judith (T)	11.11.84	BI CH k	8. 5.55
A_1	Stuhlmann Wolf-Dieter	1. 8.99 °	M SP	e	1. 5.49		Hofschneider Ursula (T)	23. 6.86	BI EW k	22.10.51
A_2	Knobloch Bernd (F)	25. 8.80	M (SP)	k	8. 9.43		Paul-Fey Jutta (T)	6. 9.88 °	MU D e	16.12.53
	Simon Klaus	21. 5.90	KU D	e	12. 4.49		Lehmann Karl-Heinz	16.10.89	M PH e	9. 5.57
	Schulze-Kelling Robert	1.12.90 °	BI CH	k	5. 6.52		Brockmann Petra	1.10.97	KU ER e	2.11.61
	Pöschke Peter	31. 8.92	D GE SW	e	15.10.50		Engels Martina (T)	10. 8.99	E F e	16. 6.65
							Arends Sabine	1. 8.03 °	L ER D e	7. 2.73
	Busch Thilo (T)						Herder Monika (T)		EK D	12. 2.47
	Dunschen Helmut						Hobrecht Petra		M E	10. 4.61
B	Scheinert Rita geb. Przywara	6. 2.79	CH		20. 7.46		Del Valle Martinez Maria Mercedes		F S	25. 5.76
	Hahnel Brigitte	21. 9.79	BI	e	8.11.47		Löbbert Arnulf		E GE	
	Neuroth Wolfgang	22.10.79 °	M PH	e	22. 3.48		Rüter Beate Dr. (T)		E MU	
	Fabian Klaus	24. 3.80	E EK	k	4. 1.49	D	Stapper Wolfgang RSchL	1. 4.82 °	M PH e	11. 4.52
	Peschel Bernd	4.12.80 °	M SP	e	22.10.48	E	Eichhorn Natascha (T)	1. 8.06	S E	15. 6.67
	Thomaßen Ursula (T)	8. 7.81	E F	k	26. 3.51		Weber Solveig	1. 2.07	D KU	19. 4.76
	Honsberg Werner	17.12.81	M		29. 5.46		Hopstein Sebastian (T)	1. 2.07	MU EK	25. 3.77
	Grafmüller Gisela geb. Wäsch (T)	14.10.82	E F	e	16.10.49		Behle Gabriele (T)	6. 8.07 °	E EK e	27. 5.71
	Zimmermann Monika (T)	10. 2.84	D SW	e	15. 2.53		Lützig Stefanie	6. 8.07	EK PK WW	22. 3.76
	Neußer Manfred (V)	25. 4.85 °	PH M	k	6. 5.48		Müller Yvonne	6. 8.07	F D	5. 9.77
	Blumberg Klaus	4. 7.89 °	CH GE		26. 3.52	F	Bönisch Johannes Dipl.-Theol.	°	KR PL k	29. 8.49
	Terrée-Kriesell Ulrike (T)	19.11.90	E D		19. 3.51		Pastoors Beatrix	°	L G k (E GE)	25. 5.57
	Höwekamp Gerd Dr.	18. 1.93	M PL		19. 1.49					
	Abend Peter	20. 1.93 °	SP BI	k	25. 1.52		Erdmann-Küpper Georgia		ER	25.10.58
	Diening Almut	22. 7.07	D ER	e	9.11.49		Jansen Barbara		MU e	20.11.66
	Körber Jürgen	1. 8.07	M CH PH		2. 8.51		Otto Stefan		D GE	27.11.67
	Frielingsdorf Christoph	26. 9.07	SW SP	k	3. 5.55		Bucher Christian		KR PP PL	22. 5.73
	Bühler Monika (T)		° E S	e	2. 5.54		Behmenburg Marie-Louise			
	Link Sabine		° D GE E	k	6. 9.55	H	Hükelheim Franz Dipl.-SpL		SP k	7.10.45
	Fouchs Hannelore (T)									
C	Kara-Jahn Verena	19. 8.80 °	D EW	e	10. 5.51		Eichler Wolfgang Dipl.-SpL		SP e	12.12.55
	Dirkling Heinrich	29. 4.81	CH SW	k	15. 7.52					
	Kaiß Kurt (T)	4. 3.83	EK E	e	1.12.51		Potthast Ralf Dipl.-SpL		SP BI	
	Tschersich Günter	8. 8.83	E SP		25. 1.53					
	Welge Brigitte	6.10.83	SP EW	e	2. 5.52					

1.631 Remscheid-Lüttringhausen   Leibniz-Gymnasium   gegr. 1827
st. G. f. J. u. M.
Lockfinker Str. 23, 42899 Remscheid – Tel. (0 21 91) 4 69 52-0, Fax 4 69 52-28
E-Mail: schule@leibniz-remscheid.de, Homepage: www.leibniz-remscheid.de

Kl: 7/13   Ku: 85/14   Sch: 744 (406) (208/335/201)   Abit: 57 (31)   **BR Düsseldorf**
L: 41 (A 1, [A_1] 1, A_2 3, B 15, C 12, E 6, F 2, H 1)   ASN: **165256**
Spr.-Folge: E, L/F, F, S   Dez: LRSD N. N.

A	Bölling Gisela geb. Dumoulin	11. 8.97	F GE SW		24.10.47	A_2	Nover-Schmitz Christel	10. 1.94 °	D GE e	10.10.46
A_1	(Höpfner Sylvia StD' A_2)	21. 1.99	D F		9.12.57		Ley Wolfgang	10. 1.94	M PH e	8. 5.49
							Supp Joachim	11. 5.00	GE EK e	25.10.43

Gymnasien Nordrhein – BR Düsseldorf · BR Köln   241

B	Schüßler Rolf	21. 2.79		CH PH	e	4.10.48		Krahl Claudia (T)	1. 7.97	D ER e	16. 3.61
	Dudda Carmen (T)	22.10.79		KU W	e	24. 5.46		Stender Monika	1. 8.98	S E	16. 8.62
	Mühlenberg Joachim	1. 2.80		PH CH	e	9. 1.49		geb. Stender			
	(L)							Schoen Andrea	30. 6.01	KR E k	8. 1.68
	Fräntz Ludwig	1. 8.80	°	GE L	k	8.11.44		Gensicke Monika	1. 8.03	L SP	24. 3.72
	Kessler Johann	1. 8.80	°	GE E	k	9. 1.50		Leberling Verena	19. 9.06	D GE k	6. 3.76
	Bürgel Eva Dr. (T)	23.10.80	°	F GE	k	26. 7.49		Felsch Sabine	9. 8.07	BI CH e	3.10.71
	Nienhaus Gerhard	23.10.80	°	F EK	k	3. 5.49		Medert Claudia Dr. (T)		° D ER e	22. 2.57
	Schumacher Karin	20.12.94	°	E GE	e	31.12.55	E	Brink Kathrin	9. 8.06	E SW e	2.12.75
	geb. Konopatzki (T)							geb. Kloß		PK	
	Herhaus Erhard	1. 1.96		PH M	e	19.10.47		Franke Cornelius	9. 9.06	SP SW k	27. 2.76
	Geuter Raimund	1. 1.96		KR D	k	29. 7.46				PK	
	Schneller Gerd	1. 1.96		M PH	oB	19. 5.50		Ruda-Dietrich Jolanta	1. 2.07	D S k	28. 2.74
	Wirwahn Ursula (T)	8. 6.07		EK M	e	24. 6.53		geb. Ruda (T)			
	Biggemann Rudolf	20. 6.07		F GE		5.11.52		Mannsfeld Nicola	1. 2.07	M PH	26.12.77
	Giebisch Thomas Dr.	20. 6.07	°	MU M	e	26. 3.62		geb. Staier			
	Fey Klaus	26. 6.07	°	M	k	4. 7.51		Lamers Hilke (T)	6. 8.07	D PL k	12. 1.73
C	Müller Helga	29. 9.78	°	E GE		8.10.47				PP	
	geb. Meigen							Moll Wolfgang	6. 8.07	BI SP k	12. 3.76
	Schwerdtfeger	18. 9.82	°	D PL		30.12.50	F	Cornelius Martina		E PK e	11.11.61
	Hartmut									SW	
	Mohns Alfred	13. 4.84		D SP		2.11.52		Drazewski Holger		EK SW e	8. 5.72
	Weise Burghard	19. 1.87		BI EK		15. 2.53	H	Hild Wolfgang Dipl.-SpL		SP e	21. 4.48
	Bott Ulrike	28. 8.96		BI CH	k	13. 1.62					

1.632 Remscheid-Lennep Röntgen-Gymnasium gegr. 1868
st. G. (5-Tage-Woche) f. J. u. M.
Röntgenstr. 12, 42897 Remscheid – Tel. (0 21 91) 4 64 53 30, Fax 4 64 53 32
E-Mail: roentgengymnasium@freenet.de, Homepage: www.roentgengymnasium.de

Kl: 6/13 Ku: 111/16 Sch: 814 (455) (179/348/287) Abit: 83 (51)   BR Düsseldorf
L: 50 (A 1, A$_1$ 1, A$_2$ 4, B 18, C 13, D 3, E 3, H 7)   ASN: 165281
Spr.-Folge: E, L/F, F, S   Dez: LRSD Wiese

A	Hammes Hans-Helmut	2.11.99	°	E EK	e	3. 1.49		Treimer Johannes	17. 9.04	BI KR	k	9.12.52
A$_1$	Dörpinghaus Heinz	2. 2.00	°	M SP	k	15.12.50		Dr. (T)				
A$_2$	Tobias Axel	14.12.89		M PH	k	7.11.47		Arntz Gabriele	30. 8.06	EW SW	e	18. 6.52
	Dick Wolfgang	3.11.92		PH CH	e	5. 8.51		geb. Zander				
	Kessler Linda	13.11.92	°	D GE	e	4. 6.51		Pirags Stefanie (T)	15. 3.07	E GE	e	15. 9.66
	geb. Heinmöller (T)							Simons Benedikt	1. 7.07	° L GE G	k	1. 6.71
	Nuyken Lutz (F)	1. 8.00		M PH	e	13. 4.58	C	Paland Dagmar	21. 7.82	F EW	k	13. 6.51
B	Bollwerk Hans-Georg	31. 7.81		D KR	e	15. 8.46		Schmidt-Flormann	20. 9.82	° D KU	oB	4.12.52
	Loosen Gisela	21. 2.84		D EK		26.12.48		Uta geb. Flormann (T)				
	geb. Deutschbein							Heidl Albert (L)	13. 9.84	M PH		8. 5.53
	Grafke Christiane	24. 1.94	°	BI M	e	22.11.54		Jerrentrup Heike (T)	22. 9.84	° F EW		4.10.54
	geb. Steinbach (T)							Fedler Ulla	25. 2.85	D F	e	3.10.53
	Malsch Karin	22.12.94	°	GE E	e	4. 6.51		geb. Tiedge (T)				
	geb. Heinemann							Diesing Birgit	25. 3.86	M SP	e	25. 5.54
	Raeck Norbert (V)	22.12.94	°	CH BI	e	24.12.52		geb. Lindner (T)				
	Meyer Hans Jürgen	22.12.94		D SW	oB	20. 2.49		Giefers-Kremer	28. 9.00	BI KR	k	22. 8.59
	(T)							Ralf (V)				
	Stursberg Karl	5. 2.96	°	KU KW	k	7. 3.50		Niedner Stefan	1. 1.02	L ER	e	29. 8.62
	Meyer Karl-Heinz	5. 2.96		BI SP		7. 1.51		Thünchen Corinna (T)	1.8.03	° D E		17. 3.73
	Buschulte Wilhelm	12. 7.02	°	D PL	k	27. 5.52		Stratmann Petra	2.11.04	° D S	k	7.12.70
	Buschulte Elisabeth	23. 6.03	°	SP EK	k	25.10.52		Pestkowski Katrin	3. 2.06	° E BI		12. 8.76*
	geb. Schopmans							geb. Dworzecki				
	Herrmann Heidi	25. 7.03	°	D EW	k	7. 7.53		Korioth Miriam (T)	13. 3.06	D E	k	4. 4.74
	geb. Wurm (T)							Jörgens Thomas	1.10.06	M F		10. 6.75
	Engler Marianne	22. 8.03	°	M PH		10. 7.54	D	Schwirblat Peter SpL	30.12.76	° SP	e	20. 6.49
	geb. Schneider (T) (V)							Wering-Horn	25. 8.81	M PH	k	4. 5.55
	Chmilewski Fred	30. 8.04		E GE	e	21.11.54		Angelika SekIL' (T)				
	Nowak-Menze	30. 8.04		D MU		3. 3.62		Esser Dagmar	3. 6.83	° HW ER	k	13. 3.56
	Doris (T)							SekIL' (T)				

E	Ottersbach Kerstin geb. Keune	31. 1.06	° M SP	e	16.10.79	Brozulat Angelika geb. Neumann GymnL'		° SP	e	13.10.50
	Busch Annette	1. 2.07	MU ER	e	16. 6.78	Marxen Marion geb. Orthmann Dipl.-SpL'		SP	k	6.12.50
	Gendera Katja	6. 8.07	BI CH	e	27. 7.74					
H	Knoff-Zilger Stefania geb. Knoff		MU	k	6. 4.43	Vormann Hartmut Dr.		° L E	e	3. 2.60
						Sontag Ilka		GE (F S)		7. 2.62
	Weinem Hiltrud geb. Holländer GymnL'		° SP	k	22. 2.47	Eickhoff Susanne		D GE		29. 8.64

1.633 Remscheid Gertrud-Bäumer-Gymnasium gegr. 1894
st. G. (5-Tage-Woche) f. J. u. M.
Hindenburgstr. 42, 42853 Remscheid – Tel. (0 21 91) 5 89 46 90, Fax 5 89 46 92
E-Mail: info@gbg-rs.de, Homepage: www.gertrud-baeumer-gymnasium.de

Kl: 7/15   Ku: 112/19   Sch: 883 (547) (197/370/316)   Abit: 76 (52)   **BR Düsseldorf**
L: 60 (A 1, A_1 1, A_2 7, B 17, C 18, D 5, E 1, F 10)   ASN: **165268**
Spr.-Folge: E, L/F, F, S/F   Dez: LRSD **Wiese**

A	Birker Michael	1. 8.93	D GE		11. 3.49	Stingl-Klein Anita (T)	15.12.83	E EK	k	6. 2.54
A_1	Schrandt Friedhelm	1. 8.01	M EK	e	15.12.49	Pieper Siegfried (T)	12.83	D PL	k	17. 6.50
A_2	van Lier-Busch Ingeborg (F)	13. 3.86	M SP	k	25. 3.49	Maar Beate geb. Kotthaus (T)	24. 6.92	E ER	e	30. 6.58
	Loebe Wolfgang (F)	1.11.90	D EK	e	30.12.44	Kasper-Erlemann Evi (T)	3.94	E ER	e	30. 8.60
	Schopphoff Frank (T)	1. 3.92	F SP	e	2. 9.45					
	Wiemeyer Heinrich	1. 2.97	M EK IF	e	19. 3.50	Zejunc Heike	1. 1.02	E L		3. 5.69
						Schnocks Elisabeth	1. 1.02	° KR BI	k	27.10.70
	Sühl-Heidl Vera geb. Sühl	1. 5.02	E SP	e	17. 4.54	Lohmann Thomas	1. 7.02	D MU	e	30. 7.69
						Gehrke Stefanie	4.04	E SP	e	5. 4.69
	Scherer Volker (F)	16.12.04	D GE SW	e	1. 9.51	Adler Christiane	20. 9.04	D GE	k	5. 4.72
						Jentsch Simone	18. 8.06	BI CH M		28. 8.73
B	Dunschen Renate (T)	26.10.80	D SW	e	20. 1.48					
	Hündling Wiard	10. 8.81	BI SP		7. 9.47	Klosse Claudia geb. Homersen	6. 9.05	F D	e	3. 2.79
	Schwerdtfeger Gabriele geb. Birkenhäger (T)	1.11.90	BI CH		26. 4.49	Papke Silke	1. 6.07	D F		18. 4.74
	Groth Elke (T)	1. 2.92	BI SP	e	25. 4.53	Ohst Swantje (T)		M ER	e	30. 8.57
	Kretschmann Jürgen Dr.	1. 1.93	M IF	e	15.12.44	Lehmann Maria (T)		M PH	e	15. 1.59
						Meine-Falk Susanne (T)		D PA		13.10.72
	Beilborn Klaus	1. 2.93	° M PH	e	29.12.49					
	Richter Karl-Heinz	5.12.94	° D KU	e	17. 2.48	D	Hükelheim Sigrid geb. Bellardts SpL'	3. 6.78	SP	e	5. 6.49
	Bornefeld Roland	8.12.95	BI EK	e	18. 7.54					
	Nareyeck Ulrich	8.12.95	MU ER	e	27. 6.54	Körber Sabina geb. Völter HSchL'	6.12.78	M CH	k	5. 6.47
	Reichel Verena (T)	1.12.96	GE SW	k	7. 1.53					
	Marnach-Wetzel Klara (T)	1. 6.02	° F GE	k	24. 1.49	Manske Birgit SekIL' (T)	11. 9.82	D SW	k	28. 8.55
	Döring Stephan	1. 6.02	D SW		9. 9.63	Blombach Ronald SpL		SP	e	16. 6.49
	Koch Thomas Dr.	16. 6.05	M CH PH	k	8. 3.64	Philipps Dorothee		ER GE	e	17. 8.55
						E	Faßhauer Cosima		D KU	oB	16. 4.73
	Stieglitz-Lenfers Claudia (T)	1. 9.06	° E KR	k	17. 2.60	F	Fehling Christiane		KU HW	k	1. 8.44
	Reuling Peter Johannes (L)	1.11.06	° E KR	k	10. 9.59	Beilborn Christiane		L MU ER	e	10. 1.58
	Schmidt-Rümmler Gabriele (T)	19. 3.07	E PA	k	30. 8.61	Barthel-Metzen Gabriele		E PA	k	29. 1.58
	Buck Hans-Peter	11. 6.07	PH IF	k	22. 8.55	Kretschmann Andreas (V)		° D SW	k	2.10.62
C	Horn-Birkhölzer Barbara (T)	4. 9.81	F PL	e	16. 3.50	Voss Peter		M IF	e	4.12.64
						Krug Henning		EK S	e	25. 4.75
	Borchert Gabriele (T)	4. 7.83	D EW	e	6.11.51	Mlodoch Cornelia		D GE	e	1. 6.76
	Dirkling Doris Rosemarie geb. Schumann (T)	6.10.83	CH M	e	14. 9.52	Ring Bernadette		BI MU	k	25. 7.76
						Schneider Britt-Maren		KU SP	e	13. 7.77
						Beier Viviane		E S		21. 6.78

1.640 Rheinbach Städtisches Gymnasium Rheinbach gegr. 1852
st. G. m. zweisprachigem dt.-engl. Zug f. J. u. M.
Königsberger Str. 29, 53359 Rheinbach – Tel. (0 22 26) 59 19, Fax 1 62 28
E-Mail: sgrhb@aol.com, Homepage: www.sg-rheinbach.de

Kl: 9/16   Ku: 113/20   Sch: 1017 (516) (254/458/305)   Abit: 101 (64)

BR Köln
ASN: **167216**

L: 62 (A 1, A$_2$ 5, B 21, C 24, D 2, E 4, H 5)
Spr.-Folge: E, F, L, S

Dez: LRSD **Dr. Welz**

A	**Schmid** Albin	13.11.98 °	BI CH	k	4.12.50	**Lipus** Günther	19. 4.82	EK E	k	24. 4.49
A$_2$	**Beyer** Hubert (T)	4.12.85 °	F SP	k	20.11.44	**Wilcke** Hans-Rainer	27. 9.82	E D		30.12.47
						Grams Winfried	4. 3.83	PA SP	k	7. 1.51
	Rott Hans	30. 3.93	M	k	25. 4.52	**Przygode** Doris	13. 9.83	F E	k	19. 4.53
	Boßmann Michael (V)	5. 4.93 °	M EK	k	16. 7.50	**Meinicke-Wieck**	1. 2.84	M SW	e	4. 3.54
	Detro Günter	2. 1.96	E EK	e	2. 2.50	Birgitt (T)				
B	**Jesgarz** Dieter	1. 1.79	PA EK	e	24. 3.43	**Geerdts-Simen**	24. 3.84	D F		1. 9.47
	Robrecht Hans (T)	3. 1.79 °	M BI	k	8.11.44	Elyane geb. Simen (T)				
	Walbröhl Hans	1. 2.79	D MU	k	25.12.46	**Keuler** Karin (T)	27. 3.84	EK D	k	4. 8.54
	Wilhelm (F)					**Nellinger** Brigitte	10. 8.89	M CH	k	18.10.58
	Hansen Hans-Heiner	30. 3.79 °	M PH	k	20. 4.48	geb. Wosnitza (T)				
	Pelzer Friedrich	28.11.80	SP F	k	20. 1.47	**Schütte-Beckhaus**	1. 8.04	E S	e	31. 7.67
	Hoffmann-Linden	19.12.81	BI CH	k	15. 4.51	Kristina (T)				
	Gisela (T)					**Johannes** Christine	1. 8.05 °	L ER	e	9. 3.69
	Bensberg Bernd	25. 5.93	D EK	k	16. 9.49	**Rosenbrock** Peggy (T)	20. 8.05	D S	k	25. 2.73
	Biederbick Klaus	6.10.93	D R	k	23. 6.48	**Wirtz** Torsten	1. 2.06	D SP	k	24. 8.73
	Immenkötter Ulrike	22. 5.96	D GE		13. 3.49	**Viering** Alexander	17. 5.06	F SW	e	13. 2.74
	geb. Kettler (T)					**Rump** Stephanie	17. 5.06 °	M CH	k	13. 1.77
	Weier Kurt	21. 4.97 °	M PH	k	2. 4.49	geb. Schröter				
	Fulde Michael	21. 4.97	D EK	k	1.10.45	**Turck** Cora	2. 3.07	KU GE		18. 5.72
	Prauss Manfred	30. 8.02	E GE	k	1. 8.50	geb. Fischer				
	Sticklies Gerd	18.12.02	D PL	e	31.12.47	**Henseler** Claudia	2. 3.07	BI CH	k	25. 6.74
	Schimmel Peter	1. 2.03 °	E F	k	4. 3.52	geb. Feldmann				
	Kohler Gerd	29.12.05	BI	k	17. 3.48	**Schoene** Verena	20. 4.07	E GE	k	29.11.76
	Baak Christa	29. 8.06 °	D GE	k	21.11.49	**Knie** Ulrike (T)		E D	e	18. 9.45
	geb. Braun (T)					D	**Scholl** Ernst HSchL	20. 3.84	PH MU		11. 5.43
	Nonn-Ermert Ingrid	29. 8.06	E EK	k	11. 2.55	**Viltz** Elke (T)	18.12.92	KU D	e	2. 1.60
	(T)					E	**Kreuzer** Klaus	9. 8.06	MU PA	e	5.12.61
	Merzbach Bert	3. 8.07	L GE	k	20. 7.52	**Hoffmann** Ina	9. 8.06	F GE	k	2. 4.75
	Landsberg Renate (T)	3. 8.07	F SW	e	26. 8.55	**Peters** Anke	1. 2.07	M CH	k	3.12.77
C	**Ryfisch** Maria (T)	1. 2.77	EK SP	k	4. 4.49	**Buning** Sonja	1. 2.07	D MU	k	17. 9.78
	Striepecke Ursula (T)	15.11.79	D E	e	21.10.43	H	**Schorn** Herm.-Josef		SP	k	24. 3.48
	Gödecke-Rinow	1. 2.80 °	F PA	k	20.10.48	Dipl.-SpL				
	Mechthild (T)		KR			**Garzen** Hannelore		E SP	k	28.11.48
	Remy Edeltraud (T)	1. 3.80	BI	e	30. 7.50	**Hänschke** Gerd		KU MU		28. 8.57
	Schneider-Thelen	16. 6.81	SP PA	k	12. 1.51	**Gerdemann** Jan Christoph		GE KR	k	13. 3.70
	Barbara					**Ecke** Kristina		E ER	e	4. 5.77
	Heinrichs Gabriele	8.81	D KR EK	k	28.12.52					

1.641 Rheinbach St.-Joseph-Gymnasium gegr. 1911
pr. G. (5-Tage-Woche) f. M. d. Erzbistums Köln
Stadtpark 31, 53359 Rheinbach – Tel. (0 22 26) 92 24-0, Fax 92 24-20
E-Mail: sekretariat@sjg-rheinbach.de, Homepage: www.sjg-rheinbach.de

BR Köln
ASN: **167228**

L: 51 (A 1, A$_1$ 1, A$_2$ 4, B 8, C 18, E 1, F 15, H 3)
Spr.-Folge: E, F, L, S

Dez: LRSD **Gorissen**

A	**Rieck** Hans Anton	1. 8.00 °	M GE	k	6. 7.53	**Füssel** Roswitha		BI EK	k	16. 7.52
A$_1$	**Kaiser** Heidi	14. 8.00	M PH	k	16. 7.59	geb. Winkels (T)				
A$_2$	**Thoelen** Margret	1. 2.96	E GE	k	3.11.48	B	**Düsterhaus** Heide M	10. 1.79 °	E GE L	k	2.11.44
	geb. Moog (T)					geb. Nettesheim (T)				
	Groben Leander	1. 8.05 °	M PH	k	23. 6.52	**Mettig** Gisela	28.11.79	MU E		15. 9.45
	Löhr Resi		BI CH	k	15.10.51	geb. Weyres (T)				
	geb. Nettersheim (T)					**Schmadel** Winfried	17. 4.80 °	L G	k	15.12.48

Gymnasien Nordrhein – BR Düsseldorf · BR Köln

	Name	Geb. Datum	Fächer	Status	Datum
	Wehage Annette geb. Breßler	15.11.82	F EK	e	22. 3.50
	Fouquet Helge	30. 4.84 °	BI	e	27. 2.43
	Nöller Klaus	1.10.91	D PA	e	9.10.47
	Nettersheim-Bell Elke	1. 1.94 °	D KR	k	27. 4.53
	Zepp Werner	1. 1.94 °	M	k	3. 7.49
C	Küßner Michael	1. 8.89 °	D F MU	e	12. 8.53
	Vennemann Herbert	1. 8.89	D MU	k	13. 8.54
	Gellrich Bernhard	1. 8.91	BI CH	k	10. 9.55
	Wefers-Johnston Gisela geb. Wefers (T)	1. 5.93	M SP	k	23. 5.57
	Clasen Kerstin	1. 8.95	D KU	k	2.12.63
	Stoffel Martin	1. 8.96	KR SW	k	6.11.57
	Beier Birgitta	1. 8.96	D F	k	10. 5.61
	van dem Brink Anne (T)	1. 2.98	M KR	k	
	Sassen-Breuer Ulla geb. Sassen	1. 8.98	EK SP	k	21. 9.57
	Nelles Ralf (V)	1. 8.98	GE D	k	21. 2.62
	Horstkötter Ina	1. 8.01	D BI	k	12.12.69
	Broekmann Ina (T)	1. 8.02 °	D E	k	9.10.72
	Schneider Elke	1. 8.03	D E	k	27.12.69
	Wehmeyer Beate	1.11.03	SP E	k	9.12.68
	Pullen Irene	1.11.03	SW SP	k	23.10.69
	Klimek Brigitte Dr.	1. 8.05	M PA PL	k	10. 6.74
	Buchholz Marco	30. 8.05	F S	k	3. 1.72
	Otremba Cornelia	30. 8.05	CH BI	k	22. 9.72
E	Traebert Vera	31. 7.03	BI SP	k	4. 5.72
F	Meurer Friedrich-Wilhelm		EK EW	k	6. 4.49
	Löbach Norbert		D EK	k	8. 2.53
	Kraemer-Nickel Gabriele		E SP	k	25. 4.54
	Scheid Klaus		M PH	k	14. 6.54
	Trück Ingeborg geb. Schwarz		° BI CH	k	17. 6.54
	Roggendorff Daniela geb. Behrens		SP GE	e	8.10.54
	Speich Annette geb. Swiers		M EW	k	27.10.54
	Schlinkmann Karin geb. Ludes		° F E	k	27. 6.55
	Herlach Ines		D SW	k	2.11.55
	Hoch Rolf		GE KR	k	31. 5.57
	Verspai Reiner		E F	k	4. 1.59
	Frey-Kess Ursula		° KR GE	k	6.12.59
	Schäfgen Rosina geb. Melzer		F E	k	6. 5.62
	Weyer Michael		D KR	k	14. 6.62
	Beckers Ralf Dr.		PH CH	k	15. 6.63
H	Rönn Ursula		KR	k	13. 4.54
	Meier Beate Dipl.-SpL'		SP	k	22.12.54
	Cronenberg Claudia geb. Buch		SP	efk	24. 6.69

1.642 Rheinbach   Vinzenz-Pallotti-Kolleg gegr. 1961
pr. G.[1] (5-Tage-Woche) f. J. d. Pallottinischen Schul- u. Internat gGmbH, Rheinbach
Pallottistr. 1, 53359 Rheinbach – Tel. (0 22 26) 8 00 70, Fax 8 00 72 83
E-Mail: gymnasium@vpk-rheinbach.de, Homepage: www.vpk-rheinbach.de

Kl: 7/13   Ku: 108/18   Sch: 811 (196/337/278)   Abit: 81   **BR Köln**
L: 43 (A 1, A$_1$ 1, A$_2$ 6, B 15, C 11, E 4, F 4, H 1)   ASN: **167230**
Spr.-Folge: E, L/F, G/F, S   Dez: LRSD **Dr. Welz**

	Name	Geb. Datum	Fächer	Status	Datum
A	Kirfel Helmut J.	1. 8.02	E GE	k	22. 6.51
A$_1$	Engels Wolfgang	1. 8.93 °	M PH	k	29. 8.52
A$_2$	Knauf Ursula	1. 6.92	M CH	k	12. 4.50
	Vogt Bernhard	2. 9.94	D E	k	11. 8.52
	Nelles Hans-Joachim (T)	6. 9.94 °	D PL	k	20. 6.47
	Nestler Waltraud	1. 1.96	EK E	k	20. 1.52
	Wirtz Jürgen	1. 8.02 °	M SP	k	9. 9.56
	Comans Peter	1.10.07	E EK	k	3.10.53
B	Lang Hansjürgen	1. 1.90 °	BI	k	3. 2.49
	Thiesen Peter	1. 2.92	SP PA	k	12. 7.49
	Richarz Johannes	1. 2.92	EK D	k	9. 3.52
	Tuppi Otmar (V)	1. 2.92 °	D PL	k	27. 7.54
	Meyer Ansgar	1. 6.92	D EK	k	21.11.52
	Wild Herbert	2. 9.94	KR SW	k	6. 3.53
	Hilberath Ulrich	2. 9.94 °	M PH	k	18. 8.53
	Wagner Johannes	2. 9.94	GE SP	k	20.12.53
	Hansen Norbert	7. 9.94	KR KU	k	21. 9.54
	Fiedel Andreas	1. 1.96	E GE	k	23. 1.54
F	Ermert Walther	1. 1.96	ER EK PA	e	11. 8.50
	Wald Heribert	1.12.96 °	BI SW	k	17. 3.54
H	Knab Rainer	1. 1.00	G L	k	5.10.59
	Gaßmann Helmut Dr.	1.10.05 °	BI EK	k	23. 6.59
	Esser Werner	1.10.05 °	PH M	k	20.10.47
C	Riede Gabriele geb. Tellenbach (T)	1. 3.83	E F	k	1.10.54
	Dargel Dorothee (T)	1. 2.88 °	GE D	k	12. 5.55
	Kreuzheck Manfred	1. 8.91	L E MU	k	7. 3.55
	Bauer Ulrich	1. 8.91	F L	k	3. 1.59
	Wiedemann Andreas	1. 8.93	MU EK	k	12. 5.56
	Rollmann Frank	1. 8.93	F SP	k	18. 6.58
	Schuh-Heieis Felix	1. 2.95	M SP	k	28. 2.58
	Bachner Margarete geb. Zimmermann (T)	28. 8.96	M PA	k	2. 9.54
	Hofer Bruno	1. 8.99 °	L G KR	k	2. 6.65
	P. Manus Martin (T)	1. 1.02 °	GE KR	k	4. 1.65
E	Palmert Björn	1. 8.05	M PH	e	3. 4.77
	Hermanns Andrea	1. 8.07	E ER	e	21. 9.73
	Breuer Markus	1. 8.07	KR D	k	12. 8.77
	Gast Jürgen	6. 8.07	D GE	k	31.12.75
F	Heck Dieter		GE SP	k	13. 6.54
	Genn Marlene		E D	k	6. 9.58
	Herberhold Ursula		D GE	k	11. 1.60
	Kressel Tina		BI EK	k	25. 5.79
H	Meier Peter Dipl.-SpL		SP	k	28.12.46

[1] m. Internat u. Tagesinternat

1.645 Rheinberg Amplonius-Gymnasium gegr. 1946
st. G. (5-Tage-Woche) f. J. u. M.
Dr.-Aloys-Wittrup-Str. 18, 47495 Rheinberg – Tel. (0 28 43) 98 53/54, Fax 98 55
E-Mail: schulleitung.amplonius@t-online.de, Homepage: www.amplonius.de

Kl: 11/18   Ku: 107/21   Sch: 1107 (595) (326/494/287)   Abit: 72 (33)   **BR Düsseldorf**
L: 60 (A 1, A$_1$ 1, A$_2$ 4, B 19, C 24, D 3, E 3, F 4, H 1)   ASN: **166029**
Spr.-Folge: E, L/F, F/L   Dez: LRSD' **Risken**

A	**Pannenbecker** Heinz	1. 1.01	F E	e	6. 9.51	**Knake** Heinrich	29. 7.83	D E		15. 7.49
A$_1$	**Brück-van Hauten**	8. 2.03	E D	k	18. 4.52	**Ingensand** Sigrid (T)	1. 8.83	E D	e	12. 7.52
	Petra geb. van Hauten					**Hötte** Katharina (T)	1. 8.83 °	E EW	k	5.10.52
A$_2$	**Mertens** Herbert	27.10.93	KW GE SW	k	20. 4.50	**Gissing** Lambert	19. 8.84	EK SP	k	15. 3.51
	Schmidts Hildburg	18. 5.04	F M	oB	13. 4.54	**Büren** Christa	4. 9.84	GE KW	k	2. 5.51
	Jung Dietmar	24. 5.04	BI SW		18. 6.52	**Höbler** Dorothee	1. 8.90	M MU	k	16. 4.58
	Winzen Alexander (F) (L)	19. 5.05	D MU	k	16. 1.65	**Stolpmann** Ingrid	18. 8.96	D SW PK		7. 5.53
						Nölle-Sentob Gerda	10. 7.97	E F MU	e	2.12.63
						Bücker Mechtild	8. 7.98 °	E KR	k	6.10.66
B	**Velser** Heinz-Jürgen	2. 8.79	G PL GE SW	k	15. 9.45	**Wirth** Sabine	1. 1.02	D E		22. 8.66
						Möllenbeck Christa	1. 2.02	E F		20.12.67
	Radicke Marion geb. Hennecke (T)	21.12.81	PH	e	26. 3.48	**Kristau** Raphaela	15. 1.03	KR L	k	28. 8.73
						Seiler Monika	15. 9.03	L M	e	8. 6.66
	Maas Rolf	1.11.82 °	D KR	k	3. 8.50	**Tasçi** Sencan	28. 1.05	E D		18. 4.72
	Börger Ute (T)	15. 3.84	BI		7.11.51	**Schubert** Tanja	19. 3.06 °	D EK		27.11.74
	Jacobs Marianne geb. Lehmen	26. 3.84	D EK	e	15. 1.51	**Gödde** Christiane geb. Probein	9. 8.06	E SP		26. 1.71
	Liedigk Joachim	27. 8.84	F SP		12. 5.50	**Heymons** Nadine	16. 9.06	BI E		12. 6.77
	Raven Walter	1. 9.84 °	GE F	k	8.11.45	**Gorries** Gudrun	6. 8.07	M PH		8. 5.68
	Sander Claus (T)	7. 1.93	SW PA		19. 4.50	**Küster** Lutz	6. 8.07	F GE		14. 4.70
	Krause-Bartsch Dagmar geb. Krause (T)	1. 6.94	PA SW	e	28. 9.53	**Schenk** Alfred		IF EK		9. 5.69
						Schmidt Ulrike		M PH	k	30. 6.75
	Jacobs Matthias	28.11.94 °	M EK	k	2. 3.50	D	**Neumann** Gabriele SekIL' (T)	9. 5.83	KR F	k	5.12.55
	Floris Petra	28.11.94 °	F E	e	31.12.52						
	Lohmann Klaus-Joseph[1]	28.11.94 °	E SP	k	22.12.51	**Dölle** Annegret SekIL'	4. 3.84	GE ER		8. 8.47
						Reifenstein Harry SekIL	1. 8.91	BI SP		14.12.54
	Brall Werner	30. 1.96	M EK	e	25.10.51						
	Blume Bernhard	17. 4.96 °	E BI		4.11.54	E	**Emmerichs** Natascha geb. Schürks Dr.	1. 2.06	CH PH	k	8. 3.73
	Kirstein Joachim	27. 8.02 °	MU L	k	3.10.56						
	Schneider Andreas	2. 6.05 °	M SP	k	6. 5.57		**Driesen** Kerstin	9. 8.06	D S		11.11.74
	Baumgarten Ulf	16. 6.05	M CH		8. 5.70		**Braun** Thorsten	9. 8.06	D SW	e	27. 5.77
	Reinders Peter	3. 7.07	M KR	k	16. 2.68	F	**Goliasch** Horst		ER PH	e	25. 7.54
	Mader Ulrich		E BI		9. 5.67		**Conrads** Brigitte geb. Matz		E L	k	31. 7.57
C	**Brass** Walter	22. 6.80	GE D		18. 9.49						
	Eikemper Monika geb. van Eickels (T)	1.11.80	F BI	k	14. 6.50		**Wilckens** Susanne		D PH		9. 8.57
							Fernando Melanie		SP D		18. 7.75
	Herkert Eva	2.81 °	CH EK		30. 6.53	H	**Jakschitz** Walburga		SP	k	2.11.53

[1] Lehrbeauftr. an d. Univ. Duisburg

1.650 Rösrath Freiherr-vom-Stein-Schule gegr. 1965
st. G. (5-Tage-Woche) m. zweisprachigem dt.-frz. Zug f. J. u. M.
Freiherr-vom-Stein-Str. 15, 51503 Rösrath – Tel. (0 22 05) 39 56, Fax 8 68 30
E-Mail: 167095@schule.nrw.de, Homepage: www.fvs-net.de

Kl: 10/18   Ku: 104/24   Sch: 1053 (516) (296/481/276)   Abit: 73 (40)   **BR Köln**
L: 63 (A 1, A$_1$ 1, A$_2$ 5, B 20, C 22, D 3, E 5, F 5, H 1)   ASN: **167095**
Spr.-Folge: E/F (bil.), L/F, F/L, I   Dez: LRSD **Gosmann**

A	**Porschen** Ulrich	1. 2.07	GE WW SP	k	2. 8.54	**Kronenberg** Dorothee geb. Sauermann (T)	21. 3.97	F EK		27. 7.53
A$_1$	**Poensgen** Rolf	10. 9.97 °	EK PH	k	16. 4.49	**Verroul** Annegret (T)	10.99	BI F D	e	29. 2.56
A$_2$	**Pütz** Norbert (F)	30. 4.96	MU M		23. 5.53	**Ortel** Rainer	1. 8.00	E SP	oB	24. 3.50

	Packmohr Rüdiger	27. 2.07	M PH IF	k	10.10.48		Kellmann-Rosser Gudrun (T)	4.10.84	E EK	15. 6.53
B	Funken Wilfried (T)	8.78	PK GE SP		11. 3.47		Hoffstadt Herbert	9.88	D GE KR	k	11. 1.50
	Nesselrath Hannelore geb. Schubert (T)	14.12.78	E F	e	12. 7.49		Andreas Britta (T)	1. 8.93	M SP		14. 1.61
	Lersch Hans-Ludwig (V)	1. 2.80	° PL E	k	22.12.49		Hinrichs Heike (T)	99	D PL	k	7. 2.60
	Wickendick Wolfg.	30. 8.82	D PL	k	25. 9.45		Oswald Britta	18.12.01	E F		5. 6.69
	Teetz Günter Michael	8.84	° M PH		19. 4.49		Hötzel Michael	1. 1.02	M PH	k	20. 3.68
	Matzak Renate geb. Walch	1.10.94	D GE		3. 9.45		Klefisch Thomas	1. 1.02	CH SW	k	15. 4.70
	Pfiffer Klaus-Armin	25. 5.98	F GE	e	25. 6.51		Stern Katja	1. 8.02	D GE	e	20. 6.72
	Hagenberg Claus Dr.	25. 5.98	° F ER	e	7. 3.53		Müller-Heuser Julia geb. Reimann (T)	2. 7.04	D E		13. 7.74
	Ebels Clemens	2. 7.99	PH	k	1. 1.50		Andree Britta (T)	28. 3.05	I SP	e	17. 6.67
	Keldenich Ria	2. 7.99	M BI	k	2. 1.54		Tscherpel Gudrun Dr.	22. 8.05	E GE		4. 3.69
	Regnier-Oldiges Lydia geb. Oldiges (T)	1. 9.00	F D		5.10.50		Schulze Messing Eva	6. 9.05	I F MU		19. 3.72
	Neuenburg Gerold	1. 9.00	CH SW	k	14. 6.54		Burger Melanie geb. Landwehr	16. 2.06	M BI		17. 6.76
	Glave Erika geb. Heidemeyer	18. 6.01	BI		7. 8.47		Voßhage Kristina geb. Schneider	16. 8.06	D L		30. 4.76
	Lehmann-Kirk Ursula Dr. (T)	31. 1.02	BI CH	k	8. 3.53		Dürkop Iris geb. Adamczyk	18. 3.07	MU I		25. 6.76
	Skandera Petra (T)	30. 8.04	M EK		19. 9.55		Hundrup Martin	29. 3.07	E SP		18. 4.75
	Bechtel Dirk	6. 9.04	MU EK	k	23.11.68		Hoffmann Valentin	1. 8.07	D L	e	11. 2.75
	Wiesendahl Susanne geb. Balzarek	21. 6.05	M CH	k	6. 6.73	D	Deniers Monika SekIL'	4. 3.84	D SW	k	28.11.54
	Vincentz Barbara (T)	26. 5.06	° M SP		20.11.63		Michaelis Sabine	16. 3.95	ER GE	e	29. 1.57
	Labenda Simone	30. 5.06	F GE	k	11. 8.69		Gerigk Margarete (T)	21. 1.98	KU KR		25.10.56
	Krüger Marion	24. 4.07	E M	e	17. 6.72	E	Strutz Kai	17.10.05	SP CH		20. 8.73
C	Thies Christa-Gabriele geb. Weitzel (T)	11. 8.72	E L	e	20. 1.44		Cremers Anne	9. 8.06	M SW	e	25.12.77
	Schneider-Bliesner Gisela (T)	14. 9.77	KU W		27.11.49		Bongartz Nathalie	1. 2.07	D EK (VW)		27. 1.72
	Perbix Lydia geb. Kley (T)	1. 6.80	D KR PA	k	29. 8.49		Sadler Andreas	6. 8.07	E BI		2. 3.79
	Arndt Gudrun geb. Scholz (T)	2. 8.82	EK BI		26. 4.53		Herzog Kathrin	6. 8.07	E M		27. 7.79
	Balluf Werner (T)	27. 8.82	° EK E	k	7. 6.51	F	Nienhaus Willi		D SP LI		24.10.50
							Rossol Brigitte geb. Kittler		SP W	e	16. 4.51
							Wittka Marina		D GE	k	12. 3.57
							Vogel Angela		° E SP	k	2. 3.58
							Hoffmann Meike		D GE		19. 2.68
						H	Voss Almuth		E ER	e	15. 5.59

1.655 Ruppichteroth-Schönenberg St.-Theresien-Gymnasium gegr. 1991
pr. G.[1] f. M. d. Don-Bosco-Schulverein e.V., 59329 Wadersloh
St.-Vinzenz-Str. 2, 53809 Ruppichteroth – Tel. (0 22 95) 90 86 0-0, Fax 90 86 0-49
E-Mail: info@st-theresia-gym.de, Homepage: www.st-theresia-gym.de

Kl: 2/4   Ku: 35/4   Sch: 117 (117) (21/62/34)   Abit: 8 (8)   **BR Köln**
L: 13   ASN: **191437**
Spr.-Folge: E, L, F   Dez: LRSD **Gosmann**

Kaufhold-Roll Heinz Dr. (Schulleiter)	GE D	k	25.12.52	Overath Rolf	M SP	k	20. 1.53
Ehlert Marion	E EK	oB	21.10.67	Sachse Dagmar	TX SP	k	15. 6.51
Friesenhahn Birgitta	GE L	k	22. 5.53	Severin-Hoffmann Marion	BI D	e	16. 6.54
Gerlach Karin	SP BI	k	14.11.48	Volkmann Angela	GE F	k	10. 2.55
Kapitzke Elke	GE E	k	12.11.53	Volkmann Joachim	° F GE	k	26. 9.51
Nalenz Leocadie	F D	k	5. 8.61	Wessel Peter	MU M	k	12.12.61
Ordowski Horst Dr.	° BI CH	e	29. 5.59				

[1] m. Internat

Gymnasien Nordrhein – BR Düsseldorf · BR Köln   247

1.660   St. Augustin-Ort   Rhein-Sieg-Gymnasium   gegr. 1967
st. G. (5-Tage-Woche) f. J. u. M.
Hubert-Minz-Str., 53757 St. Augustin – Tel. (0 22 41) 20 21 90, Fax 2 91 71
E-Mail: sekretariat@rhein-sieg-gymnasium.de
Homepage: www.rhein-sieg-gymnasium.de

Kl: 8/16   Ku: 117/21   Sch: 998 (486) (257/441/300)   Abit: 92 (46)   **BR Köln**
L: 57 (A 1, A$_1$ 1, A$_2$ 5, B 17, C 22, D 3, E 4, H 4)   **ASN: 167113**
Spr.-Folge: E, L/F, F/L, L/F/S   Dez: LRSD **Dr. Welz**

A	**Franz** Jürgen	1. 8.95	° E D		28. 5.49	**Meyer-Eppler**	30.10.84	L G	k	22.11.54
A$_1$	**Siegloch** Bernd	1. 8.95	E SP		1. 8.48	Irmgard (T)				
A$_2$	**Baumann** Heidemarie	30. 3.93	D GE			**Soldierer-Randelz-**	29. 4.93	F S	k	14.10.55
	Dahmen Marina (F)	1.10.95	D GE	k	20. 3.56	hofer Monika (T)				
	Lersch Heinz-Walter	13.12.95	BI EK	k	11. 2.47	**Hentze** Armin	1.10.96	L GE		17.10.55
	Schmitz Axel	25. 9.97	BI	k	3. 6.50	**Goetzke** Friederike	29.10.99	L GE		22.11.59
	Gaßmann Peter Dr.	27. 9.02	GE D	k	11.12.45	**Bertrams** Alexandra	1. 9.05	E SP		17.11.76
B	**Karbe** Elisabeth (T)	1. 1.79	M BI	e	5.10.45	**Möschel** Christian Dr.	1. 8.06	PH CH	e	14. 4.67
	Bollenbach Heinrich	16. 6.93	EK GE	e	7. 5.44			ER		
	Wuttke Ernst (T)	16.12.94	BI	k	28. 8.45	**Sönksen** Maj-Britt	10.06	D PA	k	16. 2.74
	Houtrouw Gustav	20. 9.95	SP PA	e	20.12.46	**Weber** Christoph	2. 2.07	E GE	k	14. 7.73
	Servos Werner	8. 4.02	M PH		22. 7.47	**Beeck** Tanja	15. 3.07	D E		4.12.71
	Isenböck Ulrich	8. 4.02	SP EK	k	29. 3.50	**Warning** Nicole	24. 5.07	M MU	e	15. 7.73
	Hölzel Barbara	11.12.02	M CH	k	2. 9.54	**Blome** Geraldine	9. 8.07	D GE		28.10.74
	von Bülow Jens	12.12.02	ER KU		25. 1.62	**Teschke** Lars	16. 9.07	M IF		24. 2.73
	Friedrich Sonja	1. 8.04	D E		9. 3.57	**Bergfeld** Verena	10.07	D PL		28. 6.74
	Sternke Heinz (T)	30. 8.04	F EK	e	12. 4.46	**Bours** Georg (T)		KR MU	k	12. 2.59
	Arndt Michael	31. 8.04	E ER SP		12.10.68	**Gorschlüter** Andrea		KR E		26. 4.70
	Schwabe Walther (T)	31. 8.05	M PL	e	23. 4.49	**Teusch** Karin (T)				
	Roth Martin	28. 3.06	E GE		18. 6.68	D	**Edwards** Marion (T)	7. 5.84	KU D		7. 9.55
	Zappe-Scholz	18. 6.07	IF M		20. 8.63	**Gibas** Richbert	10. 2.01	MU KR		1. 1.67
	Cornelia (T)					**Göres** Bettina		M EK	k	3. 7.60
	Fuchs Erich		M SP IF		20. 6.47	geb. Wittkampf (T)				
C	**Dürbaum** Helmut	1. 2.80	SP F	k	23. 5.47	E	**Weber** Raimund	1. 2.06	M S	k	17. 4.77
	Pradier Ute	19. 8.80	BI F	e	6.11.48	**Fischbach** Julia	9. 8.06	F GE		30. 5.67
	Richter Jürgen	18. 8.81	BI EK		5.11.50	**Zuber** Anna-Lena	9. 8.06	E SP		26.11.70
	Coester Sabine	10. 1.83	D SW	e	23. 7.52	**Hanelt** Johannes	6. 8.07	D GE		25. 7.78
	geb. Großmann		ER			H	**Löllgen** Jutta geb. Henkelmann		SP	e	14.11.48
	Worring Angelika	17. 8.83	M CH	k	28.11.52	**Wessel** Ute geb. Kircheis		SP	e	18. 3.53
	Spehl Ulrike	8. 3.84	E KU		1. 7.55	**Honisch** Hans-Peter		M PH		24.11.54
						Sick Stephanie		D GE	k	6.11.78

1.661   St. Augustin   Albert-Einstein-Gymnasium   gegr. 1973
st. G.[1] (5-Tage-Woche) f. J. u. M.
Alte Marktstr. 7, 53757 St. Augustin – Tel. (0 22 41) 39 93-0, Fax 39 93 99
E-Mail: aeg@albert-einstein-gymnasium.de
Homepage: www.albert-einstein-gymnasium.de

Kl: 7/12   Ku: 114/20   Sch: 820 (399) (212/319/289)   Abit: 78 (38)   **BR Köln**
L: 45 (A 1, A$_1$ 1, A$_2$ 3, B 15, C 15, D 1, E 3, H 6)   **ASN: 183740**
Spr.-Folge: E, F/L, L/F, S   Dez: LRSD **Dr. Welz**

A	**Wähner** Anne-Marie	10.02	E GE	k		**Emans** Gottfried	10.12.82	BI	k	20.11.46
A$_1$	**Kirsten** Alfred	1. 5.98	M SP	e	15.11.44	**Rogatzki** Hubert	23. 1.85	M PH	k	11. 9.50
A$_2$	**Bongers** Gabriela	3. 7.80	BI CH	k	27. 7.46	**Best** Günter	1. 7.92	D PL	oB	11. 5.49
	geb. Horn					**Kuhl** Rita	5. 1.93	D GE	k	16. 5.46
	Lorenz Christoph	1. 6.94	BI CH	k	7. 9.51	geb. Oeftering (T)				
	Mehne Edda	15.10.03	M PH	e	27. 9.42	**Gotzen** Karl	10.11.95	PA EK	k	26. 2.53
B	**Steinhagen** Ursula	8. 7.74	D F		5. 6.44			SW		
	geb. Wurster (T)					**Vels** Bärbel	30.11.95 °	SP EK		6.11.52
	Bange Heinz-Jürgen	14. 4.80	F S		14. 9.46	geb. Homann				
	Werner Ute	10. 7.81	D SW	e	10. 8.50	**Kuhlmann** Hildegard	6. 2.97	D GE	k	13. 7.52
	geb. Hartmann (T)					geb. Frisch (T)				
	Krings Wilhelm	15.12.81	D KU	k	7. 9.51	**Dreiskemper** Heike	15. 1.01 °	E L	e	

248 Gymnasien Nordrhein – BR Düsseldorf · BR Köln

	Name	Datum 1	Fach	k/e	Datum 2
	Barden Michael	8. 3.05	° D KR	k	10. 3.49
	Wenzel Dagmar geb. Tappenhölter	8. 3.05	F GE SW	k	21. 2.53
	Vieweger Hans-Joachim	10.05	M	e	20.11.49
C	Welters Christof	5. 4.79	GE L	k	8. 9.48
	Maus Werner	15. 4.80	BI	e	11.10.47
	Kurschilgen Franz	1. 9.80	E S	k	21. 5.50
	Röggener-Drohsel Monika geb. Röggener (T)	1. 3.81	F PA	k	19. 9.51
	Oeffner Dietmar	9.12.81	M PH	e	24. 9.47
	Pütz Peter	1. 3.82	D PL		7. 6.51
	Denter Gerhard	14. 6.83	E SP	k	2. 9.49
	Mihatsch Angelika (T)	23.11.84	D PA	k	31. 8.53
	Niegl Werner	1. 8.91	MU GE	k	12. 5.55
	Marxen Norbert	1. 8.01	BI CH	k	27. 5.63
	Scherb Heike	3. 9.04	° D KR	k	8. 8.74
	Hackemann Karin	15. 9.04	E ER PA	e	14. 6.72
	Petri Alexandra	1. 2.07	M PH	e	22.11.75
	Henrix Ute	23. 2.07	R PA D		10. 2.75
	Zündorf Rebecca	18. 3.07	° E GE	k	5. 4.76
D	Ziegler Marion geb. Schröder (T)	30. 8.82	M SP EK	k	9. 2.53
E	Hamacher Kai	1. 2.06	M IF		5. 8.76
	Canzler	6. 9.06	E GE		26. 1.77
	Gelf Susanne	1. 2.07	M PH		27. 7.67
H	Vetter Irmhild geb. Vetter		D EK		19. 8.47
	Nising Annette geb. Luley		D	e	31.10.49
	Kuhrt Ottmar		SP	e	5. 8.50
	Freisen Clemens		SP	k	11.10.54
	Formes Hans Peter		SP	k	7. 1.55
	Grust-Dörsing Axel Pfr.		ER	e	3. 2.68

[1] m. zweisprachigem dt.-engl. Zug ab Schuljahr 08/09

1.680 Schleiden Gymnasium gegr. 1923
st. G. (5-Tage-Woche) f. J. u. M.
Blumenthaler Str. 7, 53937 Schleiden – Tel. (0 24 45) 91 12 30, Fax 91 12 31
E-Mail: sgs.sle@t-online.de, Homepage: www.gymnasium-schleiden.de

Abit: 88 (61) **BR Köln**
L: 36 (A$_1$ 1, A$_2$ 3, B 11, C 12, D 2, E 2, F 2, H 3) ASN: **166868**
Spr.-Folge: E, L/F, F, F Dez: LRSD **Palmen**

	Name	Datum 1	Fach	k/e	Datum 2
A$_1$	Heesel Rolf		° F EK	e	10. 3.54
A$_2$	Erben-Floeth Frajo	29. 9.95	M IF		
	Bertram Elisabeth geb. Schäfers	2. 5.05	° PH M IF	k	15.10.50
	Scheiwe Hans Georg	10.05	M IF SP	k	23. 5.43
B	Schuldt Harald (T)	20.12.79	M PH	k	12. 7.45
	Müller Wolfgang (T)	11. 1.80	SP EK	k	10.12.46
	Dylla Ludwig	24. 2.84	° R E		15.10.49
	Feike Angelika	1. 6.94	D F	k	8.11.50
	Klein Friedhelm	6. 9.99	MU D	k	8. 9.54
	Schmitz Angelika	9. 3.01	° D ER	e	22. 2.61
	Felten Peter	1. 8.01	F GE		4. 8.47
	Dederichs Wendelin	1. 8.02	KU KW	k	17. 7.51
	Michels Jörg (V)	10.04	° M EK		26. 8.68
	Stephan Christoph	12. 9.05	D E		6. 7.65
	Schlag Wolfgang	12. 9.05	° M L	k	30. 6.70
C	Offermann Toni Dr.	29.11.82	GE KR	k	9.10.50
	Heinen-Gerards Evelyne geb. Heinen (T)	10. 9.84	E SW	k	10.10.54
	Jablonowski Konstanze Dr.	6. 2.86	° G Z L		22.10.49
	Schopen Marliese geb. Orthen	1. 2.92	° E GE L	k	15. 5.57
	Schnitzler Thomas	1. 8.03	PH M	k	8. 5.67
	Tapp Elisabeth	1. 8.03	CH M	k	1.10.73
	Jöbkes Georg	6. 1.04	EK SW	k	19. 8.64
	Hülsmann Henning	15. 3.05	° BI SP		15. 9.71
	Johansson Stephan	2. 5.06	SP		
	Rath Bernhard	9. 8.06	BI CH GE F	oB	15. 9.65
	Busse Rainer				
D	Kaduk Lore geb. Welcker SpL'	31. 1.77	SP	e	5. 7.47
	Watrin Karl-Heinz SekIL	1. 2.83	° D GE SP	k	3. 3.53
E	Landmann Yvonne	8. 8.06	° E F	k	28. 7.76
	Kramer Julia	8. 8.06	BI SP		
F	Kretschmann Christina		D GE		12. 7.55
	Denk Martin		D PL	k	12. 9.59
H	Mach Volker Dipl.-SpL		BI SP	e	25. 6.42
	Hergarten Alfred Dipl.-SpL		SP BI	k	22. 5.49
	Joswig Oliver Pfr.		ER	e	5. 7.69

1.681 Schleiden Clara-Fey-Gymnasium gegr. 1960
pr. G.[1] f. M. u. J. d. Bistums Aachen
Malmedyer Str. 2, 53937 Schleiden – Tel. (0 24 45) 70 12, Fax 8 50 79 17
E-Mail: cfg.schulleitung@t-online.de, Homepage: www.cfg-schleiden.de

Kl: 8/16 Ku: 145/20 Sch: 1064 (624) (263/475/326) Abit: 66 (44) **BR Köln**
L: 60 (A 1, A$_1$ 1, A$_2$ 6, B 17, C 9, D 1, E 8, F 17) ASN: **166870**
Spr.-Folge: E, L/F, F/L, S Dez: LRSD **Palmen**

	Name	Datum 1	Fach	k/e	Datum 2
A	Schuster Helmut	1. 1.05	M EK	k	29.11.55
A$_1$	Micken Bernward	19. 8.96	PA SW	k	22.12.49
A$_2$	Peetz Erwin	8.12.88	M PH IF	k	11. 3.47

	Name	Date	Subjects	k/e	Birth date
	Koll Rudolf	9. 7.91	E F	k	3. 8.47
	Hellenthal Norbert	1.10.97	D EK	k	17.12.50
	Noël Berthold	1.10.99 °	GE EK	k	8. 3.52
	Hummel Thomas	1.10.99	KR MU	k	5. 6.52
	Schütt-Gerhards Roswitha geb. Schütt	1.11.03	E KR PL	k	8. 2.59
B	**Rodermond** Marianne geb. Wächtersbach	29. 2.84	KR M	k	1. 5.47
	Löhr Edgar (V)	1. 2.85 °	BI CH	k	2. 7.49
	Kasel Wolfgang	1. 6.93	M CH IF	k	9. 4.57
	Knebel-Jaax Ruth geb. Knebel	1. 8.96	KR SP	k	16. 8.55
	Kerp Wolfgang	1. 8.96	SP EK	k	28.12.54
	Bohrmann Monika geb. Hammes	1.10.97	D GE	k	25. 2.56
	Murk Hartmut	1.10.97	M PH IF	k	7. 6.58
	Drewes Jürgen	1.10.97	D KR SP	k	11. 4.61
	Heller Christel geb. Jörres	1.11.98	SP EK	k	27. 6.60
	Neumann Johannes	1.10.99	KU KR	k	7. 3.56
	Heening Stephan	1.10.99 °	D E	k	10. 1.62
	Zimmermann Ralf	1.10.99	BI CH	k	11. 3.60
	Glaß Volker	1.11.00	M ER IF	e	26. 5.60
	Berens Rudolf	2.12.00	E MU	k	4.12.60
	Heller Jürgen	1.10.01	EK SP	k	28.12.60
	Heines Regina	1.10.01 °	D L	k	26. 8.62
	Dederichs Harald	1.11.02	M PH	k	31.12.65
C	**Raetz** Elisabeth geb. Merkelbag (T)	4. 9.81	E F	k	15. 5.55
	Arenfeld Annegret geb. Schroer (T)	3. 2.86 °	BI EK	k	4. 7.51
	Svacina Maria-Elisabeth geb. Koep (T)	10. 3.90	F SP	k	28.11.55
	Daniek Jürgen	1. 3.94	D SP	k	16. 7.57
	Nackowitsch Thomas	1. 8.95 °	L GE KR	k	31. 3.60
	Biewald Rudolf	1. 7.98	SP BI ER	e	29. 9.59
	Becker Claus	1.10.98	D GE	k	9. 6.61
	Berens Antje geb. Flick (T)	1.11.99	MU KR	k	26. 1.65
	Klein Ute Maria	15. 9.03 °	D E	k	5. 3.59
D	**Belter** Cäcilie geb. Vilz SekIL'	13.11.80	D E	k	24.11.53
E	**Scholz** Jutta	1. 2.03	M KR	k	3.12.73
	Jäckel Heike geb. Freund	1.11.03 °	E BI	k	21.12.71
	Leisten Christoph		D PL	k	30. 5.60
	Moersch Melanie		S E		14. 1.69
	Schmidt Astrid		BI CH	k	22. 4.69
	Hill Sandra geb. Lenders		F PA	k	2. 1.71
	Müller Dirk		KR L M	k	8. 6.73
F	**Cater** Monica		PH	k	10. 1.51
	Kolhagen Albert Dipl.-SpL		SP BI	k	29. 9.51
	Cremerius-Tegtmeier Magdalena geb. Cremerius		E GE	k	26. 1.53
	Brandau Monika		KR E	k	28. 3.53
	Muvunyi Maria geb. Effing		SP EK	k	26. 3.56
	Heiliger Martina geb. Daheim		F E	k	24. 9.56
	Janssen-Zimmermann Antje		D KR	k	22.10.60
	Delisle-Matschat Yvonne		KU	k	20. 5.62
	Sauer Frank		D GE	k	20. 4.64
	Pompe Ralph		MU	k	9. 5.72
	Holstein Maja		D M	k	2. 6.73
	Clarenz-Löhnert Hildegard		S F	k	2. 6.74
	Mahlberg Michael		D PA	k	21. 4.75
	Berger Stefan		SP CH	k	19. 1.76
	Lantin Kathrin geb. Vogt		BI F	k	8. 7.76
	Heckmann Kathrin		SP PA	k	21. 6.78
	Braun Lydia		D E	k	26. 6.78

[1] Elemente d. Montessori-Päd. „Freiarbeit" in Jg.st. 5–7

1.685 Schwalmtal Gymnasium St. Wolfhelm gegr. 1947

G. (5-Tage-Woche) f. J. u. M. d. Gemeinde Schwalmtal
Turmstr. 2, 41366 Schwalmtal – Tel. (0 21 63) 3 19 06, Fax 3 19 07
E-Mail: sekretariat@gym-st-wolfhelm.de, Homepage: www.gym-st-wolfhelm.de

Kl: 9/17 Sch: 972 (510) (253/440/279) Abit: 109 (69)
L: 68 (A 1, A_1 1, A_2 5, B 17, C 20, D 7, E 9, F 1, H 7)
Spr.-Folge: E, L/F, F, I

BR Düsseldorf
ASN: **165839**
Dez: LRSD **N. N.**

	Name	Date	Subjects	k/e	Birth date
A	**Cloeters** Barbara	9.11.01 °	BI CH	k	31.10.52
A_1	**Lommetz** Hans-Jakob	1. 8.02	M CH	k	7. 1.52
A_2	**Fels** H. Josef (T)	21.10.80	M PH	k	11. 2.45
	Michalski Johannes (Vw)	1.11.94	M SP	k	4. 9.46
	Brenner Gerhard Dr.	1.11.94	D E	k	14. 8.49
	Feilke Antje geb. Ebbesen	25. 1.97	D F	k	1. 9.54
	Jennen Hans Jürgen	1. 7.04	M SW	k	5. 4.53
B	**Bruns** Hartmut	13. 1.79	D F	e	8. 6.42
	Schirdewahn Günter (T)	17. 2.79	L GE	k	17. 3.44
	Giesen Jürgen geb. Baur (T)	7. 2.80	D GE	k	19.10.46
	Osten Herm.-Josef	30. 4.80	D SP	k	2. 5.49
	Güldenberg Hermann Josef (T)	17.12.80	D KR	k	7. 7.45
	Warneck Hans Michael (T)	11. 8.82 °	E EK	k	7. 3.45
	Gatza Axel	26. 1.84	M PH	e	29. 9.50
	Witte Burkhard	25.10.89	M PH	e	30.12.48
	Maaßen Wolfgang (T)	1.12.90	PA KR	k	25. 1.49
	Eich Günter	1. 3.92 °	E EK	k	19. 1.54

	Siebes Monika	18.12.92	D GE KR	k	6. 1.50	
	Jansen Lambert	1. 4.93	BI EK	k	16.11.46	
	Broziewski Gabriele geb. Meusel (T)	29. 1.96 °	E BI		26. 9.54	
	Vreden Rolf	23. 2.96	CH BI	k	12. 3.53	
	Neweling Rainer	1. 8.04	KR SW	k	30. 5.54	
	Prins Robert	1. 8.07	KR MU	k	25. 8.66	
	Wilke Walter					
C	Feilke Herbert Dr.	1. 2.79	D GE	k	28. 3.49	
	Lange Brigitte geb. Weller	20. 9.79	L F	k	12. 1.49	
	Syndikus-Freis Helene (T)	1. 3.80	BI	k	29. 9.50	
	Stoltmann-Peters Annegret geb. Stoltmann	14. 8.80 °	SP EK	k	7. 4.52	
	Albertz Wilhelm	1. 2.82	KU W	k	6. 1.51	
	Hesse Günter	14. 7.82	SP GE	e	20.12.47	
	Windhausen Wilfried	1. 8.82	PH SP	k	11. 9.51	
	Kottmann-Mehlkopp Heidrun geb. Kottmann (T)	30.12.82	PA SW PK	e	25. 4.52	
	Timmermann Cäcilia geb. Bardenberg	8.10.83 °	F GE	k	6. 8.52	
	Junker Margret geb. Schraub (T)	15. 2.84	CH SP	k	30. 3.55	
	Halbe Andreas	9.84	D PL	k	17. 4.54	
	Hohner Brigitte	11. 1.86 □	M PH	k	30. 7.53	
	Rühl Marlen	1. 1.02	BI CH		16.12.67	
	Allmann-Reith Irene	1. 6.03	D E		10. 9.56	
	Graf Martina	1. 8.06	BI E		30. 9.72	
	Niewerth Jörg	15. 9.07	PH SP		6. 4.73	
	Prins Heike geb. Bergert		° D MU KR	k	17.10.66	
	Boden Christiane		° M F		31.1.73	
	Lentzsch Günter		D E			
D	Bänsch Klaus-Jürgen SekIL	8. 9.77 °	KU M GE PA	e	13. 4.49	
	Paas Rosemarie geb. Bachnowsky SekIL'	1. 8.80	E EK	k	17. 8.55	
	Jansen Ursula geb. Kirchhofer SekIL' (T)	3. 9.81	KR SP	k	17. 6.55	
	Lennartz Bergit geb. Pelzer SekIL' (T)	3. 9.81	M EK	k	15. 7.55	
	Marek Claudia geb. Brand SekIL'	3. 9.81	KU E	e	5. 3.56	
	Wege Eckhardt SekIL	9. 8.82	D BI	e	11. 4.44	
	Hackenbroich Hubert	22. 8.05	I F	k	1. 2.74	
E	Brans Markus	22. 8.05	ER GE	e	9.10.75	
	Stief Björn	31. 1.06	I L		12. 9.76	
	Lobmeyr Nina	1. 8.06	MU E	k	19. 7.73	
	Gelnar Thomas	1. 8.06	D GE	k	18. 3.74	
	Schlanstein Boris	9. 8.06	EK SP		28. 8.76	
	Tietenberg Andrea	9. 8.06	BI E	e	2.11.77	
	Hollaus Regina	25. 6.07	D PL GE		19. 9.78	
	Bicher Egbert	9. 7.07	I GE		10. 7.75	
	Reese Kathrin		I E		16. 3.73	
H	Lamers Norbert Kantor		MU EK	k	4. 5.43	
	Kursawa Wilhelm Pfr.		KR	k	23. 9.44	
	Henrix Annemarie		TX	k	25. 1.45	
	Jennen Marianne geb. Eulenpesch Dipl.-SpL'		SP	k	10. 2.50	
	Christofzik Iris Pfr.'		ER	e	3. 5.63	
	Schaub Oliver		SP EK	e	29. 8.70	
	Bongartz Dirk Dr.		IF M	k	1. 3.74	

1.690 Siegburg Gymnasium Alleestraße gegr. 1861

st. G. (5-Tage-Woche) m. zweisprachigem dt.-frz. Zug f. J. u. M.
Alleestr. 2, 53721 Siegburg – Tel. (0 22 41) 1 76 10, Fax 17 61 12
E-Mail: sekretariat@gymnasium-alleestrasse.de
Homepage: www.gymnasium-alleestrasse.de

Kl: 8/16   Ku: 164/26   Sch: 1049 (609) (247/428/374)   Abit: 54 (23)   **BR Köln**
L: 67 (A 1, A$_1$ 1, A$_2$ 6, B 18, C 27, D 3, E 1, F 6, H 4)   ASN: **167253**
Spr.-Folge: E/F, E/L/F, L/F, F/S/L   Dez: LRSD **Dr. Welz**

A	Kippenberg Uwe-August	2. 8.93 °	L EK		13.10.47	
A$_1$	Schwarz Martina geb. Wahl	10.07	F M	k	14. 6.66	
A$_2$	Feige Bertold	11.12.81 °	F EK PK S	k	18.11.42	
	Effertz Peter	11. 6.83 °	GE EK PA	k	10.10.43	
	Willach Roswitha geb. Schneider	13. 3.93 °	EK M	k	14. 8.47	
	Serwe Alfred	22.12.95	F EK	k	31. 8.44	
	Schneider Lore geb. Liessem	6.06 °	D PA	k	19.10.49	
	Kohlmeyer Karl-Christian		° E GE	e	28. 9.52	
B	Nischang Peter	24.11.78 °	L GE	k	22. 9.42	
	Schönhagen Raimund Dipl.-Phys.	26.10.81	PH M	k	29. 1.52	
	Hüttemann Rosemarie	6.10.82	E F	k	19. 1.50	
	Schmitz Margret	19. 1.94	E GE	k	2.10.53	
	Schulz Wolfgang	94	D BI		19.11.65	
	Lindenberg Rainer	22.12.95 °	M PH	k	23. 1.53	
	Hanrath Franz Josef	8. 5.96	GE SP	k	6. 3.50	
	Refrath Sabine	30.12.96	BI CH	k	2. 1.52	
	Spillmann Irmtraud	30.12.96 °	E F		10. 5.53	
	Klingbeil Jürgen	30.12.96	PA SW	e	10. 6.52	
	Grunst Sybille geb. Arndt	18.12.01	F PA	e	10. 6.51	
	Knauer-Romani Elisabeth Dr.	1. 8.04	KU W KW		31. 7.43	
	Klein Eva geb. Hennecken (T)	05	D PL	k	11. 3.49	
	Kloppenburg Ulrich	9.06 °	M PH	k	19. 7.67	
	Donecker Manfred (ER)	1. 8.07	F GE		19.10.52	
	Warkalla Gabriele	8.07 °	D GE	e	3. 6.52	
	Caspari Volker	8.07 °	MU PL	k	20.10.69	
	Lipinski Andrea	8.07	BI CH	k	22. 6.70	

Gymnasien Nordrhein – BR Düsseldorf · BR Köln   251

C	**Hild** Katja	24. 4.81 °	D PL	e	11. 8.47
	geb. Middelhauf				
	Mirza Maria-Luise	10. 8.81	D PA	k	1. 3.51
	geb. Witzel (T)				
	Spillner Françoise	18. 8.81 °	F PH	e	3. 9.43
	geb. Plet				
	Hagedorn Herbert	28. 2.83	EK SP		15.11.48
	Utescher Ulrike	31. 7.83	M PA		20. 5.52
	Schroer Anne-Gret	31. 1.84 °	EK PA	k	22. 8.53
	geb. Reuther				
	Friedrichs Gabriele	13. 4.84 °	PA SP	e	12. 2.53
	geb. Sachs				
	Slapa Georg	4. 9.84	D SW	k	31. 8.51
	Hernekamp-Schmidt	4. 9.84	HW EK	e	4. 2.52
	Elsa geb. Hernekamp				
	Udelhofen Elisabeth	1.10.97	F KR	k	28. 6.62
	Bordewin Thomas	12. 8.01	E SP	k	22.12.65
	Lohmann Iris	8.04	F EK	e	6. 7.70
	Burda Holger	2.05	D KR	k	4. 6.75
	Gläßner Dagmar	15. 3.05 °	M PH	k	4. 8.74
	Wolharn Astrid	8.05	F E	k	9. 2.73
	Holstein Johannes	8.05	E BI	k	8. 3.74
	Kraatz Melanie	1. 2.06	F GE	e	11. 9.74
	Maintz Angela	1. 8.06	M PH IF	k	7. 5.71
	Holitzner Silvia	9. 8.06	E D I		14. 1.76
	Menge Ralf	4.06 °	ER EK SW (H)	e	2. 8.72
	Le Mharchi Gülsen geb. Sargin	8.06	BI EK		5. 8.77
	Jansen Meike geb. Schmidt-Loock	1. 2.07 °	M KU		15.11.77
	Wiegand Aysen geb. Sargin	2. 8.07	E EK		5. 8.77
	Herrmann Ulrike geb. Fritsch		BI EK	e	9. 3.53
	Pütz Brigitte (T)		D PA		12. 9.54
	Schierbaum Sigrid geb. Schulz		M ER	e	16. 2.63
	Bergmeister Martin		D GE	k	28.11.75
D	**Wald-Gaidetzka** Jutta SekIL' (T)	5. 3.83	E ER	e	30. 1.56
	Wallstabe Evelyn SekIL' (T)	3. 5.83	MU E	e	15. 7.55
	Zöllner Birgit SekIL'		M SP	k	28. 7.57
E	**Hartmann** Dirk				
F	**Reder** Peter		▫ BI EK	e	13. 2.43
	Waßmann Antje geb. Strauß		IF D		27. 1.64
	Jürgens-Rauscher Ursula		S D	k	5. 4.56
	Landu Barbara	°	E PA	oB	3. 8.58
	Fournier Beate		D KR	k	15.10.62
	Schröder Stephan Dr.		D GE	k	25. 6.64
H	**Zenker** Walburga geb. Nolte SpL'		SP	k	25. 4.46
	Tonagel Ute geb. Kurth SpL'		SP	k	9.11.52
	Uhrner-Platen Anette geb. Uhrner		F GE	e	12. 6.63
	Bartocha Andreas				

1.691 Siegburg Anno-Gymnasium gegr. 1597 (1819)
st. G. (5-Tage-Woche) f. J. u. M.
Zeithstr. 186/188, 53721 Siegburg – Tel. (0 22 41) 17 58-0, Fax 17 58 27
E-Mail: sekretariat@anno-gymnasium.de, Homepage: www.anno-gymnasium.de

Kl: 10/15   Ku: 127/19   Sch: 1024 (492) (296/409/319)   Abit: 84 (50)   **BR Köln**
L: 60 (A 1, A$_1$ 1, A$_2$ 7, B 18, C 20, D 5, E 2, F 3, H 3)   ASN: **167241**
Spr.-Folge: L/E, E/L/F, F, I   Dez: LRSD **Dr. Welz**

A	**Forsbach** Meinhard	29. 6.93 °	E GE SW	k	27. 3.45
A$_1$	**Kuhla** Maria-Theresia	29. 7.94 °	F GE	k	2. 5.47
A$_2$	**Bitz** Karin (F)	8. 7.80	E TX	k	30. 4.49
	Seebach Günter	22. 9.93	M (IF)	e	28. 8.48
	Immekeppel Heinz Dr.	28. 6.94 °	GE E SW	k	4. 3.44
	Bröcher Astrid geb. Hecken	16. 7.96 °	D EK	k	27. 1.51
	Fenske Otto (F)	26.11.96 °	D PL PA	k	28.11.47
	Mack Ulrich	18. 1.97 °	M PH (IF)	e	16.10.49
	Schneider Joachim	11. 2.97	M PH (IF)	k	25. 4.54
B	**Frings** Horst	1.10.81	D PL		13. 7.48
	Kohlmann Eva geb. Köhler (T)	31. 8.92	D PL	k	31.10.50
	Amann-Brockhaus Eva (T)	12. 1.94	D FE	e	10. 8.48
	Menzel-Severing Hans Dr.	12. 1.94	KU W		23. 5.46
	Vollmann Marie Luise	13. 1.94	BI	e	27. 1.47
	Noll Franz-Norbert	24. 8.95	EW SP	k	28. 7.50
	Mendla Herbert	20. 5.96	BI	k	7. 8.49
	Henzgen Werner	20. 5.96	D EK (M)	k	31.10.54
	Goertz-Fetzer Elisabeth	24. 2.97	F E		4. 7.50
	Nöcker Irmgard geb. Döpp (T)	24. 4.98	EK SP	k	30. 1.52
	Fechner Gisela geb. Schneider	11. 5.00	F SP		26. 9.52
	Schnupp Ulrich (V)	25. 2.02 °	G L	k	22. 8.53
	von Richter-Luck Cornelia	12. 2.07	D EK	e	20. 5.51
	Schneider Angelika	12. 2.07	MU EK	k	13. 8.69
	Engel Cordula geb. Jöckel (T)	30. 7.07	MU KR	k	31. 3.63
	Tenger Yvonne (T)	30. 7.07 °	GE I		16. 4.65
	Gleißner Christian	30. 7.07	M SP	k	6. 4.71
	Chun Arno E.		ER L	e	
C	**Dreesbach** Gisela geb. May (T)	20. 3.79	E EK	k	31.12.47
	Muranyi Ulrike	1. 9.80	E EK	e	23. 5.48
	Bergmann Elke	2. 8.82	D PL		4. 3.52
	Dulfer Gisela	12. 8.82	EK SW	k	23.11.48

	Duve Norbert (T)	6. 6.83	D GE MU	24. 7.53	D	Schwamborn Juliane SekIL'	1. 8.82	BI SP	17. 6.55
	Döhmann-Rohwold Ursula	3.10.83	D SW	7. 8.45		Kreß Cornelia SekIL'	1. 8.82	D BI	17.12.55
	Müller-Alef Ursula (T)	5.12.83	E F	10. 4.53		Busse-Schreiber Gabriele SekIL'	15. 3.83	M E e	1. 7.52
	Jansen Hella	15.11.84 °	CH BI e	20. 5.51		Forth Gisela HSchL'	19.12.83	D KU	13. 1.54
	Müller Susanna (T)	18.11.99	D L	7. 6.66		Staszyk Petra SekIL' (T)	28. 8.84	D KR k	14. 1.56
	Seifert Vera geb. Fehl	7.11.00	F L e	26. 5.70					
	Rack Martina (T)	25. 5.01	BI SP e	20. 6.61	E	Fischer Arne	9. 8.06	SP SW k	15. 6.76
	Maurer Susanne (T)	1. 1.02	BI CH	14. 1.67		Schüpp Julia Katharina (T)	6. 8.07	D E	4. 8.73
	Peters Helmut	1. 8.02 °	M PH k	27. 1.71					
	Amling Regina	1. 3.05	F GE e	29. 3.73	F	Schulten Bernd		E GE k (KR)	18. 5.55
	Hellmann Nikolaus	30. 3.05	D GE e ER	22.12.73					
						Furrer Susanne		M PH	22. 9.64
	Kneutgen Kai	1. 8.06	M PH	6.12.71		Fretzdorff Christina		E GE e	28. 5.74
	Frisch Annika	19. 1.07	M E e	3. 5.77	H	Dettlaff Michael Dipl.-SpL		SP k	14. 1.48
	Höver Elke	26. 3.07	M KR k	22. 9.77		Molitor Ulrike SpL'		SP k	30. 7.52
	Mainz Tobias	26. 6.07	BI CH k	9. 3.77		Hirzel Annette Pfr.'		ER e	23. 7.56

1.695 Solingen Gymnasium Schwertstraße gegr. 1841
st. G. (5-Tage-Woche) m. zweisprachigem dt.-engl. Zug f. J. u. M.
Schwertstr. 19, 42651 Solingen – Tel. (02 12) 65 97 00, Fax 6 59 70 49
E-Mail: gy-schwertstrasse@solingen.de, Homepage: www.gymnasium-schwertstrasse.de

Kl: 8/18   Ku: 117/18   Sch: 1027 (522) (227/480/320)   Abit: 85 (62)   **BR Düsseldorf**
L: 60 (A 1, [A$_1$] 1, A$_2$ 4, B 18, C 23, D 1, E 7, F 2, H 3)   ASN: **165347**
Spr.-Folge: E, F/L, F, F/S   Dez: LRSD **Wiese**

A	Blasberg Klaus M. A.	1. 8.93	D GE efk (ER)	9. 2.51		Kutkuhn Uta geb. Wettich (T)	12. 5.07	BI EW e	4. 6.53
A$_1$	(Lippert Matthias OStR)	29. 7.04	M PH k	28.10.67		Hillerich Marcus	14. 6.07	E EK k	6. 8.73
A$_2$	Schwarzkopf Winfr.	12.12.92 °	M EK k IF	25. 3.49	C	Emde Karl Erich	19. 2.81	KU KW e	16. 3.49
						Nitschke Günter	1. 5.82	M EK e	1.10.53
	Bornefeld Reinhard	16.12.94 °	E GE e KR	29.12.50		Melko-Gabler Katrin Dr. geb. Gabler	3.11.82	CH	23. 6.44
	Neeff Susanne geb. Köhler (T)	21.12.95	CH BI	15.11.54		Dillenberg Waltraud geb. Schneider (T)	18.10.83	D EK k	15. 4.53
	Rehbach Wolfgang	1. 6.02 °	M PL k IF	21.11.53		Vahlsing Sabine geb. Schramm (T)	28. 8.84	E F k	16. 2.54
B	Braß Eugenie (Vw)	10. 3.80	CH (M) k	11.10.50		Sassin Horst Dr.	13. 9.84	GE D e (ER)	21. 2.53
	Syska Ekkehart Dr. (Vw)	18.10.82 °	L EK e	3.11.50		Thoelen Renate geb. Grohnert (T)	28. 9.84	E KU k	5. 1.56
	Pfeiffer Wolfgang Dr. (T)	18.10.82	BI EK k ER	16. 7.47		Gillé Marita geb. Pleger (T)	11. 4.88	E KU k	7. 1.57
	Bräunig Ursula geb. Rosenstock (T)	11. 5.85	M PH e	13. 2.51		Hoffmann Petra geb. Hohnholdt	1. 8.93	E L	23. 2.57
	Röder Marga geb. Sauermann (T)	16.12.85	BI E k	17. 4.54		Eumann Ralf	7.12.95	MU ER e	30. 3.62
						Pranger Maria (T)	16. 7.96	D KR k	13. 9.62
	Fuchs Gerhard	18.12.85	M PH IF	18.12.48		Evertz Birgit (T)	1. 8.01	SP BI	4.11.61
						Hankammer Alexandra	23. 7.02	M BI k	16. 9.73
	Allgayer Franz	27.12.85	SP EK k	30. 3.52		Nitzschner Frauke (T)	16. 7.03	D F	12. 8.71
	Wendt Klaudia	6.11.87	E EW	14. 6.50					
	Sowa-Fiedler Sabine geb. Sowa	30. 1.96	D EK k	26. 8.53		Anhold Gero	26. 1.04	D MU e	21. 7.75
						von Mueller Torsten	30.12.04	M PH	23. 3.72
	Martin Peter	14. 8.98	E GE k	6. 8.53		Raffenberg Jens	15. 3.05 °	PH SP	4. 9.73
	Busch Inge geb. Cepelack (T)	24. 3.00	M PH e	11.12.54		Schütte Jan C.	1. 8.05	D SW e	14. 8.70
	Krips Harald	24. 3.00	KR SW k	17. 9.49		Müller Kerstin	1. 8.06	BI GE	6. 7.74
	Orth Harald	27. 8.02 °	EK GE k	4. 1.51		Nachtkamp Ulrich	16. 8.06	F D	18. 4.77
	Kasper Cornelia	27. 8.02	M EK	8. 2.57		Müller Nadine geb. Fischbach	9. 3.07	D SP	10. 4.78
	Mergard Georg	25. 4.03	D M	24. 4.56					
	Merx Hans-Peter	29. 7.04	E GE k	30. 7.51		Knapp Birgit (T)		E F k	26. 7.54

	Mayr Manfred		E EK	k	30. 7.70
D	Aretz Sigurd SpL	19.12.76	SP	e	1. 9.42
E	Brand Wolfgang	1. 2.06	BI SP	e	7.10.70
	Müller Grischa	9. 8.06	KU SW		7.10.72
	Wicke Martin	9. 8.06	E GE		18. 9.76
	Wyszynski Sylwia	9. 8.06	F D		28. 9.76
	Reppel Isabel	9. 8.06	D PL		4.10.77
	Bauer Anouk	1. 2.07	F S		22.12.76

	Franke Verena	1. 2.07	F S	k	14. 4.78
	geb. Fülling				
F	Schmeling-Ahlefeld		D EW		29. 9.54
	Gisela				
	Nagel Hans-Walter		F MU L	e	11. 8.57
H	Gordon Keith M.		E	e	30. 9.48
	Weingärtner Helga		SP		25.11.49
	geb. Lampp				
	Koch-Reher Ute geb. Koch		SP	e	7.10.52

1.696 Solingen August-Dicke-Schule gegr. 1873
st. G. (5-Tage-Woche) f. J. u. M.
Schützenstr. 44, 42659 Solingen – Tel. (02 12) 38 22 9-0, Fax 38 22 9-44
E-Mail: gy-august-dicke@solingen.de, Homepage: www.august-dicke-schule.de

Kl: 10/17   Ku: 99/21   Sch: 1039 (548) (291/430/318)   Abit: 119 (55)   **BR Düsseldorf**
L: 62 (A$_1$ 1, A$_2$ 3, B 18, C 11, D 3, E 14, F 8, H 4)   ASN: **165359**
Spr.-Folge: E, L/F, F, R/F   Dez: LRSD **Wiese**

A$_1$	Schneider Monika	5. 6.00	E R	e	20.12.55		Rentsch Lydia		D MU		16.11.71
A$_2$	Strakeljahn Gerd	12.12.92	E GE		25. 3.55		geb. Ludwig (T)				
	Spielmann Michael	18. 1.93 °	M IF		12. 1.49	D	Schulz Angela SekIL'	1.10.81	M PH	e	3. 2.53
	König Ingolf (T)	12.95 °	E GE	e	2. 2.52				BI		
B	Sättler Sigrid	29.11.78 °	D PA	e	26. 8.47		Engels Gerlinde	18. 1.83	SP HW	e	18. 1.56
	geb. Hohmann (T)						geb. Kramer SekIL' (T)				
	Schlingmann Erwin	19.10.79 °	F R	e	23.10.43		Schmidt-Jumpertz	12. 4.84	KU GE	e	10. 9.54
	(T)						Liesel SekIL' (T)				
	Boos Heribert	1. 3.80	GE D	k	3. 9.46	E	Dietrich Friederike	8.97	E ER	e	7.11.64
	auf dem Graben	1. 8.80	M	k	25. 9.49		(T)				
	Wolfgang						Lükenga Wiebke	1. 2.02	E SP	e	22.12.70
	vom Hau Friedhelm	1. 2.81 °	M	e	28. 2.51		Trenner Stefan Dr.	22. 8.05	BI EK	k	23.10.69
	Voigt Edeltraut	25. 8.81	PL F	e	8. 7.48		Feldmann Angela	22. 8.05 ▫	D KR	k	25. 5.75
	Wille-Ihne Annegret	31.12.82	BI CH	e	10. 8.50		geb. Baumann				
	geb. Ihne						Zigman Sarah	1. 2.06	PH M		3. 1.77
	Röder Werner	24.12.85	M PL	e	25. 8.48		Studier Dirk	1. 8.06	M PH		6. 1.66
	Priebus Ulrich	22.11.90	D SP	e	12.10.49		Funke Birgit	1. 2.07	KU ER	e	27.10.74
	Kiekenap Michael	22.11.90	D GE	k	18.10.52		Reinold Eva	1. 2.07	MU EK	k	28. 1.77
	Hoffmann Maria	22.11.90	M EW	k	13. 7.54		Fischer Anne	20. 2.07	L PL D		18. 2.74
	Welling Gabriele	1.96 °	D E	e	1. 6.51		Kreiß Sabine	6. 8.07 °	E EK	e	21.12.70
	Elmer Michael	6. 1.97	BI CH	e	18. 8.52		Kirch Elke	6. 8.07	D BI		20. 7.73
	Steinheuer Angela	6. 1.97	KU M		7.11.54		de Fries Monika		E SP		7.11.59
	Pferdmenges Wolfg.		D GE	k	8.10.48		Menn-Ibold Bettina		D EW		2. 8.75
	Kleine Dietmar		GE D	k	12. 1.51		Dr.		SW		
	Wester Hildegard		D SW	k	22. 5.52		Lauterjung Sarah		° E SW		12. 8.77
	geb. Feser					F	Nezdara Zdenek SekIL		EK SP		7. 8.51
	Wolter Monika (T)		M E	e	12. 9.56		Schütt Dorothee		SW E		7. 1.55
C	Pötsch Bernd	9. 5.80	F GE	e	30. 1.47		Patting Frank		° D ER	efk	25. 1.57
	Auras Dietfried	7. 8.81	PH		10. 4.51		Schmitt Renate		° KR BI	k	12. 4.57
	Grewe Jürgen	10. 9.81 °	E SP		14. 3.50		geb. Hubernagel SekIL'				
	Kuttig Ursula	1. 9.82 °	BI CH	e	31. 8.48		Pauls Astrid Dr.		D PL		30. 1.59
	Thieme-Dressler	22. 9.83	KU F		22.11.52		Jehmlich Kirsten Dr.		° BI CH		7. 6.59
	Ulrike (T)						Due Matthias		MU		12. 1.62
	Kranzbühler Barbara	4. 6.85 °	GE F	k	15. 3.53		Neeff Philipp Dr.		BI EK	k	25.12.67
	(T)								PH		
	Rohrbach Barbara	4. 9.85	EK PH	e	6. 1.53	H	Das Ellen Patricia		° E	k	23.12.46
	geb. Voß (T)						geb. Kelly M. A.				
	Ueberholz Petra (T)	1. 1.02 °	L D GE	e	28. 2.69		vom Feld Michael Dipl.-SpL		SP	e	9. 4.51
	Klein Michaela	6. 8.07	E SP	k	6. 6.74		Pott Dagmar geb. Pursch		SP BI	e	1. 5.52
	Odendahl Johannes		D MU	k	30. 9.68		Dipl.-SpL				
							Ziegenbalg Kristina		ER		

1.697 Solingen-Wald Humboldt-Gymnasium gegr. 1903
st. G. f. J. u. M.
Humboldtstr. 5, 42719 Solingen – Tel. (02 12) 65 98 10, Fax 6 59 81 50
E-Mail: 165325@schule.nrw.de, Homepage: www.humboldtgymnasium-solingen.de

Kl: 10/19 Ku: 146/25 Sch: 1203 (659) (302/540/361) Abit: 85 (47)   BR Düsseldorf
L: 73 (A 1, A$_1$ 1, A$_2$ 3, B 22, C 31, D 1, E 8, F 4, H 2)   ASN: **165335**
Spr.-Folge: E, F/L, F   Dez: LRSD **Wiese**

A	Voigt Marko	1. 1.99	CH M	k	24.10.53	Brückner-Schwinger Felicitas (T)	4. 9.84	° BI CH	k	13. 1.53
A$_1$	Angern Adolf-Frieder	3. 6.02	ER SW	e	2. 6.45	Schmidt Karin	10.10.84	D EW	e	12. 6.52
A$_2$	Glasner Achim	29.11.95	° SP GE	k	11. 4.45	Rossing-Meinecke Ursula	10.10.84	° F D	e	2. 2.54
	Scheider Edgar	22. 5.00	BI EK	k	11.10.51	Wolsing Peter (V)	14. 7.87	° L E	k	14. 6.55
	Schneider Petra geb. Schüller (T) (L)	21.10.02	M PH		2. 6.54	Quaas Anke	14.10.97	M PH	oB	7. 3.69
B	Schönebeck Ulrich	31. 3.79	M PH		31. 8.49	Struchholz Bettina (T)	1. 1.02	E S		15. 9.65
	Ueberholz Holger Dr.	12. 3.80	° L ER	e	5.10.47	Drammer Esther	1. 1.02	° D E		29. 8.69
	Sporbert Manfred	20. 3.80	° BI CH		17. 9.48	Winkler Sandra	1. 1.02	E GE		2. 9.69
	Hoppe Volker	21. 3.80	° D E		1. 3.46	Schmöe Stefanie geb. Jansen	1. 4.02	° M KR	k	9. 3.71
	Sieghart Joachim	25. 8.81	PH M	e	22.10.49					
	Busch-Pankopf Brigitte (T)	3. 9.81	ER E		14.11.49	Reinhausen Frank	1. 8.02	° BI KR	k	13. 9.68
	Ueberholz Angelika	1.10.82	° SW GE	e	18.12.50	Nieder Anja	27. 3.03	L S G		16. 5.64
	Stahl Erich	12.10.82	° CH	e	7. 8.48	Werk Rüdiger	15. 9.03	E SP	e	11. 7.66
	Voß Karl-Wilhelm	12.10.82	° E BI	e	1. 4.49	Schauff Stefan	6. 9.04	D GE	k	10. 2.67
	Foltan-Hergesell Rosemarie	12.10.82	° D GE	k	16. 7.51	Feldkamp Andrea	1. 8.05	D EW	k	22. 3.71
						Ochs Sebastian	3.11.05	D E S	e	7. 7.69
	Falkner Manfred	13. 5.85	° E SP	e	22. 4.48	Schneider Katja	1. 2.06	□ M EK	e	6. 2.75
	Grafke Werner (T)	16.12.85	° M PH	e	22. 4.53	Bergedick Jörg	19. 3.06	F EK		17.11.72
	Salge Michael	27.12.85	KU W	e	7. 7.52	Weih Gisela	9. 8.06	° E GE		15. 7.59
	vom Stein Sigrid	30.11.90	° L D		12. 6.54	Linke Ulrich	22. 8.06	□ D MU	e	29. 2.69
	Nowobilski Jutta	18. 1.93	D PL (KU)		2. 6.50	Poensgen Bernd	15. 9.06	M SP	k	26.11.71
	Lagoda Rolf-Joachim	8.93	□ M PL	e	16. 5.52	Angenendt Georg	13. 8.07	D EK		9. 1.74
	Brückner-Kirchberg Regine (T)	25. 5.04	SW EW	k	18. 5.54	Pohler Boris	13. 8.07	M PH	k	23. 3.76
						Bruchhaus Ingrid (T)		ER MU	e	17. 2.61
	Küster Rita-Maria geb. Hanisch	1. 6.04	M IF	k	27. 6.50	Hogrebe Friedhelm (T)		□ D SW EW		
						D Oberlies Hartmut SekIL	19. 2.82	KU D	e	20. 4.52
	Maier Dieter	12. 5.06	D SW KR	k	29. 8.49	E Dvorak Ulla	14. 2.04	F E		22. 1.72
	Zernig Maria	22. 5.06	SW SP	k	13. 1.54	Eckardt Sabine	6. 9.04	SP SW		4. 4.67
	Hofmeister Walter	2. 5.07	CH PH	k	14. 5.53	Schäfer Kerstin	1. 2.05	S E		4. 6.70
	Küchenberg Frank		M PH	e	27. 8.61	Hanusch Jennifer	4. 4.05	E KR	k	4. 2.77
C	Rumler-Groß Hanna Dr. (T)	26.10.81	D EK	e	10. 9.49	Kaul Larissa	22. 8.05	° GE L		26. 1.74
						Gausmann Susanne	1. 8.06	D KR	k	16.10.77
	Heinen Betty (T)	6.10.82	□ F S	oB	10. 7.50	Christ Katja	9. 8.06	° E D		4. 5.74
	Koppers Heinz	1. 3.83	CH BI		27. 4.50	Neumann Yvonne	6. 8.07	EW EK	k	28.10.77
	Schulz-Wolff Sabine (T)	22. 4.83	BI KU		10. 8.52	F Beaufrère Anne-Marie		F SP	k	30. 6.51
						Berger Michael		M SP		26.10.56
						Klette Michael		KU		
	Röhner Ulrich geb. Stratmann (T)	17. 6.83	F PL		17. 2.50	Pleines Jutta		SP		
						H Caesar Detlef Dipl.-SpL		SP		2. 3.49
	Wilde Birgit (T)	10. 9.83	E EW	e	3. 5.53	Möller Susanne Dipl.-SpL'		SP	e	1. 7.53

1.699 Solingen Gymnasium Vogelsang gegr. 1970
st. G. (5-Tage-Woche) m. Montessori-Zweig f. J. u. M.
Vogelsang 33/Schulzentrum, 42653 Solingen – Tel. (02 12) 5 99 80 10, Fax 5 99 80 22
E-Mail: gvs@solingen.de, Homepage: www.gymnasium-vogelsang.de

Kl: 7/16 Ku: 142/22 Sch: 1048 (564) (215/441/392) Abit: 92 (44)   BR Düsseldorf
L: 58 (A 1, A$_1$ 1, A$_2$ 4, B 21, C 20, D 1, E 5, F 3, H 2)   ASN: **165360**
Spr.-Folge: E, L/F, S, F/S   Dez: LRSD **Wiese**

A	Bailly Klaus	1. 8.00	D GE PL		21.12.48	A$_2$ Schön Joachim (T)	29.11.80	EK SP	e	17. 5.46
A$_1$	Mertens Stephan	1. 7.02	□ M PH IF	k	25.11.54	vom Stein Wolfgang (Vw)	15.12.92	° M SP IF	e	11.10.48

	Name	Date	Subject		Date
	Fuchs Manfred (T) (Vw)	31. 1.94	M SP IF	e	18.12.48
	Melzer Christa (T)	17.11.95	KR D GE	k	28.12.51
B	Klose Gisela geb. Krause (T)	1. 8.80	BI	e	18. 7.47
	Erkelenz Bernhard (T)	24. 8.81	D KR	k	11. 5.47
	Mania Joachim (T)	18.10.82 °	PH	oB	15. 9.46
	Jeschke Gabriele (T)	18.10.82	D EK	e	13. 6.48
	Kahlbau Bernd	18.10.82 °	D EW	e	9. 6.51
	Engels Daniela (T)	7. 6.84	F GE SW		23. 8.50
	Grafmüller Hermann	7. 9.84 °	E L	k	26. 6.49
	Schäfer Gerhard	7. 9.84	GE SP	e	15. 3.52
	Herschel Wolfgang	16.10.85	SP F	k	21. 2.50
	Schneider-Mombaur Güdny geb. Mombaur (T)	16.12.85	KU KW	e	8. 2.52
	Harnau Reinhard (T) (V)	12. 1.95 °	M PH	e	10. 1.53
	Conradt Wolfgang Dr. (V₂)	19. 1.96 °	BI CH	e	20. 4.52
	Scherler Friederike (T)	19. 1.96	E F	e	2. 5.52
	Helmchen Wolfgang (Vw)	19. 1.96	M PH IF	e	4. 6.53
	Muscutt Angelika geb. Krooß	30. 1.96	E GE	e	8. 2.51
	Hechler Wolfgang (T)	1. 8.01	M SW	e	10. 6.53
	König Dorothea (T)	22. 7.02 □	GE SW	e	28. 2.54
	Becker Ursula geb. Widner	22. 7.02	F GE	k	15. 6.54
	Bodendorf Dirk	22. 7.02	M SP	e	9. 2.54
	Dudda Thomas	10. 5.06	D MU		25.10.62
	Berg Dagmar (T)	15. 8.07	E EK	e	16. 3.52
C	Freund Werner	1. 2.81 □	EW SW		15.10.48
	Gödde-Meckelburg Gerda geb. Gödde (T)	17.11.81	GE E	k	20.12.51
	Stursberg Gunter	15.12.81	D PL ER	e	28.11.53
	Dömer Günter	20. 9.83	E L	k	29. 6.53
	Schmitt Elisabeth	13. 8.84	CH SP	k	17. 3.51
	Paaß Monika geb. Bäumer (T)	15.11.85	E EW	e	22. 1.55
	Eichborn Holger	1. 8.93	M ER IF	e	12. 3.61
	Broerken Doris geb. Stiensmeier (F)	22. 7.96	D GE KR	k	3. 8.53
	Schmidt Claudia geb. Schmidt (T)	4. 2.99	E F S		10. 4.61
	Nehrkorn Claudia	1. 1.02	D MU		31.10.68
	Niggemann Anke	21. 3.03	M IF	k	15. 6.66
	Catrein Susanne (T)	1. 2.04 □	D KU		22.11.68
	Heck Barbara geb. Grünewald (T)	23. 7.04	E MU	e	27. 8.61
	Strunk Matthias (T)	1. 8.04	M PH	e	4. 1.68
	Witte Marc (T)	1. 8.04	BI ER	efk	2. 3.70
	Pabst Julia (T)	19. 3.06	KU E		20. 8.69
	Vieth Eva Dr. (T)	9. 3.07	D E	k	6. 8.71
	Eickmeyer Stephanie (T)	5. 6.07	SW PL PP		30. 8.74
	Evertz Wolfgang geb. Schulz (T)		M BI		9.12.60
	Bernhard Antje geb. Liße (T)		M PH		25. 1.66
D	Ax Wolfgang SekIL	20. 8.84	BI EK	k	7.12.55
E	Berger Rolf Dr.	6. 9.04	D MU		26.12.62
	Wachter Marco	9. 8.06	D GE		30. 4.75
	Pflüger Carolin	9. 8.06	E KU		28. 1.76
	Mendel Miranda (T)	9. 8.06	M EW	k	19.10.77
	Paas Katrin geb. Koll	1. 2.07	E SP	k	12. 9.77
F	Kratz Ursula Dr.		PH CH	oB	30. 5.53
	Mallmann Monika Dr. geb. Immand		D GE		31. 1.55
	Kleist Jutta geb. Püchler		KU BI		22. 6.56
H	Jüngermann Christine geb. Rasmussen Dipl.-SpL'		SP	oB	1. 2.45
	Gärtner Arnold Dipl.-SpL		SP	k	16. 4.49

1.710 Stolberg-Liester Goethe-Gymnasium gegr. 1854

st. G. (5-Tage-Woche) m. zweisprachigem dt.-engl. Zug f. J. u. M.
Lerchenweg 5, 52223 Stolberg – Tel. (0 24 02) 2 37 91, Fax 2 26 13
E-Mail: sekretariat-goethe-gymnasium@online.de
Homepage: www.goethe-gymnasium-stolberg.de

Kl: 8/16   Ku: 110/18   Sch: 905 (483) (189/432/284)   Abit: 73 (41)
L: 60 (A 1, A₁ 1, A₂ 5, B 21, C 21, D 2, E 2, F 6, H 1)
Spr.-Folge: E, L/F, F/L, F/N

BR Köln
ASN: **167472**
Dez: LRSD' **Dr. Schulze**

	Name	Date	Subject		Date
A	Luczak Stefanie geb. Willmann	10.00	D Soz		17. 5.46
A₁	Mersch Friedhelm Dr.	20. 5.03 °	BI SP	k	30. 3.52
A₂	Kremer Herbert	18.12.97 °	M	k	9.12.43
	Schäpers Margarete geb. Wans (L)	1. 7.99	E GE	k	10. 3.47
	Rüther Wolfgang	6. 7.01	EK M	k	28. 5.45
	Schindewolf Hans Dr.	16. 5.03 °	CH	k	3. 3.51
	Krüger Ulrich (F)		SW GE	k	25. 8.52
B	Falter Herbert	1. 5.80 °	M	k	11. 6.43
	Krajewski Manfred	1. 9.82	SP EK	k	14. 2.48
	Heyer-Gerosa Brigitte geb. Heyer	15. 4.85	F EK	e	8. 7.49
	Silbernagel Peter	1. 9.93 °	M KR		17. 8.52
	Rüttgers Adalbert	3. 1.96	E EK	k	21. 9.50
	Sturm Ulrike geb. König	24. 1.96	M CH	oB	16. 6.59
	Vogt-Heinen Margaretha Dr. geb. Heinen (T)	14. 6.96	D F	k	3. 5.49
	Behrens Regine geb. Behrens (T)	30. 4.97	D BI	e	6. 2.54
	Nottebaum Annelore geb. Lentzsch	11.12.00	D F	e	5. 8.48
	Hausmann Irmgard (T)	11.12.00	EK SW	e	22. 7.53
	Smith Angela	17. 8.01	E BI	oB	5. 9.54
	Kochs Ingrid geb. Bärwanger (T)	17. 8.01	E F	e	9. 1.52
	Vandenbergh Martina geb. Müller (T)	17. 8.01	BI SP	k	25. 1.57

Harder Katja (T)	1. 3.02	IF M PH	k	20. 6.68	
Steinke Ursula geb. Schröder (T)	30. 8.02	PA SP	k	1. 3.49	
Faupel-ten Horn Marikje geb. ten Horn (T)	30. 8.02	D KU	k	27. 8.52	
Decker Bernd	6. 9.04 °	M PH	k	20. 2.66	
Peters-Hilger Martina (T)	25. 5.05 °	E GE	k	12.12.59	
Camphausen Susanne	1. 5.06 °	E D	k	13. 6.67	
Knipping Birgit geb. Paetzold (T)	1. 5.06 °	L KR	k	28.10.69	
Koitka Marianne (T)		KU KW	k		
C Grahner Hans (T)	13. 8.84	KU KW	e	22. 5.52	
Ernst-Kanitz Regina (T)	20.11.84 °	KU KR	k	12. 1.54	
Zittel Christine (T)	85	D SW	k	14. 2.51	
Waauff-Lethen Jutta geb. Lethen (T)	17. 7.86 °	CH F	k	19. 4.52	
Labs Thomas Michael (V)	15. 8.88 °	N EK GE	k	17.10.56	
Triebs Anneliese geb. Nuhsholz (T)	21. 7.97	F KR	k	1. 7.56	
Felser Monika (T)	16. 8.01 °	D KR	k	12. 7.61	
Schulz Nicole geb. Bischoff (T)	1. 1.02 °	D E	k	6. 1.70	
Detlefs Hans Christian	1. 1.02 °	PH S M	e	3. 9.65	
Müller Claudia	6. 2.02 °	M EK	k	15. 4.67	
Kroll Irene geb. Reich	18. 3.03 °	L D	k	19. 1.71	

Jansen Elmar	1. 8.03 °	E SP ER	e	9. 1.69	
Scherer Jürgen	14. 8.03 °	D E	e	25. 8.69	
Falk Susanne	6. 9.04 °	D BI	k	6. 1.69	
Wand Christian	6. 9.04	E EK	k	31. 3.76	
Baumert Irene		D MU	e	21. 8.65	
Spilker Sascha (T)	°	F GE	oB	1. 8.71	
Schiele Bruno		GE M	k	25. 3.74	
Tücks Katrin geb. Hallmann	°	D KR	k	16. 7.76	
Heimes Alexander		E GE (M)	k	7. 3.77	
Sartorius Silvia		E PL	k	30. 8.77	
D Eidam Marlies geb. Müllers L'	1. 3.74	M GE SP	k	29.10.46	
Wittneben-Dombrowski Hans SpL	28.11.77	SP	oB	1. 6.46	
E Pecenka Rudolf	1. 2.07	CH PH	k	16. 1.77	
Renz Katharina	1. 2.07	KR L	k	10. 5.78	
F Fischer Kurt		D PA	oB	15. 9.50	
Zimmermann-Buhr Bernhard		KR GE	k	1. 9.53	
Kick Mathilde		MU	k	6.10.55	
Ewers Karin		MU		31.10.55	
Steinberg Roland		L GE	oB	15. 5.59	
Birkelbach Albrecht		PL BI KR	k	6. 5.65	
H Schöner Peter Dipl.-SpL		SP	k	15. 7.49	

1.711 Stolberg Ritzefeld-Gymnasium gegr. 1880
st. G. f. J. u. M.
Ritzefeldstr. 59, 52222 Stolberg – Tel. (0 24 02) 2 91 28, Fax 2 20 33
E-Mail: sekretariat@ritzefeld-gymnasium.de, Homepage: www.ritzefeld-gymnasium.de

Kl: 8/15   Ku: 100/19   Sch: 885 (499) (252/390/243) **BR Köln**
L: 49 (A 1, [A$_1$] 1, A$_2$ 4, B 18, C 18, D 2, E 2, F 2, H 1) ASN: **167460**
Spr.-Folge: E, L/F, F, S Dez: LRSD' Dr. Schulze

A Klein Burghart	1. 2.01 °	PH M	e	23. 1.48	
A$_1$ (Lüthe Ursula geb. Kaldenbach StD' A$_2$)	31.12.90 °	E D PL	k	2. 3.50	
A$_2$ Beckmann Heiko (F)	31. 5.79	F L	k	26. 2.45	
Kutsch Heinz (Vw)	6. 8.92 °	D EK	k	26. 6.48	
Müller Wolfgang	16.12.94	D EK	k	24. 4.48	
Baral Jürgen	4. 7.97	M EK	oB	30. 5.49	
B Benning Sabine geb. Fiedler (T)	8. 1.80	D SP	oB	2.12.48	
Gutrath Andreas	31. 1.85	BI CH	k	30. 8.49	
Wasser Philipp	15. 8.92	M	k	6. 8.51	
Koch-Marquardt Christina (T) (V)	18. 8.92	D PA	k	28. 9.50	
Hünten-Pohl Margarete geb. Pohl	20. 8.92	KU Soz	k	11. 2.49	
Zemler Barbara geb. Kliesch	24. 8.92 °	F L EK	e	1. 3.55	
Stierl-Samans Gertrud	3. 6.94	F D	oB	1. 7.50	
Camiola Beate	3. 6.94	E F	e	12. 2.53	
Offermann Günter	3. 6.94	BI CH	k	17. 4.51	
Palm Adelheid	6. 6.94	SP Soz S	k	24. 2.53	
Jaworski Arthur	10. 7.95	D GE	k	18.12.47	
Griemens Manfred	2. 1.96 °	D KR	k	21. 7.52	
Sieprath Peter	12. 6.96	D GE	oB	11. 9.50	
Klein Herbert	1. 8.05	E EK	k	29. 3.46	
Knoth Gabriele geb. Neumann (T)	31. 7.06	E EK	k	8. 5.54	
Amian-Kreus Maria Elisabeth geb. Amian (T)	12. 7.07 °	E KU	k	16. 4.56	
Klauke Berthold					
C Domke Elisabeth geb. Wehr	4.11.80 °	GE EK	k	22. 7.47	
Müller Ursula geb. Thißen	1. 3.81 °	M EK	k	16. 6.53	
Albrecht Ute geb. Möller (T)	22. 5.81	E F	e	8. 9.50	
Deutz Gerhard	1. 5.82	EK SP	k	27. 2.51	
Welscher Rita geb. Böcher	1. 9.82 °	E EK	k	19. 3.51	
Franke Karl-Heinz	4. 6.83	BI SP	k	21. 8.53	
Wilhelm-Oczipka Gerlinde geb. Wilhelm (T)	16. 4.85	BI CH	e	7. 6.50	
Hoven Marlies geb. Hamacher (T)	4. 9.85	M EK	k	9. 3.55	
Petrzik Herbert	2. 9.88	M PH	k	25. 8.55	
Mentjes Silke	1. 2.02 °	KR L	k	4. 8.70	
Beckwermert Silke	1. 8.03	E F		22. 3.73	
Keimes Donata	15. 3.06 °	M EK	k	14. 3.77	

	Lackmann Bernhard	26. 5.06		F SP		4. 9.63	E	Beuth Susanne	31. 1.05	°	D MU	k	11. 7.76
	Körfer Susanne	31. 8.06	°	D BI	k	20. 6.77		Hobinka Christoph	1. 2.07		MU I	e	12. 5.72
	Bröcker Sandra	23.10.06		SP BI	k	18.11.75	F	Sabeti Fateh Dr.			CH Bahai		10. 8.48
	Domke-Baral Jutta (T)			PL BI		31. 5.50					PP		
	Graaf Peter			GE KR	k	22. 5.57		Heck-Wattjes Birgit Dr.		°	BI ER	e	30.10.58
	Hark Sabine geb. Kähmer			M PH	k	28. 4.71		geb. Heck					
D	Käfer Wilfried	5. 2.79	°	M GE	k	14.12.51	H	Engelen Gisela			KU TX	k	11. 5.49
	Kelling Susanne	17. 9.81		KU HW	k	14. 2.57		geb. Schnieder					
	geb. Bergmann (T)												

1.712 Straelen Gymnasium gegr. 1993
st. G. (5-Tage-Woche) f. J. u. M.
Fontanestr. 7, 47638 Straelen – Tel. (0 28 34) 9 15 30, Fax 91 53 70
E-Mail: gymnasium@straelen.de, Homepage: www.gymnasium.straelen.de

Kl: 6/14   Ku: 98/19   Sch: 776 (401) (165/374/237)   Abit: 79 (44)   BR Düsseldorf
L: 52 (A 1, A$_1$ 1, A$_2$ 6, B 17, C 18, D 1, E 4, F 2, H 2)   ASN: **192053**
Spr.-Folge: E, F/L, L/F, F/N   Dez: LRSD' Risken

A	Ewert Klaus M. A.	4. 8.99		F EW	e	7. 9.46		Brouwer-Stritzel	1. 8.82		D EW		5.11.53
A$_1$	Ulrichs Gertrud	5. 8.99		CH	k	9. 7.45		Dagmar (T)					
A$_2$	Schmidt Wolfgang	22.12.95	°	EK GE		15.11.49		Bartsch Andreas	1. 8.92		KR SP	k	30. 7.56
	Bever Joachim	21. 2.97	°	D GE	e	27. 2.53		Klenner Beate (T)	10. 1.02		KU GE	k	14. 5.60
	Wolf Stephan (F)	8. 1.01		E SP	k	27. 6.62		Szau Ralf	1. 2.03		E L	e	28. 3.71
	Lüstraeten Karl-Heinz	19. 2.01	°	M PH	k	20.11.49		Szelag Sascha	29. 7.03		D E		29.11.70
	Heider Ursula	3. 4.04	°	D GE	k	7. 5.50		Helgers Heike (T)	1.10.03		E BI	k	14. 6.64
	Beuth Angela		°	M EK	k			Minor Günter	17. 3.04	°	M IF	e	22.10.64
B	Zeiß Volker	16.12.78	°	BI	e	16. 1.45		Hackstein Annette	22. 6.04		E SP	e	18. 8.70
	Lindner Annemarie	25. 1.80		GE F	k	20.12.48		Czeranka Wolfgang	11.11.04		MU SP		9. 3.69
	Hornemann Detlef	1.12.81		PH	e	13. 8.44		(T)					
	Joos Hans Peter	27. 8.84	°	EK BI	k	11. 1.49		Neuhaus Silvia	29.12.04		M EK	k	12. 2.73
	Hornig Kai	12.11.84		E EK		2.10.45		Teuber Thomas	19. 1.05		L SP	e	24. 7.69
	Eßer Willi	22. 1.96		E SP	k	15. 6.52		Theumer Angela	9. 4.05		PH CH	k	24. 1.75
	Scheithauer Franz	1.96	°	EK SP	k	17. 9.54		Kanders Katja	1. 9.05		E PA		12. 6.75
	Brinkämper-Görtz	1. 2.96		D GE	e	3. 9.52		Vettier Bernadette	21. 3.06		D F		
	Walburga			KR				Wrublick Wolfgang	1. 8.06	°	E GE	k	14. 6.68
	Thormann-van de	6. 7.98	°	F EK		21. 3.53		Hahn Helene (T)			D PL		11. 5.55
	Donk Anne						D	Mertin Inge SekIL'	7. 2.97	°	MU M	e	25. 2.67
	Schmücker Dorothea	10. 4.00	°	D PA L		1.10.51	E	Lo Re Petra	31. 8.04		M BI		29.11.76
	Bongartz Brigitte	26. 6.02	°	BI CH	k	25.11.56		Schäfer Bodo	22. 8.05		SW KU	e	15. 3.71
	Wochnik Gabriele	23. 8.02		F EK	k	9.12.50		van Huet Marion	1.12.06		N D	k	22. 9.66
	Hammes Bernhard	23. 8.02	°	E KR BI	k	13. 1.53		Tischler Björn	6. 8.07	°	CH BI		25. 6.07
	Dr.			EW TC			F	Schrecke Kurt			CH PH	e	27. 4.40
	Deiters Alfons	1. 3.04	°	MT C	k	15. 2.67		Geisbe Mechtild			D SW		27. 5.61
	Terhorst Christel	16. 8.04	°	D BI ER	e	25.12.54					PL		
	Dr. (T)						H	Krali Karin		°	E KU	k	10.12.55
	Lamberti Peter	16. 8.04	°	D ER	e	28. 8.66		Conrads-Kippels			E SP		12.11.56
	Mörbel Ute	1. 5.07	°	M MU	e	1. 5.69		Sigrid					
C	Westermann Berthold	1.12.81	°	CH TC		14. 5.45							

1.713 Tönisvorst Michael-Ende-Gymnasium gegr. 1986
st. G. (5-Tage-Woche) m. zweisprachigem dt.-engl. Zug f. J. u. M.
Corneliusstr. 25, 47918 Tönisvorst – Tel. (0 21 51) 79 26-0, Fax 79 26-24
E-Mail: sekretariatMEG@t-online.de
Homepage: www.michael-ende-gymnasium.de

Kl: 8/17   Ku: 101/19   Sch: 856 (431) (207/403/246)   Abit: 78 (32)   BR Düsseldorf
L: 54 (A 1, A$_1$ 1, A$_2$ 4, B 17, C 23, D 3, E 2, F 1, H 2)   ASN: **189194**
Spr.-Folge: E, F/L, L/F, S   Dez: LRSD Dr. Bentgens

A	Miltz Ingo Dr.	24. 8.93	°	F ER	e	18.10.42	Bellen Hans-Josef	23.12.91		D SP	k	19. 8.49
A$_1$	Birnbrich Paul	21.12.99		M KR	k	30.12.56	Broens Rudolf	30.10.92	°	D SP		28.12.52
A$_2$	Löwe Udo	7. 6.90	°	BI		20.11.48						

	Name	Date	Subjects		Name	Date	Subjects	
	Kroschwald Thomas (V)	30. 3.07 °	M SP k		Höttges Brigitte geb. Angern (T)	25. 7.82 □	PA D e	3.12.52
B	Schindler Wolfgang	8. 7.81	E GE	21.12.48	Bluhm Brigitte	12. 9.83	SP SW	
	Stanley Ingeborg geb. Wagner	29. 7.82	KU W	14.10.46	Tschapek Rolf Peter Dr.	20. 6.84 °	E GE k	4. 8.52
	Nowitzki Wolfgang (T)	18. 7.83	M PH e	5.11.50	Urban Christiane	14. 2.85 °	L S k	15. 5.54
					Baum Veronika	30.11.88	EK GE k	20.10.53
	Brocker-Manger Helga (T)	4. 5.84	E EK	2. 1.50	Klüber Christoph	5. 8.93 °	E CH k	24. 5.60
					Zöllner Thomas Dr.	8. 8.99 °	BI CH e	28. 6.67
	Schäfer Peter	7. 1.86	MU M k	17. 3.51	Belgardt Jörg	1. 2.01	D S	14. 2.63
	Steinhausen-Menn Merle geb. Steinhausen (T)	1. 2.86 °	E	23. 6.54	Obdenbusch Helga (T)	8. 5.01	E EK	30. 5.57
					Pollok Ragna	1. 2.03	ER L e	26. 4.60
	Gabriel Otfried (T)	11.11.87	E M	31. 1.52	Richter Sabine	1. 2.03	ER D PA	26. 4.61
	Kellermann Angelika (T)	18.12.92	D F		Bock Tanja	1. 8.03 °	D E EK k	4. 3.73
	Bergau Dieter	21.12.92	E GE k	9. 6.53	Schmeink Iris	16.11.04	D KR k	14. 2.70
	Fadavi Annette geb. Guse	1. 6.94 °	F EK oB	24.10.50	Neuen Petra	1. 2.05	E EK	11. 1.75
					Küpper Stefan	1. 8.06	SP MU k	26. 4.77
	Stahl Elke	2.11.94	EK SP TX M	14.10.46	Schefels Kathrin geb. Wagner	6. 9.06	F BI e	5. 8.74
	Jende Beatrix geb. Massek	2.11.94	D PL k	2. 8.49	Grigutsch Stefan Dr.		M PK k	12.12.64
					Demond Norbert		E SP	
	Meyer Rudolf	5. 2.96 °	D L k	28. 8.49	D	Ulrich Brigitte (T)	4. 9.81	KU TX k	10.12.56
	Heitmeier Martha geb. Beeker (T)	17. 9.96	D GE e	24. 2.53	Manke Eva-Maria geb. Bröker SekIL' (T)	24. 3.82	M BI k	2. 4.55
	Schnetkamp Ursula geb. Anhalt (T)	17. 9.96	E EK k	26. 1.55	Anheuser Hildegard SpL' (T)		SP	
	Schieblon Joachim	30. 3.07	M EK k		E	Schulz Birte	9. 8.06	BI EK	21. 3.77
C	Hofert Siegrid geb. Gründling	28. 2.81	D F e	3.11.44	Bögel Kirsten	9. 8.06	F GE k	10. 6.77
					F	Stellmach Peter		PH EK	
	Bachmann Norbert	3. 4.81	PA SW k	23.11.50	H	In der Smitten Wilhelm Dr.		° GE KR k L	22. 9.47
	Greis Roland	8.81	D E	27. 6.49					
	Krüger Julia (T)	26. 3.82	D PA k	24. 7.53	Kröll Elisabeth RSchL'		° E F	25.11.49

1.715 Troisdorf   Gymnasium Zum Altenforst   gegr. 1961
st. G. in Ganztagsform f. J. u. M.
Zum Altenforst 10, 53840 Troisdorf – Tel. (0 22 41) 87 47-0, Fax 87 47-11
E-Mail: gat@altenforst.de, Homepage: www.altenforst.de

Kl: 9/18   Ku: 155/25   Sch: 1117 (570) (261/475/381)   Abit: 92 (48)   **BR Köln**
L: 67 (A 1, A$_2$ 5, B 14, C 28, D 1, E 11, F 5, H 2)   ASN: **167265**
Spr.-Folge: E, L+F, S, S/I   Dez: LRSD **Dr. Welz**

	Name	Date	Subjects		Name	Date	Subjects	
A	Fischer Gerhard	27. 2.86 □	D GE k	15.12.48	Lenz Gabriele geb. Hasenberg	4. 7.01	F E k	17. 4.52
A$_2$	Schwarzer Josef	22. 2.91 °	M IF k	30. 3.49				
	Weyand Renate (F)	19. 5.99	SW F k	8. 2.51	Sixt Brigitte geb. Schulz	29. 6.04 □	M I	9. 7.51
	Haberkorn Hans Rudolf Dr.	30. 8.01	BI EK e	1. 6.45	Walter Alfred	29. 6.04	CH SP k	6. 1.53
	Stricker Erich	3. 9.06	SW D	9.12.51	Heidrich Joachim	1.12.04 °	KR D k	13. 2.53
	Flatau Eva geb. Buick	3. 9.06 □	EK M k IF	7. 7.54	Weber Otmar	29.11.05	M SP	8.11.49
					Schröer-Noack Jutta geb. Schröer	1. 2.06		4. 8.51
B	Irsen Elisabeth geb. Kehr	7. 3.79	MU GE k	10. 4.45	C	Wachendorf Gertrud	1. 3.81	KU KW k	6.12.48
	Jodeit Evelin geb. Schütze	1. 2.80 °	BI e	17.10.47	Reisen-Knappe Petra geb. Kleeb	31. 3.81	D GE e	8. 2.47
	Danne Günter	26.11.80 °	PH M	26. 7.47	Heuskel Josef	28. 2.82	SP EW k (L)	30. 1.50
	von Felbert Jürg	17.12.82	E SW e	16. 7.48					
	Gilles-Gatzweiler Maria geb. Gilles (L)	15.11.84	EK F k	4.11.50	Fromm Gerd	26. 8.82	BI	1. 8.44
					Phlippen Gabriele (T)	22. 9.82	D F e	4.10.51
	Dörwaldt Joachim	15.11.84	M	8. 8.50	Bergmann Manfred	14.11.83 □	SW D k	12. 8.51
	Pötz Erich	1. 6.94 °	GE EK k (KR)	22. 2.50	Jung Ilona geb. Schneider	17. 9.85	ER M k	26. 8.55
	Hirsch-Leggewie Ingrid geb. Leggewie	1. 6.94	BI F		Bohmann Jutta (T)	8.93 °	D F k	25. 2.64
					Bleiweiß Gisela (T)	26. 1.00	MU SP k	23. 7.64

Bonjer Verena	18. 3.03	GE D		29. 5.72	D	Quack Gudrun	1. 2.83 □	ER D	e
Heuser Hanno	1.11.03	M PH	k	13. 6.65		SekIL' (T)			
Theis-Ehses Susanne (T)	15. 9.04 °	E R	k	30. 9.68	E	Bethke Jürgen	1. 2.06	EK SW	e	20. 1.76
						Rest Silke	9. 8.06	BI KU	k	27. 1.76
Hartmann Alexandra	15. 9.04	BI CH	e	25.10.74		Heuer Petra	7.11.06	BI EK	k	4. 1.71
Heimermann Torsten	15. 9.04	M PH	k	19.12.74		Wagner Matthias	1. 2.07	E SP	e	20.12.74
Schaper Kirsten (T)	20. 9.04	E SP	e	5. 4.71		Eckelt Esther	1. 2.07	BI KR	k	27. 1.78
Schwarz Monika (T)	1.11.04	D KU	k	26. 7.61		Prange Karin	7. 5.07	F SP		28.12.78
Angert Ulrich	1. 2.05	EK SP (KR)	k			Schwager-Gomolzig Anja geb. Schwager	4. 6.07	E S		14. 5.76
Kliesch Bettina (T)	23. 8.05	D S		23. 6.70		Simshäuser Anja	12. 6.07	D SP	e	1. 2.79
Hamacher Ursula	6. 9.05	D E	k	9.10.64		Zemek Bohdan	16. 7.07			20.12.72
Graffmann Tobias	19. 9.05	GE SP	k	19. 2.73		Priesmann Norbert	6. 8.07	CH PH		15.12.66
Wachten Barbara	13. 1.06	D S	k	15. 5.72		Schulze Cornelia Dr.	6. 8.07	D E	k	18. 7.71
Remus Ludger	1. 3.06	GE CH	e	6.12.67	F	Schnurr Hartwig		ER F	efk	13. 7.49
Hubert David (T)	24. 6.06	GE SP (KR MU)	k	1. 9.74		Bernatzki Maria		E GE	k	30. 7.53
						Stascheit-Busch Andreas		D PL		10. 5.58
Witzel Melanie (T)	30. 9.06	E M	k	19. 6.75						
Backes Thomas (T)	7. 2.07	L PL E	k	29. 7.69		Gickler Markus		SP EK		5. 6.66
Thelen Barbara (T)	12. 2.07	E GE		9. 1.75		Töniges Alexandra		E D	e	22. 1.74
Petermeier Andreas	15. 5.07	E MU	k	11. 3.75	H	Schmitt Markus		SP		25. 5.70
Broszukat Kerstin				16. 8.61		Knigge Miriam		SP		9. 4.74
Weber Torsten	1. 8.07	S M	k	5. 3.78						

1.716 Troisdorf-Sieglar Heinrich-Böll-Gymnasium gegr. 1964
st. G. (Sek. I in Ganztagsform; 5-Tage-Woche) f. J. u. M.
Edith-Stein-Str. 15, 53844 Troisdorf – Tel. (0 22 41) 9 62 35 00/1, Fax 9 62 35 20
E-Mail: sekretariat@hbg-troisdorf.de, Homepage: www.hbg-troisdorf.de

Kl: 10/16   Ku: 117/24   Sch: 1004 (547) (281/409/314)   Abit: 53 (38)   **BR Köln**
L: 69 (A 1, A_1 1, A_2 5, B 24, C 22, D 4, E 8, F 2, H 2)   ASN: **167277**
Spr.-Folge: E/F, F/E, L, R   Dez: LRSD **Dr. Welz**

A	Neumann Bernd Dr.	24. 6.92	D GE SW	e	8. 9.43		Mess Ulrike	1.12.05	D E	k	10.11.71
							Hahnhäuser Veruschka	12. 1.07	D F		25. 7.70
A_1	Lück-Amblank Hedwig	18. 2.99	D E	k	8. 1.50		Dammers Susanne	12. 1.07	M SP	k	2. 8.70
A_2	Bilke Walter	24. 4.01 °	CH IF	k	17.11.48		Meisenberg Antonius	18. 6.07	L KR GE		18. 8.66
	Kreitz Michael	19. 3.02	M PH IF	e	30. 5.53		Janßen Martin Dr.	18. 6.07	M KR IF	k	1.11.70
	Gorniak Erika (T)	19.11.03	HW BI		23.11.50		Ringhoff Karin	18. 6.07	M CH	k	24. 9.71
	Hoß Dorothea geb. Brose	21. 6.07	BI	e	8. 4.52		Specht Hartmut		PL GE PK SW	e	18. 5.48
	Rolffs Elisabeth Dr. (F)	15. 8.07	F PA	k	20. 4.53		Appelt Margarete		BI CH		5. 4.50
B	Muthny Gisela geb. Baumgarten (T)	23. 4.75 °	E KR	k	19.11.42	C	Klinke Sabine (T)	1. 9.79 °	CH BI HW	k	20.12.50
	Heinen Robert	7. 3.79	F PA	k	5. 8.47		Kelderbacher Sepp-Dieter	31. 3.81	SP PA	e	12. 8.48
	Flach-Vogels Hedwig geb. Vogels (T)	14. 2.80 °	F TX	k	27. 7.49		Rosbach Rudolf	19. 2.82	PH	k	15. 1.47
	Leichtfuß-Gewehr Heide (T)	15. 3.85	D SP ER	e			Gerhardt Erich (T)	1. 3.82	D GE PP	e	7. 9.45
	Möbes Regina (T)	10. 6.94	D PK SW	oB	20.11.50		Dietrich-Siegloch Anne (T)	3. 2.84	E GE	k	8. 7.50
	Döhring Hans-Joach.	20. 1.97	EK F	e	29. 2.52		Goltz Christine (T)	28. 2.84	PH		25. 5.50
	Rinke Kuno Dr.	20. 1.97	SW EK	e	26. 3.50		Bonus Hans-Christian	19. 8.87	KU PA		17.11.52
	Fingerhut Karl-Heinz	28. 1.98 °	E SP	k	20. 9.52		Haußmann-Löser Ulrike (T)	15. 1.93	MU E	e	16. 9.61
	Hollenhorst Wilfried	15. 3.99	M IF	e	23. 8.48		Talent-Blanke Carmen (T)	22.11.99	M BI	e	14. 5.58
	Hallbauer Lutz	7. 8.01	EK GE		6. 1.50						
	Deutsch Josef	30. 6.04 °	GE SP	k	27. 6.48		Jung Doris (T)	1. 1.02	D R	oB	7.11.66
	Fissenewert Marita (T)	30. 6.04	D EK	k	18. 6.53		Reiners Veronika (T)	5. 3.02	E KR	k	22. 5.56
	Viertel Renate (T)	30. 6.04	M CH	e	19. 6.55		Tel Susann (T)	1. 2.03	M EK SP		31. 1.71
	Schopf Brigitta (T)	1.12.05	F KR	k	8. 7.62						

Gymnasien Nordrhein – BR Düsseldorf · BR Köln

Bahrouz Dina	1. 2.04	MU KR k	14. 4.74		Stark Walter SekIL	26. 8.99	M PH k	15. 4.46
Ossey Daniela geb. Hock	11. 5.05	D F e	21.11.74		Füllenbach Horst Josef SekIL		EK SP	15. 4.50
Greiwe Andrea	29. 6.05	D PL k	3. 2.70	E	Greber Gunnar	1. 2.06	M PH e	28.12.77
Siebenmorgen Stefanie	9. 2.06	D E k	13. 1.74		Lilienthal Andrea Dr.	9. 8.06	D GE	12. 9.68
					Viering Sandra	9. 8.06	E SP e	16.12.72
Gaßner Susanne geb. Spieker	23. 6.06	M ER e	20. 2.77		Reszler Kathrin	9. 8.06	BI D k	16. 1.75
					Gries Sarah	1. 2.07	E M	3. 1.79
Lewe Rebekka	1. 8.06	E KU SP e	25. 7.73		Wüste Andreas	3. 8.07	M PL SW	14. 1.77
Heinrichs Gerda Maria		EK CH	10. 3.52		Berov Henriette	3. 8.07	E MU	20. 6.77
Bergmann-Wels Dagmar		D SW	15. 9.52		Schaper Judith	3. 8.07	F GE	1. 7.77
D Burgwinkel Heide geb. Bornemann SpL' (T)	23.12.76	SP e	22. 5.43	F	Schulten Georg		E L R k	22.12.53
					Arp Heidrun		E SP	14. 1.55
Wildenhues-Dickmanns Gudula SekIL'	27. 4.88	MU BI k	13.10.56	H	Vollmert Josef Dipl.-SpL	°	SP k	4. 2.49
					Koehn Sabine		D ER e	22. 5.57

1.725 Übach-Palenberg   Carolus-Magnus-Gymnasium   gegr. 1965
st. G. f. J. u. M.
Comeniusstr., 52531 Übach-Palenberg – Tel. (0 24 51) 93 12-0, Fax 93 12-92
E-Mail: gymnasium.uebach-palenberg@t-online.de
Homepage: www.carolus-magnus-gymnasium.de

Kl: 8/15   Ku: 88/17   Sch: 826 (429) (196/408/222)   **BR Köln**
L: 47 (A 1, A₁ 1, A₂ 3, B 15, C 14, D 1, E 4, F 4, H 4)   ASN: **167654**
Spr.-Folge: E/F, F/L/E, L/F   Dez: LRSD **Palmen**

A	Berkemeier Erwin	1. 8.00 °	M EK k	24. 2.44	Schulz Hans Joachim	8. 3.83 °	F SP k	30.10.49
A₁	Schell Friedhelm	1. 8.01	D GE e	20.10.45	Stockhausen Franz Josef	4. 9.84	EK SP k KR	30.11.50
A₂	Sturm Ernst	12. 1.96	M EK k	12. 1.47				
	Röttges Karl Wilhelm	5. 9.01	PH k	11. 5.51	Terodde Sandra geb. Felsenheimer	1. 1.02	D BI	16. 9.69
	Haack Norbert	20. 7.05	PH CH k	7. 6.56				
B	Liebing Hans-Burghard	2.11.82	E SP	2. 3.47	Remy Hilke geb. Bültmann (T)	1. 8.03 °	E S ER e	30. 9.66
	Crolla Norbert	9.11.94	PA EK k	6.11.51	Riedmiller Karin	1. 8.03	F SD	3. 5.70
	Campo Herm.-Josef (V) (L)	15.11.95 °	M EK k	14. 9.48	Teipel Gerlinde	2. 2.04 °	D E e	5. 3.68
					Köhler Markus	19. 7.04 °	BI CH	28. 9.73
	Wefers Marlies (T)	18. 3.97	EK GE k	6. 5.49	Böhmer Michael	1. 8.04	L GE	30. 4.56
	Schaaff Karl-Josef	14. 4.97	EK SP k	24. 4.52	Petersen Silja geb. Schwerk (T)	14. 1.05 °	D PA	3.10.72
	Lethen Manfred	26. 6.00 °	PH SP k	1. 7.52				
	Laufen Egidius	1. 7.00 °	KR GE k	15. 1.55	Heinen Claudia		M CH k	13. 3.75
	Knops Anne geb. Savelsberg	31. 7.00 °	E SP k	18. 8.53	D Vieth Hermann Joseph SekIL	20. 3.84	MU KU k	6. 9.52
	Lengert Joachim	1. 8.01	D GE e	12. 7.55	E Kaltwaßer Melanie	1. 2.06 °	D E	19. 8.76
	Vollert Olaf	17. 7.02	SP ER e	9. 7.58	Meindorfner Martina	9. 8.06	F EK	11. 5.77
	Cleef Thomas	17. 7.02	MU KR k	18. 9.65	Heß Holger	3. 8.07	SW PL EK	19.12.74
	Bollermann Theresia (T)	3. 9.04	M k	4. 3.52	Schulte Simone	10.07 °	F S	13. 3.75
	Thimm Volker	3. 9.04	M PH	10. 4.66	F Krieger Petra		D PL	21. 9.56
	Färber-Messerer Friederike (T)	8.12.04	D ER e	4. 9.63	Knabel-Biener Lieselotte		BI KR k	5. 5.57
					Kling Peter Arnold	°	L KR(G) k	21. 9.59
	Owczarski Petra geb. Kern	8.12.04 °	E D k	8. 5.69	Kleickmann Berno		D GE	19. 2.69
					H Feis Heide geb. Lehmann FachL'		KU e	10. 8.43
C	Beißel Angelika (T)	9. 5.79	F EK k	28. 6.50	Röttges Angelika RSchL'		E k	10.10.49
	Benders Resi geb. Hadek	27. 8.79	EK BI k	1. 5.50	Kastler Cecilia geb. Donovan		E	8. 2.51
	Koch Elmar (T)	19. 3.80	KU PA k	26. 5.46	Schmidt Gertrud		MU	23. 2.61
	Wergen Ulrike	24. 5.81	M e	5. 6.51				

Gymnasien Nordrhein – BR Düsseldorf · BR Köln   261

1.735 Velbert   Geschwister-Scholl-Gymnasium   gegr. 1903
st. G. (5-Tage-Woche) f. J. u. M. mit zweisprachigem dt.-engl. Zug
Von-Humboldt-Str. 54–58, 42549 Velbert – Tel. (0 20 51) 60 55 90, Fax 6 64 96
E-Mail: gsg.velbert@t-online.de, Homepage: www.gsgvelbert.de

Kl: 6/11   Ku: 89/15   Sch: 735 (374) (184/317/234)   Abit: 60 (31)   BR Düsseldorf
L: 45 (A 1, A$_1$ 1, A$_2$ 3, B 14, C 13, D 1, E 8, F 1, H 3)   ASN: **165633**

Spr.-Folge: E+E (bil.), L/F, F, I   Dez: LRSD' **Risken**

A	Vogt Angelika	16.11.98	° M EK	k	21. 9.49	Watkins Sylvia geb. Behrendt	16. 9.82	E PA	7. 3.54
A$_1$	Gerß Rudolf	16.10.94	BI CH	e	9. 7.49				
A$_2$	Schäfer Klaus	1. 7.81	° M (IF)	k	26. 8.46	Heppener Tanja	6. 7.04	E PL	11.10.73
	Michels Hans-Jürgen	22.12.85	D GE	k	15.11.52	Plasberg Ulrich		E SW ER	e 23. 8.54
	Wenkers Dorothea		F GE		23.10.52	Puttkammer Hildegard		M KU IF	30. 9.55
B	Meyer Klaus	16.12.78	° BI EK	k	26.12.48	Seppelfricke Cordula		M TC	23. 8.63
	Heimann Bernhard	1. 2.81	M	e	19.10.46	Ritter Stefan		BI CH	28. 9.70
	Talhoff Doris geb. Müller	1. 3.82	° BI		25. 9.52	Abt Elke		M PH	7. 7.71
	Zielke Norbert	9.10.82	° M	e	28.10.47	Dörr Sonja		E ER	13.10.71
	Roos Ludwig (V)	1. 7.84	° PH EK (IF)	k	11.11.48	Vondung Jutta		E EK SP	e 19. 7.72
	Podolsky Harald	4.07	F SW		25.11.51	Engel Yvonne		° SP F	e 13.10.73
	Gutzler Claudia	8.07	E F		11. 3.51	D Neumann Rosemarie	1.10.76	D GE CH	e 11. 4.51
	Breckenkamp Hans-Joachim		M SW		1. 3.52				
	Baumann-Doehring Monika		D SP		7. 9.53	E Mourinho Kerstin	1. 2.05	BI CH	2. 6.77
						Seim Katrin	1. 8.05	E GE	5. 7.76
	Firneburg Wilhelm		F KR	k	3. 4.54	Tschorn Daniela		D KR	k 27. 1.69
	Gerling-Halbach Brigitte		L MU		5.11.54	Bähren Sonja		M SW	24. 9.75
	Böhme René		E SP			Stockhausen Stephan		E GE	14. 1.75
	Braun Cordula geb. Klein-Walbeck		° BI		31. 8.50	Kersting Anja		BI CH	23. 6.76
						Budyck Nadine		D PA KR	k
	Haehnel Gerd		D PA MU		19. 4.55	Ratering Frank		M PH	
						F Frizen Hildegunde Dr.		D GE	
C	Schäfer Angelika geb. Müller	22. 2.77	° BI SP		11. 5.49	H Turk Armin Grafiker		KU W	e 4. 8.43
						Brächter-Wruck Heiner Schulpfr.		ER	e 18. 2.49
	Sanner Martin	10.10.80	GE SW		14.10.47				
	Blum Manfred	12. 3.81	E SP	k	21. 7.50	Rüdenauer Brigitte		SP	16. 3.55

1.736 Velbert   Nikolaus-Ehlen-Gymnasium   gegr. 1950
st. G. f. J. u. M.
Friedrich-Ebert-Str. 81, 42549 Velbert – Tel. (0 20 51) 41 96 80, Fax 95 51 95
E-Mail: neg@velbert.net, Homepage: http://neg.velbert.net

Kl: 6/12   Ku: 99/14   Sch: 802 (463) (183/368/251)   Abit: 51 (27)   BR Düsseldorf
L: 49 (A 1, A$_1$ 1, A$_2$ 4, B 16, C 17, D 2, E 4, H 4)   ASN: **165621**

Spr.-Folge: E, L/F, F, I   Dez: LRSD' **Risken**

A	Schuhmacher-Conrad Werner	1. 8.02	M PH	k	19. 8.50	Gutzeit Jutta (T)	28. 9.90	E SP	28. 4.52
						Groner Teresa	19.12.90	M SW	k 27. 2.54
A$_1$	Schwartmann Werner Dr.	10. 9.02	° CH PH M IF	k	10. 1.50	Stojke Erwin	19.12.90	EK SW	e 22. 8.53
						Rolf Kornelia	19.12.92	° M GE	e 13. 4.56
A$_2$	Mittelstädt Arnim Dipl.-Phys.	2. 5.89	° PH M		4. 4.51	Eilert Sigrid	18. 1.93	E KU	e 24. 6.53
						Sproedt Hans Otto	18. 1.93	° ER D	22. 7.56
	Ritter Gerda (T)	3. 5.89	° D GE	e	22. 7.48	Langnickel Eckart	29.12.95	PH BI	15. 3.53
	Brass Peter	4.12.92	F PL		20. 8.47	Eusterholz Horst	18. 6.02	E KU	4. 5.51
	Nixdorf Gerd (T)	17.12.96	D GE		23. 3.51	Schwermer Thomas	1. 8.03	GE I	23.11.52
B	Uebachs Josef (T)	1. 3.80	° KR M	k	18. 1.46	Jordan Angelika	1. 8.06	MU BI	k 13. 3.67
	Wurm Matthias	29. 6.81	° D GE		12.11.49	C Flasküler Hans-Martin	3. 8.82	D GE	k 7. 8.50
	Grotepaß Klaus	29. 5.84	° E F	e	1. 2.51				
	Raulf Detlef	22. 8.84	E SP	e	14. 8.50	Frank Jürgen (T)	3. 4.84	° M	24. 9.46
	Melchers Hans-Peter	28.10.87	EK SP	k	29.11.53	Hoffmann Brigitte Dr. (T)	4. 8.84	BI E	13.10.51
	Baucklöh Dieter	4.10.89	D PL	k	20.10.51				

	Ristow Jürgen	18. 9.88	BI CH	e	27. 7.55		Jank Nicole		M GE	e	2. 1.72
	Müller Ursula (T)	10. 2.93	GE SW SP		12. 8.51		Lüttgens Iris (T)		D I	k	22. 6.76
	Boelter Beate (T)	29.11.96 °	KU BI	e	25. 9.63		Szameitat Petra (V)		° E L		23. 6.76
	Reinhold-Kunze Andrea	30.11.01	E KR	k	14. 4.70	D	Schobel Jutta SekIL' Hochscherf Axel SekIL	29.12.82 4. 3.85	M EK SW SP		21. 8.55 14.10.48
	Johnson Ute geb. Biron (T)	1. 2.03	E BI	e	21.10.71	E	Hoff Michael	1. 4.06	D MU	k	6. 8.71
	Sons Stefan	4. 4.03	MU SP	e	18. 6.69		Kullmann Beate (T)	1. 8.06	SP D		14. 4.62
	Reingen Vivienne	5. 7.04	M CH		24. 3.71		Behnke Nina	9. 8.06	E SP	e	
	Erkens Melanie	1. 6.07 °	E F				Szymczak Jana	9. 8.06	D SW		
	Reis Alexander	1. 6.07 °	ER GE	e	15.11.73	H	Platt Georg Dipl.-SpL		SP		24. 5.49
	Blumberg Jens	1. 6.07	KR BI	k	9. 4.76		Mikulski Stefan Dipl.-SpL		SP		26. 5.51
	Beckervordersandforth Ursula (T)		L BI	k	25. 9.61		Kokol Daniela		D PL	k	3. 5.74
							Köllisch Heike Dipl.-Chem.'		CH		1. 7.76

1.737 Velbert-Langenberg   Gymnasium Velbert-Langenberg   gegr. 1873
st. G. (5-Tage-Woche) f. J. u. M.
Panner Str. 34, 42555 Velbert − Tel. (0 20 52) 9 52 50, Fax 95 25 30
E-Mail: gym.langenberg@web.de, Homepage: www.gym-langenberg.de

Kl: 5/12   Ku: 70/12   Sch: 604 (320) (121/303/180)   Abit: 81 (44)   **BR Düsseldorf**
L: 41 (A 1, A$_1$ 1, A$_2$ 3, B 12, C 14, D 1, E 5, H 4)   ASN: **165580**
Spr.-Folge: E, L/F, F, L   Dez: LRSD' **Risken**

A	Staude Ursula geb. Niessen	1. 6.94	L D	k	15. 3.45		Kirschbaum Anja Stodt Angelika	1. 8.02 ° 1. 8.02	D F M D PL		5. 6.71 21. 5.72
A$_1$	Plitsch Axel (V)	16. 6.94 °	E EK	e	23. 9.50		Meine Klaus	16. 1.03	L SW		27. 4.70
A$_2$	Frank Rainer Dr.	11. 2.03	D EK	k	10. 6.48		Lowin Ina	1. 2.03	E GE		16.10.70
	Ottner Susanne	12. 5.03 °	M MU		29. 4.66		Dreizner Christoph	1. 8.04 °	BI CH		21. 6.67
	Gülker Dagmar	1. 8.06	D KU		9. 8.52		Lindner Jürg	1. 8.04	L M		15.10.68
B	Thiele Gerhard	2. 2.79	E		8.12.44		Martini Ina	1. 8.04 °	M PH		1. 2.76
	Voss Rolf	9. 9.81 °	SP EK	e	17. 4.45		Jacobi Stefan	15. 9.05	D E		16. 8.72
	Saeger Klaus	30. 8.82 °	MU D	e	17.11.46		Kunzel Klaus		F D		2. 2.44
	Novotny Vitezslav	16. 5.84 °	CH BI		6. 3.45		Gruner Klaus		KR EW	k	23. 8.44
	v. Brauck Gabriele geb. Knipper	3. 1.96	D GE	k	21.11.55	D	Schütte Michael SekIL	15. 1.83	EK SP	k	11. 9.54
	Wilke Ralf	1. 7.02	KU BI	k	11. 3.55	E	Müller Jürgen	1. 8.05	E F		18. 9.72
	Platte Hans-Otto	1. 8.02 °	PH PL	e	4. 6.54		Enste Marcus	1. 2.06	BI CH		3. 7.75
	Zilkens Jürgen	21. 5.03	E F	k	15.12.50		Meisterernst Marten	1. 2.06	E SP		30.11.75
	Skischalli Helmut	1. 04 °	M		3.12.49		Duddek Myriam	1. 8.07	BI PH		31. 3.75
	Urmann Wolfgang	1. 04	KU EK	e	12. 1.53		Wenzel Katrin				24. 2.73
	Hoffmann Birgit	1. 04	BI KU		10. 1.59	H	Geilenkeuser Astrid Dipl.-SpL'		SP	e	4. 3.48
	Gladisch-Mömken Regina		° E PA		27. 2.55		Overhoff Frank-Ulrich Schulpfr.		ER		19.10.51
C	Schlenke Reinhard	14. 7.82 °	M EK	e	11. 4.54		König-Voigt Gabriele geb. König Dipl.-SpL'		SP	k	5. 4.53
	Engelhardt Gabriele (T)	22. 8.83 °	KU	e	27.12.47		Cebulla Carsten		E F		26. 6.72
	Moss Günther	3. 4.84	GE SW	k	14. 4.48						
	Mewes Jens	1. 8.02	M SW		23. 2.70						

1.740 Viersen   Erasmus-von-Rotterdam-Gymnasium[1]   gegr. 1862/1876
st. G. f. J. u. M.
Konrad-Adenauer-Ring 30, 41747 Viersen − Tel. (0 21 62) 1 20 86, Fax 35 91 50
E-Mail: mail@erasmus-viersen.de, Homepage: www.erasmus-viersen.de

Kl: 10/18   Ku: 117/23   Sch: 1067 (594) (271/485/311)   Abit: 75 (52)   **BR Düsseldorf**
L: 63 (A 1, A$_1$ 1, A$_2$ 6, B 21, C 15, D 3, E 10, F 3, H 3)   ASN: **165852**
Spr.-Folge L/E, L/F, S   Dez: LRSD **N. N.**

A	Stoffel Wolfgang	6. 8.97	D KR	k	7. 7.46	A$_2$	Körber Hartmut (F)	30.11.79	M EK IF	e	9. 7.47
A$_1$	Schorlemmer Heidi geb. Frese	1. 2.06	M SP		12.11.52		Opel Claus-Dieter	12.12.85 °	CH SP	e	20.11.52

	Name	Datum	Fächer		Datum
	Schneider Andreas Dr.	28. 2.86	GE D	e	17. 2.49
	Lenz Bernd	3.12.92 °	M PK	k	20.10.47
	Derks Klaus	4. 7.02	GE KR	k	28. 6.55
	Amberge Werner (F)		E EW		27.10.49
B	Buttler York	28. 3.79 °	E EK	e	19. 8.46
	Seebo Rolf	1. 8.79 °	D E	e	5. 3.44
	Kellermanns Franz	1. 8.79	E		16.10.45
	Herwig Reinhard	31.12.81	BI (IF)	e	8. 3.49
	Metz Michael (V)	19. 7.84 °	M PH	k	10. 2.51
	Korischem Bernd	19. 3.92 °	D PL	k	31.12.49
	Becker Albert	15. 2.93	D SP	k	25. 4.49
	Lexis Hermann-Josef	1. 4.93 °	D EK	k	23. 1.50
	Klaus Egon	12. 1.00	M SW IF	k	14. 5.53
	Bauer Irmgard geb. Regenhard	4. 7.02 °	CH BI	k	16. 1.57
	Menke Ulrike geb. Heck	20. 8.02	SP GE	e	21.12.52
	Kaiser Stefan	16. 5.03	KU W	k	13. 7.52
	Feemers Christiane geb. Angerhausen	16. 6.05	S E	k	26. 4.71
	Zimmermann Kai	1. 9.06 °	BI EK PH	k	3. 5.71
	Kels Sven	1.12.06	D E		17. 7.65
	Volger Jörg	1. 5.07	L GE ER	e	26. 7.62
	von Winterfeld Cornelia	1. 5.07 °	L KR	k	31. 7.73
	Annweiler Axel	1. 6.07 °	L G S	k	1. 1.65
	Kroth Anne		E EW		30. 3.50
	Dömges-Curbach Walburgis		F EW	k	12. 5.52
	Jünger Angelika		M EW		
C	Wilke Waltrud geb. Belling (T)	1. 9.80	M CH	k	26. 4.52
	Wegmann Werner	19. 4.82	D EK	k	15. 3.51
	Baltes Dorothee	22. 8.83	D F	k	4. 1.52
	Wingart Peter	5.10.84	M PL	k	2.12.53
	Otto Marcel geb. Schröter	31. 7.03	EK MU	k	2. 3.69
	Hernández Acosta Jasmin	1. 8.04	L S		15.11.70
	Hopp Christoph	1. 2.06	F GE	k	28.12.68
	Wedde Jens	1. 2.06	D ER	k	14. 5.75
	Dexheimer Björn	17. 3.06	F GE	k	10. 3.74
	van Ophuysen Alexandra geb. Forth	1. 8.06	KU D		15.10.68
	Lehnen André	1. 8.06	BI EK IF	k	2. 3.69
	Voßen Esther geb. Windelen	1. 8.06	D KU	k	4.12.76
	Krause Katja (Vw)	6. 9.06	M BI		20. 3.77
	Kremers Axel	19. 9.06	SW PK SP	k	3. 5.76
	Häusler Norbert	1. 8.07 °	KR GE	k	4. 2.77
D	Prümen Waltraud SekIL'	16. 2.83	D E	k	17.10.54
	Mankertz Karlheinz SekIL	10. 5.84	BI CH	k	7. 7.52
	Wolters Maria geb. Schleiden	30. 8.82	KR M	k	20. 7.51
E	Hüttenberger Dorothee	1. 2.06	E ER	e	22. 8.75
	Bucic Pia	1. 6.06	BI F	e	10. 4.77
	Zeitz Beate	1. 8.06	MU KR	k	9. 7.73
	Bendorz Frank Dr.	9. 8.06	EK SW	k	3. 6.65
	Schmitz Angela	9. 8.06	D SP		17. 3.75
	Dufke Thomas	9. 8.06	CH SP		25.11.76
	Karsch Sven	1. 2.07	E S	k	23.11.70
	Kube Birte	1. 2.07	KU E	k	14.10.76
	Kozian Brita geb. Spormann	1. 2.07 °	D E	k	18. 7.78
	Wolters Christian	6. 8.07	GE SW	k	4. 2.79
F	Sitter Peer Dr.		PH MU		23. 7.61
	Ohligs Bernd Dr.		M PH	k	30.12.61
	Windhövel Andrea Dr.		PH BI		
H	Kox Norbert Dipl.-SpL		SP	k	10. 1.55
	Pitkowski Eduard		SP KU MU		3. 2.60
	Friedriszik Rolf		E ER GE	e	9. 6.76

[1] G. An der Löh (gegr. 1862) ab 1. 8. 1991 vereinigt mit dem Humanistischen G. (gegr. 1876)

1.741 Viersen-Dülken   Gymnasium Dülken   gegr. 1872
st. G. f. J. u. M.
Brandenburger Str. 1, 41751 Viersen – Tel. (0 21 62) 5 53 54, Fax 9 70 20 90
E-Mail: gymduelken@gmx.de, Homepage: www.gymnasium-duelken.de
Kl: 7/14   Ku: 94/18   Sch: 805 (387) (213/369/223)   Abit: 88 (48)   **BR Düsseldorf**
L: 52 (A 1, A_1 1, A_2 5, B 19, C 10, D 2, E 5, F 7, H 2)   ASN: **165876**
Spr.-Folge: E, L/F, F, I   Dez: LRSD **Dr. Bentgens**

	Name	Datum	Fächer		Datum
A	Fischer Gunter	1. 2.00	M PH	e	19. 5.52
A_1	Lilienthal Margo	11. 3.03	BI EK IF		30. 1.52
A_2	Borsbach Bernhard (V) (T)	22.11.95 °	KR SW	k	21. 3.49
	Jülich Jutta geb. Koch	22.11.95	E EK	k	3. 4.50
	Massin Hubert (F)	1. 3.99	M EK (IF)		
	Höfler Siegfried (Vw)	26. 5.03 °	E EK	k	25. 9.46
	Schirrmacher Gunnar (F)	26.11.03	D GE	e	2. 2.51
B	Schulte-Ertl Josy	24. 1.79	GE L I	k	23. 6.44
	Epperlein Bilke (T)	1. 4.79	F (ER)	e	7. 3.48
	Trilling Elisabeth geb. Markl (T)	17. 8.79 °	BI	k	16. 6.50
	Oest-Bahr Ingeborg geb. Oest	1. 6.94	BI EK		5. 2.49
	Nacken Ulrich	20. 2.96 °	BI	k	19.12.50
	Haumer-Schirrmacher Annette geb. Haumer (T)	26. 7.02 °	SW F	k	26.10.51
	Leibfried Pierre	28. 2.02	MU F	e	28.12.65

	Stock Axel	26. 7.02	° E D (ER)	e	25. 3.51		Kappes Sabine	18. 3.05	M GE e	28. 6.76
	Wegmann-Roemer Rita geb. Roemer (T)	30. 6.04	° D EK	k	23. 3.52		Douteil Dominik	1. 2.06	M KR k	12. 4.76
							Föhr Liesel geb. Lankes	6. 4.06	D GE k	1.10.76
	Kaiser Birgitta (T)	30. 6.04	F M (IF)	k	24. 5.53		Berger Stefanie geb. Guske	19. 1.07	D KU k	4.10.73
	Schmitz Doris	30. 6.04	KR BI	k	30. 5.63	D	Derksen Jürgen SekIL	28. 3.81	GE CH k BI KR	7. 3.49
	Topeters André	28.12.06	CH PH	k	6. 6.69					
	Mehn-Herwardt Waltraud	28.12.06	° M EK		25. 7.58		Faßbender Günther SekIL	4. 9.81	PH SP k	2. 3.53
	Bilski Anja geb. Bargiel	28.12.06	° D GE E	e	20. 2.67	E	Klüsserath Ingo	9. 8.06	PL SW k (PP)	29. 1.74
	Langer Michael	30. 3.07	° BI CH	k	3. 1.67		Schoofs Katja	9. 8.06	D GE I k	6. 8.74
	Sommerfeld Hans-Georg geb. Theweßen	30. 3.07	° M SP	k	3. 7.68		Pesch Manuela	9. 8.06	E F k	23.11.74
							Giersch Silke	9. 8.06	E GE k	17. 5.76
	Pusch Susanne	30. 3.07	° E F	k	15.12.71		Carl Nils	1. 2.07	SP E e	21.11.76
	Schreiner Anja geb. Neubert	1. 5.07	M MU	k	2. 4.75	F	Hölzer-Raič Elke		E F e	6. 5.54
							Hahn-Smejkal Helga		E SP e	10. 1.58
	Breede Friederike	17. 5.07	° MU BI	e	8. 3.64		Handke Silvia Dr.		MU EK e	28. 3.59
C	Roggmann Cornelia	30. 1.86	KU D		4. 3.53		Chapman Christiane		E D ER e	23. 4.62
	Brosend Petra geb. Hampel (T)	28. 1.87	M L	e	4. 3.57		Ehlert Corinna		M CH e	14. 2.74
							Sauer Kerstin		D L e	18.12.74
	Engemann Joachim	12.12.88	° KU E	k	15.12.54		Meinert Dirk Dr.		° M PH	
	Prell Thomas	1. 8.03	° D GE (IF)		7. 1.64	H	Linden Ulrike geb. Eichenauer		SP	15. 3.55
	Guglielmino Patrizia (T)	5. 2.04	D I	k	31.12.67		Christofzik Iris geb. Lorenz Pfr.'		ER	3. 5.63
	Isert Marc geb. Schmitz	14. 9.04	° D SP	k	31. 3.74					

1.743 Viersen-Dülken Albertus-Magnus-Gymnasium gegr. 1967
pr. G. (5-Tage-Woche, Ganztagsunterricht) f. J. u. M. m. Tagesheim d. Bistums Aachen
Brandenburger Str. 7, 41751 Viersen – Tel. (0 21 62) 95 48 90, Fax 9 54 89 10
E-Mail: bisch-gym.AlbertMagnus@bistum-aachen.de
Homepage: www.amgviersen-duelken.de

Kl: 9/20   Ku: 133/29   Sch: 1245 (661) (288/582/375)   Abit: 116 (72)   **BR Düsseldorf**
L: 69 (A 1, A_1 1, A_2 11, B 24, C 15, D 3, E 8, F 5, H 2)   ASN: **165864**
Spr.-Folge: E/L+E, L/F, F/G, S   Dez: LRSD **N. N.**

A	Strickling Herbert	1. 8.98	M PH IF	k	9. 8.53		Jocks Wolfram	1. 6.91	° E D KR k	
A_1	Schüller Martin	1. 2.93	D EK	k	22. 2.50		Hermes-Lohmann Hildegard	1. 7.92	D KU k	11. 9.54
A_2	Gerressen Wilfr. Dr.	7. 1.77	L G M	k	12. 1.43		Coenen Friedrich	1. 7.92	M D k	29. 6.56
	Götzenberger Paul	1. 5.91	D KU	k	23. 9.48		Rose Ursula	1. 6.93	D SP k	11. 9.55
	Kreuels Hans Thomas	1. 5.91	M PH	k	3. 5.52		Schnitzler Helmut	1. 6.93	M PH k	17. 6.55
	Fuchs Dieter	1. 9.94	M IF	k	9. 2.51		Sommerfeld Josef	1. 9.94	E SW k	1. 6.55
	Viecenz Franz	1. 8.96	PH M	k	2.12.47		Deuster Herbert	1. 9.94	M MU k	1.11.54
	Wilms Karl-Heinz	1. 8.96	D GE	k	18.10.48		Spinrath Altfrid	1.11.00	L KR k	2. 4.57
	Achterfeldt Gerd	1. 8.96	D EK	k	11. 6.49		Ritz Rudolf	1.11.00	BI CH k	29. 7.57
	Ernst Leo	1.11.99	D SW	k	4.12.56		van der Valk Petra	1.12.06	E KR k	4. 3.59
	Esch Werner	1.12.03	D GE	k	9. 8.57		Bette Elisabeth	1.12.06	MU D k	8. 4.56
	Hegger Doris	1.12.04	E F	k	1. 9.52		Seeger Ulrich	1.12.06	E SP k	23.10.57
	Görtz Heinz-Willi	1.12.06	M KR	k	4. 2.55		Stolze-Wichtrup Ulrike	1.12.06	M EK k	28. 6.59
B	Tripp Alfred	29. 8.79	GE L SW	k	19. 4.43		Böken-Schrammen Ruth (T)	1.10.07	KR D k	3. 1.60
	Steffes-Mies Klaus	1. 2.85	EK SP	k	26. 4.49		Backes Klaus	1.10.07	D BI k	13. 7.60
	Scherer Hildegard (T)	1. 1.89	D PA	k	19. 9.54		Bomanns Josef	1.10.07	KR GE k	27.12.60
	Beiten Heinz-Leo	1. 8.90	E PA CH	k	25. 3.54	C	Echelmeyer Beate	1. 2.92	M PH k	2.10.59
	Becker Hans-Dieter	1. 8.90	D EK	k	29. 1.53		Schmitz Sigrid	1. 8.92	E F k	14.12.56
	Aretz Sonja geb. Frentzen (T)	1. 5.91	D E	k	22.10.55		Trinkel Peter	1. 8.92	° D KU k	17. 8.57
							Jansen Gerd	1. 9.92	M SW k	10.12.61
	Reith Winfried	1. 5.91	E D	k	21. 1.54		Tenbrock Ulrich	1. 2.93	BI KR k	10. 7.57

Gymnasien Nordrhein – BR Düsseldorf · BR Köln

	Name	Datum	Fächer		Datum 2
	Schumacher Hildegard	1. 8.93	E F	k	16. 1.60
	Hunger Claudia	1. 8.93	BI PA	k	16. 4.60
	Müdders Rainer	1.10.94	E KR	k	8.10.58
	Schmidt-Günther Angelika	1.10.94	F SP	k	5. 4.62
	Thomas Beate (T)	1. 8.96	BI ER	e	5. 1.58
	Giermanns Werner	1. 8.96	GE ER	e	13. 5.61
	Kalemba Olaf	1. 8.96	D PL	k	3.12.59
	Dickmann Jochen	1. 8.03	L GE SP	k	5.12.68
	Hübner Marcus	1. 8.03	SW SP	k	5. 8.71
	Quirmbach Carina	1.11.03	° E BI PL		23. 6.73
D	Gau Marlene SekIL'	24. 3.81	M BI	k	6.10.53
	Platen-Schiller Gertrud (T)	4.11.83	M EK	k	3. 7.52
	Gerretz-Strack Gabriele (T)	1. 8.91	MU KR	k	1. 9.56

	Name	Datum	Fächer		Datum 2
E	Wilms Andreas	1. 2.03	E SP	k	6. 8.73
	Glünz Daniel	1. 2.03	° M CH	k	9. 4.76
	Dieckmann Christoph	15. 2.04	M PH	k	18.10.76
	Peschke Alexandra	1. 2.05	° D L	k	22. 9.76
	Rau Muriel Ines	1. 2.05	E S	k	4. 1.77
	Zielosko Karoline	1. 2.07	E GE	k	6. 8.75
	Cuijpers Simone	1. 2.07	E BI	k	6.11.77
	Pohlen Ursula	1. 2.07	M PA	k	21.11.77
F	Mäurer Peter		KU SP	k	5. 9.52
	Wichtrup Georg		F KR	k	17. 6.59
	Herveling Claudia M. geb. Malkus		° F D	k	6. 1.63
	Gisbertz Thomas		° D SP	k	16. 9.73
	Isquierdo von Paller Alfonso		° GE EK	k	2. 1.76
H	Ortsiefer Ulrich		MU	k	7. 11.45
	Kamp Heribert Dipl.-SpL		SP	k	24. 7.48

1.750 Voerde Gymnasium gegr. 1968
G. in Ganztagsform (5-Tage-Woche) f. J. u. M. d. Gemeinde Voerde
Am Hallenbad, 46562 Voerde – Tel. (0 28 55) 96 36-11, Fax 96 36-32
E-Mail: verwaltung-gymnasium-voerde@t-online.de
Homepage: www.gymnasium-voerde.de

Kl: 10/18   Ku: 132/23   Sch: 1110 (623) (272/501/337)   Abit: 71 (44)
L: 70 ([A] 1, A_1 1, A_2 8, B 25, C 21, D 4, E 7, H 3)
Spr.-Folge: E, F/L, F/R/N, S

BR Düsseldorf
ASN: 165529
Dez: LRSD **Stirba**

	Name	Datum	Fächer		Datum 2
A	(Jung-Wanders Annegret StD' A_1)	1. 2.04	° D SW		18.11.54
A_1	Lorenz Franz-Josef	1. 8.96	M	k	19. 6.50
A_2	Knöpfel Eckehardt Mag. theol. (F)	1. 8.80	° ER PA	e	11. 3.46
	Bongert Günter	3.12.92	° E GE	e	22. 7.48
	Meier Gabriele geb. Kostka (T)	1. 3.96	D SW	e	10. 6.50
	Gerharz Günter (L)	7.00	GE EK		25.11.49
	Hesse-Güldenberg Ursula	13. 5.02	E D	k	6. 5.51
	Franke-Fuchs Jutta	1. 3.03	HW EK	e	18. 3.53
	Schmitt Hans	1. 2.05	° PH CH E SW	k	17. 3.51
	Meier Jochen (F)				
B	Lenz Werner	1.12.78	° SP EK	e	20. 4.48
	Fernkorn Hansjürgen	1. 1.79	° GE L	k	10.11.43
	Grimm Barbara geb. Liedigk	1. 1.79	KU W	k	11. 3.48
	Lakes Bernhard	1. 2.79	EK F		
	Sträter Joachim	27. 2.80	° F PA	k	1. 9.46
	Schnetgöke Karl-Josef	7. 3.80	E EK	k	28. 2.49
	Dietrich Klaus (V)	5. 9.80	° M SW		20.11.50
	Hömberg Angelika geb. Bernds (T)	1. 6.81	° E GE	e	12. 8.50
	Rühl Hartwig	8. 7.81	° SP EK	e	19. 9.47
	Schreiber Thomas	1.12.81	D PL		10. 5.50
	Schürken Helmut	1.12.81	BI	e	3.11.50
	Fürstenberg Ferdi	16. 4.85	° M IF	k	2. 4.49
	Fleischmann Brigitte Dr.	30. 5.91	BI	e	19. 6.49

	Name	Datum	Fächer		Datum 2
	Baunach-Schlüter Christa	1. 3.93	KU E	k	13.12.47
	Baumann Gertrud	1. 5.93	E PS	k	2. 2.55
	Klimek Dorothee geb. Greven	1. 4.95	D F	k	4. 9.48
	Schminck Anna-Maria (T)	1. 4.95	EK PA		24. 5.48
	Otto Jürgen	1. 4.95	° MU D	e	11. 6.54
	Eichendorf Kurt	1. 3.96	E EK		31. 5.48
	Reimann Hans	1. 8.06	E F		27.12.51
	Schepp Silke (T)	1. 8.06	° L GE D	e	8. 7.65
	Liewer Simone	1. 8.07	CH M		25.11.67
	Heirich Mike	1. 8.07	S F	k	21. 8.72
	Schwan-Storost Magdalene		D E SP	oB	15.10.47
	Hinnemann Heinz-Jürgen		E EK	e	17. 3.49
C	Burghardt Elisabeth	1. 2.79	° M EK	k	6. 6.47
	Haefele Jeff	3.11.81	EK SP	k	14. 6.50
	Schüstale Inge	4. 9.83	D GE	e	17.10.54
	Scheuschner Gudrun	30.10.84	D SW	e	
	Beyer Monika	31.10.84	F BI KUk		24. 4.54
	Stutenbäumer Jacques	26.11.84	R F		30. 3.52
	Kafka Karin	23. 7.87	M SW		6.12.55
	Stolberg Peter	18. 2.88	M CH	k	26. 4.54
	Schneider Dietmar	30. 9.88	D KR	k	1. 6.55
	Schulz Barbara	30. 9.88	KU E		27.11.57
	Thier Susanne	5. 8.93	° F KR	k	8. 3.58
	Ruthert Esther	1. 8.03	ER M	e	5. 8.70
	Bußkamp Robert	1. 8.05	E MU	k	14. 2.56

	Detmold Jörg Martin M. A.	1. 8.05	PL D GE		10. 8.60		Bläker Veronika L' (T)	M SP k	1. 8.57
	Kampf Heidemarie	1. 8.06	L F		14. 8.61	E	Prohaska Silke	25. 1.02	M PH e	5. 2.73
	Freyberg Katharina	1. 8.06	BI E	e	1. 5.74		Flegelskamp Gudrun	6. 9.04	M F (CH)	26. 3.74
	Kamlage Robert	1. 8.07	D MU	k	28. 1.78		Skibowski Andrea	1. 2.05	E D	12.11.75
	Schäffer Sandra	6. 8.07	E SP	e	17.10.78		Willebrand	1. 3.05	CH SP	11. 6.75
	Schießer Albrecht		PH		13. 7.47		Groppe Nadine geb. Duvenkamp	22. 8.05	E GE ER	27.12.75
	Brüggemann Odilo		GE L KR	k	30. 1.64		Barsch Ulrich	8. 8.06 °	PH CH e	15. 3.59
	Frank Karin Dr.		BI L				Schlott Sebastian	8. 8.06	D PL PPe	14. 5.73
D	Bernhard Wolfgang SekIL	7. 2.83	PK ER	e	31. 1.47	H	Andreassen Marilynn		° E	11. 4.46
	Wellmer Erika SekIL' (T)	3. 3.84	SW SP	e	6. 1.56		Jöhren Ulrike geb. Schäfer GymnL'		SP e	5.12.48
	Hülsemann Elisabeth SekIL'	3. 3.84	D SW	e	13. 2.56		Neuhaus Irka		M PH	21. 7.81

1.760 Waldbröl   Hollenberg-Gymnasium   gegr. 1940
st. G. (5-Tage-Woche) m. zweisprachigem dt.-engl. Zug f. J. u. M.
Goethestr. 6, 51545 Waldbröl – Tel. (0 22 91) 9 30-0, Fax 9 30-39
E-Mail: sekretariat@hollenberg-gymnasium.de
Homepage: www.hollenberg-gymnasium.de

Kl: 8/16   Ku: 119/20   Sch: 937 (503) (232/435/270)   Abit: 98 (53)   **BR Köln**
L: 52 (A 1, A_1 1, A_2 6, B 19, C 15, D 2, E 3, F 4, H 1)   ASN: **166996**
Spr.-Folge: E, L/F, F/L, L   Dez: LRSD Gosmann

A	Noß Ulrich	1. 8.95 °	GE PA	e	27. 4.51		Radler Günter	14. 8.81	BI EK	11. 8.49
A_1	Kupper Eberhard	15. 9.99 °	M	e	14. 6.47		Spaunhorst Meinhard	31.10.82	F SP	24. 7.49
A_2	Klein Barbara	23.11.90 °	E F		23.12.49		Völkel Renate geb. Bergerhausen	8. 9.83	E KU k	9.11.53
	Schütze Wolfgang	13. 2.92	M PH	k	19.11.48					
	Scheffels Rainer	13. 2.92 °	E SP		4.12.49		Wicht-Theisen Brigitte (T)	20. 3.84	BI PA	19.11.51
	Knura Lieselotte geb. Fickel	1.12.01	D GE	k	10. 6.49		Wagener Erwin	8. 1.88	E KR k	12. 2.55
	Schmitt Berthold	1. 8.04 °	SW SP		9.10.51		Maas Ulrich	13. 9.84	M PH k	1. 6.54
	Lensing Beatrix	13.12.04	M SP	k	11. 3.55		Philipps Martin	31. 5.01	M PH k	16.10.66
B	Faber Birgitta Dr.	16. 2.79	D GE	k	28. 5.45		Willach Marina	16. 3.04 °	BI CH e	14. 9.72
	Krafft Ilka geb. Dohmicht	23.12.82 °	BI	e	26. 1.47		Decher Maike geb. Lorek	17. 8.04	E GE k	5.12.72
	Nies Karl-Dieter Dr.	1. 1.83	D PL	e	27. 5.49		Schmidt Reinhard	15. 9.04 °	M PL	28.11.70
	Teubler-Klingel Annemarie	16. 7.92	D SP		13. 6.52		Schramm Ilona Dr.	18. 8.06 °	E EK N e	25. 1.69
	Pagel Renate	18. 8.92 °	D ER	e	25. 5.55		Gölitzer Anja	25. 6.07	E F	17.12.77
	Klingel Rudolf	6.10.93 °	GE SP	k	17. 8.49		Jurzok Anne		MU GE	22. 7.62
	Hein Ulrich	6.10.93	D PA	k	21.12.52		Woestmeyer Katrin geb. Tebbe		° E F	11. 2.75
	Köster Walter	6.10.93	MU EK	e	20.12.51					
	Conte Ralf Dr.	1. 7.95 °	CH	e	4. 8.43	D	Peters Gabriele	1. 9.81	D ER e	3. 7.55
	Strube Jürgen (T)	1. 7.95 °	M		10. 8.51		Gauchel Roswitha	4. 5.83	M SP k	8. 2.56
	Nossol Ulrike	1. 7.95	BI E	k	26. 9.54	E	Szymkowiak André	22. 8.05	EK CH	1. 5.69
	Mai Kurt	20.12.96	D GE		24. 6.47		Kühn Heiko	1. 2.06	M PH e	21. 7.75
	Reibold Hans (T)	20.12.96	SP BI		22. 8.53		Wagener Michael	9. 8.06 °	KU D	5. 1.76
	Nossol Günter	1. 1.01	E EK		3. 2.52	F	Wanka Elke		M EK	3. 5.56
	Mahlberg Ute	1. 8.01	D F	e	25. 1.53		Inhoffen Nicole		F PA k	13. 8.64
	Felix Stephanie	3. 2.05 °	D E		11. 7.66				GE	
	Rodemeier Elmar	20. 3.06	D KU		24. 3.58		Schmitz Willi		° KR GE k	13. 9.66
	Bohlscheid Frank	24. 4.07 °	L D	k	8. 8.69		Menn Dietrich		GE E e	3. 3.77
	Krieg Sabine	24. 4.07	E SW	e	28. 5.66	H	Pirro Jutta		SP k	17. 3.53
C	Fuchs Joachim	1. 9.79	BI	e	21. 9.47					

1.770 Wegberg   Maximilian-Kolbe-Gymnasium   gegr. 1976
st. G. (5-Tage-Woche) f. J. u. M.
Maaseiker Str. 63, 41844 Wegberg – Tel. (0 24 34) 9 79 10-0, Fax 2 08 83
E-Mail: gymnasiumwegberg@gmx.de, Homepage: www.mkg-wegberg.de

Kl: 10/20   Ku: 151/30   Sch: 1223 (664) (272/559/392)   Abit: 90 (57)   **BR Köln**
L: 72 (A 1, A$_1$ 1, A$_2$ 4, B 22, C 19, D 5, E 2, F 7, H 1)   ASN: **185360**
Spr.-Folge: E/L, F/L, –, F/L   Dez: LRSD **Palmen**

A	**Meersmann** Willy	1. 9.99	M EK (IF)	k	30.10.50		**Dewies** Marita (T) (L)	10.12.87	D GE	k	1. 7.56
							Neubauer Anca	16. 1.97	E F	e	13. 9.62
A$_1$	**Schmitz-Lanske**	1. 9.01	M (ER)	e	25.10.50		**Schenk** Joachim	26.12.98 °	MU KR	k	25. 9.63
	Ursula geb. Maluche						**Riedel** Regine	1. 1.02 °	E D	e	3. 4.63
A$_2$	**Klingen** Franz-Josef	13. 3.97	M PL PP IF	k	12. 8.52		**Schäferdiek** Barbara (T)	1. 1.02	E F	e	2. 1.66
	Dipl.-Math. Dipl.-Inf.										
	von der Gracht Robert	22. 9.04	M SP IF	k	13. 7.52		**Kellenter** Sabine	1. 1.02 °	D GE KR	k	20.10.70
	Schmidt Thomas	22. 9.04	CH BI	e	28.10.54		**Schreier** Astrid (T)	1. 1.02	BI CH	k	31. 5.71
	Meister Brigitte	14. 4.05	EK F	k	3.11.53		**Görner** Christoph	1. 1.02	SP D	k	24. 6.71
B	**Wieger-Schlungs** Liesel	1. 2.80 °	F EK	k	9.11.48		**Wahle** Markus	15. 9.02 °	BI SP	k	14.10.67
							Weitzenbürger Thomas	1. 2.03	CH BI	k	29.10.70
	Simon Helga	3. 7.81	EK SP	e	15. 5.49						
	Ziegner Andreas	14.12.82	M PH (ER)	e	26. 6.49		**Evers** Stefan	18. 3.03	M GE	k	29. 8.73
							Schulze Daniela	1. 8.03 °	L GE	k	31. 7.70
	Hörster Erika geb. Potten (T)	30. 4.84 °	M W (ER)	e	17. 2.52		**Markmann** Nils	20. 8.03 °	KU EW	e	19.11.70
							Zöller Ralf	19. 9.03 °	E SP	k	23. 9.58
	Sander Peter	27.12.85	E SP	k	22. 7.50		**Brink** Annette geb. Böke	15. 9.04 °	MU D	e	2. 7.68
	Bley Wolfgang	18.12.85	SP F	k	6. 4.51						
	Gerigk-Kuhl Gaby	14. 3.87	D E	k	11. 1.52		**Wulms** Claudia	15. 9.04	D PL PP EW	k	17.10.72
	Kranz Michael (T)	27. 9.90	PA E	k	27. 1.51						
	Ellerkamp Wilhelm (T)	3. 1.94	PH SW	k	26. 7.50		**Hourticolon** Christina	15. 9.04	KU BI	e	2.11.73
							Stevens Sandra (T)	1. 8.05	E GE	k	18. 2.75
	Zimmermann Adolf	3. 1.94	M PH	k	26. 3.54		**Horn** Eric	1. 8.05	D GE PL PP	k	24. 5.75
	Kronberg Monika (T)	3. 1.94	D SW		10. 9.55						
	Bonk Hartmut	11.94	E PA	e	18. 7.54		**Negwer** Petra	1. 8.06 °	M SW PK	k	10.10.68
	Deutz Matthias	30.10.95	D PL PP	k	20. 6.52						
							Hayen Bettina		D GE	k	4. 9.66
	Keil Britta geb. Freyer (V)	22. 2.96 °	D EK	e	10. 4.52	D	**Forchel** Carl Helmuth VSchL	1. 8.73	E EK PK	k	21. 2.45
	Knubben Hans-Jürg.	7. 1.99	KR GE	k	1.10.52		**Sandrowski** Norbert	20.12.78 °	M EK	k	6. 7.52
	Heese Dietmar	7. 1.99	D PL PP		3.12.54	L					
	Schröder Jutta (T)	28. 6.00	F D	e	14. 7.52		**Bley** Marita L' (T)	4. 9.81	D SP	k	23.12.53
	Bauer Norbert	26. 9.01 °	BI CH	k	24. 8.52		**Disoski** Susanne L' (T)	8. 8.94	MU GE	oB	6. 3.67
	Kuchenbecker Maj	22. 6.05 °	E D	e	23.11.63	E	**Schwaiger** Andrea Dr.	1. 8.06	PH CH	k	12. 2.74
	Ostkirchen Stefan	22. 6.05 °	KR BI	k	20. 1.66		**Goertz** Daniela		GE KR	k	29.10.79
	Maus Willi		D SW	oB	2.51	F	**Landmesser** Paul		M PH	e	28. 4.58
	Radzwill Karin		KU F	k			**Schameitat** Klaus		° L EK	oB	16. 5.58
C	**Hans** Dieter (T)	1. 3.81	E GE		13. 2.52		**Tenbrock** Jürgen		EK GE		2. 6.58
	Peters Roswitha	28. 9.81	BI	k	16. 8.44		**Bechberger** Krystyna		KU		13. 3.59
	Billmann Vera	3. 8.82	D SW	k	31. 7.52		**Friedrich** Anke		CH PH		15.10.69
	Bertrams Eva (T)	14. 4.83 °	E F	k	24. 8.53		**Paulzen** Lu		C		18.11.72
	Bleich Michael	16. 8.84	M SP	k	11. 7.53		**Hewelt** Corine		F E		8. 6.74
	Thöne-Coers Ulrike	5. 9.84 °	GE PA	k	26. 9.53	H	**Kreuk** Jan Dipl.-SpL		SP		27. 2.51
	Cassens-Sasse Wiard	6. 2.87	D EW ER	k	30. 5.52						

1.775 Wermelskirchen Gymnasium gegr. 1922
st. G. f. J. u. M.
Stockhauser Str. 13, 42929 Wermelskirchen – Tel. (0 21 96) 7 08 69 00, Fax 70 86 91 00
E-Mail: sekretariat@gymnasium-wermelskirchen.de
Homepage: www.gym-wermelskirchen.de

Kl: 12/21 Abit: 83 (38)
L: 87 (A_1 1, A_2 7, B 29, C 25, D 3, E 11, F 6, H 5)
Spr.-Folge: E, L/F, F/L, L/F

BR Köln
ASN: **166224**
Dez: LRSD **Gosmann**

A_1	Bergmeister Elke geb. Hermanns	29.10.91 °	E L	e	19.10.46
A_2	Mühle Reinhard	28.12.90	M PH IF	e	26. 4.50
	Halm Horst	6. 1.93 °	GE D		20.10.50
	vom Stein Günter	7.95	M PH		14. 1.52
	Bilstein Jochen	3.96	D GE		16. 5.49
	Sackmann Uwe Dr.	1. 9.07 °	BI CH	e	1. 3.62
	Haupt Andreas		BI		16. 4.45
	Neuhann Stephan		M GE	k	17. 6.53
B	Lindner Wolfgang	2. 3.79	M IF		15.12.49
	Willwater Barbara	1. 1.80	SP F	e	29.10.45
	Moenen Hans-Peter	24. 5.80 °	F EK	k	9.11.47
	Witt Ulrich	12. 9.80	GE D	oB	6. 1.50
	Münch Bernhard	23.12.81 °	D GE neuap		4. 3.49
	Barden Alice geb. Barth (T)	25. 1.85 °	F EK	k	18. 7.51
	Rau Hans Arnold Dr. (T)	85 °	D ER PL	e	26. 8.46
	Wittwer Ute geb. van Eickels (T)	7.10.93	EK F	k	26. 3.53
	Trompetter Claudia	7.10.93 °	M EW	k	24.12.54
	von Schlichting Constanze	8. 8.95 °	M EK	e	7.12.53
	Peter Wolfgang	13. 1.96	CH PH		14. 4.47
	Schauff Ursula	13. 1.96 □	D SW	k	30. 5.53
	Käsbach Hans	13. 1.96	KR SW	k	5. 1.50
	Braun Wolfgang (T)	30. 5.97 □	D SW PL		23. 5.53
	Vockel Birgit	19. 3.98	D SW		9.11.62
	Schäfer Ulrich	10.10.98 °	M PH	k	8.10.53
	Bauchmüller Robert	9. 6.99 °	PH D		15. 1.52
	Kramp Andreas	19. 9.00	PL EW SW MU	e	31. 8.49
	Dohr-Neumann Jürgen (T)	7. 8.01	E SW PK		27. 7.51
	Frankrone Heike	30.11.01	F BI	e	15.12.62
	Grundmann Christiane	29. 7.03 °	E EW	k	8. 7.51
	Gerber Ulrike	27. 6.06	M ER		8. 3.69
	Arentz Stefan	27. 6.06 °	E L	k	26. 6.73
	Hallmann Brigitte (T)	7.07	D BI		15. 7.53
	Wolfrum Rüdiger	7.07 °	GE SP		13. 8.48
	Breiden Ulf	7.07	D EK	k	8. 7.65
	Behrens Wolfgang		GE PL		29. 7.52
	Kreuzer Rita geb. Sradomski		M EK	k	3. 2.53
	Metzner Manuel		BI SP		
C	Sporbert Birgit (T)	13. 2.79	BI M		27. 6.49
	Kleinertz Adelheid (T)	13. 2.79 °	D GE		27. 8.46
	Brinkmann Ulrich	18. 2.81 °	SP E	k	22. 9.46
	Noga Anita (T)	3. 8.82	E EK	k	26.10.51
	Kusch Wilhelm	27. 8.82	MU MW		31. 1.51
	Heedt Peter	29. 9.83	SP BI	k	24. 7.53
	Renzmann Ursula	18.10.83 □	D KU		22. 7.51
	Kotthaus Walter	16. 8.84 °	PH SP	e	20. 2.49
	Harbeck-Pingel Bernd Dr.	4. 1.00 °	D ER		15. 5.68
	Mattieson Marc	1. 1.02	EK SW GE		5. 3.68
	Sohmen Andree	1. 8.02 °	L BI		22. 4.69
	Vogel Silke	1. 8.03 □	MU SP	e	4. 2.73
	Frömmel Andreas	9.07	KR D MU	k	23. 9.71
	Schumacher Susanne geb. Kneist		E SW	e	18. 6.53
	Bredenbröker Irene		D E	e	7. 6.55
	Kayser Angelika (T)		D CH		28.10.55
	Schulz-Freitag Christin		E D	efk	20. 8.60
	Fleck Martin Dr.		L GE		25. 4.61
	Kalenberg Heiner		M PH	k	17. 8.64
	Reichel Svea (T)		D KU		11.10.70
	Lührsen Maja		SP F		5. 6.71
	Sengutta René		E SP	e	1. 8.72
	Furken Henrike		CH BI	e	10.10.73
	Bleckmann Melanie		E SP	e	28. 1.75
	Harmeling Britta		BI EK		4. 9.75
D	Herbeling Frank	10. 8.77	SP	e	12. 2.47
	Mausberg Gisela SekIL'	4. 7.86	BI KR	k	6. 2.55
	Szudarek Angelika		KU ER	e	3. 4.63
E	Sidon Susanne	6. 9.04	E D		
	Fels Tina	1. 2.05	SP SW	k	2.10.75
	Klein Lars	22. 8.05	KU SW		27. 9.74
	Jürgensen Simone	22. 8.05	BI CH	k	5.11.74
	Klein Sandra	9. 8.06	D E		18.10.77
	Bückmann Anne	9. 8.06	BI ER		3. 5.78
	Wodicha Silke	1. 2.07	E F	e	12. 7.77
	Brettschneider Andreas		D E		25. 3.74
	Fuhrmann		SP		
	Gerasch Ulrike		F GE		
	Tuchscherer Andreas		MU PA		
F	Haustein Doris		BI PA		13. 3.51
	Stapper Erika		PA M		2. 6.54
	Rüsing Elisabeth geb. Nitrowski		E ER	e	24. 5.61
	Henn Ole		GE PK	e	6. 1.74
	Haase		KU		
	Peters Hartwig Dr.		CH PH		
H	Schäfer Hella Dipl.-SpL'		SP	e	31. 5.56
	Curtis-Jelen Patricia geb. Curtis		E F		
	Damm Christoph		ER	e	
	Poersch Heiko Pfr.		ER	e	
	Seng Cornelia Pfr.'		ER	e	

1.780 Wesel   Konrad-Duden-Gymnasium   gegr. 1342
st. G. m. zweisprachigem dt.-engl. Zug f. J. u. M.
Barthel-Bruyn-Weg 54, 46483 Wesel – Tel. (02 81) 6 45 95, Fax 6 31 42
E-Mail: kdg-wesel@web.de, Homepage: www.kdg-wesel.de

Kl: 10/17   Ku: 169/33   Sch: 1124 (631) (289/484/351)
L: 60 (A 1, A$_1$ 1, A$_2$ 5, B 20, C 19, D 3, E 5, H 6)
Spr.-Folge: E, L/F, F/R, S

BR Düsseldorf
ASN: **166121**
Dez: LRSD **Stirba**

A	Schott Heinzgerd Dr.	1. 8.02	° D SW	k	25. 4.52	Eich-Bückmann Inge	24. 4.80	KU W	k	30.11.48
A$_1$	Brützel Renate	1. 8.02	CH M	e	28. 7.50	Winkelmann Gerd	3. 4.81	EK SP	e	31.12.50
A$_2$	Thomä Klaus	30. 5.90	° M PH	k	16.11.46	Stevens Wilfried	23. 8.82	GE SW	k	5. 9.51
	Wirges Gisela	1. 6.94	CH EK BI	k	28. 9.54	Finkelday Uwe geb. Bäcker	16. 8.83	PH	e	1.11.49
	Hömberg Karl (Vw)	22.12.94	° E KR	k	31. 1.48	vom Schemm Ulrich	25.11.83	D PA		13. 1.51
	Pünzeler Klaus	15.11.95	° E EK		23. 7.52	Staubach Angela	16.12.83	M E	k	9. 3.53
	Häuser Wolfgang	30.12.96	E EK		26. 8.52	Anhuf Birgit (T)	23. 1.86	D BI	e	27. 9.55
B	Haubitz Volker	8. 3.75	° EK MU	e	31. 3.43	Oschilewski Annette	27. 2.86	M R		16. 5.53
	Breitscheid Werner	24.11.78	° EK E	k	16.12.42	Janus Andreas	1. 8.01	GE ER	e	20. 2.66
	Gadow Ernst	30.11.78	F R		23. 9.44	Gockel Gisela	1. 8.02	° E L	k	7. 2.73
	Bröckerhoff Günther	1. 1.80	° E EK	k	7.10.46	Fischer Mario	1. 8.03	D SP		3.10.70
	Loose Rolf	19.12.81	° PH M	k	7. 5.50	Matenaers Rita	1. 2.06	F PL	k	11.12.56
	Niedworok Thingolf	19.12.81	° EK SP	k	25. 3.45	Ossig Sandra	1. 8.06	F E GE	e	12. 2.73
	Schoch Klaus-Dieter	19.12.81	° E SP	e	17. 1.50	Witter Florian	20. 7.07	BI CH SP		2. 4.70
	Heitkötter Heinz	29. 9.82	E EK	k	27. 4.48					
	Westbrock Hermann	30. 9.82	PA KR	k	21. 3.45	Pollmann Kerstin		BI CH		
	Wrobel Gerhard (V)	28. 2.85	° D SP		20. 9.50	D Holland Hugo SekIL	3. 9.81	GE BI		26. 2.55
	Fölsch Erhard	2. 1.86	° BI EK		25. 9.48	Grunewald Elke SekIL'	3. 9.81	M ER	e	3. 8.56
	Opel Alfred	18.12.90	° MU F	k	3. 3.51	Blind Josef SekIL	4. 9.81	KU EK		2.10.55
	Bergkemper Ludger	19.12.94	M PH	k	29.11.51	E Stenmans Christoph	1. 2.06	L R G	k	11. 6.66
	Stammkötter Rainer	31.12.95	M SP	k	10.12.54	Mandel Melanie	1. 8.06	D PA	e	28.11.72
	Berning Hildegard	15. 3.96	D PA		28. 4.54	Ostermann Silke	1. 8.06	E F		15. 3.76
	Kleinschmidt Marlies geb. Rütter	14. 5.02	SW EW	e	25. 2.51	Schmidtke Claus-Dieter	1. 2.07	° E GE		14. 7.76
	Benning-Cebula Christine	14.12.04	□ E PL PP	k	14. 6.67	Madel Gunnar	1. 2.07	° EK L		8.12.77
	Walkenhorst Christine (T)	1. 5.07	D E	e	10. 3.61	H Bröckerhoff Françoise geb. Bonamy		F		7. 6.49
	Fobbe Peter	1. 5.07	D GE IF	k	10. 8.65	Schnurr Otto		L R SP	e k	15. 6.52 18. 7.52
	Herloch Franz-Josef		M PH			Bücker Walter Dipl.-SpL		° D GE		25. 8.59
C	Meier Nils Dr.	27. 2.78	M		22. 5.43	Göhmann Olaf		D PK	k	30. 6.77
	Loose Maria (T)	23.11.78	M	k	30. 3.50	Reiber Ariane		SW		
	Schreiber Til Dr.	19. 9.79	F S		30. 6.44	Montag Holger		D E	e	
	von Holtum Axel	25. 9.79	° GE EK		20.11.47					

1.781 Wesel   Andreas-Vesalius-Gymnasium   gegr. 1853
st. G. (5-Tage-Woche) f. J. u. M.
Ritterstr. 4, 46483 Wesel – Tel. (02 81) 16 49 91 80, Fax 2 90 14
E-Mail: schule@avg-wesel.de, Homepage: www.avg-wesel.de

BR Düsseldorf
ASN: **166110**
Dez: LRSD **Stirba**

L: 55 (A 1, [A$_1$] 1, A$_2$ 4, B 17, C 20, D 3, E 5, F 3, H 1)
Spr.-Folge: E, F/L, F/N, F

A	Berner Jürgen	1. 2.04	° D PL	k	25.12.48	Nahberger Günter Dr.	28. 1.81	D PL	e	19. 1.52
A$_1$	(Fontein Brigitte geb. Kühn StD' A$_2$)	9. 1.94	F E SP	e	23. 2.54	Gerber Hans-Joachim	1.12.81	° M PH	e	9. 7.49
A$_2$	Esser Franz (Vw)	17.12.92	PH EK	k	3. 1.45	Wanders Bernhard Dr.	1. 7.86	D SW		20. 9.50
	Haase Wilfried	12.12.94	D PL PA		3. 4.45	Becker Heribert Dr.	1.12.89	° EK F	k	8. 2.51
	Höpken Udo	15.11.95	E SW		15. 3.50	Isenberg-Haase Heike geb. Isenberg	5.11.90	BI CH		20. 1.54
B	Hintzen Karl-Heinz	5. 2.79	° GE L	k	19. 4.47	Naujoks Konrad	22.12.95	° M WW		6. 9.51
	Engels Ursula	21. 1.80	° CH M	k	21.10.45	Frings Ernst	20. 1.97	° M PH IF	k	7. 6.50
	Plischke Magda (T)	15.12.80	BI F	e	14. 9.49					

	Gast Gabriele	20. 1.97	° MU MW	k	15. 8.53		Hammel Michael	28. 7.97	SW E k	29. 3.58
							Werner Markus	30. 3.99	MU E k	12. 9.63
	Brieger Gerd	20. 1.97	E SP		22. 5.52		Florenz-Reul Beate	18. 8.00 °	KU KR k	19. 8.63
	Staege Wolfgang	20. 1.97	D PA	e	20. 1.53		geb. Florenz			
	Mokosch Marianne geb. Behrendt	3. 8.98	E TX		9. 3.51		Vethake Michael	23. 4.01	MU E e	1. 2.67
							Bieler Jana	1. 1.02	M CH	3. 7.68
	Lewin Manfred	3. 8.98	BI F	e	3. 3.57		Koke Anke	1. 1.02	E SP	20.11.71
	Schiffer Peter	1. 3.00	L EK N		26. 9.52		geb. Haferkamp			
	Diehr Christina geb. Stucki	30. 7.04	E D	e	4. 1.67		Oberste Padtberg Gerlinde geb. Emich	18. 8.05	ER SP e BI	17. 6.76
C	Plischke Berthold	11. 8.80	M IF		6. 9.48	D	Drame Maria geb. Wenzel SekIL'	1. 3.83 °	D KU k	17. 1.46
	Schmitt Peter	1. 3.81	M		16. 9.49					
	Böhlke Eva	14.12.83	D ER	e	8. 3.55		Beier Renate geb. Langenfurth	10. 8.92	ER BI e	25. 7.56
	Evers Dieter	12. 4.84	EK SP	e	23.11.52					
	Höck Manfred	9. 8.84	SW GE	k	20. 8.50		Flegelskamp Norbert	24. 3.98	M KR k	3. 3.70
	Radvan Manfred	4. 9.84 °	M PH	e	7. 6.53	E	Roland Christine geb. Mackenthun	6. 9.04	KR GE k	9.11.75
	Lehnardt Marita geb. Walendzik	6. 9.84	D GE		12.10.52					
							Hoberg Simone	21. 1.05	D E	13. 5.75
	Schörry Gabriele	15.11.84	D KU ER	e	16. 8.52		Wächter Stefanie	1. 2.05	D F k	23. 5.77
							Steinmetz Diana	4. 4.05	BI PA k	12.10.75
	Terwelp Ursula	20.11.84	BI M	k	12. 8.54		Sümnig Claudia	22. 8.05	MU SP	7. 5.75
	Plottek-Lohmann Sigrid (T)	15.11.85 °	KR GE	k	11. 4.55	F	Ueckert Susann		D EW	17. 3,59
							Hübsch-Faust Monika		SW ER e	25. 4.61
	Platte Norbert	9. 2.88	BI CH		26. 5.55		Paß Dominik Dr.		D PL PP	13. 5.70
	Schomecker Irmgard	31. 8.92 °	E PL KR	k	5.10.57	H	Eichelberg Gabriele		SP e	31. 5.51

1.785 Wesseling Käthe-Kollwitz-Gymnasium gegr. 1969
st. G. (5-Tage-Woche) f. J. u. M.
Bogenstraße, 50389 Wesseling – Tel. (0 22 36) 89 88 00, Fax 89 88 16
E-Mail: gymnasium@wesseling.de, Homepage: www.kkgwesseling.de

Kl: 8/16 Ku: 89/16 Sch: 843 (412) (208/411/224) Abit: 128 (76) **BR Köln**
L: 53 (A 1, [A$_1$] 1, A$_2$ 3, B 17, C 21, E 4, F 5, H 1) ASN: **166947**
Spr.-Folge: E, L/F, F/L, S Dez: LRSD **N. N.**

A	Dierkes Hans Dr.	1. 8.05	D PL KR	k	23. 7.47		Ludewig-Paffrath Kirsten		D F e	13. 2.62
A$_1$	(Balkenhol Udo StD A$_2$)	1. 6.00	D PA		3. 4.52		Müller Christine		e	
						C	Storm Ursula (T)	8.79 °	E PA ER	14. 9.49
A$_2$	Jahn Wolfgang (Vw)	20.12.91 °	BI M	k	26. 6.43		Osterfeld Georg	6. 9.81	SW GE e ER	19. 3.52
	Spiecker Marita geb. Lutz (T)	24.10.94 °	CH EK		8. 9.50		Schormann Ingrid	1.10.81	D GE	9. 3.47
	Hecken Helmut	7.00	M PH		20. 7.49		Wilmers Marlies (T)	8.82	E M	
B	Grober Hella	1. 4.80	F GE		15. 9.47		Mumdey Norbert (V$_1$)	8.86 °	L GE k	26.10.56
	v. Rappard-Junghans Brigitte geb. Krafft (T)	10.12.80 □	BI F		3. 5.47		Franz-Schlösser Ursula geb. Franz (T)	1. 2.88	E KU	13.11.56
	Malunat Traudel	15.12.80	BI EK		20. 2.47		Frech Holger	14. 4.00	E EK e	15.11.66
	Tegeler Gerhard	1. 2.81 □	D SW	k	7. 3.46		Stegmann Anne	2. 9.02	KU E	13. 3.70
	Junghans Michael	10. 1.94	M IF		3. 2.50		Zobel Eike	8.04	BI SP	15.10.71
	Schröter Angelika geb. Janßen (T)	1. 2.96	D GE	k	30. 4.50		Feldhoff Thomas-Henning	8.05	PH MU	13. 4.74
	Kuckelkorn Frank	12.00	PH EK IF		25. 3.55		Fels Birgit	9.05 °	D PL GE k	17. 1.71
	Dewitz-Weyhofen Sabine geb. Dewitz (T)	5.04 °	EK F		5. 9.51		Pethes Vera (T)	2.06	MU D	27. 3.70
							Siegert Axel	4.06	M SP	10.10.72
	Brandhorst Ralf	13. 6.04	L ER	e	10. 4.67		Koslowski Anja	1. 8.06 °	E SP	31. 1.66
	Stude-Scheuvens Marianne (T)	6.05	E SW	k	16. 5.57		Landvogt Nicole	1. 8.06 °	M EK k	24. 9.68
	Fischer Barbara (T)	8.06 °	D E GE		27.12.50		Schmidt-Rost Cornelia (T)		° E GE e	15.12.49
	Altegoer Mark (T)	8.06	M PH	k	19. 8.71		Jetzek-Berkenhaus Brigitta		GE D	8.10.53
	Döring Angelika (T)	6.07 °	ER D	e	4. 4.56		Batsch Anja (T)		° D E k	17. 8.71
	Funke Michael	6.07 °	BI CH	k	20. 5.72		Pfeffer Stefanie (T)		S L	15.11.71
	Bücher-Effler Monika		M	k	30.11.52		Schmid Ortrud (T)		° M SP e	16. 2.72

Gymnasien Nordrhein – BR Düsseldorf · BR Köln   271

	Zündorf Sigrid		E SP			
E	Cuno-Janßen Laila (T)	1. 8.05	D KR	k	1. 6.74	
	Hassan Nadine	22. 8.05	F S	k	15. 7.76	
	Böttger Björn	1. 2.06	PH SP	e	23. 2.75	
	Hülsmann Birte	1. 2.06	D BI	e	26. 7.78	
F	Deest Wolfgang Dipl.-SpL		SP		1. 8.47	
	Podgurski Felicitas		◻ D PL		13. 8.48	

Bittner Stefan Dr.		PA GE	e	13.12.54
		PL PP		
Brüntink Wilhelm		SP GE		9. 2.58
Schmelter Andrea Dr.		EK SW	k	11. 5.66
		KR BI		
H Neumann Hans-Ullrich Dipl.-SpL		SP		28. 5.48

1.790 Wiehl Dietrich-Bonhoeffer-Gymnasium   gegr. 1969
st. G. (5-Tage-Woche) f. J. u. M.
Hauptstr. 81, 51674 Wiehl – Tel. (0 22 62) 99 94 2-0, Fax 99 94 2-23
E-Mail: sekretariat@gymwiehl.de, Homepage: www.dbgwiehl.de

Kl: 10/17   Ku: 157/24   Sch: 1205 (658) (319/479/407)   Abit: 82 (52)   **BR Köln**
L: 71 (A 1, A₂ 6, B 22, C 26, D 3, E 4, F 4, H 5)   **ASN: 167009**
Spr.-Folge: E, F/L, L/S, S   Dez: LRSD Gosmann

A	Klaas Dieter	1. 5.04	E F	e	22. 8.50
A₂	Heuser Birgit (F)	1. 5.99 °	L GE M k		9. 7.59
	Vogel Rainer	1.11.01	EK PA	e	2. 2.53
	Mahlberg Michael	1.11.01	D F	k	7.10.49
	Beer Doris		Rum D	e	4. 2.46
	Becker Siegfried Dr. (Vw)		M	e	28. 6.50
	Thau Michael		D E		24. 8.56
B	Franken Gerd	10.12.78	D GE	k	24. 9.43
	Wissemann Friedrich Wilhelm (T)	13.12.78 °	CH	e	26.12.43
	Heimann Dieter	15.12.78	D GE	e	21. 8.43
	Mombartz Josef	9. 1.80	L GE	e	20. 9.49
	Schneider Helmut (T)	1. 4.80 °	BI SP	e	25. 5.48
	Siebenhaar Wolfgang	1. 4.80	E GE	e	12. 7.49
	Gude Ulrike	29. 2.96	BI	k	4.11.50
	Koch Margarete	29. 2.96	D E		22. 2.52
	Nicke Herbert Dr.	1. 6.00 °	EK GE	k	5.10.52
	Dürr-Steinhart Judith (T)	1. 6.01	MU D		23.11.51
	Dietrich-Zipplies Gudrun (T)	1. 8.01	D SW		7. 5.49
	Nikolaizik Ingo	1. 8.01	E KU EK	e	29.12.52
	Werry-Nikula Felicitas (T)	1. 8.01	GE SW	k	26. 9.54
	Twilling Ute	15.11.04	BI PA	efk	4. 2.54
	Scholz-Mönkemöller Bernhard (V)	15.11.04 °	G L KR	k	22. 2.65
	Nase-Weichbrodt Birgit (T)	1. 5.05	BI EK	e	8. 4.52
	Hubrich Andrea	1. 5.05	SW GE		24. 1.54
	Donath Axel	1. 5.05	M PH		27. 3.70
	Poppe Jochen	1. 5.05	M SW		9. 6.70
	Knüpling Friederike	1. 5.05	D S	e	1. 8.71
	Will Gabriela		BI CH		6.12.51
	Schmitt Heribert		◻ S D		10. 2.60
C	Rädel Gabriele (T)	1. 4.76	F ER	e	3. 7.46
	Fabeck Rainer	15. 3.81	D E	e	13. 3.50
	Lammerich Rainer	13. 9.83	EK F	k	25.10.53
	Schneider Helga	4.10.83	GE SW	e	16. 6.54
	Waldmüller Franz	19. 9.84	E EK	k	24. 5.50
	Steinmaier Bettina	28. 8.97	D E		10.10.59

	Blecher Annette	1. 1.02	D MU		14. 3.72
	Leon Hannelore	1. 8.01	E ER	e	4.11.71
	Koj-Meinerzhagen Michaela	1. 3.05 °	M SP	k	8. 3.73
	Knapp Christof	18. 8.05 °	F KU	k	14. 3.73
	Spiegel-Benkel Claudia	6. 9.05	E F	k	2.12.68
	Hünten Julia	6. 8.07	BI D	e	27. 5.75
	Streffing Angela (T)		◻ KU	k	3.12.63
	Löhmer Oliver Dr.		M PH	e	28. 7.68
	Strauß Ralf		F ER	e	12. 1.71
	Arab Alidusti Anke		° D ER	e	13. 3.72
	Titgemeyer Ralf		° M PH	e	23.10.72
	Staniczek Gunnar		CH PH		14.10.72
	Schneider Ines		M E	oB	15. 1.74
	Geck Ingo		PH PL		28. 1.74
	Reichard Olaf		EK BI	k	4. 6.74
	Neuenhaus-Fries Sonja		D SP	e	12. 6.74
	Nohn Dorothee (T)		F E	k	19. 1.75
	Martell Claudia		° D PL	k	22. 5.75
	Dahmen Michael		° M KR	k	21.11.76
	Blecker Stefanie		E S	k	19. 8.77
D	Bühne Ilse	19.12.80	M EK D	e	27. 2.51
	Musiol Heiner	1. 4.82 ◻	MU E	e	10.12.50
	Pfund Marianne SekIL'	4. 3.84	E SP	k	6. 7.55
E	Kalsow Stefanie Dr.	6. 8.07	CH SP		29. 6.74
	Fudala Isabella	6. 8.07	D GE PH	e	29.10.76
	Witsch Ricarda	6. 8.07	E S		4. 1.77
	Soukane Sabine	6. 8.07	BI EK		13.10.79
F	Engelberth Rainer Dr.		ER GE	e	17. 2.57
	Kopal-Engeländer Dagmar Dr.		M SP	e	1. 3.60
	Schweppenstette Frank Dr.		GE PL D	k	26. 3.69
	Theile-Ochel Stefan		◻ EK SP	k	26. 4.70
H	Pitters Johann		PH CH	e	2. 1.46
	Arz Hans-Eduard		SP		18.11.50
	Teipel Norbert Dipl.-SpL		SP		1. 3.51
	Arz Bärbel		SP		14. 3.51
	Oestreich Beate		SP	k	15. 4.54

1.795 Willich St.-Bernhard-Gymnasium gegr. 1954
pr. G. (5-Tage-Woche) f. J. u. M. d. Malteser Werke gGmbH, Köln
Albert-Oetker-Str. 98–102, 47877 Willich – Tel. (0 21 54) 95 77-0, Fax 95 77 30
E-Mail: kontakt@st-bernhard-gymnasium.de, Homepage: www.st.bernhard-gymnasium.de

Kl: 12/22 Ku: 162/21 Sch: 1308 (697) (357/607/344) Abit: 52 (26) **BR Düsseldorf**
L: 70 (A 1, A_1 1, A_2 8, B 22, C 24, D 2, E 5, F 5, H 2) ASN: **165888**
Spr.-Folge: E, L/F, F/S, S Dez: LRSD **Dr. Behrendt**

A	Peters Margret		1. 8.07		E PL PS	k	29. 8.56	Welder Angela	1.10.85	M PH	k	5. 9.55
A_1	Schmitz Johannes		1. 8.93 °	M PH	k	23. 7.49	Duven Monika	1. 2.86	D PA	e	3. 6.53
A_2	Hartmann Ludwig (T)		3. 9.81 °	F EK	k	19. 2.47	Glombek Eva-Maria (T)	1. 2.89	F GE	e	5. 9.55
	Freischlad Ulrich (T)		24. 9.81 °	PH M IF (ER)	efk	16. 3.45	Höffken Günter	1. 8.89 °	GE F L S	k	26. 6.52
	Glombek Rudolf		1.12.89	D KR L	k	30. 7.48	Wessel Hiltrud	1. 8.93	GE M	k	13. 9.56
	Link Werner (Vw) (V)		1. 6.94 °	E PA	k	22. 8.52	Oenning Dieter	1. 8.93 °	M SP PH	k	26.11.57
	Röhrscheid Bernd-Dieter		1.12.95 ▫	SW SP	e	3.11.46					
	Staas Rainer		1.12.95 °	M PH	k	18. 3.56	Feller Bernhard	1. 8.93	KR SW	k	14.12.57
	Littke Joachim		1.12.95	D KU	k	20. 2.53	Waldschmidt Michael	1.10.94	M ER	efk	19. 3.60
	Dohmen Heinz		1. 2.06	E EK	k	21. 4.49					
B	Lieth Hans-Jürgen (T)		1. 8.80 °	BI D	k	14. 4.48	Förtsch Michael	1. 4.95	M MU	k	25. 2.57
	Hoff Helmut (T)		1. 2.82	PH EK (M)	k	7. 8.46	Deggerich Georg Dr.	1.10.95	E D	k	22. 9.60
							Schlosser Ina (T)	1. 4.98	E KR	k	17. 2.63
	Kaufmann Walter		1. 1.88 °	D GE	k	4. 4.47	Oenning Beate (T)	1. 5.99	D E	k	25. 2.59
	Mond Klaus		1. 9.88 ▫	E SW	k	18. 6.52	Heller Mariana	1. 8.01	S SP	k	12. 8.64
	Prystav Lothar		1.12.89	M EK IF	e	17.12.51	Wangelin Beate	1. 8.02	D KU	e	7. 5.62
							Josephs Wilhelm	1. 8.03	L SP	e	20. 6.69
	Speen Hans-Josef		1.12.89	E F	k	30. 9.53	Schröers Jan	1. 8.05	E SP	k	24.10.69
	Engels Christiane		1.12.89 °	M PL IF	k	1. 6.55	Müller Timo	1. 8.05	L SP	e	19.12.72
							Kierdorf Sonja geb. Lenharth	22. 8.05 °	E KR		6.10.70
	Witt Uwe		1. 4.91 °	D E	e	12. 9.48					
	Arnoldy Franz		1. 7.91 ▫	E SW	k	26. 1.54	Kemper Christina	1. 9.05	E SP	e	29. 5.72
	Thomas Regina (T)		1. 8.91	PA BI	k	9. 2.55	Suttmeier Kerstin		D ER	e	2. 3.63
	Volmer Hans-Georg		1. 8.91 °	EK F	k	7. 5.52	D	Killich Ulrike SekIL' (T)	13. 3.81	SP PH	k	27. 8.53
	Bützler Elke		1.10.91 °	F S SP	k	12. 2.55	Brill Birgit SekIL'	3. 4.81	CH BI	e	2. 6.50
	Seitz Dieter		1.10.91	CH BI	e	8.12.53	E	Heuser Nadja	1. 8.04	E KU	e	2. 7.72
	Klink Bernhard		1.12.94	D PL	k	3. 8.49		Braml Marion	1. 8.07	KU	e	29. 6.66
	Vieten Winand		1.12.94	M GE		18. 9.51	Pauly Christina	1. 8.07 °	D SP	k	15. 4.77
	Kappl Lothar		1.12.94 °	C H BI	k	27. 6.54	Harperscheidt Mario	1. 8.07 °	GE KR	k	15.12.77
	Weßler Alfred		1.12.94 ▫	D Soz	k	18. 2.54	von Skotnicki Susanne	1. 8.07	D GE	e	1.10.79
	Rauch Norbert		1. 6.95	M PH	k	13.11.52					
	Hogemüller-Westhelle Beate		1. 6.95	F KU TX	k	29.1.55	F	Hertel Gabriele		E BI		9.11.53
	Dücker Hans-Michael		1. 5.99	MU F	k	19. 8.51	Vonberg Barbara		EK M	k	30. 8.54
	von Werden Herbert		1. 8.02	D GE	k	12. 5.49	Kaulhausen Norbert		MU HW	k	25. 3.56
	Ville-Tapper Ingrida		1. 5.05	CH BI	e	30.11.55					
							Müller Heiderose		D ER	e	27. 8.56
C	Kaufmann Eva		1. 3.81 °	E EK KR	k	1. 2.53	Petersen Christel		BI EK	k	18. 4.57
	Abelen Sibylle (T)		4. 9.83	F GE	k	1. 2.55	H	Tuttas Manfred Dipl.-SpL		SP	e	15. 1.51
	Goette Ursula (T)		19.10.83	E EK	e	11. 8.51	Warobiow Holger		SP	e	15. 3.65
	Welder Michael		1. 8.84	M PH IF	e	27. 3.53					

1.796 Willich-Anrath Lise-Meitner-Gymnasium gegr. 1998
st. G. f. J. u. M.
Hans-Broicher-Str. 40, 47877 Willich – Tel. (0 21 56) 48 04 90, Fax 48 04 99
E-Mail: mail@lise-meitner-gym.de, Homepage: www.lise-meitner-gym.de

Kl: 8/19 Ku: 106/22 Sch: 1026 (568) (242/518/266) Abit: 108 (53) **BR Düsseldorf**
L: 61 (A_1 1, A_2 3, B 18, C 23, D 3, E 6, F 7) ASN: **193550**
Spr.-Folge: E, L/F, F/R, S Dez: LRSD **Dr. Bentgens**

A_1	Kampmann Astrid		1.11.98	D GE		22. 4.52	Koenen-Volkmann Heidrun		D KU	e	28. 7.55
A_2	Clauss Manfred		5.04 °	F GE	e	9. 9.50					
	Latour Andreas		4.06	M PH	k	28.10.67	B	Ladurner Ingrid	78	D E	e	17. 5.50

	Sollmann-Becker Gisela geb. Becker	26. 6.81	° BI	k	14. 8.46	Gohla Jan	06	BI CH k	7. 9.71
						Manthey Nicola	06	° BI SP	1. 4.76
	Regh Agnes	99	MU S		26.12.58	Fuhse Lennart	07	MU ER e	28. 6.73
	Lilge-v. d. Driesch	1. 4.00	CH EK		29. 4.53	Münch Marcus	07	D E	28. 6.73
	Hans-Jochen (T)					Ecken Holger Dr.	07	CH PH e	27. 1.74
	Manger Heinz	28. 8.00	D GE		12. 6.54	Föltz Carola	07	D ER e	29. 4.75
	Langkutsch-Brömmel	18. 7.02	BI EK	e	1. 8.54	Jordans Andrea	07	° E F k	2.11.76
	Antje (T)					Boukes Birgit	07	° D KR k	6. 1.77
	Mockel Eva-Maria Dr.	10.03	° D KU PP PL		8.10.52	Pinter Angela		E D	12. 6.60
						Volger Judith		E GE	23.10.62
	Weber Renate	03	M PH		2. 3.52	Schulz Andrea Dr.		° E ER e	20. 2.67
	Huerter Michael	03	° GE EK KR	k	21. 3.52	Schmücker Kerstin		M S	24.11.67
						Wildberger Brigitte		L F	25.12.70
	Schmidt-Grob Birgit	03	E GE	k	21.10.52	Aretz Rita		° KR F M k	3. 5.71
	Rolf Regina (F)	03	° M PH		23. 7.67	Uerschels Christine		E F	
	Reckeweg Ralph	11.05	M SP	e	2. 2.69	D Vogel Cäcilie SekIL'	30. 9.84	M EK	16. 9.55
	Lauschke-Ehm Kirsten	11.05	° L GE		27.11.68	Wermes Rita RSchL'	8.89	D MU	
	Linkert Clemens	07	SP SW	k	25. 6.65	Motzet Ingrid		E EK k	8. 1.55
	Thome Claus	07	M KR SP	k	7. 5.69	E Lunte Andree	22. 8.05	M EK e	4. 8.75
						Faßbender Oliver	9. 8.06	D PL k	8. 8.74
	Gehrke Bernd	07	E S		10. 7.69	Kaminsky Vera	9. 8.06	D SW k	11.10.75
	Köller Birgit	07	° M GE		26. 9.71	Loenenbach Eva	9. 8.06	D F k	24. 2.77
	Groth Martin		ER SP R	e	8. 5.68	Strucken Stefan Dr.	8.07	D PL PP k	30. 9.75
C	Andresen Ute	94	D E	e	10. 8.62	Adrian Oliver	8.07	BI SP k	12. 6.76
	Scherer Silvia	97	F L		25.10.57	F Kellner Norbert Dr.		D PK	20. 1.49
	Jansen Meike	03	BI CH	e	16. 8.62	Görtz Hans-Josef		° EK KR k	19. 3.52
	Zöhren Ursula	9.05	° KR F	k	18. 9.72	Vollmar-Koch Gudrun		M KU	2.10.52
	Kassens Jan	9. 8.06	SP SW			Stein-Arians Friederike		SP	16. 2.54
	Jüttner Jens	9.05	° L GE	k	17. 6.71	Edelbrock Iris		D E e	30. 5.60
	Kratz Stefan	06	EK IF SP	e	16. 5.70	Stegemerten Sigrid		KR GE k	19. 5.62
						Schwarz Angela		M PH	26. 3.75
	Wrede Katja	06	KU E		13. 8.70				

1.798 Windeck-Herchen Bodelschwingh-Gymnasium Herchen gegr. 1951

pr. G.[1] (5-Tage-Woche) f. J. u. M. d. Ev. Kirche im Rheinland
Bodelschwinghstr. 2, 51570 Windeck – Tel. (0 22 43) 92 04-0, Fax 68 41
E-Mail: schule@bgh-windeck.de, Homepage: www.bgh-windeck.de

Kl: 8/16 Ku: 148/23 Sch: 1053 (576) (234/470/349) Abit: 90 (42)
L: 61 (A 1, [A$_1$] 1, A$_2$ 6, B 21, C 17, D 1, E 7, F 3, H 2)
Spr.-Folge: E, L/F, F/L, S

BR Köln
167289
Dez: LRSD Goßmann

A	Deichmann Jürgen	1. 8.97	PH (M) e	12. 2.48	Kost Harald	1. 6.94	GE KR k	18. 7.56
A$_1$	(Steglich Klaus StD A$_2$)	1. 9.88	GE E e	3.11.50	Schreiber Monika geb. Heidrich	3. 5.96	D PA e	25.11.52
A$_2$	Schmid Werner (V$_2$)	3. 5.96	° EK M e	25. 3.52	Sudmann Rolf	3. 5.96	GE SP e	13.12.56
	Locher Annegret	15. 1.97	D E e	18.12.55	Kriege Susanne	13. 8.96	° M E e	12. 4.60
	Kaltenbach Hans-Dieter (V)	23. 8.99	° M PH IF	15. 1.56	Ewert Iris	13. 8.96	BI CH e	17.10.58
					Thomas Ernst Walter	10. 8.98	D GE e	30. 9.54
	Herdtle Jörg	13.12.01	BI CH e	23.11.58	Harms Diedrich	29. 6.01	M SP ER	24. 4.53
	Grichtol Wolfgang	1. 2.04	D M e	21. 4.49				
	Kaufmann Harald	6. 6.05	BI CH e	28. 8.59	Grabhorn Volker	17.12.01	° GE L e	9. 7.55
	Christmann Wolfgang	1. 7.07	M PH e	29.11.55	Dierenfeldt Ralf	4. 7.02	D PA (KU) e	28. 4.62
	Struck Hans-Erich	1. 7.07	D GE e	24. 1.57				
B	Rahn Günter	2. 5.87	PA ER PK e	3. 4.50	Straub Klaus-Dieter	5. 7.02	D ER e	6. 3.57
					Zöllner Klaus-Jürgen Dr.	23.12.05	E MU e	29. 8.57
	Mollowitz Bernd	3. 9.87	D PL e	20. 7.49				
	Raatz Bernd	14. 5.88	EK E e	7.11.52	Altenrath Birgit	23.12.05	SP KR k	7. 1.61
	von der Burg Jürgen	1. 8.90	BI D e	25. 6.49	Meierhenrich Volker Dr.	19. 1.06	F SW k	31. 1.62
	Zimmermann Holger	1.10.90	KU EK e	15.12.55				
	Pollkläsener Gerhard	1. 6.94	D EK e	27.10.50	Thiessen Peter	20.12.06	M SP e	29. 8.56
	Sagorski Alfred	1. 6.94	M EK e	16. 7.54				

C	Halm Merete geb. Koehler (T)	25. 7.83	°	F E	e	25. 2.51	Rasbach Stefanie (T)	29. 4.04	M PH	e	29. 8.72
	Steglich Juliane (T)	27. 3.84		F EK	e	17. 1.54	Zimmermann Saskia (T)	29. 4.04	° E L	e	22.10.73
	Brinker Waltraud geb. Thürwächter	27. 8.84		BI CH	e	10. 2.54	Weiler Christoph	22.12.05	SW E	m	15. 2.69
							Kusch Natascha	22. 1.07	° F D	e	26. 2.73
	Engels Ulrike geb. Monnerjahn (T)	9.11.84		E F	e	3. 1.54	Fritz Torsten	8. 8.07	M SW	e	4.10.75
							E Blochwitz Anette	1. 2.06	EK L	e	26. 5.76
	Neef Wilhelm	16. 4.92		PH M	e	4. 7.57	Kretschmer Frauke	9. 8.06	MU	e	4. 4.77
	Kaltenbach Anne-Bärbel geb. Scherer	22. 5.92		ER D GE	e	14. 1.60	Ruschmeyer Nastassja	9. 8.06	F S	e	5. 4.77
							Firnrohr Oliver	1. 2.07	BI SP	e	5. 5.76
	Schattauer Karin	4.11.94		D E	e	27. 3.61	Kayser Hanna	1. 2.07	E GE	e	29. 9.77
	Wendland Ulrich	3. 1.95	°	KU D GE	e	7. 8.59	Schmitz-Elverich Erik	1. 2.07	EK SP	e	10. 4.80
							Seitz Tobias	6. 8.07	D BI	e	20. 9.76
	Hillert Silke (T)	31. 3.95		F SP MU	e	2. 2.65	F Schmidt Arndt Dr.		F S	k	21. 5.56
							Prokop Ulf		L KR	k	13. 4.58
	Knöbel Holger	27. 3.98		GE MU	e	12. 6.66	Stellpflug Helge-Anno		E PA	e	4. 5.71
	Pack Stephan	15. 4.98		E BI	e	29. 1.65	H Ackermann Hannjörg		CH	e	17. 5.45
	Rottmann Gesa	29. 4.04		E SP	e	22.12.71	Nölke Andreas R. Dipl.-Theol.		ER	e	4. 2.65

[1] m. Internat f. J. u. M. (Jg.st. 5–13) u. Tagesinternat (Jg.st. 5–10)

1.801 Wipperfürth Engelbert-von-Berg-Gymnasium gegr. 1830
st. G. (5-Tage-Woche) m. zweisprachigem dt.-engl. Zug f. J. u. M.
Lüdenscheider Str. 46, 51688 Wipperfürth – Tel. (0 22 67) 50 21/22, Fax 88 07 35
E-Mail: evb_gymnasium@t-online.de, Homepage: www.evb-gymnasium.de

Kl: 10/16 Ku: 128/20 Sch: 1019 (520) (293/403/323) Abit: 94 (55) **BR Köln**
L: 59 (A 1, A$_1$ 1, A$_2$ 8, B 23, C 15, D 1, E 4, F 1, H 5) **ASN: 167083**
Spr.-Folge: E, L/F, F/L Dez: LRSD Gosmann

A	Radermacher Marga geb. Nadolny	23. 8.00	°	E BI	k	24.11.51	Henn Michael	1. 6.01	KR D	k	30. 3.60
							Schnober Thomas	6.01	D E	k	27. 7.60
A$_1$	Thiel Jürgen	26. 2.04		D PA	k	7. 4.52	Berson Annegret	2. 7.01	° F EK	k	28. 4.50
A$_2$	Külzer Erich	12. 3.90		D PL	k	8. 8.48	Oberberg Peter	25. 1.02	E GE	k	22.10.66
	Külzer Hans	23.10.95		M EK		28. 4.46	Höher Susanne geb. Thomas	30. 8.02	M BI	e	7. 6.66
	Schneider Friedrich	23.10.95		M EK	e	14. 4.47					
	Hansel Margret geb. Hottejan (F)	8.12.98		GE SP	k	21. 1.54	Schmitz Elisabeth geb. Voßschmidt (T)	23. 4.07	F TX	e	11. 2.53
	Lawrenz Birgit Dr. habil. (F)	1. 2.00	°	D E	e	12. 5.64	Pilder Thomas	23. 4.07	M PH	e	25. 4.56
							C Straub Rudolf	16.10.80	PH	k	21. 4.48
	Schmitz Eugen	3.12.01	°	M PH	k	18.10.49	Kurtz Manfred	3. 8.82	D E	e	19.11.53
	Städing Sabine (T)	3.12.01	°	M L	e	1.12.61	Seibt-Engbruch Dorothea (T)	31.12.84	F ER	e	11.12.47
	Wittschier Michael (F)	22. 6.05		D PL	k	24. 9.53	Carl Anette geb. Klinkhammer (T)	20. 4.99	° D SP	e	13. 1.66
B	Pekel Maria geb. Schütz (T)	29.10.82		F TX	k	12.11.49	Wolf Annette	7. 9.99	M PH	e	5. 3.70
	Esser Michael	12. 2.85		MU KR	k	29.10.46	von Schlichting-Sprengel Anne	4. 5.01	° D KU	e	25. 2.67
	Welter Gabriele	6.12.90	□	F E	k	6.10.46					
	Storp Ludger	20. 8.92	°	E F	k	9. 4.54	Schiffelmann Christine geb. Heimann	1. 8.02	E MU	k	7. 4.65
	Blaß Heinz-Josef	9. 7.93		D SW	k	23. 5.52					
	Wiertz Hans-Peter	29. 7.93	°	E EK	k	2. 4.53	Pachurka Thorsten	15. 1.03	SP BI	k	24. 3.71
	Nieder Marianne	10. 8.93	°	CH EK (M)	k	22.11.51	Book Heike	22. 9.03	° M CH	k	23. 5.71
							Stüber Alke	15. 1.04	L GE	e	16. 7.71
	Köhler Rolf	18. 8.95	°	M PH	e	8.11.49	Nettesheim Stefan	11. 3.04	KU SP	k	7.10.73
	Wallroth Renate	22. 8.95	□	BI CH	k	17. 5.51	Slach Esther geb. Hartwich (T)	15. 3.04	KU D	e	4. 1.71
	Brysch Godehard	20.12.96		E EK	k	8. 7.48					
	Winkler Hans-Peter	20.12.96		KW F		9. 8.50	Ziegler Carmen	15. 3.04	E BI	e	19. 5.72
	Cremer Harald	20.12.96	□	D SW		31.12.51	Marten Christiane	15. 9.06	° E GE	e	9.10.73
	Jarre Alfred	8. 1.99	°	M PH	k	3. 2.55	E Daum Sonja		SP L		5.10.73
	Schmitz Hans Joachim	19. 3.99		D F	k	19. 5.56	Rust Anne		D GE	k	2. 7.74
							Wilke Tjark		E SW PK		27. 6.78
	Kremer Lydia (T)	27. 6.00		D E	k	24. 2.61					
	Persian Elvira (T)	27. 6.00	°	M BI	e	28. 3.61	F Kuhlbach-Feistel Birgit		E D	k	2.11.60

H	Schneider Eva		SP	k	22. 5.51	Brücker Karsten Pfr.		ER	e	22. 5.69
	geb. Brochhagen GymnL'					Kersthold Philipp		SP		30. 6.71
	Eder Silke		SP		22.11.52	Dipl.-SpL				
	Weber Franz Josef		MU BI		6. 8.53					

1.802 Wipperfürth St.-Angela-Gymnasium gegr. 1946
pr. G. f. J. u. M. d. Erzbistums Köln
Auf dem Silberberg 3–4, 51688 Wipperfürth – Tel. (0 22 67) 40 51/52, Fax 8 21 64
E-Mail: St._Angela_Gymnasium@t-online.de, Homepage: www.sankt-angela.de

Kl: 8/15   Ku: 139/25   Sch: 1013 (590) (215/436/362)   Abit: 90 (47)   **BR Köln**
L: 58 (A 1, A_1 1, A_2 4, B 11, C 22, D 1, E 1, F 11, H 6)   ASN: **167071**
Spr.-Folge: E+F/L, F/L, S   Dez: LRSD **Gosmann**

A	Krämer Walter		M PH	k	7.10.54	Hoppe Britta	1. 5.05 °	M BI	k	27. 6.76
A_1	Kemper Norbert	8. 8.07 °	L KR	k	27. 4.57	Vennen Norbert	1. 9.05 °	M EK	k	5. 3.73
A_2	Trimborn Georg	1.10.92 °	EK BI	k	28. 2.50	Dederichs Alois Dr.	13. 9.05 °	CH PH	k	28. 3.62
	Mosch-Bröker	22. 2.02	E EW	k	15. 7.52			BI		
	Helen geb. Mosch (T)					Brandt Martin	31. 1.06	E ER	e	6. 3.74
	Gräf Johannes	1.10.04	GE EK	k	8. 4.51	Kieninger Marc	19. 3.06	E SW	k	25.10.69
			SW			Hennigfeld Petra	9. 8.06	L D	k	14. 4.70
	Brombach Eva Maria	1. 7.06	E EK	k	22. 5.52	geb. Metzker				
B	Bayer Gerhard	13. 9.79	E D	k	21. 3.43	Fritzen Martin	8. 8.07 °	E GE	k	8.12.72
	Junge Winfried	19.11.82	KU KW	e	30. 6.49	Tomainolo Yvonne	8. 8.07	M EW	k	8. 9.76
	Duckart Klaus	1.10.91 °	CH BI	k	7. 1.54	Zerwas Walburga		E F		7.10.59
			IF			D	Hansel Hans-Jürgen	1. 8.76	M SP E	k	26. 2.47
	Quicker Gerlinde (T)	27.10.05	D TX	e	8. 3.53	E	Poeschl Ansgar	7. 7.05	L GE	k	6. 6.73
	Oehm Wilfrid	27.10.05	GE PA	k	25. 1.51	F	Boulanger Maria Ass' d. L.		° KR D	k	5. 6.50
	Rottmann Maria	27.10.05 °	M L	k	19. 1.62	Antoni Darina		GE R	k	12. 5.52
	Michels Mario	27.10.05	M SP	k	4. 3.70	geb. Kohuthova Ass' d. L.				
	Steeger Angela (T)	1.10.06	D KR S	k	24. 4.62	Reuter Falk Ass d. L.		° KU KW	k	24. 3.52
	Foley Esther-Maureen	1.10.06 °	E S	k	10. 5.66	Mattusch Winfried Ass d. L.		° D SW	k	26. 8.52
	(V)					Roßler Theresia Ass' d. L. (L)		° E F	k	10. 3.54
	Schneider Dirk	1.10.06	MU E	k	24. 9.68	Behrens Wolfgang Ass d. L.		EK CH	k	3. 4.55
	Sabel Britta	1.10.06	D KR	k	27. 8.74	Tekotte Norbert		M BI	k	27. 2.64
	geb. Richter					Wennowski Anja		SP S	k	19.10.70
C	Bayer Carola	1. 2.82	E	k	20. 5.48	Münstermann		PH IF	k	25. 1.77
	geb. Buttke (T)					Stephanie				
	Vollbrecht Ralf	1. 9.83	D SP	e	26. 2.48	Gertz Franz Josef		M IF	k	8. 4.78
	Junginger Horst	4. 9.84	MU E	e	18. 5.51	Retailleau Carine		F	k	2. 3.80
	Götze Monika	31. 8.94	F S	k	8. 7.59	H	Reuschel Catherine		° F	k	20.12.49
	geb. Roebers (T)					geb. Gossay				
	Münzer Petra	1. 2.97 °	M SP IF		9. 7.61	Callsen Joëlle geb. Lemoult		° F	k	27.10.51
	Walter Matthias	25. 6.99 °	BI EK	k	30. 5.64	Eicker Elisabeth		SP	k	7. 9.52
	Mücke Roland	1. 3.03	PH KR	k	27. 8.71	geb. Bruchhagen Dipl.-SpL'				
	Kaltbeitzer Inga	1. 5.03	E F	k	12. 4.72	Pohl Astrid geb. Leschinski		SP	e	23. 9.55
	Mölle Stefanie (T)	1. 3.04	D E	k	1. 4.72	Dipl.-SpL'				
	Elsbernd Stefan	1. 3.04	M PH	k	21. 6.73	Ruffler Gabriele		ER	k	27. 8.57
	Fuchs Arne	1. 6.04	GE KR	k	6. 5.69	geb. Huneke Pfr.'				
	Mücke Martina	1.10.04	D M	k		Bremer Sebastian		KR	k	13. 1.75
	Thoenes Andrea	1. 4.05	D HW	k	25. 4.73					

1.805 Wülfrath Gymnasium gegr. 1967
st. G. (5-Tage-Woche) f. J. u. M.
Kastanienallee 63, 42489 Wülfrath – Tel. (0 20 58) 78 27 80, Fax 38 74
E-Mail: blum@gymnasium-wuelfrath.de, Homepage: www.gymnasium-wuelfrath.de

Abit: 60 (32)   **BR Düsseldorf**
L: 63 (A 1, A_1 1, A_2 3, B 21, C 31, D 1, E 2, H 3)   ASN: **165645**
Spr.-Folge: E, L/F, L/F, S   Dez: LRSD **Schütze**

A	Winkler Erika		BI CH		8. 4.50	A_2	von Spreckelsen	1.10.92	SP BI		29. 8.47
A_1	Blum Jürgen	26. 4.95 °	M SP		26.11.53		Günter				

	Sonnenschein Günter	7. 1.97	F EK	4.12.48
	Herzog Michael	13. 1.97	E SP	27. 2.48
B	Wagner Friedhelm	1. 8.78	D EK	9. 9.44
	Köstens Hans-Georg	1. 3.80	SP M	28. 9.47
	Schüffner Ingrid (V)	15.11.80	F EK	2. 4.51
	Meinen Jens	23. 7.81	D KU	28. 8.46
	Pruss Helmut	10.11.81 °	F GE	24. 6.45
	Lietz Rita geb. Reinholz (T)	10.11.81	BI CH	27. 4.49
	Blackmore Annegret geb. Kalthoff	30.12.81	E GE	29. 5.51
	Hayn Karin	22.10.87 °	D SW	4. 7.52
	Hoppe Manfred	21. 2.92	E F	26. 5.53
	Müller-Späth Jürgen Dr.	2. 2.93	ER GE e EK	2. 2.50
	Lakeit Hans Joachim Dr.	9. 5.94	M	18. 3.46
	Thielen Jürgen	1. 1.96	D M	1. 9.51
	Ficinus Barbara geb. Denker	1. 7.98	D F	26. 9.53
	Engel Gunter	1. 7.98	E EK	28.11.50
	Sonnenschein Margot geb. Gutzeit	17. 7.02	D EK	5. 8.48
	Schürmann Reinhard	17. 7.02	MU EK	29. 2.60
	Hennecke Petra	6.03	D KR	22. 2.64
	Göller-Gschwender Bettina	10.03	D F	5. 7.54
	Lampe Birgit Dr. geb. Riedel	03 °	BI	5. 5.50
	Toholt Herbert		E EK	26. 7.51
	Schnelle Kristina		BI CH e	3. 5.76
C	Lederer Götz-Reinh.	11. 8.81	PH	12. 2.50
	Hindel Ute	1.10.81	D PL	9. 1.51
	Dierich Vera	12. 4.83	D SP	19. 8.54
	Sigges-Urban Burkhard	1. 8.83	EK SW	23.11.53
	Meinen Diana geb. Wiegand	22. 8.83	F PA	20.10.50

	Erlenwein-Memmer Vera	1.10.84	E SP	3. 9.54
	Averbeck-Bühler Mechtild	13. 1.85	F SP	7.12.55
	Becker Rosemarie geb. Remshagen	13. 9.86	E KR	19. 2.54
	Ehlers-Jenkewitz Sabine	1. 8.88 °	F ER	24.10.53
	Willems Elke	3. 7.93	M PH	17.11.54
	Lieber Martina	19. 9.93	E PK	1. 8.56
	Ebert Brigitte geb. Rochell	19.10.93	E MU	20.10.59
	Holzschneider Gabriele geb. Simon	31.10.96	M CH k	5. 5.57
	Siepmann Adrienne	10.11.99	S SP	22.12.68
	Kriwet Heike	4. 9.01	E MKU	22. 3.71
	Haberland Stefanie	10.10.01	E S	31. 5.71
	Schaumlöffel Andrea	1. 8.02	E EK k	28. 4.71
	Hagemann Ann-Katrin	3. 9.02	BI CH	15. 5.71
	Sievert Nicola	1. 8.03	M D k	1. 4.74
	Müller-Seisel Dirk	2.04 □	M PH	4. 7.65
	Olbrich Stephanie	8.04	L M k	14. 9.72
	Bongartz Claudia	9.04	D S e	21.11.68
	Giese Christiane	15. 9.05	D EW e	14.12.70
	Menzel-Aguilar Cervera Gisela		BI	1.12.51
	Commandeur Gabriele		KR E k	23. 8.56
	Jensen Anette geb. Frank		M MU	21. 5.57
	Mettler Stefan		D PL PPe	17. 7.74
	Staschen Julia		° E SP e	22. 1.76
	Bruthier Christine		D GE e	27. 2.76
	Albrecht Claudia		M BI e	19. 5.78
	Stöcker Angelika		S KU	
D	Freund Petra	22. 7.81	E D	18. 7.53
E	Wiertz Corinna	1. 2.07	E L	22.10.76
	Baumgardt Vanessa	6. 8.07	D EW	18. 4.78
H	Niepenberg Doris geb. Pirard Dipl.-SpL'		SP	18. 2.55
	Seufert Harald		BI L	29. 5.61
	Jörger		GE ER e	

1.810 Würselen Gymnasium gegr. 1964

st. G. (5-Tage-Woche) f. J. u. M.
Klosterstr. 74, 52146 Würselen – Tel. (0 24 05) 41 32 90, Fax 4 13 29 10
E-Mail: gymwue@web.de, Homepage: www.gymnasium-wuerselen.de

Kl: 10/16 Ku: 101/18 Sch: 981 (513) (290/434/257) Abit: 97 (48)   BR Köln
L: 60 (A 1, A$_1$ 1, A$_2$ 4, B 12, C 23, D 4, F 10, H 5)   ASN: **167484**
Spr.-Folge: E, L/F, F/L   Dez: LRSD **Palmen**

A	Sonnen Günther		D PA	31. 5.50
A$_1$	Bartz Matthias	11. 8.06	L GE	17. 7.51
A$_2$	Schulte Ferdinand	21. 5.97	BI CH k	26. 4.46
	Mohr Wilhelm	10. 8.01	BI SP	22. 7.50
	Papadopoulos Marga		D PL F PA	1.12.48
	Dickmeis Gabriele geb. Weynen		M CH k	28. 9.51
B	Ruskowski Kurt	1. 1.80 °	F E	12. 2.43
	Bylaitis Marion	18. 1.93	E D e	16. 5.55
	Wiesemann Bernhard	1.12.94	M PH	16. 1.50
	Arens Gisela	5. 2.98 □	M PL	2. 4.54

	Johnen Rita geb. Krisch (T)	27. 5.99	PA F k	17.10.52
	Strack Marc René Dr.	15. 3.01	D SP	28.12.61
	Rogge Manfred	30. 9.02 °	D GE I	12. 6.53
	Kuck Josef	8. 7.04	KR SP k	8. 4.57
	Laurs Andreas	8. 7.04 °	M PH k	2.12.65
	Lehmhus Antje	22. 6.05	L MU e	25. 9.68
	Stammen Rebecca	22. 6.05 °	D KR k	10. 4.71
	Laumen Hildegard	20. 7.07	M CH k	18. 4.62
C	Sittard Ursula geb. Franzen (T)	22. 2.84	EW SP k	13. 9.53

Cormann Margarete geb. Radermacher	28. 1.86	BI HW k	2. 1.53	
Gordon Barbara geb. Sprock (T)	16. 5.89	SW EW k	19.11.49	
Freh Michaela	7.11.92 °	M PH	22.11.60	
Stante-Brauchler Sabine geb. Stante	14. 8.96	D F k	19. 8.60	
Lörsch Anke	97	D KR k PL	22.11.64	
Holzbrink Michaela	1. 1.02	KU D k	19. 3.68	
Drießen Gabriele	1. 1.02 °	M CH k	16. 1.71	
Grebe Britta geb. Seifert	1. 8.02	D KU	18. 6.72	
Steffes-Walther Cornelia	17. 9.02 °	D E KR k	5. 6.72	
Richterich Volker	3. 2.03	PH CH	11.10.70	
Müsseler Michael	2. 9.03	E GE	9.12.70	
Strack Birgit geb. Ackermann	15. 9.04 °	BI CH e	7. 6.73	
Sohns Ricarda Dr.	15. 9.05 °	D ER e	9. 3.71	
Lehmler Christiane	11.11.05	D M k	25. 8.70	
Beutler Ute	5.12.05 °	D MU e	6. 3.72	
Lynch Kevin	6. 3.06	L E	11. 6.64	
Kroll Christian	1. 2.07	M F PH k	28.10.66	
Boß Tobias	24. 2.07	CH KR k	28. 5.76	
Hoffmeister Guido	16. 3.07	SP EK	24. 1.73	
Koch Kerstin	9. 8.07 °	E PA k	2. 2.77	
van Nek Volker		M PH IF	21. 6.63	
	Heck Claudia		° F D	5. 8.67
D	Paetz Karin SekIL' (T)	24. 6.85	SW SP k	23. 1.54
	Scheffer-Löchte Beatrix SekIL'	19. 8.01	KU SP	16.10.60
	Momma Jürgen Dipl.-SpL SekIL	1. 5.02 °	M SP	11. 9.72
	Vasilopoulos-Dirksen Panajiota		D KR k	21. 6.63
F	Lürken Wolfgang		E SP	12. 1.47
	Borisch Monika		D SW e	29. 8.55
	Adler Karl		E SW	5. 7.56
	Wingels-Schmitz Birgitta		EK D	30.12.57
	Heppner Ute		E GE k	17. 8.58
	Schall Andrea geb. Weidenhaupt		E F k	7.11.60
	Fernandés Astrid geb. Morbach		° D F	8. 5.65
	Iwan Gero		M IF k	9.11.66
	Kohnen Joachim		° GE D	28. 8.70
	Jordans Eleonora		° F BI k	3.10.78
H	Schwartz Heinrich		MU	24. 3.49
	Hoffmann Silvia		BI SP k	21. 9.60
	Blees Günter		SP	15. 6.66
	Speuser Petra		° CH BI k M	28.12.70
	Wohlecker Monika geb. Görlich		E KU k	21. 2.75

1.811 Würselen-Broichweiden Heilig-Geist-Gymnasium gegr. 1956
pr. G. f. J. u. M. d. Missionsgesellschaft v. Hl. Geist GmbH, Köln
Broicher Str. 103, 52146 Würselen – Tel. (0 24 05) 70 80, Fax 7 08 38
E-Mail: verwaltung@hggbroich.de, Homepage: www.hggbroich.de

Kl: 8/18   Ku: 141/21   Sch: 1106 (579) (257/518/331)   Abit: 59 (39)
L: 69 (A 1, A$_1$ 1, A$_2$ 9, B 22, C 14, D 2, E 5, F 15)
Spr.-Folge: E, L/F, F/G

BR Köln
ASN: **167496**
Dez: LRSD **Palmen**

A	Barbier Christoph	1. 8.01 °	M KR k IF	25. 9.60
A$_1$	Foerster Maria	1. 8.01 °	D GE k	24. 4.53
A$_2$	Ellermeyer Friedhelm	24.10.86	PH EK k	29. 9.48
	Niessen Dieter (T)	1. 9.91	M PH e	19. 5.47
	Clasen Bernd (T)	1. 5.97	D LN k	18.12.50
	Holtkamp Gert-Josef	15.12.03	EK SP k	16.12.51
	Kogel Gerhard Dr.	15.12.03	M BI k	4.11.60
	Soquat Heinz-Georg	15.12.03 °	D KR k	2. 8.61
	Luzat Bernhard	15.12.06 °	E F e	9. 1.54
	Krafft Regina	15.12.06	D LN k	6. 9.54
	Foerster Robert (V)	15.12.06 °	F GE e	7.12.54
B	Offermanns Arno	8.10.79	L G PL k	21. 6.50
	Theves Hermann	1. 8.86 °	BI CH k	8. 3.49
	Wahl Burkhard	1. 8.86	D SP e	17. 1.49
	van Eys Edith (T)	1. 8.86 °	E EK k	2. 3.52
	Maßberg Helmut	1. 8.86 °	PH M k	2. 6.49
	Griemens Elmar	1.11.90	SP F k	5. 4.54
	Assenmacher Hans-Dieter	1. 9.94	D EK k	10.10.53
	Vaeßen Hans-Martin	1. 2.95 °	BI EK k	10. 4.52
	Weitz Wilfried	1. 7.95 °	GE SW k (L)	13. 8.53
	Lobeck Peter	1. 8.97	E KU k	26.10.55
	Griemens Bruno	1. 8.97 °	EK KR k	2. 5.55
	Feuster Marie-Theres (T)	1. 6.99 °	F E k	19. 2.53
	Degenhardt Susanne	15.12.03	° ER PL e	21. 9.57
	Bonn Wilfried	15.12.03	F KU k	11. 6.55
	Wesselmann Bernhard	15.12.03	L M k	21. 1.59
	Drees Jochen	15.12.03	M SP k	20. 2.60
	Irnich Hildegard	15.12.03 °	D GE k	30.12.62
	Schramm Norbert	15.12.06 °	CH BI k	25. 6.57
	Schöler-Kämper Barbara	15.12.06 °	E KR D k	24. 9.59
	Lehnen Thomas	15.12.06	E F SW k	19. 9.60
	Hofmann Jutta	15.12.06	SP E k	14. 3.64
	Busch Martin	15.12.06	MU GE k	20. 9.65
C	Reepen Maria (T)	14. 8.85	MU GE k	5.12.53
	Sawatzki Vera	21.11.85	D GE k	28. 9.54
	Loos Marianne	1. 4.90 °	D SW k	10. 3.54
	Motter-Johnen Ursula (T)	1. 2.92	E F k	30. 4.57
	Beckers Jürgen (T)	1. 8.97	L G GE k	29.10.64
	Sielschott Annette (T)	1. 8.98 °	SP EK k	14. 9.63
	Nabroth Winfried	1. 8.00 °	PH M k	19.11.67
	Hüning Ursula (T)	1.10.03	MU D k	2.12.69
	Paulus Petra	1.10.03	E F k	6. 9.70
	Damen Marc	1.10.03	PH M k	7.11.71
	Vandieken Anja (T)	1.10.03	BI D k	8. 6.72

	Grunewald Hannah (T)	1. 2.07	M MU	e	1. 5.72	Häusler-Meuffels Liane	KR KU	k	9. 5.56
	Plümper Michael	1. 2.07	M PH	k	16. 3.78	Schidelko Winfried	° L GE EK	k	6. 9.58
	Schreiber Tobias		° GE KR	k	3. 1.69	Hofmann Uwe Dr.	° CH BI	e	15. 9.59
D	Meisberger Brigitte VSchL'	1. 8.76	° M D	k	20. 8.50	Bevilacqua-Kaysers Cristina	KU	k	8. 7.60
	Dubois Alfred		° SP BI	k	31. 1.59	Vickus Stefan	E SP	k	21.12.60
E	Bauer Susanne	20. 1.07	D M	k	10.10.74	Schramm Helga	° D PL	k	21. 1.61
	van Eys Miriam	1. 2.07	D E	k	25. 9.78	Wolff Liesel	E F	k	9. 1.63
	Krause Thorsten	1. 8.07	KR MU	k	17. 8.76	Inden Gitte	° BI SP	k	18. 6.68
	Leenders Verena		F M	k	8. 7.76	Steffens Stefan Dr.	BI PH	k	21.11.68
	Gottschalk Silvia		° GE L	k	1. 7.77	Diedrichs Barbara	ER BI	e	6. 5.69
F	Schulz Joachim		SP		11. 7.54	Lohn Stefan	GE EK	k	29. 1.72
	Steffens Ute		KU	k	13. 3.56	Hennig Benedikt	SP CH	k	5. 9.75
	Körlings Irmgard		D KR	k	18. 3.56				

1.815 Wuppertal-Elberfeld Wilhelm-Dörpfeld-Gymnasium gegr. 1579
st. G. (5-Tage-Woche) f. J. u. M.
Johannisberg 20, 42103 Wuppertal – Tel. (02 02) 4 78 27 90, Fax 44 92 39
E-Mail: info@wdg.de, Homepage: www.wdg.de

Kl: 7/14   Ku: 123/18   Sch: 830 (406) (190/365/275)   Abit: 65 (44)   BR Düsseldorf
L: 51 (A 1, A_1 1, A_2 5, B 17, C 19, D 1, E 3, F 2, H 2)   ASN: **165438**
Spr.-Folge: L+E, E, F/G, F/I/H   Dez: LRSD **Wiese**

A	Weeber Karl-Wilhelm Prof. Dr.[1] [2]	1. 8.02	L GE	e	13. 5.50	Heddergott Gunther	19. 4.83	E D	k	26. 2.49
A_1	Peikert Norbert	1. 8.02	° M PH IF	k	8. 6.52	Wassen Hildegard (T)	11.10.83	° D MU	k	23. 4.49
						Wiechen Wolfgang	17.10.83	E GE	e	1. 9.52
A_2	Schnur Jochem (T)	18. 5.83	M PH IF	e	11. 1.50	Höller Christine	15. 5.84	L F	k	8.12.53
	Thieme Walburg geb. Schier (T)	26. 1.95	F SP EW	e	24. 9.44	Clever Jürgen	30. 8.84	° M EK IF	e	4. 8.54
	Hager Hans Helmut (Vw)	20.12.96	PH IF	e	19. 5.47	Hennebőhle Harald	4. 9.84	° CH BI	k	5. 8.49
	Verwohlt Peter (F)	1. 2.99	GE PK SW	e	19. 6.54	Knopp Monika geb. Ottmann (T)	1. 6.86	BI CH	e	2. 7.53
						Weller-Kasak Barbara geb. Weller (T)	7.11.88	° KU EK	k	27. 3.57
	Rodenbücher Alfred	10. 4.00	M IF		10.11.49	Adolphs Birgit geb. Röder (T)	31. 8.94	D ER	e	23. 3.60
B	Mück Heinz Dieter	10. 7.74	° E GE	k	15. 4.43	Pletziger Jörg	1. 8.01	D EK	k	25. 9.70
	Weber Kurt	15. 8.80	M IF		14.10.50	Kiefer Alexandra geb. Kiefer	1. 1.02	PL D		26.11.68
	Hochstein Dorothea	20.10.82	GE D	e	8.10.47	Schenck Dorothea	1. 9.04	D MU	e	28. 1.74
	Brücken Helga geb. Thümmel (T)	30. 8.82	° SP D	e	8. 8.49	Bürger Grit geb. Meyer (T)	24. 1.05	L SP	k	10. 7.72
	Knopp Wolfgang (T)	28. 1.85	° BI CH	k	7. 4.51	Lütsch Sabine (T) (L)	1. 2.05	L E	e	28. 2.74
	Zehlius Georg (Vw)	31. 1.85	° D F	k	31. 5.49	Digiacomo Kerstin	15. 9.05	E I	e	9. 2.72
	Fehrholz Klaus[2]	8. 2.85	° E ER	e	14. 8.45	Mechlinsky Lutz Dr.	13. 1.06	° L G KR	k	24.12.67
	Kampmann Bernd (V)	16.12.85	° L G		26. 7.50	Kittler Dirk		M EK	e	1. 5.61
	Herkenrath Adelheid Elisabeth	19.12.85	F D		3. 4.53	Schulte Martin		SP GE		23. 8.64
						D Oellermann Sabine (T)	12. 5.06	D I		2. 6.75
	Baer Mathias	13. 2.96	D EK	e	28. 4.52					
	Perner Gisela (T)	13. 2.96	F GE	e	6.12.53	Brüggershemke Dieter	21. 7.06	SW SP	k	18. 8.74
	Grefrath Wolfgang	10. 3.00	E SP		8. 4.50					
	Brester Hermann J.	10. 3.00	° KR EK	k	19. 5.50	Barth Melanie	1. 8.06	ER KU	e	2. 1.78
	Dehnert Werner	6. 8.02	° CH KU	e	27. 8.49	F Weckend-Mertens Heike		D E		10. 4.56
	Schubert Thomas	1. 6.07	PH GE		4. 8.66	Greif Klaus-Dieter Dr.		M PH		15.11.67
	Schenck Matthias	1. 6.07	° M KR PL	k	26. 5.71	H Rep Doris geb. Rausche		SP TX		31.12.47
	Meier Klaus	8. 1.07	ER SW	e	7. 4.57	Schnermann Wolfgang Dipl.-SpL		SP	k	24. 5.49
C	Kohsen Roswitha (T)	1.12.81	BI	k	16. 1.52					
	Merten Eva geb. Jastroch (T)	1. 8.82	SP SW		8. 4.51					

[1] Lehrbeauftr. an d. Univ. Bochum   [2] Lehrbeauftr. an d. Univ./GHS Wuppertal

1.816 Wuppertal-Barmen Gymnasium Sedanstraße gegr. 1579
st. G. f. J. u. M.
Sedanstr. 4–14, 42275 Wuppertal – Tel. (02 02) 5 63-64 56/62 80, Fax 5 63-81 17
E-Mail: gym.sedanstrasse@stadt.wuppertal.de
Homepage: www.gymnasium-sedanstrasse.de

Kl: 6/14   Ku: 112/18   Sch: 813 (425) (173/357/283)   Abit: 118 (62)
L: 49 (A 1, A₁ 1, A₂ 3, B 16, C 18, D 3, E 5, F 1, H 1)
Spr.-Folge: E, L/F, F/L

BR Düsseldorf
ASN: 165475
Dez: LRSD Wiese

A	Felbeck Rainer	1. 2.95	F GE	e	22. 3.48		Kenn Ursel	11.11.83	D GE	e	18. 2.53
A₁	Welp-Scherer Monika geb. Welp	1. 8.07	° E SP	e	10. 9.53		Uellendahl Wolfram	1. 6.84	MU D	e	3. 2.54
A₂	Werthwein Karin geb. Bergmann	24.11.92	° E		19. 1.48		Schönwald Claudia (T)	1. 2.95	GE KR	k	31. 1.64
							Ziaja Eleonore (T)	10. 4.00	° E D	k	12. 4.65
	Friedhoff Roland	10. 7.02	° SP EK	e	31.12.53		Lutze Anja	5.11.00	E F	e	21. 1.70
	Kenn Mathias	16.10.04	PH (IF)	k	4.10.46		Bresan André	1. 3.01	° D SP		7. 6.71
B	Hähner Hans Werner	1.12.78	° GE L	k	16.11.44		Schöffel Oliver	26. 1.02	M PH	e	2. 2.69
	Bätzel Charlotte geb. Tives	1. 2.80	° M CH	k	16. 5.50		Klein Ute (T)	1. 8.07	E F		5.10.76
	de Bruyn-Ouboter Hans Joachim	27. 8.80	D GE	k	10.10.47		Lipps Yvonne	9. 8.07	D EK		2. 1.77
							Hilpert Maria geb. Macherey (T)		F GE	k	12. 5.45
	Schäfer Werner	1. 9.81	E BI	k	20.12.49		Harwix Hildegard (T)		KU BI	k	28. 9.67
	May Ingrid geb. Fechner	28. 1.95	BI EK		12.12.48		Schöffel Christina geb. Kowalski (T)		L E	e	15. 9.70
	Görlitz Erika geb. Eissen	1. 2.97	° MU M	e	29. 4.49		Cron Roland		KU SW	k	4.12.71
							Gerdes Claudia		EK SP		2.11.74
	Zowe Axel	15.12.03	° M PH	e	19. 5.50		Leithäuser Christine Dr. (T)		D EK		
	Schelp Jochen	15.12.03	D GE	e	10. 2.49						
	Mutzberg Martina (T)	6.10.04	° CH KR	k	19. 5.58	D	Linek Manfred SekIL (T)	4. 2.83	KU EK	k	15. 6.54
	Borner Gerhard	1. 1.07	CH SW	e	30. 1.54		Ramme Hildburg geb. Löhde SekIL'	24. 6.83	BI SP	e	28.10.47
	Marx Annette geb. Buß (T)	2. 8.07	F GE	k	26.11.49		Greger Regina SekIL' (T)	2. 3.98	M D	e	30.11.65
	Boni Elke geb. Spönemann (T)	2. 8.07	D SW		7. 5.51						
	Wüster Svenja	2. 8.07	E D	e	16. 7.69	E	Westermann Tobias	1. 2.06	M SP		20. 4.76
	Maus Ulrich		CH	e	5. 5.49		Servi Anke (T)	9. 8.06	D E	k	19. 9.66
	Weigel Andreas		° D GE		24.11.53		van den Dool Martin (T)	9. 8.06	PH EK	e	6. 1.72
	Gräbe Gabriele geb. Bitter		BI	k	3. 4.53		Goldner Marion	1. 2.07	PL PP L ER	e	29.12.71
C	Bätzel Klaus Michael	11. 8.80	° M IF	e	7.11.49	F	Ebbinghaus Thomas		L PL	e	4. 3.57
	Heinze Ulrike	8. 8.83	° E SW	e	7. 6.52	H	Apel Ulrich		ER	e	
	Pachmur Helmut-Heinz	9. 8.03	E PL	e	11. 6.50						

1.817 Wuppertal-Barmen Carl-Duisberg-Gymnasium gegr. 1861
st. G. (5-Tage-Woche) f. J. u. M.
Max-Planck-Str. 10, 42277 Wuppertal – Tel. (02 02) 5 63-62 56, Fax 5 63-81 70
E-Mail: carl-duisberg-gymnasium@stadt.wuppertal.de
Homepage: www.cdg.wtal.de

Kl: 11/18   Ku: 146/29   Sch: 1300 (713) (347/517/436)   Abit: 127 (75)
L: 82 (A₁ 1, A₂ 7, B 26, C 30, D 5, E 6, F 6, H 1)
Spr.-Folge: E, L/F, F

BR Düsseldorf
ASN: 165402
Dez: LRSD Wiese

A₁	Jahn Hans-Werner	1. 8.03	CH SP		26. 6.53		Buckard Rainer (F)	7.11.05	MU MW		11. 8.53
A₂	Mohr Regina (T) (F)	20.12.85	EK SP		21. 6.47	B	Hackemann Christel geb. Heitmann (T)	1. 5.78	E		4. 2.48
	Lauff Wolfgang (T) (V)	27.12.94	° CH EK		5. 6.48						
	Vogt Christel geb. Jung (T)	22.12.95	MU GE D		11. 2.47		Schwier Eckhard (T)	6.11.80	M PH PA		3. 1.50
							Wiesel Hans-Josef (T)	1. 8.81	BI EK		30. 3.48
	Müller Anne	22. 5.00	D GE		21. 9.50		Seidel Karlheinz (T)	19.10.81	° M MU		1. 7.47
	Liesen Bernhard (F) (V)	31.10.01	° L KR		18. 7.57		Winter Margarete (T)	8.10.88	D GE		27.11.44
							Wiecha Doris	1.10.90	L G ER		26. 7.47
	Witt Rainer	1. 8.02	M PH		29. 1.54						

Hauptkorn Barbara (T)	1. 2.92	D GE ER	18. 6.50	
Schmidt Hans-Reinhard (Vw) (T)	1. 1.93	EK GE	1. 1.46	
Niedzkowski Martin	1. 1.93	MU E	25. 3.50	
Hünninghaus Christa (T)	1. 2.96	CH BI	20. 5.51	
Greiff Veronika geb. Prösch (T)	1. 2.96 °	M PH	15. 5.50	
Förtsch Hartmut	1. 1.98 °	M PH	20. 6.48	
Teipel Ralf	1. 1.98	E KU	5. 1.51	
Barrenstein Gabriele geb. Messelken	20. 3.98	D SP	1.12.50	
Kespe Rudolf	20. 8.98	GE D	27. 9.45	
Thiem-Buschhaus Monika (T)	20. 8.98	SP EK	10. 3.56	
Langner Petra (T)	20. 8.98 °	CH BI	9. 5.57	
Schlums Hilkka geb. Neuber	8. 8.00 °	M L	12. 9.66	
Freiwald Klaus-Jürgen	29. 9.04	M PH	12. 4.55	
König-Apel Ruth geb. König (T) (F)	2.11.05	D ER	6. 6.56	
Schimanowski Margit	13. 3.06	D ER	18.12.56	
Berg Othmar (F)	1. 5.07	D KR	7. 7.61	
Halberstadt Gunter	1. 6.07	M PK SW	3. 7.48	
Austermann Thomas	1. 6.07	M SW E BI	17. 3.71	
Hackemann Werner (T)				
Wiesner-Hagedorn Astrid geb. Wiesner		E F		
C	Eujen Karin (T)	1. 8.78	CH BI	17. 1.50
	Schrick Ernst (T)	8. 2.79	E F	9. 2.50
	Lohmann Ingeborg (T)	8. 3.81	BI	4. 1.52
	Fricke Jörg	13. 4.82 °	CH	5.10.48
	Dössel Barbara (T)	13. 1.83 °	EK BI	28. 2.51
	Biem Dorte (T)	22. 8.83	E PA	28. 2.51
	Dersch Otto	4. 9.84	D SW GE	23.12.52
	Grünewald Ursel (T)	15.11.84 °	E BI	31. 5.55
	Martin Kornelia (T)	18. 2.88	M PH	24.11.57
	Borowsky Tatjana (T)	26. 2.95	D KR	15. 5.61
	Dickmann Karin (T)	14. 9.95	D KU	5. 1.62
	Merkenich-Schöneich Jörg (T)	8. 5.96	MU SP	7.12.59

Lutter Irene (F)	28. 8.96	D E	14. 6.64	
Kuhn Birgit (T)	29. 8.98 °	E L	16. 9.64	
Windhoff Corinna	20. 7.99	KU MU	14. 1.67	
Bergmann-Lüning Ulrike	1. 8.00	D EW	23. 3.64	
Boley Martina	1. 8.00	E ER	5. 9.62	
Engelmann Annette (T)	19. 8.01	D MU	16. 6.57	
Kempf Doris	1. 1.02 °	E F	17. 7.60	
Kahnert Beate (T)	1. 1.02	D PL	7.12.65	
Prochnow Sabine	1. 1.02	BI SP	4. 5.67	
Foerster Kirsten (T)	14. 2.02	E BI	14. 4.66	
Schmöe Stefan	1. 8.03	M PH	16. 4.68	
Lange Ulrike (T)	14. 9.04	D F	23. 4.66	
Feldmann Klaus	7. 9.05	KR PL	31.10.70	
Kratzel Stephan	27. 7.06	E GE	16. 4.71	
Zulj Ana Maria (T)	31. 1.07	E SP	11.12.71	
Vogel Antje	1. 8.07	KU SW	28. 8.65	
Mattiesson Maj (T)	24. 9.07	KU SP	5. 5.69	
Reinartz Ute geb. Rommelfanger	1. 8.07	M EK	30. 7.69	
D	Dollbaum Rainer SpL (T)	19. 4.77	SP	22. 4.47
	Wölz Mariegret FachL' (T)	1. 9.81	SP KU	29. 1.49
	Zanner Sybille geb. Auerbach SekIL' (T)	1. 8.82	BI EK	6. 8.54
	Dahlhaus Dirk SekIL	27. 6.83	EK SP	24.10.52
	Mellmann Irmtraud SekIL' (T)	4. 3.84	M PK SW	4. 8.56
E	Schutz Carsten	22. 8.05	SW SP	14. 8.72
	Gerritsen Katja	1. 8.06	GE SW	11. 2.74
	Defort Isabelle	1. 8.06	D PL	11.11.76
	Schnadhorst Timo	9.11.06	M IF	28. 3.73
	Grautmann Susanne	1. 2.07	E PL	7.11.75
	Niggemeyer Christoph	1. 2.07	E F	10.12.75
F	Köppe Dorothee		F EW	30. 3.55
	Scheifers Sabine		KU	10. 3.58
	Freiknecht Axel		D PL	12. 8.58
	Günther Dagmar		F Ge	29. 3.63
	Obst Beate		D PL	14.10.65
	Lichtenberg Hartmut		EK SP	13. 4.67
H	Hummerich-Diezun Waltraud Pastorin		ER	4. 8.57

1.818 Wuppertal-Barmen Ganztagsgymnasium Johannes Rau gegr. 1863
st. G. (5-Tage-Woche) f. J. u. M.
Siegesstr. 134, 42287 Wuppertal – Tel. (02 02) 5 63-61 05
E-Mail: verwaltung@ganztagsgymnasium-johannes-rau.de
Homepage: www.ganztagsgymnasium-johannes-rau.de
Kl: 6/19   Ku: 174/30   Sch: 1172 (613) (183/491/498)   Abit: 76 (41)   **BR Düsseldorf**
L: 74 (A 1, A$_1$ 1, A$_2$ 10, B 37, C 22, E 7, F 6)   ASN: **165463**
Spr.-Folge: E, F/L, F/S, S/F   Dez: LRSD Wiese

A	Schlesinger Werner	1.93	M	e	21. 1.49		
A$_1$	Pätzold Hartmut Dr.	16. 8.94	D PL		2. 7.48		
A$_2$	Grannemann Klaus Dr. (F)	25. 3.82	M		3. 9.46		
	Taetz Günther Dr.	12. 7.90	M		17.12.43		
	Elbertzhagen Lothar	1. 2.92 °	PH CH	e	14. 2.48		
	Lemmer Hellmut		☐ D EK		26. 2.47		
	Müller Andreas		D GE	k	31.12.47		
	Schmidt Friedrich		SW	e	16. 8.50		
	Dahlmeyer Holger		GE SP	e	27. 5.52		
	Brischke Michael		☐ SP (ER)		25. 6.52		
	Mekus Claudia		S E	k	8. 7.55		
	Robillard-Geier Anne		D F				
B	Knospe Gabriela	12.12.78	F EK	k	13. 4.46		

	Armborst Erich	19.12.78	EK PA L	k	16. 7.45	von den Driesch Werner	31. 3.83	D SP	8. 5.51
	Steffen-Becker Petra	10.12.81	D F		16.11.48	Stutenbäumer Joachim	22. 8.83	E PL k	9.12.51
	Wolter Sigrid (T)	29.10.82 °	E L	e	31.12.46	Rebensburg Gabriele	4. 9.84	GE D e	16. 1.55
	Keßeler Georg	29.10.82	CH M	k	19. 7.49	Koch Marietta (T)	4.12.84 □	E SW	28.12.53
	Bender Norbert	22.12.82 °	BI	k	17. 1.49	Günnel Marion (T)		M CH	26. 2.49
	Hinzmann Bernd	11. 4.85 □	E SP	k	17. 7.50	Schwanitz Anita (T)		° D F	12.11.49
	Gondolf Herbert	1.12.85 °	M KR	k	24. 3.50	Pretschner Annette		BI SP	14. 1.53
	Feldsieper Hagen		D GE	e	27. 1.45	Schmidt-Hermesdorf Birgit (T)		D F	28. 3.54
	Wulf Friederike (T)		BI		4. 1.49	Beutler Birgit		KU D	4. 9.60
	Giese Bodo		D EK		30. 6.49	Deinet Klaus Dr.		D GE	
	Friedrichs-Pätzold Gertrud geb. Friedrichs		F S	e	12. 7.50	Hochfeld Hans-Ulrich		D GE	
	Schwamborn Friedrich (T)		D E	k	6.11.50	Klostermann Anke		D KR	
	Müller Angela		□ F EK	k	7. 7.51	Kopsan Nicola		S M	
	Stumpe Heinz		M SW		28. 7.51	Krüger Jutta		BI E	
	Freymann Christiane		KU		17.12.51	Rocholl Jörg		D SP	
	Ndolumingo Christiane (T)		° E GE		6. 1.52	Rosenberg Sandra		M SP	
	Pfeiffer Lorenz		□ D SW		12. 7.52	Schulten Christiane		M PH	
	Liem Edith		□ D KR	k	2.10.52	Teepe Hildegard		D GE	
	Heimann Gerhard		ER KU	e	25. 3.54	E Osthues Nicole		E F	17. 3.78
	Klinger Renate		D SW		10. 5.54	Goßmann Lutz		BI E	
	Völker Gretel (T)		° SP KR		23. 4.57	Fischer Martina		BI SP GE	
	Werner-Tomschi Claudia (T)		SW E		28.11.58	Jahreiß Stefan		BI CH	
	Rick Andrea		M MU		15. 6.62	Mueller Jens		SP SW	
	Berg Volker		° CH EK			Tochtrop Paul		S E	
	Böth Gunhild		SW PK PA			Wassermann Jörg		M PH	
	Köhn Norbert		E SP			F Fabricius-Ivsic Ljiljana		KU k	25. 3.43
C	Clever Hanna (T)	1. 8.78 °	GE EK		19. 7.47	Wissemann Michael Dr.		° L GE ER	9. 3.53
	Boberg Marianne (T)	16. 8.79	M CH		10. 4.51	Gotzes Siegfried Dr.		M PH	
	Hensing Ulrich	1. 3.81	L GE	e	3. 7.47	Lehmann Almuth		MU E	
	Raider Dirk	1. 8.82	M PH	e	7.10.49	Mittelstädt Joan		E PH	
						Strasmann Martin		BI E	

1.819 Wuppertal-Vohwinkel Gymnasium Vohwinkel gegr. 1887
st. G. (5-Tage-Woche) m. zweisprachigem dt.-frz. Zug[1] f. J. u. M.
Nocken 6, 42329 Wuppertal– Tel. (02 02) 94 63 63, Fax 5 63 80 04
E-Mail: gym.vohwinkel@stadt.wuppertal.de
Homepage: www.gymnasium-vohwinkel.de

Kl: 6/12   Ku: 101/20   Sch: 743 (362) (161/312/270)   Abit: 120 (63)   **BR Düsseldorf**
L: 45 (A 1, A_1 1, A_2 4, B 15, C 15, D 4, E 1, H 4)   ASN: **165414**
Spr.-Folge: E, F/E/L, L/F, F   Dez: LRSD **Wiese**

A	Gottlob Ingeborg	1. 2.04 °	D SP	k	6. 9.54	Lippert Jörg	16.10.90	E EK	26. 9.45
A_1	Weber Michael	28. 4.03	BI EK TC	k	11. 2.56	Förster Gisela geb. Post (T)	13. 1.92	F W k	11. 5.46
A_2	Mühlhoff Friedrich (F)	24. 3.82	D SW PA		13.12.47	Neus Ulrich		D SW	16. 1.51
	Wiese Gerhard	16.12.85	M		9. 7.48	Brücher Thomas		GE PK	
	Brinkmann Reiner	15.12.92 °	F EK	e	3. 9.42	Grunow Harald			
	Philippen Jürg. (Vw)	21.12.95	BI (M PH)		5. 6.49	Hetfeld Gudrun (T) Meyer Karl-Heinz			
B	Jobelius Walter (T)	15. 2.78 °	BI CH	e	23. 5.46	C Schaffran Hellfr. (T)	30. 3.79 °	E EK k	20. 2.47
	Langenbruch Hans-Joachim	6.12.79 °	R L	e	3.10.46	Knackmuß Bodo	27. 4.81 °	M PH e	15.11.49
	Hensmann Folkert Dr. (V)	17.12.80 °	F GE		1. 2.49	Beule Reinhard Morgenstern Volker	14. .7.82 1. 3.83	SW SP k E GE	22. 3.51 4. 2.57
	Bergmann Heinz	29.10.82 °	M PH		6.12.48	Reprich Margret (T)	22. 8.83	E D k	13. 4.54
	Wiesel Renate (T)	82	BI		28.12.50	Wicher-Hahn Barbara	3. 9.83	E GE k	10. 2.55
	Tornow Elisabeth Dr. geb. Lautemann (T)	30. 1.85	GE SW F		26. 7.48	Klaas Michael Becker Helga geb. Biermann (T)	7. 9.83 3. 9.84	PH SP D SW KU	4. 8.54 12. 5.54
	Daum Brigitte (T)	14. 6.85	D CH	e	5.12.47	Gaida Beatrix (T)	3. 8.85	D SW	14. 6.54
	Grundmann Rolf (V)	12.12.89 °	CH	k	17.10.49	Brebeck Ilka (T) Bedtke Ulrike (T)	10.89 15. 7.91	E BI ER D	18. 1.56 22. 3.56

	Kallfelz Rita	26.10.92 °	KR GE	k	19.10.57		Zettelmeier Christa		M SP		
	Klose Martina Dr.	1. 1.02 °	F EK	e	8. 3.58		geb. Meyer SekIL' (T)				
	Fahlenbrach Ulrike	1. 2.06 °	D M	e	25. 4.77	E	Bredlau Bettina	9. 8.06	E F	e	21. 6.76
	Schlammer Ralf		MU CH			H	Brinkmann Hélène		F	e	10. 8.46
D	Baumeister Ulrike	19.12.76	SP	e	25.11.47		geb. Bourret				
	geb. Grüber SpL' (T)						Wendholt Ludger Dipl.-SpL		SP	k	2. 3.48
	Fuchs Dietmar SekIL	16. 7.81	M EK		9. 6.55		Giebel Marianne geb. Leifert		SP		
	Meeth Cornelia		KR KU		25. 1.55		Dipl.-SpL'				
	geb. Michels SekIL' (T)										

[1] dt.-frz. Zug auslaufend seit dem Schuljahr 2004-05

1.820 Wuppertal Carl-Fuhlrott-Gymnasium gegr. 1970 (1830/1908)
st. G. f. J. u. M.
Jung-Stilling-Weg 45, 42349 Wuppertal – Tel. (02 02) 4 06 35, Fax 5 63 81 75
E-Mail: cfg@stadt.wuppertal.de, Homepage: www.cfg.wtal.de

Kl: 12/24 Ku: 201/34 Sch: 1608 (860) (374/730/504) Abit: 138 (82)   **BR Düsseldorf**
L: 98 (A 1, A_1 1, A_2 6, B 29, C 44, D 2, E 9, F 2, H 4)   **ASN: 165384**
Spr.-Folge: E, L/F, F/L, S   Dez: LRSD **Wiese**

A	Schröder Karl Wilh.	1. 8.97	D SW	e	18.12.51		Wintersohl Bernd		° D GE	e	10.10.51
A_1	Wissemann-Hart-	24.11.97	M PH	e	30. 9.52				ER		
	mann Cornelia Dr.		IF				Edelmann-Teiche		D ER	e	28. 3.56
A_2	Nover Jochem (Vw)	19. 5.83 °	M PH	k	25.12.46		Marion (T)				
	Siebrandt Axel	11. 1.94	KU D	e	19. 1.53	C	Hahn Hartmut (T)	1. 9.79	E EK	e	30.11.50
	Neveling Rolf Dr.	22. 1.97	M		21.10.47		Schütze-Trautes	19. 8.80	GE D	k	20. 6.51
	Schemm Brigitte (T)	25. 5.00	SW SP	e	30.10.53		Thea (T)				
	Grote Ulrich	26. 5.03	E GE		28. 1.51		Ullmann Rüdiger	1. 3.81	F GE	k	23.12.47
	Pfennig Lothar		D PL				Schneider Karl-Heinz	1. 3.81 °	PH	e	25. 8.50
B	Görlitz Rolf	4. 3.75 °	E F	k	5.12.43		Wilms Ursula	18. 3.81	F KU		22.10.52
	Herbers Winfried Dr.	1.11.78	D GE	k	20. 8.48		Wickendick Michael	2. 4.81	M	k	24.12.49
	Marx Hans (T)	1. 2.80	E EK	k	2.11.48		Baggemann Gerhard	1. 8.81	D PL	e	30. 8.49
	von Lünen Eleonore	25. 2.80 □	M SW		6.11.49				ER		
	(T)						Breidenbach Erika	26. 8.81	D E	e	22.11.53
	Jacob Norbert	1. 4.80	BI EK	k	17. 7.49		geb. Jungnitsch (T)				
	Kottsieper Helmut	1. 8.80 °	CH EK	e	21. 5.47		Ruhland Marlies (T)	27.10.81	EW SW		19. 2.51
	Gothsch Udo	1.11.81	PA KR	k	27.11.44		Clasen Johann	1. 3.82	GE E		17. 9.47
			D				Schöneseiffen Ulrike	12.10.82	CH BI		18. 6.54
	Kaßing Marianne (T)	31. 8.82	L PL	e	14.11.43		(T)				
	Hofer Klaus	18. 6.83	D EK	k	3. 7.49		Sturmberg Petra	14. 4.83 °	SP KU	e	3. 1.56
	Pressentin Klaus	5. 4.84	E SP		26. 3.47		geb. Schimpf				
	Gothsch Eva	14. 6.84	F R	k	28.11.48		Lange Rudi	5. 6.83	SP D	e	24. 7.52
	Heidelberg Wilfried	11. 3.85 °	D EW	k	15. 2.51		Terstegen-Berger	12. 8.83	E EK	e	16.10.53
	Wittelsbürger	1. 6.94	BI CH		8. 6.54		Waltraud geb. Terstegen (T)				
	Ingrid (T)						Jastrow Jürgen	17. 8.83	PL SW	e	17. 2.51
	Schmidt-Püls Karin	16. 1.95	D EW				Edelmann Anita (V)	1. 9.83 °	MU EW	k	12. 5.51
	(T)						Zeiger Bruno	4. 9.84 °	D EK	k	28. 8.52
	Zmudzinski Edel-	16. 1.95	BI		22.10.49		Wieczorreck Helma	4. 9.84	E SW		5. 4.53
	traut geb. Schaloske (T)						Allhoff Gertrud	13.11.84	ER D	e	13. 7.56
	Bünger Wilhelm	1. 2.96	BI SP	e	9.11.52		Drübert Sabine	16. 6.99	M CH		24. 2.69
	Haas Klaus-Peter (T)	1. 2.00	F E	e	7. 7.53		Dreßler Wolfram Dr.	5. 3.01	E SP	e	19. 8.72
	Leske Gisela	23. 5.02	D GE	e	14. 4.51		Leiwering	1. 8.01	MU E		29.12.70
	geb. Stössel (L)						Christine (T)				
	Schneider Frank Dr.	23. 5.02	D M		9. 2.63		Goecke Benedikt	1. 1.02	E EK	k	3. 5.67
	Fabian Angelika (T)	8. 5.03	D ER	e	27.11.54		Heinemann Sonja	1. 8.02	F KU		13. 3.72
	Meyer Heinz Werner	14. 5.03 °	F EW	k	29. 3.55		Schinkel Claudia (T)	16. 1.03	D BI		16. 3.72
	Schmitz-Wimmer	23. 7.03	L M	k	28. 3.60		Mentzel Magnus	31. 1.03	PH SW		31. 3.68
	Ursula (T)						Heddrich Corinna (T)	31. 1.03	D F		17. 8.73
	Görg Dietmar	11. 9.03 °	M SP	k	17.11.50		Jülicher-Böker	6. 2.03	E F		19.12.68
	Winkhaus Michael	15. 6.07	M PH		10. 8.65		Heike (T)				
	Wyneken Claus	15. 6.07	CH SP		26. 5.67		Israel Stefan	25. 7.03	M L	k	9. 4.72
	Steveker Wolfgang	15. 7.07	F S		29. 2.72		Zarnikow Angela	4. 3.04	E S	k	31. 8.70
	Jaspers Jana		SP EK		13.12.43		geb. Lunemann				

Gymnasien Nordrhein – BR Düsseldorf · BR Köln   283

	Daniels Thomas (T)	30. 6.04	M PH		17.11.70	E	Wagener Oliver	1. 2.05	M PH	9. 8.72
	Hüsken Andrea	5. 8.04	EK PH		5. 3.75		Hillringhaus Jens	21. 6.06	PH M	24. 9.77
	Windgasse Petra	9. 8.04	E PA		18.10.73		Grothoff Cornelia	21. 6.06	PL SP k D	16.12.78
	Linnartz Eva	16. 9.05	E BI		8. 8.72					
	Wyneken Barbara (T)	24.11.05	F SP	e	26. 6.67		Müller Falko	3. 8.06	M E k	29.10.73
	Wattke Stephanie	5. 9.06	BI CH	k	7. 4.78		Hübschen Daniel	31. 1.07	M PH e	30. 7.77
	Franken Simone	6. 9.06	BI D		9. 9.74		Dicke Kirsten	1. 2.07	E GE e	4. 1.78
	Franke Stephanie	10.11.06	D EW	k	31. 3.78		Meissner Sonja	16. 4.07	S E	15.12.77
	Bigalke Christian	18. 6.07	F S	efk	9. 6.75		Kühn Christina	2. 8.07	E SP	9. 6.76
	Schaller-Picard Nicole	4. 7.07	ER BI	e	17. 8.76		Herholz Eva	7. 8.07	KR GE k	16. 6.78
	Berg Lothar		MU SW		14.10.52	F	Wogatzke Gudrun Dr.		F S	28. 3.57
	Preu Angelika		D KU		5.12.53		Tampier Markus Dr.		CH PH	27. 1.70
	Grote Stefanie (T)		E KR SPk		20. 5.61	H	Patel Ila		° E	14.12.42
	Sachse Ekkehard		SP KU	k	20. 7.68		Schaub-Keller Heike geb. Schaub		SP W	17.10.49
D	Kolitschus Elke (T)	4. 9.81	D KU		1.11.55		Müller Rainer Dipl.-SpL		SP M k	27. 3.50
	Larssen Ulrike		D KU HW TX		11. 3.56		von Kathen Gabriele		SP	28. 7.64

1.821 Wuppertal-Elberfeld   St.-Anna-Schule gegr. 1905
pr. G. f. J. u. M. d. Erzbistums Köln
Dorotheenstr. 11–19, 42105 Wuppertal – Tel. (02 02) 42 96 50, Fax 30 78 61
E-Mail: info@st-anna.de, Homepage: www.st-anna.de

Kl: 10/21   Ku: 186/35   Sch: 1368 (741) (289/603/476)   Abit: 61 (33)   BR Düsseldorf
L: 77 (A 1, A$_1$ 1, A$_2$ 10, B 24, C 21, D 3, E 4, F 6, H 7)   ASN: **165396**
Spr.-Folge: E, L/F, F/L   Dez: LRSD **Wiese**

A	Hösen Rudolf Dr.	1. 8.91	° CH	k	24. 4.51	Häming Norbert	1.10.95	° GE EK KR	k	13. 3.55
A$_1$	Stratmann Benedikt	1. 8.01	M PH	k	6. 6.62					
A$_2$	Aust Hans-Walter (V$_2$)	1. 7.81	° GE KR	k	25. 4.45	Gantenberg Joach. (V)	1.10.95	° E EK	k	19. 6.57
	Bergner Hans-Joach. (L)	1. 7.87	° E EK	k	26.12.50	Mekus Christoph	1.10.96	CH KU	k	30. 4.55
						Lukannek Raimund	1.12.00	° M PH	k	7. 2.56
	Schaufler Hermann	1.10.91	° D EK	k	8. 3.49	Frank Gert Josef (T)	1.10.02	° BI CH	k	26.12.57
	Weber Klaus Jürgen	1.10.91	D E		5.12.46	Galemann Joachim	1.10.02	MU KR	k	13.11.62
	Keßler Hans-Peter	1.10.95	BI CH	k	31. 7.51	Huntemann Achim	1.10.06	BI SP	k	4. 1.59
	Laab Anne	1.10.95	D KU	k	23. 9.52	Bold Michael	1.10.06	GE KR MU	k	4. 2.58
	Schlager Ulrich	26.11.01	M EK	k	16. 4.55					
	Krause Wilfred	26.11.01	M PH	k	20. 3.58	Schabel Gabriele (T)	1.10.06	D PA	k	21. 9.59
	Ochs Christa Maria	1.10.06	F GE	k	16. 6.56	C	Burnautzki Petra (T)	4. 9.84	D PL	k	29. 9.50
	Friede Bettina geb. Friede	1.10.06	GE SW	k	15. 7.60	Kuppels Inge Dr.	1. 2.86	EK PA	k	22. 3.52
						Hörster Birgit (T)	2. 6.89	BI CH	k	18. 5.56
B	Bader Gisela geb. Röhrens	18.11.80	PA F	k	10. 6.50	Adolphi Iris (T)	1. 5.90	D BI		24. 4.58
						Kuhlmann Martina geb. Kraus	1. 6.93	ER EK	e	11.11.56
	Bergmeister Hermann-Josef Dr.	18.11.80	L G	k	27. 7.46	Rogalli Birgit	1. 8.93	GE BI	k	23. 6.58
	Kiene Elisabeth	1. 8.82	° BI EK	k	5. 6.48	Wullbrandt Detlef	1. 1.94	E D	k	10. 4.60
	Korten Ulrike geb. Cloer (T)	14. 3.84	F EK	k	31. 1.50	Feindler Matthias	27. 1.94	BI KR	k	31. 7.61
						Niggemeyer Monika	27. 1.94	M BI		9. 6.62
	Tillmann Ulrike geb. Köffers	27.12.85	M	k	2. 7.51	Sänger Christoph	1. 8.94	KR GE M	k	8. 9.61
	Tillmann Wolfgang	27.12.85	° M	k	30. 7.49	Loitsch Martina	1. 5.95	MU F	k	12. 8.59
	Herrmann Mechthild geb. Steinmann	30.12.85	SP PA	k	31. 7.53	Stratmann Eva (T)	7. 8.96	L EK		14. 6.64
						Schierhoff Michael	22. 8.96	D KR PL	k	29.10.59
	Flenner Elisabeth geb. Pöhling (T)	14. 1.86	E F	k	25. 2.51	Müller Gisela	1. 4.02	M L	k	25. 6.68
	Gilges Jutta	1. 7.87	° E F	k	5.10.53	Hoyer Birgit	1. 2.03	E GE	k	28. 7.72
	Brockes Heribert	1. 7.87	EK SP	k	12.12.53	Ernesti Frank	1. 2.04	PH KR	k	17.10.68
	Krüschedt Dieter (T)	1.10.92	GE EK	k	15. 3.48	Weiffen Barbara	1. 2.05	E D	k	11. 7.73
	Reiser Helga geb. Bauer	1. 6.94	° D F	k	8. 1.49	Luig Johannes	1. 4.05	E L	k	24. 8.71
						Buchholz Simone	1. 4.05	M PH	k	14.10.75
	Weyer-Pech Margareta geb. Weyer (T)	1.10.95	KU GE	k	20. 7.51	Heemels Andreas	26. 7.07	° E D	k	22. 2.69
						Matraka Barbara		L EK	k	18.10.53
	Maluck Ulrike	1.10.95	D KR		1. 7.53					

D	Ziegan Christa geb. Pöll SekIL'	23. 9.83	BI CH	k	9. 8.52
	Wartberg-Keßler Birgitta (T)	4. 3.84	KR MU	k	10. 9.55
	Becker Heribert SekIL	1. 9.84	M SP	k	24. 5.56
E	Papendorf Thomas	1. 2.06	M SW	k	12. 8.75
	Altrock Stephanie	1. 2.07	D KR	k	5. 7.71
	Thüner Oliver	1. 2.07	CH D	k	24. 6.72
	Noefer Daniel	1. 8.07	E KR	k	17. 1.75
F	Hoeing Ursula geb. Neu		D PL	k	12.12.43
	Rogalli Winfried		° D SW	k	4. 5.49
	Meuter Jürgen		M PH	k	13.12.55
	Malkus Uwe		D ER	e	29.10.57
	Hillebrand Nicola		M PH	k	23. 4.79
	Rottmann Sarah		E KR	k	11. 6.81
H	Demmerle Ursula geb. Rompf Dipl.-SpL'		SP	e	10. 7.50
	Roscher Inga SpL'		SP	e	26. 1.51
	Dugave Gérard		F	k	10. 8.51
	Burscher Wolfg. Dipl.-SpL		SP	k	9. 4.52
	Pauls Norbert Pfr.		KR	k	12. 3.53
	Honsel Martin Dipl.-SpL		SP	k	21. 9.54
	Dabringhaus Bärbel geb. Krones Dipl.-SpL'		SP	k	17. 7.56

1.822 Wuppertal-Elberfeld Gymnasium Bayreuther Straße gegr. 1907
st. G. (5-Tage-Woche) f. J. u. M.
Bayreuther Str. 35, 42115 Wuppertal – Tel. (02 02) 30 46 85, Fax 5 63-84 35
E-Mail: gym.bayreutherstrasse@stadt.wuppertal.de, Homepage: www.gymbay.de
Kl: 9/18   Ku: 102/18   Sch: 961 (516) (265/483/213)   Abit: 79 (46)
L: 61 (A 1, A$_1$ 1, A$_2$ 6, B 20, C 25, D 3, E 4, H 1)
Spr.-Folge: E, L/F, F/L

BR Düsseldorf
ASN: **165372**
Dez: LRSD **Wiese**

A	Appenzeller Detlef	28. 1.02	GE SW		7. 9.53
A$_1$	Engler Ulrich (T)	6. 8.99	° M PH IF		18. 5.54
A$_2$	Maiweg Hasso (T)	29. 6.90	D GE	e	26. 4.51
	Kulla Wolfgang (T)	14.12.92	ER E	e	22. 9.47
	Kind Hans-Werner (T)	26. 1.94	° BI EK		12.10.46
	Streich Joachim (T)	30.12.94	CH		6. 7.47
	Meurer Ursula (F)	8. 1.96	D GE	e	26. 7.54
	Schmidt Winfrid (F)	20. 5.99	GE SW	k	20. 1.54
B	Schroeder Georg	1. 2.78	° MU BI	e	22. 7.49
	Müller Isolde geb. Schäfer (T)	1. 2.80	EK F	k	21. 5.50
	Rüssmann Peter Klaus	27. 8.80	M PH	k	5.12.49
	Stelzer Elisabeth (T)	7. 7.81	BI CH EK		22. 7.43
	Schwoebel Gerhard	7. 7.81	BI CH	e	31.12.48
	Schmitz-Paul Karina (T)	12.12.81	MU F		30. 9.47
	Fries Joachim	21.12.81	D PL	e	18. 9.46
	Reichel Georg (T)	26. 8.82	SW GE	k	17. 5.49
	Wilhelmi Martin (T)	7. 7.83	M PH	e	19. 2.47
	Rohde Joachim (T)	15. 1.93	M KR	k	4.10.52
	Dopf Doris	1. 4.95	D PL		4.11.54
	Winterscheid Klaus (T)	7. 2.96	GE EK SW		20. 5.50
	Wittelsbürger Dirk	7. 2.96	SP F	e	26.11.53
	Schlösser-Flume Ulrike (T)	7. 2.96	D EW	k	3. 9.53
	Wasem Peter	28. 2.97	EK BI	e	3. 5.54
	Greven Alexander	24. 5.02	M F	k	25. 2.56
	Wilmes Petra (T)	28. 8.03	E EW		24. 9.52
	Müller-Fischbach Ursula	6. 9.04	E F		12. 2.51
	Koch-Dannert Birgit (T)	19. 6.07	D ER	e	3. 7.58
C	Steiner Jutta	6. 4.77	E D	e	25. 4.46
	Staake Gesa (T)	1. 8.77	F ER	e	28.11.48
	Behrens Karl-Friedr.	8. 9.79	SP EK		2.10.50
	Dillmann Hildegard geb. Schaffeld (T)	13. 1.80	° F M	k	17. 9.50
	Neveling Gisa geb. Werbeck (T)	1. 3.80	GE E	e	30. 5.49
	Maurer Eberhard (T)	4. 9.80	BI CH	e	26. 4.50
	Sölter-Jost Rita geb. Jost (T)	1. 3.81	F PA	k	20.12.50
	Launag Lothar	14.10.82	M PH		24. 7.51
	Sturm Christiane (T)	1. 8.83	M EW		2. 2.52
	Daemgen Christine geb. Kretschmann	2. 1.84	° EK SP	e	2.11.50
	Lewandowsky Arno (T)	17.10.84	° E BI GE	e	16. 6.52
	Wiegers Christa (T)	8. 1.87	D KU		19. 6.56
	Ahlrichs Elisabeth (T)	25. 1.89	L KR	k	6. 8.57
	Sobolewski Rolf	1. 8.99	° D ER IF	e	19.10.64
	Willmund Karsten	12. 5.00	° GE SW		12.11.62
	Balsliemke Petra Dr.	1. 3.01	D L	k	13. 2.71
	Gönnemann Stefan	1. 8.02	D GE	k	13. 6.62
	Grothe Michael	1. 8.02	° M SP	k	24. 3.65
	Schmolke Sven	1. 8.03	D E		8. 4.68
	Berner Andreas (T)	26. 1.04	M PH	e	16. 4.68
	Krügermann Christof	1. 2.04	° L MU	k	5. 5.73
	Wüster Gudrun	1.10.04	D ER	e	8. 6.60
	Gößmann Birgit	30.12.05	E SW	k	15. 2.70
	Neuhaus Britta	18. 6.07	E SP		3. 3.75
D	Klem Ralf SpL	12. 9.77	SP	e	10.12.49
	Nowak Gabriele SekIL'	4. 5.83	KU SW	k	4. 4.57
	Schlieper Ulrike SekIL' (V)	4. 3.84	° D F	e	10. 6.55
E	Studzinski Danja	26. 6.06	SW SP	k	10. 7.77
	Jesinghaus-Eickelbaum Britta		6. 8.07	E PL PP		24. 2.72
	Knevels Ulrich	6. 8.07	D SW PL		17. 8.72
	Raffenberg Katrin (T)	6. 8.07	CH SP		23.12.74
H	Brackmann Elke		D E		12. 4.56

Gymnasien Nordrhein – BR Düsseldorf · BR Köln   285

1.823   Wuppertal-Barmen   Gymnasium Am Kothen   gegr. 1831
st. G. (5-Tage-Woche) m. zweisprachigem dt.-engl. Zug f. J. u. M.
Schluchtstr. 34, 42285 Wuppertal – Tel. (02 02) 5 63-65 33, Fax 5 63-81 98
E-Mail: gym.kothen@stadt.wuppertal.de, Homepage: www.gymnasium-kothen.de

Kl: 8/16   Ku: 133/23   Sch: 1011 (642) (234/430/347)   Abit: 99 (51)   **BR Düsseldorf**
L: 66 (A 1, A$_1$ 1, A$_2$ 6, B 22, C 23, D 1, E 4, F 6, H 2)   ASN: **165451**

Spr.-Folge: E, L/F, F/L, I   Dez: LRSD **Wiese**

A	**Lippka** Rüdiger	23. 5.96	°	D SW PL	e	17. 9.43		**Mohns** Helmut	6. 6.83	D SP	oB	25.11.52
A$_1$	**Kremers** Gabriele	1.99	°	D EK	k	8.11.53		**Wilmes** Manfred	6.84	EK CH	k	19. 4.53
A$_2$	**Larssen** Hans-Dieter	27.11.85		EK SP	k	2. 1.52		**Wockel** Joachim	27. 8.84	E GE	e	16. 6.50
	Greiff Gerhard (T)	10.92	°	M PH	e	18. 3.51		**Tripke** Marianne (T)	5. 3.86	CH EK		25. 7.54
	Sandhoff Peter	6.93		SP EK	e	17.12.46		**Römer** Hans-Herbert	89	L GE	e	15. 4.59
	Kunz Detlef	6.94		E F		29.12.48		**Klöber** Birgit (T)	91	° E BI	e	11. 2.58
	Diepenthal Maria-Theresia (T)	6.95		EK D	k	16. 1.45		**Schubert** Rita	27. 9.95	M KR	k	4. 4.62
	Peters Marie-Luise	1.96		MU MW	k	7.11.48		**Andrews-Melching** Christine geb. Andrews (T)	8.98	E BI	e	20. 4.69
B	**Gerwinn** Fritz (T)	12.78		D MU	k	5. 3.46		**Iseke** Iris geb. Kötter (T)	8.01	GE SP	e	7. 2.65
	Moritz Geerd (T)	3.80		KU W		4.10.47		**Ruddat** Bernd	8.01	°	e	22. 3.66
	Kirchhoff-Gerlach Elisabeth (T)	26. 6.81		BI E	k	20. 1.50		**Harborth** Ingo	9.01	° E EK	e	22.10.68
	Henne Karin (T)	17.12.81		BI EK	e	27. 1.52		**Petsa** Athanasia (T)	1. 1.02	E F D	orth	21.11.67
	Flues Carola (T)	21.12.81		GE F	e	28. 3.49		**Barth** Claudia (T)	2.02	° D L	e	4. 1.66
	Skischalli Gabriele Dr. (T)	7. 1.86	°	E F	e	27. 4.49		**Klein-Debray** Martina	1.03	MU F	k	29.12.60
	Fehrholz Renate	11.92		D ER	e	4. 5.49		**Oppermann** Anja	15. 9.03	S N		
	Rauhaus Gerhard	4.93		L EK	e	25. 6.48		**Entrich** Andreas	2.05	° M PH	e	21. 6.78
	Skrodzki Hans-Helmut (V$_2$)	1. 2.95	°	D PL	e	29. 8.50		**Aab** Michael Dr.	8.07	M BI	k	22.11.65
	Eckhoff Wilfried	1. 2.95	°	E GE ER	efk	13.10.51		**Kirchner** Bernward		D KR	k	5. 6.59
								Homscheid Angélique		M BI	k	29.11.68
								Perez-Guembe Nicole (T)		E H		18.12.70
D	**Fenner** Carmen											
	Isenberg Ulrich	1. 2.95		BI	k	22. 2.48	E	**Lehnert** Alexander	8.06	D E		23.12.71
	Meister Kordula	4.96		KU W		10. 5.50		**Link** Eva	1. 2.07	D KU	e	24.11.76
	Wulff Wilfried	4.96		D PL	e	22. 8.51		**Geyer** Henning	6. 8.07	PH BI	e	4.11.75
	Grünewald Hans-Joachim Dipl.-Biol. (V)	3.97	°	BI ER	e	10. 9.52	F	**Foest** Anne-Kathrin	8.07	D E	k	3. 4.69
	Köhler Gert (T)	3.97		MU SWe		1. 4.53		**Brockerhoff** Wolfgang M. A.		E	k	24.12.43
	Wilk Werner	7.98	□	SW M	e	3. 2.52		**Loos** Diana B. A.		E MU		18. 6.47
	Zellmer Dagmar (T)	7.98		E EK	e	13. 3.50		**Dinger** Wilfried		D PL ER		4. 5.52
	Lederer Marianne	6.02		BI	k	20. 2.50		**Spiegelhauer-Meyer** Heike		SW ER	e	23. 7.59
	Schmidt Michael	9.02	°	F I	k	8.12.48		**Caravaggi** Silvia		I F SP	k	5. 1.64
	Kalcevic Hildegard (T)			E GE				**Lüsenbring** Reinhard		M GE	e	3. 2.69
C	**Altenbach** Dorothee (T)	1. 2.79		CH BI	e	10. 5.50	H	**Halbach** Birgit Dipl.-SpL'		SP	e	25. 9.51
	Werdermann-Zeune Arnhild	19. 8.80		M	e	3. 6.52		**Schneider** Inge geb. Horstmann		SP	e	16.10.54
	Groschewski Irmtraud	3. 8.82		EK F	e	28. 3.52						

1.840   Xanten   Stiftsgymnasium   gegr. 1945 (vor 1109)
st. G. (5-Tage-Woche) f. J. u. M.
Johannes-Janssen-Str. 6, 46509 Xanten – Tel. (0 28 01) 7 13 60, Fax 71 36 22
E-Mail: stiftsgymnasium.xanten@t-online.de
Homepage: www.stiftsgymnasium-xanten.de

Kl: 10/16   Ku: 126/22   Sch: 1013 (524) (257/423/333)   Abit: 73 (46)   **BR Düsseldorf**
L: 61 (A 1, A$_1$ 1, A$_2$ 8, B 20, C 23, D 4, E 3, F 1)   ASN: **166054**

Spr.-Folge: E, L/F, F, S   Dez: LRSD' **Risken**

A	**Klaßen** Franz-Josef	1. 8.02	°	M PL IF	k	28.10.55	A$_2$	**Stang** Roman (F)	25. 6.79	D GE	k	1.10.44
								Dickmann Rosw. (T)	1. 9.92	M PH	k	27.10.48
A$_1$	**Feuerstein** Frank	1.11.92	°	M EK	k	19.10.46		**Möllemann** Theo	1.10.92	M PH	k	1. 7.51

	Burri Günther Dr.	15. 5.95	CH IF		28. 1.46	
	Below Ekkehard (F)	24. 3.99	M PH		8. 1.60	
	Gerißen Georg (F)	1. 8.99 °	GE MU	k	18. 2.58	
	Büngeler Bruno	17. 4.00 °	F SP	k	4. 4.50	
	Wagner Friedrich	1. 6.02 °	D GE	k	3. 4.50	
B	Eikemper Rudolf	21.12.75 °	KR SP	k	8. 3.45	
	Kursawa Hans-Peter Dr.	18.11.78 °	D L PL	k	15.10.43	
	Körner Peter	17. 5.79 °	BI EK	k	9. 7.46	
	Körner Gisela (T)	1. 8.80	BI	e	28. 8.49	
	Dickmann Hans-Peter	8. 8.81 °	M PH	k	10. 7.49	
	Eyting Hein Karl	6.11.87	SP F	k	9. 7.49	
	Knemeyer-Heße Barbara (T)	1. 1.93	D F	k		
	Meschede Friedrich	8. 8.94	D GE	k		
	Leyck Heinrich	20.12.94	E SW		20. 9.50	
	Schneider Wolfgang Dr.	19.10.94	GE KR	k	6.11.46	
	Berg Claus	15.11.95	GE SW		16.10.50	
	Gisbertz Dagmar	1. 6.03 °	D PL	k	10. 6.56	
	Franke Christine	31. 7.03	GE F	k	20. 2.52	
	Göricke Karl	31. 7.03	E SP	e	28. 9.51	
	Middeldorf Hans Georg	17. 5.04	CH EK	e	19.12.51	
	van Kempen Christoph	1. 7.04	L SP		28. 4.65	
	Bolder Sabine	20. 6.05	M GE	k	21. 8.70	
	Hemmers Ursula	20. 7.06	M EK	k	12. 2.55	
	Wiosna Christiane	20.12.06 °	D EK		3. 7.50	
	Osthus Jeannette	30. 5.07	E EK	k	20. 7.70	
C	Kohler-Mentzen Claudia (T)	21. 2.80	BI	e	1. 8.48	
	Soll Mechthild geb. Schmidt (T)	19. 8.80	M	k	12. 8.50	
	Schmitt Cornelia (T)	14. 7.81	M		30. 4.52	
	Neunstöcklin Harald (T)	3. 8.82	E F	e	3.12.50	
	Rüsing Hans-Josef	24. 1.83 °	M EK	k	24. 2.49	
	Behrens Lucia (T)	12. 9.83	E KW		27. 6.53	
	Seeler Bernhard Hartmut	16.10.84 °	E GE	e	27. 9.53	
	Schimmele Marianne (T)	7. 3.86	E KR	k	19. 7.53	
	Thiel Christoph	1. 1.02	MU GE	e	4.10.65	
	Schönberner Ansgar	1. 3.02 °	KR MU	k	18. 6.69	
	Noack Kirsten	1. 8.02 °	E EK	k	14. 2.72	
	Reinders Kerstin	6.11.03 °	PH SP	e	11.11.71	
	Grosch Stefanie	1. 2.04	D E		2. 7.73	
	Sprünken Frank	4. 3.04	CH BI	k	12. 5.73	
	Zelgert Marion (T)	1. 6.04	D S	e	4. 7.65	
	Neumann Christoph	1. 9.04	IF SP		23.12.69	
	Scharffe Ulrich	15. 9.04 °	PH SP (IF)	e	24. 8.73	
	Fuhrmann Axel	9. 8.06	BI EK ER		2. 2.64	
	Höttecke Stefanie Dr. geb. Krämer	1. 9.06	E GE	k	31. 3.75	
	Dippel Judit	15. 9.06	D E	k	24. 7.73	
	Scharffe Birgit	19. 3.07	D F	k	15.11.76	
	Wisniewski Peter		PL KU		3. 8.48	
D	Ufermann Christine SekIL'	8. 3.84 °	ER KU	e	31. 3.50	
	Klinnert Jutta SekIL'	8. 3.84	BI SP		27. 4.51	
	Quernhorst Ruth SekIL'	16. 9.00	E SP	k	9.11.70	
	Mooij-Kulschewski Gabriele geb. Kulschewski (T)		D BI			
E	Schemberg Alexandra	1. 4.05	D L	e	3. 6.76	
	Müllemeier Ina	16. 4.07	M BI		12. 7.76	
	Schrörs Tobias	07	L KR	k	11. 1.76	
F	Krohn Patricia		D S	k	13.11.60	

1.845 Zülpich   Franken-Gymnasium   gegr. 1947
st. G. f. J. u. M. m. zweisprachigem dt.-engl. Zug
Keltenweg 14, 53909 Zülpich – Tel. (0 22 52) 94 43-0, Fax 94 43-20
E-Mail: service@fragy.de, Homepage: www.fragy.de

Kl: 10/17   Ku: 116/15   Sch: 1002 (517) (277/454/271)   **BR Köln**
L: 54 ([A] 1, [A$_1$] 1, A$_2$ 2, B 17, C 14, D 2, E 11, F 6)   ASN: **166832**
Spr.-Folge: E, L/F, F, S   Dez: LRSD **N. N.**

A	(Wirtz Franz-Peter StD A$_1$)		M PH		20. 2.51	
A$_1$	(Dewitt Helmut StD A$_2$)	17. 2.95	D EK	k	25. 1.50	
A$_2$	Büttner Dieter	1. 6.94	EK SP ER	e	24. 2.49	
	Baur Notburga geb. Dahm	17.12.01 □	SP PA M		1. 7.52	
B	Strick Hans Josef (T)	31. 1.79	F EK	k	3. 1.48	
	Toporowsky Norbert Dr.	5. 6.85	EK GE	k	5. 4.47	
	Westhofen Hildegard geb. Custodis	18.12.85 °	M PH	k	11. 7.51	
	Steinberg Günter Dr.	29.10.87 °	CH (PH)	e	26.12.50	
	Dederichs Paul Josef	29.10.90 °	BI E	k	2.10.49	
	Krämer Marlies geb. Scholz	29.12.92	E KR	k	2.11.46	
	Mölders Elisabeth geb. Laven (T)	15. 5.95	CH EK	k	12.12.52	
	Thumann Gabrielle geb. Morhart	13. 1.96	GE E	k	30. 3.52	
	Haas Bernhard	21. 5.96 °	CH EK IF	k	8. 2.53	
	Warrach Ingrid geb. Kreus	21. 5.96	EK W	k	2. 7.53	
	Regh Franz-Josef	13. 3.97	D EW	k	21. 2.53	
	Kreuels Til	13. 3.97	BI		8. 6.51	
	Schofer Bernd		PH	k	14. 6.49	
	Linden Ursula		M PH		16. 5.51	
	Beresheim Maria geb. Zingsheim		° E GE	k	18. 3.54	

	Name		Geb.	Fächer		Ern.
	Linden Marita			° D ER	e	24. 2.62
	Antwerpen Rosemarie (V)			° L KR	k	7. 2.63
C	**Zimmermann-Thiel** Gisela geb. Zimmermann		1. 3.78	▫ D PL Kug	k	1. 9.43
	Pielen Elisabeth		27. 8.79	° F EK	k	14. 9.50
	Wiatowski Eduard		2. 5.81	EK SP	k	26. 2.48
	Küper Heike geb. Blümel (T)		17. 2.83	° E EK	e	11.11.49
	Klamp Gabriele geb. Bauer		22.10.84	D MU		19.12.51
	Petermann Joachim		2. 8.88	° MU GE	k	1. 5.54
	Schneider Franz Josef Dr.		23. 7.92	E SP	k	
	Schuba Waltraud geb. Zander (T)		13. 8.92	D KR	k	23.11.56
	Trapp Elisabeth (T)		6.12.02	D GE SP	k	6.12.52
	Weiss Ulrike geb. Reuters		13. 2.03	° F S	k	8.12.71
	Schwieren Achim		1. 8.04	F SW	k	10. 2.64
	Schauff Andrea		15. 9.04	E F S	k	4.12.73
	Puchert Stephanie		15. 9.04	° M D	k	3. 9.74
	Wasel Ingrid			EK L		16. 1.61
D	**Breitbach** Matthias		28.11.75	SP (BI)	k	20. 1.43
	Küpper Therese SekIL'		23. 3.83	E M	k	23. 3.56
E	**Heidbüchel** Oliver Dr.		1. 2.05	M CH	k	23. 3.76
	Zingsheim Ilona		1. 2.05	D KR	k	30.12.77
	Gothe Heidrun (T)		22. 8.05	BI SP	e	5. 1.74
	Fischer Vivian		22. 8.05	E BI	k	15. 3.76
	Schmidt Susanne		22. 8.05	E SP	e	31. 5.76
	Maßenberg Carina		22. 8.05	BI SP	k	17. 6.77
	Tadic-Dederichs Alexandra			D SW		17. 5.70
	Wöhler Jan			D PP		17. 5.72
	Müller Daniela			E GE		26. 6.74
	Ohlrogge Heike (T)			KU M		24. 6.75
	Schnicke Benjamin			M PH		25. 6.76
F	**Fütterer** Helmut			° KR GE	k	25.11.52
	Führer Johannes Dr.			EK GE (L KR)	k	5. 8.54
	Brettschneider Frank			M PH	k	7. 7.69
	Weiser Dorothee				k	14. 3.70
	Leduc Ingo			E EK	k	9. 5.77
	Kips Christoph			M SP	k	21. 9.79

2. Die Gymnasien im Landesteil Westfalen
– Regierungsbezirke Arnsberg, Detmold und Münster –

2.001 Ahaus Bischöfliche Canisiusschule gegr. 1897
pr. G. (5-Tage-Woche) f. J. u. M. d. Bistums Münster
Hindenburgallee 30, 48683 Ahaus – Tel. (0 25 61) 9 36 60, Fax 93 66 40
E-Mail: info@canisiusschule-ahaus.de, Homepage: www.canisiusschule-ahaus.de
Kl: 6/13   Ku: 144/22   Sch: 935 (604) (194/425/316)   Abit: 96 (44)   **BR Münster**
L: 59 (A 1, A$_1$ 1, A$_2$ 8, B 16, C 17, D 2, F 3, H 11)   ASN: **167976**
Spr.-Folge: E/L, F/L/E, F/S, G/R/S   Dez: LRSD Knauer

A	Walters Ulrich		M PH IF	k	14. 4.54		Drehwald Ursula Dr.	1. 2.03	F S	k	19. 6.66
							Wiesbrock-Ruppert Ulrike	1. 8.03	KR SP	k	1. 9.58
A$_1$	Meyer Hans-Michael		E R	k	10.11.56						
A$_2$	Kattmann Hartmut	10. 9.88	PH M	e	25. 2.45		Nieberg Roswitha geb. Dissen	5.10.03	D E	k	31. 8.70
	Schulte Karl	1.10.89	GE EK	k	7. 4.49		Ademmer Mark	2. 4.04	E GE	k	7.10.71
	Blakert Antonia	1. 6.94	M EK	k	19. 4.51		Seidler Thomas	1. 9.06	F E GE	k	10. 1.72
	Schäpers Renate	1. 12.94	D GE	k	7.10.48		Hakenes Niels	1. 9.06	E SP	k	2. 2.74
	Torka Jürgen (V)	1. 5.00	D SW	k	22. 4.52		Wolf Andrea Dr. geb. Weber	1. 2.07	D E MU	k	19. 4.73
	Krabbe Ludger	1. 5.00	BI SP	k	22. 4.55						
	Bunte Hans-Bernd	1. 3.01	D L	k	17. 4.56		Ostendarp Myriam geb. Kramer	1. 2.07	S SW	k	17. 6.73
	Weiland Bärbel geb. Gerwing	1. 8.07	KR BI	k	6. 1.61		Meßling Diana geb. Holweger	1. 8.07	CH	k	21. 1.74
B	Bergmann Rita geb. Brinkmöller	1. 7.80	M EK	k	26. 2.45		Henseler Christof	1. 8.07	M SW	k	22. 4.76
	Wesker Günter	1. 8.82	M EK	k	11. 3.50	D	Walters Rosemarie geb. Slowie	1. 8.80	BI CH	k	29. 3.55
	Kleine Bernhard	1.10.82	KR D PA	k	15. 5.45						
	Wiggers Regina geb. Herzogenrath	1.12.92	BI EK	k	21.12.53		Richters Helga geb. Peter SekIL'	4. 3.84	M KU	k	23.10.56
	Bancken Bernd	1. 7.95	BI CH	k	4. 5.53	F	Trommer Cornelia		GE ER PA	e	8. 6.59
	Walters Heinrich	1.12.97	L EK	k	18.10.53						
	Adams Hans-Jörg	1. 8.99	KU E	k	29. 8.53		Lefering Paula geb. Sicking		E	k	29.11.61
	Jopen Paul	1. 8.99	L F	k	24. 7.57						
	Huss Marie-Theres	1. 5.00	D S	k	24. 7.53		Dittbrenner Jens		D GE PK	k	16. 3.75
	Niehues Benedikt	1. 5.00	L G	k	3. 1.57						
	Schmidt Gisela	1. 8.01	E	k	23. 7.52	H	Ahrberg Phyllis geb. Kasprovich		° E	k	24. 5.45
	Künnemann Lioba geb. Haunert	1. 8.01	KR D PA	k	2. 5.57		Schulte-Curig Gisela		M PH IF	k	30. 8.47
	Bunte Susanne geb. Wolf	1. 6.04	E GE	k	4. 8.56		Aguirre Louis		KU S	k	14. 5.49
	Bertram Sabine	1. 6.04	D L	k	13.12.58		Mathieu Christel geb. Westphal TechnL'		TX HW	k	26. 3.50
	van der Linde Norbert	1. 8.04	D MU	k	11. 7.66		Kappenstiel Paul SpL		SP	k	12. 6.55
	van der Linde Andrea geb. Michels	1. 5.05	E MU	k	2. 1.67		Liebermann Cornelia geb. Schonnebeck (L)		E D	k	19. 5.56
C	Vogeshaus Ewald	19. 8.80	PH M	k	19. 9.47		von Horn-Bredenbeck Relindis		D SP LI	k	10. 6.59
	Bröker Hedwig geb. Preckel	16. 9.85	M SP	k	12. 2.55						
	Walters Bernhard	1. 5.94	KU EK	k	27. 7.58		Wetter Olivia		SP EK	k	12. 5.61
	Hartz Friedhelm	1. 8.94	M EK	k	23. 8.57		Rietmann Dirk		KR GE	k	21. 7.73
	Eichhorn Bernward	1. 9.94	L M	k	8. 6.57		Wetter Thorsten		M PH	e	6. 2.77
	Halfes Judith	1.12.01	E S	k	27. 7.69		Schulte Maren		D GE	k	19.12.79
	Franken Andrea	1. 8.02	D GE	k	11. 3.68						

2.002 Ahaus Alexander-Hegius-Gymnasium gegr. 1940
st. G. f. J. u. M.
Fuistingstr. 18, 48683 Ahaus – Tel. (0 25 61) 9 37 30, Fax 93 73 30
E-Mail: 167988@schule.nrw.de, Homepage: www.ahg-ahaus.de

Kl: 11/17 Ku: 115/14 Sch: 1019 (525) (323/470/226) Abit: 59 (31) **BR Münster**
L: 60 (A 1, A_1 1, A_2 7, B 14, C 22, D 4, E 6, F 3, H 2) **ASN: 167988**
Spr.-Folge : E, L/F, F/L, R/L Dez: LRSD' Schankin

A	Engelhardt Joachim	28. 2.97		M PA	e	26. 2.45	Sowa Günther (T)	8. 2.96	F GE		20. 2.62
A_1	Hiddemann Jürgen	2. 5.88		SP L	e	13. 5.44	Vellguth Heike	19. 4.96	E D	oB	3.11.62
A_2	Zumbült Helmut (F)	5. 9.79	°	E SP PA	k	18. 8.47	Herborn Birgit (T)	8. 8.97	° E KR	k	21. 9.56
							Gerlach Ruth (T)	23. 9.97	MU KR	k	1.10.63
	Efing Herbert	18.10.89	°	D GE	k	23. 4.45	Wilk Klaus-Dieter	1. 7.98	° BI KR	k	24. 5.61
	Tewocht Christoph	4. 3.92	°	GE D	k	24.12.48	Scholven Gudrun	10.11.98	D MU	k	8.10.67
	Kreis Joachim Dr.	1. 6.94	°	EK D	k	4.12.48	Schüler Stephan	1. 1.02	BI EK MU		19. 4.68
	Liebermann Hartmut	1. 6.94		GE EK SW		27. 1.49	Balders Helga (T)	1. 1.02	D F		4. 9.68
	Terwolbeck Winfried (V)	20. 3.96	°	SP GE SW	k	1. 7.54	Schmitzdorff Wiebke (T)	1. 1.02	° E M		23. 9.71
	Echtermeyer Burkhard Dr.	28. 6.96		PH M		19.12.42	Hamidi Sabrina (T)	1. 6.04	F GE	k	11.11.67
							Faber Brigitte geb. Muffert		D KU		2. 5.50
B	Schulte Hermann	9. 2.79		BI SP	k	8. 6.44	Nieberg Carsten		D SP	k	23. 7.63
	Hartmann Thomas (T)	16. 6.79		D PL	e	6.10.44	Weiß Sieglinde		D E		26.12.64
							Nollmann Manfred		° L GE		25. 3.68
	Stolbrink Karl	16. 1.80	°	SP E	k	3.11.47	Sopp Christian		D EK		22. 7.68
	Wahle Reinhart	25. 1.80	°	L GE ER	e	29. 6.45	Bussiek Elke (T)		D BI		31. 3.70
							Ebber Mike		E GE BI	k	23. 4.74
	Wahle Gabriele geb. Röthemeyer	1. 8.80	°	L D ER	e	23.12.49	D	Ziegler-Fischer Claudia SekIL'	26. 9.81	M KU	k	24. 1.55
	Regenscheit Egon	18.12.81		CH PH	k	29. 7.46	Vonderlind Martin		PH IF		13. 1.61
	Schauerte Norbert	27. 8.82	°	L GE	k	31. 1.45	Terwolbeck-Hinkers Ingrid		KR PL D	k	6. 2.63
	Jagow Hartwig	27. 8.82	°	M IF	e	21. 7.44					
	Schomacher Franz	13.11.82		M IF		23.11.47	Heeke Markus		M PH		2.11.77
	Pfeifer Friedrich	28. 6.96	°	BI CH	k	3.11.51	E	Pudlatz Anja		D R	e	9. 2.71
	Schürmann Richard	28. 6.96		M R	k	1. 8.53	Pennartz Danny		M PH		22. 8.76
	Kleinke Burkhard	3. 7.01		E L		20. 7.61	Pakeiser Nils		SW GE		20. 5.79
	Hofmann Heidrun geb. Homeyer (T)	30. 8.02	°	GE E	k	8. 8.51	Spitzner Christiane		E PL		5. 7.79
							Hagenthurn Nadine		D PA		8.11.79
	Disse Helmut		°	PH TC	k	13. 8.52	Gebing Andrea		M EK N		20. 4.80
C	Bäumer Klaus (T)	1. 2.78		CH		30.12.45	F	Daum Rüdiger (L)		E SP	e	13. 4.57
	Hoffmann Hartmut	1. 9.81		D WW	e	9.10.48	Müller Stephanie		KR	k	27. 9.71
	Hohenschwert Annelore (T)	6. 1.83		BI CH	e	26.10.52	Watermann Barbara		° KU EK SP		2. 7.74
	Tappe Reinhard	20. 7.83		F PA	k	7. 2.54	H	Wiching Werner RelL'		KR	k	13. 3.46
	Dieler Ruth	10. 2.95		D PL SW	k	19.11.56	Bäumer Gabriele geb. Weiß GymnL'		SP	k	2. 4.54

2.005 Ahlen Gymnasium St. Michael gegr. 1902
pr. G. f. J. u. M. d. Bistums Münster
Warendorfer Str. 72, 59227 Ahlen – Tel. (0 23 82) 9 15 60, Fax 8 68 72
E-Mail: gymnasiumstmichael@bistum-muenster.de
Homepage: www.ahlen.de/stmichael

Kl: 8/16 Ku: 139/20 Sch: 1045 (596) (242/464/339) Abit: 100 (59) **BR Münster**
L: 64 (A 1, A_1 1, A_2 7, B 20, C 16, D 4, F 14, H 1) **ASN: 168014**
Spr.-Folge: E, F/L, L/F, F/L Dez: LRSD Dr. Hillebrand

A	Frisch Mechthild		°	KR SP	k	1. 9.56	Dartmann Karl-Georg	1. 3.99	° CH F	k	12. 5.50
A_1	Buller Gerhard	1. 2.96		SP GE	k	20. 9.46	Fritzen Bernd	1. 3.06	M PH	k	16. 3.49
A_2	Drost Werner (Vw)	1. 3.86	°	M PH	k	6. 1.48	B	Walter Reinhard	30.12.78	M PH	e	13. 4.43
	Kälker Hans	1.11.88		BI	k	24. 6.47	Latzel Gabriele geb. Kretzschmar	30.12.78	° F SP L	k	1. 3.49
	Hofmann Heinz	1.11.88	°	M PH	k	3. 1.50					
	Boch Peter	1. 3.96		MU M	k	22. 9.56	Vogt Hannelore	1. 7.82	D SP	e	9.10.49
	Thorwesten Hans-Dieter	1. 3.96	°	E KR	k	28. 7.54	Wiesmann Gabriele geb. Pfeiffer	1. 1.84	SP F	k	10. 1.50

	Name	Date 1	Subj	k	Date 2		Name	Date 1	Subj	k	Date 2
	Brockmann-Messing Klaus	1. 3.84 °	PH	k	11.12.50		Epke Johannes	1.10.94	KR GE	k	10. 4.55
	Middendorf Ferd.	1. 3.84	M	k	14. 5.50		Pape-Klasvogt Monika	1. 8.99	E F	k	28. 9.55
	Schöler Heribert	1. 4.86	BI SP	k	7.12.49		Mendel Sabine	1. 2.06 °	D SW	k	27. 2.79
	Kerkmann Johanna	4.12.92	E EK	k	2.12.48		Vollmert Beate		D KR	k	20. 4.70
	Rosing Hildegard geb. Decker	1. 6.94	M EK	k	24. 9.49		Gerbracht Christian		SP BI	k	23. 3.71
	Sicking Elisabeth geb. Ebbing	1. 8.96	CH EK	k	3. 8.50		Schweer Tanja geb. Wolts		E F	k	9. 5.74
	Greive Hermann-Jos.	1. 8.96	E SP	k	25. 9.51		Timpe Caroline		L KR MU	k	27. 8.77
	Lohmann Gerd	1. 8.96	KU EW	k	12. 2.52	D	Steffen Gisela RSchL'	1. 2.74	BI SP	k	13. 5.46
	Schröer Elisabeth	1.12.96 °	E EK	k	14. 7.53		Krebs Rolf SekIL	1. 5.82	BI CH	k	23.10.49
	Vorfeld Jürgen	1.12.96	M SW	k	12. 9.54		Thorwesten Wilfried SekIL	1. 8.87 °	MU KR	k	3. 2.53
	Nocon Renate (F)	1. 8.99	E SP	k	28. 7.66						
	Telgmann Ingrid	1. 6.05	SW EK	k	6. 1.56		Liebing Eva-Maria	°	L D	k	24. 5.72
	Thelen Christian Dr.	1. 6.05	D E	k	15.10.56	F	König Maria		E D	k	2. 3.53
	Frenz Sigrun	1. 6.05	D ER	k	12. 6.62		Niemeyer Wilhelm		D GE	k	24. 8.53
	Stachowitz Peter	1. 6.05	L KR M PL	k	25. 8.66		Altrogge Klementine		L KR	k	11. 7.58
C	Schröder Gisela	26. 7.81	D SP	k	21.10.50		Prinz Annette		KR BI	k	14. 8.58
	Drost Annette geb. Drolshagen	11. 4.83 °	M BI	k	25.11.54		Eickholt Monika		MU D	k	16. 4.62
							Zimmermann Ulrike		M PH	k	14. 7.63
	Schoppmann Herbert	1.11.87	KU PL	k	18. 9.52		Katzwinkel Sabine		E D	k	8. 3.64
	Schmidt Theodor	1.10.90	EK M	k	12. 2.51		Becker Monika		F SP	k	17. 3.69
	Kirchner Maria geb. Osemann	1.11.90 °	E	k	11.10.49		Henneke-Weischer Andrea Dr.		D KR	k	7. 5.71
	Stauff Heinrich	10.92	D M	k	31. 8.59		Günther Anja		KR SP	k	3. 3.72
	Bieke Stephan	1. 6.94	E PA SP	k	14. 7.63		Wildenhues Nicola		BI SW	k	29. 5.78
							Gropp Stefanie		E F	k	3. 9.78
	Fiedler Doris	1. 9.94	E L	k	21. 5.59	H	Hecht Dietmar		GE PL KR	k	13.11.44
	Bannert Ludger	1.10.94	KU PL	k	1. 5.60						

2.006 Ahlen Gymnasium gegr. 1911

st. G. (5-Tage-Woche) f. J. u. M.
Bruno-Wagler-Weg 2–4, 59227 Ahlen – Tel. (0 23 82) 9 10 60, Fax 91 06 33
E-Mail: gymnasiumahlen@02online.de
Homepage: www.staedtischesgymnasiumahlen.de

Kl: 8/14 Ku: 132/20 Sch: 900 (463) (219/364/317)
L: 54 (A 1, A$_1$ 1, A$_2$ 4, B 20, C 22, E 1, F 4, H 1)
Spr.-Folge: E, F/L, L/F, F/L/R

BR Münster
ASN: **168026**
Dez: LRSD **Dr. Hillebrand**

	Name	Date 1	Subj	k	Date 2		Name	Date 1	Subj	k	Date 2
A	Knepper Siegfried	1. 8.02 °	PH M	k	27. 2.50		Loeper Friedrich (V)	1. 7.99 °	D GE KR		12. 4.52
A$_1$	Rosing Alfred	13. 9.96	M PH		2. 2.48		Rausch Waltraut (T)	1. 3.01	ER D PA	e	24. 9.54
A$_2$	Smolibowski Wilfried (Vw)	14. 2.92 °	M PH	e	1.12.44		Dortmann Bernhard	1. 6.01	CH BI	k	11. 4.56
	Stickling Wolfgang	1. 8.95	BI SP	k	1. 2.49		Trappmann Hartwig	31. 8.02 °	M	e	8.12.50
	Dümmer Klaus (L)	1. 8.96	KR D	k	9. 2.49		Zeeh Christine	31. 8.02 °	BI	k	3. 3.48
	Fürstenberg Gerda	1.12.96 °	E EK	k	14. 9.49	C	Brüggemann Heinz	15. 3.83	M PH	k	6.10.48
B	Erdmann Wiethold	4.11.82	M PH	k	18.10.47		Wittler Heinz-Wilh.	5. 6.83 °	GE SW PK	e	5. 7.52
	Werner Klaus-Jürgen	4.11.82	E SP	k	7. 5.48		Vey Gerd	9. 8.84	E EK		12.12.52
	Beckmann Günther	1. 4.84	CH	k	9. 2.48		Lange Ursula	7. 1.86 °	L R		1.10.54
	Paul Wilfried	1. 3.93	PA D	k	3. 8.46		Enneking Elisabeth (T)	29. 1.93 °	D GE	e	23. 5.50
	Braukmann Peter	1. 3.93	D EK	e	4. 7.49						
	Tacken Adelgunde	1. 5.94 °	EK F	k	15.12.50		Beyer-Bornemann Petra	10.97	KU SW	e	30. 6.64
	Reichmann Elisab.	1. 5.94	E D	k	6. 3.50						
	Schneidereit Irmgard (T)	1. 1.95	F D KU	k	26. 3.43		Braukmann Katharina	18. 8.99	MU M	k	22. 5.68
	Werner Elisabeth	1. 1.95 °	F GE	k	27. 7.51		Näpel Cornelia	1. 2.02 °	E SW PK	k	23. 9.68
	Schäper Marita	1. 1.97	D KU		23. 9.54						
	Trenkler Berthold	7.12.98	SP EK	e	21.11.48		Dawar Annette	1. 2.02	F D	e	30. 3.67
	Kunst Bernhard	7.12.98 °	E R		11. 8.53		Kund Isabelle	9. 9.04 °	L GE	k	2. 5.59
	Schmitz Karl-Heinz	30. 4.99	SW PA	k	18. 7.53		Herzog Meike	15. 9.04	F SP		3. 8.71
	Borgmann Gertrud (T)	15. 6.99 °	SW M		8. 3.53		Knoche Marita	5. 1.05 °	D BI	k	30. 7.73

	Kappes Christian	1. 8.06	E GE		18. 4.76	E	Mähler Markus	M EK k	23.12.77
	Götzen Mareike	2. 7.07	D PA		7.11.77	F	Hansen Annette	° L GE k	29. 6.58
	Cardoso-Janning Florbela	9. 8.07					Zeise Beate	KR E I EK e	5.10.60
	Krause Renate geb. Ostendorf		° SP KR	k	18.12.56		Strasser Thomas Dr.	PH BI	
	Stoffers Martin		SP BI MU	k	5. 8.58	H	Ellinghaus Dagmar	SP TX k	13. 5.54

2.010 Altena Burggymnasium gegr. 1580
st. G. (5-Tage-Woche) f. J. u. M.
Bismarckstr. 10, 58762 Altena – Tel. (0 23 52) 92 73-0, Fax 92 73-10
E-Mail: info@burggymnasium-altena.de, Homepage: www.burggymnasium-altena.de

Kl: 7/12 Ku: 85/12 Sch: 715 (399) (183/315/217)
L: 40 (A 1, A₁ 1, A₂ 3, B 15, C 11, D 5, H 4)
Spr.-Folge: E, L/F, F, S

BR Arnsberg
ASN: **169754**
Dez: LRSD **Neuser**

A	**Muhs** Uwe	3. 8.93	WW EK	e	24. 7.48		**Bartsch** Mechthild (T)	9. 5.85	° CH BI k	14. 6.54
A₁	**Holtkemper** Hans-Ulrich	1. 8.00	° KR SP L PA	k	27. 3.59		**Brunscheidt-Haferberger** Angela		F S e	25. 2.61
A₂	**Herrmann** Wolfgang Dr.	21.12.94	L GE		28. 3.51	C	**Denk** Albert	2. 8.88	MU M e	18.11.59
	Reiling Werner	1. 8.04	M SW	e	3.11.52		**Niehaus** Gisela Dr. (T)	30. 6.97	° M CH k	21.11.58
	Herten Thomas (F)	1. 8.04	E S	k	15. 1.66		**Weiß** Ines	15. 9.03	M SP k	24. 8.75
B	**Reiners-Kohl** Annegret (T)	21. 1.80	E	k	16. 6.46		**Jung** Sebastian	1.10.03	E KR k	27. 1.75
	Schneider Heinz	21. 1.80	M PH	e	19. 9.46		**Weiß** Markus	2. 2.04	° L D k	6. 6.69
	Schönenberg Sigrid (T)	1. 9.80	E EK	e	23. 1.55		**Berndt** Gabriele	1. 8.04	D GE e	1. 1.73
	Irle Gerhard	1. 2.81	E GE	e	4. 8.45		**Wilde** Heike	1. 8.06	F PA	4. 6.75
	Lichtenfeld Jürgen (T)	1.12.90	M PH	e	19. 2.54		**Schreiner** Sabina	1. 2.07	⌑ D E	3. 9.76
	van Dyk Detlef	8.12.95	° BI SP	e	26. 1.54		**Detering** Stefan	1. 8.07	⌑ BI CH k	19. 9.67
	Spenner Klaus	21.10.96	° D EK	k	3. 6.49	D	**Witzthold** Ralf-Rainer	4. 9.81	E SP e	2. 2.54
	Rohde Stefan	28. 8.98	BI SP		10. 8.57		**Westermann** Rita	4. 8.83	KU k	14. 4.55
	Hahne Susanne	1. 8.02	⌑ KU SW	e	24. 6.57		**Brauckmann** Willi (V)	1. 8.91	° ER D e	1. 4.56
	Schmidt Thomas (T)	1. 8.02	D MU	k	6. 4.67		**Schiewe** Thomas	10. 8.98	M GE EK k	9.12.71
	Steuber-Muhs Bettina (T)	1. 8.04	D ER PL		2. 3.65	H	**Piepho** Gerd		° SP e	8.10.43
	Nentwig Frank	1. 8.04	⌑ D GE PK		25. 3.65		**Koch** Reinhard Dr.		⌑ PL D oB	16. 7.53
	Siewert Henning	22.12.04	° E ER	e	12.10.66		**Nottelmann** Dirk		⌑ SW BI	22. 8.57
							Linnemann Thomas		GE L	23. 5.74

2.020 Arnsberg Gymnasium Laurentianum gegr. 1643
st. G. (5-Tage-Woche) f. J. u. M.
Klosterstr. 26, 59821 Arnsberg – Tel. (0 29 31) 17 50, Fax 20 25
E-Mail: verwaltung@laurentianum-arnsberg.de
Homepage: www.laurentianum-arnsberg.de

Kl: 8/13 Ku: 84/17 Sch: 765 (362) (213/323/229) Abit: 61 (29)
L: 46 (A 1, A₁ 1, A₂ 3, B 14, C 12, D 3, E 10, F 2)
Spr.-Folge: E, L/F, F, S

BR Arnsberg
ASN: **169833**
Dez: LRSD **Egyptien**

A	**Ullrich** Klaus	1. 2.04	D E	e	25. 5.49		**Appelhans** Bernhard	1. 2.80	° M EK k	17.10.49
A₁	**Kaiser** Jürgen	26.11.02	F EK	e	15. 3.50		**Gödde** Wilhelm	25. 4.80	PH M k	30. 5.47
A₂	**Ortmeier** Anno Dr. (F)	12. 2.97	° E GE	k	10. 5.50		**Frohn** Friedhelm (T)	21.12.82	EK SP k	3. 9.45
	Rademacher Joachim Dipl.-Math. (Vw)	1. 6.07	M IF	oB	2. 4.51		**Forst** Dietmar	1. 4.84	EK SP e	24. 6.50
							Dittmann Monika geb. Evers (T)	1.10.84	BI SP k	11. 1.44
	Kappen Andreas	1. 8.07	D SP	k	30. 3.52		**Dohle** Herm.-Josef (V)	3.12.84	° E PK k	24.10.49
B	**Unkel** Jutta geb. Zimon (T)	23. 4.79	° M SP	k	29. 9.45		**Müller** Jürgen	1. 1.94	° D GE	7.12.50
	Dickgreber Joachim	16. 1.80	E KR	k	2. 6.47		**Hickert** Rudolf	7.12.94	⌑ D SW	24. 3.53
							Schulte Bernward	7.12.94	M PH k	22. 2.52

	Wolf Klaus Dr.	1.11.95	M PH	k	20. 4.54	D	Schledde Renate	27. 8.82	BI HW k	18. 1.55
	Schäfer Reinhard	16. 4.02	D SW	k	30. 1.53		SekIL'			
	Kosow Monika (T)		D PA		6. 4.47		Thiel Heribert SekIL	22. 3.83	CH BI k	6. 7.52
C	Hartfiel Adelheid geb. Engelking	1. 8.80	BI	e	25. 1.53		Weber-Bange Birgitta SekIL' (T)	23. 8.83	KU KR k	7. 4.56
	Kiczka Johannes	26. 8.81	D KR	k	22. 3.52	E	Nolte Petra	1. 2.04	M PH k	1.10.74
	Kilian Alfred	4. 9.83	M PH	k	10. 7.54		Scheunemann Kirsten	1. 2.04 °	S GE k	2. 8.75
	Kotthaus Eckhardt (T)	17. 1.84	E GE		17. 4.52		Schäfer-Jarosz Sabine	1. 2.05 °	L F D	4. 8.76
	Neumann Arno	7. 8.85	D GE	e	25.10.50					
	Trexler Wolfgang	23. 3.88	D PL MU	k	26. 1.54		Kazani Felicitas	22. 8.05 °	E D	14.11.75
							Winckler Christian	1. 2.06	M SP k	2. 1.73
	Möller-Fraikin Regina (T)	20. 8.90	E F		1. 2.60		Mense Lars	9. 8.06	E SP oB	29. 9.74
							Münzel Jens	9. 8.06	M CH	16.10.75
	Becker Johannes	1. 8.98 °	L KR PL	k	5. 3.64		Kappe Dorothee	9. 8.06	F SP k	6. 2.78
							Fürch Isabel	1. 2.07	E L	26.11.73
	Steinbeck Bernd	1. 2.00 °	D ER EK	e	3.11.66		Wessels Stefanie	6. 8.07	E MU k	17. 4.78
						F	Loxtermann Thomas Dr.		GE SW e	18. 9.65
	Blume Antje	15. 9.02	E D	k	14. 2.73					
	Janßen Bettina (T)		10.03	M KU	2. 8.66		Timmermann Fritz-Michael		E KR k	13. 2.68
	Nolte Stefan	22. 8.06	SP BI		12. 7.74					

2.021 Arnsberg Mariengymnasium gegr. 1889
pr. G. in Ganztagsform (5-Tage-Woche) f. M. u. J. d. Erzbistums Paderborn
Königstr. 36a, 59821 Arnsberg – Tel. (0 29 31) 34 15, Fax 17 37
E-Mail: info@mariengymnasium-arnsberg.de
Homepage: www.mariengymnasium-arnsberg.de

Kl: 4/8 Ku: 79/16 Sch: 588 (355) (135/267/186) Abit: 54 (34)   **BR Arnsberg**
L: 37 (A 1, A$_1$ 1, A$_2$ 5, B 10, C 12, F 3, H 5)   ASN: **169845**

Spr.-Folge: E, L/F, F   Dez: LRSD **Egyptien**

A	Ostermann-Fette Annemarie geb. Ostermann	1. 8.01 °	D EW PL	k	22.12.56		Harder-Scheib Maria geb. Harder (T)	1. 8.87	HW BI k	9. 5.54
							Neff Ursula	1. 8.91	M PH k	1.10.56
A$_1$	Hachmann Bernd	1. 8.95	F EK	k	12.11.47		Keller Clemens	1. 8.96	MU L k	2. 3.63
A$_2$	Neuhaus Wolfgang	1. 8.92	D EK	k	24. 3.52		Regniet Margret geb. Geiping (T)	4. 7.98	D E k	15. 2.61
	Döppers Ulrich	1. 8.97	E GE	k	23. 7.55					
	Herlt Anita geb. Stratmann (T)	1.12.98	M	k	26. 9.52		Springer Ingrid geb. Gehls (T)	1.12.01	KR BI k	13. 8.65
	Mauermann Helmut Dr.	29. 9.03	GE D	k	13. 1.59		Bodenstaff Christiane geb. Neuhaus Dipl.-Theol.'	1. 1.02	L KR k	27. 2.63
	Beine Matthias	1.12.05 °	CH M	k	3. 2.63		Wand Rainer	2. 9.02 °	D KR k	30.11.65
B	Fette Erhard (T)	1. 8.82 °	D ER EK	e	7. 8.48		Müer Elke (T)	1.12.03	KR EW k	4. 9.69
							Heupel Kirsten	1. 5.04	EK KU k	6. 5.67
	Tillmann Günter	1. 9.89 °	D SW	k	17. 2.52		Humpert Anne-Karen geb. Prein	1. 8.04	E EW k	18. 7.73
	Schmidt Wilhelm (Vw)	1.12.89 °	M PH	k	30. 5.54					
	Vollmer Hartmut	1. 7.93	SP GE	k	22. 1.53	F	Funke Marlies geb. Frost		F GE k	10. 3.55
	Scheffer Hildegard geb. Vornweg (T)	1. 1.96	BI SP	k	11. 3.50		Steeger Ingeborg geb. Pastoors		M KU k	22. 5.55
	Springer Franz-Josef (V)	1.11.99 °	M PH	k	19. 9.56		Döppers Petra geb. Dragowitsch		GE EW e	19.12.57
	Deckers Joachim (L)	1.12.01	M IF	k	18. 4.70	H	Schnückel Sr. M. Renate		D EK KR	15. 4.43
	Huppertz Susanne geb. Kremer	1.12.05	E F	k	15. 4.66		Madden David		° MU E angl	24. 6.47
	Pottgüter Winfried	1.12.05	D GE	k	29. 4.63		Havestadt Barbara geb. Graes		SP TX k	13.11.48
	Jakobi Udo	1.12.05 °	BI SP	k	21.10.61					
C	Wolf Hildegard geb. Junge (T)	11. 9.82	BI CH	k	25. 3.56		Krause Petra geb. Schmitz RSchL'		EK SP k	21. 1.54
	Landers Gerti (T)	15. 5.86	EW E		10.10.54		Schulte-Schmale Birgit geb. Busche		SP k	16. 4.58

2.022 Arnsberg-Neheim-Hüsten Franz-Stock-Gymnasium[1] gegr. 2002 (1911)

st. G. (5-Tage-Woche), Ganztagsschule in Angebotsform
m. zweisprachigem dt.-engl. Zug f. J. u. M.
Berliner Platz 3 + 5, 59759 Arnsberg – Tel. (0 29 32) 96 34-0, Fax 96 34-20
E-Mail: buero@fsg-arnsberg.de, Homepage: www.fsg-arnsberg.de

Kl: 11/22 Ku: 188/31 Sch: 1445 (671) (324/630/491) Abit: 125 **BR Arnsberg**
L: 89 (A 1, A₂ 14, B 26, C 36, D 3, E 3, F 4, H 2) ASN: **194670**

Spr.-Folge: E, F/L, L/F Dez: LRSD **Koch**

A	**Blana** Heinrich Dr.	4. 5.92	BI CH	k	9. 9.47
A₂	**Lumpe** Ernst	1.12.79	KU		11. 2.47
	Völker Bernhard	1.12.85 °	M PH	k	25. 3.48
	Rekate Diethard	18.12.91 □	D SW	e	21. 4.49
	Heimeroth Werner	3. 1.94	SP WW		21. 1.47
	Berndt-Rademacher Ilse-Marie (Vw) (T)	30.10.95	M PL		31. 8.50
	Post Martin (F)	6. 5.97	M BI	k	27. 4.52
	Jacobs Norbert (F)	28. 1.98	PH CH		2. 2.53
	Epping Josef (F)	18. 5.98	D KR	k	2. 4.55
	Kexel Günter (Vw)	16.11.01	M	e	30.11.50
	Urban Ingrid geb. Kühnel	27.11.01 °	M EK	k	12.12.47
	Schwartekopp Hans-Gerd	25.11.02	SP SW	k	14.11.50
	Schröder Frank-Michael (F)	8. 2.04	D MU	k	6. 5.62
	Koch Reinhard	2. 1.05	E GE	e	6. 5.53
	Mause Michael Dr. (F)[2]	1.11.05 °	L GE SP	k	20.10.63
B	**Sojka** Dieter	9. 4.79	GE L	k	19. 4.45
	Geermann Hermann-Josef	1. 5.79	SP BI		18. 4.47
	Weber Walburga	23.10.79	M PH	k	27. 5.49
	Heinecke Peter	27.12.79 °	E EK	e	9. 4.47
	Feld Peter	1. 5.80	E GE		31.10.48
	Voß Mechthild	10. 2.82	CH EK	k	10. 7.49
	Rose Gisela (T)	1. 7.82 °	EK E	k	26. 9.48
	Kraft Burkhard (V)	29. 2.84 °	D EK	k	25. 4.49
	Ossenbrink Dieter	17. 7.84 °	PH	k	21. 6.45
	Bues Gerda geb. Dzykowski	30. 7.84 °	M BI	k	15. 3.51
	Stoer Michael	3. 8.84 °	E EK	k	1. 8.47
	Meik Markus Dr.	1.12.85 °	D SW		17. 1.53
	Schröder Berthold	1. 1.86	GE KR	k	19. 7.45
	Dünnebacke Paul-Heinz	15. 1.87 °	SP GE	k	29. 9.49
	Oelmann Klaus	21.12.87 °	L KR PH G	k	23. 6.53
	Hagedorn Klaus	21. 2.91	EK SP GE	k	16. 1.51
	Niwa Ute	30.12.91	E PA		13.11.53
	Gährken Werner	30.10.92 °	M IF		29.9.51
	Neiseke Herbert	14.10.96	KR D	k	14.10.52
	Schmidt Maria Theresia	20.12.96	E F	k	29. 8.52
	Tewes Renate	28. 2.01 °	BI M	k	21. 8.53
	Flormann Martin (V)	1. 4.02 °	D EK	k	4.11. 52
	Flormann Lisbeth geb. Knitl (T)	1. 4.02	CH BI	k	15. 4.53
	Gährken Renate geb. Hajek (T)	15. 4.02 °	M PL	e	3. 9.52
	Tetzlaff Antje	15. 4.02 □	GE SW MU	e	1. 1.54
	Robertz Dennis	1. 4.05	E SP	k	13. 7.69
C	**Mychajluk** Peter	1. 8.80	E F	gk	16.11.48
	Paust Alexander	19. 8.80	D SW	k	19.10.45
	Porbeck Ingrid	19. 8.80	ER F	e	28. 7.46
	Schaefer Antje	19. 8.80 °	E F	e	31. 8.50
	Fricke Joerg (T)	1.11.81 °	M	k	25. 7.52
	Neiseke Christa geb. Winterkamp	22. 8.83	PA D KR	k	4.12.52
	Niwa Detlev	18.10.83 °	E D		16.12.50
	Bujotzek Elisabeth geb. Dreßler (T)	20.12.83	F GE	k	11.10.52
	Kersting Edeltraud	27. 5.98	E GE	k	10. 4.57
	Kühnen Judith (T)	1. 8.01	E SW	k	10. 6.68
	Boll Christine	11.10.01	F L	k	4. 5.71
	Simon Hubert	1. 2.02	M IF	k	9.10.73
	Rehmann Ellen	18.11.02 □	BI CH		19. 2.71
	Peters Jenny Dr. (T)	19.11.02	M PH	k	8. 2.68
	Vorberg Dunja	15. 3.04	E PL		12. 4.72
	Dericks Michael	4. 6.04	D L		30. 9.67
	Schelte Jens	1. 8.04	BI KR	k	24.12.71
	Romberg Nicole (F)	1. 8.04	BI KU		8.11.72
	Guntermann Ruth	1. 8.04	M BI KR	k	7. 7.75
	Wessel Andrea	1. 8.04	M KR PA	k	17. 9.75
	Klinkemeier Ludger	3. 8.04	M SP	k	26. 7.72
	Brügge Marion	3. 8.04	D F	k	3.10.73
	Jürgen-Schellert Claudia	2. 9.04	D E	k	27.11.73
	Zeisig-Goldmann Sandra	15. 9.04	M PH	e	26. 5.76
	Schaaf Ina	10. 5.05 °	D MU		4.11.72
	Ohms Antje	1. 8.05	D GE	k	4.12.71
	Thronicke Romy	1. 8.05	KU EK	e	25. 1.78
	Schnell Patrick	1.11.05 °	BI CH	k	14. 9.70
	Schmahl Christian	1. 2.06	SW SP	e	25. 6.75
	Klein Regina	1. 2.06	D KR	k	29.11.75
	Lichte Stefanie geb. Arlt	6. 9.06	SP F	k	19. 2.74
	Schörner Hans-Peter	15. 9.06	ER BI CH	e	22. 8.73
	Scherer Marcus	9.11.06	E SP	k	9.10.74
	Feldmann Christian	1. 2.07	PH M	k	12. 5.77
	Manzke Mirko	1. 2.07 °	D GE		3.12.71
	Köster Tanja geb. Bonn	1. 8.07	D F	e	14. 7.79
D	**Kaiser** Rudolf RSchL	14. 2.77	SP M BI	k	19. 9.44
	Bierwirth Bernd SekIL	18. 7.83	PH EK		3. 6.47
	Hagedorn Birgitta SekIL'	19. 4.01	M SP	k	11. 2.56
E	**Gerwin** Tim	1. 2.06	M PH		17. 7.76
	Ludwig Tim	1. 8.07	D GE	k	1. 3.77
	Descamps Charlotte	1. 8.07	D F		9. 4.80
F	**Neitzke-Roßkothen** Charlott		D SW	e	4. 4.55

Kampschulte Beate		D KU	29. 9.62	H	Wulff Gabriele		SP TX	k	8. 5.46
Neumann Michael Dr.		D GE	29. 6.63		geb. Weber GymnL'				
von Harten Andreas		° D PL	9.2.66		Daum Gabriele		SP	e	13.11.58

[1] Zusammenlegung der Schulen 2.022 und 2.024 (Graf-Gottfried-Gymnasium)   [2] Lehrbeauftr. an d. Univ. Wuppertal

2.023 Arnsberg-Neheim-Hüsten   St.-Ursula-Gymnasium   gegr. 1920
pr. G. f. M. u. J. (5-Tage-Woche) Ganztagsschule in Angebotsform
d. Erzbistums Paderborn
Engelbertstr. 43, 59755 Arnsberg – Tel. (0 29 32) 63 94-0, Fax 63 94-20
E-Mail: sekretariat@st-ursula.de, Homepage: www.st-ursula.de

Kl: 6/12   Ku: 120/21   Sch: 822 (520) (188/370/264)   Abit: 75 (39)   **BR Arnsberg**
L: 46 (A 1, A$_1$ 1, A$_2$ 7, B 20, C 14, E 1, F 2)   ASN: **169857**
Spr.-Folge: E, L/F, F, L   Dez: LRSD N. N.

A	Kotthoff Bertin	1. 8.03	° D KR PL	k	3. 3.62		Kruse Tim	15.12.04	° M SW k	20.10.69
							Kamp Uwe	1.12.05	° E MU k	29. 4.65
A$_1$	Lampe Thomas	1. 8.02	M L IF	k	2. 1.62		Mehring Andrea (T)	1.12.05	° EK SP k	19. 6.54
A$_2$	Lamberti Josef	24. 4.88	° KR F	k	5. 6.47		Budde Wilfried	1.12.05	BI CH k	1. 7.72
	Sasse Astrid geb. Arens (T)	1. 1.94	° D EK	k	19. 7.53		Meier Karin	1.12.05	° EK SP k	16. 6.69
							Hieronymus Haimo	15.12.05	D KU k	4. 2.69
	Ringel Klaus Heinrich Dr. (V)	1. 1.96	° D KR	k	19. 4.51	C	Engels Franka geb. Knüchel (T)	1. 9.87	EK SP k	24. 7.54
	Bühner Gisela geb. Hoffmann (T) (L)	1.12.98	F CH	k	23. 1.54		Röttger Martina geb. Franz (T)	1.11.93	° EK SP k	10. 5.61
	Ohneiser Lothar	1. 5.99	BI CH	k	6. 5.53		Hezel-O'Mahony Ursula (T)	1. 8.94	KU E k	31. 7.62
	Tschöpe Karl-Heinz	10. 9.05	M PA	k	14. 6.51					
	Prattki Harald	15. 9.06	° KR GE L	k	4. 1.62		Dartmann Matthias	15.12.96	° M IF k	9.12.63
							Förster Maria	1. 8.97	D MU k	21. 7.66
B	Wulff Heinz-Dieter	1. 2.81	° E GE	k	4. 7.46		Reinecke Christoph	1. 9.97	° D KR k	16.12.63
	Donner Marlene geb. Meyer (T) (V)	1. 2.85	° E TX	k	26. 4.50		Borg-Olivier Uta (T)	15. 6.99	M PH k	26. 9.67
							Wittenborg Mark	18. 8.00	° L E k	9. 3.67
	Donner Johannes	1. 3.86	M PH	k	13.12.50		Großerhode Anselm	1.12.00	M PH MU	20. 5.66
	Seegers Theodor	31.12.88	E GE	k	20. 5.53					
	Leßmann Ulrich	1. 3.89	M PH	k	14. 7.54		Mertens Barbara geb. Busch (T)	6. 4.01	EK BI k	2.11.62
	Schmitz Jürgen	1. 1.96	° SP EK	k	25. 2.56					
	Sanders Johannes	1. 6.99	° D PL	k	25.10.53		Hoppe Claudia (T)	1. 8.02	D PA	19. 9.69
	Frommeyer Annette	20.12.00	° ER BI	e	24. 2.59		Scheffer Anke geb. Spork	1. 3.05	D GE k	17. 7.74
	Jung Alfons	20.12.01	° SP BI	k	30. 1.62					
	Meesker Renate (T)	20.12.01	° E PA	k	28.10.59		Rossa Almut	1. 8.05	E M k	17. 5.75
	Speuser Elke	15.12.02	° L F	k	21. 1.62		Wiebelhaus Anja geb. Sonntag		D M E k	21. 1.76
	Bischoff Uwe	1.12.04	M EK	e	25. 5.61					
	Luetke-Bexten Eva-Maria	10.12.04	° E GE	k	1.12.58	E	Müller Daniela		D KR k	
						F	Niemand Renate		SW GE k	23. 5.60
	Feike Alexa geb. Schmeinck	15.12.04	M BI	k	31.12.64		Müller Christine		E M k	21.11.77

2.030 Attendorn   Rivius-Gymnasium   gegr. 1515
st. G.[1] (5-Tage-Woche) f. J. u. M.
Westwall 48, 57439 Attendorn – Tel. (0 27 22) 59 53, Fax 63 99 54
E-Mail: rivius@attendorn.de, Homepage: www.rivius-gymnasium.de

Kl: 7/10   Ku: 75/13   Sch: 657 (305) (198/271/188)   Abit: 36 (10)   **BR Arnsberg**
L: 39 (A 1, A$_1$ 1, A$_2$ 4, B 11, C 14, D 2, E 2, F 2, H 2)   ASN: **170239**
Spr.-Folge: E, L/F, F/I   Dez: LRSD **Neuser**

A	Böckeler Klaus	1. 8.02	° BI EK HW	k	8. 5.48		Horlacher Helmut (V)	4. 6.03	° PH EK e	6.11.50
							Brenne Gisela	13. 2.04	° D MU e	24.11.56
A$_1$	Hermanns Rudolf	6.11.02	° E EK	k	2. 3.55		Lochmann Andreas Dr. (F)	9. 2.05	° GE KR SW k	9. 3.59
A$_2$	Schenkel Rainer	31.10.94	° M	k	24. 7.47					

B	Engels Heinz-Emil	30.11.90	°	M PH	k	19. 7.49	Schönbach Petra (T)	25. 5.03	D E	e	16.10.70
	Blum Norbert	1. 9.97	°	CH SP	k	22. 6.46	Kuipers Gabriele (T)	20. 1.04	M BI	k	26. 3.58
	Helmig-Neumann Andrea (T) (V)	1. 2.02	°	BI D	e	20. 5.61	Vogt Christian	15. 3.05	° L F	e	24. 3.74
							Weber Stefanie	6. 9.05	° E D	k	22. 8.74
	Meurer Paul	26. 5.04	°	D I KR	k	23. 2.70	Hullerum Susanne	1. 2.06	D KR	k	12.11.65
	Pfennig Martin Dr. (T) (L)	26. 5.04	°	BI D	e	25. 5.64	Berghäuser Sven	1. 2.06	M GE	e	5. 3.71
							Meier Stefan	28. 9.06	° GE SP	e	13.12.71
	Maaß Andrea (T)	30. 1.06		CH ER	e	17. 7.69	Hellner Anke	27. 7.07	° D KR	k	17. 3.72
	Müller Jan Hendrik	30. 8.06	°	M SP	e	1. 6.68	D	Behme Agnes geb. Baum FachL'	1. 2.75	° KU	k	20. 7.52
	Sommerhoff Daniela	30. 8.06	°	BI CH	k	18. 2.74					
	Gülker Anja	30. 8.06	°	F E	k	13. 5.74	Anders Helma geb. Deutsch SekIL'	3. 8.81	SP BI	e	5.11.48
	Engelmann Britta	23. 4.07		D E	e	14. 8.74					
	Isphording Walter	2. 5.07		M CH	k	25.11.57	E	Heim Sabine	7. 8.06	° M BI	k	6.10.78
C	Striak Knut (T)	26. 8.79	□	EK E	k	12. 9.46	Vollmert Henning	1. 2.07	° EK SP	k	4. 4.77
	Uhlenbrock Axel	30. 1.81		F W	e	25. 9.48	F	Decher Friedhelm Dr.		D PL	k	5. 5.54
	Kottmann Alfred (T)	18. 6.85		M PH	k	1.10.54	Berthold Christiane		ER	e	21. 6.65
	Wens Bärbel (T)	14.11.86	°	EK SP		4. 1.55	H	Schröder Bernhard Präses		KR	k	18. 7.47
	Mesch Heinrich (T)	27. 6.96	□	GE SW	e	3. 1.56	Nüssel Adrian		L G	e	21. 5.65
	Schmidt Christine (T)	1. 1.02		F E	k	19. 4.62					

[1] Internat Collegium Bernardinum, Attendorn, Nordwall 26, Tel. 5 09 12; Träger: Erzbischof v. Paderborn

2.031 Attendorn St.-Ursula-Gymnasium gegr. 1917

pr. G. (5-Tage-Woche) m. zweisprachigem dt.-engl. Zug f. J. u. M.
d. Erzbistums Paderborn
St.-Ursula-Str. 12, 57439 Attendorn – Tel. (0 27 22) 92 58-0, Fax 92 58-10
E-Mail: gymnasium@st-ursula-attendorn.de, Homepage: www.st-ursula-attendorn.de

Kl: 6/12   Ku: 131/21   Sch: 902 (528) (192/375/335)   Abit: 86 (57)   BR Arnsberg
L: 51 (A 1, A_1 1, A_2 7, B 18, C 9, D 1, E 5, F 6, H 3)   ASN: **170227**
Spr.-Folge: E, F/L, F/L, S   Dez: LRSD **Köster**

A	Wiedemeier Peter	1. 8.99		M EW	k	21. 1.55	Brouwer Stefan	15.12.05	E M	k	11. 9.63
A_1	Zumkley Christel	1. 2.86	°	KR M	k	23. 1.45	Richter Martina	15.12.05	BI E	k	12. 3.62
A_2	Stegmaier Hildegard geb. Grohe	1.10.91	°	BI CH	k	8.10.52	Jansen Eva	1.11.06	° E F	k	31.12.67
							C	Kampf Eveline	1. 8.83	° E F	k	27. 1.54
	Schulte Klaus (V)	1. 1.95	°	D GE	k	8.12.51	Michels Ingrid	1. 2.88	BI M	k	8. 7.56
	Joerißen Heinz Dieter	1. 7.97	°	M SP	k	11. 1.59	Weidemann Fr.-Josef	1. 8.93	M SP	k	5. 4.58
	Olberg Birgit	1. 2.98		E S	k	9. 9.55	Junge Petra	1. 2.97	E BI	k	8. 7.66
	Minner Elisabeth	15. 9.02	°	D KR	k	27. 8.64	Krengel Andreas	15.12.97	KU KR	k	13. 7.63
	Hütte Andrea	15. 9.03	°	M EK	k	28.11.59	Reinitz Anke	1. 2.04	E S	k	25.10.72
	Aufderlandwehr Markus	22. 9.04	°	E EK	k	28.12.63	Kennemann Doris	1.12.05	L GE	k	8. 4.74
							Risch Kevin	1.10.07	E ER	e	23. 7.77
B	Schlegel-Friede Elisabeth	1. 3.85		M PH	k	12. 4.53	Wesbuer Ralf		SW GE	k	3. 1.73
							D	Schmelter-Schulte Anneliese	1. 8.94	E EK	k	1.11.57
	Friede Hans	11.10.86		M CH	k	26. 5.51					
	Rave Josef	9. 1.89	°	D GE	k	12. 6.50	E	Otterbach Imke geb. Schmidt	22. 8.05	KU GE	e	6.10.69
	Elsaeßer Wolfgang	1. 4.91	°	D KR	k	12.11.48					
	Holzhauer Martin	1. 4.91	°	M PH	k	20.11.52	Boerger Stephanie	24. 6.06	D SW	k	21. 2.78
	Hormes Edeltraud	1. 1.95	°	EK F	k	22.10.53	Schoene Melanie	9. 8.06	D S	e	4.11.76
	Kugelmeier Frank-Ulrich	1. 1.95		SW D	k	3.11.57	Thielmann Bastian	1. 2.07	E M	k	3.12.76
							Schneider Verena		BI E SP	k	27.11.75
	Dröpper Wolfgang	1. 1.95	°	ER D	e	28. 4.59	F	Schulte Dirk		° D ER	e	21. 3.57
	Gottschlich Georg	1. 1.96		M PH	k	8. 3.55	Sangermann Ingrid		M BI	k	14. 3.59
	Voß Raphaele	1. 1.96	°	GE SP KR	k	12. 9.61	Hähner Ute		D F	k	16. 5.69
							Ferrero Susanne		D E KU	k	5. 4.70
	Wenigenrath Birgit	1. 5.99		E BI	e	16.11.61	König Marco		EK SP	k	28. 8.75
	Schulte Christoph	1. 4.00	°	GE MU	k	21.12.60	Kavsek Dajana		E F	k	28.10.79
	Zenz Michael	1. 8.01		BI EK	k	8. 8.57	H	Junkmann Helma SpL'		SP	e	29. 5.49
	Schomaker Thomas	1. 9.04		L SP	k	5.11.64	Lütkevedder Michael		KR	k	14.12.59
	Joerißen Iris geb. Huperz	15.12.05		D KR	k	5. 8.58	Nolde Gabriele		SP L	k	12.11.55

2.033 Barntrup Gymnasium gegr. 1937
st. G. f. J. u. M.
Große Twete 5, 32683 Barntrup – Tel. (0 52 63) 9 51 65, Fax 9 51 66
E-Mail: gym-barntrup@gmx.de, Homepage: www.gymnasium-barntrup.de

Kl: 7/15 Ku: 117/23 Sch: 886 (493) (193/375/318) Abit: 78 (43) **BR Detmold**
L: 53 (A 1, A_1 1, A_2 6, B 17, C 20, D 1, E 4, H 3) ASN: **168877**
Spr.-Folge: E, L/F, F/L, F/S Dez: LRSD' **Pannek**

A	Dreier Friedrich-Martin	1. 8.97	° M PH	e	12. 2.51		Spenner Walter	7. 6.84	KR PH k	29. 3.47
A_1	Schneemann Rolf	1. 8.97	M SP	e	15. 6.48		Polan Cornelia	7. 6.84	° MU E k	22. 4.53
A_2	Förster Joachim (Vw)	18. 6.82	EK PH	e	6. 4.44		Kolk Elke	7. 6.84	E D e	4.11.54
	Damm Werner (F)	1. 4.97	D GE		30.11.50		geb. Gudegast (T)			
	Kaßler Joachim	18. 9.02	D SW	e	16.11.48		Klemenz Winfried-Josef	25. 8.84	E SP k	2. 3.53
	Redeker Sabine	1. 4.04	° D F	e	1. 8.49					
	Bergmann Bettina (F)	3. 3.03	D MU		14. 8.64		Creutzburg Christa	30. 8.84	° BI e	27.12.51
	Lowin Raimund	2. 5.05	M SP	e	11. 2.53		geb. Brand von Lindau (T)			
B	Nohse Helmut	11. 6.79	D EK ER	e	9. 7.46		Waltermann Dieter	2. 7.87	E KU e	1. 3.53
							Scholz Joachim	20. 7.87	° BI EK e	9. 6.51
	Beckschulze Heinrich	1. 8.80	° D ER	e	19. 4.46		Steffens Frank	10. 8.00	PH SP k	9. 1.68
	Lange Hans (L)	2. 9.81	° M	e	3. 2.45		Roth Ute (L)	1. 1.02	D SP e	12.10.62
	Rudolphi Heinz	5. 5.87	CH	k	15. 7.49		Appuhamy Christina (T)	20.11.02	D MU	20.10.70
	Uhlenbrok Günter Dr. (Vw)	1.11.89	° M IF	e	5. 6.50		Weber Sylvia (T) (L)	1. 1.04	M PH	4.12.67
	Plachky Annemarie geb. Kleinsorge (T)	5.10.95	° E F	e	18. 2.54		Nagel Anke (T)	1. 7.04	L D	10. 5.65
							Simon Hans-Christian (T)	1. 7.04	M PH	5. 3.69
	Segler Sabine (T)	3.12.97	M SW	e	20.12.54		Bartel Bernd (T)	1. 7.04	L EK	18. 3.69
	Kunkel Martina geb. Thimm (T)	1. 9.98	EW F	e	6. 4.53		Tackenberg Markus	7. 7.05	E F e	22. 8.69
	Stark Dagmar	17.12.98	D KU		4. 1.55		Taverner-Närdemann Elvira-Maria	16. 9.07	D S	14. 6.74
	Wibbing Bernd (T)	1. 8.99	M SP ER	e	4. 9.46		Mohme Volker		° BI CH SP	e 2. 5.60
	Meyer Ulrich	20. 8.01	E SW	e	27. 6.51					
	Leiskau Thomas (T)	20. 8.01	M PH	e	30. 4.52		Rau Hans-Jürgen		° D GE k	28. 5.60
	Herrmuth-Vetter Bettina (T)	1. 9.02	E ER	e	7. 5.65	D	van Echten Karin SekIL'	26. 8.83	F KU e	28. 3.56
	Hanke Michael	1. 9.03	° E SW	e	24. 5.71	E	Wahren Stefanie geb. Harzer (T)	15. 7.05	L E k	3. 6.74
	Waltemate Susanne (T)	1.10.03	° D GE	e	28. 1.63		Brödling Dirk	1. 2.06	MU GE k	2. 8.71
	Deerberg Markus	1. 9.04	EW M SW		17. 6.71		Hüner Nesrin (T)	12. 7.06	D EK msl	30. 9.76
							Spitzer Sandra	2. 2.07	M SP	23. 3.76
	Hilgenböker Bettina geb. Wagner	21. 8.06	D F	e	23. 8.52	H	Rakemann Rainer Dipl.-Biol.		BI	8.10.50
C	Mende Anita (T)	1. 2.79	E F	e	19. 9.47		Zeidler-Kipke Petra geb. Zeidler		SP e	24. 6.56
	Wistuba-Dirksmöller Renate geb. Wistuba (T)	2. 3.83	D GE PK	k	6. 9.45		Schumacher Frank		SP	29.12.66

2.035 Beckum Albertus-Magnus-Gymnasium gegr. 1910
st. G. (5-Tage-Woche) f. J. u. M.
Paterweg 2, 59269 Beckum – Tel. (0 25 21) 70 37, Fax 70 38
E-Mail: amg@amg-beckum.de, Homepage: www.amg-beckum.de

Kl: 9/15 Ku: 140/21 Sch: 997 (533) (262/401/334) Abit: 90 (48) **BR Münster**
L: 57 (A 1, A_1 1, A_2 5, B 18, C 17, D 7, E 6, F 1, H 1) ASN: **168038**
Spr.-Folge: E, F/L, L/F, F/S/R Dez: LRSD **Dr. Hillebrand**

A	Westerhoff Norbert Dr.	5. 6.91	BI CH	k	11. 9.48		Reimer Gabriele geb. Bäumer	1. 7.05	E EK k	5. 1.52
A_1	Emthaus Manfred	1. 8.00	D EK		19. 7.48					
A_2	Walter Karl-Heinz (Vw)	1. 8.95	SP EK	k	4. 5.48	B	Pohl Engelbert (T)	1. 2.79	M CH e	10. 1.49
	Wenning Marlies	1. 8.96	D SP	k	12. 1.52		Nienkemper Rudolf (L)	22.10.80	° CH k	24. 8.48
	Aldenkirchs Monika geb. Kemper	3. 5.01	F SP		20. 3.45		Thinius Ernst	7. 1.82	D R PA	19. 3.47
	Steinhoff Norbert	20. 3.02	M SP	k	26. 9.52					

Kaiser Ursula	23.11.84 °	F GE	k	30.10.50
Biermann Reiner	12. 7.85	M PH	e	25. 3.45
Kemper Hans-Bernd	19. 8.87	SP EK	k	8. 6.49
Oenkhaus-Weber Brigitte	15. 1.95 °	F EK	k	17. 4.51
Brunert Christine geb. Fritsche (T)	1. 3.95	E R	k	6. 1.55
Neuschäfer Knut	1. 8.96	KR EK	k	26. 2.45
Kehne Michael	1. 8.96	BI SP	k	11. 9.53
v. Winterfeld Wulf	1. 8.96	BI EK	e	28. 4.53
Latta Klaus	1. 4.07 °	E F KR	k	7. 7.51
Klenner Lothar	1. 4.07	D GE SP	e	29. 5.53
Book Ulrike geb. Löbbert (T)	1. 4.07	SP EK	k	20.11.53
Rettig Renate		M		10. 1.51
C **Hekal** Hannelore (T)	19. 5.82	M EW	e	22. 9.50
Busch Gertrud (T)	27. 8.82	M	e	8.11.49
Hanning Dieter	1. 8.83	M PH	e	2. 6.51
Alsmann Lutz	9. 1.84	D SP		20. 5.53
Lambert Brigitte	12. 4.85	KU E	k	9. 2.53
Linden Rainer	1. 4.87	BI PL	e	17. 5.52
Kern Anna	1. 9.92	D MU	k	19. 6.59

Weides Petra	1. 2.99	D CH M		
Brinkschneider Benedikt	1. 1.02	M SP	k	6.11.67
Leber Lars	1. 2.03	BI SP		17.11.72
Lethen Tobias	3. 1.05	KR E	k	21. 3.70
Platthaus Jörg	1. 8.05	BI SP		6. 8.66
Nöcker Gabriele	10. 8.06	L KR	k	9. 2.68
Gerdiken Judith		D KR PK	k	2. 6.69
D **Beulertz** Johannes Dr. SekIL		MU SP	k	12. 3.56
Kips Stephanie	1. 2.07	E S		24. 3.76
Schleisiek Martin	22. 2.07	M ER	e	27. 2.78
E **Vollmer** Karen	1. 2.06	E S	e	21.10.76
Leismann Stefan	1. 2.06	IF E	k	12. 1.77
Tönsgerlemann Jochen	1. 2.06	L GE	k	8. 3.77
Pieke Carolin	8. 8.06	D E	k	23.10.76
Glanemann Markus Dr.	1. 2.07	M PH		14. 1.75
Siebels Rainer	1. 2.07	E S		3. 2.76
F **Berg** Ulrike		KU CH		13.12.58
H **Budde** Elisabeth		E D		16.12.54

2.036 Beckum-Neubeckum Kopernikus-Gymnasium gegr. 1968

st. G. i. A. (10. Jg.St.) u. Aufb.-G. (5-Tage-Woche) f. J. u. M.
Vellerner Str. 15, 59269 Beckum – Tel. (0 25 25) 29 44, Fax 95 01 76
E-Mail: schule@kopernikus-neubeckum.de
Homepage: www.kopernikus-neubeckum.de

Kl: 6/11   Ku: 98/20   Sch: 669 (378) (191/255/223)   Abit: 49 (30)   **BR Münster**
L: 39 ([A] 1, A₁ 1, A₂ 2, B 12, C 13, D 2, E 4, F 1, H 3)   ASN: **168051**
Spr.-Folge: E, L/F, F/L, L/F/R   Dez: LRSD **Dr. Hillebrand**

A	(**Nabbe** Birgit StD' A₂)	1. 4.98	D PA	e	27.10.52
A₁	**Krebs** Sigfrid	19 5.93	D GE	k	14. 3.43
A₂	**Schulte** Rudolf	5. 1.95 °	E SP	k	14. 9.45
	Enneking Heinz	1. 2.04 °	KR D	k	26. 2.48
B	**Hoer** Hans-Erich	12. 6.80	MU F	e	25.11.46
	Weise Christa	16. 8.80 °	E SP	e	26.10.47
	Feist Jürgen	12.11.84 °	D PL	k	6. 3.48
	Weber Jürgen	29. 4.85	M SP	k	1. 6.52
	Strotbaum Hans-Ulrich	3. 3.93	BI KR	k	5.11.50
	Wehmschulte Renate geb. Geßwein	3. 3.93	E GE	k	1. 7.53
	Reincke Hans-Henning	3. 3.93	KU SP	e	6. 6.49
	Mellies Alfred	29. 1.97	F R L	k	2. 8.49
	Kordwittenborg Reinhard	20.11.02	PH		3. 8.47
	Köllner Jürgen	25. 2.04 °	M PH	k	2. 1.51
	Starke Angelika geb. Haneklaus	25. 2.04 °	BI CH	k	22. 5.54
	Lezius Wolfgang Dr.	15. 9.07	M IF	e	24.12.68
C	**Flaßhoff** Hildburg geb. Loges	17.10.77	BI EK SP	e	17. 9.44

Weiner Georg	5. 2.79 °	KR EK	k	21.11.46
Keuper Klarissa	29. 8.03	D KU	k	23. 9.69
Hoppe Bernd	1.12.04	D KR	k	3. 8.67
Biese Astrid	1.12.04	E R		7. 5.68
Herbort Elisabeth	1. 8.05	BI EK	k	7. 5.54
Winterfeld Christina	1. 8.05	D PA		15. 2.73
Runde Markus	1. 8.07	SP M		26. 2.76
Jarchau Hanna		D ER	e	11. 7.54
Bastian Sabine		F L	k	21.11.63
Fingerholz Anke		D EK		28. 5.69
Vollmer Vera		E F		19. 3.71
D **Hoffmann** Maria SekIL'	22. 6.83	M CH	k	10. 3.54
Behlen Gudrun geb. Schröder SekIL'	9. 1.84	SP EK	e	8.12.55
E **Michelswirth** Jutta	20. 3.06	GE SW		22. 8.78
Wolf Susanne	9. 8.06	F E		11.12.71
Willem Anastasia	9. 8.06	E R	orth	4. 5.75
Tiemeyer Sascha	6. 8.07	M F		30. 7.76
F **Oldiges** Christian		GE KR	k	8.11.77
H **Ammann** Jutta geb. Wengerowsky		SW SP	e	26.10.52
Fischer Haike		D GE	oB	12.10.73

2.040 Bergkamen Gymnasium gegr. 1965
st. G. (5-Tage-Woche) f. J. u. M.
Hubert-Biernat-Str. 1, 59192 Bergkamen – Tel. (0 23 07) 96 44 40, Fax 9 64 44 44
E-Mail: gym.bergkamen@helimail.de, Homepage: www.gymnasium-bergkamen.de

Kl: 10/16   Ku: 119/18   Sch: 1018 (555) (286/446/286)   Abit: 110 (60)   **BR Arnsberg**
L: 62 (A 1, A$_1$ 1, A$_2$ 1, B 21, C 23, D 2, E 3, H 10)   ASN: **170471**
Spr.-Folge: E, L/F, F/L   Dez: LRSD **Vondracek**

A	Sowa-Erling Monika	1. 2.02		D CH	e	7. 9.55		Henneberg Michael	19. 9.83 °| D GE	k	28. 6.51
A$_1$	Kieslich Silke	5.11.97		D SP		28. 5.52		Gottwald Heike	15.12.00	GE E	e	16. 4.61
A$_2$	Scholz-Tochtrop Christoph	1. 6.99		MU D	k	18. 7.49		Frederking Annette	1. 1.02	PA E L ER	e	18.12.60
B	Mende Angela	1. 6.78 °| F D		k	4. 1.49		Wohlers Reinhild geb. Wichitill	1. 1.02	M KR	k	5. 7.69
	Freyberg Burkhard	21. 2.79 °	F EK		k	22. 7.45		Wagner Marion	2. 8.02 °	E KU	k	18. 1.70
	Drath Karola geb. Eckey	18. 1.80		E ER	e	6. 4.48		Buchholz Frank	3. 3.03	SP EK		14. 3.70
	Peuckmann Heinrich	1. 8.80		D ER	e	15. 7.49		Schottstädt Monja	1. 8.03	D GE		11.12.72
	Brune Bernd	1. 7.82		D GE	k	5. 9.45		Voß Marlis geb. Rentemeister	15. 3.04	M MU		24. 5.73
	Voß Georg	1. 7.82		PH		23. 4.50						
	Liese Herbert	1. 7.82 °| M			13. 2.50		Dabrock Gregor	15. 9.04	D BI	k	19. 9.67
	Gerfen Wilhelm	12. 9.84		M	e	30. 1.48		Freudenreich Martin	6. 9.05	PH PL	k	14. 9.72
	Helmkamp Rainer	19. 1.87 °| E EK		k	19.10.51		Volke Dagmar	1. 8.06	CH SP		9. 7.60
	Niederwahrenbrock Reinhard	29.12.92		M IF		30. 5.51		Voß Thomas	3. 8.06	CH BI		22. 2.74
								Möller Katrin	1. 8.07	E F		14.10.75
	Schulte Richard	20.12.96 °| L R GE	k		29.10.48		Heinze David	1. 8.07	L GE		7.11.77
	Heidenreich Bärbel	1.12.00		M CH IF	e	31. 8.57		Buchbinder Ute	23. 8.07 °| BI CH		20. 3.65
								Dick Inga	6. 9.07	BI E		23.10.73
	Lübke Hans Peter	29. 3.01 °	EK SP	k	23. 3.45		Stauch Ulrich	1.10.07	BI SP		10. 1.73
	Sparringa Harald	29. 3.01		CH TC		2. 6.49	D	Mueller Wilfred	14. 8.79	E M		3. 6.49
	Diekmann Klaus Dieter	1. 8.02		F GE		18. 5.52		SekIL				
								Feß Heinz-Jürgen		ER D	e	4. 7.52
	Hagemann Christiane	1. 8.02		F BI		8.10.52	E	Hilligsberg Marc	1. 2.07	E L	k	15.10.76
	Sonntag Henning	1. 8.02 °| D E IF		k	8. 4.61		Schüßler Julia	1. 8.07	E BI		31. 3.79
	Langenbach Dorothea geb. Schmidt	31. 8.06		D MU	k	11. 6.62		von dem Berge Maria	1. 8.07	SW TC	k	21. 2.80
	Musholt Rosemarie	6. 9.07 °| E KU		k	22.10.65	H	Mueller Barbara		E	angl	21. 3.48
	Szafranski Silvia	12. 9.07		E PA		30.11.66		Braun Barbara GymnL'		SP TX	e	7. 9.49
	Lüken Christiane	1.10.07		D ER		8.10.69		Rabbe Monika		BI	k	29.12.49
C	Kleine-Huster Margarete	1. 2.79		Soz PA	k	5.12.50		Tölle Lydia geb. Kamp		SP	e	12. 3.52
								Kelter Robert		D SW		14.11.54
	Gogol Ursula	1. 8.80		D GE Soz	k	26. 8.49		Busch-Ostermann Erika		SP KU	e	21. 9.56
								Fährenkemper Claudia		KU EK		14.10.59
	Antrup Reinhard	1. 8.81		CH TC		26. 9.46		Schatt Birgit		D R		16.10.69
	Espeter Hans-Dieter	1. 8.81		KR PA	k	15. 5.50		Bittner Jörg Dr.		D PL		18.10.75
	Engel Marita	1. 3.82 °| M PA			7. 5.53		Klinge Marc		SP		25. 8.77
	Pachel Georg	3. 8.82		EK SW		16. 7.51						

2.045 Bad Berleburg Johannes-Althusius-Gymnasium gegr. 1925
st. G. (5-Tage-Woche) f. J. u. M.
Im Herrengarten 11, 57319 Bad Berleburg – Tel. (0 27 51) 71 69, Fax 35 53
E-Mail: j_a_g@freenet.de, Homepage: www.jag-berleburg.de

Kl: 4/11   Ku: 81/11   Sch: 597 (295) (114/288/195)   Abit: 45 (25)   **BR Arnsberg**
L: 36 (A 1, A$_1$ 1, A$_2$ 3, B 11, C 10, D 1, E 3, F 4, H 2)   ASN: **170483**
Spr.-Folge: E, L/F, F, L   Dez: LRSD **Klüter**

A	Harbrink Erwin	1. 8.04 °	M PH IF	e	16.11.53		Fischer Jürgen	23.12.96	CH EK		7. 6.48
							Pieschl Walter (F)	6. 2.06	PA SP	k	4. 3.47
A$_1$	Arns Thomas	1. 8.04 °	D SP	k	6.10.58	B	Gelies Rainer	16. 7.81 °	M PH		29. 5.49
A$_2$	Kipke-Pregitzer Maren geb. Pregitzer	21.12.94		M PH	e	6. 3.47		Scholz Hartmut	30. 5.83	M		22. 6.46
								Dietrich Joachim	22. 5.84	D EK MU		24. 2.48

	Schmeck Rainer	1.12.95	BI CH	e	28. 1.49	Lohse Marianne	2. 8.04	MU E	8. 9.65
	Bernhardt Rainer	23. 5.02	D GE	e	28. 9.53	Gülker Gregor	15.12.04	KU F k	22. 7.69
	Höpken Jürgen Dr.	23. 5.02	E GE SW	e	3. 1.54	van der Wouw Cornelia	23. 2.05	F E k	22.10.70
	Haberkorn Klaus Felix	29. 4.04	E L	e	17. 1.69	Tewes Markus	1. 4.06	BI SP k	11.10.73
	Binder Clemens	13. 7.07	M PH ER	e	18. 5.65	D Bem Jürgen SekIL	1. 8.80	M CH ER	e 4. 9.54
	Weiß Moira	13. 7.07	E BI		19.10.66	E Lottner Björn	1. 8.07	SW GE k E	26. 1.76
	Asbrock Regine		EK SP	e	9.12.62	Abke Tobias		D GE	29. 7.75
C	Klöckner Michael	6.83	SP EK		22. 4.53	Ophoven Frank		E SP k	12.10.75
	Lückert Wolfgang	6. 9.84	BI SP	e	18. 1.49	F Junker Axel		D PL	5.12.50
	Bisanz Jutta geb. Hunger	11.12.01	BI CH			Beckmann Elmar (V) Stremmel Gertraud		KR M k D ER	12.12.54 9. 5.55
	Neugebauer Dietrich Helmuth	1. 1.02 °	L E	k	13. 1.65	Saßmannshausen Markus		CH GE e	4.12.69
	Biechele Christiane	18.11.02	D E		21. 7.68	H Hollenstein Helmut Dr.		ER e	4.10.47
	Achenbach Christoph	1. 8.03	F GE	e	28.11.73	Debus Henning		ER e	21.12.57

2.050 Beverungen Gymnasium gegr. 1974
st. G. (5-Tage-Woche) f. J. u. M.
Schulzentrum Birkenstr. 4, 37688 Beverungen
Tel. (0 52 73) 52 28 u. 53 83, Fax 2 13 11
E-Mail: gymnasium@gymbeverungen.de, Homepage: www.gymbev.de

Kl: 6/12 Ku: 112/19 Sch: 769 (425) (153/345/271) Abit: 81 (52)   BR Detmold
L: 46 (A 1, [A$_1$] 1, A$_2$ 4, B 18, C 13, D 1, E 2, F 5, H 1)   ASN: **184652**
Spr.-Folge: E, L/F, L   Dez: LRSD **Klemisch**

A	Zimmek Gerd-Erich Dr.	2. 6.96	SP BI		11.7.47	Huge Marianne		E F	27. 2.51
						Verfusz Wilhelm		□ M PH	19. 3.52
A$_1$	(Marquardt Karl-Günter StD A$_2$)	21. 2.95	BI EK	k	9. 5.54	C Müller Walter	1. 3.80 °	M PH k	13. 9.50
						Helling Burghardt	11. 2.81	D GE	26. 7.50
A$_2$	Schriefer Albert	1. 8.79 °	KU GE		29. 7.45	Berlage Friedrich	11. 4.83 □	M SP k	24.11.52
	Lippert Gerhard	29. 1.86 °	CH BI	k	11. 7.49	Urbaniak Michael	18. 8.83	F GE k	14.10.54
	Dreier Franz	25. 3.93 □	D SW	k	10. 4.52	Lempertz Annette (T)	1. 8.84	E SW k	25. 7.54
	Rüther Werner	2. 5.95	L R	k	24. 2.55	Finke Heribert	23. 5.86	M SP	4.11.54
B	Kleemann Hermann	10. 7.81	CH EK	e	21.11.43	Kattner Norbert	16. 6.89	E GE k	27. 5.52
	Brücker Johannes	1. 7.83 °	M	k	27. 9.48	Lockstedt-Geisler Regina	1. 4.98	D R	18.11.61
	Hillmann Maria	29. 1.84	E KR	k	20.11.49	Nolte Helga	31. 8.98	E SPA e	18. 6.60
	Seetzen Almuth	1. 9.84 °	F EK	e	7. 3.47	Marpert Benedikt	19. 8.99	D MU k	2.12.66
	Vieth Wilhelm	1. 3.87	BI CH	k	24.11.51	Frenz Klaus	1. 1.02 □	KU ER e	14. 7.58
	Otting-Köller Birgit (T)	30. 7.90	E GE	k	17. 6.55	Reichardt Christoph		D GE k	26.12.59
	Barth Hans (F)	30. 7.90 °	BI EK	k	7.12.53	D Meyer Klaus Peter RSchL	1. 2.81	E F k	3.10.52
	Heinbockel Hans Georg	21. 7.93	E BI	k	5. 3.50	E Bittner André	1. 2.06	M CH k	27.11.76
	Ewerdwalbesloh Friedel	21. 7.93	GE PA KR (L)	k	3. 1.53	Grewe Jana	9. 8.06	D R e	
	Elbracht Paul	13. 8.93	PA SW PL	k	27. 2.49	F Eichel Norbert		° BI PK e ER	7.11.46
						Wesner-Schöning Rita		SW GE (KU)	12. 7.53
	Reiling Georg (V)	1. 7.94 °	PH M	k	6.11.54				
	Schwietzke Kurt	17.11.94	F SP		18. 2.50	Wiederrecht-Pfeiffer Klaus		KU MU	11. 9.54
	Rogge Raimund	8.12.95	EK SW GE	k	30.10.52	Buschmeyer Thomas		E D	13. 3.56
	Korell Robert	8.12.95 °	CH BI		2. 6.55	Scholle Udo		° M PH k	
	Koerdt Gerlinde	7. 1.97	D EK	k	25. 2.54	H Michalzik Liane GymnL'		SP e	25.10.56
	Wessel Sylvia	1.10.03	E F	k	3. 3.51				

2.055 Bielefeld Ratsgymnasium gegr. 1558
st. G. f. J. u. M.
Nebelswall 1, 33602 Bielefeld – Tel. (05 21) 51 23 94, Fax 51 86 98
E-Mail: kontakt@ratsgymnasium-bielefeld.de
Homepage: www.ratsgymnasium-bielefeld.de

Kl: 6/12 Ku: 92/14 Sch: 719 (326) (187/322/210) Abit: 53 (27) **BR Detmold**
L: 48 (A 1, A_1 1, A_2 5, B 14, C 18, D 2, E 4, F 2, H 1) ASN: **168531**
Spr.-Folge: E+L, –, G/F, S/R/H/F/G/L Dez: LRSD **Dr. Wittmann**

A	Nolting Hans-Joachim	30.12.04	ER M	e	9.10.59	Tenge Rosemarie (T)	5. 4.93	D KR KU PA	k	28. 6.59
A_1	Wegener-Mürbe Christa geb. Mürbe	22. 8.06	M TX KU		21. 3.52	Rottmann Kirsten-Martina (T)	28. 9.93	BI ER		10. 3.62
A_2	Taesler Jürgen (T) (F)	7. 2.92 °	L G	e	20. 5.45	Thomas Frank	22. 3.94	BI KR	k	8. 6.62
	Boenigk Joachim Dipl.-Math.	24.12.92	M		22. 6.49	Winke Cora (T)	1. 8.97	GE SP	e	4. 6.70
	Basista Marianne (T)	18. 3.96	PL F	e	25. 8.50	Wagner-Storz Monika (T)	18. 8.97	BI MU	k	22.10.62
	Gertz Norbert Dr. (F)	28. 6.96	L G	k	29. 3.50	Lingner Ortrun (T)	5.10.01	BI PH SP	e	21. 6.69
	Reichelt Sebastian (F)	11.11.98 °	ER GE	e	6. 3.59	Uffenkamp Corinna (T)	23. 6.03	KU D	e	1. 1.68
B	Bökamp Klaus Dieter (T)	26. 1.79	CH BI	e	18. 7.46	Gronostay Daniela (T)	23. 6.04	E SW	e	27. 5.72
	Leiser Dietlind	30. 1.79	MU D	e	24. 3.46	Kreutzmann Johannes	11. 5.05 °	M SP	k	16. 4.74
	Cruel Hans-Joachim Dr. Dipl.-Chem.	30.10.80	CH M		21. 5.48	Schneider Ursula	2. 2.06	L G D H	k	1. 8.74
	Schröder Wolfgang Dr.	9. 7.82	D E PL	e	17. 4.49	Wellenbüscher Marcus	7. 9.06 °	M PH	e	30. 8.73
	Tiemeyer Hermann	14. 8.84 °	D EK	k	29. 7.50	Geuting Sylvia	20. 6.07 °	E KR	k	28. 6.75
	Haarmann Lore (T)	22. 2.95 °	F S	e	1. 4.50	Peterhanwahr Kathrin	20. 6.07 °	E D	k	11. 2.78
	Graeser Normann	19.12.95 °	SP GE	e	1. 3.53	Buschmann Monika	30. 7.07	L F MU	k	6.12.78
	Wendland Arnold	14. 3.97 °	M PH	e	6. 7.51					
	Altenberend Johannes Dr.	24. 2.99	GE SW KR	k	14.12.52					
	Jost Rainer	1. 6.02	CH SW	e	19. 4.50	D	Tubbesing Gerd SpL	9.12.76	SP	e	31. 5.46
	Biermann Heike-Renate	1. 6.02	M BI	e	27. 6.56		Hollmann Sabine SekIL' (T)	11. 4.84	TX KU	e	28. 5.55
	Buß Christa (T)	31. 7.02	ER SP	e	10. 9.49	E	Morgenthaler Maren	1. 2.07	MU SP	e	7. 3.76
	Meier-Götte Annette (T)	7. 3.03	BI ER	e	15. 5.57		Schlingmeyer Katja Dr.	1. 2.07	F L	e	5. 9.77
	Schütze Marli Dr. (T)	21. 7.04	E F	e	13. 4.58		Fujiwara-Tönsmann Beate	2. 8.07	E GE		16. 8.75
C	Hilf Brunhild (T)	7.12.79	D R	e	8. 4.50		Panhorst Markus	2. 8.07	D GE	e	30.12.77
	Echterhoff Ingrid (T)	4. 9.81	EK SP	e	13. 1.54	F	Jung-Lösing Sabine		D PL MU		24. 9.52
	Tillmanns Carl-Heinz Dr. (T)	8. 6.84 °	PH	k	26. 9.46		Stimpel Rolf		L EK	k	8. 9.55
						H	Genetzky Thomas Pfr.		ER	e	23. 9.57

2.056 Bielefeld Gymnasium am Waldhof gegr. 1828
st. G. (5-Tage-Woche) f. J. u. M.
Waldhof 8, 33602 Bielefeld – Tel. (05 21) 51 24 00, Fax 51 88 33
E-Mail: gymnasium.am.waldhof@bielefeld.de
Homepage: www.gymnasium-am-waldhof.de

Kl: 8/15 Ku: 125/19 Sch: 937 (516) (234/394/309) Abit: 74 (43) **BR Detmold**
L: 62 (A 1, A_1 1, A_2 6, B 20, C 27, D 2, E 3, H 2) ASN: **168555**
Spr.-Folge: E, L/F, F/L, S/R/L/G/F Dez: LRSD **Dr. Wittmann**

A	Leutheußer-de Vries Ruth	1. 8.02	D E	e	16.10.49		Stallmann Karin	24. 5.05	D SW	e	12. 5.57
							Kollmeyer Hans	13. 3.07 °	M PH	e	27. 4.55
A_1	Sindermann Josefine	13.11.04	M CH	k	3. 8.52	B	Roesler Jochen	19.10.79 °	M	k	28. 5.45
A_2	Wiebusch Rolf-Dieter Dipl.-Biol. (F)	9. 9.91	BI	e	18. 2.49		Heimann Mareile geb. Carrié (T)	8. 3.80	E GE	oB	14.11.44
	Elsner Udo (T)	25. 9.93	M IF	e	18. 6.49		Mohrmann Wolfgang (T)	19. 6.80	E ER	e	4. 3.46
	Niemann Günter (Vw)	1. 8.97	M PH	e	22. 6.53						
	Scholz Ulrich (F)	1. 8.03	D GE	e	3. 4.53		Hunting Jürgen (T)	26. 8.82 °	EK E	e	26. 9.49

Bratvogel Peter (V)	4. 4.84	° EK F	e	3.11.49	Kuxmann Monika	9.11.97	F S	k	28. 5.62
Strobl Notburga geb. Blumenstingl		84 D L GE		17. 4.51	geb. Wübbolt (T)				
					Mawick Christiane (T)	10. 8.98	F ER	e	20. 9.64
Bakker Annegret (T)	4. 3.86	E SW	oB	8. 9.48					
Wolff Evelyn geb. Petersen (F) (T)	18. 3.87	E TX	e	5. 9.54	Steinmetz Susanne geb. Schinck (T)	19. 8.99	GE ER	e	16. 2.59
Gierse Engelhard Volker	26. 5.93	D MU	k	8. 8.49	Neumann-Tacke Christiane (T)	7. 5.01	KU D	e	12. 3.63
Behrenbruch Frank (V)	14. 3.97	° D EW SW	e	12. 5.49	Klingenhäger Birgit	4. 7.01	E KU	e	20.10.69
					Kirsch Christiane	28. 8.01	D KU	e	30.11.67
Detmer Rainer	14. 3.97	GE PL	k	30. 8.52	Zimmermann Mirjam Dr. (T)	18.12.01	D ER	e	27.11.69
Scanzano Claudia geb. Neumann	11. 1.99	D PL		27. 7.54	Litz Julia	1. 1.02	D GE KR	k	13.10.65
Zander Monika geb. Cordes	7. 4.99	BI M			Rudnik Anke	1. 8.02	PA E D	e	3. 6.68
Sommerfeld Herbert Dr.	13. 7.99	CH BI		13. 7.62	Müller-Dierks Ingeborg (T)	26. 9.02	D F ER	e	17.10.62
Schmidt Maureen geb. Detering (T)	13. 6.02	GE ER	e	24. 5.55	Finke Susanne (T)	30. 1.03	E F		10. 8.63
					Sievert Nora (T)	19.12.03	E S	e	2.12.65
Kießling-Braß Jutta geb. Braß	1. 9.03	° E SP	k	4.10.69	Niederhaus Claudia geb. Hohn (T)	9.11.04	E D ER	e	14. 8.70
Burmester Susanne	27. 6.05	M SW	e	6. 7.68	Harneke Katrin (T)	4. 7.06	E BI	k	22. 7.71
Bug Heike (T)	1. 6.06	° L MU	e	24. 2.66	Engels Thorsten	1. 8.06	CH EK		28. 3.68
Kordes Olaf (F)	2. 8.06	MU SWe		28. 2.66	Fasselt Beate (T)	1.11.06	BI CH	k	27. 2.68
Otto Brigitte (T)		EK SP			Rehnelt Alexandra	18. 3.07	° D BI KRk		16. 3.79
C Roesler Hedwig geb. Osthaus	28. 1.80	BI	e	17.12.50	Christoffer-Holtgräwe Kai geb. Christoffer	1. 8.07	BI SP	k	6.11.73
Weinrich Matthias	22.10.80	M PH IF	e	15.12.48	D Bolte Sonja geb. Gille RSchL'	27. 8.82	SP TX	e	2.11.49
Ehlenbröker Manfr.	22.10.80	M PH	e	22.11.51	Tech-Siekaup Susanne geb. Tech SekIL' (T)	1. 9.84	BI CH ER		30.10.57
Koppmann Ekkeh.	15. 7.82	SP SW		12. 7.49					
Strelow-Schneider Marianne geb. Strelow	4. 4.84	S F	oB	4. 9.51	E Matić Sanja	9. 8.06	E F	k	21. 1.74
					Ozimek Agnes	1. 2.07	° KU PA	k	22.11.78
Fischer Roland (T)	6. 8.85	° BI EK		26. 3.47	Woltering Gunnar	6. 8.07	E GE	e	18. 7.79
Wolny Peter	20. 1.87	° L G		1. 5.53	H Bax Alexandra		D GE	k	23. 9.76
Backhaus Heinrich	20. 1.87	SP ER	e	11. 8.55	Brüning Jessica		BI SP	e	17. 6.77
Henkel Hartmut	10. 8.93	E GE IF	e	21. 2.57					

2.057 Bielefeld Ceciliengymnasium gegr. 1856
st. G. (5-Tage-Woche) f. J. u. M.
Niedermühlenkamp 5, 33604 Bielefeld – Tel. (05 21) 51 24 02, Fax 51 24 03
E-Mail: 168520@schule.nrw.de, Homepage: www.ceciliengymnasium-bielefeld.de

Kl: 9/18   Ku: 171/26   Sch: 1227 (733) (260/517/450)   Abit: 143 (94)   **BR Detmold**
L: 78 (A 1, A_1 1, A_2 15, B 28, C 22, D 4, F 7)   **ASN: 168520**
Spr.-Folge: E, L/F, F/L, S   Dez: LRSD **Dr. Wittmann**

A	Bratvogel Dorothea		° S D F		21. 7.48	Matzke Jochen	28. 5.02	° E D e	29.10.43
A_1	Sahre Elisabeth Dr.		M SP	e	10. 4.63	Strüber Günther	27. 3.03	BI CH eref	24.10.51
A_2	Thiemann Horst (Vw)	23.12.81	° L G SWe		15.12.42	Cypionka-Reike Annette	1. 4.05	F PA k	9.12.52
	Pörschke Wolfgang Dipl.-Math.	4. 1.92	° M IF		22. 9.48	Bergmann Kirsten (F)	2. 8.06	□ S E e	9. 1.67
	Heinrich Dieter Dr.	5. 1.94	BI EK		17. 1.45	Matzke Marie-Luise geb. Mühlenkamp (T)	18. 6.07	SP F k	4. 9.54
	Schewe Martin	8. 7.95	° GE E PA	e	13.11.46	B Gilles Ingrid geb. Matthes	1. 2.80	° GE L k	6. 8.42
	Vogel Dankwart Dr. (F)	19. 8.96	M PH	e	30.12.43	Schmidt Elisabeth geb. Ganz (T)	12. 7.82	° D GE k	1.10.49
	Grigoleit Ulrich (F)	1. 2.97	° M IF	e	9. 8.51				
	Beckmann Hartmut (F) (V)	1. 7.97	° M PH	e	5. 4.56	Halm Christine	18. 3.91	L G e	9. 1.55
						Potthast-Preßler Brigitte	30. 7.94	F S k	19. 8.53
	Hubrig Detlef Dr. (F)	1. 8.97	° D PL		12. 3.52				
	Letzgus Klaus-Jürgen (F)	1. 8.97	PH M	e	24. 2.50	Willems Wolfgang	14. 9.94	M EK IF k	26. 1.55
	Olders-Langert Ines (F)	1. 8.97	D PA PS	k	25. 5.50	Lohrer Karl-Heinz	21. 8.95	BI PA k	27. 8.47

	Trillmich Krisztina (T)	19. 3.96	BI CH		19. 5.47	
	Humpert Wolfg. Dr.	21. 6.96	M IF		10.12.46	
	Ewald Ulrike geb. Frisse (T)	1. 3.97	M KU	k	17. 7.52	
	Klement Klaus-Peter	1. 3.97	D E	e	26. 9.51	
	Luschberger Helmut	1. 8.98	M IF	k	22. 1.49	
	Joppien Frank	1. 9.98 °	EK GE	e	31.10.50	
	Brinkhoff Hans-Joachim (T)	31.12.98	SP GE SW	e	24. 8.53	
	Wolff Claudia	1. 4.99	M PH	e	18. 6.61	
	Ewering Klaus-Hermann	10. 8.00	F KU	e	14. 3.58	
	Vogelsang-Volkmann Heike	6. 6.01 □	KU BI	e	26. 2.66	
	Wolf Angelika	13. 8.01	E D	k	11. 4.61	
	Knaup Ute	20. 9.01	D KU KR PA	k	9. 9.58	
	Kleindiek Maria-Elisabeth geb. Kersting (T)	5. 6.02	M KU	k		
	Jäker Benedikt Dr.	24. 6.02 °	D MU	k	20. 2.62	D
	Bitter-Wistuba Cornelia (T)	29. 8.02	E D		3. 6.67	
	Döring Holger	30. 9.02	BI M		22. 3.64	
	Hauser Lorenz (T)	19. 5.03	KU SW		28.11.51	
	Wegmann-Otters Rita (T)	30. 7.03	CH E		1. 5.54	
	Klostermeier Uta	30. 7.03	SP PA	e	8.11.67	F
	Sewöster Petra	30. 7.03	E SP	e	13. 7.69	
	Löwe Anke	19. 4.04	CH ER	e	30. 3.65	
	Graf Carsten	8. 3.06	M PH	k	20.10.71	
C	Bökenkamp Rainer	19. 8.80	M SW	e	9. 3.50	
	Fobel Hartmut	15.12.86	ER CH	e	15.11.54	
	Voss Ulrich	1. 2.87	D F		15. 4.53	
	Beckmann Annerieke	2. 9.94	E BI	e	8.11.62	
	Steinböhmer Andrea (T)	20. 5.96 °	E F		15. 4.61	

Fuge Anja	21. 6.97	S SP		1. 4.65	
Schmidt Hendrik	25. 5.01	M PH		17. 3.69	
Gentejohann Claudia geb. Richter (T)	1. 2.02	E MU		29.12.64	
Hülk Julia	6. 3.02	E F RW	e	13. 2.70	
Voßpeter-Heitmann Sandra	8. 7.02	BI CH SP	e	22. 9.72	
Fabritz Christian	1. 8.02 °	ER D H	e	14. 1.71	
Bieneck Martina geb. Kley	30. 9.02	BI L	e	21. 2.70	
Föste Karin	2.12.02	D E PP	e	25. 5.70	
Töpken Ilka	1. 6.03 °	D E		26.12.71	
Hilbrink Stefan	23. 6.03	SP BI	e	23.10.69	
Rauterberg Svenja	10. 3.04	D ER	e	27.10.71	
Fillies Raphael	5. 7.04	M MU	e	24. 8.72	
Popp Christiane	3. 9.04 °	E F		10.10.74	
Selms Tobias	1. 2.06	M IF	e	19. 6.73	
Fingberg Gido	17. 3.06 °	D ER	e	15. 2.73	
Weigelt Barbara	1. 8.06	M PH	k	18. 3.70	
Führing Dierk	6. 9.06	SP EK	e	7. 7.73	
Schmidt Ursula geb. Schmitt FachL'	18. 9.75	SP KU	k	31. 1.46	
Engelmayer-Kolcuc Gisela	3. 3.84	MU BI	k	7. 9.54	
Zirzow Maria Cäcilia SekIL' (T)	3. 3.86	M E		20. 8.55	
Krüger Sabine SekIL'		EK SW	k	19. 7.50	
Kiesow Klaus Dr. (F)		KR PL H	k	28. 5.46	
Schwarz Rosemarie		HW BI	neuap	18. 6.53	
Hintze Sabine		E D		3. 4.55	
Pöhl Marina		D ER	e	2. 8.56	
Stölting-Weking Marlies		° L GE	e	16. 3.62	
Meinholz Sven		E PA	k	12. 6.74	
Erzigkeit Christa		D E			

2.058 Bielefeld Helmholtz-Gymnasium gegr. 1896

st. G. (Kl. 5-7 mit Ganztagsangebot) f. J. u. M.
Ravensberger Str. 131, 33607 Bielefeld – Tel. (05 21) 51 23 96, Fax 51 68 89
E-Mail: 168543@schule.nrw.de, Homepage: www.helmholtz-bi.de

Kl: 9/18 Ku: 112/21 Sch: 1058 (482) (262/490/306) Abit: 78 (49)
L: 66 (A 1, A_1 1, A_2 5, B 15, C 28, D 2, E 1, F 8, H 5)
Spr.-Folge: E, L/F, F

BR Detmold
ASN: **168543**
Dez: LRSD **Dr. Wittmann**

A	Kranzmann Gerd	10. 5.91	D GE	e	24. 5.47	
A_1	Neuhaus Michael	1. 2.05	E SP	e	24. 2.58	
A_2	Gess Gabriele geb. Korte	19. 4.93	F PA	k	21.11.45	
	Rißmöller Irene	15. 3.02	D GE	e	18. 7.47	
	Schwarzkopf Michael Dipl.-Math. (Vw) (V)	1. 2.04 °	M PH	k	10. 8.50	
	Kosiek Klaus-Hermann (T)		D GE		24.10.44	
	Voß Ernst-Wilhelm		D GE	e	28.11.49	
B	Buschsieweke Gertrud geb. Zoche (T)	29. 1.78	M PH	e	8. 7.48	
	Mönks Ferdinand	29. 4.80	KR SP (BI)	k	23. 9.47	
	Jacobs Katrin	1. 8.88	D F		6. 4.54	
	Klaas Beate	21. 5.93 °	E F	k	4. 1.54	

Schulze Werner	18. 3.96	BI		30. 7.45	
Braun Ursel (T)	1. 4.97	D E		24. 8.53	
Reckelkamm Bernd (F)	1. 8.03	M PL		11. 2.58	
Menze Rainer	1. 2.05 °	M PH	e	1.12.71	
Paarmann Oliver	2. 9.06	E GE		18. 1.72	
Lohkamp Bettina geb. Wewer (T)	10.06	D GE	k	23. 4.73	
Fuchß Matthias		BI PH	e	19. 4.54	
Bollmann Dirk		D ER	e	19. 4.58	
Borchert Edith (T)		SW			
Günther Dorothee		D PL			
Müller-Goerke Ulrike (T)		D KU			
C Eggert Beate	1. 2.74	E GE	e	7.10.46	

v. **Widekind** Brita (T)	1. 8.76	BI	e	25. 4.48		**Krüger** Oliver Dr.	11. 8.06	D GE e PA	7. 7.70
Ellendorff Georg Dipl.-Biol.	10. 4.79	BI CH	k	11.10.48		**Buekenhout** Klaus		IF M Soz	2. 7.51
Spruth Brigitte	23. 8.79	EK SP		14. 3.47		**Landwehr** Joachim		D SP e	29. 9.52
Preiser Monika (T)	27. 8.79	M	oB	12. 6.50		**Raach-Kallmer** Roswitha (T)		EK KU k	8. 7.62
Kleinemenke Beate (T)	1. 2.80	F EK		3. 6.50		**Dopheide** Kai-Kristian		IF PH e	17. 6.72
Kahlert Holger Dr.	19. 9.80	° CH	e	3. 8.44	D	**Nowottny** Ruth SekIL' (Vw)		M KU e	7. 8.51
Stille Karl-Ernst (T)	25. 9.81	PH PL	e	8. 6.51		**Bögeholz** Birg. SekIL' (T)		M ER e	9. 3.56
Beikert Erwin	2. 2.83	BI SP		6. 8.49	E	**Bodeck** Jörn	1. 2.04	D GE e	29. 5.72
Blum Gabriele (T)	10. 7.85	SP EK	e	10. 7.55	F	**Jutka** Sabine		PL SP e	19. 2.59
Mertens Paul-Traugott (T)	17. 3.86	PA SW	oB	13. 5.53		**Storz** Martin		MU GE k	9.11.61
Werneke Birgitta (T)	25. 7.86	M SW		3.11.54		**Stölting** Heike		D GE	6. 1.63
Timmermann Rainer	9.10.87	° M MU	e	2. 6.53		**Wieling** Petra		D BI	21. 5.64
Felsch Michael	1. 8.91	° E ER	e	22. 5.58		**Kriege** Philipp		E GE k	12. 5.75
Straetmanns Florian	27.11.96	MU GE		10. 4.58		**Müller-Slanitz** Nadja		SW BI e	8.10.76
Struwe Simone (T)	14. 8.00	BI E	e	18. 9.67		**Viertel** Silvia		D MU e	8. 1.78
Niekamp Andrea (T)	1. 6.01	L GE		9.12.66		**Neuhaus** Ingo		SP SW k	30. 6.78
Elsner Sabine geb. Schmidt	1. 8.02	M PA	e	25. 4.74	H	**Jost** Elisabeth		KR BI k	20. 9.52
Welland Tanja	14. 9.03	E SW		9. 7.73		**Bleike** Werner Dr.		E	24. 8.53
Buchholz Ilka	21. 9.03	L D	e	23. 3.73		**Dierk** Annette		SP	18. 3.55
Kornfeld Lars	17. 3.04	M SP	e	19. 6.70		**Immel** Bettina		KU SW	24. 7.56
Meise Sylvia	1. 8.04	L E	e	2. 5.73		**Schöneck** Gudrun-Verena		ER e	23. 3.61
Held Joachim	15. 9.04	° BI EK	e	31. 1.70					

2.059 Bielefeld Marienschule gegr. 1946

pr. G. (5-Tage-Woche) f. M. u. J. d. Konvents d. Ursulinen Bielefeld
Sieboldstr. 4a, 33611 Bielefeld – Tel. (05 21) 87 18 51, Fax 8 01 61 35
E-Mail: kontakt@marienschule-bielefeld.de
Homepage: www.marienschule-bielefeld.de

Kl: 7/14   Ku: 128/20   Sch: 943 (485) (214/406/323)   Abit: 102 (60)   **BR Detmold**
L: 52 (A 1, A_1 1, A_2 3, B 18, C 14, D 1, E 8, F 5, H 1)   ASN: **168567**
Spr.-Folge: E, L/F, F/R, S   Dez: LRSD **Dr. Wittmann**

A	**Kunert** Günter	1. 1.05	D MU	k	17. 2.57	**Langewand** Andreas	1. 8.02	M PH IF	k	25.11.59
A_1	**Bender** Klaus	1. 8.82	M WW	e	11. 6.46	**Gromnitza** Barbara	1. 8.04	KR F	k	25. 9.54
A_2	**Manke** Hubert Dr.	1. 4.90	D KR	k	14.11.48	**Hegmann** Hermann	1. 8.04	□ BI CH	k	27.12.51
	Meyer Wolfgang	1.10.90	M PA	e	29. 7.54	**Kuberski** Norbert	1. 8.04	° M PH		2. 8.56
	Sewekow Manfred	1. 2.97	GE KR D	k	14.10.47	**Schubert** Michael	1. 8.04	° M SP	k	1.10.57
B	**Schoemberg** Erika geb. Christophliemke	1. 9.80	° F D S		14. 9.47	**Waldhelm** Monika (T)	1. 8.04	BI GE	k	
	Weige Friedrich	1. 8.86	° M PH IF	k	12.12.49	**Schmidtke** Petra	1. 2.06	E CH	k	10. 2.63
	Vogt Joachim	1. 9.86	□ M SP	e	28. 9.52	C **Eßer** Eva	1. 8.87	E F	k	10. 5.54
	Schacker Wilfried Joh.	1. 9.90	° E D		20. 6.54	**Rossipal** Werner	1. 8.88	E EK	k	7. 3.53
	Münstermann Rolf	1. 2.91	BI CH	k	26.10.53	**Schulte-Nölle** Josef	1. 8.93	M PH	k	14. 5.58
	Müller-Antholz Joachim	1. 3.93	° L F	k	7. 3.56	**Erkens** Ute	1. 8.95	E KU	k	11.11.60
	Ellermann Eckhard	1. 6.93	M PH	e	17. 4.55	**Krux** Friedhelm	1. 8.95	EK SP	k	10. 2.62
	Gunst Ludmar	1. 2.97	D GE KR	k	17. 9.60	**Funhoff** Hildegard	1. 8.96	D L		9. 2.58
	Kammeier Heinz-Ulrich Dr.	1. 2.97	° E GE PK		31. 8.55	**Misera** Andrea (T)	1. 8.97	D S	k	16. 5.63
	Parohl Rüdiger	1. 1.01	° SP BI	e	28. 6.54	**Lepper** Thomas	1. 8.98	E R	k	10. 4.67
	Manke Barbara geb. Weßling	1. 1.01	D KR	k	21. 6.58	**Welle** Gabriele (T)	1. 8.00	E KR	k	10. 3.63
						Bergmann Juliane (T)	1. 8.02	D F	k	27. 9.67
						Papajewski Nina geb. Krawczyk (T)	1. 8.02	D GE	k	4.11.72
						Köhling Silke	1. 2.05	° BI KU	k	17. 1.75
						Tappeser Bettina N.	1. 8.06	D KR PL	k	25.11.74

	Name	Date 1	Subj	k/e	Date 2
	Meyer Carsten		M IF	e	1.10.72
D	Schoemberg Arnim RSchL	1. 8.74	D GE	k	13. 3.45
E	Kober Martina (T)	2. 5.02	MU KR	k	25. 5.67
	Josephs Nicole	1. 2.05	D E	k	29. 8.76
	Eltgen Martin	1. 2.06	F SW	k	29. 3.78
	Krause Holger Dr.	1. 2.07	BI SP	e	4. 4.72
	Woppowa Jan Dr.	1. 2.07	M KR	k	22. 5.74
	Rüthemann Iwona geb. Knyba	1. 2.07	L BI	k	3. 8.75
	Quakernack Beate	1. 2.07	GE ER	e	2. 2.77
	Seifart Frauke	1. 2.07	D SP EK	e	8.11.79
F	Kuhlemann Frank-Michael Dr.		GE ER	e	11. 9.55
	Möller Hans-Hermann		D MU	e	11. 9.64
	Ellerbrock Sabine		BI SP	e	1.11.75
	Pohlmann Barbara		ER	e	
	Westhoff Ursula		M SP		
H	Horstmann Elisabeth geb. v. Fricken GymnL'		SP	k	13.11.48

2.060 Bielefeld Max-Planck-Gymnasium gegr. 1952
st. G. f. J. u. M.
Stapenhorststr. 96, 33615 Bielefeld − Tel. (05 21) 51 23 98, Fax 51 63 57
E-Mail: post@mpg-bielefeld.de, Homepage: www.mpg-bielefeld.de

Kl: 10/15 Ku: 150/23 Sch: 1056 (520) (276/426/354) Abit.: 76 (43)   **BR Detmold**
L: 61 (A 1, A_2 7, B 21, C 22, D 2, E 7, H 1)   ASN: **168579**

Spr.-Folge: E, L/F, F, S   Dez: LRSD **Dr. Wittmann**

	Name	Date 1	Subj	k/e	Date 2
A	von Alven Gisela	1. 2.06	D GE		22. 1.54
A_2	Drüge Hartmut (F)	8. 3.76	D ER	e	17. 6.43
	Kraiczek Peter	28. 9.91 °	F SP	e	2. 5.44
	Hagmeister-Ulmer Annemarie Dr. geb. Hagmeister (T)	15. 2.95	BI EK	e	6. 8.48
	Ellersiek Klaus (F)	30. 6.97	SP M	e	18. 6.50
	Jupke Hartmut	1. 2.02	GE E	k	31.10.49
	Heermann Reinhard	1. 3.03	CH GE		5. 1.51
	Bonse Marie-Gesine (T)		D PA	k	15. 7.54
B	Bovermann Klaus	1. 6.80	M IF	e	20. 2.49
	Krieg Ursula	17.12.80	D GE		14. 1.47
	Klingelmann Ulrich (T)	1. 8.81	D PL	k	21. 4.48
	Portscheller Philipp	1. 8.81	BI SW		27. 7.52
	Lummer Ludwig	1. 8.82 °	EK SP	k	22.12.45
	Stöve Richard	3. 8.82	M		16. 1.48
	Herbst Lothar	1. 8.84	EK SP	e	8.12.46
	Schewe Roswitha geb. Koke (T)	25.10.94	GE D	k	24. 7.47
	Westkämper Wolfgang	11. 5.96	SW PA	e	19.10.50
	Gerke Bettina	96	E D		8. 7.58
	Wachsmuth Brigitte (T)	1. 3.97	M SW PL	eref	11.10.50
	Schmehl Christa	19.11.98	E EW		23. 9.53
	Korte Bernd	23. 3.99	M SP	e	2.12.53
	Königer Frank Dr.	1. 3.03	CH PH		24. 4.46
	Hänel Karin geb. Bröker (T)	1. 5.03 °	GE E	k	23. 4.57
	Schwinn Stefan	1. 4.04	KR GE E		16. 6.66
	Gsänger Günther	1. 8.07	D GE	e	6.10.50
	Sobotta Regine		F E		14. 8.48
	Gutschmied Ludwig		M SW		14. 9.48
	Krekeler-Elwitz Cornelia		E F PA		
C	Seehase Klaus	1. 8.76	F S	e	8. 1.43
	Tappe-Klei Annette geb. Tappe (T)	24.10.81	SP BI	e	11. 4.52
	Schmidt Hs.-Werner	3. 8.82	D E	e	29. 1.47
	Schild Gisela (T)	29. 1.83	L E		8.11.49
	Eickhaus-Möllmann Ellen (T)	15. 1.89	D ER	e	26. 7.49
	Liese Andreas Dr.	23. 4.93 °	GE ER MU	efk	11. 5.53
	Richter Cornelia (T)	3.99	E KU		23. 1.63
	Weithöner Annegret (T)	30. 6.00	BI PA		24. 4.61
	Balkenohl Matthias (T)	13. 5.03	E L		17. 7.69
	Tebben Katrin	1. 8.03	M PH		28. 3.74
	Hagemann Tina (T)	1. 8.03	F MU		15. 1.74
	Middelberg Annegret (T)	16. 1.04	D CH		16. 5.71
	Bronger Nina	2.04	E PH	e	
	Kroos Sybille (T)	8. 9.04	BI SP		20.12.67
	Dransfeld Sabine	1. 8.06	D F		4. 5.64
	Mensching-Decorde Eva	1. 2.07	D F		8. 3.76
	Albers Marcus	1. 8.07	E M		28. 5.77
	Finsterer Tobias	29. 8.07	D SP		8. 5.73
	Dust Friedrich		KR L		12. 5.61
	Rouvray Oliver geb. Schlattmann (T)		E ER		7. 8.72
	Diekmann Frauke (T)		M BI		12.12.74
	Kleinsorge Inkeri		MU E		5. 9.76
D	Oblau Christel SekIL'	21. 1.83	EK BI	e	20. 5.54
	Schumann Iris Dr. (T)	14. 8.00	PH CH		14. 6.64
E	Wortmann Dorit	1. 2.06	D KU		24. 9.74
	Lochen Marcus	9. 8.06	M IF		13.12.67
	Wolter Annette	9. 8.06	BI D		1. 8.75
	Dehne Kai	1.07	MU D		25. 2.76
	Riemer Moritz	2.07	L BI		29. 3.77
	Metz Volker	8.07	M IF SW		8.10.59
	Specht Irina	8.07	MU R		22.10.78
H	Peters Ulrike		SP	k	24. 3.56

2.061 Bielefeld-Bethel Friedrich-von-Bodelschwingh-Schulen gegr. 1925

öff.-stift. G. (5-Tage-Woche) f. J. u. M. d. v. Bodelschwinghschen Anstalten[1]
An der Rehwiese 65, 33617 Bielefeld (SekI) – Tel. (05 21) 1 44 39 28
und Am Zionswald 12 (SekII)– Tel. (05 21) 1 44 39 40, Fax 1 44 40 85
E-Mail: gymnasium@fvbschulen.de, Homepage: www.gymnasium-bethel.de

Kl: 8/13 Ku: 185/31 Sch: 1066 (642) (234/372/460) Abit: 124 (74)
L: 88 (A 1, A$_1$ 1, A$_2$ 7, B 24, C 27, E 3, F 23, H 2)

BR Detmold
ASN: 168592

Spr.-Folge: E, L/F, F/L, F/L/S

Dez: LRSD Dr. Wittmann

A	Lümkemann Hans-Wilhelm	1.12.98	M PH	e	5. 9.49		Hänsch Monika	1. 3.92	M PH	e	6.10.57
A$_1$	Glück Albrecht	1. 8.99	D SP	e	12. 9.47		Reiling Mechthild Theresa	1. 9.92	D SW	k	2. 6.55
A$_2$	Horstmann Dieter Dipl.-Math.	1. 3.93	M	e	19. 9.46		Riepe Anette	1.12.93	D L	e	11. 2.62
	Weege Bernhard	1.12.95	D F		5. 1.52		Herold Ruth (T)	1. 8.94	SP E	k	21. 3.61
	Stollberg-Wolschendorf Beate (T)	1. 8.99	D GE SW PK	e	18. 4.47		Drüke Guido (T)	1. 8.97	M PH	e	8. 5.63
							Volkmann-Schwinn Sabine	1. 3.00	D E		11. 5.67
	Sensenschmidt Jörg	1. 8.01	EW SW	e	1. 8.50		Finkemeyer Petra (T)	1.12.00	E L	e	6. 4.64
	Karow Ralph	1. 8.01	M PH TC	e	31. 8.61		Friedrich Astrid	1. 9.04	D E	e	8. 9.72
							Ohlemeyer Jens	1. 9.04	E SP	e	16. 5.72
	Steinkühler Heiko	1. 8.01	D GE ER	e	21. 8.58		Eck Iris	1. 9.04	□ D E	k	21. 2.74
							Gather Andreas Dr.	15. 9.04	ER F S	e	16. 5.61
	Busch Norbert Dr. (F)	1. 8.04	KR GE PK	k	15. 2.63		Schmidt-Rolfes Andreas (T)		° D GE		21.12.68
B	Hofmeister Manfred	1.11.86	□ D SW	e	23.11.47		Eckert Michael (T)		° PL KR	k	8. 9.69
	Kehle Alexander	1. 9.89	M SP	e	9. 3.52		Beckstett Andreas		L F		1.10.70
	Kruse Monika (T)	1. 9.89	PA SW	k	26. 6.53		Scholz Nicole		BI CH	e	4. 8.71
	Reinecke Ulrich-Jochen	1. 2.91	E D	e	2. 8.55		Vergin Antje (T)		D E		28. 1.67
	Helling Michael	1.11.91	E EK	k	26.10.50		Lorke Tina		D M		10. 1.71
	Potthoff Wolfgang	1.10.92	GE SW	e	13. 2.53		Stecher Sandra		M BI	e	27. 7.71
	Andreas Ulrike (T)	1.10.92	D KU	k	18.12.54	E	von Meyenn Friederike (T)	1.10.04	M IF	e	30. 3.61
	Witulski Michael	1. 8.94	□ MU ER	e	30. 8.53						
	Bentrup Dieter	1. 8.94	□ GE BI	e	16.10.54		Weick Stephanie	1. 8.07	BI CH		28. 8.78
	Lang-Scheffer Annette (T)	1. 8.94	□ BI D	e	13. 7.55		Ukley Inga	1. 8.07	E PA		27. 5.79
						F	Selbitschka Irma		D GE SW	e	3. 6.53
	Mensendiek Andreas	1.12.95	M PH	e	11. 1.57						
	Kröhnert Hartmut	1. 8.99	PH CH	e	22. 1.48		Noweski Johannes Ass d. L.		BI EK	k	12. 9.53
	Steimel Annegret	1. 8.99	GE SW	e	23. 8.54		Herold Birgit		E SP	e	29. 3.54
	Günther Matthias	1. 3.00	D MU	e	16. 7.59		Riechers Uwe		M SP		22. 7.54
	Pilz Matthias	1. 4.00	E GE	e	20. 2.58		Kappe Michael Ass d. L.		EK SP		5.11.54
	Lenz Peter	1. 9.02	SW WL	e	6. 6.51		Fromme Karl		SP F	k	14. 3.55
	Witulski Beate (T)	1. 4.03	F MU	e	8. 2.57		Zimmer Claus-Peter Ass d. L.		□ M SW	e	25. 7.55
	Schröder Friedrich	1. 4.03	BI EK	eref	18. 3.56		Immel Dietrich		□ D KU		27. 8.55
	Gentejohann Martin	1. 7.03	GE MU	e	27. 2.63		Bianchi-Mauve Franca Ass' d. L.		E TX		20.11.55
	Prager Thomas	1. 5.04	M EK	e	11. 2.67						
	Grothus Frank	1.10.05	M PH	e	24. 7.70		Müller-Antholz Liselotte Ass' d. L.		° E F	e	31.12.55
	Groeneveld Frauke (T)	1. 8.06	PA SW SP	e	11.10.54		Kaspers Johanna Ass' d. L.		SP EK	e	1. 2.56
	Haubrock Andrea (T)	1. 2.07	E GE	e	26. 5.54		Steinkühler Annelie Ass' d. L.		ER SW	e	12. 6.56
	Walter Heinz		D GE	e	3. 5.47		Friedl Karin		ER KU		6. 7.56
C	Hansen Regine geb. Wutzdorff (T)	1. 2.81	GE F	e	28. 2.51		Groh Bettina SekI/IIL'		SP BI	e	22.11.56
							Pautsch Andrea		BI GE		2. 2.57
	Rodenbrock-Wesselmann Gerhard (T)	1. 8.83	BI CH	e	6. 5.45		Hoffmann Ulf		SP E	e	5. 8.57
							Pommerening Volker		M D		27. 2.58
	Dreyer Rüdiger	4. 9.83	SP EK	e	11. 1.54		Steinberg Ernst		GE PA		11. 8.59
	Höland Anna-Barbara (T)	1. 2.90	F GE	e	2.12.53		Bußmeier Helmut		M SP	e	13.10.59
	Neuhaus Manfred	1. 2.90	F SP	e	14. 4.54		Robrecht Christiane		M BI	e	20. 3.61
	Breitenströter Hans-Günter	1. 2.90	E GE	e	28. 9.54		Dürr Axel		KU ER		7.12.61
							Dichtel Susanne		D S		10. 9.67
	Mehlmann Ilka	1. 1.92	ER CH	e	27. 4.58		Terruhn Stefanie		D G		12. 4.71
	Sommer Petra	2. 2.92	KU PL	e	24. 7.57	H	Rohs Renate		SP	e	14. 9.58
	Ebert Uwe	1. 3.92	CH SP	e	17. 7.55		Schellong Marie Luise Pastorin		ER	e	2.11.62

[1] angeschlossen: Realschule

2.062 Bielefeld-Brackwede Brackweder Gymnasium gegr. 1963
st. G. (5-Tage-Woche) f. J. u. M.
Beckumer Str. 10, 33647 Bielefeld – Tel. (05 21) 44 42 25, Fax 44 42 26
E-Mail: BrackwederGymnasium@t-online.de
Homepage: www.brackweder-gymnasium.de

Kl: 5/12   Ku: 101/17   Sch: 680 (372) (137/301/242)   Abit: 67 (36)   **BR Detmold**
L: 42 (A$_1$ 1, A$_2$ 3, B 13, C 15, D 3, E 3, F 4, H 1)   ASN: **168580**
Spr.-Folge: E, L/F, F, S/L/F   Dez: LRSD **Dr. Wittmann**

A$_1$	Siekmann Andreas Dr.	29. 5.02	D PL	e	3.11.51	Horstbrink Annette	29. 6.82	M PH	e	13.12.52
			ER PP			geb. Schäfer (T)				
A$_2$	Stallbaumer Rainer	9. 1.92	° F E	k	20. 1.50	Höltkemeyer Volker	6. 8.82	CH SW oB		22. 5.52
	aus dem Moore	1. 5.01	CH SP	e	13.10.49	(T)		RW		
	Marie Luise geb. Plöger					Wiemeyer Astrid	1. 8.01	M IF		15. 2.70
	Kehne Werner		CH EK	e	9. 4.53	Martens Brigitte	1. 8.01	E L		16. 8.69
B	Kurz-Leveringhaus	30.10.73	D SP	e	26. 2.44	geb. Müller				
	Elke					Pankoke Angela	1. 8.01	BI SP		
	Schmidt Rolf	3.11.93	D GE		3. 4.46	Riechers Ursula (T)	1. 1.02	M SP		15.11.56
	Franke Horst M. A.	1.10.95	E ER	e	11. 1.48	Schüttfort-Hohmann	1. 1.02	KU KR	k	2. 2.64
	Günzel Brigitte	19. 4.96	° L F	e	8. 8.55	Anke				
	Engelbart Rolf	17. 4.98	GE Soz		28. 1.51	Vieweger Renate	27. 6.07	E F		18. 7.75
			PP			Donner Wilfried		PH M		30. 1.53
	Weide Norbert (Vw)	1. 8.98	M PH		19. 7.52	Somberg Susanne		S D		7. 1.59
	Kempen-Sewöster	13. 6.00	D Soz	k	1. 9.51	Niedenführ Andreas		D KR GE		15. 6.56
	Ursula					D	Juhász Gábor	1. 2.01	E MU	30. 9.66
	Ullrich Meinolf	20. 6.01	M SP	k	30.11.50	Maschke Eva-Maria		KU D	k	12. 3.51
	Zaus-Wildbredt	9.12.02	CH EK	e	14. 7.53	geb. Hans SekIL' (T)				
	Friedlinde (T)					Spiller Rudolf SekIL		M EK	k	20.11.52
	Hillringhaus Anka	19. 5.03	ER D	e	10.10.56	E	Neuhaus Iris	1. 8.03	MU	22. 4.73
	(T)					Tepaße Miriam	25. 5.07	M SP		29. 7.78
	Schmidt Frank		° E CH		7. 9.59	Butschkat Frank		SP CH		23. 8.70
			PP					M		
	Meilwes Ulrich		SP GE		26. 6.64	F	Husemann Eginhard		M BI	14. 9.58
	Klos Elke (V)		° E GE		22.10.68	Dr.				
C	Stienhans Manfred	3. 8.79	GE F		23. 8.48	Deegen Cornelia		BI E		14. 7.63
	Gutmann Klaus (T)	11. 2.80	° SP EK	e	27.11.46	Pötting Bettina		SP BI		21.11.64
	Theermann Clemens	1. 9.80	D SP	k	31. 7.52	Zinkhöfer Sandra		PL Rel		7. 3.76
	Sonntag Hans-Ulrich	19. 2.82	D EK	e	6. 4.52	H	Prust Bärbel geb. Gallan		° TX	e	29.11.47
						Text.-Ing.'				

2.063 Bielefeld-Heepen Gymnasium Heepen gegr. 1966
st. G. (5-Tage-Woche) m. zweisprachigem dt.-engl. Zug f. J. u. M.
Alter Postweg 37, 33719 Bielefeld – Tel. (05 21) 51 66 95, Fax 3 36 98 10
E-Mail: gymnasiumheepen@web.de, Homepage: www.gymnasiumheepen.de

Kl: 11/18   Ku: 146/25   Sch: 1167 (616) (332/532/303)   Abit: 79 (45)   **BR Detmold**
L: 70 (A 1, [A$_1$] 1, A$_2$ 5, B 17, C 18, D 1, E 14, F 12, H 1)   ASN: **168622**
Spr.-Folge: E, F/L, L/F, S   Dez: LRSD **Dr. Wittmann**

A	Suermann Beate	1. 8.01	D PL	k	7.12.44	Bödeker Ulrich	15. 5.95	° CH EK	k	14. 1.50
	geb. Pfragner					Bonertz Wolfgang	20.12.01	° M PL	k	27. 2.53
A$_1$	(Neumann Jörg OStR)	5.12.01	BI SW		7. 6.61	Beilfuß Wolfgang	13. 9.02	GE SW		9. 9.47
A$_2$	aus dem Moore Leo	6.11.92	CH EK	k	31. 1.47	Major Martina	20.12.02	D KR		2.10.53
	Klenner Ulrike	1. 8.97	GE D	e	13. 5.46	Bödeker Ingrid	1. 8.03	° E EK	k	6. 5.50
	geb. Träbert					geb. Luker				
	Lagodzinski	1. 1.00	M		11. 7.45	Dirbach Monika	1. 8.03	R E		16. 5.48
	Franciszek Dipl.-Math.					Fehling Andrea	1. 4.04	MU F	e	24. 1.67
	Dahmen Herbert	1. 6.01	M IF	e	17. 1.48	Freyaldhoven Ira	6.04	L KR	k	8. 7.71
			PH			Spies Heinz-Werner	23. 7.04	M PH		20. 3.53
	Storbeck-Mudrack		D SW		18. 4.55	Winke Berthold	23. 7.04	° ER SP	e	18. 4.63
	Iris							GE		
B	Pieper Hz.-Dieter	28. 1.80	BI CH	e	10.11.46	Schlichting Sabine	1. 7.05	D L	e	7.11.64
	Gieseking Elisabeth	14. 7.87	E F	e	21. 6.49	Müller Lothar	1. 5.06	IF M		23. 4.69

	Name	Date	Subj		Date
	Haseley Sandra	1. 5.06	E SP		10. 8.73
	Landwehr Birgitta		GE SW E		3. 1.66
	Alamprese Oliver		MU GE		16. 7.68
C	Lichtenberger Rose geb. Schneider	24. 3.79	KU W	e	25.12.50
	Oles Dorothee geb. Georgi (T)	1. 3.81	F EK	e	18.11.50
	Schalk Albert	1. 3.82	D EK		2. 5.51
	Gieske Hans-Jürgen	5. 5.82	GE SW		21. 2.50
	Plohr Annegret	15. 6.83	BI CH		16. 4.54
	Jauer Thomas	6. 4.84	GE SW		21. 2.53
	Schäfer-Nolte Werner	18. 3.86	BI SP	e	14. 8.50
	Wolf Angelika	26. 1.88	F E	e	2. 2.56
	Ohly Irene	25. 8.97	° MU L	e	3. 5.64
	Schorn Catrin	23.12.03	E GE		9. 7.70
	Prinz Heike	3. 5.04	E S	k	27.11.69
	Viererbe Michaela	1. 8.04	S SP		19. 3.70
	Majstrak Irene	24. 8.04	D E		18. 2.59
	Wetzel Michael	1. 2.05	BI SP		2. 4.65
	Schwake Maria	22. 8.05	M EK		25. 5.57
	Ueding Kirsten	15. 9.05	M BI		26.12.73
	Wilker Ingrid		D EK		4.12.55
	Reich Petra		D F		3. 9.67
D	Wildhage-Erbsland Barbara FachL'	9.10.75	SP KU	e	5.11.47
E	Riensch Friederike	1. 8.03	L ER		29. 5.71

	Name	Date	Subj		Date
	Weigt Martina	1. 8.03	E GE		7.11.72
	Harting Heike	21. 1.05	E D		2. 5.74
	Meyer Stephanie	27. 1.05	E GE		21. 3.77
	Preinesberger Nicola	25. 7.05	E GE		11. 3.76
	Krause Kaija	22. 8.05	D KU		29.10.75
	Habdank Britta	1. 8.06	M IF	e	26. 2.65
	Tonn Christiane Dr.	1. 8.06	D PL	e	13. 8.72
	Nienaber Daniel	9. 8.06	E SP	e	2. 6.76
	Stubbe Judith	9. 8.06	D KR	k	22. 9.78
	Meise Andrea		M IF		19. 4.70
	Meyer Lars		L GE		16. 1.74
	Molter Stefan		M PH		23. 9.78
	Eggert Susanne		E EK		30. 4.80
F	Berg-Dreithaler Ulrike		M	e	22. 4.52
	Hewener-Klink Maria geb. Hewener		KR PL TX	k	29. 7.54
	Hopmeier Heiko		SP EK		30.12.54
	Werner Angelika		D PL		2. 7.55
	Scholz-Thomas Barbara		D		18. 7.59
	Meya Gudrun Dr.		° BI CH	e	6.11.61
	Rössler Birgit		E D M		12. 4.64
	Henke Bettina		S D		14. 6.68
	Große-Wöhrmann Carsten		BI CH		8. 6.72
	Scharf Susanne Dr.		KR	k	28.12.72
	Lüers Colin		D GE	e	26. 6.75
	Albrecht Timo		▫ PH BI	e	2. 3.76
H	Titz Cornelia		SP	e	11. 5.52

2.064 Bielefeld-Sennestadt Hans-Ehrenberg-Schule gegr. 1962
pr. G. (5-Tage-Woche) f. J. u. M. d. Ev. Kirche v. Westfalen
Elbeallee 75, 33689 Bielefeld – Tel. (0 52 05) 35 75, Fax 46 67
E-Mail: hans-ehrenberg-schule@t-online.de
Homepage: www.hans-ehrenberg-schule.de

Kl: 8/17   Ku: 166/26   Sch: 1061 (534) (226/475/360)   Abit: 121 (72)   **BR Detmold**
L: 70 (A 1, A$_2$ 9, B 22, C 22, D 1, E 2, F 12, H 1)   ASN: **168610**
Spr.-Folge: E, L/F, F, S   Dez: LRSD **Dr. Wittmann**

	Name	Date	Subj		Date
A	Wilmsmeier Ute geb. Hagemeier	1. 8.07	D SW	e	20. 1.58
A$_2$	Meinert Dieter	1.10.98	M PH	e	14. 7.44
	Jürgens Josef	1. 2.99	CH	k	29. 5.48
	Lütke-Börding Cornelia (F)	1. 8.00	° L GE	e	22. 6.56
	Pollok Hannelore (T)	1.11.01	M PA	eref	24. 9.54
	Pallutt Sabine (F)	10. 8.03	D PA	e	4. 8.59
	Muesmann Susanne	1. 5.05	D GE	e	24. 7.58
	Siekmann Angelika geb. Bechauf	1.11.05	M PH ER	e	24. 3.53
	Spruch Helmut (T)	1. 7.06	BI GE	e	21. 1.55
	Biere-Mescheder Monika geb. Biere (T)	1. 7.06	BI CH	e	5. 8.53
B	Winter Beatrix	9. 2.79	E SP	e	27. 1.46
	Bals Helmut	7. 3.80	F SP	k	14.12.46
	Fuchs Magdalene	22.12.81	F GE	e	7.11.49
	Puhlmann Friedrich	15. 2.84	SP EK	e	27. 4.47
	Nicolmann Werner	23. 7.85	MU M	e	24. 6.48
	Vorkamp Reinhard	1.10.85	M SP	e	6. 4.48
	Frauenholz Ernst-Otto	1. 1.99	EK SP	e	27. 3.52
	Ebmeier-Seidensticker Ute geb. Ebmeier (T)	1. 8.99	E F	e	22.10.52
	Hermwille Doris geb. Herz	1. 6.05	BI CH	k	19.10.52

	Name	Date	Subj		Date
	Balters Beate	1. 6.05	S E	e	30.12.59
	Schulte Wolfgang geb. Mast	1. 6.05	M PH	e	14.10.65
	Bulla Andreas	15. 6.05	E MIF	e	2. 6.59
	Peitzmann Karl-Werner	15. 6.05	GE KR	k	25. 3.61
	Bulk Martin	15. 6.05	EK BI		30. 3.69
	Harms-Lütgert Günther (T)	1. 7.05	CH EK	e	14. 5.52
	Höcker Christiane geb. Finger	1. 7.05	E F		13.10.61
	Münstermann Peter	1. 7.05	E L SP	e	29. 3.63
	Lückel Anja	1. 7.05	D GE	e	28. 4.63
	Budde Christian	1. 7.05	° KU GE		30. 9.65
	Epping Andreas	1. 6.06	PA ER	e	27. 9.59
	Iborg-Pietzner Birgit (T)	1. 4.07	D ER	e	29. 7.69
	van Hove Christina	1. 5.07	EK D	e	19. 3.72
C	Meinert Erika geb. Reiher (T)	1. 8.77	BI SP	e	9.12.47
	Ebeling Volker (T)	1. 3.84	° GE SP	e	16. 1.52
	Michel Eberhard	15.10.84	M PH	e	16. 4.54
	Klein Harald (T)	1.10.91	KU D ER		18. 1.55
	Klocke Hans-Jürgen	1. 3.92	BI CH	e	2. 4.58

Wegener Simone	1. 1.02	E F	k	2. 4.69	D	Herrlett Ellen	27. 2.76	KU W e	25.12.48
Raskob Michael	23. 1.02	D GE	e	14. 9.64		geb. Füsser FachL' (T)			
Ikemeyer Vivien (T)	1. 8.02	SP EK	e	14. 5.70	E	Schöne Claudia (T)	23. 1.02	E F e	10. 3.68
Rudolphi-Thiele Anette (T)	20. 8.02	M BI	k	2. 1.71		Glatt Lara (T)	1. 8.05	D ER e	12.12.75
					F	Reinhardt Dorothea Ass' d. L.		E GE e ER	28. 9.48
Hoffmann-Janzen Cordula (T)	1. 8.03	D PA	k	3.11.71		Froböse Rainer Ass d. L.		D GE e EK	25.12.52
Krings Barbara (T)	1.10.03	E MU	k	10. 5.71					
Lindemann Elke (T)	1. 2.04	D E	k	3. 3.73		Mallas Dorothea Ass' d. L.		E ER e	2.11.53
Deifuß Holger Dr.	1. 6.04	D SP	e	18. 8.68		Backhaus Monika		M EK e	12. 2.55
Bittner Stephanie (T)	6. 9.04 °	E ER PA	e	7. 4.71		Maas Christoph geb. Hartwig Ass d. L.		KU PL e	30. 7.57
Scheelje Ellen (T)	1. 2.06	D E	k	10. 8.63		Schröder-Harmening Brigitte Ass' d. L.		D PL e	18. 5.58
Birkmann Heike	1. 2.06	L E	e	11. 5.68					
Westenfelder Ulrike (T)	1. 7.06	M MU	e	8. 5.66		Ollesch Gabriele Ass' d. L.		F KR k	12. 5.59
						Immer Susanne		MU KU e	18. 4.61
Kegel Steffen	1. 9.06	MU SP	k	24. 5.72		Sorgentini de Saenz Mirta		SP S k	13.11.63
Lilge Jörg	1. 3.07	M PH	e	31. 3.73		Freiberg-Ohmke Beate		BI SP k	6. 4.64
Heidling Christian	15. 3.07	M PH	k	30. 4.71		Schwert Kirsten		PA KR k D	24. 6.68
Varlemann Anja	1. 7.07	BI ER		1.11.70					
Lepping Dirk	1. 8.07	E SW PA	k	4. 1.78	H	Berger Heidi SpL'		SP e	29. 8.47

2.067 Blomberg Hermann-Vöchting-Gymnasium gegr. 1913
st. G. (5-Tage-Woche) f. J. u. M.
Ostring 14, 32825 Blomberg – Tel. (0 52 35) 50 93 0-0, Fax 50 93 0-70
E-Mail: gymnasium.buero1@blomberg-lippe.de
Homepage: www.gymnasium-blomberg.de

Kl: 8/15 Ku: 132/22 Sch: 997 (540) (221/429/347) Abit: 97 (52) **BR Detmold**
L: 56 (A 1, A_1 1, A_2 5, B 20, C 20, D 2, E 5, F 2) ASN: **168658**
Spr.-Folge: E, L/F, F, F Dez: LRSD' **Pannek**

A	Fahrenkamp Karsten	1. 2.05 °	E EK	e	17.10.65	Stefer Norbert	1. 7.04	KU D	7. 4.53
A_1	Püschl Gerhard	1. 5.91 °	M CH	e	4. 3.48	Leitzke Peter	1. 9.04 °	M PH e	20. 6.48
A_2	Klöpping Reinhard	14.12.92 °	M SP	e	27. 3.50	Dubielzig Andrea geb. Luhmann	1. 6.05	M EW	25. 9.72
	Hoffmann Norbert	1. 8.93	M PH	k	22. 1.46				
	Nieweler Andreas (F)	6. 8.98	F D EK	k	21. 8.58	C Weyer-Noll Anette geb. Weyer	1. 2.81	KU W k	21. 9.52
	Franke Marion geb. Mielisch	1. 1.02	E GE	e	11. 8.53	Rademacher Norbert	3. 8.81	E EW	13.11.49
	Stamm Heinz-Jürgen	1. 6.05 °	M SP	k	24. 1.56	Bartsch Sabine	7. 9.81	BI CH	10.12.51
B	Brinkmann Dieter	14. 5.79 °	MU BI	e	7.11.46	Empen Marita	18. 5.82	D GE	6. 1.51
	Bartosch Klaus	14. 5.79	EK SP	k	28. 4.46	Steins Karin	1. 3.83	BI CH k	1.10.53
	Muntschick Manfred	14. 5.79	PH M	e	23.10.47	Lümen Ursula	17.10.83	D SW k	17. 1.52
	Holste Ulrich	18. 5.79 °	BI		11. 8.46	Eidmann Daniele geb. Pignol	16.12.83	MU F k	26. 5.50
	Mielitz Heinz	17.12.79	BI EK	e	10. 3.47				
	Krüger Friedrich	28.12.82 °	E GE	e	3. 8.49	Steglich Margarete geb. Behrent	16. 5.84	E BI	15. 5.53
	Eickmeier Rolf	2.11.84	D PK SW EW		30. 6.50	Kayser Erika Dr.	17. 5.86	D KU e	4. 6.50
	Friedrich Ulrich	29.12.92	D GE	e	24. 9.48	Kötter Susanne	1. 8.96	M BI	4. 9.60
	Frederking Eleonore	1. 8.94 °	MU E			Weykamp Maurice	1. 2.03	D L	20. 1.72
	Simon Günter	29.11.96	KU E	k	2.12.49	Welslau Peter	23. 7.03	D E	14. 9.68
	Sebald Inge	1. 2.00 °	M EK	e	22.10.56	Becker Guido	23. 7.03	L SP k	24. 4.70
	Lente-Lorenzen Carmen geb. Lente	19. 9.02	D SW KU ER	e	31.12.52	Vorwerk René	20. 8.03	M PL	20. 2.71
	Lange Jochen	1. 7.03	RW E WW	e	27. 2.56	Kaiser Viola	15. 3.04	E KR k	29. 2.72
						Mäscher Susanne geb. Siemer	1. 8.04	E F	1. 4.65
	Trettow Maria-Regina geb. Schmidt	1. 9.03	D SP	k	18. 8.53	Schröder Hans-Willi	2. 9.04	E GE k	7. 8.68
	Bruschke Hans-Gunter	1. 9.03	D SP	e	11. 5.53	Edeler Heike	1. 8.07 °	BI D PH e	21. 2.74
	Brandt v. Lindau Annelie geb. Hagemann	1.10.03	D GE	e	5. 9.52	Dräger Ellinor	6. 8.07	D PA	4. 2.76
						Disse Heidrun	6. 8.07	M F	27. 7.79
	Schlotter Sabine	1. 2.04	D GE ER	e	2. 9.53	D Ahring Iris SekIL'	22. 8.88	GE ER e	30. 6.55

	Schröder Petra geb. Dumke	11. 6.93	M ER	e	20. 7.58	Holtgräwe Wiebke	6. 9.04	M SP	15. 9.75
						Hawlitzki Claudia	22. 8.05	M MU D	6. 8.73
E	Jürgens auf der Haar Gunnar	2. 9.02	M PH		25.11.73	Marx Cordula Dr.	9. 8.06	F GE	16. 4.61
	Charter Sandra geb. Bracht	1. 2.04	E EK		3. 8.73	F Mayer Hildegund Dr.		BI EK e	16. 8.45
						Biere Michaela		ER e	1. 1.65

2.070 Bocholt Mariengymnasium gegr. 1866

st. G. (5-Tage-Woche) m. zweisprachigem dt.-engl. Zug f. J. u. M.
Schleusenwall 1, 46399 Bocholt – Tel. (0 28 71) 21 60 70, Fax 2 16 07 40
E-Mail: sekretariat@mariengymnasium-bocholt.de
Homepage: www.mariengymnasium-bocholt.de

Kl: 10/13 Ku: 99/14 Sch: 898 (518) (306/353/239) Abit: 69 (38)   BR Münster
L: 46 ([A] 1, A_2 5, B 15, C 9, D 3, E 7, F 3, H 3)   ASN: **167680**
Spr.-Folge: E, L/F, F/L, F/N   Dez: LRSD' **Schankin**

A	(Flüchter Wilfried StD A_1)	1. 2.04	F GE	k	6. 4.54	Zauzig Jürgen	5. 6.83	D PA k	22. 5.53
A_2	Lomberg Rainer (F)	1. 8.80 °	EK BI	k	24. 6.48	Bruns Josef	12. 6.83	D GE k	13. 3.52
	Peltzer Hermann	1. 4.83	M SP	k	18. 4.48	Schulte Ralf (T)	1. 8.93	L k	25.10.57
	Störling Beate geb. Schulz (T)	26. 5.92 °	E F	k	29. 9.45	Voigt Jörg	1. 8.06	SP ER e	4. 3.58
	Sieg Norbert	23.10.96 °	KR D	k	19. 6.50	Klötgen Burkhard	1. 8.07	D GE SPk	30.12.69
	Flaswinkel Silvia (F)	7. 6.99	N E	k	20. 5.55	Alfert Monika	1. 8.07	F M	20. 9.77
B	Müller Ida geb. Schröer (T)	7. 2.80 °	KR D	k	16. 7.43	Volmering Sven	16. 9.07	GE SW k	15. 4.76
	Tervooren Hermann-Josef	1. 7.81	D PL	k	19. 6.47	D Polifka Claus	4. 3.84	D ER e	22. 1.52
						Lüke-Jung Jutta geb. Lüke SekIL' (T)	5. 6.84	M E k	3. 9.55
	Ueffing Angelika	1. 8.81 °	E F	k	11.12.48	E Ebbert Günter SekIL	6.11.87	BI KR k	18. 8.56
	Schäfer Alfons	5. 6.84 °	D PA KR		2. 8.44	Kuhmann Anja geb. Gademann (T)	1. 2.05	MU CH e	19. 4.75
	Mecking Johannes	29.10.84	E SP	k	25.10.50	Illies Elmar	1. 2.06	M BI k	7. 7.78
	Baf Branko	1. 9.87	MU EK	k	2. 1.47	Pappas Johannes	1. 2.07	BI CH e	20. 2.73
	Neuenhofer Christa (T)	28. 4.93	E SP	e	9.12.49	Terbeck Jens	1. 2.07	L GE k	29. 6.77
						Lang Katrin	1. 2.07	E EK k	25. 6.79
	van Bebber August	28. 4.93	E EK	e	5. 7.51	Willing Michael	1. 8.07	M EK k	5.11.55
F	Wiecher Alfons	10.11.94	M EK	k	8. 8.50	Brockötter Inga-Lisa	6. 8.07	E N k	24. 9.78
	Rohling Josef	2. 6.95	D EK	k	29. 6.49	F Geldmacher Gerhard		° HW M	neuap 6.11.59
	Heidenreich Volker	1. 1.96	M SP		9.10.49	Kohlgrüber Klaus		BI GE k KR	4.10.61
	Gründken Thomas	2. 1.96	M PH	k	5. 7.54	Hochstrat Annette		E EW k	27. 9.68
	Thalmann Gerhard	20.12.96	BI EK	k	29. 5.50	H Koelle Dorothee Graph.		KU k	15.12.42
	Nievendick Regine geb. Wanning (T)	20.12.96	BI SP	e	27. 3.53	Kölnberger Klaus-Dieter Dipl.-Phys.		M PH	11.12.44
	Hermann Christoph	22.12.98 °	ER PH	e	26. 9.59	Hofmann Elis. geb. Stöcker GymnL'		SP KU k	23. 3.53
C	Jahn Brigitte	10. 4.79	E GE		1. 3.49				

2.071 Bocholt St.-Georg-Gymnasium gegr. 1827

st. G. (5-Tage-Woche) f. J. u. M.
Adenauerallee 1, 46399 Bocholt – Tel. (0 28 71) 23 91 48-9, Fax 23 91 48-25
E-Mail: sekretariat@st.georg-gymnasium.de, Homepage: www.st-georg-gymnasium.de

Kl: 8/16 Ku: 104/15 Sch: 900 (466) (224/438/238) Abit: 70 (35)   BR Münster
L: 52 (A 1, A_1 1, A_2 7, B 18, C 18, D 2, E 2, F 1, H 2)   ASN: **167678**
Spr.-Folge: E, L/F, L, N   Dez: LRSD' **Schankin**

A	Zupancic Peter Dr.	1. 8.02 °	E	e	11. 8.46	Krabben Karl-Heinz Dipl.-Math.	27.10.89 °	M k	30. 9.46
A_1	Strohmayer Friedhelm	1. 8.05	E EK	e	15. 8.49	Mittag Wolfgang Dr.	23. 1.91	F EK LI e	17. 7.45
A_2	Dierkes Klaus (F)	1. 7.80	D PL KR	k	24.12.42	Kösters Franz	22. 1.97	M EK k	23. 6.49
	Görge Josef (F)	1. 2.80 °	D F	k	14. 1.44	Tammen Gerhard (F)	1. 8.98	KR D k	22. 9.49
	Oechtering Hermann (T)	27.10.89 °	GE D		7.12.46	B Thomsch Karl-Friedrich (V)	1. 8.81 °	M PH e IF	26.11.47
						Eping Alfons	16.12.81 °	PH M k	11. 7.45

	Heidenreich Angelika	29. 9.82	°	D M	k	8. 9.50		Maciejewski Barbara (T)	25. 1.85	D PA	30.10.53
	Schulte-Kramer Willi	29.10.84		BI CH	k	28. 9.45		Bönemann Doris (T)	1. 8.88 ° D E e	7. 3.58
	Keßler Udo	29.10.84		M		27.11.50		Bachmann Martin Dr.	1. 8.01 D N GE	4.12.65
	Geitel Hermann (T)	1. 8.87 ° KR PL D	k	13. 5.46		von Wensierski Harald Dr.	1. 8.01 ° M CH k	20. 6.67
	Poschmann Walter (T)	21. 4.93 ° D GE KR	k	24.10.52		Wobben Monika	1. 1.02 N GE k	3. 5.64
								Beran Kerstin	1. 1.02 ° BI E e	10. 9.67
	Pohl Philipp	28. 4.93 ° KU PL	k	8. 2.51		Piemontese Ulrike geb. Schepers (T)	1. 1.02 E EK e	28.10.67
	Liliensiek Bärbel (L)	17. 8.94		PA D				Smidt Hilke	1. 1.02 ° M F BI e	26. 9.68
	Brocke Franz-Josef	17. 8.94		E PA		10. 5.50		Meiners Guido	27. 9.05 ° SP BI	17. 7.74
	Mudersbach-Veuhoff Gisela (T)	26. 4.96		EK D	k	12. 2.54		Ohly Sybille Dr. (T)	M PH	17. 5.71
								Holtei Uwe	SP GE e	7.10.71
	Schmitz Karl	12. 6.96		BI CH	k	18.12.51		Pietzka Christoph	L SP	15. 1.74
	Fleischer Angela	3.12.96		BI	k	22. 3.49		Temp Stefan	MU GE	10. 9.74
	Thomsch Hannelore geb. Bahemann (T)	3.12.96 ° E F	k	23. 3.53		Grimstein Jutta	° D GE	23.12.74
D								Fisahn Veronika SekIL' (T)	30. 4.84 SP KR k	19. 2.55
	Wilms Martin	3.12.96		ER SP	e	20. 2.58		Gronau Uwe	1. 9.92 D MU k	10. 3.57
	Heitmann Bernhard	22.12.98 ° L G GE	k	17. 6.54	E	Poletta Constantin	1. 8.06 ° M MU	13. 9.76
	Knäuper Josef	° E D	k	9. 1.50		Bruhn-Sträßner Stefanie	1. 8.07 D R	25.10.75
	Schöttler Klaus	F EK	k	25. 1.51	F	von Düsterlohe Alexander Dr.	PH M	20. 3.73
C	Wieser Ruth	20. 3.81		EK D	k	7.11.51				
	Rademacher Beate (T)	20. 5.83 ° E PA	k	13.12.50	H	Ebbert Elisabeth geb. Ewald	SP k	23. 9.54
	Jung Klaus	24. 5.83		SW EK	e	28. 6.48		Winter Elke	E KU	14. 2.57
	Saborowski Rolf	24. 5.83		F SP		28. 1.50				

2.072 Bocholt St.-Josef-Gymnasium gegr. 1965
pr. G. f. J. u. M. d. Bistums Münster
Hemdener Weg 19, 46399 Bocholt – Tel. (0 28 71) 3 40 00, Fax 34 00 34
E-Mail: josefgymnasium@bistum-muenster.de, Homepage: www.kapu-bocholt.de

Kl: 8/16 Ku: 127/20 Sch: 952 (525) (211/451/290) Abit: 97 (54) **BR Münster**
L: 55 (A 1, A$_1$ 1, A$_2$ 7, B 21, C 16, D 1, E 2, F 3, H 3) ASN: **167666**
Spr.-Folge: L/E, E/L, G/F, F Dez: LRSD' **Schankin**

A	Kohnen Hans-Dieter	1. 8.99		M PH	k	10. 7.53		Fabry Hans-Michael	1. 8.95 D E k	30.11.52
A$_1$	Rademacher Elis.	1. 8.02		M TX	k	25. 5.53		Petrias Horst	1. 8.95 ° M PH k	19. 9.56
A$_2$	Groth Gebhard	1. 4.88		EK GE ER	e	3. 1.47		Figgener Marcus	1. 8.95 L SP k	15.12.56
								Sicking Friedhelm	1.10.95 L G KR k	12. 5.57
	Tenhagen Hermann	1. 5.92 ° KR L	k	8. 8.46		Heinrichs Thomas	1.12.96 KU D k	15.11.57
	Furtmann Friedhelm	1.12.96		CH BI	k	10. 2.54		Sicking Maria	1. 6.04 D E k	14. 1.59
	Lürken Erika	1. 2.00		GE KR EW	k	5.10.54		Schuba Volkmar Dr.	1. 6.06 BI EK k	30. 7.61
								Winkels Ulrich	1. 6.06 M SP k	14. 3.60
	Klöcker Ernst	1. 6.01		BI	k	26. 5.47	C	Schönfelder Maria	8.10.89 D E k	21. 3.57
	Löhring Bernfried	1. 6.02		M SP IF	k	27. 2.53		Temmen Sabine	1.10.90 EK M k	30. 8.57
								Rheims Birgit	1.10.90 ER M e	7. 1.59
	Huber Michael	1. 6.05 ° M PH IF	e	16. 7.55		Paffrath Christoph	1.11.92 MU CH k	14. 9.59
								Tewes Klaus	1. 8.93 MU M k	28.10.58
B	Jungbluth-Flaßwinkel Christa	1. 9.85		E F		3. 1.54		Wolters Sigrid	1. 1.94 M SP k	21. 8.61
								Gissing Matthias	1. 1.94 MU L k	12. 4.61
	Winkler Gotthard	1. 9.86 ° D KR		3. 5.49		Hinsken Gudrun	1. 2.95 EK SP k	28. 7.62
	Wulf Volker	1. 9.86		D GE	k	14.11.51		Wehnhardt Gabriele	1.10.95 D E k	10. 8.58
	Preuten Henric	1. 1.89		L GE	k	2.11.53		Ehlen Ralf	1. 3.96 M SP k	16. 5.59
	Schmitz Rita	1. 5.91		D SW	k	10. 4.52		Rahs Ulrike	1.12.96 ° E D k	27. 8.62
	Sahlmann Hs.-Georg	1. 5.91		M SP	k	17. 9.54		Hortmann Ulrike	1. 5.97 D E k	4. 8.62
	Kastner Erika geb. Hofmann	1.11.92		E F		7. 9.54		Berger Dörthe	1. 9.04 G L GE e	22. 8.72
								Horstmann Elke	1.12.04 k	25. 9.71
	Furk Hans-Werner	1.11.92		BI CH	e	4.11.54		Lanze Daniela	1. 9.05 D SP k	9. 4.75
	Voß Ernst	1.11.92		BI CH	k	5.12.50		Störzer Maria	1. 8.07 KR E k	18. 6.73
	Lömke Franz-Josef	1.12.92		D EK	k	3. 7.53	D	Kopmann Alois SpL	1.12.75 SP EK k	13. 2.48
	Kannemann Michael	1. 6.94		M PH	k	27. 6.55	E	Binding Stephanie	9. 8.06 E GE e	7. 4.77
	Lepique Anna-Maria	1. 6.94		E F	k	23. 6.56		Brückner Daniela	1. 2.07 D KR k	26. 5.79
	Zorn Karl-Friedrich	1.12.94		KR GE	k	21. 2.50			(M)	

F	Hanneken Elisabeth		BI EK	k	20. 1.52	H	Rebourgeon Gisela	KU	k	7. 4.44
	Rickert Ulrich		F KR	k	7. 6.55		Belting Heinz	SP	k	4. 6.55
	Fabry Waltraud		E M	k	28. 9.55		Mersch-Hebing Ursula	SP	k	17.11.57

2.073 Bocholt   Euregio-Gymnasium   gegr. 1973
st. G. f. J. u. M.
Unter den Eichen, 46397 Bocholt – Tel. (0 28 71) 27 15-0, Fax 27 15-27
E-Mail: kontakt@euregio-gymnasium.de, Homepage: www.euregio-gymnasium.de

Kl: 8/15   Sch: 1019 (539) (232/388/399)   Abit: 101 (72)   BR Münster
L: 60 (A 1, A$_1$ 1, A$_2$ 7, B 24, C 15, D 3, E 3, F 4, H 2)   ASN: 183568
Spr.-Folge: E, L/F, F/L   Dez: LRSD Knauer

A	Schultheiß Christoph		MU CH	k	14. 6.57		Reßing Hermann	12. 9.97	M SP	e	23. 7.53
A$_1$	Janse Cornelius	16. 6.04 °	BI CH	k	24.11.51		Gassen Frank	3. 1.07	E F	k	26. 2.62
			KR				Laser Günter Dr.	1. 8.07	L GE		
A$_2$	Alvermann Horst (F)	1. 8.79	D PL	e	13. 7.45		Strohmayer Margitta				
	Altemeier Wern. (F)	12. 8.81	BI EK	e	21. 7.45		geb. Schuhmann				
	Kroesen Andreas	18. 5.92 °	BI CH	k	16.12.50	C	Seier-Engmann Helga	1. 2.81	BI EK	e	14. 2.51
	Cordes Klaus Dr.	1. 4.96	F S	k	28. 4.46		Mayr Maria	25. 1.82	D E	k	8. 9.49
	Albermann Klaus (F)	1. 4.98	M IF	e	11.11.50		Remest Wolfgang	28. 3.84	KU KR	k	8. 1.49
	Seggewiß Johannes	1. 8.99	MU L	k	24. 1.54		Laumanns Elmar	13. 7.84	F GE	k	21. 9.51
	Bückmann Gottfried	1. 7.06	D GE	k	24. 2.45		Nelskamp Johannes	9. 8.88 °	M KR	k	14. 1.56
B	Oettel Klaus-Dieter	28. 2.79	SP F		16.11.46		Labusch Burkhard	17. 9.94	E KR	k	8.12.60
	Andiel Lothar	3. 8.80	GE F	e	19.11.47		Verhasselt Karin	1. 1.02	L M	k	30. 6.72
	Schmitz Hermann	17. 9.81 °	KR PA	k	9.10.48		Hinz Barbara	6. 9.05	BI PL	k	25. 8.73
			SW				Wächter Thorsten	1. 8.06	E F		
	Böing Franz	1. 7.82	M	k	4. 9.45		Johnson Anke	1. 2.07	M L		
	Ronge Peter	1. 7.82 °	BI	e	6. 7.46		Mengede Christoph	18. 7.07	KR GE		
	Weil Harry	23.12.84	D SW	e	2. 9.48		Huisken Rainer	22. 8.07	CH PH		
	Wiecher Anna	5. 3.92	M	k	11.10.50		Hoppe Rainer		PH EK	k	24. 8.55
	Dolezich Ulrich	18. 5.92 °	CH EK	k	21. 1.50		Evers Elisabeth		BI CH	k	18. 5.71
	Milde Heidrun	21. 4.93 °	BI EK	e	23. 6.52		geb. Holten				
	Arning Heinz (V)	27. 5.93 °	D WW	e	24.12.49		Villegas Velasquez		KR E	k	
			ER				Hildegard geb. Sauer				
	Schöttler Margit	27. 5.93	D SW	k	24. 5.56	D	Horstmann Detlef	4. 9.81	M GE	k	7.12.55
	geb. Baumeister						SekIL				
	Schulz Siegfried	21.10.94	E D	e	2. 1.52		Volmer Ralf SekIL	25. 2.83	D GE	k	28. 5.54
	Schulte Terhorst	21.10.94	GE D	k	10. 8.47		Brenner Helga	24. 4.84	KU M		4. 5.56
	Maria					E	Arteaga Ojeda Vera	1. 2.06	E S	k	27. 2.75
	Plumpe Magdalene	28. 8.95	GE E	e	19.10.48		Varwick Dorothee	1. 2.06	E MU	k	29.10.77
			ER				Drepper Jürgen	1. 8.06	BI SP	e	12. 3.76
	Wendel Franz	28. 8.95	D PA	k	26.10.51	F	Grewe Rainer		KR PL	k	16. 5.54
			KR				Kutscher Rolf		ER SP	e	11. 7.58
	Beckhuis Heinz	31. 1.96	E EK	eref	19. 8.50		Baerbaum Carsten		IF KR	k	14. 4.69
	Matschke Helmut	31. 1.96	E GE	e	28.11.52				PA		
	Bönemann Friedrich	31. 1.96 °	M EK	k	31.10.55		Rupprecht Margarete		D PL		
	Soppe Brigitte	9.12.96	D SP		10. 9.48	H	Eversmann Ruth GymnL'		SP TX	k	13.10.49
	geb. Langwald						Moseler-Kern		KU		
	Laudage Gertrud	9.12.96	F PA	k	7. 8.52						

2.075 Bochum   Goethe-Schule   gegr. 1851
st. G. (5-Tage-Woche) f. J. u. M.
Goetheplatz 1, 44791 Bochum – Tel. (02 34) 43 88 55-10, Fax 43 88 55-11
E-Mail: goethesch@aol.com, Homepage: www.goethe-schule.de

Kl: 7/14   Ku: 168/34   Sch: 986 (508) (212/365/409)   Abit: 86 (47)   BR Arnsberg
L: 51 (A 1, A$_1$ 1, A$_2$ 6, B 18, C 21, D 2, E 2)   ASN: 169213
Spr.-Folge: E, L/F, F/L, F/L/S   Dez: LRSD Psarski

A	Bucher Anna		CH M		30. 6.54		Hüttemann Karl-	15. 1.94	M	k	12. 5.46
A$_1$	Jäger Berthold J.		E SW	k	29. 3.54		Heinz Dipl.-Math.				
A$_2$	Tschirbs Rudolf Dr.	10. 3.86	D GE		2. 3.46		Kaymer Hans-	1. 2.97	SP WW	e	26. 5.50
	Töpler Cäcilia	13.11.89	BI PA		31. 5.50		Joachim				
	Hester Heinz-Josef	4. 1.93	E SW	k	8. 8.49		Janas-Lecybyl Marie		CH R		

B	Hackert Wilhelm	17.10.79 °	M	k	29. 4.48	Lange Manfred (T)	15. 9.84	M PA PL	k	22. 3.54
	Pokoj Harald	7. 3.80	E EK	k	4. 5.49					
	Kollek Walter	11. 8.82	D PL	k	5.10.51	Schmitz Jochem (T)	1. 2.92	M IF PL		5. 2.55
	Wohlgemuth Johs.	13. 9.84	CH PA	k	29. 6.51	Glitz Stephanie	16.11.01 °	F L	k	5. 2.70
	Marquardt Ulrich	15. 9.84	KU SW	k	20. 7.48	Gußen Birgit	20. 8.02	F L	k	17. 6.62
	Scharf Kurt	8. 1.87	D SP		14. 9.48	geb. Altgassen (Vw) (T)				
	Hillebrand Axel	8. 1.87	E F		5. 2.50	Baumgart Martin	1. 8.03	E GE	k	25. 4.73
	Albert Helga	13.11.89	E D KU	e	11. 1.50	Grube Jens	14. 3.05	E SP		5.11.73
	Westernströer Ewald	4.12.92	SP EK	k	13. 7.49	Emde Helma (T)	15. 9.05	E I		22. 2.77
	Handschuh Heinz (T)	1. 7.96	D PA SW		1.10.50	Sasko Eva (T)		E		19. 9.48
	Raeder Bernhard		GE SW		21. 9.50	Piel Annette		BI		13. 2.52
	Trzaska Doris (T)		D KU	e	11. 7.52	Mittelbach Wilma		D SP		27. 6.52
	Wagner Dora		PH M		15. 1.54	Schlüter Hans-Werner		BI CH	e	18. 4.54
	Mittendorf Rolf		M IF	e	9. 3.55	Fischer Barbara		M CH		17. 6.56
	Gerth-Kipscholl Martina		BI ER	e	5. 9.58	Sindermann Ralf		PH SP		18. 4.70
						Knez Bianca		I SP	k	23.11.74
C	Korte Rolf	9. 8.79	BI		26. 5.46	D Obst Dieter Dr.		GE PL	e	18. 4.55
	Seroka Klaus	22. 1.81	SP BI	e	18. 1.52	Jäckel Bernhard		KR	k	2. 2.74
	Veit Rudolf	31. 8.81	PH	k	12.12.48	E Wilde Britta		MU D	k	30.10.75
	Sturm Maritta (T)	1. 8.82	E EK	e	9. 6.49	Drescher Simone geb. Stüer		E SP	k	27. 8.76
	Woßmann Werner	22. 8.83	M EK	e	6. 8.49					

2.076 Bochum Gymnasium am Ostring gegr. 1860

st. G. (5-Tage-Woche) f. J. u. M.
Ostring 23, 44787 Bochum – Tel. (02 34) 43 88 53 10, Fax 43 88 53 11
E-Mail: gaobochum@aol.com, Homepage: www.gymnasium-am-ostring.com

Kl: 7/12 Ku: 114/23 Sch: 810 (415) (203/329/278) Abit: 88 (42) BR Arnsberg
L: 46 (A 1, A_1 1, A_2 7, B 15, C 16, D 2, E 3, F 1) ASN: **169195**
Spr.-Folge: L/E, E/L/F, G/F, S/I Dez: LRSD **Psarski**

A	Schulz Werner	11.92	D F		13.11.48	Falke Gerhard	15. 4.02 °	CH BI	k	21. 5.51
A_1	Fege Karl-Heinz		M		1.12.49	C Plewka Hans-Jürgen	12.12.78	EK SP	oB	11. 8.48
A_2	Salmen Hans Joachim	12. 1.92	D EK	k	5. 7.48	Gehrmann Ira	1. 2.81	CH BI		23. 6.50
	Schimankowitz Siegfried	25. 1.93	M EK	e	25. 1.49	Oleszak Peter	1. 2.81	SP SW		13. 8.52
						Donde Martin	1. 9.81	PH M	e	25. 9.51
	Killing Sabine	1. 6.94	E D		9. 4.49	Schulz Heinz-Joachim	1. 3.82 °	BI KR	k	23. 4.53
	Fuhrmann Siegfried (F)	21. 8.96	CH PA		24. 3.55	Gopon Beate (T)	14. 6.82	TX D PA		21. 8.49
	Strozyk Hans-Ulrich (V_2)	16. 1.98 °	KU Ku	gk	29. 1.47	Ostach Heinz-Werner	1. 8.83	GE E	k	9. 8.52
	Eidam Jürgen (T)	10.12.01	D GE PL	e	16. 6.47	Böhringer-Rouvel Edeltraud	1. 8.83	D EK	k	5. 7.54
						Karla Udo	31. 8.83	EK SW		12. 2.47
	Aretz Susanne Dr. (F)	2.06	L G PL	e	21. 6.69	Ostkamp Hs.-Dieter	18. 3.84	KU D SP	k	24. 1.52
B	Friedemann Ursula	11. 1.80	F D	k	12. 1.44	Salin Armin	22. 8.88	MU D		24. 1.55
	Leusch Heinz	1. 8.81 °	BI	k	24. 8.49	Eberwein Ulrich	1. 9.00 °	L GE KR	k	11.10.62
	Constapel Heinz	4. 6.82	SP E	e	6. 4.49					
	Buchholz Ernst-Herbert	1. 1.85	G D L		2. 7.49	Bunse Dr.	2.02	L GE	k	9. 1.68
	Bartos Ulrike	8. 1.87	E BI		12.11.48	Theiß Sonja	1. 8.03	E D	e	1. 7.71
	Ackermann Joachim	25. 1.93	GE SW		23. 4.52	Siegers Katrin	1. 9.03	BI SP	k	2.10.74
	Greb Anette (T)	1. 6.94	E D	k	26. 9.49	Wieseler Annette	6. 9.06	D MU	k	25. 3.76
	Taayedi Helga (T)	15. 2.95	D GE	e	15.12.48	D Steinrücken Wilhelm SekIL	25. 2.83	M PH	k	29. 6.54
	Thissen Wilhelm	2. 7.96	GE SP		7. 8.50					
	Hövermann Gabriele	25. 7.96 °	ER F	e	7. 8.49	Wiegand Rita SekIL' (T)	14. 4.83	M E	k	16. 2.56
	Eiselen Christine	1. 8.96 □	GE SW L		14.12.49					
	Baldenbach Wolfram	15.12.97	EK SW	e	26. 1.48	E Kerkling Kirsten	1. 2.06	S D	k	21.12.75
	Klar Erich	27. 2.99	M PH	k	28. 3.50	Voß Kay	6. 8.07	SP M	e	17. 4.78
	Frania Marianne (T) (V)	15. 4.02 °	GE F	k	7. 3.47	Schierenbeck Lianne	10.07	D KU	e	28. 8.74
						F Marin José		S GE		2.12.48

2.077 Bochum Hildegardis-Schule gegr. 1860
st. G. (5-Tage-Woche) m. zweisprachigem dt.-frz. Zug (Doppelqualifikation Abitur/ Baccalauréat) f. J. u M.
Klinikstr. 1, 44791 Bochum – Tel. (02 34) 51 60 70, Fax 5 16 07 10
E-Mail: 169158@schule.nrw.de, Homepage: www.hildegardis-bochum.de

Kl: 10/19   Ku: 132/20   Sch: 1162 (729) (289/521/352)   Abit: 103 (57)   **BR Arnsberg**
L: 74 (A 1, A_1 1, A_2 10, B 24, C 28, D 2, E 2, F 6, H 1)   ASN: **169158**
Spr.-Folge: E/F, L/F, L/F, I/S/H   Dez: LRSD **Psarski**

A	**Rennkamp** Walter	4. 5.92 °	GE D	k	29. 6.47		**Heid** Thomas	9. 8.82	BI		21. 9.47
	Dr. M. A.						**Jünemann** Heinrich	1. 8.83	BI GE	e	13. 3.52
A_1	**Schmidt** Wolfgang	1. 2.00 °	M PH		22. 7.51		**Böhm** Wilfried	6. 8.83	E SW		4. 8.53
A_2	**Schneider** Ute Dr. (F)	1. 2.81 ◻	D PL	k	30. 5.46		**Bassenhoff** Jutta	10.83 °	E D	e	21. 6.54
	Gopon Karl-	21. 9.92	KU D	e	15. 3.47		geb. Sander (T)				
	Wolfgang Dr. (F)		PA W				**Hammer** Cornelia	4. 9.84	EK F	e	20.10.53
	Raab Gerhard (Vw)	14.12.94 °	E GE	k	3. 9.51		geb. Vitt (T)				
	Riesenbeck Helga	19.12.94	E GE	e	1. 6.50		**Hartmann** Marie-	15.10.86	D F	k	
	Pannok Gerhard	5. 2.96	F I	k	12. 6.47		Françoise geb. Pauline				
	Cordt Peter	20. 1.99	SP KU	e	1. 8.54		**Klüting** Reiner	24. 6.87 °	BI CH	k	8. 8.55
	Schauenburg-	19. 6.00	PA D	e	10. 6.44				PL PP		
	Baumgart Dagmar						**Amelung** Udo	30. 9.87 °	M BI	e	8. 8.56
	geb. Schauenburg						**Nienhaus** Annegret	8.11.93 °	TC M	k	24.11.56
	Scholle Juliane	25.10.01	F GE I		21. 4.48				EK		
	geb. Schlegel (T)		S				**Heins** Helmut	1. 6.99	M SW		26. 3.68
	Kost Gabriele	11. 1.03	M PH		21. 2.56				PK PP		
	Lange Meinolf (F)	1. 8.07	D KR	k	23.12.67		**Hogrebe** Peter	2. 8.99	M PH		15. 2.68
B	**Fuchs** Jutta	1.10.79	SP PA	e	20.11.44		**Stuhldreher** Michael	1. 1.02 ◻	SP BI		26. 7.60
			ER				**Solfrian-Brinkbäu-**	1. 1.02	L BI	k	1.10.70
	Dörr-Hartunger	3. 3.80	F E		30. 4.45		mer Michaela				
	Iris geb. Hartunger						**Müssener** Jens (T)	25. 4.02 °	E ER	e	17. 6.70
	Vogt Anselm Dr.	7.10.82	PL Soz	e	13. 4.50		**Bubenzer-Kuhle** Tasso	1. 2.03 °	D L	e	18.11.68
			SW PP				**Krahn** Benedikt	1. 2.03 °	M PH		26. 6.72
	Bautz Volker	1. 5.84	M CH	e	27.10.51		**Schulte** Christina	1. 3.03 °	M PH		20. 3.74
	Otterbach Klaus	2. 7.96	F MU	e	10. 9.56		**Dörnen** Anke	1. 8.03 °	F SP	efk	10. 6.69
	Smielowski Barbara	23. 7.96 °	F EK	k	15. 6.49		geb. Jacobs				
	geb. Darenrecht		EW				**Hüttebräuker** Wendy	1. 8.03	E D		
	Kiwitter Gerhard	31. 7.96	M	e	14.10.51		**Wingenfeld** Daniela	1. 8.03	L F		
	Schmidt Gabriele	13. 8.96	E D	k	27.10.51		**Neyer** Verena	17. 9.04 °	D GE	k	12. 7.73
	geb. Ossendodt								KR		
	Ostgathe Ulrich	17. 2.97	KU KW	e	24.12.52		**Reißlandt** Evelyn	8.06	F EK		16. 5.72
	Gesing Klaus-Jürgen	17. 2.97	MU D	k	1.12.53		**Edelhoff** Jost	15. 3.07	ER MU	e	17. 8.70
	Nüssen Ferdinand	17. 2.97 ◻	D SW	k	9. 8.52		**Venjakob** Christian	18. 3.07 °	E MU	k	23. 2.73
	Milbrodt Peer	17.12.97	BI CH		17. 7.48		**Blumberg** Eva	10.07	D KR	k	24. 5.78
	Berberich Johannes	16. 3.01 °	F GE	k	16.10.52		**Jansing** Oliver		E SP		16. 6.70
	Oelker Gertrud	16. 3.01 ◻	BI CH	k	13. 6.56	D	**Junghänel** Gerd	8.11.82	BI CH		16. 6.53
	geb. Folz						SekIL				
	Herbst Norbert	12. 4.02 °	M E	k	1. 9.51		**Leonhardt** Martina	9. 5.85	KU M	k	9. 5.55
	Döpper Susanne	12. 4.02	E D I	e	4. 1.65		geb. Mertens SekIL' (T)				
	Müller Nikolaus (L)	12. 4.02	M	k	6. 5.50	E	**Müller-Bittner** Anke	1. 8.07	EK F		27.12.75
	Letz Ulrike	29. 6.04	GE F	k	10.10.67		**Billenkamp** Henning	1. 8.07	PA SP		18. 5.76
	Koch Eduard	2. 7.04	E EK	k	26. 3.48	F	**Engelbert** Ilse		SP		17. 9.51
	Redecker Andrea	8.05	F L S		21. 9.66		**Fries** Ursula Dr.		D GE	k	18.11.54
	Schaldach Marcus	9.06 °	PH SP	e	18. 9.67				PL KR		
	Niekamp Jessica	11. 9.07	F GE KU		24. 1.69		**Mentel** Ursula		M IF		4. 5.66
	Saadi Gerken		E F				**Bystrzynski**		D		12. 4.69
C	**Muthke** Gudrun	27. 2.80 °	EK SP	e	10. 5.49		Alexander				
	geb. Krause						**Fisic** Firdevsa		D GE		3. 4.73
	Bieletzki-Zehle	27. 6.80 °	BI CH	e	6. 6.45		**Vollmer** Astrid		D PA		3.12.76
	Marlies (T)					H	**Marten-Knemeyer** Gisela		ER		11. 9.54

2.079 Bochum-Langendreer Lessing-Schule gegr. 1890
st. G. (5-Tage-Woche) f. J. u. M.
Ottilienstr. 12, 44892 Bochum – Tel. (02 34) 6 87 26 10, Fax 6 87 26 11
E-Mail: info@lessing.schule.tmr.net, Homepage: www.lessing.bobi.net/

Kl: 8/15   Ku: 121/19   Sch: 955 (468) (232/418/305)   Abit: 88 (52)   BR Arnsberg
L: 57 ([A] 1, A_1 1, A_2 6, B 17, C 15, D 2, E 7, F 5, H 3)   ASN: 169183
Spr.-Folge: E, L/F, F/L, S   Dez: LRSD Psarski

A	(Saade Frank StD A_1)	1. 8.03	CH EK TC	e	15. 2.56	Müller Ulrike geb. Sembritzki (T)	3. 3.80	BI	e	29. 7.51
A_1	Deutsch Arnold	13. 8.97	M	e	26. 9.45	Behle Hubertus	19. 8.80	BI	k	28. 1.47
A_2	Schwarz Hans-Horst (Vw) (V)	6. 1.92 °	L EK	k	1.10.42	Gehl Ulrich	11. 8.81	D PL		17. 7.47
						Kirschall Ulrike geb. Niederdräing (T)	11. 8.81	BI SW	e	21.11.49
	Frielinghaus Gerhard	1. 2.93 °	BI CH	e	9.11.52	Wlodarsch-Drexler Sigrid (T)	11. 9.82	D PL		26. 3.53
	Schuh Marlies geb. Moshage	1. 6.94 □	D SW	e	19.11.53	Joswig Ute	4. 9.84	F SW	e	4. 3.55
	Wiegmann Hans-Gerd	15. 2.96 °	M PH	k	22. 8.46	Ameling Christian	1. 4.00	MU PH	k	18. 7.63
	Manig-Ostermann Petra geb. Manig		□ D SW		6. 1.52	Denis Christine (T)	23. 4.00	E KR	k	1. 8.60
						Engelhardt Inge	21. 5.02	D F		16. 7.56
B	Becker Gabriele geb. Bunke (T)	8. 7.81 °	F E		20. 9.49	Pieper Ulrike	1. 8.03	D E		11.12.73
						Dortschy Tim	1. 8.06	D GE	e	29. 7.69
	Behle Ingeborg geb. Achtig	16. 7.81	BI		15.10.46	Ritter Yvonne	15. 9.06	L GE	k	2. 9.70
						Bartsch Hans-Jörg		° M PH		16.11.53
	Keil Claus	7.12.81 °	E F	e	6.12.45	Schräder Josef		MU PA	k	21. 4.55
	Rövekamp Heinz-Josef	13. 1.87	F EK	k	23.11.48	D Grau Annette SekIL' (T)	8. 6.84	KR E	k	26. 4.56
	Diekmann-Hille Brigitte geb. Hille	24. 7.96	PA EK	e	15. 7.47	Wimmer Wilhelm SekIL (T)	16. 7.84 °	KR GE	k	19.11.55
	Grotjahn Angela (T)	19. 8.96 □	EK SW KU		5. 9.53	E Beckmann Gabriele geb. Hube (T)	1. 6.02	M SW	k	20. 4.55
	Engels Ulrike	18.11.96	D E		15. 9.49	Eckei Aline	1. 2.06	D GE	e	26. 7.77
	Pallasch Hans-Jürgen	18. 2.97	SP EK	k	7. 9.52	Hansen Anke	1. 2.06	BI M	k	27. 8.77
	Heigl Ralf	16. 5.00	KU	k	26.12.46	Meier Britta	9. 8.06	D KU	e	13. 3.65
	Neide-Kollek Irene (T)	12. 3.01	E PL	k	15.10.52	Keil Edda	9. 8.06	L PA	k	21. 7.76
	Müller Manfred	1. 2.02	M Astr	e	5.10.48	Valder Dorothee	1. 2.07	SP D KR	k	5. 3.77
	Meurer Karl Peter	1. 2.02 □	E SP	k	19. 4.55	Falkenberg Kathrin	1. 2.07	E SP	k	5. 1.78
	Driessler Frank Dr. (T)	1. 8.02	CH M		4. 1.47	F Griebsch Thomas		M		5. 1.51
	Rienäcker Johannes	15. 9.06	E ER	e	26. 7.68	Steimel Christian		E SP	k	3. 5.58
	Viermann Josef	15. 9.06 °	GE SW	k	26. 7.69	Schumann Frank Dr.		M PH	e	25. 9.69
	Schepers Maria geb. Grzenia	6. 9.07	E D	k	18. 4.52	Hollmann Gunnar		GE SP	oB	6. 3.70
						Seelbinder Raphael Dr.		DH PH	k	8. 3.70
	Linfert Karl (T)	6. 9.07	M	k	3. 1.52	H Klar Theresa geb. Full B. A.		° E	angl	25. 4.45
C	Vieting Hildegard geb. Lankes (T)	18. 1.80	BI SP	k	20. 5.50	Sendlak Peter Dipl.-SpL		□ SP		29. 6.46
						Engelbert Heidi		SP	e	2. 7.53

2.080 Bochum Graf-Engelbert-Schule gegr. 1910
st. G. f. J. u. M.
Königsallee 77/79, 44789 Bochum – Tel. (02 34) 9 30 20 10, Fax 93 02 01 10
E-Mail: graf-engelbert-schule@web.de, Homepage: www.ges-bochum.de

Kl: 8/16   Sch: 915 (418) (240/414/261)   Abit: 78 (44)   BR Arnsberg
L: 57 (A 1, A_1 1, A_2 7, B 17, C 23, D 2, E 4, F 1, H 1)   ASN: 169160
Spr.-Folge: E, L/F, F/L, S   Dez: LRSD Albers

A	Berg-Ehlers Luise Dr.	25. 7.85	E R	e	17. 9.44	Poziemski Friederike Dr. geb. Lichius	15. 2.93	E PL	k	28. 6.50
A_1	Kieke Ulrich	1. 8.99	D GE		15. 6.52					
A_2	Hengelbrock Jürgen Dr. (F)	8. 3.76	F PL KR		16.12.42	Diekenbrock Manfr.	4. 7.96 □	D SW EW		31.12.50
	Weiß Reinhard	6. 3.86	M IF	e	14. 9.47	Schwill Birgitt (F)	1. 2.04	D MU	e	4.11.59
	Ruhmann Dieter (Vw)	15. 1.92 °	M EK	k	21.12.44	Arens Adelheid (L) PK S	15. 4.05	E D	k	8.11.51

B	Adams Rainer (T) (V)	25. 7.79 °	L GE	k	8. 3.44
	Scholle Hermann	1.8.79	BI CH SW		15. 7.48
	Diekmann Peter	21.10.80	E EK		16. 8.48
	Konzelmann Elke geb. Wolfgramm	8.12.80	E GE	e	6. 6.49
	Keil Walter Dr.	20.12.92	CH	k	4. 5.48
	Brüggemann Eckh.	25. 1.93	M EK	e	1. 5.52
	Ilsen-Recklies Dagmar geb. Ilsen (T)	3. 7.96 □	M SP		28. 9.52
	Payer Hans-Dieter	4. 7.96	E SP	e	29. 4.49
	Billecke Kristin geb. Staat (T)	5. 7.96 °	F SP	k	12. 3.51
	Ong-Brunell Margarete (T)	1.10.97 °	D PA	k	12.11.49
	Denkhaus Gabriele geb. Graef (T)	1. 9.99	M SP	k	22.11.56
	Samson-Jansen Annegret geb. Samson	12. 3.01	D KU	e	24. 4.54
	Loeff Stephan	12. 3.01	M BI	k	30. 8.59
	Hansmann Rolf	1. 8.07	SP ER	e	5. 7.55
	Schädel Claudia geb. Wiegel	1. 8.07	D KR	k	10. 7.56
C	Thomsen Claus	15. 8.80	E SP	e	22. 2.53
	Danberg Gisbert	19. 4.82	KU	k	6.12.52
	Kleine Hans-Jürgen	10. 2.83 □	GE SW	k	15. 8.49
	Biesgen Gabriele (T)	1. 9.83	BI F	k	25.10.53
	Hegemann-Schwarze Ulrike geb. Hegemann (T)	10. 9.84	M CH	k	18. 2.56
	Fligge Birgit	10. 9.84 □	BI EK	k	27. 9.54
	Knocke-Frieg Adelheid (T)	10. 9.84	D EW	k	29. 5.55

	Franitza Monika geb. Hoppe (T)	8.90	D L	k	6. 2.62
	Vogt Katharina F. geb. Schäfer (T)	14. 4.94	D GE		11. 7.61
	Lück René	2. 9.94	M PH	e	11.12.61
	Pennekamp Michael	13. 9.94 °	M PH	e	19.10.56
	Cordes Thomas Dr.	11.95 °	E SP		9. 1.59
	Drebes Klaus	1. 4.96	D MU	e	8. 6.61
	Müssener Stephanie	6. 8.98	D ER PA	e	21. 9.69
	Böhmer Jochen Dr.	1. 8.00	PH CH	e	30. 1.66
	Beenken Heike geb. Poerschke	28. 6.01 °	D E KR	k	24.11.58
	Burtscheid Heike (T)	1. 1.02	D GE		12. 3.62
	Bosch Birgitta (T)	1. 1.02 °	L KR	k	19.10.71
	Böttcher Kirsten	1. 8.06	CH F		16. 8.73
	Siebers Hildegund	1.11.06	D GE KR	k	13. 5.62
	Papenberg Bettina	10.11.06	E MU	k	28. 1.75
	Kost Birgit (T)	°	M PH	k	13.12.59
	Hölscher Bernd		E RW		
D	Steinhaus-Walter Anke (T)	8. 8.94	D GE	e	12. 4.55
	Wagner Cornelia (T)	19. 8.96	E SP	e	10. 8.63
E	Korthaus Thorsten	1. 2.06 °	M PH	e	22. 7.77
	Fromm Katja geb. Thissen	1. 8.06	ER SW	e	17. 6.78
	Karlheim Katrin	1. 2.07	L GE	k	5.11.78
	Heimann Markus	6. 8.07	M EK	k	30.11.73
F	Jasper Ruth		D S	e	19. 8.66
H	De Ceuster Anna-Maria		BI CH	k	27.11.46

2.081 Bochum Schiller-Schule gegr. 1919
st. G. f. J. u. M.
Waldring 71, 44789 Bochum — Tel. (02 34) 9 30 44 11, Fax 9 30 44 10
E-Mail: info@schiller-schule.de, Homepage: www.schiller-schule.de

Kl: 8/16   Ku: 106/15   Sch: 959 (524) (236/445/278)   Abit: 74 (48)   **BR Arnsberg**
L: 57 (A 1, [A$_1$] 1, A$_2$ 7, B 19, C 23, D 1, E 1, F 1, H 3)   ASN: **169171**
Spr.-Folge: E, L/F, F/L   Dez: LRSD Psarski

A	Rinke Hans Georg	1. 8.00	KR D	k	18.11.52
A$_1$	(Birkholz-Bräuer Gudrun geb. Bräuer OStR')	25. 1.80 °	M	e	1.11.50
A$_2$	Heienbrock Hans-Dieter Dr.	12.11.89	M	e	4. 5.49
	Knoop Ingrid	7. 1.92	M PA	e	28. 8.47
	Mennenöh Margret (T)	24.12.92	D F	k	22.10.48
	Oehler Karl-Bernd	1. 9.94 □	ER E	e	27. 6.49
	Lewandowski Helmut	24. 6.96	D EK	e	9.12.48
	Triebkorn Michael	1. 3.97	D PL		20. 2.52
	Lensing Martin	16. 7.05 □	BI SP	k	28.10.54
B	Braun Rolf-Peter	20. 7.79	BI	e	27. 4.44
	Stößlein Hans-Joachim	17. 7.81	EK SP	e	6. 2.44
	Marciniak Anita (T)	7. 9.84 □	EW SW	e	23. 4.45
	Dorner Hs. Michael	10. 4.85	M	e	4. 8.48
	Köhler Winfried	19. 1.87	D GE	e	17. 9.50
	Follmann Olaf (V$_1$)	19. 1.87 °	M PH	k	13. 5.51
	Huppmann Franz	19. 1.87	L GE	k	17. 4.49

	Hansknecht Gerlinde geb. Schürmann	14.12.90 °	E F	k	
	Kraß Herwig	14.12.90	M PH IF	k	21.12.53
	Buda Eckhard	14.12.92	E PA	e	31.10.53
	Stanislawski Veronika (T)	21.12.92	D SW KW		8. 6.49
	Berkhahn Bärbel (T)	7. 1.93 °	D EK		19. 7.53
	Schmidt Friedrun	25. 7.96 □	D ER		22. 4.50
	Kiygi Ursula geb. Kaun	25. 7.96	F E		22. 3.51
	Kohl Paul	25. 7.96	KR PL D	k	9. 4.49
	Kniebe-Bodemeier Gisela	3.00 °	E SW	e	11. 1.51
	Vorkoeper Dagmar	12. 3.01 □	L S		23. 3.61
	Steinerstauch Sabine geb. Jansen (T)	15. 4.02 °	BI CH	k	21. 2.54
C	Schunck Hildegard (T)	1. 8.80 °	F SW	k	2.10.50
	Häffner Albrecht (T)	27. 8.80	M		20. 2.49
	Marquardt Ulrich	19. 1.81	SP E	e	28. 9.47

Limberg Jürgen	1. 9.81	EK SP	e	23. 7.51	
Hergarten Ulrike (T)	9. 8.82	E EK	e	27. 4.53	
Powroslo Martin	7. 7.83	⍟ EW SP	k	22.11.50	
Stück Karl-Dieter Dr.	31. 7.83	CH		19.12.49	
Feldhoff Sigrid	30. 9.83	° E SP	e	28. 1.53	
Horn Axel (T)	21.12.83	GE SW		2. 6.51	
Schoppol Bärbel	28. 3.84	⍟ D SP		8.11.54	
Roth Christine	14. 9.84	⍟ EK M	e	5. 7.50	
Sommerfeld Klaus-Ulrich (V)	5. 8.85	° PH M	e	12. 7.53	
Runde Christine (T)	14. 8.85	CH SW	k	26.12.51	
Behrmann Jutta geb. Scheuerer	1. 2.88	° M	e	26. 5.56	
Brossei Inge-Charlotte	2. 9.88	⍟ D KU		16. 6.56	
Krahn Martina geb. Finkenberg	1. 2.03	° MU CH	k	11. 2.73	
Strauß Michael	1. 2.04	MU D	e	8. 9.67	
Fischer Andrea (T)	1. 8.04	⍟ KR D GE PL	k	15. 1.69	
Tzivras Kalomira	1. 7.06	° BI SP	gr-orth	25. 2.78	
Rüppel Sabine	1. 8.06	D F	e	13. 6.70	
Szmigiel Esther (T)	1. 8.06	ER E	e	10. 6.77	
Posselt Manja	1. 8.07	° D Ge		1. 1.74	
D	Inhoff Annette SekIL'	14. 3.83	KU E		6. 2.49
E	Wildt Christian	11. 1.07	F S		22. 9.77
F	Tornow-Adam Gabriela		⍟ ER GE	e	17. 1.54
H	Knierim Ronald Dr.		KU MU	k	13.10.49
	Haupt Andreas		MU		
	Veldhuis Hendrik		MU		

2.082 Bochum-Dahlhausen Theodor-Körner-Schule gegr. 1920
st. G. f. J. u. M.
Keilstr. 42–48, 44879 Bochum – Tel. (02 34) 9 44 26 10, Fax 9 44 26 11
E-Mail: info@thks.bobi.net, Homepage: www.die-tks.de

Kl: 8/13 Ku: 107/316 Sch: 890 (447) (243/372/275) Abit: 95 (55) **BR Arnsberg**
L: 49 (A 1, A$_1$ 1, A$_2$ 3, B 14, C 24, D 1, E 2, F 3) ASN: **169225**
Spr.-Folge: E, L/F, F/L, S Dez: LRSD **Psarski**

A	Arens Bernhard	1. 8.04	M EK (IF)	k	19. 2.57	
A$_1$	Torkler Wilfried	1. 2.04	° M PH		16.10.52	
A$_2$	Schulze Lohoff Annette (T)	8. 1.95	BI PA KU	k	29. 1.52	
	Schloemer Dirk	17. 6.96	M (IF)	e	14. 4.49	
	Hochheim Hans Jürgen (T) (V$_1$)	4. 5.00	° M	e	9. 5.45	
B	Pottgießer Christa (T)	7. 9.84	D GE	e	12.12.47	
	Gersching Jürgen	22.12.92	D BI	e	3. 2.53	
	Mescher Winfried	23. 2.93	GE D	e	23. 1.48	
	Hilkenbach Beate geb. Glaser	23. 2.93	° E SP	oB	11. 7.53	
	Kretzschmar Herbert	3. 3.95	° SP PH	e	11. 5.47	
	Stolp Hartmut	22. 7.96	BI CH (IF)	e	30. 4.53	
	Böger Monika Dipl.'	5. 8.96	BI		11.12.51	
	Weyers Waltraud	18. 8.96	D Kug	k	21. 2.52	
	Fischer Achim	29.12.97	° D SW	k	6.11.50	
	Reinirkens Andrea	29.12.97	M EK	e	9. 2.57	
	Kuhlemann Ulrike (T)	26. 2.99	SW PA	e	15. 2.54	
	Mai-Kellermann Wolfgang (Vw)	12. 3.01	° M PH	k	25. 9.56	
	Klatt Annette Dipl.-Sozw.'	11. 4.02	⍟ D SW		15. 9.51	
	Brusis Werner	11. 4.02	M (IF)		29.11.51	
C	Schönig Ursula geb. Amberge (T)	18. 1.79	SW PA	oB	26. 9.50	
	Seifert-Rühe Barbara	3. 8.79	SW PA PK	e	7. 5.51	
	Steinbrinck Josiane geb. Lievaux (T)	1. 2.80	F S	k	29.11.49	
	Stadermann Horst	19.12.80	BI CH	oB	18. 3.47	
	Ohlendorf Heinrich	1. 2.81	E KR	k	13.11.46	
	Kaehler Friederich	1. 3.81	° BI SP	e	24. 7.46	
	Kammel Bernhard (T)	1. 3.81	CH		6. 1.45	
	Ostmann Cordula geb. Genseleiter (T)	26. 3.82	MU TX	e	9. 3.51	
	Baier-Greiner Ingrid (T)	30. 1.84	CH SP		1.10.49	
	Brinckmann Wolf-Peter	2. 9.85	E D	e	7.11.54	
	Scheidgen Jürgen	15.11.85	° M PH	k	24. 1.54	
	Salzwedel Bettina geb. Schwedler (T)	13. 6.88	° L G	e	19. 3.58	
	Muth Rolf (T)	11. 8.88	M IF		3. 3.48	
	Loheide Ansgar	20. 6.96	L KR	k	1. 5.62	
	Kaiser Udo	18. 8.97	EK SP	e	14. 4.57	
	Nopper Hans Werner	1. 8.00	° KR L GE	k	24.10.67	
	Ramhorst Bettina	1. 1.02	D MU	k	14. 3.59	
	Bange Silvia (V$_2$)	1. 1.02	° E GE	e	9. 5.69	
	Kost Bettina	5.11.02	D ER	e	17. 8.69	
	Aschoff Stefan	1. 8.04	PL PH KR	k	19.12.67	
	Reinmöller Heike	8. 5.06	D E	e	4.12.72	
	Steinbrink Susanne	1. 8.06	E S ER	e	8. 7.62	
	Ziemer Bastian	16. 3.07	E SP	e	4.10.74	
	Trawny Stefanie	6. 8.07	M SP	e	8. 8.69	
D	Neurohr Angelica geb. Hüntemann FachL'	25. 2.76	KU SP	e	28.11.48	
E	Mähler Julia	9. 8.06	D F PA	e	5. 6.77	
	Kösters Ulrich	6. 8.07	⍟ D PL (GE)	k	15. 9.78	
F	Retkowski Ingrid		° E R		4. 1.59	
	Völkel Frank		D PL		27.11.64	
	Rißmann Simone Dr.		F S	e	28. 6.66	

2.083 Bochum-Gerthe Heinrich-von-Kleist-Schule gegr. 1927
st. G. f. J. u. M.
Heinrichstr. 2, 44805 Bochum – Tel. (02 34) 89 12 50, Fax 8 91 25 46
E-Mail: hvk@hvk.bobi.net, Homepage: www.hvk.bobi.net/

Kl: 7/14   Ku: 110/16   Sch: 850 (407) (200/396/254)   Abit: 66 (34)   **BR Arnsberg**
L: 57 (A_1 1, A_2 8, B 22, C 13, D 2, E 2, F 7, H 2)   ASN: **169237**
Spr.-Folge: E, F/L, I, S/I   Dez: LRSD **Albers**

A_1	Kraeft Jandirk Dr.	26. 8.92	M TC	e	30. 7.43		Steger Wolfgang Dr.	2. 4.02 °	CH	e	12. 2.47
A_2	Bartsch Jürgen	7. 1.92 °	EK BI	e	9. 7.46		Skoczek Detlev	1. 9.06	D SP		17. 3.52
	Hahlweg Ebbo (F)	23. 5.96	M IF	e	11.12.51		Gödde Susanne (T)	10.07	BI PA M	k	25. 6.70
	Lippa Michael Dr. (F)	22. 8.96	M PH	k	30. 9.48						
	Schwerdtfeger Petra	28.10.97	S E D		17. 2.53	C	Michel Rita (T)	13. 6.81	E EK	k	30. 8.51
	Wottawa Ricarda geb. Knaub	1. 3.03 °	D E	e	30. 1.52		Krause Karl-Heinz	3. 8.82	D PA TC		17. 1.49
							Sopczak Jörg	11. 5.83	BI SP	k	25.10.52
	Reher Monika (F)	19.11.04	F Soz	k	29. 3.55		Bauer Marliese	13. 4.84 °	BI CH PH	e	24. 7.48
	Trimborn Klaus	31.12.04 □	TC CH	k	5. 1.57						
	Kliebisch Udo Dr. (F)	1. 8.05 °	PL ER D PA	e	8. 4.55		Kohl-Kaiser Eberhard	18. 9.86	MU D PA	k	11. 2.52
B	Eichenauer Johs. (V)	1. 8.79 °	M	k	25. 7.48		Schulz Dietmar (T)	18. 8.01 □	L ER	e	12. 2.67
	Klinkmüller Gerhard	1. 8.82	M KR	k	12. 8.51		Poeplau-Schirmers Maria (T)	1. 1.02	L KR	k	9. 4.60
	Spiegel Dietrich	30. 8.82	E SP		7. 5.47						
	Weitkämper Rolf	1. 9.82	BI CH	k	14. 3.53		Hohenstein Marcus (T)	1. 1.02	PH ER	e	23.12.66
	Philipper-Herold Monika geb. Philipper (T)	4. 9.84	D EK PA		9. 1.48		Juschka Eva	1. 1.02	I F ER		21. 4.67
	Schneidereit Beate Dr.	12.11.84 °	GE F	e	2.10.48		Hees Stefan (T)	1. 8.03	M PH	k	3. 7.71
							Wellmann Astrid	1. 2.04 □	E S	k	14.12.71
	Basten Karl-Heinz[1]	16. 1.85 □	D EW Soz	k	22. 8.44		Bücker Eva Dr.	3.12.04	D I		19. 5.69
							Skoczek Eva (T)		MU SP		1. 8.55
	Nüter Jörg	30.12.85	SP E	e	16. 2.48	D	Büsing Elmar SekIL	12.12.81 °	M KU		12.12.54
	Naujoks Egbert	19. 1.87	D KR	k	29. 6.54		Reidick Ute geb. Bittner SekIL'	29. 5.84	M KU	k	30. 4.56
	Stirnberg Ursula geb. Brehm	5. 2.93 °	BI CH	e	29. 4.54	E	Klak Jenni (T)	1. 8.05	KU PL		23. 8.75
	Lerch Martina geb. Fornefeld	15. 2.95 °	D KU	k	25.12.55		Sonntag Anke	10.07	BI SP	e	25. 3.79
						F	Blome Stefan		° D GE		30.10.56
	Schlottke Klaus-Martin	29. 5.96 °	PH	e	28. 9.50		Schmitz Ulrich		EK SP	k	28. 3.57
							Kröner Gabriele		EK GE	e	10. 9.58
	Tomaske Robert	29. 5.96	D Soz	k	19. 6.48		Wilk Angelika		° D GE		27. 8.60
	Heupel Eberhard Dr.[1]	20. 9.96 □	GE Soz	e	15. 2.47		Wennmohs Claudia		F I	e	3. 6.72
	Rosowski Wilfried	29. 5.98 °	D E	e	10.12.50		Netz Simone		BI SP	e	3. 2.75
	Kunz Heide	20. 2.01 °	M SP	e	4.12.58						
	Steppan Andreas	12. 3.01 □	E R L D	k	3. 8.53		Jestädt Sonja		M TC	k	29.10.77
	Becker Irmela	18. 2.02 □	D SW	e	7.12.53	H	Nüter Maria		E	k	30. 3.52
	Göller Manfred	2. 4.02 °	E EK		8.11.51		Steinhauer Johannes		ER	e	18.10.58

[1] Lehrbeauftr. a. d. Ruhr-Univ. Bochum

2.084 Bochum Albert-Einstein-Schule Europaschule gegr. 1967
st. G. m. zweisprachigem dt.-engl. Zug f. J. u. M.
Querenburger Str. 45, 44789 Bochum – Tel. (02 34) 9 39 20 10, Fax 93 92 01 10
E-Mail: verwaltung@aes-bochum.de, Homepage: www.aes-bochum.de

Kl: 7/14   Ku: 110/15   Sch: 867 (461) (192/374/301)   **BR Arnsberg**
L: 47 (A 1, A_1 1, A_2 2, B 17, C 15, E 5, F 2, H 2)   ASN: **169146**
Spr.-Folge: E, L/F, F/L   Dez: LRSD **Psarski**

A	Zeyen Rainer Dr.	30. 8.95 °	M KR	k	22. 8.43	B	Göllner Norbert	27.11.84	D SP	k	29. 1.49
A_1	Sanchez-Blanco Brigitte geb. Lennackers	2. 8.99	M EK	k	18.12.47		Schimeyer Gerhard	18. 1.85	D SW	e	23. 2.45
							Kleinebrecht Eckard	1. 2.96	D L PL SW		21. 6.52
A_2	Birkholz Hans Jürgen	15.10.81	SP EK Soz	e	29. 9.46		Erdmann Regine	15. 8.96	MU E	k	18. 6.55
	Zulechner Felix (T)	30.10.02					Böckmann Ralph-Michael	1.12.96	BI CH	k	4.12.57
	Faulenbach Annegret geb. Hartmann (T)	1. 6.03	E F PA	k	28. 4.47						

Noffke Monika geb. Schlüter	10.12.97	D EW	k	30. 6.51	
Stratmann-Mertens Eckhard (T)	2. 5.00	Sozkd	e	3. 4.48	
Niederbichler Rosemarie	2. 5.00	KR D	k	26. 7.52	
Grupe Harald	15. 4.02	PH	oB	12. 9.49	
Wilms Diethelm	15. 4.02	PH M	e	12. 3.48	
Habior Gislinde geb. Kalweit (T)	29.12.04	E Soz	e	10. 3.52	
Josephs Dorothea	29.12.04	° E F	e	16. 4.67	
Klussmann Gabriele	29.12.04	° D E		8.10.70	
Reiter Paul Dr.	12. 9.07	° E F	k	24.10.59	E
Schachtsiek Birgit		E D		22. 3.62	
Weber Michaela		F S	k	5.12.71	
C Göke Georg	1. 8.78	BI	k	8. 4.45	
Berry Angelika	17. 7.79	D EK		6. 4.49	
Overhoff Barbara (T)	1. 8.79	D PL	e	20. 4.48	
Winkel Wolf-Dieter	23. 1.80	EK GE	e	13. 6.45	
Wiethoff Peter	11. 8.81	KU W	k	2. 8.49	F
Deutscher Ursula geb. Mehler (T)	7. 4.83	D Rel		21. 4.50	H

Hirschberg Ursula	1. 8.92	D E	k	29.11.55	
Deis Gundula (T)	1. 2.94	M neuap MU		23. 6.62	
Hundt Johannes Peter	10. 6.94	M PH	k	13. 5.55	
Schneider Berthold (V)	1. 8.94	° E GE	k	19. 5.59	
Thaddey Julia	14. 8.00	D L		4. 8.68	
Hirschhausen Roland Marian	1. 2.04	MU KR	k	29. 9.70	
Volmer Tim	10. 9.05	° M CH	e	11. 1.73	
Graf Ursula		° M PH		15. 4.64	
Zacheja-Düvel Heide		MU SW		3. 7.68	
Biehl Heike geb. Matucha	6. 9.04	E ER	e	11. 6.72	
Hein Stefanie geb. Kellermann	6. 9.04	SP EW	e	23. 9.75	
Lowksi Petra	8. 9.04	BI CH		15.10.71	
Kemper Birgit	1. 8.07	M KU	k	21. 6.77	
Heinz Daniel	6. 8.07	BI ER	e	6. 9.78	
Kollien Astrid Dr.		° BI CH		19. 1.67	
Orth Hilmar Dipl.-SpL		SP	e	15. 9.43	
Lauhoff-Spiegel Petra		SP KU		10. 5.51	

2.085 Bochum-Wattenscheid   Märkische Schule   gegr. 1887
st. G. (5-Tage-Woche) f. J. u. M.
Saarlandstr. 44, 44866 Bochum – Tel. (0 23 27) 54 98 10, Fax 54 98 11
E-Mail: schulleitung@maerkische-schule.de, Homepage: www.maerkische-schule.de

Kl: 8/15   Ku: 145/25   Sch: 1038 (533) (220/432/386)   Abit: 88 (53)   **BR Arnsberg**
L: 63 (A 1, A$_1$ 1, A$_2$ 5, B 22, C 17, D 3, E 8, F 4, H 2)   ASN: **169699**
Spr.-Folge: E, L/F, F/L, L/F/S   Dez: LRSD **Psarski**

A Senf Heinz	4. 5.92	D GE SW	e	26. 3.48	
A$_1$ Pieper-Eiselen Alfred	1. 2.06	□ GE SW		14. 1.51	
A$_2$ Meier-Nolte Elisabeth geb. Nolte	8. 3.93	D TX	k	1.11.48	
Balbach Hans (L)	12.12.94	° M	e	14.10.46	
Schreckenberg Barbara geb. Bolmes	13.11.95	F GE	k	20. 2.51	
Baldenbach Ursel geb. Thöne (T)	26.11.96	EK SW	e	20. 3.48	
Martschin Jürgen (F)		M SP		10. 2.60	
B Buchholz Christa geb. Lüninghöner (T)	25. 1.80	E ER	e	21.12.46	
Redelings Theo	27. 2.80	° D SW	k	23. 9.44	
Raczkowski Elli (T)	8. 7.81	M EK	k	16.11.49	
Meßy-Kircher Mechthild geb. Meßy (T)	3.12.81	F PA	k	30. 4.47	
Stellmes Hans Peter (T)	22. 6.84	D SP	e	10. 1.45	
Frank Rüdiger (T)	13. 8.84	D SW		15.12.46	
Breuer Klaus (T)	7. 9.84	M GE	e	27.11.47	
Ippach Peter	10. 9.84	° E GE	e	24. 8.47	
Zurwehn Ulrich	19. 1.87	° EK M	e	23. 8.53	
Kendler Marion geb. Plötz (T)	20. 1.87	° EK SP	e	6. 6.45	
Falatyk Wilfried	20.12.90	EK SW	k	15. 4.52	
Boehnke Winfried	23. 2.91	CH KW	k	15. 1.56	
Morzfeld Ulrich	27. 1.94	° EK D	e	16.11.49	
Poeplau Bernadette	23.11.94	° D KR	k	26.12.56	

Pannenborg Aenne (T)	20. 5.96	E D		23. 1.48	
Gersemann Manfred	29. 5.96	° CH	k	15. 1.49	
Ehl Klaus-Johs.	25.10.96	KU SP	k	16. 8.49	
Knülle-Wenzel Alfred	1. 5.00	PH IF		14. 6.49	
Kühnen Inge	23. 3.02	° EK D	e	26.10.55	
Schmidt Peter	23. 8.07	° F SP	e	12. 6.52	
Srol Ursula geb. Deutschbein (T)	23. 8.07	° M		25. 6.55	
Subert Sybille (T)	6. 9.07	° D L	k	17. 4.61	
C Oberstebrink Peter (T)	11. 8.78	D SW		22.10.47	
Thiemann Ursula geb. Baumann (T)	14. 8.78	F	k	13. 3.47	
Mesenhol Gerd	13. 9.79	° D PA		22. 4.47	
Rennschmid Peter (T)	1. 2.80	D SW		13. 7.49	
Halwer Ingrid (T)	11. 2.80	° E SP	k	25. 3.49	
Brüdgam Claus-Peter	9. 1.81	° E D	e	1.10.46	
Böckmann-Preuß Petra geb. Böckmann	1. 3.81	E SW		17. 3.53	
Kessler Heinz-Werner	8.12.81	° E GE		12.11.49	
Künzel Angelika geb. Krafft (T)	30. 9.82	E PA	e	7. 4.50	
Breder-Jansen Angelika geb. Breder (T)	9.11.84	BI SP	e	20. 6.56	
Henkel Jürgen (T)	12. 3.86	BI	e	6. 2.51	
Wessels Stefan	20. 6.01	° G L	k	10. 5.66	
Haberle Petra	1. 1.02	M CH		12. 7.65	

	Michel Andrea	1. 2.04	D BI	k	16. 6.71	
	Brandt Matthias (V)	1. 2.04	° M PH		4.11.72	
	Zafirakis Despina (T)	9. 9.06	E GE		16. 3.76	
	Hessbrüggen Martin	10. 8.07	E KR	k	5. 8.74	
D	Klamma Erich SpL	2. 2.77	° SP	e	23. 1.44	
	Auffermann-Dworschak Angelika geb. Auffermann SekIL' (T)	27. 4.81	M BI	e	25. 2.56	
	Breidenbach Ursula SekIL'	10. 7.88	KR BI	k	21. 5.58	
E	Müller Matthias	2. 5.05	° L EK	k	11.10.68	
	Blöming Dirk	29. 5.06	BI SP	k	6. 3.77	
	Turley Sandra	9. 8.06	S SW	k	19. 4.70	
	Schocke Volkmar	9. 8.06	▫ GE PL	k	4. 9.74	

Meyer-Kramer Nicole	9. 8.06	D E	e	9.10.76	
Ziller Sandra	22. 1.07	BI PH	e	3. 4.79	
Stecker Simone	22. 1.07	F KU			
Lodowicks Angela	6. 8.07	PA SP D	k	22. 6.78	
F Sliwa Andreas		° M PH	k	30. 7.54	
Thriskou Genovefa		F S	gr-orth	27.12.60	
Kröger Oliver		° M PH	k	4.12.71	
Vaut Henning		PL IF BI		16. 3.76	
H Pielsticker Marianne geb. Tomowiak		° MU	k	5. 2.47	
Pielsticker Michael		° MU	k	10. 8.47	

2.086 Bochum-Wattenscheid Hellweg-Schule gegr. 1873
st. G. m. zweisprachigem dt.-engl. Zug f. J. u. M.
Lohackerstr. 13, 44867 Bochum – Tel. (0 23 27) 30 92 10, Fax 30 92 11
E-Mail: 169705@schule.nrw.de, Homepage: www.hellweg-schule.de

Kl: 8/16 Ku: 116/17 Sch: 970 (525) (213/451/306) Abit: 86 (44) **BR Arnsberg**
L: 58 (A 1, A₁ 1, A₂ 5, B 16, C 26, E 4, F 2, H 3) ASN: **169705**
Spr.-Folge: E, L/F, F/L, S/F/L Dez: LRSD **Psarski**

A	Riemenschneider Claus Dr. (T)	1. 8.00	CH BI	k	15. 9.47	
A₁	Bienholz Alfred	1. 8.04	M PH	e	18. 6.54	
A₂	Karsten Herma (F)	14.10.85	° E SW		7. 7.44	
	Paraknowitsch Peter	12.10.94	D F	e	6. 7.50	
	Hiesgen-Altenbernd Ursula geb. Lappe (F)	20. 4.98	SW BI	k	19. 3.51	
	Krause-Frischkorn Helma geb. Warmer (T)	30.11.04	▫ E PA	e	18. 9.52	
	Kuhn Heinz-Jürgen	30. 1.05	° M SP	e	27. 3.48	
B	Lehmann Elisabeth geb. Lehmann	7. 3.80	M PH	e	14. 4.49	
	Hentrich Gerlind geb. Postulka (T)	7. 3.80	D E		16. 9.46	
	Ritzenhofen Annegret geb. Deutschendorf (T)	17.12.80	M CH	e	16. 4.51	
	Lippek Harald	1. 8.81	° E EK	e	8. 2.48	
	Pralle Jutta (T)	27. 1.82	R F	k	27. 6.50	
	Frischkorn Harald (T)	20. 1.87	E SW	k	20. 4.50	
	Rossig-Stamm Hertha geb. Stamm (T)	30.11.89	° E EK	e	13. 9.48	
	Gockel Heinz	3. 1.94	KR SW PL	k	5. 8.52	
	Schulze Christa (V)	15. 3.01	° M EK	e	22. 9.49	
	Waluszek Christian	15. 3.01	D R		8.12.52	
	Debus Birgit	8. 4.02	BI	k	3. 4.52	
	Zillmer Wolfgang	2. 6.05	D GE		18. 6.52	
	Moser Lars	1. 3.06	BI CH		9. 7.70	
	Schmoll Wolfgang	1. 9.06	M		26. 4.52	
	Flink Jutta	1. 9.06	° L GE	k	23. 3.69	
	Rohmann Wolfgang	1. 9.06	M IF	e	16. 8.66	
C	Schalk Wilfried Dr. (T)	4. 5.79	CH	e	19. 6.47	
	Tittmann Wilfried	1. 2.81	° GE SP	e	22. 7.49	
	Kappert Ursula	20. 1.82	E KR	k	27.10.52	
	Kapp-Schulte Marion geb. Kapp (T)	3. 8.82	E SW		25. 3.52	

	Ellichsen Marianne geb. Schriver	1. 3.83	PA E	k	8. 5.54
	Bergmann Rolf	1. 8.83	SP SW		20.11.48
	Karam Barbara geb. Dawe (T)	1. 9.83	E F	k	31. 5.48
	Bienholz Sabine geb. Färber (T)	5. 9.83	° M PH	e	22. 3.55
	Finkler Gert	7. 8.84	BI SP	e	22.12.52
	Klapdohr Gabriele geb. Besser	27. 8.84	BI CH		25. 5.56
	Wieczorek Peter	18. 9.84	° EK SP	k	23. 4.51
	Klindworth Bernd	4.12.84	° EK SP		14. 9.50
	Reinecke Norbert (T)	5.12.84	E SP	e	11.11.51
	Söntgerath Andrea	1. 8.90	D MU		5. 2.57
	Tietmeyer Ulrike (T)	23.10.98	BI KR	k	21. 2.66
	Schlenger Heinz-Martin	1. 8.01	KU D		6. 1.64
	Schierwater Almuth (T)	1. 8.03	° D KU		26.10.70
	Wagner Tilman	1. 8.03	E GE		10. 5.72
	Knoblich Rolf (T)	19. 4.04	L ER	e	22. 5.70
	Ohler Sebastian (T)	6. 9.04	M PH		20.11.66
	Klein-Vehne-Zaib Eva	1. 8.05	▫ D SP	k	2.10.69
	Jakat Timm	18.12.05	M SP		10. 3.75
	Zisowski Silke (T)	1. 2.06	BI CH		9. 7.75
	Panitzek Sabine	24. 4.06	D ER	e	5.10.76
	Schwarz Christian	21. 3.07	MU KR	k	29. 1.75
	Dobrescu Stefan	13. 5.07	L MU	e	12. 2.70
E	Meyer Silke (T)	6. 9.04	E GE		3. 3.71
	Balster Carmen	6. 9.04	D KU	k	13. 1.76
	Hermes Brigitte (T)	1. 2.06	▫ D KU		2.10.65
	Steil Cornelia	1. 8.06	° I F E	e	20. 3.68
F	Junge Reinhard		D RL		22.10.46
	Leidholt-Otterbach Gabriele geb. Leidholt		F D		9. 1.58
H	Grau Christine Dipl.-Psych.'		PS		3.12.47
	Couturier Hubert Dipl.-SpL		PS SW SP	k	18. 9.49
	Roters Elisabeth		° D PL	k	8. 1.65

2.090 Bönen Marie-Curie-Gymnasium gegr. 1999
G. f. J. u. M. d. Gemeinde Bönen
Billy-Montigny-Platz 5, 59199 Bönen – Tel. (0 23 83) 96 99 2-0, Fax 96 99 2-29
E-Mail: mcgboenen@t-online.de, Homepage: www.mcgboenen.de

Kl: 7/14 Ku: 109/19 Sch: 809 (438) (204/395/210) Abit: –
L: 51 (A 1, A_1 1, A_2 2, B 11, C 22, D 1, E 5, F 8)
Spr.-Folge: E/L, F/L, F, S

BR Arnsberg
ASN: **194130**
Dez: LRSD **Vondracek**

A	Hoffmann Rainer	1. 8.06	° GE D ER	e	12. 9.51	Schneider Natalie	15. 3.06	E D	k	16. 1.76
A_1	Ahlers Günther	30. 9.05	E SW	k	9. 9.53	Krimphove-Bauert Melanie	10. 5.06	E KU	e	5. 1.70
A_2	Lenhard-Höffe Ulrike	1. 3.04	° M SP	k	24.10.47	Doert Lieselotte geb. Hömberg	1. 8.06	° L F M	k	15. 4.69
	Kaltwasser Gordana	20. 5.04	° E R	k	7.10.54					
B	Prasun Elisabeth	1. 8.80	° BI MU	e	9. 9.49	Gouterney Bianca geb. Lübeck	22. 8.06	M ER	e	7. 4.77
	Schwarze Monika geb. Günther	4.11.94	° BI M	k	5. 3.56	Böhme Ulrich	7. 9.06	EK SW	e	27. 4.72
	Niehusmann Claudia geb. Nolte	1. 8.02	° D KU	k	21. 9.55	Kaiser Trujillo Franz-Josef	15. 9.06	S KR PK	k	30.11.71
	Richter Christiane geb. Hellmann	1. 8.02	° E KR	k	23. 5.60	Diers Uta-Maria	1.11.06	BI CH	k	18.11.72
	Müller-Itershagen Ricarda geb. Müller	22. 8.04	D ER	e	30. 8.69	Jacobs Oliver	26. 3.07	D GE	e	15.10.71
						Heimann Michael	2. 5.07	E GE	k	2. 2.76
	Kathöfer Lutz	22. 8.04	F SP	e	5.11.60	Brier Carsten	3. 8.07	° BI CH	e	31. 3.70
	Kuhlmann Alexandra	12. 7.05	L D	k	28.12.67	Thevis Gerd	3. 8.07	GE CH	k	29. 3.76
	Doert Thomas	30. 8.06	° E EK	k	3. 4.69	Feldkemper Stefan Dr.	9. 8.07	M PH	k	12. 4.66
	Rösner Volker	31. 8.06	E SP	k	22.11.70	Teriete Andrea	9. 8.07	D SP PA	e	27.10.76
	Bienert Bettina geb. Becker	31. 8.06	M BI	k	22.10.70	D	Plasger Jochen	2. 9.02	SP MU	e	2.10.55
	Mayer Friedrich Dr.	31. 8.06	° M PH PA	oB	10. 4.59	E	Wilhelms Julia	9. 8.06	F KU	k	12. 9.78
						Günther Thomas	1. 2.07	M PH	k	17. 1.76
C	Overbeck Matthias	1. 8.01	L ER	e	28. 5.68	Graas Karl	26. 3.07	E PA	e	12. 8.73
	Frye Bianca	20. 8.03	° M PH	k	25. 7.72	Herbst Margarete	6. 8.07	D SP	e	7. 2.75
	Isphording-Ide Ute geb. Isphording	22. 9.03	KU SP	k	23. 3.70	Brinschwitz Anja	6. 8.07	E CH	k	19. 8.78
						F	Reinhards Dieter		S SP PAe		14.10.52
	Wegmann Gerold	6. 9.04	° D SW	k	26. 9.71	Schürmann Franz-Georg Dr.		M IF	k	26. 8.54
	Kleversaat Ralph	6. 9.04	L BI	e	3. 2.69	Dinter Veronika		D GE	k	3. 8.57
	Harlinghausen Heike	6. 9.04	D GE	k	12.11.72	Jacka Bettina		° MU	e	15. 4.65
	Kilian Annette geb. Czaja	6. 9.04	° F KR	k	29. 5.74	Höck Joachim		D GE	e	17. 8.66
						Hansberger Andreas Dr.		KR PL	k	29.10.68
	Lögers Marc	28. 9.04	EK SP	k	10. 9.73	Caffier Thomas		SP EK	k	31. 8.71
	Vahle Anja	15. 9.05	F D PK	k	14. 7.70	Henkenjohann Stefan		M CH	e	10. 4.75

2.095 Borken Gymnasium Remigianum gegr. 1928
st. G. (5-Tage-Woche) f. J. u. M.
Josefstr. 6, 46325 Borken – Tel. (0 28 61) 92 44 00, Fax 9 24 40 19
E-Mail: sekretariat@remigianum.borken.de, Homepage: www.remigianum.borken.de

Kl: 12/20 Ku: 205/39 Sch: 1456 (813) (344/553/559) Abit: 132 (78)
L: 89 (A 1, A_1 1, A_2 6, B 26, C 30, D 7, E 6, F 10, H 2)
Spr.-Folge: E/L, F, F, L/N/S

BR Münster
ASN: **168087**
Dez: LRSD' **Schankin**

A	Coenen Ludwig	19. 9.94	° PL D	e	11. 9.44	Asmus Reimer (T)	1. 7.81	° M EK	e	24.12.47
A_1	Fritsch Bruno Dr.	1. 2.04	° D GE	k	21. 8.49	Beckmann Walter	9.12.81	D GE	k	14. 7.47
A_2	Grebenstein Hans-Werner	18. 1.94	° M PH	e	10. 8.46	Ahmann Johanna	22.12.81	F GE	k	30. 8.50
						Ross Heinrich	1. 7.82	° D GE	k	25.11.49
	Liliensiek Peter Dr.[1]	19. 9.95	PA SW	e	23. 3.48	Schulten Christel (Vw)	29.10.84	D SW	e	22. 7.51
	Bertram Rudolf	1. 9.96	PH M (IF)	e	15. 6.49	Roers Wolfgang	21.12.87	M PH	k	13.10.57
	Haddick Gerd (V)	20.12.96	° F GE	k	11. 6.46	Schulz Detlef	25. 8.93	° PH IF	k	5.12.50
	Bussmann Bernhard	1. 2.02	F EK	k	10. 5.49	Ascher Andreas	1. 6.94	GE EK	e	
	Schindler-Horst Ellen (F)	1.10.04	D BI		17. 2.54	Westhus Wolfgang	1. 6.94	F SP	k	14. 6.52
B	Feierabend Hans-Christoph	17.12.78	° L GE	e	22. 7.44	Flinks Heinrich	1. 6.94	BI EK	k	14. 2.51
						Neider Lutz	30. 9.94	M CH	e	28.10.49
						Luttmann Heinrich	9.11.94	D E		1. 5.46

Gymnasien Westfalen – BR Arnsberg · BR Detmold · BR Münster   321

Lück Reinhold	9.11.94	F SP	e	12. 2.52	
Hoppenau Dirk	3. 1.96 °	M SW IF	k	2. 9.49	
Stockhorst Elisabeth (T)	26. 1.96	HW PA	k	8.11.49	
Herzig Evelyn	20.12.96	E F	e	19.11.52	
Holländer Friedrich	20.12.96	E F	k	8. 9.51	
Baensch Beate (T)	20.12.96	D E	e	6. 6.51	
Winkels Reiner	1. 8.01	N D		30. 4.61	
Kirsch Roland	11. 5.04	SP EW	k	27. 9.52	
Wiggers Sofia (T)	1.12.04	BI CH	e	15. 2.61	
Schüler Ellen (T)	28. 2.06	BI SP	e	18. 8.66	
Engmann Wolfgang	1. 3.06	M PH ER	e	17. 3.50	
Knaup Monika (T)	1. 4.07	M EK	k	24.11.56	D
Unland Norbert	1. 4.07	L SP	k	31. 3.62	
C Saatkamp Gerd-Wilhelm	6. 8.81 °	E EK	e	6. 3.51	
Wilming Ida (T)	2.11.81	D PA	k	27. 1.53	
Bonhoff Edith geb. Schlüter (T)	2. 9.83 °	KR F	k	7. 4.55	
Schmitt-Pfeiffer Ursula geb. Schmitt	19.12.83	D F	e	15. 2.53	
Reuter-Stewering Reinhild geb. Stewering	26. 6.86	D GE	k	7. 8.52	
Fox Bernd	3. 7.86	SP M	k	11. 5.52	E
Rehm Mechtild (T)	26. 2.88	BI SP	k	15. 2.55	
Sudbrock-Niehues Maria (T)	3.11.89	M CH	k	16. 5.52	
Salewski Peter (T)	10. 9.92	M PH	e	25. 3.56	
Schmidt-Bodenstein Gesa	13. 9.95	BI KU	k	7. 6.66	
Terschluse Franz	29. 3.96 °	MU KR	k	14. 7.60	F
Kazek Kerstin	1. 8.01 °	E SW	e	11. 8.71	
Hellenkemper Benedikt	1. 1.02	KR D		24. 4.65	
Landsknecht Andrea (T)	1. 1.02	SP PA	k	25. 3.68	
Herdering Martin	5.02	M PH	k	8. 8.67	
Schnieders-Milden Margarete (T)	21. 2.04	L G GE	k	8. 4.68	
Baumann Iris (T)	15. 3.04 °	D E	k	16. 3.72	
Saborowski-Dick Tanja	1. 8.04	E ER	e	15.12.75	
Weber Stefan Dr. (T)	15. 9.04	L GE	k	10. 8.63	H
Mersch Constanze geb. Wicha (T)	1. 9.05	E S		18.11.74	
Brinckmann Monika	6. 9.05	D EK		29.10.71	
Rotgeri Bärbel	1. 2.06 °	M KU		30. 3.76	
Brune-Berns Silke (T)	6. 3.06	E GE	e	30. 8.64	
Kopetz Oliver	6. 9.06	BI SP		26. 2.74	
von der Gabelentz Ulrike	30. 5.07	M MU		30.10.74	
Fölting Barbara (T)	9. 8.07	D BI		16. 7.70	
Freytag Martin		D KR	k	23.10.62	
Bahde Ruth		M GE	k	16. 8.69	
Schlottbohm Anja		* E BI	k	18. 5.74	
Müller Jürgen		E BI			
Elsinghorst Rainer	3. 9.81	BI CH		3.11.51	
Rybarczyk Elke	24. 3.83 °	E EK	e	5.11.55	
Freimuth Mathilde geb. Wiesmann SekIL' (T)	4. 3.84	KU TX	k	8. 2.55	
Effing Gabriele SekIL' (T)	28. 5.84	EK BI	k	7. 2.56	
Völpel-Höwner Jürgen SekIL	31. 8.88	EK ER	e	18. 6.54	
Besseling Hildegard SekIL'	24. 7.96	MU BI	k	31. 5.67	
Hebing Maria (T) (L)	1. 8.01	D SP	k	3. 6.54	
Abeln Johannes	1. 2.05	E S		26.11.68	
Schilberg Ingo	9. 8.06 °	L GE G	k	2. 2.71	
Herting Maik		D KR	k	3. 6.76	
Büning Kira geb. Hartmann		GE SP		25. 6.77	
Fink Jörn		EK PL MU			
Voß Meike		GE SW			
Siegel-Heßling Monika		D SW	k	4. 2.53	
Niehues Günter		M PH IF		5. 3.53	
Hückelheim Martin		M EK	k	5.12.53	
Weinholz Joachim Ass d. L.		N	e	22.11.54	
Math Hannelore		E TX	e	2. 7.55	
Kreisel-Fonck Astrid		° CH BI		8.10.56	
Terliesner Norbert		KR	k	19. 9.57	
Schulte Osthoff Iris geb. Heuser		D KU R	k	17.11.58	
Vogt Petra		° D PL		29. 6.68	
Rochol Astrid		E KU			
Benölken Matthias		L GE E		4. 9.68	

[1] Privatdoz. a. d. Westf. Wilh.-Univ. Münster

2.096 Borken-Burlo Gymnasium Mariengarden gegr. 1921
pr. G. (5-Tage-Woche) f. J. u. M. d. Provinzials d. Hünfelder Oblaten,
Drosselweg 3, 55122 Mainz
Vennweg 6, 46325 Borken – Tel. (0 28 62) 58 91-0, Fax 58 91 29
E-Mail: info@gymnasium-mariengarden.de
Homepage: www.gymnasium-mariengarden.de
Kl: 6/12   Ku: 111/15   Sch: 771 (403) (189/372/210)   Abit: 56 (25)
L: 42 (A 1, A$_1$ 1, A$_2$ 4, B 11, C 10, D 1, F 13, H 1)
Spr.-Folge: E, L/F, –, R

BR Münster
ASN: **168099**
Dez: LRSD9 **Schankin**

A P. Fleischmann Kurt Dipl.-Math.	1. 1.87 °	M	k	18.11.42	
A$_1$ Kappenstein Klaus	1. 1.87	F EK	k	26.10.50	
A$_2$ Elting Werner	1. 8.88	D GE	k	29. 3.51	
Buning Hermann Josef	1. 7.92	D PL MU	k	7. 8.50	
Schäfersküpper Heinrich	1. 7.92 °	M SP	k	12. 5.49	

	Name	Datum 1	Fächer	k/e	Datum 2
	Mainz Gottfried	1. 6.97	M SP	k	29. 4.55
B	Bussmann Ulrich	1. 9.85	F SP	k	28. 5.50
	Klinkenbusch Heinr.	1. 7,88 °	M PH	k	24. 3.51
	Hinsken Rudolf	1.10.90	EK GE	k	22. 6.53
	Bürger Heinz Dr.	1.10.90 °	CH PH	k	11. 6.45
	Swan Monika	1. 2.91	D GE	k	19.10.52
	Feldhaus Bernd	1. 6.94	L GE	k	8. 4.55
	Grouls Heinrich	1. 6.94 °	E D	k	29. 5.54
	Ohters Benno	1. 6.97 °	EK M	k	30. 1.54
	Hinsken Franz-Josef	1. 6.97	D KU	k	10. 3.55
	Teschlade Georg	1. 8.04 °	KR GE	k	21. 5.55
	Hölting Ulrike	1. 8.04	BI GE	k	27.12.58
C	Baecker Helga	1. 8.90	E GE	k	10. 7.55
	Mletzko Arnfred	1. 9.94	L R PL	k	11. 7.57
	Gormann Leo	1. 9.94	E SP	k	3. 4.58
	Franken Claus	1. 1.96	L G	k	2. 4.59
	van Hall Karl-Heinz	1. 1.97 °	BI SP	k	4.11.60
	Weier Katrin	1.10.02	EK KU	e	29. 6.64
	Ertner Christian	1.10.02	PH M	k	22. 4.66

	Name	Datum 1	Fächer	k/e	Datum 2
	Brands Michael	1. 1.03	D KR MU	k	5. 2.64
	Hansmann Stephan	1. 9.03	M D	k	8. 5.73
	Langer Eva-Maria	1. 9.03	E SP	k	8. 8.73
D	Telgmann Helga	1. 7.84	M BI	k	5. 1.57
F	Schmidt Rolf		SP EK	e	29. 5.50
	Lütke-Wenning Ludger		BI CH	k	12. 3.51
	Ashton Ken		E F		12. 6.52
	Smirek Clemens		BI EK	k	7.11.53
	Matenaer Helga		CH BI	k	24. 1.57
	Hoffacker Irmgard		F D		23. 2.57
	Heuveldop-Müller Gabriele		D PL	e	9. 1.59
	Roth Barbara		KR D	k	16. 8.61
	Schlüter Britta		L E	e	12.11.63
	Brouwers-Busch Andrea		D E	k	9. 9.64
	Rolfes Frank		GE EK	k	19. 5.72
	Engels Boris		M PH	k	15.10.73
	Königs Michael		KR GE	k	29. 6.79
H	Swan Trevor		° E	angl	9. 3.47

2.100 Bottrop Heinrich-Heine-Gymnasium gegr. 1906
st. G. f. J. u. M.
Gustav-Ohm-Str. 65, 46236 Bottrop – Tel. (0 20 41) 1 82 58-0, Fax 1 82 58-20
E-Mail: heinrich-heine-gymnasium@bottrop.de, Homepage: www.hhg-bottrop.de

Kl: 9/18   Ku: 116/19   Sch: 1051 (539) (271/498/282)   Abit: 108 (65)   **BR Münster**
L: 55 (A 1, A_1 1, A_2 5, B 22, C 18, D 3, E 2, H 3)   ASN: **167708**
Spr.-Folge: E+L, L/F, F/L, I   Dez: LRSD **Röken**

	Name	Datum 1	Fächer	k/e	Datum 2
A	Welling Martin	1. 2.04	M WW	k	9. 2.51
A_1	Katriniok Rainer	19. 5.88	L EK	k	29.12.45
A_2	Balster Doris (T)	14. 2.80	D EW	e	19. 4.49
	Gabel Mechtild (T)	5. 1.94	D F		18. 9.48
	Zeimer Edgar	1. 8.96 °	SP EK	k	7.12.44
	Häken Margarete	1. 5.05	GE SW	k	9. 9.51
	Trick Jürgen	1. 8.06	D GE	e	22. 4.52
B	Landsberger Günter (V)	7. 5.79 °	PL D ER	e	7. 3.43
	Kamp Heinz-Jürgen	1. 8.79	L EK	k	16. 4.46
	Busch Ingeborg	1. 1.80	F GE I	k	19.12.48
	Patt Willi (T)	1. 1.80	E		11. 7.46
	Himmelreich Jochen	1. 1.80	BI SP	k	7. 1.48
	Tippelmann Horst	1. 8.80 °	R L	isr	28.12.42
	Meiseberg Dagmar	1.10.80	E F	e	11.10.50
	Grundmann Peter	1. 8.81	M		6. 3.46
	Kittel Beate	5. 2.82	E KU	k	10.12.51
	Thiemann Norbert	22.12.82	PK EW	k	23. 4.49
	Werntgen Heribert	22.12.82	GE EK	k	14.12.51
	Bräuning Klaus	30.12.82	EK SP	k	6. 1.49
	Richter Ulrich	30.12.82	CH	e	12. 6.50
	Jansen Heidrun	31. 3.83 °	PA E	e	8. 3.51
	Floegel Karl-Heinz	25.11.94	M	k	29.10.43
	Liebern Isolde	25.11.94	D TX	k	25. 3.54
	Katriniok Lothar (Vw)	1. 8.95	PH		21.10.50
	Sawala Hermann	1. 8.95	SW GE	k	2. 7.50
	Hürter Rainer (T)	1. 1.96 °	SP F	k	9. 6.50
	von Saint George Guido	23. 5.00	M BI IF		2. 5.63
	Veen Bernhard	1. 3.06	E SW	k	20.10.52
	Plaputta Matthias	1. 3.06	BI SP	e	16. 6.57

	Name	Datum 1	Fächer	k/e	Datum 2
C	Fernholz Sebastian	27. 2.78	EK SP	e	7. 4.49
	Wegner Hans-Georg	1. 3.81	E EK	k	22. 3.51
	Ochmann Franz (T)	1. 3.81 °	CH	k	13.10.51
	Liebern Volker	16. 6.81	D SW		14. 2.50
	Poell Klaus (T)	12. 2.82	GE SW		23.11.50
	Gomoluch Claus	10. 3.82 °	E SP	k	30. 3.52
	Degenhardt Birgit geb. Winkler	30. 8.82	D BI		26. 6.52
	Kochs Ulrike	1. 2.83	E GE	e	27. 4.52
	Andresen Arthur	22. 8.83	M PH	e	9. 2.49
	Dreßen Roswitha (T)	5.12.84	KU GE		30. 8.54
	Grote Herbert	20. 8.88	M PH	e	1.10.51
	Kaunat Jürgen	29.10.92 °	M PH		6. 5.55
	Pollmann Helmut	1. 8.93 °	M PH	e	13. 6.55
	Krug Sabine	30. 9.01	BI D	e	23. 7.72
	Roffia Tanja	2. 3.05	I KU		6. 2.71
	Kocéa Alice	22. 8.06	D GE MU	k	16.10.66
	Rübel Thomas	21. 7.06	L F		13. 6.71
	Jäger Markus	1. 8.07	M GE		29. 3.78
D	Stein Gisela SekIL'	6. 7.83	D KR	k	18. 2.55
	Weiß Annette-Christel geb. Lipka SekIL'	20. 3.84	E KU		1.10.55
	Heek Volker (L)	30.12.95	KR KU	k	17.11.59
E	Klappauf Maria	22. 7.05	L KR	k	2. 2.69
	Wenke Margret	20. 7.07	D BI	k	23. 7.76
H	Güldenberg Hans-Joachim M. Theol.		ER	e	10.11.48
	Bianchi Angelika geb. Wagner SpL'		SP		5.12.48
	Bodden Norbert Dipl.-SpL		SP	k	22. 4.55

2.101 Bottrop Josef-Albers-Gymnasium gegr. 1914
st. G. f. J. u. M.
Zeppelinstr. 20, 46236 Bottrop – Tel. (0 20 41) 70 64 20, Fax 70 64 2-60
E-Mail: josef-albers-gymnasium@bottrop.de, Homepage: www.jag-bottrop.de

Kl: 12/24   Ku: 149/27   Sch: 1464 (777) (362/660/442)   Abit: 134 (81)
L: 76 (A 1, [A$_1$] 1, A$_2$ 7, B 26, C 21, D 5, E 5, F 9, H 1)

BR Münster
ASN: **167691**

Spr.-Folge: E, L/F, F/L, S

Dez: LRSD' Schankin

A	Schönfeld Reinhard	30. 7.04	D SW PK ER	e	12. 2.53		Kaltbeitzer Andrea		BI EK	e	22. 3.53
							Steinhardt Christa		D EK		21.10.53
A$_1$	(van Merwyk Magdalene StD' A$_2$)	5. 5.00	D SW	k	12. 4.53		Bönte Gudrun		M BI		27. 4.54
							Hoffmann Ursula		BI E	k	
A$_2$	Kosok Klaus	27. 5.92	D PL		1.12.51		Nolte Tobias		D GE		29. 4.65
	Kurscheid Raimund Dr.		D GE	oB	2. 1.50		Stratmann Gregor		D GE KR		27.11.66
	Meiseberg Rolf		E F		8. 7.50						
	Hannappel Manfred		M SP	k	9. 7.51		Kreul Katrin		EK BI		12.12.67
	Tüns Brigitte		M EK	k	23.11.51		Eybe Holger Dr.		CH E		18. 5.68
	Sintzen-Königsfeld Willi		D PL	k	1. 7.52		Schoenefeldt Radja		D SP ER		30.11.70
	Spies Ernst-Ulrich		CH EK	e	8.10.53		Scherbaum Ingo		D MU		23. 4.72
B	Läufer Josef-Peter	1. 5.79 °	E	k	21. 1.49		Götz Sonja		D R		2. 6.72
	Figge Gerhard	1. 8.79	F EK	e	3.11.48		Pewinski Boris		SP D		11.10.73
	Weis Robert	28. 8.80	M	k	10. 1.51		Sanchez-Lorenzo Teresa		E S		12. 1.74
	Ostermann Wolfgang	5. 1.82	PH M	oB	8. 4.47		Wältring Florian		M PH SP		29. 4.74
	Hartmann Theodor	1.12.82	BI CH	k	10. 8.49		Dalhoff Hendrik		S SP		21.11.74
	Berns Ekkehard	1.12.82	E PL	oB	14. 1.45		Wahrmann Gisa		F SP		26. 2.76
	Buschmann Franz-Josef	10. 8.92	EK SP	k	26. 7.51		Gessner Katrin		ER SW		25.10.76
	Läufer Wiltrud	13. 2.93	GE SW	k	31. 7.51	D	Fleischer Ursula SekIL'	4. 9.81	CH KR	k	12. 4.52
	Zimmermann Michael	28.10.94	D GE	k	19. 4.53		Piffko Christa SekIL'	22. 8.83	E M	k	13. 4.56
	Koll Beate-Maria	28.10.94	E BI	k	19. 9.53		Tewes Hannelore L'	8. 8.94	EW KR	k	4.12.56
	Piekorz Rudolf		° L G KR	k	20.11.46		Rozmann Ursula SekIL'		EK TX ER	e	9.12.48
	Otto Gerhard		SW EW		28. 7.47						
	Martin Hans-Joachim		E EK		5.11.48		Bludau Hans		M KR	k	31. 1.59
	Homann Detlef		BI	k	1. 8.49	E	Pilava Maria		E F		12. 1.71
	Wallhorn Norbert		CH		9. 8.49		Graß Ina		KU MU		12. 3.76
	Meier Hermann		M PH	k	10.11.50		Hild Ivonne		KU SP		28. 5.76
	Martin Margret		E PA	e	6.11.51		Diaz-Bernado Eva		S E		23. 4.76
	Pielorz Karl-Georg		E KR	k	1. 1.59		Lesch Maren		M PH		7.1.78
	Eilers Andreas		BI EK	k	14. 3.61	F	Hoffmann Reinhard		E PA SW		14. 3.49
	Schwiederski Rainer		PH SP	k	10. 5.61		Klutzny-Knapp Cornelia		D GE PP		23.11.54
	Vivod Dominic		L M	k	5.11.64						
	Kirstein Heike		PA M	k	14. 8.65		Heidebroek Thomas		SW KU	k	4. 9.57
	Obbelode Sabine		L SP		26. 2.69		Kyon Thorsten		KU BI		26. 5.59
	Schwark Matthias		D GE	k	5. 3.70		Raschick Elisabeth		E M		11. 7.60
	Miermann Ulrich		M PH	k	8. 3.73		Buchholz		D PL		1. 1.66
	Mohr Katja geb. Heller		D BI		8.10.74		Grunwald Melanie		M MU		17. 3.75
C	Kuhn Petra geb. Beier	1. 8.83	E F	k	28. 1.55		Wernecke Simone		D SP		31. 1.76
	Selinski Birgit	9. 7.84	ER D	e	25.11.55		Koch Burkhard		GE PK		
	Polixa Udo	1. 3.88	D KU	k	10. 6.54	H	Mertens Annette geb. Lempert GymnL'		SP	k	25. 4.59
	Peters Detlev	3. 2.95	BI E (CH)	e	24.12.59						

2.102 Bottrop-Kirchhellen Vestisches Gymnasium gegr. 1966
st. G. (5-Tage-Woche) f. J. u. M.
Schulstr. 25, 46244 Bottrop – Tel. (0 20 45) 71 38, Fax 61 09
E-Mail: vestisches-gymnasium@bottrop.de, Homepage: www.vestisches-gymnasium.de

Kl: 5/11   Ku: 91/14   Sch: 641 (315) (139/294/208)   Abit: 55 (21)   **BR Münster**
L: 37 ([A] 1, A₁ 1, A₂ 4, B 13, C 11, D 3, E 2, F 1, H 1)   ASN: **167710**
Spr.-Folge: E, F/L, F   Dez: LRSD **Röken**

A	(Denkler Iris StD' A₁)	6. 5.04	F SP	k	9. 6.53	C	Horsters-Bromkamp Rosel	19. 8.80 °	GE E k	8.12.50
A₁	Westheide Hans-Willi	1. 7.96 °	M IF	k	6. 6.49		Fabian Wolfgang	11. 8.81	PH e	30.10.49
A₂	Morlock Dieter	1. 8.96	EK BI	e	5. 2.49		Hohenhaus Friederike	19. 8.85 °	ER KU e	24. 8.56
	Sansen Wolfgang	30.12.98	EK F		6.11.46		Adrian Franz-Josef	26. 6.96 °	BI KR k	20. 7.62
	Anderson Helga	16. 5.01	M EK	k	7.12.50		Bomholt Beate	23. 4.99	EK M k	17. 8.63
	Lüke Norbert	22. 9.03	M IF	k	22. 6.47		Neumann Sonja	1. 8.02	E SP k	30. 3.72
B	Boschke Hans-Ulrich	1. 8.80	BI		21. 2.48		Klein Markus	2. 8.03	D KR k	23. 1.71
	Kaletta Christine	8. 3.93	E EK	k	23. 3.53		Schulte Oliver	20. 8.03	L GE	6. 6.67
	Faust Manfred	1.10.94	E D		5. 9.44		Bernaschek Andrea	1. 3.04	D GE E e	1. 3.73
	Bettermann Petra	1.10.94	D PA		6.10.50		Hentschel Jörg (T)	20. 8.04	GE KU	1. 7.64
	Henze Klaus-Dieter	1. 8.95	EK SP	k	24. 2.47		Pesch Isabel	1. 4.05	E SP k	7. 2.74
	Thiemann Heinz	1. 1.96	D GE SW		15. 8.50	D	Trost Regina geb. Müssig (T)	4. 4.80	KR D k	20.12.54
	Menze Maria (T)	1. 1.96	M PA		13. 4.54		Stahl Horst SekIL	8. 3.83	BI CH k	9. 9.51
	Klabuhn Ulrich	23. 1.96	GE SW		20. 5.44		Balster Bruno SekIL	20. 3.84	SP M k	17.11.47
	Feyen Marianne	18.12.98	E F	k	7. 4.52	E	Ott Stephanie (T)	9. 8.06	D SW	4. 7.75
	Tiedt Karin (T)	24. 3.99	D ER	e	9. 4.55		Buhl Yvonne	6. 8.07	CH SP	2. 2.79
	Schinke Ute (V)	29.11.00 °	L KR G	k	28. 7.64	F	Schietzel Lothar		D SP	17. 5.50
	van Essen Karin (T)	1. 8.01	D L		14. 9.57	H	Butuzova Maryna		E	29. 8.72
	Montag Guido	1. 3.04	M MU	k	7. 6.66					

2.110 Brakel Gymnasium Brede gegr. 1851
pr. G. f. J. u. M. d. Stiftung G. Brede, Domplatz 3, 33098 Paderborn
Bredenweg 7, 33034 Brakel – Tel. (0 52 72) 3 91 60, Fax 39 16 21
E-Mail: info@brede-brakel.de, Homepage: www.brede-brakel.de

Kl: 6/14   Ku: 126/23   Sch: 969 (570)   Abit: 85   **BR Detmold**
L: 54 (A 1, A₁ 1, A₂ 6, B 17, C 17, D 1, E 3, F 6, H 2)   ASN: **168828**
Spr.-Folge: E, F/L, F, S   Dez: LRSD **Klemisch**

A	Molitor Friedhelm Dr.	1. 8.95	D PL	k	14. 6.48		Pott Michael	1. 9.04	M CH k	21. 5.61
A₁	Teschner Delia	1. 9.99 °	D KR	k	23.11.57		Lüttig Bärbel (T)	20.12.05	L SW k	15. 5.69
A₂	von Boeselager Felicitas	1. 5.92 °	E EK	k	23. 8.49		Stukenbrok Jens	1.10.06	D ER e	5. 7.68
	Peters Heinrich	1. 3.96	E GE	k	8. 3.51	C	Seemann Ingrid	30. 8.82	F GE e	10.11.52
	Pecher Karl Heinz	1. 3.96	BI CH	k	24. 1.50		Skalecki Martin	1. 8.91	M PH k	12. 7.56
	Zurhove Elisabeth	1. 3.00	D KR	k	27.12.58		Goltske Ursula (T)	1. 2.92	SP EK k	12. 7.54
	Junge Karl Heinz	1.10.06	E BI	k	10.11.53		Drewes Anne	1. 8.98	F D k	14. 2.63
	Bischoff Joachim	1.10.06	M PH	k	27. 8.54		Lausberg Martin	10.98	M ER e	30. 5.69
	Hettwer Brigitte	30. 8.82	GE E	k	7.10.47		Teichert Sabine	1.12.99	D PA k	4.11.65
	Johannmeyer Brigitte	1. 8.90	SP E	e	21. 2.53		Övermöhle Bernd	1. 2.01	L SP k	18.11.64
	von Boeselager Edith geb. Baringer	1.10.92 °	E EK	k	13. 5.55		Eilebrecht Burkhard	2. 8.01 °	MU KR k	22. 3.67
	Hentschel Wolfgang	1.10.92	E SP	e	2. 9.54		Ahle Karin geb. Ballhorn	1. 9.02	KU PA k	29. 8.70
	Blumenthal Martin	1. 3.96 °	F GE		9.12.54		Thielemeyer Michael	1. 3.03	E BI k	5. 8.71
	Middelanis Maria	1. 3.96 °	D E		26. 7.58		Aufenanger Martina Dr. (T)	1. 9.03	D KR PL	26. 2.70
	Bröker Arnold	1. 1.97	M KU	k	2.10.53		Meier-Tokić Sandra	1. 3.05 °	M PH k	15. 9.76
	Schoppe Rudolf	2. 98	BI EK	k	19. 5.55		Tilly Cornelia	1. 3.06	D E k	24. 6.71
	Pavlu Barbara (T)	1.12.98	M IF		27. 1.63		Karweg Volker	1. 3.06	M MU	3. 5.76
	Singer Godehard	1.12.98	M PH	k	23. 8.64		Riepen Christian	1.10.06	D BI k	27.11.75
	Riese-Schwarzer Bettina (T)	1. 3.00	SP D	k	16. 8.60		Westermeier Stefanie	1.10.06	D KR k	17. 5.78
	Schumacher Ute	20.12.01	D L GE	k	20. 6.62	E	Dittrich Uta (T)		L KR k	26. 4.60
	Koch Matthias	1. 3.03	MU GE	k	4. 6.65		Gutzeit Eva geb. Dewenter	7. 7.05	M CH k	26. 4.77
	Hinrichs Hubert	1. 3.03	M IF	k	24. 6.71		Rheker Diane	1. 2.06	E BI k	15. 4.76

	Dunschen Sabine	1. 2.06	G E	k	7. 9.76		Pommerenke Dirk		M IF	k	23. 4.75
F	Hoevelborn Franz-Josef Pfr.		KR GE D	k	2. 2.49		Jäger Dörthe		PA KR D	k	7.10.77
	Knippschild Sr. Maria-Theresia		D KR	k	27. 6.54	H	Karweg Annette Förster Marianne SpL'		BI MU SP	k e	25. 2.79 29. 5.53
	Ostapp Rita		S	k	21. 8.69		Reker Michael		KR	k	2. 3.54

2.111 Brakel Petrus-Legge-Gymnasium gegr. 1942
st. G. (Ganztagsunterricht bis Jg.st. 7) f. J. u. M.
Am Bahndamm 18, 33034 Brakel – Tel. (0 52 72) 39 33 31-0, Fax 39 33 31-1
E-Mail: mail@plg-brakel.de, Homepage: www.plg-brakel.de

Kl: 6/8   Ku: 48/7   Sch: 438 (223) (160/181/97)   Abit: 25 (10)   **BR Detmold**
L: 29 ([A] 1, A_1 1, A_2 2, B 7, C 7, D 2, E 3, F 5, H 1)   ASN: **168830**
Spr.-Folge: E, F   Dez: LRSD **Klemisch**

A	(Freye Thomas StD A_1)	26. 8.05	PH M IF	k	11. 1.53		Peiffer Friedhard Förster Hans-Dieter	20. 1.81 1. 2.81	GE E E SP	e	17. 1.49 19. 7.46
A_1	Klann Heinz-Dieter	1. 9.94 °	M IF		8. 2.49		Treder Manfred	30.10.85	D KU		4. 1.48
A_2	Korte Renate geb. Rehberg	29. 5.95	E D	e	21. 9.50		Hermes Hans-Jürgen (T)	9. 1.89	BI CH	e	26. 9.53
	Schulte Meinolf	24. 9.01 □	GE EK SW	k	28.11.47		Urban Martha Krekeler Susanne		MU M D BI	k	11.11.51 11. 3.67
B	Düllmann Günter	18.10.74	F SP KR	k	31. 8.42	D	Moch Christa (T) Martin Peter	7. 1.93 25. 8.99	M TX ER	e	7. 2.55 24. 6.55
	Bruns Gregor Alexander Dr.	18. 6.84 °	BI CH	k	9. 4.47	E	Fischer Tobias Funke Petra	9. 8.06 1. 2.07	EK KR D EK	k	28.11.75 25.10.78
	Bambey Helmut	10.10.84 °	M PH	e	2. 8.48		Herold Thorsten	6. 8.07	E CH		17. 6.75
	Wirkus-Lichte Manfred	15. 7.98	F EK	e	7. 9.53	F	Siebenhaar-Hage Ulrike		KU		6.10.52
	Apel Markus (T)	17. 7.03	D L		14. 2.68		Müller Ute		M PH IF		14. 1.53
	Helms Claudia (T)	17. 7.03	L GE	e	12. 3.64						
	Escher Albin		PH CH M IF				Hollenstein Martin Böttner Lars		D SP D EK		31. 8.56 18. 7.69
C	Schulte Andrea geb. Kiene (T)	12.12.79	E EK	e	4.12.48	H	Gierse Daniela Koch Kornelia SpL'		F PL SP	k	9. 3.71 9.10.54

2.115 Brilon Gymnasium Petrinum gegr. 1655
st. G. (5-Tage-Woche) f. J. u. M.
Zur Jakobuslinde 21, 59929 Brilon – Tel. (0 29 61) 97 45 33, Fax 97 45 66
E-Mail: sekretariat@petrinum-in-brilon.de, Homepage: www.petrinum-in-brilon.de

Kl: 8/16   Ku: 123/23   Sch: 995 (538) (253/429/313)   Abit: 74 (41)   **BR Arnsberg**
L: 55 ([A] 1, A_1 1, A_2 5, B 19, C 19, D 3, E 4, F 2, H 2)   ASN: **169912**
Spr.-Folge: E, L/F, F/L/R, I   Dez: LRSD **Egyptien**

A	(Droste Johannes StD A_2)	23. 5.01 °	L KR	k	15. 6.57		Biederbick Winfried (T)	20.10.92	BI SP	k	22.11.52
A_1	Hasse Werner	2. 8.93	M PH	k	13. 1.47		Marggraf-Middelberg Sigrid	20.10.92 □	D PA		5. 9.51
A_2	Schräjahr Siegfried	22. 7.81 °	GE E	k	21. 8.42						
	Raulf Barbara (F) (T)	14. 7.97	D KR	k	6. 2.56		Puhl Evamaria	5. 8.96	D KU	k	6. 4.55
	Piel Wilhelm	26. 2.03 □	D PL	k	9.11.51		Bartsch Theodor	1.12.98 °	F I	k	30. 4.51
	Duppelfeld Heinrich	5. 4.05 °	GE EK SW	k	10. 9.52		Kahmen Johannes	1. 2.01 °	SP PH M	k	25. 8.48
	Koth Peter Dr. (F)		BI CH				Rehm-Zillikens Gabriele (T)	17. 4.02	F PA	k	14. 4.51
B	Evenius Wilfried	27. 6.80 °	BI CH	e	27. 3.49						
	Weber Kuno	27. 6.81 °	PH M	k	12. 6.43		Bednar Rolf (Vw)	17. 4.02	E GE	k	17. 3.55
	Bucher Ilse (T)	1. 7.82	M PH	k	30.10.45		Ahrens Ulrich	1. 4.04 □	E R		2. 8.50
	Jegelka Brigitte	14. 7.82 °	E GE	k	27. 5.46		Knoke Hildegard geb. Kramer (T)	26. 3.07	SP E	k	17. 6.53
	Gedaschke Volker	14. 7.82 °	D KR	k	17. 5.44						
	Hülsmann Klaus (T)	17. 8.82	SW WW		12. 2.50	C	Klostermeier-Lüdeke Ingrid (T)	80	E F PL	k	14. 8.53
	Burlage Heinrich (T)	16. 7.84	E	k	30. 9.47						
	Knoke Ludger	12.12.91 °	BI CH	k	11.11.50		Wülfing Marion (T)	11. 1.84	SW GE	e	30. 5.51
	Nakel Wilfried	20.10.92	D SP	e	20. 9.47		Padberg Raimund	23. 3.84	M PH	k	27.10.54

	Heyde Erika	25. 5.84	E SP	e	21.10.54		**Krolla** Michaela		D KR k	26.11.68
	geb. Weghaupt (T)					D	**Mertin** Wolf-Arno SpL	22.12.76 °	SP e	23. 4.45
	Mohr Volker	17.10.84 □	M PH IF		17.11.55		**Schröder** Horst-	23.12.91	MU KU k	17. 2.55
	Usler Horst	15.11.85 °	PH SP	k	15.11.53		Georg SekIL			
	Danzmann Jürgen	20. 2.86 °	CH BI	e	28. 9.54		**Paschkewitz** Siegmar	14. 8.00 °	E KU e	13. 8.54
	Falke-Werdecker	20. 2.86	F KR	k	26. 7.55		SekIL			
	Marietheres (T)					E	**Förster** Stefanie	2. 8.07	BI D k	23. 8.79
	Mariaschk Gudrun	2. 2.88 °	M BI	k	2. 3.54		geb. Wibbe			
	Lüdeke Joachim	6. 2.88	E D	e	10.11.55		**Koch** Julia	6. 8.07	D GE k	28. 1.74
	Steinrücke Lothar	6. 5.93 °	CH KR SW	k	5. 9.59		(EK) **Kleinewalter** Stefan		SP E k	8. 2.74
	Albrecht Thomas	1. 1.02	MU ER	e	1. 8.69		**Bornemann** Melanie			
	Schiller Christine	12. 4.02	L GE	e	18. 9.69	F	**Thüer** Christoph Dr.		GE SW/PK k	22. 6.64
	Struwe-Richter Christiane	7. 9.02	E L	k	29.12.67		**Wingenfeld** Manuela		F D k	23. 9.70
	Heidbrede Uwe	15. 9.03 °	M CH	e	26. 3.73	H	**Müller** Barbara		SP k	3. 2.50
	Lüttkehellweg Gabriele	1. 1.04	EK CH		23. 9.68		Dipl.-SpL'			
	Droschewski Marina	13. 2.05	MU D	e	23.12.66		**Bauer-Jungmann**		ER	19. 2.61
	Maaß Heiko	15. 9.05	L EK	k	7. 1.73		Irene Pfr.'			

[1] Schulleiter seit 1. 2.08

2.120 Bünde Freiherr-vom-Stein-Gymnasium gegr. 1888
st. G. (5-Tage-Woche) f. J. u. M.
Ringstr. 69, 32257 Bünde – Tel. (0 52 23) 67 71, Fax 67 73
E-Mail: info@fvsg-buende.de, Homepage: www.fvsg-buende.de

Kl: 12/20 Sch: 1337 (687) (364/562/411) Abit: 123 (61) **BR Detmold**
L: 75 (A 1, A_1 1, A_2 6, B 23, C 24, D 1, E 8, F 8, H 3) ASN: **168750**
Spr.-Folge: E, F, L, L Dez: LRSD **Klemisch**

A	**Langer** Claudia Dr.	18. 8.93	GE F PL	e	11. 2.47		**Böwer** Jens	1. 6.06 °	GE E	15.12.70
A_1	**Augustin** Eckhard	1. 8.80 °	GE L		7. 9.44		**Hötger** Michael	1. 6.06	M PH e	25. 1.75
A_2	**Held** Karl-Heinz (F)	1. 8.82	EK SP		31.10.49		**Baumann** Johannes	1. 6.07	GE SW e ER D	16. 5.65
	Marg Wolfgang	14.11.95 °	ER F	e	17. 3.45	C	**Ropohl** Lothar	16.10.78	E KR k	29.11.46
	Ruschke Wolf	13. 3.97	E D	e	27. 4.45		**Schwierz** Wolfgang	8.11.78	M PH	25. 7.49
	Henze Ulrich	15.10.99	BI EK	e	29. 7.52		**Nagel** Eckehard	27. 8.82	GE SW e	3.10.50
	Sander Manfred (F)	4. 7.01 °	EK WW	e	18. 7.51		**Reuter** Wolfgang	4. 6.83	D GE e KW	14. 7.53
	Sahrhage Norbert	22. 7.02	GE SW SP		30. 9.51		**Harmeier-Eckert** Brigitte (T)	1. 8.83	EK PA	27. 7.52
B	**Schüngel** Bernd	10.10.79	BI EK	e	14.11.47		**Holstiege** Angela	31. 7.84	GE SW k	19. 7.51
	Franke Sigrid geb. Bretz (T)	6. 3.80	E D		9. 2.49		geb. Schneeloch (T)			
	Franke Konrad Dr.	1. 3.84	GE F SW		2. 1.45		**Becker** Erika geb. Jonas (T)	29. 8.84 °	MU D e	16.11.54
	Gößling Udo (V)	1. 3.84 °	M IF		13. 3.51		**Kleis** Eckhard Dr.	29. 9.95	BI GE e	23. 2.59
	Horstmann Eike	6. 3.85	F SP	e	6.10.47		**Gunde** Corinna (T)	1. 2.02	MU D e	7. 5.71
	Niederkleine Reinhild geb. Klasing	21. 3.95	M SW	e	28. 2.53		**Mahle** Thomas	20. 2.03	M SW e	10. 9.71
	Remus Dieter Dr.	24.10.97	M	e	12. 9.51		**Nehring** Tanja	1. 3.03	F GE k	9. 4.68
	Weller Friedhelm	2.12.98	M SP		17.10.51		**Heuer** Sandra	1. 8.03	EK E	19. 6.72
	Zeschke Norbert	29.12.98 °	CH	e	21. 2.48		**Schnieder** Andrea	1. 3.04	D KR k	10.10.72
	Brüggemann Ulrich	29.12.98 °	BI CH	k	14.10.52		**Laumeyer** Simone (F)	1. 3.04	D EK e	2. 6.73
	Dietershagen Sabine	7. 5.01	D SP	k	9. 6.68		**Thye** Gorden	1. 5.04	M CH k	10. 5.72
	Timmerhaus Friedhelm	1. 3.02	M PH	e	23. 8.51		**Oueslati** Corinna	1. 9.04 °	F E	2. 1.74
	Sasse Wolfgang	1. 3.02	BI CH	e	12. 2.53		**Röchter** Andreas (V_2)	1. 2.06 °	D E	18. 5.73
	Thomas Kerstin (T)	1. 4.02 °	D MU	efk	10. 8.65		**van der Meulen** Katja (T)	1. 2.06 °	D F	27. 8.73
	Bormann Jörn	1. 8.02	E SP MU		23. 7.66		**Meyer** Jörg F.	1. 8.06	D CH neuap	22. 1.71
	Ransiek Jens	1. 8.02	BI SP	e	20. 3.71		**Sudeck** Volker	1. 8.06	E SP e	11.10.72
	Albers Michael	10. 6.03	M PH	k	29. 5.66		**Orth** Jean Marc Dr.	1. 8.06	M CH	31.10.74
	Hesse Matthias	1. 8.03 □	D GE		18. 6.70		**Schnitker** Julia geb. Müller	1. 8.06	D GE k	22.12.76
	Blumenthal Stefan geb. Schweynoch (F)	10. 5.04	M PH	e	18. 6.72		**Riepenhausen** Sandra geb. Schmidt	30. 9.06	D KU e	28. 5.74
	Bormann Tanja geb. Kirchner	1. 6.05	D E	k	26. 8.71		**Martin** Judith	13. 8.07	E F e	19. 9.77

D	Ueckermann Harald RSchL	1. 2.78	GE E	e	17. 8.49		Jüttner Annegret Burnicki Ralf Dr.	▫ L D PL GE		13. 2.55 27. 6.62
E	Rinn Matthias	22. 8.05	ER GE	e	20. 6.70		Schlimmer Angelika Dr.	° D E		24.10.62
	Klimmek Nikolai Dr.	1. 2.06	M PL	e	17. 4.73		Irmer Norbert Dr.	° M PH	e	5. 2.64
	Brosda Martina	1. 8.06	D EK	e	15. 6.79		Meyer Jochen Dr.	CH PH	e	29. 9.65
	Weber Mirja	9. 8.06	M PL	e	2.11.72		Erbertz Carola Dr.	° D F	e	24. 7.70
	Tylinda Silke	9. 8.06	E GE	k	27. 2.79		Heger Jörg	° D GE	k	6. 6.77
	Porysiak Dirk	6. 8.07	BI SP	e	21. 3.73	H	Sohn Annette geb. Brachmann GymnL'	SP TX	e	31.10.52
	Götzen Maike	6. 8.07	EK SP D	e	28.12.78		Hammer Hans-Jürgen Dipl.-SpL	SP		1. 1.49
	Büschenfeld Stefan	13. 3.07	M SP	e	20. 2.79					
F	Pecher Klaus		F D		23. 5.54		Rasch Christian Pfr.	ER	e	2. 1.69

2.121 Bünde   Gymnasium am Markt   gegr. 1882
st. G. (5-Tage-Woche) f. J. u. M.
Marktstr. 12, 32257 Bünde – Tel. (0 52 23) 52 23 10, Fax 52 23 11
E-Mail: gam.sekretariat@buende.de, Homepage: www.gambde.de

Kl: 8/18   Ku: 139/23   Sch: 1094 (612)   (243/493/358)   Abit: 87 (56)   **BR Detmold**
L: 66 (A 1, A$_1$ 1, A$_2$ 5, B 23, C 23, D 4, E 4, F 2, H 3)   ASN: **168749**
Spr.-Folge: E, F/L, L/F, S/F/L   Dez: LRSD **Klemisch**

A	Herrich Bernhard	16. 1.04	° M	e	17.11.45		Raillard Klaus Peter	L GE		
A$_1$	Jakobi Wolfgang Dr.	1.10.05	M PA KU	e	28.10.55	C	Ackermann Gudrun geb. Thieme (T)	11. 2.81	SP CH	25.12.50
A$_2$	Görlitz Sigfried	27.12.91	° M PH	e	28. 4.43		Büscher-Pieper Anne- lotte geb. Büscher	28. 7.83	M EK	10. 9.53
	Held Ursula	30. 8.93	D GE	e	6. 8.46					
	Schäfer Axel	30. 8.93	D ER	e	13. 2.49		Ränsch Gerhard (T)	18. 8.83	GE SW	26.10.47
	Peuker Wolfgang (Vw)	12. 2.97	M BI IF	e	19. 9.51		Kluger Ilse-Lore geb. Schätte (T)	27.10.83	D SP	e 14.10.50
	Braun Thomas	1. 5.01	BI CH	e	25.12.55					
B	Viertel Wilfried (V)	22. 6.78	° F L	e	29. 8.42		Bulla Wilhelm (T)	17. 3.87	ER D	e 24. 1.56
	Schüngel Anne geb. Schaepers (T)	14. 2.79	EK PA TX	e	4. 2.46		Kiel-Hartfiel Doris geb. Kiel (T)	19.10.89	° BI HW	e 20. 5.58
	Bergmann Rudi	26. 9.79	E EK SP	e	25. 2.45		Hippe Stephan	23. 8.93	MU D	5. 1.62
	Gude Reinhard	9. 7.81	BI SP KU	k	23. 8.45		Bernhardi-Mensing Annette geb. Bernhardi (T)	1. 2.94	D SW	e 4.12.49
	Kraus Winfried (T)	9. 7.81	° M PH	k	21. 7.47		Jahnke Uwe Dr.	6. 9.96	D GE	20. 6.55
	Tegeler Günter	24. 9.84	D SP	e	18.11.51		Speight Ina	4. 7.02	E S	k 29.11.70
	Strubbe Karl-Hz. (T)	11.12.84	M EK	e	14. 4.51		Könker Arnd	1. 8.02	M PH	e 22. 4.64
	Schmitter Klaudia (T)	6. 9.93	° M PH IF	k	1. 6.51		Wilke Judith	31. 1.03	M SP SW	e 12. 9.69
	Meyer-Schröder Heinrich	6. 9.93	PA SW PS		3. 3.53		Schalk-Trietchen Anja geb. Trietchen	14. 7.03	E CH	e 4. 5.68
	Manns Michael Michael	21. 3.95	F E	e	26.12.46		Knüppel Ursula geb. Kinkopf	7. 7.04	E D	k 1. 1.67
	Deppe Karin	20. 7.95	ER D	e	28.11.59		Leporin Andreas	7. 7.04	BI CH	e 22. 5.69
	Hawerkamp Klaus-Dieter	22. 5.96	M BI	e	5.10.53		Stemberg Christian	17. 7.04	KU PA	16.12.69
							Doering Wolfgang	1. 8.05	S E	e 7. 1.68
	Oberpenning Willy	22. 5.96	M PH IF		29. 5.54		Hagemann Hanno	1. 2.07	° E ER	e 9. 6.75
	Steuwe Helmut	7.12.98	° M PH	e	29. 7.56	D	Reiners Renate (T)		BI SW	19. 4.52
	Vandré Dorothee geb. Vandré (T)	3. 6.02	F SP	e	13. 6.54		Wiegand Volker SekIL	12. 6.84	M CH IF	e 28. 7.54
	Weber-Henze Anne-marie geb. Beel (T)	20. 6.02	F EK	e	20. 2.53		Schelp Sabine geb. Tiemann SekIL'	3. 9.84	M SP	e 3.10.55
	Oberschmidt Jürgen	27. 8.03	D MU	e	2.12.65		Schütz Klaus Dr.		D EK	e 8. 5.50
	Ledendecker Gudrun geb. Wagenfeld (T)	24.11.03	E ER	e	24. 9.57	E	Kowalewsky Christian Klawitter Steve	22. 8.05	ER KU E PL	30.10.72
	Giesselmann Margret geb. Söl (T)	23. 2.04	° D GE	e	28. 4.52		Nees Simon Rinke Heiko	18. 5.06 9. 8.06	BI SP PS SP	e 6. 1.74 8.10.74
	Henkemeier Elke geb. Branding (T)	25. 2.04	L MU	e	3. 3.61	H	Chamberlain Iris Whitelaw Christina geb. Noble M. A.	6. 8.07	E KR E	k 26. 3.80 9. 5.46
	Brendes Silke	7. 3.05	E F		26. 4.61		Diesing Anne-Marie geb. Dalas		F	k 20. 3.50
	Wehrmann-Horst Elke geb. Hartung (T)	7. 3.05	D ER	e	6. 7.56					

2.125 Büren Mauritius-Gymnasium gegr. 1946

pr. G. (5-Tage-Woche) f. J. u. M. d. Mauritius-Gymnasium Büren e.V.
Burgstr. 2, 33142 Büren – Tel. (0 29 51) 98 98-0, Fax 98 98-40
E-Mail: buero@mauritius-gymnasium.de, Homepage: www.mauritius-gymnasium.de

Kl: 8/14   Ku: 99/17   Sch: 827 (379) (196/362/269)   Abit: 80 (41)   **BR Detmold**
L: 53 (A 1, A₁ 1, A₂ 5, B 13, C 11, D 5, E 7, F 10)   ASN: **168634**
Spr.-Folge: E, L/F, F/L, S   Dez: LRSD **Hector**

A	Stücke Reinold	1.11.98	F L	k	21. 5.43		Schnell Anke (T)		E S k	20. 5.69
A₁	Henke Friedhelm	1.11.98	M PH	k	15. 5.54	D	Wittkämper Ther.	1. 9.74	D GE k	26. 3.48
A₂	Gärtner Dieter	1. 5.91	BI EK	k	25. 4.48		geb. Füser HSchL' (T) (L)		KR	
	Budde Franz-Josef	1. 5.91	M	k	23.12.44		Wiese Brigitte	1. 2.82	E KU k	25.11.55
	von Rüden Reinhold	1.11.99 °	KR SW	k	1. 8.52		geb. Köster			
	Friebe Johannes	1.10.02	MU M	k	9. 3.54		Habdank-Buxel Ilona	1. 8.88	KU e	27.11.54
	Drüppel Franz-Josef	1.10.06	PH M	k	31. 3.57		geb. Habdank SekIL'			
B	Hempelmann	1. 4.84	L F	k	25. 1.43		Carow Kerstin	1. 8.93	M MU k	25. 5.64
	Barbara geb. Inkmann					E	Graunke Sandra	1. 8.04	ER D e	29. 1.70
	Nolte Raimund	1. 3.85	EK SP	k	12. 5.49		geb. Röll (T)			
	Lüke Alfred	1. 3.85 °	F SP	k	21. 4.49		Finke-Böing	1. 8.06	L SP k	6. 9.73
	Niggemann Werner	1. 3.86	CH BI	k	23. 5.50		Anne geb. Finke			
	Helle Gerhard	1.12.87	M PH	k	29. 4.49		Wieneke Alexander	1. 2.07	D GE k	13.11.77
	Behrens-Jochmaring	1.10.92	E F	k	25. 5.56				KR	
	Gabriele geb. Behrens						Grimm Birgitta	1. 5.07	IF M k	23.10.75
	Cremer Peter	1. 9.94	GE D	k	10. 9.51		geb. Fricke			
	Schmidt Werner	1. 8.95	D KR	k	10. 6.55		Rustige-Canstein	1. 8.07	EK PA k	6.11.77
			(PL)				Jennifer		S	
	Schäper Norbert	1.10.95	KU M	k	15. 5.56		Hötger Elke	1. 8.07	E SP k	27. 2.78
	Münstermann-Lohn	1. 4.00	D F	k	31. 7.59		Fischer Ursula	1. 8.07	MU KR k	14. 3.78
	Diethild (T)								L	
	Gabriel Christa	1. 8.02	E SP	k	15. 7.57	F	Seck Reinhard		EK BI k	26. 5.50
	Wilmes Claudia (T)	1. 8.02	D E	k	15. 9.62		Kühr Rolf		BI CH k	13.12.51
	Graunke Christoph	1. 8.07	ER D	e	13. 4.67		Klümper Doris		E SP k	12. 3.56
	(T)		GE				Senne Angelika		E S k	16.11.59
C	Riepenhausen	5. 5.92	M KR	k	26. 4.57		geb. Reisch			
	Renate (T)						Runge Monika		L k	12.11.62
	Schröder Anna	18. 7.92	KR SW	k	9. 4.61		geb. Bokelmann			
	Werneke Eva-Maria	1. 8.92	E SP	k	26. 7.57		Hilleke Ruth		KR GE k	20. 7.63
	geb. Rüther						geb. Küsterarend		SW	
	Ledabil Leokardia (T)	7. 8.92	KU D	k	25. 3.56		Wetwitschka Pia		D KU	21. 2.64
	Schäfers Dietmar	1. 8.93	D KR	k	24. 7.59		geb. Richter			
	Breuer Thomas	1. 2.95	D SW	k	1. 2.62		Henke Eva		SP k	10. 7.64
	Ott Franz-Georg Dr.	25.10.95	CH PH	k	20. 1.60		Heier Susanne		PL SW k	15. 1.69
	Brüggemann Gebhard	15.11.96	M EK	k	26. 3.58		Jürgensmeier-		GE KR k	21.12.69
	Losse Joachim	7. 8.97	M SW	k	14.11.63		Schlüter Hildegard			
	Haneke Hans-Joachim	1.10.98	D MU	k	16.10.65					

2.126 Büren Liebfrauengymnasium gegr. 1946

pr. G.¹ (5-Tage-Woche) f. J. u. M. d. Kongregation d. Schwestern U. L. Frau,
Provinzialat Coesfeld
Lindenstr. 15, 33142 Büren – Tel. (0 29 51) 98 36-0, Fax 98 36-50
E-Mail: sekretariat@lfg-bueren.de, Homepage: www.lfg-bueren.de

Kl: 8/14   Ku: 98/17   Sch: 856 (551) (218/381/257)   Abit: 80 (44)   **BR Detmold**
L: 48 (A₁ 1, A₂ 5, B 14, C 17, D 3, F 7, H 1)   ASN: **168646**
Spr.-Folge: E, L/F, F/L, S   Dez: LRSD **Dr. Wittmann**

A₁	Herbst Reinhard	1. 2.96 °	F EK	k	7. 3.53	B	Peter Irmhild	1.12.81	BI CH k	12. 9.49
A₂	Hüsing Gerhard	1. 9.87 °	PA F	k	5. 2.50				PA	
	Hellwig Burkhard	1. 8.93	M SW	k	23. 8.54		Schwarz Mechthild (T)	1.12.86 °	BI CH k	6. 3.53
			IF				Bothe Franz-Josef	1. 5.88	M EK k	3. 7.51
	Viere-Hinse Marlene	1. 5.98 °	KR GE	k	9. 2.59				IF	
	(T)						Kemper Jürgen	1. 6.91 °	D GE e	31. 8.54
	Richter Horst	1. 7.03 °	MU E	e	18. 4.53		Hackert-Müller	1. 5.92	D GE k	4.11.55
	Nischak Rüdiger	1. 4.06	D GE	e	21. 8.54		Christiane			

	Erkens Jürgen	1. 5.92	°	M PH IF	k	20. 8.54	Mertens Claudia	19. 8.03		BI EK	k	15.11.71
							Wiese Christian	1. 1.04		F SW	k	27. 3.74
	Plogmeier Franz-Josef	1. 5.98		M PH IF	k	31. 3.60	Friederichs Jutta	1. 3.04		E GE S	k	14. 6.71
							Gerold-Korley Nicole	1. 8.04		PA SP KU	k	22. 5.67
	Zimmer Johannes	1. 7.00	°	MU SP	k	31. 1.58						
	Schilling Stefan	1. 7.00		E GE	k	30. 3.60	Sczepanski Martin	1. 1.05		D GE	k	1. 4.69
	Haferkamp Ingrid	1. 7.05		D ER	e	17. 1.58	Henninghaus Sylvia	1. 2.05		L GE	k	25. 3.65
	Vorneweg Klaus	1. 7.05	°	EK BI L	k	23. 5.55	Weber Beate (T)	3. 2.05		D PA	k	12. 9.75
	Rottmann Martin	1. 7.05		SW SP KR	k	31. 3.59	Bernard Nicola (T)	15. 3.05		E BI	k	31. 5.76
	Balthaus Andrea	1. 7.05		E GE	k	19. 9.68	D	Werny Clemens HSchL	21. 2.75		M SP	k	30. 9.46
	Gastel Jörg	1. 7.05		M PH	k	19. 3.69
C	Vorneweg Reinhild (T)	1. 8.83	°	M EK	k	30. 7.52	Wieners Marita SekII' (T)	9.10.82		D HW BI		28. 8.54
	Hanses Paul	1. 8.92		E KR	k	3. 4.56	Krause-Bours Gerthild (T)			M PH	k	1. 2.58
	Welslau Bruno	1.10.96		BI KR	k	6. 1.63	F	Bachmann Eveline Ass' d. L.			BI M	e	5. 9.53
	Schuknecht Johannes	1. 9.97		F SW	k	31. 8.64	Franke Veronika			D KR	k	13. 9.56
	Apweiler Regine	1. 2.98		M KR	k	16. 3.60	Siwek-Gilroy Martina geb. Siwek			D F		19.10.56
	Prenting Andreas	18. 8.99		MU E	k	14.12.65
	Tonagel Ulrike	1. 8.00		KU CH TX	k	13. 3.63	Küke Michael SekII/IL			KU GE	k	16. 8.57
							Helle Ulrike SekIL'			E KR	k	21. 4.59
	Teipel Christel	20. 2.03		M KR	k	29.12.72	Lörwald Brigitte Dr.			PA GE	k	12.11.67
	Reelsen Julia geb. Zimmermann (T)	20. 2.03	°	M PH	k	3. 7.73	Hartstack Stella			E KU	e	17. 6.70
							H	Kröger Petra			SP TX	k	7. 1.52

[1] m. Tagesinternat

2.145 Castrop-Rauxel Adalbert-Stifter-Gymnasium gegr. 1884
st. G. (5-Tage-Woche) f. J. u. M.
Leonhardstr. 8, 44575 Castrop-Rauxel – Tel. (0 23 05) 92 38 13, Fax 92 38 28
E-Mail: sekretariat@asg-castrop-rauxel.de, Homepage: www.asg-castrop-rauxel.de

Kl: 9/16   Ku: 102/17   Sch: 1001 (509) (257/462/282)   Abit: 84 (42)   BR Münster
L: 57 (A 1, A$_1$ 1, A$_2$ 6, B 18, C 17, D 2, E 6, F 4, H 2)   ASN: **169250**
Spr.-Folge: E, L/F, F/L   Dez: LRSD' **Schankin**

A	Middeke Wilfried	2. 8.93		M	e	28. 2.49	Bachmann-Butz Christel (T)	1. 7.02	□	F PA		25.12.52
A$_1$	Albers Theo	1. 5.02	□	M MW		1. 1.55
A$_2$	Pfennigstorf Sabine (T)	1. 6.94		D ER	e	5. 8.45	Böhne Klaus-Jürgen	27. 9.02		D KU		28.11.54
							Hoffmann Ewald	1. 3.04	□	E SP		28. 1.50
	Niedtfeld Ulrike geb. Tebbe (T)	1.11.94		BI	e	15. 2.44	Schwarz Gabriele (T)	1. 3.04	°	D PA	k	28. 8.52
	Obsadny Gerhard (T)	23. 3.96	°	CH	k	20. 5.47	Schembecker Michael	1. 3.04		MU SW KR		15. 2.59
	Birth-Steinkamp Irene	1. 7.01	°	GE EK ER		9. 3.51	Meisel Hannelore geb. Eberhard (T)	1. 4.07	°	M PH	e	28. 3.56
	Raffel Gudrun (F)	17.11.01	°	EK SP		9. 1.60	Gödde Carsten geb. Oerters	1. 4.07		M SW	k	28.12.68
	Schenk Michael Dr. (F)	1.11.02		MU GE		29. 5.63	Kottmann-Rexerodt Georg (T)		□	M IF		22. 9.44
B	Mitze-Baumeister Mechthild geb. Baumeister (T)	1. 2.79		BI		10. 4.46	C	Hein Norbert	1. 2.79		E	e	29. 3.46
	Literski-Fageolle Nadine (T)	26.11.79		F	k	13.1.48	Lüdinghaus Ulrich	2. 3.79		CH	e	19.11.45
							Schulte Doris (T)	1. 8.82	°	E EK	e	3. 1.52
	Biekmann Angelika	1. 8.81	°	E SP		3.11.48	Müller Reiner	12. 9.84		PA SW	e	8.10.49
	Wollenhaupt Helga geb. Wieseler (T)	1. 8.82	°	M EK		26. 7.49	Grünsch Brigitte	15. 7.92	°	M BI		11. 7.60
							Rabe-Vollmerhaus Sabine (T)	1. 9.92		L GE	k	18. 6.60
	Weßelmann-Merschel Brigitte (T)	30. 6.93	□	M PA		9. 4.54	Barth Peter	1. 6.96		E D		10.12.58
	Kuckelmann Hedwig	7. 7.93		E F	k	13.10.49	Klötzsch Britta	1. 2.98		D KU		8. 4.67
	Kleemann Wolfgang	17. 8.94	°	PH EK	k	30. 4.49	Leichtweis Siegbert	1. 1.02		GE SW	e	19. 5.63
	Petermann Heinz (V)	1. 8.96	°	D KR	k	12.10.53	Rösener Markus	7. 2.02		E SW		23. 1.65
	Kwaschny Wolfgang (Vw)	1.12.98	□	PH SP KfzTC		7. 3.54	Marczok Patricia geb. Rudawski	1. 8.06	°	M MU	k	28. 6.76
	Klinker Rudolf	1.12.98		E SP		30. 8.54	Koch Inge	9. 8.06	□	E F		30. 9.60

	Name		Datum	Fächer		Datum
	Schasse Frank	1. 2.07	D G	e	9. 4.70
	Künneke Sonja	7. 6.07	D KR	k	17. 8.75
	Becker Matthias	9. 8.07	D SP	e	5. 1.74
	Elbe Elke (T)		D PL		17. 5.48
	Schirmer Margret (T)		F GE	k	2. 9.49
D	Radinger Gisa (T)	1. 8.81	KU BI	k	22. 8.56
	Brüning Rainer SekIL		M PH CH	k	12. 8.43
E	Riedler Tanaquil	22. 8.05	M PL	e	31.10.74
	Königsmann Jens	1. 2.06	▢ L BI	e	22. 6.76
	Schmidt Claudia	1.10.06	E KU	k	20.12.75
	Hausmann Claudia	1. 2.07	E SP	e	5. 1.77
	Nießen Dirk	1. 2.07	M BI SP	k	23. 6.77
	Salzburger Nadine	1. 2.07	E SW	k	8. 8.77
F	König Hans-Georg		° KR EK	k	6. 3.54
	Rüßmann Helmut		KU SP	k	13. 6.55
	Mesters Ruth		D PL	e	24.11.56
	Freundt Sabine		EK BI	e	26. 3.62
H	Schäfer Peter		KU		10. 2.48
	Stahl Ursula geb. Enste GymnL'		SP MU	k	8.12.53

2.146 Castrop-Rauxel Ernst-Barlach-Gymnasium gegr. 1885
st. G. (5-Tage-Woche) f. J. u. M.
Lunastr. 3, 44575 Castrop-Rauxel – Tel. (0 23 05) 3 58 15-0, Fax 3 58 15-22
E-Mail: ebgcastrop@t-online.de, Homepage: www.ebg-castrop.de

Kl: 10/20 Ku: 128/18 Sch: 1177 (644) (292/547/338) Abit: 94 (48) **BR Münster**
L: 65 (A 1, A$_1$ 1, A$_2$ 7, B 18, C 19, D 2, E 9, F 7, H 1) ASN: **169249**
Spr.-Folge: E, F/L, F Dez: LRSD **Dingemann**

A	Jankovics Ronald Dr.	1. 8.97	° M	k	9. 1.49
A$_1$	Tillmanns Hans-Rudi	20. 4.98	D SP	e	22. 7.53
A$_2$	Striegler-Reinert Marion geb. Reinert	1.12.85	E PA		19. 6.49
	Teuber Gerhard	1. 9.88	M PH		7. 6.52
	Massmann Holger	7. 1.92	° CH		8. 7.46
	Trockel-Middeke Ursula	1. 2.93	E EK	e	29.10.48
	Küpper Erhard	1. 6.94	D PL	k	8.10.46
	Penstorf Harald	1. 6.94	° F	e	11. 7.46
	Küch Heinrich (V)	1. 3.96	° D GE	k	27. 1.49
B	Odermann Hans-Dieter	1.11.79	SP E	k	1. 9.44
	Oswald Elvira	10. 7.81	BI SP	e	18.11.47
	Grimberg Peter	10. 7.81	E EK	k	7. 2.50
	Heuing-Tran Christa	1. 8.81	F R PA	k	25.10.50
	Knapp Friedhelm	1.12.81	M EK	e	12. 8.50
	Prösch Rainer	31. 3.92	M EK	e	13. 1.52
	Narath Helmut	1. 4.93	D GE	e	29. 3.50
	Düwel Dieter-Hermann	1. 6.94	E GE	e	20.10.53
	Freier Josef	1. 8.94	SP EK		19. 3.50
	Kwiatek Sabine	1. 8.94	° M PH	k	4.10.58
	Elke Lothar	1. 8.95	M PL	e	10. 5.51
	Pleuger Rolf	1. 8.95	° E GE		10. 3.52
	Rabe-Jeskulke Marita	1. 2.96	GE PA		2. 5.52
	Bergdoll Claus	1. 2.96	BI SW	e	15. 5.55
	Schneider Heinrich	1.10.96	BI SP	k	9.10.53
	Grüner Gabriele geb. Gluch	1.10.96	SP SW	k	8. 5.55
	Holz Christa geb. Stiehl	26.11.98	KU SW	e	22.12.47
	Laumann Detlef	16. 2.05	° GE KR	k	12. 5.58
C	Kunst Gerrit Peter	1. 8.81	° M SW	k	12. 1.52
	Mußmann Hans-Jochen	31.10.84	ER D	e	15. 8.48
	Hebel Jürgen Dr.	30. 6.87	D ER	e	5. 3.56
	Zirbes Andrea	15. 2.92	D KR	k	12. 5.61
	Waldheim Barbara	1. 8.94	L KR	k	3.10.63
	Bentzen Arndt	30. 9.97	L SP		13. 7.61
	Gronenberg Cathrin	1. 8.98	° MU BI M	e	11.12.63
	Schürholz Bettina	22. 6.99	MU KR	k	13. 1.63
	Brocks Melanie	1. 1.02	M BI	e	20. 2.67
	Homeyer Jan Hendrik	1. 1.02	E KU		16. 1.56
	Frommelt Katrin	1. 1.02	M EK		3. 6.69
	Finkeldei-Konen Ute Dr.	1. 8.03	° BI CH	k	14. 7.61
	Beisenherz Judith	1. 8.05	D E	k	25. 9.70
	Kuhn Coletta	5. 7.05	° M CH	k	28. 2.76
	Elsner Susanne	8.12.05	L GE		21. 7.75
	Knaup Stephanie	8. 6.06	E F	k	29.12.75
	Bloch Tanja	12. 4.07	D M	k	9. 3.76
	Höckelmann Jörg		° M SW		8. 3.59
	Beer Klaus		M SP	e	23. 1.67
D	Stratmann SekIL	1. 2.87	MU D	k	13. 4.56
	Höckelmann Rita geb. Meyering	31. 8.92	° E EK	k	25. 3.58
E	Mogk Ulrike	1. 2.06	D KR	k	9. 6.78
	Tschismar Klaus	9. 8.06	E SP	k	26. 9.73
	Jacobs Evelyn	9. 8.06	F MU	k	22.10.74
	Reinecke Nicole	3.11.06	BI SP	k	26.12.77
	Díez Crespo Laura	1. 2.07	L S	k	21. 4.70
	Grebun Ines	1. 2.07	BI SP		19. 8.72
	Droste Steffen	1. 2.07	PH EK	e	23. 3.74
	Kleinert Yvonne	1. 8.07	D EK	k	19. 1.78
	Geef Nadine	07	SW SP		21. 6.79
F	Laatsch Werner Stange		D ER	e	21. 8.53
			D KU		18.10.54
	Grebe Angelika		ER EK KU		2.12.57
	Stelter Dietrich		M PH		7.12.58
	Breitkopf Ina		E SP	k	1.10.60
	Richter Ute		° D R		26. 7.71
	Krebs Indra		PA SP	e	7. 7.78
H	von der Grün Jennifer geb. Hampton		E		18. 9.49

2.150 Coesfeld Gymnasium Nepomucenum gegr. 1627
st. G. (5-Tage-Woche) f. J. u. M.
Holtwicker Str. 8, 48653 Coesfeld – Tel. (0 25 41) 96 60 10, Fax 96 60 19
E-Mail: verwaltung@nepomucenum.de, Homepage: www.nepomucenum.de

Kl: 9/13   Ku: 94/19   Sch: 907 (468) (268/386/253)   Abit: 67 (35)   **BR Münster**
L: 47 (A 1, A₁ 1, A₂ 4, B 12, C 22, D 3, E 1, F 3)   ASN: **168130**

Spr.-Folge: E, L/F, F/L, F/L/R/S   Dez: LRSD' **Hesekamp-Gieselmann**

A	Bamberg Rüdiger	13. 1.04	CH PH IF		16. 9.51		Funke Angelika	8. 4.88	F TX	k	15. 3.56
							Schäfer Martin	15. 8.91 °	L G	k	28. 2.61
A₁	Thöring Harry	1. 2.06 °	F SP IF	k	29.11.53		Schäfer Beate	31. 8.93	L E	k	3. 8.59
A₂	Bensberg Edelbert	1. 7.86	D EK	k	16. 9.49		Plümer-Krabbe	1. 8.95 ▫	E SP	e	25. 6.61
	Entrup Alfred	21. 1.92	M IF	k	17. 2.48		Katharine geb. Plümer (T)				
	Kühnhenrich Hubert	2.12.92 °	M PH IF	k	17. 2.50		Kowalski-Brummert Dagmar (T)	98 ▫	D S		9. 3.64
	Schlösser Gerhard	1. 3.05	M PL	e	15. 4.53		Glaremin Walburga	1. 8.01	D S PL PP		24.11.60
B	Hauling Lothar	6. 5.80	CH BI	k	9. 1.45						
	Oltmanns-Knorr Maria	9. 5.80 °	F	k	6. 8.46		Wolff Peter	10. 8.01 °	E SP	e	23. 4.69
							Wieners Claudia	31. 3.03 °	D MU		27. 9.70
	Möller-Eberth Hiltrud	8. 7.81	KU W	e	17. 2.49		Glaser Oliver	12.03	SP E	e	7. 6.73
	Möller Gabriele (T)	4. 9.84	D SP		10. 1.53		Steens Astrid geb. Dieckmann	29. 7.04 °	D KR	k	17. 4.73
	Müter Bernhard Dr.	16.11.92 °	CH	k	18. 5.46						
	Kramberg-Schröder Elisabeth	1. 6.94	GE F	k	29. 7.53		Reimann Dirk	22. 8.05 °	D EK GE	e	27. 6.74
	Holzgreve Ursula (T)	1. 6.94	E EW	k	13. 5.54		Frie Simone (T)		D EW KR	k	29.12.66
	Veit Georg (T)	19.10.94	L GE	k	20. 1.56						
	Wolf Alexander	1. 8.95	D EW	k	23. 7.51		Hötker Ralf		D KR	k	10. 9.68
	Westhoff Ludger	19.12.95	E SP	k	13. 9.53		Rinke Lars	°	SP SW	k	11. 2.69
	Groß-Langenhoff Waltraud	1. 3.96 °	BI KR	k	21. 6.55		Quellenberg Marion		E SP		16. 6.70
	Namyslo Mechthild	28. 3.01	E KR	k	17. 2.63	D	Böggering Norbert	1. 9.75 ▫	M SP EK		25. 9.49
C	Baumeister Ulrich (T)	29.11.80	M	k	2. 9.44		Gerwin Mechthilde SekIL' (T)	4. 3.85	D GE	k	29. 9.55
	Gerdes August	3. 4.81 ▫	EK E	k	31. 5.50		Bodde-Mürmann Sylvia (T)	18. 8.96	ER SP	e	20.10.58
	Bendler Wilfried	27. 4.81	EK SP	e	21. 1.50						
	Heßling Käthe	7. 7.82 °	M PH	k	22. 1.48	E	Schole Katrin	8.07	E M		77
	Kamphausen Dieter	29. 1.83 °	GE F	e	14. 9.51	F	von Scheven Eberhard		BI CH	e	21. 9.45
	Bendler Veronika geb. Schulte (T)	18. 1.85	BI SP	k	23. 4.54		Christoph Roswitha		M R		29. 4.56
	Droste-Jones Maria geb. Droste	27. 6.86	E BI	k	29. 4.55		Rüping Stefan Dr.		GE SW		26. 4.58

2.151 Coesfeld Heriburg-Gymnasium gegr. 1923
st. G. (5-Tage-Woche) f. J. u. M.
Seminarstr. 10, 48653 Coesfeld – Tel. (0 25 41) 8 26 27, Fax 8 26 21
E-Mail: schulleiter@heriburg-gymnasium.de, Homepage: www.heriburg-gymnasium.de

Kl: 6/12   Ku: 117/19   Sch: 810 (489) (193/322/295)   Abit: 104 (56)   **BR Münster**
L: 51 (A 1, [A₁] 1, A₂ 8, B 14, C 11, D 5, E 2, F 7, H 2)   ASN: **168129**

Spr.-Folge: E, F/L, L/F, F/L/S   Dez: LRSD' **Hesekamp-Gieselmann**

A	Schönberger Wilfried	1. 2.05	D GE		11. 2.49		Uphoff Ingrid (F)	27.10.05	E GE		4.12.56
A₁	(Rosen Herm.-Josef OStR)	7. 7.95	D SW	k	29.10.53	B	Lang Mechthild (T)	28. 7.79 °	E F	k	21.11.46
							Hausner Theresa	24. 3.93	D GE	k	15.10.52
A₂	Kolodziejczyk Alfons (F)	24. 2.79	CH	e	7.12.42		Bäumer Alfons	21. 9.94 °	M BI	k	11. 6.53
							Kunze Gisbert	21. 9.94	PA F		9.11.49
	Jablonski-Große-Wilde Martin	1. 6.94 °	M		27. 5.46		Thies Annegret geb. Hahler	21.12.95 °	GE E		12.11.53
	Buß Günter	6. 2.96	E GE PH	k	19. 7.48		Sensen Wolfgang	30. 8.96	BI	k	25. 7.49
	Bulla Monika (F)	6.10.97	SW PA				Mengeringhausen Ute (T)	30. 8.96	EK D	e	24. 5.54
	Edelkötter Rudolf	31. 8.00	EK F	k	20. 5.50		Gundt Norbert	30.12.98	BI CH	k	18. 9.48
	Burges-Hohenschwert Carl-Wilhelm	1. 2.04	PH M	k	9. 9.49		Lebkücher Lothar	26. 8.99	D EK	e	8. 6.50
							Kowol Valentin	25.10.00	GE SW		18.12.50
	Speller Wolfgang Dr.	1. 2.04 °	PH IF	e	20. 7.48		Robert Günther	1. 8.01	KR PA	k	21.10.50

	Name	Geb.	Fächer		Eintritt
	Stolze Frauke (F)	10. 7.02	E S SP	e	15.11.62
	Westerhoff Heinz	1. 1.02	ER SW	e	5. 3.70
	Bernd				
	Görisch Brigitte	1. 4.07	E KR	k	13. 6.71
C	Rachuba Detlef	4.11.83	KU SP	e	9. 6.49
	Böhm Christian (T)	30. 5.84	M SP	k	19. 9.51
	Hense-Reich	1. 8.85	GE KU		4. 2.52
	Christoph				
	Krampe Jürgen	25.10.85	M BI EK	k	16. 4.52
	Engelkamp Uwe	14.11.85	D SW	k	14. 4.53
	Osthues Marlies (T)	1. 2.88 °	M CH	k	30.11.56
	Wonnemann Eckart	31.10.91 °	D MU	k	17. 6.55
	Vierhaus Theresia	8.95	D F	k	1. 2.60
	Lovanyi Claudia	1. 1.02	SW SP	e	23. 7.66
	Kallabis Bettina Dr.	14. 6.05 □	BI CH L PL	k	26. 9.64
	Spathmann Eva				
D	Kuprat Wolfgang SekIL	24. 5.83	D GE	k	17. 2.52
	Lacombe-Möllers	7. 1.84	KU KR	k	7. 1.57
	Elisabeth geb. Lacombe SekIL'				
	Bigalke Margarete	31. 7.84	M EK	k	2. 6.56
	geb. Papenbrock SekIL' (T)				
	Elseberg Maria SekIL'	6. 3.85	SP EK	k	9. 7.56
	Grote-Arlt Helga		F KR	k	10.11.60
	SekIL' (T)				
E	Tietmeyer Nico	1. 2.06	M PH	k	10. 4.77
	Untiedt Frank	1. 2.07	E GE	k	15. 3.78
F	Zimmer Rudolf		L F GI	k	2. 1.55
	Arlt Lothar		E G H		18. 5.57
	Janssen Rainer		E SW	k	30. 4.56
	Nickola Manfred		D ER	e	29.11.56
	Ramberg Claudia		E S	k	21. 6.59
	Hüster Kirsten		BI CH	k	8. 8.69
H	Roussos-Tonoli Andrea		SP	k	16. 4.47
	geb. Tonoli GymnL'				
	Skodowski Maria GymnL'		SP W	k	8. 8.50

2.152 Coesfeld St.-Pius-Gymnasium gegr. 1964

pr. G. (5-Tage-Woche) f. J. u. M. d. Bistums Münster
Gerlever Weg 5, 48653 Coesfeld – Tel. (0 25 41) 9 45 90, Fax 94 59 33
E-Mail: pius-gymnasium@bistum-muenster.de, Homepage: www.piuscoe.de

Kl: 6/14   Ku: 96/15   Sch: 801 (457) (185/378/238)   Abit: 62 (36)
L: 45 (A 1, A₁ 1, A₂ 6, B 14, C 13, E 3, F 6, H 1)
Spr.-Folge: E, L/F, F/L, S

BR Münster
ASN: **168117**
Dez: LRSD' **Hesekamp-Gieselmann**

	Name	Geb.	Fächer		Eintritt
A	Nolte Detlef	1. 8.87	D GE	k	26. 2.45
A₁	Wenning Thomas Dr.	1. 8.02	PH M	k	9. 1.54
A₂	Holthaus Heinrich-Josef	24.11.92	BI CH	k	22. 8.50
	Degener Josef	1.12.97	D GE	k	5. 7.44
	Heppekausen Norbert	1. 8.99	KR PA	k	22.11.46
	Rahenbrock Gunther	3. 3.01	E SP	k	23. 4.50
	Budde Klaus (F)	1.11.03	MU MW	k	8. 7.51
	Kraft Judith	1. 9.05	D KR	k	15. 6.59
	geb. Rensing (T)				
B	Bosak Werner Dr.	1. 8.80	EK F	k	15. 4.45
	Heskamp Franz-Josef	31.12.92	M SP	k	11. 7.47
	Eversloh Franz	1. 6.94	EK PH	k	13. 3.52
	Kreysing Peter Dr. (T)	1.11.95	BI CH	k	8. 5.50
	Letterhaus Hans-Hermann	1. 8.99	PH M	k	11.11.53
	Pöter Hans-Günter	1. 2.00	PH M		8.11.56
	Rudorf Margret	1. 9.04	D GE	k	21.11.50
	geb. Prinz				
	Rutemöller Mechtild	1. 9.04	EK SP	k	15. 2.55
	Wölfer Wilhelm	1. 9.04	M F	k	15.10.59
	Grüter Heiner	1. 6.05	M KR	k	21. 7.56
	Siepelmeyer Birgitta (T)	1. 6.05 °	E S		9.12.62
	Pape Anita geb. Solf	1. 5.06	E PA	k	15. 6.54
	Weiruß Horst (V)	1. 5.06 °	F EK	k	24. 6.55
	Schepp Klaus	1. 2.07 °	GE L PK	k	1.12.64
C	Gleich-Trauboth Anne geb. Gleich	10. 1.84	D F	k	10. 3.50
	Rösmann Heiner (T)	1. 3.84	L D	k	30. 7.54
	Ophaus Ludger	1.12.92	M SP	k	14. 1.56
	Stenner Rita	20. 8.02	L KR	k	31. 3.70
	Ubrig Karin	1. 7.03	E SW	k	8. 2.60
	Lohmann Birgit	1. 9.03	CH EK	k	28. 4.70
	Dörrich Marc	15. 9.03 °	KR GE MU	k	3.11.71
	Glanemann Jutta geb. Frieling	1. 8.04	D SW PK	k	7. 3.72
	Göppert Andrea geb. Bollrath	1. 5.06	BI EK	k	9.10.75
	Gerwing Christian	1. 2.07	E EK PK SW	k	10. 3.73
	Specker Kristin	1. 2.07	E F	k	31.12.76
	Rissing Michaela Dr. geb. Willeke	26. 7.07	D KR	k	9. 2.75
	Wanders Annika	1. 8.07	E KU	k	3. 2.79
E	Hüsken Silvia geb. Schimpf	1. 2.07	MU	k	30. 1.76
	Steinkamp Judith	1. 2.07	E M	k	9. 9.78
	Rode Barbara	6. 8.07	M SP	k	20. 5.74
F	Schmitz Wolfgang		KU PA	k	1. 5.52
	Hoffmann Günter		GE D	k	30. 9.54
	Böckmann Thomas		D KR	k	11. 4.58
	Quint-Hellenkamp Annette geb. Quint		ER M	e	13. 8.64
	Schilde Christina geb. Diergarten		MU E		20.10.71
	Böckmann Mario		PA SP	k	27. 4.72
H	Westhoff Susanne		F EK	k	15. 5.64

2.153 Datteln Comenius-Gymnasium gegr. 1913
st. G. (5-Tage-Woche) f. J. u. M.
Südring 150, 45711 Datteln — Tel. (0 23 63) 37 47 10, Fax 37 47 22
E-Mail: comenius_gymnasium@gmx.de
Homepage: www.comenius-gymnasium-datteln.de

Kl: 8/16   Ku: 116/23   Sch: 970 (512) (260/415/295)
L: 55 (A 1, [A$_1$] 1, A$_2$ 6, B 16, C 15, D 4, E 6, F 6)
Spr.-Folge: E, L/F, F/L, S

BR Münster
ASN: **168270**
Dez: LRSD' **Schankin**

A	Rieder Ralf	1. 8.00	E PA	e	18. 2.50		Simon Mechthild	17.11.88	BI M	k	8. 4.57
			SP PS				geb. Suilmann				
A$_1$	(Quill Günter StD A$_2$)		E EK	k	3.11.48		Tenholt Gerhard Dr.	21. 2.96	KR PL	k	28. 1.60
A$_2$	Fondermann Werner	22. 3.90 °	D L		28. 5.44		Maître en phil. Dipl.-Theol.				
	Sombeck Theo	1. 6.94 °	CH	k	1. 1.48		Babis-Elke	24. 6.98 °	L MU		7. 3.63
	Willert Albrecht Dr.	1. 6.94	D ER	e	24. 6.49		Christiane geb. Babis (T)				
	(F)						Hackenberg-Groll	1. 6.05	BI D		23. 7.76
	Iserloh Ludger	16. 5.96	D PL	k	1. 2.49		Michaela				
	Düllmann Franz	22.11.96	PH EK	k	1. 7.49		Heßler Melanie	12. 7.05	SP SW		15. 2.77
	Goerigk Hans-Jürgen	7.02	E GE	k	19.10.48		Koller Maria		D SW		21. 2.54
B	Wilhelm Peter	10. 7.81	BI	e	25. 8.47				(IF)		
	Memering Albert	1. 7.82	PH M	k	5. 7.48		Bednarz Petra		S D		7. 9.59
	Thomas Hans-Günther	21. 2.91	MU ER	e	8.12.53		Scheumann Meinolf		° L SP	k	29. 7.67
							Schäfer Anja		BI M		25. 8.71
	Hachmann Johannes	23. 5.92	D GE	k	31.12.50		Boßmeyer Tobias		E F		20.12.73
	Goslar Wolfgang	5. 2.93 □	M SW	k	2.11.48		Uphues Christine		E CH		19. 8.75
	Brenk Heinrich Hermann	13. 5.93	EK SP MU	k	8. 8.51	D	Beckmann Maria-Elisabeth SekIL'	1. 4.82 °	M SP		24.11.54
	Wiggermann Horst	19. 5.93	M PH	e	18. 9.50		Hölscher Jutta	20. 3.84	E KR	k	5.10.56
	Werfling Klaus	1. 6.94	D PA	k	19. 3.53		geb. Silies				
	Klask Karola	1. 8.95 °	M EK	k	3. 1.52		Klomp Sabine	1. 8.88	D F	e	14. 8.49
	geb. Ihrig						geb. Demmig				
	Franken Heribert	1. 8.95 °	D GE	k	19. 2.49		Hansen Björn		GE KU		3. 4.64
	Klask Gisbert	14. 2.96 °	M PH	e	18. 2.52	E	Kaiser Mareile	20. 8.01 °	S F	e	29. 6.70
	Großkopf Rolf	11. 2.04	PA SW		14. 5.52		Pfromm Janita	9. 8.06	E ER		13. 9.74
	Franke Andreas (V)	11. 2.04 °	BI CH	k	2.11.68		Meyer-Adams Robin	8.06	GE D		3. 8.74
	Vollmer Hubert		KR SP SW		15.11.48		Eifert Yvonne	2.07	BI PA		21.11.75
							Degener Kerstin	8.07	SP E		23. 6.72
	Braas Detlef		MU CH		7. 2.52		Hausig Astrid	8.07	F SP		8. 3.79
	Zeppenfeld Nicole		SW ER	e	29.12.68	F	Korn Helmut		° ER E	e	5. 5.50
C	Kröger Willy	1. 9.79	BI	k	24. 9.49		Wannagat Monika		D GE		13. 5.56
	Thieme Werner	6. 4.83	EK SP	k	4.10.52		Hüwelmeier Margret		F GE		13.12.57
	Kleyboldt Konrad	8. 8.83	PA SW		13. 2.49		Höing Christoph		EK SP		22. 5.67
	Schreck Rainer (T)	8.12.84 °	M PA		1. 2.54		Ilgner Marion		SP PA		4. 1.68
							Bargel Katrin		D L		7.11.71

2.154 Delbrück Gymnasium gegr. 1999
st. G. (5-Tage-Woche) f. J. u. M.
Marktstr. 2, 33129 Delbrück — Tel. (0 52 50) 99 64 60, Fax 99 63 26
E-Mail: gymnasium.delbrueck@stadt-delbrueck.de
Homepage: www.gymnasium-delbrueck.de

Kl: 10/15   Ku: 118/18   Sch: 995 (556) (292/423/280)   Abit: —
L: 53 (A 1, A$_1$ 1, A$_2$ 1, B 13, C 23, E 10, F 4)
Spr.-Folge: E, F/L, L/F/S, F/L/S

BR Detmold
ASN: **194025**
Dez: LRSD **Dr. Wittmann**

A	Rüthing Dieter	1.11.05	M PH	k	3.11.44		Kotthoff Petra (T)	3. 7.02	E SP	k	21.12.63
A$_1$	Breimhorst Johannes	23. 2.06	E SP KR	k	16. 7.49		Belz Joachim	5. 7.02	E SP		18. 1.55
A$_2$	Brinkmann Ralf Dr.	19. 1.07	PH M	e	28. 6.63		Hilgert Ingrid	20. 9.02	E L	k	30. 8.58
B	Münstermann Petra (T)	6. 9.01 °	KU M	k	18. 5.63		Kamrath Edda (T)	28. 7.03	D F		12.10.66
	Waldapfel Isabella (T)	2. 7.02	M BI	k	22. 4.69		Borchert Ines	14. 8.04	D GE	e	14. 4.70
							Strotmann Matthias	20. 2.05 °	BI SP	k	30. 4.71
							Josephs Andrea (T)	20. 2.05	M CH	k	6.10.71

	Schäfers Stefanie Dr.	2. 9.05	D KR	k	30.10.72	Mihlan Martina Dr.	22. 2.07	BI CH	k	16.11.73
	Krahl Christian	13. 7.06	D BI	k	20. 1.72	Madsen Hendrik	22. 2.07	D ER	e	20. 5.76
	Anthony Michaela Dr.	24. 4.07	D F ER	e	8. 5.67			H PP		
	Friedrich Hauke Dr.	18. 5.07	M IF	e	17. 4.70	Strick Volker	16. 3.07	SW SP	k	6. 7.74
C	Wefelmeier Wiltrud	19. 2.98	D SP	k	8. 6.65			PA		
	geb. Schulte-Bömer (T)					Hagemann Jörg	6. 9.07	EK SP		3. 5.73
	Bohnensteffen Markus	13.12.00 °	E F	k	10.10.70	Kempe Thomas	16. 9.07	IF SW GE		4. 8.71
	Simon Andrea	1. 8.01	D KU	k	11. 2.71	E Vollmann-Honsdorf	9. 8.06	BI PH	e	6. 9.70
	Bowitz Heiko (T)	1. 2.02	M PH			Gesa Dr. geb. Vollmann (T)				
	Hagemann Corinna	1. 8.03	D KU	k	22. 5.75	Bücker Jörg	9. 8.06	MU EK	k	20. 6.76
	geb. Deppe (T)					Jostkleigrewe Kerstin (T)	9. 8.06	BI SP		16.10.76
	Brumberg Matthias	26. 8.03	E F							
	Auffenberg-Neuwöhner Dorothee	2. 9.03	KU PA	k	25.11.69	Schumacher Mirja	9. 8.06	D SP S	k	18.10.77
						Vila Baleato Manuel	1. 2.07	S D	k	30. 1.78
	Querüber Claudia	15. 9.03 °	E MU	k	29. 8.74	Wilhelm Hanno	6. 8.07	E GE		11.10.77
	Bühner Marc	15. 3.04 °	L GE	e	7. 6.72	Grewe Hendrik	6. 8.07	E KR C	k	9. 3.78
	Hoischen Uta	15. 9.04	D KR	k	2. 6.62	Granzow Ann-Kathrin	6. 8.07	D SP	e	18. 5.79
	Husemann Denis	15. 9.04	M PH		18. 4.75					
	Hauenschild Ina (T)	15. 3.05	D S		8. 3.71	Adler Dirk	6. 8.07	BI CH		9. 7.79
	Hardes Bernd	6. 9.05	KR GE	k	17.11.73	Peitz Christina	6. 8.07	D PA	k	25.12.79
	Denecke Wolfgang Dr.	30. 3.06	D PL E PP		2. 2.66	F Keymer Beate geb. Lippke		E GE	e	19.11.60
	Böker Kerstin	22. 8.06	EK SW	k	11. 6.74	Himmelmann Pia Sophie geb. Maier		F BI	e	13. 8.74
	Bartoldus Thomas	15. 9.06 °	D KR	k	9. 1.73					
	Gramatke Kathrin	21.10.06	EK GE M	k	4.11.75	Hufnagel Markus		M IF	e	26.10.78
						Rossig André		M PH	e	27. 4.79
	Kühle Christian	3. 1.07	M CH	k	22.11.76					

2.156 Detmold Gymnasium Leopoldinum[1] gegr. 1602/1949
st. G. (5-Tage-Woche) f. J. u. M.
Hornsche Str. 48, 32756 Detmold – Tel. (0 52 31) 70 92 10, Fax 70 92 12
E-Mail: leopoldinum@schule-detmold.de, Homepage: www.leopoldinum-detmold.de

Kl: 8/15   Ku: 148/23   Sch: 1020 (493) (232/414/374)   Abit: 112 (48)   **BR Detmold**
L: 64 ([A] 1, A_1 1, A_2 5, B 23, C 25, E 1, H 8)   ASN: **168683**
Spr.-Folge: E/E+L, L/F, –, S   Dez: LRSD' **Pannek**

A	(Posselt Jutta geb. Lösenbeck StD' A_1)	1. 2.02 °	D E		23. 8.56	Wunram Holger	1.12.01	BI CH	e	28.12.54
						Prolingheuer Hans-Joachim (L)	15. 9.03	E EK		14. 6.51
A_1	Leßmann Jochen	21. 5.96 °	M IF PH PL	e	11. 3.44	König Edith	15. 9.03	M EK		1.11.53
A_2	Schüller Hans-Wolfg.	5. 9.81 °	F L(M)	e	9. 1.42	Wohlthat Petra	15. 9.03	D KR	k	14. 4.69
	Dücker Adolf	1. 8.93 °	M PH	e	1. 8.42	Hartings Hans	30. 9.03 □	D EK		13. 9.51
	Carl Lothar	7. 1.97	Ma.M IF		18. 3.51	Klefisch Heinrich	1.10.04	D KR PL	k	14. 9.50
	Jaster Peter	1. 5.02	BI SP	e	24. 2.51	Lesniak Eduard	1.11.04	BI SP	k	2. 1.52
	Quandt Günter	27. 5.04	M PH IF	e	24. 5.50	Krächter Simone	1.11.04	D MU		18. 6.69
						Amthauer Michael	1. 7.05	CH M		14.11.72
B	Martin Wolfgang Dr.	1. 5.79	GE MU	e	22.12.48	C Winnefeld Jutta Dr. (T)	1. 8.78	E GE	e	29. 1.49
	Schilling Eberhard	17. 5.79	D PL	k	16. 3.43	Weiß Reinhard	1. 3.79	E F EK		9. 5.49
	Fasselt Gertrud geb. Wendt (T)	17. 5.79	BI SP	e	11. 4.48	Schulze Elisabeth (T)	4. 4.79 °	CH GE EK		14.10.50
	Schirmer Hans-Uwe	1. 7.82	BI SP	e	1. 8.44	Schulte-Kaemper Maria (T)	3. 8.79	E F	k	4. 8.49
	Bent Hans-Walter	17.12.82 °	M PH	e	3. 3.47					
	Klose Dieter (T)	4. 1.83 °	GE D	e	1. 9.49	Eggers Werner	1. 2.80 □	D SP	e	27. 7.48
	Zimmermann Jörg	8. 2.83	E PL		19. 5.46	Fuchs Andreas	1. 2.81 □	KU SP	e	7. 3.50
	Bartels Ewald	30.12.85 °	BI EK	k	17.12.48	Kreikenbaum Günter	3. 8.82 □	D SW		21. 8.50
	Versen Johannes	8. 5.87 °	D GE	k	5. 5.51	Damke-Hartings Karin	4. 9.83	D GE		30. 6.54
	Horstmann Dietrich	1.12.94 □	BI EK		23. 8.52	Hanke Rainer	1. 8.84 °	BI		6. 5.51
	Holle Cordula (T)	1.12.94	E GE		6.10.52	Kleibrink Ursula	4. 9.84	E F	k	7. 4.53
	Lange Günter	7.12.98	M SP	e	25. 5.52	Rademacher Barbara	4. 9.84	E EK		20. 5.53
	Meise Günter	7.12.98	PH KW	e	12. 3.53	Gemke Christine (T)	15. 2.85	E F	k	25. 4.54
	Schwarz Alois Dr.	1.12.01 □	PH CH		3. 3.48					

Tooten-Horstmann Elisabeth (T)	20. 2.85	PA EK	11.12.53		**Hausdorf** Hans-Heinrich		M SW		7. 3.51
					Hadjiloisos Antonius		D SP		27. 5.62
Becker Christoph	29. 4.86	BI E PA k	31. 7.54	E	**Kädtler** Katinka	1. 8.06	BI L		19. 3.64
Krüger-Hanke Rotraud (T)	9.10.89	MU ER e	20. 7.55	H	**Fiebig** Hans Peter		KU		4. 8.43
					Weber Dirk		SP BI		28.12.48
Ebert Annette	1. 1.02 °	BI CH e M	27. 5.57		**Sinning** Maria Theresia		F KU		16. 7.58
Lämmchen Karsten	1. 1.02	ER GE e	20. 9.60		**Ziethen** Birgit		SP KU		21. 9.58
van der Schmidt Marc	1. 1.04	M PH e	31. 5.75		**Brummermann** Ulrike Pfr.'		ER	e	20. 3.59
Schröder Detlev	1. 7.04	L SW e	12. 6.68						
Adamini Britta	1. 7.04	D L k	27. 1.69		**Brinkschmidt** Dirk		ER MU	e	20. 6.59
Schalow Anja	1. 8.06	D EK	19. 7.71		**Fiedler** Heike		E		13.10.63
Bleumer Karsten	1. 8.06 □	D SW e	29. 4.73		**Wagner** Claus Pfr.		ER	e	1. 4.65
Welsch Daniela	1. 8.06	M PA	13. 6.76						

[1] Zusammenlegung v. ehem. G. Leopoldinum I (gegr. 1602) u. ehem. G. Leopoldinum II (gegr. 1949) am 1. 8. 87

2.157 Detmold Stadtgymnasium gegr. 1830
st. G. f. J. u. M. m. zweisprachigem dt.-engl. Zug
Martin-Luther-Str. 4, 32756 Detmold – Tel. (0 52 31) 91 61-0, Fax 91 61-14
E-Mail: stadtgymnasium@schule-detmold.de
Homepage: www.stadtgymnasium-detmold.de

Kl: 8/18 Ku: 108/24 Sch: 944 (526) (229/459/256) Abit: 67 (36)   **BR Detmold**
L: 56 (A 1, A$_1$ 1, A$_2$ 5, B 18, C 18, E 5, F 4, H 4)   ASN: **168660**
Spr.-Folge: E, F/L, L/F, S   Dez: LRSD' Pannek

A	**Clauß** Roland Dr.	2. 8.99	D SW e	11. 3.52		**Vater** Hannelore geb. Vater (T)	10. 8.81 □	D SW PK	e	19.11.51
A$_1$	**Elfers** Jürgen M. A. (V)	10.11.98 °	D EK e	2. 1.53		**Schilling** Rainer	11. 8.81 °	KU W		28. 7.43
A$_2$	**Goldkuhle** Peter (F)	1. 9.83	PH M	26. 7.51		**Kleinsorge** Hrch.	8. 7.82	M SP		26. 2.51
	Berger Wolfgang	19. 4.93 °	D PA	7. 1.49		**Scheel-Holtmann** Margherita (T)	17. 2.83	D E	k	17. 9.51
	Bliefernicht Helmut	1.12.94 □	BI CH e	21. 9.49		**Brunert** Ferdinand	10. 3.83	M SP		25. 9.50
	Tegeler Ulrike geb. Günther	1.11.95	D SP e	5. 5.52		**Ihle** Friederike geb. Vonhören (T)	1. 7.83	BI		13. 2.51
	Jahnke Siegfried	27. 2.02	M SW e	19. 6.52		**Owzarski** Christiane geb. Hobel (T)	13. 6.84	F EK	e	16. 7.54
B	**Peterjürgens** Horst (L)	18. 5.79 □	EW SW e	6. 7.47						
	Bent Susanne geb. Cramer (T)	1. 8.79	MU D k	18. 5.47		**Tabillion-Betsche** Margret geb. Tabillion (T)	4.10.84	BI CH	k	9.11.51
	Kemmler Rolf	22.12.79	D ER	26. 4.50		**Freitag** Raphaela (T)	5. 2.88	E BI	k	12. 3.56
	Otto Reinhard Dr.	31. 7.82	EK GE	24. 5.50		**Uhl** Rainer	1. 5.89	BI CH	k	9. 6.57
	Klose Karin geb. Kambrat (T)	10. 4.87	F GE e	3.11.49		**Keitsch** Sabine geb. Hartmann	2. 3.93	L ER	e	8. 1.63
	Blanke-Wiesekop-sieker Ulrike geb. Blanke (T)	28.12.96 □	D GE e	12.12.52		**Wirtz-Kaltenberg** Petra	12. 6.03	D S	k	10. 2.71
	Klapproth Marianne geb. Schulze-Marmeling	13. 8.98	M PH e	10. 1.54		**Nulle** Klaus	16. 6.03	M PH	e	30. 6.69
						Reuter Christoph	24. 1.06 °	E GE	k	16. 3.74
	Lange Susanne geb. Bohlmann (T)	1.11.00	D E	20. 9.51		**Wortmann** Christiane	1. 6.06	L MU		9. 8.72
	Steen Dieter (Vw)	1.12.00	BI EK e	15. 7.52		**Johannesmeyer** Gunnar	18. 9.06	IF M Rel		10.11.69
	Kaeten Bernd	17.12.01 □	D E k	24. 1.51	E	**Freitag** Cornelia	22. 8.05	E GE		16. 3.78
	Schuhmacher Rolf	27. 2.02	D PL	1. 3.50		**Kamp** Oliver Dr.	1. 2.06 °	M PH		28. 7.70
	Thiel Maike	24. 9.02	M L e	25. 7.67		**Baumann** Stefanie	19. 6.06	D KU		2.11.71
	Schmidt-Ostmeier Corinna geb. Schmidt (T)	8. 9.03	MU F eref	31. 1.58		**Meßling** Daniel	19. 6.06	M SP		18. 5.77
						Riepe Markus	1. 2.07	M SP		19. 7.77
	Elfers Susanne geb. Sammann M. A. (T)	1.10.04 °	D EK e	27. 7.52	F	**Eduardoff** Heinz		° DEK S		5.12.48
						Boeder Gudrun Dr.		BI EW	e	24. 2.53
	Lesniak Elisabeth (T)	3.11.04	BI SP e	25. 8.55		**Gremmler** Annegret		° E SP	k	29. 5.54
	Paul Carsten	7. 1.05	M PH	10. 2.69		**Bruns** Miriam		° D F		10. 5.78
	Wunram Stephanie (T)	24. 8.06	D KR k	21.11.62	H	**Nummer** Rainer		KU	e	8. 6.49
						Gust Christel GymnL'		SP	e	13.11.53
	Hagopian Elisabeth		° D E	20. 7.50		**Kleine Vennekate** Katharina		ER		18. 9.61
C	**Springhorn** Anette (T)	1. 8.79	BI CH e	3. 3.49						
	Bachmann Gisela	1. 8.79	E GE e	18. 8.50		**Kruschke** Björn		ER		19.10.71

2.158 Detmold Christian-Dietrich-Grabbe-Gymnasium gegr. 1925
st. G. f. J. u. M.
Küster-Meyer-Platz 2, 32756 Detmold – Tel. (0 52 31) 9 92 60, Fax 99 26 16
E-Mail: grabbe-gymnasium@detmold.de, Homepage: www.grabbe-gymnasium.de

Kl: 8/16   Ku: 144/25   Sch: 1100 (649) (242/448/410)   Abit: 100 (72)   **BR Detmold**
L: 71 (A 1, A$_1$ 1, A$_2$ 9, B 18, C 31, D 1, E 4, F 1, H 5)   ASN: **168695**
Spr.-Folge: E, F/L, F, F/L/S   Dez: LRSD' **Pannek**

A	Hunger Walter	2. 8.99	°	D KR	k	4. 2.45	Hoffmann-Kwie-	28. 8.84	ER SP e	7. 5.56
A$_1$	Klapproth Werner	2. 6.00		M EK	e	24. 4.52	cinski Jutta (T)			
A$_2$	Dörrer Hans-Joachim	1. 7.82	°	SP PA	e	6. 4.43	Feldmann Elke (T)	21. 2.86	SW PP e	15.10.52
	Rabsahl Eckeh. (F)	21.11.85		EK SP	e	11. 3.48			SP	
	Hohrath Claudia (F)	9. 5.01		E GE	e	2. 9.50	Knorr Martin (T)	16. 7.86 °	M PH	19.10.58
	Chee Hans-Martin Dr.	21. 5.01		D E		20. 8.61	Jerusalem Frank	17. 6.92	KU	23. 3.58
	Bödeker Maren (F)	7. 3.02		D KU		29. 1.62	Hilbert-Opitz	8. 2.93	M E	9.11.57
	Mönks Udo	28. 8.03		MU E	k	19. 5.50	Sabine (T)			
	Oesterwinter		10.04 °	M PH	e	19.11.50	Borowek Thomas	9. 3.99	SW SP e	7.12.60
	Christian			IF			Hüttenmüller Gerhard	1. 8.99	D GE	8. 3.51
	Lettermann Eva (F)	1. 5.06		D GE	k	13. 5.71	Pentinghaus Antje (T)	1. 1.02	D F	18. 6.66
	Hauser Hans-Georg			GE SW	k	31. 3.50	Bartling Sabine	1. 5.02	E SP	17. 1.62
B	Hegge Ilse	27.12.79		BI CH		16.11.47	Rey Monika	3. 5.02	E D	10.4.61
	Groß Reinhard	8.12.81	°	D PL	e	29.10.47	Badorek Tim	10. 4.03	BI SP	27. 2.69
	Michael Wilhelm	1. 2.83		MU PA	e	2. 9.48	Hoffmann Dirk	17. 7.03	M L	12. 6.70
	Tölle Hans-Peter	10. 4.87	°	D GE	k	9. 2.48	Folkmann-Clases	17. 7.03	KU BI	21. 2.71
				EK			Miriam (T)			
	Zahn Werner	20. 1.93		PH	e	27. 2.49	Vothknecht Anja	15. 9.04	E ER e	26.10.73
	Lewis Mechthild	20. 6.01		E D	k	15. 6.51	Ebel Alexandra	15. 9.05	KU SP	23. 1.71
	Schneider Wolfgang	3. 8.02	°	L M	e	14. 9.49	Hilbing Claus Dr.	6. 3.06	M CH	10.11.72
	(L) (V)						Bossmanns Beate	8. 8.06	E L e	17. 9.74
	Biehl Herwig Dr.	3. 8.02		M PH	e	28. 7.47	Wischer Markus	15. 9.06	MU CH k	21. 5.76
				IF			Görder Barbara	18. 3.07	L PA	19.11.74
	Kollotzek Peter (T)	26. 8.02		D SP		20. 5.52	Husemann Veit	11. 6.07	D F SP	12. 1.78
	Huneke Klaus	1. 9.03		KU	e	26. 5.50	Matschke Rubina	9. 8.07	BI KR k	4. 4.79
	Nowak Beate	1. 9.03		KR GE	k	25. 2.59	Hermann Renate (T)		BI SP	28. 5.51
	Klinge Gunnar	24. 5.04		M EK		8. 7.69	Schilling Friedel (T)		D PA	22. 4.52
	Sentker Hanne	11.11.04		MU ER	e	3. 2.54	Niehus-Berkemann		KU ER e	29. 5.71
	Frigger Bernd	11.11.04		E F		16. 5.71	Annegret (T)			
	Exl Rudolf	15. 5.07		M PH		29.11.54	D	Rieche Stephan L	17. 8.01	M ER	2. 1.72
	Mannebach Barbara	15. 5.07		E D		1. 6.71	E	Brentrup Tanja	1. 2.07	D E	6. 9.77
	Prescher Cornelia (T)			E D		12. 4.47		Sprenger Jan Oliver	1. 8.07	BI ER e	3. 9.74
	Niedermeyer Gundel			BI ER	e	3. 1.62		(T)			
	(T)						Rosell Füllgraf	1. 8.07	D F	7.12.74
C	Reicke Eckart	27. 8.79	°	GE SW		30. 7.44		Kristina			
	Kanning Ingrid (T)	1. 2.80		F EK	e	2.12.50		Meermeier Elisabeth	1. 8.07	EK SP	22. 5.75
	Nehring Kurt (T)	19. 8.80	°	CH	e	3. 9.44	F	Schulte Carolin		GE SP	20. 9.76
	Jaster Bärbel (T)	15.11.81		BI SP	e	5. 3.53	H	Weege Estelle		F e	24.12.53
	Severin Friedrich	1. 8.82		D SW	e	1.11.49		Lucka Bernd		D ER e	7. 5.53
	Hartmann Marlis (T)	1.12.82		M PA	k	29. 3.55		Gärtner Heinz-Joachim		D GE PL	24.11.54
	Bruschke	22.12.83		F SP	e	26. 2.54		Petig Annette GymnL'		SP e	14. 4.55
	Margarete (T)							Rüffer Jens		M PH	30.10.69

2.160 Dorsten Gymnasium Petrinum gegr. 1642
st. G. f. J. u. M.
Im Werth 17, 46282 Dorsten – Tel. (0 23 62) 66 39 13, Fax 66 39 50
E-Mail: info@petrinum-dorsten.de, Homepage: www.petrinum-dorsten.de

Kl: 13/23   Ku: 170/28   Sch: 1497 (668) (386/649/462)   Abit: 114 (62)   **BR Münster**
L: 88 (A 1, A$_1$ 1, A$_2$ 6, B 24, C 35, D 3, E 4, F 9, H 5)   ASN: **168282**
Spr.-Folge: E, L/F, F/L, F/L/N   Dez: LRSD **Dingemann**

A	Gorniak Wolfgang	1. 8.00	°	GE D	k	31. 5.53	A$_2$	Michalak Rolf-	3. 4.92 °	SP F e	20. 2.45
A$_1$	Hollenhorst Franz-	1. 2.07		D GE		18. 8.54		Helmut (V)			
	Joachim							Dieckhöfer Johannes	31.10.94	D EK k	3. 9.44

	Name	Date 1	Code		Date 2
	Stäbler Norbert	10. 4.96 °	M IF	e	23. 3.48
	Czarnietzki Harry	1.11.04	E GE PA		7. 8.47
	Kania Ulrich	1. 2.06 °	M EK IF	e	24. 1.52
	Klaeßen Maren geb. Braun	1. 8.06 °	M	e	5. 8.52
B	**v. Stockum** Gunther	27. 6.81	E EK		8. 2.47
	Alferding Georg	8. 7.81	EK M	k	26.10.46
	Gehring Maria (T)	1.12.81 °	D EK	k	13. 6.51
	Drüing Ludwig	29.12.82	E N	k	25. 6.50
	Teben Walter (T)	28. 6.84	L G	k	21. 7.46
	Eitschberger Elsbeth geb. Schiffer	18. 2.91	BI HW	k	16. 2.52
	Fragemann Friedhelm	18. 2.91 □	GE SW	e	16. 5.51
	Hanck Bertold (T)	1. 4.92	D SW	e	30. 5.53
	Bettin Reinhard	1. 4.92 □	E SW	k	9. 1.50
	Schüring Fritz	28. 5.93	EK E	e	11. 8.50
	Ulfkotte Josef Dr.	28. 5.93	SP GE	k	15.11.52
	Kumbrink Peter	28. 5.93 °	BI SP	k	29. 6.54
	Hergemöller Michael	25. 6.93	M PH	k	1. 2.50
	Lieberandt Norbert	17. 1.94	D GE	k	31. 7.54
	Rother Johannes	24.10.94	D SP L	k	14. 2.52
	Inhester-Heinbokel Renate geb. Inhester	24.10.94	CH BI		21. 7.51
	Möller Norbert	24. 7.95 °	L KR	k	10. 7.55
	Grave Michael (L)	21. 3.96	M KR	k	25. 1.60
	Petrousch Werner	17.12.96 °	E SP	k	2. 4.52
	Klaeßen Heinz-Josef	30. 1.04 °	M PH	k	23. 7.56
	Jelinek Dietmar	12. 3.04	SW GE	k	26.12.53
	Hetzler Ralf	1. 3.05 °	BI KR	k	8.10.62
	Radix Peter	1. 4.07 □	D SW	e	31.10.53
	Bautsch Marita geb. Dorn (T)	1. 4.07	M PH	k	19. 9.54
C	**Kohorst-Hergemöller** Marlies geb. Kohorst	1. 3.81	M TX	k	3.10.51
	Stutznäcker Christa geb. Imming (T)	11. 8.81	D EK	k	22.11.50
	Petrousch Ruth geb. Harazim	2. 3.83 °	E SP	e	15. 2.55
	Frieling Renate	13. 9.83 °	E KU	k	
	Krieger Annette (T)	22. 2.95	F MU	k	22. 6.63
	Rose Frank	3. 1.96	E MU	k	4. 3.63
	Eberhard Holger	22. 6.96	ER SP	e	6.11.59
	Rödiger Franka geb. Heidtke	1. 2.99	M CH		5.12.69
	Richter Margret (T)	23. 4.99	D KU SW	k	16. 1.54
	Gold Silvia geb. Lübelsmeier (T)	23. 4.99 °	E F		9. 3.65
	Brandenburger Martin	5. 6.01 °	L E	k	7.12.70
	Klein Nicole Sophia geb. Körner (T)	31. 1.03	E N	k	9. 2.71
	Vahrenhold Sabine geb. Heinatz	13. 2.03	L SP	k	5. 9.71
	Risse Daniela geb. Hafemann	23.11.03	D E	e	23. 6.72
	Cecatka Björn (T)	6.12.03 °	MU D		1. 1.71
	Brinkmann Tanja	9.12.03 °	SP EK	k	6.12.71
	Sprekelmeyer Ulrich Karl Dr.	21. 7.04	PH M	k	11. 5.74
	Gregor Tanja geb. Wilhelm	23. 8.04 °	M CH	e	11.11.70
	Schalow Anke Iris	15. 9.04	BI D	e	20. 7.72
	Mattheis Tobias	15. 9.04 °	SW SP	k	15. 9.72
	Leuschner Oliver	15.10.04	KU D	e	10. 5.70
	Lüdemann Anja	15. 3.05	BI L	e	1. 6.69
	Nellesen Britta Christina	15. 3.05 °	ER CH	e	22. 3.76
	David Silvie Muguette	15. 9.05 °	D F	k	29. 7.71
	Drescher Susanne geb. Rehker	15. 9.05	E D	k	26. 1.72
	Rödiger Andreas	1. 2.06	M PH		9. 5.67
	Thiemann Amrei geb. Bölsche	1. 2.06	M PH		11. 3.71
	Eppa Johannes	10. 8.06	MU SW	k	25. 5.68
	Thomalla-Pott Aniela Maria	18. 3.07 □	F KR	k	3. 9.77
	Precht Kerstin	15. 5.07 °	E KU		12. 7.73
	Kerwer Anja geb. Kerwer	1. 8.07	F BI	k	30. 7.73
	Strozyk Anja	1. 8.07	D BI	e	18. 9.72
	Oldenbürger Anne	9. 8.07	KR SW M	k	27. 3.77
	Priemer Silvia	9. 8.07	E SP	e	16. 6.77
	Beyer-Kreuzer Dörthe (T)		D GE	e	24. 5.68
D	**Seepe** Werner SekIL	30.12.83	SP EK	k	13. 4.50
	Neubauer Hilde geb. Lucek SekIL' (T)		E F		5. 7.52
	Böttcher Ulrike		SP M		9. 7.55
E	**Walter** Olivia geb. Oberrecht	9. 8.06 °	E N	e	25.11.77
	Gillissen Matthias Dr.	1. 2.07	E PL		23. 8.74
	Weißelberg Janet	1. 8.07	L D		14. 3.72
F	**Marcinkowski** Ursula geb. Keiner		M BI	e	6. 3.52
	Bell Burkhard		□ ER SP		24. 4.54
	Manitz Bernd Dr.		BI CH		6. 6.57
	Starke Rainer		M SP	e	23. 3.58
	Peters Martina geb. Tegethoff M. A.		PL E	k	4. 6.62
	Hußmann Cornelia geb. Kirchheim		CH PH		28. 6.66
	Heideck Sylvia		E R		28. 5.70
	Zaree Parsi Ursula		ER D	e	29. 4.71
	Timmermann Nathalie geb. Heß		KU PA	k	31.10.76
H	**Alt** Eckhard		GE F		13. 2.57
	Wallrad Annette		E MU	e	16. 1.67
	Zimmermeier Marcus		L E	k	19. 7.71
	Emschermann Melanie		ER D	e	28.11.74
	Drees Mario		KR SP	k	19.12.76

2.161 Dorsten Gymnasium St. Ursula gegr. 1699
pr. G. (5-Tage-Woche) f. J. u. M. d. Ursulinenklosters Dorsten
Ursulastr. 8–12, 46282 Dorsten – Tel. (0 23 62) 2 30 49, Fax 4 53 21
E-Mail: gymn.st.ursula_dorsten@freenet.de, Homepage: www.stursula-dorsten.de

Kl: 8/16   Ku: 150/24   Sch: 1116 (642) (247/486/383)   Abit: 121 (65)   **BR Münster**
L: 62 (A 1, A_1 1, A_2 9, B 24, C 16, D 1, E 1, F 4, H 5)   ASN: **168294**
Spr.-Folge: E, L/F, F/L   Dez: LRSD **Dingemann**

A	**Kimmeyer** Sr. Benedicta	1. 5.92	° M	k	26. 3.47		**Schmalbrock** Hans-Peter	1. 4.03	PH EK	k	14. 9.60
A_1	**Dorenkamp** Alfons	1. 8.00	D SW	k	21.12.50		**Südbeck** Klaus	1. 8.03	M SP	k	2. 2.61
A_2	**Rüter** Carmen geb. Gröne	1.10.93	EK M	k	12. 8.46		**Echelmeyer** Gregor	1. 4.07	° MU SW	k	2. 4.62
	Braun Norbert (V)	1. 9.94	° GE D	k	7. 8.48	C	**Busch** Andreas	1. 2.95	M PH	k	26.12.61
	Gehring Hans	1. 1.95	D KR, PA	k	21.10.50		**Schulte-Weßkamp** Hiltrud geb. Weßkamp (T)	1. 8.95	BI EK	k	23. 6.63
	Verheyen Brigitte	1. 8.95	° EK BI	k	19. 1.48		**Schneider** Andrea geb. Gröning (T)	30. 1.97	D SP N	k	14. 8.64
	Pelz Hildegard	1. 6.99	KR E	k	1. 2.56		**Köhler** Michael	2. 4.97	M GE	e	22. 7.66
	Handschuh Gerhard Dr.	1. 6.99	° PL SW KU	k	25.11.52		**Hüttermann** Andrea	1. 8.98	E EK	k	10.12.62
	Schulz Bernhard Dipl.-Biol.	1. 8.01	° BI	k	27. 6.51		**Kösters** Erika	1. 8.99	° D GE	k	28. 5.64
	Schlarmann Wolfg.	1. 8.02	EK M	k	28. 1.54		**Marx** Christian	1. 8.00	D PA	k	27. 5.65
	Dinges Rainer	1. 8.03	E SP	e	17. 5.54		**Schulte-Huxel** Elisabeth (T)	1. 8.01	D L	k	3. 8.63
B	**Seitz** Franziska geb. Keseling (T)	2. 6.80	M PH IF	k	9. 5.46		**Lemberg** Silke	1. 8.01	D PA	k	4. 9.68
	Heil Ursula geb. Leifeld	1. 7.82	BI SP	k	29. 3.49		**Steentjes** Bettina geb. Schmitz (T)	1. 8.02	BI SP	k	1. 2.68
	Borgmann Hildegard	1. 8.82	° CH	k	18. 4.50		**Bartels** Antje geb. Fischer (T)	1. 7.03	° D KR	k	3. 7.72
	Wiemers Annegret geb. Maier (T)	1.10.88	EK F	k	16. 8.51		**Schiffer** Walter (T)	1. 8.03	PA ER	e	2. 7.57
	Rybarczyk Evamaria geb. Gropel	1. 8.90	° M	k	13. 4.49		**Terlau** Heike	1. 7.04	L GE	k	4. 2.72
	Huhn Christian	1. 8.92	M PH IF	k	28. 8.58		**Hasselmann** Eva geb. Schlüter	15. 9.05	D E	e	4. 6.71
							Spengler Matthias	1. 2.07	KR M	k	19.10.75
	Steentjes Michael	1. 7.93	SP GE	k	12. 8.53		**Hornung** Claudia geb. Hillebrand	1. 9.07	E SP	k	20. 3.75
	Krekler Dietmar	1.10.93	M EK IF	k	31.10.53	D	**Handschuh** Marianne geb. Trump (T)	7. 7.83	BI TX	k	2. 9.53
	Möllers Rudolf	1. 9.94	° EK PH	k	25. 4.55	E	**Traxel** Manuela geb. Martmann	1. 7.07	KU PA	k	16. 7.72
	Kleinefeld Ilona	1. 1.95	KW D	k	26. 7.54	F	**Röhl** Franziska Ass' d. L.		KR D	k	29.12.45
	Schaffeld Bernward	1. 8.96	PH M IF	k	28. 3.58		**Lohbreyer-Humbert** Doris geb. Lohbreyer		D TX	k	29. 7.53
	Klein Friedrich	30. 6.99	° E L	k	21.11.57		**Müller-Dick** Margarete geb. Müller Ass' d. L.		BI SW	k	11. 9.53
	Vogel Martina	1. 7.99	° E F	k	27. 9.57		**Sonderfeld** Ulrich Dr.		KR PL L	k	3. 3.57
	Rochner Hedwig geb. Buß (T)	1. 7.99	° D KR	k	21. 3.58	H	**Thiel** Ann Elizabeth		E	k	8. 8.47
	Kortenbusch Maria (T)	1. 7.99	D KR	k	23. 2.59		**Masqueliez** Jean-Pierre prof. cert.		F	k	22. 7.51
	Ley Ulrich	1. 1.02	PH GE	k	11. 5.59		**Lange** Ruth geb. Straßburger		SP	k	26. 5.54
	Biegel Thomas Dr.	1. 1.02	E F	k	19.11.59		**Maas** Henner Pfr.		ER	e	30. 4.61
	Vorst Reinhard	1. 8.02	SP CH	k	17. 3.58		**Mieczkowski** Sandra		E	e	13. 5.81
	Karolak Hans-Jürgen	1. 8.02	MU E	k	10. 2.61						
	Berns Jürgen Dr.	1.10.02	GE D	k	4.10.56						
	Haarmann Andreas Ulrich	1. 1.03	° GE SW KR	k	27. 2.57						

2.165 Dortmund Stadtgymnasium gegr. 1543
st. G. f. J. u. M.
Heiliger Weg 25, 44135 Dortmund – Tel. (02 31) 5 02 31 36, Fax 52 13 23
E-Mail: webmaster@stg.do.nw.schule.de, Homepage: www.stadtgymnasium.com

Kl: 9/14   Ku: 129/16   Sch: 933 (484) (264/394/275)   Abit: 76 (38)   BR Arnsberg
L: 57 (A 1, A_1 1, A_2 6, B 21, C 21, D 2, F 5)   ASN: **169341**
Spr.-Folge: L/E, F/L, F/G, I/H   Dez: LRSD **Barenbrock**

A	**Becker** Jürgen-Peter	1. 8.95	PH	e	29. 1.46		**Kröger** Irmhild	26. 6.02	M SP	e	10. 2.45
A_1	**Koolen** Bernhard	1. 3.05	GE SW		13. 2.55		geb. Mohr (T)				
A_2	**Hirschmann** Helmut	20. 6.86	D EK	e	9. 2.44		**Windt** Martin	26. 6.02	M PH	e	22. 2.62
	Prodöhl Rainer (F)	1. 1.90	D KR	k	4. 7.46	C	**Meckbach** Gerhard	1. 8.77 °	E ER	e	20. 5.49
	Konopka Hans-Peter	1. 3.93	BI EK	e	14. 3.51		**Schnellen** Christa (T)	23. 2.79	E EK	k	9. 7.49
	Steenkolk Anna-Elisabeth	22.12.94	M	k	1. 7.50		**Brockmann** Ilse (T)	16. 3.79 °	M	e	7. 7.50
	Flenner Elmar Dr.	12. 5.97	D PL PP	k	4. 7.49		**Schowe** Elke geb. Schuhmann	18.11.83	E EK	e	6. 3.53
	Erlenkämper Bernd (F)		L KR	k	28.11.57		**Baumann-Abd El Aziz** Monika-Elisabeth	12. 6.84	D SW		27. 1.52
B	**Dudek** Johannes	24. 1.79	D PL PA KR PP	k	17.12.43		**Pinner** Rolf	23. 1.85	EK SP	k	14. 3.50
							Born Jörg-Peter	24. 1.85 °	E SP	e	18. 9.52
	Schirmer Herbert	1. 6.79 °	E PL PK SW KR PA	k	10.11.43		**Bartsch** Wolfgang	19. 8.85	KU GE	k	21. 3.52
	Knigge Ulrike	11. 1.80 °	G L	e	10. 9.45		**Schmidt** Elisabeth geb. Schulte (T)	2. 2.88 °	BI CH	k	4. 6.56
	Friedhoff Monika (T)	17.12.80 °	M F	k	23. 1.49		**Schmidt** Thomas (V)	2. 2.88 °	BI EK	k	13. 7.56
	Blana Wiltrud (T)	10. 7.81 °	BI CH	e	5. 8.49		**Schierbaum** Frauke (T)	6. 1.92	KU M	e	16. 6.55
	Horstmann Norbert	21. 7.82	CH EK	oB	29. 6.49		**Buchheit** Michael	93	SP L	k	2.10.58
	Weber Winfried	31. 7.84 °	G L		3. 3.49		**Gerhold** Sybille	19. 8.98	F GE		12. 3.61
	Markowski Horst	12.11.84	D GE	e	21. 2.48		**Ferlemann** Anke	10.01	D ER	e	23. 2.66
	Busch Reinhold	1. 2.85 °	M IF	k	24. 7.49		**Averweg** Ursula	1. 1.02	D PL KR	k	31. 3.67
	Schulten Helmut	1. 6.85	MU (E)	k	26. 6.50						
	Lewandowski Rainer	20.12.85	GE D		3. 7.52		**Jaenchen** Britt	21.11.03	F E	e	12. 7.68
							Horstendahl Michaela Dr.	15. 8.05	PH MU	k	18.12.62
	Schirrmacher Helmut	1. 1.86	BI CH	e	30.12.49						
	Weidner Sabine geb. Lampe (T)	6. 1.92 °	E F		24.11.55		**Jünemann** Carola	1. 2.06 °	E I MU	k	18. 3.63
							Wiechoczek Rafael	6. 9.06	E SP	k	10. 6.74
	Hoffmann Klaus	1. 2.95	EW E KR	k	19. 7.52		**Weber** Katrin	1. 9.07	SP D	k	27. 1.77
							Janßen Britta	1. 9.07	E D	k	19. 4.77
	Bergmeyer Kerstin geb. Steinhoff (T)	1. 7.96 °	M PH	e	26. 2.54	D	**Langenhorst** Anne geb. Schomburg SekIL'	17. 2.84	KU MU	k	12. 2.57
	Plöger Ursula	1. 7.96	D GE ER		31.12.53		**Vukman** Ulrike SekIL'	4. 3.84	BI EK	k	31. 3.57
	Emmerich Sabine geb. Torchalla	1. 5.99	E ER	e	21. 4.60	F	**Gärtner** Rolf		D L KR	k	2. 6.53
							Becker Ursula SekI/IIL'	°	KR D		16. 5.54
	Christensen Annette geb. Krumme (T) (L)	30. 3.01	M PL PP	e	21. 8.51		**Schweda** Gerhard Dr.		PH M		31. 8.60
							Kröner Robert		SP GE		1. 1.61
	Linde Jörg	13.12.00	KU GE	e	9. 5.62		**Iasevoli** Manuela		I D S	e	1. 2.63

2.166 Dortmund Goethe-Gymnasium gegr. 1867
st. G.[1] (5-Tage-Woche) f. J. u. M.
Stettiner Str. 12, 44236 Dortmund – Tel. (02 31) 28 67 36 3-0, Fax 28 67 36 36
E-Mail: goethe-gymnasium-dortmund@t-online.de
Homepage: www.goethe-gymnasium-dortmund.de

Kl: 9/15   Ku: 98/24   Sch: 884 (412) (242/400/242)   Abit: 56 (34)   BR Arnsberg
L: 49 (A 1, [A_1] 1, A_2 4, B 20, C 16, D 1, E 1, F 4, H 1)   ASN: **169419**
Spr.-Folge: E, L/F, F/L, I   Dez: LRSD **Barenbrock**

A	**Ständeke** Lothar	20. 8.93 □	CH		3.10.46		**Bigalke** Rainer Dr. habil.[2] M. A.	13.11.89 °	F I PL	k	4. 5.48
A_1	(**Nattkemper** Christof OStR)	1. 8.04	M SP	e	17. 5.65		**Schmidt** Volker	23.12.92	CH EK		11. 3.49
A_2	**Aluttis** Walter (Vw)	31. 1.86	EK SP	e	31. 3.48		**Hüttermann** Johs.	25. 1.01	EK GE	k	4.10.46

	Name	Date	Subjects		Date 2
B	Morgenthal Johann Peter	26. 7.79	EK F	k	4. 7.46
	Minelli Margit geb. Knickenberg	31.10.80	I F D	k	6. 2.51
	Lambers Elvira	1. 8.81	GE SW		12. 2.50
	v. Kölln Martina	9. 8.82	KU W		28.12.47
	Roßmaier Helmut	2. 7.84	BI SP M	k	28. 7.48
	Dahl Norbert	24. 1.85	M	k	19. 5.49
	Kaiser Rüdiger Dipl.-Biol.	31. 1.86	BI		10. 3.46
	Busch Peter	12. 1.87 □	GE SW		20.12.50
	Rabiega Reinhard	13. 1.87	EK PA		22. 4.53
	Dingerdissen Karl-Heinz	13.11.89 °	D PL	e	4. 6.48
	Maat Winfried	3.12.90	M	e	16. 3.50
	Schoppmann Marita	25. 2.91	D E		5. 3.57
	Krome Hans Jürg. Dr.	6. 1.92	D GE		1. 7.49
	Lindenberg Dieter	6. 1.92	M PH IF	e	31.12.54
	Mangesius Michael	6.12.92 °	F GE	e	20.12.53
	Miehlke Gerrit	28.11.94	M MU	e	15.10.58
	Smolin Reinhard	9.12.96	E SP	k	26. 5.44
	Schwenke Mechthild	1. 5.00	E KR	k	8.11.62
	Regeniter Trude geb. Busch (T)	1. 4.01	SP M	k	21. 2.52
	Fitzner Susanne	1. 4.01	BI CH	e	27. 9.53
C	Tornow Dagmar geb. Mempel	1. 2.78	E F	k	6. 6.49

	Name	Date	Subjects		Date 2
	Müller Ludwig	27. 2.79	E SP	k	26.11.48
	Becker Klaus	10.12.80	D PK SW	e	19. 9.51
	Kus Norbert	19. 8.82	SP EK	k	28. 8.52
	Krämer Michael	1. 3.83	E SP	k	21. 9.51
	Henze-Konopka Kornelia geb. Henze (T)	1. 8.83	M PH	e	17. 7.54
	Unger Hartmut	19.12.83	PH		10. 3.48
	Boy Cordula (T)	25.10.93	MU D	e	19. 8.63
	Gößling Dörte (T)	19. 6.94	BI CH		26. 6.52
	Dümmerling Matthias	1. 3.95	KU E	k	25. 5.61
	Kupfer Regina	1.11.00	F D PA	e	19. 5.67
	Brieden Cornelia	1. 8.01	L KR	k	9. 6.69
	Kemper Nicole	1.11.02	E SP	k	9. 4.69
	Braun Kirsten	1. 8.06	F SP D		11. 9.64
	Kaiser Simone geb. Finster	1. 8.06 °	L M KR	k	30. 9.77
	Benninghoven Ulrich		D SW		11. 1.52
D	Kampmann Brigitta SekIL' (T)	18. 2.83	KU M	k	11. 7.55
E	Mattern Christina	22. 1.07	D PA		8.12.78
F	Collmann Angelika		E GE	k	28. 3.57
	El Khouli Salah Dr.		M PH		1. 6.43
	Kraus Annette		MU ER	e	28.12.63
	Raabe Torsten		° D BI	e	20.11.65
H	Kirchner Monika geb. Wiemers TechnL'		HW TX	k	31. 3.49

[1] mit Handballteilzeitinternat/Sportförderklassen 5-10   [2] Privatdoz. a. d. Univ. Osnabrück

2.168 Dortmund Helmholtz-Gymnasium gegr. 1904

st. G. (5-Tage-Woche) m. zweisprachigem dt.-engl. Zug f. J. u. M.
Münsterstr. 122, 44145 Dortmund – Tel. (02 31) 5 02 70 13, Fax 5 02 31 30
E-Mail: helmholtz-gymnasium@hgdo.de
Homepage: www.helmholtz-gymnasium-dortmund.de

Sch: 946 **BR Arnsberg**
L: 62 (A 1, A_1 1, A_2 8, B 20, C 21, D 5, E 2, F 3, H 1) ASN: **169420**
Spr.-Folge: E, L/F, F, F Dez: LRSD **Barenbrock**

	Name	Date	Subjects		Date 2
A	Köneke Bruno Dr.	2. 5.91 °	D L	k	15. 4.49
A_1	Bartel Michael	1.11.89 °	M EK BI		1. 3.48
A_2	Eckervogt-Heuvemann Brigitte	27.12.90 □	SW EK		24. 7.52
	Vocke-Scholz Barbara	1. 7.96 □	D EK	e	7. 6.48
	Winter Heinrich Dr. (F)	1. 8.96	D E		14. 7.54
	Grundmann Reiner (F)	9. 4.98 °	KR SP BI L		15. 6.52
	Pottmeyer Peter (Vw)	23. 8.02 □	M (IF)	k	29. 1.49
	Hoffmann Cornelia (T)	11. 9.02	E PA	k	8. 7.53
	Hahne Johannes	1.10.03	SP EK IF	k	10. 1.53
	Bennhardt Dirk Dr. (F)	1. 5.06	M PH		13. 8.64
B	Peters Gerhard	2. 2.79	E SP	k	3.10.45
	Simon Dittmar	13. 7.81	SP EK	k	25. 1.49
	Müller Dieter	1. 7.82	E SW	k	22. 8.48
	Spiegel Günther	1. 85	D PL		18. 1.50
	Loga Simone (T)	22.12.87	E SW		
	Klindworth Gabriele geb. Wiesemann	19.12.90 °	HW SP	k	7. 2.51
	Rüther Johannes	1. 6.94	D PA MU		6. 9.52
	Schreiber Detlev (T)	1. 6.96 □	E PA		28. 3.51

	Name	Date	Subjects		Date 2
	Bahr Rainer	1. 8.96 °	M PA (IF)	e	13. 3.52
	Mildenberger Franz-Joseph	17. 7.02 □	M BI	k	24. 9.54
	Bauer Ulrich	17. 7.02	KR SP	k	15. 9.53
	Karweick Jörg	17. 7.02	D F		19.10.53
	Oetzel Albert	31. 1.05	D EK	e	4. 7.51
	Knoop Ute	31. 1.05 □	CH GE	e	19. 1.57
	Katthagen Klaus Markus	31. 1.05	E BI		21.10.67
	Ibing Christa geb. Wagner	26. 4.05	BI	e	28.11.48
	Schmacher Eva	1. 5.05	D E		14.11.59
	Thier Sandra	31. 8.06	M BI		3. 5.73
	Roters Nicole	31. 8.06	E F		20. 7.71
	Wallenfels Birgit (T)	11. 9.06	E F	k	13. 5.64
C	Maaß Wilfried	7.10.81	PH		10. 8.48
	Pinner Velinka (T)	24. 4.82	D SP	e	23. 8.52
	Kühn Ursula (T)	3. 8.82 □	D SW		18.12.50
	Koll Reinhard geb. Goczol (T)	19. 4.83 °	M EK		22.10.50
	Baumgart Wolfgang	30. 6.83 □	SW PK GE	e	15. 8.52

	Zillmer Cornelia geb. Spranke (T)	22. 6.84	° E GE	e	11. 8.53		Menzel Angelika geb. Brockers (T)	MU SP	30. 5.75
	Friedrich Heinz-B. (V)	16.10.84	° D SW	k	3. 8.54		Lochon-Wagner Kerstin Nielinger Antje (T)	E GE	3. 5.76
	Hohberg Klaus	28. 1.86	□ M KU		4. 1.53	D	Koert Irene SekIL' (T)	3. 9.81 M E	31. 5.55
	Schube Burghard	15. 5.87	ER SP	e	3. 5.54				
	Hausberg Karl-Friedrich	10. 6.87	MU F	e	27. 4.51		Gierok Peter SekIL Reinhard Brunhilde geb. Zeh SekIL'	3. 2.82 M PK 22. 4.82 E HW e	4.12.49 13. 4.55
	Sibille-Ellerbrok Sabine	1. 8.98	D KU		20.12.60		Preuss Ingo SekIL	8. 3.83 CH SP k	25. 2.56
	Wolf Sabine	6. 7.99	° M PH		4.12.65		Jandt Ulrike geb. Ahrens SekIL'	1. 2.88 E KU e	27. 7.58
	Vinkelau Reinhild (T)	1. 2.03	E EK						
	Weißenfels Petra Dr. (T)	6. 9.05	° CH KU			E	Buchwald Susanne Wehner Stephanie	30. 5.05 BI KR k 22. 8.05 D PA k	7.12.76 13.10.76
	Schubert Markus (L)	6. 9.06	E EK			F	Hesper Stefan Dr.	D PL e	23.11.62
	Brunswicker Sigrid		° BI CH		23. 8.56		Schnettler Birgit	D PL	20. 1.66
	Wagener Jörg		M CH		6. 3.65		Goldmann Nicole	KR k	15. 3.75
	Ehlert Helena		D F		6. 7.68	H	Tillmanns Ilse geb. Rombach	SP e	25.10.55

2.169 Dortmund-Dorstfeld   Reinoldus- und Schiller-Gymnasium   gegr. 1907/1917
st. G. f. J. u. M.
Hallerey 49/51, 44149 Dortmund – Tel. (02 31) 91 72 34-0, Fax 91 72 34 44
E-Mail: rsg-gym@t-online.de, Homepage: www.rsg-gym.org

Kl: 10/15 Ku: 139/20 Sch: 1042 (542) (286/423/333) Abit: 73 (38)   **BR Arnsberg**
L: 58 (A 1, A$_1$ 1, A$_2$ 7, B 14, C 19, D 3, E 6, F 4, H 3)   ASN: **169353**
Spr.-Folge: E, F/L, F, F   Dez: LRSD **Kurtenbach**

A	Neuser Sabine	1. 9.04	° D ER PL	e	15.11.53		Riese Ursula (T)	1.10.95 D PL k	3. 3.51
A$_1$	Schymanski Wilfried	2. 4.01	° BI CH	e	17. 6.50		Staege Marie Luise (T)	9.96 F RK k	3.11.57
A$_2$	Hückel Hannelore (F)	1. 6.78	D GE		26.12.42		Stierzowsky-Mengel Petra geb. Stierzowsky	1. 1.02 GE ER e	18. 1.65
	Schulz Joachim	30.11.89	° L EK	e	2. 2.45		Hiebel Gudrun	1. 1.02 ° BI L k	17. 5.63
	Büttinghaus Elmar	23.12.92	° M		30. 7.48		Borrmann Gero	1. 1.02 L GE k	28. 6.67
	Derkmann Armin	1. 6.03	D GE	e	28. 9.50		Heinrich Marion (T)	1. 1.02 ° M E	4. 1.69
	Rodegro Mechtild	17. 6.03	° M	k	20. 8.52		Ross Martin	1. 8.03 ° M PH	20. 2.69
	Lehner Walter	1. 8.03	° BI CH	k	5. 8.46		Kreutz Claudia geb. Hirschelmann (T)	1. 8.03 ° E L	2. 3.70
	Kreitz-Dammer Dorothee (F) (V)	11. 5.06	° E F		12. 4.65		Homann Andreas	1.11.05 D CH e MU	28.11.65
B	Schwermer Manfred (T)	1. 7.82	E EK	k	6. 3.47		Wohlthat Astrid (T)	1. 8.06 ° D F k	5.10.73
	Oevermann Rainer	1. 7.82	D PL SP		14. 4.43	D	Ritzler Stefan Bastian Margret VSchL'	7. 9.07 ° EK SP k 6.12.74 ° MU D e	22. 9.73 21.11.48
	Grannemann Jürgen	1. 7.82	KU		26. 7.48		Boehn-Hilden Angelika	3. 8.79 ° E GE e	21. 1.49
	Reczio Ortwin	7.10.82	° M		21.12.48				
	Limberg Gustav	23. 8.83	E GE	k	22.10.47		Brügelmann Gabriele SekIL'	14. 6.83 CH KR k	16. 9.47
	Nordhaus Olaf	30. 6.96	° M PH	e	16.10.53				
	Geyer Anne geb. Katzemich (T)	22. 1.97	° BI	k	2. 8.45	E	Schwering Andreas Bioly Sebastian	9. 8.06 BI SP k 9. 8.06 ° D PL k	13. 4.75 12. 1.76
	Kreilos Johannes-Joachim	23. 1.97	□ D GE	k	25. 8.53		Gockel Iris geb. Krömer	1. 2.07 M F k	26. 1.78
	Schräder Rolf	19. 7.02	PA Soz	k	31. 8.52				
	Behnke Ingrun (T)	19. 7.02	° M SW	e	12. 2.54		Koliropoulos Christina	1. 2.07 ° E PA	5.10.77
	Steinke Eckhard	28. 8.02	° M EK	e	12. 9.49				
	Nadler Bernd (T)	10. 1.05	PH KU	k	9.10.53		Sieverding Judith Dr.	6. 8.07 ° D PL k	19.11.73
	Genau Martina	26. 4.05	° D E	k	27. 4.69		Schulte Isabelle geb. Frank	° E F (R) e	7. 4.63
	Neuhaus Michaela	7. 9.07	° SP R		29. 6.68				
C	Brescia Carla	18.10.79	E EK	e	5. 7.49	F	Knappe Andreas	KU e	30. 6.48
	Khan Marlis	14. 5.80	F PA	k	16. 9.50		Wegemann Theo	° KR k	20. 6.53
	Weiß Jörg-Friedrich	3. 2.81	D E		21. 4.49		Syberg-Ulrich Ute	SP M	7. 1.58
	Schepers Theodor	3. 8.82	GE SW	k	26. 3.53		Torwesten Elisabeth	° BI CH k	11. 7.62
	Dombrowski Jürgen	8.10.82	° PH	k	1.12.49	H	Jularič Franjo Dipl.-SpL	SP k	23. 1.47
	Preuß Manfred	1. 2.83	D SW	e	31. 1.52		Pennekamp Helga-Maria	BI k	20. 3.47
	Paßen Gabriele (T)	14. 7.83	D E		27.11.49		Mertens Kurt Dipl.-SpL	SP e	2. 8.47
	Menge Meinolf (T)	1. 8.84	D GE	k	2.11.46				

2.170 Dortmund Mallinckrodt-Gymnasium gegr. 1907
pr. G. f. J. u. M. d. Erzbistums Paderborn
Südrandweg 2–4, 44139 Dortmund – Tel. (02 31) 1 08 76 60, Fax 10 87 66 79
E-Mail: info@mallinckrodt.schule.ping.de
Homepage: www.ping.de/schule/mallinckrodt

Kl: 7/14   Ku: 134/24   Sch: 956 (527) (215/414/327)   Abit: 95 (59)   BR Arnsberg
L: 58 (A 1, A$_1$ 1, A$_2$ 8, B 21, C 18, D 1, E 1, F 3, H 4)   ASN: **169316**
Spr.-Folge: E, F/L, F, S   Dez: LRSD **Kurtenbach**

A	Oelgemöller Ewald	1. 8.84 °	KR D	k	9. 2.45		Unkelbach Wolfgang	1.12.06	M PH	k	18. 6.63
A$_1$	Giese Rolf Dr.	1. 8.95 °	E KR	k	6. 1.57		Dr.				
			PA			C	Hüttenhölscher	1. 4.85 °	D KU	k	16. 3.56
A$_2$	Luhmann Heinz-	1.12.91	BI CH	k	3. 7.55		Irene geb. Kaiser				
	Bernd						Haak Marita	1. 8.87	M EK	k	10. 6.57
	Freudenreich Ulrich	1. 3.92	E KR	k	4. 4.53		geb. Ortmann				
	Voß Hubert	1. 7.92 °	M IF	k	17. 8.54		Küsgen Rita	1.12.88	M MU	k	31. 1.58
	Koschany Hans-	1. 1.94	E GE	k	7. 6.53		geb. Schreckenberg				
	Joachim						Stura Guido	1. 3.89 °	PH CH	k	10. 5.55
	Willeke Ulrike Dr.	1. 1.94	BI CH	k	13. 8.51		Teimann Ursula	16.12.89	BI SP	k	24. 9.54
	Kalthoff Jürgen	1. 1.96	E EK	k	20.11.53		geb. Kürfgen				
	Weishaupt Christoph	1.11.00	GE SW	k	16. 8.61		Figlhuber Gabriele	1. 1.90	SP EK	k	12. 7.55
	Korten Matthias Dr.	1. 1.05	MU SP	k	21. 3.62		Timmer Georg	1. 8.92	CH BI	k	13. 6.59
B	Mangels Sigrid	15. 6.79 °	D KR	k	4. 1.49		Rüthing Gabriela	2. 9.93	M MU	k	10. 6.62
	Heinrichs Hans-	1. 9.87	GE PA	k	11. 3.52		Sprenger-Saal	1. 2.95	D KR	k	8. 4.64
	Joachim						Corinna				
	Zahn Ulrike	1.10.90	M EK	k	23. 3.56		Korda Helge	1. 8.96 °	D E	k	7. 3.61
	geb. Reder						Grothus Heinz-Bernd	10. 7.97	M SP	k	19. 1.63
	Friedrich Günter	1.12.92	M EK	k	7. 5.53		Geck Karin	1. 1.98	M PH	k	16. 8.62
	Bogdoll Josef	1.12.92	M PH	k	22.10.52		Hoffmann-Höch	1. 2.98	E SW	k	24.12.66
	Luttmann Ursula	1. 7.93	EK E	k	12. 2.53		Ingrun				
	geb. Riering						Bullmann Barbara	21. 6.99	E F	k	19. 4.60
	Köferl Alfons	1. 7.93	SP SW	k	2. 5.54		Seiler Monika	25. 6.99	L GE	k	23. 1.65
	Wurm Christoph	1. 7.93 °	L E S	k	6. 2.55		Esser Luise	1. 8.99 °	D GE	k	12. 5.68
	Stadtbäumer Nicco	1. 1.95	KU SP	k	23. 2.59		geb. Klinkenberg				
	Hoppe-Roppertz	1. 1.95	BI HW	k	25. 3.55		Bassett Andrea	1. 2.05	E F	k	11. 8.71
	Brigitte					E	Ebert Tobias	6. 8.07	KR GE	k	6.12.71
	Kröger Heinrich	1. 1.95	M SP	k	4. 9.57	F	Klausmeier Markus		SP L	k	5. 2.60
	Stehling Klaus	1. 1.96	M PH	k	26.11.58		Veen Eva		MU D	k	24. 2.75
	Mobis-Fest Karin	1. 1.97	KU F	k	27. 3.56		Knez Anita		PA S	k	2. 4.77
	Zielonka Stefani	15.12.02	SP F	k	23.10.58				KR		
	Elsing Alfons	15.12.02	EK M	k	9. 2.58	H	Sanders Eva		TX SP	k	22. 6.57
	Feldmann Jörg	15.12.02	D KR	k	25. 5.62		Kläsener Elisabeth		D KR	k	5. 3.60
	Steinhüser Thomas	15.12.02	SP SW	k	24.12.63		König Sigrun Pfr.'		ER	e	11. 7.67
	Mach-Zupanc	1. 9.04	M BI	k	17. 9.58						
	Angelika										

2.173 Dortmund Max-Planck-Gymnasium gegr. 1858
st. G. (5-Tage-Woche) m. zweisprachigem dt.-frz. Zug f. J. u. M.
Ardeystr. 70/72, 44139 Dortmund – Tel. (02 31) 50-2 43 60, Fax 12 18 44
E-Mail: max-planck-gymnasium@stadtdo.de, Homepage: mpg-dortmund.de

Kl: 10/14   Ku: 136/26   Sch: 1041 (503) (284/365/392)   Abit: 108 (57)   BR Arnsberg
L: 64 (A 1, A$_1$ 1, A$_2$ 7, B 20, C 22, D 6, E 3, F 4)   ASN: **169304**
Spr.-Folge: E/F, E/L/F/O^1, F/L, O^2 Dez: LRSD **Kurtenbach**

A	Engler Ilka	4. 8.97	BI	k	12.10.48		Freisen Susanne	29. 9.95	D E	k	18.11.48
	geb. Schlitter						geb. Olfers				
A$_1$	Hohlweg Richard (T)	5. 8.97 °	M SP	e	3.12.47		Maurmann Barbara	22. 2.96 °	D EK	k	4. 6.46
A$_2$	Westermann	15.12.92	L GE	e	7. 2.48		Dr.				
	Hans-Georg (T)						Literski Klaus-	26. 3.98	F GE	k	15.12.48
	Scherff Eberhard	23.12.92	D GE	e	18. 3.50		Michael (F)				
			SW PL ER N				Mariß-Kollmann	6.10.05	BI CH	k	1. 2.60
	Beine Josef	24. 1.94 °	BI EK	k	21. 2.51		Claudia (F)				

B	Theyssen Arnd (T)	24. 7.79	L ER	e	15. 1.45	Hyllus Reginald	12. 2.83	D SP	16. 1.49
			SP			Burkart Angelika (T)	12. 4.83	M BI k	25. 2.55
	Micus Elmar	27. 2.80	M SP (IF)	k	5. 2.50	Röder Norbert	1. 8.83	E SP e	5. 2.52
						Meißner Heidi (T)	5.10.84	M EK e	10. 2.54
	Risse Günther	11. 7.81	SP BI	e	24. 3.49	Zoschke Helge	29. 8.88	E KU e	23. 5.53
	Lehmann Volker Dr.	26. 6.82 △	CH PH		12. 3.44	Walpert Anke	6. 9.04	D ER e	3. 7.68
	Röbbert Gerhard (T)	22. 7.82	EK GE	e	6. 5.46	Baumgärtner Tim	24. 3.05	M CH e	10. 9.71
	Kraft Dieter	20.12.85	D PL SP	e	15.12.49	Schönherr Sabine	21. 7.05	D E	28. 7.72
						Roose Hilke	1. 8.05	M CH k	4. 2.73
	Hecker-Overlack Michaela (T)	1. 1.86	F SP	k	15.11.51	Brüse Jochen (T)	24.11.05	E MU	14. 1.72
	Hoffmann Thomas	1. 1.86	M		15.11.50	Vorderwülbecke Heike	6. 9.06	BI SP e	25. 2.75
	Becker Jürgen	13.11.89	M IF	e	16. 1.52	Miehlisch Malte	20. 9.06	D E	15. 9.68
	Wilms Theodor	6. 1.92	M SP	e	8. 8.51	Kohtes Britta (T)	31. 7.07	F GE k	14. 7.73
	Wischniewski Doris (T)	16.12.92	D GE	e	6. 8.48	Zwink Christian Dr.	31. 7.07	F GE e	27. 9.72
						Eggenstein Sigrun	6. 8.07	M F EK k	3. 5.68
	Leyh Brigitte (T)	16.12.92 °	E PA		19. 9.46	D Möller Heinz-Rüdiger SpL	22.12.75	SP e	3. 9.48
	Marquardt Dorothee	18.10.94	CH EK	k	4. 7.51				
	Steinhoff rie	22. 1.97	EK GE	k	13. 4.53	Wagener Karl-Heinz SekIL	25. 6.81	BI D	9. 3.51
	Kalisch-Bollerott Angelika (T)	18. 4.00	PA SW	k	20. 1.52	Bracht Bärbel SekIL' (T)	15. 8.83	ER GE e	17. 7.47
	Wick Volker	23. 3.01	MU EK	e	22.10.57				
	Preußer Mechthild (T)	19. 7.02	PH (M)	k	11. 3.47	Möllmann Jürgen SekIL	4. 3.84	E EK k	2. 9.55
	Müller Sabine	19. 7.02	F EK		4. 1.63	Kruse-Döblin Cornelia SekIL'·(T)	30. 4.84	KU KR k	8. 5.54
	Robertz Ines	11. 6.04	D E	e	22. 9.71				
	Geitz Alexander	31. 8.07	D MU	e	15. 1.70	Haubaum Susanne SekIL'	5. 2.88	KU ER e	26.11.58
C	Döring Hedwig (T)	2. 3.79	EK F	k	21. 4.51				
	Klaholz Brigitta (T)	30. 4.79	CH SP	k	28. 7.49	E Knauf Sebastian	1. 2.06	E PL	31.10.74
	Loose Wolfgang	14.12.79	PH		16. 9.47	Nickbakht Mariam	1. 2.07	L R	16. 7.75
	Glaser Walburga (T)	1. 2.80	PA SW	k	25.11.46	Völker Eike	6. 8.07	D SW e	30. 8.77
	Goltsch Sabine (T)	18. 9.80	D E		12.11.48	F von Horn Isabel		O E	27. 9.48
	Bethke-Nix Renate (T)	26. 8.82	EK SW		23. 5.51	Dewey Evelyne		F k	23. 3.50
						De Lima Maria Margarida		O k	15. 6.57
	Koritzius Wolfgang	1. 9.82	EK SP	k	10. 5.51	Wormuth Lothar		KU PS	10. 1.69

[1] für portugiesische Sch. O als zweite Fremdsprache u. Abiturfach
[2] O als neueinsetzende Fremdsprache u. Abiturfach für deutsche Sch.

2.174 Dortmund   Leibniz-Gymnasium   gegr. 1952
st. G. (5-Tage-Woche) m. zweisprachigem dt.-engl. Zug f. J. u. M.
Kreuzstr. 163, 44137 Dortmund – Tel. (02 31) 9 12 36 60, Fax 12 65 88
E-Mail: leibniz-gym@gmx.net, Homepage: www.leibniz-gym.de

Kl: 10/15   Ku: 91/17   Sch: 918 (508) (271/412/235)   Abit: 49 (29)   **BR Arnsberg**
L: 52 (A 1, A_1 1, A_2 2, B 13, C 18, D 5, E 7, F 2, H 3)   ASN: **169407**
Spr.-Folge: E, L/F, F/L, F   Dez: LRSD **Barenbrock**

A	Hamann Bernd Dr.	1. 8.07 °	BI M	e	17.11.49	Pohl Hartmut	4.01	M PH	1. 4.58
A_1	Weber Christel geb. Schimnitzki	6.01	M EK·	k	26. 4.51	Suchomski Wolfg. (V)	1. 8.02 °	D GE k	16. 5.54
						Kruska-Bludszat Renate geb. Kruska (T)	31. 1.05 □	D SW e	18. 4.58
A_2	Spieler Christine geb. Günther (T)	22.12.93	D GE		26. 5.44	Kabzinski-Kenkmann Rolf	31. 1.05	KU SW	7. 1.59
	Dabrock Christoph	1. 1.97 °	CH PH	k	1. 2.52				
B	Heine Ernst-Enno (T)	29. 1.79	GE D		9.10.43	Tiaden Martin	31. 8.06	E M	18. 2.65
	Obst Bernd-Ulrich	19.11.82	EK GE	e	26. 9.46	Bauer Nicole	1. 8.07	D E	15. 6.67
	Weitner Beate Dipl.-Chem.'	1.12.90 °	CH	k	29. 1.52	C Landmann Inge	76	PH M SP	15. 3.50
						Klatt Helmut	1. 3.81	M BI IF	6. 9.46
	Schünemann Gerhard	29. 1.91	BI SP	e	13. 6.49	Plewnia Ralf-Bernd	1. 8.84	F PA k	22. 3.53
						Sömisch Rainer	1. 8.88	D ER	15.10.55
	Nagel Udo	6. 1.92	E F		19.12.46	Eichler Gabriele	1. 8.93 °	E ER e	13. 5.57
	Imgenberg Beate geb. Huckenbeck (T)	19. 6.96	E PA	k	13. 4.53	Vennemann-Sobanski Daria	22. 9.01	MU	18. 6.58
	Strehl Sabine geb. Kluck (T)	4.01	BI SP	k	3. 8.53	Hinz Silke	22. 9.01 °	BI E	7.12.68
						Jost Gernot	22. 9.01	M SP k	21. 1.69

	Effgen Thomas	22. 9.01	E EK	k	24. 4.70		Gutschank Jörg Dr.	06	PH M	e	2. 8.70
	Hoffmann Renate (T)	1. 7.03	□ D SW		7. 6.65	E	Mense Kathrin	1. 2.06	D KR	k	8. 2.78
	Hosemann Henrike	1.11.03	F EK	e	13. 8.70		Schäfer Stefan	9. 8.06	BI SP	k	3. 9.73
	Aach Guido	1. 2.04 °	E SW		24. 9.72		Freeze Heiko	9. 8.06	D PL	e	22. 7.75
	Elsermann Birgit (T)	15. 3.05 °	L F	e	4.10.74		An der Heiden Judith	1. 2.07 °	D GE	e	16. 6.79
	Worms-Eichelsbacher	16. 3.05	M SP		16. 3.75		Erdmann Kathrin	1. 8.07	E EK	k	2. 7.76
	Helene geb. Worms (T)						Bell Kathrin	1. 8.07	E PL	e	24. 1.77
	Schwebke Reinhard	1. 2.06	M SP	k	17. 4.69		Fisch Kathrin	6. 8.07	F SP	k	15. 9.77
	Wernsmann Peter	1. 2.06	BI E	k	11.12.73		geb. Breer				
	Kalle Jutta (T)		D E		20. 3.68	F	Hoffmeyer Michael		M PH	e	16. 1.69
D	Gesper-Niewerth	1. 2.74	□ KU	k	21. 2.51		Zimmer Ursula		D SP		
	Barbara FachL'					H	Baranowski Gabriela		SP	e	26. 1.54
	Geweke Gabriele	1. 2.83	KU M		6. 6.54		geb. Zeptner GymnL'				
	SekIL' (T)						Jelenski Michael		GE KR	k	23. 7.54
	Krüger Renate	28. 6.83	BI D	k	19.10.54				L		
	geb. Kantwerk SekIL' (T)						Redlin Karuna		E SP		19. 5.74
	Niebecker Sabine	8. 8.94 °	MU E	e	18.10.56						
	geb. Masche										

2.175 Dortmund   Käthe-Kollwitz-Gymnasium   gegr. 1954
st. G. (5-Tage-Woche) f. J. u. M.
Erzbergerstr. 1–3, 44135 Dortmund – Tel. (02 31) 5 02 31 33, Fax 52 35 19
E-Mail: b.schwert@stadtdo.de, Homepage: www.kkg-do.de

Kl: 8/17   Ku: 124/19   Sch: 1021 (590) (238/461/322)   Abit: 82 (56)   **BR Arnsberg**
L: 52 (A 1, A$_1$ 1, A$_2$ 2, B 21, C 14, D 5, E 4, F 1, H 3)   ASN: **169330**
Spr.-Folge: E, F/L, L/F, I   Dez: LRSD **Barenbrock**

A	Jöhren Willibald	12. 7.87	□ D EK SW		2. 2.46	Schwettmann	27. 6.02	BI E	k	6. 5.55
A$_1$	Lewinski Karlheinz	22. 3.88	M	e	2.10.49	Monika (T)				
A$_2$	Deddens	10.12.91	GE Soz		2. 3.50	Schulte-Steinberg	29. 9.06	D BI	e	23. 1.60
	Eilert		SP			Jörg		EW PL		
	Flenner-Rattay	18. 3.95	BI	k	1. 5.51	Düngen-Bayha Doris (T)		M CH		4. 9.48
	Bärbel					C	Gerks Udo	17. 2.81	E PL	e	17. 8.50
B	Dahlmann Georg	1.12.81	□ EK SW	k	3.12.47	Ebbinghaus Norbert	3. 8.82	E EW		30. 7.51
	Moojer-Rimoneit	13.11.89	BI CH		17. 5.49	(T)				
	Monika geb. Moojer					Lenz Helmut	13. 9.84 °	M PH	e	11. 4.50
	Henschel Regina	16.12.92 °	M IF	e	30. 6.54	Döring Inge	19. 9.84	KU F		19. 2.56
	geb. Koller (T)					geb. Gerkensmeyer (T)				
	Kranefeld Bärbel	22.12.92	E HW		6.10.49	Brämswig-Nadjafi	19.10.84	D PA	k	10. 8.52
	Hollerpach-Punge	22.12.92	M SP		30.10.55	Irmgard geb. Brämswig (T)				
	Heide					Jäckel Norbert (T)	19. 8.85	CH EK	e	7.10.54
	Schulte Heribert	22.12.92	SP EK	k	5.10.50	Pietzarka Christel	26. 6.87 °	BI CH	e	1. 1.49
	Riedel Jutta	22.12.92	E EW		8. 7.54	geb. Czwink (T)				
	geb. Patzwald (T)					Stockmeyer Holger	19. 8.96	D PH	e	14.10.62
	Erasmus-Sarholz	10.93	L D	e	24. 4.55	Wember Ursula	1. 9.98	E I	k	27. 4.64
	Gabriele					Henning Astrid (T)	3. 1.00	L E		9. 6.66
	Hecker Gerhard	26. 1.94	EK F	k	21. 4.47	Schulze Claudia	1. 7.03	F E		14. 7.68
	Spätling Mechtild	20.12.94	D E		26. 4.48	Golek Miriam	15. 9.03 °	D ER		24. 9.72
	Höne Sabine (T)	18. 6.96	□ D PL		18. 3.52			SP		
			ER			Priebe Melanie	04	M GE	k	30. 1.66
	Klimpke-Weber	18. 6.96	F KU	k	9.11.56	Niehoff Claudia	04	F GE	e	13.10.71
	Angelika (T)					D	Engel Brigitte	1.11.80	KU EK	k	18. 3.53
	Bork Christel	22. 1.97	E PA	k	21. 5.51	geb. Löpenhaus SekIL' (T)				
	geb. Scholz (T)					Rüffin Monika	12. 9.83	D KR	k	1. 7.56
	Wolf Karl-Heinz	22. 1.97 °	BI CH	e	30. 8.58	geb. Erler SekIL' (T)				
	Herold Irmtrud	22. 1.97	E KU	k	5.11.56	Peter Paul Hermann	12. 4.84	PH GE	e	1. 1.47
	geb. Böddiker (T)					SekIL (Vw)				
	Dworak Armin	18. 4.00 °	E SP	e	12. 6.52	Moskaluk Petra	27. 1.85	GE TX	k	21. 2.56
	Fiedor Cornelia	18. 4.00	BI CH	e	13. 1.54	geb. Kuhfeld SekIL'		PH		
	geb. Jentzsch					Busse Sabina	19. 8.96	PK KR	k	7. 1.59
	Jungmann	30. 3.01	M PH		28. 9.63	SekIL' (T)				
	Klaus-Peter					E	Eckmann Sonja	1. 2.04	D L	e	14.10.75

	Glufke Michael	6. 9.04	L GE	k	11. 3.66	H Brinkmann Renate		SP	e	22. 8.45
	Abraham Nina	6. 9.04	GE F	e	4. 8.75	geb. Helberling GymnL'			
	geb. Wiekenberg					Kötter Petra geb. Krems		SP	e	26. 4.56
	Nebel Georg (T)	04	E MU	k	27.10.69	Richard Traudel SpL'		SP MU		13. 6.57

2.176 Dortmund-Hombruch Helene-Lange-Gymnasium gegr. 1959
st. G.[1] (5-Tage-Woche) f. J. u. M.
Am Hombruchsfeld 55a, 44225 Dortmund – Tel. (02 31) 5 02 91 50, Fax 71 23 95
E-Mail: webmaster@helene-lange-gymnasium.de
Homepage: www.helene-lange-gymnasium.de

Kl: 9/18   Sch: 1102 (604) (253/483/366)   Abit: 121 (70)   BR Arnsberg
L: 66 (A 1, A$_1$ 1, A$_2$ 6, B 19, C 23, D 4, E 9, H 3)   ASN: **169328**
Spr.-Folge: E, L/F, F/L, S   Dez: LRSD **Kurtenbach**

A	Hillmann Jürgen	17. 5.90	PH		20.10.43	Schultze Hans-Peter	19. 9.84 °	E SP	e	11.12.50
A$_1$	Möllencamp Ulrich	1. 8.06	M PH	e	18.10.55	Gehlert Barbara	1. 4.86	KU M	e	27.10.56
A$_2$	Hendrys Wilhelm	6.11.92	KR PL D	k	2. 1.49	geb. Brockmann				
						Dernbach Thomas	26. 2.87	BI KR	k	6. 4.52
	Reckermann Jürgen	20.12.92	BI	e	16.12.49	Bünnemann Karin (T)	1. 3.88	D E		19.12.57
	Brütting Rolf Dr.	31. 5.94 °	GE D EK	k	27. 9.43	Hügging Karola	1. 8.98	M GE		25.12.66
						Porrmann Thorsten	1.12.02 °	CH D		10. 6.68
	Schwarzenhölzer Beate	3. 2.95	D KU	k	26. 1.55	Heumann Bernd	1. 2.03 □	F PA		4. 1.50
	Gollan Peter (F)	1.10.99 °	D PL	k	15. 5.58	Schoß Thomas	7. 2.03	CH M	e	2. 3.72
	Wlotzka Udo	10.03	BI PH	k	4. 5.56	Awater Sonja	20. 2.03	M SP	k	21.10.72
B	Mutscher Wolfgang	1. 7.79	E EK	e	9. 1.47	Wieber Anja Dr.	20. 8.03	L GE		12. 5.61
	Huck Petra	11. 1.80	BI	e	1.12.42	Stöcker Britta	20. 8.03	F L	k	20. 3.70
	geb. Herfurth (T)					geb. Kohlmeyer				
	Franke Gabriele	8. 7.80	D GE	k	17. 6.49	Luque-Ramirez Maria	2. 1.04	S GE		1.10.64
	geb. Wichmann (T)					Schalk Helge Dr.	1. 8.06	D PL		26. 6.68
	Kuhlmann Rainer	1. 2.84	D SP	e	7.11.48	Kramer Henning	1. 8.07	M PH		20. 1.71
	Knoch Friedel	16.12.92	GE ER	e	20. 2.50	Plinke Kirsten		S EK		20. 1.71
	Niehues Lore	4. 1.94	D E	k	21. 8.47	Marczok Artur		M PH		28. 5.74
	Pötter Mechthild	3. 1.95	E EK	k	26. 2.55	Bredthauer Gerd		SP EK		8. 1.49
	geb. Fellmann (T)					D Kordecki-Paris	1. 8.80	KU KR	k	5. 9.54
	Bullenda Hans-Günter	5. 1.95	D GE	k	30.12.51	Angelika geb. Kordecki				
	Schneider Josef	1. 2.95	GE SW		1. 8.51	SekIL' (T)				
	Dolata-Hoffmann Sabine	96	D EK	k	8. 1.55	Brose Ursula geb.	4. 9.81	KU E	e	7. 3.56
	Janßen Rüdiger	1. 3.01	EK ER M	e	14. 1.50	Diedich SekIL' (T)				
						Sommer Barbara	12. 9.81	PH MU	k	1.10.55
	Christiani Anette	1. 8.01	E KR	k	26. 4.63	geb. Gröning SekIL'				
	Klar Hiltrud (T)	1. 7.02	D PA		22. 3.53	Voß Claudia SekIL' (T)	1. 8.92	GE BI	e	24.11.58
	van Nek Ralf	1. 8.05	CH PH		5. 5.66	E Schlecking Katja	1. 8.04	E GE	k	26.12.71
	Aßmann Markus	1. 9.07	M PH		24. 9.74	Denuell-Diekmann	1. 8.05	F GE		19. 6.61
	Heetmann Christine	1.10.07		e	27. 6.63	Ulrike				
	Radtke Jürgen		M SW	e	22. 7.43	Klauert Holger	1. 2.07			17.10.73
	Radmer-Fehrmann Ulrich		° SW EW	e	30. 8.52	Hofmann Marion	1. 2.07			5.12.76
						Pagenkopf Meike	1. 8.07			27.11.72
	Föster Sabine		D MU	k	29. 1.68	Kuhnert Olaf	1. 8.07	EK M		20. 6.78
C	Lange Detlef	5. 2.82	EK SP		3. 6.49	Haselhoff Andrea		L KR M		10. 2.73
	Frauendienst Annegret (T)	5. 7.82	E EK		13. 3.55	Sigges Niklas		M SW		26. 9.76
						Gaudenz Barbara		E GE		23. 2.77
	Skocki Peter	29. 6.83	D PL	k	25.11.51	H Pelzer Wolfgang Dipl.-SpL		SP	k	29. 7.47
	Eckert Walter	15. 9.83	SP SW	e	17. 2.51	Rötten Jutta GymnL'		SP		23. 9.53
	Koehne Herbert	28. 6.84	E MU	k	29. 3.52	Badorek Klaus		SP ER	e	18.11.53

[1] mit zweisprachigem dt.-engl. Zug ab Schuljahr 08/09

2.179 Dortmund-Hörde Phoenix-Gymnasium gegr. 1967
st. G. (5-Tage-Woche) f. J. u. M.
Seekante 12, 44263 Dortmund – Tel. (02 31) 5 02 44 50, Fax 41 15 67
E-Mail: postmaster@phoenix-gymnasium.de, Homepage: www.phoenix-gymnasium.de

Kl: 10/16 Ku: 93/12 Sch: 925 (451) (275/421/229) Abit: 56 (31) BR Arnsberg
L: 48 (A 1, A$_1$ 1, A$_2$ 3, B 16, C 16, D 1, E 4, F 5, H 1) ASN: **169456**
Spr.-Folge: E, L/F, F/L, I Dez: LRSD **Kurtenbach**

A	**Forthaus** Ursula geb. Höke	29. 1.04	△ D E	k	29.10.47	**Messling** Burckhard	15. 8.84	M SW	e	13. 6.46
						Lindenberg Angela	15. 8.96	CH EK	k	27.12.54
A$_1$	**Daub** Thomas	15.12.02	° M PH	e	21. 2.58	**Disselkamp** Jürgen	18. 2.99	M IF	k	30.10.65
A$_2$	**Steinkamp** Hildegard Dr. (F)	1. 8.96	D E I	k	15.11.50	**Dickel** Matthias	15. 9.04	M PH	k	21. 6.73
						Harweg-Ottefülling Mirjam geb. Harweg	15. 9.04	E I	e	11. 9.74
	Saur Ingeborg geb. Schräder	31. 1.05	° D PL	k	16. 9.49	**Döbbe-Hohenkirch** Claudia geb. Hohenkirch	1. 8.05	M KR	k	22. 6.74
	Schulte-Stemmerk Udo		° BI M		20. 7.44	**Schmidt** Leif	1. 2.06	E KU	e	13. 2.73
B	**Arend** Gisela geb. Appel	21. 5.75	D GE SW	e	13. 1.43	**Mikus-Binkowski** Susanne	1. 2.06	E I	k	24. 9.76
	Goldscheid Gerhard (Vw)	8.12.79	M GE	k	5.12.47	**Bredenbrock** Thomas	1. 8.06	D E	e	1. 7.70
	Müller-Haupt Eva-Maria geb. Haupt (T)	8. 7.81	° F EK		3. 5.46	**Kremser-Stork** Isabel geb. Kremser (T)		° D MU	k	20.10.68
						Schmidt Carsten Dr.		BI CH	e	28. 6.69
	Hesse Ulrike geb. Jäger	15. 5.82	E F	e	12. 1.50	**Overmeier** Kathrin geb. Hüwe		E KR	k	7. 2.75
	Cuypers Ulrich	1. 6.94	E EK	e	26. 3.50	**Ostermeier** Kai		D SW	e	26. 2.75
	Kümmler Hans	10. 4.00	BI CH	e	25. 3.50	**Draxler** Dennis Dr.		M PH	e	4. 5.76
	Nordick Wilfried	23. 3.01	GE Soz		10. 3.49	D	**Rennkamp** Doris geb. Wiesemann SekIL'	22.11.83	E ER		27.10.49
	Stiebeiner-Koop Anne (T)	23. 3.01	M EK		2.12.51	E	**Fetel** Marion	1. 2.07	F CH		16. 4.76
	Strasburger Bernd	5. 8.02	SP EK		15.11.47		**Delkus** Kolja	1. 2.07	SW SP TC		15. 1.77
	Wypior-Eitelberg Monika	1. 2.05	D KU	k	30. 1.51		**Sattur** Pascale	1. 8.07	D PL	e	20.11.75
	Campe Ulrike	1. 2.05	° D ER	e	18. 1.68		**Saalmann** Janka	1. 8.07	▫ BI M	k	5. 4.76
	Cleven-Netz Erika	1. 8.06	F I	k	26.12.51	F	**Hugo** Ilse geb. Bloomfield		SP TX	e	22.12.45
	Kehse Martin	1. 8.06	D SP	e	12. 1.65		**Podzielny** Rolf		° PH E		14. 3.50
	Pohl Sandra	1. 9.06	L GE	e	26. 4.71		**Scheidhauer** Imelda		L EK		18. 6.60
	Backhaus Werner		EK SP	e	20. 5.61		**Muschiol-Limpinsel** Veronika		D KU	k	26. 4.60
	Hegenkötter Dina (T)		D MU	e	6. 7.62		**Beckers** Michael		D R PL		18. 2.64
C	**Teschner** Marianne geb. Schulte	15. 1.79	° SP BI	k	17. 8.47	H	**Trawny** Lothar		MU	e	31.10.51
	Grundmeier Heinz (T)	3. 8.79	M PL	k	5. 9.49						

2.180 Dortmund-Aplerbeck Gymnasium an der Schweizer Allee gegr. 1968
st. G. f. J. u. M.
Schweizer Allee 18–20, 44287 Dortmund – Tel. (02 31) 2 86 62 70, Fax 44 10 81
E-Mail: an-der-schweizer-allee-gymnasium@stadtdo.de, Homepage: www.gadsa.de

Kl: 12/18 Ku: 103/20 Sch: 1128 (597) (353/475/300) Abit: 75 (42) BR Arnsberg
L: 63 (A 1, A$_1$ 1, A$_2$ 5, B 25, C 20, D 2, E 5, F 2, H 2) ASN: **169390**
Spr.-Folge: E, F/L, F/L Dez: LRSD **Kurtenbach**

A	**Levin** Inge geb. Bodach	29. 2.04	D F	e	4. 8.55	**Romweber** Gisela (T)	21.12.79	° F SP	e	6. 7.43
A$_1$	**Steffen** Paul	1. 3.06	° PH EK IF		5. 4.54	**Treese** Ursula geb. Hegner	1. 7.82	MU		13. 3.49
A$_2$	**Renkhoff** Wilfried	6. 2.79	E ER	e	15. 2.43	**Stedtler** Annette (T)	1. 7.82	▫ EK BI	e	1. 4.51
	Winter Arthur (F)	1. 3.82	E GE	e	18. 3.45	**Pohl** Lieselotte (T)	30. 7.84	BI	e	13.10.51
	Weigelt Christiane Dr. (F)	10.83	BI CH	k	19. 7.47	**Netz** Wilfried	1. 8.84	I F		23. 9.52
	Schnöring Günter	12. 9.94	M SP		9. 3.50	**Schlotmann** Clemens (T)	14. 9.84	PL SP	k	29.12.46
	Goebel Karl-Heinz	22. 4.96	M EK	k	12. 9.48	**Kunz** Birgit geb. Schmidt (T)	1. 1.85	D PA TX	e	12.12.49
B	**Brinschwitz** Wolfg.	23. 4.79	° M CH	k	6. 2.44					

Schwering Franz-Josef	16. 7.85	E KR	k	14. 6.50	
Hertel Ursula geb. Haag (T)	16. 1.87	E GE	e	26.11.52	
Hertel Margit geb. Rosenberger	4. 1.94	° BI EK	e	26. 3.54	
Krusch-Schlüter Brigitte Dr. geb. Krusch	30. 5.94	BI F		3. 4.49	
Hartel Helmut	5. 6.96	° PH TC	k	15.12.46	
Kampmann Renate geb. Paulowitsch (T)	18.11.96	GE SW	k	15. 7.46	
Riesberg Manfred	18.11.96	⌷ D GE	e	7.11.49	
Kloppenburg Claudia geb. v. Erichsen (T)	1.12.96	KU D		26.10.55	
Rath Volker	30. 3.99	⌷ GE D		23. 8.52	
Mlekus Wolfgang	18. 4.00	WW EKk		17. 8.53	
Görlich Thomas	18. 4.00	M SW	k	10. 1.54	
Schlüter Marita	30. 3.01	E SP	k	16. 7.53	
Thiel Gerburg geb. Schild	1. 8.02	D KR	k	10.11.57	D
Hörmeyer Heiko	16. 6.05	M CH SP	k	7. 1.70	
Ebbinghaus Heike		D GE ER	e	22. 5.58	E
Kunst Manuela		SP L		8. 4.60	
Schneider Helmut	18.12.78	D ER	e	20.10.47	C
Schneider Maria Luise geb. Siebertz (T)	19. 8.79	D GE	k	9. 5.50	
Lüttenberg Wilhelm	22.10.80	D PA	k	12.12.48	
Schnöring Brigitte geb. Stromberg (T)	27. 3.81	E TX	e	23. 7.50	H
Wegener Hermann	4. 9.81	EK SP	k	7. 6.50	
Faber Rainer (T)	1. 3.83	M		7. 5.52	
Hellhammer Hans-Peter	1. 8.83	GE PA	e	18. 6.49	
Sennholz Renate	1. 8.83	M ER	e	16. 9.51	
Henkemeier Detlef (V)	16. 8.84	° KW GE	k	11. 7.50	
Zakowski Reinh. (T)	20. 8.84	M F	k	26.11.52	
Kron Heinz-Michael	3. 3.88	L EK	neuap	30. 8.58	
Romahn Beate (T)	5. 6.88	⌷ D I		3. 2.51	
Wilhelm Maria	16. 6.88	° M PH	k	3. 5.55	
Rump Birgit	15.11.00	° E ER	e	30. 7.70	
Schwegmann Jens	1. 1.02	° M PH	k	4. 1.72	
Fey-Wickert Beate Dr. geb. Fey	6. 9.05	L G	k	10. 2.63	
Klasen Stephan	18. 6.07	BI CH	k	7. 3.76	
Haumann Viola geb. Löchter	20. 8.07	D GE		5. 7.76	
Heidenreich Dirk	6. 9.07	E SP		9. 7.71	
Baginski Petra geb. Zimmerer SekIL' (T)	1. 8.80	M KU	neu-ap	31. 5.56	
Terborg Silvia geb. Leunig	6. 8.07	D BI	e	30. 3.80	
Zablewski Nicole	9. 8.06	D E	e	8. 1.77	
Dörr Nadja	1. 2.07	E F	e	4.10.77	
Daube Alexandra	1. 2.07	E EK		15. 6.78	
Tendahl Markus	6. 8.07	E M SP		3. 3.75	
Jonasson Kati	6. 8.07	E D		22.10.76	
Szepanski Siegfried		° D SP	e	18. 5.53	F
Heisig Agnes		BI CH	k	5. 8.54	
Rumpff Ruth geb. Roxlau SpL'		SP	k	3. 4.49	
Niggebaum Barbara		MU	e	30. 9.55	

2.181 Dortmund-Asseln Immanuel-Kant-Gymnasium gegr. 1969

st. G. (5-Tage-Woche) f. J. u. M.
Grüningsweg 42/44, 44319 Dortmund – Tel. (02 31) 92 71 24-0, Fax 92 71 24-59
E-Mail: immanuel-kant-gymnasium@dokom.net, Homepage: www.ikg-dortmund.de

Kl: 10/18   Ku: 142/24   Sch: 1061 (533) (260/445/356)   Abit: 105 (53)   **BR Arnsberg**
L: 60 (A 1, A$_1$ 1, A$_2$ 7, B 17, C 19, D 5, E 6, F 3, H 1)   ASN: **169298**
Spr.-Folge: E, L/F, F, S   Dez: LRSD **Barenbrock**

A	Kunz Wolfgang	24.12.95	D ER PA	e	28. 7.46
A$_1$	Weintz Adolf Heinrich	20.10.03	° F (SP)	k	10. 4.46
A$_2$	Bultmann Helmut	9. 1.92	° M PH	e	5. 8.44
	Oestreicher Volker	24. 5.96	E SP	e	12. 9.48
	Kusnierek Franz-Josef (F)	23. 8.96	M SW	k	13. 5.53
	Mühlencoert Johannes	2. 5.01	° M PH	k	23. 3.44
	Loerwald-Möller Mechthild (T)	12. 3.03	E SW	k	17. 1.54
	Kühn Franzis	20. 6.03	BI	e	12. 7.46
	Felsberg Susanne	1. 6.05	MU F I		3. 9.54
B	Badura Siegfried	6. 6.79	G L	k	15. 9.43
	Fühnen Georg	25. 8.80	E EK	k	31. 8.45
	Luttmann Bernd	18.12.85	D EW	e	9. 1.50
	Sandmann Elisabeth geb. Mispolet	7. 1.92	F KU	k	10. 2.50
	Warneke Heinz-Wilhelm	29.11.94	D GE	k	27. 8.49
	Moeske Anette (T)	29.11.94	△ GE PA	e	13. 3.52
	Stoffer Renate geb. Schwenner (T)	19. 6.96	D BI	e	17. 6.52
	Marcinkowski Michael (F)	26. 6.96	° D SP	k	3. 1.55
	Herkströter Heinz (Vw)	30. 4.99	M PL		5. 8.52
	Spratte Sigrid geb. Bültemeier (T)	11. 5.99	⌷ D E		11. 4.52
	Kusber Gerharda geb. Apel	23. 3.01	° MU KR	k	19. 5.63
	Schindler Lutz	5. 8.02	D Soz		19.12.48
	Tenschert Hans-Joachim (V)	5. 8.02	° M IF		10.10.47
	Berghoff Renate	5. 8.02	E F	k	6. 3.52
	Jasper Friedrich	3. 2.05	GE S	e	5. 9.65

	Name	Date	Subjects		Date
	Dahlbüdding Christoph	3. 2.05	BI CH	k	11. 7.69
	Stäcker Jan Dr.	26. 4.05 °	L GE	e	30.11.66
C	Hübner Karl-Otto Dr.	2. 9.81	S GE		10. 7.47
	Queck Adelheid (T)	1.10.82	D SP	e	21. 8.49
	Seiler Sylvia	4. 9.83 °	BI CH		22. 8.53
	Auspurg-Hackert Dagmar Dr. geb. Auspurg	4. 9.84	E GE		18.11.52
	Brombach Brigitte	1.11.84	D PA		
	Schulz Angelika (T)	4. 6.85	E SW		20. 4.54
	Brinkmann Reiner	14. 8.86	PH CH TC		24. 5.49
	Franke Heribert	12. 9.88	KU E	k	21. 2.54
	Wahl Gerald	1. 8.93	SP MU		23. 8.58
	Schumann Beate geb. Reisiger	28. 6.01	D PL	e	15. 1.61
	Husmann Björn	20. 9.04 °	L EK	e	4.12.73
	Bücker Stefanie	17. 9.05	KU D	k	27. 8.75
	Mertes Mirja	1. 8.06	S F		7. 3.75
	Ortmann Tobias	1. 8.06 °	M IF		
	Stork Henrich Dr.		° M PH	e	13. 2.66
	Hochstein Harald (Vw)		° M CH	k	9. 5.73

	Name	Date	Subjects		Date
D	Buchgeister-Reimann Ingrid geb. Reimann SekIL' (T)	15.11.83	KR KU	k	13. 8.52
	Berghäuser Brigitte SekIL'	4. 3.84	E EK	k	8. 6.56
	Gieseler Ursula L'	25. 6.01	BI D	k	15. 2.68
	Farwig Stefanie L'	21. 9.01 °	ER E	e	16. 3.70
	Schmidt Volker Dr. L	1.10.01	BI GE	e	21.12.59
E	Vollmer Bianca	9. 8.06	D E	k	5.10.76
	Rüth Markus	1. 2.07 °	L G	e	11.12.75
	Ehnis Jana	1. 2.07	E SP		21. 9.76
	Kreft Natascha	1. 2.07 °	ER BI	e	28.10.76
	Töpel Sinje	1. 2.07	D PA M	k	25. 3.79
	Vierschilling Christoph	6. 8.07	KR MU	k	27. 7.67
F	Holzer Regine		E GE		5. 2.51
	Schwichtenberg Wolfgang		M SP	e	28. 5.56
	Mausbach Michael Dr. (F)		° M PH		15. 9.60
H	Risse Elvira geb. Weigelt Dipl.-SpL'		SP		14.10.49

2.182 Dortmund-Eving   Heisenberg-Gymnasium   gegr. 1969
st. G. (5-Tage-Woche) m. zweisprachigem dt.-engl. Zug f. J. u. M.
Preußische Str. 225, 44339 Dortmund – Tel. (02 31) 4 77 37 40, Fax 47 73 74 37
E-Mail: heiggym@aol.com, Homepage: www.heig-do.de

Kl: 11/19   Ku: 131/22   Sch: 1188 (642) (324/536/328)   Abit: 96 (58)   **BR Arnsberg**
L: 68 (A 1, A$_1$ 1, A$_2$ 4, B 20, C 27, D 3, E 7, H 5)   ASN: **169286**
Spr.-Folge: E/E (bil.), F/L, L/F, I   Dez: LRSD **Kurtenbach**

	Name	Date	Subjects		Date
A	Smerdka Anna-Maria	21. 8.95	D SW		7. 9.50
A$_1$	Peinemann Hartmut	1. 2.93	GE E	e	23. 2.44
A$_2$	Erpel Gerhard	12. 7.95	BI SP		21. 6.47
	Planken Michael	6. 5.00	EK SP	k	16. 1.53
	Brudermanns Johannes	17. 5.03	F EK	k	2. 9.46
	Schittges Rainer	21. 4.04	E PA	k	11. 5.50
B	Velmer Birgitte geb. Bolz	3. 9.80	L GE EK	k	9. 6.48
	Meißner Hans-Frank	4. 8.82	D PA		30.10.44
	Huisken Burghard	3. 7.84	E SP		25.11.48
	Ott Dietmar	5.11.84	M PH		28. 7.50
	Wieczorek Matthias	30.11.84	M EK	k	5. 9.50
	Hüsch Gerhard	25. 1.85	SW PA	k	14. 3.47
	Karweick Claudia	1.11.92	I D	e	14. 4.54
	Dressel Barbara	13. 3.95	M CH	k	16. 9.51
	Litze Ulrich (V)	19. 6.96	F EK	k	2.10.47
	Ebbers-Ellermeyer Barbara	23. 1.97	L GE	k	24.10.48
	Melsheimer Waltraud	23. 1.97	GE KU	k	12. 9.54
	Lohmeier Thomas	30. 3.01	M MU	e	3. 8.62
	Eick Petra	30. 3.01	I KU	e	8. 6.58
	Büsken Peter	1. 8.02	BI SP KR	k	12. 3.61
	Feldmann Gabriele	1. 8.02	D SP		3.11.61
	Eisenberg Ulrike	14. 1.05	ER GE	e	27. 6.57
	Müller Toralf	14. 1.05	BI CH		24. 2.68
	Rux Martina	14. 1.05	M IF		18. 5.64
	Günther Peter	1. 8.05	L F SP oB		8. 9.63
	Eggert Susanne	31. 8.06	D SP	e	16. 1.70
C	Spanke Gisela	1.10.79	D SW		25. 3.51
	Tiemann Brigitte	20. 5.83	BI		1. 1.47
	Pastille Rolf	18.10.84	EK BI	e	23. 1.49
	de Vogt Hans Joachim	20. 2.86	D KU		8. 4.52
	Strube Gudrun	8. 1.88	ER F		1.10.46
	Oploh Siegfried	1. 8.93	D GE		29.12.51
	Collete Franz-Josef	8. 8.97	KR PL M	k	7.12.60
	Friese Werner	25. 9.00	E I		19. 3.68
	Aufm Kolk Andrea	1. 1.02	D MU	e	1. 8.63
	Arnolds Jutta	1. 2.02	KR I	k	12.11.59
	Siebert German	1. 2.02	SP PA	k	12.10.67
	Fabritz Dirk	1. 8.02	E L	e	8. 7.68
	Apel Stefan	6. 2.03 °	CH PH		14. 3.68
	Wiegand Olaf	20. 2.03	D GE	e	15. 6.68
	Schulz Michael	16. 3.03	D SP	e	20. 6.70
	Sauerland Stefan	1. 2.04	E EK	k	22. 7.66
	Hill Melanie	1. 2.04	MU BI	k	8. 6.75
	Rüwald Jörg	1. 8.05	M PH		3. 5.71
	Pohlig Christiane	1. 8.05	E D	e	27. 7.72
	Schmidt Joachim	1. 8.05	BI CH	k	29. 3.76
	Leifkes Iris	5. 4.06	D MU	k	15. 6.76
	Böker Sandra	9. 8.06	E EK		24. 9.71
	Groß Ilona	6. 9.06	E GE	k	29. 6.73
	Dobberstein Christine	4.10.06	D SW		24. 1.76
	Ast Oliver	31. 1.07	E SP		7. 3.75
	Averhaus Torsten	1. 2.07	M PH	k	1.12.75
	Sult Carsten	31. 7.07	BI CH	k	24. 1.75

D	Scharfenberger Charlotte	1. 8.73	M GE KU	e	28. 6.46		Carrie Ralph	1. 2.07	M IF	18.12.78
	Sandro Eva-Maria	23.12.75	SP W	e	4. 2.52		Widera Sandra	6. 8.07	D PA	4. 5.76
	Fahle Dirk SekIL	7.11.80	ER KU	e	15. 8.53		Neuhaus Tim	6. 8.07	D SW	18. 4.78
E	Buckup Volker	9. 8.06	E PL		22. 9.67	H	Lueg Iris		PH M	15. 2.49
	Hamart Isabelle	9. 8.06	F D		17. 4.76		Grünwald Gabriele		SP MU k	19.10.49
	Neufeld-Busse Stefanie	1. 2.07	BI CH		28. 1.74		Emshoff Ursula		F PL k	23. 5.56
	Frey Birgit	1. 2.07	E GE		5.11.74		Zinnhardt Anke		BI SP e	25. 5.58
							Pläsken Thomas		D EK	29. 5.58

2.183 Dortmund-Kirchlinde Bert-Brecht-Gymnasium gegr. 1969
st. G. (5-Tage-Woche) f. J. u. M.
Bockenfelder Str. 56a, 44379 Dortmund – Tel. (02 31) 47 79 69 30, Fax 67 74 18
E-Mail: post@bert-brecht-gymnasium.de, Homepage: www.bert-brecht-gymnasium.de

Kl: 8/17   Ku: 136/23   Sch: 1029 (561) (237/444/358)   Abit: 96 (60)   **BR Arnsberg**
L: 63 (A 1, A$_1$ 1, A$_2$ 6, B 23, C 16, D 5, E 8, F 4)   ASN: **169274**

Spr.-Folge: E, L/F, F/L, I   Dez: LRSD **Barenbrock**

A	Hardering Wolfgang	8. 2.05	D PA SW		24. 9.51		Hengelbrock Heidemarie	13. 3.81	D PL isr	23. 1.46
A$_1$	Heukeroth Helga	1. 8.05	□ D SW		3. 6.52					
A$_2$	Wittkamp Klaus	1. 9.85	D SP	k	14. 5.47		Stosz Axel Dr.	13. 3.81	CH k	23. 1.49
	Koth-Hohmann Wolfhard (F)	1. 8.96	□ BI IF ER	e	17. 2.47		Laurischkus Hans-Georg	12.11.82	SP EK e	28.10.50
	Backhaus Karl	6. 6.00	D GE	e	20. 3.49		Hartung Brigitte	1. 8.83	M F	16.12.52
	Vortmann Hans	1. 3.02	M SP	k	10. 3.53		Dopychai Peter	22. 1.83	E SP k	16.10.50
	v. Lüde-Heller Irmgard	19. 6.02	KU W PA	k	14. 2.47		Redeker-Borsch Christiane	24. 3.88	M PH PA	9. 7.55
	Horsthemke Hans	24. 4.03	□ D EK	k	17.12.52		Schindler Tracey	1. 8.88	E SP	10. 5.66
B	Danz Ulrich	1. 7.81	E		2. 4.45		Leifeld Josef-Wilh.	1. 9.93	M PH SP	31. 7.50
	Lehmköster Erhard	1. 9.83	□ M PA	k	29. 7.47					
	Müller Winfried	27.11.84	E EK	k	25.11.50		Pascual Camps Carmen	27. 6.96	E F	15. 1.60
	Eigenbrod Jürgen Dr.	21.11.89	BI	k	15. 9.51					
	Mac Nelly Walter	7. 1.93	SW GE	e	13.10.53		Nikolay Matthias	1. 8.96	KR SP k	3. 4.57
	Kloppenburg Uwe	4. 1.94	D SP	e	2. 1.49		Stracke Katja	1. 8.99	E GE PA	15. 4.66
	Kösters-Eckelmann Mechthild	4. 1.94	□ D PA	k	29. 9.49		Laurischkus Susanne	1. 2.00	L MU k	21.12.68
							Leimann Gudrun	1. 2.02	E SP e	24. 3.66
	Stolze Peter Dr.	24.12.94	D SW		4.12.51		Oelkers Anja	1. 2.04 °	E F e	15. 3.73
	Groß Peter	9. 1.95	D GE PK	k	25. 9.50		Kruppa Angela		□ GE EK	
						D	Ongsiek Gisela geb. Edler FachL'	10. 2.76	KU W e	10. 2.49
	Wunderlich Harald	1. 7.96	□ ER GE	e	31. 5.53					
	Maurer Annette	1. 2.98	□ MU ER	e			Tirler Ilona SekIL'	7. 9.81	MU BI	21. 4.45
	Tiedemann Axel	3. 2.98	M MU	e	30. 6.57		Bergmann-Müller Dagmar SekIL'	9. 8.84	BI E e	1. 9.56
	Ahlers Rita	23. 3.01	E F	k	22. 6.65					
	Schultheis Herbert	5. 8.02	BI CH	k	22. 5.54		Tümmers Claudia SekIL'	8. 8.94	D KR k	2. 2.61
	Petersen Reinhold	6. 8.02	GE KR MU	k	28. 6.51		Götz Ulrike SekIL'		□ M BI	24.11.55
	Sawitzki Ulrich	10. 8.02 °	E SP		2. 2.54	E	Raguse Christoph	1. 2.06	M PH k	1. 4.77
	Schmidt-Strehlau Sabine	1.10.03	D ER	e	1. 1.64		Witczak Mierke Dr.	1. 2.07	D KU SP	22. 5.74
	Fenner Christian	1. 5.04 °	M EK IF		14.10.59		Wabbel Miriam	1. 2.07	D SP L	13. 2.76
	Priewe Sabine geb. Scheffler	31. 1.05	M E		25. 5.68		Schulte-Ortbeck Tim	1. 2.07	M SW	4. 4.78
							Beckmann Nadine	1. 2.07	E I	30.11.74
	Spickenbom Marion Dr.	31. 1.05	F M		2. 8.69		Börger Antje	6. 8.07	CH BI	22. 3.76
							Vollmer Klaus	1. 2.07	PH SP	2. 6.73
	Renkhoff Christina	31. 1.05	E I	e	20. 5.70		Köhnen Susanne	1. 8.07	D GE k	1. 7.73
	Hartung-Jöhren Brunhilde					F	Galipò Gerlinde Ass' d. L. (F)		D I	4. 2.50
	Völker Martin	26. 9.06	L SP	k	26. 6.59		Ostermann Marina		D R k	14.12.59
C	Schneider Ulrich	1. 2.78 °	L GE	k	2.10.46		Wichmann Barbara		KU BI k	4. 6.62
	Bredemeier Karl-Hz.	19. 8.80	D PL	e	31. 3.51		Stumpf Christian		M GE	16. 9.71

2.184 Dortmund-Nette Heinrich-Heine-Gymnasium gegr. 1972
st. G. m. zweisprachigem dt.-engl. Zug f. J. u. M.
Dörwerstr. 34, 44359 Dortmund – Tel. (02 31) 47 64 26 30, Fax 47 64 26 40
E-Mail: sekretariat@heinrichheinedo.de, Homepage: www.heinrichheinedo.de

Kl: 9/12   Ku: 101/15   Sch: 762 (395) (246/311/205)   Abit: 65 (35)   **BR Arnsberg**
L: 43 ([A] 1, [A$_1$] 1, A$_2$ 5, B 14, C 4, D 3, E 7, F 3, H 5)   ASN: **183167**

Spr.-Folge: E, L/F, F, F/S   Dez: LRSD **Barenbrock**

A	(von Elsenau Detlef Dr. StD A$_1$)	1. 2.05	PA SW PK		4. 6.53		Klein Vera geb. Scholz	11. 9.06	E SP	12. 2.55
A$_1$	(Bremke Reinhard StD A$_2$)	1. 6.81	E BI	e	26.11.47	C	Michel Reinhard	1. 8.90	MU KR k	10. 9.55
							Born Anne	1. 1.02	D BI	16. 5.69
A$_2$	Striegler Klaus Dr.	1. 7.82	CH PA		21. 2.44		Arndt Markus	6. 9.04	PH M	15. 9.73
	Grentz Peter	22. 5.86	GE SP PA	k	15. 1.46	D	Brenk Heinz-Udo L	1. 8.81	KU M k	10. 5.53
							Ernst Barbara geb. Möller	23. 6.83	BI k	27. 3.56
	Schramm Karl-Heinz	1.12.90	IF M		13. 2.48		Hülsmann Wolfgang			
B	Groner Ulrich	1.11.83	M IF	k	26.10.50					
	Steinrücken Franz-Josef	1. 2.84 °	R L		23.10.49	E	Preukschat Klaus	22. 8.05	KU GE EW	9.12.69
	Gottsheim Reinhold	1. 1.87	M	k	21. 3.48		Welz Antje	1. 8.05	E EK	19. 9.74
	Ellwart Werner	1. 1.87 °	BI	k	20. 4.48		Reinecke Katja Dr.	1. 2.06	SP E	22. 9.70
	Berg Manfred	1. 1.87	E SW	k	18. 6.48		Strothmüller Nadine	1. 2.06	MU SP	29. 9.77
	Ernst Hartmut	1. 4.95	M EK IF		30. 8.54		Geißler Carolin	9. 8.06	CH D	15. 4.79
							Vollmer Klaus	1. 2.07	PH SP	2. 6.73
	von Keitz Inge geb. Haas	9. 2.96	E R		30. 9.53		Köhnen Susanne	1. 8.07	D GE k	1. 7.73
						F	Paschke Peter	°	ER GE e	18. 3.48
	Kleiböhmer Ingrid	26. 6.96	BI F		26. 4.52		Nitsch Torsten Dr.		CH BI	28. 4.64
	Schnepper Barbara	11.11.96	F EK	k	10. 6.47		Osterhoff Arnd		D GE	16. 9.76
	Sprzagala Ulrich (V)	27. 5.99	D M		17. 3.61	H	Blaschke Jürgen		M PH IF	8. 7.42
	Kampling Gabriele	23. 3.01	KR E	k	11.10.55					
	Frotscher Hans-Jürgen	9. 8.02	D EK	e	9. 4.54		Knack Ulrich Dürkoop Helga SpL'		KU SP e	23. 2.50 31. 7.50
	Schulte Angelika geb. Lauer	9. 8.02	D EK	k	25. 1.54		Grüning-Strauß Ulrike SpL'		SP k	11. 5.55
							Pappert Annette SpL'		SP k	3. 6.57

2.190 Bad Driburg Gymnasium St. Xaver gegr. 1916
pr. G. f. J. u. M. d. Erzbistums Paderborn
Dringenberger Str. 32, 33014 Bad Driburg – Tel. (0 52 53) 4 02-0, Fax 4 02-2 15
E-Mail: schule@st-xaver.de, Homepage: www.st-xaver.de

Kl: 6/12   Ku: 127/21   Sch: 865 (489) (194/364/307)   Abit: 86 (48)   **BR Detmold**
L: 47 (A 1, A$_1$ 1, A$_2$ 8, B 19, C 14, E 4)   ASN: **168853**

Spr.-Folge: E, L, F, S   Dez: LRSD **Klemisch**

A	Kleine Peter Dr.	1. 8.01	E GE	k	16. 1.53		Seemann Wolfgang	1. 4.89	F SW D k	3.11.50
A$_1$	Stenau Herm.-Josef	1. 8.04	EK SP	k	6. 2.53		Menger Thomas	1. 4.89 °	E MU k	29. 4.53
A$_2$	Holtmann Theodor Dr.	1. 5.92	BI	k	19. 1.51		Weber Ulrich	1. 4.89	D GE k	25.12.50
	Peine Meinolf (Vw)	1. 8.96 °	CH	k	7. 9.49		Heuel Jürgen	1. 1.93	CH SP k	30. 1.53
	Bergner Georg Dr. (T)	1. 8.96	F EK	k	19. 1.50		Plaßmeier Friedhelm	1. 1.93	KU PL e PK	20. 2.48
	Besche Franz-Josef	1. 8.97 °	D SW	k	18. 8.49					
	Hauth Karl-Josef	1. 8.97 °	D SP	k	30.10.50		Stecher Erich	1. 6.93	D GE k	14. 7.53
	Morosan-Weskamp Annegret	1. 6.01	E D		14. 7.55		Krzewitza Bernd (T)	1. 6.93	MU SP k	19. 7.49
	Burgos-Luque Antonio	1. 2.06	S SP	k	8. 5.62		Kellersohn Angela geb. Faßbender (T)	1. 4.95	E PA k	13. 3.53
	Vennemann Johannes	1. 5.06 °	D GE	k	9. 4.57		Ester Martin	1. 4.95	E KR k	5. 2.55
B	Borgmann Erich	1. 4.86	M PH	k	4. 2.45		Hartmann Wolfgang	1. 8.96	E D e	1. 2.54
	Lohmann Burkhard	1. 7.87	M	k	21.12.46		Frischemeier Gerhard	1. 8.96	M SP k	7. 1.54
	Weber Norbert (T)	1. 7.87 °	BI	k	22. 1.49		Walde Gerhard (V)	1.12.02 °	M PH k	9. 4.54
	Funke-Petermeier Christa	1. 7.87	F E	k	7. 6.50		Gerhardt Wolfgang	1. 7.03	M EK k	17.11.54
							Fröhling Hans-Martin	1.12.06	D MU k	13. 6.59
	Zons-Giesa Marion Dr. geb. Giesa (T)	1. 4.89	F D	e	19. 4.49	C	Stenau Bernadette geb. Tillmann	1. 3.82	EK SP k	31. 7.54

	Vollbach Ruth geb. Dabringhausen (T) (L)	12. 4.82	BI TX	e	20. 7.51		Sturm Gisela geb. Floegel	11. 2.02	E PA KR	k	3. 6.70
	Grewe Astrid geb. Götte (T)	4. 9.84	E F	k	8.10.55		Hänsch Andre	1. 8.05	ER GE	e	23. 2.73
							Brüggemeier Yvonne	1. 8.05 °	KR KU	k	23.11.73
	Ludwig Hermann	1.10.85	KR SP	k	3. 2.53		Ploch Susanne geb. Endt	1. 2.06	M L	k	4.11.74
	Rensinghoff-Menger Anette (T)	1. 2.90 °	S KR	k	15. 1.57		Brodkorb Maria-Elena	1. 8.06	E S	k	14. 7.77
	Großevollmer Hermann	1. 8.95 °	L GE KR	k	6. 7.60	E	Nolte Claudia	1. 8.06	M L	k	24. 2.76
							Allofs Peter	1. 2.07	M SP	k	15. 9.76
	Fröhling Susanne geb. Göbel (T)	1. 8.97	D MU	e	3. 2.63		Günter Stefanie	1. 2.07	E D	k	13. 2.80
							Schlenke Christian	1. 6.07	BI EK	k	15. 5.73
	Sievers Burkhard Dr.	16.12.99	M PH	k	23. 7.64		Blazy Monika geb. Mühlhausen	6. 8.07	M GE	k	5. 9.69

2.191 Bad Driburg Gymnasium gegr. 1939
st. G. f. J. u. M.
Kapellenstr. 15, 33014 Bad Driburg – Tel. (0 52 53) 94 07 27, Fax 9 75 83 59
E-Mail: sgbd@uni-paderborn.de, Homepage: www.sg-bd.de

Kl: 4/8 Ku: 62/11 Sch: 471 (235) (114/215/142) Abit: 33 (17) **BR Detmold**
L: 31 (A 1, A_1 1, A_2 3, B 8, C 7, D 1, E 1, F 6, H 3) ASN: **168841**
Spr.-Folge: E, L/F, F/L, E/F/S Dez: LRSD **Klemisch**

A	Liebs Ingrid geb. Treseler	19. 7.04	D SW PK PA		28.11.52		Schäfers Marion geb. Göthlich	1. 9.98	CH MU	e	11. 8.66
A_1	Hypius Michael	1. 5.06	PH M IF		15. 2.67		Schulz-Fincke Bettina	15. 6.01 °	BI SP	e	24. 8.66
A_2	Grasshoff Hs.-Ulrich	29. 5.01	BI SP	e	28. 1.43		Kerstin Anne	1. 1.02	KU ER M		31.10.69
	Pape Marion	1. 8.02	D GE		1. 8.49						
	Wiecken Alfred		GE D		18. 3.51						
B	Wolf Hieronymus	9. 2.79 °	KR M	k	19. 4.45		Mrowietz Sandra	1. 8.07	E EK	k	22. 5.78
	Biermann Heinr. (V)	6. 9.94 °	EK BI	e	15. 8.48		Schrader Ingo		D E		20. 2.57
	Rieger Birgit geb. Stöhler	1. 5.96 □	ER SW	e	13. 1.57	D	Spork Karin	1. 6.97	MU KR	k	30. 3.61
						E	Schreiber Nadine	1. 2.07	KU D	k	24.12.77
	Dudenhausen Monika	23. 6.98	CH M	k	21.12.54	F	Clobes Ralf		D SP		5. 3.52
							Föcking Maria		KU D	k	7.10.55
	Wieneke Karlheinz	25. 9.98	M PH		22. 4.46		Korell Monika		BI CH	e	27. 2.57
	Salzborn-von Nelk Anke	26. 2.99 °	F EK	e	31. 8.65		Hengesbach Martin		E GE	k	18. 3.58
		1. 5.02	E F	e	1. 7.67		Meiring Kerstin Dr.		F GE		14.11.60
	Eulering Dorothea Schwartzenberg Ulrich (L)	04	L KR	k	22. 7.67		Kirchhübel Britta		GE ER	e	20. 2.61
						H	Ploeger Bettina		□ SP PP		20. 7.56
C	Renger Matthias	1. 7.91	M IF		26. 2.60		Stahl-Schulze Monika		SP	e	17.12.59
	Brisch Martin	15. 9.93 °	L E	e	19. 5.57		Antensteiner Karin Pfr.'		ER	e	19.12.67

2.192 Bad Driburg-Neuenheerse Gymnasium St. Kaspar gegr. 1958
pr. G. f. J. u. M. d. Missionare v. Kostbaren Blut e. V.
Paderborner Str. 24, 33014 Bad Driburg – Tel. (0 52 59) 98 66 40, Fax 98 66 46
E-Mail: gymnasium@st-kaspar.de, Homepage: www.st-kaspar.de

Kl: 4/8 Ku: 81/11 Sch: 527 (250) (118/235/174) Abit: 46 (27) **BR Detmold**
L: 27 (A 1, A_1 1, A_2 1, B 6, C 6, E 3, F 9) ASN: **169080**
Spr.-Folge: E, L, F Dez: LRSD **Klemisch**

A	Hamelmann Lothar	1. 8.90 °	F EK	k	19. 8.43	B	Schubert Joachim	1. 5.92	M	e	25. 3.50
A_1	Nadenau Matthias	1. 8.97	M PH	k	19. 2.58		Nauendorf Monika	1. 1.95	KU F	k	2. 8.53
A_2	Boffer Hans-Wilhelm	1. 4.97	D EK	k	9. 8.48		Nickel Burkhard	1. 4.97 °	GE D	e	15. 3.55
							Epping Jürgen	1.12.98	M SP	k	15. 6.60

	Henneböhl Rudolf	1.12.98	L KR PL	k	23. 1.59		Johlen Christin geb. Schäfers	D F MU	k	30. 3.79
	Kasselmann Andrea	1. 8.06	M PH IF	k	27. 5.64	F	Höschen Maria	D E	k	13. 8.53
							Wegner Reinhard	D GE	k	18.11.53
C	Habeder Astrid	1.10.84	BI CH	e	2. 6.53		Gottschalk Andreas	G SP	e	30.11.61
	Winkler Christoph	30. 9.96	SP EK	k	7.12.59		Wellenkrüger Axel	M SP IF	e	9. 1.67
	Gottschalk Ursula	30. 9.96	E SP	e	1. 8.62		Grahl Hildegard Dr.	BI CH		19.10.67
	Alberani Brigitte	1. 2.05 °	F BI	k	27.12.71		Thanbichler Gabriele	GE PK SW	k	12.10.73
	Salmen-Burchhardt Dorothea		MU F	k	21. 4.56					
	Hahn Dörte	16. 2.04	E R	e	12.12.69		Groth Yasmine	D KR	k	29.12.76
E	Panzer Wolfgang	1. 1.06	SP GE	e	14. 1.71		Wilcke Sandra geb. Giese	E PA	k	22.12.77
	Block Ulrich	9. 8.06	M IF	k	6. 9.75		Grimm Torsten	BI D		

2.195 Dülmen Clemens-Brentano-Gymnasium gegr. 1912
st. G. f. J. u. M.
An der Kreuzkirche 7, 48249 Dülmen – Tel. (0 25 94) 48 93 u. 72 00, Fax 94 99 08
E-Mail: sekretariat@cbg.duelmen.org, Homepage: www.cbg-duelmen.de

Kl: 8/13 Ku: 87/13 Sch: 829 (467) (239/390/200) Abit: 102 (59)   **BR Münster**
L: 47 (A 1, A_1 1, A_2 3, B 12, C 21, D 3, E 5, F 1)   ASN: **168142**
Spr.-Folge: E, L/F, F/R/L   Dez: LRSD' **Schankin**

A	Vogt Bernd	1. 8.96	D SP	e	15. 3.46		Weiling Brigitte geb. Dartsch (T)	12.11.83	M EK	k	8.10.52
A_1	Kewitz Bernhard Dr.	17. 2.05 °	D KR	k	27. 4.53					
A_2	Dieker Leo	7.12.93	D GE	k	4. 2.44		Thiele Annegret geb. Tönnis	13. 4.84 °	L F	k	4. 6.55
	Homering Wilfried	1. 3.05	E EK	k	7. 5.50					
	Blesenkemper Klaus Dr.		D PL SW	k	10. 7.52		Schomaker Agnes geb. Weiling	25. 9.84	BI CH	k	8. 8.54
B	Krügel Horst-Dieter	26. 3.80	M SP	k	25.10.48		Schäfer Birgit (T)	6.12.84 °	EK SP	k	23. 4.54
	Pieper Gerhard	2. 6.80	E GE	e	3. 6.44		Kenter Hubertus	8. 5.85	D GE	k	30. 3.49
	Kupka Renate geb. Klingenberg (T)	17.12.80 °	D EK PA	e	9.11.47		Sternemann Marita geb. Hülk	5. 8.85	R KU	k	4. 8.53
	Wirth Dieter	18. 8.81	D EK	k	8. 7.44		Konert Ulrich (V)	27.11.85 °	PH BI	k	11. 8.55
	Jebing Ludger	1. 7.82 °	D SP	k	4. 5.49		Möller Stefan	1. 8.90 °	L SP	k	7. 1.59
	Sestendrup Manfred	7. 6.93	D SP	k	16. 9.52		Schmitt Marinus	02	L M KR	k	30.11.61
	Reis-Wedekind Elisabeth geb. Reis (T)	6. 9.94	F SW	k	30. 5.51		Schmitz Maria geb. Trächtler (T)	1. 8.04 °	M PH	k	22.11.65
	Molitor Manfred		D GE		1. 8.48		Höpke Ulrich (T)		SW EW		9. 5.50
	Strothkämper Gerh.		M PA	k	12. 9.49		Kress Brigitte		E R	k	13. 8.58
	Ruthmann Renate geb. Luker		D SW	k	28.10.51		Hendricks Franz-Josef		D PL	k	2. 9.63
	Kumfert Michael		M				Buhrmester Jutta		D ER MU	e	19. 5.68
	Lieball Carola geb. Löhrmann		GE E			D	Giakoumis Jutta geb. Buschmann (T)	4. 1.81	SP EK	k	22.10.56
C	Brust Dorothea geb. Roecken (T)	8. 2.78	M SP	k	13. 7.48		Ferlmann Christel geb. Eberhard (T)	14.11.81	E KU	k	14. 2.55
	Brockmann Karl-Heinz	78	M IF		15. 5.52		Keller Mechthild geb. Jung (T)	6.12.84	BI CH	k	29. 8.56
	Feldkamp Karl-Heinz	19. 8.79	M PH	k	5. 2.50	E	Knapheide Martin	1. 2.05 °	E F		22. 1.77
	Lissy Edith geb. Zimmer (T)	1. 3.81 °	F PA	k	29. 3.52		Bedminster Nicole	1. 2.07	SP L	k	27.12.73
							Beermann Katrin	1. 2.07 °	MU E	k	21. 1.77
	Steinhoff Gerhard	16. 5.83	CH	k	22. 2.53		Benkert Nils	6. 8.07	PH M	e	14. 7.74
	Schäpers Marianne (T)	19. 5.83 °	E SP	k	13. 3.54		Wermeling Johannes	6. 8.07	KR BI EK	k	8. 4.77
	Kittner Manfred (T)	15. 7.83	EK BI	k	28. 1.51	F	Preuß Wolfgang		M GE	e	31.12.44

2.196 Dülmen-Buldern Private Gymnasien Schloß Buldern gegr. 1958

pr. G. u. Aufbau-G.[1] (5-Tage-Woche) f. J. u. M. d. Privatschulen Schloß Buldern GmbH
Dorfbauerschaft 41, 48249 Dülmen – Tel. (0 25 90) 99 30, Fax 99 69
E-Mail: sl@landschulheim.de, Homepage: www.landschulheim.de

Kl: 4/14 Ku: 107/36 Sch: 417 (164) (69/194/154) Abit: 71 (27)   BR Münster
L: 43 (A 1, A₁ 1, A₂ 2, B 3, C 8, D 1, E 2, F 24, H 1)   ASN: **168154**
Spr.-Folge: E, L/F, –, S/G/L   Dez: LRSD' Schankin

A	Keßler Wolfgang	18. 8.00	CH EK	e	25. 9.54	Kellers Beate		F EW		9. 4.50
A₁	Herting Achim	1. 8.95	M EK	e	3. 5.44	Lichte Matthias		D E	k	1. 8.53
A₂	Buddenkotte Werner	1. 8.93 °	E		28. 9.46	Wiederkehr Monika		BI CH		24. 5.54
	Larisch Gernod	1. 8.03 °	L GE		2. 8.53	Melzer Renate		E F	k	19. 1.55
B	Fritze Gerhard	1. 8.94	E SW	e	6. 9.52	Reich Sylvia		° D KU	k	31.12.55
	Immenkamp Eva (T)	1. 1.01 °	D SW	e	4.10.52	Müller Dorothea		M		1. 3.58
	Dreßler Renaldo	1. 8.03	M PH IF		15.12.65	Mersch Gabriele		M EK	k	5. 5.58
C	Liebrecht Renate	4. 9.83	F R	e	12. 2.53	Schack Detlef		D GE	k	10. 9.58
	Drechsler Ronald	1. 9.84	D GE	e	18.10.44	Finke-Dostert Margret		D PL		10. 8.61
	Stumborg Günter	1. 9.84	KU	k	29. 2.52	Stumborg Petra		GE F	k	16.12.62
	Wiederkehr Rolf	1. 5.86	BI CH	k	24. 9.53	Koob-Pegel Anton (V)		° M CH		1.11.63
	Spiekermann Elisabeth (T)	1. 8.94	M EK IF	k	25. 8.62	Ebbing Volker		SP PA		14. 3.64
	Keller Ralf	1. 8.96	SP EK	k	12.12.60	Keller Eva		EK L		4. 5.64
	Maßbaum Volker	1. 8.96 °	KR GE	k	2. 3.62	Lewejohann Elke		E S	e	6. 5.66
	Schrade Stefan	7. 1.99 °	L KR G	k	16. 8.68	Fuhrmann Manuela		D PL		16. 6.66
D	Rahenbrock Elisabeth RSchL' (T)	14. 8.78	EK E	k	3. 5.51	Eils Eric Dr. Simon Kathrin		M SP D GE KU	k	30. 1.68 2. 7.69
E	Link Frauke	1. 9.03 °	M PH		10. 8.68	Saget Angela		GE KU SW		24. 4.60
	Besta Bettina	17. 9.03 °	D S		15. 3.69	Vohrmann Melanie		SP PA	k	13. 5.77
F	Gerding-Holzberg Rudolf		M PH IF	k	9. 9.46	Stakenkötter Julia		D MU	k	27. 9.77
	Dinges Albert		BI EK	k	27. 4.47	H Brieden Ludger		° GE L		13.12.60

[1] m. Internat

2.197 Dülmen Annette-von-Droste-Hülshoff-Gymnasium gegr. 1999

st. G. (5-Tage-Woche) f. J. u. M.
Friedrich-Ruin-Str. 35, 48249 Dülmen – Tel. (0 25 94) 7 83 11 80, Fax 78 31 18 12
E-Mail: sekretariat@avd.duelmen.org, Homepage: http://avd.duelmen.org

Kl: 6/12 Ku: 105/14 Sch: 774 (438) (187/354/233) Abit: –   BR Münster
L: 43 ([A] 1, A₂ 3, B 9, C 19, D 3, E 4, F 4)   ASN: **193665**
Spr.-Folge: E, L/F, F/L, I   Dez: LRSD' Schankin

A	(Leydag Gregor StD A₁)	18.11.04	M EK	k	28. 3.50	Hoffrogge Maria	10. 1.97	L GE	k	25. 6.60
A₂	Lastering Roswitha	31. 5.05	E KR	k	7. 4.59	Homann Gundula geb. Leidecker	97 °	ID GE	k	10.12.64
	Hüttenschmidt Elisabeth	1.10.05 °	M KR	k	3.10.62	Reismann Anne	1. 1.02	KR PH (M)	k	24. 5.70
	Heyder Achim	1. 5.07	M PS IF	e	21.11.51	Jessing Daniel	2.10.03 °	D PH	k	7.11.73
						Lendermann Ulrike	1. 8.05 °	F GE	k	26. 5.66
B	Gerle Marianne	24.11.94 □	M KU	k	11.10.49	Burkamp Susanne	1. 8.05	EK GE	k	23.10.68
	Gütschow Friedhelm	1. 8.02	D SP		4. 5.51	Birkner Nicola	1. 8.05 °	E BI M	k	8.10.76
	Glätzer Eva (F)	1. 2.05	BI KU	e	18. 8.68	Jahnke-van Wüllen Tanja Dr.	06	CH PH	e	13. 5.63
	Fontein Wolfgang	3.06	M KR		15. 5.49					
	Ellenbracht Ursula	1. 3.06	BI EK	k	4. 6.55	Steinfeld Ina	06	F GE		10.11.72
	Heidl Claudia	1. 4.07	E F	k	19. 3.62	Albers Maike	1. 8.07	SP EK	k	14. 6.76
	Stock Christian	1. 4.07	ER GE	e	22. 4.70	Röbbecke Lisa		PH SW SP M		18. 4.55
	König Dieter	1. 4.07								
	Wette Klaus		SW PK D		30. 7.50	Fraune Petra		E F		4. 2.68
C	Böyer Renate geb. Render	1. 8.96	E KR	k	4.11.65	Drücke Simone Dr.		° L D (MU)	e	14. 1.71

	Bienhüls Roland	° L M			E	Pröse Matthias	E SP e	5. 1.73
	Faeßen-Pohl Rosmarie	EK D				Waanders Ralf	BI SP	14. 7.77
	Keskin Almut	SP CH MU					CH	
	Müller-Innig Ursula	MU D	e			Margott Mirjam	D ER e	27. 6.78
		MW				Buddenberg	BI CH	
	Reichenbach Anke	GE SW				Christian Dr.		
D	Hagemann Ulrich	D MU	k	18.11.56	F	Determann Thomas	L PL	
		SP PL				Ranzuch Renate	E D	
	Volmer Reiner	SP BI	k	26.12.56		Schindler Sandra	D I	
	Fier Bernd	MU				Schmitz Guido	EK SW	

2.205 Emsdetten Gymnasium Martinum gegr. 1940
st. G. (5-Tage-Woche) f. J. u. M.
Wannenmacherstr. 61, 48282 Emsdetten – Tel. (0 25 72) 28 72
E-Mail: gymnasium.martinum@t-online.de, Homepage: www.martinum.de

Kl: 10/19 Ku: 112/22 Sch: 1134 (624) (294/546/294) Abit: 92 (48)
L: 66 (A 1, A$_1$ 1, A$_2$ 7, B 20, C 22, D 6, E 2, F 7)
Spr.-Folge: E, F/L, L/F

BR Münster
ASN: **168361**
Dez: LRSD' **Hesekamp-Gieselmann**

A	Koops Hans Dr.	1. 2.06 °	M PA	e	9. 6.49	Bäumker Markus	1. 8.00 E L k	8.12.64
			IF			Schulze Severing	7. 2.01 D BI SP k	6.10.71
A$_1$	Schelten Mechthild	1. 5.06 °	E EK	e	26. 4.49	Christiane geb. Austrup		
	geb. Eickholz					Beike Stefanie	14. 8.01 D BI k	23. 2.72
A$_2$	Schlüter Klaus	8. 9.95	D EK		5. 7.46	geb. Güldenberg	MU	
	Schuh Birgit Dr. (F)	1.11.96 °	CH BI	k	3. 1.55	Dolleck Dagmar	13. 5.02 E KR k	27. 9.71
	Zauner Wolfgang	23. 1.97	CH BI	k	21. 3.51	geb. Göcke		
	Welling Inken (F)	8.98	D EK	e	25. 2.49	Hellner Andreas	13. 5.02 ° M MU k	22. 4.72
	Otten Gabriele (F)	2.00 °	L KR	k	17. 4.63	Schäper Frank	1. 3.03 ° M PH k	19. 9.67
	Tychy Manfred	1. 2.04	D GE	e	6. 6.52	Steigenberger	6. 9.05 D KR k	24. 2.71
	Geburek Hans-Rainer	1. 3.05	M IF	e	19. 9.49	Christiane		
B	Wermeling Alfons	19. 1.79 °	PH CH	k	16. 4.44	Göbel Anita	15. 3.06 ° L KR k	22. 1.75
	Pfützenreuter	26. 8.79	D GE		3. 9.46	Schütz Cornelia	11. 1.07 E PA	26. 1.74
	Günter					Lehmer Kathrin	20. 7.07 D E e	27.11.74
	Weglage Ursula	18. 7.81	GE D	k	21. 6.46	Vogel Jan	16. 9.07 M SP k	24. 6.77
	Mock Edwin	1. 2.85 °	D KR	k	18. 1.46	Voß Kirsten	16. 9.07 E SW k	29. 6.78
	Rass Hans-Jürgen	29. 7.85	BI CH	k	17. 7.52	Kossak Klaus	KU	2. 7.54
	Baumann-Dirkes	15.12.92 °	CH BI	k	9. 3.49	Huckebrink Eva-Maria	SP KR k	14. 6.58
	Monika					Lüttmann Albert	SW SP	2. 1.61
	Conrads Michael	15.12.92	D SW		6. 5.50	Böhm Veronika	M PH	23. 9.66
	Krühler Werner	22. 1.93 °	SP EK	k	30. 3.46	D Vogelwedde Annette	9. 5.78 SP TX k	4. 1.47
	Twickler Franz-Josef	21. 7.95	MU GE	k	8. 4.52	geb. Alterauge FachL'		
	Waltermann Thomas	2. 9.96	PH	k	10. 7.46	Holtgräwe Bärbel	9. 5.78 SP TX k	14. 3.45
	Dr.					geb. Wißmann FachL'		
	Kück Walter (V)	1.12.96 °	GE EK	k	9. 6.51	Gährken Bernhard L	9. 8.83 KU k	8.10.50
	Hempel Wolfgang	1.12.96 °	SP E		27. 3.49	Märtens Willi	D SP e	30. 8.49
	Uepping Monika	1. 8.01 °	F GE	k	12. 8.54	Natrup Gabriele	BI KU	29. 8.60
	Stöhr Manfred	30. 8.02	D GE		12. 1.49	Scesny-Agha Ingrid	D F k	12. 3.63
	Aumüller Johanna	1. 2.04	F KU		18. 4.52	E Biedermann Veit	6. 8.07 CH SW k	28. 1.73
	Kreilmann Udo	1. 2.04	PH SP		7.10.55	Deiters Michaela	6. 8.07 D PL k	24. 7.76
	Biedermann Gabr.	1. 3.05 °	F PA	k	12.10.53		KR	
	Berning Hans-Georg	1. 3.05	PH M	k	22.11.56	F Kensmann Bodo Dr.	PL SW	11. 5.51
	Mersch Erich	1. 3.05	EK SP	k	12. 3.58	Seiler Gerhard	ER EK e	4. 8.51
C	Wolzen Peter	27. 2.81 °	BI		9. 3.50	Schälte Monika	° L EK k	15. 7.55
	Rhein Hans-Ulrich	9. 5.83	M PH	e	3. 9.48	Stockmann Ursula	E D k	4. 2.58
	Schüßler Anna	24.12.90 °	KR GE	k	29. 9.56	Münsterkötter Jutta	GE KR k	14. 7.58
	Veith Doris	31. 8.95	E KU	k	23. 5.57	Gerlach Ilka	EK SP e	20. 2.65
	Glasmeier Michaela	10. 8.99	D MU	k	19. 6.68	Hantel Kathrin	° D MU k	10.10.73
	Jasper Roland	12. 5.00	E PH SP	k	18. 7.50			

2.210 Enger Widukind-Gymnasium gegr. 1939
st. G. (5-Tage-Woche) f. J. u. M.
Tiefenbruchstr. 22, 32130 Enger – Tel. (0 52 24) 97 80 37, Fax 97 80 38
E-Mail: sekretariat@wg-enger.de, Homepage: www.wg-enger.de

Kl: 11/20   Ku: 158/28   Sch: 1276 (653) (310/553/413)   Abit: 108 (58)
L: 75 (A 1, A_1 1, A_2 7, B 24, C 27, D 2, E 10, H 3)
Spr.-Folge: E, F/L, L, S

BR Detmold
ASN: **169762**
Dez: LRSD **Klemisch**

A	Binke-Orth Brigitte	1.11.98	F SW	e	21. 8.49
A_1	Schmidt Rainer	24. 7.00	D SW	e	19. 9.49
A_2	Bierbach Jürgen	6. 2.86	M	k	19. 4.47
	Heise Reinhard	28.12.90	M PH		20. 9.48
	Kleine Udo Dr.	21. 6.91 °	E EK	e	1. 7.45
	Mannkopf-Hahn Jutta (T)	3. 2.93	S F		26. 5.50
	Borcherding Wilh.	3. 1.94	D GE		8. 9.50
	Wegner Lieselotte Dr.	3. 1.94	D M EW	e	31. 1.48
	Bredenkötter Heinr.	23.12.94	EW PK		11.11.49
B	Franke Manfred	1.12.83	M SP		2. 6.47
	Pflugmacher Herbert Dr.	22. 5.87	M PH		6. 2.44
	Piper Helmut	7. 7.93 °	EK SP BI	e	23. 6.48
	Klugow Hartmut	7. 7.93	CH PK		13.12.50
	Schnieders Udo	3. 1.94	EK SP	k	25. 5.52
	Elberg Ruth geb. Gritzan (T)	3. 1.94	PK EW ER	e	15. 3.55
	Fischer-Riepe Jobst	3. 1.94	SP BI		28. 5.52
	Eidam Hans-Gerhard (V)	3. 1.94 °	BI EK	e	28.12.55
	Heggemann Manfred	17. 3.95	D GE	k	22.10.52
	Paschen Joachim	17. 3.95	M PH		25. 4.50
	Schröder Ulrike (T)	23.11.95	D PL		29.12.47
	Beckfeld Gisela (T)	23.11.95	CH F		20. 9.52
	Klack Ulricke (T)	23.11.95	E R		8. 6.53
	Nagel Claudia geb. Günther (T)	18.12.96	E BI		1.10.53
	Büsing Ulrich	1.12.98	M SW		2.11.53
	Schilling Horst-Heinrich (T)	1. 8.00	MU E		21. 5.51
	Herdt Ernst	1. 1.02	M BI		26.10.52
	Dreckschmidt-Gater-Smith Anette (T)	1. 1.02 °	F EK		4.11.52
	Steinmeier Gottfried	26. 6.02	PK EW	e	30. 1.50
	Hellwig Michael	18. 8.03	D GE	e	7. 4.54
	Franke Reinhard (T)	19. 2.04 °	BI EK		16.12.45
	Barrelmeyer Uwe Dr.	25. 4.07	GE PL SW	e	9. 7.63
	Grothaus Heinz-Jürgen		M EW		11. 4.54
C	Sures Erich (T)	26.12.79	D SP	k	31. 8.48
	Krüger Ulrike	17. 4.82 °	BI CH	k	3. 5.49
	Mühlenfeld Udo	1. 8.82 °	M PH	e	3. 3.54
	Baudo Gerhard geb. Pohl	22. 8.83	BI E		17. 7.51
	Mawick Elke (T)	7. 9.84 °	F S		23. 1.55
	Höppe Bernd (T)	18. 3.85	KU SW		14.10.48
	Wünnenberg Jutta (T)	28. 8.85	E EW		
	Volkmer Hans-Georg	1. 3.90	D SW	k	28. 7.50
	Uhrig-Baldzuhn Eva (T)	1. 8.99	L G D	e	19. 6.64
	Tiemeyer-Schütte Maike Dr. (T)	20. 2.03	M MU	e	5. 4.69
	Höcker-Gaertner Katrin (T)	20. 2.03	E ER		21.11.71
	Weißwange Thomas Dr.	21.10.03	M PH		8. 3.59
	Heidland Britta (T)	27. 4.04	D PL		26. 5.71
	Wendland Astrid	15. 3.05	E F		4. 6.75
	Henselmayer Ulrich Dr.	8.12.05	GE M		7. 5.66
	Ebertz Mirja	1. 8.06	E F	k	12.11.76
	Türk Christiane	6. 9.06	F SP		13. 4.76
	Kobusch-Klessmann Katrin (T)	10.06	KU SP		29. 7.71
	Gläßer Hartmut (T)	7.12.06	R G PL	e	8. 7.62
	Rüter Christian	1. 2.07	L D	e	9. 7.75
	Brinkmann Christina	18. 3.07	E F	e	30.11.76
	Wittmann Daniel	1. 8.07	R EK		24. 4.76
	Meyndt Benno	9. 8.07	SP BI	e	3. 9.74
	Brandmeier Klaus		MU D		22. 6.65
	Bolgen Beate		D SW		
	Dullweber-Gerdener Hedwig (T)		E F		
D	Sauerland Ute SekIL' (T)	16. 3.84	SW ER	e	26. 4.56
	Wünnerke Christa SekIL' (T)	31. 8.92	BI KU	k	9. 6.59
E	Macke Christian	9. 8.06	D G	k	9.12.71
	Zapf Martin	9. 8.06	M PH		7. 7.74
	Wickemeyer Nina	9. 8.06	E SP		21. 3.78
H	Wittler Maria Charlotte geb. Patt GymnL'		° SP TX		19.12.49
	Illig Wilfried		E GE		12. 4.54
	Katz Ulrich		E GE	k	23.11.58

2.215 Ennepetal Reichenbach-Gymnasium gegr. 1960
st. G. (5-Tage-Woche) f. J. u. M.
Peddinghausstr. 17, 58256 Ennepetal – Tel. (0 23 33) 7 53 28, Fax 86 05 41
E-Mail: 169950@schule.nrw.de, Homepage: www.reichenbach-gymnasium.de

Kl: 12/18   Ku: 159/25   Sch: 1218 (642) (334/507/377)
L: 68 (A_1 1, A_2 4, B 21, C 26, D 5, E 8, F 2, H 1)
Spr.-Folge: E, L/F, F, R/E/F

BR Arnsberg
ASN: **169950**
Dez: LRSD **Hamburger**

A_1	Kleine-Brüggeney Margret geb. Happe	26.6.04	M EK	k	1. 5.52	
A_2	Raab Karl	10.12.92	D E	oB	23. 7.46	

	Becker Klaus-Mich. (Vw)	2. 8.94 °	M (IF)	k	27.12.47
	Philipp Gerd	27. 2.96	GE PL PA	e	18.11.46
	Schulz Friedhelm	8.11.01 °	SP BI	e	16. 8.46
B	Oswald Hedi	28. 8.75	F SP	k	2. 8.44
	Pohnke Rainer	15. 3.79 °	E EK	e	2. 4.45
	Hessel Bruno	1.12.79	PA KR D	k	28. 9.47
	Manntz Gebhard	1. 5.80	E PA		4. 7.46
	Thiemann Jürgen	1. 8.80	D PL	oB	2. 4.47
	Krick Franz-Josef	18. 6.82	GE SP	k	9. 2.49
	Kurzrock Jürgen	30. 4.84	M PH	e	30.12.49
	Windgassen Andreas	7. 9.84	D E	oB	24. 1.47
	Hieret-Pracht Helga	1. 1.87	E EK	e	25. 4.50
	Schmutz Helmut (T)	1. 1.87	M PH	m	27. 9.48
	Coßmann Peter	1. 7.87	E SP	e	16. 5.50
	Philipp Barbara geb. Vedder (T)	15.12.87	BI PA	e	19. 4.51
	Neumann Beate	1.11.92	E EK ER	e	17. 9.53
	Dannemann Rüdiger Dr.	2. 2.96	D PL L	e	9. 5.49
	Schlothauer Jürgen	2. 2.96	KU W	e	21.12.48
	Halverscheidt Wolfgang	29.11.96	PH EK		8. 4.51
	Fischer Volkmar	29.11.96	E SP	e	21. 6.45
	Sollwedel Angelika	29.11.96	EK SW ER	e	28.11.51
	Pesch Andreas	12. 3.01	GE MU	k	8. 4.61
	Schäfers Hans-Achim (T)	11. 4.02	BI PH	k	21. 8.48
	Brinkmann Helga (T)		SP EK KU	e	11. 9.54
C	Keupers Albert (T)	1. 8.79	L G	k	17. 6.48
	Kruschel Karl-Heinz	30.12.80 °	SW M	e	15. 6.52
	Kurzrock Marion geb. Podszus (T)	1. 3.81	E F	k	28.10.51
	Tonn Andreas (T)	11. 8.81	M (IF)	k	10. 2.52
	Harmel Ursula geb. Weiß (T)	29. 9.81	D E	e	5. 8.49
	Heers Walter (T)	27. 4.82	GE PK SW	e	11. 8.51
	Drünkler Karin geb. Knies (T)	24. 5.82	E EK	k	9. 5.52

	Schäfer Hildegard geb. Völker (T)	1. 8.83	M SW	k	25. 2.52
	Bülskämper Heinrich Georg	18.10.83	M SP (IF)	k	5. 8.50
	Walder Jochen	8. 2.85	BI CH	e	14. 9.53
	Jacobsen Jutta geb. Krüger	20. 6.85 °	BI EK	oB	2.12.54
	Hardt Christa (T)	29. 9.86	KW F	e	24.12.52
	Kogelheide Wilfried	24. 6.87	EK BI	e	22. 9.54
	Bossmann Marie-Luise geb. Czizek	9. 9.88	D KU PL	e	21.12.53
	Scholz Wolfgang (T) (L)	1. 1.02 °	BI CH	e	5. 8.66
	Zimmer Martin	13. 8.02	F SW		23. 3.69
	Bormki Steffi (T)	6. 9.04	BI CH	oB	25. 8.71
	Kolodinski Alexander	1. 2.05	M PH	e	9. 3.72
	Fischer Katja	21. 8.05	PH SP		
	Koep Monika	27. 9.05	MU KR	k	16.12.75
	Schimpf Nicole	18. 4.06	D E ER	e	16. 6.70
	Strickmann Wulf Sebastian	2. 8.06	F SP		13. 3.74
	Hönninger Aleksandra	18. 8.06	R D	k	11. 6.73
	Fromme Britta	10.07	L ER	e	18. 2.73
	Beyer Barbara	°	E GE	e	21.12.70
	Sayer Tim		L M		16. 1.79
D	Czaja Barbara SekIL'(T)	1.12.82	E BI		14. 9.53
	Höfig-Schäfer Ute geb. Höfig SekIL' (T)	15.10.84	ER TX	e	9. 5.56
	Rutenbeck Angelika geb. Hopp SekIL'	7. 1.88	KU	k	18. 5.53
	Kruse Ulrike		EK Rel		31. 7.55
	Sauer Josef		KR GE		10. 8.70
E	Twittmann Klaus	1. 2.06	L D PL		26. 3.72
	Rahn Christin	6. 8.06	D ER		18. 9.74
	Bergermann Regina	6. 8.06	F R		22.10.74
	Menski Katrin	6. 8.06	E SP		27. 2.76
	Lippold Torsten	6. 8.06	M SP		24. 3.76
	List Anita geb. Bürger	6. 8.06	M BI		23. 8.78
	Trottnow Armin	1. 2.07	D SW		27.11.78
	Häde Stefanie		R E	e	28. 4.68
F	Töpfer-Horn Renate		F SP	e	21. 6.54
	Neuhaus Thomas		MU D		3.10.74
H	Köster Christiane geb. Berg		SP	k	15.10.53

2.225 Erwitte Gymnasium gegr. 1940
st. G. f. J. u. M.
Glasmerweg 10, 59597 Erwitte – Tel. (0 29 43) 26 88, Fax 48 61 76
E-Mail: gymnasium-erwitte@t-online.de, Homepage: www.gymnasium-erwitte.de

Kl: 7/14   Ku: 121/325   Sch: 805 (441) (200/368/237)   Abit: 55 (36)   BR Arnsberg
L: 47 ([A] 1, A_1 1, A_2 3, B 16, C 15, D 6, E 5)   ASN: **170150**
Spr.-Folge: E, L/F, F/L, I/S   Dez: LRSD Koch

A	(Engler Klaus-Peter StD A_1) (L)	1. 8.02	D PL	k	8. 9.50
A_1	Kube Gerhard	1. 8.05	D ER	e	1. 5.57
A_2	Vierhaus Henning Dr.	19.12.85 °	BI	e	7.10.42
	Hermes Klaus	7. 3.86 °	EK SP	e	5. 6.43
	Schönherr Barbara	1.12.95	D Sozkd	e	23. 5.49
B	Menze Manfred	1. 8.81	EK SP	k	27. 2.49
	Wiedenbrück Franz-Josef	23. 6.82	SP E	k	23. 5.48
	Jaschke Rudolf	23. 8.82	E SP		11. 9.49
	Reinold Gerhard (L)	1. 6.84	F EK KR	k	8. 6.47
	Lehmann Volker	15.12.87	M	e	12.12.50
	Reinold Bernhild (T)	22.12.90	D KR	k	7. 4.51
	Cramer Hubertus	3. 1.95	GE F I	k	5. 7.51
	Mangold-Wernado Ute Dr. geb. Mangold	5. 1.95	BI CH	e	24. 4.53
	Caase Hans-Werner	29. 1.96	E EK	k	18. 7.51
	Tünte Ludger	27.11.96	M	k	7. 1.49

Gymnasien Westfalen – BR Arnsberg · BR Detmold · BR Münster

	Wessel Annette geb. Bohs	1. 7.02	° ER D	e	12. 9.58		Blome Matthias	27. 9.06	M CH	16. 6.73
	Kühnel Silke	1. 7.02	D SP	e	21. 4.64		Conze Bernadette geb. Koch	27. 9.06	BI KR PL	k	31. 3.78
	Elsner Andreas	1.12.05	° L GE	k	11.10.62		Hamelmann Marco	27. 9.06	° SW PK GE	k	4. 6.75
	Kratz Gabriele	30. 8.06	D E F	k	9.11.71		Voigt Christine geb. Schraven	12. 9.07	D GE	11. 4.76
	Schulze-Buxloh Torsten	30. 8.06	M PH	k	12.10.74	D	Hermes Hildegard RSchL' (T)	1. 2.78	° BI EK	k	21. 5.48
	Bröckelmann Fritz-Ulrich		M PH I		10. 2.52		Rottjakob-Stöwer Horst SekIL	1. 6.84	KU SW	k	8.10.48
C	Walloch Wolfgang	1. 8.82	E PL	e	19. 9.46		Spenner Hansjürgen SekIL	14.11.96	M PH	k	25. 2.55
	Pötting-Günther Eva (T)	11. 4.83	D PA	k	4. 8.53		Lorenz Freiherr von Reißwitz Henning	6. 9.01	SP PL PK		5. 3.51
	Stockhofe Erika (T)	16. 9.83	E EK	e	3. 1.53		Fischer Monika		PH SP		17.11.54
	Westhoff Beate	4. 9.84	D KU	k	11. 8.55		Rohleder Stefan		GE EK		6.11.55
	Lerch Gisela (T)	19. 2.86	E SP PA	e	26. 9.53	E	Linke Kathrin	1. 2.05	S F		7.10.72
	Pottgüter Andreas	8. 1.92	D MU	k	30. 5.58		Wallgärtner Kerstin	1. 8.05	E F	k	12.10.70
	Struck Ilka	1. 8.02	D KR	k	10.11.66		Wertulla Karin	1. 8.05	MU F	k	3. 7.77
	Sicherl Peter	31. 7.03	R D GE	k	18. 9.67		Groene Frank	9. 8.06	E SP	k	9. 2.76
	Ladda Andreas	20. 8.03	D KU		3. 6.57		Haselhorst Hauke	2. 8.07	L E LI	e	19. 2.73
	Funk Silke	12. 1.04	L ER	e	15. 5.72						
	Riepe Monika geb. Starke	1. 2.05	° BI M	k	3.10.75						

2.230 Espelkamp Söderblom-Gymnasium gegr. 1953
pr. G. f. J. u. M. d. Ev. Kirche von Westfalen
Kantstr. 33, 32339 Espelkamp – Tel. (0 57 72) 9 71 00, Fax 97 10 70
E-Mail: schulleitung@soederblom.de, Homepage: www.soederblom.de
Kl: 10/20   Ku: 235/38   Sch: 1428 (801) (291/550/587)   Abit: 146 (88)
L: 88 (A 1, A_1 1, A_2 9, B 28, C 20, D 1, F 23, H 5)
Spr.-Folge: E, F, L

BR Detmold
ASN: **168944**
Dez: LRSD **Homfeld**

A	Seibel Christiane	1. 8.99	D ER N	e	11. 7.49		Holz Joachim	1.10.89	EK SP	e	7.11.47
A_1	Brandt Ernst-Friedrich	1. 9.94	° ER M	e	30. 3.53		Kleinehollenhorst Gerhard	23.12.93	° BI EK	k	16. 4.51
A_2	Odenhausen Ulrike geb. Pürsten (T) (Vw)	15.11.93	° CH HW	e	19. 8.52		Reinboth Hartwig	1. 1.94	KU ER	e	6. 9.55
	Brennemann Rolf	15.11.93	M PH	e	5. 5.53		Waltke Dieter	1. 1.94	GE SP	e	26.12.53
	Tiemann Hans-Peter Dr.	2.11.94	D PA	e	25. 5.52		Finke Udo	1. 2.94	° MU	e	16. 3.44
	Schnieder Ingrid	29.11.94	D SP	e	22.10.53		Hellmich Ulrich	1. 2.94	° BI CH	e	7. 5.57
	Becker Ernst	1. 1.98	° GE M	e	10. 5.49		Strakeljahn Peter	1. 2.94	M PH	e	13. 6.56
	Kröger Dieter	1.12.98	M SW	e	31. 3.53		Pauck Monika (T)	1. 2.94	ER CH	e	25. 8.60
	Teckenburg Almut	31. 7.03	ER F D	e	28. 4.60		Schäpsmeier Klaus	1. 1.01	BI CH	e	27. 9.52
	Brauneck-Godwin Petra (T)	1. 7.05	D PA	e	17. 9.57		Wirtz Michael	1. 1.01	KU KR	e	26. 7.56
	Vogt Thomas	1.10.07	E ER	e	3. 7.56		Dölling Detlef	1. 1.01	M PH IF	e	5. 6.57
B	Schürmann Horst	27. 8.79	E SP	e	12. 2.48		Werfel Peter	1. 1.01	ER PA		5.11.60
	Wübker Friedhelm	12. 5.81	L D	k	1. 5.46		Räber Ingeborg geb. Mann (T)	31. 7.03	D GE	e	14. 5.50
	Springhorn Siegfried	5. 7.82	D GE	e	2. 5.48		Schultz Bärbel geb. Massmann (T)	31. 7.03	BI EK	e	3. 5.59
	Kasten Ellen geb. Schweppe	8.11.82	D F	k	28. 9.45		Ferling Andreas	31. 7.03	D E LI	e	18. 6.58
	Niemann Brigitte	28. 4.83	BI HW	e	22.10.50		Hanheide Elke (T)	31. 7.03	M CH	e	5.10.59
	Techen Hannelore geb. Dehn (T)	17. 2.84	F PA	e	17. 7.50	C	Schelp Ulrich	1. 8.83	M SP	e	11. 1.52
	Berges Hartwig	10.11.84	° F EK	e	17.12.50		Schrader Ilse-Marie (T)	10. 9.83	F R	e	29. 1.55
	Bosch Wolfgang	31. 1.86	EK SP		2. 8.50		Keller Karin (T)	27. 9.84	M EK	e	17. 7.54
	Bieniek-Adam Barbara	31. 1.86	F E		1.12.52		Dreier Lothar	28.11.85	BI CH	e	13. 3.54
	Könemann Gerhard	26. 9.86	M PH	e	17. 6.50		Sünderbruch Lore	14. 6.89	D GE	e	27. 9.54
	Keller Dieter	1.10.89	° M BI	e	8. 1.49		Soldanski Ulrich	1. 6.90	° E EK	e	20.11.51
	Heymann Dietmund	1.10.89	□ D SW	e	5.12.51		Herzog-Friedrich Sibylle (T)	1. 7.90	□ BI M SP	e	25.12.54
							Koring Walter	1.11.91	M BI	e	5. 5.61

Ax Martin	24. 9.92	KU D	e	7. 2.60	
Hartmann Annette (T)	3. 2.93	BI F	e	11. 9.57	
Hecken Claudia geb. Bernotat	26. 2.94	KU	e	23. 2.60	
Senf Hans Werner	1. 5.94	M KU	e	21. 3.58	
Müller Elisabeth (T)	20. 5.94	R GE	e	6.11.58	
Ackers Bodo	1. 8.94	° E PA	e	11. 5.53	
Brennemann Angelika (T)	12. 8.94	ER PL KU	e	29. 3.60	
Kersting Monika (T)	29. 8.94	L GE	e	8. 8.60	
Dirschauer Frank-Peter Dr.	1.11.94	PH IF BI	e	17. 8.57	
Mallach Iris (T)	30.11.99	M IF PH	e	3. 9.59	
Diestelhorst Uwe	1.12.05	D ER	e	3. 6.72	
Hanke Ingo	1. 9.07	E SP	e	3. 7.74	
D Töniges Anette (T)	1.11.91	M KR	k	15. 4.57	
F Herrmann Hartwig		▫ ER SW L G	e	23. 4.48	
Röhr Reinhard Dr.		PH D	e	7. 5.48	
Wesselink Gerhard		▫ EK W TC	e	13. 1.49	
Siller Frieder		SP E	e	14.12.52	
Waldmüller Hilde		M PH	e	24. 2.53	
Lipke-Schlüter Andrea		D SW	e	29. 4.54	
Meyer-Heymann Birgit		E GE	e	29. 7.54	
Siller Karin		E SP EK	e	9.12.54	
Friedrich Thomas		D SW	e	1. 2.56	
Heuer Christoph		MU	e	1. 2.56	
Kaiser Detlef		GE L	e	13. 9.56	
Brandt Bärbel		D PA	e	2.10.58	
Beckschäfer Susanne		D E	e	3.10.66	
Salge Ulrike		GE F	e	8. 2.68	
Liecker Gaby		GE L	e	6. 9.71	
Seele-Brandt Frauke geb. Brandt		MU ER	e	22. 1.72	
Tiemann Frank		SP PH	e	6.12.72	
Renken Martina		E F	e	15.12.73	
Stallmann Karen		E R	e	13. 1.74	
Böhme Caroline geb. Koch		D GE	e	9. 3.76	
Weick Melanie		E PA	k	29. 7.77	
Fesenberg Irina		D PA	e	18. 8.77	
Oelschläger Sara geb. Paul		E EK	k	2. 3.81	
H Pfannkuche Nicolette geb. Scallon M. A.		E	e	10. 3.45	
Edwards Michael B. A.		° E	e	29. 6.47	
Brink Marie-Antoinette geb. Collard		F	e	25.10.51	
Beerwinkel Martina GymnL'		SP	e	7. 5.52	
Bollhorst-Lampe Ingrid GymnL'		SP	e	24. 9.58	

2.240 Gelsenkirchen Schalker Gymnasium gegr. 1876
st. G. f. J. u. M.
Liboriusstr. 103, 45881 Gelsenkirchen – Tel. (02 09) 89 80 20, Fax 87 14 38
E-Mail: sekretariat@schalker-gymnasium.de, Homepage: www.schalker-gymnasium.de

Kl: 5/11 Ku: 100/15 Sch: 670 (309) (133/296/241) Abit: 61 (25) **BR Münster**
L: 39 (A 1, A$_1$ 1, A$_2$ 4, B 13, C 13, D 3, F 4) ASN: **167794**
Spr.-Folge: E, L/F, L/F Dez: LRSD **Dingemann**

A Philipp Angelika	11. 2.00	° E F EW	k	31. 5.52	
A$_1$ Rasch Rolf (V)	1. 4.98	° M IF	e	29. 6.49	
A$_2$ Hülsmann Jürgen (T)	28. 1.92	▫ SP SW	e	19. 1.44	
Spönemann Burkh.	26. 4.93	▫ KU D	e	21. 5.49	
Kloppenburg Hannelore geb. Hoffmann (Vw)	7.12.95	▫ F PL	k	14.10.53	
Schindler Alfons	1. 9.99	▫ D GE	e	20. 2.53	
B Huppmann Margret	1. 2.79	F EK	k	1. 4.48	
Potthast Gisela geb. Winkler	1. 8.79	° M	k	21. 9.48	
Ruhl Sieglinde geb. Pich (T)	1. 2.80	° M	k	24. 5.49	
Sörries Marianne	1. 8.81	GE R	e	28.10.49	
Muthke Bernd	18. 9.81	BI SP	e	1.11.47	
Hogen Rainer	26. 4.93	M PL	k	9. 4.54	
Krebs Georg (T)	26. 4.93	▫ PA SW		29. 4.50	
Kossuch Friedhelm (T)	1. 6.94	▫ BI SP		14. 3.53	
Beisenbusch Heinz-Jürgen	11. 7.95	▫ SP E	k	14. 8.50	
Pfingsten Ursula geb. Lagodka	11. 7.95	° E SW	k	8. 4.52	
Großlohmann Herbert	16. 4.96	KR GE	k	22. 3.54	
Engel Ursula	16. 4.96	BI CH		3.11.58	
Eisenach Klaus	1. 2.04	▫ CH EK		18. 6.54	
C Müller Jürgen	12. 5.80	▫ M		5. 1.48	
Weber Ulrich	4. 3.83	E SP	e	13.12.50	
van der Veen Heinr.	1.11.83	CH EK	k	23. 7.52	
Jochindke Ilona geb. Meckenstock	1.12.83	▫ BI	e	19. 9.50	
Adamczewski Klaus	4. 9.84	D SW	e	4. 2.55	
Seifert Rainer	11. 1.88	° D ER GE	e	13. 7.51	
Grollich Marion	18. 4.88	▫ E D		5.12.54	
Nehm Rolf	24. 4.89	CH PH	e	25. 3.55	
Weiland Anette geb. Schulze-Hartmann	15. 7.92	ER R	e	3. 8.56	
Gütte-Korb Dagmar geb. Gütte	8.12.95	▫ SP KU	e	17.10.58	
Bock Sabine Dr. (T)	23. 7.96	CH E	e	31.12.60	
Eiffert Tanja (T)	1. 1.02	G KR L	k	16. 2.65	
Thiemann Bernd	1. 1.02	D F	k	28. 7.67	
D Büning Annette geb. Deitert SekIL'	6. 6.83	▫ M SP	k	23. 1.57	
Seidlitz Ute geb. Weitkamp SekIL' (T)	26. 8.92	▫ D KU		2. 9.55	
Hellmich Thomas	31. 8.92	PH SP	e	8. 7.6
F Helmig-Molitor Jutta		D SW	k	9. 5.5
Baldauf-Struck Iris		D I	oB	19. 1.5
Allecke Christiane		D MU	e	2. 6.6
Stahl Andrea		E I		13. 2.6

2.241 Gelsenkirchen-Buer   Max-Planck-Gymnasium   gegr. 1904 (1858)
st. G. (5-Tage-Woche) f. J. u. M.
Goldbergstr. 91, 45894 Gelsenkirchen – Tel. (02 09) 1 69 - 46 28, Fax 39 93 27
E-Mail: postamt@mpg-ge.de, Homepage: www.mpg-ge.de

Kl: 8/17   Ku: 96/17
L: 56 (A 1, A$_1$ 1, A$_2$ 8, B 21, C 20, D 4, E 1)

Spr.-Folge: E, L/F, F, I

BR Münster
ASN: 167745
Dez: LRSD Dingemann

A	Linnenbrink Reinhard	1. 8.03	D SW	k	9.10.49		Davidsen Calma geb. Cecior	1. 8.96 °	F SP	e	20. 3.54
A$_1$	Schörken Klaus	1. 8.03	PH M	oB	8. 5.52		Borchert Frank	1. 8.96 □	D PL L	k	14. 3.55
A$_2$	Pokorny Renate geb. Ilkow vel Olynyk	28. 1.92	MU PA	e	14. 6.48		Stoffer Cornelia Dr. geb. Stoffer (T)		D PK	oB	7. 5.51
	Gebhard Dieter	4. 2.92 □	M	e	13.12.49	C	Leunig Peter	1. 8.78	GE EK	e	26. 9.47
	Grabowski Ralf	14. 7.95	M		20. 2.50		Galbas Ulrich	8. 7.82 °	EK GE	k	5.11.45
	Hensing Christiane (F)	27.11.95 °	D ER		15. 1.52		Westerhaus Heinz-Michael	21. 8.82	E SP	k	28. 7.49
	Delaveaux Waltraud (T)	1.12.96 □	F PK		10. 6.50		Kersting Bernhard	1. 8.83 °	KU BI	k	17.11.49
	Lerch Ursula	1.12.96 □	D SW		16. 8.52		Willeke-Sump Beate (T)	15.10.83	D SP	k	20.11.52
	Zielinski Udo Dr. (F)	2. 9.98	M PH	oB	30. 4.53		Krosta Herm. Peter	4. 9.84 □	CH M	e	
	Jodl-Leunig Dorothea geb. Frenzel (T) (F)	1. 9.99 °	F EK L	e	22. 9.51		Kulms Regine	25. 2.88	E BI		20. 7.55
B	Schröder Wido	31. 7.75 °	F E	e	15. 9.44		van den Berg Thomas	1. 6.93	D KR	k	29.10.59
	Kusch Günther	28. 6.79	EK SP	k	8. 8.46		Timmerhaus Winfried Dr.	1. 8.99	M PH	k	22. 5.68
	Muntenbeck-Tullney Ulrike geb. Muntenbeck (T)	10.12.79	E PA		2. 6.49		Brormann Iris (T)	1. 1.02	E D		25.11.68
	Behrendt Lutz	25. 9.81	E		10. 5.45		Ebbemann Antje (T)	1. 1.02	L D	k	17. 2.70
	Stickdorn Gerhard	10.12.81	E F	e	7.10.48		Stoppel Hans-Jürgen	1. 6.02 □	M PH	k	6.12.66
	Gross Bärbel	1. 7.82 □	E SW		3. 4.50		Stommel Lutz	1. 1.03	KU PH	k	12. 9.54
	Neuhaus Hildegard (T)	31.12.84 °	EK F	k	29.11.49		Breuing Mona	20. 2.03	D E		30. 8.70
	Kinne Norbert Dr. (T)	2.12.87	D E		9. 5.51		Penzel Joachim Dr.	1. 2.07	L G		23.10.76
	Kinne Ute (Vw)	1.12.89	D GE		12. 9.51		Hesselink Tanja		D E		15. 1.52
	Aßmann Sigrid geb. Sokoll (T)	10. 1.91 □	GE SW	e	16. 9.51		Scharf Cirsten		M I	k	4. 9.68
	Nobbe Frank	21. 4.93 □	BI		15. 5.51		Görtz Kirsten		° L E		15.11.72
	Volmerig Reinhilde	1. 9.94	BI	e	2. 5.48		Hartung Thorsten		CH EK		4. 9.73
	Kläsener Cornelia geb. Weisel	1. 9.94 □	E SW	k	8. 5.53		Lenz Verena		BI KR	k	30.11.78
	Schulte-Coerne Rolf Dr.	1. 9.94 □	CH		20. 3.47	D	Beyer Marie-Elise (T)	4. 9.81	KU D	e	19.10.47
	Willig Gudrun	1. 9.94	ER M	e	18. 7.54		Trawny Gerhard SekIL	2. 2.83 □	SP ER	e	10. 8.53
	Caplan Manfred	1.10.94	CH EK	k	18. 3.50		Riemenschneider Irmgard SekIL'	11. 4.83	ER EK	k	16. 9.46
	Reich Ute (T)	1. 8.96	M	e	21. 6.52		Tovar Hedwig SekIL' (T)	13. 3.84	MU P	k	12.10.55
						E	Eynck Sven	1. 2.06	E SP	e	10. 7.75

2.242 Gelsenkirchen   Grillo-Gymnasium   gegr. 1904
st. G. f. m. zweisprachigem dt.-engl. Zug J. u. M.
Hauptstr. 60, 45879 Gelsenkirchen – Tel. (02 09) 94 76 70, Fax 1 51 23
E-Mail: m.gast@cityweb.de, Homepage: www.grillogymnasium.de

Kl: 6/11   Ku: 85/16   Sch: 693 (342) (162/281/250)   Abit: 58 (32)
L: 44 (A 1, [A$_1$] 1, A$_2$ 7, B 13, C 13, D 3, E 3, F 1, H 2)

Spr.-Folge: E, L/F/T, F/L, L/F

BR Münster
ASN: **167782**
Dez: LRSD **Dingemann**

A	Gast Manfred	1. 5.98 □	SW GE	k	9. 3.49		Hamerla Andreas (Vw)	20.10.97 °	PH M	k	14. 7.49
A$_1$	(Oberholz Berta geb. Fabry StD' A$_2$)	15. 5.02 °	D WW	k	8. 1.54		Poll Ulrich (L)	1. 3.05	F EK	k	9. 3.49
A$_2$	Bekes Peter Dr. (F)	15.11.88	D PL PA	e	21. 6.46		Jungmann Susanne (F)	16. 8.07 °	BI EK	k	17. 9.61
	Künzel Peter	21. 3.97 °	D E		24.10.45	B	Jobusch Günter	18. 6.80	BI	e	11. 2.47
	Hasenberg Klemens[1] (F) (V$_2$)	1. 8.97 °	KR SW	k	10.11.56		Heidenreich Helga	1. 8.81 □	GE E	k	16. 5.49
	Jungmann Dietmar[1] (F)	15. 8.97 °	M PH	e	13. 2.58		Bielendorfer Wolfg.	27.11.82 °	D PA		7. 4.49
							Clauß Christa	20. 7.84 □	E EK	e	25.12.50
							Müller Peter	30. 3.93	SW SP	e	31. 7.54

	Wiengarn Franz Josef	3. 7.96	CH		1. 8.50	Hülsmann Michael	1. 1.02	EK SP k	29. 5.64
	Geittner-Spönemann	19. 8.96 □	SP F	e	6. 4.53			KR	
	Silke geb. Geittner (T)					Püttmann Astrid	1. 1.02	M CH e	28. 3.67
	Nowag-Schickedanz	4.11.98	L E		3. 2.55	geb. Behr			
	Barbara geb. Nowag					Schulz Sandra	20. 8.04	L SP k	2. 5.71
	Hemich Verena (V)	4.11.98	E BI		11. 3.55	Drücke Susanne	1. 3.05	E ER e	19. 7.70
	Schumacher Ulrich	4.11.98 °	M MU	e	4. 1.61	Mosdzien Sylvia	1. 7.05 °	E F k	3. 7.73
	Eiling Jutta	21.10.00 °	M PH	e	18. 5.55	Cappallo Claudia (T)		° BI CH	25. 8.56
	geb. Landsiedel (T)					D Strack Inge	4. 5.83	M KU k	18. 2.55
	Hoffmann Martin	1. 3.04 °	KU E	k	3.10.51	geb. Scholz SekIL'			
	Gürgen Catagay	1. 2.07	D T		6. 6.74	Zernial Sigrid	11. 5.83	M BI	9. 9.48
C	Beckert Heinz	13. 1.81 °	PH M	k	8.12.51	RSchL' (T)			
	Komossa Karin	21. 2.83	BI EK	k	16. 1.54	Kuhlmann Ute	16. 3.84	MU EWe	7. 9.56
	geb. Jacob					geb. Seydel SekIL' (T)		ER	
	Wichmann Jochen	27. 6.83	SP F		1. 8.50	E Ezikoglu Mahmut	1. 8.06	M SP	15. 8.77
	Warmke-Werner	27. 6.83	D SW	e	7. 1.55	Ruhnau-Yuksel Anika	1. 2.07	M PH k	23. 5.80
	Dorette					Potthoff Katja	1. 8.07	SP GE k	27. 1.78
	Bartsch Uwe	31.10.85	PL SW	k	28. 7.51	F Schmidt Thomas Dr.		E D k	6. 3.58
	Ringel Cornelia	1. 8.94 °	E D	e	23. 9.53	H Hemforth Gerd Dipl.-SpL		SP	4. 3.54
	Purkl Andreas Dr.	16. 3.95	GE D	e	30. 6.62	Aydemir Celal		T Rel msl	1. 4.54
			ER PL						

[1] Lehrbeauftr. a. d. Univ./GHS Essen

2.243 Gelsenkirchen Ricarda-Huch-Gymnasium gegr. 1906
st. G. f. J. u. M.
Schultestr. 50, 45888 Gelsenkirchen – Tel. (02 09) 95 70 00, Fax 95 70 02 00
E-Mail: rhg@rhg-ge.de, Homepage: www.rhg-ge.de

Kl: 8/15   Ku: 140/22   Sch: 933 (535) (232/373/328)   Abit: 73 (45)   **BR Münster**
L: 60 (A 1, A_1 1, A_2 5, B 17, C 22, D 1, E 2, F 5, H 6)   ASN: **167770**
Spr.-Folge: E (bil.), F/L/T, L/F, F/L   Dez: LRSD **Dingemann**

A	Klee Ursula	1. 2.06 °	PH EK k	4. 1.58	Brüning Heinz	1.11.81	BI SP k	9. 4.50
A_1	Blume-Muntenbeck	1. 8.05	CH BI	22. 4.49	Seufert Dietmar	30. 8 82	E EK	25. 1.49
	Gerhard		TC IF		Romoth Ingrid (T)	22. 8.83	E F e	17. 9.52
A_2	Meyer-Andreas	1.12.88	M e	23. 4.48	Gröhnke-Faulhaber	3. 7.84	M SW	21. 8.54
	Susanne				Ursula (T)			
	Hüwe Andreas	1. 2.92	D GE k	28. 7.53	Klopottek Wilhelm	9.10.84	PK SW	10. 5.53
	Ritter Reinhard	17. 1.92 °	EK D e	2. 9.47	Wilms-Hemmer	14.12.84	D F ER e	23.11.53
	Dannert Dorothea (F)	1.10.96	F E L	20. 7.50	Gertraud (T)			
	Böer Heinz (T)	25. 8.99	M PH	8.10.51	Herdick Johannes	14.12.84	MU	1. 5.52
B	Grummel Ingrid (T)	20. 6.79 °	EK SP e	4. 9.48	Sott Ernst Dr.	30. 5.85	D PL oB	7.10.51
	Knop-Reinartz	26. 7.84	PA E	5. 1.51	Rawert Astrid (T)	16. 2.88	SP BI	20. 1.58
	Margarete				von der Forst Victor	23.11.88	PH TC k	12. 8.47
	Krabusch Maria (T)	19.12.89	D SW k	4.12.53			IF	
	Möller Rolf	19.12.89	M PH k	18. 4.55	Spain Kerstin	22. 8.91	E MU k	29. 6.60
			IF				KR	
	Paul Sabine	7. 1.91	D SW k	27.11.54	Niehüsener	24. 4.96	KR F k	20. 9.62
	Muslewski Ines	13. 2.92	F PL	28. 9.52	Bernadette (T)			
			EW		Steilmann Doris	18. 2.97	E D e	19. 7.66
	Brönstrup Sigrid (T)	22. 4.93	D PA M	3.12.49	Schwinge Norbert	22.10.00	L KR k	1. 6.64
	Zimmermann-	22. 4.93	D PL	10. 4.54			PL	
	Sutcliffe Rita				Asmus-Werner Isabel	1. 8.01 °	E BI	23. 9.70
	Lob Gabriele	1. 6.94	PL M IF	14. 3.55	Lehmann Elke	1. 1.02	PA E e	11. 4.60
	Gießelmann Hans-	13. 3.96 °	M EK k	4. 2.55	(T)		GE	
	Jürgen		IF		Otte Jürgen M. A.	1. 1.02 *	BI SW e	24. 5.61
	Raasch Manfred	19. 6.96	ER GE e	13. 3.54			ER	
	Falk Christine (T)	9. 9.99	D GE e	10. 2.52	Otto Jürgen	20. 8.03	D KU	9.11.70
	Knyn Thomas	14. 2.01	E KU	24.10.55	Klinowski Claudia	21. 6.04	M PH	14. 3.73
	Girlich Gabriele	14. 2.01	M MU IF	14. 1.59	Jelak Stefan	25.11.04	BI SW	18. 1.69
	Kraus Michael	13. 2.04	D PA IF	11. 8.50	Wischermann-	26. 6.06	E PA k	1. 8.71
	Rose Susetta (T)	13. 2.04	MU KR k	9. 4.61	Wiesten Sandra			
	Kaupert Frank	1. 4.07 °	L F e	25.11.65	D Beckmann Stefanie L'	5. 3.99	E GE e	3. 7.71
C	Schneiders Hildegard	5.10.80	D GE k	11.11.51			PK	
	(T)				E Rusche Marion	1. 2.07	CH PH e	29. 1.69

	Plate Lea	1. 8.07 □ D E	e	27. 3.73	H	Polat Özgül		T Rel	msl 26. 6.45
F	Johannknecht Engelbert		D PL	10. 7.46		Knoche Monika		KU	25. 6.47
	Hillebrand-Renneckendorf Gisela		E GE	3. 3.55		Hünerlage Angelika Schiele Ulrike Dipl.-SpL'		SP SP	28.12.49 e 9. 1.50
	Drage-Danielsiek Annedore		ER EK	e 22.12.57		Sutcliffe Paul Richard		E	18. 5.50
	Hermann Jolante		□ CH PH	k 25.12.70		Oguz Hülya		T Rel	msl 3. 3.57

2.244 Gelsenkirchen-Buer Annette-von-Droste-Hülshoff-Gymnasium gegr. 1907
st. G. f. J. u. M.
Goldbergstr. 93, 45894 Gelsenkirchen – Tel. (02 09) 38 64 5-0, Fax 38 64 5-2 00
E-Mail: huelshof.ge@cityweb.de, Homepage: www.avdge.de

Kl: 7/15   Sch: 879 (471) (211/415/253)   Abit: 61 (34)
L: 51 (A 1, A₁ 1, A₂ 5, B 17, C 19, D 1, E 3, H 4)
Spr.-Folge: E, F/L, L/F

BR Münster
ASN: **167757**
Dez: LRSD **Dingemann**

A	Schenk Friedrich	1. 4.04	EK KR	k	7. 1.56	Kotzan-Meiwes Ewa	1. 3.82 □ BI PA	e	30. 7.53
A₁	Fulst Konrad	1.10.94	M PH	k	25. 3.55	geb. Kotzan (T)			
A₂	Focke Doris	1. 1.91	M EK	k	22. 8.46	Bunne Ludger	14. 7.83 SP F	k	30. 9.49
	Sälzer Gerda Dr. geb. Schmidt	23.12.92 °	D GE		17. 5.49	Nordhaus-Ochs Sylvie geb. Nordhaus	21. 1.84 M PS	e	12. 1.52
	Kaiser Bernd-Josef	1. 6.94 °	L GE	k	1.12.44	Winter Günter	1. 9.84 EK SP	k	18. 6.52
	Hein Manfred	1.12.94 °	M PH	k	6. 4.50	Enax Joachim	1. 8.85 M CH	e	27. 3.54
	Mohr Karl-Heinz	1. 9.02 □	GE E	e	8. 3.50	Geipel Wolfgang	23. 3.88 M CH	k	20. 9.55
B	Teben-Martin Inge geb. Martin	21. 4.78	E	k	11.12.46	Köhl-Uhrig Verena (T) Scharnowski Michael	1. 5.91 BI E 28. 4.98 E GE	e	11. 5.61 17.10.62
	Galinski Harald	8.11.78 °	PH	k	28.12.47	Kappenberg Reinhard (F)	1. 1.99 L GE KR	k	2. 2.64
	Mai Rüdiger	1. 2.80	E EK		26. 5.48				
	Schneider Wolfgang	16. 9.80	BI		7. 4.51				
	Weller Gebhard	16. 7.87 °	GE SW	k	30. 6.47	Gotter Bettina	10. 8.00 KU D		18. 1.67
	Vollmer Karl-Heinz Dr.	15. 3.92 °	E PL SW	e	4. 9.51	Drauschke Claudia	1. 8.01 M SP	e	15. 6.61
	Ewert Brigitte	1. 2.93	D BI PA		14. 7.52	Köhnsen Birgit	1. 1.02 F L	k	28. 9.67
	Betz Manfred	22. 4.93	KR D	k	16. 3.46	Logermann Britta	1. 1.02 L KR	k	27. 6.69
	Orzessek Rainer	22. 4.93	BI EK	e	17. 3.53	Merdan Katja	20. 8.03 E SW		14.10.71
	Ebke Heinrich	1. 8.95	E GE	e	11. 1.55	Spree Rieke	11. 8.06 D E		2. 2.74
	Schultz Petra	1. 8.95	BI CH	e	21. 4.58	Kreuzer Michael Dr.	1. 8.07 PH GE		20. 3.64
	Renner Charlotte (V)	13. 3.96 °	BI CH IF	k	29. 6.59	Coulomb-Hausmann Natalie	1. 8.07 F D		13. 3.69
	Schweers Bärbel geb. Wegener	1. 6.96	M KR	k	24. 3.58	D Kaiser Brigitte geb. Stratmann FachL'	31. 1.73 MU TX	e	21.10.46
	Rogalla Christel geb. Rogalla	1. 6.96	PA GE	e	3.12.43	E Stockhaus Meike Kahlert Martin	1. 8.06 MU D 1. 2.07 D SW		3. 1.72 28. 4.75
	Menzel Horst	1. 9.96 □	GE D	e	10.10.50	Miebach Martin	1. 8.07 KR BI PL	k	12. 2.77
	Leunig Maria	1. 9.96	F GE L	k	2. 2.50	H Beck Hubert Dipl.-SpL	SP	k	13. 6.49
	Schmitz Susanne	1. 5.04	D KR	k	20. 3.63	Milzner Klaus	IF M		22. 6.57
C	Teuscher Lieselotte	1. 3.78	SP EW		9. 6.49	Ohla Astrid Pfr.'	ER	e	3. 2.62
	Erdbrügge Wolfgang	1. 2.82	D PL		2. 2.50	Klinger Arne	* MU		14. 7.69

2.245 Gelsenkirchen Carl-Friedrich-Gauß-Gymnasium gegr. 1903
st. G. (5-Tage-Woche) m. offenem Ganztagsangebot (5./6. Jg.st.)
u. zweisprachigem dt.-engl. Zug f. J. u. M.
Hammerschmidtstr. 13, 45888 Gelsenkirchen – Tel. (02 09) 38 94 87-0, Fax 38 94 87-20
E-Mail: sekretariat@gauss-gymnasium-ge.de, Homepage: www.gauss-gymnasium-ge.de

Kl: 6/11   Sch: 700 (381) (157/309/234)   Abit: 60 (34)
L: 38 (A 1, A₁ 1, A₂ 4, B 13, C 12, E 1, F 4, H 2)
Spr.-Folge: E, L/F, F/L, R

BR Münster
ASN: **167733**
Dez: LRSD **Dingemann**

A	Wielk Hans-Jürgen	1. 2.05 °	PA D	e	21.10.50	A₂	Bremer Jürgen	89	M PH IF	30. 5.49
A₁	Schürmann Franz-Ludger	1. 6.01 °	EK GE	k	3. 6.47		Führer Gerd Anwand Dieter	1. 6.94 ° 27. 3.96	L SP efk CH k	28. 5.43 29. 1.52

	Name	Date 1	Subj 1		Date 2
	Gruner Bernd (F)	21. 3.97	M SP	e	31. 5.53
B	Lütkes Gudrun	30. 6.78	E GE	k	18. 1.45
	Rosynek Ulrich (Vw)	27. 2.80	E EK	e	1.10.48
	Fuhrmann Ingrid (T)	1. 6.80	M EK	e	28. 3.48
	Opretzka Werner	1. 2.84	MU GE	e	14.10.51
	Fries Werner	11. 3.88 ◻	D GE	oB	31.10.48
	Scharf Ursula geb. Seekircher	14. 9.94 ◻	D SW	F	10. 8.45
	Dahlmann Lothar (Vw)	14. 9.94 °	M EK	k	20. 9.54
	Senska Gabriele (V)	30. 9.94 °	BI EK	k	23. 4.54
	Brockötter Georg-Peter	1. 9.95	D GE	k	22. 3.53
	Zesling-Schmitz Monika geb. Schmitz	16. 4.96 °	D EK	k	1.11.52
	Christians-Bsaisou Bärbel (T)	11.98	CH BI	k	25.12.53
	Beisenbusch Walburga geb. Oenning (T)	11.98	E SW	k	30. 9.54
	Regge Wolfdietrich	1. 4.07	M EK	e	15. 8.61
C	Bußmann Hz.-Georg	1. 8.80	Soz EK		9. 4.47
	Honrath Rolf	1. 3.81	BI SP	e	8. 8.51
	Schmidt Gerd	1. 2.82 °	E EK	e	4. 7.50

	Name	Date 1	Subj 1		Date 2
	Jockers Sigrid geb. Pasternak (T)	19.10.83 ◻	D PL		20. 8.53
	Bechler Ludger (T)	29. 6.87	M PH	k	27.11.54
	Ullrich Kurt	15. 8.88 ◻	D L	k	24. 5.56
	Schneiders Frank	31. 8.92 °	KR E	k	23. 3.64
	Maas Anette	1. 1.02	GE SP		1. 2.65
	Krude Andreas	1. 2.05	M SP	k	9. 7.74
	Frühauf Christiane (T)		E F		5. 8.52
	Piontek Marion (T)		F ER		30.12.58
	Sankowski-Spitzenfeil Martina (T)		E KU		21. 5.62
E	Müller Antje geb. Dögel	9. 8.06	M BI		24.12.70
F	Franke Hans-Harro		E SW		19. 5.51
	Poischbeg Knut		KU MU		6. 7.57
	Banczyk Antje geb. Szukala		D ER		2. 7.59
	Wichmann Klaus		KR GE D	k	17. 3.69
H	Kopp Annelore geb. Wrobel GymnL'		SP TX	k	26. 7.49
	Brockhoff-Ferda Ulrich Pfr.		ER	e	25.11.53

2.246 Gelsenkirchen-Buer Leibniz-Gymnasium gegr. 1966

st. G. (5-Tage-Woche) f. J. u. M. m. zweisprachigem dt.-engl. Zug
Breddestr. 21, 45894 Gelsenkirchen – Tel. (02 09) 38 64 64-0, Fax 38 64 64-200
E-Mail: schulleitung@leibniz-gymnasium.net, Homepage: www.leibniz-gymnasium.net

Kl: 10/19   Ku: 200/28   Sch: 1245 (636) (310/513/422)   Abit: 95 (48)
L: 69 (A 1, A$_1$ 1, A$_2$ 11, B 24, C 12, D 2, E 9, F 3, H 7)
Spr.-Folge: E, L/F, F/L, L/F

BR Münster
ASN: **167721**
Dez: LRSD Dingemann

	Name	Date 1	Subj 1		Date 2
A	Dulisch Ellen geb. Krakor	1. 2.01	E GE	k	1. 8.51
A$_1$	Opora Peter	19. 3.86 °	D EW	e	25.11.47
A$_2$	Lachnit Jürgen (F)	7.10.78	EK D	e	25. 9.44
	Hölzle Werner (F)	27. 8.80 °	E GE	k	22. 6.50
	Tullney Max (T)	1. 2.85	D PA		21.11.46
	Erlkamp Ilona geb. Petersen (T)	1. 2.86	M	k	20. 9.50
	Gutheil Hans Georg (Vw)	1.12.88 ◻	D EW		8. 9.48
	Mügge Norbert	5. 2.91	CH EW	k	30. 8.50
	Schramma Ulrich	1. 6.92 °	M GE	e	6. 4.50
	Real Klaus	27.12.94	F GE	k	30.10.46
	Fichtenberger Werner	1. 8.95 °	M	k	16. 1.50
	Meerkötter Dorothea (F)	°	D E	k	11. 5.55
	Müller Antje (F)		L F	e	7.12.59
B	Pitschner Rolf	27.11.78 °	SP EK	k	22. 7.47
	Fidora Burkhard Dr. (T)	1. 2.80 °	BI CH	k	8. 9.47
	Klinkhammer Horst-Erich (T)	1. 8.80	D GE	e	26.11.46
	Kramer-John Isolde geb. Kramer	11. 9.80 °	CH		10. 1.45
	Kellmann Hans-Gerd (V)	2.11.82 °	E GE		18. 8.51
	Wendland Wolfgang (T)	17.12.82 ◻	GE SW	k	13. 8.51
	Freiberg Gisela	12. 7.84	SP EK	k	11. 1.57
	Lachnit Barbara geb. Adolph (T)	19.12.89	M EK	k	22. 5.51
	Irle Hans-Joachim	20.12.89 °	BI EK	e	31. 1.47

	Name	Date 1	Subj 1		Date 2
	Mohr Helga	1. 5.92 ◻	EK F	e	16. 2.54
	Hoffmann Friedrich	3. 5.92	M WW	e	29.10.53
	Henscheid Hanni geb. Helftewes	1. 2.93 °	BI EK	k	27. 6.50
	Menzel Annette geb. Klein	1. 4.93 ◻	E EK		8. 8.50
	Troska-Schilling Georg	1. 4.93 ◻	GE F		20. 5.52
	Maischak Johannes	1. 4.93	M PL	k	14. 9.52
	Höpker Marlies	5. 9.94	BI KU	k	15.10.54
	Schorowsky Michael M. A.	5. 9.94 °	GE D		5.10.50
	Mosel Werner	1. 8.95	E SP	e	18. 2.51
	Mielczarski Detlef (T)	19. 6.96 °	M PH	k	11. 4.59
	Görß Hans-Jürgen	1. 8.07	PH M		21.12.63
	Stamm Folker	◻	D GE		14. 5.49
	Urbanke Eva (T)		EW SP	e	23. 9.50
	Austen-Meckelburg Annette (T)		E KR	k	22. 2.52
	Kammann Josef		M SP	k	11. 4.54
C	Lampe Martin	18. 2.82	E EK	e	11. 7.49
	Ehm Karl-Heinz	1. 3.82 ◻	SW KR PL	e	5.10.48
	Wendland Regina geb. Pätzold	13. 6.88	M ER		12. 3.57
	Strubbe Dieter (T)	14. 9.88 °	M PH EK		7. 6.55
	Tecklenburg Ralf	22. 5.90 °	M BI		1.12.54
	Jung Irmela (T)	1. 1.02	E KU		10. 1.66
	Kruse Rita (F)	1. 1.02	D KR	k	29. 6.70
	Püttmann Martin	1. 2.02	M PH	e	17. 5.67
	Janssen Gertrud		CH EK		15. 4.50

	Grigo Brigitte		M E	17. 2.56			Adigüzel Sema		D PA		24. 3.75
	Bürger Barbara (T)		KR PA	k	12. 9.59	F	Gayk Erika		D GE		7. 2.48
	Boer Andrea		L F	e	12. 4.63		Specht Wilfried		E SW		16.10.57
D	Wanning Maria SekIL'	4. 9.81	CH EK	k	17. 5.56		Tolksdorf Anette		SP L	k	17. 5.60
	Engelbrecht Birgit SekIL' (T)		° D E		23. 6.54	H	Heidemann Bettina geb. Mumm von Schwarzenstein		KU ER	e	27. 4.43
E	Hohmeister Janine	1. 2.06	L I		12. 9.77		Dietrich Wolfgang		MU	k	2.10.47
	Runge Rebecca	1. 8.06	D PL		15. 7.75		Stücke Alois		SP BI	k	23. 2.52
	Grytzek Nicola	1. 8.06	E GE	k	18. 2.76		Hemforth Gerlinde geb. Gusek		SP		30. 5.54
	Rakel Claudia Dr.	1. 2.07	D KR	k	25. 2.69						
	Eisenbraun Natascha	1. 2.07	D ER	e	18.10.73		Rakowski Ulrich		L	k	3. 3.56
	Schoop Christine	1. 8.07	E EK	k	1. 1.77		Rothkamm Diana		D EK		2. 8.58
	Schmidt Daniel	5. 8.07	E PA	e	12. 4.76		Striek Marco Dr. Pfr.		ER	e	8. 4.66
	Hölscher Yvonne		D SW		7. 9.71						

2.255 Geseke Gymnasium Antonianum gegr. 1687
st. G. (5-Tage-Woche) f. J. u. M.
Wichburgastr. 1, 59590 Geseke; Postfach 12 50, 59583 Geseke;
Tel. (0 29 42) 97 17 10, Fax 97 17 33
E-Mail: mail@antonianum.de, Homepage: www.antonianum.de

Kl: 11/22 Ku: 160/28 Sch: 1285 (712) (297/591/397) Abit: 112 (71)
L: 72 (A 1, A$_1$ 1, A$_2$ 6, B 23, C 21, D 5, E 7, F 7, H 1)
Spr.-Folge: E, L/F, F/L/S, S/F/L

BR Arnsberg
ASN: **170112**
Dez: LRSD **Koch**

A	Dohle Hans Joachim	31. 1.86	° KR EK PA	k	22. 9.42		Romberg Annegret (T)	1. 3.81	BI M	k	23. 9.51
							Duscha Lotar	5. 3.82	D PL	e	22.11.46
A$_1$	Brodkorb Peter	14. 8.95	° L GE	k	12. 6.45		Wolf Rosemarie (T)	1. 8.83	SW CH	k	24.11.52
A$_2$	Droste Axel (Vw)	1. 1.87	° M PH	e	13. 1.45		Kämper Hans-Eckhard	4. 9.83	° F E	e	19. 4.52
	Kampschulte Horst	12.12.91	M	k	12. 2.47						
	Caase Dieter	29.10.92	PH EK	k	18.10.53		Nillies Erwin	4. 9.84	SP GE	k	28. 1.52
	Reiher Klaus	11. 1.96	SW M	k	2. 3.56		Klahold Johannes	2. 8.87	KR GE	k	13. 6.52
	Sandmann Hans	29.11.96	° EK GE	k	4. 9.46		Eisenhut Heinz Jürgen	15. 3.89	° MU D	k	9. 2.54
	Uesbeck Christa-Maria (T)	29.11.96	M PA	k	5. 5.54		Pieper Birgit (T)	3. 7.96	D PA	k	19. 6.60
B	Gödde Siegfried Dr.	20. 2.79	° F EK	k	8. 2.45		Brand Evamaria	12. 9.02	° D KR	k	11. 7.68
	Fuhrmann Ralf	1. 4.79	CH	e	1.12.46		Broer Dagmar	1. 2.03	M BI	k	6.10.72
	Schlenger Bernhard	1. 7.81	° PH	k	1. 7.46		Schulte Barbara	1. 8.03	MU PA	k	26.10.72
	Erdmann Bruno	1. 1.82	M EK	k	30. 5.45		Langner Lars	19. 4.04	E SW	k	14. 4.67
	Weddemann Franz	15.11.84	° E SP	k	7.11.46		Hinse Cornelia (T)	6. 9.04	D E	k	17. 5.74
	Kick Heribert	15.11.84	° KR E	k	2. 9.48		Gottschall Dorothea	15. 9.04	L GE ER	e	29. 9.72
	Berg Hubertus	1. 1.86	E SP	k	18. 8.47						
	Stadler-Tegethoff Christiane (T)	29.10.92	MU F	k	21. 7.55		Herzig Matthias Dr.	6. 9.05	PH CH	oB	4. 7.68
							Kulik Stefanie	15. 9.05	° M BI	k	5. 5.77
	Tegethoff Günter	29.10.92	° F KU	k	23. 2.55		Potthast Daniela	9.12.05	E S	k	15. 6.73
	Schetschok Brigitte geb. Niebisch (T)	1. 6.94	D EK	e	26. 8.53		Beermann Maren	2. 2.06	° D SP		30. 8.76
							Kruse David	21. 8.06	M SP PH	k	31. 7.76
	Lödige Werner	7.11.94	E SP	k	30. 7.55						
	Zickfeld Sabine	21. 5.97	D GE	e	5. 8.54		Steinmeyer Claudia	29. 8.06	KU D	e	8. 8.73
	Bergmann Heinrich	5.12.97	° D PA	k	16. 2.50	D	Knapp Heribert HSchL	8. 8.74	KU D	k	22. 9.44
	Scherberich Ute (T)	18. 2.00	CH BI	k	26.11.56						
	Schröder Hans-Werner	5. 7.02	M SW	k	28. 7.53		Happe Heinr. SekIL	8. 4.82	SP M	k	14. 5.54
							Weber Martin SekIL	1. 7.83	KR BI		15.11.54
	Horstmann Michael (V)	17. 3.05	° L KR PL	k	21. 4.69		Quante Clemens SekIL	12.11.83	° M EK	k	6. 4.55
	Schmidt Werner	24. 4.06	BI EK	e	25. 8.55		Bergmann Antje SekIL'	4. 3.84	M SP	k	30. 3.55
	Heihoff Andreas	24. 4.06	E GE	e	15. 4.65						
	Ackermann-Adler Jutta	24. 4.06	E MU S	k	29. 5.74	E	Krüger Klaus	1.12.03	° L KR		16. 2.71
							Kanter Elke	22. 8.05	E S	e	22. 2.74
	Kersting Mathias	29. 6.07	M IF	k	24.11.72		Blex Christian Dr.	1. 2.06	° M PH	k	11.11.75
	Jacobi-Bradic Bettina	29. 6.07	BI EW		5.11.73		Rodemeyer Eva Maria	9. 8.06	D GE	k	7.10.75
	von der Beek Albert		D PK	k			Schirp Hendrik	9. 8.06	M BI	k	22. 9.76
	Hoffmann Hans-Martin		D SW				Rensmann Constanze geb. Czaja	1. 2.07	° L F	k	15.12.76
C	Dornbach Mechtild (T)	19. 8.80	E GE	k	30. 9.48		Breininger Janine (T)	1. 2.07	KU F	e	29. 4.77

F	Krowartz Reinhard		E SW		21. 4.53	Wilde Monika	D E	k	16. 6.62
			PK			Grimm Robert	M IF	e	13. 7.70
	Jänisch Agathe		ER EK	e	24. 5.54	Dorok Sebastian	MU E	e	2. 3.77
	Bauerdick Rolf		GE SW	k	16. 4.58	H Büker-Oel Adelheid	KR	k	12. 2.64
	Endemann Martina		E F	k	12. 7.58				

2.260 Gevelsberg Gymnasium gegr. 1893
st. G. (5-Tage-Woche) f. J. u. M.
Ochsenkamp 100, 58285 Gevelsberg – Tel. (0 23 32) 92 04 60, Fax 92 04 61
E-Mail: mail@gym-gevelsberg.de, Homepage: www.gym-gevelsberg.de

Kl: 10/19 Ku: 114/16 Sch: 1113 (600) (268/534/311) Abit: 80 (44) **BR Arnsberg**
L: 56 (A 1, [A_1] 1, A_2 4, B 19, C 23, D 5, E 1, F 2) ASN: **169961**
Spr.-Folge: E, F/L, L/F Dez: LRSD **Hamburger**

A	Hein Jürgen	1. 8.02	D F	e	5. 6.48	Diepgen-Tonn Leonie	1. 8.90	KU D	k	26. 7.52
A_1	(Schikorr Kirsten	3. 3.05	D F		20. 9.61	(T)				
	Sonja StD' A_2)					Montanus Klaus	1. 1.93	M PH		27.10.55
A_2	Bülhoff Heinz	1.10.94	E SP	k	10. 7.52	Striegan Katja (T)	1. 8.00	D ER	e	17. 1.68
	Bandilla Bernd		M	e	22. 8.47	Schindler Harald	1. 8.01	° L GE	k	14. 8.62
	Relleke Walburga Dr.		° KR D	k	2. 2.50	Siepmann Stefanie	1. 1.02	° E L		1.12.68
	Garz Rolf		E SP	e	21. 9.50	Molke Thomas	1. 2.02	L M	e	18.12.65
B	Thöne Doris	17. 1.79	° E GE	e	7. 6.48	Heins Britta (T)	19.11.02	° D MU	oB	22. 5.71
	Stübner Hermann	17.12.81	M	e	28. 4.47	Klocke Daniela	3.12.04	SP PA		
	Hartmann Jürgen	17.12.81	CH		25. 4.51	Zwetkow-Micha	6. 9.05	EK BI	e	1. 3.73
	Grams Klaus	11. 6.82	D EK	k	26. 7.49	Karen				
	Kruse Rainer	11. 6.82	E EK	e	9. 4.48	Wilhelm Swea-Janina	6. 9.05	SP F		31. 7.74
	Weber Hans-Joach.	17. 8.82	M		15. 2.47	geb. Czernek				
	Junghanns Werner	8. 1.87	E SP		11. 8.49	Kurzke Nadin (T)	15. 9.05	M BI		13.10.76
	Schneider Frank	1. 9.94	M PH	e	18. 3.58	Vaske Jens	1. 2.06	° D BI	k	29.11.74
	Plewka Michael	8. 3.00	BI CH		21. 4.54	Rosowski Annika	7. 8.07	D E	e	20. 4.79
	Launag Angelika	1. 2.02	E PL	k	13. 5.52	Staacken-Görler		□ E EK L	e	31. 3.54
	Benscheidt Volker		M PL	e	14. 3.46	Marianne				
	Olsberger Helmut		GE Soz		29. 5.48	Gerlach Rolf		ER MU	e	12.12.61
	Scherler Helmut		BI	e	2. 1.49	Krüger Cornelia (T)		° E SP		4. 2.69
	Krampen Volker		F EK	e	7.10.50	Hermanns Jolanda Dr.		° MU CH		6. 8.69
	Messer-Bärenfänger		D SW		23. 9.53			PH		
	Monika (T)		SP			D Lenz Claudia	28. 6.83	MU D	e	27. 5.56
	Wirtz Elke		° EK GE	e	22. 1.54	SekIL' (T)				
	Götza Inge		BI KU		10. 9.54	Brall-Junghanns Erika	1. 9.87	E ER	e	23. 3.59
	Hülsmann Astrid		F KU	e	5.11.54	SekIL'				
	Bokel Helga		KR D	k	23. 3.56	Schoop Annette		D GE		11. 2.56
C	Bünder Hans-Josef	5.12.80	PH	k	13. 1.46	Mai Claudia-Hildegard		KU EK	e	20. 1.57
	Hülsmann Heinz-	27. 1.82	M	e	18. 5.51	SekIL'				
	Joachim					E Nieweg Mathias	7. 8.07	° SP GE	k	12. 6.75
	Hesse Ingrid (T)	29. 1.82	KU E	e	14. 3.51	F Fornefeld Christiane		M	k	29. 3.60
	Reißig Joachim	18. 2.82	E EK	e	3. 4.52	geb. Stutz Dipl.-Ing.'				
	Joraschkewitz Bernd	31. 8.83	° CH M	e	26.10.47	Petrov Stojan		° SP R		11.11.69
	Irle-Gieseler Bärbel	24. 3.88	° ER D	e	29. 8.56					

2.265 Gladbeck Ratsgymnasium gegr. 1909
st. G. (5-Tage-Woche) f. J. u. M.
Mittelstr. 50, 45964 Gladbeck – Tel. (0 20 43) 2 98 10, Fax 29 81 20
E-Mail: ratsgymnasium.gladbeck@t-online.de
Homepage: www.ratsgymnasium-gladbeck.de

Kl: 6/12 Ku: 89/15 Sch: 697 (382) (173/308/216) Abit: 60 (34) **BR Münster**
L: 41 (A 1, [A_1] 1, A_2 4, B 13, C 13, D 2, E 4, F 2, H 1) ASN: **167812**
Spr.-Folge: E, L/F, F/L/R, I Dez: LRSD **Dingemann**

A	Lauffs Manfred	1. 8.97	D F	e	23. 3.49	A_2	Röll Jürgen (Vw) (V)	15. 3.93	° M PH	k	18. 3.49
A_1	(Pocha Hans-	23. 4.93	E R	k	19. 2.54		Schmidt Gerhard	20. 3.96	° EK GE	e	17. 2.47
	Christoph OStR)										

	Name	Date 1	Code 1	k/e	Date 2
	Schmidt Hans-Werner	1. 3.05	SP F	k	17. 6.48
	Bässe-Smith Gudrun geb. Bässe (F)	15. 3.05	EK D	e	18. 5.51
B	Stein Wolfgang	21.12.76 °	M PH	k	8. 2.45
	Fülbeck Reinh. (T)	13. 3.79	GE SW	e	8.11.46
	Lenski Franz	20. 3.79	E EK	k	8. 7.45
	Stach Rolf (T)	14. 5.79	M PH	e	19. 8.46
	Schätzel Dorothea	8. 9.80	EK E	e	25.11.48
	Grimm Detlev (T)	20. 8.84	MU PK		21.12.46
	Tenhumberg Johs.	31. 8.84	F SP	k	28. 8.49
	Appelhoff Hugo	9. 6.87	M	k	9. 7.47
	Jansen Hans-Peter	20. 4.93	E SW	k	5. 7.49
	Brüninghoff Bernd (T)	1. 8.95	D EK		5. 1.49
	Heinbokel Ulrich	23. 2.96 °	PH	e	10. 5.46
	Fritsch Eugen	11.11.96	BI	k	23.12.50
	Hoppe Georg	21.12.98	D GE	k	21. 8.51
C	Harijanto Eva geb. Pfeiffer	1. 6.78	E SP	e	5. 6.47
	Röll Barbara (T)	1. 2.81	E F	k	30. 3.53
	Bachmann Ute	3. 3.82	M EK	e	17.10.52
	Sump Heiner	15. 7.82	E SP	k	2.10.50
	Breder Jürgen	3. 8.82	F PL	k	14. 7.50

	Name	Date 1	Code 1	k/e	Date 2
	Hinrichsen Annemarie (T)	3. 8.82	D SW	e	1. 7.51
	Bendik Inge geb. Lietz (T)	5.10.82	E PL	e	16. 7.51
	Kicker Lieselotte	15. 7.83	SP EK	e	8.12.51
	Rohde-Kohnen Dagmar (T)	21.11.83	E R	e	9.10.52
	Bendik Bernd (T)	26. 6.84	KU D	k	28.11.55
	Jokiel Franz (T)	27. 1.88 °	M CH	k	22. 6.56
	Voß Hans-Jürgen Dr.	18. 4.96	BI CH	k	21.12.55
	Denis Gundula	6. 5.03	D KR	k	23.5.66
D	Knäpper Christel SekIL'	5.12.80	CH BI		21. 8.55
	Ahrens Heinz-Jürgen		M GE KU	k	14. 6.49
E	Dauer Andrea	1. 8.06	D E	e	7.11.67
	Franken Stephanie	1. 8.06	D KR	k	30. 7.77
	Sojčić Zdenko	31. 1.07	MU	k	5. 5.73
	Schwerhoff Isa	6. 8.07	BI GE		28.11.78
F	Berger Jürgen		BI SP	e	14. 4.57
	Glatzel Maria geb. L'Imperio		I F	k	4. 7.61
H	Meier-Stier Martin Pfr.		ER	e	7.10.51

2.266 Gladbeck Riesener-Gymnasium gegr. 1907

st. G. (5-Tage-Woche) f. J. u. M.

Schützenstr. 23, 45964 Gladbeck – Tel. (0 20 43) 97 56-0, Fax 97 56-20

E-Mail: post@riesener-gymnasium.de, Homepage: www.riesener-gymnasium.de

Kl: 7/13 Ku: 103/14 Sch: 828 (440) (221/344/263) Abit: 50 (25)

L: 45 (A 1, A₁ 1, A₂ 3, B 12, C 15, D 1, E 4, F 5, H 3)

Spr.-Folge: E, L/F, F/L, S

BR Münster

ASN: **167800**

Dez: LRSD Dingemann

	Name	Date 1	Code 1	k/e	Date 2
A	Nieswandt Michael	1. 8.01	D GE	k	4. 5.50
A₁	Mellenthin Werner	29.12.99	D ER	e	11. 6.46
A₂	Kruse Peter	22. 4.93	M	k	8. 6.51
	Polesnik Jürgen	26. 9.02	EK M	k	17. 5.54
	Döing Ulrich	1. 8.06 □	D GE	k	17. 4.56
B	Poethke Ulrich	14. 7.82	BI SP	k	26. 6.48
	Barth Rita geb. Schewe	10. 9.84	E F	k	24. 2.53
	Brämik Reinhold (V)	11. 2.85 °	CH EK	oB	20.11.47
	Klutzny Winfried	12. 6.87 □	D SW PK	oB	23. 5.49
	Bigalla Claudia geb. Doblonski (T)	24. 6.92 °	E KU	k	8. 4.56
	Klähn Christel geb. Ludwig (T)	5. 5.93 °	BI CH	k	22. 2.58
	Menning Katharina geb. Gronau (T)	1. 8.96	D F	e	7. 1.54
	Schmidt Friedrich	7. 2.97	PH EK	k	11. 3.56
	Fein Hildegard	21. 9.02	M BI	k	11. 7.53
	Lindemann Bernhard	11. 3.04 °	M SW	k	26. 7.58
	Große-Hering Angela	12. 3.04 °	D KR MU	k	26. 5.63
	de Jong Petra	12. 3.04	BI SW	e	18.10.65
C	Schaub Rüdiger	7.10.80	PA E	e	8. 3.50
	Petereit Kurt-Jürgen (T)	28. 5.84	M EW	k	21.10.52
	Conzen Barbara geb. Mauer (T)	8. 3.96	E F S	k	27. 6.64
	Kleimann-Neubold Rita geb. Kleimann (T)	1. 8.98	L KR	k	28. 6.62
	Disselkamp Gabriele Dr. geb. Starzonek (T)	27. 5.99 °	KR L	k	7. 6.63

	Name	Date 1	Code 1	k/e	Date 2
	Pill Franz	13. 5.02	L EK	k	24. 5.64
	Hansens Britta	22. 5.02	E KU	e	6. 8.70
	Stanic Peter	28. 7.03	GE SP	k	24.12.70
	Al-Sibai Julia geb. Schemmelmann (T)	25. 5.04	D PL	oB	8.12.72
	Hüser Sabine (T)	8. 1.07 °	F E	e	9.12.75
	Maaß Florian	1. 2.07	M PH	e	7. 3.77
	Barth Björn	27. 4.07 °	L ER	e	16. 2.76
	Römer Patricia	1. 8.07	F S		
	Kalkstein Bettina	4. 8.07	BI KU		28. 7.75
	Vogelbruch Susanne	13. 9.07	E GE PL PP		31. 7.75
E	Liß Horst	1. 2.07	SP PA	k	28. 5.76
	Hilfert Nicole	1. 2.07	E SW PK	k	28.12.78
	Memedoski Mareike	1. 2.07 °	CH SW PK	oB	12. 2.80
	Grabski Simone	6. 8.07	D ER	e	24. 2.77
F	Kessen Bernhard SekIL		D E		17. 8.54
	Strathmann-Goßen Annette geb. Strathmann SekI/IIL' (L)		BI EK		2. 4.56
	Pousset Andrea		E I	k	23.10.61
	Judersleben Jörg Dr.		GE D	e	26. 1.67
	Malzahn Stefan		D GE		19. 9.76
H	Heimann Heino		BI CH PH	k	21. 9.44
	Poethke Elisabeth geb. Jockenhöfer SpL'		SP	k	1.12.51
	Jesenek Gabriele geb. Jesenek SpL'		SP	k	4. 2.55

2.267 Gladbeck Heisenberg-Gymnasium gegr. 1968
st. G.[1] (5-Tage-Woche) f. J. u. M.
Konrad-Adenauer-Allee 1, 45964 Gladbeck – Tel. (0 20 43) 2 98 30, Fax 29 83 20
E-Mail: heisenberg@gelsennet.de, Homepage: www.heisenberggymnasium.de

Kl: 7/10 Ku: 124/18 Sch: 743 (369) (203/264/276) Abit: 73 (33) **BR Münster**
L: 45 (A 1, A$_1$ 1, A$_2$ 4, B 16, C 10, D 1, E 5, F 1, H 6) ASN: **167824**

Spr.-Folge: E, F/L/T, L/F/R, F/R Dez: LRSD **Dingemann**

A	Schütte-Ständeke Heidrun	3. 8.93	□ D GE	e	16.11.50	C	Kuklies Gudrun geb. Karnetzki	8. 2.82	KU E	k	29. 5.52
A$_1$	Schröder Stephan	1. 7.94	□ D GE		6. 5.49		Karenfeld-Hoppe Irene	1. 3.82	□ D PA		28.12.50
A$_2$	Seeberg-Dufour Brigitte (T)	22.12.94	□ D SW	k	22. 7.49		Gottschalk Erhard	4. 3.83	BI EW	e	21.10.48
	Schnackers-Boes Brigitte	1. 8.96	L EK	k	14.12.47		Kibilka Heike	14. 4.83	E PL	e	11. 7.54
	Sarlette Raimund	20.12.96	F GE	k	10.10.43		Holtbecker Barbara geb. Börris	31. 7.84	D F	k	27. 4.55
	Menning Heinrich	20.12.96	□ F PK SW MU	e	28.12.48		Sevzik Uwe	6. 9.85	° GE SW		11. 9.47
							Kirschner Johannes	11.10.85	° CH BI	k	10. 2.48
B	Klink Annette (T)	1.10.78	□ E GE		12. 6.46		Woggon-Langenbrinck Waltraud geb. Woggon	26. 5.89	KU	e	17.12.54
	Terhörst Herbert	7. 4.79	F SP		22. 2.48						
	Krix Udo	1. 2.80	□ CH PH	k	27. 5.47						
	Brüninghoff Gisela geb. Schütz (T)	4. 9.80	EK E		31. 3.47		Maßbaum Maria geb. Wiemker (T)	2. 9.91	KR BI	k	19. 3.62
	Schönwälder Reinhard	23. 4.93	GE R	k	28. 2.51		Rosenkranz Freia		F SP		15. 4.63
						D	Jeske Ulrike	1. 8.97	BI EK		10. 9.57
	Paulsmann Doris geb. Weitbrecht (T) (L)	23. 4.93	M CH	oB	22. 8.53	E	Spengler Anne geb. Leder	1. 2.05	M GE EK	k	29. 5.77
	Matzkowski Bernd	23. 4.93	□ D SW		10. 5.52		Kucharski Sibylle	1. 2.06			15. 3.78
	Waldera Bernd	7.11.94	□ D PL	k	7. 1.53		Müller Mareike	9. 8.06			7. 4.79
	Nitsche Gerhard	14.12.94	D EK	e	15.11.50		Arslan Banu	1. 8.07	E D	msl	30. 3.74
	Kenter Thomas	1. 8.95	M PH	k	9. 7.55		Stich Nicole	1. 8.07	CH PH		17. 5.75
	Große-Kreul Bernhard Dr.	27. 6.96	PH M	k	20. 3.47	F	Woznik Gabriele geb. Grauten (T)		° M MU	k	28. 9.59
	Weiller Gerhard	1. 8.96	SP BI	k	25. 4.49	H	Ihlenfeld Christiane RSchL'		D ER	e	27. 8.49
	Püthe Klaus	1.12.00	M	k	10. 8.58		Sovuksu Behcet		T	msl	22. 2.50
	Robinson Petra	1. 7.01	M		21. 8.47		Meier-Stier Martin Pfr.		ER	e	7.10.51
	Geyr Stefan	1. 8.01	□ KU GE	k	5. 8.49		Hoffbauer Ralf		SP	e	25.12.52
	Giese Carmen Dr. (F)	1. 2.05	D GE	k	13. 6.68		van den Boom Lucia		KR	k	26. 2.60
							Mosel Sabine Pastorin		ER	e	27. 5.60

[1] mit MINT-EC-Zweig in den Jg.st. 5–7

2.270 Greven Gymnasium Augustinianum gegr. 1940
st. G. f. J. u. M.
Lindenstr. 68, 48268 Greven – Tel. (0 25 71) 80 92 90, Fax 8 09 29 29
E-Mail: august@muenster.org, Homepage: www.muenster.org/august/

Kl: 13/21 Ku: 170/25 Sch: 1364 (757) (375/613/376) Abit: 80 (45) **BR Münster**
L: 80 (A 1, A$_1$ 1, A$_2$ 4, B 24, C 31, D 4, E 10, F 4, H 1) ASN: **168210**

Spr.-Folge: E, L/F, F/L, R/S Dez: LRSD' **Hesekamp-Gieselmann**

A	Schulte Rosemarie	29. 7.99	D F		17. 7.47		Menzel Gerhard	4. 1.80	EK MU		29. 8.44
A$_1$	Schafstedde August		D GE	k	14. 5.52		Pöppler Lutz	16. 7.81	BI CH	e	24.11.43
A$_2$	Westerheide Jürgen	1. 6.94	° M PH IF	e	23. 1.48		Christoffer Marita	1. 8.81	° M EK	e	24. 7.49
							Große Peter-Michael	1. 7.82	° PH M		20. 2.48
	Maiwald Angelika (F) (T)	1. 7.00	E R	e	7. 6.53		Ziffus Hans-Jürgen	1. 7.82	° BI CH	k	28. 1.48
	Gerschner Dieter (F)	1. 2.03	L SP	k	12.11.58		Freiberger Marie-Luise (T)	9. 7.82	° M	e	30. 8.47
	Willenbrink Bettina (T)	1. 3.05	D SW		14. 6.52		Pott Lorenz	1. 8.82	BI W	k	23. 3.48
B	Tolkien Christel geb. Sturhan	12.12.78	ER D		8. 8.44		Pladek-Stille Juliane geb. Stille	1. 2.85	° BI SP		7. 1.51
							Köhne Werner (T)	1. 6.94	KU W		31. 7.45
	Timmerbrink Rudolf	8. 5.79	F KR	k	10. 7.4		Stieglitz Rainer Dr.	1. 6.94	SW WW		26. 8.50

Lanwer Franz-Walter	1.10.94	° GE L	k	9. 7.49	
Leuschner Joachim	16.12.96	CH	e	28. 3.46	
Veltrup Ulrich	1. 8.01	SP PA	e	23. 7.52	
Leimbrink-Scharpf Anna geb. Leimbrink	1. 8.02	D SP		30. 6.53	
Staggenborg Peter	1. 2.04	PH M		27. 1.49	
Obst Karin Dr. geb. Koppel	1. 2.04	° D EK PP	k	30. 7.51	
Hemesath Dieter	1. 2.04	F EK		1.10.49	
Rüdingloh Franz-Georg	1. 3.05	° EK SP	k	17. 1.53	
Winkler Gabriele (T)		° D E	e	1. 8.49	
Haveresch Manfred		D KR	k	14.10.60	
Elfers Dirk		E ER	e	26. 6.65	
Rühlemann Ulrich Dr.		° SP E	e		
C Kölking Helmut	30. 9.77	° M	k	2. 2.45	
Terhorst Rolf	1. 9.78	° E EK	k	13. 3.49	
Loges Werner	11. 7.79	° M IF	e	8.10.48	
Halbig-Quettaoüi Ulrike	19. 8.79	° KR L	k	13. 5.49	
Gottschling Hermann	4.10.79	CH EK	k	28. 8.50	
Geismann Gerhard	1.12.80	° F EK PK	k	28.12.50	
Bokern Marianne geb. Kunkemöller	4. 9.81	° E KR	k	26. 3.46	
Engelhardt Peter	9. 9.81	SP SW	k	28. 6.50	
Schliek Reinhard	16. 9.81	M EK	e	9. 8.49	
Hänelt Bernhard	1. 6.82	KR SW	k	18.10.51	
Harengerd Michael Dr.	8. 3.83	BI	k	5. 3.46	
Fischer Gabriele geb. Vogel (T)	14. 4.83	E KR	k	10. 8.54	
den Ouden Robert	3. 8.84	° F SP	k	11. 4.51	
Gottschling Annegret geb. Wennemann (T)	9.11.84	D TX	k	28. 3.56	
Bockelmann Manfred	87	E L	e	1. 3.55	
Kaufmann Regine (T)	1. 8.92	° ER F	k	20. 2.62	
Schneider Annette (T)	9.92	M E	e	27.10.59	
Bosse Ellen		9.96	SP S		11. 1.61
Löhr Karin	20. 8.01	° MU D			31. 5.67
Tenberge Maria (T)	13. 5.02	E F	k		24. 1.63
Brünink Miriam	1.10.05	□ E GE S	e		27. 8.71
Mischke Markus	1.10.05	° MU BI	k		31. 5.74
Hanel Susanne	6. 8.06	E BI	k		21.11.60
Heinichen Oliver	29. 7.07	E SP EK	k		14. 8.74
Cambier Natascha	22. 8.07	D E MU	e		22. 4.77
Schweifels Simone		SP BI			2. 4.71
Hagemann Susanne		D KU			
Schleef Ilse		SW PA			
Schmidt Rainer		D PL			
Schreiber Klaus		E D			
Spiedt Cathrin		E GE			
D Regetmeier Hildegard RSchL' (T)	1. 8.74	D F	k		2. 1.49
Czicziński Karin	3. 2.83	D KU EK			
Rebohle Michael SekIL	30. 4.84	M EK	e		8.12.53
Schlüter Monika RSchL'		F SP MU			3. 6.57
E Maaßen Ralf	1. 1.06	L GE	k		28.10.74
Kuhmann Andrea	1. 2.06	D E PK	k		7. 2.77
Bachmann Silke (V)	29. 5.06	° M F	k		6. 1.76
Thier Stephanie	9. 8.06	E S	e		12. 3.69
Hohmann Andre	9. 8.06	D GE	e		21.11.71
Tarvenkorn Hendrik	6. 8.07	MU E			19. 9.74
Stark Sonja	6. 8.07	D F			24. 3.77
Warnecke Johannes	6. 8.07	M KR	k		5.10.77
Thomas Barbara	6. 8.07	D KU			14. 9.78
Smidt Enno		BI CH			13. 4.76
F Reske Martina		D GE PK SW	k		28. 2.56
Kinkelbur Dieter Dr.		PL PP ER PA SW	e		1. 7.59
Schmitte Frank		M PH ER PL	e		23. 4.64
Heinze Astrid Dr.		M EW			
H Koch-Rüdingloh Mechthild		SP TX	k		13. 3.52

2.275 Gronau Werner-von-Siemens-Gymnasium gegr. 1903
st. G. (5-Tage-Woche) f. J. u. M.
Laubstiege 23, 48599 Gronau – Tel. (0 25 62) 2 21 88, Fax 70 00 92
E-Mail: info@wvsg-gronau.de, Homepage: www.wvsg-gronau.de

Kl: 10/19   Ku: 154/28   Sch: 1225 (659) (310/518/397)   Abit: 87 (49)   **BR Münster**
L: 73 (A 1, A_1 1, A_2 5, B 20, C 26, D 8, E 5, F 3, H 4)   ASN: **167990**
Spr.-Folge: E, F, L, N   Dez: LRSD **Knauer**

A Heitmann Karl-Josef	1.11.98	BI	k	30. 5.46	
A_1 Feld Michael August	1. 8.95	PH	k	24. 1.49	
A_2 Cauvet Peter	22. 2.96	F EK	e	6. 2.47	
Pawlisz Hans	1. 8.96	° D EK		27. 3.46	
Riedel Werner	6. 8.02	E D ER	e	21. 8.48	
Schütte Cornelie geb. Fischer (T)	1. 2.04	WW SP		27. 4.54	
Hartmann Josef	2.11.05	GE KR	k	19.12.53	
B Buttgereit Dieter	16. 7.80	° F SP	e	20.11.46	
Sunder-Plassmann Bernadette	22.10.80	E F		20.10.48	
Krüger Ute geb. Maguhn	8.11.80	D GE		11. 7.46	
Meyer Ursula	10. 7.81	D E		1.12.49	
Grosche Margit geb. Daniel	9.81	D R	e	30. 5.50	
Hentschel Rudolf	18.12.81	° M PH	e	25. 5.47	
Nolte Clemens Johs.	13. 8.84	M	k	2. 3.51	
Schlaug Hans-Georg	5. 1.94	GE EK	k	6.11.48	
Langermann Heinz	26. 8.94	D EK	k	28. 6.49	
Sinkovec Holger	10.10.95	° CH		5.10.46	
Hoogstoel Ralf	2. 7.96	PH EK	k	27. 5.52	
Stolle Karola geb. Heinemann	1. 2.04	° EK E	e	1. 5.51	
Knappik Helmut	1. 2.04	EK SP	k	2. 1.53	
Sderra Sabine	1. 2.04	BI ER	e	2. 5.62	
Bickmann Jutta Dr. (T)	24. 2.05	L KR	k	31. 3.64	

	Espenkott Peter	1. 3.05	PA SW k	20. 6.48		Köhler Ramona		BI CH	20. 6.67
	Poll-Wolbeck Hermann	2.11.05	EK SP k	15. 1.53		Demming Heike		M PH	20.10.70
	Twigg-Flesner Antje		E	28. 6.47		Rolfes Kristin		D F	4. 2.74
	Wilger Annegret geb. Bone (T)		M PH k	3. 4.61		Wappler Esther Hübner Stefan		D E D GE	22. 4.76
	Lücke Jens	24. 7.03 °	D GE e	24. 4.70	D	Suilmann Annette Wessels Friederike	10. 1.72	M EK E TX e	15. 1.44
C	Schneider Guido (T)	11. 4.80 °	M k	27. 3.49		geb. Nellner RSchL'			
	Twigg-Flesner David B. A.	10.12.80 °	E PA e	9. 8.44		Schüürmann Marietta geb. Schmidt FachL'	8.11.75	KU W e	24. 8.43
	Frankenberg Klaus (T)	3. 6.83	PA SW k	19.12.51		Erdhütter Johanna geb. Linnemann FachL' (T)	26. 5.76	KU k	31. 3.49
	Sontowski Jürgen	24. 9.83	CH EK e	21. 2.50		Nathues Jürgen	29. 2.80	EK M k	7. 4.52
	Sibbing Elisabeth geb. Niehoff (T)	13.10.83	F SP k	29. 5.54		Baudry Elisabeth geb. Doetkotte	26. 3.82	BI D k	2.12.46
	Lindfeld Franz-Josef (T)	14. 8.84	E N k	25. 2.53		Weykamp Richard SekIL	10. 8.84	M EK k	7. 1.52
	Laackman Engelbert (T)	16.10.86	GE MU k	23. 3.54		Walter Anja SekIL'	8. 8.94	M MU e	14. 2.66
	Verfürth Paul	24. 8.87	E N k	16. 9.51		Bohmert Margret geb. Börner SekIL' (T)		BI M k	12. 7.54
	Barckhaus Philipp	3. 3.04	BI KR k	13. 6.73	E	Kleinschmidt Antje	9. 8.06	D SP PA	7. 9.75
	Overesch Klaus	7. 8.04	D BI k	4. 4.74		Janssen-Rüße Okka	6. 9.06	F GE	18. 6.69
	Opterbeck Afra	6. 9.05	F PA k	1. 6.75		Wittköpper Claudia	22. 1.07	D SW	18. 6.78
	Zekl Erich	6. 9.06	L M GE k	5. 5.73		Beßler Claudia	6. 8.07	E BI ER e	
	Korte Oliver	6. 9.06	L GE k	27.10.71		Feiden Jana		BI CH	16. 2.78
	Sandmann Julia Brigitta	6. 9.06 °	E GE k	6.12.74	F	Diekmann Norbert Wesker Heinz		KR SW k M PL k	27.10.51 2. 5.54
	Tapken Anke	6. 9.06	KR PH	1.11.77		Hölzenbein Stefan		BI SP	9. 8.59
	Lalana Cordeiro Carmen	6. 9.06	E M	4.11.77	H	Hölscher Claudine geb. Grenat Prof. lic.'		F k	29.10.44
	Klockgeter Christiane	1. 8.07	GE F	16. 5.71		Schulze-Vowinkel		SP k	15. 4.52
	Baumeister Berit	6. 8.07	BI D	21. 3.74		Annette geb. Sibbing GymnL'			
	Fischer-Rückleben Ursula		MU BI k	15. 6.58		Gjakonovski Ognen Fleischer Ulrich Dr.		MU BI CH	27. 8.72
	Welter Martina		E N	24. 4.61					

2.280 Gütersloh Evangelisch Stiftisches Gymnasium gegr. 1851
öff. G. f. J. u. M. in Trägerschaft eines Kuratoriums
Feldstr. 13, 33330 Gütersloh – Tel. (0 52 41) 9 80 5-0, Fax 9 80 5-22
E-Mail: sekretariat@ev-stift-gymn.guetersloh.de
Homepage: www.ev-stift-gymn.guetersloh.de

Kl: 10/19 Ku: 161/26 Sch: 1207 (665) (280/522/405) Abit: 135 (67) **BR Detmold**
L: 72 (A 1, A$_1$ 1, A$_2$ 12, B 25, C 17, D 1, E 11, F 3, H 1) ASN: **169092**
Spr.-Folge: E, L/F, F/L, S Dez: LRSD **Dr. Gindele**

A	Engelen Ulrich Dr.	1. 5.88	D PA e	8. 9.44	B	Koschmieder Karla	1. 8.80 ☐	E D e	15. 8.49
A$_1$	Kerber Michael		☐ D GE k Sozkd	19. 2.47		Brandes Rainer Köhring Werner	1. 2.81 20.11.82	E GE e M CH e	4. 4.49 21.10.48
A$_2$	Bartsch Jörg-Rainer	1. 5.90	M	21. 5.47		Schumacher Harald	20.11.82 ☐	GE D k	31. 7.49
	Pache Klaus	1. 5.90	CH M e	19. 1.51		Fulde Reinhard	20.11.82 ☐	E EK	13.10.50
	Kindermann Detlef	1. 7.90	EK M e	15. 5.53		Rinschen Renate geb. Forchert (T)	20.12.85	E EK	6.11.50
	Pelkmann Reinh.	1. 3.98	M PH k	12. 4.53					
	Scheelje Johannes (F)	15. 3.99	SW BI	16. 8.59		Schäffer Thomas	20.12.85 °	GE L e	23. 9.44
	Austermann Lambert (F)	1. 3.00	GE SW k	24.10.56		Depping Horst Seifert Dietlinde (T)	20.12.85 ☐ 20.12.85 ☐	D ER F SW e	26.10.48 7. 8.49
	Bracht Gabriele	15. 6.00	E GE k	12. 7.50		Diestelmeier Renate	1. 5.90	D GE e	20. 3.52
	Küster Hans-Werner	1. 6.01 ☐	D SW e	5.12.50		Stolte Detlef	15. 3.91	F E e	30. 6.52
	Schade Dietmar	1. 8.06	D PL k	13. 8.62		Hallau Heinz-Udo	1. 1.99	BI k	26. 1.50
	Knufinke-Lütgert Annette		M PH e	28. 3.48		Bute Karl-Heinz Davids Karin	1. 1.99 ☐ 1. 1.99	M PH e KU F k	28. 4.55 21.10.59
	Schröder Jürgen		M PH e	17. 2.54		Kruse Arnulf	1. 1.99	F KR k	6. 3.59
	Bienengräber-Killmann Ute		M SW k	4. 6.61		Keyserlingk Jutta Gräfin	1. 1.99	SP F S e	9. 2.57

	Name	Date 1	Col		Date 2
	Göhler Thomas	15. 6.00	E D		12. 7.65
	Bansmann Yvonne (T)	15. 6.00	E S		26. 4.63
	Mülot Iris	1.12.06	D PA		5.10.61
	Rimpel Thomas	1.12.06	MU GE	e	21. 7.62
	Kühle Marcus	1.12.06	E SP		11. 5.64
	Mohring Michael	1.12.06	M EK		10.12.67
	Detering Stefan	1.12.06 °	E ER	e	3. 6.68
	Proempeler Irene	°	D KR		12. 7.64
	Fecke Christine	°	E BI		9. 5.66
C	Becker Anna Elis.	8. 8.78	F ER	e	25. 2.48
	Fetzer Manfred	22. 8.79	KR CH	k	13. 2.49
	Ring Lother	1. 2.81	M	k	31. 3.51
	Rix Helga-Ute (T)	1. 9.81	SP EK	e	26.10.52
	Siegmund Rolf	1. 9.81	SP EK	e	8. 2.51
	Großeschallau Harald	1. 9.81	SP BI	k	11. 8.51
	Pohl Wilhelm-Josef	1. 8.82 ▫	M EK	k	24.12.51
	Glaw Johs.-Werner	20.12.84	KU M	k	27. 4.54
	Czaja Andreas	1. 2.86	BI CH	k	7. 8.54
	Rachner Oliver	15. 6.98	D E		2. 8.63
	Detering Ursula	1. 1.02 °	D KR	k	10. 6.69
	Brandenburg Irmhild		M MU		17.11.48
	Lotz Angelika		F E	e	11. 1.59

	Name	Date 1	Col		Date 2
	Lauprecht-Busher Petra (T)		SP E		24. 8.60
	Rasche Christian		MU SP	e	4. 3.61
	Stroot Ingrid		F BI	k	3. 8.62
	Henkel Volker		L E		21. 1.63
D	Bürthel Robert (V)		KU		21. 8.46
E	Krause Susanne	1. 8.06	D GE		14. 8.76
	Lepping Sabine	1. 8.06	D KR	k	18. 9.78
	Wilsmann Frank	3. 8.07	M SP		8.10.76
	Böker Annette	°	L KR	k	1.12.68
	Milse Tanja		SW PA D		20.12.70
	Bien Sigrun		M E		28.11.71
	Beckervordersandforth Tobias		KR E		9. 3.74
	Klahr Bruntje		D SP		14.11.74
	Hanke René		M PH	e	23. 2.76
	Oelze Kristina		D SW ER		25. 5.76
	Haverkamp Hendrik		D SP		5. 7.76
F	Mohr-Frensing Sabine		SP GE	e	15. 6.56
	Bohlmann Rita		E PA		17.11.58
	Hunfeld Maria Dr.		BI CH		12. 5.59
H	Schewe Martin Dr.		ER		14. 4.58

2.281 Gütersloh Gymnasium gegr. 1913

st. G. f. J. u. M.
Schulstr. 18, 33330 Gütersloh – Tel. (0 52 41) 82 23 10, Fax 82 21 91
E-Mail: sgg@staedtgymn.schulen-gt.de, Homepage: www.sg-guetersloh.de

Kl: 14/23 Ku: 205/35 Sch: 1586 (869) (402/666/518) Abit: 144 (81)
L: 92 (A 1, [A₁] 1, A₂ 9, B 27, C 35, D 5, E 6, F 5, H 3)
Spr.-Folge: E, F/L, L/F, S

BR Detmold
ASN: **169109**
Dez: LRSD **Dr. Gindele**

	Name	Date 1	Col		Date 2
A	Bethlehem Siegfried Dr.		GE E	e	15. 2.52
A₁	(Volland Ernst-Wolfhard StD A₂)	10.10.83	M PH	e	16. 4.50
A₂	Heitjohann Johannes	13. 3.86	BI	k	8.10.45
	Theißen Margret geb. Südmeyer	12. 5.00	E SP	e	7. 7.51
	Krause-Traudes Barbara geb. Oppermann	8. 3.02	E F S	e	23. 4.55
	Reichert Friedhelm	1. 6.04	M PA ER		17. 1.49
	Wortmann Bernhard	1. 7.04	M PH	e	3. 6.50
	Gabel Wolfgang	2. 4.05	M	eref	22. 7.51
	Ostermann Thomas	25. 4.05	D GE PL		30. 4.53
	Peiler Herbert	6. 8.07	D GE	e	12.12.50
	Nienaber Monika M. A.	6. 8.07 °	D PL GE	k	15. 5.66
B	Ostkamp Josef	24. 8.79	E EK	k	4. 7.48
	Becker Karl-Heinz	1.12.79	GE KR	k	1. 9.46
	Jacobs Ulrike geb. Reich	1. 2.80	E GE	k	12. 2.45
	Biskup-Bernstein Reinhard	1. 7.82	F SP S		18. 6.49
	Vornholt Günther	7. 1.86	M	k	18. 9.46
	Hembach Günter	1. 6.87	BI SP	k	12. 7.51
	Bülter Rudolf	21.11.91	GE SW EW	k	28. 8.52

	Name	Date 1	Col		Date 2
	Hohm Roland Dr.	8. 3.93	M PH	e	17. 3.48
	Schlebbe Ulrich	8. 3.93	BI CH	k	30. 1.54
	Hanika-Schumann Berthold	8. 3.93	M PA	k	13.10.53
	Hollweg-Lohrer Henrike geb. Hollweg	6. 9.94 ▫	D PA (SP)		10. 9.50
	Groß Werner	6.10.94 °	E F	k	26. 9.51
	Büscher Wolfg. Dr.	22. 2.95	EK SP GE	k	24. 5.54
	Klinke Hildegunde geb. Herr	1. 1.99	D PA		15. 5.50
	Bartodziej Joachim	1. 1.99	E R		26. 3.52
	Appelmann Gerd	1. 1.99	E F	e	25. 2.49
	Breckenkamp Hans Wilhelm	1. 1.99	MU EK	e	23. 3.60
	Hinz-Kruse Eva geb. Hinz	1. 8.01	D F	k	3. 4.60
	Jacob Guido	1. 7.03 °	E SP	k	22. 2.66
	Scheitenberger Alexandra	1. 8.03 °	L SP		8. 2.68
	Brayley Michael (V)	1. 8.04 °	E GE	angl	11. 4.64
	Wehmeier Annika geb. Tillmann	1. 8.05	E EK	k	21. 6.74
	Briest Carsten	15. 3.06 °	CH BI	e	5. 1.72
	Venz Michael	1. 6.06	L M	k	11. 3.68
	Senger Alexander	27. 7.06	L PH G	k	8. 9.63
	Bretschneider Nina	31. 5.07 °	E F	e	8. 5.73
	Brill Alexander	31. 5.07	M MU	e	26.11.73

C	Bickmeier Gabriele		78	BI SP	e	27. 7.49		Weilemann Anja	15. 9.05 △	E F	k	16.11.68
	Meluhn Gert	27. 8.79		EK GE	e	15.12.48		Imkamp Thorsten	15. 3.06	M PH		25. 8.67
	Kiel Ulrich	1.11.79		KU	e	1. 9.47		Hartmann Sonja	1. 9.06	D E	k	30. 9.72
	Somorjai András	7. 8.80		CH	k	28. 5.44		Bunse Vanessa	1.10.06	BI SP	e	10. 3.76
	Burow Ernst	3. 3.81		EK SP	e	11.12.49		Brücher Frank	10.10.06	M PH IF	k	26.11.71
	Corneles Niehaus Klaus	10. 3.82 °		D SP	e	25. 9.49		Wamhof Raphael geb. Hesse	10. 9.07	D KR	k	14. 8.75
	Streppelhoff Winfried	13. 8.82		D SW		26. 5.50						
	Grumbach-Bley Mechthild	17. 8.82		BI EK	k	23. 2.52	D	Hollmann Kirsten geb. Lepper SekIL'	19.12.79	BI TX	e	20.12.53
	Rehefeld Reinhold	11. 4.83		F EK		20. 9.46		Schruf Marion	2. 3.84	KU BI	k	22. 8.53
	Nitz Klaus	30. 9.83		GE SW	e	1. 7.50		geb. Welling SekIL'				
	Stegen Marie-Theres	9. 4.86		D BI	e	7. 8.43		Teerling Jan SekIL	2. 3.84	M PH	e	24. 9.54
	Beck Erich	20. 8.92		M PH	k	12. 9.56		von Moritz Irmtraud	4. 7.84	D ER	e	11. 3.55
	Geißler Sybille	8.10.92		BI ER		16. 2.60		geb. Börnke SekIL'				
	Sundermann Stefanie	1. 8.96		E D		12. 5.64		Kriemelmann Theodor	18. 9.85	D SW		10. 3.51
	Schiermeyer Jörg	1.12.97		L EK	e	4. 8.65						
	Stüssel Ralf	1. 8.99		M SP	e	12.12.63	E	Regenbrecht Jan	1. 2.06	M PH	k	13. 8.76
	Peters Virna	14.11.00 °		D ER		22.10.70		Tölle Jörg Dr.	9. 8.06	BI CH		1.10.68
	Alberternst Christiane	1. 1.02 °		F KR	k	13. 4.62		Höwekenmeier Daniel	1. 2.07 °	M MU	k	22. 5.79
	Volz-Klocke Christine geb. Volz	1. 1.02 □		M PA		18.12.61		Lange Carsten	6. 8.07	D SP	efk	12. 7.76
	Kersting Wolfgang	1. 1.02		GE KR	k	7. 4.67		Röhlinghaus Claudia	6. 8.07	L M	e	7. 6.77
	Kröger Oliver	1. 1.02 °		D SW	e	19. 9.69		Klesper Britta	6. 8.07 □	D ER L	e	16. 2.78
	Rehberg Harald	2. 9.02		D SP		11. 6.67	F	Scheffer Thomas Dr.		PL D GE		25. 4.54
	Schröder Andrea	20. 8.03		KU PA	e	11. 5.70		Vielhaber Barbara	°	MU KR	k	5. 5.59
	Sendker Andrea	1. 9.03 °		BI CH M	k	22.11.74		Zühlke Anke	□	E D		11. 5.60
								Westerbarkei Silke		D	e	30. 8.64
	Hanebrink-Welzel (T)	1. 2.04 °		BI SP		16. 5.73		Wellmann-Hewett Ilka		E F	e	16. 4.67
	Steuernagel Manuela	26. 7.04		D ER	e	5.11.68						
	Reupohl Jens	14.11.04 °		CH ER	e	16. 8.74	H	Lütkemeier Ilona		S		27.12.60
	Hullermann Jens	1. 2.05 □		D SP LI SW		28.12.70		Schettler Frank		SP GE		20. 6.71
	Zumbrock Sonja	1. 8.05		D KU	k	18. 4.76		Paetke Vanessa		SP		9. 1.78

2.285 Hagen Fichte-Gymnasium gegr. 1799
st. G. f. J. u. M.
Goldbergstr. 20, 58095 Hagen – Tel. (0 23 31) 1 45 37, Fax 92 51 56
E-Mail: fichte-gymhagen@t-online.de, Homepage: www.fichte-gym.de

Kl: 7/12 Ku: 127/22 Sch: 853 (451) (200/319/334) Abit: 102 (53) BR Arnsberg
L: 50 (A 1, A_1 1, A_2 4, B 16, C 20, E 4, F 6, H 2) ASN: **169468**
Spr.-Folge: E, L/F, F Dez: LRSD **Hamburger**

A	Meyer Jutta	27. 1.06		KR GE SW	k	31. 3.53		Hoffstätter Jutta	29. 5.95 °	E EK	e	28.12.53
A_1	Plöger Walter	2. 4.01 °		M	e	23. 8.49		Marx Olaf (V)	15. 1.96 °	CH	e	9. 2.49
A_2	Birnschein Ralf-Reiner Dr.	28. 9.94		PH		21. 9.42		Mauch Angelika	15. 1.96 °	MU		29. 8.54
								Jacken Wolfgang	1.10.96	SW SP		18. 1.51
	Warmeling Antonius	31.10.94 □		M CH		18. 8.51		Wüst Hermann	24. 7.02	E D		7.12.53
	Göddemeyer Annette (T)	22. 5.03		E F	k	21. 7.54		Sieburg Monika	24. 7.02	E PL MU	k	
	Sonnenschein Gabriela	26. 4.04		EK SP ER		14. 4.53		Kleffmann Dorothea geb. Göhler	2. 4.05 °	BI EK	e	23. 2.53
B	Heggemann Wolfg.	7.10.82 □		D EK		18.11.48		Rips Andrea	30. 8.06 °	E KU		21.10.70
	Langenscheidt Eva-Maria (T)	15. 1.84		M EK		1. 4.51		Schwarz Josef	17. 9.07	E GE		21. 9.52
	Olk Erhard	31. 7.84		EK PA	k	5. 1.48	C	Torspecken Michael	18. 9.07	E L	k	9. 4.58
	Uerpmann Horst	28.12.92 °		D E ER	e	16. 2.50		Nolte Annette (T)	1. 8.76 °	D KR	k	15. 9.47
	Rasche Karl-Heinr.	7. 4.93		M EK IF	e	23. 3.52		Hilliger Gertrud (T)	1. 7.82	GE EK	e	27. 4.52
								Hoffmann Heinz	1. 8.82 °	BI CH		3. 2.52
	Haag Anke (T)	8. 8.94 °		BI SP	e	8. 7.54		Konietzko Marianne	8. 8.82	F EK	k	16. 9.50
								Thiebes Eva geb. Weck (T)	1. 8.01	L E	e	15. 6.69

	Kohlhaas Ulrich	1. 8.01	D GE KR M	k	28. 8.70		Breuer Gisa geb. Jezierski (T)		° SW D	k	27. 8.44
	Wand Ulrich	1. 7.02	M SP		16. 9.70		Nemesch Karin		° BI EK	k	5.11.55
	Preuss Alexandra (T)	1. 8.02	D CH		24. 4.72	E	Jünemann Thomas	1. 2.06	F MU	e	21. 7.75
	Malms Stefanie (T)	8. 7.03	D KU		24.11.73		Degenhardt Anke	9. 8.06	M SP	e	2. 9.78
	Hissen Barbara	1. 8.03	° E PA		13. 2.69		Weishaupt Petra (T)	6. 8.07	D GE	e	30. 4.62
	Kremper Christof	1. 8.03	M BI	k	13.12.73		Thoenes Daniela	10.07	° D GE		23. 3.78
	Böddicker Monika (T)	1. 4.04	F SP		24. 7.57	F	Peters Rainer		° D KR	k	7. 2.52
	Kottig Christian	3.12.04	° BI CH		29. 7.67		Kannengießer Ursula		D BI		17. 7.53
	Beyel Stefanie	6. 3.06	D E		11. 1.72		Herminghaus Elke		ER KU	e	27. 9.56
	Martin Christina geb. Huber (T)	6. 3.06	BI F		19. 7.76		Wlotzka Petra		BI CH		3. 4.58
							Riechmann Wolfgang Dr.		° E GE		27. 8.59
	Gilles Nicole	6. 2.07	E D	e	12. 1.75		Tschentscher Luise		D GE		29. 1.68
	Görtz Jens	6. 2.07	° SP SW		22. 3.76	H	Schauer Christel GymnL'		° SP	k	11. 8.51
	Cegledi Kerstin geb. Rauchenecker (T)	27. 2.07	D G ER	e	28. 1.77		Rellecke Shilpa		D GE		26. 1.77

2.286 Hagen Ricarda-Huch-Gymnasium gegr. 1848
st. G. f. J. u. M.
Voswinckelstr. 1, 58095 Hagen – Tel. (0 23 31) 2 81 22, Fax 2 83 31
E-Mail: 169523@schule.nrw.de, Homepage: www.rhs-hagen.de

Kl: 7/11 Ku: 117/20 Sch: 757 (449) (184/270/303) Abit: 56 (18) **BR Arnsberg**
L: 46 (A 1, A$_1$ 1, A$_2$ 3, B 15, C 16, D 2, E 1, F 4, H 3) ASN: **169523**
Spr.-Folge: E, F/L, F, F Dez: LRSD **Hamburger**

A	Hermann Thomas	1. 7.06	M Soz (IF)		18. 4.51		Broszeit Werner	19. 6.87	M MU	e	14. 9.53
A$_1$	Krüsemann Johannes	1. 2.07	° M SP	e	17. 1.58		Scheideler Elisabeth (T)	1. 8.91	D KR	k	19. 4.55
A$_2$	Bohnes Ulrich	1. 1.92	° PH		12. 7.43		Barth Gerald	1. 8.91	L D KR	k	23. 2.59
	Volbers Angelika (T)	22.11.95	E EK	k	26. 2.55		Ruhwedel Ernst	1. 8.94	° M MU	e	19. 4.62
	Demtröder Ekkehard	1. 2.96	F GE Soz	e	20. 2.45		Flagge Monika	17. 6.03	E EW (ER)	e	22. 9.60
B	Scholz Norbert	22. 6.78	° L EK M	k	20. 8.42		Ludwig-Brandt Christine	1. 8.03	F SP	e	5.12.72
	Neumann Gerd	9. 5.79	° EK M		9. 2.43						
	Kickartz Klaus	1. 2.80	SP EK	k	7. 3.48		Schulte Thorsten	1. 8.03	D BI		17. 5.70
	Hoppe Monika	1. 8.81	BI	k	11. 6.49		Hörstemeier Annette	1. 2.04	° E SP		30.11.72
	Eyer Peter Dr.	1. 8.84	D E		8. 6.45		Korte Carl-Dietrich	1. 7.04	° M ER		20. 1.60
	Frimmel Hans-Norbert	15. 1.87	° GE F PL PA	k	17. 6.49		Raddatz Michael	1. 2.06	E SP		13. 3.72
							Stührenberg Monika	3. 8.06	CH BI	k	4. 1.74
	Schnier Franz-Josef	1.12.91	D GE	k	26. 7.51		Maßberg Andreas	1. 2.07	° D GE (KR)		8.12.67
	Emde Karl-Peter	7.11.94	° D EK	k	18. 9.50						
	Schneider Hildegard	1. 2.96	SP BI	k	10.10.49	D	Buschmann Brigitte SekIL'	1. 8.81	D SP		2. 3.52
	Swiatkiewicz-Jakobi Annette geb. Swiatkiewicz	30.12.96	° D GE	e	1. 6.51		Seekatz Antje SekIL'		D ER		15.11.70
	Bach Dietmar	30.12.96	F GE	e	22. 9.48	E	Gürle Cevdet Dr.	4. 8.07	GE SW	msl	23.11.77
	Heggemann Barbara geb. Klevenow (T)	30.12.96	GE D	k	15. 4.53	F	Geese Ortwin		M EK		18. 5.55
	Rapp Klaus-Peter	1. 8.99	° M PH	efk	27.11.52		Kessler Martina geb. Zahn		° BI D		25. 3.56
	Wegner Ulrike geb. Lehnert (T)	1. 8.02	M PH		23. 9.52		Petrusch Ulrich		E ER		12. 5.57
	Gerke Reinhard	1. 8.02	KU KW	k	18.10.52		Kerutt Angelika		E EK		13.12.57
C	Kriege Margarete geb. Kröger (T)	1. 8.79	° D EK	e	3. 4.47	H	Schneider Heide geb. Diederichs Dipl.-SpL'		SP	e	16. 8.42
	Knop Ralf	5. 9.79	E D		9. 3.49		Immler Manfred		KU	k	16.12.45
	Bach Gabriele geb. Dissmann (T)	28. 9.80	D GE		15. 9.48		Würbel Mechthild geb. Malden TechnL'		TX	k	19.11.46
	Gerstenberger Paul	15.11.85	PH EW	k	24. 4.52						

2.288 Hagen Albrecht-Dürer-Gymnasium gegr. 1915
st. G. (5-Tage-Woche) f. J. u. M.
Heinitzstr. 73a, 58097 Hagen – Tel. (0 23 31) 8 12 94
E-Mail: info@ad-hagen.de, Homepage: www.ad-hagen.de

Kl: 5/8   Ku: 61/15   Sch: 559 (304) (150/246/163)   Abit: 50 (30)   BR Arnsberg
L: 30 (A 1, A₂ 3, B 10, C 12, F 2, H 2)   ASN: **169470**
Spr.-Folge: L/E, F/E/L, F   Dez: LRSD **Hamburger**

A	**Kux** Manfred Dr.	1. 2.06		D EK	k	15. 3.48	**Mehl** Thomas	1. 8.01	° D E	e	3. 8.67
A₂	**Scheideler** Bernhard	6.99		M PH	k	22.10.53	**Müller** Stefan Dr.	1. 1.02	° SP L	k	12. 5.64
	Künzel Günter	6. 5.00		BI CH	k	19.11.52	**Böcker** Christian	1. 1.02	° D E	k	5.11.68
	Poell Klaus	19. 3.04	°	M PH	k	17.12.47	**Larsen** Norbert Dr.	1. 2.03	° L GE	k	13. 1.66
B	**Boos** Christiane	1.79		M PH		5.10.47	**Smolarczyk** Katja	1. 2.03	D M	e	27. 2.72
	Pieper Barbara	3.12.82	°	KU EK	k	4. 1.53	geb. Schürmann				
	Leifels Hans Georg	1. 3.84	°	SP BI	k	12. 5.47	**Larsen** Katja	31. 7.04	° E D	e	2. 4.73
	Groß Monika	23.11.94	□	D GE		14. 7.53	**Köhler** Andrea	1. 8.04	° D GE	k	12.11.75
	Haase Günter	1. 8.96	°	SW SP	e	31. 8.53			KR		
	Spiekermann Joach.	1.12.96	°	M	k	31. 7.46	**Albersmann** Melanie	1. 2.05	D PL	k	30.12.71
	Dombrowski Ralf H.	1. 3.01	°	BI GE	e	6. 1.52	**Litterscheidt** Olaf	1. 4.07	° L CH	k	30. 8.71
	Schönenstein Josef	1. 8.02	°	GE EK	k	5. 9.51	**Rösler** Dirk	1. 9.07	GE ER	e	24. 9.72
	Torwesten Klaus	1. 8.02		M PH	k	29. 8.53	F **Schultz** Ruth Ass' d. L.		E EK	e	24.10.52
	Bornemann Ulrich	1. 2.05		MU D		3.10.59	**Scherer-Ziegler** Lydia		F SP		
C	**Schäfers** Elke	1. 3.81		F EK	e	8. 8.50	H **Dohmann** Gerhard		D KU	oB	18. 6.60
	Hermann Ella	7.85		R D		10. 8.52					

2.289 Hagen Hildegardis-Schule gegr. 1925
pr. G. (5-Tage-Woche) f. M. u. J. d. Erzbistums Paderborn
Zehlendorfer Str. 19, 58097 Hagen – Tel. (0 23 31) 2 56 07, Fax 1 32 00
E-Mail: postmaster@hildegardis-schule.de, Homepage: www.hildegardis-schule.de

Kl: 8/16   Ku: 172/24   Sch: 1075 (716) (248/465/362)   Abit: 90 (66)   BR Arnsberg
L: 62 (A 1, A₁ 1, A₂ 6, B 18, C 25, D 1, E 6, F 2, H 2)   ASN: **169493**
Spr.-Folge: E, L/F, F/S, E/F/L   Dez: LRSD **Hamburger**

A	**Jost** Christoph Dr.	1. 9.02		D E	k	13. 1.62	**Kneer** Bernhard	1. 1.94	° E F	k	23. 6.56
A₁	**Müller** Günter	1.12.92	°	L GE	k	14. 9.46	**Pott** Ellen	1. 1.94	° MU KU	k	26. 6.56
A₂	**Steden** Hans-Georg	1. 5.91		PA Soz	k	4. 8.52	**Fricke** Volker	1. 1.94	° M SP	k	15. 6.54
	Kalus Monika	1.11.93	°	D KR	k	7. 9.53	**Platte** Ulrich Dr.	1. 5.99	D ER	e	15. 6.56
				PL			**Galliet** Michael		° MU D	k	11. 5.54
	Drane Bärbel	1. 1.95	°	E L		31. 3.47	**Philipp** Claudia		E GE	k	21. 8.61
	geb. Wasiak						geb. Kivelitz (T)				
						C	**Kügler** Beatrix	11. 8.81	D F	k	8. 9.51
	Schneider Ulrich	1. 6.99	°	M KR	k	13. 8.56	geb. Hupe (T)				
	Nelius Klaus-Detlef	1. 5.00	°	M PH	k	2.10.54	**Schuster-Adelt**	1. 9.81	M GE	k	18. 3.55
	(V)						Angelika geb. Schuster (T)				
	Melis-Niemeyer	1.12.05	°	D E		3. 2.55	**Grote** Gerhard	1. 5.87	° M PH	k	23.11.56
	Magdalene geb. Melis						**Kieserg** Gertrud (T)	1.12.87	° E GE	k	29.11.56
B	**Poell** Elisabeth	1. 8.78		M PH	k	5. 5.47	**Ferlemann** Jürgen	1. 9.90	° E KU	k	24. 8.58
	geb. Mentrup (T)						**Kempgens** Hildegard	1. 9.91	M CH	k	10.11.60
	Oelgemöller Ursula	15.12.81		GE D	k	20. 6.47	**Loos** Herbert	1. 9.91	M PH	k	10. 7.59
	geb. Conrad (T)						**Hamann** Brigitte (T)	1. 8.92	D E		19.10.56
	Fest Klaus-Dieter	1. 8.82		F EK	k	16. 7.44	**Tipp** Maria (T)	1. 8.92	° BI CH	k	22. 8.62
	Rossa Christoph	22.12.83	°	BI CH	e	2. 4.49			(M)		
	Voit Sieglinde	1.12.84		MU F	e	5. 7.53	**Rölfing** Uta (T)	1.10.93	° BI HW	k	3. 7.60
	geb. Drascher						**Contzen** Albert	1. 8.97	SW SP		2.10.63
	Schneider Gabriele (T)	1.12.90					**Scholz** Christoph	2. 2.98	° M PH	k	10. 2.67
	Dercks Heinrich (T)	1.10.91		KR BI	k	24. 3.49	**Funk** Rainer	1. 8.98	SW GE	k	27.11.63
	Sandkuhl Bernd	2. 2.93		E GE	e	10.11.52	**Kottenhoff** Karin	1. 8.01	° D E	k	17. 8.65
	Kindel Anneliese	2. 2.93		F SP	k	3. 7.53	**Kolkau** Britta	1. 9.03	D E		6.12.69
	geb. Wallutt						**Sommer** Claudia	1.11.03	M SP	k	23.10.67
	König Michael	1. 8.93	°	D GE	k	13. 1.58	**Janke** Markus	1.11.03	L SP	k	10.11.70
	Grawe Herbert	1.11.93	°	M KU	k	3. 1.57	**Zacharias** Olaf	1. 8.05	° CH BI	k	5. 6.68
	Eßer Josef Dr.	1. 1.94		D EK	k	25.12.53			PH PA		

Gymnasien Westfalen – BR Arnsberg · BR Detmold · BR Münster   373

Villa-Pinero Kirsten geb. Lepping (T)	1. 8.05	SP PA F	k	6.12.73	Richter Kathrin	1. 2.07	M F (MU)	k	6. 6.79
Gentzsch Martin	1.10.06	IF SW	k	3. 3.73	Vatheuer Heike	1. 6.07	BI KR	k	22. 1.79
Fessen Karen (T)		° ER GE	e	30.12.63	Cramer Christine		E KR	k	11.12.77
Winter Barbara (T)		E CH	k	8. 6.56	Kuchenbecker Silke		D ER	e	7. 8.78
Böhmer Annette geb. Mölle		E S	k	17. 4.64	F Schmadel Bärbel geb. Troost		SP	e	11. 5.56
Kaltenegger Christiane (T)		D S PA	k	20. 3.73	Contzen Sabine		BI SP (KR)	k	21. 4.64
Gille Sonja		° D PL	k	26. 7.77	H Kouker Norbert		BI SW SP	k	1. 5.77
D Michalski Franz	1. 6.87	° KR KU	k	2. 5.55					
E Kappert Bettina	1. 2.07	L BI	k	11. 5.69	Lehmann Britta		KR SP	k	13. 2.79
Hildmann Claudius	1. 2.07	D KR	k	30. 1.78					

2.290 Hagen-Haspe Christian-Rohlfs-Gymnasium gegr. 1929
st. G. (5-Tage-Woche) f. J. u. M.
Ennepeufer 3, 58135 Hagen – Tel. u. Fax (0 23 31) 4 16 03
E-Mail: schule@crg.ha.nw.schule.de, Homepage: www.ha.shuttle.de/ha/crg/
Kl: 7/14   Ku: 118/22   Sch: 897 (513) (202/356/339)   Abit: 72 (47)
L: 54 (A_1 1, A_2 4, B 16, C 22, D 4, E 1, F 6)
Spr.-Folge: E, L/F, F, S

BR Arnsberg
ASN: 169511
Dez: LRSD Hamburger

A_1	Sprutacz Rolf	13.10.95	M SP		2. 9.47	Weller Gabriela geb. Koprek (T)	83	PA F	k	20. 1.54
A_2	Knaup Axel	1.12.85	° EK E	e	7. 8.48	Rose Friedhelm	4. 9.84	M IF	k	25. 6.53
	Scheffler Annelie geb. Wesselink	27. 9.89	EK M	k	23. 2.49	Winkens Susanne geb. Zweifel (T)	10. 7.86	D PA		24.11.54
	Wittenbrock Udo (V)	14.12.92	° GE SW	k	11. 6.52	Schulz Thomas (T)	13. 5.87	E SP		17.10.54
	Schoene Gerhard	12. 9.94	E SP	k	9. 2.49	Fritz Ulrich Norbert	1. 8.90	PH SP	k	17.10.57
B	Titgemeyer Monika	1. 8.79	F GE		21. 5.45	Pitters de Perez Consuela	20.12.93	D E		12. 9.59
	von der Grün Gisela geb. v. d. Grün	18. 4.80	° BI CH		21.11.44	Lucas Annette	1. 1.02	L M	e	27. 6.66
	Vogel Klaus	27. 2.82	EK E		8. 1.47	Gawlik Joachim	1. 1.02	L ER		
	Verse Günter	30.11.85	BI EK		10.10.46	Calinski Tobias	20. 8.03	L MU		10. 9.70
	Schroeder Gisela	30.11.85	KU BI		26. 5.51	Hübner Thorsten M.	17. 9.04	CH M	e	9. 1.73
	Rosemeyer Gerlinde (T)	1.12.92	M SW	oB	6.50	Strangfeld Thomas	6.12.04	° M PH	k	20. 6.61
	Schaub Margot geb. Köppe	1.12.92	KU TX GE	e	27.11.55	Mlynczak Stefanie	6. 1.05	F S		30. 8.71
	Hesse Volker	29. 9.94	BI CH		12. 4.53	Fenner Anuschka	1. 2.05	° BI CH	k	31. 1.70
	Hansmann Ullrich	15.12.95	SP EK	e	11. 2.49	Rudolph Henrike	15. 3.05	E GE	k	25. 9.72
	Möhlendick Werner	19.12.96	D ER	e	5.11.52	Quaedvlieg-Höhmann Andrea	18.12.05	L S		12.11.58
	Noll Annette geb. Linnenberg (T)	17. 7.02	D E	k	20. 1.54	Söhnchen Philipp	29. 3.06	° E GE	e	4. 2.73
						vom Hofe Petra		D PL		27. 8.69
	Schneider Hildegard geb. Becker (T)	17. 7.02	M KR	k	7. 8.60	D Schade Monika SekIL' (T)	3. 4.83	M BI		3. 4.56
	Mascher Christian	26.10.04	PH M	e	12. 3.67	Kissing Marie-Luise geb. Bieker SekIL'	10. 9.84	KR KU	k	23.11.55
	Landefeld-Hütter Martha geb. Landefeld (T)		D GE		19. 2.54	Mulack Christa Dr. SekIL' (T)	1. 2.93	E ER	e	30.10.43
	Raiser Florina geb. Hohendorff (T)		D SW			Schauerte Anja SekIL'		M SP		11. 6.63
	Schneider Bernd		D EK			E Otto Jane Elisabeth	8. 8.06	E EK	k	2. 6.75
C	Lohmann Barbara (T)	1. 2.79	° F E	e	12. 3.47	F Mertens Wolfgang		D EK		7. 4.54
	Genseleiter Manfred	8. 1.82	MU SP	e	24. 7.49	Koslowski Monika		E F MU	e	2.11.54
	Brück Rainer	12. 6.82	D SP PA	e	15. 2.50	Kramer Anneliese		E SW		2. 2.55
						Dieckerhoff Reiner		M PH IF	e	17.12.55
	Dimpfel Reinhard	7. 3.83	SP GE	k	3. 2.49	Kaiser Annegret		F SP	e	28.12.57
	Mewes Klaus (T)	15.11.83	SW SP	oB	2. 9.53	Mommsen Wolfgang Dr.		E KR	k	21. 3.59

2.291 Hagen   Theodor-Heuss-Gymnasium   gegr. 1966 (1849)
st. G. (5-Tage-Woche) f. J. u. M.
Humpertstr. 19, 58097 Hagen – Tel. (0 23 31) 8 73 22, Fax 87 00 17
E-Mail: thg.hagen@t-online, Homepage: www.thg-hagen.info

Kl: 7/15   Ku: 96/18   Sch: 897 (417) (208/405/284)   Abit: 74 (33)
L: 55 (A 1, A$_1$ 1, A$_2$ 8, B 18, C 16, D 2, E 3, F 3, H 3)
Spr.-Folge: E, L/F, F/L

BR Arnsberg
ASN: **169481**
Dez: LRSD **Hamburger**

A	Veller Hans-Christian	6.07	° PL M	e	12. 4.47	C	Hartmann-	19. 8.80	KR EK	k	24. 5.46
A$_1$	Ladde Heike	5.07	M EK		9. 1.56		Keilwagen Theresia				
A$_2$	Römer Dieter	28.12.92	° M	e	7.10.49		Albrecht Karin	8. 7.81	D E	e	27. 8.51
	Finkeldei-Marx	15.12.95	° E GE	e	12.10.48		Hahn Barbara (T)	1. 8.81	SP EK	k	2. 2.52
	Marlies								KU		
	Künzel Anna-Elisab.	18. 3.97	° GE SW	k	7.10.53		Biere Raphael	1. 9.81	M PS		31.10.50
	geb. Göbel (F)						Höner Sabine Dr.	4. 9.81	° D GE	e	17. 6.48
	Gansczyk Klaudius	29. 4.97	PH PL	k	9. 5.53		geb. Dierkes				
	(F)						Wendler Gerhard (V)	1. 3.82	° E EK	k	28. 7.47
	Hug Hannelore	1. 5.99	D GE	e	30.10.51		Zick-Helion	6. 8.84	D F	k	1. 5.47
	geb. Jauer (F)						Jacqueline				
	Albrecht Wolfgang	15. 7.03	M PH		14. 6.47		Milic Darko	4. 9.84	SP E	k	18. 3.51
	(Vw)						Hentges Susanne (T)	8.00	M BI		12.11.69
	Bratfisch Reinhard	15. 6.04	° M	e	25. 7.48		Kienecker-Heße	19. 8.01	° D		17. 2.52
	Baake Reinhold	15.11.05	M PH	k	8. 1.54		Eva-Marie				
B	Wisniewski Rolf	19. 1.79	L SP	k	9. 1.44		Mensing Britta Dr.	1. 1.02	° CH PH		21. 5.67
	Clostermann Eva (T)	1. 7.79	D R	e	26.11.45		Henning Meinolf Dr.	1. 2.02	BI	k	16. 7.54
	Schilken Heinrich	9.12.81	° D PA	e	8. 6.46		Siebald Torsten	2. 9.04	M PH		6.10.71
	Sinn Monika (T)	1. 8.82	D SP		6.11.48		Randzio Jan	9.07	BI SP		2. 4.77
	Wegener Werner	13. 8.84	D SP	k	22. 5.47		Nahrstedt Claus		° M PH		2. 2.51
	Camen Hs.-Werner	21.10.85	PH	e	4.11.49		Beyer Claudia (T)		F KU		27.11.66
	Sommer Peter	28. 3.90	ER D	e	28. 9.52	D	Radzuweit Christiane	22. 8.83	D M BI	e	10. 9.52
			GE PA				SekIL' (T)				
	Wiegers Paul-Josef	21.12.92	° D EK	k	2. 5.48		Hupka Sonja SekIL'	1. 8.92	ER EK		
	Dönneweg Erich	23.12.92	F EK	k	1.11.48	E	Biermann Sandra	19. 8.01	° M CH		9. 1.71
	Chlosta Sabine	1. 5.93	° F KW	k	16. 8.55		geb. Vetter				
	geb. Göhler						Schubowitz Markus	1. 2.06	° E M		17.10.76
	Monien Udo	23.12.96	M CH	e	24. 2.55		Wedell Cathrin	6. 8.07	D EK		26. 1.79
	Heidemann Volker	23.12.98	M IF		9. 4.56	F	Gresch Joachim Ass d. L.		° MU KR	k	16. 4.55
	Gerding Gunda	15. 2.00	ER PA	e	7.11.58				MW		
	Lanvermann Birgit	23. 7.02	° BI	e	18. 3.52		Ihrig Christiane Dr.		M PH		12. 5.56
	Nafzieger Hiltrud	23. 7.02	F SW				Baring Peter		M PH		13. 5.70
	Binke Klaus-Dieter	23. 7.04				H	Domröse Karin geb. Schubert		° SP		24. 5.52
	Burghoff Martin	1. 8.06	° BI SP		26.11.70		GymnL'				
	Kruse Hermann Dr.	1. 8.06	E MU		27. 8.66		Sonnenschein Bodo Dipl.-SpL		SP	k	28.10.52
							Peter Heike		BI CH		14. 5.57

2.292 Hagen-Garenfeld   Gymnasium Garenfeld   gegr. 1907
pr. G.[1] f. J. u. M. d. Dr. Hermann Hille GmbH & Co.
Dorfstr. 1, 58099 Hagen – Tel. (0 23 04) 9 76 70, Fax 97 67 27
E-Mail: gymnasium-garenfeld@t-online.de

Kl: 3/5   Ku: 39/10   Sch: 204 (70) (44/101/59)   Abit: 14 (3)
L: 18 ([A] 1, [A$_1$] 1, A$_2$ 1, B 4, C 4, E 3, F 4)
Spr.-Folge: E, L/F, F/L, F

BR Arnsberg
ASN: **170100**
Dez: LRSD **Hamburger**

A	(Fischotter Michael	1. 8.98	° EK BI	k	1. 8.58		Robertz Christoph	1. 8.00	° MU D	k	10. 4.65
	StD A$_1$) (V)						Prümer Dirk	18. 8.00	° M PH	k	3. 8.67
A$_1$	(Moritz Rainer StD A$_2$)	1. 1.01	EK GE	e	4. 8.52	E	Budniok Alexandra	1. 2.04	° E KR	k	7. 3.73
A$_2$	Fitz Josef	1. 8.01	D GE	k	16. 7.53		Krimpmann David	1. 8.05	BI KR	k	20. 8.75
B	Dexheimer Ferdinand	1.12.81	° F SP	e	23.10.43		Linke Christina	1. 2.07	D F		7. 8.77
	Wagner Bernd		1.12.84 ° BI CH	e	16. 9.49	F	Jahr Jürgen		E EK		7. 5.50
	Gerlach Dirk	1. 1.02	ER SP	e	8. 6.54		Duschl Dietmar		KU KW	e	22. 5.53
	Böhnke Jörg Dr.	1. 8.02	° EK SP	k	25. 5.59		Luthe-Nickolaus Gerd		D EK		29. 7.56
C	Nolte Bodo	1. 2.98	M PH	e	24. 8.62		Fall Kerstin		E F	e	31. 3.69
	Schmitz Hans-Werner	1. 2.99	° L GE	e	24. 5.60						

[1] Internat f. J. u. m. Ganztagsschule f. J. u. M.

2.293 Hagen-Hohenlimburg Gymnasium Hohenlimburg gegr. 1922

st. G. f. J. u. M.
Wiesenstr. 27, 58119 Hagen – Tel. (0 23 34) 5 10 05, Fax 5 10 06
E-Mail: info@gymnasium-hohenlimburg.de
Homepage: www.gymnasium-hohenlimburg.de

Kl: 5/12   Ku: 106/18   Sch: 732 (388) (163/314/255)   Abit: 49 (22)
L: 40 ([A] 1, A₁ 1, A₂ 6, B 13, C 15, D 2, F 1, H 1)

BR Arnsberg
ASN: **170021**
Dez: LRSD **Hamburger**

Spr.-Folge: E, L/F, F/L

A	(Witthüser Horst StD A₂)	16. 3.04	M PH IF	e	25. 1.54	C	Sippel Peter (T)	1. 7.81	° KU	e	16. 4.51
A₁	Klubmann Gabriele	1. 9.94	M WW	k	4.11.53		Buschkühl Friedrich	1. 5.82	° GE EK	k	12. 6.50
A₂	Stemper Claudia (F)	20.12.79	BI EK		2. 2.46		Hulvershorn Kristina	1. 3.83	° D E	e	4.11.53
	Kostewitz Dieter	9.11.89	° F EK	e	8. 8.48		Trotier Cordula geb. Metzger (T)	14. 4.83	D EK		24. 8.53
	Siekhaus Ulrich	1.92	E PL PA		21.10.47		Gerhardt B. Jochen	20. 5.83	M EK	e	9. 1.53
	Schweiger Wolfgang (V)	1. 6.94	° BI SP	k	26. 8.49		Ziller Erich	18. 1.84	° D GE	k	15. 1.49
	Fuchte Josef (Vw)	20. 6.94	° GE EK	k	19. 8.48		Aßbrock Dorothée geb. Nattkämper Dr.	14. 4.84	° D SW		14.11.52
	Langenfeld Hasso		□ D GE		10. 4.51		Benninghoven Giovanna (T)	9. 7.85	CH SP	k	14. 5.54
B	Laatsch Barbara geb. Stegelitz	1. 8.82	□ D E	e	17. 4.50		Eisenburger Ulrich		° KR PL		21. 8.54
	Kampf Wolfgang	7.10.85	□ M		24.11.50		Cecior Heike		E PA	e	20. 2.55
	Pyde Robert	15. 2.00	° SP EK	e	4. 5.52		Decker Ursula		BI M	e	20. 1.55
	Daubner Hz.-Peter	1. 3.01	° BI SP	k	5. 6.53		Spiekermann Christiane		M L		15.11.64
	Johnson Doris geb. Häusler (T)		° E GE	k	31. 3.45		Burger Nils Dr.		CH PH		11.11.69
	Heumer Heinrich		M PH	k	24. 3.52		Fücks Michael		° F E		18. 3.70
	Finke Werner		° M	e	2. 6.52		Queisler Detlef		° RW E		
	Decker Uwe		° M CH	e	4. 7.52	D	Kannengießer Dieter		MU BI	k	22.12.53
	Swoboda Beate		D EW		23. 9.52		Becker Andrea (T)		KU E		29. 8.55
	Dannert Angelika		D GE		16. 6.53	F	Micheau Martine		° D F	k	27. 2.49
	Trotier Peter		° D GE	k	20. 8.53	H	Krüsmann Peter Dipl.-SpL		SP		17. 6.47
	Krüsemann Martina		M BI	k	7. 1.60						
	Neu Rosemarie		BI CH								

2.300 Halle Kreisgymnasium gegr. 1961

G. (5-Tage-Woche) f. J. u. M. d. Kreises Gütersloh
Neustädter Str. 2, 33790 Halle – Tel. u. Fax (0 52 01) 81 65-0, Fax 81 65 55
E-Mail: kghhalle@uni-bielefeld.de, Homepage: www.kreisgymnasium-halle.de

Kl: 8/14   Ku: 146/20   Sch: 888 (493) (218/395/275)   Abit: 96 (47)
L: 60 (A 1, A₁ 1, A₂ 8, B 15, C 24, E 1, F 9, H 1)

BR Detmold
ASN: **168713**
Dez: LRSD **Dr. Gindele**

Spr.-Folge: E, L/F, F/L, S

A	Giesselmann Gerd	1. 7.95	° D GE	e	9. 8.49		Thomas-Bölsche Margrit (T)	1.10.79	BI SP		20. 6.50
A₁	Schramm Cornelia geb. Grafahrend gen. Upmeier	1. 5.03	GE F SW		14.12.47		Sirp Annette (T) (L)	12. 2.80	GE ER	e	7. 7.46
A₂	Krautkrämer Ina geb. Kluge	3. 3.95	° M		28. 5.53		Wilkes Rudolf (T)	17.12.80	PH	k	19. 6.46
							Hage Eckart[1]	1. 3.84	° ER LE	e	4. 9.46
	Krautkrämer Karl-Heinz (F)	30. 6.97	° M PH		27. 4.51		Maybaum Heinrich	31. 3.98	D PL PP		30. 8.53
	Wedemeier Bodo (F)	30. 6.97	E PA		27. 4.49		Wolff Otto	1.11.98	D PL		10. 2.49
	Schild Wolfgang	1. 5.99	L E		24. 3.46		Möller Lothar	20.10.98	MU D		18. 8.53
	Hermeler Matthias	30. 3.05	M CH	k	16. 1.67		Kloidt Joachim	1. 3.03	CH EK	k	4.10.54
	Meise Barbara	5.07	F GE	k	10. 4.55		Vornholt Maria geb. Oldiges	1. 7.03	M KR	k	13. 6.54
	Gross Renate		D E		26. 2.47		Schlichter Natascha (T)	1. 6.04	D PA		13. 1.71
	Aland Sabine geb. Ellermann (T) (F)		ER D		21. 3.55		Steinhausen Torsten	1. 8.04	E SP	e	20. 2.56
B	Kaestner Sebastian (T)	30.11.78	E GE	e	29.11.43		Brahe Friederike (T)	15. 6.05	M EK		14.12.65
	Jahnke Hans-Otto	5. 4.79	° E	e	5. 1.45	C	Höke Klaus	11. 2.80	M MU	k	23. 7.49
	Hage Almut geb. Hoffmann (T)	14. 9.79	D E	e	17. 9.48		Hormann Karl Werner (T)	5.12.80	SW PA	e	25.11.47

	Lenger Gabriele geb. Hüls (T)	3.	3.82	F KU	k	17.	5.51		Tackenberg Holger	1. 4.04	BI SP	e	31. 5.73
									Beier Katrin (T)	6. 9.04	S D	e	19. 3.70
	Quante-Kaczmarek Ursula geb. Quante	14.	4.83	E SP	k	10.	9.53		Janda Astrid (T)	9.04	D SW PK	k	30. 3.62
	Erdmann Felix	18.	8.83	SP EK	k	3.	3.50		Behnke Katja Dr.	6. 2.06	E CH	e	16. 1.73
	Ehlers Sabine geb. Vollmer	18.	7.84	KU PL	e	29.12.50			Wohlfahrt Claudia	1. 8.07	E ER	e	18. 3.76
	Droste-Jost Claudia (T)	4.	9.84	F KU		10.	8.49		Pfeiffer Claudia geb. Ebisch		D KR	k	12. 7.76
	Kray Ingrid geb. Krmela (T)	26.11.85		M SP	e	8.10.55			Deneke Alexandra (T)		F SW PK	e	18.11.72
	Biermann-Braun Ulrike geb. Biermann (T)	3.	7.91	E S	k	29.12.59		E F	Rothe Lars	9. 8.06 □	M PA	e	27. 6.74
									Assmann Rainer		E GE	k	13.11.54
	Jannaber Stephanie (T)		9.93	L KR	k	4.	5.63		Bloch Peter		EK BI		2.12.56
									Maybaum Marta Regina geb. Fuchs		D F		17. 6.56
	Brayley Bärbel (T)		9.98	E S	k	8.	3.67						
	Baumann Jörg		99	BI CH		23.12.56			Jünemann Britta geb. Jünemann		E ER GE		2.10.62
	Mitgau Sibylle geb. Tremper (T)	1.	2.01 °	D GE	e	29. 6.71			Zumbrink Volker Dr.		D GE	k	24.10.62
	Osterheider Cornelia geb. Osthues (T)	1.	6.03	D SP	k	4.10.63			Dausendschön Jörg		E BI	e	3. 8.65
									Holtkamp Christian		BI EK	e	4. 9.72
	Decius Anke	15.	9.03 °	M BI MU	e	9.	3.75		Clermont Bernadette		BI KR	k	26.11.75
									Schwedler Jan Momme		M PH	eref	6. 1.77
	Knemeyer Ute	1.	4.04	PA BI PH	e	5.	1.72	H	Räger Cornelia GymnL'		SP	e	12. 8.51

[1] Lehrbeauftr. an d. Univ. Bielefeld

2.305 Haltern Joseph-König-Gymnasium gegr. 1844

st. G. (5-Tage-Woche) f. J. u. M. m. zweisprachigem dt.-engl. Zug
Holtwicker Str. 3-5, 45721 Haltern am See – Tel. (0 23 64) 93 35 40, Fax 93 35 47
E-Mail: gymnasium@haltern.de, Homepage: www.joseph-koenig-gymnasium.de
Kl: 10/19 Ku: 138/23 Sch: 1189 (616) (306/537/346) Abit: 103 (64) **BR Münster**
L: 70 (A 1, [A$_1$] 1, A$_2$ 5, B 21, C 30, D 2, E 5, F 4, H 1) ASN: **168257**
Spr.-Folge: E, L/F, F/L, L/F/S Dez: LRSD' **Schankin**

A	Hermsen Johannes	1. 2.96	KR D GE	k	23. 1.48		Roters Marlies geb. Schulze-Bisping (T) (L)	1. 4.07	EK M	k	6. 8.53
A$_1$	(Wessel Ulrich StD A$_2$)		EK KR (L)	k	6. 7.58		Spital Johannes	1. 4.07	D PL	k	21. 3.67
A$_2$	Falterbaum Ulrich	1. 1.94	M PH		14. 7.48		Gievert-Pieper Anne geb. Gievert	6. 8.07 °	D EW KR SW	k	1. 9.61
	Stöhler Bernhard (V)	23. 8.96 °	D GE	e	18.10.49		Wolf Sabine Dr.		D E SW		
	Scheidel Peter	18. 4.97	D E	k	4.10.45	C	Ospitaletche-Borgmann Elisabeth	4.75 □	M PH		14.12.48
	Becker Norbert	18. 4.97 □	KR PK	k	9. 3.51						
	Formanowicz Ludger	30. 6.97 □	E SW	k	20. 8.52		Herrmann Franz (T)	13.11.78	M SP		27. 8.50
B	Niewerth Hildegard (T)	1. 2.79 □	L SP	k	30. 5.44		Gralow Karl-Heinz	16. 1.80	D GE	e	27. 9.47
							Winter Ulrich	1. 2.80	CH	k	13. 2.46
	Bäcker Reinhard	1. 8.79	E	k	18. 3.49		Schroff Karin geb. Uebelgünn (T)	19. 8.80	BI SP	e	20.11.49
	Seyferth Eberhard	19. 8.81	F EK	e	27. 6.46						
	Schröer Rolf	19. 8.81	L EK	k	23. 7.48		Holthausen Ulrike (T)	20. 8.80	E GE	k	1. 7.51
	Laurenz Elisabeth (T)	20. 9.83 °	GE F	k	2. 3.49		Buschmann Günter	1. 9.82	PA ER	e	13. 5.43
	Busse Doris	28. 6.84	BI KR	e	25. 9.44		Rosendahl Adelheid (T)	24.11.82 □	M SW	k	28. 1.52
	Kweseleit Hans-Jürgen (Vw)	21.11.85	PH M	e	21.10.49		Hartmann Horst	10. 6.83	PH M		17. 4.54
	Fiehe Bernhard	31. 3.92 °	KR E	k	9.11.45		Ostwinkel Brigitte (T)	23.11.84	D E	e	23. 9.56
	Krieger Wolfgang	1. 2.93	E R	e	25. 5.50		Jindra Jürgen	24. 8.87	EK KU	e	7. 9.56
	Bollerott Robert	1. 1.94	KR SP	k	25. 2.52		Lauterbach Peter	29. 9.88	MU PH	k	18. 7.56
	Ruthmann Hugo	28.10.94	D GE PP	k	20. 5.48		Schrief Ellen	1. 8.92	M ER	e	28. 7.62
							Bienert Dietmar	2. 8.93	D PP		1. 6.58
	Loose Volker	24. 8.95	M EK IF	e	5. 9.50		Bußieck Thorsten	19. 8.98	E EK	k	21. 1.65
							Wulf Ulrike geb. Hüwe	1. 8.01	D E PA	k	31. 7.71
	Bruns Martin	10. 2.96	BI SP	k	13. 1.53						
	Drabiniok Klaus	1. 7.96	CH SP	k	16. 6.52		Dabrowski Sabine	22. 8.05 △	D BI		6. 2.63
	Weber Dieter	1.12.98 □	D SW	e	11. 6.51		Werdermann Jutta	22. 8.05	CH SP		6. 4.57
	Steinhoff Jutta	8.11.02 □	R GE	e	16. 7.53		Meier Christian		° L CH	k	18.10.71

	Amado Tanja			□ KU E		12.12.71		Eilert Melanie	1. 2.07	F S	e	29.12.76
	Schwaechler Anne			D F		4. 6.74		Hönscheid Eva	1. 2.07	M MU		2. 3.79
	Bölke Birgit			M BI	e	16. 7.75				BI		
	Sonnemann Jan			E GE		22.11.76		Küsgens Verena		° M GE	k	12. 3.79
D	Brylla-Möllers	26. 5.82		M SP	k	26. 1.56				KR		
	Dagmar SekIL' (T)						F	Berkel Maria		D PA		24.12.53
	Pennekamp			M SP		14. 3.57		Böcker Anne-Sophie		D SP		16.10.54
E	Düttmann Thomas	30. 1.06		L D	k	22.12.77		Gerber Gabriele		F BI		11. 3.58
	Kückmann Eva	1. 2.07		E EK	k	2. 1.76	H	Ahlefelder Wolfgang		SP	k	25.12.55

2.310 Halver   Anne-Frank-Gymnasium   gegr. 1965
st. G. (5-Tage-Woche) f. J. u. M.
Kantstr. 2, 58553 Halver – Tel. (0 23 53) 54 51, Fax 30 27
E-Mail: afg-halver@web.de, Homepage: www.afg-halver.de

Kl: 6/9   Ku: 125/23   Sch: 774 (436) (181/264/329)   Abit: 116 (58)
L: 45 (A 1, A$_1$ 1, A$_2$ 4, B 14, C 16, D 1, E 3, H 5)
Spr.-Folge: E, F/L, L/F

BR Arnsberg
ASN: **169778**
Dez: LRSD Neuser

A	Beinghaus Hans	1. 2.04	° M PH	k	7. 7.51		Barkley Monika	1. 7.81	E GE		28. 9.50
A$_1$	Zibirre Franz	30. 9.94	F EK	k	26. 6.49		Kaisig Hans-Herm.	1. 8.83	SP EK	k	3. 4.49
A$_2$	Höller Klaus-Peter	1.11.91	° F ER	e	19.11.46		Röhrig Hagen	15.12.83	D PL	e	8. 3.52
	Walendy Wilhelm	1.12.92	E F		11. 9.44		Grannemann	15. 2.86	D SW	e	23. 2.52
	Hartel Walter	28. 5.03	SP E		1.12.50		Veronika (T)				
	Beinborn Stefan (F)	1.10.06	M KU	e	6. 6.62		Trabert Günter (T)	29. 5.87	M PH		12.11.53
B	Siepe Hans-Joachim	1.12.81	F GE	e	24. 4.46		Mebs Wolfgang	26.11.93	E SW		9.11.54
	Florian Siegfried	1. 8.84	SP EK SW		11. 1.48		Teipel Christina (T)	3. 8.04	E EK	k	18. 1.75
	Dunkel Ellen	1.12.90	CH SP	e	1. 5.56		Thiesbrummel	27. 8.04	D SP	k	11. 3.73
	Viebahn Klaus-Peter	1.12.91	M PH	e	29. 1.50		Karsten				
	de Vogt Maria (T)	1.12.91	KU D		26. 4.55		Schulte Gordon	15.10.04	BI KR	k	19.10.73
	Stüeken Heinr.-Paul	1.11.92	BI	k	20.10.45		Michael				
	Bürger Ingrid	1.11.92	BI CH	e	18.12.52		Jentsch Sandra	15. 9.05	E PA		29. 9.70
	geb. Joos						Kaup Astrid	1. 8.06	E PA L	k	20. 6.72
	Schöning Eberhard	1.11.92	KU D	k	12. 2.51		Nolte Matthias	6. 9.06	M ER	e	12. 8.74
	Krämer Wolfgang	9. 8.94	ER D	e	7. 4.51		Eles Franz Rudolf		MU GE		12.11.63
	Schmidt Barbara	1. 8.96	GE SW k		15.11.54		Draheim Stephan		L D	e	5. 1.72
			EK			D	Rothstein Ute SekIL'	4. 9.81	SP M	e	3. 5.56
	Becker Stefanie (T)	1. 8.96	D KR	k	26. 4.55	E	Kunick Ilka	1. 2.06	D E		14.10.77
			MU				Kuhlmann Sven	1. 2.07	M BI		5. 5.78
	Smolka Siegfried	1. 8.96	M PH	k	24. 6.58		Täschner-Pollmann		D KU	e	12. 4.69
	Schettler Roland	7.10.96	ER BI	e	1. 8.58		Dörte (T)				
	Meyhoefer Sven	1. 7.06	M F		31. 3.72	H	Stroink Johannes Dipl.-SpL		SP	k	14. 4.47
C	Siever-Ludewig	13. 2.80	KU (M)	e	18. 6.50		Bonauer Klaus		PA GE		1. 9.51
	Angelika (T)						Wittmann Martin Dipl.-SpL		SP	k	27. 7.53
	Weichelt-Hoffmann	1. 2.81	D BI		3. 2.52		Paul René		M PH		4. 1.62
	Karin						Bischof Antje		MU L		3. 1.69

2.315 Hamm   Gymnasium Hammonense   gegr. 1657
st. G. (5-Tage-Woche) f. J. u. M.
Adenauerallee 2, 59065 Hamm – Tel. (0 23 81) 2 49 03, Fax 2 15 44
E-Mail: hammonense@web.de, Homepage: www.hammonense.de

Kl: 8/12   Ku: 84/17   Sch: 757 (411) (228/334/195)   Abit: 69 (40)
L: 47 (A 1, A$_1$ 1, A$_2$ 5, B 16, C 14, D 3, E 4, F 3)
Spr.-Folge: E, F/L, F/L/I, E/L/I/R/H

BR Arnsberg
ASN: **169572**
Dez: LRSD **Hamburger**

A	Stobbe Dieter	2. 2.04	M IF		2. 6.50		Johnen Albert (T)	30. 3.04	° M	k	8.10.50
A$_1$	Möhrle Ursula	1. 5.04	GE D		5. 1.49		Gruber Anne	31. 3.04	F TX M k		28. 6.53
A$_2$	Schulz Ute (F)	1. 7.79	° L SP	e	28. 6.45		geb. Aupke				
	Brinkmann Heinz-	30. 1.98	PL PA				Komo Wolfgang	25. 6.07	D KR		5. 1.52
	Dieter (F)		GE PS		17. 9.52				PL		

B	Stracke Agnes geb. Bauer (T)	1.10.80		E SP	k	11. 6.48	Jonas Hartmut	1. 3.83 °	E EK	k	27. 4.50
	Heimann Marlies geb. Rouen (T)	1.12.80 °		CH EK	k	30. 1.51	Höfermann Birgit (T)	15.11.85	KU TX	k	14. 4.54
							Tiemann Rolf	9. 9.86	M IF	e	9. 1.51
	Hojsak Hildegard geb. Janssen	17.12.80		D GE	k	11. 3.43	Neuenfeld Ulrich	29. 5.87	CH PH	e	25. 7.56
							Niehues Ludger	23. 8.88 °	SP EK BI	k	15. 7.52
	Schlinkert Eugen	1. 7.82		F SP M	e	15. 5.50	Hilbenz Christa (T)	15. 1.92	F KR	k	16. 1.54
	Neugebauer Bernhard (V)	1. 7.82		M BI	k	29. 8.50	Kobiak Jost	27. 1.92	KU D		
							Reinhard Kirsten	10. 3.03 °	SP PA		26.10.69
	Schwieren Erdmuthe (T)	1. 7.82		E ER	e	30. 9.51	Gallus Jörg Dr.	22. 5.03 °	D PA	k	11. 8.65
							Amoruso Rosangela	15. 9.03	D I	k	5. 5.70
	Schwering Ludger	1.12.83 °		L GE	k	8.10.49	Spitzer Ingo	1. 8.04 °	ER GE	e	14.11.67
	Tiedtke Erika Dr. (T)	1. 1.87		BI	e	29.11.48	Schulte-Huxel Hermann		GE KR	k	13. 8.61
	Bonse Beate geb. vom Hove (T)	1. 6.94 °		F	k	16. 6.46	D	Sieling Barbara geb. Scholz RSchL'	1. 2.77	D EK	k	12.12.47
	Lütgebaucks Ulrich (V)	1. 6.94 °		MU ER		30.12.47	Lehne Monika SekIL'	20. 9.82	M BI	k	20. 9.55
	Steidtmann Ulrich		3.95	SW EK		7.10.50	Wagner Sabine geb. Thamke SekIL'	5. 1.84	E SP		5. 1.57
	Grewatta Roland	22. 3.96 °		SP WW	k	12. 9.53					
	Friebel Ulrich (T)	22. 3.96		D PL		3.10.53					
	Hochkeppel Hans-Joachim	22. 3.96		EK BI	e	9. 4.56	E	Brokamp Verena	3. 4.05 °	E I PH	k	18.12.75
							Hawel Marcus	1. 8.05	MU SP		29. 8.74
	Neugebauer Sylvia geb. Schirrmacher (T)	10. 9.96 °		BI D	e	1.10.53	Kruse Tessa geb. Dengler	1. 8.06 °	D E		14. 7.77
	Hilbenz Reinhard (T)		5.02	GE SW	e	21. 7.53	Schöning Nicola	6. 8.07	E BI	k	21. 2.79
C	Jacopit Astrid	1. 9.81		F R	k	6. 4.53	F	Lübbers Holger		SP KU	k	20. 8.58
	Möller Karl-Heinz	1. 3.83		GE SW	e	20.12.48	Päßler Thomas		M PH		19.10.65

2.316 Hamm Beisenkamp-Gymnasium gegr. 1875

st. G. (5-Tage-Woche) f. J. u. M. m. zweisprachigem dt.-frz. Zug
Am Beisenkamp 1, 59063 Hamm – Tel. (0 23 81) 48 26 1-0, Fax 48 26 1-13
E-Mail: beisenkamp@gmx.de, Homepage: www.beisenkamp.net

Kl: 7/15   Ku: 118/20   Sch: 879 (491) (214/388/277)   Abit: 68 (33)   **BR Arnsberg**
L: 55 ([A] 1, A_1 1, A_2 9, B 18, C 19, D 3, E 1, F 2, H 1)   ASN: **169560**
Spr.-Folge: E/F, L/F/E, L/F, S/R   Dez: LRSD' **Schlecht**

A	(Trost Manfred StD A_1)	1. 2.06		D SW	k	11.12.49	Kreysing Klaus	4.11.94	BI CH	k	8. 5.50
							Fried Frieda geb. Beutelspacher (T)	4.11.94 °	R M	e	18. 3.49
A_1	Joswig Barbara	1. 2.05		D GE ER	e	10. 8.52	Sigmann Thomas	27. 1.97	SW GE	k	15. 7.52
A_2	Jussen Barbara (F)	1. 8.77 °		F EK	k	28.10.43	Rumpenhorst Walter	27. 1.97 °	D EK	k	13. 7.52
	Pawlik Harald (Vw)	8. 1.86 °		F E	k	14. 8.43	Gerling Heinrich	22.12.98	EK SP	k	20.11.49
	Lange Ulrich (T)	13. 1.92		E SP	e	18. 8.53	Kreysing Maria-Elisabeth geb. Wieneke (T)	10. 3.00	BI PA	k	10. 3.52
	Quast Lothar	28.12.92 °		BI CH		27. 4.45					
	Schäfer Barbara geb. Prager (F)	10. 1.94 °		D ER PA	e	16.10.50	Grote Reinhild geb. Paczian (T)	12. 3.01 °	D ER		6.11.54
	Peters Udo	20. 3.96		M EK	k	2. 2.43	Ott Marita	18. 7.02 °	ER SP	e	17. 6.58
	Knühl Birgit Dr. (F)	21. 2.97 °		D EW PL	k	29. 5.52	C	von Buchholz Franz-Josef	6. 2.81	GE SW	k	19. 9.48
	Schäfer Georg (F)	30. 4.97		CH PA	k	15. 7.48	Wenning Elisabeth geb. Bünger (T)	8.10.82	F TX	k	23. 7.53
	Zimmermann Thomas (F)	26. 7.99		F GE SW	e	26. 5.55	Kühnle Gerda geb. Petersmann (T)	30. 8.82 °	E SP	k	14. 9.50
B	Polajner Elisabeth geb. Temme	1. 2.78 °		F L	k	21. 1.43	Reuter Ulrich	20. 6.85 °	GE EK		6.10.48
	Bülow Gesine	15.12.78 °		F EK	k	18. 4.47	Storek Anita geb. Rieder (T)	8. 9.86	M TC	k	29. 3.55
	Goldfuß Isolde	15.10.79		D KR	k	9.10.45					
	Zerle Winfried	21. 3.80		SP D	k	25. 7.48	Busche Gabriele geb. Bortscheck (T)	4. 3.88 °	D KR	k	15. 6.56
	Schmidt Klaus	24. 9.80		SP E	k	18. 6.46					
	Lenhart Luise	1.12.81 °		F PL	k	5. 2.48	Helbig Christa geb. Selige (T)	14. 7.88	BI	e	25. 9.47
	Sudhoff Werner	15. 1.92		M PH	e	26.11.50					
	Eisemann Olaf	14. 1.93		PH M	e	8. 1.52	Turwitt Ilse geb. Scheck (T)	30. 9.88	D ER	e	8. 9.58
	Füßmann-Pawlik Elke geb. Füßmann (T)	14. 1.93 °		E R	e	19. 3.49	Schumacher Manfred	16. 3.93 °	D MU	oB	24.10.62

Lahaye Marcel	16. 8.01	° L MU	k	5.10.62	
Nockemann Stella	12. 7.02	KU D		25. 1.69	
Chilla Martina	12. 7.02	D SP		1.10.62	
Gommla Martin	15. 9.02	° L KR	k	19. 7.70	
Gollnast Janine	10.03	° D E	e	4.11.71	E
Hanisch Nicole	1. 6.06	D E		24.12.73	
Bleckmann Maren Dr.	9. 8.07	D GE		19.11.74	F
Rupp Christa		F GE	k	11. 2.73	
Hesse Christian		E KR	k	6. 6.74	
D Knippenberg-Möbus Ute geb. Knippenberg SekIL'	25. 4.83	BI M		25. 4.56	H

Schoeneberg Manfred SekIL	15. 8.83	EK SP		6. 4.54
Spangardt Hans-Georg SekIL	15. 8.83	M EK	k	24. 3.55
Hupe Lars Dr. geb. Müller	6. 6.07	M PH	k	4.12.75
Kirchherr Wolfgang Ass d. L.		° CH BI	e	14.10.47
Cluse Eva geb. Klein Ass' d. L.		E S	e	21.12.55
Müller Christiane TechnL'		HW KU	k	17. 1.49

2.317 Hamm Freiherr-vom-Stein-Gymnasium gegr. 1902
st. G. m. zweisprachigem dt.-engl. Zug f. J. u. M.
Karl-Koßmann-Str. 2, 59071 Hamm – Tel. (0 23 81) 91 49 6-0 Fax 91 49 6-23
E-Mail: sekretariat@gyfa.schulen-hamm.de, Homepage: www.das-stein.de

Kl: 10/20   Ku: 167/24   Sch: 1215 (608) (280/563/372)   Abit: 110 (50)   BR Arnsberg
L: 77 (A 1, [A₁] 1, A₂ 6, B 21, C 26, D 3, E 3, F 16)   ASN: **169596**
Spr.-Folge: E, L/F, F/L, S   Dez: LRSD Hamburger

A	Berghoff Gabriele geb. Stackmann	1. 8.02	E F PL	e	10. 1.53		Sigglow Dagmar (T)	3.11.95	° E F	k	10. 6.54
A₁	(Kasselmann Thomas OStR)		° SP EK	k	30. 1.61		von Keitz Ute (T)	24. 4.97	° BI EK	k	23. 9.64
							Buning Luise	21. 8.01	MU D	k	19. 7.57
							Gottschalk Ute (T)	1. 1.02	° E SP	e	22. 8.55
A₂	Roidl Ulrich	26. 8.94	° PH M		19. 8.48		Brandt Thorsten	1. 1.02	° E SP	e	9. 6.71
	Kreienfeld Werner	22. 3.96	° PH M		19.11.49		Hatwig Petra	1. 1.02	° M CH	k	25. 8.72
	Ahnsehl Rolf	1. 2.97	° D EK	e	3. 6.48		Gerull Winfried	1. 2.03	° M SP		21. 1.69
	Klose Joh.-Joachim	1. 2.97	PH	k	25. 4.50		Drees Michael	2. 4.03	° M PH	k	5. 7.71
	Csoma Gerhard	29.10.97	E F	k	10. 5.49		Landreh Konrad Dr.	1.04	° M MU	e	15. 1.69
	Bartling-Diedrich Heidemarie (F)		D PA ER	e	14.12.53		Brüning Johannes	1. 3.05	° ER PA SP	e	15. 3.73
B	Wimber Annegret	1. 1.78	° GE E		26.12.43		Groß Katharina geb. Fahrenbach	25. 5.05	BI SW	e	15.10.76
	Helbich Mechthild (T)	16. 7.79	° E EK	e	9. 8.45		Dröse Kerstin	27. 9.06	° M SP	e	16. 8.74
	Conrad Renate	1. 1.82	° BI CH		17. 7.50		Karbaum Anna-Christina	26. 2.07	MU SP	k	16. 7.75
	Barthel Christoph	1.12.82	D MU	e	15.11.49						
	Raabe Marie-Luise (T)	1. 5.84	° D SW		6.12.52		Brockschmidt Sonja geb. Brüns	27. 3.07	F KU	e	20. 4.76
	Schriek Wolfgang Dr.	17. 7.84	° R E	e	5. 7.50		Frank Dennis	16. 9.07	° PA PH SP	k	3.11.71
	Stremmer Paul	28.11.95	° PH IF		7. 6.46						
	Corbe Armin (V)	28.11.95	° KR PA	k	19. 1.47		Blum Tanja	16. 9.07	E GE	k	30. 7.76
	Kuhlmann Gudrun	28.11.95	° E PA		13. 1.54		Hillebrand Ursula (T)		° EK M	k	13. 5.56
	Goldbeck Wolf-Dieter	1.10.96	BI CH		13. 7.47		Wiesenthal Astrid		° BI KR M	k	2. 4.64
	Krafzik Ulrich	1.10.96	° M SP	e	19. 3.54						
	Niewels-Becker Monika	8. 1.98	GE F	k	9. 1.53		Steffens Birgit		E GE	e	20. 3.74
							Wester Berthold		° M L	k	29. 5.74
	Behrens Helga	9. 3.00	BI M	e	24. 7.65	D	Wille Marion SekIL' (T)	22.11.96	° M D	e	23. 6.59
	Gaßmann Sabine	17.12.00	° L BI		4. 7.59						
	Ahnsehl Monika (T)	1. 5.02	° F EK	e	14.11.49		Wolf Petra (T)	15. 8.01	D S	k	21. 1.66
	Sperling Wolfgang	1. 5.02	E EK		5. 4.50		Ochmann Verena SekIL'		° D ER		10. 9.61
	Schriefer Carsten	29. 8.06	° E EK	e	5. 3.64						
	Schmitt Jutta	29. 8.06	° D E	k	2. 2.68	E	Luster Markus	9. 8.06	ER SP	e	20. 1.75
	Merschhaus Reinhard		D GE		14. 5.51		Bolte Meik	1. 2.07	° D GE L	k	3. 1.79
	Herden Herbert		° M PH	k	6. 6.58		Reinermann Simone	6. 8.07	° S SP		16. 2.77
C	Johnen Rotraud (T)	22. 7.81	F E		13.12.50	F	Drygalla Rotraud		BI D		8. 6.46
	Langen Monika	30. 8.82	° D GE		26.12.50		Riekenbrauck Veronika		PL KU		3. 4.49
	Dreyer Bernhard	2.12.82	° KR PA	k	13. 4.50		Briscoe-Sperling Angeline		E EK		21. 3.51
	Altberg Rüdiger	7. 5.83	SP SW	e	14. 3.52						
	Schwung Ursula	23. 9.84	° M F	k	2.11.53		König Rainer		° E D		22. 4.56
	Franzmeier Heinz	20.11.84	° E D		30. 3.49		Eschenbacher Dieter		CH EK	e	2. 8.57

Heitger Franz-Josef		BI EK		4. 9.59	Schulze-Forsthövel Mechtild		M SP k	7. 1.56
Diekmann Franz (F)		S D	k	13. 5.53	geb. Westermann			
Beu Wolfgang		D PA SW	e	23. 9.53	Bresser Petra		° M SP e	12. 5.57
					Eisemann Andreas (F)		° D PL k	16. 3.58
Kuptz Wilfried		ER EK	e	7.11.54	Tenge Nicola		D PA e	6.12.68
Gräfen-Struwe Doris		° E F	k	28.11.54	Everding Mareike		E MU	

2.318 Hamm   Märkisches Gymnasium   gegr. 1951 (1867)
st. G. f. J. u. M.
Wilhelm-Liebknecht-Str. 11, 59067 Hamm – Tel. (0 23 81) 91 49 7-0, Fax 91 49 7-15
E-Mail: maerkisches-gymnasium@gyma.schulen-hamm.de
Homepage: www.maerkischesgymnasium.de

Kl: 9/15   Ku: 212/39   Sch: 1188 (634) (235/376/577)   Abit: 158 (88)   **BR Arnsberg**
L: 69 (A 1, A$_1$ 1, A$_2$ 8, B 21, C 30, D 4, E 4)   ASN: **169584**
Spr.-Folge: E, L/F, F/L   Dez: LRSD' **Schlecht**

A	Sennewald Hanns-Michael Dr.	26. 9.94	D GE	k	24. 9.43	Roidl Eva-Maria (T)	1. 9.81	M CH k	21.11.51
						Schmidt Rainer	1. 3.82	E EK	23. 5.50
A$_1$	Bungter Winfried	16. 5.94	D PA	k	29.10.43	Preuß Ursula	22.10.82	D GE	29. 6.52
A$_2$	Blattgerste Horst (F)	18. 6.80	° M PH	e	8.11.43	Heine Ulf-Eric	1. 3.83	M	11.10.50
	Mank Reinhard	1. 1.93	BI D	e	10.11.49	Menge Günter	4. 3.83	D PA k	14. 8.51
	Cyrus Rainer (Vw)	30.10.95	GE D	e	1. 3.44	Neuhaus Franz-Jos.	21. 3.83	° D SP k	17. 8.53
	Lapornik-Jürgens Reinhard (F)	16. 9.97	BI KR	k	7. 5.54	Klatt Rüdiger	9. 9.86	° MU M e	23. 8.51
						Humrich Barbara	15. 1.88	ER BI e	30. 3.56
	Wiegers Anne	9. 2.98	MU KR	k	21. 2.55	Hagelüken Wolfgang	2. 3.93	E F S	13. 4.61
	Großecappenberg Werner	20. 2.03	° BI EK	e	19. 6.49	Sahm Monika	1. 8.94	E F M PL PA IF	31.10.52
	Arndt Reinhild	1.12.04	KR GE	k	17. 2.58	Asshauer Markus	18. 8.00	E SW k	1. 3.68
	Tillmanns Annette	22. 3.07	L ER	e	4. 1.64	te Heesen Markus	6. 9.04	M SW k	17. 8.69
B	Rose Herbert	18. 3.80	SP EK	k	6. 1.45	Gonzalez Maria	2. 2.05	D F	22. 2.71
	Seiwald Siegfried	5. 8.80	PH	k	21. 4.49	Hogrebe Anja (T)	22. 8.05	L D k	27. 1.67
	Wortmann Manfred	8. 5.84	M SP	k	24. 7.50	Becker Sabine	15. 9.05	D E	1. 3.69
	Helbig Reiner	23.12.87	° BI		27. 2.48	Götz Julia (T)	1. 2.06	D SP e	28. 7.74
	Hamsen Wolfgang	1.12.92	° CH M	k	24. 4.53	Stephan Birgit (T)	27. 2.06	E S	21.12.62
	Zacher Hans-Jürgen Dr.	1.12.92	□ SP ER	e	28. 7.50	Sommermeyer Martin	17. 3.06	M PA e	20.11.66
	Rauh Werner	20.11.95	CH	k	3.10.48	Sander Stephanie	21. 6.06	EK SP k	26.12.71
	Middendorf Helmut	30. 9.96	RW ER SW	e	14.12.48	Triebel Eva	14. 9.06	F SW k	6. 5.76
						Carbone Claudia	26. 9.06	F SP	14. 4.72
	Kaup Bernhard	21.12.98	KU EK		4. 6.53	Jost-Westendorf Ulrike (T)		KU SP	6. 2.67
	Hellenkamp Christel (T)	16. 3.01	E PA	e	20.12.53	Jacubczick Heike		L PL e	20. 7.68
	Basista Ulrike (T)	23. 5.02	E PA	e	21.10.50	Warthorst Arne		M PH	30. 8.72
	Essner Sebastian	27. 5.02	E D		23. 2.58	Hieronymus Jens		E SP k	26.11.73
	Bernhart Gregor	19. 7.04	BI SW		23. 8.68	Busch Stephanie		EK SP k	18. 1.75
	von Elsenau Katrin geb. Riedinger (T)	16.12.04	GE E	e	27. 4.52	Junker Oliver		CH BI	11.11.76
						D	Ratansky Anka SekIL'	2. 3.84	□ M PH	12. 3.55
	Migas Günter (V)	24. 4.06	° M PH	k	31. 7.46	Budich Lydia SekIL' (T)	6. 4.85	KR D	26.12.51
	Holthues Anne	24. 4.06	E SP	k	20. 5.70	Makulla Karl-Erich	29. 8.06	BI CH	9. 3.58	Behrendt-Cuypers Karin SekIL' (T)	27. 1.88	BI M TX	25.11.58
	Schmidt Guido	29. 8.06	D KR	k	18. 2.65				
	Menke Kristin (T)	27. 8.07	M BI	k	12. 2.62				
	Meyer Irmgard geb. Klooß (T)	28. 8.07	E SP	k	8. 2.53	Krügel Cornelia L'	10.11.99	KU D	4. 1.63
						E	Stehr Klemens	9. 8.06	CH SP	27.12.75
	Sprenger Björn	27. 8.07	D SP		6.10.75	Heße Marius	9. 8.06	D GE	6.11.76
C	Ernst Martin	27. 8.79	° PH M	e	29. 4.49	Kemper Miriam	9. 8.06	E SP	24. 6.77
	Wankel Christina (T)	1. 9.80	D GE	k	21. 6.50	Reiche Johanna	9. 8.06	M PH	20. 7.78
	Hönscheid Doris (T)	18. 2.81	GE E	k	25. 5.51				

2.319 Hamm Galilei-Gymnasium gegr. 1968
st. G. (5-Tage-Woche) f. J. u. M.
Sorauer Str. 20, 59065 Hamm – Tel. (0 23 81) 6 46 44, Fax 6 66 67
E-Mail: mail@galilei-gymnasium.de, Homepage: www.galilei-gymnasium.de

Kl: 7/12 Ku: 112/20 Sch: 778 (434) (197/338/243) Abit: 62 (36) BR Arnsberg
L: 48 (A 1, [A$_1$] 1, A$_2$ 6, B 16, C 13, D 3, E 4, F 3, H 1) ASN: **169559**
Spr.-Folge: E, L/F, F/L Dez: LRSD' **Dr. Schlecht**

A	Brocker Paul	3. 1.97	° D PA	k	2. 3.47		Witt Evelyn-Roswitha geb. Hilmer	8.10.82	° EK SP	e	12. 4.51
A$_1$	(Schlinkert Ulrich StD A$_2$)	11. 6.03	M PH	e	15. 1.55		Hoch Winfried (T)	14.12.83	SW PA		10. 3.51
A$_2$	Haberkern Rainer (F)	20. 5.97	° F SP	k	24. 3.49		Langehanenberg Norbert	14. 4.84	PH EK	k	14. 2.50
	Stemann-Droste Reinhard (F)	20. 5.97	° KU D	e	27.11.54		Scheffer Marie	1. 2.03	° D KR	k	5. 4.72
	Karl Helga geb. Tenorth (F)	25. 5.99	PA E	e	25. 9.50		Cardine Jung Caroline geb. Bigge	1. 8.03	° CH KR D	k	25.10.72
	Schwung Klaus (V)	3. 4.03	° M IF	k	19.10.54		Schmitt Renate	1. 8.03	° ER PA	e	
	Stichmann Dieter (Vw)	15. 3.07	° M PH	e	8. 5.54		Dräger Sabine	23. 9.04	° E SP	k	
	Siepmann Michael		° L GE	k	1. 8.48		Danner-Elhayami Anja	14.10.05	° F BI		15. 7.74
B	Kreuzer Eberhard	1. 1.80	° E GE	e	14. 3.49		Labusch Thomas	9. 8.06	D EK	k	15. 2.65
	Krömker Anna-Maria geb. Manke (T)	2. 9.80	° M PL	k	27. 7.49		Blühdorn Imogen Dr.	22. 2.07	CH BI	e	17. 1.71
							Arens Michael		° M SP	k	18. 8.68
	Karl Reinhard	25. 9.80	D PL	k	30.11.46		Schmitz-Herscheid Sonja geb. Schunert (T)		E KU	k	3. 7.73
	Pietig Günter (T)	1. 7.81	L GE	k	27. 5.49	D	Peisker Gabriele SekIL'	23. 8.82	E KR	k	3. 7.54
	Schulte Wolfgang	18.12.92	° M PH	e	1. 6.46						
	Schultze Ute	18. 6.04	° D BI	e	5. 7.62		Kurbjuweit Christa geb. Tovar SekIL'	4. 3.84	M D	k	10.10.55
	Suren-Vornweg Marie-Elisabeth	7. 1.05	KU	k	23. 2.53		Bossemeyer-Merschhaus Mareile SekIL'	13. 6.88	BI MU		6.10.49
	Wolfer Sonja	1. 3.06	° E D	k	20. 7.69	E	Heinrichs Insa	22. 8.05	D GE		8. 4.77
	Lerch Susanne	1. 4.06	° M PH (IF)	k	17. 8.71		Schlevoigt Astrid	22. 8.05	I GE	e	3. 9.77
	Gausepohl Reinhard	1. 8.06	MU E		8. 7.56		Morgenstern Ole	1. 2.07	BI CH		14. 8.76
	Bahne Petra	1. 8.07	E BI				Maglioco Sarah	1. 2.07	I D	k	15.10.79
	Ommen Detlef		M GE	e	19.10.49	F	Passon Manfred		PH SP	k	14. 8.55
	Günther Konrad		F GE	k	21. 5.48		Feld Gerburgis		L KR	k	25. 6.58
	Regenhardt Ulrich		° F EK	k	19. 3.50		Sieveke-Ludwig Gabriele		D SW		14. 6.59
	Reddig Stefan		° E EK	k	23.10.50						
	Ruthmann-Münch Christa (T)		GE SW	k	10. 1.55	H	Henze Elke geb. Gosewinkel SpL'		SP MU	e	27.11.50
C	Harnischmacher Klaus-Peter	1. 3.80	M KU	e	15.12.48						

2.320 Hamm-Heessen Landschulheim Schloß Heessen gegr. 1957
pr. G.[1] f. J. u. M. d. Landschulheim Schloß Heessen e. V.
Schloßstr. 1, 59073 Hamm – Tel. (0 23 81) 6 85-0, Fax 68 51 55
E-Mail: info@lsh-heessen.de, Homepage: www.lsh-heessen.de

Kl: 4/8 Ku: 92/20 Sch: 376 (136) (71/160/145) Abit: 38 (12) BR Arnsberg
L: 37 (A 1, A$_1$ 1, A$_2$ 3, B 8, C 5, F 19) ASN: **168040**
Spr.-Folge: E, L/F, F/L Dez: LRSD' **Schlecht**

A	Heimühle Jürgen	1. 2.06	D EK	e	9.11.60		Laubersheimer Karin	1. 1.96	D GE PK	e	9. 8.52
A$_1$	Koch Heike Dr.	22. 8.06	PH CH		24. 8.62						
A$_2$	Dörr-Campbell Friedrich	1.10.94	D GE PK		25. 4.50		Kleinerüsskamp Uwe	1. 4.05	D KR PL	k	23. 7.61
	Sposny Wolfgang	1.12.95	BI EK	e	25.10.49		Spiegelberg Carsten	1. 4.05	KU EK	e	22. 9.61
	Stelter Jürgen	1. 4.05	D PL	e	27. 2.47		Schreiber Reinhard	1. 1.07	M PH		18.12.47
B	Böhmann Monika (V)	1.12.78	° E F	k	13. 4.46	C	Mengeringhausen Cornelia	1. 9.95	E GE	k	14. 4.60
	Meschede Klaus	1. 8.82	D PL		20. 7.46						
	Borgmann Wolfgang	1. 8.85	° E SP MU	k	2. 8.51		Fiebig Sabine	1. 9.96	M SP	k	3. 9.62
	Lenferding Klaus	1. 1.96	M EK IF	k	12. 5.52		Meier Thomas	1.12.98	L GE KR	k	14. 1.64
							Springer Christian	1. 8.02	M CH		28.10.61

	Heidemann Doris		E F	e	21. 6.75	Frig Christiane	D E	e	14. 4.62
F	Reddig Werner		E EK	k	23. 9.48	Kramer Anke	D SP	e	30.10.62
	Sumik Harald		MU	e	19.12.51	Seeger Anne	D ER	e	23. 1.64
	Bornschier Manfred		SP		10.11.53	Fröh Astrid	M PA	k	22. 5.64
	Frydrychowicz Wieland		F SP	k	26. 7.55	Berger Jutta Dr. (F)	GE KR	k	14. 6.64
	Weber Wolfgang		M PH	e	23. 9.56	Bartels Volker	BI PK	k	24. 6.64
	Rübesamen Klaus		KU GE		25.10.57	Edsen Sonja	S SP	k	1.10.66
	Hunsteger-Petermann Gerda		D GE	k	6. 5.58	Kaltbeitzer Michaele	L GE	k	30. 8.68
						Hoffmann Harald	SW EK	e	29. 7.69
	Müller Eckhard		M PH	e	8. 5.59	Große-Ahlert Thomas	BI CH	k	27. 8.70
	Kuhls Heike		E PA	e	16. 4.60				

[1] m. Internat u. Tagesschule

2.323 Harsewinkel Gymnasium gegr. 1992

st. G. (5-Tage-Woche) f. J. u. M.
Dechant-Budde-Weg 6, 33428 Harsewinkel – Tel. (0 52 47) 9 23 70, Fax 92 37 37
E-Mail: info@gymnasium-harsewinkel.de
Homepage: www.gymnasium-harsewinkel.de

Kl: 9/15   Ku: 91/17   Sch: 891 (479) (249/421/221)   Abit: 70 (35)   BR Detmold
L: 51 (A_1 1, A_2 4, B 16, C 19, D 2, E 3, F 6)   ASN: 191589
Spr.-Folge: E, L/F, F, S   Dez: LRSD Dr. Gindele

A_1	Brünger Detlef		M PH IF	e	22. 6.52	Mahnkopf Oliver		8.00	L GE	e	11. 6.69
						Fillies Hans-Michael	16.	5.01	D SP	e	16. 5.59
A_2	Lackmann Franz	1. 8.95 °	E PL	k	21. 8.53	(T)					
	Theermann	15. 5.99	F SP		13. 6.51	Bütfering Bernhild		8.01	BI M F	k	18.11.67
	Gertraud geb. Schäkel					Weidl Sabine	1.	1.02 x	E F		18.11.64
	Gerbaulet Dietmar	9. 8.06 °	D MU	e	21. 5.55	geb. Mohrhoff					
	Stahnke-Bartodziej Monika	9. 8.06	E GE		4. 5.53	Rottmann Ulrich		1.02	E GE	k	22. 9.65
						Kohlenberg Gregor		1.02	L GE	k	1. 2.66
B	Steinhausen Jörg	31.10.94	BI SP		21.11.52	Rose de Vries Urte	1.	8.03	S EK	e	29. 9.67
	Deeke Holger	31.10.94	CH EK		24. 3.56	Böke Kirsten	2.	9.03	M F	e	3.12.71
	Habicht Heinz (T)	8.98	M PH	e	20. 2.57	geb. Woller					
	Bischoff Heike	8.98	EK CH		5. 8.58	Klemme Dirk-Erich	1.	8.04 °	D SP	e	6. 9.57
	Karhoff-Müller Hildegard geb. Karhoff (T)	23.12.98	BI	e	4.11.52	Schröder Gerald		04	E KR	k	23. 8.74
						Siebraße Michael		10.05	E M	e	29.12.73
	Leiendecker Birgit geb. Reimann (T)	3. 2.00	L ER	e	27. 2.58	Scharf Sebastian	6.	3.06	PH SW EK	e	5. 5.74
	Gladisch Claudia geb. Zaharanski	16. 5.01 °	F SP	k	1. 2.53	Schein Monica	23.	6.06	GE SW	k	5.11.76
						Schwegmann Ruth	1.	8.07 °	M KR	k	3. 6.78
	Bahrke Klaus-Dieter	16. 5.01	E SP		23. 5.59	Pahl Ann-Catrin			□ E F	e	8.11.69
	Nagel Jens	26. 5.01	D MU	e	24. 1.65	Triebel Anne			BI SW		
	Gelfort-Prien Dorothee	30. 7.03	ER D	e	24.10.63	D	Klüsener Irene geb. Fürleger SekIL' (T)	1. 4.82	D KU	k	7. 3.55
	Kuchenbecker Alexander	30. 7.03 °	M PH	e	2.10.69	Henneböle-Haffert Bettina geb. Henneböle		8.94	GE KR	k	26. 4.61
	Junkerfeuerborn Werner	1. 7.04	D PL MU	k	24. 9.60	E	Venne Britta	23. 6.06	BI SP		27. 6.77
	Roy Christian	10. 8.05	BI KR	k	15. 9.62	Orthaus Christina	9.	8.06	M SP	k	19. 8.77
	Turowsky Martin	1. 7.06	D GE MU	e	15. 3.65	F	Sohlbach Miriam	9. 8.06	M SP	k	15. 3.78
						Neumann Gudrun geb. Scholz			D KU		28. 4.56
	Winckler Ulrich		E GE	e	4.10.47	Sökeland Gabriele			KR	k	29. 4.57
	Meißner Ulrich		E GE			Karwath Ingrid			BI D		13. 9.57
C	Klaucke Anita (T)	18.10.83	SW SP	k	29. 6.51	Arens-Satzer Xenia			L SP	e	9. 2.62
	Kattenstroth Susanne geb. Altenbernd (T)	4. 9.84	M KU		9. 4.53	Hollacher Stefan			° EK GE	k	16. 3.62
	Drewell Peter	91	SP PH M	e	29. 4.57	Hollacher Jutta			D S		25. 7.66

2.325 Hattingen Gymnasium Waldstraße gegr. 1900
st. G. (5-Tage-Woche) f. J. u. M.
Waldstr. 58, 45525 Hattingen – Tel. (0 23 24) 90 29 80, Fax 9 02 98 29
E-Mail: sekretariat@gy-waldstrasse.de, Homepage: www.gy-waldstrasse.de

Kl: 8/15   Ku: 99/20   Sch: 871 (435) (219/386/266)   Abit: 75 (36)
L: 52 (A 1, A$_1$ 1, A$_2$ 3, B 18, C 23, D 1, E 4, F 1)
Spr.-Folge: E, L/F, F, F

BR Arnsberg
ASN: **169985**
Dez: LRSD **N. N.**

A	Niggemann Heinz Dr.	1. 2.04	GE E	k	15. 2.51	Böhm Helmut	29. 6.83	E BI	e	18. 1.47
A$_1$	Bering Cornelia Dr. geb. Eckhardt	1. 2.04	BI KU	e	26. 5.55	Schäfer Georg (T)	1. 8.83	M SW		22. 9.52
						Böhm Gabriele (T)	31.10.83	BI	k	2.10.50
A$_2$	Lohmann Wilhelm (V)	11. 9.87 °	PH	e	12. 9.49	Nast Rainer	19. 6.84	D SP	e	7. 7.53
						Sturm Klaus	11.12.84	D E	e	20.10.49
	Greul Joachim	20. 6.96	D EK	e	9.10.45	Kenter Heike geb. Hahne	15.11.85	M SP	k	23. 1.55
	an der Brügge Michael	13. 8.01	PH		5. 1.49	Danielsiek Heinz	1. 8.86	ER M		14.10.55
B	Hackenbracht Horst-Werner	1. 4.79	M	e	6.12.47	Wolf Bernd	22. 5.87	MU E	k	27. 4.57
	Steller Horst	27. 6.80	D EK	e	16.12.47	Neusen Petra	12. 8.88	L D	k	2. 7.54
	Lindner Hans-Georg	10. 9.80	E SP	e	19.11.45	Wulfers Gabriele	13. 4.89 °	KR E		23. 1.54
	Hartz Jutta (T)	1. 7.82	M	e	23. 8.47	Bernecker Wulf	20.12.90 °	D GE MU	e	29. 5.60
	Henning Norbert	26.10.82	D GE	k	5. 7.47	Göhner Manuela Dr. (T)	20. 8.02	KU P GE		30.10.61
	Greul Christine Dr. (T)	9.11.82	F E	e	17. 1.47					
	Rinke Joachim	3. 1.91	E KR	k	11. 4.51	Sussiek-Froese Regine geb. Sussiek	Re-20. 2.03 °	EK SP PA	e	23.10.72
	Wellmanns Benno	4. 1.93	M PH	e	8. 4.54					
	Hacke Dieta (T)	4. 3.93	F GE		31. 5.48	Käutner Kirsten	1. 8.03	D E		12. 3.73
	Pegam Manfred	4. 3.93	E GE		28. 2.48	Schmoll Lars	1. 8.03	SP EK PA	k	27.10.71
	Maroscheck Christa (T)	1. 6.94	D SW	k	8. 1.52	Dadzio-Will Sonja geb. Dadzio	1. 2.04	M PH		17. 5.74
	Schäfers Margarete (T)	20. 6.96	BI SP	k	17. 8.49	Goebel Stephanie	24. 7.06	F EEK	e	23. 8.73
	Tekolf Ernst	20. 6.96	E GE		3. 1.53	Loenertz Elke Dr.	9. 8.07	D MU	k	21. 9.64
	Kenter Ulrich	31. 1.97	M EK	k	3. 2.52	Möser Andrea		BI SP	k	4. 6.62
	Hegemann Marianne	12. 3.01	CH SW			Brünnig Wolfgang		F KU		
	Gasser Roland	13. 6.02	CH BI	k	7. 3.53	D	Kaplinowski Manfred	18.12.91	D SP	k	24. 2.53
	Plagge Sylvia	13. 6.02	EK GE L	k	1. 3.53	E	Kreter Fabian Dr.	1. 2.07 °	L M		2. 4.73
	Thiemann Gerhard		SP EK			Eisenbraun Christian	1. 2.07 °	D ER	e	17.11.73
C	Wiedemann Ellen (T)	1. 8.78	E SP	e	23. 8.47	Jannich Hartmut	1. 2.07	E D	k	22. 1.77
	Winking Wolfgang	1. 8.82	CH	k	14. 9.49	Guddorf Denise	6. 8.07	D KU	k	9. 4.73
	Richert Ulrike	29. 4.83	SW PA		24. 3.54	F	Allwermann Barbara		F PL PP	k	26. 5.65

2.326 Hattingen Gymnasium Holthausen gegr. 1918
st. G. f. J. u. M.
Lindstockstr. 2, 45527 Hattingen – Tel. (0 23 24) 6 83 74 10, Fax 6 83 74 50
E-Mail: gymnasiumholthausen@t-online.de
Homepage: http://gym-holthausen.schulen-hattingen.de

Kl: 11/21   Ku: 159/31   Sch: 1261 (671) (315/562/384)   Abit: 106 (54)
L: 71 (A 1, A$_1$ 1, A$_2$ 5, B 25, C 25, D 5, E 2, F 5, H 2)
Spr.-Folge: E, L/F, L/F/R

BR Arnsberg
ASN: **169973**
Dez: LRSD **Hamburger**

A	Naßenstein Clemens	1. 8.02 °	M EK	k	28. 4.46	Hartmann Hannelore	1. 8.81	BI	oB	5.12.50
A$_1$	Buschhaus Gerd	21.11.02	BI EK	e	19.12.53					
A$_2$	Sell Detlef (V)	22.12.90 °	M	e	8. 9.47	Hildebrand Wolfg.	18.12.81	M EK	k	8. 2.50
	Schöning Jens	30.11.94	E SP	e	20.11.46	Krause Brigitte	27.12.82	M SP		2. 7.48
	Jackowski Angelika Dr. geb. Beran	30.11.94 °	BI	e	27. 1.50	Krüsmann Werner	13. 8.84 °	D GE		29. 4.47
	Vollmerhaus Gerd	22. 3.96	GE SW	e	30. 6.51	Bruse Hans	29.11.84 °	F SP		12.12.45
	Hasselbeck Otto Dr.	17. 4.96 °	D PL ER		19. 3.47	Beier Ute geb. Wende (T)	5.12.84	PA SW ER	e	30. 7.52
						Nikulski Jürgen	22.12.90	SP E		10. 7.53
B	Neuhaus Ulrich	1. 2.80 □	E EK	e	21. 9.46	Schäfer Wolf-Dieter Dr.	20. 9.91	M MU	e	25.11.43
	Fandrey Eberhard	29. 9.80	E EK	oB	4.11.47					

	Schumacher-Zöllner Friedhelm	22. 1.93	E GE	e	3. 1.51	Kohl Wolfgang	1. 6.87	M SP	k	12. 3.53
						Schrott Georg	1. 7.90	D KR	k	27. 3.60
	Schmiedinghöfer Achim	22. 1.93	D GE	k	15. 9.53	Wieland-Polonyi Helga geb. Wieland (T)	24. 6.91 °	F GE	k	14. 5.57
	Tillmanns Kerstin geb. Schulz	11.11.94	E EK	e	22. 3.49	Borgmeier Kristina	1. 7.92	SP KU	k	24. 8.62
						Gomell Sabine geb. Groß (T)	1. 5.94	L ER	e	6. 1.63
	Agethen Bettina (T)	11.11.94	D EK		17. 7.54					
	Menzel Dietlind	20. 5.96	E GE	e	17. 2.51	Maron Jens	1. 2.04 °	M MU	e	27. 5.72
	Behrens Doris Dr.	20. 5.96	D F	k	24. 7.51	Recksiek Michael	15. 9.04	BI CH		6. 7.70
	Pickshaus Mathias (Vw)	20. 5.96 °	M PH		6.10.55	Lotzkat Uta	15. 9.04 °	KU SP		8. 3.72
						Estermann Julia	1. 8.05	E SP	e	27. 5.77
	Schönenberg Ute geb. Leniger	20.12.96 °	EK M	e	4. 5.54	Präkelt Christine	25. 9.05	D E		4. 6.74
						Mues Andreas	2. 2.06	D PL		22. 8.70
	Güntermann Paul Dr.	20.11.98	F SP	k	7.10.52	Koch Thomas	30. 3.06 °	M PH	k	12.12.75
						Erdmann Kirsten	19. 9.06	MU D	e	2.12.74
	Zöllner Gabriele (T)	15. 7.02	E GE	e	9.12.53	Merten Simone	16. 9.07	F E		13. 1.78
	Greinke Werner	16. 7.02	M		11.11.50	D	Smolka Judith geb. Klein L' (T)	6. 9.79	BI KU	k	30. 8.53
	Förster Ulrich Dr.	27. 9.04	E GE	e	9. 7.61					
	von Horn Dirk	26. 6.06	M PH	e	21. 8.57	Schmitz Karl Peter	22. 4.83	SP BI		13.12.51
	Farber Rolf	30. 8.07 °	M PH	k	2. 2.54	SekIL				
C	Rampérez-Carrasco Gabriele (T)	27. 8.79	KR F	k	9. 4.48	Merkel Ursula SekIL'	15. 7.83	M BI	k	30.12.55
						Pratke Angelika SekIL' (T)	7. 9.93	E CH	e	1. 2.57
	Gerstendorf Manfred	11. 6.80	R GE	e	14. 4.50					
	Kretschmer Detlef	1. 2.81	R D		20. 6.50	Reinhardt Ilona	1. 2.00	KU TX		17.11.58
	Makus Christine (T)	1. 3.83	SW D PL		27. 4.52	E	Goeman Heiner	1. 2.06	L KR	k	8. 8.76
	Krahforst Werner	1. 8.83 °	EK SW	e	2.12.50	Kegler Patrizia	6. 8.07	D F		20. 1.78
	Haardt Ralph	21. 9.83	D SW		4. 8.52	F	Klein Gudrun		D ER	e	24. 8.45
	Schönenberg Joachim	30. 7.84	F EK		27. 8.53				° E BI	e	3. 3.56
	Kietz-Borgwardt Stefan	1.10.84	D GE SW		23. 1.48	Jesch Rebecca				
						Kaufmann Bernd		ER GE	e	21. 3.59
						Malmsheimer Henning		E L		21.11.65
	Voß-Kadereit Barbara geb. Voß (T)	1. 2.85	E GE		14. 4.55	Rettkowski Sandra geb. Schwarz		L D	e	23. 2.75
	Stindl-Schönemann Hedi (T)	9. 5.85	E R F	k	17.12.51	H	Bruns Ulrich		KU		4. 8.43
						Rankovic Stanislawa geb. Milisavac		R		8.10.46
	Steger Ursula	24.12.85	CH BI	k	5.12.54					

2.340 Hemer Friedrich-Leopold-Woeste-Gymnasium gegr. 1924

st. G. m. zweisprachigem dt.-engl. Zug f. J. u. M.
Albert-Schweitzer-Str. 1, 58675 Hemer – Tel. (0 23 72) 94 91-60/61, Fax 94 91-66
E-Mail: schulleitung@woeste.org, Homepage: www.woeste.org

Kl: 10/16   Ku: 111/18   Sch: 1040 (562) (304/470/266)   Abit: 73 (43)   BR Arnsberg
L: 61 (A 1, A_1 1, A_2 7, B 19, C 21, D 2, E 3, F 2, H 5)   ASN: **170094**
Spr.-Folge: E, F, L, S   Dez: LRSD **Neuser**

A	Lüblinghoff Eckardt	3. 8.92 °	M EK	e	3. 5.50	Müller-Holtermann Brigitte geb. Holtermann (T)	1. 6.94	BI	k	22. 6.51
A_1	Vielhauer Ulrich	1. 2.00	M IF SP	e	9. 6.51					
						Stoffer Claus	23.11.95	BI CH	e	10. 9.48
A_2	Ronzon Christian	3.11.93	D KR	k	6. 5.43	Berthold Klaus-Jürg.	23.11.95	PH IF	e	11. 4.48
	Ostermann Ursel geb. Dumke	3.11.93	F E		13.11.50	Faust Werner (V)	21.10.96 °	PH M	k	21. 8.52
						Müller-Immenkamp Ulrich	23.12.98	PH M	k	27. 7.50
	Burg Jürgen (Vw)	29. 9.94 °	E EK	e	21. 6.47					
	Schreiber Klaus	22.11.95 °	PH M		31.10.51	Klusmann Ute geb. Bresser	20. 3.00 °	D GE ER	e	21. 6.53
	Pielhau Gottfried	8. 1.97	M PH	e	3. 1.49					
	Wennicke Rainer (F)	8.12.97 °	BI CH		22.12.51	Schmitz Gregor	30. 3.01	D PA		10. 5.51
	Dombrink Josef	31.12.02	D SW	k	20.12.53	Stute Dirk	30. 3.01 °	MU CH	e	25. 3.64
B	Bentlage Ulrich (T)(V)	1. 2.80 °	E GE	k	27. 5.45	Feldkamp-Wiegert Gudrun geb. Feldkamp (T)	31. 5.01 °	L R	k	5.12.56
	Budde Günter	11. 7.81 °	F GE	k	22. 3.46					
	Hahnemann Helmut	30.12.83 °	EK SP	e	5.12.47	Reuter Klaus	17. 6.02 °	F EK	k	9. 3.50
	Treese Detlef	22. 5.84	E EK	e	22. 2.49	Röhr-Lammert Hildegard (T)	17. 6.02	E PA	k	28. 5.53
	Korf Udo	31. 1.85 °	D SP	e	10. 7.49					
	Schlager-Fritsch Maria geb. Fritsch (T)	16.12.92	F E	k	10. 2.51	Sämer Astrid	10. 9.04	D SP	k	8.11.69
						Trelenberg Jörg Dr.[1]	22. 6.07	ER L	e	25. 7.65

C	Engel Uta geb. Freynick (T)	3. 9.78 ° D E	e	16. 5.50	
	Schunck Hildburg (T)	4. 2.80	CH BI	e	1. 5.51
	Weiß Almut	1.11.80	M	e	16. 4.50
	Grümmer Helmut	1. 3.83	PL SW ER	e	23.10.49
	Knauel Gisela geb. Kolkmann (T)	12. 1.84	CH EK	k	21. 7.52
	Bildheim Barbara (T)	18.12.95	R GE	k	4.10.51
	Hagenhoff Andreas	23. 8.96 °	MU L	k	22. 8.61
	Verborg Stephanie geb. Finsch	1. 1.02	D E ER	e	3. 1.64
	Schach Sabine (T)	1. 1.02	E SP		13. 7.70
	Wirtz Alexander (T)	1. 1.02	L KR	k	10. 3.67
	Schneider Peter	1. 2.03 °	M PH	e	6. 4.66
	Wille Jan	1. 2.03	KU GE		19. 9.68
	Kalin Sonja	1. 8.03	E EK S	k	13. 9.71
	Hennemann Arne	1. 8.03 °	E GE	e	21. 6.66
	Heuer Andrea (T)	1. 8.03 □	D EK		22.10.71
	Schack Martin	1. 8.03 °	M PH	e	30. 8.72
	Bücher Britta geb. Hoose (T)	15. 3.05	D S		25.11.70
	Brouwers Kirstin	1. 2.06 °	E SW		2. 3.75
	Karow-Hanschke Diana geb. Karow (T)	16. 2.06 °	MU BI E	e	31. 7.73
	Feiler Andreas	6. 9.06	D SP	e	10. 8.73
	Antoni Verena	22. 8.07	BI SP	e	25. 3.76
D	Dahmen Gislinde geb. Krug SekIL'	27. 4.83 °	ER D	e	15.12.56
	Bröffel-Eymann Ingrid geb. Bröffel SekIL'	30. 4.84	KU GE	k	24. 6.55
E	Nau Markus	9. 8.06	D E	k	9. 3.71
	Kraensel Nora	1. 2.07	F SW	e	21. 2.78
	Hartel Kai	6. 8.07	BI CH	k	16. 5.75
F	Bartelheimer Silvia		F ER		25. 9.60
	Weinkopf Petra		D BI		15. 5.65
H	Zumbroich Ruth geb. Kaiser GymnL'		SP TX	k	8. 3.53
	Schieback Carla Dipl.-Ing.'		M		22. 8.57
	Paufler-Klein Christiane Pfr.'		ER	e	24. 9.61
	Barthelmes-Köck Cathrin		SP		9. 1.65
	Hinzpeter Anke		BI SP		29. 8.73

[1] Lehrbeauftr. an d. Univ. Münster

2.345 Herdecke Friedrich-Harkort-Schule gegr. 1926
st. G. (5-Tage-Woche) f. J. u. M.
Hengsteyseestr. 40, 58313 Herdecke – Tel. (0 23 30) 91 87-0, Fax 91 87-25
E-Mail: fhs@herdecke.de, Homepage: www.fhs-herdecke.de

Kl: 8/14 Ku: 128/21 Sch: 1016 (515) (255/418/343) Abit: 75 (47)
L: 55 (A 1, A$_1$ 1, A$_2$ 6, B 17, C 21, D 1, E 7, F 1)
Spr.-Folge: E, L/F, F/L

BR Arnsberg
ASN: **169997**
Dez: LRSD **Hamburger**

A	Jähme Wolfgang	1. 8.00 °	F SP	k	26. 7.51
A$_1$	Jüngst Gerd	1. 8.96 □	M EK	k	14. 5.52
A$_2$	Madsen Rainer Dr. (F)	1. 2.77 °	D ER	e	16. 4.43
	von der Burg Udo Dr. (F)	24. 3.80 °	D PA GE ER SW	e	25. 6.43
	Hackenberg Wolfgang (F)	23. 8.96	ER GE L		29. 3.47
	Hasselbeck Karin Dr. (F)	13. 3.97 °	D F PL	e	11. 5.46
	Massmann Winfried (V)	18. 3.04 °	PH EK (IF)		6. 1.50
	Schulte Michael (T)	7. 9.07 □	M GE	e	3. 6.46
B	Weishaupt Helmut	1. 5.79	E EK	e	25. 5.46
	Pfeiffer Dietmar (T)	1. 7.80	CH SP	oB	1. 7.46
	Ackermann Peter	1. 8.81	CH M IF	oB	5. 9.50
	Kraß Wolfram	1.11.81 °	M PH		3.10.48
	Gerigk Peter	1.12.81 □	M		6. 6.47
	Ellermeier Ulrich (T)	1. 7.96	E SP	e	3. 8.45
	Creutzenberg Willi geb. Willemsen	1. 7.96 □	SW GE		31. 7.51
	Matzerat Regina geb. Schulte-Bocholt	1. 3.00 °	PH MU	k	23.10.55
	Rudnick Gisela	12.12.00	E S		9. 4.54
	Brüwer-Massmann Monika (T)	12. 3.01 °	F EK		1. 4.51
	Führmann Wolfgang	24. 5.04	D GE	e	18. 8.51
	Salewski Kurt	30. 3.05	D SW ER	e	21. 3.53
	Ruth Peter	31. 8.06	SP EK	k	13. 8.52
	Heck Cornelia	20. 9.07	SP EW	e	8.10.69
	Joksch Andreas	20. 9.07	BI KR	k	16.11.73
	Oberste-Brink-Bockholt Sven	31. 8.06	M SP		2. 5.68
	Heimann Ulrich Dr.		KU D	oB	6. 1.51
C	Hardt Ulrich (T)	23. 4.80 °	BI EK		7. 2.48
	Schwab Marlen (T)	6. 5.81 °	KU Kuge D E		14.11.52
	Nöthe Brigitte	1. 9.82	E F	e	14. 1.53
	Küper Günter	14. 6.85	PH TC	k	30. 1.52
	Salewski Susanne geb. Brüning	18.12.87	M SP		15. 3.55
	Thier Elke (T)	14. 4.89 °	E EK	k	28.10.54
	Krüger-Kindler Anne (T)	22. 3.96	E D ER	e	9. 7.59
	Krätzig Holger	20. 3.97 °	L KU		15. 5.60
	Rincke-Munggenast Anja (T)	10.02	S D	e	23. 3.64
	Kleinjung Daniela (T)	7. 6.04	E MU KU	k	5. 7.71
	Jakel Daniel (T)	15. 3.05 °	CH M		22.11.73
	Jäger-Endras Sonja (T)	16. 3.05 °	D GE KR	e	29. 8.73
	Kessler Christoph	2. 4.05	M SP S	e	23. 8.71
	Neuhaus Anke Christina	1. 8.05	D PL ER	e	19.11.74
	Siemons Simone (T)	21. 5.05	KU EW	k	5. 3.75
	Skrbek Nina (T)	5. 9.06	KU EW		6. 2.76

	Christmann Tanja	5. 9.06	°	M F		17. 4.78	Büscher-Weil Jens	9. 8.06	°	D PL (PP)	15.10.74
	Kappelhoff Natascha geb. Buchholz	10.06	°	D KR	k	22. 2.78	Stöhr Frauke	9. 8.06		E KR k	17. 2.77
	Weber Gisela	20. 9.07	°	F S	e	27.8.68	Kaspar Henrieke	9. 8.06	°	BI EK e	10. 2.78
	von Preetzmann Sabine (T)			BI CH	e	16. 1.60	Prange Stephan	31. 7.07		M MU k	5.11.75
	Peters Elke˙		°	E MU	k	8. 9.70	Frankmölle Simone	31. 7.07	°	GE PL k (M)	29. 6.77
D	Ruth Annette geb. Woelk SekIL'	12. 3.84		SP E	e	15. 9.55	Winkler Nina	31. 7.07		D PA	14.12.77
E	Cipa Dirk	1. 2.06		M SP	e	24. 5.75	F Parreidt Angelika			BI EK	4. 6.55

2.355 Herford Friedrichs-Gymnasium gegr. 1540
st. G. (5-Tage-Woche) f. J. u. M.
Werrestr. 9, 32049 Herford – Tel. (0 52 21) 1 89-3 58, Fax 18 97 63
E-Mail: sekretariat@fgh-online.de, Homepage: www.fgh-online.de

Kl: 7/13   Ku: 164/37   Sch: 893 (508) (199/361/333)   Abit: 101 (58)
L: 59 (A 1, A₁ 1, A₂ 7, B 16, C 22, D 4, E 5, F 1, H 2)
Spr.-Folge: E, L/F, F, S/R/L

BR Detmold
ASN: **168798**
Dez: LRSD **N. N.**

A	Becker Hans-Joachim Dr.	1.10.02	°	D PL ER	e	24. 6.48	Michelsohn Bruno	1. 9.81		CH D e	2.11.44
							Hollwedel Margarete	8.10.85		R GE	21. 4.53
A₁	Heemann Rudolf Dipl.-Math.	1. 5.97	°	M IF	e	6. 2.52	Siemon Susanne	1. 8.90		F R	21. 2.59
A₂	Operhalsky Rita Ilona (F) (L)	1. 3.82		E D		13. 5.48	von Reinersdorff Ute Dr.	16.11.98		D E KR k	21. 9.61
	Schlömer Claus (V)	24. 1.94	°	M BI IF	e	14. 7.44	Baranowski Andreas	27. 5.99	□	BI CH k PL	27.11.67
	Stille Ulrich	1. 1.96	°	BI SP	e	17. 6.45	Totzek-Schlingmann Gabriele	21. 6.01	°	E D e	1. 2.60
	Scheibe-Hopmann Ronald (T)	1.10.99		D GE ER		3.47	Adamini Britta	1. 7.04	°	D L	27. 1.69
	Telligmann Heinrich	1. 5.01	°	M PH		18.11.51	Richter Hildegard (T)	22. 8.05		L G k	11. 8.59
	Bocker Martin (F)	1. 2.05		D SP	e	22.12.60	Persicke Frank	22. 8.05	°	PH SW e	3. 9.67
	Saathoff Theodor (F)			BI EK			Ellermann Ilka	22. 8.05	°	D SP e	15.11.73
B	Graff Ulrich	20.12.79	°	ER L		20. 5.44	Thielking Torsten	22. 8.05		D EK	16. 1.75
	Rausch Walter (T)	9.11.82	°	M PH	e	4.12.47	Akkermann-Pestel Petra geb. Akkermann	1. 6.06	°	D EK eref	27.11.67
	Rudolph Wolfgang	15.10.84	□	D MU	k	19. 1.48					
	Krawinkel Uwe (T)	1. 2.85		BI CH	eref	29. 6.50	Maaz-Lehmann Wolfgang	1. 8.06		SP M	18. 7.53
	Schlüter Thomas	8. 9.93	°	EK SP	e	19. 9.52	Lindkamp Carsten	1. 8.06	□	GE SP	5. 9.68
	Rein Elisabeth geb. Hanning	1. 3.95		E EK	e	6.52	Böhme Katrin	1. 8.06		M PH e	15. 7.71
	Brockmeier Gesine (T)	1. 3.95		GE D KU		12. 1.53	Jahns Klaus			KR L k MU	5. 5.60
	Jung Renate	1.12.95		M TX	k	13.10.54	Schikowski Gudrun (T)			M IF e	9. 5.68
	Niemeier Vera geb. Baumann (T)	1. 5.96		SP ER		21. 7.59	Regenbogen Angelika (T)			GE KU SW	
	Horst de Cuestas Gudrun	1. 1.97		D MU	e	25. 2.63	D Stille Gisela geb. Marten FachL' (T)	1. 8.73		SP MU e	26. 6.50
	Wellner-Wilkens Gabriele	1. 9.01		GE SW	k	8. 3.55	Stiegemann Dorothee RSchL'	1.10.76	°	F EK k	21. 3.46
	Wolff-Marzona Beate (T)	11. 3.02		D	k	23.10.52	Hart Hans-Ulrich Dr.	1. 8.95		E ER e	21. 3.49
	Jennrich Joachim	1. 9.03		GE EK PK	e	31. 1.50	Ziemann-Heitkemper Sonja FachL'			KU k	21. 7.50
	Fischer Bärbel	1. 6.06	°	L D		19.11.66	E Bromund Ulrike	1. 2.06		E KU e	4. 6.77
	Dievernich Regina geb. Schwengelbeck (T)	1. 6.06		D E	e		Teurich Miriam (T)	1. 2.06		D ER e	20. 6.78
							Ehlers Cornelia (T)	1. 8.06		F EK	4.12.77
	Humpert Gisela (T)			M PH	e		Schmidt Urs	8. 8.06		M IF e	5. 8.72
C	Eck Wolfgang Dr. (T)	1. 9.80		M IF	e	14.12.45	Winkelhues Cornelia (T)	9. 8.06		E D e	22. 4.77
	Venjakob Brigitte (T)	1.11.80	°	E F	k	17. 5.52	F Schröder Annette			D E PL e PP	12. 7.55
	Schlichthaber Gerhard (T)	23. 6.81		PH CH		22. 3.50	H Brunegraf Elke			KU	9. 1.51
	Meding Almut (T)	20. 7.81	□	E D	e	30.10.49	Kähler Sybille			S	10.10.64

2.356 Herford Ravensberger Gymnasium gegr. 1896
st. G. (5-Tage-Woche) f. J. u. M.
Werrestr. 10, 32049 Herford – Tel. (0 52 21) 1 89-3 66, Fax 1 89-7 83
E-Mail: rg-herford@t-online.de, Homepage: www.rg-herford.de

Kl: 8/14   Ku: 92/17   Sch: 879 (396) (235/384/260)   Abit: 64 (23)
L: 49 (A 1, A_1 1, A_2 5, B 16, C 19, E 2, F 3, H 2)

Spr.-Folge: E, L/F, F, S

BR Detmold
ASN: **168774**
Dez: LRSD **Klemisch**

A	Klötzer Rita	2. 9.05	D ER	e	19. 7.55	Müller Thomas	1. 2.86	D E	e	10. 9.54
A_1	Nolting Hans-Werner	19. 7.96	M	e	9. 4.53	Knüppel Christoph	14. 9.93	D KR	k	15. 8.57
A_2	Ebmeier Sabine	1. 9.93	F E	e	24. 2.49	Bohnert Susanne	15. 1.97	ER GE D	e	12. 5.64
	Bröhenhorst Ulrich	12. 1.94	D GE SW	e	14. 5.53	Oldemeier Michael	1. 8.97	GE E	k	27. 8.59
	Bock Henning (F)	19. 8.96 °	KU D		5. 2.55	Schmidt Brigitte (T)	18. 5.98	D KU		21. 7.64
	Nowarra Rita geb. Stukenbröker	27. 4.05	M IF	e	22.12.50	Köster Arnd	5.99	E SP	eref	2. 2.57
	Kabst Monika geb. Grotzke (F)	18. 8.06	E F		27.10.65	Jandausch Christine geb. Warzecha (T)	1. 1.02	D ER		6. 1.66
B	Hafner Dieter	3. 1.79	ER E	e	31. 8.44	Henning-Siekermann Ulrike (T)	1. 1.02	MU D	e	18. 9.68
	Schumann Christoph	12.10.82 °	MU EK	e	24. 9.47	Johann Britta (T)	1. 1.02	L D	e	17. 4.68
	Wamhoff Theodor	11. 1.84	PH	k	30. 4.46	Weinrich Volker Dr. (V_2)	1. 1.02 °	CH BI	k	27. 6.66
	Bartels Burkhard	11. 7.84	M PH	e	7. 7.48	Blaschke-Requate Britta Dr. (T)	20.12.02	M SP	k	14. 2.65
	Schumacher Reinhard (Vw)	27. 9.93	M PH IF	e	29. 5.51	Hemeke Stefanie geb. Müller	19. 1.04 °	D S EK	e	9.11.73
	Deichmann Susanne geb. Henning (T)	5.12.94	F E KU	e	21. 6.51	Koch Alexander	1. 1.05	L M	e	25. 4.72
	Rosenbecker Werner (V_1)	5.12.94 °	BI SP		26. 7.56	Damm Tanja	15. 3.05	D PL PA	k	22.11.74
	Kuß Norbert	6.95	M PH IF		22. 3.52	Hildmann Hendrik	7. 4.05	EK SP	e	20. 3.71
	Möller Günter	20.11.97	M PH	k	5.10.54	Meyer Jan Friedrich		GE E	oB	27. 9.68
	Schulte Heike (T)	20.11.97	BI D	e	22. 6.55	Konze Birgit		KU M	k	22.11.76
	Reinking-Heer Martina	17.12.97	D BI	oB	20.11.54	Wiesner Kathrin		D E		16. 9.77
	Serowski Ulrich	30. 9.98	SP EK	e	9. 9.48	E	Thalmeier Renate		MU BI	k	3. 3.76
	Küster Gisela	30. 9.98 °	GE SW	k	10. 6.50		Plaß Michael		D SW	e	28. 8.79
	Balzert Gisela (T)	18.12.98	D KU		10. 2.55	F	Hagemann Albrecht Dr.		ER SW GE	e	27. 2.54
	Steckhan Petra (T)	23. 4.01	E D	e	13. 7.60		Stephan Dirk Paul Dr.		CH BI		14. 7.64
	Schunck Jochen	19.11.01	M EK IF	k	4.12.51		Grawe Angelika		F BI		
C	Schloßhöfer-Wiens Adelheid (T)	10. 8.82 °	BI	k	22. 7.48	H	Kluttig Ingelore GymnL'		SP	e	12. 3.54
							Brünger Elke		SP	e	26.10.60

2.357 Herford Königin-Mathilde-Gymnasium gegr. 1833
st. G. (5-Tage-Woche) f. J. u. M.
Vlothoer Str. 1, 32049 Herford – Tel. (0 52 21) 1 89-3 71, Fax 18 96 31
E-Mail: verwaltung@kmg.herford.net, Homepage: www.kmg.herford.net

Kl: 9/16   Ku: 156/24   Sch: 1004 (620) (247/434/323)   Abit: 101 (63)
L: 65 (A 1, A_2 10, B 21, C 18, D 5, E 6, F 2, H 2)

Spr.-Folge: E/F, F/E, L

BR Detmold
ASN: **168786**
Dez: LRSD **Klemisch**

A	Wille-Möller Christa	1. 2.07	D MU	e	16.12.53	Bredenpohl Maria (T)	12.95	BI HW	k	23.11.52
A_2	Biermann Horst Jürgen (F)	1. 5.80 °	PA GE	e	12. 2.44	Zimmermeyer-Gebhardt Barbara geb. Zimmermeyer (T)	28. 4.97 □	BI CH	k	15. 7.52
	Tiemann Norbert Dr. (V)	2. 7.90 °	BI CH		15. 1.49	Schmidt Elke (F)	18. 6.97	BI CH	k	2. 3.57
	Frenzel Reinhold	1. 2.92	M BI IF	e	15. 6.52	Althoff Matthias Dr. (F)[1]	11.04	M PL IF	e	7. 6.58
	Neitmann Erich Dr. (F)	1. 4.92	MU M	e	12. 3.51					
	Venghaus Wolf (Vw)	6. 1.93 °	PH M	e	24. 9.46	B	Rath-Borgelt Elke (T)	31. 8.77	E GE		7. 6.46
	Glück Dorothee	11.94	D GE		11. 2.50					

Gymnasien Westfalen – BR Arnsberg · BR Detmold · BR Münster

Kindermann Hartmut (T)	1. 8.80		E GE	e	16. 9.47	Wiegmann-Büscher Gudrun (T)	86	M BI	e	29.10.55
Rösel Wolfgang	19. 4.84	°	SW GE EK L	k	8. 8.45	Nieberg Thomas	1. 8.90	BI SP	k	11. 8.56
						Nolte Stefan	99	D GE	k	21.11.63
Krull Peter (T)	1.10.84		M IF	e	12.12.47	Nagel Nicole	20. 8.04	PA KU	e	6. 6.70
Bollmann Agnes geb. Müller (T)	30. 7.89		D GE	k	14. 6.53	Franz Gerald	15. 9.04	D F S		23. 4.73
						Reinert Sandra	2.05	E D	e	11. 7.73
Hahn Dieter	2. 7.90		F SW		31. 5.46	Backs Thomas	1. 8.06	M PH		17. 2.69
Koselitz Matthias	92		F SP	k	9. 8.52	Bauer Petra geb. Eckelmann	23. 8.06	SP E	e	30. 8.74
Engelbrecht Heinz Wilhelm Dipl.-Math.	1. 9.93		M PH		5. 6.46					
Wilkens Jörg-D.	5.10.93	□	GE SW LI	e	1. 5.54	Naarmann Britta	3.07	SW D LI	e	20. 6.78
						Senger Nicola Dr.	15. 8.07	PL KU D E	k	30. 1.66
Ottensmeier Hermann Dr.	1. 8.94	°	GE ER	e	19.12.51	Neumann Heidi geb. Louhs		L GE		22. 3.62
Steinhüser Magdal. geb. Hagenhoff	3.95		F PA LI		9.10.51	Ernsting Cord		SP EK		5. 7.67
Thöneböhn Frank (T)	3.95	□	PH M		24. 6.53	D Unselt-Koch Sigrid	22. 8.83	EK SP		27. 6.54
Kreinjobst Anke (T)	3.95		D EK		19. 6.53	Schantowski Sabine	16. 9.91	BI ER	e	25. 9.59
Wasserberg Ursula geb. Hochhuth	3.95		HW EWe		19.11.55	Fuhrmann Inge	11. 2.94	D E SP	k	19. 9.59
						Schnepel Roland		E EK ER	e	4. 3.57
Steffen Bernd	8. 1.96		M SP		16.12.49					
Hentschke Joachim	1. 2.96		SP E		11. 5.55	Krome Sigrid SekIL' (T)		MU BI	e	21. 1.59
Preikschat Karl-Hz.	15. 4.96	□	M PH	e	13.12.53	E Gemsa Matthias	1. 8.06 °	BI D	k	9. 7.74
Petring Werner (V₂)	28. 4.97	°	D EK	e	3.10.51	Linck Jasmin	1. 8.06	F D	e	15. 7.76
Berkhahn Dörthe	11.98		M CH	e	10. 3.59	Müller Ursula	1. 8.06	LI D ER	e	20. 7.76
Drechsler Susanne geb. Wiesemann	20. 6.06		KU D	e	26.10.62	Kartelmeier Tanja	1. 8.06	D SP		4.10.77
						Wübker Anika	1. 2.07	E SW	e	15. 7.07
Hirschi Rainer	5.07	°	M PH	e	9. 5.60	Schmidt Manuela	6. 8.07	M BI	eref	11. 7.79
C Spilker-Mutzberg Monika	1. 2.81	°	D GE	e	10. 9.51	F Schapeler-Schröter Monika		F SW	e	10. 2.52
Gosmann Elisabeth geb. Nacke (T)	10. 8.81		SP F		3. 4.49	Unkel Martin		D KR SW PL	k	15. 6.58
Niemann Clemens	1. 9.82		BI CH	k	10. 1.51	H Wolter George		E		21. 8.44
Ehmsen Ingo	2.12.83	□	ER PA	e	13. 1.49	Neumann Christa geb. Knoop GymnL'		SP	e	23.10.53
Pilgram Dorothee (T)			F EK		5. 9.48					
Heilers-Vogt Elisabeth	4.11.85		KU SP	k	7.10.49					

[1] Lehrbeauftr. an d. Univ. Bielefeld

2.360 Herne Pestalozzi-Gymnasium gegr. 1902

st. G. (5-Tage-Woche) m. zweisprachigem dt.-engl. Zug f. J. u. M.
Harpener Weg 6, 44629 Herne – Tel. (0 23 23) 16-22 13, Fax 16-23 59
E-Mail: PG.Herne@t-online.de, Homepage: www.pestalozzi-herne.de

Kl: 7/15 Ku: 117/15 Sch: 804 (422) **BR Arnsberg**
L: 50 (A 1, A₁ 1, A₂ 4, B 15, C 23, D 1, F 4, H 1) ASN: **169614**
Spr.-Folge: E, L/F, F/L Dez: LRSD **N. N.**

A	Rossa Peter	1. 2.96		E EK	k	28. 2.48	Böttcher Gabriele geb. Skrzypczak	1. 5.84 °	GE E	k	19. 5.51
A₁	Drüeke-Bockelmann Mirjam geb. Drüeke	28.11.96		D F	e	13. 4.52	Bieker Raimund	1.11.84	BI SP	k	23.11.51
A₂	Schmidt Heinz-Bernd	17.11.92	°	GE E		28. 7.47	Herrmann-Heuvels Birgit geb. Heuvels	28.11.84 °	M	e	24. 5.49
	Schütz Helmut Dr.	16. 9.96		E SW	e	3.10.48	Segerling Gabriele (T)	1. 1.87	BI E EK	e	2. 7.48
	Wille Randolf (F)	3. 2.99		L E		25. 8.55	Trebbe Herbert	29. 1.93	SW PA		8. 9.51
	Dickel Monika geb. Hanke			D GE		2. 6.55	Hubbig Ingrid (T)	15. 2.95	E SP	e	26. 2.52
							Majorek Doris	8.98	GE D	k	28. 4.59
B	Müller Klaus-Jürgen	3. 3.78		M VW	k	30. 6.46	Dupierry Yvonne (T)	1. 3.01	D ER	e	24.11.63
	Lammert Gertrud geb. Wilmes (T)	16. 8.79		D KR	k	13. 6.49	Szebrowski Detlef	02	M PH	e	19. 8.57
							Scheller Karin (T)		E EW		7.11.53
	Seidel Bernhard	7. 9.81	°	M BI	e	18. 8.50	C Röder Heinz Detlef	13.10.80	D EK	k	30. 9.46
	Marwitz Monika geb. Lehmann (T)	7. 9.81	°	GE F	k	13. 6.50	Paus Detlev	8. 3.82	SP F		22. 5.49
	Bartz Heinrich	6. 4.84		EK SP		26.11.49	Bayer Doris geb. Lüger (T)	1. 8.82	E EK	k	15. 2.53

	Richwin Karin geb. Potthoff	1. 8.84	° F EW	e	17.12.53		Tunc Susanne		D KU	17. 2.59
	Meurer Carola geb. Wilhelmus (T)	1. 8.84	D SP	k	17. 7.54		Verwey Maike geb. Verwey		GE D	k 13. 3.60
	Berka Helmut	1.10.84	D KU	k	18.10.50		Geck Albrecht Dr.		ER E	e 5. 6.62
	Swienty Jörg	7.86	PH CH IF	e	19. 3.58		Tewes Magnus Janßen Astrid		BI SP ° L E	16.12.64 k 10. 4.69
	Abker Gabi	9. 2.95	M BI	e	60		Plenge-Rienäcker Ivonne geb. Olenge (T)		D ER	e 27.11.69
	Lodewigs Sigrun	15. 2.01	E ER	e	30. 1.68		Strajhar Ulrike		M MU	k 10. 2.70
	Wagner Ulrike geb. Häusler	29. 6.01	E D	e	18. 2.69	D	geb. Sonntag (T) Mayr Peter SekIL	3. 3.84	M PK	k 14. 1.54
	Haeger Stephanie	1. 8.01	PH CH	e	3. 2.72	F	Störmer Michael		MU	k 29. 3.56
	Schnurbusch-Jürgens Barbara geb. Schnurbusch (T)	1.02	MU D	k	8. 5.70		Schneider-Heuer Hans-Peter		D PL (PH)	e 14. 2.57
	Kunna Ingrid	26. 8.05	L EK	k	10. 5.62		Gerbersmann Oliver		CH	e 27. 9.73
	Rösler Matthias	8.07	SW SP	k	30. 9.72		Friese Michaela		° D CH	k 20. 3.76
	Faber Christel geb. Pieper (T)		BI EK	e	25.12.52	H	Strey Christa geb. Oldewedeten		SP	e 21. 9.51
	Müller Peter		E GE	e	15. 9.57					

2.361 Herne Haranni-Gymnasium gegr. 1893
st. G. (5-Tage-Woche) f. J. u. M.
Hermann-Löns-Str. 58, 44623 Herne – Tel. (0 23 23) 16-22 11, Fax 16-28 27
E-Mail: haranni-gymnasium@t-online.de
Homepage: www.haranni-gymnasium.herne.de

Kl: 9/17   Ku: 169/24   Sch: 1140 (582) (268/469/403)   Abit: 81 (34)   **BR Arnsberg**
L: 66 (A 1, A_1 1, A_2 3, B 19, C 27, E 6, F 9)   ASN: **169602**
Spr.-Folge: E, L/F, F/L, L/F   Dez: LRSD' **Schlecht**

A	Götte Heike	31. 7.07	E BI	e	1. 8.58	Oelkers Dagmar (T)	9. 2.88	E PH		5. 8.55
A_1	Hageleit Rainer	1. 2.04	° D GE	k	2. 9.51	Bartelmann Karin	1. 2.94	M PH		6. 3.51
A_2	Gebauer Ralf	2.12.91	D PL	k	1. 6.45	Lüdemann Klaus	19. 8.96	MU ER		13. 2.64
	Radicke Klaus Dr. (T)	13.11.92	F GE	k	21.10.44	Bräutigam Thomas	23. 8.96	E MU	k	24. 9.61
	Wehrmann Johann	22. 4.00	° PH	k	3. 1.49	Häcker Michaela (T)	25. 6.99	PL D		30. 3.65
B	Dohndorf Hans-Joachim	8. 1.79	GE SP	e	20. 2.43	Böttcher Anja (T)	22. 8.00	D E		4.12.65
	Dahlberg Rainer (T)	18. 6.80	BI ER	e	15. 8.48	Steinkuhl Tanja	22. 8.00	E SP		6. 4.68
	Bramann Günter	11. 6.82	° CH EK	e	11. 6.49	Ebert Susanne (T)	1. 8.01	D E		23.10.63
	Bitter Meinolf	1. 1.86	° E EK	k	20. 7.51	Grau Anke (T)	20. 8.01	D E		4. 3.72
	Recklies Rolf-Peter	13.11.92	KU KW	e	29.10.54	Beerhorst Achim	20. 2.03	BI SP		18.11.70
	Schneider Klaus	19.11.92	D GE		23.11.51	Kleinwegener Stephanie (V)	14. 9.04	E PA		1.12.73
	Waletzko Wolfgang	20.11.92	PH EK	k	14. 8.50	Brinker Kirsten	14. 3.05	E KR	k	31.10.74
	Ontrup Hans-Joach.	5.12.94	E SP ER	e	18. 6.53	Bial Jessica	1. 8.05	E F		26.12.76
	Winkler Wilhelm	22. 7.96	° CH GE	k	29. 8.54	Specker Alexandra	1. 2.06	F SP		30.12.74
	Schenk Gudrun	23. 7.96	GE PA	e	8. 2.48	Rump Elke	15. 4.06	° L M		4. 1.73
	Wolff Helmut	30. 7.96	° E GE	k	26.10.51	von Brand Tilman Dr. (T)	6. 9.06	D SW		1. 3.74
	Swoboda Rolf	28.10.96	BI CH		17. 9.50	Zimmermann Annette	6. 9.06	D E		1. 7.74
	Gesing Bettina geb. Hartmann (L)	11.12.97	MU F	e	3.10.54	Buyken Mathias (T)	1. 2.07	M IF		4. 3.73
	Grittner Ulrike (T)	3. 9.98	° E SW		29. 4.57	Lessing Thorsten		BI SP		10. 6.69
	Jäger Horst-Uwe	20. 2.01	° M CH	e	10.11.56	Bouten Birgit		SW RK		21. 8.69
	Wiese Hendrik	15. 4.02	° M IF	k	30.12.67	Heese Kim		E KU		24.10.69
	Hörmann Reinhard	19. 5.04	° KR D	k	6.11.48	E	Langewellpoth Tanja	1. 8.06	D ER	e 10. 3.76
	Seeliger Martina (T)	19. 5.04	M SP		1. 5.62	Wroblewski Thorsten Dr.	1. 2.07	M PL		30. 9.74
	Hirschberg Kyra-Ulrike	1. 9.07	L GE		29. 5.67	Stratmann Stefan	1. 2.07	BI SW		7.12.76
C	Kirch Vera	27.10.80	BI	e	4. 8.51	Schade Maik	1. 2.07	F SP		16. 2.77
	Thomas Wolfg. (T)	12. 3.82	° L F SW		24. 7.50	Gabauer Kerstin	6. 8.07	D GE		16. 1.75
	Frey Michael (T)	17. 3.82	° ER D	e	27. 6.49	Kiparski Vanessa	6. 8.07	D PA		18. 5.78
	Neefischer Georg	8. 7.82	M		18. 8.46	F	Binnenmann Andreas		° M EK	21.10.48
	Herda Ursula (T)	13. 8.82	F GE		11. 8.52	Backwinkel Ulrich Dipl.-Math.		M	k 6. 3.51
	Neyenhuys Rolf	19.10.84	D SP	e	15. 9.51					

Belitz-Demiriz Hannelore Dr.	° SW SP EK	11. 7.53		Spohr Thomas		D KU		29. 8.59
Günther Bernadette	D M	16. 4.54		Wrobinger Ingo		MU SW		1. 5.60
Gollan Matthias Ass d. L.	D PL oB	31.12.55		Grebing Holger		GE EK		18.11.72
Gräuler-Schnettger Brunhilde	D EK k	2. 1.56						

2.362 Herne Otto-Hahn-Gymnasium gegr. 1966
st. G. f. J. u. M.
Hölkeskampring 166, 44625 Herne – Tel. (0 23 23) 16 26 07, Fax 16 26 08
E-Mail: buero@otto-hahn-gymnasium.de, Homepage: www.otto-hahn-gymnasium.de

Kl: 9/17 Ku: 123/18 Sch: 1033 (481) (261/466/306) Abit: 65 (32)   BR Arnsberg
L: 55 (A_1 1, A_2 4, B 17, C 23, D 2, E 4, F 3, H 1)   ASN: 169626

Spr.-Folge: E, L/F, F, L/F   Dez: LRSD' Schlecht

A_1	Steinkamp Egon	21.12.97	D SP	k	16. 2.52	Harnisch Birgit	19. 8.86 □	ER D e	25. 6.55
A_2	Wiedemann	20.12.91	D GE	k	26. 8.46			GE	
	Heinz-Peter					Krone Annemarie	20. 2.88	BI CH k	19.12.50
	Maiwald Dirk	20.12.91	E MU	e	3. 3.50	Hartmann Rainer	18. 5.88 °	M PH e	14. 7.52
	Werner Hans (T)	15. 6.04 □	M PH	e	30. 1.46	Wüstenfeld Michael	23. 8.96	E KR k	11. 5.61
	Hahn Wolfgang (V)	21. 9.07 °	CH BI	e	4. 8.52	Friedrich Claudia	1. 1.02 °	M PH k	14. 4.71
B	Berg Wolfgang	1. 7.79	SP EK	e	4. 6.47	Weidauer Jens	25. 6.04	E SP k	4.11.68
	Schenke Norbert	5. 2.93 °	PH	k	23.10.50	Bikstermann Ilka	31.10.04	L F k	1.11.71
	Meiß Ursula	5. 2.93 □	D PL	k	13. 9.52	Zwielich Frank	17.11.04 °	PH M	18. 9.69
	Mark Hanni Ute	16. 7.96	D SW		21. 1.53	Würfels Kay	16.11.05	GE L	8. 2.63
	Scholz Michael	1. 3.00	GE SW		28. 8.51	Brünenberg Stefanie	16. 2.06	E ER e	5. 8.76
	Hartmann Volker	13. 3.00	D SP	e	21. 1.52	Chmielewski	1. 8.06	M CH k	28. 8.70
	Brinkmann-Cohen	20. 8.01	EW BI			Dorothee			
	Annette					Popella Markus	7. 8.06	E SP k	23. 3.72
	Hornemann Jochen	1. 4.02	D SP	k	29.11.59	Brey Steffen	2. 5.07	SP PA k	18. 5.71
	Arndt Doris	16. 4.02	E ER	e	22.10.54	Kötters Daniela	5. 7.07 °	L PL PP k	25. 3.77
	Hoffmann Klaus-	17. 4.02 °	M PH	k	15.10.53	Sassenhoff Annette		° BI D	18. 5.68
	Peter					Ulbrich Hannelore		PA GE	
	Severin Doris	25. 5.04 °	E CH	e	8. 4.53	Wahle Heinz Ulrich		BI	
	Schulte Matthias	30. 8.06	SP EK	k	19.10.61	D Starcke Hannelore	1. 9.76	E M BI e	8. 9.52
	Kramer Torsten	30. 8.06	PL BI	e	10. 3.69	Nicolaisen Heino	29.11.84	GE D	22.10.51
	Saborowski Bodo	30. 8.06 □	D MU neuap	19. 7.72		SekIL			
	Stenzel Ralph	10.07	D EK	e	17. 5.68	E Volkhausen Michael	1. 2.06	E SP k	13. 2.74
	Hellwig Jens	10.07	M EK	e	16. 3.69	Reiß Andrea	1. 8.06	F GE	28. 6.74
C	Reichert Hans-Peter	1. 2.79 □	EK F	e	2. 2.45	Normann Andreas	9. 8.06	KU	11.12.66
	Steffen Annegret	27. 8.79 □	D EK	e	4.12.49	Einhäuser Ute	6. 8.07	M SP k	23. 2.80
	geb. Bessel (T)					F Ovsyannikova		□ M IF	23. 6.68
	Radtke Ursula	3. 8.82 □	F PA	k	24. 2.53	Vladyslava			
	Will Peter	22. 8.83	KR GE	k	19.10.50	Gorus Katrin		D E	10. 4.81
	Erlenbach Ulrich	14. 4.84 °	PH KU		28.11.54	Knobloch Ariane		ER F e	
			PL			H West Leslie John		E	

2.363 Herne-Wanne-Eickel Gymnasium Eickel gegr. 1904
st. G. f. J. u. M.
Gabelsbergerstr. 22, 44652 Herne – Tel. (0 23 25) 94 41 9-0, Fax 94 41 9-29
E-Mail: sekretariat@gymnasium-eickel.de, Homepage: www.gymnasium-eickel.de

Kl: 711 Ku: 85/11 Sch: 705 (364) (202/297/206) Abit: 79 (36)   BR Arnsberg
L: 40 (A 1, A_1 1, A_2 4, B 14, C 16, D 2, F 2)   ASN: 169687

Spr.-Folge: E, L/F, F/L, F   Dez: LRSD Psarski

A	Großefrie-Beckers	10.12.90 °	M SP	k	7. 2.48	Harmel Günter	22.12.95	M ER e	16. 4.49
	Ursula geb. Großefrie		BI			Otterbein Gerhard	18. 4.00 °	M PL k	18. 3.49
A_1	Kapalschinski Ulrich	1. 2.04	D GE	k	3. 3.49	Pieper Angelika	1. 2.03 °	F GE k	28. 1.55
A_2	Weßel Günter	1.12.85 °	BI	e	14. 9.43	geb. Stieler			

B	**Klöckner** Rolf	31. 7.79	° D GE	e	22. 2.46	
	Benden Mechthild (T)	13. 6.80	° E F	k	13. 5.49	
	Keunecke Franz-Joseph	31. 8.81	° SP WW	k	7. 9.48	
	Lambert Theodor	31. 8.81	° M IF	k	27. 2.48	
	Fleuster Walter	5. 4.84	° BI	k	13. 2.49	
	Walter Herm.-Josef	27.11.84	F GE	k	3. 9.50	
	Schröder Wilfried (Vw)	1. 1.86	° GE E	k	21. 4.52	
	Stahl Jürgen	10. 1.94	° D SW	e	18.10.52	
	Waldner Lothar	1.11.96	SP D	k	11. 2.52	
	Pohle Gabriele H. geb. Kemppe	4.12.97	CH SP	k	4. 3.53	
	Kendziora Werner	18. 4.00	° SP BI	e	10. 8.54	
	Seifert Karl-Heinz	4. 4.01	° PH	e	5. 8.46	
	Jaskulsky Mechthild	1. 3.02	MU F	k	15.10.54	
	Goeres Birgit	1.10.06	M EK	e	17.10.59	
C	**Brune-Keunecke** Ursula Verena geb. Brune	13. 3.80	F EK	k	1. 3.52	
	Materna Hildegard	21. 3.85	E SW	k	21.10.52	
	Gruttmann Anke	24. 7.85	EK F	k	26. 4.53	
	Schmidt-Bernshausen Claudia	19. 8.85	° M KU	k	8.12.55	

	Langmann Lothar	28. 9.96	M SP		25. 9.62	
	Tautz Burkhard Dr.	5. 6.97	° L PL	e	13.12.61	
	Tautz Isabel Johanna Dr. geb. Schröder (T)	8. 8.97	° L PL	k	12. 4.61	
	Just Volker	1. 8.02	° L KR	k	1. 9.67	
	Strothmann-Peters Renate (T)	1. 8.02	° E F	k	13.10.67	
	Plümper Martin	1. 8.02	° KU BI	k	21. 5.68	
	Renkel Christine	1. 8.02	° D L	e	6. 5.71	
	Arens Dominik	31. 7.05	E SP		20. 7.75	
	Köring Claudia		D KR	k	22. 1.64	
	Bierbrodt Johannes Dr. (T)		° PH D PL		27. 6.64	
	Ihmann Simone (T)		MU E		27. 2.69	
	Lettau Helma		M PH		9. 3.74	
D	**Neweling** Birgit SekIL' (T)	19. 6.84	M KR	k	1. 8.56	
	Aretz Stefanie L'	3. 8.99	E EK	k	9.12.66	
F	**Stockenberg** Petra geb. Sahm		E D		15. 6.53	
	Funk Jeannette geb. May		E D	k	19.10.53	

2.364 Herne-Wanne-Eickel Gymnasium Wanne gegr. 1907
st. G. f. J. u. M.
Gerichtsstr. 9–11, 44649 Herne – Tel. (0 23 23) 16-32 45, Fax 16-33 43
E-Mail: info@gymnasium-wanne.de, Homepage: www.gymnasium-wanne.de

Kl: 5/12   Ku: 97/11   Sch: 604 (323) (149/304/151)   Abit: 40 (20)   **BR Arnsberg**
L: 36 (A 1, A$_1$ 1, A$_2$ 4, B 9, C 8, E 2, F 8, H 3)   ASN: **169675**
Spr.-Folge: E, L/F, F/L   Dez: LRSD' **Schlecht**

A	**Schuh** Horst	1. 8.02	□ D SW	e	20. 3.53	
A$_1$	**Langrock-Kraß** Diethild geb. Becker	12. 2.04	GE PA	e	19. 3.53	
A$_2$	**Sonntag** Johannes geb. Ingenillem	30.11.89	□ GE SW		20. 2.52	
	Werner Peter (Vw)	12.12.91	□ M PH	e	30. 1.46	
	Turki Veronika geb. Mertens	16. 8.93	D F	k	21. 4.54	
	Weishaupt Gerhard	15. 5.01	° D EW EK SP	e	2. 3.46	
B	**Discher** Heribert	5. 4.84	° E D		4. 3.47	
	Moritz Alfred-Adolf	2. 2.87	° BI CH	e	6.12.51	
	Rosengart Bernd	19. 2.93	□ ER GE PL	e	9. 9.55	
	Lewicki Egbert	17. 7.96	° BI EK	k	24. 6.52	
	Streubel Jutta geb. Hauser (T)	10.12.97	BI CH	k	27.11.57	
	Borgschulte Annegret geb. Küstermann (T)	13. 3.00	□ E GE		18. 4.56	
	Hupp Wilfried (T) (V)	31. 8.06	° M	e	5. 6.46	
	Laboch Detlef	31. 8.06	° GE E	k	24.11.50	
	Gruber Friederike Dr. (F)	1. 8.07	° D F	k	6. 7.68	
C	**Taube** Ute geb. Meyer (T)	19. 6.84	□ D SW		26. 8.53	

	Zilius Beate (T)	25.11.85	CH EK	k	22. 1.55	
	Querner Matthias	1. 1.02	D L	k	19. 7.69	
	Calderon Graw Martin geb. Gersch (T)	1. 2.03	° M KR	k	18.12.68	
	Vooren Jennifer geb. Alexander	17. 9.05	D GE		22. 4.77	
	Dombrowski Joachim	1. 2.06	° M PH	e	6. 7.68	
	Baumgärtner Sandra	16. 4.06	° M CH	k	26. 4.75	
	Jorczik Susanne (T)	22. 8.06	° D EK	e	7. 6.69	
E	**Heilinger** Frauke	9. 8.06	EK SW PK		26. 5.75	
	Gerkensmeier Malte	23. 2.07	D SP		2. 3.78	
F	**Wilkens** Thomas		M IF		21.12.57	
	Windmüller Klaus		E F		25. 1.58	
	Bruckschen Peter Dr.		M CH		21. 4.60	
	Buderus Ingo		D BI		22. 4.61	
	Fligge Thomas		MU ER		25.10.61	
	Zouhri Bouchra		E F		16. 3.71	
	Siburg Christiane		M BI	k	2. 8.78	
	Meyers Christiane		EK PK SW		18. 7.75	
H	**Erling** Petra geb. Leo		° KU	k	11. 4.43	
	Thon Nikolaj		GE Rel	orth	6.12.46	
	Reidegeld Petra geb. Tiefmann		SP	k	18. 5.55	

2.365 Herten Gymnasium gegr. 1921
st. G. (5-Tage-Woche) f. J. u. M.
Gartenstr. 40, 45699 Herten – Tel. (0 23 66) 30 37 00, Fax 30 37 18
E-Mail: stgherten@compuserve.de, Homepage: www.gymnasium-herten.de

Kl: 6/16 Ku: 117/21 Sch: 945 (469) (199/440/306) Abit: 89 (51)   BR Münster
L: 55 (A 1, A_1 1, A_2 7, B 20, C 18, D 3, F 3, H 2)   ASN: **168269**
Spr.-Folge: E, L/F, F/L   Dez: LRSD **Röken**

A	Zint Udo	1. 5.91		CH M	e	14. 8.44		Heep Helmut	15. 8.94		E EK		28. 4.51
A_1	Pokorny Peter	26. 5.86		EK PA	k	30.11.44	C	Kuschewski Horst	13. 7.81		BI EK		26. 7.49
A_2	Bischoff-Doll Brigitte	1.12.85		D E	e	23. 7.44		Pieper Li	23. 7.82		E GE		5. 3.53
	Hartmann Reinildis Dr.	21.12.90	°	D PL KU	k	10. 7.45		Thelitz Martin	25. 9.82		M ER	e	3. 8.53
	Joeres Heinz	10.92		F E	e	5. 1.49		Kuhlke Gerd	5. 1.83		M SW	e	6. 5.51
	Keimer Barbara DiplPol.'	1. 3.93		BI SW		9. 3.49		Schröter Ulrich	6. 2.83		EK CH	k	17. 5.51
	Manß Rita geb. Herkstörther	27. 2.01		M		11. 4.53		Gregor Volkmar	8. 2.83		D EK	k	23. 5.52
								Henneke Dagmar geb. Ossendoth	18. 2.83	□	M EW KR	k	19. 1.54
	Friedrich Jörg (F) (V_2)	8. 3.07	°	M PH	k	26. 2.71		Hentschel-Aust Rolf	15. 7.83		GE SW	e	23. 8.52
	Hochheimer Jochen (F)	21. 8.07		BI CH	e	6. 4.53		Schürmann-Rotzoll Friederike	30. 4.84		D PA	e	1. 6.52
								Böke Albrecht	12. 9.84		F SP		13.10.49
B	Matrisch-Trautwein Ulrike	26. 7.79		SP EK	e	9. 1.49		Buchwald Hans Jürgen	12. 9.84		D F	k	18. 6.52
	Hehemann Herbert	27. 8.80	°	D KR	k	27.10.46		Kullmann-Eickmann Rita	12. 9.84		GE SW	k	25. 4.54
	Brüser Gerhard	2. 6.82		D KU	k	31. 1.46		Freitag Paul-Heinz	5. 9.86		M L	k	3.10.57
	Bohnenkamp Helmut	17. 5.83		D SW	k	22. 2.46		Hartmann Iris geb. Hollenberg	10.10.88		E KU	k	17. 2.57
	Kühlmann Karl	5. 4.84		E SP	k	12. 3.48		Reichert Peter	30.11.93	°	M PH		10. 2.56
	Diederichs Heinz Dr.	13. 8.84	°	CH	k	2. 1.47		Lietz Wilhelm	19. 1.94		L D GE PA		17. 9.54
	Barth Thomas	13. 8.84		E SP	e	12. 1.53		Wendt-Süberkrüb Angelika	12. 2.95		D MU	e	13. 6.56
	Knaup Rainer	19. 2.85		M		22.12.48		Kirchberg Jennifer	1. 8.05		E BI	e	19. 1.76
	Schulte Werner	24. 6.87		M	k	20.12.50	D	Braukemper Beate SekIL'	13. 4.84		KU D	e	21. 4.55
	Ryckeboer Monika	24. 6.87		EK F	e	12. 3.48							
	Kosinski Andreas M. A.	24. 6.87	°	KR MWk		15. 5.43		Mühlhausen Mechthild SekIL'	12. 9.84		E KR	k	24. 6.55
	Krolak Ruth	1. 2.90		D E	k	31. 8.50		Löcke Ingrid SekIL'	11. 1.96		MU L		14.12.58
	Wachter Josef	1. 2.90		PL D		2.10.47	F	Busch-Lipphaus Heinrich			PH KR	k	1. 4.52
	Lork Hans-Günther	21.12.90		SP EK	e	24. 4.49							
	Frerichs Christiane	21.12.90		D GE		19. 7.54		Bangert Christine			GE I	e	22. 2.67
	Güldenberg Brigitte	29. 1.93		E F	k	31. 3.53		Mathea Tanja			D L	k	11. 1.78
	Hartmann Michael	1. 6.94		KR PA BI	k	25. 1.52	H	Neururer Günter Dipl.-SpL		°	SP D	k	5. 6.47
	Müller Petra (V)	1. 6.94	°	M KR	k	29. 5.56		Gittinger Regine			ER		12.12.56
	Koch Mechthild	1. 6.94		M	k	23. 1.58							

2.370 Hilchenbach-Allenbach Gymnasium Stift Keppel gegr. 1871
öff. G. f. J. u. M. d. Stiftsfonds d. Vereinigten Stifte Geseke-Keppel
Stift-Keppel-Weg 37, 57271 Hilchenbach – Tel. (0 27 33) 89 41-23, Fax 89 41-20
E-Mail: schule@stiftkeppel.de, Homepage: www.stiftkeppel.de

Kl: 7/12 Ku: 88/315   BR Arnsberg
L: 47 (A 1, A_1 1, A_2 5, B 14, C 15, D 1, E 3, F 6, H 1)   ASN: **170290**
Spr.-Folge: E, F/L, F   Dez: LRSD **N. N.**

A	Schwarz Sibylle	26. 7.07		E F	e	5. 2.49	B	Beljatschitz Elis. geb. Krüger	25. 4.80		R GE ER	e	29. 3.46
A_1	Schäfer Werner Dr.	2. 9.91	°	M IF	e	21. 4.48		Plaßmann Annette geb. Wund (T)	1. 1.82		D E	e	16. 8.46
A_2	Setzer Wolfgang	1. 7.95	°	MU D	efk	6. 5.53							
	Lagemann Matthias Dr.	1. 8.98		M PH		29. 6.49		Reich Udo	3. 4.84		D GE	e	15.12.49
	Schlüter Helene	29.12.98		GE F KR	k	1. 1.51		Pasternak Reinhard	3. 4.84	°	D PL	k	19. 5.51
								Franke Klaus	3.10.85	°	EK D	e	29. 7.47
	Schneider Herbert Dr.	27. 3.00	°	BI CH	k	17. 1.48		Irle Volker (T)	3.10.85	°	F D		17. 5.53
	Isenberg Erwin Dr.	30. 9.02	°	BI	k	21.12.46		Husnik Holger	9.10.85		CH	k	17. 7.51

	Karla Barbara geb. Rummelspacher	18.12.92	E F	e	19. 6.50		Würtz Alexandra geb. Dommes	1. 2.03	E PA	k	18. 1.71
	Arnold Volker	3. 7.96	° BI EK	e	30. 1.52		Göttert Michael	1. 8.03	E D		28.11.71
	Dilling Annette geb. Patt (V)	1. 4.98	° F GE ER	e	26.12.55		Wilck Angelika	15. 9.03	E L	e	21. 4.67
	Stein Hartmut (T)[1]	6. 9.04					Dauth Albertus Martin	23. 8.04	E EK	e	15.11.63
			M SP	e	13. 2.53						
	Girod Horst	6. 9.04	° BI CH	e	13. 7.52		Dietrich Jochen Dr.	1. 2.07	D K	e	26. 4.65
	Epe Helmut[1]	6. 9.04	E GE KR	k	8.11.53		Schäfftlein Michael	1. 8.07	L G	k	25. 1.61
							Kleine Susanne	1. 8.07	EK PA	k	28. 8.76
	Winkel Elmar Dr.	6. 9.04	M PH	e	18.12.64	D	Bender Bettina geb. Müller SekIL'	4. 5.83	EK M	e	9. 6.56
C	Bürger Hella (T)	28.12.82	SP CH	e	3. 1.51						
	Stahl-Voigt Angelika geb. Voigt	24. 9.83	BI SP	e	2.12.47	E	Oberpenning Carsten	24. 1.07	M PH	e	25. 7.78
							Ermert Kristina	1. 2.07	D R	e	10. 2.71
	Brand Wolfram	1. 3.84	KU		27. 5.47		von Rüden Boris	1. 8.07	EK SP	k	8.11.75
	Pohl Dietmar	4. 9.84	° GE D		26.11.50	F	Keppel-Kriems Karin Dr.		D E	e	10.10.52
	Würtz Burkhard (Vw)	17. 7.91	M ER	e	14. 4.57						
							Wahl Ernst-Thilo		M PH	e	10. 1.55
	Warda Günter (T)	1. 8.93	M PH		24. 5.57		Rahmer Thomas		° D GE		10. 5.56
	Schröder Burghard Dr.[1]	2. 9.93	° L GE G	k	7.11.57		Müller Karin Dr.		D GE		19. 8.56
							Schröder Sigrid		BI PH	e	28. 4.62
	Kolberg-Böhm Christina	1. 2.03	E MU	e	29. 3.69		Buschbaum Sabine		SP		2. 6.66
						H	Kortmann Margret		SP	k	5.12.49

[1] Mitglied d. Personalrats beim Kurator d. Vereinigten Stifte

2.371 Hilchenbach Jung-Stilling-Gymnasium gegr. 1922
st. G.[1] (5-Tage-Woche) f. J. u. M. m. Förderkl. (Jg.st. 10–13) f. Spätauss.
Jung-Stilling-Allee 8, 57271 Hilchenbach – Tel. (0 27 33) 70 88, Fax 12 80 86
E-Mail: gymnasium@hilchenbach.de, Homepage: www.jung-stilling-gymnasium.de

Kl: –/2 Ku: 23/7 Sch: 96 (44) (–/37/59) Abit: 59 (29) **BR Arnsberg**
L: 6 (A 1, A$_2$ 3, B 2) ASN: **170288**
Spr.-Folge: E, L/F, S Dez: LRSD Klüter

A	Carmesin Friedrich	10. 1.05	EK SP		18. 9.47	B	Wunderlich Horst-Otto Dr. M. A. (L)	24. 7.81	D E PA	e	25. 5.46
A$_2$	Müller Hans-Jochen	21.12.85	D PK	e	16. 5.44						
	Spenner Albrecht	20.12.90	° M PH	e	22. 9.47		Klein Christoph	12.12.96	° M PH MU	e	4. 1.53
	Brüne Hedwig geb. Niessing (T)	2.11.94	° EK GE	k	14. 2.51						

[1] Schule läuft aus zum 31. 7.08

2.380 Höxter König-Wilhelm-Gymnasium gegr. 1867
st. G. (5-Tage-Woche) f. J. u. M.
Im Flor 11, 37671 Höxter – Tel. (0 52 71) 96 37 10-0, Fax 96 37 1-20
E-Mail: kwg-sekretariat@t-online.de, Homepage: www.kwg.hoexter.de

Kl: 7/16 Ku: 120/21 Sch: 946 (521) (197/437/312) Abit: 75 (44) **BR Detmold**
L: 55 ([A] 1, [A$_1$] 1, A$_2$ 5, B 21, C 17, D 1, E 3, F 2, H 4) ASN: **168865**
Spr.-Folge: E, L/F, F/L Dez: LRSD **Klemisch**

A	(Wieners Georg StD A$_1$)	1. 8.00	CH BI	k	7.12.54		Weber Sigrid	30. 7.79	F Sozkd PL		8.11.48
A$_1$	(Nicolas Hans OStR)	19.10.94	° CH BI	e	7.10.53		Dinter Marianne geb. Schöttler (T)	6. 8.79	EW D	e	14. 9.48
A$_2$	Lachenicht Gerh. Dr.	14.10.92	° EK GE	k	21. 3.49						
	Haferkemper Ludger (T)	27. 5.93	EK E		18. 2.52		Kral Norbert	31. 1.82	° M PH		23.10.48
							Uibel Hans-Jürgen	21.12.84	° D GE	k	14.11.51
	Gering Horst	6. 6.94	E EK	k	22. 1.51		Irion Wolfgang	20.12.85	EK SP D	e	22. 2.50
	Schneider Günther		6.94 ° PH SP TC		10. 1.55						
	Hüther Mechthild (T)	20. 2.95	L M	k	27. 8.49		Stuhldreyer Karl-Rainer	1. 4.89	BI SP	k	11. 5.51
B	Werzmirzowsky Johannes	19. 4.79	CH PH	k	9. 8.44		Greipel-Werbeck Eva geb. Greipel (T)	8. 2.93	MU GE		13.11.51
	Häckel Bodo	20. 7.79	E GE	k	30. 9.43		Osterholz Gertrud (T)	23. 1.95	F TX	k	25. 1.50

	Mecking-Bittel Christiane	23. 1.95	D PL ER	e	7.10.50		Klocke Thomas (T)	19. 2.88	E KR	k	26. 9.56
							Dechant Dorthe (T)	1. 8.05	L ER	e	8. 7.68
	Niehus Laurenz	11. 9.95	E EK	k	12. 6.50		Neumann Corinna	6. 9.05	GE KR	k	16. 4.73
	Paulokat-Helling Petra geb. Paulokat (T)	11. 9.95	GE D ER	e	15. 7.51		Vogel Heiner (T)	15. 9.05	E GE	e	4. 4.73
							Rustemeier Liana geb. Potthast	4.11.05 °	F KR PA	k	5. 9.74
	Fromme-Kleinschmidt Margarita	12. 9.95	D PA	k	24. 6.51		Großekathöfer Regina (T)	16. 3.06	D KR	k	2. 5.73
	Blom Hans-Jürgen (T)	4. 3.96	BI	e	27.10.44						
	Leipoldt Christian	4. 3.96	E EK	e	10. 3.50		Martschinke Detthard	1. 8.06	D PA		31. 3.62
	Lüttig Ferdinand	26. 8.03	L KR G	k	10.10.61		Wayand Kathleen	1. 2.07	F KU	e	9. 5.75
	Ahrens Hubertus	4. 9.03	F SW	k	2.10.54	D	Wille Mechthild SekIL'	7. 7.83	M SP	k	7. 7.56
	Lenzen Horst	18. 2.04	BI CH		12. 6.47	E	Westermann Ralf geb. Schnieders	1. 2.06	MU KR	k	8. 8.74
	Schmid-Leißler Thomas		M BI								
C	Nottbeck Günter (T)	10. 2.79	M		18. 5.49		Osterbrink Ulf	6. 9.06	BI CH	k	2. 6.75
	Hartmann Wolfgang	20. 2.79	M		24. 8.48	F	Joppen Günter		E	e	18.12.42
	Altmeier Renate (T)	21. 2.80	D GE	k	13. 6.49		Meletzus Dietmar Dr.		□ BI CH	e	29.10.61
	Gerken Barbara geb. Geitner (T)	22. 4.80	BI CH	k	16.11.50	H	Krüger-Hasse Ursula geb. Krüger GymnL'		SP	e	12. 4.50
	Baß Hans-Erwin	28.10.80	E EK	k	2. 7.48		Schaefer Heidelinde geb. Ueberschär		SP	e	2.11.50
	Gerdemann Bernhard	2. 7.82	M PH	k	18.10.50						
	Schwietzke Sibille geb. Schierle (T)	30.12.82	D E	e	11.12.52		Martin Peter Pfr.		ER	e	24. 6.55
							Fuhrmann Alessandra geb. Müller		SP	k	22. 1.57
	Gerdemann Conrad	13. 3.85	M SP	k	2. 1.53						

2.390 Holzwickede Clara-Schumann-Gymnasium gegr. 1993

G. (5-Tage-Woche) f. J. u. M. d. Gemeinde Holzwickede
Opherdicker Str. 44, 59439 Holzwickede – Tel. (0 23 01) 91 08 80, Fax 9 10 88 21
E-Mail: csg-holzwickede@gmx.de, Homepage: www.csg-holzwickede-online.de

Kl: 8/16   Ku: 155/326   Sch: 982 (550) (225/416/341)   Abit: 99 (44)   BR Arnsberg
L: 60 (A 1, A$_1$ 1, A$_2$ 6, B 18, C 20, D 3, F 11)   ASN: **192168**
Spr.-Folge: E, L/F, F/L   Dez: LRSD **Vondracek**

A	Kurtz Wolfgang	2. 8.99	M GE SW	e	3. 9.49	C	Appel Dietmar	1. 6.81	EK F	e	20. 3.53
							Nöthen Ursula (T)	13. 8.82	E KU	k	24. 1.53
A$_1$	Scholz Eckhard		SW SP	k	23.10.52		Hardung Winfried	13. 8.84 °	PH CH M		17. 6.54
A$_2$	Hülkenberg Peter	22.11.96	E SP	oB	19.11.49						
	Hotze Rainer	3. 6.00	E SP		26. 7.49		Klinger Udo	30. 8.84	BI D	k	21. 4.51
	Kapalschinski Susanne (T)	15. 5.03	D EK		17. 1.52		Gebhardt Renate (T)	2. 9.92	CH BI		26. 3.59
							Hölscher Bernd	3. 2.97	EK ER	e	9. 3.59
	Köhle Annemarie	1. 6.04	E BI		1. 7.52		Rabe Friedhelm	1. 8.97	M PH	oB	14. 9.59
	Prause Helgard (F)	1. 3.05	F S MU		23. 3.65		Bläsing Jörn	1. 8.98 °	D GE ER	e	13. 4.67
	Tometten Ute (F)	8.11.05	ER F	e	2.11.59						
B	Mischler Jutta	13. 6.96	EK GE	k	6. 1.50		Kurz Bettina (T)	16. 8.00	M BI		25. 3.66
	Sach Alfred	11.11.96 °	M SP	oB	24.12.45		Koßmann Nicole	1. 8.01	BI F	k	15.10.69
	Lürbke-Phan Maria (T)	8. 2.99	CH EK	k	4. 5.51		Schröter Annett (T)	21. 9.01	D KU	oB	1. 6.70
							Cormann Stefanie (T)	15. 9.02	BI CH	k	8. 7.72
	Schickert Carl-Christoph	2. 4.01	M MU		28. 2.63		Weinstock Susanne geb. Spennemann (T)	18.12.02 °	E L	e	1. 3.71
	Eckey Volker (Vw)	2.11.04	M IF	e	1. 6.60		Erxleben Jörg	1. 2.03	D PH	k	17. 9.71
	Barrio Janine (T)	2.11.04	E S	k	31. 7.73		Hahnel Annette (T)	1. 2.03	M E	k	24.11.71
	Erbel Hildegard	7. 7.05	SW KR	k	27. 9.57		Weichert Jochen (T)	5. 4.04	MU E	k	31. 5.69
	Plonka Andreas	7. 7.05	D KR	k	21. 4.63		Löpsinger Isabel	1. 8.04	E L	e	17. 7.73
	Krumme Ulf	25. 8.06	D E	k	9.11.67		Raffelt Martin	4. 9.06	L KR		26. 9.69
	Meyer Jörg	25. 8.06	CH ER	e	19. 3.73		Huhndorf Jörn	22. 8.06	M GE		3. 8.70
	Wielzarke Daniela	25. 8.06	L GE	k	23. 6.73		Lücking-Fallmeier Andrea (T)		D KU		29. 6.60
	Saal Ludger	10.07	D KR		2. 5.61						
	Pohlschmidt Birgit	10.07	M BI	e	2. 2.67	D	Prümm Barbara		E BI		12. 9.53
	Klein Barbara	10.07	E S	e	11. 4.69		Hesse Birgit	22. 8.05	D KU		10. 6.74
	Neuhoff Jürgen		F SP	e	24. 3.53		Priesack Nicole	9. 8.06	BI SP		22. 4.77
	Köppelmann Hubert		PH MU IF	e	13. 7.57	F	Gerdes Heidemarie		D GE		4. 2.52
							Lau Ingolf		M SP	e	12. 4.52
	Würtz Ulrike geb. Jacob		M CH	e	9. 3.60		Ralle Karin		SP TX	e	1. 5.52
							Wenzel-Ewald Friedel		E TX		23. 8.55

Reichwein Christoph	D PL	k	27. 4.59	Bialluch Klaus		D PL budd		28.11.64
Barnefeld Thomas	D PA		1.10.59	Lueg Iris		MU PA		24. 8.65
Bloom Gabriele Dr.	E GE	k	18. 2.61	Kleineberg Martina		E BI		16. 1.79
Brömmel Gebhardt	SW KR	k	31. 3.62					

2.393 Horn-Bad Meinberg Gymnasium gegr. 1995

st. G. (5-Tage-Woche) f. J. u. M.
Südholzweg 31, 32805 Horn-Bad Meinberg – Tel. (0 52 34) 82 04 03, Fax 82 04 04
E-Mail: sekretariat@gym-hbm.de, Homepage: www.gym-hbm.de

Kl: 7/14   Ku: 114/19   Sch: 836 (468) (200/370/266)   Abit: 55 (33)   **BR Detmold**
L: 50 ([A] 1, [A_1] 1, A_2 4, B 12, C 20, D 5, E 7)   ASN: **192600**
Spr.-Folge: E, F/L, L/F, S   Dez: LRSD **Dr. Wittmann**

A	(Fugmann Martin StD A_2)	5. 3.01	MU E		28.12.61	Wellen Franz-Josef	1. 8.03	M PH IF	k	18. 5.68
A_1	(Pahmeyer Peter Dr. OStR)	4. 8.03	D GE ER PA		11.11.58	Hülsmann Karin	20. 8.03	E F	k	7.11.70
						van Kempen Suzanne	2. 9.03	D MU	e	15.12.67
A_2	Zenz Armin	31. 8.99 ▫	D F		7.11.52	Kunz Alexander	15. 3.05 °	D PL GE	e	27. 7.75
	Lütke Westhues Peter Dr.	9. 6.04	L GE	k	26. 9.62	Schlegel Susanne	11. 5.06	MU D	k	4. 7.64
	Ostermann Guido	2. 5.05	D EK	e	20.12.51	Buddendiek Rolf	1. 8.06	BI CH		7. 5.63
	Hüls Gerd	29. 6.05	SP D	e	21. 4.58	Duntz Christoph	8. 2.07	M SP	k	15. 3.75
B	Ludwig Ingeborg	24.12.85	PA SW BI		16. 5.52	Gerlach Petra	8. 2.07	E BI	k	10.10.76
	Foth Manfred	4. 1.93	CH PH IF	e	23. 9.52	Kleibrink Uta geb. Schubert	1. 8.07	M PH	eref	17. 8.71
	Drücke Petra	19.12.96	E GE	e	14.12.54	Schumann Michael		KU		5. 3.55
	Reckling Klaus	1.11.97	E SP		9. 6.51	Scheck Bernhard		SW PK BI		25. 8.60
	Böhm Regina	30. 8.02	D KU	e	29.10.54	Biewusch Ulf		BI CH		12. 5.64
	Hesse Inge	19. 2.04	MU M	e	15. 9.49	Schmidt Michael		PH M		9. 8.73
	Glinka Claudia	19. 2.04	E SW		10.12.67	Nolte Alexandra		L F	e	20. 2.75
	Steinert Maren	19. 2.04	M SP		11.11.70	D Dreyer Antje L'	9.12.99	D KU	e	8. 7.68
	Steinkämper Christine	16. 7.04	D F		8. 4.61	Gottschalk Dieter L		SW GE		9.12.53
						Oetter Christiane		F S E	e	1.11.59
	Rieke Johann-Christian	21. 6.05	MU L	eref	9. 1.64	Thill Nicole L' Jäger Bodo L		D GE	e	12. 7.76
	Stucke Meinhard	8. 3.07	E EK		23.10.66	E Bünten Katrin	9. 8.06	D E	k	31. 7.75
	Betzinger Wilhelm	23. 4.07 °	SP R KR	k	12. 4.47	Seibel Hanna	9. 8.06	M PA	eref	25.11.77
						Thöne Nina	9. 8.06	M SP		28. 4.78
C	Höhn Jörg	19. 9.88	ER EK	e	7. 7.55	Noetzel Marek	1. 2.07	D KR	k	22. 7.77
	Müller-Weitz Carola	89 °	E SP	k	21.11.55	Durgeloh Simone	1. 2.07	E SW	k	25. 6.79
	Stärk Claudia	1. 3.00	MU F	k	5. 7.70	Schäfers Matthias Dr.	1. 8.07	MU GE	k	29.12.63
	Ambros Dagmar	1. 8.01	KR CH	k	6. 3.71	Mues Katja	6. 8.07	SP PA (M)	k	15.10.79
	von Seck Ulrike	10. 7.02	BI SP							
	Ziemer Manuela	2.12.02 °	D GE (ER)	e	16. 4.71					

2.395 Ibbenbüren Goethe-Gymnasium gegr. 1941

st. G. (5-Tage-Woche) f. J. u. M.
Goethestr. 7, 49477 Ibbenbüren – Tel. (0 54 51) 9 36 50, Fax 93 65 65
E-Mail: goethe-gymnasium@t-online.de, Homepage: www.goethe-ibb.de

Kl: 9/22   Ku: 175/28   Sch: 1356 (812) (284/638/434)   Abit: 146 (65)   **BR Münster**
L: 77 (A 1, A_1 1, A_2 7, B 26, C 26, D 3, E 9, F 3, H 1)   ASN: **168464**
Spr.-Folge: E, L/F, F/L, S/N   Dez: LRSD' **Hesekamp-Gieselmann**

A	Tangen Andreas	1.10.06 °	E GE	k	26. 4.55	Schneebeck Helmut (F)	1.11.96	D ER	e	16.11.49
A_1	Windmann Reinhard	1. 8.02	E EK	e	23. 4.50	Sündermann Erwin	1.12.98	M WW	e	2. 9.48
A_2	Möller Hartwig (T) (Vw)	1. 2.91	E EK	e	16. 7.47	Tylle Reiner	1. 8.01 ▫	M IF	e	15. 5.51
	Butterhof Hans Dr. (T)	2. 2.95	D PA		25. 1.47	Eschen Focke	1. 3.05	M PH IF	k	25.12.50
	Gerhardt Gerhard Dr. (F)	1. 2.96	D PL		14. 7.51	B Hellkötter Inge	21.12.76	L SP	k	5. 4.44

Fleige Gabriele (T)	16. 1.78	M PH	k	5. 8.47	
Rieke Klara (T)	1. 8.79	BI CH	k	3. 6.49	
Lüxmann-Schröder Marianne (T)	12. 6.80 °	CH M	k	10.12.49	
Thiel Willibald (T)	23. 8.80	EK SP	k	30. 5.47	
Spiegelburg Ansgar	29.12.82	BI SP	k	28. 2.46	
Brüne Ruth (T)	18. 3.93	MU GE	k	2.12.49	
Vornhusen Heinrich	1. 6.94 °	MU M	k	17. 4.55	
Münter Bernhard (T)	10.11.94	▫ GE D	k	25.11.46	
Straßburg-Mulder Katharina (T)	1. 2.96	▫ D KU	e	5.10.56	
Lehmann Bärbel (T)	8.12.98	EK M	k	7. 1.48	
Hannemann Kerstin (T)	7. 6.99	D E	k	20. 2.64	
Kubitschke Günter	1.11.00	BI SP	k	31. 3.50	
Lohage Franz-Georg (V)	11. 9.02 °	GE KR SW	k	16. 1.50	
Westermann Maria (T)	11. 9.02	M EK	k	15.10.54	
Voss Hermann	27. 9.02 °	F SP		27.12.61	
Haßmann Monika	1. 2.04 °	E GE	e	28. 1.54	
Walke Holger	1. 2.04	BI SP	k	12.11.54	
D Dierksmeyer Albert	1. 2.04	M PH	k	18. 7.54	
Nienhüser Gerda	1. 3.05	M SP	k	3. 6.51	
E Hilbig Heike	1. 8.05	E D	e	19. 6.58	
Cyrus Ralf	1. 3.07	M PH		22. 6.69	
Schneider Brunhilde	1. 4.07	D ER	e	23.11.49	
Düttmann Jürgen (T)	1. 4.07	▫ GE SW			
Langer-Düttmann Anneliese (T)		▫ F PA			
Rentrop Peter		▫ L PL			
C Schoppmeyer Uwe	14. 8.82 °	E EK	e	5. 5.52	
Berlemann Wolfgang	1. 9.83	BI CH	k	21. 2.51	
Dierkes Marie-Luise geb. Eiben (T)	5. 9.83	KR SP	k	11.12.54	
Däuper Siegfried	1. 2.85	D KU	e	31.10.55	
Förster Michael	10. 3.88	CH PH	k	26. 3.57	
Schaefer Markus	27. 6.01	L SW I		4. 5.70	
Bußmann Christoph (T)	24.11.01 °	M E		29. 5.70	

Schmedt auf der Günne Claudia	16. 1.02 °	E F S		2. 9.69	
Otte Uta (T)	11.11.03	M SP	e	2. 3.72	
Pippberger-Schulz Astrid (T)	1. 8.04	E F		5.11.73	
Lenzing Kirsten	16. 3.04 °	E SP	e	9. 8.72	
Gillmann Ansgar	1. 1.05	SP SW		9. 3.73	
Lühring Tanja	17. 1.05	F KR S	k	5. 2.73	
Laabs Martin (T)	15. 3.05	M KU	e	5.10.71	
Kaufhold Olaf	12. 8.05	SP EK		28.11.67	
Palutschak Maik	15. 9.05	PA SP D		10.12.73	
Mickler Kirsten	15. 9.05 °	M EK	k	6. 8.75	
Jackson Kai	1. 8.06 °	BI E		18. 7.73	
Winkens Peter	15. 9.06	D MU	k	23. 3.68	
Hesselink Jörg	20. 7.07	BI SP IF		21. 8.67	
Gramann Gabriele		F EK		25.11.52	
Barkmeyer Iris (T)		L GE		29. 4.63	
Abts Sandra (T)		D E		2.10.70	
Reinkemeier Helmut		▫ D SW			
Schnepper Regina (T)		▫ D PA			
Schuster Friedhelm (T)		▫ BI			
D Lange Marion FachL'	25. 3.77	SP KU	e	8.11.51	
Dierkes Bernhard (L)		▫ GE KR			
E Diekelt Kai (T)	26.11.03	E GE		4.11.71	
Keuter Judith (T)	1. 2.05	L PA		30. 5.73	
Busching-Engemann Svenja	22. 8.05	D GE PA		25. 2.76	
Overesch Barbara (T)	22. 8.05	E KR		18. 4.76	
Fühner Astrid	1. 2.06	E SP		29.11.74	
Buß Janis	1. 2.07	E SW	k	23. 4.78	
Dierkes Frank	6. 8.07	GE D	k	8. 3.74	
Brückner Christine (T)	6. 8.07	D F		5. 5.79	
Winkens Marie-Luise (T)	12. 9.07	D F	k	28.10.69	
F Zurth Andrea		E R		30. 5.57	
van den Driesch Marcel		CH BI		6. 3.73	
Scharlau Bernd		M PH		22. 1.78	
H Spengler Gisela Kunsterz.'		KU	efk	10.11.44	

2.396 Ibbenbüren Johannes-Kepler-Gymnasium gegr. 1966
st. G. (5-Tage-Woche) f. J. u. M.
Wilhelmstr. 210, 49477 Ibbenbüren – Tel. (0 54 51) 92 80, Fax 9 28 28
E-Mail: kepler@t-online.de, Homepage: www.ibb-voba.de/kepleribb

Kl: 11/14   Ku: 193/36   Sch: 1234 (572) (307/420/5075)   Abit: 147 (74)   **BR Münster**
L: 81 ([A] 1, [A$_1$] 1, A$_2$ 8, B 21, C 26, D 4, E 6, F 9, H 5)   ASN: **168452**
Spr.-Folge: E, F/L, L/F, F/L/S   Dez: LRSD' **Hesekamp-Gieselmann**

A (Mersch Berthold StD A$_2$)		M IF WW			
A$_1$ (Gössel Sigrid geb. Hufnagel StD' A$_2$)	10.03 °	E F	k	10. 2.51	
A$_2$ Achilles Helmut (F)	4. 3.76 °	M PH IF	e	30. 1.43	
Wirtz-Königshausen Franziska (T)	5. 2.91	D KR PA		26. 5.48	
Wendker Bernhard	3. 2.92	F SP	k	20. 3.46	
Hüster Egbert (F) (T)	17. 5.96	M SW IF			
Rogowski Hermann (F)	1. 9.98	E PA	e	1. 6.50	
Bräkelmann Klaus	8. 6.01 °	PH M		7.10.49	
Bahlmann Cornelia	10.05	▫ PA SW	k	17. 2.53	

Lausmann Martin (F)	1. 2.06	BI D	k	27. 4.61	
B Beck Dieter[1]	5. 5.79	F GE	e	30. 4.43	
Göhler Wolfgang	1.12.79	BI CH	e	21. 6.46	
Hammerschmidt Bernd (F)	13. 7.81	KR E	k	3. 4.49	
Flesch Adolf	1. 2.85 °	CH M	k	19. 3.48	
Michel Dieter	1.11.91 △	D GE	e	6.11.49	
Hermanspann Norbert	1. 6.94	EK PA	k	10.12.52	
Schlingmann Maria (T)	1.12.94	E F	k	7.12.55	
Büssemaker Barbara (T)	1.12.94	D E		19. 4.52	

	Aschoff Hartmut	1.12.94	D GE ER PL	e	5. 1.50
	Schlingmann Hans-Dieter	5.12.96	D SW		4.11.51
	Mönninghoff Hans Dieter	5.12.96 □	KR SP	k	9. 6.54
	Hage Egon	9. 7.01	M PH IF	k	20.12.49
	Niemann Berthold	18. 9.02	BI SP	k	27. 3.53
	Dohmen Sabine (T)	19. 1.04	D PL		13. 6.48
	Hövermann-Mittelhaus Margarete geb. Hövermann (T)	19. 1.04	D GE	k	5. 9.54
	Blanke Franz	2.04 °	CH PH	k	22. 1.54
	Kluck Hans	1. 3.06	F SP	k	29. 9.53
	Deters Josef	1. 3.06	BI EK SP	k	20. 1.61
	Braun Anke	8.07	M EK IF	e	16. 6.70
	von der Assen Rudolf		E KR		
	Buyx Christian		F KR SW		
C	Schuster Marita geb. Madert (T)	8.11.78	BI	k	23. 7.47
	Rethmann Vera geb. Radermacher (T)	1. 8.80	SP F	k	15. 1.52
	Schmengler Charlotte (T)	82	M EK		23.12.54
	Hohenhaus Maximilian	4. 7.83	KU		24. 2.50
	Dudek Michael	2. 8.83	D KR	k	3. 6.53
	Nattkämper Jutta (T)	4. 9.84	D EK	k	13. 6.54
	Kruppa Ingrid (T)	4. 9.84	E M	k	2. 7.54
	Klömpges-Jäschke Gertrud (T)	21.10.85	PA SW	k	23. 7.53
	Fleck Joachim	19.12.87	M PH	e	13. 7.51
	Müller Margit (T)	3.88	M PH	e	15. 6.53
	Kremer-Grabe Brigitte (T)	25. 8.93	EK D		3.11.60
	Cronau Anette	2.99 □	D PA	e	4. 9.66
	Gerighausen Urban	10. 2.00	MU D	k	3. 2.68
	Nienaber-Prior Christa (T) (V)	17.10.00 °	D KR	k	3. 1.66
	Lezius Christoph	14. 2.02	M IF ER	e	24. 1.73
	Prigge-Fiegenbaum Stephanie	1. 8.02	S SP		19. 2.70
	Däumling Christian geb. Lampe	2. 8.02	E EK	k	10. 8.69
	Wolf Marcus	5.12.03	PH BI		24. 4.68
	Hagel Christoph	4. 9.04	M SW	k	10.12.68
	Peters Claudia geb. Gerdes	04	BI CH	k	19. 9.72
	Klöppner Göde	1. 8.05 °	M L		22. 7.73
	Volkery Barbara	9.05	M SP	k	3. 2.75
	Brüggemann Stefanie	1. 3.06	E F		20. 5.70
	Stieneker Marlies geb. Terhorst	1. 8.07	E PA		25. 9.69
	Ortgies Norbert		GE R ER	e	14. 6.53
D	Kleinemeier Sigrid L' (T)	23. 8.93	BI KR	k	21. 3.58
	Hübsch Monika L' (T)	00	D SP	e	27. 6.64
	Kösters Anna geb. Bruns SekIL' (T)		E KR	k	23. 9.56
	Berheide Andreas L		BI SP	k	16. 1.61
E	Boesenberg Lars	6. 9.04	GE SW		28.12.72
	Siepmann Katja	6. 9.04	S D		25. 3.74
	Grabitz Julia	1. 2.05	L SP		28. 6.73
	Kipp Katrin	22. 8.05	M SP		16. 3.78
	Jäschke Skadi	1. 8.06	D E		7. 1.77
	Böttcher-Pelz Meike geb. Böttcher	6. 8.07	D PA ER		22. 3.78
F	Pier Antoinette SekI/IIL'		BI KU	k	12. 8.49
	Fiedler Marlies		E KU		29.11.54
	Nienaber Bernhard Dr.		D PL		15. 3.56
	Kuhs Ludwig		L SP		20. 3.56
	Engel-Bülter Renate Dr. geb. Engel	°	E PL	e	23. 9.57
	Hilbig Frauke		E MU SP	e	8. 10.61
	Sulzer Stefan		M SP		14. 9.76
	Ellger Burkhard		M PA		
	Schoo Wilfried		M PH TC		
H	Möwes Monika geb. Heike SpL'		SP KU	k	19. 9.51
	Gervens Marika geb. Lepadata		BI CH EK	k	18. 8.62
	Kouri Nadir		F SW PK		2. 5.73
	Herter Nadja M. A.		SW PK		31. 8.80
	Berg Elke		BI D EK		

[1] Lehrbeauftr. an d. Univ. Osnabrück

2.400 Iserlohn   Märkisches Gymnasium   gegr. 1609
st. G. f. J. u. M.
Immermannstr. 7, 58636 Iserlohn – Tel. (0 23 71) 43 87 50, Fax 43 87 56
E-Mail: mgi@mgi-iserlohn.de, Homepage: www.mgi-iserlohn.de

Kl: 10/17   Ku: 104/16   Sch: 1042 (548) (300/471/271)   Abit: 69 (43)   **BR Arnsberg**
L: 57 (A 1, A_1 1, A_2 4, B 19, C 16, D 4, E 9, F 1)   **ASN: 169638**
Spr.-Folge: E, L/F, F/L, S   Dez: LRSD **Neuens**

A	Müller-Frerich Gerhard	22. 1.04 °	F D	k	30. 6.53
A_1	Schürmann Reinhard	31. 1.02	M PH	e	11.11.49
A_2	Wilshues Manfred	20.12.91	L SP M	k	21. 7.43
	Eggemeier Wolfgang	1. 6.00 °	E SP	k	3. 2.47
	Heiming Wolfgang (Vw)	4.12.01 °	M	k	17. 6.47
B	Knauel Bernhard	17.2.03	BI EK	e	10. 9.50
	Grützner Friedhelm	1. 3.78	EK F	e	26.11.47
	Brenck Thomas	1. 4.79	D SW	k	28. 9.47
	Grothe Uwe	1. 2.80	SW PA	e	27. 7.50
	Haub Hans-Günther	1. 2.80 °	F EK	k	28. 8.45
	Kruse Bernd	1. 9.80	SP E	k	5. 1.50
	Sanmann Cai	1.12.80 °	D GE	e	27. 5.46

	Name	Date 1	Subj		Date 2
	Schmidt Frank	2.10.84	SP D	e	2. 7.49
	Höll Horst	18.12.92 °	M	e	20. 8.49
	Burwitz Gudrun	18.12.92 °	BI ER EK		2. 3.54
	Will-Sand Margitta	18.12.92 °	BI CH	k	22.10.57
	Günther Ditmar Dr.	9. 1.95	M	k	25.11.50
	Reihmann Dagmar	6. 2.96 °	BI EK	e	4. 3.53
	Roth Ludwig	6. 2.96 °	M EK	k	30. 5.54
	Müller-Aßhauer Franz-Gerhard	1. 3.01	D GE	k	4. 3.54
	Klüter Ulrike	1. 3.01	BI CH	e	24.12.50
	Roll Gerlind	1. 3.01 °	BI F	e	9. 3.58
	Köhler Rita Dr.	1. 3.01	D E	k	17. 8.59
	Prins Heiner	14. 6.02 °	GE M	k	29.10.53
	Lauber Sabine	2. 9.07	GE ER	e	28. 9.54
	Schulz Udo	2. 9.07 °	SW D	k	9. 2.56
C	Brockhoff Heinz	22. 2.80	PH	k	2. 7.46
	Kroh Gerhard	17. 3.82 °	E EK		19.12.48
	Grümmer Annette	21. 4.83 °	D PA	k	5.10.51
	Schmidt Renate	30.11.83	SP F		28. 4.53
	Rohe Marie-Luise	14. 8.84	D PA	e	20. 2.53
	Bogdanski Raimund	4.11.85 °	E L	k	5. 9.51
	Lonk Rüdiger	22. 6.93	SP ER	e	12. 5.58
	Langhorst Martin (V)	2. 9.94 °	L KR	k	15. 2.62
	Götzelmann Walburga geb. Striet	1. 8.00 °	D MU	k	17. 8.67
	Knoche Martin	22. 2.02 °	MU L	e	24. 2.68
	Dange Markus	8.12.03 °	E KR	k	27. 9.72
	Klute Stefan	10. 1.06 °	M MU	k	29. 1.76
	Borgmann Antje	9. 8.06	M KU	e	10. 9.68
	Breidbach Birte	21. 8.06	D KU	e	19. 5.72
	Dierkes Stefan	1. 2.07	CH PH SP	k	21. 6.58
	Wiehle Carsten	2. 7.07	D PL	e	27.10.73
	Köster Tanja	2. 7.07	S SP	e	28.04.79
D	Roll Ernst	1. 9.81	E SP	k	8. 4.54
	Wrede-Kowitzke Ursula	4. 9.81	BI E	e	13.11.55
	Droste-Kopka Ute	4. 3.84	KU TX	e	23. 9.55
	Müller Clemens		D KR	k	21. 9.48
E	Herzig-Danielson Viola Dr.	1. 2.06 °	E D		27. 6.69
	Sander Patrick	9. 8.06	E GE	k	18. 5.76
	Armes Anja	9. 8.06	F E	k	20. 5.76
	Preisner Silvia	1. 2.07	F M	k	12.11.71
	Mayka Thomas	1. 2.07	M PH		21. 4.72
	Vossmann Michael	1. 2.07	E MU		14. 3.76
	Schmidt Bonnie	1. 2.07	D E	e	1. 8.78
	Augustin Birgit	6. 8.07	D GE	e	14. 8.61
	Scholz Melanie	6. 8.07	KR MU	k	3. 9.79
F	Köster Angelika		° D ER	e	9. 8.52

2.401 Iserlohn Gymnasium An der Stenner gegr. 1852
st. G. (5-Tage-Woche) f. J. u. M.
Stennerstr. 5, 58636 Iserlohn – (0 23 71) 2 17 18 80-0, Fax 2 17 18 90
E-Mail: webmaster@gymnasium-an-der-stenner.de
Homepage: www.gymnasium-an-der-stenner.de

Kl: 8/14   Ku: 120/17   Sch: 926 (501) (219/384/323)   Abit: 87 (48)   **BR Arnsberg**
L: 51 (A 1, A$_1$ 1, A$_2$ 4, B 16, C 17, D 4, E 6, F 1, H 1)   ASN: **169640**
Spr.-Folge: E, L/F, F/L, S   Dez: LRSD **Kurtenbach**

	Name	Date 1	Subj		Date 2
A	Klusmann Heinz-Dieter	4. 5.92 °	M SP IF	e	30. 4.50
A$_1$	Goeke Detlef	1. 8.07 °	M PA	e	13. 2.54
A$_2$	Schauß Peter	1. 9.87 °	MU	e	8. 3.51
	Keese Jürgen (V)	9.12.97 °	ER L	e	6. 9.48
	Palluch Detlev-Andreas	1. 6.94	D E		12. 5.49
	Pflanz Eleonore geb. Pennow (T)	10.94	BI CH	e	16. 1.45
B	Nehl Hans Peter (T)	3. 9.80	D PL SW		6. 7.46
	Lüblinghoff Annemarie geb. Kloska	19. 9.80	F EK	e	6.12.49
	Rawe Klaus (T)	9. 7.81	M IF	k	12. 8.49
	Hanke Marie-Therese geb. Peters	1. 6.94	F SW	k	16.11.51
	Körner-Weinert Monika geb. Körner (T)	1.11.95 °	D GE PK	k	30. 8.51
	Raffelt Andreas	1.11.95 °	D EK	k	30.10.53
	Schweter Jürgen	1.11.95	PH EK IF	k	26. 3.47
	Dißmann-Schmidt Karin	4.12.97	D E		21. 4.51
	Reidl Christiane geb. Müller	19. 7.02	M PH	e	7. 2.54
	Meier Andreas	19. 7.02 °	BI KR	k	4. 3.62
	Ostad Kordula	19. 7.02	D F	k	1. 3.57
	Thielmann-Kümecke Claudia	31. 8.04	E SP	k	25. 5.63
	Alkewitz Wolfgang	29. 9.06	E ER	e	23. 2.58
	Fischer Christian	1.10.06 °	E SP		4. 8.70
	Baltzer Christian	19. 9.07	M BI	e	5. 4.69
	Feilen Norbert		D EK	k	19. 9.46
C	Sanmann Gabriele (T)	31.12.76	F GE	k	16. 1.48
	Mychajluk Dorothea geb. Vogel	18. 4.80	E EK	k	31. 7.50
	Joseph Rolf	4. 9.81	EK SP		24.10.51
	Krug Alfred	1. 3.82	CH PA	oB	29. 4.52
	Schönenberg Thomas	23. 4.82	BI CH	e	23. 3.53
	Gärtner Franz-Josef	1. 8.82	D KU	k	5. 1.53
	Koberg Günther (T)	1.10.83 °	PH	k	28. 4.47
	Blömer Karin	18.10.84	D GE		2.11.52
	Dahm Ursula Maria (T)	6. 3.91 °	BI KR	k	25. 3.56
	Kersting Ulrich (T)	9. 4.96	M SP	k	22. 2.63
	Licandro Remo	20. 8.03	F GE I		22.11.69
	Mestekämper Karen (T)	20. 6.05	D ER	e	4. 3.70
	Holwe Sonja	20.10.05	SW ER	e	18. 6.75
	Jordan Katja	1. 2.06	SW E		15.12.71
	Wiegert Wilhelm		° L EK	e	1. 3.56
	Nohse Maren (T)		SP S	e	11. 4.64
	Tenbrüggen Corinna (T)		E MU	k	9. 3.69

D	**Neumann** Ingrid	13. 9.84	M SP	e	29. 4.56		**Faßhauer** Thomas	7. 8.06	M SP		12.10.77
	geb. Kreuz SekIL' (T)						**Verhoff** Christiane	1. 2.07	F KU		20. 1.77
	Göke Marlies	16. 1.85	D KU	e	30. 1.50		**Zechmeister** Martina	1. 2.07	M GE		6. 6.78
	geb. Grübel SekIL'						**Sager** Andreas	1. 8.07	BI PH		26. 2.77
	Kreuczer Kathrin	1. 8.07	F S KU		11. 6.68	F	**Neumann-Jede** Ursula		D KR	k	1. 6.58
	Schlösser Heiko	1. 8.07	BI CH		23. 8.70	H	**Smeets** Elisabeth		SP	k	31. 3.54
E	**Gregull** Markus	1. 8.05	D L		30. 3.76		geb. Vanderleenen				
	Senf Mascha	7. 8.06	E D		17. 6.76						

2.402   Iserlohn-Letmathe   Gymnasium Letmathe   gegr. 1966
st. G. f. J. u. M.
Aucheler Str. 10, 58642 Iserlohn – Tel. (0 23 74) 93 58 8-0, Fax 9 35 88-29
E-Mail: sekretariat@gymnasium-letmathe.de, Homepage: www.gymnasium-letmathe.de

Kl: 8/13   Ku: 105/17   Sch: 841 (457) (208/388/245)   Abit: 80 (47)   **BR Arnsberg**
L: 48 (A 1, A_1 1, A_2 4, B 15, C 24, F 2, H 1)   ASN: **170033**

Spr.-Folge: E, F/L, L/F   Dez: LRSD **Neuser**

A	**Weßling** Werner	17. 5.90	M SP	k	14. 5.48		**Müller** Heinz Detlev	19. 8.80	□ E GE	e	28. 7.47
A_1	**Eickmann** Armin (V)	1. 8.96	° M PH	e	2. 5.49		**Lalk** Anna	11. 7.83	E D		6. 5.50
			IF				**Stitz** Michael	1. 8.99	° M KR	k	9. 5.66
A_2	**Lücke** Norbert	20.11.95	° EK E	k	6. 4.49		Dipl.-Theol.				
	Jürgens Klaus	8. 7.00	D EK	e	25. 1.52		**Arends** Michael	1. 8.01	E KR	k	14. 9.67
	Buss Siegfried	25. 1.02	EK SW		28.11.53		**Schwede** Karl	1. 8.01	° E BI	e	13. 6.67
	von der Beck Rolf	7. 8.04	D EK	e	26. 3.51		Hermann				
			ER				**Hughes** Melanie (T)	10. 8.01	□ D E		27. 2.67
B	**Nehl** Anna-Maria	9. 1.97	EK M		4.11.53		**Schulz** Christian	1. 1.02	° BI SP	k	8. 9.69
	geb. Freiburg (T)						**Becker** Manfred	20. 8.02	M PH	e	29.12.69
	Dickhaus Konrad	21. 3.01	° GE D	k	19. 7.52		**Geyer** Christian	1. 8.03	° L GE	k	21. 7.68
			MU				**Günther** Michaela	1. 8.03	° D MU	k	24. 8.72
	Schmidt Joachim (T)	29. 7.02	° M PH	k	3. 3.54		**Krähl** Carsten	1. 8.04	° D GE	e	8. 5.67
			IF				**Maiworm** Susanne	1. 8.04	° E F		22.12.71
	Schreiber Heinz	29. 7.02	° D GE	e	2. 1.52		**Schilling** Falk	4. 8.04	SP SW	e	13. 2.76
	Schönenberg Rainer	29. 7.02	EK BI	e	23. 3.53		**Gieselmann** Thomas	10. 8.04	L KR	k	27. 3.67
	Köhne Angelika	1.12.03	° BI M	k	11. 2.56		(T)				
	geb. Kauer						**Tappe** Carsten	1. 8.05	F SW		14.10.72
	Erlemann Martina	10.04	D KU				**Krabbe** Heiko Dr.	6. 9.05	MU PH	e	23.11.67
	Leiwering Brigitte (T)	10.04	BI SW	k	15.10.65				M		
	Schulze Bernward	4. 4.05	° L KR	k	12. 3.66		**Theine** Barbara	15. 9.05	E F	k	14.10.75
			GE				**Ille** Kathleen	1. 2.06	° E SP		18. 5.65
	Albrecht Stefanie	4. 4.05	° ER F	e	25. 9.70		**Abel** Thomas	1. 2.06	° BI KU	k	8. 1.75
	Hilbert Ines	15. 9.06	M PH		15.10.68		**Trockel** Martin	22. 2.07	CH SP	k	5. 4.75
	Scholte Annette (T)	15. 9.06	° D E	e	11.12.73		**Müller** Tobias	16. 9.07	° GE SP	k	3.12.76
	Wolter Nicole	15. 9.06	° M SP	k	27. 3.72				D		
	geb. Westerfeld (T)						F	**Aly** Johanna		° KU CH	e	6. 2.44
	Tilly Christian	10.07	° M PH	k	20. 6.69		**Dahmen** Horst		° D E ER		14. 2.53
	Hennemann Kathrin	10.07	E EK	k	19.12.71	H	**Luttrop-Buss** Carmen GymnL'		SP	e	18. 3.56
C	**Engel** Gabriele	1. 3.80	M PH	e	5.12.52						
	geb. Kleymann (T)										

2.403   Iserlohn   Aufbaugymnasium Seilersee   gegr. 1968
pr. Aufbau-G.[1] (5-Tage-Woche) f. J. u. M. d. Privatschulgesellsch. mbH Seilersee
Bismarckstr. 4, 58636 Iserlohn – Tel. (0 23 71) 90 43-0
E-Mail: internatschule-am-seilersee@t-online.de
Homepage: www.internatschule-am-seilersee.de

Kl: –/6   Ku: 42/10   Sch: 145 (46) (–/87/58)   Abit: 15 (5)   **BR Arnsberg**
L: 18 ([A] 1, [A_1] 2, C 4, F 9, H 2)   ASN: **169882**

Spr.-Folge: –, L/F, –, S   Dez: LRSD **Kurtenbach**

A	(**Klein** Willi StD)	1. 8.99	° GE SW	k	7. 5.48		[**Bertmann** Walter	10. 5.01	° KR GE	k	7. 7.56
A_1	(**Marx** Karl-Heinz	10. 5.01	° L E	k	26.11.56		(Vw) OStR]		D		
	OStR)					C	**Micha** Ralf	1. 8.03	° D ER	e	22. 8.70

	Koplek Dirk	1.	1.04	° CH BI	e	28. 8.66			
	Schmitt Klaus	1.	6.04	° M PH	e	25. 3.70			
	Schmidt Michael (V)	1.	8.04	° EK BI	k	4.10.69			
F	Hausschmid Roswitha			° E F	e	25.11.51			
	Hemmesdorfer Heinz-Günther			F SP	k	27. 7.53			
	Kahl Pieter Dr.			° GE KR		20. 9.54			
	Hort Achim			° KU D	e	29. 9.59			
	Neuenfeldt Rosemarie			° E D	e	15. 9.68			

	Höll Bozena	PL GE	k	8.12.70	
	Harrichhausen Frank	EK M	k	7. 7.71	
	Wagner Jürgen	KU		12. 4.45	
	Permanyer Martha	S	k	7.10.68	
H	Bermel-Bertmann Brigitte Dipl.-SpL'	SP	e	24.11.58	
	Bürgermeister Rolf	MU	k	10. 3.62	

[1] m. Internat

2.405 Kamen Gymnasium gegr. 1908
st. G. f. J. u. M.
Hammer Str. 19, 59174 Kamen – Tel. (0 23 07) 2 60 30 10, Fax 2 60 30 99
E-Mail: gym.kamen@t-online.de, Homepage: www.gymnasium-kamen.de

Kl: 11/20 Ku: 172/30 Sch: 1228 (642) (282/515/431)
L: 73 (A_1 1, A_2 9, B 23, C 25, D 6, E 2, F 5, H 2)
Spr.-Folge: E, F/L, F

BR Arnsberg
ASN: **170434**
Dez: LRSD **Vondracek**

A_1	Gahlen Georg	1.	1.97	° F GE	k	7. 7.49		Dangschat Hans-Joachim		E F	e	6. 2.52
A_2	Prasun Horst	6.	3.86	BI E	e	1. 2.48	C	Engelmann Lieselotte	2.79 □ D ER		e	24. 6.51
	Stock Rolf-Udo		10.89	D SP	k	6. 8.49		Brinkmeyer Barbara geb. Sroka (T)	23. 7.79	M GE	k	26.10.51
	Sändker Heinrich		21.10.93	PH M		17.10.53		Reimer-Bott Bärbel	6. 8.79 □ EK E		e	25. 4.50
	Krause Klaus-Peter (F)		95	E GE		29. 9.48		Weikert Ralf	12. 9.80	D PL		10. 6.49
	Fronius Günter		11.98	E GE	k	7. 8.52		Höfer Horst-Heinrich	1. 3.81	BI	e	7. 8.48
	Kampmann Fr.-Karl		5.00	GE SP	e	25.10.49		Hentschel Karin	9. 9.82	SW SP	e	2.11.51
	Kreibig Hans-Jürgen	13.	5.05	D SW	e	13. 1.52		Nehls Rainer	27. 9.83	M PH	e	19.10.52
	Stump Karlheinz (F)			SP L	k	24. 8.61		Kalverkamp Edgar	83	D M		9.50
	Kirschbaum Tobias geb. Schäpers (F)			PH E	k	9. 7.70		Taubhorn Reimer	4. 9.84	D SW	e	2. 6.53
								Spallek Ulrich	10. 2.86	° M D		23. 1.55
B	Weeber Klaus		29.11.78	E GE SW	oB	28.11.44		Dahlmann Annegret (T)	13. 5.88	M PH	k	11. 2.55
	Rüping Claus	16.	1.80	° BI CH	e	13. 6.49		Büdenbender-Moos Martina (T)	29. 9.88	M CH	k	20. 4.57
	Götte Ilse geb. Pigulla (T)	7.	7.80	D GE	k	21. 9.49		Pradel Andreas	1. 6.89	° M MU	k	9. 4.58
	Niemeyer Herwig	16.	7.80	M PH	e	29.10.48		Kohl Bernhard	1. 8.92	M PH	k	29.12.58
	Opfermann Josef-Meinolf	1.	7.81	R L		8. 8.46		Winkler Marion (T)	30. 8.93	MU BI		9. 5.60
	Butenschön Jörg		21.11.81	PH M	e	1. 6.43		Kolberg Markus	28. 2.97	E SP	k	31. 5.63
	Nielinger Horst		9.12.82	° E EK	k	1. 3.49		Bröer-Weischenberg Kathrin Dr.	1. 1.02	E SP	e	10. 8.65
	Brettschneider Hartmut Dr.	23.	6.84	° M EK		15. 1.49		Reinecke Dörte	1. 1.02	PA D		29. 1.71
	Siebeneck Johannes		29.10.84	° M PH	k	7. 2.48		Kötter Maria Antonia	1. 1.02	° E PA	k	13.11.67
	Hesse-Ottmann Gabriele (T)		15.11.84	GE KR	k	16. 1.51		Schröer Thorsten	1. 1.02	D PA SW	k	26. 3.73
	Grütering Gerd		10.94	M	e	7. 6.52		Hester Sven Markus	9.03	SP BI	k	15. 1.71
	Schmack Susanne		10.94	R GE	k	26.11.53		Schäfertomvasen Judith	4.07	L D	k	19.11.73
	Haupt Hans-Joachim	5.	2.97	BI CH	e	2. 7.50		Nakis Figen	10.07	F PA		3. 4.75
	Wiemann Franz-Josef	8.	2.99	E SW		5. 7.46		Schulte Wilhelm		F EK		25.10.51
	Knicker-Gummersbach Brigitte		2.99	M TX	k	19. 9.54		Mayer Carla (T)		E D	k	12. 9.55
	Redix Rainer		99	M PL EK	e	21. 7.55	D	Aschoff Ursula SekIL' SekIL	19.12.83	SP KU	k	19.12.56
	Quak Ingo	21.	3.01	D GE	e	18.12.49		Forst Heinz-Jürgen	4. 3.84	BI EK	e	8. 8.52
	Dumpe-Fischer Annette		6.01	MU D	k	27. 2.64		Henning Frank-Rüdiger SekIL	4. 3.84	D KU	e	16.11.53
	Aschendorf Andrea	31.	7.02	D PH	e	13.11.68		Otten Heino SekIL	1. 8.85	D BI		25. 5.54
	Scheitza Angelika		8.06	° M KR	k	16. 6.64		Schultze Antje	22. 8.05	° SP BI	e	11. 8.67
	Hölling Christine		8.06	E KU KR	k	24. 4.65	E	Ewers Martin	24. 8.05	E BI	k	12. 5.64
								Borgmeier Benedikt	2.06	S GE	k	15.12.75
								Vette Jens	1.07	L SP	e	6.11.74
	Klaholz Rainer		07	KU KW	e	18.12.52	F	Dolata Lucie		KR	k	8. 4.56

	Heyermann Frank		D GE	e	10. 9.70	Pohl Ingeborg Dr.	CH		
	Treinies Rasmus		EK SW		13. 9.72	Ass' d. L.			
	Buller Beate		SP GE		5. 6.77	H Dorok Willi	ER D	e	7. 8.47
	geb. Krämer		(M)			Petry Magdalena Pastorin	ER	e	3. 6.48

2.410 Kreuztal Friedrich-Flick-Gymnasium gegr. 1969
st. G. (5-Tage-Woche) f. J. u. M.
Zum Erbstollen 5, 57223 Kreuztal – Tel. (0 27 32) 5 55 10, Fax 55 51 50
E-Mail: ffg@ffg-kreuztal.de, Homepage: www.ffg-kreuztal.de

Kl: 7/14 Ku: 106/20 Sch: 842 (426) (181/387/274) Abit: 62 (30)   BR Arnsberg
L: 52 (A 1, A$_1$ 1, A$_2$ 4, B 17, C 16, D 6, E 2, F 1, H 2)   ASN: **170367**
Spr.-Folge: E, F/L, L/F, F   Dez: LRSD **Klüter**

A	Hoß Herbert	1. 2.04	°	M SW	k	2. 6.55	Ortmann Dirk	23. 9.83	EK SP	e	6. 5.51
A$_1$	Wickel Jochen	10. 1.06		M SP	e	20. 9.50			ER		
A$_2$	Sprenger Gerd	21.12.92		F GE	k	8. 1.47	Czwalinna Susanne	27.10.84	F SP	e	26. 5.51
	Winchenbach	11.10.95		M PH		13. 2.47	(T)				
	Rainer (Vw)						Feldmann Berthold	5.11.84	D SW	k	17. 4.52
	Münker Bernd Ulrich	23.11.04	°	CH PA	k	13. 6.51	(T)				
	Schlapka Martin (F)	4. 7.07		D EK	e	31. 8.58	Renner-Schäfftlein	2. 9.93	L KR	k	3. 3.62
B	Mormann Felicitas	1. 1.79		E F	k	11.11.47	Carla (T)				
	geb. Mühlenkamp						Saager Karin	4. 9.94	E EK	k	10. 2.54
	Lottner Herbert Dr.	26.10.79		E GE	e	8. 3.47	geb. Schemmel				
	Stockhecke Astrid	1. 7.82	°	E EK	e	21. 3.52	Weingarten Cornelia	1. 1.02	F KU	k	27. 9.66
	geb. Voss (T)						(T)				
	Stroda Gerhard	1.10.84		E PA	k	4. 4.49	Schnurr Tanja	1.10.02	° E D	k	13.10.70
	Hoffmann Monika	12. 9.85		M PH	e	14.10.50	Brücher Tanja	6.11.05	E ER	e	22. 7.74
	Brückel Ortwin (T)	19.12.85		M PH	e	8. 3.50	geb. Grisse				
	Mansfeld Hans Georg	17.11.92		PH		25. 3.49	Schlüter Lars	6. 3.06	SP BI	k	28.10.72
	(T)						Meyer Christoph		° L G	k	13. 3.56
	Riest Wolfgang	26.10.95		M	k	25. 9.50	Platte Stefan		MU M		15. 4.72
	Mehl Bernd	23.11.95	°	E KU	e	9. 2.58	D Hoyer Niels SekIL	1. 8.81	EK GE	e	6. 4.44
	Erdmann Sabine (T)	1.11.96		D SW		9. 2.48			PK ER		
	Pletz Volker	17.11.97		BI CH	e	29. 2.52	Gösche Elke Dr.	4. 9.81	D EK	e	17. 5.57
	Bender Helmut	15.11.98		M PH	e	24.11.53	geb. Breitkopf SekIL' (T)				
	Rieke Klaus (V)	15. 3.01	°	EK GE	e	20. 6.49	Plugge Jürgen	4. 9.81	□ D KU	k	8. 7.53
	Husnik Karin	15. 3.01		BI	e	14. 2.53	SekIL				
	Engelmann Erwin	1. 5.02		E D		19. 7.51	Lipka Ute SekIL'	3. 6.83	D MU		1. 8.55
	Nelson Andreas	1. 6.04		BI CH		9. 5.66	Esser Gaby	14. 9.83	W KU	e	14. 9.56
	geb. Lohscheidt (T)						geb. Schmidt SekIL' (T)				
	Pfeiffer Christoph Dr.	10. 9.07	°	M PH	k	16. 8.64	Schlenbäcker Christiane		D EK		21. 6.54
C	Tysiak-Kramer	19. 1.79		F GE	k	13. 7.50	E Pröhl Marlen	1. 8.06	BI CH	oB	18. 7.70
	Margot (T)						geb. Schöne				
	Hohmann Rainer	21. 6.80		D EK	k	3. 2.49	Kierdorf Susanne	6. 8.07	° SP GE	k	17. 5.79
	Schönwald Birgit (T)	1. 3.83		F R	e	31.12.54	F Münter Isabel		E CH	e	7. 9.57
	Heider Heinz	1. 8.83	°	EK M	k	18. 8.50	geb. Haas				
	Schneider Stephan-	16. 8.83	°	M PH	k	8. 6.54	H Junk Harald Dipl.-SpL		SP	e	15.11.44
	Georg			IF			Albrecht Pfr.		ER		

2.415 Bad Laasphe Gymnasium gegr. 1923
st. G. f. J. u. M.
Steinackerstr. 10, 57334 Bad Laasphe – Tel. (0 27 52) 2 08 30, Fax 20 83 25
E-Mail: gymnasiumbadlaasphe@t-online.de, Homepage: www.gymbala.de

Kl: 7/16 Ku: 128/20 Sch: 951 (495) (191/440/320) Abit: 75 (41)   BR Arnsberg
L: 53 (A 1, A$_1$ 1, A$_2$ 4, B 21, C 12, D 4, E 7, F 3)   ASN: **170501**
Spr.-Folge: E, F/L, F/S, E/F/L   Dez: LRSD **Klüter**

A	Damm Winfried	24. 5.89	□	M EK	e	1. 8.51	Althaus Karl-	22.12.92	D E	e	20.11.47
A$_1$	Gerber Wolfgang	30. 8.89		M CH	e	29.10.49	Albrecht (T)				
A$_2$	Meier Wolfg. (Vw)	12.12.91	°	E GE	k	20. 9.45	Imhof Heinrich	12. 1.95	M EK	e	4. 2.52

	Name	Date 1	Subj 1		Date 2
	Becher Vinzenz (F)	22. 8.96	D PL		18. 1.53
B	Dombert Günter	1. 6.79	D GE	e	20. 8.43
	Pfeil Fritz Alexander (T) (V)	1. 4.80 °	D EK	e	14. 7.44
	Hagedorn Hans-Werner Dr.	10.11.81	M PH	e	10. 4.49
	Klopsch Achim Dr. (T)	30. 6.82	M CH	e	2.11.45
	Kuhn Klaus-Hellmuth (V)	30. 6.82 °	PH M	e	10. 5.49
	Benfer Erhard	22. 5.84	BI EK	e	6. 9.47
	van der Wijst-Althaus Christine geb. Knauer	1.12.90	F GE	e	17. 2.52
	Lange Susanne Dr. geb. Rieck (T)	27.12.91	D F	k	23.10.49
	Beine Martin	27.12.91 □	F GE	e	5. 9.47
	Kuhn Hannelore geb. Kornelius (T)	26.11.92	M PH	e	22.12.52
	Lange Gerhard	28.11.92	BI EK	e	18. 8.53
	Kuhn Horst-Werner	4. 1.94	BI EK	e	23. 9.54
	Winkler Claudia (T)	5. 1.94	E F KR	k	1. 6.55
	van der Wijst Klaus	1. 6.94	EK SP	e	7. 9.51
	Braune Günter	28.10.94	D E		3.10.48
	Springer Elisabeth geb. Böth (T)	22.11.95	M CH	e	16.11.50
	Kiefer Günter	22.11.95	D SP	e	5. 5.54
	Wied-Bernshausen Ricarda geb. Wied	15. 3.01	SP BI	k	21. 7.60
	Winkelnkemper Bernhard	27. 5.02	D GE		3.10.48
	Hütter Margarete geb. Koch	27. 5.02 °	ER EK	e	20.11.53
C	Rusche Elke geb. Franke	29. 7.78 °	D E S	k	11. 9.45
	Weber Ludwig	29. 3.82	E SP	e	21. 8.49
	Jaschinski Monika (T)	3. 6.83	F GE	k	31.10.50
	Ibert-Wiskemann Jutta geb. Ibert	4. 3.85	E ER	e	4. 9.50
	Maas-Ruhweza Anneliese geb. Maas	9. 1.86	F EK		23. 3.52
	Scheuer Karin (T)	8. 9.86	F ER	e	18.12.57
	Wittich Werner	6.11.87	M PH		30. 9.52
	Wallrabe Ralf	15. 4.91 °	L SP	e	5. 7.55
	Wickel-Viehl Anne geb. Wickel (T)	19. 8.98	E EW		20.11.61
	Arhelger Martin	1. 1.02	M CH		31. 3.70
	Haberkorn Sandra	1. 2.05	L GE	k	20. 6.70
	Herz Justus	16. 4.06	D PL	k	15.10.70
D	Georg Bernd SekIL	5. 5.82 □	M SP	e	5. 5.53
	Morgenstern Felix SekIL (T)	2. 8.84	MU ER	e	2. 1.53
	Halbach Ulrike	19. 8.94	ER MU	e	22. 6.60
	Rawson Virginia (T)		E MU		
E	Wunderlich Miriam	1. 2.06	M IF	e	9. 6.72
	Vogel Christine	1. 2.06	D BI		25. 6.79
	Keppler Frank	8. 8.06	GE SW	k	12.11.67
	Trauth Sascha	1. 2.07	D E PS		2. 4.76
	Zuanel Alexander	1. 2.07	M PH	e	24. 5.76
	Bürger Bettina	1. 2.07	BI L	e	30. 3.78
	Sendfeld Sven	6. 8.07	EK EW	k	13. 9.74
F	Langensiepen-Vonnahme Cornelia		□ E EW	e	30. 5.54
	Wahler Karl-Friedrich		ER MU	e	21.12.55
	Fischer Karin geb. Heinrich		E KU	e	16. 4.59

2.416 Bad Laasphe Gymnasium Schloß Wittgenstein gegr. 1959

pr. G.[1] (5-Tage-Woche) f. J. u. M. d. Schulvereins Wittgenstein e.V.
Schloß Wittgenstein, 57334 Bad Laasphe – Tel. (0 27 52) 4 74 33 22, Fax 47 43 30
E-Mail: direk-gym@wittgenstein.de, Homepage: www.gsw-bad-laasphe.de

Kl: 8/11 Ku: 94/14 Sch: 691 (375) (190/281/220) Abit: 49 (32)   BR Arnsberg
L: 36 (A 1, A_1 1, A_2 3, B 7, C 8, D 1, E 3, F 9, H 3)   ASN: **170495**
Spr.-Folge: E, L/F, I   Dez: LRSD **Klüter**

	Name	Date 1	Subj		Date 2
A	**Schuppener** Helmut	1. 8.01 °	ER L	e	18. 9.45
A_1	**Marczoch** Herbert	1. 8.01 °	D GE	e	4.12.55
A_2	**Opitz** Peter	1. 5.90	E EK GE	k	30. 8.50
	Weisenstein Franz-Josef	1. 2.93	F SP	k	9. 5.50
	Kramer Hartmut	1. 2.03 °	M PH		15. 5.55
B	**Schneider** Wolfram Dr.	1. 1.87	GE SW MU		1.12.46
	Hofmann Klaus	1. 7.87 °	PH M	e	20. 7.54
	Endres Robert	1. 2.95 °	SP EK	k	1. 2.50
	Schulze Wolfgang	1.10.95	KU KW	e	21.10.44
	Meier Bettina Dr. (L)	1.11.04 °	D PL	e	15. 8.60
	Höft Hartmut	1.11.04	D EK	e	16.10.60
	Stellmacher-Wagner Petra	1.10.05 □	CH EK	e	9. 9.55
C	**Knapp** Ingrid geb. Sewering	1. 3.84	BI CH	e	24. 9.50
	Koch Friedhelm	1. 8.94 °	M KR	k	9. 3.61
	Wagner Ottmar	20. 8.01 °	M PH		25. 2.66
	te **Heesen** Sabine	1. 2.04	EK L KU	e	3. 7.69
	Klinge Susanne	20. 8.04	E F	neuap	2. 3.67
	Zaum Christian	20. 8.04 °	D GE	e	30. 6.69
	Frisan Xenia	1. 8.07	KU PL	e	10. 7.70
	Ringler Heike	1. 8.07	M CH PH	e	18. 2.72
D	**Koenemann** Anette	22. 8.05		e	8. 5.61
	Kraft Claudia	1. 8.06	E F		22. 8.75
	Rohrbach Andre	1. 9.06 °	SP GE	e	16. 2.73
	Walter Hajo-Marc	1. 9.06	EK SW PA	e	9.10.76
F	**Henkel** Wolfgang (V)		° GE SP ER	e	15. 3.53
	Nubling Klaus-Dieter		° E F	e	8. 4.54
	Koch Michael		M PH	e	28. 2.55
	Liening Karin		D EK	e	2. 5.56
	Willing Matthias Dr.		BI	k	28.10.58
	Willing Matthias Dr.		GE SW		30. 8.60
	Kienel Christian		SP EK PH	k	15. 1.71

	Windgassen Frank	° D PS E k	18. 2.76	Classen Claus Dipl.-SpL	SP	e	20. 9.47
	Pütz Carsten	° EK D k	13. 9.77	Hundte Christian Pfr.	ER	e	5. 6.62
H	Knapp Ludwig Dipl.-Biol.	BI k	9. 8.47				

[1] m. Internat

2.417 Lage Gymnasium gegr. 1971
st. G. (5-Tage-Woche) f. J. u. M.
Breite Str., Schulzentrum Werreanger, 32791 Lage – Tel. (0 52 32) 9 50 20, Fax 95 02 35
E-Mail: gymnasiumlage-buero@gmx.de, Homepage: www.gymnasium-lage.de

Kl: 6/13   Ku: 119/18   Sch: 808 (462) (186/375/247)   Abit: 61 (33)   BR Detmold
L: 46 ([A] 1, A_1 1, A_2 3, B 14, C 21, D 2, E 1, F 1, H 2)   ASN: **168701**
Spr.-Folge: E, L/F, F, S   Dez: LRSD' **Pannek**

A	(Krügermeyer-Kalthoff Michael StD A_1)	1. 2.05	M PH	e	15. 4.57	Kohorst Margarete (T)	6. 7.83	M SW PK	k	4. 5.55
A_1	Hüschen Klaus Dr.	3.05	° MU EK GE IF	e	18. 8.49	Urbaniak Ulrike geb. Gorontzi (T)	28. 9.86	° SP BI	e	11. 8.53
A_2	Harth Hermann	2. 5.05	BI EK	k	8. 5.51	Biller Andrea (T)	3. 6.88	° CH EK	e	15.11.58
	Quentmeier Eveline		F D	e	29. 1.53	Schmidt Susanne (T)	1. 9.94	E BI		17. 5.59
	Müller Barbara		BI CH		30. 9.53	Nowak Andreas	99	M PH		16. 2.67
B	Wende Detlef	1. 4.80	E EK	e	29.10.48	Lenk Dorothee	22.11.00	° M L KR	k	28. 5.55
	Jarcke Volker	1. 8.82	CH SP	e	10. 8.47	Stranghöner Kirsten	1. 1.02	E D		9. 8.70
	Langhanke Werner	18.11.83	D GE		7. 7.47	Wöstenfeld Heike (T)	1. 2.02	D GE		20. 6.66
	Eggert Gerhard	3.12.85	M SP	e	3. 7.50	Schmidt Stefan	1. 8.02	BI PH M		4.10.66
	Beutel Annette	1.10.90	E GE	e	17. 9.51	Graichen Susanne	1. 8.02	E D		14.12.70
	Bienek Renate geb. Stolte (T)	4. 1.93	BI EK	e	26.10.51	Meyer-Sortino Antonina	6. 9.04	° D PA KR	k	
	Rohde Gerd	1. 1.96	° E ER	e	3. 5.56	Patzelt Dirk	15. 3.05	M PH		21. 8.73
	Hollburg Joachim	7. 2.96	M PA IF	e	30.11.48	Rust Bernd	1. 8.07	ER GE PK		6. 7.64
	Wienert Karl	2.12.96	E S GE ER	e	25. 8.52	Steinert Axel		PH CH	e	2. 5.68
	Friedrich Erika geb. Leipholz	6.03	° D GE	e	16.12.49	Saphörster Marion geb. Hell		° F D	e	5. 6.72
	Menke Rolf	6.10.03	E PK SW		21. 2.53	Petry-Hanke Andrea		M BI		
	Beckmann Monika (T)	19. 2.04	L D	e	20.10.62	D Fanenbruck Ursula geb. Stegemann (T)	1. 8.73	KU TX	ref	8. 9.45
	Althöfer-Lübke Ulrike	1. 8.06	° F MU	e	13. 4.62	Leimanzik-Büker Evelin SekIL'	4. 9.81	MU D	e	6. 8.54
	Krüger Heinrich		SP EK		9.12.48	E Kramer Mirijam	1. 2.06	PH BI	k	22.12.71
C	Hesse Roland	1.10.80	° M		31. 5.47	F Hartmetz Birgit-Christine		D GE	e	
	Clauß Marie-Luise (T)	1. 8.82	D S	e	3. 8.52	H Gött Doris		SP TX	e	12. 6.51
	Schepper Beate	1. 8.82	M SP	k	27. 7.53	Diekjobst Birgit geb. Hartmann		SP	e	3. 9.56
	Wiesekopsieker Bernd	25. 1.83	KU W	e	25. 5.51					

2.418 Lemgo Engelbert-Kaempfer-Gymnasium gegr. 1583
st. G. f. J. u. M.
Rampendal 63, 32657 Lemgo – Tel. (0 52 61) 9 47 00, Fax 94 70 17
E-Mail:ekg@schulen-lemgo.de, Homepage: www.ekg-lemgo.de

Kl: 8/14   Ku: 95/17   Sch: 854 (385) (238/376/240)   Abit: 77 (36)   BR Detmold
L: 50 (A 1, A_1 1, A_2 4, B 13, C 20, E 5, F 3, H 3)   ASN: **168890**
Spr.-Folge: E/L, L/F, F/L   Dez: LRSD' **Pannek**

A	Bratvogel Friedrich-Wilhelm Dr.	1. 8.00	GE L D	e	16. 3.51	A_2	Kruel Friedrich-Wilhelm	11.12.95	M PH	e	21.10.51
A_1	Kohorst Helmut	15.11.00	° M EK	k	2.10.50		Hüls Rudolf Dr.		L GE		8. 1.48

	Pauls Susanne (T)			E PA	e	9. 5.53	Meier-Limberg	24.11.88	ER PL e	28. 2.57
	Lange Elisabeth			CH EK	k	10. 9.53	Margit geb. Dubberke (T)			
	geb. Lünnemann						Homburg Anke	17. 8.95	MU F e	28.12.61
B	Hoppe Henning	7. 8.78	GE L		6. 5.43	Piening Raimund	1. 8.07	E EK	20.10.70
	Rixe Sabine (T)	14. 5.79	E GE SW		12.11.48	Lüngen Thorsten	1. 8.07	CH BI	5. 2.76
	Fanenbruck Werner	28. 6.79	M IF	k	27. 8.46	Lampe Hella (T)		M PH	24. 1.50
	Schock Reinhard	20.12.79 °	D SP		20.12.49	Wehleit Gerhard		EW SW PK	11.12.50
	Telligmann Dorothee	27. 8.80	BI CH	e	16. 8.49	Möllers Günther		E EK SP	10. 2.51
	geb. Krickhahn (T)									
	Schulz Gunhild	11. 8.95	E F		eref 13.12.51	Böke Ulrike (T)		E TX	7. 5.54
	Deerberg Klaus (V)	17.12.98 °	M PH IF	e	23. 4.56	Schmidt-Rhaesa Juliane		E MU	30. 7.54
	Telgmann Gisela	1. 8.03	BI EW	k	21. 3.54	Edelbrock Gudrun		D E	16. 2.60
	Arnhold Oliver	1.10.04	M ER	e	9.11.67	Witteck Torsten Dr.		M CH	21. 5.68
	Neugebauer Edgar	1. 8.07	M SW		7. 9.52	Schendel Elke (T)		F S	30. 8.71
	Hoffmann Joachim (T)		D EK		19. 7.48	Wattenberg Carsten		BI SP	21.10.71
	Nowak Brunhilde (T)		E F		21. 7.48	Stroemer Gesine		D E	20. 8.76
	Bökehof-Reckelkamm Annette		BI CH EK		29.11.54	E	Elsler Nadine	1. 8.06	D F	16. 4.76
C	Wolff Ingrid	1. 8.77	KU W		13.10.50		Wesner Sophia	1. 8.06	D GE	16. 5.76
	Hildemann Hansjörg Dr. (T)	20. 7.78	BI	e	15. 4.47		Schönberger Falk	1. 8.06	E SW	6. 9.76
							Finkemeyer René	1. 8.06	M SP	20.11.76
	Thiemann Christian	1. 8.79 °	D GE	e	21. 2.51		Wiegers Carolin	1. 8.06	E EK	24. 3.77
	Boelhauve Bernd	1. 9.81 °	SP EK	k	3. 4.53	F	Rittinghaus Henriette		KR M BI	7. 7.49
	Lueke Cornelia geb. Schneider (T)	1. 8.82	F SP		26.10.53		Keune Birgit		ER E e	19. 4.57
							Lohmann Sabine		M IF	31. 1.65
	Schmitt-Knepper Petra (T)	27. 6.84	D SP	k	30. 7.54	H	Kumaí Kiyokazu		MU	11. 8.54
							Boelhauve Iris geb. Gorzny		SP k	3. 1.58
							Kuppler Christoph		MU	27. 7.74

2.419 Lemgo Marianne-Weber-Gymnasium gegr. 1923

st. G. (5-Tage-Woche) f. J. u. M.
Franz-Liszt-Str. 34, 32657 Lemgo – Tel. (0 52 61) 9 47 50, Fax 94 75 17
E-Mail: mwg@schulen-lemgo.de, Homepage: www.mwg-lemgo.de

Kl: 8/18 Ku: 130/21 Sch: 1035 (654) (199/484/352) Abit: 91 (62)   **BR Detmold**
L: 61 ([A] 1, A_1 1, A_2 7, B 16, C 24, D 1, E 2, F 8, H 1)   ASN: **168889**
Spr.-Folge: E, L/F, F/L   Dez: LRSD' **Pannek**

A	(Fischer-Hildebrand Karin StD' A_1)	23. 1.04 °	E SP	k	5. 2.56	Bührig-Hollmann Annette	1.11.99	D PL	e	5.11.60
A_1	Flörkemeier Jobst	1. 2.05	M BI		10. 3.56	Engler Reinhard	31. 7.00 □	M SP e	29. 7.51
A_2	Pohlmann Anneliese	1. 9.94	BI CH	e	15.11.49	Drücke Jörg	25. 6.01 °	E GE	18.10.53
	Pohlmann Kurt (V)	1.12.95 °	M PH	e	4. 8.49	Knepper Bernhard	1. 1.02	E GE	9. 9.53
	Ueding Peter	1.12.96 □	M IF	e	20. 2.48	Behring Margarete (T)	1. 9.03	E EK e	11.10.54
	Lange Claus (F)	29. 5.98	CH EK		9. 5.52	Sievert Ulrich	21. 9.06	E SP	6. 3.61
	Kuhn Ilona	24. 2.01 °	M BI		11.10.54	C	Böcker Hans-Joachim	1. 2.79 °	GE Soz k EK	8. 3.46
	Voß Heinrich	1. 9.01	BI CH	e	16. 2.52					
	Klaus Barbara (F)	1. 1.04	GE SW	k	20. 5.52	Gathmann Dieter	4. 5.80	BI	e	29. 4.49
B	Meier Annegret	7.12.81 °	E EK	e	18.11.45	Kampmann Norbert	19. 1.82	KU	14. 5.46
	Lienekamp Peter	13. 4.83	D EW	e	11. 3.47	Jenkner Anna-Margarete	7. 4.82	F TX	e	24.12.51
	Gad Jutta (L)	4. 5.87 °	L GE		31.10.43					
	Büchsler Heinz	22. 6.87 °	M PH		7. 6.49	Krause-Günther Annegret (T)	3. 8.82	PA SW e	31. 1.53
	Beißner Wulf	1.10.91 °	E SP		7.11.52					
	Coers Andrea (T)	28. 9.95	E MU	k	31. 8.56	Lueke Eckhard	15. 6.83	F SP	k	22. 7.53
	Wiethaup Elmar (Vw)	1.10.98	M PH	e	12. 4.52	Madueno Friederike	13.11.83	F SP	22. 2.52
	Piesch Wolfgang	1.10.98 °	D GE EK	e	20. 8.54	Starke Bernd	13. 8.84	M SP	3. 5.54
						Körber Regine (T)	14. 7.93	M ER	e	23. 7.63
	Göke Robert	1. 2.99	GE SP L		12. 8.52	Krügler Thomas	10. 8.95	ER MU e	16. 2.61
	Schapeler-Kössler Rita	1. 2.99	KU D	e	6.10.54	Timphus-Meier Andrea (T)	1.12.97	CH KR k	6. 4.60

Gründges Kirsten geb. Ristig (T)	1. 9.99	° E EK	e	27.11.69	
Schmidt-Rhaesa Philipp (T)	1. 7.02	D MU		14. 7.70	
Gast Regine	7. 7.04	D SP		23. 5.73	
Mayer Walter (T)	1. 8.04	M PH		21. 6.62	
Fedeler Sandra geb. Wiedenbach	1. 8.05	F SP		28. 9.72	
Jimenez Romera Alica	3. 1.06	S D		10. 7.78	
Gärtner Marita (T)	9. 8.06	E GE		26. 2.63	
Göke Olaf	28. 2.07	° M CH	e	25.10.74	
Nohren Wiebke	1. 6.07	D E	e	6.11.71	
Malinowski Christine (T)	28. 6.07	D ER		19. 2.73	
Göke Claudia	2. 7.07	° M CH	e	12. 6.77	
Lümkemann Petra (T)	17. 7.07	D E	e	6. 1.67	

	Kirchner Silke geb. Steinhoff		D L	e	15. 3.74
D	Spenner Gabriele SekIL'	19. 7.83	GE EK	k	15. 1.52
E	Thielking Mareike geb. Krips	9. 8.06	EK D	e	19.10.73
	Bakker Jens	6. 8.07	SP SW	e	17. 7.75
F	Begemann Jobst		° M IF	e	9. 4.53
	Tensi Dorothea		° D KR	k	8. 5.54
	Fuchs Michael (F)		▫ D PL SW PP	k	3. 9.54
	Bödeker Regine		° GE ER	e	16.12.54
	Siekmann Heinz-Ralph Dr.		M PH		18. 6.56
	Willmann Michael		E PL		11. 7.61
	Frensing Achim		SP PA	e	5. 9.61
	Pohl Burkhard Dr.		L S		11. 5.68
H	König Regina Gymn- u. WkL'		▫ SP	e	9. 1.49

2.420 Lengerich Hannah-Arendt-Gymnasium gegr. 1961
st. G. f. J. u. M.
Bahnhofstr. 110, 49525 Lengerich – Tel. (0 54 81) 8 20 51, Fax 8 20 52
E-Mail: hannah-arendt-gymnasium@web.de, Homepage: www.hag-lengerich.de

Kl: 7/14 Ku: 109/16 Sch: 862 (441) (215/387/260) Abit: 79 (45) **BR Münster**
L: 53 (A 1, A$_1$ 1, A$_2$ 2, B 15, C 19, D 7, E 4, F 2) ASN: **168427**
Spr.-Folge: E, L/F, F/L, S Dez: LRSD Dr. Hillebrand

A	Netkowski Ulrich		D EK PA	k	10. 9.46
A$_1$	Thomes Alois Dr.	1. 7.00	° EK GE	k	1.10.45
A$_2$	Heitmann Robert	1. 6.94	EK SP	k	22. 6.46
	Beckmann Karl-Hz.	20.10.94	M	e	21. 1.49
	Monka Wolfgang	1. 8.06	SP E	e	26. 9.50
	Kubitz Georg		PH M IF	k	14. 3.50
B	Tewes Klaus	1. 4.80	MU GE	k	4. 9.47
	Wesselmann Alfred (V$_1$)	31.12.92	E GE		7. 2.48
	Zeppenfeld Rolf (V$_2$)	1.10.94	° M W (IF)	k	16. 2.52
	Höfig Klaus-Dieter	1.12.94	D PL		14.10.50
	Heitmann Angelika geb. Spohn	1.12.94	D SP		6. 2.54
	Borreck Iris	1. 8.96	° KR KU	k	24. 7.54
	Remus Helmut	8.11.95	GE SW		22. 6.52
	Brüwer Josef	28.11.96	M SW	k	21. 7.53
	Petzke-Grave Christiane	28.11.96	D GE		9. 1.54
	Riekena Berend		ER SP	e	25. 8.47
	Olbrich Ruth		D F		7.12.49
	Wittenbrink Alfons		▫ M SW		7. 9.50
	Groenewold Silke geb. Langhorst		BI E		4. 8.54
	Sachs Friederike		MU E		12. 9.64
C	Seipelt-Höhn Heide geb. Seipelt	19. 8.80	BI EK (ER)	e	20. 5.49
	Reißner Kurt	3. 2.81	° D EK		28.11.50
	Leugermann Sigrid	10. 6.95	° BI SP	e	30. 3.55
	Alfers Gabriele	10. 8.99	° CH BI	k	25. 4.66
	Hart Katja	27. 5.02	D E Sp	e	30. 5.71

	Langenhorst Frank	1. 8.02	CH M		13. 3.69
	Arends Markus	6. 9.04	M BI		12.11.70
	Hagedorn Holger	15. 3.05	L GE		30. 1.73
	Bongard Thomas	1. 5.05	D PL		6. 6.71
	Bojak Stefanie	1.11.05	E ER	e	12.11.74
	Hölzl Florian	07	BI EK		5.12.74
	Hohmann-Assig Ursula		E PA		21.10.48
	Kreiling Marcella		F PA		27. 8.49
	Volkamer Tilman Dr.		E PH	e	9. 7.65
	Mußenbrock Elke		E KU		9.10.68
	Mond Günter		D L		10. 8.70
	Glanemann Claudia Dr.		L F I	k	30. 1.73
	Reiter Kathrin geb. Korte		F D		5. 1.73
D	Eichner Ralf SekIL	11. 6.83	° M CH	e	17. 4.54
	Große-Börding Dagmar SekIL'	26. 8.83	ER KU	e	26. 8.56
	Sommer Ulrike geb. Spelsberg TechnL'		TX SP	e	13. 2.51
	Tewes Heimke		E KR	k	18. 3.55
	Walter Ursula SekIIL'		S KR	k	16. 4.57
	Tontsch Rainer L z. A.		D SP	k	2. 9.57
	Korthaus Michael Dr. L z. A.		ER	e	3. 6.67
E	Stockmeier Katja	1. 8.06	D PA SP	e	18. 9.70
	Buchalle Lars	1. 2.07	SW SP		31. 1.77
	Hagen Sina	1. 2.07	E F	k	14. 7.78
	Henneckes Silvia	1. 2.07	M PH	k	10. 5.79
	Wittkamp Monika		M ER		7. 9.57
F	Dörnte Bettina		D E		5.10.58

2.425 Lennestadt Gymnasium gegr. 1911
st. G. (5-Tage-Woche) f. J. u. M.
Am Biertappen 45, 57368 Lennestadt – Tel. (0 27 23) 53 39, Fax 71 60 15
E-Mail: gymsl@t-online.de, Homepage: www.gymnasium-lennestadt.de

Kl: 6/12 Ku: 120/16 Sch: 745 (396) (167/326/252) Abit: 47 (27)
L: 41 (A$_1$ 1, A$_2$ 3, B 15, C 11, D 4, E 4, F 3)

BR Arnsberg
ASN: **170240**

Spr.-Folge: E, L/F, F/L, F/S

Dez: LRSD Egyptien

A$_1$	Schultze Hubertus	1. 8.05	° M KR	k	13. 7.55		Gaiser-Schopp Christel (T)	20. 7.00	E F	e	2. 3.58
A$_2$	Straßburger Herbert	1. 2.96	° M EK	k	3. 5.49		Bisanz Meike (T)	11.11.03	S SP		3. 9.69
	Reichling Erhard	4. 6.03	° CH (IF)	k	26. 5.46		Düerkop Dörte	31. 1.05	D GE E	k	24.11.75
	Schröter Ulrich	13. 2.04	° D R L	e	22. 5.51		Kriegeskorte Sonja (V$_2$)	1. 2.06	° E F		7. 3.76
B	Kastner Peter Dr.	1. 7.82	CH	k	11. 4.47		Muckenhaupt Kerstin	6. 9.06	° D GE	k	11. 1.76
	Meier Bernhard	24. 1.96	BI		13. 8.50		Finger Andreas	15. 9.06	▫ SP SW		5. 3.71
	Droste Renate (T)	24. 1.96	° BI CH	e	18. 5.55		Vollmert Patrick	1. 2.07	° EK PH (M)	k	31. 3.75
	Kordes Gabriele geb. Kaiser	28. 5.02	° M E	k	26. 2.60		Schuhen Eberhard	15. 7.02	MU PH (IF)	k	23. 2.58
	Steinacker Birgitta (T)	15. 7.02	BI PA SP	k	26. 8.61		Beckmann Britta (T)	1. 2.07	° D E	k	29. 5.76
							Heim Sebastian	1. 8.07	° M BI	k	15. 4.78
							Schult Felicitas	9. 8.07	° D PL	k	9.11.73
						D	Elles Sibylle SpL' (T)	27. 6.77	SP KU	k	5. 1.48
	Albert Olaf (V$_1$)	30. 9.04	° D EK	k	18. 9.67		Führer Ulrike SekIL'	6. 2.87	MU TX	k	8. 7.58
	Friedrich Peter	30. 9.04	° L SP KR	k	26. 3.68		Hurcks Karl-Ludwig SekIL	23. 5.95	SP KU	k	30. 8.58
	Hücking Werner	30. 6.05	M PH	e	22. 1.65		Bachhausen Marjut SekIL' (T)	21.12.00	D MU		15. 5.65
	Boehm Jonny	13.11.06	▫ GE EK	e	20.12.52						
	Klinkhammer Michael	14.11.06	° E KR D	k	27. 8.61	E	Jehmlich Brita (T)	22. 8.05	BI E		18. 9.71
							Aselmann Frank	1. 2.07	° GE PL D		20. 3.74
	Rabenstein Nicole	27.11.06	KU EK	k	14.12.54		Cervellino Ramona	1. 2.07	E F	k	8. 1.80
	Heidersdorf Rüdiger	12. 6.07	M	oB	6. 3.44		Löwing Andrea (T)	6. 8.07	E PL	k	18.12.76
	Busch Johannes-Martin	12. 6.07	ER L	e	29. 1.61	F	Weber Meinolf		E SP	k	10. 8.54
							Heuel Gerd SekIL		° KR KU	k	3. 2.55
	Stang Angelika	12. 6.07	E F	k	1. 4.68		Petersen Christine		F S		16. 1.57
C	Martin Dieter	15. 8.83	D GE	e	13. 3.54						

2.426 Lennestadt-Altenhundem Gymnasium Maria Königin gegr. 1967
pr. G. f. J. u. M. d. Provinzialats d. Missionare v. d. Hl. Familie, Düren/Rhld.
Olper Str. 46–48, 57368 Lennestadt – Tel. (0 27 23) 6 87 80, Fax 68 78 29
E-Mail: info@maria-koenigin.de, Homepage: www.maria-koenigin.de

Kl: 6/12 Ku: 109/18 Sch: 788 (394) (187/339/262) Abit: 84 (53)
L: 45 (A 1, A$_1$ 1, A$_2$ 5, B 15, C 14, D 1, E 2, F 7)

BR Arnsberg
ASN: **170252**

Spr.-Folge: E, L/F, F/L, L

Dez: LRSD Egyptien

A	Schleime Berthold	1. 8.97	° GE SW	k	22.11.53		Lahme Wilfried	1.12.02	° BI SP	k	13. 4.56
A$_1$	Lambrecht Jürgen	1. 8.97	° D GE	k	23. 6.54		Skala Marlene	1.12.02	D KU	k	22. 3.62
A$_2$	Hufnagel Hubert	1.12.90	EK SP	k	8.12.50		Kaufmann Ansgar	1.10.03	° D KR	k	13.11.63
	Jürgens Alfred (V)	1. 4.96	° M SW	k	24.10.51		Lohmeyer Monika Dr.	1.10.03	° M KR	k	7. 4.62
	Busch Friedrich	1. 8.98	MU M	k	28.11.50	C	Siechau Jürgen	1. 9.96	° E EK	k	4. 3.59
	Brüseken Michael	1.12.02	KU D	k	11. 8.56		Schamoni Ulrich	1. 7.97	E L	k	9.10.63
	Bildheim Rainer	1. 5.07	E F	k	19. 8.54		Kresin Berthold	8. 8.97	E MU	e	13. 3.64
B	Zapp Gerd-Peter	1. 2.84	D EK	k	6. 1.49		Mevenkamp Birgitt geb. Müller	1. 8.99	BI SP	k	9. 9.57
	Honigmann Marie-Luise geb. Engel	1. 2.84	E F	k	4. 8.49		Linder Manfred	1. 8.99	° L GE	k	26. 4.66
	Schmidt Wolfgang	1. 5.85	D GE	k	16. 7.49		Tebrügge Christoph	1. 8.00	° BI SP	k	29. 1.66
	Liesmann Werner	1. 5.85	PH	k	16.10.46		Fröhlich Ute	1. 8.01	D E	k	3. 8.66
	Kordes Eckhard	1.12.90	D GE	k	18.10.51		Jüngst Harald	1. 8.01	MU KR	k	11. 1.64
	Gerlach Maria geb. Thöne	1. 8.98	° M MU	k	30. 1.54		Wunschik Markus	1. 9.02	° EK SP	k	20. 3.65
							Hilger Thomas	1. 9.02	M D	e	16. 5.66
	Winter Michael	1. 8.98	° BI CH	k	15. 3.56		Beul Ilse	1. 9.02	° E F	k	17. 9.66
	Rosin Bernd	1.12.01	M PH	k	29. 2.52		Butz Britta geb. Schnieders	1. 8.05	E SW	k	16.12.72
	Ameling Michael	1.12.01	L KR	k	24. 4.62						
	Rettler Winfried	1.12.02	E KR	k	26. 3.61						

	Schmidt Regina geb. Färber	1.11.06	D KR	k	27.12.70	Hegener-Spierling Hildegard Ass' d. L.	KU F	k	28. 3.55
	Voß Stefan	1.11.06	CH SW	k	26. 2.73	Glowienka Michael Dr. Ass d. L.	° D SW	k	3. 6.55
D	Eberts Wolfg. SpL	1.12.77	SP	k	12. 1.48				
E	Ohm Sebastian	1. 2.06	° M PH	k	20. 1.75	Zimmermann Ludwig	D KR	k	24.11.57
	Quast Timo	1. 2.07	° M CH	k	25.11.79	Feist Cornelia geb. Keim Ass' d. L.	E R	e	17. 5.59
F	Weckermann Hans-Jürgen Ass d. L.		E L G	k	9. 1.52	Henkel Petra geb. Camminady Ass' d. L.	F SP	k	9. 9.61
	Jürgens Christel geb. Kopperberg RSchL'		M BI	k	10.11.53				

2.435 Lippstadt Ostendorf-Gymnasium gegr. 1851
st. G. f. J. u. M. m. zweisprachigem dt.-engl. Zug f. J. u. M.
Cappeltor 5, 59555 Lippstadt – Tel. (0 29 41) 9 79 10, Fax 97 91 25
E-Mail: ostendorf-gymnasium@versanet.de, Homepage: www.ostendorf-gymnasium.de

Kl: 6/11 Ku: 110/14 Sch: 732 (349) (175/290/267) Abit: 70 (47)   **BR Arnsberg**
L: 42 (A 1, A_1 1, A_2 3, B 15, C 12, D 2, E 4, F 3, H 1)   ASN: **170148**
Spr.-Folge: E, L/F, F/S, F/S   Dez: LRSD **Koch**

A	Herrmann Rita	5.10.89	D GE		11. 8.47		Schneider Joachim	5.10.84	M IF	k	17.11.50
A_1	Fischer Martin[1]		GE PL		23. 5.62		Regelmann Horst-Günther	30.11.84	□ F SW		8. 4.53
A_2	Schnelle Werner	10. 3.86	° M SP	k	7.11.50						
	Groß-Bölting Manfr.	21. 3.96	D PA	k	27.12.50		van der Maelen Carola	13. 4.86	D ER	e	30. 8.44
	Rieping Ludger	1. 5.04	E SP	k	6. 4.50						
B	Flore Hedwig	7. 3.80	GE D		15. 8.47		Gockel-Gesterkamp Rita (T)	16. 9.93	KR EK	k	10. 7.57
	Tauchert Klaus Dr.	10.12.80	CH M	e	29. 8.43						
	Sewering Wolfgang Dr.	17.12.80	° M PH IF		5. 1.43		Losse Bettina	19. 8.98	E MU	e	3. 8.66
							Cramer Janine	1. 1.02	° E GE		6.11.72
	Köhler-Rabbat Barbara	13. 8.84	° F L	k	25. 5.45		Bleidick Ulrike (V)	15. 3.05	° BI F	e	23. 2.75
							Scholz Claudia	28. 6.06	° CH PA	k	24. 6.72
	Morkramer Michael	19. 1.87	SP PK	k	23. 1.48		Heidenreich Ralf		PH SP	e	6. 1.70
	Verhoeven Wilfried	22.12.92	° EK SP	k	23. 5.48	D	Humpert Edith geb. Diekämper (T)	14.10.80	KU E	k	6. 4.56
	de Lange Elisabeth (F)	25. 2.93	E EK	k	28. 2.56						
							Stuckenschneider Elisabeth SekIL'		E SP	k	5. 9.55
	Kleißendorf Friedr.	25. 6.96	M GE	e	5. 5.50						
	Sigge Joachim	25. 6.96	D SP	k	11. 9.52	E	Lütkewitte Judith	1. 2.07	E GE		24. 7.78
	Malik Wolfgang	16.12.96	° M SP		28. 9.50		Hölker Kristina geb. Eversloh	1. 2.07	E EK		12.12.79
	Cibis Manfred	16. 6.01	° BI EK	k	25. 9.54						
	Einhoff Christine	11. 6.02	E PA (MU)	k	4. 2.53		Breimhorst Alexander	1. 8.07	D BI		30. 7.72
							Neugebauer Christoph Dr.	1. 8.07	M PH		12. 2.78
	Tepper Gottfried	11. 6.02	E EK	k	9. 6.52						
	Barkey Monika	28. 6.07	D SW	e	23. 4.62	F	Meitert Anneliese Ass' d. L.		° D E	e	15. 9.55
	Grothe Klaus	28. 6.07	MU KR	k	13. 8.71						
C	Jährling Rolf	1. 3.83	BI CH	e	5. 4.50		Cruse Ewald		M PH	k	11. 7.63
	Pieschl Lothar	1. 8.83	D PL	k	31. 7.48		Högemann Katrin		° GE S	k	26. 1.73
	Henke Regina	1.10.84	M KU	k	27. 9.55	H	Gratzki Gabriele SpL'		SP W	k	12. 9.52

[1] stellv. Schulleiter seit 1.02.08

2.436 Lippstadt Ev. Gymnasium gegr. 1852
pr. G. f. J. u. M. d. Ev. Kirche v. Westfalen
Beckumer Str. 61, 59555 Lippstadt – Tel. (0 29 41) 70 15, Fax 7 94 74
E-Mail: ev.gymnasium.lippstadt@t-online.de, Homepage: www.eg-lippstadt.de

Kl: 6/12 Ku: 141/24 Sch: 922 (554) (197/356/369) Abit: 101 (64)   **BR Arnsberg**
L: 54 (A 1, A_1 1, A_2 7, B 15, C 19, E 1, F 7, H 3)   ASN: **170124**
Spr.-Folge: E, L/F, F, I/S   Dez: LRSD **Klüter**

A	Diekmann Wolfgang Dr.	1. 9.94	D BI SP ER	e	7. 3.56	A_2	Kuhne Gabriele geb. Rocholl (T)	1. 9.97	SW GE	e	3. 3.54
A_1	Reichhardt Karl-Heinz	8. 9.95	E EK	e	16. 8.44		Beckschulze Helmut	1.10.98	° PH M	e	21. 4.49

	Bothe Petra geb. Wirth	11. 1.99		M EK	e	28. 4.53	Kaßner Michael	1.10.98	E EK	e	4. 5.60
							Raatz Roland	22.11.98	GE SP	e	4. 1.62
	Malik Christina geb. Ebel	1. 1.02		M PA		16. 5.50	Richert Regine geb. Sewing (T)	1. 7.99	° D GE		6. 8.63
	Liebscher Dagmar geb. Bruch	1. 4.02		E SP		16. 6.52	Pritsch Florian	1. 3.00	GE MU	k	28.11.62
							Klemm Gerald (T)	1. 1.02	M KU	e	8. 3.64
	Homann Eberhard	10.07		BI PA		19.10.59	Zerres Hans-Willi	20. 8.03	E KR	k	10.10.70
	Reker Brunhilde geb. Pott (T)			D PA	e	31.12.51	Zacharias Anja geb. Gerlach	2. 9.03	BI CH	k	23. 8.72
B	Schlapbach Martin (T)	14. 2.79	°	F L	e	10.11.44	Stepke Nicole	1. 7.04	D BI	k	9. 9.69
							Niemeier Christof	1. 7.04	° SW SP	e	19.11.68
	Bayer Harald	29. 1.82		D E		13. 3.49	Mena-Meier Luisa	24.11.04	S D	k	11.11.71
	Klein Karl	1. 8.82	°	BI EK	e	16. 9.48	Klose Steven	28. 6.05	CH SP	e	1.10.75
	Klein Margarete geb. Neumann	3. 9.85		D EK ER	e	14. 9.47	Meierkord Petra	1. 7.07	E BI	e	1. 9.76
							Rüter Insa geb. Groeneveld	1. 9.07	M MU	e	22.11.65
	Marcus Wolfgang	1. 3.00		KR EK	k	18.11.55					
	Bublitz Helga	1. 3.00	°	E F L PA I		15. 4.60	Rauscher Dominika		L GE	e	
							E Constant Isabelle	22. 8.05	S F		30. 1.76
	Franz Thilo	8. 1.02		M PH	e	9. 9.66	F Pongratz Hermann Ass d. L.		EK MU SP	e	26. 7.54
	Schäfer Uwe	1. 6.05		M PH	e	8. 9.60					
	Reuter Claudia	1. 6.05	°	M SP	e	11. 8.65	Herms Erich Ass d. L.		E GE	k	1. 3.56
	Horwitz Angela (T)	28. 6.05		D PL	e	1.10.61	Georges Dirk Dr. Ass d. L.		D GE	e	8. 2.57
	Balder Petra geb. Gomolla (T)	4. 7.05		D E	e	5. 8.61	Beschorner Gudrun geb. Frauenfelder Ass' d. L.		L D	k	20. 7.57
	Tietze-Feldkamp Beate geb. Tietze (T)	10.06		GE SW	e	2. 3.61	Zander-Lödige Christine Ass' d. L.		F D EK	k	11. 9.57
	Schüneke Ronald	10.06		M PH	e	16. 5.69	Burghardt Barbara Ass' d. L.		D ER	e	30.11.58
	Laparose Klaus					20.11.47					
	Günner Monika		°	E F	e	26. 5.59	Werner Tim Ass d. L.		E PA	k	15. 2.73
C	Pollok Gisela (T)	1. 3.81		PA SW	e	21. 9.51	H Sonnen Christopher Kunsterzieher		KU	k	8.11.44
	Kosiek Elke (T)	1. 8.94		M PA	e	22. 7.58					
	May Elmar	19. 2.97		PL KR SW WW	k	28.12.59	Theißen Peter Kunsterz.		KU		26. 5.47
							Wehrmann-Plaga Frauke Pfr.'		ER	e	28. 6.58
	Reichel Sabine (T)	25. 5.97		BI SP		25.11.61					
	Schlenvoigt Sabine	1. 2.98	°	E D	e	30. 1.62					

2.437 Lippstadt-Lipperbruch Marienschule gegr. 1897
pr. G (5-Tage-Woche) f. J. u. M. d. Trägervereins Marienschule Lippstadt e. V.
Ostlandstr. 13, 59558 Lippstadt – Tel. (0 29 41) 8 85-10/11, Fax 8 85-39
E-Mail: marienschule.gymnasium@t-online.de
Homepage: www.marienschule-lippstadt.de

Kl: 9/15   Ku: 126/23   Sch: 1017 (588) (265/414/338)   Abit: 89 (44)   **BR Arnsberg**
L: 56 (A 1, A_1 1, A_2 6, B 18, C 13, D 4, E 8, F 2, H 3)   ASN: **170136**
Spr.-Folge: E, L/F, F   Dez: LRSD Koch

A	Müting Heinz	1. 8.03	°	PH M IF	k	22. 5.49	Tilles Wilfried	1. 3.86	° M PH IF	k	29. 9.53
A_1	Potthoff Udo	1. 5.04		M PH	k	26. 9.57	Sigge Ulrich	1. 5.86	° M PH	k	3. 3.49
A_2	Suchanek Wolfgang Dr.	1.10.90	°	F GE I	k	22. 1.46	Kußmann Alfred	1. 8.94	F EK	k	15. 8.49
	Emmerich Hubert	1. 3.93	°	BI KR	k	17. 7.50	Königs Herm.-Josef	1. 8.94	E PL	k	1. 2.52
	Büse Norbert	1.10.93	°	M SW IF	k	20.11.52	Rautenbach Sr. Renate Dr.	15. 9.03	EW KR D	k	25. 7.59
	Rosenkranz Renate	1. 8.01	°	E EK	k	2. 1.54	Lange Dietmar	15. 9.03	GE KR	k	8. 5.60
	Jäger Wilfried	1. 8.02		EK F	k	13. 5.50	Tappe Maria-Anna geb. Amling	1. 8.06	D GE SW	k	3. 2.52
	Rediker Detlef	1. 4.05		E KR	k	11. 3.61					
B	Griessl Michael	1. 3.84	°	F GE	k	20. 2.48	Ibing-Heinemann Gabriele	1. 8.06	D KU	k	21.12.55
	Knocks Reiner	19. 4.84		BI SP	e	15. 9.48					
	Emmerich Mechtild geb. Weßling (T)	12. 9.84		BI CH	k	30.11.52	Pottgüter Annette geb. Sabelleck	1. 8.06	D MU		3. 7.59
	Becker Elke geb. Böddeker	3. 3.86		M	k	5. 7.51	Hagenbrock Norbert		E PK	k	20. 9.48
							Brinkmann Ursula		BI CH	k	10. 7.52

	Königs Barbara geb. Hoppe		E S	k	13. 7.52	D	Steur Ursula geb. Bürdeler RSchL' (T)	1. 8.75	E EK	k	23. 1.49
	Kleißendorf Julia geb. Hatke (T)		EK EW	k	17. 7.52		Deimel Rita FachL' (T)	15. 6.78	SP W	k	9. 6.51
C	Königs-Marticke Annette (T)	6.11.81	F EW	k	11. 6.53		Räcker Mariegret geb. Schuhl (T)	1. 8.80	E KU	k	28. 6.55
	Tappe Georg	4. 9.84	D GE SW	k	26. 5.51	E	Frintrop Wilfried Schalkamp Tanja	20. 9.84 9. 8.06	E SP D KR	k k	10. 4.56 31. 1.75
	Schaa Maria geb. Börger (T)	6. 1.85	D E	k	22.10.55		Herberhold Elke Held Heiko	9. 8.06 9. 8.06	E GE D MU	k e	2. 7.76 2.10.76
	Funke Renate geb. Schneider (T)	6. 1.85	F SP	k	15. 7.54		Roreger Meike Löhr Sabine	9. 8.06 9. 8.06	BI EK D SP	k k	17.11.78 12. 7.79
	Suermann Annette geb. Sandfort	15. 6.92	M CH	k	21.10.58		Diewald Miriam Hönemann Michael	1. 8.07	M PH SP SW	e k	25.10.79 5. 5.76
	Pieper Irmgard Dr.	02	KU D	k			Arnhold Nina		BI PA	k	29.11.77
	Herting Tobias	15. 3.05	M PH	k	3. 4.73	F	Wallmeier Silvia		E F	k	5. 3.68
	Hüster Dietmar	15. 3.05	M SW EK	k	29. 4.76		Prahl Robert		M SP GE	k	2. 1.75
	Gremler-Niestegge Jutta (T)		BI KR	k	30.12.56	H	Sokolski Margot geb. Kastirr		ER	e	10. 3.44
	Fischer Barbara		E S	k	30. 7.64		Koddebusch Margret geb. Baumjohann		TX	k	20. 9.48
	Prenting Melanie		D KR	k	30. 8.71						
	van der Wal Ute geb. Volmer		D KR M	k	19. 4.74		Kersting Monika geb. Dickgreber GymnL'		SP	k	16.11.55

2.438 Lippstadt-Overhagen Gymnasium Schloß Overhagen gegr. 1962

pr. G[1] f. J. u. M. d. Schulvereins Gymnasium Schloß Overhagen e.V.
Schloßgraben 17–19, 59556 Lippstadt – Tel. (0 29 41) 1 05 66, Fax 2 71 44 23
E-Mail: post@schloss-overhagen.de, Homepage: www.schloss-overhagen.de

Kl: 4/8 Ku: 107/15 Sch: 590 (338) (125/224/241) Abit: 58 (35)
L: 37 (A 1, A$_1$ 1, A$_2$ 4, B 10, C 7, D 2, E 1, F 7, H 4)
Spr.-Folge: E, L/F, F/L, F/S/L

BR Arnsberg
ASN: **170161**
Dez: LRSD Koch

A	Brülle Wolfgang	1. 8.01	E PL (L)	e	10. 9.51		Brülle Ulrike geb. Voigt	1. 3.89	F SP	e	8. 4.54
A$_1$	Schorn Dagmar geb. Pfeiffer	1. 8.02	BI CH EK	e	8. 4.50		Schade Diane geb. Höppner	1. 8.03	D EK	k	4. 5.71
A$_2$	Schulte Josef	1.12.86	M (IF)	k	6. 6.48		Wagner Renee	1. 8.05	PL D GE	k	23.10.71
	Hüsgen Hubert	1. 8.02	D GE ER	e	21.10.51						
	Liedtke-Müller Gabriele (T)	1. 8.02	E EK	e	24.10.55		Brandt Denis Neuparth Dennis	1. 8.05 1. 3.07	E SP BI SP	e e	18. 5.73 5. 2.75
	Klör Reiner	1. 9.07	PH EW	k	21. 3.54	D	Allgaier Brig. RSchL'	1. 8.78	E D	k	23.10.52
B	Bauer Emil	1. 8.81	D PL		9. 5.44		Waltermann Johanna SekIL'		M BI		4. 7.57
	Morfeld Ingrid	1. 4.92	E PK		24. 4.53						
	Schmidt Rainer	1. 1.94	M PH	e	5. 2.57	E	Schäfer Denise	6. 8.07	D EW	k	12.11.74
	Sellmann Wilhelm	1. 1.94	D GE	k	28. 7.51	F	Kramer Elisabeth SekIL'		D KR	k	11.11.42
	Hemsing Christoph	19.12.94	E GE	k	24. 2.55		Gesterkamp Heinz		GE KR	k	8.11.53
	Königs Hans-Peter	1.12.95	E KR EW	k	25. 1.58		Wiedey Reinhard Uennigmann Helga		L GE EK KR	k k	12. 7.56 3. 3.57
	Thiemeyer Karl-Josef	1. 2.04	M EK (IF)	k	19. 1.57		Cibis Regina Strickmann Gerhard		KU SP CH	k k	19. 4.57 26.10.60
	Pradel Meinhard	1. 2.04	SP GE	k	1.10.59		Bergen-Henkelmann Anja		SW N	e	10. 5.69
	Nuphaus Elisabeth	1. 8.05	BI EW	k	7. 5.61						
	Zacharias Dirk	1. 8.05	M SP	k	1.11.70	H	Latza Nadia geb. Rudelke		F D	k	28. 1.43
C	Haverland Ulrich	13. 8.86	KU W	e	27. 6.53		Hänsch Peter		MU		31.12.43
	Heise Reinhold	1.10.87	BI EK	e	12. 6.55		Jürgenhake Gudrun Hitzke Birgit		E GE E S	e	14.10.51

[1] Tagesheimschule

2.440 Löhne Gymnasium gegr. 1966
st. G. f. J. u. M.
Albert-Schweitzer-Str. 16, 32584 Löhne – Tel. (0 57 32) 90 45-0, Fax 90 45 23
E-Mail: sgl.lockt@sgl-online.de, Homepage: www.sgl-online.de

Kl: 11/18   Ku: 113/23   Sch: 1121 (603) (305/480/336)   Abit: 82 (51)   **BR Detmold**
L: 64 (A 1, A_1 1, A_2 5, B 20, C 19, D 4, E 5, F 6, H 3)   ASN: **168804**
Spr.-Folge: E, F, L, S   Dez: LRSD **Klemisch**

A	Bollmann Jürgen	1. 2.97		GE D		3.10.48	Büscher Volker	30. 3.92 °	M PH	e	14. 2.56
A_1	Bastemeyer Uwe	1. 6.96		GE SW SP	e	14.11.53	Langenscheidt Laura	1. 2.98 °	PH KR	k	31. 5.73
							Kassner Cordula (V_2)	1.00 °	L GE	k	13. 4.63
A_2	Lendzian Hans Jürgen (F)	1. 8.77		GE E	e	17.11.44	Lehne Iris	1.02	BI D		4. 6.68
	Groß Jürgen	28. 2.95 °		BI SP	e	23.11.49	Strakeljahn Rita	1.02	D MU	e	26. 8.70
	Hahne Helga geb. Schillner	1. 3.96		M BI	k	2. 7.51	Hanneken Anja (T)	1.02 °	E D		6. 4.71
	Brinker Siegmar	1. 3.97		E EK	k	10.10.49	Kühnen Joachim	1.02 °	ER BI PL	e	5. 5.70
	Tieke Klaus	28. 5.03		D GE	e	8. 5.54	Bieneck Jens	1.02 °	BI M		6. 5.68
B	Twelker Hartmut (T)	1.10.80 °		PH CH		20. 7.46	Höke Sandra	1. 8.04 °	M F	e	3.12.69
	Stellbrink Hermann	1.12.82		D ER	e	28. 7.50	Zeeb Julia	19. 2.06 °	MU GE	k	1. 5.70
	Hillebrand Meinhard (T)	1. 7.84		GE D PK		26. 9.46	Teigeler Maria Luise (T)	1. 8.06	D E		14. 1.60
	Hahne Hans-Heinrich (T)	30. 8.84		M BI	e	12. 5.51	Sussiek Hans	1. 8.06	M CH	e	13. 4.67
	Pühl Fred (T)	1.12.90 °		PH	e	30. 1.47	Schütte Dominique	1. 8.06	E F		25.11.74
	Saathoff Monika geb. Kraushofer	2.10.91		BI CH		30. 8.53	Hartmann Brigitte	9. 8.07	SW PL PP	e	15. 9.74
							Nienhaus Olaf	9. 8.07	BI SP		16. 1.70
							Zöckler Angela (T)		D KU	e	8. 7.63
	Weege Rita (T)	1. 3.95		M SW	e	7. 3.53	D Albani Christina (T)	1. 8.70	E F	e	19. 8.45
	Schiffmann Annette	1. 1.96 °		D SP	k	13.11.52	Hanko Angelika	20. 4.83	M PH	e	20. 4.56
	Büsching Uwe	1. 1.96 °		F GE	e	4. 9.53	SekIL'				
	Schweitzer Jürgen (T)	1.11.96		D GE	e	9. 4.47	Brokfeld Horst	13. 3.84	E ER	e	4.11.55
	Linke Marion (T)	1.12.96		MU KU	k	15.12.59	SekIL				
	Nolting Hans	1. 2.99		ER SW	e	21. 9.48	Beversdorff Helmut	16. 3.84	KU ER	e	5.11.52
	Koch Karl-Wilhelm	19. 4.99		M SP	e	10. 3.50	SekIL				
	Tiedemann Christian	1. 7.01 °		E MU	e	1. 7.65	E Evans Brigitte (T)	9. 8.06	E D	e	18. 1.67
	Meyer Jürgen (V_1)	20. 8.02 °		M GE PK PA	e	16. 4.52	Labeß Katja	9. 8.06	D GE	e	25. 9.72
							Ströbel Katerina	9. 8.06	D GE (ER)	e	16. 5.76
	Backheuer Anja	5. 9.03		E M		12. 2.69					
	Petring Ingrid geb. Gläser	15. 9.03		EK PA	e	6.12.52	Huchzermeier Silke	1. 2.07	M E		28. 8.79
							Bartels Ralph	6. 8.07	SP EK	k	19. 9.75
	Mertens Andreas	7. 5.04		E BI		14. 2.66	F Schimke-Haupt Barbara		D KU		21. 4.51
	Robin Johannes	11. 5.06		E S		11.11.62	Kemper Katrin		F KU	e	6. 5.60
	Schober Birgit geb. Witte (T)			L M	e	2. 6.57	Keuntje Barbara Dr. geb. Brinck		BI CH	e	21.11.63
C	Hohnhold Margarita (T)	19. 1.83		D EK		4. 4.51	Knöpfel-Kunz Jutta		F PA	e	18. 3.65
	Mühlenfeld Lore (T)	22.12.83		M EK	e	8. 7.52	H Lendzian Iris		SP	k	17. 2.49
	Heinz Rita	1. 8.91 °		D E		17.12.51	Bernhardt Bodo Dipl.-SpL		SP	e	24. 7.51

2.445 Lübbecke Wittekind-Gymnasium gegr. 1926
st. G.[1] (5-Tage-Woche) f. J. u. M.
Ziegeleiweg 14, 32312 Lübbecke – Tel. (0 57 41) 29 63 62, Fax 29 63 61
E-Mail: wittekind@t-online.de, Homepage: www.wittekind.de

Kl: 9/17   Ku: 158/24   Sch: 1124 (597) (246/475/403)   Abit: 89 (50)   **BR Detmold**
L: 67 (A 1, A_1 1, A_2 5, B 19, C 26, D 3, E 7, F 1, H 3)   ASN: **168932**
Spr.-Folge: E, L/F, F/L   Dez: LRSD **Dr. Gindele**

A	Sauerländer Friedhelm	1. 8.93	SW GE		27.10.48	Witte Heinz-Jürgen	1. 4.00	M PH IF		22. 4.47
A_1	Brune Rüdiger	28. 5.05	M PH	e	29.12.52	Przybilla-Ackers Gabriele (T)	1. 4.02	E SW		23. 5.54
A_2	Renz Ulrich	1.12.92 °	EK SP ER	e	24. 6.47	Pretzer Ralf	10.10.02 °	MU EK	neuap	25.12.57
	Schmieding Alfred	1. 2.99	E R	k	1. 8.49					

B	Altheide Hans-Jürgen Dr. (T)	2. 4.79		PH CH IF	oB	16. 2.48		Hesse Stephan	1. 8.99		F KR	k	12.11.68
	Müller-Hoffmann Angelika (T)	10.10.79	°	F D	e	30. 9.45		Werfel Iris (T)	1. 1.02		F ER		24.10.60
								Hämmerling Ulrike	1. 2.02		E F		60
	Dieme Claus I. (T)	16.11.84	°	M EK	e	1.10.50		Sewing Klaus	4. 2.03		D ER R	e	29. 5.69
	Häseler Heinz Dr. (T)	16.11.84		E F		23. 8.45		Horst Silke	20. 2.03	□	E SP	oB	26. 3.74
	Solinski Hans-Wilh.	20.12.85		EK SP	e	14.10.52		Hörstmann Rudi (T)	1. 8.03		M PH	k	23. 9.69
	Schwarz Joachim	2. 9.91	°	D SW		8.11.51		Büschenfeld Carmen	1. 8.03		D SP	e	7. 5.74
	Wähning Ulrich	1. 1.97		M CH		5. 7.53		Boiten Marie-Jeanne	30. 6.04		D MU I	k	26.10.67
	Stein Bernard	1. 4.99		SP EK	k	18. 6.50		Brienne Tilmann	2. 8.04		L ER	e	2. 7.71
	Rudolph Michael	1. 4.99	□	D ER		60		Löchter Sven	1.10.04		M PH	e	5.10.72
	Johannlükens Ralph (T)	1. 4.02	°	D BI	e	4. 3.61		Szobries Harald	1. 3.05	°	MU GE	e	5. 4.62
								Macharacek Sandra geb. Pohlmann (T)	1. 6.05	°	KU E		6.11.69
	Albrecht-Halwe Christiane (T)	1. 4.02		L F	e	11.10.64		Deitermann Sandra (T)	1. 6.05		M PH	k	27. 7.72
	Solinski Edda (T)	24. 7.03		BI SP	e	18. 1.53		Verhoeven Mareile	22. 5.07	°	D EEK	e	16.12.74
	Teinert Christa (T)	11. 8.03		BI EK		4. 6.54		Kallmeyer Erik	30. 5.07		KU PA	k	8.10.65
	Hopmeier Lothar	29. 9.03	°	M PH	e	29.10.53		Härtel Ina	6. 8.07		BI L		5.11.65
	Beinke-Schlag Indra	1. 1.05	°	M SP	k	6.10.70	D	Kirchhoff Heike (T)	25. 7.91		EK ER	e	2. 8.58
	Müller Petra (T)	25. 2.05		E F	k	31. 1.65		Holtkamp Martin	1. 8.02		SW ER SP	e	3.11.59
	Holzberger Eva	7. 6.06		D EK	e	18. 5.71							
	Reiners-Strubbe Margarethe			GE F I		51		Mikulsky Petra			KU EK		27. 5.60
							E	Steidel Mario	9. 8.06		SP PA (M)	e	15. 8.75
	Walczak Inge geb. Pöttgen		□	E EW		52		Oberthür Arne	1. 2.07		GE M	e	21.12.76
C	Karius Hans Jürgen	1. 3.82		E GE	e	9. 8.49		Röwekamp Dorothee	1. 2.07		E GE	e	16. 5.78
	Meise Ludwig	5. 7.83	□	PA SW		52		Stefener Jessica	1. 2.07		D E	e	15. 7.79
	Gabriel Karin	1.10.84		E EK		26. 8.53		Jeske Claudia	6. 8.07	□	D GE		4. 3.77
	Leßke Hans (T) (V)	6. 2.85	°	GE M	k	14.11.50		Lichtleitner Nicole	6. 8.07		GE BI	k	31.12.78
	Löttgen Detlev	20. 5.85		BI GE	e	4. 2.55		Pallerberg Denise	6. 8.07		IF PA	k	10. 4.79
	Brinkmann Ludwig	14.12.87		BI CH		10.11.50	F	Schmidt Beate			D GE		20. 6.58
	Hachmann Peter	1. 9.93		CH BI	k	16. 4.60	H	Buhlmann Frank Pfr.			ER	e	27. 6.57
	Brase Burkhard	1. 9.93		M PL	e	7. 7.63		Kaster Elke			M PH		13.11.57
	Wuttig Andrea geb. Störmer (T)	1. 6.98	°	E M	e	23. 1.69							

[1] Teilnehmer im europaweiten Schulprojekt "Onderwijs grenzeloos"

2.450 Lüdenscheid Zeppelin-Gymnasium gegr. 1858

st. G. (5-Tage-Woche) f. J. u. M.
Staberger Str. 10, 58511 Lüdenscheid – Tel. (0 23 51) 36 55 90, Fax 36 55 97
E-Mail: office@zeppelin.mk.nw.schule.de, Homepage: www.zeppelin-gymnasium.de

Kl: 6/12   Ku: 77/11   Sch: 701 (382) (179/329/193)   Abit: 65 (35)   **BR Arnsberg**
L: 46 ([A] 1, A_1 1, A_2 1, B 14, C 18, D 2, E 2, F 3, H 2)   ASN: **169808**
Spr.-Folge: E, L/F, F, F/I   Dez: LRSD **Kurtenbach**

A	Werth Stefan Dr.	1. 8.07	°	ER CH	e	26. 8.62		Schneider Jürgen	6. 3.00		MU ER M		24.10.62
A_1	Wiebke Wolfgang	1.10.84		F SP	e	16. 5.44							
A_2	Fricke Marlies geb. Wagener (T)	13.11.91	°	F GE	k	12. 1.46		Koopmann Ilse-Marie geb. Beckermann (T)	21. 3.01		CH TX	k	27. 9.53
B	Schönenberg Ulrich	30. 5.79	°	E SP	e	21. 3.44		Fleddermann-Meyer Christel (T) (L)	21. 3.01	□	GE PA SW	k	11.12.54
	Dullat Wolfgang	17.12.80	°	GE D	k	8. 2.48							
	Günnigmann Enno	17.12.80		CH BI	k	18. 7.46	C	De Luca Aldo Dr.	22.12.80		KR I	k	23.10.45
	Schacht Franz (T)	24.12.82		E SP	e	15. 8.46		Bergs Maria (T)	3. 8.82		M WW	k	5. 8.52
	Henkel Herbert	1. 1.86		M EK	k	14. 7.51		Vorwerk Regina geb. Leopoldt (T)	5. 8.82	°	D EK	eref	9. 8.50
	Günnigmann Annegret geb. Straetling	28.12.92		M	k	1. 6.50		Gossen Egbert	1. 3.83	□	D SW L	k	11.12.51
	Peper Horst (T)	28.12.92	□	D PA	k	8.12.53		Göbelsmann-Reinhold Jutta geb. Göbelsmann (T)	1. 8.83	°	EK F		3.12.53
	Peters Gerd	2.11.94	°	EK SW	e	14. 3.51							
	Wülfing Gerlinde	1. 3.96		PA F	k	12. 1.49		Ommerborn Ingrid geb. Lewald (T)	4. 9.83		E PA	k	13. 1.55
	Dinkhoff Petra (T)	1. 3.96		D PA		7. 2.52							
	Wagener Gerhard (T)	1.10.96		M EK	e	22. 6.51							

Pipahl Dagmar geb. Mösch	14. 4.84 °	SP EK	k	2. 7.52		**Hadifar** Amin	29. 9.06	BI SP	e	17. 5.74
						Raschkowski Anneke	1. 8.07	E D	e	4. 7.75
					D	**Henkel** Ulrike geb. Puff SekIL' (T)	1. 2.83	CH BI	k	5. 8.54
Odelga-Luft Gabriele (T)	2. 8.84 □	SP SW	k	19.12.53		**Offele-Grüner** Dagmar SekIL'	25. 4.84	KU D	e	1. 8.55
Glock Michael	3. 3.99	E MU	e	2.12.66	E	**Lange** Frauke Dr.	9. 8.06	I E	oB	23. 3.63
Sträterhoff Barbara Dr.	1. 4.02 °	L M	k	18. 8.64		**Köster** Dirk Dr.	1. 2.07	BI PH	k	31.10.73
Jacobs Dirk (T)	1. 4.02	BI SP	e	13. 4.68	F	**Jogsch-Ganslandt** Ursula		D KU		17. 1.57
Berke Kerstin	1. 4.02	E SW	e	22. 7.69		**Browning** Mark Dr.		E LI	oB	10. 9.66
Kordt Birgit Dr. geb. Kämper	31. 7.02 °	E MU ER	e	29. 6.72		**Lafci** Arzu		F GE		24. 3.76
Breitkopf Stefanie	1. 8.04	M PH	e	5. 2.76	H	**Thimm** Katharina geb. Behr Pfr.'		ER	e	25.11.68
Lück Heike	15. 3.05	L D	e	23.11.72		**Saamer** Katja Pfr.'		ER	e	17. 4.69
Jahn Martina geb. Bosch	17. 6.06	M PL	e	14. 7.74		**Meiners** Frerk		MU PA EK		21. 5.69

2.451 Lüdenscheid Geschwister-Scholl-Gymnasium gegr. 1858
st. G. f. J. u. M.
Hochstr. 27, 58511 Lüdenscheid – Tel. (0 23 51) 36 54 90, Fax 36 54 98
E-Mail: gsg@gsg-mk.de, Homepage: www.gsg-mk.de

Kl: 6/12   Ku: 82/13   Sch: 745 (400) (189/336/220)   Abit: 64 (35)   BR **Arnsberg**
L: 48 (A 1, A_1 1, A_2 4, B 12, C 18, D 2, E 3, F 7)   ASN: **169791**
Spr.-Folge: E, L/F, F, F/I   Dez: LRSD **Neuser**

A	**Malycha** Antje	7. 4.01	E PA		6. 6.52	**Veerkamp** Simon	1. 8.03	KR PL	k	28. 7.72
A_1	**Langkitsch** Hans-Henning	2.12.88	PH	e	8. 1.47	**Krebs** Christian	15. 9.03	GE KU	k	7. 6.65
						Rathmann Sabine	1. 8.04	D E	e	24. 2.69
A_2	**Nyenhuis** Günter	20.12.92 °	F EK		27. 3.46	**Schmidt** Carsten	1. 8.04	M SP	k	15. 4.73
	Krüger Jürgen	14.11.96	M CH		1. 3.52	**Baum** Kirstin	1. 8.04	L E	oB	10. 9.61
	Adam Norbert	8. 5.00 °	D GE EK	e	23. 1.50	**Auen** Nicole	3. 8.04	M GE	k	21.10.75
	Rohlmann Ulrike geb. Rauchholz	15. 3.04	M PH	e	21. 6.55	**Roth** Sandra	5. 8.04	E SP	oB	31. 1.75
						Knaupe Michaela	23. 8.04	M F	k	2.10.72
						Achenbach Katrin	28.11.04	D ER	e	26. 3.73
B	**Fricke** Reinhard (T)	1. 1.80	F GE SW	k	17.10.45	**Nolte** Britta	1. 8.05 °	E GE	e	8. 2.74
						Wrede Alexandra	6. 9.06	D F	k	27. 2.73
	Knäbe Werner	1. 3.01	BI	e	25. 7.49	**Holstegge-Bender** Josef (T)		M PH	oB	3. 1.47
	Haferberger Michael	21. 3.01	BI EK		17. 9.61	**Langeohl** Sigrid		L GE	k	10. 9.61
	Terinde Joachim (T)	4. 7.02	GE D	k	29.10.48	D **Drees** Georg SekIL	21. 4.82	CH BI	k	13. 9.53
	Zwiefka Rainer	4. 7.02	ER D	e	7. 1.60	**Küster** Ulrike geb. Gagewi SekIL'	2. 3.84	D KU	e	12. 2.57
	Prüfer Jürgen	1. 8.04	GE SW	k	19. 9.61					
	Daßler Werner (T)	16. 8.04	E PL	e	28. 6.52	E **Hohlweg** Stefanie	9. 8.06	D EW M	k	2. 4.76
	Bartmann Axel	16. 8.04 °	E GE	e	29. 6.60					
	Wolff Uwe	1. 1.05	SP KU	e	12.10.59	**Porrozzi** Thomas	1. 8.07 °	SP I		10. 6.77
	Wilczek Reinhard Dr.[1]	31. 8.06 °	D MU PL		15. 1.60	**Kuhrmann** Jens	1. 8.07	KU PL		21.11.77
	Greiten Silvia	31. 8.06	BI PS KR	k	21. 3.68	F **Scheermann** Paul Dipl.-SpL		SP EK	k	18. 3.49
	Heinz Cornelia	31. 8.06	D MU	e	30. 8.68	**Schulte** Gundel FachL'		SP KU	e	8. 7.51
C	**Burgert** Angelika (T)	82	BI CH		3.11.52	**Müller** Gabriele geb. Braun GymnL'		SP	e	1. 5.52
	Schmidt Susanne geb. Schemm (T)	27. 7.93	E TX		29.12.52					
	Stock Petra	1. 8.96	KR BI	k	8. 1.62	**Orthmann** Ingrid		E		9. 3.55
	Rische Beatrice	1. 8.98 °	M PH	oB	21. 9.71	**Hoefeld** Annette		BI EK	k	4. 8.58
	Johannvordersielhorst Anja	1. 8.03	E F	e	11.11.70	**Biere** Bastienne		E S		11. 7.61
						Strüwe Throsten		ER	e	19. 8.75

[1] Privatdozent

2.452 Lüdenscheid Bergstadt-Gymnasium gegr. 1964
st. G. (5-Tage-Woche) f. J. u. M.
Saarlandstr. 5, 58511 Lüdenscheid – Tel. (0 23 51) 98 85 90, Fax 9 88 59 19
E-Mail: bgl@bergstadt.mk.nw.schule.de, Homepage: www.bergstadt-gymnasium.de

Kl: 10/18 Ku: 135/28 Sch: 1120 (637) (298/470/352) Abit: 73 (42) **BR Arnsberg**
L: 64 (A 1, [A$_1$] 1, A$_2$ 8, B 15, C 15, D 2, E 13, F 6, H 3) ASN: **169780**
Spr.-Folge: E, F/L, L/F, R Dez: LRSD **Neuser**

A	Meyer Annette	1. 2.07	° BI L	k	10. 7.67	Ittmann Marion	22. 8.05	D E		9. 1.70
A$_1$	(Utsch Dieter OStR)	18.12.96	D ER	e	23. 3.61	Bonn-Thews Kerstin	4.12.05	D KR	k	18. 8.74
A$_2$	Luck Wolfgang (F)	27. 8.82	° EK F		9. 9.48	Diel Sebastian	1. 2.06	MU PH		
	Scholten Rolf (T)	17.12.92	□ PL D	e	8. 4.48	Schwenen Dagmar	15. 3.06	° MU M	k	13. 1.75
	Sondermann Bernd	17.12.92	E GE	e	16.12.47	Rohlof Christian Dr.	24. 3.06	M PH	k	4. 4.68
	Wagner Matthias	21.11.94	□ GE D	k	29. 4.46	Wagemeyer Sebastian	28. 7.06	E GE		20. 9.76
	Koopmann Heinrich (Vw)	6.12.95	CH BI		10. 3.49	Neumann Christian		E SP	e	19. 6.60
	Schäfer Hs.-Werner	6.12.95	E EK	k	4. 7.52	Jaques René (V)		° L ER	e	18. 8.76
	Hoffmann Frank (F)	2. 5.05	□ M GE		24. 5.57	Cegledi Michael		F SP		23. 3.77
	Mai Bernd (F)	26. 4.06	R SP	e	5. 6.62	D Wehde Eva RSchL'	26. 4.73	D EK	e	28. 8.46
B	Rau Ulrich	2. 2.78	° F	k	7. 8.47	Waldow Gabriele SekIL'	1. 9.91	□ GE BI KR	k	6. 3.63
	Felgenhauer Georg	15. 2.84	° F PA	k	23. 7.48	E Rafflenbeul Martina	6. 9.04	KU GE	e	8. 9.70
	Schönenberg Hartmut (T)	1.10.85	° E EK	oB	13. 5.47	Bock Anke	22. 8.05	BI SP		10. 8.74
	Schumacher Ulrike (T)	18.10.85	□ WW EK	e	31. 7.51	Kummer Matthias	1. 2.06	D MU	e	18.10.73
						Simon Malaika	1. 2.06	KU D	k	24. 6.78
	Scholten Arnhild Dr. (T)	1. 9.95	□ D EK	msl	27. 3.49	Ronczkowski Kirsten	9. 8.06	F GE	e	16. 7.73
	Vos Alfons	1. 9.95	M SW	k	27. 4.50	Rüther Ralf	9. 8.06	M SP	oB	13. 4.75
	Drupp Gerda (T) (L)	1. 9.95	□ EK M	e	25. 5.51	Klinger Dorothee	1. 8.07	ER PA	e	20. 9.74
	Richter Annegret	18.12.96	F CH		22. 6.51	Kommerscheid Michael		EK SP (PH)		22.11.71
	Schumacher Joachim	18.12.96	□ EK SW PK	e	13. 8.50	Roberg Thomas		D E		7. 4.72
	Pithan Iris geb. Austermann (T)	20.10.98	CH PA R		20. 5.54	Frohn Ulrike		GE PL		7.10.72
						Widera Sujata		D KR	k	12. 4.74
	Hattendorf Friedrich	16. 8.04	□ M PH IF	e	29. 5.53	Jürgen-Lohmann Valentin		PL		3.12.74
	Lobin Frauke (T)	7. 8.06	E GE	e	22.10.66	Ribberts Yvonne		BI SP		17.12.74
	Simon Dietmar Dr.	7. 8.06	D GE	e	21. 2.64	F Erlach Brigitte geb. Offermann		EK BI	k	23.12.54
	Röver Klaus	8. 8.06	M SW		28.12.61	Walter Jochen Dr.		BI CH	k	29. 7.59
	Berg Reiner Dr.	10.06	D ER	e	27. 7.66	Ernst-Fabian Annette Dr.		R GE		20. 7.67
C	Skudelny Manfred	27. 8.79	D E	k	6.12.47	Moritz Patrick		BI PH		8.12.69
	Bothe Hans-Wilhelm	31. 8.79	M	e	8. 4.49	Ost Joachim		ER G L		10. 1.73
	Denger Ulrich	1. 3.81	° M		28. 2.48	Hornschu Elfi		L		7.11.82
	van Lottum Günter	1. 3.81	D E	k	15. 1.50	H Taylor Ernest B. A.		E	oB	2. 9.47
	Pflanz Manfred (T)	27. 9.84	□ D SW	e	8. 9.51	Fiedler Arnd		□ KU W		17.12.50
	Beermann Sabine (T)	1. 9.89	M BI	k	5. 6.60	Günther Anke SpL'		□ SP	e	9. 3.55

[1] stellv. Schulleiter seit 1.02.08

2.455 Lüdinghausen St.-Antonius-Gymnasium gegr. 1894
st. G. f. J. u. M.
Klosterstr. 22, 59348 Lüdinghausen – Tel. (0 25 91) 23 06-0, Fax 23 06 21
E-Mail: buero@antonius-gymnasium.de, Homepage: www.antonius-gymnasium.de

Kl: 8/16 Abit: 70 (31) **BR Münster**
L: 61 (A 1, A$_1$ 1, A$_2$ 4, B 19, C 19, D 8, E 2, F 6, H 1) ASN: **168191**
Spr.-Folge: E, L/F, F/L Dez: LRSD' **Schankin**

A	Mensing Wolfgang Dr.	1. 8.95	° M EK	k	29.12.45	Rotterdam Marie-Luise geb. Geiser (T)	1. 3.05	° L E	k	7. 5.47
A$_1$	Siegler Holger	1. 8.03	° CH BI	e	8. 2.55	Rasche Michael	1. 8.06	° M IF	k	1. 2.45
A$_2$	Gelhaus Bernd	26. 2.96	D GE	e	14. 2.46	B Legge Jürgen	8. 2.84	° M PH	k	31.12.49
	Remke Hans-Dieter (Vw)	28. 2.01	M EK	k	22. 5.54	Kieseheuer Rudolf	16. 4.84	PL D	k	5. 8.47

	Daldrop Jutta	16. 4.84	F SW	k	14.12.50	Gebhardt Dorothee	1. 2.03	D MU k	28. 4.71
	geb. Klens (T)					geb. Staarmann (T)			
	Jelitte Horst	20. 7.84	EK GE	e	4. 8.51	Stelter Peter	20. 2.03	D GE k	2.10.70
	Leuftink Wolfgang	9.11.84	M	e	9.11.48	Schlütz Kirsten	15. 9.04	L SW k	31. 5.74
	Esser Lothar	9.11.84	D KR	k	3. 6.45	Kleickmann Holger	1. 8.07	E BI k	30. 3.77
	Beltrop Peter	12. 6.87	PA F	e	8. 3.49	Rudolf Hans-Jürgen		MU SWk	27. 4.59
	Grass Johs. (T)	12. 6.87	M PH	k	20.11.49	Hartung Hiltrud (T)		BI KR k	30. 8.60
	Weber Winfried	1. 2.92 °	SP EK	k	4.11.50	Broermann-		D M k	27.11.61
	Everding Annette	4. 2.93	KU F	k	18. 7.50	Marquardt Elke (T)			
	Lindemann	25. 1.96	D PL L	k	7. 9.52	Mühlen Nicola		BI F k	30. 6.62
	Roswitha geb. Mayer					Warnke Sabine		D F e	16. 9.64
	Seitz Josefa	9. 8.96	GE E	k	26. 1.51	D Padel Barbara	31. 1.76	D F e	17.10.44
	Nehez Bernhard	19. 8.96 °	BI EK	e	6. 3.47	geb. Völk RSchL' (T)			
	Balken Evelyn	30.12.98	D E	e	22. 2.49	Hölscher Andrea	20. 8.82	MU D e	10. 8.55
	geb. Paucke (T)					geb. Gude SekIL' (T)			
	Kienz Friedhelm	1. 3.05	KR PL BI	k	9. 8.56	Kons Ursula SekIL' (T)	24. 9.83	M SP k	28. 2.55
	Zienow Frank	9. 5.05	M PH	k	9. 6.64	Johanning Marita	1. 3.84	D GE k	16. 3.54
	Rottstegge Gregor (F)	1. 9.05	D SW	k	23.12.64	geb. Feldhaus SekIL'			
	de Vries Ingrid	1. 4.07	CH PA	e	11.10.52	Grimmert Cornelia	4. 3.84	E KR k	15. 1.56
	geb. Schweer (T)					geb. Wistuba SekIL' (T)			
	Mönning Annette (T)		F KU			Specker Winfried SekIL	21. 6.84	SP EK k	4. 2.46
C	Steinbach-Ott Margit (T)	11. 8.81	E EW	e	8. 1.52	Luhmann Regina geb. Spors	1. 8.96	L GE	31.10.54
	Viets Monika	3.11.83 °	EK SP	e	30. 8.53	Granitza Birgit (T)	8. 8.96	D E k	13. 7.59
	geb. Uhrner (T)					E Faust Bettina Dr. (T)	1. 8.06	PH CH k	18. 1.66
	Handoko Annette	5. 3.84	PA SP	k	21. 2.51	Nieholt Anna-Lena	1. 2.07	E BI k	11.12.78
	geb. Richter					F Mantlik Hélène		F D k	23. 1.48
	Braun Wolfgang (V)	1. 2.88 °	BI SP	k	2.12.51	geb. Ghéorghiev			
	Grimstein-Ender Karl	24. 2.88	BI EK	k	16.12.56	Bloedhorn Klaus		ER GE e	9. 7.53
	Kastrup Sigrid	23. 8.95	ER E	k	21. 9.64	Holte Edith Dr.		E HW k	1. 6.59
	geb. Herwig (T)					Schemainda Katrin		L KR k	20. 6.59
	Volmer-Zurhove Mechthild (T)	10. 8.98	SP BI CH	k	15. 9.66	Micke Annette		D F k	20.10.64
	Düstersiek Sabine (T)	3. 6.01 ⁰	E GE R	e	3.11.66	Funke Tina		M PH	16. 7.65
	Ruttert Matthias Dr.	20. 8.02	CH PH	k	2. 1.71	H Badelt Birgit		SP k	31. 5.56

2.456 Lüdinghausen Gymnasium Canisianum gegr. 1932
pr. G. (5-Tage-Woche) f. J. u. M. d. Gymnasialvereins St. Canisius e.V.
Disselhook 6, 59348 Lüdinghausen – Tel. (0 25 91) 79 98-0, Fax 79 98-35
E-Mail: info@canisianum.de, Homepage: www.canisianum.de

Kl: 7/14   Ku: 72/17   Sch: 902 (476) (216/417/269)   Abit: 87 (56)   **BR Münster**
L: 50 (A 1, A$_1$ 1, A$_2$ 8, B 13, C 13, E 5, F 9)   ASN: **168208**
Spr.-Folge: E, F/L, F/L/G, F   Dez: LRSD' **Schankin**

A	Stutznäcker Hartmut	1. 8.00 °	D PL ER	e	9. 3.48	Urbaniak Wolfgang	1. 8.81 °	D PL KR	k	5. 1.48
A$_1$	Schweers Ulrich	1.11.92 °	M IF	k	29. 4.55	Brüning Bernhard	1.10.81	BI SP k	15. 4.49
A$_2$	Schmitt Wilhelm (V)	1. 1.80 °	F D	k	2.11.42	Kocar Karl-Heinz	1.11.81	KR D k	3.12.46
	Heisterkamp Klaus (F)	1. 2.80 °	G L	k	18. 1.43	Mönning Peter	1.11.84	GE D k	7. 2.47
	Neuhaus Manfred	1.10.88 °	EK F	e	8. 6.46	Reichel Klaus (Vw)	1.10.88	M IF k	23. 7.49
	Stahl Helmut	1.10.88	PH M	e	11. 4.47	Müller Klemens Dr.	1.10.88	BI k	9. 9.50
	Carstens Uwe Dr.	1.10.92	EK E Schwed	e	1.11.49	Bertram Alfred[1]	1.10.88 °	GE L k	22. 9.52
						Temme Ulrich	1. 6.94	M PA k	30. 9.53
	Neuhaus Manfred	1. 8.95	CH BI	k	26. 5.47	Leibold Michael	1. 6.94 °	D PL k	21.11.53
	Laudick Susanne	1. 7.96	F D	k	2. 8.48	Lieneweg Bernd	1. 2.96	BI e	22. 3.47
	geb. Wenner					Sternemann Wilhelm	1. 8.00	M k	13. 5.46
	Piotrowiak Gerda (F)		° E EK	e	20. 4.54	C Kleineidam Felix	9. 3.81	PL KR k	11. 8.45
B	Fengler Uwe	1. 1.79	E SP	k	9. 3.43	Meischen Gerold	15. 4.85	D EK e	4. 2.49
	Seitz Jürgen	1. 8.79	M SP	e	6. 8.46	Schweers Maria	15. 4.85	E TX k	11. 3.55
						Edelbusch Josef	15. 4.85	SP GE k	2. 3.53

	Name	Datum	Fächer		Datum
	Schmidt Hartmut Michael	1. 6.86	ER D	e	18. 1.52
	Gerdzen-Kasper Rolf	1. 4.93	KU D	k	7. 5.57
	Wenking Andreas	1. 3.95	MU D	k	27. 6.62
	Dohmen Edgar	1. 2.01	L G GE	k	14. 6.65
	Schütz Georg Dr.	1. 3.05 °	BI CH PH	e	24. 6.64
	Rudolf Bettina	1.10.06 °	PA SP MU	k	5. 8.74
	Hüsterkamp Gesine	1. 8.07	E D	k	29. 7.71
	Pohlmann Melanie geb. Roesmann	1. 8.07	F EK	k	12. 5.78
	Tillmann Michael		SW M		
E	Herholz Clemens	1. 8.05	GE KR		15. 4.75

	Name	Datum	Fächer		Datum
	Vörding Claudia	1. 8.06	E D	k	26. 8.75
	Ungru Ulrike	1. 2.06	E F	k	24. 5.77
	Eggersmann Sonia	1. 8.06	M SP	k	10.11.77
	Köller Martin	1. 8.07	M PH		30. 9.77
F	Horn Günter		E EK	e	14.10.50
	Hübner Renate		D ER		24. 1.52
	Sockoll Rainer		D KU	k	1. 3.54
	Smyra Ulrike		L GE		9. 5.56
	Meier Inge		SP BI	e	5.12.56
	Imholz Barbara		KR GE		8. 1.57
	Schäfer Roswitha		EK F KU	k	20. 3.67
	Dorprigter Sigrid		BI SP		14.10.67
	Selke Julia		F E	e	6. 5.69

[1] Lehrbeauftr. an d. Univ. Münster

2.460 Lünen Freiherr-vom-Stein-Gymnasium[1] gegr. 1907

st. G. (5-Tage-Woche) f. J. u. M.
Friedenstr. 12, 44532 Lünen − Tel. (0 23 06) 20 23 20, Fax 20 23 23-0
E-Mail: post@steingymnasium.nw.schule.de, Homepage: www.stein-gymnasium.de

Kl: 9/15   Ku: 131/21   Sch: 1018 (515) (268/411/339)   Abit: 84 (44)   **BR Arnsberg**
L: 61 (A 1, [A$_1$] 1, A$_2$ 5, B 22, C 22, D 2, E 6, F 2)   ASN: **169663**
Spr.-Folge: E, L/F, R, L   Dez: LRSD **Vondracek**

	Name	Datum	Fächer		Datum
A	Czischke Jürgen Dr.	1.10.98	M IF		3. 2.49
A$_1$	(Suckrau Detlef OStR)		E F L		
A$_2$	Scholle Johanna (F)	1.12.81	E R		18. 7.48
	Spelsberg Christel	30. 9.94	F GE	k	2.10.45
	Graas Karl-Heinz	1. 9.03	E SP		15. 3.50
	Böhmer Gerhard	1. 3.05	CH EK		
B	Klisa Bernd	23. 3.79	M SP	k	17. 2.47
	Hüllen Horst	28. 7.80	M IF		29.10.47
	Haverkamp Brigitte	22. 7.81 °	EK F	e	12. 2.47
	Mack Gerd	10. 5.84	M	k	6.12.50
	Haverkamp Martin	31. 3.96	CH		11.11.49
	Müller Christel (T)	31. 3.96	E F		3. 3.52
	Möllmann-Schmidt Ingrid (T)	31. 3.96	F SP	e	14. 8.52
	Fischer Thomas	21. 3.01	PH MU		31. 3.63
	Volmer Gertrud (T)		GE KR L		28. 9.47
	Blaschke Hubert		D EK	k	24. 9.49
	Haselrieder Ursula (T)		CH BI		24.10.49
	Overhage Richard		M SW		24. 4.50
	Stemmerich Hans		PH SP		22. 9.53
	Hischemöller Dirk		M PH IF		31.10.57
	Elsinghorst Renate		M PA		
	Gehrmann Peter		BI EW		
	Goder Lothar		EK SP		
	Hildebrecht Horst		M IF BI		
	Janßen Werner (T)		PA D		
	Leismann Rudolf		BI CH		
	Schmidt Ursula		M PH		
	Weinhold Artur		D E		
C	Rogge Matthias	1. 8.93	D ER	e	29. 4.58
	Thomale Kirsten	2. 8.01 °	D E	e	8.10.71

	Name	Datum	Fächer		Datum
	Schattauer Carsten (T) (V)	1. 1.02 °	MU D		10. 3.67
	Lauer Martina (T)	1. 1.02 °	BI EK		20.12.69
	Gesenhoff Hedwig	23. 9.02	D E		4. 3.66
	Engel Lutz	1. 2.03	E ER		10. 1.71
	Jahn Frauke (T)	1. 8.03	E KR		21.10.72
	Kittel Marion	1.10.04	D E	k	23. 5.73
	Varga Abel	15. 2.06 °	KU MU		21.10.69
	Schmidt Jasmin	26. 2.07	D PL	e	
	Köhne Reinhold		PH SW M		19.12.50
	Schiefelbein Ursula		SP EK		13. 7.53
	Chromik Gisela		EK SP TX		6.11.53
	Thamm Michaela (T)		° EK KR F	k	29. 2.56
	Neuhaus Wolfgang		° L KR		28. 1.57
	Loer Martin		° KR EW	k	1. 5.58
	Stein Annegret geb. Beckmann (T)		M PH		18.11.68
	Berg Günter		SW GE		
D	Hecker-Schilgen Barbara (T)		BI EW		
	Klug Helmut		E GE		
	Martenka Horst		E EK		
	Neukirchen Steffi		M SP		
	Funhoff Marita		D BI		
	Pleitner Silvia (T)		D ER		
E	Dexer Manita	12. 6.06	D F		3. 4.75
	Koch Bettina Dr.	8. 8.06	E GE	k	28. 7.64
	Stallmeister Monika	6. 8.07	D GE		20.10.76
	Seggewiß Birgit	14. 9.07 °	KU KR	k	30. 4.76
F	Würminghausen Frank		D GE		6. 4.55
	Winiges Claudia		BI CH		8.12.67

[1] am 8. 9. 86 zusammengelegt mit dem Geschwister-Scholl-G. (gegr. 1937)

2.462 Lünen-Altlünen Gymnasium Lünen-Altlünen gegr. 1967
st. G. m. zweisprachigem dt.-engl. Zug f. J. u. M.
Rudolph-Nagell-Str. 21, 44534 Lünen – Tel. (0 23 06) 75 90 0-0, Fax 7 59 00 12
E-Mail: gymnasium-luenen-altluenen@web.de
Homepage: www.gymnasium-luenen-altluenen.de

Kl: 10/18   Ku: 111/16   Sch: 1076 (588) (278/534/264)   Abit: 79 (45)   **BR Arnsberg**
L: 59 ([A] 1, A_1 1, A_2 4, B 17, C 23, D 1, E 7, F 4, H 1)   ASN: **168180**
Spr.-Folge: E, L/F, F/L   Dez: LRSD **Vondracek**

A	(Ingler Norbert Dr. StD $A_2)^1$	4.10.94		D SW	k	22. 7.49	Schindler Bärbel (T)	30.11.83	E EK	e	27.11.54
A_1	Rüth Ralf	3. 3.97		D ER PL	e	27. 3.48	Wildhagen-Exner Marga (T)	4. 9.84	PA PK ER		23.10.53
A_2	Helms Wolf-Dietrich	31. 1.97	°	M PH IF	e	10. 6.44	Wiesmann Anette	15.12.86	KU TX	k	7. 2.54
	Wulff Herbert Dr.	1. 2.97		PH IF	e	21. 5.48	Blank Ulrich	93	E GE	k	5. 5.57
	Humpert Renate	15.12.01	□	D EK	k	8.12.45	Helle Bernd	4. 3.02	SP CH	e	1. 7.64
	Ebbinghaus Cornelia (F)	26. 4.04		D SP	e	9. 3.53	Marks Johannes	1. 8.02	° D MU		22. 1.68
B	Tewes Helmut	5. 8.79		F GE	e	26. 3.43	Dortschy Ansgar	2. 8.02	M MU		11.12.68
	Bothe Marie-Luise (T)	5.11.79		L EK	k	30. 9.47	Leuchtmann Michael	10.02	KU SW		24. 9.64
	Thomas Ulrich	1. 2.80		E SP	e	24. 7.46	Boriesosdiek Kirsten	1. 9.03	D PA	k	26.10.67
	Bergmann Dietrich	4.11.94		E GE		28. 4.52	Bathelt Patrick	7. 1.04	BI SP		16.11.67
	Mai Wolfgang	14.12.95		M PH	k	5. 2.54	Lyrmann Sven	1. 8.04	F SP	k	7. 6.74
	Büscher Eckhard (T)	14.12.95		E F	e	14. 4.50	Rausch Michael	1.05	E SP GE	e	10. 9.71
	Burmeister Elisabeth geb. Thomas (T)	1. 1.97		M PL	e	14. 3.55	Korte Birgit	4. 2.05	E SW	k	3. 8.74
	Riemenschneider-Lehrmann Dorothee geb. Riemenschneider (T)	1. 7.02		M BI	e	3. 8.57	Hermann Eva	31. 8.05	E CH	e	22. 7.72
							Erdmann Nina	14. 9.05	D EK		24. 9.73
							Mashut Oliver	1. 8.06	CH SW	k	14. 4.66
	Bennet Heike	1. 7.02	°	D L	e	4. 7.60	Stiewe Martin		SP BI	k	17. 3.75
	Hohl Rainer	1. 7.02		D GE		3.10.63	D Bleck Monika SekIL' (T)	24. 4.81	E M	k	4. 5.55
	Klencz Monika (T)	1. 7.04		M CH	k	6. 2.54	E Kauker Stephan	1. 2.06	L ER	e	26. 5.71
	Elsner Claudia	20. 5.05		F EK PL	k		Issel Burkhard	3. 8.06	E MU	k	2.10.68
	Pesch Jessica	20. 9.07		D GE PA	k	13. 5.72	Leisering Stefan	3. 8.06	D KR	k	6. 7.76
							Konradi Irene	6. 8.07	KU PA		11.11.75
	Röher Manfred			PA SP	k	7. 1.47	Gora Christian	6. 8.07	E SP		15. 2.76
	Hoberg Brigitte			D ER	e	31. 1.50	Dahlhaus Wiebke	6. 8.07	D ER	e	4. 2.78
	Jeschek Susanne			E EK		15.11.69	Hüls Arne	6. 8.07	CH IF		25. 4.78
C	Hebebrand Veronika geb. Eidens (T)	10.10.78		BI PA	k	23. 4.50	F Ludwig Christine geb. Kind		BI	angl	16. 1.49
	Wiewiora Sigrid	1.11.80		M	e	10. 8.51	Raberg Beate	98	E BI		9. 9.60
	Jansen Elisabeth (T)	19.11.81		M PH	k	7. 1.52	Biermann Diane		F GE	e	10. 7.62
							Dabrock Elke Dr.		CH PH		15. 9.65
							H Weber Karl-Heinz DiplTheol.		° KR	k	7.10.47

[1] A seit 1.01.08

2.470 Marl Albert-Schweitzer-Gymnasium gegr. 1938
st. G. (5-Tage-Woche) f. J. u. M.
Max-Planck-Str. 23, 45768 Marl – Tel. (0 23 65) 9 69 70, Fax 96 97 63
E-Mail: sekretariat@asg.marl.de, Homepage: www.asg.marl.de

Kl: 6/12   Ku: 108/16   Sch: 809 (376) (183/350/276)   **BR Münster**
L: 46 (A 1, A_2 5, B 15, C 14, D 4, E 1, F 4, H 2)   ASN: **168300**
Spr.-Folge: E, L/F, F/L/R, F/L/R/S   Dez: LRSD **Röken**

A	Koch Klaus Jürgen	1. 8.05	°	M EK	e	5. 7.57	B	Sandmann Hermann	19. 7.79	° PH M	k	12. 4.46
A_2	Korus Klaus (Vw)	1. 2.86		M PH		11.11.50		Krause Hans-Jürgen	3. 9.81	° M	e	23. 9.47
	Kristall Artur	3. 4.92		M	k	16. 7.47		Hansch Detlev	27.12.81	° M IF	e	6. 8.46
	Schulte-Ebbert Ulrich[1]	27.12.96		D R		8. 6.50		Löbbert Eckehard	22.12.92	M PA IF	k	26. 4.53
	Schrieverhoff Christine	3. 5.00		GE PA SW CH	k	13. 7.52		Pegel Norbert	2. 9.79	D SP		24.12.48
								Joest Uwe	3.96	D GE	e	12. 1.49
	Langer Kurt	14. 8.01		GE SW		4. 7.51		Kristall Petra	1. 1.97	M EK	k	28. 6.55

	Name	Date	Subj		Date2		Name	Date	Subj		Date2
	Sperl Günter	28.12.98	PA SW	k	25. 7.53		Höltken Nicole	1.12.04	KR GE	e	24. 6.72
	Lütkenhaus Werner Dr.	1. 8.06	L GE		20. 9.63		Owczarski Christiane	1. 2.06	° E D		21. 5.74
	Eggert Eckehard		D KU	k	4. 7.48		Hoffmann Gerd	1. 8.07	° BI CH	k	18. 7.65
	Runte-Üstün Ingrid		SW BI	k	23. 9.50		Ullrich Klaus-Günter		EK F		3. 9.50
	Reichling Ulrike		PA SW PK	e	12. 1.53		Ashoff Heribert		BI EK	e	28. 9.62
	Beckmann Margarete		D KU TX		16. 9.54	D	Freeman Elke		E D	k	27.11.67
	Günther Kornelia		SP ER	e	26. 1.57		Kocar Sonja		BI SP		
	Auel Wilfried		M PH				Schäfer Gertrud SpL'	18.12.75	SP		26.10.44
	Solinski Wolfgang						Hennigfeld Wilhelm-Johannes		D KR	k	13. 2.51
C	Colle Georg	31. 8.81	CH		8. 6.46		Honacker Adelheid		E KR	k	28. 8.54
	Kittel Andrea-Claudia	1. 8.93	MU BI	k	17. 5.59	E	Fercho Matthias Dr.	99	M PH		21.12.66
	Giegel Regina	8. 8.94	E KR		24.12.64	F	Haase Julia	1. 2.06	S PH		19. 9.77
	Müller Oliver	8.00	BI EK	e	1. 6.65		Meyer Carola		E F		16. 5.57
	Hagemann Ute	15. 9.03	L GE	k	25. 3.60		Grewer Ariadne		S F	e	5. 6.57
	Kohushölter Sylvia Dr.	15. 9.03	° D L	k	15. 9.70	H	Höltervennhoff Iris		E D	e	22.11.57
	Vollmer Beate	15. 9.04	E PH	k	4. 3.65		Dohms Marion		GE SW	k	16. 5.59
							Barthel Gabriele		GE R	k	29.12.53
							Grofmeier Martin		° SP EK CH	k	12. 4.78

[1] komm. stellv. Schulleiter

2.471 Marl Geschwister-Scholl-Gymnasium gegr. 1948
st. G. (5-Tage-Woche) f. J. u. M.
Max-Planck-Str. 23, 45768 Marl – Tel. (0 23 65) 9 69 79, Fax 96 97 83
E-Mail: gsg.marl@t-online.de, Homepage: www.gsg-marl.de

Kl: 6/13   Ku: 107/19   Sch: 829 (531) (184/369/276)   Abit: 79 (41)
L: 52 (A 1, [A$_1$] 1, A$_2$ 6, B 13, C 18, D 6, F 5, H 2)
Spr.-Folge: E/F, F/E/L, F/R

BR Münster
ASN: **168324**
Dez: LRSD Röken

	Name	Date	Subj		Date2		Name	Date	Subj		Date2
A	Gutjahr Karin (T)	1. 5.92	CH E	e	30. 4.48		Lutz Andrea (T)	18. 2.88	M		
A$_1$	(Hilbk Michael OStR)	1. 2.04	° BI ER	e	3. 6.61		Rehage Bärbel (T)	5. 5.88	° M CH	e	13.12.56
A$_2$	Gietz Paul (F)	6.11.79	CH EK	e	8. 8.47		Jockenhöfer Ulrike (T)	7. 6.88	M SP	k	27. 5.55
	Maßmann Wolfgang	20.12.96	° M PH	e	4. 2.49		Pampus Claudia (T)	1. 3.90	E MU	k	7. 4.62
	Sporenberg Heinz	22. 3.02	M PH	e	13. 9.48		Bleß Annette (T)	26. 1.96	° L F	e	8. 1.64
	Lafond Hilde	12. 8.02	□ F SP		23. 5.49		Weusthoff Thorsten	9. 7.03	L SP	k	1. 3.69
	Krug Bernhard (F)	30. 6.03	KU PL		18. 4.49		Welling Tanja (T)	1.10.03	BI CH GE	k	5.10.73
	Bourdeaux Ingrid (T)	23. 6.06	E GE	k	11. 6.49						
B	Kottenbrock Josef (T)	26.11.80	D EW	k	3. 9.48		Albertz Simone	13. 7.05	GE SP	e	7. 1.67
	Poll Hellen geb. Hürkens	26.11.80	° E F		30. 6.48		Battefeld Kerstin (T)	13. 7.05	D GE	e	1. 3.70
	Hörmeyer Karl	30. 7.84	° BI EK	k	22. 6.49		Bozdech Martina (T)	15. 7.05	F KR	k	24. 9.71
	Vogl Elke (T)	6. 8.91	D R	e	12. 5.54		Wieacker Anja (T)	24. 3.06	BI EK	k	2. 4.68
	Kaschel Peter	5. 2.93	D SP		3. 5.44		Stolzenburg Kathrin	21. 5.07	GE KU		25. 7.73
	Koch Reinhold (T)	15. 2.93	° M SP	k	15.10.51	D	Kremin-Conrad Christine SekIL' (T)	19. 4.82	E SP	k	13. 3.56
	Gimbel-Tschöpe Birgit	8. 3.96	F KU	e	19. 9.54		Bösing Heribert SekIL (T)	2. 5.83	M BI KR		9.10.43
	Zarges Marianne (T)	19.12.96	D KR	k	26. 8.54		Paus Lydia geb. Tümmers SekIL' (T)	27. 5.83	M EK	k	10. 9.55
	Dümmler-Sindermann Gertrud (T)	23.12.96	BI CH		21. 3.51		Messer-Geck Petra (T)	18. 7.00	L F	k	6. 2.62
	Auf der Heyde Angelika (T)	23.12.96	° E ER	e	17. 6.47		Frank Silvia				
	Schulz Norbert	4. 8.99	M PH IF	e	13. 9.55		Holtbecker Christina	3. 8.07	° SP EK M		5. 9.78
	Matzner Armin (T)	1. 7.01	° CH EK	k	1. 7.50	F	Steinke Susanne		E R ER	e	2. 9.55
	Pietrek Mark	22. 3.04	L GE	k	1. 5.65		Hentschel Christel SekIL'		D SP		5. 3.56
C	Weiß Marlies Dr. (T)	1. 2.78	BI SP	e	11. 9.45		Dierkes Karl-Heinz		D KR	k	14. 7.57
	Rasch-Erb Irene (T)	11. 8.81	E GE	k	13. 1.52		Hein Christiane		D E	k	7.12.59
	Kessler Markus (T)	22. 3.84	D GE	k	4. 1.52		Dieckhoff Barbara		° D KR	k	9.12.60
	Rensch Helga (T)	4. 9.84	E EW		21.12.54	H	Schenk Ulrich Dipl.-SpL		SP		14. 1.53
	Siekmann Wilfried	17.10.84	E SW		8. 4.53		Burghardt Ferdinand		M SW		30.12.58
	Merkle Gudrun (T)	6. 3.86	BI CH EK	k	21.10.47						

2.472 Marl Gymnasium im Loekamp gegr. 1966
st. G. f. J. u. M.
Loekampstr. 80, 45770 Marl – Tel. (0 23 65) 4 40 71, 4 40 72, Fax 4 84 89
E-Mail: schulleitung@gil-marl.de, Homepage: www.gil-marl.de

Kl: 7/14 Ku: 125/21 Sch: 912 (450) (215/391/306) Abit: 81 (36) **BR Münster**
L: 60 (A 1, A$_1$ 1, A$_2$ 6, B 18, C 20, D 4, E 2, F 1, H 7) ASN: **168312**
Spr.-Folge: E, L/F, F/L Dez: LRSD **Röken**

A	**Habich** Johannes	1. 8.02	M PH EK	e	12.10.43		**Wollmer-Radix** Cornelia	1. 8.83	E GE		19.11.53
A$_1$	**Posanski** Joachim	1.11.03	D SW		4. 2.52		**Komberg** Michaela	1. 8.83 °	E F	k	10. 7.54
A$_2$	**Kramm** Erich Dr. (F)	28. 1.83	BI EK	e	12. 1.45		**Matuszewski** Sybille	7.12.83	D GE		6.12.53
	Pröbsting Hubert	20. 7.95 °	GE EK D	k	26. 3.47		**Lüngen-Steinau** Cornelia	22. 4.84	D SW	e	5. 9.50
	Gließener Reinhard	15.12.96	ER D	e	23. 8.48		**Klomfaß** Raimund	22.10.84	M SW	k	31. 8.51
	Kindermann Kurt (V)	1. 7.03	PH CH		7. 4.52		**Sossna** Ewa-Maria	6.11.84	E EW	k	24. 2.54
	Wlost Wilhelm	31. 7.04 °	M IF	e	22.11.52		**Köhne** Klaas	19. 8.96 °	M PH EK	e	9. 3.65
	Müllender Christiane	1. 3.05 °	ER	e	25.11.59		**Hasbach-Hegge** Karin	1. 7.05	L GE		31. 7.69
B	**Gerbig** Hans	1. 9.79	M IF	ZJ	4. 6.48		**Raddatz-Moldenhauer** Brigitte		SW PA		27. 9.52
	Köhler Uwe	1. 9.79 °	GE F	e	20. 4.46		**Rues** Katrin		CH SP	e	9. 2.53
	Breil Franz-Josef	1.12.80 °	M EK	k	20. 5.46		**Sprengel-Döing** Hella		D SW	k	21. 7.54
	Gocke Ulrich	17.12.80	BI EK	k	1. 8.47		**Vry** Ulrike		E GE	e	27. 7.69
	Erb Eckart	1. 9.82	D E KU	e	15. 8.51		**Erthel** Anja		E D	k	29. 3.71
	Horsch Edith	1. 6.94	D PA		12. 1.53		**Polumski** Andrée		° L GE	k	7.10.72
	Thomas-Book Gertrud (Vw)	1. 3.96	M CH	k	7. 4.51	D	**Römer** Cornelia HL'	1. 8.79	M BI		14. 5.53
	Niemann Rolf	11.11.96	E BI	k	11. 3.53		**Graé** Gertrud SekIL'	3. 8.81	KU KR	k	23. 5.56
	Maatz Rainer	19.12.96	D PL	k	13. 6.51		**Beckmann** Gerd SekIL (F)	11.12.84 °	D MU EK	e	31. 8.53
	Laug Marie-Luise	21. 1.99	BI	e	29. 2.52		**Beermann** Martha geb. Wahlbrink SekIL'		M SP		21. 5.56
	Steinke Giesela	13. 2.04	M BI	k	13. 3.56						
	Möller Andrea	13. 2.04 °	MU SP	k	21. 6.64						
	Keferstein Carmen	1. 4.07	E F	k	2. 1.73	E	**Hilsmann** Clemens	07	SP KR	k	17. 2.77
	Vogt Stefan	1. 4.07	PH SP		18. 5.74		**Hermes** Kerstin		F L		
	Ernst Peter		CH	e	27. 6.46	F	**Diebold** Heidi geb. Marquardt Ass. d. L.		ER H PL		8. 9.54
	Weyer Ulrich		M SW	e	14. 4.56						
	Nolte Renate		CH TX			H	**Wolf** Günter		SP		19. 1.45
C	**Groeger** Maria	1. 9.79	CH SP	k	7. 1.53		**Marquardt** Michael Dipl.-SpL		SP		17. 7.52
	Faß Sabine	31. 6.81	D GE	e	23. 3.52						
	Diehl Amina	1. 9.81	D PL		26. 6.51		**Schütz** Gudrun Dipl.-SpL'		SP	e	18.10.53
	Hanisch Bernhard	1. 9.82	D GE	k	19. 3.53		**Hürten** Bernward		CH BI		16.11.55
	Seifert Barbara geb. Günther	18.10.82	D E PP		29. 6.50		**Stiller** Martina		L D		16. 3.61
	Löbbert Ingeborg geb. Kruse	28. 3.83	F EW MU	k	24.10.53		**Suchalla** Beatrice-Ursula **Wahl** Reinhard		ER	e	14. 9.61

2.474 Marsberg Gymnasium gegr. 1940
st. G. (5-Tage-Woche) m. zweisprachigem dt.-engl. Zug f. J. u. M.
Schöffenwiese 2, 34431 Marsberg – Tel. (0 29 92) 80 39, Fax 54 10
E-Mail: gymnasium-marsberg-schemm@t-online.de
Homepage: www.gymnasium-marsberg.de

Kl: 6/11 Ku: 83/15 Sch: 697 (401) (161/317/219) Abit: 63 (39) **BR Arnsberg**
L: 39 (A 1, A$_2$ 2, B 11, C 12, D 3, E 3, F 6, H 1) ASN: **169948**
Spr.-Folge: E, L/F, F/L, R Dez: LRSD **Egyptien**

A	**Kreis** Heinrich Dr.	1. 5.90	D PA	k	24. 3.44	**Sodies** Gerd Arno	1.11.96 °	SW EW	e	27. 5.44
A$_2$	**Berger** Karl-Heinz	22.11.95 °	F EK L	k	6. 8.44	**Peine** Wendelin (V)	28. 1.01 °	D E	k	15. 8.47
	Bogedain Klaus	20.12.00	GE L	k	4. 8.43	**Burlage** Elisabeth	8. 4.02	CH	k	27. 6.48
B	**Stute** Ulrich	17. 4.84	BI CH	k	29. 2.48	**Hansmeier** Heiner	8. 4.02 °	E GE	k	13. 3.57
	Eberbach Gerhard	8. 6.84 °	MU M	e	3. 4.48	**Krüger** Stefan	20. 5.05	D EK		12.10.66
	Peichert Wolfgang	30. 7.84	F EK	k	24. 2.48	**Falkenberg** Matthias	2. 6.06	D BI		12.10.69

	Falkenberg Christine		° E D	k	20. 6.72	D	Schollmeyer Bertolt	4. 9.81	SP BI	k	14. 6.46
C	Seidel Perdita (T)	30. 7.84	M MU	e	15. 6.50		SekIL				
	Kauder Martin (T)	1. 9.87	CH GE SW	e	10. 2.53		Nölke Andrea geb. Thust SekIL'	4. 9.81	M KU	e	22.12.55
	Willeke Sonja geb. Hoffmeister	1. 2.00	E F	k	22.11.70	E	Hansmeier Sigrid (T)	25. 9.01	E BI	k	1. 2.58
	Fürthaler Thomas	1. 8.00	° M KU		2. 7.68		Meier Stefanie	9. 8.06	M GE		7.11.79
	Zürker Detlef	1. 8.00	° M PH		26. 2.72		Baaske Michael	6. 8.07	GE KR	k	9.10.76
	Schäfer Wolfgang	1. 2.02	SP E	k	11. 1.56		Rehrmann Ilona	10.07	KU SP	k	28. 3.77
	Wriedt Michael	3. 2.04	° E ER	e	12. 2.62	F	Dropmann Klaus		° R GE		7.12.53
	Papperitz Bärbel	1. 8.04	SP L		25.11.73		Borgschulze Elke		F GE	k	29. 4.56
	Frigger Christina	6. 9.04	KR D	k	5. 1.71		Ploghaus Gert-Friedrich		SP ER	e	21. 7.58
	Pohlmeyer Ralf	6.12.04	□ BI M		28. 9.67		Lütkemeier Jörg		SP KU		20. 1.68
	Hiddemann Martin	1. 3.05	E EK		4.10.72		Neuwöhner Andreas Dr.		GE KR	k	5.12.69
	Olschewski Marc	10. 7.06	PH CH		31. 3.69		Achenbach Frauke		E BI		1.11.78
						H	Berger Geneviève geb. Sauvage		F	k	18. 7.50

2.475 Medebach   Gymnasium (Sekundarstufe I)   gegr. 1904
st. G. (5-Tage-Woche) f. J. u. M.
St.-Sebastianus-Weg 2, 59964 Medebach – Tel. (0 29 82) 92 29 20, Fax 92 29 21
E-Mail: verwaltung@gymnasium-medebach.de
Homepage: www.gymnasium-medebach.de

Kl: 4/8   Sch: 371 (192) (130/241/–)   **BR Arnsberg**
L: 17 (A 1, A$_1$ 1, A$_2$ 1, B 5, C 3, D 2, E 2, H 2)   ASN: **169936**
Spr.-Folge: E, L/F, F   Dez: LRSD Egyptien

A	Ölkrug Meinhard	1. 8.03	M PH	k	7. 2.53		Kühn Tatjana	6. 9.05	D SP		18. 8.74
A$_1$	Kreft Reinhard	4.11.03	° M	e	1. 7.50		Trümner Alexandra	31. 1.06	D GE	e	20. 8.71
A$_2$	Schäfer Hartwig	2. 6.04	KR E	k	12. 5.57	D	Knüppel Gabriele geb. Stolz	30. 5.83	MU KU	e	15.10.56
B	Mammey Gotthold	11.12.84	EK SP	e	11.10.46		Schneider Ingrid	29. 6.84	M EK	e	7.12.54
	Hochbein Kerstin	1. 7.06	E R		7. 2.66	E	Arnold Astrid	6. 8.07	PH EK	e	7. 1.73
	Mengel Michael	1. 7.06	BI CH	e	21. 9.70		Vossen Maria-Christina	6. 8.07	F S	e	24. 3.76
	Bertels Claudia geb. Steinrücke	1. 5.07	° D SP KR	k	14. 5.75						
	Krause Sandor Dr.	1. 5.07	L GE	e	5. 6.73	H	Oostendorp Monika		F GE	k	13.11.54
C	Beitzel Yvonne	16. 3.05	BI SP	e	7.10.73		Wilden Markus		D GE	k	24. 5.76

2.480 Meinerzhagen   Ev. Gymnasium   gegr. 1962
pr. G. (5-Tage-Woche) f. J. u. M. d. Ev. Kirche v. Westfalen
Chr.-Fr.-Bährens-Str., 58540 Meinerzhagen – Tel. (0 23 54) 92 38-0, Fax 92 38 69
E-Mail: hhaar@gmx.de, Homepage: www.evangelisches-gymnasium-meinerzhagen.de

Kl: 8/16   Sch: 1003 (535) (227/452/324)   **BR Arnsberg**
L: 60 (A 1, A$_1$ 1, A$_2$ 5, B 16, C 14, D 1, E 6, F 8, H 8)   ASN: **169810**
Spr.-Folge: E, L/F/S, F, S   Dez: LRSD N. N.

A	Haar Hz.-Hermann	1. 8.90	D ER	e	26. 1.50		Först Dietmar	1. 9.02	° GE ER L PL	e	3.12.59
A$_1$	Kessler Eckhard	1. 8.00	D SW	e	26. 4.54						
A$_2$	Scharf Wolfgang	1. 5.01	M PH	e	26. 9.52		Uhlmann Jörg		BI SP	e	11. 9.51
	Heiche Rolf-Joachim	1. .02	EK BI	e	1. 1.54		Augustin Rainer (T)		M EK	e	12.11.53
	Ihne Walter	1. 8.02	M PH IF	e	20. 2.58		Brocksieper Monika		KU D	e	7. 9.55
	Baumann Ulrich		GE SP	e	17. 7.54		Faulenbach Ute		SP E		2. 8.62
	Kleinitz Ulf		MU GE	e	8. 7.55		Diel Bernhard		KR E	k	1. 6.66
B	Dietzel Dieter	20. 2.84	F SP	e	23. 4.48		Blum Johannes		M PH	efk	3. 4.67
	Erdmann Christian	1.10.01	° MU ER	e	17. 5.57		Fernholz Frank		° M PA	k	7. 5.67
	Bergmans Petra	1.10.01	KR D	k	14.11.61		Schilmöller Volker		D PL L	k	30. 7.67
							Schwarz Heiner		M ER		3.12.68

	Bald Heiner		BI EK	e	18. 2.71	Inigo Lopez Isabel	D S		13. 2.73
	Erdmann Thomas		M PH	e	13.12.71	Schelm Anja	M PH	e	19. 3.75
	Brinkmann Carola		M SP	k	26. 2.74		SP		
	geb. Neswadba		SW			Pianka Marion	D BI	e	24. 4.75
C	Leja Udo Ekkehard	1. 8.83	D SW	e	25. 6.51	Witte Kathrin	D GE		27. 3.78
	Fiedler Reinhard	15. 8.83	PL E	e	7. 4.50	Haarbach Miriam	M ER		31.10.79
	Eck Walter	20. 9.83	BI CH	e	19. 6.51	F Ahrens Freimut	GE SW	e	3. 5.48
	Fuchs Dieter	10. 1.94	KU PL	e	13. 2.54	Hohenberger Martin	D GE	e	19. 7.50
	Ganser Dieter	11. 7.95	SP BI	e	18. 6.54	Rentrop Gerlinde	MU L	e	1. 1.54
	Stein Sibylle	1. 5.02 °	E D	e	21. 2.69	Verhoeven Ulrike	SP EK	e	8. 5.54
	geb. Klein					Conrad Christoph	D ER		25. 4.59
	Dangendorf Friedrich		CH GE	e	17. 8.68	Parschau Heike	° M PA	e	2.10.62
	Hegmann Sabine		CH E	e	31.10.68	Brüß Ulrich	D GE	e	7. 7.77
	Hansen Christel		D L	k	6.11.69	Waffel Russell Brenda			
	Krigar Jutta		F S IF	e	8. 2.71	H Brüns Barbara GymnL'	SP	k	24. 9.49
	Refflinghaus Maike		E CH	e	5. 6.71	Korinek Zuzana Dr.	E R		22. 1.55
	Burghardt Nicole		F D		18. 9.72	Dönneweg Henner	KU	e	18. 2.55
	Bonzel Stephanie		D E	e	6. 2.74	Schröder Ursula	E		9. 2.57
	geb. Stäsche					Gerling-Halbach	S GE		27. 3.59
	Wieder Kirsten		E F	e	16. 5.75	Renate			
	geb. Backhaus					Wolf Matthias Dr.	PH CH		9. 5.69
D	Klemann Barbara	27. 8.76	D ER	e	3.11.44	Peters Andreas	M PH		26. 2.74
	geb. Schütte L'					Biesemann Dave	BI D		5. 9.78
E	Arnold Ingun		D E		27. 8.71				

2.485 Menden Walram-Gymnasium gegr. 1912

st. G. (5-Tage-Woche) f. J. u. M.
Walramstr. 2/4, 58706 Menden – Tel. (0 23 73) 93 78 50, Fax 9 37 85 22
E-Mail: schulleitung@walram.de, Homepage: www.walram.de

Kl: 8/15   Ku: 91/16   Sch: 845 (417) (220/379/246)   Abit: 64 (28)   **BR Arnsberg**
L: 46 (A 1, A_1 1, A_2 5, B 15, C 15, D 2, E 4, F 3)   ASN: **170057**
Spr.-Folge: E, L/F, F/L, S   Dez: LRSD **Neuser**

A	Schmidt-Timmer-	1. 8.01 °	D EK		7. 6.51	Rohländer Petra (T)	E BI D	k	1.11.60
	mann Christel geb.					C Broich Reinhard (T)	28. 6.78 ° GE KR	k	5. 5.46
	Timmermann					Waduschat Brigitte	5.12.80 CH	e	23. 9.48
A_1	Janzen Ulrich	1. 5.07	MU PH	k	11. 1.70	geb. Ungar			
A_2	Schwienheer	7. 9.87 °	PH M	k	4. 4.48	Kleimann Helmut	1. 3.81 D SP		27.11.48
	Wilhelm (T)					Innig Werner (T)	29. 1.82 M	k	21. 7.51
	Menke Heinz	1. 1.92	E F	k	23. 7.48	Lehmkühler Gerh.	1. 7.83 SP EK	k	22. 1.51
	Joachim (T)					Schäfer Udo	1. 2.87 SW CH	e	2. 4.55
	Kaufmann Astrid	17.10.94	D GE	e	21.12.52		ER		
	v. Delft Dietrich	15. 2.96 °	PH CH	e	22. 7.49	Schulte Frank	1. 8.96 ° MU E	e	27.12.65
	Püttmann Horst (L)	22. 2.96	M PH	k	13. 3.44	Krimpmann Andrea	1. 1.02 ° BI E	k	22.10.71
B	Rohe Wolf-Ulrich	29.12.81	KU W	e	21. 1.49	Schröter Joachim	1. 2.03 E D		24.12.72
	v. Delft Dorothee	1. 7.82	M PH	e	7. 2.49	Teipel Mattias	1. 8.03 E S KR	k	17.10.73
	geb. vom Hofe					El Chami Tarek	1. 8.04 L SP		14. 9.72
	Otterbeck Harald	27.12.83	D PL	e	5. 3.50	Hüttmann Julia	17. 6.06 D PA	e	3. 7.75
	Burwitz Hans	1. 3.85 °	D E	e	24. 2.47	Schmidt Corinna	6. 9.06 F GE		15. 1.75
	Herrforth Joachim	22. 2.91	M SP	k	30.11.48	Lühe Mike	18. 9.07 SP SW	e	7. 6.74
	Rabeneck Renate	26. 1.95 °	SP D	e	17. 4.50	Ruberg Stephanie	L SP		5. 1.71
	geb. Kassube					D Hannemann Christa	15. 1.77 SP TX	k	28.12.49
	Antepoth Johannes	20.12.96	M EK		1. 5.52	geb. Steckel FachL'			
	Schlücking Paul (T)	2. 9.02	BI PA D	k	12. 9.44	Pieper Birgit	22. 4.83 M SP		10. 5.56
	Fringes Reinhard (V)	2. 9.02 °	BI EK	k	31. 5.54	geb. Puhr SekIL' (T)			
	Nientiedt Dieter	2. 9.02	BI SW	e	5. 3.59	E Hövel Anja	1. 8.06 ° D E	e	17.10.71
	Waldmeier Sabine	1. 7.04 □	E F	e	21. 3.61	Schumacher Sonja	1. 8.06 D KU	e	27. 7.77
	geb. Grundmann (T)					Koddebusch Bernd	1. 8.07 GE M	k	1. 1.74
	Eickhoff Marion	19. 8.04 °	D S	e	2. 3.69	Keil Wiebke	6. 8.07 F KR		16. 3.79
	geb. Schulte (T)					F Kieseheuer Jörg	° D KR	e	2. 2.58
	John Steffen	6. 9.07	M EK		25. 8.70	Schütte Bastian	EK SP	e	18. 2.76
	Müller Richard		BI	oB	27. 5.49	Orlich Alina	D RW		25.10.77

2.486 Menden Walburgis-Gymnasium gegr. 1919

pr. G. (5-Tage-Woche) f. J. u. M. d. Schwestern der hl. Maria Magdalena Postel, 59909 Bestwig
Schwitter Weg 22, 58706 Menden – Tel. (0 23 73) 9 09 20, Fax 90 92 86
E-Mail: mendensekretariat@menden.smmp.de
Homepage: www.walburgisgymnasium.de

Kl: 8/14 Ku: 154/25 Sch: 1053 (669) (253/432/368) Abit: 92 (56)
L: 64 (A 1, A$_1$ 1, A$_2$ 7, B 20, C 14, D 1, E 1, F 12, H 7)
Spr.-Folge: E, F/L, L/F, S

BR Arnsberg
ASN: **170069**
Dez: LRSD N. N.

A	Dikow Sr. M. Thoma	1. 8.03	° M KR	k	27. 5.56		Scholz Beate (T)	1. 8.96	° PH M	k	2. 3.68
A$_1$	Maler Eduard Dr.	1. 8.96	D PL	k	30. 3.55		Parchettka Norbert	1. 8.97	D KU	e	31. 1.63
A$_2$	Wegener Manfred	1. 2.90	E PA	k	23.12.45		Nölke Ingrid (T)	1. 5.99	M SP	e	18.10.58
	Hoischen Lothar	1.10.91	F GE	k	20. 2.49		Peters Georg	1. 1.00	M PH	k	9. 7.65
	Müller Heinz-Josef	1.10.91	SP M	k	28. 1.49		Becker Christian	1. 2.01	D MU	k	19. 8.70
	Schrieck Reinhold	1. 1.94	° GE E	k	22. 3.50		Thielmann Sabine	1. 8.01	L GE	k	6. 6.69
	Semer Helmut	1. 1.96	BI EK	k	11. 5.53		Schwieger Svenja	1. 2.02	E KU	e	19.11.72
	Volkmann Udo Dr. (F)	1. 1.98	GE D ER	e	4. 1.56		Hentrich Sr. Johanna	1. 8.03	KR GE	k	5.10.64
	Hankel Marion	1. 8.01	KR F	k	31. 7.52		Windoffer Anja	1.10.05	BI M SP	k	6. 8.74
B	Stratmann Sr. Maria Andrea	1.12.86	D KR	k	6. 9.43		Bornhoff Ansgar	1.10.05	M MU GE	k	18. 1.75
	Schmitz Norbert	1.12.86	WW GE KR	k	6. 3.51		Vorwerk Verena	1.10.05	S M	k	29. 9.75
							Feldmann Hedi (T)		D KR	k	28.11.62
	Hoischen Maria	1. 9.87	F EW	k	14. 2.51	D	Plümper Sr. Raphaela Maria (T)	1. 8.86	M EK KR	k	10. 7.37
	Kroh Karin	1. 9.87	M EK	k	9. 6.53	E	Pröpper Anna	1. 2.07	D EK	k	6. 9.78
	Wischer Friedhelm (T)	1. 9.87	° SP E	k	25. 6.49	F	Fringes Angelika		BI EK	k	23.10.54
	Voßkuhl Norbert	1. 9.87	M WW IF	k	12. 6.52		Weber Thomas		° F S		23.10.54
							Raetz Klaus		PH EK	k	27.12.55
	Färber Thomas	1. 9.87	D F	k	23. 6.52		Zeuner Margret		BI SP	k	9. 1.59
	Sauer Cornelia	1.12.87	E EK	k	22. 7.53		Lause Frank		SP GE	k	3. 2.59
	Schmidt Maria (T)	1. 2.90	E F	k	21. 4.55		Lügger Gabriela		D F	e	3. 4.60
	Voßkuhl Mechthild	1. 2.90	E F	k	21. 6.55		Schulte Sabine		GE L	k	14.12.61
	Wertz Raimund	1. 2.90	BI CH	k	18. 8.54		Loose Peter		KR GE SW	k	7. 7.63
	Weinsheimer Ernst	1. 2.90	CH BI	k	21. 1.50						
	Termaat Werner	1. 2.90	° M PH	k	6. 7.52		Spieker Dorothea		D PL	k	30. 7.63
	Heinrichs Herbert	1. 2.90	° L GE SW	k	1. 4.55		Topp Birgit		E D	k	16.11.63
							Ostendorf Bernd		GE D PA	k	16.12.64
	Buse Rainer	1.10.91	° E GE ER	e	24. 9.54		Müller Gudrun		° D SP	e	5.12.67
	Jost Christel geb. Uphoff	1.10.92	M SW	k	15. 3.55	H	Plitt Axel		E EK	k	20. 5.49
							Petrich Christina		D GE	k	18.12.54
	Harnischmacher Luise geb. Müller (T)	1. 1.96	E EK SW	k	15. 8.54		Mäsing Elisabeth geb. Ammermann GymnL'		SP	k	25. 5.55
	Wülle Hanns Joachim	1. 8.06	° SP KR	k	4. 1.58		Grote-Diris Siglinde		MU ER	e	26. 5.58
	Kuhlmann Edith	1. 8.06	CH M	e	15. 8.62		Moos-Heilen Regina Dr.		BI CH	k	6. 1.60
	Schmidt Birgit	1. 8.06	D L	k	27.12.61		Müller Elsmarie geb. Stratmann		SP	k	15. 6.61
C	Eggers Marika (T)	14.11.84	D ER BI	e	19. 5.54						
	Volkmann Ute Dr. geb. Lieber M. A.	1. 8.96	D L ER	e	7. 2.62		Obst Jeannette		KU	k	1. 2.65

2.487 Menden Heilig-Geist-Gymnasium gegr. 1947

st. G. (5-Tage-Woche) f. J. u. M.
Klosterstr. 20, 58706 Menden – Tel. (0 23 73) 96 87 00, Fax 6 51 73
E-Mail: schule@hgg-menden.de, Homepage: www.hgg-menden.de

Kl: 9/16 Ku: 104/18 Sch: 908 (489) (217/395/296) Abit: 86 (59)
L: 54 (A 1, A$_1$ 1, A$_2$ 6, B 21, C 17, D 3, E 2, F 3)
Spr.-Folge: E, L/F, F/L, S/L

RP Arnsberg
ASN: **170045**
Dez: LRSD Kurtenbach

A	Hardt Thomas Dr. DiplPäd.	1. 8.96	° SW EW (M)	k	16. 1.52	A$_2$	Smock Wolfgang	17.12.90	D EK	e	4. 3.46
A$_1$	Bäcker Ulrich DiplMath.	16. 1.85	M BI	k	10. 9.49		Badstübner Hermann	11. 1.92	° L G ER	e	2. 8.44
							Luczak Gerd (L)	12.10.94	D PL		1. 9.44

	Name	Datum	Fächer		Datum 2
	Schnatmann Wolfgang	18.11.95	D SP	k	28. 7.48
	Weber Jürgen	28. 2.03	D W	k	16.10.50
	Schulte Ludger		PH M	k	12. 8.50
B	Strombach Rolf	1.12.80	E SP	e	8. 7.47
	Münch Dieter	19. 6.84	EK SP	k	9. 6.46
	Bollau Ralf	1.12.85	EK F	e	10. 2.49
	Poschmann Rainer	1.12.92	E SP		16.10.50
	Kopietz Günter	1. 1.93	CH BI		7. 4.49
	Heil Michael	4. 1.94	GE SP	k	29. 9.50
	Sänger Beate	21.10.94	D EK	e	9. 4.53
	Brünger Klaus	5. 1.95	° M PH	k	20. 5.54
	Horst Wolfgang	27. 1.95	SW GE	k	19. 9.47
	Christ Bernhard	27. 1.95	° M EK	k	14. 3.54
	Smock Annette	9. 1.97	D EK	e	28. 3.49
	Theis Albert	9. 1.97	D KR	k	18. 8.54
	Becker Irina Katja Dr.	24. 6.05	M CH		17. 2.67
	Edelhoff Christiane		GE PA PK		30. 4.53
	Möhrs Jürgen		D GE	e	2. 7.53
	Major Christoph		° M ER SP IF	e	4. 4.55
	Sarholz Werner		° L GE	k	10. 2.56
	Pohl Andreas		° KU KR	k	7. 6.56
	Leder Peter		E PH	e	11. 7.56
	Hesse Andreas		KR MU		26. 5.63
C	Wegner Brigitte geb. Vaßen	18. 9.79	F E	k	8. 1.51
	Putsch Klaus	1. 3.80	D WW	e	29.10.50

	Name	Datum	Fächer		Datum 2
	Wittmann Friedel	19. 8.80	M	k	1. 1.52
	Bräunig Adelheid	20. 8.81	BI	k	11. 2.53
	Jäger Ulrich	27.10.82	GE D	e	18. 7.48
	Seiffert Sylvia	15.11.85	ER E	e	19.12.53
	Seibel Robin	20. 8.01	D E		3.11.70
	Schnell Stephan	20. 8.01	M E		13. 5.71
	Preising Gabriele		E F ER	e	22. 1.56
	Harnischmacher-Stroff Ulrike	1.12.92	BI CH		11. 8.58
	Kwiatkowski Ralf		° M PH		20.10.61
	Meissner Christian		° L KR		4. 3.67
	Rehmann Sandra		BI D		2.11.67
	Kühne Peter		L SP		29.12.67
	Lethen Jan		M PH		28. 8.69
	Cormann Ulrich		BI CH		6. 5.71
	Czwikla Denise geb. Kremer		D S		9. 4.76
D	Mertens Bernhild RSchL'	8. 6.77	E EK		24. 2.53
	Schneider Benno SekIL	5. 3.84	CH BI		8.12.54
	Dörfers Andrea	99	KU MU		26. 1.58
E	Mairath Sven	9. 8.06	D EK		15.11.75
	Knebel Antje		D F		15.12.75
F	Holsmölle Kerstin		E SP		25. 9.55
	Berning Matthias Dr.		M PL		3. 9.59
	Hartmann Christine		BI SP		12. 5.63

2.490 Meschede Gymnasium der Benediktiner gegr. 1940
pr. G. (5-Tage-Woche) f. J. u. M. d. Benediktinerabtei Königsmünster, Meschede
Klosterberg 7, 59872 Meschede – Tel. (02 91) 99 68-0, Fax 99 68 27
E-Mail: verwaltung@gymn-benedictinum.de, Homepage: www.gymn-benedictinum.de

Kl: 4/8   Ku: 131/20   Sch: 692 (383) (139/262/291)   Abit: 92 (50)   **BR Arnsberg**
L: 45 ([A] 1, A$_1$ 1, A$_2$ 5, B 17, C 12, F 8, H 1)   ASN: **170203**
Spr.-Folge: E, L, F   Dez: LRSD **Egyptien**

	Name	Datum	Fächer		Datum 2
A	(Plugge Heinz-Jürgen StD A$_2$)	1. 6.04	M PH	k	17. 9.57
A$_1$	Schlüter Berthold Dr.	1. 8.92	CH BI	k	22. 9.48
A$_2$	Pauli Karl-Josef	1.11.93	CH BI	k	28. 3.47
	Klens Ludwig	1.11.93	° E D	k	19. 8.51
	Wahle Franz	1. 8.96	° M IF	k	17. 7.49
	P. Söbbeler Klaus-Ludger	1. 2.04	D KR	k	20. 6.59
	Borghoff Eberhard	1. 6.04	° EK KR	k	24. 2.49
B	Olbricht-Cross Elisabeth geb. Olbricht (T)	1. 8.81	F GE	k	15.11.48
	Klör Jutta-Maria geb. Fritz	1. 8.81	KR PA	k	4. 4.51
	Vergers Klaus	1. 2.84	° E GE		24.11.47
	Wiegelmann Peter	1. 8.85	L GE	k	2. 7.49
	Lehner Wolfgang (V)	1. 2.87	° M PH	k	15. 1.52
	Hoffmann-Weber Elisabeth geb. Weber	1. 2.87	D KR	k	17.11.52
	Fuhs Regine geb. Happ	1. 2.89	M SP	k	15. 7.54
	Friedrichs Hans-Otto	1. 9.90	° F GE	k	23. 1.50
	Pletziger Winfried	1.12.90	BI SP	k	8. 8.52
	Meier Wilhelm	1.12.90	MU D	k	19. 8.54
	Peters Beate geb. Hüster	1.12.90	M EK	k	1. 5.55
	König Walburga geb. Kraft	1. 9.93	M PH	k	8. 7.55
	Plett Michael	1. 1.94	° SP D PL KR	k	25. 5.57
	Uhlenbrock Georg	1. 1.95	ER M		23. 3.57
	Nübold Berthold	1. 8.04	L EK	k	26. 6.56
	Nübold Luise geb. Abthoff (T)	1. 6.05	D E	k	11. 1.58
	Grosser Jürgen	1. 6.05	E D	k	30. 7.61
C	Post Kornelia (T)	1. 6.88	° M SP		1. 5.58
	Müller-Isajiw Susanne (T)	1. 3.90	EK SP	k	12. 7.57
	Füllerer Rudolf	1. 3.90	MU CH	k	11.11.57
	Pille-Schowe Markus	1. 2.98	D E	k	19. 7.63
	Schlering-Bertelsmeyer Christine (T)	1. 2.99	F KU	k	24.10.50
	Mause Christoph	1. 8.00	KR KU	k	14. 7.65
	Sandrock Robert Br. (T)	1. 8.03	KR GE PH	k	25. 3.64
	Schäfke Inken	1. 8.03	L SW	k	24. 2.67
	Schlomberg Peter	6. 9.04	M D BI	k	24. 2.62
	Berkenheide Dorothee	1. 2.05	E F	k	31. 3.69
	Kubiak Bernd	1. 2.07	E SP	k	16.10.73
F	Buschkühle Carl-Peter Prof. Dr.		KU	k	28. 4.57
	Röllecke Iris geb. Twittmann		SP EK	e	13. 7.59
	Kasten Andrea		L GE		20. 3.60

	P. **Smuda** Paulus		PL BI	k	19. 7.67		**Hirschberg** Birte	KU SW k	6. 3.76
			KR					BI	
	Wendtland Michael		ER	e	18. 5.69		**Kaldewei** Marcel	GE SP k	26.10.77
	Schaumlöffel		KR	k	2. 8.70	H	**Cross** James	E k	22. 3.48
	Br. Julian								

2.491 Meschede   Gymnasium im August-Macke-Schulzentrum   gegr. 1965
st. G. (5-Tage-Woche) f. J. u. M.
Schederweg 65, 59872 Meschede – Tel. (02 91) 9 93 80, Fax 99 38 99
E-Mail: post@gymnasium-meschede.de, Homepage: www.gymnasium-meschede.de

Kl: 6/12   Ku: 107/16   Sch: 784 (431) (192/333/259)   Abit: 58 (32)   **BR Arnsberg**
L: 46 (A 1, [A$_1$] 1, A$_2$ 2, B 15, C 13, D 2, E 6, F 3, H 3)   ASN: **170197**

Spr.-Folge: E, L/F, F/L, I   Dez: LRSD **Egyptien**

A	**Kaldewei** Dietmar	1. 8.02 °	CH BI	k	16.12.48		**Heimes** Christoph	15.12.03	M KR k	25. 4.74
A$_1$	(**Gercken** Markus	9. 5.07	D G KR k		19.12.69		**Blome** Melanie	10.04	M PH k	15.12.75
	OStR)		PP				geb. Szafranski			
A$_2$	**Nave** Dieter	1. 5.04 °	E EK	e	12. 6.47		**Jung** Michaela	15. 3.05	D E k	22.12.74
	Ammermann	17. 6.04	D GE	k	23. 3.51		geb. Claus			
	Dorothee geb. Topp						**Axer** Carolin	15. 8.05	F L I	15. 2.73
B	**Ranft** Gabriele	6. 2.80 °	BI F	k	27. 5.49		geb. Jacobs (T)			
	geb. Kogge						**Drude** Claudia	22. 4.06	D E k	26. 9.69
	Wiedeking Franz-Josef	27. 8.82	D GE	k	25.11.47		**Schüller** Silke	6. 9.06	M GE k	25.11.76
							Krämer Christine	1. 8.07	D PL k	25. 7.77
	Voßwinkel Werner	18.10.82	CH BI	k	15. 4.50				PP	
	Kleinsorge Jürgen	1.10.85	PH PA	k	16. 4.47		**Hehemann** Angela (T)		MU F	2. 4.55
	Kaiser-Löffler Johanna (T)	1.12.94	D GE	k	31. 1.54		**Schmidt** Markus		MU SP	16. 8.67
						D	**Springer** Dorothee	16. 3.83	E KR k	1. 1.55
	Meyer Ernst-Georg Dr.	7.11.95	PH IF	e	30. 3.49		geb. Nieder SekIL'			
	Düring Carlo	1. 2.99	CH E	k	15. 6.49		**Wittmann** Wilhelm	6. 7.84	ER EK e	8. 1.52
	Hartfiel Günter	27. 2.01	BI	e	25. 4.52		SekIL			
	Weber Günther	1. 4.02	M EK IF	k	23. 6.54	E	**Bräuer** Marco	1. 2.06	KU M k	5. 7.76
							Schröder-Kosche Martina (T)	9. 8.06	F KR k	17.11.74
	Schulte Otto	1. 7.04	M	k	2. 6.51					
	Mühlenbein Ute	1. 7.04	KU D	e	29. 7.52		**Borghoff** Christoph	9. 8.06	E SP k	26. 1.77
	Wiegelmann Rudolf	4. 4.05	E SW	k	21. 6.53		**Altenwerth** Holger	1. 2.07	L SP	15. 6.77
	geb. Funkenberg						**Löser** Christoph	1. 2.07	EK PH	26. 6.77
	Meyer Else-Maria	1. 9.06	BI	e	12. 2.47		**Schäffer** Christian	6. 8.07	G M	5. 7.78
	geb. Karow (T)					F	**Hermes** August		KR SP k	11.10.54
	Mühlenbein Reinhard	1. 9.06	D SW	k	18. 1.54		**Kannengießer** Dagmar		E F	20. 2.58
	Wierzchula Markus	14. 9.07	M SP	k	4.11.69		**Beck** Andreas		EK SP k	
C	**Paprotny** Axel	1. 2.80	EK SP	e	18. 4.49	H	**Oertel** Wilfried Pfr.		ER	e 28.10.47
	Schäfer Angelika	28. 2.81	F D KR k		7.11.52		**Döring** Waltraud		SP KU k	8. 8.53
	geb. Kenter (T)						geb. Böhl		TX	
	Sommer Richard	16.11.81	E SP	k	21. 7.48		**Ginzel** Christof		E L k	25. 6.76
	Steppeler Mechthild (T)	1. 1.02	L SP	k	27.12.62					

2.495 Mettingen   Kardinal-von-Galen-Schule – Europaschule   gegr. 1966
pr. G. (5-Tage-Woche) m. zweisprachigem dt.-engl. Zug f. J. u. M.
d. Vereins d. Schulfreunde e.V., Mettingen
Große Str. 38, 49497 Mettingen – Tel. (0 54 52) 91 71 20, Fax 91 71 29
E-Mail: gym-mettingen@kvg-schulen.de, Homepage: www.kvg-mettingen.de

Kl: 8/16   Ku: 122/17   Sch: 947 (539) (233/446/268)   Abit: 85 (56)   **BR Münster**
L: 56 (A 1, [A$_1$] 1, A$_2$ 7, B 15, C 15, E 5, F 8, H 4)   ASN: **168439**

Spr.-Folge: E, L/F, F/L, S   Dez: LRSD' **Hesekamp-Gieselmann**

A	**Focke** Wilhelm	1. 6.03 °	M KR	k	25. 4.51	**Wiedemann** Georg	1. 1.87 °	M KU k	21. 6.49
A$_1$	(**Hermes** Reimund StD A$_2$)	1. 2.05	E F	k	17. 2.54	(Vw)			
A$_2$	**Hölzl** Herbert	1. 7.84 °	BI	k	14.11.45	**Kremp** Edwin	1. 8.93	M EK e	12. 5.51

	Strunk Ursula geb. Beierl	1. 8.04 °	M CH	k	9.12.50		Wiening Johannes	1.10.95 °	M PH	k	14.12.58
							Schröer Silvia (T)	1.10.95	BI CH	k	28.10.64
	Wilfling Roland	1.11.04	E GE	e	29.12.52		Göldner Detlev	1.10.95	ER SW	e	27.10.61
	Werner Erhard	1.11.04	ER GE SW	e	26.10.53		Demand Hartmut	1. 1.02	MU D KR	k	18. 9.62
	Brinkschröder Dieter	1. 1.07	PH SP	k	13. 6.54		Holtkamp Kerstin	1.10.05	D BI KR	k	15. 7.74
B	Müller-Etzbach Ulrich (V)	1. 8.77 °	D GE	k	9. 8.44		Obermüller Petra	1. 8.06	E L	k	14. 6.74
	Müller Reinhard	1. 4.84	M EK	k	19.11.50		Däuper Margarete (T)	1. 8.06	KU D	k	12. 7.54
	Wilding Heinz	19. 4.84 °	E EK	e	9. 3.49		Weglage Silke	22. 2.07	E GE	k	11.11.70
	Veber Jean-Nicolas	1. 7.86	F GE	k	27.12.49		Gümpel Andreas	1. 8.07 °	D PK	k	11.12.72
	Krieger Josef	1.10.88	M PH	k	26. 8.49		Donnermeyer Peter		D L		16.11.59
	François Jean-Paul	1. 6.89	F D	k	16. 4.47		Huesmann Nicole (T)		E F	k	3. 3.68
	Thiede Martin	1. 6.90 °	CH D	e	3. 3.53	E	Seidenstücker Florian	1. 2.06	E MU	e	27. 2.74
	Tempel Helmut	1. 6.90	M PH	k	20.10.47		Misera Manuel	1. 8.06	E GE	k	23. 3.74
	Pöhner Wolfgang geb. Jaksties	1. 6.90 °	BI CH	e	30.12.50		Drees Alexandra	1. 8.06	EW D BI	k	9.11.75
	Röckers Ludwig	1. 3.92	D GE	k	12. 7.51		Grabenmeier Jörg	1. 8.06	M KR	k	21. 1.77
	Laun Marianne geb. Hinnah	1.12.96	D E	e	11. 9.53	F	Lange Sandra	1. 8.07	D GE	k	5.12.73
							Berg Peter Paul Ass d. L.		D KU	k	10. 3.53
	Buck-Netkowski Angelika (T)	1. 3.05	D EW	k	2. 7.52		Recknagel Claudia Ass' d. L.		S	k	16.10.55
							Tenberge Maria Ass' d. L.		F KR	k	13. 1.57
	Wienbrack Annegret geb. Kümper	1. 3.05	M EK	k	3.10.58		Terhorst Elisabeth Ass' d. L.		D E	e	19. 9.62
							Winkel Irena Ass' d. L.		SP BI	k	10. 3.63
	Krieger Rita geb. Meyer	1. 6.05 °	D E	k	26. 5.54		Runge Martin		GE SP	k	1. 9.72
							Schulte Nicole Ass' d. L.		PK SP	k	29.11.73
	Meyer Lieselotte geb. Lange	1. 6.05 °	M ER	e	19.12.51		Stöckel Julia Ass' d. L.		SP D EK	e	5.12.74
C	Krusekamp Bruno	1. 2.80 °	F EK	k	7. 2.47	H	Tenfelde Klaus		L	k	30.10.39
	Hölzl Gabriele (T)	17.11.81	BI	e	6. 9.45		Klaschka Ruth Dipl.-SpL'		SP	k	27.11.48
	Focke Marianne (T)	1. 3.83	M EK (L)	k	22. 1.52		Lück Helmut Dipl.-SpL		SP	k	12. 9.49
							Pfeiffer Angelika		E	k	31.10.56
	Theidel Eva-Maria (T)	1. 2.88	D KU	k	14. 1.55						

2.500 Minden Ratsgymnasium gegr. 1530
st. G. f. J. u. M.
Königswall 28, 32423 Minden – Tel. (05 71) 82 88 83, Fax 8 28 88 59
E-Mail: sekr@ratsgymnasium.de, Homepage: www.ratsgymnasium.de

Kl: 8/17   Ku: 114/21   Sch: 1029 (605) (246/473/310)   Abit: 100 (60)   **BR Detmold**
L: 60 (A 1, [A$_1$] 1, A$_2$ 6, B 16, C 20, D 2, E 2, F 1, H 11)   ASN: **168981**
Spr.-Folge: E+L/E, L/F, F/L, L/F/R   Dez: LRSD **Dr. Gindele**

A	Schmidt Karl-Friedrich	1. 5.92 □	M	e	8.11.48	Gerum Gabriele	1. 8.96	D L	k	14.11.56
A$_1$	(Küppers Cordula OStR')	1. 7.03	BI SP	e	1. 6.60	Seifert Horst (V)	28.11.96 °	CH M	k	6. 2.53
						Guth Martin	14. 8.00	MU ER	e	29. 7.60
A$_2$	Fritz Bernd-Michael	29.12.94 °	E EK	k	26. 4.48	Schulz Manfred	29. 3.01	D SW		5.12.60
	Schütte Werner	4.10.95 °	F GE	e	12. 6.48	Kügler Ulrich	8. 4.02	KU EK	e	6. 7.56
	von Sehlen Michael	17. 3.97	D BI	e	13. 1.49	Hoffmann-Schwanck Edith	1. 7.03	R M	e	23. 3.50
	Beckebans Hermann (F)	30. 3.05	SP PK EW		8. 3.56	Rademacher Renate	16.12.04	SP BI	k	15. 8.52
						Gralla Gertrud	25. 8.06	EK M	k	18.10.49
	Kaiser Georg	27. 6.05	E GE	k	20.11.51	C Farbowski Rupert	15. 2.80	L G	k	6.47
	Kresse Manfred	22. 2.07	M PH	k	21. 5.57	Havers Angelika	19. 8.80	D F		15. 2.51
B	Dölp Dieter	18.12.82 °	D EK	e	6. 7.47	Grannemann Helmut	6.12.82 °	M PH	e	12.12.50
	Lorenzen Gabriele	1.10.91 °	BI	e	9. 3.47	Kamper Willi (V)	1. 8.83 °	EK GE	e	25. 5.54
	Meintrup Clemens	1.10.92	D PL		22.10.49	Heuer Jürgen	1. 8.83	D E	e	3. 5.52
	Berndt Gabriele	24.11.92	EK SW M	e	24. 2.54	Hagedorn Elke	18. 8.83	EK D	k	29. 6.52
						Kamper Gertrud	10. 7.85 °	M PH	k	13. 3.51
	Dreismann Heinz-Werner	1. 1.93	E F	k	9. 2.48	Tessendorf Eva-Ute	15. 8.88	SP CH	k	28. 3.57
						Eberle Richard	23. 2.90	E ER	e	25. 7.53
	Busse Frank	28. 8.95	PH SP	e	24. 2.56	Plöger Heike	2. 3.93	L ER D	e	5. 4.63
	Franke Horst	5. 2.96	F EK	e	18. 5.54	Lämmel Uwe	5.10.93	M SW		30. 7.59
	Weiß Monika	5. 2.96	E F	k	13. 2.54	Kiunka Johannes	10. 3.99	E KR	k	22. 6.48

	Name		Datum	Fächer		Datum 2
	Frenz Ellen	31. 7.03	BI E			18.11.71
	Böker Lars	20. 1.04	M PH	e	23. 8.73	F
	Meyer Sandra	30. 3.04	D KU	e	5. 6.71	H
	Kracht Dörte	15. 6.05	L GE		17. 7.76	
	Häger Hans-Joachim	20. 6.06	ER L	e	12. 1.74	
	Rehberg Oliver	15. 8.06	EK SW		20. 8.76	
	Scheel Michaela	6. 2.07	KR MU	k	20. 5.75	
	Ergin Alper	15. 8.07	SW SP	msl	19. 9.77	
D	Hartmann Ulrike RSchL'	1. 8.72	E EK	e	8. 8.47	
	Rohlfs-Brinkmann Gerda SekIL'	14.11.83	BI TX		29. 6.50	
E	Eckhardt Kirstin	1. 8.06	D E	e	1.11.73	

	Name		Datum	Fächer		Datum 2
	Wulf Anita	1. 8.07	E F		18. 2.74	
	Beckebans Judith		D ER	e	22. 4.55	
	George William B. A.		E		15.11.47	
	Pottkamp Dieter Dipl.-Chem.		CH PH	e	27. 7.48	
	vom Hofe Monika		E ER	e	24. 9.49	
	Franzen Ludger		I F		21. 3.50	
	Kalski Siglinde Dr.		D GE		3. 5.50	
	Buchalle Annegret		SP	k	4. 5.50	
	Schlüter-Boström Gabriele		RW KU		7.10.53	
	Kokoschka Wolfgang		▫ SW KR	k	14. 9.54	
	Schwier Heinrich		D PL	e	4. 5.55	
	Gerlhof Kirsten GymnL'		SP TX		31. 7.55	
	Kölle Kerstin		BI		22. 7.77	

2.502 Minden Bessel-Gymnasium gegr. 1896
st. G. m. zweisprachigem dt.-engl. Zug f. J. u. M.
Hahler Str. 134, 32427 Minden – F (05 71) 82 87 88-0, Fax 8 28 78 88
E-Mail: schulleitung@besselgymnasium.de, Homepage: www.besselgymnasium.de

Kl: 10/18   Ku: 161/22   Sch: 1227 (602) (282/515/430)   Abit: 81 (43)   **BR Detmold**
L: 65 (A 1, A₁ 1, A₂ 7, B 22, C 17, D 4, E 7, F 4, H 2)   ASN: **168970**
Spr.-Folge: E, L/F, F/L, L/F   Dez: LRSD **Dr. Gindele**

	Name	Geb.	Fächer		Datum
A	Kutschera Eva	2. 8.93 °	E F		18. 2.45
A₁	Wilhelms Bernd	2. 8.93 °	SP F	e	24. 9.48
A₂	Schlüter Hauk	14.12.89 °	D SP	e	6. 1.43
	Kuna Jörg	31. 5.90 °	PH M	e	19. 7.46
	Huneke Gerd	31.12.94	D EK	e	28. 4.47
	Rademacher Heinrich Dipl.-Math.	1. 8.95 °	M IF		1. 3.52
	Kussmann Helmut	10.11.95	E GE	e	10. 9.50
	Heidemann Jürg. (F)	16. 3.98 °	BI SP	e	21. 7.47
	Preuße Hans-Helmut	22. 8.00	GE D	e	14. 9.47
B	Meffert Hartmut	27. 4.78 °	BI CH		17. 8.42
	Lücke Albert	1. 2.82	D EK	k	27. 2.46
	Rothert Brigitte	2. 1.83	D GE	e	6. 7.49
	Rienscho Friedrich-Wilhelm	29. 8.84	E ER	e	3. 8.49
	Heuser Brigitte	13. 7.87 °	D EK	e	20. 8.48
	Lilienkamp Edm.	16. 9.91 °	M PH	e	24. 5.51
	Günthner Manfred	22.12.92 °	D GE ER	e	19. 7.50
	Günter Achim	22.12.92	E GE SW		3. 6.54
	Meier Bärbel	8. 1.93 °	E GE		18. 1.49
	Franke Ekhard	13. 8.93 °	M PH IF	e	23.10.52
	Paulick Anna	1. 2.95 °	D BI	e	4.12.48
	Branning Hartmut	1. 2.95	M PA	e	15. 5.52
	Hornkohl Volker	1. 2.95 °	SP BI	e	22.12.56
	Bounatirou Moncef	21.12.95 °	D F	msl	1.10.47
	Bock Steffen	21.12.95	MU D	k	6. 2.55
	Krems Wolfgang	11. 2.97 °	E MU		27. 5.53
	Tempel Gudrun	1. 3.97 °	F EK	e	30. 7.53
	Mumm Carola geb. Schmidt (T)	1.12.02	F EK		3. 6.53
	Schrader Stephan (V₂)	1.12.02 °	L F	e	25.12.55
	Wittich Elisabeth	30. 9.04	KU KR	k	1. 7.61
	Hanke Thomas	1. 8.05 °	SP GE ER	e	25. 6.59
	Schubert Kristina (T)	1.10.06	D ER	e	19. 8.59
C	Ditze Klaus	10. 8.81	M PH		4. 5.49
	Adam Klemens	3. 8.82 °	CH EK		18. 6.52

	Name	Geb.	Fächer		Datum
	Thüning Dietmar	20. 7.85	M PH	k	21. 1.56
	Breitkopf-Hosse Hans	27.12.87	KR L	k	11.10.56
	Krüger-Pukade Margitta (T)	3.12.93	E ER		27.12.60
	Turner-Greiß Martin	13. 3.00	E EK	k	12. 9.66
	Hobbeling Anja	8. 6.00	E SP		30.11.66
	Huy Ulrich	1. 1.02	E EK		10.12.66
	Knispel Andreas (V)	1. 1.02 °	CH BI		22. 4.69
	Seller Heiko	1.11.02	BI PL	e	10. 7.70
	Pöppelmeyer Nicole	5. 2.03 °	E M		16.10.72
	Meier Martin	5. 9.05	M SP		23. 1.75
	Linnemöller Tapio	1. 2.06 °	SP BI		31.12.71
	Hadem	27. 2.06	D ER		9. 5.75
	Wirausky Christina	1.10.06	SP BI		19. 1.78
	Regel Kristina	9. 8.07	D ER		2. 6.75
	Kracht Andy		M GE		11.12.74
D	Trieps Eva-Maria FachL'	1. 8.76 °	KU TX	e	19. 4.46
	Hoffmeister Elke SekIL' (T)	31. 7.80	E SP MU		28. 5.55
	Aumann Dieter SekIL	4. 9.82	BI SP		31. 5.52
	Krumme Ulrich SekIL (T)	31. 1.94	E PH		26. 4.56
E	O'Cleirigh-Flandorfer Lughaidh	15. 9.03	M E		5. 1.59
	Salamon Sabine	22. 8.05	M PH		19.10.72
	Bylebyl Nadine	1. 2.06	M IF		12. 7.76
	Artmann Gregor	9. 8.06	PH KU		15. 8.69
	Becker Marita	9. 8.06	D EK		28. 4.78
	Pönighaus Christoph		BI SP		17. 1.78
	Lichtleitner Matthias		BI D		
F	Kock Carsten		° GE PK	e	17. 5.51
	Lünstroth Margarete		L ER	e	11. 7.62
	Blank Annemarie		ER		26. 6.68
	Fröstel Martina		° E ER		27.11.75
H	Vonhoft		MU		12. 5.48
	Sussdorf Frank		MU	e	22. 2.53

2.503 Minden Herder-Gymnasium mit Caroline-von-Humboldt-Gymnasium[1] gegr. 1826
st. G. (5-Tage-Woche) f. J. u. M.
Brüningstr. 2, 32427 Minden – Tel. (05 71) 97 27 92-0, Fax 97 27 92 40
E-Mail: hg@herder-gymnasium-minden.de
Homepage: www.herder-gymnasium-minden.de

Kl: 9/19 Ku: 163/28 Sch: 1269 (698) (268/558/443) Abit: 141 (95) **BR Detmold**
L: 73 (A 1, A$_1$ 1, A$_2$ 6, B 20, C 27, D 2, E 5, F 10, H 1) ASN: **168956**

Spr.-Folge: E/F, L/F, F/L, R/L Dez: LRSD **Dr. Gindele**

A	**Gralla** Christoph	1.11.98	° PH	k	14. 2.45		**Bierhaus** Oliver	31. 7.04	M SP	e	24.11.68
A$_1$	**Schmidt** Werner	30. 9.94	BI CH		29.12.48		**Peter** Thomas	6. 9.04	° L SP		3. 9.62
A$_2$	**Tofahrn** Wolfgang (T)	9. 2.79	° M PH	eref	7.11.42		**Förster-Steib**	6. 9.04	L ER		25.11.64
	Brünger Manfred	19.10.90	° M PH	e	26. 7.49		Christiane (T)				
	Riechmann Hans-Dieter	1.12.92	° M	e	29. 8.48		**Kreth** Maren	6. 9.04	E F	e	20. 2.75
							Heinze Matthias	31. 1.05	D MU		16. 1.69
	Kisker Lothar	27. 2.03	° D EK	e	10. 9.44		**Hanke** Marten (T)	9. 2.05	D MU	e	10.12.68
	Höltkemeier Heinz-Walter	15. 6.04	E PA		21. 5.49		**Schücke** Friederike	13. 3.05	E PL D	e	17. 8.76
	Walber Heribert	4. 6.06	° KR GE	k	1. 2.58		**Schunk** Christiane (T)	1. 8.05	D EK		29. 9.69
B	**Lüke** Wolfgang	24. 2.79	E EK	e	17. 2.46		**Kattelmann** Michael	22. 8.05	E SP		20. 2.75
	Dockhorn Werner	1. 2.80	E F	e	12.12.44		**Tallig** Evelyn (T)	6. 3.06	E D		30.12.77
	Waltke Ulrich	30.12.81	° M PH	e	31. 7.47		**Rüther** Stefan	17. 7.06	M PH		13. 9.73
	Wallos Serena geb. Hauptmeier	6. 1.83	° BI M	e	20. 3.51		**Castelli** Sabine	1. 8.06	M GE		14. 6.67
							Ristock Jessica	1. 8.06	D SW		12. 1.77
	Horstmann Gotmar	19. 7.84	D PL	e	15. 6.48		**Niedermeyer** Sabine	31. 1.07	L KR	k	10. 9.61
	Bartels Beate	12. 5.85	EK F	k	25. 8.50		**Meier** Marion	31. 1.07	E MU	e	8.10.75
	Preuße Ursula geb. Lange	14.12.89	BI GE	e	25. 7.48		**Klasmeier** Kirsten	22. 8.07	M BI	k	20.12.77
							Becker-Haake Gisela		E D	k	23. 4.54
	Hennemann Reinhard	17. 3.95	D GE	k	14. 4.50		**Schulte-Schulenberg** Silke geb. Fischer (T)		BI KU		17.12.66
	Krause Klaus	30.12.95	M GE	e	23.12.50		**Harting** Annette (T)		D ER	e	21. 5.68
	Hammerschmidt Reinhard (Vw)	13. 2.97	M SP	k	31.10.53	D	**Wullkotte** Hans-Joachim	15. 1.76	° M PH SP	k	24. 1.48
	Heidenreich Norbert (T)	20. 1.01	° PA M (IF)	e	14. 5.55		**Weber** Margarete geb. Koslowski SekIL'	4. 3.84	BI SP	e	4. 6.55
	Hildebrand Klaus	8. 4.02	° M PH	e	1. 9.53	E	**Decken** Anne Katrin	22. 8.05	E KU		2.10.70
	Delschen Rainer (T)	28. 9.02	□ E SW		15. 5.54		**Gosewehr** Birthe geb. Thilo	1. 2.06	E SP		23. 6.77
	Franke Herma	8.12.02	° CH BI		14. 8.53						
	Seipenbusch Jörn	28. 4.03	ER L	e	2.10.64		**Hammersen** Thomas	1. 2.06	M IF		30. 5.78
	Henning Günter	26. 1.05	M SP	e	11. 3.58		**Pasch** Kordula (T)	21. 6.06	L KR G	k	29. 3.63
	Strecker Arne	22. 8.05	E D	e	26. 3.67		**Plato** Martin	9. 8.06	D GE		6. 9.77
	Brell Andrea	23. 8.05	D PA		26. 5.67	F	**Kaus** Dagmar		E GE		16. 1.56
	Höltke Guido	30. 8.06	° M IF	e	21. 1.75		**Dröge** Monika		BI GE	e	15. 3.57
	Haas Monika Dr.	29. 3.07	GE EK D				**Landwehr** Hans-Eckehard Dr.		° L PL		29.12.57
							Thorbecke Anke-Maria		E F		7. 1.58
C	**Rausch** Karl-Alfred	4. 8.00	° CH	c	15. 5.44		**Aink** Achim		D ER	e	13. 1.60
	Winter Udo	8. 9.86	° ER SW	e	13. 5.50		**Handirk** Heidi		D ER	e	10. 2.61
	Schumann Klaus Peter Dr.	1. 1.02	L GE PL PP		23. 9.60		**Petzoldt** Jürgen		EK SP		20. 5.63
							Jost Elke		E F	e	29. 7.64
	Bornemann Lars	1. 8.03	D SP		16. 3.70		**Radtke** Felix		E SW		10. 9.73
	Hansing Holger	1. 8.03	D BI		28.12.72	H	**Brunotte** Dagmar geb. Baron Des.' grad.		KU	e	24. 6.47
	Rullkötter Tanja (T)	31. 1.04	D F		4. 7.71						
	Poser-Thormann Antje	21. 7.04	BI SP		1.11.66						

[1] Zusammenlegung v. ehem. Herder-G. (gegr. 1964) u. ehem. Caroline-v.-Humboldt-G. (gegr. 1826) am 1. 8. 1988

2.510 Münster Gymnasium Paulinum gegr. 797
st. G. m. Musikzweig f. J. u. M.
Am Stadtgraben 30, 48143 Münster – Tel. (02 51) 51 05 00-0, Fax 51 05 00-30
E-Mail: paulinum@stadt-muenster.de, Homepage: www.muenster.org/paulinum

Kl: 8/13   Ku: 85/17   Sch: 821 (320) (233/404/184)   Abit: 73 (21)   **BR Münster**
L: 52 (A 1, A$_1$ 1, A$_2$ 4, B 11, C 23, D 1, E 6, F 4, H 1)   ASN: **167850**
Spr.-Folge: E/L, L/F , F/S, F/S/R   Dez: LRSD **Kaiser**

A	Grave Gerd Dr.	16. 7.02	D GE		7.12.51	Heim Dorothea (T)	15. 9.04	SP BI	e	11. 8.72
A$_1$	Niehoff Manfred	2. 5.91 °	L G F	k	6. 5.43	Schmitz Simone	15. 9.04 °	E KR	k	18. 8.73
A$_2$	Derpmann	1. 1.92	D PL	k	7. 7.44	Mormann Flavia	1. 6.05	E F MU		5. 3.75
	Manfred Dr.					Lohaus Jutta	30. 9.05	KU GE	k	11. 3.69
	Wittkampf Peter	3. 1.94	D EK	k	30. 1.48	Straub Stefan Dr.	3. 6.06	D GE		5. 6.70
	Müller Peter	16. 7.02	E GE	k	28.12.44	Ludwig Kirsten	1. 8.06	D E SP	e	26. 4.74
	K.-von Kleinsorgen	1. 8.02 °	L GE	e	28. 3.51	Kna (T)	1. 8.06	F S	k	7. 7.55
	Thomas (F)					Schmänk-Strotdrees		D KR	k	1. 7.60
B	Baumeister Irmhild	15. 4.88	E GE	k	7.12.54	Barbara geb. Schmänk				
	Hussong Uta (B)	1. 2.96	MU E	e	3. 8.57	Kettelhoit Anette		L F	k	18.12.63
	Croonenbroeck Josef	1.11.02	GE R KR	k	15. 7.50	geb. Schlickum (T)				
	Zech Horst	26. 1.04	M SP		22. 9.50	Kraus-Joachim Renate		E EK	e	27. 7.66
	Lang-Schmitz Birgit	30. 1.04	E D PA	e	16. 6.56	Levkau Elisabeth (T)		E ER	e	21. 4.67
	Perdun Gabriele	1. 3.05	EK M	k	24. 3.53	Rolf Juri Dr.		M PH		30. 4.71
	geb. Zumkley					von Wensierski Jörg		D MU	k	2.11.72
	Schrand Christian	1. 3.06	M PH	k	14.11.66	Becker Hendrik		M PH	e	25. 8.75
	Sandhäger Margarete	1. 3.06	MU GE		5.10.65	D Langela Hans SekIL		GE PH	k	27. 2.52
	geb. Sandhäger					E Bröcker Christiane	22. 8.05	D SW	k	9. 4.68
	Mechelhoff Dieter		BI EK	k	22.12.50	(T)		PA		
	Fiegehenn Marianne		D SW		20. 1.53	Hanses Marcus	22. 8.05	SP M	oB	11.12.69
	Schmidt-Hagemann Uwe		L G	e	11. 9.59	Thünemann Holger	1. 2.07 °	L GE	k	26. 4.75
C	Haselmann Ursula (V)	11. 2.81	CH GE	e	22.12.53	Dr.				
	Rasche Maria geb.	15.12.84 °	GE F	k	7. 2.55	Wiberny Julia	1. 2.07	D SP		29.10.78
	Hunnekuhl (T)					Fleger Tim		M BI SP	k	4.10.77
	Schäferhoff Hubert	11.12.85	BI CH	k	28. 4.55					
	Selle Astrid	1. 7.99	CH BI		11. 6.66	Bollrath Christin		E SW PK	k	14. 7.79
	Heinrich Wolfgang	5. 9.01	BI SP PL (GE)		9. 5.69	F Stout Judy		E F		21.10.46
	Rios Barahona Marisol	2.03	D F S		17. 5.78	Bay-Strauss Brigitte		KU BI		6. 1.48
						Knappik Marianne		S F	k	5. 7.55
	Schipper Frank	15. 9.04	SP SW	k	19. 6.68	Mayer Barbara		SP PA		30.11.78
	Schawe Martin	15. 9.04	KR D	k	30. 3.72	H Holze Christiane		ER	e	24.12.60

2.511 Münster Ratsgymnasium gegr. 1851
st. G. (5-Tage-Woche) f. J. u. M.
Bohlweg 7, 48147 Münster – Tel. (02 51) 3 99 04-0, Fax 3 99 04-49
E-Mail: ratsgymnasium@muenster.de, Homepage: www.rats-ms.de

Kl: 5/10   Ku: 139/28   Sch: 669 (279) (160/311/198)   Abit: 72 (37)   **BR Münster**
L: 40 (A 1, A$_1$ 1, A$_2$ 1, B 14, C 19, E 1, F 1, H 3)   ASN: **167861**
Spr.-Folge: E, L/F, S/F, S/I   Dez: LRSD **Kaiser**

A	Jansen Gabriele	1. 2.04 °	PA PH	e	3. 2.53	Luft Ute	1. 4.07	M PH	e	19. 3.56
A$_1$	Orschel Ralf	15. 5.04	F SW	k	10. 8.61	geb. Pregla (T)				
B	Althoetmar Peter	30. 6.80	E SP	k	8. 7.44	Golfmann Christine	1. 4.07	EK E	e	2. 6.56
	Dieckmann Wolfgang	9. 7.81 °	BI EK	k	12. 4.48	geb. Schlüter				
	Schleef Jürgen	82	F PA SP		30. 3.47	Kroes-Tillmann Gabriele Dr. (F)		° D I	k	1. 8.61
	Luft Matthias	29. 1.99	M PH	e	15. 1.52	C Dietzel-Küchenhoff	4. 9.74	D E	k	16. 9.45
	Kitzmann Elisabeth	1. 2.04	F SP	e	30. 1.50	Sigrid geb. Küchenhoff (T)				
	geb. Koepsell (T)					Richter Klaus Peter	12. 4.79	KU D PL	e	20.12.43
	Leopold Ursula	1. 2.04	GE SW	k	29. 5.54					
	Klöcker Johannes	1. 2.04 °	M SP	k	28. 9.53	Blöthe Karl	10. 2.81	EK SP	e	28. 8.47
	Tiemeyer Martin	1. 3.05	KR SW	k	3. 7.52	Sablitzky Bodo	18. 3.81	SP M	e	1. 6.51
	Knäpper Matthias	3.05 □	E GE LI		23.11.62					

Stemmer Monika geb. Reitemeyer	18.10.82	° EK E	k	7.11.52	Weinbrenner Christina	1. 8.01	E PL	efk	18. 8.68
Wolthaus-Damberg Annelie geb. Wolthaus (T)	13. 5.85	° D GE	k	1. 9.53	Fischer Susanne	1. 1.02	° M I		22. 7.68
					Hummerich-Zimmermeier Doris	1. 8.03	L ER	e	8. 1.71
Decker-Bönniger Ursula geb. Decker (T)	1. 2.88	MU F	k	6. 5.55	Weßling Meike	1. 5.05	MU SP	e	30. 5.75
Kramer-Rehhahn Brigitte geb. Kramer (T)	17. 8.89	BI CH	k	28. 7.53	Serafim Elisabeth	1. 8.05	° F L D		8. 8.73
					Kortmann Ludger		E S		24. 3.64
Berka Hans-Georg	7. 8.92	MU KR	k	2. 3.55	F Picard Friederike Dr.		D BI CH	e	3.12.65
Stein-Pacios Prado Maria (T)	7. 6.95	D S	k	29. 6.58	H Stratmann Barbara geb. Hoock		KU		16. 1.50
Hamann Anita Dr.	6. 2.96	BI SP	e	30. 9.61	Dechow Jens Dr.		ER	e	7. 7.65
Wessels Cornelia	2. 4.96	L GE	e	5.12.62	Brückener Kerstin Dr.		PH BI	e	13.12.66

2.512 Münster Schillergymnasium gegr. 1900
st. G. (5-Tage-Woche) f. J. u. M.
Gertrudenstr. 5, 48149 Münster, – Tel. (02 51) 68 66 18-0, Fax 68 66 18-49
E-Mail: schillergymnasium@stadt-muenster.de
Homepage: www.schillergymnasium-muenster.de

Kl: 7/8   Ku: 109/15   Sch: 716 (312) (205/262/249)   Abit: 30 (15)   BR Münster
L: 45 ([A] 1, A_2 4, B 10, C 14, D 2, E 4, F 9, H 1)   ASN: **167848**
Spr.-Folge: E/L, E/L/F, F, N/G/I   Dez: LRSD **Kaiser**

A	(Gottschalk Ulrich StD A_1)	30.12.98	M GE SW	e	3. 8.51	Teske Dörte Dr.	15. 2.99	L I G	k	3.10.60
						Moek Britta	1. 2.02	D E	e	26. 8.68
A_2	Homann Hans-Dieter Dr.	1.95	GE F	e	22. 1.43	Pietsch Susanne	1. 8.03	F GE PL	e	22.12.69
						Hilchenbach-Voske Angela geb. Hilchenbach		KU KW	k	11. 2.52
	Böttger Siegfried	1. 2.04	° ER SP		19. 1.45					
	Vogelpohl Maria geb. Reckmann (F)	10.11.04	□ GE SW PK	k	11. 4.52	Zwick Jutta		D KR	k	25. 7.57
						Pietsch Luise geb. Heidrich (T)		E L		13.12.58
	Nesselbosch Udo (F)	1. 2.06	SW D		1. 5.58					
B	Heim Otto	20. 2.80	° MU L	e	22. 2.45	Rauchbach Ina-Maria		D N	e	25.10.69
	Freiburg Marielies geb. Hupe	27. 6.80	CH	k	30.12.45	D Fucicis Brigitte geb. Strüby SekIL' (T)	5. 5.83	SP KU		22. 2.46
	Sellmayer Manfred	27. 6.80	D SP		5. 2.48	Badersbach Günter SekIL	4. 7.83	M PH	k	20. 6.50
	Lange Ralf-Detlef (V)	12. 6.82	° PH M	e	3. 7.45					
	Kemper Hermann	23.10.01	PH M		2. 6.53	E Meyer Christian	1. 2.06	E MU	k	10.10.75
	Korte Bernhard	20. 9.02	M WW	k	20. 7.48	Derboben Anika	1. 8.06	EK SP	e	13. 1.76
	Henrichs Thomas	25. 2.05	D E KR	k	12. 2.67	Schlumbohm Petra	1. 8.07	D PL	e	3. 7.69
	Müller Mechthild	1. 4.07	° BI CH	k	8.10.49	Jäschke Hiltrud		M PL IF	e	17. 3.74
	Haverland Elke (T)	1. 4.07	BI SW		11. 8.63	F Brandt Barbara geb. Pantano		E I GE	oB	5. 7.57
C	Müller Wolfgang	19. 7.78	° EK PH	e	30. 9.46	Klausmann Theo Dr.		L GE	k	4. 3.64
	Michael Helmut	14. 2.79	° EK SP		25. 2.48	Stüwe Ulrike		GE SP		8. 1.66
	Herzog Margarethe geb. Stender	16. 5.83	SP BI	k	18. 2.47	Peitz Silvia		° D M KR	k	29. 1.79
	von Zamory Janos	20. 5.83	BI EK	e	19. 8.51	Grugel-Pannier Dorit Dr.		E PL		
	Herrmann Rosa-Maria geb. Sprengel	18. 7.86	KU KW	k	10. 7.53	Vogelsang Marion		E F		
	Lammen Christoph	1. 8.92	D KR	k	25. 2.56	H Zwarsly Ewald		CH		22. 6.60

2.513 Münster Johann-Conrad-Schlaun-Gymnasium gegr. 1900
st. G. (5-Tage-Woche) f. J. u. M.
Sonnenstr. 18, 48143 Münster – Tel. (02 51) 62 07 1-0, Fax 62 07 1-49
E-Mail: j-c-schlaun@stadt-muenster.de, Homepage: www.schlaun-gymnasium.de

Kl: 5/8   Ku: 80/12   Sch: 530 (252) (162/198/170)   Abit: 67 (37)   BR Münster
L: 34 (A 1, A_1 1, A_2 2, B 10, C 12, D 2, E 1, F 5)   ASN: **167873**
Spr.-Folge: E, L/F, F, S/I/N   Dez: LRSD **Kaiser**

A	Seifen Helmut	1. 2.06	° D GE	k	6.11.53	Feldmeier-Thiemann Gabriele geb. Thiemann	15.12.98	□ GE D PL EW SW	k	18. 7.47
A_1	Klein-Hitpaß Josef	1.11.39	M PH	k	16. 3.47					
A_2	Bruckmann Klaus (F)	1. 1.94	° M SP IF	e	28. 8.46	B Zitzler Ingobert (Vw)	23. 7.79	PH	k	26. 1.44

Wildermann Jutta geb. Mann (T)	16. 7.81	F E	e	14. 4.43	
Stiefermann Reinhard	1. 7.82	L GE	k	9. 5.46	
Perick Gisela geb. Preuß (T)	12. 3.93 °	M	k	6. 2.48	
Sassenberg Karl	29. 7.96	E SP	e	19.11.45	
Oebbecke Christina Dr.	21. 8.03	BI CH	e	5. 3.48	
Kleineidam Wolfgang	1. 3.06 °	EK R KR	k	30. 1.52	
Kemper Gisela geb. Reich (T)	1. 3.06	E SP	e	24. 8.49	
Schmidt-Morsbach Regine (T)	1. 4.07	KU F		20. 1.53	
Winter Hiltrud	1. 4.07	D		2. 7.63	
C Feuerstein Eva-Maria	5.12.79 °	M BI	k	2.12.48	
Schröer Karl-Heinz (T)	1. 3.80	E SW		30.12.50	
Veltrup Ute geb. Leder (T)	1. 3.82 °	BI	e	18.10.46	
Becker Birgit geb. Panne (T)	10. 6.83 °	F GE	e	15. 1.54	
Lemke Mechthild	1. 2.88	L F	e	19. 4.55	
Kiefhaber Martin Dr. (L)	12. 2.00	D KR PL	k	23. 5.55	
Glöe Maria (T)	10. 8.00	KU EK SW		19. 7.65	
Brüggemann Ralph	1. 2.04	BI CH		14. 1.66	
Schulte-Wörmann Dirk	1. 8.06	SP EK GE	e	12. 6.70	
Tiemann Ina	5. 2.07	D KU		23. 6.77	
Meier-Kolthoff Kathrin	1. 8.07	E GE		20. 7.78	
Wienker Nina	22. 8.07	E GE		15. 1.75	
D Happe Heinz SekIL	2.11.84	D SW	k	4. 3.52	
Semmel Wilburg geb. Schneider SekIL' (T)	29. 6.88	MU F	k	13. 9.57	
E Heße Nadine Dr.	9. 8.06	M CH (PH)		6. 6.75	
F Frochte Hans-Jürgen		MU PH		4. 5.55	
Termath Andrea		SP EK		3. 8.63	
Dechow Jens Dr.		ER	e	7. 7.65	
Holthues Cord		EK SP		16. 4.69	
Schumacher Anja		M SP		30. 4.72	

2.514 Münster Freiherr-vom-Stein-Gymnasium gegr. 1851

st. G., Ganztagsschule in Angebotsform (5.–7. Jg.st.) f. J. u. M.
Dieckmannstr. 141, 48161 Münster – Tel. (02 51) 62 06 54-0, Fax 62 06 54-10
E-Mail: steingym@muenster.de
Homepage: www.freiherr-vom-stein-gymnasium-muenster.de

Kl: 8/15   Ku: 111/17   Sch: 845 (229/396/220)   Abit: 42 (21)
L: 56 (A 1, [A₁] 1, A₂ 3, B 12, C 30, D 3, E 3, F 3)
Spr.-Folge: E, L/F, S, I

BR Münster
ASN: 167915
Dez: LRSD Kaiser

A Park-Luikenga Karin	1. 2.04	GE SW	k	14. 4.54	
A₁ [Mathey Jürgen StD A₂ (F)]	4. 9.92	MU F	k	28. 3.54	
A₂ Vahrenholt Ulrich	1.12.94	BI	e	7. 8.45	
Tiemann Klaus Dr. (Vw)	1. 2.04	PH		9. 7.46	
König Reinhard		PH M	k	16. 7.50	
B Bomfleur Christian	23. 5.80	E F	e	25. 1.45	
Frisse Adriane geb. Korte (T)	22. 2.81	D E	e	5. 1.53	
Sander Wilhelm	15. 8.94	M PH	k	3.10.51	
Weidlich Christophorus	94	BI EK	k	13. 9.49	
Gräber Clemens	22. 8.95	KR PA	k	28. 4.46	
Pohl Maria Dr.	10. 8.98	E D I		31. 1.62	
Hammer Erwin	1. 7.01	SW SP	k	1. 9.50	
Thünemann Hermann	1. 2.04	EK SP	k	14.12.51	
Luttermann Reinhard	1. 2.04	BI EK	e	8. 1.51	
Nothhelfer Ute geb. Kähning	1. 2.04	KU KW		19.10.61	
Bieber Christa geb. Wobbe		F SP		26. 7.51	
Lacourière Sabine geb. Schmitt (T) (L)		F SP	e	25. 5.54	
C Bottke Ortrun geb. Heinbockel	1. 7.78	BI CH	e	29. 3.45	
Bierbach Klaus-Michael	1. 9.80	MU PA PL		22. 9.46	
Gardner Jean Pierre	3. 8.82	GE SP ER	e	17.10.51	
Hauck Ota geb. Alsen (T)	21.10.83	EK SP	e	12. 4.54	
Peters Barbara	86	SP EK (ER KU)	e	17. 2.46	
Brand Elisabeth geb. Messer	2. 8.87	E L	k	8. 8.56	
Eichmann-Ingwersen Gerda geb. Eichmann (T)	1. 3.88	F SW		16. 8.53	
Stemann-Eisenkolb Elisabeth geb. Stemann	11. 3.92	GE SW	k	7. 8.50	
Nonte Franz	21. 5.99	KR L	k	28. 9.59	
Husmeier Petra	28. 3.00 °	D ER	k	8. 7.69	
Kochinke Julia	1. 2.03 °	S GE	k	7. 1.70	
Genau Barbara	26. 4.04	L EK	k	26. 3.72	
Walter Claudia	10.04	D E		3.10.68	
Simon Stefan	1. 8.05 ▫	SP EK	e	1. 9.66	
Herbst Sabine	9. 8.06 °	D PL PP		8. 9.60	
Neemann Arndt	9. 8.06	D GE MU	e	30.10.67	
Lütke-Twehues Ingrid	9. 8.06	M			
Neumann Petra	6. 8.07	E F	k	15. 6.72	
Klein Antonia		BI D		30. 1.56	
Klockenbusch Mecht. geb. Kemper (T)		KR KU	k	7. 7.58	
Schönherr Katrin		D E	e	13.10.67	
Riethmüller Katharina		CH M		20. 5.68	
Brinkmann Walter Dr.		D PL		11. 3.69	
Lübbers Ludwig		M SW		30. 1.70	
Autering Petra		E D	k	6. 9.71	

	Arndt Dirk		CH M	e	6. 9.71		Holtkamp Petra		L H F	e	20. 5.57
	Lach Dagmar		D GE I		13.11.71	E	Aits Hanno	6. 8.07	CH M	e	13. 1.79
	Sander Kristina		E I	k	4.11.76				SP		
	Stüper Matthias		° M PH	k	23. 7.72		Langer Maike		M CH	k	21. 5.78
			(MU)			F	Zimny Rainer		PH M		20. 7.52
D	Wittenbrink Brigitte	24. 6.83	M SP	k	5. 2.52		Kunkel Jörg		D E	e	8.11.56
	geb. Borgsmüller SekIL'						Kahler Sabine		° KR GE	k	18.10.59

2.515 Münster-St. Mauritz   Gymnasium St. Mauritz   gegr. 1909 pr. G. (5-Tage-Woche) f. J. u. M. d. Bistums Münster

Wersebeckmannweg 81, 48155 Münster – Tel. (02 51) 14 19 10, Fax 1 41 91 22
E-Mail: kontakt@gymnasium-st-mauritz.de, Homepage: www.gymnasium-st-mauritz.de

Kl: 8/15   Ku: 109/20   Sch: 895 (473) (215/427/253)   Abit: 86 (44)   **BR Münster**
L: 53 (A 1, A₁ 1, A₂ 8, B 13, C 15, D 1, E 3, F 11, H 1)   **ASN: 168233**
Spr.-Folge: E, F/L, F/I, I   Dez: LRSD **Kaiser**

A	Welling Theo	1. 5.92	° D KR	k	19. 5.49		Wefers Annette	1. 8.95	° KR F		25.10.59
A₁	Lepszy Monika	1. 2.01	° E SW	k	18. 8.50		Benson Petra	1.11.96	E F	k	24. 6.61
A₂	Heßler Roland Dr.	1.11.95	° BI KU	k	21. 5.47		geb. Sprenger (T)				
			EK				Kampert Margit	1. 2.98	° L G KR	k	30. 3.65
	Kleinhans Ludger (L)	1. 3.99	° D EK	k	10. 1.53		geb. Schäfer				
	Winninghoff Ulrich	1. 3.99	° KR PA	k	10. 1.48		Dierkes Brigitta	20. 2.03	° E F		21. 8.72
	Canstein Gerhard	1. 6.99	° M PH	k	14. 7.47		Mekhaiel Iris	1. 8.04	GE L G	k	17. 5.70
			IF				Mertens Angelika (T)	1. 4.05	° M EK	k	7. 7.68
	Müller Richard Dr.	1. 2.01	° CH		7. 1.47		Pelster Simone	1. 4.05	° SP M		30.10.74
	(Vw)						Weller Josef Martin	1. 8.06	D EK	k	28. 5.74
	Ludwig Hans-	1. 7.01	° M PA	e	8.10.51				SW		
	Joachim Dipl.-Math.		IF				Hertel Uta	1. 3.07	MU GE	k	28.11.75
	Langer Rudolf	1. 9.03	° M EK	k	30. 7.47		Müller Thorsten	1. 3.07	D KU	k	13. 3.77
	Kruse Johannes (F)	1. 9.06	EK KR	k	22. 8.60		Piacentini Michela	1. 4.07	I E	k	10. 6.73
B	Niessen Gabriele	1. 1.84	° E F	k	3. 3.51		Tertilt Harald		KR M	k	25.12.68
	Bachmann Dieter	1. 1.86	L ER	e	21.12.49	D	Köchling Inge	1. 8.73	TX SP	e	29. 5.48
	Blöthe Jutta	1. 1.95	SP EK	e	18. 3.50		FachL' (T)				
	geb. Pfeiffer (T)					E	Herzog Britta	1. 4.07	E I	k	5. 1.76
	Skawran-Schölling	1. 1.95	D SW	k	11. 8.49		Möllenhoff Beate	1. 9.07	D SW	k	10. 3.78
	Monika geb. Schölling (T)					F	Hakelberg Petra		D GE	k	2. 8.55
	Ferkmann-Hill	1.12.96	D E	k	7. 4.54		Wilming Wolfgang		° EK SP	k	1. 4.56
	Mechthild geb. Ferkmann (T)						Breuer Anna		BI EL		13.10.56
	Wittenbrink Cäcilie	1.12.96	CH PH	k	3.12.51		Coppenrath Margarete		KU	k	11. 4.57
	Hake Christof	1. 3.99	KU BI	k	14. 9.60		Buettner Sabine		ER D	k	23. 4.57
	Bartikowski Jörg	1. 2.01	E GE	k	20.10.60		Heitkötter Winfried		BI SP	k	14. 5.57
	Mack Peter	1. 6.04	D MU	k	15. 1.63		Büning Hildegard		BI EK	k	1. 4.60
	Spranke Ellen	1. 3.06	L M	k	6. 5.64		Linnemann Sandra		MU PA	k	30. 8.74
	Altmeyer Thomas Dr.	1. 7.06	° PH M	k	30. 4.60		Voßhenrich Tobias		GE KR	k	22. 5.76
	Mischnat Barbara	1. 4.07	D GE	k	4.10.62		Tepe Gerrit		MU EK	k	29. 9.77
	Stahl Ulrike (T)	1. 9.07	BI EL	k	12. 5.52		Metzner Barbara		F SP	k	29. 3.78
C	Schöneich Martin	1. 2.92	° PH CH	k	7. 9.58	H	Brune Irmtraud geb.		SP TX	e	11. 3.47
	Röder Reiner	1. 6.94	SP E	k	24. 8.58		Allemeyer GymnL'				
	Kittner Anne-Kathrin	1. 8.94	M L	k	20. 3.59						
	geb. Freitag (T)										

2.516 Münster   Annette-von-Droste-Hülshoff-Gymnasium   gegr. 1690 st. G. (5-Tage-Woche) f. J. u. M.

Grüne Gasse 38/40, 48143 Münster – Tel. (02 51) 4 14 92 30, Fax 4 14 92 59
E-Mail: annette@muenster.de, Homepage: www.annette-gymnasium.de

Kl: 9/16   Ku: 190/28   Sch: 1214 (753) (276/485/453)   Abit: 143 (87)   **BR Münster**
L: 80 (A 1, A₁ 1, A₂ 9, B 23, C 35, D 4, E 5, F 2)   **ASN: 167836**
Spr.-Folge: E/F, L/F, L/S, S/C/L   Dez: LRSD **Kaiser**

A	Hermans Arnold Dr.	1. 8.98	M SW	k	12. 2.53	A₂	Knoblauch Gunther	31. 7.76	BI SP		17. 1.43
A₁	Dahlhaus Bärbel	1. 6.03	GE Soz	e	1. 9.48		(F)				
	geb. Gronau						Feldermann Dieter (F)	30. 1.92	° BI CH	oB	19. 4.47

	Name	Datum	Fächer		Datum 2
	Weber Bernd Dr. (F)	4. 9.92	KR PA GE	k	24. 7.47
	Baumgarten Heinz (F)	22. 3.96	KU W	e	16. 9.51
	Münch Gisela (T)	8.12.00	D PA		2. 2.49
	Nellessen Rita (T)	1.12.01	E GE	k	11.10.52
	Warnking Marita geb. Oeding	1.12.01	F R	k	4. 5.50
	Freise Gabriele geb. Hestermann (T)	1. 7.02 °	E GE		3. 8.54
	Kupferschmidt Karin	1. 9.06	CH GE		28. 2.64
B	Brandt Gisela geb. Brämik	5. 2.79 ▫	SP BI	oB	27. 9.46
	Hartwig Gabriele geb. Ramb (T) (L)	11. 2.80	SP PK	k	25. 6.50
	Pohlmann Renate geb. Schmitz (T)	7. 7.81 °	BI M	k	12.12.48
	Timmerbrink Ursula (T)	1. 8.82	F E	e	15.11.50
	Beule Hans-Peter	12.11.84	F SP	k	21. 1.47
	Wagner Christiane	1. 8.95	D GE PL	k	2. 1.51
	Bieber Hartmut	20. 1.97	EK SP	k	2. 1.45
	Jörling Marlies	20. 1.97	D EK	k	5. 1.48
	Stratmann Irmgard	29. 1.97	F SP	k	4. 2.53
	Bücker Wolfgang	7. 2.97 °	SP M	k	20. 4.47
	Buchholz Gerhard	7. 2.97	KR SW EW	k	17. 8.50
	Weber Hans Eugen	5. 3.97	L ER	e	11.10.55
	Azike Hildegard geb. Musolf	1.12.02	E PA		28. 7.53
	Gebauer Jürgen (V)	1.12.02 °	M PH	k	2. 5.55
	Walther Matthias	1. 2.04 °	F S	e	27.11.52
	Möllenbrink Helga	1. 2.04	M EW	k	8. 3.55
	Illner Annegret	1. 2.04	D E KR	k	6.11.56
	Otten-Rühl Margret geb. Rühl (T)	1. 3.05	EK SW	k	29. 8.52
	Fischedick Karin geb. Heider (T)	1. 3.05	CH PH	k	7. 8.55
	Dreseler Beate (T)	1. 3.05	M PH	k	27. 9.56
	Mette-Michels Claudia geb. Mette (T)	1. 3.06	BI F	e	9.11.56
	Bremer Thomas	1. 3.06	BI KR	k	12.11.66
	Kaiser Ulrich	1. 6.07	D GE	k	4. 9.59
C	Heinrichs Angela geb. Ehrke	15. 5.79	BI EK	k	4. 9.51
	Gausler Gabriele	1. 3.81	S F	k	17. 6.52
	Weiß Brigitte	1. 7.81	M SP	k	29.11.52
	Schwabe Rainer	7. 8.81	EK SP	k	19. 2.49
	Hoppe Hermann	3. 8.82	PH M	e	31. 3.50
	Hiepko Sönke Dr.	14.10.82 °	M PH	e	26. 4.49
	Beckmann-Küster Maria geb. Beckmann (T)	30.10.82	KR SW	k	24. 8.51
	Siewert Jürgen	14. 5.83	D GE	e	26. 5.51
	Grunert Edwin	1.10.84	E EK		31.12.47
	Rutsch Werner	15.10.84	M EW	k	26. 3.52
	Rosin Rainer	25.10.84	E F	k	23. 1.52
	Schulte Sabine geb. Sonntag	26. 9.85 °	E ER	e	4. 7.54
	Jöstingmeier Heike geb. Schröder	31. 5.86	BI EK	e	31. 3.54
	Mustroph Claudia (T)	22.10.89	E ER		26.10.58
	Daniel Susanne geb. Brinkmann (T)	11.11.91	BI GE	e	27. 6.55
	Terhorst-Schweifel Maria (T)	26.11.91	KR SP	k	21. 5.60
	Fröhlich Anke (T)	19. 8.93	D E	k	29. 4.57
	Schulte-Strathaus Annette geb. Jöckel (T)	10. 5.94	F PA	k	20. 1.52
	Frost Barbara	1. 1.02	M PH		3.11.70
	Althoff Martin	16. 3.03	D L		26. 8.67
	Wollbold Sylke	24.11.03	E D		
	Achenbach Martina	1. 8.04	D KU		4.11.64
	Beckmann Dorothee	1. 9.04	MU EK		
	Schulten Jutta	15. 9.04	E MU	k	2.12.71
	Köhler Annika	1. 5.05	E S		15. 3.74
	Beck Wolfhart Dr.	1. 8.05	GE PL		6. 2.70
	Streyl Hendrik	1. 9.05	SP EK M		21. 5.72
	Spieker Daniel	15. 9.06	E CH		19.12.75
	Thormann Heidje	21. 8.07	KU SP		18.10.71
	Paravicini Martina geb. Hacker	16. 9.07	F KU		16. 6.76
	Fels Kathrin	16. 9.07	D S EK		28. 8.76
	Kasten Ingrid		M CH IF	e	26.11.54
	Strauch Claudia (T)		MU E		6. 4.56
	Kurzer Reinhard		D E PL		30. 9.59
	Taneri Nicola		E S GE		23. 5.71
D	Blome Maria geb. Vagedes SekIL' (T)	16. 2.82	KU D GE		5. 2.50
	Clever-Bielesch Jutta	1. 6.84	MU EK	k	25. 8.54
	Saam Helga geb. Korte SekIL' (T)	25.10.84	SP KU	e	27. 2.54
	Jobst-Peckel Brigitte geb. Peckel SekIL' (T)	2. 5.88	CH BI	k	30. 9.54
	Lambertz Kathrin	9. 8.06	D E PL		2. 7.76
	Penz Carsten Dr.	1. 2.07	PH CH	e	13. 6.73
	Jung Michael Dr.	1. 2.07	L GE	k	2. 5.76
	Gieseke Carolin-Susann	1. 2.07	M F	k	24. 6.76
	Westphal Julia	6. 8.07	SW BI SP		2.12.76
F	Kittlaus Martin Dr. Massing Ruth		C D PK		25. 4.64

2.517 Münster Marienschule gegr. 1922
pr. G. (5-Tage-Woche) m. zweisprachigem dt.-engl. Zug f. M. d. Bistums Münster
Hermannstr. 21, 48151 Münster – Tel. (02 51) 28 91 80, Fax 2 89 18 39
E-Mail: marienschule-ms@bistum-muenster.de
Homepage: www.marienschulemuenster.de

Kl: 7/16 Ku: 106/17 Sch: 958 (958) (198/480/520) Abit: 52 (52)   **BR Münster**
L: 59 ([A] 1, A_2 5, B 13, C 13, D 2, E 4, F 21)   ASN: **167903**
Spr.-Folge: E, F/L, F/I, I/S   Dez: LRSD **Kaiser**

A	(Fischedick Arno StD A_1)	20.11.98	M CH	k	17. 4.56
A_2	Westphal Ursel geb. Müller	31.12.91 °	SP M	e	8. 4.49

	Scheele Ursula	1.	2.99 °	L E	k	31.12.47		Calderón y Graw	1.	8.05 °	S E		7. 1.71
	Bieling Gabriele Dr.	1.	5.99	D PL BI ER	e	19. 7.43		Cándida (T)					
	Schmidt Klemens (Vw)	1.	3.05 °	M PL IF	k	23.11.53		Laumann Jürgen	1.	8.07 °	E MU	k	26. 8.73
								Kanzog Robert			E KR	k	11. 1.67
	Gerwing-Frisch Annette	1.	8.07 °	E EK	k	28. 7.57	D	Laube Barbara geb. Moritz FachL'	29.10.76		TX SP	k	19. 5.49
B	Palmes Dieter	1.	8.75 °	D F PL I	k	1.10.42		Reißmann Christa geb. Krabbe FachL'	10. 6.78		SP MU	k	25.12.42
	Hönisch Gabriele	6.	2.79 °	BI M	k	19. 1.45	E	Berkemeier Christian Dr.	1.	2.07	E F	k	24. 5.71
	Gehlmann Klemens (V)	2.	6.79 °	D KR	k	16. 1.47		Leenen Michaela Dr.	1.	2.07	D GE PA	k	2. 5.76
	Kiefhaber Georg	1.	2.84	CH PH	k	28. 9.49		Polreich Alexa	1.	2.07	D GE KR	k	20. 2.78
	Gebbers Ernst Ulrich	1.	2.86	KU W	e	5. 9.48		Göcke Anja	1.	9.07	SP E	k	7. 3.77
	Harhues Elisabeth geb. Menke	1.	2.86 °	M IF	k	25. 8.51	F	Lünnemann Anna-Elisabeth Ass' d. L.			BI CH TX	k	19.12.53
	Köhler Walter	1.	5.99	MU GE	k	15. 2.55		Winterberg Barbara			F SP	k	6. 8.55
	Hesse-Peuckert Marg. geb. Boeckermann	1.	7.05	BI	k	22. 3.52		Weber Pia			D KR	k	11. 6.56
								Nienhaus Gerda Ass' d. L.			° L F	e	11.10.56
	Surholt Elfriede Dr. geb. Muhle (T)	1.	7.05	BI CH	k	3. 2.51		Wistokat Friederike geb. Gausemeier Ass' d. L.			° SP E	k	23. 2.57
	Schettler Angelika	1.	7.05	PH M	k	5. 9.52		Thiemann Josef Ass d. L.			BI EK	k	3. 6.58
	Fels Michael	1.	7.05	GE EK	k	21. 4.52		Albers Veronika geb. Dikow Ass' d. L.			° GE D	k	10. 5.59
	Lange Barbara geb. Menke (T)	1.	7.06 °	D PL	k	31. 1.54		Grothus Jürgen Ass d. L.			° BI KR	k	16. 4.60
	Baar Marlies	1.	8.06	GE L	k	16.10.71		Bußmann-Strelow Gabriele Dr. Ass' d. L.			GE E	k	22. 8.61
C	Schulte-Ludwig Monika (T)	1.	8.99	M EK	k	18. 7.55		Ernst Hartmut			D KR		25.10.61
	Ellmann Christina	27.	6.03	E BI	k	3. 2.69		Fry Agnes			E M	k	27. 1.63
	Kläs Carsten	18.	7.03	M PH	k	9. 1.73		Lütke-Jüdefeld Daniela			KU F	k	21. 9.64
	Reick Christian	21.	7.03	D E	k	29.11.71		Meyer Stephan			L F	k	24. 2.65
	Hülskamp Maria geb. Fechtrup (T)	1.	8.03	E BI	k	25. 3.62		Kaiser Susanne geb. Baute			SP PA	k	14. 9.66
	Dehé Astrid geb. Dehé (T)	1.	8.03 °	D KR	k	28. 1.65		Eggersmann-Büning Marie-Theres			D KR		10. 8.67
	Baumeister Barbara geb. Stähler (T)	15.	9.03	MU F	k	28.11.58		Glahn Sandra			M I		21.10.69
								Haenlein Piroschka			CH SW	k	12. 7.76
	Harenbrock Gerburg (T)	27.	5.04 °	GE PK SW	k	26. 1.69		Esslage Simone			ER	e	25.12.77
	Gebing Angelika	27.	5.04	E SP	k	13. 8.70		Grotendorst Karin			M SP	k	3. 2.78
	Schulting Anja Dr.	1.	3.05	I E	k	16. 6.69		Sterz Eva			KR M	k	5. 5.78

2.518 Münster Wilhelm-Hittorf-Gymnasium gegr. 1938
st. G. (5-Tage-Woche) f. J. u. M.
Prinz-Eugen-Str. 27, 48151 Münster – Tel. (02 51) 68 61 4-0, Fax 68 61 4-49
E-Mail: hittorf-gymnasium@stadt-muenster.de, Homepage: www.whg-ms.de

Kl: 8/12 Ku: 137/22 Sch: 926 (386) (241/343/342) Abit: 91 (41) **BR Münster**
L: 59 (A 1, A_1 1, A_2 10, B 15, C 18, D 5, E 5, F 3, H 1) ASN: **167897**
Spr.-Folge: E, L/F, F, S (ab Jg.st. 10) Dez: LRSD Kaiser

A	Greber Winfried	1.	8.05	BI CH	k	9. 7.54		Ossege Manfred	1.	6.97	F KR PL	k	6.11.51
A_1	Görlich Brigitte	1.	8.96	D PL	e	24. 9.47							
A_2	Hillesheim Karl-Friedrich (F)	1.	1.81	D EK PA	k	1. 3.47		Fleger Wolfgang (F)	1.	4.98 °	M	e	19.10.49
								Maciey Uwe	1.	4.98	EK WW	e	19. 6.49
	Waltermann Bernhard (F)	1.	9.85	SW WW	k	12. 8.47		Kötter Engelbert	1.	6.00	D PA		24.12.49
							B	Isbach Werner	1.	4.93	M	e	16. 6.49
	Eggert Heinz-Ulrich Dr.	29.	9.89 °	E GE	k	23. 2.46		Moennighoff Angelika	1.	9.94	E EK	e	11. 7.54
	Eismann Jürgen Dr.	1.	3.92	M PH	k	25. 3.43		Escher Detlef	1.	7.95 °	M SP		6. 7.48
	Böttcher Lutz-Rainer Dr.	1.12.94		SW BI	e	2. 8.46		Janetzki Wolfgang	1.	4.96	SP F	e	23. 8.47
	Wuttke Bernhard Dr.	1.	7.95	E F	e	28. 1.47		Konrad Monika geb. Reckmann (T)	1.	1.97 °	D PL	k	23.12.49

	Tüshaus Gerlind	1. 1.97	D SW		6. 9.52
	Schütte Christa geb. Muenk (T)	1. 1.00	D F	e	18.12.46
	Süselbeck Ulrike	1.12.00 °	E EK KU	k	6.12.53
	Ferschen Rolf	1. 8.01	M PH	e	20. 2.51
	Grobbel Volker	1. 8.01 □	D SW		21. 8.47
	Rückemann Werner	30. 8.02 °	KU W	e	7. 1.50
	Schriefer Hans-Joachim	30. 8.02	CH PH	e	13.10.54
	Scheidel Brigitte geb. Drugy (T)	25. 2.05	F GE	k	26.12.52
	Posingies Klaus		ER SP	e	14. 1.57
	Mersmann Arndt Dr.	°	E GE	e	19. 4.69
C	Horst Cornelia (T)	3. 8.76	D F	k	10. 7.46
	Dahrenmöller Barbara geb. Palmer (T)	17. 2.81 °	CH BI	e	8. 5.51
	Schmidt Martina geb. Pieper (T)	1. 3.81 °	M EK	k	14. 3.52
	Kühn Horst	4. 3.83	M PH	e	5.11.50
	Lidzba Heribert	24.10.84 °	KR PL	k	3. 1.51
	Horstmann Andreas (T)	3. 7.86 °	E BI	e	12.10.57
	Bakenecker Astrid (T)	10. 8.87	D BI	e	3. 2.55
	Plenter Monika (T)	22. 8.88	KR E	k	14. 9.56
	Bunge Irmgard (T)	1. 8.93	E L	k	16.11.60
	Helb Barbara	6. 9.04	M SP		
	Schuster Ina	15. 9.05	BI CH		22. 6.68
	Wittke Swen	24. 1.06	S EK SP		4. 9.72
	Stahl Christina	2. 3.06	E F		11. 3.76
	Schuerhoff Susanne	23. 6.06	D KR	k	25. 3.75
	Nottenkämper Britta	26. 6.06	S GE	k	12. 4.70
	Kehlbreier Harald	31. 7.06	M IF	e	3.10.75
	Gehrmann Waltraud		M SW		25.10.51
	Achtergarde Frank		BI SP		3. 3.75
D	Drewe-Herzog Barbara SpL'	1. 8.79	SP		24.11.48
	Siebert Renate SekIL' (T)	27. 8.82	M BI	e	6. 2.54
	Tornsdorf Antonette-Maria SekIL' (T)	24. 6.83	D TX	k	6. 4.51
	Fiekers Ludwig SekIL	16.12.83	KR SP	k	25. 8.54
	Herbrich-Reuber Susanne geb. Herbrich	6. 8.07	SP EK	k	24.10.61
E	Wethkamp Roswitha	22. 6.06	F L EW I		10. 1.74
	Korfsmeier Thorsten	1. 2.07	M PH	e	4. 6.76
	Unnerstall Silja	1. 2.07	MU SP PA	k	26. 4.78
	Westphal Christian	6. 8.07	M SP BI	e	26. 6.78
	Rosen Antje	6. 8.07	E KR	k	
F	Neumann Ekkehard		KU KW	k	22. 2.51
	Trütken-Kirsch Heinz-Jürgen Dr.		D GE	k	25.10.60
	Kohl Veronika Dr.		CH PH		
H	Fischer Gudrun Dipl.-SpL'		SP	e	29.11.52

2.519 Münster Pascal-Gymnasium gegr. 1967

st. G. (5-Tage-Woche) m. engl. u. zweisprachig dt.-frz. Zug f. J. u. M.
Uppenkampstiege 17, 48147 Münster – Tel. (02 51) 20 13 70, Fax 2 01 37 30
E-Mail: pascal-gymnasium@stadt-muenster.de, Homepage: www.pascal-gym.de

Kl: 8/13   Ku: 162/29   Sch: 975 (557) (238/371/366)   Abit: 97 (54)   **BR Münster**
L: 64 (A 1, A_1 1, A_2 4, B 18, C 24, D 1, E 11, F 4)   ASN: **167885**
Spr.-Folge: E+F/F+E, –, L, I/S   Dez: LRSD Kaiser

A	Lübbering Heiner	2. 5.92 °	F SP EK	k	18.10.44
A_1	Wilken Gisela	30. 1.04 °	EK SP	k	20. 9.51
A_2	Bouvain Hugo	30. 3.92 °	M BI IF	k	9. 6.47
	Maudanz Werner	15. 2.95	M SP	k	24.10.46
	Plettendorff Thomas (F)	17.10.03	F E D	k	17. 9.63
	Bindewald Lothar	1. 3.05	BI SP	e	25. 5.55
B	Zimmer Mathias	2.11.89 °	M MU	e	14. 2.56
	Beckmann Reinhard	11. 3.93 °	M PH	e	29. 9.50
	Hermans Monika geb. Schöttler (T)	11. 3.93	M SW PK WW	k	17. 3.54
	Hüffmeier Ekkehard geb. Zach (T) (V)	26. 3.93 °	EK SP MU	e	28. 6.44
	Brand Elisabeth geb. Kerkmann (T)	30.12.98	GE F	k	29. 7.53
	Schulze Frenking Heribert (T)	21. 4.97	M PA	k	1. 8.48
	Kraus Hanns-Joachim	1.10.99 °	E SP		16.11.54
	Ischebeck Tini geb. Leising (T)	26. 7.00	CH PH	k	15. 2.50
	Stolz Michael	2. 8.00	D SP	k	1. 1.49
	Staib Gabriele geb. Hammer (T)	1. 8.01	F EK	k	19. 6.49
	Heinemann Dirk	1. 8.01 °	F ER	e	15. 2.61
	Pieper Klaus Jürgen	1. 3.05 °	D PL MU ER		12. 4.51
	Radau Maria geb. Tönjes (T)	1. 3.05	SP M		17. 6.61
	auf'm Kamp Cornelia geb. Kümmeler (T)	1. 3.06	BI E		28. 5.60
	Warnke Wibke	1. 3.06	E SP F		26. 2.71
	Voges Angela geb. Dübjohann (T)	1. 4.07	D F		9. 8.69
	Grewe Detlef	1. 4.07	BI SP	k	8. 9.60
	Bouwer Heiner Dr.	1. 8.07	E GE	e	11. 3.68
C	Pohlkamp Ursula geb. Ulbricht (T)	16. 1.76	KR F	k	15. 3.45
	Lambertz-Péresse Christa (T)	1. 2.77	F GE		19. 2.50
	Kappenstein Johs.	1. 2.80 °	D GE PA	k	19. 2.44
	Boenigk Reinhard	11. 4.80 °	CH IF		26.10.49
	Vey Angelika geb. Pöttker (T)	9. 1.84	E EK		30. 1.54
	Schulze Frenking Ulrike (T)	28. 9.84	BI EK F	k	16. 2.52
	Burba Steffen	7. 1.96	MU EK	e	24. 6.60
	Husmann Anke Dr. (T)	16. 6.96	E SP		29. 5.61

Name	Datum	Fächer		
Riepenhausen Ulrich	20. 2.97	L GE	k	10. 8.67
Rösch Ulrike (T) (V)	1.11.98	F PL SW I	e	17. 8.54
Winkler Monika M. A.	1.12.99 °	D E	k	
Retter Irene	6. 3.00	KU ER	e	29.12.62
Deittert Michael (T)	1. 9.01	BI CH	k	9. 3.70
Rombeck Ortwin	5.11.01	KU D	e	19. 2.70
Hoffmann Karin (T)	1. 1.02 □	D ER	e	8. 7.64
Palma Birgit (T)	1. 1.02	M PH		24. 4.68
Finkeldei Hildegard (T)	1. 2.02	D E		16. 1.65
Stahlberg Carolin geb. Micklisch (T)	1. 8.02	F S	e	9. 2.73
Weischer Dirk	1. 9.02 °	KR PH	k	14. 5.70
Beckmann Beatrix (T)	21. 2.03 □	EK F KR	k	1. 5.59
Lienenklaus Karin (T)	15. 3.05 °	F SP		30. 3.73
Laurenz Eva-Maria (T)	1. 8.05 □	E BI	k	17. 4.66
Tröster-Lanzrath Anke (T) (F)	1. 8.05	D GE	k	18. 5.66
Homberg Ulrike (T)	9. 8.06	D KR H	k	16. 5.67

	Name	Datum	Fächer		
D	Selle Martin	1. 2.87	D KU	e	22.10.54
E	Zierden Andrea	6. 9.04 °	E GE	k	29. 7.74
	Kampmann-Grünewald Andreas Dr. (T)	9. 8.06	KR D PK	k	16. 5.61
	Lippmann Mathias	9. 8.06	I SP		9. 7.73
	Westphal Niels	9. 8.06	M SP		29. 4.75
	Kemper Markus	29.10.06	EK SP	k	30.11.74
	Frey Michael (T)	1. 2.07 °	GE MU	e	4. 1.72
	Heller Andrea	1. 2.07 □	E SW	e	15.12.76
	Vahrenhold Kathrein	1. 2.07	I L	e	2.10.77
	Knewitz Cornelia	1. 2.07	S BI		5.10.77
	Goßmann Winfried	1. 2.07	BI CH	e	2. 1.78
	Pyka Dominik	1. 2.07	F GE	k	15. 2.78
F	Kruse Gabriele geb. Kruse		D F		5. 6.54
	Blaß-Terheyden Marlies		□ D KU	k	24.11.55
	Musolff Hans-Ulrich Dr.		D GE	k	11. 2.56
	Hegmann Susanne geb. Hegmann		KU PL	e	23. 6.57

2.520 Münster-Hiltrup Kardinal-von-Galen-Gymnasium gegr. 1946
pr. G. (5-Tage-Woche) f. J. u. M. d. Bistums Münster
Zum Roten Berge 25, 48165 Münster — Tel. (0 25 01) 44 51-0, Fax 44 51-34
E-Mail: kvg-hiltrup@bistum-muenster.de, Homepage: www.kvg-hiltrup.de

Kl: 7/13 Ku: 180/30 Sch: 957 (505) (217/401/339) Abit: 86 (47) **BR Münster**
L: 63 (A 1, A₂ 6, B 18, C 20, D 1, E 8, F 9) ASN: **168221**
Spr.-Folge: E, F/L, F/L, I/S Dez: LRSD **Kaiser**

	Name	Datum	Fächer		
A	Thelosen Paul M. A.	1. 8.97	D GE PA PL SW	k	29. 5.46
A₂	Humbert Herm.-Jos.	14. 6.00	E EK	k	8.10.46
	Kaspar Ulrich	1. 9.01	M EK	k	14. 3.47
	Rickert Hildegard	1.10.04	KR PA	k	4.12.50
	Landwehr Veronika	1.10.04	M F	k	6. 9.49
	Hakenes Michael	1.11.06	L I KR	k	31. 8.62
	Krüger Ruth geb. Meyer	1. 7.07	E SP	k	6. 6.49
B	Eisenhawer Bernd	1.11.78	BI SP	e	1. 4.44
	Wirth Rainer	1.12.78	M PH	k	23. 8.43
	Richter Gisela geb. Gerth	1.12.81	SP D	e	30. 7.48
	Hühn Udo	1.12.82	ER M	e	5.10.48
	Vogelpohl Horst	1.12.82	F SP	k	10. 1.49
	Cordes Mariele geb. Janßen	1.12.95	E SP	k	27. 3.51
	Ruwe Franz-Josef	16. 6.99	E SW	k	8. 7.52
	Horstbrink Gabriele geb. Bruch	1. 8.04	M SW	e	12. 6.54
	Niessen Winfried	1. 8.04	D PA	k	18. 4.53
	Braunsmann Heinrich	1. 8.04	M EK MU	k	18.10.56
	Rickert Michael	1. 1.06	KU EK	k	29. 5.53
	Theilmeier-Wahner Mechthild	1. 1.06	D GE PL	k	17.10.61
	Köhnsen Astrid	1. 1.06	BI CH	k	28. 9.67
	Stiglic Anja Dr.	1. 1.06	GE D	k	5. 8.68
	Fritzen-Hillebrand Martina geb. Fritzen	1. 8.07	KR L	k	16. 2.56
	Keßelmann Roland	1. 8.07	M PH	k	9. 3.73
	Goerke Karsten	1. 8.07	D KU	k	7. 4.70
	Klomfaß Andreas	1. 8.07	MU EK	k	13.10.69

	Name	Datum	Fächer		
C	Heimes-Redeker Magdalena geb. Heimes	4. 9.84	BI SP	k	12. 6.54
	Conze-Eisen Gabriele geb. Conze	4. 9.85	F KU	k	20.10.51
	Juhl Ulrich	1.10.95	M CH	k	16. 7.59
	Schulte Meinhard	1.10.95	D KR	k	14.12.60
	Wiegmann Barbara geb. Brücker	1. 2.97	D GE	k	18. 8.62
	Traud Sabine	1. 2.01	L KR	k	14. 8.65
	Woltering Ralf	1. 2.01	D KU	k	22. 7.66
	Millmann Christine geb. Rempe	1. 8.03	F SP	k	27.12.70
	Müller Peter	1. 8.03	SP E	k	8. 1.71
	Joswig Jutta geb. Ostendorf	1. 8.03	F L	k	1. 5.73
	Lemper Susanne	2. 9.03	D E S		7. 3.69
	Voß Franz-Bertram	15. 9.03	EW KR	k	15. 6.73
	Bennemann Frank	1. 2.04	MU KR	k	12.12.70
	Wieschhörster Benedikt	15. 3.04	M PH	k	31.10.70
	Dortschy Anne	15. 3.04	KR E	k	30.11.72
	Hof Stefan	1. 7.05	CH SP	k	29.11.72
	Möller Ulrike geb. Mertens	1. 9.06	SP BI	k	5. 7.70
	Alkemeier-Bohlsen Hans-Peter		GE CH BI M	k	6. 2.61
	Bellm Elisabeth geb. Krebs		BI CH ER	e	31. 3.67
	Brinker Kerstin		M GE PH	k	28. 1.77
D	Düppers Walter Dipl.-Päd.	1. 9.75	D BI SP	k	28. 8.44

E	**Krapp** Stefanie geb. Fröndhoff	2. 9.02	E S	k	15. 9.71	F	**Gremmler** Claudia Dr.	GE DPL k	21. 4.53
							Dolezich Johannes	D MU k	2.10.54
	Rüschenbeck Alexandra	15. 9.03	E D	k	13. 1.70		**Bitter** Santa geb. Fernau	GE L k	4.11.58
							Chrobak Christa	KR D k	19. 5.59
	Vey Birgitta	1. 9.06	GE EK E	k	29.12.74		**Frenk** Irena geb. Kempa	F S k	24. 2.65
							Ritter Carsten	BI E k	22. 3.73
	Klomfaß Jürgen Dr.	1. 2.07	M PH	k	7. 8.71		**Kesselmeier** Christoph	SP PA k M	6. 3.75
	Eggersmann Roland	1. 9.07	M SP	k	3. 7.73				
	Osthues Gregor	1. 9.07	GE E KR	k	18. 7.73		**Winter** Stefan	M SP PH k	21. 3.77
	Cramer Kirsten	1. 9.07	E BI	k	10. 2.76		**Röder** Esther	KR D M k	2.12.78
	Nacke Katrin geb. Winter	1. 9.07	KR D S	k	6. 2.78				

2.521 Münster-Hiltrup Immanuel-Kant-Gymnasium gegr. 1974

st. G. (5-Tage-Woche) mit zweisprachigem dt.-engl. Zug f. J. u. M.
Westfalenstr. 203, 48165 Münster – Tel. (0 25 01) 92 64-0, Fax 92 64-29
E-Mail: kantgym@muenster.org, Homepage: www.muenster.org/kantgym

Kl: 8/14   Ku: 127/19   Sch: 952 (511) (249/392/311)   Abit: 94 (50)   **BR Münster**
L: 57 (A 1, A$_1$ 1, A$_2$ 7, B 16, C 23, E 5, F 3, H 1)   ASN: **184676**
Spr.-Folge: E, F/L, L/F, I   Dez: LRSD **Kaiser**

A	**Sträßer-Panny** Ingeborg Dr.		° D KU TX	k	22. 2.48		**Richter** Annedore	KU SP	14.11.48
							Hübsch Ulrich	18. 1.82 ° M EK k	24. 5.53
A$_1$	**Schwarzenberg** Heribert	1. 8.00	° M EK WW	k	17. 2.51		**Tesching** Klaus-Wilhelm (T)	12. 8.82 KU W e	10. 4.51
A$_2$	**Kerkmann** Bernhard	22. 4.93	F EK I		26. 2.47		**Wulfheide** Hilde geb. Möller (T)	21. 4.83 D KR	8. 5.55
	Pelster Hans-Herm.	8.11.94	° PH M	k	24.10.44				
	Niehoff Anton	1. 8.96	GE E SW	k	19. 1.47		**Ruwe** Monika geb. Rogier (T)	22.11.84 BI E	14. 7.54
	Berens Hans-Peter	27. 2.01	E PA		6.11.50		**Hiepko** Friederike geb. Hauffer (T)	4.10.85 M PH	14. 1.54
	Wiechers Horst		GE L	k	29. 8.46				
	Bulitta Hans-J. (Vw)		M PH IF		12.10.51		**Leimbach** Bärbel (T) (L)	13. 1.88 CH M e	10. 3.56
	Höhne Rolf		D ER	e	5. 8.52				
B	**Große** Dieter	27.11.78	° L GE SW	e	10.11.44		**Kollmann** Heike Dr.	28.10.88 HW CH k	30.12.58
							Becker Dirk	1. 8.05 D SP	29. 5.72
	Rademacher Ludger Dipl.-Theol.	13. 2.80	° D PL N		22. 4.46		**Hoock** Claudia	1. 8.05 F GE PL	27. 6.73
							Humpohl Anke	1. 8.05 D BI	22.10.75
	Häusler Klaus-G. Dr.	1. 8.81	CH PH	e	5. 6.47		**Kelling** Martina	KR L	1. 9.56
	Müller Gabriele	5. 2.93	KR F EW		7.11.51		**Böder** Michael	° E BI	9. 7.69
							Ahrens Birte Dr.	M CH e (IF)	14. 9.69
	Hoogland Heinz	1. 6.94	° M IF	k	14. 5.52				
	Schämann Norbert	1. 6.94	M WW	k	28. 6.49		**Stadler** Jutta	BI E	21. 4.71
	Sandmann Petra geb. Schröer	1. 6.96	SP BI	e	1. 4.53		**Heils** Andrea	BI SP	23. 9.71
							von der Haar Katharina	D F I k	4. 7.73
	Tamm Manfred	1. 4.05	E EK	k	19.10.50		**Franke** Tobias	E GE D k	26. 5.74
	Möller Ingrid	1. 4.05	D ER		28. 9.58		**Harpert-Franz** Gisela geb. Harpert (T)	M W	
	Kröger Hans-Josef	1. 6.06	SW GE M PH						
	Averbeck Ulrich-Franz		L E				**Uecker** Detlef	E SP	
	Brakowsky Marie-Luise geb. Hollmeyer (T)		F E			E	**Koch** Ludger	1. 2.05 MU IF	15.12.71
							Dissen Eva	9. 8.06 D KU k	16.10.77
	Huys Michael		BI EK				**Koch** Sebastian	1. 7.07 GE SW	29. 8.74
	Koebsel Volker		D SP				**Iserloh** Bernd	1. 7.07 ° SP EK E	20. 6.76
	Sandmann Gert Dr.		E F				**Kappes** Ulrike	1. 7.07 F I	23. 6.79
	Tüllmann Georg		PH M IF			F	**Trawny** Klaus	D MU	26. 9.44
C	**Möllemann-Appelhoff** Carola (T)	1.11.77	GE SW	k	12. 9.49		**Fäth** Barbara geb. Schwier	D E e	16. 6.56
							Kniesel Marita	F KR k	
	Häusler Birgit geb. Kube (T)	10. 1.78	E EK	e	4. 7.49	H	**Kellersmann** Monika GymnL'	° SP k	28. 8.53
	Lojack Manfred (T)	1. 2.80	M	k	16.11.52				

2.522 Münster-Wolbeck Gymnasium Wolbeck gegr. 1968
st. G. f. J. u. M.
Von-Holte-Str. 56, 48167 Münster – Tel. (0 25 06) 81 14-0, Fax 81 14 22
E-Mail: gymwolbe@muenster.de, Homepage: www.muenster.org/gymwolbe

Kl: 9/16   Ku: 112/23   Sch: 1060 (560) (277/481/302)   BR Münster
L: 61 (A 1, A₁ 1, A₂ 4, B 16, C 26, D 1, E 8, F 4)   ASN: **168245**
Spr.-Folge: E, L/F, F, R/S   Dez: LRSD Kaiser

A	Verweyen-Hackmann Edith	1. 1.07	F KR	k	29. 8.58	Harder Eva-Maria (T)	23. 5.86	MU F	e	11.11.49
A₁	Kaiser Helmut	1. 2.04	D SP	k	25. 7.50	Schulte-Westhoff Birgit	10.94	E D		
A₂	Oberholz Heinz-Werner	17.10.96 °	PH M	k	23.11.47	Bruchhausen Ulrike (T)	1. 9.98	S D	k	6. 2.63
	Badde Ursula	1. 2.04	M PH	k	4. 2.48	Rocholl Birgit	1. 8.02	E BI	k	28. 1.69
	Franzkowiak Bernhard	1. 2.04	BI GE	k	7.11.44	Schuler Stefan Dr.	27.11.03	L F	k	22. 5.66
	Allhoff Manfred	1. 6.05	BI SP	e	1. 4.47	Liljenqvist Anna-Charlotte (T)	4. 5.04	L ER	e	17. 6.69
B	Hack Hedwig geb. Sühling	23.12.75	M PH	k	3.12.42	Hendricks Frauke geb. Meyer	15. 9.04	D SP BI		8. 1.75
	Wallmann Herm.	22. 7.80	D PA	k	15. 3.48	Becker Beatrice (T)	15.12.04 °	L F ER	e	18. 4.75
	Decker Karl-Heinz	30. 7.80	E KR	k	24. 9.48	Ahrens Andreas (T)	15. 3.05 □	S GE	e	23. 9.70
	Nienhaus Angelika geb. Schröder (T)	1. 7.82	BI SP	k	28. 1.47	Krol Daniela	.5. 4.05	E SP	e	23. 8.74
	Kappenberg Franz Dr. (T)	13. 3.93	CH	k	21. 5.46	Schulte Achim Dr.	6. 9.05	M PH	k	18. 1.73
	Daniel Wilderich	7.12.98	BI	k	23. 1.49	Berens Heike	15. 9.06	D SW	k	14.12.77
	Eckermann Friedhelm (T)	1. 2.04	SW GE D		15. 9.49	Oeding-Erdel Antje	6.07	BI SW M	e	19. 8.71
	Tornsdorf Helmut	1. 2.04 °	D GE		25. 6.51	Schmakeit-Bean Iris Dr.	6.07 °	L G GE	e	30. 6.72
	Breuker Burkhard	1. 2.04	M PH (IF)	k	15. 8.48	Kasper Anja	9. 8.07	F R S	e	6. 7.72
						Wilmes Sabine	8.07	KR D	k	24. 7.76
	Deppenkemper Matthias	1. 3.05 °	KR D	k	10. 4.54	Schermaul Anja geb. Fels	10.07	E F	k	27.10.75
	Kipp Heinrich-Bernhard	1. 3.05	SP SW	k	12. 8.48	Hitzler-Spital Jan	°	E SP	k	11. 3.73
	Kuhlmann-Gröll Bernadette	30. 4.07	E SP	k	14. 1.52	D	Witte Rita geb. Appelbaum SekIL' (T)	11. 5.83	D SW	e	31.10.52
						E	Drüke Karin (T)	6. 9.04	E PL		4.11.72
	Reuter Gabriele	30. 4.07	KU SP	k	24. 7.56	Haarmann Anne geb. Averhoff	6. 9.04 °	BI CH	k	10. 5.77
	Kabaum Heinz-Josef	4.07	EK SP	k	28. 1.52	Jürgens Christoph	6. 9.05	E SW		17. 9.72
	Lauhoff Theodor		M	k	26. 5.51	Schwedmann Judith	9. 8.06	E MU	k	26. 9.74
C	Essmann Ursula geb. Mühlhoff	16. 3.79	M PH	e	6.10.49	Overmeyer Heiko Dr.	23. 8.06 °	GE KR	k	3. 1.75
	Siebe Claus Ulrich	3.10.79	KU W	k	31. 7.46	Hermeier Philipp Dr.	6. 8.07	M PK SW	k	28. 2.77
	Schulte Ursula geb. Kemper (T)	12. 4.83	SP M	k	18. 1.54	Pergande Stephanie		KR BI	k	19. 2.71
	Rohde Gisela geb. Schultz (T)	12. 4.83 °	R E	k	15. 9.54	Dreßel Bernd Hans Dr.		CH EK		17. 2.75
	Päuler Josef (T)	21. 6.83	M BI IF	k	27. 4.53	F	Völker Gerlinde		D E	k	28. 4.56
	Wagner Hannelore (T)	3. 1.84	D E	k	21.10.53	Burkötter Horst		SP E GE	k	22. 3.64
	Korthals Bernd	13.11.84	E EK	k	26. 6.52	Wahle Burkhard		PL D	e	8. 1.68
	Kerber Renate geb. Jung	23. 5.86	RW ER	e	1. 9.42	Führ Hildegard		° F D		14. 3.68

2.523 Münster Geschwister-Scholl-Gymnasium gegr. 1975

st. G. (5-Tage-Woche) f. J. u. M.
von-Humboldt-Str. 14, 48159 Münster – Tel. (02 51) 21 10 28, Fax 21 38 99
E-Mail: scholl-gy@stadt-muenster.de, Homepage: www.scholl-muenster.de

Kl: 5/12   Ku: 129/18   Sch: 804 (397) (157/348/299)   Abit: 69 (41)   BR Münster
L: 53 (A 1, A₁ 1, A₂ 6, B 16, C 22, D 2, E 2, F 3)   ASN: **183684**
Spr.-Folge: E, L/F/L+F, F/L, I   Dez: LRSD **Kaiser**

A	Beumer Heinz	1. 2.96 °	KR PA PL	k	31. 7.44	Rohkrähmer Renate geb. Reber	22. 8.80	SP E		31.12.51
A₁	Schulte Ursula geb. Wenning	1. 8.01	M F	k	22. 3.47	Clemens Ursula geb. Holtrup (T)	3. 8.81 °	F EK SP	k	8. 6.52
A₂	Paetzold Joachim (F)	1. 8.80	D PL	e	16. 9.48	Plöger Klaus-Michael	1. 9.82	MU L	k	20. 9.47
	Lommel Peter	18. 2.99 °	M IF	k	12.12.47	Schumacher Rita geb. Moormann (T)	11. 5.84 °	M WW	k	12. 3.53
	Kähler Eckart Dr.	29. 8.02 °	PH IF	e	27.10.43	Hohelüchter Rainer	1.10.84	E MU	k	25. 2.52
	Alferink-Bröskamp Gerlinde geb. Alferink (F)	29. 3.05	D BI		19. 3.54	Diekmann Rudolf	25.10.84	GE SW PK		23.11.47
	Pauge Gisela geb. Detert	1. 7.06	D GE	e	8. 5.51	Przybilla Beate (T)	15.11.84	BI TX	k	25. 5.53
	Westermann Jürgen	1. 8.06	BI CH	k	8. 5.52	Matern-Zinke Cornelia geb. Matern (T)	7. 9.94	D ER	e	18. 1.53
B	Avlar Ursula geb. Schulte-Lindhorst (T)	1. 7.82	F EK		26. 3.48	Ullwer Jürgen	1. 8.95 °	M PH	e	28. 3.55
	Grunert Kurt	20. 7.84	E SP	k	18. 1.48	Rommen Markus	1. 2.01 °	BI KR	k	31. 5.69
	Olberding Hermann	29. 1.96 °	E SW	k	1. 8.50	Grönefeld Sabine geb. Kottmann	1. 02	BI D		31. 7.68
	Sablitzky Christel geb. Sperlich	21. 5.99	SP F	e	19. 1.52	Löblein Ruth (T)	25. 4.02	D KR	k	21.11.66
	Langenbruch Brigitte geb. Hombach (T)	1.12.00	M Soz	k	7.11.52	Daume Stephanie	7. 7.03	BI KU E		15. 9.69
	Elsermann Angelica	13.12.00	F ID	e	6. 7.63	Ludwig Thorsten	2.10.03	M SP	k	6.12.68
	Ellenbracht Friedhelm	1. 8.01	BI CH		17. 2.50	Badde Sabine	11.11.03	D PA		5.11.71
	Saager Heinz-Ulrich	1. 8.01	SP EK		4. 3.50	Wesjohann Anica-Sophie	1. 4.07	D L		19.12.73
	Langen Günther	23.10.02 °	M PH	k	2. 5.55	Vagedes Dorothe (T)	1. 8.07	D KR		12.12.67
	Pötzel Bodo	1. 2.04	E PL		21.10.50	Enke Thorsten		L EK PL	e	18.11.61
	Peter Elisabeth geb Mutert	18. 4.04	M	k	28. 1.50	Schulze Melanie (T)		BI KR (L)	k	6. 5.64
	Verleger Angelika	15. 7.04	KU D		27. 4.46					
	Börger Ingrid	25. 2.05	E R		3. 5.56	D Mai Ulrike geb. Lühnstroth SekIL'	1. 2.83	D EK		4. 3.55
	Binnewies Gertrud geb. Overhoff (T)	1. 4.07	F EK	e	2. 8.47	Render Annette geb. Biedenkapp SekIL' (T)	18. 5.84 □	MU GE	k	15. 2.55
	Schulte Georg (T)	1. 4.07	M EK	k	16. 4.55	E Heeke Matthias Dr.	1. 2.06	GE SW WW	k	18. 7.66
	Krekeler Gesa geb. Bökenkamp	1. 4.07	D E		1. 9.64					
C	Drabe Jochen	17.10.79	SP ER PA	e	28. 3.47	Heidelberg Annette (T)	9. 8.06	D R	e	5. 9.69
	Weber-Brandes Ulrich	24. 6.80	SP F KR	k	12. 2.51	F Weßelmann Sigrid		SP		22. 5.58
						Lingnau Frank		D PL PPe		2.11.60
	Pohlmann Ralf (T)	19. 8.80	M EK	k	28. 5.50	Alfert Thomas		BI PH	k	19. 3.70

2.530 Netphen Gymnasium gegr. 1990

G. (5-Tage-Woche) f. J. u. M. d. Gemeinde Netphen
Haardtstr. 35, 57250 Netphen – Tel. (0 27 38) 6 96 80, Fax 69 68 12
E-Mail: buero@gymnet.de, Homepage: www.gymnet.de

Kl: 7/12   Ku: 117/22   Sch: 834 (439) (191/370/273)   Abit: 72 (43)   BR Arnsberg
L: 56 (A 1, A₁ 1, A₂ 6, B 18, C 17, D 5, E 3, F 3, H 2)   ASN: **190615**
Spr.-Folge: E, F/L, F, S   Dez: LRSD **Klüter**

A	Frömmer Klaus Dipl.-Päd.	1. 8.00 °	M GE (KU)	k	1. 2.44	Clevermann Angelika geb. Labs (T)	28.10.96	M IF	e	9. 2.51
A₁	Clevermann Klaus	1. 2.04 °	M IF	k	17.12.51	Geisler-Hüner Sigrid geb. Geisler (T)	15. 4.00	M SP		2.11.50
A₂	Brenner Gertraude geb. Janke (T) (V)	29. 1.93 °	BI CH	e	17. 1.48					

	Name	Date1	Subj1	k/e/°	Date2		Name	Date1	Subj1	k/e/°	Date2
	Karla Uwe	7. 3.03	F PA PL		17. 1.45		**Kaiser** Monika geb. Brüne	8. 6.83	M PH	e	16. 2.55
	Gossling Heinrich	28. 1.04	F PA MU		25. 4.50		**Pithan** Ulrich	15. 3.84	D EK	e	13. 4.50
	Göbel Eckhard (F)	1.12.06	M PH	°	28. 6.70		**Krafft** Eckhard (T)	4. 9.84	E GE	e	4. 6.51
B	**Löttgers** Rolf Dr.	1. 8.79	F EK	e	14. 6.46		**Menn** Joachim	23. 8.91	E ER	°	1.10.57
	Müller Klaus Dieter	1. 7.82	E GE SW	° e	24. 9.46		**Pracht** Beate geb. Günther (T)	6. 4.93	M KR	k	23.12.60
	Hüner Jürgen	1. 7.82	D SP	e	13. 3.47		**Messerschmidt** Barbara geb. Stolte (T)	1. 8.93	M EK		9. 7.60
	Kelly Petra geb. Heberling	24.12.83	EK E	°	15. 7.47		**Flecke** Stefan	1. 8.01	E M	k	16.11.70
	Hornig Günter	9. 1.84	SP EK	e	24. 7.49		**Mühlbach-Koch** Dorothee geb. Mühlbach (T)	1. 1.02	D ER		23. 7.60
	Stelling Rüdiger	20.12.91	BI GE	°	6. 4.55		**Krattinger** Frank	1. 1.02	D PL	°	5. 2.71
	Ernst Thomas	1.12.92	D GE SP	k	1. 7.53		**Heck** Stefan	1. 1.02	E SW		
	Patt Volkmar	9.12.92	D E	° e	12. 8.51		**Köhler** Andreas	1. 8.03	D KR	k	14. 7.70
	Schach Günther	31.10.94	BI CH	k	15.11.51		**Rauhut** Anke (T)	1. 8.04	E S		10. 5.72
	Wächter Gert	9.11.95	PH M	e	6.11.48		**Wetzig** Stefan	1. 8.05	L GE		16. 1.70
	Hoss Gerlinde geb. Kickmaier (T)	23.11.95	F EK	k	5.12.54		**Radloff** Anja	11. 1.07	MU BI		30. 8.71
	Junker Marianne geb. Kruithoff (T)	7.12.98	M		26. 4.52	D	**Wickhorst** Jörn Peter RSchL	11. 8.78	M BI		2. 8.46
	Hillebrand-Fiege Elisabeth (T)	16. 3.01	M EK		20. 2.55		**Hartke** Martin RSchL	19. 8.79	E GE		30.11.49
	Neumann Manfred	23. 5.02	BI SP	e	2. 9.51		**Emrich** Heinz SekIL (T)	14. 3.83	SP SW		26. 5.54
	Filk Jochen	23. 5.02	ER KU SP	e	10. 8.57		**Stock** Andrea geb. Hippe (T)	20.11.00	S E	e	25. 7.63
	Braunöhler Petra (T)	23. 5.02	E D	e	19. 5.59		**Gehrmann-Plickert** Dorothee geb.Gehrmann FachL' (T)		KU W		14. 3.49
	Sünkel Frank-Martin (F) (V)	3. 8.06	D ER L	°	23. 5.66	E	**van Bürk** Markus	9. 8.06	D SW	k	1. 3.68
	Küppers Christoph (F)	9. 5.07	KU KR	° k	17.11.61		**Roesch** Linda (T)	28. 9.06	M MU	e	11. 2.77
							Tomus Alice Dr.	1. 8.07	D GE		6. 1.75
C	**Häussler-Gräb** Christiane geb. Gräb (T)	19. 8.79	M PH	e	13. 9.49	F	**Schneider** Stefanie SekI/IIL'		BI SP	k	22. 5.64
	Albert-Hofmann Heidrun (T)	4. 9.81	E F	e	23. 8.54		**Jarchow** Hendrik		D GE	e	15. 7.68
							Hundt Martina		KR PL	k	11. 9.70
	Steinebach-Kelter Gabriele geb. Steinebach (T)	1. 3.83	E F		12. 8.51	H	**Stark** Selma-Susanne		SP R	° e	2. 4.49
							Dölken Maria geb. Brück Dipl-SpL'		SP		11. 8.53

2.535 Neuenkirchen-St. Arnold   Arnold-Janssen-Gymnasium   gegr. 1929
pr. G. (5-Tage-Woche) f. J. u. M. d. Bistums Münster
Emsdettener Str. 242, 48485 Neuenkirchen – Tel. (0 59 73) 4 01 31, Fax 4 01 11
E-Mail: ajg@bistum-muenster.de, Homepage: www.arnold-janssen-gymnasium.de

Kl: 9/17 Ku: 170/29 Sch: 1139 (660) (274/505/360) Abit: 102 (53)   **BR Münster**
L: 67 (A 1, A$_1$ 1, A$_2$ 12, B 25, C 15, D 3, E 1, F 8, H 1)   ASN: **168403**
Spr.-Folge: E, L/F, F/L   Dez: LRSD' **Hesekamp-Gieselmann**

	Name	Date1	Subj1	k	Date2		Name	Date1	Subj1	k/°	Date2
A	**Heck** Johann Dr.		SW KR	k	5. 1.51		**Scherberich** Wilfried (L)	1. 5.04	CH BI	k	2. 6.55
A$_1$	**Engel** Norbert	1. 8.95	KR GE D	k	7. 8.49		**Rott** Elisabeth geb. Klumps	1. 5.07	D EW	k	17.11.55
A$_2$	**Thoss** Klaus	1. 7.87	D KR	° k	12. 5.48	B	**Hüwe** Meinolf (T)	1. 7.85	D GE	k	31. 8.49
	Knaup Wilhelm	1.10.89	E GE	k	10. 6.47		**Menke** Franz	1. 7.85	E GE	° k	10. 3.51
	Aust Hubert (Vw)	1.10.89	CH	k	8.10.47		**Temmen** Rudolf	1. 7.85	EW E	k	11. 8.49
	Bauer Josef	1.12.91	D SP	k	26. 5.49		**Tittmann** Bernhard	1. 7.87	SP EK	k	9. 1.50
	Wehry Hans-Joachim	1.12.91	M PH IF	k	20. 6.54		**Göers** Josef	1. 7.87	SP GE	k	16.11.50
	Wirth Karl	1. 9.92	BI SP	° k	28. 9.45		**Seiler** Elisabeth geb. Wöhrmann (T)	1.10.89	BI	k	7. 2.53
	Schmidtke Eva-Maria geb. Neumaier	1.10.93	D GE	k	5. 4.48		**Märzhäuser** Burkhard	1.12.91	D EK	k	6. 9.51
	Fransbach Manfred	1. 3.98	M W	k	7. 7.51		**Erwig** Kornelia geb. Koke	1.12.91	KU KW	k	10. 5.54
	Raming Rolf Dr. (F)	1. 9.99	PL E	°	19. 3.60						
	Leißing Wolfgang	1. 8.02	M	k	10. 2.51						

	Leißing Doris geb. Austermann (T)	1. 2.93	PH	k	26. 2.52	Haselier-Bartlett Matthias	1. 8.95	SW KR k	21. 4.59
	Koch Helmut	1. 2.93	E W	k	16. 8.50	Kunert Jutta (T)	1.12.97	GE BI k	8. 1.61
	Amhausend Andrea geb. Walter (T)	1. 9.93	D BI	k	18. 4.54	Janning Ruth geb. Wiegers	1. 5.99	D SP k	20. 2.63
	Hilff Wolfgang	1. 1.94	EK SP	k	27. 7.52	Thieroff Sabine geb. Locker	1. 2.03	F KR E k	28.11.70
	Klein Rolf (T)	1. 1.94	CH PH	k	14. 2.54				
	Schwar Jürgen (T)	1. 1.94 °	M EK	k	29. 3.55	Kröning-Reike Kirsten (T)	1. 8.03	ER L e	6. 9.66
	Reinartz Karl-Heinz	1. 1.94	E SW	k	23. 8.54	Wellering Jutta	21. 8.03	BI CH k	24. 9.64
	Overmann Alfons	1. 8.94	E SP	k	31.12.53	Lange Heike geb. Bürger (T)	1. 9.03	KR L k	26. 3.69
	Frisse Norbert	1.12.97	CH EK	k	21. 9.52				
	Bömelburg Hans-Martin	1. 2.00	M SW	k	18. 5.54	Matern Judith	1. 2.04	KR E k	4.11.72
	Alaze-Möllers Martina geb. Alaze (T)	1. 2.00 °	EW KR	k	3. 2.59	Miethe Christoph		L GE G k	28. 9.66
D						Griesler Ulrich SekIL	1. 5.80	SP MU k	27.10.52
	Langer Karla geb. Bruns	1. 9.04	CH SP	k	10. 9.54	Harmsen Manfred SekIL	1. 8.82	E D k	2. 7.52
	Jürgens Anne geb. Hölscher	1. 8.06 °	D KR	k	9. 4.60	Gilhaus Clemens SekIL	6. 9.82	MU KR k	14. 4.55
	Uphoff Thomas	1. 6.07	D SP	k	24. 2.58	E Witt Felix	1. 8.07	E SP k	9. 8.74
	Elbers Detlef	1. 6.07	M EK	k	17. 2.59	F Goldhausen-Hüwe Barbara geb. Goldhausen		F GE k	3. 9.51
	Althoff Mechtild (T)		D EW	k					
	Wehry Uta geb. Willamowski		M EK	k		Witte Antonius		KU KW k	29. 3.52
						Amhausend Guido (V)		° F EW k PK	25. 9.52
C	Menke Walburga geb. Begemann (T)	1. 3.79	F GE	k	13. 7.52	Thöne Gabriela geb. Peitz		EK SP k	16. 6.54
	Wedding Magdalena	1. 3.82	F KU	k	29. 1.54	Holtgrave Hans-Helmut		PH SP k	24. 9.55
	Dehn Jutta geb. Alsmann (T)	1. 9.82	M SP	k	7.10.55	Lohmann Harald		° E KR k	12. 1.56
						Kleinitz Maria geb. Bülter		° F KR k	23. 5.58
	Schulte Stefan	1. 4.92	M SP	k	6. 2.57	Averstegge Regina		D KR k PK	27. 9.63
	Blumenroth Hartmuth	1. 4.92	BI MU	k	3. 3.59				
	Westkamp Ulrich	1. 3.94	M EK	k	30. 4.57	H Wilmsmeier Gerlinde Pastorin		ER e	11. 4.56

2.545 Neunkirchen Dietrich-Bonhoeffer-Gymnasium gegr. 1965

G. (5-Tage-Woche) m. zweisprachigem dt.-engl. Zug f. J. u. M. d. Gemeinde Neunkirchen
Kopernikusring 100, 57290 Neunkirchen – Tel. (0 27 35) 78 18 03, Fax 78 18 05
E-Mail: verwaltung@gymnasium-neunkirchen.de
Homepage: www.gymnasium-neunkirchen.de

Kl: 6/12   Ku: 75/12   Sch: 660 (337) (170/318/172)   Abit: 56 (34)   **BR Arnsberg**
L: 37 (A 1, A$_1$ 1, A$_2$ 3, B 14, C 8, D 3, E 6, F 1)   ASN: **170379**
Spr.-Folge: E, L/F, F, I   Dez: LRSD **Klüter**

A	Fischer Ulrich	22. 1.07	D GE	e	4. 7.47	Kemen Theodor	10.11.97	F GE k	7. 8.48
A$_1$	Albrecht Klaus-Peter (T)	17. 8.93 °	M ER	efk	16. 1.47	Jankowski Heidemarie	27. 5.02	E EK e	10. 3.51
A$_2$	Henrichs Martin (Vw)	27.12.92	M CH	e	1. 7.51	Blümel-de Vries Karin (F)	1.11.06 □	F SW	16. 6.69
	Winterkamp Friedrich	23.11.94	F GE		4. 1.49	C Fischer Andreas	12. 4.83	M WW e	16. 1.50
	Soemer Monika	26.12.96	F EK	k	4. 8.51	Clemens-Haiawi Marianne	1. 8.83	SP GE	9. 8.52
B	Well Artur	2. 5.84	MU M	e	7. 4.49	Arens Hans-Joachim	28. 7.85	D E	17. 4.50
	Loth Klaus	1. 1.85	BI CH		8. 1.53	David Edwin	6. 7.92 °	SP EK k	22. 2.53
	Bernhardt Heinz-Helmut	1. 4.86	E EK		3. 9.49	Penno Marianne (T)	31. 8.95	L ER I e	3. 9.60
	Lück Annegret	27.12.92	KR D	k	19.11.50	Gebhardt-Feißt Petra (T)	95	D E k	16. 2.62
	Kossek Paul-Gerhard	27.12.92	KR SP	k	22. 9.54	Petri Uta	28. 6.01	D BI	15. 1.62
	Sagasser Ingeborg Dr. (T)	23.11.94	D E		23.11.48	Holz Karsten (V)	2. 8.01 °	L E k	9.10.70
	Zoubek Hildegard (T)	23.11.94	D M	k	1. 9.50	D Weber Edgar SekIL	1. 8.78	M KU k	26.10.52
	Weber Heinrich (T)	18.12.95	D GE		6.10.47	Fürhoff Gunter SekIL	13. 5.87	BI CH PH	6. 4.57
	Feißt Thomas	18.12.95	L E		25. 2.57	Weiß Joachim SekIL	1. 2.88	MU e	8. 4.55
	Varnay Angelika (T)	24. 9.96 °	E KU	e	2. 7.56	E Schäffer Dietmar	1. 2.06 °	M SP	4.12.73
						Müller Nicola (T)	1. 2.06	D E e	12. 7.76

	Zuanel Oliver	1. 8.06		BI PH	k	20.10.71		Banf Andreas	1. 8.07 ° M ER	efk	16. 5.77
	Gundlach Christian	1. 8.06	◻	E GE		e	20.12.76	F	Wibbing Ulrike	D ER	e	30.11.58
	Schulte Karoline	1. 8.07	E GE S	3. 1.77

2.550 Nottuln Gymnasium gegr. 1991
G. (5-Tage-Woche) f. J. u. M. d. Gemeinde Nottuln
St.-Amand-Montrond-Str. 1, 48301 Nottuln – Tel. (0 25 02) 94 4-0, Fax 94 41 03
E-Mail: verwaltung@gymnasium-nottuln.de, Homepage: www.gymnasium-nottuln.de

Kl: 6/12
L: 46 (A 1, A₁ 1, A₂ 6, B 13, C 15, D 2, F 8)
Spr.-Folge: E, F/L, L/F, S

BR Münster
ASN: **190810**
Dez: LRSD **Dr. Hillebrand**

A	Klausdeinken Heinr.	1. 2.05	E EW	k	16.11.49
A₁	Nottelmann Helmut	1. 8.96	M SP	e	13.11.46
A₂	Pohlmann Margarete	28. 8.96 ◻	E ER	e	16.10.46
	Dr. geb. Heimerdinger (F)
	Tepe Thomas (F)	1. 4.98	E M	k	11. 2.57
	Schmitz Wilhelm	30.12.98	BI EK	k	8. 6.53
	Koester Helga	25. 1.02 °	D E ER	e	25. 8.52
	geb. Baltruschat (T)
	Eismann-Lichte Anne	15. 1.05 ◻	D PA	k	19. 8.49
	Dr. geb. Eismann (T)		KU
	Günther Jürgen	◻	M SP		11. 9.55
B	Hüllen Norbert (T)	9. 1.79 °	MU D	k	11. 6.47
	Klaas Hans-Dieter (Vw)	29. 1.93	M PH	k	1. 7.57
	Martin Helmut	12. 8.95	EK SP	oB	4. 8.49
	Schäferskipper Beatrix (T)	10. 9.00	E F	k	1. 6.57
	Völlering Werner	1. 1.01	KR SW	k	23. 7.61
	Bülow Arne	21. 8.01	KU GE	e	26. 1.59
	Graff Detlef	31. 8.02	M PH	e	7.10.64
	Kosmider Marliese	25. 9.02 °	M E	k	7. 1.55
	geb. Keßler (T)			PA
	Heiduschka Anke	1. 3.05 ◻	M CH		8.11.66
	geb. Teuber (T)
	Schäfer Martin		E KU		19. 6.49
	Reinhard Maria-Christina		EK SP	oB	26.12.54
	Schürmann Petra	°	M BI	k	13. 3.59
	Krips-Engelhardt Melanie (T)		F D	k
C	Schwertner Bernhard	18.10.83 °	KR GE	k	3. 9.50
	(V)

	Röckrath Marcus (T)	1. 8.88 °	M MU	k	23.11.58
	Tenbült Claudia	7. 8.89	M BI		26. 6.59
	geb. Abbing (T)
	Wilms Ellen (T)	28.11.94	E SW	k	18. 4.59
	Stoffel Kathrin	31. 3.00	E SP	k	21. 3.68
	Kuthe Christine	10. 4.00	S SW	e	25. 2.67
	Wessendorf Elke	1. 1.02	L F	k	8. 6.66
	geb. Köchling
	Pröbsting Stefanie (T)	1. 1.02	D GE	k	16. 1.67
	Nestler Bernd	1. 1.02	L ER	efk	10. 2.70
	Bölting Eva (Vw)	1. 1.02	CH PH
	Tönnis Arndt	4. 4.05 °	SW D	k	12. 2.69
	Poggemann Stefanie	1. 8.05	SW E	e	10. 6.75
	Krinke Krimhild (T)		MU E		10.11.59
	Bröcker Maria	◻	BI SP	k
	geb. Kohaus
D	Fessler Maria	8. 2.83	BI KR	k	27. 2.56
	SekIL' (T)
	Wegener-Ewert Mechthild		PH M		28. 3.52
	geb. Wegener SekIL' (T)
F	Schoppmann Monika		BI SW	k	12.12.45
	geb. Ohm
	Steininger Rainer		D GE	e	11. 9.49
	Strothe Herbert		M SP	k	16. 6.55
	Lange-Maischen Dagmar		D L	e	16. 3.57
	Merten Maria Anna (T)		E F	k	27. 6.57
	Schlemann-Lammers Sabine		E S	k	8. 4.59
	Fiedler Karsten		D GE	e	6. 4.65
			ER
	Bösing Olaf		PL KR	k	21. 8.68

2.555 Ochtrup Gymnasium gegr. 1968
st. G. f. J. u. M.
Lortzingstr. 2, 48607 Ochtrup – Tel. (0 25 53) 99 31 90, Fax 99 31 83
E-Mail: verwaltung@gymnasium-ochtrup.de, Homepage: www.gymnasium-ochtrup.de

Kl: 6/13 Ku: 84/13 Sch: 749 (409) (181/344/224) Abit: 90 (56)
L: 48 (A 1, A₁ 1, A₂ 7, B 17, C 15, D 3, E 2, F 1, H 1)
Spr.-Folge: E, F/L, L/F

BR Münster
ASN: **168415**
Dez: LRSD' **Hesekamp-Gieselmann**

A	Schulte Ladbeck Wolfgang Dr.	1. 2.87	M PH	k	6. 7.45	A₂	Klisa Ulrich Dr. Dipl.-Phys.	30. 9.92	PH TC	k	2.11.44
A₁	Studt Heiner	1. 8.00	M PH	e	14. 2.52		Dankel Reinhold Dr.	12.11.92	M KR	k	16. 3.50
			IF						SW D

	Wielspütz Ludger (F)	10.93	KU GE	e	4.10.53
	Buttgereit Joachim	15. 1.94	BI CH	e	28. 5.48
	Hommer Günter Dr.	17.12.96	GE SW	e	22. 6.48
	Aßmann Michael (F)	1. 4.04 °	D PA	k	22. 3.54
	Schütte Bernhard (F)	2. 1.06	M SP		28. 8.52
B	Linder Jürgen (T)	31. 5.77 °	E EK	e	13. 8.45
	Schwarte Heinrich (T)	23.12.77 °	E SP	k	4. 8.44
	Hüwe Gabriele (T)	25. 4.79 °	E SP	k	12. 4.48
	Franke Johannes (T)	9. 2.80	M PH	k	20. 7.46
	Buttgereit Ingeborg geb. Lenz (T)	29. 2.80	BI	k	23. 9.49
	Russell Winfried (T)	7. 9.81	E F	e	25. 1.45
	Künert Gerhard (V)	9.12.81 °	M PH IF	k	16.10.47
	Lüttmann Richard	16. 1.84	D PA	k	28. 1.50
	Breetholt Theodor	27. 6.84	M WW	k	28.10.50
	Ahlers Heinz	7.12.90	D SP		21.10.52
	Klisa Barbara (T)	3. 7.91	PA EK	k	23.11.46
	Wiggers Karlheinz	14.10.92	D EK	k	29. 4.51
	Grote Hans-Hermann	27.10.94 °	BI	e	22. 9.50
	Netkowski Gabriele (T)	15.12.96	F KU	k	1. 5.50
	Jacob Barbara	16. 1.99	D EK	k	6.12.50
	Glandt Barbara (T)	1. 4.07	M W	e	1. 2.54
	Feiden Friedhelm	1. 6.07 °	BI CH	oB	7. 9.49
C	Elking Bernhard	10. 7.81	GE SW		29. 5.51
	Keil Karl-Heinz	22. 1.82 °	GE F	k	30. 7.50
	Fahlbusch Monika geb. Gerwing	1. 3.82 °	PA CH MU	k	14.11.53

	Morawietz Susanne	20. 9.82 °	F KU		13. 7.49
	Andrzejewski Franz-Josef	21. 3.83 °	D PL	k	28.10.52
	Oppel Guido	18. 4.83	E EK	e	3. 8.50
	Verhoeven Ottmar	1. 8.83	GE SW		19. 7.52
	von den Driesch Hildegard geb. Batteux (T)	4. 9.84	KR SW	k	28. 5.49
	Heptner Klaus-Werner	13.11.85	M SW		13. 6.55
	Steinriede Nora geb. Möllering	1. 8.05 °	E MU	k	2. 5.76
	Rusteberg Almuth (T)	22. 8.05	SP EK		25.11.63
	Wolters Kirsten geb. Moss	1. 2.06 °	E BI	k	17.11.73
	Iking Morten	1. 2.07 °	L KR	k	29. 1.77
	Pohlmann Andreas	27. 7.07	D GE KR	k	25. 3.76
	Müßen Kirsten	27. 7.07	E F D	k	24. 4.76
D	Paquet-Durand Sigrid geb. Eversberg RSchL'	1. 8.72	F SP		21.10.44
	Flüchter-Bauer Elisabeth-Maria SekIL' (T)	4. 9.84	D KU	k	23. 5.52
	Arens Anette SekIL'	28. 1.87	KU M	k	5. 8.58
E	Niederhausen Anja (T)	22. 8.05	F SP	k	4. 3.71
	Voigt Sebastian	6. 8.07	M SP		
F	Bischoff Günter		KR EK	k	28. 6.58
H	Martinson Claudia geb. Wessendorf GymnL'		SP	k	3. 5.50

2.560 Oelde Thomas-Morus-Gymnasium gegr. 1962
st. G. f. J. u. M.
Zur Dicken Linde 29, 59302 Oelde – Tel. (0 25 22) 9 34 10, Fax 93 41 25
E-Mail: sekretariat@tmg-oelde.de, Homepage: www.tmg.oelde.com

Kl: 8/16   Ku: 103/16   Sch: 900 (498) (213/435/252)   Abit: 67 (37)
L: 50 (A 1, A$_1$ 1, A$_2$ 4, B 16, C 16, D 1, E 2, F 6, H 3)
Spr.-Folge: E/L, L/F/E, F/L

BR Münster
ASN: **168075**
Dez: LRSD **Dr. Hillebrand**

A	Kröger Thomas Dr.	1.12.94	D EK Gkd	k	17.12.49
A$_1$	Willeke Michael	1. 8.89 °	GE KR SW L	k	6. 8.46
A$_2$	Tillkorn Robert	30. 1.97	M SP	k	12.11.43
	Teepe Reinhild geb. Behrens	1. 8.06	GE SW	k	19. 7.54
	Merz Erich	1. 8.06	D PA SP		21. 7.57
B	Herrmann Martin	3. 9.79 °	D EK	k	12. 9.45
	Deventer Annette geb. Knipp	27. 8.80	KR PA	k	28. 6.51
	Raschke-Aarts Ursula geb. Raschke	1. 6.84	F KR	k	15. 2.50
	Kriener Heinz	4. 1.86	E F		28. 7.49
	Friedrich Hans-Joachim	31.10.94 °	M EK	k	11. 2.51
	Busch Horst Dr. Dipl.-Biol.	1. 8.95	BI	k	16. 7.48
	Joest-Schneider Marlies geb. Joest (T)	17.10.95	E EK	k	24. 4.52

	Lengert Hermann-Josef	12. 3.96	D GE	k	
	Rodemerk Klaus-Jürgen	29. 4.96	GE EK	e	16. 2.50
	Werth Christine geb. Podstawa	10. 6.96	E BI	e	4. 5.59
	Nachtigäller Alf	1. 2.04			
	Leineweber-Hamm Sabine (T)	1. 3.05 °	E GE	k	30.12.63
	Aubel Birgit		L EK		
	Deventer Rainer		L PL KR PA		
	Schneider Heinz				
	Voelker Hans-Gerd		M SP		
C	Kersting Elisabeth (T)	1. 8.78	M EK	k	30. 8.49
	Bureick Ursula geb. Zillgen (T)	1. 8.80	BI	k	27.12.49
	Kronemeyer-Engels Brigitte	10. 3.82	F TX	k	16. 8.51
	Göllner Hans-Joachim	1.10.94 °	M PH		21. 3.57
	Trosits Simone	19. 8.98	ER MU	e	7. 4.64

	Haese Christine (T)	26. 3.00	M PH		2. 1.69	E	Voß Dagmar	29. 1.04	M L	e	30. 7.69
	Giesler Dirk	1. 1.02	ER SW GE	e	2.12.68		Blümel Jana	2. 8.07	F M	e	22. 4.74
	Lohmann Barbara (T)	1.11.03 °	D KR R	k	25. 6.68	F	Friedrich Elisabeth geb. Dreinhoff		M EK	k	24.11.54
	Ullrich Charlotte	24. 8.04 □	D PA ER	e	13. 9.71		Heilen Martin		BI CH	k	16. 9.55
	Kroll Andreas	12. 7.05	M PH	k	27.12.74		Schwill Johannes		MU GE	k	20.11.57
	Bischoff Andrea	6. 9.05 °	E F (M)	k	18. 7.67		Wendler Ingrid		GE D	k	4.10.60
	Kuypers Manfred	1.12.05	E GE	k	27. 5.59		Lafflör Christina		GE SW	k	16. 9.70
	Harbsmeier Nils	16. 7.06 □	E D	e	28. 3.70		Greiwe Ingrid		E I	k	23. 5.71
	Blömer Katharina	19. 8.06	KU BI	k	29. 6.71	H	Hekal AbdEl Magid		M IF		1. 1.44
	Follak Jan Dr.	6. 9.06	L D	e	27.10.70		Middeke Gisela geb. Piek GymnL'		SP	k	14. 6.55
	Möllmann Ulrich	22. 2.07	D E	k	10.12.75		Beckstett Petra		SP	k	26. 4.58
D	Lödding Franz (T)										

2.563 Oer-Erkenschwick Willy-Brandt-Gymnasium gegr. 1979

st. G. (5-Tage-Woche) f. J. u. M.
Christoph-Stöver-Str. 4, 45739 Oer-Erkenschwick – Tel. (0 23 68) 9 85 60, Fax 98 56 42
E-Mail: 187215@schule.nrw.de, Homepage: www.wbg-oe.de

Kl: 6/16 Ku: 120/17 Sch: 885 (478) (190/440/255) Abit: 75 (38)   BR Münster
L: 56 (A 1, A_1 1, A_2 7, B 18, C 16, D 4, E 5, F 4)   ASN: **187215**
Spr.-Folge: E, L/F, F, R/F   Dez: LRSD **Röken**

A	Urbaniak-Rieder Renate	26. 9.02	D E (ER)	e	23. 5.49		Oellers Gabriele	1. 8.81	D PL		21. 9.48
A_1	Saalfeld Bernd	1. 5.04	D BI	k	18. 2.55		Hegge-Posanski Ursula geb. Hegge (T)	3. 8.82	M PH		1.12.52
A_2	Weber Gabriele geb. Krogull	1.12.88	CH	k	28. 4.49		Tschirner Annegret geb. Müller (T)	19.12.82	F R	e	26. 7.53
	Böcker Lisa (F)	7. 1.91	D SW		5. 6.53		Cirkel Heidrun (T)	9.11.84 °	D F	e	30. 1.53
	Gertz Wilhelm	27. 5.92	MU SW	k	12. 4.52		Freude Helga (T)	4. 2.85	M GE		27. 5.54
	Friedrich-Hepding Cordula (T)	24.10.94	EK E	e	11. 2.48		Schulze Bisping Franz Adolf	2. 7.86	M EK	k	6. 8.53
	Oexmann Clemens	20. 5.95	EK SP	k	2. 4.49		Becker Okka	1.10.88	E KU W	e	16. 5.57
	Hagen Franz	21. 4.97	M	k	3. 8.46						
	Ohmann Bernd (F)	14. 7.05 °	M BI	k	27. 9.57		Loose Eva Regina geb. Lerch (T)	15.12.88	F EK	k	25. 9.52
B	Müller Hermann	6. 2.80	GE D	k	8. 8.49		Brink Claudia	6. 8.95	BI EK	k	18. 2.61
	Kalthoff Ingrid geb. Grotzki (T)	7. 7.81 °	F SP		29. 6.51		Arntz Holger	3.11.96	E GE	e	15. 1.60
	Richter Gottfried	6.12.83	CH	k	25.10.48		Fischer Petra	1. 8.99	D BI	k	25. 7.63
	Hermes Johs. Dr. (V)	13. 9.84 °	L EK	k	7. 3.47		Sulk Nikola	11.03	D SP	e	10. 4.75
	Bohmann Werner	20. 9.84 °	GE E	k	27. 5.45		Pollmann Matthias Dr.	1. 8.04	PH CH		22. 4.64
	Koch Klaus-Peter	20. 9.84	E GE	k	18.11.50						
	Laug Albrecht	29. 6.87	BI ER	k	21. 5.51		Kindler Karla				
	Köhne Werner (Vw)	13.10.89	M SW	k	28. 1.53	D	Brandt Benigna RSchL' (T)	30. 4.76	F BI		27. 4.49
	Frie-Segtrop Marianne	11.12.90	M EW IF	k	11. 5.55		Reker Herbert SekIL'	27.10.82	KR D	k	23. 3.49
	Steinke Wolfgang	7. 1.92	R SW	e	24. 8.51		Kamps Annegret SekIL'	1. 9.86	E KU	k	14. 7.52
	Michels Dieter (T)	26. 1.93	KR D	k	16. 3.49						
	Millner Monika	20.10.94	F SW	k	3. 9.54		Menzel Angelika (T)		E KU		
	Becker Birgit (T)	20.10.94	KR EW	k	6. 4.54	E	Benthaus Alexia Dr.	15. 9.03	D MU		27. 9.72
	Moschet Holger	29. 3.96 °	L G		25.12.55		Kröger Marc	15. 9.03	PA SP	k	2.11.73
	Kraney Frank	1. 8.96	E SW ER	e	29. 9.58		Gawliczek Ulrike	1. 2.06	M PH	e	14. 6.78
							Höring Jutta	1. 8.06	M SP	k	14.11.69
	Kunkel Karl-Heinz (V)	7.11.96 °	D GE		19. 1.53		Kreft Barbara	7.07	L EK		20. 7.71
						F	Horstmann Ruth		M SP	k	17.11.54
	Baldauf-Grothus Susanne (T)	7.11.96	E KR	k	29.12.60		Mlekus Sigrid geb. Brendel		F EK	k	16. 4.56
	Tschirner Günter	1. 5.07	PH PL		21. 7.53		Pöhlmann Barbara	°	E SP	k	16. 9.56
C	Schnelle Herbert	1. 2.80	SW EK		19.11.52		Groß Mark-Otto geb. Kleine-Kappenberg		E EK	k	29. 9.70
	Zeglin Hans-Ulrich	25. 2.81	D EK	e	28.12.49						

2.564 Oerlinghausen Niklas-Luhmann-Gymnasium gegr. 1857

st. G. (5-Tage-Woche) f. J. u. M.
Ravensberger Str. 11, 33813 Oerlinghausen – Tel. (0 52 02) 10 20, Fax 92 88 16
E-Mail: sekretariat@niklas-luhmann-gymnasium.de
Homepage: www.niklas-luhmann-gymnasium.de

Kl: 8/16   Ku: 104/21   Sch: 899 (491) (221/419/259)   Abit: 68 (36)   **BR Detmold**
L: 54 (A 1, A_1 1, A_2 6, B 18, C 21, D 1, E 1, F 4, H 1)   ASN: **168907**
Spr.-Folge: E, L/F, F, F   Dez: LRSD **Dr. Wittmann**

A	Mahlmann Friedrich	28. 4.83	F E	k	1. 2.45		Haarlammert Wolfg.	29.11.81	□ D SW		3. 6.50
A_1	Barkow Ulrich	1. 9.99	° BI EK	e	21. 5.48		Kleines Gottfried	7. 7.82	D GE	k	30.11.49
A_2	Nicolay Volker (F)	5. 2.97	E EK		24. 8.50		Buschmann Gerh.	12. 4.84	M PA	e	12. 6.55
	Riesche Joachim	1. 8.99	□ M ER	e	19. 5.51		Freyer Karin	4. 3.88	D BI		6. 6.56
	Harth Christina	5. 2.02	° E EK	e	18. 3.54		Hackbarth Heike	20. 2.96	D CH	e	8. 4.61
	Schierenbeck Fred	1. 8.03	KU W		10. 3.52		van Treek Markus	1. 1.02	L F	k	17. 5.68
	Stehling-Schröer Jutta Dr. (F)	1. 8.04	D GE		19. 2.49		Schönhardt Miriam	20. 1.03	E KU	k	26. 4.74
							Blase Michael	1. 2.03	IF SP	k	2. 9.70
	Halt Ulrich	1. 6.05	M EW		20. 2.48		Sieder Ellen	10. 6.03	M PH	k	6. 2.74
B	Tackenberg Rolf	1. 6.79	° F SP	e	12. 4.45		Brauneis Caroline	15. 9.03	D EW	e	10. 2.71
	de Vries Jürgen	4. 2.80	M PH	e	16. 3.46		Haselhorst Alfons	1. 8.04	MU KR	k	28. 4.69
	Kuczmera Ulrich	11. 3.80	CH	k	8. 4.44		Nielebock Monika	1. 1.05	M PH	k	1. 1.76
	Knappert Wolfgang	7. 9.80	M SP	e	15. 1.47		Liebscher Jörg	26. 1.05	M PH		22. 9.69
	Mai Sigrid	24. 7.81	D EK	e	16. 4.47		Köhler Markus	1. 2.05	L ER	e	18. 1.67
	Hedderich Otto	7. 8.81	□ D EK	e	17. 4.46		Wattenberg Claudia	16. 2.05	BI EK	e	19. 1.74
	Krohn Hans	7. 8.81	M PH	e	1. 5.48		Jahn Denny	15. 9.05	EK GE		21. 6.75
	Kleinemenke Alfons	1. 2.83	□ GE PA		6.10.44		Hauschke Kathrin	20. 2.06	F M		26. 2.76
	Kleinsimon Peter	1. 5.87	E F		1. 1.51		Gillrath Britta	6. 6.06	D KR	k	30. 5.76
	Klaus Reinhard	19. 6.95	D PA		1. 1.50		Geffe Marc	24. 7.07	BI CH		21. 7.76
	Graham Cornelia geb. Panneke	21. 8.02	° SP E	e	23. 9.54	D	Freundt Reinhard SekIL	4. 3.84	E SP	e	18.10.53
	Meißner Kornelia geb. Fischer	15.10.03	ER PA	e	22. 5.57	E	Gerling Wiebke	1. 8.06	E KU EK		20.12.77
	Behring Rüdiger	26. 2.04	SW GE	e	14. 6.54	F	Ossenbrink Rudolf		SP EK		19. 9.53
	Stölting Rolf	6. 9.04	EK MU	e	16. 6.50		Meyer zu Knolle Elke		F SW	e	22. 4.59
	Sudholt Elke	6. 9.04	BI CH	e	10. 5.57		Podzus Elke		F D		1. 7.60
	Thumann Bernd	1.10.06	E D	k	6. 7.68		Zanocco Henrike		L D	k	10. 6.70
	Hiddemann Ute		ER E		11. 1.56	H	Bunte Ingrid geb. Krüger GymnL'		SP	e	24. 7.56
C	Kehmeier Ilka	15.10.79	BI								
	Klamp Wolfgang	11. 8.81	□ D PL	e	5.12.48						

2.565 Bad Oeynhausen Immanuel-Kant-Gymnasium gegr. 1969 (1907)

st. G. f. J. u. M.
Grüner Weg 28, 32547 Bad Oeynhausen – Tel. (0 57 31) 2 78 39, Fax 25 93 88
E-Mail: ikgbo@t-online.de, Homepage: www.ikg-bo.de

Kl: 13/26   Sch: 1599 (852) (384/693/522)   Abit: 134 (68)   **BR Detmold**
L: 94 ([A] 1, A_1 1, A_2 12, B 32, C 30, D 3, E 8, H 7)   ASN: **168993**
Spr.-Folge: E, L/F, F/L, R/F   Dez: LRSD **Dr. Gindele**

A	(Keßler Klaus StD A_1)	27. 2.03	E SW		17. 5.52		Gehlenborg Herbert	14.12.01	M EK	k	2.12.51
A_1	Elgert Gert	1. 8.00	D SP	e	8. 2.49		Pape Karl-Heinz	17. 1.02	M PA	e	31. 5.53
A_2	Menke Heinz Dr. (F)	1. 3.82	° CH M	e	26. 6.45		van de Loo Tom Dr. (F)	1. 2.05	L KR	k	7. 6.66
	Brand Bernd-Heinrich Dr.	20.12.91	CH	e	6. 6.46	B	Korte Karl-Heinrich	1. 2.80	° M PH	e	23. 6.47
	Seyer Ulrich	18. 2.92	° M CH	e	15. 8.53		Schulz-Müller Christel geb. Schulz	1.12.80	° CH EK SP		7.11.49
	Bruns Helmut	21. 4.93	° M PH BI	e	3. 6.46		Schielenski Hartwig	10. 9.81	GE E	e	28. 8.48
							Berlin Monika geb. Bertele	1.12.83	D E	e	21.11.48
	Stegmann Holger	24. 3.95	° EK F	e	17. 7.47		Zach Dietrich	1.10.84	EK SP		3.10.47
	Prüßmeier Ralf	27.12.95	PH M	e	9. 4.55		Sprute Bernhard (F)	25.10.85	KU KW	e	15.12.49
	Tauber Irene Maria (F)	2. 7.97	E R	e	23. 1.55		Möller Gisela	12.12.91	GE EK	e	13. 4.51
	Millé Christiane geb. Suthoff	10. 3.99	E F		7. 2.53		Schmieding-Helmbold Maria	17. 3.93	D R GE	k	6. 8.49
	Schmidt Ulrich	26. 7.00	D PL	e	17. 6.52						

Benders Rolf	10. 3.95	° E GE	e	26.10.51	
Vonhören Annegret	13. 3.95	CH BI	e	29. 5.52	
Künemund Godehard	22.11.95	BI CH		31.12.49	
Adam Ursula geb. Wittköpper	22.11.95	E PA	k	30. 8.53	
Stüker Frank	22.11.95	D KU	e	12. 5.52	
Kussmann Christa	12. 6.97	D EK	e	21. 8.53	
Korte Brigitte	9. 2.98	E EK	e	14. 8.56	
Zwingmann Heinrich	7. 1.99	PA SW	k	30. 6.53	
Walczak Ulrich	7. 1.99	F SW	k	11. 2.52	
Kampmann Ursula	7. 1.99	E ER	e	14. 7.58	
Olbrich Bernd	22. 1.01	KU SP	k	6. 9.57	
Weber Peter	31. 1.01	D KU	e	7. 1.52	
Lossau Annette	29. 9.03	EK F ER	e	15. 6.53	
Meiners Peter	29. 9.03	ER EK	e	1.10.54	
Königshofen Marlene	29. 9.03	D F	e	11.12.64	
Scholz Markus	10.03	BI CH		15. 2.56	
Conrads Michael	30.12.03	M D	k	19. 6.65	
Grotefeld Birgit	12.03	M SP	e	10. 5.64	
Kiel Dietmar	17. 1.05	M PH	e	18. 1.68	
Sperlich Stephan Dr.	14. 2.05	D MU	e	10.10.64	
Altenburg Susanne	14. 2.05	D PL F	k	13.12.65	
Kerperin Marlies	22. 8.05	KR F	k	6.12.67	
Schüler Klemens		GE PH		22. 3.57	
Spielmann Gabriela		D GE	e	3. 6.59	
C Buttgereit Siegfried	7. 2.80	BI (CH)	e	15.11.46	
Koch Wolfgang	4. 8.80	° M WW	e	5. 3.52	
Frydrychowicz Ingo	1. 9.81	F SP		4. 1.51	
Hinrichs Sibylle	10. 3.83	M SP	e	19. 8.53	
Pieper-Bruns Astrid geb. Pieper	1. 8.83	SW PA	k	20. 2.52	
Menke-Koch Gabriele geb. Menke	1. 8.83	E SW	k	19.10.53	
Höffgen Gudrun geb. Holz	30. 4.84	D E	e	17. 2.55	
Rogge Barbara	28.12.87	E L	k	16. 5.57	
Goldau Ursula	11. 4.88	CH BI	e	22. 2.57	
Wessel Almud	1. 2.93	MU F	k	7. 6.62	
Honermeier-Budde Marion	7. 8.94	D E	e	14. 3.60	
Mattinger Albert	22.12.95	GE BI ER	e	24. 8.58	
Nabers Brigitte	1.12.99	D N		9.11.66	

Fleinghaus Franziska Dr.	7. 2.00	D ER	e	29. 7.56	
Hannöver-Belter Gisela	15. 1.02	L BI	k	3. 6.65	
Klußmann Ronald	26. 2.02	M SP	e	23. 3.67	
Alhorn Roger	26. 2.02	E GE	e	23. 8.69	
Kienz Heidemarie	13. 1.03	E KR	k	14. 5.73	
Duling Matthias	21. 5.03	M PH	k	21. 2.71	
Schneidereit Jan	15. 9.04	D R	e	30.12.69	
Pörtner Kerstin geb. Neugebauer	10.04	E GE	e	28. 1.68	
Meyer-Arend Holger	4. 1.06	L GE	e	21. 8.73	
Hansing Stefanie geb. Hanke	22. 5.06	D PA	e	26.11.76	
Ohnesorge Martina	1. 8.06	E ER	e	18. 1.58	
Kuschel Peter Dr.	21. 8.06	M PL	e	24. 6.68	
Ulrich Tammo	1. 8.07	EK SP	e	29.11.68	
Hess Michael		BI SP	k	4. 9.57	
Stark Reinhard		M SP	e	23.10.57	
Wellenbüscher Nicole		F L	e	19. 5.72	
Vetter Annett		D SW		5. 1.74	
D Hofemann Inge geb. Weting FachL'	30. 3.73	KU MU TX	e	28. 6.47	
Keisemann-Zach Erika SekIL'	11. 5.83	MU ER	e	18. 4.56	
Meyer Brigitte geb. Worbs SekIL'	4. 5.84	KU TX	e	29. 4.56	
E Siekmann Svenja	7.04	E SP	e	5. 1.76	
Schreiber Christian	6. 9.04	M ER PA	e	16. 9.73	
Haase Holger	6. 9.04	M CH	e	11. 7.74	
Pfannschmidt Wibke	6. 9.04	E ER		2.12.75	
Damm Bettina	22. 8.05	F ER		26. 9.75	
Langen Julian	1. 2.06	M SP	k	9. 4.75	
Wilhelm Tanja	1. 2.06	D L	k	11. 3.78	
Elges Christian	30. 7.07	D SP		6. 2.78	
H Möller Hans-Georg Dr.		EK GE		16. 9.45	
Garbers Margrit GymnL'		SP	e	15. 3.52	
Büscher Hans-Werner		ER	e	10.11.54	
Bertram Beate		D MU	e	11.11.54	
Mornhinweg-Olbricht Hannelore Dipl.-SpL'		SP	k	13. 4.55	
Schneider-Postzich Barbara		ER	e	19.12.61	
Horstmann Tanja		EK BI	e	14. 9.76	

2.570 Olpe   St.-Franziskus-Gymnasium   gegr. 1893
pr. G. (5-Tage-Woche) f. J. u. M. d. Gemeinnützigen Gesellschaft d. Franziskanerinnen zu Olpe mbH, Maria-Theresia-Str. 32, 57465 Olpe
Kolpingstr. 12, 57462 Olpe – Tel. (0 27 61) 93 78 12, Fax 58 48
E-Mail: sekretariat@sfg-olpe.de, Homepage: www.sfg-olpe.de

Kl: 8/18   Ku: 145/24   Sch: 1094 (651)   (252/501/341)   Abit: 85 (59)   **BR Arnsberg**
L: 61 (A 1, A$_2$ 6, B 22, C 14, D 2, E 7, F 5, H 4)   ASN: **170264**
Spr.-Folge: E, L/F, F, S/R   Dez: LRSD **Egyptien**

A Görg Gerlis Dr.	1. 8.05	° L R KR	k	31. 7.58	B	
A$_2$ Wendt Helmut	1. 9.94	° M EK	k	2. 8.47	
Wolf Karl-Erich	1. 1.97	° M PH	k	14. 1.50	
Scholl Friedhelm[1]	1. 6.99	° M PH	k	24. 2.56	
Stahl Gabriele	1.10.01	° D F	k	2. 3.52	
Krursel Eduard	1. 2.06	° L GE	k	4. 5.64	
Westermann Jutta	1. 5.06	° D GE	k	4. 8.60	

B Völkel Hartmut (V)	1. 7.81	° E EK	k	2.12.43	
Köchling-Graafen Maria geb. Graafen	27. 1.83	PL D	k	16. 9.50	
Günther Ulrich	1. 2.84	KR CH	k	16. 3.49	
Kund Ursula geb. Hehn	28. 8.84	F GE	k	15.11.50	
Dettmer Alfred	9. 9.85	SP F	k	6. 2.53	

	Schreiber Klaus	1. 7.86	° E GE	e	1.12.52		Strotmann Ralf	1. 2.97	M SP k	5.11.63
	Basch Josef	1. 6.88	R SP	k	23. 6.51		Apel Inga	20. 8.98	D E k	29. 4.67
	Tenhaef Wilhelm	1. 6.88	° PL D	k	6. 5.52		Dartsch Edgar	19. 8.99	M MU k	18. 7.64
	Hacker Peter	30.10.92	D SW	k	19. 2.52		Hengstebeck Heike	26. 6.00	° D M k	14. 2.69
	Grobbel Martina geb. Hettmann	30.10.92	E GE	k	29.11.54		Konnertz Helen	1. 2.04	° L D k	8. 6.72
							Gaumann Andreas	1. 8.05	° M PH e	3. 2.74
	Schneider Dietmar	30.10.92	MU E	k	12. 6.52		Mengel Manuela	1. 2.06	□ D SW e	23. 4.73
	Stracke Arnold	30.10.92	° E GE	k	26. 7.55		Cordes Manuel Joh.	1. 8.07	° M PH k	23. 7.77
	Knecht-Michels Klaus	30.10.92	M BI	k	2. 2.55	D	Völkel Elisabeth (T)		F EK k	29. 4.46
	Kraft-Skopal Martina geb. Skopal	30.10.92	BI SP	k	2. 5.57		Kaufmann Hildegard geb. Becker SekIL'		M EK k	19. 5.54
	Bernardy Klaus	30.10.92	BI E	k	19. 3.55	E	Viedenz Rita	6.11.03	° D PL S k	14. 3.61
	Hardörfer-Brückner Anette	1. 9.95	KU D	k	19. 5.54		Kubiak Margaret	1. 2.06	KR L k	8. 5.65
							Alcoba Francisca	1. 2.06	D S k	27. 5.75
	Kleier Hans-Jürgen	1. 1.96	EK KU	k	25.10.50		Willmes Andrea	1. 2.06	M L k	21. 9.77
	Huperz Annette	1. 1.97	M E	k	14. 9.58		Weber Astrid	9. 8.06	D GE	18. 7.74
	Hummert-Hüwelmeier Barbara	1. 1.97	M EK PA	k	9.11.60		Donadell Björn	1. 8.07	° M EK e	30. 1.77
							Weber Christina	6. 8.07	D E k	31. 8.77
	Müller Dietmar	1. 1.98	M PA IF	k	25.10.59	F	Sawitza Horst		MU KR k	27. 1.52
							Romfeld Peter		CH BI k	14. 7.54
	Ludwig Rainer	1. 8.04	GE KR	k	11. 8.63		Wemker-Münker Sabine		D E e	23.11.64
	Günnewig-Pesch Reinhild	23. 1.07	E KR	k	29. 9.63		Meurer Thomas Dr.		° D KR H k	23. 9.66
C	Botzem Ursula (T)	7. 3.81	BI	k	26. 5.52		Kohlen Andrea		KR PL k KU	26.12.77
	Marx Ludger	1. 9.93	F SP	k	25.12.59					
	Hüwelmeier Christoph	1. 2.94	E EK	k	2. 2.58	H	Ivo Hubert		SW k	28. 9.40
							Birkhölzer Dieter		D KR k	3. 3.42
	Schulz Sigrid	1.10.89	° E KU	k	21. 6.58		Nauroth-Jean Agnes geb. Jean Dipl.-SpL'		SP k	28.10.51
	Henrich Hans-Jörg	23. 8.95	ER GE SP	e	27. 5.60					
	Bongardt Ursula	8. 8.96	BI CH	k	1. 7.63		Mertens Annemarie geb. Haberkamp		SP k	14. 4.54

[1] komm. stellv. Schulleiter

2.571 Olpe Gymnasium gegr. 1858

st. G. (5-Tage-Woche) f. J. u. M.
Seminarstr. 1, 57462 Olpe – Tel. (0 27 61) 9 65 00, Fax 96 50 33
E-Mail: sgo-olpe@t-online.de, Homepage: www.gymnasium-olpe.de

Kl: 10/20   Ku: 142/24   Sch: 1206 (654) (295/544/367)   Abit: 106 (53)   **BR Arnsberg**
L: 67 (A 1, A$_1$ 1, A$_2$ 4, B 20, C 29, D 2, E 4, F 6)   ASN: **170276**
Spr.-Folge: E, L/F, F, S   Dez: LRSD **Neuser**

A	Elbracht Annehild		M CH	k	7. 8.51		Habbel Franz-Josef	15. 2.00	° GE Soz k	25. 2.51
A$_1$	Haardt Jochen		° E ER	e	4. 8.63		Dinter Matthias	1. 2.01	SW SP TC	30. 8.52
A$_2$	Beckers Bruno	1. 2.92	° M PH		14.10.50					
	Nießen Detlef	25.10.95	° M PH	e	7.11.48		Bothe Gudrun	4. 4.02	F L k	19. 7.60
	Mitschy Rüdiger Dipl.-SpL	26. 7.02	° SP EK	k	11. 2.48		Loose Heribert	21. 6.04	D MU k	7. 9.55
							Inden Britta	30. 8.06	° D SP k	3. 6.63
	Dörr Frank	30.12.05	M SP	k	21. 9.67		Faßbinder Dirk	1. 9.06	PH E e	10. 1.69
B	Rüsche Gerhard	1.12.80	L GE	k	12. 9.47		Moos Susanne	3. 5.07	° KU ER e	14.10.64
	Jülicher Gabriele (T)	1. 2.82	BI	k	22. 1.50		Höhbusch Kerstin (T)	3. 5.07	° E F e	5. 4.72
	Koj Peter	1. 7.82	° M IF	k	23.10.49	C	Bender Gudrun (T)	3. 9.79	D SW	6.12.49
	Haase Antonius	26. 9.85	° M IF	k	6. 4.51		Lohmann Renate (T)	1. 2.80	F GE e ER	28. 1.51
	Kramer Heribert	15. 7.87	° EK SP	k	22. 9.47					
	Becker Karl-Josef (V)	14.12.94	° F GE KR	k	23. 6.52		Theile Peter	29. 2.80	° F EK k	23.10.49
							Unthan Wolfgang	1. 9.80	M PH e	27. 5.50
	Klapheck Klaus	18.12.95	° KR F GE	k	31. 5.50		Endres Dorothee	31. 7.82	° M k	6. 4.52
							Behme Joachim	4. 9.84	F KU k	24. 5.54
	Horn Herm.-Josef	18.12.95	CH EK	k	30. 3.53		Vogelsang Sigrid (T)	31. 8.91	° E KU k	21. 3.57
	Nauroth Georg	30. 9.96	° BI CH	k	23. 9.52		Hilger Barbara (T)	20. 1.97	D KU k	12. 9.63
	Krebsbach Dieter Dipl.-Theol.	30. 9.96	° KR PA	k	25. 8.55		Wuttke Cora	1. 1.02	D E	5.10.68
							Pfennig Ulrike (T)	1. 1.02	D F	9. 6.69
	Feldmüller Maria	16.12.96	D E	k	12. 6.52		Kaufmann Nicole	14. 8.02	M PH k	31.12.71

van Well Wolfram	1. 2.03 °	E EK ER	e	17. 5.73
Krechel Thomas	11. 9.03	E GE	k	29. 1.65
Dissel Alexandra	1. 2.04	MU D	k	27. 3.72
Wecke Ralf	1. 8.04	E EK	e	27. 5.65
Köster Holger	1. 5.05 °	M PH	k	2.12.74
Bylebyl Kai	30. 9.05	D PL SW	e	18. 9.73
Doerinckel Petra	14.11.05	EK BI	e	23. 2.74
Thielen Bernadette	1. 2.06 °	D GE	k	20. 7.61
Sponagel Ricarda (T)	1. 2.06	D PL	k	28.11.68
Wiedemuth Dominik	1. 2.06	E SW	e	9. 2.72
Siedlaczek-Grüter Uta	1. 2.06	D F	k	10.10.72
Dreeskamp Kristin	15. 9.06	SP BI	e	31.10.72
Vidaurre Dalma Cecilia	15. 9.06	S M	k	10. 4.72
Sommerhoff-Benner Silvia Dr. (T)	22. 6.07	M D	k	15. 2.73

	Born Jochen Dr.	10.07	CH BI	e	29. 4.71
	Schumacher Rainer		° EW D	k	23.11.53
	Pulte Martin		M IF	k	29. 7.54
D	Krämer Stefanie	1. 8.74	D KR	k	23. 3.45
	RSchL' (T)				
	Goebel Andrea	31. 8.82	KR EK	k	28.12.52
	SekIL' (T)				
E	Schnurr Simone	16.11.05	S D SW	k	10. 8.70
	Seidel Stephan	1. 6.06 °	E GE	e	12. 6.76
	Lenz Andreas	9. 8.06	E GE	e	3. 3.73
	Krause Janine	1. 2.07	D S	e	2.10.79
	Steinhoff Michael	1. 8.07	SP EK	e	21. 4.76
F	Puiu Dorit		D E	e	23. 8.51
	Stelzer Norbert		KR	k	21.11.53
	Lehmann-Bruch Ursula		E F	k	8. 7.56
	Lauer Michael		BI SP	k	17. 1.58
	Becker Heliane		D E	e	18. 3.58
	Küppers Brigitte		GE KR	k	24.10.61

2.575 Ostbevern Gymnasium Johanneum gegr. 1948
pr. G.[1] (5-Tage-Woche) f. J. u. M. d. Bistums Münster
Schloß Loburg, 48346 Ostbevern – Tel. (0 25 32) 87 41, Fax 87 47
E-Mail: johanneum@bistum-muenster.de, Homepage: www.schloss-loburg.de

Kl: 7/14 Ku: 138/23 Sch: 965 (551) (206/413/346) Abit: 93 (46)   **BR Münster**
L: 56 (A 1, A$_1$ 1, A$_2$ 6, B 17, C 9, D 1, E 9, F 12)   ASN: **168518**
Spr.-Folge: E, L/F, F/R, S/F   Dez: LRSD **Dr. Hillebrand**

A	Witthake Günter Präses	8.11.97	KR GE EW D	k	19. 9.48
A$_1$	Bertels Michael	1. 8.00	M PH IF	k	15. 8.57
A$_2$	Lindenkamp Paul	1.12.92	M PH	k	26. 5.49
	Slon Lothar	1. 1.94	D GE	k	1.12.54
	Nocon Peter Dr.	1. 8.95	E F	k	15.10.43
	Kunert Rainer	1. 8.99	D MU	k	15. 6.58
	Tilke Gilbert	1. 2.01	M KU	k	7. 5.58
	Stumm-Laakmann Vera	1. 9.05	E EK	k	21. 1.52
B	Droste zu Senden Gesine geb. Westphal (T)	1. 8.79 °	E	k	6.10.44
	Zumhasch Heinz-Josef	1. 8.79	D KR	k	29. 1.45
	Pieper Manfred	1. 2.82	M EK	k	24.11.43
	Fennhoff Franz-Josef	1.12.92	BI EK	k	8. 7.51
	Rösel Winfried	1. 6.94 °	SP EK	k	7. 5.53
	Wahlmeyer Ludwig (T)	1. 6.94 °	D GE	k	19. 6.44
	Nowotnick Beate	12. 2.96	D F	k	17. 5.54
	Lunkebein Hans-Ulrich	21. 5.96	SP GE	k	18. 4.54
	Geldermann Christian (F) (V)	12. 9.96 °	M SP IF	k	16.12.58
	Hellmons Matthias	1.11.98	MU KR	k	16. 4.58
	Dierkes Heinz	1. 2.99	EK SP	k	15.11.54
	Gausmann Christian	1. 6.01	E F	k	7. 1.53
	Wolf Georg	1. 6.01	BI CH	k	23. 7.53
	Kampmann Hans-Dieter	1. 9.05	EK M	k	11. 6.53
	Bisping Josef	1. 9.05	L KR	k	2. 4.63
	Dropmann Martina	1. 9.05 °	E GE	k	1. 2.63

	Vogt Beate Dr.	1. 9.05	BI CH	k	24. 1.58
C	Nardmann Eugen	1. 1.93	E KR	k	19. 5.57
	Starke Birgit	2. 8.01	E D M	k	3. 4.70
	Voss Juliane geb. Pantke	7. 8.03	S F	k	12.12.68
	Steinhoff Peter Dr.	1. 8.06 °	SW GE	k	12. 2.65
	Thelen Patrick	1. 2.07	M SP	k	11. 4.73
	Webbeler Uta	1. 8.07	E GE	k	16.11.73
	Frönd Jan-Dirk	1. 8.07	D M MU	k	7. 1.75
	Bischof Iris geb. Krämer		E GE	k	25. 9.71
	Raveaux Markus geb. Starke		M SP	k	13. 6.73
D	Böke Margrit (T)		D EK	k	14. 6.47
E	Rode Ulrike	1. 2.02 °	MU E	k	6. 5.72
	Tumbrink Christiane	1. 2.02 °	EK E	k	26. 7.73
	Schepers Andreas	7. 8.03	SW GE KR	k	7. 2.72
	Krebs Melanie	1. 2.04 °	M SP BI	k	16. 2.75
	Folker Dirk	1. 2.04 °	M IF	k	3. 5.76
	Mai-Schier Ulrike geb. Mai	1. 8.04 °	D MU R	k	4.10.75
	Gil Martinez Araceli	17. 2.05	S E D	k	16. 1.76
	Blömker Sakina	1. 8.05	SP BI	k	9. 2.76
	Fietz Christina	1. 2.06	PH KR MU	k	9. 5.78
F	Grand Adam		CH R	k	9.12.51
	Kemper Johannes		° SP GE	k	1.10.52
	Grave-Wolf Marianne		BI D	k	5. 4.54
	Beuckmann Ulrich Dr.		L G	k	31. 7.56
	Kleine Büning Alois		KR EK	k	1. 4.57

Bigalke Beate		SP TX	k	24. 2.61	**Bühning** Garvin		SP SW	k	27. 2.76
geb. Große Westermann		KU			**Versmold** Anja		D SP	k	3.12.76
Menninghaus		M PH	k	11. 3.62	**Mühlenhoff** Meike		EK SP	k	11. 3.77
Elisabeth Dr.					**Bopp** Constantin		BI CH	k	8.12.78
Schöne Beate		BI EK	k	9.10.75			EK		
		M							

[1] m. Internat f. J. u. M.

2.585 Paderborn   Gymnasium Theodorianum   gegr. 816
st. G. (5-Tage-Woche) f. J. u. M.
Kamp 4, 33098 Paderborn — Tel. (0 52 51) 18 89 800, Fax 18 89 80 50
E-Mail: theodorianum@paderborn.de, Homepage: www.theodorianum.de

Kl: 9/14   Ku: 94/16   Sch: 821 (286) (267/337/217)   Abit: 70 (21)   **BR Detmold**
L: 48 (A 1, A_1 1, A_2 5, B 13, C 18, D 2, E 3, F 2, H 2)   ASN: **169055**
Spr.-Folge: L/E, E/L, G/F, S/F   Dez: LRSD **Dr. Wittmann**

A	**Frintrop-Bechthold** Dorothea	1. 8.02	D SW	k	6. 7.52	**Göke** Agnes	9. 4.82 °	CH BI	k	12. 4.53
A_1	**Ewers** Friedrich	1. 8.03	SP PH IF	k	30. 3.54	**Nettelnbreker** Franz Josef	19. 1.83 °	D PL	k	27. 9.51
A_2	**Heuckmann** Wolfgang	1.12.92 °	L SP	k	4. 8.48	**Brune** Maria Rita	11. 4.83	M	k	7. 2.52
	Kerkhoff Josef	1. 4.93	EK D	k	9. 2.48	**Hennig** Dieter	20. 9.85	D SW	k	14. 9.49
	Zengerling Michael	25. 3.96	BI CH	k	7. 9.53	**Wagner** Renate	1. 9.88	E KU		6.12.58
	Vogt Hermann Josef (F)	25. 6.96 °	KR D	k	18. 8.46	**Straub** Christiane	15. 1.98	D KU	oB	21.11.66
						Puschnerus Helge	7. 9.99	D MU		1. 7.68
	Seidensticker Jürgen	1. 1.97	D F	k	8. 3.52	**Rolle** Tanja	1. 9.02	BI SP	e	7. 7.73
B	**Montino** Gerhard	28. 1.80 °	EK GE	k	1. 7.47	**Schmitz** Stefanie geb. Pieper	1. 5.03	D KU	k	20. 1.75
	Osterholz Beate	9. 2.95	M IF	k	8. 4.52	**Meyer** Margot geb. Schmitz	1. 8.03	F E		1. 9.73
	Naewe Elisabeth geb. Pelkmann	1. 9.95 °	M	k	17. 7.50	**Exner** Sandra geb. Fischer	1. 2.05 °	L GE		7.11.69
	Berhörster Kurt	1. 9.95	F SP	k	13.12.47	**Liebrand** Robert	1. 8.05	MU KR	k	8. 6.66
	Pitschke Hans Jürgen	1. 9.95	E EK	k	20. 5.53	**Bretschneider** Frank	1. 2.06	L G	k	10.11.69
	Brockhoff Birgit (T)	1. 3.97	E SP	k	5.10.53	**Brill** Gudrun	1. 2.06	MU M	k	15.10.75
	Jakobi Friedrich	11.12.98	CH SP	k	5. 3.53	**Schmitz-Bäumer** Katja	9. 8.06	D KU	k	20. 8.76
	Vogt Hubertus	29. 1.99 °	D SW	k	1. 8.46					
	Rupprath Franz Josef	1. 3.00	D SP	k	15.10.54					
	Hammerschmidt Gudrun (T)	14. 5.01	D KR	k	7.12.55	D	**Schmidt** Irene SekIL' (T)	1. 8.81	GE KR	k	18. 6.56
	Bodenstedt Helmut	18. 7.01	BI PL		24. 5.50		**Anacker** Heinz SekIL	17. 5.83	M EK	k	2. 9.52
	Roreger Annegret (T)	1. 6.03	BI TX	k	12. 2.54	E	**Galczynski** Thomas	1. 5.05 °	L G BI	k	6. 7.75
	Massow Ludwig	18. 3.04	KR SW	k	21. 4.47		**Uffmann** Sebastian	1. 8.07		e	15. 7.73
C	**Schmitz** Albert	1. 8.77 °	L EK	k	24. 8.47		**Wolf** Andres	1. 8.07		e	3. 3.76
	Jörke Birgit	1. 8.80	D ER	e	2. 6.51	F	**Schlünz** Regina SekIL'		° M PH	k	26.10.56
	Zacharias Klaus	19. 8.80 °	D KR GE	k	11. 6.45		**Peters** Ingeborg		E F		19. 6.59
						H	**Spellenberg** Hubertus			k	31. 3.50
	Böhner Engelbert (T) (V)	1. 3.81 °	SP E	k	6. 3.52		**Delitzscher** Françoise geb. Bascle		SP	k	19. 1.51

2.586 Paderborn   Gymnasium St. Michael   gegr. 1658
pr. G. f. M. d. Augustiner Chorfrauen im Michaelskloster Paderborn
Michaelstr. 17, 33098 Paderborn — Tel. (0 52 51) 69 39 10, Fax 6 93 91 11
E-Mail: post@michaelsschule.de, Homepage: www.michaelsschule.de

Kl: 6/12   Ku: 180/36   Sch: 995 (995) (184/369/442)   Abit: 135 (135)   **BR Detmold**
L: 66 (A 1, A_1 1, A_2 5, B 20, C 21, D 5, E 2, F 9, H 2)   ASN: **169043**
Spr.-Folge: E, F/L, L/F, L/E   Dez: LRSD **Dr. Wittmann**

A	**Zingler** Stefan	1. 8.03 °	M CH IF	k	2. 2.60	A_2	**Maaßen** Sr. M. Veronika	19.10.84	KR D PA	k	9. 2.46
A_1	**Wurm** Maria	1.11.96 °	M PH	k	18. 7.46						

	Backhaus Hubertus	1. 9.97	GE EK KU	k	19. 4.55	Wurm Andreas	1.12.97	F SW KR	k	19. 5.64
	Fastlabend Wilfried (L)	1. 2.00	D SW	k	1. 4.55	Petersen Barbara	1. 8.01	ER L	e	5.12.69
	Brand Sr. M. Ulrike	1. 8.02	EK KR	k	9. 6.59	Jung Stefan	1. 8.01	PA KR	k	15. 2.64
	Cremer Elisabeth geb. Burmann (T)	1. 2.06	KR D GE	k	15. 6.56	Ritter-Osterfeld Petra	1. 8.01	D KR	k	4. 5.64
						Brinkmann Silke	1. 8.01	M D	k	5. 1.66
B	Scheermesser Angelika geb. Plesser (T)	1.11.82	BI CH	k	10. 1.52	Burdinski Jutta	1. 8.02	E		18. 4.58
						Michaelis Nicole	1. 8.02	M PH	k	14. 1.74
	Scheermesser Ludwig	1. 3.84	BI CH	e	4.10.49	Lammersen Claudia	1. 5.03	PA D	k	21. 8.69
	Sturhann-Lorenzen Ursula (T)	1. 2.86	PH M	e	10. 6.50	Wurm Kerstin	1. 5.03	R E		21.10.70
						Markussen Susanne	1. 5.03	SP D	k	25.10.70
	Gringard Gabriele geb. Koch (T)	1.12.87	F GE	k	29.12.54	Hoppe Achim	1. 8.05	KR D PL	k	5. 5.71
	Beller Ingeborg geb. Seck	1.12.88	D BI	k	21. 4.54	Ramme Thorsten	1.10.05	D E	k	4. 2.72
						Westerwinter Andreas	31.10.05	BI CH	k	3.12.72
	Gödde Brigitta geb. Jung	1. 1.90	F MU	k	22. 8.55	Kaluza Andreas	10.06	M IF	k	22. 2.71
	Lappe-Roreger Ulrich (T)	1. 6.90	BI CH	k	14. 2.53	Bruster Irena	1. 5.07	SP EK PA	k	30. 6.77
	Radtke Werner	1. 5.93 °	E L	k	22. 8.54	D Hamelmann Udalrike geb. Maasjost HSchL' (T)	1. 8.73	D KU	k	27. 7.46
	Möller Manfred	1. 9.94	M PH	e	14. 6.54					
	Mehlich Maria geb. Bröckling	1. 9.94	PA M	k	24. 1.56	Friede Angelika geb. Rüenbrink SekIL' (T)	1. 8.83	SP KR	k	22. 5.58
	Beckmann Ursula geb. Bendig	1.10.96	CH WW	k	21. 5.52	Mönikes-Baumhör Helga SekIL'	1. 1.91	SP TX	k	12. 5.57
	Henn Rolf	1.10.96	M PH	k	19. 2.57	Bisping Renate RSchL' (T)	1. 5.92	E	k	18. 8.53
	Pelizäus-Hermes Ruth geb. Pelizäus (T)	1.10.96	D PL	k	14. 1.58					
						Hanses Henriette		SP	k	21. 1.57
	Taake Mechthild geb. Werner	1. 4.00	M EK	k	5.10.55	E Riesel Tobias	1.10.06	L GE KR	k	15.11.75
	Vinke Ursula	1. 4.00	D KR	k	10. 4.61	Renken Valerie geb. Evens	1.10.06	E D	k	4. 4.78
	Loick Ansgar	1. 8.01	M IF	k	29. 3.66					
	Kolle Andreas	1.12.02	D GE	k	1.12.61	F Sohler Bärbel geb. Feldmann Ass' d. L.		L KR		14. 7.45
	Patryjas Tanja	1.10.04	E F	k	15. 3.71					
	Schultze Thorsten	1.12.06	D KU	k	7. 4.57	Höcker Thomas		E GE	k	12.11.54
	Finke Christiane	1.12.06	KU KR	k	23.11.63	Pfeiffer Jürgen	°	E F	k	8.12.55
C	Failenschmid Anne geb. Brune (T)	1.10.86	D PK SW	k	16.10.55	Marx Maria		M MU	k	6. 5.57
						Becker Petra		SP M	e	1. 2.60
	Hillemeyer Renate geb. Starzyk	1. 2.91	GE SP KU	e	29. 1.54	Vinke Angela		EK GE	k	10. 4.61
						Deinhard-Messerschmid Kathrin geb. Deinhard		MU D	k	17. 8.62
	Freise Martin	1. 2.91	GE E	k	18. 7.54					
	Meier Heike geb. Schöne (T)	1.10.94	E F	k	4. 4.63	Ewers Monika		D TX	k	17. 9.63
						Geburzi Anne-Lise geb. Dutilloy		L F	k	4. 9.72
	Gutschank Sabine	1.11.95	EK PH	k	4. 1.59					
	Vockel Karin geb. Witte	1.11.95	D PA	k	3.10.62	H Kohle Annette Pastorin		ER	e	17. 3.55
						Düker Birgit Pastorin		ER	e	2.12.64

2.587 Paderborn Reismann-Gymnasium gegr. 1923
st. G. (5-Tage-Woche) f. J. u. M.
Reismannweg 2, 33100 Paderborn – Tel. (0 52 51) 1 54 97 10, Fax 1 54 97 12
E-Mail: reismann@paderborn.de, Homepage: www.reismann-gymnasium.de

Kl: 9/13 Ku: 168/29 Sch: 999 (398) (250/343/406) Abit: 124 (52) **BR Detmold**
L: 68 (A 1, A$_1$ 1, A$_2$ 6, B 19, C 25, D 6, E 5, F 5) ASN: **169031**
Spr.-Folge: E, F/L, F/L/R/S/C Dez: LRSD **Dr. Wittmann**

A	Schroer Hans-Georg	1. 9.95 °	BI CH	k	5.10.48	Pähler vor der Holte Hans-Josef	24. 7.06	BI	k	1. 5.55
A$_1$	Lazar Helga	9.10.03	CH BI	k	22. 9.55					
A$_2$	Wiedemann Günter (F)	27.10.83 °	MU PA SW	k	4. 8.44	Tohermes Renate (T)	24. 5.07	D SP		2.10.54
						Mevius Martin (F)	20. 9.07	E SP		1. 5.66
	Tohermes Rainer	3. 4.01	EK SP	k	13. 2.51	B Specht Waltraud (T)	20.10.80	F EK	e	26. 4.49
	Vogel Harald	3. 4.01	PH M	k	20. 2.55	Groppe Wilhelm	25. 1.93	F EK	k	14.11.48

	Bellinghausen Jutta geb. Berkenbusch (T)	10. 5.93	°	BI CH	e	20. 9.49	Sauerwald Hendrik (V)	2.02	° GE L	k	23. 6.70
							Lennartz-Nouri Friederike (T)	1. 8.02	S F		9. 2.60
	Schubert Udo (V)	21. 5.93	°	E EK	e	11.11.46	Knüppel Simone (T)	16. 7.03	D PA		28. 2.72
	Pfeifer Norbert (T)	21. 5.93		M IF		3.11.49	Greiff-Lüchow Sandra (T)	23. 6.04	D PA		4. 8.70
	Knittel Reinhard	17. 8.93		D SW	k	8. 9.53					
	Lohse Christiane geb. Linden (T)	7.11.94		D EK	k	17. 4.48	Schulte Silvia (T)	1. 8.04	D E		28. 4.56
	Stertenbrink Manfred	7.11.94	□	M EK		5.12.53	Krüger Martin	1. 2.05	SP D	k	20. 8.57
							von der Borch Thomas	14. 7.05	SP IF	k	15. 6.70
	Dalhoff Monika	7.11.94		MU EK	k	14. 3.52	Bliedung Beate (T)	1. 8.05	D KR	k	27. 6.59
	Dreilich-Grötschel Gabriele	7.11.94		D GE	k	27. 7.52	Klahold Iris (T)	1. 8.05	L ER	e	4. 9.61
	Schäck Reinhard	8.11.94		BI CH		13. 6.53	Klocke Anke	1. 8.06	M CH		9. 6.72
	Lengsfeld Klaus-Dieter	1.10.95		CH PH	k	13. 9.51	Cinkaya Anja (T)	06	D EPL		11.10.73
							Horstmann Michael	1. 8.07	L PL	e	8. 2.66
	Jeserich Vera geb. Abeln	1.10.95		KU TX	k	10. 4.54	D Schäper Hedwig SekIL' (T)	4.12.82	KR E	k	17.12.56
	Eisenhofer Helmut	1.12.95		M PH	k	9. 8.42	Gründken Georg SekIL	21.10.83	EK SP		4. 3.56
	Klinger Sabine	1. 9.96		D KU	k	3. 9.64					
	Schmid Robert	5. 2.99		D E	k	25.10.60	Dahlhaus Ute SekIL' (T)	13. 4.84	BI KU	k	3. 6.55
	Kelliger Birgit (T)	12. 7.02		D F KR	k	13. 5.62					
	Klenke Dörte (T)	28. 5.03	°	BI CH	e	16. 1.54	Schultz Birgit SekIL' (T)	24. 5.84	M SW		24. 5.57
	Heims Heimke (T)	28. 8.06		PA SW		28. 7.67					
C	Rammig Christiane (T)	8.81		M GE	k	25. 9.49	Günther Bodo SekIL (T)	8. 8.94	MU BI		13. 6.64
	Tenge-Erb Sigrid	20. 3.82	°	M	k	15. 3.51					
	Bröckelmann Doris (T)	3.11.83		E MU		31.10.55	Fischer-Latzel Uta (T)	15.11.99	KU GE		4. 6.61
	Ernst H. Peter	30.11.83		E KR	k	27. 9.54					
	Mosch H. Michael	16.10.84		M KR	k	5.12.52	E Lütke Anja	9. 8.06	E BI		13. 6.75
	Tofall Elke (T)	2. 3.85		E D		2. 8.52	Gropengießer Martin	9. 8.06	GE SW	k	15.10.76
	Dellschow Almuth	1. 8.88		E F		6. 2.54	Czerwinski Anna	9. 8.06	M PA		7. 2.78
	Jurrat Frank	1. 3.98		ER GE	e	26. 9.61	Berg Björn	1. 2.07	M SP		28. 7.77
	Wirth Bettina (T)	7. 8.98		M BI IF		15. 2.59	Mönnikes Sandra	20. 8.07	S GE		2. 2.74
	Bömer-Schlenger Anne (T)	15. 5.01		E D KR	k	9. 2.60	F Otto Joachim Dr.		D PL	k	7. 5.53
							Dietrich Claudia (T)		E D	k	24. 8.55
	Bartscher Heribert	2.02		PH SP	k	15. 6.54	Müller Petra Dipl.-SpL'		SP	k	16. 4.61
	Vorwald Dieter	2.02		ER D	e	8. 4.56	Baehr Petra		BI SP		11. 9.62
	Wagener Christiane (T)	2.02		KU D	k	15. 1.58	Freimuth Thorsten		GE PL		15. 9.63

2.588 Paderborn   Pelizaeus-Gymnasium   gegr. 1929 (1859)
st. G. (5-Tage-Woche) f. J. u. M.
Gierswall 2, 33102 Paderborn — Tel. (0 52 51) 1 54 97 50, Fax 1 54 97 59
E-Mail: pelizaeus@paderborn.de, Homepage: www.pelizaeus.de

Kl: 13/24   Ku: 169/28   Sch: 1506 (885) (385/643/478)   Abit: 114 (71)
L: 108 (A 1, A$_1$ 1, A$_2$ 12, B 32, C 38, D 5, E 6, F 6, H 7)
Spr.-Folge: E, L/F, F/L, L/F/S/R (ab Jg.st. 10)

BR Detmold
ASN: **169020**
Dez: LRSD **Dr. Wittmann**

A	Steins Antonius	9. 8.00		M IF	k	19. 7.53	Feldmann Elisabeth	27. 6.05	° M EK	k	30. 1.55
A$_1$	Ledwinka Ulrich	07	°	D GE	k	29. 3.67	Bauer Dirk Dr. (F)	22. 2.06	D SW PP		21. 4.65
A$_2$	Bechthold Bruno	21. 3.83		MU EK	k	30.10.44					
	Böddeker Manfred	6. 1.92		CH M	k	10. 3.49	B Welsch Axel	1. 8.79	D EK	e	24. 5.44
	Kröger Hans	20. 4.93		E SP	k	14. 3.51	Ortner Renate geb. Weede (T)	22.11.79	KU W	e	14. 6.46
	Henckens Rainer (F)	9. 3.98	□	M	k	26. 6.47					
	Diekhans Johannes (F)	16. 6.98	□	D SP	k	14. 3.54	Lihs Anton	13.11.83	° SP EK M	k	2. 2.47
	Bergmeier Margarete Dr. (Vw)	11. 6.02		BI CH	k	17.10.56	Weise Joachim	12.12.83	□ E F	k	9. 1.50
							Freitag Werner	9. 4.84	E EK	k	5. 4.47
	Hagen Eberhard	26. 8.02	°	D SW	k	24. 9.52	Arend Richard	10. 5.93	° E EK	k	20. 5.49
	Amelunxen Hans-Jürgen	24. 2.03		CH SP	k	3. 7.52	Lorenzen Bernhard	10. 5.93	° M	e	3. 8.49
	Brinkmann-Brock Ursula (T) (F)	1. 8.03		M EK	k	24. 9.55	Barschdorff Susanne geb. Kapferer (T)	10. 5.93	MU D	k	10.10.44
	Heilemann Jürgen Dr. (F)	1. 2.05		BI CH	e	6.11.59	Klehr Ursula (T)	21. 5.93	° KU BI	k	11. 3.48
							Gröning Christiane	29.11.94	BI HW	e	23. 5.50

Henning Stefania · geb. Haase (T)	14.12.94	E M	k	14.12.51	
Timmermann Angelika (T)	14. 8.95	□ PA SW	k	9. 9.49	
Schmidt Monika (T)	1. 3.96	D SW	k	6. 7.50	
Atteln Reinhold	22. 1.97	° D KR	k	30. 6.50	
Hagspihl-van Lück Elfriede (T)	13. 1.98	□ PA SW	k	11. 8.52	
Duhe Joachim	27. 5.99	° MU E PL		17. 5.57	
Knaup Hans-Wilhelm	20. 8.99	° D SW	k	19. 8.52	
Rudzki Renate (T)	12. 7.02	□ SW PA		12. 9.53	
Varchmin Ulrike (T)	12. 7.02	□ M IF EK	e	25. 2.54	
Dohmen Michael	15. 3.03	M IF PH	k	27. 1.64	
Morawietz Friedhelm	15. 3.03	GE SP SW		22.12.63	
Pfötsch-Strop Claudia (T)	13. 6.03	PA SP	k	20. 4.55	
Brachmann Heike	16. 7.03	E R		17. 6.68	
Gussen Wilhelm-Josef	15.12.03	L KR		6. 9.61	
Welling Ingeborg (T)	4. 3.04	° M KR	k	22. 4.57	
Brügge Claudia	18. 3.04	D PL		21. 8.66	
de Lange Angela	19. 5.04	E F	k	22. 5.69	
Drüke Christine geb. Stamm	3.11.05	° D SP		18.12.59	
Zielfeld Frank	9. 5.06	L SP	e	28.11.62	
Große-Bley Melanie	12. 5.06	F GE		4. 6.69	
Murken Dinah (T)	23. 6.06	D E		30. 9.60	
Tepaße David (F)	3. 8.06	IF SW		24. 6.76	
C Müller Elfriede (T)	1. 2.80	GE SP	k	26.11.49	
Darley Doris geb. Appelhans (T)	10. 6.81	PA SP	k	19. 8.51	
Romberg Elisab. (T)	3. 8.81	BI EK	k	29. 3.53	
Wilczek Heinrich	21. 8.81	PH		23. 8.49	
Uekermann Bärbel geb. Angel (T)	7. 9.81	□ SP GE	oB	6. 1.48	
Erdmann Sabine	1. 8.82	□ E GE		12. 2.50	
Schubert Maria (T)	13. 1.83	° M KR	k	8. 9.53	
Mosch Mechthild geb. Schröter (T)	24. 9.83	CH M		2. 7.55	
Windschall Mecthild geb. Schramm	7. 5.84	° PH CH	k	24. 3.54	
Brinkmann Maria geb. Hora (T)	20. 8.84	□ E SW	oB	15.12.48	
Tegelkamp Gertrud (T)	18. 9.84	M BI	k	26. 3.55	
Kortmann-Fröhleke Renate (T)	30. 3.89	SP GE SW		14. 6.53	
Pollmann Dorothee geb. Hoppe (T)	6. 7.89	D KU	k	14.12.57	
Mayer Wilfried	17. 1.91	° L ER	e	10. 9.56	
Benseler Heinz-Walter (T)	8.91	L E	e	6. 8.58	
Maiwald Ina (T)	10.10.91	E SP	e	30.11.60	
Schelonke Michael Dr.	1. 8.93	° KR SW	k	7. 1.64	
Rinschen Rudolf	28. 8.96	D GE	oB	6.10.62	
Niemann Christoph	3. 6.98	° MU KR	k	16. 2.64	
Lettermann Ulrich (T)	16. 6.99	MU D		11. 1.67	
Helbig Jan	25. 6.99	M PH		30. 3.67	
Stroop Sieglinde Dr. geb. Gruß (T)	20.10.99	M IF	k	29. 8.64	
Eggert Martina (T)	1. 3.00	F D GE		12. 6.69	
Rüther-Kluwe Christiane (T)	21. 7.00	F SP		16. 2.72	
Heilemann Anke (T)	25. 4.01	BI CH		3. 3.61	
Schünemann Luzia (T)	14. 2.02	D KR		3.11.65	
Benecke Katja	19. 6.02	F BI		4. 1.70	
Gallasch Ulrike (T)	6. 8.03	M PH PA		17. 9.70	
Schröder Petra geb. Kleine (T)	30. 6.05	BI	k	9. 7.66	
Kaup Heinrich	1. 8.05	D KR		7. 2.69	
Adami Oliver	2. 9.05	° F SP	e	14. 6.68	
Tisius Frank	2. 9.05	EK SP		16. 9.69	
Hilkenbach Birgit	1.10.05	M SP IF		16. 2.68	
Hering Min Chul Hauke	13.11.06	F KU		1. 7.74	
Möllenbrock Ellen	21. 2.07	E D		10. 5.76	
Schütte Judith	8. 8.07	D KR	k	16.10.78	
Kienecker Menga (T)		E ER		2.12.58	
Bornemann Mechthild (T)		M IF		19. 5.67	
D Leibenger Franz Josef HSchL	1. 6.76	ER BI CH	e	13. 6.49	
Diercks Birgit SekIL'	29.10.80	KU D	k	19.11.48	
Anthes Ursula SekIL' (T)	25. 2.84	M SP	k	4.12.55	
Helm Ingrid SekIL' (T)	23. 7.84	KU TX		15. 3.56	
Dirkes Frank SekIL	19. 8.96	GE SP Sozkd	k	20. 9.63	
E Niggemann Nina geb. Runte (T)	1. 2.06	S M	k	30. 5.78	
Mignogna Nicole Dr. geb. Neveling	9. 8.06	E D		12. 7.74	
Kohaupt Iris (T)	9. 8.06	E D	k	15. 8.76	
Göckede Sandra (T)	6. 8.07	S E		26. 9.72	
Schade Sonja	6. 8.07	BI SP ER	e	13. 6.73	
Müller Jana	6. 8.07	E R		4. 4.79	
F Sprenger Heinrich		M PH	k	9. 3.52	
Riesen Jutta		BI E	e	22. 4.53	
Christ Georg		D EK	k	8. 2.54	
Doerks Renate		BI SP		4. 7.60	
Salazar-Heister Isabel		D S		25. 4.62	
Koch Andreas		BI EW (PH)	e	16. 4.69	
H Nehm Hildegard		HW D	oB	29. 5.54	
Gurski Andreas		SP			
Halsband Verena		SP			
Hentschel Markus Dr.		ER			
Kröger Anja		SP			
Münster Andreas		MU			
Wölke Alexandra		D KR			

2.589 Paderborn Goerdeler-Gymnasium gegr. 1967
st. G. (5-Tage-Woche) f. J. u. M.
33102 Paderborn, Goerdelerstr. 35 – Tel. (0 52 51) 6 91 89 10, Fax 69 18 91 20
E-Mail: goerdeler@paderborn.de, Homepage: www.goerdeler-gymnasium.de

Kl: 9/15 Ku: 111/19 Sch: 922 (432) (232/383/307) Abit: 92 (44)
L: 59 (A 1, A$_1$ 1, A$_2$ 8, B 19, C 17, E 5, F 7, H 1)

BR Detmold
ASN: **169018**

Spr.-Folge: E, L/F, F/L, S

Dez: LRSD **Dr. Wittmann**

A	Wortmann Günter Dr.		94	M PH	7. 2.46	Zengerling Dagmar (T)		83	D KU	14. 6.53
A$_1$	Krüger Christa		9.04	M	20.12.49	Kruse Christine (T)		84	SP TX	19. 3.56
A$_2$	Decker Rainer Dr. (F)		80 °	D GE	24. 1.49	Siebald Cordula (T)		94 °	ER D	20.12.60
	Böggemann Josef (F)		97 °	F GE	25. 4.46	Szymanski Dietmar		95 °	SP M	13. 3.58
	Hengesbach Rudolf (F)		98	E KR	24. 4.52	Meier Brigitte		98	L BI	5.11.54
	Joachim Manfred		5.01	CH EK	14.11.48	Brinkmöller-Becker Maria (T)		01	BI CH	15. 7.59
	Nieke Beate		12.01 □	CH SW	5. 4.54					
	Freitag Bernhard	3.02 °	M PH	k	4. 6.46	Helbig Simone (T)	1. 1.02		M PH	23. 9.69
	Kemper Claudia		4.02 □	D KR	11. 9.59	Pruhs Cordula (T)	4.04		M SP	23. 9.66
	Masukowitz Petra (F)		11.04	EK SP	30. 1.62	Loddenkemper Julia (T)	1. 8.05		E KR PA	k 17.10.75
B	Birkemeier Gerhard		80	CH F	13. 1.47					
	Ikenmeyer Albert		81	E F	17. 7.46	Lamberty-Freckmann Nadja	1. 8.05		D KR	k 23. 3.77
	Kurze Gerald	85 °	BI L	k	16. 7.57					
	Krauß Fritz Dr.		93	M	15.10.47	Jezovcsek Nadine	15. 9.05 °		D PA	e 27. 9.74
	Siebert Friedhelm		93	MU M	5. 8.50	Stuke Kerstin	2.07		E SW	27. 6.72
	Ulama Almut		95	MU E	8. 9.54	Peperhowe Alexandra	8.07		M KR	k 28.11.79
	Ikenmeyer Edith (T)		97	BI CH	2. 2.49	Strotmann Manfred			D SP	k 26. 6.62
	Kröger Hermann (T)		97	BI SP	30.11.50	E	Jansmann Claudia	1. 9.04		M PH	k 7. 7.75
	Stenzel Wilfried	99 °	BI EK CH		9. 7.55	Delgado Sánchez Maria	9. 8.06		E S	k 23. 7.71
	Duhe Gabriele (T)		9.02	MU KR	16.12.58					
	Weber Nadia	24. 6.03 °	E F PP		21. 6.70	Nowak-Borgmeier Uta	9. 8.06		D BI	k 13. 5.76
	Beerbaum Frank	1. 7.03	D KR	k	14. 2.61					
	Finke Adelheid	2. 9.03	E GE		8. 8.51	Klappholz Ingrid	9. 8.06		F BI	e 14. 5.77
	Lambrechts Gabriele (L)	2. 9.03	E GE		18. 1.61	Niggemann Sebastian	8.07		D SW	k 13. 7.77
						F	Reichrath Gerhard		°	D KR	23.10.50
	Hilwerling Udo		2.04	IF PH	15.12.67	Estel-Knoop Marilies			D SW	23. 6.54
	Gerber Michael Dr.		9.04	E GE PK	25. 1.61	Tünsmeyer Werner			E SP	k 2. 1.56
	Beringmeier Irene		11.05	D GE	9. 6.48	Dohmann Norbert			D KR	18. 5.56
	Kaiser Christof		11.05 °	E M	22. 1.68	Müller Irmgard			L SP	7. 2.58
	Hain-Ernst Dorothee Dr.	9.06 °	EK PA		16. 2.50	Spier Beate			L KR	11. 9.59
C	Weißenborn Thomas		80	KU KW	27. 9.47	Rossmann Katja			D PA	k 2. 2.71
	Möhring Maria (T)		82	E F	4.10.52	H	Tünsmeyer Ute			SP	23. 5.60
	Vollbrecht Manfred		83	GE F S	22.12.52					

2.590 Paderborn Gymnasium Schloß Neuhaus – Europaschule gegr. 1972
st. G. (5-Tage-Woche) f. J. u. M.
Marstallstr. 13, 33104 Paderborn – Tel. (0 52 54) 99 22 00, Fax 99 22 33
E-Mail: gsn@lspb.de, Homepage: www.gymnasium-schloss-neuhaus.de

Kl: 11/22 Ku: 159/28 Sch: 1322 (676) (290/597/435) Abit: 136 (77)
L: 77 (A 1, A$_1$ 1, A$_2$ 7, B 21, C 36, D 5, E 3, F 2, H 1)

BR Detmold
ASN: **183283**

Spr.-Folge: E, L/F, S/L/F, S/F/L

Dez: LRSD **Dr. Wittmann**

A	Gödde Bernhard	1. 8.95 °	M SP	k	11. 8.54	B	Schmalbruch Hartwig	8. 6.79 °	CH EK	e 5.12.43
A$_1$	Dulige Birgit geb. Drewes	27. 6.96 °	E EK	k	22. 1.49		Nagel Klaus	8. 6.79 °	MU EK	e 30.11.45
							Dachner Johannes	21.12.89 °	D KR	k 26. 6.54
A$_2$	Pfitzer Claudia geb. Appelhans (F)	12.10.85	F TX	e	9. 9.53		Nicolin-Sroka Eva geb. Bönig	1. 1.95 °	M EK IF	e 9.10.54
	Kallmeyer Josef	5. 9.94	E GE	k	8.10.47		Jansen Lothar	16. 5.95	SW PA KU	5. 3.53
	Nothelfer Hans	1. 1.95	CH		22. 3.48					
	Hahn Gerhard (Vw)	1. 2.95	M PH		8. 6.51		Kron-Traudt Ulrike	1. 8.95	M PH	9. 5.50
	Belz Ortrud geb. Patzwald (T)	21. 7.98	PA SP		8. 7.54		Heinemann Rudolf	21.11.95 °	D KR	k 25.12.50
							Taake Gerhard	21.11.95	M PH	14. 4.54
	Sroka Rainer	6. 1.05 °	D SP	e	27.11.49		Austermann Eddo	15. 3.96	M ER	e 12.12.50
	Römer Eberhard	3. 4.07	D EK SW	k	14.12.51		Schubert Detlef	1. 2.97	BI KR	k 21.10.53

	Steudel Beatrix geb. Lohmann (T)	25. 6.01	BI CH	k	11. 7.52		Knust Silvia	□ D E k	9. 4.73
	Balthasar Stefan	25. 6.01	L F	k	14. 9.65		Bobe Carsten	E SP	3. 7.73
	Fockenbrock Ludger	9. 7.03	L MU	k	21. 3.63		Brand Susanne	E F	29.10.73
	Wisotzki Vera	28. 7.03	M BI		21. 4.71		Kolk Stefan	D SP e	11. 8.74
	Seifert Elisabeth	29. 7.03	M BI	k	14. 4.71		Buschfeld Sven	° E BI k	7.10.74
	Schirmer Angelika geb. Broos (T)	29. 8.03	BI EK		26.11.54		Raetz Elke	E M	27. 1.75
	Rojahn Siegfried	18. 3.04	D GE	e	3. 9.66		Schiel Verena	° S D MU k	2. 4.75
	Hillebrand Michaela	21. 6.04	E F	e	1. 5.63		Himmelmann Jens	BI PL k	29. 4.75
	Dierks Bernhard	7. 4.06	M PH	k	30. 1.65		Lenz Boris	CH SP e SW	28. 7.76
	Prisett Norbert	7. 4.06	BI IF		23. 7.65		Morhenne Kathrin	° M KU	1. 3.77
C	Nagel Brigitta	27. 1.76	E MU	k	29. 5.47		Mürköster Angela	° D KR k	27. 3.77
	Beine-Funke Marianne geb. Beine (T)	11. 8.77	F EK	k	5. 9.46		Conredel Nina	□ D GE k	2. 4.77
	Eikel Johannes	1. 8.81	° D KR	k	9. 5.44		Ocken Daniel	° M PH k	6.77
	Läer Thomas	8. 6.82	M	k	31. 5.46		Suwelack Barbara	D KR k EK	20. 7.77
	Heinen Klaus	4.10.83	° M PL	k	27. 9.50		Kerper Ute	E SP e	20. 6.78
	Heyne-Mudrich Anna geb. Heyne (T)	1. 2.84	SW EK MU	e	9. 9.47	D	Meyer Eva Backhaus-Hoeing Christa geb. Hoeing FachL'	° D M 1. 2.74 SP W k	24.11.78 19. 9.47
	Ohm Dietmar	2. 4.89	M MU	k	23. 2.56		Kröger Cornelia	6. 1.84 E SP e	10. 7.54
	Mikolajcak Reinhold	15. 5.01	L KR	k	7. 8.58		geb. Bode SekIL' (T) Hartmann Petra RSchL'	10. 5.84 E KU k	9.12.55
	Schäfers Ilka geb. Krautwurst	11. 3.02	E F		27. 6.71		Rieksmeier Susanne geb. Karp SekIL'	13. 6.84 GE ER	21. 2.56
	Damrath Dagmar	1. 7.02	E SP	k	28.12.70		Schröder Christine geb. Kandziora	26. 2.01 D KR k	25. 4.71
	Krause Kerstin	1. 8.02	° D E PP	k	31. 5.71	E	Römhild Maria	14. 7.06 □ E KR k TX	14. 1.77
	Ploschke Britta	27. 7.04	° BI CH	k	26. 8.72		Knoke Simone	11. 7.06 D SP k	17. 3.80
	Kipp Gabriele	1. 2.05	E PA SPe		24. 2.62		Bimmermann Eduard	1. 2.07 M PH k	7. 9.77
	Berger Astrid	1. 6.05	° S F	k	28. 9.75	F	Huber Jutta	D E k	21. 9.58
	Luerweg Thomas	3. 7.06	□ CH BI IF	k	22. 3.71	H	Ostländer Christof Schmidt-Riediger Cäcilia geb. Frötschl GymnL'	E EK k SP e	13. 9.77 22.11.49
	Weiß Antje		S E	e	20.12.60				
	Möhlmeier Christian		GE SW		4. 4.63				
	Stich Simone		D KU		16. 8.68				
	Walde Stefanie		S SP	k	19.11.68				
	Möller Jürgen		D GE		18. 1.69				

2.595 Petershagen Gymnasium gegr. 1923
st. G. (5-Tage-Woche) f. J. u. M.
Hauptstr. 15, 32469 Petershagen – Tel. (0 57 07) 4 40, Fax 13 60
E-Mail: gympet@t-online.de, Homepage: www.gymnasium-petershagen.de

Kl: 9/21 Ku: 144/24 Sch: 1231 (671) (269/588/374) Abit: 113 (73)   **BR Detmold**
L: 71 (A 1, [A$_1$] 1, A$_2$ 5, B 22, C 31, D 4, E 4, F 3)   ASN: **169006**
Spr.-Folge: E, L/F, F/L, L/F   Dez: LRSD **Dr. Gindele**

A	Schepsmeier Friedrich	1. 2.04	□ M SW		16. 7.49	Hoock Rainer	23.12.85	M IF e	5.11.52
A$_1$	(Hagemeier Eberhard Dr. OStR)	8. 8.01	E CH		2. 2.58	Latz Friedrich-Wilhelm	23.12.85	° BI CH e	7. 6.51
A$_2$	Knoll Raimund (Vw)	12. 3.92	° M	neuap	8. 7.49	Florstedt Brita (T)	18. 1.93	° D E e	10.12.51
	Kindermann Otto	27. 1.95	D GE	e	8. 9.47	Schönbohm Eberhard (T)	29. 4.93	M SP	19.12.46
	Fritsch Reinhard	31. 7.03	E GE	k	2. 2.51	Issinger Hans-Ulrich	29. 5.93	D WW k	21. 6.55
	Radi Joachim (F)	23. 1.04	D F ER	e	17. 2.52	Annemann Heinz-Friedrich	20. 2.95	BI CH e	16. 5.53
	Schöngarth Michael (F)	1.12.05	GE SW PL		21. 2.65	Kroll Birgit Christine (V)	1. 3.95	° M TC ER	13. 3.55
B	Meier Dieter	31.10.79	° M PH	e	13. 5.46	Marx Christoph-Andreas Dr.	1. 3.95	D E PL ER	14.10.60
	Kunze-Hattenhauer Friedel (T)	1. 2.80	MU D		14. 6.47	Merkel Klaus-Jürgen (T)	31. 3.95	MU D	2. 7.55
	Kleinebenne Hermann	18.11.83	SP EK		1. 6.47				
	Battermann Wolfg.	12. 9.84	E EK	e	2. 8.46				

Hesse Harald Dr.	13. 1.97	BI CH	e	12. 3.46	
Keßler Andrea	20.11.98	D ER	e	22. 3.56	
Lax Kati (T)	27.11.98	KU D		19. 5.55	
Winterhoff Dirk	1. 7.01	D SP		13. 2.58	
Linnemann Petra (T)	3. 9.03	F KR	k	18. 1.62	
Jacobsen Uwe	3. 9.03	MU ER	e	10.10.62	
Niermann Hans	15. 9.04	M PH	e	30. 7.51	
Heckmann-Zirfas Renate (T)	27. 9.04	° D E	e	17. 6.52	
Fahrendorf-Heeren Berthold	1. 5.06	▫ D KR	k	14. 3.61	
Rosenbohm Nils	1. 6.07	° D GE	eref	24.10.72	C
Hommel Detlef	1. 3.81	PH SP		3. 2.52	
Kalberg Helga	6. 9.82	D TX (KU)		17.12.51	
Frommeyer Edgar	1. 3.83	SP E	k	26.11.50	D
Schmitz Ingrid (T)	1. 8.83	E D		14.10.52	
Krislin Friedrich-Wilhelm	1. 8.83	° M SP	k	30. 8.53	
Rustige-Meilwes Ulrike geb. Rustige (T)	27. 8.86	E KR	k	25. 9.56	
Niemeyer Claudia (T)	12. 8.93	° M PH	e	20. 4.62	
Müller Jürgen	10. 5.94	° ER SP	e	24. 3.58	E
Wulbrand Marie-Luise (T)	8. 8.94	L SP	e	30. 1.62	
Pasch Stefan	13. 2.97	L GE	e	17. 2.61	
Driftmann Steffen	1. 9.00	° L GE	e	28.12.66	
Fabritz Matthias	1. 1.02	D KU	e	2. 5.63	F
Meyer Beate (T)	1. 1.02	L SP		21.12.69	
Hagemeier Cordula (T)	1. 1.02	F ER	e	25.10.64	
Fischer Frank	1. 8.03	L M		26. 2.67	
Frederking Christian	1. 8.03	▫ D ER	e	18.11.67	

Klocke Stefanie	1. 8.03	D E	e	15. 2.73
Ibrahim Mariam	15. 9.03	° F E	k	20.11.73
Schnepel Christian	1. 8.04	▫ E GE	e	14. 7.63
Seifert Claudia	6. 9.04	L E	e	9.5.67
Gohrbandt Kerstin	15. 9.04	D EK	e	20. 8.71
Prietsch Stefan	1. 6.05	M PH	e	31.10.74
Frank Jürgen	22. 8.05	D SP	e	20. 4.71
Sieder Markus	1. 8.06	BI SW		19. 2.74
Hilscher Anna	6. 9.06	E EK		6. 6.74
von Palombini Jobst	13.11.06	E L	k	2. 9.69
Treseler Sibylle	25. 3.07	° E R	e	12. 5.72
Mann Anastasia	1. 8.07	M IF	e	7.12.72
Pohl Stefanie	1. 8.07	BI SP		12. 3.80
Voß Kristina	6. 9.07	E ER	e	31.10.72
Rathert Hans-Ulrich SekIL	3.12.80	CH PH	e	29.11.52
Luckfiel Hans-Ulrich SekIL	9. 8.83	KU M		12. 4.52
Delius Ulrike RSchL' (T)	4.11.83	E F		14. 6.54
Brokate-Dammeier Sabine		▫ KU PK	e	11.12.60
Kirchner Jana	1. 2.06	BI CH		20. 5.79
Arnold Corinna	1. 2.06	MU BI	k	29. 6.79
Bollmeyer Heiko Dr.	1. 2.07	M GE	e	26.12.74
Pferdmenges Maren	6. 8.07	D PP		28.11.78
Rasche-Hagemeier Marie-Luise		° E D	k	1. 3.53
Damm Anita geb. Gebbeken		D GE	k	10. 3.78
Teckenburg Wolfgang		MU SW		

2.600 Plettenberg Albert-Schweitzer-Gymnasium gegr. 1907
st. G. (5-Tage-Woche) m. zweisprachigem dt.-engl. Zug f. J. u. M.
Albert-Schweitzer-Str. 2, 58840 Plettenberg – Tel. (0 23 91) 5 21 23, Fax 5 07 09
E-Mail: schulleitung@asg-plettenberg.de, Homepage: asg-plettenberg.de
Kl: 10/20   Ku: 108/20   Sch: 1080 (592) (292/522/266)   Abit: 80 (40)
L: 69 (A 1, A$_1$ 1, A$_2$ 5, B 19, C 28, D 4, E 4, F 5, H 2)
Spr.-Folge: E, L/F, F/L, E/F/L/S

BR Arnsberg
ASN: **169766**
Dez: LRSD Neuser

A	Lubeley Hans Günther	12.11.81	D SP PA	k	12. 8.44
A$_1$	Zingsheim Ulrich	19.10.06	D PA	e	29.12.52
A$_2$	Krimmelbein Rita (Vw)	16.12.87	M PH	e	1. 2.47
	Hopmeier Karl-Gerd (T)	20.12.91	▫ F SP	e	27. 4.45
	Wißmach Jürgen	18.12.92	▫ PA SW	e	23. 7.49
	Bönsch Mareile geb. Puppel (T)	30. 9.93	° D E		19. 9.43
	Winkemann Wilfr.	26.10.95	M PH	e	21. 1.50
B	Engelbertz Gisela geb. Ervens (T)	6. 8.79	SP EK	e	8.11.48
	Jack Reiner (T)	1. 2.81	° E ER	e	27. 8.46
	Risch Hans Dieter	30.12.81	F E		1. 3.45
	Engelbertz Wilhelm	30.12.81	SP EK	k	27. 7.47
	Völkel Hans-Ulrich (T)	21. 2.84	° F PL	k	23.12.47
	Steinbach Peter (T)	11. 8.84	BI		22. 8.44
	Baitz Arnim Dr. (T)	30.10.84	CH (M)		12.10.44

Wißmach Elsbeth geb. Bösel (T)	14. 2.87	E F ER	e	30. 5.52
Konrad Hermann (T)	14. 2.87	E GE	e	21. 3.50
Bode Burghard	14. 2.87	▫ E EK	e	15. 8.52
Schöttler Michael (T)	21. 2.91	M PA	e	23. 8.53
Selle Brigitte geb. Döing (T)	18.12.93	D PA (KR)	k	28.11.52
Burggräfe Renate geb. Rosenkranz	24. 8.94	° D F (L)	k	22. 6.54
Augustin Andreas (T)	2. 2.96	E GE (ER)	e	16. 2.53
Brecl-Terinde Bärbel geb. Brecl (T) (V) (L)	2. 2.96	° D GE	k	25. 9.51
Reisberg Joachim	2.12.96	° PH (IF M)		21.10.48
Büff-Konrad Renate Dr. geb. Büff (T)	2.10.98	D F	e	30. 4.48
Schärfer Uwe Dr. Dipl.-Math.	17. 8.04	M PH	e	29.12.60
Schmidtsiefer Peter Dr.	7. 9.06	▫ GE D	e	15.12.64

C	Schröder Hannelore geb. Philipp (T)	1. 1.79	M		29. 5.47		Bauer Antje	1. 2.07	D MU	k	7.10.73
							Berse Sabine	1. 8.07	D BI	k	23. 1.69
	Jordan Volker (T)	24. 4.79 □	D SP	oB	20. 6.44		Vollmerhaus Markus	1. 8.07 °	M SP	k	27. 3.76
	Eck Ernst	1. 2.80	D SW KU		17. 2.43		Schaper Hagen	9. 8.07	M SP	oB	
	Melchior Michael (T)	1. 9.81	M (BI)	oB	26. 5.45		Michallik Thomas	22. 8.07	EK SP	k	17. 8.74
	Robach Klaus	15. 8.83	D LN	k	30. 1.48		Schleimer Ute Dr.	3. 9.07	L GE I	k	16.10.74
	Kempa Gabriele geb. Kasperek (T)	14. 4.84	M EK	k	10. 1.53		Fischer Torsten		M PH	oB	9. 2.66
	Sonnemeyer Jürgen (T)	4. 9.84	PH M (IF)	oB	26. 2.50	D	Fischbach Barbara SekIL' (T)	18. 4.83 □	BI SP	e	11. 4.55
							Gautsch Petra (T)	18. 4.83	E GE		9.10.55
	Kempa Ulrich (T)	18. 2.85	M EK	k	28.10.53		Langhoff Anke geb. Dehmel SekIL' (T)	12.12.91	E EK ER	e	27. 3.57
	Kottmann Susanne geb. Fritsch (T)	9. 5.85	M BI	k	28. 3.56		Feldheim Petra SekIL' (T)	19. 8.96	D KU		12. 3.61
	Erbeling Monika geb. Hammersen (T)	27. 2.86	BI KR	k	2. 5.54	E	Köchling-Schulte Miriam geb. Köchling	1. 2.06	D PL PP	k	10. 4.77
	Reisener Ute	9. 2.88	BI EK	e	25. 1.56						
	Räder Christa geb. Böhm (T)	13.10.88	F S		25.12.54		Karsten Wiebke	9. 8.06	E EK PA	k	7. 6.77
	Reitstetter Annegret (T)	28. 2.94 °	KR SW	k	6. 5.57		Stammen Markus	1. 2.07	SP CH	e	19. 6.77
	Meiertoberens Rainer	14.12.95	MU CH	k	8. 6.61		Westermann Petra	6. 8.07	KU MU EW	e	18. 5.79
	Polland Thomas	22. 1.01 °	D L KR	k	28. 5.66	F	Erbeling Ludwig Dr.		BI EK	k	6.12.54
	Komp Arne	18. 2.01 °	SP E	k	14. 3.66		Stuhm Gotthard		ER SW	e	22. 4.57
	Wartenberg Petra (T)	1. 1.02 °	E S		22. 7.65		Vohwinkel Susanne		D GE		23.10.58
	Marl Anne-Simone geb. Flender (T)	1. 1.02	D E ER	e	3. 5.67		Wagener Wilfried		° MU CH	e	9. 5.60
							Buraimoh Ayodele B.		SP SW	k	24. 4.78
	Lichte Heinfried	2. 3.04	D SP	k	24. 8.71	H	Janssen Edda VSchL'		° MU M	e	22. 1.44
	Lobe Kirsten	1. 2.06	L GE	e	10. 4.72		Schiefer Angelika geb. Januschewski GymnL'		SP	e	4.11.55
	Hageböllling Annette geb. Fröhling	1. 8.06 °	E PL PP	k	6.11.70						

2.603 Porta Westfalica Gymnasium gegr. 1978
st. G. f. J. u. M.
Hoppenstr. 48, 32457 Porta Westfalica – Tel. (05 71) 73 54, Fax 7 07 94
E-Mail: post@gymnasiumportawestfalica.de
Homepage: www.gymnasiumportawestfalica.de

Kl: 8/17 Ku: 126/20 Sch: 1036 (540) (245/466/325) Abit: 69 (39) **BR Detmold**
L: 61 (A 1, A$_1$ 1, A$_2$ 8, B 17, C 20, D 5, E 8, F 1) ASN: 186831
Spr.-Folge: E, F/L, L/F Dez: LRSD **Dr. Gindele**

A	Pieper Wigbert	1. 8.02	PH TC	e	14. 7.48		Brinkmann Gerd	10. 7.87	CH PH	e	16. 2.49
A$_1$	Vauth Günter	11.11.81	M PH		12.10.47		Koldehoff Michael	30.11.90	D GE	k	8. 7.51
A$_2$	Kindt Georg (Vw)	17.12.80	MU E		20. 6.43		Scheitzbach Ulrich	18.12.92	M PH IF		5.12.48
	Wyes Karl Heinz	23.12.87	CH BI	k	19. 2.50						
	Claßen Hans Gerd	18. 8.89	D GE PL PP		26. 4.49		Korte Berthold	4. 8.93	EK SP	e	23. 8.54
							Wagner-Bölting Eleonore geb. Wagner	1. 6.94	GE EK SW	k	2.11.53
	Schröder Gerda (T)	29. 6.90	M EK	e	30. 6.51						
	Voelzke Uwe	25. 1.93 □	M PH	e	22.10.56		Schmitz Achim	5. 2.96	E GE	e	21. 1.52
	Juckwer Ernst-Adolf (T) (V)	21. 2.96 °	BI SP	e	23.12.44		Waschescio Frank	5. 2.96	M PH	e	12. 3.54
	Berger Günter (F)	24.10.96	E SP	k	2. 7.49		Wienker-Zöfgen Annelie	26. 2.96	E PA	k	13. 4.54
	Depping Jürgen (F)	6. 3.98	M PA IF	e	8. 5.55		Burghardt Gabriele	11. 3.96	D E		6. 2.53
							Bachler Martina	19.11.98	E KU		20. 6.56
B	Janentz Elke (T)	21. 5.75	MU E	e	7. 4.44		Hartmann Thomas	1. 8.06	GE L SW	k	13. 4.50
	Reuter Ute (T)	9. 2.79	D F	e	20.11.43						
	Niedworok Hans-Werner	30.12.82	M PA IF	k	31. 5.50	C	Sundermeier Ernst	9.12.81 °	SP EK	e	22. 9.49
	Härtel Heinz	6. 9.84	E SP		21. 2.47		Wegener Maria (T)	17. 8.82	D SW PK	k	25. 5.53
	Block Theodor	28. 8.85	M SP KR	k	2. 5.49		Schöne-Bake Doris	26. 9.83	BI EK	e	28. 3.52
							Berger Dagmar (T)	15.11.83	BI SP	k	17. 8.50
	Wyes Cornelia geb. Ozdoba	22.12.85	F EK MU	k	11. 9.53		Barrenscheen Uta	27. 6.85	F SP	e	27. 6.49
							Kuhlmann Herbert	28. 8.85	D GE	e	29. 6.45

Depping Christel geb. Möller (T)	25. 4.86	D PA TX	e	22.10.55		
Ußling Gerda (T)	10. 6.92	D ER	e	15. 3.58		
Horter Ingeborg	23. 9.93	BI	e	21. 1.49		
Tiedemann-Malek Andrea (T)	16. 7.96	CH EK	e	11. 7.53		
Miersch Katja	18. 1.02	M F	e	20. 3.71	E	
Stubbe Birgit geb. Schulze	15. 9.03	D E	e	26. 5.74		
Dziemba Olaf	20. 1.05	MU ER	e	15. 5.68		
Augustin Kristina	30.10.05	KU BI	e	27. 4.74		
Kwasny Tanja	14. 6.06	E F	e	5.12.74		
Schlehahn Uta	28. 8.06	D PA	e	19. 9.71		
Schenk Katharina	26. 1.07	E GE		23. 5.76		
Löwen Marina geb. Kröker	23. 4.07	D MU		21. 8.77		
Hellwig Jens	16. 9.07	M SP	e	25. 4.76		
D Sonnenberg Heinz SekIL	13. 6.79 °	ER PH	e	18.10.53		
Vieregge-Schilling geb. Wittenberg Mechthildis	4. 9.81	CH SW	k	15. 3.57		
Neuhaus Helga RSchL'	1. 8.82	D ER	e	10. 8.48		
Wichmann Josef SekIL	18. 4.83	M SP	k	1. 3.54		
Geistmann Marianne SekIL'	5. 4.88	M L	k	8. 8.56		
Seiler Christiane geb. Wittenberg	5. 9.05	ER MU	e	13.10.75		
Smutek Daniel	1. 2.06	GE L	k	30. 7.74		
Truschkowski Sandra	23. 6.06	M CH	e	13. 9.74		
Muntschick Alexander	1. 8.06	D EK GE	e	3.10.75		
Knicker Holger	9. 8.06	D PA	e	7. 8.74		
Kuna Sebastian	1. 2.07	M SP	e	21. 9.76		
Korte Kathrin	1. 2.07	E CH	e	27. 2.81		
Ronn-Lükemeier Elena geb. Ronn	31. 1.07	D KU	e	13.12.76		
F Hillebrandt Gert		M PH		1.10.50		

2.604 Rahden Gymnasium gegr. 1995
st. G. f. J. u. M.

Freiherr-vom-Stein-Str. 5, 32369 Rahden – Tel. (0 57 71) 96 80 50, Fax 96 80 51

E-Mail: gymnasium-rahden@t-online.de, Homepage: www.gymnasium-rahden.de

Kl: 10/19 Ku: 148/25 Sch: 1218 (694) (288/523/407) Abit: 103 (61) **BR Detmold**
L: 74 (A 1, A₁ 1, A₂ 4, B 18, C 28, D 1, E 6, F 8, H 7) ASN: **192491**
Spr.-Folge: E, F/L, F Dez: LRSD **Dr. Gindele**

A	von Mitzlaff Ingrid	31. 8.01	M R	e	9.10.54	
A₁	Flüchter Robert	31. 8.01	M IF	k	20.10.50	
A₂	Kühnen Hannelore	22. 5.00	BI SP	e	18. 9.48	
	Reimann Nadja (T)	28. 6.05	E F			
	Müller Eckhard	10.06	M SP	e	9. 3.60	
	Streich Michael	14. 5.07	D ER GE		21. 4.56	
B	Schaible-Böhm Ingrid	19.11.97	D KU	e	3. 8.53	
	Schmitz Michael	1.11.98	E EK		8. 4.54	
	Fricke Erdmann	10. 8.00	M MU	e	3. 5.58	
	Bregenhorn-Loske Barbara (T)	18. 8.00	D ER	e	22. 6.59	
	Kocker-Vogt Susanne (T)	28. 9.02	E ER	e	6. 4.62	
	Schnittger Marion (T)	30. 9.02	D SP		21. 6.62	
	Barten Martin Johannes Dr.	10. 9.03	F GE			
	Koehler Bettina	16.10.03	L SP	e	29. 4.69	
	Enders Urte	16.10.03	M KU		10. 5.68	
	Berg Christa	24. 1.05	MU ER	e		
	Hörnschemeyer Christine	24. 1.05	M EK			
	Kämmerling Klaus	15. 8.05	BI SP		28. 6.67	
	Schomaker Benno (T)	15. 8.05	PH M	k	14. 5.69	
	Brinkmann Udo	24. 7.06	M PH		3. 3.60	
	Gresbrand Tanja	25. 7.06 °	L ER	e	13. 4.62	
	Berning Karl	26. 7.06	M E		15.11.61	
	Schmidt Volker	4. 5.07	D EK R	k	22. 4.70	
	Knefel Frank (T)	14. 6.07	SP PH		8. 1.69	
C	Karrasch Dörthe (T)	1. 8.98	D E	e	22. 7.67	
	Schulte Vera (T)	10. 2.00	BI SP		22. 3.69	
	Stemberg Pia	2. 8.01	KU ER	e	10.10.69	
	Reinke-Witzke Astrid	1. 1.02	E MU		5.12.66	
	Detert Ulrike	1. 1.02	E MU		30.11.71	
	Johannlükens Sabina (T)	1. 8.03	E F	e	13. 4.62	
	Schulte-Schulenberg Franz	1. 8.03	D GE KR	k	17. 9.68	
	Bolte Christoph	1. 8.03	CH SW	e	3.12.70	
	Theobald Natascha	1. 8.03	D S	e	31. 7.72	
	Precht Meike (T)	1. 8.03	D PL			
	Schneider Andrea (T)	20. 8.03	L F			
	Holtkamp Nicole	1. 2.04	E SP		8. 3.70	
	Goedejohann Martina (T)	15. 2.04	D M GE			
	Brünger Achim	24. 1.05	GE SW			
	Overmöhle Jürgen	1. 3.05	D SP			
	Gehring Stefanie (T)	15. 3.05	D F	k	23.11.71	
	Köttendorf Frank	15. 3.05	D SP		6. 2.73	
	Bierhaus Gabriele (T)	1. 8.05	M SP		13. 4.71	
	Linden Anja (T)	4. 8.05	D S		1. 9.68	
	Rehm Nils (T)	2. 9.05	D SW		9. 1.72	
	Kemminer Sven Eric Dr.	15. 9.05	PH CH		17. 6.68	
	Roggenkamp Rebecca (T)	15. 9.05	E ER	e	13. 2.73	
	Drosselmeyer Lena	15. 9.05	E ER	e	23. 9.74	
	Rodefeld Julia	1. 2.07	KU D		9.12.75	
	Carrie-Kniesel Kerstin	1. 2.07	E F		5. 2.76	
	Kunter Silvia	1. 8.07	ER CH	e	21. 7.73	
	Witzke Armin	10.07	BI CH		5. 4.73	
	Schwarze Angela (T)		BI ER	e	3. 9.60	

D	Stegemeier Monika L'	11. 4.83	D GE	e	18. 4.55	Heinrichs Gabriele	BI SW		25. 4.58
						Heeren Renate	E D	e	7. 6.60
E	Ravlic Biljana	13. 9.06	E F		28. 6.63	Schnittger Rainer	SP GE		1.12.60
	Große Friederike	1. 2.07	M BI		14. 8.78	Kolbus Uwe	MU		11.12.69
	Lange Ingo	1. 2.07	M SP		27. 9.78	Wolke Hans-Jürgen	M PH		
	Drousz Gesine	1. 8.07	E GE ER		9. 1.73	H Southan Andrew	E F		23.11.47
	Klusmeier Heike	1. 8.07	E KU		17.10.76	Smiatek Manfred	KU		26. 8.49
	Kruse Martina	1. 8.07	E BI		11.10.77	Tholen Klaus	SP		14.12.59
F	Kaput-Haug Brigitte		D EK		17.10.50	Trampe	S		11. 9.62
	Buß Heinz-Joachim		E GE		29. 1.58	Breier Silke	D E		28.12.72
	Friedrich-Milstein Christiane		L ER	e	29. 1.58	Hartmann Rüdiger	M		

2.605 Recke Fürstenberg-Schule gegr. 1966
pr. G. f. J. u. M. d. Bistums Münster
Brookweg 7, 49509 Recke – Tel. (0 54 53) 30 46/47, Fax 30 48
E-Mail: fuerstenberg-gym@bistum-muenster.de
Homepage: www.fuerstenberg-gymnasium-recke.de

Kl: 8/16   Ku: 135/25   Sch: 1051 (590) (239/480/332)   Abit: 91 (61)   **BR Münster**
L: 62 (A 1, A$_2$ 8, B 17, C 23, E 2, F 7, H 4)   **ASN: 168440**
Spr.-Folge: E, F/L, L/F, S   Dez: LRSD' **Hesekamp-Gieselmann**

A	Kamlage Michael		M CH IF	k	5.10.58	Weerts Monika (T)	1. 8.92	M KR I k	4. 5.62
A$_2$	Venne Hubert	1.11.91 °	F KR	k	21.10.49	Möckel Markus	1. 9.96	D GE k	11. 8.63
	Eggemeier Herbert	1.11.92 °	M IF	k	13. 6.49	Hannig Markus	1. 2.99	D KR k	2.12.62
	Wand Eberhard	1. 2.99 °	E EK	e	29.11.49	Riethues Kerstin	18. 8.02	M PH k	15.11.70
	Lampe Josef	1.10.01 °	D GE	k	28. 5.53	Dörhoff Bianca (T)	1. 1.03	S F SW k	24. 4.65
	Meyring Jürgen	1. 8.02 °	PH M IF	k	10. 6.55	Schwegmann Elke	20. 2.03	D KR k	18. 3.71
	Hecker Norbert Dr. M. A. (T)	1. 2.04 °	D KR GE	k	25. 1.52	Bielevelt Andrea	20. 2.03	E F k	11. 9.73
	Stertenbrink Johannes	°	M BI	k	17. 6.57	Bergmann Frank	1. 8.03	M PH k	14. 1.74
	Gronenberg Ina (T)		E ER	e	11.12.57	Rehermann Kerstin (T)	20. 8.03	D GE KR k	20. 4.72
B	Konnemann Josef (T)	1. 8.85	GE EK	k	10. 8.50	Sandfort-Korte Anke (T)	19. 3.04	E L k	26. 5.74
	Schweiker Hans-Hermann	1.10.91 °	BI EK	e	23. 6.52	Stuttmann Barbara	16. 9.04	M E k	13. 3.75
	Warnke Günter	1. 8.92 °	EK GE	k	23. 6.53	Korte Andreas (T)	1. 7.05	L KR k	23. 5.72
	Fasse Ferdinand Dr.	1. 1.94 °	E D	k	30. 3.54	Hildebrandt Kerstin	22. 8.06	KU D k	1.10.67
	Hawig Peter Dr.	1. 1.94 °	D GE	k	6. 9.57	Schweiker Pia-Maria (T)		MU E k	24. 6.57
	Pöhner Angelika (T)	1.12.94 °	BI CH	e	8. 2.53	Reuter Anne (T)		E GE k	14. 9.62
	Schmutzer Reinhard	1. 7.95 °	CH BI	k	14. 7.50	Niggemann-Werth Marita (T)		D KR k	19. 4.65
	Grüter Rainer	1. 7.95	D GE	k	9. 3.55	Sandmann Julia		E S k	1.12.70
	Bachmann Hans-Joachim	1. 7.95	MU E	k	26. 8.55	Streyl Markus		EK SP k M	11.12.75
	Stöckmann Dorothee (T)	1.10.96	BI CH	k	12. 5.56	Kamprolf Anne-Kathrin		EK D KU k	18. 3.79
	Lohmann Dietmar	1. 6.04 °	M PH IF	k	10. 4.59	E Rolf Antje	1. 2.07	E SP e	29.12.78
						Lampa Christine		M F k	5. 5.78
	Wilkens Anke	1. 6.04	E F	k	28. 9.67	F Merkel Doris		E EK KU k	13. 7.52
	Wroblowski Ralf	1. 6.04	BI SP	k	7. 8.66	Eising Rainer Dr.		BI CH k	21. 7.52
	Bertels Maria		D E N	k	4. 5.60	Bachmann Eva-Maria		MU k	27. 8.60
	Michels Helmut Dr.		D GE	k	12. 6.60	Thole Petra		D KR k	7. 1.70
	Dörhoff Meinolf		L GE	k	15.10.63	Hermann Barbara		E GE k	23.10.71
C	Schilling Karl	1. 2.85 °	E EK	k	2. 9.50	Isken Verena		D SP k	4. 6.77
	Thöne Winfried	24. 3.86	KR E	k	9. 8.53	Buchalle Barbara		F KR k	20. 7.77
	von Wulfen Karl-Heinz	1. 1.88	M SP	k	25. 7.54	H Schmitz Ewald		SP k	4. 1.51
						Krusemeyer Ingrid		SP e	20.10.52
						Wendland Roland Pfr.		ER e	25.10.57
	Mühlberg Petra	1. 8.92	D BI	k	2. 1.62	van Briel Peter Pfr.		KR k	

2.610 Recklinghausen Gymnasium Petrinum gegr. um 1421 (1829)

st. G. (5-Tage-Woche) f. J. u. M.
Herzogswall 29, 45657 Recklinghausen – Tel. (0 23 61) 90 44 70, Fax 9 04 47 20
E-Mail: email@petrinum.schulen-re.de, Homepage: www.petrinum.de

Kl: 6/14 Ku: 98/18 Sch: 869 (460) (191/399/279) Abit: 64 (37)   BR Münster
L: 50 (A 1, A$_1$ 1, A$_2$ 6, B 19, C 19, D 2, E 1, H 1)   ASN: **167952**
Spr.-Folge: L/E, F/G, F   Dez: LRSD **Röken**

A	**Klee** Detlef	1. 2.06 °	PH M	e	8. 6.51	**Kliszat** Ulrike	11. 4.07	KU PK		24. 9.52
			IF			geb. Kriegeskotte (T)		SW		
A$_1$	**Kemper** Theo	1. 5.07	D GE	k	15.10.50	**Gayda** Andreas	11. 4.07 °	GE KR	k	17.12.62
A$_2$	**Seifert** Heribert (F)	2. 8.82 °	D GE	k	23. 9.48	**Flasküler** Elisabeth		M BI PA		29. 3.50
			EW			C **Strobel** Ute (T)	8. 1.82	E F	e	25. 9.52
	Janßen Merve (T)	16.12.91	F EK	e	10. 3.50	**Hermes** Erhard	15. 4.82 □	D SP		9. 7.52
	Fondermann Andrea	1. 6.94	D SW	k	23.12.50	**Lenk** Helmut	23.11.82	EK KU	k	1. 7.49
	Steven Heinz-Dieter	15. 3.96	EK M	k	7. 8.47	**Kreis** Jürgen	22. 8.83	D SP		13. 8.52
	Binding Adela	1. 3.05	M ER	e	25. 2.56	**Muhlenbeck** Anni	13. 6.84	SP EK		22. 9.53
	geb. Stengel					**Wierschem** Robert (T)	10. 7.84	PH M	k	8. 8.54
	Vering Axel (F)	1.12.05	ER PL	e	16.10.59	**Guballa** Georg	3. 9.84	GE SW		20.10.53
B	**Konarski** Wolfgang	21.12.77	SP EK	e	31. 1.44	**Dammann** Reinhold	4. 3.86 °	M PH		5. 2.54
	Böcker Josef	1. 2.80 °	M	k	18. 8.49	(T)				
	Pieper Friedrich-Wilhelm	2. 6.80	E PK SW		23. 7.46	**Peveling** Petra (T)	8. 9.86	D R		5. 3.53
						Gerlach Wolfgang	29. 6.87 °	E KU		5. 4.55
	Rohde Wolfgang Dipl.-Päd.	17.12.80	E ER	e	1. 5.49	**Guentner** Andreas	29. 6.87	CH SP		20. 7.56
						Erler-Krämer Gisela	16. 7.87	SP D		23. 5.55
	Weichert Reina (T)	26.10.81	D GE ER	e	12. 7.49	**Gunderloch** Guido	6. 1.03 °	L G GE	k	28. 6.71
						Brinkmann Susanne	6. 1.03	MU PA	k	23. 6.66
	Thomas Peter	30.11.81	BI		7. 7.45	**Schürmann** Jörg	1. 8.04 °	KR GE	k	10.11.66
	Kindler Wolfgang	6. 1.83	D EW		29.11.48	**Becherer** Heike	22. 2.07	E GE	e	24. 7.74
	Kempf Axel (T)	22. 3.85	M PH		3. 3.50	**Haas** Katrin Dr.	1. 8.07 °	L G	e	22. 1.71
	Larsen Karl-Heinz	1. 7.86	D GE PK	k	22. 7.51	geb. Frommholt				
						Porr Klaus	9. 8.07	PH M	e	12. 4.71
	Angenendt Marianne geb. Barkmeyer	26. 6.87	D EK KR	k	30. 3.49	**Biedermann-Albers** Traute (T)		BI EK		17. 1.49
	Simon Volker (V)	4.12.90 °	CH EK	k	31.12.52	D **Höppner** Annegret SekIL'	31. 3.84	M BI		31. 3.57
	Breloer Alfons	19. 4.93	F SP	k	15. 9.50					
	Wyrwoll Thomas	19. 4.93	BI SP	k	18. 2.52	**Laude** Hans	7. 2.85 °	E F	k	3. 5.48
	Gössnitzer Renate	28. 1.94 □	BI F		19. 9.50	E **Weßling** Maike	1. 8.07	E SP		
	Reppert Elke (F)	1. 7.06 °	E MU	e	11. 6.60	H **van Eickels** Joachim		KR	k	25. 8.58

2.611 Recklinghausen Hittorf-Gymnasium gegr. 1904

st. G. (5-Tage-Woche) m. zweisprachigem dt.-engl. Zug f. J. u. M.
Kemnastr. 38, 45657 Recklinghausen – Tel. (0 23 61) 2 27 73, Fax 18 33 78
E-Mail: email@hittorf.schulen-re.de, Homepage: www.hittorf-gymnasium.de

Kl: 10/14 Ku: 123/23 Sch: 1019 (497) (283/396/340) Abit: 83 (48)   BR Münster
L: 60 (A 1, A$_1$ 1, A$_2$ 7, B 18, C 17, D 2, E 8, F 6)   ASN: **167939**
Spr.-Folge: E, F/L, L/F   Dez: LRSD **Röken**

A	**Maas** Hermann	1.10.00	D EK	k	11. 3.50	**Wittig** Albrecht (T)	17. 8.79 °	M PH	k	2. 6.47
A$_1$	**Peuckmann** Karl-Hz.	22.12.04	EK GE	k	19. 2.49	**Freese** Jürgen	30.10.80 °	M PH	k	1. 3.48
A$_2$	**Zumdick** Heinz-Jürgen (F)	1. 8.78 °	M IF	k	16.11.44	**Lochthowe** Franz-Josef	7. 9.81 °	EK WW	k	25. 8.47
	Reppert Jürgen (F)	2. 8.99 °	E GE	k	20. 3.58	**Rutte** Eckhard	17.12.81	MU F	ZJ	30. 3.47
	Schindler Jürgen	1. 2.04	SP F	e	26. 1.50	**Kampe** Joachim	1. 2.82	EK SP	e	7. 2.49
	Lehwald Heidelore	1. 3.05	E EK	e	31. 7.49	**Mönninger** Karl-Hz.	12. 5.93	KR GE	k	29. 1.54
	Lange Manfred	1. 3.05	D GE		5. 4.54	**Zalkau** Heinz	7.11.94	F SW	k	28. 3.51
	Breil Christa geb. Hoffmann (T)	14.11.05	D SP	k	4.10.49	**Paluch** Marlis	7.11.94	SP EK	e	18.11.50
						Matuszewski Heinz	1. 8.95	D GE	k	1. 8.51
B	**Burghardt** Klaus (V$_2$)	1. 8.78 °	GE E	e	11. 3.46	**Kleine Büning** Bernhard	28. 4.96	M WW		6.11.51
	Kleine Monika	6. 6.79 °	BI CH	e	8. 3.49					
	Stenke Cäcilie	15. 8.79 °	BI CH	e	3. 7.47	**Jakschik** Hans	30.12.98	SP F		5. 5.49

Möllmann Dieter (F)		02	CH SP BI	e	7.11.59
Thömmes Anne-Marie		1. 3.06	F D	k	10.10.47
Passerah Christian		1. 4.07 °	E SP	k	14. 9.66
Klockgeter Günter			PH		18. 2.51
C	Görlitz Eckehard (T)	15.10.79	M IF	oB	13. 5.50
	Spoden Josef	1. 3.81	D SP	k	23. 1.51
	Zimolong-Kleinken Annette	8. 3.89	D MU	e	25. 1.54
	Freimuth Andrea (T)	10. 6.89	TC M	k	21. 5.56
	Schulz Wolfgang	1. 8.93	ER BI	e	17.10.57
	Schlüter Dorothee (T)	27. 2.98 ▫	M KR	k	10. 5.68
	Stoye Tilman (V₁)	2. 8.99 °	MU E	e	11. 8.65
	Wendland Thomas	6. 8.01	D ER	efk	23.12.67
	Spillmann Peter	11.11.03	SP M		26. 2.58
	Bloedorn Janine	15. 9.04	D PA	e	2. 1.73
	Vatter Stephanie	15. 3.05 °	D E	e	15. 1.73
	Bosak Gordon	1. 8.06	M TC	e	16.10.71
	Weinand Claudia	1. 2.07	L SP	k	26.10.76
	Schneider Stefanie	22. 2.07	E GE	e	16. 9.76
	Wisniewski Eva	23. 6.07	M PA	k	10.12.76

	Sperz Michaela	1. 8.07	ER BI CH	e	4.11.72
	Hagemann Hildegard (T)		D PL	k	14. 8.53
D	Möser Birgit SekIL'	27. 6.83	M PH	k	27. 6.56
	Ladwig Georg SekIL	1. 8.91	E KU	e	23. 2.55
E	Niehues Claas	9. 8.06	M TC	k	23.10.75
	Czeranka Katja	9. 8.06	KU SP BI	k	11. 4.77
	Geilmann Sandra	18. 1.07	E F	k	21. 3.78
	Janus Christopher	1. 2.07 °	E SW D	k	22.11.77
	Jägel Katrin	1. 2.07 °	D KU	e	15. 6.78
	Schröder Simon	1. 2.07 °	E EK	k	26. 1.79
	Simanski Andrea (T)	6. 8.07	TC M	e	22. 2.76
	Feldmann Christian	8. 8.07	E BI	k	15. 2.78
F	Mohar Jozé	°	KR PL L	k	22.12.43
	Niermann Jochen		M SP	k	21. 9.54
	Russu-Sudeick Christina Dr.	°	E D	angl	24. 6.55
	Kemper Elisabeth		E PA	k	24.12.61
	Lobert Marcus	°	PH CH	e	20. 9.71
	Sowislo Sebastian		SP	k	6. 9.75

2.612 Recklinghausen Marie-Curie-Gymnasium gegr. 1916
st. G. f. J. u. M.
Görresstr. 5, 45657 Recklinghausen – Tel. (0 23 61) 9 36 56-0, Fax 9 36 56-55
E-Mail: email@mcg.schulen-re.de, Homepage: www.mcg-re.de

Kl: 7/15   Ku: 106/15   Sch: 895 (536) (212/424/259)   Abit: 67 (39)   **BR Münster**
L: 49 (A 1, A₁ 1, A₂ 4, B 14, C 18, D 3, E 2, F 4, H 2)   ASN: **167927**
Spr.-Folge: E, F/L, L/F, I/N   Dez: LRSD **Röken**

A	Wildermann Alexander Dr.	1. 8.01	CH BI		5. 8.47
A₁	Richert Franz-Josef	1. 2.02	M CH		15. 3.57
A₂	Rhode Berthold	1. 6.94 °	E D	k	1.11.49
	Wellnitz Wolfgang	1. 6.94 °	E GE	k	20. 9.52
	Müller Burckhard	1. 9.04	M	k	10. 1.50
	Kammertöns Marianne (T)	1. 8.06	SP E	k	14. 6.51
B	Burghardt Barbara (T)	1. 2.78 °	D GE	e	12. 9.46
	Hugo Siegfried	13. 6.79 °	BI D PL	e	27.11.48
	Behrens Heinz W.	16. 4.80	E EW	k	11. 9.48
	Schür Albert (T)	20. 6.80 °	M KR	k	19. 5.48
	Metzelder Maria-Theresia (T)	1. 7.81	BI		25. 5.47
	Kalthoff Heinz-Georg (T)	6.11.81 °	M	k	30. 9.50
	Droste Gabriele (T)	6.11.81	D MU	k	29. 1.49
	Buder Guido Dr.	1. 8.85	F I	e	16. 8.48
	Krämer Gerd	26. 3.93	E F	e	30.11.49
	Riße Gerlinde	28. 8.98	E GE		6. 1.54
	König Gisela Dr. geb. Bur am Orde (T)	10.11.99 °	BI EK	k	22. 3.58
	Schwanke Heinz-Jörg	1. 4.04	M PH	e	3. 6.54
	Güntner Heidrun (T)	1. 4.07	D BI	e	4. 3.60
	van Huet Claudia geb. Breuer		PA SP	k	29. 3.52
C	Baranowski Reiner	1.10.78 °	SP EK	k	24.12.54
	Schaumann Jürgen	1. 7.82	D WW	e	28. 9.50
	Fassbach Peter	1. 8.83	D SW	e	22.11.52
	Schürmann Mireille (T)	13. 6.84	F I	k	9. 1.47

	Rössmann Thomas	15. 3.85	GE SW		21. 9.54
	Brinkert Rolf	1. 2.87	CH EK		8. 1.56
	Müller-Blome Nora	1. 8.93	D MU		6. 4.63
	Hinzmann-Bäcker Manuela	6. 6.97 °	D KR	k	4. 9.61
	Neumann-Giese Sabine	1. 8.99	D PS	e	5. 7.65
	Stoye Annette	18. 8.99 °	F MU	e	19. 3.67
	Bieniek Dagmar	1. 1.02	D KU GE	k	16. 7.69
	Winkelmann Angelika geb. Meyer (T)	1. 2.03	E L		14. 5.71
	Böcker Frank	25.11.03	E SP	k	5.10.71
	Auer Silke	31. 7.05	D SP		23. 6.72
	Cesar Cäcilie	1. 8.06	F D SP		16. 2.61
	Hausdorf Sophie	1. 8.06	F KU		29. 5.69
	Gebben Birgit		E F		21. 8.65
	Gremm Nora		M GE ER		20. 8.77
D	Gevers Reinhard SekIL	15. 8.83	M PH	k	15.12.54
	Schäfer Doris SekIL' (T)		D ER	e	16. 9.56
	Möser Ulrich SekIL		PH SP	e	2.11.56
E	Fabian Kathryn	6. 8.07	D BI		7. 8.74
	Hölter Andreas	6. 8.07	M BI		7. 7.75
F	Grothaus Rainer		BI EK		5.12.55
	Feldmann Lucie		D KR	k	7.10.57
	Holtkamp Susanne		M PH	e	19. 2.60
	Nowak Martina		D I		8. 3.63
H	Schildknecht Susanne Pfr.'		ER	e	19.12.52
	Nahorski César Dipl.-SpL		SP	k	20. 2.53

2.613 Recklinghausen Freiherr-vom-Stein-Gymnasium gegr. 1923
st. G. f. J. u. M.
Westerholter Weg 113, 45657 Recklinghausen – Tel. (0 23 61) 9 53 00, Fax 18 63 93
E-Mail: email@freiherr.schulen-re.de, Homepage: www.freiherr.de

Kl: 6/11 Ku: 170/29 Sch: 905 (514) (174/292/439) Abit: 107 (66) BR Münster
L: 60 (A 1, A$_1$ 1, A$_2$ 8, B 17, C 20, D 4, E 3, F 6) ASN: **191425 u. 167964** (Aufb.)
Spr.-Folge: E, L/F, F/L, S/F/L/N Dez: LRSD **Röken**

A	**Weidner** Wilfried	1.11.98	□ D PL		14. 9.49		**Sander** Birgit (T)	1. 8.98	S E k	6.10.62
A$_1$	**Spengler** Eugen	28.10.82	° M	k	20.12.45		**Lange** Matthias	18. 8.98 °	L SP k	4.10.63
A$_2$	**Arntz** Rudolf	11.12.92	EK F	k	12. 2.48		**Kracheletz** Ilona	10. 8.99	MU KR k	6. 9.69
	Mayer-Gürr Wolfgang	16.12.94	□ CH		3. 3.48		**Loos** Christiane	9. 8.00	□ E PA k	3.11.66
	Kusnierek Johannes	29. 8.97	M	k	31.12.48		**Lörcks** Norbert	1. 8.01	N SP	3.11.67
	Siechau Michael (F)	1. 4.98	E EK	k	13. 5.51		**Naumann** Annette (T)	1. 7.04	E SW	18. 8.70
	Himmeröder Hans-Jörg	30. 1.01	M PH		19. 4.52		**Gerlach** Dirk	6. 9.04	BI SP	16.11.67
							Esser Anja geb. Reinecke	1.10.04	E SP e	23. 1.75
	Wuttke Ingolf	27. 9.02	GE KU k E		27. 5.50		**Thomsen** Susanne	15. 3.05	E S e	2. 6.71
	Scheller-Krabusch Fritz	1. 9.04	D PA		6. 3.52		**Kaul** Wiebke	1. 8.06	D GE e	15.10.76
							Prinz Susanne	6. 8.07	E S k	30.11.70
	Pieper Ursula geb. Habermann (T)	1. 3.05	□ F SW PK		8. 8.49		**Wolsing** Ricarda	6. 8.07	D BI k	31.12.76
							Hemmelgarn Marion	6. 8.07	E BI k	12. 9.77
B	**Dörlemann** Wilhelm	26.10.81	M PH	k	6. 5.50		**Brämik**		M PH	21. 9.54
	Goebbels Ulrike geb. Bolz (T)	20.12.90	M EK	k	17. 4.52		**Hesse** Barbara		L KR k	29. 4.59
							Vogt Karin		E F SP	27. 8.62
	Toschke Rainer-Maria	19. 4.93	M IF	k	16.10.51	D	**Heitsch** Carola SekIL' (T)	12. 4.83	D BI	19. 4.56
	Lehmann Frank Dr.	19. 4.93	BI CH	e	9.12.43		**Karrie-Burdich** Ursula SekIL' (T)	30. 4.84	F SP k	2. 7.54
	Kohn Christa geb. Kloppenborg (T)	24.11.94	EK F PP	k	13. 7.53		**Schön** Cäcilie geb. Schröter SekIL' (T)	30. 5.84	MU KU k	29. 3.57
	Wiedemeyer Klaus-Dieter	26. 1.99	° M SP	k	10. 4.49		**Oster** Achim L	22. 3.99	RW SP	20. 4.62
	Wassyl Martin	26. 1.99	GE SW		10. 8.55	E	**Bühlbäcke** Bernd Dr.	1. 8.06	E SW GE	19. 4.72
	Krebs Christiane (T)	26. 1.99	□ F S Kuge		12. 1.55					
	Schlüter Heinz-Georg	13. 7.01	MU EK k		1.12.52		**Schröder** Oliver	6. 8.07	D PA	29. 6.77
	Klein Altstedde Monika (T)	30. 8.02	D KR	k	5. 6.59	F	**Schildknecht** Susanne		ER	19.12.52
	Terwald Barbara (T)	12. 3.04	D PA	e	8. 7.54		**Schönert** Michael		D SP k	10. 7.56
	Hartwig Cordula (T)	12. 3.04	° KR D	k	8. 9.64		**Hackerschmied** Bärbel		BI GE	4. 1.60
	Langenbrinck Josef	1. 4.07	KU KW		7.10.52					
	Püthe Gabriele (T)	1. 4.07	E S	k	18.12.60		**Cieszynski** Heinz-Georg		GE SW	9. 1.60
	Meer Oliver geb. Franz	1. 4.07	° D PH		7.10.71		**Thies** Karin		SP E	12. 8.62
C	**Kalus** Gisela (T)	16. 4.80	D SP	k	2. 7.50		**Starbaty-Stückemann** Delia		E	18.11.62
	Fehling Beate (T)	11. 8.81	E EK	e	8. 6.53		**Röhder-Zang** Ursula		GE SW	
	Böcker Gabriele (T)	17. 8.82	□ E ER	e	31. 7.52					
	Wieskötter Hiltrud	1. 2.85	E GE		18. 3.53					

2.614 Recklinghausen Theodor-Heuss-Gymnasium gegr. 1965
st. G. (5-Tage-Woche) f. J. u. M.
Theodor-Körner-Str. 25, 45661 Recklinghausen – Tel. (0 23 61) 37 59 40, Fax 3 75 94 12
E-Mail: email@thg.schulen-re.de, Homepage: www.thg-recklinghausen.de

Kl: 6/13 Ku: 80/13 Sch: 702 (348) (168/332/202) Abit: 49 (29) BR Münster
L: 41 (A 1, A$_1$ 1, A$_2$ 4, B 12, C 16, D 4, F 2, H 1) ASN: **167940**
Spr.-Folge: E, L/F, F/L, S/I Dez: LRSD **Röken**

A	**Cremer** Heinz	11. 2.99	E SW	e	14.10.49		**Feldhaus** Dagmar geb. Lichte (Vw)	1. 3.05	M SP	5. 3.55
A$_1$	**Wisniewski** Norbert	1. 8.01	PH CH	k	3. 4.59					
A$_2$	**Schwanenberg** Peter	27.12.89	D KU	e	27. 8.44	B	**Hasebrink** Heinz	12. 9.79	E SP k	29.12.46
	Krüger Hz.-Günter	3. 2.92	E EK	e	9. 9.47		**Demand** Lydia geb. Hilberath	13. 6.80	F oB	16. 8.44
	Manß Klaus	1. 3.05	M	k	18.12.49					

	Liersch Udo (T)	1. 7.82	D EK	k	11. 7.45		Jacob-Gockeln	1. 8.91	GE KR k	4. 5.58
	Giesecke Ulrich	1.10.84	M IF	e	1.12.49		Monika (T)			
	Schüring Marlies geb. Greef (T)	1. 3.93	F CH	k	24. 1.51		Lettau Uta (T)	14.12.93	F D e	1. 8.63
							Wessmann Barbara	1. 2.98	L KR D k	19. 1.67
	Müller Franz Josef	1. 3.93	M EK	k	15.10.52		Nowak Andreas	16. 6.98	E GE SPk	1. 9.66
	Dudda Volker	1.12.94	M SP	e	13. 9.53		Ratte Guido	21. 2.05	CH SP k	7. 7.57
	Abt Gertraud	31. 7.95	M EK	e	31. 5.50		Gießelmann Simone geb. Giese	22.11.04	D MU k	3.12.71
	Wulff Annelie (T)	31. 7.95	SW D		18. 9.46					
	Weiß Gerhard (T)	17. 4.96	E F	k	28. 9.51		Sengör Tarkan	9. 8.06 °	SW PA msl	26. 4.74
	Hoffmann Benno (Vw)	12. 4.05 °	E GE	e	2.10.50		Schwarze Thomas	31. 1.07	BI PA k	10. 6.76
							Gründen Gesina	1. 2.07	E MU k	26. 5.77
	Gregor Lore	1. 4.07	D EK		10. 5.54		Sopart Anja		D PA k	18. 1.69
C	Aumüller-Lehmann Jürgen	8.10.80	D L	k	4.10.45	D	Schlüter Hans-Joachim SpL	29.11.77	SP e	2. 9.46
	Bischof Inge (T)	13. 6.82	CH EK	e	16. 5.49		Gabrich Heinz-Werner SekIL (T)	1. 9.81	BI SP	8. 6.46
	Diekmann Josef	15. 9.82	S E	k	4.11.50					
	Meissner Roswitha (T)	26. 7.85	BI SP	e	31. 5.56		Wellner-Kick Christa geb. Wellner SekIL'	21. 3.84	D KU	9. 1.55
	Hoffmann Martin (V)	15.11.85 °	D KR PL	k	7. 2.50	F	Reinstädler Martin		D BI	20. 9.58
							Plagge Christof		BI EK e	13. 9.67

2.618 Reken-Maria Veen Gymnasium Maria Veen gegr. 1963
pr. G. f. J. u. M. d. Kongregation d. Mariannhiller Missionare, 8700 Würzburg
Am Kloster 9, 48734 Reken – Tel. (0 28 64) 9 49 30
E-Mail: schule@gymnasium-maria-veen.de
Homepage: www.gymnasium-maria-veen.de

Kl: 8/16 Ku: 90/18 Sch: 897 (490) (236/437/224) Abit: 90 (49) **BR Münster**
L: 49 (A 1, A$_1$ 1, A$_2$ 6, B 15, C 8, D 1, F 10, H 7) ASN: **168105**
Spr.-Folge: E, L/F, F Dez: LRSD' **Schankin**

A	Alings Johannes	1. 8.97	D GE PA	k	7. 3.53	C	Frank Karl-Heinz	5. 1.85	D PL k	19. 1.54
							Redelings Helmut	1. 8.93	D E k	16.10.58
A$_1$	Kölker Eugen	1. 8.02 °	E GE	k	14.11.54		Wagenführ Claus	1. 2.94	ER e	21. 6.57
A$_2$	Kock Antonius	1.12.94	M PA	k	13. 4.53		Hesselmann Doris geb. Jarosch	1. 8.94	D MU k	4. 5.64
	Scholz Roswitha geb. Rettich	1. 2.99	BI CH	e	29.12.48		Elstner Jörg Dr.	1. 02	CH PH k	19. 9.65
	Höffkes Winfried	1. 6.99	M PA	k	15. 9.56		Kleine-Jäger Elisab.	1. 1.02	E KR k	21.12.68
	Boddenberg Axel	1. 9.01	D PA	k	11.10.50		Weßel Frank	1. 1.02	D F k	7.10.65
	Hoppe Christian	1. 9.01	D GE	k	14. 9.54		Schmidt Thomas	1. 4.02	L EK k	5. 7.69
	Schürmann Bernhard	1. 8.02	M EK	k	27. 6.53	D	Bieling Franz-Josef	1. 8.95	MU EK k	10.11.59
B	Döveling Brunhild geb. Beumer-Witte	1. 8.85	D E	k	10. 1.53	F	Schneider Ursula		KU D k	10.10.47
							Meier Marianne		BI GE k	17. 3.54
	Bücker Bernhard	1. 1.87 °	E EK	k	25. 8.49		Höffkes Susanne		D KU k	26. 6.55
	Tekstra Reinhard	1. 7.88	SP BI	k	5. 3.51		Reuver Elisabeth		F GE k	24. 7.59
	Beyer Thomas	1. 7.88 °	D GE SW	k	17. 9.53		Schmandt Christiane		KU k	7. 6.60
							Kronen Raphael		CH SP k	20. 8.64
	Franke Hartmut	1.10.91	D GE	k	13. 9.54		Strakeljahn Elke		EK SP k	16. 9.65
	Schäfer Manfred	1.12.92 °	EK M	k	23. 5.55		Bromkamp Gerlinde		EK PL k	5.10.74
	Westermeier Maria	1. 6.94	BI EK	k	10. 7.53		Elfering Raimund		GE R k	29.10.74
	Fox Norbert	1. 6.94	M PH	k	20. 3.54		Polreich Daniel		D KR k	26. 7.75
	Heimfarth Hans-Martin	1. 6.94	BI EK	k	1. 7.54	H	Rabe Barbara		M e	10. 6.49
							Mitchell Michael Dr.		E angl	28. 7.50
	Güldner-Wiesche Edwin	21. 6.00	D L	k	7 7.53		Abels Stefan		F KR k	23. 6.59
							Kauling Gudrun		SP k	15. 9.60
	Stolbrink Klaus	21. 6.00	M SP	k	15.11.55		Terfloth Andrea		M PH k	16.12.70
	Gebhard Winfried	1. 9.01	KR L E	k	21. 6.62		Hüging Norbert Dr.		M PH k	8.11.74
	Niewerth Jürgen	1. 9.01	BI SP	k	15. 8.63		Winzenhörlein Thomas		KR k	25. 3.76
	Wahl Annette	1. 7.03	CH BI	e	31.10.58					
	Glombitza Annette	1. 4.05	D SP	k	31.12.61					

2.620 Rheda-Wiedenbrück Ratsgymnasium gegr. 1637

st. G. (5-Tage-Woche) f. J. u. M.
Rektoratsstr. 23, 33378 Rheda-Wiedenbrück – Tel. (0 52 42) 90 34-0, Fax 90 34-34
E-Mail: 169110@schule.nrw.de, Homepage: www.schulen-gt.de/ratsgymnasium

Kl: 9/15   Ku: 110/20   Sch: 959 (507) (246/426/287)   Abit: 79 (46)
L: 56 (A 1, A$_1$ 1, A$_2$ 4, B 19, C 17, D 4, E 1, F 8, H 1)
Spr.-Folge: E/E+L, L/F, F, S

BR Detmold
ASN: 169110
Dez: LRSD Dr. Gindele

	Name	Geb.	Fächer				Name	Geb.	Fächer		
A	Klauke Johannes	12. 5.92 °	KR D	k	2. 7.50		Volmer Johannes	3. 1.85	M PH		11.11.53
A$_1$	Latossek Friedhelm	20.12.04	M WW	e	5. 7.51		Wildoer Anne (T)	2. 9.92 °	EK KR	k	3. 3.58
A$_2$	Vitt Willi	1. 2.86 °	L SP BI	k	23. 4.43		Klemm Sven	3. 5.99	D CH PL		21. 2.64
	Ortmann Gerhard	28.12.90 °	EK SW	k	19. 8.50		Schillner Petra (T)	1. 1.02	M SP		24. 1.61
	Portmann Rudolf	3. 2.95 °	E GE	e	9. 4.48		Reckmann Klaus	1. 1.02 °	M CH	e	10. 4.65
	Möllhoff Hans-Joachim Dipl.-Chem. (V)	7. 5.01 °	CH	e	30. 5.46		Host Claudia	9. 1.03	E D M R	k	27. 6.72
B	Altemeier Josef	9. 9.91	KR M IF	k	6. 7.48		Hoppe Susanne	7.10.03	MU D		
							Johanning Iris	3. 2.05 °	E KR	k	7. 7.74
	Leimbach-Rusch Ingeborg	26. 3.93	SW KU	e	28. 2.55		Knips Marion	27. 6.06	E F	k	12. 7.68
							Kaufmann Juliane	1. 1.07	F S		16. 3.79
	Köllner Hans-Georg	27. 7.94	D SW	k	28. 4.51		Dresch Nicole	1. 8.07	BI SW		25. 4.78
	Matzke Hanno	1. 4.95	EK SP	k	8. 3.44		Möhle Katja	1. 8.07	D MU	e	1. 8.75
	Grewe Harald	1. 8.95	PH IF		29. 5.46		Krüger Thomas		BI SP		15. 5.61
	Vitt Brigitte (T)	1. 8.95	SP D	k	1. 4.49	D	Tentrup Maria geb. Richter SekIL' (T)	3.11.80	M TX	k	22. 8.55
	Jansing Lieselotte (T)	1.12.95	E GE	e	22. 7.54						
	Bönig Jürgen	18. 8.97	BI CH		29. 5.49		Topmöller Rose Marie SekIL' (T)	4. 9.81	BI E	k	22. 4.56
	Eilert Marion	1.10.97	E F		10. 8.55						
	Rauh Gabriele	18. 3.99	E L EW	e	28. 9.61		Kuschmann Andrea SekIL' (T)	1. 8.94	KR MU	k	5. 4.66
	Papenheim Winfried	1. 8.01	M KU IF		24. 2.53						
	Aufmkolk Matthias	27. 5.02 °	L MU	k	5. 3.65		Liening-Ewert Margret SekIL' (T)	25. 6.01	M BI	k	15. 5.56
	Wagner Jan-Claudius	1. 9.03	D GE		1. 9.69						
	Terhorst Evamaria Dr. (T)	2.11.04 °	D SP	k	5. 8.60	E	Räwer Katrin	23. 5.06	D EK	k	27. 4.76
						F	Stobbe Wolfgang		GE KR SW	k	24. 2.54
	Heuing Lisa	2.11.04	D PL		2. 4.71						
	Heimann Petra	2.11.04	E F	k	22. 5.73		Johner Christiane		EK SP	e	24. 8.54
	Brunnert Udo	20. 6.06	L M		16.12.67		Hoffmann Stefan		ER D		30. 4.58
	Weber Dorothea	1.10.07	ER D	e	8. 6.64		Konieczny-Böhmker Heinrich		BI SP		15. 4.59
	Richters Susanne		D F		1.12.51		Morche Uta		L F	e	15. 7.59
C	Mahler Gerd	1. 2.77	M	k	16. 7.48		Rohde Gerhard		SP SW	k	15.10.60
	Kersting Theodor	12. 5.78	BI EK	k	8.11.45		Schalück Ursula		CH SP	k	9.11.60
	Jakob-Elshoff Annegret (T)	1. 8.82	E F	k	5. 7.51		Rieger Michael Dr.		GE F	k	21. 9.63
						H	Bickmeier Ernst-Friedrich Dipl.-SpL		SP	e	7. 2.48
	Macht Anne (T)	10. 8.84	D GE	k	8. 8.49						

2.621 Rheda-Wiedenbrück Einstein-Gymnasium gegr. 1969

st. G. (5-Tage-Woche) f. J. u. M.
Fürst-Bentheim-Str. 60, 33378 Rheda-Wiedenbrück
Tel. (0 52 42) 94 24-0, Fax 94 24-24
E-Mail: schulleitung@einsteinfreun.de, Homepage: www.einsteinfreun.de

Kl: 10/13   Ku: 128/21   Sch: 980 (556) (262/407/311)   Abit: 75 (46)
L: 61 (A 1, A$_1$ 1, A$_2$ 5, B 15, C 17, D 8, E 7, F 4, H 3)
Spr.-Folge: E, F/L, F

BR Detmold
ASN: **169122**
Dez: LRSD **Dr. Gindele**

	Name	Geb.	Fächer				Name	Geb.	Fächer		
A	Solty Antje	1. 8.03 °	M IF	e	15. 5.51	B	Badorreck Birgit (T)	1. 8.78	MU M	k	12. 1.45
A$_1$	Kniep Hans-Joachim	13. 9.93	M IF PH	e	6. 6.49		Hardes Franz	1. 3.79 °	D PA SP	k	26. 1.44
A$_2$	Litterscheid Wolfgang (F)	27. 8.82	GE PL D	k	4. 9.49		Deppe Josef	17.12.80	PH M IF		7.11.46
	Prillwitz Günter	10. 2.93	M	e	17. 5.50		Wilke Johannes	1. 5.84	PH M EK	k	25.12.49
	Hahn Andreas	1.10.99	D PA		28. 5.54						
	Herbers Rudolf Dr. (Vw)	19. 3.01	CH	k	3. 6.48		Ungewitter Ralf	10. 8.84	PH	e	7. 8.44
							Bremke-Moenikes Gabriele	1.10.84 °	E GE	k	23. 8.51
	Populoh Norbert	1. 7.02	EK M	k	28.11.49						

	Kleinelanghorst Wolfgang	3. 2.85	D SP	k	8. 9.52		**Stange** Martina Dr. **Puke** Manuela		° E KR LI k M EK BI k	7.10.62
	Boxhammer Horst-Günter	7. 1.93	F E	e	8. 3.57	D	**Speckmann** Burkhard SekIL (T)	22. 2.83	M EK e	13. 6.53
	Meier Elisabeth (T)	7. 7.94	KR F	k	6. 8.49		**Hensel** Gabriele	6. 7.84	SW GE e	13. 9.51
	Scholle Annette (T)	7. 7.94	E D	e	22.11.50		SekIL'			
	Starke Heidemarie	13.12.95	CH PA	e	7. 8.54		**Nachtigäller** Petra (T)	1. 8.00	BI SP	5. 1.64
	Krüger Christel (T)	28. 6.01	D TX PA	k	19.12.54		**Müller** Sascha (T) **Krohn-Sundermann** Sylvia	9. 8.06 2. 8.07	EK GE e EK PK	22. 9.77 25. 9.69
	Schulte Bernd	1. 7.02	SP E	k	3. 8.52					
	Droste Jörg	1. 8.04	E SP	k	7.12.71		**Vannahme** Verena (T)	10. 8.07	F D	
	Homburg Matthias	1. 3.06 °	GE SW SP	e	6. 9.69		**Klein** Ildefons (T) **Mönikes** Melanie (T)		° MU KR k M GE	16.12.62 8. 7.82
C	**Deppe** Brigitte (T)	8.10.80	M EK	k	16. 7.49	E	**Rathjen** Stefanie	20. 6.06 °	E GE e	9. 8.77
	Ertmer Walter	14. 5.82	KU D	k	15.10.49		**Eickhoff** Patrick	9. 8.06	IF M k	12. 8.75
	Welzel Annegret (T)	3.12.82	M		17. 2.52		**Diedam** Daniela	9. 8.06 °	D GE k	5. 9.77
	Hamacher Wolf Dietrich	7. 2.83	F BI		9. 8.50		**Crass** Manuel **Mönning** Thorsten	1. 2.07 6. 8.07 °	E SP k PK D k	10. 2.78 20. 9.76
	Bergmann Friederike (T)	24.10.85	MU GE	e	4.11.54		**Ahrends** Dirk	6. 8.07	SW KR SW EK e	5. 9.78
	Menzel Martina (T)	1. 8.92	ER D MU	e	16. 5.60		**Gümmer** Nicole	6. 8.07 °	PA E CH	18.11.78
	Brinkkötter Wolfgang Dr.	16. 1.98	BI E	e	7.11.57	F	**Liebig** Beate geb. Schammert **Thöle** Renate		E SP BI KR k	23.11.53 14. 5.59
	Siebigs Gereon (V)	11. 2.02 °	L GE G	k	25. 9.64		**Lampenscherf**		D PH k	12. 5.63
	Hober Claudia	1.10.03	F L	e	18.12.61		Stephan Dr.			
	Uhlmann Frank	1. 6.04	D EK		20.11.68		**Fricke** Julia		KU e	6. 4.76
	Schröder Henning	1. 9.04	CH BI	k	25. 4.72	H	**Matzke** Annegret SpL'		SP k	28. 3.51
	Goselke Clarissa	1. 2.07	MU KR	k	10. 9.79		**Zurbrüggen** Annette SpL'		SP k	3. 1.52
	Westermann Lars	1. 4.07 °	M PH	k	10. 9.79		**Biesterfeld** Anne		ER e	27. 1.71
	Andehm Birgit Dr.	6. 8.07	D BI		2. 2.72					

2.625   Rheine   Gymnasium Dionysianum   gegr. 1658
st. G. (5-Tage-Woche) f. J. u. M.
Anton-Führer-Str. 2, 48431 Rheine – Tel. (0 59 71) 91 43 99-0, Fax 91 43 99-9
E-Mail: dionysianum@t-online, Homepage: www.dionysianum.de

Kl: 9/17   Ku: 124/20   Sch: 1013 (539) (261/459/293)   Abit: 74 (43)   **BR Münster**
L: 55 (A 1, A$_1$ 1, A$_2$ 6, B 21, C 17, D 2, E 3, F 1, H 3)   ASN: **168373**
Spr.-Folge: E, F/L, F, L   Dez: LRSD' **Hesekamp-Gieselmann**

A	**Huesmann** Herbert	9. 2.87 °	F E I	k	11. 2,49		**Nieveler** Manfred	15.12.94	BI CH k	1. 8.50
A$_1$	**Juling** Johannes (V$_2$)	7. 6.94	SP D	k	24. 6.50		**Baggemann** Ulrich	15.12.94	D GE k	9. 3.52
A$_2$	**Rüve** Michael	16. 9.92	M WW	k	29. 8.52		**Weber** Beate	6. 7.95 °	M CH k	30.10.51
	Remke Manfred	1. 6.94	M IF	k	20. 8.50		**van Alen** Werner	11.12.95	BI EK k	9.10.49
	Mühlenberg Kurt	1. 8.95	D F		2. 8.46		**Hausherr** Heinz-Werner (L)	14.11.96	E SW e	24. 6.52
	Kühn Detlef	2. 4.96 °	MU L	e	7. 8.52		**Hüwe** Franz	1. 8.01	M WW k	18.12.51
	Bracker Peter (F)	7. 8.98	PH TC	e	29. 3.52		**Fürniß** Hartwig	1. 8.01	CH EK	22.11.49
	Stoffers Hannelen geb. Dreyer	20. 9.02	D SW	k	4. 1.54		**Rech-Rapp** Marion geb. Rech	16. 9.02	E D k	13. 6.52
B	**Friedrich** Werner	6. 4.84	L M		21. 3.52		**Roth** Alwin	16. 9.02	M EK k	21. 3.54
	Kampling Gisbert	22. 6.84 □	EW SW k		22. 7.47		**Kramer** Helmut	1. 2.04	EK EW k	12.12.49
	Wallrabenstein Pál	18. 7.84 °	MU D	k	16.12.45		**Siepker** Jochen	1. 2.04	L M PP k KR	3.12.65
	Gleisenstein-Wende Angelika	19.12.85	D GE		21.11.53	C	**Fischer** Monika geb. Kunert	1. 8.77	E KR k	30. 7.48
	Heckötter Isolde geb. Wellhäuser (V)	27. 4.92 °	GE E	e	14. 3.52		**Kaup-Seiler** Brigitte geb. Kaup	1. 3.82	E EK k	26. 8.52
	Roth Klaus	27. 8.92 °	GE F	k	29. 2.48		**Brämik** Hartmut	18. 3.83	M PH oB	15. 4.50
	Voss Maria geb. Hohoff	11. 1.94 °	BI		20. 9.46		**Rügemer** Alfred	14. 7.83	KU	25. 3.49
	Sahlmüller Klaus	24. 8.94 °	EK SP		21. 8.47		**Staden** Johannes	1. 8.83	EK SP k	26. 3.55
	Wilmsmeier Claus-Heinrich	15.12.94 °	GE D ER	e	3. 5.52		**Kessler** Rainer	7. 6.84	E EK oB	18.11.48

Gymnasien Westfalen − BR Arnsberg · BR Detmold · BR Münster   463

	Kollan Hs.-Günther	28. 9.85	M PH		23.12.51		Bäumer Marc	1. 8.03	BI EK k	22. 6.67
	Fischer-Thyßen Maria	27. 8.87 °	E KR	k	16. 4.53		Biestmann-Kotte Dirk	1. 2.06	E KR k	12.11.73
							Burkhard Antje		D E	26. 7.72
	Sabelus Irmgard	1. 3.88	KU D	e	13. 3.55	D	Jesse-Stall Gudrun SekIL'	8.81	BI SP e	11. 4.55
	Hülsey-Kollan Marita geb. Hülsey	23. 8.94	M SW	e	23. 9.55		Köster Heinrich SekIL	29. 6.83	KR GE k	16. 9.51
	Pengemann Ruth	1. 8.99	E KR	k	8. 3.68	E	Tegethoff Mila	1. 8.06	D L k	8. 5.75
	Halsband Hans-Werner	8.11.01	GE KR PL	k	11. 2.62		Angermann Silke	6. 8.07	D E e	16. 7.74
	Schröer-Oelgeklaus Ingo	1. 8.02 °	D F	k	26. 8.70		Delius Uta	6. 8.07	E PL	3. 1.76
	Rahner Frauke geb. Merkel	15. 3.05	M PH	e	10. 5.74	H	Schindler Erika geb. Piontek SpL'		SP k	28. 9.49
							Wilmsmeier Gerlinde		ER	11. 4.56

2.626 Rheine Emsland-Gymnasium gegr. 1914
st. G. f. J. u. M.
Bühnertstr. 120, 48431 Rheine − Tel. (0 59 71) 5 03 51, Fax 5 03 52
E-Mail: emsland.gymnasium.rheine@t-online.de
Homepage: www.emsland-gymnasium-rheine.de

Kl: 7/14 Ku: 119/19 Sch: 836 (466) (201/371/264) Abit: 95 (51)   BR Münster
L: 53 (A 1, A$_1$ 1, A$_2$ 4, B 18, C 22, D 3, E 1, F 2, H 1)   ASN: 168385
Spr.-Folge: E, F/L, L/F, L/S   Dez: LRSD' Hesekamp-Gieselmann

A	Roosen Axel	1. 8.07 °	SP PH	e	30. 1.46		Wenner Susanne geb. Plake	25.11.83	BI SP k	9.11.56
A$_1$	Kipp Gregor	1. 8.07	M BI	k	2. 5.57					
A$_2$	Schoen-Sanders Ulrich	7. 8.95	PH M	e	17. 3.48		Sangmeister Maria geb. Michel (T)	25. 1.85	E F	1. 8.53
	Gottlieb Hermann	22. 9.94	M PA IF				Podewski Johanna (T)	18. 6.86	KU F	11. 7.53
	Geilmann Erich	1. 3.05 °	F EK MU		7. 3.50		Sprenger Jürgen	10. 2.88	M SP k	22. 9.55
	Kurz Lothar Dr.		GE SW				Laufer Robert	13. 2.88 °	BI PH k	26.10.55
B	Huesmann Mechtild geb. Freitag (T)	19. 3.80	F L	k	5. 2.47		Parthesius Sylvia	22. 3.96 °	E KR k	13.12.63
							Lofink Holger	8. 1.97	L E e	26. 5.62
	Murdfield Berta geb. Busch	1. 7.82	BI	k	9. 9.46		Veltmann Thomas	1. 9.98	M SP k	8. 9.59
							Negm Claudia	22.11.03	L S k	10. 7.60
	Lüking Rolf	1. 7.82	PH M	e	30. 7.48		Meistermann Paul	6. 9.04	E GE k	16. 4.70
	Homeyer Heinz-Günther (V$_2$)	22. 5.87 °	EK D	e	30. 8.47		Dölemeyer Ute	8.11.04	D ER e	15. 8.73
							Lindenmeyer Jörg (T)	1. 9.05	D EK	20.10.66
	Bartsch Jürgen	19. 2.90	BI EK	e	22. 1.51		Wilms Dagmar	14. 9.06	L E k	1. 9.68
	Niemann Manfred	10. 3.93 °	CH EK	k	26.10.49		Stuppe Ralf	5.11.06	E S k	25. 5.72
	Gausling Helmut	10. 3.93 °	BI PA	k	13. 7.49		Beyer Monika	1. 2.07	KU D e	27.12.71
	Ballerstaedt Konrad	27.11.96	EK SP	e	15. 6.46		Kemmer Patricia	1. 2.07 °	M KR k	20. 7.78
	Dehn Stefan (L)	30.12.98	D SP	e	25. 1.54		Pertzel Eva	6. 9.07	D SW k	19.12.75
	van Ackern Hildegard (T)	30.12.98	EK F		15.12.52		Blumenthal Ursula (T)		KU M	
							Steggewentz-Kiewit Gertrud		D F PA	
	Beumer Rolf-Martin	1. 8.01	E F	e	13.10.52		Tillmann Ulrike		HW WW	
	Pfennig Burckhard	1.12.02	CH W	e	11. 2.50		Wahlbrinck Bernd		E PA	
	Heckötter Linus (V) (L)	1. 2.04 °	M PH	k	27. 2.52	D	Borchert Marianne SekIL'	14. 7.83	M SP k	23. 4.54
	Geilmann Magdalene geb. Dierkes (T)	1. 2.04	F M	k	27.10.53		Holt Jutta	4. 3.84	D TX k	22. 1.55
							Seite-Naroska Ingrid	1. 9.92	SP SW k	2. 3.52
	Schenk-Kurz Irmgard	1. 2.04	GE WW			E	Temme Alexandra	1. 8.06	E PA k	17. 7.74
	Johnen Elke geb. Naendorf (T)	3. 3.06	D F	k	4. 7.55	F	Möllenkamp Martin		D KR k	21. 7.55
							Brieler Reinhild L		D PL	9. 6.59
	Apel Walfried Gotzmann Gerd Dr.		M			H	Groll Brigitte geb. Lange GymnL'		SP KU e	30. 8.47
C	Ewering Udo	18. 5.83	EK PH	k	3. 5.53					

2.627 Rheine Kopernikus-Gymnasium gegr. 1965
st. G. (5-Tage-Woche) m. zweisprachigem dt.-engl. Zug[1] f. J. u. M.
Kopernikusstr. 61, 48429 Rheine – Tel. (0 59 71) 62 81, Fax 80 67 89
E-Mail: Kopi.Rheine@t-online.de, Homepage: www.kopernikus-rheine.de

Kl: 11/21   Ku: 172/30   Sch: 1298 (658) (311/582/405)   Abit: 98 (50)   **BR Münster**
L: 79 (A 1, A_1 1, A_2 10, B 21, C 28, D 5, E 5, F 8)   ASN: **168397**
Spr.-Folge: E, L/F, F/L, L/R/S/F   Dez: LRSD' **Hesekamp-Gieselmann**

A	**Eichel** Tasso	1. 8.99	D SW		13. 5.52	**Otten** Norbert (T)	21. 2.01	L KR	k	16. 3.65
A_1	**Klein** Hartmut (T)	1. 2.05	GE EK	e	12. 5.47	**Brickwede** Klaus	25. 6.01	E CH	k	5.12.67
A_2	**Thiede** Karl-Heinz	26. 6.95 °	M PH	k	17. 6.53	**Bauer** Mark	1. 8.01	BI EK	e	16. 7.70
	Reckermann	3. 8.98	EK SP	k	13.11.49	**Krischker** Kerstin (T)	20. 2.03	E F	e	27.11.70
	Johannes (F)					**Christoffer** Daniela	29. 4.03	E SP	e	15. 8.70
	Broelemann Gert (V)	1. 8.01 °	M PH IF		24. 5.47	**Ehrenforth**	13. 8.03	E GE	e	25. 3.70
	Harren Hans	1. 8.01	M PH		5. 7.52	Friedemann				
	Reckermann	1.11.01	F EK	k	19. 3.51	**Hoischen** Wilfried	15. 9.03 °	M SP	k	22. 9.68
	Elisabeth geb. Korte (T)		PA			**Strecke** Stefanie	3. 9.04	E BI	k	29. 5.73
	Zöller Rudolf (F)	1.11.02 □	M SW	k	7. 5.49	geb. Voss (T)				
	Sechelmann Klaus	1. 2.04	MU CH	k	23.11.50	**Mühlenschmidt** Katja	3. 9.04	M PA	k	31. 3.75
	Gehrich Wolfgang	1. 2.05	M	e	3. 7.52	**Kümpers** Christina	16. 9.04 °	D KR	k	15. 1.76
	Steinmeier Ulrich	1. 9.05	M SP	e	10. 3.53	geb. Berning (T)				
	Krömer Johannes	1. 9.05	M SW		12.11.48	**Schuckmann** Anke	24.11.04	E KU		29. 2.68
B	**Förster** Rudolf	22.12.77	PH SP	e	30. 1.46	**Telgmann** Anke	15. 3.05	E MU	k	20. 7.71
	Stolz Jörg-Peter	1. 2.79	CH IF		28.12.46			(EK)		
	Welzel Volker	1. 7.81	D SP	k	28.12.43	**Lammers** Dorit	21. 7.05	BI CH		10. 3.69
	Schneider Ursula	1. 8.81	D EK	k	8. 9.47	geb. Falk				
	geb. Leifeld (T)					**Weidmann** Petra (T)	6. 9.05	E D		23. 4.73
	Emmerich Norbert	1. 8.84	E R	k	15. 6.48	**Schäfer** Ulrike	15. 9.05	D KR	k	4. 3.75
	Gauß Marlies	28. 6.93	BI CH		7. 2.50	**Sendker** Barbara	1. 2.06	L D	k	30. 9.75
	Krist Carmen	27. 1.94 °	M IF	k	18. 1.53	geb. Einwächter				
	Ortel Rainer	1.12.94	D KR L	k	8. 2.54	**Hungerberg** Christine	24. 2.06	F SP	e	18. 1.76
	Dokters Hubert	12.12.94	D SW	k	17. 4.49	**Kranz** Diane	1. 8.06	S M E	k	15. 1.77
	Pries Angelika	1. 8.01	GE D	k	22. 3.51	**Witt** Verena geb. Krug	22. 8.07	BI E	k	28. 9.77
	geb. Luppatsch (T)		PA			D	**Reiners** Gerhard	1. 8.82	KU KR	k	14. 8.54
	Kessens-Hausherr	1. 9.02	D SW	k	13. 9.51	SekIL				
	Agnes (T)					**Lafebre** Gabriele	7.11.80	BI SP		7.11.55
	Ständer Margret (T)	26. 1.04	D F KR	k	11. 4.48	SekIL' geb. Bertram				
	Plaumann Helga-	26. 1.04 °	E GE	angl	13. 9.61	**Attermeyer** Reiner	4. 9.81	PH M		2.11.54
	Mandy					SekIL				
	Struwe Monika	13. 2.04	L G M	k	27. 5.66	**Marquardt** Otto-	15. 2.83	GE SW	e	2.11.44
	Räkers Maria	1. 3.05	F KR	k	29. 5.50	Peter SekIL				
	geb. Roters (T)					E	**Münder** Nicola	27.11.03	BI E		22. 1.71
	Apel Marie-Luise (T)	1. 3.05	M EK	e	29.10.53	geb. Thiem				
	Fischer Irmtraud	1. 4.07	D ER		11.12.47	**Peckhaus** Claudia	9. 8.06	D PA		14. 8.76
	geb. Mattke (T)							(ER)		
	Weiß Silke	1. 4.07	BI EK	e	27. 6.68	**Kaiser** Silke	6. 8.07	F SP		11. 7.78
			(E)					(M)		
	Brüning Klaus	1. 4.07	SP BI	k	12.11.65	**Göbel** Daniel	6. 8.07	MU PL	e	11. 8.78
	Harren Hildegard (T)		BI CH		9. 4.53			PP		
C	**Flohr** Helmut	19. 8.80	PH M	e	22. 4.44	F	**Ebert** Ulrike		BI GE	eref	5. 1.60
	Hempen Wilhelm Dr.	26. 4.83	D EW	k	5.10.49	**Bockholt** Vera		KR F	k	4.12.67
	Miethe Bärbel (T)	30. 4.83	D E	k	2. 7.52	**Oelbracht** Andreas		SP SW	k	6. 9.68
	Kiewisch Freimut	30.10.83	KU KW	e	21. 5.51	**Ducrée** Marcus		PA SP		29. 5.70
	Pampus Hans-Jürgen	1.12.83	D PL	e	15. 3.47	**Stegemann** Torsten		E SP	k	27. 6.71
	(T)					**Kolbus** Heike		KU PA	e	26. 7.71
	Thalmann Petra (T)	17.12.97	D E ER	efk	24. 6.60			(GE)		
	Schäfer Anke	12. 7.99	E R S		30.12.67	**Hildebrandt** Rolf		E PL	e	27. 3.73
	geb. Lichtenfeld					**Schwering** Silke		SP PA	k	16. 4.76
	Beddies Jens	28. 8.00	EK E SP		28.12.59			(M)		

[1] u. math.-naturw. Schwerpunkt

2.630 Rietberg Gymnasium Nepomucenum gegr. 1743
st. G. (5-Tage-Woche) f. J. u. M.
Torfweg 53, 33397 Rietberg – Tel. (0 52 44) 98 64 60, Fax 98 64 69
E-Mail: verwaltung@gymnasium-rietberg.de
Homepage: www.nepomucenum-rietberg.de

Kl: 9/15   Ku: 163/24   Sch: 1059 (569) (244/437/378)   Abit: 90 (48)
L: 67 (A 1, A₁ 1, A₂ 7, B 20, C 24, D 4, E 3, F 7)
Spr.-Folge: E/F, L/F, S/L/F, F/L/S

BR Detmold
ASN: 169134
Dez: LRSD **Dr. Gindele**

A	Esser Franz-Peter	21. 8.95	°	M PH	k	3. 7.51		Vorwerk-Handing Hildegard geb. Hunold (T)	18.11.85	KR EK k	16. 9.54
A₁	Wedeking Erich	1. 8.01	°	M PH	k	27. 5.52		Deußen Irmgard geb. Mierzwa (T)	4.12.85	BI SP k	27. 2.55
A₂	Ressel Joachim	4. 9.91	°	E	k	17.12.43		Heuer Annette (T)	22. 9.93	° D MU	
	Kamp Berthold	26. 3.92		BI PA	k	20. 7.51		Klotz Ulrich Dr.	1. 7.98	D S e	29. 4.61
	Feuerborn Wolfgang (T)	1.11.92		M MU	k	10. 7.53		Buttgereit Jörg	2. 8.99	ER GE e	8. 7.69
	Schmitz-Jansen Elfi geb. Schmitz	8. 4.02		BI PA		16. 4.53		Weinberg Nils	20. 8.01	M PA	24. 9.67
	Hennecke Gerlinde	7. 1.04		D MU		10.11.51		Ottofrickenstein Sylvia	1. 1.02	E F k	6. 6.67
	Schumacher Ferdinand	15. 4.05	□	SP F	k	3. 7.46		Dröge Angela geb. Schanz	2. 9.02	F L e	4. 2.71
	Frye Markus	25. 1.06	°	E F	k	13. 9.64		Steilmann Katja (T)	7. 9.02	M EK k	21.10.70
B	Lühker Robert	24. 7.81	□	KR D	k	3. 9.47		Alheit Johanna (T)	12.12.01	M KU k	15.12.68
	Mackel Ludger	18. 3.85	□	PH M	k	20. 2.48		Schöfisch Beatrix	1. 9.03	D ER e	22.10.61
	Kirchgeßner Walter (T)	1. 5.85		CH BI	k	1. 2.50		Neumann Melanie geb. Schmachtenberg	1. 8.04	° L GE k	31.10.71
	Hermwille Josef	28.12.92	°	BI SP	k	12. 2.49		Jäsche-Koners Rita (T)	1. 2.05	° CH PH k	2. 2.71
	Liedtke Jürgen	2. 4.93		PH	e	18. 2.49		Dietrich Silke geb. Schultz	28. 2.05	E KR k	23. 9.72
	Sopott Margita	2. 4.93	°	EK E	k	5. 1.50		Stolper Matthias	1. 8.06	° SP BI	1. 6.71
	Pennekamp-Barraud Christine	2. 4.93		F EK	k	25. 6.49		Königsberger Rolf	8. 8.06	° L GE e	29. 6.74
	Gröne Annegret (T)	14. 7.95		KU W	k	8.11.47		Reinke Andrea	18. 9.06	D KR k	3. 4.74
	Gerber Frank	14. 7.95		M PH		8. 3.55		Deupmann Stephan	21. 6.07	° CH PH k	28. 1.75
	Koop Heiner Dr. (V)	10. 8.96	°	M BI		13. 6.59	D	Hienz Helge SpL	24.12.75	SP e	20. 2.46
	Jebe Ulrike (T)	12.12.98		D ER	e	18. 1.59		Holtemeier Beate SekIL'	16. 9.83	D SW e	26. 9.52
	Jelden Wolfgang	27. 2.02		KU SP	e	22. 9.58					
	Gand Leonhard	21. 7.03		D MU	k	8. 8.58		Laumanns-Krüger Margarete SekIL'	22. 3.84	KU D k	25. 7.56
	Kömhoff-Paatz Stephan	21. 7.03		L KR	k	27. 5.64		Lange Bärbel SekIL' (T)	28. 8.91	E PK k	25. 3.57
	Soeder Stefanie geb. Hanke	28. 8.03		D E		5. 5.67	E	Loder Esther geb. Maryniok	9. 8.06	D PL PPe	31.10.75
	Thurmann Marita geb. Kruse (T)	7. 6.05		E F	k	8. 9.54		Kästner Alexandra	9. 8.06	BI SW	17. 1.78
	Hönemann Thomas	23. 6.06		M SW	k	2. 7.69		Ilse Simone	9. 8.06	° M SP k	23. 3.78
	Acar Erol	1. 6.07		E GE	e	3. 9.65	F	Bolz Matthias		SW GE	31.10.55
C	Linke-Rauscher Christl (T)	16. 9.76		BI CH	e	1. 2.47		Niestadtkötter Angelica geb. Schwartz		F KR k	10. 2.60
	Elpert Maria (T)	3. 4.82		SW PA	k	17. 3.49		Ebeling Uwe		M (IF) e	20.11.62
	Sandmeyer Franz	14. 7.82		SP GE	k	29. 3.51		Tappe Holger		F SP	27. 9.63
	Lönne Annette	22.10.82		CH EK	k	28. 1.51		Ringel Sabine		D PL	2. 2.66
	Bullik Manfred	21.11.83		M EK	k	17.11.44		Kröger Anja		SP	18. 6.73
	Bönig Evelin geb. Stahl (T)	4. 9.84		D GE	e	16.10.54		Salmen-Reinsch Waltraud		° D GE k	5.10.65

2.635 Rüthen Friedrich-Spee-Gymnasium gegr. 1926
st. G. f. J. u. M.
Lippstädter Str. 8, 59602 Rüthen – Tel. (0 29 52) 15 83, Fax 80 25
E-Mail: leitung@fsg-ruethen.de, Homepage: www.fsg-ruethen.de

Kl: 6/13   Ku: 86/14   Sch: 780 (435) (204/357/219)   Abit: 45 (30)
L: 45 (A 1, A₁ 1, A₂ 4, B 12, C 12, D 5, E 4, F 1, H 5)
Spr.-Folge: E, L/F, F

BR Arnsberg
ASN: 170173
Dez: LRSD **Koch**

A	Bracht Hans Günther Dr.	1. 2.04		SP SW	k	10.11.46	A₂	Schmitz Wilfried Dr. (T)	6. 1.92	° M PH k	28. 5.46
A₁	Goy Ottmar Dr.	1. 6.04		KU SW	e	9. 5.54		Jütte Harald	13. 1.92	E EK k	28. 6.48

	Bertling Herm.-Josef	26.11.96	D CH	k	25. 7.47	Müller Kerstin	30. 9.05	M BI	k	14. 1.77
	Röwekamp Brigitte (F)	1. 7.05	E PA	k	25. 3.54	Heybrock Britta geb. Zimmermann	5. 9.06 °	MU EK	e	19. 6.75
B	Engelbrechter Bernhard (T)	10. 1.79 °	F SP	k	30. 6.46	Henkel Birgit	5. 9.06	E F	k	14. 2.72
	Hartmann Werner	10. 1.79	D E	k	26. 6.44	Kühle Barbara Dr. geb. Dickhut CH	1. 2.07 °	M PH	k	24.12.76
	Haarhoff Klaus-Dieter	29. 2.80	EK SP	k	26. 2.48	Figgen Stefanie geb. Asmuth	1. 2.07 °	E PL	k	16. 6.77
	Göb Rainer	1. 1.86	E EK	k	15. 9.48	D Becker Rita geb. Arens FachL' (T)	1. 2.73	HW SP	k	5. 7.52
	Pradel Felix	29. 8.97	BI SP	k	9. 4.54	Schröder Gabriele geb. Borgmann SekIL' (T)	4. 9.81	KU E	k	2. 4.57
	Jentsch Marlies	25. 2.00	BI CH	e	8. 5.50	Günther Wilhelm SekIL	21. 3.83	M EK	k	24. 8.54
	Boomhuis Cornelia geb. Lessing	1. 6.01	M TX	e	15. 8.52	Haarhoff Ludger SekIL	22. 3.83	BI SP	k	20.10.53
	Magiera-Rammert Johanna	1. 6.01 °	KR MU	k	13. 2.61	Cramer Marianne (T)	24. 9.84	D GE	k	14. 7.48
	Gastl Rüdiger	1. 7.02	EK F	e	31. 8.50	E Sorgatz Ilka	19. 6.06	BI SP	e	16. 9.70
	Biene-Mollenhauer Rosel	1. 3.06	D KR	k	14. 3.52	Wiegand-Claes Britta geb. Claes	9. 8.06	D KU	k	20. 5.77
	Meier Wolfgang	24. 5.07	PH SP	k	7.12.57	Dahlhoff Julia	1. 2.07	E D	k	18. 7.78
	Neuhaus Christian	24. 5.07	F GE	e	12. 1.71	Selzer Judith	2. 8.07	D BI	k	23. 7.79
C	Risse Adelheid (T)	7.11.79 □	D KR	k	14. 7.49	F Wiedemann Stephan		KU KR	k	26. 4.58
	Folle Bernhard Dipl.-Biol.	25. 2.81	BI	k	10. 7.50	H Komander Dale geb. Smart	° E D	angl	26.10.44
	Reker Ludger Karl	21.11.81	F PA	k	6. 9.51	Speiser Richard		° R GE	e	25. 5.47
	Schmitz Birgit geb. Sewering (T)	18.10.85	M	k	21.12.49	Haffke Klaus-Friedhelm		L MU	e	22. 4.49
	Hupfeld Silvia geb. Bartholomé	1. 1.02	L PA	k	21. 6.57	Berndt Edith		KR	k	10. 4.55
	Michelsen Heike	1. 2.02 °	ER L I	e	3. 7.71	Schröder Albert Dipl.-Theol.		KR	k	21. 7.61
	Gallagher Claudia geb. Gille	1. 8.02	E D	e	29. 4.70				

2.637 Bad Salzuflen Gymnasium im Schulzentrum Aspe gegr. 1896

st. G. (5-Tage-Woche) m. zweisprachigem dt.-engl. Zug f. J. u. M.
Paul-Schneider-Str. 5, 32107 Bad Salzuflen — Tel. (0 52 22) 9 52 72 30, Fax 9 52 72 32
E-Mail: gymnasium.aspe@bad-salzuflen.de
Homepage: http://gymnasium.schulzentrum-aspe.de

Kl: 6/11   Ku: 91/15   Sch: 708 (389) (170/310/228)   Abit: 59 (35)   **BR Detmold**
L: 40 (A 1, A$_1$ 1, A$_2$ 4, B 15, C 17, D 2)   ASN: **168919**
Spr.-Folge: E, L/F, F/L   Dez: LRSD' **Pannek**

A	Hermann Joachim	2. 8.99	EK D GE		17. 5.51	Kreft Andreas		BI SP		
A$_1$	Haberricht Gerd-Friedrich		D EK		30.11.48	C Hansen Barbara	21. 1.81	F GE	e	18.12.50
A$_2$	Kratzke Mechthild	1.11.02	D GE		9. 7.51	Güttler Nina	21. 7.81 °	D PL KR	k	21. 7.47
	Drewes Harald		° M		24. 6.49	Kanning Werner	26.11.81	KU W	e	17. 9.49
	Hagenhoff Angelika		° E F	k	12. 1.52	Jähne Klaus-Peter	15.12.81	KU W		9. 7.49
	Laag Rainer		M PH	e	31.10.52	Müller Beate		D F	k	1. 6.54
B	Hehmann Reiner	10. 5.79	GE F	e	17. 6.47	Müller Anke		CH ER		9. 9.62
	Unser-Heidl Birgit geb. Heidl	30. 1.81	BI CH		25. 1.48	Meyer Christina		D ER	e	16. 1.70
	Sundermann Christel geb. Schnabel	1. 7.82	D SP	e	29.11.48	tom Suden Wibke		D SW		23. 3.75
	Möller Ulrich	1. 2.84	E F	e	29. 8.48	Roloff Anja		EW D R		
	Meier Karlheinz	2. 6.84	E SP	e	23. 9.48	Esther-Burschel Barbara		D I		
	Menze Michael	19. 1.87	E EK	k	8. 3.49	Hoppe-Meier Sigrun		E EW		
	Hoose Erich (V)	4.10.01 °	PH M		21. 8.50	Hüls Monika		E L		
	Schmidt Burkhard	12.01	GE MU	e	29. 5.66	Kordes Uwe Dr.		E GE		
	Hölscher Lutz		BI SP	e	2. 1.53	Martin Julia		M SP		
	Menke Birgit		E SP	e	15. 5.54	Schillner Brigitte		CH M		
	Dedekind Katrin		D BI		26. 2.70	Schmidt-Jahns Melanie		L KR	k	
	Beckmann Dieter		D GE SW			D Müller Marieluise SekIL'	9. 7.82	M EK	e	6.12.50
	Heidemann Heike		D E			Steinke Wolfgang SekIL	4. 5.83	M SP	e	29. 7.50
	Kappler Sven		PH CH						

2.638 Bad Salzuflen Rudolph-Brandes-Gymnasium gegr. 1927
st. G. (5-Tage-Woche) f. J. u. M.
Im Schulzentrum Lohfeld, Wasserfuhr 25e, 32108 Bad Salzuflen
Tel. (0 52 22) 99 97 30, Fax 99 97 38
E-Mail: gymnasium@lohfeld.de, Homepage: www.gymnasium.lohfeld.de

Kl: 7/10 Ku: 162/26 Sch: 713 (367) (174/312/227) Abit: 68 (44)
L: 42 (A_1 1, A_2 4, B 14, C 14, D 2, E 2, F 3, H 2)

BR Detmold
ASN: **168920**

Spr.-Folge: E, L/F, F, I

Dez: LRSD' **Pannek**

A_1	Gerland Bernd	11.10.95	M PH	e	29. 9.48	Hopmann Leni	20. 1.81	D F	e	7. 4.49
A_2	Kirchhof Erhard	6. 1.94	CH GE	eref	13. 1.54	geb. Hopmann				
	Rahe Wilfried	25.11.96	E EK		5. 8.51	Waldherr Dorothea	6. 2.87	E ER	e	13. 2.57
	Heuermann Eckhard	1. 2.02 °	M PH	e	21. 8.53	geb. Lehmgrübner (T)				
	Brand Eckhard		M PH			Alder Martina	31. 1.98	BI KU		9. 4.61
B	Haselmann Bernd	29.11.78 °	F SP	k	8. 5.43	Jordan Ute	1. 8.99 °	E SP	e	13. 3.67
	Foerster Hans-Günther	7. 2.80	D EK		1. 3.48	Döinghaus Barbara	1. 8.01	E MU	k	16.11.70
	Massarczyk Günter	7. 5.80	F EK	k	23. 8.45	Oldemeier Heike	1. 8.02	E SW		9.11.59
	Berg Werner	29. 9.80	M	e	19. 6.47	geb. Oberheide (T)				
	Lesemann Cornelia geb. Diekmann	1. 3.83	E SW ER PK	e	16.12.52	Schnittger Christoph	1. 8.02	GE SW	e	8.10.68
	Franke Martin (T)	1. 8.84	D E	e	4. 8.47	Foerster-Henrich Monika		BI ER	eref	7. 5.59
	Wardenbach Albrecht	17. 8.84	M PH	e	4. 9.47	Wulff Hans-Jörg		SP BI		31. 8.59
	Koderisch Johannes	28. 9.84 □	E GE		10. 5.50	Leister Hilke geb. Seibel		D GE		15. 3.74
	Waldherr Franz-Günter	27. 1.93 °	D KR SP	k	13. 8.57	Hartmann Almut		M BI		16. 2.78
	Kreutz Anne Dr.	10. 1.01	D L PL		9. 2.56	D	Fischer Rita geb. Stührenberg (T)	2.11.82	M SP	e	5.11.55
	Hoersch Manfred	10.01 °	M PH	k	26.12.51	Kirsten Doris geb. Fritzemeier SekIL' (T)	1. 2.83	M BI		24. 8.55
	Frese Guntram	1. 8.02	D E	e	8. 2.65	E	Erdsiek Kathrin	1. 2.07	M PH	e	18. 8.79
	Maas Albrecht	25. 6.03	BI EK	e	25. 1.54	Kammann Christiane		PA SP		8.10.68
	Wiesekopsieker Hans Stefan Dr.	25. 6.03	D L	e	1. 1.64	F	Hoscheid Ute		° BI CH		19. 8.48
C	Külker-Sienknecht Gabriele	1. 8.79	PA SP		26.11.48	Artmann Birgit geb. Altmeyer		KU D	k	14.11.62
	Benson Wolfgang	4. 8.80	CH	k	20. 3.51	Kater Helge		D GE		10. 4.65
						H	Holtmann Werner		PA	k	8. 7.49
						Seidel Ulrich		MU	k	29. 1.52

2.639 Schloß Holte-Stukenbrock Gymnasium gegr. 2000
G. i. E. (12. Jg.st.) (5-Tage-Woche) f. J. u. M. d. Gemeinde Schloß Holte-Stukenbrock
Holter Str. 155, 33758 Schloß Holte-Stukenbrock
Tel. (0 52 07) 8 90 56 00, Fax 8 90 56 66
E-Mail: gymshs@gmx.de, Homepage: www.gymnasium-shs.de

Kl: 9/16 Ku: 99/16 Sch: 956 (533) (267/466/223) Abit: –
L: 50 (A 1, A_1 1, A_2 2, B 8, C 17, E 16, F 5, H 1)

BR Detmold
ASN: **194256**

Spr.-Folge: E, L/F, F/L, S

Dez: LRSD' **Dr. Gindele**

A	Blome Marion	24. 8.06	E EK	e	25. 6.53	Schäfer Dieter		D SW		
A_1	Seifert Erhard	1. 8.05	M PH	k	5. 8.57	C	Hermann Regina	7. 2.83	E EK	e	23.10.52
A_2	Bader Wolfgang	1. 3.99	BI CH	k	20.11.57	Kallmer Stefan	1. 1.01	MU EK	e	23. 1.64
	Pähler v. d. Holte Annegret	26. 7.04	E PP	e	13. 9.56	Füchtenschnieder-Pohl Katrin	20. 8.01	D E	k	8. 3.71
B	Meyer Christine	1. 1.02	L SP	k	2. 7.60	Volbert Antje	1. 9.01	E SW	e	30. 4.68
	Rohde Anke	15. 2.02	D SP	e	5. 9.57	Kößmeier Michael Dr.	20. 2.03	BI CH		6. 7.70
	Peters Knut	29. 7.02	D MU	e	22. 4.64					
	Schimmer Thomas	26. 5.04	E GE SW	e	23. 3.65	Graf Meike geb. Hohlfeld	15. 9.03	M SP SW		25. 3.73
	Barlage Markus	1. 7.04	D KR	k	6. 7.71	Büscher Sonja	15. 9.03	BI M	e	4. 6.74
	Weber Andreas		D R	e	24. 6.62	Wilke Karen	15. 3.04	D F	e	15. 7.70

Schwarz Christian	30. 6.04	E GE	k	7.10.70
Walsch Christiane	6. 9.04	E KU	k	23.10.71
Schwehn Cornelia	6. 9.04	L GE	e	31.12.69
Gaffron Wiebke	15. 9.04	D F	e	23.10.71
Quisbrock Lars	15. 9.04	SP M	e	19. 5.73
Schäfers Christine Dr.	10. 2.05	M BI		9. 8.73
Röll Björn	22. 8.06	E SP	e	12.10.72
Pohl Daniel		EK GE KR	k	4. 2.71
E Lienekampf Stefan	1. 2.02 °	E ER IF PA	e	27.10.66
Gallenkamp Michael	18. 2.05	M PH	e	27. 9.77
Nümann Marcus	18. 7.05	KU GE	e	1. 1.74
Haase Bernadette	18. 7.05	D SP	k	8. 9.75
Westkämper Oliver	18. 7.05	M PH		12. 9.77

Schäferjohann Anke	22. 8.05	D SP		15. 1.76
Rohlfing Stefan	9. 8.06	BI CH	e	17. 4.68
Gritzan Dirk	9. 8.06	EK SP	k	24. 4.69
Striewe Jörg	9. 8.06	IF GE	k	18. 4.69
Bültmann Anke D.	9. 8.06	E BI		13. 7.70
Christian Schönherr Dr.	9. 8.06	EK PL		21. 6.71
Züchner Karin	9. 8.06	E D		18.12.73
Leder Svenja	9. 8.06	D SP	e	23.10.75
Strake Simone	9. 8.06	SP KR	k	17. 7.77
F Gellert Christina		E EK	e	3.10.65
Cohnen Robert		E GE		7. 6.68
Dropczynski Katrin		PA KU	k	15. 7.69
Rolfes Silke		F PK		6. 3.70
Rahrbach Christian		L M	k	19. 6.78
H Hülsmann Dorina		S GE		9. 7.79

2.640 Schmallenberg Gymnasium gegr. 1925

st. G. f. J. u. M.
Obringhauser Str. 38, 57392 Schmallenberg – Tel. (0 29 72) 4 71 34, Fax 4 72 35
E-Mail: info@gymnasium-schmallenberg.de
Homepage: www.gymnasium-schmallenberg.de

Kl: 6/14
L: 48 ([A] 1, [A₁] 1, A₂ 5, B 14, C 14, D 2, E 5, F 1, H 5)
Spr.-Folge: E, L/F, F/L

BR Arnsberg
ASN: 170215
Dez: LRSD **Egyptien**

A	(Zeppenfeld Berthold StD A₁)	15. 2.03	D KR	k	20. 6.54
A₁	(Winekenstädde Elke Dr. StD' A₂)	5.05	D CH		20.10.61
A₂	Gerhard Meinolf	27. 9.95 °	M EK IF	k	3. 4.50
	Rockel Norbert-Wolfram	11. 1.99	PA D		22. 9.44
	Betz Renate (F)	22. 6.99	CH SW	e	25.12.50
	Kaulfuß Dietmar	30. 5.00	BI SP	e	5. 5.49
	Falke Hildegard (T)	4.12.02	CH EW	k	2.10.50
B	Paulus Hartmut (T)	1.12.81 °	E GE	e	16. 4.49
	Simon Monika (T)	19.10.94	D F	k	12. 9.55
	Jannan Mustafa (T)	18. 1.01	BI CH	k	20. 8.59
	Pappert Hildegard (T)	23. 5.02	D PA		1. 1.51
	Harbrink Sigrid (T)	23. 5.02	M EK		19. 8.53
	Böhmer Anne (T)	10.03	L GE	k	12. 5.57
	Schweisfurth-Kräling Peter	4. 6.04	E EK	k	30.12.57
	Reißig Ralf (T)	4. 6.04	M PH		4. 2.68
	Bozem Christina	4. 6.04	D KR	k	30. 8.68
	Ansorge Friedhelm	19. 5.05 °	M PH		29.12.66
	Reinhard Heike geb. August (T)	19. 5.05 □	E M SP	e	5. 4.70
	Fischer Raimund	19. 7.06	M KR	k	3. 1.60
	Hochstein Siegfried	19. 7.06 °	D SP	k	23. 9.71
	Lange Jens	19. 7.06 □	E PL		13.11.70
C	Schäfer Michael (T)	27. 8.85	M PH	k	6. 6.53
	Reuter Gabriele (T)	19. 8.98	E KU		15.11.59
	Wüllner Petra (T)	1. 2.03	M KR	k	19. 7.72

Beckmann Monika geb. Rickert	15. 3.04	E PA	k	27. 8.73
Kagelmann Christina (T)	15. 9.04	F BI	k	28. 4.70
Arhelger Joachim (T)	26. 5.05	E GE		9. 2.72
Borys Fabian	15. 8.05 °	EK KR	k	12. 4.75
Wrede Benedikt	15. 9.05 °	SP GE MU	k	26. 9.74
Ramrath Stefanie	1. 3.06	KU D	k	19.12.72
Heinz Marietta	16. 3.06	M PH	k	20.12.75
Tewes Kathrin geb. Schulte	16. 3.06	EK BI	k	24. 6.76
Betke Carolin	1. 2.07 *	D BI	e	6. 5.77
Hutter Karl	6. 8.07	EK SW	k	7.10.72
Frieburg Jörg		BI E		27.12.59
D Nöker-Schauerte Christiane SekIL' (T)	23. 8.93	M SP	k	3. 1.60
Kräling Regine SekIL' (T)	20. 8.01	KU KR	k	10. 4.61
E Braß Oliver	6. 9.04	D SW		12. 9.69
Pleis Claudia	6. 9.04	E R	e	11.12.69
Iking Elke geb. Zullighoven	22. 8.05 °	L GE	k	1. 9.76
Wulff Elmar	1. 2.06	D GE		25.12.73
Erben Jörg (T)	1. 8.06	BI SP		18. 3.68
H Schauerte Ulrich Kantor		MU	k	24. 3.49
Rockel Birgit Dipl.-SpL'		SP	e	11. 9.54
Krefeld Dagmar GymnL'		° SP KR	k	15. 5.55
Bittins-Cattaneo Barbara Dr.		PH CH		22. 3.57
Gerlach Gabriele geb. Röhrig		F M	k	19. 2.58

2.645 Schwelm Märkisches Gymnasium gegr. 1597
st. G. (5-Tage-Woche) f. J. u. M.
Präsidentenstr. 1, 58332 Schwelm − Tel. (0 23 36) 9 19 80, Fax 91 98 90
E-Mail: mgs@versatel-online.de, Homepage: www.mgs-schwelm.de

Kl: 7/14   Ku: 99/22   Sch: 840 (467) (186/384/270)   Abit: 68 (36)   BR Arnsberg
L: 49 (A 1, A_1 1, A_2 4, B 17, C 14, D 2, E 5, F 4, H 1)   ASN: **170008**
Spr.-Folge: E, L/F, F/L   Dez: LRSD **Hamburger**

A	Sprave Jürgen	1. 6.94		D GE		25.12.42	Schnitzler Wolfgang	1. 8.82	° E SW		29. 1.51
A_1	Thomas Wolfgang	1. 8.00	°	M SP		28. 8.52	Weber Ingrid	1. 8.82	SP BI	e	19.12.53
A_2	Zwermann Theodor	17.12.80	°	D PL	k	30. 8.43	Charlotte				
	Hemmer Ewald (Vw)	21.12.85	°	M EK	k	31. 1.49	Flindt Lydia geb. Göbelsmann (T)	18. 8.82	BI CH		20. 3.53
	Quabeck Karl-Wilh.	19.12.91	°	E F PA	e	25. 7.46	Kirchhoff Bernd	4. 3.83	° BI CH	k	11. 3.49
	Leister Jürgen		°	CH	e	20. 1.49	Papenfuss Ulrich (T)	1. 8.83	KU WW		12. 5.52
B	Harde Christian	1. 2.79	°	F SP	e	20. 4.47	Gieselberg Susanne geb. Gerstein (T)	10. 9.86	E SW		24. 9.52
	Leister Ingrid geb. Fleing (T)	1. 4.79		BI CH	e	18. 7.48	Krips Georg	7. 8.90	L KR	k	8. 6.59
	Sander Jürgen Dr. (T)	1. 8.79		E F	e	18. 8.43	Wenhake Henning (T)	1.10.91	ER M	e	13. 2.59
	Heinemann Wilfried	1.12.79	°	E EK	e	31. 5.48	Flüß Katjuscha	1. 1.02	E D		24. 4.68
	Kleine-Brüggeney Wolfgang	17.2.80		M EK		30. 8.48	Lazar Thomas		° L PH KR	k	6. 6.65
	Wilkes Alexander	13. 9.82		E SP	e	5.12.47	Bonn Sandra geb. Pollmann (T)		° L D	e	9. 4.71
	Wiemann Karl Paul	7.10.82		BI EK		17. 6.50	Scheidgen Ulrike (T)		D EK		
	Lange Klaus Dr. (T)	5.12.84	▫	D PL KU	e	10. 4.50					
	Daum Lothar	1. 6.87	°	D SP	e	30. 9.50	D	Maggioni Silvia SekIL' (T)	20. 2.83	E KU	k	20. 2.56
	Gansczyk Hannelore geb. Schneider (T)	14.12.90		MU D	k	18. 6.53		Jokisch Stefani SekIL'		ER KU		24. 6.66
	Folkers Gernot Dr.	1. 2.96		D ER		6. 8.46	E	Pralle Natalie geb. Fahlbusch	1. 2.06	F GE (bil.)	k	15. 5.71
	Cipura Claudia	1. 2.96		BI CH	e	2. 4.60		Bielert Frank Dr.	1. 2.07	PH CH	k	10. 9.73
	Wilberg Erich (T)	22.10.98	°	M PH	e	16.11.54		Neumann Anita	1. 2.07	D PA		4. 7.78
	Thomas Friederike geb. Gorholt (T)	1. 3.00		F EK	e	1. 8.54		Schmelz Jennifer (T)	1. 2.07	D E		20. 3.79
	Bergmann Manfred	23. 5.02		SP D	e	4.11.51		Herberholz Gitta	31. 7.07	E SP	e	8. 3.78
	Miletzki Wolfgang (V)		°	M PH	k	29. 7.52	F	Bennemann Cornelia		E		23. 9.52
	Rauhaus Wolfgang			E PA	e	20. 3.54		Kirchhoff Sigrid		° E SP	e	11. 2.55
C	Peetz Wolfgang	1. 2.79	°	M EK	e	5.11.49		Czarnetzki Gabriele		GE SW		14. 9.58
	Dieker-Brennecke Georg	22. 6.82		D PA PL		18. 8.52		Seyda Rainer		R MU	e	7. 3.64
							H	Herrig Inge Dipl.-SpL'		SP	k	20. 7.54

2.650 Schwerte Friedrich-Bährens-Gymnasium gegr. 1900
st. G. f. J. u. M.
Ostberger Str. 17, 58239 Schwerte − Tel. (0 23 04) 1 60 10, Fax 2 20 07
E-Mail: 170070@schule.nrw.de, Homepage: www.fbg.schwerte.de

Kl: 8/14   Ku: 103/17   Sch: 848 (444) (223/363/262)   Abit: 77 (42)   BR Arnsberg
L: 50 (A 1, [A_1] 1, A_2 5, B 14, C 14, D 5, E 4, F 4, H 2)   ASN: **170070**
Spr.-Folge: E, L/F, F/L, S   Dez: LRSD **Vondracek**

A	Althoff Klaus-Peter Dr.	1. 9.96		M BI PS	e	15. 4.51	Zimmer Wolfgang	30. 8.80	E KR	k	16. 5.46
A_1	(Ratering Friedrich OStR	1. 6.02		M PH		17. 7.53	Schneider Edith geb. Krüger (T)	15. 9.82	° BI CH ER	e	2.12.47
A_2	Sandmann Wolfgang	27.12.91		F EK	k	16.11.50	Kaspar Michael	5. 6.84	° SP BI	k	28. 3.48
	Heimann Mechthild	1.12.92		M	k	10.12.49	Hellweg Peter (T)	5.12.84	▫ D PA PL		31. 7.45
	Möller Martin Dr. (F)	23. 5.96		ER GE	e	24. 4.50	Dudler Wolfgang	1. 1.86	° PH M	e	12. 1.46
	Rother Rudolf (V)	27. 8.03	°	E EK	k	9.12.48	Weingarten Ulfried	1. 1.86	° D KU KW	k	15. 9.45
	Kallerhoff Klaudia (T)	7. 7.04		E GE	k	4. 2.52					
B	Kerber Inge (T)	21. 4.78		F GE	e	29. 5.50	Althöfer Burkhard	22.12.92	CH GE	e	15. 4.51
	Beutner Bärbel Dr. (L)	7. 3.79	°	D PL	e	27. 1.45	Danielsson Holger	22.12.92	M IF		26. 6.49

	Arndt Reinhold	1. 6.94	CH IF	k	9. 2.50		Schmid Bente	1. 2.05	E ER	e	12. 5.70
	Burmeister Rainer	21.12.94	M PH IF		5. 4.51	D	Richter Germaine	1. 8.72	KU	e	29.10.48
	Bräunig Dietmar	1. 2.95	F SP	e	24. 8.50		SekIL' (T)		E D		
	Ibach Rita (T)	6. 3.00	M EK	k	23. 9.54		Bewersdorff Brigitte	15. 9.82	D BI	e	7. 9.55
C	Kloidt Doris	13. 1.78	E	k	29. 6.46		SekIL'				
	geb. Koch (T)						Wittenbrink Sabine	7. 5.84	M KU	e	14. 4.56
	Busch-Hotze Bärbel	5. 3.80	GE Soz	k	12. 8.51		SekIL' (T)				
	geb. Busch (T)						Tenbrock Ulrike	10.84	KU E	e	22. 9.56
	Dreyer Gerold	14. 4.80	EK Soz	e	20. 7.47		geb. Schmidt SekIL' (T)				
	Leuer Gudrun (T)	27. 2.82	D PL	e	21. 9.52		Reißer Rita SekIL' (T)		ER GE	e	19. 5.53
	Linnemann Heinz-Gerhard	3. 6.82	SP BI	e	22. 3.51	E	Stommel Dorit	6. 9.04	L GE	k	27.10.75
							Warscheid Torsten	9. 8.06 °	SP EK	k	4. 9.68
	Hessel Ilona (T)	3. 2.83	E PA	k	13. 5.51		de Simini Birgitta (T)	9. 8.06 °	KR F		12.12.69
	Veith Herbert (T)	13. 8.84 °	D EK	k	4. 6.54		Groß Vera	1. 2.07	D E	e	25. 6.79
	Jürgens Elisab. (T)	27.11.85	M GE	k	20.12.52	F	Langenbach Gerd		° S F		6. 6.50
	Epp Peter Dr.	25. 8.88	D PL KU		7. 1.55		Hohmann Cornelia		PA KR	k	27. 9.69
	Rogge-Henke Hildegard (T)	8. 8.94	L D	k	9. 3.60		Neuenhaus Katrin		SP PA	k	21. 2.72
							Lang Heidrun		M MU	k	23.12.78
	Kastien Helmut	1. 3.98	SP ER	k	19.11.59	H	Hellmann Ursula		SP MU	e	5.11.50
	Beisenhirz Thomas	25. 5.03 °	BI SP		22.11.70		geb. Möller SpL'				
	Neustadt Daniel	30. 9.03 °	E MU	isr	29. 5.71		Harmata Christoph		L G	k	18. 1.77

2.651 Schwerte Ruhrtal-Gymnasium gegr. 1921
st. G. f. J. u. M.
Wittekindstr. 6, 58239 Schwerte – Tel. (0 23 04) 1 72 10, Fax 99 03 25
E-Mail: rtg.schwerte@gmx.de, Homepage: www.rtg.schwerte.de

Kl: 8/12   Ku: 80/15   Sch: 781 (432) (226/328/227)   Abit: 64 (35)   **BR Arnsberg**
L: 48 (A 1, A$_2$ 5, B 18, C 10, D 4, E 7, F 2, H 1)   ASN: **170082**

Spr.-Folge: E/F, F/E/L, L/F/R   Dez: LRSD **Vondracek**

A	Rothe Carla		° M IF	e	9. 3.51		Korten-Teworte Hedwig		S F	k	11. 8.52
A$_2$	Nacke-Peters Maria (T)	1.95	SW GE BI	k	23. 2.53		geb. Korten (T)				
							Göckmann Bernd (T)		GE SW		
	Peters Georg (F)	12.97	E F D	k	22.12.54	C	Dudzik Horst	15. 2.80	GE F	e	16. 5.50
	Engelhardt Bernd		D SP	e	7. 8.46		Ebbers Georg	19.10.82	F S GE	k	3. 7.46
	Bergkemper Ulrich		M IF	k	22. 6.52		Bögehold Lieselotte	18.11.82	D SW		28. 1.50
	Heinemann Günter (T)		L GE				Sobiech Herbert	4. 9.84 □	F SP		19. 7.52
B	Krensel Hans-Georg	1.12.77	PH M IF	e	11.12.42		Els Monika (T)	12.88 °	CH EK	k	11. 5.57
							Schiemann Uwe	18. 9.90	M MU	e	8. 2.59
	Bucher Anita	5. 1.79	E EK	k	24.12.46		Nix Sabine (T) (V)	1. 1.02 °	D BI	k	21. 6.68
	geb. Münch (T)						Knäpper Ute (T)	1. 1.02	M EK	e	1.12.69
	Derwald Gerhard (T)	22. 4.79	L GE E	k	23. 2.44		Bredenbrock Veronika	07 °	L GE		7. 4.68
	Falkenberg Hannelore geb. Kok (T)	25. 1.80 °	BI CH	k	19. 4.49						
							Boettcher Franz-Josef		GE EK		
	Kahlenberg-Langer Ingeborg geb. Langer (T)	1. 7.81	SP E	k	15. 2.51	D	Angrick Ulrike geb. Schülein FachL'	1. 8.74	KU TX		1. 1.50
	Bee Reinhard	20. 9.83	D GE SW	k	8. 3.49		von Mallinckrodt Ulrike geb. Landschulz	1. 8.81	SP EK	e	5. 5.54
	Fricke Ernst Rainer	1. 1.86	D PL	e	30. 4.49		Marx Birgit L'	00	D KR	k	17.12.70
	Mischler Michael	1. 1.87	D PL	e	6. 2.49		Marre Wolfgang SekIL		ER GE	efk	22.10.48
	Schlabes-Böttcher Elke (T)	93 □	D E	e	5.11.53	E	Beer Ansgar	1. 8.04	KU BI		8. 6.73
							Lauterbach Iris	1. 8.04	E KR	k	26. 5.74
	Innig Ursula (T)	2.95	M EK	k	25. 5.50		Düsterloh Ragna	8. 8.06 °	F D		22. 7.72
	Lange Christiane	2.95 °	E R	k	15. 2.53		Reinmüller Nicole	1. 8.06	M BI		20. 1.78
	Höher Sabine (T)	7.12.95	CH SP	e	19. 3.53		Brune Elmar	07	E KU		24. 4.66
	Thiel Berthold Dr.	3.96	D E	e	18.10.52		Hemesoth Rainer	07	GE L	e	12. 1.76
	Damke Dorothea (T)	00 □	PA SW			F	Hennekemper Gisela Dr.		M PH		2.10.51
	Walter Matthias	11. 9.07 °	M PH	k	4. 3.66		Rellensmann Robert		PH SP		15. 9.56
	Kahlenberg Michael		CH EK	k	16. 8.49	H	Spickhoff Karin geb. Schmidt SpL'		SP TX	e	14. 8.51

2.653 Selm Gymnasium gegr. 1989
st. G. m. zweisprachigem dt.-engl. Zug f. J. u. M.
Kreisstr. 4, 59379 Selm – Tel. (0 25 92) 2 00 82, Fax 2 48 07
E-Mail: gymnasium.selm@t-online.de, Homepage: www.gymnasium-selm.de

Kl: 8/16   Ku: 93/18   Sch: 922 (502) (218/450/254)   Abit: 86 (42)   **BR Arnsberg**
L: 49 (A 1, A_1 1, A_2 4, B 13, C 20, D 2, E 4, F 3, H 1)   ASN: **190275**
Spr.-Folge: E, F/L, L/F   Dez: LRSD **Pilgrim**

A	**Walter** Ulrich	13. 5.97	M SP		3. 1.55		**Grapp** Hans-Jürgen	1. 1.02	E SP	e	26. 6.54
A_1	**Happ** Raimund	18. 6.04	M CH	k	24. 1.52		**Weiß** Ulf S.	1. 1.02	° D ER	e	18. 1.57
A_2	**Bruck** Peter Dr.[1] (V)	13.11.95	° D E SW ER	e	7. 1.48		**Schmidt** Ulrike geb. Siegmann	1. 1.02	D BI	e	5. 2.63
	Schulte Norbert (Vw)	29. 9.97	° M EK	k	4. 3.53		**Heming** Andrea	1. 1.02	D SW		13. 8.66
	Makowski-Kleinjohann Gabi		E F	k	21. 8.53		**Weber** Karin	10.02	E SP		
	Lehrmann Eckard		M BI	e	28.12.54		**Mayrhofer-Scharf** Nicola	20.12.05	E GE		27. 6.75
B	**Zurlo** Georg	28. 6.79	E BI		12. 7.47		**Tombült** Frauke	1. 2.06	L M	e	
	Katte Manfred	12. 9.79	F GE		27.12.46		**Bez** Michaela	1. 8.07	E EK	k	10. 7.79
	Kozubek Norbert	1. 8.81	° PH CH	k	16. 7.46		**Siemes** Walter		° E EK	k	25. 7.61
	Meier Wolfgang (T)	1. 8.90	SP MU	e	1. 9.54		**Welle** Sabine		BI CH PH		31. 7.61
	Reuter Heinz	1. 6.94	EK GE KR	k	26. 4.49		**Schmidt** Meike		D BI	e	10. 3.63
							Drohmann Bärbel		M EK		19. 3.63
	Schulte-Rath Barbara	96	BI SP	k	4. 6.57		**Leitheiser** Thomas		D E		11. 9.66
	Schäferjohann Ute	20. 1.97	L F	e	10.11.59		**Arndt** Detlev		GE EK (SW)		28. 2.68
	Stephan Wolfgang	1. 3.97	BI SP	k	23.11.47						
	Basfeld Winfried	27.10.97	E SW		17. 1.52		**Tietz** Bärbel		D GE		22. 2.73
	Wittkowski Joachim Dr.	1. 9.06	D KR PL	k	9. 3.59	D	**Sander** Annette geb. Send FachL'	1. 8.78	HW TX	k	10. 2.47
	Kaufmann Birgit Dr.	1. 9.06	° CH M		10. 9.64		**Grieser** Albert SekIL Nicola		MU KR	k	3. 8.63
	Jacobi Heinz		° GE SP	e	21.10.54						
	Thrams Peter		PH CH	e	20. 8.57	E	**Potthoff** Maria	9. 8.06	MU KR	k	18. 7.77
C	**Heitfeld-Kreutzkamp** Anke (T)	1. 8.93	E D	e	27.10.62		**Schlosser** Birgit	1. 2.07	KU SP		19. 6.76
							Schneider Thomas	1. 2.07	D M	e	9. 1.79
	Disselkamp Miriam geb. Goßen	1. 8.98	M IF	k	22. 1.69		**Vorschulze** Evelyn	1. 8.07	° F BI M		15. 4.79
						F	**Preuß** Michael		▫ BI SP	k	8.12.55
	Hans Andrea geb. Butenweg	1. 8.01	E L F		21. 5.69		**Hoffmann** Helmut		M PH		18. 2.59
	Beck Barbara	1. 8.01	KU M		10. 5.71		**Simon** Frank-Joachim Dr.		L ER PL G	e	9. 3.59
	Gröne Kirstin (T)	1. 8.01	° BI KR	k	3. 9.71	H	**Kappelhoff** G. SpL'		SP		

[1] apl. Prof. an d. Univ. Osnabrück, Lehrbeauftr. an d. Univ. Münster

2.654 Senden Joseph-Haydn-Gymnasium gegr. 1991
G. (5-Tage-Woche) f. J. u. M. d. Gemeinde Senden
Schulstr. 16, 48308 Senden – Tel. (0 25 97) 53 45, Fax 95 75
E-Mail: info@jhgsenden.de, Homepage: www.jhgsenden.de

Kl: 7/12   Ku: 96/14   Sch: 737 (374) (191/344/202)   Abit: 68 (34)   **BR Münster**
L: 42 ([A] 1, A_1 1, A_2 4, B 9, C 12, D 2, E 4, F 9)   ASN: **191358**
Spr.-Folge: E, F/L, L/F, S   Dez: LRSD **Dr. Hillebrand**

A	(**Ambrassat** Therese StD' A_1)	1. 2.04	° M PA	k	23. 8.53	**Vogelsang** Regina (T)	19. 9.95	° E TX	k	12. 1.53
A_1	**Fels** Michael	1. 8.07	° M SP		10.11.58	**Schneider** Christoph	1.12.98	EK BI	e	14. 4.50
A_2	**Kammann** Maria	25. 9.02	SP CH	k	23. 2.54	**Harder** Hugo	1. 9.99	° MU L	k	5. 1.53
	Schulze Lohoff Reinhard	1. 8.06	° M PH	k	29. 1.52	**Gerdemann** Franz-Theodor	1. 9.00	CH EK	k	19. 4.49
	Terhorst Christel	1. 8.06	° E TX F EK	k	11. 2.51	**Utermann** Raffael	12. 3.01	E SP	e	12. 2.60
	Hüttemann Uwe					**Wunderlich** Iris (T)		M PL PP		22. 2.55
B	**Landwehr** Klaus	19. 4.79	M SP	k	18.11.47	**Willkomm** Sabine (T)		M PH		16. 7.61

	Zitter Kristian Dr.					Schulte Irmgard (T)	1. 2.93	M SP		
C	Klima-Müller Carla	22. 9.78	M SW	e	4.12.49	E	Goldbeck Tanja	15. 9.03	KU S	k	8.11.73
	Weber Monika	18. 8.83	BI PA		1.12.54		Peters Stefanie	1. 2.06 °	D L	k	2.12.74
	Kanthak-Kahlen Gabriele (T)	4. 9.84	CH SW		20. 3.54		Kring Julia	6. 8.07 °	ER GE	e	22. 3.78
							Boer Cornelia	6. 8.07	D KR	k	7. 5.79
	Watrin Renata (T)	19. 2.85 °	F SP	k	19. 8.54	F	Najork Marion Ass' d. L.		SP PA		8. 8.52
	Kiel Reinhold	6. 2.88	KU EK		1.10.54		Weinrich Hans-Jürgen		M PH	k	1.10.52
	Otto Andreas (V)	31. 8.92 °	L GE		16.11.61		Niehues Walter		D SP	k	7. 5.55
	Lüken Joachim	1. 8.04	E GE	e	25. 6.68		Thiede Christian Dr.		KR PL	k	18. 4.56
	Willert-Barth Renate (T)		D F		9. 1.51				PP L		
	Thiel Peter		BI EK		22. 6.52		Frankenberg Markus		D GE		18. 7.57
	Hopmann Elisabeth (T)		° M KR	k	5.10.55		Semmel Roland		BI KU		4.11.57
	Gössling Charlotte		° D ER	e	12.11.56		Wecek-Hambrock Christiane		D E	k	26. 6.58
	Espelage-Weiß Theresia (T)		° F KR	k	2. 9.57		Wobbe-Menéndez Elisabeth		SP S	k	18. 9.59
D	Kondziella Markus (T)	29. 8.91	D SP	k	11. 1.62		Dickmann Hildegard		E F		

2.655 Siegen   Gymnasium Am Löhrtor   gegr. 1536
st. G. f. J. u. M.
Oranienstr. 27, 57072 Siegen – Tel. (02 71) 5 15 16, Fax 2 28 55
E-Mail: 170331@schule.nrw.de, Homepage: www.gal.de

Kl: 6/12   Ku: 98/16   Sch: 718 (394) (166/317/235)   Abit: 54 (36)   BR Arnsberg
L: 42 (A 1, A₁ 1, A₂ 3, B 16, C 17, D 1, E 1, F 1, H 1)   ASN: **170331**
Spr.-Folge: E, F/L, F, F   Dez: LRSD **Klüter**

A	Schütte Klaus	4. 8.97 °	E SP	e	29.10.48	Schulte Ulrich	12. 3.01	E KR	k	21.12.55
A₁	Fiege Rainer	12. 1.98	M EK	e	18. 6.52	C Klampfl Margarete	10. 1.79	M	e	31. 5.51
A₂	Flock Hans-Joachim (T)	14. 9.87 °	M PH	k	7. 8.46	Kill Burkhard	9. 3.81	D SW	e	15. 4.50
						Jänicke Wolfgang	29. 9.81	M		4.12.48
	Weinbrenner Friedhelm (F)	13. 2.98	E ER		21. 2.55	Theisen Mathilde (T)	1. 2.83	SP EK	k	14. 8.52
						Spieß Margret (T)	14. 9.84	D SW		29. 8.53
	Käberich Lothar	15. 5.00 °	D SW ER		6.12.49	Sunke Hannelore	14. 9.84 °	F KU	e	21. 9.53
B	Feger Waltraud geb. Braun	25.11.75	E F	c	19.10.42	Tack Friedemann	19.10.84	D EK	e	14. 6.50
						Wyrwa Edgar	3.12.86	E GE		17.12.49
	Merk Heinrich	14.11.79	BI EK		28. 8.46	Schumacher Winfried (V)	22. 8.88	M PL	e	6.11.55
	Löttrich Eduard	18.12.80 °	EK SP	k	9. 3.44	Jung Ernst-Friedrich Dipl.-Päd.	2.10.92 °	E GE D PA	e	26.11.46
	Hrach Rudolf Dr.	27. 9.84	M PH	k	29. 7.48					
	Gerhardt Thomas	7. 2.85	F EK		14.10.48	Horstkotte-Kaluza Angela (T)	7. 9.93	D KU		6. 5.57
	Seinsche Hans Otto	11. 7.85 °	D PA L	efk	5.12.51					
	Reuber Edgar	1.11.90	MU KR	k	15.12.53	Petri Thomas	1. 1.02	D E ER	e	12. 2.68
	Wojciechowski Reiner	20.12.91	SP EK		5. 3.47	Bald Heike (T)	1. 1.02 °	BI CH	e	11.11.71
	Pieper Wilhelm	1.12.92	M PH IF		9. 2.50	Plessing-Mau Alexandra	1. 8.03	BI ER	e	14. 2.72
	Hassel Doris (T)	1.12.92 °	BI CH	k	24. 2.53					
	Maurer Karin	1.12.92	CH R	e	20. 4.55	Kraemer Jens	15. 9.03	SP E		16. 3.74
	Volkmann Vera	14.12.94	D GE	k	12.12.52	Banda Christine (T)	13.10.03	BI D	e	17.12.66
	Engelhard Monika geb. Rohleder (T)	1. 1.96	M E	k	6.10.52	Woehl Manfred	25. 6.04	L GE	k	16. 5.63
						D Achenbach-Kern Jutta SekIL' (T)	17.11.80	E BI M	e	6. 8.48
	Lusch-Wernze Angelika (T)	18.11.96	F SW		8. 9.51	E Freund Thomas	1. 8.07	GE SP	e	14. 9.73
	Ernst Maria geb. Finke (T)	20. 1.00	E PA	k	27.12.54	F Schnell Jürgen		M PH		30. 5.57
						H Albrecht Martin Pfr.		ER	e	24.12.56
	Schween-Ante Angela (T)	20. 1.00	D SW GE		20. 5.57					

2.656 Siegen Peter-Paul-Rubens-Gymnasium[1] gegr. 1842

st. G. (5-Tage-Woche, Ganztagsunterr. 5.–10. Jg.st.) f. J. u. M.
Rosterstr. 143, 57074 Siegen – Tel. (02 71) 33 40 27, Fax 33 40 28
E-Mail: pprgymnasium@aol.com, Homepage: www.pprgymnasium.de

Kl: 5/11   Ku: 112/19   Sch: 704 (355) (141/282/281)   Abit: 67 (35)
L: 50 (A 1, A_1 1, A_2 3, B 14, C 17, D 4, E 4, F 5, H 1)

Spr.-Folge: E, F/L, L/F, F/L

BR Arnsberg
ASN: **170343**
Dez: LRSD **Klüter**

A	Behrensmeyer Paul	1. 2.04	CH BI ER	e	20.12.52
A_1	Bleckmann Gerd	1. 2.04	GE EK		16. 3.5
A_2	Kühner Bruno (V)	24. 6.02 °	GE SP	k	8. 3.50
	Rath Norbert (V)	26. 7.07 °	RW BI	k	22. 8.54
	Häbler Manfred		D PA		
B	Preißner Christa geb. Sprute (T)	6. 4.79	BI		19. 3.50
	Homrighausen Klaus Dieter	18.12.80	E EK		5.11.46
	Bornhorst-Kersting Anne geb. Kersting (T)	1. 7.82	D PA	k	30.12.48
	Walter Hans-Jürgen	20.12.85 °	SP EK	e	22. 5.47
	Mengel Berthold Dr.	20.12.85	D ER	e	7. 3.47
	Heumann Lucia geb. Risse	19.11.91 °	F PL	k	30.11.51
	Simon Helmut	1.12.91	M IF SW	e	18. 7.49
	Schütte Gisela geb. Kunle (T)	10.12.92	D SP	e	15. 7.50
	Schilling Manfred	18.12.92	E SP	oB	1. 7.46
	Helduser Karl-Kurt	21.12.95	M	e	24. 2.51
	Wagener Michael	21.12.95 ▫	D PA Sozkd		22.12.49
	Wund Ulrike (T)	21. 1.00	D GE		11. 5.50
	Theile Ekhard	27. 5.02 ▫	BI M	k	30. 8.49
	Zabanoff Erika		D SW		
C	Plottek-Hiesgen Barbara	25. 9.80 °	F EK	k	22. 8.49
	Bleckmann Rose-marie geb. Stabolepszy (T)	1. 6.81	EK SW		4. 4.51
	Varnay Franz	23. 8.82 °	E EK	k	8.12.49
	Engelmann Hanne-lore geb. Wambach (T)	1.11.82	E F	k	26.12.50
	Betke Monika (T)	23. 8.83	BI CH		27. 5.50
	Dietrich Werner	1. 2.86	M PH	e	16. 9.50
	Schneider-Petzold Elke (T)	28. 9.87	M PH		9. 4.57
	Weitz Rainer	5.10.92	D SW PA	k	
	Pfeifer Susanne (T)	27. 2.96	E F	e	17. 8.66
	Vetter Dirk	1. 2.04 ▫	M SW	k	17. 2.72
	Köpke Mareike	1. 2.04 ▫	L ER		6. 7.72
	Schmitz Hans-Dirk Dr.	6. 9.05	CH BI		28. 3.66
	Dreiucker Thomas	20. 9.05	E ER		27.12.73
	Dusendann Astrid	8. 4.06	KU M	k	5.12.69
	Lingemann Anne-Katrin	3. 8.07	M PH	k	13. 7.73
	Benner Arno		D PA		
	Kothe Cristina (T)				
D	Wiemer-Hornig Rita geb. Wiemer FachL' (T)	13. 6.77	SP TX	e	1. 6.44
	Stöveken-Flohren Klaus SekIL	7.12.81	KU E		15. 7.51
	Bachstein Constanze SekIL'	27. 5.83	D GE	oB	30.11.52
	Tanyer Gisela geb. Baum SekIL'	30. 5.88	ER SP	e	10. 7.58
E	Albrecht Julia	1. 2.06	E D	oB	10.10.76
	Brand Susanne	9. 8.06	ER PA	efk	2.11.63
	Lückel Svenja (T)	9. 8.06	D EK	efk	30. 8.74
	Gerlach Sebastian	9. 8.06	BI KR L	k	13. 9.76
F	Vatran Lucia		MU		10. 3.52
	Drießen Theo		▫ KR PL PA	k	2. 7.54
	Steiner Katharina		L KR		26. 7.56
	Dickel Nadine		E F		30. 5.77
	Schrage Stephan		BI GE	k	19. 1.57
H	Magiera Johann		° GE P	k	20. 1.51

[1] G. Am Rosterberg zusammengelegt (1. 8. 92) mit G. Am Giersberg (gegr. 1969)

2.658 Siegen Gymnasium Auf der Morgenröthe gegr. 1970

st. G. (5-Tage-Woche) f. J. u. M.
Höllenwaldstr. 100, 57080 Siegen – Tel. (02 71) 35 95 63, Fax 3 59 56 44
E-Mail: 170306@schule.nrw.de, Homepage: www.gymnasium-morgenroethe.de

Kl: 6/11   Ku: 146/19   Sch: 765 (414) (143/292/330)   Abit: 85 (45)
L: 47 (A 1, A_1 1, A_2 2, B 16, C 13, D 4, E 6, H 2)

Spr.-Folge: E, L/F, F/L

BR Arnsberg
ASN: **170306**
Dez: LRSD **Klüter**

A	Kempf Wolfgang	1. 2.97	PH M IF	e	27. 2.52
A_1	Hoffmann Dieter	8. 5.92	M PH	k	12. 6.48
A_2	Schatz Hansgeorg	3. 1.94 °	SP E	k	18.11.51
	Schultze-Schnabl Ingo	23.11.04	KU E	e	31. 1.53
	Müller Jörg	14.12.06	D I	k	16. 6.65
	Heringer-Greger Elisabeth	16. 7.07	E F	k	19.12.50
B	Elkar Uta geb. Reineke	6. 8.79	CH BI	e	13. 8.48
	Jankowski Roman	9. 6.82 °	F EK	k	30.12.46
	Rück Joachim	10. 1.84	MU D		13. 3.50
	Lachmann Renate Dr.	27. 9.84 °	M PH		18. 5.49
	Frontzek Otmar	1.11.84	M SW		15. 4.51
	Schönwald Hans Dr. (V)	8. 2.85 °	M ER IF	e	8. 3.48
	Nuß Alfred	20.12.85 °	D GE	e	21.10.48

	Name	Date 1			Date 2
	Knappstein Ulrich	19. 1.87	M PH	k	1. 5.48
	Bautzmann Manfred	19. 1.87 °	BI SP	e	23.11.49
	Hünting Adalbert	1.11.98 □	D PL	k	13. 8.48
	Munder Heinz	1.11.98 °	BI CH	e	6. 4.52
	Scheer Adelheid	1. 4.01	E SW	k	7. 7.51
	Wagener Christine	1. 4.01 °	E F KR	k	18. 2.55
D	Dax Manfred	23. 5.02	E SP	e	22. 2.55
	Dalhoff-Barnitzke Ursula	23. 5.02	F GE	k	17. 2.53
	Engels Brigitte	31. 8.06	E F KR	k	6. 1.63
C	Halbe Werner	6. 2.80 °	F EK	k	12. 8.46
	Hüner Klaus	7. 9.81 □	SW SP	e	12. 5.49
	Döring Christoph	2.83	D SW	k	18. 3.51
E	Klein Friedrich-Wilhelm	3. 6.83	D ER	e	23. 4.53
	Wernze Josef	7.11.83 □	SW PA	k	7. 6.54
	Ferda Marzia	12. 9.96	I E	k	29. 4.61
	Brügelmann Jon	1. 8.99	L E	k	29. 9.67
	Reich Konstanze	1. 2.02	BI CH		23. 3.69
	Siegeris Katharina	1. 2.02	D E	k	12. 2.70
H	Forster Heike geb. Schwamborn	1. 8.02	L E	e	12.12.62

	Name	Date 1			Date 2
	Geppert Jochen Dr.	1. 8.05	M PH	e	10. 5.69
	Schmidt Michaela geb. Weyel	1. 8.05	D ER	e	29. 9.75
	Schulz Heide geb. Ochel	1. 8.05	M PH	e	31. 3.76
D	Jasper Monika FachL'	15. 8.76 °	KU W	k	18. 8.50
	Seibel Burkhard FachL	22.12.77 °	SP BI	e	22. 5.48
	Terhorst Hedwig geb. Müller FachL'	10. 1.78	SP		19. 9.48
	Redlich Wilfried VSchL	1. 8.79 □	D GE MU	k	19. 2.48
E	Hesse Stefan	6. 9.04	D GE KR	k	4.12.72
	Aleit Judith geb. Otto	6. 9.04	M SP	e	12.11.76
	Hatzfeld Sebastian	1. 2.06	D MU	k	29. 7.76
	Lemke Elisabeth	8. 8.06	D F	e	17.10.73
	Trebing Nadine	8. 8.06	D PL	e	15. 3.79
	Ullrich-Kreisel Tanja	6. 8.07	I D		4. 3.70
H	Göbel-Heinz Mechthild SpL'		° SP	e	19. 8.52
	Strohlos Dirk		M PH	e	4.10.62

2.659 Siegen-Weidenau Fürst-Johann-Moritz-Gymnasium gegr. 1914
st. G. f. J. u. M.
Ferndorfstr. 10, 57076 Siegen – Tel. (02 71) 7 26 73, Fax 7 12 77
E-Mail: fjm-gymnasium@t-online.de, Homepage: www.fjm.de

Kl: 11/16   Ku: 147/23   Sch: 1057 (528) (300/417/340)   Abit: 79 (43)   **BR Arnsberg**
L: 58 (A 1, A_1 1, A_2 4, B 22, C 15, D 5, E 5, F 4, H 1)   **ASN: 170320**
Spr.-Folge: E, L/F, S   Dez: LRSD **Klüter**

	Name	Date 1			Date 2
A	Käuser Rüdiger[1]		° D EK		15. 5.60
A_1	Becker Werner	1. 5.90 °	M	e	19. 2.47
A_2	Bäumer Friedrich	1.12.90 °	GE E	e	19. 9.46
	Müller Rolf (V)	4. 1.94 °	BI GE	e	8. 2.50
	Waffenschmidt Reinhard (F)	6. 4.98	PH CH	e	12. 1.55
	Koch Hartmud (T)	2. 4.04 □	M PH		
B	Löttrich Ursula geb. Witter (T)	1. 2.80	M SP	eref	25. 3.49
	Henrich Friedrich Alfred	1. 2.80 °	BI		6.10.45
	Gödde Ulrich	24. 4.80	F EK KR	k	19. 8.48
	Faulwasser Brigitte geb. Giebel (T)	1. 7.80 °	L F	k	26.10.49
	Krainz Emil	1. 7.82	SP EK	k	5. 9.43
	Kühner Anita (T)	1. 7.82 °	E GE		16. 1.50
	Schloemer Peter	1.12.89 °	E SP	k	14. 1.46
	Schreiber Manfred	1.12.92	F PL	e	21.12.47
	Althaus Hermann (L)	1.12.92 □	D Sozkd	e	12. 4.49
	Dietrich Jutta (T)	1.12.92 °	GE F	e	28. 6.54
	Eling Werner	1. 7.93 °	M	k	5.11.50
	Hain Renate (T)	30. 8.94 °	D SP	e	6. 3.48
	Häußler Reinhard (T)	30. 8.94 °	D GE ER	e	8. 5.50
	Ohrendorf-Weiß Rainer (V)	30. 8.94 °	M CH	e	23. 9.56
	Feldmann Andrea	23.11.95 °	D KR	k	23. 6.57
	Dustmann Friedrich-Wilhelm	20.12.95	M PH	e	10. 7.49
	Budig Joachim	20.12.95	EK F	e	18. 2.49

	Name	Date 1			Date 2
	Debus Martin	26. 9.96	GE SW	e	9. 3.52
	Irgang Herbert	4. 2.00	KU E		18. 9.53
	Müller Eva (T)	12. 3.01	SP F	e	1. 3.53
	Zelmanowski Bernd (T)	23. 5.02	F EK	k	6. 2.52
	Harig-del Rio Maria (T)		D GE S	k	13. 3.49
C	Schneider Ute geb. Rademacher (T)	1. 2.80	E SP	e	24.11.48
	Müller Hans-Georg	3. 2.81	D SP	e	11. 4.49
	Stötzel Karl-Hermann	2. 3.83	BI D	e	23.10.50
	Schneider Peter	1. 9.83	SW E	k	15. 8.53
	Winchenbach-Scholl Birgit geb. Winchenbach (T)	4. 9.83 °	CH BI	e	8. 1.54
	Schumann-Knapp Ursula (T)	1. 2.84 □	D GE SW	e	27. 5.50
	Sensenschmidt Brigitte geb. Wall (T)	25. 7.86	M (PH)	e	7. 1.49
	Rasek Barbara (T)	19. 5.88 °	BI SP	e	18. 3.54
	Spierling Rolf	28. 9.88	KU E	e	8. 2.49
	Bäumer Karl-Otto	1. 8.89	MU M		24. 4.54
	Nünninghoff Helga Dr.	31. 8.93	M MU PL	k	17. 8.59
	Semrau Arno Dr.	19. 2.97 °	D MUneuap		12.10.62
	Hamann Tanja geb. Duhme	22. 8.05	D E		1. 8.75
	Peter Marion (T)		□ E SP		5. 4.56
	Wicker-Hosenfeld Kerstin geb. Hosenfeld		D ER	e	26.11.66
D	Bertelmann Sigrid geb. Niederlag FachL' (T)	29. 4.77	SP TX	e	8.12.44
	Pipper-Schäfer Angelika SekIL' (T)	10. 3.80	M E	e	20.11.55

	Daub Jürgen SekIL	19. 1.83	SP M	e	27. 4.51		Vogt Christian	3. 8.07	EK SP	k	3.12.74
	Schneider Birgitt	4. 3.84	KR KU	k	24. 5.54	F	Stang Erich		BI CH	e	24. 3.52
	SekIL' (T)						Boller Henriette		BI ER	e	26. 4.56
	Krasnitzky-Briel Heike (T)		▫ M BI		5. 9.56		Nünninghoff Jürgen		° L ER	e	5. 3.58
E	Beckmann Michael	22. 1.07	D ER	e	25.11.72				PL S		
	Ganea Milena	1. 2.07	M IF		19. 3.62		Engeland Kay Oliver		° D GE	e	22. 2.68
	Holthusen Jan	1. 2.07	GE SW	e	27. 4.77	H	Hees Rolf-Peter Dipl.-SpL		SP	e	9. 9.46
	Link Michaela	1. 8.07	E KU	e	8. 7.71						

[1] Schulleiter als L i. A.

2.660 Siegen-Weidenau Evangelisches Gymnasium gegr. 1964
pr. G. (5-Tage-Woche) f. J. u. M. d. Kirchenkreises Siegen
Im Tiergarten 5–7, 57076 Siegen – Tel. (02 71) 7 21 71, Fax 7 65 97
E-Mail: sekretariat@evgym-siegen.de, Homepage: www.evgym-siegen.de

Kl: 6/12 Ku: 126/24 Sch: 855 (491) (172/353/330) Abit: 112 (78)   **BR Arnsberg**
L: 54 (A 1, A$_1$ 1, A$_2$ 8, B 18, C 15, D 1, E 3, F 5, H 2)   ASN: **170318**
Spr.-Folge: E, F/L, L/F/G   Dez: LRSD **Klüter**

A	Woydack Dorothea	1. 8.02	E ER	e	31. 5.50		Spork-Ierardi Nadja	1. 9.06	F D	e	14. 4.66
	geb. Busse						geb. Spork				
A$_1$	Abrell Hartmut	1. 8.99	M SP	e	30.11.52	C	Zieschang Christian	25. 8.83	GE EK	e	30.12.51
A$_2$	Gerlach Friedrich	17. 2.84	E ER	e	29.11.42		(T)				
	Krämer Bruno	1.12.90	BI CH	k	22. 1.49		Künkler Hans Herm.	12. 4.84	D KU	e	9. 3.53
	Habel Andreas (F)	1. 5.99	° PH M	e	7.10.54		Freitag Karl Rüdiger	1. 2.88	D SW	k	6. 7.52
	Janknecht Ludwig (F)	1.12.00	SP PL	k	23. 8.57				PL		
			KR				Rockel Horst	1. 2.88	GE SW	e	13.11.52
	Krainz Elisabeth	2. 9.02	E SP	e	7. 1.49		Bätzel Hans-Dieter	1. 2.88	PH M	e	15. 4.49
	geb. Hahn						Hallenberger	29. 4.93	▫ BI ER	e	16. 5.58
	Hillnhütter	1. 4.04	MU D	e	5. 1.49		Andreas				
	Reinhard						Asbeck Heike (T)	5. 7.93	F E	e	20. 7.58
	Büscher Gerhard (T)	1. 4.04	PH M	e	5. 1.55		Hentrich-Schmenn	10.00	M PH	k	14. 1.65
	Matthey Reinhard	1. 5.05	E EK	e	27. 9.52		Sonja geb. Hentrich (T)				
B	Dietz Rüdiger	1.12.79	E GE	e	28. 9.44		Greve Astrid Dr. (T)	4.10.02	D ER	e	4. 4.63
	Schulz Herbert	1. 9.82	M PH	e	3.12.49		Hohage Thorsten	1.10.03	° E SP	e	6. 1.72
	Horbach-Mietzker	7. 1.83	F GE	e	23. 3.43		Schäfer Burkhard	1. 9.04	° L G	e	8. 3.70
	Beate geb. Mietzker						Feist Christine (T)	1. 9.04	D GE	e	23. 2.73
	Sonnemeyer Elisabeth geb. Domke (T)	17. 1.84	° EK D	e	12. 5.48				ER		
							Reimers Cordula	1. 9.04	MU E	k	9. 9.74
	Schmid Albert	5. 8.85	BI CH	e	11. 3.48		geb. Oliver				
	Demandt Georg	1. 2.88	GE E	efk	29. 9.46		Leopold Sören	1. 9.04	SP SW	e	15. 1.74
	Sperl Hartmut	1.12.93	MU F	e	1. 2.53				(M)		
	Winterwerber	27. 3.96	BI D	e	15.11.54		Braun Martin	1. 2.07	D PL	k	6.12.73
	Maritta					D	Woltering Gabriele	1.12.77	SP	e	3.10.49
	Brozio Norbert	3. 8.99	D SW	e	3.11.53		geb. Neuendorff SpL' (T)				
	Förtsch Hans-Jürgen	2. 9.02	° M KU	e	2. 7.57	E	Heupel Thorsten	8. 8.06	EK SP	k	27. 8.71
	(V)						Bylebyl Uta (T)	8. 8.06	° E KU	e	5. 5.74
	Sedeit-Fries Annette	2. 9.02	D ER	e	25. 1.58		Peters Pia	8. 8.06	° M ER	e	16. 9.74
	geb. Sedeit					F	Hölscher Gisela		KU M	k	16. 3.53
	Einheuser Frank	1. 9.04	° E F L	k	26. 5.58		geb. Sonntag SekIL'				
	Forster Frank	1. 5.05	L G	e	25. 6.60		Fries Erhard Ass. d. L.		EK SP	e	7. 7.56
	Schmeling Hella	1. 5.05	M BI	e	11. 8.62		Müller Hannelore		M TX	e	8. 3.57
	geb. Kuhlmann						geb. Herdlitschke SekIL'				
	Brinkmann Beate	1. 5.05	° BI SW	e	26. 5.63		Schnell Bettina Ass' d. L.		F ER	e	20. 2.58
	(T) (F)						Aspelmeier Jens-Martin		D GE	k	30. 9.69
	Ossig Detlef	1. 9.06	PH SP	e	28. 2.60	H	Wien-Hochdörffer Annegret		SP	e	31.12.44
	Daldrup Rolf	1. 9.06	D SP	e	9. 1.61		GymnL'				
							Müller Susanne SpL'		SP	e	9.11.52

2.665 Soest Archigymnasium gegr. 1534

st. G. (5-Tage-Woche; 5./6. Jg.st. in Ganztagsform) f. J. u. M.
Niederbergheimer Str. 9, 59494 Soest – Tel. (0 29 21) 1 31 75, Fax 48 85
E-Mail: verwaltung@archigymnasium.de, Homepage: www.archigymnasium.de

Kl: 10/19 Ku: 123/27 Sch: 1131 (621) (296/517/318) Abit: 94 (49)
L: 64 (A 1, A$_1$ 1, A$_2$ 6, B 19, C 25, D 4, F 1, H 7)
Spr.-Folge: L/E, F/L, L/F, F/L/S

BR Arnsberg
ASN: **170409**
Dez: LRSD Koch

A	Eikenbusch Gerhard Dr.	20.12.87		D PA		3. 9.52		Schöne Franz-Josef	3. 8.82		SW EW oB	17. 1.52
								Lohmann Friedrich	3. 8.82	°	GE E k	12. 6.52
A$_1$	Dreier Heinz	1. 2.07	°	GE KR	k	17.12.54		Hahn Klaus	24. 8.83		CH SP e	29.12.49
A$_2$	Heimann Franz-Josef	1. 6.81	°	L EK	k	13.12.44		Uesbeck Klaus	6.10.83		D PA k	27.11.52
	Take Johannes	26. 1.94		KU	k	9.12.48		Köster Petra	15.11.84		BI EK k	15. 3.56
	Hülsmann Hans G.	15.12.95	°	M PH	e	8. 1.51		geb. Neugebauer (T)				
	Brisken Paul-Georg	23. 4.97		CH SP	k	11. 7.51		Hönnicke Wolfg. (T)	18.10.85		GE SW	12. 9.53
	Roelle Detlev	1. 5.07		CH EK	k	20. 7.50		Zengel-Sellmann	17. 2.87	°	M GE e	9.11.56
	Vietze Helmut (F)			D Soz	e	6. 6.52		Martina geb. Zengel (T)				
B	Rath Karola geb. Schölver (T)	1.11.79	°	M	k	18. 7.48		Krümpelmann Gabriele (T)	1. 8.88		D GE k	28. 6.55
	Achtelik Johannes	1. 8.80	°	M EK	k	21. 2.48		Geisweid-Kröger Frauke	1. 2.01		MU SP e	10. 4.71
	Walther Gunnhild	1. 8.81		BI	e	23. 1.45						
	Werthschulte-Meißner Raimund geb. Werthschulte	4. 8.81		M PH	k	31. 8.46		Schulze-Buxloh Tanja geb. Maatmann (T)	1. 2.02	°	F D e	28.11.73
								Reis Kristin (T)	22. 1.04		SW S	8. 5.73
	Mentz Angelika geb. Sake	1.12.81		F SP	k	19. 6.47		Groß Julia	6. 9.04		D E	12. 8.75
								Wagner Holger	1. 8.07		SP SW	18. 3.71
	Randerath Alfons (T)	25. 4.85		M PH	k	24. 9.51		Hermann-Pendzich Cornelia (T)			D BI oB	6. 1.53
	Glasmacher Brigitte (V)	1.12.92	°	EK E	k	7. 7.53		Förster Christoph			MU PH	30. 1.65
	Wiebold Gregor	17.10.94		D PL	k	13. 1.52		Wieneke Kathrin (T)			E M	22.11.67
	Mohn Wolfgang	17.10.94	°	M	k	16. 8.47		Fait Beate			E BI	26.10.70
	Demter Elke geb. Demter	13. 2.96	°	KU	k	28.12.50		Gerstengarbe Jörg			M SP	20. 6.73
								Lexius-Huelsekopf Heiko geb. Huelsekopf			SP D	26.11.74
	Gravemeier-Telljohann Ursula geb. Gravemeier (T)	13. 2.96		E SW		1. 11.53		Hunecke Steffen			L EK e	19. 9.75
								Dorok Elke geb. Schmutzler			M I MU e	19. 6.76
	Rittlewski-Flaake Heidi	13. 2.96		D GE	e	2. 5.54	D	Timmermann-Enderichs Inge SekIL'	28. 2.80		M EK e	1. 9.54
	Schütz Astrid	28. 2.96	°	BI EK		26. 9.54		Schwahne-Vietze Monika geb. Kostädt SekIL' (T)	15. 4.81		D EK k	24. 6.52
	Hartung-Weier Raynhild geb. Hartung	22.10.96		MU F	k	22.11.50						
	Rehbein Klaus	16. 7.02		D KR	k	12. 3.50		Sprute Manfred SekIL	1. 5.83		KR SP k	15.12.56
	Linnebank Franz Peter	16. 7.02		E PL	k	7. 9.52		Eisen Volker (F) (T)	10. 7.01		M ER	13. 1.71
							F	Kessler Nicola Dr.			D PA PS	2. 5.67
	Schuster Hildegard	1. 7.07	°	E GE		24.12.54	H	Hahne Franz Josef Dipl.-SpL		°	SP k	19.11.48
	Roß Marcus			IF PH	k	22. 3.72		Potthast-Müller Ilse geb. Potthast			SP e	6. 2.51
C	Beine Ferdinand	14. 1.81		GE L	k	2.10.49						
	Schmitte Christine (T)	1. 3.81	°	CH E	e	2. 7.49		Born Tilmann			E PA e	28. 7.53
	Cummerwie-Ernst Petra geb. Cummerwie (T)	1. 3.81		F PA	k	30. 5.51		Schoppe Christoph Dr.		°	G L	20.10.62
								Kluft Volker Pfr.			ER e	2.11.64
	Lisztewink-Dietrich Brigitte geb. Dietrich (T)	7. 9.81		SP E		12. 1.48		Margraf Sabine		°	S E	19. 8.72
								Henke Michael		°	M BI SP k	17. 7.73

2.666 Soest Conrad-von-Soest-Gymnasium gegr. 1876

st. G.[1] f. J. u. M.
Paradieser Weg 92, 59494 Soest – Tel. (0 29 21) 64 22, Fax 66 51 24
E-Mail: convos@web.de, Homepage: www.convos.de

Kl: 8/13 Ku: 94/16 Sch: 867 (496) (235/374/258) Abit: 66 (34)
L: 52 (A 1, [A$_1$] 1, A$_2$ 3, B 21, C 18, D 4, E 3, F 1)
Spr.-Folge: E, F/L, L/F, F/L/S

BR Arnsberg
ASN: **170392**
Dez: LRSD Koch

A	Lücking Wolfgang	1. 8.04	°	M PH	k	9. 8.48	A$_2$	Müller Margot	20.12.89		BI ER	e	18. 5.48
A$_1$	(Gutsche Ursula geb. Twittmann OStR')	21.11.89		CH	e	18. 4.53		Egyptien Karin geb. Spies (F)	1. 2.99		D L	k	20. 4.64

	Marciniak Wolfgang	22. 4.04	PA SW		9. 6.51		Müller Uwe	22. 9.79 °	D GE k	4. 9.45
B	Meyer Jürgen	1. 3.79 °	F	k	11. 9.43		Flocke Arno	1. 8.80	M L e	4. 2.52
	Tornau-Opitz Judith Dr. geb. Opitz (T)	1. 7.79	CH PH		2.11.47		Norpoth Gisela geb. Metzler (T)	2. 9.80	KU e	7. 7.51
	Achtelik Dorothea geb. Ermlich (T)	1. 8.79	F SP	e	4.12.47		Klewitz Otto	19. 2.81	BI e	25. 1.50
	Spiegel Rainer	4. 8.80	BI EK	k	16. 8.45		Geißler-Tulatz Susanne (T)	25. 2.83	M e	9. 5.50
	Becker-Bartnik Annemarie	1. 7.82	E EK		10. 4.49		Krebs Werner	19. 5.83 °	M PH e	23. 3.44
	Telljohann Rainer	1.12.84	PL EW E SW	e	24. 5.48		Schmidt Jürgen	15.11.83 °	D PA e	3. 6.51
							Kopper Helmut (T)	28. 5.84	D GE	19. 8.47
	Grade Joachim	1.12.84	D GE	k	21. 1.49		Bauch Herbert	30.11.84	M SP k	6. 5.50
	Dellbrügger Ulrich	2.11.90	CH BI	e	1. 7.56		Köhler Michael	13. 3.85	KU e	6. 6.51
	Heese Werner	21. 2.91	D EK	k	5. 2.51		Bodack Franz-Reinhard	11. 6.87	M PH k	12.12.52
	Lehmann Siegfried	10.11.92 °	M	e	12.12.50		Arens Petra Elisab.	1. 8.91	KR L k	25. 9.58
	Goldstein Willi	1.12.92	SP E PL		10. 1.51		Schmidt Detlev	96	L GE k KR	12. 3.69
	Schulze Forsthövel Christine	1. 9.93	D PL	k	3. 6.45		Schmitz Peter	28. 6.01 °	D KR	19.10.62
	Braukmann Werner	1. 9.93	D SW GE		5. 4.51		Bröskamp Claus		M SW	3.10.71
	Antczak Heide geb. Buchner	1.11.94	E SP	e	17. 8.50	D	Kleemann Helga geb. Rosenhöfel RSchL'	1. 2.78	M PH e	29. 7.49
	Urbanke Axel	19. 3.96	E SP	e	8. 1.50		Knickenberg-Heimann Beate	24. 9.84	KU TX k	31.10.54
	Krümpelmann Thomas	22. 3.96	E GE	k	7. 3.56		Weber Regina SekIL' (T)	24. 9.84	HW KR k	12. 3.57
	Schwinn Ulrich	8.10.96	M PH	k	31. 8.48					
	Meier-Limouzin Françoise	2. 8.00 °	F TX	k	21. 2.47		Jülicher Gabriele SekIL'	21.12.84	D E e	16. 7.55
	Bohle Gebhard	31.5.01	MU PH	e	15. 1.51	E	Gecer Diana geb. Göbel	2. 8.07	D EK	18. 1.78
	Dalhoff Benno Dr.	15. 7.02	BI CH	k	28. 6.51					
	Barthel Cornelia		MU E		28. 8.53		Kirchhoff Eva	2. 8.07	M SW	20. 5.80
C	Wegel Klaus	26. 6.78 °	D EK	e	30.10.45		Meyer-Wiederstein Marco		SW PK SP	23. 2.72
	Gutsche Peter (T)	6. 8.79	PA SW M	e	5. 8.44	F	Simons von Bockum gen. Dolffs Ellinor		D E e	30. 6.48
	Enke Helga	27. 8.79	EK SP	k	17. 1.50					

[1] Integration blinder u. sehbehinderter Sch.

2,667 Soest Aldegrever-Gymnasium gegr. 1868
st. G. (5-Tage-Woche) f. J. u. M.
Burghofstr. 20, 59494 Soest – Tel. (0 29 21) 46 58, Fax 1 72 25
E-Mail: info@aldegrever-gymnasium.de Homepage: www.aldegrever-gymnasium.de

Kl: 7/15   Ku: 116/19   Sch: 890 (524) (181/428/281)   Abit: 50 (32)
L: 59 (A 1, A_1 1, A_2 5, B 22, C 19, D 3, F 4, H 4)
Spr.-Folge: E, L/F, L/F, L/F/S

BR Arnsberg
ASN: **170380**
Dez: LRSD Koch

A	Burghardt Martin	3. 8.93	F GE	e	10. 5.49		Plattfaut-Schumacher Robert	18.12.85	CH k	20. 8.51
A_1	Heimann Benno	5. 3.01 °	M PL	k	8. 9.49					
A_2	Antczak Volker	30.11.89	SP EK	k	10. 9.50		Strunk Norbert	19.12.85	BI EK k	10.11.51
	Gans Ulrich (F)	1.11.90	D PL PA		21. 6.46		Thiesmann Franz-Josef	16. 1.87 °	CH k	11. 3.50
	Schmidt Gudrun geb. Börgerhoff	20.12.91 °	E GE	e	18. 2.50		Wienhues Hubert	16. 1.87	SP EK k	2.11.49
							Sittel Jürgen	16. 1.87	EK D k	27. 4.48
	Schmidt Klaus-Dieter	15. 9.01	M	k	6. 1.52		Steinbrink Ursula geb. Herweg	20.12.91	D ER e PA	6. 4.52
	Többe Franz (F)		F D	k	24. 1.49					
B	Felker Ulrich	6. 3.79	PH	k	23. 5.43		Lindner Werner	12.12.92	BI MU PA	6. 4.50
	Heppelmann Karl-Heinz	1. 4.79 °	KR L	k	29. 1.43		Radine Sieglinde (T)	12.12.92 °	BI EK k	10. 8.55
	Wiesner Oda geb. Singerhoff (T)	1. 1.80 °	D ER	e	5.12.46		Dreves Bodo (F)	12.12.92 °	PL ER (D GE)	26. 3.51
	Mädel Ulrich (T)	12.11.80 °	PH	k	22. 9.48		Menke Elisabeth (T)	18.10.94	EK F k	11. 6.53
	Enderichs Hermann-Josef	6. 2.85 °	M	k	11. 7.51		Steinbrink Axel	18.10.94 °	D E ER efk Schwed	18. 4.51
							Berels Anna Elisab.	22. 3.96	D GE k	18. 4.54

	Reuvers Wilhelm	30.12.96	° E SW	k	19. 8.54	Kollmann Karin	1. 8.02	M KU	k	13. 3.74
	Rohe Mechthild	31. 5.01	GE F	k	5.10.53	geb. Wieners				
	Buschmann Dorothea geb. Krieg (T)	1. 7.02	F E		9.11.57	Hentschel Elke	15. 9.02	D PA	k	11. 1.73
						Loreng Julia (T)	1. 2.03	D E		29. 1.70
	Feller Manfred-Theodor	1. 2.04	M SW		3. 4.52	Wiedemeier Gabriele (T)		E EK SP	k	14.12.52
	Lammering Reinhard		E GE	e	30. 9.50	Kühnen Frank		EK KU M		21.10.66
C	Dalhoff Gabriele (T)	1. 3.81	F GE	k	13. 6.53					
	Werner Christiane (T)	16. 9.81	E F	k	31. 5.52	Finkmann Wolfgang		BI CH EK	e	2. 4.70
	Wittke Gudrun (T)	1. 3.82	F R	k	29.11.50					
	Heyer Hans-Dietrich	4. 3.83	M PH		19. 5.51	Kracht Christof Dr.		E KR	k	20. 7.74
	Friedrich Rita	30. 4.84	SP M	e	16.12.53	D Raubaum Walter	8. 4.81	M SP	e	20. 2.51
	Pröpsting Karl-Hz.	27.11.84	CH SP MW	k	8. 7.51	SekIL				
						Faupel Heinz-Udo	21.12.84	KU GE	k	14. 5.54
	Giers-Huckschlag Arnold	21.12.84	BI EK	e	31. 5.52	SekIL				
						Born Gerhard	1. 8.91	BI KR	k	8. 9.56
	Wienhues Kerstin (T)	5. 6.85	D E	e	17. 6.55	F Kapune Albert Dr.		BI CH		18. 8.48
	Rüther Anton	14.11.86	° L SP EK	k	25.11.51	Hölscher Ulrike geb. Berghoff		SP	k	18.10.53
						Wirkus Petra		D ER PL		20. 7.56
	Marx Anette (T)	4.11.87	KR L	k	29.11.55	Düllmann Christiane		D KU EK		5. 4.57
	Arens Maike geb. Lohfink	20.12.88	D SP	k	28.11.56	H Steinbrink Angelika		M		30. 8.46
						Klawitter Cheryl				4.11.67
	Keller Claudia geb. Koch (T)	1. 8.02	E GE BI	e	30. 9.70	Zschocke Wolfgang		D F		30. 1.70
						Hettwer Christina				24. 4.74

2.669 Stadtlohn Geschwister-Scholl-Gymnasium gegr. 1995
st. G. (5-Tage-Woche) f. J. u. M.
Kreuzstr. 56–60, 48703 Stadtlohn – Tel. (0 25 63) 9 74 50, Fax 9 74 59
E-Mail: gsg@stadtlohn.de, Homepage: www.gymnasium-stadtlohn.de

Kl: 9/17   Ku: 116/17   Sch: 1027 (553) (260/482/285)   Abit: 78 (39)   **BR Münster**
L: 57 (A 1, A$_1$ 1, A$_2$ 4, B 19, C 18, D 4, E 5, F 3, H 2)   ASN: **192752**
Spr.-Folge: E, F/L, L/F, N/S   Dez: LRSD' **Schankin**

A	Gemsa Bernhard	1. 8.02	° M PH	k	12. 3.50	Langela Tatjana	1. 3.06	° E N	k	24. 1.70
A$_1$	Krieger Bernhard	29. 8.96	° SP EK	k	17. 2.49	Ludwig Volker	1. 4.07	° BI GE		2.12.69
A$_2$	Gunkel Elmar (V$_2$)	10. 8.00	° PH M	k	11.11.53	Illgen Ivonne	1. 4.07	M CH		18. 2.71
	Nobel Andrea	30. 8.02	° D ER S	e	20. 1.61	Prangenberg Birgit (T)	1. 4.07	° F KR	k	26. 5.71
	Niedermeier Dankward	1.10.05	° F SP	e	3. 2.52	C Mönsters Hermann	9. 9.86	CH PH	k	30.11.57
						Langenberg Sabine	9. 9.01	° CH PH GE	e	7. 4.71
	Große-Westermann Herbert	1. 8.06	° E SP		30. 7.60	Wolff Bärbel (T)	1. 1.02	M PH IF		3.10.64
B	Radtke Bärbel	1.12.85	° D E	k	10. 3.52					
	Rosing Bernd	1. 8.96	M PH IF	k	17. 5.56	Gassen Barbara (T)	1. 1.02	E F	e	20. 5.66
						Farahat Gudrun (T)	1. 1.02	SP E	k	11. 4.68
	Kippelt Heinz	24. 6.99	° M PH IF	k	21. 5.51	Renken Christian	10. 8.02	D KR	k	9. 6.69
						Welper Sandra (T)	1. 8.03	E SW	k	14. 5.74
	Naendrup Jutta (T)	10.10.99	□ KU PL		6. 6.60	Wilsmann Jochen	15. 9.03	D GE	k	13. 7.68
	Wemmer Friedrich	20.10.00	BI EK	k	23. 7.52	Haverkämper Dirk	20.11.03	EK MU SP	k	19. 6.69
	Theyßen Friedhelm (T)	1. 8.01	BI EK	k	5. 1.55	Wolthaus Klaus	1.12.03	M PH IF		9. 1.69
	Gerwing Burkhard	1. 8.01	E SP	k	6. 3.61	Franke Roland	15. 9.04	° E BI	k	23. 7.72
	Millet Dorothee (T)	16.10.02	□ D F	k	31. 5.55	Stohlmann Markus	15. 3.05	° D KR	k	17. 4.70
	Lepping Jan-Bernd	29.11.02	° L GE	k	30.11.67	Breuer Daniela	15. 3.05	° M CH	e	25. 3.75
	Martin Ulrich (V)	1. 2.04	° E KR	k	9. 7.62	Sievers Esther (T)	19. 7.05	° M BI KR	k	18. 3.73
	Scheper-Nazlier Marianne (T)	1. 2.04	D PL	k	6. 3.61	Hamachers-Dräger Gudula	15. 3.06	D SW		19. 3.76
	Heynck Martha (T)	1. 3.05	D GE PA	k	5. 2.60	Wördemann-Czyperek Christa Dr. (T)	1. 8.06	° E KR	k	2. 6.61
	Vorst Cathrin (T)	1. 3.05	F KR	k	20. 6.62	Eichler Heike	18. 3.07	° D L	k	2. 8.74
	Schweicher Barbara (T)	1. 3.05	D GE KU MU	k	22. 8.63	Kannenberg Dieter	22. 8.07	D GE	e	4.10.72
	Golomb Marie Antoinette	1. 3.06	° E MU	k	16.12.62	D Barenbrügge Agnes SekIL' (T)	24. 5.83	M E	k	14. 2.56

	Greving Elsbeth SekIL'	27. 3.84	° D KR	k	29.12.56		**Warlier** Stefanie geb.Eßeling	2.10.06	M SP	k	10.10.77
	Foerster Gisela SekIL' (T)		90	D MU		29. 9.58		**Schulze Wettendorf** Annette	6. 8.07	BI SP	k	29. 6.79
	Sommer Anke SekIL' (L)	1.12.93	D KU EK	k	9.12.58	F	**Kadur** Sigrid (F)		D GE ER	e	9. 1.55
E	**Terrahe** Jonas	1. 8.06	EK SW	k	28.10.72		**Strohmidel** Wilhelm		L PL	k	22. 8.57
	Hollenberg Nina	1. 8.06	E S	e	4.10.76		**Bergmann** Birgit		D GE		16.10.57
	Kemper Verena	1. 8.06	M SP	k	6. 5.78	H	**Klabunde-Greve** Ruth		D GE		11. 4.60
							Pieper Andreas		° EK SW	k	18.11.72

2.670 Steinfurt-Burgsteinfurt Gymnasium Arnoldinum gegr. 1588
st. G. f. J. u. M.
Pagenstecherweg 1, 48565 Steinfurt – Tel. (0 25 51) 52 78, Fax 29 17
E-Mail: info@arnoldinum.de, Homepage: www.arnoldinum.de

Kl: 9/19   Ku: 139/25   Sch: 1174 (638) (281/549/344)   Abit: 86 (53)   **BR Münster**
L: 76 (A 1, A$_1$ 1, A$_2$ 7, B 17, C 21, D 2, E 8, F 17, H 2)   **ASN: 168350**
Spr.-Folge: E, L/F, F/L, N/S   Dez: LRSD' **Hesekamp-Gieselmann**

A	**Linß** Agnes Dr. geb. Hornig	1. 8.95	° ER BI CH	e	13. 4.49		**Lippert** Klaus	21.10.82	GE SP	e	2.12.48
A$_1$	**Breitenbach** Wilhelm	1. 3.05	BI GE SW	k	31. 1.50		**Mett** Friedrich-Wilhelm	21.12.83	° M	e	16.10.50
							Lüpken Christiane	1. 1.01	° E N M		8. 7.70
A$_2$	**Homberg** Gerd	20. 4.93	EK SP		21. 5.46		**Funke** Stephan (V)	20. 8.03	° E GE PL	k	6.11.70
	Heitmann Ursula geb. Schlappe	15.12.98	° F EK	k	19. 1.50		**Polte** Maike	15. 9.04	KU ER	e	15. 3.71
	Kickhäfer Wulf	1. 8.03	MU L	e	23.10.51		**Huneke** Karsten	15. 2.05	M PH SW	e	8. 5.74
	Blome Gerhard Dr.	1. 3.05	SW PA PL	k	18. 1.48		**Bremmer** Doris	22. 2.05	PA BI		21.12.68
	Ullrich Günter	1. 8.06	M PH IF		29. 5.47		**Peisser** Michael	22. 2.05	CH SP		30. 9.71
							Pfitzner Michael Dr.	16. 4.05	SW SP		3. 6.72
	Manß Thorsten (F)		F E SW	e	6. 8.68		**Wening** Andreas	1. 9.05	GE SW	k	5. 5.70
	Wamelink Petra (F)		D F				**Schnabel** Torsten	1. 9.05	M SP		16.12.70
B	**Jäkel** Uwe	1. 8.81	M PH PA		24. 5.51		**Walljasper** Christiane	30. 9.05	D EK		6. 6.76
							Grote Jens	15. 3.06	SP M PH		28. 9.72
	Bradtke Joachim	25.10.82	PH	k	17. 3.47		**Veen** Tanja geb. Feix (T)	8. 8.06	L BI		15. 9.73
	Haselhorst Helmut	25.10.82	L KR	k	4. 2.48						
	Hammerström Eckart Dr.	16.12.92	° E GE ER		21. 5.46		**Westarp** Sybille	21. 5.07	E S		16. 7.74
							Schmelz Mareike (T)	19. 6.07	D EK	e	4. 7.76
	Kuse Maria geb. Schulze Erning (T)	1. 6.94	D KU	k	16. 4.52		**Klein** Nikolaus (T)	10.07	MU EK E D	e	29. 3.68 17.11.71
	Ptok-Hube Beate geb. Ptok	1. 8.01	PA D	k	11. 5.53		**Kellner-Eichstädt** Maraile				
	Gottheil Günther	9. 01	M EK	k	7. 5.51	D	**Averbeck** Hannelore geb. Wydra SekIL' (T)	4. 5.83	D E	k	25. 9.56
	Meyer Stefan	1. 8.02	L SP	k	18.11.59		**Kaufmann** Susanne SekIL' (T)	1. 2.03	BI ER		20. 4.57
	vor dem Felde-Gutberlet Karin (T)	1. 8.02	BI CH			E	**Heßling** Marion	14. 2.05	E M	k	4. 2.75
	Schröer Brigitte geb. Müller (T)	1. 2.04	F TX	k	20.10.51		**Halermöller** Yvonne	22. 8.05	SP M		6. 7.77
	Wahli-Mockewitz Dörte (T) (L)	1. 3.05	E SW		29. 8.51		**Wenzel** Veronika Dr. **Kaiser** Markus	1. 2.06 9. 8.06	N E SP EK		7. 8.75
	Delille Bärbel (T)	1. 3.05	PA SP		27. 8.54		**Zimmermann** Claudia	9. 8.06	F KR	k	21. 1.78
	Stienhenser Heinz	1. 8.05	GE D	k	30. 1.66		**Scheffer** Jan Dr.	1. 2.07	BI CH		4. 3.74
	Dorenkamp Ulrich	1. 3.06	D E PA	k	10. 9.69		**Schomaker** Oliver	6. 8.07	MU BI	k	23.12.74
	Peterseim Gertrud (T)	3.06	° M BI				**Schleusener** Heidrun (T)		KR BI	k	28. 5.68
	Kraaibeek Ulrich	1. 4.07	° GE ER	e	16. 5.61	F	**Herhaus** Karl Friedrich Ass d. L.		BI PA ER		22. 8.46
	Große Erdmann Heike	1. 4.07	D EK	k	26. 2.73		**Kleine Holthaus** Thomas		SP EK		6. 8.55
C	**Fromm** Kerstin geb. Rehling	2. 2.78	E	e	3.12.44		**Lubomierski** Margarete **Bianga-Klasmeier** Ulrike		D F E GE		5. 1.56 26. 9.56
	Heyer Ruth geb. Strohkirch	1. 8.79	D GE		12. 8.47		**Skrodzki** Werner **Kugler** Kristina		° D GE KU PL		12. 1.57 7. 4.59
	Regetmeier Norbert	2. 6.82	° M	e	24. 9.47		**Ehling** Annette		F S	k	28. 2.61

Walters Martin	M PH IF	14.10.62	
Doering Michael Dr.	D GE	1. 4.63	
Bartke Thomas	SP	13. 3.64	
Grömping Michael	GE KR k	1. 4.68	
Koke Guido	TC	10.12.71	
H **Bökenfeld** Guido	° BI CH e	25. 7.75	
Fellermann Anne E.	KR PK k	23. 3.76	
Schneider Janna	F D CH L	6. 3.77	
Teigelkamp Stefanie	L E	6. 4.81	
Hugow Nina	E EK	28. 4.82	
H **Huwe** Heinz	KU k	15. 6.51	
Feldmann Heinz Dr.	E		

2.671 Steinfurt-Borghorst   Gymnasium Borghorst   gegr. 1966
st. G. f. J. u. M.
Herderstr. 6, 48565 Steinfurt – Tel. (0 25 52) 40 48, Fax 40 49
E-Mail: verwaltung@gymnasium-borghorst.de
Homepage: www.gymnasium-borghorst.de

Kl: 9/16 Ku: 133/22 Sch: 1044 (545) (256/458/330)   Abit: 78 (50)   **BR Münster**
L: 63 (A 1, A$_1$ 1, A$_2$ 9, B 15, C 23, D 5, E 5, F 1, H 3)   ASN: **168348**
Spr.-Folge: E, F/L, F/R, F   Dez: LRSD' **Hesekamp-Gieselmann**

A	**Gutberlet** Volker Dr.	1.11.98 °	M PH e	15. 7.50
A$_1$	**Adämmer** Annegret geb. Ulrich	1. 3.06	F M k	3. 2.53
A$_2$	**Saager** Hans-Dieter (F)	1. 8.79	F GE k SW	4. 3.45
	Tondorf Gerd Dr. Dipl.-Chem.	11. 8.94	CH k	1. 3.44
	Franke Claus-Dieter (F)	4. 8.97	D GE e	
	Palenberg Ernst Dr. (F)	1. 9.98	E k	30.11.43
	Gromotka Günther (F)	1. 9.98	GE D k SW	9. 5.48
	Beismann Wilhelm	1. 2.99	M	15. 9.47
	Liebsch Christoph	1. 9.99	M k	24. 1.47
	Reiling Johann-Wolfgang	9.02	PA D k	27.11.45
	Cardaun Egbert	1. 8.06	SP M	
B	**Henning** Hans Gero Dr.	27. 3.80 °	BI SP k	5. 1.44
	Sturm Gudrun geb. Schlömer	1.10.80	M e	
	Hassel Maria	23. 9.94	F KU k	5. 4.57
	Sohlbach Wolfgang	5. 3.99	M k	10. 5.46
	Poenisch Manfred	5. 3.99	GE PA k	4. 7.46
	de Sainte Maréville Christine	5. 3.99	D PL e	6. 4.50
	Mennecke Rudolf	1.10.01	E EK MU	28. 3.51
	Stirnberg Heinz	10.01	KR SW k	21.10.48
	Horstmann Christa geb. Tiller	2.04	KR E k	19. 8.51
	Upmann Mechthild geb. Kleinhaus	2.04	D GE k	24. 1.54
	ten Hagen Rudolf	8.04	BI M e	21. 4.56
	Kannen Linda geb. Woditschka	3.05	D R	29. 8.54
	Engel Harald		M PH (IF)	28. 9.52
	Böger Monika		BI CH e	12.12.55
	Glück Sibylle geb. Schaus			
C	**Pepping** Ulrike geb. Rogalla	1. 2.78	CH e	18. 9.50
	Lücker Hermann-Josef	12. 1.80	E KR k	21. 4.48
	Riesberg Bernhard	1. 5.80	GE SW	20. 1.51
	Weidner Hs.-Georg	30. 5.81 °	EK PA k	5. 9.50
	Horstmeier Manfred	3. 8.81	EK SP e	30.10.50
	Denk Karin geb. Remy	1. 3.82	D SW	11.11.52
	Kristek Susanne	12. 4.83	BI SP e	31. 3.52
	Koch Eva Maria geb. Holz	14. 4.83	EK KU	28.10.53
	Kaufmann Hans-Otto	4. 6.83	MU D e	21. 5.53
	Kreft-Rücker Ernst	6. 7.83	SP PA	18. 5.49
	Aldrup Ulrike	24. 9.88	ER EK k	21.10.55
	Schieferbein Sigrid	4.99	E SP e	30. 6.61
	Klockgeter Karsten Dr.	1. 8.99	PH M	21. 8.63
	Winzen Anne	1. 1.02	KU D E	28. 7.68
	Vollmer Jörg	1. 1.02	F GE k	3.11.69
	Franke Katarina	1. 1.02	E EK	
	Schlösser Ute	1. 8.02	D E	15. 5.71
	Reitzki Sabine	7.04	L EK e	30. 6.71
	Veen Ansgar	6.05	E L k	4. 4.74
	Wenning André Dr. geb. Ewering	23. 6.07	PH M eref	12.12.74
	Schilling Axel	1. 8.07	GE SP	7.11.68
	Wacker Heinz		BI CH	6.11.64
	Pfanzler Christa-Maria			
D	**Gehring** Stefan	23. 3.96	MU KR k	29. 5.65
	Brink-Abeler Dorothee geb. Plagemann FachL'	10. 9.75	SP KU k	16. 3.47
	Langen Rita geb. Mason SekIL'	16. 3.83	D KR k	14. 7.55
	Dietz Heidrun geb. Sommer SekIL'	2.10.84	SP EK e	7. 8.55
	Haas Sabine SekIL'	23. 8.93	E SP e	22. 2.56
E	**Wiese** Alexandra	1. 2.06	D F	31.10.77
	Venker Nikola geb. Overkamp	8. 8.06	L BI k	24. 2.78
	Zilles Nina	1. 2.07	E F k	26. 9.78
	Willermann Petra	6. 8.07	M D	
	Aelken Alexandra geb. Simonides	14. 9.07	BI SP k	30.12.72
F	**Lang** Karl-Helge		L GE k	27. 7.66
H	**Deery** James B. A.		E k	15.12.48
	Gutschank Peter		PH EK e	25.10.56
	Lüken Thomas		KR k	

2.673 Steinhagen Gymnasium gegr. 2001

G. i. E. (11. Jg.st.) f. J. u. M d. Gemeinde Steinhagen
Am Cronsbach 1, 33803 Steinhagen – Tel. (0 52 04) 99 73 51, Fax 99 73 53
E-Mail: post@steingy.de, Homepage: www.steingy.de
Kl: 8/14   Ku: 55/–   Sch: 742 (386) (242/408/92)
L: 40 ([A] 1, [A$_1$] 1, A$_2$ 1, B 8, C 10, D 1, E 15, F 3)
Spr.-Folge: E, F/L, F, L/S

BR Detmold
ASN: **194219**
Dez: LRSD **Dr. Gindele**

A	(Scheele-von Alven Josef StD)		D GE IF		25. 6.53		Kuhn Thomas	° CH ER e	11.11.74
							Pieper Maike	SP E	5. 2.75
A$_1$	(Zurwehme Martin OStR)		° D E GE e		20. 2.67	E	Noll Vera 1. 2.07	L D	17. 2.78
							Beck Sabine	D KU	23. 2.71
A$_2$	Hilgers Uwe Dr. (F)		CH BI		5.12.59		Schwengelbeck Matthias	GE SW	28. 2.73
B	Lauströer Reinhard		E D		21. 8.50		Nölke Arnim	F SP	26. 8.74
	Stieghorst Bettina		D E		17. 7.53		Gillrath Henning	BI KR k	27. 5.75
	Braun Winfried		M EK		25. 3.56		Rohlfing-Wittschell Sandra	L ER e	14.11.75
	Schmiedeskamp Bärbel		E F		17. 6.60		Sehlhoff Beate	D MU	28.11.75
	Bischoff Jutta		F GE		6. 3.65		Hoffmann Annika	D SW	15. 8.76
	Mohrhoff Matthias		SP GE e ER		22. 1.66		Justus Carmen	E EK	19.10.76
	Schwarze Anja		M SW		21.11.66		Esche Meike	SP KU	15.11.76
	Binder Stefan		MU D e		25. 1.68		Vogt Claudia	D GE	14. 6.77
C	Brinkmann Sandra		L D ER e		24.11.65		Brinkmeier Christian	M SW	15. 6.77
	Knapp Gabriele		D F		28. 5.69		Crnjak Sonja	M CH	25. 8.78
	Wolf Elke		D CH		9. 2.71		Borgmann Catherine	BI D	1. 8.79
	Wiertz Katja		D SP		6. 8.71		Strathmann Vanessa	E GE	
	Pfitzner Brigitte		M BI		3. 1.73	F	Hellmuth Ulrike	E EK	3. 5.54
	Meyer Thomas		M SP		13. 7.73		Mehl Helmut	SP GE	10. 1.61
	Frerkes Andreas		M PH k		30. 8.74			PL	
	Winkelbach Bettina		M BI e		5. 9.74		Drewitz Timo	M PH	25. 7.76

2.674 Steinheim Gymnasium gegr. 1973

st. G. (5-Tage-Woche) f. J. u. M
Stettiner Str., 32839 Steinheim – Tel. (0 52 33) 77 80, Fax 9 33 27
E-Mail: 183714@schule.nrw.de, Homepage: www.gymnasium-steinheim.de
Kl: 7/14   Ku: 92/16   Sch: 781 (437) (185/361/235)   Abit: 75 (44)
L: 47 (A 1, A$_1$ 1, A$_2$ 3, B 17, C 16, D 2, E 4, F 2, H 1)
Spr.-Folge: E, L/F, F/L, E/F/L

BR Detmold
ASN: **183714**
Dez: LRSD **Klemisch**

A	Brak Hermann	1. 8.03	° M IF SP	k	1. 5.51		Schlenbäcker Bernd 22. 2.99	D ER SW e	13. 3.54
A$_1$	Jansen Paul	1. 2.06	M EK	k	14.10.54		Diekneite Elisabeth 1.11.02	° E KR	28. 3.63
A$_2$	Schriever Ulrich	1. 2.91	F EK	k	29.12.47		Hüls Klaus 1. 4.03	F SP k	24. 7.50
	Einhaus Willi	6.93	D EK	k	20. 1.47		Schmidt Michael 1. 4.06	MU GE	1.11.67
	Schwarzwald Michael	1. 7.00	D KR L	k	10. 7.54		Sandbote Heinz-Werner	° CH TC	20. 8.45
						C	Schierbaum Brigitte 1. 8.82	BI CH k	7. 7.54
B	Stieger Herbert	5. 1.79	EK SP MU	e	12. 3.45		Maria (T)		
							Busküh l Heinz-Günter 1. 8.83	E GE k	18. 5.52
	Heider Reinhard	13. 6.79	D SW	k	11.11.48		Krüger Monika 2. 4.84	BI EW k	14. 4.52
	Hologa Peter	29. 4.83	E EK	e	21.11.50		Rhiel Josef 23.11.85	BI SP k	21. 2.51
	Büschler Michael	21.12.83	KU		3. 2.50		von der Linden 12. 9.86	D SP	27.11.50
	Hologa Renate geb. Bleichert (T)	13. 7.84	E EK		3. 5.51		Ulrike (T)		
							Moock Sven-Olaf 2.87	° M PH e	14. 5.50
	Groppe Rudolf Dipl.-Math.	1. 9.84	M PH IF		9.10.48		Zeus Roswitha (T) 10. 3.89	° PH M k	31. 5.55
	Rüthers Dietmar	6.93	D SW EW	k	20. 2.55		Kröner Renate 19. 7.99	BI CH	8. 7.64
							Kemmerling Wilhelm 12.12.02	BI CH k	10. 8.63
							Dr.		
	Ludwig Hans	9.93	F SW	e	3. 9.49		Vogt Helmut 11. 3.04	° E F k	20.12.68
	Babel Hubert	7.94	SP KU	e	15.11.47		Holste Andreas 1. 8.04	M PH k	31.10.73
	Driemeier Willi	9.95	M GE		25. 3.52		Schürmann Hanna 15. 3.05	M GE e	27. 5.75
	Stratmann-Maluck Ulrike (T)	20. 5.97	D E	e	8. 8.61		Suckstorff Hendrik 1. 3.06	PL SP	12. 1.63
							Volmer Michael 1. 9.06	D L	12. 6.72
	Müller Eckhard	8. 7.97	BI ER	e	25. 4.61		Großevollmer Petra (T)	L D	8. 5.61

D	Zabel-Groth Gudrun SekIL' (T)	23. 5.84	E M	e	15. 1.56	F	Fischer Silke Meyer Reinhold	28.11.06	E ER D EK KR	e k	8. 7.74 19. 8.58
	Behler Maria (T)	1. 8.99	M SP		7. 2.70						
E	Borchard Marina	25. 7.05	D E	k	13. 8.75		Wittmann Jutta		D GE	e	14. 7.63
	Westermann Kira	23. 1.06 °	E KR	k	20. 2.78	H	Schriever Brigitte		SP	e	9. 5.49
	Sternberg Mathias	9. 8.06	D E	k	3. 9.67		geb. Schulz GymnL'				

2.677 Sundern Gymnasium gegr. 1970
st. G. f. J. u. M.
Berliner Str. 55, 59846 Sundern – Tel. (0 29 33) 40 15, Fax 52 98
E-Mail: gymnasium-sundern@t-online.de, Homepage: www.gymnasium-sundern.de

Kl: 8/13 Ku: 131/16 Sch: 879 (449) (247/359/273) Abit: 78 (48) **BR Arnsberg**
L: 51 (A 1, A₁ 1, A₂ 7, B 18, C 19, E 4, F 1) ASN: **169894**

Spr.-Folge: E, L/F, F/L/S, F/L Dez: LRSD **Köster**

A	Rollke Karl-Hermann (F)	29. 2.96	PH M IF		21.12.52	Droste Renate geb. Jost Bölling Andreas		F KU L SP	e	11.12.55 27. 6.67
A₁	Henke Heinz-Jürgen	1.11.98 °	E EK	k	21. 9.47	Barthel Martin		° D SP	e	24. 4.71
A₂	Walendzik Hans-Otto (F)	1. 2.78 °	D GE	e	26. 1.45	Bühne Daniel				
						C	Cordes Paul	13.12.79	M SP		
	Nelles Kornelius		° KR E	k	27. 2.46	Kasprowski Udo	19. 2.80	M		6. 3.50
	Neuhaus Werner		E GE	k	18. 7.47	Brosig Angela	30. 9.80	F GE	k	3. 9.51
	Friedrich Karl Dr.		° BI PA ER	e	27.10.50	Bürsgens Wolfgang Dr. Dr.	1. 3.81	KR GE PL R D S	k	14. 1.49
	Hatting Alois		M EK KR	k	2.11.50	Harrer Christa Stahlmecke Ludger	2.10.84	D KU ° D L	k	30. 8.53 19.10.54
	Gersmeier Axel		M PH	e	10. 8.54	Marx Jutta		BI M		9. 1.61
	Witsch Karsten		D E	k	6. 7.69	Rose Anke		D SW		20. 1.65
B	Gröning Jörg (T)	8. 8.79	E GE	e	26. 7.48	Dörnen Hermann		MU SP	k	2. 6.65
	Wetterling Thomas Dr. Dipl.-Phys.	9. 7.81	PH CH		22. 8.44	Langhorst Jochen Pöhlmann Tanja		D F D SW BI		17. 1.70 25. 8.71
	Bues Wolfgang	9. 5.84	M BI	e	14. 3.50	Stiefermann-Riepe Meike		D E		12. 7.73
	Ehrenberg Hans-Werner (V)	11. 1.91 °	GE D	k	30. 8.52	Simoes-Paschert Noelia		D E S		4.12.73
	Nürenberg Brigitte (T)	18.12.91	BI CH	k	24. 2.56	Vohle Melanie		BI D		1.10.74
	Wennicke Heike geb. Mosebach	4.11.93	CH BI	e	13. 8.55	Aufmkolk Holger		EK M SP		22. 5.75
	Tebbe Rudolf	11.11.96	KR E L	k	4.10.54	Kellermann Karolin		M SP ER		5.12.75
	ter Braak Jürgen	15. 4.02	GE SW	k	21. 1.52					
	Nürenberg Dankward (T)	15. 4.02	CH BI	k	2. 7.54	Koch Tobias Rossbach Julia		EK MU EW EK BI		8.11.76 20. 2.77
	Neuhaus Barbara geb. Meyer (T)	15. 4.02	D GE			Ostwinkel Corinna		BI CH		4. 7.77
						E	Vitt Yvonne	25. 1.07	D GE		29. 8.74
	Vielhauer Krimhild (T)		M SP	e	28. 3.51	Bedenbecker Lisa	6. 8.07	E KR	k	8.10.79
	Hüppe-ter Braak Roswitha (T)		E F	k	15.10.51	Simon Christine		EW M SP	k	22.10.77
	Müller Herbert		M PH	k	24. 5.53	Richter Josefine		D SW		2.11.78
	Mieth Michael		D EW ER	e	4. 7.53	F	Kampschulte Ralf		E PL		22.12.57

2.680 Tecklenburg Graf-Adolf-Gymnasium gegr. 1923
st. G. f. J. u. M.
Hofbauers Kamp 2–4, 49545 Tecklenburg – Tel. (0 54 82) 93 80-0, Fax 93 80-38
E-Mail: sekretariat@graf-adolf-gymnasium.de
Homepage: www.graf-adolf-gymnasium.de

Kl: 8/12 Ku: 100/25 Sch: 822 (437) (210/366/246) Abit: 74 (39) **BR Münster**
L: 43 (A 1, A₁ 1, A₂ 6, B 15, C 8, D 5, E 4, F 3) ASN: **168476**

Spr.-Folge: E, L/F, F/L, S Dez: LRSD **Dr. Hillebrand**

A	Pfohl Hans-Raimund		D EK		16. 8.52	A₂	Witzke Norbert	1. 2.86	D SP	k	14. 7.49
A₁	Brämswig Arnold	6.12.96	PL D PA KU	k	6. 8.47		Sarnowski Claudia	1.10.04	L G KR	k	27.11.62

	Krechting Hildegard geb. Klauke (F)		E F	k	29. 6.45
	Plikat-Schlingmann Kerstin (T)		E PA	e	8.11.52
	Rehmann Hermann		KR SP	k	26. 6.54
B	Heemann Walter	1.10.80	ER EK	e	11.11.45
	Nienhüser Reinhard	1.10.80	E SP	e	8.10.47
	Meyerhöfer Helmut	14. 2.81	PH M	e	1.10.51
	Delschen Adelheid geb. Silz (T)	1. 7.81	E SP	e	13. 7.48
	Prieb Hans-Jürgen	24. 7.85	PH M	k	15. 1.51
	Berentelg Wilhelm	14. 6.93	D GE	k	20. 3.52
	Onnen Thomas	31.10.94	BI CH	k	10. 4.53
	Mecke Wolfgang	30.12.98	SW PA	e	1.11.47
	Saatkamp Joachim	1. 2.04	BI CH	e	25. 3.50
	Schäfer Margarete	14. 2.06	D F MU	k	28.12.52
	Groenhoff Heinz Nanno	1. 4.07	E BI	eref	16. 9.70
	Bodde Gerrit Dr.	1. 4.07	M MU	k	16.10.70
	Koch Hannelore		KU EK		26.11.51
	Jansen-Netter Agnes		D SW	k	26.10.53
C	Hoge Nicole	31. 1.04	E S (M)	e	26. 1.74
	Althoff Carmen	27. 5.04	D L	k	31.10.70
	Weitkamp Anja	15. 9.04	M F	k	31. 3.72
	Schulz Sebastian	15. 9.04	E		
	Klinge Johanna	30. 1.06	M BI	e	12. 2.75
	Wolters Sylvia	20. 3.06	D E	k	29.12.75
	Wilmer Susanne	21. 9.06	ER SW	eref	14.12.73
	Reitenbach Olaf		BI SP	e	16. 3.67
D	Wand Adelheid SekIL'	31. 1.84	E KR	k	31.10.50
	Mühge-Klepsch Jutta SekIL'	3. 2.84	BI D		10.12.55
	Brockhaus Maria SekIL' (T)	7. 2.84	CH EK	k	13. 3.55
	Mecke-Derix Ursula SekIL'	28. 8.84	M EK	k	10. 6.54
	Hagedorn Heiner SekIL	1. 8.97	GE SW	k	12. 2.51
E	Gizinski René	9. 8.06	L ER D	k	14. 6.74
	Igelbrink Björn	12.06	E KR S	k	19. 2.77
	Mentzendorff Stefan	6. 8.07	M SP	e	11.12.75
	Angerer Ute		F SP		
F	Haverbusch Alois Dr.		D L	k	4.12.45
	Schmid Ulrich		D GE	e	13. 7.57
	Höhl Monika Dr.		E GE	k	4. 5.59

2.683 Telgte Maria-Sibylla-Merian-Gymnasium gegr. 1994
st. G. (5-Tage-Woche) f. J. u. M.
August-Winkhaus-Str. 4, 48291 Telgte – Tel. (0 25 04) 73 42 78, Fax 73 42 79
E-Mail: gymnasium@telgte.de, Homepage: www.gymnasium.telgte.de

Kl: 7/15 Ku: 96/19 Sch: 826 (445) (210/379/237) Abit: 70 (37)
L: 50 (A 1, A$_1$ 1, A$_2$ 5, B 16, C 21, D 1, E 2, F 3)
Spr.-Folge: E, F/L, F/R, S

BR Münster
ASN: **192326**
Dez: LRSD **Dr. Hillebrand**

A	Voß Harald	26. 9.01	BI SP L		27.11.53
A$_1$	Steffen Bernd	28.12.99	CH	e	18. 5.47
A$_2$	Alkemeier Irmgard (F)	22.12.97	BI KR EK	k	27. 8.59
	Wiethaus-Thrän Bärbel	12.12.98 °	BI EK	e	19. 6.53
	Rohde Anselm (V)	17.11.99 °	GE R D	k	1. 8.52
	Tretow Rüdiger	23. 5.02	M SP (IF)	e	26. 5.45
	Brameier Ralf	1. 8.06 °	M PH	k	10. 5.63
B	Pohlmann Hubert	9. 9.81	BI CH	k	2. 9.42
	Uphoff Wolfgang	16.12.81 °	M PH (IF)	k	5. 2.50
	Schlenker-Zymek Anette (T)	5. 7.96 ⁰	D GE		22. 4.52
	Haubner Alfred	30.12.98	D GE ER	e	26.12.49
	Zimmerhof-Elsner Monika	30.12.98	D PL		
	Osthues Winfried	1. 8.99	MU D KR	k	18. 7.54
	Schneider Brigitte	28.12.99 °	M PH	e	21. 6.52
	Dannenberg Alfried	1. 8.01	D KR	k	4. 8.55
	Weikert Wolfgang Dr.	1.11.02	SP GE RW	e	31. 1.47
	Kerstgens Ralf geb. Enk	1. 2.04	KR E SP	k	3. 3.63
	Kirschbaum Doris (T)	1. 2.04	SP EK		1. 6.63
	Kappelhoff Peter	1. 2.04	MU E		6.11.67
	Große Westerloh Ralf	1. 8.06 °	M IF	k	22. 7.70
	Schwarte Maria (T)	1. 4.07 °	KR EK	k	13.8.55
	Pigulla Dirk	1. 4.07	M PH	k	14. 2.71
	Bernhard Gabriele				
C	Giesen Hildegard (T)	21. 1.81	F GE	k	26. 2.50
	Bohle-Rufceski Hiltrud (T)	10.11.81	E PA	k	6. 1.51
	Mennecke Ingrid (T)	15. 4.84	M CH	k	30. 1.54
	Harhues Bernhard	4. 9.84	D EK		13.11.54
	Ulrich Angelika	22. 1.88	E KU	e	3. 9.56
	Conze Christiane	21. 8.92 °	L SP	e	20.12.59
	Rolf Bernd	1. 8.95	E SP	k	25.10.59
	Collet Veronika (T)	1. 8.98	D KR	k	18. 2.54
	Kretzschmar Kristina (T)	1. 6.99	D E	e	23.12.64
	Weyer Nicola	1. 8.99	L GE		17.11.66
	Dellmann Bianca	21. 6.01 °	F PL		20. 3.73
	Lütke Hündfeld Christina	1. 8.01	M SP	k	26. 3.70
	Brakel Barbara (T)	17.10.01	D F	k	17. 6.66
	Bloch Beate	1. 2.02	E D		8. 3.68
	Groß Silke	20. 2.03	E Soz R		24. 6.68
	Domke Anja (T)	1. 6.03	M ER	e	8. 3.72
	Böse Petra	1. 9.04	M PH		14. 4.72
	Danielmeier Ulrich	22. 8.05	D G R		23. 5.58
	Häder Markus	25.10.05 °	M SP		
	Efing Andreas	15. 9.06	L S		12.11.74
	Kleist Barbara		PL BI CH		20.11.48
D	Grundmann Volker	14. 8.00	MU ER		12.12.68
	Lürig Lars	1. 2.07	E SW		19. 9.75
	Le Breton Ulrike	1. 2.07	F S	k	11. 1.78
F	Köstens Michael		D Soz		8.12.53
	Schumacher Gerd		° D GE		31.12.59
	Rossien Karsten		SP E	e	2. 8.60

2.685 Unna Pestalozzi-Gymnasium gegr. 1905
st. G. f. J. u. M.
Morgenstr. 47, 59423 Unna – Tel. (0 23 03) 25 31 30, Fax 2 53 13 22
E-Mail: mail@pgu.de, Homepage: www.pgu.de

Kl: 9/17   Ku: 101/14   Sch: 654 (517) (242/456/256)   Abit: 73 (42)   **BR Arnsberg**
L: 53 (A 1, A$_1$ 1, A$_2$ 3, B 20, C 16, D 1, E 7, F 2, H 2)   **ASN: 170460**
Spr.-Folge: E, L/F, F/S   Dez: LRSD **Vondracek**

A	Schorlemmer Helmut		SW SP		28.11.50	C	Möbus Klaus	27. 9.78 °	PH TC e	24. 5.48
							Neumann Marianne	1. 2.80 °	D EK k	9. 8.46
A$_1$	Meinel Jürgen	19.10.90	M CH	e	21. 6.49		Bergermann Manfred	19. 3.82	EK SP	27. 1.51
A$_2$	Reichel Christa (F)	9. 7.81	D SP	e	24. 3.48		Wahle Wolfgang	25. 3.83	E SP e	28. 6.51
	Gesing Beate geb. Disselhoff	27.12.91	L F	e	16.12.48		Isenberg Rainer	4. 6.83	SP E k	17.10.50
	Stiller Astrid geb. Stiller (T)	21.12.03 °	M MU	e	24. 7.55		Schnabel Angelika	21.12.83	S GE F	20.11.53
B	Glaremin Beate geb. Welling	1. 8.81	F SP	e	12. 7.47		Rickel Elisabeth geb. Schwenger (T)	5. 4.84	F BI	17. 7.48
	Uhrmeister Peter	30.12.82 °	EK E	k	13. 3.49		Szymnau Elisabeth (V)	19. 8.86 °	CH M k KR	27. 6.53
	Ehmanns Rainer	30.12.82 °	D EK	k	31.10.49		Lennardt Stefan	22.11.01 °	ER PH e	27. 9.70
	Lethaus Friedrich	18.10.84	D EK	e	4. 6.48		Pospiech Frank	1. 8.02	SW ER e	6. 3.71
	Sickmann Jürgen	1.12.92	HW PA	e	23.11.46		Adden Mirko	8.03 °	D MU e	6.70
	Caninenberg Gerda	1.12.92	M PH	e	22.11.54		Osthoff Felix	2. 2.04 °	D GE oB	13. 7.69
	Müller Hans-Martin	1.12.92	M PA		12. 4.52		Kikul Sonja	6.04 □	D GE ER	19.11.69
	Glaremin Heribert	1.12.92	M PL	k	21. 1.50					
	Holzkamp Udo	1. 6.94 □	M EW	e	15. 7.55		Horstmann Christian	1. 8.07	GE L k	10. 4.74
	Moos Jürgen	1. 2.95	BI SP	e	3. 9.55		Grohnert Anja	1. 8.07	BI CH e	18. 5.76
	Gülden-Klesse Katrin geb. Gülden (T)	10. 5.96	D PL		21. 7.51		Schmitz Jutta		SW KR k	8. 3.52
						D	Hohbom Ulrich SekIL	3. 2.83	BI EK	31.12.52
	Meier-Cordes Hartmut	3. 6.96	F S	e	26. 7.45	E	Richter Detlef	1. 2.06	M IF	24. 3.74
							Spaenhoff Thorsten	7. 8.06	E SP e	17. 8.76
	Wilmerstadt Marie-Luise geb. Heidtmann	3. 6.96	D Kug		18.12.51		Oppermann Ina	7. 8.06	D SW	4. 2.78
							Krebs Oliver	8.06	BI SW e	
	Guske Martina	1.10.96	KU EK	k	5. 2.54		Wittkamp Kerstin	1. 2.07	L MU k	29.11.76
	Klüsener Karl-Heinz	24.11.99	BI M HW		2. 6.47		Wenning Caroline	6. 8.07	D GE k	10. 1.80
	Echtermeyer-Maliske Bärbel (T)	24.11.99 □	D PL		12. 4.54		Schaper Nicole	6. 8.07	D ER e	
						F	Lethaus Helga		E S	5.11.54
	Hohenbrink Wilfried Dr.	5.01 °	CH E	k	31.10.46		Barten Ursula		GE SW k	7. 3.59
						H	Bertschik Petra		SP e	13. 6.47
	Neitzel Ulrich	5.01 °	EK PA	e	19. 7.50		Black Alison M. A.		E	12. 9.47
	Ising Annette	7.02	SP PA	e	20.10.52					
	Hilker-Suckrau Martina									

2.686 Unna Ernst-Barlach-Gymnasium gegr. 1925
st. G. (5-Tage-Woche) f. J. u. M.
Iserlohner Str. 14, 59423 Unna – Tel. (0 23 03) 53 75-0, Fax 53 75-20
E-Mail: 170458@schule.nrw.de, Homepage: www.ebg-unna.de

Kl: 8/14   Ku: 151/23   Sch: 972 (522) (217/373/382)   Abit: 90 (51)   **BR Arnsberg**
L: 54 (A 1, A$_1$ 1, A$_2$ 5, B 13, C 19, D 7, E 4, F 2, H 2)   **ASN: 170458**
Spr.-Folge: E, L/F, F, L/F/S   Dez: LRSD **Vondracek**

A	Steffan Hartmut Dr.	5. 6.92	L PL		23. 8.47	B	Hüwe Antonia	30.10.79	D E k	12. 1.48
A$_1$	Müller-Vorholt Gabriele	1. 2.06 □	BI SW		30.10.54		Rüb Franz Josef	20. 7.80 °	D GE	16. 1.48
							Scheer Henner	1. 8.81	F SP k	12. 9.44
A$_2$	Kamp Rainer	7.12.89 °	MU M ER	e	22. 9.51		Lönne-Wiemann Ursula	7.10.82	E F	30.12.47
	Bertels Martin	28.12.92	D SW PK	k	18. 2.50		Wädlich Ulrich	22. 5.84	GE F	21. 8.49
							Ostermann Marita geb. Wittkop	18. 9.84	F PA k	29. 6.50
	Lau Burkhard	22.12.95 °	M SP	e	30.12.49		Cordes Margit	18. 9.84	E GE k	7. 3.47
	Holthaus Manfred	29.11.02	D EK	e	16.10.51		Ostermann Aloys	27.11.85 °	BI EK k	9. 6.49
	Tilly Edmund	30. 4.04	M EK IF	e	22. 4.56		Maliske Werner	4.10.96 □	D PL e	11.11.51

	Schmitz Ulrich	15.12.00	L ER		25. 2.64		Schulze Havixbeck Oliver		M SP	k	10. 9.74
	Sonnenschein Brigitte	21. 3.01	M PA	k	11. 7.54	D	Steinweg Annette HSchL'	1. 8.77	KU D M	k	6. 5.50
	Topp Jürgen	31. 7.02	CH PA	e	30.10.53		Rutkowski Franz SekIL	11. 4.83	ER SP	e	29. 9.49
	Schlenke Heinz-Hermann	1.10.03	F SP	k	9. 7.53		Dollenkamp-Weißbach Elfriede SekIL' (T)	11. 4.83 □	M BI	e	6.10.55
C	Sieben Konrad	17. 9.81	KU W		7. 9.46		Drzensla Sonja SekIL'	1. 6.83	BI SP	e	5.11.54
	Bruns Udo	11. 4.83	D Sozkd		2. 1.51		Beer Thomas SekIL	10. 9.93	M CH PH	k	1. 5.53
	Gehl Rainer	1. 8.83	GE Sozkd		30. 3.51		Brambrink-Flottmann Beate	6. 8.07	F EK	k	13. 1.59
	Daniel Barbara	1. 8.83 °	D F	k	11.12.53		Landskröner-Braune Petra SekIL' (T)		BI D		3. 1.57
	Drathschmidt Evelyn (T)	1. 8.83	GE EK	k	9. 5.54	E	Schulz Gerald	9. 8.06	E GE	k	24. 5.74
	Müller Rolf (T)	17. 4.84	D PL	e	6. 7.50		Stremmer Mirjam	9. 8.06	M KR	k	15. 2.76
	Wessinghage Annegret	4. 9.84 °	E GE	e	7. 9.53		Schlösser Sibylle	9. 8.06	M PP PL	k	10. 2.78
	Gröner Hiltrud	17. 9.84	F EK	e	21. 2.52		Marx Christiane	2. 8.07	D SP R	k	27. 4.66
	Pantel Iris (T)	1. 2.86	KU KW	k	20. 8.53	F	Müller-Edelhoff Michael		M SW		5. 3.53
	Dickmann Maria	1. 8.94	D KR	k	11. 8.66		Radau-Webb Gabriele		E R	k	21. 2.55
	Hartmann Marcus Dr.	14. 2.00	M PH IF	k	20. 1.66	H	Menzies-Eßkuchen Helen M. A.		E		2. 8.48
	Scholz Nicola	1. 8.02	D L	e	23. 6.72		Arntzen Claudia		SP	k	6. 3.58
	Wessel Verena	1. 8.02	E KR	k	20. 5.74						
	Brier Gabriele	14. 9.05	M CH	k	30. 8.73						
	Leveringhaus Heidi	1. 2.06	ER		24. 5.62						
	Schulze Christian Dr.	1. 2.06	L BI		8. 6.70						
	Sonntag Gabriele geb. Schlomka (T)		° D L	e	17.12.63						

2.687 Unna Geschwister-Scholl-Gymnasium gegr. 1968
st. G. m. zweisprachigem dt.-engl. Zug f. J. u. M.
Palaiseaustr. 2, 59425 Unna – Tel. (0 23 03) 9 68 33-0, Fax 6 50 93
E-Mail: gsg-unna@t-online.de, Homepage: www.gsg-unna.de

Kl: 9/17   Ku: 164/28   Sch: 1140 (621) (265/465/410)   Abit: 99 (62)   **BR Arnsberg**
L: 72 (A 1, A$_1$ 1, A$_2$ 8, B 21, C 20, D 3, E 9, F 3, H 6)   ASN: **170446**
Spr.-Folge: E, L/F, F/R, F/L   Dez: LRSD **Vondracek**

A	Strobel Michael	1. 8.99	PA EK PS		19. 4.48		Schubert Wolfgang	1. 5.96	M MU	k	10.11.53
A$_1$	Menges Reinhard	1. 8.99 °	E EK		10.10.46		Niemeyer Brigitte geb. Fakesch	12.11.96	CH EK	k	22. 7.50
A$_2$	Sennholz Klaus Dr.	1. 3.96	D SW IF	e	6. 7.50		Humberg Dirk	21. 3.01 □	M		27. 3.47
	Kallerhoff Hans-Georg (F)	14. 4.98 °	E R KU				Hartmann Albert	1. 8.02	D SW	k	1.10.52
	Loheide Frank	1. 8.07 °	M PH (F)	k	8. 1.70		Behm-Brackmann Andrea (T)	1. 8.02	D F GE	e	
	Hecker Doris Dr. (F)	07 □	BI CH	k	4. 5.65		Ostendorf Carmen	22. 8.05 □	D PS		9. 2.71
	Hölemann Thomas		° M IF		25. 7.47		Petring Frank (T)	30. 7.06 °	M PH	e	20. 8.64
	Darius Joachim		E SP	k	11. 8.48		Büning Cornelia	30. 7.06 °	MU F	k	16. 5.70
	Huge Walter Dr.		° D GE	e	10. 2.49		Friske Stephanie	30. 7.06	E L	k	3.12.71
	Sperlich Monika (T)		E GE		30.10.49		Herding-Breilmann Ulrike	25. 9.07 □	ER D		31. 3.69
B	Schabacker Harald	28. 3.79	BI CH	e	4.12.43	C	Kempe Detlev	1.10.78	M		24. 9.49
	Höher Hans Joachim	11. 4.79 °	D SP	e	27. 5.44		Keuffer Laurenz	1. 2.79 °	KR PA	k	12. 1.48
	Schnura Dieter	3. 2.82	CH	e	21. 5.50		Sahm Paul	13. 8.80	PA SW		3.11.45
	Wirke-Janke Ruth geb. Janke	12. 9.84 □	GE F	e	26. 1.50		Kempe Renate geb. Thiel (T)	27. 8.80 °	M		k 11. 4.49
	Sonntag-Freidank Charlotte geb. Sonntag	1. 1.86 □	SP E	eref	2.11.49		Gockel Franz-Josef	12. 9.80	SP GE	k	20. 2.48
	Krückeberg Edzard Dr.	7. 1.91	D PL ER	e	16. 3.48		Hofverberg Angelika	2. 9.81 °	Kug GE	k	10. 4.52
							Kautz Burkhard	1. 8.83 □	E EK	k	7. 7.51
	Strahl Gudrun geb. Sitte	16.12.92	SP D		7.12.47		Schoofs Hildeg. (T)	20. 6.84 °	E F	k	30. 1.54
	Herrmann Detlev	1. 5.96 °	E EK	e	19. 2.50		Fullert Detlev	8. 2.88	CH SP		13. 7.54
	Bier Hartmut	1. 5.96 □	E EK	oB	2. 6.49		Prinz Ortrud (T)	22. 8.90 °	MU G	e	17. 3.60
							Hesse Lars	2. 8.99 °	D E (EK)	efk	25. 4.66
							Hollmann Mathias	1. 2.01 °	L F	e	28. 7.67

	Laarmann Matthias	1.	1.02	°	L KR	k	23. 2.64	Costa Carla (T)	22. 8.05	E F	k	29. 4.76
	Dr. (V)¹				PL (G)			Havers Michael	22. 8.05	° M SP	k	21.12.76
	Runte Tanja	15.	9.03	°	D E	k	22. 1.75	Walminghaus Kirsten	22. 8.05	D PS	e	30. 5.78
					(KR)			Becker-Adden Meike	9. 8.06	D MU	e	18.10.75
	Rogalski Dirk	1.	8.04	□	D SW	e	18.10.66	Dr.				
	Lütke Wöstmann	1.	8.04	°	E GE	k	17. 2.71	Miczka Alexandra	9. 8.06	E F	k	16. 1.77
	Stefan				PL			Kastrup Jörn	9. 8.06	E BI	e	25. 2.77
	Brost-Hohmann Christine			□	D ER	e	6.12.69			(ER)		
	Janßen Alexandra				BI SP	k	22. 3.74	Schröer Christian	25. 1.07	PH SP	k	21. 9.75
	Geßner Claudia				D KU	k	20. 9.75	F Ruch Bärbel		E F	e	24.11.62
	geb. Schwerdt							Fuhrmann Björn Peter		D SP	oB	4. 9.67
	Felbick Ulrike				E BI	efk	2. 6.76	Rüth Martina		D PL	oB	29. 6.74
D	Fulbrecht Hildegard	27.	6.84		E KU	k	10.12.56	H Smeets François Dipl.-SpL		SP	k	17. 1.53
	SekIL'							Buchholz Friederike GymnL'		SP	k	9. 4.53
	Fischer Ursula SekIL'	24.	3.88	°	M BI		15.12.57	Ullmann Heike		KU		31. 7.58
	Winkler Kirsten	9.	8.06		D GE	e	26.11.69	Dietrich Carola Pfr.'		ER	e	8.10.63
E	Wenzel Svenja (T)	22.	8.05	°	E F GE	e	5. 8.75	Müller Andreas Pfr.		ER	e	1. 9.66
	Draxler Christina Dr.	22.	8.05		M PH	e	4. 2.76	Danneberg Kerstin		M BI	oB	8.11.77
					SP			Kelch Esther		D GE	e	5. 2.78

¹ Lehrbeauftr. an d. Univ. Münster

2.690 Verl Gymnasium gegr. 1977
G. f. J. u. M. d. Gemeinde Verl
Kühlmannweg 22, 33415 Verl – Tel. (0 52 46) 7 03 50, Fax 70 35 28
E-Mail: Post@GymnasiumVerl.de, Homepage: www.gymnasiumverl.de

Kl: 10/15   Ku: 126/25   Sch: 1034 (559) (272/436/326)   Abit: 93 (50)   **BR Detmold**
L: 60 (A 1, A₁ 1, A₂ 7, B 21, C 20, D 4, E 3, F 2, H 1)   ASN: **186004**

Spr.-Folge: E, L/F, F/L   Dez: LRSD **Dr. Gindele**

A	Bracht Max	1. 2.05		E GE	e	28. 1.50	Ring Erika	15. 1.96	M (PH)	e	14. 9.50
A₁	Sudholt Stefan	1. 2.04		BI CH	k	10. 8.53	geb. Berger (T)				
A₂	Lindner Bernd	5. 8.82	°	M PH	e	10. 4.46	Vollmer Hermann	2.10.96	E F	k	9. 1.51
				IF			Gils Rosemarie	2.10.96	KU BI	e	2. 8.55
	Gruden Klaus	1.12.89	°	M PH	e	2. 7.49	Radke Frank	17. 2.02	D ER	e	28. 2.65
	Dipl.-Phys. (F)								PL PP		
	Ohms Hans-Josef	24.10.90		M IF	k	13. 5.49	Blumenthal Stefanie	1. 8.06	GE KR		27. 3.72
	Schockenhoff Annette	1. 9.95		D E		19. 9.51	C Domeier Karl	1. 2.78	BI EK	k	4. 1.46
	Mannsfeld Rita (F)	1. 5.96		D PL	k	5.10.55	Falke Ulrike (T)	5. 8.80	CH SW	e	21. 3.52
	Pommerening	1. 5.04		BI SP	e	14. 8.55	Bock Peter	8. 9.80	E BI		6. 6.49
	Burkhard						Riesenbeck Helga	15. 5.84	E GE	k	12. 3.52
	Dreismann Gisela	1. 4.05		D KR	k	11. 4.59	Kreft Jörg-Wilhelm	6. 8.84	E SP	e	18. 9.50
B	von der Heyde	1. 1.00		D ER	e	4. 1.45	Hantke Johannes	10. 8.84	° PH SP	k	4.10.53
	Hartmut M.¹						Tonhäuser Norbert	17. 1.85	SP EK	k	30.10.53
	Finken Uwe	11. 3.80		E SP	e	16. 9.44	Herrlich Christel	20. 4.93	SW ER	e	12. 3.56
	Kloß Jutta	13. 6.84	°	EK E	e	15. 9.51	geb. Spickermann (T)				
	geb. Dürholz						Kößmeier Barbara	1. 1.02	L GE	k	5. 4.69
	Koch Bernhard	1. 1.86		PH CH		26. 9.49	Lükewille Ursula	1. 2.02	L D	k	19.12.58
	Bergau Klaus	1. 7.89		M SP		22. 4.50	Rolf Ares Dr.	1. 1.04	MU M	k	30. 4.71
	Bönig Günter Dr.	2.10.91		E EK	e	13. 1.50	Hüls Martina (T)	15. 9.04	E EK		21. 9.71
	Schichtel Brita	22.12.92		M SP		5.11.50	Krüger Carsten	15. 3.05	GE L		16. 3.72
	Wiesbaum Dorothea	22.12.92		M EK	k	3. 5.53	Weber Sandra	15. 3.05	° BI SP	e	14. 3.75
	Brand-Hermann	19. 3.93		F EW	k	22. 1.53	Homberg Wibke	15. 4.05	E MU	e	21. 8.75
	Ludmilla (T)						Walter Yvonne	1. 2.06	KU D	k	23. 1.76
	Schürmann Bernd	19. 3.93		GE SW		13. 3.52	Frevert Thorsten		D SW		6.1.65
	Liedtke Gabriele (T)	22. 7.94		D EK	k	16. 1.52	Engelhardt Stefan		BI SP		3. 3.71
	Schwichtenhövel	1. 3.95		M CH	k	4.12.55	Kremer Inga Lena		F GE		9. 5.77
	Klaus						Salas Poblete Paula		E GE		25. 7.77
	Müller Gunhild	1. 8.95		M EK		14. 8.48	D Schröder Sigrid	15. 1.74	SP TX	e	11. 8.46
	Quick Peter	1. 8.95		D KU	k	29.10.49	SpL'				
	Oberndörfer Marion	1. 9.95		M BI	e	17. 4.62	Höffmann-Mucker-	7. 2.81	KU D	k	26. 7.49
	(T)						mann Annegret L' (T)		E		
	Olliges Bärbel	15. 1.96	°	F BI	e	9. 3.49					

	Lehmann Ursula SekIL' (T)	31. 7.82	PH M CH	k	6. 2.54		**Wagener** Dirk	6. 8.07	D ER GE	e	22. 2.77
	Hemkentokrax Norbert SekIL	22. 5.85	KR EK	k	8. 7.53	F	**Henning** Silvia		MU D		30. 4.61
							Zenses Nadine Meta		D SW		24. 6.75
E	**Müller** Jessica	12. 7.06	M SP		15. 5.78	H	**Deppe** Elisabeth geb. Lütkebohle		KR	k	5. 2.44
	Sprink Wolfgang	6. 8.07	D KR	k	30.10.76						

[1] Lehrbeauftr. an d. Univ.-Gesamthochsch. Paderborn

2.695 Versmold Gymnasium Jugenddorf Christophorusschule gegr. 1882
pr. G.[1] (5-Tage-Woche) f. J. u. M. m. Förderk. f. Spätauss. d. Christl. Jugenddorfwerkes Deutschlands e. V., Ebersbach
Ravensberger Str. 33, 33775 Versmold – Tel. (0 54 23) 2 09-40, Fax 2 09 68
E-Mail: cjd-gymnasium-versmold@t-online.de
Homepage: www.cjd-gymnasium-versmold.de

Kl: 7/16 Ku: 123/20 Sch: 920 (492) (196/413/311) Abit: 61 (36)   **BR Detmold**
L: 57 (A 1, A_1 1, A_2 4, B 18, C 13, D 5, E 2, F 5, H 8)   **ASN: 168725**
Spr.-Folge: E, L/F, F, E/R/L   Dez: LRSD **Dr. Gindele**

A	**Schmackert** Hans-Peter	1. 8.02	BI CH	e	6. 2.53		**Richter** Norbert	1. 8.88	D GE Sozkd	e	2.10.52
A_1	**Voß** Ludger	1. 2.05	M SP	k	20. 6.54		**Härtner** Klaus	1. 1.91	E EK	e	25.10.52
A_2	**Gressel** Karl-Ludwig	1. 8.91 °	M SP	e	1. 9.51		**Pfefferkorn** Ruth	1. 4.94	M CH	e	25. 8.56
	Brinkrolf Heinz	1. 5.01	M SW PA	k	20.11.51		**Nocon** Ingeborg	23. 8.94	E D	e	10.11.50
	Beine Werner	1. 6.02	ER GE	e	17. 7.56		**Dehnert** Ralf	1.10.03	GE SP	e	16. 5.54
	Meyer zu Hörste Rüdiger	1. 8.07	E SP	e	19. 8.55		**Hollmann** Monika	1.10.03	L F	k	24. 1.58
							Brinker Sabine	1. 8.05	D KU	k	19.11.63
							Plachky Beate		D L	k	22. 8.68
B	**Groß** Hans-Werner	1. 8.85	M MU		7. 3.53		**Wächter** Ariane		D GE	e	15. 9.73
	Henning Hans-Ulrich	1. 8.85	MU D	e	25. 3.50	D	**Jochheim** Carola SekIL'	1. 8.80	M CH	k	7. 8.53
	Westphal Marlies	1. 4.88	E F	e	13. 8.51		**Kahre** Ulrike	1. 8.80	D TX	k	8. 2.54
	Nesemann Matthias	1. 8.91	L F	k	14. 3.53		geb. Rottmann SekIL'				
	Kahre Hans	1. 8.91	M PH	e	13.11.53		**Brinkhoff** Christiane SekIL'	4. 8.80	PH SP	e	29.11.55
	Walther Helmut	1. 8.91 °	E EK	e	22.10.54						
	de Vries Rudolf	1. 8.91	KU BI	k	14. 9.54		**Bentfeld** Ulrike geb. Köker SpL'		SP	e	30. 7.49
	Michaelis Klaus-Peter	1. 8.94	KR GE	k	7.11.55						
	Schwarze Michael	1. 8.94	E KR	k	18. 5.54		**Achtelik** Ingo		ER KU	e	21. 9.54
	Liekenbrock Heinrich	1. 8.94	CH SP	k	3.12.54	E	**Stricker** Ilka	1. 8.06	D E	k	15.10.73
							Brockmeyer Nicole	1. 8.07	D BI	k	16. 3.76
	Wortmann Franz-Georg	1. 8.94	E SP	k	17. 2.53	F	**Telscher** Michael		D PL	k	13. 6.56
							Rief Jörg		PH M	e	28. 2.68
	Hoogland Dolores	1.10.03	KR D	k	30. 8.50		**Ehrsberger** Jörg		BI D	e	26.10.74
	Wortmann Friedhelm	1.10.03	D E	e	18. 1.52		**Hesse-Meisters** Vera Elena		F KR	k	7. 7.78
	Kuhlmann Rolf	1.10.03 °	ER PL	e	15. 6.52						
	Härtner Ursula	1.10.03	D EK	k	24. 3.55		**Haltermann** Kirsten geb. Schücker		Bi SP EK	k	24. 8.78
	Quebe Ulrich	1. 8.06	M PH	e	2. 4.56						
	Hollmann Wolf-Gerhard	1. 8.07	D GE	e	13. 8.53	H	**Schönbeck** Hans-Peter Dr.		L	e	9. 9.46
	Jochmann Karsten	1. 8.07	M PH	k	11.12.70		**Leidinger-Katz** Christine		D KU KR	k	20.11.61
C	**Kersten** Wilhelm	19. 2.79	EK SP	k	22. 7.48						
	Meyer-Moore Gesine Dr.	4.10.81	BI SP	e	14.11.46		**Möhring** Britta		ER	e	4. 7.62
							Burova Anna		R	orth	5. 8.68
	Böke Hans-Wilhelm	3. 8.82 °	BI EK	k	5.10.48		**Lübker** Anke		D GE	e	10. 2.70
	Hülsmann Annette	4. 9.83	M PK SW	k	8. 7.54		**Hahne** Stella		D F E	e	7. 6.71
							Heithorn Kirsten		GE M	k	20.12.74
							Wallas-Klute Joana		KU	k	23. 4.75

[1] m. Internat f. J. u. M.

2.700 Vlotho Weser-Gymnasium gegr. 1868

st. G. (5-Tage-Woche) f. J. u. M.
Prof.-Domagk-Str. 12, 32602 Vlotho – Tel. (0 57 33) 31 46, Fax 1 88 13
E-Mail: wesergymn@t-online.de, Homepage: www.wesergymnasium.de

Kl: 9/14   Ku: 98/16   Sch: 837 (443) (249/353/235)   Abit: 60 (44)   **BR Detmold**
L: 52 (A_1 1, A_2 4, B 15, C 20, D 2, E 4, H 6)   **ASN: 168816**
Spr.-Folge: E, L/F, F, F/L   Dez: LRSD **Klemisch**

A_1	Twele Jörg	1.10.98	M PH IF		30.12.53	Koch Nicole	20. 2.03	BI SP	e	26. 5.72
A_2	Asmuth Udo	5. 5.86	F SP	e	19. 9.44	geb. Franke				
	Schmeding Karl Erich	1. 2.99 °	M PA	e	21.11.51	Ropeter Wolfram	1. 8.03	D SP		25.12.67
	(V)					Ruprecht Julia Dr.	1. 2.04	L MU		8. 9.63
	Wienecke Inge	10. 4.03	D GE	e	1. 6.48	Josting-Klingenberg	1. 2.04	D E		19.11.70
	Schubert Volker Dr.	1. 2.05 °	M PH R		8.11.64	Angelika				
B	Scholz-Richter Volker	8. 2.79	PH		11. 2.43	Lange Claudia	1.11.05	D SP		6. 1.73
	Dipl.-Phys.							ER		
	Zerth Hartmut	28. 1.80	M	e	30.10.47	Peter Katharina	28. 5.06 °	L GE	e	17.12.71
	Schrenk Meinolf	9. 6.82 °	E EK		22.12.49	Schüttpelz Britta	22. 8.06 °	M ER	e	3.11.76
	Deierling Ulrike	15. 8.84 □	ER L	e	21.10.47	geb. Sasse (V_2)				
	geb. Lubach					Kuhn Boris	28. 8.06	BI SP		29. 4.73
	Westkamp Norbert	3.10.91	D F	k	14. 6.52	Adler Anja	1. 2.06 °	M SP	e	27.10.66
	Garl Reinhard	1. 6.95	ER F		2. 4.47	Junghörtchen Volker	16. 2.06 °	GE ER		20. 6.73
	Brink Friedr. Wilh.	1. 1.96	E SP	e	14.10.51	Weißphal Frederike	15. 9.06 °	M ER	e	14. 5.77
	Knollmann Sigrid (T)	1. 1.96	D MU		4. 9.59	Völker Wibke	9. 8.07	D E		19.11.77
	Wenta Heidi Elisabeth	8. 1.01 °	D E	e	31.10.59	Damm Michael	16. 9.07	D PP PL		6. 1.76
	Hauptfleisch Carsten	5. 7.01 °	M PH	e	4. 2.68	D	Basse Marion	18. 7.80	KU TX	e	22. 4.49
	Gläsker Wilma (T)	7. 9.01	D EK		15.12.52	geb. Kullack SekIL' (F)				
	Bartels Andrea	7. 9.01 °	E EK	k	15. 1.67	Kleinebenne Ute	1. 6.99 □	BI E		16. 4.67
	geb. Pätzold					Felizitas geb. Schulz SekIL'				
	Happe Hella	1. 8.02	MU ER		7. 7.64	E	Meinsen Nicole	22. 8.05	D EW	e	6. 7.71
	Dobrindt Ulrike (T)	10. 9.02	BI EK		30. 6.54	Kroeck Rahel	9. 8.06	CH BI		14. 3.73
	Marquard Michael	1. 9.03 °	L GE		12. 4.65			ER		
C	Kohlmeyer Cornelia	1. 8.84	D E	e	10. 8.54	Sieker Sabine	9. 8.06	BI E		3. 9.74
	(T)					Nussbaum Jens	6. 8.07 °	CH PH	e	30.10.71
	Tapmeyer Maria	4. 9.84	E PA	k	25. 1.54	H	Penner Herbert		GE EK		12. 4.45
	Krüger Gabriele	24.10.85	D E		12. 7.51	Schaefer Theo Kunsterz.		KU		3. 9.47
	Wendel Andreas	20. 9.93 °	MU CH	e	8.10.60	Winkler Angela Pfr.'		ER		1.12.57
	Preuß Jutta	1. 1.02	D F ER		10. 9.60	Heidemann Bernhard Dr.		M PH	k	7. 1.61
	geb. Stille (T)					Lebeau Matthias		SP	e	3. 5.62
	Vogt Carsten-Frank	1. 1.02	BI CH		26. 8.66	Homm Rob		GE PK		2. 5.72
	Meixner Stephanie (T)	1. 1.02	CH M		25. 5.67					

2.705 Vreden Gymnasium Georgianum gegr. 1677

st. G. (5-Tage-Woche) m. zweisprachigem dt.-engl. Zug f. J. u. M.
Zwillbrocker Str. 9, 48691 Vreden – Tel. (0 25 64) 96 83 60, Fax 96 83 69
E-Mail: verwaltung@gymnasium-vreden.de, Homepage: www.gymnasium-vreden.de

Kl: 10/16   Ku: 118/20   Sch: 969 (531) (261/424/284)   Abit: 83 (45)   **BR Münster**
L: 58 (A 1, A_2 5, B 18, C 21, D 2, E 7, H 4)   **ASN: 168002**
Spr.-Folge: E, L/F, L/N, F   Dez: LRSD' **Schankin**

A	Telgmann Bernhard	1.11.98 °	D SP	k	3. 9.52	Schreiber Ferdinand	1.10.80	EK SP	k	25. 8.47
A_2	Berger Fritz (Vw)	10. 1.92	E EK	k	28.12.51			W		
	Polanz Doris	30. 4.92	SP F	k	2. 1.49	Korte Heinz-Helmut	7.11.80 °	CH EK	e	1. 6.49
	geb. Nienhaus (T)					(V)				
	Stegemann Robert	1. 8.98	EK SP	k	8. 4.47	Vagt Elke (T)	1. 7.81	D PA		17. 3.49
	Dr. (F)					Andrea Kurt	1. 7.82	BI	e	3.11.47
	Hövel Heinrich	1. 2.04	M SP	k	20. 2.51	Schmiemann-	7. 7.82 □	F GE	k	28.12.49
	Sonnenschein	1. 2.04	E F		19. 8.51	Witsken Monika				
	Gabriela					geb. Witsken (T)				
B	Lüdinghaus Klaus	1. 8.79	D PL		3.11.44	Pfahler Hans-	25. 1.85 °	E GE		1.10.47
	Seel Hans-Dieter	10.10.79	E SW	k	15.10.47	Wolfgang B. A.				
	Senß Jürgen Dr.	24. 1.80	PH	e	2. 3.44	Paßen Heinz-Gerd	19. 4.85	D GE	k	5. 3.50

	Larbig Evelyn (T)	14. 1.91	□ E F	k	20. 2.46	Lütkemeyer Dietmar	1. 4.01	L KR	k	4. 4.68
	Bölts Folkert	14. 1.91	N M	e	8. 8.45	Lammers Markus	1. 8.06	E KR	k	21. 3.67
	Volks Engelbert	1.11.92	D SW	k	5. 2.53	Breitenbach Melanie	1. 8.07	D GE	k	6. 2.76
	Laufer Manfred	1. 6.94	BI W	k	11. 7.53	Gottheil Bernd	1. 8.07	M PH	k	20. 6.75
	Lücke Susanne (F) (L)	1. 8.95	D EK	k	14. 5.52	Schulz Sina	1. 8.07	D PA		15. 2.78
	Röring-Sonnenschein Josef	1. 8.95	EK SP	k	1. 1.51	Gries Hermann		D KR	k	10. 1.59
						Röttger Michael		MU SP	k	24. 9.63
	Paulovič Jarmila geb. Civínová	6.10.95	° BI CH	k	4. 7.47	Hunsinger Petra		M N	k	12. 4.70
						Schulze-Ameling Hendrik (V)		° L GE	k	7. 8.72
	Kliem Sigrid[1]	1. 4.07	E KR	k	21. 3.62					
C	Rindfleisch Hans (T)	10. 9.80	PH	e	15. 8.46	D Terhürne Gregor	1. 7.70	KU SP	k	1. 4.48
	Bomholt Josef (T)	24. 9.80	M	k	13.11.50	Burgers Karin RSchL' (T)	22. 7.77	E F	eref	16.12.48
	Klein-Reesink Franz	26. 6.81	° CH M	k	25.12.51					
	Terhaar Hans-Jürgen (T)	4. 3.83	F PL	k	17. 8.49	E Wessels Maren	22. 8.05	E F	k	11. 5.77
						Riemer Sabine	1. 8.06	D GE		4. 7.74
	Ossendorf Wolfgang	10. 5.83	M PH	k	21. 4.49	Balluff Kirsten	1. 8.06	D GE		25.10.78
	Frenker Hubert (T)	14. 8.85	E GE	k	12. 2.53	Stokowy Alexander	9. 8.06	BI SP	k	4. 2.77
	Ahrens-Ehlers Gisela (T)	28. 4.86	SW WW	e	24. 2.51	Winter Fleur	1. 2.07	M N	k	22. 6.78
						Hermes Alexandra	1. 8.07	BI SP	k	6.10.77
	Pijahn Frank (T)	29. 2.88	□ D N	k	12. 8.52	Renken Wiltrud		L KR	k	8. 6.68
	Meyer Ulrike geb. Thiemann	11.12.88	□ M CH		22. 9.56	H Sumelka Anke geb. Beer GymnL'		SP	e	12. 2.50
	Wiengarn Diethard (T)	11.12.89	M PH	k	13. 2.56	Lamek Karin		PA KU	e	1. 6.53
	Vossiek Annette (F)	17. 4.91	M BI	e	26. 3.62	Sauer Marianne geb. Krandick SpL'		SP	k	9.10.60
	Kipp Rita (T)	13.11.93	E KR	k	13. 7.60	Niehaus Irmgard Dr.		KR	k	

[1] komm. stellv. Schulleiterin

2.710 Wadersloh Gymnasium Johanneum gegr. 1953

pr. G. f. J. u. M. d. Gymnasium Johanneum Wadersloh e.V.
Liesborner Str. 10, 59329 Wadersloh – Tel. (0 25 23) 92 09-0, Fax 92 09-26
E-Mail: Gymnasium_Johanneum@t-online, Homepage: www.johanneum.de

Kl: 7/12   Ku: 103/24   Sch: 829 (444) (205/372/252)   Abit: 67 (32)   **BR Münster**
L: 45 (A 1, A_1 1, A_2 4, B 15, C 13, E 1, F 8, H 2)   ASN: **168063**
Spr.-Folge: E, L/F, F/L   Dez: LRSD **Dr. Hillebrand**

A	Lang Hans-Jürgen	1. 8.04	D GE SW	k	14. 6.58	Fornefeld Norbert	1.10.88	° M PH	k	29. 4.55
						Kästingschäfer Brigitte	1.10.88	BI CH	k	23.11.56
A_1	Kellner Hans-Josef	1. 1.82	L GE	k	21. 3.44	Schienstock Ulrike	1. 8.93	EK SP	e	10. 8.58
A_2	Schröder Klaus-Werner	1. 8.92	° EK D	k	7. 3.51	Schulte Heinz-Jürgen	1.12.93	M PH	k	3. 5.58
	McGready Joachim	1.10.92	F GE	e	22. 2.53	Hucht Bernarde	1.11.95	D KR	k	3. 4.62
	Müller Frank-Rüdiger	1. 8.95	F EK	k	30. 3.56	Düppengießer Krista	1. 8.98	L GE	k	22. 7.65
	Hein Christoph	1.12.98	° MU	k	1.11.49	Neuhaus Claudia	1.11.01	D KU	k	7.11.64
	Leiting Winfried	1. 3.02	° M PL	k	18. 6.55	Ringel Christian	15. 3.03	SP EK SW	k	10. 5.66
B	Müller Werner	1. 9.87	M PH	k	25. 8.49	Bücker Christian	19. 8.03	M KR	k	20. 3.72
	Schlegel Werner	1. 3.92	KU SP	e	6. 7.53	Himmelstein Klaus	1. 7.04	BI CH	k	27. 5.71
	Knop Karl-Friedrich	1. 3.93	D SP	k	23. 8.53	Schenk Thilo	1. 7.04	D SW	k	11.12.71
	Lütkebomk Hubert	1.10.93	M EK	k	22. 8.51	Haase Hermann-Josef		L KR		14.12.58
	Schaa Hermann	1. 6.94	D E	k	27. 1.55	E Stratmann Marion	1. 8.06	M KR	k	29. 6.77
	Deußen Peter	1. 6.94	° D E	k	3. 5.52	F Schuck Ulrich-Rainer		L E ER	e	26. 3.56
	Pohlenz Rosemarie	1. 1.95	E ER	e	17. 2.57	Roß Clemens		SP E	k	25.11.56
	Grünebaum Manfred	1. 1.95	M PH	k	31. 3.57	Schwert Ulrike		E GE	k	9.11.57
	Korff Eckhard	1. 8.96	° E SP	k	8. 5.58	Althen Kristine		F ER	e	12. 2.60
	Geimer Guido	1. 8.96	° MU KR	k	25. 3.62	Thaldorf Bernd		SP I	k	4.11.66
	Schleime Diethelm	1. 8.99	° L D	k	27.10.54	Kruse Saskia		F GE E	k	10.11.69
	Engstler Thomas	1. 8.99	D KR	k	22. 1.58	Schröder Markus Dr.		E GE	k	11. 3.70
	Wenner Wolfram	1.12.01	CH KR	k	4. 9.66	Schnell Frank		BI SP	k	16. 3.73
	Kayser-Noll Ursula	1. 1.06	E SW	k	5.12.59	H Rohloff Gerda GymnL' Katrin		SP	k	19. 1.53
	Huerkamp Clara	1. 8.07	E D	k	5. 5.65	Winkelnkemper		BI CH	k	29. 6.78
C	Brodkorb Christiane	1.10.88	° BI EK	e	7. 5.54					

2.715 Waltrop Theodor-Heuss-Gymnasium gegr. 1968
st. G. (5-Tage-Woche) m. bilingualem dt.-frz. Zweig f. J. u. M.
Theodor-Heuss-Str. 1, 45731 Waltrop – Tel. (0 23 09) 7 54 53, Fax 7 91 83
E-Mail: thg-waltrop@t-online.de, Homepage: www.thg-waltrop.de

Kl: 9/19   Ku: 131/24   Sch: 1146 (609) (275/527/344)   Abit: 82 (35)   **BR Münster**
L: 72 (A 1, A$_1$ 1, A$_2$ 4, B 22, C 34, D 2, E 3, F 4, H 1)   ASN: **168336**

Spr.-Folge: E/F, L/F/E, F/L   LRSD **Dingemann**

A	Jacobs Hans-Paul Dr.	5.11.91		M EK	k	15. 5.47		Ulrich Gabriele	13. 6.83		M EK	e	26. 9.52
A$_1$	Burrichter Eckhard	1. 8.97	°	D GE	k	6. 6.44		geb. Krause				
A$_2$	Höppner Klaus	1.11.89	°	M EK	e	15. 9.42		Hillebrand	10.10.83	°	BI HW	k	6. 5.53
	Punge Brigitte	29.11.94	°	E F	k	27. 6.51		Mechthild				
	geb. Siegmund (T)							Feldhaus Robert (T)	20. 1.84		SP SW	k	10. 5.52
	Werdelmann-	18. 7.95	°	E D	k	21.12.52		Sievers Gerd	4. 9.84		M SW	e	31.10.50
	Bohmann Christel (T)							Gockeln Bernd	5. 9.86	°	L KR	k	3.10.58
	Hingst Peter	1. 5.07		D EK	e	8. 7.53		Holsten Susanne (T)	26. 1.88		BI SP		21. 2.57
B	Schnettker Rüdiger (T)	9. 1.79	°	E	k	29. 9.43		Lange-Groves Ute (T)	1. 5.89	°	E ER	e	14. 8.57
	Martin Rainer	21. 2.79		SP F	e	17. 8.44		Hoffmann Gabriele	7. 8.91	°	L KR	k	14. 2.60
	Hillenkötter Bernd	27. 6.79	°	CH M	e	10. 7.48		Klimka Ute	1. 8.92		M SW		9. 7.58
	(L) (V$_2$)							Hartmann Dirk	9.11.94		SW E	k	28. 8.58
	Werres Clemens	6. 2.80	°	MU E	k	1. 2.46		Meyer Bernhard Dr.	8. 8.96		M KU	k	6. 3.63
	Crowley-Nicol	27.11.81	°	E SP	k	17. 2.47		Krupp Sibilla (T)	28. 8.96		D ER	e	5.11.61
	Ursula							Kruse Michael	29. 8.96		BI SP	k	26. 4.61
	Kordaß Jürgen	2.12.81	°	PL F		10. 1.45		Burkhart Petra	10. 8.98	°	D KR	k	17. 6.66
	Richter Helmut	2. 6.82		E GE	k	12.11.48		Kriegel Annette	16. 7.01	°	M PH	k	26.12.71
	Stratmann-Preß	2. 6.82		D BI	k	15. 2.51		geb. Schulz (T)					
	Anneliese (T)							(I)					
	Horstmann Hugo	2. 6.82		KR GE	k	17. 9.47		Spies Marion Dr.	20. 8.01		E ER	eref	27. 5.58
	Kosfeld Hartmut	2. 7.82		EK F	k	4. 2.49		Buchmüller Jürgen	1. 2.02		PH SP	k	28.11.59
	Wypschlo Bernd	22.12.83	°	E GE	k	2. 1.49		Plenge Michael	31. 3.02		M BI	k	18. 7.67
	Bagusche Annette	1. 9.87		BI PA	e	19. 3.52		Möllers Claudia	16. 9.03		M SP	k	28. 6.72
	Micha Franz-Bernh.	1.11.89	°	M MU	k	22. 1.50					EK		
	Münker Beatrix	8. 1.91		GE F	k	16. 3.53		Schlenke Kerstin	15. 3.04	°	L EK	k	18. 9.73
	Werdelmann-Krüger	17. 1.91	°	E KU	k	4. 3.54		Möller Stephanie	1. 2.06		D BI	e	13. 8.75
	Elisabeth (T)							geb. Wolnik					
	Quack Norbert (T) (V)	27. 1.92	°	M EK	k	9. 3.49		Konrad Kristin (T)	6. 3.06	°	KR F	k	19. 9.73
	Hemstedt Hannelore	22. 6.93	°	E EK	k	4. 7.54		Renzel Sandra	1. 8.06	°	MU CH	k	26. 8.76
	Wichmann Maria (T)	18.11.94	°	BI SP	k	10. 4.47		geb. Haase			(KR)		
	Suchomski Sabine	18.11.94	°	E F	e	12. 6.56		Jepp-Fabritz Kirsten	10.06	°	GE ER	e	30.10.69
	Zimmermann Maria	14. 7.95	°	D GE	k	28. 5.53		Reiners Alexandra	16. 9.07		D ER E	e	24.11.73
	geb. Erlemann						D	Szepan Regina	7. 6.83		E SW	k	1. 1.57
	Trebing Klaus	6. 2.96	°	E EK	e	30. 6.49		geb. Fietz SekIL' (T)					
	Platzköster Felix (T)	12.11.96		M PA	e	9. 5.51		Böhle-Indefrey	23. 4.95		BI KU	k	19.12.58
C	Rupieper Horst	4. 2.80		PH EK	e	9. 7.50	E	Barbara geb. Böhle L'					
	Gorschlüter	19. 8.80		F EK	k	26. 1.52		Möllmann Eva	1. 2.95		SP PA	e	5. 7.62
	Elisabeth geb. Niemeier (T)							Wetekam Stephanie	9. 8.06		D BI	e	26. 2.74
	Fuhrich Rolf-Heinr.	10.10.80		PH M	k	30.10.50		geb. Sauer					
	Pförtner Edeltraud	14.10.80		EK GE	k	20. 2.52		Fischer Jennifer	6. 8.07		D EK	k	14.11.77
	Weber Hans-Peter	1. 3.81		CH	k	21.10.48	F	Kindermann Berthold Dr.		°	CH	e	6. 5.46
	Micha Dorit (T)	12. 2.82	°	M		28. 7.51		Müller Joachim Dr.			D PA	e	8. 7.60
	Krause Ulrich	25. 6.82		E D	e	27. 7.52		Köhler Eckart			M IF	e	26. 3.69
	Stemmer Monika	28. 6.82		D SW		17.11.53		Le Phuoc Mong			CH PA	k	30. 5.73
	geb. Rams (T)						H	Wiedemann Annette			SP		22. 3.50
	Gersmann Bruno	7. 6.83	°	E WL	k	31.12.53		Dipl.-SpL'					
	geb. Hustermeier												

2.725 Warburg Gymnasium Marianum gegr. 1628
st. G. f. J. u. M.
Brüderkirchhof, 34414 Warburg – Tel. (0 56 41) 74 64 9-0, Fax 74 64 9-8
E-Mail: post@marianum-warburg.de, Homepage: www.marianum-warburg.de

Kl: 6/10   Ku: 54/11   Sch: 575 (308) (171/249/155)   Abit: 42 (33)   BR Detmold
L: 34 (A 1, A_1 1, A_2 2, B 9, C 14, D 3, F 3, H 1)   ASN: **169067**
Spr.-Folge: E, F/L, F, L/F/S   Dez: LRSD **Klemisch**

A	Huesmann Bernd	1. 2.85	° GE L	k	29. 3.46	Oppermann Maria	1. 1.02	° E F	k	2. 7.68
A_1	Schütte Lothar	1. 9.94	° D PL	e	9. 3.47	Möbius Gesine (T)	1. 1.02	° M PH		2. 3.69
A_2	Wilke-Brose Dörte	19.12.95	° E D		6.10.52	Kost Christiane	12. 5.03	M EW	k	31.10.66
	Fischer Jürgen	1. 6.04	° BI CH	k	6. 1.56	geb. Schulte				
B	Jasper Heinz-Josef	18.12.79	E KR	k	30. 3.45	Tröster Anita	1. 8.04	° CH KR	k	10. 7.60
	Frenzel Eckhard	27. 1.93	□ GE SW	e	11.12.53	geb. Igges		(M)		
	Kulke Dietmar	10.94	° SP EK	e	13. 7.52	Raßmann Christin	1. 8.04	D F	k	15. 6.66
	Grosser Hans-Jürgen	20.12.96	° D PL ER Soz	e	30. 8.51	Prante Birgit geb. Laurenz	15. 9.04	F KR	k	29. 7.74
	Dosoruth Waltraut	10. 9.02	E SW	e	22. 1.53	Kosinski Bruno	9. 8.07	D GE		12. 4.72
	Pecher Monika (T)	14. 4.03	M BI		25. 4.59	Lücke Olivia	30. 8.07	M KR PA	k	27. 3.74
	Scholle Frank	31. 8.04	° L GE	k	12. 4.70					
	Volmert Thomas (T)	1. 5.05	SW GE MU		21. 2.53	Czech Frederik	6. 9.07	L GE G	k	24. 7.71
	Kasten Birgit (T)	15. 5.06	KU KR	k	23. 5.58	D	Heße Regina geb. Wagner SekIL' (T)	7. 9.92	ER EK	e	14.10.57
C	Pottebaum Werner	18. 2.83	PA SP	k	2. 4.51	Wittig Viola geb.	16. 7.96	M PH	oB	31. 1.69
	Jurczyk Hans (T)	28. 1.88	BI SP		24. 3.55	Senf SekIL' (T)				
	Brunst Uwe	22. 8.90	M PH	e	21.11.58	Friedrich Sabine (T)	5. 6.98	KU PK		8. 8.62
	Buggert Anke (T)	1. 9.94	ER BI	e	10. 2.62	F	Grafe Bernhard		M KR	k	15.10.49
	Kröger-Mertens Monika	7. 7.00	KU SP	k	4. 3.67	Verst Ludger		D KR	k	3. 7.59
						H	Reihs Claus-Jürgen		ER	e	16. 7.65

2.726 Warburg Hüffertgymnasium gegr. 1947
st. G. f. J. u. M.
Wachtelpfad 5, 34414 Warburg – Tel. (0 56 41) 7 90 00, Fax 79 00 22
E-Mail: schule@hueffertgymnasium.de, Homepage: www.hueffertgymnasium.de

Kl: 8/18   Ku: 151/23   Sch: 1100 (640) (235/483/382)   Abit: 88 (51)   BR Detmold
L: 69 (A 1, A_1 1, A_2 2, B 23, C 26, D 2, E 5, F 4, H 1)   ASN: **169079**
Spr.-Folge: E, L/F, F/L, L/F/S   Dez: LRSD **Klemisch**

A	Klare Heinz-Werner	1. 8.04	° M WW	k	12. 4.53	Besse Heinz-Josef	29. 9.94	D L PL PA SW	k	10. 8.49
A_1	Jahre Dieter	10. 1.05	° M ER IF	e	26. 5.51	Baumgarten Wilfried	30. 9.95	° PH M	e	21. 2.50
A_2	Wilmes Friedrich- Josef (V)	15. 6.90	° M PH IF	k	13. 4.52	Kröger-Bierhoff Ruth geb. Kröger	30. 9.95	E SW		6. 6.55
	Wilmes Anton	5. 9.91	BI		3. 4.50	Becker Petra Dr.	2. 1.96	BI SP	e	31. 7.57
	Dewenter-Böddeker Hildegard	1. 6.94	° D SW	k	6. 7.53	Bischoff Annette	2. 1.96	° M BI		16. 5.57
	Herink Anton	7. 4.95	° D GE	k	28. 5.45	Philipper Ingeborg Dr. (T)	28.10.96	° D SW	k	22. 9.51
	Palmes Michael	17.10.95	° F EK		3. 7.44	Mengel Thomas	28.10.96	° M PH	e	14. 3.60
	Kemmerling Monika	19. 4.96	° BI CH	k	8. 2.56	Henkelmann Matthias	21.12.01	° ER M	e	30. 6.60
B	Wiemers Wilhelm	4.84	M PA	k	10. 7.44	Thebille Michael	26. 4.02	KR SW	k	13. 3.56
	Karsten Gerd (T)	23. 3.87	□ M PH		13.10.51	Böhm Karl-Werner	14. 5.03	° BI SP	e	15. 9.58
	Gerke Ulrich	25. 3.93	D PA SP	e	10.10.50	Johnen-Hahn Angelika	27. 4.04	D PA		17. 1.53
	Lottmann Birgit (T)	25. 3.93	D KR PL	k	27. 8.46	Nießen Susanne	27. 4.04	° HW BI	k	5. 2.67
	Jochheim Wilh. (V)	25. 3.93	° E L GE	k	25.11.49	Hanuss Harald	18. 8.04	D SP		22. 8.65
	Geibig Ortrud	25. 3.93	° F E	k	30. 6.55	Berger Ralf	23. 6.06	MU KR	k	4. 5.70
	Haase Andrea Dr. (T)	2.94	CH BI	e	16.10.60	C	Klein-Neuroth Gabriele (T)	19. 8.80	F GE	e	14. 8.51
	van der Minde Margarete geb. Ruhrmann (T)	29. 9.94	D EK	e	30. 1.50	Krug Gisela geb. Günther	1.10.81	KU	e	17. 2.48
	Floren Peter	29. 9.94	° E SP	k	17. 1.56					

Förster Ingrid geb. Gockeln (T)	27. 8.83	° D PA	k	6. 3.53		Lisson Gregor	21. 7.04	° GE L	k	5. 3.69
						Kohnz Daniela	1. 8.04	L KR	k	4. 2.70
Scheimies Claudia (T)	13. 3.89	KU M	e	12. 6.57		Even Peter	1. 8.04	GE E	k	17. 3.70
						Schmidt Mark	29. 9.04	° M CH	k	2.10.73
Heupel-Lommes Angelika (T)	28. 8.90	HW SP	k	10.12.57		Huppert Myriam	16. 3.07	E GE M	e	15.11.76
						Genau Maria (T)	20. 6.07	D F	k	30. 5.73
Hemkendreis Roswitha (T)	10. 6.92	° E EK	k	27. 5.51		Leifels Mario		EK KR SP	k	2. 5.69
Preißler Klaus	29. 6.94	E SP		17.12.57	D	Roggel Gunter	4. 9.81	KR SW	k	29. 8.53
Neumeyer Friedhelm	1. 8.94	M SP	e	19. 7.51		Wagemann Elisabeth (T)	15. 8.91	MU D	k	25.10.59
Müller Holger (T)	1. 8.94	M EK	e	24. 6.57						
Wilhelms Johanna (T)	1.10.94	F E	k	9. 1.61	E	Giller Gabriele (T)	22. 8.03	° E D	k	14. 2.69
Knäpper Matthias	1. 1.02	KR KU	k	28. 3.63		Koch Anke	1. 2.06	S F	e	15. 6.68
Müller-Reich Peter (T)	1. 1.02	M PH	e	23.11.65		Märten Isabel	9. 8.06	D PA BI	k	7.11.75
Kuprewitz Klaus	1. 1.02	D SP	k	11. 1.67		Cramer Caroline	1. 2.07	E PL PP	k	27. 4.80
Götz Carsten	1. 1.02	E F		9.12.69		Bruns Silvia	6. 8.07	GE D	k	10. 7.77
Neumann Anja (T)	30. 6.03	° M ER	e	7. 4.71	F	Wiese Detlef		EK F	e	26.12.51
Himmelmann Martina (T)	9. 2.04	MU GE	k	18. 7.66		Linnemann Monika		E D	k	31.12.54
						Engemann Renata		SP KR	k	5. 5.69
Prante Christoph	15. 3.04	° M CH	k	30.11.74		Weber Andreas		° BI EK	k	18.12.69
Damerau Simone	15. 3.04	° D S	k	11. 2.72	H	Prell Elisabeth geb. Strümper GymnL'		SP	k	8.11.51
Wriedt Ina	13. 5.04	° M ER	e	29. 5.74						

2.730 Warendorf Gymnasium Laurentianum gegr. 1329
st. G. (5-Tage-Woche) f. J. u. M.
Von-Ketteler-Str. 24, 48231 Warendorf – Tel. (0 25 81) 63 33 50, Fax 6 25 09
E-Mail: laurentianum@warendorf.de, Homepage: www.laurentianum.de

Kl: 7/16   Ku: 127/315   Sch: 939 (394) (199/478/262)   Abit: 96 (51)   **BR Münster**
L: 57 (A 1, A$_1$ 1, A$_2$ 7, B 18, C 21, D 2, E 2, F 3, H 2)   ASN: **168490**
Spr.-Folge: L/E, F, F, L/F/R/S/I   Dez: LRSD **Dr. Hillebrand**

A	Ermer Marlis	1.11.98	° M	e	17.12.54	Seidel Jutta geb. Schäfer (T)	14.12.82	E GE	k	24. 9.48
A$_1$	Kliege Burkhard (L)	30. 5.03	GE SP		21.10.48					
A$_2$	Sternberg Michael	22.12.89	° CH	k	24. 7.47	Hufendiek Gustav-Adolf (T)	14. 3.83	E F	e	29. 5.52
	Sondermann Peter	15. 1.92	D R		25. 2.49					
	Graumann Günter (Vw)	1. 2.93	° M BI	e	10.10.48	Dorenberg Jutta (T)	22. 8.83	BI SP	k	30. 1.54
	Weber Hans-Dieter	23.12.93	° F EK	k	18. 3.45	Thiemann Monika geb. Temme (T)	3.11.83	M EK	k	26. 5.54
	Philipp Volker Dr.	1. 2.95	PH M		13. 8.44	Petry Werner	14. 4.81	° E GE	k	15. 7.50
	Seidel Günter (F)	1. 2.00	PA E		12. 8.49	Klimek Claudia geb. Bartsch (T)	11. 7.84	GE M	e	27. 6.53
B	Mexner Ernst-Walter	1. 9.80	° PH (M)	e	14. 2.49					
	Wallmeier Clemens	22.10.80	D SP	k	3. 1.47	Jäger Gisela Dipl.-Geogr.' (T)	13. 8.84	SW EK	k	18. 9.47
	Suntrup Doris (T)	21. 1.82	° E GE	k	31. 1.48					
	Potratz Christine (T)	20. 9.82	EK CH	e	6. 5.50	von Lehmden Josef	1.10.84	KR SW	k	9.11.53
	Grohe Winfried Dr.	1.11.89	KR D		4.12.44	Tautzt Reinhard	30.10.84	MU E	k	1. 1.49
	Müller Peter Ulrich	1. 1.91	EK D	e	15. 6.52	Holtkötter Matthias	10. 6.90	L KR	k	13. 2.60
	Biesemann Arno	15. 1.92	BI CH	k	27. 2.49	Gensichen Gisela (T)	16.11.91	D PL		8.11.50
	Frerich Alwin	1. 2.93	L EK	k	26. 8.49	Heil Martin	1. 8.92	M MU	k	24. 4.56
	Gispert Ellen (T)	1. 2.93	° KU KW	k	14. 7.52	Herstelle Monika geb. Kauch (T)	19.12.92	GE M	k	19.12.60
	Voelker Barbara	1. 2.93	CH PA	k	20. 3.53					
	Thüß Willi	1. 6.94	D GE	k	13. 9.52	Mues Ursula	14.10.93	E KR HW	k	15. 5.62
	Dorenberg Theodor	1. 6.94	SP F	k	15. 6.50					
	Maciolek Peter	26. 9.94	M EK	e	5. 6.49	Hothneier Matthias	15. 8.94	MU KR	k	13. 4.63
	Nordhausen Doris	1.11.94	KU Kuge		8. 9.52	Puchmüller Ulrike	12. 7.95	E KR	k	5. 2.60
	Bergold-Bock Jana (T)	1. 7.95	R E		29. 6.49	Braunsmann Edith		M E		11. 9.57
	Hartmann Rolf	15. 1.96	E GE	k	21. 2.52	Kwichonus Hansjörg		M PH	k	2.11.57
	Gispert Hartmut	1. 7.96	° BI EK	e	17. 1.52	D	Zeisler Reinhard SekIL	22. 3.84	GE SW		6. 9.48
	Röer Hermann	12. 5.97	CH GE	k	8. 8.50					
C	v. Görgey Andreas	19. 8.80	D EK	k	30. 1.50	Baumeister Klaus SekIL		PH SP		
	Heinrich Wolfgang	4. 2.81	° D SP		21.12.49	E	Kleine-Kreuzmann Michaela	1. 2.06	F L	k	28. 5.74
	Heufert Irmgard	3. 8.82	E F		6. 4.53					

	Hock Kathrin	1. 2.06	D SP	e	31. 3.78		Reifert Frank		° D EK	k	19. 8.62
F	Adick Hubert		° KR L	k	15. 8.52	H	Simon Jörg		KU	k	20. 9.52
	Kehne Friedr.-W. Dipl.-SpL Ass d. L.		SP BI	k	29. 4.55		Gerdes Hanna geb. Hotze		D ER	e	6. 1.60

2.731 Warendorf Augustin-Wibbelt-Gymnasium gegr. 1922
st. Aufbau-G. f. J. u. M.
Von-Ketteler-Str. 44, 48231 Warendorf – Tel. (0 25 81) 35 48, Fax 63 28 83
E-Mail: sekretariat@augustin-wibbelt-gymnasium.de
Homepage: www.augustin-wibbelt-gymnasium.de

Kl: –/4   Ku: 182/31   Sch: 609 (382) (–/108/501)   Abit: 98 (60)   BR Münster
L: 42 (A 1, A$_1$ 1, A$_2$ 4, B 12, C 17, E 4, F 3)   ASN: **168488**
Spr.-Folge: –, E/L/F (ab Jg.st. 7), –, S/I/R/L/F   Dez: LRSD **Dr. Hillebrand**

A	Post Hubert	1. 2.07	° PH IF	k	30. 4.49		Dierker Wiltrud	15.11.04	M MU	e	2. 1.74
A$_1$	Schulte Martin (V)	1. 2.06	° SP EK	k	22. 4.53		Götz Katrin (T)	15. 3.05	D SP		2. 5.69
A$_2$	Beermann Reinhard	2. 1.94	PA SW GE	k	3. 7.51		Böhm Claudia (T)	15. 3.05	KU PA	k	22. 2.71
							Philipps Tilmann	1. 8.05	° E EK	e	19.11.71
	Albertsmeier Klaus-Thomas (F)	14. 7.03	F PA L	k	25. 4.47		Herrmann Julia	1. 8.05	° F S EK	k	20. 7.72
							Dullweber Christina	15. 9.05	D SP KR	k	17. 5.77
	Eustermann Siegfried	1. 3.05	M	k	3.10.44						
	Grau Brigitta	1. 8.06	▫ GE E	e	7. 6.47		Bußmann Martin	1. 2.06	M PH	k	4.12.69
B	Busch Hubert	22. 1.92	D PA L	k	27. 3.48		Rüthemann Gunnar	1. 2.06	° L GE	e	25.10.74
	Dörholt Rudolf	22. 5.96	D GE KR	k	1. 6.52		Bourger Désirée Dr. (T)	8. 3.06	° D F PL		4. 2.69
	Heuermann Rolf	1. 6.96	BI CH	e	24. 7.53		Kintzinger Marion Dr. (T)	15. 3.06	° GE ER		1. 4.60
	Schmitz-Hövener Sabine (T)	1. 8.96	° KR E	k	27.12.55		Richter Hermann Dr.	1. 2.07	° D PA		6. 5.65
	Dick Joachim	1. 3.05	E GE	k	26.11.50		Werner Sabine (T)	18. 3.05	° S F PA		4.12.74
	Bulla Thomas	1. 3.05	SW E	k	7. 3.59		Stein Holger	1. 8.07	M SP		30.11.69
	Albat Kornelia (T)	1. 3.05	° D KR	k	27. 2.58		Salzwedel Stephanie (T)	22. 8.07	M EK	k	25. 2.77
	Urban Helmut	1. 3.06	F SP	k	3. 3.55						
	Goeke Olaf Dr.	1. 3.06	E MU IF	k	18. 3.64	E	Kolbow Daniel	9. 8.06	E SW		17. 9.74
							Nielewski Vera	9. 8.06	D BI	e	22. 4.76
	Heine-Doht Marie-Therese (T)	1. 4.07	BI CH	k	11. 2.52		Westphal Stephanie	9. 8.06	M SP	e	31. 3.78
	Hartmann Holger	1. 4.07	KU D	k	22. 3.58		Heimeshoff Ute (T)	1. 8.07	F KU	k	19.10.76
	Frönd Klaus	1. 4.07	° M PL	k	4. 6.71	F	Schlüter Gertraud geb. Kögler Mag.'		BI EK	k	8. 9.51
C	Beier Johannes	7. 2.85	E F	k	9.10.53		Knippenberg Christa		F GE	e	17. 9.54
	Herich Ursula (T)	1. 3.00	SW KR	k	27.10.68		Jebenstreit Barbara		° BI CH	k	30. 6.75
	Berg Judith (T)	19.10.04	° E R	k	15. 2.71						

2.732 Warendorf Mariengymnasium gegr. 1906
st. G. f. M. u. J.
Von-Ketteler-Str. 15, 48231 Warendorf – Tel. (0 25 81) 63 32 71, Fax 6 39 77
E-Mail: mariengymnasium@warendorf.de,
Homepage: www.mariengymnasium-warendorf.de

Kl: 9/13   Ku: 96/19   Sch: 870 (612) (248/368/254)   Abit: 64 (46)   BR Münster
L: 54 (A 1, A$_1$ 1, A$_2$ 3, B 16, C 22, D 1, E 5, H 5)   ASN: **168506**
Spr.-Folge: E, F/L, L/F, I   Dez: LRSD **Dr. Hillebrand**

A	Wilken Heinz	1. 2.05	PL L	k	31. 1.49		Folker Theodor	10. 7.81	BI CH	k	2. 5.48
A$_1$	Bloch Reinhard	1. 6.99	D GE	k	28.11.43		Vorfeld Berthold	20. 8.81	M IF	k	29.10.47
A$_2$	Gühne Ekkehard Dr. (V)	20.12.89	° D GE PL	k	22.11.47		Menke Wolfgang	1. 7.82	E PA	k	8.12.45
							Nottebaum Norb. Dr.	1.12.82	BI F	k	4. 9.47
	Jäger Rolf-Werner	1. 8.02	EK M	e	29. 5.49		Muth Josef	1. 1.91	° M	k	17.11.50
	Bleiker Karl-Bernd	1. 8.06	° E EK L	k	18. 6.51		Zöller Elisabeth geb. Diermann (T)	1. 6.94	M WW	k	16. 2.51
B	Meisel Burkhardt	15. 2.80	PH	k	27. 2.49						
	Thomas Gabriele geb. Gierhake	1. 9.80	SP F	k	23.10.44		Bartscher Hans Joachim (L)	22. 5.95	F SW	k	11. 9.51

Name	Date	Subj		Date
Darquenne-Danwerth Mechthild geb. Igelbrink	1. 7.95	F KU		5. 6.51
Bayes Brigitte geb. Bahlmann (T)	22. 1.96	SP E	k	27.11.49
Reker-Nass Ricarda geb. Breilmann	10. 1.97	D EW	e	12.12.52
Mense-Frerich Cordula geb. Mense (T)	1. 2.04	D GE	k	13. 8.54
Schmalenstroer Walter	1. 3.06	BI KR PL	k	25. 8.52
Bratek Hubert	1. 4.07	D EK		8. 3.51
C Grohe-Bury Gabriele geb. Bury (T)	1. 3.78	GE D	k	18. 3.47
Ludewig Günther	3. 9.79	D F	e	23. 3.47
Gabel Ulrike geb. Gelhaus (T)	12. 3.82	GE SW	k	
Drestomark Bernhard	1.11.82	E PA KR	k	10. 4.52
Troche Barbara geb. Pollmüller (T)	28. 3.83	BI EK	e	
Klose-Wittler Regina geb. Klose (T)	1. 8.83 °	E GE	k	26. 4.53
Bergold Johannes (T)	30.11.84	M ER	e	2.12.48
Schmalenstroer Siegrid (T)	14. 6.85	BI EW		11. 5.54
Holthaus Maria geb. Goddemeyer (T)	17.10.85	D SW KU		18. 1.56

Name	Date	Subj		Date
Meyerhof Ulrike	1. 8.95	L F I		2. 2.62
Ormeloh Thomas	1. 8.98	E SW		17.10.65
Bakker Ursel	1. 2.04	D ER	e	21. 8.64
Betting Petra (T)	1. 8.04	M PH		5.11.71
Schöneich Sabine Dr.	15. 9.04	BI CH	k	10.11.59
Niermann Christian	1. 2.05	CH SP		18. 3.71
Tussing-Bendel Andrea	22. 8.05	F SP		8. 7.60
Götz Torsten	1. 8.06	GE SP		23. 9.66
Behrens Sonja	1. 8.06	KU KR	k	28.12.73
Piendl Oliver	1. 8.07	D SP		26. 8.69
Roeschmann Klara geb. Fleischmann		EK D		
Kleine Gerd		CH BI		
E Benteler Sandra	1. 8.06	GE BI		24. 2.71
Behrens Peter	1. 8.06 °	L MU I	k	4. 8.75
Czichon Michael	1. 7.07 °	PH CH (M)		25. 6.73
Vellmanns Antonia	1. 7.07	E D		9.10.73
Bertels Isabel	1. 7.07	BI KR	k	9. 7.77
H Bock Susan geb. Endersby		E	angl	8. 4.44
Meisner Winfried		SP BI		17.12.47
Lengelsen Thomas Pfr.		ER	e	27.11.55
Isenberg Martin		E		29. 7.57
D'Alò Benedikta		D I	e	6. 9.63

2.736 Warstein Gymnasium gegr. 1943
st. G. (5-Tage-Woche) f. J. u. M.
Schorenweg 9, 59581 Warstein – Tel. (0 29 02) 87 30, Fax 8 73 25
E-Mail: info@gymnasium-warstein.de, Homepage: www.gymnasium-warstein.de

Kl: 6/11   Ku: 99/16   Sch: 737 (393) (164/318/255)   Abit: 69 (37)   **BR Arnsberg**
L: 44 (A 1, A$_1$ 1, A$_2$ 4, B 13, C 19, D 1, E 3, H 2)   ASN: **169900**

Spr.-Folge: E, L/F, F   Dez: LRSD **Koch**

	Name	Date	Subj		Date
A	Humbeck Werner	1.11.98	M EK	k	11.12.50
A$_1$	Ernst Ulrich	31. 8.89	BI CH	k	16. 4.53
A$_2$	Müller Karl	28.12.97 °	M PH	e	13. 5.50
	Schrage Alfons (F)	3. 5.99	D SW	k	21.12.49
	Wienand Reinhard	1. 9.01 °	M		2.12.49
	Rennekamp Michael	1. 9.01 °	E EK	k	28. 4.50
B	Wienand Helma geb. Lenze (T)	12. 5.80 °	F SP	k	30. 9.48
	Lux-Röttgers Sabine geb. Lux	22.12.92	D SP	e	3.11.50
	Lürbke Ferdinand	22.12.92 °	GE SP	k	21. 7.49
	Leneke Friedhelm	4. 3.95	D PL ER	e	24. 5.52
	Uennigmann Egon	28. 2.96	D EK	k	28. 1.53
	Schmitz Annette geb. Vollmer (T)	28. 2.96	E F	k	24. 3.54
	Klostermann Reinhard	8. 5.00	KR BI	k	24. 7.52
	Schrewe-Richter Christa geb. Schrewe (T)	31. 5.01	D SP	k	25.12.51
	Pellinghausen-Lindenberg Rosa	31. 5.01	M KR	k	18. 4.54
	Boomhuis Wolfgang	15. 7.02	M W	e	18. 9.51
	Wüllner Birgitta geb. Bienk	22. 7.04 °	E EK	k	18.10.51
	Brüß Heinz-Wilh.	28. 6.06	M EK	e	20.11.52
	Belecke Bernd	28. 6.06	M SW		

	Name	Date	Subj		Date
C	Schulte-Gebing Margret (T)	76	F BI	k	28. 7.50
	Risse Sabine geb. Sindram (T)	20. 9.83 °	E EK	e	23. 1.54
	Steinrücke Werner	15. 8.84 °	CH BI	k	18. 4.54
	Brandt Cornelia (T)	13.10.84	SW GE	k	17.12.54
	Bergmann Heinz-Dieter	17. 9.85	PH EK	e	12.12.48
	Reese Angelika geb. Graf (T)	30.10.85	D E	e	12. 7.54
	Völkel Reinhold (V$_2$)	27. 4.88 °	E KR	k	20. 6.49
	Keßler Angelika geb. Opitz (T)	22. 8.89	PH M	k	24. 5.56
	Nübel Winfried	19. 9.93 °	L KR	k	5. 8.56
	Schröder Markus	1. 2.00	M PH	k	13. 3.72
	Brüggemeier Beatrix (T)	1. 1.02	D MU	k	4. 8.60
	Hillebrand Stephanie	1. 8.03	E R		25. 2.74
	Budde-Mäkinen Hanna (T)	17.12.04	BI E		6.12.73
	Kurze Susanne	23. 2.05	D KU	k	21. 6.75
	Kühle Marlies geb. Heine (T)	9. 6.05 °	L EK KR	k	24. 8.60
	Plaar-Legrum Pia geb. Plaar	15. 3.06	E BI		25. 5.73
	Budde Stefan	9.10.06	D SP	k	12.11.73
	Marx Barbara (T)	17.11.06	F SP		15. 3.73

	Gillhaus Silke	1. 8.07 ° D BI PA e	11. 9.75		Finger Claus	6. 8.07	BI SP	k	23.10.75
D	Feller Arthur SekIL	28. 8.95	GE MU k	14.10.61	H	Risse Günther		SP	k	25. 1.53
E	Korona Beate	8. 9.05	D E k	19. 3.76		Schröder Albert		KR	k	21. 7.61
	Rheims Stefan	6. 8.07	GE PL e	30.12.74						

2.745 Werl Mariengymnasium gegr. 1907
st. G.[1] f. J. u. M.
Am Breilsgraben 2, 59457 Werl – Tel. (0 29 22) 60 04, Fax 54 00
E-Mail: sekretariat@mg-werl.de, Homepage: www.mg-werl.de

Kl: 10/17   Ku: 131/20   Sch: 1065 (533) (293/453/319)   Abit: 83 (39)   **BR Arnsberg**
L: 58 (A 1, A_1 1, A_2 7, B 18, C 20, D 4, E 2, F 4, H 1)   **ASN: 170410**
Spr.-Folge: L+E/E, E/L/F, F/R, L/F/S   Dez: LRSD **Koch**

A	**Drepper** Jürgen	1. 5.91 °	KR D	k	18. 4.46	**Falke** Reinhard (T)	1. 8.82	E EK k	5.11.49
A_1	**Prünte** Michael	8. 8.00 °	L KR	k	16. 9.59			SP	
A_2	**Risse** Werner	14.12.89	M EK	k	3. 5.49	**Ostermann** Gabriele	1. 3.83	D SW k	19. 9.51
	Dobrindt Michael	18.12.91	SP M	k	14.10.49	geb. Wittek			
	Kiko Heinrich	18.12.91	BI CH	k	25. 8.52	**Loer** Karl-Heinz	16. 5.83	SP EK k	25. 2.50
	Rath Klaus	29.12.91 °	M PH	k	21.10.48	**Berens** Paul-Ulrich	2.11.83	F GE k	11.12.53
	Gerbens Manfred	27. 9.96	M PH	k	7. 6.53	**Mertens** Adda	4. 9.84	EK D e	4. 9.54
	Schriek Bernard	21. 5.01 °	M IF	k	4. 1.49	geb. Büchsenschütz (T)			
	Knoppe Willi Dr.	23. 5.01	D GE	k	12.11.51	**Stevens** Brigitte (T)	15.11.84	BI E e	11. 7.55
B	**Drewke** Lothar (T)	1. 9.81	F PL	e	19. 6.44	**Rickert** Werner	19. 5.85	BI CH k	26. 5.55
			ER			**Siebert** Michaela	28. 8.95 °	BI CH k	11.11.59
	Harnischmacher	1. 7.82	E F	k	3. 6.49	Barbara			
	Renate geb. Insel (T)					**Baroth** Martina	1. 8.01 °	D L e	16.11.68
	Schröer Wolfgang	1. 7.82	SP L		17. 5.47	**Steinberg** Dirk	1. 1.02	KR L k	11. 6.69
	Brodde Klaus (V)	1.12.84 °	PH M	e	30.10.51			GE	
	Gleisberg Wolfgang	1. 1.86	E F		17.10.50	**Rink** Ulrike	1. 8.03	L G	25. 7.61
	Zöller Wolfgang	30.12.91	M SW	k	4.11.52	**Große Lanwer** Frank	1. 8.03	M KR	12. 7.74
	Marx Eberhard	11.12.92	D E ER	e	6. 3.53	**Igel** Mirko	1. 8.04	M IF	25. 3.73
	Romeyke Hubert	12.10.93	KU M	k	25. 9.51	**Egert** Frithjof	1. 8.04 °	M PH e	2. 5.75
	Raus Ingrid	15.12.94	BI	e	13. 2.48	**Beune** Petra	21. 3.05	MU E e	5. 3.73
	geb. Strahle (T)					**Koert** Mark-Oliver	3. 6.05	GE EK e	18. 9.73
	Irländer Elmar	15.12.95	PL E		16. 4.56	**Deimel** Bernhard		° E SP k	26.12.52
	Hoffmann Barbara (T)	12.11.96	D PA	k	14. 9.54	D **Nordmann** Irmgard	26. 8.82	BI D k	2. 1.56
	Nölke Wolfgang	12.11.96	PH KU	k	30.11.54	SekIL'			
	Adam Barbara (T)	24. 2.00	D EK	k	10. 3.54	**Wäschenbach**	15. 8.83	E KR k	12. 9.56
	Schons Wolfgang	16. 5.00	D SP	k	1.12.51	Christiane SekIL'			
	Hellenkamp Ferd.	8. 7.02	PA SP	k	6. 4.50	**Schmidt** Paul SekIL	4. 3.84	SP M k	11. 9.52
	Küper Annette (T)	8. 7.02	KR D	k	11. 4.57	**Jahn** Heike SekIL'		KU TX k	4. 8.56
	Jürgens-Hinkelmann		F PK	k	24. 2.53	E **Hagedorn** Marco	1. 2.07	CH BI	30. 3.79
	Ursula		SW			**Hanfland** Jens	6. 8.07	SP GE	2. 8.76
	Kemper Gregor		D KR	k	15. 8.54	F **Kaltwasser** Jörg Dr.[2]		° R D	25. 2.53
			LI			**Kruse** Walburga		D EK L	11.11.54
C	**Lukas** Lucia (T)	15. 4.77	KR BI PA		30. 5.48	**Mucha** Beata			2. 4.57
	Raus Peter (T)	11. 2.78 °	E EK	k	17. 2.47	**Bube** Susanne		E S	18. 6.75
	Röttger Antonius (T)	1. 9.81	PA GE	k	1.10.53	H **Büttner** Thomas		MU	25.10.61
			SW						

[1] Förderschule f. Spätaussiedler   [2] Lehrbeauftr. an d. Univ. Münster

2.746 Werl Ursulinengymnasium gegr. 1909
pr. G.[1] f. M. u. J. d. St.-Ursula-Stifts, 59457 Werl, Neuerstr. 11
Schloßstr. 5, 59457 Werl – Tel. (0 29 22) 50 17, Fax 86 04 14
E-Mail: ugwerl@ugwerl.de, Homepage: www.ugwerl.de

Kl: 6/18   Ku: 125/18   Sch: 869 (571) (195/365/309)   Abit: 97 (67)   **BR Arnsberg**
L: 51 (A 1, A_1 1, A_2 6, B 19, C 17, E 1, F 6)   **ASN: 170422**
Spr.-Folge: E, F/L, F, L/F/S   Dez: LRSD **Koch**

A	**Grote** Hans-Werner	1. 8.94 °	D BI	k	21. 8.49	**Brüggenkamp**	1. 2.98 °	GE D k	9. 7.52
A_1	**Kümpel** Georg	1.11.92 °	PH M	k	24. 9.49	Hans-Dieter			
A_2	**Pankauke** Wilfried	1. 8.97 °	D PA	e	5. 7.44	**Christl** Hans	1. 8.01	CH BI k	7.12.50

	Schneider Meinolf	1.10.03	M PL PA IF	k	11. 2.56	C	Sasse Anette geb. Klocke (T)	1. 8.97	KU D	k	15. 1.62
	Aßmuth-Fillies Ulrike geb. Aßmuth	1.10.03	M CH	k	11. 4.59		Kröger Michael	18. 8.99	MU SP	k	17. 2.66
	Kleckers Jürgen	1. 8.05	E EK	k	27. 5.58		Fischer Ina geb. Hofmann (T)	1. 8.02	D KU	e	2. 5.71
B	Reuther Egon	1.12.80 °	GE E	k	14.11.48		Fries Ulrich	1. 8.01	PK GE SW	k	21.12.64
	Schulte-Feldkamp Mechthild	1.10.89	BI PA	k	14. 7.54		Heihoff Julia geb. Zwicker (T)	1. 8.01	ER GE		17. 2.65
	Brockmeyer Christian	1.10.89	PL KR	k	4. 8.53		Jura Guido Dr.	1. 8.02	D SW	k	17.12.67
	Dannenberg Ulrike (T)	1. 9.94 °	M EK ER	e	16. 3.55		Becker Wolfgang	1. 8.03	F SP	k	17.12.69
	Heinrich Christel geb. Bickmann	1. 1.96	E TX	k	16. 7.55		Bönnemann Rüdiger	1. 2.04	E GE	k	31. 3.70
							Meyer Tanja	1. 8.05	E EK	k	12. 7.74
	Ringel Maria-Theresia (T)	1. 8.96	D SW PA	k	30. 3.54		Höllwerth Katharina geb. Bonhaus (T)	1. 8.05	S E	k	25. 3.74
	Rasche Konrad Martin	1. 4.98	PH M	k	15. 4.57		Beckmann Konrad	1. 8.06	F M	k	11.12.72
							Tauber Kerstin	1. 8.06	M ER	e	25. 4.77
	Herrmann Barbara geb. Knak (T)	1.11.98	E SP	k	25. 8.57		Klose Peter Johannes	1. 4.07	M MU	k	13. 4.74
							Hüning Jan	1. 4.07	M MU	k	31. 5.77
	Neumann Christine geb. Cetin	1. 8.00 °	L KR		31. 3.59		Berensmeier Nicole geb. Heppe	1. 8.07	S F	k	17. 4.78
							Noje Melanie	1. 9.07	D E	k	15. 8.73
	Günther Barbara	1. 8.00	SP BI	e	27.10.52		Peschke Katrin-Natascha geb. Kimmel	1. 9.07	D PA	k	27. 6.76
	Müller-Frieding Ursula	1. 2.01	R F	k	20. 7.60	E	Meißel Iris	1. 2.07	LI D E	k	22. 7.76
	Floren Ulrike (T)	1. 2.02 °	D KR	k	10. 5.63	F	Glitz Margarete		BI TX	k	28.11.55
	Nieder-Heistermann Barbara geb. Nieder	1. 8.03	BI EK	k	8. 7.60		Hochkeppel Antoinette geb. Seufert		BI CH	k	21. 2.57
	Schnettker-Floren Norbert	1. 8.03	KR SP	k	1. 4.56		Biermann Gabriele geb. Mues		BI SP	k	21. 5.58
	Wesseler Andreas	1. 7.05 °	M PH	k	22. 1.58		Korff Annemarie		E F	k	23. 9.60
	Bieker Kerstin (T)	1. 7.05	D KR	k	17. 7.64		Bremen Simone		SP EK D	k	6. 8.75
	Kienast Stephan Dr.	1. 9.06	CH PH	k	11. 7.65						
	Müller Michael	1. 9.06	KR L	k	31. 3.63		Oesterhoff Iris		EK SP	k	4. 4.76
	Diek Martin	1.12.06	M L D	k	23.10.66						

[1] m. Internat; Förderschule f. Spätaussiedler, „Werler Modell"

2.750 Werne Gymnasium St. Christophorus gegr. 1955
pr. G. (5-Tage-Woche) f. J. u. M. d. Bistums Münster
Kardinal-von-Galen-Str. 1, 59368 Werne – Tel. (0 23 89) 98 04-0, Fax 98 04-90
E-Mail: christophorus-gym@bistum-muenster.de
Homepage: www.gymnasium-st-christophorus.de

Kl: 6/14 Ku: 104/19 Sch: 860 (470) (106/422/242) Abit: 92 (50) **BR Arnsberg**
L: 49 (A 1, A$_1$ 1, A$_2$ 5, B 15, C 13, D 1, E 4, F 8, H 1) ASN: **168166**
Spr.-Folge: E/L, L/E/F, F, S Dez: LRSD Vondracek

A	Vogel Jörgen Dr.	1. 8.01	L GE	k	5. 1.51	Wiehagen Ernst	1.10.90	PH M	k	27.12.54
A$_1$	Bomholt Hans-Günter	1. 8.01	BI	k	4. 9.49	Korte Bernward	1.10.90	SP E	k	5. 9.52
A$_2$	Eggenkämper Reinhard	1. 1.94	EK M	k	17. 1.50	Fieke-Aselmann Elisabeth	1.10.90	BI CH	k	9.12.55
	Schnabel Gotlind	1. 3.00	ER D	e	17.10.60	Zühlke Horst	1.10.90 °	E EK	e	20. 6.54
	Berning Bernhard	1.11.02	SW E	k	5. 8.54	Brink Bernhard	1.10.90 °	EK SW	k	3.10.49
	Prasse-Herberhold Jutta	1. 2.07	M W	k	22. 2.54	Senge Angelika Dr.	1. 2.05	KR GE	k	17.10.50
						Schönhoff Bernhard	1. 4.06	EK PH	k	5. 5.53
	Liedtke Doris	1. 2.07	F EK	k	3.10.52	Henning Martin	1. 8.06	MU KR	k	2.10.60
B	Bokler Heinz	1.12.83	GE SP	k	19. 9.49	Thiesen Konrad	1. 3.07	KR SW	k	13. 8.56
	Meise Herbert DiplMath.	1. 3.84 °	M	k	15.12.48	C	Schwarz Rainer (T)	1. 5.89	MU D	k	13. 9.54
						Kohle Maria Dr.	1. 5.92	L KR	k	20. 7.56
	Pohl Heinz-Günter	1. 6.85	PH	k	8.11.50	Kampert Otmar Dr.	1. 8.03	L G GE KR	k	8. 2.63
	Nesswetha Willy Dr. M. A.	1. 9.87	E L	k	19. 4.44					
						Lehnen Anke (T)	25. 8.03	D F S	k	11.11.64
	Rottmann Gerhard	1. 4.90 °	BI CH	k	27. 2.52	Klümper Christian	1. 9.03	M PH	k	22. 1.64
	Weischenberg Angela	1. 4.90 °	KR E	k	14. 1.54	Helzle-Drehwald Bernhard Dr.	1. 8.04	E F S	k	2. 5.65

	Konietschke Tobias	1. 8.04	G L M	k	27. 5.68		Figur Nicole	1. 9.06	D F	k	4. 8.75
	Gutschera Kathrin	1.10.04	L BI M	k	9. 3.74		Mühlenschulte Nico	1. 4.07	BI CH	k	10. 9.76
	Kovermann Vera	1. 2.05	E SP	k	1. 1.73	F	Heinen Gisbert		° D GE	k	25. 2.53
	Engelke Stefanie geb. Lehmann	6. 9.05	E F	k	23. 2.75		Koss Ulrich P. Birkenheier Ralf		D KU KR	k	4. 9.53 1. 4.56
	von Harenne Manuel	15. 9.05	GE KU	k	13. 4.71		Brief Birgit		° D GE	k	6. 9.57
	Möllmann Anne-Susanne	6. 9.06	D MU	k	29.11.71		Schoch Anna-Maria Schmidtmann		D KR D GE	k	5.10.61 11. 8.72
	Wübbold Volker	15. 9.06	M PH	k	10. 7.70		Christian Dr.		KR		
D	Henn-Friemann Helga	1. 1.82	BI KU	k	29. 9.53		Fischer Alexander		D GE	k	1. 3.76
E	Schüppler Ulrike	1. 9.06	SP M	k	13.10.71		Greive Axel		KR MU	k	6. 5.78
	Poremba Klaudia	1. 9.06	D F MU	k	30.10.74	H	Matz Manfred Dipl.-SpL		SP	k	26. 2.54

2.751 Werne Anne-Frank-Gymnasium gegr. 1966
st. G. (5-Tage-Woche) f. J. u. M.
Goetheweg 12, 59368 Werne — Tel. (0 23 89) 40 22 89-0, Fax 53 85 11
E-Mail: afg-werne@t-online.de, Homepage: www.afg-werne.de

Kl: 8/15   Ku: 76/13   Sch: 785 (435) (229/375/181)   Abit: 65 (35)   **BR Arnsberg**
L: 46 (A 1, A_1 1, A_2 3, B 14, C 15, D 3, E 3, H 3)   **ASN: 168178**
Spr.-Folge: E, L/F, F/L   Dez: LRSD **Vondracek**

A	Stecher Lambert	1. 9.94	° D GE SW	k	24. 2.44	C	Micke Dieter Merten Horst Dr.	2. 8.77 1. 3.81	SP EK PH CH		8. 3.50 30. 4.46
A_1	Auferoth Heinz-Joachim	1. 5.98	° M PH	k	1. 2.55		Schlamann Dorothea Schaumann	1. 3.81 10. 7.81	EK SP GE	k	24. 6.52 25. 7.51
A_2	Leienbach Karl-Wilhelm Dr. (F)	13. 6.97	CH BI	e	28. 7.48		Friedhelm Möller Christa	18. 1.83	Sozkd BI KR	k	9. 7.55
	Schönenberg Wolfgang (F)	1. 5.99	° GE F ER	e	24. 2.50		Knüver Bernhard Bünnigmann Herm.	13. 8.83 4. 9.84	SP D F EK	k k	26.10.51 11. 5.47
	Steinke Ulrich	3. 5.01	E EK		15. 9.48		Schröder Josef	10.10.86	L D		10.10.57
	Greber Elisabeth geb. Schöneich	30. 7.07	BI CH	k	14.11.53		Kleinhenz Monika Berendes Birgit (T)	16. 8.01 1. 1.02	MU D ° L D KR	k	5. 8.68 23.11.66
B	Gralher Ursula geb. Freitag	15. 9.75	° GE D	k	9. 4.43		Hengelbrock Heike Müllender Frank	15. 4.03 1. 8.06	E BI M PH	e	13.11.69 11. 2.72
	Schulz Werner	28.11.77	D KR	k	11. 7.44		Schumacher Laura	29. 3.07	E F		26. 4.76
	Reßel-van Lent Hedwig geb. van Lent	25. 1.79	D F KR	k	5.10.45		Toepper Cornelia geb. Kleine	8. 8.07	M GE PH		23. 7.76
	Eggenkämper Kornelia geb. Voss (T)	26.11.80	M EK	k	7. 4.51	D	Eckert Ivonne (T) Grote Sabine geb. Stögbauer SekIL'	22. 2.83	° E EK D E	e	19. 3.62 28. 1.56
	Minnaert Reinhard	28.11.80	° F GE	k	12. 2.50		Nübel Birgit geb. Mersmann SekIL'	12. 8.83	MU E	k	26.11.56
	Angelkort Franz-Hermann	3.12.80	M PH	k	6. 1.49		Armbrust Heike SekIL'		E ER		15.10.60
	Leenders Matthias	18.10.84	D GE	k	2.10.49	E	Stemberg Karl-Heinz	1. 8.06	D F		4. 8.68
	Heuser Ferdi	1.12.95	M	k	15. 2.51		Kluger Thorsten	1. 8.06	M CH	k	25.12.78
	Kottmann Franz	12.12.96	EK SW	k	20.12.52		Steffenhagen Anika	22. 1.07	D E		3. 1.79
	Gößling Petra (T)	6. 3.00	CH L	k	12.10.61	H	Sicot Christiane		G F		18.11.47
	Brandes Ulrike	1. 7.02	SP W	e	19. 5.53		Neumann Maria geb. Vervaat		° KU	k	17. 3.56
	Hierl Armin	1. 7.02	° CH KR	k	18. 9.60		Guntermann Christine		SP	k	3. 6.57
	Behnke Wolfgang	1. 9.07	M ER	e	17. 3.55						
	Kolberg Kerstin	17. 9.07	E BI		8.12.65						

2.755 Werther   Ev. Gymnasium gegr. 1892
pr. Gs.[1] f. J. u. M. d. Schulvereins d. Ev. G. Werther
Grünstr. 10, 33824 Werther — Tel. (0 52 03) 71 61, Fax 88 44 53
E-Mail: info@egwerther.de, Homepage: www.egwerther.de

Kl: 5/11   Ku: 95/17   Sch: 713 (376) (159/339/215)   Abit: 51 (33)   **BR Detmold**
L: 44 ([A] 1, A_1 1, A_2 3, B 12, C 13, E 1, F 13)   **ASN: 168737**
Spr.-Folge: E, L/F, F   Dez: LRSD **Dr. Gindele**

A	Erdmeier Barbara	1. 5.07	D PA KR	k	13.11.52	A_2	Meier Günter Stasch Horst	1.12.82 1. 2.98	° M PH M IF	e e	13. 6.48 4. 3.50
A_1	Schilling Ulrike geb. Hellbeck	1. 2.04	MU L	e	23.12.52		Meißner Frithjof	1.10.99	E F	k	31. 8.55
						B	Schimmer Alfred (T)	1. 5.88	BI EK	k	7. 2.46

	Brinkmann Wolfg.	1. 5.93	D ER	e	25. 6.48	Fallner-Ahrens Annegret Dr.	1. 8.03 °	D BI ERe	10.11.66
	Büsing Berndt-Axel	1. 9.97	D F	e	31. 8.55	Pietzner Christian (T)	1. 8.03 °	BI ER	e	14. 4.68
	Lembke Barbara geb. Zarske (T)	1. 7.98	GE SP	e	22. 5.52	Rahlmann Denise (T)	1. 9.04	D PK ER	e	19. 8.64
	Henkemeier Michael (T) (V)	1.10.99 °	MU GE	k	12. 8.57	Wagner Björn	1. 2.05	E F	e	22.10.70
	Klausing Susanne geb. Haupt (T)	1.10.99	D PA	e	30. 4.58	Oepping Dagmar (T)	1. 9.05	F E	e	26. 6.73
	Köchling Gabriele (T)	1. 9.04	D E	k	12. 8.58	Schwerdt Christian (T)	4. 8.07	L M	k	24. 6.75
	Berger Andreas	1. 9.04	D SW SP	e	15. 2.61	Gandelheid Tina	4. 8.07	M BI		4. 2.77
E						Horstmann Christoph	07	MU EK	e	1. 9.77
F						Becker Barbara geb. Witt		° CH		29. 7.49
	Quackernack Jürgen Dr. (T)	1. 8.05	M SW	e	21. 9.55	Bürenheide Renate		KU D	k	3. 7.52
	Meya Jörg Dr. (T)	1. 8.05	M PH	e	3. 4.56	Müller Klaus		D L	k	4.11.54
	Becker Thorsten	1. 9.06	M ER	e	12. 2.70	Wenzel Anne		D PL		6. 4.56
	Koch Sabine (T)	1. 3.07	E M SP	e	15. 9.64	Rath-Arnold Ingrid		CH BI		5. 3.58
C	Schymura Maria (T)	1. 6.92	E KR	k	19.10.56	Meinhold Susanne		KU SP	e	25.10.59
	Renneker Cornelia (T)	1. 2.93	E SW	k	14. 3.61	Schweckendiek Detlev		M PH PA		31. 3.60
	Blex Ulrich	1.10.94	GE KU	e	10. 4.61	Kleist Andrea		D PA		6. 2.61
	Schürmann Marion geb. Fülling	1. 5.96	EK SP	e	2. 3.61	Viererbe Thomas		BI SP	e	16. 4.62
						Dieckmann Sabine		D PA	e	21.11.62
	Scheibe Dagmar geb. Gawlich	1.10.02 °	E PA	e	21. 4.70	Wunsch Silvia		° D E		16. 2.70
						Urhahne Holger		D BI	k	22.11.70
	Rakemann Marion	1. 8.03	S E	e	13. 8.68	Wöhrmann Olaf (L)		CH GE	e	10. 9.71

[1] Tagesschulteilnahme möglich

2.760 Wetter   Geschwister-Scholl-Gymnasium   gegr. 1873
st. G. (5-Tage-Woche) f. J. u. M.
Hoffmann-von-Fallersleben-Str. 28, 58300 Wetter – Tel. (0 23 35) 9 69 10, Fax 96 91 15
E-Mail: gsg-wetter@t-online.de, Homepage: www.gsg-wetter.de

Kl: 8/14   Ku: 102/17   Sch: 881 (502) (242/381/258)   Abit: 81 (44)   **BR Arnsberg**
L: 52 (A 1, A$_1$ 1, A$_2$ 5, B 17, C 18, D 4, E 3, F 3)   ASN: **170010**
Spr.-Folge: E, L/F, F, S/F   Dez: LRSD **Hamburger**

A	Becker Gerald Dipl.-Phys.	20.11.00 °	M PH IF	e	29.11.50		Dombrowski Margrit (T)	21.10.96	F S	e	10. 6.54
A$_1$	Maurmann Karl-Heinz Dr.	27.11.02	EK GE	k	12. 8.44		Eschmann Bärbel (T)	27. 5.02 °	BI L	e	4. 5.62
A$_2$	Kaschuba Klaus	7. 4.92 °	PH IF	k	26. 1.48		Gorschlüter Sabine Dr. geb. Afflerbach (T)	30. 6.06	D E	e	3. 4.70
	Rüth Maria	15. 5.96	BI KR	k	16. 2.52		Luther-Haas Andrea (T)		F SP		10.10.49
	Wortmann Elmar Dr. (F)	1. 8.96	D PL PA	k	15. 8.51	C	Scherler Jutta (T)	24. 8.81	KU	e	18. 1.51
	Böhmer Annette (T)	26. 5.03	M EK	e	23. 6.55		Pluta Gudrun (T)	27. 8.82	E PL	oB	10.11.50
	Treibel Ulf (Vw)	29. 1.04 °	M PH IF	e	14.10.53		Siebel Rolf-Dieter	26. 7.83	M PH	k	20. 4.53
B	Geiger Peter	30.12.77 °	F GE	k	28. 4.43		Dziadek Peter (T)	1. 8.83	E EK	k	10. 8.50
	Wolf Horst Josef	1. 6.78 °	E	k	17. 7.44		Müller-Berzinski Birgit (T)	1. 8.83	SP D	e	26. 5.54
	Kürten Ursula geb. Nolteernsting (T)	29. 6.84	CH BI		15. 6.51		Schreiber Gisela (T)	4. 9.84	PH CH		5. 4.51
	Dreyer Rudi	17.12.84	EK SP		19. 4.48		Acar Annelie	3.11.87 °	F SW	k	7. 3.54
	Nolte Wulf-Otto Dr.	1.12.85	CH		12. 7.48		Thier Burkhard	29. 3.88 °	E EK		14.11.55
	Bärenfänger Ralph	30.11.89	D GE SP		11. 5.51		Kittler Andrea	20. 8.01	E SP		
	Wagner-Meister Brigitte (L)	1. 2.93	ER E F	e	2.10.47		Lausberg Ulrike (T)	1. 1.02 °	L ER	e	2. 6.64
	Buschmann Rüdiger	1. 6.94	M SP		6. 3.49		Kraatz Burkhard (T)	1. 2.03 °	L M		7. 3.69
	Kappe Burkhard (V)	1.10.96 °	GE E	k	18. 3.50		Hoffmann Marc	1. 2.03	PA M ER		20.10.70
	Scheer Hannelore geb. Vogel	21.10.96	D F	e	6. 6.49		Kill Michael	1. 2.04	D SW	e	22.10.64
	Mentgen-Rehsenberg Edith geb. Rehsenberg	21.10.96 °	D PL		25. 4.51		Blohm Annette	26. 8.05 °	M PH		5. 6.70
							Weber Manuela	6. 9.05	D KU	e	22. 9.72
							Schulze Havixbeck Nina geb. Kamps (T)	1. 2.06 °	E SP	e	23. 1.74
							Strugalla Jörg	1. 8.07 °	PA CH	e	18. 4.74
							Lindtner Ulrich	22. 8.07	MU PA	k	11. 3.70
	Wilms Eckhard	21.10.96	PA SW		1. 4.54	D	Merz Joachim SekIL	12.79	D EK BIe		1. 5.47
	Reißig Stephanie (T)	21.10.96	D EK	k	15.12.52		Merkel Jürgen SekIL	23. 4.82	MU M	k	23. 2.52

	Leichinger Franz SekIL	18. 5.83	KU SP	k	12.10.50		Landers Manuel	6. 8.07	D E	14. 5.77
	Löpke Brigitte (T)		M EK		11.10.55	F	Grosse Bärbel		° GE ER e	17.11.54
E	Henkel Stefanie	1. 2.07	° L BI		13. 2.79		Walkenhorst Claudia		F S e	8. 3.57
	Gogol Julia geb. Krause	1. 2.07	M BI	k	20. 3.80		Blotzheim Dirk Dr.		D SP k	14. 2.71

2.763 Wilnsdorf Gymnasium gegr. 1990

G. (5-Tage-Woche) f. J. u. M. d. Gemeinde Wilnsdorf
Hoheroth 94, 57234 Wilnsdorf – Tel. (0 27 39) 87 06-0, Fax 87 06-27
E-Mail: sekretariat@gymnasium-wilnsdorf.de
Homepage: www.gymnasium-wilnsdorf.de

Kl: 7/16   Ku: 184/25   Sch: 1018 (561) (199/435/384)   Abit: 98 (54)
L: 69 (A 1, A₁ 1, A₂ 4, B 25, C 27, D 5, E 3, F 5)
Spr.-Folge: E, F/L, F, S

BR Arnsberg
ASN: **190639**
Dez: LRSD Klüter

A	Poignie Harry	1. 9.04	° CH	k	10. 1.49		Feller-Hövelmann Ute	1. 8.03	BI CH efk	18. 6.74 PA
A₁	Reinecke Gerda geb. Wehmeier	30.12.94	° BI M	e	21. 8.51		Silz Monika	19. 2.88	° E D e	
A₂	Tilgner Ursula geb. Dreisbach	7.11.92	° D KU EK		29. 6.46		Poggel-Weber Manuela	23. 2.95	D KR k	8. 1.64
	Berns Ulrich Dr.	6. 1.94	° M PH	e	2. 5.51		Neuber Harald	19. 8.97	D GE	20. 9.63
	Braun Peter	27.12.97	D KR	k	29. 5.46		Jäger Carsten	19. 2.98	D CH	12.11.65
	Naumann Lothar	18. 1.00	° D SP L	e	28. 9.43		Willmann Dirk	3. 3.99	BI SP	4.12.65
B	Johr Elisabeth geb. Bettingen (T)	14. 4.80	EK F	k	27. 5.50		Voß Anke geb. Hellmann (T)	1. 8.99	D MU	23. 3.67
	von Radziewski Walter (T)	4. 8.80	° M	e	9. 1.45		Wirtz Bettina (T)	13. 1.00	E S	13. 5.69
	Schütz Paul	1. 7.82	SP EK	e	20.12.49		Kiy Manuela	11.10.00	D E e	1.12.61
	von Hoyningen-Huene Roland	20.12.85	BI		16. 2.45		Fischer Karen	1. 5.01	* BI SP	17. 4.63
	Frontzek-Tillmann Lucie geb. Tillmann	20.12.85	D SW		9. 8.52		Gräbener Dominique geb. Neef (T)	16. 9.01	BI EK	3.12.70
	Hattrup-Gier Christa	1. 1.87	° M CH	k	12.11.49		Peter Klaus-Uwe	1. 2.02	° E ER efk	27. 1.71
	Heimel Ferdinand	12.11.92	D SW	k	5. 9.49		Siefert Volker	1. 2.03	L MU	6. 7.69
	Maurer Jochen	4. 1.94	° CH M IF TC		23. 7.53		Arriens Sven	1. 2.04	° D GE e SW	29.12.68
	Stahl Paul (V)	4. 1.94	° BI SP	e	3. 1.53		Dieterich Ellen (T) (V₂)	15. 3.04	ER CH e	28. 8.72
	Arhelger Gunter	22. 9.94	D ER PL	e	24. 8.56		Müller Jörg	1.10.05	° D BI e	30.10.75
	Sensmeier Dieter	24.11.95	E ER	e	21. 9.53		Niemann-Bender Carmen	1. 2.06	D E	18. 3.70
	Hensel-Knappstein Sybille	12.11.96	M PH	e	1. 9.50		Otto Markus	1. 2.06	M CH	28.12.75
	Ohlendorf Anna Maria geb. Meyer zum Alten Borgloh (T)	13.11.98	GE SW		12. 9.49		Otterbach Michael	6. 6.06	M PH	22. 4.74
							Heinen Anja	1. 8.06	F SP	23. 9.63
							Wildraut Kerstin (T)	21. 9.07	E KU	22. 5.63
							Stewen Michael	10.07	EK PA	6.12.74
	Sartor Hans Joachim	13.11.98	° E ER	e	26.11.56		Schüttenhelm Volker		E SW	12.11.70
	Lehmann Rolf-Johannes	19. 3.01	SW EW		13.12.45		Melms Inge		D E k	
	Liebing Gerlinde geb. Ross	1. 6.02	KU KW	k	25.11.53	D	Swirinski-Kölsch Angelika geb. Belz FachL'	14. 2.73	MU SP e	2. 4.52
	Voß Volker	1. 6.02	° M PH		7.12.66		Schmidt Angelika SekIL'	4. 9.81	KU TX	29. 7.55
	Henkel-Dehnen Ingrid (T)	29. 8.04	M F		21.11.53		Friedrich-Gräf Silvia SekIL' (T)	22. 8.83	EK SP	1. 4.56
	Feiling Jürgen	29. 8.04	D CH		9. 4.65		Terkowsky Marita		SP MU	4. 4.56
	Schröder Stefan	29. 8.04	M PH	e	11. 4.70	E	Weiß Kerstin L' (T)		M SP	15. 8.67
	Borghoff Ulrich	18. 8.05	M IF		24. 9.69		Ermert Bernhard		SP BI k	26. 9.51
	Buschhaus Elke	10.07	E KU		30. 3.63		Behle Bianca	6. 8.07	D MU k KR	19. 8.77
	Wirtz Günter	10.07	D S		17.10.65		Nöll Julia	6. 8.07	E F k	11.10.79
C	Barnitzke Rolf-Günter	16. 9.82	F GE	e	3. 2.49	F	Blume Michael SekI/IIL		ER PL e	8. 1.58
							Grombein Christian		EK BI k	31. 8.72
	Kämpfer Hans Martin	13. 4.83	F ER	e	17.12.52		Brachthäuser Sylvie		F GE	8. 9.72
							Schütz Tobias		M GE e	16. 8.75
	Arnold Renate (T)	14. 7.83	D E	k	2. 1.54		Sossnierz Gerhard		GE SW	

2.765 Winterberg Geschwister-Scholl-Gymnasium gegr. 1966
st. G. f. J. u. M.
Ursulinenstr. 24, 59955 Winterberg – Tel. (0 29 81) 9 21 60, Fax 92 16 30
E-Mail: mail@gymnasium-winterberg.de, Homepage: www.gymnasium-winterberg.de

Kl: 6/15   Ku: 92/16   Sch: 757 (379) (179/348/230)   Abit: 56 (26)   **BR Arnsberg**
L: 41 (A 1, A_1 1, A_2 3, B 11, C 6, D 2, E 10, F 7)   ASN: **169924**

Spr.-Folge: E, F/L, F   Dez: LRSD **Egyptien**

A	**Weber** Franz-Rudolf	29. 5.91 °	EK WWk		10. 8.48		**Spies** Sabine	2. 8.05 ▫	E SP	k	5. 6.72
A_1	**Cappel** Ulrich		D RW		3.12.66		**Weber** Christopher	6. 9.05	D PK		26. 7.70
A_2	**Kuschel** Reinhard	31. 5.00	EK GE	k	29. 3.49		**Bertram** Christian		BI SP	Chr	3. 4.73
	Figge Arnold	10. 1.01 °	BI SP	k	7. 8.51	D	**Kleinsorge** Angelika	19. 7.79 °	KU BI	k	24. 1.47
	Honselmann Fritz	18. 2.05	E EK	k	5. 6.50		geb. Balkenhol SekIL'		SP		
B	**Meier** Heinrich	1. 7.82	M	e	13.12.44		**Kruse** Andreas SekIL	10. 2.01	E KR	k	2.10.64
	Niemann Karl-Franz	1.11.85 °	KR GE	k	2. 3.49	E	**Freitag** Anja	1. 2.04	M SP	e	16. 7.75
	(V)						**Tolkmitt** Dirk	6. 9.04	D KR	k	5. 8.75
	Gersch Thomas	15. 1.97 °,	E PL	k	10. 2.52		**Figgen** Bernd	22. 8.05	IF SP	k	14. 8.70
	Schwartze Dietmar	23. 3.00 °	E F	e	25. 4.54		**Mengel** Claudia	22. 8.05	BI CH	k	7. 8.72
	Schymalla Klemens	18. 3.02 °	M PH	k	15. 5.50		**Gievers** Verena	22. 8.05	F KR	k	9. 4.75
	Fischer Michael	18. 3.02	BI SP	k	29. 1.61		**Zoll** Yvonne	22. 8.05	D GE	e	11. 6.78
	Klenovsky-Mayweg		M CH IF		16. 4.49				(MU)		
	Slavko						**Mayweg** Christiane		D L		6. 7.63
	Ortwein Barbara		MU D	k	3.12.54		**Dohr** Kay-Andrea		BI E		8. 2.73
	Dauber Rolf		M PH	k	2. 2.62		**Krick** Christoph		M IF		22. 9.73
			IF				**Memmeler** Sabine		M SP		15. 5.79
	Müller André		M PH	k	22. 5.69	F	**Försterling** Holger		SP KU		30. 8.57
			IF				**Stiftel-Völker** Daniela		ER		17. 1.59
	Dragowski-Meyer		CH SP	e	14. 6.74		**Kahl** Marcella		F E		14. 6.59
	Heike		M				**Beier** Gabriele		E GE		17. 3.61
C	**Schümann** Michael	1. 2.02	D F	k	13. 6.67		**Meyer-Barner** Hanno		D PL	e	3. 5.62
	Voß Michael (T)	1. 8.02	E D	k	31.10.68		**Klose** Andreas		MU D		13. 3.71
	Kroll Petra	15. 4.05 °	D E	k	8. 1.75		**Voit** Ulrike		D BI		25. 2.77
	geb. Feldmann										

2.770 Witten Ruhr-Gymnasium gegr. 1860
st. G. (5-Tage-Woche) f. J. u. M.
Synagogenstr. 1, 58452 Witten – Tel. (0 23 02) 27 58 83, Fax 5 06 57
E-Mail: ruhrgy.s@witten.de, Homepage: www.ruhr-gymnasium.de

Kl: 8/16   Ku: 92/15   Sch: 910 (508) (215/427/268)   Abit: 76 (46)   **BR Arnsberg**
L: 48 (A 1, A_1 1, A_2 7, B 15, C 14, D 3, E 3, F 1, H 3)   ASN: **169729**

Spr.-Folge: E, L/F, F/L, I   Dez: LRSD **N. N.**

A	**Eckardt** Dorothea	1. 5.91 ▫	CH BI	e	5. 6.43		**Märtin** Jürgen	1.12.79	GE L	k	29. 9.44
	geb. Müller Dipl.-Chem.'						**Strototte** Rainer	1.12.79	M EK	e	28. 2.48
A_1	**Krahn** Dietmar	22. 8.05	M IF	e	21. 4.55		**Hirsch** Ronald	1. 1.80	E SP KU		4.12.45
			SP				**Kothe** Jochen	1.12.80	E EK		3. 1.50
A_2	**Wessels** Ingrid	1. 5.93	F E	k	20. 5.48		**Wagener** Harald (T)	23. 9.93	D PA	k	17.12.51
	geb. Mannsmann (T)						**Epp** Renate	1. 6.96 °	BI CH	e	18.11.51
	Köntges Reinhold (F)	1. 8.96 °	CH M	k	20. 8.51		geb. Molowitz (T)				
	Fornefeld Herbert	24. 1.97	M SP	k	13. 1.50		**Wagener** Susanne (T)	12. 3.01	D GE SW		29. 4.52
	Schröder-Werle	1. 9.97	D GE		8. 1.47		**Dittrich** Annegret	12. 3.01	D FI		23. 8.52
	Renate (F)		PL				geb. Schöppa (T)				
	Mengler Jürgen	22. 2.01	EK GE	e	11. 5.54		**Podiwin** Detlev	1. 5.02	SP BI	k	22. 7.52
			ER				**Sunderkamp** Thomas	7. 6.04 °	L KR	k	5. 6.67
	Green Ortrun	26. 5.03	D E	e	3. 9.51		**Schäfer** Stefan	30. 8.07	F E	efk	22. 4.71
	geb. Makossa						**Engelbrecht**	9.07	WW	k	21. 6.49
	Borttscheller	30.12.04	D ER	e	18. 3.49		Klaus-Peter		SW EK		
	Ernst-Werner						**Krähe-Anton** Sigrid		E GE		
B	**Thomas** Karl-Heinz	1. 7.79	D EK	k	3.10.46		geb. Anton		Soz		

	Name	Date	Subj		Date
	Ocken Ingo		PH		
C	Pohle Udo	11. 8.81 °	CH	e	7. 2.49
	Dorst Friedhelm	17. 8.81	PH M		8.12.47
	Ocklenburg Klaus	1. 3.82	SP EK	k	1. 8.52
	Thissen Bärbel (T)	19.11.82	GE SP		23. 8.51
	Geldmacher Renate geb. Werbeck (T)	7. 6.83	BI PA	e	1. 3.53
	Klenke Ingrid (T)	8. 2.84	D SW		21. 5.51
	Klinger Amelie	1. 2.02	MU D	e	6. 2.71
	Mauroschat-Monti Sandra (T)	14. 8.03	E F	k	4.11.68
	Grosch Heike geb. Jaeger (T)		MU E	e	7. 8.56
	Metz Thomas		L E	e	25. 5.61

	Name	Date	Subj		Date
	Busch Christian		D F	k	25. 7.68
D	Ahne Bernd SekIL	4. 5.83	PH SP	k	21.12.52
	Bloemeke Barbara geb. Schulte SekIL'	1. 5.86	TX KU	k	18. 2.55
	Knoke Ingrid geb. Meißner SekIL' (T)		BI SP	e	29.11.55
E	Haake Kerstin	1. 2.06	D SP		21. 7.75
	zur Oven-Krockhaus	9. 8.06	M PH	k	13.10.73
	Jeseck Daniela	4. 8.07	ER BI D	e	6. 9.78
F	Fernbach Ewald		CH BI	k	31.10.60
H	Janiszewski Ludwig-Wlad.		KU	k	31. 5.43
	Vaerst Hildegard geb. Heinrich GymnL'		SP	e	3. 1.52
	Renker-Eggeler Gabriele		SP EK	k	7. 5.58

2.771 Witten Schiller-Gymnasium gegr. 1877
st. G. f. J. u. M.
Breddestr. 8, 58452 Witten — Tel. (0 23 02) 97 30 8-8, Fax 97 30 8-10
E-Mail: schillergy.s@witten.de, Homepage: www.schiller-witten.de

Kl: 6/13 Ku: 100/18 Sch: 806 (440) (175/341/290) Abit: 83 (51)
L: 48 (A 1, A$_1$ 1, A$_2$ 3, B 13, C 18, D 3, E 2, F 5, H 2)
Spr.-Folge: E, L, L/F, F, I/F/H

BR Arnsberg
ASN: **169717**
Dez: LRSD Hamburger

	Name	Date	Subj		Date
A	Koch Gerhard		M IF	k	31. 8.52
A$_1$	Nau-Wiens Johanne geb. Nau		▫ D ER	e	12. 3.56
A$_2$	Bonsiepen Gerda geb. Gorissen	18.12.85 °	F EK	k	2. 5.47
	Wessels Hans-Friedrich Dr.	3. 3.92	D PL		30. 6.48
	Sondern Ulrich	23.11.94	M SP	e	10. 1.48
B	Epp Bernd-Dieter	21.11.80	BI EK	m	13. 6.50
	Knäble Hartmut	7.12.83	SP E	k	9.10.48
	Ecke Evelies geb. Ott (T)	8. 1.87	D E KU	k	18. 5.52
	Hiltmann Siegfried (T)	1. 6.94	PH KU		31.10.51
	Buchholz Joachim (T)	13. 6.96	EK SP	e	28.11.50
	Wiedemayer Cornelia geb. Baetzel	13. 6.96 ▫	SP SW		31.12.52
	Pietsch Annette (T)	13. 6.96	KW F	e	19. 2.56
	Adam Lothar	25. 7.96 ▫	D KU		5. 5.55
	Siddiquie Hana (T)	20.11.98	E F R		20. 6.55
	Lohse Bernhard	8. 3.00	F E	e	27. 5.52
	Meyer zu Selhausen Ralf (T)	19. 3.01 °	M SP IF	e	19. 6.56
	Martell Kerstin (T)	22. 9.06	BI MU	k	5. 2.68
	Bartsch Janine geb. Stelzer (T)	24. 8.07	BI ER	e	6. 2.72
C	Schulz Manfred	1. 3.81 °	M	e	31.12.46
	Köppeler-Müther Petra geb. Köppeler (T)	3. 8.81 ▫	GE F	k	28. 1.54
	Heinemann Elisabeth geb. Poetter	30. 8.87	ER E		19.12.53
	Ricke Annette (T)	2. 1.92 °	M BI		28. 9.61
	Weiler Andrea geb. Justenhoven (T)	1. 9.93	BI CH	k	16. 7.56

	Name	Date	Subj		Date
	von Horn Ingrid	3. 9.93	M PH		29.10.58
	Keller Andreas Dr.	22.10.98	D GE	k	25. 3.61
	Braun Stefan	10. 8.99	D KR	k	28.12.67
	Plesser Silke geb. Struchholz	28. 6.01	D E		14. 3.67
	Niewerth Helga	30. 7.01 °	E GE		5. 6.63
	Völkner Anja	2. 8.01	E SP	e	24. 7.71
	Sitzler Dorothee (T)	1. 1.02	D KU	k	4. 4.61
	Buß-Jacobs Nicola (T)	1. 1.02	L F		26. 3.70
	Biermann Theodor Dr.	6.11.02	M PH IF	k	3. 7.66
	Malmsheimer Arne Dr.	1. 2.04	L PL		19. 1.68
	Dörr Jörg (T)	1. 8.04	M PH PL		14.10.71
	Roussel Christian	30. 9.05 °	D PA		
	Kunze Christian	21. 6.07	M PH		11. 6.75
D	Jordan-Meyer zu Selhausen Ingrid SekIL'	31.10.83	D KU ER	e	28.12.54
	Müller Christiane SekIL'	21. 8.96	D E	e	30. 9.66
	Zschoche Ulrike L'	1. 5.02 °	SW L ER		19. 9.50
E	Frese Michael	6. 8.07	GE I	e	9. 5.78
	Krause Iris	6. 8.07	D PA (GE)	k	25. 7.78
F	Vogel Christoph		° MU GE	k	16. 4.53
	Hainke Ruth		E EK		5. 3.56
	Schlee Rudolf (V)		° L E		13.12.56
	Sartisson Stephan		KR SW	k	12.10.70
	Schenkel Jennifer		BI CH		21. 7.77
H	Rischer-Ost Carmen geb. Rischer SpL' u. GymnL'		SP	e	16. 5.57
	Cebulla Martin				19. 4.80

2.772 Witten Albert-Martmöller-Gymnasium gegr. 1967
st. G. (5-Tage-Woche) f. J. u. M.
Oberdorf 9, 58452 Witten – Tel. (0 23 02) 18 91 72, Fax 18 90 59
E-Mail: amg.s@witten.de, Homepage: www.amg-witten.de

Kl: 9/15 Ku: 116/18 Sch: 974 (491) (249/410/315) Abit: 59 (20)
L: 59 (A 1, A$_1$ 1, A$_2$ 4, B 18, C 20, D 2, E 7, F 4, H 1)
Spr.-Folge: E, L/F, F/L, F/L

BR Arnsberg
ASN: **169730**
Dez: LRSD **Hamburger**

A	**Sandkuhl** Gudrun	2.06	E KU	e	17. 2.54
A$_1$	**Kiesow** Norbert Dr.	9. 2.05	M SW	e	3. 4.54
A$_2$	**Imgenberg** Klaus Günther (F)	1. 8.82	D PL	e	8. 8.49
	Henter Jürgen (F)	3. 1.95 °	MU GE	e	12. 9.56
	Gärtner Klaus	10.07	M	k	8.11.48
	Mennicken Eckart		PH	e	8. 7.50
B	**Drechsel** Ulrich	1. 8.79	E EK	e	21.12.47
	Achenbach Klaus	26. 4.80	M	e	17.12.47
	Hartel Brigitte geb. Hübner (T) (V)	21. 7.80 °	M	k	17. 5.49
	Hoefeld Frithjof	1. 8.80	EK SP	e	4.12.44
	Kaltenpoth Helmut	17.12.80	L BI	e	15. 5.49
	Golze Hans-Günther (T)	14. 1.93	D SW	e	29. 6.49
	Nikulski Gabriele geb. Joswig	14. 1.93	E GE		24. 9.53
	Brennecken Peter	1. 6.94	SP E	k	17. 9.54
	Lahr Gerlinde (T)	15. 8.94	D ER	e	18.10.55
	Weih-Pliquett Kurt	5. 6.96	D PL		15. 6.49
	Ulrich Cornelia geb. Lepper (T)	5. 6.96	SP E		18. 8.52
	Wiegand Gabriele geb. Ruppert (T)	5. 6.96	E SW	e	7. 9.52
	Paas Reinhold Dr.	28.11.96	CH	k	26. 2.48
	Bartoš Ivo	10. 9.07	PH TC		16. 2.48
	Bülskämper Brunhilde geb. Kleine Kappenberg (T)		E SP	k	17. 9.54
	Buschhaus Annette		BI M	e	14. 1.56
	Breuer-Hotten Ulrike (T)		M MU		21. 6.60
C	**Berg** Ursula geb. Eißmann (T)	1. 2.79	D GE	e	6. 2.50
	Busse Horst	1. 3.80	M		14. 3.49
	Pellka Karl-Heinz	18.12.80	SP EK	e	14.12.50
	Saßenroth Waltraud geb. Flockenhaus (T)	16. 6.82	E F	e	30. 9.53
	Leesmeister Günter	4. 9.84	GE KR	k	27. 7.53
	Eisel Hans-Helmut	1.11.84	BI EK	e	6. 5.50
	Mohr Ulrich	23. 1.85	D SW		9. 6.52
	Engbers Astrid	28.10.94	E ER	e	3. 7.57
	Tara-Bartels Gabriele (T)	8. 4.00 □	M KU	e	31. 1.61
	Fröhlings Rut (T)	6. 2.06	D GE		21. 9.75
	Schmidt Jochen	30. 3.06	F BI		11. 4.71
	Reeke Cornelia (T)	3.06	BI CH		30.12.72
	Mosler Kristina geb. Greffrath	3. 4.07	D ER		4.12.76
	Hollmann-Vogel Regina (T)		KU E	k	28. 4.61
	Hömberg Ursula (T)		MU D		13. 2.68
	Trauerstein Maren (T)		□ BI SP		27. 2.69
	Machill Jasmin		E F KU		2. 3.71
	Mielke Tanja (T)		D MU		6. 3.71
	Verwey Kerstin (T)		M SP	e	1. 5.71
	Albrecht Matthias		E D MU		
D	**Gerstner** Ulrike geb. Wischermann SekIL' (T)	15. 6.84	M EK IF		16.10.56
E	**Bagner** Carolin	9. 8.06 °	E SP	e	5. 8.76
	Kuhlmann Maresa	9. 8.06	SP PA KR	k	5. 7.77
	Stocker Iris (T)	22. 8.06	E BI		17.12.64
	Winterberg Franziska Dr.	31. 1.07	BI CH		20.10.75
	Fechner Matthias	31. 1.07	PL KU		3. 1.77
	Heising Miriam	31. 1.07	F KR	k	20. 1.78
	Hartmann Katja	31. 1.07	D PA SPe		20. 2.81
F	**Villain** Gisela		PK PA SW		10. 1.51
	Sobanski Mathias		D EK	k	17. 3.59
	Hesse Michael		° L KR		4. 6.61
H	**Otto** Danielle geb. Bacou		F	k	10. 3.50

3. Weiterbildungskollegs, Studienkollegs

a) Abendgymnasien, Kollegs

Abendgymnasien führen als Einrichtungen des Zweiten Bildungsweges berufstätige Erwachsene zur allgemeinen Hochschulreife. Der Studiengang besteht aus einem ein- bis zweisemestrigen Vorkurs, einer zweisemestrigen Einführungsphase und einer viersemestrigen Kursphase. Je nach Vorbildung ist eine Verkürzung des Ausbildungsganges möglich.

Voraussetzungen für die Aufnahme sind eine abgeschlossene Berufsausbildung oder ersatzweise eine mindestens dreijährige Berufstätigkeit, der Nachweis einer Berufsausübung und die Vollendung des 19. Lebensjahres.
Der Unterricht findet an fünf Wochentagen am frühen Abend statt. Berufstätigkeit ist bis auf die letzten drei Semester bindend vorgeschrieben. In den letzten drei Semestern kann Ausbildungsförderung gewährt werden.

3.001 Aachen Weiterbildungskolleg – Abendgymnasium (5-Tage-Woche) gegr. 1954
Abend-G. d. Schulvereins in der Städteregion Aachen (auch Vormittagskurse)
Hander Weg 89, 52072 Aachen – Tel. (02 41) 1 76 92 50, Fax 1 76 92 55
E-Mail: info@abendgymnasiumaachen.de
Homepage: www.abendgymnasium-aachen.de

Sch: 370 (208)   Abit: 42 (22)   **BR Köln**
L: 18 (A 1, A_1 1, A_2 1, B 5, C 9, H 1)   ASN: **170598**
Spr.-Folge: E, L, F   Dez: LRSD **Henkes**

A	Steinberg Bruno	5.12.84 °	L SP	k	22. 2.47	Rosemann Susanne	22. 8.91	M E		
A_1	Göckler Toni	16.12.02	D EW KR		11. 7.49	Diefenbach Burkhard	20. 8.03	D GE		13. 6.67
A_2	Siebelink Werner	25. 1.93 °	M (IF)	e	8. 2.47	Gerstenhauer Claudia (T)	1. 2.04	D E	e	1. 9.65
B	Haering Ludwig	1.12.80 °	F EK		18.12.48	Herrmann Matthias	1. 2.06	D EK GE	k	11. 1.65
	Kremser Peter	16.11.87	M PH IF	e	10. 6.53					
	Dovern Maria geb. Hillemacher (T) (L)	23. 6.04	M KR	k	2. 2.52	Romm Tanja (T)	1. 2.06 °	D E	k	18. 8.69
						Klink Stephan	1. 2.06 °	M PH	e	18.12.70
	Spindeldreher Renate (T)	4. 9.06 °	M EK	k	30. 7.54	Viscido Verena geb. Baurmann	12. 6.07	D E		18. 4.75
						Marx Norbert	1. 8.07	E SP	k	14. 9.76
	Tholen Friedrich	12. 3.07	D SW	k	24. 5.53	H Langner Ruth Dr.		BI CH		16.10.57
C	Schmitz Martin	23. 7.85	E CH	k	4. 3.54					

3.003 Arnsberg Weiterbildungskolleg der Stadt Arnsberg – Sauerland-Kolleg gegr. 1990
Abendrealschule/Abendgymnasium/Kolleg
Berliner Platz 3, 59759 Arnsberg – Tel. u. Fax (0 29 32) 89 18 64, Fax 89 37 62
E-Mail: sauerland-kolleg@gmx.de, Homepage: www.sauerland-kolleg.de

Abit: 35 (17)   **BR Arnsberg**
L: 20 (A 1, B 5, C 7, D 3, E 1, F 3)   ASN: **190044**
Spr.-Folge: E, F   Dez: LRSD **Dr. Oelmann**

A	Tiemann Rolf[1]	16. 8.06	M BI	17. 9.53	Biehler Rudolf	6. 9.05	BI CH	8. 3.73
B	Conze Detlef	22. 1.85	D PL	12. 5.49	Gneipel Petra	31. 7.07	E BI	8. 7.72
	Schmidt Johanna	4. 2.87	E F	20. 3.50	Blesken Wilhelm		M PL	23. 6.54
	Gellert Klaus Peter	1.10.03	D SW PA PS GE	4. 5.53	Roskamp Petra		M EK	21. 2.60
					D Krause Bettina SekIL'	6. 5.06	BI CH	2. 1.62
	Hoffmann Silke Dr. (T)	24. 5.05	M CH	31.12.60	Rath Sabine L' z. A.	9. 8.06	D F	14.10.77
					Nikulla Silke	6. 9.06	E F	4.11.71
	Koch Wilma	1. 5.07	D PS	6. 8.52	F Koppmeier Doris		E EK	24.10.53
C	Kotthaus Christel (T)	19. 8.83	D F	21. 9.53	Schröer Clemens		D GE	24. 3.62
	Folta Alexander Dr.	26. 7.87	E GE	8. 5.52	Funke Christian		M BI	26.12.78
	Kerstholt Vera (T)	5.11.90	M BI	27. 7.58				

[1] Kollegdirektor eines nicht voll ausgebauten Weiterbildungskollegs

3.005 Bielefeld Weiterbildungskolleg der Stadt Bielefeld – Abendgymnasium gegr. 1973

33615 Bielefeld, Stapenhorststr. 106 – Tel. (05 21) 51 39 17, Fax 51 86 36
E-Mail: abendgymnasium@bielefeld.de
Homepage: www.abendgymnasium-bielefeld.de
Weitere Schulorte in:
Frachtstr. 8, 33602 Bielefeld – Tel. u. Fax (05 21) 51-51 83 (Vormittagskurse)
Martin-Luther-Str. 4, 32756 Detmold – Tel. u. Fax (05 31) 91 61 29
Zur Schule 4, 32571 Löhne – Tel. u. Fax (0 57 32) 7 36 33

Sch: 538 (300)   Abit: 67 (38)
L: 31 (A 1, A_1 1, A_2 2, B 8, C 10, E 3, F 6)
Spr.-Folge: E u. F

BR Detmold
ASN: 184214
Dez: LRSD **Klemisch**

A	**Wilkening** Horst-Dieter	1. 2.06 °	M PH IF	29. 9.48		**Gelhäut** Herbert	6. 9.05	E GE	21. 5.61
						Frank Michael Dr.	7. 4.06	GE Soz PL	29. 9.59
A_1	**Weber** Ute	1. 3.06 °	M BI	2.10.56		**Flege** Claudia Dr.	1. 8.06	D BI	30. 5.73
A_2	**Kempker** Hans-Dieter	26. 2.04	BI E			**Volmer** Anja	6. 9.06	D GE	7. 6.73
	Sindermann Rainer		M PH			**Meyering** Sven	14.11.06	D EK	17. 9.71
B	**Schlegel** Günther Dr.	27. 1.87	PH M IF	28.10.49		**Schüring** Dagmar	12. 2.07	E GE	10. 3.69
	Reckers Michael	12.11.90	D GE	14. 9.49		**Beese** Annika	12. 2.07	M F	23. 6.76
	Loke Klaus	8.12.03	BI L			**Sprenger** Roland		PH M	24. 1.49
	Beck Regina	9. 3.07	E F	27.12.55	E	**Paulsen** Andrea	22. 8.05 °	E BI	25. 6.70
	Schulte Winfried Dr.	23. 3.07	D GE EK	6. 7.66		**Brokmann** Ulrike	1. 2.06	M IF	
	Eberling Karin		M Soz			**Paulsen** Astrid	1. 2.06	D E	
	Seidensticker Hans-Dieter		E PA		F	**Kuhlmann** August		BI GE	19.10.57
	Schröper Susanne		F M			**Steinhaus** Anne		F E	24.11.60
C	**Krajewski** Heinrich-Johann	18. 2.81	D SW	1. 5.49		**Schmücker** Georg		BI EK	15. 5.64
	Vincent Wolfgang (V)	20.11.86 °	E F	29. 8.54		**Steinbrück** Christian		M PA D	27. 5.72
						Wagner Marianne		D GE	

3.007 Bochum Ottilie-Schoenewald-Weiterbildungskolleg der Stadt Bochum – Abendrealschule/Abendgymnasium/Kolleg (5-Tage-Woche) gegr. 1963/1987

Querenburger Str. 37, 44789 Bochum – Tel. (02 34) 93 90 20, Fax 93 90 22
E-Mail: sekretariat@wbk-bo.de, Homepage: www.weiterbildungskolleg-bochum.de

Sch: 1192 (587)   Abit.: 63 (37)

BR Arnsberg
ASN: 164045

Spr.-Folge: E, F/L

Dez: LRSD **Dr. Oelmann**

Brinkmöller-Becker Heinrich Dr. OStD (Schulleiter)	D F		**Janke** Gabriele	M BI
			Kamcili-Yildiz Naciye	D EK
			Kay Sabine	M PH
Schulze-Bramey Udo WbKD (stellv. Schulleiter)	M SP		**Kehr** Carolin	D GE
			Klein-Höing Margot	E SW
Ansari Tanja	D PL		**Knoke** Werner-Josef Dr.	M
Becker Ursula	D SW		**Kosocsa** Claudia	M KU
Bogers Stefan	E		**Kothe** Angelika	M BI
Buhl Manfred Dr.	D GE		**Küpper** Reiner Dr.	E GE SW
Buschkowski Melanie	M BI		**Kurth** Ralf Dr.	M
Caspari Wolfgang	D GE SW		**Lange** Christiane	GE SP
Ceranna Ilona	M BI		**Leithe** Sebastian	M TC
Dittrich Klaus	E EK		**Lütgens** Monique	D F
Dominik Wolfgang	SW ER		**Marquaß** Reinhard	D EK
Erlemeyer Britta	EK SW		**Mengler** Heike	EK GE
Füller Christina	M KU		**Mierszchala** Andreas	M TC
Göbel Heinz-Werner	D GE		**Moaté** Philippe	F
Hammelrath Rut	D R		**Mücke** Petra	L BI
Hampel Dagmar	E R		**Niedermeyer** Dorit	E L
Hülsmann-Romoth Manfred	E PA		**Reimer** Ulrike	M BI
			Richter Günter	M GE

Roddewig Karl-Heinz	D EK SW	Strohmeier Stephan	M PH
Röcher Stephanie	D PA	Tellkamp Sonja	F GE
Rudolf Mathias	L BI	Termeer Jens	M SP
Schäfers Petra	E SW	Thiedemann Christina	D PS
Schaum Dagmar	M BI	Trendel Annette	D PA
Schmidtpeter Marion	D EK	Veit Nina	E GE
Schmitz Franz-Theo	D GE	Wächter Karin	D BI
Schnippering Martina	D GE	Walter Maria-Dorothea	D GE/PK
Schönhals Nicole	D PA	Wlochal Michael	E D
Schwietert Heinz-Peter	M SW	v. Zeddelmann Dietrich	GE BI
Sprung Christoph	E BI		

3.010 Bonn Weiterbildungskolleg der Bundesstadt Bonn – Abendgymnasium/Kolleg gegr. 1970

Auch Vormittagsunterricht (4- bzw. 5-Tage-Woche)
Langwartweg 72, 53129 Bonn – Tel. (02 28) 77 76 60, Fax 77 76 64
E-Mail: info@agkol-bonn.de, Homepage: www.agkol-bonn.de
Außenstelle: Basingstoker Ring 3, 53879 Euskirchen
Abendgymnasium/Abendrealschule – Tel. (0 22 51) 77 93 43, Fax 77 93 42

Sch: 889 (405) Abit: 116 (71) **BR Köln**
L: 54 (A 1, A$_1$ 1, A$_2$ 3, B 6, C 22, D 5, E 1, F 11, H 4) ASN: **170574**
Spr.-Folge: E/R, E/R/F, L Dez: LRSD **Henkes**

A	Walter Marlene[1]		M CH		31.10.57		Uth Thomas	27. 9.04	E EK k	23.11.64
A$_1$	Reuter Otto		° EW SP IF				Limbach Martin	1. 8.06	° PH KR k (M)	19. 2.67
A$_2$	Nieder Jürgen Dr.		BI D E S	k	19. 1.55		Freund Susanne geb. del Barba	1. 8.06	M CH k	8. 1.70
	Wolf Dorothea Dr. geb. Hansch		BI HW	k	29.10.49		Schein Reinhold		D GE	10. 6.48
	Drexler Barbara		BI CH	k			de la Haye Ruth		BI CH	28. 1.53
B	Dahm Bernd	27.11.79	M PH		2. 4.44		Reichart Susanne		E F	1.12.70
	Hienz Reinhart	20. 2.80	E I R S		28. 4.47		Sekatzek Yvonne		GE R k	31. 7.73
	Lenkewitz Susanne geb. Arand	21.12.87	M SP D	e	12.10.51	D	Thormeier Maj-Nina		BI E S k	27.11.73
	Andreas	21.12.87	° MU D	k	3. 5.49		Wiesner Lutz	6. 9.04	D PL	6. 6.56
	Franck Joachim	24. 3.99	E S		19. 5.49		Kiener Antje	6. 9.04	D KU e	22.12.58
	Hilchner Wolfgang		M PH		28. 3.52		Grigoriadou Zoe	6. 9.04	E D	24.10.64
C	Vetter Karl-Richard	16. 6.80	° D GE KR	k	21. 1.48	E	Kleditz Georg	6. 9.04	M PH e	24. 1.73
	Endemann Stefanie	19. 8.80	D L R		1. 5.50	F	Gerlach Horst	6. 9.04	BI EK	12.12.73
	Friesenhahn Jochen	1. 3.81	D PL	e	18. 9.44		Geiger Kathrin	1. 2.04	D E k	30.12.71
	Grenzmann-Schmidt-Hartleben Marion	22. 4.81	BI	e	12. 8.47		Pabel Brigitte geb. Lutz		° D L k	15. 2.43
	Sirot Ulrike	3. 8.82	E SW	e	29. 1.52		Kölblinger Gerald Dr.		L G D oB Sozkd	10. 3.43
	Dandyk Alfred	4. 6.84	PH M PL		23. 1.47		Fröhlig-Striesow Renate		D GE	13. 8.50
	Nahry Annette	22. 9.84	E EK	e	4. 8.52		Mund Gerhard		M PH IF	20.10.51
	Schell Berthold Anton	28.10.85	EW F		12. 1.51		Bause Elfriede		F GE KR	18. 3.53
	Steinbrügge Rudolf	17. 3.86	M ER	e	26. 5.55		Simons Edda		BI KU	23. 7.53
	Meyer-Schwickerath Elisabeth	12.86	BI SP	k			Hofmann Claudia		M EK	24. 1.55
	Trapp Detlev Bruno	26. 6.87	L KR	k	10. 2.55		Hoppe-Kalus Barbara		D GE	24. 3.55
	Müller Monika	5. 7.88	M PH	k	20. 9.55		van Haasteren Jutta		D GE	11.12.55
	Dötsch Siegfried	4. 5.95	M CH	k	26. 1.59		Ronge-Ferjani Ilona		L G	27. 9.59
	Passloer Stefanie	1. 8.03	E	e	6. 6.72		Dorchenas Ingeborg Dr.		D KU	
						H	Überholz Gerd		M	4.11.47
							Schlimgen Erwin Dr.		D PL	16.10.49
							Grobmeyer Rita		D SP	3. 6.55
							Lösch Christine		E	10. 9.65

[1] Schulleiterin i. A.

3.012 Borken   Weiterbildungskolleg Westmünsterland – Städtisches Abendgymnasium Borken-Bocholt

(5-Tage-Woche)   gegr. 1991
Vormittagskurse in Bocholt
Josefstr. 6, 46325 Borken – Tel. (0 28 61) 9 24 40-90, Fax 9 24 40-99
E-Mail: info@abendgymnasium.borken.de
Homepage: www.abendgymnasium.borken.de
46397 Bocholt, Stenerner Weg 14 – Tel. (0 28 71) 3 15 54, Fax 3 03 70

Sch: 148 (68)   Abit: 59 (28)
L: 12 (A_1 1, A_2 1, B 3, C 4, D 1, E 2)

Spr.-Folge: E, F, I

BR Münster
ASN: **191498**
Dez: LRSD **Dr. Oelmann**

A_1	Bensom Harald	26. 1.94	M EK (IF)	3. 1.49		Reuter Michael Dr.	4.10.85	BI EK	k	29. 7.49
A_2	Baensch Hartmut	1. 6.94 °	D E	e	5. 8.50	Blum Niels	19. 8.04	D GE	e	11.12.67
B	Büning Bruno	6. 1.94	M EK (IF)	21. 1.54		Bohnen Andrea	15. 9.05	E I	e	15. 4.75
	Brand Werner	9. 8.96	D PA KU	17.10.49	D	Laakes Karin	1. 8.02	F D (E)		7. 3.58
	Naatz Claudia	4. 6.07	M CH	e	19. 6.60	E	Tuschen Christian M.	20. 4.07	BI GE	k	3.11.72
C	Heimbach Barbara	4. 9.84	D SW	e	15.10.51		Jäger Alexandra	6. 8.07	D BI	k	5. 2.81

3.015 Dortmund   Weiterbildungskolleg der Stadt Dortmund – Abendgymnasium

(5-Tage-Woche)   gegr. 1946
Fritz-Kahl-Str. 15, 44225 Dortmund – Tel. (02 31) 5 02 31 03, Fax 79 40 33
E-Mail: abend-gymnasium@stadtdo.de
Homepage: www.abendgymnasium-dortmund.de
Auch Vormittagsunterricht u. Unterricht f. Berufstätige im Schichtdienst
Außenstelle in Witten (3-Abende-Woche)

Sch: 322 (176)   Abit: 51 (31)
L: 21 (A 1, A_1 1, A_2 1, B 11, C 1, E 4, F 2)

Spr.-Folge: E, F

BR Arnsberg
ASN: **170616**
Dez: LRSD **Dr. Oelmann**

A	Wiede Ingrid Dr. (T)	7. 6.94	E F D	16. 5.51		Schulz Manfred	1. 1.86	E GE	k	7. 6.50
A_1	Zimmermann Hiltrud	21. 8.01 °	M PH	e	9. 5.55	Eichhorn Michael	1. 1.86	E F	k	4.10.51
A_2	Loseck-Thiele Dorothea	15. 3.05	D GE	k	11. 4.43	Fresen Barbara	1.10.03	M SW		
						C	Bratfisch Martin (T)	22. 7.81 °	M	21. 7.52
B	Kemna Peter (T)	14.12.79	E	e	13.12.44	E	Beem Frank	2. 9.04	BI E	31. 7.65
	Paulmichl Peter	1. 5.80	D GE	k	20.10.43		Güting Vera	1. 2.05	M F	15. 5.75
	Haßelbeck Frank	1. 7.81	M PH		8. 5.48		Overbeck Victoria	9. 2.06	D SW	15. 4.78
	Kemna Heidelore (T)	30.11.84	BI EK	e	24. 3.49		Windscheif Sabine	9. 8.06	E D R	4. 1.67
	Zimmermann Hans-Ulrich	1. 4.85 °	PH IF	e	25. 3.51	F	Estel Dagobert		D SW	7.11.53
	Rabe Winfried	20.12.85	D GE	k	24. 1.47		Hardt-Bongard Susanne		GE D	7. 8.63
	Müller-Haselhoff Dieter	1. 1.86	BI CH	e	27. 2.49					

3.020 Düsseldorf   Weiterbildungskolleg der Stadt Düsseldorf – Abendgymnasium   gegr. 1947

Abend- und Nachmittagkurse (4- bzw. 5-Tage-Woche)
Rückertstr. 6, 40470 Düsseldorf – Tel. (02 11) 89-9 83 50, Fax 89-9 83 51
E-Mail: ag@agduesseldorf.de, Homepage: www.agduesseldorf.de

Abit: 45 (28)
L: 22 (A 1, [A_1] 1, A_2 2, B 8, C 7, E 2, F 1)

Spr.-Folge: E u. F

BR Düsseldorf
ASN: **170513**
Dez: LRSD **N. N.**

A	Weirauch Manfred	25. 8.95	M GE	k	8. 6.47		Kaltenbach Elisabeth (T)	12.96	D E		11.11.56
A_1	(Gärtner Stefan StD A_2)	15. 3.06	M SW IF		55	B	Eschweiler Gottfried	4.11.80	D GE	k	26.10.46
A_2	Hofmeister Ulrich Dr.	12.12.90	PH CH		15.10.53						

Weiterbildungskollegs – Abendgymnasien   507

	Weidenhaupt Thomas	28. 2.86	BI	k	25. 6.46		**Winter** Reiner Dr.	5. 6.85	M PL	
	Schneider Peter	7. 3.86	E GE	k	15.11.52		**Heinen** Dirk	1. 8.05	M PH	23. 2.69
	Gartz Gabriele (T)	10.12.90	D E		6. 7.54		**Nabbefeld** Christoph	15. 3.06	E GE	4. 6.72
	Bietenbeck Ursula	23. 9.03	M PH				**Fulle** Markus	8. 2.07	GE SW	7. 7.71
	Müller-Gehl Petra (T)	5.06	D BI				**Grotehusmann** Sabine	30. 8.07	D F	7. 5.75
	Kollmeier Alexandra	18. 4.07	D PL KR		1. 1.69	E	**Specht** Jens	29. 5.06	D E	11.10.73
	Vornholz Barbara	24. 5.07	BI CH	e	1. 2.55		**Reuter** Silke	11. 8.06	F E	22.12.68
C	**Fuchs** Ernst-Jürgen	6. 5.80	D E	e	15.11.51	F	**Mälzig** Michael Dr.		M PH	17. 8.57
	Gückel Heinz Josef	12.12.84	D SW		20. 4.47					

**3.025   Duisburg   Weiterbildungskolleg der Stadt Duisburg –
Abendrealschule/Abendgymnasium**   gegr. 1950 (AG), 1962 (AR)
Nahestr. 12, 47051 Duisburg – Tel. (02 03) 2 83-36 06, Fax 2 83-67 30
E-Mail: weiterbildungskolleg@stadt-duisburg.de
Homepage: www.weiterbildungskolleg-duisburg.de
Außenstelle: Ritterstr. 4, 46483 Wesel – Tel. (02 81) 2 58 81, Fax 16 49 91 72

Sch: 309 (157)   Abit: 17 (9)   **BR Düsseldorf**
L: 19 (A 1, A$_1$ 1, A$_2$ 2, B 2, C 4, D 3, E 2, F 1, H 3)   **ASN: 163820**
Spr.: E, F   Dez: LRSD' **Schäfers**

A	**Wischerhoff** Manfred	6.05	D GE	k	7. 2.51		**Rennecke** Robert	8.06	M E	19. 2.71
A$_1$	**Schräder** Rudolf	6.05 °	D GE	k	13. 2.43	D	**Slapnik** Martina SekIL'	83	D BI e	28. 6.55
A$_2$	**Wehres** Ulrike Dr.	31. 3.93	D PL				**Wörmann** Hildegard RSchL' (T)	83	E SW k	13. 7.55
	Steffen Norbert Dr.	1. 6.03	M		13. 2.50					
B	**Knauer** Walter	4. 7.01	PH CH		3. 3.57		**Ludewigt** Jutta SekI/IIL'	97	E F k	5. 9.60
	Tucholski Barbara (T)	30. 7.03	BI F	e	20. 7.51	E	**Peter** Jan	9. 8.06	D GE	23. 1.74
C	**Waldeyer** Dorothee geb. Wehrmann (T)	23. 3.87 °	E F	k	23. 1.55		**Goedecke** Katharina	1. 2.07	D GE k	10. 5.73
						H	**Götzen** Michael		E EK e	13. 2.54
	Briem Christina	4.05	E F D	e	21. 7.68		**Kögel** Freimut		D GE oB	28. 1.66
	Reuter Markus	2.06	GE E		5. 7.71		**Fischer** Alexander		D GE k	29.12.73

**3.030   Essen   Weiterbildungskolleg des Bistums Essen
Nikolaus-Groß-Abendgymnasium**   gegr. 1959
Abend-G. d. Bistums Essen
Vormittags-, Abend- und Schichtunterricht
Franziskanerstr. 67, 45139 Essen – Tel. (02 01) 27 40 60, Fax 2 74 06 30
E-Mail: NGA-Essen@t-online.de, Homepage: www.abendgymnasium-essen.de

                                                        BR Düsseldorf
L: 21 (A 1, A$_1$ 1, A$_2$ 2, B 8, C 5, F 4)   **ASN: 170537**
Spr.-Folge: E/L, G, F   Dez: LRSD' **Kumpfert**

A	**Nadorf** Bernhard	20. 5.95	E GE	k	10. 5.50		**Zajicek** Detlev		BI SW k	18.12.61
A$_1$	**Jeschke** Klaus		M PH	k	16. 6.53	C	**Meyer** Michael		E GE k	27.10.70
A$_2$	**Obsiadly** Johannes	1. 12.88 °	PH M TC	k	4. 1.48		**Brune** Carlo Dr.		D PL k KR	21.12.70
	Hover Angelika		D E	k	23. 6.58					
B	**Gretenkord** Johannes Dr.	23. 1.80	G KR L	k	12. 5.47		**Ahlers** Bettina		M KR	22.12.70
							Nowak Eva		E M k	11. 3.72
	Hardegen Rolf	30.11.92	GE D	k	8. 9.48		**Müller-Edwards** Christine		E I	
	Schmidt Christiane	1.10.05	L KR	k	12. 4.71					
	Brüggen Hubert Dr.		D PL		24.12.53	F	**Holtmann** Hermann		KR GE k	10. 5.51
	Mergen Angela geb. Orth (T)		D PL	k	21. 6.55		**Hoffmann** Anneliese		M SP k	12.10.59
	Schön Hans-Peter		E SP	k	3. 8.57		**Becker** Thomas		ER GE e	29. 8.60
	Hilgers Angelika		M PH	k	27. 8.59		**Janusz-Kiwic** Joanna		F KR I k	8. 7.49

3.035 Gelsenkirchen Weiterbildungskolleg Emscher-Lippe der Stadt Gelsenkirchen – Abendgymnasium/Kolleg[1] gegr. 1948

Franz-Bielefeld-Str. 48, 45881 Gelsenkirchen – Tel. (02 09) 81 12 60, Fax 81 23 57
E-Mail: weiterbildungskolleg@gelsenkirchen.de, Homepage: www.wbk-el.de
Außenstelle: Im Werth 6, 46286 Dorsten – Tel. u. Fax (0 23 62) 66 42 20

Abit: 68 (36)   BR Münster
L: 33 (A 1, A_1 1, A_2 2, B 5, C 13, E 2, F 9)   ASN: **170604**
Spr.-Folge: E u. L/F/T   Dez: LRSD **Dr. Oelmann**

A	Jahn Günter	8.12.03	D GE	e	11.10.53		Meppelink Julia	1. 2.07	F GE	27. 4.71
A_1	Behrendt Rolf	17. 5.91	WW SW		25.12.49		Pengelley Maria	5. 2.07	E F PA	3. 9.64
A_2	Fleischauer-Niemann Gabriele	8. 8.03	E KR	k	9.10.49		Brüggemann Ute	21. 5.07	D PA	12. 8.70
	Kock Hubert (V_2)	17. 9.07 °	BI CH	k	26.11.56		Menkhaus Torsten	6. 9.07	GE PL	e	22. 9.69
B	Ribitzki Christian	12.11.92	E SW	k	15. 4.55	E	Sarican Gönül	6. 9.07	SW T	11. 1.75
	Hansen Klaus	15. 1.96	D GE		27.12.55		Nothardt Benno	1. 2.06	D M	4. 9.72
	Doert Fred (V)	18. 9.96 °	M PH		1. 7.51	F	Wischniewski Verena	9. 8.06	E SW	8. 6.75
	Rentsch Hartmut Dr.	4. 7.07	E F		26. 7.48		Miebach Gabriele		BI PA	29. 5.50
	Ahrens-Heddier Lisa	4. 7.07	E D KU	k	12.10.56		Menges Reinhard		D PL	24. 6.52
C	Kroll Michael	1. 2.80	M L		16. 1.50		Konopatow-Kanitz Estella		D CH	1. 2.54
	Burgmer Dorothee	12. 2.80	D GE	k	28. 4.49		Collins-Whittel Angie		E SP	k	16. 3.54
	Rahmlow Reinhard	16. 8.83	E D	e	15. 9.53		Einhaus Heinz-Bernd		M PA	3. 2.56
	Lindauer Renate	8. 5.87	M IF	k	28. 4.54		Wellhausen-Beer Annette		E R	6. 9.56
	Nordlohne Lia	1. 8.90	D KR	k	15. 5.53					
	Nelle Winfried	1. 1.02 °	BI CH	k	8. 4.57		Schmidt Ute		D GE	20. 5.57
	Budde Anke	8. 8.05	GE KU		16. 4.67		Boos Ute		M SP	19. 1.60
	Raible Ursula	1. 4.06	M SP		18. 8.70		Chaymowski Bernd		D SW	20. 2.70

[1] Abitur-online NRW

3.038 Gronau Weiterbildungskolleg der Stadt Gronau – Driland Kolleg gegr. 1990/1993

Abendrealschule, Abendgymnasium und Kolleg (5-Tage-Woche)
Laubstiege 23, 48599 Gronau – Tel. (0 25 62) 96 50 16, Fax 96 50 17
E-Mail: verwaltung@driland-kolleg.de, Homepage: www.driland-kolleg.de
Außenstelle: Ahaus

Abit: 42 (27)   BR Münster
L: 30 (A 1, A_1 1, A_2 1, B 4, C 8, D 3, E 2, F 10)   ASN: **191073**
Spr.-Folge: E, F, L, N   Dez: LRSD **Dr. Oelmann**

A	Uekermann Jürgen	1. 8.97	M PH IF		6. 4.44	D	Krüger Manfred		D SW	21. 5.52
A_1	Dyckhoff Reinhard	1. 5.06 °	BI KR	k	3.11.56		Strickling Renate		M EK	3. 8.54
A_2	Reck Margarete	13. 3.96	D SW		20. 2.53		Bockemühl Stephanie		D KR	k	22. 8.76
B	Holtkötter Rudolf	21.12.89	M SW	k	14. 7.53	E	Schwan Daniela	9. 8.06	GE EK	k	29.10.76
	Beine-Gnauck Beate (T)	3. 7.96	D ER	e	13.11.58				PA	
							Baumeister Ulf Dr.	1. 8.07	BI CH	27. 5.74
	Veer Gregor	15. 1.98	M L	k	14. 5.57	F	Melzner Maritta		E F	24.11.53
	Keesen Oliver	6. 8.07	N E		27.12.67		Schmitz Michael Dr.		D E PL	20. 2.54
C	Maak Jürgen	1. 8.90	M PH IF	k	19.11.57		Thoring Andreas		M EK	30. 4.54
							Zindel Ursula		F KR	k	15.10.55
	Temme Marc	1. 8.03	D PL N		16. 3.69		Gevers Reinhard		E PL	26. 1.57
	Rölleke Reinhard	3. 3.04	CH EK		11. 8.72		Winkelmann Hubert		EK KU	20. 4.57
	Wehrmeyer Andreas	20.12.04	L BI	eref	11. 7.65		Rottmann Margret		D GE	k	10. 6.58
	Albers Jens	20.12.04	SW GE	k	14. 7.72		Beitl Wolfgang		D SW	20. 2.60
	Schröer Ingo	17. 3.06	M BI	k	23. 5.72		Hromada Barbara Anna		D BI	4.12.68
	Rook Karsten	30. 8.07	E GE		8. 4.72		Plagge Nicole		AL M	14.12.77
	Flache-Warych Annegret		E F		10.10.51					

3.040 Hagen Weiterbildungskolleg der Stadt Hagen –
RAHEL-VARNHAGEN-KOLLEG gegr. 1982
Abendgymnasium, Abendrealschule, Kolleg (5-Tage-Woche)
Eugen-Richter-Str. 77-79, 58089 Hagen – Tel. (0 23 31) 37 76 4-0, Fax 37 76 4-28
E-Mail: postmaster@rahel-varnhagen-kolleg.de
Homepage: www.rahel-varnhagen-kolleg.de
Außenstellen:
57439 Attendorn – Tel. (0 27 22) 5 36 88; 58285 Gevelsberg – Tel. (0 23 32) 92 04 60;
58675 Hemer – Tel. (0 23 72) 32 56; 58507 Lüdenscheid – Tel. (0 23 51) 2 23 99;
58706 Menden – Tel. (0 23 73) 98 31 57;
Kreis Olpe (57462 Olpe, 57368 Lennestadt/Altenhundem)

Sch: 1521 (766) Abit: 116 (71)
L: 88 (A 1, A$_1$ 1, A$_2$ 5, B 14, C 31, D 21, E 1, F 13, H 1)

BR Arnsberg
ASN: **188001**

Spr.-Folge: E/L/F/S

Dez: LRSD **Dr. Oelmann**

A	**Kühmel** Bernhard Dr.	1.11.91	D SW PS KU	3. 5.51		**Treptow** Eva Dr.	BI PA	24. 9.72
						Reinert Schalu	D PS	3. 6.75
A$_1$	**Hippler** Gregor	3. 1.97	D PL			**Barner** Angela	BI SP	20. 7.76
A$_2$	**Ackmann** Heinz	1. 4.04	M PH IF	10.11.56		**Baumgart** Ulf	M PH IF	
	Pfeiffer Udo		M PH IF	26. 2.49		**Nebert** Birgit	E D	
	Prochaska Volker		D BI	3. 8.56		**Römer** Rolf-Rüdiger	GE M SW D	
	Krömer Paul		KR GE E					
	Termühlen Georg		KR L			**Sayer** Sonja	M EK	
B	**Schmidt** Friedhelm	18. 4.85	D SW	17. 3.52		**Welsch** Christiana	D GE	
	Harnisch Ulrike	30.12.92	D F	23.10.57	D	**Jost** Eva-Maria RSchL'	13.11.87 BI M e	17.11.46
	Roggow Heino	10.03	M PH	23. 7.54		**Stöcker** Rainer	D GE	7. 4.41
	Rädinghaus-Hippler Dagmar		D Soz	30. 1.48		**Vollmer** Michael	AL D GP	8.10.47
	Bianga Rudolf Dr.		BI M	9.10.48		**Harder** Wolfgang	D SP	31. 3.48
	Gellmann Uschi		PA SW	31. 3.49		**Staubach** Elisabeth RSchL'	D EK	27.10.48
	Heeke Günter		VW GE	2. 4.49		**Schulze-Icking** Birgit	D E	14. 4.56
	Küster Gerd		D PL	19. 9.50		**Zinke** Lieselotte	D M	8. 6.56
	Schmidt Klaus-Günther		° M PH IF	5.12.50		**Buschhaus** Henning	D GE	20.10.62
	Klowersa Maria-Theresia		D PL	9. 4.52		**Krahn** Thomas	M BI	15. 1.63
	Stührenberg Dieter		BI CH	30. 4.54		**Cornelius** Corinna	E ER	15.11.66
	Feldheim Eva geb. Foller		E PL H isr			**Beeker** Carsten	EK GE	5. 8.67
	Schulte-Kurteshi Maria Gabriele Dr.		D GE			**Demleitner** Heike	E GE	4.11.67
	Weirauch Günter		M PH			**Hegmann** Frank	D E PL	10. 7.68
C	**Bayer** Ulrike	1. 2.80	PL D E e	8. 6.50		**Rothländer** Axel	BI PH	10. 7.70
	Pauli Margit	24. 7.90	L KR k	8. 5.55		**Kuck** Dennis	D GE	4. 8.71
	Menke Wilfried	30. 9.94	° M BI IF	4. 2.55		**Bayer** Anja	D M	7. 6.74
	van Ackeren Petra	19. 5.95	BI M k	24. 9.57		**Galliet** Sabine	E SP	
	Lischke Gisbert		E Soz	8. 9.42		**Müller** Alexandra	D GE	
	Hammerschmidt Benno		D GE	2.11.46		**Schlotbohm** Tim	GE EK	
	Wolff-Maurmann Eva Dr.		D PA PL	12. 2.48		**Steffens** Rudi	E GE	
	Jahn Lothar		D PL	7.10.48		**Stinn** Klaus	D SP	
	Veit Jürgen		BI E	13. 5.52	E	**Niermann-Rossi** Michael	IF M	11. 7.66
	Hesselmann Birgit		GE PA	8. 8.52	F	**Gong** Baoshan Dr.	E C	13. 2.48
	Sieber Rolf		E GE	22. 5.54		**Henry** Nora Dr.	D E	6. 5.51
	Sandkuhl-Spaude Martina (T)		BI EK	23.11.54		**Errenst** Christoph Dr.	PH EK BI	11. 8.52
	Kluge Robert		E S	20.11.60		**Wassermann** Benno	M CH	13. 1.55
	Rethwisch Ute		BI CH	3.10.63		**Kessler-Hickey** Ilse Dorle	E R	20. 2.56
	Stewen Roland		M PH	18. 3.66		**Schewe** Inge	E GE	14. 6.57
	Abels Rolf Dr.		E GE	21. 6.68		**Prünte** Helen	M IF	3.10.65
	Peters Kirsten Dr.		D GE	27. 9.68		**Leven** Claudia	PL PS	12.10.65
	Bartel Gordon		D PL	13. 4.70		**Disselnkötter** Andreas	SW D	1. 5.67
	Krebs Kati		M EK	13. 9.70		**Koetting-Bittner** Heike	D PL	
	Langwald Kerstin		M PA	21. 7.71		**Müller** Wolfgang	M TC	
	Romberg-Stewen Melanie		D E SP	18.11.71		**Skurak-Althaus** Danuta	D	
						Wolf Jörgen	SW GE	
	Dettmer Lutz		BI SP	21. 3.72	H	**Rappaport** Werner	KU	27. 5.54
	Hein Andrea		E FS	28. 6.72				

510 Weiterbildungskollegs – Abendgymnasien

**3.045 Köln   Weiterbildungskolleg der Stadt Köln –
Abendgymnasium** (5-Tage-Woche)   gegr. 1949
Gereonsmühlengasse 4, 50670 Köln – Tel. (02 21) 22 19 19 60, Fax 22 19 13 44
(auch Vormittagskurse)
E-Mail: beratung@abendgymnasium-koeln.de
Homepage: www.abendgymnasium-koeln.de
Außenstelle: Gutenbergstr. 2–6, 50126 Bergheim

Sch: 961 (483)   Abit: 126 (68)
L: 57 (A 1, A_1 1, A_2 4, B 13, C 23, E 5, F 10)

Spr.-Folge: E, L, F

BR Köln
ASN: **170586**
Dez: LRSD **Henkes**

A	Fuhrmann Hildegard	31. 1.02	D Soz		27. 1.49	Pieper Ulrich	1. 2.02	M SW IF	
A_1	Jäger Monika	16. 2.06 ▫	E F		15. 8.51	Cremer Uwe	1. 2.02	M PH k	13. 1.65
A_2	Bramhoff Monika	93	D GE k		11.10.47	Breuer Heiko	1. 2.02	D EK k	16. 1.69
	Hahn Rainald Dr.	13.10.03	M PL			Schultz Johanna	1. 2.02	E F	30. 3.70
	Tervooren Klaus	28. 4.05	D GE		20. 3.55	Pschibille Judith Dr.	1. 8.03	M ER	
	Eversheim Helene geb. Schumacher	26. 3.07	M PH		18. 2.53	Stier Viktor	1. 5.05	M PH e	23. 9.50
						Flora Eugenia	22. 8.05	D E I	5. 1.62
B	Tucker Anne	27. 8.80	E PL			Roos Kai	22. 5.06	D BI	6. 6.73
	Peuster Axel Dr.	17.10.85 °	ER L GE		22. 8.44	Springer Beatrix	1. 8.06	D E	15. 9.65
	Volmer Ulrich	12.11.96 °	L PL oB GE		23. 2.60	Stützer Bernd	14. 9.06	M PL IF	7.10.66
						Hamidzadeh-Hamudi Dareus	15. 7.07	D SW I k	28. 7.75
	Hielen-Knabe Werner	26. 7.05	SW BI						
	Kempf-Allié Gabriele geb. Kempf	1.11.05	E GE	e	28. 1.54	Köhler Julia	15. 7.07	D BI	27. 8.76
						Wachholz Astrid	15. 7.07	E F e	26. 4.77
	Rüsing-Peter Petra	15. 7.07	L M			E Langer Notburga	1. 2.06	D GE	26. 7.57
	Herzhoff Renate	15. 7.07	M PH IF	e	16.11.56	Simons Karsten	1. 2.06	GE BI	31. 5.68
						Kurtsiefer Dirk	9. 8.06	M IF PH	20. 4.72
	Blumenthal Sabine	15. 7.07	E PL						
	Valerius Marianne	15. 7.07	F M		27.11.67	Heinrich Ulrike	21. 8.06	M SP	9. 6.72
	Havanassian Ulrike		E F		13.12.48	Strotmann Lars	21. 3.07	GE PL	31. 3.76
	Hermanns Karin		BI CH			F Beneken Klaus		M EK e	2.11.51
C	Blum Ingrid geb. Hellmich	30. 8.76	M R			Knauf Michael Dr.		GE F	4. 3.54
						Knabe Christine		F SP D	10. 7.55
	Dustmann Anne	8. 8.82	BI CH			Wagner-Faßnacht Elke		D E	6. 6.56
	Hess Robert	23. 2.83	PL D k		22. 7.45	Issinger Eginhard		E EK	30. 8.56
	Rösgen-Tervooren Sylvia	7. 9.84	D GE		26. 3.54	Braun Anette		E SW	24.11.56
						Fahl Siegfried		D GE k	12. 6.57
	Uerdingen Manfred	10.86	CH BI		28. 2.54	Breidenbach Frank		GE BI	6.10.59
	Rehbach Monika geb. Fiedler	12.86	PH M IF	e	7. 9.49	Schmitz Margret		F SW	
	Gawol Kirsten	1. 8.01 °	M BI		21.10.69	Blömeke Johanna		D PL	19. 1.64

**3.050 Lippstadt   Weiterbildungskolleg der Stadt Lippstadt –
Abendgymnasium**[1] **/Kolleg/Abendrealschule** (5-Tage-Woche)   gegr. 1972
Ostendorfallee 1, 59555 Lippstadt – Tel. (0 29 41) 40 65, Fax 40 79
E-Mail: info@wbk-lippstadt.de, Homepage: www.weiterbildungskolleg-lippstadt.de
Außenstellen:
59269 Beckum (2.035) – Tel. (0 25 21) 1 67 67; 59065 Hamm (2.315) –
Tel. (0 23 81) 2 15 30; 33102 Paderborn (2.589) – Tel. (0 52 51) 3 18 82;
59494 Soest (2.665) – Tel. (0 29 21) 1 45 19

BR Arnsberg
ASN: **183052**
Dez: LRSD **Dr. Oelmann**

L: 44 (A 1, [A_1] 1, A_2 3, B 11, C 11, D 8, E 2, F 7)

Spr.-Folge: E, F (L)

A	Lange Heinz-Friedrich	7. 6.94	M GE		25. 7.53	Steiling Norbert	24. 1.84	D EK	22. 7.48
A_1	(Schröder Reinhard StD A_2)	21.12.87	M PA		11. 6.53	Schneider Joachim	25. 7.84	F PL D	16.11.49
						Schröter Wolfgang	14. 1.86	E PA	25. 1.51
A_2	Hornig Hannelore	15.11.90 °	E F	e	2. 1.54	Klein Jens	8. 1.87 °	BI CH	3. 6.46
	Balster Bernhard	30.12.91	E F		6. 6.48	Bödeker-Schröder Karin	8. 1.87	D GE	9. 4.54
	Auffenberg Friedrich	6.06	M PH		2. 2.52				
B	Daum Herm.-Josef	22.12.82	GE E		2. 9.48	Böttcher Hans Ulrich	22.12.88	PH M	29. 8.52

	Niermann Heinz Dr.	30.12.91	E F		8. 4.54		Westkämper-Gramm	GE BI		7. 9.59
	Zurmühlen Helmut	27. 4.07	M PH		6.10.52		Sabine		
	Gloger Almut		D F				Habbel Anja	D BI	18. 3.68
	Suchanek Gabriele		D F				Brockschmidt Tanja	M D	3. 7.76
C	Wecker Helene	24. 9.87	BI CH		8.10.54		Hähnel Katrin	M EK	28. 2.77
	Robrecht Günter	1.12.94	M BI	e	5. 1.58		Eickhoff Gabriele	E	
	Seibert Petra	1.12.94	D KR	k	26. 6.61		Perkons Maris	BI PL	
	Sandrock Andreas		° M PH		14. 7.62			CH PH	
	Hinz Ulrike		E GE		2. 2.68	E	Rentrup-Wintergalen	BI PA	18. 6.76
	Meyer Martin		IF PA M		29. 4.68		Christina		
	Legrum Marcel		D GE		28.11.72		Hüls Jörg Dr.	BI CH	
	Meierotte Christian		M CH			F	Odenbach Maxine	E	31. 1.43
	Niemeier Sandra		EK GE				Switi Andrea	D EK	1. 6.65
	Scheiper Karen		M EK				Fuhrmann Bernfried	D GE	
D	Regelmann Gudrun		D F		25. 9.54		Kuczynski Christine	F D	
	Thiemeyer Irmgard M.		E TX		7. 6.57		Sandermann Wilhelm	SW M	

[1] Hier u. in d. Außenstellen Hamm u. Paderborn auch Vormittagskurse

3.053 Minden Weiterbildungskolleg – Weser-Kolleg (gegr. 1989)
siehe 3.145

3.055 Münster Abendgymnasium der Stadt Münster –
Weiterbildungskolleg für Berufstätige
(5-Tage-Woche) gegr. 1980
Wienburgstr. 52/54, 48147 Münster – Tel. (02 51) 39 90 60, Fax 3 99 06 29
(auch Vormittagskurse)
E-Mail: abendgymnasium@muenster.de
Homepage: www.abendgymnasium-muenster.de
Außenstelle: Kopernikusstr. 61, 48429 Rheine – Tel. (0 59 71) 8 49 09, Fax 80 56 43
(auch Vormittagskurse)
E-Mail: Abendgymnasium@t-online.de

Sch: 401 (221) Abit: 58 (32)
L: 31 (A 1, A$_1$ 1, A$_2$ 7, B 8, C 9, D 2, E 1, H 2)
Spr.-Folge: E, F

BR Münster
ASN: **187677**
Dez: LRSD **Dr. Oelmann**

A	Börgmann Helmut	1. 8.96	D GE		16.10.53		Uhlenbrock	29. 8.03	BI EK	k	9. 3.56
A$_1$	Eggert Helga	19.10.94	F EK	k	21.11.46		Karlheinz				
A$_2$	Baus Anita Dr.	27. 6.86	D GE	e	1.12.44	C	Gruber Irmgard	10. 4.89	F PA	k	30. 6.51
	Legeit Helge (Vw)	3. 2.87	° E F	e	1. 6.50		Walory Michael	28. 9.90	BI CH	k	17. 8.57
	Hillesheim	21.10.87	BI CH	k	9. 6.49		Sievert Josef	1. 2.94	GE M	k	28. 4.57
	Margareta		EK				Hettwer Jörg Dr.	1. 1.04	CH PH	e	17. 4.67
	Deisenroth	22.12.88	□ D GE		10.12.44		Rösler Mirja	1. 8.04	M BI	e	12. 9.72
	Alexander Dr.								SP		
	Schwamborn Jörg	22.12.89	M PH	e	6.11.47		Nolte Miriam	1. 8.06	D BI	k	10. 4.76
	Kratz Steffen Dr.	2. 4.92	D PL		24. 7.50		Herbold Kristin	1. 8.06	M E	k	11. 2.77
B	Duwenig Christa	14. 2.80	D F	e	17.12.48		Steinbach Stefan	11. 9.06	M EK		17. 7.70
	Jung Karl	15. 4.88	SW D		29.10.52		Niesert-Kirchhoff		E GE		
	Kramer Ingrid	12. 1.89	° E F	k	21. 4.53		Edeltraut Dr.				
	Elias Klaus	12. 1.89	E GE	e	14. 8.54	D	Prag Juliane	1. 2.06	E KU	e	16. 3.76
	Schmidt Ludwig	28. 8.89	E EK	k	9. 1.55		Titze Angela	1. 2.06	M D		30. 1.80
			PK GE			E	Heinsch Uta	11. 7.07	D E	k	8.11.77
	Proß Bernhard	30. 7.90	D GE	k	28. 9.51	H	Ernst Josef		KU		4. 5.48
	Köster-Kummer	26. 7.02	M BI		13.11.55		Eilert Beatrice		□ D GE	k	2. 3.56
	Anna-Maria										

3.061 Neuss   Weiterbildungskolleg der Stadt Neuss – Abendrealschule/Abendgymnasium
(5-Tage-Woche; Vormittagskurse [4-Tage-Woche])   gegr. 1990
Bergheimer Str. 233, 41464 Neuss – Tel. (0 21 31) 94 05 80, Fax 94 05 81
E-Mail: neusswbk@aol.com, Homepage: www.weiterbildungskolleg-neuss.de

Abit: 27 (14)   **BR Düsseldorf**
L: 26 (A 1, A_1 1, A_2 2, B 4, C 8, D 4, F 5, H 1)   ASN: **190962**
Spr.-Folge: E, L/F   Dez: LRSD' **Schäfers**

A	Babilas Stefan	25. 5.02	°	CH VW SP	k	1. 4.45		Attig Kerstin geb. Berella (T)	6. 8.91	M PH	e	27. 5.61
A_1	Schneiders Wolfgang	4. 5.07		D SW		31.12.52		Milz Claudia	2. 9.02	M BI IF	k	28. 1.69
A_2	Günther Gabriele geb. Ruppert	7. 4.97		BI CH	k	25. 3.56		geb. Korte (T) Küpper Bernd		BI D		12. 2.53
	Loose Uta (T)	25. 6.03	□	BI CH	e	9. 4.53	D	Boenning Hans-Joachim SekIL	8.79	D GE PK	k	28. 9.51
B	Müller Solvejg Dr. (T)	11. 1.96		D PL PS	PA	25. 3.52		Perez-Hulek Monika RSchL' (T)	25. 1.99	BI GE	k	4. 1.61
	Emmerich Wolfgang	11. 8.01	□	M WW IF		2. 6.47		Nickel Mathias Fischer-Dinkelbach		M SW E D	e	13. 3.76
	Siano Waltraud (T)	23. 7.02		BI EK	k	27. 6.48		Ingrid (T)				
	Noll Thomas M. A.	23. 6.03		E L PL	k	15. 4.58	F	Eickmeier Anne Marie		F GE EK E		7.10.49
C	Sobizack Anne (T)	3. 7.80		F SP				Karrasch Thomas (StR)		□ E D		1.12.53
	Kirsch Ulrich	2.10.84		M EK		19. 4.55		Exner-Schlereth Petra geb. Exner		E F		17. 5.61
	Hoffmann Eckhard (T)	16.11.84		D GE		3. 6.50		Queißer Julia		D EW		19. 6.70
	Bettermann Petra (T)	7. 9.87		CH PH	k	30. 3.54		Breyther Stefanie		GE D		6. 7.77
	Geuer-Adindu Klara-Christine geb. Geuer	31. 1.88		D E	k	22.11.52	H	Pfeiffer Christoph Pfr.		E R	e	6. 3.64

3.063 Siegburg   Weiterbildungskolleg – Abendgymnasium Rhein-Sieg   gegr. 1989
Abend-G. d. VHS-Zweckverbandes Rhein-Sieg
Alleestr. 2, 53721 Siegburg – Tel. (0 22 41) 17 92-0 vorm., sonst 17 93-0, Fax 17 93-33
E-Mail: abendgymnasium-siegburg@t-online.de
Homepage: www.abendgymnasium-siegburg.de
Außenstelle: Ernst-Zimmermann-Str. 22, 51645 Gummersbach – Tel. (0 22 61) 7 80 48

Sch: 412 (220)   Abit: 60 (32)   **BR Köln**
L: 26 (A 1, A_2 2, B 7, C 14, F 2)   ASN: **190408**
Spr.-Folge: E, L/F   Dez: LRSD **Henkes**

A	Bröcher Heinz-Willi	14. 6.95	°	D EK	k	20. 7.49		Hensel Martin	29. 8.85	°	M ER	e	18.10.43
A_2	Weiland Peter Dr.	1. 8.96		M PH IF	e	5. 5.49		Lahl-Lohmann Ulrike	27. 2.92		BI ER SP	e	2. 4.59
	Spicker-Wendt Angelika Dr.	15.12.98		D GE		13. 6.47		Kenfenheuer Frauke Schäfer Barbara geb. Goch	2. 7.03 2. 7.03	°	E PL D E	k k	6. 2.71 4. 6.74
B	Wertessen Rolf	24.10.84		PL D		3. 9.49		Kowalski Valerie	6. 9.04		E F	k	12. 7.70
	Wolf Peter	21. 2.97		CH BI		15. 1.51		Büker Stephanie	6. 9.04		E BI	e	9. 9.71
	Hutz Karl	7. 5.99		D GE				Urh Andreas	2. 9.05		M PH	k	2. 3.58
	Vedder Beatrix Dr.	7. 5.99		E F	e			Roßbach Tanja	16. 5.06		D F	k	12. 1.70
	Eichendorf Annette	6. 9.99	°	BI KR	k	10. 3.51		Fleck Angela	1. 2.06	°	D F		7. 3.74
	Künemund Ursula	24. 5.04		BI M		6. 5.55		Fröhlich Markus	2. 5.06		E GE	k	6.11.73
	Klein Manfred	1. 8.07	°	M PH		20. 8.50		Möller Michael			D GE	e	18. 1.53
C	Koch Joachim	19. 8.80		EK E	e	2. 5.48		Metzger Hans-Peter			L EK		18. 2.47
	Spicker Friedemann Dr.	1. 8.81		D GE		26. 2.46	F	Vollmer Michael Dr.			D PL	e	17.10.58
	Weigand Wolfram	3. 8.82	°	M PH		21. 2.50							

3.065 Siegen Weiterbildungskolleg der Stadt Siegen – Abendrealschule/Abendgymnasium (5-Tage-Woche)

gegr. 1969/1983 (auch Vormittagskurse)
Höllenwaldstr. 100, 57080 Siegen – Tel. (02 71) 35 95 61, Fax 3 59 56 22
E-Mail: abendschule-siegen@t-online.de
Homepage: www.weiterbildungskolleg-siegen.de

Sch: 450 (262)   Abit: 41 (17)
L: 30 (A_1 1, A_2 4, B 8, C 4, D 9, F 3, H 1)
Spr.-Folge: E, F/S

BR Arnsberg
ASN: **164094**
Dez: LRSD **Dr. Oelmann**

A_1	Schürg Jochen		D SP			C	te Boekhorst Marl. (T)	1. 8.85	BI PA	6. 8.51
A_2	Sensenschmidt Bernd (F)	16. 7.80	M PA		21.10.47		Hamm Alexandra	1.11.03	D GE e	28. 1.71
	Guse Klaus-Michael (F)	14. 9.94	□ D GE		30.11.54		Schludi Kirsten	21. 7.04	D GE	29. 1.70
	van Lin-Winchenbach Brigitte Dr.	2.12.03	BI CH	e	9. 4.47		Empting Maria	9. 8.06	□ D E k	13. 6.60
	Tilke Stephan	10. 8.06	M EK	k	27. 7.56	D	Droste Manfred	4. 2.82	E F k	3. 2.51
B	Schwerdorf-Tilke Rita (T)	11.12.87	E F	k	26. 4.56		Schloos Ulrich Dipl.-Päd. RSchL	1. 8.84	□ M E e PA	11. 7.52
	Schmidt Helmut	28.11.89	E EK		22. 7.54		Willmeroth Julia	22. 7.05	D E M k	22. 8.74
	Janßen Ingrid	1. 2.98 °	E SW S	k	4. 9.55		Buse Ralph	14. 9.05	M PH k	6. 9.73
	Groß Horst	1. 3.04	□ D PH	e	9. 7.53		Wüstenhöfer Frauke	26. 5.06	□ M SW e	24. 4.65
	Kuhlmann Hans-J.	27. 4.07	□ M IF		14. 3.49		Arnal Pascal	9. 8.06	□ D GE e	15.10.76
	Horn-Lehnert Ina geb. Horn (T)	27. 4.07 °	D E	e	15. 2.72		Berking Angela	6. 9.06	□ M e	15. 7.63
	Peters Jelko Dr.	27. 4.07	D GE	k	1. 2.69		Schreiber Stefan	6. 9.06	M PH e	9. 5.70
	Jänicke Karin Dr. (F)	1. 6.07	M PA	e	16. 7.70		Lammers Bernd SekIL		□ M PH k	13. 9.54
						F	Kuntz Rolf Ass. d. L.		M PH	6. 5.52
							Schneider Helmut		D PA	6. 5.53
							Maczey Dorothee		M PH	
						H	Beel Rainer		E e	28. 9.66

3.068 Unna Weiterbildungskolleg der Stadt Unna – Abendrealschule/Abendgymnasium/Kolleg

(5-Tage-Woche)   gegr. 1989
Morgenstr. 47, 59423 Unna – Tel. (0 23 03) 1 27 05, Fax 23 96 69
E-Mail: wbk-unna@web.de

L: 25

BR Arnsberg
ASN: **190469**
Dez: LRSD **Dr. Oelmann**

Sippel Diethelm (Schulleiter)	M EK (IF)	Hüttemann Kirsten	BI EK
Mittrup Margret (stellv. Schulleiterin)	D E	Kersebaum Anja	F D
		Landskröner Rudi	M IF
Bartos-Thal Elvira	D GE	Magiera Patricia	E GE
Bruns Axel	M BI	Mikhailopoulo Tatiana	D R
Coenen Matthias	E GE	Nehling-Weiß Christa	E PA
Dietrich Gabriele	M GE	Oeser Dagmar	D GE
Dresselhaus Günter	E F SW	Peters Bernhard	D VW SW
Dutkowski Wilfried	M PH	Rossa Regine	BI L
Eisenhawer Margot	E F	Schäffer Katja	D R
Fiedor Hans-Jörg	D BI	Tuna Bilgül	M TC
Freitag Heinz-Werner	M TC	Velten Peter	F GE SW
Glasmeyer Cornelia	D F	Viets Jochen	M CH PH

3.070 Viersen Weiterbildungskolleg – Abendgymnasium gegr. 1959
Abend-G. (4-Tage-Woche) d. Kreises Viersen
Sekretariat: Nikolaus-Groß-Str. 9, 41751 Viersen – Tel. u. Fax (0 21 62) 5 19 51
Schulorte: Nikolaus-Groß-Str. 9, 41751 Viersen (seit 1985)
Kleinbahnstr. 61, 47906 Kempen (seit 1959)
Uerdinger Str. 783, 47800 Krefeld (seit 1992)
Haus Berggarten, Lüpertzender Str., 41061 Mönchengladbach (seit 1989)
E-Mail: wbk-ag.viersen@hs-niederrhein.de, Homepage: www.wbk-ag.viersen.de.vu

Sch: 487 (264)   Abit: 91 (37)   **BR Düsseldorf**
L: 30 (A 1, A_1 1, A_2 3, B 8, C 13, E 1, F 3)   **ASN: 170562**
Spr.-Folge: E, F/L   Dez: LRSD' **Kumpfert**

A	**Loch** Karl Heinz	15.10.05	M PH IF	k	30. 6.51	C	**Hanraths** Norbert	20.12.79	M PH	k	15. 9.47
							Goette Christoph	1. 3.81	E EK	e	16.11.50
A_1	**Gronenthal** Andrea	5.06	D SW	k	11. 1.56		**Canton** Hedwig (T)	11. 8.82	BI	k	12. 5.50
A_2	**Martin** Gertrud geb. Decker	2. 4.93 °	E GE PA	k	18. 2.50		**Kamper** Angelika geb. Syben (T)	10. 9.82	D GE	k	11. 1.51
	Behmenburg Helmut	1. 2.97	E SW PL PA		6. 3.51		**Koster** Renate (T)	17. 8.83	SP M	e	30. 5.54
							Haake Wolfgang	8.11.84	M EK	k	16. 3.54
	Delfs-Swora Gisela	5.06	M EK EW				**Pohl** Michael	28. 8.85 °	M PH IF		25. 3.50
B	**Alberty** Dorothee	7. 7.82 °	D EK KR	k	9. 1.49		**Oefner** Wolfgang	2.12.91	M L SP		30. 7.53
							Knöfel Markus		M GE	k	2. 1.68
	Riedel Georg	22. 3.85	M PH		24. 5.50		**Brockhage** Dorothee		E PL GE		
	Therstappen Alfred Dr.	30.12.88	PL E		26. 9.48		**Claßen** Maria		D EK	k	
							Kunst Olaf		M PH		
	Hollendung Hans	18. 2.93	M PH	k	19. 9.51		**Wilmer** Sonja		D GE		
	Grubert Ulrich	19. 3.96	PH EK		27. 2.54	E	**Bronger** Birte				
	Breil Angelika	15. 9.03 °	M L IF		12.12.56	F	**Thomas** Rita		D E		
	Böse Andrea		BI CH	k	2. 7.57		**Vosen** Joachim		D GE		

3.075 Wuppertal Weiterbildungskolleg der Stadt Wuppertal – Abendgymnasium (5-Tage-Woche) gegr. 1948
Pfalzgrafenstr. 32, 42119 Wuppertal – Tel. (02 02) 5 63 23 91, Fax 42 40 35
E-Mail: abendgymnasium@stadt.wuppertal.de
Homepage: www.abendgymnasiumwuppertal.de

Sch: 206 (119)   Abit: 27 (18)   **BR Düsseldorf**
L: 18 ([A] 1, A_1 1, A_2 1, B 7, C 3, E 2, F 3)   **ASN: 170550**
Spr.-Folge: E, L   Dez: LRSD' **Schäfers**

A	(**Zimmermann** Regina StD' A_2)	4. 3.04	GE VW	k	28. 3.55		**Lipjes-Türr** Gudrun (T)	1. 4.97	D GE		10. 3.52
A_1	**Kritzler** Ulrich	31. 1.96 □	M IF SW		29. 5.52		**Haase** Heike	31. 3.06 °	BI CH	e	6. 9.58
A_2	**Hellmann** Ulrike geb. Plagge	17. 8.04	M PH	e	27. 8.56		**Bernhard** Angela geb. Bornewasser (T)		L E	k	7.10.55
B	**Kothe** Margret	7.12.78	L GE	e	31. 1.43	C	**Tzimas** Renate (T)	14. 1.80 □	PL E	k	15. 6.50
	Reith Dagmar geb. Herrler (T)	20. 7.84	M EK	e	4. 7.46		**Köpnick** Britta	2. 2.07	D E		30. 5.75
						E	**Köhler-Stiefeling** Claudia (T)	3.11.03	D GE	e	6. 2.68
	Weiser Engelbert Dr. (T)	9. 1.86 °	E PL PA	k	27.12.51		**Kästner** Kerstin (T)	22. 8.05	E GE	e	3. 6.73
	Albermann Peter (T)	30. 1.86	E EK	k	31. 8.50	F	**Kailuweit** Thomas		° E L		58
	Hammel Horst Ulrich	3. 2.86 °	CH BI	e	8.10.54		**Tunn** Andreas		D PL	e	2.10.66
							Stratmann Bernd Dr.		M PH		

b) Kollegs – Institute zur Erlangung der Hochschulreife

Kollegs führen als Einrichtungen des Zweiten Bildungsweges zur allgemeinen Hochschulreife. Der Studiengang besteht aus einer 2semestrigen Einführungsphase und einer 4semestrigen Hauptphase.

Aufnahmevoraussetzungen sind eine abgeschlossene Berufsausbildung oder ein gleichwertiger beruflicher Werdegang sowie die Vollendung des 19. Lebensjahres. Bewerber ohne Fachoberschulreife müssen eine Aufnahmeprüfung ablegen. Eine Berufstätigkeit kann während der Dauer der Ausbildung nicht ausgeübt werden. Während des Studienganges kann Ausbildungsförderung gewährt werden.

3.095 Arnsberg Weiterbildungskolleg – Sauerland-Kolleg mit Abendgymnasium/Abendrealschule (gegr. 1991)
siehe 3.003

3.100 Bielefeld Staatliches Weiterbildungskolleg – Westfalen-Kolleg gegr. 1961
Institut[1] in Ganztagsform (5-Tage-Woche) z. Erlangung d. Hochschulreife
Brückenstr. 72, 33607 Bielefeld – Tel. (05 21) 9 27 34-11, Fax 9 27 34-19
E-Mail: sekretariat@westfalenkolleg-bi.de, Homepage: www.westfalenkolleg-bi.nrw.de

Sch: 433 (207)   Abit: 43 (19)
L: 40 (A 1, A_1 1, A_2 6, B 10, C 11, D 1, E 2, F 3, H 3)
Spr.-Folge: E/R, E/L, E/S

BR Detmold
ASN: **170690**
Dez: LRSD **Ewald**

A	Multmeier Elvira		BI EK		23. 7.53	Pühse Renate (T)	9. 6.86	E BI	11. 1.56
A_1	Hagen Margret	2. 5.91	E SW	e	3.10.52	Freckmann	1. 8.86	CH	2. 4.48
A_2	Wonisch Rainer	30.12.90	PH	e	5.10.43	Bernhard Dr.			
	Hoge Burghard	20. 2.92	M CH	e	24. 2.53	Szurmant Angelika	8. 5.87	L R	k	7. 1.57
	Matthieu Hans	6. 6.94	E GE	e	13. 5.48	Schäfer Friedhelm	24. 7.87	E GE	k	18. 4.49
	Hector Uwe	14. 4.97	BI CH	e	7. 4.50	(T)			
	Knossalla Jürgen (F)	30. 6.97	M PH	k	8. 5.55	Salice-Stephan	20. 6.88 °	BI CH	oB	1. 1.55
	Heuwinkel Ludwig	1. 7.04	SW WW EW PL		26. 4.52	Siegfried Dipl.-Biol.			
						Simon Andreas	20.11.06	BI SW	30. 6.69
B	Richter Volker	9. 1.79	D PL	e	2. 1.46	Skotzke Stefanie	19. 2.07	M PH	21. 6.74
	Krieger Enrico (V)	23.12.85 °	CH SP	k	21.12.52	Sprenger Roland		M PH	24. 1.49
	Kramer Klaus	4. 3.86	M	e	27. 8.50	Bremke Karsten		E GE SP	25. 6.71
	Warth Margret (T)	6. 1.87	E EK ER		16. 6.47	Wigginhaus Annekatrin (T)		D E	7.11.74
	Mensendiek Ute	22. 9.94	L M		10.12.56				
	Müller-Weege Walter	12.00	D EW KU		5. 3.54	D	Fuhrmann Ingeborg RSchL' (T)	30. 3.77	D ER	e	30. 3.50
	Höwelmann-Bock Sigrid	12.00	M PH		8. 9.55	E	Heitmeier Nicole		D SW	6. 6.70
							Ruschmeier Kolja		GE SW	24. 6.77
	Hoffmann Wolfgang	1. 7.04	GE Soz	e	14. 6.47	F	Finke-Dettmer Barbara		D GE	9.10.48
	Zimmermann Rita (T)	1. 7.04	GE Soz SW				Middelanis Karl Hermann Dr.		GE S	12. 7.56
	Zepmeisel Wolfgang	1. 7.04	BI CH	e	7. 5.60				
C	Brodführer Hermann	29. 6.84	D GE	e	21.11.50		Gutknecht Kirsten		D PL	19. 8.68
	Richter-Kempker Gunhild (T)	3. 1.86	M BI	e	8. 6.56	H	Oltmanns Sonja		R D	oB	17.11.45
	Keckstein-Messelink Irma (T)	30. 1.86	R GE		11. 8.52		Christ Tomás		E S	31. 8.68
							Nasaroff Sylvia		E D	30.11.69

[1] m. Internat

3.105 Dortmund Westfalen-Kolleg – Weiterbildungskolleg der Stadt Dortmund gegr. 1961
Rheinische Str. 67, 44137 Dortmund – Tel. (02 31) 1 39 05-0, Fax 16 39 91
E-Mail: wkdo@westfalenkolleg-dortmund.de
Homepage: www.westfalenkolleg-dortmund.de

Sch: 953   Abit: 193
L: 77 (A 1, A_1 1, A_2 5, B 30, C 34, E 6, F 5, H 5)
Spr.-Folge: E, F, L, R

BR Arnsberg
ASN: **170732**
Dez: LRSD **Dr. Oelmann**

A	Röhrich Dieter	13. 6.00	EK M	k	19. 8.52	Nitz Peter	16. 1.87	M ER IF	e	7. 6.44
A_1	Plaga Manfred	1. 8.00	E GE	e	3. 3.48				
A_2	Monschein Werner	6. 2.79	M PH	k	25. 7.45	Janßen Mechtild	30.12.91	D PL	20. 8.53

	Dönhoff Hans-Ulrich	21. 3.02	PH IF PA	oB	18. 3.47
	Flake Heinrich	7. 1.04	Soz GE		24. 5.50
B	Rasche Benita	1. 9.84	M EK	k	29. 7.51
	Redlich Dieter Dr.	10. 9.84	E PL F PA	e	7. 3.44
	Urban Margret	10. 9.84	E F L		13. 4.49
	Kroepsch Rainer	5.12.84	E D SW	oB	5. 1.45
	Drexler Ulrich	30.12.85	BI EW		28.12.50
	Kleiner Klaus	30.12.85	Soz WW	e	10. 1.46
	Beckmann Theodor	30.12.85	E GE	k	2. 3.49
	Bühner Aloisius	30.12.85	F GE	k	5. 6.51
	Reisch Bernhard	30.12.85	D GE	k	29. 3.52
	Wiludda Hz.-Jürgen	16. 1.87	EK M PA IF		23. 7.51
	Hellmer Martin	22.12.87	D Soz		28. 1.49
	Hegels Klaus-Herm.	22.12.87	BI R	e	22. 2.55
	Schulte Maria	22.12.87	M IF	k	21. 9.55
	Dziersk Hans-Martin Dr.	14. 1.92	Sp E KU	e	3. 8.53
	Spiegel Christine geb. Gomoluch	10.03	F R		16. 2.52
	Pontzen Annegret	10. 7.07	EK GE	k	22. 7.50
	Gräfling Gisela	10. 7.07	CH PH	k	27. 5.55
	Schmidt Ulrich	10. 7.07	M IF		18.10.53
	Breitenstein Paul	10. 7.07	PH M		11.10.54
	Schellhase Rolf-Bernhard Dr.	10. 7.07	PA Soz		14. 2.51
C	Durt Mariana Dr. (T)	1. 2.81	Soz PA		30. 1.52
	Nähle Hans-Joachim	18. 6.82	E EK		22.11.50
	Fitzen Eduard	1. 8.82	D PL	k	19. 2.52
	Knof Werner	7.10.82	M	k	4. 9.49
	Kanstein Brunhilde	22. 8.83	E GE	e	19. 5.45
	Friedhoff Heinrich	30. 8.83	F GE	k	20. 5.53
	Wilken Yvonne	17.10.83	E F	k	5. 2.53
	Schreiber Peter	21.12.83	GE SW	e	27. 7.50
	Dilling Rita	29.11.84	F PA	k	14. 8.54
	Nolte Meinolf	11.12.84	D PL		27. 2.55
	Konermann Marion geb. Mees	31. 5.85	CH PH		20. 4.50
	Heer Wolfgang	14. 6.86	M EK		1. 5.49
	Pfeiffer Klaus	30. 4.87	D PL	e	27. 8.53

	Gilles Gabriele	6. 7.87	BI D		11. 5.56
	Render Hermann	2. 2.88	CH PA	k	2. 4.52
	Weigert Claudia	24. 6.88	L PA I	e	1. 3.55
	Klein Martina	28. 8.95	E PA	e	21. 1.62
	Lerch Reinhard	1. 2.02	E R	e	3.12.69
	Heising Alexandra	6. 3.02	D E KR	k	8. 9.71
	Lehmann-Goos Ulrike	2. 3.04	BI CH	k	22. 2.69
	Thomas Gerhard	15. 9.04	D BI		12. 8.69
	Paul Simone	15. 9.04	D E		16. 6.70
	Sandführ Stefan	15. 9.04	M IF		9.11.72
	Schikorra Oliver	15. 3.05	M L		24. 8.73
	Kian Björn	6. 9.05	D PL	k	4. 6.71
	Nagel Christian	1. 8.06	D PA	e	
	Gebert-Sorncharoen Anja	4. 9.06	D E		19. 9.70
	Seifert Folke	31. 5.07	E G	e	21.11.77
	Gramoll Matthias	1. 8.07	D L S		
	Buder Benjamin	22. 8.07	M PH	e	13. 2.72
	Deselaers Christoph	5. 9.07	VW Soz EK	k	15. 4.70
	Kötter Mario	6. 9.07	BI SW VW	oB	22. 4.70
	von Gersum-Berens Miriam	6. 9.07	E R	k	1. 5.70
	Berisha Zimile	6. 9.07	D VW	msl	6.12.71
E	Brachmann Maik	22. 8.05	VW Soz D	e	12. 6.77
	Miehlisch Ulrike	31. 7.06	E EK		
	Potthast Holger	7. 8.06	E GE		
	Kluth Michael	1. 2.07	IF M		
	Martinez-Hernandez Anna	1. 2.07	R E		
	Lechtken Christian	6. 8.07	M PH		
F	Lilge Hans Gerd		D GE		18. 4.49
	Bernardin Martine		F D		22.12.51
	Fischer Anna		R F	k	24. 7.61
	D'Alonzo Angela		D GE		
	Wilzer Ralf		BI CH		
H	Hücking Hans		PL	k	5.11.42
	Velten Anni geb. Ley		F	oB	18.12.44
	Schweer Wolfgang Dipl.-M.		M	oB	13. 8.49
	Weber Barbara Dipl.-Soz.'		Soz	oB	12. 3.50
	Marschke Beate		D E	oB	

3.115 Düsseldorf Weiterbildungskolleg – Wilhelm-Heinrich-Riehl-Kolleg gegr. 1958
pr. Institut (5-Tage-Woche) z. Erlangung d. Hochschulreife d. Stiftung
„Institut z. Erlangung d. Hochschulreife e.V."
Am Hackenbruch 35, 40231 Düsseldorf – Tel. (02 11) 9 21 68 24, Fax 9 21 68 91
E-Mail: info@riehl-kolleg.de, Homepage: www.riehl-kolleg.de

Abit: 64 (37)
L: 27 (A 1, A_1 1, A_2 3, B 8, C 12, E 2)
Spr.-Folge: E u. L/F

BR Düsseldorf
ASN: 170628
Dez: LRSD' Kumpfert

A	Dewey Heinz Jakob	1. 8.96	BI EK	k	16. 1.54
A_1	Göbel Stefan	1. 8.06	E EK		5. 6.56
A_2	Clasen Herbert Dr.	1. 8.00	D Soz		9. 1.49
	Zarm Hans-Jürgen	1. 8.02	D GE	e	19.12.49
	Blume Otto Michael (F)		GE F	e	6. 9.53
B	Marhofen Bernhard	24. 1.86	D GE	e	17.12.44
	Fischer Heinz (T)	7. 9.90	BI CH		25.12.47
	Fitting Caecilie	1. 9.94	D F E		
	Derks Karin (T)	1.11.03 °	EK M IF	k	11.12.55
	Kosakowski Beate	1. 8.04	M BI	k	23. 7.58

	Albrecht Sabine	1.12.06 °	L F	e	23. 2.59
	Masuch Jörg	1.12.06	M PH		1. 4.71
	Zimmermann Norbert		D SW	k	4. 4.47
C	Kramp Paul Heinz	88	L GE	k	1. 9.53
	Schaumlöffel Andrea	1. 8.02	E EK	k	28. 4.71
	Krebs Claudia	1. 8.02	D E	e	21. 7.71
	Teller Jens	1. 8.03	Soz EK		7.12.69
	Adams Jörg	1. 8.03	KR EK	k	11. 6.70
	Flügel Annette	1. 8.03 °	M PH	e	16.11.70
	Mischke Astrid	1. 8.05	D PL		
	Niederhagen Mark	1. 2.06 °	D BI	k	5. 4.69

Ulatowski Ulrike	1. 8.06	E D		29. 4.69		Ronge Lucia (T)		BI PL k	27.12.55
Linß Markus	1.11.06	M PH k		23. 6.68	E	Koschel Bianca	1. 2.07	D F	29. 1.76
Esser Volker	1. 7.07	GE SW		6. 7.68		Dey Annika	1. 2.07	E GE	20. 2.76

3.120 Essen   Weiterbildungskolleg der Stadt Essen – Ruhr-Kolleg   gegr. 1958
Institut (5-Tage-Woche) z. Erlangung d. Hochschulreife
Seminarstr. 9, 45138 Essen – Tel. (02 01) 26 36 40, Fax 26 36 26
E-Mail: Ruhr-Kolleg@gmx.de, Homepage: www.ruhr-kolleg.de

Sch: 346 (161)   Abit: 80 (37)
L: 40 (A 1, A$_1$ 1, A$_2$ 5, B 11, C 13, E 7, F 2)
Spr.-Folge: E u. L/F

BR Düsseldorf
ASN: **170630**
Dez: LRSD **N. N.**

A	Dieler Rolf Dr.[1]	13. 7.94 °	D PL		26. 9.51	Wallmichrath	26. 9.81	EK GE e	15.10.49
A$_1$	Schmidt Andreas (V)	27. 4.99 °	PH CH e		14. 4.56	Manfred			
A$_2$	Klein Ingeborg	20.11.95	BI CH		30.10.53	Schwinning Heiner Dr.	1. 3.83	E SP	25. 9.48
	Dibbelt Ulrike Dr. (F)	26. 9.97 °	D E		28. 9.51	Bessen Elisabeth (T)	1. 8.83	D GE k	18. 3.54
	Krausch Dieter	28. 7.03 °	M PH		26. 3.53	Richardt Wolfgang	8. 8.83	D SW	28.10.47
	Hanslik Susanne	9. 2.04	M TC			Bessen Klaus (T)	22. 6.88	SW WW	15. 8.46
	Bofetti Michael	7. 4.05 °	M PH		13. 1.55	Kunert Britta (T)	4. 3.94	L KR k	8. 1.61
B	Borchert Dieter Dr.	3. 2.85	GE WW e		29. 2.52	Tarbiat Asita	1. 8.02	D F	1. 6.71
	Welzel Dietlinde	4. 3.86	M GE k		11. 4.52	Ringgeler Gudrun	18.10.04	L F k	28. 3.59
	geb. Knoblich					Markis-Tonn Sabine	11. 8.05 °	D E	18. 3.70
	Bessen Ursula (T)	17. 3.86	D SW			Römer Sandra	25. 3.06	D GE	20. 4.77
	Berg Wolfgang	29.12.88 °	BI CH e		8. 1.55	geb. Gensbichler			
	Wagner Reiner Dr. (T)	1. 7.03	D ER e		25.11.52	Bach Petra	6. 9.06	E F	30. 4.71
			PL			geb. Kumschlies			
	Werner Ulrich	27.12.04 °	BI e		18. 7.51	E Derstappen Marie-	1. 2.05 °	E SW	11.10.66
	Lönz Michael Dr.[2]	16. 2.05	KR PL		57	Theres			
	Blank Sigrid	30. 5.06	ER BI e			Woclawek Natalie	1. 2.05	M IF	9. 5.76
			EK			Kaiser Tanja	22. 8.05	D E	4. 1.72
	Ehlen Mignon	1. 3.07 °	CH PH		24. 2.69	Kreft Silke	1. 2.06	EK BI e	7. 9.77
	geb. Däuker					geb. Schultz			
	Römer Sonja	1. 4.07 °	D F		27. 9.72	Hartmann Melanie	9. 8.06	E M	9. 2.72
	geb. Schulte					Schwarzenberg Inga	9. 8.06	D PL e	19. 5.76
	Lotfi Gabriele Dr.	1. 5.07	E GE			Vieten Jan	1. 2.07	EK SW	4. 5.79
	geb. Berthold							M	
C	Tendyck Clemens	24. 1.79	M k		23. 3.47	F Matic Mladen		M	30. 8.43
	Harrer Betty (T)	1. 3.81	M e		14. 2.47	Hagenlücke Heinz Dr.		° GE SW	26.10.59

[1] Lehrbeauftr. an d. Univ. Essen   [2] Lehrbeauftr. an d. Univ. Münster

3.125 Geilenkirchen   Eichendorff-Kolleg   gegr. 1977
stl. Institut (5-Tage-Woche) z. Erlangung d. Hochschulreife f. spätausgesiedelte Abiturienten
Pater-Briers-Weg 85, 52511 Geilenkirchen – Tel. (0 24 51) 77 35, Fax 88 58
E-Mail: eichendorff-kolleg.geilenkirch@t-online.de
Homepage: www.eichendorff-kolleg.de

Sch: 285 (150)   Abit: 116 (75)
L: 24 (A$_1$ 1, A$_2$ 2, B 10, C 7, D 1, F 2, H 1)
Spr.-Folge: E

BR Köln
ASN: **186650**
Dez: LRSD **Henkes**

A$_1$	Thoelen Heinz Dr.	1. 7.97	D PL k	15.10.44		Wiehn Helmut	1. 8.92	D SW k	18. 3.49
A$_2$	Peinkofer Ulrich	23. 1.87	D PL	9. 8.49		Brendel Ursula	27.11.92	D SW k	9. 6.55
	Krümmel-Seltier	12. 3.93	BI HW e	3.11.49		Thelen-Ise Uta	13. 1.93	D PL	31. 7.51
	Ingrid Dr.					geb. Thelen			
B	Maas Claus	15.10.87	D GE	28. 9.53		Stahlhacke Rainer	1. 9.94	E EK	10. 6.52
	Hütter-Lützen-	18. 1.89	M EK	16.12.50		Charl Karl-Heinz	12. 5.02 °	BI E	17. 1.59
	kirchen Christine					Funk Dietrich	12. 5.02	M PH	
	Pietsch Hans-Götz	28. 3.89	D EK	28. 1.48	C	Johnen Franz	11. 2.80	E EK k	13. 7.48
	Seltier Werner	1. 3.92	PL D	3. 4.49		Kohnen Beate	1. 3.83	D EW k	23. 3.54

Lingner Gert Dipl.-Math.	12. 8.84	M PH	e	6. 3.46	D	**Hammelstein** Mechtild SekIL'	10. 4.75	D EK	10. 4.48
Libber Gerd	24. 9.84	D EK	k	30.12.48	F	**Schneider-Haag** Sigrid		M k	1. 8.54
Kitta-Kahlke Cornelia (T)	18. 8.91	E ER	e	1. 3.53		**Heckler** Brigitte geb. Linn		D SW e	22.12.54
Dietrich Rüdiger Dr.	8. 1.92	BI CH		12.10.57	H	**Janeva** Stoika		D	7. 6.47
Funk Beate geb. Poick	24.10.94 ▫	M PH		22.11.61					

3.127 Gelsenkirchen   Weiterbildungskolleg – Abendgymnasium/Kolleg
siehe 3.035

3.128 Gronau   Weiterbildungskolleg – Abendgymnasium/Kolleg
siehe 3.038

3.130 Herne-Wanne-Eickel   Hibernia-Kolleg[1]   gegr. 1958
pr. Institut z. Erlangung d. Hochschulreife im Bund freier Waldorfschulen
Holsterhauser Str. 70, 4690 Herne 2 – Tel. (0 23 25) 4 10 81

[1] vgl. Herne-Wanne-Eickel 5.545

3.135 Köln   Weiterbildungskolleg der Stadt Köln – Köln-Kolleg   gegr. 1959
Institut (5-Tage-Woche) z. Erlangung d. Hochschulreife
Judenkirchhofsweg 6, 50679 Köln – Tel. (02 21) 3 55 88 67-0, Fax 3 55 88 67-30
E-Mail: sekretariat@koeln-kolleg.de, Homepage: www.koeln-kolleg.de

Sch: 536 (279)   Abit: 119 (73)   **BR Köln**
L: 41 ([A] 1, A_1 1, A_2 3, B 9, C 19, E 3, F 5)   ASN: **170665**
Spr.-Folge: E/L/F   Dez: LRSD Henkes

A	(**Kölblinger** Astrid StD)		E F	e	20. 6.55	**Schneider-Gascard** Diana	14. 7.87 °	E L	12. 1.54
A_1	**Pösche** Hartmut	2. 8.96	M BI		18. 6.45	**Göhmann** Thomas	4. 5.95 °	GE L e	13.11.57
A_2	**Gemmel** Karl-Herm.	3.10.88	BI SP	k	16.10.42	**Adrian** Sandra	1. 8.01 °	E D	10.12.71
	Ott Helmut	10. 9.99	BI CH	oB	12.11.45	**Flach** Annegret	1. 8.03	D E F	
	Queiser Winfried	29. 3.00	CH PH	k	24. 8.52	**Schaten** Petra	1. 9.03 °	M BI k	12. 8.71
B	**Münster** Klaus	22.12.82	D PL		10. 6.47	**Rauch-Schönhense** Maria	10.03	CH M k	1. 1.67
	Urbahn Gisela	27. 6.85	E F		22. 8.49				
	Geerts Ulrich	93	F GE		3. 5.46	**Pohl** Ingo	3.04	PL E D e	12. 7.72
	Günther Dieter	4.95 °	GE SW	k	9.11.48	**Malibabo** Claudia	06	M KR k	9. 7.76
	Ullrich Bernhard	12. 4.05	M VW GE		10. 4.55	**Lüdecke** Cornelia		BI CH	
	Reisner Margret	06	D SW	e	12. 9.49	**Hagedorn** Catja		E D e	4. 1.72
	Schimmel Michaela	06	D GE	k	25. 7.55	**Wagner** Simone		M PH k	3. 2.76
C	**Dressler** Gabriele	1. 3.80	SW WW	e	12. 3.49	E **Mayer** Astrid	22. 5.06	KR D k	3.12.75
						Jacobs Gerhild	2.07	L M e	13. 5.67
	Schäfer-Goldhorn Achim	5. 5.80	D GE SW		13. 2.47	**Fink** Claudia	6. 8.07 °	BI D	5.12.78
						F **Knips** Ignaz		PL D	1. 3.53
	Grenz Wolfgang	2. 9.81	M PH		5.10.54	**Lewke** Karl		D GE	19. 9.54
	Frank Gabi	81	E EK		24. 5.51	**Lemke-Müller** Sabine Dr.	°	GE SW e	19. 5.55
	Domke Monika	83	GE SW		20. 4.55			VW	
	Wilbertz Hans-Peter	4. 9.84	GE SW		9. 4.49	**Maaß** Melanie		E F k	5. 3.76
	Meyer-Schrauth Harald	7. 9.84	D PL	k	27. 2.51	**Hausmann-Tetzner** Inge		M	
	Kiehl Eva Maria	5.12.84	BI CH		21. 5.55				

3.140 Mettingen Weiterbildungskolleg – Comenius-Kolleg gegr. 1972
pr. Institut[1] (5-Tage-Woche) z. Erlangung d. Hochschulreife d. Nordostbrasilianischen Franziskanerprovinz Mettingen
Sunderstr. 15, 49497 Mettingen – Tel. (0 54 52) 23 58, Fax 43 57
E-Mail: comenius-kolleg@t-online.de, Homepage: www.comenius-kolleg.de

Sch: 330 (153)   Abit: 55 (25)
L: 27 (A 1, A_1 1, A_2 1, B 5, C 6, F 13)
Spr.-Folge: E u. L u. O

BR Münster
ASN: **170689**
Dez: LRSD **Dr. Oelmann**

A	P. **Gogolok** Osmar Erwin	1. 8.80	EK D KR	k	6. 7.33		**Bahlmann** Thorsten-Matthias	1. 8.03	M PH	k	4. 6.70
A_1	**Böttcher** Susanne	1. 8.01	BI D	k	5. 4.57	F	**Rescher** Hubertus Dr.		G Soz O	k	22. 6.47
A_2	P. **Kestel** Donatus Norbert	1. 9.88	BI CH KR	k	1. 6.33		**Haase-Nimzik** Angela		GE SW	e	30. 4.50
B	**Dieckmann** Anneliese	1. 2.94	D GE	e	12. 7.51		**Jordan** Klaus		EK D	e	28. 6.52
	Meister Gerborg	1. 2.94	VW Soz	k	8.11.48		**Schoenke** Heinz		M PL	k	2. 2.54
	Weihermann Walter Dr.	1. 2.94	E PL L	k	16. 1.46		**Kössendrup** Barbara		D GE SW	k	1. 7.55
							Seeliger Günther		E PL	e	2. 9.55
	Bieswig Gunther	1. 2.94	D SW PA	e	25. 5.53		**Amshoff** Gabriele		CH GE	k	14. 2.56
							Thomas Karin		D GE	e	12. 4.56
	Meyring Marion	1. 2.94	CH M	k	24. 9.55		**Oberbeckmann** Jörg		ER	e	19. 2.65
C	**Witte** Monika	1. 3.83	E Soz	k	3.11.53		**Baller** Carla		BI EK	k	4.10.68
	Lobgesang Bernd	8.86	D GE	e	15.10.54		**Kamp** Jörg		M PH	k	26. 3.69
	Kersten Jürgen	1. 2.94	M PH	k	24. 3.58		**Hellner** Eva		M KR	k	6. 2.73
	Middendorf Norbert	1. 2.94	E GE	k	29. 5.56		**Finkmann** Marion		BI EK	e	18. 9.74
	Röhr Franz-Josef	1. 2.94	GE KR VW	k	26. 6.57						

[1] m. Wohnheim

3.145 Minden Weiterbildungskolleg der Stadt Minden – Weser-Kolleg gegr. 1973
Kolleg-Institut (5-Tage-Woche) z. Erlangung d. Hochschulreife – Abendgymnasium/Abendrealschule, Sek I u. II
Martinikirchhof 6 A, 32423 Minden – Tel. (05 71) 2 97 42, Fax 8 44 21
E-Mail: weser-kolleg-sekretariat@minden.de, Homepage: www.weser-kolleg.net

BR Detmold
ASN: **184512**

L: 31 (A 1, A_1 1, A_2 2, B 11, C 6, E 8, F 2)
Spr.-Folge: E, L

Dez: LRSD **Klemisch**

A	**Horter** Manfred Dr.	10. 8.93	BI PA	e	9. 7.44		**Rabeneick** Horst (T)	27. 8.86	E D		8.11.49
A_1	**Hartmann** Ulrich	5. 9.94	E EK	e	13. 1.48		**Pachel** Gudrun (T)	2.11.86	BI E		15. 7.51
A_2	**Volz** Bernd	1.10.04	M WW	e	24. 1.56		**Wolf** Alfred	25. 3.87	E GE L	k	12. 5.55
B	**Marx** Manfred	6. 8.84	PL D	k	5. 2.47		**Hoscheit** Dietmar	16. 9.88	ER L	e	26. 9.56
	Busche Martin	20. 8.84	BI		10.11.47		**Ernst-Roßbach** Wolfgang	22. 3.93	E R		30. 4.54
	Seidler Peter (V)	28. 9.84	L GE	k	12. 6.48						
	Rüffer Wolfgang	9. 5.85	WW SW PL		2. 2.47	E	**Erdmann** Dorothee	15. 9.03	D GE		16. 3.71
							Poggenklas Olaf	6. 9.04	D SW		18.12.65
	Mahn Klaus	9. 5.85	D GE	k	9. 2.50		**Klasmeier** Sascha	25. 1.05	M BI		13. 8.75
	Bödeker Lore	3. 2.87	E R		17. 1.55		**Stolt** Eicke	12. 8.05	D GE		1. 5.75
	Sammet Max	18.12.89	BI CH	e	7. 3.49		**Suermann** Bernhard	22. 8.05	L GE		7. 9.72
	Gies-Firle Gundelind geb. Gies (T)	3. 1.95	BI EK	k	20. 8.55		**Strothmann** Claudia (T)	22. 8.05	M PH		21. 9.76
	Tenbieg Norbert	11. 3.96	D SW	e	6. 8.48		**Salvatico** Roberto	1. 2.06	E I		7.11.68
	Katzberg Hartmut	1.11.01	M PH		20. 6.55		**Ebke** Kira Regina	1. 2.06	BI EK		29. 5.74
	Thiem Dietmar	6. 1.04	M WW	e	27.12.51	F	**Strakeljahn** Gerd Dr.		M PH		7. 4.61
C	**Hamann** Wolfgang	25. 8.83	CH EK	e	27. 8.50		**Lehmann** Kerstin		D GE		7. 2.64

3.150 Münster Weiterbildungskolleg – Overberg-Kolleg gegr. 1960
(5-Tage-Woche) d. Bistums Münster
Fliednerstr. 25, 48149 Münster – Tel. (02 51) 8 46 92 10, Fax 84 69 21 50
E-Mail: overberg-ms@bistum-muenster.de, Homepage: www.overberg-kolleg.de

Sch: 330 (161)   Abit: 86 (45)   BR Münster
L: 28 (A 1, A$_1$ 1, A$_2$ 3, B 3, C 13, E 4, F 3)   ASN: **170677**

Spr.-Folge: E u. L/F   Dez: LRSD **Dr. Oelmann**

A	**Beckmann** Hubert			M PH	k	17. 9.44		**Johannes** Klara (T)	1. 2.96	D E	k	25.10.61
A$_1$	**Rösel** Christina	1. 2.05	°	M SP IF	k	5. 5.57		**Jurisch-Meyer** zum **Farwig** Monika (T)	1. 2.98	E F	k	23. 2.63
	geb. Puder										
A$_2$	**Schneider** Angela (T)	1. 5.02		BI F	k	20.11.50		**Bauer** Holger Dr.	1. 5.00	ER BI	e	24. 6.66
	Menges Christoph	1. 3.05		M PH IF	k	2. 8.54		**Brinkmann** Anke Maria (T)	2. 9.02	D GE	k	27.11.67
	Noe Heinz	1. 8.03	°	GE KR	k	22. 1.51		**Osterfeld** Michael	1. 8.03	° D E	k	9. 4.58
B	**Badde-Struß** Karin	1. 6.98		GE F	k	14.10.59		**Hammecke** Diethild	1. 9.06	M PL	k	10. 3.70
	geb. Borgert (T)							**Winkel** Michaela	1. 9.07	D F	k	24. 2.74
	Glotzbach Thomas	1. 5.05		KR M	k	26.10.58	E	**Heskamp** Ansgar	1. 2.05	SW GE	k	7.12.67
	Behner Mechthild			BI CH	k	5.12.56		**Dworzynski** Cornelius	1. 2.06	EK SW VW	k	14. 6.68
C	**Weber-Windhoffer** Beate	1. 8.88		L PL	k	14. 8.56		**Matis** Valentin	1. 9.07	M PH	k	24.10.75
	Henke Ingeborg (T)	20. 2.91		L GE	k	21. 8.54		**Homermann** Andrea	1. 9.07	BI EK	k	13.11.76
	Nastold-Schepper Annette geb. Nastold	1.10.91		M CH	k	18. 6.57	F	**Wenger** Ruth geb. Funcke		GE E		4.10.48
	Pickers Magdalena (T)	1. 2.94		E EK	k	25. 3.58		**Eichholt** Josef		PH M	k	17. 3.50
	Lensing-Kruse Birgit geb. Lensing (T)	1. 9.95		F KR	k	27. 2.61		**Reuber** Rudolf Dr.		D PL SW VW	k	26.10.53

3.155 Neuss Weiterbildungskolleg – Friedrich-Spee-Kolleg gegr. 1963
pr. Institut z. Erlangung d. Hochschulreife d. Erzbistums Köln
Paracelsusstr. 8, 41464 Neuss – Tel. (0 21 31) 9 81 60, Fax 98 16 20
E-Mail: schule@spee-kolleg.de, Homepage: www.spee-kolleg.de

Sch: 302 (138)   Abit: 69 (37)   BR Düsseldorf
L: 27 (A 1, A$_1$ 1, A$_2$ 4, B 10, C 7, F 3, H 1)   ASN: **170641**

Spr.-Folge: L, E u. G   Dez: LRSD' **Schäfers**

A	**Roder** Michael	96		E GE	k	19. 2.50		**Möller** Joachim	27.10.05	G L	k	6. 5.60
A$_1$	**Kleffken** Wilfried		°	D PL	k	28.12.50		**Keßler** Norbert Dipl.-Theol.	1.10.06	° KR D	k	28.12.63
A$_2$	**Müller** Karl Dr.	1. 7.90		E GE	k	25. 2.43	C	**Buchkremer** Monika geb. Kamphausen	28. 4.76	E PA	k	24.12.44
	Klingen Jutta Dr.	10.97	°	M BI		2.11.45					
	Hülder Franz	1.10.03		WW M	k	26. 4.52		**Meurers** Irmgard (T)	1. 2.80	L KR	k	18.10.51
	Kortländer Michael	22.12.04		KU KW	k	7. 1.53		**Ansorge** Martina	22. 6.90	BI KR	k	7. 4.59
B	**Pesch** Ruth	1. 2.84		BI CH	k	7.11.51		**Grote** Adalbert Dr.	18. 5.92	MU D	k	24. 2.57
	Rolf-Heidemann Wilfried	1. 7.90	°	E GE	k	21. 8.52		**Erkens** Rainer	1. 8.93	BI CH	k	7. 8.58
	Wagener Helmut	1. 7.90	°	M CH	k	3. 6.54		**Schindler** Thomas	19. 8.04	KR GE (PH)	k	3.11.68
	Tannert Hans-Peter	20.12.04		BI CH	k	17. 9.56						
	Vorloeper Birgit geb. Kock	20.12.04		L G	k	3. 3.58		**Linden** Claudia	1. 2.06	E L	k	2. 8.62
							F	**Becker** Peter		D PL	k	9. 7.51
	Segin Heinz	22.12.04		E D	k	22. 4.52		**Hagel** Johannes Dr.		M PH	k	30. 5.56
	Pickartz Heinz Ludwig Dr.	27.10.05	°	L PL G	k	13. 8.54		**Dohmen** Peter Michael Dr.		M PH	k	7. 2.60
	Stracke Michael	27.10.05	°	L G	k	5. 3.56	H	**Tappeser** Barbara		° KU KW	k	15. 4.48

3.160 Oberhausen Staatliches Weiterbildungskolleg – Niederrhein-Kolleg gegr. 1953
Institut z. Erlangung d. Hochschulreife
Wehrstr. 69, 46047 Oberhausen – Tel. (02 08) 8 80 87-0, Fax 8 80 87-77
E-Mail: info@niederrhein-kolleg.de, Homepage: www.niederrhein-kolleg.de

Sch: 303   Abit: 45 (20) BR Düsseldorf
L: 30 (A 1, A_1 1, A_2 4, B 6, C 11, E 4, H 3) ASN: **170653**
Spr.-Folge: E/F/L Dez: LRSD' **Lenkaitis**

A	**Allport** Anthony[1]		E F	angl	24. 7.45		**Harmuth** Barbara	1. 2.06	D E	k	19. 2.73
A_1	**Hurtienne** Gerold Dr.	1. 9.94	° BI CH	e	28. 8.51		**Algür** Catrin	11. 7.06	E D		12. 4.66
A_2	**Jährig** Uwe	30.11.95	° L F	k	16.12.42		**Abendroth** Ariane	9. 8.06	KU F	k	6.12.75
	Lübbers Bernhard (F)	1.10.97	□ D KR	k	15. 1.51		**Dott** Peter	8.06	□ GE PL	k	3. 6.71
	Steffen Erhard	05	° M PH	k	25.11.47				SW		
			(IF)				**Niessen** Daniel	6. 9.06	D PL	k	29. 9.70
	Gaentzsch Annegret		E GE		12. 1.52		**Ziebs** Nina	1. 2.07	KU BI		16.11.74
B	**Lengert** Johannes	1. 3.80	□ D EK		29. 3.50		geb. Gischas				
	Wehr Norbert	2.11.81	F EK	k	14. 8.49		**Hoven** Richard	19. 3.07	CH EK		24. 2.71
	Caroli Isgard	24.11.86	BI		24.11.46	E	**Kosch** Karsten	6. 9.04	E GE	k	13.12.70
	geb. Caroli						**Heuser-Prangenberg**	22. 8.05	GE PL		30.11.73
	Scholz Reinhold	17. 6.04	° L M IF	e	5. 7.55		Maria		(PP)		
	Borchert Petra	05	M PL		2. 8.55		**Klin** Magda	20. 2.06	M EK		
	Laufs Annette (T) (V)	20. 1.06	M PH (IF)		11. 5.54		**Meyn** Daniela		KU D		7. 4.74
C	**Klink** Marianne	1. 3.81	M PH	k	14. 3.52	H	**Duckheim** Hans-Peter		° M PH	k	13. 3.49
	Elsässer Albrecht Dr.	18. 1.82	□ ER SW	e	26.11.44		**Pearson** David		E F	fr	31. 1.50
	Dressler Christiane	7. 9.83	□ Soz D Kug		29. 5.53		**Zalewski** Heike		D CH		25.10.56
	Wirth Henriette	3.11.05	□ L GE		11. 7.60						

[1] Kollegleiter als L i. A.

3.165 Paderborn Staatliches Weiterbildungskolleg – Westfalen-Kolleg gegr. 1964
Institut in Ganztagsform (5-Tage-Woche) z. Erlangung d. Hochschulreife
Fürstenweg 17 b, 33102 Paderborn – Tel. (0 52 51) 13 29 10, Fax 1 32 91 11
E-Mail: sekretariat@westfalen-kolleg-pb.de, Homepage: www.westfalen-kolleg-pb.de

Sch: 514 (260)   Abit: 117 (56) BR Detmold
L: 45 (A 1, A_1 1, A_2 7, B 12, C 18, E 2, F 4) ASN: **170720**
Spr.-Folge: E, F/L Dez: LRSD **Klemisch**

A	**Krugmann** Manfred	1. 9.94	□ E SW	e	18. 4.52		**Vieler** Helmut	1. 4.04	PH M	e	27. 2.54
			GE				**Radde** Ulrike	1. 5.04	F D		6. 6.54
A_1	**Suerbaum-Renner**		E GE		1. 8.48		**Lohnherr** Hans-	31. 7.07	BI SP		24. 7.51
	Brigitte geb. Suerbaum						Günter				
A_2	**Ohms** Reinhildis	1. 6.94	D GE	k	30. 9.50		**Gros** Berthold				
	geb. Tanger					C	**Jürgens-Hesse**	21.10.82	F SW	k	28.11.50
	Kleine Reinhard	14. 5.01	° M PH	k	11. 5.48		Mechthild				
			IF				**Wulf** Friedhelm	31. 8.91	D E	k	10. 6.52
	Voßkamp Ludger (F)	16. 8.01	F SP	k	28. 1.56		**Heilemann** Klaus	22.12.92	° E BI	k	30.11.59
	Reineke Bernward	1. 5.04	D GE	k	29. 8.48		**Stickeler** Stephan	2. 9.94	° E GE		2. 9.60
	Hermes Roland	1. 5.04	D KR	k	21. 7.56		**Möbus** Boris	1. 2.03	M IF		31. 8.62
	Nölke Herbert	1.11.04	E GE	k	5. 1.50		**Boussaad** Naziha	1. 3.04	D E		14.10.67
			Soz				**Karhof** Justus	1. 2.05	L GE		
	Böck Frank (F)	1. 4.06	KU SP		17. 4.57				PL I		
B	**Menzel** Rüdiger	20. 6.79	D ER	e	6. 3.45		**Teufert** Timo	1. 7.05	E ER		
	Renner Ulrich	12. 5.80	° E EK	e	15. 9.44		**Hütte** Saskia	1. 9.05	M KR	k	28. 1.73
	Ohm Juliane Dr.	19.12.85	° GE PL	k	24. 4.50		**Horst** Cornelia	1. 9.05	BI EK		
			KR				geb. Horst				
	Drüke Elmar	31. 8.94	PH KU		12. 2.49		**Winzek** Irmtrud	7. 9.05	D BI		
	Radau Eckhard	1.12.98	D VW		28.12.50		**Korf** Benjamin	1. 2.06	BI CH		26. 9.75
	Joachim						**Schumann** Manuela	6. 9.06	D E		26. 8.76
	Kurth Ulrike Dr.	1. 7.02	° KR PL	k	8. 9.57		**Köhne** Daniela	1.11.06	D BI	k	19. 1.76
			PA D				**Müller** Andreas Dr.	30. 3.07	° CH SP		11.12.71
	Lausen Elmar	1. 4.04	□ E SP		3. 5.50		**Intrup** Sabina	6. 9.07	BI SW	k	30. 9.64
	Werle Hans-Dietmar	1. 4.04	EK SP	k	4. 6.51		**Delle** Ernst		M PH		

	Nawrot Guido		L GE		F	Kleidt Harald		BI KU	11. 5.53
E	Grounds Bettina	1. 2.07	D EK KR	k	29. 3.79		Huylmans Bernd		M EK	20. 9.54
						Schelb Udo Dr.		M PH	28. 9.55
	Hülsmeier Marko	14. 6.07 °	M GE IF	k	8. 2.75		Hüwel Engelbert		D SW GE	3. 8.58

3.170 Siegen-Weidenau Staatliches Weiterbildungskolleg – Siegerland-Kolleg gegr. 1963
Institut (Ganztagsunterricht, 5-Tage-Woche) z. Erlangung d. Hochschulreife
Hölderlinstr. 31, 57076 Siegen – Tel. (02 71) 7 40 21 98, Fax 7 40 27 41
E-Mail: info@siegerland-kolleg.de, Homepage: www.siegerland-kolleg.de

Sch: 256 (125) Abit: 41 (12)
L: 23 (A 1, A$_1$ 1, A$_2$ 4, B 7, C 8, E 2)

BR Arnsberg
ASN: **170744**

Spr.-Folge: L, E u. F

Dez: LRSD **Dr. Oelmann**

A	Quast Alfons	14.11.91	M WW Sozkd	k	14. 5.52		Franke Christel	9. 1.86	Sozkd D	k	30. 4.52
A$_1$	Remy Angelika geb. Junge	10.92	CH BI	e	1.12.54		Scheben Bernd	20.10.94	M PH	k	8. 5.54
							Kieserling Rudolf	30. 9.03	GE EK	k	15. 8.51
A$_2$	Ecks Eberhard (F)	28. 1.78	E GE	e	16.10.44		Leicher Matthias	6. 6.07	BI E	k	26. 3.58
	Bautzmann Elisabeth geb. Esser	6.12.90	E EK	oB	4. 6.50	C	Böhm-Schmidt Barbara geb. Böhm	22.11.83	E F	e	12. 5.50
	Hußing-Weitz Renate	15.11.90	D BI		11. 3.58		Bäcker Lothar	11. 9.87 °	M PH	e	17. 9.50
	Dahlmanns Franz-Josef Dr.	27.11.96	GE F	k	20. 1.47		Amend Hans-Wolfhelm Dipl.-Theol.	7. 8.91	KR L	k	23. 5.55
							Pelle Matthias Dr.	1. 2.06	PH CH		
B	Kruschwitz Hellmut Dr.	20. 2.78	GE EK D	e	21. 8.44		Reuter Wolfgang	06	PH ER	e	29. 1.69
							Bauer Ulrich	06	E M		25.12.74
	Braun Hans-Jürgen Dipl.-Phys.	23.12.85	PH		3. 4.46		Markussen Michael	3. 9.07			
							Häußermann Markus	6. 9.07	D CH		
	Heumann Hans-Dieter	9. 1.86	Sozkd E	k	21. 7.43	E	Schuhen Sonja		D E	k	28. 4.78
							Feldmann Gerhard		D GE		

3.172 Würselen Weiterbildungskolleg – Euregio-Kolleg gegr. 1986
pr. Institut (5-Tage-Woche) z. Erlangung d. Hochschulreife d. Weiterbildungskolleg e.V.,
52477 Alsdorf, Alfred-Brehm-Str. 29
Friedrichstr. 72, 52146 Würselen – Tel. (0 24 05) 41 15-0, Fax 41 15-25
E-Mail: sekretariat@euregio-kolleg.de, Homepage: www.euregio-kolleg.de

Sch: 438 (247) Abit: 74 (36)
L: 39 (A 1, A$_1$ 1, A$_2$ 3, B 8, C 8, F 12, H 6)

BR Köln
ASN: **189091**

Spr.-Folge: E, F, N, S

Dez: LRSD **Henkes**

A	Giesbrecht Arno Prof. Dr.	1. 2.87	CE SW VW		16.11.47		Koehl Achim		D VW		2. 5.59
							Jochmann Martina		BI KR		
A$_1$	Sayer Martin		D GE SW	k	1. 3.53	F	Allekotte Roman		D EK		24. 8.45
							Legay-Schulz Joelle		F D	k	4. 6.47
A$_2$	Gurzan Wolfgang	1. 8.06	D KU		31. 3.57		Leipholz-Schumacher Barbara		M IF		6. 1.50
	Pradella Armin		PH PL IF		20. 2.52						
	Plymackers-Bilo Rita		BI E N	k	10. 6.55		Heinze Gerlinde		□ M S		30. 9.50
B	Nussbaum Angelika	1.10.91	E F		26. 9.54		Esser Matthias		E EK		3. 1.51
	Halberkamp Theo	1.10.92	E F		4. 6.54		Boeck-Griffith Hanne		E PL		25. 5.51
	Guddat Wilfried	1. 8.06	KU GE	e	4. 7.57		Rosenkranz Hans-Jürgen		GE VW		31. 7.53
	Sayer-Marx Sylvia		E D	k	18.12.54		Arz Maike Dr. geb. Haas		D BI	k	19. 3.62
	Peters Bernhard		M PH	k	29.10.55		Böttcher Ferun		D N GE SW		9.12.65
	Theissen-Stollewerk Sigrid		BI EK	k	1. 9.57		Franke Christina		D PL	k	6.11.70
	Becker-Haupts Bettina		D BI	e	8. 8.58		Hartmann Telse Dr.		D GE		30. 1.71
	Wein-Hilgers Claudia		F KR PL	k	22. 3.60		Meyer-Waldow Sinia		BI CH	e	19. 1.73
C	Saake Michael	8.92	M D	k	24.10.57	H	Kupczyk Wolfgang		KU		21. 4.51
	Wynen Ralf		E GE		13. 4.56		Bennent-Vahle Heidi Dr.		D PL		1. 3.54
	Saake Christina		M EK	e	8.12.56		Schenk-Lenzen Ulrike Dr.		D PL	e	22.11.54
	Kampmann Dorle		BI N F		2. 3.57		Bodden Birgit		D PL	k	14. 7.57
	Bücken Herbert		MN		13.10.57		Jansen Hermingard		BI		28. 7.57
	Grün Gabriele		BI F	k	30. 6.58		D'Angona Nabuatie		E BI		

3.175 Wuppertal   Weiterbildungskolleg der Stadt Wuppertal – Bergisches Kolleg
gegr. 1976
Institut z. Erlangung d. Hochschulreife
Pfalzgrafenstr. 32, 42119 Wuppertal – Tel. (02 02) 5 63 - 22 42, Fax 42 43 34
E-Mail: bergisches-kolleg@stadt.wuppertal.de, Homepage: www.bergisches-kolleg.de

Sch: 323 (162)   Abit: 57 (23)   BR Düsseldorf
L: 32 (A 1, A_1 1, A_2 4, B 14, C 9, F 3)   ASN: **185826**
Spr.-Folge: E, L/F   Dez: LRSD' **Schäfers**

A	**Heß** Werner	13. 7.94	E GE	e	20.11.44	**Tepel** Heinrich Klaus	11. 6.07 °	M PH e IF	1. 2.56
A_1	**Klein** Franz-Rainer	8. 7.04	BI CH	k	14.10.48				
A_2	**Kindel** Volker	3.12.79	E F	e	12. 2.43	**Berning** Stephan Dr.		D PL k	16. 3.44
	Klein Hans-Rolf Dipl.-Biol.	22. 8.88	BI (CH)	e	7. 8.45	**Miller** Felicitas (T) **Clausen** Jens		D E	12. 5.46
	Ebbinghaus Wolfg.	21. 3.97	D GE PL		16. 7.54	C **Jász-Freit** Bettina geb. Behrens M. A.	24.11.81 °	PL D	
	Klemmstein Wolfg.	19. 5.05	BI D		17. 7.49				
B	**Retterspitz** Gisela geb. Galster (T)	12. 3.79	E D	e	1. 6.46	**Heß** Ira **Braune** Matthias	10. 3.86 1. 9.91	GE SW e KU ER e	18. 9.55 5.11.56
	Hoppenberg Bernd	18. 7.85 □	SW WW	e	11. 6.49	**Bertrand** Ulrike[1] **Thöne** Ricarda (T)	12.10.94 1.11.03 °	L M k M VW e Soz	14. 4.56 9. 5.73
	Hahlbeck Hans-Otto	18. 7.85	PH M IF	e	3. 5.50	**Heffels** Georg	18. 8.05	L PL	18. 4.60
	Kesper Hans-Heinrich	4.12.85	GE E		5.10.45	**Schönenstein-Buchholz** Stefanie (T)	6. 4.06	E D k	3. 5.74
	Schubert Klaus Dieter (T)	23. 2.96 □	WW GE	e	4. 8.53	**Traubert-Wünsche** Götz	1. 8.06	BI GE	8. 2.67
	Weber Christiane	3. 9.02	M GE	e	15. 4.55	**Grüning-Hawig** Katrin (T)	6. 9.07	M SP e	23. 6.65
	Grauthoff Heinz-Jos.	21. 8.03 °	EK PH IF			F **Evang** Annette		D F e	9. 5.59
	Scheible Annette geb. Kerker (T)	13. 9.04	BI CH	e	7.11.55	**Burghoff** Beatrix		D G k	8. 4.60
	Simon Johs.-Peter	11. 6.07	E EK	k	16. 6.48	**Pribanic** Miro		E D	22. 7.66
	Kapp Susanne	11. 6.07	ER GE	e	26. 9.55				

[1] Lehrbeauftr. an d. Ruhr-Univ. Bochum

c) Studienkollegs

Die Studienkollegs bereiten in einem in der Regel zweisemestrigen Studiengang ausländische Studierende auf die Prüfung zur Feststellung der Eignung ausländischer Studienbewerber für die Aufnahme eines Studiums an Hochschulen in der Bundesrepublik Deutschland (Feststellungsprüfung) vor.

3.200 Aachen   Studienkolleg   gegr. 1959
stl. StK. (Ganztagsunterricht, 5-Tage-Woche) f. ausländ. Studierende an d.
Rhein.-Westf. Technischen Hochschule Aachen
Templergraben 55, 52062 Aachen (Dienstgebäude: Lochnerstr. 4–20)
Tel. (02 41) 8 09 43 34, Fax 8 09 23 82
E-Mail: sekretariat@studienkolleg.rwth-aachen.de
Homepage: www.rwth-aachen.de/stk/

Kurse: 10   Stud.: 208 (57)   Absolv.: 103 (19)   BR Köln
L: 18 (A 1, A_1 1, A_2 3, B 7, C 3, F 2, H 1)   Dez: LRSD **Henkes**

A	**Merbeck-Khouri** Marianne geb. Merbeck	26. 4.04 □	F D		23. 2.44	**Klingen** Norbert Prof. Dr.	19.11.04	M PH k	11. 5.45
A_1	**Trier** Klaus	15. 3.06 °	CH M	k	5. 2.52	B **Klein** Manfred	28. 6.91	PH M k	18. 2.54
A_2	**Tonn** Bernhard Dr. Dipl.-Chem.	23. 5.00 °	CH	e	15.12.45	**Reiß** Sonja Dipl.-Math'	18.10.93	M PH	27. 1.50
	Birmans Manfred Dr.	7.10.02	D SW	k	24. 8.50				

	Krasselt-Bacher	1.12.99	CH		12.12.44	C	Rosen Bernd	16. 4.82	D EK	k	3. 4.52
	Joachim Dr. (T)						Voigt Christian	1. 2.07	D SW	e	13. 3.76
	Deichmann Birgit	17. 9.02	D GE	e	20. 5.51		Vomberg Ellen	1. 2.07	PH M	k	11.10.77
	geb. Marczinski					F	Engels Erich Ass d. L.		D E		8.10.51
	Höhne Norbert	7. 8.06	□ PH		6. 2.49		Franzen Angelika Ass' d. L.		D GE		31.12.51
	Drönner Petra	7. 8.06	° D M	k	9. 9.71	H	Röther Monika geb. Röther		D		25.12.51
	Beckers Therese		D E	k	1. 1.52						

3.205 Bochum Studienkolleg gegr. 1971

StK.[1] d. Ökumenischen Studienwerks e.V. f. ausländische Studierende in Bochum;
stl. genehmigt
Girondelle 80, 44799 Bochum – Tel. (02 34) 9 38 82 31, Fax 9 38 82 60
E-Mail: stukobo@studienkolleg-bochum.de, Homepage: www.studienkolleg-bochum.de

Absolv.: 120 (55)   BR Münster
L: 13 (A 1, B 2, F 4, H 6)   Dez: LRSD Knauer

	Allner Burkhardt	4. 9.07	D E	e	1. 3.55		Rothensee Mark Dr.		D	e	23.10.61
A	Sparla Alfred-Martin	1.12.00	CH PH	e	15. 5.61	H	Mattel-Pegam Gesine		D		9. 7.44
B	Schierz Carola		D ER	e	25. 4.65		Kaiser Walter		D		27.11.47
F	Flor Christiane		D F	e	3. 5.53		Wüppenhorst Ulrich		D		1. 2.51
	Anders Georg Dr.		D	e	16. 7.53		Lerchner Harald Dr.		PH	e	5. 4.51
			Sozkd				Kubach Peter Dr.		M	e	6. 7.64
	Wennekamp Kornelia		D PL	e	7. 1.55		Planke Gabriele		D		28. 5.65

[1] m. Wohnheim

3.210 Bonn Studienkolleg gegr. 1960

stl. StK. (Ganztagsunterricht, 5-Tage-Woche) f. ausländische Studierende
an der Universität Bonn
Adenauerallee 10, 53113 Bonn – Tel. (02 28) 73 75 50, Fax 73 70 79
E-Mail: studienkolleg@uni-bonn.de
Homepage: www.uni-bonn.de/studienkolleg/studienk.html

Stud.: 169 (106)   Feststellungsprüfung: 72 (35)   BR Köln
L: 17 (A 1, A$_1$ 1, A$_2$ 3, B 5, C 6, F 1)   Dez: LRSD Henkes

A	Bartsch Jochen Dr.	15. 4.92	° E EK		30.12.47		Saecker Mathias	10. 4.03	D GE		5.12.51
A$_1$	Beutler Manfred Dr.	15. 5.92	° CH		2.10.44		Sitzler Hermann	29. 1.07	BI CH	e	
	Dipl.-Chem.					C	Penning Dieter	3. 9.82	° D F PL SW	13. 3.53	
A$_2$	Liebaug Bruno	1.10.93	PH M		15. 2.52		Ponsch Ronald	23.12.92	° M CH	k	28. 5.54
	Kurtenbach Ursula	28. 6.00	D E				Hücker Dorothea	1. 8.96	D E	k	30. 4.62
	Simon Monika	1. 7.02	D PL	k	7. 5.47		Altenburg Wolfgang	16. 7.98	M SW		22. 7.62
B	Miklitz Günther	1.10.85	° D E SP		27. 8.47		Stock Karsten	13. 6.04	D SW	e	12. 2.66
	Martell Ingrid	1. 6.94	D F	e	30.11.49		Wagner Brigitte		° M PH		
	Nettekoven Michael	2. 5.00	D SW			F	Voigt Jürgen		D GE		

außerdem unterrichten 3 teilzeitbeschäftigte Lehrkräfte

3.215 Köln Studienkolleg gegr. 1960

stl. StK. in Ganztagsform (5-Tage-Woche) f. ausländische Studierende
an der Universität zu Köln
Postanschrift: Albertus-Magnus-Platz, 50931 Köln
Kolleggebäude: 50935 Dürener Str. 386 – Tel. (02 21) 43 57 68, Fax 9 43 95 42
E-Mail: studienkolleg@uni-koeln.de, Homepage: www.uni-koeln.de/studienkolleg

Kurse: 11   Stud.: 226 (119)   Absolv.: 145 (79)   BR Köln
L: 20 (A 1, A$_1$ 1, A$_2$ 4, B 5, C 7, F 2)   Dez: LRSD Henkes

A	Klingel Harald	1. 8.98	E F D		17. 5.50	A$_2$	Neumann Helene	21. 8.89	BI M	k	30. 7.46
A$_1$	Bielig Detlef Dr.	26.10.94	CH BI	e	20. 1.48		Dr. geb. Rüßmann				

	Feldhoff Hans-Joachim Dr.[1]	22.11.95	M PH		10. 3.54	C	**Demmerle** Karsten	1.11.79	GE SW D		30. 5.49
							Krapp Katharina	1. 3.80	D E I	k	17. 8.50
	Heilmann Svanhild	30.10.01	D E S		10. 1.48		**Renzsch** Claudia geb. Haase (T)	17. 2.84	SW E	e	7. 7.52
	Smets Karl-Heinz	30. 4.04	D E		20. 9.49						
B	**Guntermann** Manfred	1. 9.85	M	e	26.11.48		**Rensinghoff** Adolf	6. 7.87	M PH	k	11. 9.53
	Lamprecht Iris geb. Caspari (T)	6. 9.85	F E	k	21. 2.52		**Himpler** Monika	7. 7.97	D E		23. 6.62
							Klug Roland	1. 3.02	D GE F	k	31. 7.70
	Besler Hans-Ulrich Dr. Dipl.-Chem.	20. 8.93	CH	e	27. 9.49		**Dästner** Helena		D GE		
						F	**Dammeier** Peter		D GE	k	30. 1.51
	Felber Richard	19. 1.94	° D SW		12. 2.52		**Clasen-Junglas** Helga		D SW		29. 1.55
	Baers Johannes	10. 8.07	° PH SW		1. 3.51						

außerdem unterrichtet 1 nebenberufliche/teilabgeordnete Lehrkraft

[1] Lehrbeauftr. an d. Univ. Köln

3.218 Mettingen Studienkolleg gegr. 1990
StK. (Ganztagsunterricht, 5-Tage-Woche) f. luso-brasilianische Studierende
am Comenius-Kolleg in Mettingen (s. 3.140); stl. genehmigt
Sunderstr. 15–17, 49497 Mettingen – Tel. (0 54 52) 23 58

Kurse: Integrative Kurse am Comenius-Kolleg
L: s. 3.140
Kollegleiter: OStD P. Gogolok Osmar Erwin

BR Münster
Dez: LRSD **Knauer**

3.220 Münster Studienkolleg gegr. 1960
stl. StK. (Ganztagsunterricht, 5-Tage-Woche) f. ausländische Studierende
an der Universität Münster
(Zentrales Studienkolleg für alle wissenschaftlichen Hochschulen in Westfalen)
Robert-Koch-Str. 31, 48149 Münster – Tel. (02 51) 8 33 22 19, Fax 8 33 84 15
E-Mail: stdkoll@uni-muenster.de, Homepage: www.uni-muenster.de/Studienkolleg/

Stud.: 195 (10)   Absolv.: 204 (108)
L: 25 (A 1, A_1 1, A_2 2, B 5, C 13, E 1, F 1, H 1)

BR Münster
Dez: LRSD' **Hesekamp-Gieselmann**

A	**Jansen** Lothar Dr.	1. 2.04	° PH M	k	4. 6.51		**Lauhoff** Gabriele	14. 4.84	D PA		5. 7.53
A_1	**Koch** Ulrich	15. 5.93	E F		10. 2.48		**Schulte** Herbert	2.11.84	D GE	k	23. 3.48
A_2	**Gresch** Rolf Dr.	10.00	° CH PH		22.12.47		**Hempel** Stefanie geb. Freier (T)	10.12.84	F BI	k	3.12.53
	Schreiber Rüdiger	1. 8.01	GE D	e	21. 9.51						
B	**Schöttler** Sigrid geb. Hohmeier	17. 1.80	M BI	e	16. 1.46		**Dittert** Gabriele	25. 2.87	E D	e	12. 3.55
							Grabert Martin	27. 3.87	D GE	e	30.12.44
	Wessel Heinz	29.11.85	D WW	k	31. 5.49		**Bücker** Giesbert	1. 8.93	E SP D	k	13.10.59
	Nellessen Horst Dr.	7. 4.92	F M	k	2. 9.52		**Pöpping** Eva	1. 2.02	M PH	k	14. 2.70
	Schmiemann Irene geb. Wiese	20. 2.95	BI CH	e	11. 8.50		**Blomberg** Judith geb. Papenberg (T)	1. 8.05	M SW	k	24. 1.76
	Jeismann Susanne		D R	e	15. 5.55		**Futterknecht** Evelyn	1. 8.07	D SW	k	10. 5.73
C	**Terbeck** Ulrike geb. Stahlhoff (T)	1.11.79	° D W	k	2. 2.52	E	**Asshoff** Jörg	1. 2.07	M PH	e	6.11.72
						F	**Seibold** Fritz		D E		11.11.47
	Pieper Ines	1. 8.82	° D F	e	8.12.52	H	**Slupinski** Elisabeth geb. Honecker		GE SW	k	20. 1.63
	Wiemers Gisela	1. 2.84	° D PA	k	31. 1.54						

außerdem unterrichtet 1 teilabgeordnete Lehrkraft

d) Abendrealschulen

Der Bildungsgang der Abendrealschule führt Studierende zum nachträglichen Erwerb von Abschlüssen der Sekundarstufe I (Hauptschulabschluss, Sekundarabschluss I, Hauptschulabschluss nach Kl. 10., Fachoberschulreife). Zum Erwerb der Fachoberschulreife wird eine Prüfung abgelegt. Der Bildungsgang gliedert sich in einen Vorkurs und vier Semester.

Aufnahmevoraussetzungen sind die Erfüllung der Vollschulzeitpflicht und ein Mindestalter von 16 Jahren.

3.306 Bochum Abendrealschule –
Ottilie Schoenewald Weiterbildungskolleg der Stadt Bochum
Abendrealschule/Abendgymnasium/Kolleg
siehe 3.007

3.307 Dortmund Abendrealschule
Weiterbildungskolleg der Stadt Dortmund
Adlerstr. 44, 44137 Dortmund – Tel. (02 31) 14 81 50 o. 28 67 27-60
E-Mail: ars.do@t-online.de, Homepage: www.ars-do.de

Sch: 441   BR Köln
L: 17   Dez: LRSD **Dr. Oelmann**

Grunau Falko Dipl.-Päd. (Rektor)	D GE PA	e	1. 1.54	**Kahmann** Bernd	E F ER e	3. 1.48
				Kanne Martin	D GE M	19. 4.66
Malitzki Paul (Konrektor)	D M		12. 2.52	**Körner** Beate	E GE SP	18.11.55
				Kruck Michael	M WW	27. 8.52
Bußkamp Inga	M GE		26. 6.52	**Maaß** Michael	D E	18. 5.66
Depping Udo	BI TC		30. 5.61	**Pieper** Astrid	F E	8. 4.59
Figaszewski-Lüke Petra	D GE		4. 6.60	**Rasquin** Nikola	D PP	24. 9.69
				Rickert Hildegard	D GE	17. 1.57
Herrador Bolaños Sylvia M. A.	E S		18.11.65	**Spieß** Silvia	F GE	7. 5.52
				Witt Stefanie	E PA	7. 5.76
Jungeblodt Ansgar	D SP		11. 1.61			

3.316 Siegen Abendrealschule
siehe 3.065

3.317 Unna Abendrealschule
siehe 3.068

3.320 Bielefeld Abendrealschule
Stapenhorststr. 98a, 33615 Bielefeld

3.326 Paderborn Abendrealschule
Weiterbildungskolleg der Stadt Paderborn
Fürstenweg 17b, 33102 Paderborn – Tel. (0 52 51) 1 32 91 18, Fax 1 32 91 95
E-Mail: abendrealschule@paderborn.de, Homepage: www.weiterbildung-paderborn.de

Sch: 366   BR Köln
    Dez: LRSD **Klemisch**

Pollmann Udo (Rektor)	CH PA (M PH BI)	k	14. 6.46	**Eickmeyer** Christine	M BI	12. 5.53
				Hake Ulrich	GE SP IF	20. 9.58
Brenke Beate	E F		30. 9.61			

Jacobsen-Bauer Caren	M BI D	16. 3.65	Vafiadis Damianos	M IF D	gr-orth	5. 6.67
Kißing Vanessa	M GE	5. 7.80				
Lienen Tatjana	D GE	3. 8.68				

3.330 Düsseldorf Abendrealschule
Rückertstr. 6, 40470 Düsseldorf
Sch: 376

3.336 Duisburg Abendrealschule
s. 3.025

3.340 Essen Abendrealschule
Weiterbildungskolleg der Stadt Essen
Karolinenstr. 1–3, 45130 Essen – Tel. (02 01) 8 56 50 50, Fax 8 56 50 51
E-Mail: info@abendrealschule-essen.de, Homepage: www.abendrealschule-essen.de
Kl: 14   Sch: 373   Absolv.: 55 (31)
BR Düsseldorf
Dez: LRSD' **Lenkaitis**

Schellhorn Aloys	M IF	31.10.48	**Lüdke** Ursula	D ER		1. 5.47
(Rektor)	PH		**Schmitz** Peter	M IF		10. 2.55
Dorlöchter Dirk	D GE	5. 1.58	**Schnitzler** Dorothee	E KU		
Dräger Corinna	D GE	14. 6.57	**Spieker** Claudia	E GE	k	29. 5.48
Honder Britta	E BI	8. 9.76	**Storm** Bernd	E BI		2. 2.45
Koch Birgit	D GE	4. 2.57	**Wegener** Burkhard	D GE		13. 7.59
	PK		**Wiederhold** Katja	E BI		15. 9.72

3.346 Krefeld Abendrealschule
Hubertusstr. 82, 47798 Krefeld
Sch: 427

3.350 Mönchengladbach Abendrealschule
s. 3.070

3.356 Neuss Abendrealschule / Theodor-Schwann-Kolleg
Weiterbildungskolleg der Stadt Neuss
s. 3.061

3.360 Ratingen Abendrealschule
Schützenstr. 54, 40878 Ratingen
Sch: 203

3.366 Remscheid Abendrealschule
Weiterbildungskolleg der Stadt Remscheid
Hackenberger Str. 105, 42897 Remscheid – Tel. (021 91) 16 31 03, Fax 18 36 91
E-Mail: info@ars-remscheid.de, Homepage: www.ars-remscheid.de
Sch: 251
BR Düsseldorf
Dez: LRSD' **Lenkaitis**

Koenen Herbert	**Becker** Elisabeth
(Schulleiter)	**Fürstoss** Daniele
Szigan Christoph	**Hörner** Gudrun
(stellv. Schulleiter)	**Langstädtler** Fiona

Schlottmann Dagmar
Schonauer Kathrin
Schweer Ilona

Streit Helmut
Vogt Gerlinde

3.370 Wuppertal Abendrealschule
Hohenstein 123, 42283 Wuppertal
Sch: 515

3.376 Aachen Abendrealschule
Bischofstr. 21, 52068 Aachen
Sch: 447

3.380 Bonn Abendrealschule
Hirschberger Str. 3, 53119 Bonn
Sch: 649

3.386 Köln Abendrealschule
Dagobertstr. 79, 50668 Köln
Sch: 572

3.388 Köln Tages- und Abendrealschule
Genovevastr. 72, 51063 Köln
Sch: 1173

3.390 Bocholt Abendrealschule
Stenerner Weg 14, 46397 Bocholt
Sch: 216

3.396 Gelsenkirchen Abendrealschule
Grenzstr. 3, 45881 Gelsenkirchen
Sch: 846

3.398 Münster Abendrealschule
Weiterbildungskolleg der Stadt Münster
Bismarckallee 55, 48151 Münster – Tel. (02 51) 52 47 94, Fax 52 70 43
E-Mail: abend-rs@muenster.de, Homepage: www.abendrealschule-ms.de
Sch: 337 (167)   Absolventen: 73 (45)   BR Münster

Bayerl Hartmut	M PH SP	19. 5.45		**Potthoff** Martin	D GE	29. 7.51
				Ropers Rosemarie	D GE	29. 9.53
Feldhaus Christa	M IF BI	2. 6.58		**Rüffer** Monika	M PH	6.10.57
Grottendieck Hiltrud	D GE	17.10.67		**Sander** Jutta	M BI EK	17. 1.63
Jahnke Christian	D E GE	24.10.53		**Segger** Klaus	E BI KU	16. 8.52
Kiebel Martina	M BI	17. 7.60		**Stein** Ulrike	E F	16. 7.51
Middendorf-Suing Magdalena	D E N	18. 7.53		**Thoms** Klaus	BI CH	4. 3.65
				Walter Peter	E F S	30. 5.48
Müller Achim	D E N	17.12.50		**Wessels** Klaus	E GE	10.11.51

3.399 Rheine Abendrealschule
Neuenkirchener Str. 22, 48431 Rheine
Sch: 220

4. Gesamtschulen

4.001 Aachen   Heinrich-Heine-Gesamtschule   gegr. 1986
st. GesSch. in Ganztagsform f. J. u. M.
Hander Weg 89, 52072 Aachen – Tel. (02 41) 1 76 91 00, Fax 1 76 91 22
E-Mail: heinrich-heine-gesamtschule@mail.aachen.de
Kl: 36 (12/24)

BR Köln
ASN: **189110**
Dez: LRSD **Gilles**

Parting Heinrich Dr. (Schulleiter)
Bartczyk Birgit (stellv. Schulleiterin)
Ernst Irmgard (didaktische Leiterin)

Bremer-Schmiemann Andrea (Abteilungsleiterin I)
Firgau Ingeborg (Abteilungsleiterin II)
Perschon Petra (Abteilungsleiterin SekII)

4.002 Aachen   Gesamtschule Aachen-Brand   gegr. 1990
st. GesSch. f. J. u. M.
Rombachstr. 41–43, 52078 Aachen – Tel. (02 41) 52 10 04, Fax 52 34 17
E-Mail: buero@gesamtschule-aachen-brand.de
Homepage: www.gesamtschule-aachen-brand.de
Kl: 36 (12/24)

BR Köln
ASN: **190688**
Dez: LRSD **Gilles**

Kröner Walter (Schulleiter)
Ruwe Wolfgang (stellv. Schulleiter)

Sturm-Barzen Elke (didaktische Leiterin)

4.003 Aachen   Maria-Montessori-Gesamtschule   gegr. 1997
st. GesSch. f. J. u. M.
Bergische Gasse 18, 52066 Aachen – Tel. (02 41) 47 42 6-0, Fax 47 42 6-47
E-Mail: 193458@schule.nrw.de, Homepage: www.mmge-ac.de
Kl: 36 (12/24)
Spr.-Folge: E, F, L, S

BR Köln
ASN: **193458**
Dez: LRSD **Gilles**

Roderburg Annette

4.010 Ahlen   Fritz-Winter-Gesamtschule   gegr. 1988
st. GesSch. (5-Tage-Woche) f. J. u. M.
August-Kirchner-Str. 13, 59229 Ahlen – Tel. (0 23 82) 7 66 78 26/27, Fax 6 10 83
E-Mail: info@fritz-winter-gesamtschule.de
Homepage: www.fritz-winter-gesamtschule.de
Kl: 32 (12/20)

BR Münster
ASN: **189923**

Spr.-Folge: E, F/L

Dez: LRSD **Scholle**

Brinkkötter Alois LGED (Schulleiter)
Harder Birgit DGE (stellv. Schulleiterin)
Rötger Marianne DGE (didaktische Leiterin)
Knauer Sabine GER' (Abteilungsleiterin I)

Neckenig Michael GER (Abteilungsleiter II)
Rosenkötter Michael GER (Abteilungsleiter III)
Brakowsky Jürgen L i. A. (Abteilungsleiter SekII)

530 Gesamtschulen

4.020 Alsdorf Gustav-Heinemann-Gesamtschule gegr. 1989
st. GesSch. in Ganztagsform (5-Tage-Woche) f. J. u. M.
Am Klött 1, 52477 Alsdorf – Tel. (0 24 04) 94 00-0, Fax 94 00-29
E-Mail: ghg-alsdorf@t-online.de, Homepage:www.ghg-alsdorf.de
Kl: 36 (12/24)
BR Köln
ASN: **190251**
Dez: LRSD **Gilles**

Klüppel Volker (Schulleiter)
Birken Huberta (stellv. Schuleiterin)
May Martin (didaktischer Leiter)

Kirchhoff Malte (Abteilungsleiter I)
Fischer Klaus (Abteilungsleiter II)
Hölscher Hermann (Abteilungsleiter SekII)

4.025 Bergheim Gesamtschule Bergheim gegr. 1993
st. GesSch. in Quadrath-Ichendorf in Ganztagsform
Herbergerstr. 6–8, 50127 Bergheim – Tel. (0 22 71) 79 96 90, Fax 7 99 69 99
E-Mail: gesamtschule@bergheim.de, Homepage: www.gesamtschule-bergheim.de
Kl: 32 (10/22) Sch: 1060 (538) (300/600/160) Abit.: 45 (27)
Lehrer: 75 (51) Beamte: 60 (41) Angest.: 15 (10)
Spr.-Folge: E, F/L
BR Köln
ASN: **192119**
Dez: LRSD' **Schlott**

Zimmermann Werner LGED (Schulleiter)
Ossendorf Cornelia GER' (stellv. Schulleiterin)
Kellner Anne GED' (didaktische Leiterin)

Kruse Margret GER' (Abteilungsleiterin I)
Baron Angelika GER' (Abteilungsleiterin II)
Giese-Alers Marlene GED' (Abteilungsleiterin SekII)

4.030 Bergisch Gladbach Integrierte Gesamtschule Paffrath gegr. 1973
st. GesSch. in Ganztagsform (5-Tage-Woche) f. J. u. M.
Borngasse 86, 51469 Bergisch Gladbach – Tel. (0 22 02) 5 20 63, Fax 5 20 65
E-Mail: 183738@schule.nrw.de, Homepage: www.i-g-p.de
Kl: 12/36 Sch: 1359
L: 119
Spr.-Folge: E, F/L
BR Köln
ASN: **183738**
Dez: LRSD **Dr. Bürvenich**

Scheffel Heidi Dr. LGED'
(Schulleiterin)
Scholl Günther GED
(stellv. Schulleiter)
Frembgen Barbara GED'
(didaktische Leiterin)

Schank Christoph Dr.
(Abteilungsleiter I)
Schäffler Irmela GER'
(Abteilungsleiterin II)
Wohlt Klaus StD
(Abteilungsleiter SekII)

4.040 Bergkamen Willy-Brandt-Gesamtschule gegr. 1988
st. GesSch. in Ganztagsform (5-Tage-Woche) f. J. u. M.
Am Friedrichsberg 30, 59192 Bergkamen – Tel. (0 23 07) 98 28 00, Fax 9 82 80 14
E-Mail: postmaster@willy-brandt.un.nw.schule.de
Homepage: www.un.nw.schule.de/willy-brandt
Kl: 36 (12/24) Sch: 1268 (654) (342/688/238) Abit: 64 (41)
Lehrer: 93 (44) Beamte: 78 (39) Angest.: 15 (5)
Spr.-Folge: E, F, L/F
BR Arnsberg
ASN: **190032**
Dez: LRSD **Treichel**

Akarzu Sükrü L' i. A.	T	**Brößel** Waltraud L'	M ER D
Bautz Christina SekIL'	HW ER	**Bunjes** Hinrich OStR	F EK
Beckmöller Susanne SekIL'	M D	**Burscheidt** Martin L	SP D E
Block Dirk StR	GE SP	**Daume** Klaus StR	SW KR TC
Block Katja StR'	F E	**Deters** Gabriele SekIL'	E PA
Blumberg Anna-Christina StR'	E GE	**Dieck** Sabine StR'	BI F
Bolhöfer Karin SekIL'	MU GE	**Dietrich** Harald SekIL	E SP

Döring Dagmar SekIL'	E D		**Kreis** Chris GER'	D BI	
Dudek Martin StR	D ER		(Abteilungsleiterin I)		
Düdder Barbara L'	KU GL D		**Lefering** Rita SekIL'	D GL	
Eckei-Jahn Brigitte SekIL'	E KU D		**Mallitzky** Alfred SekIL	PH TC	
Emonts-Gast Martin StR	IF M		**Mecklenbrauck** Uwe SekIL	M TC	
Fahling Marlies L'	GE EK E		**Meyer-Carlstädt** Hendrik StR	BI EK	
Fischer Brigitte L'	BI D		**Middendorf** Reinhard SekIL	EK ER AL	
Fischer Christiane GED'	D SW		**Müller** Peter SekIL	AL SP D	
(Abteilungsleiterin SekII)			**Oumard** Heike OStR'	E GE	
Fonk Bilgehan StR z. A.	KU T	30.11.72	**Oumard** Klaus GER	M CH	
Funke-Yazigi Christiane StR'	D KR		**Pieper** Meinolf L	E M	
Gögel Margret SekI/IIL' i. A.	L GE		**Quebbemann** Monika SekIL'	D KU	
Grauthoff Elke OStR'	BI EK ER		**Quinders** Peter StR	M KU	
Grewe Christina SekIL'	D AL		**Raepke** Frank SekIIIL'	D PL	
Grigori Peter SekI/IIL i. A.	PH CH		**Reeh** Ulrich OStR	CH EK	
Gülcan Leyla L' i. A.	T		**Regenstein** Hartmut OStR	PA SW	
Guntenhöner Ralf SekI/IIL i. A.	SP TC		**Rentmeister** Dirk SekI/IIL i. A.	E SP	
Hägerling Jürgen L'	D GL E		(Abteilungsleiter II)		
Härling-Schwarz Birgit StR'	F MU		**Reßel** Rüdiger StD	D KR	
Hageneier Jörg L i. A.	SP PA		**Reusch** Susanne StR'	E GE	
Hanusrichter Christine SekIL'	E MU		**Rokossa** Sigrid SekIL'	D GE	
Hassel Ulf StR	SW BI		**Rost** Carmen SekIL'	KU SP	
Hellmann Martina L' i. A.	KU TX		**Schirrmacher** Jürgen SekIL	CH TC	
Herm-Stapelberg	BI PA		**Schneider** Klaus SekIL i. A.	MU KU	
Kerstin StR'	M		**Schreier** Gabriele L' i. A.	D E	
Hoffmann Herbert L	D GE		**Schulz** Jutta L'	E D TX	
Hoffmann Wilfried StR	BI PH	6.10.54	**Seck** Paul SekI/IIL		
Hülsbusch Lydia SekIL'	D BI		(didaktischer Leiter)		
Hüsing Gudrun L'	M EK SP		**Sindermann** Ursula StD'	L KR	
Humbert Ludger Dr. StD	M IF		**Sinofzik-Meehan** Angela L'	E F	
Hunger Klaus GED	D GL SP		**Stankiewicz** Jochen OStR'	SP GE	
(stellv. Schulleiter)			**Stein** Günter OStR	M PH	
Hunger Ursula SekIL'	KU D E		**Stemmerich** Stefanie OStR'	SP E	
Jaeger Manfred LGED	KR SW		**Stroff** Wolfgang StR	CH MU	
(Schulleiter)			**Thom** Detlev GER	SP M	
Karakatsanis	CH EK		**Troge** Horst L	D SP AL	
Antonios SekIL i. A.			**Tschersich** Holger SekIL	D ER GE	
Karkanis Ellen SekIL' i. A.	E M		**Weber** Nike SekIL'	KU E	
Kettendörfer Bärbel SekIL'	TX D E		**Wengemann** Michael StR	D GE TC	
Kirchhoff Felix SekIL	PH TC		**Wiedeking** Annette SekIL'	BI ER	
Kloska Manfred L	D KU GE		**Wiemer** Eva Maria L'	M D GL	
Knips Gabriele L'	BI E		**Wiemer** Gerhard SekIL	M PH SP	
Krause Ralph Soz.-Päd.			**Winkelmann** Dirk SekI/IIL i. A.	M SP	
			Zinzius Dieter OStR	BI KR	

4.050 Bielefeld   Martin-Niemöller-Gesamtschule gegr. 1971
st. GesSch. in Ganztagsform (5-Tage-Woche) f. J. u. M.
Apfelstr. 210, 33611 Bielefeld – Tel. (05 21) 51 69 91, Fax 51 69 87
E-Mail: mnge-bi@bitel.net, Homepage: www.mnge.de
Kl: 49 (16/33)

BR Detmold
ASN: **164203**

Spr.-Folge: E, F, L/F/S

Dez: LRSD **Spichal**

Kammann Peter Dr.
(Schulleiter)
Thomaschky Martin
(stellv. Schulleiter)
Gausmann Friederike
(didaktische Leiterin)

Mantei Reinhold
(Abteilungsleiter 5/6)
Laufer Rupert
(Abteilungsleiter 9/10)
Plümpe Peter
(Abteilungsleiter SekII)

4.051 Bielefeld   Gesamtschule Stieghorst   gegr. 1983
st. GesSch. in Ganztagsform (5-Tage-Woche) f. J. u. M.
Am Wortkamp 3, 33605 Bielefeld – Tel. (05 21) 51 66 84, Fax 51 21 37
E-Mail: gestiebi@aol.com, Homepage: www.gesti.de

Kl: 36 (12/24)

BR Detmold
ASN: **188128**

Spr.-Folge: E, F/S, F/S/L

Dez: LRSD **Spichal**

Gollner Beate DGE' (stellv. Schulleiterin)
Pricha Andrea DGE' (didaktische Leiterin)
Höke Christiane GER' (Abteilungsleiter 5–7)

Kuch Peter GER (Abteilungsleiter 8–10)
Kociszewska Christiane DGE'
(Abteilungsleiterin SekII)

4.052 Bielefeld   Gesamtschule Brackwede   gegr. 1988
st. GesSch. in Ganztagsform (5-Tage-Woche) f. J. u. M.
Marienfelder Str. 81, 33649 Bielefeld – Tel. (05 21) 51 54 70, Fax 51 54 75
E-Mail: 189996@schule.nrw.de, Homepage: www.gesamtschule-brackwede.de

Kl: 24 (8/16)

BR Detmold
ASN: **189996**

Spr.-Folge: E, F, L, S

Dez: LRSD **Spichal**

Rosenbohm Veronika LGED'
(Schulleiterin)
Gödeke Karl GED
(stellv. Schulleiter)
Jasper Wolfgang GED
(didaktischer Leiter)

Franzen Hans-Jürgen GER
(Abteilungsleiter I)
Hansen Jörg GER
(Abteilungsleiter II)
Schluckebier Elke GED'
(Abteilungsleiterin SekII)

4.053 Bielefeld   Laborschule   gegr. 1974
Laborschule des Landes Nordrhein-Westfalen an der Universität Bielefeld
(seit 1. 1. 1990 Amtsbereich des Ministeriums für Schule und Weiterbildung,
Wissenschaft u. Forschung des Landes NRW) in Ganztagsform (5-Tage-Woche) f. J. u. M.
Universitätsstr. 21, 33615 Bielefeld – Tel. (05 21) 1 06 69 90, Fax 1 06 60 41
E-Mail: leitung@laborschule.de, Homepage: www.laborschule.de

Kl: 18 (6/12)

BR Detmold
ASN: **184883**

Dez: LRSD **Spichal**

Die Laborschule an der Universität Bielefeld ist als Gesamtschule besonderer Prägung staatliche Versuchsschule des Landes Nordrhein-Westfalen. Sie arbeitet eng mit der Wissenschaftlichen Einrichtung Laborschule zusammen. Die Laborschule umfasst als integrierte Gesamtschule die Primarstufe mit einem Vorschuljahr und die Sekundarstufe I. Sie dient vornehmlich der kontrollierten Entwicklung und Erprobung neuer Wege des Lehrens und des Lernens.

Schulleiterin: **Prof. Dr. Susanne Thurn** LGED'
Stellv. Schulleiterin: **Dr. Sabine Geist** GED'
Didaktische Leiterin: **Dr. Christine Biermann**
Abteilungsleiter SekI: **Helmut Schmerbitz** RR

Abteilungsleiter Primarstufe: **Ulrich Bosse** L
Leiter d. Wiss. Einrichtung:
Prof. **Dr. Klaus-Jürgen Tillmann**

4.054 Bielefeld   Georg-Müller-Schule Evangelikale Bekenntnisschule   gegr. 1994
pr. GesSch. der SekI u. SekII u. G. i. E. (Jg.st. 6) f. J. u. M.
Detmolder Str. 284, 33605 Bielefeld – Tel. (05 21) 92 29 40, Fax 9 22 94 33
E-Mail: gesamtschule@gms-net.de, Homepage: www.gms-net.de

Kl: 26 (10/16)   Sch: 868 (463) (273/456/139)   Abit.: 25 (15)
Lehrer: 50 (26)   Beamte: 5 (1)   Angest.: 45 (25)

BR Detmold
ASN: **192508**

Spr.-Folge: E, F/L, S

Dez: LRSD **Spichal**

Altendorf Dirk	BI D	**Draht** Wolfgang	BI CH
(Abteilungsleiter II)		**Dressel** Helke	BI SP
Arning Heike	CH EK NW	**Elsner** Heide	PH Rel
Bluhm Claudia	GE EK SW	**Ens** Gerhard	M SP
Bruning Nils	M E	**Flatt** Ulrike	D KU ER
Deitenbach Heidrun	HW	(Abteilungsleiterin I)	
Doose Elsbeth	SW PA	**Frank** Nadin	D E

Freitag Lydia	M BI	Lippert-Schütz Karin	SP MU Rel
Fricke Denise	M D BI	März-Steinlein Christine	HW TX
Gabriel Dirk	SP SW	Majuntke Heidi	D GE
Gooßen Heinrich	E D	Mehlich-Detering Erika	KU
Gramse Simone	D BI E	Molks Matthias	SP EK
Güldenberg Brigitte	D GE PK	Naeve Uta	M E
Gumbrich Achim	E ER AL/TC	Neuhof Christiane	M GE
Hahn Andreas	ER	Offer Manon	E D
Hahn Bettina	F SW	Peters Jakob	M PH
Hanswillemenke Klaus	AL/TC	Reichwald Hartmut	L ER
		Riesen Viktor	IF
Hein Viktor	E GE	Rückert Hagen	M EK
Hnida Christel	HW M	(Abteilungsleiter SekII)	
Kästner Tobias	MU NW	Runck Hermina	E
Kaschner Axel	SP GE	(Beratungslehrerin)	
Klassen Johann	MU	Schellenberg Bernhard	M ER
Köster Martin	D GE	Schlue Gerhard	M PH
Krainz Alexandra	KU Rel	Schütz Manfred (Schulleiter)	M AL/TC
Krug Ansgar	E SW	Seutter Ralf	M BI CH
Langhammer Matthias	BI SW	(didaktischer Leiter)	
Lauenroth Karsten	CH SP	Tiel Katja	D S
(stellv. Schulleiter)		Vornholt Heike	D E
Linde Thomas	SW PK	Zirbel Jessica	E F

4.055 Bielefeld Gesamtschule Rosenhöhe gegr. 1997
st. GesSch. f. J. u. M.
An der Rosenhöhe 11, 33647 Bielefeld – Tel. (05 21) 51 56 16, Fax 51 56 37
E-Mail: sl@gesamtschule-rosenhoehe.de
Homepage: www.gesamtschule-rosenhoehe.de

Kl: 24 (8/16) **BR Detmold**
ASN: **193495**

Spr.-Folge: E, F, L/S Dez: LRSD' **Krämer**

Abendroth Christian	EK GE	Keunecke Martin	M PH ER
Achterholt Karin	E GL	Kosler Michael	SW EK M
Altvater Marianne	M SP	Kroeker-Bangemann Esther	BI CH
(Abteilungsleiterin II)		Kropp Stephan	SP EK TC
Bangemann Karsten	BI CH	Kunert Isabel Soz.-Arb.'	
Blömeke Ursula	E F	Löwenstein Katharina	D GE
Bökenkamp Heide	D GL WL	Möhle Heike	D E SP
(didaktische Leiterin)		Nießen-Pott Jutta	E F
Bruns Maren	D CH ER	Nonte Heinz	D PA
Buchta Susanne	D E	Opitz Christa	D ER
Cremer Eric	S SP	Pajenkamp-Wille Vera	D E
Derr Hartmut	M SW	Philipps Martin	D SP
(Abteilungsleiter SekII)		Poltrock Kerstin	SP BI
Ebel Barbara	D E	Rodax Karl-Heinz	E SP GE
Eichhof Marion	KU BI	(stellv. Schulleiter)	
Eichholz Michael	BI CH	Sander Renate	KU MU
Eltgen Christof	F GE	Sandhaus Annette	BI KU
Engelke Katharina	D MU	San Miguel Mattern Markus	S GE
Finke Gerda	EK SW		
Garic Birgit	M SP TX	Schellin-Conty Dagmar	M SW
Gembus Christian	MU GL TC	Scherer Cornelia	E GE L
Gerling Silke	D SW	Schiering Pia	MU ER
(Abteilungsleiterin I)		Schmiedel Michael	E GE
Goer Bettina	BI PH	Schmiedeskamp Bernt Dr.	M PH
Hennig Sonja	E ER	Schömann Birgit	KU SP
Herzog Anja	KU PA M	Schweihofen Barbara	M ER
Hilling Daria	D BI	Seidensticker Barbara	E SP
Hinderhofer Helmut	PH SW	Stiller Ines	M PH
Isfendiyar Nilgün	M E	Stücker Birgit	D SP
Johanning Werner	PA KR SW	Stüssel Susanne	M SP
Junker Sonja	D HW	Szabó-Mashänser Gabriella	M PH
Kappe Claudia	E SP		

Temme Ursula	MU SP	Wallbaum Detlef	BI SW
Varchmin Till	M TC	Wenge Markus	PH TC
Volz Marcellus	M PH	Wirminghaus Diderk	D PL
Vonnahme Thomas	KU KR	(Schulleiter)	
Wagner Vanessa	E SW	Wortmann Matthias	M BI

4.070 Bochum Erich-Kästner-Schule gegr. 1971
st. GesSch. in Ganztagsform (5-Tage-Woche) f. J. u. M.
Markstr. 189, 44799 Bochum – Tel. (02 34) 9 73 49 10, Fax 973 49 11
E-Mail: schulleitung@eks.bobi.net, Homepage: www.eks.bobi.net

Kl: 37 (12/25)   Sch: 1096 (539) (308/672/116)   Abit: 28 (14)   **BR Arnsberg**
Lehrer: 99 (56)   Beamte: 87 (46)   Angest.: 12 (10)   ASN: **164239**
Spr.-Folge: E, F, L   Dez: LRSD **N. N.**

Bald Walter LGED		Jaspar Myriam StR' z. A.	E D
(Schulleiter)		Jochimsen Peter FachL i. A.	KU
Hoffmann Constanze GED'	D EK	Kaspar Astrid HSchL'	M GE
(stellv. Schulleiterin)		Kaspar Heinz HSchL	M GE
Pfleider Peter GED	D SP	Kellner Klaus SekIL	M TC
(didaktischer Leiter)		Klare Silvia Soz.-Päd.'	
Jonischeit Ludger Dr. GER		Klasen Klaudia L' i. A.	SP
(Abteilungsleiter I)		Klinke Tobias L i. A.	KR
Frotscher Maria GER'	E D	Köpke Gitta L'	KU D GL
(Abteilungsleiterin II)		Krämer Rosemarie SSchL'	D E
Westerdorf Jürgen GER	PH SP	Kreidt Friedrich StR	L G
(Abteilungsleiter III)		Kremer Birgit StR' z. A.	BI CH
Hitschler Klaus-Peter GED	BI CH	Krumscheid Erich RSchL	KR EK
(Abteilungsleiter SekII)		Kuhlmann Monika OStR'	M PH
Alker Undine RSchL'	D EK	Kyeck-Janßen Claudia RSchL'	E D
Atrops Joachim StR	M SP	Maasch Detlef HSchL	WW D M
Beckmann Rolf-Peter L	KU M	Maßmann Ursula StR'	D E
Behrenbeck-Beckedahl Helga		Mecke Barbara RSchL'	D E
Soz.-Päd.'		Michnik Annelie RSchL'	E MU
Brett Dorothea L'	M HW	Michnik Uwe HSchKR	M PH CH IF
Brexel Annamaria L'	BI HW	Möller Wilfried StD	D ER
Brexel Detlef SekIL	PH TC	Nachtigall Andrea StR'	BI SP
Buhl Gesine OStR'	L GE SW	Nolte Renate RSchL'	HW SP
Caelers Willi StD	F EK	Oelbermann Imke OStR'	Soz KU
Cakmak Sükran StR' z. A.	E F	Onigkeit-Neumann Angelika	
Demes Sabine L'	D MU	Soz.-Päd.'	
Dorendorf Frank SekIL		Reichert Annette L' i. A.	D M
Duhme Jörn HSchR	D BI	Roth Dieter L	M PH WL
Egberts Eva-Maria StR'	D E	Scheer-Lotfi Margret RSchL'	D E
Ewen Brigitta RSchL'	D EK	Schemberg Sigrid HSchL'	D GP
Falarzik Sabine SekIL'	KU BI	Schmidt Claudia StR'	D GE PP
Finkbohner Karin StR'	D SP	Schneider Matthias SekIL	WL EK TC
Fliesen Nadja StR' i. A.	D E	Scholz Rainer Dipl.-Psych.	
Frielingsdorf Rainer StD	PA RW Sozkd	Schreiner Stefan Soz.-Päd.'	
Glöckle Rainer Werkstattlehrer		Schupp Artur SekIL	PH TC
Gnodtke Marie-Luise SekIL' i. A.	ER SP	Schwartpaul Hans OStR	E SP
Gorgon-Tschöke Christian	TC WW	Sebastian Brigitte OStR'	CH SP
SekIL		Soboll Uwe StR	BI CH
Haardt Dörte SekIL'	D ER	Stein Annemarie StR'	BI F
Harmel Peter RSchL	E EK	Stein Annette RSchL'	EK SP
Heil Annegret FachL'	SP KU	Steireif Rainer SekIL	CH PH
Hermes Andreas StR	E GE	Sühl Anita RSchL'	EK E
Hermes Britta StR'	BI CH	Tegethoff Barbara HSchL'	M HW
Hilkenbach Peter OStR	E F	Tegethoff Hans-Jürgen RSchL	PH TC
Hofer Gisela Maria L'	M SP	Thaden Klaus-Dieter StR	M
Hofer Horst HSchL	D SP	Thünken Dieter StR	M PH
Hüttner Brigitte RSchL'	D F	Thünken Monika VSchL'	M PH
Jaeschke Dieter OStR	M WW IF	Tinnemeyer Helmut StR	GE SP
Jagusch-Atrops Annegret	D SP	Trudewind Ulrike RSchL'	E D
HSchL'		Unterstein Günther OStR	SP E

Wilhelm Christine L' i. A.	D KU	Zepter Christel OStR'	E GE
Wülfing Bettina SekIL'	I E	Zinkernagel Gabriele StD'	KU W

4.071 Bochum   Heinrich-Böll-Gesamtschule   gegr. 1982
st. GesSch. (5-Tage-Woche) f. J. u. M.
Agnesstr. 33, 44791 Bochum – Tel. (02 34) 51 60 20, Fax 5 16 02 55
E-Mail: info@heinrich-boell-gesamtschule.de
Homepage: www.heinrich-boell-gesamtschule.de
Kl: 36 (12/24)

BR Arnsberg
ASN: **188311**

Spr.-Folge: E, F/L

Dez: LRSD' **Vörös-Rademacher**

Müther Norbert		Küper Heidemarie RSchL'	D BI
LGED (Schulleiter)		Landwehr Eva SekII StR'	MU ER
Söndgen Helmut GED	M EK IF	Lange Marlis L'	M GP
(stellv. Schulleiter)		Messler Martin StR	KR E
Beaupain Siegurd DGE	M ER	Mollaoglu L' i. A.	T
(Abteilungsleiter III)		Mühlenstaedt Rosita L'	BI M
Berendes Jörg StR z. A.	SP PA M	Neumann-Kaplan Renate	M SW
Breßlein Wolfgang StD	CH	SekIL'	
Brett Friedel StD	IF M	Nientiedt Charlotte SekIL'	BI SP M
Busch Annegret L'	E GE	Nover Ursula StD'	CH PH
Delere Reinhold StR	L SP	Orth Marie-Luise RSchL' i. A.	D EK
Feurstein Elisabeth GER'	E F	Otte Andreas SekI/IIL'	SP PH M
(Abteilungsleiterin I)		Reiter Beate StR'	D F
Franzke Verena	KU F	Rüter-Schütte Ulrike StR'	E SP
Gehres Marian StR	GE SW	Scherger Regine StR'	M E
Heckeley Maria SekIL'	MU M	Schröder Klaus SekIL	MU E
Hengelbrock Monika Dr.	CH PH k 20. 9.70	Schwedler Wolfgang StR	SP GE
Herrmann Reimund DGE	M ER	Segatz Ursula L'	CH KU
(Abteilungsleiter SekII)		Thiele Wolfgang SekIL	GE BI M
Hoffmann Susanne L' z. A.	E HW	Traunsberger-Knaps Ute	D EK
Hüttebräuker Friedr.-W. OStR	D GE	L' i. A.	
Jänsch Susanne SekII StR'	F D	Vigano Heike SekIL'	SW MU
Kammler Johannes RSchL	D SW	Volpert F. RSchL'	SW D GE
Krause Ute SekIL' i. A.	KU TC BI	Weber Almuth StR'	SP M

4.072 Bochum   Maria-Sibylla-Merian-Gesamtschule – Wattenscheid   gegr. 1988
st. GesSch. (5-Tage-Woche) f. J. u. M.
Lohackerstr. 15, 44867 Bochum – Tel. (0 23 27) 60 56 10, Fax 60 56 20
E-Mail: info@msm.bobi.net, Homepage: www.bobi.net/msm
Kl: 36 (12/24)   Sch: 1247 (619) (360/702/185)   Abit: 43 (28)
Lehrer: 96 (59)   Beamte: 78 (47)   Angest.: 18 (12)

BR Arnsberg
ASN: **189947**

Spr.-Folge: E, F/L

Dez: LRSD **Treichel**

Breuer Martin LGED	BI GE	Barth-Pelzing Andrea	E F
(Schulleiter)		SekI/IIL' i. A.	
Schollas Rainer GED	SW D	Berker Wolfgang SekI/IIL i. A.	E GE
(stellv. Schulleiter)		Bertelsmeier Inge SekIL'	D GL
Winking Dieter GED	D KU	Bette Mechthild	F S
(didaktischer Leiter)		SekI/IIL' i. A.	
Wiechern Gabriele GER'	M BI	Biermann Susanne Dr. OStR'	M EK
(Abteilungsleiterin I)		Braidi Claudia Asunta StR' (V) °	I F
Nording Marianne	KU D MU TX	Brakelmann Heike StR'	E ER
(Abteilungsleiterin II)		Braunsfurth Hildegard SekIL'	BI SP
Kessler Daniela GED'	KU PL	Brusch Henning SekIL	MU NW
(Abteilungsleiterin SekII)		Bugs-Schwill Andrea StR'	D GE
Akkas Hasan L	M T 15. 1.76	Diele-Bamberger Ralf	M SP
Akol Aslihan StR'	D E	SekI/IIL i. A.	
Anschlag Detlef StD	PS SP	Diers Volker SekIL	CH M
Ates Christine Soz.-Päd.'		Dörscheln Andrea StR'	E SP
Backhaus Ulrike L'	D 26.10.55	Dolap Ebru SekI/IIL	E T

Droste Anke SekIL'	D KU	Moldenhauer Anne RSchL'	F GL
Düner Marlies StR'	D E	Nachtigall Manfred OStR	M SP
Dünschede Karin OStR'	BI CH	Paulner Ulrike StR'	F ER
Enning Elke SekIL'	D TC	Pfarre Ursula SekIL'	BI M
Ernst-Stürmann Monika SekIL'	SW GE D	Pieper Ulrich OStR	M D
Eteläkoski Annemarie SekIL'	BI EK	Quinkert Elisabeth OStR'	° D KR
		Reichstein Kristian StR	M SW
Fill Hildegund SekIL' (F)	E GE TC	Ritzel Oliver StR	M PH
Franken Claudia SekIL'	M PH	Röttgers Bernd SekIL	SP MU
Freese Claudia HSchL'	D E	Schäfers Alexander SekI/IIL	TC BI
Furmaniak Jürgen OStR	E SP	Schäffer Jürgen StR	° E GE I
Görges Lioba StR'	KR BI CH	Schmidt Meinolf SekIL	TC SP
Grewe Tina L'	D GL 29. 8.79	von Schnehen Gerhard SekIL	E Sozkd
Hannes Svenja SekIL'	M SP	Schneider Karin SekIL'	E GL
Herrmann Mike SekIL'	TC ER	Schüre Ingrun SekI/IIL'	D GE
Herwig Andreas StR	M PH	Schwitalla Holger OStR	KU M
Heyers Fabian StR	° CH GL 15. 4.76	Secme Ali Riza SekI/IIL i. A.	T
von Hodenberg Armin StD	E SP	Seifert Uschi SekIL'	SP M
Hölling Regina StR'	D ER N	Siepmann Thomas StR	° BI SW
Holthoff Ulrike SekIL'	D KU	Sofianos Christina SekIL'	CH M
Jakubek Christa SekIL'	EK KR	Stanicki Sabine OStR'	E PS
Jansen Sabine StR'	D SP	Stippel Heidrun StR'	M PA
Joesten Annette SekIL'	BI ER	Stobbe Monika HSchL'	D KU
Jünger Christel OStR'	CH BI	Stöcker Meike L'	M AL 20. 6.68
Kamp Joyce L'	E D 17. 8.58	Strotmann Uta SekIL'	KR CH
Kandic Natalija StR'	D E	Thiele-Kuchenbuch Sabine StR'	E D
Kaya Süheyla SekI/IIL'	D T 19. 6.79	Wellers Tina	
Kleffmann Andrea Dr. OStR'	PS D KU	Weyland Dorothée Soz.-Päd.'	
Knauss Helmut HSchL'	M PH CH SP	Wiese Christoph StR	KU SW
Kruza Marius L	MU SP 9. 7.76	Wiese Georg StR	° KR PH EK TC
Kuczinna Michaela L' i. A.	D GL	Wiktor Roland StR	° D ER N
Lange Jennifer SekIL'	D MU	Winking Jacqueline SekIL'	E KR
Maul Helmut SekIL i. A.	M CH	Wittenbrink Ulrike SekIL'	D E
Maul Silvia SekIL' i. A.	CH BI	Woloszyn Magdalene StR'	KU E 6. 3.77
Meyer Ingelore SekI/IIL' i. A.	° D E		
Mohn Brigitte SekIL'	M AH		

4.073 Bochum Willy-Brandt-Gesamtschule gegr. 1988
st. GesSch. (5-Tage-Woche) f. J. u. M.
Wittekindstr. 33, 44894 Bochum – Tel. (02 34) 3 25 95 10, Fax 3 25 95 11
Dependance für die SekII: Deutsches Reich 58, 44894 Bochum
Tel. (02 34) 23 22 70 , Fax 3 38 94 97
E-Mail: 189935@schule.nrw.de, Homepage: www.willy-brandt-gesamtschule.de

Kl: 36 (12/24) Sch: 1335 (626) (350/671/314) Abit: 68 (34)   **BR Arnsberg**
Lehrer: 96 (51) Beamte: 72 (37) Angest.: 24 (11)   ASN: **189935**
Spr.-Folge: E, F/L/S   Dez: LRSD' **Vörös-Rademacher**

Wiegand Klaus LGED (Schulleiter)	GP EK	Dittberner Petra StR'	E D
		Drisch Buja SekI/IIL'	EK SP
Becker Ortwin GED (stellv. Schulleiter)	M IF	Drolshagen Petra L'	D WL EK GE
Adam Astrid L'	D E GE	Ebert Beate GER'	M GP WW
Asmuth Claudia L'	KR D	Ermeling Norbert OStR	EK CH
Attelmann Anke StD'	S D	Finkenberg Martina StR'	SP E
Bauer Jochen SekI/IIL	GE KR (MU)	Galle Rainer GER (Abteilungsleiter I)	GP SP
Blome Horst L	ER KU	Garath Sabine L'	M KU
Bombeck Thorsten StR z. A.	SW E	Gesing Kornelia L'	E F
Brasas Matthias L	BI SP M	Grahn Kirsten SekI/IIL'	BI EK
Burg Karl-Jürgen L	E SP	Grummel Dietmar SekIL	SP SW TC
Dassow Jürgen OStR	PH SP	Hardt Heike OStR'	M SP

Haß Friedhelm SekIL	M PH	Rapp Matthias SekI/IIL	PA E
Herkt Silke Dr. StR'	CH PH	Ratzke Manfred StR	BI EK KU
Heusener Uwe L	WL ER GP TC IF	Rauh Christof SekIL	GE E
Hofer-Cordt Andrea OStR'	E S	Reineke Manfred L	D E SP
Hoffmann Annelie SekIL'	SP ER	Reuß Matthias SekI/IIL	GE KR
Hoffmann Jürgen L	M EK D	Rieger Hubertus SekIL	GE KR
Hooß Ursula RSchL'	D SW ER	Rohrbach Dörte SekI/IIL'	GE E
Hoppe Gabriele L'	D E GE	Rosinski-Rhode Klaudia StR'	D MU
Janhsen Gunter SekIL	E SP	Sauerbier-Sandführ	PA SW KU
Kaiser Katja SekIL'	D HW	Iris OStR'	
Kammler-Plumpe Christiane StR'	D PL	Schade Andreas SekI/IIL	D SP WL
		Schellenberg Ulla L'	D E BI KU
Karthaus Hiltrud SekIL'	BI SW	Schlender Katrin StR'	ER F
Kellermann Angela OStR'	CH SW (IF)	Schlenkermann	M IF WW
Kimmeskamp Andrea SekIL'	MU KU	Hermann StD	
Köhn Ulrike SekIL'	KU M	Schröter Kerstin SekIL'	KU EK
Krause Ulrich StR	E SW	Schulz Otfried StR	E L
Kremer Hubert StR	M SP	Speichert Sigrid L'	E M EK
Krengel Dorothée SekIL'	M PH	Swenne Hans-Jürgen StD	CH E
Kretschmann Michael	TC SP	Tersteegen Eva SekI/IIL' i. A.	D E
Kriegesmann Ulrich SekI/IIL	F ER	Thiemann Volker GED	BI SP
Krispin Frank SekIL	KU EK TC	(Abteilungsleiter SekII)	
Krooß Achim GED	D PL	Thies Marita GER'	D BI M
(didaktischer Leiter)		(Abteilungsleiterin II)	
Lautz Holger StR	E S	Tiwisina-Schlienz Andrea StR'	KR GE
Leonhardt Ellen SekIL'	HW KU	Vonhoff Monika SekIL'	CH BI
Leuschner Martin L	PH TC	Wallach Christine OStR'	E SW
Linke Klaus SekIL	M SW	Wegner Michael Soz.-Päd.	
Löschner Christel L'	D E GP HW	Weihrauch Katrin StR'	PA KU D
Ludwigs Ulrich OStR	M	Wellen Johannes SekIL	D MU
Meermann Corinna	E D	Wind Andreas StR	M PH
Meyer-Schulz Brigitte StR'	F SP	Winter Frank StR	D MU
Mischor Bruno Dr. OStR	BI SP	Wösthoff Claudia StR'	KU E
Mohner Barbara SekIL'	M BI	Wortmann Eva SekIL'	M D IF
Müllers Andrea OStR'	E L	Wüllner Iris StR'	D KU
Nientiedt Ingeborg SekIL'	M KU	Wullenkord Bettina StR'	E SP
Oelker Hans-Wilhelm OStR	M BI	Wyzisk Susanne SekI/IIL'	BI GE TC
Otto Daniel StR	BI SP	Zoeller Reinhard SekI/IIL	ER F SP
Packheiser-Requardt Klaus SekIL	M SP		

4.074 Bochum Freie Schule Bochum gegr. 1981
Staatl. anerkannte Privatschule besonderer Prägung
mit Primarstufe u. Sekundarstufe I (Gesamtschule)
Wiemelhauser Str. 270, 44799 Bochum – Tel. (02 34) 7 26 48, Fax 7 60 53
E-Mail: info@freie-schule-bochum.de, Homepage: www.freie-schule-bochum.de

Kl: 12 (4/8) **BR Arnsberg**
Lehrer: 17 (12) ASN: **189510**
Dez: LRSD **N. N.**

Kronsfeld Birgit (Schulleiterin)		Jobski Nina	24. 4.75
Gumpricht Heinz-Peter (Geschäftsführer)		Kattwinkel Margret	20. 1.53
Barendt Verena	11.12.68	Kraft Melanie	9. 8.68
Berthold-Schröder Dagmar	17. 1.58	Lammert Burkhard	30. 3.53
Brade Michael	27. 8.62	Ludwig Birger Dr.	27.11.62
Elsaesser Hans-Georg	12. 2.46	Reick-Partenheimer Susanne	20. 7.61
Friedrich Anne	30. 8.53	Schade Robin	9. 5.77
Goedeking Friederike	11.10.65	von Scherenberg Friedhelm	26. 2.54
Groenegraes Meike	8. 8.75	Sundermann Martin	16. 9.65
Holz Jennifer	28. 1.75		

4.075 Bochum Matthias-Claudius-Schule gegr. 1990
pr. Evangelische GesSch. der Sek.St. I und II f. J. u. M.
Ersatzschule des Trägervereins Matthias-Claudius-Schulen e.V.
Weitmarer Str. 115a, 44795 Bochum – Tel. (02 34) 94 36 50, Fax 94 36 57
E-Mail: gesamtschule@mcs-bochum.de, Homepage: www.mcs-bochum.de

Kl: 24 (8/16) Sch: 786 (405) (204/391/191) Abit: 61 (33) **BR Arnsberg**
Lehrer: 111 (55) Beamte: 72 (38) Angest.: 39 (17) ASN: **191103**
Spr.-Folge: E, F, L, S Dez: LRSD **N. N.**

Name	Fächer		Datum
Baschek Cornelia SekI/IIL'	E SP		4. 1.65
von Bassewitz-Meyer Christiane	E D	e	26.10.55
Bestek Andreas Dr. SekI/IIL (Abteilungsleiter SekII)	D E		23.10.58
Borchardt Anke Sonderpäd.'	D		14.12.60
Brockhoff Hartmut Sonderpäd.	MU SP E		12.11.58
Brockner Sabine SekI/IIL'	D F		2. 6.68
Brockschmidt Nina	E M		5. 5.75
Budzinski Dirk Sonderpäd.	Gb SP		5. 5.68
Cöster Imke SekI/IIL'	D		21. 7.72
Dahlhoff Sylvia SekI/IIL'	E F		14. 3.69
Degener Sybille SekIL'	AL	e	23. 2.60
Eberhardt Armin SekI/IIL	F SP ER		15. 7.56
Flachsmeyer Sigrun SekI/IIL'	ER L		3. 8.65
Flor Ute SekI/IIL'	D EK		27. 6.59
Gallus Anja SekI/IIL'	S D		26. 5.66
Geiseler Doris SekIL'	TC M CH		12. 9.45
Glowatzki Friedhelm FachL	MU TC		14.10.55
Goepfert Martin SekI/IIL	M PH		13. 7.62
Gogolla Gabriele SekI/IIL'	AL	e	25. 6.50
Gottmann Michael SekIL	SP BI		27. 4.57
Groß Anke Sonderpäd.'	D		21. 4.64
Gründer Annette SekI/IIL'	BI S		27. 7.51
Hafermalz Birgit Sonderpäd.'	GE PA E SP		21. 4.57
Haffert Ingrid SekIIL'	D GE		15. 8.57
Hagmann Kirsten Sonderpäd.'		e	11.11.74
Halbgewachs Dirk Sonderpäd.	SP SW		5. 6.62
Handke-Kersting Magdalene SekIL' Sonderpäd.'	SP SP		21. 6.58
Hees Alexandra SekI/IIL'	KU D		19. 9.71
Hees Barbara SekIL'	D HW		20. 7.60
Henke Angelika SekIL'	KU SP		19. 6.56
zum Hingste Kirsten S. SekI/IIL'	E F		6. 9.60
Hinz Alexander Sonderpäd.	GE BKB ER NW		27.10.73
Hippel Georg Sonderpäd.	Gb SP D		9. 7.63
Höhfeld Ingrid SekI/IIL'	KU SP	e	25. 7.59
Hövelmann Esther Sonderpäd.'	KR	k	2. 8.74
Hofmann Stefan SekI/IIL	SP PK SW		28. 2.64
Horstmann Achim SekI/IIL	M PH		1. 6.67
Illian Reinhard Sonderpäd. (Abteilungsleiter II)	D E SP		6. 1.58
Jeppel Holger SekI/IIL	D BI		28.11.66
Keil Annika Sonderpäd.'	SP LB		28. 7.72
Kirchner Bruno Sonderpäd. (stellv. Schulleiter)	KR		13. 2.57
König Anja	GL ER		7.12.75
Kolbe Harold	SP M		30. 9.69
Kolodzie Torsten SekI/IIL	PH TC	k	31.12.73
Krabs Diethild SekI/IIL'	M MU		13. 4.73
Kreusel Uta SekI/IIL'	E GE	e	21. 2.76
Kühlem Dirk SekIIL	D GE		7.12.57
Kühne Corinna SekIL'	M D		28.12.70
Laenger Tom Sonderpäd.	Gb Kb		4. 1.57
Lebourg Thierry SekI/IIL'	E F	e	15. 3.57
Lenz Thomas Dr. SekI/IIL	CH SP		18. 7.60
Lingen Achim Sonderpäd.	Kb Gb		9. 5.67
Mathern Jörg SekI/IIL	ER SW		21.12.55
Morzeck Christiane SekI/IIL'	D GE		16. 2.64
Mosner Lisa SekI/IIL'	D GE ER		18. 3.58
Müllenborn Albert SekI/IIL		k	1. 8.58
Müller Susanne SekI/II Sonderpäd.'	BI CH Kb Sh		27. 4.74
Mündelein Katharina SekI/IIL'		e	17. 8.79
Munzel Christoph Sonderpäd.			5.10.76
Nachtigall Ralf SekI/IIL	E MU		16.11.65
Niestrath Sabine SekI/IIL' (Abteilungsleiterin I)	D GE		14.11.61
Ninck Karl-Heinz SekI/IIL	SP M		29. 4.53
Nitz Thorsten Sonderpäd.	Kb Gb		9. 6.65
Osthoff Stefan SekI/IIL (didaktischer Leiter)	SP SW		26. 2.63
Pallasch Martina SekI/IIL'	E D		6. 3.66
von Pavel Karin Sonderpäd.'			27. 2.69
Platen Winfried SekI/IIL	BI CH EK		25.11.63
Plücker Christiane SekIL'			8. 8.65
Posser Nicole Sonderpäd.'	Gb Kb		24. 8.71
Reinecke Jörg SekI/IIL	E EK		12. 4.56
Ristics Almut Sonderpäd.'		k	9.12.71
Rochholz Barbara Sonderpäd.'		k	19. 4.65
Röder Christiane SekI/IIL	M SP		30.12.57
Ruoß Georg SekI/IIL	TC CH		18.11.66
Schädle Lars Sonderpäd.		e	20. 4.74
Schuster Axel SekI/IIL	GL EK		20.12.67
Schwitalla Gaby SekI/IIL'	MU D		8. 3.69
Spelsberg Gabriele SekI/IIL	SP EK		14. 3.67
Spengler Petra SekI/IIL'	E	e	2.10.73
Teich Joachim SoKI/IIL	KR GE SW		3. 4.71
Thiel Birgit Sonderpäd.'	Kb Gb		2. 8.61
Thöne Alexander SekI/IIL Sonderpäd.	SP GE		11. 3.59
Tillmanns Ursel SekIL'	KU ER		11. 5.47
Trust Volkhard SekI/IIL (Schulleiter)	ER RK		26.11.54
Tuchmann Katharina SekI/IIL'	E D		5.10.67
Ulrich Andrea SekI/IIL' Sonderpäd.'	EK GE		20. 5.60
Valente Petra Sonderpäd.'	Gb SP		29. 4.67
Völker Jessica Sonderpäd.'	SB SP SM		17. 2.74
Wagemann Susanne Sonderpäd.'	KbSP		29. 3.55
Wanka Heike SekIL'	SP ER		5. 6.61
Wanka Jürgen SekI/IIL	SP ER TC		16. 2.58
Waßer Winfried SekI/IIL	D BI		8. 6.62
Weber-Mück Sabine SekI/IIL'	SP BI		27. 7.70
Weigelt Hans-Georg (Heilpädagoge)			10.12.63
Wentzel Sabine Sonderpäd.'	GE BKB D ER		10. 3.70

Wentzel Stefan SekI/IIL		PH TC	14. 9.65	Wörpel Bettina SekIL'		D MU	12. 6.60
von Wieck Christa SekI'		M CH	2. 1.50	Wörpel Wolfgang Sonderpäd.		MU Kb SP	5.12.58
Wienke Tanja Sonderpäd.'		GL NW	24.10.69	Wuttke Kerstin Dr.		NW	20. 9.62
Wördehoff Claudia SekIIL'		KU KR	20. 9.60	Ziegenbruch Cornelia Soz.-Päd.'		GE BD	6. 9.60

4.090 Bonn-Beuel   Gesamtschule Bonn-Beuel   gegr. 1978
st. GesSch. (5-Tage-Woche) f. J. u. M.
Siegburger Str. 321, 53229 Bonn – Tel. (02 28) 77 71 70, Fax 77 71 60
E-Mail: gebonn@t-online.de, Homepage: www.gebonn.de
Kl: 36 (12/24)

BR Köln
ASN: **185310**

Spr.-Folge: E, F/L/R/S/C   Dez: LRSD **Dr. Bürvenich**

Nimptsch Jürgen (Schulleiter)   **Plachetka** Renate GER' (Abteilungsleiterin II)
Kunau-Goertz Petra (stellv. Schulleiterin) **Maywald** Roland (Abteilungsleiter III)
Müller-Schalljo Lothar DGE (didaktischer Leiter)   **Hardt** Christina (Abteilungsleiterin SekII)
Maywald Helga (Abteilungsleiterin I)

4.091 Bonn   Gesamtschule Bonn-Bad Godesberg   gegr. 1991
st. GesSch. f. J. u. M.
Hindenburgallee 50, 53175 Bonn – Tel. (02 28) 77 75 49/50, Fax 77 75 54
E-Mail: igs-bonn@t-online.de, Homepage: www.igs-bonn.de
Kl: 24 (8/16)

BR Köln
ASN: **191401**

Spr.-Folge: E, F/L   Dez: LRSD **Dr. Bürvenich**

Andereya Lothar		SP D		**Maurer** Arnold Dr.		D GE k	31. 8.52
Bayer Robert L i. A.		KR PL k	17. 1.58	M. A. StD		PK	
Beißel Christiane L' z. A.		BI HW k	10. 7.66	**Mirche** Wolfgang		AL D NW	
Beißel Manfred StR		CH BI k	16. 7.56	**Noeske** Doris		D	
Blachmann Monika StR'		D KU e	2. 2.55	**Ott** Alfred		D KU AL	
Böckmann Gisela		D GL		**Pütz** Martina StR'		D SW k	9.12.59
Bommert Marlies L'		KU D	18.11.52	**Rehagen** Hans-Joachim		PH SP	
Brinkmann Barbara DGE'		D GL SP		**Reimers-Zumpfort** Karin		SP	
(Abteilungsleiterin SekII)				**Rueb** Doris		M KU	
Burschka Manfred Dr. OStR		D GE	5. 6.48	**Schenk-Heuser** Cornelia		SP CH e	23. 1.57
Depner Daniela StR'		E KU e	31. 1.70	SekIL'			
Dick Friedrich StR		F EK k	7. 5.57	**Schlu** Martin		D MU	
Evenschor Katharina L'		M PA	4.11.58	**Schmidt** Werner SSchL		D GL	28.12.50
Fobes Doris		M GL AL		**Schmidt-Dahl** Bertold SSchL		M Kb Gb	30.12.46
Fuhs Anna L'		M TC	7. 3.50	**Schubert** Christa		M E	
Gebing-Sommersberg Traudel				**Schütz** Gisela		E S	
GER' (Abteilungsleiterin II)				**Schuh** Willi Dr. DGE		CH M	
Gerhard Martin		D SP GL		(stellv. Schulleiter)			
Grünkemeyer Angelika		M BI		**Schulz** Rüdiger StR		E GE	4. 7.60
Gutmann Dagmar		PH PP		**Schuster** Gerda		SP E	
Jablonka Sabine				**Schwedes** Dieter		BI KU	
Janßen Heinrich Dr. OStR		CH PH k	13. 7.48	**Schwemer** Gisela SSchL'		SP E e	27. 3.46
Jawtusch Rosemarie		M BI		**Spannhake** Uwe		E GL	
Käß Franz		E MU		**Tendler** Irene SekI/IIL'		BI L k	14.10.59
Kersken Klaus StR		E SW k	8. 8.51	**Utermöhlen** Liesel		F EK KR	
Kirst Andreas Dr.		CH PH k	14. 7.65	**Weber** Evelyn		E KU	
Klein Michael		SP PA ER		**Weingartz** Hans			
Klens Ulrike Dr.				**Welsing** Christel		CH KR	
Köppen Karin GER'		D E		**Wessel** Norbert StR		F S	3. 7.57
(Abteilungsleiterin I)				**Wielage** Anke		M SP	
Koethe Hannelore		M GL KU NW		**Wiesner** Imke		SP TX ER	
Kortendieck Sabine				**Winter** Bernd		D KU	
Maibaum Sylvia		L D		**Witte-Dohmesen**		E F	
				Ragnhild			

4.092 Bonn   Bertolt-Brecht-Gesamtschule   gegr. 1998
st. GesSch. f. J. u. M.
Schlesienstr. 21-23, 53119 Bonn – Tel. (02 28) 77 72 30 o. 77 69 48/50, Fax 77 72 34
E-Mail: 193811@schule.nrw.de, Homepage: www.bbgbonn.de

BR Köln
ASN: **193811**
Dez: LRSD **Dr. Bürvenich**

4.093 Borgholzhausen/Werther   Peter-August-Böckstiegel-Gesamtschule   gegr. 1995
GesSch. d. Kreises Gütersloh f. J. u. M.
Osningstr. 14, 33829 Borgholzhausen – Tel. (0 54 25) 9 44 30, Fax 94 43 22
Weststr. 12, 33824 Werther – Tel. (0 52 03) 97 42 60, Fax 9 74 26 75
E-Mail: sekretariat@pab-gesamtschule.de, Homepage: www.pab-gesamtschule.de

Kl: 42 (14/28)   Abit: 42
Lehrer: 114
Spr.-Folge: E, F, L, S

BR Detmold
ASN: **192739**
Dez: LRSD **Spichal**

Lakeberg Werner LGED (Schulleiter)
Heinrich Rosi GED' (stellv. Schulleiterin)
Richter Jutta GED' (didaktische Leiterin)
Wölke Gisela GER' (Abteilungsleiterin I)
Wirths Ulrich GER (Abteilungsleiter II)
Frisch Susie GER' (Abteilungsleiterin III)
Knoop Josef GED (Abteilungsleiter SekII)
Pilz Wilma (Abteilungsleiterin IV Koord.)

4.095 Borken   Integrative Montessori-Gesamtschule   gegr. 1989
pr. GesSch. der Sek.St. I f. J. u. M.
Schulversuch zur Integration behinderter Kinder
Röwekamp 14, 46325 Borken – Tel. (0 28 61) 44 20, Fax 40 24
E-Mail: gesamtschule@montessori-borken.de, Homepage: www.montessori-borken.de

Kl: 6 (2/4)

BR Münster
ASN: **190573**
Dez: LRSD **N. N.**

Schlüter-Müller Hartmuth (Schulleiter)
Bick Hans-Werner (stellv. Schulleiter)
Rehms Elisabeth (didaktische Leiterin)

4.100 Bornheim   Europaschule Bornheim   gegr. 1989
GesSch. (5-Tage-Woche) f. J. u. M.
Goethestr. 1, 53332 Bornheim – Tel. (0 22 22) 9 41 70, Fax 94 17 77
E-Mail: info@europaschule-bornheim.de, Homepage: www.europaschule-bornheim.de

Kl: 36 (12/24)   Sch: 1500 (786) (356/694/450)   Abit: 100 (53)

BR Köln
ASN: **190238**
Dez: LRSD **Dr. Bürvenich**

Spr.-Folge: E (auch bilingual), F/L/S, S/F/L

Breil Klaus LGED (Schulleiter)
Becker Christoph DGE (stellv. Schulleiter)
Hufschmidt Hanne DGE' (didaktische Leiterin)
Stolz-Katzke Monika GER' (Abteilungsleiterin I)
Seggewie Robert (Abteilungsleiter II)
Kreutzer Sabine GER' (Abteilungsleiterin III)
Brandt Eike (Abteilungsleiter SekII)

4.110 Bottrop   Janusz-Korczak-Gesamtschule   gegr. 1986
st. GesSch. in Ganztagsform (5-Tage-Woche) f. J. u. M.
Horster Str. 114, 46236 Bottrop – Tel. (0 20 41) 70 94 7-0, Fax 70 94 7-19
Dependance Jg.st. 5/6: Beckstr. 138, 46238 Bottrop
Tel. (0 20 41) 70 62 88-0, Fax 70 62 88-6
E-Mail: janusz-korczak-gesamtschule@bottrop.de, Homepage: www.jkg-bottrop.de

BR Münster
ASN: **189017**
Dez: LRSD **Ruhwinkel**

Spr.-Folge: E/F/T, L/F

Grzebellus Detlef LGED (Schulleiter)
Sonderfeld Walter DGE (stellv. Schulleiter)
Reinbold Hermann DGE (didaktischer Leiter)
Zimmermann Monika GER' (Abteilungsleiterin I)
N. N. (Abteilungsleiter II)
Semmerling-Sietz Manfred GER (Abteilungsleiter III)
Böckenhüser Albrecht DGE (Abteilungsleiter SekII)

4.111 Bottrop Willy-Brandt-Gesamtschule gegr. 1990
st. GesSch. f. J. u. M.
Brömerstr. 12, 46240 Bottrop – Tel. (0 20 41) 70 64 80, Fax 7 06 48 70
E-Mail: willy-brandt-gesamtschule@bottrop.de, Homepage: www.wbg-bottrop.de

Kl: 36 (12/24)

BR Münster
ASN: **190846**

Spr.-Folge: E, F/L

Dez: LRSD **Ruhwinkel**

Achnitz Monique		**Labusch** Christa	E ER
Ademmer Josef	E GE	**Lipka** Stephnie	E
(Abteilungsleiter SekII)		**Lochen** Kerstin	D M
Bäumer Bernhard	SP EK	**Lohe** Katrin	E SP
Bahr Claudia	E F	**Lohmann** Rainer	L KR
Balzer Heike	F M	(didaktischer Leiter)	
Bartschat Klaus	SP PH	**Mohrholz** Uwe	M
Bauhaus Barbara	E M	**Moll** Josef	D KR GE
Behler Raimund Dr.	M	**Negüzel** Cemile	D E
Bergmann Marion	M	**Nelleßen** Julia	° I
Bojarra Siegfried	E GE	**Opterwinkel** Maike	M Rel
(stellv. Schulleiter)		**Pabst** Kerstin	D E
Chaudhuri Claudia	D E ER	**Pastoor** Amrit	D SW
Claßen Anja	BI CH	**Pick** Wolfgang	M GE
Daitschmann Birgit	D E	**Pieronczyk** Barbara	D SW
Dechering Dirk	M CH	**Plewa** Ingrid	M BI
Delf-Borgsmüller Heidemarie	SP BI	**Pörings** Ralf	D E
Domin Wolfgang	MU SP	**Pottgießer** Nikolaus	TC
Dziurla Bernd	SP TC	**Preuß** Christine	D
Ehring Tobias	M E	**Radscheid** Winfried	E
Erdmann Nadine	D E	**Rattay** Marcus	
Feldkamp Sonja	D	**Reuther-Rürup** Ursula	° E SP
Fischer Kornelia	D KU	**Rickers** Martin	GE SW
Griese Birgit	E M	**Schmitte** Karl-Heinz	M ER
Grote Matthias	M TC	**Schneider** Sabine	D M
Hackner Siegfried	M PH IF	**Schröer** Ralf	GE SW
Hasselbeck Frank	SW SP	**Schürhoff** Josef	M EK
Hermanns Jörg	D PA	**Sohn** Michaela	
Hetrodt Esther		**Sosna** Bärbel	D KU
Höhn Peter	M PH	**Stephan** Marlis	MU SW
Hölscher Claudia	BI D	**Swienty** Silvia	E PL D
van Holt Detlef	M	**Törner** Annegret (V)	° D M
Hromek Rimbert	E BI	**Tottmann** Petra	
Imlau Kerstin	M SP	**Wannagat** Ute	D KU
Janke Klaus	E GE	**Wanschura** Thomas	M GE
Jasper Dirk	D PA	**Werske** Marion	D KR EK
Jeswein Andreas	D PL	**Wetzel** Jürgen	D KU
Klinowski Alexander	M PH	**Wildhagen** Susanne	E TC
Klotzek Bernd	E F	**Wizenti** Christine	D M
Kolliniatis Tanja	BI EK	**Wollnik-Lück** Daniela	BI CH
Kramer Josef	PH EK	**Wozniak** Isabelle	
(Abteilungsleiter I)		**Wulf** Andreas	E KU
Kruck Thomas	L GE	**Wuwer** Wolfgang	SP M BI
Kurpiun Helmut	E EK	**Zeus** Marion	BI D
(Abteilungsleiter I)			

4.120 Brüggen Gesamtschule gegr. 1989

st. GesSch. in Ganztagsform (5-Tage-Woche) f. J. u. M.
Südwall 14, 41379 Brüggen – Tel. (0 21 57) 12 50-0, Fax 12 50 33
E-Mail: sekretariat@gesamtschule-brueggen.de
Homepage: www.gesamtschule-brueggen.de
Dependance Jg.st. 9–13: 41379 Brüggen, Klosterstr. 34 – Tel. (0 21 63) 9 55 96 11
E-Mail: sekretariat.bracht@gesamtschule-brueggen.de

Kl: 24 (8/16)   Sch: 772 (383) (217/443/112) Abit: 28 (15)   **BR Düsseldorf**
Lehrer 59 (32)   Beamte: 51 (29)   Angest.: 8 (3)   ASN: **190718**
Spr.-Folge: E, F/L, S   Dez: LRSD **Pannasch**

Keller Dietmar LGED	E SP	**Glade** Heiko StD	E SP
(Schulleiter)		**Hauers** Ina OStR'	CH L
Wagner Joachim DGE	AL KU M	**Hock** Elke L'	ER GE
(stellv. Schulleiter)		**Hock** Rolf L	M PL
Härtel Inge DGE'	D E KU	**Hummelsheim** Nicole L'	D E
(didaktische Leiterin)		**Kölscheid** Jens L	E F
Otten Helen GER'	EK M	**Kostrzewa** Katja StR'	CH BI
Abteilungsleiterin I)	KU	**Kreft** Renate L'	D F
Weiß Johannes GER	KR KU	**Liesenfeld** Sabine L'	HW BI
(Abteilungsleiter II)		**Linde** Kerstin L'	BI M
Gerhard Willi DGE	E GE	**Lippelt** Anja OStR'	BI SP
(Abteilungsleiter SekII)		**Mack-Lillig** Beatrice StR'	E SW
Abrotat Gerhard OStR	CH	**Mertens** Monika OStR'	M PH
Angelike Matthias StR	D GE	**Michalowski** Andreas OStR	MU SW
Arndt Michael StR	BI EK	**Miedza** Gabriele FachL'	KU SP
Baumeister Elisabeth L'	M TX	**Nienhoff** Ute StR'	KR SW
Beer Jürgen L	E PL	**Nowitzki** Sabine StR'	D L
Biegel Barbara L'	M BI	**Peinelt** Helmut L	AL M GP
Bongers Karl Soz.-Päd.		**Reich** Silke L'	D E
Bongers Marie L'		**Risse** Ulrike L'	BI KU
Brunen Karl-Heinz L	D EK	**Rücker** Sonja OStR'	BI M
Cloesges Brigitte L'	D E EK	**Sauthoff** Ulrike L'	D E
Cremers Peter L	D KR	**Scherzenski** Günter L	BI M SP
Dilbirligi Nuray L'	D EK SP	**Schmitz** Gabriele L'	GE M
Dörnhaus Klaus L	D PA	**Siebert** Ulrich L	PA M SP
Einbrodt Karin StR'	GE SP	**Stauber** Jakob L	ER MU
Ernst Regina StR'	D GE	**Steup** Christine StR'	KR F
Fichtner Lutz Werner L	S SP	**Stickelbruck** Martina L'	BI KU
Frizsche Falk StR	CH GE	**Tolle** Alexandra OStR'	E S
Gehler Swantje L'	PA SP	**Weissert** Monika L'	EK SP
Gerhards Rolf OStR	M PH SP	**Wiek** Holger StR	M IF
	D KU		

4.125 Brühl Gesamtschule gegr. 1996

st. GesSch. f. J. u. M.
Otto-Wels-Str. 1, 50321 Brühl – Tel. (0 22 32) 1 81 20, Fax 18 12 19
E-Mail: sekretariat@gesamtschule-bruehl.de, Homepage: www.gesamtschule-bruehl.de

Kl: 24 (8/16)   **BR Köln**
  ASN: **193227**
Spr.-Folge: E, F/L, S   Dez: LRSD **Dr. Bürvenich**

Hoffmann Margarethe	BI D	e	19.10.51	**Jaus** Renate GER'
LGED' (Schulleiterin)				(Abteilungsleiterin I)
Spiri Albrecht GED				**Radermacher** Ralf GER
(stellv. Schulleiter)				(Abteilungsleiter II)
Rohm-Schnak Helena-Mathilde	D KU		21. 7.53	**Henrichs** Peter GED
DGE' (didaktische Leiterin)				(Abteilungsleiter SekII)

4.130 Bünde Erich-Kästner-Gesamtschule[1] gegr. 1989
GesSch. des Gesamtschulverbandes Bünde/Kirchlengern (5-Tage-Woche) f. J. u. M.
Ringstr. 59, 32257 Bünde – Tel. (0 52 23) 6 88 8-0, Fax 6 88 8-15
E-Mail: schulleitung@gesamtschule-buende.de
Homepage: www.gesamtschule-buende.de
In der Mark 30, 32278 Kirchlengern – Tel. (0 52 23) 7 59 76, Fax 7 59 03
E-Mail: ekgki.sekretariat@buende.de, Homepage: www.gesamtschule-kirchlengern.de

Kl: 50 (16/34)

BR Detmold
ASN: **190263**
Dez: LRSD' **Krämer**

Baecker Eberhard LGED (Schulleiter)	GE GL SW
Heckemeyer Friedhelm DGE (stellv. Schulleiter)	D GL
Bannayer Hubertus DGE (didaktischer Leiter)	D
Blöbaum Friedhelm GER (Abteilungsleiter I in Kirchlengern)	M AL PH
Köster Heinz GER (Abteilungsleiter I in Bünde)	M PH
Hafner Michael GER (Abteilungsleiter II)	D BI
Fiedler Bernd DGE (Abteilungsleiter SekII)	SP GL PS

Kollegium des Schulortes Bünde:

Albrecht-Wulf Claudia	D MU
Balsbering Gerd	SP ER
Basener Ulrich	SP KU
Becker Hans-Walter	GL M WL
Bentlage Sandra StR'	D GE
Binder Jörg	ER EK
Bitter Silvia	F D
Bölke Karsten	GE SW SP
Böschenbröker Kai	
Braksiek Frank	CH SP
Brinkmann Uwe	PH M AL TC
Büscher Christine L'	KU ER
Burre Claudia StR'	GE ER D
Buschmann Peter	BI PH
Claßen Kirsten	M KU
Dilger Jochen	BI ER
Ehlers Ulrich	GL M AL TC
Festerling Bernd L	D KU PA
Festerling Heike	D MU
Fiedler Martin L	GE S
Friedrich-Zander Meike	D M
Fügenschuh Marco	CH D
Gärner Peter	D SP
Gießelmann Annette	SP BI
Gotthardt Stephan StR	SP BI
Hegel Johannes	E PK
Hegenbart Reik	M CH IF
Hildebrand Achim Dr.	M CH
Hoffmann Christine	D KU
Holzkämper Manfred	MU M
Horstkemper Reinhard	GL AL WL TC
Jörding-Lohmeyer Hilde	E GL
Kahl-Lüdtke Ina Dr.	BI SW
Kaiser-Babendreyer Dorothee	E D
Kaufmann Kristian	D E
Keller Karl-Ludwig	SP KR
Klipker Jürgen	E GL
Klöcker Jörg	CH SP
Koch Gerhard L	SP SW
Körber Norbert	BI SW
Krischker Marc	E GE
Kütemeier Karl-Heinz StD	M PA
Lang Julia StR' z. A.	E D
Merchant Arun	S F
Militzer Kathrin StR'	D GE
Möllering Susanne Soz.-Päd.'	
Müller Susanne	ER M
Mundhenke Kai	CH SP
Muschall Sabine	D PS GL
Nolte Sabine	M E
Otte Ulrich	KU BI
Pilz Inge	E ER
Pottschmidt Ulrike StR' z. A.	E D
Rotthoff Peter	D GL
Rübel Jutta L'	SW BI
Ruwe Anke StR' z. A.	E D
Scheffer Anja StR'	CH BI
Schreiber Christine L'	PS GE SW
Schnier Christel	KU SP HW
Schröer Rainer	M GL WL
Schwartzkopf Marlies	M KU BI
Senekowitsch Nikolai	BI D
Siemon Christoph	M PH
Sobottka Uwe	SP GE
Stahlmann Marion	KU
Steuwe Marion	BI CH
Stichmann Sabine	ER F
Storck Ulrike	M BI
Stuke Antje	ER D
Wellensiek Christian Soz.-Päd.	
Wessel Hartmut	M GL
Wiemann Frank	MU M
Wille Irmgard	HW TX
Winter Hans Joachim	
Zurmühlen Silke	SP E

Kollegium des Schulortes Kirchlengern:

Albsmeier Margret Soz.-Päd.'	
Boberg Annette L'	BI M AL HW
Brzezinski Anja L'	D F
Drossert Roland L	AL M GL
Görge Melanie StR' z. A.	BI SP
Hellweg Wolfgang OStR	SP E
Klees Wolf-Dieter StR	D MU PA
Klipker Sabine L'	M EK HW
Kötz Thomas L i. A.	TC SW
Leeper Andrea StR'	EK L
Nagel-Beckmann Astrid StR'	D CH
Ostendorf Marlies L'	MU M
Philippi Katharina L'	D KU

Redecker Wolf-Peter OStR	CH M		**Schütz** Bernd-Rüdiger L i. A.	D GL
Rössler Birgit L' i. A.	E D		**Schuster** Elvira	E BI
Rolfes Angelika L'	E F		**Schwitzner** Annemarie L' i. A.	E GL
Rütten Hans L i. A.	PH KU		**Steffen** Regine L'	D E BI
Schätz Torsten L	D GE		**Stegemöller** Jürgen L	M SP
Schmidt Gerhard L	ER KU		**Wiebe** Helena L'	E D
Schminke Gabriele OStR'	PH GL		**Zwicker** Ute OStR'	BI CH
Schüler Frank L	M GE			

[1] Gesamtschule mit zwei Schulorten: Bünde und Kirchlengern; gemeinsamer Unterricht am Schulort Bünde

4.140 Castrop-Rauxel   Willy-Brandt-Gesamtschule   gegr. 1982

st. GesSch. (5-Tage-Woche) f. J. u. M.
Bahnhofstr. 160, 44575 Castrop-Rauxel – Tel. (0 23 05) 1 06 - 26 07, Fax 1 06 - 26 26
E-Mail: 188190@schule.nrw.de, Homepage: www.wbg-cas.de

Kl: 30 (10/20)

BR Münster
ASN: **188190**

Spr.-Folge: E, F/L

Dez: LRSD Scholle

Höhle Gudrun LGED' (Schulleiterin)
Edeler Burkhard GER (stellv. Schulleiter)
Rühl Pia OStR' (didaktische Leiterin)

Klam Dörte (Abteilungsleiterin I)
Lauber Ulrich OStR (Abteilungsleiter II)
Erling Peter DGE (Abteilungsleiter SekII)

4.141 Castrop-Rauxel   Janusz-Korczak-Gesamtschule   gegr. 1990

st. GesSch. (5-Tage-Woche) f. J. u. M.
Waldenburger Str. 130, 44581 Castrop-Rauxel – Tel. (0 23 05) 97 20 80, Fax 9 72 08 25
E-Mail: jkgcr@t-online.de, Homepage: www.jkge.de

Kl: 26 (8/18)   Sch: 766 (198/469/99)   Abit: 9 (6)
Lehrer: 56 (31)   Beamte: 47 (25)   Angest.: 9 (6)

BR Münster
ASN: **190792**

Spr.-Folge: E, F, L, I

Dez: LRSD Scholle

Becker Alexandra StR'		E EW		6. 5.63	**Marold** Bernhardine	5. 8.95	E GL k 1. 6.56
Böcker Hermann DGE		BI TC EK		29.11.57	GER' (Abteilungsleiterin I)		
(didaktischer Leiter)					**Müller** Josef L		D EK MU 17. 5.58
Böcker Ursula OStR'		BI TC EK		11. 5.57	**Neuschäfer**	5. 8.95	D KR k 18. 3.61
Böcker Wolfgang	14. 8.97	D PL	e	13. 9.51	Christiane OStR'		
LGED (Schulleiter)		ER			**Schillo** Detlef StD		BI CH k 9. 1.56
Dewender Michael DGE		D EK	k	12. 5.53	**Schneider** Claudia L'		ER M TX 23. 1.63
DGE (stellv. Schulleiter)		KR			**Schöffel** Maria StR'		L ER 2.10.64
Herzog Siegfried L i. A.		SP KR	k	30. 7.66	**Schönert** Markus	1. 9.92	SP KR k 1. 5.59
Hinze Roman L		M PH		31. 1.70	SekI/II OStR		
Jankovics Astrid L'		E D			**Schreiner** Barbara L'		E TX 13. 9.59
Knaak Anita L'		TX D E		10. 8.46	**Singh** Brigitta L'		BI D 13. 6.56
Kniep Wolfgang L		M PH		16. 5.54	**Soboll** Michael OStR		M BI e 5. 3.58
Kozlowski Jochen DGE		M			**Szepan** Jean-Paul SekIL		D SW 29. 5.54
(Abteilungsleiter SekII)					**Wannenmacher** Leonie L' i. A.		GE EW 28. 8.54
Krebs Wolfgang GER		D SP		26. 5.55	**Wiemann** Andreas SekIL		SP EK e 17. 7.61
(Abteilungsleiter II)							TC
Krüger Bernhard OStR		KU PL		11. 1.55	**Withake** Jürgen SekI/IIL		SP EK TC 6. 7.65
Luft-Hopterides Annette OStR'		L GE		31.12.61			

4.150 Detmold   Geschwister-Scholl-Schule   gegr. 1986

st. GesSch. in Ganztagsform (5-Tage-Woche) f. J. u. M.
Sprottauer Str. 9, 32756 Detmold – Tel. (0 52 31) 64 07-0, Fax 64 07-29
E-Mail: g-scholl-schule@detmold.de, Homepage: www.gss-dt.de

Kl: 36 (12/24)

BR Detmold
ASN: **189108**

Spr.-Folge: E, F, L/F

Dez: LRSD' Krämer

Benkmann Hannelore
Bösing Hans
Bösing Monika
Brüggemann Rainer L (Abteilungsleiter II)

Bruker Kerstin
Capelle Adelheid
Casper Hedwig
Dober Juliane

Drescher Wolfgang
Herrmann Paul-Wolfgang Dr. DGE
(didaktischer Leiter)
Hollmann Dieter
Ishorst Magdalene
Krüger Marion
Kuthning Winfried
Linse Gerhard
Lübkemann Marie-Luise
Mellies Gerhard GER
Neumann Jürgen Dr. LGED (Schulleiter)

Niehaus Heide
Pohl Uwe
Pohle Liesel
Prüter-Müller Micheline
Quakenbrügger Sigrid (Abteilungsleiterin I)
Rakowsky Friedrich-Wilhelm DGE
(stellv. Schulleiter)
Rischke Helmut
Schaper Karl StD (Abteilungsleiter SekII)
Schmutz Wolfgang
Sporleder Eckhart GER

4.151 Detmold   August-Hermann-Francke-Schule   gegr. 1989
pr. Evangelische GesSch. der SekSt. I[1] f. J. u. M.
Georgstr. 24, 32756 Detmold – Tel. (0 52 31) 9 21 60, Fax 92 16 18
E-Mail: ahfs-detmold@ahfs-detmold.de, Homepage: www.ahfs-detmold.de

Kl: 30 (9/21)   Sch: 882   Abit.: 67

BR Detmold
ASN: **190550**
Dez: LRSD' **Krämer**

Herm Andreas (Schulleiter)			
Wedel Anna (stellv. Schulleiterin)			
Brakemeier Sabine (didaktische Leiterin)			
Lindner Meike (Abteilungsleiterin I)			
Orlovsky Hartmut (Abteilungsleiter II)			
Begemann Hartmut (Abteilungsleiter SekII)			
Fahl Reinhard (Koordinator)			
Gerstendorf Gudrun	F GE		
Grün Ulrich	EK GE		
Hinderer Gotthard	L D	10. 3.71	
Konieczny Stefanie	D PA		
Lange Heike	BI SP		
Neuser Cordula	BI CH e	19. 6.69	
Niebuhr Ulrich OStR	D GE	24. 2.60	
Niedernolte Friedrich	TC HW	12.12.52	
Reinschmidt Dirk	MU ER		
Schädel Dörte	M BI ER	19.10.70	
Schröder Stephanie	D GE		
Strelow Gundula	E GE		
Urhahn Gabriele	E GE	9. 5.56	
Weitz Thomas	E SP	27.12.53	

[1] mit neu gegr. Gymnasialzweig zum Schuljahr 07/08

4.160 Dinslaken   Ernst-Barlach-Gesamtschule   gegr. 1985
st. GesSch. in Ganztagsform (5-Tage-Woche) f. J. u. M.
Scharnhorststr. 2, 46535 Dinslaken – Tel. (0 20 64) 4 11 30, Fax 41 13 48
Dependance Jg.st. 5/6: Goethestr. 90, 46535 Dinslaken
Tel. (0 20 64) 7 20 12, Fax 82 96 82
E-Mail: slg@ebgs.de, Homepage: www.ebgs.de

Kl: 36 (12/24)

BR Düsseldorf
ASN: **188888**
Dez: LRSD **Behringer**

Spr.-Folge: E, F/L

Baron Klaus LGED (Schulleiter)
Wangerin Ulrich (stellv. Schulleiter)
Hufnagel Ingo (didaktischer Leiter)

Oster Arno (Abteilungsleiter I)
Holtschneider Stefan (Abteilungsleiter II)
Mund Detlef (Abteilungsleiter SekII)

4.170 Dormagen   Bertha-von-Suttner-Gesamtschule   gegr. 1986
st. GesSch. in Ganztagsform (5-Tage-Woche) f. J. u. M.
Marie-Schlei-Str. 6, 41542 Dormagen – Tel. (0 21 33) 50 21 0-0, Fax 9 20 57
Homepage: http://bvs-dormagen.de

Kl: 37 (13/24)   Sch: 1232 (595) (359/660/213)   Abit: 35 (22)
Lehrer: 83 (48)   Beamte: 69 (42)   Angest.: 14 (6)

BR Düsseldorf
ASN: **189480**
Dez: LRSD **Nevries**

Spr.-Folge: E, F, S

Albrecht Marc StR	D GE	9. 3.70	Becker Thomas L i. A.	SP TC	6. 7.67
Aydogdu Sultan SekIL'	D GE	9. 4.67	Bergmeier Rolf OStR	D EW	
Becker Joachim StD	BI CH		Böhning Magdalena L' i. A.	KU TX	

Böskens Dagmar SekIL' i. A.	E F			Lommerzheim Alfons DGE (stellv. Schulleiter)	M CH IF	
Brachthäuser Waltraud L'	M D TX			Lorenz Stefan SekIL	D KR	
Cramer Angela SekIL'	GE KU			Lüders Jessica L'	D E	
Cramer Friedrich SekIL	MU KR			Lux Gabriela L' z. A.	E F	
Cupeljic Vesna SekIL' z. A.	E GL			Metzger Elisabeth SekIL'	D MU	
Dingel Carmen SekIL'	CH BI			Möller Günter StR	E BI	
Drabiniok Ulrike SekI/IIL' i. A.	KR PL	11.11.56		Nolte Gertrud StR'	E GE	
Emde Christel SekIL'	SP M			Oeking Wolf SekIL	D GE SP	
Emsbach Ursula OStR'	SP EK			Oomen Michael SekIL	SP KR	
Faber Elisabeth GER' (Abteilungsleiterin I)	M D			Peschke Claudia SekIL'	E BI	
Franken Hans StD	D SW PK			Pickart Kathrin StR'	BI M	
Franken Simone SekIL' i. A.	TC CH	14.12.67		Pickers Christian StR	L E	
Freis Thorsten StR	D BI			Rauhut Petra SekIL'	D SP	3. 4.65
Frieling Axel SekI/IIL i. A.	D EW			Ribbe Jürgen Dr. SekIL i. A.	M	
Gaevert Ruth StR'	BI ER			Rimpler Dirk GER (Abteilungsleiter III)	M SP	
Gerlach Wolfgang L i. A.	D GE					
Gesing Monika L'	BI CH			Rothermund Cornelia L'	BI M SP	
Graf Iris L'	SP F	12. 5.67		Schellberg Christel SekIL'	E D GP	
Grams Barbara SekIL'	M PH	19. 7.70		Schneider Otwin SekI/IIL i. A.	CH PH	
Gschwendtner Rosemarie RSchL'	F GE			Schnorr Stefan Dr. OStR	MU SW	
				Schulte Jutta L' z. A.	D L	
Hagen Ilona SekIL' i. A.	D GE	13. 9.64		Schulz Karl-Heinz StR	SP PH	
Hansen Norbert SekI/IIL i. A.	SP GE TC			Schumacher Heinrich OStR	M PH	
Hansen Volker Dr. GED (Schulleiter)	E ER e GE PK	18. 3.48		Schwenzfeier-Brohm Dr. Jörg OStR	D S	
Heiermann Britta StR'	F PH			Segschneider Ulrich GER	MU D PH	
Heimbach Ferdinand L	E EK			Sporleder Anja SekIL'	D F	18. 6.71
Heuwerth Stefanie SekIL'	D BI			Stenzel Monika FachL'	HW	
Höllger Eva StR'	M MU	6.11.67		Storm Martina StR'	D KU	
Hüllhorst Claudia OStR'	CH SP	27.11.58		Stuhrmann Andrea SekIL'	ER D GP	
Huys-Becker Caroline StR'	CH EK			Stutz Petra OStR'	M E	4. 5.56
Irureta Cristina StR'	E S			Sürth-Keller Erika SekIL'	E D KR	
Isbruch-Schulz Karin SekIL'	M BI	23. 3.69		Theuerzeit Kurt DGE (didaktischer Leiter)	D GE	
Isselhard Annette SekI/IIL'	D L					
Jaletzke Michael StD	D SW	29. 8.48		Trees-Zaabe Rainer StR	D GE	
Joos Monika RSchL'	CH BI			Trostmann Gerd SekI/IIL i. A.	EW KU	
Kees Pia SekIL'	CH GE	10. 9.65		Westphal Charlotte StR'	E D	
Klümper Anna RSchL'	D GE			Winkelmann Dirk L z. A.	TC M	
Koopmann Uwe SekIIL i. A.	D GE			Witt Wolfram L z. A.	E SW	
Krause Ralf SekIL	M PH			Wunsch Elmar StR	D M	15. 9.68
Küppenbender Elisabeth SekIL'	M SP EK			Wutke Thomas SekIL	E MU	
Kürten Dieter SekIL	E SP			Zwadlo Angelika GER'	M PH BI	
Lehmkühler Sebastian StR	SW SP	13. 7.57				

4.180 Dorsten-Wulfen   Gesamtschule Wulfen   gegr. 1973
st. GesSch. in Ganztagsform (5-Tage-Woche) f. J. u. M.
Wulfener Markt 2, 46286 Dorsten – Tel. (0 23 69) 9 15 80, Fax 91 58 35
E-Mail: info@gesamtschule-wulfen.de, Homepage: www.gesamtschule-wulfen.de

Kl: 40 (13/27)   Sch: 1188 (539) (344/693/151)   Abit: 27 (14)   BR Münster
                                                                                      ASN: **184342**

Spr.-Folge: E, F/L, L/F   Dez: LRSD **Ruhwinkel**

Annisius Daniela RSchL'	D EK	11. 1.49		Buchenau Sigrid SekIL'	T CH W	17. 4.53
Bastani Shanaz	E F	7. 7.50		Döweling Ingeborg StR'	M SP	8. 5.54
Bastert Christiane StR'	ER GE	5. 2.54		Dombrink Gerhard SekIL	CH BI	20.12.53
Bauer Harald SekIL	E EK	21. 5.54		Dorlöchter Heinz StD	M PA	10. 7.51
Beckmann Karl-Heinz OStR	TC M	21. 5.50		Eich Hermann-Joseph VSchL	D E EK WW	13. 6.44
Beitz Irene RSchL'	E SW	3. 3.52		Eisenbach Johanna VSchL'	D SP	30. 1.44
Bludau Monika	D KU	9. 6.55		Enk Wolfgang SekIL	MU SP	9. 4.56
Boß Reinhild StR'	MU D	10. 3.56		Eschweiler Edmund VSchL	M PH SP	6.10.46
Botterbrod Monika L'	D M KR	11.11.75		Freitag Gerhard RSchL	GE EK	31. 3.47
Brinkmann-Freitag Angelika RSchL'	TX F	19. 4.51		Frey Peter OStR	WW SW PA	18.10.46

Name	Fach	Datum
Freyer-Weinmann Ulrike RSchL'	KR KU	11. 9.55
Giesen Johannes StR	BI KU	28. 2.55
Gratias Gerd RSchL	F	19. 9.50
Grünewald Ellen SSchL		24. 1.55
Günther Michael StR	NW GL M	15. 3.60
Hacke Wolfgang StR	Rel GE	10. 5.46
Haase Regine L'	D E KU	31.10.50
Hartmann Arno OStR	F SP	29. 8.46
Hatting Andreas DGE (Abteilungsleiter SekII)	L KR	26. 9.55
Haverkamp Klaus RSchL	E EK	19. 9.48
Hengemühle Ulrich StD	GE PA SP	6. 9.52
Hense Klaus VSchL	CH PH D	28. 1.44
Herzfeld Olaf	GE SW	3.10.69
Hess-Caesar Jutta SSchL'	M SN	23. 7.54
Höfs Regine StR'	BI SP	5. 3.54
Hofmann Walter L	ER GE	30. 3.45
Hoppstock-Helfferich Bärbel L'	KU SW	17. 1.56
Hußmann-Herden Sabrina StR'	BI SP	13. 5.67
Jacoby Christiane SSchL'		17. 3.70
Kalverkamp Eva StR'	M KU TC	23.12.54
Kasner Ingeborg Soz.Päd.'		2. 6.50
Kaup Dagmar StR'	D SP	25. 8.59
Klemme Thomas StR	MU SP	1.11.57
Klöpfer Gerhard SekIL	D SW	12. 4:51
Klonau-Zielinski Bärbel StR'	BI PA	30. 8.52
Klug Walter VSchL	PH SP M	17. 8.45
Knaupp Johannes	M TC	23. 6.48
Köllmann Susanne SSchL'		11. 7.70
Kolbe-Leigh Angelika Dr. Dipl.-Psych.'		21. 9.50
Kratz Johannes LGED (Schulleiter)	M IF	9. 3.52
Krüger Jürgen Soz.-Päd.	SW E	25. 8.46
Lampen Monika RSchL'	D EK	22. 3.53
Leeners Reinhold SekIL	PH TC	19.10.56
Marotzki Beatrice SekIL'	D PA	13. 7.50
Marten Brigitte L'	D GE WL	17. 5.48
Meier Magdalene SSchl'	PA KU	23. 9.55
Meisterernst Werner GER	D E	8. 9.44
Michaelis Ralf StR	F SP	8. 1.53
Möcklinghoff Burkhard DGE (stellv. Schulleiter)	D KU	29. 8.51
Neuhaus Benedikt RSchL'	GE SP	15. 3.54
Neumann Ute GER' (didaktische Leiterin)	E GE	
Öngören Susanne	D PA	16. 7.76
Pastewka Klaus StD	PH M	9. 2.50
Peeters Heinzbert StR	CH	25.11.51
Pelz Barbara L'	M BI k	16. 5.54
Peters Dietmar OStR	E EK	8. 9.51
Preis Gregor Dipl.-Päd.		12.10.51
Raith Helga SSchL'		8. 7.52
Ratering-Schmidt Ursula L'	GL MU	19. 1.54
Reuer Brunhilde	BI SP	24. 6.81
Richert Ingeborg (Abteilungsleiterin III)	M CH	12. 3.60
Risse Bernd OStR	E F	8. 4.53
Rohde Christa VSchL'	D E SP	1. 9.46
Rohde Jens RSchL'	D GE	20. 7.44
Rosenkranz Hansjürgen OStR	M	30.11.47
Roßberg Andrea L'	D M SP	23.10.61
Scharpmann Heike	M EK	3. 4.67
Scheuren Doris	D E WW	18. 1.52
Schmidt Reiner SekIII.	D PL	4. 4.57
Schmidt-Gerle Ingo SekI/IIL	D PL	25. 9.56
Schmitt-Wiemann Paul StR	KR PH	28. 5.50
Schneemann Pamela L'	E D	5. 5.49
Scholz Johanna OStR'	D KW	7.12.53
Schrieverhoff Jan StD	SP PA CH	11. 5.52
Schwingenheuer Reinhard StD	GP WW	18. 5.46
Schynol Gerhard StR	BI	1. 1.48
Steffens Hildegard GER' (Abteilungsleiterin I)	M KU	23. 4.52
Steven Annegret OStR'	EK GE PA	4. 8.50
Strohmaier Christiane RSchL'	ER	26. 4.50
Suckert Arthur OStR	E L	2. 2.49
Trimborn Gudrun SSchL'	SP SN k	8.10.60
Twittenhoff Hermann L i. A.	ER CH	4. 9.67
Vogt-Hense Elisabeth L'	D KU	1. 2.48
Vortmann H.-Josef RSchL'	E EK	27. 5.46
Walter Jörg SekIL	SP SW	27.11.54
Wedekind Sylke OStR'	SW GE	10.10.48
Weichselgärtner Ralf StR	BI E	12. 4.64
Westphale Reiner OStR	E PA	2.12.49
Wiechers Ralf StR	TC IF	5. 8.52
Wiesemann Regina VSchL'	SP D	26. 9.53

4.190 Dortmund-Scharnhorst Gesamtschule Dortmund-Scharnhorst gegr. 1969
st. GesSch. in Ganztagsform (5-Tage-Woche) f. J. u. M.
Mackenrothweg 15, 44328 Dortmund – Tel. (02 31) 5 02 81 27, Fax 7 22 32 30
E-Mail: scharnhorst-gesamtschule@stadtdo.de
Homepage: www.gesamtschule-scharnhorst.de
Kl: 35 (12/23)   Sch: 993 (494) (306/573/132)   Abit: 28 (15)

BR Arnsberg
ASN: **164240**

Spr.-Folge: E, F/L/I, L/F/I

Dez: LRSD' **Vörös-Rademacher**

Jost Heinrich LGED (Schulleiter)
Koller Gabriele GER' (stellv. Schulleiterin)
Schafhausen Helmut Dr. GED (didaktischer Leiter)
Künstle Achim GER (Abteilungsleiter I)
Bohle Barbara GER' (Abteilungsleiterin III)
Nußbaum Friedl GED (Abteilungsleiter SekII)

4.191 Dortmund-Lütgendortmund Heinrich-Böll-Gesamtschule gegr. 1982
st. GesSch. in Ganztagsform (5-Tage-Woche) f. J. u. M.
Volksgartenstr. 19, 44388 Dortmund – Tel. (02 31) 69 60 10, Fax 63 67 44
E-Mail: hbgesdo@hbg.do.nw.schule.de, Homepage: www.hbgdo.de

Kl: 36 (12/24)
BR Arnsberg
ASN: **188207**

Spr.-Folge: E, F, L, S
Dez: LRSD' **Vörös-Rademacher**

Seger Hans-Peter LGED (Schulleiter)	M PH	27. 3.45	**Tillmann-Nickel** Mechthild GER' (Abteilungsleiterin I)			
			Hirt Georg GER (Abteilungsleiter II)			
Funcke Rüdiger DGE (stellv. Schulleiter)			**Wißmann** Joachim DGE	9.88	D SP	k	12. 7.53
Jütte Michael DGE (didaktischer Leiter)			(Abteilungsleiter SekII)			

4.192 Dortmund Geschwister-Scholl-Gesamtschule gegr. 1982
st. GesSch. (5-Tage-Woche) f. J. u. M.
Haferfeld 3–5, 44309 Dortmund – Tel. (02 31) 47 73 4-0, Fax 20 07 74
E-Mail: 188219@schule.nrw.de, Homepage: www.gsg-dortmund.net

Kl: 36 (12/24) Sch: 1374 (750) (367/713/294) Abit.: 56 (29)
BR Arnsberg
Lehrer: 114 (63) Beamte: 108 (60) Angest.: 6 (3)
ASN: **188219**

Spr.-Folge: E, C/F, L, C/S
Dez: LRSD' **Vörös-Rademacher**

Artmann Reinhard	PH CH	**Lenser** Klaus OStR	D GE
Austermann Jens StR	BI CH	**Mann** Petra StR'	BI D
Block Werner	D SP	**Marx** Petra	D EK GE
Bräuer Claudia	E EK	**Meyer-Jungkind** Annette	SP CH
Bratfisch Hans StR	M KU	**Meese** Martin StR	SP CH
Brennert Jürgen (didaktischer Leiter)	M GE	**Moschkau** Annette OStR'	F SP
		Navarrete Navarrete Robel	E S
Breymann-Mbitse Anke	C D	**Neder** Christina Dr.	C SW
Brötz Ulrich StD	PH TC	**Nett-Jaworek** Birgit	E SP
Burghaus Norbert (stellv. Schulleiter)	M KR	**Pastors** Michaela StR'	E GE
		Peiler Gabriele	E BI
Busch Martin	CH PH	**Preut** Maria	D KU E
Czok Anneliese	M HW	**Rosier** Silke (Abteilungsleiterin II)	BI GL
Elsing Martina (Abteilungsleiterin III)	M EK	**Schlierkamp** Claudia	SP E
Garrecht Jürgen (Abteilungsleiter I)	GL AT	**Schraer** Willi	TC CH
		Schuck-Schmitz Ariane StR'	KR KU
Gödde-Meesker Franz-J. StR i. A.	PL M	**Schultz** Bernfried OStR	D EK
		Schulze Helmut	CH PH M
Goehrke-Sander Janina	D SW	**Schwarz** Christiane	E ER
Grohmann Karin StR'	L KR	**Schweppe** Susanne	SP ER EK
Grundmann Ursula	BI SP	**Simmer** Günter StR	F SP
Härm Manfred	D GL	**Sprigade-Hauffe** Christine	D KU
Heuner Elfriede	D GE ER	**Wache** Gundel	E GE
Hoffmann Petra	CH TX	**Weick** Doris	E F
Hufnagel Christiane SekIL'	D MU	**Westermann** Günther	SP EK
Jahn Brigitte	ER EK	**Wienke** Martin	M KR
Koch Gerlinde	D BI KU	**Wolf** Dagmar StR'	M D
Kock Claudia	E L	**Zielonka** Klaus (Schulleiter)	SP SW
Krauskopf Imme StR'	MU E	**Zündel-Holzapfel** Marion	D GE
Leinwand-Stickdorn Gabriele	D HW		

4.193 Dortmund Anne-Frank-Gesamtschule gegr. 1982
st. GesSch. (5-Tage-Woche) f. J. u. M.
Burgholzstr. 114–120/150, 44145 Dortmund – Tel. (02 31) 50-2 59 30, Fax 7 28 11 69
E-Mail: 188220@schule.nrw.de, Homepage: www.afg-do.de

Kl: 36 (12/24) Abit: 30 (23)
BR Arnsberg
ASN: **188220**

Spr.-Folge: E, F/L
Dez: LRSD' **Vörös-Rademacher**

Köppen Johannes Dr. DGE (stellv. Schulleiter)	PH CH	**Ross** Rüdiger DGE (didaktischer Leiter)	M PH

Römer Elke GER' (Abteilungsleiterin I)	GE PA SW	**Bego-Ghina** Cordula (Beratungslehrerin 9/10)	D KR
Kleine Reinhard GER (Abteilungsleiter II)	D GL	**Kraus** Martin (Beratungslehrer SekII)	KU SP
Jahr Sigrid GER' (Abteilungsleiterin III)	E M	**Hirche** Bert StR (Beratungslehrer SekII)	M E
Reichmann Mechthild DGE' (Abteilungsleiterin SekII)	E EK	**Huneke** Angelika (Beratungslehrerin SekII)	D PA
Schnittfeld Ada-Käthe L' (Beratungslehrerin 5/6)	D GE	**Weidner** Wolfgang (Beratungslehrer SekII)	CH SW
Hein Behrens Cornelia (Beratungslehrerin 7/8)	GE SP		

4.194 Dortmund Gesamtschule Gartenstadt gegr. 1984
st. GesSch. (5-Tage-Woche) f. J. u. M.
Hueckstr. 25–26, 44141 Dortmund – Tel. (02 31) 94 11 67-0, Fax 41 21 95
Homepage: www.gegart.de
Kl: 36 (12/24)   **BR Arnsberg**
                                                    ASN: **188700**

Spr.-Folge: E, F/L, L/I/F   Dez: LRSD' **Vörös-Rademacher**

Koller Burkhard LGED (Schulleiter)		**Mustroph** Heike GER' (Abteilungsleiterin II)	
Kilger Matthias GED (stellv. Schulleiter)		**Kuhlemann** Michael OStR (Abteilungsleiter III)	
Moser Rolf GED (didaktischer Leiter)	D GL	**Prahl** Sigrid GED' (Abteilungsleiterin SekII)	SW F MU

4.195 Dortmund Gustav-Heinemann-Gesamtschule gegr. 1985
st. GesSch. (5-Tage-Woche) f. J. u. M.
Parsevalstr. 170, 44369 Dortmund – Tel. (02 31) 9 31 14 4-0, Fax 9 31 14 4-44
E-Mail: ghges@t-online.de, Homepage: www.gustav-heinemann-gesamtschule.de
Kl: 36 (12/24)   **BR Arnsberg**
                                                    ASN: **188827**

Spr.-Folge: E, F/L   Dez: LRSD' **Vörös-Rademacher**

Mimberg Michael LGED (Schulleiter)	M PH	**Drebes** Inge	D PA MU
Daldrup Hermann (stellv. Schulleiter)	D GE WL	**Eke** Petra	BI CH
Hellwig Ulrich (didaktischer Leiter)	D SP	**Embacher** Ute	E TC GL
Münzner Irene GER' (Abteilungsleiterin I)	E HW	**Ewaldsen** Susanne	GL SP
Ostwinkel Jürgen GER (Abteilungsleiter II)	GL F EK	**Fahle** Ingrid	SP TC
Krummel Friedrich DGE (Abteilungsleiter SekII)	BI SP	**Fischer** Joachim	F PL
Abel Michael	PH IF SW	**Gähner** Ines	SP GL (E)
Altmann Rainer	M PH IF	**Gehlert** Amadeus	MU KU
Amelung Hans-Jürgen	GL SP	**Götte** Annette	GL E
Baumgardt Bernhard	D GL TC	**Gröne** Christian	BI L
Becker Mechthild	E CH	**Hanke** Sabine	D ER
Bestgen-Schmenner Anke	E ER	**Heck** Andreas	E SW
Boxhammer Andreas	M ER	**Heckmann** Liv	D KU GL
Braun Pedro	EK BI GL	**Heinrichs** Wolfgang	E BI
Brosky Claudia	GL M KR	**Hendrian** Lydia	D KR
Brunemann Elke	M ER	**Höhling** Brigitte	BI KU
Chammings Kristina	GL F	**Jankowski-Sönmez** Ingrid	KU TX D GL
		Janssen Monika	E GL SW
		Just Reiner	M BI CH
		Keller Katja	M MU
		Kilp Rudolf	M PH SP
		Klose Anne-Bärbel	PH TC
		Koller Detlef	GL SP ER

Kollmann Karl-Bernd	BI CH	Schenk Petra	BI CH
Krekeler Marlene	E GL	Schleuter Gabriele	D KR KU
Krombach Armin	D PA GL	Schmidt Brunhilde	GL D
Kunstmann Axel	E ER	Schmidt Martin	E KR MU
Lehmann Lutz	GL SP D	Schober Horst	E SP
Lehner Eva	M BI	Schoeps Bernd	GL M TC
Lengowski Thomas	GL SP	Schulte Anke	KU TX TC
Liedke Heike	M E	Siggemann Hubertus	GL KU
Löns-Kleine Angelika	GL E	Strauß Winfriede	GL D
Mönig Beate	M BI CH	Stüber-Najib Dagmar	GL BI D
Müller Erika	D BI	Tebbe Helga	D F
Neye-Wolff Martina	D F	Thiele Dagmar	E GL
Ocak Gülten	T	Thiele Heino	E D PA
Pleyer Andreas	PA GE	Tophinke Reinhold	EK SP
Rau Christian	D GE	Ulbrych Gitta	D ER
Riemer Frank	ER	Vogt Conny	E SP GE
Rohde-Kage Daniel	TC BI	Volbers-Wagner Maria	M BI
Rottenbücher Tina	D E	Walter Petra	SP E
Rubens Birgit	BI CH (M)	Wandelt Ilka	D MU
Rudolph Bärbel	MU TC	Winkelhahn Helmut	M BI CH
Sachau Anna Maria	E KU	Wittenbrink Bernd	GL M
Saloga-Bay Karina	BI EK	Zeutschel Marc	SP EK

4.196 Dortmund Gesamtschule Brünninghausen gegr. 1988
st. GesSch. (5-Tage-Woche) f. J. u. M.
Klüsenerskamp 15, 44225 Dortmund – Tel. (02 31) 5 02 31 04, Fax 71 53 39
E-Mail: 189960@schule.nrw.de, Homepage: www.gsbnet.de
Dependance SekII: 44225 Dortmund, Am Hombruchsfeld 55b
Tel. (02 31) 5 02 91 08, Fax 5 02 91 61

Kl: 24 (8/16)
BR Arnsberg
ASN: **189960**

Spr.-Folge: E, F/L
Dez: LRSD' **Vörös-Rademacher**

Häger Edeltraud (Schulleiterin)	GL F	Wenzel Rainer (Abteilungsleiter I)	E BI
Middendorf Ulrich (stellv. Schulleiter)	BI ER	Glörfeld Margret (Abteilungsleiterin II)	E EK
Thiel Eva GED' (didaktische Leiterin)		Krause Helmut (Abteilungsleiter SekII)	BI CH

4.197 Dortmund Martin-Luther-King-Gesamtschule
st. GesSch. f. J. u. M.
44149 Dortmund-Dorstfeld, Fine Frau 50–58 – Tel. (02 31) 9 17 21 90
E-Mail: mlkg@t-online.de, Homepage: www.mlkgdortmund.de

Kl: 24 (8/16)
BR Arnsberg
ASN: **192820**

Spr.-Folge: E, F/L
Dez: LRSD' **Vörös-Rademacher**

Adamczewski Bodo		23. 5.57	Plaggenborg Karin		23.10.55
Feldmann Maria-Magdalena (stellv. Schulleiterin)			Rüsing Oliver OStR	KU SW	8. 2.69
Felstow Karola StR'	D PA	20.10.67	Schäfer Ursula RSchL'	M SP	18.11.55
Graf Bernd StR	L GE	16. 5.64	Schöler Burkhard	EK SP	27. 9.62
Holtgreve-Jablonowski Margaretha FachL'	KU MU	2. 7.49	Selter-Beer Maike GER' (Abteilungsleiterin II)	D KU	8. 1.58
Kreis Ellen LGED' (Schulleiterin)	E EW KU	3. 9.53	Soldan Ulrike	D ER	13. 8.63
			Vogel Ursula		29. 8.57
Lutter Ulrike L'	E EK	18. 5.60	Wichern Volker GED (didaktischer Leiter)	BI M	17.11.49

4.198 Dortmund   Europaschule Dortmund   gegr. 1998

st. GesSch. f. J. u. M.
Am Gottesacker 64, 44143 Dortmund – Tel. (02 31) 56 22 75 10, Fax 5 31 01 33
E-Mail: info@europaschuledortmund.de, Homepage: www.europaschuledortmund.de

Kl: 24 (8/16)

BR Arnsberg
ASN: **193641**
Dez: LRSD' **Vörös-Rademacher**

Lüchtemeier Brigitte LGED' (Schulleiterin)				**Schlichtenberg** Elke GER' (Abteilungsleiterin II)		
Meschede Dieter GED (stellv. Schulleiter)	BI EK	k	18. 5.51	**Genert** Carmen GED' (Abteilungsleiterin SekII)		
Parker Petra GED' (didaktische Leiterin)				**Ellermann** Stefan StR z. A.	EK PH k	13. 1.69
				Hoppe Fabian StR z. A.	D N	29.12.73
Kolbe Detlef GER (Abteilungsleiter I)				**Kuhmann** Holger StR	PL MU e	11. 7.71

4.210 Düren   Heinrich-Böll-Gesamtschule   gegr. 1987

st. GesSch. in Ganztagsform (5-Tage-Woche) f. J. u. M.
Girbelsrather Str. 120, 52351 Düren – Tel. (0 24 21) 59 19-0, Fax 59 19-49
E-Mail: info@hbg-dueren.de, Homepage: www.hgb-dueren.de

Kl: 30 (10/20)

BR Köln
ASN: **189522**
Dez: LRSD' **Schlott**

Spr.-Folge: E, F/L

Geuenich Herm.-Josef LGED (Schulleiter)	M EK KR		54	**Krug** Christoph	SW KU		22. 3.46
				Kupferoth Michael SekI/IIL'	CH EK		55
Pipoh Helge DGE (stellv. Schulleiter)	M PH	e	14. 3.59	**Leifels** Alfred HSchL'	D E TC		50
				Leuther Gerd SekIL	M PH		54
Aschoff Michaela SekI/IIL'	E GE		16. 6.68	**Lövenich** Elke Josefine L' i. A.	EK SP		56
Behling-Simons Sieglinde SekIL'	E EK		57	**Lussem** Beatrix SekIL'	M CH		54
				Mahlberg Dieter DGE (Abteilungsleiter SekII)	BI CH		56
Biergans Josef HSchL'	M PH AL		46				
Biertz Ellen SekI/IIL	D ER		59	**Masuth** Andrea HSchL'	D BI KU		51
Brusche Ortwin SekI/IIL	D SP		62	**Matt** Wolfgang	MU D		31. 1.51
Carbach Martina SekIIL'	BI M		68	**Meier** Gertrud SekIL'	M SP		57
Cazin Nicole Soz.-Päd.'			65	**Offermanns** Alfons SekIL	M SP		58
Dippel-Papenfuß Barbara SekIL'	E KU		59	**Pauler** Marlene L' i. A.	GE D		61
Dölle Ingeborg HSchL'	D E HW		50	**Pick** Heinz-Georg SekIL	PH TC		58
Eiche Maria SekIL'	MU KU		62	**Pracht** Andreas SekIL	BI EK TC		60
Elson Axel OStR	D GE		52	**Ragalmuto** Bettina DGE (didaktische Leiterin)	E I F		63
Erdmann Eugen SekIL	D PL		58				
Eßer Michaela SekI/IIL'	I SW		14. 9.74	**Rausch** Verena StR'	BI		45
Faßbinder Sibylle HSchL'	M HW EK		55	**Rehling** Cornelia DGE (Abteilungsleiterin II)	BI GE		54
Fauth Jens SekI/IIL	BI EK		67				
Frank Petra SekI/IIL'	CH EK		71	**Reinecke** Britta SekI/IIL'	F KU		67
Giesbrecht SekI/IIL'	KU SW		51	**Reisenauer** Christiane SekIL'	D MU		60
Goetting Birgit SekI/IIL'	E SP		61	**Rosenbaum** Silvia SekI/IIL'	M KU		61
Golland Faina SekIL'	E F		25. 5.58	**Schäfer** Franz HSchL	D KR KU		49
Goryl Hans-Georg HSchL	SP E		47	**Schkrock** Astrik L' i. A.	E F		62
Gottschalk Meike SekIL'	D KR	k	11.10.73	**Schloßbauer** Achim SekI/IIL	KR L		55
Grünwaldt Juliane SekI/IIL'	M CH		6. 2.74	**Schoenen** Renate HSchL'	BI TX D		53
Haber Detlef StR	BI E		52	**Schötzau** Inge K. L' i. A.	D KR		56
Heimbach-Graaff Dagmar GymnL'	SP		55	**Simons** Peter SekIL	GE MU		58
				Strack Michael HSchL	EK E KR SP		51
Heinrichs Petra SekI/IIL'	D PL		5. 6.69	**Ünalan** Sefik	M E		43
Höhne Wilfried SekIL	PH CH		55	**Vollmer-Falcmann** Sabina SekI/IIL'	E D		60
Hübler Volker SekIL	GE SW		42				
Hübner Birgit SekI/IIL'	D KR		62	**Werres** Anne HSchL'	M E EK		52
Kayser Marlene HSchL'	M E SP		47	**Westermann** Doris DGE (Abteilungsleiterin I)	D BI SP		51
Kontenak Bernd SekIL	E M		48				
Korfhage Ursula StR' z. A.	F GE		70	**Willems** Ellen L' i. A.	E EW		56
Krüger-Lippina Karin SekIL'	D ER		61				

4.211 Düren-Mariaweiler Anne-Frank-Gesamtschule gegr. 1988
st. GesSch. (5-Tage-Woche) f. J. u. M.
Kupfermühle 3, 52353 Düren – Tel. (0 24 21) 9 12 50, Fax 8 82 27
E-Mail: anne-frank-gesamtschule@t-online.de
Homepage: www.anne-frank-gesamtschule.de
Kl: 30 (10/20)

BR Köln
ASN: **189959**
Dez: LRSD' **Schlott**

Spr.-Folge: E, F/L

Stollenwerk Hans-Willi LGED (Schulleiter)
Weiler Antje (stellv. Schulleiterin)
Vianden Cornelia GED' (didaktische Leiterin)

Debus Christiane GER' (Abteilungsleiterin I)
Hommes Norbert GER (Abteilungsleiter II)
Wynands Winfried GER (Abteilungsleiter SekII)

4.220 Düsseldorf Dieter-Forte-Gesamtschule gegr. 1971
st. GesSch. der Sek. I u. II in Ganztagsform (5-Tage-Woche) f. J. u. M.
Heidelberger Str. 75, 40229 Düsseldorf – Tel. (02 11) 8 99 96 11, Fax 8 99 96 12
E-Mail: ge.heidelbergerstr@stadt.duesseldorf.de
Homepage: www.dieter-forte-gesamtschule.de
Kl: 42 (12/30)

BR Düsseldorf
ASN: **164100**
Dez: LRSD **N. N.**

Spr.-Folge: E, F/L, L/F/S

Albert Stefan	PH CH		**Knettel** Erika	WL GP ER	
Alvermann-Thomas Ingeborg	D GE WL		**Knoche** Ulf StD	M IF	17. 4.51
Ammelounx Dagmar	E EK		(stellv. Schulleiter)		
Aschmoneit Angelika	M BI GE		**Kobé** Ludger	WK	
Aukstinaitis Rosa StR'	E GE		**Kohlbacher** Lothar L	BI D KU	7. 4.48
Bach Ingrid	CH E		**Krall** Thomas SekIL	M SP MU	10. 2.55
Beil Sibylle L'	BI D	8.10.70	**Küchle** Cornelia	D PK	
Berg Gabriele	M HW		**Küppers** Heinz-Josef	SP KR PA	23. 5.60
Bergweiler-Priester Iris	D EK		**Kurka** Reinhard	M PH CH	
Bremer Achim L	E S	3. 5.66	**Labion** Detlef	M BI SP	
Dietz Anne	KR BI CH D		**Lademann** Rainer StR	M PH	2. 3.54
Dietz Peter	M KR		**Lang** Hans-Joachim	E GE	
Durmaz Ayse Dipl.-Soz.-Päd.		14. 5.71	**Lettner** Renate	BI E	
Ehlert Ruth Jutta L'	E D KU	15. 5.51	**Malzkorn** Karl	IF	
Farrenschon Marlies	BI		**Minten** Ulrich	M SP	
Franke Dorothe	M TC KU		**Müller** Monika L'	D E	17.10.61
Geurtz Sibylle	D KU	3.10.56	**Neuffer** Brigitte	D F	
Göcke Gabriele	E HW		**Nußbaum** Helmut	D KR	
Göckeritz Irmgard	M BI SP		**Odendahl** Udo	D EK SP	
Gödderz Christel L'	E F	11. 2.54	**Öztürk** Hatice	T	1. 3.58
Gorski Angelika	D GE		**Ozokyay** Hülya L'	S D	28. 6.68
Gries Nicola	D SP		**Pitschke-Kobé** Sabine	TC E	
Hagen Manfred	SP BI		**Quinkert** Maria	M KR	
Hagmeister Gerd	PH TC		**Reucher** Heinz-Bernd	TC M PH	
Haußmann Alexandra L'	D GE	23. 3.67	**Rörig** Martin		
Heesen Klaus			(Schulberatung)		
(Abteilungsleiter SekII)			**Rössler** (Schulleiterin)		
Hentz Gerd	E SP		**Röttger** Oksana	MU ER KU	
Heurich Michaela RSchL'	D EK KR		**Rüddenklau** Rolf L	KU ER	20. 3.63
Heyer Frank Soz.-Päd.			**Schaar** Klaus L	MU D EK	23. 8.51
u. Sport-Päd.			**Schenke** Günter	WL	
Hildebrandt Uwe	M EK		**Schimion** Bernhard StR	D GE	7.11.46
Hillebrecht Ulla	M SP			SP EW GL	
Höhl Eva Maria	BI CH		**Schipke** Amy	G F E	
Hötte Verena	KU E		**Schlömer** Ingrid GER'	D GE L	2. 2.44
Horn Michael	D SP		(Abteilungsleiterin I)		
Ide Heike	F Sozkd		**Schmied** Astrid GER'	D WL GL KU	
Jansen Gabriele	M MU		**Schulte** Brigitte	D EK KU	
Jurecky Peter	SP R		**Schumann** Barbara L'	SW ER	4. 5.60
Kammel Helga	M EK KU		**Skupin** Ulrich GER	M PH	16. 9.43
Kienbaum-Pieper Ulrike		12. 3.50	(Abteilungsleiter II)		
Kluthe Peter	PH SP		**Specht** Irmela	D PA	

Teich Volker	M EK	24. 4.54	
Theile-Sterzel Heidi StD'	D SW	15. 5.49	
(Abteilungsleiterin III)			
Theis Klaus	GP WL D		
Trapp Josef	E SP EK		
Tsotsalas Gisela	M BI SP		
Uebbing Ursula	BI PH CH (GL KU)		
Vieten Volker	D GE	2. 5.68	
Vollbrecht Elke	CH SP		
Warland Sigrid	M PH		
Welling Klaus	L PL		
Werner Gerhard	CH M		
Wilfert Michael Dr. StD	BI CH		
Wirkner Elke	E D		

4.221 Düsseldorf Heinrich-Heine-Gesamtschule gegr. 1982

st. GesSch. – SekSt. I und II (5-Tage-Woche) f. J. u. M.
Graf-Recke-Str. 170, 40237 Düsseldorf – Tel. (02 11) 8 99 85 12/14, Fax 8 92 92 74
E-Mail: heinrich-heine-gesamt@schulen-duesseldorf.de
Homepage: www.ge-heinrich-heine.eschool.de
Dependance Jg.st. 5–7: 40239 Düsseldorf, Graf-Recke-Str. 94
Tel. (02 11) 8 99 85 62, Fax 8 92 94 32

Kl: 36 (12/24)

BR Düsseldorf
ASN: **188232**
Dez: LRSD **N. N.**

Spr.-Folge: E, F/L/I

Hoffmann-Briel Luise LGED'	E SW	3.11.48		Humpert Heinz-Georg	SP D M	21. 2.45
(Schulleiterin)				Jansen Dorothée	E KR	7. 4.52
Müller Dieter GED	KU SP	7. 5.59		Jockweg Elisabeth	E GE	20. 2.50
(stellv. Schulleiter)				Kalsen Ulla	E KU	7. 8.55
Kuhn Ralph GED	E GE			Kammerlander-Nowak	BI CH	4. 9.53
(didaktischer Leiter)				Felicitas		
Mallmann Uta				Kaulfuß Margit	M Geo	19. 9.51
(Abteilungsleiterin I)				Kellermann Stefan	M CH	
Büchner Angelika DGE'	D SW	12. 7.48		Kirchhoff Rolf	BI	15. 6.48
(Abteilungsleiterin SekII)				Kleinmann Jürgen	E EK	24. 4.48
Herlet Norbert StD	BI	16. 4.44		Köster Freimut	D GE	1. 9.45
Becker Hans-Peter GER	WL M EK	13. 9.49		Krömer Hannelore	KU PA	16.12.49
(Koordinator)				Krüger Norbert	MU M	20. 8.52
Berghoff Dieter GER	D KR	22. 6.49		Langer Susanne-Brigitte	D E	23.12.44
(Koordinator)				Lepsius-Bellin Ingrid	D KU	20.10.43
Mertens Rudolf GER	D EK KU	6. 2.47		Lohrengel Angelika StR'	MU SP BI	
(Koordinator)				Macken Bettina	D SP	
Asbach Nina	M NW			Mangel Dirk	M GL TC	
Bauer Friedrich	D SP	28.10.53		Mazura-Allmann Birgit	D SW GL	
Becker-Siebels Gabriele	F GE	12. 5.51		Menges Wolfgang	BI CH	12.12.52
Beeker Frederique	E F	28. 5.47		Müller-Staude Astrid	D KR	
Bellardts Dietmar	PH M	24. 7.54		Mussial Klemens	PH CH k	2. 5.54
Bergins Claudia	M EK			Neu Wolfgang	E CH	22.11.47
Birkhold Isabelle	D E			von Nottbeck Thomas	D WL	27. 2.49
Borgmann Reimund	D E SP	9.12.50		Peter Wolfgang	KU MU	4.11.49
Breidenbach Alexia	KU EW	27. 6.51		Pfennig Angelika	M PL	5. 6.54
Bremicker Margit	MU ER	7. 7.58		Plischke Andreas	MU D	7.12.54
Brormann Wolfgang	M PH			Poll-Wolbeck Friedrich	SW D L	22.12.54
Claus Helma	D KU GP	12. 4.50		Ponto Gerlinde	E GE	22. 8.54
Dahnke-Trute Claudia	D EK	15.10.47		Preis Melanie Soz.-Päd.'		
Demming-Greitschus Gertraud	D E			Rafferty Joan	E D	24. 4.52
Döbberthin Angela-Ingeborg	D WL	19. 6.53		Redslob Elke	SP HW	11. 4.50
Eichhorn Christiane	D SP	11. 7.52		Riemenschneider Monika	D GE	14. 2.42
Fehr Astrid Silvia	BI SP D	2. 4.53		Säger Thomas	M PH	14. 3.58
Fuhs Angelika	D SW TC	26.10.55		Schafmeister-Kaiser Maria	D GE	22.10.55
Gerling Wilhelm	SW TC	25. 7.49		Scheffler Caren	E D	
Goxers Heinz-Hartmut	D KR	11. 8.52		Schmidt Sonja	D E	
vom Grafen Christel	L F			Schmitt Ronald	E PL	24. 3.62
Großmann-Fuchtmann Petra	E SP	5. 7.50		Siemes Anne	M BI	5. 9.71
Hagenbrock Karlheinz	KU KW	14. 6.51		Steimer Robert	BI TC	2. 3.66
Haschke Tanja	KU EW	28.10.70		Stuhlmann Hans	BI CH	6. 2.50
Hasken Claudia	M BI			Syring Rosemarie	EK SP	
Heidbüchel Sabine	M CH	11. 7.57		Tillen Claudia	BI ER	23.11.65
Heine Günter	E SP	4. 2.56		Ulrich Irmengard	D E GP	18. 9.44

Ußner Jan	M ER			Wortmann Dagmar	M SP BI	5. 5.53
Vogt Michael	PH TC	13. 7.58		Wycisk Hans-Georg	D AL GP	27. 1.49
Wied Holger	KU D GP	15. 2.49		Zilliken Marianne	E D GP	4. 8.43
Witt Ingo	D I			Zimmermann Karin	M PH	3.11.60
Wolf Klaus	GE TC	4. 3.56				

4.222 Düsseldorf Hulda-Pankok-Gesamtschule gegr. 1988
st. GesSch. (5-Tage-Woche) f. J. u. M.
Brinckmannstr. 16, 40225 Düsseldorf – Tel. (02 11) 8 92 82 41, Fax 8 92 92 15
E-Mail: ge.brinckmannstr@stadt.duesseldorf.de
Homepage: www.hulda-pankok-gesamtschule.de

Kl: 24 (8/16)*

BR Düsseldorf
ASN: **189819**

Spr.-Folge: E, F/T, S/L

Dez: LRSD' **Schäfers**

Gniostko Heinz (Schulleiter)
Hinüber Gerd (stellv. Schulleiter)
Norrenbrock Maria GED' (didaktische Leiterin)
van der Meulen Christiane (Abteilungsleiterin I)
Deuter Jürgen (Abteilungsleiter II)
Schwarzburger Hildegard (Abteilungsleiterin SekII)
Kapteina Friedhelm GED (Koordinator Schulqualität)

4.223 Düsseldorf International School of Düsseldorf e. V. gegr. 1968
pr. GesSch. der Sekundarstufe I f. J. u. M.
Niederrheinstr. 336, 40489 Düsseldorf – Tel. (02 11) 9 40 66, Fax 4 08 07 74
E-Mail: info@isdedu.de, Homepage: www.isdedu.de

Kl: 15 (5/10)   Sch: 598 (314) (114/293/191) Abit.: 64 (31)
Lehrer: 128 (91)   Beamte: 1 (1) Angest.: 128 (127)

BR Düsseldorf
ASN: **191530**
Dez: LRSD **Dr. Schneider**

Mc William Neil (Schulleiter)
Coffey Michael (Senior School Principal)
Raider Ute (didaktische Leiterin)

4.224 Düsseldorf Joseph-Beuys-Gesamtschule gegr. 1992
st. GesSch. der SekI und der SekII f. J. u. M.
Siegburger Str. 149, 40591 Düsseldorf – Tel. (02 11) 8 92 28 00, Fax 8 92 92 27
E-Mail: ge.siegburgerstr@schulen.duesseldorf.de
Homepage: www.joseph-beuys-gesamtschule.de

Kl: 24 (8/16)

BR Düsseldorf
ASN: **191863**

Spr.-Folge: E, F, L/S, S

Dez: LRSD' **Fasselt**

Brochhagen-Klein Regine LGED' (Schulleiterin)	E BI k	9.10.58	Eberl Beate StR'	IF M	19. 3.70
			Ehmke Torsten StR	M PH	12. 6.70
Rechner Balthasar GED (stellv. Schulleiter)	M GE	23. 1.65	Eilert Stephan SekIL	AT SP AH AW	22. 8.67
Weber Reinhold GED (didaktischer Leiter)	M GE PK	21.10.47	Elsner Wilfried SekIL	D SP	20. 3.51
			Fuxen Klaus SekI/IIL	KR GE E	7.10.68
Prengel Markus SekIL (Abteilungsleiter I)	EK GE e ER	12. 8.54	Götzel-Hüwe Hans-Günter SekIL	M SW	27. 8.48
Michalek Monika GER' (Abteilungsleiterin II)	E M TC	28. 4.52	Gutjahr Anna Maria StR'	E SW	
			Haas Christine SekIL'	MU SP	26. 1.59
Linn Esther GED' (Abteilungsleiterin SekII)	D I	21. 2.55	Hus Renate SekIL'	E KU	
			Jenkner-Korst Eva OStR'	E S	19. 1.63
Andersch Claudia StR'	F ER e	22.11.61	Kappner Astrid Soz.-Päd.'		6. 8.68
Becker Klaus Gerhard SekIL	SP SW	6.11.71	Keienburg Wolfgang SekIL	SP PL	30. 7.65
Berghahn Ulrike OStR'	BI CH	28. 8.62	Keipert Ute SekIL'	BI KU	11.10.59
Bernitt Hendrikje		9. 5.69	Kellermann Helena L'	D BI	15. 7.53
Bohnenkamp Jutta StR'	E SW	9. 6.57	Klein Elmar SekI/IIL	D SP	15.10.52
Boßerhoff Volker SekIL	CH MU	14. 6.63	Kleinau Jens OStR	EK SP	16. 4.61
Brunk Gabriele StR'	M PA	30. 5.71	Knoblauch Gabriela	M MU	16. 5.79
Dörnemann Ulla OStR'	D PL	11.12.47	Leissa Rafael Ladoslaw		8. 6.71
Drieschner Petra SekIL'	KU SW	28. 4.53	Lieb Verena StR'	KU PL	14. 8.67

van de Lücht Armin	M BI	27. 3.75	
Meyer zu Bentrup Beatrix SekI/L'	D E	26. 5.57	
Müller Melitta SekI/IIL'	M PH	24. 7.51	
Müller-Spandick Christel SekIL'	ER KU	20. 8.61	
Mucha Constanze SekI'	ER SW D	12. 4.55	
Oberlack Ulf StR	E SW	29. 4.71	
Overesch Isabell SekIL'	D PL	15. 3.69	
Plöger Dorthe OStR'	E F	3. 1.67	
Poll-Wolbeck Renate SekIL'	E PA	24.10.54	
Probst Harald L i. A.	D KR	15. 4.55	
Rellensmann Hartmut SekIL	ER KU		
Roeder Heike StR'	D E	11. 5.61	
Röhm Kornelia StR'	D SW	10.10.58	
Ropertz Silvia SekI/IIL'	E F	14. 7.58	
Schier Jürgen Dr. StD	E PA	13. 9.49	
Schöne Bernhard StR	GE SP AT	15. 6.50	
Schürholz Theodor Dr. SekIL	BI CH PH	31. 5.54	
Schwarzkopf Natalia	D M MU	4. 2.76	
Samlinski Reinhard SekIL	E F		
Seifert Margit SekI/IIL'	EK M	27. 8.53	
Sendor Martin StR	M PH		
Spiekermann Hans OStR	BI E	28.10.46	
Spoo Martina SekIL'	D KU	15. 7.62	
Stolzenburg Ulrike OStR'	BI EK	3. 3.64	
Theis Nina	D PL	12.11.74	
Tollkamp Martina SekIL'	BI SP	8. 2.75	
Wasserscheid Gabriele SekIL'	AT M	18. 2.62	
Weidner Susanne StR'	S SW	30. 8.71	
Willenbrock Sonja SekI/IIL'	D GE	22. 4.61	

4.225 Düsseldorf Freie Christliche Schule gegr. 1994
pr. GesSch. der SekI f. J. u. M.
Fürstenberger Str. 10, 40599 Düsseldorf – Tel. (02 11) 99 94 75, Fax 99 94 76
E-Mail: sekretariat@fcs-duesseldorf.de, Homepage: www.fcs-duesseldorf.de

Kl: 21 (8/13)   Sch: 529 (241) (198/331/–)   BR Düsseldorf
Lehrer: 38 (16)   Beamte: 3 (1) Angest.: 35 (15)   ASN: **192545**
Spr.-Folge: E, F, S   Dez: LRSD **Pannasch**

Schmidt Friedericke (Schulleiterin)	SP M	Kolb Tobias	SP
Erkens Nikolaus (stellv. Schulleiter)	D GE PL	Küstner Uwe L	KU TC
		Lehmann Franziska L'	M CH
Baltha Heinz L	M SP	Leonhard Susanne L'	D E
Bauer Bärbel L'	E F	Meile Alexandra L'	D F
Bienert Lavinia L'	E GE	Nelson Joseph L	ER
Borg Joachim L	M PH	Pongs Uwe L	PH TC
Brake Christian L	BI	Schäberle Dorothee (didakt. Leiterin)	M TC ER
Breuer Andreas L	MU SP EK	Schilbach Stephan L	D GE
Brückner Angelika L'	KU E	Schmitt Marko L	SP
Cramer Susanne L'	E D	Schmitz Axel Dr.	BI CH
Damaschek Regine	BI CH	Scholich Peter L	D GE
Faber Detlef L	D ER	Schultze Christel L'	M MU
Glenk Jürgen L	MU	Seng Martin L	D PL
Glesius Markus L	D E	Vedder Silke	E S
Hebecker Anja L'	F MU S	Wendling Jörg L	TC
Hentschel Hartmut L	CH M	Weymann Jörg	BI ER
Ille Gerhard	D GE	Wönicker Carsten L	PH TC
Köhler Brigitte L'	HW	Zimmermann Caroline L'	SW
Kolb Jürgen (Abteilungsleiter I)	EK SW	Ziskoven Ute L'	BI

4.240 Duisburg Gesamtschule Duisburg-Süd gegr. 1976
st. GesSch. in Ganztagsform (5-Tage-Woche) f. J. u. M.
Großenbaumer Allee 168–174, 47269 Duisburg – Tel. (02 03) 2 83 70 21/44, Fax 2 83 70 46
E-Mail: sekretariat@ge-duisburg-sued.de, Homepage: www.ge-duisburg-sued.de

Kl: 36 (12/24)   Sch: 1237 (602) (351/688/198)   Abit: 48 (21)   BR Düsseldorf
Lehrer: 83 (39)   Beamte: 77 (36)   Angest.: 6 (3)   ASN: **185267**
Spr.-Folge: E, F/L   Dez: LRSD' **Wenzler**

Anders Gisela	E F	Bodewig Peter	SP BI
Behmenburg Karin	M E	Brandenberg Heiko	D GE
Bender Ulrich	E MU	Brinkmann Svenja	M D
Bieber Susanne	EK E D	Budden Hans-Günther	SP BI
Blomeier Michael	M TC	Caspers Horst	ER PA

Clement Michael	D EK		Meyer Hubertus Dr.	BI D CH
Dimmer Iris	BI CH		Moll Gustav	E SP
Erkelenz Gerhard	CH TC		Moritz Peter	E GE
Ferber Joachim	E SP		(didaktischer Leiter)	
Ferfers-Tunc Waltrud	KU		Müller Günter	E GE
Gleiser Wolfgang	SP WW		Müller Hans-Rudolf	D GE
Grothues Heide-Marie	M TC		Müller Jutta	D SP GP
Hansen-Mitrovic Inga	E D		Noack Eva	F L
Heisterkamp Johannes	KR D GP		Nottebohm Claudia	D KU
Hellwig Klaus	PH BI		Peters Norbert	D KU EK
Heun Uwe	EK SP M		Pfaff Karla	F GE
Heun-Chrisanth Franzis	EK SP M		Pfeffer Christa GER'	D E
Hillerich Stefan	F SW		(Abteilungsleiterin I)	GE/PK
Hingmann Uwe	GP M		Platz Ulrike	E TX
Hoffmann Andrea	E D		(stellv. Schulleiterin)	
Janzen Reinhard	D E		Prado-Canelo Ingrid	D E ER
Jarvers Elsbeth	D M		Ritter Sabine	M CH
Jesenek Gabriele	M GE		Rosenberger Hans-Joachim	BI E M
Jürgens Claudia	E F		GER (Abteilungsleiter II)	
Julius-Madzirov Eva	D KR		Schäfer Jürgen	CH TC
Karp-Roscheck Gabriele	KU TX		Schiller-Campbell Elisabeth	E SP
van Kempen Michael	EK SP KR		Schmidt Hans Peter	SP BI
Kettler Bianca	BI CH		Schömann Dieter	D MU ER
Klasen Norbert	D MU		Steingröver Peer	D PL
Kranz Udo	CH M		Storch Paul	BI E
Krick Wolfgang	GE KR		Strauch Brigitte	E ER
Kunz Beatrix	E SP		Strzoda Jürgen	CH TC
Kupfer Sandra Dr.	BI CH		Süß Albrecht	M PL
Lang Günther Soz.-Päd.			Thormann Katharina	D S
Lembke Hans	MU SW		Trafis-Bergmann Günter	ER
Lemke-Terjung Soz.-Päd.'			Walther Hannelore	E R
Letschert Friedrich GER	M PH		Weber Hartmut	D SP GP
(Abteilungsleiter III)			Wiese Gernot	M GE
Loss Anke	DE KU EK		Winter Marie-Luise Soz.-Päd.'	
Lumme Dirk Dr.	BI CH		Witzel Georg	PH M
(Abteilungsleiter SekII)			Wollny Alois LGED	BI D
Mackenthun Birgit	D GE		(Schulleiter)	
Marhenke Ingo	M IF EK		Wolter Gabriele	BI E
Mattick Renate	D E		Woschek Ulrich	BI CH
Mennekes Ruth	BI HW		Yurtman Nejla	T M
Mertens Stefan	D SP		Zischke-Siewert Edith	E SW
Meyer Brigitte	KU MU M			

4.241 Duisburg Gottfried-Wilhelm-Leibniz-Gesamtschule gegr. 1981
st. GesSch. in Ganztagsform (5-Tage-Woche) f. J. u. M.
Hamborner Str. 274-278, 47167 Duisburg – Tel. (02 03) 2 83 55 23, Fax 55 70 27
E-Mail: 187793@schule.nrw.de, Homepage: www.du.nw.schule.de/gwl
Kl: 36 (12/24)   BR Düsseldorf
   ASN: 187793
Spr.-Folge: E/F, L   Dez: LRSD' **Wenzler**

Angst Wilfried OStR	M MU	12. 6.52		**Eßer-Jansen** Irene SekIL'	KR E	2.12.53
Berger Christian StR	PA SP	4.12.57		**Facklam** Thomas Soz.-Päd.		
Bienstein Heinz SekIL	TC CH e	22. 5.50		**Feddermann** Hillrich OStR	SW M	5. 8.54
Borcean Adriane OStR'	E BI	10. 9.46		**Feldmann** Hilde RSchKR'	M GE	1. 8.50
Cerlitzka Josef OStR	M PH	30.12.58		**Fontein** Gabriele StR'	D E	12.11.58
Chlebowski Benno SekIL	GE KU	27. 7.56		**Franken** Claudia L'	SP D EK	6.11.52
Cocan Nedret L	T	1. 8.46		**Frericks** Gabriele SekIL'	M KR k	22.11.56
Diederich Annette StR'	E D	20. 5.57		**Garden** Heinz L	SP EK	14. 1.49
Dieregsweiler Vera StR'	D KU	11.10.58		**Gommert** Marina SekIL'	E KR	12. 8.57
Dinkler Rolf StR	PH TC	24.10.55		**Grammann** Gerd 11. 4.89	E KR k	29. 8.42
Engels Michael StR	BI CH	14.10.60		LGED (Schulleiter)		
Englisch Roland StR	SW E	9. 1.59		**Gronemann** Rüdiger StR	M ER	21. 2.58

Heierberg Claus StR	D ER		4.12.64	
Heiken Thomas OStR	D GE		5. 2.55	
Hönings Ulrich OStR	E CH		9. 5.55	
Jakob Thomas StR	M L PL		28. 3.54	
Jansen Michael OStR	SW CH		14.10.56	
Jikeli Liane-Renate StR'	D E		26. 1.64	
Kazemi Heidemarie SekIL'	E F		23. 5.53	
Kehren Werner DGE (didaktischer Leiter)	D SP WW		1. 8.51	
Konietzni Franz-Josef StR	PH TC		21. 9.57	
Krämer Silke Dr. StR'	BI CH		29. 1.65	
Krischak Manfred StR	KU MU		17.12.51	
Kruza Heinrich SekIL	MU KR k		20. 4.51	
Kunkel Katharina StR'	GE M		24.11.57	
Landgraf Hans-Peter 10.84 °	SP EK	e	12. 7.47	
StD (Abteilungsleiter A)	BI			
Lange-Weber Stephan StR	KR GE		31. 7.65	
Lenz Uwe L	D TC		31. 7.56	
Maier Birgit StR'	M PH		12. 1.59	
Mark Birgit StR'	WW E		1. 4.55	
Nußbaum Udo StR	CH TC		2. 6.55	
Pink-Schneider Barbara SekI/IIL'	EK SP		25.11.59	
Pitzer-Prehn Renate SekIL'	BI SP ER	e	6. 2.56	
Poschkamp Uwe	MU GE		11. 6.55	
Prehn Hartmut DGE 1. 8.75 ⁰ (stellv. Schulleiter)	GP D EK	e	21.12.46	
Preller Wilfried StR	PH		5. 5.56	
Rettinger Marianne StR'	E D		22. 6.50	
Rosenkranz Silvia StR'	CH GE		15. 5.57	
Sanders Dörte StR'	E MU		15. 1.60	
Sawallich Doris OStR'	MU D		20. 3.60	
Schmidt Renate GER' (Abteilungsleiterin B)	M BI		9. 3.53	
Schöpe Norbert RSchL'	⁰ GE D		20.10.51	
Scholkemper Heinrich StR	CH M		23. 1.58	
Schubert Martin StR	SP BI			
Schull Peter StD (Abteilungsleiter SekII)	L E		29. 4.55	
Schwantes Brigitte RSchL'	BI SP		4.12.48	
Sistenich Dorothea L'	BI SP		1. 5.45	
Stapp Norbert OStR 12.87 °	E EK		2. 7.51	
Thiel Wolfgang OStR	SP CH		5. 3.55	
Thiesen Ralf SekI/IIL	D KU		19. 1.65	
Urbat Frank OStR 12.87	E D		17.12.55	
Waßenberg Ilona OStR'	F L		4. 6.62	
Weber Maria L'	EK M E		4. 7.48	
Willemsen Angelika SekIL'	KU ER		18. 9.55	

4.242 Duisburg Heinrich-Heine-Gesamtschule gegr. 1982

st. GesSch. (5-Tage-Woche) f. J. u. M.
Flutweg 56, 47228 Duisburg – Tel. (0 20 65) 9 28 80, Fax 92 88 20
E-Mail: info@hhg-du.de, Homepage: www.hhg-du.de

Kl: 31 (11/20) Sch: 1011 (514) (269/559/183) Abit: 36 (23)   **BR Düsseldorf**
Lehrer: 80 (47) Beamte: 70 (42) Angest.: 10 (5)   ASN: **177188**
Spr.-Folge: E, L/F, F/L/S   Dez: LRSD' Wenzler

Abramczyk Inge Dipl.-Soz.-Päd.'				
Ackermann Dietmar StR	M EK			
Aengenheyster Ingrid StR'	EK BI		5. 5.66	
Bahr Doris SekIL'	M TX	k	29. 9.61	
Barthel Hans-Gerd L	CH SP	k	25. 1.49	
Beck-Ewerhardy 27. 2.01 ° Klaus-Günther SekIL (V)	D E	e	20.12.68	
Bernhardt Britta H. L'	D HW		4.12.63	
Berzen-Elm Ulrike 3. 7.85 ° OStR'	E GE	k	30. 8.51	
Beyer Horst GED (stellv. Schulleiter)	D GE ER	e	1. 9.47	
Biedermann Wolfram OStR	CH BI			
Blömeke Christel L' z. A.	KU E	k	25. 3.67	
Bludau Irmgard RSchL'	M EK		28. 4.50	
Brauckhoff Ingrid geb. Wenzel Dipl.-SpL'	SP	e	2. 6.49	
Carstensen Claudio StR	BI CH	e	8.11.67	
Conrad Bernhard	M GL SP	k	4.12.49	
Dahms Bernd Dr. GED (Abteilungsleiter SekII)	GE S	e	28. 8.59	
Elbers Thomas	E KR	k		
Frieml Kristina L' z. A.	SP D	k	22. 3.75	
Galisch Jens OStR	E SP			
Gehnen Gerlind L'	D GE E			
Gottschalk-Kock Birgit	SP EK TC			
Groß Gudrun RSchL'	E EK	e	3. 3.53	
Groß Klaus-Peter RSchL'	E SP	k	15. 8.53	
Groß-Parlitz Margarete L' i. A.	E F		1.12.48	
Grote-Wiegerink-Schmitz 76 Gerda RSchL'	M F EK		2.11.50	
Grotegut Bernhard 6. 3.84 LGED (Schulleiter)	D EW	k	17.11.44	
Hanebutt Jutta	D E			
Heß-Oberlack Monika StR'	D SP	e	2. 2.63	
Höffken Willi L	MU WW D		23. 7.48	
Hörbrügger Leonie L'	D PA		13. 8.74	
Hoffmann Barbara L' i. A.	E F		2.12.57	
Holtorf Udo GER	E ER	e	4. 5.59	
Huft Ulrike SekIL'	GL CH			
Huft Wolfgang L	SP M BI		16. 8.50	
Jaeschke Barbara StD'	S F	k	23. 3.48	
Juncker Ulrich StR	D GL SW		10. 7.53	
Kaaden Uta StR'	SP E MU		1. 3.66	
Kasten Christiane L'	SP GL	k	3. 9.77	
Kirschner Dieter OStR	D BI	k	8. 9.63	
Klinkner Karin StR'	M PH			
Knop Gudrun L' i. A.	M EK		14. 1.58	
Kolpatzeck Klaus OStR'	M PH		15. 1.60	
Krause Ulrich Dr. StR	BI CH	e	27. 3.59	
Kunert Christel OStR'	D SW			
Kuss Carsten StR	M PH	e	29. 1.63	
Lang Volker L	D ER	e	5. 3.44	
Langenbach Ingrid SekIL'	MU D ER			
Lauber Brigitta SekIL' i. A.	BI SW		22.10.55	

Limpert Edelgard SekIL'		E HW	e	12.11.55	Schwarz Anja StR'	GE ER	e	17. 5.69
Merkel Wolfgang SekIL i. A.		EK GE WL			Schymik Norbert SekIL	MU KR k		
Neyses Philipp		MU KU k		16.10.53	Struwe Barbara GED'	D BI KU		
Parussel Harald StR (SekII)		° ER E	e		(didaktische Leiterin)			
Philipeit Reinhard L		KU D		24.12.52	Turová Juzana L' z. A.	M MU	k	27.12.77
Rosenbaum Anja 22. 9.98		° L ER	e	8. 5.63	Twellmann Michael L z. A.	CH TC	e	10. 8.73
OStR'					Volkenandt Andreas StR z. A.	GE SW	e	12.12.64
Rühl Elmar GER		M SP		17. 9.50	Wagner Bernhard GER	M PH	e	29. 3.54
(Abteilungsleiter II)					(Abteilungsleiter I)			
Sahin Kemal L i. A.		T TC			Walde Sylvia L'	E F		29. 9.62
Scheppat Karin		BI KU			Wanzek Heidrun L'	HW TX e		25. 9.43
Schiestl Monika OStR'		L KR	k	7. 6.58	Weynans Gabriele SekIL'	° BI CH	e	23. 3.56
Schmitt-Pitsch Karin SekIL'		D E	k	11. 2.55	Wicke-Kolpatzeck Karin OStR'	M PH		12. 9.59
Schmitz Ralf-Peter StR		BI CH			Wolters Ute	D GE WL		

4.243 Duisburg Gesamtschule Duisburg-Mitte gegr. 1983
st. GesSch. in Ganztagsform (5-Tage-Woche) f. J. u. M.
Pappenstr. 49–51, 47057 Duisburg – Tel. (02 03) 2 83 49 54, Fax 2 83 49 20
Dependance: Falkstr. 44, 47058 Duisburg – Tel. (02 03) 30 04 8-0, Fax 30 04 8-111
E-Mail: 188499@schule.nrw.de, Homepage: www.du.nw.schule.de/gesmitte

Kl: 36 (12/24)   Sch: 1263 (627) (353/680/230)   Abit.: 78 (35)   **BR Düsseldorf**
Lehrer: 96 (61)   Beamte: 84 (52)   Angest.: 12 (9)   ASN: **188499**
Spr.-Folge: E, F/L   Dez: LRSD' **Wenzler**

Becker Helmut	D GE	10. 6.49	Kronsbein-Riedel Martina	E L		16. 9.60
Beckmann Bernd			Meinhold Angelika	BI CH KR		27. 5.60
(didaktischer Leiter)			Münch Stefanie L'	M EK GL		12. 2.70
Behrends Ulrich StD	M PH IF		Richter Monika	BI CH		3. 3.51
(Abteilungsleiter SekII)			Robie Renate	F GE		29. 4.49
Bieber Helmut	PA SW PK	6. 3.52	Roßow Michael	CH PH		7.12.54
Cordes Monika	D EK	4. 5.53	Schwarz Robin	E PK		3.11.56
Demmer Gerd LGED	BI E	27.12.44	Seibt Helmut StR	M PH		4.12.52
(Schulleiter)			Severin Rüdiger Dr.	D ER		17. 5.58
Dissars Marlies OStR'			(Abteilungsleiter II)			
(Abteilungsleiterin I)			Stein Theodora	D EK		9. 7.51
Elm Rainer StD (Vw)	° M PH IF	26.11.51	Tenhagen Ulrike			18.11.62
Eulen-Magdziarz Ulrich	M SP	9. 3.54	Wandel Michael	SP GE KR		7.12.52
Fischer Claus-Dieter	E SP EK	17. 7.47	Wardemann Ernst	SP EK		14. 1.56
(Abteilungsleiter II)			(stellv. Schulleiter)			
Hendriks Hartmut	MU EK	10.11.53	Wassemann Sabine	D GE		4.10.59
Hüskes Dagmar	BI EK D	15.12.42	Wassenberg Ursula	MU KR		26. 5.55
Hüwe Brunhilde	E D		Weien Kornelia	SP		7. 9.53
Husmann Wilhelm	M PH	19. 6.56	Wilbert Lioba			
Imorde Hildegard		12. 8.58	Wischmann Bärbel	MU SP		16. 6.61
Keip Marina	° M L	26.10.59	Zerm Achim	M PH		
Kohls Klaus-Dieter	M CH	27. 8.55				

4.244 Duisburg Gesamtschule Duisburg-Meiderich gegr. 1986
st. GesSch. in Ganztagsform (5-Tage-Woche) f. J. u. M.
Westender Str. 30, 47138 Duisburg – Tel. (02 03) 2 83 76 26, Fax 2 83 77 34
E-Mail: 189261@schule.nrw.de, Homepage: www.du.nw.schule.de/gsm
Dependance: Jg.st. 5/6: Bahnhofstr. 65, 47138 Duisburg – Tel. (02 03) 2 83 77 40

Kl: 36 (12/24)   Sch: 1342 (683) (348/662/332)   Abit.: 51 (22)   **BR Düsseldorf**
Lehrer: 93 (48)   Beamte: 77 (39)   Angest.: 16 (9)   ASN: **189261**
Spr.-Folge: E, F/L, S   Dez: LRSD' **Wenzler**

Pietsch Hartmut Dr. LGED (Schulleiter)   **Theunissen** Ute GER' (Abteilungsleiterin I)
Lerch Karl GED (stellv. Schulleiter)   **Lindner** Heinz-Gerd GER (Abteilungsleiter II)
Usemann Dieter GED (didaktischer Leiter)   **Petrasch** Jürgen GED (Abteilungsleiter SekII)

4.245 Duisburg Gesamtschule Ruhrort gegr. 1987
st. GesSch. (5-Tage-Woche) f. J. u. M.
Karlstr. 25, 47119 Duisburg – Tel. (02 03) 8 00 97 60, Fax 8 00 97 70
Dependance Jgst. 5–7: Carpstr. 13, 47119 Duisburg
Tel. (02 03) 8 00 97 60, Fax 8 00 97 70
E-Mail: info@gesamtschule-ruhrort.de, Homepage: www.gesamtschule-ruhrort.de

Kl: 24 (8/16)   Sch: 821 (378) (208/491/122)   Abit: 24 (5)   BR Düsseldorf
Lehrer: 69 (38)   Beamte: 40 (22)   Angest.: 29 (16)   ASN: **192211**
Spr.-Folge: E, F, L, S   Dez: LRSD' Wenzler

Acikkol Hasan L	T	10. 9.56		**Krechel-Rettig** Hiltrud	M PH	
Afonso-Badr Nelia	D E S			**Kuhlmann** Ruth	D SP	
Albers Ralf	BI EK			**Lübbert** Margret	E TX EK	
Altmaier Klaus	D PL MU			**Märker** Beatrix	E KU	
Barsch Sabine	M D			**Mehring** Carola	M CH	
Beckmann Gerd	M CH			**Meyer** Jörg DGE	TC PH	
Borkenhagen Ernst	E PL			(stellv. Schulleiter)	M IF	
Bovelette Beatrix	M BI			**Nadidai** Tibor	M SP	
Brey Ursula	BI TX			**Nöcker** Tobias	D KU	
Buchowski Jasmin	D BI			**Ortmann** Holger	E D	
van Dam Heike	SW GE			**Peim** Olaf	GE SP	
Deden Susanne	D E			**Prumbach** Esther	D KU	
Derksen Günter DGE	KR BI			**Richter** Jens	M GE	
(Abteilungsleiter II)				**Richter** Silvia	PA SP	
Einhaus Dorothee	GE ER			**Rieger** Ernst DGE	M TC WL	
Frohmann Gerd	D MU			(didaktischer Leiter)		
Ganß Detlef DGE	BI SP			**Schäfer** Gabriele	SP HW	
(Abteilungsleiter SekII)				**Schigulski** Peter	GE SP	
Haak Gabriele	CH HW			**Schwantes** Karin	E PA	
Häckel Georg	M PH			**Seringhaus** Marcus	EK SP	
Hanke Thomas	D SW			**Speidel** Rainer	BI PH	
Henning Birgit	D SW			**Sterken** Norbert	KR L	
Hermes Rudolf	D GE			**Stulgies** Ulrike	E SP	
Herzer Sabine	D KU			**Tercan** Hüseyin	T	
Huben Helga	SP KU			**Terwiesche** Annelore	D GE	e	17. 3.50
Illigen Konrad	D E GE				KU	
Jetter Martine	D F			**Weinreich** Thomas	CH BI	
Jongeblod Andrea	D PA ER			**Weiß** Dietmar	TC SP EK	
Joppen Eva	E S			**Weitzel** Manfred	M PH	
Kamionka Mariola Soz.-Päd.'				**Wiedenbrück** Petra	E BI	
Kemp Petra	BI SW PA			**Winterfeld** Jens	CH SP	e	3. 7.68
Keßenich-Morwinski Claudia	M TC			**Winterscheidt** Gabi GER'	F WL MU	
Klingen Christa LGED'	M D IF k	9. 2.55		(Abteilungsleiterin I)		
(Schulleiterin)				**Zibell** Gisela	D F	
Klüter Cordula	BI M			**Ziem** Susanne	E R	
Köpnick Martina	D PA			**Zulbeck** Oliver	SP PA	

4.246 Duisburg Gesamtschule Walsum gegr. 1987
st. GesSch. (5-Tage-Woche) f. J. u. M.
Kurze Str. 51, 47179 Duisburg – Tel. (02 03) 48 50 40, Fax 4 85 04 40
E-Mail: 189583@schule.nrw.de, Homepage: ww.du.nw.schule.de/gewals

Kl: 40 (12/28)   BR Düsseldorf
ASN: **189583**
Spr.-Folge: E, F/L/T, S   Dez: LRSD' Wenzler

Asar Mevlüt L i. A.	T	10. 5.51		**Böhnlein** Anke GER'	D ER	e	5.10.61
Bergmann Angelika Soz.-Päd.'		22. 5.53		(Abteilungsleiterin I)			
Bickmann-Krebber	SW GL k	25. 8.60		**Bruckwilder** Albert LGED	E SP	k	13.11.50
Georg OStR	EK			(Schulleiter)			
Bleckmann Michael GED				**Dalka** Jürgen StR i. A.	E KR	k	20. 1.58
(stellv. Schulleiter)				**Dierkes** Frank Dr. L	BI EK		26.11.68
Blizil Maria L'	SP EK			**Doepner** Thomas Dr.	L GE		
Bodden Martin L z. A.	BI CH			**Gendera** Martin L z. A.	PH TC		6. 7.67

Gerhard Klaus L		M GE KR		5.12.46	Nocker Jörg SekIL		TC SP GE	e	29.11.57
Gieling Manfred		D EK TC			Paetz Rupert Dr. StR		F E WW	k	11.10.51
Gotsch Christa OStR'		D F	e	22.12.60					
Gottwald Sabine StR'		EK BI		30.10.65	Pletziger Marc StR		TC CH		22.12.69
Grüter Rolf GED (didaktischer Leiter)		E SP		11. 1.57	Prill Alfred SekIL		D ER	e	2.10.52
Gruhn Ludgerus L i. A.		TC M		16. 2.60	Romano Paola L' z. A.		KR BI	k	28. 9.76
Haubelt Wolfgang SekIL i. A.		M GE		3. 7.55	Schleiken Helge L z. A.		BI EK		2. 3.72
Hegmann Dorothée L'		MU D			Schmücker Anette OStR'		E GE		26. 1.61
Hermanns Edith GED' (Abteilungsleiterin SekII)		M PH	k	16.10.54	Schudack Achim Dr. StD		D MU		19.11.58
					Schwarz-Jäger Karin GER' (Abteilungsleiterin III)		D KU		27. 9.55
Jahnke Jürgen OStR		M EK		13. 1.60					
Jandt Jutta SekIL'		D KU	k		Siedenbiedel Heike L'		SP KR	k	
Karkossa Ljiljana L' z. A.		SP SW	k	14. 8.73	Siepmann Larissa L'		BI PA		14. 4.75
Koch Manfred L		SP M	k	17. 9.52	Söhngen Rolf StD		M SP		14. 4.54
Kuschick Michael OStR		E MU		22. 9.60	Vaupel Hansjörg StR		BI E	e	1. 8.59
Kwapis Margarete L'		E SW	k		Vaupel Klaus L z. A.		PH TC		23.10.69
Lehmen-Klett Elisabeth L'		SP HW		7. 3.61	Wendler Dagmar L'		HW ER	e	22. 7.59
Leistner Thomas L		EK SW			Wiethe Petra		E M		
Makosch Nina Soz.-Päd.'			e	29. 3.80	Wilken Harald OStR		E ER	e	2. 1.57
Marunski Frank		SP GE		7.10.66	Wollenweber Barbara StR'		BI SP TC		23. 4.60
Müller Bernhard OStR		CH D		11. 3.61	Ziffus Ilona RSchL'		D KU		13. 9.50

4.247 Duisburg-Beeck Theodor-König-Gesamtschule gegr. 1991
st. GesSch. f. J. u. M.
Möhlenkampstr. 10, 47139 Duisburg – Tel. (02 03) 57 97 39-0, Fax 57 97 39-37
E-Mail: tkg@du.nw.schule.de, Homepage: www.du.nw.schule.de/tkg

Kl: 26   Sch: 816 (423)   Abit: 25 (15) **BR Düsseldorf**
Lehrer: 55 (32)   Beamte: 44 (26)   Angest.: 11 (6) ASN: **191395**
Spr.-Folge: E, F/L, S Dez: LRSD' **Wenzler**

Anschütz Kirsten OStR'		M GP	e	20. 2.68	Hübner Thorsten StR z. A.		KR GE	k	29. 7.75
Bathen-Winkler Evelyn		D KU SW	e	17. 7.52	Hufschmidt Peter		D BI		11. 5.48
					Janz-Warias Monika 6. 9.04 L'		E S		15.10.56
Behrenbeck Meike StR' z. A.		E MU	e	12. 1.72					
Bensch Sven StR z. A.		BI CH		25. 3.70	Kathstede Claudia OStR'		M CH		4. 9.70
Blettgen Karlheinz GER (didaktischer Leiter)		D E GE	e	21.11.51	Korsten Henning OStR		BI SP	k	19. 4.66
					Kraimann Alexandra L'		ER PA	e	8. 3.74
Drescher Peter SekIL		M SP		20.10.58	Krajnik Manfred SekIL		D E	k	14. 9.52
Dziallas Anja L' 6. 9.04		D EK		27.12.75	Mäckler Elke		M CH neuap		7. 2.60
Engehausen Ramona L'		KU D	e	10. 6.77	Mehremic Amina L'		M EK		16.11.79
Engler Thomas OStR		SP EK TC	e	24.12.59	Möllenbeck Ursula SekIL'		E TX		17. 4.61
					Möllmann Edgar		M MU		5.12.64
Eumann Günter L		EK SP MU		24. 6.55	Muchel Mario		TC PH	k	3.12.68
					Niewöhner Ute L' 6. 9.04		D GE		3. 8.60
Feyka Klaus-Martin L 2. 9.96		E PA	e	23. 9.60	Nowak Cornelia SekIL'		D KU		22. 8.67
Fischer Carla StR' 17. 2.97		E PA	k	25. 7.61	Ommer-Jürgens Margret SekIL'		D KR		19. 3.58
Garcia-Frühling Gala StR'		S E	e	24. 9.75	Poos Rolf		ER EK	e	16.11.47
Großmann-Martin Barbara		F SP BI							
Gruner Hans-Peter SekIL		E SP		28. 9.54	Preuß Frank SekIL 1. 8.92		BI SW	e	11.11.59
Güths Bruno DGE 14.11.96 (stellv. Schulleiter)		BI M	e	4. 5.58	Quack Karl-Heinz L		D WL Gkd		28. 2.51
					Reischert Gabriele		D KR		2.12.51
Hansen Mechtild 1. 8.92 SekIL'		M SP		21. 8.58	Rohde Martina StR'		CH BI		18. 9.60
					Rumpen Jürgen GER (Abteilungsleiter II)		WL D Gkd	e	1. 9.42
Hartke-Schröder 16. 9.96 Anette L'		SP KU	k	6. 5.61	Schilling Björn StR		F E		29. 7.69
Hemmerle Norbert SekIL		D GP		14. 1.52	Schlecht Claudia OStR'		E D		30. 6.66
Hientzsch Birgit L' 9. 9.96		BI neuap GP		7. 7.59	Schramm Birgit OStR'		SP E	e	5.10.57
					Schröder Kerstin L' 6. 9.04		D KR E	e	25. 8.77
Hiller-Kitzmann Cordula OStR'		CH EK	k	9.12.65	Schulte-Herweling 16. 9.96 Martina L'		E F		19. 4.60
Hoppe Edelgard		E M MU		22. 2.51	Schwansee Kai StR 15. 9.03		M PL	k	6. 9.72

Temminghoff Susanne L'	18. 8.97	KU SW k	20. 2.66	Wolf Andrea L' z. A.		MU F KU	3. 1.80
Veith Gabriele		E TX e	25.12.55	Wollenbecker Angela GER'		E GP	26. 7.53
Winkelmann Dirk GED		D TC SPe	5. 7.55	Zorn Harald StR z. A.		CH BI e	3. 7.73

4.248 Duisburg   Gesamtschule Hamborn-Neumühl   gegr. 1991
st. GesSch. f. J. u. M.
Albert-Einstein-Str. 11, 47167 Duisburg – Tel. (02 03) 99 56 70, Fax 9 95 67 22
E-Mail: gen@du.nw.schule.de, Homepage: www.du.nw.schule.de/gen

Kl: 26 (8/18)   Sch: 796 (376) (228/455/113)   Abit: 20 (10)   BR Düsseldorf
Lehrer: 58 (31)   Beamte: 28 (13)   Angest.: 30 (18)   ASN: **191474**
Spr.-Folge: E, F, L, S   Dez: LRSD' **Wenzler**

Bappert Regina SekIL'	HW BI	Lazar Ursula SekI/IIL' i. A.	E D
Beger Dirk OStR	M PH	Liebig Stefan Soz.-Päd.	
Bittroff Till SekI/IIL i. A.	SW ER	Liefke Jürgen StR	E F
Bollich Daniela L' i. A.	D M TX	Marker Beate GER'	BI KU
Borgemeister Ulrike L' i. A.	D KU	Meisen-Hentschel Monika OStR'	CH SP
Bubenzer Gerd L i. A.	E SP	Mies Bruno Dr. SekI/IIL	BI SP CH
Burghardt Beate SekIL'	SP TC EK	Mörsen Angela SekIL' i. A.	D KR
Czyborra Dirk L z. A.	TC M	Musterer-Quandel Bianka SekIL' i. A.	BI KU
Drell Anne DGE' (didaktische Leiterin)	D GE	Nierholz Birthe SekI/IIL' i. A.	E CH
Eichhorn Andrea StR'	D EW	Otterbein Bein SekIL'	KR MU
Feuchthofen Kurt DGE (stellv. Schulleiter)	M E	Pickmann Christian StR	D SP
		Podschwadt Dirk SekIL	SP TC
Fischer Wolfgang SekI/IIL i. A.	D SP	Reinders Frauke L' i. A.	MU PH M
Fitzke Christiane SekIL'	E KU	Sanchez-Penttilä Monica StR' z. A.	S D
Förster Annette SekIL' z. A.	E SP		
Frank-Gericke Ursula DGE' (Abteilungsleiterin SekII)	M TC	Perez-Belmonte Asuncion L' i. A.	M D
Gibbels Ute SekI/IIL' i. A.	D GE	Sarpong Erika SekI/IIL' i. A.	SW GE
Glas Aydöner L' i. A.	E	Schmidt Markus StR	KU SP
Grönefeld Michael StR	KR GE PL	Schmitz Margit SekI/IIL' i. A.	D ER
Heidenreich Thomas StR z. A.	F SW	Schoßow Doris SekIL' i. A. (Abteilungsleiterin I)	KU TX
Heidepriem Eric SekIL	E KU		
Hönig Christoph L i. A. (Abteilungsleiter II)	D SP	Schuchardt Andrea L' i. A.	BI
		Schwedtmann Rosemarie SekIL/IIL'	D EW
Jahn Barbara StR'	M BI		
Job Birgit SekI/IIL' i. A.	SW ER	Stockem Ulrich (Schulleiter)	CH SP EW SW
Kache Andrea SekIL'	M SP	Stroeter Claus StR	SP SW TC
Karal Mehmet L. i. A.	T	Teika Frank SekIL i. A.	D MU
Kitzmann Ronny SekIL	M PH	Torweihe Uwe SekIL i. A.	M BI
Koppers Sandra SekIL'	BI SW	Wachter Hans-Joachim StR	CH IF
Koslowski Dragana SekIL' z. A.	E SP	Weibels-Balthaus Gregor Dr. OStR	E BI
Kremers Thomas SekI/IIL i. A.	GE SW ER		
Kriegs Ruth StR'	M EK	Winkelhoch Katrin SekI/IIL' z. A.	BI SW
Kühnle Maren StR'	BI CH		
Lamers Manuela SekIL'	BI SP HW	Zimmermann Ingrid SekI/IIL' i. A.	F SW EK
Larisch Ursula SekIL' i. A.	SW D		

4.249 Duisburg   Lise-Meitner-Gesamtschule   gegr. 1993
st. GesSch. f. J. u. M.
Lessingstr. 3, 47226 Duisburg – Tel. (0 20 65) 68 99 80, Fax 6 89 98 50
Dependance SekII: Bahnhofstr. 65, 47138 Duisburg
Tel. (02 03) 2 83 77 40, Fax 2 83 76 21
E-Mail: lise-meitner-ge@stadt-duisburg.de
Homepage: www.lise-meitner-gesamtschule.de
Kl: 24 (8/16)   BR Düsseldorf
ASN: **192193**
Dez: LRSD' **Wenzler**

Aschenbach Jutta Dr.   Bohländer-Franzke Carla
Becker Annette   Brähler Annegret

Brasseur-Pieper Caterine
Brosge Ulf
Copuroglu Alican
Debus Ingrid
Eichenauer Barbara
Eichhorn Heinz Jakob
Epping Melanie
Fischer Karla
Fischer-Kesselmann Heidemarie Dr.
Gathen Martina
Händler Anja
Imenkamp Tina
Inden-Lohmar Christoph Dr.
Jochheim Barbara
Kamps Stefanie
Kieckbusch-Kühner Heide
Kindermann Marc
Klemp Ulrich
Kletzin Susan
Koberg Wolfgang
van der Koelen Magdalene GER' (Abteilungsleiterin II)
Korsting-Backe Martina
Minkwitz Gebhard-Wilhelm
Müller-Lemke Heinz GED (didakt. Leiter)
Offergeld Stephanie
Orths Hans
Pannen Katja
Pater Michael

Pauls Ariane
Proksch Stefan
Raschke Sonja
Ried Arndt
Rißen-Faure Rita
Rodermund Ferdinand
Roeloffs Stefan
Rubens Annegret
Schlegel Lothar GED (Abteilungsleiter SekII)
Schmidtmann Peter
Schoppengerd Erhard GED (stellv. Schulleiter)
Schulte Christoph
Schulz Claudia-Maria
Schwarz Ernst-Christian
Schwerdtfeger Jürgen
Seifert Martina
Sevecke Niklot
Spieker Elisabeth
Steinhäuser Dirk
Stephan Klaus GER (Abteilungsleiter I)
Stockfisch Claudia
Thamm Winfried
Tölke Susanne
Vorberg Heide
Waldheim Egbert LGED (Schulleiter)
Wilsenack Bernd-Maria
Wolter Isa

4.250 Duisburg   Erich-Kästner-Gesamtschule Homberg   gegr. 1993
st. GesSch. f. J. u. M.
Ehrenstr. 87, 47198 Duisburg – Tel. (0 20 66) 99 89 60, Fax 99 89 88
Depend. Jg.st. 5/6: Feldstr. 20–22, 47198 Duisburg – Tel. (0 20 66) 22 58 60, Fax 22 58 88
E-Mail: post@erichkaestnergesamtschule.de
Homepage: www.erichkaestnergesamtschule.de
Kl: 31 (11/20)   BR Düsseldorf
                                                                                                            ASN: **189595**

Spr.-Folge: E, F, L/S   Dez: LRSD' **Wenzler**

Terjung Günter GED (Schulleiter)	CH M IF			**Beinicke** Joachim	M TC KR	k	11. 1.52
Harker Uwe GED (stellv. Schulleiter)	PH SP IF	k	9.11.59	**Bell** Nadja StR' z. A.	M BI		27. 7.77
Dieteren Norbert GED (didaktischer Leiter)	GP M WL		13. 5.49	**Benito Espi** i Maria Dolores StR'	E S		5. 5.66
Busch Jutta GER' (Abteilungsleiterin I)	BI D		23. 4.53	**Bienemann** H. Dieter SekIL	M GL WL	k	28. 2.52
Antonin Hermann-J. GER (Abteilungsleiter II)	SP E		3. 8.59	**Blöcker** Karin	D TX		1.10.63
Hassenjürgen Rainer GER (Abteilungsleiter II)	E SP		14. 4.48	**Borka** Heidrun	BI M		11. 4.57
Knoche Heinrich-Werner GED (Abteilungsleiter SekII)	E BI		27. 4.58	**Braun** Axel StR	D PL		20. 2.68
				Brazda Christine StR' z. A.	D EK		29. 4.78
				Brinkmann-Hüttenhoff Petra	BI KR		26. 6.57
				Brixy Christiane	SP E		15.10.63
Achilles Wilfried	EK E	e	12. 8.46	**Brockschmidt** Kerstin geb. Pullen StR'	E GE		11. 2.73
Albermann Kristian StR	GE M		29. 9.71	**Dalka** Agnes L' i. A.	GE KR	k	15. 5.58
Balthaus Markus OStR	SP SW		8.11.68	**Demes** Sabine	D HW		22. 5.60
Bardtke Ingrid	E ER	e	29. 9.58	**Dieling** Christel	M TX		3. 6.58
Bayrak Feride L'	D T		18. 5.75	**Elbers** Gisela L' i. A.	D AL		5.12.63
Beck Melanie L' i. A.	M ER	e	6. 5.81	**Feierabend** Margarete L'	D ER GP		4. 8.53
Becker Elisabeth	D KR	k	15. 7.57	**Feldkamp** Bernd SekIL	M PH	k	10. 5.56

Feykes Christine OStR'	F E e	2. 3.59	
Franzen Dorit	E EK	13. 7.60	
Franzen Walburga SekIL'	D KU	12. 7.55	
Groh-Grüter Antje	SP BI	22. 7.56	
Grosseloser Monika SekIL'	M KR	4. 6.62	
Hauser Jürgen SekIL	GL SW	6.12.53	
Holtbernd Petra Soz.-Päd.'		19. 6.57	
Kapl Raimund	E EK	4. 8.54	
Ketelaer Erwin SekIL	BI CH k	23. 7.55	
	D M		
Kißing-Stolz Marianne L'	M GP	16. 5.49	
Kliem Manfred		30. 6.51	
Klinkhammer Ursula L' i. A.	E F	10. 6.57	
Korb Birgit L'	E MU k	26. 7.56	
Krampe Helmut Soz.-Päd.'		3. 4.59	
Krewer Jürgen StR'	MU D e	25. 2.62	
Kruchen-Berns Dorothee	MU	7. 4.56	
Kupferschmidt Andreas SekIL	E MU	3.12.62	
Last Andrea StR'	BI SP	1. 8.65	
Leyendecker Ingrid	E SP	24.12.61	
Limpert Hartmut	SP M PH	27.11.51	
Lottermoser Ralf L z. A.	M TC	13. 7.66	
Luckey Carolin StR'	D GE	14. 4.75	
March Ralf OStR	EK SP	6. 8.69	
Marten Uwe OStR	PH TC e	25.11.63	
Otto Reinhard	PH E M MU	25. 6.53	
Pfeil Silvia StD'	E GE k	6. 3.62	
Richter Silke StR'	D KR CH	27.10.70	
Rüsweg-Gilbert Michael	M PL	1. 1.62	
Scherer Rolf	AL SP	12.12.47	
Schminnes Bernd Dr.	GE M	2. 3.49	
Schulten Martina	D TX	18. 1.60	
Selbach-Fabry Eckard		2. 7.53	
Steinig Peter StR	D PK	13. 6.45	
Stermann Tanja StR' z. A.	E F	6. 9.75	
Wawer Claudia SekIL'	CH GE k	26.11.61	
Wedrich Marion	D GP	5. 5.54	
Wegner Wilfried StR	D ER e	18. 9.52	
Weps Angelika	D KU e	5. 7.59	
Wiemer-Kaisers Christine SekIL'	D KU	13. 9.56	
Wiesner Ayse L' i. A.	T	19. 9.47	
Wille Mathias StR	BI SP	5.11.71	
Witte Peter OStR	CH SP k	10. 8.57	
Wöhrle Adolf L i. A.	L KR PL	7. 9.53	
Wolle Sirkku StR' z. A.	KU BI	19. 3.70	
Wüst Jessica StR'	E	3. 2.72	
Zwering Markus OStR	M PH	16.10.64	

4.251   Duisburg   Herbert Grillo-Gesamtschule   gegr. 1994
st. GesSch. f. J. u. M.
Diesterwegstr. 6, 47169 Duisburg – Tel. (02 03) 54 42 30, Fax 5 44 23 16
E-Mail: 192405@schule.nrw.de, Homepage: www.du.nw.schule.de/gsmarx

Kl: 24 (8/16)   Sch: 637 (327) (218/419/–)

BR Düsseldorf
ASN: **192405**
Dez: LRSD' **Wenzler**

Beer Natalie	D E	Kottmann Jens Peter	TC M
Bergmann Roger	SP TC	Lange Friedrich Dr.	CH PH
Bernard Markus	BI SP	Maaßen Silke	KR D
Bsdurrek Helge	CH	Mattern Britta	E F 12. 9.75
Dakoglu Reyhane L'	D PS	Müller Horst	D KU
Daumann Klaus L	D GE	Müller Peter Soz.-Päd.	
Dausner Harald	SP E	Neidhart Gaby	D ER MU
Delalic Izabela	CH D 18. 4.75	(Abteilungsleiterin II)	
Eulen Swaantje	F D	Nicol Christiane	D GE
Faeser Siegfried	M KU	Önder-Ridder Perihan	T MU
van Gaalen Hermine	HW	Öztürk Filiz	GE SW
van Gemmern Jutta	D TX	Rickes Kerstin	E R
Geßwein Reiner	SP E	Schäfer-Kopton Uwe	TC D
(stellv. Schulleiter)		Schichtel-Winkler Christina	KU KR D
Goll Ulrike	SP HW	(Schulleiterin)	
Haider Maren	D GE 28. 9.67	Schwarz Valerie	BI TX 14. 3.82
Harbeck Margrit	EK E D	Spikereit Kerstin	M SP
Hilgert-Kerkmann Anja	M D KR	Stadler Dagmar	M PH
Hillebrand Brigitte	GE D	Sudmann Jörg	D M
Hösel Johannes	M EK	Ulrich Christiane L'	E KU
Hoffmann Oliver	D 3. 7.74	Vella Elke	M SP
Kaminski Sabine	MU BI	(didaktische Leiterin)	
Kerkmann Stephan	BI CH KR	Wilbers Wilhelm	BI SP
Ketteler Sigurd	D GP KU	Winkler Nicole	E GE
Klammer Birgit Soz.-Päd.'		Zander Thomas	D KU KR
Korndörfer Klaus	BI SP	(Abteilungsleiter I)	

4.252 Duisburg Gesamtschule Globus am Dellplatz gegr. 1996

st. GesSch. J. u. M.
Gottfried-Könzgen-Str. 3, 47051 Duisburg – Tel. (02 03) 28 64 90, Fax 2 86 49 30
E-Mail: geglobus-schulbuero@gmx.de, Homepage: www.du.nw.schule.de/globus

Kl: 24 (8/16) **BR Düsseldorf**
Lehrer: 51 (31) Beamte: 35 (21) Angest.: 16 (10) ASN: **193252**
Spr.-Folge: E, F Dez: LRSD' **Wenzler**

Ackermann Monika	E D		7. 8.63	Jahn-Nottebohm Kurt	D E GL W	23. 3.52
Bahl Reinhard	BI SP		7.10.57	Jedan Thomas	SP PA TC	7.11.67
Berns Hanne	D GE		27.10.68	Kahmann Birgit	BI TC HW	25. 6.59
Borjans-Heuser Peter	D EW		26. 2.48	Kersting-Letsiou Maria	D GL	3. 1.69
Dr. GED (Schulleiter)				Kertesz Ioana	D E	30. 4.60
Brands Iris	E SP		5.10.56	Lauterbach Volkmar	D ER e	26.10.69
Braun Hans-Peter	M GL		28. 5.55	Lendeckel Carola L'	MU SP k	22.10.66
Büyrü-Ejder Güldane L	T SP		25. 3.73	Maßmann Ingrid	M BI	28. 1.59
Cleve Gabriele	D E SW		12. 3.62	Mierike Jutta	M GL	17. 3.56
Dannehl-Brückmann	D HW		11. 9.67	Mückshoff Nicole L'	E F	29. 5.68
Brita L'				Müller Massimo	E F TC	3. 2.71
Debring Gerd	MU SW		23. 7.61	Neuhoff Selma L'	TC SP	2. 6.76
Deutscher Daniela	E PA		26. 2.74	Oberscheven Helga	M GE	27. 6.51
Endell Angelika	D GL	e	29. 5.59	Palagaschwili Bernhard	IF PH	19. 7.62
Fehlhaber Yanin	D GL		19. 1.72	Pesch Michael	BI ER	30. 5.62
Gathen Peter L	SP CH		13. 9.55	Pollak Peter	PH M	5. 3.61
(stellv. Schulleiter)				Reichold Christoph	GL D E	9. 3.70
Grau Ingo GER	D GL	e	3.11.57	Römer Maria	M PH	29.12.58
(Abteilungsleiter II)				Saunus Axel	CH TC	15. 1.65
Gutowski Ulf	D ER	e	5. 9.72	Schmitz Astrid L'	E R	17. 8.66
Hanke Rosemarie L'	D E GL		1. 8.49	Schottmeyer Petra L'	BI KU e	1. 8.68
(Abteilungsleiterin I)				Schulten Birgit		13. 1.69
Heun Dirk	SP GL		4. 1.53	Schwindt Thomas	PA GL	4. 1.66
(didaktischer Leiter)				Siever Bettina	SP GL	13. 6.56
Hinzke Marlies	KU BI		15. 9.58	Terjung Monika	E F	14.12.57
Hucklenbroich Annette	D GL		31. 8.56	Theiß Fabian	TC D	17. 6.70
Hummernbrum Lutz	M TC		24. 3.59	Weiner Heike	E F	2.12.69
Hurlin-Kuntz Christa	E KU		22.12.56	Zemke Marlies	D GL	30.11.56

4.260 Eschweiler Gesamtschule Waldschule gegr. 1988

st. GesSch. in Ganztagsform (5-Tage-Woche) f. J. u. M.
Friedrichstr. 12–16, 52249 Eschweiler – Tel. (0 24 03) 7 02 60, Fax 70 26 30
E-Mail: 190070@schule.nrw.de, Homepage: www.waldschule-eschweiler.de

Kl: 30 (10/20) Sch: 1080 (553) (301(581/198) Abit: 59 (32) **BR Köln**
Lehrer: 82 (51) Beamte: 55 (40) Angest.: 27 (11) ASN: **190070**
Spr.-Folge: E, F/L Dez: LRSD' **Schlott**

Adolph Elisabeth	E F	Esser Ilona	BI KR
Ahaus Claudia	BI CH	Fontaine Eva-Maria	E SP
Ariniero Brigitte	D KR	Freialdenhofen Gisela	E MU
Beckmann Petra	BI KR	Friedrich Ralf	D M
Bläker Uta	E GE	Geicht Wolfgang	M PH
Braun Irmgard GER'	BI E	Gelderie Brigitte GER'	KR M
(Abteilungsleiterin II)		(Abteilungsleiterin SekII)	
Breuer Rainer	D SP	Görtz Brita	D E
Brings Ulrike	D SP SW	Graf Helga	EK M
Brockes Heinz	BI KR	Guth Christian	MU
Capune-Kitka Brigitte	D EK	Hagel Andrea	D MU
(Abteilungsleiterin I)	KU	Hammes Friederike	BI D KU
Conen Birgit	M	Horndt Lothar Soz.-Päd.	
Dahmen Leonie	D E TX	Huppertz Werner	M KU
Deising Wolfgang (Koordinator)	D ER GP SP	Jonas Dorothea	E F
Dietrich Rainer	M SP	Kalff Georg	E SP
Dworatzek Friedhelm	BI KU	Klein Wilhelm-Josef	EK SP
Erdmann Stephan	D SP	Klinkenberg-Howard Marlene	D PA

Knörchen Heinz-Gerd	EK M	Reinhardt Irmgard	D KR
Krüttgen-Montag Birgit	M TC	Roeb Konrad	EK KR M
Krumbach Marion Maria	E F	Rüland Marlene	CH HW KR M
Leboutte Vanessa	F S	(stellv. Schulleiterin)	
Lechky Gisela	E D	Saffer Stephan Dr.	D PL
Link Ulrike	BI KU	Schaber Willibert	F PA
Lüchow Annette Dr.	D F GE	Schäber Christel	BI F PA PH
Malecha Maria-Magdalena	M PA	Schleicher Angelika	E MU
Manke Claudia	CH M	Schmalen Heinrich	D E
Michaelis Mechthild	EK KU	Schmitz Rainer	M MU
Mörkens Hubert	F SP	Schürmann Henrik	
Müller Helmut	E SP	Schwemmer Annette	KU SP
Müller Johanna	M SP	Senderek Ralf	
Mundt Angelika	E EK	Siebert Michael DGE	EK TC
Mußler Yvonne Soz.-Päd.'		(didaktischer Leiter)	
Neugebauer Eva	KU TX	Spätling Martin	D EK
Nicolai Matthias	ER GE	Stäck Kerstin	BI EK
Niehoff Manfred LGED	EK SP	Steffens Isolde	D F
(Schulleiter)		Thelen Susanne	D SW
Nigge Tanja	E GE	Uliczka Reinhard	PH GE
Niggemeier Holger	CH GE	Vitzer Marita-Katharina	M MU
Perscheid Irmgard	CH SP	Vroomen Nicole	D I
Pieta Gabriele	CH D	Warthuysen Annemarie	E HW
Edle von Pollak-Vondenb. Lisa	BI M	Weber Elke	
Puchert Roselies	BI D E	Weidenhaupt Franz-Josef	HW KU
Recknagel Julia	D MU	Wolff Ulrich	E L

4.270 Essen Gesamtschule Bockmühle gegr. 1972
st. GesSch. SekSt. I und II in Ganztagsform (5-Tage-Woche) f. J. u. M.
Ohmstr. 32, 45143 Essen – Tel. (02 01) 8 84 08 00, Fax 8 84 08 90
E-Mail: 183076@schule.nrw.de, Homepage: www.bockmuehle.de
Kl: 48 (16/32)

BR Düsseldorf
ASN: **183076**

Spr.-Folge: E, F/L, L/F

Dez: LRSD' **Fasselt**

Achtelik Norbert DGE	F GE	Gente Gerhard OStR	SP D
(Abteilungsleiter SekII)		Genz Joachim RSchL	D ER
Acke Hanjo StR	F R	Glonke Rudolf L	D SP
Asche Hartmut GER	M EK TC	Güth Joachim OStR	E F
(Abteilungsleiter II)		Hassenewert Heinz-Peter OStR	PH TC
Bahr Klaus SpL i. A.	SP TC	Gütte Karin L'	F S
Becker Gabriele L'	W D BI	Hellkamp Maria L'	M KU
Beckers Wolfgang L	D GL HW	Hemmert Marlene L'	M PH EK GL
Benesch Annelie L'	BI CH	Henning Silvia OStR'	KU BI TC M
Beyer Stefan DGE	D MU	Hesseling Peter L i. A.	M ER
(stellv. Schulleiter)		Hömßen Ute L'	SP EW
Bier Regina OStR'	BI CH	Hollenberg Brigitte RSchL'	M SP
Blum Lotte RSchL'	BI E	Janke Michael OStR	E EK
Böhm Renate Dipl.-Psych.'		Kannengießer Stefanie L'	F EK
Bonn Eleonore OStR'	F GE	Keller Thomas DGE	M PL
Bornhorst Wilhelm StD	D KR	(didaktischer Leiter)	
Bürgel Thomas SekIL	MU SP	Kiwitz Marianne L' i. A.	E F
Büschenfeld Karin GER'	SP EW	Köhler Andrea StR'	E D
(Abteilungsleiterin I)		Kosanetzky Sonja OStR'	BI CH
Burggraf Bernd L	KR D MU	Kulmann Ingrid GER'	E F
Butza-Gluch Margit RSchL'	E F	Laaks Anja Soz.-Päd.'	
Daberkow Birgit RSchL'	BI M	Lathe-Schwarz Gabriele SekIL'	E D HW KR
Damen Klara SekIL'	TC M	Lehmann Ingeborg L'	D KU
Dicks Karl-Heinz L	GE SP	Lipkowski Thomas StD	TC PK GL
Drebs Robert Soz.-Päd.		Mannchen Matthias StR	E SP
Eßler Bernhard SekIL i. A.	TC SW	Maurer Alexander Pfr.	ER
Friedrich Jürgen StD	D SW	Medewaldt Birgit L'	CH M TX
Gärtner Thomas OStR	M EK	Mertens Klaus GER	TC M KU

Metzelaars Margarete L'	KU BI D	Steffens Günter L	MU D GE
Michalik Anja L'	D SP	Steigüber Doris GER'	BI M
Münch Heinz FachL	TC KU	(Abteilungsleiterin III)	
Nienhuysen Ulrich OStR	M	Stenzhorn Horst StD	M PH
Örenbas Mehmet L z. A.	M TC	Tilke Helmut OStR	E SP
Prepens Klaus LGED	D GE	Wagner Heide GER'	D GE
(Schulleiter)		Watzlawik Manfred GER	D M WL
Rey Cornelia SekIL'		Weiler Werner L	M CH PH
Roehl Ernst OStR	GE EK	Wessing Rudolf RSchL	M D
Rott RSchL	SP EK	Witthoff-Pesker Veronika L'	E D GE
Rudolph Stephanie L' i. A.	D BI	Wölk Stefanie StR' z. A.	D PL
Schülke Manfred SekIL i. A.	TC PH	Wortmann Christel SekIL'	SP BI M
Schulte Franz-Josef OStR (SekII)	KU M	Wurth Gertrud L'	M E
Seçme Şerife L' i. A.	T E	Yildirim Asiye L'	T EK
Sprenger Thomas L	E EK	Zumak Birgit L'	E D

4.271 Essen   Gustav-Heinemann-Gesamtschule   gegr. 1981
st. GesSch. in Ganztagsform (5-Tage-Woche) f. J. u. M.
Schonnebeckhöfe 58–64, 45309 Essen – Tel. (02 01) 2 94 75 30/35, Fax 2 94 75 31
E-Mail: 187770@schule.nrw.de
Homepage: www.gustav-heinemann-gesamtschule-essen.de
Kl: 36 (12/24)

BR Düsseldorf
ASN: 187770

Spr.-Folge: E, F/L, S, I

Dez: LRSD' **Fasselt**

Becker Ursula L'		D KU EK	12. 6.50	Lingemann Christoph L		E EK	
Brammen Gabriele SekIL'		E SP		Maluche Esther OStR'		E ER	e 29. 7.61
Derichs Hajo OStR		D GE		Müller Regina OStR'		KR E	k 23. 1.62
Döring-Wobbe Claudia StR'		MU EK		Nagat Yvonne		BI TC	
Erdmann Andrea StR'		L E	k 23. 1.60	Neufeind Gisela L'	□	KU E	14. 6.52
Fichter Uwe LGED		M		Papierz Reimund OStR	□	D GE LIk	18. 2.54
(Schulleiter)				Quinkert Hildegard StR'		CH BI	k 30. 8.58
Geiecke Friedrich OStR	°	KR SP	k 24.10.52	Reul-Kallenberg Elke StR'	°	ER L	e 29. 8.58
Gilles-Köller Martina StD' (F)	□	I D	e 3. 1.64	Schachner Ulrich SekIL		D GE	
Glabasnia Michael OStR	□	D KU LIk	19. 2.51	Schiefke Dietmar StR		GE SW	e 30. 9.50
Gudrian Barbara L'		BI HW	k 12.12.53	Schubert Walter-Manfred StD		M SP	e 18.11.47
Günther Hubertus		BI E	27. 7.54	Schütten Thomas L		M TC	k 3. 6.52
Häusler Antje DGE'		D KU	15. 7.70	Simone Michele StR'		E I	k 18. 1.71
(Abteilungsleiterin SekII)				Sons Sandra geb. Schütt StR'		MU D	e 6.10.70
Henrich Karl-Heinz OStR		D SP	k 1. 9.51	Sternal Gerhard OStR		M PH	k 10. 1.57
Hötte Michael GER				Thiel Renate			
(Abteilungsleiter II)				Tyczkowski Gregor Dr. StR		CH PH	16. 8.65
Horst Karin GER'				Verholen Wilfried OStR		MU SP	k 6. 1.58
(Abteilungsleiterin I)				Vortmann Ursel L'		M BI	e 14. 4.53
Klein Viktor OStR	□	M IF	22. 1.50	Voss Barbara DGE'		D PL	16. 8.50
Kloos Peter L		M SP	e 3. 2.44	(didaktische Leiterin)			
		GE		Wehner Robert StR		BI CH	24. 6.72
Kukulies Klaus SekIL		SP BI	k 19. 6.50				

4.272 Essen   Frida-Levy-Gesamtschule   gegr. 1986
st. GesSch. in Ganztagsform (5-Tage-Woche) f. J. u. M.
Varnhorststr. 2, 45127 Essen – Tel. (02 01) 8 84 06 02, Fax 8 84 06 00
Dependance Jg.st. 5/6: Hofterbergstr., 45127 Essen – Tel. (02 01) 8 84 06 26, Fax 8 84 06 31
E-Mail: 189080@schule.nrw.de, Homepage: www.frida-levy-gesamtschule.de
Kl: 36 (12/24)

BR Düsseldorf
ASN: 189080

Spr.-Folge: E, F/L

Dez: LRSD' **Fasselt**

Endemann Friedhelm Dr.	Hendricksen Sigrid
(Schulleiter)	(didaktische Leiterin)
Zimmermann Rolf	Arnsmann Gabi (Abteilungsleiterin I)
(stellv. Schulleiter)	Poetz Michael (Abteilungsleiter II)

Schmelzer Manfred (Abteilungsleiter III)				Hochstein-Peschen Rita	F PA	16. 8.51
Schütter Jörg (Abteilungsleiter SekII)				Kleine-Fraum-Niehues Marianne	D GL	22.11.47
Geradts Karin	° M PH	6. 2.60				
Grieb Ria	M GL	26. 4.56		Seipelt Peter	M SP	13.10.42

4.273 Essen Erich Kästner-Gesamtschule gegr. 1988
st. GesSch. in Ganztagsform (5-Tage-Woche) f. J. u. M.
Pinxtenweg 6–8, 45276 Essen – Tel. (02 01) 86 06 96 30, Fax 86 06 96 31
Dependance: Jg.st. 5/6: Brembergstr. 17, 45307 Essen
Tel. (02 01) 59 18 77, Fax 8 52 43 83
E-Mail: ekg.essen@t-online.de, Homepage: www.ekg-essen.de
Kl: 36 (12/24) Sch: 1178 (567) (330/684/164) Abit: 47 (33)   **BR Düsseldorf**
Lehrer: 85 (54) Beamte: 69 (44) Angest.: 16 (10)   ASN: **189820**
Spr.-Folge: E, F/L   Dez: LRSD' **Fasselt**

Ahmann-Njehu Rita L'	D E			Kriesel Hans-Georg L i. A.	M PH	
Balzer Barbara L'	M TX			Kupetz Svea L'	M EK	
Bechtel-Rupprecht Susanne StR'	D KR			Marek-Phillip Sabine L'	E ER SP	
				Mauermann Karl-Heinz OStR	D KU	
Becker Uwe L	PH D M CH			Mews-Brötz Elisabeth L'	BI KU	
Beckmann Katharina L'	GL M	9. 5.73		Nickel Artur Dr. OStR	D ER	
Belz-El-Saghir Petra StR'	E ER			Nowaczyk Ursula Dr. L' i. A.	CH BI	26. 5.51
Bergmann Dirk OStR	CH TC			Nowak-Reeves Annette OStR'	E ER	
Bicici Kemalettin	PH msl	10.12.69		Otto Iryna L' i. A.	E GL	13. 2.79
Bischoff Volkmar OStR	M PH			Pape Christine OStR'	M KR IF	
Böving Heike L'	M CH			Piechottka Elke L'	D ER	
Brock Ulrike L' z. A.	BI SP TC			Rana-Ramos Ulrike L'	BI ER	
Bürger Barbara L' i. A.	E D PA			Reimann Anja L' z. A.	BI SP	14. 1.70
Burandt Dirk StR	CH GE			Rettig Gabriele StR'	E GL	28. 4.61
Butemann Ulrich L	PH TC			Röttger-Giesert Jürgen StR	M IF	
Buttler Michael GER	BI E			Rubbert Hans-Joachim L i. A.	SP GL	5. 3.56
Casella Anette StR'	F S			Rustemeyer Dagmar L'	TC D	
Daetermann Eric L	CH PH	8. 3.69		Schlüter Gerhard L i. A.	D KU	
Derichs Ortrud StR'	MU D			Schmidt Uwe L	SP BI TC	
Dießner Martin StR	E MU			Schmidt-Galbenis Karin L'	E D	
Eisenhut Klaus OStR	L SP			Schneider-Badstieber Susanne OStR'	E D	
Eleftheriadis Tanja L'	D ER					
Fischer Johannes L i. A.	F KR			Seehöfer Ina L' z. A.	M GL	3. 8.66
Fischer-Kampe Angela GER' (Abteilungsleiterin II)	D GE			Senge-Ballesteros Gabriele OStR'	E F	
Füllgraf Rolf-Jürgen L i. A.	E SW			Siebert Sandra L'	KR D	17. 9.77
Gaßmann Norbert OStR	E BI KR			Siemandel Frauke OStR'	D MU	
Gausepohl Annette L' z. A.	KU AT	16. 1.67		Soetopo Rebecca StR'	CH GL	
Görnert Heinz GER	M SP			Sommer-Klein Ruth L'	D KU E	
Gutsche Peter StR	D PL			Stiller-Lüttenberg Christa StR'	E KR	
Hartmann-Kulla Elisabeth L'	KR D EK			Strohmeyer Jens StR	BI SP	14.11.73
Haumann Christiane OStR'	F L			Stüwe Edeltraut L'	D ER	
Hendriock Ursula L'	M MU			Thienenkamp Stefan StR	M CH	7. 7.72
Henseleit Eva StR'	BI SP e	12. 8.68		Tranelis Helga DGE' (Abteilungsleiterin SekII)	D SW	
Holtgreve Uta GER' (Abteilungsleiterin I)	D E SP			van Treeck Leo LGED (Schulleiter)	SW D	
Kaster Gabriele L'	E F	31.10.56				
Kinzius Dirk StR	SP SW			Vortmann Helmut GER (Abteilungsleiter III)	E BI	
Koch Irmgard Dr. StR'	CH BI			Wenning Silvia OStR'	BI PH	
Körner Udo L	KU MU			Wenzel Sabine L'	M GL	
Kötteritzsch Hans-Ulrich StD				Zagozen Tatjana L'	D E	
Kohl Dagmar L'	M EK			Zohren Gerhard DGE (stellv. Schulleiter)	SP D PH	
Koßmann Gabriele StR'	D E					
Krämer Clarissa L' i. A.	D E M	27. 3.62				
Kraus Ursula L'	KU SW					

4.274 Essen Gesamtschule Essen-Süd gegr. 1989
st. GesSch. in Ganztagsform (5-Tage-Woche) f. J. u. M.
Frankenstr. 200, 45134 Essen – Tel. (02 01) 4 35 56-30, Fax 4 35 56-31
E-Mail: 190305@schule.nrw.de, Homepage: www.gesuedessen.de

Kl: 31 (10/21)

BR Düsseldorf
ASN: **190305**

Spr.-Folge: E, F/S

Dez: LRSD' **Fasselt**

Lachner Irmgard LGED' (Schulleiterin)	D GE CH	10.11.45		Knümann Christel	D ER	7. 4.59
				Koopmann Ulrike	M GE	1. 6.63
Menke Ludwig DGE (stellv. Schulleiter)	IF M	13. 6.52		Korsten Silvia	E ER	3. 7.49
				Kretschmer Rudolf	SP EK	4. 7.55
Dressler Heinz DGE (didaktischer Leiter)				Kuklinski Birgit	E KU	17. 1.63
				van Laer Sophie	MU D	1. 3.76
Asbrand-Beyer Ulrike GER' (Abteilungsleiterin I)	D BI	27. 9.50		Lambertz Stephan	F SP	6. 7.56
				Lang Hans-Joachim		30. 5.46
Kupas Lisa GER' (Abteilungsleiterin II)	D SW EW	19. 9.46		Lübbert Stephan	D PL	6. 5.67
				Markus Friedhelm	PH TC	7. 9.54
Albers Margret	D GP	4.10.52		Messner Michael	KR SP	23. 5.68
Albrecht Peter	AL M	3. 9.73		Mohr Stefan	CH SP	10. 3.62
Bartels-Tomaszewski Regine SekI/IIStR'	S KU	17. 9.55		Mücke Christina	E SP	5. 1.70
				Nitzsche Helmut	D KU TC	19. 1.47
Beckers Sabine SekI/IIL'	S E	29. 9.66		Ockoniewski Jutta	M BI	10. 9.67
Beedemann Simone		9. 2.76		Rader Ulrike	GE SW PA	21.12.52
Berendonk Axel	D WW SW	13. 6.51		Raffler-Spierling Klaudia SekI/IIL'	E ER	4. 3.65
Bortel Gabriele	KU E ER	21. 8.53				
Brack Sigrid	D SW GL	31. 7.50		Rauchbach Bernd	E EK	10. 1.53
Brechfeld Nicole		3. 6.78		Rehm Bärbel	D GE	16. 8.48
Carlson Michael	SP E	2. 2.60		Reidt Guido Soz.-Päd.		26. 8.65
de Castro Pedro		12.10.60		Rübenstrunk Ina	CH SP	1. 1.74
Demmer Monika	AL D	8. 1.61		Schaar Regina	D PA	15.11.62
Eichholz Jodela	SP SW	4. 8.73		Schmidt Kristina	D E	13. 9.74
Flohr-Missou Anna-Maria	F SW	25. 3.54		Schneider Maria RSchL'	D KR	7. 7.52
Gaigalat Martina	D GE	30. 4.58		Schönenberg Inge	BI KU	22. 5.47
Gibas Bernd	D AL k	16. 5.47		Seidel Helmut	AL	16. 9.48
Giese Renate	D KR	13. 3.59		Seifert Uwe	AL EK	7. 6.53
Heinbach Marlies	E F SP	3. 2.48		Souren Michael	M AL GL	10. 3.53
Hendus Frank	MU SP	19. 4.58		Sprenger Dieter	M EK	30. 4.55
Heneweer Rosemarie	M EK	23. 3.51		Stommel Dorothea	M AW	2. 9.49
Höfler Susanne	SP KR	20.12.42		Teinert Sonja	D MU F	1. 2.70
Hölter-Thamm Christiane	D KR	22.12.69		Urbanowski Sibylle	E KU D	15. 7.46
Huptas Ute	BI M KU	31.12.52		Wagner Petra	E SP	3.11.58
Jeung Won-Ock	KU MU	20.12.57		Weber Michael	M BI	20. 4.46
Junge Ingrid	D KU	19. 6.51		Wilsch Heike		10. 1.62
Kalipke Ursula	M PH E	10.10.53		Zarnikow Stephan	CH SP	8. 1.65
Kensy-Rinas Heike	E KU	4. 3.59		Zöller Brigitte	D E TX	7.12.50
Klusemann Hartwig	CH AL	1.10.51				

4.275 Essen Gesamtschule Essen-Nord gegr. 1990
st. GesSch. f. J. u. M.
Förderstr. 60, 45356 Essen – Tel. (02 01) 86 05 61 30, Fax 86 05 61 31
E-Mail: 190895@schule.nrw.de, Homepage: www.gesamtschulenord.de

Kl: 31 (10/21)   Sch: 909 (451)   (267/534/108)   Abit: 30 (20)
Lehrer: 67 (35)   Beamte: 49 (29)   Angest.: 18 (6)
Spr.-Folge: E, F, S

BR Düsseldorf
ASN: **190895**

Dez: LRSD' **Fasselt**

Bellers Sabine LGED' (Schulleiterin)   **Proschmann** Erich GER (Abteilungsl. II)
Erdmann Wolfgang GER (stellv. Schulleiter)   **Heite** Ernst DGE (Abteilungsleiter SekII)
Ströbel Heike GER' (Abteilungsleiterin I)

4.276 Essen Gesamtschule Borbeck gegr. 1991
st. GesSch. f. J. u. M.
Hansemannstr. 15, 45357 Essen – Tel. (02 01) 86 06 71 30, Fax 86 06 71 31
Standort Jg.st. 9 –13: Ripshorster Str. 285, 45357 Essen
Tel. (02 01) 86 06 71 70, Fax 86 06 71 71
E-Mail: gesamtschule-borbeck.info@schule.essen.de
Homepage: www.gesamtschule-borbeck.de

Kl: 24 (8/16)   Sch: 879 (427) (233/475/171)   Abit: 30 (10)   BR Düsseldorf
Lehrer: 59 (39)   Beamte: 45 (30)   Angest.: 14 (9)   ASN: **191334**
Spr.-Folge: E, F, L, S   Dez: LRSD' **Fasselt**

Breyvogel Adelheid LGED' (Schulleiterin)	E GE			**Jung** Sabine L'	GE PL		
				Kammertöns Barbara L'	D AW GP	5.12.52	
Jaroniak Hans-Dieter DGE (stellv. Schulleiter)	BI PH KR IF	28. 2.50		**Kimmeskamp** Wolfgang L	D ER e	16. 5.58	
				Knauer Walter L	D GP SP	15. 1.50	
Birke Renate DGE' (didaktische Leiterin)	F SP			**Krause** Lothar L	D KU		
				Kühn Christoph L z. A.	D KR k	31. 3.71	
Reidick Theo GER (Abteilungsleiter I)	D SP AL HW GL			**Kutsch** Iris SekIL'	E ER		
				Lang Heike L'	KU BI	13. 3.70	
Rodermund Katharina GER' (Abteilungsleiterin II)	F SP D			**Meierarend** Barbara StR'	M CH	5. 5.76	
				Mörchel Torsten L z. A.	M SP		
Möllers Karl-Heinz DGE (Abteilungsleiter SekII)				**Mooshage** Vera OStR'	F E GE	8. 2.71	
				Müller Ute L'	E SP GP	7.11.49	
Bach Volker L	D GE BI E			**Mundschenk-Kohnke** Beate L' i. A.	F KU	16. 6.49	
Basten Berthold SekIL	MU ER						
Baumann Claudia StR'	EK CH			**Neurath-Rautschka** Barbara L' i. A.	D KR k	27. 7.61	
Becker Beate L'	GE ER e	9. 3.62					
van de **Bruck** Hanne SekIL'	TC SP			**Paßmann** Sandra StR'	D EK	9.10.70	
Bruning Ursula SekIL'	E D			**Paus** Hildegard L'	D KR k	20.11.60	
Burgsmüller Daniela StR'	M BI			**Pineiro-Aguilera** Guillermo-Ernesto StR'	D S		
Formella Mareike SekIL' z. A.	M GE	10. 3.80					
Fritsch Hiltrud L'	E M KU	20. 7.46		**Rodermund** Jürgen SekI/IIL i. A.	D SP	28.10.58	
Gerrards Reiner L	GE L	4. 2.67		**Schmelzer** Barbara GER'	D AW GP	2. 9.55	
Glabasnia Marita L'	M SP	27. 2.54		**Schulz** Ute SekIL'	E SP	30. 5.68	
Glatzel Cerstin	E AL HW			**Seibert** Adalbert SekIL	BI KR TC		
Gnoyke Andrea Dr. OStR'	BI CH			**Sönnichsen** Christiane OStR'	° E SP PL	29.11.56	
Goerke Astrid L' i. A.	M TX	1.12.60		**Spaan-Eichelberg** Marion SekIL'	BI SP M		
de **Hair** Frauke	D F	20. 3.63					
Halfmann Michael L z. A.	PH M			**Stürzebecher** Axel OStR'	SW EK	7. 7.51	
Hartmann Marianne StD'	CH EK			van **Treek** Kirsten StR' z. A.	KU SP	7.12.70	
Hendricks-Haubold Susanne SekI/IIL'	TC GE D IF	27. 4.61		**Turowski** Annette StR'	E S		
				Weber Ingrid L' i. A.	E EK	11. 7.56	
Herholz Thorsten L	PH TC			**Wehrmann** Inken StR'	BI CH	5. 8.68	
Horstmann Brigitte L'	SP KU	21. 2.58		**Weißer** Klemens SekIL	M MU TC		
Jäger Thomas L z. A.	BI SP			**Wieland** Josef SekIL	M MU GL		
Jasnoch Ina L'	ER GE e	2. 4.62		**Zutter** Katrin StR'	M E	15. 4.75	

4.277 Essen Gesamtschule Holsterhausen gegr. 1997
st. GesSch. f. J. u. M.
Böcklinstr. 27, 45147 Essen – Tel. (02 01) 87 84 93-0, Fax 87 84 93-1
Dependance: Keplerstr. 58, 45147 Essen – Tel. (02 01) 6 15 67 30, Fax 6 15 67 31
E-Mail: info@gesamtschule-essen-holsterhausen.de
Homepage: www.gesamtschule-essen-holsterhausen.de

Kl: 30 (10/20)   BR Düsseldorf
ASN: **193501**
Spr.-Folge: E, F/L, I   Dez: LRSD' **Fasselt**

Amoneit Karina L' i. A. 1. 8.99	D KU	12. 5.70		**Häckert** Jürgen GER (Abteilungsleiter II)	1. 8.98	GL D WL	21. 5.53
Bittmann Ute L' i. A. 25. 5.98	E GL e	9. 3.54					
Echterhoff Dorothee L'	M GE	27. 5.71		**Hahn** Kathrin L'		M GE	9.12.71
Eickholt Frank L z. A. 10. 8.98	CH TC k	19. 9.69		**Haking** Judith L'		BI KR	12. 1.72
Grau Dieter L i. A.	D GE	11. 7.53		**Harlinghaus** Frank L		BI TC	11. 8.71

Gesamtschulen

Hoffmann Frauke StR'	10. 8.98	D EK	2. 5.65
Hübscher-Bonikowski Elke StR'		E SW	7. 6.53
Hußmann Karl GER (Abteilungsleiter I)			
Käsbauer Claudia OStR'		KR GE k	11.11.62
Koschinski Ingo L		M GE	3. 2.69
Krüger Ute DGE' (Abteilungsleiterin SekII)		D ER	
Kuhl Berthold DGE (stellv. Schulleiter)		M SP	
Lehmkuhl Klaus L i. A.		D E	31. 8.58
Lenk-Löffler Heike		E F vd	5. 8.57
Lohkämper-Kolligs Karin L'	1. 8.91	BI TC k HW	16. 5.58
Nuncic-Wennersbusch Marina GER'		E MU	18. 9.57
Peitsch Dieter L		ER SP	4.10.57
Pörtner Ursula RSchL'		E GE	8. 4.47
Prickartz Christine L' i. A.	1. 8.99	E D	10. 6.65
Rasfeld Margaretha DGE' (Schulleiterin)		BI CH	8. 5.51
Schmiel Jörg L		D GE	9. 3.70
Sendlak-Brandt Barbara GER'		E PK SW	11. 9.46
Sentker Telse SSchL'		D PA	16.10.63
Spiegel Angelika L' i. A. Thien Isabella DGE' (didaktische Leiterin)		D GE BI	1. 7.58
Vielhaber-Behmer Gabriele StR'		E F	
Wenning Frank L		BI KR	7.10.68

4.290 Fröndenberg/Ruhr Gesamtschule (GSF) gegr. 1969
st. GesSch. in Ganztagsform (5-Tage-Woche) f. J. u. M.
Im Wiesengrund 7, 58730 Fröndenberg – Tel. (0 23 73) 6 81 11-00, Fax 6 81 11-29
E-Mail: gesamtschule@froendenberg.de
Homepage: www.gesamtschulefroendenberg.de

Kl: 42 (14/28)   Sch: 1462 (694) (406/817/239)   Abit: 68 (35)   **BR Arnsberg**
Lehrer: 98 (42)   Beamte: 94 (38)   Angest.: 4 (4)   ASN: **164290**

Spr.-Folge: E, F/L, L/F   Dez: LRSD **N. N.**

Alberts Walburga RSchL'	27. 8.76	SP EK k	31. 1.52	
Antoni Brigitte geb. Spieckermann L'	10. 6.81 □	M SP e	7.12.54	
Antoni Hubert RSchL	1. 8.79 □	EK E k	20. 3.52	
Baasel Thomas		D GL		
Biederbeck Ulrich GED (stellv. Schulleiter)	1. 8.02 □	M GE e	28. 3.52	
Blennemann Henning		D GL SP		
Brixner Helga OStR'	12.12.00	D SP k	1. 4.54	
Deimel-Brieke Verena SekIL' i. A.	28. 2.96	D KR k	26. 1.57	
Dickmann Herbert SekIL	16.11.81	CH TC k	5.11.51	
Dröge Hans-Dieter StD	20.12.81	E GE k	26. 5.48	
Droste Inga L' z. A.		D M KU TC M	5. 4.71	
Eggebrecht Ursula L'				
Eilinghoff Friedel OStR	20.12.81	F GE k	19. 9.48	
Forstmann Gottfried SekIL	11. 9.81	D KR k	17.11.52	
Frese Josef SekIL	1.10.00	M MU k EK	7. 5.52	
Fribourg Sandra L' z. A.		D M S GE D	12.12.73	
Gerlach Anja StR'				
Gesing Gerd RSchL	1. 2.83	EK SP e	14. 8.50	
Hagehülsmann-Wolf Ursula L'	27. 3.75 □	M PH k	6. 1.47	
Hartmann Ralf		M PH		
Heide Klaus OStR	12.12.00 □	CH TC	5. 1.52	
Helbach Charlotte Dr. SekIIL' i. A.	17. 8.98	BI GE k	25. 5.54	
Henke Franz-Josef RSchL	1. 8.79	EK E k	10. 8.50	
Hoffmann Wolfgang StR (SekII)	21. 7.88	M KU e	9. 7.55	
Junga-Bruckmann Christel OStR'	12.12.00	KU F e	4. 5.52	
Klemp Friedhelm Soz.-Päd.	1. 3.77	k	16.12.49	
Knoblauch Reimund StR	11. 8.81	E GE	2. 6.46	
Knöpfel Günter L	29. 9.82	E WL De	21. 9.55	
Knur Franz Josef StR		E EK		
Kötitz Sigrid geb. Röntgen L'	10. 6.81	E M SP e KU	14. 5.54	
Korinth Reinhold SekIL	4. 9.82	E GE e	7.11.53	
Koschick Annette L' i. A.		GE ER	e	4. 7.53
Kraft Ute Soz.-Arb.'				
Krzonkalla Michael RSchKR	1. 7.81	KR D Mk PH	27. 3.48	
Kunkel Theodor Dr. StR	1. 8.78	CH	25. 3.45	
Lechner Ingrid RSchL'	20. 3.84	E GE e	11. 6.54	
Lehnen Markus L	1. 2.00	BI SP k	1. 4.68	
Leinweber Gabriele geb. Lünsdorf SekIL'	17. 4.82 □	E SP k	4. 8.55	
Leinweber Hubert SekIL	17.11.82 □	KR SP k	15. 3.51	
Lichte Susanne SekIL'	1.10.00	CH GE e	6. 3.55	
Lisztewink Paul OStR	23. 9.81 □	BI SP	17. 7.46	
Lohmeier Elsa SekIL'	12. 9.82	D KU e CH	15.11.50	
Lohmeyer Sebastian StR	1. 8.02	D MU k	23. 4.68	

Matthäus-Schieweck Hanna GED' (Abteilungsleiterin SekII)	1.10.01	° E KU		2.11.56	Schaeffer Hubert StR	1. 3.80	E KR	k	25.11.50
					Scheidel Wolfgang L	1. 3.83	D GE	k	28. 4.48
					Schlücking Antoinette L'	11. 3.78	CH BI D	k	11. 3.51
Mecklenbrauck Brigitte SekIL'	1.12.02	M SP BI	e	20. 1.50	Schmidt Maria RSchL'	25. 2.85	BI D	k	28. 3.55
Möllenkamp Nicole		E M							
Montag Ludger SekIL (Abteilungsleiter III)		M SP TC	k	2. 9.58	Schmolke Christiane StR'	1. 8.02	D SP S GE		
Müller Martin StR	15. 9.99	D MU	k	14.11.63	Schütz Sabine StR'	22. 8.90	M ER	e	27.10.60
Münter Annette SekIL'	10. 4.00	D KU TX		14. 9.58	Schuh Hartmut GER (Abteilungsleiter II)	1. 8.90	° E GE ER		10.10.47
Mues Kathrin L' z. A.		M HW		18. 4.77	Schulze Anneliese geb. Sperken SekIL'	3. 2.82	BI GE	e	4.12.45
Nolte Peter SekIL	28. 1.97	BI MU	e	9. 4.64					
Nolzen Uwe StR	19. 8.98	D GE MU	e	15. 8.63	Schumacher-Gerdes Edeltraut RSchL'	2.82	° D GE		26. 4.46
Paßmann Christian SekIII	2. 8.01	BI CH	e	14.12.65	Schwengler Claus SekIL	9. 2.86	KU SP	e	6. 1.47
Ploghöft Heiko L	8. 8.73	CH SP	e	22. 9.44	Siepmann Elmar StR z. A.		M PH		13. 3.68
Ploghöft Ingrid RSchL'	13. 3.79	E F	unit	13. 6.48	Steinhoff Winfried SekIL	1.12.02	M SP	k	10. 3.49
Poljsak Norbert L	20. 4.77	EK ER WL	e	21. 4.50	Stemmler Volker StR	1. 7.86	ER SP	e	1. 8.53
					Strozycki Tilo SekIL	19. 4.98	M TC		20. 3.68
Potocnik-Hoffmann Gertrud SekIL'		D KR GE	k	16. 6.55	Tadday Dirk SekIII	1. 5.02	PH SW		3.12.64
					Thomas Udo StR	1. 1.02	TC SP EW	k	22. 9.58
Potthoff Rudolf OStR	12.12.00	E SP	k	13.10.48					
Prott Margarete OStR'	1. 4.86	E F	e	17.11.50	de Vries Klaus LGED (Schulleiter)		SW KR	k	14. 3.59
Reutlinger Wolfgang StR	6. 1.86	BI SP	e	19. 4.52	Weber Bernadette SekIII' i. A.		D PL		29.10.54
Richter Gabriele StR' (V)	1. 8.82	° E SW	k	10.10.52	Weber Erich RSchL	15. 2.79	D EK	e	21.10.50
Richwin-Krause Annelie GER' (Abteilungsleiterin I)	1. 8.90	BI MU D	e	15. 7.51	Weißbach Friedrich OStR	27. 6.86	M WW	e	21. 4.51
					Wels Jessica L' z. A.		BI CH		27.12.69
Risse Gabriele geb. Lentz SekIL'	12. 2.83	M EK	e	5. 6.54	Wiegers Kordula Ökotrophologin FachL' i. A.	20. 5.77	WW	k	11. 9.51
Risse Helmut L	6.11.75	M SP WL	k	27. 6.47	Wißmann Sonja		BI SP		
					Wolf Gerd StR		F EW R		
Roß Regina SekIII' i. A.	1. 8.02	BI SW	k	4. 8.61	Wolf Udo		L PL GL		
Rückamp Susanne L'	15. 4.85	E KU D	k	6. 8.54	Wozniak Jutta StR'	1. 1.02	D KR	k	9.10.61
Rüther Egbert OStR	11. 9.80	L EW SP	k	21. 6.43	Zimmermann Otmar StR	13. 3.85	PH SP	e	14. 7.54
					Zumbroich Dieter StR	1. 9.81	PH TC	e	4. 1.50

4.295 Geilenkirchen Anita-Lichtenstein-Gesamtschule gegr. 1991
st. GesSch. f. J. u. M.
Pestalozzistr., 52511 Geilenkirchen – Tel. (0 24 51) 9 80 70, Fax 98 07 31
E-Mail: sl@alg-gk.de, Homepage: www.alg-gk.de

Kl: 24 (8/16) Sch: 935 (465) (237/478/220) Abit: 45 (23)   **BR Köln**
Lehrer: 62 (25) Beamte: 44 (17) Angest.: 18 (8)   ASN: **191188**
Spr.-Folge: E, F/L, S   Dez: LRSD **Gilles**

Ambach Dirk L	SP EK		Deckwirth Emil-A. Dr. OStR	CH BI
Beisner Guido DGE (Abteilungsleiter SekII)	EK F MU		Evertz Stephan Dr. OStR	BI SP
			Ewel Wolfgang StR	M SP
Beyel Martin StR	CH EK		Gaab Jörg GER (Abteilungsleiter II)	D KU
Böken Uwe DGE (stellv. Schulleiter)	M PH			
			Galmon Christine L'	AL PH
Bölingen Manfred L	D GE		Hennings Ronny StR	M CH
Bolle Ralph StR	D E		Holl Stefan OStR	D PL
Bonus Bernhard StD	M PH		Jessen-Robertz Gerlinde StR'	E SP
Braun Klaus LGED (Schulleiter)	M PH CH		Kerkhoff Martin Dr. L	D GE
			Langerbeins Heinz-Dieter StD	BI EK
Claßen Bernd L	D KR		Ludwig Stefanie StR'	BI EK
Czech Gabriele L'	E KR		Nick Ingrid L'	M EK

Gesamtschulen

Opdenberg Sabine L'	KU SP		Steffens Karl-Gerd L	EK KR
Opelt Nikolaus L	M SP		Steffens Roswitha DGE'	E EK
Reininghaus-Klinkenberg Inge L'	D EK SW		(didaktische Leiterin)	
Rosenthal-Becher Marita StR'	ER GE		Thorissen Jens StR	M BI
Rothländer Michaela StR'	D BI		Tischer Sonja StD'	D S
Scheufen Walter L	AL D E		Vannahme Elisabeth L'	L PA
Schwaak Heinz-Dieter L	MU GE		Wolter Christel L'	BI M

4.300 Gelsenkirchen   Gesamtschule Berger Feld   gegr. 1969
st. GesSch. in Ganztagsform (5-Tage-Woche) f. J. u. M.
Adenauerallee 110, 45891 Gelsenkirchen – Tel. (02 09) 4 50 90 11, Fax 4 50 90 15
E-Mail: mail@gesamtschule-berger-feld.de
Homepage: www.gesamtschule-berger-feld.de

BR Münster
ASN: **164185**

Spr.-Folge: E, F/L

Dez: LRSD **Ruhwinkel**

Adler Brigitte GER'	D BI	k	28. 4.46		**Ilaender** Annette L'		EK IF	19. 7.56
(Abteilungsleiterin I)					**Jacke** Karin StR' 18. 8.80		E I k	25. 3.48
Altenkamp H.-Georg	KU GE e				**Jakobs** Elisabeth			
LGED (Schulleiter)	PK				**Jannek** Jörg VSchL'		PH M e	11.12.42
Arnsfeld Dörte RL'	BI EK E		2. 5.68				SP	
Aschendorf Maria-Luise	M		3.11.48		**Janßen** Stefan StR z. A.		E ER	4. 2.71
OStR'					**Jericho** Ingeborg L'		E SP M	28.12.54
Becker Brigitte RSchL'	E WL e		22. 1.53		**John** Werner GER		M SP	15. 7.54
Becker-Reinartz Christel	HW D e		10. 4.51		**Klein** Edelgard VSchL'		D M	17.10.42
VSchL'	EK				**Kleistner-Lanwehr** L' i. A.		E I	4. 1.57
Blankenagel Andrea StR' z. A.	PL SP		11. 3.70		**Klimek** Anneliese Dipl.-SpL'		SP e	7. 7.51
Blaurock L' z. A.	D SP		24. 1.72		**Klösters** Anne L'		D M	9. 3.76
Boeff Peter StR	L SP	k	15. 2.52		**Kmuche** Detlev StR		E SP	
Bohr Margarete VSchL'	E D HWk		19. 3.49		**König** Franz-Josef L i. A.		GE SW	11. 8.60
Bohr Udo DGE	E D KR k		8. 5.49		**Korth** Helen StR'		D KU	6. 1.68
(didaktischer Leiter)					**Krabbe** Christian GER		E PA	22.11.65
Bongers Carsten L z. A.	D EK		19. 2.69		(Abteilungsleiter II)			
Boom Margit StR'	E D				**Kürten** Hildegard L'		M BI CH	28. 5.51
Büchter Hubert					**Legeland** Elke StR'		D E	19. 4.58
Busch Theodor					**Legeland** Gerhard L i. A.		M SP	13. 2.52
Busch-Lipphaus Doris	HW e		18. 7.51		**Leinweber** Norbert StR		BI EK k	24. 5.49
Cengiz Serife L' z. A.	E F		31.10.70		**Leuchtmann** Maike L'		D EK KR	18.10.77
Cordes Sigurd L	D GE		10. 9.68		**Lindemann** Iris L'		PA EK	14.11.71
Cubuk Aysegül Soz.-Päd.'			27. 2.61		**Lobeck** Luise OStR'		M k	11.11.46
Dierig Mike L z. A.	BI SP		16. 9.69		**Matschinsky** Eberhard DGE		D EK k	31. 1.47
Faust Sigrid G/HSchL'	D E AL		20. 2.50		(stellv. Schulleiter)			
Fischdick Gisela L' i. A.	BI CH				**Mayer** Stephanie L'		E I	29. 9.64
Franke Eberhard GER 1. 3.72	M PH e		20. 2.42		**Merchlewitz** Margarete L'		TC WL	17.11.53
Gens Monika L'	CH PH e		15. 4.53		**Mertes** Dorothee L'		GE D E	18.11.54
	M				**Michel-Bainka** Claudia L'		D SW	20. 1.71
Gerecht Werner Dipl.-Bibl.			27. 6.49		**Midik** Rifki StR		SW SP	14. 3.65
Göbel Petra StR'	M KU				**Neugebauer** Dorothea Dr. L' i. A.		BI CH	29.11.51
Goehrke Janina L' z. A.	D SW		22. 3.69		**Neumann** Cornelia L'		PA SP	30. 6.67
Grabowitz Waltraud RSchL'	E KU				**Niehörster** Rosemarie			
Große-Krabbe Brigitte L'	GE KU		29. 7.52		**Nordstern** Bernd OStR		E GE	1. 5.42
Grzanna Dagmar L'	D EK e		15. 7.53		**Orbat** Jürgen SekIII		CH BI	11. 8.56
	GE				**Paul** Ursula StR'		° E F k	25. 4.53
Gürgen Neriman L'	D M		25. 8.73		**Pautzke** Andrea L'		IF M	30. 5.61
Hafizogullari Mustafa L i. A.	T				**Petrak** Peter Dr. L		GE SW	19. 4.61
Hein Guido GER	MU D				**Polnauer** Joachim Soz.-Arb.			21.10.46
Helming Marlies	SP MU				**Popp** Klaus StR		E EK	25. 1.72
Herder Claudia SekIL'	E HW		19. 8.56		**Preuß** Arthur SekIL		D GE PH	
Herrmann Jochen L i. A.	BI SP		12. 7.61		**Rachner** Wolfgang L		D EK SP	21.10.51
Hülsner Christiane L'	CH EK		21. 3.57		**Rasche** Peter G/HSchL'		D GL AL	19. 3.49
Huneke Wolfgang VSchL'	WW k		22. 7.50					

Raschtuttis Marie-Luise Soz.-Päd.'		e	14.10.51	**Schwarz** Ulrike L'	F GE	4.	9.69
Reinartz Jürgen L	GE ER WL	e	4.10.50	**Schwering** Tobias L	D M	20.	4.74
				Spork Susanne			
Remiz Sylvia				**Stach** Petra StR'	CH GE	9.	2.59
				Stateczny Herbert SekIL	BI PH EK		
Resse-Naumann Birgit L'	D ER		18.11.68	**Steffens** Johannes L	D WL TC	6.	8.51
Riedel Walburga RSchL'	F SW	k	30. 1.50	**Terzenbach** Michael SekIL	BI SP k	11.	3.56
Ringkowski Thomas Schulpsych.		neuap	7. 8.49	**Ugurel** Tamer StR	BI T	26.	8.69
				Urbanke Wolfgang OStR	M SP	9.	1.48
Rinne Gerd FachL	KU		25. 5.42	**Vester** Uwe			
Rompel Renate GymnL'	SP	e	13.10.43	**Weber** Mira L'	EK KU	8.	8.59
Ronge Thomas StR z. A.	ER E	e	18.12.52	**Wendt-Taschbach** Angela DGE' (Abteilungsleiterin SekII)	CH SW k	17.	8.56
Saridas Nurcan L'	BI CH		9. 5.75				
Schlüter Bernhard L i. A.	M E			**Wissing** Heide L' i. A.		21.10.74	
Schröder Ulrike RSchL'	E EK		30. 5.50	**Witkowski** Rolf L i. A.	BI PS	21.	2.44
Schulte Monika L' i. A.	BI CH			**Witte** Klaus SekIL	D GE TC		
Schulz-Kossuch Ulrike StR'	BI CH			**Yalcin** Güseren L'	T SW	4.11.72	
Schulze Heide SekIL'	D KU						

4.301 Gelsenkirchen Gesamtschule Ückendorf gegr. 1982
st. GesSch. (5-Tage-Woche) f. J. u. M.
Bochumer Str. 190, 45886 Gelsenkirchen – Tel. (02 09) 14 89 50, Fax 1 48 95 31
E-Mail: info@gsue.de, Homepage: www.gsue.de

Kl: 46 (14/32)

BR Münster
ASN: **188098**

Spr.-Folge: E, F/L

Dez: LRSD **Ruhwinkel**

Reinert Felicitas StD' (Schulleiterin)
ten Have Alrun DGE (stellv. Schulleiter)
Thommes Peter (didaktischer Leiter)
Sörensen Sven GER (Abteilungsleiter I)
Mahr Cornelia GER' (Abteilungsleiterin II)
Fußwinkel Heinrich GER (Abteilungsleiter III)
Becker Bernd DGE (Abteilungsgleiter SekII)

4.302 Gelsenkirchen Gesamtschule Horst gegr. 1985
st. GesSch. (5-Tage-Woche) f. J. u. M.
Devensstr. 15, 45899 Gelsenkirchen – Tel. (02 09) 45 03 0-0, Fax 45 03 0-10
E-Mail: 188736@schule.nrw.de

Kl: 36 (12/24)

BR Münster
ASN: **188736**

Spr.-Folge: E, F/L

Dez: LRSD **Ruhwinkel**

4.303 Gelsenkirchen Gesamtschule Buer-Mitte gegr. 1988
st. GesSch. (5-Tage-Woche) f. J. u. M.
Nollenpad 29, 45894 Gelsenkirchen – Tel. (02 09) 1 69 60 11, Fax 1 69 60 20
Dependance SekII: Rathausplatz 3, 45894 Gelsenkirchen
E-Mail: gbm@gbm-ge.de, Homepage: www.gbm-ge.de

Kl: 36 (12/24)

BR Münster
ASN: **189730**

Spr.-Folge: E, F/L

Dez: LRSD **Ruhwinkel**

Schulte Brigitte Dr. (Schulleiterin)
Koch Uwe (stellv. Schulleiter)
Gießbach Ulrike (Abteilungsleiterin I)
Kranefeld Theo (Abteilungsleiter II)
Vöing Marion Dr. (Abteilungsleiterin III)
Friese Gudrun (Abteilungsleiterin SekII)

4.304 Gelsenkirchen-Bismarck Evangelische Gesamtschule (EGG) gegr. 1998
pr. GesSch. der Evangelischen Kirche von Westfalen f. J. u. M.
Laarstr. 41, 45889 Gelsenkirchen – Tel. (02 09) 98 30 30, Fax 9 83 03 20
E-Mail: sekretariat@e-g-g.de, Homepage: www.e-g-g.de

Kl: 30 (10/20) Sch: 1133 (584) (298/597/238) Abit: 57 (38) **BR Münster**
Lehrer: 80 (46) Beamte: 56 (32) Angest.: 24 (14) ASN: **193800**
Spr.-Folge: E Dez: LRSD **Ruhwinkel**

Ay Bircan	CH HW		24. 8.70	**Lehnert** Ralph Dr.	CH PH	k	9. 2.66
Bernoth Christine	M D		8.12.72	**Lehr** Stefan	SP EK	e	3.12.72
Biller Heiko	M PH	e	16. 1.69	**Lindenberg** Claudia	BI EK	k	24. 8.70
Birkholz Petra	D E		14. 5.68		CH		
(Abteilungsleiterin II)				**Lodenkemper** Astrid	MU D		28. 5.70
Bludau Klaus	E KR	k	29. 7.70	**Meier** Christian Pfr.	ER	e	17. 3.69
Bolte Karsten	SP BI TC		17. 6.73	**Meinker** Silke	D M E	e	31. 3.76
Breimhorst Bertin	SP GE	e	29. 8.55	**Meyer** Jennifer	D MU	e	30. 7.75
Brinkmann Susanne	KU TX	k	2. 3.57	**Morlang** Ulrike	F GE	e	29.12.69
Buhl Norbert	D KR		22. 4.57	**Pieper** Bianca	D BI PA	e	23. 5.74
Buschkühl Corinna	M CH		14. 8.69	**Pomplun** Miriam	E KU	k	9. 1.75
Denda Andreas	PH M		17. 8.68	**Rau** Jürgen	GL ER		1. 4.44
Dohrmann Sigrid	KU NW		1. 2.68	**Röhrkasten** Daniela	M SP	e	8. 4.76
Ehlich Christoph	M EK	e	4. 6.63	**Rud** Tanja	BI GE	e	11. 2.73
Everling Julia	E SP	e	21. 8.73	**Schlaak** Katrin	KU D	k	17. 7.73
Franken Volker	GE SW	e	23.12.61	**Schledz** Mareike	M KU	e	27. 2.67
(stellv. Schulleiter)	ER			**Schmidt** Claudia Dr.	D GL		31. 5.63
Fridag Marc	M PH	k	19. 6.76	**Schneider** Friederike	D E	e	4. 8.65
Geisler Rolf-Olaf	E NW		8.11.65	**Schönheit** Bettina	E SP	e	13.12.63
(Abteilungsleiter I)				**Schwenke** Daniel	D ER		15.10.76
Gräwe Karl	D R IF	e	25. 9.65	**Sievert** Martin	SP EK	e	22. 4.62
Hagemann Margarete	E GE	k	27. 8.57	**Spell** Patrick Dr.	GE ER	e	10. 9.65
Hagemeister-Gortat Britta	F D	e	4. 9.61		PL		
Halbeisen Ulrike	SP SW		29. 6.69	**Steckel** Alfred	D L		30.12.56
Heimann-Pleger Gabriele	D GL		16. 6.55	**Stelte** Anne	GE KR	k	7. 6.58
Herden Thomas	SW PA SP		1.10.68	**Tiling** Sabine	BI SP	e	8. 2.61
Herzog Heidi	ER TX	e	20. 5.59	**Türkgeldi-Rauhut** Osman	BI GE	msl	15.10.65
Hofmann Annette	E F		29.12.53	**Varol** Nagihan	D T	msl	1.10.75
Ingenfeld Olaf	TC SP	e	12.10.76	**Volkmann-Tsaparlis**	ER PA	e	10. 8.71
Jähner Monika	M KU		23. 9.54	Konstanze			
Jansen Birgit	E ER		25. 4.62	**Vollmer** Matthias	D PL M	e	2. 1.76
Kanigowski Angelika	BI AL	k	3. 3.56	**Wanders** Dirk	M PH	e	20. 7.65
Klanke Stefan	BI EK		20. 9.71	**Weiterer** Stephanie	M D IF	k	3. 4.71
Kleine-Boymann Margit	E F	k	11. 5.57	**Welbers** Melanie	E F	k	13. 4.69
Klutzny Monika	D GE	e	20.11.51	**Weyer-von-Schoultz** Martin Dr.	GE MU	e	7. 9.62
Kolletzki Heinz	ER D		26. 2.48	(didaktischer Leiter)			
Korbel Dorothea	D KR	k	25.10.77	**Wiechers** Angela	HW	k	24. 4.57
Kreitz Tim	CH GE	e	13. 2.75	**Will** Thomas	SP EK	e	25. 9.68
Kühn Ingo	E PA	e	25.11.70	**Winkelmann** Dorothee	ER GL		19. 1.65
Küster Sandra	E S	k	30. 7.75	**Wirtz** Nicole	KU M	k	5. 7.74
Kuhn Ronald	M PH	k	13. 6.70		PA		
Laban Guido	SW E	e	24. 1.64	**Witt** Anke	D PA	e	5. 4.69
(Abteilungsleiter SekII)				**Wuttke** Michael	BI CH	e	21.12.63
Langer Eva	D SW	e	4. 2.69	**Zarth** Valerie	S BI	k	2.10.78
Lehmann Harald (Schulleiter)	D ER		21. 5.49				

4.320 Gladbeck Ingeborg-Drewitz-Gesamtschule gegr. 1974
st. GesSch. in Ganztagsform (5-Tage-Woche) f. J. u. M.
Fritz-Erler-Str. 4, 45966 Gladbeck – Tel. (0 20 43) 9 40 50, Fax 94 05 21
E-Mail: sl@ingeborg-drewitz-gesamtschule.de
Homepage: www.ingeborg-drewitz-gesamtschule.de

Kl: 42 (14/28)   Sch: 1273 (603) (378/734/161)   Abit: 26 (11)   **BR Münster**
Lehrer: 100 (49)   Beamte: 93 (47)   Angest.: 7 (2)   ASN: **184380**
Spr.-Folge: E, F/L/T   Dez: LRSD **Scholle**

Backhaus Rosemarie
LGED' (Schulleiterin)
Blome Rainer DGE
(stellv. Schulleiter)
Dewenter-Etscheid Petra
DGE (didaktische Leiterin)
Brauckmann Angelika
GER' (Abteilungsleiterin I)

Weichert Jörg GER   TC GL   2. 9.63
(Abteilungsleiter II)
Drewes Bettina GER'
(Abteilungsleiterin III)
von Schwerdtner Jochem DGE
(Abteilungsleiter SekII)

4.323 Goch Gesamtschule Mittelkreis gegr. 1997
GesSch. f. J. u. M. d. Zweckverbandes Mittelkreis
Südring 28, 47574 Goch – Tel. (0 28 23) 87 04 63, Fax 87 04 65
E-Mail: verwaltung@ge-mittelkreis.de, Homepage: www.ge-mittelkreis.de

Kl: 31 (10/21)   Sch: 1155 (589) (295/636/224)   Abit: 48 (33)   **BR Düsseldorf**
Lehrer: 85 (42)   ASN: **193586**
Dez: LRSD **Pannasch**

Hoffmann Rainer (Schulleiter)
Jännert Erich (stellv. Schulleiter)
Anhalt Bernward
Balsiger Max
Bangert Angelika
Beckmann Sandra
Berens Christoph
Bier Petra
Blind Wolfgang
Bolten Julia
Bolten Sabine
Breitkopf-Bangert Manfred Bruno
Brischke Petra
Brookes Joachim (Abteilungsleiter I)
Burkamp Klaus
Delbeck Eva-Maria
Diderichs Guido
Eling Heiner
Ferlemann Dierk
Förster Sonja
Gliemko Marita
Göb-Otto Ulrike
Gorazdza Nadja
Groß Dorothea
Gudde Thomas
Harnisch Kirsten
van gen Hassend Christian
Heckner Klaus
Hennig Anja
Ingenbleek Michael
Jeaud Nathalie
Joest Daniel
John Bernard
Kannengießer Mechtild
Koczy Christian
Konda Winfried Dr.
Krause-Kleinpaß Jutta (Abteilungsleiterin SekII)
Lehmann Barbara
Looschelders Gerd

Matzenbacher Tanja
Möllmann Catrin
Mühlenbeck Markus
Oster Guido
Palka Elisabeth
Peters Christoph
Redelbach Susanne
Remy Bruno
Riße Hanno
Schaufenberg Pascal
Schmalenbrock Ursula
Schmied Bettina
Schmitz Carsten
Schoofs Stefan
Schubert Gabriele
Schulz Hubertus Dr.
Simon Andreas
Simon Manuela
Sprung Heike Iris
Stumpf Daniel
Synwoldt Marc
Szopinski Hildegard
Teetzmann Karin Dr.
Teurlings Ulrich
Thielen Josef
Thora Beate
Töller Heidi-Linda
Ukena Joachim
Verhoeven Martina
Waber Sybille (Abteilungsleiterin II)
Wagner Olaf
Warrener Ruth
Wendt Egbert
Wennekers Udo
Werke Patricia
Weykamp Sonja
Willemsen Herbert
Zaschka Edwin
Zbanyszek Sigrid (didaktische Leiterin)

4.325 Grevenbroich   Käthe-Kollwitz-Gesamtschule   gegr. 1991
st. GesSch. f. J. u. M.
Hans-Böckler-Str. 19, 41515 Grevenbroich – Tel. (0 21 81) 2 26 70, Fax 22 67 30
E-Mail: 191504@schule.nrw.de, Homepage: www.kaethekollwitz.de

Kl: 24 (8/16)   Sch: 922 (513) (239/488/195)   Abit.: 49 (32)
Lehrer: 61 (34)   Beamte: 48 (28)   Angest.: 13 (6)

BR Düsseldorf
ASN: **191504**
Dez: LRSD **Nevries**

Mitze Dagmar LGED'	MU ER e 26.11.57	**Weitz** Jürgen	
(Schulleiterin)		(Abteilungsleiter II)	
Schell Christoph		**Schlimm** Reinhold	
(stellv. Schulleiter)		(Abteilungsleiter SekII)	
Tressel Emmy		**Drazic** Doris	M TC k 25. 7.63
(didaktische Leiterin)		**Schmitz** Hans	EK CH k 22. 6.57
Lambertz Christine		**Zoller** Sylvia	M SP 7. 3.69
(Abteilungsleiterin I)			

4.330 Gütersloh   Anne-Frank-Gesamtschule   gegr. 1985
st. GesSch. (5-Tage-Woche) f. J. u. M.
Düppelstr. 25b, 33330 Gütersloh – Tel. (0 52 41) 82 32 60-61, Fax 82 27 84
E-Mail: sekretariat@afs.schulen-gt.de, Homepage: www.afs.schulen-gt.de

Kl: 37 (12/25)   Sch: 1233 (624) (350/697/186)   Abit: 43 (25)
Lehrer: 89 (46)   Beamte: 83 (43)   Angest.: 6 (3)
Spr.-Folge: E, F/L

BR Detmold
ASN: **188839**
Dez: LRSD **Spichal**

Arnemann Elmar	SW KR	**Kappler** Marita GED'	GE PA
Barembruch Anita	M KR	(Abteilungsleiterin SekII)	
Bokeloh Katrin	GE SP	**Kasper** Hans-Georg	ER PL PA
Brinkmeier Svenja	D E	**Kattenstroth** Ernst-August	M CH
Brune Eckhard	M SP	**Kerstan** Katrin	E D
Caliskan Zafer	M AT	**Kieling** Harald	D GL KU
Damman Ulrike	E KU	**Kißner** Wibke	D SW
Deperschmidt Tatjana	CH AH	**Klein** Dagmar	SW GE ER
Dreier Elke	E S	**Klein-Ridder** Ludger	E GE
Dudek Oliver	CH SP	**Kleinebekel** Elke	E BI
Ebert Hildegard	BI E KU	**Kleinegräber** Manuela	D F
Eikmeier Grit	BI CH	**Kleinholz** Susanne	SP D BI
Fahlbusch Bernward Dr.	D GE	**Kremser** Wolfgang	D GL AW
Fidora Volker	D GE	**Kropp** Sigrid	D E GL
Franzen Karola	D GE	**Künzel** Norbert	SP PH
Fritsch Peter	SP M CH	**Limper** Wilfried	BI D GL
Gercken Udo	PH MU	**Linke** Rainer	PH AT
Goecke Dieter GER	ER AL	**Lorenz** Dagmar	M E
(Abteilungsleiter I)		**Lüchtefeld** Werner Soz.-Päd.	
Grimme Peter	GE SP	**Meibeck** Werner	MU D AW
Großbrummel Ludger	M GL	**Möhlen** Michael GED	D GE
Heikel Katharina	D KR	(stellv. Schulleiter)	KU
Heimann Annegret	S SP	**Moenikes** Hiltraud	D SP
Hinrichs Beate	D F	**Monkenbusch** Petra	D KR
Hinze Brigitte	KU GL	**Müller** Gabriele	M SP BI
Höcker Gerlind	D E GL	**Nemet** Marlis	E D KU
Hönemann Gudrun	M SW	**Nett-Ullbricht** Ulla	E TX
Hoffmann Eberhard	M SP	**Niemann** Ingeborg	E BI ER
Hoffmann Jürgen	D AT GL	**Nolteculemann** Heinz-Friedel	E M AH
Hohensträter Gertrud	F GL	**Obbelode** Jutta Dr.	M
Isringhausen Sabine	D GE	LGED' (Schulleiterin)	
Kaib Norbert	E KR GE	**Paulus** Stephan	MU KU
Kappe Hans-Lothar	EK SP	**Pittins** Ralph	AT EK

Pohl Torben	ER GE		van Spankeren Lutz Dr.	D GE
Pokraka Angelika	D SP BI		GED (didaktischer Leiter)	PA
Pollmeier Gudrun	E MU		Sprick Barbara	M KU
Rotthaus Axel	L E		Stienen Ludwig	M KR
Rüter Jan	M SP		Strothmann Antje	BI SP
Schenk Manfred	D BI CH		Temme Dorothea GER'	BI KU
Scherer Walter	E SP		(Abteilungsleiterin II)	
Schlepphorst Michael	D MU PL		Wegener Marita	F GL
Schmalhorst Birgit	E KU		Weitkamp Carla	E D
Schreiber Joachim	M WW		Wenzel Elke Dr.	BI SW
Schröder Annegret	E D TX		Weykam Gunar	KU ER
Schröter Christian	M PH		Wilken Ingrid	SP M
Schüler Bärbel	BI SP		Zimmermann Jürgen	D KU
Schüthuth Michael	D GE			AT GL
Schwarze-Bartels Birgit	M SW		Zinke Renate	E D
Smith Bettina	M GL			

4.331 Gütersloh Janusz-Korczak-Gesamtschule gegr. 1998
st. GesSch. f. J. u. M.
Schledebrückstr. 170, 33334 Gütersloh – Tel. (0 52 41) 82 36 00, Fax 82 36 03
E-Mail: jkg.sekr@t-online.de, Homepage: www.jkg.schulen-gt.de
Kl: 30 (12/18)

BR Detmold
ASN: **193630**

Spr.-Folge: E, F

Dez: LRSD **Spichal**

Ladleif Christian LGED (Schulleiter)
Prüß Wilfried (stellv. Schulleiter)
Hakenberg Petra (didaktische Leiterin)

Möhlen Barbara (Abteilungsleiterin I)
Hengstenberg Sabine (Abteilungsleiterin II)
Kemper Petra (Abteilungsleiterin SekII)

4.340 Gummersbach Gesamtschule Derschlag gegr. 1987
st. GesSch. (5-Tage-Woche) f. J. u. M.
Epelstr. 23, 51645 Gummersbach – Tel. (0 22 61) 5 30 33, Fax 5 95 26
E-Mail: info@gesamtschulegm.de, Homepage: www.gesamtschulegm.de
Kl: 36 (12/24)

BR Köln
ASN: **189698**

Spr.-Folge: E, L/F, S

Dez: LRSD' **Grau**

Jaeger Michael	D GE	25. 3.51		Emich Jutta StR'	GL GE SW	
LGED (Schulleiter)	(GL)			Engel Burkhard L	BI EK	
Müller Alfred DGE	D PL	10.10.51		Engler Nina L'	BI SP	
(Abteilungsleiter SekII)				Flötgen Klaus L	SP GL D	16.12.49
Benkert Thomas StR	M PH	17. 1.70		Fritz Thomas GER (Vw)	D M (GL	28. 3.55
(Abteilungsleiter II)					WL IF)	
Jahn Barbara GER'	E M	17. 1.56		Gäbler Astrid L'	KU ER (GL)	
(Abteilungsleiterin I)				Hamm Christel L' (T)	HW GL	7. 6.55
Baerens-Kamecke	D KU (GL)	20. 4.54		Heringer Raimund StD	BI CH	
Michael L				Höller Lothar StR	KR PA	11.10.57
Beyer-Heinig Birgit L'	D KU GL	29. 5.50			(D GL)	
Büllesfeld Dagmar L' (T)	E GL	18. 1.49		Horstmann Markus L	SP GE k	3. 4.73
Bümming Karin L'	M SP PP	21. 5.60		Hundt Fritz L	KR D	1. 7.54
Campo Ute GER'	KU D E	16. 7.51			(GL WL)	
Ebbinghaus Jürgen L	E ER			Jurzok Manfred L	SP	11. 8.55
	(MU D GL)			Klink Marianne RSchL'	M PH	

Klinkhammer Wolfgang L	M GE (GL WL)	17. 4.51	
Körling Christiane OStR'	M PH	1. 3.59	
Kreis Annelie L'	SW TC (WL)	9. 5.55	
Kremer Edith L' (T)	M BI	18. 7.56	
Krupp Thomas StR	BI EK (PH)	15. 1.68	
Lauven Bärbel StR' (T)	D F	12. 2.58	
Longerich Angelika L'	M EK (GL)	17. 5.57	
Meyer Maria RSchSL'	E BI (GL)	26. 2.53	
Neuhausen Heinz L	E L		
Norbeteit Frank L	D ER EK (GL AL TC WL)	23. 4.49	
Philipps Phil L i. A.	E MU	12. 8.64	
Platz Karl L	KR D GL (AL TC HW)	18. 6.51	

Ribinski Petra StR'	M CH	6.12.58
Roter Anke L' (T)	GE L	8. 9.67
Roter Matthias StR	F S (D)	14. 6.63
Sandhofe Wilhelm-Jörg L	PL D GE	2. 6.57
Sauer Sylvia StR'	D F	
Schlechtingen Joachim L	M D SP	31. 1.66
Seitz Ela Soz.-Päd.'		29.10.61
Steffen Michaela StR'	BI SW PH	15. 2.74
Stracke Michael StR	D GE (GL)	2.10.63
Walter Birgit StR'	D SP	1. 9.70
Wienhold Oliver StR	BI CH	15. 8.66
Wilke Rudolf Sonderpäd.		
Wirth Ernst-Richard L	E MU	22.10.52
Wollenhaupt Jörg StR z. A.	ER GE	5. 4.68

4.350 Hagen Fritz-Steinhoff-Schule gegr. 1975
st. GesSch. in Ganztagsform (5-Tage-Woche) f. J. u. M.
Am Bügel 20, 58099 Hagen – Tel. (0 23 31) 6 50 71, Fax 6 50 73
E-Mail: fsg@fsg.ha.nw.schule.de, Homepage: www.fsg.hagen.de
Kl: 42 (14/28)

BR Arnsberg
ASN: **184019**

Spr.-Folge: E, F, L/I

Dez: LRSD' **Vörös-Rademacher**

Abel Holger	M PH	Henrichs Maria	E EK
Altena Klaus OStR	M PA TC	Hense Annette	D KU
Arnoldi Jürgen	L ER	Hilborne-Clarke Helga StD'	E SW
Arslan Ali	T	Hölting Heinrich StD	E SP
Behmer Karl-Heinz OStR	M	Hofmann Birgitt OStR'	D GL
Berkemeier Peter	E KU	Jäger Michael	E ER
Bienkowski-Schlünder Helga	TC	Janz Barbara	BI KU
Bischoff Rainer GED (stellv. Schulleiter)	M SP	Jung Lena	KR HW
		Kaiser Martina	HW E
Blaschke Heinrich	WW D GE	Kapetanovic Jutta GER'	D E SP
Boehnke Martin	M PH	Kerski Werner LGED (Schulleiter)	M PH
Böttger Solveig	D SW		
Brühl Barbara OStR'	EK MU GL	Klappholz Ulrike	M PH
Bücker Erhard	MU D	Klein Hermann	D GE AL
Bulenda Svenja	EK BI PH	Klein Rainer	SP
Carlmeyer Sigrid OStR'	D KR	Körner Hendrik	SP E
Detert-Behmer Margret	D SP BI	Krah Beatrix	E TC KU
Dichanz Christiane	MU EK	Kranert Eberhard OStR	D PA KU ER
Doermann Hans-Heinrich OStR	M PA	Kreuz Michael	CH SP
		Kühne Marion	D HW KU GL
Ebendinger Ulrich	M KR	Lohse Jürgen	D AL
Ehmann Gabriele	E D GE	Ludwig Matthias	E SP
Flasche Monika	D EK	Macaluso Guiseppina	D I
Fleddermann Gerd GED (Abteilungsleiter SekII)	EK D	Marnowski Uwe	D KU
		Massmann Axel	CH SP
Fleddermann Lydia StD' (Abteilungsleiterin III)	D EK	Maus Heinz	GL KR
		Meyer Michael	M IF
Frowein Michael GED (didaktischer Leiter)	E GL	Mirabile Guiseppe	I KU
		Möller Marianne	GE F
Gaide Lothar		Möller Walter OStR	F GE
Gaiser Ursula	D BI	Müdder Oliver	E PA
Gansow Marita	D SP WW	Müller Mathias	M SP
Geyer-Ewardwalbesloh Marion	M EK	Müller Wolfgang OStR	L GE
		Oeke Hans-Georg	TC M
Göke-Fritsch Christine	BI I	Pässler Karoline	F KU
Groß Michael	M TC	Pasternak Arno OStR	M IF
Haselbeck Rolf	GE R M	Petersen-Hollmann Alke	GE SW ER
Heidel Brigitte	EK M TC	Pfetzing Michael	MU GE D
Hellmuth Martina	KR KU SW	Plett Detlef	KU PH CH

Quade Anne-Rose	BI CH	Scholz Rosemarie	E SP ER
Raetz Gisela	BI HW	Schulte Manfred	SP E
Reinohs Evelyn	ER SW M	Schulze Rolf OStR	M SP
		Seeger Elvira	E KU D
Rettler Marianne	E D EK	Stelten-Busch Brigitte	E F
Riemer-Gerth Petra	KU BI	Tappenhölter Werner	MU PH
Rist Uwe OStR	BI	Thiel Eduard	TC
Rixe Rosemarie	E GE	Vaupel Wiebke	D KU
Rossi Luigi	I	Vogt Gerhard GER (Abteilungsleiter I)	
Rotermund Annette GER' (Abteilungsleiterin II)	D E	Volkmer Katrin	M PH
Rummel Terçan	D GE	Wassermann Dieter	E D
Rybarczyk Klaus StD	M	Wilke Eva	EK BI
Sassenbach-Oppermann Beate	CH HW	Woudenberg Michael OStR	F GE
Schmidt Sabine	D ER	Ziegeldorf Heinz OStR	M PH EW
Schmücker Johannes		Ziegeldorf Ingrid OStR'	M SP
Schneider-Schafhausen Veronika GER'	D PA MU		

4.351   Hagen   Gesamtschule Haspe   gegr. 1986
st. GesSch. in Ganztagsform (5-Tage-Woche) f. J. u. M.
Kirmesplatz 2, 58135 Hagen – Tel. (0 23 31) 34 81 4-0, Fax 34 81 4-14
E-Mail: schulleitung@gesamtschule-haspe.de, Homepage: www.gesamtschule-haspe.de
Kl: 36 (12/24)

BR Arnsberg
ASN: **189170**
Dez: LRSD **N. N.**

Fink Michael Dr. (Schulleiter)
Meyer Jürgen (stellv. Schulleiter)
Konietzko Gerd (didaktischer Leiter)
Dahlmann Monika (Abteilungsleiterin I)

Brauckhoff-Zaum Heike (Abteilungsleiterin II)
Schroiff Monika (Abteilungsleiterin III)
Hopstock Ulrich (Abteilungsleiterin SekII)

4.352   Hagen   Gesamtschule Eilpe   gegr. 1988
st. GesSch. in Ganztagsform (5-Tage-Woche) f. J. u. M.
Wörthstr. 30, 58091 Hagen – Tel. (0 23 31) 37 57 2-0, Fax 37 57 149
E-Mail: sekretariat@geeilpe.de, Homepage: www.geeilpe.de
Kl: 24 (8/16)

BR Arnsberg
ASN: **189984**
Dez: LRSD N. N.

Eckervogt Jürgen (Schulleiter)
Alberts Wilfried (stellv. Schulleiter)
Keil-Haack Gabriele (didaktische Leiterin)

Köster Josef (Abteilungsleiter I)
Grabowski Frank (Abteilungsleiter II)
Stein Ulrich (Abteilungsleiter SekII)

4.360   Hamm   Friedensschule   gegr. 1986
st. GesSch. in Ganztagsform (5-Tage-Woche) f. J. u. M.
Marker Allee 20, 59063 Hamm – Tel. (0 23 81) 54 40 2-0, Fax 54 40 2-23
Dependance Jg.st. 5–7: Josef-Wiefels-Str. 12, 59063 Hamm
E-Mail: 189250@schule.nrw.de, Homepage: www.friedensschule.schulnetz.hamm.de
Kl: 36 (12/24)   Abit.: 42

BR Arnsberg
ASN: **189250**
Dez: LRSD' **Schulz**

Siegert Monika LGED' (Schulleiterin)
Frentrop Jürgen GED (stellv. Schulleiter)
Lippold Karl-Joseph GED (didaktischer Leiter)

Brandenburg Martina GER' (Abteilungsleiterin I)
Okon-Gerling Michael GER (Abteilungsleiter II)
Gertzen Otto LGED (Abteilungsleiter SekII)

4.361 Hamm Sophie-Scholl-Gesamtschule gegr. 1988
st. GesSch. in Ganztagsform (5-Tage-Woche) f. J. u. M.
Stefanstr. 42, 59075 Hamm – Tel. (0 23 81) 9 87 70 50, Fax 9 87 70 53
E-Mail: lindemann-hamm@helimail.de
Homepage: www.sophie-scholl.schulnetz.hamm.de

Kl: 36 (12/24)   Sch: 1140 (594) (349/657/134)   Abit.: 35 (19)
Lehrer: 84 (46)   Beamte: 70 (39)   Angest.: 14 (7)

BR Arnsberg
ASN: **189807**
Dez: LRSD **Treichel**

Spr.-Folge: E, F/L

Lindemann Manfred LGED (Schulleiter)		Gödeke Kai SekIL	SP GL	8. 2.70
Dudek Otto-Ernst DGE (stellv. Schulleiter)		Kieppe-Lecybye Ines SekI/IIL'	D PL ER	14. 4.65
Hoffmann Klaus Dr. GED (didaktischer Leiter)		Klein Roland StR	BI M	14. 5.59
Gröpper-Berger Bärbel GER' (Abteilungsleiterin I)		Moormann Andreas SekIL	EK TC	3. 5.68
Kordecki Michael GER (Abteilungsleiter II)		Pilters Martin SekIL	SP BI	3. 3.59
Langenbrinck Petra StD' (Abteilungsleiterin SekII)		Wystup Marc SekI/IIL	GE KR	28.11.68

4.370 Hattingen Gesamtschule gegr. 1988
st. GesSch. in Ganztagsform (5-Tage-Woche) f. J. u. M.
Marxstr. 99, 45527 Hattingen – Tel. (0 23 24) 68 17 10, Fax 68 17 129
Dependance Jg.st. 9–13: Lange Horst 10, 45527 Hattingen
Tel. (0 23 24) 6 81 91 90, Fax 6 81 91 99
E-Mail: info@ge-hattingen.de, Homepage: www.gesamtschule-hattingen.de

Kl: 36 (12/24)

BR Arnsberg
ASN: **190007**
Dez: LRSD **N. N.**

Spr.-Folge: E, F/L/T

Kops Ulrich LGED (Schulleiter)	M	Heitmann Wiltrud	
Sternitzke Ulrich GER	SP GL	Hesse Ulrike	E M
(stellv. Schulleiter)	ER	Höfig Jan-Piet StR	E GL
Müller-Bennent Marita GED'	E ER	Holland Edelgard	SP
(didaktische Leiterin)		Hufendiek Elke	E GL
Ingenlath-Gegić Lilo L'	D KU GL	Kersbaum Ute	D BI
(Abteilungsleiterin I)		Kioscha Andrea StR'	KU GE
Lammers Jürgen GER	GP D	Klocke Markus	SP GE GL
(Abteilungsleiter II)		Knäpper Ute	BI CH
Wego Christa-Marie GER'	E GL	Kokenbrink Rainer Franz	D PL
(Abteilungsleiterin III)		Krabiell Sabine StR'	E F
Eckelmann Wolfgang GED	SW D	Krah Horst OStR	MU SP
(Abteilungsleiter SekII)		Krüsmann-Ecker Barbara	SP (D)
Andrae-Sander Simone StR'	BI CH	Leimann Bernd	D F
Austernmühle-Kurz	ER PL	Leinhäuser Josef	KU AL
Constanza StR'		Löcke-Susca Sabine StR'	GE I
von Bancels Michael SekI/IIL	KU CH	Macho Gabriele	E KU
Boskamp Monika	SP M	Maroscheck Ludger StD	EK PA
Brüggen Petra StD' (F)	M KR	Mattelé Klaus OStR	BI KR
Budde Rainer OStR	E SP	Mrochen-Poth Christine StR'	ER F
Bungert Katja	E D	Müller Marion OStR'	E F
Buttgereit Sigrid	D GP	Nefferdorf Michael	D EW
Cielinski Anja	D E	Neumann Helga	KU M
Dams Anja StR'	PH PA	Niggemeier Werner	M PH
Deckers-Schäfer Gundel OStR'	SP E	Nobis Helga Katharina StR'	F D
Ebbefeld Dorothea	M MU	Nuxoll Marianne	E D
Ebert Sabine StR'	L GE	Özdemir Ünal	T
Eckelt Irmgard SekIL'	M KR	Paskert Kerstin StR'	CH BI
Ender Karola	D GL	Poth Hartmut OStR	BI EK
Frese Joachim	M PH	Reichwein-Simmchen Anna	CH AL
Frielingsdorf Sigrid GER'	E SW	Riemann Monika	KU PH
Glockner Petra	D M	Rum-Mönikes Eva StR'	M SP
Grone Sylke StR'	E D KU	Schäfer Irmhild	E EK
Hansen Elke	D E	Schmerbeck Horst	M PH
Heide Klaus-Peter	BI EK	Schreiber Annette StR'	D E
van der Heide Torsten L	D GL	Schuchardt Christina	

Schuknecht Dirk	M PH	**Walter** Reinhilde	KU TX
Selz Klaus-Jürgen	SP M	**Wanning** Bernhard StR	SP GL
Semm Ingrid	D M	**Waschkuhn** Thomas	E GE
Sinzig-Gruhn Ursula StR'	M SP	**Wedegärtner** Joachim	M TC
Sommerkamp Thomas StR	D KU	**Weidig** Sabine StR'	M PH
Spittank Torsten L	MU CH	**Weller** Erwin OStR	
Steffen-Hofmann Heike StR'	D E	**Wendt** Gernot StR	EK GE
Steinke Annegret StR'		**Willms** Margit	TC BI
Theiß Gerald StR	SP GE	**Zagermann** Detlev OStR	SP CH
Walkiewicz Wolfgang OStR	F GL	**Zank-Zippel** Gudrun	HW KU
Waltemate Dietmar	GL ER		

4.380 Havixbeck Anne-Frank-Gesamtschule gegr. 1990
st. GesSch. (5-Tage-Woche) f. J. u. M.
Schulstr. 5, 48329 Havixbeck – Tel. (0 25 07) 37 77, Fax 41 07
E-Mail: afg-havixbeck@t-online.de, Homepage: www.gesamtschule.havixbeck.de
Kl: 32 (10/22)   **BR Münster**
                                                                                                                               ASN: **190743**
Spr.-Folge: E, N/F, L, N   Dez: LRSD **Scholle**

Niehaus Hannes LGED (Schulleiter)
Götte Jürgen GED (stellv. Schulleiter)
Thees Herbert GED (didaktischer Leiter)
Degemann-Lickes Christa Dr. GER' (Abteilungsleiterin I)
Adler Sabine GER' (Abteilungsleiterin II)
Kuckelsberg Detlef GED (Abteilungsleiter SekII)
Adamzick Iris
Aehlen Stefanie
von Allwörden Claudia
Blawatt Annette
Boie Vera Dr.
Brinkgerd Veronika
Bröskamp Hans
Brummund Astrid
Cox Alfred
Eshold Günter
Frevert Barbara
Frommeyer Doris
Grüter Monika
Hamacher-Moseler Nikola
Held-Strangemann Friederike
Herzbruch Ingrid
Hetkamp Werner
Heyen Barbara Soz.-Päd.'
Höing Sigrid
Honervogt Charlotte
Horstrup-Trzeciak
Hülsbusch Robert
Jaspers Christiane
Jedner Kerstin
Junghann Ingeborg
Kerstin Jürgen
Kersting Thomas
Kömpel Claudia
Koenen Bettina
Köster Walter
Kolodziej-Bengel Angelika
Kuhlmann Bernadette
Langner Ute Dr.
Laumen Susanne
Leisse Klaus
Markfeldt Annegret
Maunz Dorothea
Meier Siegfried
Meiers Sonja
Mertens Thomas
Meschede Heiner
Meyer Guido
Möllenkamp Rainer Dr.
Möller Michael
Mohn Jürgen
Oeing Heribert
Oettigmann Agnes
Pelster Christoph
Pfützenreuter Monika
Quinez Christa
Redl Magdalena
Robben Katja
Roggenbuck Clemens
Rohde Alexandra
Rose Karin
Scheimann-Kellner Rita
Schelte Walter
Schmidt Achim
Schneider Gabriele
Scholz Jürgen
Schramm Roswitha
Schulze Anja
Schwenk Ursula
Schweppe Ulrike
Siegel Rüdiger
Söthe Anna
Spliethoff Claudia
Stalz Manfred
Steffen Irmhild
Summerfield Gabriele
Tautz Florian
Teber Tarik
Terfort Elisabeth
Tewes Anke
Urban Horst
Viefhues Dagmar
Vierschilling-Dittmann
Volbers Gudula
Warning Florian

Webbeler Sebastian
Weiser Wolfgang
Weiß-Dircks Petra
Wewel Manfred
van den Weyenbergh
Wieners Norbert

Wischerhoff Oliver
Wissel-Hingler Dagmar
Witte Tobias
Wittenberg Gisela
Wobbe Beate

4.385 Heiligenhaus Gesamtschule gegr. 1992
st. GesSch. f. J. u. M.
Hülsbecker Str. 5, 42579 Heiligenhaus – Tel. (0 20 56) 6 02 27, Fax 56 92 30
E-Mail: 191917@schule.nrw.de, Homepage: www.gesamtschule-heiligenhaus.de

Kl: 26 (8/18)

BR Düsseldorf
ASN: **191917**

Spr.-Folge: E/E (bilingual), F, S

Dez: LRSD' **Fasselt**

Wirtz Gerlinde L' i. A. (Schulleiterin)		M BI IF EW	2. 7.57	
Meyer Peter GED (stellv. Schulleiter)	1. 9.94	E EK	20.11.48	
Kroll Eva GER' (Abteilungsleiterin I)	1. 4.00	E KU e	15. 4.58	
Starr Freia GER' (Abteilungsleiterin II)	1. 1.98	M GE	1. 4.47	
Garbisch Ingrid GED' (Abteilungsleiterin SekII)	1. 1.99		19. 4.53	
Abt Andreas StR	3. 9.99	TC PH	5. 5.66	
Albrecht Swen StR		PH M	7. 8.69	
Alshut Martina L'		E TX	26. 4.57	
Anthes Heike L'	28.11.96	KU D	13.12.63	
Bender Beate L' i. A.		D SW	25. 2.60	
Bethke Christiane L'		E GL	21.11.52	
Bilgin Melek L' z. A.		M D	20. 4.80	
Birkenkamp Ursula L'		M SP	11. 8.49	
Bleckmann-Kaienburg Hilde L'		D AL	7. 7.52	
Bothmann Fabienne StR'		BI SW	12. 6.62	
Bucher Stephanie L'		D GL	30. 4.80	
Burgheim Susanne OStR'	14. 2.00	BI	20. 9.47	
Ebbers Monika L' i. A.		D PA	5. 7.56	
Falkenberg Bernd StR		BI E	29. 4.52	
Fehlenberg Silvia L'		E MU	14. 3.63	
Ferling Renate L'		M CH IF	13. 2.49	
Frost Thomas StR		E GE	27.11.65	
Geers Petra L' i. A.		D F	2.11.64	
Grefer Heinz L i. A.		E EK	16.11.54	
Haußels Kerstin L'		E KU	26. 6.68	
Heberlein Helmut L	1. 4.99	TC M SP	15. 9.51	
Horn Judith L'		MU ER	8.11.76	
Isenmann Martin OStR		SW S	15. 5.53	
Karatsioli Marianthi L'	18. 8.97	D SW	31. 7.68	
Kemper-Pett Susanne StR'	2. 8.99	E GE	7. 8.70	
Khouloki-Schlachter Randa StR'		D S	15. 3.69	
Köhne Ralf StR		GE KR	13. 6.67	
Kölber Matthias L i. A.	2. 8.99	M ER	10. 1.63	
Kumm Andrea StR'		D E	19. 8.58	
Marquardt Timo L		M TC	4.10.78	
Meyer Christine L'	22. 3.96	SW SP	4. 8.60	
Piepert Carola StR'		D E	2. 6.61	
Plyn Helga L'		AL MU	1. 9.51	
Prüss Dorothee OStR'		BI SW	28. 4.47	
Richter-Schild Edith RSchL'		F SP	15. 4.50	
Rodin Stefanie L'		M SP	16. 4.74	
Rogge Martin Soz.-Päd.				
Rüdebusch Ralf		BI D	2. 9.72	
Schmid Anja StR'		ER SP	3. 7.75	
Schneider-Dunio Ute		M PL	5. 6.61	
Schöddert Jörg L i. A.		D GE TC	13. 5.48	
Scholle-Jochheim StR		E SW	25. 6.54	
Städtler Ellen L'		E BI	21. 9.51	
Steinbach Ulf StR		PH S	9. 5.71	
Trapp Michael L i. A.	1. 8.99	M PL	12.11.59	
Vetten Annemarie L' i. A.		F GE	18. 8.64	
Werner Stephanie		D KU	7. 5.74	
Wilms Stefan L		SP MU	15. 8.56	
Wulff Melanie L'		CH KR	23. 9.74	

4.388 Hennef Gesamtschule gegr. 1996
st. GesSch. f. J. u. M.
Meiersheide 20, 53773 Hennef – Tel. (0 22 42) 9 27 90, Fax 92 79 79
E-Mail: gesamtschule@schulen-hennef.de, Homepage: www.ge-hennef.de

Kl: 36 (12/24)

BR Köln
ASN: **193240**

Spr.-Folge: E, F/L

Dez: LRSD **Löwenbrück**

Pelz Wolfgang GED (Schulleiter)		CH SP	26. 3.56
Herchenbach Jochen DGE (stellv. Schulleiter)		M SP D	4. 1.47
Pieper Ralf (didaktischer Leiter)			
Mock Petra GER' (Abteilungsleiterin I)	9.97	D M GL	27. 2.56
Mac Donald Ulrich (Abteilungsleiter II)			
Rotzoll Wolfgang (Abteilungsleiter III)			

4.390 Herford   Gesamtschule Friedenstal   gegr. 1987
st. GesSch. in Ganztagsform (5-Tage-Woche) f. J. u. M.
Salzufler Str. 129, 32052 Herford – Tel. (0 52 21) 18 71 80, Fax 1 87 18 50
E-Mail: info@gesamtschule-friedenstal.de
Homepage: www.gesamtschule-friedensthal.de
Kl.: 36 (12/24)

BR Detmold
ASN: **189509**
Dez: LRSD' **Krämer**

Spr.-Folge: E, F/L

Scheck Alexander LGED (Schulleiter)
Brinkschmidt Dieter GED (stellv. Schulleiter)
Scherer Walter DGE (didaktischer Leiter)
Könings Rainald GER (Abteilungsleiter I)
Piatka Sabine GER' (Abteilungsleiterin II)
Schiller Peter DGE (Abteilungsleiter SekII)
Adriaans Marion Dr.
Bartmann Hannelore
Bartram Claudia
Baumann Ralf
Beckmann Heidrun
Beckmann Stefanie
Bermpohl Alexandra
Brinkmann Jochen
Carstens Bärbel
Coskuntuna Atay
Deppermann-Fatic Martina
Fedler Beate
Flörkemeier Ulla
Foege Uwe
Föste Roland
Fotler Gabriele
Frodermann Carsten
Gauglitz Elke
Götz Holger
Gröters Sybill
Günther Alfons
Günther Renee
Hanke Uwe
Hecht Jörg
Heistermann Ira-Patricia
Hildebrandt Henry Dr.
Hillbrand Petra
Höner Bernd
Jahnke Dirk
Kirchhof Nicole
Kleist Christian
Klotmann Cornelia
Koch Elke
Koch Sandra
Koetter Horst
Kucza Markus
Kuhnert Ursula
Kuster Jens
Linnenbrink Siegfried

Lutzke Eva
Mancoci Lorena
Mattern Reiner
Mehl Helmut
Meier Hakon
Menz Markus
Meyer Gabriele
Mietz Christine Dr.
Mühlenhoff Elisabeth
Müller Jana
Nau-Freyer Andrea
Pastel Ulrich
Paul Detlev
Peters Hauke Johannes
Reinsperger Claudia Dr.
Richter Brigitte
Riemer Moritz
Ries Holger
Rittersberger Hartmut
Rönsch Andrea
Röwe Friedrich
Rohde Tobias
Rothe Wilfried
Rügge Stefanie
Schlüter-Göldner Sigrid
Schlussass Klaus
Schmitz-Ibeling Heike
Schröder Frank
Sidlowski Darius J.
De Simone Rosario
Springer André
Stellmach Brigitte
Strate Ralf
Stuckmann Heike
Stüwe Hans
Sumanovic Dane
Terwey Bernd
Tworek Günter
Utz Michael
Vielhauer Pia
Vilbrandt Maike
Vogt Christina
Westerhausen Lars-Hendrik
Wortmann Rainer

4.400 Herne   Gesamtschule Wanne-Eickel   gegr. 1979
st. GesSch. in Ganztagsform (5-Tage-Woche) f. J. u. M.
Stöckstr. 41, 44649 Herne – Tel. (0 23 23) 16 44 10, Fax 16 44 12
E-Mail: mail@gesamtschule-wanne-eickel.de
Homepage: www.gesamtschule-wanne-eickel.de
Kl: 37 (12/25)

BR Arnsberg
ASN: **186740**

Spr.-Folge: E, F/L, L/F

Dez: LRSD N. N.

Lantin Georg (Schulleiter)
Conrady Marlies (stellv. Schulleiterin)
Honsberg Wolfgang (didaktischer Leiter)

Fricke Anneliese (Abteilungsleiterin I)
Matz-Schulte Verena (Abteilungsleiterin II)
Haaß Uwe (Abteilungsleiter SekII)

4.401 Herne   Mont-Cenis-Gesamtschule   gegr. 1984
st. GesSch. in Ganztagsform (5-Tage-Woche) f. J. u. M.
Mont-Cenis-Str. 180, 44627 Herne – Tel. (0 23 23) 16 26 69, Fax 16 26 57
E-Mail: leitung@mcg.herne.de, Homepage: www.mcg-herne.de
Kl: 36 (12/24)

BR Arnsberg
ASN: **188748**

Spr.-Folge: E, F/L/T

Dez: LRSD N. N.

Achtsnichts Petra OStR'	E SP	12. 6.59		**Lügger** Martin OStR SekI/II	M GE	4. 7.56
Agatha Irma GER'	D TC CH	8. 7.50		**Mann-Res** Juliana L'	D GE KR	24. 4.49
(Abteilungsleiterin I)				**Marmulla** Ingo SekIL	MU GE M	4. 3.55
Alheidt Barbara SekIL'	KU SP	10. 5.60		**Marquardt** Sandra SekIL'	HL SP	
Arndt Christian SekI/IIL	D GE	7. 4.69		**Meißner** Max OStR	BI SP	20. 8.49
Bauer Barbara SekIL'	E HW	12. 1.54		**Mois** Rainer GER	WW EK M	23. 7.48
Bendix Sylvia SekI/IIL'	E R	10. 7.67		**Müller** Udo LGED	D SP	26. 6.54
Borgert Rainer SekIL	D GE EK	31. 7.52		(Schulleiter)		
Büscher Tanja StR'	D GE	21.10.67		**Nett** Wolfgang SekIL	E BI	26. 3.54
Ciller Doris L'	E KU ER F	22. 1.52		**Noll-Libuda** Petra SekI/IIL'	E GE	21. 7.56
Denker Karola SekIL'	D E KU	14. 9.52		**Overbeck** Peter StR	BI CH	27. 5.67
Dewert Joachim StR	D E	25. 6.64		**Plogmaker** Reinhard OStR	M PH	19. 2.56
Donath Solveig StR'	M PH	5.11.68		(Abteilungsleiter SekII)		
Donath Uwe StR	M PH	13. 6.65		**Pohle** Ferdinand L	BI EK GE	14. 7.50
Egbers Jutta SekI/IIL'	D KR	31. 7.61		**Pollak-Jorczik** Sigrid RSchL'	F EK	14. 6.54
Ehlert Hans-Otto L	M SP HW	4. 7.47		**Reinkemeier** Ulrich OStR	M GE	20. 9.58
Everschorn Hedwig SekI/IIL'	E F			**Röben** Klaus StR SekII	E KR	22. 5.57
Fischer Jürgen StR SekI/II	CH SP	14. 5.57		**Rohde** Joachim OStR SekII	F MU	7.12.59
Friedemann Doris L'	TX KU	25. 7.46		**Schäfer** Angelika L'	M BI	1. 5.51
Frieg Christel L'	SP HW	25. 9.49		**Schlesiona** Armin StR SekII	SP KU	26. 8.55
von Göler Andrea StR'	E D	2.10.71		**Schmitz** Alexandra SekIL'	D KU k	5. 3.76
Gößling Volker OStR	PA SP	10. 5.63		**Schumacher** Jürgen OStR	D EK	30. 1.49
Grittner Fred OStR	CH SW	13. 3.56		**Sendowski** Elke StD'	E F	22. 3.55
Helbing Guido SekIL	CH SP	6. 3.68		**Siebert** Wolfgang SekIL	SP ER	16. 4.55
Heringhaus Burkhard DGE	D GE	2. 7.50		**Stoffer** Joachim DGE	M PH ER	4. 1.49
(didaktischer Leiter)				(stellv. Schulleiter)		
Janhsen Ute StR' SekII	E SP	25. 8.60		**Stratmann** Gabriele Soz.-Päd.'		19. 3.62
Joniak Eva SekIL'	KU MU	30. 9.60		**Strohmeyer** Erika RSchL'	E EK	5. 5.46
Klanke Heiko StR	D GE	31.10.74		**Tran** Birgit Soz.-Päd.'		6. 9.66
Klinger Ingrid SekIL'	D SW	21. 5.54		**Trösken** Maria SekIL'	E KU	3.12.53
Klinger Wolfgang GER	E EK	9.12.47		**Tschernoster** Kerstin SekIL'	E KR	27. 8.73
(Abteilungsleiter II)				**Weidenhaupt** Michael	D MU	11. 5.58
Korsten Heinrich StD SekI/II	M PH	15. 7.56		OStR SekI/II		
Krause Robert Dr. StR SekI/II	BI CH	19. 1.56		**Weiß** Simone OStR'	D GE	
Lilei Joachim OStR SekI/II	SP BI EK	5. 7.59		**Wieland** Volker SekIL	ER SP	19. 5.55

4.402 Herne   Erich-Fried-Gesamtschule   gegr. 1986
st. GesSch. in Ganztagsform (5-Tage-Woche) f. J. u. M.
Grabenstr. 14, 44625 Herne – Tel. (0 23 25) 63 79 5-0, Fax 63 79 5-28
Dependance: Horststr. 14, 44625 Herne – Tel. (0 23 25) 4 15 82
E-Mail: efg@efg-herne.de, Homepage: www.efg-herne.de

Kl: 24 (8/16)   Sch: 868 (434) (236/462/170)   BR Arnsberg
Lehrer: 65 (35)   Beamte: 53 (27)   Angest.: 12 (8)   ASN: **189339**
Spr.-Folge: E, F/L   Dez: LRSD **N. N.**

Andres Frank	CH SP			**Kühn** Annette	D BI	
Armagan-Hagedorn Beate	D E			**Lahr** Dorothe	M GL ER	
Bäker Norbert	SP GL AL			**Legel-Wood** Birgit	M E	
Bäker Susanne	D KR	25. 8.60		(Abteilungsleiterin II)		
Borgwardt Sonja	D GL			**Leistritz** Sigrun	L KR E	17. 6.57
Brockhoff Volker	ER GL GE	18. 9.57		**Mauritz** Jürgen	D SP	
Duscha Monika	M MU	5.12.55		**Miebach** Gerd	M GL	
Dziapko-Harrington Sonja	E SP			**Müller** Jörn	BI EK	
Emrich Birgit	BI HW			**Murawski** Hans	GL GE EW	26. 2.61
Engelhardt Bärbel	D KU	5. 7.53		**Muschallik** Hedwig	M PH	
Gerbracht Ludger Dr.	D PL	26.10.55		**Nelles** Kathrin	D AL GL	19. 5.66
Golombeck Silvia	BI KU			**Nick** D.-Gabriele	M SP	
Gossmann-Kellner Ulrike	TC KU TX			**Objartel** Ulrich	D GL	
Grossmann Walter	E GL			(didaktischer Leiter)		
(Abteilungsleiter SekII)				**Peters** Gabriele	E GE	
Grothuesmann Heinz	E GE GL	15. 4.59		**Piechnik** Carsten	BI PA	
Grzemski Marion	MU E			**Polaschek** Michael	M PH GL	14. 8.52
Hagedorn Heinz-Werner	E GL			**Ruppert** Detlev	TC KU ER	
Hansel Dietmar	MU PH			**Schenkel** Rüdiger	CH BI	
Hansmeier Rüdiger	GE EK	18. 5.61		**Schiereck** Michaela	E SP	
Hartmann-Nowak Cornelia	E PL			**Schmidt** Gerhild	M EK	
Heite Andrea	M MU			**Schneckenburger** Daniela	D ER	
Hering Cornelia	L ER			**Schröer** Andrea	M GL	
Hoffmann Norbert (Schulleiter)	M PH EW			**Schulte-Zweckel** Barbara	M CH	
Jung Rüdiger	SP TC			**Seidenspinner** Horst	M SP GL	
Kath Petra	E HW			**Tappenhölter** Isabell	E GL AL	
Kemp Susanne	F D	20. 7.69		**Teipel-Bischoff** Michael	CH KR	
Kern Astrid	D E KU			**Tschentscher** Wolfgang	D GL	12. 7.48
Kind Ulrich	D GL			**Voigt** Bernd	M TC	
Kondziolka Birgit Soz.-Päd.'				**Vonau** Gisela	D E	
Korthas Rainer	SP KR			**Wichmann** Anette	F KU	
Krosch Anders	EK SP			**Wickenburg** Peter	D GL	
Kucharczyk Monika	BI SP			(stellv. Schulleiter)		

4.410 Herten   Gesamtschule   gegr. 1976
st. GesSch. in Ganztagsform (5-Tage-Woche) f. J. u. M.
Fritz-Erler-Str. 2–4, 45701 Herten – Tel. (0 23 66) 30 37 20, Fax 8 83 21
E-Mail: info@gesamtschule-herten.de, Homepage: www.gesamtschule-herten.de

Kl: 30 (10/20)   BR Münster
                                                                              ASN: **185188**
Spr.-Folge: E/F/L   Dez: LRSD **Ruhwinkel**

Müller Ludger				**Capelle** Ulrike L'	M KU BI	2. 9.50
(Schulleiter)				**Celebi** Birsen	D GE	
Aehlig Thomas GER	PH CH	10. 7.54		**Clermont** Karin		
(stellv. Schulleiter)	IF			**Damman** Peter L	M TC	
Assauer Johannes	9. 1.78	E M SP	3.11.48	**Diener** Andrea	KU SP D	
VSchKR				**Dirks** Ruth	KU ER D	
Adam Robert	D KR			**Ebbers** Dagmar L'	D GP	18. 7.56
Bartsch Peter L	GE KU			**Eilers** Jürgen	TC M PH	
Bloch Jürgen	EK BI			**Eusterbrock** Alexandra	D MU	
Borkowski Maria StR' 4.12.83	E D	19. 5.49		**Felling** Werner VSchKR	M GE KR	7. 9.47
Brathun Stefanie	D E			**Freidank** Silvia	E GE SP	
Brylka Barbara	ER D			**Geisler** Michael	D SP	
Brzoza Stephanie	D GE					

Grebenstein Kerstin StR'	27. 8.85	E GE	e	2. 8.54	Müller Ludger		M BI	
					Neumann Marita (Abteilungsleiterin II)		M PH	
Grzan Peter		KU						
Guba Renate		D E			Oelke Doris		D EK	
Gürgen Mustafa		IF M PH			Paulsmann Siegfr. StR	4. 9.84	M SW WW	25.12.52
Hartwig Hartmut StD	26.11.81	E GE k		25.10.48	Petrat Georg OStR		CH TC	21. 1.52
Hasebrink Monika GymnL'	1. 8.79	SP AL k		4. 5.58	Podszuweit Katja		D E	
					Poetsch Peter L	16.11.81	SP M EK	e 31. 8.48
Hegemann Sabine		D E						
Henk Hilde		ER TX			Rabenstein Anne		F SP	
Hermann Bernd		ER GE SW			Roters Herbert StR		L SP	18.10.52
Hestermann Peter FachL	20. 2.82	W TC		30. 7.47	Saerbeck Bernfried L i. A.		E EK	
					Sandhop Claudia SekIL'		D MU	1. 3.56
Höhne Bernhard StR		MU KR k		27. 4.54	Schedler Jürgen DGE (didaktischer Leiter)	1. 2.87	D EK	e 30. 6.47
Hönigschmid-Hermann Beate								
					Schlaak Ursula		D E KU	
Hofemann Wolfgang		AT M			Schmalz-Nobbe Birgit GER' (Abteilungsleiterin SekII)	4. 9.84	E EK	31.12.53
Hoffmann Dieter		BI EK						
Hühnerfuß Reinhold		TC M			Schmidtbauer Antje		KU M D	
Juskowiak Angelika		BI SP			Schmiedel Ilona		D GE KR	
Kaiser Kathrin		D GE			Schmitz Bernhard Dr. StD		CH	3.11.46
Karakus Tayyar		MU			Schmüdderich Maria OStR'	2. 9.85	F E	k 9. 4.52
Kirschberg Werner L	28. 5.79	M PH CH	e	29.10.50				
					Schröter Brigitte SekIL'		CH KU	2. 1.58
Köser Susanne		BI CH			Schulz Kornelia		GE D E	
Kollmann Marlis		BI EK			Schumacher Frank		PA SP PP	
Kussmann Marion		M SW			Schwering Andreas		SP BI	
Kutsch-Missal Kornelia		AH D E			Seeger Joachim Dr. Dr. Dipl.-Theol. Dipl.-Päd. SekI/IIL i. A.		D KR PA GE PL SW PP	k 21. 3.59
Lange Gerd		F M						
Leineweber Britta		TC EK			Sörgel Thomas L		ER GE PH	
Lies Ursula SekIL'	23. 3.85	D HW Fk		3. 1.44	Steinigeweg Thomas StR		BI CH	
Lorenz Annette		ER CH			Tellgmann Renate		E ER	
Lukas Meinolf L	21. 7.81	M D k KU		10. 8.53	Tucker Britta		ER EK	
					Tüllmann Monika L' (Abteilungsleiterin I)	5. 8.85	M E HW	e 16.10.53
Mander Carmen-Carola		E EK						
Mander Wolfgang		EK IF			Vogdt Brigitte		D M BI	
Moch Andreas		CH SP ER			Wrobel Wolfgang L	20. 1.71	EK D	e 31. 7.42
Möller Sabine StR'		BI CH		2. 5.57	Zacher-Renz Ursula StR'		KU SW	19. 1.58

4.415 Herzogenrath Gesamtschule gegr. 1991
st. GesSch. f. J. u. M.
Am Langenpfahl 8, 52134 Herzogenrath – Tel. (0 24 06) 9 85 70, Fax 98 57 11
E-Mail: 191383@schule.nrw.de
Homepage: www.gesamtschule-herzogenrath.de

Kl: 31 (15/16)   Sch: 939 (455)   Abit: 38 (21)   **BR Köln**
Lehrer: 68 (36)   ASN: **191383**
                                                                                    Dez: LRSD **Gilles**

Bick Daniel (Schulleiter)	D EK	Braun Daniela	E PA
		Bröker Karin	M CH
Josephs Wolfgang (stellv. Schulleiter)	M N TC	Carlier Karin	IF M TC
		Daheim Thomas	PH TC
Klein Jens (didaktischer Leiter)		Delpy Heiner	D E
		Ditges Claudia Soz.-Päd.'	
Onkels Barbara (Abteilungsleiterin I)	M TC	Drexler Herbert	KU SP
		Durst-Gül Elisabeth	D SW
Huppertz Gudrun (Abteilungsleiterin II)	E HW	Eicker Peter	M PH IF
		Ervens Marc	EK MU
Frohn Bernd (Abteilungsleiter III)	D MU PL	Exner Waltraud	E HW
		Felis Peter	GE SP
Arndt Astrid	EK M	Flau Gisela	D F
Bink Rüdiger	EK KU	Flunkert-Schatten Claudia	GE M
Blasko Wolfgang	PH SP	Friese Gerret	M EK
Bourgignon Andrea	D SW	Geerlings Heiner	MU

Graf Kurt	M SP	
Grote Gabriele	E KR	
Habbel Werner	M CH	
Hagelstange Rudolf	D EK KU	
Hans Ute	M IF	
Heidenreich Gabriele	HW M	
Heine Henning	EK SP	
Jordan Heiner	D MU PL	
Kleijnen Silke	EK M SP	
Kletzing Klarissa	D PL	
Knauer Monika	HW KU	
Körfer René Soz.-Päd.		
Kranich Monika	D GE	
Kraushaar Gernot	GE L	
Krengel Karsten	SP SW	
Kuban Rainer	EW PH	
Lentzen Norbert Dr.	E S	
Leonard Birgit	E PA	
Menzel Henryk	EK SP	
Merken Gertrud Ingrid	E SW	
Moldenhauer Angela	E GE	
Oversohl Ursula	D KR	
Plum Kerstin	BI D	
Reichardt Monika	D EK	
Rodegro Ulrich	EK KU	
Roer Karin	E SP	
Ruschewitz Ingrid	BI CH	
Sassin Monika Dr.	D E GE	
Schmitz Joachim	BI CH	
Schultheis Gottfried	EK M TC	
Soldierer Bernd	E EK	
Trinks Elke	M PH	
Türke Thomas	EK SP TC	
Vennegerts Hendrika	ER N	
Welty Hans	M TC	
Wenge Thomas	GE KR	
Weuffen Gabriele	D BI	
Wilken Angela	E EK	
Zängler Katrin	TC PH	
Zalfen Ellen	E S	
Zientek Annegret	E CH	

4.420 Hiddenhausen   Olof-Palme-Gesamtschule   gegr. 1987
st. GesSch. f. J. u. M.
Pestalozzistr. 5, 32120 Hiddenhausen – Tel. (0 52 21) 96 43 70, Fax 96 43 99
E-Mail: info@opg-hiddenhausen.de, Homepage: www.opg-hiddenhausen.de
Kl: 30 (10/20)   Sch: 1026 (502) (296/577/153)   Abit.: 45 (24)   **BR Detmold**
Lehrer: 74 (40)   Beamte: 66 (39)   Angest.: 8 (1)   ASN: **189315**
Spr.-Folge: E, F/L   Dez: LRSD' **Krämer**

Heine Erich (Schulleiter)   **Beck** Michael (Abteilungsleiter I)
Nagel Friedhelm (stellv. Schulleiter)   **Heyden** Annette (Abteilungsleiterin II)
Kosiek Brigitte (didaktische Leiterin)   **Hoppstädter** Marianne (Abteilungsleiterin SekII)

4.430 Hille   Verbundschule   gegr. 1989
GesSch. d. Gemeinde Hille u. Gymnasium der SekI f. J. u. M.
Von-Oeynhausen-Str. 30, 32479 Hille – Tel. (0 57 03) 9 20 50, Fax 92 05 77
E-Mail: kontakt@gesamtschule-hille.de, Homepage: www.gesamtschule-hille.de
Kl: 32 (10/22)   Sch: 1055 (530) (301/604/150)   Abit: 33 (16)   **BR Detmold**
Lehrer: 80 (44)   Beamte: 65 (37)   Angest.: 15 (7)   ASN: **190354**
Spr.-Folge: GesSch: E, F, L/G/E, L   Dez: LRSD' **Krämer**

Achilles Stephanie	D ER	17. 9.68		**Falkenau** Stefanie	D E	6. 3.74
Anker Uwe Dr.	CH M	19. 2.65		**Finke** Heinz	TC M	16. 8.53
Bade Udo	D KU	1. 6.54		**Fischer** Ursula	D SW	29. 5.58
Beck Carola	D KU	2. 2.65		**Gieseking** Werner	M PH CH	22. 1.44
Bentlage Lars	D E	20. 7.73		**Gratz** Thorsten	BI SW	13. 7.72
Berndt Wolf-Rüdiger	BI EK M	17.10.50		**Haake** Heinz	M PH IF	30. 5.54
(Schulleiter)				**Hansen** Sylvie	L G D	3. 7.52
Betz Elke	F SP	11. 6.61		**Henneking** Gerd-Friedrich	MU D GP	6. 3.54
Bracht Burkhardt	PH EK SP	13.11.53		**Henneking** Sabine	E SP	5.10.59
Brandt Christel	D TX	24. 3.54		**Henze-Paglasch** Julia	D GE	21.12.73
Brandt Gerold	BI KU	15. 1.55		**Jakob** Waltraud	SP	9. 7.46
Bruns Katharina	E SP	21.10.61		**Jurilj** Gabriele	E R	16. 9.59
Buhrmann Georg	CH EK	2. 9.60		**Kallert** Ines	M PH	6. 7.62
Bußmann-Dörnhoff Karin	D MU	30.12.69		**Kranzusch** Karsten Soz.-Päd.		16. 5.64
Conradi Christian	ER M	8. 9.75		**Kutemeier** Karl-Heinz	M PA	15. 6.54
Dammann Cordula	E SW	8.11.66		(stellv. Schulleiter)		
Degenhard Karen	D KU	20. 8.65		**Lakatsch** Joachim	E PL	12. 8.50
Depping Renate	BI M	10. 9.57		**Laumann** Hildegard	E R	22. 1.55
Dolniczek Frank	M PH IF	2. 7.68		**Laxa** Margot	M D TX	1. 8.49
Domeier Hartmut	BI SP	24. 2.60		**Lomberg** Julia	BI SW PA	30. 8.75

Lückemeier Niels	MU D M	5. 8.78	
Macharaček Thomas	BI CH	11. 9.67	
Mähler Martina	M D BI	31. 1.56	
(Abteilungsleiterin I)			
Mahlmann Lena	HW CH M	25.10.79	
Meinhardt Frank	D KU	14. 2.68	
Meyer-Schell Beatrix	TC M	10. 5.66	
Möller Wolfgang	M PH	20. 1.47	
(didaktischer Leiter)			
Obst Martin	D KU	6. 7.69	
Otte Michael	MU EK	24.12.58	
Paatz Manfred	TC M	25. 2.51	
Paglasch Jan	M CH	24. 4.70	
Pfasinski Julia	D SP	25.12.78	
Prunsche Klaus	GE SP	13. 8.57	
Rienscke Angelika	M AL EK	5.10.51	
Rohlfing Ines	D SW	22. 1.64	
Rohrbeck Rainer Pfr.	ER	17. 3.58	
Rump Petra	SP EK	30. 6.57	
Sarafraz Vassiliki-Ferdos	BI EK	26.10.76	
Schenkmann Sabine	F KU	13. 4.59	
Schiermeyer Regine	M ER	13. 6.60	
Schillo Antje	E D PA	11. 5.63	
Schlottmann Hans-Wilhelm	TC	3. 1.45	
Schmidtpott Frank	E GE	11. 4.68	
Scholz Ulrike	E ER	24. 3.61	
Schwier Hans-Peter	M SP	21. 3.57	
Seeliger Hanna	D EK KU	16. 9.54	
(Abteilungsleiterin II)			
Sellmann Monika	GE SW	21. 7.51	
(Abteilungsleiterin SekII)			
Sperling Gotthard	M D EK	2. 2.49	
Spilker Katharina	D GE	2. 4.76	
Spreen Christina	E D M	29.10.77	
Stahlhut Gisela	D E KU	17. 9.52	
Steib Christiane	E D F	18. 8.58	
Streich Annette	M GP	1. 5.56	
Terwesten Stefanie	ER SP	10. 8.54	
Untermoser Melanie	BI SW	17. 2.73	
Vehling Stephanie	MU I	9.10.74	
Wagner Christiane	E D	24. 2.53	
Weckerle Guido	E F	31.10.62	
Wehland Manfred	E D AL	21. 9.48	
Wessel Matthias Dr. (F)	D MU	19. 6.60	
Westermann Bernd	SP GE	28.11.60	
Wittemeier Marion	D ER	19. 6.68	

4.440 Hüllhorst Gesamtschule gegr. 1988

GesSch. d. Gemeinde Hüllhorst f. J. u. M.
Osterstr. 7, 32609 Hüllhorst – Tel. (0 57 44) 9 30 90, Fax 93 09 40
E-Mail: gesamtschule.huellhorst@t-online.de
Homepage: www.gesamtschule.huellhorst.de

Kl: 36 (12/24)   Sch: 1221 (612) (345/691/185)   Abit: 57 (32)   **BR Detmold**
                                                                        ASN: **190081**

Spr.-Folge: E, F/L   Dez: LRSD' **Krämer**

Block Diethart	TC IF PH		
(Schulleiter)			
Butschkat-Nienaber Marina	M CH		
(stellv. Schulleiterin)			
Banneyer Hubertus	D PP TC	7. 9.52	
(didakt. Leiter)			
Homburg Ulrich	M PH TC		
(Abteilungsleiter I)			
Schmale Angelika	E ER		
(Abteilungsleiterin II)			
Schäfferling Eckart	M SP		
(Abteilungsleiter SekII)			
Arndt H. Richard	MU D		
Arnemann Frauke	M BI		
Arnhold Wieland	BI M		
Barcic Bego	D SP		
Böcker-Schäfer Irmgard	E SP		
Braun Elke	M SW		
Breuning Hanns Martin	E L		
Busse Sabine	D E		
Claßen Wolfgang	SP M		
Crämer Michael	D SW		
Dierksheide Heike	GL BI		
Dürbaum Sibylle	D E		
Duffert Gundula	M BI		
Ehmann Claudia	D KU TX		
Engel Birgit	KU GL		
Fall Lore	F PL		
Fennekohl Christiane StR'	D E		
Fischbach Stefanie	D GE SW	26. 7.66	
Funk Kristiane	CH M		
Gerstberger Anja	SP PA		
Goch Marianne	D GE LI	25. 6.45	
Grotefeld Hans Jürgen	M PH		
Habel Kai	BI SP		
Hallmann Beate	D F		
Halwe Elke	E F SP		
Hauschke-Korepanova Natalia	E		
Hecker Dieter	D GL		
Hepermann Hans-Jürgen	M TC		
Hertel Klaus	PH SP TC		
Hövels-Smithson Hildegard	E F		
Isemann Heinz-Jürgen	PH TC IF		
Kaschube Jürgen	E SP		
Kaspelherr Jürgen	GL WL D		
Klipker Hans-Joachim	D GL HW		
Klöpper Guido	SP BI		
Knicker Simone	E SW e	1. 6.67	
	ER		
Köhler Michael	E SP		
Korte Björn	M SP		
Korte Karin	D BI KU		
Krieger Claudia	F MU		
Kröger-Petersen Marieluise	D GL HW		
Kuhlmann-Nobis Astrid	D KU		
Laser Michael	PH M		

Leder Britta	D E	Schmidt Wilhelm	E WL
Levien Bernd	M WL MU	Schuberth Michael	SP L PP 23. 5.69
Lindheim-Yarwood Dieter	M TC	Schütte Friedrich-Wilhelm	E SP
Matthausen Klaudia	BI CH	Schwerdtner Angela	HW BI 29. 9.55
Menke Gilbert	SW PA SP 19. 8.73	Steckstor Matthias StR	M PH
Meyer Gisela	D E MU	Steinbeck Claudia	D ER
Neumann Friedel Arno	BI E TC	Stock Margrit	BI EK ER
Niediek Peter L	BI MU	Struckmeier Eckhard Dr. L	GE E ER
Nobis Winfried	BI MU	Struckmeier Heinz	IF PH M TC
Ovesiek Christoph	ER 29. 6.59	Struppek Christel	SP D KU
Podszuweit Maik L	D ER	Sünkel Karl-Heinz	M ER TC
Prüßner Larissa StR'	ER KU	Teepe Renate	D GL
Püttschneider Martin Dr.	CH D 23. 8.71	Thiele Werner	BI M KU
Reinerth Elisabeth-Rita	CH PH	Thielking Angelika	M CH
Requardt Lothar StR	KU CH	Vauth Ursula	M GL
Richtzenhain-Paul Nicola	D KU 3.12.65	Vollus Frank	EK M
Sawatzky Thomas StR	PH PA	Voßmerbäumer Dorothea	KU MU SP
Schäpers Elisabeth	D E	Weber Ralf	MU ER e 29. 9.63
Scheideler Iara	E HW	Wilkening Renate	GL ER
Scheideler Wilhelm	TC PH		

4.445 Hünxe Gesamtschule gegr. 1998
GesSch. d. Gemeinde Hünxe f. J. u. M.
In den Elsen 34, 46569 Hünxe – Tel. (0 28 58) 9 09 60, Fax 90 96 23
E-Mail: post@ge-huenxe.de, Homepage: www.ge-huenxe.de

Kl: 26 (8/18)   Sch: 809 (382) (221/457/130)   Abit: 26 (16)   **BR Düsseldorf**
Lehrer: 54 (30)   Beamte: 41 (23)   Angest.: 13 (7)   ASN: **193744**
Spr.-Folge: E   Dez: LRSD **Behringer**

Benda Helmut	SP PH 31.10.59	Kinold Christian	BI CH 9.12.62
Bertram Klaus L i. A.	M SP 25. 2.55	Krieger Sabine	D GE 7. 6.69
(Abteilungsleiter II)		Lange Gudrun GER'	E EK 10. 5.49
Böck Matthias	D GE 14.12.73	(Abteilungsleiterin I)	
Böckmann Frank	D TC 16. 2.63	Lechtenberg Werner	E R 21.10.60
Boßerhoff Frank	BI CH 21. 5.68	Lenz Karin	BI CH 29. 1.72
Brinkmann Irmhild	D M TC 4. 9.59	Lindstrot Frank	SW GE 7. 1.74
Brüggemann Ekkehard	E SP 25. 1.57	Lohaus Bärbel	D E 20. 3.67
Büllesbach Claudia Dr.	GE ER D L 27. 9.66	Lork Andreas	BI CH 3. 9.73
Busch Jochen	BI SW 15. 9.54	Merten Frank	GE SW 1. 7.68
Driesen Dorothee	D PL 17. 8.65	Middendorf Andrea	M IF 17. 7.72
Eck-Bettermann Waltraud	D ER 16. 9.56	Nolte-Meis Annette	E R 25. 6.65
Eden Ralf	M TC 26. 9.54	Petry Sabine	D BI 9.12.68
Eggert Astrid	M SP 22. 5.50	Rittstieg Jürgen	E R KR 22. 9.58
Enselmann Helga	E F 25.10.59	Schneider-Olischläger Doris	KU ER 15. 6.55
Evers Dirk	E F 6.11.72	Schöneis Petra	M 9.12.63
Fechner Claudia	D BI 9. 1.76	Scholten Markus	SP S EK 7.10.67
Franken Dagmar	D ER 9. 3.62	Seggewies Susanne	D M 12. 9.65
Freriks Marion	D E 16. 5.48	Seibel Andreas L i. A.	D EW 20. 6.56
Fresen Michael	PH 25. 7.64	(didaktischer Leiter)	
Füllmann Markus	D ER 15. 8.66	Sojka Hans-Joachim	D KR 27. 3.47
Gerner Eva	E D 4. 2.75	Stolte Ursula	M BI 4. 2.55
Gerwing Christina	M KR 15.10.81	Struwe Elke	SP HW 15. 6.63
Geurtz Angelika	E HW 3. 8.56	Thus Andrea	F SP E 6. 1.75
Geyersbach Iris	SP HW WL 30.12.78	Ulland Dorothea	MU E 9. 3.60
Ginter Klaus LGED (Schulleiter)	EK SP 14. 3.55	Ventur-Jansen Heike	TC BI EK 18. 6.59
Görlinger Rolf GED	M KU 11. 2.57	Wegener Heinz-Norbert	E SP 16.10.53
(Abteilungsleiter Sek II)		Wenning Anke	M PH 4. 6.75
Hermanns Bernd GED	E SW 6. 1.62	Wittke Petra	M KU 15. 7.59
(stellv. Schulleiter)			

4.450 Iserlohn Gesamtschule gegr. 1987
st. GesSch. (5-Tage-Woche) f. J. u. M.
Langerfeldstr. 84, 58638 Iserlohn – Tel. (0 23 71) 77 66 80, Fax 7 76 68 39
Dependance Jg.st. 5/6, Abteilung Gerlingsen: Am Sonnenbrink 9, 58638 Iserlohn
E-Mail: sekretariat@gesamtschule-iserlohn.de
Homepage: www.gesamtschule-iserlohn.de
Tel. (0 23 71) 38 56, Fax 3 11 65

Kl: 36 (12/24)

Spr.-Folge: E, F, L

BR Arnsberg
ASN: **180840**
Dez: LRSD **N. N.**

Ewert Rolf (Schulleiter)	Hommel-Peckmann	BI D		25. 1.61
Witte Hubert (stellv. Schulleiter)	Christiane StR'			
Pütz Michael (didaktischer Leiter)	Lein Michael StR	BI E		18. 7.54
Heumann Horst (Abteilungsleiter I)	Pohl Kerstin StR'	BI CH	e	20. 1.54
Brenck Maria (Abteilungsleiterin II)	Weidmann Reinhard StR	L SP	e	6. 9.57
Gith Mechthild (Abteilungsleiterin III)	Wiemann Tanja StR'	BI EW	k	26. 1.72
Oefner Thomas (Abteilungsleiter SekII)				

4.462 Kamen Gesamtschule Kamen[1] gegr. 2001 (1969/1974)
st. GesSch. in Ganztagsform (5-Tage-Woche) f. J. u. M.
Gutenbergstr. 2, 59174 Kamen – Tel. (0 23 07) 97 43 10, Fax 97 43 48
E-Mail: 194487@schule.nrw.de, Homepage: www.gekamen.de

Kl: 36 (12/24) Sch: 1223 (637) (351/681/195) Abit.: 45 (26)
Lehrer: 91 (45) Beamte: 73 (32) Angest.: 18 (13)

Spr.-Folge: E, F, L, S

BR Arnsberg
ASN: **194487**
Dez: LRSD **Treichel**

Albers Marlene L'	1. 2.83	M KU	k	23. 6.54	Heuner Walther VSchL		E GE M	21. 2.50
Amelung Ursula	14.12.00	M SP	e	8. 3.54	Heydasch-Müller		EK BI	17. 2.64
OStR'					Antje RSchL' i. A.			
Bahr Wolfgang L	15. 1.79	SP GL	k	15. 1.52	Horstmann Ulrich Schulpfarrer	ER	e	16. 2.51
Boch Georg StR	1. 8.83	M AT		8. 6.54	Hunger-Weirich Iris VSchL'		D GE KU	23. 3.53
Bockhorn Myriam L' i. A.		BI D	k	31. 3.80	Jaspers-Kühns	25. 6.82	E F	e	25.10.54
Brandt Michael	8.75	Soz	e	2. 1.52	Karin RL'			
Soz.-Päd.					Jeffery David John	27. 8.76	E	e	4.11.45
Braucks Irene RSchL'		F TX		12.12.49	L i. A.			
Brinkschulte-Kunert		BI D KU		1.10.43	Joeres Arnd StR		L GE		18. 3.70
Ulrich L					Kalkhake Heinz StR		BI M IF		15. 6.51
Bröcker Dorothea RSchL'		E TX		22. 2.50	Kindas Jeanette StR'		E D gr-orth	21. 2.48
Bublitz Joachim L		WW ER SP		15. 2.48	Klumpp Gaby SekIL'	18.12.00	KR MU	k	30. 7.55
Dahlmann Hans-Dieter OStR		M PH		13. 1.54	Klumpp Jürgen OStR		M PH	k	18. 3.53
Eckey Brig. L' i. A.	9. 9.74	AH	e	12. 6.52	Knöpper Rolf	1. 9.78	Soz	e	22. 4.52
Engelkenmeier Michael StR		GE E		13. 2.62	Soz.-Päd. (grad.)			
Engelmann Rolf OStR		ER GE	e	28.10.49	Koch Friedhelm Dipl.-SpL i. A.	SP		30. 9.47
Erdtmann Claudia L'	1. 4.01	D GL	k	20. 3.50	Kollmeier Ingrid StR'		D GE		1. 4.44
Fey Norbert SekIL		M SP		8.11.53	Krüger Bernhard	1.12.87	SP EK	k	27. 9.46
Fischer Fritz VSchL		E IF ER		16. 1.44	GED (stellv. Schulleiter)			
Fischer Hans Gerhard OStR		SW		3. 3.47	Krüger Bernhard StR 13. 1.89	CH SP	k	24. 3.57
Fleermann Franz FL 23. 5.78		KU	k	18. 5.50	Lemke Hartwig L	26. 9.81	M AT	e	3.10.50
Förster Bärbel StR'		EK M		6. 8.49	Lindemann	19. 3.76	E GL		4. 8.47
Fricke Doris Regina L' i. A.		KU		30. 6.51	Ruthild RL'			
Gabbe Wulf L		D KU SP		25. 7.47	Lohmann Ulrich StR 17. 2.82	BI EK	k	21.12.50
Gnad Gertrud OStR'		PA SP		18. 3.50	Madsack Angelika L' i. A.		D KU		20. 9.54
Göbel Ursula RSchL'	29. 6.76	M GL		23. 9.48	Mecklenbrauk Marita VSchL'	GE KR		13. 2.45
Grabsch Dieter L	19. 3.79	D NW	e	26. 2.52	Meister Andreas StR	1. 8.03	KU EK		25. 1.72
Grages Annette SekIL'		D E		26. 3.53	Menke Jasmin Soz.-Päd.'				4. 8.83
Grosch Klaus-Dieter		M PH		14. 2.59	Mölleney Harald VSchL		M SP WW		17. 6.48
GED (Abteilungsleiter I)					Mönter Helmut GER		D F		24. 1.54
Hanfland Elisabeth Dipl.-Psych.'			5. 1.53	Nienaber Otto StR		BI CH		9. 8.57
Hanisch Andreas SekIL		M TC		9.12.56	Papenfuhs Natascha 1. 2.07	KR D BIk		18. 3.80
Heiden Sigrid L'		D EK GE		16. 1.54	SekIL' z. A.			
Heidenreich Lothar OStR		CH M		3.10.56	Peschers Reinhard StR				1. 5.58
Heinz Ursula RSchL'		E F		3. 3.51	Reinders Heinz		SP GE	k	15. 1.59
Heitmann Claudia RSchL'		EK F		12. 6.47					

Richter Dagmar OStR'	1.12.81	PK SW E	29. 3.50	**Sostmann** Birgit GymnL' i. A.		SP		12. 4.53
Sander Peter VSchL		D M	27. 3.47	**Stoltefuß** Ina StR'	1. 8.01	SP E		17. 1.60
Schenk Burkhard StR		E D e	27. 1.53	**Strophff** Kornelia GED' i. A.		SP KU k		18. 3.59
Schenk Margrit StR'	1. 8.80 °	D E k	11. 9.53	(didaktische Leiterin)				
Schilling Elisabeth RSchL'		F EK	28.12.46	**Tillmann** Berno GED		M PH		19. 6.59
Schmidt Hubertus	23. 4.82 °	M SP k	21. 2.48	(Abteilungsleiter SekII)				
StR				**Trawinski** Doris	1. 8.74	SP e		29.10.51
Schmidt Lydia SekIL' i. A.		M EK k KR	10.11.55	GymnL' i. A.				
				Vallböhmer Swen		PH M		29. 5.68
Schneider Karin VSchL'		M KU D	21. 5.49	**Versümer** Hartmut		MU		2.12.69
Schneider Kurt FachL		AT	5.12.45	**Volkhausen** Volker	1. 8.78	D AW		15.11.50
Schrader Horst VSchL		E KU	6. 5.49	VSchL				
Schröder Rolf OStR		EK SP	3.10.47	**Wagner** Ursula VSchL'		D E		24. 1.52
Schulte Ilse-Marie L'	18. 7.77	M NW e	19. 6.50	**Walter** Wolfg. StR	22. 8.88	D MU k		29.10.54
Schwärzel Gitta	1. 8.04	D EK	22. 1.50	**Wiese** Hubertus StR	1. 8.92	BI CH		30. 8.57
RSchL' (Abteilungsleiterin III)				**Wittkop-Kühn**		E GE		19.12.49
Schwanke Gerd VSchL'		M SP	28. 9.46	Magdalene RSchL'				
Schwippe Marlies	1. 8.04	EK SW	16.10.47	**Wortmeier** Gabi OStR'14.12.00		E S e		8. 1.53
StD'				**Ziel** Judith L' i. A.		BI PA		24. 2.57

[1] Die Carlo-Schmidt-Schule (4.460) und die Hermann-Ehlers-Gesamtschule (4.461) wurden aufgelöst. Sie sind in der hier aufgeführten Gesamtschule Kamen zusammengeschlossen.

4.470 Kamp-Lintfort Gesamtschule gegr. 1991
st. GesSch. f. J. u. M. – UNESCO-Projekt-Schule
Moerser Str. 167, 47475 Kamp-Lintfort – Tel. (0 28 42) 3 36 60, Fax 3 36 64
E-Mail: orga@uskl.de, Homepage: www.uskl.de

Kl: 36 (12/24)   Abit: 41   BR Düsseldorf
                                                                                         ASN: 191553
Spr.-Folge: E, F/L   Dez: LRSD **Behringer**

Beck Beate L' i. A.	E EK	**Klump** Marie-Luise L'	KR AL
Becker Anika StR'	E PL	**Knop** Martina L'	KR F
Beckers L i. A.	D GE	**König** Petra L' i. A.	D ER SW
Benninghoff Bernd L	MU BI	**Larsen** Karin L'	MU GP
Bourtscheidt Markus L	TC PH	**Lohr-Jesinowski** Jutta L' i. A.	BI KU
Breuker Petra L'	M PH	**Lutter** Christiane StR'	E PA
Brinner Bernd L	SW PK ER	**Matthes** K. StR'	M BI
Busch Hermann GER	D	**Mattissen** Gerhard L	TC KU
(Abteilunglseiter I)		**Mayer** Ursula L'	SP E
Buschmeier Klaus StR	BI SP	**Meding** Bettina L' i. A.	D KU
Diekmann Elke GED'	D E	**Menkhaus** Heinz-Peter OStR	E GE
(didaktische Leiterin)		**Meuwsen** Martina L'	M E
Ehlert Volker OStR	SP EK TC	**Müller** Kirsten SekIL'	BI CH
Freitag Ulrike StR'	S PA E	**Murmann** Michael GER	
Frese Birgit Dr. StR'	CH GE	(Abteilungsleiter II)	
Friesen Ute L'	M KU	**Neukirch** Christoph StR	SP M
Goertz Ulrike Dr. StR'	F SP	**Räck** Hans-Friedrich L i. A.	M PH
Grasser Dieter L	SP KU	**Rasfeld** Jürgen GED	M SP
Grobenstieg Almut StR'	D BI	(stellv. Schulleiter)	
Grütjen Jörg OStR	KU D	**Reichwein** Ingeborg L'	CH HW TC
Hamm Georg L i. A.	BI KU TC	**Rieff** Walter L i. A.	CH SW GE
Heine Gabriele L' i. A.	E GE	**Rippel** Karl-Heinz StR	L KR
Hippler Franz-Josef L i. A.	M EK	**Ruetten** Hubert L i. A.	M TC EK
Hühnerfeld Marion Dr. OStR'	E PL	**Sander** Elke SekIL'	MU SP
Hüttermann Christiane StR'	E GE	**Schacher** Jutta SekIL'	D GP
Jansen Sven StR	BI PH	**Schremp** Andrea L'	E M SP
Jöres Wolfgang GED	D SP	**Siepen** Heike OStR'	E S
(Abteilungsleiter SekII)		**Slomski** Grit StR'	M CH
Junkers Tatjana OStR'	D GE	**Sterzenbach** Barbara L'	MU SP
Kaiser Andreas OStR	GE ER	**Stratmann** Dirk StR z. A.	CH EK
Kas Dilek StR'	D BI PA	**Tenbült** Kirsten L'	D SP
Kaumanns Klaus L i. A.	SW KU	**Thier** Marion StR'	E PA
Kindermann Michael SekIL	M PH	**Tzschentke** Norbert L	M EK KU

Gesamtschulen

Wagner Susanne L'	D SP	Wiosna Matthias Dr. L i.A.	PH PA M
Weber Rolf L i. A.	D SP	Zöllner Ute StR'	CH BI
Weiler Anke FachL' i. A.	E D	Zoller Walter LGED (Schulleiter)	D PK
Werner Karl L	D GE		
Windeln Brigitte L'	D		

4.475 Kerpen Willy-Brandt-Gesamtschule gegr. 1992
st. GesSch. f. J. u. M.
Bruchhöhe 27, 50170 Kerpen – Tel. (0 22 73) 98 94-0, Fax 98 94 79
E-Mail: mail@gesamtschule-kerpen.de, Homepage: www.gesamtschule-kerpen.de
Kl: 36 (12/24)   Sch: 1200 Abit: 41

BR Köln
ASN: **191942**
Dez: LRSD' **Schlott**

Dammertz Jörg LGED (Schulleiter)
Biehler Ulrike DGE' (stellv. Schulleiterin)
Rohe Helga DGE' (didaktische Leiterin)

Eßer Joachim GER (Abteilungsleiter I)
Schäfer Uwe GER (Abteilungsleiter II)
Subroweit Norbert GER (Abteilungsleiter III)

4.480 Kierspe   Gesamtschule der Stadt Kierspe   gegr. 1969
st. GesSch. in Ganztagsform (5-Tage-Woche) f. J. u. M.
Otto-Ruhe-Str. 2–4, 58566 Kierspe – Tel. (0 23 59) 66 10, Fax 66 12 36
E-Mail: info@gski.de, Homepage: www.gski.de

BR Arnsberg
ASN: **164276**

Spr.-Folge: E, F/L, F/L

Dez: LRSD **N. N.**

Hahn Monika (Schulleiterin)
Wommer Siegfried (stellv. Schulleiter)
Disterfeld Frank (didaktischer Leiter)

Essing Karin (Abteilungsleiterin I)
Knau Hans-Ludwig (Abteilungsleiter II)
Englmann Hans-Georg (Abteilungsleiter III)

4.490 Köln-Rodenkirchen   Gesamtschule Rodenkirchen   gegr. 1971
st. GesSch. in Ganztagsform (5-Tage-Woche) f. J. u. M.
Sürther Str. 191, 50999 Köln – Tel. (02 21) 35 01 80, Fax 39 35 69
E-Mail: 164161@schule.nrw.de
Homepage: www.gesamtschule-rodenkirchen.de
Kl: 32 (10/22)   Sch: 1113 (489) (280/584/249) Abit: 65 (29)

BR Köln
ASN: **164161**

Spr.-Folge: E, F/L, L/F

Dez: LRSD' **Grau**

Schneider Horst LGED (Schulleiter)
Glattfeld-Mettler Eva DGE' (stellv. Schulleiterin)
Scholemann-Kersting Ursula DGE'
(didaktische Leiterin)

Kluge Margret GER' (Abteilungsleiterin I)
Schönwald Petra (Abteilungsleiterin II)
Havers Peter DGE (Abteilungsleiter SekII)

4.491 Köln-Porz   Lise-Meitner-Gesamtschule   gegr. 1974
st. GesSch. in Ganztagsform (5-Tage-Woche) f. J. u. M.
Stresemannstr. 36, 51149 Köln – Tel. (0 22 03) 9 93 10, Fax 3 46 82
E-Mail: lmg@lmg-porz.de, Homepage: www.lmg-porz.de
Kl: 36 (12/24)

BR Köln
ASN: **184913**

Spr.-Folge: E, F/L, L/F

Dez: LRSD **Dr. Bürvenich**

Kuhlmann Matthias LGED (Schulleiter)	D GE		11. 1.53	Cossmann Barbara GER' (Abteilungsleiterin I)	D GE SP	1. 1.45
Schommers Marlene DGE' (stellv. Schulleiterin)	D	e	20.11.48	Deyke Bernhard DGE (Abteilungsleiter II)	
Atilgan Abdullah L	D SP			Ditz Theodor L i. A.	M SP	13.10.52
Boine Magdalene OStR'	S SP		25. 2.54	Ditzel Peter OStR	E GE	18.10.48
Caesar Victoria RSchL'	E D		5. 1.43	Dreiner Jürgen L	KU TC EK	11. 6.46
Christgen Udo OStR	M PH		23. 5.49	Entel Wiltraud RSchL'	M PH	10. 6.48
Coirazza Adelheid RSchL'	BI TX		30. 7.49	Etscheid Manfred OStR	S KR	

Fastenrath Wolfgang OStR	BI	6. 7.48
Feldmann Michael StR	M E	13. 4.53
Flick Ursula RSchL'	E EK	20.11.46
Frisch-Hoffmann Ursula SekIL'	BI CH	8. 6.56
Goedecke Volker L	CH BI	
Gohla Katharina L'	E EK	
Gollbach Michael Dr. OStR	D SP	18. 2.44
Haurand-Brendel Siegfried StR	EK PA PK	25. 3.53
Hauser Siegrid RSchL'	M BI	
Hellmold Christiane L'	M D KU	23.12.53
Hibst-Fastenrath Beate StR'	MU F	3. 3.52
Hildebrand Jörg StR	M PH	25. 3.55
Horn Daniel StR	KR GE k	23. 5.73
Horstmeier Helmut OStR	PH	20. 4.49
Hoscheid-Müller Hiltrud OStR'	D EK	10. 6.53
Hubert Hannelore OStR'	SP SW	22.12.48
Huesmann Annegret L'	M CH HW	17. 9.46
Imbach Werner OStR	F S	6. 4.60
Jagodzinska Marieta RSchL'	E TX	4. 6.52
Jakobs Heinz StR	PH SP	23. 7.51
Janert Ulrike L'	D TX	16. 7.51
Jüngling Maike StR'	BI ER	
Kaufmann Susanne Dr. StR'	D	
Kerf Sven L	ER SP	
Kiemes Rolf DGE (didaktischer Leiter)	M CH	5. 5.53
Klein Karl StR	M TC	15. 3.49
Knauer Jutta L'	E ER	22.11.69
Knichel Karl-Josef SekIL	E EK	26. 3.49
Körtner Gisela SekIL'	M MU	6. 4.55
Kosten Peter L	M EK W	14. 7.48
Krawietz-Hüll Antje (F) StD'	D SW Rel	
Krusenotto Nicola StR'	KR L	18. 9.62
Kürkcü Ahmet L i. A.		14. 8.46
Lager Angelika SekIL'	M CH	13. 6.50
Lehmann Wolfgang L	D GE WW	
Lehnhäuser Alexander		
Leichenich StR	MU SP	8. 3.55
Leiterer Rika L'	E R	8. 4.73
Leuthe Katrin L'	D SP	
Löbker Susanne StR'	E HW	
Löwen Anna OStR' (Abteilungsleiterin III)	D PA	25. 9.50
Marquardt Wolfg. Dipl.-SpL	SP	29. 4.51
McGregor Tom StR	CH BI	14. 6.71
Meiners Gundula L'	KU F k	6. 3.55
Meißner Marie-Luise L'	BI M	27. 5.49
Michel Karin RSchL'	SP EK	10.10.47
Müller Annette L'	F KR k	1. 8.56
van Nguyen Vinh StR	D PL	20. 5.70
Offermanns Wilfr. Soz.-Päd.		22. 5.53
Reinhardt Katja L'	D GE	31.10.68
Richter Hans StD	E GE	11. 3.47
Rintelmann Barbara L'	M GE	8. 9.49
Rosenberg Martin OStR	D GE	17. 2.49
Scharrenbroch Anneliese SekIL'	HW BI	23. 7.57
Schmitz Dagmar RSchL'	E GE	20. 2.50
Schmitz Frank StR	GE PL e ER SP	8. 4.67
Schneider Rolf StD	BI CH	19. 5.44
Siefart Dietrich L	D E	29. 9.49
Sixt Michael OStR	M PH	24.11.52
Soentgen Rolf StR	L PA	5. 3.54
Stäubling Rainer OStR	D E	23. 2.51
Steinborn Stephan StR	M CH	8.10.68
Strupat Ulrike L'	D KU	
Stumpf Stefanie L'	F SP ERe	18.10.64
Sudbrack Inge OStR'	D SW	30. 9.48
Weitzen Bernhard RSchL'	M SP	
Wetzel Joachim StR	M MU	
Wingenbach Hans-Otto OStR	E SW	
Wunsch Bernhard L	BI D SP	31. 1.48
von Zahn Iris L' z. A.	E MU k	25. 6.60
Zimbal Friederike L'	E KU	20. 6.46

4.492 Köln-Chorweiler   Heinrich-Böll-Gesamtschule   gegr. 1975
st. GesSch. in Ganztagsform (5-Tage-Woche) f. J. u. M.
Merianstr. 11–15, 50765 Köln – Tel. (02 21) 2 61 07-0, Fax 7 08 79 43
E-Mail: info@hbg-koeln.de, Homepage: www.hbg-koeln.de
Kl: 48 (16/32)

BR Köln
ASN: **184287**

Spr.-Folge: E, F/L

Dez: LRSD **Löwenbrück**

Goebel Luzia LGED' (Schulleiterin)
Schmidt Rüdiger DGE (stellv. Schulleiter)
Kraus Margarete DGE' (didaktische Leiterin)
Serafin Elke GER' (Abteilungsleiterin I)

Didjurgeit Günter GER (Abteilungsleiter II)
Kotthaus Jürgen GER (Abteilungsleiter III)
Martin Dieter StD (Abteilungsleiter SekII)

4.493 Köln-Holweide   Gesamtschule Holweide   gegr. 1975
st. GesSch. in Ganztagsform (5-Tage-Woche) f. J. u. M.
Burgwiesenstr. 125, 51067 Köln – Tel. (02 21) 96 95 30, Fax 96 95 32 00
E-Mail: 183726@schule.nrw.de, Homepage: www.kbs-koeln.de
Kl: 54 (18/36)

BR Köln
ASN: **183726**

Spr.-Folge: E/F/L

Dez: LRSD **Löwenbrück**

Weigelt Karl Robert LGED BI 11. 6.49
(Schulleiter)
Högner Claudia DGE' KU M 5.12.51
(stellv. Schulleiterin)

Kreutz Ulla DGE' CH 10.10.48
(didaktische Leiterin)

Gesamtschulen

4.494 Köln-Höhenhaus Willy-Brandt-Gesamtschule gegr. 1975
st. GesSch. in Ganztagsform (5-Tage-Woche) f. J. u. M.
Im Weidenbruch 214, 51061 Köln – Tel. (02 21) 96 37 00, Fax 96 37 01 75
E-Mail: wbg@schulen-koeln.de, Homepage: www.wbg.kbs-koeln.de

Kl: 36 (12/24)   Sch: 1174 (598) (348/627/199)   Abit: 46 (26) **BR Köln**
Lehrer: 95 (48)   Beamte: 71 (35)   Angest.: 24 (13) ASN: **184937**
Spr.-Folge: E, F/T, L Dez: LRSD **Dr. Bürvenich**

Bauer Hannspeter Dr. (F) StD	E GE	e	13. 1.55	**Löschner** Wolf-Hendrik	MU		15.12.64
Bialonski Dieter	D SW		3. 8.50	**Nemetz** Helga DGE'			
Didion Julia	BI EK		13. 3.76	(stellv. Schulleiterin)			
Ekemen Sule StR' 4. 4.00	D BI EK		17.12.69	**Rieks** Karl-Ernst GER			
Fellmann Peter	MU ER			(Abteilungsleiter II)			
(Abteilungsleiter I)				**Robertz** Egon Dr.	F PL		21. 4.44
Fischer Heinz GED	CH PH		2. 6.51	LGED (Schulleiter)			
(Abteilungsleiter SekII)				**Schnapp** Holger	KU AL D		7.10.51
Fischer Ulrike StR'	E F	e	19. 6.44	**Schneider** Elisabeth	BI SW		3.10.60
Fohlmeister Bernward StR	GE SP			**Süsterhenn** Martin	D PL		6. 4.61
Fritzsche Wolfgang OStR	E EK		51	**Totin** Markus L	D PA	k	2. 8.70
Glinkemann Beate StR'	D E		12. 4.65	**Trompertz** Herbert OStR	MU SW		5.11.50
Höger Klemens OStR (SekII) 82	PH TC		28.11.55	**Weiß** Maren	L D GE		18. 3.67
Laux Joachim	D PL		28.10.66	**Wieczorek** Ina StR'	E SP	e	24. 3.73

4.495 Köln-Zollstock Europaschule Köln gegr. 1976
st. GesSch. in Ganztagsform (5-Tage-Woche) f. J. u. M.
Raderthalgürtel 3, 50968 Köln – Tel. (02 21) 2 85 00 60, Fax 28 50 06 66
E-Mail: sekretariat@europaschulekoeln.de, Homepage: www.europaschulekoeln.de

Kl: 30 (10/20)   Sch: 1120 (577) (293/588/239)   Abit: 44 (26) **BR Köln**
Lehrer: 82 (49)   Beamte: 64 (37)   Angest.: 18 (12) ASN: **185176**
Spr.-Folge: E/F/L, ab Jg.st. 6: S, O, I, T, N, R Dez: LRSD' **Grau**

Abuhan Nasir
Ahlers Erika
Alper Monika L' (Abteilungsleiterin I)
Behr-Heyder-Gehlen Ursula
Blickberndt Christoph
Boecker Hans-Helmut
Brenken Andreas
Budde Margarete
Bushuven Ute
Ciuraj Barbara
Conzelmann Edeltraud
Drenhaus Sieglinde
Dümpelmann Herbert
Ehlers Heike
Erlinghäuser-Fränken Wolfgang
Esch Thomas
Ewens Martina
Fischer Marion
Francovich Astrid
Francovich Walter
Gallina Helga
Gausling Ulrich
Gorissen Michael
Grellmann Lothar Dr.
Groesdonk Ingeborg
Gruner Kai
Hartlage Karl-Heinz
Heinrich Ute
Hergarten Rudolf
Hilgers Jürgen
Hock Julia
Hoppe Rainer

ter Horst Ansgar
Hütten Elisabeth
Hundelt Björn
Jäger Rolf
Jatho Helmut
Kammann Wolfgang
Kellert Gisela
Knöfel Horst
Kolbe Peter DGE (stellv. Schulleiter)
Kunz-Schulte Claudia
Kunz-Schulte Patricia
Kuttenkeuler Ursula
Langer Marion
Leinung Christine
Lersch Dunja
Lipensky Doris
Maschke-Firmenich Resi
Meckbach Martina
Meier-Schulz Sabine
Menke-Betz Ute
Mentz Christa
Milchert Jürgen DGE (didaktischer Leiter)
Naegele Dagmar LGED' (Schulleiterin)
Naujokat Sven
Neuerbourg Ute
Nink Karin
Passavanti Nikolaus
Paul Astrid
Piechatzek Anni
Plumacher Petra
Reimann Barbara
Renneke Michael

Richmann Maria-Margarida
Rickers Angelika
Rose-Aprile Ulrike
Schlange Georg
Schröder Isolde Dr. StD' (Abteilungsleiterin SekII)
Schwartz Helma
Schweibert Daniel
Spekker Anita
Stahlke Claudine
Steffens Dirk
Stroth Angelika StD' (Abteilungsleiterin II)

Teuber Gabriele
Thelen-Daniel Ursula
Theunissen-Kramer Karin
Thomae Brigitte Dr.
Villalonga Clara-Eugenia
Weiß Ulrich
Weitz Barbara
Wetjen-Fürböck Barbara
Winkhold-Gallina Werner
Zezelj Anne
Zühlke Sigrid

4.496 Köln-Bocklemünd/Mengenich   Max-Ernst-Gesamtschule   gegr. 1981
st. GesSch. in Ganztagsform f. J. u. M.
Görlinger Zentrum 45, 50829 Köln – Tel. (02 21) 9 92 20 80, Fax 9 92 20 81 10
E-Mail: 187902@schule.nrw.de, Homepage: www.megkoeln.de

Kl: 24 (8/16)
BR Köln
ASN: 187902
Spr.-Folge: E, F/L, S
Dez: LRSD' Grau

Heuckmann Irmgard LGED' (Schulleiterin)
Becker Eduard DGE (stellv. Schulleiter)
Dorn Maria (didaktische Leiterin)

Reinegger Klaus GER (Abteilungsleiter I)
Nolte Martin GER (Abteilungsleiter II)
Dohmen Heinz-Friedel DGE (Abteilungsleiter SekII)

4.497 Köln-Höhenberg   Katharina-Henoth-Gesamtschule   gegr. 1982
st. GesSch. (5-Tage-Woche) f. J. u. M.
Adalbertstr. 17, 51103 Köln – Tel. (02 21) 88 80 90, Fax 8 70 33 23
E-Mail: 188165@schule.nrw.de, Homepage: www.khg.kbs-koeln.de

Kl: 24 (8/16)
BR Köln
ASN: 188165
Spr.-Folge: E, F/L
Dez: LRSD Dr. Bürvenich

Meyer-Babucke (Schulleiter)
Spenn (stellv. Schulleiter)

4.498 Köln   Freie Schule Köln e.V.   gegr. 1995
pr. GesSch. der Sek. I f. J. u. M.
Bernhard-Letterhaus-Str. 17, 50670 Köln – Tel. (02 21) 2 83 44 20, Fax 2 83 44 22
E-Mail: freie-schule-koeln@netcologne.de, Homepage: www.freie-schule-koeln.de

Kl: 6 (2/4)   Sch: 105 (47) (37/68/–)
BR Köln
ASN: 193021
Spr.-Folge: E, F, S
Dez: LRSD' Grau

Butz Till (Schulleiter)
Herres Jochem (stellv. Schulleiter)

4.510 Krefeld   Bischöfliche Maria-Montessori-Gesamtschule   gegr. 1977
pr. GesSch. in Halbtagsform f. J. u. M. d. Bistums Aachen
Integration körperbehinderter Schüler
Minkweg 26, 47803 Krefeld – Tel. (0 21 51) 56 13 94, Fax 56 47 08
E-Mail: info@bmmg.de, Homepage: www.bmmg.de

Kl: 26 (8/18)   Sch: 987 (544) (248/497/242) Abit: 59 (33)
Lehrer: 66 (31)   Beamte: 53 (23)   Angest.: 13 (8)
BR Düsseldorf
ASN: 185127
Spr.-Folge: E, L/F, F
Dez: LRSD Pannasch

Winden Hans-Willi	M KR	k	54	Geraedts Hans-Peter	M BI	k	43
Dr. OStD i. K. (Schulleiter)				(didaktischer Leiter)	CH		
Reismann Ulrich	CH MU	k	54	Abel-Tings Katharina	E SW	k	54
(stellv. Schulleiter)				Abeling Waltraud	D KR	k	55

Ahlers Maria	L E	k		59	Krause Bernd Schulpfarrer		e	64
Bachmann-Auer Heike	MU GE	k		57	Kremer Hildegard	EK D	k	53
Bartnick Vera	E EK D	k		50		KR		
Becker Andreas	PH EK	k		56	Kretschmann Joachim	M PH	k	55
Beckers Karl	PH SP	k		50		SP		
van der Beek		k	25.	9.65	Kristkoitz Sonia	M TC	k	66
Christoph Schulseelsorger					Lankes Gabriele	F PL	k	54
Beeser Peter	M PH	k		59	Lübbers Friedhelm	BI CH	k	48
Biallas Frank Michael	ER GE	e		56	Mehler Brigitte L' i. K.	E KR	k	4. 9.77
(Abteilungsleiter II)					Mengeler Helma	D KR	k	54
Breuers Barbara	F HW	k		50		GE		
Breuers Josef	M PH	k		52	Müller Thomas	KU SW	k	57
Buyx Michael	KR SP	k		57	Musolf Alfons	D MU	k	56
Dubois Bruno	F EK	k		43	Neske Hans-Werner	ER L SPe		55
(Abteilungsleiter SekII)					Oswald Johannes Dr.	KU F	k	49
Erlenwein Stefan StR i. K.	E PH	k	25.	5.77	Rabe Petra	SP GE	k	59
Erlinghagen Christiane	E F	k		55	Rech Verena	E SW	k	75
De Faber Johannes	BI EK	k		47	Roers Karl-Heinz	BI	k	53
Federhen Heinz-Alois	SP M	k		49	Schaaf Erika	D GE	k	54
	GE				Scheffran Elena	BI GE	k	55
Flechtner Brigitte	SP	k		60	Schlote-Fels Evelyn	KU M	k	53
Gerdelmann Nicole	D KU	k		69	Schmitz Petra	BI HW	k	57
Gittinger Anita	CH	k		63	Schneider Ria	D CH	k	55
Glasmacher Herbert	MU E	k		49	Schücker-Hermanns Raimund	D GE	k	56
Glasmacher Marlene	M TX	k		60		TC		
Glasmacher Ulrich	SP GE	k		59	Sczyrba Johannes Schulpfarrer		k	
Gomolla Karl-Michael	BI CH	k		53	Sladek Lore	MU E	e	53
Güttsches-Huschka	MU	k		48	Spengler Ulrich	D	k	57
Maria-Theresia	D M				Sprenger Ferdinand	D KR	k	49
Guschal Maria	M SP	k		55	Tielen Marlies GER'	E F KR	k	59
	EK				(Abteilungsleiterin I)			
Hahn Norbert	D GE	k		53	Tyssen Wolfgang	BI EK	k	57
Hamke Michael	E EK	k		61		ER		
Hense Beate	M	k		55	Vogels Gertraude	D KR	k	55
Hüttenes Hilde	D M E			43	Werker Josef	L E	k	53
Kappes Winfried	EK			69	Wimmers Ulrich	E SP	k	61
Klein Johannes	KR GE	k		50	Witt Dagmar	E M	k	54
Kleinschmidt Michael	D GE	k		53				

4.511 Krefeld   Gesamtschule Kaiserplatz   gegr. 1986
st. GesSch. in Ganztagsform (5-Tage-Woche) f. J. u. M.
Kaiserplatz 50, 47800 Krefeld – Tel. (0 21 51) 5 39 90, Fax 53 99 80
E-Mail: 189273@schule.nrw.de, Homepage: www.gekai.krefeld.schulen.net

Kl. 36 (12/24)   Sch: 1305 (650) (538/532/210)   Abit: 48 (29)   **BR Düsseldorf**
Lehrer: 108 (60)   Beamte: 85 (48)   Angest.: 23 (12)   ASN: **189273**
Spr.-Folge: E, F/L   Dez: LRSD **Pannasch**

Adrian Jochen LGED	PH SP		2.11.50	Anwey-Backes Elisabeth L'	D KR	k	15. 3.64
(Schulleiter)				Auroux Sigrid L'	ER F		29. 5.57
Schupp Ernst GED	AL	k	25. 9.50	Baka Diamantula L	CH PH	orth	6. 3.65
(stellv. Schulleiter)					BI		
Munsch Brigitte	M SP	k	19. 5.57	Borgemeister Utz L	D AL M		20. 9.47
(didaktische Leiterin)				Buschhaus Karin L'	GE E		9. 5.58
Otto-Lauscher Heike-Maria L'	MU E		31. 5.60	Eichler Elisabeth L' i. A.	MU KR	k	22. 3.59
(Abteilungsleiterin I)				Franken Herbert OStR	E D		29. 5.50
Kubiczek Reinhard GER	D EK	e	13. 5.47	Gauger Monika OStR'	SW E		4.11.47
(Abteilungsleiter III)	AL			Gruel Rüdiger OStR	M SW IF		13. 5.58
Guntermann Joachim DGE	D KU		10. 4.57	Hanrath Hans-Georg L	M PH		7. 1.54
(Abteilungsleiter SekII)				Heuker Alfons L	D GE		26. 1.52
Akrivi Maria-Eleni L'	DG	orth	23.11.73	Heyser Mechthild Dr. OStR'	BI CH		18. 7.54
Alofs Ludger StD	BI CH		25. 8.43	Hoenen Georg L	PH AL		9. 5.52
Anders Elfriede GER'	M KU	k	1. 3.53	Hoffmann Karl-Heinz StD	D SW PK		24. 6.52
	EK			Hovemann-Thielager	SW GE TC		24.12.56
Angenendt Thomas StR	SP D		15. 7.57	Manfred OStR			

Jeske Jürgen StR	PL E D	11. 5.49		Reese Norbert StR	KR PH	k	20. 3.57
Kietzmann Udo-Ernst OStR	M SP	14. 9.59		Saripolat Erdal L i. A.	T	msl	29. 5.65
Knölke Brunhilde L'	D CH GP	14. 7.50		Schaumann Heike OStR'	ER E	e	8. 2.60
Koch Annedore StR'	E EK	27. 3.55		Schmidders Roswitha StR'	E BI		28. 3.60
Krucinski Marina L'	D SP	30. 6.56		Schoof-Terbrack Reinhild StR'	CH BI	k	26. 2.62
Lechtenböhmer Gabriele L'	SP EK TC	e	8. 3.58	Sotiriou Spiridon	G Z		5. 1.52
				Spengler Karolina OStR'	L KR GE	k	24. 2.59
Leist Volker	EK D	e	3. 3.60				
Maas-Küsters Otmar OStR	D PA	19. 1.50		Storm Ruth StR'	MU SP		11.10.62
Martin Detlef L	M SP	k	8. 9.55	Stotz Brigitte L'	E KR	k	8. 9.56
Napiralla Petra L'	M ER	27.12.60		Treitz Klaus StR	CH SP	k	2. 6.59
Offermann Ingrid L'	D GP SP	e	14. 8.45	Türck Horst OStR'	M PH		21.10.57
				Vollmer Stefan StR	E M		5.12.61
Pappe Jörg-Uwe L	SP D	k	24.10.65	Zimmermann Martina StR'	BI CH	e	30. 9.59
Puzicha Irene	KU AW	k	24. 4.57				

4.512 Krefeld Robert-Jungk-Gesamtschule gegr. 1988
st. GesSch. in Ganztagsform (5-Tage-Woche) f. J. u. M.
Reepenweg 40, 47839 Krefeld – Tel. (0 21 51) 73 60 21, Fax 73 06 22
E-Mail: RJGesamtschule@aol.com, Homepage: www.rjge.de
Kl: 24 (8/16)

BR Düsseldorf
ASN: **190020**

Spr.-Folge: E, F/L

Dez: LRSD **Pannasch**

Aalbers Rolf	E SW AL	Oehler Katherina Dr.	ER GE
Alexander Heike	ER BI	Omsels Hermann-Josef	KR SP
Arens Astrid	F EK	Pattberg Michael	E D
Baselt Ines	E M PH	Penning-Will Renate	F M
(Abteilungsleiterin II)		Peschel Sonja	SP E
Bollen Wilhelm	TC BI SP	Rastedt Gerd DGE	D KU SP
Casper Hans-Jürgen	SP M BI	(didaktischer Leiter)	
Degemann Hans-Josef	M KU EK	Rausch Michaela	F BI
Dettmar Martina	F MU KR	Rinnen Anja Dr.	D ER
Ditzen Gisela	M SP IF	Roeder Evelyn	M AL TC
Einwaller Helga	E L	Rungwerth-Hendricks Anette	E D
Engler Dietmar	GP EK D		
Faust Angelika	E GE	Sänger Ralf LGED	CH BI
Freund Hanka	M CH	(Schulleiter)	
Goßen Natascha	D GE	Schaele Holger	SP E
Herko Doris	M EK	Schauerte-Lüke Claudia	D PA
Herrmann Georg	PH CH	Schipporeit Karl-Heinz	E EK
Horn Michael	D SP	(Abteilungsleiter SekII)	
Jastrow Peter GER	BI E	Schreiber Berthold	M KU
Keesen Monika	CH EK	Siegert Helmut	KU D EK
Kempkes Antonio	KU KR EK	(Beratungslehrer)	
Kluge Michael	SP D GE TC	Sitter Anke	ER MU
Knopp Ursula	D M GP	Sondermann Annette	E TX
Krippner Christiane	TX M E	Stammen Heinrich	KU AL GE
Lagers Christiane	D PL GL	Uhl Verena	MU BI M
Lennackers Klaudia	KR KU	Walk Heidi	E L
Lohmann Michael	SP D	Wilkat Ingrid	HW SP
Meffert Brigitte	E D GP	Will Manfred	M SP
(Abteilungsleiterin I)		Winkler-Ernst Christiane	D AL
Meyer Andreas	E SW	(Beratungslehrerin I)	
Mitscherlich Ingrid	ER KU	Wüstefeld Andreas Dr.	BI CH
Musiol Kornelia	CH SP	Zimmermann Kristina	
Nagler Raimund	KU KR	Soz.-Päd.'	
Nökel Scarlett	E KR		

4.513 Krefeld Kurt-Tucholsky-Gesamtschule gegr. 1990
st. GesSch. f. J. u. M.
Alte Gladbacher Str. 10, 47805 Krefeld – Tel. (0 21 51) 8 37 50, Fax 83 75 20
E-Mail: ktg-schulleitung@t-online.de, Homepage: www.gektg.krefeld.schulen.net
Kl: 36 (12/24)   Sch: 1108 (599) (322/632/154)   Abit: 40 (20)   BR Düsseldorf
Lehrer: 93 (59)   Beamte: 65 (44)   Angest.: 28 (15)   ASN: **191024**
Spr.-Folge: E, F/L   Dez: LRSD **Pannasch**

Name	Fächer	Datum	Name	Fächer	Datum
Zachrau Thekla Dr. LGED' (Schulleiterin)	E F	3.12.43	**Korn** Silke StR'		
			Krause Brigitte StR'	D SW	4.12.58
Hartings Christma GED' (stellv. Schulleiterin)	D EK M	21. 2.48	**Kreutzkamp** Kornelia SekIL'	E EK	29.10.59
			Küchler Ursula StR'	D F	4. 3.55
Scholz Günther Dr. GED (didaktischer Leiter)	CH SP	21. 8.51	**Kürten** Claudia L'	F BI	29. 5.57
			Leske Ralf SekIL'	BI GE TC	8.12.62
Lohmann Christine GER' (Abteilungsleiterin II)	D BI	24. 7.55	**van Leyen** Anja L'		
			Liebich Erhard OStR	EK E	
Heuer Rainer-Maria GER (Abteilungsleiter III)	M BI SP		**Löb** Albert StD	PH M	4. 6.46
			Loos Helga geb. Mies OStR'	D KR	18. 6.59
Schütz Michael GED (Abteilungsleiter SekII)	M PH	26. 4.56	**Luckhardt** Ilse StD'	M SW	4. 3.52
			Markmann Uwe L	D EK	20. 4.66
Averdung Birgit L'	E EK	10. 8.68	**Meißner** Anouschka OStR'	CH M	27. 8.68
Banse Detlef L	M GE PH	27. 9.56	**Meurer-Neuenhüskes** Michael OStR	M PH	30. 4.57
Bargut Sylke L'	E R	8. 9.63			
Beck Frank StR	D L	14. 8.57	**Möller** Rüdiger L	E GE	8.10.54
Beckers Norbert SekIL	TC MU EK	4. 2.60	**Musialek** Helga SekIL'	M PH	5. 3.52
Bednarz Diana StR'	F GE	17. 3.69	**Peukert** Doris OStR'	D E	14. 5.63
Bellmann Mirjam geb. Assmann OStR'	D MU		**von Renteln** Barbara L'	D GE	29. 5.51
			Röck-Uhlrich Susanne L'	CH SP	13. 8.58
Berding Frauke	SP F	8. 1.68	**Römer** Claudia OStR'	D GE	22. 9.64
Biewald Ute StR'	KU E	9. 1.60	**Rosenthal** Jasmin StR'	E MU PA	31. 1.74
Birk Susanne StR'	BI CH	27. 6.67	**Rütten**	BI EK	24. 8.56
Blanke Fritz-Günther StR	E SW	1. 7.50	**Scheller** L'	D SP	16. 9.59
Bürvenich Sebastian L	SP BI	1. 4.74	**Schindler** Angelika SekIL'	M E	17. 2.57
Busch Christoph L	D MU	8. 7.63	**von Schmude** Karen Soz.-Arb.'		28. 1.70
Buschmann Udo	KU ER	2. 9.60	**Schulze-Dieckhoff** Dorothee StR'	BI EK TC	4. 1.59
Dülfer Renate HSchL'	M KU E	17. 6.51			
Franke Andrea StR'	M CH	24. 4.68	**Schumacher** Martina StR'	D KR	22. 5.63
Friedrichs Dieter OStR	M PH	6. 9.58	**Stratmann** Marilis L'	PH AL	8. 7.54
Frings Cornelia L'	GE E	1. 4.56	**Stratmann** Ulrike L'	D KR	9. 3.58
Gatz Volker SekIL	KU ER	12.10.55	**Theine** Soz.-Päd.		1. 9.71
Gellmann Klaus StR	D E	27. 9.61	**Thiel** Marion L'	E KU	12. 5.55
Glaß Rüdiger OStR	M SP SW ER		**Thurmann** Dagmar SekIL'	D HW	
			Tillmann Marita StR'	D PL	17. 6.63
Hain Karl-Friedrich L	D AL EK	25. 3.50	**Triebel** Anne Rose L'	D SP	16. 7.47
Hamann Angelika L'	M SP	21. 1.58	**Uphoff** Sylvia SekIL'	CH ER e	10. 8.59
Hamann Klaus StR	SW BI	22.11.59	**Veit** Timo L	D CH	25. 7.74
Hartwig Andrea L'	D M	27. 3.57	**Vetterlein** Erdmute L'	E BI	19. 3.57
Herko Robert L	M EK	16. 7.58	**Walker** Marie-Louise L'	E F	24. 6.58
Herma Harald OStR	KU SW	26. 1.64	**Weber** Christiane geb. Kaufhold L'	E GE	17.12.67
Hilger Dr.	D PL	24.10.62			
Höltermann Egbert L	EK SP	10. 2.59	**Wehrmann** Ingeborg L'	BI CH	7. 5.58
Jansen Sabine L'	E F	15. 1.58	**Weinhold** Andreas OStR	E GE	2. 2.64
Kadagies Gisela L'	SP KU	28. 8.51	**Weisenstein** Hanne L'	BI SP	10.11.68
Kanzler Ursula L'	M BI	25. 5.55	**Weitz** Rita L'	D SW	5. 2.49
Kendzior Markus L	D PL	28. 8.71	**Wende** Sylvia L'	D GE	5. 4.61
Keskin Sezai L	AL T	5. 5.55	**Wennmacher** Gertrud SekIL'	M KR	14.11.55
Kloppenburg Birgit L'	D KU	4.12.73	**Wilmsen** Annette L'	M GL IF	19. 5.69
Knobloch Carola SekIL'	D MU	16. 9.64	**Wirmer** Bernhard StR	D SP k MU	15. 7.53
Kötter Martina StR'	ER L	25. 1.64			

4.520 Kreuztal Clara-Schumann-Gesamtschule gegr. 1992
st. GesSch. f. J. u. M.
Djurslandweg 2, 57223 Kreuztal – Tel. (0 27 32) 5 55 30, Fax 55 53 50
E-Mail: clara-schumann-gesamtschule@ge-kreuztal.de
Homepage: www.ge-kreuztal.de

Kl: 24 (8/16) Sch: 856 (418) (237/446/173)
Lehrer: 68 (38)
Spr.-Folge: E, F

BR Arnsberg
ASN: **191826**
Dez: LRSD N. N.

Scheerer Christian GED (Schulleiter)			E SW	11. 2.60	**Krämer** Klaus-Dieter GER		D GL MU	23. 2.50
					Kramarz Silke SekI/IIL'		D SW	17. 9.71
Bäumer Hans-Joachim SekI		94	MU ER e	5. 3.59	**Kuhlmann** Alexander		BI GE	
					Linsel Knut Dr.		D GE	
Ball-Engelkes Peer SekI/IIL			ER PL D	13. 4.57	**Luschnath** Achim GER (Abteilungsleiter II)		E GL M e	2. 8.50
Bielinski Elke-Barbara SekIL'			E ER	7. 4.56	**Meister** Bettina OStR' (T)		M GL IF	20.10.60
Bingener Dietmar SekIL			CH SP	25. 8.55	**Neidhardt** Katrin		KU PA M	
Blume Hans-Michael L		75	M GL MU	11. 3.48	**Neßbach** Alexander		GE SP	
Born-Kürbiß Gabriele SekIL' (T)			M ER	13.11.57	**Neugebauer** Bernhard SekIL	93	BI KU k HW	20. 3.54
Dietze Christina L' (T)		75	E D HW	13.11.50	**Niesenhaus** David		M MU	
Esmaeli Sigrid (didakt. Leiterin)			E GL	5. 4.58	**Raabe** Bärbel SekI/IIL'		E SW	3. 6.52
					Recter Otfried L		D KR k	30. 8.52
Fischer-Utsch Angelika SekIL' (T)	1. 8.93		SP KU k KR	19. 9.56	**Reppel** Michael SekIL		M SP	15.11.57
					Salmen Volker		KU	29. 5.49
Fröhlich Klaus SekIL	8.91		SP ER e	1. 5.60	**Schmidt** Corie StR'		KU SW	27. 1.70
Funke Roland L		99	D GL KU	8. 7.51	**Schneider** Britta SekIL' (T)		D SP	25. 2.61
Graf Melanie			BI SP	27.11.72				
von Heyden Martina Soz.-Päd.'				2. 7.70	**Schneider** Silke L'		D PL	6.11.68
					Schniederkötter Kerstin L'		BI CH	19. 6.72
Himmrich Margarethe Dr. OStR'	2.02		CH KR k	21. 3.59	**Scholz-Linnert** Kristine		D E	
Hirschmann Michael SekI/IIL		99	BI CH	22. 2.67	**Schütz** Siegmar L	1. 8.70	AL SP e	18. 8.49
Jakobs Marion SekI/IIL'			L PL	11. 9.71	**Steuber** Marianne L'		D SP e	17.12.51
Jüngst Heidi SekIL'			D HW	5. 9.60	**Steup** Matthias OStR		E MU	25. 9.57
Jüngst Karl-Ludwig L		77	GL SP M	14.10.47	**Thoms** Wilhelm GED (Abteilungsleiter SekII)		PA E	13.12.48
Kadzimirsz Beate			CH PH	2.11.71				
Kemter Heike SekIL' (T)			E F	5. 7.57	**Treger** Ursula SekIL'		D KU	31.12.54
Kinner Marion SekIL'	1. 5.94		D E	17.10.59	**Treude** Rüdiger SekIL	29. 1.87	PH ER e	7.10.58
König Dirk geb. Jansen OStR			M PH k	9. 9.65	**Völkel** Joachim SekIL		E GL	25. 9.53
König gen. Kersting Waltraut OStR' (T)			E F k	30.12.57	**Weckwert** Astrid SekIL'	8. 8.94	M BI e	14.12.61
Kotter Anja L' z. A.	19. 8.04		GE PL	15.11.76				

4.530 Kürten Gesamtschule gegr. 1990
st. GesSch. f. J. u. M.
Olpener Str. 4, 51515 Kürten – Tel. (0 22 68) 9 13 60, Fax 91 36 48
E-Mail: info@gesamtschule-kuerten.de, Homepage: www.gesamtschule-kuerten.de

Kl: 31 (10/21) Sch: 1048 (512) (293/580/175) Abit.: 47 (25)
Lehrer: 83 (45) Beamte: 59 (30) Angest.: 24 (15)
Spr.-Folge: E, F/L

BR Köln
ASN: **190949**
Dez: LRSD Löwenbrück

Backhaus Erhard GED (Abteilungsleiter SekII)		D EW	7. 3.48	**Jürgens** Dirk L	M SP e PH	17.12.42
Erlenkötter Friedr.-Wilh. GER (Abteilungsleiter II)				**Kivilip** Helga StR'	BI CH	18. 6.67
				Knecht Wilfried StR	M PH	
Fleischer Susanne L' i. A.		D E	1.11.76	**von Lassaulx** Sebastian L i. A.	PH KR k	23.10.56
Friedrich-Himmelsbach Andrea GED' (didaktische Leiterin)		D BI	7. 4.66	**Leusch** Rüdiger L	M TC PH	
				Löhausen Maria RSchL'	GE F	22. 8.54
Großbach Peter RSchL		D GE	17.12.49	**Meurer** Marianne RSchL'	E KU	26. 4.52
Jäschke Thomas GED (stellv. Schulleiter)				**Neu** Gerhard Dipl.-SpL	SP BI	20. 8.48
				Raida Manuela L' i. A.	M CH k	2.11.67

Rommen Andre-Hieronymus StR	PH MU		
Schnippe Nikolaus L z. A.	GE S		6.12.63
Schröder Klaus LGED (Schulleiter)			
Steinheuser Mechthild RSchL'	F GE		
Szonn Jörgen SekIL	KU ER		18. 3.56
Topp Doris StR'	BI EK		
Vetter Beate GER' (Abteilungsleiterin I)			
Wieser Andreas StR	M D	e	5.10.56

4.540 Langenfeld Bettine-von-Arnim-Gesamtschule gegr. 1990

GesSch. des Zweckverbandes Gesamtschule Langenfeld-Hilden f. J. u. M.
Hildener Str. 3, 40764 Langenfeld – Tel. (0 21 73) 9 95 60, Fax 99 56 99
E-Mail: mail@bva-gesamtschule.de, Homepage: www.bva-gesamtschule.de

Kl: 36 (12/24)   Sch: 1185 (577) (325/656/204)   Abit: 60 (31)   BR Düsseldorf
Lehrer: 98 (71)   ASN: **191000**

Spr.-Folge: E, F/L/S   Dez: LRSD' **Fasselt**

Ackers-Weiss Anne GED' (Schulleiterin)	GE D		27. 1.49	Koch Nadine StR'	E ER		3.10.75
				Kohlhase Lars	SP	k	9. 7.66
Kuhl Berthold GED (stellv. Schulleiter)	M SP		31. 1.56	Krämer Doris SekI/IIL'	D E		28.11.56
				Kraushaar Jutta SR	D GE SP		20. 5.69
Mosebach-Garbade Elke DGE' (didaktische Leiterin)	BI CH	e	12. 7.59	Leister-Tschakert Jutta StR'	ER SP	e	23. 2.57
				Leyen Christina	D M		22. 5.71
Arnold Gisa StD'	SP E		29.11.53	Lorenz Sabine SekIL'	HW CH PH		10. 2.58
Aslandemir Aziz	GE PK		7. 9.73	Maug-Cahais Solveig	SN		19. 4.57
Becker Sabine	D PA		14. 6.68	Mayer Dirk	SP BI		19. 1.69
Bewerunge Mathilde	AH M PH		14. 3.52	Meven Raimund OStR	CH EK	k	16. 8.55
Beyer Dietmar L i. A.	D GE		7. 7.52	Münch Petra OStR	BI CH		8. 9.55
Bierther Mirja StR	KU SW		16. 4.70	Neubert-Putkonen	TX KU		25. 1.48
Bosbach Gisela L'	E D		29. 5.54	Leena L' i. A.			
Brämer Elke L' i. A.	KU SW		28.10.51	Neumann Detlef SekI/II OStR	M SP		5.11.62
Brandt Mark-Peter	MU		2. 1.73	Ortmann Andrea	E D		11. 3.75
Brieskorn-Hilger Angelika GER' (Abteilungsleiterin I)	D HW			Pallmer Tabea	MU E		29. 9.68
				Penack Birgit	E		17.10.58
Brym Sabine SekI/IIL'	D EK	k	25. 2.61	Puppel-Wessels Bernd L i. A.	SW D		29. 8.49
Bürger Ulrich L i. A.	BI PL		25. 2.55	Reichenbächer Beate	D EK		17. 8.55
Clouet Christian L	SP		11. 9.51	Rothhaas Achim GER	D ER		10.11.61
Daničič Josef L i. A.	M IF		15. 2.72	Schäfer-Valdivieso Christa	KR D		30. 7.56
Diaz-Flores Rivero Ricardo L i. A.	SP S	k	6.10.60	SekIL'			
				Schäkel Wiebke	HW		20. 6.72
Dietrich Martina	SP BI		7. 1.75	Schlömer Pia SekI/II StR'	D KR		25. 3.61
Dietrich gen. Nehls Meike	MU ER	e	21. 8.74	Schlösser Raoul L i. A. (Abteilungsleiter III)	D GE		30. 9.72
Dinnessen-Spek Birgit	TX		4. 5.62				
Döring Nicole	MU D		12.11.77	Schlüter Claudia	EK E		7.12.68
Engelmann Steffen L i. A.	M PH		20. 8.62	Schreiner Katrin	BI SP		8. 9.75
Förster Rainer L i. A.	M TC		16.12.46	Schulte-Allerdißen Bettina SekIL'	KR SW	k	27. 2.61
Franke Corinna SekI/II OStR'	D M		9.11.60		M		
Fuchsenthaler Evelyne Soz.-Päd.'		k	7.12.60	Schumacher Birgit GER'	M BI	e	30. 8.58
Gottesleben Silke StR'	E ER		15. 2.57	Siebert Marlis HSchL'	EK E		14. 7.52
Haas Marion SekIL'	E KU		12. 9.57	Sodemann Heinz- 1. 8.73 Werner L	D E SP	k	21. 8.48
Haase Jürgen SekI/IIL	GE L		10. 3.63				
Hamacher Mechtild L' i. A.	D PK		14. 4.55	Spanke Bernhard OStR	BI SP	k	26.10.60
Hamm Dagmar	E GE		13. 8.66	Springenberg Theo GER (Abteilungsleiter II)	M BI	k	14. 9.51
Hein Eva-Marie G/HSchL'	KU E D		11. 4.49		CH		
Herrmanns Ariane OStR'	MU F		12. 4.61	Sprung Carola	SP BI	k	23.10.62
Heupgen Annette StR'	SP M		22.10.67	Surmatz Christina SekI/II StR'	M PL R		8. 8.68
Höfner Gert Dr.	M PH EW		1. 2.45	Symann Gunnar StR	E ER		30. 1.72
Hofstetter Jutta StR'	BI CH	k	30. 5.62	Torbrügge Kerstin	EK GE KR	k	22. 2.78
Hübner Jutta SekIL'	E GE		21. 3.55				
Hutchinson Andrea StR'	E F	k	7. 4.61	Trapp Editha StR'	BI CH		12.12.54
Jaax Annemarie SekI/IIL'	D GE		24. 6.55	Vannerum Ariane	TC M		1.7.77
Kadlubek Jürgen	CH BI		6. 6.61	Wagner Elisabeth SekI/IIL'	D E		15. 2.60
Kapell Antje SekIL'	M AL CH		12.12.70	Weiden Sabine DGE' (Abteilungsleiterin SekII)	M ER	e	18. 6.56
Karst Melanie	PA D		8.11.74				
Kellershof Marie-Luise	E D		18. 6.67	Weidenhaupt-Wirtz Renate SekIL'	E KU		23. 5.56
Kentemich Christiane OStR'	CH BI		26. 1.59				

Weikämper Andreas L z. A. M D SP k 14. 8.70 Wetter-Kernder Ingrid L' i. A. KU GE 4. 9.55
                                GL AL   Wittgen Birgit StR'   D KU 16. 8.55

4.550 Langerwehe Gesamtschule Langerwehe gegr. 1987
st. GesSch. (5-Tage-Woche) f. J. u. M.
Josef-Schwarz-Str. 16, 52379 Langerwehe – Tel. (0 24 23) 9 41 40, Fax 76 88
E-Mail: gelangerwehe@web.de, Homepage: www.ge-langerwehe.de

Kl: 30 (10/20)

BR Köln
ASN: **189390**

Spr.-Folge: E, F, L

Dez: LRSD **Gilles**

Moll Heinz LGED (Schulleiter)
Bock von Wülfingen Heinz-Georg DGE
(stellv. Schulleiter)
Gröper Gert DGE (didaktischer Leiter)

Westermann Regina GER' (Abteilungsleiterin I)
Braun Richard GER (Abteilungsleiter II)
Krekelberg Arnold DGE (Abteilungsleiter SekII)

4.555 Lemgo Karla-Raveh-Gesamtschule gegr. 1996
GesSch. d. Kreises Lippe f. J. u. M.
Vogelsang 31, 32657 Lemgo – Tel. (0 52 61) 2 58 40, Fax 25 84 19
E-Mail: info@karla-raveh-gesamtschule.de
Homepage: www.karla-raveh-gesamtschule.de

Kl: 36 (12/24)

BR Detmold
ASN: **192624**

Spr.-Folge: E, F, S/L

Dez: LRSD' **Krämer**

Sensenschmidt Karin
LGED' (Schulleiterin)
Remfort Klemens DGE
(stellv. Schulleiter)
Ebell Dieter
(didaktischer Leiter)
Rohmann Kerstin
(Abteilungsleiterin I)

Kohl Hilde
(Abteilungsleiterin II)
Wittenbreder Hans-Hermann
(Abteilungsleiter SekII)
Bolli Gritta StR'   M CH   e   26. 2.70
Kahmann Barbara StR'   F D   e   17.12.61
Kochsiek Bastian L   E D   eref 2.10.71
Weinaug Andrea StR'   E R   e   28. 5.71

4.560 Leopoldshöhe Felix-Fechenbach-Gesamtschule gegr. 1977
st. GesSch. (5-Tage-Woche) f. J. u. M.
Schulstr. 25, 33818 Leopoldshöhe – Tel. (0 52 08) 99 13 60, Fax 99 13 80
E-Mail: 186375@schule.nrw.de, Homepage: www.ffgleo.de

Kl: 30 (10/20)   Sch: 998 (523) (283/560/155
Lehrer: 92 (56)

BR Detmold
ASN: **186375**

Spr.-Folge: E/F/L

Dez: LRSD **N. N.**

Scheele Uwe (Schulleiter)
Gollner Beate (stellv. Schulleiterin)
Mutz Michael (didaktischer Leiter)

Burkhardt-Bader Almuth (Abteilungsleiterin I)
Kuch Christel (Jahrgangsstufenleiterin II)
Sundermann Wolfgang (Abteilungsleiter SekII)

4.570 Leverkusen-Rheindorf Käthe-Kollwitz-Schule gegr. 1970
st. GesSch. in Ganztagsform (5-Tage-Woche) f. J. u. M.
Deichtorstr. 2, 51371 Leverkusen – Tel. (02 14) 3 10 16-0, Fax 3 10 16-20
Dependance Jg.st. 5/6: Elbestr. 25, 51371 Leverkusen
Tel. (02 14) 8 25 04-0, Fax 8 25 04-30
E-Mail: 164124@schule.nrw.de, Homepage: www.kks-leverkusen.de

Kl: 48 (16/32)   Sch: 1488 (723) (387/874/227)   Abit.: 42 (17)
Lehrer: 131 (74)

BR Köln
ASN: **164124**

Spr.-Folge: E, F/L, F/R

Dez: LRSD **Löwenbrück**

Anders Gerlinde   ER
Bayer-Ruf Josef Soz.-Päd.
Becke-Silberhorn Elisabeth   BI EK

Becker Brigitte   BI E
Beuteführ Marianne   F SW
Blanke-Gruber   E GE R

Böttcher Jürgen	E M	Mühlberg Bärbel GER'	BI CH
Boll Markus	D M	(Abteilungsleiterin I)	
Brunsmann Ulrike	BI SP	Müller Norbert	BI SP
Büker Bruni GED'	M	Müncheberg Michael	ER MU D
(stellv. Schulleiterin)		Nahl-Höfer Ingrid	D E SP
Cihan Ebru	D T	Neubarth Heidrun	KU BI HW
Dalkilic Hülya	GE SW	Ochs Stefan	D PL
Danebrock Adrienne	TC KU	Özkan Fatma	T
Deppe Klaus	E GE	Osthoff Rüdiger	CH D GE
Dostal Peter	E EK	Over Renate	BI
Egert Silvia	CH BI	Palzkill Brigitta Dr.	M SP
Eisert Pierre André	GE SW	Prescher Michael	GE D PP
Erdas Neslihan	E	Randerath Ursula	M EW
Firmenich Wolfgang	E GE	Reimann-Fischer Dorothea	D ER
Flossmann Daniela	D E	Richter Reinhard	E SP
Freitag Jürgen	E GE	Rodina-Roufs Günter	D ER
Freyer Günter	MU EK	Rosenthal Ulrike Soz.-Päd.'	
Fritsch Ewald	SP BI	Royer John	E TC
Gänsler Kamila	R MU E	Rudolph Stefanie	M CH
Gass Elisabeth	D SW	Ruf Barbara	EW F
GED' (didaktische Leiterin)		Sadowski Annemarie	D SW
Gibhardt-Berkdar Gudrun	BI SP	Sattler Guido LGED (Schulleiter)	D KU EK
Hartmann Thorsten	MU SP	Scharff Klaus GED	M PH IF
Hees Günter	EW KR	(Abteilungsleiter SekII)	
Hendrix Ute	SP BI	Schautes Katja	D KR
Hesse Sabine	SW E	Schiller Karl-Heinz	SP
Ibe-Huhn Heidi	E M SP	Schluck-Rheinfrank Claudia	E F
Irländer Hans	PH M	Schlüter-Röttger Christa	M SW
Jacobs Heiner	L KU	Schmadtke Peter	KU D GE
Jahnke-Schulz Sigrid	HW	Schmidt Herbert	D PA
Jeske Margot	D E KU	Schmidt Norbert GER	CH EK
Khosrovyar Selma	BI T	(Abteilungsleiter II)	
Klare Doris	SP TX	Schmieden Nevine	SP BI
Klissouras Vissarion	G	Schmitz Stefan	BI M
Klug Manfred	SP D	Schneider-Rösler Doris	D KU
Knopp Vera	M AT	v. Schorlemer Rudolf	SW SP
Kozikowski Barbara	D KR	Schröter-Heinrichs Soz.-Päd.	
Krämer Adelheid	D TX GE	Schwinden Stefan	MU PH
Krautkrämer-Schlicht Stefan	KR GE TC	Sebastian Edna	M PH IF
Kremer Bernd	EK F	Seesing Christa	D KR
Kronenberg Gisela	EK SW	Selbach Angelika	BI SP
Kühne Titus	CH AT	Sellen Elisabeth	D R
Lauscher Karola	BI KU M	Sievert Arnim	SP PA
Lauscher Rudo	F SP	Silberhorn Hermann	D SP
Len Raimund	M PH	Silberhorn Peter	GE SP WW
Lenzen Brigitte	D BI	Spillner Uwe	D SP
Lipp Christoph	M SW	Steiger Markus	BI EK
Löhmer Alfred	M SP	Stein-Neugebauer Eva	D GE KU
Lövenich Edith	EK SP	Steiwer Jutta	D KU
Mach Melanie	E F	Totaro Matteo	CH TC
Marx Bernhard	BI KU	Vent Marianne	D F
Mattes Andreas	KR GE	Wähler Brigitte	KU MU
Matthies Barbara	PH M	Wagner Johanna	KU GE
May Anette GER'	CH TX	Willecke Dieter	E D
(Abteilungsleiterin III)		Wingenbach Margot	E F
Meinigke Reiner	D EK	Wollenweber Ute	EK SP
Merten Maria-Helene	CH M	Zehl Gaby	SP EK
Meyer Helga	F EW	Zierman Martin Dr.	TC GE
Meyer-Evertz Maria	D SU	Zimmer Gisela	D E

4.571 Leverkusen Gesamtschule Leverkusen-Schlebusch gegr. 1987

st. GesSch. (5-Tage-Woche) f. J. u. M.
Ophovener Str. 4, 51375 Leverkusen – Tel. (02 14) 3 10 17-0, Fax 3 10 17-79
E-Mail: info@gesamtschule-schlebusch.de
Homepage: www.gesamtschule-schlebusch.de

Kl: 29 (14/15)   Sch: 1086 (563) (416/419/251)   Abit: 52 (26)   **BR Köln**
Lehrer: 110 (64)   Beamte: 93 (54)   Angest.: 17 (10)   ASN: **189406**
Spr.-Folge: E, F/L/S   Dez: LRSD **Löwenbrück**

Roos Margarete LGED'	D E	4.11.47		**Kröger** Jovila StR'	D SW	
(Schulleiterin)				**Küpper-Popp** Karolin Dr. StR'	ER L	
Gebele Klaus GED		28.11.44		**Lacroix** Christine Danielle	E D	8. 4.62
(stellv. Schulleiter)				**Liesicke** Carsten StR	KU D	21. 4.60
Kißler Norbert GED	PA SW			**Linsen** Karin L'	SP GE	
(didaktischer Leiter)	PH			**Lorenz** Harald SekIL	D GE TC	
Junker Detlef				**Ludwig** Isolde SekI/IIL' i. A.	BI SP	
(Abteilungsleiter I)				**Lust** Norbert	ER	
Höhnen Dieter DGE	D E KU			**Mangelsen** Antje	TC PH	
(Abteilungsleiter II)				**von Maravic** Sabine	E F S	13. 3.52
Glieden-Böffgen Dorothee				**Marggraf** Reinhart L	MU GP D	
(Abteilungsleiterin III)				**Maslaurz** Norbert StR i. A.	E SP	
Horn Günter				**Mathée-Seibt** Carola OStR'	BI EK e	7. 6.56
(Abteilungsleiter SekII)				**Mayer** Beate StR'	E KR k	18. 4.56
Baumann-Käske Wichtrud StR'	E L	11. 1.69		**Mayer** Franz Rudolf ' 26.11.84	E-TC k	5.10.46
Bax Oliver L	D ER			OStR	M IF TC	
Becker Kathrin L'	MU D			**Mehmke** Siegfried Dr. L	BI CH	
Bedra Astrid OStR'	D GE	1. 9.63		**Meyer** Hildegard L'	E TX	
Böll Ursula L'	D E			**Mülfarth** Frauke L' i. A.	D E	
Bormann Helmut L i. A.	BI IF			**Müller** Daniela L'	E EK	
Borowski Inge SekIL'	M D EK			**Müller-Machalke** L	BI SW KR	
Bregenzer Dorothea L'				**Ostermann-Blum** Bernd	D SW	
Brinkmann Monika SekIL'	E HW MU			**Pastor** Monika StR'	CH PH	
Buers Konrad OStR	BI EK			**Pfeiffer** Kerstin	D KR	11. 5.72
Burgmer Mechthild StR'	KR L			**Piel** Annette	MU L	4. 7.66
Dargel Christa L'	M D			**Reid** Jens StR z. A.	D SW	
Dewitz Andrea L'	KU SP			**Rinß** Peter StR i. A.	M PH	
Ellinger Jutta SekIL'	KU E			**Rodehüser** Dirk L	SP SW	
Feichtinger Pia SekIL'	D M KU			**Rösgen** Michael	D GE	14. 1.44
Fischer Thorsten StR	BI EK			**Roozen** François L	E SP	
Gattinger Gaby SekIL'	M TC			**Schmidt-Lange** L'	BI M	
Glüsenkamp Reinhold L	BI KU			**Schmitz** Brigitte	EK BI D	1. 5.52
Görgen Eva L'	E KU			**Schwarzenthal** Annette L' i. A.	M SP	
Grimmel Sigrid SekIL'	M SP TX			**Schweikert** Eva L'	SW SP	
Grisard Rolf OStR	D SP PP			**Schütte** Petra OStR'	CH SP	14. 3.63
Groß Susanne L'	M TC			**Sengfelder** Hermann StR	BI CH	
Hamacher Gertrud SekL'	SP D			**Seyppel** Sibille L'	F HW	
Hartmann Marianne SekIL'	D E GP PP			**Silberhorn-Stade** Ulla FachL'	MU SP	
Heitmeier Wolfgang OStR	PH CH			**Singendonk** Marlies StR' z. A.	E S	
Heitz-Noden Monika StR'	E GE			**Steude** Gabi L'	KU D	
Herrmann-Rostek	ER PH			**Steude** Jochen GED	D SP E	
Bettina L' z. A.				**Strick** Andreas L	PH CH	
Herzog Corinna	E D	16. 9.70		**Stürze** Diana StR'	D E	
Höck Reinhold	CH SP	4. 1.58		**Tapper** Klaas StR	S SP	
Hoffmann Gerhard	SP GL			**Theobald** Peter Dipl.-SpL	SP TC	
Hüsch Frank StD (F)	D GE	10. 7.51		**Thielmann-Töppich** Inge GER'	M SW IF	
Kissels Fritz L	KU E D			**Thoenes** Dorothea StR'	CH KR	
Klinksiek Susanne L'	D GP EK PK			**Wohlt** Anna Maria	E HW KR	
Kluge Bernhard Dr. OStR i. A.	BI EK			**Zango** Gabriele L'	KU TC	
Koenig Henny StR' (V)	° M CH k			**Zeubitzer** Alice L'	PH TC	

4.580 Löhne Bertolt-Brecht-Gesamtschule gegr. 1989
st. GesSch. in Ganztagsform (5-Tage-Woche) f. J. u. M.
Zur Schule 4, 32584 Löhne – Tel. (0 57 32) 97 65-0, Fax 97 65-10
E-Mail: info@bbg-loehne.de, Homepage: www.bbg-loehne.de

Kl: 30 (10/20)

BR Detmold
ASN: **190287**

Spr.-Folge: E, F/L, S

Dez: LRSD' **Krämer**

Beckmann Volker		**Krause** Simone StR'	SP BI
Theater-Päd.		**Krebber** Nicole StR'	M BI
Bieschke-Fabry Petra	BI CH	**Krüger** Erich Edgar	E GP ER
Braun Rena LGED'	D GL	**Krull** Friederike	M ER
(Schulleiterin)		**Kuschel** Elke	D AL
Brechmann Michael OStR	D E	**Landwehr** Jürgen	M PA
Brosowski Ulrich StD	D E	**Lohrie** Heinz-Dieter GED	M BI
Brünink Mario	MU D	(stellv. Schulleiter)	
Buddenbohm	E KU	**Lübbesmeier** Kirsten OStR'	KU GL
Michaela StR' z. A.		**Lücking** Hiltrud	BI AL
Casjens Jan L z. A.	E SW	**Maas** Sabine OStR'	EK KU
Chesters Gabriele		**Markworth** Tilo StR	D GE
Dipl.-Soz.-Päd.'		**Mehlhose** Kurt	M PH
Daume Sabine	BI HW	**Meier** Helmut StD	CH M
Davidheimann Axel GED	L KR	**Odermann** Elke	BI EK
(Abteilungsleiter SekII)		**Plagge-Uhlig** Ilsemarie	D ER
Degener Birgit OStR'	CH M	**Preuße** Laila	E F
Engel Birgit Dr. OStR'	KU AL	**Puls** Wolfgang	E SP
Fechtel Heike	M SP	**Recksiegel** Florian L z. A.	E F
Franzmeier-Bergner	M SW	**van Ross** Nicole	D KR
Regina		**Schütte** Hans-Hermann	E SP
Friedrich Cornelia L'	M KU	**Schulte** Kathrin StR' z. A.	D SW
Friemel Angela OStR'	SP EK TC	**Schwab** Angela StR'	PA D E
Gatzen Hans-Jürgen	GE PL	**Siekmann** Rainer	GP AL M
Gehlenborg Rita	D GE	**Stakelbeck** Ralf	D SP
Gehring Daniela	BI SP	**Stremming** Marco StR	M SP
Gesenhoff Marita GED'	D SW TC	**Streppel** Ulrike StR'	ER L
(didaktische Leiterin)		**Strunk-Pradel** Marina L'	D E HW
Gößling-Eckey Wilhelm	EK MU	**Südhölter** Michael	E SP
Grehn Ulrike	S E	**Sundermann** Wolfgang	KR GE
Griestop Rainer	SW SP	**Vahlenkamp** Jens	SP TC
Hegemann Volker	CH BI	**Vetters** Reinhard StR	PH CH
Ipbüken Ibrahim	T	**Weber-Lin** Anja	F MU
Koch Elisabeth	KU SW	(Abteilungsleiterin I)	
Koch-Kutscher Barbara	D KU	**Wedekind** Frank	BI CH
Köring Andreas	M GL	**Weiffen** Joachim Dr.	PH CH
Kokoska Rosemarie	D ER	**Wörmann** Ralf	BI SW
Kollenberg Christiane Dr.	E SW	**Zielke** Dieter	E SW
Krause Dennis StR	D SP	**Zwicker** Hans-Georg Dr.	BI ER

4.590 Lüdenscheid Adolf-Reichwein-Gesamtschule gegr. 1987
st. GesSch. (5-Tage-Woche) f. J. u. M.
Eulenweg 2, 58507 Lüdenscheid – Tel. (0 23 51) 9 59 30, Fax 95 93 50
E-Mail: reichwnlue@aol.com, Homepage: www.starg.de

Kl: 36 (12/24) (37)

BR Arnsberg
ASN: **189560**

Spr.-Folge: E, F/L, L, F

Dez: LRSD **N. N.**

Altenhain Klaus StD	KU D		2.12.46	**Berndt** Jochen SekIL	SP PH	3. 5.59
Arens Andreas StR	E GE	k	14. 6.62	**Bischof** Dorothee	D SP	1. 5.79
Aßling Sandra SekIL'	M KU		31.10.78	SekIL' z. A.	KR	
Ates Cahide L' i. A.	T	msl	10. 1.66	**Breddermann** Meinolf	PH SP k	23. 8.51
Aydin Göknur StR' z. A.	SW PA		14. 3.78	SekIIL i. A.	TC	
Becker Martin OStR	KU PH e		8. 5.55	**Dabovic** Juli SekIL'	D SP	26. 4.76
Belka Gabriele StR'	CH EK		7. 6.62	**David** Ralph W. OStR	BI E e	23.12.59
Berger Doris SekIL'	MU BI		27. 7.62	**Dommes** Michael StR	MU KR k	10. 5.63

Ebnicher Astrid SekIIL' i. A.	E GE		23. 4.56	Reich-Geck Beate SekIL'	E SP		13. 2.59
Elmenthaler Achmed SekIL	GE ER	e	21. 1.69	Reineke Nicole SekIL'	D EW	k	1.12.72
Flügge Hubertus StR	M L	k	15. 9.67	Reinemann Heike StD'	L M	k	29. 3.61
Fox Hiltrud OStR'	E D	k	11. 1.58	Ries-Sudowe Gisela StR' z. A.	D MU	k	23. 1.74
Georga Stamatiki L'	Z	orth	12. 3.60	Rink Elke StR'	CH BI	e	29. 7.64
Gerhardt Jürgen OStR	BI SP		9.12.51	Rode Monika SekIL'	KU TX BI		9. 6.55
Gläßer Johannes SekIL	PL GE		1.11.69	Schmidt Reinhard SekIL	GE ER	e	22. 7.66
Gras Regina StR	SP CH	e	20. 2.70	Schmitz-Beuting Eva SekIL'	GP AW		8. 4.53
Gregorius Katrin SekIL'	D GE SW			Schröder Friedhelm SekIL	PH CH	e	18. 8.54
Grittner Joachim SekIIL i. A.	BI EK	k	22. 9.53	Schüttler Lutz SekIL z. A.	BI EK	e	19. 8.71
Groll Alwin RSchL	D SP	k	4. 9.45	Schulte Klaus StR	M EK	k	16. 9.56
Hansmann Annette SekIL' i. A.	D EK	k	23. 3.57	Schulte Markus SekIL	M TC		22. 8.69
Heckes Beate SekIL'	D E		28. 9.54	Schulz Bernhild SekIL	D M KU		1.10.51
Heinrich Christiane SekIL'	HW E	k	8.10.57	Schumacher Dagmar OStR'	E EW		13. 9.51
Hildebrandt Romana OStR'	E F		12. 7.56	Schwarz Sabine SekIL'	E HW		17. 8.58
Ignatzek Markus GER	KR KU M	k	15. 5.59	Sewing Jutta GER' (Abteilungsleiterin I)	EK PA		
Jung Michael SekIL	TC WL	e	3.10.64	Sillus Alexandra StR' z. A.	D ER		4.11.75
Kaiser Annette SekIL'	E D		10. 4.57	Staack André OStR	BI SP	e	26.12.62
Kamm-Metzger Ingeborg StR'	E F		4.11.53	Standke Norbert SekIL i. A.	D SW		23. 7.53
Kamper Hans-Joachim OStR i. A.	E GE IF		19. 2.55	Steegmanns Annette GER' (Abteilungsleiterin II)	E D		
Karallus Susanne SekIL'	E HW		19. 1.59	Streppel-Corsini Susanne RSchL'	M SP		8. 5.50
Kirchberg Ernst-August DGE (stellv. Schulleiter)	D PA		14. 2.53	Thoms Markus SekIL	TC M PH		5.11.67
Koch Egbert Dr. OStR	CH SP	e	8. 5.56	Thonemann Christel SekIL'	SP D EK	k	1.12.49
Kögler Bettina SekIL'	E SW		19.12.57				
Köhler Martin SekIL	TC BI EK	k	10. 8.58	Tilch Stephanie Soz.-Päd.' Traulsen Heike SekIL'	D E	e	30. 5.69 11.10.62
Kratzert Thomas Dr. SekIIL i. A.	D ER PL	e	7. 7.62	Unteregger Bergita Soz.-Päd.' Vormann Irmlind SekIIL' i. A.	EK SP MU KU		1. 1.57 10. 5.53
Lohr Michael LGED (Schulleiter)	M PH GE PK	k	18.11.50	Weber Ingeborg SekIL' i. A.	M KU TX		17. 9.60
Meyer Dirk StR	CH ER	e	5. 1.70	Weiland Marion SekIL'	BI F	e	5. 9.60
Michalzik Kirsten StR' z. A.	D PA		7. 6.79	Weis Gabi OStR'	E F	e	23. 9.63
Middeldorf Jürgen SekIL i. A.	D SW		15. 5.76	Welp Ekkehard StD	PH M		20.12.47
Müller-Lommel Petra OStR'	E EK		20. 5.59	Wiesner-Bette Jutta StR'	CH M	e	13. 2.57
Niemann Klaus StR	M PL	k	12. 5.70	Willmes Hendrik StR	E GE	k	4. 3.71
Overkamp Tanja StR'	SP SW	e	24.11.71	Witbroek Annette OStR'	F KU	k	10. 5.60
Palmowski Christiane SekIL'	E ER		4.12.57	Wolff Martina StR'	D SP	e	14. 2.71
Philipp Reinhard SekIL	M SW		15.10.50	Wurm Peter HSchL	M BI GL	k	17. 7.48
Picard Christine SekIL'	TC KU		13.11.76				
Pleuger Ulrich DGE (Abteilungsleiter SekII)	M PH	e	18.11.55				

4.600 Lünen Geschwister-Scholl-Gesamtschule gegr. 1983

st. GesSch. (5-Tage-Woche) f. J. u. M.
Holtgrevenstr. 2–6, 44532 Lünen – Tel. (0 23 06) 20 29 20, Fax 2 02 92 13
E-Mail: info@gsg-luenen.de, Homepage: www.gsg-luenen.de

Kl: 30 (10/20)   Sch: 975 (280/560/135)   Abit: 34 (19)   **BR Arnsberg**
Lehrer: 69 (33)   Beamte: 64 (32)   Angest. 5 (1)   ASN: **188517**
Spr.-Folge: E, F/T, L, S/F   Dez: LRSD **Treichel**

Behrens Heinrich LGED (Schulleiter)	PL BI		Behring-Gruhn Ute GER' (Abteilungsleiterin III)	E BI
Kappelhoff Jan-Dirk DGE (stellv. Schulleiter)	F GE		Junga Manfred DGE (Abteilungsleiter SekII)	M SW (IF)
Oberreuter Susanne D'GE (didaktische Leiterin)	M KU		Beck-Nawroth Elisabeth SekIL'	M GL WL
Budniak Johann (Abteilungsleiter I)	MU BI (D)		Beckmöller Werner StR	D S
Deschner Jochen (Abteilungsleiter II)			Berlemann Klaus RSchL Böck Armin OStR Bröker Udo StR	BI KU (M) M PH TC E S

Brötz Susanne SekIL'	D HW	**Lüttich** Wolfgang StR	E GE (M)
Deschner Jutta RSchL'	E SP	**Luppa** Ralph HSchL'	M BI
Dornhege Angelika SekIL'	E KU		KR (PH)
Eiffler Ute SekIL'	D WL	**Müller** Mike SekIL	SP HW
Ekicí Hasen SekIL' i. A.	T	**Nolte** Klaus-Peter HSchL	D SP GL
Fattah Darius StR z. A.	BI CH	**Pfeiffer** Doris SekIL'	HW SP
Fleiter-Morawietz Georg OStR	D GE	**Plogmaker** Monika StR'	L KR
Freihold Sandra SekIL'	E MU	**Prumbaum-Baune**	E EW
Fruth Wolfgang OStR	D SP	Britta L'	
Galatsch Gerhard SekIL	AL EK	**Queck** Dieter StD	D SP
Grave-Leismann Christina StR'	M EK	**Rieckermann** Katrin StR'	E KR SW
Grebe Thomas (Schulpfarrer)	ER	**Rottmann** Rudolf HSchL	D GL
Greveler-Große-Oetringhaus	CH EW TC	**Sarisoy** Hakan SekIL' i. A.	T
Hajo OStR		**Schmidinger** Sandra StR'	M MU
Groß Elke Soz.-Päd.'		**Schmidt** Margarete HSchL'	E D TX
Große-Oetringhaus	CH M TC	**Schnitzler** Michael SekIL	KU SP
Cornelia OStR'		**Scholz** Ernst-Ulrich SekIL	E EK GE
Grote Susanne SekIL'	HW SP	**Schulte-Ostermann** Katrin	E GE
Grotefels Hans HSchL	GL SP	RSchL'	
Grzegorek Ulrike HSchL'	D GE ER	**Schwirkmann** Marie-Luise	D E GL
Hohaus Meike SekIL' z. A.	M SP	HSchL'	
Homberg Jutta SekIL'	CH BI PH	**Sida** Barbara StR'	E KU
Horstmann Corinna SekIL'	M SP	**Stegers-Hillebrand**	KU E D
Hoselmann Jochen SekIIL i. A.	D SW	Medda HSchL'	
Kaiser Jochen StR	M SP	**Steinzen** Hans HSchL	SP PH (M)
Kobbe Martin SekIL z. A.	PH CH	**Stodollick** Ulla SekIL'	D CH
Kölker Tanja StR' z. A.	BI SP	**Taube** Dorothea HSchL'	D GL ER
Koggenhorst-Kim	M F (IF)	**Timm** Joachim OStR	D GL GE
Reinhild OStR'		**Türk** Christel HSchL'	M GL
Langguth Ferdinand	PH M	**Walkembach** Walter HSchL	D KU (MU)
Dipl.-Phys.	NW	**Wilm** Andrea HSchL'	E SP
Lelgemann Gregor StR	MU E	**Winking** Mechthild Dr. L' i. A.	D SW
Lindzus Helmut StD	D SP	**Wüllner** Angelika SekIL'	E WL

4.601 Lünen Käthe-Kollwitz-Gesamtschule gegr. 1990
st. GesSch. f. J. u. M.
Dammwiese 8, 44532 Lünen – Tel. (0 23 06) 94 41 10, Fax 9 44 11 26
E-Mail: info@kkg-luenen.de, Homepage: www.kkg-luenen.de

Kl: 35 (12/23) Sch: 1077 (530) (319/621/137) Abit: 15 (11)   **BR Arnsberg**
Lehrer: 83 (43) Beamte: 71 (38) Angest.: 12 (5)   ASN: **190986**

Spr.-Folge: E, F/L   Dez: LRSD **Treichel**

Spelsberg Bernd LGED	F GE	**Flocke** Susanne SekIL'	BI MU
(Schulleiter)		**Freihold** Theo OStR	E R
Gersmeier Michael GED	D SP	**Gentz** Heinz-Jürgen SekIL	M PH TC
(stellv. Schulleiter)		**Graf** Pia SekIL'	BI HW CH
Bungter-Striepens Getraud	D ER EW	**Grünastel** Werner SekI/IIL	D GE
GED' (didaktische Leiterin)		**Hartman-Kraft** Ulrike SekIL'	D HW
Vomhof Ulrich GER	D GE	**Heißt** Volker SekI/IIL	SW GE
(Abteilungsleiter I)		**Hernig** Andrea Soz.-Päd.'	
Somborn Christiane GER'	E MU	**Herzig** Martin OStR	D E
(Abteilungsleiterin II)		**Herzog** Meike SekIL'	BI ER
Krusel Jutta GED'	E SP	**Hetmann** Michaela SekIL'	M KU
(Abteilungsleiterin III/SekII)		**Hettich** Cornel SekIL	D SP
Ahlers Christiane StR'	BI KR	**Hoffmann** Peter StR	CH ER
Angerstein Fritz HSchL	D GE	**Hoya** Stefanie SekIL	BI EK
Behnke Roland OStR	M PH	**Hoyer** Kathrin StR'	M CH
Beyer-Brussig Christina SekIL'	M HW	**Hüls** Heike StR'	M MU
Blome Daniela SekIL'	ER D	**Jürgens** Hartmut HSchL	M ER
Büscher Klaus SekIL	BI E	**Kampmann** Tom SekIL	SP E
Burghardt Klaus OStR	SP ER	**Kappelhoff** Thomas SekIL	D KR
Bussmann Meinolf HSchL	M CH SP	**Karbach** Manfred OStR	D RL
Debus Ulrike SekIL'	M EK	**Kirrinis** Hartmut HSchL	SP EK
Fischer Sarah SekIL'	D TC F	**Krieger** Volker SekI/IIL	D KU

Gesamtschulen   607

Kroll Dagmar SekIL'	M KU	**Schneider** Birgitta SekIL'	M E
Kunzner Detlev SekIL	M PH	**Scholz** Benedikt OStR	E MU
Langenkamp Ulrike StR'	E KR	**Schramm** Lisa SekIL'	D E
Lerchner-Essmann Martina SekIL'	SP EK	**Schramm** Wolfgang HSchL	D GE KU
Lethaus Franca SekIL' z. A.	D KR	**Schütte** Burghard StR	SP EK TC
Linn Susanne SekIL'	D KU	**Schuh** Sabine SekIL'	E M
Linnepe Elke StR'	E F	**Schulte** Melanie SekIL'	E SW
Lüke Petra SekIL'	CH HW	**Schulze** Gudrun SekIL'	M BI
Märte Christine SekIL'	BI CH	**Sievert** Uwe SekI/IIL	E EK
Marquard Gabi OStR'	BI SW	**Simon** Christa Soz.-Päd.'	
Menzel Thomas StR	M KR	**Slütter** Jochen StR	PH PL
Neubold Gaby StR'	M SW	**Stasch** Christian StR	E SP
Oehler Wolfgang OStR	BI SW	**Strunk** Carla SekIL'	CH HW
Olbertz Yvonne SekIL'	E D	**Thöne** Catrin SekIL'	D ER
Peiler Klaus SekI/IIL	E KU	**Thöne** Franz-Josef OStR	SW GE TC
Ridlowski Martin SekIL	MU BI	**Thomas** Vera SekIL'	EK TC
Roland-Grützner Sylvia SekI/IIL'	D F	**Töpfer** Monika HSchL'	D M GE KU
Roy Herbert GER	D EW AL	**Topp** Beate SekIL'	BI KU
Rümenapp Birgitta SekIL'	M TX	**Trendelkamp** Frank SekIL	SP EK TC
Saglam Hasan SekIL i. A.	T	**Wenderoth** Jürgen SekIL	KU E
Schmidt Hans-Dieter SekIL	PH TC	**Wohlgemuth-Haddad** Karin SekI/IIL'	E CH

4.610 Marienheide Gesamtschule   gegr. 1990
GesSch. der Gemeinde Marienheide f. J. u. M.
Pestalozzistr. 7, 51709 Marienheide – Tel. (0 22 64) 4 58 60, Fax 45 86 50
E-Mail: 190706@schule.nrw.de, Homepage: www.gesamtschule-marienheide.de
Kl: 31 (10/21)   Sch: 1014 (466) (279/567/168)   Abit: 30 (19)
BR Köln
ASN: **190706**
Spr.-Folge: E, F, L, S
Dez: LRSD' **Grau**

Krug Wolfgang (Schulleiter)
Völker Stefan (stellv. Schulleiter)
Busch Anja (didaktische Leiterin)

Sändker Annette (Abteilungsleiterin I)
Karisch Barbara (Abteilungsleiterin II)
Schäfer Gerhard (Abteilungsleiter SekII)

4.620 Marl Willy-Brandt-Gesamtschule   gegr. 1976
st. GesSch. in Ganztagsform (5-Tage-Woche) f. J. u. M.
Willy-Brandt-Allee 1, 45770 Marl – Tel. (0 23 65) 57 28 00, Fax 5 72 80 78
E-Mail: wbg-marl@t-online.de, Homepage: www.wbg-marl.de
Kl: 36 (12/24)
BR **Münster**
ASN: **185190**
Spr.-Folge: E, F, L
Dez: LRSD **Scholle**

Aust Maria OStR'		SP GE		11. 9.53	**Hatebur** Peter DGE (stellv. Schulleiter)			
Bender-Mengert Hedi LGED' (Schulleiterin)					**Hingst** Heike OStR' (didaktische Leiterin)	D SW e		1. 5.52
Bohle-Zimmermann Renate StR'		BI PA k		6. 4.58	**Kosmala** Friedhelm GER (AbteilungsleiterIII)			
Bürger Klaudia GER' (Abteilungsleiterin II)								
Burow Friedhelm RSchL	79	F EK e		18. 7.47	**Möhring** Christel OStR'	13. 2.85	D E e	4. 6.52
Deuter Angelika StR'	1. 3.82	D SW e		4. 7.54	**Mogk** Jürgen StD	5. 5.82	PH M IF	7. 2.47
Deuter Kurt DGE (Abteilungsleiter SekII)		PH TC e		4. 9.54	**Philipp** Bärbel StR'		D ER e	5. 5.57
Feyerabend Norbert GER (Abteilungsleiter I)	21.12.81	D WW e GE PK EK		10.11.42	**Rauhut** Gudrun Soz.-Päd.'	1. 8.80		4. 7.54

Redeker Rudolf		1.12.80	M PH	k	6. 3.47	**Regenberg** Bernd GER	1.71	E EK e	20. 9.43
HSchL			CH			**Stöhr** Jutta L'		KU EK k	4. 1.55

4.621 Marl   Martin-Luther-King-Schule   gegr. 1985
st. GesSch. Hüls-Lenkerbeck (5-Tage-Woche) f. J. u. M.
Georg-Herwegh-Str. 63–67, 45772 Marl – Tel. (0 23 65) 9 58 40, Fax 4 62 61
E-Mail: mlks.marl@t-online.de, Homepage: www.mlks.marl.de

Kl: 35 (12/23)

BR Münster
ASN: 188876

Spr.-Folge: E, F/L, S

Dez: LRSD Scholle

Jahn Klaus LGED (Schulleiter)	E GE D		25.10.44	**Link** Barbara L'	E F k	19.11.51
Brunn Uwe DGE				**Neuhaus** Gregor DGE		
(Abteilungsleiter SekII)				(didaktischer Leiter)		
Jacob Eva-Maria L'	E D ER	e	5.10.47	**Trapmann** Gerd GER	M GE SP	
Kemper Veronika GER'				(Abteilungsleiter III)		
(Abteilungsleiterin I)				**Weinmann** Bernhard	CH SP k	1. 3.54

4.630 Meerbusch   Maria-Montessori-Gesamtschule   gegr. 1990
st. GesSch. f. J. u. M.
Weißenberger Weg 8–12, 40667 Meerbusch – Tel. (0 21 32) 9 96 40, Fax 99 64 29
E-Mail: 190720@schule.nrw.de, Homepage: www.maria-montessori-gesamtschule.de

Kl: 26 (8/18)

BR Düsseldorf
ASN: 190720

Spr.-Folge: E, F/L, F, S

Dez: LRSD Nevries

Heesen Klaus GED				**Kubitz** Beate L'	M ER	e	2. 5.58
(Schulleiter)				**Kühnel** Cordula	SP EK		9. 3.69
Bleckmann-Robionek Ulrike	MU GL D			**Leonhard** Vera	EK BI		26. 9.59
(stellv. Schulleiterin)				**Lieser** Dietmar	D PL	k	28. 8.60
Conradi Marianne				**Luczak** Hildegund	E D GP		12. 2.44
(didaktische Leiterin)				**Machalet** Angela	MU E		16.11.47
von Aesch Ulrich	SP D	e	1. 1.51	**Miskiewicz** Peter	D SW		16. 7.47
Arnade Jutta	D F		12. 9.54	(Abteilungsleiter SekII)			
Bakker Barbara	E F		14.12.59	**Moddemann** Rainer	E KU		20. 9.54
Bowitz Ilka StR'	M F		5. 7.72	**Muth-Schween** Maren L'	D MU	k	13.11.67
Budczinski Rita	D GL		14. 4.57	**Nelles** Reinhold	GE EK		9.10.52
Christgau Roman	KU D TC	k	6. 9.55	**Singer-Rothöft** Inge Soz.-Päd.'			16. 2.54
				Sonntag Heike	D ER		23. 9.62
Dewey Jutta	D BI	e	17. 8.55	**Stahn** Uta	BI SP	k	3. 3.58
Dorbach Dietlind	E F	k	30. 9.60		EK		
Dorn Gunilla L'	E ER		29. 4.73	**Starostik** Birgit	D GE		13. 1.56
Frei Gabriele	SP SW		12. 2.64	**Steuber** Ursula	SW EW HW		18.10.45
Frenz Ralf	SP M		31.10.59				
Fust Hermann	E SP		27. 9.46	**Strump** Andreas	KR SW		25. 9.58
Gadooni Jutta Dr.	CH PH	k	25.12.57	**Sülzenfuß** Hermann Josef	E M		4.11.55
Gieseler Friederike L'	E GE	e	1.10.54	**Vincenz** Ulrich	M SP		5. 9.56
Göhring-Fleischhauer	E GE		2. 5.59	**Weber** Brigitte	D GE		16. 2.49
Silvia				**Werner** Gertrud	M EK		19. 7.52
Hebenstreit Hella L'	D F	m	22.12.63	**Westhaus** Hilde	M D		17. 2.53
von Heesen-Lüders Pia L'	M EK	k	29. 9.56	(Abteilungsleiterin I)			
Herres Ulrike	BI CH		17. 5.59	**Winz-Luckei** Peter	F		16. 5.54
Hosten Andrea StR'	S D	k	6.12.59	**Wisser** Martina L' i. A.	E GE	k	31. 1.56
Jacobs Marion StR'	M BI	e	22. 1.72	**Wittkampf** Claudia	E KR		2. 4.57
Jansen Jürgen	BI KU		30. 9.60	**Zanders** Michael	L MU		8.11.57
Kremeier Charlotte StR'	KU KR	k	16. 6.60	**Zielonka** Wolfgang	MU KR		22. 7.51
Krieger Astrid L'	M KR	k	16. 9.72	**Zitzen** Irmgard	BI CH	k	14. 3.58

4.635 Merzenich Gesamtschule Niederzier/Merzenich gegr. 1992
st. GesSch. f. J. u. M.
Schulstr. 7, 52399 Merzenich – Tel. (0 24 21) 93 67 10, Fax 93 67 11
Dependance Jgst. 8–13: Am Weiherhof 22, 52382 Niederzier
Tel. (0 24 28) 94 14 25, Fax 94 14 26
E-Mail: genm1@gmx.de, Homepage: www.gesamtschule-niederzier-merzenich.de

Kl: 30 (10/20)

Spr.-Folge: E, F/L/I

BR Köln
ASN: **191851**
Dez: LRSD' **Grau**

Battke Sibille
Beck Andrea Soz.-Päd.'
Berger Tanja
Blessin Matthias
Bockemühl-Bollmann Verena
Boehm Susanne
Breidbach Michael Dr.
Buhr Dieter
Calbow Olav
Cotza Marco
von Detten Maria Theresia
Dietz Timur
Dohm Marion
Dost Nicole
Eckert Markus
Eirich Roger
Eisenbarth Petra
Erling Mathilde
Ernstes Andrea
Felter Stephanie
Fiergolla Irmgard
Flohr Ulli
Freiburg Karin GED' (stellv. Schulleiterin)
Fütterer Ute
Gerhards Hermann-Josef LGED (Schulleiter)
Gieraths Klaudia
Görres Heinz-Ludwig
Grautmann Daniel
Hannappel Martin
Heinen Deborah
Hoheisel Sebastian
Hüsen Franz GED (didaktischer Leiter)
Hütsch Jochen GER (Abteilungsleiter I)
Hundenborn Rene
Hurka Patricia
Jansen Martina
Jeß Christiane
Karger Anja
Kayan Özlem
Keuter Ursula
Kleinbauer Helmut
Koch Monika
Kretzer Astrid
Krumbeck Peter
Kuhnhenne Miriam
Kurtz-Wieseler Petra
Kux-Bergsch Annette
Leeser Gabriele GER'
Leroy Stefanie
Levandowski Iris Dr.
Linsel Fritz
Mann Karl-Heinz
Matthes-Lachs Ulrike
Mehrhoff Sabine DGE' (Abteilungsleiterin SekII)
Mengel Alexis
Metz Thomas
Möller Stefan
Müller Guido
Müller Gundula
Nettingsmeier Christian
Nowak Irina
Pessies Christiane
Pokolm Birgit
Pokolm Walter
Poznic-Delhey Bernadette
Pütz Hans-Josef
Rahier Gabriele
Reimer Gertrud
Reschke Claudia
Reschke Dietmar
Riegler Marion
Rütten Daniel
Samii Maria
Schade Christiane
Schmitz Frank
Schwarthoff Heidrun
Seiler Ina
Sejdiju Emira
Sprokamp Sibylle
Steimel Maria
Theiß Erika
Tiepelt Helge
Tigges Andrea
Vaaßen Gotthard
Vogts Guido
Wackermann Petra
Waldbröl Norbert
Walper Stefan
Wendeler Thorsten
Wessel Hartmut
Wieseler Wolfgang
Willeke Sylvia
Willms Maria
Winkel Helene

4.640 Minden Kurt-Tucholsky-Gesamtschule gegr. 1986
st. GesSch. in Ganztagsform (Sek. I u. Sek. II) f. J. u. M.
Königswall 10–12, 32423 Minden – Tel. (05 71) 82 97 10, Fax 8 29 71 29
E-Mail: info@ktg-minden.de, Homepage: www.ktg-minden.de
Kl: 36 (12/24)
        BR Detmold
        ASN: **189121**

Spr.-Folge: E, F/L
        Dez: LRSD' **Krämer**

Stuke Dieter LGED (Schulleiter)
Witteborg Jörg GED (stellv. Schulleiter)
Geffert-Fleissner Krimhild (didakt. Leiterin)

Tonagel Edwin GER (Abteilungsleiter I)
Kurze Manfred GER (Abteilungsleiter II
Naroska Dieter GED (Abteilungsleiter SekII)

4.645 Minden Freie evangelische Gesamtschule
pr. GesSch. i. E. (8. Jg.st.) f. J. u. M.
Kingsleyallee 5, 32425 Minden – Tel. (05 71) 38 51 24 28, Fax 38 51 24 29
E-Mail: 195182@schule.nrw.de
        BR Detmold
        ASN: **195182**

Spr.-Folge: E
        Dez: LRSD **N. N.**

Hartmann Fred	D ER	e	14. 5.49	**Korth** Julian	BI E	e	19. 8.69
(Schulleiter)	GE			**Münster** Dirk	BI M	e	25. 5.72
Bothe Hans-Dieter	MU	e	2. 8.55		TC		
Heller Bodo	D M PH	e	12. 7.73	**Thiel** Claudia	D MU	e	16. 2.67
Imhof Julia	E F SP	e	30. 3.70	**Waldmann** Dirk	EK ER	e	19. 7.70
Jelten Karsten	D ER GE	e	14. 5.63	**Weustenfeld** Wilfried	M SP	e	21.10.39

4.650 Mönchengladbach Gesamtschule Espenstraße gegr. 1986
st. GesSch. in Ganztagsform f. J. u. M.
Espenstr. 21, 41239 Mönchengladbach – Tel. (0 21 66) 93 13-0, Fax 93 13-1 31
E-Mail: gesamtschule@espenstrasse.de, Homepage: www.espenstrasse.de
Kl: 30 (10/20)
        BR Düsseldorf
        ASN: **189145**

Spr.-Folge: E, F/L, S
        Dez: LRSD **Nevries**

Blomert Peter LGED (Schulleiter)
Henke Barbara GED' (stellv. Schulleiterin)
Schaeben Gerd GED (didaktischer Leiter)

Rausch Angela GER' (Abteilungsleiterin I)
Tholen Renata GER' (Abteilungsleiterin II)
Dierkes Ulrich GED (Abteilungsleiter SekII)

4.651 Mönchengladbach Gesamtschule Volksgarten gegr. 1988
st. GesSch. in Ganztagsform (5-Tage-Woche) f. J. u. M.
Volksgartenstr. 71–75, 41065 Mönchengladbach – Tel. (0 21 61) 4 96 89-0, Fax 4 96 89-29
E-Mail: schulleitung@gesamtschule-volksgarten.de
Homepage: www.hs-niederrhein.de/~gsvolksg
Kl: 30 (10/20)
        BR Düsseldorf
        ASN: **189832**

Spr.-Folge: E, F/L
        Dez: LRSD **Nevries**

Klaas-Flemming Lisa LGED' (Schulleiterin)	**Hopf** Ulrich DGE (Abteilungsleiter SekII)			
Karsch Franz DGE (stellv. Schulleiter)	**Bolten** Birgit OStR'	BI E	k	6. 3.64
	Mollner Ingo L	D PK AL	k	6. 3.69
Weitz Bernhard GER (Abteilungsleiter I)	**Müller** Sabine StR'	KR F	k	14. 3.62
Zanzig Helmut GER (Abteilungsleiter II)				

4.652 Mönchengladbach Gesamtschule Hardt gegr. 1990
st. GesSch. f. J. u. M.
Vossenbäumchen 50, 41169 Mönchengladbach – Tel. (0 21 61) 90 10 70, Fax 9 01 07 99
E-Mail: post@gesamtschule-hardt.de, Homepage: www.gesamtschule-hardt.de

Kl: 24 (8/16)   **BR Düsseldorf**
    ASN: **190998**
Spr.-Folge: E, F, L   Dez: LRSD **Nevries**

Schäferhenrich Bernd (Schulleiter)   Schmitz Bernadette (Abteilungsleiterin II)
Braun Clemens (stellv. Schulleiter)   Arians Hubert (Abteilungsleiter III)
Kölling Susanne (didaktische Leiterin)   Ingmanns Franz L   MU WL GL
Pöge Jutta (Abteilungsleiterin I)   Poschen Norbert StD   1. 6.94 ° F SP IF k   5.11.52

4.653 Mönchengladbach Gesamtschule Rheydt-Mülfort gegr. 1997
st. GesSch. f. J. u. M.
Realschulstr. 14, 41238 Mönchengladbach – Tel. (0 21 66) 94 66 70, Fax 9 46 67 99
E-Mail: webmaster@gesamtschule-muelfort.de
Homepage: www.gesamtschule-muelfort.de

Kl: 26 (8/18) Sch: 972 (527) (235/470/267) Abit: 62 (33)   **BR Düsseldorf**
Lehrer: 73 (44) Beamte: 57 (38) Angest.: 16 (6)   ASN: **193355**
    Dez: LRSD **Nevries**

Steves Marie-Luise DGE' (Schulleiterin)   Tillmann Charlotte GER' (Abteilungsleiterin I)
Klaus Heribert DGE (stellv. Schulleiter)   Wende Sonja Dr. GER' (Abteilungsleiterin II)
Weiß Michael GER (didaktischer Leiter)   Bungartz Regina DGE' (Abteilungsleiterin SekII)

4.654 Mönchengladbach Gesamtschule Neuwerk gegr. 2003
st. GesSch i. E. (9. Jg.st.) f. J. u. M.
Nespeler Str. 75, 41066 Mönchengladbach – Tel. (0 21 61) 69 60 1-0, Fax 69 60 1-69
E-Mail: 194864@schule.nrw.de, Homepage: www.gesamtschule-neuwerk.de

Kl: 20 (8/12) Sch: 598   **BR Düsseldorf**
Lehrer: 46   ASN: **194864**
Spr.-Folge: E, F   Dez: LRSD **Nevries**

Klein Ina (Schulleiterin)	M PH		14. 7.60	**Hüsch** Astrid	KU TX D	4. 5.57
				Kamps Ute	M KU k	31. 8.77
Träger Eduardo (stellv. Schulleiter)	BI EK	k	17. 9.55	**Klösters** Katharina	KR EK	30.12.57
				Lauterbach Kirsten	E SW	19.11.78
Bergers Elke (didaktische Leiterin)	EK KU		12. 2.59	**Link** Burkhard	E MU	27.11.61
				Magiera Ute	M CH	14. 6.67
Metten Karl (Abteilungsleiter I)	M SP		5.10.58	**Milferstädt** Jutta	M TC e	20. 8.62
				Meyer Norbert	BI SP	8. 4.56
Siebenkotten Heike (Abteilungsleiterin II)	BI D		10. 7.55	**Nehmzow** Silke	CH TC	18.12.73
				Nigemeier Margot	E GE e	27. 2.59
Albers Stefanie	M CH		28.11.66	**Orth** Rita	KR SW k	29. 2.56
Bayrak Hülya	D E msl		11. 7.74	**Schmidt** Michael	SW GE e	11. 7.77
Bernhard Birgit	MU GL eref D		18. 9.76	**Schmitz** Helene	SW D k	9.11.78
				Siebenkotten Heike	BI D	10. 7.55
Binick Sven	CH BI	e	23. 4.74	**Staudt-Taube** Angelika	E SW	23. 4.55
von Boetticher Dietmar	M SW		30. 9.66	**Stiebitz** Meta	E M	30. 4.58
Brucks Martin	SP GL TC	k	10.12.73	**Uphoff** Hedda	D ER GL	18. 2.75
				Voigt Karoline	AL GL e SW	17. 9.74
Drobek Petra	D EK		23.10.67			
Eck Regine	SP PA		4. 5.72	**Voß** Henrike	BI EK	11. 1.77
Hamecher Christina	SP D		20. 7.67	**Woerner** Ute	KU F	23.11.60
Hielscher Jörg	SP KR		25. 7.59	**Zimmermann** Ulrike	SP F LI k	23. 3.60

4.660 Moers Geschwister-Scholl-Gesamtschule gegr. 1984
st. GesSch. (5-Tage-Woche) f. J. u. M.
Römerstr. 522, 47443 Moers – Tel. (0 28 41) 9 31 07-0, Fax 9 31 07-77
E-Mail: schulleiter@gesamtschule-moers.de, Homepage: www.gesamtschule-moers.de

Kl: 37 (12/25)   Sch: 1188 (579) (323/683/182)   Abit: 33 (16)   **BR Düsseldorf**
Lehrer: 87 (44)   Beamte: 80 (41)   Angest.: 7 (3)   ASN: **188712**
Spr.-Folge: E, L/F, F/S, F/S   Dez: LRSD **Pannasch**

Name	Fächer	Datum		Name	Fächer	Datum
Mielke Burkhard Dr.	SP F	8. 5.43		Kempen Roswitha	SP	2.10.55
LGED (Schulleiter)				Klemenz Brigitte	M BI EK	25. 4.53
Blomeyer Ulrich StD	PH M	8. 5.56		Klemenz Peter	M SP AL	1. 8.49
(stellv. Schulleiter)				Klempel Jeremias L	EK SP	6.12.78
Laakmann Otto GER	SW ER PK	15. 8.46		Kochann Ralf	D PH	14. 1.47
(didaktischer Leiter)				Krebs Tobias L	SP BI	4. 4.76
Kunzendorf Rosita L'				Krüger Dieter	TC SW	18.11.50
(Abteilungsleiterin I)				Kruse Hildegard	E PA	17. 9.52
Schlam Norbert L	CH PH	4. 5.55		Küpper Frank	E EK	21. 4.56
(Abteilungsleiter II)				Kwoczek Wolfgang	GE SW	27. 6.49
Erlenwein Bernd GED	E GE	5. 2.54		Lange Longinus	L SP	28.10.57
(Abteilungsleiter SekII)				Langenbeck-Schwich	BI CH	10. 3.56
Akdogan Carolin	E S	22. 6.66		Beatrix Dr.		
Arnolds-Gertz Inge	E ER	9. 5.57		La Torre Domenico	PH TC	16. 1.54
Atmaca Neriman L'	E F	29. 7.77		Lemm Hendrik	MU	31. 5.73
Birk Anja	F S	22. 8.54		Lipphardt Vera	D ER	20. 2.47
Bleckmann Klaus	D PL	25. 1.62			GE KU	
Bleyenberg Daniel L	EK SW	5. 6.75		Lobreyer-Klein Ulrike	SP HW	6. 3.56
Bohmann Werner	D GP	19. 4.50		Lohoff Ina	D SP	18.10.66
Brinkmann Sandra L'	E EK	11.12.69		Mols Ulrike	M SP	3.12.51
Dercks Gregor	TC PH	2. 5.47		Müller-Dahmen Sven StR	SP SW	22. 1.75
Ehrenpfordt Freek	D SP	26. 2.66		Ohlendorf-Hirsch Sabine	D MU	18. 8.57
Engels Hubert	BI KU KR	11. 4.61		Otter Annemarie	BI HW	11. 8.55
Fabricius Wolfgang	E PK SW	14. 7.46		Platzen Rüdiger	KU ER	27.10.45
Fitting Carl-Peter	M IF	5. 2.53		Reimann Edith	D EK	25.10.52
Gelsdorf Ingeborg	B GP	30. 8.50		Rösch Rosemarie	BI TX	9.10.55
Gerhardt Horst	D KU	3. 6.55		Schellscheidt Roland	E PA	22. 8.47
Goerdeler Monika	F SP	13. 7.50		Schmalz-Brückner Lothar	TC M	2.10.52
Gries Gereon	KU KR	2. 5.61		Schuh Thomas StR	D GE	1. 4.72
Günster Ralf	E PS	7.10.50		Schwanitz Heike L'	GE KR	29. 5.72
Hanske Astrid	D EK AL	15. 6.55		Seibring Axel	M ER	30. 8.52
Heide Horst	D E	15. 5.47		Simon Tanja L'	M CH	19. 2.76
Heister Ilse	BI ER	29. 8.56		Spieker Burkhard	M TC	9.12.56
Hertel Antje L'	M EK	22. 3.65		Stephani Paul	M PL	29. 6.55
Holzhauer Andrea	M EK	11. 6.61		Stroot-Hruby Ulrike	E PL	1. 6.53
Horn Juliane	BI CH	17. 2.55		Terhoeven Miriam StR'	M TC	28. 1.79
Hüttenhoff Jörg	BI E	15. 7.60		Vollmar Annette	E GE	28. 8.67
Jansen Kurt	D SP EK	3. 7.51		Vosberg Mechthild	D PA	6. 9.49
Jenster Ulrike	MU D	26. 6.58		Wahl Christine L'	KU TC	9. 9.67
Joerißen Ute	M GE			Weber Oliver	CH EK	
Kall-Holland Angelika	D SW	8. 8.52		Wiegard Axel	TC SP EK	16. 2.59
Kanther Michael	E EK	23. 7.50		Wiegard Martina	KU D BI M	25. 4.50
Katzer Dieter	D WW	13. 8.54		Witter Sonja	E BI	12. 9.59

4.661 Moers Anne-Frank-Gesamtschule Rheinkamp gegr. 1988
st. GesSch. (5-Tage-Woche) f. J. u. M.
Kopernikusstr. 9, 47445 Moers – Tel. (0 28 41) 9 42 70, Fax 94 27 55
E-Mail: schulleiter@anne-frank-ge.de, Homepage: www.anne-frank-ge.de

Kl: 38 (12/26)   Sch: 1226 (596) (327/677/222)   Abit: 55 (35)   **BR Düsseldorf**
Lehrer: 103 (60)   Beamte: 75 (43)   Angest.: 28 (17)   ASN: **189870**
Spr.-Folge: E, F/N, L/S   Dez: LRSD **Pannasch**

Ackers-Greuel Anne-Elisabeth
Alder Udo
Bialas Christiane
Bister Marcus

Blenkner Rainer
Blum Volker GED (didaktischer Leiter)
Böhmert Dietger
van den Bruck Annegret

Brylak Christian
Buch Susanne
Burbach Betinna
Caschili Dean
Catal Kemal
Cousin Regina
Cullmann Bärbel
Demus Ursula
Dijksma Dirk
Dombrowa Silvia
Drissen Hildegard
Duman Irmtraut
Eckold Christian
Ehret Jörg
Ehrmann Wilhelm
Engelhardt Beate
Feld Oliver
Fleischmann Ludger
Friemelt Doris
Gabriel-Schellscheidt Brigitte
Gerstenberger Gabriele
Gucek-Rehn Hannegret GER' (Abteilungsleiterin I)
Hachfeld Andreas L
Heck Britta L' z. A.
Hick Susanne
Hoffmann Joachim GER (Abteilungsleiter II)
Jentzsch Uwe
Kawaters Gabriele
Kempf Birgit
Kettler Silke
Kirchheinner Martina
Kleinbrahm Klaus
Klohoker Laura-Therese
Knackstedt Martin
König Monika
Krause Adolph-Erwin Dr. GED
(Abteilungsleiter SekII)
Krause Regina
Küsters Hildegard
Kuhnert Claudia
Lackmann Heinrich
Machocki Ursula
Maguin Constanze
Mandel Monika
Martin Alexandra
Mennekes Dirk
Mika Kirsten
Moenikes Christiane

Müller Nina
Niesel Jürgen
Ostermeier Karl-Heinz
Pathak Rajiv
Peters Iris
Pietzarka Ursula
Porteous Allan
Reinders Susanne
Rinek-Polz Hildegard
Rösler Uta
Roß Heidrun
Ruhren von der Beate
Schaper-Kempen Dierk LGED (Schulleiter)
Scheliga Uta
Schmedes Daniela L' z. A.
Schmidt Gerhard
Schmitz Hermann Dr.
Schmitz Winfried
Schön Michael
Schröder-Seifert Claudia
Schroer-Thompson Birgit
Schwarz Angelika
Selz Christine
Sieber Randolph L
Siebers Marlis
Sistig Joachim Dr.
Sokol Birgit
Stahl Antje-Felicitas
Stegemann Sabine
Stockum Volker
Strauß Peter
Swale Ute
Terhorst Wolfgang
Thielmann Herbert
Thöne Hans-Georg GED (stellv. Schulleiter)
Totti Klaus
Tromnau Gesine
Tromnau Ulrike
Türk Thomas
Vinschen Klaus-Dieter
Weber Rolf Dr.
Wecker Rose Dr.
Wibbeke Katja
Willms Stephanie
Wirtz Elke
Wolf Mechthild
Zohren Klaus

4.662 Moers   Hermann-Runge-Gesamtschule gegr. 1996
st. GesSch. f. J. u. M.
Gabelsberger Str. 14, 47441 Moers – Tel. (0 28 41) 7 90 60, Fax 79 06 40
E-Mail: hrg-sl@t-online.de, Homepage: www.hermann-runge-gesamtschule.de

BR Düsseldorf
ASN: **190033**
Spr.-Folge: E, F, S   Dez: LRSD **Pannasch**

Krüsmann Gabriele LGED' (Schulleiterin)		E TX	e	18. 4.56	**Biegierz** L		HW SP e	3. 1.60
Nöthhorn Birgit GED' (stellv. Schulleiterin)		E ER	e	6. 6.61	**Bienk** Mark OStR		M TC	17. 7.67
Bader Marlis L'	1.12.70	D E EK	k	21. 2.49	**Böckmann** Bernd L z. A.		BI EK k PH	25.11.65
Balters L i. A.		D PL	k	2. 8.56	**Böttcher** Natascha StR'		E ER e	22.12.70
Beer Carsten L z. A.		M TC	k	26. 7.74				

Brechtken Claudia StR'		KU SP e	13. 9.70	Paap Elke L'	1. 9.92	SP ER e	2. 8.58
Combe Isabelle L'		E F	29. 1.64	Plate Maria-Theresia L' i. A.		KR CH k	10. 8.58
Driesch Marcus OStR		E BI k	6. 3.71	Rao Dinesh L		GE SP	31.10.69
Fricke Bernd L	1. 8.76	KU M EK	14. 9.52	Reckeweg Annelie L'	28. 2.98	E TX k	30. 7.56
Getzlaff André L z. A.		E D	20. 3.70	Regenhard-Fiege Sigrid L'		MU GE e	1. 5.57
Härter Gisela L'	1. 8.78	D EK e GE	5. 8.48	Reinecke Klaus L i. A.		GE KR k	11. 1.53
Hilkens Ursula L'	1. 8.95	M SP k	29.10.55	Samoyski L i. A.		D S k	12. 8.61
Hiller Waltraud L'	29. 7.80	D HW e	2.10.48	Scharl Rüdiger StR	2. 9.04	E SP k	16. 5.70
Jecht Sabine StR'		KU SW	9. 4.61	Schmidt Karsten OStR		PH TC	4. 7.70
Jürgens Josef L		D SP AW	25. 6.50	Schuld Dirk StR		KU GE k	2. 7.69
Klix-Nächilla Ulrike OStR'		M PH	6. 9.68	Schult Ellen StR'	1. 2.02	D E e	3.10.71
Kosky Any L' z. A.		D E	15.10.78	Schulte Karin GED' (Abteilungsleiterin SekII)			
Kruhs Marcus StR		CH SW e	28. 1.72	Schwingel-Schauder Annegret L'		BI KU	9. 8.58
Kruska Benedikt L		D GE					
Kunzner Birgit StR'		D EK k	27. 3.57	Tönnißen Klaus L	19. 8.03	BI EK k	8. 5.57
Landgraf Sandra StR'		M PA	30. 4.75	Wardenbach Marc OStR		E GE e	13. 6.69
Leitholf Hans-Otto StR		D ER e GE	10. 8.51	Watzke Ulrike L'	1. 8.77	M EK k WL	22. 6.54
Löcher Peter StR i. A.		D PA k	31. 1.53	Wendt Kerstin StR'		D ER e	3. 4.60
Lubetz Achim OStR		D S	26. 1.68	Werpup Fritz-Dieter L i. A.	1. 8.99	EK SP e	8. 5.53
Maas Ursula GER' (Abteilungleiterin I)				Wiecha-Moser Ulrike GER' (Abteilungsleiterin II)		M MU k	14.12.58
Majewski-Schriek Birgitt L'	1. 8.98	HW M e	12. 1.70	Wienicke L'		BI PA e	28. 3.69
Mallon Carmen OStR'		M CH	21. 6.71	Wiese Britta L'		M AL MU SW	2. 9.67
Matull Bettina StR'		M PH k	25. 4.71				
Miessen L		D PL E k	2. 9.66	Willemsen Rolf GER (didaktischer Leiter)		TC M GE	15. 2.53
Muti Olaf OStR		CH BI e	4.10.66				
Mutters L i. A.		SP F	29. 7.53				

4.670 Monheim Peter-Ustinov-Gesamtschule gegr. 1982
st. GesSch. in Ganztagsform (5-Tage-Woche) f. J. u. M.
Falkenstr. 8, 40789 Monheim – Tel. (0 21 73) 9 55 30, Fax 95 53 60
E-Mail: email@gesamtschule.monheim.de, Homepage: www.gesamtschule.monheim.de

Kl: 36 (12/24)   Sch: 1214 (600) (348/672/194)   Abit: 47 (26)   **BR Düsseldorf**
Lehrer: 89 (56)   Beamte: 79 (51)   Angest.: 10 (5)   ASN: **188293**

Spr.-Folge: E, L/F, F/L, S   Dez: LRSD' **Schäfers**

Schlemminger-Fichtler Michael LGED (Schulleiter)			Haas Johannes OStR (Vw) (V)	27. 1.99 °	KR L k	24. 7.54
Goller Werner DGE (stellv. Schulleiter)						
Huschitt Hedwig DGE' (didaktische Leiterin)			Jahnke Jutta SekIL'		D KU EK	22. 3.54
Gahmann Petra GER' (Abteilungsleiterin I)			Lange Ilona StR'		D S	8. 4.69
Abel Anke GER' (Abteilungsleiterin II)			Marget Alexander StR			
Grießmann Ralf GER (Abteilungsleiter III)			Meder Hans-Jürgen SekI/IIL		BI ER e	16. 3.68
Genschel Christiane DGE' (Abteilungsleiterin SekII)			Thalau Stephanie StR'		D SW	27. 4.73
Finkeldey Georg	D KR k	20. 7.56	Thiemann Klemens SekIL		BI M CH	8. 3.48

4.680 Mülheim Gustav-Heinemann-Schule gegr. 1970
st. GesSch. in Ganztagsform (5-Tage-Woche) f. J. u. M.
Boverstr. 150, 45473 Mülheim – Tel. (02 08) 4 55 49 00, Fax 4 55 49 99
E-Mail: schule@gustav.de, Homepage: www.gustav.de

Kl: 43 (15/28)   **BR Düsseldorf**
ASN: **164136**

Spr.-Folge: E, L/F, L/F/S   Dez: LRSD **Behringer**

Apostel Marco StR z. A.	D PL k	23. 5.74	van Berend Christa LGED' (Schulleiterin)		D F
Aust Karita	E SP	17. 6.58			
Baguette Friedhelm StD	E GE k	18. 4.49	Böhm Eva L'		D GL

Böing Johannes OStR		M SP	k	23.11.53	**Lüllau** Annegret L'		D KU	e	8. 4.47
Böing-Walter Brigitte StR'		D EK		22. 4.54	**Mertens** Manuela		EW SW		
Bohn Birgitta		E GL	k	5. 2.68	**Miebach** C. Heinz	18. 4.77		k	6.10.49
Bonin Angelika L'		D BI		13. 4.55	Schulberater				
Bruhn Fred SekIL		E SW	e	27.10.48	**Nettelbusch** Gisela	18. 9.78	F EK	k	9. 2.48
Dallmann Silvia GER'		EK D	e	30.11.52	StR'				
(Abteilungsleiterin II)					**Oertel** Heino				
Dittrich Christel L'	3. 4.73	M SP	k	16. 5.47	**Pietzko** Dorothee Dr.		BI CH		
Dömek Cemile		M GL	msl	15. 2.79	**Rees** Beate L'	6. 4.76	E D	e	12.12.49
Düppe Juliane		D EW			**Reinbold** Sonja	15. 3.74	SP	e	21. 3.55
Feldmann Ilona GER'		D KU			GymnL'				
Friedrich Sandra		E GE			**Reske** Sandra SekIL'		SP GL		
Gasteiger Lothar	10.11.80	M	k	4.10.51	**Sander** Gisela		D GL	e	30. 9.55
SekIL					**Schaper** Gerda	24. 6.77			
Gaudek Dietmar L	12. 5.80	TC M	k	6. 7.50	Soz.-Päd.'				
		KU			**Schillings** Friedegard StR'		M ER	e	20.11.61
Gebauer Wolfgang					**Schleck** Karolina		D GE	k	16. 8.75
Gentges Rolf GER		E KU		16. 3.50	**Schroer** Elmar DGE				
(Abteilungsleiter SekII)					(stellv. Schulleiter)				
Giese Maja OStR'	10.81	L GR	e		**Schröter** Norbert OStR		GE SP	k	24. 9.50
Hänel-Willemsen StD		D ER			**Smit** Volker SekIL		BI CH		
Harrer Helmut		M PH			**Spaan** Sigurd GER				
Hegemann Ingrid L'		KU TX	k	22. 9.52	(Abteilungsleiter I)				
Intven Werner StR	8. 4.81	PH		27.12.49	**Springer** Ute Barbara		KU	e	3. 6.50
Klaeren Horst StD		E EW	k	18. 1.45	OStR'		PK		
		SP			**Steierwald** Barbara L'		D E		
Koch Rajka		D SP EW			**Steinert** Georg OStR		M PH IF		
Kors Katharina		M EW			**Stiewe** Hans-Ulrich	5. 8.77	KR BI	k	9.12.46
		BI NW			RSchL				
Kudla Claudia-Béatrice StR'		E KU	e	4. 1.55	**Szogs** Elke Soz.-Päd.'			k	24. 2.60
Kühr Ulrich		BI CH			**Tafel** Klaus StR		PH M		18. 1.53
Laufe-Janßen Vera		D E		16. 7.60	**Tübben** Werner RSchL		SP EK	k	27. 6.50
Liefke Ulrich StR	30. 1.81	WW EKe		25. 4.50	**Unland** Petra L'		E D		21. 3.60
Linden Manfred GER		PH CH	k	13.11.50	**Walter** Gerhard OStR		CH	e	13.12.51
(Abteilungsleiter III)		M			**Wirtz** Andreas		EW SP		
Liske Kerstin StR'		BI SP					TC M		
Lohmeyer Barbara	1. 8.75	E F	e	12. 4.48	**Wiskandt** Susanne		E KR	k	24. 9.75
RSchL'					**Zeimer** Heide		M GL		

4.681 Mülheim Gesamtschule Saarn gegr. 1982

st. GesSch. (5-Tage-Woche) f. J. u. M.
Lehnerstr. 67, 45481 Mülheim – Tel. (02 08) 4 55 47 10, Fax 4 55 47 96
E-Mail: gesaarn@stadt-mh.de, Homepage: www.gesa.de

Kl: 36 (12/24)   Sch: 1288   Abit: 77 (34)   **BR Düsseldorf**
Lehrer: 99 (64)   ASN: **188189**

Spr.-Folge: E, F/L, L/F/S   Dez: LRSD **Behringer**

Behrendt Christian OStR		SP PA CH		4. 3.55	**Hüstermann** Konrad		SP EK	k	5. 3.47
Bernhard Klaus Dr.		PH CH		12. 3.66	**Kotzian-Tetling** Petra OStR'		E L	k	14. 6.58
StR		TC			**Lutter** Andrea DGE'		M E		
Beyer Sybilla RSchL'	12.73	SP TX	k	6. 5.49	(Abteilungsleiterin SekII)				
Brinkmann Gerhild		BI ER	e	2. 7.64	**Martin** Lore StR'		M ER	e	3. 2.57
LGED' (Schulleiterin)					**Mittelstädt** Doris	1. 8.80	E BI	e	17. 1.54
Chlebowski Gabriele GER'					RSchL'				
(Abteilungsleiterin I)					**Puth** Jürgen Dr. OStR		D WW		23. 6.54
Fiege Manfred GER		KU SP		18.12.56			PL IF PA		
(Abteilungsleiter II)					**Rehder** Sabine StR'		E S	k	11.11.59
Foelting Gerd DGE					**Schnitger** Christa SekIL'		ER SP Ee		22. 6.49
(didaktischer Leiter)					**Stosse** Peter StR		KU SP	k	5. 7.58
Fraude Doris OStR'		BI E	k	9. 6.48	**Sydow** Michael OStR		KR SP	k	18. 1.60
Gehring Ulla StD'		° F M		5.11.54	**Worm** Reiner L	1. 8.75	M E IF		6. 6.48
Hillebrecht Wolfgang DGE		E SW	e	11. 9.50			GP		
(stellv. Schulleiter)									

4.682 Mülheim   Willy-Brandt-Schule   gegr. 1986
st. GesSch. Styrum (5-Tage-Woche) f. J. u. M.
Oberhausener Str. 208, 45476 Mülheim – Tel. (02 08) 4 55-44 00, Fax 4 55 44 99
E-Mail: willy-brandt-schule@stadt-mh.de, Homepage: www.wbs-mh.de

Kl: 24 (8/16) Sch: 959 (482) (225/463/271) Abit: 55 (29)   **BR Düsseldorf**
Lehrer: 73 (37) Beamte: 55 (27) Angest.: 18 (10)   ASN: **189078**
Spr.-Folge: E, F/L/S   Dez: LRSD **Behringer**

Heeren Behrend LGED (Schulleiter)
Lürig Ingrid GED' (stellv. Schulleiterin)
Dumont Klaus GED (didaktischer Leiter)

Wahrendorf Christa GER' (Abteilungsleiterin I)
Schünemann Wolfgang StD (Abteilungsleiter II)
van Berend Ursula StD' (Abteilungsleiterin SekII)

4.690 Münster   Bischöfliche Friedensschule   gegr. 1969
pr. GesSch. in Ganztagsform (5-Tage-Woche) f. J. u. M. d. Bistums Münster
Echelmeyerstr. 19, 48163 Münster – Tel. (02 51) 91 99 53, Fax 79 00 24
E-Mail: herder@bistum-muenster.de, Homepage: www.friedensschule.de

Kl: 36 (12/24)   Sch: 1506 (777) (369/721/416) Abit: 115 (66)   **BR Münster**
ASN: **164197**
Spr.-Folge: E, F/L, L/F   Dez: LRSD **Dr. Brandt**

Altekamp Wendel	1. 8.94	D KU	k	22. 7.64	**Fahmüller** Eva		D KR	k	12.12.69
L i. K.					HSchL'		KU		
Altmann Gerhard	1. 8.04	E SP	k	12. 3.69	**Feder** Christoph DGE	1. 8.04	L KR	k	7.11.58
Arens Bernhard	1.11.73	D M GE	k	16. 1.45	(stellv. Schulleiter)				
HSchL					**Franz** Bernh. L i. A.	1. 2.90	EK SP	k	24. 1.58
Aßhauer Monika StR'		D SP	k	23. 3.62	**Fülster** Bernd SekIL		SP KU	k	31. 7.51
Bathen Marion L' i. A.	1. 8.90	KU D	k	26.11.53	**Gerhard** Johannes	19. 8.83	KR GE	k	30. 9.55
Bergmann Cornelia	1.11.78	M WW	k	31.10.51	L i. A.				
Dr. HSchL'					**Göhlsdorf** Bernd StD		PH M	e	30. 8.47
Bertram Ulrich StD		E EK	k	8.10.59			IF		
Bistrick-Gustorf Imke		GE KR	k	2.12.74	**Grabowski** Helga OStR'		E KR	k	5. 2.51
L' i. A.					**Grandt** Siegfried	1. 8.81	BI ER	e	8. 9.54
Boer Rudolf Soz.-Arb.			k	7. 7.47	SekIL				
Borges Winfried RSchL	78	D KR	k	31. 8.49	**Greefrath** Gilbert	1. 2.01	IF M	k	11.12.69
Brentjes Udo L i. A.	5. 9.83	BI EK	k	19.12.44	Dr. StR		PH		
Brodde Ina L' i. K.		D GE SP	k	14. 6.73	**Große-Rhode** Renate	1. 8.77	E F	k	17. 4.49
Bruckmann Martina		F EK	k	15. 5.59	RSchL'				
StR'		SP			**Grümme** Tobias Dr.	1.9.04	BI EK	k	16. 4.66
Brümmer Ingo StR		CH SW	k	5.12.72			PH WW		
Brüning Gertrud		E KU	k	27. 7.51	**Gustorf** Alfred	30.12.66	D TC	k	27. 8.43
Dipl.-Bibl.'					HSchL				
Clausing Anne L' i. A.		BI CH	k		**Heilborn** Peter L i. A.	1. 8.90	D E	k	31. 5.51
Danneberg Sigrid	19. 8.83	SP M	k	9. 1.56	**Hentrich** Brunhilde		E BI	k	20. 5.51
L' i. A.					GER' (Abteilungsleiterin I)				
Determann Iris StR'	1. 9.04	D GE	k	25. 9.75	**Hermanski**		KR PL	k	2. 1.56
Deusch Tobias		KR	k	22. 9.70	Hans-Günther				
Schulseelsorger					**Herold** Klaus LGED	1. 8.91	D KR	k	3. 2.43
Diebäcker Andreas	1. 8.80	E SP	k	21. 1.51	(Schulleiter)				
HSchL					**Hinzen** Kathrin L' i. K.		E GE	k	
Dillschneider Peter	1. 2.83	GE SP	k	25. 5.54	**Hoffmann** Peter StR		PH M	k	17.11.56
L i. A. (Abteilungsleiter II)					**Hüls** Elisabeth OStR'	1. 8.78	D SP	k	11. 9.49
Distelkamp Ulrich	1. 8.81	MU KR	k	16. 5.53	**van Husen** Michael		M SP	k	11. 2.67
HSchL		M			StR				
Dreyer Petra	27. 5.79	E W	k	27. 5.52	**Jonas** Maria RSchL'		E EK	k	2. 2.54
RSchL'					**Jung** Sebastian L i. K.		BI CH	k	27. 6.78
Droste Ulrich OStR	1.10.85	M KU	k	20. 5.56	**Just** Norbert Dr. StD		CH GE	k	7. 9.59
Ebmeyer Martin Pfarrer		ER	e	25.11.60	(Leiter d. Mediothek)				
Eising Margret L' i. K.	1. 6.87	D HW	k	26. 2.59	**Kalus** Christoph OStR		D PL	k	12. 7.57
Eligehausen Michael		PH EK	k	17. 7.53	(Abteilungsleiter SekII)		KR		
HSchL		M			**Kalvelage** Gerd StD		E KR	k	6. 9.47
Engelmann Christine	7. 8.89	M KR	k	6.10.60	**Kelker** Mariele L' i. K.		M MU	k	24.10.78
OStR'					**Klauke** Susanne L' i. K.		D HW	k	8. 2.61

Kleinsorge Jutta L' i. A.		SP PA KU		9. 8.63	Rötger Dorothea Soz.-Päd.'	1.10.79	k	12. 2.54
Klus Alexandra StR'	1. 8.01	CH SW	e	17. 8.69	Scheideler Irene	1. 2.74	E GE	k	9. 5.45
Kowalski Birgit L' i. A.		D KR	k	19.11.57	RSchL'			
Kramer-Ahrweiler Maria HSchL'	1. 8.80	D KU	k	1. 8.54	Schlamann Hubertus HSchL	1. 8.88	TC WW M	k	24.11.44
Lackamp Angelika L' i. K.	1. 8.80	M D SP	k	22.11.53	Schlünder Ingrid RSchL'	1. 8.74	D E	k	7. 2.44
Laufmöller Thomas Pfr.		KR	k	29. 7.64	Schwirz Petra StR'		EK F	k	10.12.55
Lewentz Frank L i. K.		TC SP PH	k	6.12.72	Schwirz Tasso OStR Semrau Annette	1. 2.74	E F D KR	e k	30.11.52 11. 7.49
Lindenbaum Sabine L' i. A.		E GE	k	30. 9.61	RSchL'			
Lohaus Johanna SekIL'	4. 8.80	D E KR	k	26. 9.55	Simonsmeier Jörg StD Skuplik Stephan		BI D M PH	k k	3. 2.43 20.12.71
Maaßen Frank L i. K.		E GE	k	28.10.74	L i. K.		TC	
Mack Hermann-Josef DiplMU-L		MU	k	24. 6.67	Stemmer Brigitte L' i. A.	28. 8.95	M MU HW	k	18. 3.60
Mette Gisela VSchL'	1. 8.78	M EK	k	26.12.46	Strietholt Evelyne OStR'		F EK	k	23. 3.59
Modersohn Daniela L' i. A.		D KR	k	25. 2.78	Toddenroth Gregor OStR		F EK	k	6. 3.46
Müller Daniela L' i. K.		E GE	k	31.10.77	Tohermes Hubert OStR		SP L	k	3. 8.49
Neelsen Maria OStR'	1. 8.81	M PH IF	k	8. 5.54	Trentmann Andrea L' i. K. Tschan-Wiegelmann		TC D M F D	k k	12.11.72 4. 4.50
Niehues Franz-Josef SekIL		E M KR	k	31. 7.51	Prisca OStR'			
Niendieck Hubert RSchL	1. 8.75	M PH	k	3. 8.44	Vierschilling Leander RSchL'	19. 8.83	D KR GE	k	20. 4.55
Niermann Dieter SekIL	1. 8.87	SP MU	k	26. 3.58	Voigt Dorothea StR'		L KR PA	k	15. 3.63
Nüsse Georg OStR		SP E	k	9. 3.50	Voß Barbara RSchL'	1. 8.73	BI CH	k	19. 8.48
Oldenbürger Dirk L i. K.		BI CH	k	4.10.73	Voß Norbert RSchL		GE E	k	2.10.52
Ontrup Brigitte OStR'		M SP		29.12.62	Waltermann Veronika	1. 2.78	E TX	k	20. 8.50
Paning Martin HSchL	8. 8.78	GE D KU	k	7. 6.51	RSchL' Wehner Maria HSchL'		BI M EK	k	11. 7.53
Pierchalla Michael GER		GE SP	k	2. 1.56				
Plaß Clemens StD	27. 8.79	PK PA Soz BI	k	3. 8.49	Wentker Günter SekIL	1. 8.81	EK E	k	27. 3.54
Pöpke Cecilia L' i. A.		PA SP	k	9. 6.75	Westermann Gabriele OStR'		TX BI PA	k	7. 2.48
Rappers Reinhold L i. A.	7. 9.88	D KR	k	21. 1.51	Westermann Magnus DGE (didaktischer Leiter)	1. 7.75	M PH	k	9. 1.45
Ratte Franz-Josef Dr. OStR	24.11.84	M MU	k	19. 5.54	Wette Ursula OStR'		SP EK	k	21. 5.49
Rickmann Martina StR'		M CH	k	7. 8.62	Wrona Elgin L i. A.	28. 8.95	BI CH	k	30. 3.65

4.695 Nettetal Gesamtschule gegr. 1992
st. GesSch. f. J. u. M.
Von-Waldois-Str. 6, 41334 Nettetal – Tel. (0 21 53) 7 18 44, Fax 7 29 10
E-Mail: info@ge-nettetal.de, Homepage: www.ge-nettetal.de

Kl: 24 (8/16)   Sch: 850 (460) (229/464/157)   Abit.: 32 (21)   **BR Düsseldorf**
Lehrer: 65 (36)   ASN: **191668**
Spr.-Folge: E   Dez: LRSD **Pannasch**

Althammer Grzegorz L		MU		1. 7.62	Chargé Norbert DGE (didaktischer Leiter)		M AL KR		1.10.47
Aschenbach Volker StR		M PH		10. 9.65				
Bauer Petra L'		F EK E		22. 4.56	Deutscher Sandra L'		D KR	k	25.10.76
Berg Christiane OStR'		E S		28. 8.65	Eller-Hofmann Angelika StD'		° PA M		6.12.69
Boyxen Barbara L'		D KR	k	1. 2.56	Firley-Lorenz Michaela StR'		D SP		27.11.58
Brendel Anne L' z. A.		M BI	k	10. 4.78	Gentges Marita L'		M BI HW		9. 8.52
Breuer Julietta StR'		D GE		16. 4.64	Gerritzen Bernd L		KU SP		28. 5.54
Brosterhus Bettina StR'		BI SW		26. 8.71	Goller Kathrin OStR'		BI SP D GE		29. 5.61
Brüren Reinhard L		M SP		3. 5.58				
Busch Hans-Josef L		D E IF		1. 7.57	Höffken Britta L'		E EK		2. 6.56

Gesamtschulen

Hoffmann Petra L'	D E	28. 2.69		Scharmann Siegfried OStR	KR AL GE	14.12.61
Hüpen Engelbert L	M TC			Scheytt Julia OStR'	BI E	15. 9.68
Kast Alexander StR	M EK	8.12.69		Schiefelbein Roland LGED		
Kleinikel Hannelore L'	BI M TX	3.12.52		(Schulleiter)		
Krahwinkel Berthold L	M PH	27. 8.64		Scholz Andrea L'	D KR	31.10.70
Kronbach Matthias L	HW BI e	3.10.61		Schulz Thomas OStR	M CH	11. 5.69
Landman Martin Dr. GED				Siebert Gudrun GER'	E GE D	18.10.51
(Abteilungsleiter SekII)				(Abteilungsleiterin I)		
Marzouk Galal L	MU SP	12. 2.57		Sieker Irene GED'	F SP	27.12.60
Neufeldt Klaus L	D SP	19.10.53		(stellv. Schulleiterin)		
Nittner Daniela L'	D ER	13. 5.77		Spinrath Dorothee L'	MU BI	30. 4.60
Orlea Michael OStR	F IF k	10.11.52		Steffens Karen L'	BI CH	24. 7.67
	MU SP			Steppler Anni L'	E EK	16. 2.55
Pasch-Caelers Ingrid L'	D KU	29. 5.55		Torun-Schneider Suzan StR'	D SW k	12. 8.72
Pietralla Dieter L	AL SP	29. 2.60		Türks Maria L'	D KR EK	14. 4.50
Ratusny Anke L'	E GE	14. 3.65		Vellar Gunther L	E PL	23.12.49
Rawiel Renate StR'	L SP	20.10.57		Vonnemann Gregor L	PL D	25.12.58
Römgens Rolf L	SP KU	16. 8.57		Weyermann Sylvia StR'	E PA	13.10.69
Rösler Bernd GER	M SP	15. 5.55		Wolters Veronika L'	BI KU	12. 1.58
(Abteilungsleiter II)				Wüsten Ursula L'	E SP	25. 7.56
Rollmann Anette RSchL'	HW EK	24.11.51				

4.700   Neuss   Janusz-Korczak-Gesamtschule   gegr. 1988
st. GesSch. in Ganztagsform (5-Tage-Woche) f. J. u. M.
Platz am Niedertor 6, 41460 Neuss – Tel. (0 21 31) 17 05 30, Fax 1 70 53 38
Dependance Jg.st. 5–7: Schwannstr. 39, 41460 Neuss
E-Mail: mail@jkg-neuss.de, Homepage: www.jkg-neuss.de

Kl: 24 (8/16)   Sch: 913 (487) (231/476/206)   Abit: 37 (22)   **BR Düsseldorf**
Lehrer: 63 (28)   Beamte: 50 (24)   Angest.: 13 (4)   ASN: **189868**
Spr.-Folge: E, F/L   Dez: LRSD **Nevries**

Alff Kathinka		Mann Judith	
Appel Stefan		Menzel Thomas	
Bienefeld Michael		Meschke Johannes	
Bödeker Wulf		Millies Burkhard	
Bongartz Helmut (Abteilungsleiter I)		Mutzig Wolfgang	
Breuer Inge-Maria		Papen Hartmut	
Burk Ulrich		Rauschen Dietmar	
Dilthey Ursula		Reinartz Ursula (Abteilungsleiterin II)	
Feldhusen Doris		Roegglen Nicole	
Fischer Achim (Schulleiter)		Rohmann Bernd	
Fliedner Ulrike		Scherer Alfons	
Frisch Michaela		Schiffer Klaus (stellv. Schulleiter)	
Fuchs Karen		Schmachtenberg Irmgard	
Gärtner Wilhelm		Schmidt Annette	
Heck Sabine		Schreiber Eva	
Heidemann Gerhard		Schüttler Susanne Dr.	
Hieronimus Monika		Schulte Peter	
Hützen Heinz-Peter		Schulze Eckel Mariethres	
Jansen Jürgen		Siebolds Heike	
Junker Thomas		Sieg Gabriele	
Kampmann Klaus		Spitzer Reinhold	
Kluge Wolfgang StD	M TC 22.10.54	Springer Peter	
Kretschel Axel		Starck Annelie	
Kurth Kati		Thiel Frank	
Lange Angelika		Volz Michael	
Linden Nicole		Willems Karin (didaktische Leiterin)	
Linner Kornelia Soz.-Päd.'		Winter Regina	
Lutz Achim			

4.701 Neuss   Gesamtschule An der Erft   gegr. 1991
st. GesSch. f. J. u. M.
Aurinstr. 59, 41466 Neuss – Tel. (0 21 31) 74 96 80
Dependance Jg.st. 5-7: Am Lindenplatz 29, 41466 Neuss
Tel. (0 21 31) 9 11 6-0, Fax 9 11 6-22
E-Mail: 191486@schule.nrw.de, Homepage: www.ge-erft.de

Kl: 24 (8/16)   BR Düsseldorf
                                                  ASN: **191486**
Spr.-Folge: E, F   Dez: LRSD N. N.

Beutele Ulrike	E KR	**Paar** Claudia	E ER
Brodbek Renate	D GP	**Posner** Sylvia	E D
Kangro Carl Heinz	D KU ER	**Rüping** Dirk	E SP
Kauhausen Peter	KR D AL	**Schury** Karin	M ER TX
Kimmel Ralf (Schulleiter)	M E PH	**Stallmann** Harald	M PH CH
Kocks Felicitas	M TX EK	**Terheggen** Wilfried	KR SP
Mecking Hans Herbert	KR D GP	**Volkamer** Heidrun	D KU
Nußbaum Markus	MU KU	**Wankum** Hans Willi	M PH KU
Ortlepp Ingrid	M SP	**Werning** Gabriele	M BI KU

4.705 Nordkirchen   Johann-Conrad-Schlaun-Schule   gegr. 1993
st. GesSch. f. J. u. M.
Am Gorbach 4, 59394 Nordkirchen – Tel. (0 25 96) 9 70 30, Fax 97 03 50
E-Mail: jcs-nordkirchen@t-online.de, Homepage: www.gesamtschule-nordkirchen.de

Kl: 24 (8/16)   BR Münster
                                                  ASN: **192144**
Spr.-Folge: E   Dez: LRSD Scholle

Alsmeyer Sylviane	M F	4. 6.62	**Lohmann** Christine	L E	
Althoff-Hansel Stephanie	D KR	1. 4.62	**Ludwig** Jutta	KR F GL M	9.11.60
Benning Barbara	MU D	11. 9.56	**Maiworm** Michael	M (PH)	27. 9.52
Böckers Gabriele			**Mattern** Marlies Dr.	E GE	25.10.53
Bölzle-Meier Margret	M GL KU	30. 6.50	**Middrup-Petrausch** Christiane	KR E	18. 2.60
Bohr Ursula	M TX	6. 4.54			
Bollmers Jürgen	SP TC EK		**Mönter-Gesper** Christiane	E ER	31. 7.62
Effelsberg Niels	SP HW	13. 4.70	**Nettelnstrot** Renate	M GL	5. 7.54
Egbring Bernhard	KU MU E	15. 1.59	**Paul** Ulrich	E SP	12.10.56
Feldmann Karl-Heinrich	GE SW CH	16. 6.64	**Pilkmann-Pohl** Reinhard Dr.	D PL	18.12.49
Fischer Hans-Jürgen	E GL	10.12.50	**Rebstadt** Johannes	MU SP	10. 5.62
Frommann Dorothea	E GL	25. 5.62	**Reichmann** Thomas	SP KU D BI	28. 6.52
Garthaus Renate	M KR	8.12.60	**Rethmann** Franz-Josef	M PH	
Gebauer-Herr Karoline	D SP	29. 9.50	**Rindelhardt** Sandra	M GE	15. 8.72
Grohmann Barbara GED'	D BI KU	3.12.49	**Roth** Wolfgang	M PL SP	14. 7.54
(didaktische Leiterin)			**Rygol** Pierre	MU KU	6.10.60
Gronski Ralf	D ER	2. 3.68	**Schmidt** Martina	D KR	13. 2.61
Grüne-Wittek Susanne	M GL TC	7. 2.60	**Schmidtke** Marion	KU MU	5.11.61
Hatkämper Ulrich	M SP RW TC		**Schoof** Mirjam	BI D	6.10.71
Hieber Beatrix			**Schüth** Christa	M SP	3.11.56
Hollekamp-Vocke Petra	D HW	17.10.57	**Schwenker** Bettina	M KU	22.10.56
Horstmann Gudrun	D E	5. 6.60	**Seibert** Claudia	KU D	22. 3.60
Hübel-Witulski Ulrike	D GE	7. 5.46	**Tetampel** Cornelia	D PA	28.10.65
GER' (Abteilungsleiterin II)			**Tigges** Hans-Dieter LGED	D SP	2. 6.47
Jacobs Regina	KR E	27. 8.59	(Schulleiter)		
Johannknecht Klaus	SP F PA	21. 3.67	**Trowitzsch** Eva	E CH	1. 1.48
Kaiser Bodo	BI CH	10. 3.72	**Vieth** Klaus	BI E	24. 5.56
	EK GL		**Voß** Heide	M E	12. 9.58
Kalinowski Angelika	D MU	21. 3.66	**Wasow** Annette	F GL	3. 8.61
Kötter Udo	PH M	16. 2.60	**Wegner** Lothar DGE	CH BI	3.10.54
Kohues Paul	M WL GE D	4. 5.52	(stellv. Schulleiter)		
Kühmichel Birgit	ER BI GL SP	21. 7.63	**Wellenreuther** Ursula	E EK	4. 7.55
Lamann Hermann	PH SW IF	24.11.56			

Werner Volker DGE (Abteilungsleiter SekII)	GE SW	19. 3.54		Wulfekammer Brigitte (Abteilungsleiterin I)	TC BI TX	6. 4.59
Wichmann Sabine	BI ER KU	30. 8.58		Zimmer Peter	E KR	11.12.58
Wieners Andrea	SP CH	14. 2.62				

4.710 Nordwalde Kardinal-von-Galen-Gesamtschule gegr. 1990
GesSch. der Gemeinde Nordwalde f. J. u. M.
Amtmann-Daniel-Str. 32, 48356 Nordwalde – Tel. (0 25 73) 9 34 00, Fax 93 40 44
E-Mail: info@kvg-gesamtschule-nordwalde.de
Homepage: www.kvg-gesamtschule-nordwalde.de
Kl: 24 (8/16)

BR Münster
ASN: **190652**
Dez: LRSD **Scholle**

Rohleder Meinolf Dr. GED (Schulleiter)
Sieveneck-Raus Rosemarie DGE'
(didaktische Leiterin)
Haman Dietmar OStR (kommiss. Abteilungsleiter I)

Manemann-Kallabis Bernhard DGE
(Abteilungsleiter II)
Deutschkämer Dorothea DGE'
(Abteilungsleiterin SekII)

4.720 Oberhausen-Osterfeld Gesamtschule gegr. 1969
st. GesSch. in Ganztagsform (5-Tage-Woche) f. J. u. M.
Heinestr. 22, 46117 Oberhausen – Tel. (02 08) 89 98-0, Fax 89 98-144
E-Mail: poststelle@gesamtschule-osterfeld.de
Homepage: www.gesamtschule-osterfeld.de
Kl: 48 (16/32)

Spr.-Folge: E, F/L, F/S, F/S/L

BR Düsseldorf
ASN: **164148**
Dez: LRSD **Behringer**

Agert Peter SekIL		30. 3.82	M E		21. 5.51	Gehrke Gerhard L	18. 4.80	M CH e PH	7. 1.45
Arndt Robert L i. A.			PH TC		26. 9.61	Geisen Werner	1. 2.83	SP EK k	9. 5.53
Augustynak		1. 8.72	M SP EK		20. 3.46			RSchL	
Friedhelm VSchL						Genatowski Jürgen L	1.12.80	E KR k EK	5. 5.50
Badorek Sabine StR'			E F			Gerlach Roswitha	15.10.79	D PL k	7.11.47
Bakir Hüseyin L i. A.		8. 9.86	T		1. 4.57	StR'			
Bange Ferdinand StR (SekII)			M PH		9. 3.54	Glössner Cordula GER' (Abteilungsleiterin III)		D E	28. 3.63
Bieker Wolfgang RSchL		2. 2.78	EK GE		2. 1.48	Görtz Joachim VSchL	22. 6.72	M PH SP	18. 9.43
Borrmann Klaus DGE (Abteilungsleiter SekII)		12. 9.78	M PH	e	13. 8.45	Goorissen Manfred L	1.12.80	E EK k	2. 8.49
Büttner Elke SekL'			M BI		8. 4.57	Grote Wolfg. OStR	12.12.84	EK SP k	21.12.46
Burczyk Ursula RSchL'		1. 8.82	KR E	k	28.10.53	Haase Harald StR (SekII)		CH TC	2. 9.55
Busen Esther SekIL'			D M			Hahn Ursula RSchL'	3.12.80	E EK	8.12.51
Coenen-Pigulla Elke SekIL' i. A.			D GE			Happacher Siegfried SekIL	25. 5.73	E MU D	3. 9.45
Dag Serap SekIL			D T			Hasdemir Bekir L i. A.	1. 8.80	T	1. 2.52
Eloo Heinz-Theo L i. A.			BI M						
Evers Günter StR		19. 1.79	D E		25. 6.48	Hein Heinz-Werner OStR	2. 5.79	D GE k	9. 4.43
Fähnrich Irmgard StR'			° F S		8. 4.50				
Fimmen Helmut StR		15.12.75	E	e	9. 8.44	Henke-Fölting Barbara L'	7.11.80	HW M	28. 2.55
Fleischer Bastian SekI/IIL			G KR						
Fölting Winfried OStR			D GE	k	27. 1.51	Herbrich Hans-Georg OStR		E SP	5. 5.52
Fontein Andreas LGED Schulleiter			E SP			Hoffmann Andreas StR		EK SP	
Frericks Helmut DGE (stellv. Schulleiter)		1.10.87	°M BI CH	k	26. 5.47	Kathage Sabine RSchL'	15. 7.81	E F e	23. 6.48
Friggen Heribert OStR			BI			Kramer Heidi Werkstatt-L'	23. 8.81	W	28. 4.49
Gaasterland Johann OStR			SP BI	e	28.11.53	Kronauer Vera SekI/IIL'		E D	

Krüger-Hufmann Petra Dr. StR'		D PL e	31.	8.69
Lahg Sabine SekIII'	19.12.85	M TC	30.	6.53
Leskau Dietmar Soz.-Päd.	10. 6.81		17.	6.51
Lobner Ekkehard OStR	30. 4.79	M PH e	24.	3.45
Maas Henriette L'		NW	18.	1.65
Maibaum Rolf SekIL		PH TC	23.	8.56
Martini Rosemarie VSchL'	3.12.80	D GE Wk	23.	5.52
Meier Siegfried SekIL		MU D	11.	2.54
Milewski-Hermann Gabriele L'	28. 6.83	E D	18.11.54	
Mölleken Klaus-Wilhelm L		M EK	21.	6.50
Mölleken Petra GER' (Abteilungsleiterin I)		E EK	21.	4.54
Müller Ursula SekIII'		E BI		
Nachtigall Detlef RSchL	1.12.81	F EK	28.	8.47
Nock Constanze SekIL'	30.10.84	PH TC	4.10.56	
Peitz Gabriele SekIII'		KU D		
Peters Jörg OStR		PL E		
Pfingst-Böhne Annegret SekIL' i. A.		SP GE		
Prehn Birgitt Oecotroph.'	1. 8.72	HW e	14.	6.51
Reinders Clemens StR		KU SW		
Reischert Michael StR	31. 8.81	SP GE k	29.10.48	
Reiß Wolfgang RSchL	27. 2.79	F GE e	13.	9.50
Rettberg-Kowalkski Esther StR'		D EW	21.10.68	
Röder Udo OStR	12. 6.80	GE SP e	17.	9.46
Röttgermann Leni L'		M CH	1.	8.57
Rosemann Indra L'	1. 2.01	D PA		
Rothenberg Burkhard OStR	1. 8.85	D GE k	12.	7.48
Sauerbrey Helga GER' (didaktische Leiterin)	1.11.98	M	21.	9.50
Sauerbrey Rolf StD	12. 7.96	M IF	10.12.50	
Schildkamp Eleonore SekIL'	9. 5.83	KU HW	6.	4.52
Schmidt Claudia StR'		D GE	3.	5.70
Schulze-Rautenberg Stefanie StR' SekII		CH PH		
Seeger Wilfried SekIII'	19. 9.84	CH TC e	25.	8.50
Seidel Angela L' i. A.		E M		
Skodazek Christina L'		R E	3.	5.70
Smyrek Therese StR'		E R		
Staab Marlies L'	13. 8.84	CH SP	20.	3.49
		D HW		
Staisch Helfried VSchL	27. 2.79	M WW e	19.	2.48
Stuke Rolf StR (SekII)		° L SP e	30.	5.54
Teichert-Wrede Jürgen StR	1. 8.83	D E	9.	4.51
Ungerland Werner GER		SW SP	1.	5.52
Urbanitz Reiner SekIL		TC SW	23.11.59	
Victor Doris SekIL'		BI SP		
Weiß Karma StD'		D SW	15.	9.48
Weltermann Doris SekIL' i. A.		D EK		
Wenzel Klaus GER (Abteilungsleiter II)	1. 5.83	ER M e	6.12.51	
van Wesel Veronika L'		KU TX	18.	5.58
Wolf Sigrid StR'	2. 5.80	PA SP	30.	3.50

4.721 Oberhausen-Sterkrade Heinrich-Böll-Gesamtschule gegr. 1981
st. GesSch. in Ganztagsform (5-Tage Woche) f. J. u. M.
Schmachtendorfer Str. 165, 46147 Oberhausen − Tel. (02 08) 62 52 30, Fax 6 25 23 12
Homepage: www.nw.schule.de/ob/hbg
Dependance Jg.st. 5/6: Auf der Haardt 3, 46147 Oberhausen-Königshardt
Tel. (02 08) 6 20 65 90, Fax 6 20 65 97

Kl: 36 (12/24)   **BR Düsseldorf**
                                                                                                                         ASN: **187781**
Spr.-Folge: E, F   Dez: LRSD **Behringer**

Bartels Regine StR'		SW KU	55	
Beck Frank-Andreas L		D L	57	
Becker Peter SekIL		M SP	11.	7.54
Behmenburg-Nagler Barbara StR'		▫ M EK	31.	1.53
Behne Jürgen		° D GE		
Benninghoff Klaus RSchL (Abteilungsleiter II)	1. 8.73	D ER e	2.	7.46
Braune Marianne		M BI SP		
Bühler Heinz Dieter L		D GE	14.11.43	
Bugdoll Uwe SekIL		M TC e	1.	5.55
Ehrentraut Renate StR'	5. 9.89	° L SP e	20.10.57	
Frank Claudia StR'		BI EK	22.10.49	
Frank-Herforth Ursula L'		▫ D EK	30.	5.44
Fraund Günther StR		▫ M PH k	1.12.49	
Frehe Elke L		M E	28.	4.48
Gacioch Egon SekIL		D SP	48	
Haertel Wolfgang StR		E BI	6.	6.53
Hahn Rudolph		E M SP		
Heiermann Rainer L		M TC	56	
Henn Axel R (stellv. Schulleiter)	73	E BI	8.10.46	
Hermann Peter		M EK SP		
Junk Wolfgang SekIL		TC PH	12.10.49	
Langer Peter Dr. StD (Schulleiter)		▫ E SW k GE	20.	9.44
Lauff Manfred SekIL		▫ MU GE e	11.	1.56
Leber Albrecht RSchL		E TC	52	
Leber Elisabeth StR'		▫ E D k	21.12.54	
Lutze Christiane L'		TX D	14.12.54	
Mai Anita SekIL'		E ER e	26.	6.58
Maryschka Rainer StR	1. 2.87	° E SP k	8.	4.53
Masseling Silvia		F E		

Mathey Margit   L KR   k
Mundt Helmut Dr.   CH SW SP
(didaktischer Leiter)
Olbricht Bernd   EK SP SW
Oswald Werner KR   73   ᐩ E BI   e   19. 5.48
(Abteilungsleiter I)
Piegeler Gregor   E D
Plümpe-Messerschmidt
Gertraut L'   D KU   9. 9.46
Reiber Antje StR'   D KU   11.12.54
Reiber Reinhard SekIL   E BI   22.11.55
Schellenburg Friedrich-
Wilhelm   CH PH
Scheller Christel FachL'   KU TX   1. 7.51
Schophaus Ursula L'   M D   31. 3.52
Schraven Helmut L   1. 6.72   M SP   k   15. 7.44
Schülingkamp Ute StR'   M TC KU   55

Schüürmann Heinz-Gert L   E EK   52
Schulte-Brauer Margarete StR'   D PK SW   24. 3.46
Schulz Joachim   ER SP
Schwenk Wolfgang L   D GE   53
Senft Bärbel L'   ° M SP   1. 3.55
Silber-Hain Ursula StR'   F E   3. 4.56
Stump-Kolkmann Brigitte StR'   F I   53
Utzat-Geisen Heide-Marie   E EK
Visse Hermann   D TC EK
Weber Ingrid L'   D TC WW   25.11.44
Weber Manfred L   D TC   6.11.54
Weckenbrock Friedrich RD   SP EK   20. 7.46
Werner Wolfgang RSchR   M CH   23. 3.49
(Abteilungsleiter III)
Wittemann Inge   HW
Wöll Liselotte   KU HW SP
Wolff Reimund L   1. 9.74 ᐩ E D   k   27. 5.50

4.722 Oberhausen   Gesamtschule Alt-Oberhausen   gegr. 1988
st. GesSch. in Ganztagsform (5-Tage-Woche) f. J. u. M.
Schwartzstr. 87, 46045 Oberhausen – Tel. (02 08) 59 48 6-0, Fax 59 48 6-29
E-Mail: 189844@schule.nrw.de, Homepage: www.gsa-ob.de

Kl: 34 (12/22)   BR Düsseldorf
                                                         ASN: **189844**

Spr.-Folge: E, F/L   Dez: LRSD **Behringer**

Ardelt Hans Georg   1.10.90   D GE   k   8.11.49
GER (Abteilungsleiter I)   AL
Barkowsky Heike L'   19. 8.96   M PH   3. 8.63
Bauch Wolfgang GED   D SP   5.10.54
(didaktischer Leiter)
Bergmann Stefan OStR   SP KU TC   12. 8.66
Bodewig-Behmenburg   D GL   2. 1.53
Dietmar GER
(Abteilungsleiter III)
Böhm Gustav L   D GE PH   22. 6.48
Braun Heike OStR'   L EK   e   15. 9.59
Brinkert Gudrun L'   E ER   24. 4.57
Brinkmann Ursula L'   28. 8.95   MU SP   28. 1.58
Burkart Karl-Heinz LGED   M PH   e   21. 1.54
(Schulleiter)
de Byl Marianne L'   HW KU   12. 7.56
(Abteilungsleiterin II)
Conen Christa L'   BI KU   25.11.55
Conrad Jan StR   D E   28.12.74
Cybulski Marlene L' z. A.   M TC   10. 1.76
Dahlmann Marion L'   M GE   17. 6.57
Diekenbrock Marlies StR'   SW D   k   29. 8.57
Domke Thomas L   1. 8.90   SW TC   2. 3.60
Fährmann Silke L'   E KU   17.11.63
Fleischer-Katern-   31. 8.92   E EK   31. 5.61
berg Heidi L'
Frerking-Tiedtke   21. 7.88 ᐩ MU D   e   31. 7.54
Ute SekIL'
Frische Jürgen GER   D EK PH   28. 9.50
Frommann-Grün   MU EK   1. 8.65
Dietlind OStR'
Glenz Horst-Jörg StR   PH SW   10. 9.61
Glenz Ulrich L   28. 8.95   M EK   20.11.53
Grumpe Beatrix StR'   ᐩ BI CH   24. 5.57
Güth Marita RSchL'   E SW   24. 8.54
Hadig Marianne L'   1. 8.88   M E KU   21. 1.50
Heinrich Claudia StR'   KR GE   5. 6.78
                                    PK

Herrndorf Fritz-   28. 8.95   E SP   28. 2.50
Dieter GER
Heuer Uwe StR   M PH   2. 9.61
Hoffmann Ingrid L' i. A. 1. 8.90   M PH   20. 4.54
Jäckel Ulrich L   KR BI   10. 2.59
Janknecht Myrian L' z. A.   TC KU   17. 6.77
Kalter Anneliese L'   ᐩ E M   26. 9.53
Knaup Annegret GER' 20. 8.01   M KU   30.10.54
(stellv. Schulleiterin)   TX
Knichel Katrin OStR'   D ER   23. 1.62
Kortmann Marcus StR   D KR   13. 9.74
Letzner Claudia L'   M D TC   12. 1.69
Mamat Karin   D SP   12. 2.57
Manzke-Schröder Annegret L'   D MU   23.11.57
Maron-Rüppel   31. 8.92   BI SW   27. 7.58
Ulrike L'
Meder Sabine Dr. StR'   M BI IF   20. 7.62
Mund Helga L'   D SP   14. 9.50
Nagels Julia L' z. A.   D SP   27. 8.76
Oesterwind Gudrun GED'   D SP   14.11.50
(Abteilungsleiterin SekII)
Otto Michael L   PH TC   13. 5.63
Overkamp Georg L   1. 8.89   KU MU   16. 7.55
Pielke Sabine L'   D ER   23. 6.63
Püttmann Margareta L'   M MU   14. 3.54
Raab Gudrun L'   E BI   25. 3.56
Rimpler Ina L'   BI SP   5. 1.63
Römer Peter StD   PH M IF   3.12.56
Sauerbrei Martin L   PL KR   10. 5.64
Segato Beate Soz.-Päd.'   14. 7.57
Sicking Andreas L   1. 8.90   M CH   4. 4.60
Steffen Heiko L   SP GP   17. 6.64
Stegemann Maria L'   M SP   6. 1.57
Stuckardt Michael OStR   E GE   7. 2.59
Sturm Johannes OStR   D KR   2. 2.58
Szabo-Matthias   E PA   20.10.74
Astrid L' z. A.
Thust Kerstin OStR'   D SW   10. 8.64

Tiedtke Hans-Werner StD		D GE		30.10.50	Wendland Ruthild L'	E EK ER	8. 5.49
Wägner-Schoisch Gesine L'		M BI	e	29. 3.58	Wink-Eidt Ulrike L' i. A.	D KR	12. 8.56
		ER			Wischmann-Mies Susanne OStR'	D ER	27. 4.58
Wagner-van der Laden Elmar L	2. 9.91	KU SW TC		26. 5.58	Wolff Karin L'	F GP	16. 2.70
Wechselberg Gisela OStR'		E F		12. 3.54	Zühlke Gudrun L'	E GE	15.11.57
Wehrmeister Heike L' 10. 8.98		CH BI		17. 3.59	Zukunft Susanne L' z. A.	KR CH	18.10.78

4.723 Oberhausen   Gesamtschule Weierheide gegr. 1997
st. GesSch. f. J. u. M.
Egelsfurthstr. 66, 46149 Oberhausen – Tel. (02 08) 69 95 70, Fax 6 99 57 11
E-Mail: gesamtschule-weierheide@oberhausen.de
Dependance: 46149 Oberhausen, Fichtestr. 4–6 – Tel. (02 08) 69 95 75-0

Kl: 25 (8/17)   Sch: 897 (446) (242/497/158) Abit: 36 (18)   **BR Düsseldorf**
Lehrer: 66 (40) Beamte: 52 (32) Angest.: 14 (8)   ASN: **193379**
Spr.-Folge: E, F   Dez: LRSD **Behringer**

Alings Erich GER (Abteilungsleiter II)	D GL		11. 8.57	Jarendt Birgit SekIL'	D SP	k	3.12.60
				Kaminski Carola	D M KU		9. 9.54
Bonna Dorothea L' i. A.	KR	k	8. 4.55	Küppers Ursula GER' (Abteilungsleiterin I)	M BI CH		9. 3.51
Dietsch Hermann LGED (Schulleiter)	CH		2. 6.49	Lochen Karl-Heinz GED (stellv. Schulleiter)			
Dingler Susanne L'	E EK GL	k	12.10.67	Marksteiner Katja	BI EK		26. 4.74
Fendrich Sabine L'	GL AL		27. 3.71	May Heike	SP BI		26. 3.63
Hendricks Beate	D ER		21. 3.63	Schönhöfer Margrit GED' (didaktische Leiterin)	D GE	e	7.11.47
Henkemeyer Frank L	D GL		15.10.62				
Herzel Julia L'	GL SP		14. 9.68	Schroeder L'	E MU		12. 6.69
Jahnel Birgit GED' (Abteilungsleiterin SekII)	ER E	e	19. 5.61	Schuh Gesine L'	D BI		8.10.63
				Woidt Alexandra	EK BI Dk		6. 9.68

4.728 Bad Oeynhausen Gesamtschule gegr. 1998
st. GesSch. f. J. u. M.
In der Wiehwisch 12, 32549 Bad Oeynhausen – Tel. (0 57 31) 10 51 20, Fax 10 51 21
E-Mail: mail@gesamtschule-bo.de, Homepage: www.gesamtschule-bo.de

Kl: 24 (8/16)   **BR Detmold**
    ASN: **193872**
Spr.-Folge: E, F/L, S   Dez: LRSD **N. N.**

Willms Herbert LGED (Schulleiter)	Rahlmeyer Dirk StD (Abteilungsleiter SekII)		
Brabender Andrea DGE' (stellv. Schulleiterin)	Aschoff Alexander	M PH e	6. 9.75
Mehwald Barbara DGE' (didaktische Leiterin)	Steib Norbert	ER EK e BI	12. 5.51
Kampshoff Juliane GER' (Abteilungsleiterin I)			
Nolting Joachim GER (Abteilungsleiter II)			

4.730 Olfen Wolfhelmschule gegr. 1991
st. GesSch. f. J. u. M.
Telgenkamp 9, 59399 Olfen – Tel. (0 25 95) 78 50, Fax 33 96
E-Mail: ge.olfen@gmx.de, Homepage: www.olfen.de/gesamtschule

Kl: 24 (8/16)   **BR Münster**
    ASN: **191310**
    Dez: LRSD **Scholle**

Jung Annegret LGED' (Schulleiterin)   Unland Bernhard GER (Abteilungsleiter I)
Heitkötter Anna Theresia DGE' (stellv. Schulleiterin)   Matheuszik Bärbel GER' (Abteilungsleiterin II)
Herrmann Bernd DGE (didaktischer Leiter)   Timmermann Rainer DGE (Abteilungsleiter SekII)

4.740 Paderborn Gesamtschule Paderborn-Elsen gegr. 1990
st. GesSch. f. J. u. M.
Am Schlengerbusch 27, 33106 Paderborn – Tel. (0 52 54) 97 87-0, Fax 97 87-10
E-Mail: ge-elsen@paderborn.de, Homepage: www.gesamtschule-paderborn-elsen.de

Kl: 36 (12/24)

BR Detmold
ASN: **190809**

Spr.-Folge: E, F, L/S

Dez: LRSD' **Krämer**

Greipel-Bickel Annegret LGED' (Schulleiterin)	E MU			**Käuper** Josef	PH D GL	
Reck Andrea D'GE (stellv. Schulleiterin)				**Kalischek** Wolfgang	E SP	
				Karsten Marcel	EW SP	
				Kastner Britta	D SP	
Banneyer Elke L'	GE KR	24. 2.73		**Kerchner** Margot	KU SW	
Bentler Christine StR'	E D			**Kleine** Jessica	M KR	
Biermann Franz	D GL			**Klerks** Elmar	D KR	
Bleck Heidrun	D GL			**Köhler-Hötte** Birgit	M KU	
Böger Friedhelm GER (Abteilungsleiter II)				**Kramer** Heike	BI GL	
				Kuhlmann Hartwig	M PH	
Boelsen Kerstin	MU D			**Kuß** Heribert	M PH	
Böttcher Fritz	SW			**Lürwer-Brüggemeier** Katharina	M F IF	
Born Burkhard	E SP			**Lummer** Reiner	SP GL	
Brune Wolfgang	BI CH			**Maik** Oliver StR	GE SW	10. 3.68
Claes Bianca		6. 1.77		**Menneken** Angela	KU BI AL	
Cords Ria GER' (Abteilungsleiterin I)	E SP D			**Menzel** Katja L'	KU GL	6. 1.68
				Messing-Fuchs Silke L'	D E GL	
Dermann Stefanie StR'	MU KR	24. 3.76		**Neukötter** Gerhard	M AL PH	
Dickhaus Gertrud	E KU D			**Neumann** Elke	E KR	
Diekmann-Brusche Theresia	E GL			**Oriwall** Matthias L	BI GL	30. 8.58
Diermann Waltraud	CH E			**von der Osten** Claudia	F GL	
Dobler Heinz DGE (didaktischer Leiter)	D GL			**Paatz** Birgit	D PL M	
				Plaß Dorothea	D EW SW	
Döring Heiko OStR	E SP	2. 5.58		**Postawka** Ulrike	L SP	
Düring Bernd	MU PH			**Puchbauer** Randolf	MU GL	
Dunschen Frank StR	KU SP	18.12.71		**Radtke** Randolf	D E GL KU	
Enders Loni	D E			**Reck** Sigrid L'	AL CH	
Engbring Dieter StR	M IF			**Reiermann** Hans-Jürgen L	BI TC	4.12.65
Ewers Britta	D E			**Rjosk** Ines	D KR	
Fahle Klaus	PH AT GP			**Röhl** Burkhard	E M	
Fenner Christine	D AL			**Rose** Hubertus	MU SW TC	
Fischer Berthold DGE (Abteilungsleiter SekII)				**Saabel** Hans-Edgar	D GL	
				Sauerwald Jan		26.10.71
Freudenthal Vera L'	SP EW			**Schäck** Almut	E CH	
Fründ Friedhelm	BI KU			**Schaefer** Friedhelm L	SP AL	10. 7.56
Gausmann Angelika Dr.	KU SW			**Schäfers** Ulrich	SP IF	
Geisthövel Petra	E KR			**Schluer** Willi	SP D KR	
Götze Manfred	D PL			**Schmale** Olaf	M SP	
Grautstück Rudolf	M KU			**Schultz** Birgit L'	D TX	
Großmann-Wedegärtner Michael	GL PL AL IF M			**Schulze-Bergmann** Joachim Dr.	D E CH	
Habenicht Gabriele	E SP			**von Schwartzenberg** Roswitha SekI/IIL'	D PL	1. 9.66
Handanagic Adelheid	D KR					
Harwardt Andrea	BI F			**Sierra** Antonio	S SP	
Heising-Steinhoff Christa	BI TX HW			**Sierra** Heike	S SP	
Heithecker Nicole	KU EW			**Sprengel** Christian	M PH	
Heldke Werner	SW			**Stoya** Hendryk (Soz.-Arb.)		
Hersemeier Carola	E SP			**Strauch** Lothar	BI CH	
Hölscher Achim	D EK			**Stümpel** Herbert	PH M	
Hörstmann Andreas	E CH			**Tackenberg** Christine	BI SP	
Hofacker Ina StR'	E EK			**Vielberg-Martine** Anne-Kathrin StR'	D KU	
Hoffman Marko StR	E SP	23. 9.70				
Hülsmann Hans-Werner	SP D EK			**Vockel** Monika	M TX	
Hüster Karl-Josef	M KR			**Wigand** Rolf SSchL	KU GL	
Husemann Martina	D KR			**Wünnemann** Sabine	KU GE	

4.741 Paderborn   Friedrich-von-Spee-Gesamtschule   gegr. 1993
st. GesSch. f. J. u. M.
Weißdornweg 6, 33100 Paderborn – Tel. (0 52 51) 1 66 90, Fax 16 69 15
E-Mail: info@speepb.de, Homepage: www.speepb.de

Kl: 32 (9/23)

BR Detmold
ASN: **192131**

Spr.-Folge: E, F

Dez: LRSD **Spichal**

Name	Fächer		Datum
Strauß Detlef LGED (Schulleiter)	M EK		6. 2.55
Hermanns Franz GED (stellv. Schulleiter)	IF M		5. 2.49
Appelbaum Christiane	AL		14.11.67
Artmann Bettina	E KU		7. 2.66
Assmann Michael	D KU		6. 9.57
Auffenberg Michael StR	BI SP	k	23.12.74
Barkhausen Gabriele SekIL'	M BI	k	19. 5.60
Beatrix Petra SekIL'	D HW	k	13. 5.64
Beckert Dirk	M PH		17. 9.67
Behr Lioba Dr.	M MU KU		4.10.68
Blum Georg StR	E GE		30. 1.65
Bocklage Claudia	M SP		10.11.67
Boisbouvier Ute	D F		13. 1.53
Bracht Simone	D E M		18. 9.76
Dubisch Anneliese	AL M		1. 9.50
Ferlemann Klaus OStR	E SP		9. 8.59
Florsch Sandra	D E		14. 2.72
Gadermann Mechthild	E F		11. 5.63
Gärtner Jürgen (Abteilungsleiter II)	PH TC		15.12.65
Gennet Uwe	D ER		12. 2.68
Gillner Krystyn	E R		13.12.67
Hangleiter Melsene	E KU		5. 8.48
Hartung Jürgen	AL PH		7. 5.68
Heinemann Tanja	D E		11. 7.75
Höke Diana	D TX		19. 6.68
John-Vollberg Annelie	EK M		9. 8.57
Jonack Christina	D GE SW		24. 6.65
Kassner-Steinmüller Hildegard (Abteilungsleiterin I)	D SW		27. 9.49
Keuter Ursula	BI CH		13. 8.61
Klüber-Figge Beate	D KU		22. 5.53
Köhler-Thewes Brigitte (didaktische Leiterin)	BI KR		7. 9.57
Lang Manuela	GE SP		24. 3.66
Legenhausen Ralph	BI SP		26. 3.56
Lis Maria VSchL'	PH KU D E	k	21. 7.63
Martini Siegfried Dr.	M PH		12. 9.64
Mehring-Trick Brigitte SekIL'	E SP		7. 5.52
Mersch Olaf	M PH		11. 4.67
Meyer auf der Heide Claudia	M PA		18. 2.59
Michalowski Bert StR	CH M		11. 1.74
Müther Andreas	GE SP M		28.10.70
Niehaus Michael	ER M		11. 3.77
Niggemeier Nicole	ER F		3. 9.63
Nordmeyer Christiane	BI KR		1. 1.58
Ochmann Elke-Lucia	D KR		5. 6.52
Ostermann Katja	D E		1. 8.69
Ott Jürgen	D E EK KU		14. 7.47
Putze Jörg	M MU		7. 7.65
Rama Jürgen	D SP		14.10.56
Rasche Ulrich	GE SW		7. 9.56
Reißmeier Annette	KR M GP		30. 1.50
Roth-Rings Elisabeth	D M TX		11. 2.59
Rüffer Jens M. StR	D PL		
Rüther Margit	AL BI		16.10.57
Ruhlig Kordula	CH M		7. 8.53
Schäfers Hans-Gerd Dr.	TC M PH		19. 8.56
Schäfers Heike	D E M SP		20.12.71
Schmidt Gudrun	E HW		27.11.56
Schneider Reinhard	AL		24. 9.48
Schräder Susanne	SW TX		30. 1.59
Schröter Karen	D KU		
Schulte Bernhard	SP SW		2. 7.59
Steppeler Martin	RW SP		11.12.61
Steudel Peter (Abteilungsleiter SekII)	M PA		6. 5.50
Stolz Christiane	AL BI		30.11.62
Strato Thomas	E EK		6. 9.65
Vogt Rita	D MU		21. 5.57
Walker Hildegard	E KR		7.11.55
Weiß Ludmilla	D R		27. 4.57
Welle Ute Soz.-Päd.'			27. 7.57
Werner Karl-Heinrich	D KR		19. 3.51
Wiechoczek Annetraud	D E		17.10.46
Wiedemann Ulrike StR'	D MU	e	7.12.60
Winsel Dietmar	GE KR		20. 2.61
Wrastil Elisabeth	EK SP		20. 4.55

4.743 Porta Westfalica   Gesamtschule   gegr. 1995
st. GesSch. f. J. u. M. der Stadt Porta Westfalica
Bruchstr. 9, 32457 Porta Westfalica – Tel. (05 71) 7 98 30 50, Fax 7 98 30 60
E-Mail: buero@gesamtschule-porta.de, Homepage: www.gesamtschule-porta.de

Kl: 30 (10/20)   Abit: 26 (14)
Lehrer: 64 (32)   Beamte: 48 (26)   Angest.: 16 (6)

BR Detmold
ASN: **192685**

Spr.-Folge: E, F, L

Dez: LRSD **N. N.**

Name	Fächer		Datum
Scheck Dorothee LGED' (Schulleiterin)	E GE		11.11.48
Pultke Karl-Wilfried DGE (stellv. Schulleiter)	M GL TC		22. 1.52
Wiese Heike DGE' (didaktische Leiterin)	D MU		7. 9.57
Johanning Heinz GER (Abteilungsleiter I)	SP D	e	5. 2.52

Jendrny Reinhard GER (Abteilungsleiter II)	PH SP k	2.11.55	
Nagel Axel DGE (Abteilungsleiter SekII)	CH EK	26. 1.62	
Ahle Michael StR	M CH	4. 2.69	
Bakumowski Michael L i. A.	E		
Beckmann Sylke StR'	M SP		
Binnewitt-Bast Anja L' i. A.	M IF PH		
Blome Volker StR	M PH		
Bock Mechthild L'	E SP		
Böker Manfred RSchL	E SP e	2. 8.47	
Bondiek Kerstin OStR'	E SP	3.10.61	
Drücker Nicola L' i. A.	E	15. 2.69	
Ehren Friedrich L i. A.	L SP		
Erf Klaus StR	L SP		
Esch Rebekka L' i. A.	EK ER PP		
Fobbe Werner L i. A.	MU GE		
Goldbeck Heidrun L' i. A.	M GL		
Habuch Petra StR'	F SP	20. 9.60	
Harzmeier Wibke StR'	E EK GL		
Haverkamp Matthias StR	SP EK GL	26. 4.66	
Heitkamp Jana L'	MU SP		
Hering Sven StR	BI CH	21. 4.71	
Hillebrand Roswitha OStR'	GE GL KU	1.12.66	
Hirsch Gernot StR	M SP e	6. 9.63	
Höltkemeier Roswitha FachL'	HW e	2.10.58	
Horstmann Susanne L'	BI CH e	3. 6.74	
Hünnekens Jörg OStR	M CH IF	13. 3.70	
Kardas Waldemar	MU SP	21. 9.76	
Klatz Natascha L' i. A.	D KU		
Kölling Agnes L' i. A.	D SP		
Krause Astrid StR'	D BI	1. 5.73	
Lippert Sandra StR'	D KU	27.11.77	
Lodemann Rainer OStR	D CH e	7.12.58	
Meyer Marianne L'	D KU		
Moennig Hans-Georg OStR	BI TC GL	29. 7.67	
Papke-Oldenburg Volker L i. A.	ER PL		
Plate Susanne StR'	ER GE D		
Prasuhn Doris L'	E M		
Preuß Sebastian StR	E EK		
Radtke Ingolf GER	KU SW TC		
Remmert Sigrid OStR'	E GE e	26.12.66	
Sandrock Annkatrin StR'	D SW	24.12.70	
Schafmeister Christine		18. 9.67	
Soz.-Arb.'			
Schliwa Martina L' i. A.	SP HW e	15.12.57	
Schroeter Wolfgang L i. A.	E SW		
Schütte Walter L	M GL	9.10.49	
Schulze-Varnholt Elke	HW GL e	17. 1.70	
Schwengelbeck Andre StR	D GE LI		
Sedler Ingo Dr. L	M PH	10.11.60	
Sturm Stefan Dr. L i. A.	PL ER	3.11.65	
Südhölter-Karottki Christiane	ER e	30.12.64	
Sundag Uwe L i. A.	E SW		
Tegtmeier Michael L i. A.	D SP		
Theißen-Uhe Magdalene L'	MU GL	20.10.52	
Trott Susanne StR'	F SP e		
Uhe Karl L	PH TC		
Ummen Ulf L	BI SP TC		
Volkhausen Daniela StR'	D BI KR		
Wähler Bernd OStR	M GE		
Weitzenkorn Anke L'	BI TX		
Witt Sascha StR	M SW EW		
Wolff Christiane L'	E KU k	16. 7.66	
Zimmermann Antje StR'	D SW		

4.745 Pulheim-Stommeln Papst-Johannes XXIII.-Schule gegr. 1993

pr. deutsch-italienische GesSch. des Erzbistums Köln
Hauptstr. 1, 50259 Pulheim – Tel. (0 22 38) 92 31 30, Fax 9 23 13 33
E-Mail: info@papstjohannesschule.de

Kl: 20 (6/14) Sch: 617 (331) (186/357/74) Abit: 27 (11) **BR Köln**
Lehrer: 43 (24) Beamte: 18 (11) Angest.: 25 (13) ASN: **192107**
Spr.-Folge: I/D, E, L/F Dez: LRSD' **Schlott**

Rabe Hans Georg (deutscher Schulleiter)	D L k	17. 1.53	
Turrini Sergio Dr. (italienischer Schulleiter)	I GE EK k	23. 6.45	
Adolph Christa	BI HW k	18. 7.59	
Becker Michael	M PH k	28. 6.69	
van Bonn Monika	D GE k KR	28. 2.56	
Costa Giusj	I E k	29. 6.75	
Cavallaro Nadia	EK GE I k	13. 2.69	
Decker Julia	D SP k	20. 2.70	
Deiana-Müller Lisetta	M BI k CH	17. 7.52	
Delmarco Isabella	I GE EK k	19. 2.64	
Devos Benoît (Schulseelsorger)	KR k	5. 5.69	
Embrayil Rita	I GE EK k	29. 9.54	
van Exel Dorothea	D KU k	13. 3.56	
Faßbender Philomena (Abteilungsleiterin I)	KR MU k	11.10.55	
Filonardi-Schmitz Brigitte	D I E k	20.11.46	
Florido Antonio	I SP k	24. 8.57	
Gahlmann Joachim	BI SP k	12. 3.59	
Giardina Vincenzo Dr. (Abteilungsleiter II)	I GE EK k	6. 6.54	
Goergens Ludger Dr.	D GE k	18. 4.64	
Golkar Gerburga	I KR F k	18. 6.55	
Hagen Claudia	M D	24. 8.66	
Heesen Klaus (Abteilungsleiter SekII)	KR SW k	17. 7.57	
Heunemann Lars-Oliver	BI CH k	2.11.74	
Jakobs Karl-Heinz	KR SP k	2.11.53	
Kaefer Annette	E F	23. 3.55	
Körner Peter	EK TC k	22.11.49	
	D		
Krämer Birgit	KU I k	9.11.69	
Lenhartz Rolf Pfr.	ER e	20. 5.58	
Loi-Bartmann Lucia Serena	I GE EK k	13.12.57	
Masaro Luisa	EK GE I k	4. 3.63	
Mayer Carsten (Abteilungsleiter III)	GE SW k	22. 2.70	
Michna Klaus	BI GE k M	27. 8.54	

Mondry-Blum Ulrike	M CH	k	7. 1.71	**Scholtes** Petra	E I	k	28. 1.60
Mugnai Gianluca	EK GE I k		1. 8.64	**Speer** Martin	SP	k	26.10.71
Pilo Silvana	D I	k	9.11.73	**Speth** Elke	D GE	k	16. 5.65
Rausch Ruth	M TX	k	12. 2.62	**Werres** Rosa	I EK	k	16. 2.57
Runden Christa	D BI	k	1. 8.60	**Zaghini** Gianluca	I D	k	3.11.66
Saxer Mechthild	E F	k	13. 2.63				

4.750 Ratingen   Martin-Luther-King-Schule gegr. 1987
st. GesSch. in Ganztagsform (5-Tage-Woche) f. J. u. M.
Erfurter Str. 36, 40880 Ratingen – Tel. (0 21 02) 6 20 65 90, Fax 6 20 65 97

Kl: 30 (10/20) **BR Düsseldorf**
Lehrer: 69 (47)   Beamte: 57 (37)   Angest.: 12 (10)   ASN: **189601**
Spr.-Folge: E, F/(T), F/S, S   Dez: LRSD' **Fasselt**

Kreft Michael LGED	D SW	**Gresser** Alexa GER'	D BI
(Schulleiter)		(Abteilungsleiterin II)	
Sappeur Reinart DGE	M WW	**Bürger-Schuster** Edith DGE'	BI E
(stellv. Schulleiter)	GE	(Abteilungsleiterin SekII)	
Acker Renate DGE'	D KR	**Bleckmann** Michael StD	BI
(didaktische Leiterin)	KU	(Ganztags-Koordinator)	
Horn Karin GER'	D SP		
(Abteilungsleiterin I)			

4.760 Recklinghausen   Käthe-Kollwitz-Schule gegr. 1985
st. GesSch. in Ganztagsform (5-Tage-Woche) f. J. u. M.
Gneisenaustr. 49, 45661 Recklinghausen – Tel. (0 23 61) 30 24 30, Fax 3 02 43 25
Dependance Jg.st. 11–13: Theodor-Körner-Str. 27, 45661 Recklinghausen
Tel. (0 23 61) 6 58 06 30, Fax 6 58 06 38
E-Mail: 188803@schule.nrw.de, Homepage: www.kks-re.de

Kl: 36 (12/24) **BR Münster**
ASN: **188803**
Spr.-Folge: E, F/L/T, F/L/I   Dez: LRSD **Scholle**

Schlaak Günther LGED (Schulleiter)   **Besten** Lisel GER' (Abteilungsleiterin II)
Parsow Brigitte GED' (stellv. Schulleiterin)   **Klocke** Harald GER (Abteilungsleiter III)
Drewello Lothar GED (didaktischer Leiter)   **Marks** Martin GED (Abteilungsleiter SekII)
Glaese-Seseke Sylvia GER' (Abteilungsleiterin I)

4.761 Recklinghausen   Wolfgang-Borchert-Gesamtschule gegr. 1989
st. GesSch. in Ganztagsform (5-Tage-Woche) f. J. u. M.
Beisinger Weg 80, 45657 Recklinghausen – Tel. (0 23 61) 1 22 14 u. 2 89 09, Fax 18 47 92
Dependance Jg.st. 5/6: Händelstr. 2, 45657 Recklinghausen
Tel. (0 23 61) 5 82 89 40, Fax 58 28 94 20
E-Mail: email@woboge.schulen-re.de, Homepage: www.woboge.de

Kl: 31 (10/21)   Sch: 925 (450) (274/533/118)   Abit: 22 (8) **BR Münster**
Lehrer: 74 (41)   Beamte: 64 (36)   Angest.: 10 (5)   ASN: **190524**
Spr.-Folge: E, F, L   Dez: LRSD **Scholle**

Ahlfeldt Alexander L	BI SP	**Drees** Klaudia L' i. A.	M KU		
Altmiks Ralf StR	D GE	**Drüppel** Anne L'	D GE		
Auffenberg Anke StR'	D PA KR	**Eisfeld** Henning L i. A.	SP EK		
Averbeck Kerstin L'	M TC	**Fehrenbach** Birgit L'	D KU		
Brautmeier Regina DGE'	D E PL	**Fehst-Wendker** Waltraud L' i. A.	E TX		
(Abteilungsleiterin SekII)		**Fellenberg** Ute StR'	SP EK		
Bremer Christiane SekIL'	SP KR EK	**Fink** Christine FachL'	SP KU	e	26. 5.45
Daniel Annika L'	E SW	**Fischer** Paul L i. A.	SP		
Daum Ute L' i. A.	D KU	**Flüchter** Jürgen GER	D GL		
Deutscher Birgit StR'	D N	(Abteilungsleiter I)			

Gora Hermann L	M PH		Pricken-Ulrich Norbert GER	M PH CH
Hartnack Dietmar StR	IF M PL		Rath Hannelore L'	TC BI
Heid Frank L	SP PA		Renner-Haubrock Ann Christin L'	M TC
Helbing Nadine L'	D M		Resch Angelika GER'	E M AL
Hugendiek Jan L	SP EK		Rutsch Holger L	N GE
Jirmann Kaja OStR'	E BI e 11. 5.60		Sagenschnier Birgit L'	HW SP
Kemper Daniela L'	E R		Schön Peter Dr. OStR	CH BI
Keppel Barbara OStR'	L KR		Schreiter-Waschhof Christine SekIL'	D ER
Kind Jürgen L	M GE			
König-Senger Rüdiger OStR	MU PL GE		Schröder-Unland Gisela SekIL'	M KR
Korf Gertrud GER' (F) (Abteilungsleiterin III)	KR M		Schroer Karl SekIL	E SP
Korf Martin OStR (F)	M IF KR		Schulte Jürgen Dr. L i. A.	CH E
Krohn Norbert SekIL	D MU		Schulz Hans Gerhard LGED (Schulleiter)	GE SP e 2. 2.46
Leder Jürgen L i. A.	D KU			
Lichtenstein Thomas GER (Abteilungsleiter II)	M PH IF		Siegmund Jochen DGE (stellv. Schulleiter)	M PH
Lindemann Siegfried L	D EK BI		Sigges Ursula OStR'	F D
Lütkenhaus Andreas StR	SW GE PA		Skowronek Bettina StR'	BI KU
Majan-Ruhmann Jutta OStR'	ER EK		Stark-Faber Helga SekIL'	BI HW
Marik Marion StR'	D MU		Stracke Christel L'	BI HW
Mühl Beate Dr. StR'	D PL		Stuckardt Adelheid SekIL'	CH KR
Neumann Horst StR	KU KR		Telsemeyer Claudia L'	CH SW
Neumann Stefanie L'	D KR		Theisinger Guido StR	E KR
Niessen Maria L'	E GE		Tonn Annette L' i. A.	M KU
Noheh-Khan Sarah L' (F)	F BI		Weckermann Norbert StR	E BI
Obervoßbeck Rainer Dr. DGE (didaktischer Leiter)	D PL PA KR		Wendroth Wolfgang StR	PH SP
			Werlich Sabine Dr. L'	CH PH
Pfeiffer Franz-Josef StR	PA PS SW		Wiemann Thomas StR	SP PA
Philipp Michael L i. A.	D GL TC		Wierichs Alfred Dr. StR	E MU
Pihava Havva L'	D E		Winking Irmgard StR'	E F
Plathner Hans-Peter StR (F)	TC CH			

4.762 Recklinghausen-Suderwich Gesamtschule gegr. 1992

st. GesSch. f. J. u. M.
Markomannenstr. 16, 45665 Recklinghausen – Tel. (0 23 61) 9 89 40, Fax 98 94 66
E-Mail: email@geresu.schulen-re.de, Homepge: www.re.shuttle.de/geresu

Kl: 24 (8/16)

Spr.-Folge: E, F, L/F

BR Münster
ASN: **191875**
Dez: LRSD **Scholle**

Holtbrügge Karin GED' (stellv. Schulleiterin)	I E		10. 3.58	Hermes-Knoppe Ute StR'	M EK	18. 7.58
Schrader Robert DGE (didaktischer Leiter)				Ihssen Gudrun SekIIL' i. A.	F GE	24. 5.54
Dingemann Jürgen (Abteilungsleiter I)				Kamrowski-Bartel Christa StR'	BI CH	25.12.62
				Kerckhoff Barbara OStR'	CH BI k	22. 2.64
				Krzmienski Angelika SekIL'	E KU	29.12.58
Pawlick Jürgen (Abteilungsleiter II)				Krzmienski Rolf SekIL	E S k	31. 1.58
				Kurtuldu Sebahattin L	T msl	7. 4.50
Lücking-Reddig Inge DGE' (Abteilungsleiterin SekII)	D E	e	11. 2.50	Kuschel Friederun StR'	M GE e	14. 4.60
				Mathia-Goretzky StR'	E KR k	2. 4.61
Anders Peter OStR	BI EK	e	23.10.48	Mengel Wolfgang SekIL	M PH IF	10. 5.57
Arnoldi-Degener Brigitte SekIL' i. A.	F L	e	27.11.58	Mesters Ilse L'	M BI k AL	20. 4.51
Calamini Daniela L'	GE R TC		17. 7.61	Paul Ulrike SekIL'	E M	29.10.50
Christenhuß Barbara SekIL'	E NW k		14. 5.53	Schalz Hartmut SekIIL i. A.	E SP	12.12.51
Elsner Christine StR'	SP ER	e	22.11.63	Schlierkamp Martin StR	E SP k	14. 1.60
Engel Dieter StR	SP KR k		27. 5.60	Schmidtke Carmen SekIL'	M CH	15. 8.66
Falk Ulrich SekIL	MU D		25. 9.57	Schumann Helmut SekIL	TC SP e	27. 7.59
Falkenhahn Anna L' i. A.	E GL k		8. 9.54	Slowick Claudia StR' z. A.	KU PA k	21. 8.70
Flesch Lydia L'	D E GE		31.12.51	Stein Susanne StR'	D GL k KR	18. 5.61
Funke-Tebart Oliver OStR	M EW k		22. 5.66	Terwei Martina StR'	D MU k	8. 2.70
Geesmann Natascha SekIL'	D HW k		21. 3.74	Tschötschel Detlef StR	M EW	17.10.53
Heer Burckhard SekIL	D GL k		5. 5.55	Vollmer Bernd SekI/IIL	D SP e	14. 7.51

4.765 Reichshof-Eckenhagen Gesamtschule Reichshof gegr. 1992
st. GesSch. f. J. u. M.
Hahnbucherstr. 23, 51580 Reichshof – Tel. (0 22 65) 99 47-0, Fax 99 47-40
E-Mail: gesamtschule-reichshof@t-online.de
Homepage: www.gesamtschule-reichshof.de

Kl: 30 (10/20)   Sch: 1104 (553) (301/599/204)   Abit: 32 (17)
Lehrer: 74 (39)   Beamte: 51 (25)   Angest.: 23 (14)

BR Köln
ASN: 191930
Dez: LRSD' Grau

Ströhmann Dieter
LGED (Schulleiter)
Winand Rainer DGE
(stellv. Schulleiter)
Grütz Berthold DGE
(didaktischer Leiter)

Platz Agnes GER'
(Abteilungsleiterin I)
Heuser Barbara GER'
(Abteilungsleiterin II)
Fiedler Wolfgang L i. A.
(Abteilungsleiter SekII)

4.770 Remscheid Albert-Einstein-Gesamtschule gegr. 1986
st. GesSch. in Ganztagsform f. J. u. M.
Brüderstr. 6–8, 42853 Remscheid – Tel. (0 21 91) 46 12 50, Fax 16 23 00
Dependance Jg.st. 5/6: Julius-Spriestersbach-Str. 2, 42853 Remscheid
Tel. (0 21 91) 44 25 86
E-Mail: albert-einstein-schule-rs@t-online.de, Homepage: www.aes-rs.de

Kl: 36 (12/24)   Sch: 1250 (350/700/200)

BR Düsseldorf
ASN: 189285

Spr.-Folge: E, F/L/T, S

Dez: LRSD' Schäfers

Lück-Lilienbeck Alfons LGED (Schulleiter)
Garbe Angelika (stellv. Schulleiterin)
Menn Jochen (didakt. Leiter)

Frey Gabriele GER' (Abteilungsleiterin I)
Becker Ulrike GER' (Abteilungsleiterin II)
Klein Dieter (Abteilungsleiter SekII)

4.771 Remscheid-Lennep Sophie-Scholl-Gesamtschule gegr. 1990
st. GesSch. f. J. u. M.
Hohenhagener Str. 25–27, 42855 Remscheid – Tel. (0 21 91) 90 15, Fax 90 16 60
E-Mail: 191012@schule.nrw.de, Homepage: www.sophie-scholl-gesamtschule.de

Kl: 33 (12/21)

BR Düsseldorf
ASN: 191012

Spr.-Folge: E, F/L

Dez: LRSD' Schäfers

Altemöller Annette GER'	D GL	Haberstroh Klaus GER	D SP
(Abteilungsleiterin II)		(Abteilungsleiter III)	
Bahmer Gerhard	D GL	Heltewig Marc OStR	E SP
Behrends Georg	TC SW	Hessler Sabine StR'	D SW
Bender Dagmar	E F	Hoffmann Elfriede	E MU
Berge-Golz Annette	E SP	Hoffmann Thorsten	BI GE
Borgstedt Brigitte LGED'	D KU	Hohmann Ulrike StR'	D PL
(Schulleiterin)		Jansen Michael StR	M CH
Brinkmeier Susanne StR'	D F E	Kellner Frauke	F SP
Di Ninni Rino	M TC	Koch Peter	BI GE
Drösser Dagmar	M SP	Koch-Bugrov Gabriele	M KU ER
Emek Alpay	M TC	Krause Silja	KU D
Errenst Christiane	CH PH NW	Kremer Gudrun OStR'	M ER
Fabricius Marion StD'	D KU	Kruppert Hans-Wilhelm	KU TC
Fischbach Karin	M HW	Kuhne Christian	BI CH
Forker Angelika	BI HW	Leonhardt Eva	D KU
Friepörtner Kerstin	BI SW	Lichtenberg Michael GER	PH M AL
Galauner Johann OStR	D GE	(Abteilungsleiter I)	
Golz Egbert	E BI	Linzenich Horst	BI SP
Grote Barbara	D ER	Lucius Christiane	D KU
Grote Benno StR	D E	Micheleti Anke StR'	D PL
Gründel-Klärner Beate	M PH	Mühlhaus Stefan	E MU
Grundei Iris OStR'	D KU	Müller Karl-Heinz OStR	M SP
Günther Martina	D HW	Niederprüm Ute Soz.-Päd.'	

Niksch Cornelia OStR'	M CH		Stork Angela	M EK	
Niksch Hermann OStR	BI SP		Syks Martina OStR'	E SP	
Noll Olaf Dr.	M CH		Tempel Andreas StD	D GE	
Noy Ilse	KU D		Terwellen-Prim Annette GED'	F E SP	
Palmer Jürgen StR	BI EK		(didaktische Leiterin)		
Parusel Eva Dr. StR'	BI CH		Trennert Renate OStR'	M S	
Pick Udo Soz.-Päd.			Uerlings Volker OStR	SW ER	
Pfeiffer Stefan	M TC		Unal Adem	PH CH	
Pötters Michael StR	BI SP		Vormann Barbara StR'	BI KR	
Rittich Sigrid	M MU		Voswinkel Wolfgang	D MU	
Römling Jens StR	D PL		Wagner Christa StR'	BI EK	
Rüddenklau Rolf StR	KU ER		Weller Bettina	E ER	
Sanchez-Martinez Carlos GER	S E		Wester Christa	D ER	
Scharrenbroch Stefanie StR'	D PL		Westhoff Sylvelin	E D	
Schmitz Andreas	D GE		Wienand Ursula StR'	D PL	
Schrief Barbara	M EK		Wittkop Willibald	M KR	
Schubert Margitta	E F		Wolfer Peter GED	D GE	
Schwaner Gabriele StR'	KU E		(Abteilungsleiter SekII)		
Schwarzer Susanne Soz.Päd.'			Wollmann Stephanie OStR'	E GE	
Schwucht Werner	CH SP		Zagorski Michael StR	M IF	
Stegers Antje	E SP		Zipfel Karin	BI CH	

4.780 Rheine   Euregio Gesamtschule Rheine gegr. 1989
st. GesSch. in Ganztagsform (5-Tage-Woche) f. J. u. M.
Ludwigstr. 37, 48429 Rheine – Tel. (0 59 71) 79 11 60, Fax 7 91 16 34
E-Mail: euregio-gesamtschule-rheine@t-online.de
Homepage: www.euregio-gesamtschule-rheine.de
Kl: 30 (10/20)   Sch: 1032 (520) (301/595/136)   Abit: 35 (18)   **BR Münster**
                                                                      ASN: **190410**
Spr.-Folge: E, F/N, L/N   Dez: LRSD **Scholle**

Averkamp Martin SekIL	MU GL D		Kramer Manfred		
Behrens Carla OStR'	BI CH	14.12.64	(stellv. Schulleiter)		
Bellersheim Bettina SekIL'	ER SP		Kuhl Karin SekI/IIL'	E D	
Berghaus Hannes SekIL	EK M k	1. 8.50	Kwekkeboom-Neu-	D MU E	
	SP		häuser Gabi SekIL'		
Bobermin Anke L' i. A.	E SP N e	23. 7.71	Löschner-Bressem	D KU	
Brandt Heinz StR	D GL SW	18. 9.52	Sieglinde SekIL'		
Deitmar Paul SekIL	D AW GL		Makus Hans Dieter StR	CH	
Deters Rainer SekIL	D GE eref	16.12.47	Matzat Michael StR	BI CH	
	BI ER		Meißner-Watermann	□ E GP	31. 8.53
Dolleck Claus StR	E BI		Beate RSchL'		
Drees Beatrix SekIL'	BI HW k	17. 5.57	Moormann Hubert SekIL	M EK SP	
Frenking Dorothee StR'	NL D		Müller Hartwig OStR	PH SP IF	16.10.54
Fuisting Petra SekIL'	M KR		Rabe Udo StR	PH AT	
Gedenk Hans StR	E SP		Reckmann-Bigge Lisa	D GL	
Glöckner Christiane OStR'	M SP	17. 4.60	LGED' (Schulleiterin)		
Greim Henriette SekIL'	BI D		Rose Eberhard SekIL	D KU BI	
Große-Brinkhaus Angelika	D E		Rottmann Anne GER'		
SekI/IIL'			(didaktische Leiterin)		
Große-Rhode Wolfgang GER	D SP	22.11.46	Saatjohann Ulrike SekIL'	D EK	14. 2.55
(Abteilungsleiter I)			Schulte Wolfgang Dr. OStR	D KR	
Heeke Ursula StR'	E KR		Schulz Hans-Peter StR	GE SP	
Hilgefort Hans-Günther SekIL	SP PH	14. 7.64	Sommer Mechthild GER'	SP E D	16. 7.49
Hölscher Helmut StR	BI SP		(Abteilungsleiterin II)		
Höltermann Sabine geb. Radtke		6. 1.52	Sommer Ulrike OStR'	E M k	18. 4.60
Soz.-Päd.'			Spellmeyer Petra SekI/IIL'	KR GE	
van Hövell Doris Dipl.-Des.'	KU TX k	2. 4.59	Stach Karin SekIL'	BI AH	
Hoof Ingrid SekIL'	M AH		Steinhoff Stephan StR	M CH	
Jessing Paul StR	GL SP EK		Strauß Martin StR	PL GE k	11. 9.68
Koenig Birgit StR'	D KR k	13.10.62		KR	
Kraaibeek Sandra StR'	ER KU E		Tegelmann Gisela SekIL'	F E AH	
			Varbelow Monika StR'	KR MU	

Vergers Thorsten SekIL	EK BI E		Wetter Hannelore	M D TX	
Welsch Uwe SekI/SIIL	CH M		Zessin Peter StD	EK TC	9. 8.48
Wenker Paul SekI/IIL	KU TC	22.11.47	Zgoda Harald SekIL	▫ CH TC	12.10.51

4.790 Rödinghausen Gesamtschule Rödinghausen gegr. 1989
GesSch. der Gemeinde Rödinghausen f. J. u. M.
An der Stertwelle 34, 32289 Rödinghausen – Tel. (0 57 46) 93 86-0, Fax 93 86-40
E-Mail: info@gesamtschule-roedinghausen.de
Homepage: www.gesamtschule-roedinghausen.de
Kl: 24 (8/16)   Sch: 869 (457) (239/453/177)   Abit: 33 (18)   **BR Detmold**
Lehrer: 58 (29)   Beamte: 43 (22)   Angest.: 15 (7)   ASN: **190378**
Spr.-Folge: E, F, L, S   Dez: LRSD' **Krämer**

Bahr Dagmar StR'	BI D EW		Michel Imke Dr. StR' z. A.	D EK
Birke Bernhard L i. A.	E SW		Michels Katrin SekIL' z. A.	D SW
Birke Thomas StR	° E MU e 14. 8.58		Nagel Kathrin StR'	PA BI ER
Brings Sandra StR'	E GE		Oestreich Sabine GER'	BI CH
Cellbrot Hartmut Dr. L	D PL		Ortmann Bernd SekIL	M SP E
Diekmann Birgit SekIL'	M BI		Ossig Hans-Peter StR	G PL
Ermshaus Wolfgang DGE	BI ER KU		Perlick Adelheid SekIL'	M MU HW
(didaktischer Leiter)			Petring-Laustroer Babette	BI SP
Finke-Thiele Rosemarie GER'	D GL ER		StR'	
(Abteilungsleiterin II)			Quesada-Rettschlag Ramon	E F S
Glüer-Beinke Herbert SekIL	D BI ER		OStR	
Gogoll Thomas StR	BI M		Rappold Heinz DGE	ER EK SW
Hasler Irmela GER'	E KU		(Abteilungsleiter SekII)	
(Abteilungsleiterin I)			Rongen Hermann SekIL	MU EK
Haves Klaus SekIL i. A.	EK KU		Rudolph Beate OStR'	D BI
Hebert Gabriela SekIL' i. A.	M TC		Sander Martin StR	SP TC
Hellmeier Egon SekIL	M PH SP IF		Schäfer Ulrich StR	F SP
Helm Renate SekIL' i. A.	TC GL		Schmidt-Martens Inken	E D
Hillebrand Andreas	BI E		StR' z. A.	
DGE (stellv. Schulleiter)			Schmücker Margarete StR'	D MU SW
Höpfner Gesine StR'	D R		Schober Gerd SekI/IIL i. A.	M SP
Hucke Ulrich OStR	E M		Schuba Elke SekIL'	E M ER
Immisch Almut SekIL' i. A.	D ER		Schütte Jürgen OStR	D SP
Jostmeier Friedhelm OStR	D F		Schultze-Weltlich	M CH BI
Judt Ulrich Soz.-Päd.			Angelika L' i. A.	
Keyhani Regina StR'	KU GE		Sewing Sabine StR'	L
Kilic Songül SekIL'	D SW		Spicher Sabine SekIL'	E KU
Kleinebenne Horst SekIL	M SP GL		Steinmeier Hans-Jürgen SekIL	PH KU
Klöpper Bettina Soz.-Päd.'			Stork Andreas LGED	D E
Kösters Camelia-Mariana	M PH		(Schulleiter)	
SekI/IIL' i. A.			Tennstädt Rolf SekI/IIL i. A.	D KU
Mackowiak Jürgen	BI SP KR		Valldorf-Küpperbusch Gabi	D E
SekI/IIL i. A.			SekI/IIL' i. A.	
Metkemeyer Friedhold	D KU GL AL WL		Voigt Anja StR'	BI SP
SekIL			Zymny Rainer StD	E BI

4.800 Saerbeck Maximilian-Kolbe-Gesamtschule gegr. 1988
GesSch. (5-Tage-Woche) f. J. u. M. d. Gemeinde Saerbeck
Schulstr. 10–12, 48369 Saerbeck – Tel. (0 25 74) 9 37 20, Fax 93 72 40
E-Mail: sekretariat@gesamtschule-saerbeck.de
Homepage: www.gesamtschule-saerbeck.de
Kl: 24 (8/16)   **BR Münster**
                                                                       ASN: **189911**
Spr.-Folge: E, F/L, S   Dez: LRSD **Dr. Brandt**

Juchem Willi LGED (Schulleiter)   Köster Erhard GER (Abteilungsleiter I)
Watermann Karl L i. A. (stellv. Schulleiter)   Prinz Anneli L' (Abteilungsleiterin II)
Husmann Nikolaus DGE (didaktischer Leiter)   van Buren Johan DGE (Abteilungsleiter SekII)

4.810 Schermbeck Gesamtschule gegr. 1989
GesSch. in Ganztagsform (5-Tage-Woche) f. J. u. M.
Schlossstr. 20, 46514 Schermbeck – Tel. (0 28 53) 8 61 40, Fax 86 14 11
E-Mail: gesamt.scherm@cityweb.de, Homepage: www.gesamtschule-schermbeck.de

Kl: 32 (10/22)   Sch: 1070 (550) (295/590/185)   **BR Düsseldorf**
Lehrer: 73 (42)   Beamte: 54 (30)   Angest.: 19 (12)   ASN: **190317**

Spr.-Folge: E, F/L   Dez: LRSD **Behringer**

Ahr Heike	CH M	Kersting Rita	BI E
Ahr Torsten	CH M	Klagges Matthias	D PL
Ahrens Klaus	GP D EK	Klem Robert	M KU IF
(stellv. Schulleiter)		Koch Elisabeth	ER D E KU
Apfelbeck Peter	MU BI SP	Kramer Friedrich	M BI EK
(Abteilungsleiter I)		Kromus-Schüth Eveline	L SP
Baron Cornelia	E F	Landscheid Gabriele	M GE
Bartke Jürgen	M SP EK	Lörx Thomas	KU EK
Borgard Irmgard	E EK	Martin Uwe	E SW
Brandt Claudia	D PA BI	Mautsch Ulrike	GE SP
Deters André	SP EK TC	Meyer Hendrik	D M
Dondorf Herbert	SP M EK PH	Nickel Anita	BI CH
Driessen Henrico	PH TC	Nikisch Harald	E SP
Elias-Kornas Andrea	E D	Niklas-Janas Kerstin	BI CH
Erd Frauke	SP TC EK	(Abteilungsleiterin II)	
Erler Barbara	F KR	Nitz-Michel Ulrike	BI D
Etringer Bianca	EK SP	Nottinger Isabel Dr.	D E
Fiege Renate	E ER KU	Oberkinkhaus Ellen	D BI
Fix Monika	E KU	Obrecht Tobias	GE M
Fraund Günter	M PH IF	Ocklenburg Karola	CH SP
Gätzschmann Gabriele	ER HW	Pöll Ulrike	CH E
Garlich Karin	D MU SP EK	Rastfeld Gerhard Soz.-Päd.	
Geddert Dagmar	E D EK	Riemenschneider Barbara	E M
Gesing Heinrich	M TC	Rüdiger Maria	GP EK
Grotendorst Peter	D L	Salmann-Tork Gabriele	D E
(didaktischer Leiter)		Schmeink Josef	D KU KR
Günnemann Bärbel	HW KU	Schönberger Bert	E D
Hartig Rita	M EK	Schröer Hans-Jürgen	E SP
Heiermann Ludger	L SP	Schüler Kirsten	D BI
Hense Anna	M PH BI	Schwan Volker	SP EK PK
Hesse Verena	D HW	Schwane Margret	E HW
Hogelucht Theo-Gerhard	TC	Siemann Wolfgang	E KR GP WL
Hohmann Norbert	CH D	Spellerberg Christina	D MU
(Schulleiter)		Trepnau Petra	ER GP
Hülsken Herbert	PH TC	(Abteilungsleiterin SekII)	
Hülsmann Ulrich	GE SP	Trost Matthias	BI CH
Jasper-Kock Karin	D M	Ulmer Nicole	TC ER
Kamp Siegfried	M PH AL IF	Viße Sigrid	KR PA

4.815 Schwerte Gesamtschule gegr. 1991
st. GesSch. f. J. u. M.
Grünstr. 70, 58239 Schwerte – Tel. (0 23 04) 94 21 20, Fax 9 42 12 27
E-Mail: info@gaensewinkel.de, Homepage: www.gaensewinkel.de

Kl: 24 (8/16)   **BR Arnsberg**
                                                                             ASN: **191190**
Spr.-Folge: E, F, L   Dez: LRSD **N. N.**

Arendt Volker StR	BI CH	e	1. 4.44	Kalle Dorothee SekI/IIStR'	° D ER	29. 4.61
	D GE			Kibilka Barbara SekI/IIStR'	D E k	28. 3.74
Bonn Walter SekI/IIL	D KU	k	2. 1.58	Koch-Prill Dagmar	ER EK	
Budde Eva SekIL'	F E		9. 1.49	Kordel Gabriele RSchL'	M PH e	2. 1.54
Clemens Frank SekIL	MU EK		59	Kruzinski-Irle Klaus	M D GE k	28. 6.50
Daume Bettina SekI/II StR'	BI EK (TC)		10.12.63	LGED (Schulleiter)		
Dohle Sabine SekIL'	D E		10. 5.64	Kulik Gerd	M NW	25. 9.49
Heinz-Fischer Bruno StR	M SP IF		26.11.54	Landgraf Wolfram DGE	EK SP e	6. 2.53
Hock Christian StR	M SW		5. 7.75	(stellv. Schulleiter)		

Mann Herbert OStR	E BI AL NW	e	27. 5.55	Schulze-Bramey Petra SekIL'	M SP	12. 1.58	
				Sieber Elisabeth OStR'	M SP	1. 7.58	
Marinski Beatrix SekI/IIStR'	D KR		25. 6.66	Sobol-Rump Heike	HW BI		
Martin Justyna StR'	CH PH			(didaktische Leiterin)			
Möller Eva-Maria SekI/II StR'	I GE		12.10.70	Surrey Wolfgang SekI/IIL	MU GE	11. 4.58	
Roßdeutscher Martina SekIL'	KR D TX	k	31. 5.61				

4.820 Siegen   Bertha-von-Suttner-Gesamtschule   gegr. 1988
st. GesSch. (5-Tage-Woche) f. J. u. M.
Kolpingstr. 35, 57072 Siegen – Tel. (02 71) 4 34 88, Fax 48 44 94
Dependance Jg.st. 5–7: Giersbergstr. 145, 57072 Siegen
Tel. (02 71) 4 53 44, Fax 4 85 25 82
E-Mail: bvsg@gmx.de, Homepage: www.gesamtschule-siegen.de
Kl: 30 (10/20)
                                                                    BR Arnsberg
                                                                    ASN: **190019**
                                                                    Dez: LRSD **N. N.**

Vallana Mario Dr. (Schulleiter)   Rohleder Wolfgang GER (Abteilungsleiter I)
Römer Ernst-Heinrich (stellv. Schulleiter)   Rodriguez Creache Angela GER' (Abteilungsleiterin II)
Siebel Heike DGE' (didaktische Leiterin)   Gerhard Dagmar DGE' (Abteilungsleiterin SekII)

4.821 Siegen   Gesamtschule Eiserfeld   gegr. 1990
st. GesSch. f. J. u. M.
Talsbachstr. 33, 57080 Siegen – Tel. (02 71) 3 03 14 80, Fax 3 58 76
E-Mail: buero@gesamtschule-eiserfeld.de
Homepage: www.gesamtschule-eiserfeld.de
Kl: 24 (8/16)
                                                                    BR Arnsberg
                                                                    ASN: **191036**
                                                                    Dez: LRSD **N. N.**

Pfeifer Joachim LGED (Schulleiter)   Judt Brigitte GER' (Abteilungsleiterin I)
Jüngst Werner GED (stellv. Schulleiter)   Karrasch Dieter GER (Abteilungsleiter II)
Zingler Ursula GED' (didaktische Leiterin)   Weber Ute GED' (Abteilungsleiterin SekII)

4.825 Soest   Hannah-Arendt-Gesamtschule   gegr. 1995
st. GesSch. f. J. u. M.
Canadischer Weg 16, 59494 Soest – Tel. (0 29 21) 9 67 30, Fax 96 73 23
E-Mail: gesamtschule@helimail.de, Homepage: www.gesamtschule-soest.de
Kl: 24 (8/16)
                                                                    BR Arnsberg
                                                                    ASN: **192776**
Spr.-Folge: E, F, L
                                                                    Dez: LRSD' **Schulz**

Kuck Sigrid (Schulleiterin)   Kortenjann-Möller Irmgard (Abteilungsleiterin I)
Esch-Alsen Volker (stellv. Schulleiter)   N. N. (Abteilungsleiter II)
Kirsch Maria Dr. (didaktische Leiterin)   Fernkorn Jochen (Abteilungsleiter III)

4.830 Solingen   Gesamtschule Solingen (I)   gegr. 1982
st. GesSch. (5-Tage-Woche) f. J. u. M.
Wupperstr. 126, 42651 Solingen – Tel. (02 12) 59 98 40, Fax 5 99 84 49
E-Mail: gesamtschule-solingen@t-online.de, Homepage: www.gesamtschule-solingen.de
Kl: 36 (12/24)   Sch: 1326 (711) (350/732/244)   Abit: 60 (43)   BR Düsseldorf
Lehrer: 98 (64)   Beamte: 90 (57)   Angest.: 8 (7)   ASN: **188300**
Spr.-Folge: E, F, S/L   Dez: LRSD' **Schäfers**

Abu Jhaisha Marion	E F		15. 3.59	Arians-Otto Sibylle StR'	SP EK	24. 5.50
SekIL' i. A.				Aydemir Füsun L' z. A.	D E	14. 3.72
Andree Simone SekIL'	HW TC ER		7. 8.59	Bahr Ulrike StR'	M CH	7. 2.68
Arfert Gerhard L	D GE EK		7. 5.50	Barzel Ruth OStR'	S E	25. 9.65

Bender Martin L	TC D GE	13.11.52		Küblbeck Ruth L'	M CH	16. 9.52
Benedict Barbara L'	D EK TX	24. 8.53		Landwehr-Gödde Renate SekIL'	M SP	2.11.56
Beuting-Niehues Gerda L'	SP M BI	27. 3.53		Lauenstein Gabriela RSchL'	E GE	13. 8.52
Blankenhagen Ulrike StR'	M PA	4. 5.66		Laufer Jürgen StR	D GE	14. 2.66
Bohn Sabine RSchL'	E KU	5. 3.53		Lenz Angela OStR'	E M	15. 4.53
Bröscher Jörg StR	TC BI	15. 7.66		(Abteilungsleiterin I)		
Bünger-Elsenpeter Waltraud StR'	F SP	10. 5.51		Lingens Jeanette SekIL'	E KU	16. 2.60
				Ludwig Claudia SekIL'	CH BI	22. 7.54
Busch Egbert DGE (stellv. Schulleiter)	SP GE	3. 4.53		Ludwig Thomas OStR	M PH	10.10.54
				Mehlich Friedrich OStR	M EK	15.10.48
Butz Astrid StR'	M MU	12. 7.69		Micus Birgitta StR'	M SP	23. 6.74
Checchin Alberto StR	BI	2. 2.49		Möller Nicole SekI/IIL'	E D	2. 7.69
Draken Klaus OStR (SekII)	MU SW PL	30.11.59		Müller Gerhard LGED (Schulleiter)	SP GE e PK ER	22. 7.49
Eggers-Shakoor Doris SekIL'	ER M BI	20. 9.54				
Elsenbruch Felix StR	CH PH	29. 6.70		Navarro-Fernández Alma StR'	D S	12. 5.76
vom Feld Susanne OStR'	D E	24. 2.62		Neugebauer-Müsseler Regina StR'	F KR	15. 3.61
Frank Egon L	EK WW	10. 2.43				
Frettlöh Birgit L' z. A.	D BI	26.11.71		Nickel Natalie StR'	SW SP	1. 2.76
Garschagen Kai SekI/IIL	D PL	11. 2.70		Niewerth Julia StR'	M PH	14.12.72
Geltinger Helmut OStR (SekII)	MU SP	13. 9.55		Opfer Christine Dipl.-Soz.Päd.'		22. 2.79
Getta Leonie SekIL'	D ER	8. 3.71		Partsch Matthias OStR	M SP IF	5. 3.55
Görner Birgit StR'	M PL	20.12.69		Piaschinski Hanna StR'	GE F	8. 1.55
Gräff Sybille SekIL'	D E	1. 2.63		Pless Enrique DGE (didaktischer Leiter)	BI CH	16. 8.51
Graf Susanne Dr. L' i. A.	D GE	14. 5.58				
Grassow Carla SekIL'	F GP ER	29.11.55		Pless Suse StR'	L MU	13. 7.58
Greife Ruth L'	BI D GE	1. 8.48		Pooch Olaf StR	M PH	19. 5.67
Gries Günther StR	E KU	17.12.50		Pützer Peter RSchL	EK SP	25. 6.51
Groß Antje OStR'	CH BI	14. 6.59		Reitzenstein Brigitte SekIL' i. A.	E D	4.10.52
Gudjons Elke GER (Abteilungsleiterin II)	E BI	31. 5.52				
				Rosenberg Elke SekIL'	MU D	29.11.63
Günther Claudia OStR'	E M	19. 8.62		Sandmöller Michael SekIL	KR GP	16. 7.53
Hammen Jörg StR	D MU	17.10.58		Sassin Simone SekI/IIL'	BI CH	14. 8.64
Hartkopf Barbara L'	D M EK	6. 4.53		Schmidt Cornelia SekI/IIL' i. A.	D GE	2. 5.68
Hermann Thomas OStR	M SW	27. 2.65		Schönherr Daniela StR'	PH SP	11. 3.72
Hilker Andreas SekIL	SP MU	28. 6.62		Schröer Herbert OStR (SekII)	M PH IF	12. 1.55
Holz Roland SekL	TC ER	28. 7.55		Spicker Ina Dr. SekI/IIL' i. A.	SP CH	17. 8.58
Jaax Ivo L z. A.	SP D	30. 4.76		Spix Marie L' i. A.	TX HW	5. 9.52
Jacobs Heike L'	D EK GP	14. 3.52		Starker Astrid Dipl.-Soz.Päd.'		8. 8.66
Janke-Klee Caroline Dr. SekI/IIL' i. A.	ER PL	8. 6.59		Stöber Ulrike L'	D GP E	24.11.51
				Teepe Bernd StR	ER GE	21.10.61
Kaiser-Kiewitt Peter SekIL	E F	8. 6.56		Vierhaus Angelika SekIL'	KU GE	3.10.56
Kaul Evelyn L'	BI D KU	26. 9.52		Weber Christel L'	M BI EK	4. 9.52
Kesper Tina L' z. A.	M TC	12.11.69		Weber-Berkholz Alexander SekIL	M EK	12. 4.60
Kick Beatrix L'	D KR	14.10.60				
Kinder Martina L' i. A.	E IF	30. 7.57		Weck Ulrike L' z. A.	D KU	24. 9.68
Kleine Gudrun-Veronika L'	BI ER D	12. 3.49		Wehner Anke StR'	F BI	30. 5.62
Klöppel Gerhard L	M E SP	27. 6.49		Wild Yvonne StR' z. A.	D KR	22. 1.70
Kluge-Bahmer Cornelia SekIL'	GE KU	8.11.56		Witting Sandra L' z. A.	D GE	21. 6.77
Koch Bernd L	AL E D	19. 3.49		Wolf Reinhardt StR z. A.	SW SP	10.10.74
Koch Siegfried L i. A.	PH M	17. 9.49		Wolter Michael DGE (Abteilungsleiter SekII)	E GE	11. 4.51
Köllen Petra OStR'	D S	28. 1.72				

4.831 Solingen-Ohligs Geschwister-Scholl-Schule gegr. 1985
st. GesSch. (5-Tage Woche) f. J. u. M.
Querstr. 42, 42699 Solingen – Tel. (02 12) 65 98 20, Fax 6 59 82 50
E-Mail: ges-geschwister-scholl@solingen.de, Homepage: www.gesamtschule-ohligs.de
Dependance Jg.st. 5–7: Uhlandstr. 28, 42699 Solingen
Tel. (02 12) 59 44 50, Fax 5 94 45 39

Kl: 36 (12/24)   Sch: 1257 (628) (348/703/206)   Abit: 38 (21)

BR Düsseldorf
ASN: **188890**
Dez: LRSD' Schäfers

Spr.-Folge: E, F, I

Amtmann Knut StR	KU GE	31. 3.68		Bangert Claudia StR' z. A.	D PL	31.10.69
Asbeck Petra (didaktische Leiterin)	D PL k	14. 4.60		Becker Bruno SekIL	KR SP	21. 4.55
				Bertram Hans-Peter SekIL	ER TC EK	24.10.45

Bräutigam Monika SekIL'	D E MU	20.10.48		Niewerth Oliver SekIL z. A.	M TC	25. 9.76
Brauße Barbara L'	BI SP	25. 8.52		Obermann Monika OStR'	M SP IF	21. 7.58
Brintrup Christel Soz.-Päd.'		4. 8.50		Ortmann Klaus SekIL	M TC PH	26. 1.46
Brockmann Uwe OStR	TC M	16. 9.50		Osmialowski Tabea	MU ER e	16. 7.80
Caleca Vita SekIIL' z. A.	D E I	27. 8.66		SekIL' i. A.		
Carmesin Ingrid StR'	M SP	31.12.58		Otto Marita	AL	5. 3.60
Elstrodt Werner OStR	BI CH	22. 4.55		Palali Yilmaz SekIL	M TC	17. 5.71
van Eykels Dagmar GER'	D M ER e	16.11.55		Persie Karin SekIL'	E D	6.10.51
(Abteilungsleiterin I)				Pesth Christine StR' z. A.	E MU	10. 2.78
Faller Wolfgang L	M PH TC	14.12.50		Quaas Mario StR	M PH	27.11.69
Fehrenbacher Ursula SekIL'	E F	4. 4.55		Reckow-Memmert Marion	SP E	9. 7.47
Fennemann Anke L' i. A.	TC SP EK	16. 7.54		RSchL'		
Flehmig Susanne StR'	SW ER e	20. 5.66		Ritt Christian StR	CH KR	
Friege Ingeborg LGED'	M PH e	9. 9.49		Rudzio Frank L	D WL ER	9. 3.47
(Schulleiterin)	ER			Sammiller Anette StR' z. A.	D E F	3. 8.71
Gensler Michael StR	CH SP	5.12.56		Sandmöller Hilde SekIL'	M EK k	21. 5.56
Gilles Susanne L' i. A.	MU KR	1. 4.65			KU	
Gödecke Detlev OStR	D ER e	30. 9.47		Schacknies Kurt StR	D MU	2. 8.60
	EW			Schmitz-Höfs Renate SekIL'	M BI EK	26. 4.49
Gratz Micaela SekIL'	E SP	3. 3.70		Schopp Toni SekIL	M PH CH	10.10.54
Große Christiane SekIL'	E BI	8. 4.74		Schwarz Hedi RSchL'	E F k	10.10.45
Hauke Sibylle OStR'	M BI	3.10.50		Setz Martin OStR	KR SW	16.10.67
Hockelmann Erich GER	M KR	23.10.52		Seyffart Ulla SekIIL'	M EK	21. 7.46
(Abteilungsleiter II)	GL			Sherif Kerstin SekIL'	M MU	18. 2.71
Homburg Reiner StR	KU SP	3. 9.56		Siebel-Lenz Anne GER'	D KU ER	4. 8.52
Hüsing Jessica Soz.-Päd.'		8. 1.71		Stadtbäumer Christel SekIL'	M EK	30.12.56
Irlenkäuser Antje SekIL' z. A.	D E			Stepanski Maria SekIL'	D E	20. 6.64
Jordan Stefanie StR'	D GE	1. 8.70		Stienen Melanie SekIL'	D GE	6. 4.79
Kirberg Angelika StR'	E GE	10. 5.51		Striewski Petra SekIL'	D GE	26. 4.78
Kistenbrügge Gregor SekIL	D GE	23. 6.70		Sturm Martin OStR	GE SP I	11. 2.55
Krause-Kremer Andrea StR'	F I k	4.12.60		Thamm Günter SekIL	E D BI	5. 2.50
Kugel Dagmar SekIIL' i. A.	EW SP	22. 2.63		Trepper Rosemarie SekIL'	BI D CH	5. 5.50
Kuschel Gabi RSchL'	D E	10. 1.45		Tries Hildegard StR'	E SW	29. 7.53
Lehmkühler Isabel SekIL'	D GE	16.11.71		Voigt Monika StR'	D GE	15.10.49
Lindenau Petra SekIL'	M BI	15. 7.55		Wagner Bernd GER	M PH e	6. 6.58
Locks Hans-Joachim StD	D SP	6. 9.51		(Abteilungsleiter III) (V)	IF	
Meermeyer Georg SekIL	M BI SP	31.10.48		Wahl Manfred DGE	WL D GP	24. 3.47
Mennicken Georg OStR	BI CH	21. 5.69		(stellv. Schulleiter)		
Meschede Jutta StR'	D KU	23. 7.68		Wins Melanie StR' z. A.	D EW	10. 7.75
Milde Gudrun SekIL'	E I	7. 1.69		Zilleßen Elfi RSchL'	E F	9.11.50
Möhring Brigitte SekIIL'	F EW	28. 3.55		Zilske Helmut DGE	BI CH	13. 9.51
Nickel Werner SekIIL	M KR F	14.12.55		(Abteilungsleiter SekII)		

4.832 Solingen-Wald   Friedrich-Albert-Lange-Schule   gegr. 1990
st. GesSch. f. J. u. M.
Altenhofer Str. 10, 42719 Solingen – Tel. (02 12) 2 30 12-0, Fax 2 30 12 33
E-Mail: schulleitung@fals.de, Homepage: www.fals.de

Kl: 36 (12/24)   Sch: 1420 (750) (364/729/327)   Abit: 65 (39)
Lehrer: 101 (63)   Beamte: 77 (50)   Angest.: 24 (13)

Spr.-Folge: E, F/L

BR Düsseldorf
ASN: **190913**
Dez: LRSD' **Schäfers**

Altgen Michaela SekI/IIL'	E SP
Baetz Cordula StR'	M SP
von Beschwitz Hans-Joachim	M SP
SekIL	
Beu Simone SekI/II StR'	E S
Bickmeier-Nichciol	BI D
Carola SekI/IIL'	
Bier Helga SekIL'	D SW
Blumenberg Volker SekI/IIL (F)	BI SW
Borns Susann SekI/II OStR'	M CH
Bracht Ulrich StR	KR D
Buch Sandra SekIL'	KU MU
Burghaus Karsten SekI/II GER	M PH IF
(Abteilungsleiter III)	
Daams Holger SekI/II StR	E EK
Dannenhauer Ulrich SekI/II	E GE
OStR	
Dehnen Marga StR'	KU PA
Dichter Nikolaus L	M MU D
Elsner Jürgen SekI/II OStR	GE EK TC IF

Engelbrecht Carina SekI/IIL'	D R	Nogaj Hans StR	D F
Eschbach Silke SekI/IIL'	E BI	Noll Angelika L'	D EK E
Ey Monika L'	M R HW	Pauwen Hans-Jakob StR	M PH
Fischer Anja StR'	D PH	Poppe Dagmar SekI/II OStR'	KU ER
Flick Peter SekI/II OStR	SW D	Puchtinger Brigitte L'	M BI D
Friege Gisbert SekI/II OStR	M PH	Remmers Florian RSchL	KU ER
Galinke-Wecht Hans-Joachim SekI/II StR	CH EK	Sauer-Leptin Stephanie SekIL'	D KU
		Scharpff Uta OStR'	BI SP
Garriß Claudia SekI/II StR'	L KR	Schlimbach Ewald SekIL	CH M
Gödderz-Kropp Marianne StR'	D PL	Schmidt Bettina SekIL'	BI D
Görge Harald StR	L GE	Schmidt Frank SekI/II L	BI SP
Harriers Jörg StR	MU D	Schmidthaus Volker SekI/II OStR	M PH
Hegel-Schulz Susanne StR '	D ER		
Heinemann-Schons Bianca StR'	KU D ER	Schmittmann Erik StR	KU BI
Hering Ingrid StR'	E SW	Schmitz Bernd SekIL	M PH TC
Heupel Ludger StR	SW PH	Schöler Hedwig SekI'	E M GE
Hoebbel Georg Dr. SekI/IIL	D GE	Scholz Monika SekIL'	BI CH
Hotop Silke SekI/II StR'	D KU	Schütt Stephan StR	SP SW
Hotopp Thorsten SekI/II OStR	E D	Siegmund Heike SekIL'	D GE
Hülshorst Irene SekIL'	KR SW	Simon Marita SekI/IIL'	EK F
Huhn Rudolf SekI/II StR	GE PL E	Spitzer Ulrike SekI/IIL'	D MU
Humpert-Sachs Reinhild SekIL'	E D EK	Steigerwald Dieter SekI/II StD	E M ER
Ibrahim Isis SekI/II StR'	E KR	Steigerwald Marlies SekIL'	D GE TX
Jobst Barbara SekI/II StR'	D SP	Stock Anja SekI/II StR'	M CH
Joseph Dagmar GER' (Abteilungsleiterin I)	MU GE	Thieleker Erika RSchL'	D GE
		Thomas Rita GED' (didaktische Leiterin)	D SP GP
Jüterbock Gunda L'	MU GL	Timmer Wolfgang L	TC GL
Karschöldgen Reiner GER (Ganztagskoordinator)	KU D SP	Tippmann Anja SekI/IIL'	SP PA
		Vornweg Martina SekI/IIL'	KU EK
Klinkner Birgit SekIL'	E F	Weber-Kron Bärbel StR'	KR SW
Klöppinger Jörg OStR	D ER	Weitfeld-Kollmetz Martina SekI/II OStR'	M PL
König Ulrike SekI/II StR'	SP BI		
Kreutzer Ralph GER (Abteilungsleiter II)	M SP	Welge Hilmar SekIL	M BI
		Weyers Jens geb. Reimann SekIL	M PH
Kriese Ursula SekI/II StR'	E S	Windscheid Florian GED (stellv. Schulleiter)	M BI
Kropp Alexander Dr. GED (Abteilungsleiter SekII)	GE D		
		Wirtz Peter LGED (Schulleiter)	D SW
de Leuw Klaus SekI/II StR	BI CH		
Linke Iris SekI/II OStR'	PL F	Wolters Heidi L'	SP BI
Lösch Regina StR'	M PH EW	Wübbelt Brigitte SekIL'	SP D GP
Lohrengel Volker SekI/II OStR	D SP	Wunsch Jürgen RSchL	E GE
Maier-Wehrle Bettina SekI/II OStR'	E D	Zimmermann Martha SekI/II StR'	M D GE
Meyer Jörn SekI/II OStR	M SP		

4.850 Spenge Regenbogen-Gesamtschule gegr. 1989
GesSch. in Ganztagsform f. J. u. M.
Immanuel-Kant-Str. 2, 32139 Spenge – Tel. (0 52 25) 6 01 60, Fax 60 16 29
E-Mail: ge-spenge@t-online.de, Homepage: www.rges.de
Kl: 22 (9/13)

BR Detmold
ASN: **190330**

Spr.-Folge: E, F/L

Dez: LRSD' **Krämer**

Kübler Helga LGED' (Schulleiterin)
Krüger Hans GED (stellv. Schulleiter)
Duffert Hartmut GED (didaktischer Leiter)

Schröder Hannelore GED' (Abteilungsleiterin I)
Richters Sabine GED' (Abteilungsleiterin II)
Klaus Hennes GED (Abteilungsleiter SekII)

4.860 Sprockhövel Wilhelm-Kraft-Gesamtschule des Ennepe-Ruhr-Kreises gegr. 1987
kreiseigene GesSch. (5-Tage-Woche) f. J. u. M.
Geschwister-Scholl-Str. 10, 45549 Sprockhövel – Tel. (0 23 39) 91 93-0, Fax 91 93 77
E-Mail: wilhelmkraftge@en-kreis.de, Homepage: www.wilhelm-kraft-gesamtschule.de

Kl: 36 (12/24)

BR Arnsberg
ASN: **189558**
Dez: LRSD N. N.

Waskönig-Kessel Dorothea LGED' (Schulleiterin)
Garnerus Bettina DGE' (stellv. Schulleiterin)
Ruschkowski Günter DGE (didaktischer Leiter)
Stricker Bernhard-Michael GER (Abteilungsleiter I)

Neumann Hans-Peter GER (Abteilungsleiter II)
Bach Norbert GER (Abteilungsleiter III)
Uessem Christoph DGE (Abteilungsleiter SekII)

4.870 Troisdorf Gesamtschule – Europaschule gegr. 1988
st. GesSch. (5-Tage-Woche) f. J. u. M.
Am Bergeracker 31-33, 53842 Troisdorf – Tel. (0 22 41) 8 71 80, Fax 87 18 71
E-Mail: schulleitung@gesamtschule-troisdorf.de
Homepage: www.gesamtschule-troisdorf. de

Kl: 30 (10/20) Sch: 1137 (298/598/241)
Lehrer: 94 (48) Beamte: 79 (39) Angest.: 15 (9)
Spr.-Folge: E, F/L

BR Köln
ASN: **190093**
Dez: LRSD' Schlott

Arenz Peter L	BI EK	25. 4.67		Karim Nicola	BI EK	22. 1.67
Baier Jürgen	D GL SP			Kettler Nicole L'	D KU	
Billgen Werner	D M SP			Kirsten Michael OStR	E GE	
Blotevogel Dirk OStR	M AL			Klandt Ellen (F)	D PA	
Bockhoff David	D EW			Klee Bärbel	D GE	5. 2.57
Brinkmann Volker StD	D SW			Kleymann Ursula	SP	
Bursch Horst Dr.	F S GE GL D PL			Klinkhammer Jürgen	GL WL D	
Cavalar Sabine StR'	BI CH			Kraft Martin L	GE L	
Depiereux Carolina	S E			Küppers Renate	M GE	
Deurer Arno	E SP			Kunz Doris OStR' (F)	ER SP	
Driller Norbert	CH EK	17. 7.55		Lauterbach Peter DGE	CH M IF	29.10.54
Düren-Lancaster Britta	BI HW			(stellv. Schulleiter)	PH TC	
Edelmann Ralf	M IF HW	9. 9.60		Lehmacher Karl	GP EK TC	9. 2.46
Fahle-Dominik Ulrike	D ER			Lepartz Lukas	PH CH M	20. 9.51
Fröde Petra	D ER			Maletz Andrea	D E	
Fuchs Bianca	D I	13. 2.70		Mauritz Jörg	BI SP	
Gasper Dirk StR	M EK IF			Meining Beatrix GER'	D E GE	1. 3.49
(Abteilungsleiter II)				(Abteilungsleiterin I)		
Gehlen Ulrich	SP EK	11. 3.61		Melzer Ingrid	F EK	12. 5.57
Görgens Monika L'	E KU			Meyer Markus StR	D PL	
Graeve Mirjam StR' z. A.	EW GE			Möltgen Michael Dr.	NW	22. 1.45
Graßmann Gudrun	CH BI	22.10.69		Müller-Apothekers Christa	D E	
Gretzki Michael	E M AL			Müller-Große Birgit L'	E D R	22. 5.57
Grewe-Radschikowsky Antje	E GE	3.11.54		Mutschke Heiko StR	M PH	16. 7.66
Haas Sabine	BI SP D AL	23.10.61		Nau Alexandra StR'	GE KR	
Habscheid Margarete	GE CH	1. 9.56		Nicoll Robert OStR	M NW	
Hardt Holger	MU M	5. 1.60		(Abteilungsleiter SekII)		
Heckelsberg Günther	M SP			Noll-Preusche Ulrike	CH KU	
Heintz Gabriele	E EK GL			Orth Karin	KU F	
Heinze Norbert OStR	BI CH			Pamukbeczi Uta L'	E GE	
Herrmann Claudia	MU D			Pieper Heike StR'	BI SP	
Herzog Hildegard DGE'	E BI			Rossa Karl OStR	M GE	
(didaktische Leiterin)				Rüther Eckart OStR	D PL	
Hesse Ludger StR	SW EW	1.10.51		Schiller Jörg StR	D KU	
Hinterkeuser Hans OStR	MU PA	16. 3.44		Schmidt-Geldermann	M ER	3. 3.71
Hirsch Barbara	M EK			Kathrin StR'		
von der Höh Ina L'	KU ER			Schmitz-Ozdyk Friedrich	EN PA	31. 7.55
Hüsken Karin	KU SP			Schreiner Peter	M SW IF TC	
Jacobs Ursula	E SP			Singenstreu Bernd OStR	SW D	
Jaeger Dieter OStR	SW PH	12. 9.48		Stangier-Nüßgen	L KR	
Kandler-Franke Ute	E GL			Gertrud OStR'		

Steil Doris StR'	M F		Walter Birgit L'	M PH	18. 1.67
Thieé Dorothea	D E		Waschke Joachim	M D AL	
Thomas Hans-Joachim LGED (Schulleiter)	M IF	14. 7.48	Weiffen Barbara	BI GE	
			Weiler Jörg	D KU	
Trudewind Helga	E MU	29. 7.55	Willius Michael	SP GE	
Vermaasen Margarete	M SP KU		Zaika Adalbert	D GL	
Vermeil Sebastian StR	D BI		Zwillich Sandra	D F	25. 6.73

4.875 Übach-Palenberg Willy-Brandt-Gesamtschule gegr. 1991
st. GesSch. f. J. u. M.
Comeniusstr. 16–18, 52531 Übach-Palenberg – Tel. (0 24 51) 9 31 00, Fax 93 10 90
E-Mail: 191243@schule.nrw.de, Homepage: www.gesamtschule-uebach-palenberg.de

Kl: 26 (9/17)   Sch: 864 (424)   Abit: 14

BR Köln
ASN: **191243**
Dez: LRSD **Gilles**

Spr.-Folge: E, F

Abels Britta
Akbay Mehmet
Bairaktaridis Anna
Bartczyk Birgit
Becker Christina
Beckmann-Grethen Sandra
Bindels-Ostlender Astrid
Böken Maria-Elisabeth
Bricart Gabriele
Bürsgens Martin
Cremer Wilhelm
Dahlmanns Marlon
Deppe Elisabeth
Ehmig Manfred (Schulleiter)
Esser Wilfried
Feithen Sigrid
Golestanea Ama
Gorgels Maria
Granrath Thomas
Haasen Nadine
Hanke Renate
Hausmann Eva-Marie
Heinen Sebastian
Hoberg Armin Soz.-Päd.
Jansen Astrid
Jansen Christine
Joeken Kurt
Knuth Britta
Kraus Kristin
Krause Horst
Krebs-May Hildegard
Krieghoff-Jüngling Margarete
Lassen Udo

Löchte Wolfgang
Lorenz-Christmann Christina
Maass Udo (Abteilungsleiter II)
Manleitner Silke
Mommertz-Richling Barbara (Abteilungsleiterin I)
Mrotzek Matthias
Müller Anna Maria Dr.
Naber Anke
Nagel Alwin
Offermanns Marlies
Papanikolaou Georgios Dr.
Philipp Elke
Pleines Ingo
Prinzen Herbert Dr.
Quastenberg Sigrid
Redlich Jörg
Reuffurth-Huppertz Anke
Rosenberry Anette
Rumpf Barbara
Schimske Jürgen
Schlösser Heike (stellv. Schulleiterin)
Schreiber René
Septinus Anja Dr.
Sobala Maria Dr.
Springer Carla
Stahlmann Torsten
Stehling Walter
Sudkamp Sabine Dr.
Terhardt Monika
Vauth Hermann
Zahalka Andrea (Abteilungsleiterin III)
Zarth Gerlinde

4.880 Unna Peter-Weiss-Gesamtschule gegr. 1986
st. GesSch. in Ganztagsform (5-Tage-Woche) f. J. u. M.
Herderstr. 16, 59423 Unna – Tel. (0 23 03) 25 45 10, Fax 2 54 51 50
E-Mail: gesamtschule@pwg-unna.de, Homepage: www.pwg-unna.de

Kl: 36 (12/24)

BR Arnsberg
ASN: **189133**
Dez: LRSD **Treichel**

Bender Hanna DGE' (stellv. Schulleiterin)
Lamping Klaus DGE (didaktischer Leiter)
Pieper Bernd GER (Abteilungsleiter I)

Sowka Gabriele GER' (Abteilungsleiterin II)
Pollmann Sabine GER' (Abteilungsleiterin III)
Rother Udo DGE (Abteilungsleiter SekII)

4.881 Unna Gesamtschule Königsborn gegr. 1991
st. GesSch. f. J. u. M.
Döbelner Str. 7, 59425 Unna – Tel. (0 23 03) 96 80 4-0, Fax 96 80 4-50
E-Mail: kontakt@gek-unna.de, Homepage: www.gek-unna.de

Kl. 25 (9/16)   Sch: 830 (425)   Abit: 32 (23)
Lehrer: 69 (41)   Beamte: 66 (40)   Angest.: 3 (1)
Spr.-Folge: E, F, S, S

BR Arnsberg
ASN: **191231**
Dez: LRSD **Treichel**

Ruthmann Hans GED (Schulleiter)
Schimmel Ute GER' (stellv. Schulleiterin)
Steinhoff Martin GED (didaktischer Leiter)
Kersting Ulrike GER' (Abteilungsleiterin I)
Ellerichmann Burckhard GER (Abteilungsleiter II)
Ramb Christoph GED (Abteilungsleiter SekII)

4.890 Velbert Gesamtschule Velbert-Mitte gegr. 1986
st. GesSch. in Ganztagsform (5-Tage-Woche) f. J. u. M.
Poststr. 117–119, 42549 Velbert – Tel. (0 20 51) 29 90, Fax 29 92 99
E-Mail: info@gesamtschulevelbert.de, Homepage: www.gesamtschulevelbert.de

Kl: 36 (12/24)

Spr.-Folge: E, F/L

BR Düsseldorf
ASN: **189297**
Dez: LRSD' **Fasselt**

Schäfers Gerd DGE (Schulleiter)
Starr Karl-Ernst KR (stellv. Schulleiter)
Mersch Roswitha (didaktische Leiterin)

4.900 Viersen Anne-Frank-Gesamtschule gegr. 1990
st. GesSch. f. J. u. M.
Jg.st. 5–8: Rahserstr. 134/139, 41748 Viersen – Tel. (0 21 62) 81 72 70, Fax 8 17 27 26
Dependance Jg.st. 9–13: Lindenstr. 7, 41747 Viersen
Tel. (0 21 62) 81 72 60, Fax 8 17 26 26
E-Mail: 190871@schule.nrw.de, Homepage: www.nw.schule.de/vie/afg

Kl: 36 (12/24)

Spr.-Folge: E, F/L

BR Düsseldorf
ASN: **190871**
Dez: LRSD **Pannasch**

Erdorf Rainer LGED (Schulleiter)	D L PA	**Gayk** Annegret L'	TC
		Gerlach Heidi L'	E GE
Lingel-Moses Regina (stellv. Schulleiterin)	F CH I	**Ghorashi** Fariba L'	M PH
		Görür Alaattin L	M TC
Schneider Matthias GED (didaktischer Leiter)	SP KR	**Grave** Silvia L'	M BI
		Greven Bernd StR	KR SP
Abelt Gabriele StR'	EK M	**Hamann** Peter L	D KU GP
Adamsky Luitgard L'	M BI	**Hansmann** Anke L'	D M KU
Anders Hardy L	AT GL	**Hauers** Mechthild StR'	L GE
Bähren Renate L'	BI CH	**Heinemann** Martina L'	SP BI
Banniza Astrid L'	D SP	**Heinze** Kurt L	E KU
Bartel Elke L'	D ER	**Heiser** Ulrike L'	D E
Barwasser Irmgard L'	E EK	**Hellmann** Lioba L'	D M TX
Becker Doris L'	PH M	**Henning** Hans-Jörg StR	BI EK M
Bertus Stefan StR	CH BI	**Henzel** Christa L'	M MU
Bösenberg Kai Ina L'	KU GE PP	**Hoch-Künzelmann** Kathleen L'	M PH
Boll Holger L	D ER	**Hölter** Leni L'	D E KU
Bongartz Hildegard L'	M BI	**Holste** Johanna L'	E MU EK
Boudewins Martina OStR'	D E	**Holste** Rainer OStR	CH BI
Brüßermann Jörg L	E M	**Hügel** Sebastian L	E SP
Bürger Dagmar L'	BI CH	**Jansen-Gormanns** Ingrid L'	AL HW
Deuschle Christof L	D PA		
Döpke Merten StR	PH E	**Janssen** Nina StR'	E PA ER
Elschker Heinz-Jürgen StR	E PA	**Jauch** Michael L	M EK D
Fiedler Karl-Heinz L	M KU AL	**Knappe** Stefan L	PA SW
Figalist Regina L'	D KU	**Köckert** Thomas StR	M GE
Flöth Stefan L	SP D	**Köster** Anke L'	BI CH
Funk Ingrid L'	ER KU	**Kox** Christa StR'	M SP

Kraaz Elisabeth L' (Abteilungsleiterin SekII)	BI CH	**Remberg** Friedrich L	M TC
Kraaz Helmut Soz.-Päd.		**Rösler** Harriet L'	E D BI
Krantz Silke L'	D E	**Rütten** Thomas OStR	F PH IF
Kreiten Petra GER' (Abteilungsleiterin II)	MU SP	**Schlichting** Gerd StR	E GE
		Schröder Frank L	D E
Kreuer Luci L'	M KU EK	**Schütz** Roswitha L'	E F
Küppers Elke GER' (Abteilungsleiterin I)	D BI	**Schulte** Philipp StR	CH SP
		Steinert Claudia L'	D E
Küppers Heinz-Gerd (Abteilungsleiter III)	M EK GP	**Stöckmann** Hans-Gerd OStR	F S
		Stops-Unzner Martina StR'	E PA
Kulow Sabine L'	D PH	**Susen** Andreas StR	KU F
Leenen Margret StR'	IF SP	**Thelen** Sylvia L'	D KR
Leenen-Rudolph Sabine L'	D E	**Vollert** Corinne L'	ER GE
Leuker Thomas L	SW PA	**Weber** Elmar OStR	EK SP
Masbaum Gisa L'	ER GE	**Weichert** Heike	PA SW PL
Masbaum Norbert StR	M PH	**Weinberg** Klaudia OStR'	L GE
Meyer Marina L'	HW BI	**Weis** Ernst-Christoph L	E SP
Meyer-Schwartzmanns Karola L'	S E	**Wiechmann** Annette StR'	M PH
		Wieneck Volker L	GE SW
Nachbarschulte Milena L'	D SP	**Wilmer** Markus StR	PL M GE
Nießen Pia L'	E KR	**Winkler** Uli L	D EK GE SP
Reisch Anette L'	D E	**Wirtz** Gisela L'	D E

4.905 Voerde Gesamtschule gegr. 1991
st. GesSch. f. J. u. M.
Schulzentrum Voerde-Süd, Allee 1, 46562 Voerde – Tel. (0 28 55) 92 31 11, Fax 92 31 15
E-Mail: gev@ge-voerde.de, Homepage: www.ge-voerde.de

BR Düsseldorf
ASN: **191450**
Dez: LRSD **Behringer**

Spr.-Folge: E, F/L

N. N. (Schulleiter)
Sieling Roland GED (stellv. Schulleiter)
Gottlieb Martina (didaktische Leiterin)
Jansen Claudia GER' (Abteilungsleiterin I)
Rinn Holger (Abteilungsleiter II)
Zenner Doris OStR' (Abteilungsleiterin SekII)
Achampong Astrid
Agocs Sascha
Bagh Astrid
Becker Ludger
Bernicke Andrea
Bleckmann Uwe
Brach Werner
Buchmann Bärbel
van Cleev Andrea
Dalka Annegret
Doblonski Roland
Flick Helmut-Rainer
Franken Werner
Geddert Ottmar
Goedejohann Elke
Hachulla Martin
Jezuita Bärbel
Kahlen Katharina
Kannemann Ulrike
Kaufmann Regina
Köhler Miriam
Korn Christine
Kraft Kirsten
Krebber-Hemkes Heike
Kronau Werner
Kühl Wolfgang
Kurth Klaus-Peter
Leverberg Martina
van de Löcht Rita
Löckelt Klaus
May Michael
Müller Frank Robert
Neuland-Gleichmar Ruth
Nieswandt Alf
Niggemeier Johannes
Perera Karla
Pieper Heinz-Walter
Primbs Karl-Manfeld
Rimböck Dirk
Röhrich Dagmar Margot
Ruppert-Bührer Karin
Schäfer Franz
Scherschenewitz Astrid
Schnelting Cornelia
Schulte-Kemper Gabriele
Schumann Barbara Ilona
Schuster Andreas
Seidelt Heike
Sellheyer Anke
Stark Nicole
Steinbring Klaus
Thiesen Reinhold
Vowinkel Margarete-Elke
Wellmann Jutta
Wildhagen Bernadette
Winkler Klaus
Winnands Heinz-Gerd
Wittmann Susanne

4.910 Waldbröl Gesamtschule gegr. 1987

st. GesSch. (5-Tage-Woche) f. J. u. M.
Schulzentrum, Höhenweg 49, 51545 Waldbröl – Tel. (0 22 91) 93 2-0, Fax 9 32 98
E-Mail: gesamtschule.waldbroel@freenet.de
Homepage: www.gesamtschule.waldbroel.de.vu

Kl: 24 (8/16)

BR Köln
ASN: 189686

Spr.-Folge: E, F/L, S

Dez: LRSD' **Grau**

Name	Fächer		Datum
Griss Dieter LGED (Schulleiter)			
Kosanetzky Michael DGE (stellv. Schulleiter)			
Stratmann Marianne GER' (Abteilungsleiterin I)			
Neunkirchen Maria GER' (Abteilungsleiterin II)			
Adams Andrew L i. A.	E SP	1.	3.44
Avila Rike StR' z. A.	E F S	29.	5.75
Becker-Hubrich Michael StD (F)	D GE	12.	7.53
Beyhl Erika L'	KU SP	21.	1.46
Birr Inga StR'	F PL	1.	6.71
Bönisch Jakobus StR	F MU	24.	9.58
Borner Udo OStR	KR SP	6.	1.55
Chromow Dagmar L'	E SP	2.	9.50
Dresbach Sandra StR' z. A.	D GE	10.	8.71
Engelbert Marion L'	BI D	11.	1.51
Finke Jürgen L i. A.	CH TC	16.	5.48
Fröhlich Ruth OStR'	D E	14.	7.52
Gick Ute StR'	CH M	19.12.71	
Göckler-Khalil Regine StR'	E F	14.	4.62
Greger Edda L' i. A.	D ER	6.12.50	
Grewe Peter L	D SP	29.	6.48
Hartmann Silvia Dr. StR'	D M	8.	5.69
Heise-Ostgathe Christine L'	KU MU	26.	2.59
Hellert Claas StR z. A.	L EK	10.	6.64
Hennlein Jürgen L	BI CH	30.12.50	
	M MU		
Heß Stephanie L' z. A.	D SP	26.	6.72
Holstein Gaby L'	D	10.12.45	
Kaiser-Steinmann Irene StR'	D SW	21.	2.56
Kattenbaum Iris StR' z. A.	BI M	5.	8.75
Klöck Helmut L	M WW	16.	3.51
Koch Birgit L' z. A.	GL HW	27.10.58	
Kosanetzky Waltraud OStR'	BI CH	28.11.49	
Krebs-Fehr Hans-Dieter StR	D PL	12.	2.45
von Lampe Dagmar StR' z. A.	D SP	17.12.67	
Latos Christoph OStR	KU MU	23.	2.58
Leifeld Heike L'	KU M	13.11.65	
Lenz Monika L'	D GE	20.10.51	
Linnenborn Guido StR z. A.	BI M	2.	1.67
Meier Daniela StR' z. A.	D PA	21.10.72	
Meurer Matthias StR	M SP	28.	7.50
Offermanns Uschi OStR'	E KR	17.	4.61
Pempera Birgit L' i. A.	D PA	31.	8.60
Plötze Axel L	D GE WW	18.	7.52
Repp Andreas L z. A.	BI CH	15.	7.66
Saatweber Claudia OStR'	D E ER	5.	8.53
Schakel Patrick L	D GE	18.	5.74
Schewe Jürgen L	BI M ER	27.	1.44
Schillings Margaretha RSchL'	E SP	18.10.53	
Schmidt Andreas L i. A.	E KU	10.	5.45
Schmidtberger Sonja StR' z. A.	D E	8.	6.73
Schmied Thomas OStR	D GE IF	31.	8.60
Schöneck Bernd StR	BI SP	8.11.54	
Stich Peter StR	E SP	26.10.60	
Stiehm-Plaar Brigitte OStR'	D PA	15.11.49	
Topmann Hans-Jörg StR	E GE SP	26.10.60	
Wallbaum-Buchholz Kirsten StR'	D SW	23.	7.74
Weigand Bettina L'	D GE	21.12.70	
Wilhelm Margit Soz.-Päd.'		3.	8.55
Will Karl-Joseph StD	PA PH	31.	1.52
Wilmsmann Thorgai StR	GE SW	17.	5.65

4.915 Waltrop Gesamtschule gegr. 1991

st. GesSch. f. J. u. M.
Brockenscheidter Str. 100, 45731 Waltrop – Tel. (0 23 09) 7 85 30, Fax 7 85 32 11
E-Mail: ge-waltrop@t-online.de
Dependance: 45731 Waltrop, Akazienweg 2

Kl: 36 (12/24)

BR Münster
ASN: 191322

Spr.-Folge: E, F, L, S

Dez: LRSD **Scholle**

Name			Fächer		Datum
Blömeke Brigitta (Schulleiterin)					
Heindrihof Fred DGE (didaktischer Leiter)	1. 1.97		M EW		22. 8.53
Waterkamp Ulrike GER' (Abteilungsleiterin I)	1. 8.95		EW D		17. 9.53
Forster Diederika GER' (Abteilungsleiterin II)	1. 8.95		GE D ER	e	7. 2.44
Gottschling Gisela GER' (Abteilungsleiterin II)	1. 8.95		E EK		5. 3.55
Karthaus Gabriele DGE' (Abteilungsleiterin SekII)	1. 8.97		GE SP	e	20. 2.53
Kilmer Peter L (Org.-Assistent)	1. 8.95		CH MU		17. 4.59
Schneider Michael L (Org.-Assistent)	1. 8.93		M PH	k	20. 7.52
Aubke Gerold OStR	1. 6.93		KR SP	k	11. 5.53
Brand Petra L'	1. 3.93		ER MU	e	12. 4.64
Güth Gudrun Dr. (F) StD'	1. 2.98		E F		10. 1.50
Kniesel Thomas L	1. 4.93		SP KR	k	9.12.57
Lackmann Hans-Georg L	1. 4.93		GE E		27. 2.61
Nürnberg Hartmut StR	1. 6.98		SW D		1. 6.61
Schäfer Birgit StR'	1. 2.97		D KR	k	24.12.61
Schürhoff-Brasch Klaus GER	1. 8.97		SP BI		6. 8.50

4.920 Wassenberg   Betty-Reis-Gesamtschule der Stadt Wassenberg   gegr. 1990
GesSch. der Gemeinde Wassenberg f. J. u. M.
Birkenweg 2, 41849 Wassenberg – Tel. (0 24 32) 4 91 80, Fax 4 91 81 00
E-Mail: info@bettyreis.de, Homepage: www.bettyreis.de
Kl: 36 (12/24)

BR Köln
ASN: **190664**
Dez: LRSD **Gilles**

Spiegel Heinrich LGED				**Klinkenberg** Helmut StR	SP EK	k	24. 1.70
(Schulleiter)				**Klinkertz** Peter GER	D KR TC	k	7. 3.57
Mingenbach Hans-M. GED	KR EK	k	9. 1.60				
(didaktischer Leiter)				**Kranz** Thomas OStR	° D KR	k	14. 4.61
Bresser Achim Dr. GER	° BI CH	k	1. 6.62	**Krings** Anita L'	E TX	k	9.12.61
(Abteilungsleiter II)				**Lodder** Barbara StR'	E M	k	5. 5.61
Bodmann Michael DGE				**Lodder** Ralf Andreas StR	M EK	e	5. 9.58
(Abteilungleiter SekII)				**Mirbach** Günter L	E SP	k	11. 9.53
Bauer Ettine OStR'	F BI ER	e	22. 5.70	**Müller** Lothar L	WL ER	e	11. 6.48
Bock Thomas StR	M CH		24. 2.69	**Patzelt** Annette L'	E GE		12. 9.50
Dänekas Sabine StR'	D GE	k	20. 3.74	**Pernot-Wellen** Susanne StR'	E D	k	9. 7.64
Dinslage Rolf SekIII. i. A.	E D		8. 4.50	**Prinzen** Martina L'	L G D	k	26. 8.59
Donnay Sandra L'	EK SP	k	6.10.70	**Puchta** Vera OStR'	BI CH	e	30. 9.60
Dorendorf Mirjam L' z. A.	D PL	k	5. 1.77	**Quasten** Kerstin L'	F E	k	13. 3.71
von den Driesch Judith L'	M KR	k	25.12.59	**Reiners** Günter L	M PH WL	k	28. 2.49
Edel Ulrike L'	D E		28. 6.56				
Faber-Freyalthoven Birgit L'	E SP	k	20.12.57	**Reiners** Hubert OStR	E GE	k	16.10.57
Fehrmann Georg Dr. StR	F SP	k	4.10.60	**Reiners** Marianne L'	AL BI	k	14. 2.55
Frohn Helmut OStR	° D EK SP	k	16.11.58	**Reitze** Lars StR	CH PH	e	1.11.67
				Ricken Lothar StD	° KR L	k	22.10.58
Gaspers Hanne L'	M BI KU			**Roj** Corinne L' i. A.	BI CH		4. 1.65
Häger Gerda L'	D M GE	k	14.10.51	**Salgert** Stefan StR	D N		23. 4.70
Heintz Martina OStR'	E D		8.11.61	**Sarau** Hans-Rudolf StR	SP KR	k	24. 6.58
Herrmann Ludgar Dr. OStR	° GE L	k	5. 8.64	**Schmitz** Wolfgang L	E SP	k	5. 6.54
Jansen Dirk OStR	M PH	k	9. 9.65	**Schumachers** Heike OStR'	D PA	k	24. 3.70
Jansen Elisabeth SekIIL' i. A.	KU EK	k	29. 7.57	**Seidel** Kathleen StR'	° MU GE		19. 9.68
Kaisers Peter StR	° PH BI	k	28.11.66	**Sieberg** Maria StD'	KR KU	k	17. 7.57
Kippenhan Anne L'	F GE		19. 7.60	**Sprave** Harald StR	GE SW		1. 2.70
Klausmann Ilona L'	D KR	k	9. 5.70	**Weber** Helma L'	E SP	k	22. 1.63

4.925 Weilerswist   Gesamtschule   gegr. 1992
st. GesSch. f. J. u. M.
Martin-Luther-Str. 26, 53919 Weilerswist – Tel. (0 22 54) 60 10 9-0, Fax 60 10 9-99
E-Mail: info@gesamtschuleweilerswist.de
Homepage: www.gesamtschuleweilerswist.de
Kl: 30 (10/20)

BR Köln
ASN: **191929**
Dez: LRSD' **Grau**

Bergner Karl-J. (Schulleiter)   **Fischer** Klaus (didaktischer Leiter)
Trepnau Ulrich (stellv. Schulleiter)   **Morr** Ulla (Abteilungsleiterin I)

4.930 Werdohl   Albert-Einstein-Gesamtschule   gegr. 1990
st. GesSch. in Ganztagsform f. J. u. M.
Schulzentrum Riesei, Stadionstr. 50, 58791 Werdohl – Tel. (0 23 92) 9 19 70, Fax 91 97 28
E-Mail: aeg-werdohl@t-online.de, Homepage: www.aeg-werdohl.de
Kl: 26 (8/18)   Sch: 895 (468) (233/489/173)   Abit: 48 (23)
Lehrer: 62 (32)
Spr.-Folge: E, F/L, F, S

BR Arnsberg
ASN: **190676**
Dez: LRSD **N. N.**

Assor Brigitte GED'	E GE ER		27. 6.51	**Beckers** Gabriele OStR'	E F		2. 5.63
(stellv. Schulleiterin)				**Binski** Carola StR'	E SW		6. 2.61
Bartsch Claire StR' z. A.	BI EK		1.11.76	**Bodewig** Martina StD'	F SW		25. 2.65

Bolte Thomas L	SP GE	9.11.67		Metzler Falk StR	SP EK	3. 1.66
Bremer Renate L'	BI SP	1. 1.63		Miklis Birgit L'	BI KU	12. 6.58
Burkert Simone StR'	S MU	26. 8.75		Neugebauer Mechtild OStR'	L KR	1. 7.64
Daubach Susanne StR'	E D	9. 8.70		Nordmann Beate GED'	D HW	6. 6.61
Eggert Dirk L i. A.	SP BI	30. 6.58		(didaktische Leiterin)		
Fischer Christine L' i. A.	E D	11. 2.58		Palmowski Rainer OStR	D MU	22. 1.56
Frey Birgit L'	KU GL	1.12.55		Pewny Konrad GED	CH PH	16. 7.57
Fritsch Reinhard L	SP D GE	14. 2.45		(Abteilungsleiter SekII)		
Gödde Michael L	TC SW KR	31. 5.48		Pickart Roger SekL i. A.	E EK	16. 8.58
Gotthardt Uwe Dr. StD	BI CH	7.10.61		Pingel Andrea L' i. A.	D GE	25. 2.61
Haasler Martin GER	M GL	3.10.52		Podema Astrid L'	SP PA	15. 7.71
(Abteilungsleiter II)				Posselt Bärbel L'	D ER EK	7. 6.54
Harnischmacher	MU SW	17. 3.69		Reichmann Monique StR'	M PH	2. 6.75
Jochen L z. A.				Reinersmann Michael StR	CH PH	8.12.56
Hartmann Kai StR z. A.	GE KR k	21. 9.74		Rohe Heinz LGED (Schulleiter)	L GE	25. 2.48
Heidrich Jens L z. A.	M TC	9. 8.76		Roth Hiltrud OStR'	M KR	28.12.57
Helbig Heinz-Peter Soz.-Päd.		7. 6.55		Sarrazin Margit L' i. A.	E SW	1.11.49
Heller Joachim L	ER MU	4. 6.54		Schmidt Birgit L' i. A.	M EK	20. 1.60
Herz Claudia L'	D HW	2. 8.67		Schmidt Nicola StR'	M BI	17. 5.75
Hille Meike L'	D GE	2. 7.73		Schröder Michael L	M GL	21.12.52
Hölter Ursula L'	M GE EK	20. 7.63		Schunck Angelika L' i. A.	E F	26. 8.51
Idrizovic Zilka L' i. A.		1. 3.71		Simon Arnd L i. A.	E GE	30. 9.58
Ihling Daniela StR' z. A.	D GE	23. 5.80		Stahl Frank StR z. A.	GE SW	5. 8.75
Janßen Ulrich L i. A.	D KR	22. 6.57		Stocks Sven-Eric GER	BI SP	18. 9.65
Kamitz Simone L'	D M KR	20. 1.77		(Abteilungsleiter I)		
Kasper Birgit L' i. A.	BI EK	6. 2.73		Thomas Volker StR	M SP	28. 8.67
	(CH M)			Verse Peter OStR	CH EK	15.11.52
Kind Peter OStR	CH PH	20. 7.56		Vieler Beate GER'	M MU BI	30.10.54
Köllges Jürgen L i. A.	ER PL	28. 3.55		Weigelt Manuela StR'	KU SP	26. 9.61
Kramer Katrin StR'	D SW	31.12.73		Weitz Doris SekIL' z. A.	E D	6. 3.70
Menn Traudel L'	D E GL	7. 8.49		Zeltwanger Birgit L' i. A.	BI SP	5. 7.64
Mennekes-Klahold Annette StR'	E GE	6. 9.75				

4.940 Wesel   Gesamtschule Am Lauerhaas gegr. 1986
st. GesSch. in Ganztagsform (5-Tage-Woche) f. J. u. M.
Kirchturmstr. 3, 46485 Wesel – Tel. (02 81) 5 32 13, Fax 5 67 98
E-Mail: schulleitung@gesamtschule-wesel.de, Homepage: www.gesamtschule-wesel.de

Kl: 30 (10/20)   Sch: 915 (475)   Abit: 27 (14)   BR Düsseldorf
Lehrer: 70 (41)   Beamte: 64 (38)   Angest.: 6 (3)   ASN: **189303**
Spr.-Folge: E, F/L   Dez: LRSD **Behringer**

Anderheide Annegritt	E BI	21. 9.56		Jürgensmeyer Manfred	SP M GP PP	
Beutner Yvonne	D GE	14. 8.77		Kessler Sven	GE SP	3.10.67
Boch Burkhard	BI SP	27. 8.59		Kirchkamp Angela	▫ M BI EK	10. 7.51
Bothen Klara	D E GP			Korte Henning L	TC PH	7. 4.70
Brick Eckard (F) StD	D EW	3.10.47		Kortenbruck Eva Sonder-Päd.'	D TX k	27. 4.63
Brinkmann Barbara	E F			Kreutzkamp Günter GER	M SP	7. 8.60
Deckers Gisela	E GL	19. 8.46		(Abteilungsleiter II)		
Erdpohl Eva-Maria GER'	E KU			Krickmeyer Veit GED	E ER	18. 9.63
Franz-Schwarz Cornelia	M ER			(Abteilungsleiter SekII)		
Gehrmann Betti	D ER	27. 8.64		Kuhn Thomas	M CH IF	9.11.58
Gerth Wolfgang	BI SP	31.10.56		Lorenz Annette	E EK	21. 4.54
Gorris Ulrich	SP TC	2. 1.62		Mack Roswitha	E KU	17. 8.59
Grollik Alice	KR KU			Matschke Joachim	GL TC k	26. 7.50
Grollik Peter	▫ CH PH			Michels Manfred	° M PH k	13.12.66
Handel Ewa	F EW				IF	
Hanebeck Ursula LGED'	PH	1. 4.46		Müller Wera	HW BI	
(Schulleiterin)				Nehrkorn Stephanie	SW KU k	20. 2.65
Heine-Harabasz Ingeborg Dr.	D E			Neuhoff Klaus Sonder-Päd.	SP	24. 5.70
Herkommer Thomas	KR GE k	28.12.73		Niederländer Doris	D EK k	20.12.73
Hüsges Per StR z. A.	SW GE	29.12.75		Noltze Sandra	D ER e	2. 7.72
van Hüth Hildegard	BI M EK			Ohletz Marietta	M E KU	
Jahnz Doris	BI M KR					

Gesamtschulen

Pawlowski-Grütz Thomas	L GE		Strüber Irmgard	BI HW D		
GED (didaktischer Leiter)			Tennagen Irmgard	TC TX k	11.11.60	
Post Udo	M ER		Timmermann Dirk	M BI k	12. 5.72	
Putzka Karl-Heinz	EK SP		GED (stellv. Schulleiter)			
Richert Marianne	E D BI		Titze Jörg	BI EK D	7. 9.51	
Rolf Ingrid Soz.-Päd.'			Trost Claudia	BI CH	8. 6.69	
Schmahl Peter	GP M EK	6. 7.49	Uhlenkotte Dieter	SP PL		
Schmitt-Abendroth Evelin	GL KR WW	14. 9.58	Uske Marlies	D KU GP		
Schott Ilse	PH D GP		Weise Vera	M PH EK	31. 8.51	
Seidensticker Stephanie	BI CH		Wenning Diana	D EK	26. 8.64	
Sell Werner	D E M	4. 8.52	Westbrock Bärbel	KR E D	13. 7.52	
Sgundek Gertrud	D E		Will Udo GER	M SP EK		
Siebert Brigitte	E D GP		(Abteilungsleiter I)			
Stork Heinz-Josef	BI D KR	13. 2.49				

4.943 Wetter[1]   **Georg-Müller-Schule**   gegr. 1994
pr. ev. GesSch. der SekI f. J. u. M.
Vogelsanger Str. 79 c, 58300 Wetter – Tel. (0 23 35) 8 44 30, Fax 84 43 10
E-Mail: info@gmsen.de, Homepage: www.gmsen.de

Kl: 12 (4/8)   Sch: 361 (174)   (121/240/–)   **BR Arnsberg**
Lehrer: 24 (12)   Beamte: 3 (1)   Angest.: 21 (11)   ASN: **192582**
Spr.-Folge: E, F   Dez: LRSD **N. N.**

Beck Gabriele L'	M CH		18. 1.68	Saulheimer Brigitte L'	KU AL	28. 1.43
Djimakong Daniel L	E F			Schlasse Anja L'	D GL efk	7.12.76
Döhl Ute L'	ER SP		12. 3.55	Stehmann Gunhild L'	E F efk	31. 7.62
Drüeke Stefan Dr. L	CH		28. 5.61	Steinmeister Andreas GER	D GL EK	22.10.50
Fehling Wolfgang L	MU		21. 6.64	(Schulleiter)		
Gündisch Gerold L	BI SP		28. 5.61	Szynka Sigrun L'	M E	30.10.60
Haldenwang Marcel L	D GL efk		24. 5.80	Urban Kathrin L'	KR	25. 4.67
Hillaert Eric L	D ER efk		28. 1.63	Volk Axel	M IF	15. 1.62
Huber André L	E D GE		3. 3.72	(stellv. Schulleiter)		
Kunz Tabea L'	E GL efk		5. 5.64	Wagner Maria L'	M PH efk	18. 3.60
Nürnberger Tina L'	E D efk		13. 9.76	Weick-Schulz L'	E F	29.11.53
Otto Christel L'	M F		5. 2.61	Wink Thomas	D BI	21. 6.65
Remberg Bernd L	GE SP		2.11.54	(didaktischer Leiter)		
Richter Dietmar L	WL SW efk GL		9.10.73			

[1] früher Gevelsberg, 4.310

4.945 Willich   Robert-Schuman-Gesamtschule   gegr. 1992
st. GesSch. f. J. u. M.
Kantstr. 2–6, 47877 Willich – Tel. (0 21 54) 9 25 80, Fax 92 58 58
E-Mail: 191644@schule.nrw.de, Homepage: www.rsg-willich.de

Kl: 30 (10/20)   Sch: 1130   Abit: 51 (31)   **BR Düsseldorf**
                                                 ASN: **191644**
Spr.-Folge: E, F   Dez: LRSD **Pannasch**

Graf Ulrich LGED 30. 8.92	SW e 2. 9.52		Behrens Judith	E KU
(Schulleiter)	RW GE		Bell Daniela L' i. A.	M SP
Will-Nieding Ute GER'	E SP		Bell Melanie	M D SP
(stellv. Schulleiterin)			Berges Kai	SP EW
Liesefeld Peter GER	D TC		Bischoff Anja	D SW
(Abteilungsleiter I)			Brasseler Ulrike	M D
Otto Matthias GER	M BI		Brieck Harald	KU SP
(Abteilungsleiter II)	G/P		Brörken Burkhard	D SW
Hehl Roswitha GED'	BI CH		Dors Helga	L E
(Abteilungsleiterin SekII)			Dücker Karl-Friedrich	MU SP
Albers Andrea L' i. A.	L GP		Echterhoff Frank	E GP
Antal Elena Maria StR' i. A.	M PH		Franz Ute	E D
Asdonk Bernhard	EW KR		Gather Markus	D GP
Bargfeld Anja Dr.	SP PL		Gerlach Björn	D GP

Glade Matthias	M PL	Riedl Christoph StR	SW GE
Goebel Sabine StR' i. A.	E F	Ritzka Joachim	KR
Großenbrink Maren	D SW	Roßkothen Thomas	M EK
Grün Barbara	BI HW	Rothe Hildegard L'	M TC
Hallmann Silke L'	E EK	Rother Alexander	CH GP
Heeger Heidrun	D GP	Rouenhoff-Miketta Ellen	D ER
Hoffmann Klaus	E D	Rudolph Carsten Dr. StR z. A.	PH AL
Hofmann Bettina L'	BI EK	Samland-Köhler Ute	D GP
Huttenlocher Dieter	M PH	Scheiper-Bunse Jutta	M SW
Jensen Christine L' i. A.	E	Schenk Kurt-Heiner	D GP
Jung-Wilson Ursula	D E	Schiffers Andrea	M SP
Klaps Edmund	M GP	Schniewind Jörg-Peter	E SP
Knebel Nina L'	BI NW EK	Schulz Angelika	KU BI
Krins Christiane L'	E MU	Sholl Cornelia	E F
von Lehmden Petra	D BI	Skopalik Tanja L' i. A.	M D
Lensbrock Theresa L'	BI EK	Stempel Dagmar	E EW
Merek-Grimm Renate	F E	Stockschläger Michael StR i. A.	CH SP
Möltner Daniel L	D GP	Suntinger Birgit L' i. A.	D PA
Moers Monika	M BI	Suntrop Michael	D KU
Nadler Reinhard	E F	Thodam Corinna L'	M EK
Nießen Ute	KU KR k	Thomas Claudia Dr.	E F
Osterwinter-Porath Elke	D HW	Wanko Michael L	BI GP
Oyen Susanne L' i. A.	SP BI	Wellms Martina	M MU
Persch Ulrike L'	F D	Welter Herbert L z. A.	CH GE
Reul Dagmar	M EK	Wendzel Ulrich	S F
Richter Birgit	D SP	Wienen Walter	L SP

4.950 Witten Hardenstein-Gesamtschule gegr. 1982
st. GesSch. (5-Tage-Woche) f. J. u. M.
An der Wabeck 4, 58456 Witten – Tel. (0 23 02) 7 30 53, Fax 27 74 64
Dependance Jg.st. 5/6: Vormholzer Ring 54, 58456 Witten
Tel. (0 23 02) 76 08 69, Fax 76 08 68
E-Mail: hgs.s@witten.de, Homepage: www.hardenstein.de
Kl: 32 (10/22)

BR Arnsberg
ASN: **188153**

Spr.-Folge: E, F/S

Dez: LRSD' **Schulz**

Eßmann Erwin LGED (Schulleiter)	SP EK	Gloger Eberhard	S GE M
		Grodten Katharina	M CH
König Christian DGE (stellv. Schulleiter)	M ER	Großmann Laila	D MU ER
		Hahn Barbara	D ER
Olewinski Karin GED' (didaktische Leiterin)	E TX KU	Haß Ulrich StR	CH PH
		Heer Annette RSchL'	E KU
Friedhoff Jürgen GER (Abteilungsleiter I)	E M	Hegemann Frank	D SP
		Heß-Hedderich Ulrike	E D
Kampelmann Christiane GER' (Abteilungsleiterin II)	E D KU	Hufen Annelie	D KU GE TX
		Jahnke Holger	SP SW
		Kirchhof Dirk-Holger	BI CH
Nast Elisabeth StD' (Abteilungsleiterin SekII)	D KR	Klein Walter	E SP
		Knier Lydia	BI M
Bachor Rolf	E SP GE	Kölker Ludger	M EW
Bartel Elisabeth	HW D ER	Köper Ilse	D MU
Brandt Klaus	PH TC	Lebourg Christiane	E L
Bremmer Wolfgang	M MU GE	Leschner Norbert SekIL	PH TC
Degel Ernst-Heinrich	BI	Meseck Jürgen HSchL	M EK PH
Erenz Annette	F GE	Möller Jens	SP M
Fox Stella	SP KU	Müller Christel	M KU
Frerich Hedwig	M BI	Neumann Therese	BI CH
Friedrich Regina	E PL	Pilgrim-Sennlaub Ruth	F D
Frings-Jacobsen Marion	E KR	Pohl Sabine	GE EW
Gewitzsch Norbert	M E SP ER	Poniewaß Marion	E SP
Glaßmeyer Claus	PH IF	Reinkemeyer-Hebel Irena	S D
von Glischinski Heike	E M	Ridder Ingo-Joachim	GE EK

Riwotzki Anneliese — D M
Roßberg Jürgen SekIL — ER KU MU
Rothe Bärbel — BI KR M SP
Schlingmann Margaretha — E BI
Schlinkmann Dietmar StR — E EK
Schlossmacher Hans-Karl — MU D AL
Schmidt Gerrit — E ER SP
Schneider Heike — HW BI
Sendes Petra — E S
Sendlinger Ulrike — E SP
Suerkemper Annette — D M
Thienel Thomas Dr. — CH BI
Ulmer Thorsten — BI ER TC
Vollmann Micaela SekIL' — ER M
Wagner Sabine — D EW
Walczak Sigrid HSchL' — D E KU
Weißelberg Michael — D BI
Weßel-Janßen Heinrich StR — D SW

4.951 Witten Holzkamp-Gesamtschule gegr. 1982
st. GesSch. (5-Tage-Woche) f. J. u. M.
Willy-Brandt-Str. 2, 58453 Witten – Tel. (0 23 02) 95 61 10, Fax 9 56 11 33
E-Mail: hge.s@witten.de, Homepage: www.hge-witten.de

Kl: 33 (10/23)   Sch: 1165 (581) (292/593/280)   Abit: 53 (27)   **BR Arnsberg**
Lehrer: 84 (49) Beamte: 72 (42) Angest.: 12 (7)   ASN: **188141**
Spr.-Folge: E, F/L   Dez: LRSD **N. N.**

Kurz Dietmar LGED (Schulleiter) — D EK
Zinnhardt Rolf DGE (stellv. Schulleiter) — M PH SP
Achtsnichts Johannes StR — E BI
Adam-Lihl Gudrun SekIL' — MU SP
Alfonso y Gimenez Angels L z. A. — D SP   25. 7.77
Althoff Kirsten StR' — EK EW   15. 7.72
Bahrenberg Anette SekIL' — MU D
Banneitz Karin HSchL' — GP M KU
Beaumart Hartmut GER — M PH IF
Brachthäuser Bruno HSchL — EK D E
Brauckmann Marlies RSchL' — D GE
Büllesbach Werner OStR — L KR
Claßen Ursula HSchL' — GP M KU KR
Cwienk Krystina SekI/IIL' i. A. — BI KU
Dauter Erhard SekIL — PH SP
Diekmann Maria OStR' — F KU
Domanski Peter L i. A. — CH SP
Dornseifer Bernd L i. A. — GE SW
Drewes Martina StR' — M D
Falke Susanne SekIL' i. A. — BI HW
Feldt Reinhard L i. A. — M EK IF   20. 1.53
Flues Heiner OStR — D GE
Fries Ulrich OStR — EW SW
Goldstein StR' — F D
Güting Julian StR — M IF
Hammerschmidt Monika L' i. A. — D ER
Harbecke Gisela SekIL' — BI M E
Harbecke Klaus-Peter StD — MU E
Heilmann Doris RSchL' — D SW
Hintz Wilfried SekI/IIL i. A. — E D
Högemann Thomas SekIL (Abteilungsleiter I) — E GE
Höller Nicole SekIL' — KR HW
Hölschen Gudrun SekIL' — BI ER
Josten Klaus OStR — M KU
Kaplinowski Angelika HSchL' — E D KR HW
Kasperszak Barbara SekIL' — TC TX
Kirschke Wolfgang OStR — PH SP
Kison Gunhild StR' — D SW
Kontomichi-Joost Niki SekI/IIL' i. A. — D GE
Kreft Annette VSchL' — D KU GE
Kruse Brigitte RSchL' — E PK
Kuhnert Martina StR' — E MU
Lahr Christian OStR — KU
Langert Wilhelm Dr. SekIL i. A. — BI CH
Leiendecker Eva L' — M KU TC   20. 2.58
Liebern Gisela RSchL' — D SW
Liebert Birgit StR' — CH BI
Lonczewski Christiane SekIL' — M AH
Ludwig Friederike StR' — D MU
Malz Christoph StR — D SW
Menke-Schomaecker Eva RSchL' — F SP KR
Möller Birte Dr. StR' z. A. — CH IF
Morie Yvonne StR' — D E
Niederheitmann Ursula RSchL' — ER E
Obenhaus Jörn StR — D ER
Overhoff Marita SekIL' — M HW
Puetz Lars L z. A. — KR MU   21. 9.74
Reese Hannes StR — D SP EW
Reichel-Wenderoth Ulrike SekIL' — M D
Sander Walter DGE (Abteilungsleiter SekII) — M EK IF
Sawal Ursula OStR' — E F
Scheper-Golombek Hildegard SekI/IIL' i. A. — BI SP
Scherff-Schröder Marlis GymnL' — SP HW
Schindler Mechthild SekIL' — D E   19. 3.56
Schmied Olga L' z. A. — ER MU   1. 6.70
Schmiegel Andreas Dr. StR z. A. — SP GE M   24. 3.73
Schmitt Monika StR' — BI SP   10.12.73
Schröder Bernd SekIL (Abteilungsleiter II) — SP EK
Schwarzberg Frank StR — SW E
Seydaack Andrea VSchL' — D WW KU
Stegemann Constanze L' z. A. — CH PH   24. 9.68
Stoffen Gudrun OStR' — E L D ER
Teurer Karl-Heinz StR — PH TC
Tombrink Uwe SekIL i. A. — KR GE
Weber Irene HSchL' — M BI
Weigend Michael StR — IF PA CH
Weise Sigrid SekIL' — E D EK
Westermann Peter SekIL — D AL

Wiehler Wolfgang L	D MU	24. 6.59	Würz Brigitte SekIL'	ER D
Witkowski Berthold DGE	EK SP		Zdebel Dirk SekIL	MU D GE
(didaktischer Leiter)			Zigan-Wagner Gisela OStR'	E F
Witulski Regina SekIL'	KR E		Zigante Ute L' i. A.	M PH

4.960 Wuppertal Erich-Fried-Gesamtschule Ronsdorf gegr. 1979

st. GesSch. in Ganztagsform (5-Tage-Woche) f. J. u. M.
An der Blutfinke 70, 42369 Wuppertal – Tel. (02 02) 5 63 52 07, Fax 6 98 03 53
E-Mail: erich-fried-gesamtschule@stadt.wuppertal.de, Homepage: www.efg.wtal.de

Kl: 36 (12/24)   Sch: 1325 (640)   Abit: 74   **BR Düsseldorf**
Lehrer: 87   ASN: **185772**
Spr.-Folge: E, F/L   Dez: LRSD' **Schäfers**

Adlung Cornelia	D KU		Krämer Stefan	
Ahlers Brigitte	M KR (D)		Kröckel Franz	M CH PH
Arens Elisabeth	F KU		Kroemer Ursula	ER D
Asehege Sigrid	BI SP		Küllmer Jürgen	D E
Auffarth Matthias	ER SP		Kunz Katja	BI EK
Böhnke Stefanie StR'	D EK E		von Kurzynski Patricia	GE KR
Brenner Reinhard	E EK		Kutscher Klaus	M SP GE
Brüggemann Ute	D E		Laubach Hermann	CH KR
Canelda-Rasche Raquel	D S		Leucht Walter	BI CH
Charchut Birgit	D E		Löttgen Monika	M L
Druschke Barbara GED'	BI GE		Look Randolf	E GE
(didaktische Leiterin)			Loose Undine	D GE
Ehlert Klaus Dr.	CH PH		Lüke Angela	D KR
Engels Burkhard	D GE SP		Malzin Günter	BI EK
Flowerday Heike	BI SP		Meier Susanne Dr.	D MU
Flüshöh Michael	E GE		Meinburg Hans-Joachim	PH CH
Gerdes Dieter	GE M TC		Müller Angela	BI D KU
Giskes Susanne	CH PH		Müller Marina	D E
Grund Henning	BI ER		Münchow Horst	KR PL
Haberecht Marc	ER M		Odenwald Burkhardt	E S
Hammans-Nevries Marlies	D MU		Peter Wolfgang	TC PH
Hampf Michael	E F		Remen Ricarda	D SP
Heinrich Barbara	D E		Riese Michael	M D
Heinrichs Joachim	KR		Schäfer Gertraud	HW
Herfort Reinhart LGED	D SW		Schattevo Frank	BI SP
(Schulleiter)			Scherfer-Grothkop Doris	D TC
Herzog Monika	E F		Scheuermann-Giskes Harald	CH SP
Heuer Detlef	KU CH		Schmalhofer Anke	SP GE
Hinz Norbert	SP SW		Schmücker Rainer GER	D KU
Högn Till	E ER		(Abteilungsleiter I)	
Hofmann Hans-Volker	M PH		Schröder Norbert SekIIL	WW SP
GED (Abteilungsleiter SekII)			Schütze Andrea	D E
Holz Peter	D GE		Schwarz Melanie	KU SW
Hügel Andrea	BI CH		Seidel Thomas	E F
Irmer Christoph	MU SW		Siemsen Frauke	D GE
Isaiasch Artur	GE SP		Spilker Detlef GED	CH
Jablonski Monika	TC M		(Abteilungsleiter III)	
Jäckel Uwe	MU E		Stochay Werner	D PL
Jansen Petra	D E EK		Stursberg Michael	E AL IF
Jost Dagmar	D E		Trensch Volkmar	D EK
Kandolf Luzia	E GE		Utzat Barbara	KU M
Kaschel Gertraud	F SP		Vollmann Detlev	D GE SP
Keßeler Lioba	M EK		Waldinger Kalle	KU D
Klee Andreas Dr. StR	D SP		Webelsiep Jutta	BI D KU M
Kötter Christiane GER'			Wieland Bodo	D GE
(Abteilungsleiterin II)			Wilke Anett	M EK
Koßmann Klaus GED				
(stellv. Schulleiter)				

4.961 Wuppertal Else-Lasker-Schüler-Gesamtschule gegr. 1984
st. GesSch. in Ganztagsform (5-Tage-Woche) f. J. u. M.
Else-Lasker-Schüler-Str. 30, 42107 Wuppertal – Tel. (02 02) 563-53 41, Fax 563-81 64
E-Mail: ges.else-lasker-schueler@stadt.wuppertal.de, Homepage: www.ge-else.de
Dependance Jg.st. 5–10: Platz der Republik, 42107 Wuppertal – Tel. (02 02) 5 63 21 99

Kl: 36 (12/24)   BR Düsseldorf
Lehrer: 100 (60)   ASN: **188669**
Spr.-Folge: E, F/L/T   Dez: LRSD' **Schäfers**

Name	Fächer		
Kleinherbers-Boden Dorothee LGED'	D PL	e	2. 8.54
Aubke Christof	M AL		
von Bargen Albrecht	L GE		
Bender-Holl Susanne OStR'	D MU		
Berekoven Josef	F E		
Bösel Anette DGE'	D F		
Bontrup Heiner	D PL		
Bracht Ulrich (Abteilungsleiter)	D KR		
Braun Dirk	BI EK	e	9. 8.67
Buchheit Beate	KR L		
Budke-Hohmann Hildegard	KU PL		
Büschgen Eva	D E		
Dewenter-Nockemann Claudia	E EK ER		
Doil-Brenke Andrea	E D		
Dollbaum Jutta	SP		
Doubara Sofia	E F		
Dreibholz Susann OStR'	M PH	e	
Engelsiepen Thomas	SP BI		
Freese Elisabeth	KU WL		
Gimpel-Kalthoff Anne-Marie	BI CH ER		
Göge Sibylle	E EK		
Göhlich Hartmut	D SP GP		
Gronimus Bernd	D SW		
Hachen Gunda	BI SP		
Hackfort Edith	M BI SP		
Haman Heribert OStR	PH M SW		
Hannig Franz Dr.	E D		
Hansknecht Maria	E GE		
Jaeger-Klütsch Elke	M PA SP	e	21. 7.57
Käsinger Hildegard	E SP		
Keienburg Mechthild DGE' (stellv. Schulleiterin)	M PH CH		
Kizay Fatma	T		
Kläser Ursula SekIL'	◻ M CH		
Klan Uli OStR	MU SW		
Knop Olaf Soz.-Päd.			
Köhne Sabine	D KU		
Kolbe Walter	D ER PL		
Koll Friedhelm StR	M PH		6. 2.60
Krell-Berg Bettina	D SP		
Küppershans-Fudickar Gudrun	PA SP		
Kulbarsch Hans-Werner GER (Abteilungsleiter)			
Löcherbach-Heinke Anne	M ER		
Lohmann Thomas	D SW		
Lukas Hans-Willi DGE (Abteilungsleiter SekII)	D GE		
Meinke Birgit Soz.-Päd.'			
Meyer Ursula	M SW	efk	2.10.59
Nett Eva	KU SP AL		
Nockemann Helmut	D KU AL		
Palm Marina	D KU		
Petry Adolf OStR	E EK		
Pistor Evelyn	E D		
Pliefke Angelika	E GE		
Prüss Sabine	MU GE		
Quentmeier Dieter	M CH IF		
Reinhardt Bernhard	KR D		
Riedel Frank	SP PA BI		
Römerscheidt Marina	F E		
Schill Hans-Peter	CH BI		
Schmitz Frauke	BI CH		
Schneider Jutta	D AL	e	21. 7.57
Schönekäs Winfried SekIL	◻ KU Rel		
Schrick Andrea	E S		
Schröder Ulrich	M PL		
Schürmann-Blenskens Thomas	MU SW		
Schultze Ulrich OStR	S GE		
Sims Ricarda	E KU		
Smolla Wolfgang	D SP GP		
Spitzbart Sandra	BI CH		
Thrandorf Jörg OStR	E IF		
Trapp Ulrike	D ER		
Vaupel Ingo StR	PH CH		7. 9.55
Vierschilling-Heinen Andrea	BI E		
Walther Petra RSchL'	SP EK (M)		
Weber-Hüttenhoff Ursula	BI CH		
Weiss Friederike	D SW		
Wende-Dreyhaupt Ilona	SP ER		
Weuste Birgit	E S		
Wichtmann Irmgard	M EK GP		
Wilhelms Karl-Heinz	D E SP		
Winkelmann Horst-Uve	D BI		
Woelky Anke FachL'	KU AL		

4.962 Wuppertal Gesamtschule Vohwinkel gegr. 1986
st. GesSch. in Ganztagsform (5-Tage-Woche) f. J. u. M.
Florian-Geyer-Str. 9, 42329 Wuppertal – Tel. (02 02) 5 63 73 12, Fax 5 63 81 57
E-Mail: gesamtschule.vohwinkel@stadt.wuppertal.de
Homepage: www.gesamtschule-vohwinkel.de

Kl: 25

BR Düsseldorf
ASN: **189066**

Spr.-Folge: E, F, L, S

Dez: LRSD' **Schäfers**

Bach Mechthild StR'	D GE	Meiburg-Dickerboom Barbara L' i. A.	D F
von der Bank Klaus-Heiner DGE (stellv. Schulleiter)	M (IF)	Meyer Edith L'	D BI WL
Bernhardt Karin L'	CH M PH SP	Moldon Wolfgang StR	M E
Blume Elisabeth StR'	M BI	Morales-Cordoba Teresa L' i. A.	D E
Bögeholz-Blecher-Wenzel Julia L' i. A.	KU S	Multhaup Beate StR'	SP EW
Breick Pia SSchL'		Neutag Martina L' i. A.	D E
Breitfeld Christel L' i. A.	M GE	Niemietz-Bergmann Antje StR'	ER BI
Breyne Sieglinde L'	M HW (TC)	Nitz Gisela L'	M CH
Buchen Angelika L' i. A.	D BI	Oberbrinkmann Anke L'	D F
Bühler-Haußmann Frank StR	E GE	Pierunek Nadine L' i. A.	M SP
Busch Joachim OStR	BI CH	Pirkl Annemarie OStR'	E SW
Calaminus Gregor OStR	E KU	Röltgen Bert DGE (didaktischer Leiter)	KU ER
Dörnen Ulrich OStR	PH ER		
Eggers Hannelore L'	BI EK ER	Rohleder Günter OStR	D GE
Euteneuer Inge L' i. A.	D EW	Schaaf Liane OStR'	M PH
Hardt Ulrich-Walter L	E SP	Schiek Martin L	D TC MU
Haumann Rolf StD	E SP	Schlageter Rainer L	D SP
Hembeck Ingrid L'	GE EK KU	Schmitz Annegret L'	D EK
Hüttenhoff Christoph L	BI MU	Schwan Andrea L' i. A.	S E
Kaerger-Fuchs Ruth StR'	D MU ER	Schneiders Anne Soz.-Päd.'	
Kaiser Sigrun RSchL'	BI CH	Schott Cäcilie GER (Abteilungsleiterin I)	F EW
Kaiser Wolfgang Dr. LGED (Schulleiter)	D GE EW	Schumacher Martin OStR	L KR
Kaun Ralf Peter L i. A.	KU PA	Senf Helmut L i. A.	D EW
Kolbe Marion RSchL'	D PP	Sonderfeld Michaele L'	PH KU
Koring Eberhard L	E EK GE	Teichmann Monika StD' (F)	D E
Krippendorf Katja L' i. A.	PA SP	Teuber Susanne SSchL'	GE SN
Krüger Juliane GED' (Abteilungsleiterin SekII)	E S	Thiel Elke L'	SW D
		Voß Regine L'	D HW
Kruppa Ulrich StR	M PH	Wattke Rainer GER (Abteilungsleiter II)	M BI PH
Kupschus Karin RSchL'	E EK	Wegner Thomas StR	E SP
Lange Kai StR	CH M	Wies Jürgen FachL	TC KR
Lips Bianca L' i. A.	D F	Woikowsky Holger L	D E EK WW
Lordick Sabine L' z. A.	D KR		

4.963 Wuppertal Gesamtschule Langerfeld gegr. 1988
st. GesSch. (5-Tage-Woche) f. J. u. M.
Heinrich-Böll-Str. 240/250, 42277 Wuppertal – Tel. (02 02) 563-66 52, Fax 563-81 51
E-Mail: sekretariat@ge-langerfeld.de, Homepage: www.ge-langerfeld.de

Kl: 30 (10/20) Sch: 1100 (560) (300/600/200) Abit: 55 (30)
Lehrer: 82 (41)

BR Düsseldorf
ASN: **189856**

Spr.-Folge: E, F, L/R/F

Dez: LRSD' **Schäfers**

Dahlhaus Rainer LGED (Schulleiter)	M EW e 12. 3.52	Riemer Jutta GER' (Abteilungsleiterin I)	
Dittrich Monika GED' (stellv. Schulleiterin)		Poser Karl-Heinz GER (Abteilungsleiter II)	
Baermann Claus GED (didaktischer Leiter)		Fortmann Michael StR	KU MU e 20.11.62
Beckmann Volker GED (Abteilungsleiter SekII)		Siebers Birgit StR'	E F k 22. 8.56
		Stillert Ute-Anne OStR'	F KU e 13. 2.55 ER
		Voigt Ellen StR'	ER M e 19. 2.68

4.964 Wuppertal Gesamtschule Barmen gegr. 1995
st. GesSch. f. J. u. M.
Unterdörnen 1, 42283 Wuppertal – Tel. (02 02) 5 63 51 15, Fax 5 63 81 74
E-Mail: gesamtschule.barmen@stadt.wuppertal.de
Homepage: www.gesamtschule-barmen.de
Kl: 34 (12/22)   Sch: 1341 (750)   Abit: 52 (28)

BR Düsseldorf
ASN: **192806**
Dez: LRSD' **Schäfers**

Kubanek-Meis Bettina GED' (stellv. Schulleiterin)
Block Dorothe GED' (didaktische Leiterin)
Schaarwächter Heidrun GER' (Abteilungsleiterin I)
Gossmann Ralf GER (Abteilungsleiter II)
Mies Klaus GED (Abteilungsleiter SekII)

5. Weitere Bildungseinrichtungen, die zur Hochschulreife führen

a) Oberstufen-Kolleg NW (Versuchsschule)

5.001 Bielefeld Laborschule – siehe 4.053

5.002 Bielefeld Oberstufen-Kolleg gegr. 1974
Oberstufen-Kolleg des Landes Nordrhein-Westfalen (Amtsbereich Minister für Innovation, Wissenschaft, Forschung und Technologie) an der Universität Bielefeld in Ganztagsform
Universitätsstr. 23, 33615 Bielefeld – Tel. (05 21) 1 06 28 60, Fax 1 06 29 67
E-Mail: Oberstufen-Kolleg@Uni–Bielefeld.de
Homepage: www.uni-bielefeld.de/OSK/
Sch: 600

Das Oberstufen-Kolleg an der Universität Bielefeld hat als staatliche Versuchsschule den Auftrag, studienbezogene Ausbildungsgänge der Sekundarstufe II im Rahmen einer dreijährigen Ausbildung in zur Zeit 26 Fächern zu erproben und neue Lernziele, Unterrichtsinhalte, Lehrverfahren, Lernvorgänge, Verfahren der Leistungsbewertung und unterrichtsorganisatorische Strukturkonzepte zu entwickeln. Am Oberstufen-Kolleg sind in Lehre und Curriculum-Entwicklung ca. 75 wissenschaftliche Mitarbeiter und Mitarbeiterinnen aus dem Hochschul- und Schulbereich tätig.

Kollegleitung: **Stephan Gringard, Dr. Stephan Holz, Dr. Hans Kroeger, Gisela Quentin**
Wiss. Leiter: **Prof. Dr. Josef Keuffer, Dr. Maria Kublitz-Kramer** (Stellvertreterin)

b) Berufskollegs

Das Berufskolleg umfasst die Bildungsgänge der Berufsschule, der Berufsfachschule, der Fachoberschule und der Fachschule. Es ermöglicht den Erwerb der allgemeinbildenden Abschlüsse der Sekundarstufe II; die Abschlüsse der Sekundarstufe I können nachgeholt werden.

5.100 Aachen Mies-van-der-Rohe-Berufskolleg ASN: **175997**
Neuköllner Str. 17, 52068 Aachen – Tel. (02 41) 1 60 80

5.105 Bielefeld Carl-Severing-Berufskolleg für Gestaltung,
Ernährung und Technik ASN: **190445**
Heeper Str. 85, 33607 Bielefeld – Tel. (05 21) 51 24 12

5.106 Bielefeld Berufskolleg Senne ASN: **190457**
An der Rosenhöhe 11, 33647 Bielefeld – Tel. (05 21) 51 56 13

5.107 Bielefeld Carl-Severing-Berufskolleg für Metall-
und Elektrotechnik ASN: **191292**
Hermann-Delius-Str. 4, 33607 Bielefeld – Tel. (05 21) 51 24 36

5.108 Bielefeld Carl-Severing-Berufskolleg für Bekleidungs-
und Biotechnik ASN: **192259**
Huberstr. 40, 33607 Bielefeld – Tel. (05 21) 51 24 20

5.115 Bochum Berufskolleg, technische berufliche Schule II ASN: **179670**
Ostring 25, 44787 Bochum – Tel. (02 34) 96 40 30

5.120 Bottrop St. Berufskolleg ASN: **176760**
An der Berufsschule 20, 46236 Bottrop – Tel. (0 20 41) 68 82 80

5.125 Castrop-Rauxel Berufskolleg des Kreises Recklinghausen ASN: **192934**
Wartburgstr. 100, 44579 Castrop-Rauxel – Tel. (0 23 05) 97 22 10

5.130 Datteln Berufskolleg Ostvest ASN: **192946**
Hans-Böckler-Str. 2, 45711 Datteln – Tel. (0 23 63) 37 80

5.135	**Dinslaken Berufskolleg** Wiesenstr. 45–47, 46535 Dinslaken – Tel. (0 20 64) 5 18 04	ASN: **173423**
5.140	**Dortmund St. Leopold-Hoesch-Berufskolleg** Gronaustr. 4, 44135 Dortmund – Tel. (02 31) 5 02 31 51	ASN: **180040**
5.145	**Düren Berufskolleg für Technik** Nideggener Str. 43, 52349 Düren – Tel. (0 24 21) 9 54 00	ASN: **176540**
5.150	**Düsseldorf St. Berufskolleg, Elly-Heuss-Knapp-Schule** Siegburger Str. 137–139, 40591 Düsseldorf – Tel. (02 11) 8 92 23 00	ASN: **187690**
5.151	**Düsseldorf St. Heinrich-Hertz-Berufskolleg für Elektrotechnik und Chemie** Redinghovenstr. 16, 40225 Düsseldorf – Tel. (02 11) 8 92 87 50	ASN: **188086**
5.152	**Düsseldorf St. Franz-Jürgens-Berufskolleg, Schule der Sek.-St. II für Metalltechnik** Färberstr. 34, 40223 Düsseldorf – Tel. (02 11) 31 30 13-15	ASN: **188621**
5.153	**Düsseldorf Berufskolleg, Schule der Sek.-St. II** Ellerstr. 84, 40227 Düsseldorf – Tel. (02 11) 8 92 26 10	ASN: **187859**
5.160	**Duisburg Sophie-Scholl-Berufskolleg** Dahlmannstr. 26, 47169 Duisburg – Tel. (02 03) 2 83 55 00	ASN: **188104**
5.161	**Duisburg Gertrud-Bäumer-Berufskolleg** Klöcknerstr. 48, 47057 Duisburg – Tel. (02 03) 2 83 49 27	ASN: **191280**
5.162	**Duisburg Friedrich-Albert-Lange-Berufskolleg** Schinkelplatz 2, 47051 Duisburg – Tel. (02 03) 2 83 25 82	ASN: **192235**
5.170	**Geldern Berufskolleg des Bistums Münster (S u. G/E u. H), Liebfrauenschule** Weseler Str. 15, 47608 Geldern – Tel. (0 28 31) 9 30 70	ASN: **173691**
5.171	**Geldern Berufskolleg des Kreises Kleve in Geldern** Ostwall 16, 47608 Geldern – Tel. (0 28 31) 9 23 00	ASN: **173708**
5.180	**Gelsenkirchen Berufskolleg für Technik und Gestaltung** Overwegstr. 63, 45881 Gelsenkirchen – Tel. (02 09) 1 69 98 11	ASN: **176771**
5.185	**Gummersbach St. Berufskolleg Oberberg für Ernährung, Sozialwesen und Technik** Ernst-Zimmermann-Str. 22, 51645 Gummersbach – Tel. (0 22 61) 7 50 31	ASN: **175651**
5.190	**Hagen St. Cuno-Berufskolleg II für Technik** Victoriastr. 2, 58095 Hagen – Tel. (0 23 31) 1 70 91	ASN: **180439**
5.195	**Herford Wilhelm-Normann-Berufskolleg** Hermannstr. 5, 32051 Herford – Tel. (0 52 21) 13 28 00	ASN: **188049**
5.196	**Herford Anna-Siemsen-Berufskolleg** Hermannstr. 9, 32051 Herford – Tel. (0 52 21) 13 29 01	ASN: **188050**
5.205	**Hilden Berufskolleg Hilden des Kreises Mettmann** Am Holterhöfchen 34, 40724 Hilden – Tel. (0 21 03) 2 17 07	ASN: **173472**
5.210	**Hürth-Wesseling Goldenberg-Berufskolleg des Erftkreises** Duffesbachstr. 7, 50354 Hürth – Tel. (0 22 33) 94 22 50	ASN: **192247**
5.215	**Iserlohn Berufskolleg des Märkischen Kreises in Iserlohn** Hansaallee 19, 58636 Iserlohn – Tel. (0 23 71) 9 77 40	ASN: **180713**
5.220	**Kerpen-Horrem Adolf-Kolping-Berufskolleg des Erftkreises** Ina-Seidel-Str. 11, 50169 Kerpen – Tel. (0 22 73) 9 09 10	ASN: **188475**
5.225	**Kleve Berufskolleg des Kreises Kleve in Kleve** Felix-Roeloffs-Str. 7, 47533 Kleve – Tel. (0 28 21) 7 44 70	ASN: **173990**

5.230	Köln St. Werner-von-Siemens-Berufskolleg, Schwerpunkt Elektrotechnik Eitorfer Str. 22–24, 50679 Köln – Tel. (02 21) 8 29 70	ASN: **187847**
5.231	Köln Berufskolleg Ehrenfeld, Fachschule für Ernährung, Hauswirtschaft und Sozialpädagogik Weinsbergstr. 72, 50823 Köln – Tel. (02 21) 9 51 49 30	ASN: **190767**
5.240	Krefeld Berufskolleg Uerdingen für Metall, Elektro, Kfz und Sanitär Alte Krefelder Str. 93, 47829 Krefeld – Tel. (0 21 51) 49 84 80	ASN: **172200**
5.245	Leverkusen-Opladen Berufskolleg des Zweckverbandes der beruflichen Schulen Opladen Stauffenbergstr. 21–23, 51379 Leverkusen – Tel. (0 21 71) 7 08 70	ASN: **187331**
5.250	Löhne August-Griese-Berufskolleg des Kreises Herford, Fachschule für Technik Jahnstr. 54–68, 32584 Löhne – Tel. (0 57 32) 1 08 40	ASN: **187379**
5.255	Lübbecke Berufskolleg des Kreises Minden-Lübbecke Rahdener Str. 1, 32312 Lübbecke – Tel. (0 57 41) 3 45 80	ASN: **190755**
5.260	Lüdinghausen Richard-von-Weizsäcker-Berufskolleg des Kreises Coesfeld Auf der Geest 2, 59348 Lüdinghausen – Tel. (0 25 91) 2 39 80	ASN: **177787**
5.265	Lünen Lippe-Berufskolleg in Lünen Dortmunder Str. 44, 44536 Lünen – Tel. (0 23 06) 10 04 11	ASN: **180798**
5.270	Marl Hans-Böckler-Berufskolleg des Kreises Recklinghausen Hagenstr. 28, 45768 Marl – Tel. (0 23 65) 9 19 50	ASN: **187446**
5.275	Minden Leo-Sympher-Berufskolleg des Kreises Minden-Lübbecke Habsburger Ring 53a, 32425 Minden – Tel. (05 71) 83 70 10	ASN: **189431**
5.280	Mönchengladbach St. Berufskolleg Platz der Republik für Technik und Medien Platz der Republik 1, 41065 Mönchengladbach – Tel. (0 21 61) 4 91 60	ASN: **172467**
5.285	Münster St. Berufskolleg, Hans-Böckler-Schule Hoffschultestr. 25, 48155 Münster – Tel. (02 51) 6 04 28	ASN: **177040**
5.286	Münster Berufskolleg des Bistums Münster, Hildegardisschule Neubrückenstr. 17–22, 48143 Münster – Tel. (02 51) 41 73-111	ASN: **177301**
5.295	Oberhausen St. Hans-Sachs-Berufskolleg Am Förderturm 5, 46049 Oberhausen – Tel. (02 08) 2 40 94	ASN: **191309**
5.300	Ratingen St. Adam-Joseph-Cüppers-Berufskolleg Minoritenstr. 10, 40878 Ratingen – Tel. (0 21 02) 7 11 20	ASN: **173563**
5.305	Recklinghausen St. Berufskolleg Kemnastraße Kemnastr. 11, 45657 Recklinghausen – Tel. (0 23 61) 94 26 00	ASN: **187161**
5.306	Recklinghausen Herwig-Blankertz-Berufskolleg Herner Str. 10b, 45657 Recklinghausen – Tel. (0 23 61) 2 23 24	ASN: **188396**
5.315	Siegen Berufskolleg Technik des Kreises Siegen-Wittgenstein Fischbacherbergstr. 2, 57072 Siegen – Tel. (02 71) 2 32 64 14	ASN: **181948**
5.320	Soest Börde-Berufskolleg des Kreises Soest Geschwister-Scholl-Str. 1, 59494 Soest – Tel. (0 29 21) 9 63 90	ASN: **182140**
5.325	Warburg St. Johann-Conrad-Schlaun-Berufskolleg Stiepenweg 15, 34414 Warburg – Tel. (0 56 41) 76 25-0	ASN: **179530**

5.330	Warendorf Berufskolleg des Kreises Warendorf Von-Ketteler-Str. 40, 48231 Warendorf – Tel. (0 25 81) 9 25 23	ASN: **178214**
5.335	Wesel Berufskolleg Wesel Hamminkelner Landstr. 38 b, 46483 Wesel – Tel. (02 81) 96 66 10	ASN: **174210**
5.340	Witten Berufskolleg Witten des Ennepe-Ruhr-Kreises Husemannstr. 51, 58452 Witten – Tel. (0 23 02) 92 00	ASN: **191772**
5.345	Wuppertal St. Berufskolleg am Haspel Haspeler Str. 25, 42285 Wuppertal – Tel. (02 02) 5 63 65 16	ASN: **173186**
5.346	Wuppertal St. Berufskolleg Werther Brücke Bachstr. 17, 42275 Wuppertal – Tel. (02 02) 5 63 62 18	ASN: **190433**

c) Freie Waldorfschulen

Freie Waldorfschulen sind als Ersatzschulen eigener Art integrierte Gesamtschulen besonderer Prägung nach der Pädagogik Rudolf Steiners. Diese Schulen sind im Bund der Freien Waldorfschulen e.V., zusammengeschlossen: Wagenburgstr. 6, 70184 Stuttgart, Tel. (07 11) 21 04 2-0, Fax 21 04 2-19, E-Mail: bund@waldorfschule.de, Homepage: www.waldorfschule.de

Dezernenten bei den Bezirksregierungen:
LRSD' **Tietz** (BR Düsseldorf), Tel. (02 11) 4 75 53 11, LRSD **Stirba** (BR Düsseldorf)
LRSD **Ellbracht** (BR Köln), Tel. (02 21) 1 47 25 70
LRSD **Grotepaß** und LRSD' **Noll** (BR Arnsberg), Tel. (0 29 31) 82 32 80
LRSD **Klemisch** (BR Detmold), Tel. (0 52 31) 71 44 01
LRSD **Dr. Hillebrand** (BR Münster), Tel. (02 51) 4 11 41 54

5.500	Aachen Freie Waldorfschule Aachen Anton-Kurze-Allee 10, 52074 Aachen – Tel. (02 41) 7 10 44, Fax 7 10 48 E-Mail: Waldorfschule.Aachen@t-online.de Homepage: www.waldorfschule-aachen.de	ASN: **189005**
5.502	Bergisch Gladbach Freie Waldorfschule Bergisch Gladbach Mohnweg 13, 51427 Bergisch Gladbach – Tel. (0 22 04) 2 21 00, Fax 6 31 12 E-Mail: info@fws-bergisch-gladbach.de, Homepage: www.waldorf-refrath.de	ASN: **189753**
5.505	Bielefeld Rudolf-Steiner-Schule An der Probstei 23, 33611 Bielefeld – Tel. (05 21) 8 59 08, Fax 8 60 48 E-Mail: rss.bielefeld@t-online.de, Homepage: www.waldorfschule-bielefeld.de	ASN: **186028**
5.510	Bochum Rudolf-Steiner- Schule Hauptstr. 238–246, 44892 Bochum – Tel. (02 34) 92 20 60, Fax 28 31 58 E-Mail: sasse@rss-bochum.de, Homepage: www.rss-bochum.de	ASN: **164271**
5.512	Bochum Widar Schule Höntroper Str. 95, 44869 Bochum – Tel. (0 23 27) 9 76 1-0, Fax 97 61 30 E-Mail: verwaltung@widarschule.de, Homepage: www.widarschule.de	ASN: **187409**
5.515	Bonn Freie Waldorfschule Bonn Stettiner Str. 21, 53119 Bonn – Tel. (02 28) 66 80 70, Fax 6 68 07 30 E-Mail: info@fws-bonn.de, Homepage: www.fws-bonn.de	ASN: **164173**
5.516	Bonn Johannes-Schule Rehfuesstr. 38, 53115 Bonn – Tel. (02 28) 91 43 40, Fax 9 14 34 10 E-Mail: Johannes-Schule-Bonn@t-online.de Homepage: www.johannes-schule-bonn.de	ASN: **190214**
5.518	Detmold Freie Waldorfschule Lippe-Detmold Blomberger Str. 67, 32760 Detmold – Tel. (0 52 31) 9 58 00, Fax 95 80 19 E-Mail: info@waldorfschule-detmold.de Homepage: www.waldorfschule-detmold.de	ASN: **189479**

5.519   Dinslaken   Freie Waldorfschule Dinslaken   ASN: **190494**
        Eppinkstr. 173, 46535 Dinslaken – Tel. (0 20 64) 5 47 39, Fax 77 03 37
        E-Mail: info@waldorfschule-dinslaken.de

5.520   Dortmund   Rudolf-Steiner-Schule   ASN: **164252**
        Mergelteichstr. 51, 44225 Dortmund – Tel. (02 31) 4 76 48 00,
        Fax 47 64 80 70, E-Mail: kontakt@rss-do.de, Homepage: www.rss-do.de

5.522   Dortmund   Georgschule Freie Waldorfschule   ASN: **191620**
        Mergelteichstr. 63, 44225 Dortmund – Tel. (02 31) 7 10 74 84, Fax 9 71 06 51
        E-Mail: Georgschule-D@t-online.de
        Homepage: www.georgschule-dortmund.de

5.525   Düsseldorf   Rudolf-Steiner-Schule   ASN: **187410**
        Diepenstr. 15, 40625 Düsseldorf – Tel. (02 11) 23 20 69, Fax 23 34 58
        E-Mail: info@waldorfschuleduesseldorf.de
        Homepage: www. waldorfschuleduesseldorf.de

5.529   Erftstadt-Liblar   Freie Waldorfschule Erftstadt   ASN: **191048**
        An der Waldorfschule 1, 50374 Erftstadt – Tel. (0 22 35) 4 60 80,
        Fax 46 08 19, E-Mail: info@waldorfschule-erftstadt.de
        Homepage: www.waldorfschule-erftstadt.de

5.530   Essen   Freie Waldorfschule Essen   ASN: **100018**
        Schellstr. 47, 45134 Essen – Tel. (02 01) 43 51 5-0, Fax 43 51 5-29
        E-Mail: info@waldorfschule-essen.de
        Homepage: www.waldorfschule-essen.de

5.533   Everswinkel   Freie Waldorfschule Everswinkel   ASN: **194372**
        Wester Str. 32, 48351 Everswinkel – Tel. (0 25 82) 99 18 18, Fax: 99 18 19
        E-Mail: buero@waldorfschule-everswinkel.de
        Homepage: www.waldorfschule-everswinkel.de

5.535   Gladbeck   Freie Waldorfschule Gladbeck   ASN: **187630**
        Horsterstr. 82, 45968 Gladbeck – Tel. (0 20 43) 2 97 2-0, Fax 2 97 2-99
        E-Mail: info@fws-gladbeck.de, Homepage: www.fws-gladbeck.de

5.536   Gütersloh   Freie Waldorfschule Gütersloh   ASN: **191760**
        Hermann-Rothert-Str. 7, 33335 Gütersloh – Tel. (0 52 09) 55 84, Fax 45 49
        E-Mail: info@waldorf-guetersloh.de
        Homepage: www.waldorf-guetersloh.de

5.537   Gummersbach   Freie Waldorfschule Oberberg   ASN: **191541**
        Kirchhellstr. 32, 51645 Gummersbach – Tel. (0 22 61) 9 68 6-0, Fax 9 68 6-76
        E-Mail: info@fws-oberberg.de, Homepage: www.fws-oberberg.de

5.538   Haan   Freie Waldorfschule Haan-Gruiten   ASN: **188980**
        Prälat-Marschall-Str. 34, 42781 Haan – Tel. (0 21 04) 64 66/67, Fax 6 10 21
        E-Mail: mail@fwshaan.de, Homepage: www.fwshaan.de

5.540   Hagen   Rudolf-Steiner-Schule   ASN: **188580**
        Enneper Str. 30, 58135 Hagen – Tel. (0 23 31) 40 39 01, Fax 40 76 19
        E-Mail: RSSHagen@t-online.de, Homepage: www.waldorfschule-hagen.de

5.542   Hamm   Freie Waldorfschule Hamm   ASN: **189789**
        Kobbenskamp 23, 59077 Hamm – Tel. (0 23 81) 4 09 32/3, Fax 40 58 23
        E-Mail: post@waldorfschule-hamm.de, Homepage: www.fws-hamm.de

5.543   Heinsberg   Freie Waldorfschule Kreis Heinsberg e.V.
        Dechant-Ruppertzhoven-Weg 12, 41844 Wegberg-Dalheim – Tel. (0 24 33) 95 96 50
        Fax 95 96 52; E-Mail: info@waldorfschule-heinsberg.de
        Homepage: www.waldorfschule-heinsberg.de

5.544　Herdecke　Ita-Wegmann-Schule am Gemeinschaftskrankenhaus　　ASN: **190561**
Gerhard-Kienle-Weg 4, 58313 Herdecke – Tel. (0 23 30) 62 30 43, Fax 62 36 24
E-Mail: iws@gemeinschaftskrankenhaus.de
Homepage: www.gemeinschaftskrankenhaus.de

5.545　Herne-Wanne-Eickel　Hiberniaschule　　ASN: **164264**
Holsterhauser Str. 70, 44652 Herne – Tel. (0 23 25) 91 90 , Fax 91 92 32
E-Mail: info@hiberniaschule.de, Homepage: www.hiberniaschule.de

5.550　Köln　Freie Waldorfschule Köln　　ASN: **187604**
Weichselring 6–8, 50765 Köln – Tel. (02 21) 97 03 44-0, Fax 97 03 44-30
E-Mail: info@waldorfschule-koeln.de
Homepage: www.waldorfschule-koeln.de

5.551　Köln　Michaeli Schule, Freie Waldorfschule　　ASN: **194402**
Loreleystr. 3–5, 50677 Köln – Tel. (02 21) 2 82 55 01, Fax 2 82 55 02
E-Mail: info@michaeli-schule-koeln.de
Homepage: www.michaeli-schule-koeln.de

5.555　Krefeld　Freie Waldorfschule Krefeld　　ASN: **164112**
Kaiserstr. 61, 47800 Krefeld – Tel. (0 21 51) 5 39 5-0, Fax 5 39 5-36
E-Mail: info@waldorfschule-krefeld.de
Homepage: www.waldorfschule-krefeld.de

5.557　Minden　Freie Waldorfschule Minden　　ASN: **192028**
Haberbreede 17, 32429 Minden – Tel. (0 57 34) 9 60 4-0, Fax 9 60 4-40
E-Mail: verwaltung@waldorfschule-minden.de
Homepage: www.waldorfschule-minden.de

5.558　Mönchengladbach　Rudolf-Steiner-Schule　　ASN: **190380**
Weiersweg 10, 41065 Mönchengladbach – Tel. (0 21 61) 82 13 20, Fax 65 17 01
E-Mail: freie-waldorfschule-mg@t-online.de
Homepage: www.frei-waldorfschule-mg.de

5.560　Mülheim a. d. Ruhr　Freie Waldorfschule Mülheim　　ASN: **188451**
Blumendellerstr. 29, 45472 Mülheim – Tel. (02 08) 49 81 41, Fax 49 82 75
E-Mail: post@waldorfschule-mh.de, Homepage: www.waldorfschule-mh.de

5.565　Münster　Freie Waldorfschule Münster　　ASN: **188591**
Rudolf-Steiner-Weg 11, 48161 Münster – Tel. (02 51) 8 70 0-0, Fax 8 70 0-55
E-Mail: waldorf-muenster@t-online.de
Homepage: www.waldorfschule-muenster.de

5.570　Paderborn　Rudolf-Steiner-Schule – Schloß Hamborn　　ASN: **164215**
Schloß Hamborn, 33178 Borchen – Tel. (0 52 51) 38 91 16, Fax 38 92 68
E-Mail: schule@schlosshamborn.de, Homepage: www.schlosshamborn.de

5.573　Remscheid　Rudolf-Steiner-Schule　　ASN: **189443**
Schwarzer Weg 9, 42897 Remscheid – Tel. (0 21 91) 66 78 11, Fax 66 60 01
E-Mail: rudolf-steiner-schule-rs@t-online.de
Homepage: www.waldorfschule-remscheid.de

5.574　St. Augustin　Freie Waldorfschule im Siegkreis　　ASN: **191528**
Graf-Zeppelin-Str. 7, 53757 Sankt Augustin – Tel. (0 22 41) 92 11 60
Fax 9 21 16 10; E-Mail: info@fws-siegkreis.de, Homepage: www.fws-siegkreis.de

5.575　Siegen　Rudolf Steiner Schule Siegen　　ASN: **187641**
Kolpingstr. 3, 57072 Siegen – Tel. (02 71) 48 85 9-0, Fax 48 85 9-50
E-Mail: sekretariat@waldorfschule-siegen.de
Homepage: www.waldorfschule-siegen.de

5.576　Siegen　Johanna-Ruß-Schule　　ASN: **193045**
Numbachstr. 3, 57072 Siegen – Tel. (02 71) 2 33 13, Fax 2 33 14 50
E-Mail: j-r-s@gmx.net, Homepage: www.waldorf-net.de/j-r-s

5.577 Soest Hugo-Kükelhaus-Schule ASN: **194220**
Arnsberger Str. 32, 59494 Soest – Tel. (0 29 21) 34 34 35, Fax 34 19 04
E-Mail: hugo-kuekelhaus-schule@t-online.de

5.578 Velbert Windrather Talschule ASN: **193057**
Pannerstr. 24, 42555 Velbert – Tel. (0 20 52) 9 26 4-0, Fax 9 26 4-11
E-Mail: WindratherTalschule@t-online.de
Homepage: www.windrather-talschule.de

5.585 Witten Rudolf-Steiner-Schule ASN: **186661**
Billerbeckstr. 2, 58455 Witten – Tel. (0 23 02) 28 18 3-0, Fax 28 18 3-13
E-Mail: rudolf-steiner-schule-witten@t-online.de
Homepage: www. waldorfschule-witten.de

5.586 Witten Blote Vogel, Freie Schule nach der Pädagogik Rudolf Steiners ASN: **194013**
Stockumer Str. 100, 58454 Witten – Tel. (0 23 02) 95 66 0-0, Fax 95 66 0-29
E-Mail: info@blote-vogel.de, Homepage: www.blote-vogel.de

5.590 Wuppertal-Barmen Rudolf Steiner Schule ASN: **164150**
Schluchtstr. 21, 42285 Wuppertal – Tel. (02 02) 28 08 4-0, Fax 28 08 4-20
E-Mail: hinze-roemer.rssw@web.de

5.592 Wuppertal Christian-Morgenstern-Schule für Erziehungshilfe ASN: **152936**
Wittensteinstr. 76, 42285 Wuppertal – Tel. (02 02) 8 30 88, Fax 8 29 01
E-Mail: post@cms-wtal.de

d) Rheinische Förderschule (Förderschwerpunkt körperliche und motorische Entwicklung)

5.600 Köln Anna-Freud-Schule Rheinische Förderschule gegr. 1969
Förderschwerpunkt körperliche und motorische Entwicklung
Alter Militärring 96, 50933 Köln – Tel. (02 21) 55 40 46-0, Fax 55 40 46-199
E-Mail: anna-freud-schule@lvr.de, Homepage: www.anna-freud-schule.de

Schulleiter: **Ludwig Gehlen**

stellv. Schulleiterin: **Angela Kaiser**

Die Anna-Freud-Schule ist die einzige Schule für Körperbehinderte in NRW, die bis zum Abitur führt. Der Einzugsbereich der Schule erstreckt sich auch auf die angrenzenden Bundesländer. In der Sekundarstufe II, die seit 1976 besteht, erfolgt der Unterricht nach den Richtlinien und Lehrplänen der gymnasialen Oberstufe. Es können die allgemeine Hochschulreife und die Fachhochschulreife erworben werden.
Die Schule wird als Ganztagsschule mit 5-Tage-Woche geführt. Angeschlossen ist ein Alumnat.
Auch nichtbehinderten Schüler/innen steht in begrenzter Anzahl die gymn. Oberstufe seit 1989 offen.

Oberstufenkoordinatorin (Abteilung III): **Dorothea Strecker**
Koordinatorin (Abteilung II): **Alexandra Solbach**
Koordinator (Abteilung I): **Michael Meier**

Kl: 6/12 Ku: 57 (12) Sch: 277 (109) (63/140/74) Abit: 19 (11) ASN: **184305**
L: 47 (A 1, A_1 1, A_2 3, B 4, C 14, D 18, E 2, F 2, H 2)
Fachaufsicht Sonderschule – BR Köln Dez: RSD **Höhne**
Spr.-Folge: E, F/L   Fachaufsicht Sekundarstufe II – BR Köln Dez: LRSD **Eumann**

A	**Gehlen** Ludwig	7.11.01	D PL SN	k	11. 2.53	B	**Strecker** Dorothea	25. 5.05	D L SN k	29. 8.61
							Hoppmann Frank	3.11.98	BI PA	24.11.46
A_1	**Kaiser** Angela	1. 8.99	EK M SN	k	24.12.48		**Schmitz** Karin	10.03	E SN	30.12.64
A_2	**Samson** Edith Dipl.-Psych.'	16. 6.94	F EK		20. 3.52		**Goldschmidtböing** Elke	1. 6.06	M CH k	30. 4.70
	Wrede Christa	8. 7.97	D KR	k	1. 1.57		**Faust** Birgit		E GE k	22. 5.65

C	Schierenberg Margarete	78	BI M SN	e	15.12.48	Moertter Brigitte	17. 7.02	E SN	13. 5.71
						Schüle-Bertenrath Katharina	18. 7.02	MU ER SN	3. 3.72
	Raczek Claudia	4.11.82	GE SW	k	3. 1.54				
	Pech Gudrun	18. 8.97	L KU	k	18. 7.52	Ludwig Holger	26. 9.02	BI SN	17.10.69
	Valk Monika	18. 5.99	D BI	k	11. 5.68	Hennen Christiane	8. 8.06	D SN	15. 1.76
	Wilhelm Ulf	8. 2.01	SP SN		5. 6.71	May Jürgen		D SP	5. 8.46
	Stollenwerk Mirko	17. 9.01	M PL		30. 5.70	Schumacher Gerda		KU	7.12.46
	Falentin Anja	1. 8.02	D GE SN	e	13. 7.67	Peters Dorothée		E KR	k	8. 6.47
						Zeibig Petra		E GE SP SN	12. 7.48
	Krahforst Anne	1. 9.03	D EK		21. 3.72				
	Heumann Evelyne	26. 4.04	M CH SN		12. 5.51	Mimberg Marion		F KR	k	21.11.52
						Meier Michael		SW SN	14. 4.56
	Tschersich Sabine	1. 4.06	L F		6.11.74	Klöckner Holger		KU SN	11. 3.67
	Denker Xaver	1. 8.06	M PH IF		27. 8.62	Ruf Sascha		GE E SN	15. 4.73
	Risters Markus	10. 4.07	SP SN D		13. 7.73	Urban Stefan		E SN	19.10.73
	Muders Sebastian	29. 5.07	SW PA		20. 1.77	E Seelbach Jan	1. 2.06	MU EK	22.12.75
	Freitag Silke	27. 6.07	M E SN		29. 5.78	Wollny Angelika	8. 8.06	BI PA	13. 9.66
D	Kairies Willi-Stefan	29. 1.79	D EK SN		21. 4.50	F Schönartz Elke		SP	1.11.51
						Schultze Uta Dr.		BI PA	15. 5.66
	Gappa Thomas	3. 2.82	E EK		25. 1.52	H Ahren Yizhak Prof. Dr. Dipl.-Psych.			16.12.46
	Solbach Alexandra	1. 4.82	M SP		13.10.53				
	Hilse Petra	5. 4.83	E BI		12. 7.55	Schüller Christine Dipl.-Päd.'			17.11.50
	Lenzen Hildegard	25. 6.84	M PH		30. 1.57				

e) Rheinisch-Westfälisches Berufskolleg für Hörgeschädigte Essen

5.610 Essen   Rheinisch-Westfälisches Berufskolleg für Hörgeschädigte Essen   gegr. 1978
Eine Schule des Landschaftsverbandes Rheinland.

Kerckhoffstr. 100, 45144 Essen – Tel. (02 01) 87 67-0, Fax 75 10 21
E-Mail: sekretariat@rwb-essen.de, Homepage: www.rwb-essen.de

Schulleiterin: OStD' **Heidemarie Kleinöder**   Vertreter: StD **Eugen Wilde**
Sch. gesamt: 1031 (469)

Die Schule wird von hörgeschädigten Schülerinnen und Schülern aus allen Bundesländern besucht. Das Abitur kann in drei Bildungsgängen mit unterschiedlichen Schwerpunkten und Leistungsfächern erreicht werden. Zudem werden Bildungsgänge angeboten, die zur Fachhochschulreife führen.

Bereichsleiter: StD **Rolf Sauerbacker** – Tel. (02 01) 8 76 71 12

Kl: 44   Sch: 317 (181) Abit: 45 (26)   FHSR: 30 (14)   ASN: **186788**
L: 59 (A 1, A$_1$ 1, A$_2$ 7, B 22, C 23, D 2, E 1, H 2)

Spr.: E, F/L

Fachaufsicht Sonderschule – BR Düsseldorf Dez: LRSD **Brettschneider**
Fachaufsicht Sek. II – BR Düsseldorf Dez: LRSD **Ebbinghausen**

A$_2$	Glasmeyer Winfried	MTC	17. 1.52	Lindlahr Eva-Maria	GE F L	2. 2.54
	Hupe Edgar	TC PH	22. 6.50	Lindlahr Ulrich	D GE	23. 6.55
	Malischewski Norbert	PH TC		Nolden Michael	GE KR	24.10.62
	Peters Hans	M TC	15. 1.49	Otto-Münnich Gabriele	F D	2.10.55
	Saueracker Rolf (Vw)	WW E IF	15. 3.54	Schöler Ilona	E GE	29.10.54
	Schrumpf Peter	PH M IF	29.11.53	Schneider Anne	BI SN	23.11.68
	Wohler Hans	PL D	26. 7.54	Sirsch Günter	TC M	4. 1.54
B	Baguette Regina	E PA	25. 5.54	Spieß Christel	R SW	16. 5.55
	Balzer Jürgen	D E	21. 1.50	Steber-Schulte Norgard	D GL	26.12.48
	Borach Winfried	WW KR	2. 7.47	van der Vlugt Reiner	WW GL	1. 3.46
	Cremer Karl-Heinz	PH TC	22. 7.50	Wohler Ursula	E KU	23. 4.57
	Domke Klaus	WW	21.11.53	C Aengenheister Christian	PH TC	
	Dung Gabriele	PH TC	29. 1.60	Chlebowski Susanne	BI SN	
	Edler Markus	L PA	30.10.55	Dappen Martina	GL ER	19. 4.69
	Gersching Sabine	D BI	5.12.55	Erdmann Julia	D PA ER	30.12.75
	Holl Peter Dr.	D PA CH	1. 1.54	Fast Lydia	CH TC	15. 7.64
	Jolk Josef	PH TC	8. 6.48	Fischer Gabriele	WW S IF	1.10.62
	Lange Horst	TC PH	2. 4.48			

Glasmeyer Silvia	SP EK	13. 5.55		**Schubert** Reinhard	M	20. 2.49
Hackling Norbert	D M TC	20.11.68		**Schulterobben** Melanie	GL SW	
Hadrys Lothar Dr.	GL PA			**Thyes** Julia	E D BI	10. 3.70
Keller-Karger Peter	PH TC	10. 8.68		**Toelle** Manfred	WW SW	4. 5.48
Kiwitt Sabine	E SN			**Westerfeld** Gudrun	L KR	12. 5.69
Korff Harald	G WW	28. 9.60		**Wuttke** Brigitte	FR	20. 5.56
Kotthaus Sandra	WW		D	**Gorys** Susanne	D F E	14. 3.63
Montag Judith	D EW			**Reiner** Margrit	KU	15.11.56
Müller Ulrike	M KR	12. 6.62	E	**Lahme** Kristin	D GE	
Nachmann Ulrike	M	1. 2.71	H	**Rothfahl** Eva-Maria Pfr.'	ER	13.11.52
Overmann Hans	M	23. 8.53		**Walter** Norbert	SP	6. 3.52

6. Die Studienseminare für Lehrämter an Schulen

Seminare für das Lehramt an Gymnasien und Gesamtschulen
– mit den zuständigen Bezirksregierungen in Arnsberg, Detmold, Düsseldorf, Köln und Münster –

a) Nordrhein

Bezirksregierung Düsseldorf
Dezernat 46 – Lehreraus- und -fortbildung
Cecilienallee 2, 40408 Düsseldorf – Tel. (02 11) 4 75-0

Studienseminare:

6.115 Düsseldorf	6.150 Mönchengladbach
6.120 Duisburg	6.153 Neuss
6.125 Essen	6.155 Oberhausen
6.135 Kleve	6.165 Solingen/Wuppertal
6.145 Krefeld	

Bezirksregierung Köln
Dezernat 46 – Lehreraus- und -fortbildung
Zeughausstraße 4–8, 50606 Köln – Tel. (02 21) 1 47-1

Studienseminare:

6.100 Aachen	6.140 Köln
6.105 Bonn	6.148 Leverkusen
6.130 Engelskirchen	6.163 Vettweiß
6.133 Jülich	

6.100 Aachen Studienseminar für Lehrämter an Schulen gegr. 1927 BR Köln
Seminar für das Lehramt an Gymnasien und Gesamtschulen
Malmedyer Str. 61, 52066 Aachen – Tel. (02 41) 41 31 94 12/14, Fax 41 31 94 94
E-Mail: seminar-gyge-aac1@studienseminare.nrw.de
Homepage: www.studienseminare-ge-gym.nrw.de/ac

Dienststellung	Name, Vorname, Titel		in der Dienststellung seit	Lehrbefähigung	Bekenntnis	Tag der Geburt
Leiter des Studienseminars	N. N.					
Seminarleiter	Jansen Dieter[1]	StD	20.11.98	D GE		29.12.45

[1] Lehrbeauftragter an der RWTH Aachen

Fachleiter(innen)

Name, Vorname, Titel	Dienststellung	Fach	seit	Schule (Planstelle)
Alpmann Thomas	OStR	Physik/Hauptseminar	9. 8.06	1.380
Bauer Hannspeter Dr.	StD	Englisch	25. 4.97	4.494
Bierfert Ursula	StD'	Erdkunde	20. 8.01	1.810
Braam Manfred	StD	Niederländisch/Hauptseminar	1. 4.89	1.320
Brassel Ulrich	OStR	Musik	9. 8.06	1.007
Brendt Norbert Prof. Dr.	StD	Musik	15. 6.88	1.191
Camiola Beate	OStR'	Englisch		1.711
Frizen Werner Dr.	StD	Deutsch	5.11.96	1.402
Gablik Ralf	L i. A.	Kunst		1.001
Gierlich Heinz Dr.	StD	Deutsch	1. 4.97	1.036
Haase Gabriele	StD'	Mathematik/Hauptseminar	1. 4.97	1.011
Hoffmann Ute	OStR'	Mathematik		
Holz Olaf-Christian Dr.		Biologie	14. 4.97	4.001
Hummel Bernhard	StD	Physik	23. 8.01	1.006
Imbusch-Jung Birgit	StD'	Geschichte/ Geschichte bilingual dt.-frz.	1. 3.97	1.008
Janning Axel	StD	Sport/Hauptseminar	26. 2.99	4.002
Kämmerer Ulrich	OStR i. K.	ev. Religion	1. 2.05	1.006
Karabulut Nilgül	OStR'	Englisch/Hauptseminar		1.020

Klein Erwin	StD	Spanisch/Französisch/ Hauptseminar	1. 4.97	1.107
Köllges Melanie	OStR'	Chemie		1.200
Krüger Ulrich	StD	Sozialwissenschaften/ Hauptseminar	25. 2.99	1.710
Kuchen Winfried	StD	Philosophie/Prakt. Philosophie	27. 2.75	1.006
Laschewski-Müller Karin	StD'	Geschichte/Hauptseminar	1. 2.97	1.011
Liedgens Walter Andreas Dr.	StD	Biologie/Hauptseminar	16. 1.95	1.419
von Löhneysen Madeleine	StD'	Biologie	25. 2.99	1.009
Mäsch-Donike Martina	StD'	Französisch	1. 2.99	1.008
Peters Peter Dr.	StD	Deutsch/Hauptseminar		1.201
Randerath Gregor	OStR	Pädagogik		
Richter Tanja	StR'	Englisch/Geschichte bil.	1. 2.05	1.003
Ricken Lothar	StD	kath. Religion	1. 2.03	4.920
Schulte Thomas		Geschichte		
Strömer Jochen		Sport		

Studienreferendare(innen)

Name, Vorname	Lehr-fächer	Bek.	Tag der Geburt	Name, Vorname	Lehrfächer	Bek.	Tag der Geburt

Gesamtzahl am Stichtag: 195 (113)

Ausbildungszeitraum 1. 2. 2006 – 31. 1. 2008

Arlt Sabine Dr.	BI PH			Negendank Malte	E F		
Bärbig Janina	D ER			Neuenhaus Myriam	KU		
Brinkhus Regina	EK SW			Neuhaus Sabine	D ER		
Buchholz Frauke Dr.	E F			Neumann Kristina	D MU		
Chong Seung-Hyun	ER SP			Niehaus Florian	D GE		
Coerdt Beatrix	EK SP			Niewersch Mario	D KR		
Dautzenberg Joachim	BI CH			Ommer Inga	EK SW		
Djamadi Ali Dr.	M PH			Pautsch Susanne	D M		
Dreessen Julia	EK SP			Pieper Anja	BI D		
Dreuw Christoph	GE SP			Prinz Thomas	D SP		
Düring Heike	BI PH			Puthukkattuchir Rubin T.	E F		
Erbslöh Franziska	F PA			Rammert Bianca	D L		
Faber Thorsten	KR L			Ritzefeld Andreas	BI KR		
Fischer Ulrike	E PA			Rottmann Nicola	E N		
Franke Stefanie	F MU			Santoro Sandra	PA SW		
Frese Katja	BI KR			Schoo Katja	GE N		
Gichtbrock Heike	D N			Schouten Nora	E S		
Groll Sebastian	D E			Schröter Mandy	D SW		
Grube Marco	D ER			Sebetzky Sven	PA SW		
Haas Barbara	D S			Siemund Rainer	E GE		
Hartmann Maike	E MU			Spengler Claudia	CH M		
Heyser Bärbel	BI D			Steller-Kremer Ingrid Ute	MU		
Hilpert Matthias	CH SP			Storz Christina Uta	BI PH		
Himstedt Christian	M PH			Stümges Vera	BI E		
Hinze Claudia Dr.	CH PH			Thebrath Tanja	D GE		
Hoffmann Donata	GE L			Vaish Oliver	F S		
Janßen Simone	D KR			Veltjens Maria Elisabeth	GE PA		
Janzen Wiebke	BI M			Wefers Denise Nadine	D E		
de Jong Thorsten Jens	E ER			Wurm Thomas	BI E		
Kanitz Diane	BI D			Zieße Ralf	SP SW		
Kleine Katrin	E M			Zimmermann Maria	BI D		
Kraneburg Gabriele	MU						
Kraus Christian	D KR			**Ausbildungszeitraum 9. 8. 2006 – 8. 8. 2008**			
Krause Thorsten	KR MU			Altgassen Bernd	KU PA		
Krings Sabine	BI D			Dörr Fabian	ER MU		
Kupfer Hans-Christoph	D PL			Genge Olaf	M PH		
Liesegang Fabrice	E EK			Hellinghausen Fabienne	M SP		
Löttgers Daniel	D ER			Helmling Georg	SP EK		
Metz Fritz Dr.	CH PH			Kraus Elke	M PH		
Millerat Mathias	F GE (bil.)			Laatsch Andrea	D MU		
Moritz Dorothea Elisabeth	D PA			Muelln Michael	ER M		
Nashar Sumaia	D E			Ostrowski René Markus Dr.	BI PH		
Neckenbürger Nina	E S			Parsiegel Christian	MU		

Renneberg Michel	MU N	Pütz Sascha	D KR
Richter Georg Dr.	M PH	Rantz Jochen	E PA
Ruzicka Judith	KU	Rosinski NIna	PA SP
Wagner Thomas	E KU	Schewe Carola	PA SP
Willnat Kirsten	D MU	Schlemmer Véronique	F GE
		Schmiedekind Sarah	E F

Ausbildungszeitraum 25. 8. 2006 – 24. 8. 2008

		Schornstein Anna	BI D
		Schröder Andreas	BI CH
Coskun Sultan	D E	Schröder Susanne	BI S
Heinen Wolfgang	M PH	Severiens Ralf	D EK
Helmling Georg	SP EK	Spahl-Söndgen Dominique	E F
		Spaniol Anna-Katharina	CH F

Ausbildungszeitraum 1. 2. 2007 – 31. 1. 2009

		Steins Christian	GE KR
D'Aloisio Frank	D KU	Stenten Marion	D PA
Artz Alice	E F	Stotzka Dominik	D GE
Atiser Randi	E GE	Syben Sandra	E KR
Bach Marietta	GE KR	Thürwächster Eva-Maria	F SP
Bauer Reimund	D GE	Tongul Sefa	PA SW/PK
Baumann Andrea	M SP	Trowitzsch David	D L
Berard Michaela	M PH	Wilkes Sebastian	GE S
Berg Christoph	D EK	Ziolkowski Jagoda	BI F
Brendebach Peter	GE PL	Zöller Melanie	D EK
Brocksieper Ulrich	BI EK	Zühlke Raoul Dr.	EK GE
Buchmüller Nadine	E F		
Collal Michael	D PL/PP	**Ausbildungszeitraum 17. 8. 2007 – 16. 8. 2009**	
Eleftheriadis Theofilos	M PH	Alles Christine	CH BI
Ebel Mathias	BI CH	Büchers Annette	D E
Erdem Umahan	PA SW/PK	Endenich Raphael	MU EK
Fell Stephanie	BI D	Frings Anja	E F
Gielen Thomas	E SP	Gennet Julia	GE S
Göser Michaela	BI D	Hager Andrea	D KR
Grußendorf Tanja	GE SW/PK	Hermanns Wencke Dr.	M ER
Gülden Benjamin	EK SW/PK	Heßler Nina	EK SP
Hager Thomas	E S	Hoffschröer Anne	MU KR
Hamacher Sabine	BI D	Jung Ralph	D GE
Hildebrandt Jan	D KR	Kaever Anna	GE F
Hoch Diana	D E	Koch Christine	M SP
Huppertz Irena	E ER	Kollhoff Corinna	D GE
Janßen Marina	D E	Kuhlmann Nils	PH M
Joachims Julia	D E	Kühn Angela	EK S
Karow Nathalie	BI D	Lammen Anja	N D
Kerner Jürgen	EK SW/PK	Mertens Annemarie	KR D
Knauf Barbara	KU M	Mohr Sebastian	M KR
Knops Thorsten	M PH	Neckenbürger Sandra	D N
Krämer Stefan	PL SW/PK	Neumann Maike	M KR
Kreutzer Thorsten	E SP	Postulka Susannah	E D
Kronewetter Nina	EK SP	Repohl gen. Hollenhorst Ralf	GE KR
Manthuruthil Jaisy	D N	Rolle Toni	MU
Marcowitz Heinz Rainer Dr.	D GE	Schäfer Dirk	D GE
Malzutt Aurélie	D F	Schürmann Sonja	CH D
Mels Michaela	D KR	Stremlau Gabriele	F S
Meuter Holger	GE SP	Weber Michael	PH M
Moss Christian	E KR	Wessels Michael	D GE
Neubert Nancy	E GE	Wingens Margit	D BI
Nüsser Sylvia	BI D	Ziemons Anne	BI M
Overbeck Kerstin	BI D	Zohren Daniela	D N
Pastel Tanja	D E	Zühlke Susanne	N EK
Peckedrath Ina	E SW/PK	**Ausbildungszeitraum 27. 8. 2007 – 26. 8. 2009**	
Plum Heike	BI D		
Poplutz Dominik	KR L	Mitchel Tanja	E S

6.105 Bonn Studienseminar für Lehrämter an Schulen gegr. 1931 BR Köln
Seminar für das Lehramt an Gymnasien und Gesamtschulen
Wegelerstraße 1, 53115 Bonn – Tel. (02 28) 9 69 43 20, Fax 96 94 32 32
E-Mail: studienseminar-bonn@t-online.de, Homepage: www.studienseminar-bonn.de

Dienststellung	Name, Vorname, Titel		in der Dienststellung seit	Lehrbefähigung	Bekenntnis	Tag der Geburt
Leiterin des Studienseminars	Utz Barbara		OStD'	CH HW EW	e	1. 9.51
Seminarleiter	Stein Michael		StD	CH D		

Fachleiter(innen)

Name, Vorname, Titel	Dienststellung	Fach	seit	Schule (Planstelle)
Bennemann Horst	StD	Mathematik		4.388
Bitz Karin	StD'	Englisch		1.715
Braun Dieter	StD	Griechisch		1.050
Bröcker Simone	StR'	Sport		1.054
Büttner Susanne	StR'	Deutsch		1.589
Caspari Volker	OStR	Musik		1.690
Dahmen Marina	StD'	Deutsch		1.660
Eilers-Stawinoga Petra	StD'	ev. Religion		1.424
Fenske Otto	StD	Deutsch/Hauptseminar	26. 2.96	1.691
Fink Werner	StD	Geschichte/Geschichte (bil. E)	1. 2.98	1.616
Frey Anne	OStR'	Geschichte		1.442
Funk Katharina	OStR'	Spanisch		1.433
Giffhorn Barbara Dr.	StD'	Englisch	1. 3.98	1.240
Henke Roland Dr.	StD	Philosophie/Hauptseminar		1.588
Herrig Ernst	OStR	Erdkunde		1.170
Heuser Birgit	StD'	Latein	1. 2.97	1.790
Hillerich Burkhard	StD	Französisch/Hauptseminar	1. 9.79	1.185
von Hoerschelmann Dorothee Dr.	StD'	Deutsch/Hauptseminar		1.475
Jünger-Geier Ursula Dr.	StD'	Deutsch		
Kalmutzki Inge	StD'	Biologie	10. 8.98	1.060
Kerstin Bert	StD	Englisch		4.090
Klandt Ellen	StD'	Pädagogik/Hauptseminar	1. 2.98	4.870
Klemp Christoph	StD	kath. Religion/Hauptseminar		1.417
Krawietz-Hüll Antje	StD'	Sozialwissenschaften		4.491
Krechel Hans-L. Dr.	StD	Französisch/Hauptseminar	1. 2.98	1.403
Langner Markus	OStR	Deutsch		1.406
Leder Klaus	StD	Biologie	26. 2.96	1.090
Link Dietmar	StD	Informatik	1. 2.00	1.054
Mertens Hans Günther	StD	Sport	19. 8.96	1.061
Neffgen Michael Dr.	OStR	Physik		1.401
Nelles Maria	StD'	Mathematik	1. 2.02	1.069
Nowak Engelbert	OStR	Französisch		1.351
Otten Edgar	StD	Englisch/Hauptseminar	26. 2.96	1.410
Pabst Inga	StD'	Deutsch		1.426
Prinzen Heinrich	StD	Pädagogik		1.069
Schaar Irmgard	StD'	Biologie		4.030
Schalück Andreas Dr.	OStR i. K.	Sozialwissenschaften		1.059
Schoppe Andreas Dr.	OStR	Kunst		1.057
Schröder Franz-J. Dr.	StD	Physik/Hauptseminar	1. 2.98	4.090
Schulze Matthias	StD	Philosophie		4.090
Schumacher Andreas	StD	Sozialwissenschaften		1.588
Schumann Werner	StD	Erdkunde		1.413
Stauder Dieter	StD	Hauptseminar/Physik	15. 4.97	1.060
Tempel Ursula	StD'	Geschichte/Geschichte (bil. E)		1.488
Thiemann Wilmar	StD	Russisch		1.310
Volk Maria	StD'	Ernährungslehre/Hauptseminar	1. 2.98	1.416
Walbröhl Hans-Wilhelm	OStR	Musik		1.640
Weier Michael	StD	Chemie		1.170

Studienreferendare(innen)

Name, Vorname	Lehrfächer	Bek.	Tag der Geburt	Name, Vorname	Lehrfächer	Bek.	Tag der Geburt
Gesamtzahl am Stichtag: 186 (111)							
Ausbildungszeitraum 1. 2. 2006 – 31. 1. 2008							
Albagdade Wiham	CH PH			Olligschläger Frank	EK SW		
Ballas Andreas	M PH			Orth Daniela	BI M		
Bartel Ute	KU			Rebelo da Costa Elisabete	D PA		
Bindl Andreas	CH SW			Schampera Frederike	BI EL		
Blechstein Arvo	D E			Schieffer Sarah	D SP		
Bonsignore Luca	GE SW			Schiele Maria	E EK		
Bourgeois Marion Dr.	M PH			Scholl Peter Dr.	M PH		
Boyer Josef Dr.	D SW			Schrautemeier Bernhard Dr.	BI CH		
Brauweiler Patrick	E F			Schuhenn Christina	D GE		
Brückner Juliane	E SP			Schüller Anne	BI PH		
Butscheid Stefan	D KR			Schürtz Simone	F SP		
Coenen Annette	D E			Siemer Carina	D S		
Decker Franziska	KU			Spira Florian	D GE		
Diehl Monika	D F			Starck Hannah	CH EL		
Diller Klaus	EK SP			Stock Antje	E PA		
Dreiner Nico-Daniel	EK SW			Stutzmann Frank	GE SP		
Engels Werner	M PH			Wadephul Diana	BI E		
Ernst Marianna	D E			Wanzek Sönke	EK SP		
Faßbender Rolf	M PH			Weger Birgit-Maria	PA SW		
Fischer Daniela	D KR			Weichsel Tim	PA SW		
Fleischer Christiane	BI M			Weiler Hans Peter	E GE (bil.)		
Geib Annegret	D EL			Wilms Sarah	BI EK		
Gerber-Lentzen Beate	BI F			Wirth Klaus Peter Dr.	CH PH		
Gierlings Marita Dr.	M PH			Wolfertz Michael Dr.	M PH		
Glatzer Elke Dr.	M PH			Zachau Olav	E GE (bil.)		
Görges Klaus Dr.	CH PH						
Granvillano Colette	E GE (bil.)			**Ausbildungszeitraum 9. 8. 2006 – 8. 8. 2008**			
Greiff David	IF M			Henning Annika	E L		
Günther Luise	KU E			Hesse Jan	IF M		
Hartmann Jessica	BI EK			Hoffmann Beate	IF M		
Hausel Kathrin	KU			Lang Karin	E MU		
Helldörfer Christiane	KU			Lingen Monika	MU		
Hellemeier Jennifer	KU			Marner Brigitte Dr.	CH M		
Hennes Susanne	KU			Martin Johannes	M PH		
Herberth Heide	D E			Peine Regine	IF M		
Holtgrewe Detlef	KU			Schreiber-Krüger Kirsten	IF M		
Holzhauer Angela	E KU			Wierig Franz	M PH		
Hübner Bettina	E SP						
Isik Erkan	M IF			**Ausbildungszeitraum 25. 8. 2006 – 24. 8. 2008**			
Jestädt Erik	EK SP			Formanek Ruth	D F		
Kemper Tobias Dr.	D GE			Oerder Carsten	D KR		
Kiel Miriam	KU PA						
Klein Marcia	E F			**Ausbildungszeitraum 1. 2. 2007 – 31. 1. 2009**			
Knocke Eva-Maria	D E			Aberfeld-Jelidi Petra	D PA		
Kramer Karsten	D GE			Amirie Susan	D E		
Krause Nina	D E			Artz Antje	E KR		
Kruse Martin	BI CH			Aschenbruck Clarissa	D KR		
Küper Wolfgang-René	BI GE			Bauer Nina	D E		
Leugers Anne	BI EL			Beineke Harmka	M SP		
Lüpsen Kristina	E EK			Bertenrath Zita	D ER		
Mähler Elena	IF M			Böhmer Athanasia	CH PH		
Mallon Frank	M PH			van den Boom Nils	IF M		
Möller Achim	D SP			Braun Britta	D EK		
Müller Marcus	BI EK			Braun Daniel	EK L		
Müller-Champre Stefan	PH BI			Büchel Melanie	E F		
Müller-Marsall Margarete	F S			Buchholz Adam-Daniel	IF M		
Neumann Jürgen Dr.	BI CH			Buß Karin	D ER		
Niazi Faisal	BI PH			Butsch Eva Maria	D KU		
Nitsch Malte	GE SP			Collin Claudia	D GE		
Ohrndorf Corinna	KU						

Demmer Paalke	E SP	**Lüdtke-Handjery** Sylvia	GE PA
Dietrich Anne	E KU	**Maallern** Verena	E F
Drossner Christian	D GE	**Mainka-Hanenberg** Angela	D KR
Eisen Heinke-Brigitte	EK ER	**Martini** Julia	BI CH
Ennen Mechtild	F S	**Mayer** Ingrid-Andrea	D E
Fahne Alexandra	IF SW	**Meyer** Barbara	BI EL
Finkenrath Christian	D MU	**Meyer** Grietje	D PA
Fischer Tatjana	M PH	**Meyer** Guido	KR SW
Förster Monika	M PH	**Mies** Hannah-Barbara	D GE
von Foullon Nadine	E ER	**Nettekoven** Jan Peter	BI SP
Franz Christina	E PA	**Nikolaus** Katharina	D F
Friedrich Georg	MU	**Nolte** Rieke	D E
Gernert Solveig	F MU	**Ohrndorf** Timo	GE L
Gogos Edith	D PL	**Pagga** Jörg	D GE
Gorschlüter Lisa	KU PA	**Pellin** Sonja	M SW
Gösser Katharina	F GE	**Petersen** Björn	MU
Halbach Sabine	F S	**Pfiester** Michael	BI EL
Hartmann-Dietrich Jana	M PH	**Querbach** Rochus	PA SP
Hassan Kais	E GE	**Reinke** Ulrich	E GE
Heck Verena	E GE	**Richter** Verena	D EK
Heemann Wiebke	E SP	**Rippel** Mechthild	F KR
Heidelbach Birgit	BI EK	**Rosin** Svetlana	MU R
Heinroth-Stoffel Elke	D PA	**Runge** Nadine	D PL
Henn Judith	D GE	**Sanchez** Alonso	S GE
Hergarten Heike	D KR	**Schausten** Sabrina	E PA
Hoffmann Rosa-Maria	BI SP	**Schenk** Vera	KR MU
Hübner Tim	E SP	**Schmallenbach** Jörg	IF M
Huth Jenny	D SP	**Schmidt** Janet	D ER
Huth Kerstin	L PA	**Schmitz** Andreas	D PA
Jäckel Norman	BI F	**Schmitz** Johannes	D KR
Kaiser Monika	E R	**Schmitz** Melanie	E PH
Kausch Julia	BI KR	**Schmitz-Richrat** Benedikt	KR PL
Kayser Christa	G L	**Schönenkorb** Aneta	D PA
Keiser Berit	D ER	**Schreiber** Anke	BI D
Kelderbacher Pierre	M SP	**Schuster** David	D GE
Klärner Anne	D KR	**Sebastian** Manuel Dr.	CH M
Klose Karina	D KR	**Söhl** Goran Dr.	BI PH
Klose Matthias	GE KR	**Stengert** Sarah	E SP
Klukas Dany-Sophie	D KU	**Teller** David	EK SW
Knipp Nils	G L	**Termin** Aleksandra	BI PA
Koch Klaus-Peter	IF M	**Theis** Tanja	D SW
Kötter Sandra	D E	**Thiet** Katrin	E SP
Kreutzer Sven	E EK	**Walter** Christoph	BI EK
Kühn Thilo	F SW	**Wansleben** Christoph	MU
Langenfeld Mechthild	D MU	**Wichardt** Wiebke	D E
Lembke Florian	EK SW	**Wiemann** Anne	GE SW
Lietmeyer Stephanie	E KU	**Wilmes** Till	EK SP
Link Claudia	BI SP	**Windisch** Sandra	D SW

6.115 Düsseldorf Studienseminar für Lehrämter an Schulen D'dorf gegr. 1926 **BR D'dorf**
Seminar für das Lehramt an Gymnasien und Gesamtschulen
Redinghovenstraße 9, 40225 Düsseldorf – Tel. (02 11) 9 33 93-0, Fax 9 33 93-39
E-Mail: seminar-gyge-dus2@studienseminare.nrw.de
Homepage: www.studienseminare-ge-gym.nrw.de/D

Dienststellung	Name, Vorname, Titel		in der Dienststellung seit	Lehrbefähigung	Bekenntnis	Tag der Geburt
Leiter des Studienseminars	**Becker** Klaus Bert Dr.	OStD	1. 4.97	D GE EW PL		1.11.44
Seminarleiterin	**Gudlat** Waltraut	StD'		SW WW		23. 8.48

Fachleiter(innen)

Name, Vorname, Titel	Dienst-stellung	Fach	seit	Schule (Planstelle)
Bellardts Dietmar	StD	Physik		4.221
Bickel Horst Dr.	StD	Biologie		1.118
Blume Otto Michael	StD	Französisch/Geschichte (bil. F)	1. 2.98	3.115
Böth Wolfgang Dr.	StD	Deutsch		1.633
Breidenbach Alexia	StD'	Kunst		4.221
Correnz Walter	StD	Sozialwissenschaften/ Hauptseminar	14. 3.96	1.276
Danzeglocke Michael	StD	Italienisch		4.221
David Ursula	StD'	Sport	1. 8.75	1.360
Demmer Martin	StR	Musik		1.535
Doepner Thomas Dr.	StD	Latein		4.246
Ecken Stefanie	StD'	Mathematik		1.118
Eilers-Klefisch Sylvia Dr.	StD'	ev. Religion/Hauptseminar	1. 2.98	1.470
Flachmann Martin	StD	Englisch		4.890
Flock Peter	StD	Englisch/Hauptseminar	1. 2.98	1.586
Heidemeyer Peter	StD	Chemie	1. 9.77	1.127
Heße Jens	StR	Griechisch		1.535
Kirchhoff Rolf	StD	Biologie/Hauptseminar	1. 2.98	4.221
Kleinhans Gerhild	StD'	Mathematik		1.511
Koletzko Barbara	StD'	Erdkunde (bil. F)/ Hauptseminar	15.12.95	1.122
Kühnen Klaus	StD	kath. Religion	1. 2.98	3.115
Marx Ulrike	StD'	Biologie		1.506
Mickartz Heinrich	StD	Englisch	12. 2.96	1.135
Müller Beatrix Dr.	StD'	Deutsch	1. 2.98	1.138
Müller Friedrich B. Prof.[1]	StD	Geschichte (bil. E)	1. 2.81	1.115
Rübbelke Antonius	StD	Physik		1.126
Schaeper Mechtild	StD'	Spanisch	1. 2.98	6.115
Schier Jürgen Dr.	StD	Englisch	1. 2.98	4.831
Segets Michael Dr.	StD	Sport		4.220
Seifert Gerd	StD	Erziehungswissenschaften/ Hauptseminar	1. 8.94	6.115
Waldmann Wolfgang	StD	Deutsch	5.11.79	1.195
Wehren-Zessin Heike	OStR'	Deutsch		1.402
Wiesen Brigitte Dr.	StD'	Philosophie/Prakt. Philosophie		1.353
Winter Helmut	StD	Geschichte	22. 6.98	1.138

Studienreferendare(innen)

Name, Vorname	Lehr-fächer	Bek.	Tag der Geburt	Name, Vorname	Lehrfächer	Bek.	Tag der Geburt

Gesamtzahl am Stichtag: 234 (146)

Ausbildungszeitraum 1. 2. 2006 – 31. 1. 2008

Aschan Guido Dr.	BI PH	**Haase** Claudia	E S
Becker Kai	PA SW/PK	**Händel** Michael	M PH
Bensberg Verena	E EK	**Hahne** Kathrin	D F
Betyna Mathias	KU	**Heinz** Katrin	MU
Biggemann Jennifer	E MU	**Held** Markus	G L
Brocker David	E EK	**Hellbach** Ingrid	EK SP
Bussmann Jörg	M PH	**Hietsch** Ioana	E F
Claßen Holger	G L	**Hoffacker** Sina	D PL
Drenckhan Frithjof	M PL PP	**Horst** Daniel	EK SP
Erlbaum Nancy	E S	**Horstkötter** Ralph	EK SW/PK
Frenzke-Shim Anne	D F	**Horstmann** Katrin	D E
Fuchs Jürgen	M PH	**Jagla** Torsten Dr.	M PH
Geigenmüller Philip	MU	**Janzen** Anne Kathrin	BI SP
Giesen Hans-Erik	M PH	**Kaiser** Timo	E SP
Giurgolo Tomaso	PA SP	**Keiner** Anne	E GE
Gladtfeld Hans-Peter	M PH	**Klinnert** Renate	D GE
Gökcen Asil	GE PL PP	**Klöckner** Regina	KU
Griesse Birte	ER GE	**Knappmeyer** Axel	MU

Köhler Martin Dr.	GE MU
Kösters Tobias	GE SP
Kohnen Susanne	BI M
Korthaus Annette	E GE
Kresse Sofie	KU
Kücke Leonie-Bernadette	M PH
Lach Jolanta	D E
Laganá Elke	I KU
Lassay Brigitte	BI PH
Laube Iris	F S
Launus Sara	G L
Lehmann-Benz Angelika	D PL
Leinenbach Harald Dr.	D PL
Link Christoph	BI PH
van de Loo Antje	BI EK
Lübeck Michael	BI E
Lutgen Florian	MU SP
Matthias Isabelle	BI PL
Matzner Eva	D E
Mellis Birgit Dr.	M PH
Merchak Shirin	BI KU
Metelerkamp Tanja	E PL PP
Metzger Michaela	D GE
Möllenbeck Nadja	E PA
Müller-Sarioglu Melanie	E S
Münchhoff Ulrike	KU
Murillo Mendoza Carlos	GE S
Neppi Emanuela	F I
Niedzkowski Tobias	GE SP
Noack Peter	CH PH
Peter Carsten	D GE
Petschnig Sebastian	S SP
Plehn Iris	D R
Pletowski Martin	KU
Pöggeler Christoph	KU
Pöll Pamela	D MU
Polanz Meike	D SP
Ratzer Christian Dr.	CH PH
Reiring Thomas	KU
Richards Deborah	MU
Ruppik Marion	F PA
Sanders Sandra	D SP
Schaefer Kai Dr.	CH PH
Schiffer Georg	D PL
Schmidt Dietlinde	E M
Schmidt Tanja	D S
Schramm Sabrina	E PA
Schrey David	MU
Seegers Thomas	E GE
Segul Brunet Nuria	F S
Sibert Beatrix	D SW/PK
Stiller Hans-Dirk	D GE
Sturm Peter	D KR
Termeer Tobias	EK SP
Unger Christine	D E
Urban Urs	D F
Vogt Verena	EK SP
Vorholt Hannah	BI PA
Wagner Kira	I L
Wedding Christoph	KU
Weißweller Jörg	G L
Wolandt-Pfeiffer Birgit	D E
Wunsch Melissa	EK F
Zeitler Andrea	KU
Zielinski Achim	KU
Zillinger Henning	D GE
Zillinger Isabel	D GE

Ausbildungszeitraum 9. 8. 2006 – 8. 8. 2008

Bongartz Alexander	BI SW/PK
Buddenberg Barbara	KU
Drascher Thorsten Dr.	PH M
Fedler David	D SP
Guthoff Heinrich	KU
Hartmann Monika	G L
Kesseler-Kaurisch Michaela	KU
Klein-Bölting Peter Dr.	M PH
Kolpatzik Anja Dr.	PL S
Krämer Simone	KU
Krauß Tobias	KU M
Kuschay Michaela	M PL
Linscheid-Burdich Susanne Dr.	D L
Mäder Jutta	BI CH
Müller Nadja	D PL
Peters Julia	M PL
Schröder Christian	KU PL
Stegt Peter	D GE
Thomas Daniel	BI SP
Weisbrod Angela	D GE

Ausbildungszeitraum 25. 8. 2006 – 24. 8. 2008

Brunnett Eva	BI CH
Colpi Paolo	E I
Klein Petra	M PH
Schweppe Vanessa	F SP

Verschiedene Ausbildungszeiträume

Arand Jeanette	F E

Ausbildungszeitraum 1. 2. 2007 – 31. 1. 2009

Becker Sascha	D PL
Borkowski Julia	E I
Böske Jutta	D E
Brüers Nina	D E
Cianchi Stefania	I PL PP
Claus Simone	F SW/PK
Egger Mario	GE PL PP
Eikermann Kirsten	M SP
Galati Rando Sylvia	D E
Gillißen Katrin	M SW/PK
Golik Agnes	D E
Hadamla Normen	BI SW/PK
Happ Hendrik	BI CH
Hartung Sandra	D GE
Hausmann Uta	D E
Helbing Jessica	D E
Höffer Martin	BI SP
Ibald Heike	E I
Jostkleigrewe Christina	D GE
Kaiser Gerhard Dr.	D PL
Kalender Johanna	SP SW/PK
Kampa Heike	E SP
Kapur Iradj	E F
Kemp-Eickerling Kristina	EK PA
Klaßmann Holger	BI GE
kleine Kalvelage Anja	D EK
Korger Michael Dr.	CH PH
Kraft Sarah	BI M
Kroll Katrin	F I
Küsters Urban Dr.	D GE
Kuhl Heike Dr.	D F
Kuhlen Sven	PH SP
Manzel Sabine	D SW/PK

Marx Kristina	BI PL PP		Bonfigt Claudia	EK BI
Marx René	MU		Christensen Lena	D SP
Materna Lydia	F I		Clemens Dominique	SP D
Meis-Münchmeyer Susanne	MU		Frerk Stefanie	BI E
Micieli Eleonora	F I		Friedrich Sven	M PH
Petermann Anke	E EK		Gehrke Sabrina	SP D
Peters Christian	EK SP		Gellhaar Lena	D PA
Platzer Christina	E GE		Hahn Siegfried Dr.	M PH
Preiwuß Robert	BI EK		Hinz Betina	E GE
Radon Nadine	BI EK		Kilb Elmar	KR PA
Rickel Johanna	E KR		Krebs Fenja	E SP
Rieks Annette	F KR		Krieckhaus Andreas Dr.	GE L
Schuh Julia	D E		Krings Katharina	D M
Schulte Wolfgang	EK SP		Kurczyk Stephanie Dr.	L F
Schweitzer Stefan	D E		Lohmann Kristina	SP E
Seele Katrin	D PL PP		Lucas Dirk	E EK
Seidel Stephanie	D E		Meißner Svetlana Dr.	PH M
Sengelhoff Dagmar Dr.	M PH		Müller Diana	BI D
Sperling Viktoria	E PL PP		Müller Eliana	E SW/PK
Thieme Aniko	D E		Nordmann Antje	D GE
Urbaniak Alexandra	EK PA		Remmen Anne	M BI
Urmersbach Katharina	D E		Schmidt Steffen	D EK
Veit Marc	CH EK		Schöning Alexander	M D
Verhülsdonk Anne	D GE		Schwanke Stephan	D GE
Wedeking Ole	EK SP		Stein Julia	E D
Weiler Katja	EK SP		Striecker Nora	D KR
Willmann Michael	F SP		Tietz Andreas	PH M
Zimnol Volker	CH E		Trimpop Christina	E SW/PK
Zwicker Christina	BI SP		Weckmann Vanessa	M PL

Ausbildungszeitraum 17. 8. 2007 – 16. 8. 2009

			Weyers Stephanie	PL GE
Blumenthal Elena	E BI		Wolke Sabrina	SP D
Bomberg Heike	BI GE		Würstl Marlies	E SW/PK
			Zwanzig Kira	E EK

6.120 Duisburg Studienseminar für Lehrämter an Schulen gegr. 1957 BR Düsseldorf
Seminar für das Lehramt an Gymnasien und Gesamtschulen

Bismarckstraße 120, 47057 Duisburg – Tel. (02 03) 3 06 43 80, Fax 3 06 43 85
E-Mail: seminar-gyge-dui1@studienseminare.nrw.de
Homepage: www.studienseminare-ge-gym.nrw.de/du

Dienststellung	Name, Vorname, Titel	in der Dienststellung seit	Lehrbefähigung	Bekenntnis	Tag der Geburt
Leiter des Studienseminars	Guder Manfred	OStD			
Seminarleiterin	Wilms-Ernst Martina	StD'			

Fachleiter(innen)

Name, Vorname, Titel	Dienststellung	Fach	seit	Schule (Planstelle)
Angenendt Thomas Dr.	OStR	Deutsch		4.511
Ciorga Christiane	StD'	kath. Religion	18. 3.97	4.244
Cordes Udo	StD	Mathematik	13. 1.75	1.153
Dahm Ute	StD'	Sozialwiss./Hauptseminar	17. 3.97	4.831
Domrose Anke Dr.	StD'	Chemie		1.457
Eickholt Erika	StR'	Englisch		1.370
Falkenstein Norbert	StD	Englisch	28. 4.78	1.553
Goldner Joachim	StD	Sozialwissenschaften/ Hauptseminar	1. 2.78	1.157
Gondorf Bettina	OStR'	Spanisch	1. 4.06	4.750
Heening Martin	OStR	Geschichte	1. 8.06	1.536
Heidlberger Werner	StD	Biologie		

Name	Titel	Fach	Datum	Nr.
Henze Uta	OStR'	Philosophie/Praktische Phil.		1.167
Hergt Tobias Dr.	StD	Englisch/Geschichte (bil.)	1. 2.78	1.151
Hülsbusch Norbert	StD	Mathematik	1. 8.74	1.151
Jansen Andreas	OStR	ev. Religion	25. 1.05	1.150
Kauffeldt Rolf Dr.	StD	Deutsch	18. 6.97	1.132
Keip Marina	StD'	Latein	18. 8.97	4.243
Kloos Günter	StD	Sport/Hauptseminar	15.10.84	1.151
Kramann Günter	StD	Erdkunde/Erdkunde (bil.)	4. 2.98	1.162
Lüderitz Wolfgang	StD	Pädagogik/Hauptseminar		1.162
Neunzig Michael	StD	Physik	1. 2.06	4.630
Porteous-Schwier Gunthild	StD'	Englisch/Hauptseminar		1.535
Schmidtlein Christiane	StD'	Deutsch		1.151
Schreckenberg-Kurrle Wilhelm	StD	Biologie/Hauptseminar	1. 9.82	1.627
Schumacher Günter	StD	Deutsch		1.151
Sextro Christiana	StD'	Französisch/Geschichte (bil.)		1.155
Söhngen Rolf	StD	Sport/Hauptseminar		4.246
Stella Klaus	StD	Physik		1.168
Weinstock Karl Ernst	StD	Spanisch	17. 9.76	1.152
Wilhelmi Bernd	StD	Kunst/Hauptseminar	17. 4.97	1.220
Zeyen Stefan Dr.	StD	Geschichte		1.162

Studienreferendare(innen)

Name, Vorname	Lehrfächer	Bek.	Tag der Geburt

Gesamtzahl am Stichtag: 171 (120)

Ausbildungszeitraum 1. 2. 2006 – 31. 1. 2008

Name, Vorname	Lehrfächer
Balzer Marion	D E
Baskale-Tursucu Mukaddes	D E
Behrendt Gisela Dr.	D F
Benke Saskia	D E
Bernhardt Falk Florian	GE SP
Betz Stefan	D PL
Breitfeld Inga	GE PA
Brienen Christoph	M PH
Buschhaus Markus Dr.	D F
Cassel Friedemar Dr.	M PH
Clarenbach Bernd Dr.	M PH
Collmann Carina	E GE
Domke Frank	D EK
van der Ende Ines	KU
Ergin Reyhan	PA SW
Finger Jörn	D EK
Fliermann Eva Maria	D SP
Geisler Mark	SP SW
Gerhold Jessica	E KR
Groth Brigitte	D KU
Hambloch Juliane	F KR
Hasenmüller Leila	BI EK
Hesemann Katrin	D PL
Heskamp Judith	D F
Hunewald Diana	D GE
Jiménez Matinez Maria	E S
Koths Evelyn	E S
Krieg Oliver	D SW
Kurt Rukiye	PA SW
Lange Bettina	D KU
Leschczyk Bozena	D KU
Loiberzeder Dirk	KU
Lüdtke Natalia	D E
Markau Tanja	BI D
Melzig Jan	GE PH
Mordeja Beate	KU
Nieveler Anke	BI M
Obel Thorsten	D SW
Raue Alexandra	E KR
Reimers Ulf	D GE
Reinhold Jens	BI D
Rund Nadine	D E
Scheppke Florian	D PL
Schley Sabrina	E GE
Schmid Genoveva	D KU
Schmitt Sabine	D PL PP
Schnettler Holger	M PH
Steckenborn Andrea	D PA
Störbrock Julia	D PL
Ströter Katja	D S
Thedering Nadine	F KR
Theuring Susanne	BI GE
Vehoff Ina	D SP
Vekens Kerstin	E S
Willms Roland	M PH
Yildirim Nurcan	PA SW

Ausbildungszeitraum 8. 2006 – 8. 2008

Name, Vorname	Lehrfächer
Herrmann Tim	M PH
Hörsch Christian	BI KR
Krug Philipp	KU
Rehmann Olaf	PL SP
Terbach Markus Dr.	D SW
Wenzel André	KU

Ausbildungszeitraum 1. 2. 2007 – 31. 1. 2009

Name, Vorname	Lehrfächer
Achtermeier Dina	D GE
Baumann Sandra	E S
Berg Johanna	D GE
Börger Jürgen	EK GE
Bruckwilder Silja	M SP
Bühl Sabrina	D M
Buhr Lena	E GE
Cremer Sarah	D F
Dieckmann Anne	GE M

Dillmann Kathrin	D SP		Thiele Ansgar	F GE
Dohle Ulrike	M PH		Truhlar Markus	EK SP
Domin Ruth	E S		Wagemann Michael	E GE
Dreischärf Annika	CH EK		Watkins Christopher	E EK
Düntgen Andrea	SP SW		Wedding Anne	S SW
Finke Anne	D EK		Weiß Lena	D GE
Frieling Sarah	BI KU		Wissing Jörg	L PL
Fritz Nathalie	KU SP		Witzel Nina	D SW
Glemnitz Ina	CH M			
Görtz Cornelia	E EK		**Ausbildungszeitraum 8. 2007 – 8. 2009**	
Gomez y Schmalzl Anita	GE M			
Granzeuer Arno	E EK		Benz Sarah	E S
Habip Burcu	E F		Bowe Barbara	E PA
Hacke Martina	D GE		Bruns Sylke	D PA
Henke Christian	CH M		Chrzanowski Natascha	D PL PP
Hevicke Judith	E S		Everts Julia	D KR
Hilfrich Daniela	E S		Feldberg Claudia	D PL PP
Hogardt Bianca	M PH		Fleurkens Ann-Kathrin	KU PA
Hüpperling Andrea	D EK		Fritz Sebastian	SP PA
Ingenhoven Hendrik	KU PL		Görtz Nina-Kristin	M KU
Isik Erdinc	EK SP		Heilig Frank	SP E
Jakubowski Katharina	D KU		Hupe Dirk	KU
Jatzwauk Paul	BI GE		Iken Ursula	E D
Jeschke Markus	D EK		Kleinemenke Janina	M S
Jüttenberg Svenya	F GE		König Andrea	E S
Keller Jost	D GE		Kurz Verena	D PL PP
Khatir Marc-André	EK ER		Levenig Christoph	KU BI
Kirste Susanne	D E		Möllmathe Christiane	E D
Kisin Oktay	EK SP		Rechmann Anna-Lena	SP KU
Klug Stefanie	F S		Reinhardt Nina	BI KU
Knapp-Hartmann Sabine	D F		Rupp Claudia	D PL
Kowalczyk Beate	E S		Schranner Bettina	E S
Marczoch Sarah	E GE		Schulte Martina	D KR
Meier Andrea	D GE		Sievers Katrin	M S
Meyer Jutta	BI ER		Soloschenko Carolin	BI KU
Neuroth Jasmin	CH GE		Staier Yvonne	L S
Pala Cem	SP SW		Tholen Henning	E S
Pape Ildikó	E SW		Uphagen Katrin	E ER
Petzold Miriam	F PA		Uphoff Miriam	SP E
Poidinger Jochen	BI CH		Werner Matthias	D PL PP
Puck Anna	PH SP		Wichmann Christoph	D KR
Reininghaus Wencke	D E		Wittstock-Lehmhaus	KU D
Ritz Annika	BI E			
Schepers Claudia	BI SW		**Verschiedene Ausbildungszeiträume**	
Schibisch Cornelia	E S			
Schnellbacher Claudia	M SW		Baridas Marianne	D F
Seidel Nina	BI E		Henke Christian	CH M
Seilz Mareike	D SP		Klempel Jutta	D E
Sorge Petra	D ER		Klug Stefanie	F S
Steckel Cornelia	D E		Macko Susanne	BI F
Stumpff Nina	D E		Rohwedder Katja	GE PA
Tharakan Sapna	D E		Thiele Ansgar	F GE
			Wolf Elke	D E

6.125 Essen   Studienseminar für Lehrämter an Schulen   gegr. 1930   BR Düsseldorf
Seminar für das Lehramt an Gymnasien und Gesamtschulen
Hindenburgstraße 76–78, 45127 Essen – Tel. (02 01) 61 69 8-0, Fax 6 16 98-11
E-Mail: seminar-gyge-ess1@studienseminare.nrw.de
Homepage: www.studienseminar-essen.de

Dienststellung	Name, Vorname, Titel		in der Dienst-stellung seit	Lehr-befähigung	Bekennt-nis	Tag der Geburt
Leiterin des Studienseminars	**Serong** Sibylle	OStD'		M	e	6. 5.49
Seminarleiterin	**Bahr** Marita	StD'	1. 2.04	MU		28. 8.54

Fachleiter(innen)

Name, Vorname, Titel	Dienststellung	Fach	seit	Schule (Planstelle)
Althof Rolf	StD	Englisch	1. 2.99	4.870
Augustini Folke-Eckhard Dr.	StD	Musik	19. 9.97	4.272
Becker Klaus	StD	Erdkunde	1. 8.04	1.224
Berger Reinhard	StD	Physik	14. 8.79	1.213
Böhm Christian	StD	Chemie	16. 5.97	4.961
Brunn Maria-Luise	StD'	Biologie	10. 5.76	1.232
Deußen Christoph	StD i. K.	Physik	9. 8.06	1.132
Dibbelt Ulrike Dr.	StD'	Deutsch	1. 8.97	3.120
Fillies Anke	StD'	Deutsch	1. 2.98	4.274
Frenz Christina	StD'	Englisch	3. 9.99	1.231
Gertz-Wellmann Ursula	StD'	Pädagogik	6. 5.97	4.270
Gilles-Köller Martina	StD'	Italienisch	16. 5.97	4.271
Gubisch Ursula	StD'	Biologie	1. 2.06	4.246
Hänel-Willemsen Ulrich	StD	kath. Religion	16. 4.97	4.680
Heiden Annette	StD'	Deutsch	1. 2.99	1.132
Heiermann Wilhelm	StD	Geschichte	1. 8.80	1.214
Hochstein-Peschen Rita	StD'	Französisch	22. 4.97	4.272
Höffken Katrin	StR'	Mathematik	1. 5.07	1.551
Ibach-Hankewitz Sabine	StD'	Englisch	1. 8.97	1.232
Jentsch Michael Dr.	StR	Mathematik	1. 5.07	1.219
Klein Viktor	StD	Informatik	1. 2.05	4.271
Lalla Helmut Dr.	StD	Erdkunde	15. 9.79	1.211
Laska Hans Peter	StD	Pädagogik	1. 9.77	1.551
Mayk Ude	StD	Sport	1. 9.78	1.224
Ostermann Dirk	OStR	Sport	23. 3.04	4.513
Privou Kristine	StD'	Geschichte	28. 5.97	1.222
Rundnagel Hans-Jürgen	StD	ev. Religion	14. 4.97	1.220
Schlupp Richard	StD	Mathematik	1. 8.99	1.214
Siebenborn Elmar Dr.	StD	Latein	1. 7.83	1.216
Sonnenberg Uwe	OStR	Technik	1. 8.05	1.550
Spieles-Küppers Monika	StD'	Philosophie	1. 8.99	1.594
Strüngmann Frank	StD	Chemie	1. 8.97	4.681
Stüber Mechthild	OStR'	Deutsch	1. 5.06	4.272
Traub Hartmut Dr.	StD	Sozialwissenschaften	1. 8.01	1.551
Wienhofen Ludwig	StD	Spanisch	14. 4.97	4.249
Wolf Dagmar	StD'	Kunst	1. 5.06	1.220
Wolter Hans-Winfried Dr.	StD	Chemie	1. 9.04	1.570

Studienreferendare(innen)

Name, Vorname	Lehrfächer	Bek.	Tag der Geburt	Name, Vorname	Lehrfächer	Bek.	Tag der Geburt

Gesamtzahl am Stichtag: 233 (138)

Ausbildungszeitraum 1. 2. 2006 – 31. 1. 2008

Name, Vorname	Lehrfächer	Name, Vorname	Lehrfächer
Bär Babette	KU	**Fischer** Birte	BI SP
Bantel-Tönjes Markus	MU	**Goßen** Nina	GE KR
Bauer Sebastian H. G. Dr.	M PH	**Grams** Anke	KU PA
Belter Michael	CH PH	**Groh** Armin	GE PL
Berraqa Abdelhak	IF M	**Hagemeyer** Petra	BI CH
Bethscheider Jens	D L	**Hassenpflug** Helwig Johannes	IF M
Beutel Laura	M IF	**Hellriegel** Thomas	D E
Breer Isolde Anna	E KR	**Hemsing** Sascha Christian	BI SP
Bremkens Alexandra C.	D PA	**Höch** Barbara Rebekka	KU PA
Buchenthal Gabriele	KR L	**Hohlbein** Narguissa	IF M
Budych Nadine	D PA KR	**Hölzner** Matthias	D M
Büngers Christian Michael	GE SP	**Ilbertz** Swen	SP SW
Chorzela Katharina Maria	E S	**Kaplan** Kristin	BI EK
Costanzo Vincenzo Vittorio	I SW	**Karabürme** Hidayi	PA SW
Dornemann Anja	PA SP	**Käser** Peter Oskar	KU
Dumschat Eva Maria	D E	**Kaundinya** Simone	E KR

Kaya Nurten	D PA
Kehrein Sandra	IF M
Kerscht Hans Christoph	EK SW
Kieren Dirk	D GE
Kleinpas Arndt	IF M
Knaup Kathrin Ursula	D KR
Kröncke Weert-Rüdiger Falk	BI ER
Kuhn Alexander	PL SW
Lanfranchi Massimiliano	F I
Lang Bernd Dr.	M PH
Lehning Martina Beverly	D E
Lemrabet Imane	IF M
Mackowiak Marek	KR L
Mannmeusel Susanne	D S
Marshall Georg	E ER
Mävers Dirk	ER PL
Misic Nina	D SW
Nass Silke Heidrun	KU S
Nerlich Jochen	EK SP
Niehaus Michael Arend Dr.	D PL
Oldeleer Frank	D PL
Pannicke Sven	D ER
Panse Kathrin	F I
Pecoraro Marina Helga	F I
Pörschke Martina	D SW
Pohlmann Michaela	D E
Pohlschmidt Hedda Maria	D SP
Reindl Christian	GE L
Reinicke Frank	D GE
Robens Jan Nicolai	S SP
Robles Y Zepf Carmen	MU
Rott Stefanie	D SW
Schoeneberger Jürgen	MU
Schwalfenberg Kathrin	D PL
Siebel Henning	M MU
Springer Birgit Christina	D PA
Steinborn Christina	F I
Stephan Gordon	D E
Thiel Stephan	IF PH
Trippe Katja	D KU
Ünükür Fatma	D E
von Hoegen Angelika	E F
Weber Jörg	SP SW
Werkes Silke	E GE
Werners Marc	EK IF
Wilhelm Michael	GE KU
Wilski Stephan Franz	BI CH
Winkels Nina	F I
Zatryp Christian Daniel	D MU

Ausbildungszeitraum 9. 8. 2006 – 8. 8. 2008

Buhr Jan Hans Arno	D MU
Büttner Thomas	GE F
Campus Barbara	D I
Faseler Heike	GE M
Franke Irene	M PH
Kil Catherine	D E
Peitz Bettina	M PH
Rehlinghaus Katharina	GE MU
Schäfer Heinz Günter Josef Dr.	CH PH
Simon Stephanie	E GE
Sinnecker Sebastian Dr.	CH PH
Smeets Arno	M PH
Stadlbauer Martin	M PH R
Wagner Annika	D SP ER
Wiede Klaus	TC EK

Ausbildungszeitraum 1. 2. 2007 – 31. 1. 2009

Andreas Nadine	D S
Austermann Daniel	IF M
Bakeberg Eveline	D PA
Bauer Stephanie	D M
Bergheim Anne	E GE
Berke Oliver	PA SW
Berrenberg Daniela	BI S
Biermann Sven	M PH
Bluck Carsten	M PH
Boltz Franka	BI KU
Brinkmann Daniel	GE SP
Buhren Ina	E EK
Caglayan Nilüfer	E F
Deckers Norbert	PA SP
Deges Lukas	PH SP
Delank Ina	CH PH
Draxler Maria	BI M
Dreier Julia	M PH
Ehlers Christoph	PH TC
Enk Carsten	EK M
Ergenzinger Stefanie	F S
Ernst Annette	D PA
Ernst Verena	D PA
Eymael Esther	D KU
Fiebig Kai	PH TC
Floridia Tiziana	E I
Freistühler Jörg	SP SW
Gawantka Anja	E GE ER
Gielen David	D SP
Hagemann Markus	IF M
Handreke Alfred	D ER
Härtel Bettina	CH PA
Helle Marion	D EK
Heynk Christian	E F
von der Höh Christian	E GE PL
Holler Christiane	ER S F
Isenberg Monika	E F
Jäckel Ferry	PH TC
Klös Daniela	D PA ER
Liebig Kerstin	M TC
Lomp Jessica	E S
Maid-Dothagen Jennifer	D PA
Mailänder Denise	D PA
Meiburg Alexander	GE TC
Michalik Klaus	SP SW
Michels Janna	KR KU
Mika Margarethe	IF M
Möller Marina	D S
Müller Christian	SP SW
Naße Sebastian	E EK
Nauendorf Christiane	IF M
Oertel Ariane	E F
Platzköster Melanie	KU PA
Podacker Jana	D KU
Pramann Susanne	ER S
Rehers Christa	D ER
Rest-Morawski Sandra	D GE
Ries Katja	BI CH
Rosenbaum Eva Marie	KU
Rosenberg Nadine	E GE
Säckel Claudia	D EK
Scheunert Christine	D EK
Schiffer-Nasserie Arian Dr.	EK SW
Schmid-Moser Wolfgang	D KR
Schmidt Peter Dr.	CH PH

Schönefeld Alexander	PH TC		Gerlach Julia	E I
Schott Juliana	E F		Grunenberg Andreas	PA SW
Schreiner Kathrin	D F		Güntermann Julika	D EK
Schwarz Andreas	IF M		Hegemann Annelie	M PH
Schweitzer Julia	D SW		Herbstreit Gabriele	E PL
Siepe Daniela	D GE		Hermann Jennifer	D PA
Skiba Tülay	M PA		Kandula Stefan	BI EK
Sondermann Judith	D PA		Kim Michael	MU
Steinert Christine	D GE		Klagges Vera	E KU
Stiller Veronica	KU SP		Klopf Georg	MU
Stross Holger	D SW		Kumar Ramu	KR E
Täger Ulrike	D E		Lankow Ria	GE SW
Teigelack Steffen	E EK		Müller Adrian	D PL
Voigt Susanne	GE KR		Müller-Strahl Gerhard Dr.	M PL
Weibring Gereon Dr.	M PH		Nobis Marc	E GE
Westermann Micha	IF M		Notthoff Mechthild	GE MU F
Wienen Sebastian	SP TC		Polimeno Katja	F I
Wilken Dörthe Dr.	D I		Preuß Oliver	GE D
Will Oliver	PH TC		Reichel Monika	PA D
Wittig Dennis	BI CH		Rose Kai	D KR
Wolf Angela	BI SW		Rudolph Katrin	D GE
Zimmermann Christina	PA SW		Salih Susanne	PH M
			Scheele Miriam	E S
Ausbildungszeitraum 17. 8. 2007 – 16. 8. 2009			Scheffer Martin	SP E
Aruca-Schwake Ayse	IF M		Schepers Daniel	M IF
Baiamonte Noemi	KR I		Schleimer Christoph	SP EK
Beckmann Natalia	M IF		Schmidt Malte	CH GE
Bierer Vera	F GE		Sixt Vera	M I
Bosse Andreas	D PL		Stachowitz Dominique	M SP
Buschmann Jürgen	MU I		Steffin Hanne	D CH
Chwolka Jana	E PL		Strehl Anja Dr.	CH PH
Eisenberg Janine	PA D		Tacke Carola	SP EK
Ekrod Lars	BI EK		Volbert Benedikt	GE SW
Flohr Holger	SP TC		Weegen Angela	E GE
Franke Thomas Dr.	E GE		Woda Janina	EK E

6.130 Engelskirchen gegr. 1998   BR Köln
Studienseminar für Lehrämter an Schulen
Seminar für das Lehramt an Gymnasien und Gesamtschulen
Hindenburgstr. 28, 51766 Engelskirchen – Tel. (0 22 63) 90 22 22, Fax 90 22 19
E-Mail: studienseminar-engelskirchen-g@web.de
Homepage: www.studienseminar-gummersbach.nrw.de

Dienststellung	Name, Vorname, Titel		in der Dienststellung seit	Lehrbefähigung	Bekenntnis	Tag der Geburt
Leiter des Studienseminars	Wunsch Raphael	LD	1. 2.98	E SW		30.10.49
Seminarleiter	N. N.					

Fachleiter(innen)

Name, Vorname, Titel	Dienststellung	Fach	seit	Schule (Planstelle)
Becker-Hubrich Michael	StD	Geschichte	1. 2.98	4.910
Bernatzki Norbert	StD	kath. Religion	1. 2.98	1.615
Brabender Arno	StD	Deutsch/Hauptseminar	1. 2.98	1.285
Duisberg Wolfgang	StD	Pädagogik	1. 3.78	1.481
Heß Stephanie		Sport	1. 4.07	4.910
Heuser Birgit	StD'	Latein	1. 2.97	1.790
Heuser Manfred Dr. Dr.	StD	Mathematik	1. 2.05	1.043
Hottejan Margret	StD'	Sport/Hauptseminar	1. 2.98	1.801
Jelić Vlado		Englisch	1. 4.07	1.412
Jobke Peter	StD	Deutsch/Hauptseminar	1. 2.98	4.030
Kreuzberger Norma		Erdkunde/Hauptseminar	1. 2.07	1.490

Name	Titel	Fach	Datum	Nr.
Kuhlmann Andreas		Kunst	16. 4.07	4.490
Labusch Alexandra	StR'	Sozialwissenschaften	1. 6.05	1.407
Lawrenz Birgit Dr. habil.	StD'	Englisch	1. 2.98	1.801
Lepsius Axel	OStR	Physik	1. 8.06	1.589
Liebertz-Weidenhammer Sylvia	StD'	Französisch	1. 2.98	1.403
Mettler Jens	StR	Englisch/Hauptseminar	3. 2.05	4.765
Mai-Gebhardt Gabriele	StD'	Biologie	1. 2.98	4.910
Mönig Marc Dr.	OStR	Musik	1. 8.07	1.042
Nachreiner Arnhild	StR'	Deutsch	1. 2.06	4.030
Ortmanns Peter	StD	Hauptseminar	1. 2.98	6.130
Pott-Franck Julius Dr.	OStR	Deutsch	8. 3.05	1.600
Rädel Matthias	StD	Physik	1. 2.98	1.286
Sackmann Uwe Dr.	OStR	Chemie/Hauptseminar	1. 2.05	1.775
Schütte Petra	OStR'	Chemie	1. 2.07	4.571
Stein-Sluimer Gisela	StD'	Erdkunde	1. 2.06	1.407
Wittschier Michael	StD	Philosophie	20. 8.92	1.801
Wolff Carsten	StR	Englisch	1. 2.06	1.615

Studienreferendare(innen)

Name, Vorname	Lehrfächer	Bek.	Tag der Geburt	Name, Vorname	Lehrfächer	Bek.	Tag der Geburt

Gesamtzahl am Stichtag: 167 (101)

Ausbildungszeitraum 1. 2. 2006 – 31. 1. 2008

Name	Fächer	Name	Fächer
Arslan Bülent	BI PH	Pollmann Carsten	BI CH
Backhaus Alexandra	EK PA	Proff Agnes Maria	M PH
Bardelang Sonja	E F	Pullwitt Simone Hannelore	BI CH
Baumann Henrik	F GE	Radtke Marie-Louise	D PL
Becker Annika	D SW	Reuter Annika Verena	E F
Biermeyer Nadja Teresa	BI PA	Rittel Dennis	BI SP
Buchberger Sigrid Albina	E EK	Rühle Niels	M PL
Bücker Björn	E M	Saygili Murat	BI PL
Dahlmann Erik	M PH	Schemberg Claudia	E F
Fischer Maike	D SW	Schieffer Stefan Josef Dr.	CH PH
Garnier Pascaline Françoise	D F	Schmitz Robert	E SW (bil.)
Gielow Caroline	D PA	Schrader Wiebke	E F
Haas Jochen	M PH	Schriner Melanie Veronika	E SW (bil.)
Habel Diana	D L	Ternedde Sascha	D SW
Haunert Cornelia	E EK	Tomé Corinna Maria	E SP
Heinrichs Nina	D E	Uessem Eva Nicole	L M
Herchenbach Michael	BI GE	Urban Jana	D GE
Hirschnitz Florian	D SP	Vit Sarah	E PA
Hoemann Maria Ruth	M PH	Wetterau Julia Annkatrin	D SW
Hoersch Jasmin	EK SP	Wingender Anke	E SP
Kameier Holger	D SW	Zimmermann Yvonne	E KR
Kleinen Guido	PL SW	**Verschiedene Ausbildungszeiträume**	
Kotthaus Sebastian	D SW	Herzhoff Klaus	E PA
Krämer Heinz Christian Dr.	CH PH		
Krupp Sabine	D SW	**Ausbildungszeitraum 9. 8. 2006 – August 2008**	
Küpper Andreas	E PL		
Kurtenbach Pia	L M	Ackermann Klaus Walter	M PH
Lange Bianca	D SP	Battistini Nico	D KU
Laskos Björn	EK SP	Bluhm Hartmut Axel Dr.	M PH
Leistikow Dirk	D GE	Franke Nils	PH PL
Lindhorst Peter	D GE	Gambke Randy	KU
Lorenz Ralf Michael	EK GE	Grütz Daniel	E SW
Miron Karina	D PL	Herdemerten Uta	KU
Müller Konrad Martin	D SW	Hromek Carolin	KR E
Neubert Tim	D SP	Kraus Silke	M PH
Nilles Katrin Natascha	D GE	Ladenberger Iris	D PL
Nuxoll Florian	E SW (bil.)	Leipoldt Klaus Jürgen	M PH
Odendahl Ursula Hedwig	E M	Nann Andreas	KU
Panek Darius Peter	CH PH	Schön Hanna	KU D
Peter Frank Andreas	KR SP	Stuke Nora	D KU
Philipps Georg	EK SP	Vink Vanessa	M PH

Verschiedene Ausbildungszeiträume

Draube Felix	D GE
Heck-Nolden Petra	KU D
Seidel Veronika	D PA
Zabel Thomas Dr.	M PH

Ausbildungszeitraum 1. 2. 2007 – 31. 1. 2009

Bakar Ebrusu	E SW
Becker-Funke Andrea	E D
Bergmann Andreas	EK GE
Bettges Maike	SW SP
Bitzer Jens	D PL
Blechert Annette	D SP
Bosbach Ina	D GE
Braunheim Sabine	BI CH
Cloots Angela	F KR
Degens Silke	D GE
Dörffel Katrin	D E
Dose Sandra	PA SP
Fadavi Azadeh	BI CH
Falschlunger Anna	F PA
Firley Bernhard	E KU
Foerster Johanna	E GE
Fuhrmann Tina	EK SP
Gaumann Ines	D E
Gmach Nicola	D GE
Gutschera Eva Maria	D GE
Herting Irja	E F
Hözel Markus	E F
Hollain Rolf	E SW
Holz Martin	D E
Hoppe Regina	BI EK
Jünemann Katharina	D L
Junge Svenja	PA SP
Jürgensen Britta	D E
Kendler Britta	D E
Kerstiens Maren	BI EK
Kessler Alexander	D E
Kmetz Daniela	M SP
Koch Dorothea	BI CH
Latschan Michael	F GE
Lentzen-Gruhn Simone	L F
Lettau Bettina	D EK
Lins Tanja	D E
Loch Matthias	M PH
Mausolf Timotheus	E PA
Meier Petra	D EK
Meier Wiebke	D F
Mestel Philipp	SW PL
Miebach Thomas	GE KR
Pick Anja	D PL
Plaschke Maria-Iris	KU
Pütz Britta	L KR
Pusch Ralph	ER PA
Rehbock Anke	BI EK
Sanner Jörg Dr.	M PH
Schäpers Uta	D E
Schlösser Stefanie	BI D
Schmitz Alexander	SW EK
Schmitz Silke	D PL
Scholz Katharina	E SW
Schwichtenberg Tina	PA SP
Steiling Moritz	E SW
Sülz Thomas	EK KR
Treutel Angela	D PA
Weber Sandra	CH PA
Wißkirchen Judith	E SW
Wolst Estelle	E F
Zimmermann Britta	D E

Ausbildungszeitraum 17. 8. 2007 – 16. 8. 2009

Albers Kira	E PA
Bahr Christine	E PL
Eden Elena	D MU
Giefer Romano	MU
Hecker Nina	SP PA
Jeitschko Peter Dr.	CH PH
Junker Vera	MU PA
Kind Daniela	L BI
Möller Kristin	E EK (bil.)
Müller Anja	M PH
Neugrodda Katharina	L D
Penner Evalena	D E
Pforr Marion	BI EK
Schütte Benjamin	E L
Staats Holger	M CH
Stutzinger Britta	D PL
Völkel Nadine	E PA
Weber Rosette	D L
Wewer Rut	D PL
Wiens Peter	EK SP

6.133 Jülich Studienseminar für Lehrämter an Schulen gegr. 1975 **BR Köln**
Seminar für das Lehramt an Gymnasien und Gesamtschulen
Kurfürstenstraße 20a, 52428 Jülich – Tel. (0 24 61) 9 96 83-0, Fax 9 96 83-11
E-Mail: poststelle-juelich1@studienseminare.nrw.de
Homepage: www.studsemjuelich.de

Dienststellung	Name, Vorname, Titel	in der Dienst-stellung seit	Lehr-befähigung	Bekennt-nis	Tag der Geburt
Leiter des Studienseminars	Derichs Heinz	StudsemD 1. 8.07		k	16. 2.52
Seminarleiter (komm.)	Weber Arnold	StD	D SW	k	23.10.51

Fachleiter(innen)

Name, Vorname, Titel	Dienststellung	Fach	seit	Schule (Planstelle)
Birken Christoph	StR	Deutsch	1. 2.05	1.007
Brassel Ulrich	OStR	Musik	1. 2.07	1.007
Brennecke Anke	GER'	Biologie	1. 2.06	4.550
Droste Johannes Dr.	OStR	Geschichte	1. 4.07	1.003
Hermes Alfred	OStR	Informatik	1. 8.06	1.355
Höckendorf Lothar	StD	Geschichte/Hauptseminar	1. 2.76	1.445
Kämmerer Ulrich	OStR i. K.	ev. Religion	1. 2.05	1.006
Kämper Martin Dr.	StR	Latein	1. 4.07	1.357
Klink Hella	StD'	Spanisch	1. 9.78	1.036
Körver Edith Dr.	StD'	Englisch	1. 2.05	1.355
Kosak Bernhard Dr.	StD	ev. Religion	1. 2.00	1.355
Krey-Leiden Marion	StR'	Psychologie	1. 4.07	1.035
Krollmann Patrick	StD	Chemie	1. 2.07	1.380
Kroner Bernd Dr.	StD	Englisch/Hauptseminar	1. 2.07	1.560
Kuchen Wilfried	StD	Philosophie	27. 2.75	1.006
Langenberg-Pelzer Gerit Dr.	L' i. A.	Deutsch	1. 2.06	1.356
Müller Robert	StD	Pädagogik/Hauptseminar	1. 2.05	1.020
Oellers Bettina	OStR'	Sozialwissenschaften	1. 2.05	1.486
Piechatzek Anna	OStR'	Mathematik	1. 2.05	4.495
Schmitz Klaus	OStR	Mathematik	1. 2.04	1.025
Schnittker Bernd	StD	Englisch	1. 2.04	4.490
Schnütgen-Weber Jutta	StD'	Biologie	1. 2.98	1.380
Sprickmann Rainer Dr.	StD	Physik	1. 2.00	1.355
Steinmetz Agnes	L' i. A.	kath. Religion	1. 2.98	1.380
Wanke Ulrich	StD	Erdkunde	1. 9.01	1.107
Weber Arnold	StD	Deutsch/Hauptseminar	1. 2.98	1.025
Wurzel Bettina Dr.	StD'	Sport	28. 1.76	1.109

Studienreferendare(innen)

Name, Vorname	Lehrfächer	Bek.	Tag der Geburt	Name, Vorname	Lehrfächer	Bek.	Tag der Geburt

Gesamtzahl am Stichtag: 179 (93)

Ausbildungszeitraum 1. 2. 2006 – 31. 1. 2008

Name, Vorname	Lehrfächer	Name, Vorname	Lehrfächer
Arbter Nicole	E ER	**Knoop** Jan	D M
Beeck Andrea Manuela	D GE	**Koeniger** Harald	D SP
Blum Corinna Elisabeth	BI M	**Königs** Andreas	CH BI
Breuer Henrik Richard	E F	**Konschak** Nina	D F
Cerfontaine Martina	D KR	**Köster** Kristina	M D
Cichy Patrizia Agnes	E F	**Kramer** Joachim Heinrich	BI GE
Compans Maria	D PA	**Kreikemeier** Angela	EK M
Cremer Georg Edwin	GE SW/PK	**Krolage** Simone	E F
Dahmen Ruth	BI KR	**Krug** Oliver	EK SP
Deller Nicole	D E	**Lambertz** Simone	E EK
Dobschinski Kai Hartmut	D SW/PK	**Legleitner** Mira	CH SP
Duckheim Kirsten	BI E	**List** Annika	BI E
Ebel Lydia	BI CH	**Lorber** Birgit	CH EK
Gatzen Stephanie	D KR	**Maybaum** Marion	BI CH
Geisler Andreas	PA SP	**Mendel** Hendrik Jan	BI GE
Giesen Barbara	D E	**Mengen** Christian	D KR
Gladbach Volker	GE M	**Menke** Tobias Sebastian	KR PA
Glaßmann Christian Markus	E F	**von Moltke** Stephanie	D GE
Groß-Langenhoff Barbara	E M	**Müller** Thomas	BI E
Herbertz Petra	F SP	**Muser** Stephanie	GE SW/PK
Höllnigk Henriette	D KR	**Naujoks** Bernhard Lothar	D SW/PK
Hoss Britta	BI SP	**Neitscher** Susanne	EK M
Ingenrieth Thorsten	E M	**Pachaly** David	E F
Jansen Teresa Maria	D F	**Piazolo** Urs	EK SP
Jarosch Kathrin	D E	**Pieper** Katrin	GE RW
Karst Bernhard Erich	D SW/PK	**Reisinger** Henno	EK SP
Kasperzik Saskia	E F	**Reißmeier** Christoph Manuel	GE SP

Riediger Dominik Josef	D SW/PK		**Höveler** Thomas	BI KR
Ruwe Susanne Gertrud	KR M		**Jansen** Bettina	D E
Schebalkin Tanja	CH SP		**Jansen** Richard	D GE
Schippers René	D KR		**Jonen** Michaela	KR PS
Schmidtmann Britta	D SW/PK		**Kasten** Jutta	D GE
Schorbach Susanne	PA SP		**Knuth** Britta	BI E
Schroeder Karolin	D SW/PK		**Koch** Markus	D GE
Schwarz Jean Pierre A.	BI SP		**Krawczyk** Atina	D F
Selter Julia Kristine	BI EK		**Lautwein** Marcel	D PL
Septinus Anja Dr.	BI CH		**Lennartz** Rita	D PL
Splettstößer Laura	BI E		**Löw** Ingo	E S
Stöber Dirk Dr.	PH M		**Lorkowski** Stefanie	BI E
Tannhäuser Alexander Martin	EK SP		**Lucke** Gunnar	D GE
Thoma Christine	D SW/PK		**Mänz** Sebastian	IF M
Tiex Helmut Ludwig	GE M		**Mayer** Diana	F L
Troll Raphael Thomas	CH SP		**Mitzelis** Irina	E S
Tüzem Melih	D E		**Müller** Hannah	D F
Vomberg Monic Sibilla	D E		**Neidhardt** Tobias	D PA
Wallraven Martin	BI CH		**Neuendorf** Andreas	M PH
Wessel Tanja	M SP		**Noppeney** Yvonne	BI CH
Weyermann Judith Anne	D KR		**Olschewski** Jens	D F
Widmer René	CH PA		**Pannen** Meike	ER F
Wieland Björn Helmut	E PA		**Paulußen** Dirk	M PH
Wolk Thorsten Jürgen Erich	D SW/PK		**Pelzer** Heike	D PA
Zellkes Markus	EK SW/PK		**Petri** Jens	BI E
			Petters Irit	BI D
Ausbildungszeitraum 9. 8. 2006 – 8. 8. 2008			**Pfeufer** Barbara	D E
			Poetgens Larissa	BI D
Dohmen Alexander	M PH		**Poschmann** Andrea	D PL
Iwan Gero	M IF		**Röder** Meike	D E
Klemm Marcel	D GE		**Schell** Carlo	M PH
Kretschmer David	IF M		**Scheunemann** Anna Maria	D PL
Lausberg Christina	D GE		**Schneider** Victor	M PH
Mattes Henning Tobias H.	IF M		**Schulz** Peter	MU
Pesch Michael Dr.	IF M		**Schüren** Barbara	D EK
Pinto-Matias Pedro	IF M		**Schüritz** Marcus	D EK
Quirmbach Guido	IF M		**Schumacher** Andreas	EK GE
Schröder Markus	IF M		**Siepe** Christine	E F
Soll Daniel Dr.	M PH		**Weingartz** Tim	E EK
Sunadi Lilian Silvia	IF M		**Yalcin** Mustafa	E GE

Ausbildungszeitraum 25. 8. 2006 – 24. 8. 2008

Tena y Hernandez Claudia	E D

Ausbildungszeitraum August 2007 – August 2009

Ausbildungszeitraum 1. 2. 2007 – 31. 1. 2009			**Antwerpen** Chris	M IF
			Born Nicky	GE SW/PK
Amian Henrike	E S		**Chodora** Irina	MU
Angelike Karin Dr.	D F		**Dettmar** Gebhard	GE L
Balkenhol Verena	D PS		**Eberlein** Sabrina	SP EK
Bartosch Brigitte	E PA		**Endrös-Winter** Martin	MU
Bernhard Axel	M PH		**Enger** Susanne	M IF
Boie Boris	D PL		**Göbel** Guido	IF M
Bolte Annika	E S		**Herzog** Karen	GE L
Brunk Daniel	BI CH		**Jäger** Monika	IF M
Dahlmanns Marlon	BI D		**Jennrich** Susanne	S F
Daniels Christoph	MU PH		**Kracht** Verena	L F
Drach Christian	EK GE		**Kuck** Daniela	D SP
Eggert Sonja	D PS		**Niehaus** Miriam	D S
Endres Thorsten	D GE		**Ochell** Nadja	MU GE
Goebbels Willibert	D KR		**Pauck** Robert	SP D
Goeres Danika	D KR		**Porath** Sonja	MU SW/PK
Görtz Markus	CH D		**Prüfling** Irmgard	D EK
Häußer Sonja	D GE		**Rimicci-Schill** Stefania	SW/PK GE
Haustein Wilhelm	E F		**Rücker** Saskia	S F
Heffels Dennis	BI CH		**Schmidt** Kerstin	D SP
Heinen Sebastian	D E		**Schmidt** Tobias	D EK
Henn Pia	E S		**Stoffels** Kai	MU
Hill Alois	BI D		**Terbrüggen** Dirk	M IF

6.135 Kleve Studienseminar für Lehrämter an Schulen gegr. 1973 BR Düsseldorf
Seminar für das Lehramt an Gymnasien und Gesamtschulen
An der Willibrordschule 2, 47533 Kleve – Tel. (0 28 21) 1 35 90, Fax 2 30 36
E-Mail: poststelle-kleve2@studienseminare.nrw.de
Homepage: www.kle.nw.schule.de/seminar

Dienststellung	Name, Vorname, Titel			in der Dienststellung seit	Lehrbefähigung	Bekenntnis	Tag der Geburt
Leiter des Studienseminars	Peters Dietmar			OStD	25. 8.97	F PA	k	13. 2.47
Seminarleiter	N. N.							

Fachleiter(innen)

Name, Vorname, Titel	Dienststellung	Fach	seit	Schule (Planstelle)
Below Ekkehard	StD	Mathematik	1. 2.98	1.840
Bleisteiner Jürgen	StD	Geschichte/Hauptseminar	18. 9.75	1.392
Gerißen Georg	StD	Musik	1. 2.00	1.628
Graven Heidi	StD'	Erdkunde/Mathematik	1. 2.98	1.455
Hegel Klaus	StD	Physik	1. 2.05	1.175
Hoffmann Klaus-Dieter	StD	Chemie/Hauptseminar	1. 9.78	1.261
Kahm Friedhelm	StD	Hauptseminar	14. 3.96	1.391
Kirking Georg	StD	Sport	1. 2.04	4.244
Meckel Isabel	StD'	kath. Religion	1. 2.03	1.452
Meier Joachim	StD	Sozialwissenschaften/Hauptseminar	1. 2.98	1.750
Nolte Ludger	StD	Deutsch	1. 2.98	1.455
Pauls Brigitte	StD'	Englisch	1. 2.98	1.391
Rolf Bernd Dr.	StD	Philosophie	1. 2.04	1.385
Rosenthal Robert	L i. A. i. K.	Französisch	1. 2.98	1.265
Ruhs Inge	StD'	Sport/Deutsch	1. 2.98	1.266
Scheffler Wendi	StR'	Deutsch	1. 8.07	1.629
Schulz Dieter	StD	Geschichte	1. 2.06	1.455
Sommer Anke	StD'	ev. Religion/Kunst	1. 2.98	1.365
Sonderfeld Karl-Theo	StD	Latein	1. 2.97	1.594
Stanetzky Lothar	StD	Englisch	1. 2.05	1.261
Stang Roman	StD	Geschichte	1. 9.78	1.840
Teetzmann Karin Dr.	StD'	Deutsch/Hauptseminar	1. 5.97	4.878
Wetschewald Stefan	StD	Niederländisch/Hauptseminar	1. 8.00	1.629
Winzen Alexander	StD	Deutsch	1.10.04	1.645
Wichert Günther	StD	Biologie	1. 8.05	1.629

Studienreferendare(innen)

Name, Vorname	Lehrfächer	Bek.	Tag der Geburt	Name, Vorname	Lehrfächer	Bek.	Tag der Geburt

Gesamtzahl am Stichtag: 123 (69)

Ausbildungszeitraum 1. 2. 2006 – 31. 1. 2008

Name, Vorname	Lehrfächer	Bek.	Tag der Geburt	Name, Vorname	Lehrfächer	Bek.	Tag der Geburt
Adorf-Khabiri Meike	E PA		1.11.79	Hepke Martin Peter	D SP		15. 5.79
Baier Beate Dr.	D L		10.12.65	Herschbach Andrea	D E		29. 6.81
Blume Rainer Matthias	PL SP		20. 6.65	Hinz Jens Ulrich	EK SW/PK		15. 7.77
Bock Tobias Sascha	PL SW/PK		23. 6.78	Hoffmann Roland	BI SP		5. 6.79
Brunkau Eva	D GE		10. 8.79	Höhnel Maike	BI PA		9. 3.81
Croonenbrock Melanie	E SP		9. 7.79	Hourfar Nasrin	M PH		26. 2.60
Dagger Stefanie Maria	L MU		4. 3.80	Hübscher Anita	D GE		11. 9.79
Dahmen Petra	E SP		12.10.78	Kammerlohr Birgit	KU		7. 4.67
Deuling Anita	D SP		12. 7.77	Kettler Silke	GE PL		15. 3.79
Deveci Ahmet	KU		14. 4.72	Kleinert Friederike Renate	N SP		15. 7.78
Eumann Sebastian	BI N		30. 6.79	Koriath Maren	D E		10.11.78
Galle Christian Oliver Dr.	CH PH		21.12.71	Köster Kai	D GE		19. 1.76
Gerke Kristina	D E		27. 1.79	Kraayvanger Petra Maria	BI CH		2. 7.77
Grenzheuser Michael	D GE		10. 8.74	Kruza Evelyne	E MU		2. 7.79

Name		Fach	Datum
Leurs Anne Theresia		D KR	21.12.79
Marschner Katharina Ingke		D E	20. 5.80
Menne Désirée Vanessa		D PA	26. 9.81
Meurs Nicole		CH M	6. 8.78
Moll Ina		BI M	3.10.80
Müller Carsten		CH PH	5. 5.68
Müller Frank		PH M	
Müller Stefan		D M	11. 4.80
Müller-Alander Jens		E PL	18.10.78
Pfeifferling Tanja		D E	16. 9.74
Pientka Christian		E GE	22.10.77
Ritterbusch Björn		M SP	18. 2.78
Roeling Heide		BI D	16. 5.79
Roth Christiane		CH PA	5. 1.81
Schroerschwarz Björn R.		E EK	27.11.69
Schulz Oliver Wolfgang		BI CH	31. 7.75
Schürgers Guido Theo		M PH	5. 8.73
Sczesny Sebastian		D GE	30. 7.78
Strese Susanne Dr.		EK SW/PK	3.10.75
Tepner Markus		BI CH	24. 4.77
Trausch Stephan Richard		D E	24. 4.74
Trienekens Sebastian		GE KR	24. 6.77
Unland Melanie		D GE	22. 7.77
Völlering Stefanie Agnes		D GE	26.11.79
Wahl Barbara		D E	22. 4.77
Warnkross Anja		D E	25. 9.78
Weihrauch Michaela Alke		SP SW/PK	18.11.78

Ausbildungszeitraum 9. 8. 2006 – 8. 8. 2008

Name		Fach	Datum
Kipp Maria		E SW/PK	13. 6.75
Untermann Edzard		GE L	20. 5.78

Ausbildungszeitraum 1. 2. 2007 – 31. 1. 2009

Name		Fach	Datum
Bach Stefan		E KR	23. 1.77
Bense Birgit		M SP	22. 4.82
Beul Evelyn		D E	15. 1.77
Bienek Stefanie		D F	3. 9.80
Birkemeier Sven		F M	17.11.74
Brand Katrin		D ER	11. 7.79
Bransdor Katja		D GE	1. 4.82
Bücker Tanja		D E	17.10.79
Büsken Dirk		PL SP	18. 2.72
Dahlhaus Peter		D E	23. 4.79
Dax Volker		MU	17.11.77
Ditthardt Meike		E F	8. 3.69
Domanowski Kerstin		D E	12. 4.80
Domnink Nadine		D E	3. 9.79
Frerick Meike		D N	5.11.80
Frese Hans Christian		D E	30. 8.77
Großbötting Sonja		BI D	28. 1.80
Hanson Michael Dr.		CH PH	16. 2.64
Hartmann Birgit		D E	13. 2.70
Hebben Irmgard		KU	10. 7.67
Hessing Denise		BI SP	1. 6.82
Horster Andreas		KR MU	7. 7.80
Huisjes Anita		ER N	26. 8.79
Ikemann Marion		E M	25. 4.79
Janzen Sebastian		D EK	2. 3.81
Kellner Andreas		E EK	24. 3.80
Kessler Nina		D GE	22.12.79
Keuck Lena		KU M	18. 1.80
Krüger Lukas		M MU	14.12.81
Lammers Johescha		BI M	9.12.81
Lindemann Verena		E EK	17. 6.82
Meier Andreas		D PL	27.11.65
Meinert Helmut Dr.		M PH	28. 8.69
Moerkerk Stefanie		D E	11. 1.82
Niehues Paul		F SP	10. 5.80
Oerding Philipp		GE SP	1.10.79
Pallutz Eva		BI EK	10. 8.78
Pansa Franziska		GE PL	24. 4.83
Pinnow Ingmar		D PL	26.10.77
Sauer Peter		M PH	29.12.78
Scharfschwerdt Thomas		M SP	31. 5.80
Schlegel Tim		F SP	20. 9.77
Schnüpke Christiane		D GE	4. 4.77
Schröder Maj-Britt		D EK	22. 7.79
Schweizer Petra		BI D	1. 9.80
Terwiel Daniel		E SP	18. 8.79
Treeck Maike		D N	1.10.80
Tümmers Henning		D GE	29. 4.77
Viehrig Simon		EK KR	11. 9.81
Wegerhoff Tilman		D PL	22. 6.77

Verschiedene Ausbildungszeiträume

Name		Fach	Datum
Schuster Ulf		E PL	28.11.73
Uferkamp Ilka		D GE	29. 7.76

Ausbildungszeitraum 17. 8. 2007 – 16. 8. 2009

Name		Fach	Datum
Abraham Sabine		SP D	12. 6.82
Ahmadi Nasrin		EK BI	15.11.78
Becker Markus Dr.		M PH	
Bongwalt Ina		SP D	6. 5.83
Böwer Christoph		M EK	26.10.80
Elsemann Robert		E GE	18. 8.80
Gardemin Johanna		D SP	11. 3.81
Haumer Astrid		N GE	20. 2.82
Klohoker Laura-Therese		D SP	27. 2.81
Klüter Tobias		E GE	9.10.79
Meyer Kathrin		E GE	5. 2.78
Reinders Jan Dr.		PH EK	31. 3.64
Romanowski Magdalena		KU SP	9. 9.81

6.140 Köln Studienseminar für Lehrämter an Schulen gegr. 1926   **BR Köln**
Seminar für das Lehramt an Gymnasien und Gesamtschulen
Claudiusstraße 1, 50678 Köln – Tel. (02 21) 82 75 - 34 86, Fax 34 88
E-Mail: seminar-gyge-koe2@studienseminare.nrw.de
Homepage: www.studienseminar-fh-koeln.de

Dienststellung	Name, Vorname, Titel		in der Dienststellung seit	Lehrbefähigung	Bekenntnis	Tag der Geburt
Leiter des Studienseminars	Greiß Wolfgang		OStD			
Seminarleiterin	Funken-Richert Ursula		StD'	D PL		

Fachleiter(innen)

Name, Vorname, Titel	Dienststellung	Fach	seit	Schule (Planstelle)
Aldermann Birgitt Dr.	StD'	Biologie	15. 4.97	4.496
Barausch-Hummes Elke	StD'	Englisch	15. 6.89	1.403
Dahmen Hans-Dieter	StD	Biologie	17. 3.04	1.380
Dahmen Herbert	StD	Sport	1. 2.99	1.241
Düwell-Luhnau Ulrich Thomas	OStR	Sozialwissenschaften/ Hauptseminar	1. 2.06	1.411
Ehlers Leif	OStR	Englisch/Hauptseminar	1. 9.04	1.402
Fischer Oliver	OStR	Mathematik	9. 8.06	1.411
Hüsch Wilfried	StD	Chemie	1. 3.97	4.493
Kalcher Joachim Dr.	StD	Philosophie	1. 2.04	1.486
Kayser Wolfgang	StD	Französisch	20. 9.77	1.403
Klein Jost	StD	Französisch	1. 2.04	1.403
König Ulrike	StR'	Musik	1. 2.06	
Königsfeld Ilona	StD'	Englisch	1. 2.07	
Köster Peter	StR	Biologie/Hauptseminar	1. 2.05	1.006
Kunz Doris	StD'	Sport/Hauptseminar	1. 2.05	4.870
Kurth Thomas Dr.	StD	Latein	1. 8.04	1.101
Linnerz-Anselm Gerda	StD'	Deutsch/Hauptseminar	1. 9.79	1.413
Neisser Bärbel	StD'	Deutsch	15. 4.97	4.493
Oelke Stephanie	OStR'	Kunst	1. 2.07	1.402
Pabelick Norbert	StD	Geschichte	1. 9.78	1.406
Prinz Michael	OStR	kath. Religion	1. 2.07	
Riedel Klaus	StD	Musik	15.12.94	1.405
Riemer Wolfgang Dr.	StD	Mathematik/Hauptseminar	1. 2.98	1.437
Rolffs Elisabeth Dr.	OStR'	Pädagogik	1. 2.07	1.716
Sachs Ursula	StD'	Erdkunde	15. 6.89	1.433
Schmitz Heinz Gerd Prof. Dr.	StD	Deutsch	1.10.04	
Schmitz Petra	StR'	Kunsterziehung	9. 8.06	
Schöpper Josef	StD	Physik	1. 2.05	1.057
Vollmer Ulrike	OStR'	Musik	9. 8.06	
Weyand Renate	StD'	Sozialwissenschaften/ Hauptseminar	21. 4.97	1.413
Willenbrink Birgit	StD'	Spanisch/Hauptseminar	1. 2.01	1.412
Wilmsmann Thorgai	StD	Geschichte/Hauptseminar	1. 2.05	4.910
Woltersdorf Klaus	StD	Deutsch	1. 2.05	1.403
Yaldir Yasmin	L' i. A.	Türkisch	1. 2.04	

Studienreferendare(innen)

Name, Vorname	Lehrfächer	Bek.	Tag der Geburt	Name, Vorname	Lehrfächer	Bek.	Tag der Geburt

Gesamtzahl am Stichtag: 223 (164)

Ausbildungszeitraum 1. 2. 2006 – 31. 1. 2008

Becker Manuel	E L	**Graeser** Brigitte Susanne	D E
Becker Nikolai	MU SP	**Grollmisch** Wiebke Pilar	E SP
Behr Horst Dr.	BI CH	**Gronenborn** Matthias	BI SP
Behrens-Watin Christoph	F MU	**Gude** Franziska	E SP
Bollhöfer Björn	D EK	**Günther** Hanna	PS SP
Borchert Nikolaus Hans-Georg	M MU	**Hafner** Patrick	BI CH
Bösmann Holger Dr.	D GE	**Hamel** Klaus Peter	D PL
Bousmaha Bouchra	M PH	**Hartmann** Isabel	D PL
Braun Stephan	D PL	**Helmes** Markus Herbert	EK F
Celestino Francesco	GE PL	**Hilzensauer** Judith	D E
Duwe Susanne	MU	**Hölker** Benedikt Klaus	E MU
Erol Reyhan	PS SW	**Horn** Hannelore	MU
Fischer Lydia Maria Dr.	CH PH	**Huber** Anne	D F
Flacke Ines	D E	**Keller** Katrin Mirjam	D E
Förster Christian Alexander	GE L	**Keller** Matthias	E SP
Freund Eva Henriette Dr.	D F	**Klein** Maren Christiane	D L
Friedrich Nina Johanna	M SP	**Koehler** Bernd	BI SP
Girschick Manuel Claudius	BI M	**Krause** David	D PL

Krömer Thomas	GE L
Kutsch Susanne Regina	E EK
Laum Julia Christiane	E SP
Lehberger Regine	BI SP
Möller Oliver	M PH
Müller Michaela	E L
Panke Ina	EK MU
Pesch Henrike	BI D
Petzoldt Kathrin	E F
Pieper Katrin	GE RW
Poensgen Annika	D F
Postulka Parvin	E GE
Quarrella Claudia Maria	D GE
Richterich Claudia	D SW
Rupp Natascha	E GE
Schifferings Ines Diana	D GE
Schon Judith	D EK
Singla Jarry	MU
Stamer Jutta	F SW (bil.)
Steiner Eva-Maria	D L
Steinhof Katrin	EK SP
Üngör Fatih	L PL
Wallraff Tim	CH PH
Weyer Julia Susanne	D L
Wittneben Timon Patrick	E SP

Ausbildungszeitraum 9./25. 8. 2006 – 8./24. 8. 2008

Adler-Mahler Alke Cornelia	KU SP
Arste Patricia	KU
Bidermann Stefan	KU
Blumenthal Susanne	D MU
Bürger Sarah Anne	D MU
Esser Christian	MU SP
Fastenrath Anne Katrin	MU
Goetzke Sebastian	SP E
Herrmann Marina Ottilie	KU
Kilian Besirat	KU
Knops Herbert Albin	KU
Kratzsch Volker Claudio	KU
Lehndorff Beate Ruth Dr.	M PH
Loderhose Tanja	KU
Lück-Vielmetter Rita D. Dr.	CH PH
Mehrabani Jafar Dr.	CH PH
Meurer Tom	KU
Neuheuser Florens	MU
Pesch Thomas	E M
Richard Anton Marcel	MU
Schink Claudia Irmgard	KU PL
Strebel David	KU
Stute Marita	PH M
Vetterle Volker Lothar	M PH
Volzer Susann	KU
Voß Ruth	SW GE
Wieland Stephanie Caroline	KU
Wietfeld Frauke	E F
Witter Anne	KU
Wolf Nora	D E

Ausbildungszeitraum 1. 2. 2007 – 31. 1. 2009

Aki Kader	D E
Allelein Evelyn	D GE
Andreoli Marc	D PL
Baack Martin	MU
Baum Insea	SP SW
Boos Hubert	GE KR
Breitkopf Julia	BI D

von Chappuis Hildegard	KU PL
Duchène René	S SW
Einert Ivo	E GE
vom Feld Elzbieta	GE PA
Fiele Matthias	BI CH
Funke Frank	L PL
Göral Hülya	D PA
Grove-Feuerstein Carolin	D E
Guß Joachim	D S
Halas Andreas-Johannes	L PL
Hemmers Julia	M SP
Hübl Manuela	D F
Ibscher Svenja	GE KR
Jovanovic Eva-Elisabeth	D SW
Karcher Sascha	D GE
Klemm Annemarie	D EK
Kölsch Jutta	BI SP
Kreckel Yvonne	E PL
Küper Björn	BI SP
Leibold Florian	L KR
Liss-Nüdling Michael	KU
Matzky-Eilers Sonja	BI E
Maurer Sandra	BI MU
Meinert Katrin	E MU
Mellein Norman	D KR
Miltsch Anna	D GE
Möllmann-Molan Christiane	KU
Müller Thomas	BI CH
Mundorf Susanne	BI S
Nübling Anne-Katrin	D SP
Oehm Juliane	D MU
Otto Judith	D S
Paesler Ursula	MU
Romanus Nina	E SP
Rose Lena	D SP
Rudolf Silke	E EK
Sackstetter Jan	GE SW
Sauer Jennifer	D PL
Schlimbach Nathalie	EK M
Schmidt Christian	CH M
Schmidt Mareike	E SP
Schmidt-Kaptein Kathrin	D F
Schneider Anja	M PH
Schneider Kathrin	F GE
Schnichels Britta	BI D
Schrötter Judith	E KU
Schulte Nina-Christin	BI D
Schürmann Andreas	EK SP
Smeets Marco	BI EK
Stäbler Ulrike	E SP
Steffens Ellen	E SP
Steinkuhle Frederik	D PL
Stracke Caroline	E KU
Strkalj Tomislava	E SP
Tesfamariam Daniel	KR SP
Thomas Dietrich	D MU
Weber Suzanne	E F
Wehry Ramona	F PL
Westerholt Lucia	S SP
Wlachojiannis Christina	GE PL
Yacoub Renat	D E
Yavuzcan Ismail Dr.	GE SW
Zacharias Sebastian	BI CH

Ausbildungszeitraum 17. 8. 2007 – 16. 8. 2009

Ackermann Jens Dr.	GE PL

Becker Manuel	E PL		Maus Stephan	PL GE
Beckers Dennis	M SP		May Christina	D S
Bedke Charlotte	KU F		Mayer-Sztrányay Monika	KU
Bernhard Elisabeth	F KR		Meier Verena	KU F
Blatt Torsten	G D		Ostfalk Berthold	PH SP
Boos Björn	M S		Ott Janina	GE PL
Deuter Kornelia	MU		Peek Johanna	M KR
Faber Nikolaus	M PH		Pitzen Laura	KU PA
Finke Martin	D KR		Randau Silvia	PL D
Flothkötter Raphael	KR D		Reinartz Tina	KR D
Föcker Judith	F KR		Rödel Nikolaus	E F
Greub Charlott Dipl.-Ing.'	KU		Roth Heidemarie	D GE
Hampel Katja	D KU		Schachnasarjan Gajane	PH M
Helmer Daniela	D PL		Scheib Sebastian	D E
Jahn Johanna	D GE		Schmidgen Markus	E GE
Junkersdorf Stefan	KU PL		Schmitt Carina	D E
Kleefisch Vanessa	D E		Schmitz-Cliever Uta	E PL
Krag Anne	E F		Schüchen Sabine	D GE
Krift-Oellers Norbert	D PL		Solbach Laura	D GE
Labonté Leonie	D E		Stadler Christel	E F
Legutke Judith	BI KR		Theuer Eun Soon Eva-Maria	D PA
Leonhard Maria	GE KU		Thormeier Marc Dr.	PH M
Lütjen Martina	KU		Topal Sevinc	D GE

6.145 Krefeld Studienseminar für Lehrämter an Schulen gegr. 1946 BR Düsseldorf
Seminar für das Lehramt an Gymnasien und Gesamtschulen
Johansenaue 3 (Haus Schönwasser), 47809 Krefeld
Tel. (0 21 51) 5 19 59-0, Fax 5 19 59-59
E-Mail: poststelle-krefeld1@studienseminare.nrw.de
Homepage: www.studienseminar-krefeld.nrw.de

Dienststellung	Name, Vorname, Titel		in der Dienststellung seit	Lehrbefähigung	Bekenntnis	Tag der Geburt
Leiterin des Studienseminars	Mensel Ursula		OStD'	1. 6.06	M PK	
Seminarleiter	Uerscheln Hermann[1]		StD	1. 8.01	D EK	15. 9.48

Fachleiter(innen)

Name, Vorname, Titel	Dienststellung	Fach	seit	Schule (Planstelle)
Altmeier Silvia	StD'	Englisch		1.455
Backes Dietrich	StD	Pädagogik	1. 9.78	1.506
Barth Susanne Dr.	StR'	Deutsch		1.224
Bellmann Mirjam	StD'	Deutsch	25. 4.05	4.513
Broerken Doris	OStR'	Deutsch		1.699
Gruel Rüdiger	StD	Sozialwissenschaften	30. 4.97	4.511
Jansen Andreas	OStR	ev. Religion		1.150
Keip Marina	StD'	Latein	18. 8.97	4.243
Kirch Klaus	StD	Pädagogik/Hauptseminar	1. 8.73	1.453
Klose Dietmar	StD	Musik		1.511
Lutz Sibylle	StR'	Kunst		1.457
Meckel Isabel	StD'	kath. Religion	8.01	1.452
Meurer Olaf	OStR	Französisch	11. 3.05	1.457
Niehoff Rolf	StD	Kunsterziehung/Hauptseminar	2.10.77	1.119
Pohl Ulrike	OStR'	Musik		1.506
Reinlein Tanja Dr.	StR'	Deutsch		1.376
Richter Kathrin	StD'	Mathematik	6. 4.04	4.945
Rolf Bernd Dr.	StD	Philosophie	1. 2.04	1.385
Ross Ingrid	StD'	Englisch	1. 8.74	1.458
Saenger Johannes	StD	Deutsch/Hauptseminar	19. 8.97	1.451
Schirrmacher Gunnar	StD	Geschichte	26. 3.03	1.741
Schön Bettina	StD'	Biologie	1. 2.99	4.160

Stein Stephan Dr.	StD	Physik	18. 8.97		1.376
Stuke-Wennemann Eveline	StD'	Englisch	1. 2.98		4.511
Thönneßen Angelika Dr.	StD'	Sport/Deutsch	6.01		1.136
v. Wachtendonk Magdalene Dr.	StD'	Chemie/Hauptseminar	21. 5.97		1.456
Wolf Stephan	StD	Sport/Hauptseminar	1. 8.99		1.712
Wüstefeld Andreas Dr.	StD	Biologie			4.512
Zimmermann Kai	OStR	Erdkunde			1.740

[1] Lehrbeauftragter an der Universität Köln

Studienreferendare(innen)

Name, Vorname	Lehr-fächer	Bek.	Tag der Geburt	Name, Vorname	Lehrfächer	Bek.	Tag der Geburt

Gesamtzahl am Stichtag: 140 (89)

Ausbildungszeitraum 1. 2. 2006 – 31. 1. 2008

Bärthlein Lioba	D MU	**Claßen** Heinz Theodor Dr.	M PH
Bell Natalie	KU	**Dockkorn** Daniel Johannes	D GE
Berkowicz Markus	EK SP	**Gräfen** Michael	D BI
Biermann Sven	MU	**Hausmann** Sibylle	MU
Bongartz Karl Frank	KU	**Heinrich** Christiane Nadine	F MU
Bonnekoh Johannes	M PH	**Hinz** Christina Elisabeth	M PH
Brenken Stefan	BI D	**Kappes** Michael Dr.	M PH
Dimmig Marc	KU	**Klemm** Cornelia	F L
Dohmen Nicole	MU	**Maurer** Artur	PH SP
Freyschmidt Verena	GE KU	**Paape** Jürgen Klaus	M PH
Friese Lars	E SP	**Robens** Sebastian	GE L
Fukuda Nanako	MU		

Ausbildungszeitraum 25. 8. 2006 – 24. 8. 2008

Gari Michael	M PH	**Bulheller** Patrick Rudolf	EK SP

Ausbildungszeitraum 1. 2. 2007 – 31. 1. 2009

Göbser Daniela	D E		
Golla Christoph	D E	**Artner** Daniel	KU
Güthoff Annika Theresia	D E	**Balzer** Katrin	BI E
Hagen Stefan	E SP	**Bartsch** Nina	D GE
Hamerla Irene Maria	BI D	**Berg-Hildebrand** Andreas	M PH
Hauck Janine	E L	**Bisinger** Klara	E GE
Hermes Jan	D GE	**Bozkurt** Sevim	D E
Hubert Susanne	BI E	**Breuer** Marc	D PL PP
Idelberger Claudia	BI E	**Broede** Edda	F M
Kinder Mareike	D SP	**Couturier** Nadine	E SP
Klein Christian	GE L	**Eilers** Claudia Dr.	E PL PP
Kondring Birgit Gertrud	BI E	**Eilert** Stefan	D E
Kretschmer Eva Maria	BI D	**Fehler** Nadine	BI GE
Lazic Daniela	D E	**Fliege** Veronika	D PL PP
Mehlhorn Jan	E L	**Franck** Kerstin	M PH
Meurer Swenja	D EK	**Götte** Jessica	D E
Orzol André Erich	ER GE	**Haertel** Nicola	E PA
Peuckert Irma Gudrun	KU	**Jeuck** Christian	M SW
Peuler Patrick	MU	**Kahmann** Anne	KU M
Reddig Tanja	D E	**Karsch** Daniel	EK SP
Rödder Ilka	E MU	**Keppel** Janina	D PL PP
Rospenk Thorsten	E GE	**König** Alexander	D PL PP
Schneider Janine	D ER	**Kouri** Katharina	BI D
Seemann Dag	EK KU	**Krüger** Janine	E MU
Siercke Gwendolyn Vanessa	KU	**Kuhn** Stephanie	F PA
Süss Minea	D EK	**Küllmer** Henriette	MU
Tüllmann Melanie	GE L	**Lasseur** Sebastian	EK M
Umbach Elke Martha	MU	**Lehnen** Dörthe	BI EK
Vogel Sabine Caroline	D E	**Liebscher** Verena	D PA
Wertz Alexandra	BI D	**Maeßen** Alexandra	D EK
Wissen Christoph Johannes	D GE	**Michels** Jens	D KR
Wolf Nadine	BI D	**Mikus** Kerstin	EK SW

Ausbildungszeitraum 9. 8. 2006 – 8. 8. 2008

Binias Silke Dr.	D E	**Naujoks** Esther	E PA
Bornheim Katharina	M SP	**Papathanassiou** Nikolaos	KU PA

Paponja Nina	D GE	Gesse André	BI SP
Piesniak Maria	F M	Giedke Andrea	E SW
Rasel Nils	EK SP	Giese Michael	SP SW
Reiners Christian	BI PH	Ginster Ruth	D F
Röntgen Robert	GE PL PP	Grundmann Henrike	D SW
Roese Eckart	KU	Hagen Stefan	MU
Roß Torsten	M SP	Hurtmanns Melanie	M PH
Schloßnikl Kerstin	D E	Mathé Sebastian	SP SW
Schneider Britta	E PA	Normann Tina	D F
Schweins Hanna	D EK	Nowak Markus	MU E
Stricker Veronika	F SP	Opitz Roald Dr.	PH M
Ucar Nilüfer	D E	Pelzer Claudia	SP D
Wiefel Julia	BI EK	Pilz Alexandra	F D
Wunner Christian	D GE	Ratzke Marina	D KR
		Reiners Charlotte	F PH
Ausbildungszeitraum 17. 8. 2007 – 16. 8. 2009		Schmehl Kathi	F E
		Schmitz Angela	MU D
Berns Julia	F D	Schnieder Björn	SP SW

6.148 Leverkusen Studienseminar für Lehrämter an Schulen gegr. 1976 BR Köln
Seminar für das Lehramt an Gymnasien und Gesamtschulen
Brückenstr. 10–12, 51379 Leverkusen – Tel. (0 21 71) 36 80-0, Fax 36 80-28
E-Mail: poststelle-leverkusen1@studienseminare.nrw.de
Homepage: www.studienseminar-leverkusen.de

Dienststellung	Name, Vorname, Titel		in der Dienststellung seit	Lehrbefähigung	Bekenntnis	Tag der Geburt
Leiter des Studienseminars	Neugebauer Hans Gerhard Dr.[1]	OStD	9.11.90	D PL PA	k	25. 1.47
Seminarleiter	Knechtges Thomas	StD	1. 9.03	D SW	k	22. 4.55

[1] Lehrbeauftragter an der Universität Köln

Fachleiter(innen)

Name, Vorname, Titel	Dienststellung	Fach	seit	Schule (Planstelle)
Bengel Michael	StD	Deutsch	1. 9.79	1.413
Ducke Joachim	StR	Latein	31. 1.02	1.482
Enzensperger Manfred	StD	Englisch	1. 2.98	1.482
Fieberg Klaus Peter	StD	Geschichte		1.484
Gardenier Frauke	StD'	Italienisch/Hauptseminar	1. 2.02	1.486
Gerber Klaus	StR	Mathematik		1.486
Gödde Wilhelm	StD	Erdkunde	1. 2.04	1.616
Görg Aloisius	StD	Mathematik	1. 2.02	1.615
Heinze Norbert Dr.	StD	Hauptseminar	17.10.77	1.433
Hermes Ursula	StD'	Englisch/Hauptseminar		
Hilbig Inge	StD'	Deutsch/Hauptseminar		
Holtwick Birgit	StD'	Englisch		1.486
Hornbruch Heike Dr.	StD'	Sozialwissenschaften	1. 2.04	4.030
Hüsch Frank	StD	Deutsch		4.571
Klepzig Renate	StD'	Deutsch		
Lambertz Peter	StD	Hauptseminar	1. 2.96	1.588
Maute-Moosbrugger Doris	StD'	Sport	1. 2.98	1.615
Pütz Norbert	StD	Musik	1. 2.92	1.650
Schäfer Heinz	StD	Sport		1.598
Schattschneider Petra	StD'	Spanisch	1. 2.00	1.060
Schiedges Irene Dr.	StD'	Biologie	1. 2.96	1.434
Schmitz Resi	StD'	Englisch/Hauptseminar	1. 4.97	1.615
Schön Eduard	StD	Geschichte	1. 8.80	1.484
Sistermann Rolf Dr.	StD	ev. Religion/Philosophie	4.11.77	1.785
Tiedemann Antje	StD'	Biologie		1.404
Tigges Helmut	StD	Kunsterziehung	21.10.85	1.484

Name	Amt	Fach	Datum	Nr.
Wambach-Laicher Judith Dr.	OStR'	Chemie		1.481
Wolbert Ursula	StD'	Französisch	8.12.99	1.484
Wullen Traugott-Lothar	StD	Englisch	25. 8.80	1.432

Studienreferendare(innen)

Name, Vorname	Lehrfächer	Bek.	Tag der Geburt	Name, Vorname	Lehrfächer	Bek.	Tag der Geburt

Gesamtzahl am Stichtag: 204 (115)

Ausbildungszeitraum 1. 2. 2006 – 31. 1. 2008

Name	Fächer	Name	Fächer
Asher Peter Matthias Dr.	BI CH	Miceli Tiziana	E I
Bartoschek Anna Maria	CH M	Modler Daniel	EK SP
Bonhagen Dörte	D E	Moritz Sascha	D EK
Bory Jan	BI SP	Nahmmacher Henrik	BI SP
Boving Regina	F MU	Neuhaus Daniela	MU PH
Brombach Petra	BI CH	Öngören Zeynel	E I
Büder Martina	KU	Pauli Bettina	D I
Buhr Andrea	D GE	Reich Mira	E F
Buyken-Hölker Stephanie	D MU	Reiffers Meike	D F
Cathelot Laura	F GE (bil.)	Reiners Ulrike	I KU
Chmela Daniel	BI KR	Richards Britta	E SP
Corts Benjamin	EK SP	Ritz Julia	D EK
Dahmen Christoph	BI KR	Rodenbach Fabian	M SP
Dierkes Svenja	F S	Schneider Margot	F MU
Ebel Katrin	D I	Schneider Stefanie	MU S
Ehrke Sibylle	E EK (bil.)	Schützendorf Yvonne	E L
Eickhoff Claudia	BI GE	Smusch Christiane	D GE
Emrich Johannes Dr.	M PL	Steffens Julia	S SW
Endlein Gudrun	E F	Tjong-Ayong Sam	F MU
Fischer Jörg	GE PL	Tscheuschner Dirk Dr.	M PH
Fischer Matthias	ER PL	Uehren Felix	E GE
Flock Rita	KU SW	Vogel Nanna	BI SP
Frey Martina	F S	Vogt Nicolai	KU
Fuchs Isabell	D GE	Wachtling Andrea	D GE
Geerlings Heiner	MU	Walser Bruno	KU M
Gier Thomas	EK PH	Walser Kerstin	F KU
Gößling Birte	D E	Wältermann-Förster Iris	KU L
Goltz Rainer Dr.	ER SW	Wernig Caroline	E F
Grams Tobias	PL SW	Wessels Roland	M PH
Groddeck Anna Maria	BI M	Wies Torsten	KU PL
Hammann Mette	D E	Windhuis Vera	E EK (bil.)
Haussels Gundel	D PL	Wobben Christine	BI KU
Heinze Berit Silke	D F	Wunderlich Claus Dr.	CH PH
Hellmann Bodo	EK SP	Zernack Marie	MU
Hiller Nadine	D GE	Zingsheim Stefanie	D PL
Höhn Christian	E SP		
Hundenborn Sylvia	D PL	**Ausbildungszeitraum August 2006 – August 2008**	
Johannsen Agnes	BI CH		
Jostkleigrewe Georg	GE (bil.) L	Grimm Stefanie	D GE
Jungnitz Sabine	E EK	Klein Stefan	E EK
Kelderbacher Sven	BI SP	Kowitz Rolf Dr.	GE SW
Kilburg Christian	MU	Kügler Viola	D KU
Kloock Stefan	GE SP	Lockemann Ingeborg	ER KU
Knetter Thorsten Dr.	M PH	Müller Burkhard Dr.	M PH
Kohlmann Mirko	MU SW	Nicksch Kathrin	E GE
Kohlmeier Ulrike	D SP	Noack Hans	PH M
Kopitzki Cornelia	D SW	Schlegel Cornelia	CH PH
Kress Wolff-Thomas	M PH	Schmitz Sabine	E SW
Kühr Angela	GE MU	Siebertz Jan	BI SW
Lachhein René-Friedrich	EK GE	Werner Achim	E EK (bil.)
Langer Robert Dr.	M PH		
Langer Stephan	E EK	**Ausbildungszeitraum 1. 2. 2007 – 31. 1. 2009**	
Liebegott Ines	ER SP		
Martins Ralf	BI M	Althaus Benjamin	BI E
Meyer Elisabeth Uta	E SP	Annas Marko	M PH
		Ayadi Adel	M PH

Blöcher Sebastian	BI ER	Schierlitz Julia	S SP
Brand Tobias	SP SW/PK	Schlüpmann Kristin	BI SP
Brünger Inga	ER GE	Schraad Ursula	E S
Bues Katinka-Dorothea	BI CH	Schubel Kaisa	E SW/PK
Christ Sarah	E SP	Seipel Benjamin	E MU
Cron Christina	GE SW/PK	Spielmann Daniela	D GE
Dahm Isabelle	SP SW/PK	Staap Torsten	D EK
Duvnjak Snjezana	E SP	Stamm Manuel-Siegfried	MU
Ekici Sahir Dr.	CH PH	Stein Tonja	D PL
Fieberg Christina	CH M	Steinberg Christine	BI I
Fiege Angela	MU	Sulzbach Clarissa	E PL
Floridia Fabio	D GE	Talies Ricarda	M PH
Fusco Maria	D I	Tanzmann Jens	GE SW/PK
Gewehr Kristin	D SP	Teuscher-Schäfer Christiane	D S
Gruß Sebastian	GE SP	Tobian Franziska	D E
Halves-Ganz Jörg-Peter	KU	Ullner Sandra	E ER
Hausmann Wera	ER SP	Vahlhaus Isabel	D GE
Hermanns Uwe	E KU	Vaut Timo	BI MU
Herwartz Alexander	BI SP	Wildberger Ronja	D E
Höffschröer Ulrike	BI L	Zimmer Tanja	E S
Hübscher Heike	D EK		
Jolly Navina	D E		
Jung Christian	E EK	**Ausbildungszeitraum August 2007 – August 2009**	
Jung Steffen	GE SW/PK	Balisteri Rosalia	E GE
Keller Torsten	D PL	Bonarrigo Helga	D F
Klingshirn Rebekka	D E	Campbell Laura	E F
Klinkmann Martin	M PH	Deters Verena	BI SP
Knierim Daniela	BI E	Els Bernd	GE SP
Knoll Dominik	D KU	Follmann Daniel	SP BI
Kombrink Thomas	SP SW/PK	Gronostay Sonja	D GE
Kordes Barbara	D MU	Güth Ralph	D KR
Kühn Jana	D E	Haas Silke	GE SP
Laas Johannes	D MU	Haase Kira	BI F
Leidinger Daniela	D MU	Hagemann Stefanie	D E
Leisen Barbara	D E	Imping Esther	BI SP
Lühl Max	D ER	Koller Christian-Rudolph	E D
Mayer Andreas	E SW/PK	Krause Robert	D GE
Meyer-Steinhaus Arno	E EK (bil.)	Krüger-Lindenblatt Susann Dr.	PH CH
Müller Sascha	D GE	Küpper Verena	F SP
Noe Eva-Maria	GE L	Merkel Andrea	E D
Nunekpeku Denis	BI SP	Münch Christoph	GE D
Ortmann Daniel	BI PH	Oster Christoph	D E
Ortmann Imke	BI CH	Reichert Sabine	D E
Probst Thomas	GE L	Rieffenberg Sandra	D E
Przybyla Jan	GE I	Roderweiß Ina	D E
Raabe Birgit	GE SW/PK	Roland Alexandre	F E
Reinkober Christian	GE MU	Sander Reimar	M SP
Riddermann Anselm	GE PL	Schorn Nina-Alexa	D GE
Rösel Eva	BI E	Sisto Antonio	I D
Röttger Henning	BI SP	Vogler Marcel	BI SP
van de Sand Monika	M SP	Weyerbrock Stefanie	M E

6.150 Mönchengladbach gegr. 1970   **BR Düsseldorf**
Studienseminar für Lehrämter an Schulen
Seminar für das Lehramt an Gymnasien und Gesamtschulen
Abteistr. 43–45, 41061 Mönchengladbach – Tel. (0 21 61) 2 94 56 40, Fax 2 94 56 78
E-Mail: seminar-gyge-mgl1@studienseminare.nrw.de
Homepage: www.seminargygemg.hsnr.de

Dienststellung	Name, Vorname, Titel	in der Dienststellung seit	Lehrbefähigung	Bekenntnis	Tag der Geburt
Leiterin des Studienseminars	**Klein** Karin[1]	OStD'	IF M SW		
Seminarleiter	**Urban** Albrecht	Dir.	M		

Fachleiter(innen)

Name, Vorname, Titel	Dienststellung	Fach	seit	Schule (Planstelle)
Amberge Werner	StD	Pädagogik	1. 2.98	1.537
Beck Bernhard	StD	kath. Religion	15. 6.83	1.529
Bruder Anja	StR'		4. 4.07	
Coentges Helmut	StD	Französisch	1. 2.98	1.528
Döben Gabi	StD'	Deutsch		4.651
Drüeke Norbert	StD	Erdkunde	6. 2.74	1.523
Eickhoff Annemarie	StD'	Kunsterziehung	1. 2.98	1.527
Fußangel Hans-Walter	StD	Geschichte	1. 2.76	1.528
Godoj Claudia	StD'	Englisch/Sozialwissenschaften		1.522
Glasmacher Monika	StD'	Biologie	1. 2.98	1.276
Hagemann Lydia	OStR'	Geschichte		4.651
Jürgensen Peter	StR		15. 6.07	1.276
Körber Hartmut	StD	Mathematik/Hauptseminar	11. 2.77	1.742
Lang Gabriele	StD'	Englisch/Hauptseminar	16. 2.96	1.276
Massin Hubert	StD	Mathematik	1. 2.98	1.741
Mertens Axel	StD	Deutsch/Englisch		4.325
Neubert Frank	StD	Musik	1. 2.86	1.505
Paeske Arnold Dr. Dr.	StD	Chemie	1. 2.76	1.101
Panten Katrin	OStR'	Mathematik		4.701
Reinders Kurt	StD	Englisch	1. 2.98	4.652
Rögels Marion	StD'	Biologie		1.530
Roffmann Evamarie	StD'	Biologie/Hauptseminar	29. 1.96	1.520
Rolf Regina	OStR'		12. 1.07	1.796
Roszinsky Eckart	StD	Sport	1. 8.80	1.451
Schäfer Frank	StD	Sozialwissenschaften/ Hauptseminar	25. 1.96	1.522
Schameitat Anne-Bettina	StD'	Latein/Hauptseminar	22. 1.90	1.527
de Schmidt Winrich Dr.	StD	Deutsch	1. 2.76	1.121
Spiegelhoff Maria-Elisabeth	StD'	Sport	16.10.78	1.525
Strotmann Dirk[2]	StD	Sozialwissenschaften	7. 7.75	1.522
Zimmermann Oliver	StD	Informatik/Mathematik		1.376

[1] Lehrbeauftragte an der Universität Duisburg [2] Lehrbeauftragter an der Bergischen Universität Wuppertal

Studienreferendare(innen)

Name, Vorname	Lehrfächer	Bek.	Tag der Geburt	Name, Vorname	Lehrfächer	Bek.	Tag der Geburt

Gesamtzahl am Stichtag: 214 (125)

Ausbildungszeitraum 1. 2. 2006 – 31. 1. 2008

Altenhoven Rita	IF M			**Hiddemann** Thorsten	E GE		
Bahrsch Alexandra	D SP			**Högel** Ingo	D KR		
Bergmann Bjoern	BI E			**Hoffmann** Stefan	E GE		
Bertram Alexandra	D PA			**Hohmann** Andreas	E SP		
Bongartz Sabine	D GE			**Holtz** Silvia	F KR		
Brandes Karen	BI E			**Kaum** Eva	D E		
Broszeit Bernd	D GE			**Kitzmann** Anja	E F		
Brüx Christian	BI CH			**Klaus** Anja	D E		
Buschfeld Werner	D EK			**Koch** Melanie	MU		
Cords Friederike	E F			**Kowalski** Adam	EK M		
Daners Michael	BI SP			**Krause** Carsten	MU		
Deuß Markus	CH M			**Kroppen** Janina	D SP		
Dittmann Steffen	M SP			**Krükel** Daniel	D SP		
Engels Sabrina	BI SP			**Küpper** Ulrike	E MU		
Eßeling Thorsten	EK M			**Kuhlmann** Jürgen	E F		
Finis Sarah	E KR			**Laule** Kathrin	D GE		
Forger Kerstin	D GE			**Lehmann** Inga	E F		
Fromm Selma	E GE			**Lersch** Vera	BI EK		
Gehrmann Thorsten	IF M			**Löffelmann** Dirk	BI E		
Heinrich Julia	KU			**Meier** Zélia	E F		
Hermanns Anne	E PA			**Perdikouli** Ceciel	D PA		

Pfänder Markus	KU	Lohoff Simone	D SW
Pieper Diana	BI E	Mercer Annette	E L
Radau Stefan	D SP	Müller Oliver	E SW
Raulf Matthias	D GE	Nass Eva	E L
Reimer Lina	D E	Nedumkallel Anil	E SP
Reitz Corinna	E MU	Neunzig Gregor	D SP
Rösch Nadine	BI D	Paas Lore	D SW
Schäfer Verena	D SP	Peters Rouven	PA SP
Scheunemann Carla	D GE	Picott Georg	BI SP
Schmitz Ellen-Christina	D KR	Pielhau Christine	D GE
Schulz Simone	D SP	Planke Timo	E PH
Schumacher Christina	D GE	Prömper Christoph	D GE
Telligman Tanja	E F	Rensch Johanna	D KU
Vello Gabriele	KU	Rutkowski Nicole	D E
Werner Kristina	KR M	Schnock Liane	D SW
Wietschorke Sebastian	BI SP	Schon Stephanie	D E
Zandner Oliver	E F	Schulze Behesteh	IF M
Zauner Jochen	E GE	Steinhagen Kirstin	D GE
Zinn Kathleen	E GE	Südkamp Holger	E GE
		Thieme Nico	E GE
Ausbildungszeitraum 1. 2. 2007 – 31. 1. 2009		Vollbach Katja	E SW
Afilal Said Dr.	M PH	Vollmer Constanze	BI E
Aust Stefanie	D SW	Wagner Mira	D SP
Backhaus Katrin	D E	Warmsbach Manuela	E GE
Betting Kathrin	E SP	Weichert Heike	PA SW
Beyer Julia	D KU	Wiens Kurt	IF M
Bitter Reinhard	D GE	Wirtz Nadine	D L
Breuing Dennis	BI SP	Wolter Britta	IF M
Bring Axel	BI GE		
Brings Tanja	D E	**Ausbildungszeitraum 17. 8. 2007 – 16. 8. 2009**	
Bükesoy Özlem	PA SP	Adiek Sven	D SW
Dürselen Karoline	BI D	Bucher Stefan	D SW
Ehl Pauline	E GE	Eckers Hanno	D SW
Eschweiler Marcel	IF M	Götz Iris	KU
Evenschor Simone	E GE	Grote Niklas	D SW
Faulstich Lukas	KU SW	Heinrich Wolfgang	M PH
Fuhrmann Elena	BI KU	Heuser Linda	M PH
Gollanek Daniela	D E	Kaiser Christoph	GE CH
Hansen Nadine	BI PA	Könnecker Florian	PH SP
Haumer Katrin	D SW	Krügel Kerstin	D KU
Herweg Daniela	IF M	Marker Stefan	D GE
Hülswitt Pascal	D E	Merke Ilona	CH PH
Husmann Melanie	D E	Pöpl Martina	SW SP
Jesus da Silva Nina	E SP	Reichel Anne	PH M
Kames Sinah	D E	Schröder Andreas	KU D
Karanfil Hakan	IF M	Siegfried Tina	D SW
Kath Stefanie	BI KU	Wagner Tobias	KU D
Kieschke Arlett	E GE	Walter Matthias	IF M

6.153 Neuss Studienseminar für Lehrämter an Schulen gegr. 1976/1998 BR Düsseldorf
Seminar für das Lehramt an Gymnasien und Gesamtschulen
Mainstr. 85, 41469 Neuss – Tel. (0 21 31) 9 12 53, Fax 91 25 53
E-Mail: verwaltung@stn.nrw.de, Homepage: www.studienseminar-neuss.nrw.de

Dienststellung	Name, Vorname, Titel		in der Dienststellung seit	Lehrbefähigung	Bekenntnis	Tag der Geburt
Leiter des Studienseminars	**Zimmermann** Wolf Dieter	OStD		ER PA	e	26. 4.48
Seminarleiterin	**Bodenstein** G.	StD'				30. 7.50

Fachleiter(innen)

Name, Vorname, Titel	Dienststellung	Fach	seit	Schule (Planstelle)
Bäcker Notburga Dr.	StD'	Latein	1. 2.77	1.117
Becker Joachim	StD	Biologie	1. 3.98	4.170
Dorbach Dietlind	StD'	Englisch		4.630
Frieß-Nemetschek Anja	OStR'	Ev. Religion	10. 6.05	1.583
Heintz Gabriele (V)	StD'	Mathematik/Hauptseminar	1. 2.98	1.583
Henning Bernd	StD	Sport	1. 5.98	1.276
Hillen Peter	StD	Deutsch	1. 3.98	1.580
Ingenhag Robert	L i. A.	Englisch	14. 7.06	4.650
Jaletzke Michael	StD	Sozialwissenschaften		4.170
Junker Lothar Paul	StD	kath. Religion/Hauptseminar		1.550
Kempen Willibert	StD	Deutsch	1. 2.98	1.125
Klück Karl	StD	Mathematik/Hauptseminar	1. 2.98	1.584
Koßmann Peter	StD	kath. Religion	19.11.90	1.101
Lersch-Adler Bettina	OStR'	Deutsch		1.130
Philipp Anke Dr.	OStR'	Erdkunde		1.580
Sauter Michael	StD	Pädagogik		
Schaefer Jürgen Dr.	StD	Sport	19. 3.98	1.118
Schüttler-Mergener Susanne Dr.	StD'	Chemie		4.700
Starostik Birgit	StD'	Geschichte	1. 6.98	4.680
Theuer Jürgen Dr.	StD	Deutsch	1. 2.98	1.361
Thyll Ulrike	StD'	Englisch	1. 1.98	1.276
Treffeisen Wolfgang	StD	Physik		1.137

Studienreferendare(innen)

Name, Vorname	Lehrfächer	Bek.	Tag der Geburt	Name, Vorname	Lehrfächer	Bek.	Tag der Geburt

Gesamtzahl am Stichtag: 145

Ausbildungszeitraum 1. 2. 2006 – 31. 1. 2008

Name, Vorname	Lehrfächer	Name, Vorname	Lehrfächer
Avruscio-Hußmann Sonja		**Landschreiber** Anke	K
Bonfigli Robert Claudio	BI PH	**Martin Martin** Jose	PH M
Borck Katharina		**Mimberg** Friederike	
Brenner Kira	M SW	**Monning** Katrin	E SW M
Butterbach Pia Miriam	MU F	**Nolte** Christina	
Delvos Gregor		**Paulus** Sonja	
Eckert Andrea Christine	D F	**Pohlmann** Theresia Maria	L GE
Fölling Karina	M SP	**Radscheit** Susanne Ellen	KU
Garcia Fernandez Milagros	S L	**Renz** Katja Inge	
Gerharz Anne	D E	**Riehl** Maike	D E
Görlitz Martin Felix	D E	**Roeschel** Charlotte Julia	GE D
Grensemann Pia	E PA KR	**Rott** Johanna	D EW SP S
Gruhn Tilman Johannes		**Saatkamp** Claudia	E SW KR PA
Hagel Johannes Dr.	PH M	**Sadowski** Peter Simon	
Helling Alexander		**Sander** Florian Dr.	M PH
Helmus Yvonne Dr.	BI PH	**Schäfer** Katja	E D
Hennecke Julia	D E	**Schumacher** Daniel	
Henrichs Nicola Maria	E SW	**Siller** Jochen	SW MU
Hoevel Arne	SP PA	**Simeonidis** Alexander	D E
Janinhoff Christina	E EW	**Stahl** Maik	M SP
Jungbluth René	BI D	**Stascheit** Christine	D GE
Kipper Jutta		**Taube** Sonja	GE SP
Kleinfeld Holger		**Thesing** Holger Johannes	M SP
Klumpe Astrid Katharina		**Thieltges** Daniel Aloysius	E L
Koch Olaf	M PH		
Koch Olaf Andreas	M PH	**Ausbildungszeitraum 9. 8. 2006 – 8. 8. 2008**	
Kramer Claudia Kristina	L GE S	**Blome** Benedikt	M MU
Kusche Stefanie Yvonne		**Witte** Monika Sabine	M MU

6.155 Oberhausen Studienseminar für Lehrämter an Schulen gegr. 1973 BR Düsseldorf
Seminar für das Lehramt an Gymnasien und Gesamtschulen

Duisburger Str. 375, 46049 Oberhausen – Tel. (02 08) 82 87 87-0, Fax 82 87 87-20
E-Mail: poststelle-oberhausen@studienseminare.nrw.de
Homepage: www.studienseminare-ge-gym.nrw.de/ob/

Dienststellung	Name, Vorname, Titel		in der Dienststellung seit	Lehrbefähigung	Bekenntnis	Tag der Geburt
Leiter des Studienseminars	Peiniger Helmut Dr.					
Seminarleiter	Hopmann Frank	StD				

Fachleiter(innen)

Name, Vorname, Titel	Dienststellung	Fach	seit	Schule (Planstelle)
Alliger Martina	StD'	Geschichte/Hauptseminar		1.594
Bräunig Guido	OStR	Englisch		1.226
Brick Eckard	StD	Deutsch/Hauptseminar		4.940
Buric Ralf	OStR	Physik		4.682
Fidelak Herta	StD'	Französisch/Hauptseminar		1.595
Götzen Hans-Rainer	StD	Sport/Hauptseminar	1. 9.78	1.594
Heske Henning Dr.	StD	Mathematik/Hauptseminar		4.160
Jötten Marianne	StD'	Musik		1.595
Kleineberg Andreas	OStR	Kunst		1.098
Knöpfel Eckehardt	StD	Pädagogik/ev. Religion	2. 8.78	1.750
Kremers Thomas	L i. A.	Sozialwiss./Hauptseminar		
Kuhlmann Gerd	StD	Deutsch	28. 8.78	1.552
Lübbers Bernhard	StD	Hauptsem./Deutsch/kath. Rel.		3.160
Malach Jürgen	StD	Psychologie		1.592
Masseling Silvia	StD'	Englisch		4.721
Meyer Brigitte	StD'	Sport/Hauptseminar		1.098
Möllers Thomas	StD	Technik/Hauptseminar		4.160
Moock Ralf	StD	Physik	5. 2.75	1.591
Nixdorf Delia	StD'	Biologie		1.226
Ostkamp Ursula	StD'	Englisch/Hauptseminar		4.682
Portner Dagmar-Ute	StD'	Chemie	4. 1.75	1.226
Richter Jens	OStR	Mathematik		4.245
Schönemann Heinrich Dr.	StD	Chemie		1.535
Schweins Ulrich	OStR	Erdkunde/Wirtschaftsgeographie		4.271
Sonderfeld Karl-Theo	StD	Latein		1.594
Stehr Simone Tatjana	OStR'	Deutsch		1.095
Stolze Helmut Dr.	StD	Französisch/Spanisch	4. 9.78	1.224
Stratmann Hans-Georg	StD	Biologie		1.593
Tetling Klaus Dr.	L i. A.	Deutsch/Philosophie/PP		1.162
Teutsch Angelika	StD'	Deutsch		1.218
Unger Jürgen	StD	Geschichte/Geschichte (bil.)		1.592
Ungerland Werner	StD	Sport/Hauptseminar		4.720
Wandt Marion	StD'	Sozialwiss./Sozialwiss. (bil.)		1.593
		Englisch/Hauptseminar		
Yaldir Yasmin		Türkisch		

Studienreferendare(innen)

Name, Vorname	Lehrfächer	Bek.	Tag der Geburt	Name, Vorname	Lehrfächer	Bek.	Tag der Geburt

Gesamtzahl am Stichtag: 153 (91)

Ausbildungszeitraum 1. 2. 2006 – 31. 1. 2008

Backes Christiane	KU			**Brüne** Susanne	E PS		
Bayram Feride	PA SW/PK			**Canpalat** Aysun	SW/PK T		
Becker Andrea	BI EK			**Damm** Stefan	BI SP		
Boidol Julia	D PA			**Dohle** Jessica	E GE		
Borgers Claudia	D PS			**Dzankovic** Semir	SP TC		
Brackmann Jill	E SW/PK			**Fischer** Oliver	BI E		

Gerhardus Philipp	EK SW/PK		Schäfer Stefan	D E
Gerlach Antje	GE MU		Schlaak Stephanie Dr.	E L
Gerlach Katharina	GE SW/PK		Schlicht Markus	M PH
Geyr Robin	BI TC		Schoenenberg Ilse	GE E
Gottschling Bianca	D SP		Taubner Caroline	F KU
Göymen Zeynep	D T			
Grassmann Philipp	KU		**Ausbildungszeitraum 1. 2. 2007 – 31. 1. 2009**	
Grimbach Jutta	D GE		Adigüzel Bayram	GE SW/PK
Hagenbruck Stefanie	E GE		Alberts Simone	BI PA
Hatam Evsen	SW/PK T		Beckers Annika	D ER
Holtschoppen Natalie	GE MU		Bischoff Stefan	E GE
Hütte Silvia	F MU		Böckmann Melanie	D PA
Huntemann Hendrik	D KU		Bökemeier Antje	E SP
Ilgün Nilden	SW/PK T		Bommelitz Katrin	D SP
Kahlert Cornelia	E EK		Bron Julia	E F
Kluth Kristina	KR L		Bückmann Volker	BI D
Koc Aysel	M TC		Budde Katrin	F GE
Köpke Ina	BI PH		Danneberg Sandy	EK PS
Lenhart Johannes	KU		Domirhan Atike	EK PS
Lothmann Meike	KU		Diedrich Janine	E GE
Lübbert Kirsten	SP TC		Ennenbach Laura	E PS
Maksutoglu Deniz	SW/PK T		Fischer Alex	M SP
Malkowski Natalija	D E		Gidde Barbara	D PA
Markthaler Désirée	BI D		Gök Ali	D T
Mengler Nicola	EK M		Hellmich Jörg	D GE
Meschede Jessica	BI E		Heuer Guido	EK SP
Moyzio Henning	BI E		Hübbel Katharina	E GE
Mund Stefanie	KU		Hümmel Manuel	D EK
Neugebauer Andreas	GE SW/PK		Hüskes Boris	GE SW/PK
Neumann Ulrich Dr.	CH PH		Jeschke Christoph	EK PS
Ostermann Sandra	D PL		Kampner Michaela	CH PS
Otte-Harloff Katherina	ER F		Kirchner Tim	PL SW/PK
Pauly Jennifer	D GE		Kjurktschiew Mirjam	E GE
Reinecke Irka	M PH		Köhne Claudia	F S
Reuter Markus	KU		Kreuziger Ralf	E GE
Ritterskamp Ian-Roger	KU		Krick Laura	E KU
Rottländer Claudia	CH KU		Küpeli Sandra	D ER
Rücker Martin	D MU		Kutzer Sebastian	EK SP
Schell Simon	M PH		Landmesser Karolin	D GE
Schmeling Mario	L SP		Langenbach Julia	E S
Schmitt Andrea	MU PH		Langrock Sibylle	E GE
Schmitz Miriam	E KU		Latour Alexandra	D PA
Schöbel Rica	D GE		Lenz Christina	EK SP
Schönfeld Kerstin	D GE		Lindemann Florian	M PH
Sielemann Ingrid-Monica	M TC		Martin David	MU
Siyli Semra	D E		Meyer Evelyn	E F
vom Steeg Sabine	D KU		Müller Antje	E PA
Stief Katja	CH E		Neuhaus Andrea	D PA
Stünkel Anja	E F		Neumann Dennis	E GE
Tackenberg Bettina	E PA		Öztas Selma	SW/PK T
Tenbusch Stephanie	CH EK		Rafflenbeul Melanie	E GE
Teske Jörg	SW/PK TC		Rettkowski Sven	D GE
Toboltt Tanja	D E		Röllinghoff Silke	E GE
Ulbrich Dominik	E GE		Rosenbaum Marcel	D GE
Uludag Mahmut	SP T		Ruiz Alvarez Juan	EK S
Vieira da Silva Mario Luis	D S		Sach Sven	D GE
Weser Stephan	GE SW/PK		Saxl Michael	E PL
Winterscheidt Anna	D GE		Schulte Michael	GE PA
Zautner Stephanie	D E		Schulz Benjamin	D PS
			Serwe Sven	EK PS
Ausbildungszeitraum August 2006 – August 2008			Sievers Maren	F S
Böge Dennis	BI CH		Spin Henning	M PH
Figge Cathrin	KU PH		Sulimma Markus	D GE
Kahabka Dennis	M PH		Svoboda Isabelle	M SP
Ostermann Torsten	D M		Tenhaven Sven	CH SP
Rotterdam Petra	KU		Unglaub Melanie	D PA

Upmann Irene Dr.	M PH		Wortmann Frauke		PA SW/PK
Warzilek Madeleine	CH SP		Zidek Nicole		BI CH
Wendorff Johanna	SP PS		Zimmermann Anja		E KU
Winkelmann Evelyn	M PH		Zorn Mareike		D PA
Winkler Lars Dr.	BI SP				
Wirth Gunnar	MU SP		Ausbildungszeitraum 17. 8. 2007 – 16. 8. 2009		
Woike Christian	BI EK				
Wolthaus Sven	SP SW/PK		Fresen Michael		PH M

6.163 Vettweiß Studienseminar für Lehrämter an Schulen gegr. 2004   BR Köln
Seminar für das Lehramt an Gymnasien und Gesamtschulen
Schulstr. 12, 52391 Vettweiß – Tel. (0 24 24) 10 59, Fax 10 87
E-Mail: poststelle-vettweiss1@studienseminare.nrw.de
Homepage: www.seminar-vettweiss.de

Dienststellung	Name, Vorname, Titel		in der Dienststellung seit	Lehrbefähigung	Bekenntnis	Tag der Geburt
Leiterin des Studienseminars	Rolshoven Margarethe Dr.	LD'	29. 3.04	F I		
Seminarleiter	N. N.					

Fachleiter(innen)

Name, Vorname, Titel	Dienststellung	Fach	seit	Schule (Planstelle)
Bardt Ulrike Dr.	OStR'	Französisch	1. 3.05	1.495
Bickmann Rosvita Dr.	StD'	Deutsch	1. 2.04	1.380
Böing Maik	OStR	Erdkunde	1. 2.05	1.403
Ehrhardt Ulrich	OStR	Französisch	1. 2.06	1.109
Gablik Ralf	L i. A.	Kunst	1. 2.04	1.305
Gerhards Michael	OStR	Physik	1. 2.05	1.036
Glees zur Bonsen Hildegard	OStR' i. K.	kath. Religion	1. 2.06	1.056
Henkel Matthias Dr.	L i. A.	Deutsch	1. 2.04	1.460
Joist Alexander Dr.	OStR	Deutsch	1. 4.05	1.495
Kleifeld Achim	StD	Mathematik	14. 5.04	4.475
Klink Hella	StD'	Spanisch	1. 2.04	1.036
Langerbeins Dieter	StD	Biologie	1. 3.04	4.295
Langner Frank Stephan	StD	Sozialwissenschaften	1. 3.05	1.045
Löhnenbach Hans-Josef	StD	Pädagogik	18. 2.05	1.068
Meschke Carina	L' i. A.	Psychologie	3. 2.05	
Möller Stefan	StD	Englisch	1. 4.04	4.635
Noël Monika	StD'	Biologie	1. 2.04	1.495
Overhage Stephani	StD'	Geschichte	1. 2.04	4.925
Pohlmann Monika	StD'	Biologie		1.040
Schlüter Dirk	StD	Sport	1. 2.04	1.240
Sina Martin	OStR	Chemie		1.495
Timmer Markus	StD	Sport	3. 2.05	
Vogel Ursula	StD'	Geschichte	1. 2.05	1.107

Studienreferendare(innen)

Name, Vorname	Lehrfächer	Bek.	Tag der Geburt	Name, Vorname	Lehrfächer	Bek.	Tag der Geburt

Gesamtzahl am Stichtag: 174 (101)

Ausbildungszeitraum 1. 2. 2006 – 31. 1. 2008

Name, Vorname	Lehrfächer	Bek.	Tag der Geburt	Name, Vorname	Lehrfächer	Bek.	Tag der Geburt
Ahlers Nadine	F S	k	14.12.79	Diehm Ulrike	BI KU		9. 7.78
Aretz Andrea	BI SP	k	4. 3.81	Eßer Dagmar	E KR	k	30. 1.80
Arora Ashoka	PS SP	e	7. 8.74	Filz Stefan	GE PA	k	18. 5.77
Becker Andrea Charlotte	KU M		24. 1.80	Flasdick Thomas	SP SW	e	30.12.73
Beichelt Marco	BI CH		10. 8.75	Gerdom Vera	E PA	e	26.11.78
Braun Sarah	F KU	k	6. 7.74	Gielen Dayana	D E	k	18. 1.78
Dahnke Jochen	BI PH	e	4.12.75	von Grabe Gesa	D PA	k	26. 7.79

Name	Fächer		Datum
Greven Britta	E SP	k	26.12.72
Haase Diana	EK SP	k	10.10.79
Hinz Miriam	BI EK	e	23. 7.77
Holländer Elke Julia	F SP	e	31. 3.79
Jansen Christin	E PA	k	20.10.79
Jonas Verena	GE SW	k	23. 8.79
Joris Sabine	E KR	k	12. 6.78
Kadner Iris	M SW	k	10. 4.81
Klöckner Sabine	F S	e	3. 4.78
Klose Johannes Dr.	EK PH	e	3.12.73
Knillmann Birgit	BI E	k	19.10.79
Kölling Cynthia	F GE	e	9. 7.79
Kolligs Heike	D KR	k	20.11.80
Kopf Birgit	E KU	k	19. 4.77
Küwen-Funke Birgit	KR PA	k	27. 8.60
Kwade Michael	CH PH	k	6. 7.81
Lankes Michael	KU	k	29. 3.66
Molderings Frank	D SP	k	12. 5.77
Nabiyar Sarin	E PA		12. 5.79
Nettingsmeier Christian	EK SP	e	24.11.80
Neumann Simone	F GE	e	10. 7.77
Nordmann Clas	F SP	e	24.10.77
Obeling Steffen	F SW	k	3. 7.77
Plum Sebastian	BI PH	k	6.12.79
Preidl Cornelia	BI CH		27. 8.75
Profitlich Simone	BI D	k	29.10.79
Reuter Erik	PS GE	e	16.12.69
Rosenboom Sven	BI PA		15. 4.77
Rothenbücher Judith	BI CH	k	20. 1.75
Sannemann Mathias			18. 7.76
Schaefer Sophie Elisabeth	F GE	e	23.12.77
Scherber Laura	BI KU	e	5. 2.78
Scheuren Markus	BI EK	e	27. 9.78
Schiffbauer Kathrin	KU	k	14.10.65
Steinert Falko			19. 4.79
Studzenski Björn	EK S	k	21. 2.73
Tellmann Heidrun	GE KR	k	7.11.78
Thelen Boris			13. 9.77
Venzke Torsten	D KR	k	24. 3.70
Vogel Alexandra	GE SW	k	30. 1.75
Wiernicki Tobias	M PH		20. 9.80
Wilms Guido	D KR	k	13. 1.74
Windgassen Frank Alexander	D PS	k	18. 2.76
Witthaus Bettina	E D	k	18. 2.80
Macherey Bettina	F GE		17. 2.68
Niedermeyer Uwe Dr.	CH PH	e	7. 9.56
Roth Nicole	D GE		10. 2.80
Sauer Kerstin	E S		24. 3.78
Vendel Britta	E D		18. 2.80
Westhoff Wiebke	BI M		3.12.80
Wrobel Marco	M SP		26. 8.76

Ausbildungszeitraum 1. 2. 2007 – 31. 1. 2009

Name	Fächer		Datum
Albrecht Sylvia	M EK	e	24.12.81
Aust Andreas	SP EK	k	4. 5.81
Bedbur Elisabeth	GE D	chr	26. 4.60
Belz Florian	SP BI	k	6. 3.77
Berresheim Fabian	F GE	k	1. 5.79
Bey Stefan	KR PA	k	18. 1.64
Beyen Björn	D GE		29. 1.77
Böhm Jessica	PA E	k	16.11.76
Borchers Sylvia	D GE	e	9.12.80
Calleen Florine	GE D	k	25. 1.58
Degen Eva-Katharina	GE PA		20.10.76
Dickhaus Denise	E SP	e	17. 9.80
Dost Nicole	M D	e	16. 7.82
Ebbinghaus Hans	E D	e	29. 8.80
Enting Irina	BI EK	k	3. 3.79
Fell Michael	CH BI		20. 1.81
Frank Nina	D E	e	20.12.77
Friedel Katrin	E GE	k	3. 6.79
Geyer Margitta	D GE	k	21. 1.82
Halber Olaf	BI SP	k	31.12.74
Hampel Susanne	D GE	k	22. 9.83
Haubrich Stefanie	M PH	k	30. 5.81
van Heukelum Lisa	F KR	k	21.11.79
Holtmannspötter Andrea	D SW	k	25.12.78
Hundenborn René	EK (GL) KR	k	22. 8.74
Huwald Moritz	BI EK	k	16. 5.73
Jikeli Therese	BI SW		21. 8.79
Kaiser Matthias	GE D	k	11. 4.80
Kittner Nikolaus	BI SP	k	21. 5.80
Klein Britta	EK F	e	13. 8.80
Krämer Julia	BI D		28.11.75
Krechel Anja	E F	k	7. 5.82
von Kuk Carsten Dr.	BI SP		12. 3.67
Kutzbach Konstanze	E SP	e	20. 8.71
Langen Julia	EK F	k	3.11.80
Ley Ursula	D SP	k	16. 3.80
Lingemann Sybill	F PA	e	28. 1.83
Linsel Fritz	E SW	e	15. 7.77
Lischka Jeanette	D GE	k	11. 9.81
Loogen Benjamin	SP EK	k	9. 8.79
Maassen Uwe	D SW	k	4.11.76
Mäckel Antje	F PA	k	11. 8.75
Mahn Verena	D GE	k	18. 2.82
Maikranz Andreas	BI SW		27. 4.80
Meyer Andrea	EK F	e	29. 4.76
Meyer Ulrich	PH GE	k	23.11.74
Mugrauer Johannes	M SP	k	24. 9.80
Obermeier Annekathrin	E PA	e	2. 9.80
Salentin Fabian	SP BI	k	8. 3.80
Schroetter Stefanie	E SP	e	24.10.78
Schulte Annika	PA F MU	e	3. 1.72
Semmelsberger Cathrin	E PA	k	10. 4.80
Siemen Ina	F EK	k	15. 1.82
Sixel Johannes	CH PH	eref	4. 6.77
Tomala Julia	E SP	k	16. 9.80
Tomaszek Natalia	E SP	k	29. 3.80
Visser Joachim	D SW PK	k	9. 5.79
Volmer Judith	EK F	k	9. 5.79

Ausbildungszeitraum August 2006 – August 2008

Name	Fächer		Datum
André Jennifer	BI M		25. 3.81
Axeler Kristina	D GE		31. 5.82
Biendarra Gerhard Dr.	CH PH		27. 2.51
Bonkhoff-Graf Petra	EK PS		10. 3.56
Breidbach Mchael Dr.	M PH	k	23. 4.70
Dirks-Seile Elisabeth	F KU		12. 4.57
Ewald Stephanie	D F		19. 9.80
Fischer Stefan	GE KU	e	5. 2.72
Floßdorf Anja	E D		9. 5.81
Groos Christian	CH M		18. 9.76
Hirth Ulrich Dr.	M PH	e	8.11.68
Hobbs Susanne	SP E		22. 4.80
Josten Silke	BI M	k	11.12.79
Ketelhodt Inga	F GE		15.11.74
Krah Stefanie	BI M	e	4. 7.80
Krahn Dirk	PS SW		6. 2.67
Kristek Manuel	M SP	k	11.11.79
Liesendahl Christoph	KU PA		13. 6.63
Löcherbach Simone	M SW	k	16.10.81

Weiler Jutta	E SW	k	31. 3.80	Cramer Marc	SP BI		27. 1.81
Wessel Bianca	D PA	e	29.11.81	Jaquinet Alexander	D GE	e	30. 9.77
Wolschon Stephanie	SP EK	e	6.10.79	Klenner Lars	SP D		28. 8.78
Zahirovic Haris	E PA		12. 3.78	Prante Sven	D GE	k	7. 6.74
Zahran Julia	M E	k	29. 3.80	Regh Christian	GE SP	k	10. 6.81
Zilgens Britta	D SP	k	12. 3.78	Reinsch Anja	SP GE		1. 2.79
				Söhnlein Christopher	PH M		13.11.81

Ausbildungszeitraum 17. 8. 2007 – 16. 8. 2009

				Sörgel Susanne	D GE	e	27. 9.76
Adam Mareike	SP F		22. 3.80	Travlos Tzanetatos Tatjana	D F		10. 9.77
Adam Sabine	D F	k	20.11.82	Unger Kerstin	D GE		16. 5.82
Braun Ingo Dr.	PH CH	k	3. 6.64	Wilms Anne	F GE	k	4. 6.82
Cissé Sitta	D F		10. 5.80	Winkeler Matthias	D GE		24. 8.73

6.165 Wuppertal Studienseminar für Lehrämter an Schulen gegr. 1925 BR Düsseldorf
Seminar für das Lehramt an Gymnasien und Gesamtschulen
Richard-Wagner-Straße 7, 42115 Wuppertal – Tel. (02 02) 30 34 44, Fax 3 70 29 64
E-Mail: seminar-gyge-wup1@studienseminare.nrw.de
Homepage: www.studienseminar-wuppertal1.nrw.de

Dienststellung	Name, Vorname, Titel	in der Dienststellung seit	Lehrbefähigung	Bekenntnis	Tag der Geburt
Leiter des Studienseminars	**Merkle** Michael	OStD 1. 2.04	BI EK PS		
Seminarleiter	**Schlömer** Jürgen	StD 15. 4.05	BI EK		

Fachleiter(innen)

Name, Vorname, Titel	Dienststellung	Fach	seit	Schule (Planstelle)
Adams Gerhard	L i. A.	Englisch	1. 2.99	4.963
Becker Georg Dr.	StD	Erdkunde	1. 2.03	4.890
Berg Otmar	OStR	kath. Religion	1. 2.05	1.817
Brischke Michael	StD	Sport	1. 2.99	1.818
Buckard Rainer	StD	Musik	1. 4.05	1.817
Burmeister Ursula	StD' i. K.	Pädagogik	1. 2.05	1.326
Draken Klaus	StD	Philosophie	1. 2.03	4.830
Dreibholz Susann	OStR'	Mathematik	20. 4.07	4.961
Ernsting Petra Dr.	StD'	Biologie	13. 5.97	4.963
Fabricius Marion	StD'	Deutsch	1. 2.04	4.771
Grannemann Klaus Dr.	StD	Mathematik	1. 8.04	1.818
Henningsen Sylvia	StR'	Pädagogik	7. 8.06	1.818
Knobloch Bernd	StD	Mathematik	1. 9.78	1.630
König-Apel Ruth	OStR'	ev. Religion	23. 2.05	1.817
Kunz Detlef	StD	Englisch	18. 6.97	1.823
Lehder Gabriele	StD'	Kunsterziehung	1. 9.79	1.122
Lethen Tim	OStR	Informatik	29. 6.06	1.115
van Lier-Busch Ingeborg	StD'	Sport	1. 9.79	1.633
Liesen Bernhard	StD	Latein	1. 2.01	1.817
Loebe Wolfgang	StD	Pädagogik/Hauptseminar	17.12.84	1.633
Lohmann Thomas	StD	Deutsch/Hauptseminar	7. 5.97	4.961
Lutter Irene	StR'	Deutsch	18. 4.07	1.817
Mekus Claudia	StD'	Spanisch	1. 2.03	1.818
Meurer Ursula	StD'	Deutsch/Hauptseminar	7. 5.97	1.822
Mohr Regina	StD'	Sport	1. 9.78	1.817
Mühlhoff Friedrich	StD	Sozialwissenschaften	20. 9.77	1.819
Nuyken Lutz	StD	Physik	1. 4.99	1.632
Robillard-Geier Anne	StD'	Französisch/Hauptseminar	1. 2.99	1.818
Scherer Volker	StD	Geschichte	1. 2.04	1.633
Schmidt Winfrid	StD	Sozialwissenschaften/ Hauptseminar	1. 2.99	1.822
Schmittmann Erik	StR	Kunst	29. 5.06	4.832
Schneider Frank Dr.	StD	Deutsch	13. 7.06	1.820

Schneider-Mombaur Güdny	OStR'	Kunst	9. 8.06	1.699
Seufert Harald	L i. A.	Biologie	1. 2.04	1.506
Teichmann Monika	StD'	Englisch	1. 2.99	4.962
Verwohlt Peter	StD	Geschichte/Hauptseminar	1. 2.99	1.815
Weber-Hüttenhoff Ursula	StD'	Chemie	14. 4.97	4.961

Studienreferendare(innen)

Name, Vorname	Lehrfächer	Bek.	Tag der Geburt	Name, Vorname	Lehrfächer	Bek.	Tag der Geburt
Ausbildungszeitraum 1. 2. 2006 – 31. 1. 2008							
Aertel Frank	E EK			**Ausbildungszeitraum 9. 8. 2006 – 8. 8. 2008**			
Becker Sascha Karsten	M PH			**Bongartz** Dirk Dr.	IF M		
Blank Thorsten Werner	D PL			**Bremen** Gunthilda	E S		
Blomberg Dominika	BI F			**Budde** Julia Ingeborg	BI PH		
Boyken Maik	GE E			**Dam** Mareike	MU		
Czock Ronald	PH SP			**El Kasmi** Abdelaziz	M IF		
Diehl Tobias	L EK			**Gehrmann** Anne Ursula	KU PA		
Erkens Stephanie	PL M			**Köhler** Angela	KU GE		
Fragemann Corinna	E F			**Lauterjung** Susanne	M PH		
Fuchs-Rundnagel Annette	D PL ER			**Meisters** Birga	KU PA		
Geuter Eva Maria	M EK			**Räder** Thomas	E M		
Göbel Melanie Janet	E S			**Schmitz** Kirsten	KU PA		
Gropp Melanie	SP PA			**Schweiger** Alexandra M.	L PL		
Guha Susanne Sanchayita	F L						
Heering Gabriele Anette	D ER			**Ausbildungszeitraum 1. 2. 2007 – 31. 1. 2009**			
Heidelberg Nadine	D KR			**Hakimi** Nilofar	D SW		
Heischkamp Gerd	M SP			**Hammes** Michèle	E BI		
Hoppe Nina Gillian	E S			**Handt** Björn	SP PA		
Jahnich Thomas Oliver	D SW			**Hennen** Marc	EK PA		
Jung Rudolf Sebastian	MU E			**Holler** Katrin	D SP		
Kaune Katrin	M EK			**Jabs** Melanie	D SW		
Klösters Birgit Katrin	E MU			**Jarovic** Denis	SP SW		
Kordt Falko Florian	BI GE			**Kinganamchira P.** Tina	M PA		
Krebs Nidia Lena	E GE			**Kluck** Daniel	BI EK		
Kroll Anja	E D			**Kögel** Ulrich	MU		
Kuberski Thomas	SP PA			**Langel** Svenja	D PA		
Högn Birgit	E ER			**Liguda** Stephan	SP GE		
Osgood Vivien Rebecca	E KU			**Mermertas** Selda	SP PA		
Paeschke Kerstin	D E			**Mond** Elisabeth	E PL		
Pöml Patricia Frauke	BI CH			**Rettberg** Yvonne	E F		
Priss Sascha Gerd				**Sander** Heinz	D EK		
Rader Guido	MU SW			**Steen** Christian	BI CH		
Rüdel Martina Elisabeth	F S			**Stein** Kathrin	D F		
Schött Kathrin	KU D			**Thier** Bastian	E KR		
Springer Ines	D GE			**Vogel-Hudasch** Stefan	MU GE		
Susteck Dominik	MU						
Tischer Frank	KU PA			**Ausbildungszeitraum August 2007 – August 2009**			
Westmeier Nina	F E						
Wnuk Katharina	D ER			**Sellier** Andrea	KU SW		
Wolff Susanna	KU						

b) Westfalen

Bezirksregierung Arnsberg
Dezernat 46 – Lehreraus- und -fortbildung
Eichholzstraße 9, 59821 Arnsberg – Tel. (0 29 31) 82-0

Studienseminare:

6.200 Arnsberg	6.235 Hagen
6.215 Bochum	6.240 Hamm
6.225 Dortmund	6.270 Siegen

Bezirksregierung Detmold
Dezernat 46 – Lehreraus- und -fortbildung
Leopoldstraße 13–15, 32754 Detmold – Tel. (0 52 31) 71-1

Studienseminare:

6.205 Bielefeld	6.245 Minden
6.220 Detmold	6.255 Paderborn

Bezirksregierung Münster
Dezernat 46 – Lehreraus- und -fortbildung
Albrecht-Thaer-Str. 9, 48147 Münster – Tel. (02 51) 4 11-0

Studienseminare:

6.210 Bocholt	6.260 Recklinghausen
6.230 Gelsenkirchen	6.265 Rheine
6.251 Münster II	

6.200 Arnsberg Studienseminar für Lehrämter an Schulen   BR Arnsberg
         Seminar für das Lehramt an Gymnasien und Gesamtschulen
         gegr. 1973, wiedereröffnet am 1. 2. 2004
         Johanna-Baltz-Str. 28, 59821 Arnsberg – Tel. (0 29 31) 52 39 80, Fax 52 39 89
         E-Mail: poststelle-arnsberg@studienseminare.nrw.de
         Homepage: www.studienseminar-arnsberg.de

Dienststellung	Name, Vorname, Titel		in der Dienststellung seit	Lehrbefähigung	Bekenntnis	Tag der Geburt
Leiter des Studienseminars	**Heemeyer** Friedrich	LD		D PA PL	e	21. 2.52
Seminarleiter	**Gutwald** Norbert	StD		EK M	e	3. 2.56

Fachleiter(innen)

Name, Vorname, Titel	Dienststellung	Fach	seit	Schule (Planstelle)
Betz Renate	StD'	Chemie/Sozialwissenschaften		2.640
Bläsing Jörn	OStR	Geschichte		2.390
Blume Antje	StR'	Englisch		2.020
Eisen Volker	StD	Mathematik		2.665
Elsner Andreas	StD	Geschichte		2.225
Epping Josef	StD	kath. Religion/Hauptseminar		2.022
Gans Ulrich	StD	Hauptseminar		2.667
Jacobs Norbert	StD	Physik/Hauptseminar		2.022
Kirschbaum Tobias	StD	Physik/Hauptseminar		2.405
Krolla Michaela	StR'	Deutsch		2.115
Kühnen Frank	OStR	Erdkunde		2.667
Mause Michael Dr.	StD	Latein		2.023
Ortmeier Anno Dr.	StD	Englisch		2.667
Post Martin	StD	Biologie		2.022
Raulf Barbara	StD'	Deutsch/Hauptseminar		2.115
Röwekamp Brigitte	StD'	Pädagogik/Hauptseminar		2.635
Romberg Nicole	OStR'	Kunst		2.022

Stump Karlheinz	StD	Sport		2.405
Többe Franz	StD	Deutsch		2.667
Uhlenbrock Georg	OStR	Mathematik		2.490
Witsch Karsten	StD	Englisch		2.677
Zimmermann Thomas	StD	Französisch		2.316

Studienreferendare(innen)

Name, Vorname	Lehr-fächer	Bek.	Tag der Geburt	Name, Vorname	Lehrfächer	Bek.	Tag der Geburt

Gesamtzahl am Stichtag: 108

Ausbildungszeitraum 1. 2. 2006 – 31. 1. 2008

Beerbohm Gerda	KU			**Busse** Anke	EK SW/PK		
Bittner Ute	D F			**Busse** Jan	CH M		
Burg Anja	GE SP			**Bußmann** Nadine	E PA		
Collatz Steffen	E SP			**Dederich** Steffen	E SP		
Dettmer Anne	E MU			**Domke** Julia	D GE		
Eickhoff Gabriele	E PA			**Dreker** Stefan	IF M		
Friedrich Anke	F GE			**Egbers** Marcel	D GE		
Goette Bettina	EK PA			**Eikler** Daniel	BI GE		
Hafner Volker	M SP			**Ernst** Marc-Alexander	E EK		
Handschuck Annika	D F			**Godefroid** Nadja	E F		
Happ Santoshi	D E			**Grigori** Rolf	PH SP		
Hawerkamp Michael	M PH			**Hahn** Christine	E GE		
Hecker Ansgar	GE SP			**Harnischmacher** Karin	D KU		
Herget-de Sousa Marques Alex	E GE			**Hildebrand** Berthold	GE SW/PK		
Kemper Kathrin	D KU			**Hoffmann** Inga	M PA		
Kilimann Nadine	BI E			**Hölscher** Iris	D KR		
Kreuziger Ralf	E GE			**Holterhof** Barbara	E F		
Majer-Leonhard Tina	E GE			**Hoyer** Christian	BI SP		
Malcher Jens	M SP			**Jungeblodt** Vera	KU PA		
Müser Stefanie	D KR			**Kahla** Sandra	GE KU		
Neugebauer Christoph	M PH			**Kieseheuer** Marc	M MU		
Pieper Anne	E SW			**Kleinemeyer** Svenja	D PA		
Plöger Alexa	M PH			**Klute** Björn	D SW/PK		
Pouwels Johannes	M PH			**Knode** Stefan	E GE		
Quest Ulrike	D F			**Krause** Miriam	M PH		
Rades Daniel	E GE			**Lenz** Kristina	D KR		
Schnakenberg Ulrich Dr.	E GE			**Löffler** Susanne	GE IF		
Schütz Jens	D SW			**Luig** Elisabeth	D GE		
Schulte Dietlind	E BI			**Makosz** Jadwiga	MU		
Schulte Jörg Dr.	IF M			**Michaelis** Beate	BI PA		
Schulte Kathrin	D E			**Mönnikes** Alexa	E KU		
Segtrop Jörg	EK MU			**Moersener** Andreas	KU		
Vietor Rainer	PA SP			**Müller** Sandra	KR M		
Vollandt Gesche	BI D			**Pogoda** Peter	D GE		
Voß Stephan	SP E			**Pothoff** Marcus	KU		
Wolf Martina	E GE			**Preiser** Tanjana	IF M		
Wolf Stefanie	M PH			**Risse** Sabine	D EK		
Wolf Udo	PL PP L			**Schaeffer** Daniel	GE L		
Wrzesniok Rafael	GE SW			**Schmidt** Tobias	D EK		
Zahedi Christian	BI SP			**Schmitz** Jens	BI EK		
Ziegler Thomas	D GE			**Schwermann** Edda	CH E		
				Thabet Sarah	E PA		
				Theine Martin	BI E		
Ausbildungszeitraum 1. 2. 2007 – 31. 1. 2009				**Thönes** Hans-Christian	D KR		
Arbeiter Thomas	IF M			**Wendt** Christian	D SW/PK		
Bedke Kerstin	D PA			**Wessel** Nina	BI D		
Brün Nicole	D F			**Wiebke** Alexandra	D SW/PK		
Bunse Constanze	D GE			**Wirxel** Petra	E M		
Burkhart René	KU SP			**Wuschansky** Hella	D KR		

6.205 Bielefeld Studienseminar für Lehrämter an Schulen BR Detmold
Seminar für das Lehramt an Gymnasien und Gesamtschulen
Kurt-Schumacher-Str. 6, 33615 Bielefeld – Tel. (05 21) 1 06 22 83, Fax 1 06 64 01
E-Mail: studienseminar-sIIg@gmx.de
Homepage: www.studienseminare-bielefeld.de

Dienststellung	Name, Vorname, Titel		in der Dienststellung seit	Lehrbefähigung	Bekenntnis	Tag der Geburt
Leiter des Studienseminars	Goerke Hubert		OStD			
Seminarleiter	Eckholt Wolfgang		StD	1. 8.02	D EK PA	

Fachleiter(innen)

Name, Vorname, Titel	Dienststellung	Fach	seit	Schule (Planstelle)
Althoff Matthias Dr.	StD	Philosophie		2.357
Beckmann Hartmut	StD	Mathematik	23. 6.97	2.057
Bergmann Kirsten	StD'	Spanisch		
Bock Henning	StD	Kunst	15. 4.96	2.356
Bonse Maria	StD'	Pädagogik		
Busch Norbert Dr.	StD	Geschichte		2.059
Christoph Sigrun	StR'	Psychologie		2.059
Drüge Hartmut	StD	ev. Religion	1. 6.74	2.060
Ellersiek Klaus	StD	Sport	1. 8.97	2.060
Frey Nicole	OStR'	Englisch		
Grigoleit Ulrich	StD	Informatik	6. 2.97	2.057
Gross Renate	StD'	Deutsch	1. 8.97	4.051
Hilgers Uwe Dr.	StD	Chemie/Hauptseminar		2.755
Hubrig Detlef Dr.	StD	Deutsch	30. 6.97	2.057
Kabst Monika	StD'	Französisch		2.356
Kiesow Klaus Dr.	L i. A.	kath. Religion/Hauptseminar	1. 5.92	2.057
Kordes Olaf	StD	Sozialwissenschaften		4.430
Kottkamp Martin	StD	Deutsch/Hauptseminar	26. 3.97	4.850
Krautkrämer Karl-Heinz	StD	Mathematik/Hauptseminar	1. 6.97	2.300
Kreppel Klaus Dr.	StD	Sozialwissenschaften	15. 3.93	2.063
Letzgus Klaus	StD	Physik	2. 6.97	2.057
Lütke Börding Cornelia	StD'	Latein	20. 5.97	2.064
Operhalsky Rita Ilona	StD'	Englisch		2.355
Saathoff Theodor	StD	Biologie	15.12.91	2.355
Schmidt Elke	StD'	Biologie	1. 6.97	2.357
Schmoland Volker	StD	Musik		
Scholz Ulrich	StD	Geschichte/Hauptseminar	1. 8.03	2.056
Schweihofen Christian	StR	Sport		
Taesler Jürgen	StD	Griechisch	15.12.89	2.055
Trenner Bernd	StD	Hauptseminar		
Vogel Dankwart Dr.	StD	Mathematik	1. 2.97	2.057
Wedemeier Bodo	StD	Englisch/Hauptseminar	1. 2.73	2.300

Studienreferendare(innen)

Name, Vorname	Lehrfächer	Bek.	Tag der Geburt	Name, Vorname	Lehrfächer	Bek.	Tag der Geburt
Ahlmeyer Elena	BI SP			**Folker** Sonja	BI F		
Apel Lucy	BI KU			**Gattwinkel-Blanke** Ellen	D KU		
Bertram Tobias	BI SP			**Gauer** Katharina	MU		
Bredemeier Wiebke	PA SW			**Große-Wöhrmann** Karsten	BI CH		
Bucko Anna	BI SP			**Guschker** Birgit	D E		
Eccleston Alke	E MU			**Hamacher** Hans Georg	IF M		
Eckhardt Manuela	MU SP			**Hildebrandt** Helene	D E		
Eggert Susanne	E EK			**Hönicke** Sabine	D PL		
Engel Barbara	KU			**Inger** Gereon	KU PL		
Erdmann Janine	IF M			**Jackstien** Silke	MU		

Gesamtzahl am Stichtag: 95
Ausbildungszeitraum 1. 2. 2006 – 31. 1. 2008

Kieser Olaf	D GE		Urbisch Claudia	D E	
Klose Anke	ER PS		Verheyen Andrea	D SW	
Körber Udo	IF M		Westerbarkey Elmar	MU SW	
Kösters Camelia-Mariana	M PH		Wiete Pia	E GE	
Koseck Annika	E MU		Winter Mirco	D KU	
Krahn Nikolai	M SP		Witte Thomas Dr.	CH PH	
Krahn Sonja	BI CH		Wittler Justine Dr.	BI CH	
Kretzschmar Andrea	D PA		Wolf Jürgen	PL SW	
Kroeger Jenny	D GE		Woltering Gunnar	E GE	
Krüger Daniela	E PS		Wortmann Katja	D SW	
Kutzick Karsten	D EK				
Lekon Niels	E EK		**Ausbildungszeitraum August 2006 – August 2008**		
Lovrinovic Dragan	KU				
Marzelin Romy	EK PS		Bartsch Jana	E PA	
Maschmeier Frank	BI E		Beier Bettina	M PH	
Mergelkuhl Tim	BI SP		Bojcic Marijana	E F	
Meyer Isabelle	F PA		Engelbrecht-Schreiner Ralf	M PH	
Mouhlen Sabine	E PA		Hartmann Anneke	MU SW	
Norder Daniel	PH SW		Herrbold Martin	L MU	
Oberschelp Jens	D GE		Hunecke Peter	MU	
Petereit Mareike	D SP		Janzen Daniela	D MU	
Plaß Michael	D SW		Mense-Oesterdiek Stefan	CH GE	
Potthoff Tim	SP SW		Mügge Dirk	M PH	
Rabe Nadine	BI F		Preuß Oliver Dr.	M PH	
Ragg Hanna	BI SP		Prüßner Daniel	CH E	
Rohn Lukas	EK SW		Roß Joachim Dr.	M PH	
Rudnik Matthias	BI GE		Schröer Henning	M PH	
Schalk Julia	EK M		Schulze-Athens Thomas	MU	
Schiermeyer Denise	D PA		Sommer-Dircks Andrea	MU	
Schmitt Ulrike Dr.	BI CH		Sprick Christiane	MU	
Sendler Ingrid	BI CH		Tanrikulu Yeliz	PA SW	
Ströbel Jens-Michael	BI SW		Thieke Jürgen	CH PH	
Tofall Kathrin	IF M		Wrachtrup-Klaß Martina	MU	

6.210 Bocholt Studienseminar für Lehrämter an Schulen gegr. 1976 BR Münster
Seminar für das Lehramt an Gymnasien und Gesamtschulen
Stenerner Weg 14a, 46397 Bocholt – Tel. (0 28 71) 23 92 70, Fax 2 39 27 15
E-Mail: Leonhard.Horster@studienseminare.nrw.de, Homepage: www.seminars2.de

Dienststellung	Name, Vorname, Titel		in der Dienststellung seit	Lehrbefähigung	Bekenntnis	Tag der Geburt
Leiter des Studienseminars	Horster Leonhard	OStD	1. 9.93	D PL		27. 6.47
Seminarleiter	Sieberg Harald	StD	1.11.03	PL L RW	k	9.11.55

Fachleiter(innen)

Name, Vorname, Titel	Dienststellung	Fach	seit	Schule (Planstelle)
Albermann Klaus	StD	Mathematik	1. 8.97	2.073
Altemeier Werner	StD	Biologie	1. 2.76	2.073
Alvermann Horst	StD	Philosophie	1. 2.76	2.470
Brinkgerd Veronika	StD'	Deutsch		4.380
Budde Klaus	StD	Musik/Musikwissenschaft	1. 2.03	2.152
Bulla Monika	StD'	Pädagogik	1. 4.97	2.151
Flaswinkel Silvia	StD'	Niederländisch	1. 2.99	2.070
Gassen Frank	StD	Englisch		2.073
Glätzer Eva	StD'	Kunst		2.197
Görge Josef	StD	Französisch	1. 9.79	2.071
Golle Bernd	StD	Mathematik		
Kadur Sigrid	StD'	Geschichte	1.11.03	4.300
Langela Tatjana	OStR'	Englisch/Hauptseminar		2.669
Laser Günter Dr.	StD	Latein	1.11.03	4.730
Lomberg Rainer	StD	Erdkunde	1. 9.77	2.070
Lücke Susanne	StD'	Erdkunde	20. 3.06	2.705

Piotrowiak Gerda	StD'	Englisch	26. 3.01	2.456
Rottstegge Gregor	StD	Sozialwissenschaften	20. 3.06	2.455
Ruttert Matthias Dr.	StR	Chemie		2.455
Schindler-Horst Ellen	StD'	Deutsch	1.11.03	2.095
Schrieverhoff Jan	StD	Sport	1. 8.97	4.180
Speckenwirth Ulrich	OStR	Deutsch		2.654
Sprekelmeyer Ulrich Dr.	StR	Physik		2.150
Stolze Frauke	StD'	Spanisch	9.06	2.151
Tammen Gerhard	StD	kath. Religion	1. 2.98	2.071
Uphoff Ingrid	StD'	Englisch		2.151
Völlering Werner	StD	Sozialwissenschaften	1. 2.99	2.267
Vossiek Annette	StR'	Biologie	1. 8.06	2.705
Werner Udo	StD	Geschichte	1. 8.97	4.110

Studienreferendare(innen)

Name, Vorname	Lehr-fächer	Bek.	Tag der Geburt	Name, Vorname	Lehrfächer	Bek.	Tag der Geburt

Gesamtzahl am Stichtag: 150

Ausbildungszeitraum 1. 2. 2006 – 31. 1. 2008

Anneken Manuel	D EK	Linz Carsten	EK GE
Barcic Fikreta	D F	Löbbecke Meike	EK BI
Bartelt Thomas	BI SW	Loosen Jessica	D PL
Becker Ina	BI	Mäsing Birgit	KU
Bettenhausen Marion	EW SW	Menke Daniel	EK SP
Bewersdorff Hans	KU	Möller Sandra	E PL
Büttner Karin	D KR	Müller Alexandra	M PH
Delschen Ansgar Dr.	SP SW	Neumann Sabine	M PH
Drießen Anke	E SP	Niemeyer Sabine	E F
Ewering Tobias	D PL	Oeding Matthias	EK SP
Farwick Matthias	SP S	Osman Alexander	EK SP
Feise Janina	E KR	Pongs Dennis	M PH
Grosfeld Nina	BI EW	Pues Alexandra	SP SW
Groß Daniel	BI E	Roth Jörn	BI SP
Große Sextro Claudia	BI GE	Rudolph Daniel	E SP
Grüner Tina	F S	Schulenkorf Daniel	M PH
Hagen Eva	F KU	Seeger Daglef	KU
Hardt Sylvia	BI CH	Sieverdingbeck Marcus	MU PH
Hilchenbach Kai Dr.	G L	Stock Thorben	GE KR
Hübner Marie-Christine	BI M	Strempel Annie	BI SP
Iserloh Klaus	EK SP	Techel Stefan	EK GE
Kannemann Lisa	BI E	Thoden Ulrich	E KR
Kathstede Georg	KR M	Tränkle Olga	E M
Kieslich Björn	EK SW	Uennigmann Verena	EK SP
Knoke Florian	KR SW	Unger Maike	BI SP
Kock Christian	BI CH	Wackerbarth Hanna	BI E
Korthues Ricarda	D KR	Walpuski Maik	CH D
Lauer Marc	GE SW	Wessels Maren	D E
Laumen Susanne	E SP	Wittenbrink Jan	D SW
Liemann Andre	M PH	Zaddach Kevin	M PH
Limper Christiane	KU	Zinn Daniela	BI D

6.215 Bochum Studienseminar für Lehrämter an Schulen gegr. 1930   **BR Arnsberg**
Seminar für das Lehramt an Gymnasien und Gesamtschulen
Ostring 23a, 44787 Bochum – Tel. (02 34) 1 47 55, Fax 9 13 86 35
E-Mail: StudienseminarBo.Sek2@t-online.de
Homepage: www.studienseminar-bochum.de

Dienststellung	Name, Vorname, Titel		in der Dienst-stellung seit	Lehr-befähigung	Bekennt-nis	Tag der Geburt
Leiterin des Studienseminars	Weirath Angela	OStD'				
Seminarleiterin	Grzonka Claudia Dr.	StD'				

Fachleiter(innen)

Name, Vorname, Titel	Dienststellung	Fach	seit	Schule (Planstelle)
Aretz Susanne Dr.	StR'	Griechisch		
Attelmann Anke	StD'	Deutsch		
von der Burg Udo Dr.	StD	Pädagogik/Hauptseminar		
Droste Johannes	StD	Latein		
Frielingsdorf Rainer	StD	Hauptseminar/Sozialwissenschaften		
Fuhrmann-Reher Siegfried	StD	Chemie		
Gopon Karl-Wolfgang Dr.	StD	Kunst		
Grothuesmann Heinrich	StD	Englisch		
Gruber Friederike Dr.	StR'	Deutsch		
Hackenberg Wolfgang	StD	Geschichte		
Hengelbrock Jürgen Prof. Dr.[1]	StD	Philosophie		
Hiesgen-Altenbernd Ursula	StD'	Biologie		
Imgenberg Klaus	StD	Deutsch		
Kilian Iris	StD'	Hauptseminar		
Lange Meinolf	OStR	kath. Religion		
Lensing Martin	StD	Biologie		
Madsen Rainer Dr.	StD	ev. Religion		
Manig-Ostermann Petra	StD'	Deutsch		
Marcinkowski Michael	StD	Sport		
Martschin Jürgen	StD	Mathematik/Sport		
Nover Ursula	StD'	Physik		
Nowack Angelika	StD'	Pädagogik		
Schneider Ute Dr.	StD'	Deutsch/Hauptseminar		
Schröder-Werle Renate	StD'	Deutsch/Philosophie		
Schröer Ludger	StD	Geschichte		
Schwerdtfeger Petra	StD'	Spanisch		
Schwill Birgit	StD'	Musik		
Sünnen Anna-Maria	StD	Erdkunde		
Tometten Ute-Friederike	StD'	Französisch		
Triebkorn Michael	StD	Deutsch/Hauptseminar		
Wille Randolf	StD	Englisch/Hauptseminar		
Witzel Heinz-Werner	StD	Englisch		

Studienreferendare(innen)

Name, Vorname	Lehrfächer	Bek.	Tag der Geburt	Name, Vorname	Lehrfächer	Bek.	Tag der Geburt

Gesamtzahl am Stichtag: 184 (99)

Ausbildungszeitraum 1. 2. 2006 – 31. 1. 2008

Name, Vorname	Lehrfächer			Name, Vorname	Lehrfächer		
Albrecht Julia	E PA			**Glasneck** Maren	GE SW		
Arends Isolde Dr.	D PL			**González Ulloa** Juan Pablo	S SP		
Balliet Mathias	E PL			**Hegemann** Christian	BI ER		
Beule Daniela	D KR			**Heinichen** Sebastian	GE L		
Beyer Susanne	D GE			**Heller** Daniela	D E		
Böcker Monika	M PA			**Herrmann** Margit	M MU		
Böhme Johann	MU SW			**Hesse** Roland	EK SP		
Breilmann Friedrich	M PH			**Höing** Annette	E S		
Broll Christoph	E SW			**Hörnemann** Kerstin	D KU		
Brüning Martin	M PH			**Hohagen** Eva-Maria	BI EK		
Burggräf Frauke	D ER			**Hohmann** Ruth	BI PH		
Cipirita-Knappe Nives	D E			**Hoppe** Martina	PA SP		
Cremer Verena	E PL			**Jeske** Claire-Marie	D S		
Dahmen Cornelia	KU			**Jeske** Peter Dr.	CH PH		
Dannert Daniel	E SP			**Karlof** Julia	F SP		
Derwanz Wendy	E SP			**Karrasch** Clint	D E		
Dienst Claudia	MU			**Kempin** Christian	GE S		
Drebber Anja	GE SW			**Kindermann** Daniela	D KR		
Frommann Corinna	EK GE			**Klemm** Susanne	KU		
Geide Jennifer	D KU			**Knust** Martin	MU		
Giesen Inga-Maria	GE MU			**Koerdt** Simone	KU MU		
Gläsel Philipp	BI D			**Kollien** Astrid Dr.	BI CH		

Kühnapfel Norbert	PA SP		Zainou Rabea	M PH
Kuklinski Jennifer	CH MU		Zimmermann Doreen	D M
Kulosa Alexander Dr.	D MU			

Ausbildungszeitraum 25. 8. 2006 – 24. 8. 2008

Lindenpütz Katharina	BI EK		Filor Michaela	E GE
Maus Nina	M PH		Gerwin Timo	E GE
Michels Katrin	E SW		Hermann Helge	E SP
Müller Alexandra	D GE		Kiwitter Anke	D GE
Müller Anja	D GE		Wache Jutta	D E
Niehaus Stefanie	D EK		Werner Susanne	D EK
Paßmanns Thorben	PA SW			

Verschiedene Ausbildungszeiträume

Petele Franziska	D KU			
Piquet Nathalie	F GE		Plate Lea	D E

Ausbildungszeitraum 1. 2. 2007 – 31. 1. 2009

Polleichtner Wolfgang Dr.	G L			
Poltorychin Inna	KU		Arning Aniko	D PL
von Prince Ingeborg	E M		Bäck Robin	GE S
Ratajski David	D F		Baginski Vanessa	D GE
Rossa Henning	E SP		Bartel Simon	ER GE
Rostek Marion	D SW		Bauer Daniel	D ER
Rudel Yvonne	D EK		Berndt Daniela	E KU
Ruschenburg Björn	D PA		Borgmann Ulrich	EK SP
Sanal-Ülger Zeliha	D SW		Cumita Waschke Frank	GE SP
Sauerland Jutta	D L		Dammer Raphael Dr.	D L
Schäfer Corinna	D PA		Fiedler Ansgar	GE KR
Schäfer Frank	GE S		Forth Jan-Peter	D GE
Schmellenkamp Oliver	G L		Giebeler-Drewello Susanne	D GE
Schrouff Simone	BI KU		Goschkowski Dennis	BI E
Schütte Dirk	PA SW		Greive Barbara	E GE
Sebastian Sven	BI CH		Grützner Christina	E EK
Seeberger Stefan	KU		Guretzki Peter	M SP
Stickdorn Sarah	M SP		Haag Helge-Siiri	EK S
Stiller Britta	E EK		Herforth Maria-Felicitas	D E
Tasci-Bay Leyla	D F		Isaak Rebecca	D SP
Thomas Michael	IF M		Kaup Frederik	D SW/PK
Urbannek Linda	D E		Kautz Marie	D PL
Vogel Kathrin	D SW		Kerkmann Peter	GE PA .
Vogel Simone	G L		Knop Stefanie	D PL PP
Walz Markus Dr.	BI PH		Kohs Simone	E GE
Wellers Tina	D E		Krämer Karolin	BI MU
Wöllhardt Jasmin	D SW		Kurek Melanie	E L
Yilmaz Dogu	PA SW		Lange Dennis	F GE
Zimmer Thomas	L PL		Liebermann Alexandra	E S

Ausbildungszeitraum 9. 8. 2006 – 8. 8. 2008

			Link Marianne	D GE
Ahrens Saskia	D L		Lüke Hanna	D PA
Bangert Alexandra	M PH		Meier-Swirgun Thorsten	D PL PP
Beckers Ruth	BI L		Menning Matthias	D F
Bienholz Anja	CH M		Miele Heiko	BI D
Broemel Frank	IF M		Mindt Vera	E PA
Kammertöns Christoph Dr.	MU PA		Möller Axel	BI EK
Kivelitz Oliver	M PH		Morawski Marcin	KR PL
Klaus Holger	MU		Nattkemper Philipp	D PL
Kopp Franziska	D MU		Orth Sebastian	BI GE
Kröger Oliver	M PH		Ossmann Tobias	GE KR
Kuck Oliver	CH M		Petereit Sebastian	D E
Mantusz Richard	M PH		Piorr Sara	M MU
Müllenborn Albert	KU		Quere Christian	KR PL
Müller Guido Dr.	GE KU		Reinhardt Jan	BI MU
Oubkis Mohamed	IF M		Röhr Henning Dr.	E PL
Pott Lioba	PA MU		Röhrig Kathrin	E S
Raue Inga	E M		Roskam Antje	D SW/PK
Schreiner Jörg	MU		Schäfers Frauke	BI SP
Schubert Anne-Christin	E MU		Schaldach Jörg Dr.	M PH
Tummes Anja	D KU		Schaller Florian Dr.	BI CH
Wieners Marion	M L		Scheibe Birte	D SP
Wiesecke Jutta	IF M		Schneider Lisa	D PL
Winkeler Eva-Maria	F KU		Schulz Matthias	GE M
Wolff Thorsten	GE KU			

Schwenzfeier Nicole	ER MU		Westerholt Lars	E S
Seidel Verena	E SP		Westkamp Nadine	BI E
Spieckermann Julia	PA SP		Wilkens Sarah	D PL PP
Teipel Nicole	E GE		Winternitz Peter	E GE
Tifliko Meike	EK SP		Wolf Daniel	D GE
Ulrich Kolja	E SP		Worbs Britta	D E
Voswinkel Lisa	E ER		Wysocki Matthias	E GE
Wagner Josefine	E KR			

6.220 Detmold Studienseminar für Lehrämter an Schulen gegr. 1975 BR Detmold
Studienseminar für das Lehramt an Gymnasien und Gesamtschulen
Im Orte 10, 32760 Detmold − Tel. (0 52 31) 3 08 22 54, Fax 62 80 25
E-Mail: poststelle-detmold@studienseminare.nrw.de
Homepage: studienseminare.nrw.de

Dienststellung	Name, Vorname, Titel		in der Dienststellung seit	Lehrbefähigung	Bekenntnis	Tag der Geburt
Leiterin des Studienseminars	Effe-Stumpf Gertrud		OStD'	1. 8.02	M SW	
Seminarleiterin	Schubert Brigitte		StD'	1. 8.06	KR D	

Fachleiter(innen)

Name, Vorname, Titel	Dienststellung	Fach	seit	Schule (Planstelle)
Barth Hans	StD	Biologie/Hauptseminar	3. 6.04	2.050
Behringer Margareta	StD'	Deutsch	6. 5.97	4.052
Bergmann Bettina	StD'	Deutsch	22. 4.02	2.033
Böck Frank	StD	Sport	27. 6.05	3.165
Carl Lothar	StD	Informatik/Hauptseminar	11.12.96	3.165
Damm Werner[1]	StD	Geschichte/Hauptseminar	1. 8.96	2.033
Fuchs Michael	L i. A.	Philosophie/Hauptseminar	27. 8.04	2.419
Goldkuhle Peter	StD	Physik	1. 9.83	2.157
Heidemann Heike	OStR'	Englisch		2.637
Heilemann Jürgen	StD	Biologie	28. 1.04	2.588
Klaus Barbara	StD'	Sozialwissenschaften	14. 4.03	2.620
Knossalla Jürgen	StD	Mathematik	1. 6.97	3.100
Lange Claus	StD	Chemie/Hauptseminar	29. 5.98	2.419
Lettermann Eva	StD'	Geschichte	1. 6.05	2.158
Lütke-Westhues Peter Dr.	StD	Latein/Hauptseminar	11. 9.03	2.393
Masukowitz Petra	StD'	Sport	6. 2.04	2.589
Neitmann Erich Dr.	StD	Musik	10. 2.92	2.357
Nicolay Volker	StD	Englisch	3. 3.97	2.564
Nieweler Andreas	StD	Französisch/Deutsch	6. 8.98	2.067
Olders-Langert Ines	StD'	Pädagogik/Hauptseminar	1. 6.97	2.057
Prüter-Müller Micheline	StD'	Deutsch/Hauptseminar	17. 6.04	4.150
Rabsahl Eckehardt	StD	Erdkunde	15. 6.84	2.158
Stehling-Schröer Jutta Dr.	StD'	Geschichte	16. 7.04	2.564
Walters Astrid	StD'	Spanisch	14. 4.03	

[1] Lehrbeauftr. an d. Hochschule für Musik Detmold

6.225 Dortmund Studienseminar für Lehrämter an Schulen II gegr. 1927 BR Arnsberg
Seminar für das Lehramt an Gymnasien und Gesamtschulen

Otto-Hahn-Straße 37, 44227 Dortmund – Tel. (02 31) 72 54 66-211, Fax 72 54 66-210
E-Mail: seminar-gyge-dor1@studienseminare.nrw.de
Homepage: www.do.nw.schule.de/semdoi

Dienststellung	Name, Vorname, Titel		in der Dienststellung seit	Lehrbefähigung	Bekenntnis	Tag der Geburt
Leiter des Studienseminars	**Schaube** Werner		OStD			8. 3.47
Seminarleiter	**Lücke** Peter Dr.		StD	1. 2.04	E D	9. 8.61

Fachleiter(innen)

Name, Vorname, Titel	Dienststellung	Fach	seit	Schule (Planstelle)
Bennhardt Dirk Dr.	StD	Mathematik	16. 8.05	2.168
Braun Pedro	StD	Erdkunde	18. 2.02	4.195
Cibis Norbert	StD	Hauptseminar	1. 9.79	2.686
Dickel Monika	StD'	Geschichte	1. 9.04	2.360
Erlenkämper Bernd	StD	Latein	31. 1.00	2.165
Gabler Astrid	StD'	Deutsch/Hauptseminar	6. 4.98	2.184
Gollan Peter	StD	Philosophie	1. 5.99	2.176
Gruber Friederike Dr.	StD'	Biologie	1. 2.06	4.072
Grundmann Reiner	StD	Sport	9. 3.98	2.168
Hahlweg Ebbo	StD	Informatik	2. 2.96	2.083
Hückel Hannelore	StD'	Deutsch	1. 9.78	2.169
Jaeschke Dieter	StD	Italienisch	28. 4.69	4.196
Kliebisch Udo Wilhelm Dr.	StD	Hauptseminar	25.11.04	2.083
Köntges Reinhold	StD	Chemie	20. 2.96	2.770
Koth-Hohmann Wolfhard	StD	Biologie	20. 2.96	2.183
Kreitz-Dammer Dorothee	StD'	Englisch	3. 9.04	2.169
Kusnierek Franz-Josef	StD	Mathematik	20. 2.96	2.181
Lippa Michael Dr.	StD	Mathematik	5. 4.04	2.083
Literski Klaus-Michael	StD	Französisch	23. 3.98	2.173
Mariß-Kollmann Claudia	StD'	Biologie	15. 8.05	2.173
Möller Martin Dr.	StD	ev. Religion	1. 2.96	2.650
Niehoff-Subellok Wolfgang	StD	Kunst	1. 2.96	4.198
Prause Helgard	StD'	Spanisch	24. 6.04	2.390
Prodöhl Rainer	StD	kath. Religion	15. 6.96	2.165
Queck Dieter	StD	Sport	5. 3.98	4.600
Reher Monika Luise	StD'	Sozialwissenschaften	19. 2.04	2.083
Reichel Christa	StD'	Deutsch	1. 9.79	2.685
Römer Wolfgang	StD	Pädagogik	14. 2.05	4.194
Scholle Johanna	StD'	Russisch	1. 9.78	2.460
Steinkamp Hildegard Dr.	StD'	Deutsch	15. 2.96	2.179
Walter Petra	StD'	Englisch/Hauptseminar	1. 3.98	4.195
Weigelt Christiane Dr.	StD'	Biologie		2.180
Well Bernhard	StD	Musik/Hauptseminar	15. 4.96	2.175
Winter Arthur	StD	Englisch	1. 9.78	2.180
Winter Heinrich Dr.	StD	Englisch	15. 2.96	2.168
Winzer Ingeborg	StD'	Sport	5. 3.98	4.191
Wlotzka Udo	StD	Physik	1. 8.06	2.176
Wortmann Elmar Dr.	StD	Pädagogik/Hauptseminar	15. 2.96	2.760

Studienreferendare(innen)

Name, Vorname	Lehrfächer	Bek.	Tag der Geburt	Name, Vorname	Lehrfächer	Bek.	Tag der Geburt

Gesamtzahl am Stichtag: 161 (108)

Ausbildungszeitraum 1. 2. 2006 – 31. 1. 2008

Akyürek Songül	D F			**Altenbernd** Denise	KU SP		
Albrecht Thomas	D GE			**Andres** Daniela	E I		
Alt Tina	PH SP			**Arsieni** Gabriella	D I		

Aslan Serpil	D PA		Sahm Dominik Berthold	MU
Backhaus Marc	GE SW		Saitner Christine	D PA
Balkenhoff Gunnar	CH SP		Schaefer Annika	D E
Bartoschek Jutta	E EK		Schemberg Thomas	M PH
Beckmann Renate Irene	IF M		Scherff Nele	KU R
Berger Uwe	BI PH		Schlienkamp Manuel	E EK
Bergers Frank	M PH		Schnöring Sonja	M PP PL
Borgolte Jan	GE KU		Scholl Matthias	D PL
Bottzeck Mareen	BI PA		Schulz Dirk Michael	M PH
Brandt Yvonne	D SW		Setzer Katrin	D ER
Breitfelder Valentina M.	E SP		Skutella Katharina	IF M
Brysch Stephanie Alexandra	KU PL		Specht Wilhelm Josef	M PH
Calderoni Christy	D E		Spiekermann Ruth	F SP
Chlebowitz Norbert	MU		Spitzer Wiebke	D E
Cleff Madrisa Christina	BI ER		Tepner Oliver	CH MU
Dahmen Jens Christian	M PH		Tryaskova Elena	D R
Dayi Sema	PA SW		Uhtes Regina	D PL
Deck Sebastian	D E		Wahlen Michael	M PH
Degeling Maria	EK M		Wallmeier Christin-Marie	D KR
Eickhoff Klaus Peter	D E		Weber Anna	D ER
Faber Stefanie	D KR		Wethkamp Andreas	M SP
Finkennest Michael	SP SW		Wiechmann Ralf	M PH
Flohr Conny Michaela	PA SP		Wieduwilt Tanja	D PA
Gärtner Verena	EK MU		Wiethoff Mareike	D I
Geißler Sandra	E KU		Wisniewski Rainer	IF M
Goering Tabea	D E		Zietkowski Arkadiusz Robert	E F
Graw Tanja Anna-Elisabeth	BI D			
Günther Dina	D ER		**Ausbildungszeitraum 9. 8. 2006 – 8. 8. 2008**	
Hahne Stefanie Sylvia	E KU			
Heiden Alexander	D KU		Bonin Jan	F L
Heinke Carsten	D MU		Born-Rösmann Kristina	BI PH
Hermann Sabrina	D MU		Brümmer Lina	KU M
Heseding Daniela Ingeborg	D E		Duda Violette-Anna	D KU
Holz Thomas	GE BI		Eickhoff Stefan	EK IF
Hülsebusch Petra	BI MU		Gaidies Britta	KU PL
Hüttner Amelie	CH M		Galla Markus Matthias	D MU
Isermann Stefan	D M		Geiser Melanie	I L
Jandrich Thomas	ER GE		Große Berkhoff Philipp Alex.	M SP
Kahn Christiane	ER GE		Guias Adina Aurelia	IF M
Karschau Sabrina	BI SW		Hausigk-Südkamp Petra	IF M
Kasel Stefanie Kirsten	CH M		Hüning Eva-Maria	E M
Kiefert Christina	BI KU		Köhn Kathrin	M SW
Kolb Hanna Dorothea	D R		Lange Svenja	EK MU
Kosinski Olimpia	E KR		Lehmenkühler Tobias	MU
Kozianka Sabine	BI E		Meinhardt Manuel	M PH
Kranz Jörg Sebastian	EK GE		Monte Manuela Paula	I MU
Kroll-Warnebier Andrea	BI CH		Palyvou Ekaterini	M PH
Kühn Maya	KU R		Radke Silke Corina	I KU
Kutschke Susanne	E EK		Schaaf Andreas	MU
Landgraf Arne	E SP		Schmalenbach Jan Dieter	GE M
Laska-Matari Edith	D R		Schmidt Bodo	KU SP
Linou Evgenia	D GE		Schürmann Sebastian	IF M
Mahlke Jutta	E PA		Spanberger Olga	M PH
Marienfeld Yvonne	D F		You Daihyun	M PH
Michael Cordula Maria	D F		Zirkler Carsten	M PH
Nadjafi Arezou	IF M			
Nowak Martina	M SP		**Ausbildungszeitraum 25. 8. 2006 – 24. 8. 2008**	
Ordu Heiko	PA SP			
Pauli Anja Elisabeth	IF M		Bleiming Jörg	EK SW
Picker Arne Johannes	D PL		Dorndorf Gudrun	D PP PL
Piecuch Dominika Magdalena	D KR		Drees Christa Renate	D ER
Raptis Sonja Efmorfia	ER PA		Klingsporn Sonja	D SP
Rawohl Caroline	KR L		Müller Winfried L.	D PL
Reimann Johannes	D SW		Ressemann Ina Maria	M SP
Reiß Kay Christoph	ER M		Rolf Henning	D EK
Rosenblatt Anja	BI MU		Torspecken Sven	CH GE
			Wilmes Christina	D PA

Ausbildungszeitraum 1. 2. 2007 – 31. 1. 2009

Name	Fächer
Althaus Stephanie	E KR
Alze Benny	D PA
Backhaus Angela	D KU
Bald Dominik	D SW
Baron Dirk	EK SW
Becker Swetlana	BI CH
Block Carola	D R
Braun Geelke	BI GE
Brockmann Ruth	IF M
Büchner Merle	D E
Bujalski André	BI EK
Dörner Marcel	M PH
Feger Anna	D R
Feuerhahn Diana	PA SP
Fischer Inga	ER KU
Fortmann Valerie	E KU
Funk Irina	IF M
Göbel Julia	E MU
Grinda Thomas	D EK
Grösbrink Christin	E KR
Grothues Stefanie	D GE
Hartmann Gesche	BI E
Hartwig Ginger	F KR
Heckenkamp Jana	L M
Helm Fabian	D GE
Hohmeister Monique	E I
Hübner Gerrit	D PL
Kämmerer Nicole	D PL
Klebon Melanie	D ER
von Koch Christian	ER SW
Köhler Sascha	BI CH
Köster Werner	D PL
Kopietz Mirko	SP SW
Kramke Katharina	BI F
Kubek Stefan	PA SW
Kunze Mailin	F S
Kurilla Sandra	D E
Laforête Nadia	D F
Lob Martina	D L
Lukovic Ekrem	E F
Maleska Nadine	PA SP
Masuch Carolin	D GE
Nezbeda Isabel	E S
Pörner Katja	BI L
Hoffmann Katrin	E PA
Reinertz Martin	E IF
Rembiak Michael	L M
Richter Stefanie	CH SP
Schönwald Daria	PA SP
Schreiber Julia	EK KU
Schreiber Katja	F M
Sembritzki Fabian	M SP
Simsek Vahdettin	BI SP
Sturm Philipp	PL PP SW
Torkler René	GE PL
Vortmann Nicole	EK PA
Weber Alexandra	I L
Weber Nils	ER PA
Wefelsiep Annika	D SP
Weik Katharina	BI KU
Wiethoff Dagmar	CH PL
Wilken Daniel	BI SP
Willgeroth Katharina	E S
Woeste Kathrin	EK M
Zabel Sandra	D PA
Zeinert Susanne	M PH

Ausbildungszeitraum 16. 4. 2007 – 15. 4. 2009

Kohze Renate	PA KU

Ausbildungszeitraum 17. 8. 2007 – 16. 8. 2009

Name	Fächer
Ahle Jennifer	KR S
Appelhoff Jenny	F SP
Bodemeier Carolin	E SP
Düllmann Thomas	E KR
Fröschl Sabine	SP KR
Gretzke Laila	GE I
Guske Janine	F S
Helmkamp Stefan	E SP
Hilgenfeldt Peter	BI SP
Höing Judith	CH BI
Leifhelm Heike	E S
Mazaheri-Namin Faranak	S E
Middendorf Kathrin	F SP
Nentwich Lea	S E
Prätorius Beate	BI SP
Senf David	E BI
Spickermann Bianca	I EK
Steinhake Daniel	BI SP
Sträßer Daniel	E SP
Winzenried Tim	BI SP

6.230 Gelsenkirchen Studienseminar für Lehrämter an Schulen gegr. 1973 **BR Münster**
Seminar für das Lehramt an Gymnasien und Gesamtschulen
Lüttinghofallee 5, 45896 Gelsenkirchen – Tel. (02 09) 17 72 77-0, Fax 17 72 77-9
E-Mail: seminar-gyge-gel2@studienseminare.nrw.de
Homepage: www.studienseminar-gelsenkirchen.de

Dienststellung	Name, Vorname, Titel		in der Dienststellung seit	Lehrbefähigung	Bekenntnis	Tag der Geburt
Seminarleiter	**Linneborn** Ludger	StD	1. 8.06	M PA MU		16. 5.53

Fachleiter(innen)

Name, Vorname, Titel	Dienststellung	Fach	seit	Schule (Planstelle)
Bässe-Smith Gudrun	StD'	Deutsch	1. 7.04	2.265
Bartschat Klaus	StD	Sport	1. 5.97	4.111

Bekes Peter Dr.	StD	Deutsch	1. 3.97		2.242
Bieber Helmut	OStR	Sozialwissenschaften	1. 8.07		4.320
Dannert Dorothea	StD'	Französisch/Englisch	1. 9.96		2.243
Dorlöchter Heinz	GED	Erziehungswissenschaft	1. 2.97		4.180
Gietz Paul	StD	Chemie	1. 9.78		2.471
von Glasow Barbara	StD'	Biologie	1. 6.97		4.320
Gruner Bernd	StD	Mathematik	1. 4.97		2.245
Gürgen Cagatey	OStR	Türkisch	1. 8.06		2.242
Hänel Georg	StD	Sport	1. 2.99		4.110
Hasenberg Klemens	StD	kath. Religion	1. 3.97		2.242
Hensing Christiane	StD'	ev. Religion	1. 8.95		2.241
Hölzle Werner	StD	Englisch	1. 9.79		2.246
Hogrebe Markus	StD	Deutsch	1. 7.04		4.303
Hülsermann Reinhard	StD	Philosophie/Deutsch	1. 6.73		2.240
Jungmann Dietmar	StD	Physik	1. 5.98		2.242
Jungmann Susanne	StD'	Biologie	1. 2.06		2.242
Kania Ulrich	StD	Informatik	1. 8.05		2.160
Kappenberg Reinhard	StR	Geschichte	1. 8.06		2.515
Krug Bernhard	StD	Kunst	30. 6.03		2.471
Kruse Rita	OStR'	Deutsch	1. 2.06		2.246
Lachnit Jürgen	StD	Hauptseminar	1.12.74		2.246
Meerkötter Dorothea	StD'	Deutsch	1. 8.97		2.246
Müller Antje	OStR'	Latein	1. 8.01		2.246
Peters Martina	L' i. A.	Philosophie	1. 2.07		2.160
Schenk Michael Dr.	StD	Musik	1.11.02		2.145
Schmidt Petra	StD'	Englisch	1. 3.97		4.110
Siechau Michael	StD	Erdkunde	1. 8.97		2.613
Weichselgärtner Ralf	StD	Biologie	1. 8.99		4.180
Zielinski Udo Dr.	StD	Mathematik	1. 4.97		2.241

Studienreferendare(innen)

Name, Vorname	Lehr-fächer	Bek.	Tag der Geburt	Name, Vorname	Lehrfächer	Bek.	Tag der Geburt

Gesamtzahl am Stichtag: 125 (73)

Ausbildungszeitraum 1. 2. 2006 – 31. 1. 2008

Name, Vorname	Lehrfächer	Bek.	Tag der Geburt	Name, Vorname	Lehrfächer	Bek.	Tag der Geburt
Alichmann Meike	BI SP	k	19. 2.76	Röder Dennis	E GE	e	21. 4.77
Aybeck-Tomakin Hülya	D GE	msl	2. 7.77	Röwer Thorsten	E SP	k	22. 1.73
Biricik Ersin	SW T		21. 8.69	Rosenbleck Christian	M PH		24. 1.75
Bouscha Katrin	BI SP		24.10.79	Rothardt Matthias	M PH		6. 4.71
Buchheister Angelika	D GE	k	27. 7.81	Schindler Philipp	BI SP	k	26. 3.79
Corzillius Daniel	BI SW	k	4. 9.78	Steller Michael Dr.	IF M		3. 3.72
Damm Carolin	D E	k	27.11.79				
Dix Christina Dr.	GE L	e	12. 4.80	**Ausbildungszeitraum 9. 8. 2006 – 8. 8. 2008**			
Düchting Helena	BI SP	k	24.10.78	Bleekmann Reiner	M PH	k	12. 4.57
Ellermeyer Silja	D PH		29. 4.78	Bökmann Angelika	EK M	k	28.11.80
Fidan Ertan	M PH		28. 5.71	Bongard Franziska	D L		26. 8.80
Grenz Oliver	D GE	e	2.10.78	Borgs Thorsten Dr.	CH PH	e	6. 5.73
Grünzel Mareike	M PH	e	3. 1.81	Düsterlohe Alexander	M PH		
Gutt Christina	D ER	e	14. 9.79	Gertz Arno	MU	e	11.10.61
Ischinsky Dominique	D GE	k	19. 8.78	Gerz Christoph	MU	k	4. 3.65
Jakob Verena	M MU		21. 1.81	Grenz Daniela	MU		23. 5.68
Klausdeinken Nora	E SW	k	12. 1.79	Hohmann Katrin	MU	k	20. 1.77
Knaup Yvonne	E ER	e	18.10.79	Hüging Norbert	M PH		
Korte Dorothea Dr.	BI SP		11. 8.70	Lawrenz Ulrike	KU		26. 8.61
Lindner Nora	D SW		27.11.79	Paetzel Sonja	D GE		4. 2.81
Lucas Maren	D SW		22. 4.79	Persch Patricia	D KU	k	3. 7.79
Martini Mario	D E	e	22. 4.73	Prang Andreas	M PH		8. 4.77
Meier Sebastian	D GE		6. 1.78	Pruß Sandra	KU	e	15. 9.67
Özdemir Ayse	D E	msl	10. 9.73	Raesfeld Britta	BI M		1. 8.81
Peckrun Alexander	E SP		20.12.77	Schätz Robert	KU		2. 3.62
Pokorra Ralf	MU	e	10. 2.61	Schuy Christian	EK M	k	7. 4.77
Quade Volker	IF PL	e	25. 1.79	Stevens Claudius	MU	k	
Reich Wolfgang	E SW	k	18. 6.72	Terfloth Andrea	M PH		16.11.70

Wacker Petra	F KU	e	30.10.78		Kehrer Susanne	M PA	k	7. 3.81
Wekeiser Vera	BI M	k	18.12.81		Kemper Insa	BI EK	e	16.11.81
Ziegner Monique	D MU		22. 5.79		Kreiter Melanie	MU ER	e	8. 8.81
					Krusekopf Meike	MU EK	neuap	9. 3.81
Ausbildungszeitraum 1. 2. 2007 – 31. 1. 2009					Lichtenstein Teresa	M EK	k	1. 3.82
					Lohny Annette	E D		23. 2.76
Austermann Lisa	D SP	e	17. 9.81		Lütke Wenning Silvana	D KR	k	4. 7.79
Beckmann Alexandra	D SW	k	28. 8.76		Mankoc Sahibe	D PA	msl	7. 4.77
Behm Maren	E PA	k	8.11.80		Matthias Ralf	D PL	e	22. 7.80
Blome Birgit	D GE	k	13.11.81		Moschner Stefanie	D ER	e	22.10.81
Dechmann Miriam	L E	e	14.11.79		Orzessek Sabine	BI E	e	25. 6.80
Demjanow Pjotr	EK SP		29. 1.81		Patok Christof	SP GE	k	9. 8.80
Eggenkämper Nina	E BI		11. 9.80		Schaffart Hendrik	SP SW	e	10.12.80
El Jerroudi Jaouad	IF M		29.10.80		Schiller Holger	CH BI	e	1.10.77
Fehn Bennet	SP M		25. 6.80		Sieberkrob Hanna	F D	e	21. 3.81
Goorman Daniel	SP E	k	25. 2.75		Siegel Simone	E SP	k	15. 7.81
Haiduk Verena	E SP	k	11. 8.79		Tallarek Dominik	EK CH	k	4. 2.80
Harren Susanne	KR D	k	19.12.80		Tusche Diana	D ER	e	26. 5.79
Heckmann Oliver	EK SP	e	11. 2.71		Uçak Baris	T SP	msl	20.10.78
Heiling Sören	D PL		5.11.77		Vetter Daniela	D SW	e	28. 4.80
Helbig Jörg	M IF	k	11. 4.79		Wentzlaff Wiebke	E F	e	24. 5.82
Herrig Eva	PA D	k	22.11.79		Wiesweg Caroline	D SW	k	26. 2.81
Josch Denise	F PA	k	23. 8.79		Wollnik Alexandra	E L KR	k	5. 7.78

6.235 Hagen Studienseminar für Lehrämter an Schulen gegr. 1962 BR Arnsberg
Seminar für das Lehramt an Gymnasien und Gesamtschulen
Fleyer Str. 196, 58097 Hagen – Tel. (0 23 31) 47 39 0-0, Fax 47 39 0-19
E-Mail: poststelle-hagen@studienseminare.nrw.de
Homepage: www.studienseminare-ge-gym.nrw.de/ha

Dienststellung	Name, Vorname, Titel		in der Dienststellung seit	Lehrbefähigung	Bekenntnis	Tag der Geburt
Leiter des Studienseminars und Seminarleiter	Grundmann Günther	LD	11.11.92	D EK PA	e	25.12.44

Fachleiter(innen)

Name, Vorname, Titel	Dienststellung	Fach	seit	Schule (Planstelle)
Baake Reinhold	StD	Mathematik	10. 2.05	2.291
Beinborn Stefan	StD	Kunst	1. 2.06	2.291
Brüggen Petra	StD'	kath. Religion/Hauptseminar	25. 2.97	4.370
Galipò Gerlinde	L' i. A.	Italienisch/Hauptseminar	1. 8.05	2.183
Gansczyk Klaudius	StD	Philosophie	30. 4.97	2.291
Gehrmann Andreas	StD	Deutsch	1. 3.97	4.351
Gotthardt Uwe Dr.	OStR	Biologie/Hauptseminar	1. 8.05	4.930
Haßelbeek Karin Dr.	StD'	Französisch	3. 3.97	2.345
Henter Jürgen	StD	Musik	15.12.94	2.772
Herten Thomas	StD	Englisch	4.10.04	2.010
Hoffmann Frank	StD	Geschichte	6. 9.04	2.452
Hug Hannelore	StD'	Deutsch	1. 2.99	2.291
Kratzert Thomas Dr.	L i. A.	ev. Religion/Hauptseminar	8.11.01	4.590
Künzel Anna-Elisabeth	StD'	Sozialwissenschaften	18. 3.97	2.291
Lengowski Thomas	StD	Geschichte	1. 3.97	4.210
Lindzus Helmut	StD	Deutsch/Hauptseminar	25. 2.97	4.600
Luck Wolfgang	StD	Erdkunde/Hauptseminar	1. 9.79	2.452
Mai Bernd	OStR	Sport	27. 7.04	2.452
Mausbach Michael Dr.	L i. A.	Physik	1. 2.06	2.181
Niggemeier Werner	StD	Mathematik	1. 7.05	4.370
Oefner Julia	StD'	Sport	12. 3.99	4.450
Peters Georg	StD	Englisch/Hauptseminar	7.10.97	2.651

Name		Lehrfächer			
Reinemann Heike	StD'	Latein/Hauptseminar	1. 2.02	4.590
Schenk Bärbel	StD'	Pädagogik	22. 5.97	4.480
Stemper Claudia	StD'	Biologie	1. 9.78	2.293
Walendzik Hans-Otto	StD	Deutsch	1. 6.75	2.677
Wennicke Rainer	StD	Chemie	15. 5.97	2.020

Studienreferendare(innen)

Name, Vorname	Lehrfächer	Bek.	Tag der Geburt	Name, Vorname	Lehrfächer	Bek.	Tag der Geburt

Gesamtzahl am Stichtag: 157 (84)

Ausbildungszeitraum 1. 2. 2006 – 31. 1. 2008

Akyol Gülsen	D PA			**Vogt** Ellen	E S		
Blümel Melanie	S SP			**Yigit** Semra	D PA		
Böhme Andreas	PH SP						

Ausbildungszeitraum 9. 8. 2007 – 8. 8. 2009

Breloer Gwenda	E SP						
Büdenbender Niklas	E MU			**Bischof** Antje	MU L		
Büter Andreas	GE RW			**Paul** Rene	M PH		
Büttner Marcel	E MU						

Verschiedene Ausbildungszeiträume

Buetz Susanne	GE KU						
Daxer Katharina	GE KR			**Garthe** Janine	ER MU		
Dhar Vanessa	D PA			**Grolms** Martin	ER GE		
Diekenbrock Holm	GE SW/PK			**Halilovic-el Murr** Tanja	EK PA		
Dornemann Thorsten	GE SP			**Homann** Veronika Dr.	BI PH		
Drosselmeyer Marco	M SP			**Linnemann** Thomas	L GE		
Durst Dorothee	GE PA			**Rau** Marcel	EK SW/PK		
Faassen Doris	KU			**Salimbeni** Chiara	D E		
Falkowski Christian	BI EK			**Wichelhaus** Tanja	ER GE		
Freier Claudia	BI PA						

Ausbildungszeitraum 1. 2. 2007 – 31. 1. 2009

Fröhlich Hans Jochen	D MU						
Funke Miriam	D PA						
Groß Silke Dr.	BI PH			**Asmuth** Nadine	BI SP		
Halbach Tobias	SP SW/PK			**Bauhaus** Harald	E F		
Hecq Julie	E KU			**Böddecker** Sascha	MU		
Heitmann Maren	D GE			**Böttcher** Kathrin	D I		
Henneke Thomas	M PH			**Braun** Daniel	CH SP		
Humpert Verena	F SP			**Buitkamp** Nathalie	PA SW/PK		
Isenburg Thomas Dr.	CH PH			**Cella** Markus	D MU		
Klöpping Sina	EK PA			**Dölle** Daniela	D SW/PK		
Kreihe Katja	BI SP			**Ehlker** Martin	E S		
Kubalski Natalie	E SP			**Eigendorf** Marc	D GE		
Meier Silke	D PL			**Falke** Ramona	BI GE		
Metzger Charlotte	D KU			**Feller** Udo Dr.	EK GE		
Oehlenberg Jutta	D PL			**Fey** Tobias	D MU		
Orlowski Katja	D GE			**Franzke** Till	M PH		
Piesch Sabrina	D PL			**Gerber** Katrin	D GE		
Prinz Michael	D E			**Göbelsmann** Markus	BI ER		
Puppe Katrin	E F			**Goos** Christian	D ER		
Pusch Niko	GE I			**Gräve** Ricarda	D E		
Rademacher Britta	CH E			**Grimm** Alexandera	D F		
Saborowski André	E M			**Hardenacke** Nina	GE M		
Schmid Jörg	D KU			**Hein** Anna-Kristin	D ER		
Schmidtke Thomas	BI SP			**Henn** Pia	E GE		
Schneider Daniel	D SP			**Hillebrand** Katrin	D S		
Schüermann Christiane	ER KU			**Hippert** Stefanie	BI EK		
Schwarz Tobias	ER MU			**Hüster** Georg	D KR		
Sielaff Kay	D S			**Jesionek** Nadine	D I		
Smolka Sebastian	KU SP			**Kittel** Til-Christopher	GE SP		
Solmecke Dirk	F SP			**Klocke** Lina	L PL		
Springer Björn	D GE			**Koepp** Katrin	D F		
Steffens Dorothee	E GE			**Kötteritz** Ina	D E		
Tauber Dennis	EK SP			**Kruse** Sebastian	MU PA		
Terio Simonetta	I L			**Lonn** Sandra	E ER		

Loos Kirsten	E PA	Voß Dennis	GE SW/PK
Lorenz Jan	PA SP	Voß Jan	E MU
Ludwig Andreas	E GE	Walter Thomas	D GE
Mandlmeier Katrin	E KU	Weber Anna-Sophia	E F
Masia Luca	E I	Wickboldt-Kersten Maren	D PL
Montag Myriam	BI EK	Wielens Matthias	M PH
Muny Eike	D PL	Zybon Sebastian	EK SW/PK
Muus Eva-Kristin	M PA		
Neuhaus Ararita	D E		
Niermann-Rossi Michael	M IF	**Ausbildungszeitraum 17. 8. 2007 – 16. 8. 2009**	
Oberpenning Isabelle	M SP	Berg Sebastian	D PL PP
Pampuch Anna	D F	Blumenroth Katrin	MU
Prange Annika	BI E	Ceranski Carsten	D SW/PK
Reiche Kirsten	D KR	Dickhaus Sandra	D GE
Reinöhl Christian	D F	Hauke Jacqueline	L GE
Renfordt Anna	E KU	Hefter Judith	F D
Rinke Bernd Dr.	M PH	Hense Alexander	SW/PK PL
Schlärmann Corinna	BI KU	Kilian Julia	SW/PK F
Schmidt Katharina	D E	Klompen Jan	SP GE
Schorn Ulrike	KU M	Kuhlemann Sarah	D SP
Schornstein Stefanie	M PH	Kurz Katrin	M MU
Schwabe Philipp	GE SP	Lehmkuhl Stefan	MU
Skerswetat Diana	BI EK	Lichtenberg Stephan	MU CH
Spratte Miriam	D PA	Schneidersmann Tobias	SW/PK SP
Steinhoff Sandra	E SP	Theis Kathryn	D ER
Stöffgen Anett	D SW/PK	Tornberg Tanja	D KR
Stünn Bastian	CH M	Weise Barbara	D PL
Tarrach Christian	SP SW/PK	Werkmeister Katrin	KU PL PP
Turck Carsten	EK M	Windisch Mathias	GE SW/PK
Vogel Ingmar	GE SP	Wirth Mario	M PH

6.240 Hamm Studienseminar für Lehrämter an Schulen gegr. 1964 BR Arnsberg
Seminar für das Lehramt an Gymnasien und Gesamtschulen
Stadthausstraße 3, 59065 Hamm – Tel. (0 23 81) 97 38 3-0, Fax 97 38 3-29
E-Mail: poststelle-hamm@studienseminare.nrw.de
Homepage: www.seminar.ham.nrw.schule.de

Dienststellung	Name, Vorname, Titel		in der Dienststellung seit	Lehrbefähigung	Bekenntnis	Tag der Geburt
Leiterin des Studienseminars	Heilmann Waltraud	StD'	7. 1.04	BI CH		
Seminarleiter	Görlich Christian F.	StD	11. 1.01	D PL SN	k	27. 3.44

Fachleiter(innen)

Name, Vorname, Titel	Dienststellung	Fach	seit	Schule (Planstelle)
Bartling-Diederich Heidemarie	StD'	Deutsch	1. 2.99	2.317
Berger Jutta Dr.	L' i. A.	Geschichte	1. 8.06	2.320
Blattgerste Horst	StD	Mathematik	1. 9.78	2.318
Brinkmann Heinz-Dieter	StD	Pädagogik/Psychologie	1. 2.97	2.315
Brisken Paul-Georg	StD	Sport	1. 2.97	2.665
Diekmann Franz	L i. A.	Spanisch	1. 2.97	2.317
Droste Reinhard	StD	Kunst	1. 2.97	2.486
Egyptien Karin	StD'	Deutsch		2.530
Eisemann Andreas	L i. A.	Philosophie		2.317
Freyer Bernd	StD	Englisch	1. 2.97	4.361
Friedrich Rudolf Karl Dr.	StD	Pädagogik		
Haberkern Rainer	StD	Französisch	1. 2.97	2.319
Hecker Elisabeth Dr.	OStR'	Biologie	1. 8.06	2.687
Humbert Ludger	StD	Informatik	1. 2.97	4.351
Kallerhoff Hans Georg	StD	Russisch/Englisch	1. 2.97	2.687
Karl Helga	StD'	Englisch	1. 2.99	2.319

Name	Titel	Fach	Datum	Nummer
Knühl Birgit Dr.	StD'	Hauptseminar	1. 2.97	2.316
Krause Klaus-Peter	StD	Englisch	1. 2.97	2.462
de Lange Elisabeth	StD'	Erdkunde	1. 8.06	2.435
Lapornik-Jürgens Reinhard	StD	Biologie/Hauptseminar	1. 2.97	2.318
Leienbach Karl-Wilhelm Dr.	StD	Biologie	1. 2.97	2.751
Loheide Frank	StD	Physik/Mathematik		2.687
Mause Michael Dr.[1]	StD	Latein	1. 8.01	2.023
Schäfer Barbara	StD'	Deutsch	28. 2.95	2.316
Schäfer Georg	StD	Chemie	1. 2.97	2.316
Schönenberg Wolfgang	StD	Geschichte	1. 2.99	2.751
Schrage Alfons	StD	Sozialwissenschaften/Deutsch	1. 2.99	2.736
Schröder Frank Michael	StD	Deutsch/Musik		2.022
Schulz Ute	StD'	Sport	1. 2.78	2.315
Sindermann Ursula	StD'	kath. Religion	1. 8.01	4.197
Vietze Helmut	StD	Sozialwissenschaften		2.665
Volkmann Udo Dr.	StD	ev. Religion	10.11.97	2.486
Weber Reinhard	StD	Mathematik		2.022

[1] Lehrbeauftr. an d. Univ. Wuppertal

Studienreferendare(innen)

Name, Vorname	Lehrfächer	Bek.	Tag der Geburt	Name, Vorname	Lehrfächer	Bek.	Tag der Geburt

Gesamtzahl am Stichtag: 187 (108)

Ausbildungszeitraum 1. 2. 2006 – 31. 1. 2008

Name, Vorname	Lehrfächer	Name, Vorname	Lehrfächer
Blikslager Ute	MU	Noé Matthias	PL SW
Böttcher Bernhard	ER GE	Plugge Sabrina	D PA
Boettcher Daniel	IF M	Pledt Holger	EK SW
Bonekamp Mieke	BI EK	Poth Oliver	IF M
Bunnenberg Christian	D GE	Prange Judith	E MU
Butz Patrick	PA SP	Pumplün Constanze Dr.	IF M
Conrad Bernd	KU	Rieger Kristina	D E
Conrad Clarissa	D GE	Ruhri Alexander	M R
Deupmann Thomas	PH SP	Rusche Christine	E KR
Dey Nicole	D KU	Scetaric Rebecca	BI ER
Ehrenfried Solveig	E PS	Scheider Nathalie	E PS
Frommeyer Micha	E GE	Schemmann Sarah	E SP
Gögel Margret	L GE	Schindler Christina Dr.	GE R
Grabowsky Astrid	IF M	Schmidt Anita	D KR
Grüning Holger	EK SW/PK	Schulte Gordon	D PL
Günther Ulrike	BI SP	Schulze Ann-Christin	CH ER
Hartung Georg	KU	Slawisch Hauke	EK F
Hein Holger	EK PH	Soller Stephanie	F PL
Heinen Christiane	E KR	Stobbe Andreas	ER M
Heskamp Stefan	MU	Wanitschke Vanessa	D L
Holtkötter Nina	BI SP	Wesseling Silvia	F SW
Hülsebrock Anja-Gabriele	D EK	Wittwer Marcus	D ER
Jaschka Philipp	GE SW	Wolff Vera	GE S
Jozwiak Ulrike	E KU	Wolkensinger Kirsten	E SP
Kalischewski Ruth	D KR	Ziegler Daniel	PS SW
Kaufmann Irina	L SP	**Verschiedene Ausbildungszeiträume**	
Keßler Nicola Dr.	D PA		
Kinner Jörg	M PH	Brandherm Sebastian	D PL
Klein Christian	D PL	Berk Bengül	BI PA
Kostetzko Vera	GE PL	Röttele Sebastian	D GE
Kotnik Christian	E MU	Remme Arno	GE SW/PK
Krueger Claudia	F S	Hartung Georg	KU
Leimeier Rainer	PL SP	Krezmar Gudrun	IF M
Mengel Frauke	PA SW	**Ausbildungszeitraum 1. 2. 2007 – 31. 1. 2009**	
Menne Tobias	KR L		
Möcker Jan	E PA	Acar Gül	BI SW/PK
Molz Stephan	E PA	Ameling Annette	EK SW/PK
Moormann Anke	D KU	Autering Heike	E S
Müller Cornelia	D KR	Bagrac Musa	PA SW/PK

Bieder Kerstin	D KU		Schlüter Sandra	EK SP
Block Sascha	D SW/PK		Schnettker Marscha	F L
Bluhm Martina	BI EK		Schnippe Danica	D PS
Crämer Sandra	M PH		Schockmann Claudia	E GE
Cremer Claudia	D PA		Schöne Anne-Katharina	BI PA
Degenhardt Miriam	D KR		Schultz Torsten	IF SW/PK
Diekmann Katrin	M MU		Spandau Claudia	KR MU
Dogrusoy Ersin	GE SW/PK		Speckjohann Sara	M SP
Dullat Elena	D PA		Stock Sylvie	F L
Eickel Marcel	D SW/PK		Stracke Sascha	E SP
Flügel Alexandra	E MU		Stroß Nicole	CH PH
Friedrichs Carmen	BI CH		Swieca Nicole	BI CH
Füller Daniel	GE SP		Umlauf Katja	D PA
Grasemann Peter	D GE		Verspohl Nina	GE M
Gräwe Stephan	D ER		Vieten Anne Dr.	BI KU
Grimmell Robert	BI ER		Vollmer Katrin	KU PA
Haake Claudia	D E		Vornholz Katrin	D GE
Hein Saskia	GE R		Weber Anja	BI PA
Hesemann Susanne	D MU		Weber-Dejas Christina	E S
Hillebrand Sonja	D E		Weiß Mirco	KR MU
Höhne Martin	M PH		Welling Anja	D E
Hoffrichter Julia	E M		Wennemers Yvonne	D EK
Isbruch Martin	M SW/PK		Wenniges Katharina	D MU
Jacobi Jens	IF PH		Widera Julia	E GE
Jaworsky Ann-Christin	KU M		Wiemann Björn	L SP
Kakies Ralf	PA PS		Woltermann Elisabeth	E GE
Kaufmann Cornelia	D SP		Wortmann Judith	BI SP
Killmer Sascha	GE SW/PK			
Kötter-Sandfort Tim	D GE		**Ausbildungszeitraum 17. 8. 2007 – 16. 8. 2009**	
Kommelter Katrin	D EK			
Kretschmer Yvonne	PH SP		Betting Markus	MU KR
Kulke Dörthe	D PA		Binnie Rebecca	M PA
Lages Patrick	D GE		Buschkamp Stefanie	E GE
Laser Verena	D EK		Eßer Eva	MU S
Leckelt Thomas	IF M		Fleuter Tobias	SP D
Lehmenkühler Angela	KU PS		Füller Christina	M D
Linke Thomas Dr.	IF M		Grober Jens	E SW/PK
Lüchtefeld Oliver	E GE		Harke Grit	E ER
Malek Anna	M SP		Hornig Karin	R SW/PK
Marzoch Rebecca	E PS		Johanning Annika	D PA
Mecklenbrauck Philipp	BI M		Kiehl Katharina	D PA
Müller Andreas	D GE		Klimmek Kerstin Dr.	BI PH
Nettelhoff Ulrich	E GE		Marticke Christian	KR GE
Neuhaus Birgit	D PA		Oprisch Anca-Eugenia	M IF
Osthoff-Zaragoza Cordula	D GE		Ottersbach Danilo	ER GE
Papenkort Marc	M SP		Rauh Sebastian	PH M
Paschke Matthias	M SP		Röling Birgit	E F
Pieper Johannes	IF PH		Runte Karolin	D GE
Plöger Michael	GE SW/PK		Schettler Anna	BI PA
Potthoff Matthias	E SP		Schiermeier Ilka	M PA
Quadflieg Mirjam	BI D		Tilkorn Arno	M PH
Rau Stefanie	M PH		Wilde Karen	ER D
Rekowski Denise	E PS		Wolff Katharina	D PL PP
Rinsche Nicole	D SP		Wunderlich Petra	M E
Rohe Hendrik	D E		Zeidler Jan	S D
Roose Nina	GE M		Zumbeel Michael	SP GE
Rother Melanie	E SP			
Salmen Claudia	D E		**Verschiedene Ausbildungszeiträume**	
Sauerland Peter	D GE		Abel Thomas Dr.	CH M
Schäfers Monika	CH KR		Wolf Christian	IF M

6.245 Minden Studienseminar für Lehrämter an Schulen gegr. 1976 BR Detmold
Seminar für das Lehramt an Gymnasien und Gesamtschulen
Weingarten 22, 32423 Minden – Tel. (05 71) 8 45 45, Fax 3 85 61 30
E-Mail: poststelle-minden@studienseminare.nrw.de
Homepage: www.studienseminar-minden.de

Dienststellung	Name, Vorname, Titel		in der Dienststellung seit	Lehrbefähigung	Bekenntnis	Tag der Geburt
Leiter des Studienseminars	Thomas Stephan Prof. Dr.[1]	LD	1. 4.03	SW GP		10.10.50
Seminarleiter	Bölting Franz-Josef	StD	1. 5.04	SW M		3. 6.55

Fachleiter(innen)

Name, Vorname, Titel	Dienststellung	Fach	seit	Schule (Planstelle)
Beckebans Hermann	StD	Sozialwissenschaften/Hauptseminar	23. 6.04	2.500
Berger Günter	StD	Englisch/Hauptseminar	2. 3.98	2.603
Blumenthal Stefan	StD	Physik	11. 4.06	2.120
Bocker Martin	StD	Sport	16. 2.04	2.355
Brand Volker Dr.	OStR i. A.	Pädagogik	17. 8.07	4.728
Depping Jürgen	StD	Mathematik/Hauptseminar	19. 3.98	2.603
Grigoleit Ulrich	StD	Informatik	1. 2.04	2.057
Heidemann Jürgen	StD	Biologie	20. 4.98	2.502
Held Karl-Heinz	StD	Sport	1. 9.79	2.120
Kästing Klaus	StD	Geschichte	1. 2.07	4.640
Laumeyer Simone	StR'	Erdkunde	17. 8.07	2.120
Lendzian Hans-Jürgen	StD	Geschichte	1. 2.76	2.440
van de Loo Tom Dr.	StD	Latein	1. 2.04	2.565
Menke Heinz Dr.	StD	Chemie	1. 9.79	2.565
Meya Gudrun Dr.	StD'	Biologie	1.10.07	2.063
Operhalsky Rita	StD'	Englisch	1. 9.79	2.355
Radi Joachim	StD	Deutsch	12. 7.02	2.595
Sander Manfred	StD	Erdkunde/Sozialwissenschaften	1. 8.00	2.120
Schmoland Volker	StD	Musik	17. 8.07	2.210
Schöngarth Michael	StD	Philosophie/Hauptseminar	1. 2.05	2.595
Schubert Volker Dr.	StD	Mathematik	12. 8.03	2.700
Stemberg Pia	StR'	Kunst	1. 2.07	2.604
Tauber Irene	StD'	Englisch/Russisch	29. 2.96	2.230
Teckenburg Almut	StD'	Französisch	15. 6.05	2.230
Trautwein Hermann	StD	Deutsch/Hauptseminar	15. 4.98	4.640
Wessel Matthias Dr.	StD	Deutsch	28. 4.04	4.430

[1] Lehrbeauftr. an d. Univ. Bielefeld

Studienreferendare(innen)

Name, Vorname	Lehrfächer	Bek.	Tag der Geburt	Name, Vorname	Lehrfächer	Bek.	Tag der Geburt

Gesamtzahl am Stichtag: 146 (91)

Ausbildungszeitraum 1. 2. 2006 – 31. 1. 2008

Albert Arne	D GE			Gronemeyer Jan	BI M		
Albert Heinke	D GE			Hein Jan Hendrik	D GE		
Bammer Monique	D E			Hildebrandt Gerd	BI SP		
Bever Dennis	E F			Hofemeier Silja	D SP		
Bremer Barbara	E F			Homeyer Jens Dr.	CH PH		
Brune Christian	BI SP			Hüsemann Daniel	E SP		
Bühring Stefanie	D SW			Jäger Esther	BI F		
Burger Daniel	D GE			Jakuboski Björn	SP SW		
Deuß Tanja	D PL			Kappenberg Thorsten	M PH		
Erdbrügger Marc	SP SW			Kassebaum Nico	E SP		
Friesen Helene	CH M			Kemper Mathias	L M		

Studienseminare Westfalen

Kiesenberg Judith	BI M		**Marquardt** Florian	M PH
Kleen Jan	D SW		**Nau** Lena	D E
Klitzke Asja	D GE		**Neubert** Ines	M SP
Knoke Bettina	D GE		**Niemeyer** Dirk	D GE
Kohlmann Alexandra	E GE		**Panamthottathil** Swapna	D E
Kühn Simone	BI L		**Piehl** Astrid	D SW
Lange Frank	BI M		**Pinggera** Frank	KU
Lenhard Ulrich	CH PH		**Rotthoff** Maik	D GE
Meyer-Hermann Anna	D SP		**Schildhorn** Christiane	D KU
Ochel Christoph	GE SP		**Schmidtpott** Anja	D E
Ordelheide Florian	BI SP		**Schwichtenberg** Oliver	BI SW
Ordelheide Nico	E SP		**Schwier** Volker	BI SW
Paelke Lutz Dr.	CH PH		**Staskewitz** Frank	E SP
Pahlke André	E F		**Steinheider** Judith	D KU
Peters Sandra	D F		**Thoß** Alexander	SP SW
Prasuhn Sonja	F SP		**Tilly** Verena	D E
Riepenhausen Danny	PH PL		**Walter** Stephanie	D E
Scheron Marcel	E L		**Wellmann** Antje	M SW
Schillat Hasko	M PH		**Wittenfeld** Meike	M PH
Schröter Jörg Dr.	M PH			
Spengemann Marc	M PH		**Ausbildungszeitraum 17. 8. 2007 – 16. 8. 2009**	
Stefener Daniela	BI SP			
Stratmann Inga	D E		**Ache** Alexandra	E SW
Strehle Nina	CH PL		**Bergmeyer** Andrea	BI CH
Völkening Sina	D SW		**Bevers** Mareike	D GE
Walker Annika	D GE		**Böger** Christiane	M PH
Weinert Nadine	BI PH		**Bollmeier** Jan-Henner	PH F
Wieser Martin	CH PH		**Bothe** Michaela	E F
von Wrangel Kirsten	D E		**Burrey** Jennifer	BI E
Wugk Eva	BI CH		**Cicek** Kübra	E D
Zahn Larissa	M PH		**Davis** Barabara	KU
			Eichstaedt Eva	E D
Verschiedene Ausbildungszeiträume			**Feilzer** Falk	BI SP
			Fillies Monika	D SP
Exner Olaf	GE L		**Fischer** Katharina	SW GE
Kreil-Bollmeyer Henrike	D GE		**Gadau** Stefanie	D GE
Kröger Nadine	PA SP		**Glander** Dana	E SW
Martin Astrid	BI PH		**Göttner** Wendy	D GE
Meyer Lars	GE L		**Götz** Linda	KU GE
Peperle Sonja	D GE		**Hahnwald** Maike	D E
Rademacher Michael Dr.	E GE		**Harms** Tina	KU D
Treptau Swetlana	D R		**Hertel** Christina	E D
			Hoffmann Melanie	E MU
Ausbildungszeitraum 1. 2. 2007 – 31. 1. 2009			**Ibener** Nadja	KU E
			Kipp Christian	SW EK
Ahn Hans-Jürgen	CH PH		**Klement** Katharina	D E
Aikens Stephanie	E KU		**Koch** Sophia	KU D
Althoff Susanne	KU M		**Koppe** Michaela	BI SP
Baumgarten Klarissa	D SW		**Krillke** Christine	PH M
Bennefeld Mandy	BI SP		**Kückmann** Stefanie	M KU
Bergmann Korinna	F M		**Lambertz** Jennifer	E D
Beske Claudia	E F		**Lipkowski** Franziska	D E
Bungard Anika	BI E		**Meier** Nicole	SP PA
Dmitriew Larissa	M PH		**Meinert** York	BI SP
Dreier Benjamin	BI SP		**Müller** Peter	CH BI
Esders Marita	D GE		**Otte** Simon	SW E
Farchmin Irina	E F		**Pagel** Sindy	KU M
Fernholz Frauke	M SP		**Pörschke** Inga	M CH
Georgiadis Sascha	E SW		**Preiß** Hanne	CH BI
Gerhardt Maren	D SP		**Saxowsky** Daniela	D PA
Graupner Christian	SP SW		**Schmidt** Carina	M SP
Hollmann Mareike	D E		**Schulze** Jürgen	EK SW
Kapischke Sarah	D E		**Seidel** Marco	MU GE
Kellersmann Daniel	D GE		**Soikane-Detering** Ingrida	D E
Lange Michaela	BI SW		**Untermann** Okka	MU GE
Losekant Melanie	BI D		**Ziethe** Katja	E SW
Luchte Juliane	F M			

6.251 Münster Studienseminar für Lehrämter an Schulen II gegr. 1951 BR Münster
Seminar für das Lehramt an Gymnasien und Gesamtschulen
Moltkestr. 18, 48151 Münster – Tel. (02 51) 3 99 23 52, Fax 3 99 23 61
E-Mail: seminar-gyge-mue2@studienseminare.nrw.de
Homepage: www.studienseminare-ge-gym.nrw.de/ms

Dienststellung	Name, Vorname, Titel		in der Dienststellung seit	Lehrbefähigung	Bekenntnis	Tag der Geburt
Leiterin des Studienseminars	Rabenow Inge-Lore		OStD'		SW GE R		28. 8.51
Seminarleiter	Zörner Reinhard		StD	13.12.01	PA GE	e	12.12.45

Fachleiter(innen)

Name, Vorname, Titel	Dienststellung	Fach	seit	Schule (Planstelle)
Albertsmeier Klaus-Thomas	StD	Pädagogik	14. 2.97	2.731
Alferink-Bröskamp Gerlinde	StD'	Deutsch	1.12.00	2.523
Alkemeier Irmgard	StD'	kath. Religion	4. 6.97	2.683
Baumgarten Heinz	StD	Kunst	1. 2.99	2.516
Bruckmann Klaus	StD	Sport	18. 5.93	2.513
Feldermann Dieter	StD	Biologie/Chemie	14. 2.97	2.516
Fleger Wolfgang	StD	Mathematik	8.97	2.518
Freiberger Hansjörg Dr.	StD	Physik	1. 2.97	2.516
Geldermann Christian	OStR	Mathematik		2.575
Hillesheim Karl-Friedrich	StD	Hauptseminar	1. 1.85	2.518
Hillesheim Margareta	StD'	Hauptseminar	13. 2.97	3.055
Höhne Rolf	StD	Deutsch	1. 2.99	2.521
Horstmann Winfried	StD	Spanisch	8.97	
Hussong Uta	StD'	Musik		2.510
Kehlbreier Harald	StR	Informatik		2.518
von Kleinsorgen Thomas	StD	Latein	1. 8.01	2.510
Knoblauch Gunther	StD	Biologie	1. 2.75	2.516
Kroes Gabriele Dr.	L' i. A.	Hauptseminar/Italienisch		2.511
Kruse Johannes	StD i. K.	Erdkunde	1. 7.97	2.515
Kupferschmidt Karin	StD'	Geschichte		2.516
Lingemann Peter	StR	Physik		2.516
Maiwald Angelika[1]	StD'	Russisch	1. 2.99	2.270
Nesselbosch Udo	StD	Sozialwissenschaften		2.512
Nocon-Stoffers Renate	L' i. K.	Sport		2.005
Paetzold Joachim	StD	Philosophie/Praktische Phil.	1. 9.78	2.523
Plettendorff Thomas	StD	Französisch	1. 2.99	2.519
Pohlmann Margareta Dr.	StD'	ev. Religion	1. 2.97	2.550
Schmitz Susanne	OStR'	Deutsch		2.244
Schriefer Hans-Joachim	OStR	Chemie		2.518
Schroeder Hanns-Rainer	StD	Biologie	1. 9.79	2.523
Seidel Günter	StD	Englisch	1. 2.99	2.730
Tepe Thomas	StD	Englisch		2.550
Voelker Barbara	OStR'	Hauptseminar		2.730
Vogelpohl Maria	StD'	Geschichte	17. 1.00	2.512
Waltermann Bernhard	StD	Sozialwissenschaften	1. 9.79	2.518
Weber Bernd Dr.	StD	Hauptseminar	1. 2.92	2.516
Wenning Marlies	StD'	Deutsch		2.035
Wildt Michael Dr.	StD	Mathematik		4.710
Zelzner Rainer	StD	Englisch	1. 8.01	4.010

[1] hauptamtlich an 6.265

Studienreferendare(innen)

Name, Vorname	Lehrfächer	Bek.	Tag der Geburt
Gesamtzahl am Stichtag: 205 (124)			

Ausbildungszeitraum 1. 2. 2006 – 31. 1. 2008

Name, Vorname	Lehrfächer	Bek.	Tag der Geburt
Ahlers Brigitte Rebekka	CH GE	e	14. 8.79
Akono Irmgard	D SW	e	6. 8.59
Areerasd Somchai	E L	e	9. 3.76
Arlinghaus Stefan	M SP	e	16. 2.78
Austermann Philip Antonius	BI SP	e	20.11.78
Bähr Michael Helmut Dr.	D E	e	14. 9.71
Bartels Inga Katrin	D PA	k	12. 9.77
Beyer Inga Gesine	KU	k	8. 1.71
Brüggemann-Heints Marion	E I	e	13. 4.75
Buckemüller Kristin	D PA	k	26. 8.75
Büsing Malte	EK SP	k	27. 1.79
Dogan Mustafa	CH M		6. 9.77
Dudak Irene	D PA	e	14.12.77
Fischer Nils Henry	BI SW	k	1. 7.80
Folk Linnea Louise	E ER	k	21.10.76
Follak Andrea Dr.	D PL PP	e	24. 7.72
Fornfeist Thomas	KU	k	24. 9.73
Frankewitsch Christine Eva	ER L	e	19. 2.64
Giersch Christina Erika	D PA	e	2.10.65
Glathe Julia	GE ER		13. 8.79
Göring Michael Johannes	KU	e	13. 1.68
Gollan Ute Dr.	BI CH	k	22.11.62
Greiner Michael Georg T.	ER L	e	9. 9.72
Grzanowski Bianca Astrid	KU	k	23. 7.70
Hafner Irina	R S		18. 9.67
Heide Volker	EK GE	e	10. 2.78
Heints Vitali	CH R	e	26.11.76
Helling Barbara-Friederike	BI EK	k	1. 4.81
Henke Andreas	BI E	e	23. 1.77
Hentschel Christian	BI M	k	4. 3.80
Höbich Jens	GE SW	k	5.11.72
Höfer Susanne	D F		28.12.64
Hübner Janine	E F		12.11.79
Hühne Holger Helmut Max	E KR	k	30. 1.78
Isaak Oksana	M R	k	23. 7.75
Josch-Pieper Hendrik	M PH	k	30. 3.79
Kathmann Kristin	E ER	e	25. 6.80
Kauertz Kathrin	BI SP	e	22.11.78
Keller Holger	M PH		1.12.72
Koch-Grabowski Jessica	E SW	e	13. 2.80
Kortmann Thorsten	EK SP	e	26. 8.78
Kowalksi Vanessa Eva	E SW	e	30. 9.79
Krahn Sabine Andrea	F I	k	18. 5.79
Kramer Simona	D GE	k	14.10.77
Krasenbrink Mark	BI CH	e	23. 4.80
Krusel Jolanthe	EK SP	e	3. 1.77
Kückelhaus Anne	KU	e	4. 1.77
Laumann Benedikt Johannes	EK SP	e	6. 9.78
Lenz Christina	D E	k	30. 7.78
Lipke Damaris	KU		1.10.70
Ljungberg Pia-Marie	D F	k	19. 9.77
Logemann Mirja	F SW	k	6. 3.79
Lücking Stefan	D GE		4.11.80
Lumma Tim Arne Manfred	EK SP		17. 2.79
Luz Corinna	BI D		24. 1.80
Mattern Stefanie	E KU	e	15. 8.75
Mehlich Anne	E GE		2. 1.80
Middrup Andrea	KU PA	e	7. 6.79
Mikulla Birgit Heike	EK SP	e	29.12.72
Müßen Anja	E EK	E	17. 9.79
Pieper Astrid	CH KU	e	14. 3.80
Prag Juliane	E KU	k	16. 3.76
Pütz Anne-Kathrin	BI GE	e	5. 5.80
Rautert-Senavcu Heike Maria	D GE	e	3. 7.79
Richter Lars	D PL	k	18. 7.74
Rotterdam Michael	EK SP		7.10.74
Schiller Daniel	BI SW	k	10. 1.72
Schlenker Mechthild	D F	e	15.12.79
Schmies Kirsten Birgit	D GE	k	9. 4.74
Schütte Andrea	D E		28. 2.80
Schwarzer Svenja	BI PA	e	7. 7.80
Schwerdt Thomas	D PA	e	22. 7.78
Sievers Christoph	CH M	e	23.11.78
Snethkamp Lars	PA SP	k	14. 2.77
Specker Klaus	BI EK	e	7.10.72
Strano Angelika	MU R	e	31.10.76
Szinyeine Szücs Beate	EK M	e	6.12.71
Titze Angela	D M		30. 1.80
Unger Denis	M SW	k	17. 7.78
Vogt Florian	SP SW	k	27.12.80
Voigt Christian-Frederik	E EK	e	10. 1.76
Walker Bernd	M PH	e	13. 1.74
Warnecke Christina Maria	M MU	e	13. 9.79
Washof Wolfram Gerhard Dr.	KR L	k	7. 1.70
Wasmeier Margit	ER PL	e	4. 3.75
Wenzel Susanne Ursula	F GE	e	15. 9.71
Wessel Dirk	BI EK		10. 8.64
Wörner Felix Philipp	E SP	k	15.10.76
Wolf Karl-Robert Dr.	BI CH		6. 3.57
Wurps Bettina	KR R	k	17. 9.70
Yurtcu Sonja	PL SW		20.12.75
Zannos Sken	KU SP	k	21.12.63

Verschiedene Ausbildungszeiträume

Name, Vorname	Lehrfächer	Bek.	Tag der Geburt
Blankenstein Stephanie	D KR	k	23. 7.66
Caspary Gundula Dr.	D GE	e	8. 4.73
Dartmann Christine	D E	e	17. 4.71
Fischer Anja	D PL		25. 8.80
Fonferek Sandra	F PL	k	5. 8.74
Große Stetzkamp Anne-S.	F PA	e	17.11.76
Hecht Petra	D R		30. 3.69
Heute Michaela	BI EK		11.12.75
Klausmeier Katrin	D ER		27. 4.77
Kunsleben Bernadette	D GE	e	16. 4.59
Lachmann-Stegernoff Constanze	D R	e	14. 8.63
Niehues Birgit	D E		9.11.70
Pinter Gudrun Dr.	M PH		30.10.71
Reintges Sabine	E M		24. 7.75
Schilling Diana Dr.	D GE		17. 6.64
Sebaa Birgit	BI D	k	1. 8.79
Stüber Britta	D GE	k	3.12.76
Traxel Oliver	E GE		23. 9.71

Ausbildungszeitraum 1. 2. 2007 – 31. 1. 2009

Name, Vorname	Lehrfächer	Bek.	Tag der Geburt
Abbing Benedikt	ER PL PP		6. 3.78
Althaus Markus	EK SP		29. 4.78
Artmann Marco	IF M		14. 2.75

Bitting Jörg	D GE	1. 8.77	
Blum Rebecca	D E	20.10.80	
Bürsgens Roswitha	E S	15. 6.81	
Cercek Sonja	D S	13. 9.79	
Constapel Tom	E PL PP	20. 2.79	
Demmer Tobias	GE SW	22. 5.79	
Dierker Matthias	D EK	22. 3.77	
Erning Adolf	KU	20. 2.66	
Frank Berit	E F	17. 4.81	
Gerasch Patricia	D E	22. 5.80	
Graben Tim	EK SP	18. 1.80	
Haehser Katy	D GE	9.10.75	
Hanisch Mareike	E PA	24.12.79	
Harder Sergej	EK GE	23.12.74	
Harpel Jan	SP SW	8. 8.76	
Hellmann Jens-Kristian	E SP	5.12.76	
Heri Ellen	D EK	7. 8.57	
Hoffmann Marcus	EK KR	17. 4.80	
Hoogland Jana	EK S	10. 5.81	
Horstmann Sigrid	D F	13. 1.77	
Huth Jan	ER SP	9. 7.78	
Kaußen Verena	BI M	22. 5.82	
Klapczynski Monika	D KR	3. 8.80	
Klugmann Maren	D ER	29. 9.79	
Köhn Karoline	D MU	10.12.82	
Koselleck Ruprecht	KU	18. 7.67	
Krause Daniel Dr.	PA SW	6. 5.80	
Labonté Anna	E MU	24.12.79	
Larsen Inger	D GE	13. 6.78	
Meiers Sonja	D KU	18. 4.80	
Meinhardt Jörn	E PL PP	7.10.78	
Muc Dominika	M SP	4.11.80	
Müser Katja-Kristin	D E	23. 7.77	
Niethammer Ortrun Dr.	D PA	25. 4.60	
Oelerich Thomas	E GE	6. 9.79	
Plitt Benedikt	M PH	13. 7.78	
Reinhardt Birte	BI PL PP	7. 7.76	
Roberts Stefanie	E PA	21. 9.80	
Roemer Gesine	D SP	13. 8.74	
Rossel Maria	KR SW	23. 3.72	
Scheid Eva	EK F	15. 1.69	
Scheller Katja	D F	13.12.75	
Schmermund Lara	D SW	23. 6.81	
Schürmann Christina	GE L	23. 3.81	
Schulte Janine	MU PA	10. 8.81	
Schulze Mönking Ellen	E S	18.10.80	
Sonntag Martin	BI S		3. 7.67
Steppling Thomas	BI EK		25. 2.81
Sturm Petra	E SP		7. 4.75
Thelen Silvan	BI SP		11. 4.76
Trappmann Carsten Dr.	BI PH		11.12.65
Vorberg Maike	D KU		2. 3.78
Wagner Sonja	D GE		30. 1.81
Wehrmann Jürgen	D PL PP		5.10.71
Welminski Daniela	PA SP		7. 2.79
Wensing Stephan	M SP		12.11.79
Wittenbrink Stefan	M SP		18. 8.79
Wöste Thomas	M PH		30.12.80

Ausbildungszeitraum 17. 8. 2007 – 16. 8. 2009

Althaus Anna	SP S		27. 5.80
Bruns Antonia	MU		28. 3.60
Collazo Nieto Sonia	S KR	k	27. 6.71
Denizci-Ciftci Derya	D E	msl	3. 9.79
Eschenbach Rüdiger	ER GE		3. 1.57
Jelich Charlotte	BI D	k	5. 6.81
Lembeck Daniel	MU	k	11. 2.80
Löwen Johann	D R	e	25. 5.72
Mann Monika	D E	k	20.12.79
Marre Sabine	E IF	e	12. 8.76
Mönkediek Silvana	D KR	k	14.12.81
Neumann Bettina	MU ER	e	11. 1.78
Panzer Anna-Lena	BI CH		19. 3.80
Picht Samuel	SW CH	e	1. 6.81
Santjer Peter	D SP	e	2. 7.79
Schewe Friederike	D SW	e	5. 1.81
Schmidt Daniel	L E	k	25. 8.80
Schmitz Peter	L KR	k	8.11.79
Schneider Thorsten	SP SW	k	31. 8.79
Schröder Saskia	D E	k	17. 4.81
Schuldt Tobias	PH M	neuap	25. 7.79
Schumacher Melanie	E S	k	27. 4.79
Siebe André	SW SP	e	10. 5.77
Spaude Jörg	MU	e	31. 8.67
Stamm Kathrin	BI ER		4.12.79
Stütze Björn	PH SP	k	11. 5.76
Terhorst Nina	BI E	k	17.11.81
Torres Kaatz Felix	S SW	mos	28.12.76
Uckelmann Sarah	E BI	k	12. 8.80
Ullrich Juliane	BI D	e	29.11.66
Zöller Jörg	M SW	k	27.12.80

6.255 Paderborn Studienseminar für Lehrämter an Schulen gegr. 1957   **BR Detmold**
Seminar für das Lehramt an Gymnasien und Gesamtschulen
Fürstenweg 17a, 33102 Paderborn – Tel. (0 52 51) 1 32 91 70, Fax 1 32 91 75
E-Mail: poststelle-paderborn2@studienseminare.nrw.de
Homepage: www.uni-paderborn.de/schulen/sem

Dienststellung	Name, Vorname, Titel		in der Dienststellung seit	Lehrbefähigung	Bekenntnis	Tag der Geburt
Leiter des Studienseminars und Seminarleiter	**Lenhard** Hartmut Dr.	OStD	1. 8.94	ER D	e	13. 5.47

Studienseminare Westfalen

Fachleiter(innen)

Name, Vorname, Titel	Dienststellung	Fach	seit	Schule (Planstelle)
Aland Sabine	StD'	Deutsch	1. 8.02	2.300
Austermann Lambert	StD	Sozialwissenschaften	1. 2.02	2.280
Bader Wolfgang	StD	Biologie	29. 1.98	2.564
Bauer Dirk Dr.	StD	Deutsch	19.12.03	2.588
Belz Ortrud	StD'	Sport	30. 3.98	2.590
Bödeker Maren	StD'	Kunst	9. 6.00	2.158
Böggemann Josef	StD	Französisch	1.10.98	2.589
Brinkmann-Brock Ursula	StD'	Erdkunde	1. 8.03	2.588
Decker Rainer Dr.	StD	Geschichte	1. 9.80	2.589
Diekhans Johannes	StD	Deutsch	19. 3.98	2.588
Frye Markus	StD	Englisch	1. 7.04	2.630
Gertz Norbert Dr.	StD	Griechisch	12.12.94	2.055
Gruden Klaus	StD	Physik	1. 2.98	2.690
Henckens Rainer	StD	Mathematik	19. 3.98	2.588
Hengesbach Rudolf	StD	kath. Religion	16. 2.98	2.589
Hohrath Claudia	StD'	Englisch/Hauptseminar	25. 8.00	2.158
Liebscher Jörg	StR	Physik	22. 2.07	2.564
Litterscheid Wolfgang	StD	Philosophie/Hauptseminar	1. 9.80	2.621
Mannsfeld Rita	StD'	Deutsch/Hauptseminar	29. 2.96	2.690
Mevius Martin	StD	Englisch	20. 3.06	2.587
Ostermann Thomas	StD	Geschichte	25. 4.05	2.281
Pallutt Sabine	L' i. A.	Hauptseminar/Pädagogik	1. 2.96	2.064
Pfitzer Claudia	StD'	Textilgestaltung/Hauptseminar	12.10.85	2.590
Reckelkamm Bernd	StD	Mathematik	1. 8.03	2.058
Reichelt Sebastian	StD	ev. Religion/Hauptseminar	1. 8.98	2.055
Scheelje Johannes	StD	Biologie/Hauptseminar	27. 1.98	2.280
Sommerfeld Herbert Dr.	StD	Chemie	26. 6.06	2.056
Steinkämper Christine	StD'	Deutsch	16. 7.04	2.393
Tepaße David	OStR	Informatik	3. 8.04	2.588
Vogt Hermann-Josef	StD	kath. Religion/Hauptseminar	29. 2.96	2.585
Voßkamp Ludger	StD	Sport	1. 2.02	3.165
Wiebusch Dieter	StD	Biologie/Hauptseminar	19. 8.96	2.056
Wiedemann Günther	StD	Musik/Hauptseminar	1. 9.80	2.587

Studienreferendare(innen)

Name, Vorname	Lehrfächer	Bek.	Tag der Geburt	Name, Vorname	Lehrfächer	Bek.	Tag der Geburt

Gesamtzahl am Stichtag: 161 (113)

Ausbildungszeitraum 1. 2. 2006 – 31. 1. 2008

Name, Vorname	Lehrfächer	Bek.	Tag der Geburt	Name, Vorname	Lehrfächer	Bek.	Tag der Geburt
Aescht Claudia	E EK		20. 8.74	**Hassan** Rania Jasmin	D KR		3.11.79
Annen Petra Dr.	CH PH		10. 5.71	**Hellmann** Anna Kristina	BI M		27. 4.81
Arend Matthias	GE SP		21. 6.79	**Henke** Claudia	D KR		21. 3.80
Bartoldus Natalie	L KR		28. 4.73	**Henschen** Thilo	L SP		31. 7.78
Bee-Schäfers Raphaela	D SW		7. 3.61	**Herbst** Silke	F M		2. 1.80
Benken Peter Franz	E GE		7. 5.71	**Hock** Britta	D L		30.11.74
Bergius Rolf-Uwe	EK PH		5. 7.70	**Hucht** Michael	M MU		18. 9.75
Bethlehem Kathrin	E PA		20. 4.80	**Irmer** Christian	L PA		5. 5.76
Binder Simone	D SP		5.12.77	**Jacob** Alexandra	D E		15. 6.74
Boehlen Sonja Marion	D KU		30. 7.80	**Jesse** Marc	IF M		6. 7.75
Bornemann Melanie	E PA		15. 9.78	**Kleinschmidt** Julia Margarete	D SP		18.10.80
Bröckling Stefan	M SP		15.12.71	**Kluge** Susanne	IF M		23. 5.79
Cremer Sonja	D EK		12. 6.81	**Kost** Sven	E SP		22. 9.77
Dunker Jens Theodor	D E		3.10.78	**Kröger** Miriam	D KR		8. 3.80
Finke Simone	BI SP		27. 4.69	**Langer** Kathrin	BI M		25.11.80
Funke Sebastian	IF M		7. 5.79	**Lee-Steinkämper** Yi-Wei Dr.	IF M		4. 8.64
Gierse Daniela	F PL		9. 3.71	**Lohmann** Kerstin	D SP		24.10.78
Giesen Sandra	E PH		29. 6.79	**Meier** Christiane	D SP		22.10.80
Große Anja	F MU		26.10.80	**Mertins** Jana	D SP		18.11.80
Grundke Sabine	D F		1.11.66	**Möhring** Franz-Josef	BI PH		24. 1.60
Haddenhorst Nadine	E SP		29. 7.79	**Müller** Diane	F PA		11. 3.81

Müller Marius Per	PA SP	2. 8.78
Mulcahy Alex	E KR	1.10.68
Nagel-Volkmann Jürgen Dr.	BI PH	5. 7.70
Nerl Jonas	E SP	25. 1.75
Neuwald Karolina Patrycja	E F	12. 6.80
Plancq Caroline Brigitte	D F	22. 5.76
Pöppmann Clas Dirk	GE PL	26.10.70
Regehr Jakob	F SP	11. 9.78
Reinke Jutta	D KR	20. 6.78
Rieping Fabian	M SP	8. 2.79
Robrecht André	E GE	3.10.78
Schalk Beate	KU PA	3. 7.66
Schmies Oliver	PA SP	5. 6.71
Schulte Juliane	D KR	23.12.78
Schulte Uta	D E	23. 3.78
Schweizer Elvira	M PH	13. 9.72
Strathaus Stefanie	D E	8. 2.78
Striewe Volker Michael	GE SP	2. 8.79
Tereschenko Nadine	IF M	16. 7.60
Thies Renate	IF M	26. 8.79
Wedel Johann	IF M	29. 1.80
Weirauch Martina	F MU	29. 6.79
Wietfeld Ingo	M PH	24. 3.77
Zierer Toni-Ludwig	D PL PP	6. 6.77

Ausbildungszeitraum 9. 8. 2006 – 8. 8. 2008

Bekehermes Niko	KU	2.12.73
Böll Nadine	KU	7. 8.68
Dies Anna	E KU	20. 6.80
Klapdor Esther	E KU	29.10.79
Link Tobias	KU	1. 7.77
Molnar Veronika	KU	4. 4.64
Schäfer Monika	KU	24. 3.69
Weidmann Ulrike	KU	11. 1.52

Ausbildungszeitraum 25. 8. 2006 – 24. 8. 2008

Brüggemann Linn	D E
Herrmann Sarah Christina	D SP
Jöhren Andrea	KU BI
Torunsky Andrea	KR GE
Wesner Beate	L GE

Ausbildungszeitraum 1. 2. 2007 – 31. 1. 2009

Bahle Britta	D E
Becker Alexandra	MU
Bekemeier Meike	MU
Berkemeier Melanie	PA SP
Brinkmann Mareike	D PA
Büker Karin	M SP
Chtchian Silke	CH PH
Dölle Ina	D GE
Eberhardt Doris	BI CH
Frochte Barbara	D SP
Geißmann Daniela	D F
Gers Ulrike	KR PA
Gerwin Carsten	GE MU
Giefers Claudia	F GE
Gischler Katrin	E SW/PK
Glathe Wolfgang	M PH
Gnida Vivien	E KR
Gockeln Eva-Maria	D KR
Hahne Stella	D E
Heseler Kerstin	E KR
Ibrom Mareike	E KR
Johannpeter Maike	F GE
Karolak Marta	BI PA
Kebschull Laura	E GE
Kisioglu Cihangir	M PH
Klisch Daniel	F SW/PK
Knaup Christiane	E GE
Knocke Isabelle	EK MU
Kolzem Björn	GE SP
Kressin Immanuel	E MU
Krogmeier Carmen	D F
Magdanz Miriam	D E
Manhenke Stefanie	E MU
Meyer Christian	F MU
Mikus Ludwig	D GE
Natus Eva-Maria	D SP
Nemitz Robert	EK SW/PK
Niemeyer Christine	D E
Nixdorf Michael	GE KR
Paryjas Anne-Kathrin	M PH
Pawlak Paul	D GE
Peter Tanja	D GE
Plücks Julia	E M
Pohlmeier Inga	D SP
Prince Anne	E GE
Pudimat Frank	E MU
Querfurth Christin-Maria	E MU
Rahmann Manuel	D KR
Rodehutskors Petra	D KR
Rübner Beate	D E
Schäfer Charlotte	F MU
Scheidler Christian	SP SW/PK
Schulte Viola	BI CH
Seggelmann Maik	E GE
Steffens Andreas	M PH
Sterk Mareike	D F
Strangmann Sabine	D SP
Thöne Mareike	D E
Tölle Antje-Karina	BI MU
van Varik Inka	D PA
Viergutz Natalie	E KR
Wesenberg Claudia Dr.	M PH
Wesner Michael	GE SP
Wüllner Sabrina	E PA

Ausbildungszeitraum 17. 8. 2007 – 16. 8. 2009

Altevers Anne	KR D
Angelis-Harmening Kristina	EK S
Blazy Stephan Dr.	M IF
Bölte Annika	M IF
Bub Christine	S SW/PK
Glawe Andy	EK D
Koch Jennifer	M SP
Michels Sabine	M IF
Nieland Frauke	E EK
Puissant Susanne	E KR
Schaefer André	E M
Scholle Oliver	D IF
Schulte-Wess Ann Christin	D KR
Seitenglanz Isabell	S E
Siegfried Katharina	E D
Srebny Julia	KR E
Trilling Christina	M SP
Wendt Anne-Kristin	D KR

6.260 Recklinghausen Studienseminar für Lehrämter an Schulen gegr. 1947 BR Münster
Seminar für das Lehramt an Gymnasien und Gesamtschulen
Herzogswall 38a, 45657 Recklinghausen – Tel. (0 23 61) 2 41 06, Fax 18 15 75
E-Mail: poststelle-recklinghausen@studienseminare.nrw.de
Homepage: www.studienseminare-ge-gym.nrw.de/RE

Dienststellung	Name, Vorname, Titel		in der Dienststellung seit	Lehrbefähigung	Bekenntnis	Tag der Geburt
Leiterin des Studienseminars	Agatz Rosemarie Dr.	LStD'	31. 3.95	ER GE	e	12. 2.49
Seminarleiter	N. N.					

Fachleiter(innen)

Name, Vorname, Titel	Dienststellung	Fach	seit	Schule (Planstelle)
Böcker Elisabeth	StD'	Deutsch	16. 4.96	2.563
Calamini Daniela	StR'	Geschichte		4.762
Friedrich Jörg	StD	Physik	25. 4.05	2.365
Funke-Tebart Oliver	StD	Pädagogik/Hauptseminar	1. 2.03	4.762
Giese Carmen Dr.	OStR'	Geschichte	1. 5.04	2.267
Güth Gudrun Dr.	StD'	Englisch	1. 2.98	4.915
Hochheimer Hans	StD	Biologie	1. 8.05	2.365
Jodl-Leunig Dorothea	StD'	Französisch	1. 2.02	2.241
John Werner	StD	Sport	1. 2.98	4.300
Kindler Wolfgang	OStR	Hauptseminar	1. 2.04	2.610
Kramm Erich Dr.	StD	Biologie	1. 9.79	2.095
Kraney Frank	OStR	Hauptseminar	11. 4.05	2.563
Krug Bernhard	StD	Kunst	1. 9.02	2.471
Lehmke Johannes	StD	Technik	1. 2.82	2.611
Meerkötter Dorothea	StD'	Deutsch		2.246
Möllmann Dieter	StD	Chemie		2.611
Müller Antje	StD'	Latein	1. 8.01	2.246
Neumann-Giese Sabine	StR'	Psychologie		2.612
Ohmann Bernd	StD	Mathematik	2.11.04	2.563
Raffel Gudrun	StD'	Erdkunde	1. 8.98	2.145
Reppert Elke	OStR'	Englisch	1. 8.05	2.610
Reppert Jürgen	StD	Englisch	1. 2.98	2.611
Reuber Annette	StD'	Spanisch	1. 8.04	5.125
Rost Petra	StD'	Sport	19. 8.96	4.303
Schenk Michael Dr. phil. habil.	StD	Musik		
Schrieverhoff Christine	StD'	Sozialwissenschaften	21. 8.98	2.470
Schweers Bärbel	StD'	kath. Religion		2.244
Seifert Heribert	StD	Deutsch/Hauptseminar	1. 8.80	2.610
Teuber Gerhard	StD	Hauptseminar	5. 4.05	2.146
Vering Axel	StD	Philosophie/Prakt. Philosophie	1. 2.05	2.610
Willert Albrecht Dr.	StD	ev. Religion/Hauptseminar	1. 2.94	2.155
Zumdick Heinz-Jürgen	StD	Mathematik	1. 2.77	2.611

Studienreferendare(innen)

Name, Vorname	Lehrfächer	Bek.	Tag der Geburt	Name, Vorname	Lehrfächer	Bek.	Tag der Geburt

Gesamtzahl am Stichtag: 135 (72)

Ausbildungszeitraum 1. 2. 2006 – 31. 1. 2008

Name	Fächer		Name	Fächer
Albermann Kathrin	GE SP		**Gaede** Hella	E M
Anastasiadou Barbara	E PA		**Gödde** Daniel	D SP
Becker Anne Dr.	BI D		**Güttler** Anja	PA PS
Böhmer Elisabeth	D ER		**Hanning** Nadine	BI F
Borghoff Stefanie	BI SP		**Hefner** Klaus	E SP
Borzichowski Bastian	M SP		**Hennecke** Friedrike	E F
Diedrichs Christoph	D PA		**Hilsmann** Clemens	KR SP
Fischell Christopher	GE M		**Hong** Seong Ju	M TC

John Sebastian	GE KR
Jung Michael	EK GE
Kramer Dennis	ER GE
Krüger Patrick	M TC
Kumpf Björn	EK SP
Lange Simone Dr.	BI EK
Langweg Susanne	F GE
Lange Thomas	D MU
Langen Birgit	BI M
Leopold Kristina	KU M
Luckner Jörg	KU
Mansfeld Kerstin	D F
Osterholt Christoph	GE KR
Pelz Jana	GE M
Rauhut Esther	M TC
von der Schmitt Christina	KR D
Schulte Petra	BI SP
Schwieder Frank	KU
Stachowiak Nicole	E PS
Stecher Björn	E PL
Thiele Cornelia	D ER
Traue Bianca	D MU
Weimar Sonja	E S
Werner Sven	D PA
Willibald-Beitinger Carol Dr.	BI CH
Wischer Maria	BI KR

Ausbildungszeitraum 1. 2. 2007 – 31. 1. 2009

Aksogan Sümeyye	BI E
Baran Jörg	CH PH
Begemann Mareike	BI SP
Benning Arnd	S SW/PK
Bessel Carina	D E
Beyer Sabrina	BI GE
Biermann Michael	BI SW/PK
Böhm Thorsten	D SW/PK
Brandt Scarlett	D SP
Brinkmann Britta	E GE
Christ Anne	E M
Chrobok Elisabeth	E F
Elsner Knut Dr.	M PH
Fieseler Birte	BI SP
Gattke Clemens	EK KR
Gockel Katarina	KU MU
Gottschlich Tim	EK SP
Harting Pia	E SW/PK
Herold Jan-Nicolas	E S
Hertelt Matthias	BI PH
Hesekamp Jens-Hendrik	D PL
Heuger Anne	E KR
Hilsmann Marco	E PL
Höflich Ivo	BI SP
Kahlmann Bianka	E EK
Kemna Hanne	D EK
Kersting Tim	GE SW/PK
Kinkelbur Henrik	D GE
Krawczak Barbara	E M
Krey Sven	MU PH
Kubiak Jens	BI SP
Leschke Stefanie	D E
Lewandowski Mareike	D KU
Lubitz Katerina	MU
Maßmann Christina	BI M
Mennigmann Tina	D PL
Nagel Christina	BI D
Pelzing Marcus	M PH
Pförtner Anja	E GE
Poerschke Christian	GE KR
Reetz Bastian	D EK
Reinhart Kai	GE SP
Rickel Patrizia	D E
Rissing Thilo	GE KR
Römer Kirstin	E SW/PK
Rupieper Georg	E SP
Schulte Caroline	F S
Schulte Timo	CH EK
Seidel Christine	BI KU
Seppi Andreas	E MU
Skoniezki Martin	PL SP
Tegeler Michael	M PH
Theismann Frank	MU
Vogt Oliver	CH PL
Weiermann Michael	M PH
Wieck Daniel	E SW/PK

Ausbildungszeitraum 17. 8. 2007 – 16. 8. 2009

Acker Denise	E F
Allhoff Rebecca	PA D
Apel Alexandra	PH M
Aygün Ugur	E EK
Becker Andreas	SP PA
Becker Christoph	E PL
Berka Anna	M SP
Beyer Charlotte	E EK
Bissing Stefanie	CH D
Bügüs Polina	D E
Frielingsdorf Nadine	D PA
Greif Manuela	F EK
Günther Julie	F D
Hamann Josephine	D PA
Hampe Lars	M PH
Lork Sandra	E GE
Marquardt Jana	D PL
Mertmann Stephan	M PH
Müller Anke	E EK
Neuhaus Anne-Kathrin	M SP
Petz Jana	E GE
Pieper Christian	CH EK
Pietzschmann Mirko	GE SP
Porth-Peric Jennifer	D PA
Pütz Ina	GE PL
Richter Anneke	E D
Römelt Tanja	M SP
Sbai Aziz	D F
Schmidt Sebastian	L M
Schwertheim Udo	ER GE
Sivam-Sithamparanathan Aranee	E EK
Staarmann Ulrich	M D
Streichert Julia	D GE
Tolksdorf Tobias	D GE
Walburg Maria	CH SP
Zubala Jens	GE SP

6.265 Rheine Studienseminar für Lehrämter an Schulen gegr. 1975 BR Münster
Seminar für das Lehramt an Gymnasien und Gesamtschulen
Beethovenstraße 29, 48431 Rheine – Tel. (0 59 71) 5 10 22, Fax 91 32 49
E-Mail: semrheine_2@yahoo.de, Homepage: www.studienseminar-rheine.de

Dienststellung	Name, Vorname, Titel		in der Dienststellung seit	Lehrbefähigung	Bekenntnis	Tag der Geburt
Leiter des Studienseminars	**Kopp** Norbert	OStD	1. 1.00	D KR PL	k	2. 2.44
Seminarleiter	**Morawietz** Rudolf	StD	1. 8.02	PL L PA		8.12.47

Fachleiter(innen)

Name, Vorname, Titel	Dienststellung	Fach	seit	Schule (Planstelle)
Achilles Helmut	StD	Mathematik	1. 2.75	2.396
Aßmann Michael	StD	Deutsch/Hauptseminar		2.555
Bracker Peter	StD	Physik		2.555
Braun Anke	OStR'	Mathematik		2.396
Budde Klaus	StD	Musik		2.152
Flaswinkel Sylvia	StD'	Niederländisch		2.070
Franke Klaus-Dieter	StD	Deutsch/Hauptseminar		2.370
Gerhardt Gerd Dr.	StD	Deutsch/Philosophie		2.395
Gerschner Dieter	StD	Latein		4.761
Gromotka Günther	StD	Geschichte		2.671
Hüster Egbert	StD	Mathematik		2.396
Kahlenberg Johannes	StD	Chemie		2.680
Kehlbreier Harald	StR	Informatik		
Kibben Bärbel	StD'	Informatik		4.800
Knoke Gabriele	StD'	Chemie	1. 8.76	2.396
Krechting Hildegard	StD'	Englisch/Hauptseminar	1. 2.76	2.680
Lausmann Martin	StD	Biologie		2.396
Maiwald Angelika	StD'	Russisch		2.270
Manß Thorsten	StD	Sozialwissenschaften		
Olfenbüttel-Schole Willa	StD'	Deutsch		4.800
Otten Gabriele	StD'	kath. Religion		2.205
Palenberg Ernst Dr.	StD	Englisch		2.671
Raming Rolf Dr.	StD	Englisch		2.535
Reckermann Johannes	StD	Sport		2.627
Rogowski Hermann	StD	Pädagogik		2.396
Saager Hans-Dieter	StD	Französisch	1. 9.78	2.671
Schepers Harald	StD	Physik	1. 2.77	2.420
Schneebeck Helmut	StD	ev. Religion		2.395
Schütte Bernhard	StD	Sport		2.555
Schuh Birgit Dr.	StD'	Biologie		2.205
Stegemann Robert Dr.	StD	Erdkunde		2.705
Tröster-Lanzrath Anke	OStR'	Geschichte		2.519
Wamelink Petra	StD'	Deutsch		
Welling Inken	StD'	Erdkunde/Hauptseminar		2.205
Wesselmann Alfred Dr.	OStR	Englisch		
Wielspütz Ludger	StD	Kunsterziehung/Hauptseminar		2.555
Zöller Rudolf	StD	Sozialwissenschaften/Hauptseminar		2.523

Studienreferendare(innen)

Name, Vorname	Lehrfächer	Bek.	Tag der Geburt	Name, Vorname	Lehrfächer	Bek.	Tag der Geburt

Gesamtzahl am Stichtag: 155 (101)

Ausbildungszeitraum 1. 2. 2006 – 31. 1. 2008

Name, Vorname	Lehrfächer	Bek.	Tag der Geburt	Name, Vorname	Lehrfächer	Bek.	Tag der Geburt
Alexewicz Thomas Josef	IF SP		4. 4.79	**Breulmann** Dirk Josef	D GE		6. 1.72
Alfers Claudia	F KU		17.12.78	**Buss** Martin	E SP		11. 2.78
Beckmann Katharina	E SW		7. 6.77	**Faelli** Daniel	D PL		4.10.73
Bisler Christina	KR L	k	4. 8.75	**Fleger** Sabine Maria	BI SP		17. 3.80

Fliehe Julia	D KR	k	23. 9.79
Funk Daniel	BI SP		29. 8.78
Gartmann Mareike	M PA		21.12.79
Gebbe Nicole Britta	N SP		25. 5.78
Greiwe Raphael Georg	CH SW		19.10.78
Gursky Peter	IF M		17. 3.74
Heße Audrun	BI E		28. 6.79
Hettwer Mark	D PL		21. 7.76
Hilling Bettina	KU		18. 1.65
Horstkotte Kira	BI PA		1.11.80
Igelbrink Bastian	GE M		28.10.79
Jaszczuk Beata Kinga	BI CH		18. 2.74
Keull Dennis	D EK		1. 1.79
Kleinsorge Oliver Jürgen	D EK		4. 7.67
Kötter Katrin	PA SP		1. 8.79
Kolomiets Oxana	MU		29. 9.72
Koopmann Marion Elisabeth	M PH		11. 9.80
Kreierhoff Carolin	BI PA		7. 4.81
Laumeyer Heinrich	L SW		20. 1.71
Meixner Heike Marlies	IF M		6.11.64
Meyer Alexander Johannes	M PH		30. 6.80
Miese Alexandra Elisabeth	E PA		13. 3.78
Minneker Carsten Frank	E SP		11. 6.77
Müller Ellen	M PA		20. 6.80
Nadig Alexander	EK SP		17.11.76
Pannenborg Eike	D SP		7. 3.79
Parthe Jörg	IF M		14. 1.75
Paßlick Judith	D KR	k	16. 9.77
Peters Simone Ursula	BI E		16. 6.79
Pöppelmann Sonja	D N		23.11.77
Raabe Nadine	D N		19. 2.78
Renius Malte Werner	D PH		18. 4.75
Sáez-Barahona Irene	MU SP		19. 2.77
Sauer Ulf	KU		10.12.69
Schilberg Jacqueline	EK M		5. 4.82
Schirmbeck Carolin	E GE		16. 9.79
Schmelzle Hedda Cordula	E MU		10.12.79
Schnellenberg Dana	L MU		3.11.74
Schröder Tobias Michael	D PL		7.10.74
Schroer Ina	EK SW		25. 2.80
Schulte Indra	BI CH		22. 7.80
Silies Andrea	E F		11. 6.79
Strukamp Sabrina	KR SW	k	21.12.79
Teepe Alexandra	SP SW		17. 4.75
Toksözlü Erhan	E GE		5. 6.78
Tolksdorf Rafael	EK M		6. 1.80
Üffing Veronika	GE N		9. 7.79
Vihrog Marco	E SP		31. 1.78
Weiß Barbara	D N		11. 5.80
Wilke Anja Dr.	D E		22. 3.74
Zilz Katharina Susanne	EK MU		12. 6.78

Verschiedene Ausbildungszeiträume

Bergmann-Törner Corinna	D SW		10. 4.68
Edeler Gerrit	PA SW		29. 8.74
Gätje Christina	ER PA	e	7.10.69
Heine Mareike	PA SW		26. 3.78
Huesmann Eva-Maria	E GE		6. 4.77
Kreis Martin Dr.	D L		28. 4.58
Malyszek Gregor	KU		7. 2.60
Pätzold Angelika	D GE		4.10.66
Schöppner Detlef	BI EK		22. 9.66

Ausbildungszeiträume 9./25. 8. 2006 – 8. /24.8. 2008

Albers Claudia	D EK		14. 6.80
Amelung Anna	M SP		11. 3.82

Austrup Heike	D MU		22.10.76
Bareiß Tanja Wally	KU		9.12.67
Bäumker Stefan	GE MU		4. 6.79
Beck Matthias	E EK		12.11.78
Böggemann Karen	E SW		18.10.81
Böwing Kai	PH M		10. 4.78
Brüning Cornelia	E M		16. 7.80
Essers Markus	BI EK		29. 8.74
Folkers Kord	E M		19. 1.79
Franken Susanne	GE M		27.10.81
Ganster Daniela Nicoletta	KU		1. 8.72
Heilker Cornelia	E M		16. 7.80
Heyden Anja	E F		
Höggemeier Verena	E SW		29. 4.79
Johannsmann Jan Gerrit	PH PL		3. 3.78
Junker Daniel	SP EK		
Kirsch Juliane	D SP		30. 7.80
Klee Benedikt	SP GE		
Künne Benjamin	D SP		
Küpker Thomas	D GE		
Landwehr Kristina Anja	KR M	k	11.12.78
Lentini Nadia	D PL		
Meermeier Marlies Anne	M SP		17. 9.79
Mücke Frank	IF SP		19. 7.79
Rausch Barbara Friederike	KU PA		7. 8.80
Schöbel Elmar Frank	M PH		17. 2.78
Scholl Christoph	GE M		30. 8.78
Venjakob Anja	D N		
Weber Isabell	E KU		2. 4.81
Wiehager Urs	MU		17. 2.68
Wiesinger Jan	M PL		17.10.80
Wischmeier Tanja	M SP		30. 4.81

Ausbildungszeitraum 1. 2. 2007 – 31. 1. 2009

Averberg Judith	CH SW		27.10.78
Barsch-Sulzer Katja	PA SP		22.10.73
Bauer Andrea	BI KR	k	12. 5.73
Beckmann Andreas	E GE		24. 9.76
Beiske Josef	D SP		1. 8.76
Bergin Annette	D E		25. 9.79
Brinkschulte Kathrin	PA SP		11. 9.78
Buchmüller Dina	BI PA		18. 8.81
Bücksteeg Christel	D GE		31. 8.63
Bullmann Heike	BI EK		18. 3.63
Crone Christina	M PH		14. 1.73
Drobner Markus	BI CH		8. 1.79
Engels Kirstin	D R		11. 7.82
Fischer Feeline	D E		18. 7.81
Gerke Ulrike	PA SP		26. 8.79
Grafe Liane	E GE		10. 6.75
Harbecke Heike	D KR	k	8. 3.78
Hausfeld Kathrin	M PH		31. 3.79
Heilen Silke	E ER	e	1. 3.81
Heseding Sonja	D E		29. 8.80
Heuger Gerold	CH SW		7. 4.75
Hoffmann Elke	E KU		20.12.74
Horbach Yuliya	E R		25.10.80
Hülsmeier Stefanie	L MU		29. 7.80
Hüser Dominik	E SP		8.10.78
Hunger Annika	BI SP		24. 4.81
Kauba Charlotte	M SP		2. 7.80
Kolck Sabine	E GE		16. 1.76
Krämer Stefan	IF M		19. 4.74
Lammert Inken	BI SP		11. 2.82
Laumann Imke	E F		9. 3.79
Meistes Jennifer	BI PA		24. 5.78

Meyer Christina	D E		8. 2.82	Schmitz Claudia	D E		20. 4.69
Meyer Tobias	M PH		25. 8.75	Schulenburg Peter	BI M		9. 3.66
Meyring Dagmar	D SP		26. 6.72	Spallek Marco	EK SP		14. 8.78
Mingers Sara	E KR	k	5. 9.80	Sprekelmeyer Miriam	D KR	k	31. 7.80
Moczko Jennifer	PA SW		18.12.76	Thiebach Sabine	E EK		8. 2.81
Möller Jens	SP SW		10. 7.75	Tranel Jens	EK SW		22. 8.75
Reichmann Lars	PL SW		15.12.78	Wenning Verena	D SP		30. 9.81
Riedl Uta	D R		8.12.67	Westenberger Christine	KU		13. 9.77
Röttger Sebastian	GE SP		2.11.76	Westerbusch Barbara-Maria	D GE		3. 9.66
Runge Ina	EK SW		12. 5.82	Windmann Ina	E SP		17. 6.81
Salewski Damaris	KU		12. 4.78	Wübben Marina	D EK		9. 4.80
Schmerge Eva-Maria	IF M		1.11.81				

6.270 Siegen Studienseminar für Lehrämter an Schulen gegr. 1972 **BR Arnsberg**
Seminar für das Lehramt an Gymnasien und Gesamtschulen
Augärtenstraße 15, 57074 Siegen – Tel. (02 71) 6 19 07, Fax 6 61 04 13
E-Mail: poststelle-siegen@studienseminare.nrw.de
Homepage: www.studienseminar-siegen.de

Dienststellung	Name, Vorname, Titel	in der Dienststellung seit	Lehrbefähigung	Bekenntnis	Tag der Geburt
Leiter des Studienseminars	**Hibst** Peter Dr.[1]	OStD	1. 8.02	L GE	11. 4.61
Seminarleiter	**van de Kolk** Paul Gerhard	StD	20. 5.96	SW GE	7. 6.49

Fachleiter(innen)

Name, Vorname, Titel	Dienststellung	Fach	seit	Schule (Planstelle)
Becher Vinzenz	StD	Deutsch/Philosophie	15. 2.96	2.415
Berg Reiner Dr.	StR	Deutsch		
Blümel-de Vries Katrin	StR'	Französisch		
Brinkmann Beate	StR'	Biologie		2.660
Ecks Eberhard	StD	Englisch	1. 9.77	3.170
Göbel Eckhard	OStR	Mathematik		2.530
Guse Klaus-Michael	StD	Deutsch		
Habel Andreas[2]	StD	Mathematik/Physik	1. 2.98	2.660
Jänicke Karin Dr.	StR'	Mathematik		
Janknecht Ludwig	StD	kath. Religion/Sport	23. 2.98	2.660
Karweger Dorothee	StD'	Sozialwissenschaften/Sport	12. 3.02	4.820
Küppers Christoph	StR	Kunst		
Linnert Andre		Biologie		4.820
Lochmann Andreas Dr.	StD	Geschichte	9. 5.03	2.030
Müller Jörg	OStR	Deutsch		2.658
Olberg Birgit	StD'	Spanisch	2. 2.98	2.031
Pieschl Walter	StD	Pädagogik		2.045
Ponwitz Wolfgang	StD	Englisch/Musik	9. 3.98	4.821
Schlapka Martin	OStR	Erdkunde		
Sensenschmidt Bernd[2]	StD	Pädagogik/Hauptseminar	1. 9.79	3.065
Sünkel Frank Martin	OStR	Latein		2.530
Waffenschmidt Reinhard	StD	Chemie	6. 4.98	2.659
Weinbrenner Friedhelm	StD	ev. Religion/Englisch	13. 2.98	2.655

[1] Priv. Doz. an d. Univ. Bochum   [2] Lehrbeauftr. an d. Univ. Siegen

Studienreferendare(innen)

Name, Vorname	Lehrfächer	Bek.	Tag der Geburt	Name, Vorname	Lehrfächer	Bek.	Tag der Geburt

Gesamtzahl am Stichtag: 158 (98)

Ausbildungszeitraum 1. 2. 2006 – 31. 1. 2008

Name, Vorname	Lehrfächer		Name, Vorname	Lehrfächer
Bayertz Charlotte	D KU		**Bauer** Tamara	D E
Berkulin Nina	KU		**Baumgart** Heike	E GE
Böcker Yvonne	D M		**Becker Veitenhansel** Caroline	E EK
Breyer Melanie	E MU		**Bischoff** Sandra	BI PA
Brünig Marion	E KU		**Börger** Julia	D GE
Buchen Bettina	CH SW		**Brenner** Renate	D MU
Burghaus Stefan	MU		**von der Burg** Hendryk	E PA
Danger Jörg	D SW		**Daase** Andre	E SW
Dechert Georg	BI CH		**Deppe** Clemens	D SP
Dudziak Rebekka	F M		**Ehrenstein** Gudrun	M PH
Eberwein Julia	KR KU		**Endres** Julia	BI SP
Engelhardt Martin	M PH		**Eyerund** Karin	BI D
Geduldig Andre	CH M		**Fehr** Sigrun	L M
Gerke Irina	D SW		**Fehrmann** Judit	E PA
Gille Michaela	D PA		**Fernengel** Ingmar	D KU
Grunewald Henrike	E GE		**Frackenpohl** Sascha	KR SW
Grupp Kerstin	BI GE		**Funken** Daniel	GE M
Grütz Thomas	M MU		**Gebauer** Christine	E F
Gudelius Verena	E GE		**Geisweid** Ramona	BI SP
Gugerei Stefan	KU		**Gerhards** Insa	E S
Gwozdz Agnes	PA SW		**Göldner** Florian	D SP
Haase Katrin	BI D		**Goldmann** Tatjana	M PH
Hans Jacqueline	D KU		**Graßhoff** Thomas	CH SW
Hellmann Marc-Alexander	D MU		**Gruner-Menk** Silvia	E F
Hochholzer Andrea	E S		**Gullone-Stein** Alexandra	PA SW
Hohlweck Timo	EK M		**Härter** Raphaela	D MU
Ilhan Sariye	KU PA		**Holdinghausen** Stefanie	D ER
Junker Rosmarie	M PL PP		**Hollstein** Ronny	GE SW
Knoch Philipp	M PH		**Irle** Anne-Christin	D KU
Kötzner Melanie	F GE		**Isenberg** Gabriel	M MU
Kürbis Andrea	D ER		**Kölzer** Ina-Beate	E GE
Lück Gabriele	D E		**Krist** Michael	D SW
Malz Kristina	D ER		**Leistner** Sabrina	D E
Müller Annette	S SW/PK		**Ludewig** Katrin	PA SW
Müller Melanie	D F		**von Marées** Inka	BI E
Müller Sandra	D KU		**Maurer** Kathrin	KU M
Müller Stefany	E S		**Mies** Rebecca	D E
Oppermann-Hüner Maren	D SW/PK		**Mockenhaupt** Thomas	E M
Pulfrich Christian	D KR		**Münch** Anja	D E
Reuber Maria	D F		**Neuser** Stefanie	
Rheingans Jan	M PL PP		**Ninse** Sebastian	
Salz Gudrun	KU		**Ohrndorf** Nadja	
Schade Tanja	E F		**Papakrivos** Renée-Antonius	
Scharf Sven	E KR		**Piltz** Hartwig	
Schmelcher Cristin	KU SW/PK		**Pröll** Markus	
Schmeling Rainer Dr.	M PH		**Rädel** Silke	
Schneider Yvonne	BI SW/PK		**Raskop** Bernd	
Schorr Philipp	CH PH		**Rigau Badenas** Tamara	
Schuhen Sonja	D E		**Roseneck** Ingo	
Spahr Martin-Thomas	PA SP		**Roth** Steffen	
Spürkel Thomas	M PH		**Scheithauer** Markus	
Stäsche Julia	ER GE		**Scheunert** Ilka	
Stödter Nadine	D PA		**Schlosser** Nicole	
Strokocz Adrian	M PH		**Schlüer** Mareike	
Szelpal Gerlinde	MU		**Schubert** Stefan	
Wagener Michael	CH M		**Simon** Stefan	
Westermann Petra	MU PA		**Stahl** Tobias	
			Tilgner Anja	

Ausbildungszeitraum 1. 2. 2007 – 31. 1. 2009

Vierbücher Sabine

Wieland Anke
Wolfram Tim
Zeigan Olaf
Zembok Eva
Zimmermann Anna Maria   D PA

Ausbildungszeitraum 17. 8. 2007 – 16. 8. 2009

Ballmeier Martin   E GE
Behr Katrin   M PH
Benner Emanuel   SW SP
Birkner Titus   D GE
Brüggenolte Clemens   GE KR
Dömmecke Yvonne   D ER
Dornseifer Sonja   D SP
Ehr Kerstin   BI KR
Felkel Kerstin   D SW
Frackenpohl Jannine   D ER
Freitag Stephanie   D SP
Friederizi Anne   D PA
Garcia Gudde Eva   KU
Gödicke Claudia   E SP
Grzelachowski Christian   SP SW
Harnischmacher Sandra   E GE
Hatzfeld Katharina   D MU

Kazmierczak Alexandra   D MU
Kellenter Christina   E SW
Kleiman Ulrich Dr.   M PH
Klein Andreas   ER SW
Klein Tanja   D KR
Krämer Ines   BI EK
Kraemer Jan   GE SW
Kramer Kai   EK SP
Kruth Gerold   D EK
Lebrato Criado Ramona   D KU
Mischke Tanja   F SP
Neeb Sven   GE SW
Petri Simone   E SW
Pohl Bastian   D SW
Pruß Oliver   D E
Reuter Simone   D SW
Rosche Viola   E EK
Scharke Mareike   F SW
Schneider Marco   E L
Schulte Sarah   E KU
Schwarz Carolin   M PA
Siller Sascha   GE L
Vormweg Manuel   EK SW
Werner Stefan   D SP

Teil III
Statistischer Teil

Das Schuljahr 2007/08

(Zusammengestellt nach den von den Schulen zum 1. 10. 2007 eingereichten Unterlagen.)

A. Schulen

1. Anzahl

	BR Düsseld.	BR Köln	Nord-rhein	BR Arnsberg	BR Detmold	BR Münster	West-falen	Gesamt-zahl
Koedukationsgymnasien	166	152	318	129	71	91	291	609
öffentlich	151	125	276	109	58	75	242	518
privat	15	27	42	20	13	16	49	91
Jungengymnasien	–	2	2	–	–	–	–	2
öffentlich	–	–	–	–	–	–	–	–
privat	–	2	2	–	–	–	–	2
Mädchengymnasien	5	10	15	1	1	1	3	18
öffentlich	1	–	1	–	–	–	–	1
privat	4	10	14	1	1	1	3	17
Zw.-Summe Gymnasien	171	164	335	130	72	92	294	629[1]
öffentlich	152	125	277	109	58	75	242	519
privat	19	39	58	21	14	17	52	110
Weiterbildungskollegs (Abendgymn.)	6	4	10	7	1	4	12	22
öffentlich	5	4	9	7	1	4	12	21
privat	1	–	1	–	–	–	–	1
Weiterbildungskollegs (Kollegs)	5	3	8	3	3	2	8	16
öffentlich	3	2	5	2	3	–	5	10
privat	2	1	3	1	–	2	3	6
Studienkollegs	–	3	3	1	–	2	3	6
öffentlich	–	3	3	1	–	1	2	5
privat	–	–	–	–	–	1	1	1
Förderschulen	1	1	2	–	–	–	–	2
öffentlich	1	1	2	–	–	–	–	2
privat	–	–	–	–	–	–	–	0
Zw.-Summe Gymn. Sonderformen	12	10	23	11	4	8	23	46
öffentlich	9	10	19	10	4	5	19	38
privat	3	1	4	1	–	3	4	8
Abendrealschulen	9	4	13	4	2	4	10	23
öffentlich	8	3	11	4	2	4	10	21
privat	1	1	2	–	–	–	–	2
Gesamtschulen	78	41	119	46	26	26	98	217[2]
öffentlich	75	39	114	42	23	23	88	202
privat	3	2	5	4	3	3	10	15
Berufskollegs mit SekII	95	80	175	74	47	54	175	350
öffentlich	75	61	136	55	29	38	141	277
privat	20	19	39	19	18	16	34	73
Waldorfschulen	11	10	21	13	5	3	21	42
öffentlich	–	–	–	–	–	–	–	–
privat	11	10	21	13	5	3	21	42

[1] 0,6 % Steigerung gegenüber dem Vorjahr
[2] keine Änderung gegenüber dem Vorjahr

2. Gymnasien im Entstehen; Aufbaugymnasien

	Im Entstehen einschl. Jahrgangsstufe								Aufbau-	im
	5	6	7	8	9	10	11	12	Gesamt	gymn.[2]	Abbau
Gymnasien	3	1	–	–	–	1	2	6	13	7	2
BR Düsseldorf	–	–	–	–	–	1	1	3	5	2	–
BR Köln	1	1	–	–	–	–	–	–	2	–	–
BR Arnsberg	–	–	–	–	–	–	–	1	1	1[3]	1[1]
BR Detmold	2	–	–	–	–	–	1	1	4	1	–
BR Münster	–	–	–	–	–	–	–	1	1	2	–

[1] BR Arnsberg: 2.371 (Jg.st. 7–13)
Es sind bereits 30 Gymnasien nach Abbau (1.096; 1.134; 1.152; 1.154; 1.156; 1.161; 1.164; 1.166; 1.213; 1.215; 1.227; 1.234; 1.425; 1.427; 1.428; 1.429; 1.440; 1.480; 1.483; 1.526; 1.698; 1.730; 1.824; 2.078; 2.167; 2.172; 2.177; 2.178; 2.247; 2.248; 2.287; 2.461; 2.501; 2.524; 2.711; 2.773) und 17 Gymnasien durch Zusammenlegungen (1.062; 1.064; 1.120; 1.129; 1.133; 1.176; 1.381; 1.423; 1.524; 1.582; 1.590; 1.626; 1.742; 2.024; 2.159; 2.171; 2.481; 2.657) aufgelöst.
[2] 1.225; 1.537; 2.036; 2.403; 2.731
[3] privates Gymn.

3. Größenordnung der Gymnasien

Schülerzahl	zus.	bis 400	401–500	501–600	601–700	701–800	801–900	901–1000	1001–1100	1101–1200	1201–1500	über 1500
Öffentl. Gymnasien	520	7	3	13	31	72	117	86	85	51	49	6
BR Düsseldorf	152	2	1	4	10	20	33	32	22	14	13	1
BR Köln	127	2	–	4	7	16	28	13	22	22	10	3
BR Arnsberg	108	2	–	1	5	22	26	18	19	8	7	–
BR Detmold	58	–	2	2	–	7	10	11	13	2	9	2
BR Münster	75	1	–	2	9	7	20	12	9	5	10	–
Private Gymnasien	109	7	1	6	4	11	24	17	16	7	15	1
BR Düsseldorf	19	–	–	–	–	1	3	3	1	1	9	1
BR Köln	37	1	–	1	2	5	11	2	7	4	4	–
BR Arnsberg	21	3	–	4	2	1	4	2	5	–	–	–
BR Detmold	14	2	–	1	–	2	3	3	1	–	2	–
BR Münster	18	1	1	–	–	2	3	7	2	2	–	–
Alle Gymnasien	629	14	4	19	35	83	141	103	101	58	64	7

4. Die größten Gymnasien sind:

1.380	G. Kerpen	2151 Sch.	2.230	Söderblom-G. Espelkamp	1428 Sch.
1.486	Landrat-Lucas-G. Leverkusen	1858 Sch.	1.103	Norbert-G. Dormagen	1423 Sch.
1.190	Cusanus-G. Erkelenz	1752 Sch.	1.481	Lise-Meitner-G. Leverkusen	1387 Sch.
1.820	Carl-Fuhlrott-G. Wuppertal	1608 Sch.	1.775	G. Wermelskirchen	1384 Sch.
2.565	Immanuel-Kant-G. Bad Oeynhausen	1599 Sch.	1.821	St.-Anna-Sch. Wuppertal	1368 Sch.
1.581	Sch. Marienberg Neuss	1546 Sch.	1.125	St.-Ursula-G. Düsseldorf	1367 Sch.
1.353	G. Jüchen	1513 Sch.	2.270	G. Augustinianum Greven	1364 Sch.
2.588	Pelizaeus-G. Paderborn	1506 Sch.	1.615	Geschw.-Scholl-G. Pulheim	1363 Sch.
2.160	G. Petrinum Dorsten	1497 Sch.	2.395	Goethe-G. Ibbenbüren	1356 Sch.
2.281	G. Gütersloh	1476 Sch.	2.120	Freiherr-v.-Stein-G. Bünde	1337 Sch.
1.210	B.M.V.-Schule Esen	1472 Sch.	2.590	G. Schloß Neuhaus Paderborn	1322 Sch.
2.101	Josef-Albers-G. Bottrop	1464 Sch.	1.541	Otto-Hahn-G. Monheim	1321 Sch.
1.107	G. am Wirteltor Düren	1461 Sch.	2.022	Franz-Stock-G. Arnsberg	1314 Sch.
2.095	G. Remigianum Borken	1456 Sch.	1.520	Bischöfliche Marienschule Mönchengladbach	1312 Sch.
1.255	St.-Ursula-G. Geilenkirchen	1442 Sch.			

5. Durchschnittliche Schülerzahlen pro Gymnasium

	Trägerschaft		
	öffentlich	privat	zusammen
Alle Gymnasien	**939**	**889**	**930**
BR Düsseldorf	924	1 144	949
BR Köln	975	866	949
BR Arnsberg	902	733	875
BR Detmold	985	808	950
BR Münster	925	917	924

6. Durchschnittliche Jahrgangsstärke pro Gymnasium

	Jgst. 5	Jgst. 6	Jgst. 7	Jgst. 8	Jgst. 9	Jgst. 10	Jgst. 11	Jgst. 12	Jgst. 13	Jgst. Durchschn.
Öffentliche Gymnasien										
BR Düsseldorf	115	113	101	105	100	97	104	98	90	102
BR Köln	128	120	110	110	107	101	111	105	93	109
BR Arnsberg	113	113	100	102	98	95	104	97	86	101
BR Detmold	122	122	113	112	107	101	115	108	93	110
BR Münster	118	115	105	106	99	99	107	106	91	105
Land	119	116	105	106	102	98	107	102	90	105
Private Gymnasien										
BR Düsseldorf	131	131	123	128	130	127	133	122	118	127
BR Köln	99	108	106	100	105	98	105	97	89	101
BR Arnsberg	86	89	85	84	83	81	93	91	84	86
BR Detmold	105	102	103	103	97	101	121	107	102	104
BR Münster	104	105	105	105	106	104	104	97	86	102
Land	103	107	105	103	105	101	110	102	94	103
Alle Gymnasien										
BR Düsseldorf	117	115	103	107	103	101	107	101	93	105
BR Köln	121	117	109	107	107	100	110	100	100	108
BR Arnsberg	108	109	98	99	96	93	102	96	86	98
BR Detmold	119	118	111	110	106	101	116	108	95	109
BR Münster	115	113	105	106	100	100	107	104	90	105
Land	116	114	105	106	102	99	108	102	91	105

7. Kurszahlen in den Jahrgangsstufen 11–13 an den Gymnasien

a) Jahrgangsstufe 11.1	Schulen	Schüler	Grundkurse	Frequenz
Öffentliche Gymnasien	**519**	**54 500**	**24 729**	**23,8**
BR Düsseldorf	152	15 385	6 976	23,8
BR Köln	125	13 355	5 975	24,1
BR Arnsberg	109	11 137	5 149	23,4
BR Detmold	58	6 692	2 954	24,5
BR Münster	75	7 931	3 675	23,3
Private Gymnasien	**110**	**11 508**	**5 255**	**23,7**
BR Düsseldorf	19	2 525	999	27,3
BR Köln	39	3 899	1 838	22,9
BR Arnsberg	21	1 863	872	23,1
BR Detmold	14	1 447	671	23,3
BR Münster	17	1 774	875	21,9
Alle Gymnasien	**629**	**66 008**	**29 984**	**23,8**
BR Düsseldorf	171	17 910	7 975	24,3
BR Köln	164	17 254	7 813	23,9
BR Arnsberg	130	13 000	6 021	23,3
BR Detmold	72	8 139	3 625	24,2
BR Münster	92	9 705	4 550	23,0

b) Jahrgangsstufe 12.1	Schulen	Schüler	Grundkurse	Frequenz	Leistungsk.	Frequenz
Öffentl. Gymnasien	**519**	**51 549**	**18 293**	**19,7**	**5 140**	**20,1**
BR Düsseldorf	152	14 474	5 175	19,6	1 470	19,7
BR Köln	125	12 565	4 571	19,2	1 291	19,5
BR Arnsberg	109	10 372	3 634	20,0	1 011	20,5
BR Detmold	58	6 283	2 191	20,1	602	20,9
BR Münster	75	7 855	2 722	20,2	766	20,5
Private Gymnasien	**110**	**10 770**	**3 862**	**19,5**	**1 156**	**18,6**
BR Düsseldorf	19	2 315	751	21,6	260	17,8
BR Köln	39	3 699	1 319	19,6	396	18,7
BR Arnsberg	21	1 828	664	19,3	188	19,4
BR Detmold	14	1 283	485	18,5	125	20,5
BR Münster	17	1 645	643	17,9	187	17,6
Alle Gymnasien	**629**	**62 319**	**22 155**	**19,7**	**6 296**	**19,8**
BR Düsseldorf	171	16 789	5 926	19,8	1 730	19,4
BR Köln	164	16 264	5 890	19,3	1 687	19,3
BR Arnsberg	130	12 200	4 298	19,9	1 199	20,4
BR Detmold	72	7 566	2 676	19,8	727	20,8
BR Münster	92	9 500	3 365	19,8	953	19,9

c) Jahrgangsstufe 13.1	Schulen	Schüler	Grundkurse	Frequenz	Leistungsk.	Frequenz
Öffentl. Gymnasien	**519**	**45 734**	**16 634**	**16,5**	**4 926**	**18,6**
BR Düsseldorf	152	13 269	4 739	19,6	1 378	19,3
BR Köln	125	11 108	4 121	16,2	1 225	18,1
BR Arnsberg	109	9 181	3 370	16,3	1 014	18,1
BR Detmold	58	5 414	1 916	17,0	577	18,8
BR Münster	75	6 762	2 488	16,3	732	18,5
Private Gymnasien	**110**	**9 909**	**3 763**	**15,8**	**1 106**	**17,9**
BR Düsseldorf	19	2 245	756	17,8	223	20,1
BR Köln	39	3 294	1 307	15,1	394	16,7
BR Arnsberg	21	1 680	635	15,9	182	18,5
BR Detmold	14	1 227	463	15,9	129	19,0
BR Münster	17	1 463	602	14,6	178	16,4
Alle Gymnasien	**629**	**55 643**	**20 397**	**16,4**	**6 032**	**18,4**
BR Düsseldorf	171	15 514	5 495	16,9	1 601	19,4
BR Köln	164	14 402	5 428	15,9	1 619	17,8
BR Arnsberg	130	10 861	4 005	16,3	1 196	18,2
BR Detmold	72	6 641	2 379	16,7	706	18,8
BR Münster	92	8 225	3 090	16,0	910	18,1

B. Schüler(innen)

1. Anzahl

	männlich	in %	weiblich	in %	Gesamtzahl	in %	der Gesamtzahl
Öffentliche Gymnasien	235 443	48,3	251 782	51,7	487 225	100,0	80,6
BR Düsseldorf	70 017	49,8	70 471	50,2	140 488	28,8	
BR Köln	60 123	49,3	61 782	50,7	121 905	25,0	
BR Arnsberg	45 950	46,7	52 349	53,3	98 299	20,2	
BR Detmold	26 681	46,7	30 444	53,3	57 125	11,7	
BR Münster	32 672	47,1	36 736	52,9	69 408	14,2	
Private Gymnasien	39 396	40,3	58 400	59,7	97 796	100,0	16,2
BR Düsseldorf	7 936	36,5	13 806	63,5	21 742	22,2	
BR Köln	13 648	40,4	20 127	59,6	33 775	34,5	
BR Arnsberg	6 516	42,3	8 871	57,7	15 387	15,7	
BR Detmold	4 764	42,1	6 545	57,9	11 309	11,6	
BR Münster	6 532	41,9	9 051	58,1	15 583	15,9	
Alle Gymnasien	274 839	47,0	310 182	53,0	585 021	100,0	96,7
Nordrhein	151 724	47,7	166 186	52,3	317 910		
Westfalen	123 115	46,1	143 996	53,9	267 111		
BR Düsseldorf	77 953	48,1	84 277	51,9	162 230	27,7	
BR Köln	73 771	47,4	81 909	52,6	155 680	26,6	
BR Arnsberg	52 466	46,1	61 220	53,9	113 686	19,4	
BR Detmold	31 445	45,9	36 989	54,1	68 434	11,7	
BR Münster	39 204	46,1	45 787	53,9	84 991	14,5	
Weiterbildungskollegs (Abendgymn.)	5 512	4705	6 093	52,5	11 605	58,6	1,9
Weiterbildungskollegs (Kollegs)	3 289	51,2	3 132	48,8	6 421	32,4	1,1
Studienkollegs	714	60,0	476	40,0	1 190	6,0	0,2
Förderschulen	304	51,2	290	48,8	594	3,0	0,1
Alle gymn. Sonderformen	9 819	49,6	9 991	50,4	19 810	100,0	3,3
Nordrhein	4 511	50,3	4 456	49,7	8 967	45,3	
Westfalen	5 308	49,0	5 535	51,0	10 843	54,7	
BR Düsseldorf	2 130	50,2	2 116	49,8	4 246	21,4	
BR Köln	2 381	50,4	2 340	49,6	4 721	23,8	
BR Arnsberg	2 875	49,9	2 890	50,1	5 765	29,1	
BR Detmold	1 092	50,9	1 055	49,1	2 147	10,8	
BR Münster	1 303	51,1	1 246	48,9	2 549	12,9	
Gesamtzahl Gymnasien	284 658	47,1	320 173	52,9	604 831	100,0	100,0
Nordrhein	156 235	47,8	170 642	52,2	326 877	54,0	
Westfalen	128 423	46,2	149 531	53,8	277 954	46,0	
BR Düsseldorf	80 083	48,1	86 393	51,9	166 476	27,5	
BR Köln	76 152	47,5	84 249	52,5	160 401	26,5	
BR Arnsberg	55 341	46,3	64 110	53,7	119 451	19,7	
BR Detmold	32 537	46,1	38 044	53,9	70 581	11,7	
BR Münster	40 507	46,3	47 033	53,7	87 540	14,5	
Gesamtzahl Abendrealschulen	5 706	50,3	5 637	49,7	11 343	100,0	
Nordrhein	3 211	50,4	3 166	49,6	6 377	56,2	
Westfalen	2 495	50,2	2 471	49,8	4 966	43,8	
BR Düsseldorf	1 790	50,6	1 746	49,4	3 536	31,2	
BR Köln	1 421	50,0	1 420	50,0	2 841	25,0	
BR Arnsberg	1 238	50,0	1 240	50,0	2 478	21,8	
BR Detmold	450	51,7	419	48,3	869	7,7	
BR Münster	807	49,8	812	50,2	1 619	14,3	

2. Abiturientenzahlen Sommer 2007

	männlich	in %	weiblich	in %	Gesamtzahl	in %	der Gesamtzahl
Öffentliche Gymnasien	**18 192**	**46,1**	**21 309**	**53,9**	**39 501**	**100,0**	**76,6**
BR Düsseldorf	5 112	46,4	5 915	53,6	11 027	27,9	
BR Köln	4 424	46,6	5 071	53,4	9 495	24,0	
BR Arnsberg	3 767	46,1	4 407	53,9	8 174	20,7	
BR Detmold	2 122	44,3	2 663	55,7	4 785	12,1	
BR Münster	2 767	46,0	3 253	54,0	6 020	15,2	
Private Gymnasien	**3 510**	**38,8**	**5 529**	**61,2**	**9 039**	**100,0**	**17,5**
BR Düsseldorf	702	35,2	1 295	64,8	1 997	22,1	
BR Köln	1 184	39,3	1 827	60,7	3 011	33,3	
BR Arnsberg	584	39,4	899	60,6	1 483	16,4	
BR Detmold	428	38,1	696	61,9	1 124	12,4	
BR Münster	612	43,0	812	57,0	1 424	15,8	
Alle Gymnasien	**21 702**	**44,7**	**26 838**	**55,3**	**48 540**	**100,0**	**94,1**
Nordrhein	**11 422**	**44,7**	**14 108**	**55,3**	**25 530**	**52,6**	
Westfalen	**10 280**	**44,7**	**12 730**	**55,3**	**23 010**	**47,4**	
BR Düsseldorf	5 814	44,6	7 210	55,4	13 024	26,8	
BR Köln	5 608	44,8	6 898	55,2	12 506	25,8	
BR Arnsberg	4 351	45,1	5 306	54,9	9 657	19,9	
BR Detmold	2 550	43,2	3 359	56,8	5 909	12,2	
BR Münster	3 379	45,4	4 065	54,6	7 444	15,3	
Weiterbildungskollegs (Abendgymn.)	**559**	**44,3**	**703**	**55,7**	**1 262**	**86,3**	**2,4**
Weiterbildungskollegs (Kollegs)	**615**	**49,3**	**633**	**50,7**	**1 248**	**85,4**	**2,4**
Studienkollegs	**331**	**53,1**	**292**	**46,9**	**623**	**42,6**	**1,2**
Alle gymn. Sonderformen	**1 505**	**46,9**	**1 624**	**53,1**	**3 058**	**100,0**	**5,9**
Nordrhein	**725**	**45,4**	**871**	**54,6**	**1 596**	**52,2**	
Westfalen	**780**	**48,5**	**753**	**51,5**	**1 462**	**47,8**	
BR Düsseldorf	245	44,1	310	55,9	555	18,1	
BR Köln	480	46,1	561	53,9	1 041	34,0	
BR Arnsberg	313	49,1	325	50,9	638	20,9	
BR Detmold	148	50,0	148	50,0	296	9,7	
BR Münster	248	47,0	280	53,0	528	17,3	
Gesamtzahl	**23 207**	**44,8**	**28 462**	**55,2**	**51 598**	**100,0**	**100,0**
Nordrhein	**12 147**	**44,8**	**14 979**	**55,2**	**27 126**	**52,6**	
Westfalen	**11 060**	**44,9**	**13 483**	**55,1**	**24 472**	**47,4**	
BR Düsseldorf	6 059	44,6	7 520	55,4	13 579	26,3	
BR Köln	6 088	44,9	7 459	55,1	13 547	26,3	
BR Arnsberg	4 664	45,3	5 631	54,7	10 295	20,0	
BR Detmold	2 698	43,5	3 507	56,5	6 205	12,0	
BR Münster	3 627	45,5	4 345	54,5	7 972	15,5	

3. Aufteilung der Schüler(innen) der Gymnasien nach Jahrgangsstufen der Sekundarstufe I

Jahrgangsstufe	Öffentliche Gymnasien					Klassen-zahl
	Klassen-zahl	Schüler	davon Mädchen	in %	durchschn. Frequenz	
5. Jahrgangsstufe	**2 064**	**60 451**	**30 399**	**50,3**	**29,3**	**336**
BR Düsseldorf	585	17 108	8 384	49,0	29,2	82
BR Köln	499	15 371	7 620	49,6	30,8	128
BR Arnsberg	429	12 163	6 252	51,4	28,4	61
BR Detmold	247	7 075	3 689	52,1	28,6	41
BR Münster	304	8 734	4 454	51,0	28,7	61
6. Jahrgangsstufe	**2 031**	**58 924**	**29 889**	**50,7**	**29,0**	**376**
BR Düsseldorf	571	16 848	8 480	50,3	29,5	81
BR Köln	499	14 346	7 095	49,5	28,7	132
BR Arnsberg	434	12 155	6 210	51,1	28,0	62
BR Detmold	238	7 065	3 744	53,0	29,7	41
BR Münster	289	8 510	4 360	51,2	29,4	60
Zw.-Summe Erpr.-St.	**4 095**	**119 375**	**60 288**	**50,5**	**29,2**	**712**
BR Düsseldorf	1 156	33 956	16 864	49,7	29,4	163
BR Köln	998	29 717	14 715	49,5	29,8	260
BR Arnsberg	863	24 318	12 462	51,2	28,2	123
BR Detmold	485	14 140	7 433	52,6	29,2	45
BR Münster	593	17 244	8 814	51,1	29,1	121
7. Jahrgangsstufe	**1 950**	**53 222**	**27 124**	**51,0**	**27,3**	**384**
BR Düsseldorf	542	14 895	7 407	49,7	27,5	82
BR Köln	475	13 178	6 553	49,7	27,7	132
BR Arnsberg	406	10 799	5 677	52,6	26,6	64
BR Detmold	238	6 561	3 466	52,8	27,6	44
BR Münster	289	7 789	4 021	51,6	27,0	62
8. Jahrgangsstufe	**1 954**	**54 021**	**27 812**	**51,5**	**27,6**	**370**
BR Düsseldorf	551	15 480	7 873	50,9	28,1	81
BR Köln	482	13 164	6 599	50,1	27,3	127
BR Arnsberg	405	11 054	5 822	52,7	27,3	57
BR Detmold	235	6 475	3 463	53,5	27,6	43
BR Münster	281	7 848	4 055	51,7	27,9	62
9. Jahrgangsstufe	**1 883**	**52 147**	**26 734**	**51,3**	**27,7**	**381**
BR Düsseldorf	538	14 870	7 405	49,8	27,6	84
BR Köln	467	13 164	6 530	49,6	28,2	133
BR Arnsberg	391	10 574	5 666	53,6	27,0	59
BR Detmold	222	6 223	3 309	53,2	28,0	41
BR Münster	265	7 316	3 824	52,3	27,6	64
10. Jahrgangsstufe	**1 873**	**49 813**	**26 235**	**52,7**	**26,6**	**375**
BR Düsseldorf	535	14 278	7 497	52,5	26,7	83
BR Köln	458	12 110	6 262	51,7	26,4	128
BR Arnsberg	389	10 264	5 409	52,7	26,4	59
BR Detmold	217	5 836	3 152	54,0	26,9	43
BR Münster	274	7 325	3 915	53,4	26,7	62
Jg.st. 7–10	**7 660**	**209 203**	**107 905**	**51,6**	**27,3**	**1 510**
BR Düsseldorf	2 166	59 523	30 182	50,7	27,5	330
BR Köln	1 882	51 616	25 944	50,3	27,4	520
BR Arnsberg	1 591	42 691	22 574	52,9	26,8	239
BR Detmold	912	25 095	13 390	53,4	27,5	171
BR Münster	1 109	30 278	15 815	52,2	27,3	250
Sekundarstufe I	**11 755**	**328 578**	**168 193**	**51,2**	**28,0**	**2 222**
BR Düsseldorf	3 322	93 479	47 046	50,3	28,1	493
BR Köln	2 880	81 333	40 659	50,0	28,2	780
BR Arnsberg	2 454	67 009	35 036	52,3	27,3	362
BR Detmold	1 397	39 235	20 823	53,1	28,1	216
BR Münster	1 702	47 522	24 629	51,8	27,9	371

Private Gymnasien				Alle Gymnasien				
Schüler	davon Mädchen	in %	durchschn. Frequenz	Klassen-zahl	Schüler	davon Mädchen	in %	durchschn. Frequenz
9 912	**5 787**	**58,4**	**29,5**	**2 400**	**70 363**	**36 186**	**51,4**	**29,3**
2 498	1 549	62,0	30,5	667	19 606	9 933	50,7	29,4
3 747	2 207	58,9	29,3	627	19 118	9 827	51,4	30,5
1 797	925	51,5	29,5	490	13 960	7 177	51,4	28,5
1 256	708	46,4	28,5	291	8 331	4 397	52,8	28,6
1 766	1 059	60,0	29,0	365	10 500	5 513	52,5	28,8
11 379	**6 639**	**58,3**	**30,3**	**2 407**	**70 303**	**36 528**	**52,0**	**29,2**
2 498	1 549	62,0	30,8	652	19 346	10 029	51,8	29,7
3 993	2 384	59,7	30,3	631	18 339	9 479	51,7	29,1
1 879	1 036	55,1	30,3	496	14 034	7 246	51,6	28,3
1 223	671	58,4	29,9	279	8 288	4 415	53,3	29,7
1 786	999	55,9	29,8	349	10 296	5 359	52,0	29,5
21 291	**12 426**	**58,4**	**29,9**	**4 807**	**140 666**	**72 714**	**51,7**	**29,3**
4 996	3 098	62,0	30,7	1 319	38 952	19 962	51,2	29,5
7 740	4 591	59,3	29,8	1 258	37 457	19 306	51,5	29,8
3 676	1 961	53,3	29,9	986	27 994	14 423	51,5	28,4
1 327	718	54,1	29,5	530	15 467	8 151	52,7	29,2
3 552	2 058	57,9	29,4	714	20 796	10 872	52,3	29,1
10 990	**6 687**	**60,8**	**28,6**	**2 334**	**64 212**	**33 811**	**52,7**	**27,5**
2 333	1 523	65,3	28,5	624	17 228	8 930	51,8	27,6
3 938	2 418	61,4	29,8	607	17 116	8 971	52,4	28,2
1 692	971	57,4	26,4	470	12 491	6 648	53,2	26,6
1 239	707	57,1	28,2	282	7 800	4 173	53,5	27,7
1 788	1 068	59,7	28,8	351	9 577	5 089	53,1	27,3
10 840	**6 425**	**59,3**	**29,3**	**2 324**	**64 861**	**34 237**	**52,8**	**27,9**
2 441	1 537	63,0	30,1	632	17 921	9 410	52,5	28,4
3 702	2 184	59,0	29,1	609	16 866	8 783	52,1	27,7
1 672	946	56,6	29,3	462	12 726	6 768	53,2	27,5
1 236	736	59,5	28,7	278	7 711	4 199	54,5	27,7
1 789	1 022	57,1	28,9	343	9 637	5 077	52,7	28,1
10 976	**6 516**	**59,4**	**28,8**	**2 264**	**63 123**	**33 250**	**52,7**	**27,9**
2 476	1 551	62,6	29,5	622	17 346	8 956	51,6	27,9
3 870	2 311	59,7	29,1	600	17 034	8 841	51,9	28,4
1 659	940	56,7	28,1	450	12 233	6 606	54,0	27,2
1 163	671	57,7	28,4	263	7 386	3 980	53,9	28,1
1 808	1 043	57,7	28,3	329	9 124	4 867	53,3	27,7
10 872	**6 251**	**57,5**	**29,0**	**2 248**	**60 685**	**32 486**	**53,5**	**27,0**
2 411	1 507	62,5	29,0	618	16 689	9 004	54,0	27,0
3 870	2 135	55,2	30,2	586	15 980	8 397	52,5	27,3
1 617	904	55,9	27,4	448	11 881	6 313	53,1	26,5
1 210	665	55,0	28,1	260	7 046	3 817	54,2	27,1
1 764	1 040	59,0	28,5	336	9 089	4 955	54,5	27,1
43 678	**25 879**	**59,2**	**28,9**	**9 170**	**252 881**	**133 784**	**52,9**	**27,6**
9 661	6 118	63,3	29,3	2 496	69 184	36 300	52,5	27,7
15 380	9 048	58,8	29,6	2 402	66 996	34 992	52,2	27,9
6 640	3 761	56,6	27,8	1 830	49 331	26 335	53,4	27,0
4 848	2 779	57,3	28,4	1 083	29 943	16 169	54,0	27,6
7 149	4 173	58,4	28,6	1 359	37 427	19 988	53,4	27,5
64 969	**38 305**	**59,0**	**29,2**	**13 977**	**393 547**	**206 498**	**52,5**	**28,2**
14 657	9 216	62,9	29,7	3 815	108 136	56 262	52,0	28,3
23 120	13 639	59,0	29,6	3 660	104 453	54 298	52,0	28,5
10 316	5 722	55,5	28,5	2 816	77 325	40 758	52,7	27,5
6 175	3 497	56,6	28,6	1 613	45 410	24 320	53,6	28,2
10 701	6 231	58,2	28,8	2 073	58 427	30 860	53,0	28,1

4. Aufteilung der Schüler(innen) der Gymnasien nach Jahrgangsstufen der Sekundarstufe II

Jahrgangsstufe	Öffentliche Gymnasien				Klassen-zahl
	Klassen-zahl	Schüler	davon Mädchen	in %	
11. Jahrgangsstufe	–	**54 500**	**29 218**	**53,6**	–
BR Düsseldorf	–	15 385	8 209	53,4	–
BR Köln	–	13 355	7 016	52,5	–
BR Arnsberg	–	11 137	6 075	54,5	–
BR Detmold	–	6 692	3 627	54,2	–
BR Münster	–	7 931	4 291	54,1	–
12. Jahrgangsstufe	–	**51 549**	**27 331**	**53,0**	–
BR Düsseldorf	–	14 474	7 567	52,3	–
BR Köln	–	12 565	6 473	51,5	–
BR Arnsberg	–	10 372	5 627	54,3	–
BR Detmold	–	6 283	3 488	55,5	–
BR Münster	–	7 855	4 176	53,2	–
13. Jahrgangsstufe	–	**45 734**	**24 468**	**53,5**	–
BR Düsseldorf	–	13 269	6 765	51,0	–
BR Köln	–	11 108	5 999	54,0	–
BR Arnsberg	–	9 181	5 037	54,9	–
BR Detmold	–	5 414	2 940	54,3	–
BR Münster	–	6 762	3 727	55,1	–
Sekundarstufe II	–	**151 783**	**81 017**	**53,4**	–
BR Düsseldorf	–	43 128	22 541	52,3	–
BR Köln	–	37 028	19 488	52,6	–
BR Arnsberg	–	30 690	16 739	54,5	–
BR Detmold	–	18 389	10 055	54,7	–
BR Münster	–	22 548	12 194	54,1	–
Gesamtzahl	–	**480 361**	**249 210**	**51,9**	–
BR Düsseldorf	–	136 607	69 587	50,9	–
BR Köln	–	118 361	60 147	50,8	–
BR Arnsberg	–	97 699	51 775	53,0	–
BR Detmold	–	57 624	30 878	53,6	–
BR Münster	–	70 070	36 823	52,6	–

Private Gymnasien			Klassen-zahl	Alle Gymnasien		
Schüler	davon Mädchen	in %		Schüler	davon Mädchen	in %
11 473	**7 006**	**61,1**	–	**65 973**	**36 224**	**54,9**
2 525	1 612	63,8	–	17 910	9 821	54,8
3 899	2 341	60,0	–	17 254	9 357	54,2
1 828	1 099	60,1	–	12 965	7 174	55,3
1 447	869	60,1	–	8 139	4 496	55,2
1 774	1 085	61,2	–	9 705	5 376	55,4
10 601	**6 309**	**59,5**	–	**62 150**	**33 640**	**54,1**
2 315	1 510	65,2	–	16 789	9 077	54,1
3 699	2 145	58,0	–	16 264	8 618	53,0
1 659	940	56,7	–	12 031	6 567	54,6
1 283	773	60,2	–	7 566	4 261	56,3
1 645	941	57,2	–	9 500	5 117	53,9
9 909	**6 028**	**60,8**	–	**55 643**	**30 496**	**54,8**
2 245	1 457	64,9	–	15 514	8 222	53,0
3 294	2 002	60,8	–	14 402	8 001	55,6
1 680	1 010	60,1	–	10 861	6 047	55,7
1 227	765	62,3	–	6 641	3 705	55,8
1 463	794	54,3	–	8 225	4 521	55,0
31 983	**19 343**	**60,5**	–	**183 766**	**100 360**	**54,6**
7 085	4 579	64,6	–	50 231	27 120	54,0
10 892	6 488	59,6	–	47 920	25 976	54,2
5 167	3 049	59,0	–	35 857	19 788	55,2
3 957	2 407	60,8	–	22 346	12 462	55,8
4 882	2 820	57,8	–	27 430	15 014	54,7
96 952	**57 648**	**59,5**	–	**577 313**	**306 858**	**53,2**
21 742	13 795	63,4	–	158 367	83 382	52,7
34 012	20 127	59,2	–	152 373	80 274	52,7
15 483	8 771	56,6	–	113 182	60 546	53,5
10 132	5 904	58,3	–	67 756	36 782	54,3
15 583	9 051	58,1	–	85 857	45 874	53,4

C. Lehrer(innen)

1. Gymnasien
a. **Beamte** (in Klammern: davon weiblich)

Lehrergruppe	A		A_1		A_2		B		C		D		E		Gesamt	
Öff. Gymnasien	**479**	**(117)**	**482**	**(112)**	**2 601**	**(750)**	**8 872**	**(3 780)**	**9 760**	**(5 772)**	**1 337**	**(899)**	**2 374**	**(1 479)**	**25 905**	**(12 909)**
BR Düsseldorf	144	(37)	142	(40)	725	(222)	2 626	(1 147)	2 731	(1 666)	378	(248)	806	(501)	7 552	(3 861)
BR Köln	108	(30)	113	(35)	620	(212)	2 123	(1 023)	2 485	(1 569)	274	(189)	644	(400)	6 367	(3 458)
BR Arnsberg	101	(20)	103	(18)	518	(130)	1 841	(718)	1 928	(1 022)	313	(204)	389	(234)	5 193	(2 346)
BR Detmold	55	(16)	53	(8)	337	(85)	1 040	(419)	1 237	(703)	156	(111)	265	(168)	3 143	(1 510)
BR Münster	71	(14)	71	(11)	401	(101)	1 242	(473)	1 379	(812)	216	(147)	270	(176)	3 650	(1 734)
Priv. Gymnasien	**103**	**(20)**	**100**	**(19)**	**709**	**(198)**	**1 747**	**(675)**	**1 588**	**(937)**	**113**	**(80)**	**328**	**(217)**	**4 688**	**(2 146)**
BR Düsseldorf	20	(4)	18	(4)	180	(55)	383	(171)	362	(232)	25	(19)	78	(55)	1 066	(540)
BR Köln	36	(7)	35	(7)	238	(74)	586	(225)	536	(309)	34	(23)	115	(71)	1 580	(716)
BR Arnsberg	19	(4)	22	(3)	105	(26)	300	(118)	248	(142)	16	(13)	49	(30)	759	(336)
BR Detmold	11	(3)	11	(3)	70	(20)	212	(72)	187	(106)	21	(16)	45	(31)	557	(251)
BR Münster	17	(2)	14	(2)	116	(23)	266	(89)	255	(148)	17	(9)	41	(30)	726	(303)
Alle Gymnasien	**582**[2]	**(137)**	**582**[2]	**(131)**	**3 310**[2]	**(948)**	**10 619**[2]	**(4 455)**	**11 348**[2]	**(6 709)**	**1 450**[2]	**(979)**	**2 702**[2]	**(1 696)**	**30 593**[1]	**(15 055)**
BR Düsseldorf	164	(41)	160	(44)	905	(277)	3 009	(1 318)	3 093	(1 898)	403	(267)	884	(556)	8 618	(4 401)
BR Köln	144	(37)	148	(42)	858	(286)	2 709	(1 248)	3 021	(1 878)	308	(212)	759	(471)	7 947	(4 174)
BR Arnsberg	120	(24)	125	(21)	623	(156)	2 141	(836)	2 176	(1 164)	329	(217)	438	(264)	5 952	(2 682)
BR Detmold	66	(19)	64	(11)	407	(105)	1 252	(491)	1 424	(809)	177	(127)	310	(199)	3 700	(1 761)
BR Münster	88	(16)	85	(13)	517	(124)	1 508	(562)	1 634	(960)	233	(156)	311	(206)	4 376	(2 037)

[1] männl. 15 538 (50,8 %), weibl. 15 055 (49,2 %)
[2] davon weibl. A: 18,2 %; A_1: 15,3 %; A_2: 24,0 %; B: 37,3 %; C: 58,8 %; D: 67,0 %; E: 66,2 %

b. Auftragslehrkräfte (in Klammern: davon weiblich)

Lehrergruppe	Hauptamtliche u. hauptberufliche Lehrkräfte				Nebenamtliche u. nebenberufliche Lehrkräfte		Gesamtzahl	
	F		H					
Öff. Gymnasien	1 734	(946)	967	(516)	490	(258)	3 191	(1 720)
BR Düsseldorf	395	(227)	291	(143)	223	(110)	909	(480)
BR Köln	454	(246)	273	(140)	122	(68)	849	(454)
BR Arnsberg	339	(180)	162	(90)	45	(26)	546	(296)
BR Detmold	252	(143)	116	(72)	70	(39)	438	(254)
BR Münster	294	(150)	125	(71)	30	(15)	449	(236)
Priv. Gymnasien	856	(508)	261	(157)	124	(60)	1 241	(725)
BR Düsseldorf	144	(71)	76	(44)	22	(10)	242	(125)
BR Köln	339	(217)	69	(38)	38	(16)	446	(271)
BR Arnsberg	118	(61)	45	(28)	11	(7)	174	(96)
BR Detmold	99	(60)	26	(21)	22	(10)	147	(91)
BR Münster	156	(99)	45	(26)	31	(17)	232	(142)
Alle Gymnasien	2 590	(1 454)	1 228	(673)	614	(318)	4 432[1]	(2 445)
BR Düsseldorf	539	(298)	367	(187)	245	(120)	1 151	(605)
BR Köln	793	(463)	342	(178)	160	(84)	1 295	(725)
BR Arnsberg	457	(241)	207	(118)	56	(33)	720	(392)
BR Detmold	351	(203)	142	(93)	92	(49)	585	(345)
BR Münster	450	(249)	170	(97)	61	(32)	681	(378)

[1] männl. (47,8 %), weiblich (55,2 %)

c. Gesamtzahl hauptamtlicher und hauptberuflicher Lehrkräfte (in Klammern: davon weiblich)

	Öffentliche Gymnasien		Private Gymnasien		Alle Gymnasien	
Alle Gymnasien	29 096	(14 629)	5 929	(2 871)	35 025[1,2]	(17 500)
BR Düsseldorf	8 461	(4 341)	1 308	(665)	9 769	(5 006)
BR Köln	7 216	(3 912)	2 026	(987)	9 242	(4 899)
BR Arnsberg	5 739	(2 642)	933	(432)	6 672	(3 074)
BR Detmold	3 581	(1 764)	704	(342)	4 285	(2 106)
BR Münster	4 099	(1 970)	958	(445)	5 057	(2 415)

[1] männl. 17 525 (50,0 %), weibl. 17 500 (50,0 %)
[2] 8,0 % Reduzierung gegenüber dem Vorjahr

2. Gymnasiale Sonderformen

a. Beamte (in Klammern: davon weiblich)

Lehrergruppe	A	A_1	A_2	B	C	D	E	Gesamt	
Weiterbildungskollegs (Abendgymnasium)	19 (4)	20 (6)	50 (20)	158 (69)	190 (99)	60 (37)	40 (27)	537	(262)
Weiterbildungskollegs (Kollegs)	13 (2)	15 (5)	59 (12)	144 (53)	186 (93)	2 (2)	42 (23)	461	(190)
Studienkollegs	5 (1)	4 (–)	12 (4)	24 (10)	31 (18)	1 (–)	1 (–)	78	(33)
Förderschulen	2 (1)	2 (1)	10 (3)	26 (13)	37 (25)	20 (12)	3 (2)	100	(57)
Alle gymnasialen Sonderformen	**39 (8)**	**41 (12)**	**131 (39)**	**352 (145)**	**444 (235)**	**83 (51)**	**86 (52)**	**1176**	**(542)**
BR Düsseldorf	11 (2)	14 (2)	39 (12)	108 (48)	115 (63)	12 (8)	23 (19)	322	(154)
BR Köln	10 (4)	10 (2)	28 (11)	81 (39)	138 (80)	26 (14)	13 (9)	306	(159)
BR Arnsberg	8 (1)	6 (2)	29 (9)	88 (32)	78 (34)	37 (22)	23 (11)	269	(111)
BR Detmold	4 (1)	4 (3)	18 (1)	41 (12)	48 (21)	1 (1)	15 (8)	131	(47)
BR Münster	6 (–)	7 (3)	17 (6)	34 (14)	65 (37)	7 (6)	12 (5)	148	(71)

D. Entwicklungsübersicht 1950–2007 für die Gymnasien in NW (nach den Unterlagen der Philologen-Jahrbücher NW)

| Jahr | Schülerzahl der öffentlichen und privaten Gymnasien in Klasse | | | | | | | | | | Schüler | Abiturientenzahl | Klassen | Schulen | Lehrkr.[2] |
	5	6	7	8	9	10	11	12	13					
1950	33275	29531	30372	28601	24260	16836	8615	8375	8700	188565	8424	5812	413	8436
1951	33349	31305	29434	27710	24135	22257	8866	7762	7928	192846	8424	5993	416	8746
1952	33609	31844	31649	27742	24322	22178	12149	8252	7287	199032	7453	6150	421	8972
1953	33823	32344	32539	30373	24950	22631	12906	11065	7811	210277	6979	6438	431	9223
1954	36202	33113	33842	32320	28407	23826	14019	12353	10571	221106	7655	6759	439	9501
1955	_[1]	_[1]	_[1]	_[1]	_[1]	_[1]	_[1]	_[1]	_[1]	222683	10028	6980	446	9633
1956	26613	31293	33865	31734	28547	26162	17431	13627	11457	220729	10493	7122	448	9717
1957	31253	25429	31857	31933	29096	26110	18538	15618	12285	222119	10763	7290	450	10252
1958	32963	29268	26565	30645	29623	26469	19014	16851	13905	225303	11626	7718	458	10561
1959	36544	31250	29496	25766	28794	27025	19633	17116	15094	230718	13057	7457	459	10884
1960	36990	33932	31155	27146	23968	25857	19674	17236	14962	230920	13929	7982	464	11054
1961	36105	34810	33669	28681	24526	21546	19559	17560	14938	231403	13637	8259	475	11259
1962	36947	33988	34737	30629	26208	21710	16467	17401	15146	233233	13761	8542	483	11489
1963	38177	34679	34402	32445	28374	23508	17110	14748	15323	238766	14159	8784	488	11827
1964	42150	36030	34988	32571	30222	25743	18528	15136	12962	248330	14514	9065	504	12122
1965	45474	40282	36646	34545	30861	27736	21765	16550	13659	267518	12397	9654	521	12417
1966	49749	44129	41248	36729	32866	28771	24800	19546	15024	292862	13325	10310	545	12769
1967(1.K.)	44383	48195	44565	40684	35885	31462	26674	23039	17950	312837	14358	10836	551	13054
1967(2.K.)	55438	43946	47535	43357	40223	34048	29437	24568	20608	340155	17477	11603	567	13514
1968	65654	52492	44780	45759	42158	37113	30873	25786	21404	366031	19281	12597	586	14288
1969	66849	61719	51580	41978	44263	38490	32865	26598	22888	387230	20848	13216	607	15419
1970	51353	63193	60038	48361	41770	40638	34558	29183	24009	393104	21830	13852	613	17114
1971	57253	50469	62223	56684	47482	38798	39428	31512	26974	410383	23293	14376	615	18150
1972	74336	55609	51209	59731	55934	43845	39868	35964	28859	445547	26185	15147	619	18791
1973	84183	72308	54700	49640	57847	52704	46297	37585	33554	488818	28253	16611	628	19526
1974	79727	82090	69963	52511	48979	55340	54238	44338	35629	522815	32203	17751	635	20936
1975	79101	79220	79608	66594	50802	47548	56899	53821	41026	554619	33390	19038	638	23885
1976	77908	78474	77894	76430	63613	48576	46786	56522	50704	576907	38756	19936	642	26409
1977	80679	77933	78891	75905	72922	60802	48027	47221	54239	596619	46759	20575	642	28340
1978	82302	80432	77309	75956	74129	70006	59530	48182	45627	612473	49165	14042[3]	644	30143
1979	79224	82272	79785	75771	72899	70410	69704	58435	45798	634298	41396	14276[3]	646	32566

Jahr	Schülerzahl der öffentlichen und privaten Gymnasien in Klasse									Abiturien-tenzahl	Schüler	Klassen	Schulen	Lehrkr.[2]
	5	6	7	8	9	10	11	12	13					
1980	71179	78970	81733	77239	72658	70077	73361	68648	54775	42126	648640	14415[3]	645	35484
1981	67696	71028	78679	78122	73713	69440	73926	71975	63549	50495	648128	14334[3]	645	38555
1982	61532	67243	70987	75494	74233	69964	73589	73359	66293	58902	632694	14097[3]	646	38730
1983	55174	61201	66987	67966	72064	70426	72600	72025	66710	61683	605153	13598[3]	641	39198
1984	51970	54650	60869	63554	64548	68310	70557	71119	65714	62094	571291	13042[3]	641	39159
1985	52688	51609	54360	58632	60583	62335	66054	69348	65062	61382	540671	12570[3]	640	39204
1986	52952	52274	51459	52397	55832	58336	61166	65108	63507	60951	513031	12284[3]	639	38483
1987	55238	53097	52011	49545	50114	54081	59538	60051	61596	59105	495271	12055[3]	635	37581
1988	56367	54832	52620	50121	47215	48599	56565	58610	56489	57470	481418	11840[3]	630	36897
1989	56099	55932	54658	50711	48093	45748	51502	56059	54613	52543	473415	11980[3]	631	36281
1990	59565	56033	55850	52642	48647	46720	49018	51369	52073	50662	471917	12288[3]	624	35770
1991	62246	59085	55640	53621	50263	46667	50756	48403	47920	48019	474602	12579[3]	625	35483
1992	64534	61426	58058	52988	51116	48052	50619	49403	45065	43926	481261	12813[3]	621	35218
1993	64322	63729	60346	55942	51051	49181	51495	49708	46095	41530	491869	13007[3]	622	35024
1994	62461	63198	62127	57510	53558	48429	51568	49644	45838	41235	494333	13113[3]	622	34880
1995	63781	61609	61977	59454	55236	50870	50983	49615	46114	42187	499639	13202[3]	621	34642
1996	65603	63150	60585	59875	57123	52669	53880	48905	46555	42850	508345	13288[3]	620	34606
1997	69458	64790	61781	58806	57420	54425	55359	51592	45703	43216	519334	13437[3]	620	34074
1998	70232	68399	63092	59566	56463	54446	56371	53071	47887	42140	529527	13620[3]	621	34213
1999	70001	69262	65886	60788	56760	53461	55151	53935	49000	43877	534244	13733[3]	623	33751
2000	69813	69092	66729	62851	56316	54120	54018	51493	49663	44419	534095	13872[3]	627	33432
2001	70925	69199	66501	63861	59146	53562	54544	50859	47115	45853	535712	13943[3]	628	33153
2002	69713	70636	66432	63979	60772	56024	54672	51672	47166	42688	541066	13998[3]	627	32704
2003	68238	69631	68301	64271	61328	57858	57388	52023	48079	42969	547117	13904[3]	627	32725
2004	69217	68367	67751	66124	62062	58953	59627	55023	48453	43946	555567	13938[3]	626	32726
2005	69177	68897	67106	66069	63995	60101	63269	57577	52379	45768	568570	14013[3]	627	33348
2006	70939	68864	67142	65257	64422	61108	65140	61151	52641	48577	576664	14110[3]	625	38057
2007	71515	70303	64212	64861	62825	60433	66008	62319	55643	48540	585021	14460[3]	629	35025

[1] Zahlen liegen nicht vor   [2] alle hauptamtlichen und hauptberuflichen Lehrkräfte an Gymnasien   [3] nur Sekundarstufe I (Sek. I 1977: 13561 Kl.)

b. Auftragslehrkräfte (in Klammern: davon weiblich)

Lehrergruppe	Hauptamtl. u. hauptberufliche Lehrkräfte				Nebenamtliche u. nebenberufliche Lehrkräfte		Gesamtzahl	
	F		H					
Abendgymnasien	87	(45)	10	(4)	4	(3)	101	(52)
Kollegs	54	(26)	18	(12)	3	(1)	75	(39)
Studienkollegs	13	(6)	7	(3)	1	(−)	21	(9)
Förderschulen	2	(2)	2	(1)	−	(−)	4	(3)
Alle gymn. Sonderf.	156	(79)	37	(20)	8	(4)	201	103)
BR Düsseldorf	25	(9)	5	(2)	−	(−)	30	(11)
BR Köln	49	(31)	13	(9)	2	(1)	64	(41)
BR Arnsberg	32	(15)	12	(5)	1	(−)	45	(20)
BR Detmold	15	(7)	4	(2)	4	(3)	23	(12)
BR Münster	35	(17)	3	(2)	1	(−)	39	(19)

c. Gesamtzahl aller Lehrkräfte an gymnasialen Sonderformen

Lehrergruppe	männlich	gesamt	weiblich	weiblich in %
Abendgymnasien	324	638	314	49,2
Kollegs	307	536	229	42,7
Studienkollegs	57	99	42	42,4
Förderschulen	44	104	60	57,7
Alle gymn. Sonderf.	732	1377	645	46,8
Nordrhein	357	722	365	50,6
Westfalen	375	655	280	42,7

3. Altersstatistik (Beamte an öffentlichen und privaten Gymnasien)

c. In den Ruhestand getreten (oder vorzeitig ausgeschieden per Altersteilzeit) – Aufteilung nach Jahrgängen
(in Klammern: davon weiblich)

	A		A_1		A_2		B		C		D		Gesamt	
1941	9	(−)	4	(1)	33	(3)	47	(12)	6	(3)	2	(1)	101	(20)
1942	18	(4)	5	(−)	60	(5)	77	(15)	10	(3)	5	(2)	175	(29)
1943	7	(1)	5	(−)	37	(8)	78	(28)	10	(4)	10	(5)	147	(46)
1944	7	(3)	2	(−)	62	(9)	80	(26)	21	(10)	14	(10)	186	(58)
1945	3	(−)	3	(−)	28	(8)	73	(22)	15	(4)	7	(4)	129	(38)
1946	1	(−)	1	(−)	9	(3)	27	(15)	11	(7)	3	(3)	52	(28)
1947	2	(−)	2	(−)	8	(1)	28	(9)	12	(5)	3	(3)	55	(18)
1948	−		1	(−)	−		7	(4)	5	(2)	2	(2)	15	(8)
1949	1	(−)	−		1	(1)	7	(1)	9	(3)	1	(1)	19	(6)
1950	−		−		1	(1)	11	(6)	3	(1)	1	(1)	16	(9)
1951	−		−		1	(1)	5	(3)	7	(5)	1	(1)	14	(10)
1952	−		−		1	(−)	3	(2)	6	(5)	−		10	(7)
1953	−		−		−		4	(3)	2	(1)	1	(−)	7	(4)
1954	−		1	(−)	−		4	(3)	3	(3)	1	(−)	9	(6)
1955	−		−		−		2	(2)	1	(1)	−		3	(3)
1956	−		−		−		−		2	(2)	−		2	(2)
1957	−		−		−		1	(1)	−		−		1	(1)
1958	−		−		−		−		1	(−)	−		1	(−)
1959	−		−		−		−		1	(1)	−		1	(1)
1960	−		−		−		−		1	(−)	−		1	(−)
1961	−		−		−		1	(1)	1	(1)	−		2	(2)
1962	−		−		−		−		1	(1)	−		1	(1)
1971	−		−		−		−		1	(1)	−		1	(1)
Gesamt	48	(8)	24	(1)	241	(40)	455	(153)	129	(63)	51	(33)	948	(298)

E. Studienseminare für das Lehramt an Gymnasien und Gesamtschulen

Seminar	Leiter des Studienseminars StD/OStD	Leiter des Seminars A_1	Fachleiter (in Klammern: davon weiblich)	Studienreferendare
1. Nordrhein (BR Düsseldorf, BR Köln)				
6.100 Aachen	–	1	28 (10)	197 (118)
6.105 Bonn	1 (1)	1	49 (19)	312 (165)
6.115 Düsseldorf	1	1 (1)	32 (11)	234 (146)
6.120 Duisburg	1	1 (1)	31 (11)	171 (120)
6.125 Essen	1 (1)	1 (1)	37 (15)	233 (138)
6.130 Engelskirchen	1 (LD)	–	28 (11)	167 (101)
6.133 Jülich	1 (LD)	1	24 (7)	179 (93)
6.135 Kleve	1	1	25 (7)	123 (69)
6.140 Köln	1	1 (1)	33 (14)	223 (164)
6.145 Krefeld	1 (1)	1	29 (14)	140 (89)
6.148 Leverkusen	1	1	30 (13)	204 (115)
6.150 Mönchengladbach	1 (1)	1	29 (14)	214 (125)
6.153 Neuss	1	1 (1)	31 (12)	145 (88)
6.155 Oberhausen	1 (LD)	1	36 (11)	153 (91)
6.163 Vettweiß	1 (1) (LD')	–	27 (12)	174 (101)
6.165 Wuppertal	1	1	39 (16)	208 (132)
16 Seminare	15 (5)	14 (5)	508 (197)	3 077 (1 855)
2. Westfalen (BR Arnsberg, BR Detmold, BR Münster)				
6.200 Arnsberg	1 (LD)	1	23 (6)	108 (47)
6.205 Bielefeld	1	1	33 (9)	169 (96)
6.210 Bocholt	1	1	30 (12)	150 (87)
6.215 Bochum	1 (1)	1 (1)	33 (14)	185 (107)
6.220 Detmold	1 (1)	1 (1)	24 (11)	154 (92)
6.225 Dortmund	1	1	39 (13)	161 (108)
6.230 Gelsenkirchen	–	1	31 (10)	125 (73)
6.235 Hagen	1 (LD)	–	27 (9)	157 (84)
6.240 Hamm	1 (1) (LD')	1	36 (12)	201 (125)
6.245 Minden	1 (LD)	1	28 (6)	147 (68)
6.251 Münster	1 (1)	1	39 (14)	205 (124)
6.255 Paderborn	1	–	33 (9)	161 (113)
6.260 Recklinghausen	1	–	32 (14)	135 (72)
6.265 Rheine	1	1	37 (12)	155 (101)
6.270 Siegen	1	1	26 (5)	160 (99)
15 Seminare	14 (4)	12 (2)	471 (156)	2 373 (1 396)

Land Nordrhein-Westfalen

31 Seminare	29 (9)	26 (7)	979 (353)	5 540 (3 251)

3. Ausbildungszeiträume der Studienreferendare(innen)

Zeitraum	Nordrhein	Westfalen	Gesamtzahl
		(in Klammern: davon weiblich)	
1. 2. 2006 – 31. 1. 2008	1 126 (665)	846 (500)	1 972 (1 165)
1. 8. 2006 – 31. 7. 2008	242 (125)	156 (87)	398 (212)
1. 2. 2007 – 31. 1. 2009	1 085 (684)	869 (531)	1 954 (1 215)
9. 8. 2006 – 8. 8. 2008	464 (263)	297 (148)	761 (411)
individuelle Zeiträume	160 (118)	51 (35)	211 (153)
Summe	3 077 (1 855)	2 219 (1 301)	5 296 (3 156)[1]

[1] 59,6 % der Gesamtzahl

4. Fakultäten der Studienreferendare(innen)

Fach	Nordrhein	Westfalen	Gesamtzahl	von 100 Studienref. haben die Fakultas durchschn.
Deutsch (D)	865	725	1 590	29,2
Englisch (E)	639	544	1 183	21,7
Französisch (F)	243	139	382	7,0
Latein (L)	91	81	172	3,2
Griechisch (G)	11	3	14	0,3
Spanisch (S)	104	76	180	3,3
Italienisch (I)	36	24	60	1,1
Niederländisch (N)	13	7	20	0,4
Türkisch (T)	8	6	14	0,3
Russisch (R)	8	21	29	0,5
Kunst (KU)	181	161	342	6,3
Musik (MU)	146	161	307	5,6
Geschichte (GE)	394	369	763	14,0
Erdkunde (EK)	256	186	442	8,1
Philosophie (PL)	133	96	229	4,2
Pädagogik (PA)	178	197	375	6,9
Sozialwiss. (SW)	219	243	462	8,5
Psychologie (PS)	19	15	34	0,6
Rechtswissenschaft (RW)	–	1	1	0,0
Mathematik (M)	365	383	748	13,7
Physik (PH)	223	174	394	7,25
Chemie (CH)	136	104	240	4,4
Biologie (BI)	327	290	617	11,3
Informatik (IF)	62	62	124	2,3
Technik (TC)	16	2	18	0,3
Ernährungslehre (EL)	4	–	4	0,1
kath. Religion (KR)	133	115	248	4,6
ev. Religion (ER)	59	85	144	2,6
Sport (SP)	338	370	708	13,0
Summe	5 207	3 912	9 844	

F. Im Dienst verstorbene Kollegen(innen)

Name, Vorname, Titel	letzte Schule	Tag der Geburt	Todestag
Oprei Klaus SekIL	1.015	6.12.52	31. 7.07
Barg Anton StD	1.069	7. 7.48	20. 1.07
Gansäuer Ulrich StR	1.170	30. 3.48	07
Tills Hubert StR	1.190	11. 2.49	14. 8.07
Knappik Gerd OStR	1.228	23. 9.49	11.12.06
Schimm Helmut StR	1.325	7.11.48	16. 1.07
Brenner Alexander SekIL	1.436	8. 3.48	5.11.06
Gremse Ursula StR'	1.441	11.12.46	12.06
Heck Heinz-Walter Gymnasialpfr.	1.454	2.11.52	27. 1.07
Kühnen Georg OStR	1.570	11.12.49	07
Benndorf Angela OStR'	1.575	26. 6.61	11. 8.07
Heller Hartmut OStR	1.583	31.12.52	12. 4.07
Buckart Helga-Maria OStR'	1.591	27. 9.43	13. 1.07
Woyde Horst StD	1.628	9.10.47	1.12.06
Wirth Wolfhard StD	1.629	1. 8.48	20. 7.07
Steger Klaus OStR	1.661	12. 8.50	8. 8.07
Lindau Ute StR'	1.713	16. 2.50	7. 5.07
Schaaf Josef SekIL	1.725	16.10.55	11. 4.07
Reuß Theodor OStR	1.770	16.11.49	18. 5.07
Weilerscheidt Uwe StR	1.811	19. 6.64	7. 4.07
Eyerund Rudolf OStR	1.818	52	07
Ihde Olaf StD	2.055	1. 8.44	5. 7.07
Niemann Raul L i. A.	2.057	2.10.50	07
Rudolph Heike OStR'	2.058		6.07
Theißen Dietrich Dr. StD	2.062	9.12.49	25. 6.07
Meyer Christa StD'	2.067	5. 3.48	5.07
Stief Roland StR	2.067	9. 2.53	6. 8.07
Hetheier-Akan Regine OStR'	2.084	9. 2.52	16. 1.07
Schult Werner StD	2.190	14.11.48	20. 9.07
Klute Bernhard OStR	2.195	14. 3.45	28. 1.07
Hinrichs Sabine L' i. A.	2.195	19. 4.55	07
Luce Jürgen OStR	2.240	22. 4.49	23. 8.07
Terstegge Werner OStR	2.241	12.12.43	7.07
Philipps Elisabeth StR'	2.245	7. 6.49	25. 6.07
Blume Gudrun StR'	2.255	23. 8.51	07
Nugel Ingo StR z. A.	2.285	11.12.76	25. 3.07
Schuerhoff Ursula OStR'	2.401	26. 6.44	4. 7.07
Pütsch Hans-Dieter StR	2.417	21.10.47	07
Matenaer Anselm OStR	2.515	20. 1.56	12. 6.07
Zahn Joachim OStR	2.638	17. 7.47	24. 7.07
Riese Franz-Wolfgang OStR	2.565	14. 1.50	9. 8.07
P. **Isenmann** Bruno Schulleiter	2.711	27. 8.56	18. 2.07
Rabbe Heinrich OStR	2.750	15. 4.46	16. 7.07
Heimannsberg Jürgen OStR	2.771	27.12.52	6. 2.07
Corzillius Heinrich StR	3.035	15.11.52	18.11.06
Diebschlag Volker OStR	3.124	17. 9.43	4.07
Mohr Ute Dr. StR'	3.150	5. 2.60	4. 5.07
Weber Michael OStR	3.150	18. 4.55	29.12.06
Sontberg Dagobert OStR	3.170	24. 8.48	16. 3.07
Hannig Dieter L	4.120	28.12.52	13. 6.07
Balkenhol Helmut L i. A.	4.180	5.10.49	14. 8.07
Garthe Ursula L'	4.700		07
Walter Werner L	4.940	25. 1.58	19.11.06
Uphoff Winfried StD	5.610	21. 3.49	20. 3.07

G. Im Ruhestand verstorbene Kollegen(innen)

Name, Vorname, Titel	letzte Schule vor Eintritt in den Ruhestand	Tag der Geburt	Todestag
Mertens Maria StD'	1.002	1. 8.21	15. 1.07
Meurs Theo OStR	1.003	11. 5.28	23. 1.07
Herrmann Ehrenfried Dr. StD	1.004	8.10.31	30.10.06
Schotten Fritz StD	1.008	12. 1.29	8.07
Vestner Hans StD A$_1$	1.010	30. 5.19	1.07
Grimm Leonhard StD	1.035	15. 5.26	07
Pottmann Ernst OStR	1.035	9. 2.20	07
Bohling Günther StD	1.052	24. 4.24	13. 2.07
Faßbender Carl StD	1.052	15. 9.31	30. 4.07
Frohn Willi StD	1.052	22. 8.29	5. 5.07
Hansen Hildegard L' i. A.	1.052	7. 1.10	10. 2.07
Krawczybski Jutta OStR'	1.053	10. 3.24	5. 1.07
Holznagel Siegfried Dr. StD	1.054	21.10.28	3. 5.07
Hahn Friederike OStR'	1.058	6. 3.27	8. 3.07
Wallenborn Liselotte OStR'	1.105	21. 1.27	18. 8.07
Einwich Jörg OStR	1.106	27. 7.44	16. 4.07
Rischer Walter OStR	1.135	1.11.39	15.12.06
Baur Kurt StD A$_1$	1.136	16.10.29	12.12.06
Blanck-Conrady Ludwig Dr. StD	1.138	10. 2.24	14.10.06
Simoneit Diether StD	1.155	23. 6.27	24. 4.07
Achten Marianne StD'	1.159	24.11.38	25. 4.07
Vermeulen Almut L'	1.196	12.10.31	07
Holtermann Richard StD A$_1$	1.217	9. 7.28	4.07
Emkes Sigrid OStR'	1.217	9. 2.48	07
Hammesfahr Rosalinde StD'	1.241	28.10.21	17.10.06
König Barbara SpL'	1.241	26.10.43	10.07
Hofschen Hans Bernd OStR	1.261	25. 9.39	12. 4.07
Böhm Friedrich OStR	1.340	19. 5.35	27.12.06
Pfuhl Konrad OStR	1.365	5.11.36	20. 1.07
Sawinsky Günther Dr. OStR	1.400	22. 2.33	7. 9.07
Hennes Elisabeth StD'	1.418	22. 2.33	31. 5.07
Tillmann Monika OStR'	1.436	4. 7.48	21. 8.07
Schlesinger Johannes StD	1.437	24. 7.29	9.07
Heinen Erwin OStR	1.470	18. 5.31	07
Krieger Wolfgang StD	1.484	10. 1.35	21. 9.07
Klostermann Beatrice StD'	1.485	25. 1.27	8.07
Schwarz Herta Dr. L' i. A.	1.485 (1.601)	10. 3.11	10. 4.07
Jacobs Heinrich StD	1.535	12. 5.18	1.12.06
Stelzer Walter OStR	1.591	9. 6.32	5.07
Strote Dagmar StD'	1.632	31. 7.22	24.10.06
Weller Sigurd StD	1.716	19. 6.28	4.07
Harke Hans Gerd L i. A.	1.736	10. 6.31	9.07
Meisenberg Konrad StD	1.785	15. 1.26	17. 2.07
Mortsiefer Wilhelm StD	1.790	17. 6.34	07
Braun Hermann Dr. StD	1.820	6. 5.25	31. 8.07
Denhoff Joachim StD	2.002	17. 2.24	1. 3.07
Vormbrock Jürgen Dr. OStR	2.005	14. 3.44	10.07
Albert Else StD' A$_1$	2.023	28. 5.19	29. 4.07
Kreis Hans Konrad StD	2.023	6.12.40	21. 5.07
Nake Peter OStR	2.030	13. 5.25	7. 2.07
Requate Rolf StD	2.060	23.12.27	6. 4.07
Nagel Kurt StD A$_1$	2.061	18. 3.27	15. 3.07
Auf dem Hövel Hans Dr. OStD	2.062	22. 5.29	26. 2.07
Döpelheuer Wilhelm Dr. OStD	2.063	2.10.20	19. 9.07
Schulte Günter StD	2.070	19.10.25	22. 5.07
Glatz Andreas StD	2.075	29. 4.22	14. 8.07
Klostermann Kurt StD	2.076	14. 7.27	07
Schiller Ernst-Günther OStR	2.079	5. 5.10	3. 9.07
Große-Schware Josef Dr. StD	2.146	12. 2.29	9. 5.07
Held Robert StD	2.151	21. 8.30	25.11.06
P. Griesenbrock Heribert StD	2.160	3. 4.14	27. 1.07

Ostwald Hans-Jochem StD	2.160	23. 2.29	28. 3.07
Michels Suitbert OStR	2.160	10. 1.32	8. 1.07
Sander Friedrich OStR	2.167	22. 8.09	24.12.06
Joza Ursula StR'	2.168	31. 5.36	07
Schwering Maria StD'	2.176	3. 1.14	23. 3.07
Gardberg Heinrich StD A_1	2.181	10. 8.27	12. 5.07
Borchardt Ralph-Waldo StD	2.230	23. 8.22	07
Maske Agathe OStD'	2.243	24.11.20	4. 2.07
Klein Adolf StD	2.243	26.10.32	15. 9.07
Stuhrmann Ludger Dr. StD	2.266	22. 3.19	4. 8.07
Lahme Heinz-Günther StD	2.275	10. 4.34	07
Lamm Ulrich OStR	2.270	10. 9.37	11. 9.07
Kampmann Antonius StD	2.371	15. 4.24	26. 8.07
Katzenberger Alois OStR	2.371	2. 3.29	15. 8.07
Keller Heinrich OStR	2.371	14. 5.31	4. 5.07
Schulte Friedrich StD A_1	2.425	30. 1.20	9.07
Henke Manfred StD	2.436	21. 1.32	31.12.06
Kirschbaum Klothilde Dr. StD'	2.445	6. 3.23	2.07
Schlykow Sigrid L'	2.445	19.10.25	3.07
Tump Heinrich OStR	2.451	12. 6.41	23. 3.07
Wille Marianne StD'	2.437	28.12.19	30. 9.07
Schuppert Hans StD	2.455	4. 9.42	7.07
Walkhoff Horst OStR	2.487	3. 1.43	29. 1.07
Führer Helmut StD	2.510	19. 9.26	7.07
Franzmeier Walther Dr. OStD	2.512	17. 7.25	9.07
Neumann Aloys StD	2.513	30. 7.25	1.11.06
Bredlau Ursula Dr. OStD'	2.516	12.12.15	10. 2.07
Ledwig Siegfried OStR	2.518	27. 4.27	12.06
Hahlweg Hans-Detlef StR	2.518	29. 4.52	22. 9.07
Brinkwirth Werner OStD	2.555	8. 4.23	21. 8.07
Dartmann Werner StD	2.600	25. 9.36	16. 6.07
Wenhake Dieter StD	2.600	25.12.29	21. 6.07
Sendlak Peter StD	2.611	20. 6.14	07
Schönert Ernst StD	2.613	31. 3.26	16. 8.07
Schweinsberg Hans-Jürgen OStR	2.618	11.11.32	15. 8.07
Kwiotek Theodor MusL	2.625	24. 7.22	26. 6.07
Dapper Walter StD	2.626	20.12.29	10.07
Schmidt Werner StD A_1	2.665	15. 5.27	27. 6.07
Wiesmann Hans Jürgen OStR	2.666	6. 7.39	22. 9.07
Hartwig Joachim StD	2.680	23. 6.42	26. 4.07
Reinicke Gerhard StR	2.695	21. 2.41	10.07
Martin Mathew M. A.	2.700	3.11.30	20. 6.07
Elfert Heinrich StD	2.715	30. 8.24	7.07
Siggemann Alois StD	2.730	20. 3.08	9. 6.07
Holtkamp Anna StD'	2.732	23. 3.29	14. 1.07
Schrick Gerhard Dr.	2.736	27. 1.28	12. 9.07
Bönnemann Gerhard StD	2.745	4.11.26	07
Große Boes Sr. Benedicta StD'	2.746	3. 5.29	13. 5.07
Hesse August OStR	2.746	26. 8.38	4. 5.07
Lehmkühler Friedrich-Wilhelm StD	2.760	29.10.23	6. 2.07
Siepmann Wilhelm OStD	2.765	1. 2.27	22. 6.07
Gerdes Friedrich OStR	2.771	16.11.21	3. 7.07
Floß Horst OStR	3.035	7.12.23	07
Brinckmann Wolfgang Dr. StD A_1	3.155	23.12.32	27. 4.07
Behet Franz-Josef OStD	3.165	4. 6.32	25. 7.07
Düppengießer Adolf Dr.	4.165	7. 2.31	19. 6.07
Zingler Hartmut L	4.831	25. 3.44	15. 8.07

H. An Auslands- u. Europaschulen tätige Philologen aus NW

	Name	Ort
A	Balkenhol Marie-Luise	London
	Czoske Hans-Joachim	Quito
	Fenner Rolf Heiner	Dublin
	Gowers Enno	Moskau
	Janzen Peter Dr.	Puebla
	Karbach Walter Dr.	Brüssel
	Köpper Ernst Dieter Dr.	Barcelona
	Kollecker Wolfgang	Manila
	Reiners-Woch Ingeborg	Buc
	Schafmeister Sabina	Bogotá
	Schopp Georg Michael	Istanbul
	Schneider Joachim	Teheran
	Schwesig Bernd	Montevideo
	Siedenhans Rolf-Victor	Thessaloniki
	Strasen Frank	Rio de Janeiro
A₁	Kulmsee Norbert	Bukarest
A₂	De Boer Ralf	San José
	Droste Hermann-Josef Dr.	La Paz
	Frewer Willi	Sevilla
	Frey-Krummacher Claudia	Buenos Aires
	Jüngling Hans-Jürgen	Brunssum
	Kleinstück Gert Dr.	Temeswar
	Reinders Karl-Ludwig	Santa Cruz
	Schafmeister Sabina	Bogotá
	Simon Diethild	Rio de Janeiro
	Weuste Bernd	Shanghai
B	Becker Gerd	Abu Dhabi
	Beisert Oliver	E. S. Karlsruhe
	Beste Petra	E. S. Brüssel
	Blasel Andreas	Johannesburg
	Boskamp Dorothee	Brüssel
	Budde Lars	Moskau
	Czeska Ulrike Dr.	Puebla
	Devantié Rainer	Helsinki
	Dierschke-Reese Susanne	E. S. Brüssel
	Fenner Christian	Prag
	Gerling-Goedert Ulrich	Athen
	Gierhardt Horst	Jakarta
	Grübel Stefan	Stockholm
	Haering Christof	Thessaloniki
	Heidemann Volker	Mailand
	Hartenstein	Genf
	Höhl Wolfgang	Kairo
	Hoffmann Gisela	Ankara
	Hoppstock Werner	Warschau
	Kettelhoit Klaus	Caracas
	Kleinsimon Peter	Alexandria
	Knaup Heinrich	Shape
	Langrock Klaus Dr.	Istanbul
	Leeuw Holger	Barcelona
	Lindberg Dieter	Brüssel
	Martiny Bernd	Madrid
	Michler Harald	Barcelona
	Mostafa Heike	Marbella
	Pollmann Karl Dr.	Istanbul
	Roth Norbert	Shape
	Schlömer Beate	Bergen/NL
	Schneider Joachim	Teheran
	Schultz-Gutschke Heiner Dr.	Kapstadt
	Schweinert-Niclas Horst	Oslo
	Stubbe Reinhold	Istanbul
	Thielen Stefan	Istanbul
	Trak Walburga	Istanbul
	Uetz Gerd	Barcelona
	Wesser Jürgen	São Paolo
	Zapf Herbert	Bukarest
	Zohren Johannes	Istanbul
C	Balßen Katrin	London
	Barraza-Barrios Radegundis	São Paulo
	Barth Andrea	Bergen/NL
	von Berg Karin	E. S. Mol
	Biewusch-Pantel Jörg	Prag
	Blees Ursula	Sofia
	Bonkowski Sigrid	Peking
	Brackmann Antje	Den Haag
	Brandenburg Kai	San José
	Brochhagen Norbert	E. S. Brüssel
	Chien-Tasch Jürgen	Thessaloniki
	Chavet Michael	Bergen/NL
	Czaska Thomas	Mexiko
	Dönch Jan-Andrees	Toulouse
	Dahle Jakob	Tokio
	Flink Ute Dr.	Barcelona
	Franke Holger	Madrid
	Faude Daniela	Prag
	Fricke Holger	Tokio
	Gamböck Jendrik	Rom
	Greiwe Timo	Brüssel
	Greven Yvonne	Madrid
	Hamm Stephanie	Kairo
	Harth Thomas	Lissabon
	Heinmüller Roland	Manila
	Helmstetter Ulrich	Nairobi
	Hofmann Gisela	Luxemburg
	Homburg George	Caracas
	Jäger Thomas	Alexandria
	Jäkel Hans Karl	Moskau
	Just Alexander	Brüssel
	Kessel Katharina	Johannesburg
	Keßling Manfred	Rom
	Kippels Sabine	Istanbul
	Knab Thorsten	Las Palmas
	Knoch Peter	Lima
	Kölsch Martina	Santiago
	Kraska Horst	E. S. Mol
	Krause Ulrich Dr.	E. S. Brüssel
	Krüger-Benke Lioba	Valencia
	Lange Dirk	Budapest
	Langer Dirk	Mexiko
	Lausberg Bernd	Barcelona
	Lösecke Matthias	Budapest
	Manfraß Kirsten	Athen
	Menzen Heinz-Olaf	Mailand
	Micke Norbert Dr.	Brüssel
	Müller Johannes Dr.	Guadalajara
	Nüchtern-Falk Agnes	Luxemburg
	Ostendorf Holger	Mailand
	Pesch Monika	Shanghai
	Peters Heinz-Georg	E. S. Karlsruhe
	Plass Jörg	Genf
	Regelein Sylvia	Pretoria
	Schmoldt Stefan	Istanbul
	Schneider Erik	Lissabon
	Scholz Marita	Istanbul
	Schrimpf Wolfram Dr.	Shanghai
	Seemann Volker	Budapest
	Seifert Isabelle	Mexiko
	Spindler Markus	Moskau

Stubbe Reinhold	Istanbul	**Weselek** Björn	Santa Cruz
Thein Regina	Madrid	**Wetzig** Dirk	Prag
Thomann Heike	Tokio	**Weuster** Iris	Singapur
Tiemann Johannes	Kairo	**Wiegand** Ulrich Karl	Athen
Ulrich Uwe	Varese	**Wirth** Birgit Dr.	Athen
Vollstedt Barbara Dr.	Brüssel	**Yilmaz** Sema	Kairo
Wakenhut-Dreßler Alexandra	Lima	**Zimmermann** Matthias	Buenos Aires
Wesche Corinna	Mailand		

Stand: 26. 2. 2008. Weitere Informationen über Deutsche Auslandsschulen und ihre Lehrkräfte im „**Auslands-Kunze**", 39. Jahrgang 2008, Stand 1. 3. 2008 (Erscheinungstermin Juni 2008). **Bezug** über den Verlag des Philologen-Jahrbuches · Münster (s. 2. Umschlagseite).

Alphabetisches Namenverzeichnis

Vorbemerkungen

Die Lehrkräfte werden in dem Teil des Namenverzeichnisses geführt, dem ihr Schulort verwaltungsmäßig zugeordnet ist. Es ist jeweils die Kunze-Schulnummer angegeben, an der der (die) Kollege(in) am Stichtag überwiegend unterrichtete. Lehrkräfte, bei denen die Planstelle am Studienseminar angegeben ist, erhalten die Kunze-Seminarnummer. Jede(r) Kollege(in) wird grundsätzlich nur einmal im Namenverzeichnis geführt.

Die **Referendare** an den Studienseminaren (vgl. S. 660ff.) und **Lehrkräfte im Auslandsschuldienst** (vgl. S. 748f.) werden nicht ins Namenverzeichnis aufgenommen.

Jede Kunze-Schulnummer hat vorne eine durch einen Punkt abgetrennte Kennziffer. Diese Kennziffern bedeuten:

1 = Gymnasien im Landesteil Nordrhein (1.001–1.845)
2 = Gymnasien im Landesteil Westfalen (2.001–2.772)
3 = Weiterbildungskollegs – Abendgymnasien (3.001–3.075)
    Weiterbildungskollegs – Kollegs (3.095–3.174)
    Studienkollegs für ausländische Studierende (3.200–3.220)
    Abendrealschulen (3.306–3.399)
4 = Gesamtschulen (4.001–4.964)
5 = Weitere Bildungseinrichtungen, die zur Hochschulreife führen (5.001–5.610)
6 = Studienseminare für das Lehramt an Gymnasien und Gesamtschulen:
    Nordrhein (6.100–6.165)
    Westfalen (6.200–6.270)

Die sonstigen Abkürzungen (aus dem Teil I, S. 15–36) bedeuten:

MSW = Ministerium für Schule und Weiterbildung
BRA = Bezirksregierung Arnsberg
BRDe = Bezirksregierung Detmold
BRDü = Bezirksregierung Düsseldorf
BRK = Bezirksregierung Köln
BRM = Bezirksregierung Münster
PA = Staatliches Prüfungsamt

A

A		Abeling		Christian	4.055	Abt		Frauke	2.474
Aab	1.823	Franz-Josef	1.270	Abidemi	1.255	Andreas	4.385	Gabriele	1.060
Aach	2.174	Waltraud	4.510	Abilleira-Fernandez		Birgitta	1.091	Henning	1.357
Aalam-Behr	1.450	Abeln	2.095		1.060	Eduard	1.044	Katrin	2.451
Aalbers	4.512	Abels		Abke	2.045	Elke	1.735	Klaus	2.772
Aatz	1.356	Britta	4.875	Abker	2.360	Gertraud	2.614	Martina	2.516
Abel		Günter	1.627	Abraham		Walter	1.151	Ulrike	1.222
Anke	4.670	Rolf	3.040	Jürgen	1.625	Abts	2.395	Achenbach-Kern	
Holger	4.350	Stefan	2.618	Nina	2.175	Abts-Job	1.530		2.655
Judith	1.481	Sybille	1.275	Abramczyk	4.242	Abu Jhaisha	4.830	Achilles	
Michael	4.195	Abelt	4.900	Abramson	1.584	Abuhan	4.495	Helmut	2.396
Thomas	2.402	Aben	1.527	Abrell	2.660	Acar		Hendrik	1.070
Abel-Olsen	1.020	Abend		Abrotat	4.120	Annelie	2.760	Stephanie	4.430
		Martin	1.217	Abs		Erol	2.630	Wilfried	4.250
Abel-Tings	4.510	Peter	1.630	Kerstin	1.124	Achampong	4.905	Achilles-Scholl	1.435
Abelein	1.006	Abendroth		Winfried	1.348	Achenbach		Achnitz	4.111
Abelen	1.795	Ariane	3.160	Abshoff	1.411	Christoph	2.045	Achtelik	

Dorothea	2.666	Adamsky	4.900	Karin	2.110	Albach	1.102	Nicole	1.600
Ingo	2.695	Adamzick	4.380	Michael	4.743	Albani		Patrick	1.445
Johannes	2.665	Adden	2.685	Ahlefelder	2.305	Christina	2.440	Peter	1.103
Norbert	4.270	Adelhelm	1.414	Ahlers		Claudia	1.286		4.274
Achten	1.520	Ademmer		Bettina	3.030	Albat	2.731	Sabine	3.115
Achterfeldt		Mark	2.001	Brigitte	4.960	Albeck	1.565	Stefanie	2.402
Babette	1.520	Josef	4.111	Christiane	4.601	Alber-Schwarzer		Swen	4.385
Gerd	1.743	Adenauer	1.053	Dagmar	1.419		1.453	Thomas	2.115
Achtergarde	2.518	Adenheuer	1.455	Erika	4.495	Albermann		Timo	2.063
Achterholt	4.055	Adigüzel	2.246	Günther	2.090	Klaus	2.063	Ute	1.711
Achtsnichts		Adleff	1.583	Heinz	2.555	Kristian	4.250	Wolfgang	2.291
Johannes	4.951	Adler		Maria	4.510	Peter	3.075	Albrecht-Domke	
Petra	4.401	Anja	2.700	Rita	2.183	Albers			1.276
Acikkol	4.245	Brigitte	4.300	Ahles	1.452	Andrea	4.945	Albrecht-Halwe	2.445
Acke	4.270	Christiane	1.633	Ahlfeldt	4.761	Jens	3.038	Albrecht-Neumann	
Acker		Christina	1.130	Ahlfs	1.581	Maike	2.197		1.081
Gerd	1.353	Dirk	2.154	Ahlke	1.341	Marcus	2.060	Albrecht-Wulf	4.130
Renate	4.750	Karl	1.810	Ahlrichs	1.822	Margret	4.274	Albsmeier	4.130
Ackeren v.	3.040	Katrin	1.470	Ahmann	2.095	Marlene	4.462	Albus	1.575
Ackermann		Sabine	4.380	Ahmann-Njehu	4.273	Michael	2.120	Alcoba	2.570
Dietmar	4.242	Adlung	4.960	Ahn	1.107	Ralf	4.245	Aldejohann	
Gerd-Peter	1.070	Adolph		Ahne	2.770	Sigrid	1.355	Annegret	1.224
Gudrun	2.121	Christa	4.745	Ahnself		Stefanie	4.654	Reinhard	BRM
Hannjörg	1.798	Elisabeth	4.260	Monika	2.317	Theo	2.145	Aldenkirchs	
Ilse	1.583	Marita	1.406	Rolf	2.317	Veronika	2.517	Klaus	1.361
Joachim	2.076	Adolphi	1.821	Ahr		Wolfgang	1.095	Monika	2.035
Monika	4.252	Adolphs		Heike	4.810	Albers-Schulze-	1.630	Alder	
Peter	2.345	Alfred	1.003	Thomas	1.523	Kelling		Martina	2.638
Walburga	1.131	Birgit	1.815	Torsten	4.810	Albersmann	2.288	Udo	4.661
Ackermann-Bobe		Hartmut	1.625	Ahrberg	2.001	Albert		Aldrup	2.671
	2.255	Susanne	1.625	Ahren		Helga	2.075	Aldermann	1.405
Ackern van	2.626	Adriaans	4.390	Sylvia	1.010	Inga	1.043	Aleit	2.658
Ackers		Adrian		Yizhak	5.600	Olaf	2.425	Alen v.	2.625
Bodo	2.230	Franz-Josef	2.102	Ahrends	2.621	Stefan	4.220	Alers	1.422
Ute	1.351	Jochen	4.511	Ahrens		Albert-Daniel	1.069	Alertz	1.520
Ackers-Greuel	4.661	Karin	1.106	Andreas	2.522	Albert-Hofmann	2.530	Aletsee	1.380
Ackers-Weiss	4.540	Oliver	1.796	Birte	2.521	Alberternst	2.281	Alexander	4.512
Ackmann	3.040	Rudolf	1.260	Freimut	2.480	Alberti		Alferding	2.160
Adämmer	2.671	Sandra	3.135	Gerhard	1.482	Ekhard	1.127	Alferink-Bröskamp	
Adam		Adrian-Balg	1.091	Heinz-Jürgen	2.265	Roberto	1.424		2.523
Astrid	4.073	Adriany	1.356	Hubertus	2.380	Alberts		Alfers	2.420
Barbara	2.745	Aehlen	4.380	Kerstin	1.445	Walburga	4.290	Alfert	
Charlotte	1.015	Aehlig	4.410	Klaus	4.810	Wilfried	4.352	Monika	2.070
Klemens	2.502	Aehling	1.124	Manfred	1.430	Albertsen	1.404	Thomas	2.523
Lothar	2.771	Aelken	2.671	Siegfried	1.042	Albertsmeier	2.731	Alff	4.700
Norbert	2.451	Aengenendt	1.595	Ulrich	2.115	Alberty	3.070	Alfonso y	4.951
Robert	4.410	Aengenendt-	1.450	Ahrens-Ehlers	2.705	Albertz		Gimenez	
Susanne	1.063	Hendrix		Ahrens-Heddier	3.035	Simone	2.471	Algür	3.160
Ursula	2.565	Aengenheister		Ahring	2.067	Wilhelm	1.685	Alheidt	4.401
Adam-Lihl	4.951	Christian	5.610	Ahrweiler	1.122	Albracht	1.554	Alheit	2.630
Adamczak	1.550	Franz	1.450	Aink	2.503	Albrecht		Alhorn	2.565
Adamczewski		Aengenheyster	4.242	Aits	2.514		2.410	Alings	
Bodo	4.197	Aesch v.	4.630	Akbay	4.875	Alice	1.055	Erich	4.723
Klaus	2.240	Afflerbach	1.360	Akçora	1.128	Christian	1.528	Johannes	2.618
Adamek	1.452	Afonso-Badr	4.245	Akarzu	4.040	Claudia	1.805	Alkan	1.068
Adami	2.588	Agatha	4.401	Akdogan	4.660	Elke	1.220	Alkemeier	2.683
Adamini	2.355	Agatz	6.260	Akkas	4.072	Gert	1.417	Alkemeier-	2.520
Adams		Agert	4.720	Akkermann-Pestel		Gertrud	1.310	Bohlsen	
Andrew	4.910	Agethen	2.326		2.355	Julia	1.455	Alker	4.070
Cornelia	1.402	Aghamohammad		Akol	4.072		2.656	Alkewitz	2.401
Hans-Jörg	2.001		1.168	Akrivi	4.511	Karin	2.291	Allecke	2.240
Jörg	3.115	Agocs	4.905	Al Arab	1.409	Klaus	1.230	Allekotte	3.172
Klaus Dieter	1.051	Agratz	1.043	Al-Haj	1.136	Klaus-Peter	2.545	Allemeyer	1.132
Rainer	2.080	Aguirre		Al-Khalaf	1.575	Marc	4.170	Allendorff	BRK
Sabine	1.436	Janin	1.043	Al-Sibai	2.266	Mareike	1.326	Allgaier	2.438
Thorsten	1.286	Louis	2.001	Alamprese	2.063	Martin	2.655	Allgayer	1.695
Walter	1.118	Ahaus	4.260	Aland	2.300	Matthias	2.772	Allgeier	1.132
Adamschewski	1.001	Ahle		Alaze-Möllers	2.535	Michael	1.521	Allhoff	

Gertrud	1.820	Althöfer	2.650	Amian-Kreus	1.711	Angelkort	2.751	Verena	2.340	
Jörg	1.594	Althöfer-Lübke	2.417	Amling	1.691	Angelstorf	1.097	Antonin	4.250	
Manfred	2.522	Althoff		Ammann	2.036	Angenendt		Antons-Klug	1.407	
Alliger	1.594	Carmen	2.680	Ammelounx	4.220	Georg	1.697	Antreter	1.044	
Allmann-Reith	1.685	Kirsten	4.951	Ammermann	2.491	Marianne	2.610	Antrup	2.040	
Allner	3.205	Klaus-Peter	2.650	Ammermüller	1.054	Thomas	4.511	Antweiler		
Allofs	2.190	Martin	2.516	Ammon	1.103	Anger	1.353	Ricarda	1.217	
Allport	3.160	Matthias	2.357	Amonat	BRA	Angerer	2.680	Walter	1.211	
Allwermann	2.325	Mechthild	2.535	Amoneit	4.277	Angerhausen	1.740	Antwerpen		
Allwörden von	4.380	Stefan	1.415	Amoruso	2.315	Angermann	2.625	Jürgen	1.241	
Almstedt	1.009	Althoff-Hansel	4.705	Amshoff	3.140	Angern	1.697	Rosemarie	1.845	
Alofs	4.511	Altmaier	4.245	Amthauer	2.156	Angerstein	4.601	Anwand	2.245	
Alpagut	1.165	Altmann		Amtmann	4.831	Angert	1.715	Anwey-Backes	4.511	
Alper	4.495	Barbara	1.575	Anacker		Anglet	1.482	Apel		
Alpes-Günther	1.414	Gerhard	4.690	Heinz	2.585	Angrick	2.651	Inga	2.570	
Alpmann	1.380	Klaus	1.052	Herrad	1.150	Angst		Manuela	1.589	
Alshut		Rainer	4.195	Andehm	2.621	Ulrich	1.098	Marie-Louise	2.627	
Claudia	1.432	Werner	1.275	Andereya		Wilfried	4.241	Markus	2.111	
Martina	4.385	Altmeier		Anne	1.061	Anhalt	4.323	Stefan	2.182	
Alsleben	1.218	Herbert	1.458	Lothar	4.091	Anheuser	1.713	Ulrich	1.816	
Alsmann	2.035	Renate	2.380	Anderheide	4.940	Anhold	1.695	Walfried	2.626	
Alsmeyer	4.705	Silvia	1.455	Andermahr	1.457	Anholt	1.475	Apel-Siber	1.162	
Alt		Altmeyer	2.515	Andernach	1.628	Anhuf	1.780	Apfelbeck	4.810	
Bernd	1.020	Altmiks	4.761	Anders		Anhut	1.541	Apold	1.224	
Eckhard	2.160	Altrock		Elfriede	4.511	Anker	4.430	Apollinaris	2.067	
Alt-von der Stein		Stephanie	1.821	Georg	3.205	Ankermann	1.091	Apostel	4.680	
	1.008	Suntka	1.351	Gerlinde	4.570	Anlauf		Appel		
Altberg		Altrogge	2.005	Gisela	4.240	Dorothee	1.157	Christiane	1.484	
Michael	1.059	Altvater	4.055	Hardy	4.900	Hans-Bernd	1.581	Dietmar	2.390	
Rüdiger	2.317	Aluttis	2.166	Helma	2.030	Rüdiger	1.255	Stefan	4.700	
Altegoer	1.785	Alvarez-Brückmann		Peter	1.056	Anlauff		Appelbaum	4.741	
Altehenger	1.417		1.005		4.762	Alfred	1.069	Appelhans		
Altekamp	4.690	Alven v.	2.060	Waltraud	1.418	Jutta	1.080	Bernhard	2.020	
Altemeier		Alvermann	2.073	Andersch		Annemann	2.595	Irmgard	1.457	
Josef	2.620	Alvermann-Thomas		Claudia	4.224	Annen-Oomen	1.458	Appelhoff	2.265	
Werner	2.073		4.220	Marcel	1.361	Annerbo	1.059	Appelmann	2.281	
Altemöller	4.771	Aly	2.402	Anderson	2.102	Annisius	4.180	Appelt		
Altena	4.350	Amado	2.305	Anderssohn	1.326	Annweiler	1.740	Margarete	1.716	
Altenähr	1.402	Amann-Brockhaus		Andiel	2.073	Ansari	3.007	Stephanie	1.020	
Altenbach	1.823		1.691	Anding	1.285	Anschlag	4.072	Susann	1.629	
Altenbeck		Ambach	4.205	Andorfer	1.550	Anschütz	4.247	Appenzeller		
Doris	1.157	Ambaum	1.527	Andrae	1.550	Anselm	1.413	Detlef	1.822	
Gerlies	1.231	Amberg		Andrae-Sander	4.370	Anslinger	1.042	Marie-Luise	1.592	
Wiltrud	1.241	Andreas	1.067	Andräs	1.185	Ansorge		Appler	BRM	
Altenberend	2.055	Ellen	1.541	Andre	1.005	Friedhelm	2.640	Appuhamy	2.033	
Altenburg		Amberge	1.740	André	1.591	Martina	3.155	Apweiler	2.126	
Erika	BRK	Ambrassat	2.654	Andrea	2.705	Anspach	1.056	Arab Alidusti	1.790	
Susanne	2.565	Ambros	2.393	Andreae-Hinrichs		Anspach-Heine	1.056	Arand		
Wolfgang	3.210	Amecke	1.392		1.441	Ant	1.220	Andreas	3.010	
Altendorf	4.054	Amedick	1.230	Andreas		Antal	4.945	Gisela	1.061	
Altenhain	4.590	Ameling		Britta	1.650	Antczak		Arbeiter	1.593	
Altenhenne	1.220	Christian	2.079	Ulrike	2.061	Heide	2.666	Arbogast		
Altenhof	1.136	Michael	2.426	Andreassen	1.750	Volker	2.667	Barbara	1.260	
Altenhoff-Röhl	1.226	Stephanie	1.422	Andree		Antensteiner	2.191	Hans Jochen	1.260	
Altenkamp	4.300	Amelung		Britta	1.650	Antepoth	2.485	Archantoglou	1.004	
Altenwerth	2.491	Hans-Jürgen	4.195	Simone	4.830	Anthes		Ardelt	4.722	
Altgen	4.832	Udo	2.077	Andrees	1.592	Heike	4.385	Arend		
Althammer	4.695	Ursula	4.462	Andres		Ursula	2.588	Gisela	2.179	
Althaus		Amelunxen	2.588	Detlef	1.159	Anthony	2.154	Kerstin	1.510	
Heide	1.214	Amend		Frank	4.402	Anton		Richard	2.588	
Hermann	2.659	Gisela	1.130	Jutta	1.551	Bernd	1.036	Arends		
Karl-Albrecht	2.415	Hans-Wolfh.	3.170	Andresen		Monika	1.435	Markus	2.420	
Althaus-Sanner	1.401	Amend-Bergweiler		Arthur	2.100	Stephan	1.412	Michael	2.402	
Altheide	2.445		1.545	Ute	1.796	Anton-Ueckert	1.097	Sabine	1.630	
Althen	2.710	Amendt	1.348	Andrews-Melching		Antoni		Arendt		
Althoetmar	2.511	Amhausend			1.823	Brigitte	4.290	Edeltraut	1.551	
Althoetmar-Smarcyk		Andrea	2.535	Andrzejewski	2.555	Darina	1.802	Volker	4.815	
	1.090	Guido	2.535	Angelike	4.120	Hubert	4.290	Arenfeld		

Annegret 1.681
Bernd 1.367
Klaus 1.218
Arens
Adelheid 2.080
Andreas 4.590
Anette 2.555
Astrid 4.512
Bernhard 2.082
4.690
Birgit 1.405
Christina 1.170
Dominik 2.363
Elisabeth 4.960
Gisela 1.810
Hans-Joachim 2.545
Jutta 1.210
Maike 2.667
Michael 2.319
Petra E. 2.666
Silke 1.167
Arens-Satzer 2.323
Arentz 1.775
Arenz
Ellen-Vivian 1.340
Peter 4.870
Aretz
Christoph 1.270
Hiltrud 1.080
Karin 1.068
Manfred 1.069
Rita 1.796
Ruth 1.153
Sigurd 1.695
Sonja 1.743
Stefanie 2.363
Susanne 2.076
Arfert 4.830
Arhelger
Gunter 2.763
Joachim 2.640
Martin 2.415
Arians 4.652
Arians-Otto 4.830
Ariniero 4.260
Arling 1.025
Arlt
Annette 1.020
Lothar 2.151
Roland 1.475
Armagan-Hagedorn
4.402
Armata 1.486
Armborst 1.818
Armbrust
Anja 1.127
Heike 2.751
Armbruster
Eva 1.355
Heidrun 1.223
Armbrüster 1.231
Armes 2.400
Arms 1.006
Arnade 4.630
Arnal 3.065
Arndt
Astrid 4.415
Christian 4.401
Detlef 1.043
Detlev 2.653
Dirk 2.514
Doris 2.362
Elisabeth 1.437
Gudrun 1.650
H. Richard 4.440
Ingrid 1.175
Johannes 1.450
Konrad 1.276
Markus 2.184
Michael 1.660
4.120
Patricia 1.413
Rainer 2.650
Reinhild 2.318
Robert 4.720
Sabine 1.163
Ulrich 1.545
Arnemann
Elmar 4.330
Frauke 4.440
Arnhold
Nina 2.437
Oliver 2.418
Wieland 4.440
Arning
Gitta 1.117
Heike 4.054
Heinz 2.073
Arnold
Astrid 2.475
Corinna 2.595
Gisa 4.540
Gisela 1.326
Ingun 2.480
Meinolf 1.416
Renate 2.763
Volker 2.370
Arnoldi 4.350
Arnoldi-Degener
4.762
Arnolds 2.182
Arnolds-Gertz 4.660
Arnoldt 1.460
Arnoldy 1.795
Arns
Joachim 1.044
Thomas 2.045
Arns-Quiter 1.286
Arnsfeld 4.300
Arnsmann 4.272
Arntz
Gabriele 1.632
Holger 2.563
Ingo 1.410
Rudolf 2.613
Arntzen 2.686
Arp 1.716
Arriens 2.763
Arslan
Ali 4.350
Banu 2.267
Arteaga Ojeda 2.073
Arth 1.436
Artmann
Bettina 4.741
Birgit 2.638
Gregor 2.502
Reinhard 4.192
Artz
Franz-Josef 1.625
Herm.-Josef 1.159
Arz
Bärbel 1.790
Hans-Eduard 1.790
Maike 3.172
Arzdorf 1.575
Asar 4.246
Asbach 4.221
Asbeck
Heike 2.660
Petra 4.831
Asbrand-Beyer 4.274
Asbrock 2.045
Asche 4.270
Aschenbach
Jutta 4.249
Volker 4.695
Aschendorf
Andrea 2.405
Maria-Luise 4.300
Ascher 2.059
Aschmoneit 4.220
Aschoff
Alexander 4.728
Hartmut 2.396
Mechtild 1.591
Michaela 4.210
Stefan 2.082
Ursula 2.405
Asdonk 4.945
Aselmann 2.425
Ashege 4.960
Ashoff 2.470
Ashton 2.096
Aslandemir 4.540
Asmus 2.095
Asmus-Werner 2.243
Asmuth
Claudia 4.073
Udo 2.700
Aspelmeier 2.660
Assauer 4.410
Aßbrock 2.293
Assen v. d. 2.396
Assenmacher 1.811
Aßhauer (Asshauer)
Markus 2.318
Monika 4.690
Asshoff 3.220
Aßling 4.590
Aßmann (Assmann)
Ingrid 1.231
Lothar 1.588
Marie-Luise 1.231
Markus 2.176
Michael 4.741
Sigrid 2.241
Rainer 2.300
Aßmuth-Fillies 2.746
Assor 4.930
Ast 2.182
Aston 1.407
Ates
Cahide 4.590
Christine 4.072
Atilgan 4.491
Atmaca 4.660
Atorf-Fischer 1.300
Atrops
Joachim 4.070
Walburga 1.520
Attelmann 4.073
Atteln 2.588
Attermeyer 2.627
Attig 3.061
Atzert 1.455
Aubel
Birgit 2.560
Matthias 1.276
Aubke
Christof 4.961
Gerold 4.915
Auel 2.470
Auen 2.451
Auer
Holger 1.230
Silke 2.612
Aufmkolk
Holger 2.677
Matthias 2.620
Aufderlandwehr
2.031
Aufenanger 2.110
Auferoth 2.751
Auffarth 4.960
Auffenberg
Anke 4.761
Friedrich 3.050
Michael 4.741
Auffenberg-Neuwöhner 2.154
Auffermann-Dworschak 2.085
Augustin
Andreas 2.600
Barbara 1.069
Birgit 2.400
Eckehard 2.120
Kristina 2.603
Rainer 2.480
Augustini 6.125
Augustynak 4.720
Auhagen 1.058
Aukstinaitis 4.220
Auler 1.570
Aumann 2.502
Aumüller 2.205
Aumüller-Lehmann
2.614
Auras
Dietfried 1.696
Heike 1.150
Aurelio 1.520
Auroux 4.511
Ausborn-Brinker
1.151
Auspurg-Hackert
2.181
Aust
Conrad 1.505
Hans-Walter 1.821
Hubert 2.535
Karita 4.680
Maria 4.620
Renate 1.300
Austen-Meckelburg
2.246
Austermann
Eddo 2.590
Jens 4.192
Lambert 2.280
Thomas 1.817
Austermühle-Kurz
4.370
Autenrieth 1.121
Autering 2.514
Auth
Katrin 1.541
Michael 1.191
Auth-Henrich 1.210
Auwelaers 1.230
Averbeck
Hannelore 2.670
Kerstin 4.761
Rainer 1.157
Ulrich-Franz 2.521
Averbeck-Bühler
1.805
Averdung 4.513
Averhaus 2.182
Averkamp 4.780
Averstegge 2.535
Averweg 2.165
Avila 4.910
Avlar 2.523
Awater 2.176
Ax
Christina 1.107
Martin 2.230
Wolfgang 1.699
Axer
Carolin 2.491
Ruth 1.413
Axning 1.155
Axt 1.157
Ay 4.304
Aydemir
Celal 2.242
Füsun 4.830
Aydin
Göknur 4.590
Serpil 1.375
Aydogdu 4.170
Aye 1.068
Aymans 1.005
Azarvan 1.008
Azike 2.516

B
Baackmann 1.224
Baak 1.640
Baake
Kathrin 1.486
Reinhold 2.291
Baar 2.517
Baartz 1.376
Baasel 4.290
Baaske 2.474
Babanek 1.132
Babel 2.674

Name	Nr.	Name	Nr.	Name	Nr.	Name	Nr.	Name	Nr.
Babilas	3.061	Backheuer	2.440	Baetz		Bakker		Andrea	2.126
Babis-Elke	2.153	Backs	2.357	Cordula	4.832	Annegret	2.056	Markus	4.250
Bach		Backwinkel		Marianne	1.190	Barbara	4.630	Baltzer	2.401
Dagmar	1.001	Christine	1.216	Bätzel		Jens	2.419	Balzer	
Dietmar	2.286	Ulrich	2.361	Charlotte	1.816	Ursel	2.732	Barbara	4.273
Gabriele	2.286	Baczyk	1.123	Hans-Dieter	2.660	Bakumowski	4.743	Heike	4.111
Heinz-Albert	1.057	Badde		Klaus Michael	1.816	Balacescu	1.290	Jürgen	5.610
Ingrid	4.220	Sabine	2.523	Bäuerle	1.434	Balbach	2.085	Balzert	2.356
Jürgen	1.598	Susanne	1.405	Bäumer		Bald		Bambeck	1.361
Marita	1.432	Ursula	2.522	Alfons	2.151	Heike	2.655	Bamberg	2.150
Mechthild	4.962	Badde-Struß	3.150	Bernhard	4.111	Heiner	2.480	Bamberger	
Norbert	4.860	Bade	4.430	Friedrich	2.659	Walter	4.070	Dieter	1.043
Petra	3.120	Badelt	2.455	Gabriele	2.002	Uta	1.068	Gabriele	1.043
Rüdiger	1.223	Bader		Hans-Joachim	4.520	Baldauf	1.458	Helmut	1.341
Volker	4.276	Gisela	1.821	Karl-Otto	2.659	Baldauf-Grothus		Bambey	2.111
Bach-Gilliam	1.305	Marlis	4.662	Klaus	2.002		2.563	Banaschik	1.581
Bachem		Wolfgang	2.639	Maik	1.261	Baldauf-Struck		Banaszek	1.007
Heribert	1.044	Badersbach	2.512	Marc	2.625		2.240	Bancels v.	
Guido	1.186	Badiou	1.220	Nele	1.250	Baldenbach		Doris	1.553
Bacher	1.003	Badorek		Bäumker	2.205	Ursel	2.085	Michael	4.370
Baches	1.004	Klaus	2.176	Baf	2.070	Wolfram	2.076	Bancken	2.001
Bachhausen	2.425	Sabine	4.720	Baggemann		Balder	2.436	Banczyk	2.245
Bachler	2.603	Tim	2.158	Gerhard	1.820	Balders	2.002	Banda	2.655
Bachmann		Badorreck	2.621	Ulrich	2.625	Baldus		Bander	1.122
Brigitte	1.250	Badstübner	2.487	Bagh	4.905	Angelika	1.406	Bandilla	2.260
Dieter	2.515	Badura	2.181	Baginski	2.180	Peter	1.180	Bandusch	1.153
Eva-Maria	2.605	Baeck	1.413	Bagner	2.772	Balfanz	1.616	Banf	2.545
Eveline	2.126	Bäcker (Baecker)		Baguette		Balke		Bange	
Gisela	2.157	Anne	1.165	Friedhelm	4.680	Heiner	1.065	Ferdinand	4.720
Hans-Joachim	2.605	Eberhard	4.130	Regina	5.610	Ingo	1.098	Heinz-Jürgen	1.661
Jochen	1.341	Frank	1.435	Bagusche	2.715	Balken	2.455	Silvia	2.082
Martin	2.071	Helga	2.096	Bahde	2.095	Balkenhol	1.785	Bange-Naaf	1.060
Norbert	1.713	Lothar	3.170	Bahl	4.252	Balkenohl	2.060	Bangemann	4.055
Silke	2.270	Marita	1.015	Bahlmann		Balkow	1.628	Bangert	
Tanja	1.353	Notburga	1.123	Cornelia	2.396	Ball-Engelkes	4.520	Angelika	4.323
Ute	2.265	Reinhard	2.305	Thorsten-M.	3.140	Balle	1.040	Christine	2.365
Bachmann-Auer	4.510	Ulrich	2.487	Bahmer	4.771	Baller	3.410	Claudia	4.831
Bachmann-Butz	2.145	Bähr (Baehr)		Bahne	2.319	Ballermann	1.415	Banha-Krebsbach	
Bachner		Petra	2.587	Bahr		Ballerstaedt	2.626		1.190
Egbert	1.059	Thomas	1.627	Claudia	4.111	Balluf	1.650	Banik	1.119
Margarete	1.642	Walter	1.355	Dagmar	4.790	Balluff	2.705	Bank v. d.	
Bachor	4.950	Bähren		Doris	4.242	Bals	2.064	Gunhild	1.405
Bachstein	2.656	Renate	4.900	Klaus	4.270	Balsbering	4.130	Klaus Heiner	4.962
Backens	1.594	Sonja	1.735	Marita	6.125	Balsiger	4.323	Banken	1.361
Backes		Bährsch	1.375	Rainer	2.168	Balsliemke	1.822	Bannayer	4.130
Claudia	1.561	Bäker		Ulrike	4.830	Balster		Banneitz	4.951
Dietrich	1.506	Norbert	4.402	Veronika	1.167	Bernhard	3.050	Bannert	2.005
Elisabeth	1.222	Susanne	4.402	Wilfried	1.219	Bruno	2.102	Banneyer	
Klaus	1.743	Bänsch (Baensch)		Wolfgang	4.462	Carmen	2.086	Elke	4.740
Thomas	1.715	Beate	2.095	Bahrenberg	4.951	Detlef	1.408	Hubertus	4.440
Backes-Winkelmann		Hartmut	3.012	Bahrke	2.323	Dietrich	1.353	Banniza	4.900
	1.535	Klaus-Jürgen	1.685	Bahrouz		Doris	2.100	Bannwarth-Pabst	
Backhaus		Bär (Baer)		Dina	1.716	Balters			1.350
Denise	1.006	Detlef	1.006	Dirk	1.043		4.662	Banse	4.513
Erhard	4.530	Mathias	1.815	Baier		Beate	2.064	Bansemer	1.070
Heinrich	2.056	Bär-Bellermann	1.224	Holger	1.510	Ulrike	1.402	Bansmann	2.280
Hubertus	2.586	Baerbaum	2.073	Jürgen	4.870	Baltes		Bappert	4.248
Josef	1.305	Bärenfänger	2.760	Baier-Greiner	2.082	Brigitte	1.484	Baral	1.711
Karl	2.183	Bärens	1.137	Bailly		Dorothee	1.740	Baranowski	
Monika	2.064	Baerens-Kamecke		Jürgen	1.101	Georg	1.042	Andreas	2.355
Norbert	1.255		4.340	Klaus	1.699	Maria	1.010	Gabriela	2.174
Rosemarie	4.320	Bärmann (Baermann)		Baitz		Michael	1.125	Reiner	2.612
Ulrike	4.072	Claus	4.963	Arnim	2.600	Monica	1.392	Barausch-Hummes	
Werner	2.179	Sigrid	1.122	Christian	1.180	Baltha	4.225		1.403
Wolfgang	1.015	Baers	3.215	Bairaktaridis	4.875	Balthasar		Barbier	
Backhaus-Höing	2.590	Bärth-Görgen	2.750	Baka	4.511	Stefan	2.590	Christoph	1.811
Backhausen	1.380	Bässe-Smith	2.265	Bakenecker	2.518	Ulrich	1.008	Rita	1.020
Backherms	1.616	Bäßler	1.300	Bakir	4.720	Balthaus		Barcic	4.440

Namenverzeichnis

Barckhaus	2.275	Bartels		Bartos-Thal	3.068	Bastian		Susanne	1.390
Barcz	1.581	Andrea	2.700	Bartosz	1.586	Hagen	1.541		1.811
Bardelle	1.592	Antje	2.161	Bartram	4.390	Margret	2.169	Ulrich	2.168
Barden		Beate	2.503	Bartsch		Peter	1.432		3.170
Alice	1.775	Bettina	2.535	Andreas	1.712	Sabine	2.036	Verena	1.320
Michael	1.661	Burkhard	2.356	Barbara	1.210	Baston	1.130	Bauer-Jungmann	
Bardenheuer	1.356	Ewald	2.156	Claire	4.930	Bastuck	1.228		2.115
Bardorek	2.174	Marion	1.212	Hans-Jörg	2.079	Basum von	1.454	Bauerdick	2.255
Bardt	1.495	Ralph	2.440	Janine	2.771	Batfalsky	1.356	Bauermann	1.460
Bardtke	4.250	Regine	4.721	Jochen	3.120	Bathe	1.117	Baues	
Barembruch	4.330	Reinhold	1.220	Jörg-Rainer	2.280	Bathelt	2.462	Christine	1.351
Barenbrock	BRA	Volker	2.320	Jürgen	2.083	Bathen		Jürgen	1.407
Barenbrügge	2.669	Bartels-Tomaszewski			2.626	Gertrud	1.583	Bauhaus	4.111
Barendt	4.074		4.274	Mechthild	2.010	Marion	4.690	Baukloh	1.481
Barenhoff	1.600	Barten		Michael	1.217	Bathen-Winkler	4.247	Baulmann	1.340
Barez	1.218	Martin Joh.	2.604	Peter	4.410	Bathke	1.380	Baum	
Bargel	2.153	Ursula	2.685	Rodrigo	1.007	Batsch	1.785	Henning	1.097
Bargen v.		Barten-Windt	1.132	Sabine	2.067	Battefeld	2.471	Kirstin	2.451
Albrecht	4.961	Barth		Theodor	2.115	Battenfeld	1.320	Patrick	1.042
Susanne	1.240	Björn	2.266	Uwe	2.705	Battermann	2.595	Veronika	1.713
Bargfeld	4.945	Claudia	1.823		2.242	Battke		Viola	1.155
Bargut	4.513	Gerald	2.286	Wolfgang	2.165	Klaus	1.445	Baumann	
Baring	2.291	Hans	2.050	Bartschat	4.111	Sibille	4.635	Andrea	1.042
Bark	1.137	Heide	1.320	Bartscher		Bauch		Annette	1.117
Barke	1.045	Kathrin	1.108	Hans J.	2.732	Herbert	2.666	Bettina	1.006
Barkey	2.435	Maria-Magd.	1.441	Heribert	2.587	Wolfgang	4.722	Claudia	4.276
Barkhaus	1.233	Melanie	1.815	Bartscherer	1.310	Bauchmüller	1.775	Detlef	1.286
Barkhausen	4.741	Michael	1.066	Bartz		Baucke	1.001	Gertrud	1.750
Barkley	2.310	Peter	2.145	Beatrix	1.002	Bauckloh	1.736	Heidemarie	1.660
Barkmeyer	2.395	Rita	2.266	Heinrich	2.360	Baudo	2.210	Herbert	3.035
Barkow	2.564	Susanne	1.222	Matthias	1.810	Baudry	2.275	Hildegard	1.615
Barkowsky	4.722	Thomas	2.365	Bartz-Nevels	1.191	Bauduin	1.044	Iris	1.486
Barlage	2.639	Barth-Pelzing	4.072	Barwasser	4.900	Bauer			2.095
Barnefeld	2.390	Barthel		Barwich	1.002		1.419	Jan-Gerd	1.265
Barner		Christoph	2.317	Barwitzki-Graeber		Alexander	1.376	Jörg	2.300
Angela	3.040	Cornelia	2.666		1.536	Alexandra	1.326	Johannes	2.120
Gabriele	1.131	Gabriele	2.470	Barz		Anouk	1.695	Julia	1.170
Barnhusen	1.365	Hans-Gerd	4.242	Birgitt	1.054	Antje	2.600	Maria	1.266
Barnitzke	2.763	Martin	2.677	Stefan	1.486	Bärbel	4.225	Melanie	1.521
Barnscheid	1.528	Uwe	1.326	Barzel	4.830	Barbara	4.401	Ralf	4.390
Baron		Barthel-Metzen	1.633	Basar		Bruno	1.300	Stefanie	2.157
Angelika	4.025	Barthelmes-Köck		Natividad	1.430	Dirk	2.588	Ulrich	2.480
Christian	1.553		2.340	Unsal Cahit	1.430	Elke	1.105	Ursula	1.584
Cornelia	4.810	Bartholdy	1.135	Basch	2.570	Emil	2.438	Baumann-	2.165
Joanna	1.232	Bartikowski	2.515	Baschek	4.075	Ettine	4.920	Abd El Aziz	
Klaus	4.160	Bartke		Baschta-Küpper	1.415	Friedrich	4.221	Baumann-Dirkes	
Baroth	2.745	Jürgen	4.810	Baselt	4.512	Gabriele	1.081		2.205
Barrasa Rodriguez		Thomas	2.670	Basener	4.130	Georg	1.229	Baumann-Doehring	
	1.484	Bartling		Basfeld	2.653	Hannelore	1.434		1.735
Barrelmeyer	2.210	Eckhard	1.458	Basista		Hannspeter	4.494	Baumann-Käske	4.571
Barrenstein	1.817	Sabine	2.158	Marianne	2.055	Hans-Peter	1.660	Baumanns	1.224
Barrio	2.390	Bartling-Diedrich		Ulrike	2.318	Harald	4.180	Baumbauer-	1.580
Barry	1.486		2.317	Baß	2.380	Holger	3.150	Nitsch	
Barsch		Bartmann		Basse	2.700	Irmgard	1.740	Baumeister	
Sabine	4.245	Axel	2.451	Bassenhoff	2.077	Jochen	4.073	Barbara	2.517
Ulrich	1.750	Hannelore	4.390	Bassett	2.170	Johannes	1.067	Berit	2.275
Barschdorff	2.588	Manfred	1.408	Bassewitz v.	1.370	Josef	2.535	Elisabeth	4.120
Bartczyk		Sarah	1.541	Bassewitz-	4.075	Jürgen	1.128	Irmhild	2.510
Birgit	4.001	Bartnick	4.510	Meyer von		Mark	2.627	Klaus	2.730
	4.875	Bartocha	1.690	Bast	1.216	Marliese	2.083	Ulf	3.038
Bartel		Bartodziej	2.281	Bastani	4.180	Michael	1.475	Ulrich	2.150
Bernd	2.033	Bartoldus	2.154	Bastemeyer	2.440	Nicole	2.174	Ulrike	1.060
Elisabeth	4.950	Bartolic	1.588	Basten		Norbert	1.770		1.819
Elke	4.900	Bartoš		Berthold	4.276	Petra	2.357	Wolfg.-Ulrich	2.153
Gordon	3.040	Ivo	2.772	Karl-Heinz	2.083		4.695	Baumert	1.710
Michael	2.168	Ulrike	2.076	Ralph	1.628	Rainer	1.545	Baumgärtner	
Bartelheimer	2.340	Bartosch	2.067	Bastert	4.180	Sascha	1.011	Klaus	1.591
Bartelmann	2.361	Bartosch-Dülks	1.233	Bastgen	1.185	Sigrid	1.050	Sandra	2.364

Name	Nr.	Name	Nr.	Name	Nr.	Name	Nr.	Name	Nr.
Tim	2.173	Beaujean		Annette	4.249	Kathrin	1.220	Werner	2.659
Vera	1.063	Ulrich	1.006	Annika	1.170		4.571	Wolfgang	2.746
Baumgardt		Yvonne	1.011	Barbara	2.755	Klaus	1.009	Becker-Adam	1.151
Bernhard	4.195	Beaumart	4.951	Beate	4.276		1.224	Becker-Adden	2.687
Vanessa	1.805	Beaupain	4.071	Beatrice	2.522		1.485	Becker-Andermahr	
Baumgardt-Thomé		Bebber van		Bernd	4.301		2.166		1.537
	1.136	August	2.070	Berthold	1.510	Klaus Bert	6.115	Becker-Bartnik	2.666
Baumgart		Cornel	1.520	Birgit	2.513	Klaus Gerhard	4.224	Becker-Droste	1.068
Anika	1.457	Bechberger	1.770		2.563	Klaus-Michael	2.215	Becker-Fulda	1.486
Elke	1.124	Becher		Björn	1.170	Kurt	1.005	Becker-Haake	2.503
Martin	2.075	Maritha	1.416	Brigitte	4.300	Lea	1.419	Becker-Haupts	3.172
Ulf	3.040	Vinzenz	2.415		4.570		1.528	Becker-Hubrich	4.910
Wolfgang	2.168	Wolf	1.326	Bruno	4.831	Lorenz	1.201	Becker-Jetzek	1.044
Baumgarten		Becher-Mayr	1.081	Christian	2.486	Ludger	4.905	Becker-Lavanoux	
Dirk	1.229	Becherer	2.610	Christina	4.875	Manfred	1.529		1.196
Gabriele	1.010	Bechler	2.245	Christoph	2.156		2.402	Becker-Nett	1.091
Heinz	2.516	Becht	1.020		4.100	Marcus	1.229	Becker-Reinartz	
Kordula	1.168	Bechtel	1.650	Claudia	1.103	Maria	1.116		4.300
Ulf	1.645	Bechtel-Rupprecht		Claus	1.095		1.201	Becker-Scheurer	1.059
Volker	1.132		4.273		1.681	Marie-Luise	1.050	Becker-Seidel	1.232
Wilfried	2.726	Bechthold		Daniela	1.310	Marita	1.015	Becker-Siebels	4.221
Baumhauer-Conen		Bruno	2.588	Dirk	2.521		2.502	Becker-Werner	1.415
	1.119	Jutta	1.168	Doris	4.900	Markus	1.265	Beckers	
Baumhekel	1.041	Beck		Dorothea	1.098	Martin	4.590		4.470
Baumöller	1.057	Andrea	4.635	Eduard	4.496	Matthias	2.145	Bruno	2.571
Baumstark	1.060	Andreas	2.491	Elisabeth	3.366	Mechthild	4.195	Gabriele	4.930
Baumtrog	1.545	Barbara	2.653	Elisabeth	4.250	Michael	1.266	Heinrich	1.261
Baunach-Schlüter		Beate	4.470	Elke	1.035		4.745	Jürgen	1.811
	1.750	Bernhard	1.529		2.437	Monika	2.005	Karl	4.510
Baur	1.845	Carola	4.430	Erika	2.120	Nikolaus	1.009	Michael	1.525
Baur-Saatweber	1.055	Dieter	2.396	Ernst	2.230	Nina	1.560		2.179
Baus	3.055	Erich	2.281	Frank	1.042	Norbert	2.305	Norbert	4.513
Bause	3.010	Frank	4.513		1.320	Okka	2.563	Ralf	1.641
Bauten	1.175	Frank-Andreas	4.721	Franz	1.406	Ortwin	4.073	Sabine	4.274
Bautsch	2.160	Gabriele	4.943	Gabriele	2.079	Patrick	1.200	Therese	3.200
Bautz		Hubert	2.244		4.270	Peter	3.155	Wolfgang	4.270
Christina	4.040	Ingrid	1.200	Gerald	2.760		4.721	Beckert	
Volker	2.077	Karl	1.600	Gerhard	1.121	Petra	1.530	Dirk	4.741
Bautzmann		Klaus-Günther	1.600	Günter	1.126		2.726	Heinz	2.242
Elisabeth	3.170	Melanie	4.250	Guido	2.067		2.586	Beckervorder-	
Manfred	2.658	Michael	1.220	Hans-Dieter	1.743	Rita	2.635	sandforth	
Bauza y Couronny			4.420	Hans-Joachim	2.355	Rosemarie	1.805	Katharina	1.216
	1.125	Regina	3.005	Hans-Peter	4.221	Sabine	1.211	Tobias	2.280
Bavendiek	1.551	Sabine	2.673	Hans-Walter	4.130		2.318	Ursula	1.736
Bax		Wolfhart	2.516	Harald	1.402		4.540	Beckfeld	2.210
Alexandra	2.056	Beck von der		Helga	1.819	Siegfried	1.790	Beckhuis	2.073
Oliver	4.571	Rolf	2.402	Heliane	2.571	Sigrid	1.225	Beckmann	
Baxmeyer	1.220	Sabine	1.551	Helmut	4.243	Stefanie	2.310	Annerieke	2.057
Bayard	1.418	Beck-Ewerhardy	4.242	Heribert	1.781	Susanne	1.003	Beatrix	2.519
Bayer		Beck-Nawroth	4.600		1.821		1.218	Bernd	4.243
Anja	3.040	Becke	1.128	Hildegard	1.106		1.220	Britta	2.425
Carola	1.802	Beckebans		Horst	6.140	Tanja	1.052	Christina	1.488
Doris	2.360	Hermann	2.500	Horst-Peter	1.361	Teresa	1.102	Christoph	1.044
Gerhard	1.802	Judith	2.500	Ina	1.553	Thomas	1.159	Dieter	2.637
Harald	2.436	Becke-Silberhorn		Irinak	2.487		1.160	Dorothee	2.516
Ingo	1.361		4.570	Iris	1.036		3.030	Elmar	2.045
Marion	1.270	Becker		Irmela	2.083		4.170	Gabriele	2.079
Robert	4.091		2.510	Janine	1.486	Thorsten	2.755	Gerd	2.472
Ulrike	3.040	Albert	1.740	Jessica	1.417	Ulrike	4.770		4.245
Bayer-Ruf	4.570	Alexandra	4.141	Joachim	4.170	Ursula	1.486	Günther	2.006
Bayerl	3.398	Andreas	1.265	Johannes	2.020		1.581	Harald	1.226
Bayes	2.732	Alfons	1.200	Jürgen	1.511		1.699	Hartmut	2.057
Bayrak		Alois	1.441		2.173		2.165	Heidrun	4.390
Feride	4.250	Andrea	2.293	Jürgen-Peter	2.165		3.007	Heiko	1.711
Hülya	4.654	Andreas	4.510	Karin	1.553		4.271	Hubert	3.150
Bazille	1.453	Andr.-Georg	1.430	Karl-Heinz	2.281	Uwe	1.157	Karl-Heinz	2.420
Beatrix	4.741	Anika	4.470	Karl-Josef	2.571		4.273		4.180
Beaufrère	1.697	Anna Elisab.	2.280	Karl Peter	1.068	Volker	1.121	Katharina	4.273

Konrad	2.746	Carsten	3.040	Karin	4.240	Margarete	2.419	Yvonne	2.475
Margarete	2.470	Frederique	4.221	Marie-Louise	1.630	Rüdiger	2.564	Bekes	2.242
Maria-Elisab.	2.153	Beel		Behmenburg-Nagler		Behring-Gruhn	4.600	Belde	1.598
Martina	1.040	Ellen	1.135		4.721	Behringer		Belecke	2.736
Michael	2.659	Rainer	3.065	Behmer	4.350	Dietrich	1.432	Belgardt	1.713
Miriam	1.541	Beele	1.326	Behne		Peter	BRDü	Belger	2.196
Monika	2.417	Beem		Horst-Dieter	1.095	Behrmann	2.081	Belitz	1.403
	2.640	Frank	3.015	Jürgen	4.721	Beier		Belitz-Demiriz	2.361
Nadine	2.183	Gabriele	1.529	Reinhard	1.436	Birgitta	1.641	Beljatschitz	2.370
Peter	1.210	Beemers	1.310	Behner	3.150	Brigitta	1.420	Belka	4.590
Petra	4.260	Beenen	1.629	Behnisch	1.153	Gabriele	2.765	Belkadi	1.414
Reinhard	2.519	Beenken	2.080	Behnke		Johannes	2.731	Belker	1.210
Renate	1.554	Beer		Anneliese	1.007	Katrin	2.300	Bell	
Rolf-Peter	4.070	Anka	1.122	Helmut	1.233	Renate	1.781	Daniela	4.945
Sandra	4.323	Ansgar	2.651	Ingrun	2.169	Ute	2.326	Edeltraud	1.138
Stefanie	2.243	Carsten	4.662	Katja	2.300	Viviane	1.633	Kathrin	2.174
	4.390	Doris	1.790	Nina	1.736	Beier-Schubert	1.361	Linda	1.241
Sylke	4.743	Gertrud	1.375	Rainer	1.551	Beierle	1.233	Melanie	4.945
Theodor	3.105	Jürgen	4.120	Roland	4.601	Beiermann	1.135	Nadja	4.250
Ursula	2.586	Julia M.	1.486	Wolfgang	2.751	Beike	2.205	Rainer	1.625
Volker	4.580	Klaus	2.146	Behr		Beikert	2.058	Bellardts	4.221
	4.963	Natalie	4.251	Annette	1.196	Beil		Bellen	
Walter	2.095	Thomas	2.686	Lioba	4.741	Manfred	1.118	Hans-Dieter	1.528
Wiebke	1.250	Beerbaum	2.589	Dorothee	1.350	Sibylle	4.220	Hans-Josef	1.713
Beckmann-Grethen		Beerens	1.541	Behr-Heyder-	4.495	Beilborn		Beller	2.586
	4.875	Beeretz	1.190	Gehlen		Christiane	1.633	Bellers	4.275
Beckmann-Küster		Beerhorst	2.361	Behre	1.006	Klaus	1.633	Bellersheim	4.780
	2.516	Beermann		Behren v.	1.375	Beilfuß	2.063	Belles-Fünfgeld	1.135
Beckmann-Reul	1.453	Katrin	2.195	Behrenbeck	4.247	Beilharz	1.200	Bellinghausen	
Beckmöller		Maren	2.255	Behrenbeck-	4.070	Beilmann	1.160	Jutta	2.587
Susanne	4.040	Martha	2.472	Beckedahl		Beinborn	2.310	Karl-Heinz	1.600
Werner	4.600	Reinhard	2.731	Behrenbruch		Beindorf-Wagner		Bellm	2.520
Becks	2.613	Sabine	2.452	Detlev	1.185		1.326	Bellmann	
Beckschäfer	2.230	Beermann-Reetz		Frank	2.056	Beine		Mirjam	4.513
Beckschulze			1.116	Ingrid	1.627	Ferdinand	2.665	Rainer	1.165
Heinrich	2.033	Beerwinkel	2.230	Reiner	1.482	Günther	1.470	Bellon-Kettenring	
Helmut	2.436	Beese	3.005	Behrends		Josef	2.173		1.430
Beckstett		Beeser	4.510	Georg	4.771	Martin	2.415	Below	1.840
Andreas	2.061	Begaß	1.345	Ulrich	4.243	Matthias	2.021	Below von	1.231
Petra	2.560	Begemann		Behrendt		Werner	2.695	Belten	1.320
Beckwermert	1.711	Hartmut	4.151	Achim	1.615	Beine-Funke	2.590	Belter	1.681
Bedbur		Jobst	2.419	Christian	4.681	Beine-Gnauck	3.038	Belthle	1.505
Claus	1.232	Beger	4.248	Lutz	2.241	Beinghaus	2.310	Belting	2.072
Heinz	1.505	Begiebing	1.561	Rolf	3.035	Beinicke	4.250	Beltrop	2.455
Beddies	2.627	Bego-Ghina	4.193	Behrendt-Cuypers		Beinke-Schlag	2.445	Beltz	1.054
Bedenbecker	2.677	Begrich	1.190		2.318	Beirau-Müller	1.230	Belz	
Bedenbender	2.545	Begrich-v. Moock		Behrendt-Vohr	1.511	Beiseken	1.119	Bernadette	1.091
Bedminster	2.195		1.261	Behrens		Beisenbusch		Joachim	2.154
Bednar	2.115	Behle		Carla	4.780	Heinz-Jürgen	2.240	Jürgen	1.091
Bednarek	1.475	Bianca	2.763	Doris	2.326	Walburga	2.245	Ortrud	2.590
Bednarz		Gabriele	1.630	Hagen	1.132	Beisenherz	2.146	Belz-El-Saghir	4.273
Diana	4.513	Hubertus	2.079	Heinrich	4.600	Beisenherz-Galas		Belzer	1.122
Hans-Dieter	1.560	Ingeborg	2.079	Heinz-Werner	2.612		1.040	Bem	2.045
Petra	2.153	Behlen	2.036	Helga	2.317	Beisenhirz	2.650	Benczek	1.320
Bedra	4.571	Behler		Judith	4.945	Beismann	2.671	Benda	4.445
Bedtke	1.819	Barbara	1.451	Karl-Friedrich	1.822	Beisner	4.295	Bendek	1.222
Bee		Jürgen	1.455	Lucia	1.840	Beißel (Beissel)		Bendel	1.581
Georg S.	1.285	Maria	2.674	Michael	1.196	Angelika	1.725	Bendels	1.594
Reinhard	2.651	Raimund	4.111	Peter	2.732	Christiane	4.091	Benden	2.363
Beeck		Behling	1.453	Regine	1.710	Eva	1.097	Bender	
Gabriele	1.270	Behling-Simons	4.210	Rita	1.325	Manfred	4.091	Angelika	1.121
Susanne	1.266	Behm-Brachmann		Sonja	2.732	Peter	1.160	Beate	4.385
Tanja	1.660		2.687	Wolfgang	1.775	Beißner	2.419	Bettina	2.370
Beeck v. d.	2.255	Behme			1.802	Beiten	1.743	Dagmar	4.771
Beedemann	4.274	Agnes	2.030	Behrens-Jochmaring		Beitl	3.038	Gudrun	2.571
Beek van der	4.510	Joachim	2.571		2.125	Beitz	4.180	Hanna	4.880
Beeker		Behmenburg		Behrensmeyer	2.656	Beitzel		Hans-Ulrich	1.417
Arne	1.421	Helmut	3.070	Behring		Manfred	1.004	Helmut	2.410

Klaus	2.059	Benninghoven		Marion	1.091	Dagmar	2.603	Bergmann	
Martin	4.830	Giovanna	2.293	Paul-Ulrich	2.745	Dawid	1.186	André	1.138
Norbert	1.818	Helmut	1.437	Rudolf	1.681	Dörthe	2.072	• Andrea	1.025
Peter	1.265	Ulrich	2.166	Silvia	1.434	Doris	4.590	Angelika	4.246
Ulrich	4.240	Ulrike	1.230	Berensmeier	2.746	Eva	1.109	Antje	2.255
Ursula	1.385	Benölken	2.095	Berentelg	2.680	Fritz	2.705	Barbara	1.059
Wolfgang	1.211	Bensberg		Berenwinkel	1.594	Geneviève	2.474	Beatrice	1.123
Bender-Holl	4.961	Bernd	1.640	Beresheim	1.845	Gisela	1.036	Bettina	2.033
Bender-Mengert		Edelbert	2.150	Bereznai	1.009	Günter	2.603	Birgit	2.669
	4.620	Bensch	4.247	Berg		Heidi	2.064	Claas	1.231
Benders		Benscheidt	2.260	Annika	1.155	Jürgen	2.265	Cornelia	4.690
Resi	1.725	Benseler	2.588	Björn	2.587	Jutta	2.320	Dietrich	2.462
Rolf	2.565	Bensen	1.484	Christa	2.604	Karl-Heinz	2.474	Dirk	4.273
Bendig	1.376	Bensmann	1.615	Christiane	4.695	Katleen	1.228	Edelgard	1.370
Bendik		Bensom	3.012	Claus	1.840	Kay	1.155	Elke	1.691
Bernd	2.265	Benson		Dagmar	1.699	Michael	1.697	Ellen	1.053
Inge	2.265	Petra	2.515	Dieter	1.530	Monika	1.221	Florian	1.435
Bendisch	1.061	Wolfgang	2.638	Dörte	1.041		1.434	Frank	2.605
Bendix		Bent		Elke	2.396	Paul	1.101	Friederike	2.621
Sylvia	4.401	Hans-Walter	2.156	Gabriele	4.220	Ralf	2.726	Heinrich	2.255
Uta Henriette	1.421	Susanne	2.157	Günter	2.460	Reinhard	1.219	Heinz	1.819
Bendler		Benteler	2.732	Hubertus	2.255	Rolf	1.699	Heinz-Dieter	2.736
Veronika	2.150	Bentfeld		Jochen	1.341	Stefan	1.681	Juliane	2.059
Wilfried	2.150	Thomas	1.411	Judith	2.731	Stefanie	1.741	Kirsten	1.045
Bendorz	1.740	Ulrike	2.695	Lothar	1.820	Tanja	4.635		2.057
Benecke	2.588	Bentgens		Manfred	2.148	Wolfgang	2.157	Manfred	2.645
Benedens	1.131	Anna	1.570	Martin	1.066	Bergerhausen	1.380		1.715
Benedetti	1.486	Wilfried	BRDü	Othmar	1.817	Bergerhausen-	1.441	Marion	4.111
Benedict	4.830	Benthaus	2.563	Pamela	1.575	Fuchshofen		Marita	1.595
Beneken	3.045	Bentlage		Peter Paul	2.495	Bergermann		Moritz	1.070
Benesch	4.270	Gabriele	1.325	Reiner	2.452	Manfred	2.685	Rita	2.001
Benfer	2.415	Lars	4.430	Silke	1.522	Regina	2.215	Roger	4.251
Bengel		Sandra	4.130	Ulrike	2.035	Bergers		Rolf	2.086
Lothar	1.200	Ulrich	2.340	Ursula	2.772	Elke	4.654	Rudi	2.121
Michael	1.413	Bentler		Werner	2.638	Rudolf	1.265	Stefan	4.722
Benito Espi	4.250	Beate	1.418	Wolfgang	2.362	Ruth	1.217	Ulrich	1.560
Benkel	1.091	Bodo	1.520		3.120	Berges		Bergmann-Lüning	
Benken	1.403	Christine	4.740	Berg van den		Christian	1.570		1.817
Benkenstein	1.484	Bentrup	2.061	Marc	1.127	Hartwig	2.230	Bergmann-Müller	
Benkert		Bentum van	1.265	Thomas	2.241	Kai	4.945		2.183
Barbara	1.218	Bentzen	2.146	Berg van der	1.505	Bergfeld		Bergmann Söfkor	
Nils	2.195	Beran	2.071	Berg vom	1.320	Belinda	1.081		1.068
Thomas	4.340	Beran-Ivanov	1.436	Berg von		Verena	1.660	Bergmann-Wels	1.716
Benkmann	4.150	Berard	1.001	Bianka	1.495	Berghäuser		Bergmans	2.480
Bennefeld	2.179	Berberich	2.077	Bruno	1.575	Brigitte	2.181	Bergmeier	
Bennemann		Berberich-Latour		Reiner	2.452	Sven	2.030	Margarete	2.588
Cornelia	2.645		1.167	Ursula	2.772	Berghahn	4.224	Rolf	4.170
Frank	2.520	Berbesch	1.409	Werner	2.638	Berghaus		Bergmeister	
Torben	1.595	Berchem	1.162	Berg-Dreithaler	2.063	Bärbel	1.132	Elke	1.775
Bennent-Vahle	3.172	Berding	4.513	Berg-Rose	1.220	Hannes	4.780	Herm.-Josef	1.821
Benner		Bereczki	1.403	Bergau		Bergheim		Martin	1.690
Alexandra	1.058	Berekoven	4.961	Dieter	1.713	Andreas	1.402	Bergmeyer	2.165
Arno	2.656	Berels	2.667	Elisabeth	1.376		1.575	Bergner	
Heinz	1.402	Berend van		Klaus	2.690	Eckart	1.150	Georg	2.190
Bennertz		Christa	4.680	Bergdoll	2.146	Berghen v. d.	1.020	Hans-Joach.	1.821
Bennet		Ursula	4.682	Berge von dem	2.040	Berghoff		Karl-J.	4.925
Heike	2.462	Berendes		Berge-Golz	4.771	Bärbel	1.150	Nikolas	1.585
Susan	1.454	Birgit	2.751	Bergedick	1.697	Dieter	4.221	Bergold	2.732
Bennhardt	2.168	Jörg	4.071	Bergemann	1.522	Gabriele	2.317	Bergold-Bock	2.730
Benning		Rudolf	1.538	Bergen-Henkelmann		Renate	2.181	Bergs	
Barbara	4.705	Berendonk			2.438	Ute	1.415	Hannelore	1.191
Sabine	1.711	Axel	4.274	Berger		Veronika	1.070	Heinz	1.510
Benning-Cebula		Heinz-Josef	1.365	Andreas	1.067	Bergins	4.221	Maria	2.450
	1.780	Berens			2.755	Bergkemper		Bergweiler-Priester	
Benninghoff		Antje	1.681	Annegret	1.229	Ludger	1.780		4.220
Bernd	4.470	Christoph	4.323	Astrid	2.590	Ulrich	2.651	Berheide	
Claus	1.593	Hans-Peter	2.521	Barbara	1.441	Bergkemper-		Andreas	2.396
Klaus	4.721	Heike	2.522	Christian	4.241	Marks	BRK	Gudrun	1.151

Berhörster	2.585	Jürgen	1.781	Martin	2.686	Bette		Klaus	1.053
Bering	2.325	Ursula	1.422	Michael	2.575	Elisabeth	1.743	Mathilde	4.540
Bering-Müller	1.419	Berners		Bertelsmeier	4.072	Jens	1.212	Bexten	1.190
Beringmeier	2.589	Alexandra	1.436	Berten	1.375	Mechthild	4.072	Beyel	
Berisha	3.105	Heinz	1.495	Berthold		Bettermann		Martin	4.295
Berka		Luise	1.560	Christiane	2.030	Petra	2.102	Stefanie	2.285
Hans-Georg	2.511	Rebecca	1.380	Klaus-Jürgen	2.340		3.061	Beyen	1.418
Helmut	2.360	Bernhard		Manfred	1.167	Bettin		Beyer	
Berke	2.450	Angela	3.075	Berthold-Schröder		Dieter	1.160	Achim	1.620
Berkel	2.305	Antje	1.699		4.074	Reinhard	2.160	Barbara	1.470
Berkemeier		Birgit	4.654	Bertling		Betting			2.215
Christian	2.517	Gabriele	2.683	Annette	1.157	Angela	1.162	Claudia	2.291
Dorothee	1.061	Klaus	4.681	Herm.-Josef	2.635	Petra	2.732	Dietmar	4.540
Erwin	1.725	Wolfgang	1.750	Bertmann	2.403	Ulrich	1.216	Hans	1.055
Nina	1.138	Bernhardi-Mensing		Bertram		Bettinger	1.091	Harald	1.219
Peter	4.350		2.121	Alfred	2.456	Bettscheider	1.054	Horst	4.242
Berkemeyer	1.456	Bernhardt		Beate	2.565	Betz		Hubert	1.640
Berkenheide	2.490	Bodo	2.440	Christian	2.765	Elke	4.430	Jörg	1.629
Berker		Britta H.	4.242	Claudia	1.103	Kirsten	1.211	Johann	1.351
Günter	1.552	Heinz-Helmut	2.545	Elisabeth	1.680	Manfred	2.244	Karin	1.629
Wolfgang	4.072	Karin	4.962	Hans-Peter	4.831	Renate	2.640	Kerstin	1.390
Berkessel	1.185	Rainer	2.045	Heinz-Diether	1.580	Betzinger	2.393	Klaus	2.585
Berkhahn		Veronika	1.201	Jürgen	1.001	Beu		Lutz	1.591
Bärbel	2.081	Volker	1.127	Klaus	4.445	Simone	4.832	Marie-Elise	2.241
Dörthe	2.357	Bernhardt-Beyer		Rudolf	2.059	Wolfgang	2.317	Marlis	1.066
Berking	3.065		1.490	Sabine	2.001	Beucker	1.123	Monika	1.750
Berlage		Bernhart	2.318	Ulrich	4.690	Beuckmann	2.575		2.626
Friedrich	2.050	Bernicke	4.905	Bertrams		Beuel	1.437	Silke Maren	1.455
Thomas	1.057	Berning		Alexandra	1.660	Beul	2.426	Stefan	4.270
Berlemann		Bernhard	2.750	Birgit	1.353	Beule		Sybilla	4.681
Klaus	4.600	Hans-Georg	2.205	Eva	1.770	Hans-Peter	2.516	Thomas	1.340
Wolfgang	2.395	Hildegard	1.780	Bertrand	3.175	Reinhard	1.819		2.618
Berlin	2.565	Karl	2.604	Bertsch	1.233	Beulen	1.232	Waltraud	1.066
Berlo	1.080	Matthias	2.487	Bertschik	2.685	Beulertz	2.035	Beyer-Bornemann	
Bermel	1.067	Stephan	3.175	Bertus	4.900	Beumer			2.006
Bermel-Bertmann		Berninghaus	1.135	Berweiler	1.356	Heinz	2.523	Beyer-Brussig	4.601
	2.403	Bernitt	4.224	Berzen-Elm	4.242	Rolf-Martin	2.626	Beyer-Engels	1.402
Bermig	1.220	Bernoth		Besche	2.190	Beune	2.745	Beyer-Heinig	4.340
Bermpohl	4.390	Anja	1.490	Beschorner	2.436	Beusch	1.376	Beyer-Kreuzer	2.160
Bernard		Christine	4.304	Beschwitz von	4.832	Beuser	1.137	Beyerle	1.505
Markus	4.251	Berns		Beseke	1.470	Beuteführ	4.570	Beyhl	4.910
Nicola	2.126	Andrea	1.340	Besler	3.215	Beutel		Beyß	1.357
Bernardin	3.105	Ekkehard	2.101	Besse	2.726	Annette	2.417	Bez	2.653
Bernardy		Hanne	4.252	Besseling	2.095	Laura	1.159	Bhattacharya	1.098
Felix	1.109	Ingrid	1.595	Bessen		Beutele	4.701	Bial	2.361
Klaus	2.570	Jürgen	2.161	Elisabeth	3.120	Beuth		Bialas	
Bernaschek	2.102	Stephanie	1.550	Klaus	3.120	Angela	1.712	Christine	4.661
Bernat	1.225	Ulrich	2.763	Ursula	3.120	Susanne	1.711	Hubertus	1.185
Bernatzki		Bernsen	1.051	Beßler	2.275	Beuting-Niehues		Biallas	4.510
Maria	1.715	Bernthaler	1.510	Besslich-Besson			4.830	Bialluch	2.390
Norbert	1.600	Berov	1.716		1.405	Beutler		Bialonski	4.494
Bernau	1.010	Berrens	1.451	Best	1.661	Birgit	1.818	Bialowons	3.012
Bernd-Krauße	1.581	Berresheim		Best-Zellner	1.422	Manfred	3.210	Bianchi	2.100
Berndsen	1.521	Anke	1.168	Besta	2.196	Ute	1.810	Bianchi-Mauve	2.061
Berndt		Marc	1.228	Bestek		Beutner		Bianco	1.216
Andreas	1.045	Berretz	1.200	Andreas	4.075	Bärbel	2.650	Bianga	3.040
Edith	2.635	Berry	2.084	Friedhelm	1.219	Yvonne	4.940	Bianga-Klasmeier	
Gabriele	2.500	Bersch	1.057	Besten	4.760	Bever			2.670
	2.010	Berschick	1.401	Bestgen-Schmenner		Joachim	1.712	Bias	1.541
Jochen	4.590	Berse			4.195	Rosel	1.521	Bicher	1.685
Peter	1.122	Sabine	2.600	Bethke		Beversdorff	2.440	Bicici	4.273
Ute	1.527	Sonja	1.584	Christiane	4.385	Bevilacqua	1.118	Biciste	1.422
Wolf-Rüdiger	4.430	Berson	1.801	Jürgen	1.715	Bevilacqua-	1.811	Bick	
Berndt-Rademacher		Bertelmann	2.659	Bethke-Nix	2.173	Kaysers		Daniel	4.415
	2.022	Bertels		Bethlehem	2.281	Bevis	1.118	Hans-Werner	4.095
Bernecker	2.325	Claudia	2.475	Betke		Bewersdorff	2.650	Bickel	1.118
Berner		Isabel	2.732	Carolin	2.640	Bewerunge		Bickmann	
Andreas	1.822	Maria	2.605	Monika	2.656	Christine	1.442	Dorothé	1.002

Jutta	2.275	Detlef	1.541	Oliver	2.503	Billenkamp	2.077	Petra	4.304
Rosvita	1.380	Sabine	1.625	Bierhoff	1.436	Biller		Birkholz-Bräuer	2.081
Bickmann-Krebber		Bielski		Bierkamp	1.025	Andrea	2.417	Birkmann	
	4.246	Johannes	1.195	Biermann		Heiko	4.304	Birgit	1.434
Bickmeier		Mechthild	1.195	Christine	4.053	Billgen	4.870	Heike	2.064
Ernst-Friedr.	2.620	Biem	1.817	Diane	2.462	Billig	1.052	Birkner	
Gabriele	2.281	Biemans		Franz	4.740	Billmann	1.770	Clemens	1.403
Bickmeier-Nichciol		Karin	1.004	Gabriele	2.746	Billstein	1.356	Nicola	2.197
	4.832	Patrick	1.004	Heike-Renate	2.055	Bilo		Birmans	3.200
Biddermann	1.159	Bien	2.280	Heinrich	2.191	Martin	1.011	Birmes	
Bieber		Biene-Mollenhauer		Holger	1.589	Wolfgang	1.040	Claudia	1.456
Angelika	1.628		2.635	Horst-Jürgen	2.357	Bilski	1.741	Maria	1.376
Christa	2.514	Bieneck		Ingrid	1.554	Bilstein	1.775	Birnbach	1.325
Hartmut	2.516	Jens	2.440	Reiner	2.035	Bimmermann	2.590	Birnbrich	1.713
Helmut	4.243	Martina	2.057	Sandra	2.291	Bindels-Ostlender		Birnschein	2.285
Susanne	4.240	Bienefeld		Susanne	4.072		4.875	Birr	4.910
Bieberneit-Kamann		Karl Wilhelm	1.121	Tanja	1.620	Binder		Birth-Steinkamp	
	1.536	Michael	4.700	Theodor	2.771	Clemens	2.045		2.145
Bieberstein	1.325	Bienek	2.417	Waltraud	1.190	Jörg	4.130	Bisanz	
Biebricher	1.584	Bienemann		Biermann-Braun		Manfred	1.117	Jutta	2.045
Biechele	2.045	Claudia	1.536		2.300	Stefan	1.241	Meike	2.425
Biederbeck	4.290	Hans-Dieter	4.250	Bieroth	1.153		2.673	Bischof	
Biederbick		Bienengräber-	2.280	Bierthler	4.540	Bindewald	2.519	Antje	2.310
Klaus	1.640	Killmann		Biertz	4.210	Binding		Dorothee	4.590
Winfried	2.115	Biener-Hendricks		Bierwirth		Adela	2.610	Hans-Rudolf	1.455
Biedermann			1.392	Bernd	2.022	Heiner	1.411	Inge	2.614
Gabr.	2.205	Bienert		Gabriele	1.326	Stephanie	2.072	Iris	2.575
Marie-Ther.	1.537	Astrid	1.186	Bierwirth-Claus	1.233	Binert	1.230	Markus	1.007
Veit	2.205	Bettina	2.090	Bies	1.305	Bingel	1.036	Wolfgang	1.006
Wolfram	4.242	Dietmar	2.305	Bieschke	1.454	Bingener	4.520	Bischoff	
Biedermann-Albers		Lavinia	4.225	Bieschke-Fabry	4.580	Binick	4.654	Adelheid	1.224
	2.610	Bienholz		Biese	2.036	Bink	4.415	Andrea	2.560
Biefeld-Schuster		Alfred	2.086	Bieseman	1.255	Binke	2.291	Anja	4.945
	1.390	Sabine	2.086	Biesemann		Binke-Orth	2.210	Annette	2.726
Biegel		Bienhüls	2.197	Arno	2.730	Binkhoff	2.036	Günter	2.555
Barbara	4.120	Bieniek		Dave	2.480	Binnenbrücker	1.158	Heike	1.484
Thomas	2.161	Andrea	1.081	Biesewig	3.140	Binnenstein	2.361		2.323
Biegierz	4.662	Dagmar	2.612	Biesgen	2.080	Binnewies	2.523	Joachim	2.110
Biehl		Bieniek-Adam	2.230	Biesing	1.008	Binnewitt-Bast	4.743	Jutta	2.673
Heike	2.084	Bienk		Biester	1.528	Binski	4.930	Katharina	1.380
Herwig	2.158	Alice	1.224	Biesterfeld	2.621	Bioly	2.169	Rainer	4.350
Biehler		Mark	4.662	Biestmann-Kotte		Birgel	1.250	Uwe	2.023
Rudolf	3.003	Bienkowski-	4.350		2.625	Birk		Volkmar	4.273
Ulrike	4.475	Schlünder		Bietenbeck		Anja	4.660	Bischoff-Doll	2.365
Bieke	2.005	Bienstein	4.241	Hubert	1.117	Jana	1.401	Biskup-Bernstein	
Bieker		Bier		Ursula	3.020	Susanne	4.513		2.281
Kerstin	2.746	Hartmut	2.687	Bietzker	2.045	Ursula	1.595	Biskupek	
Lisa	1.351	Helga	4.832	Biewald		Birk-Schröder	1.560	Christoph	1.415
Raimund	2.360	Petra	4.323	Rudolf	1.681	Birke		Georg	1.115
Wolfgang	4.720	Regina	4.270	Ute	4.513	Bernhard	4.790	Bisping	
Biekmann	2.145	Bierbach		Biewusch	2.393	Renate	4.276	Josef	2.575
Bielefeld	1.214	Jürgen	2.210	Bigalke		Thomas	4.790	Renate	2.586
Bielefeldt	1.222	Klaus-Michael	2.514	Beate	2.575	Birkelbach	1.710	Bister	4.661
Bielendorfer	2.242	Bierbrodt	2.363	Christian	1.820	Birkemeier	2.589	Bistrick-Gustorf	4.690
Bieler	1.781	Biere		Margarete	2.151	Birken		Bitter	
Bielert		Bastienne	2.451	Rainer	2.166	Gisela	1.001	Meinolf	2.361
Dunja	1.585	Michaela	2.067	Bigalla	2.266	Huberta	4.020	Santa	2.520
Frank	2.645	Raphael	2.291	Biggemann	1.631	Joachim	1.255	Silvia	4.130
Kerstin	1.020	Biere-Mescheder		Bikaki	1.119	Birkenfeld	1.432	Wilfried	1.554
Bieletzki-Zehle	2.077		2.064	Bikstermann	2.362	Birkenheier	2.750	Bitter-Wistuba	2.057
Bielevelt	2.605	Bierekoven	1.040	Bildhauer	1.380	Birkenkamp		Bitterberg	1.241
Bielig	3.215	Bierenfeld	1.216	Bildheim	2.340	Hans-Ulrich	1.196	Bitthöfer	1.594
Bieling		Bierfert	1.137	Bilgin	4.385	Ursula	4.385	Bittins-Cattaneo	
Andrea	2.156	Biergann	1.488	Bilke		Birker	1.633		2.640
Franz-Josef	2.618	Biergans	4.210	Christian	1.430	Birkhölzer	2.570	Bittis	1.581
Gabriele	2.517	Bierganz	1.011	Walter	1.716	Birkhold	4.221	Bittmann	
Bielinski	4.520	Bierhaus		Bilke-Arndt	1.175	Birkholz		Erich	1.552
Bielitza		Gabriele	2.604	Billecke	2.080	Hans	2.084	Ute	4.277

Bittner		Blaut	1.591	Marita	1.770	Horst	4.073	Michael	2.763
André	2.050	Blawatt	4.380	Wolfgang	1.770	Maria	2.516	Otto Michael	3.115
Jörg	2.040	Blazek		Bleyenberg	4.660	Marion	2.639	Werner	1.067
Stefan	1.785	Margarete	1.043	Bleyer	1.625	Matthias	2.225	Blume-Muntenbeck	
Stephanie	2.064	Paul	1.044	Blickberndt	4.495	Melanie	2.491		2.243
Vera	1.217	Blazy	2.190	Bliedung	2.587	Rainer	4.320	Blumenberg	4.832
Wolfgang	1.035	Blech		Bliefernicht	2.157	Stefan	2.083	Blumenroth	
Bittroff	4.248	Dorothee	1.121	Blind		Volker	4.743	Hartmuth	2.535
Bitz	1.691	Ulrich	1.220	Josef	1.780	Blomeier	4.240	Thomas	1.455
Bitzenhofer	1.410	Blecher		Wolfgang	4.323	Blomen	1.523	Blumensaat	1.218
Bizer	1.616	Annette	1.790	Blix	1.615	Blomert	4.650	Blumenstengel	1.536
Blachmann	4.091	Frank M.	1.260	Blizil	4.246	Blomeyer	4.660	Blumenthal	
Black	2.685	Blechschmidt	1.486	Bloch		Bloom	2.390	Anna	1.122
Blackmore	1.805	Bleck		Beate	2.683	Bloßfeld	1.593	Annie	1.424
Bläker		Christiane	1.067	Jürgen	4.410	Blotevogel	4.870	Martin	2.110
Uta	4.260	Heidrun	4.740	Peter	2.300	Blotzheim	2.760	Sabine	3.045
Veronika	1.750	Heinz-Otto	1.229	Reinhard	2.732	Bloyinski		Stefanie	2.690
Bläsing	2.390	Monika	2.462	Tanja	2.146	Axel	1.009	Ursula	2.626
Blakert	2.001	Ulrich	1.241	Blochwitz	1.798	Brigitte	1.010	Wilfried	1.527
Blana		Blecke	1.191	Block		Bludau		Blumrath-Götze	1.413
Heinrich	2.022	Blecker	1.790	Andrea	1.061	Hans	2.101	Bobe	2.590
Wiltrud	2.165	Bleckmann		Barbara	6.148	Irmgard	4.242	Boberg	
Blanchard	1.126	Dietrich	1.127	Diethart	4.440	Klaus	4.304	Annette	4.130
Blank		Gerd	2.656	Dirk	4.040	Monika	4.180	Britta	1.003
Andreas	BRK	Klaus	4.660	Dorothe	4.964	Blühdorn	2.319	Marianne	1.818
Annemarie	2.502	Maren	2.316	Katja	4.040	Blümel	2.560	Bobermin	4.780
Bernd	1.435	Matthias	1.470	Rosemarie	1.370	Blümel-Vries de	2.545	Boch	
Sigrid	3.120	Melanie	1.775	Theodor	2.603	Blütters	1.150	Bernhard	1.059
Ulrich	2.462	Michael	4.246	Ulrich	2.192	Bluhm		Burkhard	4.940
Blank-Kluger	1.131	Petra	1.153	Werner	4.192	Annette	1.326	Georg	4.462
Blanke		Rosemarie	1.220	Blockhaus	1.523	Brigitte	1.713	Peter	2.005
Andrea	1.403		2.656	Blocksiepen	1.620	Claudia	4.054	Bochnick	1.286
Arnold	1.125	Uwe	4.905	Blöbaum	4.130	Blum		Bock	
Franz	2.396	Bleckmann-	4.385	Blöcher-Leßle	1.102	Andrea	1.210	Anke	2.452
Fritz-Günther	4.513	Kaienburg		Blöcker		Carola	1.407	Frieder	1.180
Blanke-Gruber	4.570	Bleckmann-Robionek		Berit	1.116	Gabriele	2.058	Heinz Peter	1.529
Blanke-	2.157		4.630	Karin	4.250	Georg	4.741	Henning	2.356
Wiesekopsieker		Bleeker	1.056	Bloedhorn	2.455	Ingrid	3.045	Mechthild	4.743
Blanken-Möckel van		Blees	1.810	Bloedorn	2.611	Irene	1.355	Peter	2.690
	1.450	Bleich	1.770	Blöhm-Dicke	1.598	Johannes	2.480	Sabine	1.168
Blankenagel	4.300	Bleidick	2.435	Blömacher	1.102	Jürgen	1.805		2.240
Blankenburg	1.266	Bleidorn	1.453	Bloemeke	2.770	Kornelia	1.415	Steffen	2.502
Blankenhagen	4.830	Bleidt	1.402	Blömeke		Lotte	4.270	Susan	2.732
Blankenheim	1.186	Bleike	2.058	Brigitta	4.915	Manfred	1.735	Tanja	1.713
Blanz	3.120	Bleiker	2.732	Christel	4.242	Max	1.357	Thomas	4.920
Blasberg		Bleilevens	1.520	Johanna	3.045	Melanie	1.061	Wilfried	1.015
Anne-Katrin	1.550	Bleisteiner		Ursula	4.055	Michael	1.420	Bock von Wülfingen	
Klaus	1.695	Jürgen	1.392	Blömer		Nils	3.012	Heinz-Georg	4.550
Blaschke		Timo	1.390	Karin	2.401	Norbert	2.030	Teresa	1.130
Heinrich	4.350	Bleiweiß	1.715	Katharina	2.560	Reinhard	1.210	Bockel	1.127
Hubert	2.460	Blenkle	1.345	Ulrich	1.070	Sandra	1.527	Bockelmann	2.270
Jürgen	2.184	Blenkner	4.661	Blöming	2.085	Tanja	1.044	Bockemühl	3.038
Rainer	1.212	Blennemann	4.290	Blömker			2.317	Bockemühl-Bollmann	
Blaschke-Requate		Blens	1.580	Bloemertz	1.529	Ulrike	1.210		4.635
	2.356	Blesenkemper	2.195	Blöthe		Volker	4.661	Bocker	2.355
Blase	2.564	Blesken	3.003	Jutta	2.515	Winfried	1.403	Bockhoff	4.870
Blasek	1.340	Bleß	2.471	Karl	2.511	Blumberg		Bockholt	2.627
Blasel	1.255	Blessin	4.635	Blohm	2.760	Anna-Chr.	4.040	Bockhorn	4.462
Blasko	4.415	Blettgen		Blok von	1.010	Eva	2.077	Bocklage	4.741
Blaß	1.801	Gabriele	1.223	Blom	2.380	Jens	1.736	Bocklet	1.486
Blaß-Terheyden	2.519	Karlheinz	4.247	Blombach	1.633	Klaus	1.630	Bockx	1.627
Blattgerste	2.318	Bleumer	2.156	Blomberg		Blume		Bodack	2.666
Blatz-Gentges	1.552	Bleutgen-Freitag		Brigitta	1.210	Andreas	BRK	Bodde	2.680
Blatzheim	1.348		1.191	Judith	3.220	Antje	2.020	Bodde-Mürmann	
Blau		Blex		Blome		Bernhard	1.645		2.150
Gabriele	1.457	Christian	2.255	Daniela	4.601	Elisabeth	4.962	Bodden	
Norbert	1.522	Ulrich	2.755	Geraldine	1.660	Hans-Michael	4.520	Anne	1.106
Blaurock	4.300	Bley		Gerhard	2.670	Heinrich	1.216	Birgit	3.172

Martin	4.246	Böckmann-Preuß		Achim	1.505	Böll	4.571	Bösenberg	
Norbert	2.100		2.085	Anne	2.640	Bölle	1.040	(Boesenberg)	
Otto	1.545	Böddeker	2.588	Annette	2.289	Bölling		Kai Ina	4.900
Boddenberg		Böddicker	2.285		2.760	Andreas	2.677	Lars	2.396
Axel	2.618	Bödeker		Gerhard	2.460	Axel	1.005	Böser	1.102
Linda	1.044	Ingrid	2.063	Jochen	2.080	Gisela	1.631	Bösing	
Ulrich	1.407	Jochen	BRDe	Josef	1.265	Bölte	1.200	Andreas	1.230
Boddenberg-Nopper		Lore	3.145	Margret	1.185	Bölting		Hans	4.150
	1.210	Maren	2.158	Michael	1.725	Eva	2.550	Heribert	2.471
Boddin	1.452	Regine	2.419	Böhmer-Maus	1.255	Franz-Josef	6.245	Monika	4.150
Bode	2.600	Ulrich	2.063	Böhmert	4.661	Katja	1.052	Olaf	2.550
Bodeck	2.058	Wulf	4.700	Boehn-Hilden	2.169	Bölts	2.705	Böskens	4.170
Boden		Bödeker-Schröder		Böhne		Bölzle-Meier	4.705	Böss	1.219
Christiane	1.685		3.050	Heinz-Günter	1.090	Boelsen	4.740	Böth	1.818
Gabriele	1.155	Böder (Boeder)		Klaus-Jürgen	2.145	Boelter	1.736	Boeti	1.616
Monica	1.380	Gudrun	2.157	Böhner		Bömelburg	2.535	Böttcher (Boettcher)	
Bodendorf	1.699	Michael	2.521	Christa	1.593	Bömer-Schlenger		Anja	2.361
Bodenschatz	1.530	Böer		Engelbert	2.585		2.587	Anke	1.157
Bodenstaff	2.021	Heinz	2.243	Georg	1.196	Bönemann		Ferun	3.172
Bodenstedt	2.585	Katja	1.536	Böhner-Aschoff		Doris	2.071	Franz-Josef	2.651
Bodenstein	6.153	Boeff	4.300		1.153	Friedrich	2.073	Fritz	4.740
Bodewein		Bögehold	2.651	Böhning	4.170	Bönig		Gabriele	1.581
Gerhard	1.522	Bögeholz	2.058	Böhnlein	4.246	Evelin	2.630		2.360
Heinz-Josef	1.527	Bögeholz-Blecher-		Böhnke (Boehnke)		Günter	2.690	Hans Ulrich	3.050
Bodewig		Wenzel	4.962	Jörg	2.292	Jürgen	2.620	Jürgen	4.570
Martina	4.930	Bögel	1.713	Martin	4.350	Bönigk (Boenigk)		Kirsten	2.080
Norbert	1.035	Böger (Boeger)		Stefanie	4.960	Barbara	1.160	Lutz-Rainer	2.518
Peter	4.240	Friedhelm	4.740	Winfried	2.085	Joachim	2.055	Natascha	4.662
Bodewig-	4.722	Monika	2.082	Böhringer-Rouvel		Reinhard	2.519	Susanne	3.140
Behmenburg			2.671		2.076	Bönisch		Ulrike	2.160
Bodmann		Böggemann	2.589	Böing		Jakobus	4.910	Ursula	1.529
Martina Maria	1.067	Böggering	2.150	Franz	2.073	Johannes	1.630	Böttcher-Pelz	2.396
Michael	4.920	Böhländer-Franzke		Johannes	4.680	Bönnemann	2.746	Böttger	
Böck			4.249	Maik	1.403	Boenning	3.061	Björn	1.785
Armin	4.600	Böhle	1.481	Böing-Walter	4.680	Bönsch (Boensch)		Hellmuth	1.434
Dieter	1.781	Böhle-Indefrey	2.715	Bökamp	2.055	Britta	1.270	Siegfried	2.512
Frank	3.165	Böhlke	1.781	Böke		Jürgen	1.241	Solveig	4.350
Matthias	4.445	Böhm (Boehm)		Albrecht	2.365	Mareile	2.600	Boetticher v.	
Boeck-Griffith	3.172	Bianca	1.167	Hans-Wilhelm	2.695	Bönte	2.101	Dietmar	4.654
Böckeler	2.030	Christian	2.151	Kirsten	2.323	Boer		Hartmut	1.380
Bockenhoff	1.436	Claudia	2.731	Margrit	2.575	Andrea	2.246	Böttner	2.111
Böckenholt-Neyses		Doris	2.155	Ulrike	2.418	Cornelia	2.654	Böving	
	1.585	Eva	4.680	Bökehof-Reckelkamp		Detlef	2.265	Hans-Peter	1.266
Böckenhüser	4.110	Gabriele	2.325		2.418	Rudolf	4.690	Heike	4.273
Böcker (Boecker)		Gustav	4.722	Böken		Boergen	1.217	Böwer	2.120
Anne-Sophie	2.305	Helmut	2.325	Maria E.	4.875	Börger (Boerger)		Boewig	1.136
Christian	2.288	Jonny	2.425	Uwe	4.295	Antje	2.183	Böyer	2.197
Dieter	1.486	Karl-Werner	2.726	Bökenfeld	2.670	Ingrid	2.523	Bofetti	3.120
Frank	2.612	Lothar	1.536	Bökenkamp		Stephanie	2.031	Boffer	2.192
Gabriele	2.613	Regina	2.393	Heide	4.055	Ute	1.645	Bogdanski	2.400
Hans-Achim	2.419	Renate	4.270	Rainer	2.057	Börgers	1.260	Bogdoll	2.170
Hans-Helmut	4.495	Siegfried	1.300	Böken-Schrammen		Börn	2.165	Bogedain	
Hermann	4.141	Stefanie	1.500		1.743	Boers	1.424	Klaus	2.474
Josef	2.610	Susanne	4.635	Böker		Börter	1.433	Teresa	1.433
Lisa	2.563	Veronika	2.205	Annette	2.280	Boes-Eisenbeiss	1.616	Bogers	3.007
Ursula	4.141	Wilfried	2.077	Brigitte	1.116	Bös-Meyer	1.404	Bohländer-Franzke	
Wolfgang	4.141	Böhm-Röttges	1.261	Karin	1.115	Bösader			4.249
Böcker-Schäfer	4.440	Böhm-Schmidt	3.170	Kerstin	2.154	Christiane	1.351	Bohle	
Böckers	4.705	Böhmann	2.320	Lars	2.500	Guido	1.351	Barbara	4.190
Böckmann		Böhme		Manfred	4.743	Böschenbröker	4.130	Gebhard	2.666
Axel	1.452	Caroline	2.230	Sandra	2.182	Böse		Hermann	4.141
Bernd	4.662	Katrin	2.355	Boekhorst	1.584	Andrea	3.070	Bohle-Rufceski	2.683
Brigitte	1.537	Klaus	1.460	Boekhorst te	3.065	Petra	2.683	Bohle-Zimmermann	
Frank	4.445	René	1.735	Boelhauve	2.418	Bösebeck	1.486		4.620
Gisela	4.091	Roswitha	1.060	Bölingen	4.295	Bösel	4.961	Bohlen	1.570
Mario	2.152	Ulrich	1.119	Bölke		Boeselager v.		Bohlmann	2.280
Ralf-Michael	2.084		2.090	Birgit	2.305	Edith	2.110	Bohlscheid	1.760
Thomas	2.152	Böhmer		Karsten	4.130	Felicitas	2.110	Bohm	1.600

Bohmann		Rainer	1.406		2.080	Boonen	1.520	Paul	1.190
Adolf	1.126	Ralph	4.295	Bongartz		Boor	1.450	Borgschulte	2.364
Jörg	1.588	Bollen	4.512	Brigitte	1.712	Boos		Borgschulze	2.474
Jutta	1.715	Bollenbach	1.660	Claudia	1.805	Christiane	2.288	Borgstedt	
Werner	2.563	Bollenberg	1.365	Dirk	1.685	Heribert	1.696	Brigitte	4.771
	4.660	Boller	2.659	Friedhelm	1.219	Ute	3.035	Winfried	1.290
Bohmert	2.275	Bollermann	1.725	Heiner	1.538	Bopp	2.575	Borgwardt	4.402
Bohn		Bollerott	2.305	Heinz Peter	1.130	Boppré	1.490	Boriesosdiek	2.462
Birgitta	4.680	Bollhorst-Lampe		Helmut	4.700	Borach	5.610	Borisch	1.810
Klaus	1.020		2.230	Hildegard	4.900	Borak	1.418	Borjans-Heuser	4.252
Sabine	4.830	Bolli	4.555	Kathrin	1.041	Borbe	1.124	Bork	2.175
Bohnau	1.341	Bollich	4.248	Manfred	1.522	Borcean	4.241	Borka	4.250
Bohne		Bollig		Nathalie	1.650	Borch von der	2.587	Borkenhagen	4.245
Edith	1.310	Hans-Jürgen	1.588	Ursula	1.376	Borchard	2.674	Borkowski	
Jutta	1.416	Wilfried	1.355	Wolfram	1.584	Borchardt		Hans-Jürgen	1.433
Bohnen	3.012	Bollinger	1.380	Bongers		Anke	4.075	Maria	4.410
Bohnenkamp		Bollmann		Carsten	4.300	Hildegard	1.070	Borkowsky	1.523
Helmut	2.365	Agnes	2.357	Gabriela	1.661	Matthias	1.065	Bormann	
Jutta	4.224	Dirk	2.058	Gerd	1.320	Borcherding	2.210	Helmut	4.571
Bohnensteffen	2.154	Jürgen	2.440	Heinz	1.530	Borchers	1.101	Jörn	2.120
Bohnert		Bollmann	1.482	Karl	4.120	Borchert		Reiner	1.265
Regina	1.584	Bollmers	4.705	Karola	1.527	Dieter	3.120	Bormki	2.215
Susanne	2.356	Bollmeyer	2.595	Marie	4.120	Edith	2.058	Born	
Bohnes	2.286	Bollrath	2.510	Bongert		Frank	2.241	Anne	2.184
Bohnhoff	1.061	Bollweg	1.490	Günter	1.750	Gabriele	1.633	Burkhard	4.740
Bohr		Bollwerk	1.632	Ulrich	1.456	Hans-Jürgen	1.168	Gerhard	2.667
Margarete	4.300	Bolte		Bongs-Beer	1.008	Ines	2.154	Jochen	2.571
Udo	4.300	Christoph	2.604	Bonhoff	2.095	Joachim	1.040	Reinhard	1.565
Ursula	4.705	Karsten	4.304	Bonholt	1.136	Marianne	2.626	Tilmann	2.665
Bohrer	1.054	Meik	2.317	Boni	1.816	Petra	3.160	Born-Kürbiß	4.520
Bohrmann	1.681	Sonja	2.056	Bonin	4.680	Borck	1.348	Bornefeld	
Boidol	1.191	Thomas	4.930	Bonjer	1.715	Bordewin	1.690	Diethelm	1.055
Boie	4.380	Bolten		Bonk	1.770	Bordin	1.050	Reinhard	1.695
Boine	4.491	Alexander	1.522	Bonn		Bordon	1.326	Roland	1.633
Boing	1.231	Birgit	4.651	Eleonore	4.270	Borell	1.355	Bornemann	
Bois-Reymond du		Julia	4.323	Sandra	2.645	Borg	4.225	Annika	1.041
	1.008	Kathrin	1.421	Walter	4.815	Borg-Olivier	2.023	Lars	2.503
Boisbouvier	4.741	Reiner	1.325	Wilfried	1.811	Borgard	4.810	Melanie	2.115
Boiten	2.445	Sabine	4.323	Bonn van	4.745	Borgemeister		Michael	1.415
Bojak	2.420	Boltz	1.405	Bonn-Thews	2.452	Ulrike	4.248	Monika	1.415
Bojarra	4.111	Bolz		Bonna	4.723	Utz	4.511	Ulrich	2.288
Bokel	2.260	Matthias	2.630	Bonnes	1.153	Borgert	4.401	Borner	
Bokelmann	1.589	Norbert	1.415	Bonow	1.615	Borges	4.690	Gerhard	1.594
Bokeloh	4.330	Bomanns	1.743	Bonse		Borgetto	1.005		1.816
Bokern	2.270	Bombeck	4.073	Beate	2.315	Borghans	1.200	Udo	4.910
Bokler	2.750	Bomfleur	2.514	Marie-Gesine	2.060	Borghoff		Bornheim	1.261
Boland		Bomhauer	1.570	Bonsels	1.125	Christoph	2.491	Bornhoff	2.486
Kathrin	1.392	Bomholt		Bonsen	1.229	Eberhard	2.490	Bornhorst	4.270
Martin	1.265	Beate	2.102	Bonsiepen	2.771	Simone	1.103	Bornhorst-Kersting	
Bold		Hans-Günter	2.750	Bontrup	4.961	Ulrich	2.763		2.656
Michael	1.821	Josef	2.705	Bonus		Borgmann		Bornkessel	1.044
Petra	1.405	Bommert	4.091	Bernhard	4.295	Annecke	1.066	Borns	4.832
Bolder	1.840	Bonauer	2.310	Hans-Christian	1.716	Antje	2.400	Bornschier	2.320
Boldt	1.127	Bondiek	4.743	Willibert	1.455	Catherine	2.673	Bornstaedt v.	1.061
Bolduan-Burggräf		Bondzio	1.550	Wolfgang	1.135	Erich	2.190	Borowek	2.158
	1.530	Bonekamp		Bonzeck	1.355	Gertrud	2.006	Borowka	1.220
Boley	1.817	Elisabeth	1.276	Bonzel	2.480	Hildegard	2.161	Borowski	
Bolgen	2.210	Holger	1.175	Boochs	1.116	Jutta	1.004		1.221
Bolhöfer	4.040	Bonertz	2.063	Book		Katharina	2.780	Inge	4.571
Boll		Bongard		Heike	1.801	Marion	1.560	Borowsky	1.817
Christine	2.022	Helmut	1.185	Rainer	1.229	Reimund	4.221	Borr	1.155
Hans Jürgen	1.541	Manfred	1.421	Ulrike	2.035	Wolfgang	2.320	Borreck	2.420
Holger	4.900	Thomas	2.420	Boom	4.300	Borgmeier		Borrmann	
Liane	1.541	Ursula	1.380	Boom van den	2.267	Benedikt	2.405	Gero	2.169
Markus	4.570	Bongardt		Boomhuis		Kristina	2.326	Klaus	4.720
Bollau	2.487	Gisela	1.015	Cornelia	2.635	Borgs		Borrmann-	1.226
Bolle		Ulrich	1.054	Wolfgang	2.736	Agnes	1.190	Heimannsberg	
Klaus	1.417	Ursula	2.570	Booms	1.553	Georg	1.127	Borrusch	1.600

Borsbach		Bothen	4.940	Gert	1.408	Brall-Junghanns	2.260	Christel	4.430
Bernhard	1.741	Bothmann	4.385	Hans Günther	2.635	Bramann	2.361	Christine	1.115
Josef	1.616	Bothmer von	1.102	Marcus	1.484	Brambrink-	2.686	Claudia	4.810
Borsch		Bott	1.631	Max	2.690	Flottmann		Cornelia	2.736
Georg	1.270	Botterbrod	4.180	Simone	4.741	Brameier	2.683	Denis	2.438
Ingrid	1.560	Bottke	2.514	Ulrich	4.832	Bramhoff		Eike	4.100
Borski	1.132	Botz	1.418	Bracht v.	1.001	Michael	1.412	Ernst-Friedr.	2.230
Borstel von	1.081	Botzem		Brachthäuser		Peter	3.045	Gerold	4.430
Borstell	1.426	Klaus	1.286	Bruno	4.951	Bramkamp	1.218	Gisela	2.516
Bortel	4.274	Ursula	2.570	Sylvie	2.763	Bramke	1.361	Heinz	4.780
Borttscheller	2.770	Boudewins	4.900	Waltraud	4.170	Braml	1.795	Helge	1.122
Borys		Boukes		Brack		Brammen		Klaus	4.950
Fabian	2.640	Birgit	1.796	Arne	1.340	Anette	1.356	Sr. M. Beate	1.210
Katharina	1.600	Charlotte	1.545	Evelyn	1.553	Gabriele	4.271	Mark-Peter	4.540
Bosak		Boulanger	1.802	Sigrid	4.274	Bramsemann	1.132	Martin	1.802
Gordon	2.611	Bounatirou	2.502	Bracker	2.625	Bramsiepe		Matthias	2.085
Werner	2.152	Bourakkadi	1.228	Brackmann	1.822	Anneliese	1.595	Michael	4.462
Bosau	1.190	Bourdeaux	2.471	Brade	4.074	Norbert	1.231	Nina	1.058
Bosbach		Bourdoux	1.228	Bradtke		Bramstedt	1.061	Pascale	1.588
Gisela	4.540	Bourger	2.731	Joachim	2.670	Brand		Thorsten	2.317
Ute	1.285	Bourgignon	4.415	Martin	1.413	Bernd-Heinrich		Ulrich	1.160
Bosch		Bourguignon	1.591	Brächter-Wruck	1.735		2.565	Walter	1.255
Alexandra	1.265	Bours		Braedel	1.600	Eckhard	2.638	Werner	BRM
Birgitta	2.080	Georg	1.660	Brähler	4.249	Elisabeth	2.519	Brandt v. Lindau	
Caroline	1.128	Michael	1.265	Bräkelmann	2.396		2.614		2.067
Ursula	1.097	Bourtscheidt	4.470	Brämer	4.540	Evamaria	2.255	Branmann	1.581
Wolfgang	2.230	Boussaad	3.165	Brämik		Gabriele	1.286	Branning	2.502
Boschke	2.102	Bouten	2.361		2.613	Monika	1.550	Brans	1.685
Bose	1.180	Bouvain	2.519	Hartmut	2.625	Petra	4.915	Brantl	1.450
Bosée	1.553	Bouvier	1.162	Reinhold	2.266	Susanne	2.590	Brasas	4.073
Boskamp	4.370	Bouwer	2.519	Brämswig	2.680		2.656	Brasche	1.628
Boß		Bovelette	4.245	Brämswig-Nadjafi		Sr. Ulrike	2.586	Brase	2.445
Reinhild	4.180	Bovermann			2.175	Werner	3.012	Braß (Brass)	
Tobias	1.810	Klaus	2.060	Bräuer		Wolfram	2.370	Eugenie	1.695
Bosse		Regina	1.211	Christine	1.470	Wolfgang	1.695	Heribert	1.044
Astrid	1.456	Bovians	1.035	Claudia	4.192	Brand von	2.361	Oliver	2.640
Ellen	2.270	Bowinkel	1.115	Marco	2.491	Brand-Hermann		Peter	1.736
Gabriele	1.065	Bowitz		Bräunig			2.690	Sandra	1.305
Mabel	1.232	Heiko	2.154	Adelheid	2.487	Brandau		Walter	1.645
Silke	1.340	Ilka	4.630	Dietmar	2.650	Monika	1.681	Brassard à	1.063
Ulrich	4.053	Bowyer	1.300	Guido	1.226	Sabine	1.224	Drassel	1.007
Bossemeyer-	2.319	Boxhammer		Ursula	1.695	Brandelitz	1.320	Brasseler	4.945
Merschhaus		Andreas	4.195	Bräuning	2.100	Brandenberg	4.240	Brasseur-Pieper	4.249
Boßerhoff		Horst-Günter	2.621	Bräunl	1.485	Brandenburg		Bratek	2.732
Frank	4.445	Boxwell	1.570	Bräunling	1.285	Godrun	1.408	Bratfisch	
Volker	4.224	Boy	2.166	Bräutigam		Irmhild	2.280	Hans	4.192
Bosset	1.220	Boyxen	4.695	Monika	4.831	Martina	4.360	Martin	3.015
Bossiazky v.	1.118	Bozdech	2.471	Thomas	2.361	Nina	1.216	Reinhard	2.291
Bossinger	1.615	Bozem	2.640	Wilma	1.402	Rainer-J.	1.411	Brathun	4.410
Boßmann (Bossmann)		Braak ter	2.677	Bragard	1.007	Brandenburger	2.160	Bratvogel	
Birgit	1.130	Braak van de	1.391	Brahe	2.300	Brandes		Dorothea	2.057
	1.165	Braakmann	1.430	Brahm	1.490	Klaus	1.355	Friedrich W.	2.418
Elisabeth	1.629	Braam		Brahmst	1.214	Rainer	2.280	Peter	2.056
Marie-Luise	2.215	Manfred	1.320	Brahmstädt	1.151	Ulrike	2.751	Brauck v.	1.737
Michael	1.640	Udo	1.320	Braidi	4.072	Brandhorst	1.785	Brauckhoff	4.242
Bossmanns	2.158	Werner	1.592	Brak	2.674	Brandlhofer	1.475	Brauckhoff-Zaum	
Boßmeyer	2.153	Braas	2.153	Brake	4.225	Brandmeier	2.210		4.351
Botana	1.402	Brabender		Brakel	2.683	Brandner	1.157	Brauckmann	
Both	1.055	Andrea	4.728	Brakelmann	4.072	Brands		Angelika	4.320
Both-Ellor	1.422	Arno	1.285	Brakemeier	4.151	Iris	4.252	Marlies	4.951
Bothe		Brach	4.905	Braken	1.191	Markus	1.124	Willi	2.010
Franz-Josef	2.126	Brachmann		Brakowsky		Michael	2.096	Braucks	4.462
Gudrun	2.571	Heike	2.588	Jürgen	4.010	Monika	1.615	Brauer	
Hans-Dieter	4.645	Maik	3.105	Marie-Luise	2.521	Rudolf	1.615	Udo	1.219
Hans-Wilhelm	2.452	Bracht		Braksiek	4.130	Brandt		Ursula	1.222
Marie-Luise	2.462	Bärbel	2.173	Brall		Bärbel	2.230	Brauers	
Petra	2.436	Burkhardt	4.430	Ulrich	1.115	Barbara	2.512	Christian	1.261
Silke	1.230	Gabriele	2.280	Werner	1.645	Benigna	2.563	Rosemarie	1.200

Wolfgang	1.008	Braun-Stamm	1.041	Breiden	1.775	Bremges	1.529	Hartmut	2.405
Braukemper	2.365	Braune		Breidenbach		Bremicker	4.221	Bretz	1.053
Braukmann		Günter	2.415	Alexia	4.221	Bremke		Breuer	
Christoph	1.250	Matthias	3.175	Cilly	1.036	Karsten	3.100	Andreas	4.225
Katharina	2.006	Brauneck-Godwin		Erika	1.820	Reinhard	2.184	Anja	1.200
Martin	1.326		2.230	Frank	3.045	Bremke-Moenikes		Anna	2.515
Peter	2.006	Brauneis	2.564	Ursula	2.085		2.621	Birgit	1.025
Stephanie	1.600	Brauner		Breidt	1.406	Bremmekamp	1.056	Christoph	1.616
Werner	2.666	Dorothée	1.097	Breier	2.604	Bremmer		Daniela	2.669
Braumann	1.435	Marianne	4.721	Breil		Doris	2.670	Edelgard	1.523
Braun		Michael	1.153	Angelika	3.070	Wolfgang	4.950	Elisabeth	1.109
Albrecht	1.341	Braunhardt	1.470	Christa	2.611	Brenck		Ernst-Peter	1.451
Anette	3.045	Braunisch	1.103	Franz-Josef	2.472	Maria	4.450	Gertrud	1.131
Angela	1.240	Braunleder-Willems		Helmut	1.067	Thomas	2.400	Gisa	2.285
Anke	2.396		1.008	Klaus	4.100	Brendebach	1.052	Günter	1.402
Axel	4.250	Braunöhler	2.530	Michael	1.554	Brendel		Heiko	3.045
Barbara	2.040	Braunschweig	1.451	Wilfried	1.592	Anne	4.695	Inge-Maria	4.700
Berthold	1.201	Braunsfurth	4.072	Breimhorst		Jessica	1.375	Jörg	1.051
Christian	1.598	Braunsmann	2.730	Alexander	2.435	Brendes	2.121	Julietta	4.695
Christine	1.002	Brauße	4.831	Anja	1.506	Brendgen	1.570	Karsten	1.004
Clemens	4.652	Brautmeier	4.761	Bertin	4.304	Brendgens	1.628	Klaus	2.085
Constanca	1.116	Brauwers	1.580	Christine	1.231	Brendt	1.345	Markus	1.642
Cordula	1.735	Brayley		Johannes	2.154	Brenig	1.080	Martin	4.072
Dagmar	1.365	Bärbel	2.300	Breininger	2.255	Brenk		Martina	1.521
Daniela	4.415	Michael	2.281	Breitbach		Heinrich	2.153	Norbert	1.584
Dieter	1.050	Brazda	4.250	Matthias	1.845	Heinz-Udo	2.184	Peter-Heinz	1.530
	1.485	Brebeck	1.819	Thomas	1.418	Brenke	3.326	Rainer	4.260
Dirk	4.961	Brech	1.211	Breitenbach		Brenken	4.495	Thomas	2.125
Elke	4.440	Brechfeld	4.274	Melanie	2.705	Brenne	2.030	Uta	1.061
Franz Peter	1.484	Brechmann	4.580	Michael	1.195	Brennecke	1.125	Wilfried	1.348
Gabriele	2.451	Brechtken	4.662	Perus	1.456	Brennecken	2.772	Breuer-Hotten	2.772
Gerd	1.186	Breckenkamp		Wilhelm	2.670	Brennemann		Breuer-Ritz	1.162
Gisela	1.137	Hans-Joachim	1.735	Breitenstein	3.105	Angelika	2.230	Breuer-Viefers	1.510
Günter	1.390	Hans-Wilhelm	2.281	Breitenströter	2.061	Rolf	2.230	Breuers	
Hans-Jürgen	3.170	Brecklinghaus	1.125	Breitfeld	4.962	Brenner		Barbara	4.510
Hans-Peter	4.252	Brecl-Terinde	2.600	Breitgraf	1.226	Gerhard	1.685	Josef	4.510
Heike	4.722	Breddermann	4.590	Breitkopf		Gertraude	2.530	Breuing	2.241
Helmut	1.584	Bredemeier	2.183	Ina	2.146	Helga	2.073	Breuker	
Ingrid	1.119	Bredenbrock		Stefanie	2.450	Lothar	1.106	Burkhard	2.522
Irmgard	4.260	Thomas	2.179	Volker	1.132	Mechthild	1.365	Petra	4.470
Johannes	1.107	Veronika	2.651	Breitkopf-Bangert		Reinhard	4.960	Uwe	1.233
Kirsten	2.166	Bredenbröker	1.775		4.323	Brennert	4.192	Breuning	4.440
Klaus	4.295	Bredenkötter	2.210	Breitkopf-Hosse	2.502	Brennholt	1.230	Brexel	
Lydia	1.681	Bredenpohl	2.357	Breitmar	1.132	Brenninkmeyer	1.554	Annamaria	4.070
Marion	1.095	Breder		Breitscheid	1.780	Brentjes	4.690	Detlef	4.070
Martin	2.660	Jürgen	2.265	Breivogel	1.101	Brentrup	2.158	Brey	
Mira	1.008	Monika	1.570	Breker	1.370	Bresan	1.816	Steffen	2.362
Nicole	1.565	Breder-Jansen	2.085	Brell	2.503	Brescia	2.196	Ursula	4.245
Norbert	1.616	Bredlau	1.819	Breloer	2.610	Bresser		Breymann-Mbitze	
	2.161	Bredol	1.160	Brembach	1.119	Achim	4.920		4.192
Pedro	4.195	Bredthauer	2.176	Bremen	2.746	Petra	2.317	Breyne	4.962
Peter	2.763	Breede	1.741	Bremer		Breßlein		Breyther	3.061
Reinhold	1.482	Breer	1.585	Achim	4.220	Volker	1.457	Breyvogel	4.276
Rena	4.580	Breetholt	2.555	Anne	1.452	Wolfgang	4.071	Bricart	4.875
Renate	1.305	Bregenhorn-Loske		Björn	1.158	Brester	1.815	Brick	
Richard	4.550		2.604	Christiane	4.761	Breton Le	2.683	Eckard	4.940
Rolf-Peter	2.081	Bregenzer	4.571	Dorothee	1.350	Bretschneider		Martina	1.226
Sabine	1.437	Brehm		Gerd-Hans	1.266	Anette	1.011	Brickwede	2.627
	2.300	Evita	1.355	Jürgen	3.007	Frank	2.585	Brieck	4.945
Stefan	1.003	Norbert	1.168		2.245	Nina	2.281	Brieden	
Thomas M.	2.121	Breick		Renate	1.390	Brett		Cornelia	2.166
Thorsten	1.645	Karl-Heinz	1.481		4.930	Dorothea	4.070	Ludger	2.196
Ursel	2.058	Pia	4.962	Sebastian	1.802	Friedel	4.071	Rainer	1.521
Verena	1.495	Breidbach		Thomas	2.516	Bretthauer	1.588	Brief	2.750
Winfried	2.673	Birte	2.400	Bremer-Abels	1.035	Brettschneider		Brieger	
Wolfgang	1.775	Michael	4.635	Bremer-Plieth	1.276	Andreas	1.775	Christiane	1.054
	2.455	Breidbach-	1.600	Bremer-Schmiemann		Angela	1.116	Gerd	1.781
Braun-Ludwigs	1.460	Heintzer			4.001	Frank	1.845	Briel van	2.605

Name	Nr.	Name	Nr.	Name	Nr.	Name	Nr.	Name	Nr.
Briele	1.260	Christina	2.210	Anja	2.090	Brockötter		Brömmel	2.390
Brieler.	2.626	Dieter	2.067	Wolfgang	2.180	Georg-Peter	2.245	Broens	
Briem	3.025	Dirk	1.375	Brintrup	4.831	Inga-Lisa	2.070	Ingrid	1.580
Brienne	2.445	Gabriele	1.138	Brisch	2.191	Brocks		Rudolf	1.713
Brier		Gerd	2.603	Briscoe-Sperling		Hans Dieter	1.109	Brönstrup	2.243
Carsten	2.090	Gerhild	4.681		2.317	Melanie	2.146	Broer	2.255
Gabriele	2.686	Gregor	1.125	Brischke		Brockschmidt		Broerken	1.699
Brieskorn-Hilger		Heinz	PA	Michael	1.818	Kerstin	4.250	Brörken	4.945
	4.540	Heinz-Dieter	2.315	Petra	4.323	Nina	4.075	Broermann-	2.455
Briest	2.281	Hélène	1.819	Brisken		Sonja	2.317	Marquardt	
Bril	1.552	Helga	2.215	Manfred	1.525	Tanja	3.050	Bröscher	4.830
Brill		Ingrid	1.025	Maria	1.060	Brocksieper	2.480	Bröse	1.565
Alexander	2.281	Irmhild	4.445	Paul-Georg	2.665	Brodbek	4.701	Bröskamp	
Birgit	1.795	Jochen	4.390	Britsch	1.057	Brodde		Claus	2.666
Christa	1.430	Jörg	1.175	Brittinger	1.593	Ina	4.690	Hans	4.380
Gudrun	2.585	Ludwig	2.445	Brixner	4.290	Klaus	2.745	Brößel	4.040
Karsten	1.220	Maria	2.588	Brixy	4.250	Rolf	1.581	Brötz	
Brinckmann		Monika	4.571	Broch		Brode	1.167	Susanne	4.600
Barbara	4.940	Ralf	2.154	Karin	1.151	Brodeck	1.357	Ulrich	4.192
Britta	1.098	Reiner	1.819	Udo	1.126	Brodersen	1.300	Brohl	
Monika	2.095		2.181	Brochhagen	1.598	Brodführer	3.100	Annette	1.067
Wolf-Peter	2.082	Renate	2.175	Brochhagen-Klein		Brodkorb		Christof	1.067
Brinckwirth	1.107	Sabina	1.050		4.224	Christiane	2.710	Broich	2.485
Brinda	1.628	Sandra	2.673	Brock		Maria-Elena	2.190	Broich-Kubel	1.350
Brings	4.260		4.660	Matthias	1.350	Peter	2.255	Brokamp	
Annette	1.770	Silke	2.586	Sigrun	1.431	Bröcher		Thomas	1.175
Sandra	4.790	Susanne	2.610	Ulrike	4.273	Astrid	1.691	Verena	2.315
Brink			4.304	Brocke	2.071	Heinz-Willi	3.063	Brokate-	2.595
Annette	1.770	Svenja	4.240	Brocker		Bröckelmann		Dammeier	
Bernhard	2.750	Tanja	2.160	Gabriele	1.445	Doris	2.587	Brokfeld	
Claudia	2.563	Udo	2.604	Günther	1.445	Fritz-Ulrich	2.225	Horst	2.440
Friedr. Wilh.	2.700	Ulrich	1.775	Paul	2.319	Jörg	1.070	Ralf	2.380
Guido	1.416	Ursula	2.437	Brockerhoff	1.823	Bröcker		Brokmann	
Ilka	1.122		4.722	Brocker-Manger	1.713	Christiane	2.510	Ingo	1.529
Kathrin	1.631	Uwe	4.130	Brockers	1.523	Dorothea	4.462	Ulrike	3.005
Marie-Antoin.	2.230	Volker	4.870	Brockes		Gabriele	1.106	Brolle	1.629
Brink van dem	1.641	Walter	2.514	Ewald	1.357	Maria	2.550	Brombach	
Brink v. d.	1.058	Wolfgang	2.755	Heinz	4.260	Sandra	1.711	Brigitte	2.181
Brink-Abeler	2.671	Brinkmann-Brock		Heribert	1.821	Simone	1.054	Eva Maria	1.802
Brinkämper-Görtz			2.588	Brockhage	3.070	Bröckerhoff		Bromkamp	2.618
	1.712	Brinkmann Cohon		Brockhaus		Dirk	1.300	Bromund	2.355
Brinker			2.362	Egbert	1.550	Françoise	1.780	Bronger	
Kerstin	2.520	Brinkmann-Freitag		Maria	2.680	Günther	1.780	Birte	3.070
Kirsten	2.361		4.180	Monika	1.162	Martin	1.560	Nina	2.060
Sabine	2.695	Brinkmann-	4.250	Brockhoff		Brödemann	1.042	Brongers	2.417
Siegmar	2.440	Hüttenhoff		Birgit	2.585	Brödling	2.033	Bronnenberg-Louis	
Waltraud	1.798	Brinkmeier		Hartmut	4.075	Bröer-Weischenberg			1.255
Brinkert		Christian	2.673	Heinz	2.400		2.405	Brookes	4.323
Gudrun	4.722	Susanne	4.771	Jürgen	1.390	Bröffel-Eymann	2.340	Brormann	
Rolf	2.612	Svenja	4.330	Volker	4.402	Brög	1.537	Iris	2.241
Brinkgerd	4.380	Brinkmeyer	2.405	Brockhoff-Ferda		Bröhenhorst	2.356	Wolfgang	4.221
Brinkhaus-Becker		Brinkmöller-Becker			2.245	Bröhl		Brosch	
	3.007	Heinrich	3.007	Brockmann		Helwig	1.009	Patrick	1.402
Brinkhoff		Maria	2.589	Barbara	1.004	Peter	1.541	Ursula	1.615
Christiane	2.695	Brinkrolf	2.695	Bernhard	1.196	Renate	1.067	Brosda	2.120
Hans-Joachim	2.057	Brinkschmidt		Ilse	2.165	Susanne	1.067	Brose	
Brinkhues	1.201	Dieter	4.390	Karl-Hz.	2.195	Bröhmer	1.195	Siegfried	1.458
Brinkkötter		Dirk	2.156	Karl-Michael	1.486	Bröker		Ursula	2.176
Alois	4.010	Brinkschneider	2.035	Petra	1.630	Arnold	2.110	Brosend	1.741
Wolfgang	2.621	Brinkschröder	2.495	Reinhard	1.216	Hedwig	2.001	Brosge	4.249
Brinkmann		Brinkschulte		Uwe	4.831	Heinrich	1.045	Brosig	2.677
Anke Maria	3.150	Ulrike	1.041	Brockmann-	2.005	Karin	4.415	Brosius	1.380
Barbara	4.091	Volker	1.167	Messing		Udo	4.600	Brosky	4.195
Beate	2.660	Brinkschulte-		Brockmeier	2.355	Bröking-Mingers		Brosowski	4.580
Bernd Erich	1.458	Kunert	4.462	Brockmeyer			1.353	Brossei	2.081
Birgit	1.125	Brinner	4.470	Christian	2.746	Broekmann	1.641	Brost-Hohmann	2.687
Brigitte	1.360	Brinsa	1.412	Nicole	2.695	Broekmans	1.392	Brosterhus	4.695
Carola	2.480	Brinschwitz		Brockner	4.075	Broelemann	2.627	Broszeit	2.286

Broszukat 1.715
Brouwer
Martin 1.415
Stefan 2.031
Brouwer-Stritzel 1.712
Brouwers 2.340
Brouwers-Busch 2.096
Browarzik 1.063
Browning 2.450
Broziewski 1.685
Brozio
Hans-Friedr. 1.417
Norbert 2.660
Brozulat 1.632
Bruch 1.627
Bruchhaus 1.697
Bruchhausen 2.522
Bruck 2.653
Bruck van de 4.276
Bruck van den 4.661
Bruck vom 1.551
Brucker-Lock 1.106
Bruckmann
Bernd 1.595
Klaus 2.513
Martina 4.690
Brucks
Hannelore 1.437
Martin 4.654
Bruckschen 2.364
Bruckwilder 4.246
Bruder 1.525
Brudermanns 2.182
Brücher
Felicitas 1.537
Frank 2.281
Lutz 1.211
Tanja 2.410
Thomas 1.819
Brück
Anna 1.067
Bernhard 1.341
Herbert 1.380
Klaus 1.090
Rainer 2.290
Brück-Hauten van 1.645
Brückel
Karl-Hans 1.162
Ortwin 2.410
Brücken 1.815
Brückener 2.511
Brücker
Johannes 2.050
Karsten 1.801
Susanne 1.095
Brückmann 1.442
Brückner
Angelika 4.225
Barbara 1.222
Christine 2.395
Daniela 2.072
Johannes 1.511
Waltraud 1.561
Wolfgang 1.417
Brückner-Kirchberg 1.697
Brückner-Schunk 1.485
Brückner-Schwinger 1.697
Brüdgam 2.085
Brüdigam 1.250
Brügelmann
Gabriele 2.169
Jon 2.658
Brügge
Claudia 2.588
Marion 2.022
Brügge an der 2.325
Brüggemann
Eckhard 2.080
Ekkehard 4.445
Gebhard 2.125
Heinz 2.006
Josef 1.167
Nina 1.214
Odilo 1.750
Rainer 4.150
Ralf 2.513
Ruth 1.065
Stefanie 2.396
Ulrich 2.120
Ute 3.035
4.960
Brüggemeier
Beatrix 2.736
Yvonne 2.190
Brüggen
Hubert 3.030
Martina 1.521
Petra 4.370
Brüggen von der 1.042
Brüggenkamp 2.746
Brügger 1.286
Brüggershemke 1.815
Brüggestrath 1.625
Brügmann 1.552
Brüheim-Köhler 1.625
Brühl 4.350
Brühning 1.420
Brülle
Ulrike 2.438
Wolfgang 2.438
Brümmer
Ingo 4.690
Janna 1.355
Brüne
Angelika 1.592
Hedwig 2.371
Ruth 2.395
Brünenberg 2.362
Brünger
Achim 2.604
Detlef 2.323
Elke 2.356
Klaus 2.487
Manfred 2.503
Brüning
Bernhard 2.456
Gertrud 4.690
Heinz 2.243
Jessica 2.056
Johannes 2.317
Klaus 2.627
Rainer 2.145
Sabine 1.594
Brüninghoff
Bernd 2.265
Gisela 2.267
Brünink
Mario 4.580
Miriam 2.270
Brünnig 2.325
Brüns 2.480
Brüntink 1.785
Brüntjen 1.069
Brüren 4.695
Brüse 2.173
Brüseken 2.426
Brüser 2.365
Brüß
Heinz-Wilh. 2.736
Ulrich 2.480
Brüßermann 4.900
Brüßler 1.300
Brütting 2.176
Brützel 1.780
Brüwer 2.420
Brüwer-Massmann 2.345
Brüx 1.266
Bruhn 4.680
Bruhn-Sträßner 2.071
Bruker 4.150
Brumberg 2.154
Brummermann 2.156
Brummund 4.380
Brunbauer 1.191
Brune
Bernd 2.040
Carlo 3.030
Christian 1.538
Eckhard 4.330
Elmar 2.651
Irmtraud 2.515
Kathrin 1.360
Maria Rita 2.585
Monika 1.229
Rainer 1.119
Rüdiger 2.445
Wolfgang 4.740
Brune-Berns 2.095
Brune-Keunecke 2.363
Brunegraf 2.355
Brunemann 4.195
Brunen 4.120
Brunert
Christine 2.035
Ferdinand 2.157
Bruning
Nils 4.054
Ursula 4.276
Brunk 4.224
Brunkau 1.481
Brunke 2.765
Brunkhorst-Hasenclever MSW
Brunn
Ingmar 1.484
Maria-Luise 1.232
Uwe 4.621
Brunner
Hauke 1.101
Thomas 1.325
Brunnert 2.620
Bruno 1.570
Brunotte 2.503
Brunow 2.772
Bruns
Axel 3.068
Doris 1.486
Gregor 2.111
Hartmut 1.685
Helmut 2.565
Jörg 2.614
Katharina 4.430
Maren 4.055
Martin 2.305
Merle 1.068
Miriam 2.157
Reinhard 1.629
Silvia 2.726
Simone 1.067
Udo 2.686
Ulrich 2.326
Bruns-Weisbaum 1.418
Brunscheidt-Haferberger 2.010
Brunsmann 4.570
Brunst 2.725
Brunswicker 2.168
Brus 2.267
Brusch 4.072
Bruscha 1.581
Brusche 4.210
Bruschke
Hans-Gunter 2.067
Margarete 2.158
Bruse
Hans 2.326
Katrin 1.163
Brusis 2.082
Bruski 1.453
Bruß 1.224
Brust 2.195
Bruster 2.586
Bruthecker 1.003
Bruthier 1.805
Bruyn de 1.345
Bruyn-Ouboter de 1.816
Bruysten 1.525
Brylak 4.661
Brylka 4.410
Brylla-Möllers 2.305
Brym 4.540
Brysch 1.801
Brzezinksi 4.130
Brzoska 1.229
Brzoza 4.410
Bsdurrek 4.251
Buballa 1.059
Bube
Christoph 1.240
Susanne 2.745
Bubenzer 4.248
Bubenzer-Kuhle 2.077
Bubert 1.056
Bublitz
Helga 2.436
Joachim 4.462
Wolfgang 1.109
Bubolz BRDü
Bucco 1.090
Buch
Petra 1.453
Sandra 4.832
Susanne 4.661
Buchalle
Annegret 2.500
Barbara 2.605
Lars 2.420
Buchbinder 2.040
Buchen 4.962
Buchenau 4.180
Bucher
Anita 2.651
Anna 2.075
Christian 1.630
Ilse 2.115
Stephanie 4.385
Sylvia 1.506
Buchfink 1.101
Buchgeister-Reimann 2.181
Buchheim 1.431
Buchheit
Beate 4.961
Michael 2.165
Buchholz 2.101
Astrid 1.223
Birgit 1.121
Christa 2.085
Claus 1.200
Ernst-Herbert 2.076
Frank 2.040
Friederike 2.687
1.132
Gerhard 2.516
Ilka 2.058
Inga 1.220
Joachim 2.771
Marco 1.641
Reinhard 1.155
Sabine 1.035
Simone 1.821
Stefanie 1.418
Tanja 1.220
Thomas 1.090
Buchholz v. 2.316
Buchkremer 3.155
Buchloh 1.122
Buchmann
Bärbel 4.905
Claudia 1.376
Buchmüller 2.715
Buchowski 4.245
Buchta 4.055
Buchthal 1.151
Buchwald
Dietmar 1.136
Hans Jürgen 2.365

Susanne	2.168	Stefanie	2.181		4.830	Eckhard	2.462	Buhse	1.417
Bucic	1.740	Walter	1.780	Büning		Gerhard	2.660	Buhtz	1.470
Buck	1.633	Wolfgang	2.516	Andrea	1.629	Jens	1.437	Buissin	1.561
Buck-Netkowski		Bückers		Annette	2.240	Hans-Werner	2.565	Bujny	1.119
	2.495	Agnes	1.629	Bruno	3.012	Klaus	4.601	Bujotzek	2.022
Buckard	1.817	Christa	1.159	Cornelia	2.687	Sonja	2.639	Bukow	1.506
Buckemüller	1.229	Bücking	1.159	Hildegard	2.515	Tanja	4.401	Bulazel	1.008
Buckstegge	1.233	Bückmann		Kira	2.095	Volker	2.440	Bulenda	4.350
Buckup	2.182	Anne	1.775	Ulrike	1.230	Wolfgang	2.281	Bulian	1.066
Buda	2.081	Gottfried	2.073	Bünk	1.159	Büscher-Pieper	2.121	Bulich	1.103
Budczinski	4.630	Büdding	1.445	Bünnemann	2.176	Büscher-Weil	2.345	Bulitta	2.521
Budde		Büdenbender-Moos		Bünnigmann	2.751	Büscherfeld	1.195	Bulk	2.064
Anke	3.035		2.405	Bünning	1.326	Büschgen	4.961	Bulla	
Anne	1.422	Büff-Konrad	2.600	Bünstorf	1.528	Büschges	1.001	Andreas	2.064
Christian	2.064	Bühlbäcke	2.613	Bünten		Büsching	2.440	Monika	2.151
Edgar	1.223	Bühlbäcker	1.158	Günter	1.106	Büschking	2.061	Thomas	2.731
Elisabeth	2.035	Bühlbecker	1.233	Katrin	2.393	Büschler		Wilhelm	2.121
Eva	4.815	Bühler		Büren	1.645	Michael	2.674	Bullenda	2.176
Franz-Josef	2.125	Heinz D.	4.721	Büren-Linke	1.326	Ulf	1.163	Buller	
Günter	2.340	Monika	1.630	Bürenheide	2.755	Büse	2.437	Beate	2.405
Klaus	2.152	Bühler-Haußmann		Bürgel		Büsing		Gerhard	2.005
Margarete	4.495		4.962	Eva	1.631	Berndt-Axel	2.755	Bullik	2.630
Rainer	4.370	Bühne		Thomas	4.270	Elmar	2.083	Bullmann	2.170
Stefan	2.736	Daniel	2.677	Bürger		Ulrich	2.210	Bultmann	2.181
Werner	2.130	Ilse	1.790	Barbara	1.441	Büsken	2.182	Bundschuh-Heß	1.481
Wilfried	2.023	Bühner			2.246	Büssemaker	2.396	Bungart	1.401
Budde-Mäkinen	2.736	Aloisius	3.105		4.273	Bütfering	2.323	Bungarten-	1.229
Budden	4.240	Bernd	1.411	Bettina	2.415	Bütröwe	1.592	Kavermann	
Buddenbohm	4.580	Gisela	2.023	Bruno	1.190	Büttgen		Bungartz	
Buddenborg	2.197	Marc	2.154	Claudia	1.132	Claudia	1.201	Margret	1.240
Buddendiek	2.393	Bühning		Dagmar	4.900		1.528	Marion	1.127
Buddenkotte	2.196	Garvin	2.575	Georg	1.191	Büttinghaus	2.169	Regina	4.653
Buder		Ulrike	1.570	Gerhard	1.270	Büttner (Buettner)		Bunge	2.518
Benjamin	3.105	Bührig-Hollmann		Grit	1.815	Christa	1.401	Bungert	
Guido	2.612		2.419	Heike	1.165	Dieter	1.845	Katja	4.370
Buderus	2.364	Bühs	1.588	Heinz	2.096	Elke	4.720	Oliver	1.219
Budich	2.318	Buekenhout	2.058	Hella	2.370	Hans-Jürgen	1.320	Bungter	
Budig	2.659	Büker		Ingrid	2.310	Horst	1.616	Andreas	1.541
Budinger	1.069	Bruni	4.570	Klaudia	4.620	Robert	1.050	Barbara	1.541
Budke-Hohmann		Stephanie	3.063	Michael	1.486	Sabine	2.515	Winfried	2.318
	4.961	Düker-Oel	2.255	Steffen	1.139	Susanne	1.589	Bungtor Striopons	
Budniak	4.600	Bülhoff	2.260	Bürger-Schuster	4.750	Thomas	2.745		4.601
Budniok	2.292	Büllesbach		Bürgerhausen	1.020	Bützler	1.795	Buning	
Budyck	1.735	Claudia	4.445	Bürgermeister	2.403	Büyrü-Ejder	4.252	Herm.-Josef	2.096
Budzick	1.341	Werner	4.951	Bürgstein	1.135	Bufé	2.635	Luise	2.317
Budzinski	4.075	Büllesfeld	4.340	Bürk van	2.530	Bug	2.056	Sonja	1.640
Büchel		Bülow		Buerke	1.260	Bugdoll	4.721	Bunjes	4.040
Christa	1.594	Arne	2.550	Bürkert	1.270	Buggert	2.725	Bunk	1.070
Otto	1.475	Axel	1.186	Buermeyer	2.182	Bugs-Schwill	4.072	Bunkofer-Schäfer	
Bücher	2.340	Gesine	2.316	Buers	4.571	Buhl			1.357
Bücher-Effler	1.785	Bülow v.		Bürschgens	1.375	Albin	1.445	Bunne	2.244
Büchler	1.588	Beate	1.067	Bürsgens		Dorina	1.345	Bunnick-Fietenbach	
Büchner	4.221	Brigitta	1.414	Martin	4.875	Gesine	4.070		1.165
Büchsler	2.419	Jens	1.660	Wolfgang	2.677	Joshua	1.081	Bunse	
Büchter	4.300	Bülskämper		Bürthel	2.280	Manfred	3.007		2.076
Büchter-Römer	1.455	Brunhilde	2.772	Bürvenich		Norbert	4.304	Vanessa	2.281
Bücken		Heinr. Georg	2.215		BRK	Yvonne	2.102	Bunte	
Herbert	3.172	Bülte		Sebastian	4.413	Buhlmann	2.445	Hans-Bernd	2.001
Irmgard	1.006	Cornelia	1.125	Bues		Buhmann	1.101	Ingrid	2.564
Ludger	1.190	Ellen	1.045	Gerda	2.022	Buhr		Susanne	2.001
Bücker		Kai	1.138	Wolfgang	2.677	Dieter	4.635	Buntenkötter	1.320
Bernhard	2.618	Bülter	2.281	Büsch	1.486	Henning	1.003	Buntrock	1.170
Christian	2.710	Bültmann	2.639	Büschenfeld		Buhr-Lapuhs	1.069	Buraimoh	2.600
Erhard	4.350	Bümming	4.340	Carmen	2.445	Buhren		Burandt	4.273
Eva	2.083	Bünder	2.260	Karin	4.270	Daniela	1.157	Burba	2.519
Giesbert	3.220	Büngeler	1.840	Stefan	2.120	Jochen	1.001	Burbach	
Jörg	2.154	Bünger	1.820	Büscher		Buhrmann	4.430	Bettina	4.661
Mechthild	1.645	Bünger-Elsenpeter		Christine	4.130	Buhrmester	2.195	Karl-Bernd	1.415

Maria-Luise	1.132	Mechthild	4.571	Friedrich	2.426	Monika	2.055	Bute	2.280
Burbaum	1.080	Burgos-Luque	2.190	Gertrud	2.035	Peter	4.130	Butemann	4.273
Burchard	1.218	Burgsmüller	4.276	Hans-Josef	4.695	Rüdiger	2.760	Butenberg	1.538
Burchartz		Burgwinkel	1.716	Heidrun	1.090	Udo	4.513	Butenschön	2.405
Norbert	1.136	Burichter	1.168	Hermann	4.470	Buschmans	1.485	Butler	1.266
Ursula	1.136	Burk	4.700	Horst	2.560	Buschmeier	4.470	Butschen	1.530
Burchert	1.616	Burkamp		Hubert	2.731	Buschmeyer	2.050	Butscher	1.598
Burczyk	4.720	Klaus	4.323	Inge	1.695	Buschsieweke	2.058	Butschkat	2.062
Burda	1.690	Susanne	2.197	Ingeborg	2.100	Buschulte		Butschkat-Nienaber	
Burdich		Burkardt	1.419	Joachim	4.962	Elisabeth	1.632		4.440
Christiane	1.265	Burkart		Jochen	4.445	Wilhelm	1.632	Butterhof	2.395
Josef	1.581	Angelika	2.173	Johannes-Martin		Buse		Buttgereit	
Burdick	1.340	Karl-Heinz	4.722		2.425	Margarethe	1.486	Dieter	2.275
Burdinski	2.586	Burkert		Jutta	4.250	Rainer	2.486	Ingeborg	2.555
Bureick	2.560	Renate	1.230	Leif	1.451	Ralph	3.065	Joachim	2.555
Buren van	4.800	Simone	4.930	Maria	1.528	Reinhard	1.117	Jörg	2.630
Burg		Sylvia	1.137	Martin	1.811	Busekist von	1.128	Siegfried	2.565
Iris	1.407	Burkhard	2.625		4.192	Busen	4.720	Sigrid	4.370
Jürgen	2.340	Burkhardt	1.441	Michael	1.124	Busenius-Pongs	1.522	Buttler	
Karl-Jürgen	4.073	Burkhardt-Bader		Norbert	2.061	Busert	1.201	Michael	4.273
Burg v. d.			4.560	Peter	2.166	Bushuven	4.495	York	1.740
Jürgen	1.798	Burkhart	2.715	Reinhold	2.165	Buskühl	2.674	Butuzova	2.102
Udo	2.345	Burkötter	2.522	Stephan	1.310	Buß (Buss)		Butz	
Burgbacher	1.375	Burlage		Stephanie	2.318	Anne	1.106	Astrid	4.830
Burgdorf	1.160	Elisabeth	2.474	Theodor	4.300	Barbara	1.390	Britta	2.426
Burgemeister	1.375	Heinrich	2.115	Thilo	1.630	Christa	2.055	Till	4.498
Burger		Burmeister		Thorsten	1.455	Günter	2.151	Butza-Gluch	4.270
Angelika	1.180	Elisabeth	2.462	Busch-Hotze	2.650	Heinz-Joachim	2.604	Buyken	2.361
Elisabeth	1.594	Henry	1.360	Busch-Liefke	1.218	Janis	2.395	Buyx	
Frederik	1.042	Rainer	2.650	Busch-Lipphaus		Siegfried	2.402	Christian	2.369
Friedrich	1.538	Ursula	1.326	Doris	4.300	Buß-Jacobs	2.771	Michael	4.510
Martin	1.167	Burmester		Heinrich	2.365	Busse (Buße)		Byl de	4.722
Melanie	1.650	Kerstin	1.162	Busch-Ostermann		Alexander	1.220	Bylaitis	1.810
Nils	2.293	Susanne	2.056		2.040	Doris	2.305	Bylebyl	
Ulrich	4.540	Burnautzki	1.821	Busch-Pankopf	1.697	Frank	2.500	Kai	2.571
Burger-Engwald	1.056	Burnicki	2.120	Busch-Schmidt	1.433	Horst	2.772	Nadine	2.502
Burgers	2.705	Burova	2.695	Busch-Schulten	1.560	Klaus	1.010	Uta	2.660
Burgert	2.451	Burow		Buschbaum	2.370	Martin	1.003	Bylebyl-Lipus	1.500
Burges-	2.151	Ernst Corneles	2.281	Busching-		Rainer	1.680	Bystrzynski	2.077
Hohenschwert		Friedhelm	4.620	Engemann	2.395	Sabina	2.175	Bzik	1.432
Burggraf	4.270	Ulrich	1.351	Busche		Sabine	4.440		
Burggräfe	2.600	Burre		Gabriele	2.316	Busse-Schreiber	1.691	**C**	
Burghardt		Claudia	4.130	Martin	3.145	Bussek-Merle	1.506	Caase	
Barbara	2.436	Eckhard	1.224	Buscher		Bußieck		Dieter	2.255
	2.612	Maria Th.	1.216	Frank	1.135	(Bussiek)		Hans-Werner	2.225
Beate	4.248	Burri	1.840	Melanie	1.450	Elke	2.002	Cabrera-Fajardo	1.600
Björn	1.155	Burrichter	2.715	Tobias	1.484	Thorsten	2.305	Cadé	1.506
Elisabeth	1.750	Burry	1.586	Buschfeld	2.590	Bußkamp		Caelers	4.070
Ferdinand	2.471	Burs	1.151	Buschhaus		Inga	3.307	Caesar	
Franz-Josef	1.414	Bursch	4.870	Annette	2.772	Robert	1.750	Detlef	1.697
Gabriele	2.603	Burscheidt	4.040	Elke	2.763	Bußmann (Bussmann)		Victoria	4.491
Jens	1.107	Burscher	1.821	Gerd	2.326	Bernhard	2.095	Caffier	2.090
Klaus	2.611	Burschka	4.091	Henning	3.040	Christoph	2.395	Cakmak	4.070
	4.601	Burtscheid	2.080	Karin	4.511	Heinz-Georg	2.245	Calamini	4.762
Martin	2.667	Burwitz		Buschhüter		Markus	1.124	Calaminus	4.962
Nicole	2.480	Gudrun	2.400	Klaus	1.011	Martin	2.731	Calbow	4.635
Burghaus		Hans	2.485	Peter	1.044	Meinolf	4.601	Calderon Graw	2.364
Karsten	4.832	Busch		Buschkowski	3.007	Monika	1.109	Calderón y Graw	
Norbert	4.192	Andreas	2.161	Buschkühl		Regina	1.615		2.517
Burghausen	1.163	Anja	4.610	Corinna	4.304	Ulrich	2.096	Caleca	4.831
Burgheim	4.385	Anne	1.160	Friedrich	2.293	Bußmann-Dörnhoff		Calinski	2.290
Burghoff		Annegret	4.071	Buschkühle	2.490		4.430	Caliskan	4.330
Beatrix	3.175	Annette	1.632	Buschmann		Bussmann-Schär		Call	1.305
Martin	2.291	Britta	1.150	Brigitte	2.286		1.260	Callies	1.219
Burgi	1.536	Christian	2.770	Franz-Josef	2.101	Bußmann-Strelow		Callsen	
Burgmer		Christoph	4.513	Gerhard	2.564		2.517	Anne	1.043
Brigitte	1.410	Claudia	1.589	Günter	2.305	Bußmeier	2.061	Joëlle	1.802
Dorothee	3.035	Egbert	4.830	Julia	1.401	Buszello	1.575	Cambier	2.270

Name	Nr.	Name	Nr.	Name	Nr.	Name	Nr.	Name	Nr.
Camen	2.291	Karin	1.506	Chinnow		Cipura	2.645	Ursula	2.523
Camiola	1.711	Volker	1.690	Heidemarie	1.290	Cirkel	2.563	Clemens-Haiawi	2.545
Cammarata	1.353	Wolfgang	3.007	Manfred	1.470	Cistecky	1.375	Clement	4.240
Campe		Casper		Chittka		Ciuman	1.137	Clemm	1.035
Ulrich	1.059	Hans-Jürgen	4.512	Martina	1.529	Ciupka	1.527	Clermont	
Ulrike	2.179	Hedwig	4.150	Ulrike	1.355	Ciuraj		Bernadette	2.300
Camphausen	1.710	Michael	1.451	Chlebowski		Barbara	4.495	Karin	4.410
Campo		Rainer	1.418	Benno	4.241	Helmut	1.218	Clerque de	1.529
Herm.-Josef	1.725	Caspers		Gabriele	4.681	Claas	1.470	Cleve	4.252
Ute	4.340	Hedwig	1.008	Susanne	5.610	Claes	4.740	Cleven-Netz	2.179
Canet-Liegener	1.132	Horst	4.240	Chlosta	2.291	Clarenz-Löhnert		Clever	
Canelada-Rasche		Caspers-Dahmen		Chmielewski	2.362		1.681	Hanna-Christine	
	4.960		1.109	Chmilewski	1.632	Clasen			1.818
Caninenberg	2.685	Casseboom	1.385	Christ		Bernd	1.811	Jürgen	1.815
Canovas	1.356	Cassens-Sasse	1.770	Bernhard	2.487	Herbert	3.115	Clever-Bielesch	2.516
Canstein	2.515	Casser-Gödde	1.615	Georg	2.588	Johann	1.820	Clevermann	
Canton		Castelli	2.503	Katja	1.697	Kerstin	1.641	Angelika	2.530
Hedwig	3.070	Castle	1.228	Tomás	3.100	Clasen-Junglas	3.215	Klaus	2.530
Karl-Michael	1.535	Castor	1.380	Christ-Thünnesen		Clases	1.276	Clevinghaus	1.300
Canzler	1.661	Castro de	4.274		1.365	Claßen (Classen)		Clingen	1.055
Capell	1.320	Catal	4.661	Christenhuß	4.762	Angela	1.506	Clobes	2.191
Capelle		Cater	1.681	Christensen		Angelika	1.345	Clodius	1.195
Adelheid	4.150	Caton	1.265	Annette	2.165	Anja	4.111	Cloesges	4.120
Ulrike	4.410	Catrein	1.699	Eva	1.080	Bernd	4.295	Cloeters	1.685
Caplan	2.241	Cauvet	2.275	Christgau	4.630	Björn	1.475	Cloidt	1.228
Cappallo	2.242	Cavalar	4.870	Christgen	4.491	Claus	2.416	Cloos	1.320
Cappel	2.765	Cavallaro	4.745	Christian	1.069	Edmund	1.580	Cloosters	1.628
Capune-Kitka	4.260	Cazin	4.210	Christiani	2.176	Evi	1.510	Cloppenburg	1.118
Caravaggi	1.823	Cebulla		Christians-Bsaisou		Hans Gerd	2.603	Clostermann	2.291
Carbach	4.210	Carsten	1.737		2.245	Ingrid	1.201	Clouet	4.540
Carbone	2.318	Martin	2.771	Christiansen	1.300	Kirsten	4.130	Cluse	2.316
Cardaun	2.671	Silvia	1.370	Christl	2.746	Maria	3.070	Cober	1.356
Cardine Jung	2.319	Cecatka	2.160	Christmann		Peter	1.255	Cobi	1.035
Cardoso-Janning	2.006	Cecior	2.293	Manfred	1.588	Sonja	1.101	Cocan	4.241
Carillo	1.348	Cegledi		Sandra	1.552	Ursula	4.951	Cönen (Coenen)	
Caris	1.565	Kerstin	2.285	Tanja	2.345	Wolfgang	4.440	Annette	1.081
Carl		Michael	2.452	Wolfgang	1.798	Claus		Friedrich	1.743
Anette	1.801	Celebi	4.410	Christoff	1.460	Helma	4.221	Hans Josef	1.528
Erich	1.570	Celiker	1.376	Christoffer		Matthias	1.286	Ludwig	2.095
Lothar	2.156	Cellarius	1.159	Daniela	2.627	Roman	1.629	Marlene	1.529
Nils	1.741	Cellbrot	4.790	Marita	2.270	Clausdeinken	1.475	Matthias	3.068
Paul	1.320	Cengiz	4.300	Christoffer-		Clausen	3.175	Simone	1.523
Carlé-Jacob	1.261	Cenival de	1.441	Holtgräwe	2.056	Clausing		Coenen-Pigulla	4.720
Carleton	1.118	Ceranna	3.007	Christofzik		Anne	4.690	Coenradie	1.225
Carlier	4.415	Cerlitzka	4.241	Iris	1.685	Wilfried	1.138	Coentges	1.528
Carlmeyer	4.350	Cervellino	2.425		1.741	Clauß (Clauss)		Cöppicus	1.520
Carlson	4.274	Cesar	2.612	Christoph		Andre	1.275	Coers	
Carmesin		Ceuster de	2.080	Hans-Michael	1.162	Christa	2.242	Andrea	2.419
Friedrich	2.371	Chaise	1.275	Roswitha	2.150	Manfred	1.796	Bernward	1.255
Ingrid	4.831	Chamberlain	2.121	Chrobak	2.520	Marie-Luise	2.417	Cöster (Coester)	
Rainer	1.486	Chammings	4.195	Chromik	2.460	Roland	2.157	Carl-Curt	1.052
Caroli	3.160	Chapman	1.741	Chromow	4.910	Wolfgang	1.506	Imke	4.075
Carouge	1.275	Charchut	4.960	Chtai	1.102	Claußen (Claussen)		Sabine	1.660
Carow	2.125	Chargé	4.695	Chun	1.691	Jörn	1.300	Ursula	1.055
Carp	1.437	Charl		Cibis		Oliver	1.124	Coffey	4.223
Carrie	2.182	Karl-Heinz	3.125	Manfred	2.435	Cleef	1.725	Cohnen	
Carrie-Kniesel	2.604	Rosemarie	1.015	Regina	2.438	Cleev van	4.905	Christian	1.320
Carspecken	1.434	Charlier-Leiber	1.454	Ciborowius	1.552	Cleev von	1.350	Elke	1.380
Carstens		Charter	2.067	Cichon		Clef	1.414	Robert	2.639
Bärbel	4.390	Chaudhuri	4.111	Angela	1.223	Cleff	1.310	Cohnen-Brammerz	
Uwe	2.456	Chaymowski	3.035	Günter	1.036	Clemens			1.552
	1.240	Checchin	4.830	Cielinski	4.370	Christiane	1.356	Cohrs	1.162
Carstensen	4.242	Chee	2.158	Cieplik	1.595	Claus	1.159	Coignet	1.416
Caschili	4.661	Cheng	1.054	Cieszynski	2.613	Frank	4.815	Coirazza	4.491
Casella	4.273	Chesters	4.580	Cihan	4.570	Gerda	1.431	Colberg	
Casjens	4.580	Chilla		Ciller	4.401	Gerlinde	1.132	Carsten	1.103
Caspari		Martina	2.316	Cinkaya	2.587	Stefan	2.007	Wolfgang	1.419
Hildegard	1.376	Reinhard	1.300	Cipa	2.345	Sybille	1.050	Collatz	1.412

Colle		Conzen		Christel	1.490		2.665	Dachsel-Paduschek	
Georg	2.470	Barbara	2.266	Christina	2.289	Cuno-Janßen	1.785		1.261
Jutta	1.223	Gerda	1.356	Friedrich	4.170	Cupeljic	4.170	Dadzio-Will	2.325
Collet		Coppenrath	2.515	Hubertus	2.225	Curtis-Jelen	1.775	Daehne	1.210
Bernhard	1.201	Copuroglu	4.249	Janine	2.435	Cuypers	2.179	Daele van den	1.151
Veronika	2.683	Corban	1.523	Kirsten	2.520	Cwienk	4.951	Dämbkes	1.095
Collete	2.182	Corbe	2.317	Marianne	2.635	Cwik	1.275	Daemgen	1.822
Collins	1.615	Cordes		Susanne	4.225	Cybulski	4.722	Dänekas	
Collins-Whittel	3.035	Anke	1.551	Theodor-W.	1.060	Cypionka	1.068	André	1.190
Collmann	2.166	Klaus	2.073	Crasborn	1.006	Cypionka-Reike	2.057	Sabine	4.920
Colonius	1.054	Manuel Joh.	2.570	Crass	2.621	Cyrus		Dänner	1.380
Comans	1.642	Margit	2.686	Creemers	1.118	Rainer	2.318	Dästner	3.215
Combach	1.522	Mariele	2.520	Cremer		Ralf	2.395	Daetermann	4.273
Combächer	1.326	Monika	4.243	Anna Maria	1.529	Cyrys	1.367	Däumling	2.396
Combe	4.662	Peter	1.348	Bernd	1.355	Czaja		Däuper	
Combüchen	1.482	Paul	2.677	Brunhilde	1.615	Andreas	2.280	Margarete	2.495
Comes-Seyfi	1.361	Sigurd	4.300	Carmen	1.405	Barbara	2.215	Siegfried	2.395
Commandeur	1.805	Thomas	2.080	Claus	1.325	Thomas	1.310	Dag	4.720
Conen		Udo	1.153	Elfriede	1.270	Czarnetzki	2.645	Dagger	1.265
Birgit	4.260	Cords	4.740	Elisabeth	2.586	Czarnietzki	2.160	Daheim	4.415
Christa	4.722	Córdoba	1.527	Eric	4.055	Czech		Dahl	
Coninx	1.616	Cordt	2.077	Friederike	1.105	Frederik	2.725	Heidemarie	1.270
Conrad		Cordts	1.615	Friedrich	1.414	Gabriele	4.295	Norbert	2.166
Andreas	1.433	Cormann		Georg	1.411	Czekalla	1.521	Dahlberg	2.361
Bernd	1.002	Josef	1.007	Harald	1.801	Czeranka		Dahlbüdding	2.181
Bernhard	4.242	Margarete	1.810	Heinz	2.614	Katja	2.611	Dahlen von	1.414
Christoph	2.480	Stefanie	2.390	Helmut	1.403	Wolfgang	1.712	Dahlhaus	
Doris	1.128	Ulrich	2.487	Karl-Heinz	5.610	Czernek	1.229	Bärbel	2.516
Jan	4.722	Cornelissen		Peter	1.486	Czernik	1.351	Dirk	1.817
Jan-Henning	1.589	(Cornelißen)			2.125	Czerny-Walde	1.210	Rainer	4.963
Julia	1.419	Hans-Joachim	1.136	Uwe	3.045	Czerwinski	2.587	Ute	2.587
Katrin	1.470	Petra	1.130	Wilhelm	4.875	Cziborra	1.168	Wiebke	2.462
Renate	2.317	Cornelius		Cremerius-Tegtmeier		Czichon	2.732	Dahlhoff	
Sabine	1.167	Corinna	3.040		1.681	Cziczinski	2.270	Joachim	1.216
Sigrid	1.217	Martina	1.631	Cremers		Czimek	1.495	Julia	2.635
Thomas	1.006	Cornels	1.135	Anne	1.650	Czinczoll	1.158	Sylvia	4.075
Conradi		Coroly	1.488	Peter	4.120	Czischke	2.460	Dahlmann	
Christian	4.430	Coronato	1.270	Roman	1.528	Czok	4.192	Angelika	1.053
Gunhild	1.123	Correnz		Volker	1.059	Czolbe	1.043	Annegret	2.405
Conrads		Margret	1.345	Creuset	1.445	Czubayko-Reiß	1.570	Georg	2.175
Brigitte	1.645	Walter	1.118	Creutz		Czyborra	4.248	Hans-Dieter	4.462
Dagmar	1.009	Corsten		Christian	1.103	Czwalinna	2.410	Jürgen	1.455
	2.073	Hans-Willy	1.276	Gertrud	1.010	Czwikla	2.487	Lothar	2.245
Gisela	1.445	Ursula	1.255	Creutzburg	2.033			Marion	4.722
Heidrun	1.011	Coskuntuna	4.390	Creutzenberg	2.345			Monika	4.351
Helmut	1.585	Coßmann	2.215	Crisp	1.527	**D**		Dahlmanns	
Michael	2.205	Cossmann	4.491	Crnjak	2.673	D'Alò	2.732	Franz-Josef	3.170
	2.565	Costa		Crolla	1.725	D'Alonzo	3.105	Magda	1.305
Ulla	1.351	Carla	2.687	Cron	1.816	D'Angona	3.172	Marlon	4.875
Conrads-Kippels		Giusj	4.745	Cronau	2.396	Daamen	1.495	Michael	1.260
	1.712	Coste	1.231	Crone	1.214	Daams		Dahlmanns-Baliki	
Conradt	1.699	Cotza	4.635	Cronenberg	1.641	Burkhard	1.390		1.460
Conrady	4.400	Couchoud	1.043	Croonenbroeck	2.510	Holger	4.832	Dahlmanns-Kranz	
Conredel	2.590	Coulomb-	2.244	Cross	2.490	Dabek-Völkert	1.430		1.345
Constant	2.436	Hausmann		Crowley-Nicol	2.715	Daberkow	4.270	Dahlmeyer	1.818
Constapel		Coupette	1.551	Crueger	1.054	Dabovic	4.590	Dahm	
Claudia	2.401	Cousin	4.661	Cruel	2.055	Dabringhaus	1.821	Bernd	3.010
Heinz	2.076	Couson	1.190	Cruse	2.435	Dabrock		Kai	1.530
Conte	1.760	Couturier	2.086	Csire	1.452	Christoph	2.174	Rüdiger	1.405
Contzen		Cox		Csoma	2.317	Elke	2.462	Ursula	2.401
Albert	2.289	Alfred	4.380	Cuber	1.190	Gregor	2.040	Dahmann	1.009
Sabine	2.289	Bernd	1.458	Cubuk	4.300	Dabrowski	2.305	Dahmen	
Conze		Manfred	1.457	Cürlis	1.521	Dach		Bernd	1.200
Bernadette	2.225	Craemer	1.228	Cürvers	1.265	Astrid	1.137	Dorothee	1.020
Christiane	2.683	Crämer	4.440	Cuijpers	1.743	Peter	1.511	Gabriele	1.229
Detlef	3.003	Cramer		Culemann	1.595	Dachner	2.590	Gislinde	2.340
Conze-Eisen	2.520	Angela	4.170	Cullmann	4.661	Dachowski	1.095	Hans-Dieter	1.380
Conzelmann	4.495	Caroline	2.726	Cummerwie-Ernst		Dachsel	1.035	Herbert	1.241

Namenverzeichnis

		Werner	2.033	Danz		Sören	1.598	Alois	1.802
Hermann-J.	1.241	Winfried	2.415	Ernst-Joachim	1.360	Dauth	2.370	Harald	1.681
Horst	1.109	Damman		Ulrich	2.183	Dautzenberg	1.226	Jutta	1.353
	2.402	Peter	4.410	Danzeglocke		Dauven	1.522	Paul Josef	1.845
Josef	1.054	Ulrike	4.330	Karl-Hans	1.124	David		Wendelin	1.680
Leonie	4.260	Dammann		Michael	1.117	Edwin	2.545	Dedring	1.452
Marina	1.660	Cordula	4.430	Danzmann	2.115	Erhard	1.455	Deegen	
Meinhard	1.588	Reinhold	2.610	Dappen		Ralph W.	4.590	Cornelia	2.062
Michael	1.228	Dammeier	3.215	Joachim	1.250	Reinhard	1.163	Dörte	1.392
	1.790	Dammer	1.356	Martina	5.610	Silke	1.403	Ulrich	1.392
Petra	1.265	Dammers		Dapper-Neufeind		Sylvie M.	2.160	Deeke	2.323
Thomas	1.216	Susanne	1.716		1.128	Ursula	1.360	Deerberg	
Dahmen-Brock	1.275	Wolfgang	1.445	Dargatz-Seuffert	1.060	David Ballero	1.010	Klaus	2.418
Dahmer	1.410	Dammertz	4.475	Dargel		Davidheimann	4.580	Markus	2.033
Dahms	4.242	Damrath	2.590	Christa	4.571	Davids	2.280	Deery	2.671
Dahners-Rump	1.437	Dams	4.370	Dorothee	1.642	Davidsen	2.241	Deest	
Dahnke-Trute	4.221	Dams-Steffens	1.270	Darius	2.687	Davies	1.326	Hildegard	1.401
Dahrenmöller	2.518	Damschen	1.036	Darley	2.588	Dawar	2.006	Wolfgang	1.785
Daimler	1.003	Danberg	2.080	Darougheh	1.420	Dax	2.658	Deest van	1.413
Daitschmann	4.111	Danczyk	1.375	Darquenne-Danwerth		Deboße-Stenger	1.151	Defort	1.817
Dakoglu	4.251	Dandyk	3.010		2.732	Debring	4.252	Degel	4.950
Dalay	1.430	Danebrock	4.570	Dartmann		Debrus	1.008	Degemann	4.512
Dalboth-Tiersch	1.500	Daners	1.616	Karl-Georg	2.005	Debus		Degemann-Lickes	
Daldrop	2.455	Dange	2.400	Maria	1.260	Birgit	2.086		4.380
Daldrup		Dangendorf	2.480	Matthias	2.023	Christiane	4.211	Degen	
Hermann	4.195	Dangschat	2.405	Dartsch		Henning	2.086	Barbara	1.185
Rolf	2.660	Daničič	4.540	Edgar	2.570	Ingrid	4.249	Helge	1.131
Daleiden	1.128	Daniek	1.681	Evelyn	1.432	Martin	2.659	Silke	1.454
Dalgas	1.435	Daniel		Das	1.696	Ulrike	4.601	Degener	
Dalhoff		Annika	4.761	Daschkewitz	1.445	Dechant	2.380	Birgit	4.580
Benno	2.666	Christoph	1.495	Dase	1.536	Decher		Josef	2.152
Gabriele	2.667	Danielmeier	2.683	Daßler	2.451	Friedhelm	2.030	Kerstin	2.153
Hendrik	2.101	Daniels		Dassow	4.073	Maike	1.760	Sybille	4.075
Monika	2.587	Barbara	2.686	Datko	1.510	Tobias	1.067	Degenhard	4.430
Dalhoff-Barnitzke		Helmut	1.485	Dato	1.600	Dechering	4.111	Degenhardt	
	2.658	Maren	1.240	Datta	1.550	Dechow		Anke	2.285
Dalka		Susanne	2.516	Daub		Jens	2.511	Birgit	2.100
Agnes	4.250	Thomas	1.820	Jürgen	2.659		2.513	Heidrun	1.356
Annegret	4.905	Wilderich	2.522	Kerstin	1.353	Decius	2.300	Joachim	1.415
Jürgen	4.246	Daniels-Gentsch	1.065	Thomas	2.179	Deck	1.190	Lars	1.057
Dalkilic	4.570	Danielsiek	2.325	Daubach	4.930	Dockon	2.503	Susanne	1.811
Dalladas	1.326	Danielsson	2.650	Daube	2.180	Decker		Deges	1.090
Dallmann	4.680	Danilieva	1.226	Dauben	1.580	Bernd	1.710	Deggerich	1.795
Daly	1.130	Dankel	2.555	Daubenbüchel	1.042	Birgit	1.505	Deharde	1.155
Dam van	4.245	Dann	1.210	Daubner	2.293	Julia	4.745	Dehé	2.517
Damann	1.592	Danne	1.715	Dauer		Karl-Heinz	2.522	Dehn	
Damaschek	4.225	Danneberg		Andrea	2.265	Klaus-Dieter	1.510	Jutta	2.535
Damast	1.051	Kerstin	1.116	Wolfgang	1.340	Rainer	2.589	Stefan	2.626
Damberg	1.265		2.687	Daum		Thomas	1.055	Dehne	2.060
Damen		Sigrid	4.690	Brigitte	1.819	Ursula	2.293	Dehnen	4.832
Klara	4.270	Dannehl-Brückmann		Gabriele	2.022	Uwe	2.293	Dehnert	
Marc	1.811		4.252	Herm.-Josef	3.050	Walter	1.219	Ralf	2.695
Damerau		Dannemann	2.215	Lothar	2.645	Werner	1.357	Werner	1.815
Reinhard	1.326	Dannenberg		Rüdiger	2.002	Decker-Bönniger		Deiana-Müller	4.745
Simone	2.726	Alfried	2.683	Sonja	1.801		2.511	Deichmann	
Damerow	1.405	Eva	1.285	Ute	4.761	Deckers		Birgit	3.200
Damian	1.065	Rainer	1.218	Daumann	4.251	Albert	1.405	Jürgen	1.798
Damke	2.651	Ulrike	2.746	Daume		Gisela	2.021	Susanne	2.356
Damke-Hartings	2.156	Dannenhauer	4.832	Bettina	4.815		4.940	Deierling	2.700
Damm		Danner-Elhayami		Klaus	4.040	Deckers-Fabian	1.218	Deifuß	2.064
Andreas	1.095		2.319	Sabine	4.580	Deckers-Schäfer	4.370	Deimel	
Anita	2.595	Dannert		Stephanie	2.523	Deckwirth	4.295	Bernhard	2.745
Bettina	2.565	Angelika	2.293	Daun	1.229	Decool	1.552	Marc	1.455
Christoph	1.775	Dorothea	2.243	Dausendschön	2.300	Deddens	2.175	Rita	2.437
Julia	1.054	Jörn	1.218	Dausinger	1.115	Dedekind	2.637	Deimel-Brieke	4.290
Michael	2.700	Danso	1.441	Dausner	4.251	Deden	4.245	Deinert	1.552
Monika	1.223	Dany	1.185	Dauter		Dederichs		Deinet	1.818
Tanja	2.356	Danyel	1.326	Erhard	4.951	Alexandra	3.001		

Deinhard-	2.586	Hartmut	2.495	Brigitte	2.621	Detering		Devos	4.745
Messerschmid		Lydia	2.614	Elisabeth	2.690	Stefan	2.010	Dewald-Fink	1.160
Deinzel	1.276	Demandt	2.660		4.875		2.280	Dewender	4.141
Deis	2.084	Dembek	1.020	Elmar	1.530	Ursula	2.280	Dewenter-Böddeker	
Deisel	1.190	Demberg		Karin	2.121	Determann			2.726
Deisenroth	3.055	Gerlinde	1.416	Klaus	4.570	Iris	4.690	Dewenter-Etscheid	
Deising	4.260	Ilona	BRDe	Ursula	1.131	Thomas	2.197		4.320
Deister	1.460	Dembowski		Deppenkemper	2.522	Deters		Dewenter-	4.961
Deistler	1.055	Barbara	1.522	Deppermann	1.153	André	4.810	Nockemann	
Deitenbach	4.054	Bruno	1.529	Deppermann-Fatic		Evelyn	1.402	Dewert	4.401
Deitermann	2.445	Dembski	1.118		4.390	Gabriele	4.040	Dewes	1.270
Deitermann-Gerdes		Demes		Depping		Josef	2.396	Dewey	
	1.090	Renate	1.441	Christel	2.603	Rainer	4.780	Evelyne	2.173
Deiters		Sabine	4.070	Heinz	1.226	Detert	2.604	Heinz Jakob	3.115
Alfons	1.712		4.250	Horst	2.280	Detert-Behmer	4.350	Jutta	4.630
Dorothee	1.090	Demleitner	3.040	Jürgen	2.603	Deth	1.151	Dewies	1.770
Michaela	2.205	Demmer		Renate	4.430	Detlefs	1.710	Dewitt	1.845
Deitmar	4.780	Christian	1.485	Udo	3.307	Detmar	1.310	Dewitz	4.571
Deitmer	1.045	Gerd	4.243	Depuhl	1.591	Detmer	2.056	Dewitz-Weyhofen	
Deittert	2.519	Martin	1.535	Derboben	2.512	Detmold	1.750		1.785
Dejosez	1.255	Monika	4.274	Dercks		Detro	1.640	Dexer	2.460
Dekidis	1.430	Demmerle		Gregor	4.660	Dettbarn	1.240	Dexheimer	
Delalic	4.251	Karsten	3.215	Heinrich	2.289	Detten v.	4.635	Björn	1.740
Delaveaux	2.241	Ursula	1.821	Deregowski	1.452	Dettlaff	1.691	Ferdinand	2.292
Delbeck		Demmin	1.042	Derendorf	1.565	Dettmar	4.512	Dey	
Birgitta	1.361	Demming	2.275	Derichs		Dettmer		Annika	3.115
Eva-Marie	4.323	Demming-		Hajo	4.271	Alfred	2.570	Klaus	1.025
Delere	4.071	Greitschus	4.221	Heinz	6.133	Lutz	3.040	Deyke	4.491
Delf-Borgsmüller		Demond	1.713	Ortrud	4.273	Deufel	1.217	Deylitz	1.432
	4.111	Demter	2.665	Wilhelm	1.305	Deumeland	1.426	Diaczyszyn	1.620
Delfmann	1.052	Demtröder		Wilhelm Jos.	1.007	Deupmann	2.630	Diaz-Bernado	2.101
Delfs-Swora	3.070	Dieter	PA	Dericks	2.022	Deurer	4.870	Diaz-Flores	4.540
Delft v.		Ekkehard	2.286	Dering	1.545	Deusch	4.690	Dibbelt	3.120
Dietrich	2.485	Demus	4.661	Derkmann	2.169	Deuschle	4.900	Dichans	1.525
Dorothee	2.485	Denda		Derks		Deußen (Deussen)		Dichanz	4.350
Delgado Sánchez		Andreas	4.304	Karin	3.115	Christoph	1.132	Dichtel	2.061
	2.589	Otto	1.433	Klaus	1.740	Irmgard	2.630	Dichter	4.832
Delic	1.230	Denecke		Derksen		Peter	2.710	Dichter-Uhrhan	1.592
Delille	2.670	Heinz-Martin	1.290	Brigitte	1.392	Uta-Maria	1.581	Dick	
De Lima	2.173	Wolfgang	2.154	Edith	1.225	Deußen-Huylmans		André	1.010
Delisle-Matschat		Deneke	2.300	Günter	4.245		1.616	Dennis	1.592
	1.681	Denger		Jürgen	1.741	Deuster		Friedrich	4.091
Delitzscher	2.585	Brigitte	1.620	Derkum	1.400	Herbert	1.743	Günther	1.002
Delius		Ulrich	2.452	Dermann	4.740	Ralf	1.430	Heribert	1.455
Ulrike	2.595	Deniers	1.650	Dern	1.128	Volker	1.420	Inga	2.040
Uta	2.625	Denis		Dernbach		Deuter		Joachim	2.731
Delker	1.453	Christine	2.079	Cornelia	1.580	Angelika	4.620	Karin	1.450
Delkus	2.179	Gundula	2.265	Thomas	2.176	Jürgen	4.222		1.580
Dellbrügger	2.666	Denk		Derpmann	2.510	Kurt	4.620	Renate	1.211
Delle	3.165	Albert	2.010	Derr	4.055	Deutsch		Wolfgang	1.632
Deller		Karin	2.671	Dersch		Arnold	2.079	Dickas-Kahlweldt	
Andreas	1.575	Martin	1.680	Brigitte	1.580	Fritz	1.052		1.056
Hans-Alois	1.217	Denker		Otto	1.817	Heinz Theo	1.367	Dicke	
Dellmann	2.683	Karola	4.401	Derstappen	3.120	Josef	1.716	Florian	1.255
Dellschow	2.587	Xaver	5.600	Derwald	2.651	Peter Rainer	1.401	Kirsten	1.820
Delmarco	4.745	Denkhaus	2.080	Descamps	2.022	Deutscher		Rolf	1.481
Delpy		Denkler	2.102	Deschner		Birgit	4.761	Dickel	
Gabriele	1.009	Denter	1.661	Jochen	4.600	Daniela	4.252	Matthias	2.179
Heiner	4.415	Denuell-Diekmann		Jutta	4.600	Sandra	4.695	Monika	2.360
Delschen			2.176	Deschner-Schmitt		Ursula	2.084	Nadine	2.656
Adelheid	2.680	Denvir	1.185		1.118	Deutschkämer	4.710	Dicken-Begrich	BRDü
Rainer	2.503	Deperschmidt	4.330	Deselaers		Deutz		Dickgreber	
Delsemmé	1.403	Depiereux	4.870	Christoph	3.105	Barbara	1.348		2.020
Del Valle Martinez		Depka	1.380	Gabriele	1.490	Gerhard	1.711	Dickhaus	
	1.630	Depke	1.305	Deserno	1.003	Matthias	1.770	Gertrud	4.740
Delvaux de Feuffe		Depner	4.091	Desombre-Jüttner		Deventer		Konrad	2.402
	1.004	Deppe			1.115	Annette	2.560	Dickhof	1.351
Demand		Angelika	1.059	Detemble	1.412	Rainer	2.560	Dickhoff	
								Herbert	1.565

Namenverzeichnis

Stephanie	1.385	Bernhard	1.025	Stefan	2.400	Siegfried	1.475	Dirkes	2.588
Dickhut	3.007	Johannes	2.588	Ulrich	4.650	Timur	4.635	Dirkes	2.588
Dickler	1.422	Diekhoff	1.153	Dierks		Dietze		Dirkling	
Dickmann		Diekjobst	2.417	Bernhard	2.590	Christina	4.520	Doris	1.633
Hans-Peter	1.840	Diekmann		Eva	1.260	Claudia	1.196	Heinrich	1.630
Herbert	4.290	Birgit	4.790	Matthias	1.451	Juliane	1.595	Dirks	
Hildegard	2.654	Elke	4.470	Diersheide	4.440	Dietzel		Ruth	4.410
Jenny	1.097	Franz	2.317	Dierksmeier	2.395	Dieter	2.480	Ulrich	1.055
Jochen	1.743	Frauke	2.060	Diermann	4.740	Ruth	1.418	Dirla	1.409
Kai	1.629	Josef	2.614	Diers		Dietzel-Küchenhoff		Dirmeier	1.218
Karin	1.817	Klaus-Dieter	2.040	Uta-Maria	2.090		2.511	Dirnberger	1.066
Maria	2.686	Maria	4.951	Volker	4.072	Dievernich	2.355	Dirsch	1.061
Roswitha	1.840	Norbert	2.275	Dierselhuis	1.586	Diewald		Dirschauer	2.230
Sven	1.261	Peter	2.080	Diesel	1.102	Miriam	2.437	Discher	2.346
Walter	1.060	Rudolf	2.523	Diesing		Ute	1.403	Disoski	1.770
Dickmanns	1.522	Wolfgang	2.436	Anne-Marie	2.121	Díez Crespo	2.146	Dissars	4.243
Dickmeis		Diekmann-Brusche		Birgit	1.632	Digiacomo	1.815	Disse	
Birgit	1.054		4.740	Winfried	1.044	Dijksma	4.661	Heidrun	2.067
Gabriele	1.810	Diekmann-Hille	2.079	Dießner	4.273	Dikow	2.486	Helmut	2.002
Dickob-Rochow	1.050	Diekneite	2.674	Diestelhorst	2.230	Dilbirligi	4.120	Dissel	2.571
Dickopp	1.412	Diel		Diestelmeier	2.280	Dilger	4.130	Disselbeck	1.350
Dicks		Anja	1.200	Diester		Dille	1.345	Disselkamp	
Barbara	1.122	Bernhard	2.480	Bernard	2.145	Dillenberg	1.695	Christoph	1.160
Karl-Heinz	4.270	Sebastian	2.452	Wolfgang	2.685	Dillerup	1.351	Gabriele	2.266
Diderichs	4.323	Diele-Bamberger			2.246	Dilling		Jürgen	2.179
Didion	4.494		4.072	Dietel	1.222	Annette	2.370	Miriam	2.653
Didjurgeit	4.492	Dieler		Dieteren	4.250	Rita	3.105	Dißelmeyer	1.554
Didszuweit	1.589	Hans-P.	1.138	Dieterich	2.763	Dillmann	1.822	Disselnkötter	3.040
Diebäcker	4.690	Rolf	3.120	Dietershagen		Dillschneider	4.690	Dißen (Dissen)	
Dieball	1.588	Ruth	2.002	Eva	1.433	Dilthey	4.700	Eva	2.521
Diebold	2.472	Dieling	4.250	Oliver	1.250	Dimassi	1.241	Margarete	1.210
Dieck	4.040	Dielmann		Sabine	2.120	Dimmer	4.240	Maria	1.135
Dieckerhoff	2.290	Aexander	1.041	Dietrich		Dimnik	1.151	Dißmann-Schmidt	
Dieckhöfer	2.160	Grit	1.136	Carola	2.687	Dimovic	1.320		2.401
Dieckhoff	2.471	Dieme	2.445	Claudia	2.587	Dimpfel	2.290	Distelkamp	4.690
Dieckmann		Diemert-Mandl	1.041	Dietmar	1.063	Dincman	1.360	Distelrath	1.486
Anneliese	3.140	Diener		Friederike	1.109	Ding	1.441	Disterfeld	4.480
Christoph	1.743	Andrea	4.410		1.696	Dingel	4.170	Ditges	4.415
Sabine	2.755	Ilka	1.345	Gabriele	3.068	Dingemann		Ditges-Wolkowski	
Wolfgang	2.511	Diening	1.630	Hans-Jürgen	1.370	Jürgen	4.762		1.523
Dieckow	1.407	Dienst		Harald	4.040	Klaus	BRM	Ditscheid	
Diedam	2.621	Christa	1.201	Joachim	2.045	Dinger	1.823	Benedikt	1.486
Diederich	4.241	Willi	1.115	Jochen	2.370	Dingerdissen	2.166	Stefanie	1.581
Diederichs		Diepenthal		Jutta	2.659	Dinges		Dittberner	
Heinz	2.365	Jörg	1.305	Karl-Heinz	1.261	Albert	2.196	Hedwig	1.015
Hermann	1.007	Maria-Ther.	1.823	Klaus	1.750	Georg	1.286	Petra	4.073
Sigrid	1.230	Diepers	1.431	Laura	1.011	Rainer	2.161	Dittbrenner	2.001
Diedrichs	1.811	Diepgen-Tonn	2.260	Martina	4.540	Dingler	4.723	Dittert	3.220
Diedring	1.255	Diercks	2.588	Rainer	4.260	Dingmann	1.367	Dittforth	1.545
Diefenbach	3.001	Dieregsweiler	4.241	Rüdiger	3.125	Di Ninni	4.771	Dittkuhn	1.436
Diefenthal	1.241	Dieren	1.265	Silke	2.630	Dinkelbach	1.401	Dittmaier	1.058
Diegeler	1.157	Dierenfeldt	1.798	Werner	2.656	Dinkelmann	1.535	Dittmann	2.020
Diehl		Diergardt	1.230	Dietrich-Siegloch		Dinkhoff	2.450	Dittmann-Flatten	
Amina	2.472	Dierich	1.805		1.716	Dinkler	4.241		1.122
Tanja	1.009	Dierig	4.300	Dietrich-Zipplies		Dinnessen-Speb		Dittmayer	1.056
Ute	1.345	Dierk	2.058		1.790		4.540	Dittmar	1.214
Diehm	1.063	Dierker	2.731	Dietrich		Dinslage	4.920	Dittrich	
Achim	1.261	Dierkes		gen. Nehls	4.540	Dinter		Annegret	2.770
Christina	1.781	Almuth	1.054	Dietsch		Marianne	2.380	Christel	4.680
Diek	2.746	Bernhard	2.395	Anna	1.190	Matthias	2.571	Klaus	3.007
Diekelt	2.395	Brigitta	2.515	Hermann	4.723	Veronika	2.090	Monika	4.963
Diekenbrock		Frank	2.395	Wolfgang	1.445	Dionisius	1.419	Uta	2.110
Manfred	2.080		4.246	Dietz		Dippe	1.421	Ditz	4.491
Marlies	4.722	Hans	1.785	Anne	4.220	Dippel	1.840	Ditze	2.502
Dieker	2.195	Heinz	2.575	Brigitte	1.185	Dippel-Brandt	1.380	Ditzel	4.491
Dieker-Brennecke		Karl-Hz.	2.471	Heidrun	2.671	Dippel-Papenfuß		Ditzen	1.458
	2.645	Klaus	2.071	Peter	4.220		4.210	Diwersy	1.210
Diekhans		Marie-Luise	2.395	Rüdiger	2.660	Dirbach	2.063	Djimakong	4.943

Dlugosch	1.615	Bianca	2.605	Dohm	4.635	Dombrowsky	1.404	Dorenkamp		
Dobberstein	2.182	Meinolf	2.605	Dohmann		Domeier		Alfons	2.161
Dober	4.150	Dörholt	2.731	Gerhard	2.288	Hartmut	4.430	Ulrich	2.670
Dobert	1.155	Doerinckel	2.571	Norbert	2.589	Karl	2.690	Dorin	1.595
Dobler	4.740	Döring (Doering)		Dohmen		Vera	1.495	Dorlaß-Müller	1.589
Doblonski	4.905	Andreas	1.065	Alexander	1.305	Domes		Dorlöchter	
Dobrescu	2.086	Angelika	1.785	Birgit	1.520	Hannelore	1.598	Dirk	3.340
Dobrindt		Christoph	2.658	Edgar	2.456	Ulrike	1.550	Heinz	4.180
Michael	2.745	Dagmar	4.040	Franz-Josef	1.255	Domin	4.111	Dormann	1.103
Ulrike	2.700	Hedwig	2.173	Heinz	1.795	Domine	1.350	Dorn	
Dobrinski	1.400	Heiko	4.740	Heinz-Friedel	4.496	Dominick	1.561	Gunilla	4.630
Dockhorn	2.503	Holger	2.057	Michael	1.157	Dominik	3.007	Maria	4.496
Dockter	1.080	Inge	2.175		2.588	Dominke	1.350	Peter	1.056
Dodt	1.355	Michael	2.670	Peter Michael	3.155	Domke		Dornbusch	
Döbbe-Hohenkirch		Nicole	4.540	Renate	1.376	Anja	2.683	Lothar	1.066
	2.179	Rainer	1.153	Sabine	2.396	Elisabeth	1.711	Michael	1.068
Döbbeling	1.045	Stephan	1.633	Dohmes	1.058	Klaus	5.610	Dorner	2.081
Döbberthin	4.221	Waltraud	2.491	Dohmessen	1.581	Monika	3.135	Dornhege	4.600
Döben	1.520	Wolfgang	2.121	Dohms	2.470	Thomas	4.722	Dornhöfer	1.115
Döhl		Döring-Wobbe	4.271	Dohmstreich	1.380	Domke-Baral	1.711	Dornscheidt	1.325
Jürgen	1.620	Doerks	2.588	Dohndorf	2.361	Dommen	1.365	Dornseifer	4.951
Ute	4.943	Dörlemann	2.613	Dohr	2.765	Dommes	4.590	Dorok	
Döhler-Marx	1.036	Dörmann	1.486	Dohr-Neumann	1.775	Domrös-Henscheid		Elke	2.665
Döhmann-Rohwold		Doermann	4.350	Dohrmann	4.304		1.230	Sebastian	2.255
	1.691	Dörnemann	4.224	Dohrmann-Burger		Domrose	1.537	Willi	2.405
Döhr	1.053	Dörnemann-Berg			1.537	Doms	1.128	Dorp vom	1.117
Döhring	1.716		1.586	Doil-Brenke	4.961	Domsel	1.042	Dorpinghaus	1.180
Döing	2.266	Dörnen		Dokters	2.627	Donadell	2.570	Dorprigter	2.456
Döinghaus	2.638	Anke	2.677	Dolanec	1.167	Donath		Dorr	1.175
Döker	1.230	Ulrich	4.962	Dolap	4.072	Axel	1.790	Dorra	1.261
Dölemeyer	2.626	Dörner	1.481	Dolata	2.405	Solveig	4.401	Dors	4.945
Dölken	2.530	Dörnhaus	4.120	Dolata-Hoffmann		Svenja	1.107	Dorst	2.770
Dölle		Dörnte	2.420		2.176	Uwe	4.401	Dortelmann	1.167
Andreas	1.015	Dörper	1.370	Dolenga	1.615	Donde	2.076	Dortmann	2.006
Annegret	1.645	Dörpinghaus		Dolezel	1.357	Dondorf		Dortschy	
Ingeborg	4.210	Heinz	1.632	Dolezich		Alfons	1.485	Anne	2.520
Döller	1.460	Monika	1.541	Johannes	2.520	Herbert	4.810	Ansgar	2.462
Dölling	2.230	Dörr (Doerr)		Ulrich	2.073	Donecker	1.690	Tim	2.079
Dölls	1.123	Ellen	1.175	Dolfen	1.357	Donges	1.045	Dorzok	1.552
Döllscher	1.040	Frank	2.571	Dolinsky	1.117	Donie	1.091	Dosoruth	2.725
Dölp	2.500	Jörg	2.771	Doll	1.125	Donig	1.553	Dosquet-Bünning	
Dömek	4.680	Nadja	2.180	Dollbaum		Donius	1.486		1.006
Dömer		Olaf	1.341	Jutta	4.961	Donnay	4.920	Dost	
Anna	1.506	Sonja	1.735	Rainer	1.817	Donner		Fabian	1.109
Günter	1.699	Dörr-Campbell	2.320	Dolleck		Johannes	2.023	Nicole	4.635
Dömges-Curbach		Dörr-Hartungen	2.077	Claus	4.780	Marlene	2.023	Dostal	4.570
	1.740	Dörre	1.229	Dagmar	2.205	Wilfried	2.062	Doth	1.040
Dömkes	1.190	Dörrenbecher	1.361	Dollenkamp-	2.686	Donner-Hochscherf		Dott	3.160
Doenhardt-Klein		Dörrer	2.158	Weißbach			1.530	Dotzauer	1.069
	1.042	Dörrich	2.152	Dollinger		Donnermeyer	2.495	Doubara	4.961
Dönhoff	3.105	Dörscheln		Jutta	1.035	Donsbach	1.436	Douka	1.118
Dönneweg		Andrea	4.072	Rolf	1.250	Dool van den	1.816	Douteil	1.741
Erich	2.291	Ulf	1.594	Dollmann-Molitor		Doose	4.054	Douven	1.036
Henner	2.480	Doert			1.020	Dopf	1.822	Dovern	
Doepner	4.246	Fred	3.035	Dolniczek	4.430	Dopheide	2.058	Hans-Josef	1.200
Döpke	4.900	Liselotte	2.090	Dolny	1.229	Dopke	1.482	Maria	3.001
Döpp	1.356	Thomas	2.090	Domanski	4.951	Dopstadt	1.081	Downey	1.153
Döpper	2.077	Doerth	1.570	Dombach	1.380	Dopychai	2.183	Doxakopoulos	1.523
Döppers		Dörwaldt	1.715	Dombois von	1.350	Dorando	1.081	Drabe	2.523
Petra	2.021	Dössel	1.817	Dombrink		Dorbach	4.630	Drabek	1.351
Ulrich	2.021	Dötsch	3.010	Gerhard	4.180	Dorchenas	3.010	Drabert	1.175
Dörfer		Döveling	2.618	Josef	2.340	Dorda	1.011	Drabiniok	
Andrea	2.487	Döweling	4.180	Dombrowa	4.661	Dorenberg		Klaus	2.305
Martin	2.487	Dohle		Dombrowski		Jutta	2.730	Ulrike	4.170
Dörfers	2.487	Hans Joachim	2.255	Joachim	2.364	Theodor	2.730	Drachenfels v.	1.063
Dörffler	1.615	Herm.-Josef	2.020	Jürgen	2.169	Dorendorf		Dräger (Draeger)	
Dörflinger	1.561	Sabine	4.815	Margrit	2.760	Frank	4.070	Corina	3.340
Dörhoff		Dohlen	1.511	Ralf Herbert	2.288	Mirijam	4.920	Ellinor	2.067

Namenverzeichnis

Sabine	2.319	Heinz	2.665	Bettina	4.320	Kerstin	2.317	Drygalla	2.317
Drägestein	1.407	Lothar	2.230	Harald	2.637	Drösser	4.771	Drzensla	2.686
Drage-Danielsiek		Matthias	1.228	Jürgen	1.681	Drogin	1.470	Dubielzig	2.067
	2.243	Dreifert	1.326	Martina	4.951	Drohmann	2.653	Dubisch	4.741
Dragoun	1.214	Dreilich-Groetschel		Drewitz	2.673	Drolshagen	4.073	Dubois	
Dragowski-	2.765		2.587	Drewke	2.745	Dropmann		Alfred	1.811
Meyer		Dreiner		Drews	1.402	Klaus	2.474	Bruno	4.510
Draheim	2.310	Hildegard	1.067	Drews-Michels	1.628	Martina	2.575	Christian	1.054
Draht	4.054	Jürgen	4.491	Drexler		Dropczynski	2.639	Dubois-Gering	1.059
Draken	4.830	Ulrike	1.069	Andreas	1.522	Droschewski	2.115	Duchardt-Hellbarth	
Drammer	1.697	Dreiseidler		Barbara	3.010	Drosner	1.025		1.420
Drane	2.289	Alexandra	1.240	Herbert	4.415	Droß	1.409	Duchatsch	1.616
Dransfeld	2.060	Thomas	1.050	Ulrich	3.105	Drosselmeyer	2.604	Duckart	1.802
Drascher	1.115	Dreiser	1.375	Dreyer		Drossert	4.130	Ducke	
Drath	2.040	Dreiskemper	1.661	Antje	2.393	Drosson	1.007	Erwin	1.588
Drathschmidt	2.686	Dreismann		Bernhard	2.317	Drost		Joachim	1.482
Draube		Gisela	2.690	Frank	1.400	Annette	2.005	Duckheim	3.160
Gerald	1.456	Heinz-Werner	2.500	Gabriele	1.408	Werner	2.005	Ducrée	2.627
Maria Vega	1.456	Dreißig-Worm	1.165	Gerold	2.650	Droste		Dudak	1.180
Drauschke	2.244	Dreiucker	2.656	Hinnerk	1.052	Anke	4.072	Dudda	
Drawe	1.231	Dreizner	1.737	Petra	4.690	Axel	2.255	Carmen	1.631
Draxler		Drell	4.248	Rudi	2.760	Beowulf	1.351	Thomas	1.699
Christina	2.687	Drengemann	1.097	Rüdiger	2.061	Gabriele	2.612	Volker	2.614
Dennis	2.179	Drenhaus	4.495	Ulrike	1.380	Inga	4.290	Duddek	1.737
Drazic	4.325	Drennhaus	1.360	Dreyer-Scheeren		Jörg	2.621	Dudek	
Drazewski	1.631	Drepper			1.008	Johannes	2.115	Johannes	2.165
Drebes		Jürgen	2.073	Dribusch		Manfred	3.065	Martin	4.040
Inge	4.195		2.745	Dorothea	1.103	Peter	1.003	Michael	2.396
Klaus	2.080	Dresbach		Ulrich	1.103	Renate	2.677	Oliver	4.330
Drebs	4.270	Bernhard	1.415	Driemeier	2.674		2.425	Otto-Ernst	4.361
Drechsel		Sandra	4.910	Driesch	4.662	Stefan	1.131	Dudenhausen	2.191
Oliver	1.541	Ursula	1.401	Driesch v. d.		Steffen	2.146	Dudler	2.650
Ulrich	2.772	Dresch	2.620	Frank	1.305	Ulrich	4.690	Dudziak	1.488
Drechsler		Drescher		Friederike	1.455	Droste zu Senden		Dudzik	2.651
Ronald	2.196	Peter	4.247	Hildegard	2.555		2.575	Due	1.696
Susanne	2.357	Simone	2.075	Judith	4.920	Droste-Jones	2.150	Dücker	
Dreckmann		Susanne	2.160	Marcel	2.395	Droste-Jost	2.300	Adolf	2.156
Andreas	1.229	Ulrich	1.055	Michael	1.123	Droste-Kopka	2.400	Dieter	1.418
Hubert	1.575	Wolfgang	4.150	Werner	1.818	Drousz	2.604	Georg	1.220
Dreckschmidt-	2.210	Drese	1.592	Drieschner	4.224	Drude	2.491	Hans-Michael	1.795
Gater-Smith		Dreseler	2.516	Driesen		Drübert	1.820	Johannes	1.581
Drees		Dresken	1.125	Dorothea	4.445	Drücke		Karl-Friedrich	4.945
Alexandra	2.495	Dreßel (Dressel)		Kerstin	1.645	Jörg	2.419	Dückers	1.450
Beatrix	4.780	Barbara	2.182	Drießen (Driessen)		Petra	2.393	Dückers-Küffer	1.433
Georg	2.451	Bernd Hans	2.522	Dirk	1.407	Simone	2.197	Düdder	4.040
Jochen	1.811	Erika	1.522	Frank	1.345	Susanne	2.242	Düerkop	2.425
Klaudia	4.761	Friedrich	1.340	Gabriele	1.810	Drücker	4.743	Düffels	1.392
Mario	2.160	Helke	4.054	Hans-G.	1.445	Drüeke		Dühr	1.570
Michael	2.317	Dressen	1.011	Hedwig	1.414	Norbert	1.523	Düker	2.586
Drees-Holz	1.581	Dreßen	2.100	Henrico	4.810	Stefan	4.943	Dülfer	4.513
Dreesbach		Dreßler (Dressler)		Theo	2.656	Drüeke-Bockelmann		Dülken-Jonas	1.108
Gisela	1.691	Christiane	3.160	Driessler	2.079		2.360	Düllmann	
Petra	1.586	Gabriele	3.135	Driftmann	2.595	Drüg	1.035	Christiane	2.667
Dreesen		Heinz	4.274	Drijfhout-Putzmann		Drüge	2.060	Franz	2.153
Barbara	1.056	Renaldo	2.196		1.186	Drüing	2.160	Gunter	2.111
Werner	1.054	Wolfram	1.820	Driller	4.870	Drüke		Dülpers	1.521
Dreeskamp	2.571	Drestomach	2.732	Drisch	4.073	Christine	2.588	Dümmer	2.006
Dreesmann		Dreusche von	1.132	Drissen	4.661	Elmar	3.165	Dümmer-	
Anke	1.042	Dreuw		Drobek	4.654	Guido	2.061	Lingscheidt	1.545
Hans	1.486	Barbara	1.170	Drodt	1.035	Katrin	2.522	Dümmerling	2.166
Drehsen	1.186	Karl-Hans	1.170	Dröge		Drünkler	2.215	Dümmler-	2.471
Drehwald	2.001	Dreves	2.667	Angela	2.630	Drüppel		Sindermann	
Dreibholz	4.961	Drewe	1.036	Hans-Dieter	4.290	Anne	4.761	Dümpelmann	4.495
Dreidoppel	1.008	Drewe-Herzog	2.518	Monika	2.503	Franz-Josef	2.125	Dünchheim	1.575
Dreier		Drewell	2.323	Drönner	3.200	Drupp	2.452	Düner	4.072
Elke	4.330	Drewello	4.760	Dröpper	2.031	Druschke	4.960	Düngen-Bayha	2.175
Franz	2.050	Drewes		Dröse		Drux	1.125	Düngfelder	1.015
Friedr.-Martin	2.033	Anne	2.110	Bernd	1.221	Druyen	1.162	Dünnebacke	2.022

Dünnwald		Dumke	1.305	Dzewas	1.591	Hildegard	4.330	Diether	1.589
Jutta	1.616	Dumont	4.682	Dziadek	2.760	Sabine	4.370	John	1.486
Karl-Hz.	1.250	Dumpe-Fischer	2.405	Dziallas	4.247	Sandy	1.128	Eckermann	
Dünschede	4.072	Duncker	1.436	Dziapko-Harrington		Sascha	1.453	Dorothea	1.419
Duensing	1.538	Dung	5.610		4.402	Susanne	2.361	Friedhelm	2.522
Düppe	4.680	Dunkel		Dziemba	2.603	Tobias	2.170	Ingo	1.168
Düppengießer	2.710	Andrea	1.380	Dziersk	3.105	Ulrike	2.627	Eckern	1.495
Düppers	2.520	Ellen	2.310	Dziri	1.050	Uwe	2.061	Eckert	
Dürbaum		Dunker		Dziurla	4.111	Eberts	2.426	Egon	1.523
Helmut	1.660	Angelika	1.521			Ebertz	2.210	Ivonne	2.751
Sibylle	4.440	Dagmar	1.357	**E**		Eberwein		Markus	4.635
Düren	1.511	Dunschen		Ebbefeld	4.370	Sabine	1.592	Michael	2.061
Düren-Lancaster		Frank	4.740	Ebbemann	2.241	Ulrich	2.076	Nicole	1.059
	4.870	Helmut	1.630	Ebben-Heimer	1.175	Ebke	2.244	Walter	2.176
Düring		Renate	1.633	Ebber	2.002	Ebmeier	2.356	Eckert-Louis	1.561
Bernd	4.740	Sabine	2.110	Ebbers		Ebmeier-	2.064	Eckervogt	4.352
Carlo	2.491	Duntz	2.393	Dagmar	4.410	Seidensticker		Eckervogt-	2.168
Dürkoop	2.184	Dupierry	2.360	Georg	2.651	Ebmeyer	4.690	Heuvemann	
Dürkop	1.650	Dupont	1.451	Manfred	1.595	Ebner		Eckey	
Dürr	2.061	Dupont-Wiegand		Monika	4.385	Martin	1.004	Brigitte	4.462
Dürr-Steinhart	1.790		1.127	Ebbers-Ellermeyer		Norbert	1.123	Volker	2.390
Dürselen		Duppach	1.357		2.182	Ebnicher	4.590	Eckhardt	
Christiane	1.190	Duppelfeld	2.115	Ebbert		Ebschbach	1.433	Hans-Joachim	1.190
Ute	1.356	Durchholz	2.763	Elisabeth	2.071	Echelmeyer		Jutta	1.137
Dürselen-Wöske	1.118	Dureuil	1.620	Günter	2.070	Beate	1.743	Kerstin	2.500
Düser	1.220	Durgeloh	2.393	Ebbertz	1.460	Gregor	2.161	Margitta	1.191
Düster	1.456	Durmaz	4.220	Ebbing	2.196	Echten van	2.033	Ulrike	1.445
Düsterhaus	1.641	Durst		Ebbinghaus		Echterbecker	1.403	Eckhoff	1.823
Düsterloh	2.651	Berthold	1.441	Heike	2.180	Echterhoff		Eckholt	
Düsterlohe v.	2.071	Dorothee	1.061	Jürgen	4.340	Dorothee	4.277	Marike	1.457
Düstersiek	2.455	Frank	1.561	Norbert	2.175	Frank	4.945	Nicole	1.510
Düttmann		Hedwig	1.528	Thomas	1.816	Gisela	1.081	Wolfgang	6.205
Jürgen	2.395	Durst-Gül	4.415	Wolfgang	3.175	Ingrid	2.055	Eckmann	
Thomas	2.305	Durt	3.105	Ebel		Echtermeyer	2.002	Franz	1.090
Düver	BRDü	Duscha		Alexandra	2.158	Echtermeyer-	2.685	Sonja	2.175
Düwel	2.146	Hedwig	1.445	Barbara	1.125	Maliske		Eckold	4.661
Düwell-Luhnau	1.411	Lotar	2.255	Cornelia	1.500	Echternacht	1.138	Ecks	
Düx	1.500	Monika	4.402	Rolf	1.442	Eck		Eberhard	3.170
Duffert		Duschl	2.292	Wolfgang	1.035	Ernst	2.600	Vera	1.420
Gundula	4.440	Dusendann	2.656	Ebeler	1.095	Heinz-Josef	1.003	Eckstein	1.007
Hartmut	4.850	Dust	2.060	Ebeling		Iris	2.061	Edel	
Dufke	1.740	Dustmann		Ingelore	1.042	Monika	1.009	Barbara	4.055
Dugandzic	1.036	Anne	3.045	Uwe	2.630	Regine	4.654	Ulrike	4.920
Dugave	1.821	Friedrich-W.	2.659	Volker	2.064	Walter	2.480	Edel Farinha	1.211
Duhe		Dutkowski	3.068	Ebell	4.555	Wolfgang	2.355	Edelbrock	
Gabriele	2.589	Duve	1.691	Ebels	1.650	Eck-Bettermann		Gudrun	2.418
Joachim	2.588	Duven	1.795	Ebendinger	4.350		4.445	Iris	1.796
Duhme	4.070	Duvenbeck	1.057	Ebenfeld	1.403	Eckardt		Edelbusch	2.456
Duisberg		Duwe	1.355	Eberbach	2.474	Dorothea	2.770	Edeler	
Gudrun	1.106	Duwenig		Eberhard		Sabine	1.697	Burkhard	4.140
Wolfgang	1.481	Caroline	1.196	Annette	1.050	Eckart	1.270	Heike	2.067
Duisdieker-Güttsches		Christa	3.055	Holger	2.160	Ecke		Ingrid	1.008
	1.416	Dvořák		Eberhardt		Evelies	2.771	Edelhoff	
Duiven van-Petschel		Günther	BRM	Armin	4.075	Kristina	1.640	Christiane	2.487
	1.433	Ulla	1.697	Gisela	1.155	Eckei	2.079	Jost	2.077
Dulfer	1.691	Dworak	2.175	Jürgen	1.216	Eckei-Jahn	4.040	Edelkötter	2.151
Dulige		Dworatzek	4.260	Eberl	4.224	Eckel	1.130	Edelmann	
Andrea	1.175	Dworzecki	1.632	Eberle		Eckelmann		Anita	1.820
Birgit	2.590	Dworzynski	3.150	Fritz	1.056	Karl	1.007	Ralf	4.870
Dulin	1.456	Dyballa		Richard	2.500	Wolfgang	4.370	Ursel	1.457
Dulisch	2.246	Herbert	1.450	Eberle-Frank	1.231	Eckelt		Edelmann-Teiche	
Dullat	2.450	Maria	1.485	Eberling	3.005	Christian	1.066		1.820
Dulle	1.035	Dyckhoff	3.038	Ebersoll	1.435	Esther	1.715	Edenfeld	1.128
Dullweber	2.731	Dyczmons	1.595	Ebert		Irmgard	4.370	Eden	4.445
Dullweber-Gerdener		Dyk van	2.010	Annette	2.156	Ecken		Eder	
	2.210	Dykau	1.561	Beate	4.073	Holger	1.796	Frank	1.453
Dulnig	2.565	Dylewski	1.290	Brigitte	1.805	Stefanie	1.118	Marlies	1.430
Duman	4.661	Dylla	1.680	Elisabeth	1.488	Ecker		Silke	1.801

Namenverzeichnis

Uta	1.481	Ehl	2.085	Hermann-J.	4.180	Gabriele	3.050	Einbrodt	4.120
Edler	5.610	Ehleben	1.231	Eich-Bückmann	1.780	Marion	2.485	Einecke	
Edsen	2.320	Ehlen		Eichborn	1.699	Patrick	2.621	Silvana	1.150
Eduardoff	2.157	Hildegard	1.041	Eichborn v.	1.053	Susanne	1.632	Volker	1.275
Edwards		Mignon	3.120	Eiche	4.210	Verena	1.044	Einhäuser	2.362
Marion	1.660	Ralf	2.072	Eichel		Eickholt		Einhaus	
Michael	2.230	Ehlenbröker	2.056	Norbert	2.050	Erika	1.370	Dorothee	4.245
Effe-Stumpf	6.220	Ehler	1.536	Tasso	2.627	Frank	4.277	Heinz-Bernd	3.035
Effelsberg	4.705	Ehlers		Eichelberg	1.781	Monika	2.005	Willi	2.674
Effertz		Cornelia	2.355	Eichelmann-Barth		Eickmann	2.402	Einheuser	2.660
Peter	1.690	Heike	4.495		1.404	Eickmeier		Einhoff	
Ronald	1.402	Leif	1.402	Eichenauer		Anne Marie	3.061	Christine	2.435
Effgenz	2.174	Sabine	2.300	Barbara	4.249	Rolf	2.067	Monika	1.442
Effing		Ulrich	4.130	Johannes	2.083	Eickmeyer		Einsfelder	1.536
Christoph	1.441	Ehlers-Jenkewitz		Eichendorf		Christine	3.326	Einwaller	4.512
Gabriele	2.095		1.805	Annette	3.063	Stephanie	1.699	Eirich	4.635
Effner	1.286	Ehlert		Kurt	1.750	Ulrich	1.536	Eischet	1.432
Efing		Burgel	1.232	Eicher	1.175	Eibach	1.482	Eisel	
Andreas	2.683	Corinna	1.741	Eichert		Eidam		Hans-Helmut	2.772
Herbert	2.002	Hans-Otto	4.401	Julian	1.527	Hans-Gerhard	2.210	Klaus	1.135
Egbers		Helena	2.168	Ulrike	1.137	Jürgen	2.076	Ulrike	1.195
Jutta	4.401	Klaus	4.960	Eichhof	4.055	Marlies	1.710	Eisele	1.051
Michaela	1.061	Marion	1.655	Eichholt	3.150	Eiden	1.265	Eiselen	2.076
Egbert	1.228	Ruth Jutta	4.220	Eichholz		Eidmann	2.067	Eisemann	
Egberts		Volker	4.470	Jodela	4.274	Eiermann	1.153	Andreas	2.317
Eva-Maria	4.070	Ehlert-Fejér	1.218	Michael	4.055	Eifert	2.153	Olaf	2.316
Maria	1.355	Ehlich	4.304	Miriam	1.458	Eiffert	2.240	Eisen	2.665
Egbring	4.705	Ehling	2.670	Eichhorn		Eiffler		Eisenach	2.240
Egdorf	1.402	Ehm		Andrea	4.248	Petra	1.119	Eisenbach	4.180
Egerding	1.011	Karl-Heinz	2.246	Bernward	2.001	Ute	4.600	Eisenbarth	4.635
Egerland	1.005	Rotraud	1.586	Christiane	4.221	Eigelshoven	1.355	Eisenberg	2.182
Egert		Ehmann		Heinz J.	4.249	Eigen	1.500	Eisenblätter	
Frithjof	2.745	Claudia	4.440	Michael	3.015	Eigenbrod	2.183	Jan	1.211
Silvia	4.570	Gabriele	4.350	Natascha G.	1.630	Eigenrauch	1.117	Peter	1.470
Eggebrecht	4.290	Ehmanns	2.685	Rolf	1.015	Eikel		Eisenbraun	
Eggemeier		Ehmig	4.875	Eichhorst	1.589	Johannes	2.590	Christian	2.325
Herbert	2.605	Ehmke	4.224	Eichinger	1.510	Sabine	1.432	Natascha	2.246
Wolfgang	2.400	Ehms		Eichler		Eikelberg	1.565	Eisenburger	1.035
Eggenkämper		Heidrun	1.011	Bernhard	1.470	Eikemper		Eisenhawer	
Kornelia	2.751	Margarete	1.553	Elisabeth	4.511	Monika	1.645	Bernd	2.520
Reinhard	2.730	Elmsen	2.357	Frank	1.432	Rudolf	1.840	Margot	3.068
Eggenstein	2.173	Ehnis	2.181	Gabriele	2.174	Eikenbusch	2.665	Eisenhofer	2.587
Eggers		Ehrcke	1.106	Heike	2.669	Eikmeier	4.330	Eisenhut	
Hannelore	4.962	Ehren	4.743	Wolfgang	1.630	Eilbrecht	2.110	Heinz Jürgen	2.255
Marika	2.486	Ehrenberg		Eichman	1.418	Eilers		Klaus	4.273
Werner	2.156	Andrea	1.490	Eichmann-Ingwersen	2.514	Andreas	2.101	Eisenhuth	1.485
Eggers-Shakoor	4.830	Hans-Werner	2.677			Jürgen	4.410	Eisenlohr	1.380
Eggersmann		Ehrenforth	2.627	Eichner	2.420	Eilers-Klefisch	1.470	Eiserlo	1.210
Roland	2.520	Ehrenpfordt	4.660	Eichner-Bertram	1.006	Eilers-Stawinoga		Eisert	4.570
Sonia	2.456	Ehrentraut	4.721	Eichstädt	1.008		1.424	Eisfeld	4.761
Eggersmann-Büning		Ehret	4.661	Eick		Eilert		Eising	
	2.517	Ehrhardt		Annette	1.275	Beatrice	3.055	Inge	1.221
Eggert		Andreas	1.510	Petra	2.182	Marion	2.620	Margret	4.690
Astrid	4.445	Maria-Ther.	1.105	Eickeler	1.528	Melanie	2.305	Rainer	2.605
Beate	2.058	Thomas	1.080	Eickels van		Sigrid	1.736	Eismann	2.518
Dirk	4.930	Ulrich	1.109	Dieter	1.266	Stephan	4.224	Eismann-Lichte	2.550
Eckehard	2.470	Ehrhart	1.050	Joachim	2.610	Eiling	2.242	Eissing	1.232
Gerhard	2.417	Ehrich	1.040	Eicken ten	1.616	Eilinghoff	4.290	Eiting	1.406
Heinz-Ulrich	2.518	Ehrig	1.536	Eicker		Eilken		Eitner	
Helga	3.055	Ehring	4.111	Elisabeth	1.802	Kerstin	1.231	Joachim	1.135
Margret	1.600	Ehrle	1.185	Horst	1.286	Rolf	1.553	Monika	1.128
Martina	2.588	Ehrlich	1.580	Peter	4.415	Eilmes		Eitschberger	2.160
Susanne	2.063	Ehrmann	4.661	Ursula	1.510	Ursula	1.233	Eizenhöfer	1.437
	2.182	Ehrsberger	2.695	Eickhaus-Möllmann		Wolfgang	1.589	Eke	4.195
Egler	1.126	Ehsmajor-Griesmann			2.060	Eils	2.196	Ekemen	4.494
Egyptien			1.195	Eickhoff		Eimermacher		Ekert	1.185
Eugen-Ludwig	BRA	Eich		Annemarie	1.527	Ellen	1.430	Ekici	4.600
Karin	2.666	Günter	1.685	Christine	1.580	Hans-J.	1.421	El-Arabi-Dietz	1.616

El Khouli	2.166	Silke	1.360	Embrayil	4.745	Engbring	4.740	Katharina	4.055
El Chami	2.485	Ellmann	2.517	Emde		Engbruch		Stefanie	2.750
El-Shabassy	1.060	Ellwanger	1.222	Christel	4.170	Brigitte	1.286	Wolfgang	1.525
El Sherif	1.300	Ellwart	2.184	Helma	2.075	Karl-Heinz	1.045	Engelkenmeier	4.462
Elbaum	1.409	Elm	4.243	Karin	1.010	Engehausen	4.247	Engelmann	
Elbe	2.145	Elmenthaler	4.590	Karl Erich	1.695	Engel		Annette	1.817
Elberg	2.210	Elmer		Karl-Peter	2.286	Birgit	4.440	Britta	2.030
Elbers		Edina	1.131	Reimund	1.225		4.580	Christine	4.690
Anne-Kristin	1.123	Michael	1.696	Emde-Bringenberg		Brigitte	2.175	Erwin	2.410
Detlef	2.535	Eloo	4.720		1.218	Burkhard	4.340	Hannelore	2.656
Gisela	4.250	Eloo-Buschjäger	2.667	Emek	4.771	Cordula	1.691	Hans-Egon	1.003
Michael	1.430	Elpert	2.630	Emert	1.081	Dieter	4.762	Heike	1.190
Thomas	4.242	Els		Emich	4.340	Gabriele	2.402	Karsten	1.460
Elbertzhagen	1.818	Josef	1.007	Emkes	1.210	Gunter	1.805	Rolf	4.462
Elbracht		Monika	2.651	Emmerich		Harald	2.671	Lieselotte	2.405
Annehild	2.571	Els van	1.042	Annette	1.500	Lutz	2.460	Steffen	4.540
Hans	BRK	Elsaeßer	2.031	Dagmar	1.541	Marita	2.040	Engelmayer-Kolcuc	
Paul	2.050	Elsässer (Elsaesser)		Hubert	2.437	Michaela	1.025		2.057
Eleftheriadis	4.273	Albrecht	3.160	Kirsten	1.340	Norbert	2.535	Engels	
Eles	2.310	Hans-Georg	4.074	Mechtild	2.437	Rainer	1.025	Benedikt	1.054
Elfering	2.618	Elsbernd	1.802	Norbert	2.627	Ulrich	1.595	Boris	2.096
Elfers		Elschker	4.900	Sabine	2.165	Ursula	2.240	Brigitte	1.586
Dirk	2.270	Elseberg	2.151	Willi	1.118	Uta	2.340		2.658
Jürgen	2.157	Elsen	1.481	Wolfgang	3.061	Winfried	1.310	Burkhard	4.960
Susanne	2.157	Elsenau v.		Emmerichs	1.645	Yvonne	1.735	Christiane	1.795
Elfes	1.595	Detlef	2.184	Emondts	1.460	Engel-Brils	1.095	Daniela	1.699
Elfgen	1.538	Katrin	2.318	Emonts-Gast	4.040	Engel-Bülter	2.396	Erich	3.200
Elgert	2.565	Elsenbruch	4.830	Emonts-Holley	1.138	Engeland	2.659	Erwin	1.043
Elges	2.565	Elsenpeter	1.485	Empen	2.067	Engelbart	2.062	Franka	2.023
Elias	3.055	Elsermann		Empt-Hamacher	1.409	Engelbert		Gerlinde	1.696
Elias-Kornas	4.810	Angelica	2.523	Empting	3.065	Heidi	2.079	Hans-Jürgen	1.580
Elies	1.020	Birgit	2.174	Emrich		Ilse	2.077	Harald	1.348
Eligehausen	4.690	Elsing		Birgit	4.402	Marion	4.910	Heinz-Emil	2.030
Eling		Alfons	2.170	Heinz	2.530	Engelberth		Heinz-Peter	1.170
Heiner	4.323	Martina	4.192	Norbert	1.041	Annette	1.408	Herbert	1.353
Werner	2.659	Elsinghorst		Emsbach	4.170	Rainer	1.790	Horst	1.106
Elkar	2.658	Rainer	2.095	Emschermann	2.160	Engelbertz		Hubert	4.660
Elke	2.146	Renate	2.460	Emse	1.452	Gisela	2.600	Karl Peter	1.063
Elking	2.555	Elsler	2.418	Emshoff	2.182	Ulrich	1.600	Markus	1.002
Ellenbracht		Elsner		Emthaus	2.035	Wilhelm	2.600	Martina	1.630
Friedhelm	2.523	Andreas	2.225	Emunds	1.520	Engelbrecht		Michael	4.241
Ursula	2.197	Christine	4.762	Enax	2.244	Birgit	2.246	Peter	1.525
Ellenbruch	1.220	Claudia	2.462	Encke	1.401	Carina	4.832	Rainer	1.520
Ellendorff	2.058	Elke	1.435	Endell	4.252	Heinz-Wilh.	2.357	Rüdiger	1.490
Eller-Hofmann	4.695	Heide	4.054	Endemann		Klaus-Peter	2.770	Thomas	1.475
Ellerbrock	2.059	Holger	1.285	Friedhelm	4.272	Engelbrechter	2.635	Thorsten	2.056
Ellerhold		Jürgen	1.170	Martina	2.255	Engelen		Ulrike	1.798
Erika	1.405		4.832	Stefanie	3.010	Barbara	1.348		2.079
Margit	1.041	Sabine	2.058	Endenich	1.376	Gisela	1.711	Ursula	1.781
Ellerich	1.007	Stefanie	1.545	Ender	4.370	Ulrich	2.280	Willi	1.107
Ellerichmann	4.881	Susanne	2.146	Enderes	1.121	Engelhard	2.655	Wolfgang	1.642
Ellerkamp	1.770	Udo	2.056	Enderichs		Engelhardt		Engels-Steffen	1.541
Ellermann		Wilfried	4.224	Doris	1.403	Anna-Maria	1.419	Engelsiepen	4.961
Eckhard	2.059	Elson	4.210	Hermann-Josef	2.667	Anne-Kathrin	1.585	Engelskirchen	1.416
Ilka	2.355	Elspaß	1.409	Inge	2.665	Bärbel	4.402	Engemann	
Stefan	4.198	Elstner	2.618	Enderle	1.353	Beate	4.661	Joachim	1.741
Ellermeier	2.345	Elstrodt	4.831	Enders		Bernd	2.651	Renata	2.726
Ellermeyer	1.811	Elten van	1.365	Loni	4.740	Brigitte	1.081	Engfeld	1.441
Ellersiek	2.060	Eltgen		Urte	2.604	Christof	1.224	Engler	
Elles	2.425	Christof	4.055	Endlich	1.615	Dorothea	1.410	Dietmar	4.512
Ellger	2.396	Martin	2.059	Endres		Edgar	1.588	Ilka	2.173
Ellichsen	2.086	Elting	2.096	Dorothee	2.571	Gabriele	1.737	Klaus-Peter	2.225
Elling	1.008	Eltz v. d.	1.226	Karl	1.006	Inge	2.079	Marianne	1.632
Ellinger		Elvert	1.180	Robert	2.416	Joachim	2.002	Nina	4.340
Gudrun	1.060	Emans		Engbers		Peter	2.270	Reinhard	2.419
Jutta	4.571	Brunhild	1.575	Astrid	2.772	Stefan	2.690	Thomas	4.247
Ellinghaus		Gottfried	1.661	Hedda	1.570	Engelkamp	2.151	Ulrich	1.822
Dagmar	2.006	Embacher	4.195	Engbert	1.550	Engelke		Englich-Errens	1.482

Englisch	4.241	Christian	2.480	Peter	4.140	Jürgen	1.593	Gaby	2.410
Englmann	4.480	Dorothee	3.145	Petra	2.364	Escarate	Lopez	Gabriele	1.376
Engmann	2.095	Eugen	4.210	Erlinghagen	4.510		1.136	Hartmut	1.565
Engstler	2.710	Felix	2.300	Erlinghäuser	1.418	Esch		Heinz-Bert	1.414
Enk	4.180	Heinz	1.529	Erlinghäuser-	4.495	Barbara	1.127	Heinz Dieter	1.186
Enke		Julia	5.610	Fränken		Hans	1.495	Ilona	4.260
Helga	2.666	Katrin	2.174	Erlkamp	2.246	Irmgard	1.412	Joachim	4.475
Thorsten	2.523	Kay	1.009	Ermeling	4.073	Rebekka	4.743	Josef	2.289
Ennekes	1.552	Kirsten	2.326	Ermer	2.730	Thomas	4.495	Jutta	1.356
Enneking		Meike	1.217	Ermert		Werner	1.743	Kerstin	1.025
Elisabeth	2.006	Nadine	4.111	Bernhard	2.763	Esch-Alsen	4.825	Lea	1.422
Heinz	2.036	Nina	2.462	Kristina	2.370	Eschbach		Lothar	2.455
Enning	4.072	Regine	2.084	Walter	1.642	Hildegard	1.600	Luise	2.170
Enninger		Sabine	2.410	Ermschel-Rumpf		Jan Martin	1.581	Matthias	3.172
Dagmar	1.150		2.588		1.426	Paul	MSW	Michael	1.801
Jost	1.165	Stephan	4.260	Ermshaus	4.790	Silke	4.832	Michaela	4.210
Ens	4.054	Thomas	2.480	Ernesti	1.821	Esche		Nicole	1.500
Enselmann	4.445	Wolfgang	4.275	Ernst		Gabriele	1.095	Rainer	1.107
Enste		Erdmann-Blöchl	1.305	Anke	1.061	Meike	2.673	Ralf	1.528
Katja	1.121	Erdmann-Küpper		Barbara	2.184	Eschen	2.395	Rita	1.434
Marcus	1.737		1.630	Bernt-Walter	1.350	Eschenbacher	2.317	Rudolf	1.103
Entel	4.491	Erdmann-	1.275	Christel	1.107	Escher		Susanne	1.080
Entrich	1.823	Westerhoff		Hartmut	2.517	Albin	2.111	Ulrike	1.091
Entrup	2.150	Erdmeier	2.755		2.184	Detlef	2.518		1.460
Enzensperger	1.482	Erdnüss	1.042	Heinz-Peter	2.587	Michael	1.356	Volker	3.115
Enzweiler	1.538	Erdorf		Ilse	1.231	Eschert	1.405	Walter	1.528
Epe		Angelika	1.565	Irmgard	4.001	Eschmann		Werner	1.642
Daniela	1.616	Rainer	4.900	Josef	3.055	Angela	1.554	Wilfried	4.875
Helmut	2.370	Erdpohl	4.940	Leo	1.743	Bärbel	2.760	Willi	1.712
Eping	2.071	Erdsiek	2.638	Maria	2.655	Thomas	1.552	Esser-Hausmann	
Epke	2.005	Erdtmann		Martin	2.318	Eschner			1.158
Epp		Claudia	4.462	Peter	2.472	Freimut	1.090	Eßer-Jansen	4.241
Bernd-Dieter	2.771	Ulrike	1.357	Regina	4.120	Roland	1.409	Esser-Miczaika	1.080
Peter	2.650	Erenz	4.950	Thomas	2.530	Eschweiler		Esser-Palm	1.200
Renate	2.770	Erf	4.743	Ulrich	2.736	Edmund	4.180	Essers	1.580
Eppa	2.160	Ergin	2.500	Wolf	1.537	Gottfried	3.020	Essing	4.480
Epperlein	1.741	Erkelenz		Wolfgang	1.490	Thomas	1.418	Esslage	2.517
Epping		Bernhard	1.699	Ernst-Brand	1.061	Esders	1.275	Eßler	4.270
Andreas	2.064	Dirk	1.407	Ernst-Dörsing	1.059	Eshold	4.380	Eßmann (Essmann)	
Jörg	1.125	Gerhard	4.240	Ernst-Fabian	2.452	Esmaeili	4.520	Erwin	4.950
Josef	2.022	Ralph	1.126	Ernst-Kanitz	1.710	Esmaeili-Fathabadi		Thomas	1.102
Jürgen	2.192	Erken	1.036	Ernst-Redeker	1.535		1.486	Ursula	2.522
Matthias	1.150	Erkens		Ernst-Roßbach	3.145	Espelage-Weiß	2.654	Essner	2.318
Melanie	4.249	Jürgen	2.126	Ernst-Stürmann	4.072	Espenhahn	1.006	Estel	3.015
Er	1.216	Melanie	1.736	Ernstes		Espenkott	2.275	Estel-Knoop	2.589
Erasmus-Sarholz		Nikolaus	4.225	Andrea	4.635	Espenkötter-	1.627	Ester	2.190
	2.175	Rainer	3.155	Detlev	1.357	Brinkmann		Estermann	2.326
Erb		Ute	2.059	Ernsting	2.357	Espeter	2.040	Esther-Burschel	2.637
Doris	1.185	Erker	1.053	Erpel	2.182	Essel		Eteläkoski	4.072
Eckart	2.472	Erkner	1.106	Errenst		Paul-Rolf	1.527	Etringer	4.810
Erbacher	1.250	Erlach	2.452	Christiane	4.771	Waltraud	1.310	Etscheid	4.491
Erbel	2.390	Erle	1.437	Christoph	3.040	Esseling	1.475	Etschenberg	1.545
Erbeling		Erlekotte	1.625	Erthel	2.472	Essen van	2.102	Ettlinger	1.592
Ludwig	2.600	Erlemann	2.402	Ertmer	2.621	Esser (Eßer)		Ettwig	1.535
Monika	2.600	Erlemeyer	3.007	Ertner	2.096	Anja	2.613	Etz	1.131
Erben	2.640	Erlenbach	2.362	Ervens		Bernd	1.320	Etzemüller	2.064
Erben-Floeth	1.680	Erlenhoff	1.416	Marc	4.415	Brigitte	1.426	Etzenbach	1.310
Erbertz	2.120	Erlenkämper	2.165	Monika	1.004	Christoph	1.130	Etzler	1.411
Erd	4.810	Erlenkötter	4.530	Thomas	1.528	Claire	1.170	Etzweiler	1.434
Erdas	4.570	Erlenwein		Erwig		Claudia	1.136	Eube	1.523
Erdbrügge	2.244	Bernd	4.660	Klaus	1.216	Dagmar	1.632	Eujen	1.817
Erdel	1.255	Stefan	4.510	Kornelia	2.535		1.725	Eulen	4.251
Erdelen	1.081	Erlenwein-Memmer		Erxleben		Dorothea	1.191	Eulen-Magdziarz	
Erdhütter	2.275		1.805	Jörg	2.390	Eva	2.059		4.243
Erdmann		Erler	4.810	Susanne	1.121	Franz	1.170	Euler-Ott	1.436
Andrea	4.271	Erler-Krämer	2.610	Erzig	1.585		1.781	Eulering	2.191
Astrid	1.228	Erling		Erzigkeit		Franz-Peter	2.630	Eumann	
Bruno	2.255	Mathilde	4.635	Christa	2.057	Friedrich	1.380	Günter	4.247

Ralf	1.695	Britta	4.740	Norbert	1.223	Ulrich	1.139	Günther	1.741
Euskirchen		Friedrich	2.585	Petra	1.221		4.762	Oliver	1.796
Norbert	1.575	Joachim	1.230	Fabricius		Falk-Nagel	1.067	Peter	1.126
Sabine	1.442	Karin	1.710	Marion	4.771	Falk-Stute	1.412	Philomena	4.745
Eusterbrock	4.410	Konrad	1.011	Wolfgang	1.584	Falke		Sinje	1.407
Eusterholz	1.736	Ludger	1.136		4.660	Gerhard	2.076	Faßbinder	
Eustermann	2.731	Martin	2.405	Fabricius-Ivsïc	1.818	Hildegard	2.640	Dirk	2.571
Euteneuer		Monika	2.586	Fabritius	1.057	Reinhard	2.745	Sibylle	4.210
Heinz	1.575	Ewersmeyer	1.415	Fabritz		Susanne	4.951	Fasse	
Inge	4.962	Ewert		Christian	2.057	Ulrike	2.690	Ferdinand	2.605
Michael	1.151	Brigitte	2.244	Dirk	2.182	Falke-Werdecker		Gisela	1.430
Euteneuer-Böttcher		Iris	1.798	Matthias	2.595		2.115	Fasselt	
	1.436	Klaus	1.712	Fabry		Falkenau	4.430	Beate	2.056
Evang	3.175	Rolf	4.450	Annabel	1.588	Falkenberg		Christine	BRDü
Evans	2.440	Exel v.	4.745	Gertrud	1.255	Bernd	4.385	Gertrud	2.560
Even	2.726	Exl	2.158	Hans-Michael	2.072	Christine	2.474	Faßhauer	
Evenius	2.115	Exner		Marita	1.054	Hannelore	2.651	Cosima	1.633
Evenschor	4.091	Arizaga	1.190	Marlene	1.581	Jutta	1.011	Thomas	2.401
Everding		Peter	1.270	Waltraud	2.072	Kathrin	2.079	Fast	5.610
Annette	2.455	Sandra	2.585	Facklam	4.241	Matthias	2.474	Fastabend	1.375
Dorothea	1.521	Waltraud	4.415	Fadavi	1.713	Falkenhagen	1.185	Fastenrath	
Karl-Heinz	1.070	Exner-Schlereth	3.061	Fähnrich		Falkenhahn	4.762	Werner	1.175
Mareike	2.317	Exner-Scholz	1.581	Beate	1.109	Falkenstein	1.553	Wolfgang	4.491
Everling		Exo		Herbert	1.107	Falkenstein-Wittig		Fastje	1.151
Aurel	1.285	Evelyn	1.117	Irmgard	4.720		1.575	Fastlabend	2.586
Julia	4.304	Lothar	1.121	Fährenkemper	2.040	Falkner	1.697	Fath	1.405
Evers		Ey	4.832	Fährmann	4.722	Fall		Fatheuer	1.151
Andrea	1.380	Eybe	2.101	Färber	2.486	Kerstin	2.292	Fathi	1.025
Christina	1.535	Eyer	2.286	Färber-Messerer		Lore	4.440	Fattah	4.600
Dieter	1.781	Eyermanns	1.628		1.725	Faller	4.831	Fauck	1.070
Dirk	4.445	Eykels v.	4.831	Faeser	4.251	Fallner-Ahrens		Faulenbach	
Elisabeth	2.073	Eynck	2.241	Faeßen-Pohl	2.197		2.755	Annegret	2.084
Gregor	1.350	Eynern v.	1.325	Fäth	2.521	Falter		Ute	2.480
Günter	4.720	Eys van		Fahimi	1.233	Anna	1.003	Faulhaber	1.107
Helmut	1.009	Edith	1.811	Fahl		Bernhild	1.530	Faulwasser	2.659
Johannes	1.537	Miriam	1.811	Reinhard	4.151	Herbert	1.710	Faupel	
Manfred	1.260	Eysel	2.357	Siegfried	3.045	Rudolf	1.529	Heinz-Udo	2.667
	1.138	Eysler	1.414	Fahlbusch		Susann	1.485	Kathrin	1.584
Mechthild	1.592	Eyting	1.840	Bernward	4.330	Falterbaum		Faupel-ten Horn	
Stefan	1.770	Ezikoglu	2.242	Monika	2.555	Irene	1.403		1.710
Everschor	1.058			Fahle		Ulrich	2.305	Faust	
Everschorn	4.401	**F**		Dirk	2.182	Faltinat	1.442	Angelika	4.512
Eversheim	3.045	Fabeck	1.790	Ingrid	4.195	Fanailou	1.091	Anja	1.043
Eversloh	2.152	Fabelje	1.341	Klaus	4.740	Fandrey	2.326	Bernhard	1.415
Eversmann	2.073	Faber		Fahle-Dominik	4.870	Fanenbruck		Bettina	2.455
Eversmeyer	1.090	Birgitta	1.760	Fahlenbrach	1.819	Ursula	2.417	Birgit	5.600
Evertz		Brigitte	2.002	Fahling		Werner	2.418	Daniela	1.103
Birgit	1.695	Christel	2.360	Franz	1.380	Fangmann	1.401	Julia J.	1.043
Ferdinand	1.107	Detlef	4.225	Marlies	4.040	Fankhänel	1.591	Manfred	2.102
Martin	1.004	Elisabeth	4.170	Fahmüller	4.690	Fanselow	1.122	Sigrid	4.300
Stephan	4.295	Helmut	1.422	Fahnenmüller	1.421	Fanta	1.125	Werner	2.340
Wolfgang	1.699	Rainer	2.180	Fahrendorf	1.163	Fanter	1.124	Fauth	4.210
Ewald		René	1.488	Fahrendorf-Heeren		Farahat	2.669	Faxel	1.054
Helga	1.275	Faber de	4.510		2.595	Farber		Faymonville	1.042
Mark	2.291	Faber-Dürrschmidt		Fahrenkamp	2.067	Klaus	1.418	Fays	1.402
Patricia	1.430		1.511	Fahrensbach	1.051	Rolf	2.326	Fechner	
Ulrike	2.057	Faber-	4.920	Failenschmid	2.586	Farbowski	2.500	Claudia	4.445
Werner	1.131	Freyaldenhoven		Fait	2.665	Farin	1.414	Gisela	1.691
Ewaldsen	4.195	Fabian		Falarzik	4.070	Farrenschon	4.220	Klaus	1.055
Ewel	4.295	Angelika	1.820	Falatyk	2.085	Farwig	2.181	Matthias	2.772
Ewen	4.070	Horst	1.201	Falbe	2.265	Faß	2.472	Peter	1.055
Ewens	4.495	Kathryn	2.612	Falckenberg	1.080	Fassbach	2.612	Fechtel	4.580
Ewerdwalbesloh		Klaus	1.630	Falckenthal-Selbeck		Faßbeck	1.124	Feck	1.162
	2.050		1.361		1.616	Faßbender		Fecke	2.280
Ewering		Leopold	1.537	Falentin	5.600	(Fassbender)		Feddermann	4.241
Klaus-Herm.	2.057	Wolfgang	2.102	Falk		Doris	1.276	Fedeler	2.419
Udo	2.626	Fabini	1.380	Christine	2.243	Gertrud	1.004	Feder	
Ewers		Fabisch		Susanne	1.710	Gisela	1.442	Christoph	4.690

Paul	1.625	Cornelia	2.426	Harald	1.167	Dieter	1.500	Ferrari	1.575
Federhen	4.510	Jürgen	2.036	Hedi	2.486	Heinz	1.240	Ferrero	2.031
Federwisch	1.545	Marion	1.525	Heiko	1.584	Ludwig	1.066	Ferschen	2.518
Fedler		Feit	1.432	Heinz	2.670	Michael	1.436	Fesenberg	2.230
Beate	4.390	Feithen	4.875	Hilde	4.241	Peter	1.680	Feß	2.040
Ulla	1.632	Felbeck	1.816	Ilona	4.680	Felter	4.635	Fessen	2.289
Feeth	1.475	Felbecker	1.594	Jörg	2.170	Feltes	1.250	Fessler	2.550
Fege	2.076	Felber	3.215	Karl-Heinr.	4.705	Feltges-Blasczyk		Fest	
Feger		Felberbauer	1.592	Klaus	1.817		1.421	Gabriele	1.628
Michaela	1.160	Felbert von	1.715	Lucie	2.612	Femers	1.270	Klaus-Dieter	2.289
Waltraud	2.655	Felbick		Maria-M.	4.197	Fendel	1.270	Fester	1.132
Waltraut	4.870	Cornelia	1.055	Michael	4.491	Fendrich		Festerling	
Fehlenberg	4.385	Ulrike	2.687	Feldmann-Kahl	1.490	Marlies	1.155	Bernd	4.130
Fehlhaber	4.252	Feld		Feldmar	1.481	Sabine	4.723	Georg	1.417
Fehling		Gerburgis	2.319	Feldmeier		Fenge	1.495	Heike	4.130
Andrea	2.063	Michael	1.696	Claudia	1.125	Fenger	1.341	Fetel	2.179
Beate	2.613	Michael Aug.	2.275	Jörg	1.511	Fengler		Fett	1.530
Wolfgang	4.943	Oliver	4.661	Feldmeier-	2.513	Christian	1.003	Fette	2.021
Fehlings	1.232	Peter	2.022	Thiemann		Uwe	2.456	Fetten	1.416
Fehmer	1.061	Feld vom	4.830	Feldmüller	2.571	Fennekohl	4.440	Fetten-Gschaider	
Fehr		Feldbinder	1.040	Feldsieper	1.818	Fennemann	4.831		1.435
Anne	1.170	Feldbusch		Feldt	4.951	Fenner		Fettweis	
Astrid Silvia	4.221	Cornelia		Felgenhauer	2.452	Anuschka	2.290	Ernst	1.355
Hans-Joachim	1.586	Klaus	1.305	Felis	4.415	Carmen	1.823	Viktoria	1.107
Jutta	1.586	Michael	1.529	Felix		Christian	2.183	Fettweiss	1.240
Fehrenbach	4.761	Felde vor dem-		Marcus	1.285	Christine	4.740	Fetzer	2.280
Fehrenbacher	4.831	Gutberlet	2.670	Stephanie	1.760	Fennhoff		Feuchthofen	4.248
Fehrholz		Felde-Weinert vom		Felke	1.060	Elke	1.130	Feuerborn	2.630
	1.320	Felden		Felker	2.667	Franz-Josef	2.575	Feuerriegel	1.348
Friedrich	1.228	Gertraud	1.222	Fell		Fenske	1.691	Feuerstein	
Klaus	1.815	Margot	1.345	Engelbert	1.527	Ferber		Barbara	1.241
Renate	1.823	Wolfgang	1.233	Irmtraud	1.345	Joachim	4.240	Christa	1.370
Fehrmann	4.920	Feldermann	2.516	Josef	1.523	Wolfram	1.495	Eva-Maria	2.513
Fehst-Wendker	4.761	Feldhaus		Fellenberg	4.761	Fercho	2.470	Frank	1.840
Feichtinger	4.571	Bernd	2.096	Fellendorf	1.175	Ferda	2.658	Horst	1.066
Feiden		Christa	3.398	Fellensiek		Ferenschild	1.326	Jörg	1.063
Friedhelm	2.555	Dagmar	2.614	Holger	1.593	Ferfer	1.406	Feurstein	4.071
Jana	2.275	Marita	2.455	Petra	1.594	Ferfers		Feuser	1.229
Feider	1.310	Robert	2.715	Feller		Gisela	1.584	Feuster	1.811
Feierabend		Feldheim		Arthur	2.736	Marion	1.490	Fey	
Hans-Chr.	2.095	Eva	3.040	Bernhard	1.795	Ferfers-Tunc	4.240	Klaus	1.631
Margarete	4.250	Petra	2.600	Manfred-T.	2.667	Fergen	1.500	Norbert	4.462
Feige		Feldhoff		Feller-Hövelmann		Ferger	1.420	Wolfgang	1.275
Bertold	1.690	Hans-Joachim	3.215		2.763	Ferjani	1.490	Fey-Hagen	1.416
Günther	1.186	Sigrid	2.081	Fellermann	2.670	Ferkmann-Hill	2.515	Fey-Wickert	2.180
Feike		Thomas-H.	1.785	Felling	4.410	Ferlemann		Feyen	
Alexa	2.023	Feldhusen	4.700	Fellmann	4.494	Anke	2.165	Marianne	2.102
Angelika	1.680	Feldkamp		Fels		Dierk	4.323	Martin	1.158
Feilen		Andrea	1.697	Birgit	1.785	Jürgen	2.289	Rosemarie	1.431
Katharina	1.625	Bernd	4.250	H. Josef	1.685	Klaus	4.741	Feyerabend	4.620
Norbert	2.401	Karl-Heinz	2.195	Kathrin	2.516	Ferling		Feyka	4.247
Feiler	2.340	Sonja	4.111	Meinrad	1.201	Andreas	2.230	Feykes	4.250
Feilhauer	1.580	Feldkamp-Wiegert		Michael	2.517	Renate	4.385	Fiacre	1.128
Feiling	2.763		2.340		2.654	Ferlmann	2.195	Fichtenberger	2.246
Feilke		Feldkemper	2.090	Tina	1.775	Fermor	1.053	Fichter	4.271
Antje	1.685	Feldkötter	1.442	Fels-Hinterwälder		Fernandés	1.810	Fichtner	
Herbert	1.685	Feldmann			1.214	Fernandes-Lingnau		Erle	1.010
Fein	2.266	Andrea	2.659	Felsberg			1.434	Lutz Werner	4.120
Feindler	1.821	Angela	1.696	Klara	1.008	Fernando	1.645	Ursula	1.390
Feinendegen	1.052	Berthold	2.410	Susanne	2.181	Fernbach	2.770	Ficinus	1.805
Feis	1.725	Birgit	1.403	Felsch		Fernbacher	1.300	Fidora	
Feise		Birgitt	1.591	Jürgen	1.552	Fernholz		Burkhart	2.246
Angelika	1.435	Christian	2.022	Michael	2.058	Frank	2.480	Udo	1.523
Johannes	1.353		2.611	Sabine	1.631	Heike	1.442	Volker	4.330
Feisel	1.408	Elisabeth	2.588	Waltraud	1.006	Sebastian	2.100	Fieberg	1.484
Feißt	2.545	Elke	2.158	Felser	1.710	Fernkorn		Fiebig	
Feist		Gabriele	2.182	Felstow	4.197	Hansjürgen	1.750	Gisela	1.036
Björn	1.565	Gerhard	3.170	Felten		Jochen	4.825	Hans Peter	2.156
Christine	2.660								

Helga	1.004	Raphael	2.057	Reinhold	1.355	Enno	1.050	Torsten	2.600
Sabine	2.320	Filonardi-Schmitz		Uwe	2.690	Esther	1.041	Ulrich	2.545
Fiedel	1.642		4.745	Finkenberg	4.073	Eva-Regine	1.069	Ulrike	4.494
Fiedler		Filthuth	1.218	Finkenrath	1.490	Frank	2.595	Ursula	1.002
Arnd	2.452	Filusch	1.068	Finkler	2.086	Franz-Josef	1.345		1.586
Bernd	4.130	Fimmen	4.720	Finkmann			2.170		2.125
Doris	2.005	Finckenstein		Christina	1.122	Fritz	4.462		2.687
Heike	2.156	von	1.058	Marion	3.140	Gabriele	2.270		4.430
Karl-Heinz	4.900	Findeisen	1.570	Wolfgang	2.667		5.610	Uwe	1.598
Karsten	2.550	Fingberg	2.057	Finn	1.125	Georg	1.421	Vivian	1.845
Marlies	2.396	Finger		Finsterer	2.060		1.600	Volkmar	2.215
Martin	4.130	Andreas	2.425	Fintz	1.402	Gerhard	1.400	Werner	1.586
Reinhard	2.480	Claus	2.736	Fiolka-Busse	1.232		1.715	Wilhelm	1.210
Wolfgang	4.765	Cornelia	1.066	Firgau	4.001	Gudrun	2.518	Wolfgang	4.248
Fiedler-Lammers		Fingerholz	2.036	Firl	1.486	Günter	1.460	Yvonne	1.598
	1.043	Fingerhut		Firley-Lorenz	4.695	Gunter	1.741	Fischer-Dinkelbach	
Fiedler-Nachtigall		Karl-Heinz	1.716	Firmenich		Haike	2.036		3.061
	1.107	Mechtild	1.266	Dieter	1.458	Hans Gerhard	4.462	Fischer-	2.419
Fiedler-Scheffner		Fingerhuth-Spindler		Wolfgang	4.570	Hans-Jürgen	4.705	Hildebrand	
	1.535		1.053	Firneburg	1.735	Hans-Peter	1.095	Fischer-Kampe	4.273
Fiedor		Finis	1.130	Firnrohr	1.798	Heike	1.020	Fischer-Kesselmann	
Cornelia	2.175	Finis-Aust	1.128	Fisahn	2.071		1.136		4.249
Hans-Jörg	3.068	Fink		Fisang	1.240	Heinz	3.115	Fischer-Latzel	2.587
Fiege		Barbara	1.520	Fisch	2.174		4.494	Fischer-Riepe	2.210
Manfred	4.681	Christine	4.761	Fischbach		Heribert	1.527	Fischer-Rückleben	
Rainer	2.655	Claudia	3.135	Barbara	2.600	Horst	1.586		2.275
Renate	4.810	Dagmar	1.325	Christoph	1.285	Hubert	1.261	Fischer-Thyßen	
Fiegehenn	2.510	Florence	1.286	Julia	1.660	Ina	2.746		2.625
Fiegen	1.538	Jörn	2.095	Karin	4.771	Irmtraud	2.627	Fischer-Utsch	4.520
Fiehe	2.305	Michael	4.351	Stefanie	4.440	Jennifer	2.715	Fischotter	2.292
Fieke-Aselmann		Michaela	1.004	Fischbach-Städing		Joachim	1.007	Fisic	2.077
	2.750	Petra	1.432		1.620		4.195	Fissenewert	1.716
Fiekers	2.518	Ulrike	1.090	Fischböck	1.365	Johannes	1.131	Fitscher	1.217
Fienhold	1.214	Veronika	1.417	Fischdick	4.300		4.273	Fitting	
Fier	2.197	Werner	1.616	Fischedick		Jürgen	2.045	Caecilie	3.115
Fiergolla	4.635	Finkbohner	4.070	Arno	2.517		2.725	Carl-Peter	4.660
Fieser	1.580	Finke		Karin	2.516		4.401	Fittkau	1.407
Fiesser	1.326	Adelheid	2.589	Fischer		Karen	2.763	Fitz	2.292
Fieten-Dederichs		Beate	2.057		2.082	Karin	1.326	Fitzen	3.105
	1.418	Christiane	2.586	Achim	4.700		2.415	Fitzke	4.248
Fietz	2.575	Gerda	4.055	Alexander	2.750	Karla	4.249	Fitzner	2.166
Fietze		Heinz	4.430		3.025	Katja	2.215	Fix	4.810
Jürgen	1.505	Heribert	2.050	Andrea	2.081	Kerstin	1.260	Flach	
Pia	1.105	Jürgen	4.910	Andreas	2.545	Klaus	4.020	Annegret	3.135
Figalist	4.900	Ludger	1.376	Anja	4.832		4.925	Ulrike	1.107
Figaszewski-		Manfred	1.538	Anke	1.482	Kornelia	4.111	Flach-Vogels	1.716
Lüke	3.307	Renate	1.430	Ann-Kathrin	1.460	Kurt	1.710	Flache-Warych	3.038
Figge		Susanne	2.056	Anna	3.105	Mario	1.780	Flachsmeyer	4.075
Arnold	2.765	Udo	2.230	Anne	1.696	Marion	4.495	Fladerer	1.043
Gerhard	2.101	Werner	2.293	Arne	1.691	Martin	2.435	Flagge	2.286
Figgen		Finke-Böing	2.125	Bärbel	2.355	Martina	1.818	Flaig	1.044
Bernd	2.765	Finke-Dettmer	3.100	Barbara	1.785	Michael	2.765	Flake	
Stefanie	2.635	Finke-Gabriel	1.528		2.075	Monika	2.225	Heinrich	3.105
Figgener	2.072	Finke-Postert	2.196		2.437		2.625	Jolanthe	1.020
Figges	2.475	Finke-Ruprecht	1.361	Bernd	1.326	Oliver	1.411	Flamm	1.102
Figlhuber	2.170	Finke-Thiele	4.790	Berthold	4.740	Paul	4.761	Flamming	1.421
Figulla		Finkelday	1.780	Bettina C.	1.430	Petra	2.563	Flasche	4.350
Gisela	1.054	Finkeldei	2.519	Bianca	1.170	Renate	1.481	Flaskamp	1.360
	1.061	Finkeldei-Konen		Brigitte	4.040	Rita	2.638	Flaskühler	
Figur	2.750		2.146	Carla	4.247	Roland	2.056	Elisabeth	2.610
Filaccia	1.594	Finkeldei-Marx	2.291	Carmen	1.127		1.136	Hans-Martin	1.736
Filiz	1.510	Finkeldey	4.670	Christian	2.401	Sandra	1.431	Ingeborg	1.224
Filk	2.530	Finkemeyer		Christiane	4.040	Sarah	4.601	Flaßhoff	2.036
Fill	4.072	Petra	2.061	Christine	4.930	Silke	2.674	Flaswinkel	2.070
Filla-Ganser	1.190	René	2.418	Claus-Dieter	4.243	Susanne	2.511	Flatau	1.715
Fillies		Finken		Elisabeth	1.437	Thomas	2.460	Flatt	4.054
Anke	1.216	Annemie	1.400	Elke	1.042	Thorsten	4.571	Flatten	1.108
Hans-Michael	2.323	Helga	1.007	Ellen	1.520	Tobias	2.111	Flau	4.415

Namenverzeichnis

Flechtner	4.510	Thomas	2.364	Flüchter-Bauer	2.555	Rudolf	2.627	Forstbauer	1.059
Fleck		Flindt	2.645	Flücken	1.580	Sonja	4.323	Forster	
Angela	3.063	Flink		Flügel		Stefanie	2.115	Diederika	4.915
Bernhard	1.228	Annemarie	1.240	Adolf	1.121	Ulrich	2.326	Felix	1.042
Joachim	2.396	Beate	1.340	Annette	3.115	Wilhelm	1.420	Frank	2.660
Martin	1.775	Jutta	2.086	Flügge	4.590	Foerster-Henrich		Heike	2.658
Flecke	2.530	Stefanie	1.097	Flues			2.638	Wolfgang	1.620
Flecken	1.485	Flinks	2.095	Carola	1.823	Förster-Moreno	1.520	Forstmann	4.290
Fleckhaus-	1.217	Flintrop	1.132	Heiner	4.951	Förster-Steib	2.503	Forte	1.414
Porrmann		Flitsch	4.610	Flüshöh	4.960	Försterling	2.765	Forth	1.691
Fleddermann		Flock		Flüß	2.645	Försthövel	2.474	Forthaus	
Gerd	4.350	Annegret	1.056	Fluhr-Leithoff		Förtsch		Thilo	1.403
Lydia	4.350	Hans-Joachim	2.655		1.345	Hans-Jürgen	2.660	Ursula	2.179
Fleddermann-	2.450	Klemens	1.137	Flunkert-Schatten		Hartmut	1.817	Fortmann	
Meyer		Peter	1.586		4.415	Michael	1.795	Michael	1.570
Fleermann	4.462	Flocke		Fluß	1.454	Foest	1.823		4.963
Flege	3.005	Arno	2.666	Fobbe		Föste (Foeste)		Fortrie	1.060
Flegelskamp		Susanne	4.601	Peter	1.780	Katrin	2.057	Foth	2.393
Gudrun	1.750	Floegel	2.100	Werner	4.743	Roland	4.390	Fotler	4.390
Norbert	1.781	Flörkemeier		Fobel	2.057	Föster	2.176	Fouchs	1.630
Fleger		Jobst	2.419	Fobes	4.091	Fohling	1.633	Fouquet	1.641
Tim	2.510	Ulla	4.390	Focke		Fohlmeister	4.494	Fourné	1.565
Wolfgang	2.518	Flösch	1.442	Doris	2.244	Foitzik	1.528	Fournet	1.159
Flehmer	1.488	Flötgen	4.340	Marianne	2.495	Fokken	1.426	Fournier	1.690
Flehmig	4.831	Flöth	4.900	Wilhelm	2.495	Foley	1.802	Fox	
Fleige	2.395	Flötotto	1.132	Fockenbrock	2.590	Folker		Bernd	2.095
Fleinghaus	2.565	Flohr		Föckeler	1.586	Dirk	2.575	Hiltrud	4.590
Fleischauer-	3.035	Helmut	2.627	Föcking	2.191	Theodor	2.732	Norbert	2.618
Niemann		Peter	1.040	Foege	4.390	Folkers	2.645	Stella	4.950
Fleischer		Ulli	4.635	Foegen-	1.185	Folkmann-Clases		Fraedrich	
Angela	2.101	Flohr-Missou	4.274	Rumsmüller			2.158	Jasmin	1.560
Bastian	4.720	Flor		Föhr	1.741	Follak	2.560	Ralf	1.196
Christoph	1.551	Christiane	3.205	Föhrder	1.385	Folle	2.635	Fränkel	1.460
Susanne	4.530	Ute	4.075	Föllmer	1.410	Follmann	2.081	Fräntz	1.631
Ulrich	2.275	Flora	3.045	Fölsch	1.780	Folta	3.003	Fragemann	
Fleischer-	2.071	Flore	2.435	Foelting		Foltan-Hergesell		Friedhelm	2.160
Damkröger		Floren		Fölting (Foelting)			1.697	Heike	1.326
Fleischer-	4.722	Peter	2.726	Barbara	2.095	Folz	1.520	Frahm	1.536
Katernberg		Ulrike	2.746	Gerd	4.681	Fondermann		Fraikin	1.357
Fleischhauer	1.232	Florenz		Winfried	4.720	Andrea	2.610	Franck	
Fleischhut	1.045	Franz-Günter	1.445	Föltz	1.796	Werner	2.153	Joachim	3.010
Fleischmann		Peter	1.455	Förner	1.441		1.536	Wilhelm	1.250
Brigitte	1.750	Florenz-Reul	1.781	Först	2.480	Fongern	1.420	Franck-Peltzer	1.103
Kurt	2.096	Florian	2.310	Förster (Foerster)		Fonk	4.040	François	2.495
Ludger	4.661	Florichs	1.290	Andreas	1.401	Fontaine	4.260	Francovich	
Fleissner	3.145	Florido	4.745	Annette	4.248	Fontein		Astrid	4.495
Fleiter-Morawietz		Florin	1.628	Bärbel	4.462	Andreas	4.720	Walter	4.495
	4.600	Floris	1.645	Christoph	2.665	Brigitte	1.781	Frangenberg	
Flemming		Flormann		Gisela	1.819	Gabriele	4.241	Hans-Günter	1.040
Barbara	1.385	Lisbeth	2.022		2.669	Wolfgang	2.197	Monika	1.040
Volker	1.525	Martin	2.022	Hans-Dieter	2.111	Forch	1.229	Frangini	1.057
Flender	1.118	Florsch	4.741	Hans-Günth.	2.638	Forchel	1.770	Frania	2.076
Flenner		Florstedt	2.595	Ingrid	2.726	Forens	1.405	Franitza	2.080
Elisabeth	1.821	Floß	1.414		1.437	Forg	1.190	Frank	
Elmar	2.165	Floßbach	1.216	Joachim	2.033	Forker	4.771	Claudia	4.721
Flenner-Rattay	2.175	Floßdorf		Kirsten	1.817	Formanowicz	2.305	Dennis	2.317
Flesch		Joachim	1.433	Klaus	1.008	Formella	4.276	Edith	1.511
Adolf	2.396	Maren	1.583		1.320	Formes	1.661	Egon	4.830
Lydia	4.762	Ruth	1.106	Maria	1.811	Fornefeld		Gabi	3.135
Fleuster	2.363	Thomas	1.356		2.023	Christiane	2.260	Gert Josef	1.821
Flick		Flossmann	4.570	Marianne	2.110	Herbert	2.770	Irene	1.490
Helmut-Reiner	4.905	Flothow	1.482	Martina	1.545	Norbert	2.710	Jürgen	1.585
Peter	4.832	Flowerday	4.960	Michael	2.395	Forsbach	1.691		1.736
Ursula	4.491	Fluck	1.118	Peter	1.126	Forst			2.595
Fliedner	4.700	Flüchter		Petra	1.008	Dietmar	2.020	Karin	1.285
Fliesen	4.070	Jürgen	4.761	Rainer	4.540	Heinz-Jürgen	2.405		1.750
Fligge		Robert	2.604	Robert	1.811	Willi	1.007	Karl Heinz	2.618
Birgit	2.080	Wilfried	2.070	Roman	1.520	Forst v. d.	2.243	Michael	3.005

Nadin	4.054	Julia	1.050	Julia	1.066	Raphaela	2.157	Freudewald	1.625
Petra	4.210	Jutta	1.058	Frechen	1.003	Silke	5.600	Freund	
Rainer	1.737	Manfred	1.036	Freckmann	3.100	Ulrike	4.470	Hanka	4.512
Rüdiger	2.085		1.107	Frederichs	1.417	Werner	2.588	Petra	1.805
Siegfried	1.285	Simone	1.820	Frederking		Freiwald	1.817	Susanne	3.010
Silvia	2.471		4.170	Annette	2.040	Frembgen	4.030	Thomas	2.655
Frank-Gericke	4.248	Stephanie	2.265	Christian	2.595	Fremder	1.157	Werner	1.699
Frank-Herforth	4.721	Volker	4.304	Eleonore	2.067	Fremmer	1.058	Freund-Weil	1.320
Franke		Werner	1.200	Freeden von	1.380	Frenger	1.470	Freundel	1.545
Alfons	1.221		1.320	Freemann	2.470	Frenk	2.520	Freundlieb	1.528
Andrea	4.513		4.905	Freese		Frenkel-Herx	1.527	Freundt	
Andreas	2.153	Franken-Sievers		Claudia	4.072	Frenken-Ollertz	1.305	Reinhard	2.564
Angela	1.186		1.139	Elisabeth	4.961	Frenker	2.705	Sabine	2.145
Christel	3.170	Frankenberg		Harald	1.275	Frenking	4.780	Frevert	
Christina	3.172	Klaus	2.275	Jürgen	2.611	Frensch	1.350	Barbara	4.380
Christine	1.840	Markus	2.654	Freeze	2.174	Frensing	2.419	Thomas	1.121
Claus-Dieter	2.671	Frankenstein	1.101	Freh	1.810	Frentrop	4.360	Thorsten	2.690
Corinna	4.540	Frankmölle	2.345	Frehe	4.721	Frenz		Frey	
Cornelius	1.631	Frankrone	1.775	Frehmann	1.230	Christel	1.138	Anne	1.442
Dorothe	4.220	Fransbach	2.535	Frehsmann	1.210	Christina	1.231	Birgit	2.182
Eberhard	4.300	Frantz	1.069	Frei	4.630	Ellen	2.500		4.930
Ekhard	2.502	Frantzen	1.004	Freialdenhofen	4.260	Klaus	2.050	Gabriele	4.770
Gabriele	2.176	Franz		Freiberg	2.246	Ralf	4.630	Heinrich	1.375
Hans-Harro	2.245	Bernh.	4.690	Freiberg-Ohmke	2.064	Sigrun	2.005	Heinz	1.255
Hartmut	2.618	Christian	1.434	Freiberger	2.270	Frenzel		Horst	1.150
Heribert	2.181	Gerald	2.357	Freiburg		Eckhard	2.725	Josef	1.001
Herma	2.503	Harald	1.066	Bernd	1.586	Reinhold	2.357	Michael	2.361
Horst	2.062	Heike	1.341	Karin	4.635	Stefan	1.380		2.519
	2.500	Jürgen	1.660	Marielies	2.512	Frenzke	1.361	Peter	4.180
Johannes	2.555	Sabrina	1.123	Freidank	4.410	Frerich		Sebastian	1.430
Julia	1.482	Stefan	1.168	Freier	2.146	Alwin	2.730	Frey-Kess	1.641
Karl-Heinz	1.711	Thilo	2.436	Freiesleben	1.436	Hedwig	4.950	Frey-Theves	1.109
Katarina	2.671	Ute	4.945	Freihals	1.035	Frerichs		Freyaldenhoven	
Klaus	2.370	Franz-Geschke	1.059	Freihoff	1.554	Christiane	2.365	Herbert	1.003
Konrad	2.120	Franz-Schlösser	1.785	Freihold		Wolfgang	1.537	Ira	2.063
Manfred	2.210	Franz-Schwarz	4.940	Sandra	4.600	Frericks		Freyberg	
Maria-Theresia		Franzen		Theo	4.601	Gabriele	4.241	Annemarie	1.195
	1.069	Angelika	3.200	Ursula	1.223	Helmut	4.720	Burkhard	2.040
Marion	2.067	Dorit	4.250	Freiknecht	1.817	Freriks	4.445	Katharina	1.750
Martin	2.638	Gregor	1.432	Freimuth		Frerkes	2.673	Freye	2.111
Michael	1.217	Hans-Jürgen	4.052	Andrea	2.611	Frerking	1.117	Freyer	
Michaela	1.628	Heinz-Werner	1.008	Mathilde	2.095	Frerking-Tiedtke		Günter	4.570
Reinhard	2.210	Karola	4.330	Thorsten	2.587		4.722	Karin	2.564
Robert	1.407	Ludger	2.500	Freis	4.170	Frese		Freyer-Weinmann	
Roland	2.669	Ruth	1.431	Freisberg	1.505	Birgit	4.470		4.180
Sigrid	2.120	Ulrich	1.353	Freischlad	1.795	Christel	1.241	Freymann	1.818
Stephanie	1.820		1.506	Freise		Guntram	2.638	Freyse	1.218
Tobias	2.521	Walburga	4.250	Gabriele	2.516	Joachim	4.370	Freytag	
Verena	1.695	Franzke	4.071	Martin	2.586	Josef	4.290	Friedrich	1.365
Veronika	2.126	Franzkowiak	2.522	Freisen		Michael	2.771	Martin	2.095
Witold	1.357	Franzmeier		Clemens	1.661	Frese-Radeck	1.628	Fribourg	4.290
Franke-Fuchs	1.750	Fromund	2.062	Dorit	1.059	Fresen		Frick	1.625
Franke-Niemeyer		Heinz	2.317	Susanne	2.173	Barbara	3.015	Fricke	
	1.068	Regina	4.580	Freistühler	1.232	Michael	4.445	Anneliese	4.400
Franken		Franzmeier-Bergner	4.580	Freitag		Fresenius		Bernd	4.662
Andrea	2.001			Anja	2.765	Helga	1.020	Bernhard	1.591
Bruno	1.485	Fraude	4.681	Bärbel	2.161	Herbert	1.020	Christiane	1.541
Claudia	4.072	Frauendienst	2.176	Bernhard	2.589	Frettlöh	4.830	Denise	4.054
	4.241	Frauenholz	2.064	Cornelia	2.157	Fretzdorff	1.691	Detlev	1.420
Claus	2.096	Frauenrath		Dorothea	1.424	Freude	2.563	Doris R.	4.462
Dagmar	4.445	Klaus	1.190	Elis.-Charlotte	1.201	Freude-Siering	1.150	Erdmann	2.604
Gerd	1.790	Willi	1.367	Gerhard	4.180	Freudenberger	1.126	Ernst-Rainer	2.651
Hans	4.170	Fraund		Heinz-Werner	3.068	Freudenreich		Gerd-Wilhelm	1.485
Heinz-Joachim	1.535	Günter	4.810	Jürgen	4.570	Angelika	1.340	Jörg	1.817
Herbert	4.511	Günther	4.721	Karl Rüdiger	2.660	Martin	2.040	Joerg	2.022
Heribert	2.153	Fraune	2.197	Lydia	4.054	Ulrich	2.170	Johanna	1.595
Jessia	1.560	Frech		Paul-Heinz	2.365	Freudenstein	1.042	Julia	2.621
Jörg	1.103	Holger	1.785	Peter	1.155	Freudenthal	4.740	Marlies	2.450

Martin	1.126	Himmelsbach		Friggen	4.720	Klaus-Peter	1.170	Friedhelm	2.020
Reinhard	2.451	Friedrich-Milstein		Frigger		Magdalene	1.615	Gerd	1.351
Volker	2.289		2.604	Bernd	2.158	Marlene	1.565	Helmut	4.920
Wolfgang	1.108	Friedrich-Zander		Christina	2.474	Ortwin	1.150	Ulrike	2.452
Fridag	4.304		4.130	Franz-Josef	1.454	Thomas	4.340	Ursula	1.137
Frie	2.150	Friedrichs		Friker	1.067	Torsten	1.798	Frohnert	
Frie-Segtrop	2.563	Dieter	4.513	Frilling	1.552	Ulrich N.	2.290	Burkhard	1.455
Friebe		Gabriele	1.690	Frimmel	2.286	Fritze		Ursula	1.452
Hans	1.305	Hans-Otto	2.490	Fringes		Gerd	1.122	Frohnhofen	1.098
Johannes	2.125	Norbert	1.411	Angelika	2.486	Gerhard	2.196	Froitzheim	
Friebel	2.315	Ute	1.127	Reinhard	2.485	Fritzen		Gabriele	1.530
Frieburg	2.640	Friedrichs-Pätzold		Frings		Bernd	2.005	Rita	1.616
Fried	2.316		1.818	Andrea	1.061	Martin	1.802	Froitzhuber	1.594
Friede		Friedriszik	1.740	Cornelia	4.513	Fritzen-Hillebrand		Fromm	
Angelika	2.586	Frieg	4.401	Ernst	1.781		2.520	Carolin	1.419
Bettina	1.821	Friege		Gabriele	1.350	Fritzen-Tüttenberg		Katja	2.080
Hans	2.031	Gisbert	4.832	Gunhild	1.310		1.170	Kerstin	2.670
Friedemann		Ingeborg	4.831	Heinz-Theo	1.201	Fritzsche		Frommann	4.705
Doris	4.401	Frieges	1.470	Horst	1.691	Claudia	1.124	Frommann-Grün	
Kerstin	1.057	Frieling			1.422	Hans-Josef	1.059		4.722
Ursula	2.076	Axel	4.170	Martha	1.057	Wolfgang	4.494	Fromme	
Friederichs		Daniela	1.551	Thomas	1.535	Frizen		Britta	2.215
Jutta	2.126	Jürgen	1.223	Ulrike	1.066	Hildegunde	1.735	Helmut	1.404
Renate	1.054	Renate	2.160	Frings-Jacobsen		Werner	1.402	Karl	2.061
Wilfried	1.415	Frieling-Huch	1.232		4.950	Frizsche	4.120	Fromme-	
Friedhoff		Frielinghaus	2.079	Frings-Mock	1.407	Froböse	2.064	Kleinschmidt	
Christiane	1.201	Frielingsdorf		Frintrop	2.437	Frochte	2.513	Frommelt	2.146
Friedrich	1.005	Christoph	1.630	Frintrop-Bechthold		Frodermann	4.390	Frommeyer	
Heinrich	3.105	Claudia	1.180		2.585	Fröchte	1.451	Annette	2.023
Jürgen	4.950	Rainer	4.070	Frisan	2.416	Fröde	4.870	Doris	4.380
Michael	1.255	Sigrid	4.370	Frisch		Fröh	2.320	Edgar	2.595
Monika	2.165	Frielingsdorf-		Angelika	1.589	Fröhlich (Froehlich)		Frondziak	1.225
Roland	1.816	Shalamzani		Annika	1.691	Albert	1.520	Fronius	2.405
Friedl	2.061	Friemann	1.070	Gerhard	1.361	Anke	2.516	Frontzek	2.658
Friedrich		Friemel	4.580	Mechthild	2.005	Anorte	1.068	Frontzek-Tillmann	
Anke	1.770	Friemelt	4.661	Michaela	1.435	Brigitte	1.529		2.763
Anne	4.074	Frieml	4.242		4.700	Dagmar	1.435	Frost	
Astrid	2.061	Friepörtner	4.771	Renate	1.570	Heidemarie	1.128	Barbara	2.516
Claudia	2.362	Fries		Stephanie	1.117	Klaus	4.520	Rita-Maria	1.240
Cornelia	4.580	Erhard	2.660	Susie	4.093	Markus	3.063	Thomas	4.385
Elisabeth	2.560	Hilmar	1.124	Frisch-Hoffmann		Ruth	4.910	Frotscher	
Erika	2.417	Horst	1.470		4.491	Ursula	1.520	Hans-Jürgen	2.184
Günter	2.170	Joachim	1.822	Frische	4.722	Ute	2.426	Maria	4.070
Hans-Joachim	2.560	Ulrich	2.746	Frischke	1.592	Fröhlig-Striesow		Frowein	4.350
Hauke	2.154		4.951	Frischemeier	2.190		3.010	Frowerk	1.132
Heinz-Bernd	2.168	Ursula	2.077	Frischkorn	2.086	Fröhling		Frühauf	2.245
Herbert	1.042	Werner	2.245	Friske	2.687	Anna	1.375	Frühwein	1.006
Jörg	2.365	Fries de	1.696	Frisse		Hans-Martin	2.190	Fründ	4.740
Jürgen	4.270	Fries-Ewert	1.200	Adriane	2.514	Susanne	2.190	Fruth	4.600
Karl	2.677	Friese		Norbert	2.535	Fröhlings	2.772	Fry	2.517
Peter	2.425	Annika	1.355	Fritsch		Fröhlke	1.036	Frydrychowicz	
Ralf	4.260	Gerret	4.415	Barbara	1.407	Frölich	1.430	Ingo	2.565
Regina	4.950	Gudrun	4.303	Bruno	2.095	Frömgen		Wieland	2.320
Rita	2.667	Helwig	1.180	Christel	1.592	Gerhard	1.214	Frye	
Sabine	2.725	Maria	1.223	Corinna	1.240	Katrin	1.456	Bianca	2.090
Sandra	4.680	Michaela	2.360	Eugen	2.265	Frömmel	1.775	Markus	2.630
Sonja	1.660	Werner	2.182	Ewald	4.570	Frömmer	2.530	Fuchs	
Thomas	2.230	Friesen		Hiltrud	4.276	Frönd		Andreas	2.156
Ulrich	2.067	Almut	1.521	Peter	4.330	Jan-Dirk	2.575	Arne	1.802
Wencke	1.583	Jutta	1.310	Reinhard	2.595	Klaus	2.731	Bianca	4.870
Werner	2.625	Ute	4.470		4.930	Werner	1.036	Birgitt	1.356
Wolfgang	1.186	Friesenhahn		Fritsche	1.222	Froesa	1.450	Dieter	1.550
Friedrich-Foeckeler		Birgitta	1.655	Fritz		Fröstel	2.502		1.743
	1.392	Jochen	3.010	Angela	1.219	Frohmann			2.480
Friedrich-Gräf	2.763	Frieske	1.380	Armin	1.052	Gerd	4.245	Dietmar	1.819
Friedrich-Hepding		Frieß-Nemetschek		Bernd-Mich.	2.500	Matthias	1.167	Erich	1.660
	2.563		1.583	Heidrun	1.537	Frohn		Ernst-Jürgen	3.020
Friedrich-	4.530	Frig	2.320	Jeanette	1.421	Bernd	4.415	Gerhard	1.695

Namenverzeichnis

Hans-Peter	1.036	Helmut	1.845	Birgit	1.696	Angelika	1.445	Galinke-Wecht 4.832
Heike	1.138	Ute	4.635	Christian	3.003	Christa	2.125	Galinski 2.244
Helga	1.510	Fuge	2.057	Ingeborg	1.069	Dirk	4.054	Galipo 2.183
Joachim	1.760	Fugmann		Marlies	2.021	Ilona	1.080	Galisch 4.242
Jutta	2.077	Martin	2.393	Petra	2.111	Karin	2.445	Gallagher 2.635
Karen	4.700	Wolfgang	1.505	Renate	2.437	Otfried	1.713	Gallasch 2.588
Magdalene	2.064	Fuhr		Roland	4.520	Stephanie	1.585	Galle 4.073
Maja	1.081	Hans-Joachim	1.127	Stephan	2.670	Theo	1.615	Gallé 1.456
Manfred	1.699	Monika	1.490	Tina	2.455	Gabriel-Schellscheidt		Gallenkamp 2.639
Michael	2.419	Fuhrich	2.715	Wolfgang	1.061		4.661	Galliet
Nicole	1.457	Fuhrmann		Funke-Petermeier		Gacioch	4.721	Michael 2.289
Ute	1.550		1.775		2.190	Gad	2.419	Sabine 3.040
Werner	BRDü	Adelheid	1.224	Funke-Schumacher		Gaden-Weeg	1.255	Gallina 4.495
Fuchs-Kerschgens		Alessandra	2.380		1.413	Gadermann	4.741	Gallus
	1.510	Axel	1.840	Funke-Tebart	4.762	Gadooni	4.630	Anja 4.075
Fuchs-Roussel	1.523	Bernfried	3.050	Funke-Yazigi	4.040	Gadow	1.780	Jörg 2.315
Fuchsenthaler	4.540	Björn Peter	2.687	Funken		Gäbel		Galmon 4.295
Fuchslocher	1.452	Doris	1.158		1.124	Adelheid-Ch.	1.226	Galts 1.167
Fuchß	2.058	Hildegard	3.045	Wilfried	1.650	Georg	1.233	Gamst 1.069
Fuchte	2.293	Inge	2.357	Funken-Richert	6.140	Gäbler	4.340	Ganady-Hamann
Fucicis	2.512	Ingeborg	3.100	Furchheim	1.066	Gähner	4.195	1.218
Fudala	1.790	Ingrid	2.245	Furgoll	1.620	Gährken		Gand 2.630
Füchtenschnie-	2.639	Manuela	2.196	Furk	2.072	Renate	2.022	Gande 1.586
der-Pohl		Ralf	2.255	Furken	1.775	Werner	2.022	Gandelheid 2.755
Füchs	2.293	Siegfried	2.076	Furkert		Gänsler	4.570	Ganea 2.659
Fügenschuh	4.130	Swantje	1.195	Hildegard	1.545	Gaentzsch	3.160	Gans
Fühnen	2.181	Udo	1.220	Wolfgang	1.545	Gärner	4.130	Erich 1.231
Fühner	2.395	Ursula	1.168	Furmaniak	4.072	Gärtner (Gaertner)		Ulrich 2.667
Führ	2.522	Fuhs		Furth		Arnold	1.699	Gansczyk
Führer		Angelika	4.221	Andrea	1.402	Dieter	2.125	Hannelore 2.645
Gerd	2.245	Anna	4.091	Dorothee	1.385	Franz-Josef	2.401	Klaudius 2.291
Johannes	1.845	Maria	1.348	Furth-Terheggen		Heinz-Joachim	2.158	Gansen 1.058
Ulrike	2.425	Regine	2.490		1.401	Jürgen	4.741	Ganser 2.480
Führing		Walter	1.006	Furrer	1.691	Klaus	2.772	Gansow 4.350
Dierk	2.057		1.090	Furtmann	2.072	Marita	2.419	Ganß 4.245
Ralf	1.101	Fuhse	1.796	Fuß		Ralf	2.165	Gantenberg
Führmann	2.345	Fuisting	4.780	Christoph	1.325	Stefan	3.020	Ingeborg 1.261
Fülbeck	2.265	Fujiwara-Tönsmann		Josef	1.067	Thomas	4.270	Joachim 1.821
Füllenbach			2.055	Peter	1.433	Wilhelm	4.700	Johannes 1.431
Horst-Josef	1.716	Fulbrecht	2.687	Fußangel	1.528	Gärtner-Bala	1.025	Rudolf 1.260
Simone	1.451	Fulda	1.486	Fußberger	1.003	Gätzen	1.451	Gantzsch 1.055
Füller	3.007	Fulde		Fußwinkel	4.301	Gätzschmann	4.810	Ganzow 1.167
Füllerer	2.490	Michael	1.640	Fust		Gaevert	4.170	Gappa 5.600
Füllgraf	4.273	Reinhard	2.280	Gisela	1.586	Gaffron	2.639	Garath 4.073
Füllinger	1.165	Fulgraff	1.434	Hermann	4.630	Gagelmann	1.545	Garbe 4.770
Füllmann	4.445	Fulle	3.020	Futterknecht	3.220	Gahlen	2.405	Garbe-Müller 1.552
Fülster	4.690	Fullert	2.687	Fuxen	4.224	Gahlmann	4.745	Garbella-Femerling
Fündling	1.003	Fulst	2.244			Gahmann	4.670	1.403
Fünten aus der	1.150	Funcke	4.191	**G**		Gaida		Garbers 2.565
Fürch	2.020	Funcke-Tetzlaff	1.426	Gaab	4.295	Beatrix	1.819	Garbisch 4.385
Fürhoff	2.545	Funhoff		Gaalen van	4.251	Reinhard	1.151	Garbrecht 1.409
Fürniß	2.625	Hildegard	2.059	Gaasterland	4.720	Gaide	4.350	Garcia-Frühling 4.247
Fürniß-Goege	1.008	Marita	2.460	Gabauer	2.361	Gaidetzka	1.004	Garcia-Körfgen 1.380
Fürstenberg		Funk		Gabbe	4.462	Gaigalat	4.274	Garcia Martinez 1.003
Ferdi	1.750	Beate	3.125	Gabel		Gaiser	4.350	Garcia-Montana 1.528
Gerda	2.006	Dietrich	3.125	Bruno	1.115	Gaiser-Schopp		Garden 4.241
Fürstoss	3.366	Ingrid	4.900	Mechtild	2.100		2.425	Gardenier 1.486
Fürthaler	2.474	Jeannette	2.363	Ulrike	2.732	Gajewski	1.108	Gardner 2.514
Füser	1.210	Katharina	1.433	Wolfgang	2.281	Galatsch	4.600	Garic 4.055
Füssel	1.641	Kristiane	4.440	Gabelentz v. d.	2.095	Galauner	4.771	Garl 2.700
Füßmann-Pawlik		Rainer	2.289	Gabelin	1.290	Galbas		Garlich 4.810
	2.316	Silke	2.225	Gabka	1.552	Norbert	1.455	Garmann 1.598
Fuest		Thorsten	1.116	Gabler		Ulrich	2.241	Garnerus 4.860
Stefanie	1.015	Wilfried	1.551	Astrid	6.225	Galczynski	2.585	Garnier-Weiß 1.420
	1.433	Funke		Hans-Jürgen	1.285	Galemann		Garnjost
Füten	1.153	Angelika	2.150	Gablik	1.001	Bärbel	1.212	Cornelia 1.211
Füting	1.541	Annegret	1.593	Gabrich	2.614	Joachim	1.821	Petra 1.216
Fütterer		Annette	1.581	Gabriel		Galilea	1.065	Garrecht 4.192

Garriß	4.832	Gauger		Geburzi	2.586		1.414	Gelderie	4.260
Garritzmann	1.101	Barbara	1.052	Gecius-Kombrink		Gehrmann		Geldermann	2.575
Garschagen	4.830	Monika	4.511		1.424	Betti	4.940	Geldmacher	
Garthaus	4.705	Gauglitz	4.390	Geck		Ira	2.067	Cerstin	1.433
Gartz		Gaumann	2.570	Albrecht	2.360	Peter	2.460	Gerhard	2.070
Gabriele	3.020	Gaus-Hörner	1.445	Ingo	1.790	Waltraud	2.518	Renate	2.770
Stefanie	1.454	Gausepohl		Karin	2.170	Gehrmann-Plickert		Gelf	1.661
Susanne	1.552	Annette	4.273	Gedaschke	2.115		2.530	Gelfort-Prien	2.323
Garz	2.260	Reinhard	2.319	Geddert		Gehrt	1.006	Gelhäut	3.005
Garzen	1.640	Gausing	1.625	Dagmar	4.810	Geibig	2.726	Gelhaus	2.455
Gasenzer		Gausler	2.516	Ottmar	4.905	Geicht	4.260	Gelhausen	1.541
Matthias	1.059	Gausling		Gedenk	4.780	Geiecke	4.271	Gelies	2.045
Susanne	1.053	Helmut	2.626	Gee	1.170	Geier	1.255	Gelies-Mould	1.481
Gasper	4.870	Ulrich	4.495	Geef	2.146	Geiger		Geller	1.056
Gaspers	4.920	Gausmann		Geerdts-Simen	1.640	Gabriele	1.052	Geller-Lennartz	1.191
Gass	4.570	Angelika	4.740	Geerkens		Kathrin	3.010	Geller-Patzeld	1.426
Gassen		Christian	2.575	Edith	1.212	Peter	2.760	Gellert	
Barbara	2.669	Friederike	4.050	Ludwig	PA	Geihe		Christina	2.639
Frank	2.073	Susanne	1.697	Monika	1.123	Georg	1.454	Klaus	3.003
Helga	1.628	Gauß	2.627	Geerlings	4.415	Michael	1.553	Gelleschun	1.411
Gasser	2.325	Gautsch	2.600	Geermann	2.022	Geilenkeuser	1.737	Gellink	1.628
Gaßmann		Gavarelli de	1.380	Geers	4.385	Geilmann		Gellißen	1.523
Helmut	1.642	Gawliczek	2.563	Geers-Khawatmi		Erich	2.626	Gellmann	
Norbert	4.273	Gawlik			1.350	Magdalene	2.626	Klaus	4.513
Peter	1.660	Horst Jürgen	1.412	Geerts	3.135	Sandra	2.611	Uschi	3.040
Sabine	2.317	Joachim	2.290	Geese	2.286	Geimer	2.710	Gellrich	1.641
Gaßner		Gawlitza	1.201	Geesmann	4.762	Geipel	2.244	Gellweiler	1.592
Antonia	1.433	Gawol	3.045	Geffe	2.564	Geis	1.422	Gelnar	1.685
Manuel	1.065	Gayda	2.610	Geffert-Fleissner		Geisbe	1.712	Gelsdorf	4.660
Gast		Gayk			4.640	Geiseler	4.075	Geltinger	4.830
Gabriele	1.781	Annegret	4.900	Gehl		Geisen		Gembus	4.055
Jürgen	1.642	Erika	2.246	Rainer	2.686	Barbara	1.136	Gemein	
Manfred	2.242	Gaza	1.550	Ulrich	2.079	Werner	4.720	Elisabeth	1.226
Regine	2.419	Gebauer		Gehlen		Geiser	1.190	Petra	1.066
Gasteiger	4.680	Annette	1.003	Bärbel	1.627	Geisler		Ralf	1.220
Gastel	2.126	Jürgen	2.516	Doris	1.455	Michael	4.410	Gemein-Krapp	1.424
Gasten	1.103	Ralf	2.361	Ludwig	5.600	Rolf-Olaf	4.304	Gemke	2.156
Gastl	2.635	Wolfgang	4.680	Ulrich	4.870	Geisler-Hüner	2.530	Gemlau	1.229
Gatermann	1.486	Gebauer-Herr	4.705	Gehlen von	1.470	Geismann	2.270	Gemmel	3.135
Gath	1.460	Gebben	2.612	Gehlenberg	2.565	Geiss	1.061	Gemmeren van	
Gathen		Gebbers	2.517	Gehlenborg	4.580	Geißler		Heinz	1.270
Martina	4.249	Gebel	1.365	Gehler	4.120	Carolin	2.184	Michael	1.266
Peter	4.252	Gebele	4.571	Gehlert		Cornelia	1.325	Gemmern van	4.251
Gathen v. d.	1.228	Gebert-Sorncharoen		Amadeus	4.195	Elisabeth	1.020	Gemsa	
Gather			3.105	Barbara	2.176	Heinz	1.325	Bernhard	2.669
Andreas	2.061	Gebhard		Gehlhoff-	1.551	Susanne	2.195	Matthias	2.357
Markus	4.945	Dieter	2.241	Hilgers		Sybille	2.281	Genatowski	4.720
Gathmann	2.419	Volker	1.591	Gehlmann	2.517	Ute	2.077	Genatowski-Höfmann	
Gatt	1.627	Winfried	2.618	Gehnen		Geißler-Tulatz	2.666		1.214
Gattinger	4.571	Wolfgang	1.101	Gerlind	4.242	Geist	4.053	Genau	
Gatto	1.020	Gebhardt		Marianne	1.163	Geist-Heitz	1.416	Barbara	2.514
Gatz	4.513	Albrecht	1.250	Gehres	4.071	Geister	1.103	Maria	2.726
Gatza	1.685	Birgit	1.561	Gehrich	2.627	Geistert		Martina	2.169
Gatzen		Dorothee	2.455	Gehring		Hannelore	1.218	Gendera	
Hans-Jürgen	4.580	Edeltraud	1.006	Axel	1.560	Wolf-D.	1.226	Katja	1.632
Marianne	1.190	Kristina	1.433	Daniela	4.580	Geisthoff	1.426	Martin	4.246
Thurid	1.007	Renate	2.390	Hans	2.161	Geisthövel	4.740	Genert	4.198
Gatzweiler		Gebhardt-Feißt	2.545	Maria	2.160	Geistmann	2.603	Genetzky	2.055
Karl-Josef	1.003	Gebhart		Stefan	2.671	Geisweid-Kröger		Genn	1.642
Peter	BRK	Jutta	1.345	Stefanie	2.604		2.665	Genneper	1.454
Winfried	1.232	Monika	1.628	Ulla	4.681	Geitel		Gennet	4.741
Gau	1.743	Gebing		Gehrke		Elisabeth	2.068	Gens	4.300
Gauchel		Andrea	2.002	Bernd	1.796	Hermann	2.071	Genschel	4.670
Knut	1.481	Angelika	2.517	Constanze	1.004	Geittner-	2.242	Genscher	
Roswitha	1.760	Gebing-Sommersberg		Dirk	1.155	Spönemann		Andreas	1.353
Gaudek	4.680		4.091	Gerhard	4.720	Geitz	2.173	Klaus	1.437
Gaudenz	2.176	Geburek	2.205	Stefanie	1.633	Gelau	1.584	Genseleiter	2.290
Gauder	1.541	Gecer	2.666	Gehrke-Bramhoff		Gelbke	1.157	Gensichen	2.730

Gensicke	1.631	Claudia	1.816	Gabriele	2.640	Marta	1.627	Gettmann	1.541
Gensler	4.831	Dieter	4.960	Heidi	4.900	Paul	2.286	Getz	1.581
Gente	4.270	Hanna	2.730	Helmut	1.290	Gerstenberger-	1.535	Getzlaff	4.662
Gentejohann		Heidemarie	2.390	Horst	3.010	Badura		Geuenich	4.210
Claudia	2.057	Gerdiken	2.035	Ilka	2.205	Gerstendorf		Geuer-Adindu	3.061
Martin	2.061	Gerding		Karin	1.655	Gudrun	4.151	Geukes	1.357
Gentgen	1.106	Cordula	1.210	Maria	2.426	Manfred	2.326	Geulen	1.320
Gentges		Gunda	2.291	Petra	2.393	Gerstengarbe	2.665	Geurtz	
Marita	4.695	Gerding-Holzberg		Rolf	2.260	Gerstenhauer	3.001	Angelika	4.445
Rolf	4.680		2.196	Roswitha	4.720	Gerstner		Helma	1.391
Genth	1.457	Gerdzen-Kasper	2.456	Ruth	2.002	Erwin	1.116	Sibylle	4.220
Gentsch		Gerecht	4.300	Sebastian	2.656	Ulrike	2.772	Geusen-Asenbaum	
Jörg-Manfred	1.435	Gerfen	2.040	Wolfgang	2.610	Gerstung	1.538		1.357
Yvonne	1.170	Gerhard			4.170	Gersum-Berens von		Geuß	1.131
Gentz	4.601	Dagmar	4.820	Gerland	2.638		3.105	Geuter	
Gentzsch	2.289	Johannes	4.690	Gerle	2.197	Gerth	4.940	Raimund	1.631
Genz	4.270	Klaus	4.246	Gerleve		Gertz		Roswita	1.620
Georg		Martin	4.091	Andreas	1.210	Franz Josef	1.802	Geuting	2.055
Bernd	2.415	Meinolf	2.640	Maria	1.210	Herbert	1.123	Gevers	
Gereon	1.214	Willi	4.120	Gerlhof	2.500	Norbert	2.055	Reinhard	2.612
Ingrid	1.116	Gerhards		Gerlich	1.628	Wilhelm	2.563		3.038
Jens	1.583	Erhard	1.417	Gerling		Gertz-Wellmann	6.125	Geweke	2.174
Wolfgang	1.484	Heinz-Peter	1.620	Heinrich	2.316	Gertzen	4.360	Gewitzsch	4.950
Georg-Bibra von	1.408	Herm.-Josef	4.635	Martin	1.484	Gerull	2.317	Gey van de	1.495
Georga	4.590	Hildegard	1.201	Silke	4.055	Gerum	2.500	Geyer	
George		Joachim	1.406	Sonja	1.615	Gervens	2.396	Anne	2.169
Elisabeth	1.365	Markus	1.136	Wiebke	2.564	Gerwin		Christian	2.402
William	2.500	Michael	1.036	Wilhelm	4.221	Mechthilde	2.150	Hans-Wilhelm	1.040
Georges	2.436		1.600	Gerlinger-Erkner		Tim	2.022	Henning	1.823
Gepp	2.020	Rolf	4.120		1.108	Gerwing		Petra	1.070
Geppert	2.658	Rudolf	1.367	Gerling-Halbach		Burkhard	2.511	Geyer-	4.350
Geradts		Gerhards-Ruth	1.431	Brigitte	1.735	Christian	2.152	Ewardwalbesloh	
Jochen	1.006	Gerhardt		Renate	2.480	Christina	4.445	Geyersbach	4.445
Karin	4.272	B. Jochen	2.293	Gerlt		Gerwing-Frisch	2.517	Geylenberg	1.481
Marlies	1.131	Erich	1.716	Gabriele	1.403	Gerwinn		Geyr	2.267
Geraedts	4.510	Gerhard	2.395	Klaus	1.135	Franz	1.411	Gheno	1.216
Gerards	1.520	Helmut	1.116	Germann		Fritz	1.823	Ghorashi	4.900
Gerasch	1.775	Horst	4.660	Kornelia	1.593	Geschwinder	1.216	Giakoumis	2.195
Gerbaulet	2.323	Jürgen	4.590	Norbert	1.163	Gesell	1.583	Giardina	4.745
Gerbens	2.745	Thomas	2.655	Germer	1.481	Gesenhoff		Giaume	1.157
Gerber		Wolfgang	2.190	Germes	1.260	Hedwig	2.460	Gibas	
Daniela	1.040	Gerhardus	1.486	Germund	1.351	Marita	4.580	Bernd	4.274
Frank	2.630	Gerharz	1.750	Gerner	4.445	Gesing		Richbert	1.660
Gabriele	2.305	Gerhold	2.165	Gerold-Korley	2.126	Beate	2.685	Gibbels	4.248
Hans-Joachim	1.781	Gerighausen	2.396	Gerrard	1.229	Bernd	1.625	Gibhardt-Berkdar	
Klaus	1.486	Gerigk		Gerrards	4.276	Bettina	2.361		4.570
Michael	2.589	Margarete	1.650	Gerressen	1.743	Gerd	4.290	Gibson	1.219
Ulrike	1.775	Peter	2.345	Gerretz-Strack	1.743	Heinrich	4.810	Gick	4.910
Wolfgang	2.415	Gerigk-Kuhl	1.770	Gerritsen	1.817	Klaus-Jürgen	2.077	Gickler	1.715
Gerbersmann	2.360	Gering	2.380	Gerritzen	4.695	Kornelia	4.073	Giebel	1.819
Gerbig	2.472	Gerißen	1.840	Gerritzmann	1.153	Monika	4.170	Giebeler	1.045
Gerbracht		Gerke		Gersch	2.765	Geskes	1.122	Giebels	1.214
Christian	2.005	Bettina	2.060	Gersching		Gesper-Niewerth		Giebfried	1.168
Ludger	4.402	Franz-Josef	1.538	Jürgen	2.082		2.174	Giebisch	
Gercken		Reinhard	1.217	Sabine	5.610	Gess	2.058	Almuth	1.485
Markus	2.491		2.286	Gerschner	2.270	Gessen	1.201	Thomas	1.631
Udo	4.330	Ulrich	2.726	Gersemann	2.085	Gessner (Geßner)		Giebler	1.345
Gerdelmann		Gerken	2.380	Gersic	1.424	Claudia	2.687	Giefers-Kremer	1.632
Anne	1.103	Gerkensmeier	2.364	Germann	2.715	Elke	1.326	Giefers-Ludwig	1.136
Dirk	1.214	Gerks	2.175	Gersmeier		Katrin	2.101	Giegel	2.470
Nicole	4.510	Gerlach		Axel	2.677	Wolfgang	1.370	Gieling	4.246
Gerdemann		Angelika	1.585	Michael	4.601	Geßwein	4.251	Gier	
Bernhard	2.380	Anja	4.290	Gerß	1.735	Gesterkamp	2.438	Carsten	1.201
Conrad	2.380	Björn	4.945	Gerstberger	4.440	Gesthuyzen-Meißner		Georg	1.001
Franz-Theo	2.654	Danielle	1.001	Gerstenberger			1.055	Norbert	1.007
Jan Christoph	1.640	Dirk	2.292	Brigitte	1.228	Gethmann-	1.138	Robert	1.357
Gerdes			2.613	Gabriele	4.661	Kortländer		Gier-Schenke	1.616
August	2.150	Friedrich	2.660	Jan	1.591	Getta	4.830	Gieraths	4.635

Namenverzeichnis

Gierdal	1.221	Margret	2.121	Lambert	1.645	Silvia	5.610	Gloger	
Giere	BRA	Simone	2.614	Matthias	2.072	Winfried	5.610	Almut	3.050
Gierlich		Gießmann	1.413	Gißke	1.553	Glasner		Eberhard	4.950
Heinz	1.036	Gießübel-Weiß	1.090	Gith	4.450	Achim	1.697	Glohr	1.081
Ingrid	1.090	Gietmann	1.230	Gitmans	1.054	Dagmar	1.059	Glombek	
Giermanns	1.743	Gietz	2.471	Gittinger		Glaß (Glass)		Albert	1.103
Gierok	2.168	Gievers	2.765	Anita	4.510	Rüdiger	4.513	Eva-Maria	1.795
Giers-Huckschlag		Gievert-Pieper	2.305	Regine	2.365	Volker	1.681	Rudolf	1.795
	2.667	Giffhorn	1.240	Gitzelmann	1.060	Glaßmeyer	4.950	Glombitza	2.618
Giersberg	1.402	Gil Martinez	2.575	Giunta	1.119	Glatt	2.064	Glonke	4.270
Giersch	1.741	Gilbert	1.123	Gizinski	2.680	Glattfeld-Mettler		Glorius	1.370
Gierse		Gilde	1.040	Gjakonovski	2.275		4.490	Glos	1.535
Daniela	2.111	Gilges		Glabasnia		Glatz	1.416	Glose	1.214
Engelhard	2.056	Jutta	1.821	Marita	4.276	Glatzel		Glotzbach	3.150
Gies		Markus	1.345	Michael	4.271	Cerstin	4.276	Glowania	1.043
Herbert	1.175	Gilhaus	2.535	Glade		Manfred	1.137	Glowatzki	4.075
Marianne	1.080	Gilich	1.310	Heiko	4.120	Maria	2.265	Glowienka	2.426
Gies-Firle	3.145	Gille	2.289	Matthias	4.945	Glaubitz	1.101	Glück	
Giesbert	1.554	Gillé	1.695	Gladisch	2.323	Glave	1.650	Albrecht	2.061
Giesbrecht		Giller	2.726	Gladisch-Mömken		Glaw	2.280	Dorothee	2.357
	4.210	Gilles			1.737	Glees	1.642	Sibylle	2.671
Arno	3.172	Bernward	BRK	Gladnigg	1.150	Glees-Bonsen zur		Glüer-Beinke	4.790
Giese		Gabriele	3.105	Gladtfeld	1.115		1.056	Glüher	1.020
Alexandra	1.123	Ingrid	2.057	Glänzel	1.221	Gleich-Trauboth		Glünz	1.743
Andrea	1.123	Nicole	2.285	Glaese-Seseke	4.760		2.152	Glüsenkamp	4.571
Bodo	1.818	Rita	1.484	Glaesemer	1.486	Gleisberg	2.745	Glufke	2.175
Carmen	2.267	Susanne	4.831	Gläser (Glaeser)		Gleisenstein-Wende		Gmeiner	
Christiane	1.805	Gilles-Gatzweiler		Anne	1.528		2.625	Alois	1.052
Maja	4.680		1.715	Catherine	1.102	Gleiser	4.240	Elfie	1.310
Michael	1.224	Gilles-Kötter	4.271	Gläsker	2.700	Gleisle	1.400	Gnad	4.462
Renate	4.274	Gillessen	1.007	Gläßer		Gleißner	1.691	Gnaß	1.101
Rolf	2.170	Gillhaus	2.736	Hartmut	2.210	Glenk	4.225	Gneipel	3.003
Uwe	1.020	Gillissen	2.160	Johannes	4.590	Glenz		Gneist	1.250
Walter	1.044	Gillmann	2.395	Gläßer-Meuser	1.069	Horst-Jörg	4.722	Gnida	1.586
Giese-Alers	4.025	Gillner	4.741	Gläßner	1.690	Renate	1.128	Gniostko	4.222
Giese-Hommes	1.482	Gillrath		Glätzer	2.197	Ulrich	4.722	Gnodtke	4.070
Giesecke	2.614	Britta	2.564	Glahn		Glesius	4.225	Gnoyke	4.276
Gieseke	2.516	Henning	2.673	Andreas	1.103	Gleumes	1.266	Goch	4.440
Gieseking		Johannes	1.125	Sandra	2.517	Glieden-Böffgen	4.571	Gocht	1.570
Elisabeth	2.063	Peter	1.051	Glameyer	1.270	Gliemko	4.323	Gocke	
Werner	4.430	Gilmour	1.417	Glander	1.521	Glienke	1.511	Edith	1.417
Giesel	1.486	Gils	2.690	Glandt	2.555	Gließener	2.472	Heinz	2.472
Gieselberg	2.645	Gilson	1.628	Glanemann		Gligor	1.151	Gockel	
Gieseler		Giltz-Leitgen	1.225	Claudia	2.420	Glinka		Annkathrin	1.615
Friederike	4.630	Gimbel-Tschöpe	2.471	Jutta	2.152	Birgit	1.151	Edith	1.350
Horst	1.132	Gimpel-Kalthoff	4.961	Markus	2.035	Claudia	2.393	Franz-Josef	2.687
Ursula	2.181	Gindele	BRDe	Glaremin		Glinkemann	4.494	Gisela	1.780
Gieselmann	2.402	Ginkel	1.230	Beate	2.685	Glischinski von	4.950	Heinz	2.086
Giesen		Ginkel van	1.380	Heribert	2.685	Glittenberg	1.355	Iris	2.169
Hans-Josef	1.355	Ginster	1.097	Walburga	2.150	Glitz		Gockel-Gesterkamp	
Hildegard	2.683	Ginter		Glas		Margarete	2.746		2.435
Johannes	4.180	Klaus	4.445	Aydöner	4.248	Stephanie	2.075	Gockeln	2.715
Jürgen	1.685	Regina	1.218	Gerhard	1.066	Globig	1.355	Godemann	1.003
Karin	1.460	Ginzel	2.491	Glase	1.589	Glock	2.450	Goder	2.460
Renate	1.050	Gipmans	1.570	Glaser		Glockner	4.370	Godland	1.210
Giesen-Prauss	1.500	Gipperich	1.345	Beatrix	1.310	Glöckle	4.070	Godoj	1.522
Giesing		Girard	1.170	Hans	1.043	Glöckner		Göb	2.635
Benedikt	1.117	Girlich	2.243	Oliver	2.150	Angelika	1.405	Göb-Otto	4.323
Jan	1.124	Girod	2.370	Reinhard	1.405	Christiane	4.780	Goebbels	2.613
Katrin	1.117	Girschek	1.210	Walburga	2.173	Claudia	1.485	Göbel (Goebel)	
Gieske	2.063	Gisbertz		Glasmacher		Gudrun	1.051	Andrea	2.571
Giesler	2.560	Dagmar	1.840	Brigitte	2.665	Ulrich	1.485	Angela	1.523
Gießbach	4.303	Thomas	1.743	Herbert	4.510	Glöe	2.513	Anita	2.205
Gießelmann		Giskes	4.960	Marlene	4.510	Glörfeld	4.196	Eckhard	2.530
(Giesselmann)		Gispert		Monika	1.276	Glößner		Daniel	2.627
Annette	4.130	Ellen	2.730	Ulrich	4.510	(Glössner)		Gerhard	1.270
Gerd	2.300	Hartmut	2.730	Glasmeier	2.205	Birgit	1.125	Guido	1.401
Hans-Jürgen	2.243	Gissing		Glasmeyer		Cordula	4.720	Heidi	1.214

Heinz-Werner	3.007	Göers	2.535	Helmut	1.128	Torsten	1.580		5.600
Karl-Heinz	2.180	Göge	4.961	Karl	1.840	Ursula	1.795	Goldstein	
Klaus	1.413	Gögel	4.040	Goerigk	2.153	Götter	1.051		4.951
Luzia	4.492	Göhl-Alberts	1.570	Görisch	2.151	Göttert	2.370	Sybille	1.138
Miriam	1.005	Göhler		Goerke		Goetting (Götting)		Willi	2.666
Petra	1.326	Thomas	2.280	Astrid	4.276	Birgit	4.210	Golek	2.175
	4.300	Wolfgang	2.396	Cordula	1.231	Michael	1.376	Golembowski	1.408
Rüdiger	1.265	Göhlich	4.961	Hubert	6.205	Göttinger	1.285	Goletz	1.628
Sabine	4.945	Göhlsdorf	4.690	Karsten	2.520	Götz (Goetz)		Golestanea	4.875
Stefan	3.115	Göhmann		Görlich (Goerlich)		Annegret	1.391	Golfmann	2.511
Stephanie	2.325	Olaf	1.780	Brigitte	2.518	Carsten	2.726	Goliasch	1.645
Ursula	4.462	Thomas	3.135	Christian	6.240	Heidi	1.583	Golinske	1.216
Göbel-Heinz	2.658	Göhmann-Papsdorf		Martin	1.157	Holger	4.390	Golka	1.186
Göbeler	1.326		1.231	Thomas	2.180	Julia	2.318	Golkar	4.745
Göbels		Göhner	2.325	Görlinger	4.445	Katrin	2.731	Goll	
Dirk	1.117	Göhring-	4.630	Görlitz		Matthias	1.121	Thomas	1.616
Wolfgang	1.404	Fleischhauer		Eckehard	2.611	Sonja	2.101	Ulrike	4.251
Goebels-Engels	1.351	Goehrke	4.300	Erika	1.816	Torsten	2.732	Gollan	
Göbelsmann-	2.450	Goehrke-Sander		Rolf	1.820	Ulrike	2.183	Peter	2.176
Reinhold			4.192	Sigfried	2.121	Götza	2.260	Matthias	2.361
Göcke (Goecke)		Göke (Goeke)		Görner		Götze		Golland	4.210
Anja	2.517	Agnes	2.585	Birgit	4.830	Manfred	4.740	Golland-Heinrich	
Benedikt	1.820	Claudia	2.419	Christoph	1.770	Monika	1.802		1.275
Dieter	4.330	Detlef	2.401	Gabriele	1.552	Götzel-Hüwe	4.224	Gollbach	4.491
Gabriele	4.220	Georg	2.084	Harald	1.523	Götzelmann	2.400	Goller	
Mechtild	1.043	Marlies	2.401	Regine	1.132	Götzen		Kathrin	4.695
Göckede	2.588	Olaf	2.419	Görnert	4.273	Hans-Rainer	1.594	Werner	4.670
Göckeritz	4.220		2.731	Görres	4.635	Maike	2.120	Gollnast	2.316
Göckler	3.001	Robert	2.419	Görß	2.246	Mareike	2.006	Gollner	4.051
Göckler-Khalil	4.910	Göke-Fritsch	4.350	Görtner	1.435	Michael	3.025	Gollos	1.419
Goeckmann	2.651	Göldner	2.495	Görtz (Goertz)		Götzenberger	1.743	Golomb	2.669
Gödde		Göler von	4.401	Arnd	1.004	Goetzke	1.660	Golombeck	4.402
Bernhard	2.590	Gölitzer	1.760	Brita	4.260	Goez	1.135	Goltsch	2.173
Brigitta	2.586	Göller	2.083	Daniela	1.770	Goffart	1.006	Goltsche	
Christiane	1.645	Göller-Gschwender		Franz Peter	1.261	Gofferjé	1.185	Patrick M.	1.217
Cornelia	1.158		1.805	Hans-Josef	1.796	Gogol		Ursula	2.110
Heinrich	1.009	Göllner		Heike	1.191	Julia	2.760	Goltz	1.716
Ilse	1.585	Hans-Joachim	2.560	Heinz-Willi	1.743	Ursula	2.040	Golz	4.771
Jochen	1.511	Klaus	1.167	Jens	2.285	Gogoll		Golze	2.772
Michael	4.930	Norbert	2.084	Joachim	4.720	Thomas	4.790	Gomell	2.326
Siegfried	2.255	Gönnemann	1.822	Kirsten	2.241	Wolfgang	1.300	Gomm	1.069
Susanne	2.083	Goepfert	4.075	Michael	1.357	Gogolla	4.075	Gommert	4.241
Ulrich	2.659	Göppert	2.152	Ruth	1.103	Gogolok	3.140	Gommla	2.316
Wilhelm	1.616	Goer	4.055	Ulrike	4.470	Gohe	1.595	Gomolla	4.510
	2.020	Goerdeler	4.660	Görtz-Lenzen	1.067	Gohla		Gomoluch	2.100
Gödde-Meckelburg		Göres (Goeres)	2.158	Goertz-Fetzer	1.691	Jan	1.796	Gompf-Hohenschon	
	1.699	Goergens		Görür	4.900	Katharina	4.491		1.025
Gödde-Meesker	4.192	Bettina	1.660	Gösche	2.410	Gohr	1.470	Gondert	1.375
Göddemeyer	2.285	Birgit	2.363	Goesmann	1.475	Gohrbandt	2.595	Gondolf	1.818
Gödderz		Görg		Gössel	2.396	Gold	2.160	Gong	3.040
Christel	4.220	Aloisius	1.615	Gösser	1.290	Goldau	2.565	Gonschior	1.591
Gabriele	1.058	Dietmar	1.820	Gößling (Gössling)		Goldbeck		Gonzales Gerndt	
Gödderz-Kropp	4.832	Gerlis	2.570	Charlotte	2.654	Heidrun	4.743		1.125
Goede	1.433	Görge		Dörte	2.166	Tanja	2.654	Gonzalez	2.318
Goedecke (Gödecke)		Harald	4.832	Petra	2.751	Wolf-Dieter	2.317	Goorissen	4.720
Detlev	4.831	Josef	2.071	Udo	2.120	Goldberg	1.418	Goos	3.105
Ines	1.536	Melanie	4.130	Volker	4.401	Goldhausen-Hüwe		Goos-Loy	1.008
Katharina	3.025	Goergens		Gößling-Eckey	4.580		2.535	Gooßen	4.054
Volker	4.491	Franz	1.118	Gößmann	1.822	Goldfuß	2.316	Goost	1.351
Gödecke-Rinow	1.640	Ludger	4.745	Gössnitzer	2.610	Goldkuhle		Gopon	
Goedejohann		Görgen		Gött	2.417	Josef	1.223	Beate	2.076
Elke	4.905	Eva	4.571	Götte (Goette)		Peter	2.157	Karl-Wolfg.	2.077
Martina	2.604	Gerda	1.436	André	1.228	Goldmann	2.168	Gora	
Gödeke		Görgens	4.870	Annette	4.195	Goldner		Christian	2.462
Kai	4.361	Görgens-Klein	1.406	Christoph	3.070	Joachim	1.157	Hermann	4.761
Karl	4.052	Görges	4.072	Heike	2.361	Marion	1.816	Sabine	1.228
Goedeking	4.074	Görgey v.	2.730	Ilse	2.405	Goldscheid	2.179	Gorazdza	4.323
Goeman	2.326	Göricke		Jürgen	4.380	Goldschmidtböing		Gordon	

Barbara	1.810	Günther	2.670	Karl-Heinz	2.460	Martina	1.685	Veronika	2.310
Keith M.	1.695	Gottke	1.600	Grabbe-Vollmert	1.404	Meike	2.639	Granrath	4.875
Gores	1.350	Gottlieb		Grabczewski		Melanie	4.520	Granz	1.320
Gorgels		Dirk	1.160	von	1.434	Pia	4.601	Granz-Schiffl	1.565
Beate	1.616	Marga	1.527	Graben auf dem	1.696	Sabine	1.505	Granzen	1.009
Maria	4.875	Martina	4.905	Grabenberg	1.365	Susanne	4.830	Granzow	2.154
Gorgon-Tschöke	4.070	Paul-Georg	1.592	Grabenmeier	2.495	Ulrich	4.945	Grapp	2.653
Gorissen	4.495	Hermann	2.626	Grabert		Ursula	2.084	Gras	
Gormann	2.096	Gottlob	1.819	Martin	3.220	Ute	1.185	Elmar	1.160
Gormanns	1.098	Gottmann	4.075	Stefanie	1.231	Graf-Kreft	1.482	Regina	4.590
Gorn	1.155	Gottschalk		Grabhorn	1.798	Graf-Schulz	1.490	Graser	1.410
Gorniak		Andreas	2.192	Grabitz	2.396	Grafe	2.725	Grashöfer	1.157
Erika	1.716	Birgitt	1.045	Grabner	1.066	Grafen vom	4.221	Graß (Grass)	
Wolfgang	2.160	Dieter	2.393	Grabow	1.591	Graff		Ina	2.101
Gorrath	1.211	Erhard	2.267	Grabowitz	4.300	Detlef	2.550	Johs.	2.455
Gorries	1.645	Gabriele	1.430	Grabowski		Ulrich	2.355	Kerstin	1.117
Gorris	4.940	Meike	4.210	Frank	4.352	Graffmann	1.715	Grasser	4.470
Gorsboth	1.325	Reimund	1.127	Helga	4.690	Grafke		Grasshoff	2.191
Gorschlüter		Rudolf	2.192	Ralf	2.241	Christiane	1.632	Graßkemper	1.125
Elisabeth	2.715	Silvia	1.811	Grabsch	4.462	Werner	1.697	Graßmann	4.870
Sabine	2.760	Ulrich	2.512	Grabski	2.266	Grafmüller		Grassow	4.830
Gorschlüter	1.660	Ute	2.317	Graby-Meimers	1.151	Gisela	1.630	Grates	1.345
Gorski	4.220	Gottschalk-Kock	4.242	Gracht v. d.	1.770	Hermann	1.699	Gratz	
Gorus	2.362	Gottschall	2.255	Grade	2.666	Grafschaft	1.167	Micaela	4.831
Goryl	4.210	Gottschlich		Gradert	1.216	Grages	4.462	Thorsten	4.430
Gorys	5.610	Bernhard	1.588	Graé	2.472	Graham		Gratzfeld	1.122
Gorzawski	1.552	Georg	2.031	Gräbe	1.816	Cordelia	1.070	Gratzki	2.435
Goselke	2.621	Rosemarie	1.588	Gräbener	2.736	Cornelia	2.564	Grau	
Gosewehr	2.503	Gottschling		Gräber	2.514	Grahl	2.192	Anke	2.361
Goslar	2.153	Annegret	2.270	Gräf		Grahn		Annette	2.079
Gosmann		Gisela	4.915	Annette	1.225	Kirsten	4.073	Brigitta	2.731
Elisabeth	2.357	Hermann	2.270	Johannes	1.802	Max	1.011	Christine	2.086
Winfried	BRK	Gottsheim	2.184	Sandra	1.575	Grahner	1.710	Dieter	4.277
Goß	1.190	Gottwald		Gräf-Adams	1.057	Graichen	2.417	Hedi	1.592
Gossani	1.008	Daniela	1.080	Gräf-Fröhlich	1.050	Gralher	2.751	Ingo	4.252
Gossel	1.521	Heike	2.040	Gräfe	1.407	Gralla		Irmhild	1.450
Goßen	4.512	Sabine	4.246	Gräfen	1.413	Christoph	2.503	Marion	BRK
Gossen	2.450	Gotzen		Gräfen-Struwe	2.317	Gertrud	2.500	Markus	1.411
Gossens		Bernd	1.545	Graeff	1.401	Gralow	2.305	Patricia	1.495
Anja	1.320	Gerhard	1.523	Gräff	4.830	Gramann		Graumann	2.730
Elisabeth	1.150	Karl	1.661	Gräfling	3.105	Anne	1.060	Craunko	
Gossling	2.530	Steffi	1.357	Graen	1.222	Gabriele	2.395	Christoph	2.125
Goßmann		Gotzes		Gräser (Graeser)		Gramatke	2.154	Sandra	2.125
(Gossmann)		Björn	1.011	Birgit	1.063	Gramer	1.537	Grause	1.392
Berthold	1.132	Siegfried	1.818	Heike	1.404	Gramlich	1.615	Grauthoff	
Bettina	1.580	Ulrich	1.538	Normann	2.055	Gramm-Boehlen		Elke	4.040
Lutz	1.818	Gotzmann		Susanne	1.220		1.355	Heinz-Josef	3.175
Ralf	4.964	Dörthe	1.523	Graessner	1.490	Grammann	4.241	Grautmann	
Winfried	2.519	Gerd	2.626	Graetsch	1.421	Gramoll	3.105	Daniel	4.635
Gossmann-Kellner		Gough	1.403	Grätz		Grams		Susanne	1.817
	4.402	Gowers	1.430	Stephan	1.168	Barbara	4.170	Grautstück	4.740
Goßner	1.044	Gowik	1.210	Susanne	1.151	Klaus	2.260	Grave	
Goßrau	1.598	Gowitzke		Gräuler-Schnettger		Winfried	1.640	Gerd	2.510
Gothe	1.845	Bernd	1.390		2.361	Gramse	4.054	Michael	2.160
Gothsch		Marion	1.390	Graeve	4.870	Granath	1.222	Silvia	4.900
Eva	1.820	Goworek	1.550	Gräwe		Grand	2.575	Grave-Leismann	4.600
Udo	1.820	Goxers	4.221	Karl	4.304	Grande		Grave-Wolf	2.575
Gotsch	4.246	Goy		Volker	1.417	Katrin	1.404	Gravemeier-	2.665
Gotsmann	1.535	Bianca	1.432	Graf		Silvana	1.035	Telljohann	
Gotta	1.345	Ottmar	2.635	Andreas	1.404	Steffen	1.405	Graven	1.266
Gottbehüt	1.102	Goyen	1.551	Bernd	4.197	Granderath-Schramm		Gravenhorst	1.061
Gottesleben	4.540	Goymann	1.356	Carsten	2.057		1.581	Grawe	
Gotthardt		Graaf		Franz-Josef	1.069	Grandt	4.690	Angelika	2.356
Annerose	1.137	Klaus	1.067	Helga	4.260	Granitza	2.455	Herbert	2.289
Stephan	4.130	Peter	1.711	Iris	4.170	Grannemann		Wilhelm	2.474
Uwe	4.930	Graafen	1.520	Karl-Heinz	1.195	Helmut	2.500	Gray	1.102
Gottheil		Graas		Kurt	4.415	Jürgen	2.169	Greb	2.076
Bernd	2.705	Karl	2.090	Marion	1.123	Klaus	1.818	Grebe	

Angelika	2.146		1.214	Griebel	1.421	Gritzan	2.639	Grolmuss	1.158
Britta	1.810	Grellmann	4.495	Griebsch	2.079	Gritzner	1.409	Grombein	2.763
Thomas	4.600	Gremler-Niestegge		Griemens		Grobbel		Gromes	1.233
Grebe-Horstmann			2.437	Bruno	1.811	Martina	2.570	Gromig	1.115
	1.490	Gremm	2.612	Elmar	1.811	Volker	2.518	Grommes	
Grebenstein		Gremmler		Manfred	1.711	Grobe	4.210	Irene	1.098
Hans-Werner	2.095	Annegret	2.157	Gries		Groben	1.641	Swantje	1.081
Kerstin	4.410	Claudia	2.520	Gereon	4.660	Grobenstieg		Gromnitza	2.059
Greber		Gremse	1.050	Günther	4.830	Almut	4.470	Gromotka	2.671
Elisabeth	2.751	Grentz	2.184	Hermann	2.705	Wolfgang	1.370	Gronau	2.071
Gunnar	1.716	Grenz	3.135	Nicola	4.220	Grober	1.785	Grone	4.370
Hilke	1.431	Grenzmann-Schmidt-		Sarah	1.716	Grobmeyer	3.010	Gronemann	4.241
Winfried	2.518	Hartleben	3.010	Griese	4.111	Grobusch	1.470	Gronemeyer	1.326
Grebun	2.146	Grepel	1.390	Griese-Behr	1.345	Grodde	1.009	Gronenberg	
Grebing	2.361	Gresbrand	2.604	Griesel	1.126	Grodten	4.950	Cathrin	2.146
Greef	1.350	Gresch		Grieser	2.653	Groeben	6.255	Ina	2.605
Greefrath	4.690	Joachim	2.291	Griesler	2.535	Gröger (Groeger)		Maria	1.228
Green		Rolf	3.220	Griesmann	1.233	Maria	2.472	Gronendahl	1.350
Ortrun	2.770	Greschik	1.005	Griessl	2.437	Martina	1.537	Gronenthal	
Qiana Deon	1.042	Gressel		Grießmann	4.670	Gröhnke-Faulhaber		Andrea	3.070
Gref	1.595	Karl-Ludwig	2.695	Griestop			2.243	Willi	1.190
Gref-Schmitt	1.580	Paul-Gerhard	1.098	Rainer	4.580	Grömling	1.222	Groner	
Grefer	4.385	Gresser	4.750	Tanja	1.211	Grömping	2.670	Teresa	1.736
Grefrath	1.815	Greßnich	1.138	Grifka	1.581	Gröne (Groene)		Ulrich	2.184
Greger		Grest	1.451	Grigo	2.246	Annegret	2.630	Gronert	2.685
Edda	4.910	Gretenkord	3.030	Grigoleit	2.057	Christian	4.195	Gronewald	1.481
Regina	1.816	Gretzki	4.870	Grigoleit-Kellenter		Frank	2.225	Gronimus	4.961
Gregor		Greuel	1.219		1.020	Kirstin	2.653	Gronostay	2.055
Lore	2.614	Greul		Grigori	4.040	Grönefeld		Gronski	4.705
Tanja	2.160	Christine	2.325	Grigoriadou	3.010	Michael	4.248	Groos	1.356
Volkmar	2.365	Joachim	2.325	Grigowski	1.108	Sabine	2.523	Grootens	1.445
Gregorius	4.590	Greulich		Griguszies	1.158	Groenegraes	4.074	Grope	
Gregull	2.401	Angela	1.212	Grigutsch	1.713	Grönemann	2.183	Christiane	1.119
Grehn	4.580	Angelika	1.124	Grillo	1.128	Groener	1.541	Silvia	1.445
Greif		Greve		Grimberg		Gröner	2.686	Gropp	2.005
Klaus-Dieter	1.815	Astrid	2.660	Beatrix	1.025	Groeneveld	2.061	Gropengießer	2.587
Michael	1.131	Birgit	1.442	Peter	1.025	Groenewald-Walter		Groppe	
Greife	4.830	Greve-Bussmann			2.146		1.458	Hans-Joach.	1.095
Greifeld	1.041		1.437	Grimm		Groenewegen	1.600	Nadine	1.750
Greifenberg	1.415	Greveler-Große-		Albrecht	1.196	Groenewold	2.420	Rudolf	2.674
Greiff		Oetringhaus	4.600	Barbara	1.750	Groenhoff	2.680	Wilhelm	2.587
Gerhard	1.823	Greven		Birgitta	2.125	Gröning		Gros	3.165
Veronika	1.817	Alexander	1.822	Detlev	2.265	Christiane	2.588	Grosalski	1.286
Greiff de	1.216	Bernd	4.900	Heike	1.310	Jörg	2.677	Grosch	
Greiff-Lüchow	2.587	Doris	1.276	Robert	2.255	Gröper	4.550	Heike	2.770
Greiffendorf	1.065	Grevener	1.159	Sieglinde	1.068	Gröpper	1.230	Klaus-Dieter	4.462
Greiffer	1.097	Greving	2.669	Sonja	1.170	Gröpper-Berger		Stefanie	1.840
Greiling-Goeke	1.545	Grewatta	2.315	Torsten	2.192		4.361	Grosche	
Greim	4.780	Grewe		Grimme	4.330	Groesdonk	4.495	Margit	2.275
Greineder	1.430	Astrid	2.190	Grimmel	4.571	Gröters	4.390	Rita	1.598
Greinke	2.326	Christina	4.040	Grimmert	2.455	Grözinger	1.036	Groschewski	1.823
Greipel-Bickel	4.740	Detlef	2.519	Grimstein	2.071	Grofmeier	2.470	Groß (Gross)	
Greipel-Werbeck		Harald	2.620	Grimstein-Ender		Groh	2.061	Anke	4.075
	2.380	Hendrik	2.154		2.455	Groh-Grüter	4.250	Antje	4.830
Greis	1.713	Jana	2.050	Grindberg	1.595	Grohé	1.101	Bärbel	2.241
Greiser-Garritzmann		Jürgen	1.696	Gringard	2.586	Grohe	2.730	Dorothea	4.323
	1.101	Peter	4.910	Gringmuth	1.435	Grohe-Bury	2.732	Elena	1.007
Greiß	6.140	Rainer	1.730	Grisard	4.571	Grohmann		Elke	4.600
Greitemeier	1.229		2.073	Grisard-Hölscher		Barbara	4.705	Gudrun	4.242
Greiten	2.451	Ralf	1.095		1.007	Karin	4.192	Hans-Werner	2.695
Greive		Tina	4.072	Griss		Groll		Horst	3.065
Axel	2.750	Grewe-	4.870	Birgit	1.286	Alwin	4.590	Ilona	2.182
Hermann-Jos.	2.005	Radschikowsky		Dieter	4.910	Brigitte	2.626	Jürgen	2.440
Greiwe		Grewer	2.470	Grittner		Gerhard	1.376	Julia	2.665
Andrea	1.716	Grewers	1.210	Fred	4.401	Grollich	2.240	Katharina	2.317
Ingrid	2.560	Greyn	1.376	Ingrid	1.470	Grollik		Klaus-Peter	4.242
Mechtild	1.510	Grichtol	1.798	Joachim	4.590	Alice	4.940	Mark-Otto	2.563
Greiwe-Schröder		Grieb	4.272	Ulrike	2.361	Peter	4.940	Michael	4.350

Monika	2.288	Großerhode	2.023	Elke	1.633	Gründl	1.510	Hans	1.445
Peter	1.044	Großerüschkamp		Gebhard	2.072	Grüne-Wittek	4.705	Peter	2.100
	1.585		1.360	Ingo Burkh.	1.275	Grünebaum	2.710	Reiner	2.168
	2.183	Großeschallau	2.280	Martin	1.796	Grüner		Rolf	1.819
Reinhard	2.158	Großevollmer		Yasmine	2.192	Christoph	1.351	Ursula	4.192
Renate	2.300	Hermann	2.190	Grothaus		Gabriele	2.146	Volker	2.683
Silke	2.683	Petra	2.674	Heinz-Jürgen	2.210	Grünewald		Grundmeier	2.179
Stephanie	1.103	Großgart	1.430	Rainer	2.612	Ellen	4.180	Grunendahl	1.196
Susanne	4.571	Großkinsky	1.210	Sabine	1.091	Hans-Joachim	1.823	Gruner	
Vera	2.650	Großkopf	2.153	Grothe		Stefanie	1.165	Bernd	2.245
Werner	2.281	Großlindemann	1.216	Klaus	2.435	Ursel	1.817	Hans-Peter	4.247
Groß-Bölting	2.435	Großlohmann	2.240	Maren	1.286	Grünhage	1.160	Kai	4.495
Groß-Langenhoff		Großmann		Michael	1.822	Grünhofer-Pausch		Klaus	1.737
	2.150	(Grossmann)		Stephan	1.061		1.286	Grunert	
Groß-Obels	1.510	Adolf	1.310	Thorsten	1.040	Grünig	1.230	Edwin	2.516
Groß-Parlitz	4.242	Gabriele	1.108	Uwe	2.400	Grüning		Kurt	2.523
Großbach	4.530	Konrad	1.138	Grothkast	1.115	Cornelia	1.233	Grunewald	
Große (Grosse)		Laila	4.950	Grothoff	1.820	Genoveva	1.401	Elke	1.780
Bärbel	2.760	Lars	1.003	Grothues	4.240	Marie-Christ.	1.217	Hannah	1.811
Christiane	4.831	Oliver	1.035	Grothuesmann	4.402	Ulrike	2.184	Wilfried	1.095
Dieter	2.521	Silke	5.600	Grothus		Grüning-Hawig	3.175	Winfried	1.200
Friederike	2.604	Walter	4.402	Frank	2.061	Grünkemeyer	4.091	Grunow	
Peter-Michael	2.270	Großmann-	4.221	Heinz-Bernd	2.170	Grünsch	2.145	Cordula	1.063
Große-Ahlert	2.320	Fuchtmann		Jürgen	2.517	Grünter	1.069	Harald	1.819
Große-Bley	2.588	Großmann-Martin		Grotjahn	2.079	Grünwald	2.182	Grunst	1.690
Große-Börding	2.420		4.247	Grotkamp	1.233	Grünwaldt		Grunwald	
Große Brauckmann		Großmann-	4.740	Grottendieck	3.398	Juliane	4.210	Cordula	1.136
	1.050	Wedegärtner		Grotthaus	1.231	Peter	1.404	Elke	1.436
Große Brinkhaus		Großterlinden	1.165	Grouls	2.096	Grüter		Melanie	2.101
	4.780	Grote		Grounds	3.165	Dirk	1.434	Rositha	1.367
Grosse-		Adalbert	3.155	Grube		Heiner	2.152	Grupe	2.084
Brockhoff	1.115	Barbara	4.771	Dieter	1.340	Michael	1.185	Gruschka	
Große Erdmann	2.670	Benno	4.771	Jens	2.075	Monika	4.380	Andrea	1.581
Große-Förderer	1.593	Gabriele	4.415	Gruber		Rainer	2.605	Olaf	1.581
Große-Hering	2.266	Gerhard	2.289	Anne	2.315	Rolf	4.246	Gruß	1.045
Große Holthaus	1.390	Hans-Herm.	2.555	Eva-Maria	1.240	Grütering	2.405	Grust-Dörsing	1.661
Große-Krabbe	4.300	Hans-Werner	2.746	Friederike	2.364	Grütjen	4.470	Gruttmann	
Große-Kreul	2.267	Heike	1.055	Irmgard	3.055	Grütz	4.765	Anke	2.363
Große Lanwer	2.745	Herbert	2.100	Uta V.	1.125	Grützmacher	1.510	Hans	1.195
Große-Oetringhaus		Iris	1.061	Torsten	1.265	Grützner	2.400	Grymbowski	1.020
	4.600	Jens	2.670	Crubort	3.070	Grugel-Pannier	2.512	Grytzek	2.246
Große-Rohde		Katja	1.233	Grubing	1.595	Gruhlke		Gryzla	1.570
Renate	4.690	Matthias	4.111	Gruden	2.690	Gabriele	1.095	Grzan	4.410
Wolfgang	4.780	Norbert	1.550	Grüderich	1.070	Heinz-Wilh.	1.095	Grzanna	4.300
Große-Schware	1.102	Reinhild	2.316	Grümme	4.690	Gruhn		Grzebellus	4.110
Große Westerloh		Sabine	2.751	Grümmer		Wolff D.	1.065	Grzegorek	4.600
	2.683	Stefanie	1.820	Annette	2.400	Ludgerus	4.246	Grzemski	4.402
Große-Westermann		Susanne	4.600	Helmut	2.340	Gruitrooy	1.392	Grzib	1.551
	2.669	Ulrich	1.820	Gruel	4.511	Grumbach-Bley	2.281	Grzonka	6.215
Große-Westermann		Wolfgang	4.720	Grün		Grumm	1.450	Gsänger	2.060
	2.669	Grote-Arlt	2.151	Barbara	4.945	Grummel		Gschwendtner	4.170
Große-Westermann		Grote-Diris	2.486	Gabriele	3.172	Dietmar	4.073	Guardiera	1.437
	2.669	Grote-Wiegerink-		Manfred	1.615	Ingrid	2.243	Guba	4.410
Große Wilde	1.441	Schmitz	4.242	Ulrich	4.151	Grumpe		Guballa	2.610
Große-Wöhrmann		Groteclaes	1.003	Verena	1.040	Beatrix	4.722	Gubitz	1.412
	2.063	Grotefeld		Grün v. d.		Franz-Josef	1.591	Gucek-Rehn	4.661
Großebrummel	4.330	Birgit	2.565	Gisela	2.290	Grunau	3.307	Guddat	
Großecappenberg		Hans-Jürgen	4.440	Jennifer	2.146	Grund		Julia	1.250
	2.318	Grotefels	4.600	Grünastel	4.601	Harald	1.054	Wilfried	3.172
Großefrie-Beckers		Grotegut	4.242	Gründel	1.097	Henning	4.960	Gudde	4.323
	2.363	Grotehusmann	3.020	Gründel-Klärner		Grund-Evans	1.417	Guddorf	2.325
Großekathöfer	2.380	Groten	1.153		4.771	Grundei		Gude	
Grosseloser	4.250	Grotendorst		Gründen	2.614	Dieter	1.441	Reinhard	2.121
Großenbrink	4.945	Karin	2.517	Gründer	4.075	Gudrun	1.575	Ulrike	1.790
Grosser		Peter	4.810	Gründges	2.419	Iris	4.771	Werner	1.575
Hans-Jürgen	2.725	Grotepaß	1.736	Gründken		Grundmann		Guder	6.120
Jürgen	2.490	Groth		Georg	2.587	Christiane	1.775	Guderley	1.554
	1.101	Anja	1.357	Thomas	2.070	Günther	6.235	Gudjons	4.830

Gudlat	6.115	Michaela	2.402	Gunhold	1.593	Gutzler	1.735	Harald	4.720
Gudrian	4.271	Oliver	1.219	Gunkel	2.669	Gwiasda	1.550	Heike	1.340
Gückel	3.020	Peter	1.045	Gunst	2.059				3.075
Güdelhöfer	1.580		2.182	Guntenhöner	4.040	**H**		Hermann-J.	2.710
Gühne	2.732	Ralph	1.583	Guntermann		Haack	1.725	Holger	2.565
Gül	1.230	Renee	4.390	Christine	2.751	Haag		Jürgen	4.540
Gülcan	4.040	Roland	1.115	Irmgard	1.105	Anke	2.285	Julia	2.470
Gülden	1.109	Rosmarie	1.413	Isabelle	1.616	Anne	1.103	Marco	1.223
Gülden-Klesse	2.685	Sabine	1.350	Joachim	4.511	Wilhelm	1.003	Regine	4.180
Güldenberg		Thomas	1.210	Jörn	1.229	Haak		Reinhard	1.220
Brigitte	2.365		2.090	Manfred	3.215	Bruno	1.320	Wilfried	1.781
	4.054	Ulrich	2.570	Marga	1.413	Gabriele	4.245	Haase-Krautz	1.475
Hans-Joachim	2.100	Wilhelm	1.351	Renate	1.360	Hatto	1.190	Haase-Nimzik	3.140
Herm. Josef	1.685		2.635	Ruth	2.022	Marita	2.170	Haase-Rademacher	
Theodor	1.097	Günther-Mutschler		Guo	1.486	Haak-Pilger	1.040		1.191
Güldner-Wiesche			1.210	Gurski	2.588	Haake		Haasen	4.875
	2.618	Günthner		Gurzan	3.172	Heinz	4.430	Haasler	4.930
Gülke	1.127	Manfred	2.502	Guschal	4.510	Kerstin	2.770	Haaß	4.400
Gülker		Markus	1.424	Guschas	1.484	Wolfgang	3.070	Haasteren van	3.001
Anja	2.030	Güntner	2.612	Guse		Haakert	1.594	Habbel	
Dagmar	1.737	Guentner	2.610	Günter	1.380	Haan de		Anja	3.050
Gregor	2.045	Günzel	2.062	Klaus-M.	3.065	Stephanie	1.356	Franz-Josef	2.571
Gümmer	2.621	Gürgen		Guse-Becker	1.225	Wilhelm	1.592	Werner	4.415
Gümpel	2.495	Catagay	2.242	Guske	2.685	Haar	2.480	Habbig	1.586
Gündel	1.355	Mustafa	4.410	Gusko	1.416	Haar von der	2.521	Habdank	2.063
Gündisch	4.943	Neriman	4.300	Gußen	2.075	Haarbach	2.480	Habdank-Buxel	2.125
Günel	2.589	Gürle	2.286	Gussen	2.588	Haardt		Habeder	2.192
Günnemann	4.810	Gürtler		Gust	2.157	Dörte	4.070	Habel	
Günnel	1.818	Marianne	1.044	Gustorf	4.690	Jochen	2.571	Andreas	2.660
Günner	2.436	Ulrike	1.121	Gutberlet	2.671	Ralph	2.326	Ina	1.221
Günnewig-Pesch		Güßgen	1.408	Gutbrod	1.434	Haarhoff		Kai	4.440
	2.570	Güth		Gutenberger	1.541	Klaus-Dieter	2.635	Habenicht	4.740
Günnigmann		Gudrun	4.915	Guth		Ludger	2.635	Haber	4.210
Annegret	2.450	Joachim	4.270	Christian	4.260	Haarlammert	2.564	Haberecht	4.960
Enno	2.450	Marita	4.722	Helmut	1.211	Haarmann		Haberich	2.637
Günster	4.660	Ulrich	1.488	Martin	2.500	Andreas U.	2.161	Haberkern	2.319
Günter		Güthoff	1.565	Gutheil	2.246	Anne	2.522	Haberkern-Wosnitza	
Achim	2.502	Güths	4.247	Gutjahr		Gerhard	1.061		1.011
Stefanie	2.190	Güting		Anna Maria	4.224	Lore	2.055	Haberkorn	
Günterberg	1.051	Julian	4.951	Karin	2.471	Haas		Hans	1.715
Güntermann	2.326	Vera	3.015	Gutknecht		Bernhard	1.845	Klaus Felix	2.045
Günther (Guenther)		Gütschow	2.197	Kirsten	3.100	Christine	4.224	Sandra	2.415
Anja	2.005	Gütte	4.270	Sabine	1.418	Friedhelm	1.222	Haberland	1.805
Alfons	4.390	Gütte-Korb	2.240	Gutmann		Johannes	4.670	Haberle	2.085
Andreas	1.210	Güttes-Gepp	1.561	Dagmar	4.091	Katrin	2.610	Habermann	1.081
Anja	2.005	Güttler	2.637	Klaus	2.062	Kirsten	1.484	Habermeier	1.470
Anke	2.452	Güttsches-Huschka		Gutowski	4.252	Klaus-Peter	1.820	Habers	1.125
Barbara	2.746		4.510	Gutrath		Marion	4.540	Habersack	1.453
Bernadette	2.361	Gützlaff-Beckstedde		Meike	1.025	Haberstroh	4.771
Bodo	2.587		1.091	Andreas	1.711	Melanie	1.115	Habetha-Müller	1.527
Carla	1.042	Guggenberger	1.404	Roswitha	1.105	Monika	2.503	Habich	2.472
Claudia	4.830	Guglielmino	1.741	Gutschank		Nicola	1.217	Habicht	
Dagmar	1.817	Guhlich	1.233	Jörg	2.174	Sabine	1.053	Andrea	1.453
Dieter	3.135	Guhrmann	1.025	Peter	2.671		1.225	Cornelia	2.182
Ditmar	2.400	Guillou	1.584	Sabine	2.586		1.595	Heinz	2.323
Dorothee	2.058	Gullakowski	1.586	Gutsche			2.671	Habiger	1.153
Gabriele	3.061	Gumbrich	4.054	Peter	2.666		4.870	Habior	2.084
Holger	1.588	Guminski	1.132		4.273	Senta	1.310	Habitz	1.580
Hubertus	4.271	Gummersbach	1.136	Ursula	2.666	Silvia	1.290	Habrich	
Jörg	1.500	Gumprich	1.380	Veronika	1.041	Thomas	1.170	Heinz Wolfg.	1.105
Jürgen	2.550	Gumpricht	4.074	Gutschera	2.750	Haasbach	1.403	Ingrid	1.523
Klaudia	1.225	Gunasekara	1.625	Gutschmied	2.060	Haase		Habrichs	1.127
Klaus	1.737	Gunde	2.120	Gutt	1.521		1.775	Habscheid	4.870
Konrad	2.319	Gunderloch	2.610	Gutwald	6.200	Andrea	2.728	Habuch	4.743
Kornelia	2.470	Gundlach	2.545	Gutwinski-Voigt	1.118	Antonius	2.571	Hachen	
Martina	4.771	Gundlach-Romanus	1.101	Gutzeit		Bernadette	2.639	Elmar	1.620
Matthias	2.061			Eva	2.110	Gabriele	1.011	Gunda	4.961
Michael	4.180	Gundt	2.151	Jutta	1.736	Günter	2.288	Hachfeld	4.661

Hachmann
- Bernd 2.021
- Fritz 1.453
- Johannes 2.153
- Peter 2.445
Hachmeier 1.310
Hachmer 1.348
Hachulla 4.905
Hack
- Elisabeth 1.424
- Hedwig 2.522
- Sabine 1.170
Hack-Schreyer 1.055
Hackbarth
- Björn 1.191
- Heike 2.564
Hacke
- Dieta 2.325
- Wolfgang 4.180
Hackemann
- Christel 1.817
- Karin 1.661
- Peter 1.045
- Werner 1.817
Hackenberg 2.345
Hackenberg-Groll 2.153
Hackenbracht 2.325
Hackenbroich 1.685
Hacker 2.570
Hackerschmied 2.613
Hackert 2.075
Hackert-Müller 2.126
Hackfort 4.961
Hackforth 1.011
Hackforth-Scholz 1.616
Hackländer
- Björn 1.063
- Heiko 1.139
Hackler 1.066
Hackling 5.610
Hackner 4.111
Hackstein
- Annette 1.712
- Armin 1.124
Hadam 1.615
Hadem 2.502
Haddick 2.095
Hadifar 2.450
Hadig 4.722
Hadjiloisos 2.156
Hadrys 5.610
Häbler 2.656
Häck 1.598
Häckel (Haeckel)
- Bodo 2.380
- Georg 4.245
Häcker 2.361
Häckert 4.277
Häde 2.215
Häder 2.683
Häfel 1.592
Haefele 1.750
Haefner 1.069
Häffner 2.081
Häger (Haeger)
- Edeltraud 4.196

Gerda 4.920
Hans-Joachim 2.500
Stefanie 2.360
Hägerling 4.040
Hähn 1.158
Hähnel (Haehnel)
- Dana 1.584
- Reinhard 2.659
Gerd 1.735
Katrin 3.050
Hähner
- Hans Werner 1.816
- Ute 2.031
Häken 2.100
Häming 1.821
Hämmerling 2.445
Händler
- Anja 4.249
- Tina 1.424
Hänel
- Joachim 1.595
- Karin 2.060
Hänel-Willemsen 4.680
Hänelt 2.270
Haenelt 1.067
Haenlein
- Andreas 1.435
- Piroschka 2.517
Hänsch (Haensch)
- Andre 2.190
- Andrea 1.035
- Klaus 1.117
- Monika 2.061
- Peter 2.438
Hänschke
- Bernd 1.538
- Gerd 1.640
Hänsler 1.158
Häp (Haep)
- Marita 1.175
- Otmar 1.434
Haering 3.001
Härling-Schwarz 4.040
Härm 4.192
Haermeyer 1.067
Härtel (Haertel)
- Heinz 2.603
- Ina 2.445
- Inge 4.120
- Wolfgang 4.721
Haerten 1.575
Härter 4.662
Härtner
- Klaus 2.695
- Ursula 2.695
Haese 2.560
Haesel 1.230
Häseler 2.445
Häuser
- Reinhard 1.165
- Wolfgang 1.780
Häusler (Haeusler)
- Antje 4.271
- Birgit 2.521
- Eike 1.422
- Klaus-G. 2.521
- Norbert 1.740

Häusler-Meuffels 1.811
Häußermann 3.170
Häußler
- Dana 1.584
- Reinhard 2.659
Häussler-Gräb 2.530
Häußler-Suchanek 1.593
Haferberger 2.451
Haferkamp
- Ingrid 2.126
- Lothar 1.165
Haferkemper 2.380
Hafermalz 4.075
Haffert 4.075
Haffke
- Jürgen 1.052
- Klaus-F. 2.635
Hafizogullari 4.300
Hafner
- Dieter 2.356
- Michael 4.130
Hage
- Almut 2.300
- Eckart 2.300
- Egon 2.396
Hagebölling 2.600
Hagedorn
- Alexander 1.097
- Anna 1.537
- Birgitta 2.022
- Birte 1.457
- Catja 3.135
- Elke 2.500
- Hans-Werner 2.415
- Heiner 2.680
- Heinz-Werner 4.402
- Herbert 1.690
- Holger 2.420
- Karl 1.385
- Klaus 2.022
- Marco 2.745
- Thilo 1.457
Hagehülsmann-Wolf 4.290
Hagel
- Andrea 4.260
- Christoph 2.396
- Evelin 1.527
- Johannes 3.155
Hageleit 2.361
Hagelstange 4.415
Hagelüken 2.318
Hagemann
- Albrecht 2.356
- Ann-Katrin 1.805
- Christiane 2.040
- Corinna 2.154
- Hanno 2.121
- Heidrun 1.405
- Heinz-Ulrich 1.421
- Helmut 1.003
- Hildegard 2.611
- Jörg 2.154
- Margarete 4.304
- Silke 1.081
- Susanne 2.270

Tina 2.060
Ulrich 2.197
Ute 2.470
Hagemeie 2.595r
Hagemeister-Gortat 4.304
Hagemeyer 1.454
Hagen
- Brigitta 1.103
- Claudia 4.745
- Eberhard 2.588
- Franz 2.563
- Ilona 4.170
- Manfred 4.220
- Margret 3.100
- Peter 1.361
- Sina 2.420
- Ursula 1.441
Hagen ten 2.671
Hagenah 1.195
Hagenberg 1.650
Hagenbrock
- Karlheinz 4.221
- Norbert 2.437
Hagenbuck 1.162
Hagene 1.385
Hageneier 4.040
Hagenguth 1.214
Hagenhoff
- Andreas 2.340
- Angelika 2.637
Hagenlücke 3.120
Hagenthurn 2.002
Hager
- Hans Helmut 1.815
- Helmut 1.020
Hagmann 4.075
Hagmeister 4.220
Hagmeister-Ulmer 2.060
Hagopian 2.157
Hagspihl-van Lück 2.588
Hahlbeck 3.175
Hahlweg 2.083
Hahn
- Andreas 2.621
- 4.054
- Anette 1.043
- Barbara 2.291
- 4.950
- Bettina 4.054
- Dieter 2.357
- Dörte 2.192
- Dorothea 1.058
- Gerhard 2.590
- Hartmut 1.820
- Helene 1.712
- Helga 1.201
- Kathrin 4.277
- Klaus 2.665
- Monika 4.480
- Norbert 4.510
- Patricia 1.460
- René 1.345
- Rainald 3.045
- Rita 1.416
- Rudolph 4.721

Sebastian 1.410
Susanne 1.405
Thomas 1.500
1.160
Tobias 1.402
Ursula 4.720
Wolfgang 2.362
Hahn-Smejkal 1.741
Hahne
- Franz Josef 2.665
- Hans-Heinrich 2.440
- Helga 2.440
- Johannes 2.168
- Stella 2.695
- Susanne 2.010
Hahnel
- Annette 2.390
- Brigitte 1.630
Hahnemann 2.340
Hahnen
- Joachim 1.418
- Judith 1.418
- Peter 1.103
- Ute 1.132
Hahnhäuser 1.716
Haider
- Christiane 1.325
- Maren 4.251
Haiduk 1.417
Hain
- Karl-Friedrich 4.513
- Renate 2.659
- Wolfgang 1.592
Hain-Ernst 2.589
Hainke 2.771
Hair de 4.276
Hake
- Christof 2.515
- Ulrich 3.326
- Ursula 1.217
Hakelberg 2.515
Hakenberg 4.331
Hakenes
- Michael 2.520
- Niels 2.001
Haking 4.277
Halama-Pelzer 1.584
Halbach
- Abel 1.486
- Birgit 1.823
- Gisela 1.132
- Renate 1.361
- Ulrike 2.415
Halbe
- Andreas 1.685
- Sandra 1.401
- Werner 2.658
Halbeisen 4.304
Halberkamp 3.172
Halberstadt
- Doris 1.376
- Gunter 1.817
- Ludwig 1.565
Halbgewachs 4.075
Halbig-Quettaoui 2.270
Haldenwang
- Marcel 4.943

Ute	1.231	Peter	4.900	Hampf	4.960	Thomas	2.502	Mechtild	4.247
Haler	1.223	Tanja	2.659	Hamsen	2.318		4.245	Norbert	1.642
Halermöller	2.670	Wolfgang	3.145	Hanakam	1.219	Uwe	4.390		4.170
Halfenberg		Hamart	2.182	Hanauska	1.226	Hankel	2.486	Regine	2.061
Frances	1.003	Hambitzer	1.125	Hanck	2.160	Hanko	2.440	Sabine	1.598
Kurt	1.481	Hambloch	1.434	Handanagic	4.740	Hankwitz		Sylvie	4.430
Halfes	2.001	Hamburger	BRA	Handel	4.940	Christine	1.138	Volker	4.170
Halfmann		Jutta	4.340	Handirk	2.503	Ralf	1.153	Hansen-Mitrovic	
Bernd	1.042	Rudolf		Handke		Hannaford	1.510		4.240
Michael	4.276	Hamecher	4.654	Dieter	1.015	Hannappel		Hansens	2.266
Halfter	1.616	Hamelmann		Silke	1.520	Angelika	1.125	Hanser	1.221
Hall v.	2.096	Lothar	2.192	Silvia	1.741	Manfred	2.101	Hanses	
Hallab	1.435	Marco	2.225	Handke-Kersting		Martin	4.635	Henriette	2.586
Hallau	2.280	Udalrike	2.586		4.075	Hanneken		Marcus	2.510
Hallay	1.240	Hamerla	2.242	Handler	1.486	Anja	2.440	Paul	2.126
Hallbauer	1.716	Hamerski	1.552	Handoko	2.455	Elisabeth	2.072	Hansing	
Hallenberger	2.660	Hamidi	2.002	Handschuh		Hannemann		Holger	2.503
Hallerbach	1.402	Hamidzadeh-		Gerhard	2.161	Christa	2.485	Stefanie	2.565
Hallermann	1.139	Hamudi	3.045	Heinz	2.075	Josef	1.286	Hanske	4.660
Hallmann		Hamke	4.510	Marianne	2.161	Kerstin	2.395	Hansknecht	
Anita	1.404	Hamm		Patrick	1.402	Hannen		Alfred	1.223
Beate	4.440	Alexandra	3.065	Handzsuj	1.217	Ann-Kristin	1.484	Gerlinde	2.081
Brigitte	1.775	Christel	4.340	Hanebeck		Karl-Josef	1.450	Maria	4.961
Lucia	1.561	Dagmar	4.540	Frauke	1.402	Hannes	4.072	Hanslik	3.120
Silke	4.945	Gabriela	1.150	Ursula	4.940	Hannig		Hansmann	
Hallmann-Müller		Georg	4.470	Hanebrink-Welzel		Astrid	1.454	Anke	4.900
	1.305	Judith	1.212		2.281		1.485	Annette	4.590
Halm		Hamm-Mayer	1.340	Hanebutt	4.242	Franz	4.961	Reinhold	1.158
Christine	2.057	Hammacher	1.223	Haneke	2.125	Karla	1.310	Rolf	2.080
Horst	1.775	Hammans-Nevries		Hanel	2.270	Markus	2.605	Stephan	2.096
Merete	1.798		4.960	Hanelt	1.660	Hanning	2.035	Ulrich	2.290
Halmanns	1.261	Hammecke	3.150	Hanenberg	1.069	Hannöver-Belter		Hansmeier	
Halsband		Hammel		Hanfland			2.565	Rüdiger	4.402
Hans-Werner	2.625	Horst Ulrich	3.075	Doris	1.615	Hanrath		Sigrid	2.474
Verena	2.588	Michael	1.781	Elisabeth	4.462	Franz Josef	1.690	Hansmeyer	1.580
Halstenberg	3.200	Ute	1.220	Jens	2.745	Hans-Georg	4.511	Hanspach	1.421
Halt	2.564	Hammelrath		Hangele	1.310	Silvia	1.410	Hanßen	1.535
Haltermann	2.695	Rut	3.007	Hangleiter	4.741	Hanraths	3.070	Hanswille-	
Halverscheidt	2.215	Will	1.326	Hanhardt	1.616	Hans		menke	4.054
Halwe	4.440	Hammelstein		Hanheide	2.230	Andrea	2.653	Hantel	2.205
Halwer	2.085	Anton	1.276	Hanika-Schumann		Dieter	1.770	Hantke	2.690
Hamacher		Mechtild	3.125		2.281	Ute	4.415	Hantsch	1.127
Gertrud	4.571	Hammen	4.830	Hanisch		Wilfried	1.212	Hanusch	1.697
Johannes	1.580	Hammer		Andreas	4.462	Hansberger	2.090	Hanusrichter	4.040
Kai	1.661	Cornelia	2.077	Bernhard	2.472	Hansch	2.470	Hanuss	2.726
Mechtild	4.540	Erwin	2.514	Franz-Josef	1.405	Hansel		Hapich	1.135
Peter	1.035	Gisela	1.553	Nicole	2.316	Anja	1.412	Happ	
Rolf	1.536	Hans-Jürgen	2.120	Sabine	1.585	Dietmar	4.402	Martin	1.435
Ulf	1.580	Hammers	1.007	Wieland	1.525	Hans-Jürgen	1.802	Raimund	2.653
Ursula	1.185	Hammerschmidt		Hankammer		Margret	1.801	Walburga	1.009
	1.715	Benno	3.040	Alexandra	1.695	Hansen		Happacher	4.720
Wolf	2.621	Bernd	2.396	Gerd	1.195	Andre	1.355	Happe	
Hamacher-Moseler		Gudrun	2.585	Gertrud	1.588	Anke	2.079	Christian	1.454
	4.380	Mechthild	1.495	Hannelore	1.541	Annette	2.006	Heinrich	2.255
Hamacher-Wirtz	1.418	Monika	4.951	Hanke		Barbara	2.637	Heinz	2.513
Hamachers	2.669	Reinhard	2.503	Dirk	1.406	Björn	2.153	Hella	2.700
Haman		Hammersen	2.503	Hildegard	1.059	Christel	2.480	Harbeck	4.251
Dietmar	4.710	Hammes		Ingo	2.230	Dirk	1.454	Harbeck-Pingel	1.775
Heribert	4.961	Bernhard	1.712	Marie Therese	2.401	Elke	4.370	Harbecke	
Hamann		Eberhard	1.435	Marten	2.503	Friedhelm	1.219	Franz-Josef	1.158
Angelika	4.513	Friederike	4.260	Michael	2.033	Gertrud	1.255	Gisela	4.951
Anita	2.511	Hans-Helmut	1.632	Rainer	2.156	Hans-Heiner	1.640	Klaus-Peter	4.951
Antje	1.551	Nicole	1.520	Renate	4.875	Henning	1.408	Harbeke	1.126
Bernd	2.174	Hammes-Therré	1.350	René	2.280	Irmgard	1.081	Harborth	1.823
Brigitte	2.289	Hampel		Rosemarie	4.252	Jörg	4.052	Harbrink	
Doris	1.127	Dagmar	3.007	Saara	1.240	Josef	1.241	Erwin	2.045
Gundula	2.197	Ricarda	1.538	Sabine	4.195	Klaus	3.035	Sigrid	2.640
Klaus	4.513	Ulrike	1.460	Stefan	1.135	Maren	1.153	Harbsmeier	2.560

Harbusch	1.426	Werner	1.560	Hartl	1.523		1.406	Haslbeck	1.067
Harde	2.645	Harnacke	1.432	Hartlage		Hartmann-Keilwagen		Hasler	4.790
Hardegen	3.030	Harnau	1.699	Karl-Heinz	4.495		2.291	Haspel	1.401
Hardelauf	1.229	Harneke	2.056	Hartlapp	1.059	Hartmann-Kulla		Haß (Hass)	
Harder		Harnisch		Hartlieb	1.409		4.273	Annika	1.216
Birgit	4.010	Birgit	2.362	Hartman-Kraft	4.601	Hartmann-Lück	1.285	Friedhelm	4.073
Eva-Maria	2.522	Kirsten	4.323	Hartmann		Hartmann-Möller		Gabriele	1.217
Hugo	2.654	Ulrike	3.040	Albert	2.687		1.231	Ulrich	4.950
Ingrid	1.506	Harnischmacher		Alexandra	1.715	Hartmann-Nowak		Hassan	1.785
Katja	1.710	Jochen	4.930	Almut	2.638		4.402	Hasse	
Wolfgang	3.040	Klaus-Peter	2.319	Annette	2.230	Hartmann-Scheer		Kurt	1.190
Harder-Scheib	2.021	Luise	2.486	Arno	4.180		1.124	Werner	2.115
Hardering	2.183	Renate	2.745	Brigitte	2.440	Hartmetz	2.417	Hassel	
Hardes		Wibke	1.155	Christine	2.487	Hartnack	4.761	Doris	2.655
Bernd	2.154	Harnischmacher-		Christoph	1.421	Hartstack	2.126	Maria	2.671
Franz	2.621	Stroff	2.487	Dirk	1.690	Hartstone	1.422	Ulf	4.040
Hardkop	1.041	Harper	1.390		2.715	Hartung		Hasselbach	1.616
Hardörfer-Brückner		Harperscheidt	1.795	Fred	4.645	Brigitte	2.183	Haßelbeck	
	2.570	Harpert-Franz	2.521	Hannelore	2.326	Hiltrud	2.455	(Hasselbeck)	
Hardt		Harren		Heike	1.421	Jürgen	4.741	Frank	3.015
Annemarie	1.376	Hans	2.627	Helmut	1.233	Thorsten	2.241		4.111
Beate	1.137	Hildegard	2.627	Holger	2.731	Hartung-Jöhren	2.183	Karin	2.345
Christa	2.215	Harrer		Horst	2.305	Hartung-Weier	2.665	Otto	2.326
Christian	1.011	Betty	3.120	Ingrid	1.538	Hartwig		Hasselmann	2.161
Christina	4.090	Christa	2.677	Iris	2.365	Andrea	4.513	Hassend v. gen	4.323
Heike	4.073	Helmut	4.680	Jochen	1.006	Cordula	2.613	Hassenewert	4.270
Holger	4.870	Harrichhausen	2.403	Josef	2.275	Gabriele	2.516	Hassenjürgen	4.250
Tanja	1.160	Harriers	4.832		1.411	Hartmut	4.410	Hassenpflug	1.392
Thomas	2.487	Hart		Jürgen	2.260	Hartz		Haßler	
Ulrich	2.345	Hans-Ulrich	2.355	Kai	4.930	Friedhelm	2.001	Haßlinghaus	1.151
Ulrich W.	4.962	Karl	1.527	Katja	2.772	Jutta	2.325	Haßmann	2.395
Ulrike	1.505	Katja	2.420	Ludwig	1.795	Hartzheim		Hastenrath	1.305
Wolfram	1.091	Valerie	1.057	Marcus	2.686	Hedi	1.411	Hatebur	4.620
Hardt-Bongard	3.015	Hartdegen	2.167	Margret	1.159	Mark	1.418	Hatesaul	2.396
Hardung	2.390	Hartel		Marianne	4.276	Harwardt	4.740	Hatkämper	4.705
Harenbrock	2.517	Brigitte	2.772		4.571	Harweg-Ottefülling		Hattendorf	2.452
Harengerd	2.270	Helmut	2.180	Marie-F.	2.077		2.179	Hatting	
Harenne von	2.750	Kai	2.340	Marlis	2.158	Harwix	1.816	Alois	2.677
Hargarten	1.180	Walter	2.310	Meike	1.196	Harzheim	1.109	Andreas	4.180
Harhues		Harten von	2.022	Melanie	3.120	Harzmeier	4.743	Hattrup-Gier	2.763
Bernhard	2.683	Hartonfels	1.403	Michael	2.365	Hasanor	1.218	Hatwig	2.317
Elisabeth	2.517	Hartfiel		Patrick	1.551	Hasbach		Hatzfeld	2.658
Harig del Rio	2.659	Adelheid	2.020	Paul Josef	1.214	Kerstin	1.456	Hatzfeld von	1.185
Harijanto	2.265	Günter	2.491	Peter	1.553	Lutz	1.406	Hau vom	1.696
Haring's	1.424	Hartges	1.003	Petra	2.590	Hasbach-Hegge	2.472	Haub	2.400
Hark	1.711	Harth		Rainer	2.362	Haschke	4.221	Haubaum	2.173
Harke	1.406	Arne	1.345	Ralf	4.290	Hasdemir	4.720	Haubelt	4.246
Harker	4.250	Christina	2.564	Reinildis	2.365	Hasebrink		Haubitz	1.780
Harking	1.270	Günther	1.290	Reinitz	2.031	Heinz	2.614	Haubner	2.683
Harley	1.326	Hermann	2.417	Roland	2.006	Monika	4.410	Haubrich	1.057
Harlinghaus	4.277	Hartig		Rolf	2.730	Haselbeck	4.350	Haubruck	
Harlinghausen	2.090	Klaus	1.069	Rüdiger	2.604	Haseley	2.063	Anne	1.538
Harmat	1.442	Rita	4.810	Sabine	1.488	Haselhoff	2.176	Thomas	1.370
Harmata	2.650	Harting		Silvia	4.910	Haselhorst		Hauck	2.514
Harmeier-Eckert		Annette	2.503	Sonja	2.281	Alfons	2.564	Haucke	1.217
	2.120	Daniela	1.050	Telse	3.172	Hauke	2.225	Haude	1.121
Harmel		Heike	2.063	Theodor	2.101	Helmut	2.670	Hauenschild	2.154
Günter	2.363	Joachim	1.341	Thomas	2.002	Haselier-Bartlett	2.535	Hauer	1.457
Peter	4.070	Hartinger	1.594		2.603	Haselmann		Hauers	
Ursula	2.215	Hartings		Thorsten	4.570	Bernd	2.638	Ina	4.120
Harmeling	1.775	Christma	4.513	Ulrich	3.145	Ursula	2.510	Mechthild	4.900
Harms	1.798	Hans	2.156	Ulrike	2.500	Haselrieder	2.460	Haufer	1.053
Harms-Bartosch	1.326	Hartke	2.530	Volker	2.362	Hasenberg	2.242	Haughian	1.441
Harms-Lütgert	2.064	Hartke-Schröder		Werner	2.635	Hasenkamp-Walrafen		Hauke	
Harmsen	2.535		4.247	Wilfried	1.500		1.043	Sibylle	4.831
Harmuth		Hartkopf		Wolfgang	2.380	Hasenöhrl	1.586	Wolfgang	3.001
Barbara	3.160	Barbara	4.830		2.190	Hashemi	1.122	Hauke-Wilczeck	1.115
Heiko	1.155	Monika	1.575	Hartmann-Feltes		Hasken	4.221	Hauling	2.150

Name	Nr.
Haumann	
Christiane	4.273
Rolf	4.962
Viola	2.180
Walter	1.068
Haumer-Schirrmacher	1.741
Haun	1.592
Haun-Schmitz	1.588
Haunhorst	1.051
Haupt	
Andreas	1.775
	2.081
Christa	1.482
Christina	1.376
Claudia	1.153
Dietmar	1.009
Edith	1.044
Günther	1.482
Hans-Joachim	2.405
Jana	1.045
Michael	1.500
Renate	1.266
Hauptfleisch	2.700
Hauptkorn	1.817
Haupts	1.060
Haurand-Brendel	4.491
Haus	1.430
Hausberg	2.168
Hauschke	2.564
Hauschke-Korepanova	4.440
Hauschopp	1.625
Hauschulz	
Beate	1.595
Michael	1.553
Hausdorf	
Hans-Heinrich	2.156
Sophie	2.612
Hausen	1.375
Hauser	
Anneliese	1.414
Hans-Georg	2.158
Jürgen	4.250
Lorenz	2.057
Siegrid	4.491
Hausherr	2.625
Hausig	2.153
Hausmann	
Birgit	1.426
Claudia	2.145
Eva-Marie	4.875
Heidrun	1.054
Irmgard	1.710
Hausmann-Tetzner	3.135
Hausner	2.151
Hausotter	
Berit	1.560
Florian	1.560
Hausschmid	2.403
Haußels	4.385
Haußmann	
Alexandra	4.220
Ilse	1.553
Haußmann-Löser	1.716
Haustein	1.775
Hauswald	1.424
Hauth	2.190
Hautzer	1.007
Havanassian	3.045
Have ten	4.301
Haverbusch	2.680
Haveresch	2.270
Haverkämper	2.669
Haverkamp	
Brigitte	2.460
Hendrik	2.280
Klaus	4.180
Kristina	1.059
Laurentius	1.583
Martin	2.460
Matthias	4.743
Haverland	
Elke	2.512
Ulrich	2.438
Havers	
Angelika	2.500
Michael	2.687
Peter	1.151
	4.490
Haves	4.790
Havestadt	2.021
Hawel	2.315
Hawerkamp	2.121
Hawig	2.605
Hawix	1.095
Hawlitzki	2.067
Haye de la Lothar	1.581
Ruth	3.010
Hayen	
Bettina	1.770
Hauke	1.595
Hayn	1.805
Hebebrand	2.462
Hebecker	4.225
Hebel	
Jürgen	2.146
Ulrike	1.222
Hebeler	1.357
Hebenstreit	4.630
Heberlein	4.385
Hebers	BRA
Hebert	4.790
Hebing	2.095
Hebrock	1.286
Hechler	1.699
Hecht	
Dietmar	2.005
Helge	1.409
Jörg	4.390
Stefan	1.500
Ursula	1.530
Heck	
Andreas	4.195
Barbara	1.699
Britta	4.661
Christine	1.586
Claudia	1.810
Cornelia	2.345
Dieter	1.642
Johann	2.535
Richard	1.191
Sabine	4.700
Stefan	2.530
Heck-Wattjes	1.711
Heckel-Korth	1.232
Heckeley	4.071
Heckelsberg	4.870
Heckemeyer	4.130
Hecken	
Claudia	2.230
Helmut	1.785
Hecker	
Annelore	1.345
Dieter	4.440
Doris	2.687
Gerhard	2.175
Inge	1.186
Norbert	2.605
Hecker-Overlack	2.173
Hecker-Schilgen	2.460
Heckers	1.035
Heckes	
Beate	4.590
Katja	1.139
Ulrike	1.095
Heckhausen	1.536
Heckler	3.125
Heckmann	
Kathrin	1.681
Liv	4.195
Monika	1.594
Thorsten	1.421
Heckmann-Zirfas	2.595
Heckner	
Klaus	4.323
Richard	1.380
Heckötter	
Isolde	2.625
Linus	2.626
Heckroth	1.511
Hector	3.100
Heddergott	1.815
Hedderich	
Irmgard	1.128
Otto	2.564
Hedding	1.585
Heddrich	1.820
Hedemann	1.107
Hedrich	1.552
Hedtstück-Kloos	1.445
Hedwig	1.436
Heedt	1.775
Heeg	1.615
Heeger	4.945
Heek	2.100
Heeke	
Günter	3.040
Markus	2.002
Matthias	2.523
Ursula	4.780
Heel	1.053
Heemann	
Rudolf	2.355
Walter	2.680
Heemels	
Andreas	1.821
Angela	1.553
Heemeyer	6.200
Heening	
Martin	1.536
Stephan	1.681
Heep	
Doris	1.060
Helmut	2.365
Heer	
Annette	4.950
Burckhard	4.762
Rüdiger	3.145
Wolfgang	3.105
Heeren	
Behrend	4.682
Renate	2.604
Heeren-Jones	1.069
Heermann	
Alfred	1.122
Reinhard	2.060
Heers	2.215
Hees	
Alexandra	4.075
Barbara	4.075
Bettina	1.400
Günter	4.570
Rolf-Peter	2.659
Stefan	2.083
Sven	1.040
Heese	
Dietmar	1.770
Kim	2.361
Mario	1.490
Werner	2.666
Heesel	1.680
Heesen	
Klaus	4.220
	4.630
	4.745
Peter	1.117
Ricarda	1.095
Stephan	1.407
Heesen te	
Markus	2.318
Sabine	2.416
Heesen von-Lüders	4.630
Heesener	1.175
Heeskens	1.010
Heetmann	2.176
Heffels	
Georg	3.175
Norbert	1.168
Hege-Wilmschen	1.600
Hegel	
Johannes	4.130
Klaus	1.175
Hegel-Schulz	4.832
Hegeler	1.042
Hegels	3.105
Hegemann	
Frank	4.950
Ingrid	4.680
Marianne	2.325
Sabine	4.410
Volker	4.580
Hegemann-Schwarze	2.080
Hegenbart	4.130
Hegenbarth-Rösgen	1.536
Hegener-Spierling	2.426
Hegenkötter	2.179
Heger	2.120
Hegerath	1.433
Hegge	
Ilse	2.158
Ludwig	1.125
Margrit	1.091
Hegge-Posanski	2.563
Heggemann	
Barbara	2.286
Frank	1.486
Manfred	2.210
Wolfgang	2.285
Hegger	1.743
Hegmann	
Christian	1.530
Dorothée	4.246
Frank	3.040
Hermann	2.059
Sabine	2.480
Susanne	2.519
Hegmanns	1.594
Hegyaljai	1.455
Hehemann	
Angela	2.491
Herbert	2.365
Hehl	4.945
Hehmann	2.637
Hehr	1.433
Heibrok	1.005
Heiche	2.480
Heid	
Frank	4.761
Thomas	2.077
Heidan	1.485
Heidbrede	2.115
Heidbüchel	
Oliver	1.845
Sabine	4.221
Heide	
Horst	4.660
Johannes	1.442
Klaus	4.290
Klaus-Peter	4.370
Sabine	1.600
Heide van der	4.370
Heidebroek	2.101
Heideck	2.160
Heideking	1.403
Heidel	4.350
Heidelbach	1.065
Heidelberg	
Annette	2.523
Wilfried	1.820
Heidemann	
Berit	1.003
Bernhard	2.700
Bettina	2.246
Doris	2.320
Gerhard	4.700
Gudrun	1.131

Name	Nr.	Name	Nr.	Name	Nr.	Name	Nr.	Name	Nr.
Heike	2.637	Annegret	4.070	Alexander	1.710	Dirk	3.020	Ingrid	1.434
Jürgen	2.502	Bettina	1.211	Christoph	2.491	Erika	1.091	Martina	4.920
Reinhard	1.035	Julia	1.588	Heimes-Redeker		Gisbert	2.750	Heintze	1.230
Volker	2.291	Kerstin	1.150		2.520	Klaus	2.590	Heiny	1.485
Heidemeyer	1.127	Martin	2.730	Heimeshoff		Peter Paul	1.155	Heinz	
Heiden		Michael	2.487	Cornelia	1.218	Reinhardt	1.375	Cornelia	2.451
Annette	1.132	Ursula	2.161	Ute	2.731	Robert	1.716	Daniel	2.084
Sigrid	4.462	Heiland	1.168	Heimfarth	2.618	Sebastian	4.875	Marietta	2.640
Heiden an der	2.174	Heilborn	4.690	Heiming	2.400	Heinen-Gerards	1.680	Nicole	1.043
Heidenreich		Heilemann		Heimlich	1.127	Heinenberg	1.511	Rita	2.440
Angelika	2.071	Anke	2.588	Heims	2.587	Heines	1.681	Ursula	4.462
Bärbel	2.040	Jürgen	2.588	Heimühle	2.320	Heinichen	2.270	Heinz-Fischer	4.815
Dirk	2.180	Klaus	3.165	Hein		Heinisch	1.415	Heinze	
Eske	1.119	Heilen	2.560	Andrea	3.040	Heinke		Astrid	2.270
Gabriele	4.415	Heilers-Vogt	2.357	Christiane	2.471	Martina	1.581	David	2.040
Helga	2.242	Heilig	1.598	Christoph	2.710	Peter	1.261	Franz-Josef	1.404
Lothar	4.462	Heiliger		Eva-Marie	4.540	Sebastian	1.580	Gerlinde	3.172
Norbert	2.503	Magdalena	1.055	Guido	4.300	Werner	1.593	Günther	1.450
Ralf	2.435	Martina	1.681	Heinz-Werner	4.720	Heinl		Kurt	4.900
Thomas	4.248	Heilinger		Hendrik	1.054	Bernhard	1.091	Matthias	2.503
Volker	2.070	Frauke	2.364	Joachim	1.345	Klaus	1.351	Norbert	1.433
Heidenreich-Träber		Hanna	1.430	Jürgen	2.260	Heinle	1.097		4.870
	1.430	Heilker	1.553	Manfred	2.244	Heinrich		Stephanie	1.010
Heidepriem	4.248	Heilmann		Monika	1.159	Anke	1.041	Ulrike	1.816
Heider		Doris	4.951	Norbert	2.145	Barbara	4.960	Heinzel	1.275
Gabriele	1.418	Hans	1.431	Ulrich	1.128	Christel	2.746	Heinzen	1.561
Heinz	2.410	Svanhild	3.215		1.760	Christiane	4.590	Heirich	1.750
Peter	1.260	Waltraud	6.240	Viktor	4.054	Claudia	4.722	Heise	
Reinhard	2.674	Heils	2.521	Hein Behrens	4.193	Dieter	2.057	Angelika	1.592
Ursula	1.712	Heim		Heinbach	4.274	Franz	1.010	Elke	1.485
Heider-Franc	1.404	Dorothea	2.510	Heinbockel	2.050	Hans-Joachim	1.585	Helga	1.482
Heiderhoff	1.008	Joachim	1.130	Heinbokel	2.265	Marion	2.169	Manfred	1.122
Heidermanns	1.057	Otto	2.512	Heinbuch	1.575	Nadine	1.594	Petra	1.553
Heidersdorf	2.425	Sabine	2.030	Heindrihof	4.915	Rosi	4.093	Reinhard	2.210
Heidger	1.103	Sebastian	2.425	Heine		Ulrike	3.045	Reinhold	2.438
Heidl		Heimann		Erich	4.420	Ute	4.495	Heise-Ostgathe	4.910
Albert	1.632	Annegret	4.330	Ernst-Enno	2.174	Wolfgang	2.510	Heiseke	1.310
Claudia	2.197	Benno	2.667	Gabriele	4.470		2.730	Heiseler	1.411
Heidland	2.210	Bernhard	1.735	Günter	4.221	Heinrichs		Hciser	4.900
Heidling	2.064	Dieter	1.790	Henning	4.415	Angela	2.516	Heisig	2.180
Heidmann	1.200	Edmund	1.190	Ulf-Eric	2.318	Franz	1.109	Heising	
Heidrich		Franz-Josef	2.665	Heine-Doht	2.731	Gabriele	1.640	Alexandra	3.105
Charlotte	1.594	Gerhard	1.818	Heine-Harabasz	4.940		2.604	Miriam	2.772
Jens	4.930	Heino	2.266	Heinecke	2.022	Georg	1.530	Heising-Steinhoff	
Joachim	1.715	Joerg	1.043	Heinemann		Gerda Maria	1.716		4.740
Heidtmann		Kai	1.035	Burkhard	1.011	Hans-Joachim	2.170	Heißt	4.601
Axel	1.035	Mareile	2.056	Christine-I.	1.266	Herbert	2.486	Heister	4.660
Katrin	1.035	Markus	2.080	Christoph	1.592	Insa	2.319	Heisterkamp	
Rolf	1.410	Marlies	2.315	Dirk	2.519	Joachim	4.960	Johannes	4.240
Heiduschka	2.550	Mechthild	2.650	Elisabeth	2.771	Leonie	1.275	Klaus	2.456
Heidweiler	1.418	Michael	1.040	Günter	2.651	Marcell	1.523	Maria	1.045
Heienbrock	2.081		2.090	Karl-Martin	1.326	Meike	1.435	Heistermann	4.390
Heier	2.125	Petra	2.620	Martina	4.900	Petra	4.210	Heistrüvers	1.265
Heierberg	4.241	Ulrich	2.345	Monika	1.159	Sylvia	1.036	Heite	
Heiermann		Heimann-Pleger	4.304	Peter	1.091	Thomas	2.072	Andrea	4.402
Britta	4.170	Heimbach		Rudolf	2.590	Ursula	1.445	Ernst	4.275
Ludger	4.810	Barbara	3.012	Sonja	1.820	Werner	1.130	Heitfeld-Kreutzkamp	
Rainer	4.721	Christoph	1.442	Tanja	4.741	Wolfgang	4.195		2.653
Wilhelm	1.214	Ferdinand	4.170	Wilfried	2.645	Heinrichsen	1.230	Heitger	2.317
Heigl	2.079	Karla	1.061	Heinemann-Schons		Heinrichsmeyer	1.123	Heithecker	4.740
Heihoff		Heimbach-Graaff			4.832	Heins		Heithorn	2.695
Andreas	2.255		4.210	Heinen		Britta	2.260	Heitjohann	2.281
Julia	2.746	Heimburg	1.191	Anja	2.736	Helmut	2.077	Heitkamp	
Heikamp	1.522	Heimel	2.763	Annette	1.105	Heinsch	3.055	Elisabeth	1.554
Heikaus	1.168	Heimer	1.175	Betty	1.697	Heintz		Jana	4.743
Heikel	4.330	Heimermann	1.715	Birgit	1.056	Annette	1.541	Klaus-Wilh.	1.210
Heiken	4.241	Heimeroth	2.022	Claudia	1.725	Gabriele	1.583	Heitkötter	
Heil		Heimes		Deborah	4.635		4.870	Anna Theresia	4.730

Heinz	1.780	Lilla-Eliza	1.530	Eva	3.140	Hemmerle	4.247	Angelika	4.075
Winfried	2.515	Siegfried	1.528	Hellweg		Hemmers		Barbara	4.650
Heitmann		Hellberg		Gerda	1.592	Christiane	1.095	Bettina	2.063
Angelika	2.420	Heidi	1.500	Peter	2.650	Ursula	1.840	Eva	2.125
Bernhard	2.071	Wolf Dieter	1.065	Wolfgang	4.130	Hemmert	4.270	Franz-Josef	4.290
Christine	1.231	Helle		Hellwig		Hemmesdorfer	2.403	Friedhelm	2.125
Claudia	4.462	Bernd	2.462	Burkhard	2.126	Hempel		Heike	1.420
Karl-Josef	2.275	Gerhard	2.125	Jens	2.362	Ellen	1.035	Hildegard	2.289
Robert	2.420	Ulrike	2.126		2.603	Maximilian	1.350	Ingeborg	3.150
Stefan	1.159	Hellenbrand	1.008	Klaus	4.240	Reinhard	1.435	Michael	2.665
Ursula	2.670	Hellenbroich		Michael	2.210	Stefanie	3.220	Regina	1.044
Wiltrud	4.370	Christoph	1.090	Sonja	1.456	Wolfgang	2.205		2.435
Heitmeier		Marianne	1.186	Ulrich	4.195	Hempelmann	2.125	Roland	1.057
Anke	1.408	Hellenkamp		Hellwig-Willkomm		Hempen	2.627	Thorsten	1.426
Martha	1.713	Christel	2.318		1.200	Hemprich	1.106	Henke-Fölting	4.720
Nicole	3.100	Ferdinand	2.745	Helm		Hemscheidt-Klein		Henke-Imgrund	1.486
Theodor	1.458	Hellenkemper	2.095	Ingrid	2.588		1.310	Henkel	
Wolfgang	4.571	Hellenthal	1.681	Renate	4.790	Hemsing		Birgit	2.635
Heitsch	2.613	Heller		Helmchen	1.699	Christoph	2.438	Cordelia	1.286
Heitz-Noden	4.571	Andrea	2.519	Helmert	1.157	Nathalie	1.200	Hartmut	2.056
Heitzer	1.163	Bodo	4.645	Helmich	1.118	Hemstedt	2.715	Herbert	2.450
Heitzer-Birken	1.004	Christel	1.681	Helmig	1.061	Henckens	2.588	Ingeborg	1.095
Margit		Elisabeth	1.015	Helmig-Molitor	2.240	Hendorf-Pfennig		Jürgen	2.085
Heix	1.226	Joachim	4.930	Helmig-Neumann			1.050	Maria	1.575
Hekal		Jürgen	1.681		2.030	Hendrian	4.195	Petra	2.426
Abd El-Magid	2.560	Mariana	1.795	Helming	4.300	Hendrich		Stefanie	2.760
Hannelore	2.035	Sandra	1.445	Helmkamp	2.040	Edelgard	1.537	Ulrike	2.450
Hekers	1.528	Stefan	1.320	Helmrich	1.261	Wolfgang	1.261	Volker	2.280
Heland-Braam	1.153	Ulrike	1.523	Helms		Hendrichs	1.290	Wolfgang	2.416
Helb	2.518	Hellert		Claudia	2.111	Hendricks		Henkel-Dehnen	2.763
Helbach	4.290	Barbara	1.285	Wolf-Dietrich	2.462	Beate	4.723	Henkelmann	2.726
Helberling	2.175	Claas	4.910	Helpenstein		Franz-Josef	2.195	Henkemeier	
Helbich	2.317	Hellhammer	2.180	Georg	1.261	Frauke	2.522	Detlev	2.180
Helbig		Helling		Norbert	1.390	Klaus	1.552	Elke	2.121
Christa	2.316	Burghardt	2.050	Helser-Vögele	1.286	M.	1.265	Michael	2.755
Heinz-Peter	4.930	Michael	2.061	Helsper	1.541	Hendricks-Haubold		Henkemeyer	4.723
Jan	2.588	Hellinge	1.270	Helten			4.276	Henkenjohann	2.090
Michael	1.442	Hellkamp	4.270	Hans-Gerd	1.445	Hendricksen	4.272	Henkes	BRK
Reiner	2.318	Hellkötter	2.395	Hans-Peter	1.103	Hendrickx	1.392	Henn	
Simone	2.589	Hellmann		Heltewig	4.771	Hendriks		Axel	4.721
Wilfried	1.370	Britta	1.040	Helzel		Christine	1.218	Heinz-Peter	1.054
Helbing		Henrike	1.505	Christian	1.575	Hartmut	4.243	Michael	1.801
Guido	4.401	Lioba	4.900	Hannah	1.066	Willem	1.241	Ole	1.775
Nadine	4.761	Martina	4.040	Helzle-Drehwald		Hendriock	4.273	Ortrud	1.593
Held		Nikolaus	1.691		2.750	Hendrix	4.570	Rolf	2.586
Carl-Otto	1.482	Peter	1.008	Hembach		Hendrys	2.176	Werner	1.408
Heiko	2.437	Rosalie	1.375	Christina	1.106	Hendus	4.274	Henn-Friemann	2.750
Joachim	2.058	Ulrike	1.105	Günter	2.281	Heneweer	4.274	Henne	1.823
Karl Heinrich	2.120		3.075	Hembeck	4.962	Hengehold	2.452	Henne-Inacker	1.167
Monika	1.520	Ursula	2.650	Hemberger	1.070	Hengelbrock		Henneberg	2.040
	1.586	Hellmeier	4.790	Hemeke	2.356	Heidemarie	2.183	Henneböhl	2.192
Ursula	2.121	Hellmer	3.105	Hemesath	2.270	Heike	2.751	Henneböhle	1.815
Veronika	1.511	Hellmich		Hemesoth	2.651	Jürgen	2.080	Henneböle-	2.323
Held-Kupczyk	1.008	Almut	1.200	Hemforth		Monika	4.071	Haffert	
Held-Strangemann		Hermann	1.410	Gerd	2.242	Hengemühle	4.180	Hennecke	
	4.380	Thomas	2.240	Gerlinde	2.246	Hengesbach		Gerlinde	2.630
Heldke	4.740	Ulrich	2.230	Hemich	2.242	Martin	2.191	Petra	1.805
Heldman	1.036	Hellmold	4.491	Heming		Rudolf	2.589	Henneke	
Heldt	1.116	Hellmons	2.575	Andrea	2.653	Hengsbach	1.210	Dagmar	2.365
Helduser		Hellmund		Karl Heinz	1.525	Hengst		Thomas	1.357
Andrea	1.103	Astrid	1.240	Hemkendreis	2.726	Carsten	1.137	Henneke-Weischer	
Karl-Kurt	2.656	Martina	4.350	Hemkentokrax	2.690	Georg	1.228		2.005
Helf	1.230	Roger	1.240	Hemker	1.615	Hengstebeck	2.570	Hennekemper	2.651
Helfenbein	1.376	Ulrike	2.673	Hemmelgarn	2.613	Hengstenberg	4.331	Henneken	1.159
Helfer	1.561	Hellmuth	1.390	Hemmen		Henk		Hennekes	2.420
Helfert	1.125	Hellner		Eberhard	1.162	Hilde	4.410	Henneking	
Helgers	1.712	Andreas	2.205	Elke	1.415	Ursula	1.495	Gerd-Friedrich	4.430
Hell		Anke	2.030	Hemmer	2.645	Henke		Sabine	4.430

Hennemann		Anna	4.810	Heppener	1.735	Brigitte	1.130	Elisabeth	1.485
Arne	2.340	Annette	4.350	Heppner	1.810	Erhard	1.631	Franz	4.741
Julia	1.102	Beate	4.510	Heptner	2.555	Karl Friedrich	2.670	Jörg	4.111
Kathrin	2.402	Klaus	4.180	Herb	1.560	Herhold	1.155	Jolanda	2.260
Reinhard	2.503	Thomma	1.270	Herbeling	1.775	Herholz		Karin	3.045
Hennen		Hense-Reich	2.151	Herberhold		Clemens	2.456	Margret	1.411
Christiane	5.600	Hensel		Elke	2.437	Eva	1.820	Martin	1.418
Wendel	1.409	Dorothea	1.081	Ursula	1.642	Thorsten	4.276	Reiner	1.004
Hennes-Burg	1.107	Gabriele	2.621	Herberholz	2.645	Herich	2.731	Rudolf	2.030
Hennicke	1.060	Karin	1.132	Herbers		Hering		Susanne	1.224
Hennies-Langen	1.105	Martin	3.063	Hannelore	1.261	Christa	1.265	Udo	1.433
Hennig		Hensel-Knappstein		Rudolf	2.621	Cornelia	4.402	Hermans	
Albrecht	1.136		2.763	Winfried	1.820	Ingrid	4.832	Arnold	2.516
Anja	1.090	Hensel-Voßkamp		Herbertz	1.380	Johanna	1.488	Monika	2.519
	4.323		1.223	Herbig	1.414	Min Chul H.	2.588	Hermanski	4.690
Benedikt	1.811	Henseleit	4.273	Herbold	3.055	Sven	4.743	Hermanspann	2.396
Dieter	2.585	Henseler		Herborn	2.002	Heringer	4.340	Hermbecker	1.255
Sonja	4.055	Christof	2.001	Herbort	2.036	Heringer-Greger	2.658	Hermeier	2.522
Ulrike	1.510	Claudia	1.640	Herbrand	1.594	Heringhaus	4.401	Hermeler	2.300
Hennig-	1.230	Heike	1.380	Herbrich	4.720	Herink	2.726	Hermeling	1.097
Hasselmann		Johann	1.196	Herbrich-Reuber		Herkenhoff	1.201	Hermes	
Hennig-Scheifes	1.157	Mike	1.625		2.518	Herkenrath		Alexandra	2.705
Hennigfeld		Henselmeyer	2.210	Herbst		Adelheid El.	1.815	Alfred	1.355
Petra	1.802	Hensen	1.575	Birgit	1.511	Andreas	1.054	Andreas	4.070
Wilhelm-J.	2.470	Hensing		Lothar	2.060	Herker	1.230	August	2.491
Henning		Christiane	2.241	Margarete	2.090	Herkert	1.645	Brigitte	2.086
Astrid	2.175	Ulrich	1.818	Norbert	2.077	Herko		Britta	4.070
Bernd	1.586	Hensle	1.051	Reinhard	2.126	Doris	4.512	Erhard	2.610
Birgit	4.245	Hensmann	1.819	Sabine	2.514	Robert	4.513	Ferdinand	1.360
Frank-Rüdiger	2.405	Henter	2.772	Herche	1.060	Herkommer	4.940	Hans-Jürgen	2.111
Günter	2.503	Hentges	2.291	Herchenbach		Herkströter	2.181		1.416
Hans Gero	2.671	Hentrich		Georg	1.255	Herkt	4.073	Hildegard	2.225
Hans-Jörg	4.900	Brunhilde	4.690	Jochen	4.388	Herlach	1.641	Johannes	2.563
Hans-Ulrich	2.695	Gerlind	2.086	Herda	2.361	Herlet	4.221	Katinka	1.495
Heike	1.400	Sr. Johanna	2.486	Herde	1.420	Herloch	1.780	Kerstin	2.472
Helga	2.512	Hentrich-Schwenn		Herdemerten	1.217	Herlt	2.021	Klaus	2.225
Joachim	1.095		2.660	Herden		Herm	4.151	Maria	1.367
Klaus Dieter	1.552	Hentschel		Herbert	2.317	Herm-Stapelberg		Peter	1.163
Meinolf	2.291	Christel	2.471	Thomas	4.304		4.040	Raimund	1.155
Norbert	2.325	Elke	2.667	Wolfgang	1.231	Herma		Reimund	2.495
Silvia	2.690	Eva	1.570	Herder		Harald	4.513	Roland	3.165
	4.270	Hartmut	4.225	Claudia	4.300	Holger	1.261	Rudolf	1.044
Stefania	2.588	Jörg	2.102	Monika	1.630	Hermann			4.245
Henning-Siekermann		Karin	2.405	Reinhart	1.421	Barbara	2.605	Ursula	1.043
	2.356	Markus	2.588	Sylvia	1.351	Bernd	4.410	Hermes-Knoppe	4.762
Henninghaus	2.126	Nicole	1.435	Herdering	2.095	Christoph	2.070	Hermes-Lohmann	
Hennings	4.295	Rudolf	2.275	Herdick	2.243	Ella	2.288		1.743
Hennlein	4.910	Ute	1.165	Herding-Breilmann		Eva	2.462	Hermey	1.220
Hennrich	1.138	Wolfgang	2.110		2.687	Hanns	1.118	Hermges	1.270
Henrich		Hentschel-Aust	2.365	Herdt	2.210	Iris	1.168	Herminghaus	2.285
Beate	1.552	Hentschke	2.357	Herdtle	1.798	Joachim	2.637	Herms	2.436
Friedrich	2.659	Hentz	4.220	Herff	1.401	Jolante	2.243	Hermsdorf	1.490
Hans-Jörg	2.570	Hentze	1.660	Herfort	4.960	Oliver	1.220	Hermsdorff	1.005
Karl-Heinz	4.271	Henz	1.351	Herforth			1.275	Hermsen	
Henrichs		Henze		Klaus	1.218	Peter	4.721	Ernst-Jürgen	1.167
Maria	4.350	Andrej	1.126	Susanne	1.002	Regina	2.639	Johannes	2.305
Martin	2.545	Elke	2.319	Hergarten		Renate	2.158	Hermwille	
Peter	4.125	Klaus-Dieter	2.102	Alfred	1.680	Thomas	2.286	Doris	2.064
Thomas	2.512	Ulrich	2.120	Rudolf	4.495		4.830	Josef	2.630
Wolfgang	1.402	Uta	1.167	Ulrike	2.081	Hermann-Pendzich		Hernández Acosta	
Henrique	1.041	Henze-Konopka	2.166	Hergemöller	2.160		2.665		1.740
Henrix		Henze-Paglasch	4.430	Herget		Hermann-Steinhoff		Hernekamp-Schmidt	
Annemarie	1.685	Henzel	4.900	Isabel	1.106		1.226		1.690
Ute	1.661	Henzgen	1.691	Veronika	1.434	Hermanns		Hernig	4.601
Henry	3.040	Hepermann	4.440	Hergt		Andrea	1.642	Herold	
Henscheid	2.246	Hepp	1.552	Gisela	1.150	Barbara	1.365	Birgit	2.061
Henschel	2.175	Heppekausen	2.152	Tobias	1.151	Bernd	4.445	Christoph	1.131
Hense		Heppelmann	2.667	Herhaus		Edith	4.246	Irmtrud	2.175

Name	Nr.	Name	Nr.	Name	Nr.	Name	Nr.	Name	Nr.
Klaus	4.690	Herstelle	2.730	Herzog-Stock	1.521	Ilona	2.650	Heuing	2.620
Marita	1.583	Herte	1.690	Hesberg	1.402	Marietheres	1.067	Heuing-Tran	2.146
Robert	1.180	Hertel		Hesekamp-	BRM	Heßeler	1.058	Heukelum van	1.063
Ruth	2.061	Antje	4.660	Gieselmann		Hesseling	4.270	Heukemes	1.402
Thorsten	2.111	Gabriele	1.795	Heselhaus	1.067	Hesselink		Heuker	4.511
Wiga	1.458	Klaus	4.440	Hesius	1.035	Jörg	2.395	Heukeroth	2.183
Herpel	1.050	Margit	2.180	Heskamp		Tanja	2.241	Heumann	
Herrador Bola-		Ursula	2.180	Ansgar	3.150	Heßelmann		Bernd	2.176
ños	3.307	Uta	2.515	Franz-Josef	2.152	(Hesselmann)		Evelyne	5.600
Herres		Hertelt	1.457	Heske	1.412	Birgit	3.040	Hans-Dieter	3.170
Jochem	4.498	Herten	2.010	Hesmert	1.130	Dieter	1.070	Horst	4.450
Ulrike	1.490	Herter		Hesper	2.168	Doris	2.618	Lucia	2.656
	4.630	Nadja	2.396	Heß (Hess)		Peter	1.070	Michael	1.043
Herrforth	2.485	Yvonne	1.105	Holger	1.231	Undine	1.126	Heumannskämper	
Herrich	2.121	Herting			1.725	Hessing	1.417		1.528
Herrig		Achim	2.196	Ira	3.175	Heßler (Hessler)		Heumer	2.293
Annette	1.233	Maik	2.095	Isabelle	1.195	Melanie	2.153	Heun	
Ernst-Stefan	1.170	Tobias	2.437	Michael	2.565	Roland	2.515	Dirk	4.252
Inge	2.645	Hertle	1.326	Robert	3.045	Sabine	4.771	Uwe	4.240
Herrlett	2.064	Herttrich	1.056	Sandra	1.452	Heßling		Heun-Chrisanth	4.240
Herrlich	2.690	Hertweck-Carl	1.063	Stefanie	1.065	Hans-Jürgen	1.365	Heunemann	4.745
Herrlinger	1.500	Herveling	1.743	Stephanie	4.910	Käthe	2.150	Heuner	
Herrmann		Herwartz		Werner	3.175	Marion	2.670	Elfriede	4.192
Andrea	1.200	Christiana	1.545	Hess-Caesar	4.180	Hester		Walter	4.462
Barbara	2.746	Thomas	1.080	Hess-Daniel	1.054	Heinz-Josef	2.075	Heupel	
Benedikte	1.165	Herwig		Heß-Hedderich	4.950	Sven Markus	2.405	Eberhard	2.083
Bernd	4.730	Andreas	4.072	Heß-Oberlack	4.242	Hestermann	4.410	Kirsten	2.021
Claudia	4.870	Reinhard	1.740	Hessbrüggen	2.085	Hetfeld	1.819	Ludger	4.832
Detlev	2.687	Herx	1.525	Hesse (Heße)		Hetkamp	4.380	Thorsten	2.660
Dieter	2.481	Herz		Andreas	2.487	Hetmann	4.601	Heupel-Lommes	2.726
Erich	2.246	Claudia	4.930	Barbara	2.613	Hetrodt	4.111	Heupgen	
Franz	2.305	Justus	2.415	Birgit	2.390	Hettich	4.601	Annette	4.540
Georg	4.512	Herzbruch		Christian	2.316	Hettmann	1.180	Marcus	1.486
Hartwig	2.230	Anja	1.109	Elisabeth	1.627	Hettwer		Heureuse de	
Heidi	1.632	Ingrid	4.380	Gabriele	1.433	Brigitte	2.110	Marie-Therese	1.118
Ingo	1.069	Herzel	4.723	Godehard	1.553	Christina	2.667	Horst	1.117
Jochen	4.300	Herzer	4.245	Günter	1.685	Jörg	3.055	Heurich	4.220
Julia	2.731	Herzfeld	4.180	Harald	2.595	Hetzler	2.160	Heuschkel	1.537
Kai	1.196	Herzhoff	3.045	Inge	2.393	Heuck	1.121	Heusel	1.554
Ludgar	4.920	Herzig		Ingrid	2.260	Heuckmann		Heusener	4.073
Martin	2.560	Evelyn	2.095	Jan	1.588	Irmgard	4.496	Heuser	
Matthias	3.001	Martin	4.601	Jens	1.535	Wolfgang	2.585	Andrea	1.241
Mechthild	1.821	Matthias	2.255	Lars	2.687	Heuel		Anna Elis.	1.180
Mike	4.072	Rainer	1.097	Lothar	1.357	Gerd	2.425	Barbara	4.765
Paul-Wolfg.	4.150	Herzig-Danielson		Ludger	4.870	Jürgen	2.190	Birgit	1.790
Reimund	4.071		2.400	Marco	1.126	Karl	1.560	Brigitte	2.502
Reiner	1.003	Herzner	1.125	Margaretha	2.517	Renate	1.419	Carsten	1.108
Rita	2.435	Herzog		Marius	2.318	Heuer		Christian	1.119
Rosa-Maria	2.512	Andreas	1.232	Matthias	2.120	Andrea	2.340	Ferdi	2.751
Rudolf	1.404	Anja	4.055	Michael	2.772	Annette	2.630	Ingrid	1.210
Sabine	1.355	Barbara	1.080	Nadine	2.513	Christoph	2.230	Hanno	1.715
Sascha	1.008	Birgit	1.481	Regina	2.725	Detlef	4.960		1.170
Thomas	1.348	Britta	2.515	Roland	2.417	Heinz	1.211	Manfred	1.043
Ulrike	1.690	Corinna	4.571	Sabine	4.570	Jürgen	2.500	Nadja	1.795
Ursula	1.320	Heidi	4.304	Stefan	2.658	Petra	1.715	Ralf	1.376
Wolfgang	2.010	Hildegard	4.870	Stephan	2.445	Rainer-Maria	4.513	Heuser-Prangenberg	
Herrmann-Groß	1.196	Kathrin	1.650	Ulrike	2.179	Sandra	2.120		3.160
Herrmann-Rostek		Margarethe	2.512		4.370	Ulrike	1.409	Heusgen	1.007
	4.571	Meike	2.006	Verena	4.810	Uwe	4.722	Heusgen-Gatzweiler	
Herrmann-Heuvels				Volker	2.290	Heuermann			1.007
	2.360	Michael	1.805	Waltraud	1.410	Beate	1.056	Heuskel	1.715
Herrmanns	4.540	Monika	1.356	Hesse-Berndorf	1.419	Eckehard	2.638	Heutz	
Herrmuth-Vetter			4.960	Hesse-Güldenberg		Rolf	2.731	Lothar	1.454
	2.033	Roger	1.108		1.750	Heufelder		Regina	1.430
Herrndorf	4.722	Siegfried	4.141	Hesse-Meisters	2.695	Gabriele	1.433	Heuveldop-Müller	
Herschel	1.699	Winand	1.522	Hesse-Ottmann	2.405	Georg	1.066		2.096
Herse	1.066	Herzog-Friedrich		Hessel		Heufert	2.730	Heuwerth	4.170
Hersemeier	4.740		2.230	Bruno	2.215	Heuger	1.095	Heuwinkel	3.100

Name	Nr.	Name	Nr.	Name	Nr.	Name	Nr.	Name	Nr.
Hewelt	1.770	Hielscher	4.654	Hilfert	2.266	Hillebrand-Fiege		Himmerich	1.592
Hewener-Klink	2.063	Hientzsch	4.247	Hilff	2.535		2.530	Himmeröder	2.613
Heybrock	2.635	Hienz		Hilgefort	4.780	Hillebrand-	2.243	Himmrich	4.520
Heydasch-Müller		Helge	2.630	Hilgenböker	2.033	Renneckendorf		Himpler	3.215
	4.462	Reinhart	3.010	Hilger		Hillebrands	1.505	Hindel	1.805
Heyde	2.115	Hienzsch	1.002	Albert	4.513	Hillebrandt	2.603	Hinderhofer	4.055
Heyde auf der	2.471	Hiepko		Barbara	1.350	Hillebrecht		Hinderer	4.151
Heyde v. d.		Friederike	2.521	Eva	2.571	Ulla	4.220	Hindrichs	
Claudia	1.097	Sönke	2.516	Fabian	1.453	Wolfgang	4.681	Ernst-Joachim	1.431
Hartmut	2.690	Hieret	1.550	Franz-Josef	1.043	Hilleke	2.125	Hanne	1.290
Heyden	4.420	Hieret-Mackay	1.221	Karin	1.495	Hillemacher	1.007	Hinger	1.593
Heyden von	4.520	Hieret-Pracht	2.215	Karl-Günter	1.615	Hillemeyer	2.586	Hingmann	4.240
Heyder	2.197	Hierholzer	1.484	Norbert	1.101	Hillen		Hingst	
Heyen		Hierl	2.751	Thomas	1.453	Ingrid	1.066	Barbara	1.011
Anke	1.411	Hieronimus	4.700	Hilgers	2.426	Peter	1.580	Heike	4.620
Barbara	4.380	Hieronymi	1.053	Angelika	3.030	Ute	1.541	Peter	2.715
Heyer		Hieronymus		Astrid	1.009	Hillenkötter	2.715	Hingste zum	4.075
Frank	4.220	Haimo	2.023	Gabriele	1.550	Hiller		Hinkes	
Hans-Dieter	2.667	Jens	2.318	Hans	1.200	Nikolaus	1.167	Bernhard	1.160
Rolf	1.325	Hiesgen-Altenbernd		Jürgen	4.495	Petra	1.102	Thomas	1.629
Ruth	2.670		2.086	Nicole	1.488	Waltraud	4.662	Hinnemann	1.750
Waltraud	1.212	Hilbenz		Uwe	2.673	Hiller-Kitzmann		Hinnenthal	1.620
Wiebke	1.481	Christa	2.315	Hilgert			4.247	Hinrichs	
Heyer-Gerosa	1.710	Reinhard	2.315	Anja	4.251	Hillerich		Beate	4.330
Heyermann		Hilberath	1.642	Christiane	1.481	Marcus	1.695	Heike	1.650
Frank	2.405	Hilbert		Ingrid	2.154	Stefan	4.240	Hubert	2.110
Winfried	1.162	Ines	2.402	Sabine	1.261	Hillert		Sibylle	2.565
Heyers	4.072	Klaus-Ch.	1.430	Veronika	1.627	Ino	1.124	Hinrichsen	2.265
Heykamp	1.406	Tabea	1.006	Hilgert-Kerkmann		Rita	1.054	Hinse	2.255
Heylen	1.130	Hilbert-Opitz	2.158		4.251	Silke	1.798	Hinsken	
Heymann		Hilbig		Hilke	1.445	Hillesheim		Franz-Josef	2.096
Dirk	1.434	Frauke	2.396	Hilkenbach		Karl-Friedrich	2.518	Gudrun	2.072
Dietmund	2.230	Heike	2.395	Beate	2.082	Margarethe	3.055	Rudolf	2.096
Heymann v.	1.233	Inge	6.148	Birgit	2.588	Hilliger	2.285	Hintemann	1.561
Heymons	1.640	Hilbing	2.158	Peter	4.070	Hilligsberg	2.040	Hinterkeuser	4.870
Heyn		Hilbk	2.471	Sandra	1.006	Hilling	4.055	Hinterleitner	1.132
Gisela	1.069	Hilborne-Clarke	4.350	Hilkens	4.662	Hillje	1.150	Hintz	
Wolfgang	1.138	Hilbrink	2.057	Hilker	4.830	Hillmann		Hans	1.130
Heynck	2.669	Hilchenbach-Voske		Maria	2.050	Jürgen	2.176	Wilfried	4.951
Heyne-Kugelmann			2.512	Hilker-Schäfer	1.058	Hillnhütter		Hintze	2.057
	1.482	Hilchner	3.010	Hilker-Suckrau	2.685	Dietmar	1.045	Hintzen	
Heyne-Mudrich	2.590	Hild		Hill		Reinhard	2.660	Anne	1.060
Heynen		Ivonne	2.101	Frank	1.484	Hillringhaus		Karl-Heinz	1.781
Bernd	1.585	Katja	1.690	Melanie	2.182	Anka	2.062	Hinüber	4.222
Ingolf	1.392	Wolfgang	1.631	Peter	1.228	Jens	1.820	Hinz	
Heynen-von Hippel		Hildmann		Sandra	1.681	Hilpert	1.816	Alexander	4.075
	1.069	Claudius	2.289	Hill-Boelter	1.125	Hils		Barbara	2.073
Heyroth	1.594	Hendrik	2.356	Hillaert	4.943	Helmut	1.305	Christof	1.214
Heyser	4.511	Hildner	1.167	Hillbrand	4.390	Thomas	1.411	Guido	1.006
Hezel-O'Mahony		Hildebrand		Hille		Hilscher	2.595	Helmut	1.219
	2.023	Achim	4.130	Meike	4.930	Hilse	5.600	Markus	1.326
Hibst	6.270	Andreas	1.541	Silke	1.231	Hilsemer	1.528	Monika	1.102
Hibst-Fastenrath		Jens	1.106	Hillebrand		Hilsmann	2.472	Norbert	4.960
	4.491	Jörg	4.491	Andreas	4.790	Hiltmann		Patricia	1.430
Hick	1.414	Thomas	1.052	Axel	2.075	Andreas	1.005	Ralf	1.580
Hickel	1.006	Wolfgang	2.326	Brigitte	4.251	Annette	2.345	Silke	2.174
Hickert	2.020	Hildebrandt		Hans-Peter	1.185	Siegfried H.	2.771	Thomas	1.551
Hickethier	1.460	Henry	4.390	Ingeborg	1.201	Hilwerling	2.589	Ulrike	3.050
Hiddemann		Kerstin	2.605	Mechthild	2.715	Himmel	1.121	Viola	1.005
Jürgen	2.002	Ralph-Erich	1.470	Meinhard	2.440	Himmelmann		Werner	1.598
Martin	2.474	Rolf	2.627	Michaela	2.590	Jens	2.590	Hinz-Kruse	2.281
Ute	2.564	Romana	4.590	Nicola	1.821	Martina	2.726	Hinz-Loske	1.340
Hidding	1.527	Roswitha	1.035	Rainer	1.357	Pia Sophie	2.154	Hinze	
Hiebel	2.169	Thomas	1.506	Roswitha	4.743	Himmelreich		Brigitte	4.330
Hieber	4.705	Uwe	4.220	Stephanie	2.736	Anke	1.403	Ernst	1.405
Hiegemann	1.222	Hildemann	2.418	Ulrich	BRM	Jochen	2.100	Gisela	1.402
Hieke	1.455	Hildenbrand	1.475	Ursula	2.317	Himmelstein	2.710	Roman	4.141
Hielen-Knabe	3.045	Hilf	2.055					Hinzen	

Georg	1.200	Hobohm	1.127	Annette	2.451	Höhne		Höltervennhoff	2.470	
Kathrin	4.690	Hobrecht	1.630	Frithjof	2.772	Bernhard	4.410	Höltge	1.495	
Reinhard	1.365	Hoch		Höfer		Norbert	3.200	Hölting		
Hinzen-Unger	1.365	Rolf	1.641	Horst-Heinrich	2.405	Rolf	2.521	Heinrich	4.350	
Hinzke	4.252	Winfried	2.319	Johannes	1.090	Wilfried	4.210	Ulrike	2.096	
Hinzmann		Hoch-Künzelmann		Höfermann	2.315	Höhnen	4.571	Höltke	2.503	
Bernd	1.818		4.900	Höffgen		Höing (Hoeing)		Höltkemeier		
Marie-Luise	1.196	Hochbein	2.475	Gudrun	2.565	Christoph	2.153	Heinz-Walter	2.503	
Mechthild	1.510	Hochfeld	1.818	Kurt	1.432	Katja	1.132	Roswitha	4.743	
Werner	1.510	Hochgreve-Müller		Sonja	1.353	Klaus	1.320	Höltkemeyer	2.062	
Hinzmann-Bäcker			1.550	Höffken		Sigrid	4.380	Höltken	2.470	
	2.612	Hochgürtel	1.224	Britta	4.695	Ursula	1.821	Hölzel	1.660	
Hipler	1.221	Hochheim		Günter	1.795	Höke		Hölzemann	1.561	
Hippe	2.121	Hans	2.082	Katrin	1.551	Christiane	4.051	Hölzenbein	2.275	
Hippel	4.075	Rainer	1.068	Sigrid-B.	1.286	Diana	4.741	Hölzer	1.484	
Hippler		Hochheimer		Willi	4.242	Klaus	2.300	Hölzer-Raič	1.741	
Angelika	1.159	Elke	1.527	Höffkes		Sandra	2.440	Hölzl		
Franz-Josef	4.470	Jochen	2.365	Susanne	2.618	Hoeksema	1.168	Florian	2.420	
Gregor	3.040	Hochkeppel		Thorsten	1.150	Hoekstra	1.061	Gabriele	2.495	
Hippmann		Antoinette	2.746	Winfried	2.618	Hoekstra-von Cleef		Herbert	2.495	
Heribert	1.403	Hans-Joachim	2.315	Höffler	1.102		1.320	Hölzle	2.246	
Werner	1.035	Hochköpper	1.561	Höffmann		Höland	2.061	Hoemann	1.042	
Hirche	4.193	Hochscherf		Birgit	1.376	Hölemann	2.687	Hömberg		
Hirnstein	1.581	Axel	1.736	Meinhard	1.376	Hölker	2.435	Angelika	1.750	
Hirsch		Gerd	1.528	Höffmann-	2.690	Höll		Karl	1.780	
Barbara	4.870	Hochschultz	1.191	Muckermann		Bozena	2.403	Ursula	2.772	
Gernot	4.743	Hochstein		Höfig		Horst	2.400	Hömke-Nagel	1.191	
Kirstin	1.004	Harald	2.181	Eckhart	1.045	Höller		Hömßen		
Ronald	2.770	Dorothea	1.815	Jan-Piet	4.370	Beate	1.488	Martin	1.550	
Ute	1.139	Siegfried	2.640	Klaus-Dieter	2.420	Birgit	1.185	Ute	4.270	
Hirsch-Leggewie		Hochstein-Peschen		Höfig-Schäfer	2.215	Christian	1.470	Höne	2.175	
	1.715		4.272	Höfler		Christine	1.815	Hönemann		
Hirschberg		Hochstrat	2.070	Siegfried	1.741	Klaus-Peter	2.310	Gudrun	4.330	
Birte	2.490	Hock		Susanne	4.274	Lothar	4.340	Michael	2.437	
Dietrich	1.490	Elke	4.120	Höflich	1.407	Nicole	4.951	Thomas	2.630	
Kyra-Ulrike	2.361	Christian	4.815	Höfmann	1.592	Höllger	4.170	Hoenen	4.511	
Ursula	2.084	Julia	4.495	Höfner	4.540	Hölling		Höner		
Hirschhausen		Kathrin	2.730	Höfs	4.180	Christine	2.405	Bernd	4.390	
Roland Marian	2.084	Rolf	4.120	Höft (Hoeft)		Regina	4.072	Irmgard	1.355	
Wolfram	1.595	Hockamp	1.223	Dieter	1.442	Höllwerth	2.746	Sabine	2.291	
Hirschi	2.357	Hockelmann	4.831	Hartmut	2.416	Hölschen	4.951	Hönig (Hoenig)		
Hirschler	3.015	Hocks		Högemann		Hölscher (Hoelscher)		Christoph	4.248	
Hirschmann		Bernhard	1.525	Katrin	2.435	Achim	4.740	Inge	1.586	
Helmut	2.165	Hildegard	1.525	Thomas	4.951	Andrea	2.455	Katharina	1.412	
Michael	4.520	Hodenberg von	4.072	Hoegen v.	1.455	Bernd	2.080	Martin	1.125	
Hirt	4.191	Hoebbel	4.832	Höger	4.494		2.390	Hönigschmid-	4.410	
Hirt-Jablonowski		Höbler		Höh	1.225	Claudia	4.111	Hermann		
	1.221	Dorothee	1.645	Höh von der	4.870	Claudine	2.275	Hönings	4.241	
Hirzel	1.691	Ulrich	1.212	Höhbusch	2.571	Elke	1.431	Hönisch	2.517	
Hischemöller	2.460	Ursula	1.214	Höher		Gisela	2.660	Hönnicke	2.665	
Hissen	2.285	Höck		Hans-Joachim	2.687	Helmut	4.780	Hönninger	2.215	
Hitpaß-Veldhoen		Joachim	2.090	Sabine	2.651	Hermann	4.020	Hönow	1.061	
	1.165	Manfred	1.781	Susanne	1.801	Hermann J.	1.116	Hönscheid		
Hitschler	4.070	Reinhold	4.571	Höhfeld	4.075	Jutta	2.153	Doris	2.318	
Hitzges	1.520	Höckelmann		Höhl		Lutz	2.637	Eva	2.305	
Hitzke	2.438	Jörg	2.146	Eva Maria	4.220	Ulrike	2.667	Sibylle	1.058	
Hitzler-Spital	2.522	Rita	2.146	Monika	2.680	Wilhelm	1.007	Höövel van den	1.351	
Hlawa	1.158	Höckendorf	1.445	Höhle		Yvonne	2.246	Höpfner (Hoepfner)		
Hnida	4.054	Höcker		Gudrun	4.140	Hölter		Gesine	4.790	
Hobach	1.210	Christiane	2.064	Reinhilde	1.510	Andreas	2.612	Rolf	1.036	
Hobbeling	2.502	Gerlind	4.330	Höhling	4.195	Leni	4.900	Sylvia	1.631	
Hober	2.621	Thomas	2.586	Höhn		Ursula	4.930	Waltraud	1.360	
Hoberg		Höcker-Gaertner		Ekkehard	1.591	Hölter-Thamm	4.274	Hoepfner-Max	1.510	
Armin	4.875		2.210	Jörg	2.393	Höltermann		Höpke		
Brigitte	2.462	Höckmann	1.527	Peter	4.111	Egbert	4.513	Gisela	1.118	
Inga	1.802	Högn	4.960	Stefan	1.305	Sabine	4.780	Ulrich	2.195	
Simone	1.781	Högner	4.493	Steffen	1.132	Hölters	1.435	Höpken		
Hobinka	1.711	Hoefeld		Ute	2.535	Hölters-Rüth	1.470	Udo	1.781	

Name	Nr.	Name	Nr.	Name	Nr.	Name	Nr.	Name	Nr.
Jürgen	2.045	Heinrich	2.705	Benno	2.614		1.434	Elke	1.340
Höpker	2.246	Hoevelborn	2.110	Bernd	1.102		4.601	Hans-Volker	4.960
Höppe		Höveler	1.170		1.167		4.690	Heidrun	2.002
Bernd	2.210	Hövell van	4.780	Birgit	1.737	Petra	1.695	Heinz	2.005
Ursula	1.445	Hövelmann	4.075	Brigid	1.402		4.192	Jürgen	1.450
Höppner		Hövels-Höfler	1.348	Brigitte	1.736		4.695	Jutta	1.811
Annegret	2.610	Hövels-Smithson		Christine	4.130	Rainer	2.090	Klaus	2.416
Jörg	1.150		4.440	Constanze	4.070		4.323	Marion	2.176
Kirsten	1.453	Höven von	1.290	Cornelia	2.168	Reinhard	2.101	Stefan	4.075
Klaus	2.715	Höver	1.691	Dieter	2.658	Sabine	1.365	Uwe	1.811
Hoer	2.036	Hövermann	2.076		4.410	Silke	3.003	Walter	4.180
Hörath	1.132	Hövermann-	2.396	Dirk	2.158		2.174	Werner	1.405
Hörbrügger	4.242	Mittelhaus		Dorothea	1.361	Silvia	1.810	Hofmeister	
Hörchens	1.528	Höwekamp	1.630	Eberhard	4.330	Sonja	1.424	Hans-Ulrich	1.231
Hörentrup	1.220	Höwekenmeier	2.281	Eckhard	3.061	Stefan	1.528	Ingrid	1.132
Höring	2.563	Höwel	1.510	Edgar	1.485		2.620	Manfred	2.061
Hörmann	2.361	Höwelmann-Bock		Elisabeth	1.217	Stella	1.270	Ulrich	3.020
Hörmeyer			3.100	Elfriede	4.771	Susanne	4.071	Walter	1.697
Heiko	2.180	Höwer	1.589	Ewald	2.145	Thomas	2.173	Hofrath	1.592
Karl	2.471	Höwing	1.418	Frank	2.452	Thorsten	4.771	Hofrichter	1.158
Hörner (Hoerner)		Höyng	1.168	Frauke	4.277	Ursula	1.222	Hofschneider	1.630
Anne	1.403	Hof		Friedrich	2.246		2.101	Hofstetter	4.540
Gudrun	3.366	Andreas	1.275	Gabriele	2.715	Ulf	2.061	Hofverberg	2.687
Hörnschemeyer	2.604	Herbert	1.586	Gerd	1.122	Valentin	1.650	Hoge	
Hörsch (Hoersch)		Stefan	2.520		2.470	Wilfried	4.040	Burghard	3.100
Carolin	1.232	Hofacker	4.740	Gerhard	1.118	Wolfgang	3.100	Nicole	2.680
Manfred	2.638	Hofe vom			1.417		4.290	Hogel	
Wolfgang	1.051	Kornelia	1.404		4.571	Hoffmann-Briel	4.221	Britta	1.167
Hoerschelmann	1.475	Monika	2.500	Gisela	1.417	Hoffmann-Bruns		Rolf	1.595
Hörstemeier		Petra	2.290	Günter	2.152		1.115	Hogelucht	4.810
Annette	2.286	Hofemann		Hans-Martin	2.255	Hoffmann-Höch		Hogemüller-	1.795
Stefan	1.401	Inge	2.565	Harald	2.320		2.170	Westhelle	
Hörster		Wolfgang	4.410	Hartmut	2.002	Hoffmann-Janzen		Hogen	2.240
Birgit	1.821	Hofer		Heike	1.442		2.064	Hogen-Forst	1.201
Erika	1.770	Bruno	1.642	Heinz	2.285	Hoffmann-Kwiecinski		Hogrebe	
Hörster-Hansen	1.091	Gabriele	1.430	Helmut	2.653		2.158	Anja	2.318
Hörstgen	2.340	Gisela	4.070	Herbert	4.040	Hoffmann-Linden		Friedhelm	1.697
Hörstmann		Horst	4.070	Ina	1.640		1.640	Peter	2.077
Andreas	4.740	Klaus	1.820	Ingeborg	1.500	Hoffmann-Schwanck		Rainer Franz	1.229
Rudi	2.445	Maria	1.069	Ingrid	4.722		2.500	Hohage	2.660
Höschen	2.192	Sibylle	1.470	Jan	1.616	Hoffmann-Vogt		Hohaus	4.600
Hösel	4.251	Sylvia	1.401	Jennifer	1.403		1.412	Hohberg	2.168
Hösen		Wilfried	1.470	Joachim	2.418	Hoffmann-Weber		Hohbom	2.685
Hildegard	1.485	Hofer-Cordt	4.073		4.661		2.490	Hoheisel	4.635
Klaus	1.390	Hofert	1.713	Jochen	1.404	Hoffmanns		Hohelüchter	2.523
Rudolf	1.821	Hoff		Jürgen	4.073	Annelie	1.412	Hohenberger	2.480
Hötger		Ansgar	1.454		4.330	Christian	1.135	Hohenbrink	2.685
Elke	2.125	Christina	1.586	Julia	1.426	Marie-Luise	1.525	Hohenhaus	
Michael	2.120	Helmut	1.795	Karin	2.519	Hoffmeister		Friederike	2.102
Hötker		Michael	1.736	Karl-Heinz	4.511	Brigitte	1.583	Maximilian	2.396
Maria	1.520	Hoff-Herrmann	1.190	Klaus	2.165	Elke	2.502	Hohenschuh	1.220
Ralf	2.150	Hoffacker	2.096		4.361	Eva-Maria	1.150	Hohenschwert	2.002
Hötte		Hoffarth	1.522		4.945	Gerhard	2.518	Hohenstein	2.083
Birgit	1.583	Hoffbauer	2.267	Klaus-Dieter	1.261	Guido	1.810	Hohensträter	4.330
Katharina	1.645	Hoffman	4.740	Klaus-Peter	2.363	Hoffmeyer	2.174	Hohl	2.462
Michael	4.271	Hoffmann		Marc	2.760	Hoffrogge	2.197	Hohlbein	1.390
Verena	4.220	André	1.454	Margarethe	4.125	Hoffstadt	1.650	Hohlweg	
Höttecke	1.840		1.537	Maria	1.696	Hoffstätter	2.285	Richard	2.173
Hötten	1.151	Andrea	4.240		2.036	Hofius	1.414	Stefanie	2.451
Hötter	1.616	Andreas	4.720	Martin	1.375	Hofmann		Hohm	2.281
Höttermann	1.400	Annelie	4.073		2.242	Andrea	1.063	Hohmann	
Höttges		Anneliese	3.030		2.614	Annette	4.304	Andre	2.270
Brigitte	1.713	Annette	1.132	Meike	1.650	Beate	1.453	Gabriele	2.650
Ulrike	1.153		1.581	Monika	2.410	Bettina	4.945	Marlene	1.228
Hötzel	1.650	Annika	2.673	Norbert	2.067	Birgitt	4.350	Norbert	4.810
Hövel		Axel	1.521		4.402	Claudia	3.010	Rainer	2.410
Anja	2.485	Barbara	2.745	Oliver	4.251	Dirk	1.165	Reinhild	1.481
Friedrich	1.080		4.242	Peter	1.305	Elisabeth	2.070	Ulrike	4.771

Wolfgang	1.485	Peter	2.674	Holtorf	4.242	Ulrich	4.440	Christian	2.618
Hohmann-Assig	2.420	Renate	2.674	Holtschneider		Homeier	1.107	Claudia	2.023
Hohmeister	2.246	Holsmölle	2.487	Monika	1.419	Homering	2.195	Edelgard	4.247
Hohner	1.685	Holste		Stefan	4.160	Homermann	3.150	Fabian	4.198
Hohnhold	2.440	Andreas	2.674	Holtum v.	1.780	Homeyer		Gabriele	4.073
Hohrath	2.158	Johanna	4.900	Holtwick	1.486	Heinz-Günther	2.626	Georg	2.265
Hoischen		Rainer	4.900	Holtz		Jan Hendrik	2.146	Henning	2.418
Klaus	2.006	Ulrich	2.067	Britta	1.223	Homm		Hermann	2.516
Lothar	2.486	Holstegge-Bender		Franz	1.185	Hermine	1.005	Indra	1.482
Maria	2.486		2.451	Holwe	2.401	Rob	2.700	Manfred	1.805
Uta	2.154	Holstein		Holz		Hommel	2.595	Marion	1.055
Wilfried	2.627	Gaby	4.910	Alexandra	1.305	Hommel-Peckmann		Marlies	1.186
Hojnicki	1.521	Johannes	1.690	Christa	2.146		4.450	Martin	1.011
Hojsak	2.315	Maja	1.681	Christiane	1.006	Hommen	1.520	Michael	1.201
Holert	1.055	Holsten	2.715	Hans Adolf	1.575	Hommer	2.555	Monika	2.286
Holitschke	1.275	Holstiege	2.120	Jennifer	4.074	Hommerich	1.101	Rainer	2.073
Holitzner	1.690	Holsträter	1.220	Joachim	2.230	Hommes	4.211		4.495
Holl		Holt	2.626	Karsten	2.545	Homrighausen	2.656	Susanne	2.620
Gertrud	1.058	Holt van	4.111	Olaf Chr.	1.001	Homscheid	1.823	Volker	1.697
Hildegard	1.059	Holtappels	1.057	Peter	4.960	Honacker	2.470	Hoppe-Kaluc	3.010
Peter	5.610	Holtbecker		Roland	4.830	Honder	3.340	Hoppe-Meier	2.637
Stefan	4.295	Barbara	2.267	Stefanie	1.375	Honegger	1.168	Hoppe-Roppertz	2.170
Hollacher		Christina	2.471	Holzamer	1.115	Honermann	1.118	Hoppen	1.340
Jutta	2.323	Holtbernd	4.250	Holzapfel		Honermeier-Budde		Hoppenau	2.095
Stefan	2.323	Holtbrügge	4.762	Elke	1.420		2.565	Hoppenberg	3.175
Holländer		Holte	2.455	Heinrich	1.470	Honervogt	4.380	Hoppenbrock	1.130
Friedrich	2.095	Holtei	2.071	Margret	1.413	Honig	1.270	Hoppermann	1.106
Hans-Georg	1.106	Holtemeier	2.630	Holzapfel-Hallerbach		Honigmann	2.426	Hoppmann	
Nicole	1.580	Holtermann			1.408	Honisch		Brigitte	1.059
Holland		Michael	1.005	Holzberg	1.360	Hans-Peter	1.660	Frank	5.600
Edelgard	4.370	Werner	1.270	Holzberger	2.445	Peter	1.286	Hoppstädter	4.420
Hugo	1.780	Holtgräwe		Holzbrink	1.810	Honnacker	1.231	Hoppstock	1.570
Peter	1.350	Bärbel	2.205	Holze	2.510	Honrath	2.245	Hoppstock-Helfferich	
Hollands	1.392	Irmgard	1.011	Holzer	2.181	Honsberg			4.180
Hollaus	1.685	Wiebke	2.067	Holzgreve		Werner	1.630	Hopstein	1.630
Hollburg	2.412	Holtgrave	2.535	Bernhard	1.422	Wolfgang	4.400	Hopstock	4.351
Holle	2.156	Holtgreve	4.273	Ursula	2.150	Honsel	1.821	Hoque	1.419
Hollekamp-Focke		Holtgreve-Jablonowski		Holzhauer		Honselmann	2.765	Horbach-Mietzker	
	4.705		4.197	Andrea	4.660	Hoock			2.660
Hollenberg		Holthaus		Martin	2.031	Claudia	2.521	Horchler-Schäfer	
Brigitte	4.270	Heinrich-Josef	2.152	Holzhausen	1.121	Rainer	2.595		1.380
Nina	2.669	Manfred	2.686	Holzkämper	4.130	Hood	1.158	Horeyseck	1.495
Hollendung	3.070	Maria	2.732	Holzkamp	2.685	Hoof	4.780	Horgas	1.153
Hollenhorst		Holthausen	2.305	Holzmüller	1.126	Hoogland		Horion	1.118
Franz-Joachim	2.160	Holthoff	4.072	Holzschneider	1.805	Dolores	2.695	Horlacher	2.030
Wilfried	1.716	Holthues		Holzum	1.415	Heinz	2.521	Hormann	2.300
Hollenstein		Anne	2.318	Holzwig	1.510	Hoogstoel	2.275	Hormes	2.031
Helmut	2.045	Cord	2.513	Homann		Hoose	2.637	Hormila	1.117
Martin	2.111	Holthusen	2.659	Andreas	2.169	Hooß	4.073	Horn	
Hollerpach-Punge		Holtkamp		Bärbel	1.101	Hopf		Anke	2.280
	2.175	Christian	2.300	Detlef	2.101	Sandra	1.486	Axel	2.081
Hollinder	1.055	Gert-Josef	1.811	Eberhard	2.436	Ulrich	4.651	Charlotte	1.415
Hollinger	1.584	Kerstin	2.495	Gundula	2.197	Hopmann		Daniel	4.491
Hollkott	1.128	Klaus	1.552	Hans-Dieter	2.512	Barbara	1.456	Edgar	1.232
Hollmann		Martin	2.445	Heinz-Josef	1.276	Elisabeth	2.654	Eric	1.770
Dieter	4.150	Nicole	2.604	Hombach		Frank	6.155	Günter	2.456
Gunnar	2.079	Petra	2.514	Hildegard	1.481	Leni	2.638		4.571
Kirsten	2.281	Rudolf	1.175	Peter	1.091	Hopmeier		Herm.-Josef	2.571
Klaus	1.228	Susanne	2.612	Homberg		Heiko	2.063	Judith	4.385
Mathias	2.687	Holtkemper	2.010	Gerd	2.670	Karl-Gerd	2.600	Juliane	4.660
Monika	2.695	Holtkötter		Jutta	4.600	Lothar	2.445	Karin	1.583
Sabine	2.055	Matthias	2.730	Nadine	1.130	Hopp	1.740		4.750
Wolf-Gerhard	2.695	Rudolf	3.038	Ulrike	2.519	Hoppe		Michael	4.220
Hollmann-Vogel		Holtmann		Wibke	2.690	Achim	2.586		4.512
	2.772	Gunther	1.437	Homburg		Alfred	1.157	Sigrid	1.010
Hollwedel	2.355	Hermann	3.030	Anke	2.418	Andreas	1.451	Stefanie	1.159
Hollweg-Lohrer	2.281	Theodor	2.190	Matthias	2.621	Bernd	2.036	Horn von	
Hologa		Werner	2.638	Reiner	4.831	Britta	1.802	Dirk	2.326

Name	Nr.	Name	Nr.	Name	Nr.	Name	Nr.	Name	Nr.
Ingrid	2.771	Gudrun	4.705	Hromek	4.111	Hübscher-	4.277	Dorina	2.639
Isabel	2.173	Hugo	2.715	Hubatsch	1.565	Bonikowski		Hans Georg	2.665
Horn-Birkhölzer		Markus	1.550	Hubbertz	1.007	Hüchting	1.495	Hans-Werner	4.740
	1.633		4.340	Hubbertz-Müller		Hueck	1.435	Heiner	1.158
Horn von-Bredenbeck		Michael	2.255		1.455	Hückel	2.169	Heinz-Joach.	2.260
	2.001		2.587	Hubbig	2.360	Hückelheim	2.095	Henning	1.680
Horn-Lehnert	3.065	Norbert	2.165	Huben	4.245	Hücker	3.210	Jürgen	2.240
Hornberger-Dietz		Ruth	2.563	Huber		Hücking		Karin	2.393
	1.061	Susanne	4.743	André	4.943	Hans	3.105	Klaus	2.115
Horndt	4.260	Tanja	2.565	Angelika	1.460	Werner	2.425	Michael	2.242
Hornemann		Ulrich	4.462	Gereon	1.229	Hüffmeier	2.519	Ulrich	4.810
Detlef	1.712	Horstmann-	1.036	Joachim	1.057	Hügel		Wolfgang	2.184
Jochen	2.362	Tjong-Ayong		Jutta	2.590	Andrea	4.960	Hülsmann-Diewald	
Hornig		Horstmeier		Michael	2.072	Sebastian	4.900		1.116
Günter	2.530	Helmut	4.491	Ursula	1.066	Hügging	2.176	Hülsmann-Romoth	
Hannelore	3.050	Manfred	2.671	Hubert		Hüging			3.007
Kai	1.712	Horstrup-Trzeciak		Daniel	1.340	Hülsmeier	3.165
Hornkohl	2.502		4.380	David	1.715	Norbert	2.618	Hülsner	4.300
Hornschu	2.452	Hort	2.403	Hannelore	4.491	Hühlings	1.168	Hülswitt	1.220
Hornstein	1.131	Horter		Hubert-Koraniy	1.069	Hühn		Hümbs	1.580
Hornung	2.161	Ingeborg	2.603	Hubo	1.105	Gerda-Louise	1.124	Hündgen	1.190
Horsch	2.472	Manfred	3.145	Hubrath	1.413	Udo	2.520	Hündling	1.633
Horst		Hortmann	2.072	Hubrecht	1.451	Hühnerbein	1.265	Hüner	
Brigitte	1.583	Horwitz	2.436	Hubrich	1.790	Hühnerfeld	4.470	Jürgen	2.530
Cornelia	2.518	Hoscheid	2.638	Hubrig	2.057	Hühnerfuß	4.410	Klaus	2.658
	3.165	Hoscheid-Müller		Hucht		Hükelheim		Nesrin	2.033
Fr.-W.	BRM		4.491	Bernarde	2.710	Franz	1.630	Hünerbein	1.058
Heinrich	1.090	Hoscheit	3.145	Michael	1.441	Sigrid	1.633	Hünerlage	2.243
Karin	4.271	Hoselmann	4.600	Huchzermeier	2.440	Hülden	1.255	Hüning	
Silke	2.445	Hosemann	2.174	Huck	2.176	Hülder	3.155	Jan	2.746
Wolfgang	2.487	Hosiepe	1.593	Hucke		Hülk	2.057	Michael	1.128
Horst de Cuestas		Hoß (Hoss)		Bettina	1.594	Hülkenberg	2.390	Ursula	1.811
	2.355	Dorothea	1.716	Julia	1.151	Hüllen		Hünnekens	
Horst ter	4.495	Gerlinde	2.530	Ulrich	4.790	Horst	2.460	Jörg	4.743
Horstbrink		Herbert	2.410	Huckebrink	2.205	Norbert	2.550	Johanns	1.261
Annette	2.062	Hoßbach	1.370	Hucklenbroich	4.252	Robert	1.165	Hünninghaus	1.817
Gabriele	2.520	Host	2.620	Hucks	1.536	Thorsten	1.415	Hünseler	
Horstendahl	2.165	Hosten	4.630	Hue	1.098	Hüllhorst	4.170	Ursula	1.615
Horster		Hothneier	2.730	Hué	1.550	Hülm		Wolfgang	1.003
Brigitte	1.521	Hotop	4.832	Hübbel-Stein	1.025	Gabriele	1.407	Hüntemann	
Lambert	1.376	Hotopp	4.832	Hübel		Werner	1.403	Bettina	1.481
Leonhard	6.210	Hotze		Anne-Marie	1.593	Hüls		Gabriele	1.350
Horsters-Bromkamp		Elisabeth	1.551	Birger	1.453	Arne	2.462	Hünten	1.790
	2.102	Rainer	2.390	Hübel-Witulski	4.705	Elisabeth	4.690	Hünten-Pohl	1.711
Horsthemke	2.183	Houben	1.008	Hübenthal	1.041	Gerd	2.393	Hünting	2.658
Horstkemper	4.130	Hourticolon	1.770	Hüber	1.615	Heike	4.601	Hüpen	4.695
Horstkotte-Kaluza		Houtrouw	1.660	Hübert-Kuß	1.081	Jörg	3.050	Hüppe-ter Braak	2.677
	2.655	Hove van	2.064	Hübinger	1.126	Klaus	2.674	Huerkamp	2.710
Horstkötter	1.641	Hovemann-Thielager		Hübler	4.210	Martina	2.690	Hürten	2.472
Horstmann			4.511	Hübner		Monika	2.632	Hürter (Huerter)	
Achim	4.075	Hoven		Birgit	4.210	Rudolf	2.418	Heribert	1.216
Adalbert	2.040	Marlies	1.711	Cordula	1.629	Hülsbusch		Ludwig	1.241
Andreas	2.518	Richard	3.160	Jutta	4.540	Lydia	4.040	Michael	1.796
Ansgar	1.265	Hover	3.030	Karl-Otto	2.181	Norbert	1.151	Wolfgang	1.063
Brigitte	4.276	Hoverath		Kunigunde	1.432	Robert	4.380	Hürtgen	1.003
Britta	1.155	Günther	1.052	Marcus	1.743	Hülsemann	1.750	Hüsch	
Christa	2.671	Helmut	1.091	Renate	2.456	Hülsenbusch	1.521	Astrid	4.654
Christian	2.685	Hoya	4.601	Sabine	1.422	Hülsey-Kollan	2.625	Frank	4.571
Christiane	1.341	Hoyer		Stefan	2.275	Hülshorst	4.832	Gerhard	2.182
Christoph	2.755	Birgit	1.821	Thorsten	4.247	Hülskamp	2.517	Hüschen	2.417
Corinna	4.600	Hans-Peter	1.231	Thorsten M.	2.290	Hülsken		Hüsen	4.635
Detlef	2.073	Kathrin	4.601	Hübsch		Herbert	4.810	Hüser	
Dieter	2.061	Niels	2.410	Monika	2.396	Martina	1.224	Ingeborg	1.592
Dietrich	2.156	Hoynigen-Huene v.		Ulrich	2.521	Hülsmann		Sabine	2.266
Eike	2.120		2.763	Hübsch-Faust	1.781	Annette	2.695	Hüsgen (Huesgen)	
Elisabeth	2.059	Hoyos-Román	1.415	Hübschen		Astrid	2.260	Hubert	2.438
Elke	2.072	Hrach	2.665	Daniel	1.820	Birte	1.785	Ulrike	1.417
Gotmar	2.503	Hromada	3.038	Katrin	1.195	Christa	1.214	Hüsges	

Anke	1.212	Hütter		Rudolf	4.832	Hundte	2.416	Husen van	4.690
Per	4.940	Carsten	1.128	Huhndorf		Hunecke	2.665	Husmann	
Hüsing		Heike	1.115	Andreas	1.422	Huneke		Anke	2.519
Gerhard	2.126	Maren	1.195	Beate	1.537	Angelika	4.193	Björn	2.181
Gudrun	4.040	Hütter-	3.125	Jörn	2.390	Gerd	2.502	Nikolaus	4.800
Jessica	4.831	Lützenkirchen		Huhnen-Venedey		Jens	1.441	Wilhelm	4.243
Hüske		Hüttermann			1.054	Karsten	2.670	Husmeier	2.514
Gisela	1.530	Andrea	2.161	Huisken		Klaus	2.158	Husnik	
Michael	1.525	Carsten	1.505	Burghard	2.182	Wolfgang	4.300	Holger	2.370
Hüsken		Christiane	4.470	Rainer	2.073	Hunfeld	2.280	Karin	2.410
Andrea	1.820	Johs.	2.166	Huizinga	1.159	Hunger		Huss	2.001
Karin	4.870	Hütterott	1.627	Hukelmann	1.585	Claudia	1.743	Hußing-Weitz	3.170
Lothar	1.218	Hüttl	1.506	Hullen	1.139	Klaus	4.040	Hußmann	
Silvia	2.152	Hüttmann	2.485	Hullermann	2.281	Ursula	4.040	(Hussmann)	
Hüsken-Jantze	1.098	Hüttner		Hullerum	2.030	Walter	2.158	Cornelia	2.160
Hüskes		Birgit	1.127	Hullmann	1.214	Hunger-Weirich	4.462	Eva	1.536
Dagmar	4.243	Brigitte	4.070	Hulvershorn	2.293	Hungerbach	1.008	Karl	4.277
Wolfgang	1.451	Harald	1.482	Humbeck	2.736	Hungerberg	2.627	Norbert	1.434
Huesmann		Ingrid	1.009	Humberg	2.687	Hunke-Schmidt	1.419	Hußmann-Herden	
Annegret	4.491	Hütz		Humbert		Hunold	1.418		4.180
Bernd	2.725	Gisela	1.445	Hermann-Josef	2.520	Hunsinger	2.705	Hussong	2.510
Herbert	2.625	Heinrich	1.035	Ludger	4.040	Hunsteger-Petermann		Husten-Schriede	
Johannes	1.261	Hützen	4.700	Hummel			2.320		1.091
Mechthild	2.626	Hüwe		Bernhard	1.006	Huntemann	1.821	Hutchinson	4.540
Nicole	2.495	Andreas	2.243	Rita	1.056	Hunting	2.056	Hutmacher	
Hüster		Antonia	2.686	Thomas	1.681	Hunz	1.529	Anne	1.409
Dietmar	2.437	Brunhilde	4.243	Hummel-Podszun		Hupe		Ina	1.186
Egbert	2.396	Franz	2.625		1.069	Edgar	5.610	Hutsch	1.408
Karl-Josef	4.740	Gabriele	2.555	Hummelsheim		Lars	2.316	Hutschenreuter	1.416
Kirsten	2.151	Kathrin	1.589	Franz Josef	1.035	Huperz	2.570	Huttenburg	1.250
Hüsterkamp	2.456	Meinolf	2.535	Karl Ludwig	1.355	Hupfeld	2.635	Huttenlocher	4.945
Hüstermann	4.681	Hüwel	3.165	Nicole	4.120	Hupfer	1.103	Hutter	
Huet van		Hüwelmeier		Hummerich	1.125	Hupka	2.291	Barbara	1.056
Arndt	1.153	Barbara	2.570	Hummerich-Diezun		Hupp		Karl	2.640
Claudia	2.612	Margret	2.153		1.817	Herbert	1.107	Hutz	3.063
Marion	1.712	Hufen		Hummerich-	2.511	Wilfried	2.364	Huwe	2.670
Hüth van	4.940	Anja	1.538	Zimmermeier		Hupperich	1.593	Huwer	1.455
Hüther	2.380	Annelie	4.950	Hummernbrum	4.252	Huppert	2.726	Huy	2.502
Hütig	1.592	Hufendiek		Hummert-	2.570	Hupperth-Schmickler		Huylmans	3.165
Hütsch	4.635	Elke	4.370	Hüwelmeier			1.414	Huylmans-Ries	1.453
Hütt	1.196	Gustav-Adolf	2.730	Humpert		Huppertsberg	1.414	Huys	2.521
Hütte		Hufgard	1.575	Anne-Karen	2.021	Huppertz		Huys-Becker	4.170
Andrea	2.031	Hufnagel		Edith	2.435	Gudrun	4.415	Hybel	1.223
Hartmut	1.025	Christiane	4.192	Egbert	1.580	Helmut	1.067	Hyllus	2.173
Saskia	3.165	Hubert	2.426	Gisela	2.355	Paul	1.325	Hypius	2.191
Hüttebräuke		Markus	2.154	Heinz-Georg	4.221	Susanne	2.021		
Friedr.-W.	4.071	Ingo	4.160	Monika	1.455	Werner	4.260	I	
Wendy	2.077	Hufschmidt		Nadine	1.495	Wolfgang	1.414	Iasevoli	2.165
Hüttemann		Hanne	4.100	Renate	2.462	Huppmann		Ibach	2.650
Alexandra	1.457	Jochen	1.426	Wolfgang	2.057	Franz	2.081	Ibach-Hankewitz	
Karl-Heinz	2.075	Peter	4.247	Humpert-Sachs	4.832	Margret	2.240		1.232
Kirsten	3.068	Huft		Humphrey	1.015	Huptas	4.274	Ibdah	1.117
Margarete	2.415	Ulrike	4.242	Humpich-Röhl	1.221	Hurcks	2.425	Ibe-Huhn	4.570
Rosemarie	1.690	Wolfgang	4.242	Humpohl	2.521	Hurka	4.635	Ibert-Wiskemann	
Uwe	2.654	Hug	2.291	Humrich	2.318	Hurlin-Kuntz	4.252		2.415
Hütten		Huge		Hund	1.211	Hurtienne	3.160	Ibing	2.168
Elisabeth	4.495	Marianne	2.050	Hundeiker	1.400	Hus	4.224	Ibing-Heinemann	
Heike	1.255	Walter	2.687	Hundelt	4.495	Huschitt	4.670		2.437
Hüttenberger	1.740	Hugendiek	4.761	Hundenborn	4.635	Husemann		Iborg-Pietzner	2.064
Hüttenes	4.510	Hughes	2.402	Hundert	1.233	Angelika	1.553	Ibrahim	
Hüttenhoff		Hugo		Hundrup	1.650	Christina	2.323	Isis	4.832
Christoph	4.962	Ilse	2.179	Hunds	1.475	Denis	2.154	Mariam	2.595
Helmut	1.594	Siegfried	2.612	Hundt		Eginhard	2.062	Ickler	
Jörg	4.660	Silke	1.421	Fritz	4.340	Martina	4.740	Ernst	1.537
Ulrike	1.593	Hugow	2.670	Johannes P.	2.084	Veit	2.158	Klaus-Jürgen	1.325
Hüttenhölscher	2.170	Huhn		Konstanze	1.460	Husemeyer		Ide	4.220
Hüttenmüller	2.158	Christian	2.161	Martina	2.530	Angela	1.210	Idries	1.008
Hüttenschmidt	2.197	Klaus-Martin	1.488	Reiner	PA	Sabine	1.210	Idrizovic	4.930

Namenverzeichnis

Name	Nr.	Name	Nr.	Name	Nr.	Name	Nr.	Name	Nr.
Ifland	1.124	Beatrix	1.575	Irureta	4.170	Jablonka	4.091	Jacubczick	2.318
Igel	2.745	Klaus	1.162	Isaac	1.105	Jablonowski	1.680	Jäckel	
Igelbrink	2.680	Immel		Isaiasch	4.960	Jablonski		Bernhard	2.075
Igelmund	1.418	Bettina	2.058	Isajiw	1.067	Berthold	1.159	Heike	1.681
Ignatzek	4.590	Dietrich	2.061	Isbach	2.518	Daniela	1.411	Norbert	2.175
Ihle		Immenkamp	2.196	Isbein	1.165	Miriam	1.191	Ulrich	4.722
Friederike	2.157	Immenkötter	1.640	Isbruch-Schulz	4.170	Monika	4.960	Uwe	4.960
Silvia	1.510	Immer	2.064	Ischebeck		Jablonski-		Jäckel-Krapp	1.200
Ihlenfeld	2.267	Immhoff	1.490	Arn.	1.045	Große-Wilde	2.151	Jäcker-Vernazza	1.010
Ihling	4.930	Immig	1.158	Tini	2.519	Jabs	1.554	Jägel	2.611
Ihmann	2.363	Immisch	4.790	Ise	1.416	Jach	1.250	Jäger (Jaeger)	
Ihne	2.480	Immler	2.286	Iseke	1.823	Jack	2.600	Achim	1.042
Ihrig	2.291	Imorde	4.243	Isele	1.128	Jacka	2.090		1.106
Ihssen	4.762	Impekoven	1.414	Isemann	4.440	Jacke	4.300	Alexandra	3.012
Ihtiyar	1.230	Inden		Isenberg		Jacken	2.285	Berthold J.	2.075
Ikemeyer	2.064	Britta	2.571	Erwin	2.370	Jackowski	2.326	Bodo	2.393
Ikenmeyer		Gitte	1.811	Martin	2.732	Jackson	2.395	Carsten	2.763
Albert	2.589	Johannes	1.367	Rainer	2.685	Jacob		Dieter	4.870
Edith	2.589	Inden-Lohmar	4.249	Ulrich	1.823	Barbara	2.555	Dirk	1.123
Iking		Inderwisch	1.593	Isenberg-Haase	1.781	Eva-Maria	4.621	Dörthe	2.110
Elke	2.640	Ingenbleek	4.323	Isenböck	1.660	Gabriele	1.081	Gabriele	1.261
Morten	2.555	Ingendahl	1.530	Isenbügel	1.550	Guido	2.281	Gerhard	1.040
Ilaender		Ingenfeld	4.304	Isenman	4.385n	Hildegard	MSW	Gisela	2.730
Annette	4.300	Ingenhaag	1.594	Isenrath	1.586	Jutta	1.419	Heike	1.098
Christian	1.400	Ingenhag	1.360	Isensee	1.275	Norbert	1.820	Helmut	1.035
Ilbertz	1.109	Ingenlath-Flach	1.536	Isensee-Huhle	1.151	Jacob-Gockeln	2.614	Hildegard	1.228
Ilg	1.025	Ingenlath-Gegić	4.370	Iserloh		Jacobi			1.266
Ilgen	1.151	Ingenleuf	1.102	Bernd	2.521	Bernhard	1.594	Horst-Uwe	2.361
Ilgen-Müller-Wüsten		Ingensand		Herm.-Josef	2.242	Heinz	2.653	Jeannine	1.162
	1.433	Sigrid	1.645	Ludger	2.153	Marlies	1.080	Manfred	4.040
Ilgert	1.521	Stefan	1.390	Isermann	1.486	Stefan	1.737	Markus	2.100
Ilgner	2.153	Ingler	2.462	Isert	1.741	Jacobi-Bradic	2.255	Michael	1.190
Iliescu	1.116	Ingmanns	4.652	Isfendiyar	4.055	Jacobs			4.340
Iliegens	1.740	Inhester-Heinbokel		Ishorst	4.150	Anke	2.077		4.350
Illbruck			2.160	Ising	2.685	Brigitte	1.432	Monika	1.481
Johanna	1.370	Inhoff	2.081	Isken	2.605	Dirk	1.102		3.045
Wolfgang	1.158	Inhoffen	1.760	Ismar			2.450	Rolf	4.495
Ille	2.402	Inigo Lopez	2.480	Elfriede	1.286	Gerhild	3.135	Rolf-Werner	2.732
Illers	1.098	Innig		Peter	1.560	Hans-Paul	2.715	Sabine	1.043
Illgen	2.669	Ursula	2.651	Isphording	2.030	Heike	4.830	Thomas	4.276
Illian	4.075	Werner	2.485	Isphording-Ide	2.090	Heiner	4.570	Ulrich	2.487
Illies	2.070	Int-Veen	1.522	Israel	1.820	Heinz Theo	1.522	Ursula M.	1.150
Illig	2.210	Intrup	3.165	Isringhausen	4.330	Helga	1.002	Wilfried	2.437
Illigen	4.245	Intven	4.680	Issel	2.462	Katrin	2.058	Jäger-Endras	2.345
Illigens	1.470	Ipach	1.320	Ißelburg	1.421	Marianne	1.645	Jaeger-Klütsch	4.961
Illner	2.516	Ipbüken	4.580	Isselhard	4.170	Marion	4.630	Jägers (Jaegers)	
Ilse	2.630	Ippach	2.085	Issinger		Matthias	1.645	Albert-W.	1.255
Ilsen-Recklies	2.080	Irgang	2.659	Eginhard	3.045	Michael	1.132	Alfons	1.125
Imbach	4.491	Irion	2.380	Hans-Ulrich	2.595	Norbert	2.022	Paul-Wolfgang	1.001
Imberg	1.230	Irländer		Ißler	1.445	Oliver	2.090	Jägersküpper	1.210
Imbusch-Jung	1.008	Elmar	2.745	Italiani	1.128	Regina	4.705	Jähme	2.345
Imedio-Murillo	1.216	Hans	4.570	Ittmann	2.452	Thomas	1.620	Jähne	2.637
Imenkamp	4.249	Irle		Ivo	2.570	Ulrich	1.510	Jähner	4.304
Imgenberg		Gerhard	2.010	Iwan	1.810	Ulrike	2.281	Jährig	3.160
Beate	2.174	Hans-Joachim	2.246	Iwanowsky	1.002	Ursula	4.870	Jährling	2.435
Klaus Günther	2.772	Volker	2.370	Ix		Jacobs-Neumann		Jäkel	2.670
Imgrund	1.550	Irle-Gieseler	2.260	Bruno	1.680		1.220	Jäker	2.057
Imhof		Irlenbusch	1.488	Heinrich	1.159	Jacobsen		Jaenchen	2.165
Heinrich	2.415	Irlenkäuser	4.831	Izquierdo von Paller		Jutta	2.215	Jaenecke	
Julia	4.645	Irmak	1.345	Alfonso	1.565	Uwe	2.595	Christiane	1.132
Imhoff		Irmer		Monja	1.565	Jacobsen-Bauer		Christoph	1.132
Klaus	1.066	Christoph	4.960				3.326	Jänicke (Jaenicke)	
Mareike	1.554	Norbert	2.120	**J**		Jacobsmeier	1.240	Karin	3.065
Imholz	2.456	Susanne	1.490	Jaax		Jacoby		Rainer-Maria	1.404
Imkamp	2.281	Irnich	1.811	Annemarie	4.540	Christiane	4.180	Wolfgang	2.655
Imlau	4.111	Irrgang	1.136	Ivo	4.830	Ruth-Maria	1.015	Jänisch	2.255
Immekeppel	1.691	Irrmischer	1.008	Peter	1.551	Jacopit	2.315	Jännert	4.323
Immekus		Irsen	1.715	Jablinski	1.585	Jacquemin	1.442	Jänsch	4.071

Jäsche	1.541	Kurt	1.537	Ulrich	1.586	Meike	1.690	Werner	2.460
Jäsche-Koners	2.630	Thomas	4.241	Jankowski-Sönmez			1.796	Wolfgang	1.158
Jäschke (Jaeschke)		Waltraud	4.430		4.195	Michael	4.241	Janssen-Rüße	2.275
Barbara	4.242	Jakob-Elshoff	2.620	Jann	1.103		4.771	Janssen-	1.681
Christiane	1.430	Jakobi		Jannaber	2.300	Nicole	1.266	Zimmermann	
Dieter	4.070	Friedrich	2.585	Jannan	2.640	Norbert	1.445	Janssens	2.270
Georg	1.593	Udo	2.021	Jannek	4.300	Paul	2.674	Jantze	1.592
Hiltrud	2.512	Wolfgang	2.121	Jannich	2.325	Peter	1.402	Jantzen	1.005
Roland	1.454	Jakobiedeß	1.458	Janning	2.535	Petra	4.960	Janus	
Skadi	2.396	Jakobs		Jannusch	1.191	Reiner	1.595	Andreas	1.780
Thomas	4.530	Claudia	1.121	Janowski	1.433	Renate	1.190	Christopher	2.611
Jagdmann	1.225	Elisabeth	4.300	Jansa	1.584	René	1.435	Janusz-Kiwic	3.030
Jagemann	1.581	Evelyn	2.146	Janschewski	1.320	Robert	1.255	Janz	4.350
Jagodzinska	4.491	Heinz	4.491	Janse	2.073	Rüdiger	1.158	Janz-Warias	4.247
Jagow	2.002	Karl-Heinz	4.745	Jansen		Sabine	1.458	Janzen	
Jagusch-Atrops	4.070	Marion	4.520	Adelheid	1.061		4.072	Heinz-P.	1.586
Jahn		Jaksch	1.006	Alexa	1.105		4.513	Marlies	1.101
Achim	1.165	Jakschik	2.611	Alexander	1.275	Stefanie	1.009	Reinhard	4.240
Barbara	4.248	Jakschitz	1.645	Andreas	1.150		1.441	Ulrich	2.485
	4.340	Jakubek	4.072	Astrid	4.875	Sven	4.470	Jaques	2.452
Brigitte	2.070	Jaletzke		Barbara	1.051	Ursula	1.685	Jaquet	1.348
	4.192	Michael	4.170		1.630	Ute	1.001	Jarabeck	1.060
Bruno	1.057	Ulrike	1.456	Beate	1.353	Jansen-Gormanns		Jarchau	2.036
Denny	2.564	Jamai	1.340	Bernd	1.545		4.900	Jarchow	
Frauke	2.460	Jamann	1.406	Birgit	4.304	Jansen-Hüttemann		Hendrik	2.530
Günter	3.035	Jambor	1.285	Birgitt	1.591		1.348	Markus	1.066
Hans-Werner	1.817	Janas-Lecybyl	2.075	Brigitte	1.320	Jansen-Netter	2.680	Jarcke	2.417
Heike	2.745	Jancke	1.326	Christine	4.875	Jansen-Poppe	1.460	Jarczyk	1.041
Klaus	4.621	Janda		Claudia	4.905	Jansen-	1.416	Jarendt	4.723
Lothar	3.050	Astrid	2.300	Dieter	6.100	Zimmermann		Jarmer	1.552
Martina	2.450	Kathrin	1.451	Dirk	4.920	Jansing		Jaroniak	4.276
Wolfgang	1.785	Jandausch	2.356	Dorothée	4.221	Lieselotte	2.620	Jarosch	
	1.098	Jandt		Elisabeth	1.583	Oliver	2.077	Dirk	1.432
Jahn-Nottebohm	4.252	Jutta	4.246		2.462	Jansmann	2.589	Wolfgang	1.484
Jahnel	4.723	Ulrike	2.168		4.920	(Janßen) Janssen		Jarre	1.801
Jahnel-Achilles	1.401	Janentz	2.603	Elke	1.353	Alexandra	2.687	Jarsombeck	1.068
Jahnen-Foit	1.441	Janert		Elmar	1.710	Astrid	2.360	Jarvers	4.240
Jahnes-Pickartz	1.222	Christiane	1.233	Eva	2.031	Bernd	1.537	Jarzinka	1.165
Jahnke		Ulrike	4.491	Gabriele	2.511	Bettina	2.020	Jaschinger-Skoruppa	
Christian	3.398	Janetzki	2.518		4.220	Britta	2.165		1.419
Dirk	4.390	Janeva	3.125	Gerd	1.743	Bruno	1.392	Jaschinski	2.415
Elisabeth	1.222	Janhsen		Gerhard	1.108	Christiane	1.460	Jaschke	2.225
Hans-Otto	2.300	Gunter	4.073	Günter	1.356	Dörte	1.580	Jasinski	1.053
Holger	4.950	Ute	4.401	Hans-Jürgen	1.055	Edda	2.600	Jaskolla	1.370
Jürgen	4.246	Janiak	1.221	Hans-Peter	2.265	Gertrud	2.246	Jaskulski-Strache	
Jutta	4.670	Janiszewski	2.770	Hans Reiner	1.348	Gisela	1.260		1.500
Siegfried	2.157	Jank	1.736	Heide	1.432	Harald	1.629	Jaskulsky	2.363
Uwe	2.121	Janka	1.276	Heidrun	2.100	Heinrich	4.091	Jasnoch	4.276
Walter	1.232	Janke		Hella	1.691	Ingrid	3.065	Jaspar	4.070
Jahnke-Wüllen van		Gabriele	3.007	Herbert	1.305	Lothar	1.155	Jasper	
	2.197	Klaus	4.111	Heribert	1.123	Marc	1.266	Dirk	4.111
Jahnke-Schulz	4.570	Markus	2.289	Hermingard	3.172	Martin	1.716	Fred	1.410
Jahns	2.355	Michael	4.270	Irma	1.365	Matthias	1.385	Friedrich	2.181
Jahnz	4.940	Janke-Klee	4.830	Jürgen	4.630	Mechtild	3.105	Hans-Henning	BRM
Jahr		Janknecht			4.700	Merve	2.610	Heinz-Josef	2.725
Jürgen	2.292	Ludwig	2.660	Kurt	1.020	Michael	1.153	Monika	2.658
Sigrid	4.193	Myrian	4.722		4.660	Monika	1.385	Roland	2.205
Jahre	2.726	Rudolf	1.109	Lambert	1.685		4.195	Ruth	2.080
Jahreiß	1.818	Jankovic	1.484	Leo	1.255	Nina	4.900	Wolfgang	4.052
Jain	1.069	Jankovics		Lothar	2.590	Philipp	1.155	Jasper-Kock	4.810
Jaitner	1.420	Astrid	4.141		3.220	Rainer	2.151	Jaspers	
Jakat	2.086	Ronald	2.146	Luise	1.020	Ralf	1.457	Christiane	4.380
Jakel	2.345	Jankowski			1.041	Roland	1.007	Jana	1.820
Jakob		Eva	1.065	Marcello	1.081	Rüdiger	2.176	Jaspers-Kühns	4.462
Arnold	1.186	Franz	1.224	Margret	1.592	Stefan	4.300	Jaster	
Christa	1.495	Heidemarie	2.545	Marielouise	1.430	Susanne	1.629	Bärbel	2.158
Edgar	1.505	Jochen	1.628	Markus	1.345	Thomas	1.266	Peter	2.156
Jutta	1.231	Roman	2.658	Martina	4.635	Ulrich	4.930	Jastrow	

Name	Nr.	Name	Nr.	Name	Nr.	Name	Nr.	Name	Nr.
Jürgen	1.820	Simone	1.633	Carola	2.695	Heinz	4.743	Sylvia	1.538
Peter	4.512	Jentzsch	4.661	Wilhelm	2.726	Iris	2.620	Joosten	
Jasz-Freit	3.175	Jepkens	1.124	Jochimsen	4.070	Werner	4.055	Hans	1.261
Jatho	4.495	Jepp-Fabritz	2.715	Jochindke	2.240	Johannknecht		Joachim	1.175
Jatzek	1.550	Jeppel	4.075	Jochmann		Engelbert	2.243	Jopen	
Jauch	4.900	Jericho	4.300	Karsten	2.695	Klaus	4.705	Gabriele	1.484
Jauer	2.063	Jerkel	1.593	Martina	3.172	Johannlükens		Heinrich	1.118
Jaugey	1.541	Jerosch	1.222	Ulrike	1.593	Ralph	2.445	Paul	2.001
Jaus	4.125	Jerrentrup	1.632	Jochum	1.004	Sabina	2.604	Jopp	1.050
Jaworski	1.711	Jerusalem		Jockenhöfer		Johannmeyer	2.110	Joppen	
Jawtusch		Brigitte	1.010	Ulrike	2.471	Johansson	1.680	Eva	4.245
Helmut	1.441	Frank	2.158		1.231	Johlen	2.192	Günter	2.380
Rosemarie	4.091	Jerzewski	1.565	Jockers	2.245	John		Joppien	2.057
Jeaud	4.323	Jesch	2.326	Jocks		Almut	1.232	Joraschkewitz	2.260
Jebbink	1.370	Jeschek	2.462	Siegrid	1.593	Bernard	4.323	Jorczik	2.364
Jebe	2.630	Jeschke		Wolfram	1.743	Helge	1.036	Jordan	
Jebenstreit	2.731	Gabriele	1.699	Jockweg	4.221	Ilka	1.588	Angelika	1.736
Jebing	2.195	Klaus	3.030	Jodeit	1.715	Steffen	2.485	Astrid	1.186
Jecht	4.662	Jeseck	2.770	Jodl-Leunig	2.241	Susanne	1.376	Heiner	4.415
Jeckel	1.036	Jesenek		Jöbkes	1.680	Volker	1.523	Katja	2.401
Jedan	4.252	Gabriele	2.266	Jöckel	1.165	Werner	4.300	Klaus	3.140
Jedner	4.380		4.240	Jöhren		John-Vollberg	4.741	Stefanie	4.831
Jeffrey	4.462	Jeserich	2.587	Ulrike	1.750	Johnen		Ute	2.638
Jegelka	2.115	Jesgarz	1.640	Willibald	2.175	Albert	2.315	Volker	2.600
Jehmlich		Jesheit	1.025	Joeken	4.875	Elke	2.626	Werner	1.004
Brita	2.425	Jesinghaus-	1.822	Joepen-Walter	1.009	Franz	3.125	Jordan-Meyer	
Kirsten	1.696	Eickelbaum		Jörding-Lohmeyer		Rita	1.810	zu Selhausen	2.771
Jeismann	3.220	Jeske			4.130	Rotraut	2.317	Jordans	
Jelak	2.243	Claudia	2.445	Jöres (Joeres)		Johnen-Hahn	2.726	Andrea	1.796
Jelden	2.630	Jürgen	4.511	Arnd	4.462	Johner	2.620	Eleonora	1.810
Jelenski	2.174	Margot	4.570	Heinz	2.365	Johnson		Jordy	1.527
Jelic	1.412	Ulrike	2.267	Wolfgang	4.470	Anke	2.073	Josch	1.325
Jelich	1.229	Jeß	4.635	Jörgens		Doris	2.293	Josch-Blocklinger	
Jelinek	2.160	Jesse-Stall	2.625	Maria	1.417	Stuart	1.117		1.453
Jelitte	2.455	Jessen-Robertz	4.295	Thomas	1.632	Ute	1.736	Joseph	
Jelitto	1.167	Jessing		Jörger	1.805	Johr	2.763	Dagmar	4.832
Jelten	4.645	Daniel	2.197	Joeris (Jöris)		Joist	1.495	Monika	1.105
Jende	1.713	Paul	4.780	René	1.004	Jokela	1.045	Rolf	2.401
Jende-Soeken	1.482	Jestädt	2.083	Ricarda	1.380	Jokiel	2.265	Josephs	
Jenderek		Jestrich	1.570	Joerißen		Jokisch	2.645	Andrea	2.154
Irene	1.230	Jeswein	4.111	Heinz-Dieter	2.031	Joksch		Dorothee	2.084
Peter	1.160	Jetter	4.245	Iris	2.031	Andreas	2.345	Helena	1.102
Jendges		Jetzek-Berkenhaus		Ute	4.660	Marion	1.058	Nicole	2.059
Klaus	1.412		1.785	Jörke	2.585	Wolfgang	1.058	Wilhelm	1.795
Rainer	1.015	Jetzki	1.326	Jörling	2.516	Jolk	5.610	Wolfgang	4.415
Jendrny	4.743	Jeuck	1.170	Jösch	1.452	Jommersbach	1.470	Josko-Munsch	1.589
Jendrzewski	1.051	Jeuck-Einheuser	1.625	Joest		Jonack	4.741	Josmann	1.041
Jenkner	2.419	Jeung	4.274	Daniel	2.470	Jonas		Jost	
Jenkner-Korst	4.224	Jeziorowski	1.132		4.323	Dorothea	4.260	Christel	2.486
Jennen		Jezovcsek	2.589	Joest-Schneider	2.560	Hartmut	2.315	Christoph	2.289
Hans Jürgen	1.685	Jezuita	4.905	Joesten	4.072	Maria	4.690	Dagmar	4.960
Marianne	1.685	Jikeli	4.241	Jöstingmeier	2.516	Jonasson	2.180	Elisabeth	2.058
Jenner	1.008	Jimenèz Romera		Jogmin	1.190	Jonen		Elke	2.503
Jennes	1.229		2.419	Jogsch-Ganslandt		Hans-Günter	1.310	Eva-Maria	3.040
Jenniches	1.020	Jindra	2.305		2.450	Kurt	1.627	Gernot	2.174
Jennrich	2.355	Jirmann	4.761	Johag	1.265	Jong de		Heinrich	4.190
Jensch	1.537	Joachim		Johann		Hans	1.240	Rainer	2.055
Jensen		Manfred	2.589	Britta	2.356	Hans-Dieter	1.124	Jost-Westendorf	2.318
Anette	1.805	Oskar	1.575	Regina	1.165	Petra	2.266	Josten	
Christine	4.945	Job	4.248	Johannes		Sonja	1.375	Gabriele	1.061
Jensten	1.407	Jobelius	1.819	Klara	3.150	Jongeblod	4.245	Klaus	4.951
Jenster	4.660	Jobi	1.067	Christine	1.640	Joniak	4.401	Lothar	1.270
Jentgens	1.520	Jobski	4.074	Johannvorder-	2.451	Jonientz	1.106	Marc	1.139
Jentsch		Jobst	4.832	sielhorst		Jonischeit	4.070	Tilmann	1.420
Herbert	1.380	Jobst-Peckel	2.516	Johannes-Tholuck		Joos		Josten-Rühl	1.305
Marlies	2.635	Jobusch	2.242		1.211	Hans-Peter	1.712	Jostes	1.230
Michael	1.219	Jochheim		Johannesmeyer	2.157	Monika	4.170	Josting-	2.700
Sandra	2.310	Barbara	4.249	Johanning		Sabine	1.128	Klingenberg	

Jostkleigrewe	2.154	Hartmut	4.601	Michaela	2.491	Margret	1.685	Sybille	2.355
Jostmeier	4.790	Josef	2.064	Renate	2.355	Marianne	2.530	Kähmann	1.168
Jostock-Petters	1.484		4.662	Rüdiger	4.402	Melanie	1.118	Kälker	2.005
Joswig		Klaus	2.402	Sabine	4.276	Oliver	2.318	Kämmerer	1.006
Barbara	2.316		1.593	Sebastian	2.010	Sonja	4.055	Kämmerling	2.604
Jutta	2.520	Kristina	1.214		4.690	Thomas	4.700	Kämper	
Oliver	1.680	Ute	1.538	Stefan	2.586	Junker-Hartmann		Barbara	1.305
Ute	2.079	Jürgens auf der Haar		Ulrich	1.552		1.059	Hans-Eckhard	2.255
Joswowitz			2.067	Jung-Kaballo	1.495	Junkerfeuerborn		Martin	1.357
Gerald	1.580	Jürgens-Hesse	3.165	Jung-Lösing	2.055		2.323	Thea	1.186
Kirsten	1.454	Jürgens-Hinkelmann		Jung-Wanders	1.750	Junkers		Werner	1.350
Joußen	1.190		2.745	Jung-Wilson	4.945	Fritz	1.158	Kämpf	1.535
Juchem		Jürgens-Rauscher		Junga	4.600	Tatjana	4.470	Kämpfer	2.763
Eva Maria	1.422		1.690	Junga-Bruckmann		Junklewitz	1.290	Kämpken	1.130
Hans Wilhelm	1.482	Jürgensen			4.290	Junkmann	2.031	Käppler	1.006
Martin	1.458	Peter	1.276	Jungblut		Juntermanns	1.454	Kaerger-Fuchs	4.962
Willi	4.800	Simone	1.775	Jutta	1.066	Jupe	1.123	Kärmer	1.380
Juchheim	1.402	Jürgensen-Engl		Rainer	1.220	Jupke	2.060	Käsbach	1.775
Jucknischke	1.823		1.351	Rita	1.581	Jura	2.746	Käsbauer	4.277
Juckwer	2.603	Jürgensmeier-		Sandra	1.470	Jurczyk	2.725	Käse	
Juda	1.162	Schlüter	2.125	Jungbluth		Jurecky	4.220	Josefine	1.006
Judersleben	2.266	Jürgensmeyer	4.940	Carmen	1.486	Jurilj	4.430	Susanne	1.210
Judt		Jüterbock	4.832	Rüdiger	1.128	Jurina	1.052	Kaeseler	1.107
Brigitte	4.821	Jüterbock-Nielen		Jungbluth-Flaßwinkel		Jurisch-Meyer	3.150	Käsinger	4.961
Ulrich	4.790		1.276		2.072	zum Farwig		Käß	4.091
Jülich	1.741	Jütte		Junge		Jurrat	2.587	Kästingschäfer	2.710
Jülicher		Harald	2.635	Gudrun	1.132	Jurzog	1.760	Kästner (Kaestner)	
Gabriele	2.571	Michael	4.191	Harald	1.405	Jurzok	4.340	Alexandra	2.630
	2.666	Jütten	1.191	Ingrid	4.274	Juschka	2.083	Kerstin	3.075
Jülicher-Böker	1.820	Jüttner		Karl Heinz	2.110	Juskowiak	4.410	Sebastian	2.300
Jülicher-Kalter	1.415	Annegret	2.120	Petra	2.031	Jussen	2.316	Tobias	4.054
Jünemann		Jens	1.796	Rebekka	1.588	Just		Kaeten	2.157
Britta	2.300	Kurt	1.051	Reinhard	2.086	Norbert	4.690	Kaethler	1.325
Carola	2.165	Pascale	1.121	Winfried	1.802	Reiner	4.195	Käubler	1.424
Heinrich	2.077	Juhász	2.062	Jungeblodt	3.307	Volker	2.363	Käufer	1.051
Thomas	2.285	Juhl	2.250	Junggeburth	1.276	Justus	2.673	Käuper	4.740
Jüngel	1.598	Juhra	1.528	Junghänel	2.077	Jutasi	1.350	Käuser	2.659
Jünger		Juhre	1.051	Junghann	4.380	Jutka	2.058	Käutner	2.325
Angelika	1.432	Jularic	2.169	Junghanns	2.260			Kafka	1.750
	1.740	Juling	2.625	Junghanns-Nolten		**K**		Kage	1.411
Christel	4.072	Julius-Madzivor			1.523	Kaaden	4.242	Kagelmann	2.640
Jüngermann	1.699		4.240	Junghans		Kaal	1.260	Kahindi	1.482
Jüngling		Jumpertz		Michael	1.785	Kaas	1.490	Kahl	
Frank	1.056	Christine	1.135	Ruth	1.488	Kaballo	1.430	Erich	1.801
Maike	4.491	Rudolf	1.305	Junghörtchen	2.700	Kabatnik	1.240	Marcella	2.765
Jüngst		Juncker		Jungilligens	1.190	Kabaum	2.522	Pieter	2.403
Gerd	2.345	Andreas	1.232	Junginger	1.802	Kabelitz	1.433	Rainer	1.357
Harald	2.428	Ulrich	4.242	Jungk	1.168	Kabst	2.356	Horst	1.410
Heidi	4.520	Jung		Jungkamp	MSW	Kabzinski-Kenkmann		Kahl-Lüdtke	4.130
Karl-Ludwig	4.520	Alfons	2.023	Junglas			2.174	Kahlbau	1.699
Werner	4.821	Annegret	4.730	Johannes	1.056	Kache	4.248	Kahlen	
Jünnemann-Stark		Bianca	2.595	Kathrin	1.375	Kaczmarek	1.593	Beate	1.106
	1.405	Burkhard	2.660	Michael	1.285	Kadagies	4.513	Katharina	4.905
Jürgen-Lohmann		Christa	1.408	Jungmann		Kadlubek	4.540	Kahlenberg	2.651
	2.452	Claudia	1.150	Dietmar	2.242	Kadner	1.490	Kahlenberg-Langer	
Jürgen-Schellert		Dietmar	1.645	Klaus-Peter	2.175	Kadur	2.669		2.651
	2.022	Doris	1.716	Susanne	2.242	Kadzimirsz	4.520	Kahler	2.514
Jürgenhake	2.438	Ernst-Friedr.	2.655	Junik	1.552	Käberich		Kahlert	
Jürgens		Gisela	1.591	Junk		Jürgen	1.375	Holger	2.058
Alfred	2.426	Ilona	1.715	Harald	2.410	Lothar	2.655	Martin	2.244
Anne	2.535	Irmela	2.246	Wolfgang	4.721	Kädtler	2.156	Wolfgang	1.551
Christel	2.426	Kirstin	1.211	Junker		Käfer	1.711	Kahles	1.454
Christoph	1.195	Klaus	2.071	Axel	2.045	Kaefer	4.745	Kahlke	1.010
	2.522	Lena	4.350	Detlef	4.571	Kähler (Kaehler)		Kahlke-Freier	1.098
Claudia	4.240	Marlene	1.214	Eva-Maria	1.405	Andrea	1.170	Kahlki	1.585
Dirk	1.116	Michael	1.275	Heinz	1.522	Anja	1.190	Kahm	1.391
	4.530		2.516	Katja	1.214	Eckart	2.523	Kahmann	
Elisabeth	2.650		4.590	Lothar	1.122	Friedrich	2.082	Barbara	4.555

Bernd	1.565	Wilhelm	1.403	Kallmeyer		Peter	4.050	Dorle	3.172
	3.307	Wolfgang	1.190	Erik	2.445	Wolfgang	4.495	Friedrich-Karl	2.405
Birgit	4.252		4.962	Josef	2.590	Kammeier		Hans-Dieter	2.575
Gabriele	1.565	Kaiser-Babendreyer		Julia	1.300	Heinz-Ulrich	2.059	Klaus	4.700
Kahmen	2.115		4.130	Kalmutzki		Petra	1.326	Monika	1.430
Kahnert	1.817	Kaiser-Kiewitt	4.830	Inge	1.060	Kammel		Norbert	2.419
Kahre		Kaiser-Löffler	2.491	Ulrike	1.175	Bernhard	2.082	Renate	2.180
Hans	2.695	Kaiser-Steinmann		Kalsen		Helga	4.220	Tom	4.601
Ulrike	2.695		4.910	Kalski	2.500	Kammerath	1.421	Ursula	2.565
Kaib	4.330	Kaiser-Töns	1.059	Kalsow	1.790	Kammering	1.157	Kampmann-	2.519
Kaibel		Kaiser Trujillo	2.090	Kaltbeitzer		Kammerlander-		Grünewald	
Andreas	1.340	Kaisers		Andrea	2.101	Nowak	4.221	Kamprolf	2.605
Jutta	1.070	Hans-Josef	1.261	Michaele	2.320	Kammertöns		Kamps	
Kailuweit	3.075	Peter	4.920	Kaltenbach		Barbara	4.276	Annegret	2.563
Kainzmaier	1.131	Kaisig	2.310	Anne-Bärbel	1.798	Marianne	2.612	Dirk	1.594
Kairies	5.600	Kaiß	1.630	Elisabeth	3.020	Kammler		Sabine	1.488
Kaiser		Kaja-Rösgen	1.586	Hans-Dieter	1.798	Christian	1.535	Stefanie	4.249
Alfred	1.010	Kalberg	2.595	Kaltenegger	2.289	Johannes	4.071	Ute	4.654
Andreas	4.470	Kalcevic	1.823	Kaltenpoth	2.772	Ursula	1.554	Kampschulte	
Angela	5.600	Kalcher	1.486	Kalter		Kammler-Plumpe		Beate	2.022
Anne	1.220	Kaldeich	1.066	Anneliese	4.722		4.073	Horst	2.255
Annegret	2.290	Kaldewei		Herbert	1.424	Kamp		Ralf	2.677
Annette	4.590	Dietmar	2.491	Ute	1.351	Berthold	2.630	Kampshoff	4.728
Barbara	1.402	Marcel	2.490	Kalthöfer	1.151	Georg	1.210	Kamrath	2.154
Bernd-Josef	2.244	Kaldewey	1.097	Kalthoff		Heinz-Jürgen	2.100	Kamrowski-Bartel	
Birgitta	1.741	Kaldun-Reimer	1.125	Bernhard	1.401	Heribert	1.743		4.762
Bodo	4.705	Kalemba	1.743	Heinz-Georg	2.612	Jörg	3.140	Kan	1.220
Brigitte	2.244	Kalenberg		Ingrid	2.563	Joyce	4.072	Kanacher	1.153
Christof	2.589	Heiner	1.775	Jürgen	2.170	Oliver	2.157	Kanders	
Detlef	2.230	Heinz-Gerd	1.131	Kaltwaßer		Rainer	2.686	Judith	1.360
Elmar	1.537	Thomas	1.059	(Kaltwasser)		Siegfried	4.810	Katja	1.712
Eva	1.250	Kalender	1.553	Gordana	2.090	Uwe	2.023	Kandic	4.072
Georg	1.057	Kaletha	1.125	Jörg	2.745	Kamp auf'm	2.519	Kandler-Franke	4.870
	1.541	Kaletta	2.102	Melanie	1.725	Kamp-Rettig	1.124	Kandolf	4.960
	2.500	Kalff		Kalus		Kamp-Schmoll	1.155	Kangro	4.701
Heidi	1.641	Dagmar	1.450	Beate	1.157	Kampe		Kanhai	1.290
Helmut	1.475	Georg	4.260	Christoph	4.690	Hartmut	1.220	Kania	2.160
	2.522	Kalfhues		Gisela	2.613	Joachim	2.611	Kanigowski	4.304
Heribert	1.042	Frank	1.160	Monika	2.289	Kampe aufm	1.340	Kaninke	1.165
Jochen	4.600	Michaela	1.160	Kalusche	1.121	Kampelmann		Kanis	1.521
Horm.-Josef	1.355	Kalin	2.340	Kaluza	2.586	Christiane	4.950	Kann	1.409
Johannes	BRM	Kalinowski		Kaluza-Gode	1.042	Kathrin	1.210	Kanne	3.307
Jürgen	2.020	Angelika	4.705	Kalvelage	4.690	Kamper		Kannemann	
Kathrin	4.410	Ulf	1.233	Kalverkamp		Angelika	3.070	Michael	2.072
Katja	4.073	Kalinski	1.452	Edgar	2.405	Gertrud	2.500	Ulrike	4.905
Mareile	2.153	Kalipke	4.274	Eva	4.180	Hans-Joachim	4.590	Kannen	2.671
Maria	1.300	Kalisch-Bollerott		Kamann	1.585	Willi	2.500	Kannenberg	2.669
Marianne	1.201		2.173	Kamcili-Yildiz	3.007	Kamper Rodrigues		Kannengießer	
Markus	2.670	Kalischek	4.740	Kamella	1.103		1.223	Dagmar	2.491
Martin	1.541	Kalkhake	4.462	Kamer	1.365	Kampert	2.750	Dieter	2.293
Martina	4.350	Kalkstein	2.266	Kames	1.482	Kampner	4.072	Mechtild	4.323
Monika	2.530	Kall	1.003	Kamin-Gall	1.222	Kampf		Stefanie	4.270
Regine	1.225	Kall-Holland	4.660	Kaminski		Eveline	2.031	Ursula	2.285
Ronald	1.511	Kalla	1.228	Carola	4.723	Heidemarie	1.750	Kanning	
Rudolf	2.022	Kallabis	2.151	Sabine	4.251	Wolfgang	2.293	Ingrid	2.158
Rüdiger	2.166	Kalle		Kaminsky		Kamphausen		Werner	2.637
Sigrun	4.962	Dorothee	4.815	Hans-Dieter	1.211	Bodo	1.505	Kanonis	1.001
Silke	2.627	Jutta	2.174	Vera	1.796	Christian	1.035	Kanstein	3.105
Simone	2.166	Kallenbach	1.219	Kamionka	4.245	Dieter	2.150	Kansy	1.413
Stefan	1.740	Kallerhoff		Kamitz	4.930	Thomas	1.255	Kanter	2.255
Susanne	2.517	Claudia	2.650	Kamlage		Kampling		Kanthak-Kahlen	2.654
Tanja	3.120	Hans-Georg	2.687	Michael	2.605	Gabriele	2.184	Kanther	4.660
Thomas	1.081	Kallert	4.430	Robert	1.750	Gisbert	2.625	Kanzler	4.513
Udo	2.082	Kallfelz		Kamm-Metzger	4.590	Kampmann		Kanzog	2.517
Ulrich	2.516	Axel	1.545	Kammann		Astrid	1.796	Kapalschinski	
Ursula	2.035	Rita	1.819	Christiane	2.638	Bernd	1.815	Susanne	2.390
Viola	2.067	Kallhoff	1.004	Josef	2.246	Brigitta	2.166	Ulrich	2.363
Walter	3.205	Kallmer	2.639	Maria	2.654	Dietmar	1.158	Kapelle	1.090

Kapell	4.540	Karad	1.470	Kas	4.470	Wolfgang	1.541	Bernd	2.326
Kapellmann	1.460	Karakatsanis	4.040	Kasaci	1.011	Kastenholz		Birgit	2.653
Kapetanovic	4.350	Karakus	4.410	Kasan	1.528	Mira	1.155	Christel	1.138
Kapinos	1.011	Karal	4.248	Kasch	1.407	Katharina	1.356	Elisabeth	1.006
Kapitza		Karallus	4.590	Kaschel		Ursula	1.400	Eva	1.795
Carola	1.061	Karam	2.086	Gertraud	4.960	Willi	1.400	Eva-Maria	1.070
Gabriele	1.441	Karasek	1.345	Peter	2.471	Kaster		Hans-Otto	2.671
Ulrich	1.066	Karatsioli	4.385	Kaschner	4.054	Elke	2.445	Harald	1.798
Kapitzke	1.655	Karbach	4.601	Kaschuba	2.760	Gabriele	4.273	Hildegard	2.570
Kapl	4.250	Karbaum	2.317	Kaschube	4.440	Kastien	2.650	Juliane	2.620
Kaplikonski	4.951	Karbe	1.660	Kaschuge	1.550	Kastler	1.725	Kristian	4.130
Kaplinowski	2.325	Kardas	4.743	Kasel	1.681	Kastner		Manfred	1.005
Kapp		Karduck	1.357	Kasimir-Kohlmeyer		Britta	4.740	Marie-Catherine	
Patrizia	1.220	Karenfeld-Hoppe			1.067	Erika	2.072		1.116
Susanne	3.175		2.267	Kasner	4.180	Peter	2.425	Nicole	2.571
Kapp-Schulte	2.086	Karger	4.635	Kaspar		Rike	1.565	Regina	4.905
Kappallo	1.588	Karhof	3.165	Astrid	4.070	Kastrup		Regine	2.270
Kappallo-Pasquale		Karhoff-Müller	2.323	Heinz	4.070	Jörn	2.687	Sabine	1.305
	1.060	Karim	4.870	Henrieke	2.345	Sigrid	2.455	Susanne	2.670
Kappe		Karisch	4.610	Michael	2.650	Wolfgang	1.163		4.491
Burkhard	2.760	Karius	2.445	Silke	1.170	Kater	2.638	Walter	1.795
Claudia	4.055	Karkanis	4.040	Ulrich	2.520	Katernberg	1.063	Kaufmann-Thönes	
Dorothee	2.020	Karkossa	4.246	Kaspar-Daun	1.625	Kasulke	1.305		1.456
Hans-Lothar	4.330	Karkowski	1.380	Kaspelherr	4.440	Kath		Kauhausen	4.701
Michael	2.061	Karl		Kasper		Gerhard	1.584	Kauke	1.003
Kappel	1.190	Helga	2.319	Anja	2.522	Petra	4.402	Kauker	
Kappelhoff		Reinhard	2.319	Birgit	4.930	Kathage	4.720	Irmgard	1.554
G.	2.653	Karla		Christiane	1.550	Kathen von	1.820	Stephan	2.462
Jan-Dirk	4.600	Barbara	2.370	Cornelia	1.695	Kathöfer		Kaul	
Natascha	2.345	Udo	2.076	Hans	1.097	Bettina	1.007	Anselm	1.385
Peter	2.683	Uwe	2.530	Hans-Georg	4.330	Lutz	2.090	Evelyn	4.830
Thomas	4.601	Karlheim	2.080	Hartmut	1.219	Kathrein	1.345	Helmuth	1.200
Kappen		Karolak	2.161	Muriel	1.067	Kathstede	4.247	Larissa	1.697
Andreas	2.020	Karow	2.061	Kasper-Erlemann		Katirtzis	1.044	Lieselotte	1.260
Gottfried	1.153	Karow-Hanschke			1.633	Katlun	1.131	Wiebke	2.613
Kappenberg			2.340	Kasperek	1.095	Katriniok		Kaulfuß	
Franz	2.522	Karp-Roscheck	4.240	Kaspers	2.061	Lothar	2.100	Dietmar	2.640
Nicole	1.629	Karrasch		Kasperszak	4.951	Rainer	2.100	Margit	4.221
Reinhard	2.244	Dieter	4.821	Kasprovicz	1.415	Katschak	1.391	Kaulhausen	
Kappenstein		Dörthe	2.604	Kasprowicz	1.456	Kattan	1.511	Norbert	1.795
Johannes	2.519	Thomas	3.061	Kasprowski	2.677	Katte	2.653	Walter	1.150
Klaus	2.096	Karrenberg	1.130	Kasprzyk	1.050	Kattelmann	2.503	Kauling	2.618
Kappenstiel	2.001	Karres	1.442	Kassanke	1.102	Kattenbaum	4.910	Kaum	1.375
Kappert		Karrie-Burdich	2.613	Kassel	1.233	Kattenstroth		Kaumanns	
Bettina	2.289	Karsch		Kasselmann		Ernst-August	4.330	Adele	1.528
Ruth	1.595	Franz	4.651	Andrea	2.192	Susanne	2.323	Klaus	4.470
Ursula	2.086	Sven	1.740	Dagmar	1.552	Katthage	1.005	Kaun	
Kappes		Karschöldgen	4.832	Thomas	2.317	Katthagen	2.168	Ralf Peter	4.962
Christian	2.006	Karst	4.540	Kassenböhmer		Kattmann	2.001	Ursula	1.583
Hans	1.625	Karsten		Claudia	1.211	Kattner	2.050	Kaunat	2.100
Sabine	1.741	Gerd	2.726	Heinz	1.225	Kattwinkel	4.074	Kaup	
Ulrike	2.521	Heinz	1.404	Kassens	1.796	Katz	2.210	Astrid	2.310
Winfried	4.510	Herma	2.086	Kaßing	1.820	Katzer		Bernhard	2.318
Kappl	1.795	Marcel	4.740	Kaßler	2.033	Annette	1.162	Dagmar	4.180
Kappler		Wiebke	2.600	Kaßner (Kassner)		Dieter	4.660	Heinrich	2.588
Marita	4.330	Karstens	1.628	Cordula	2.440	Katzwinkel	2.005	Manfred	1.537
Stefan	1.214	Kartelmeier	2.357	Michael	2.436	Kaub	1.003	Kaup-Seiler	2.625
Sven	2.637	Karthaus		Sonja	1.560	Kauder	2.474	Kaupert	2.243
Kappner	4.224	Gabriele	4.915	Kassner-Steinmüller		Kauer	1.488	Kauth	1.040
Kaptain	1.460	Hiltrud	4.073		4.741	Kauffeldt	1.132	Kautz	2.687
Kapteina	4.222	Karwath	2.323	Kast	4.695	Kaufhold		Kauzleben	
Kapteina-Frank	1.222	Karweg		Kasten		Carsten	1.127	Gisela	1.452
Kapune	2.667	Annette	2.110	Andrea	2.490	Lutz Till	1.405	Hans-Dieter	1.452
Kaput-Haug	2.604	Volker	2.110	Birgit	2.725	Olaf	2.395	Kavsek	2.031
Kara-Jahn	1.630	Karweick		Christiane	4.242	Kaufhold-Roll	1.655	Kawaters	4.661
Karabulut		Claudia	2.182	Ellen	2.230	Kaufmann		Kay	3.007
Handan	1.441	Jörg	2.168	Ingrid	2.516	Ansgar	2.426	Kaya	4.072
Nilgül	1.020	Karwig	1.570	Mechthild	1.190	Astrid	2.485	Kayan	4.635

Kaymer	2.075	Edda	2.079	Kellershohn	1.537	Christoph	1.840	Hubertus	2.195
Kaynig	1.196	Richard	2.555	Kellersohn	2.190	Michael	4.240	Thomas	2.267
Kayser		Stephan	1.523	Kellert	4.495	Suzanne	2.393	Ulrich	2.325
Angelika	1.775	Ursula	1.560	Kelliger	2.587	Kempen-Sewöster		Kentzian	1.351
Astrid	1.415	Walter	2.080	Kelling			2.062	Keppel	4.761
Birgit	1.138	Wiebke	2.485	Judith	1.711	Kemper		Keppel-Kriems	2.370
Christa	1.065	Keil-Haack	4.352	Martina	2.521	Andreas	1.490	Keppenhahn	1.170
Erika	2.067	Keimer		Kellmann	2.246	Birgit	2.084	Keppler	
Hanna	1.798	Barbara	2.365	Kellmann-Rosser		Brigitte	1.445	Frank	2.415
Margret	1.035	Eva-Maria	1.139		1.650	Christina	1.795	Karl-Walter	1.107
Marlene	4.210	Keimes		Kellner		Claudia	2.589	Kerber	
Peter	1.150	Donata	1.711	Anne	4.025	Daniela	4.761	Christoph	1.486
Rita	1.422	Heinz	1.255	Frauke	4.771	Detlev	1.561	Inge	2.650
Stefan	1.008	Keining	1.103	Hans-Josef	2.710	Dominik	1.380	Michael	2.280
Wolfgang	1.403	Keip	4.243	Klaus	4.070	Elisabeth	2.611	Renate	2.522
Kayser-Hölscher	1.123	Keipert	4.224	Norbert	1.796	Gabriele	1.485	Kerch-Griesel	1.137
Kayser-Lantin	1.595	Keisemann-Zach		Rolf	1.117	Gisela	2.513	Kerchner	4.740
Kayser-Noll	2.710		2.565	Kellner-Eichstädt		Gregor	2.745	Kerckhoff	4.762
Kazani	2.020	Keiten	1.593		2.670	Hans-Bernd	2.035	Kereszti	1.125
Kazek	2.095	Keitsch	2.157	Kellner-Pithan	1.595	Hermann	2.512	Kerf	4.491
Kazemi	4.241	Keitz v.		Kelly	2.530	Holger	1.457	Kerkhof	1.051
Kazmierczak	1.560	Inge	2.184	Kels	1.740	Johannes	2.575	Kerkhoff	
Kchiwonus	2.101	Ute	2.317	Kelsch	1.553	Jürgen	2.126	Günter	1.266
Keckstein-Messelink		Kelch	2.687	Keltenich	1.412	Kathrin	1.229	Josef	2.585
	3.100	Keldenich		Kelter	2.040	Katrin	2.440	Martin	4.295
Keddo	1.350	Hans-Josef	1.441	Kelterbaum	1.222	Markus	2.519	Kerkling	2.076
Keden	1.326	Ria	1.650	Kelzenberg	1.260	Miriam	2.318	Kerkmann	
Keders	1.482	Kelderbacher		Kemen	2.545	Nicole	2.166	Bernhard	2.521
Kedzierski	1.151	Renate	1.063	Kemman	1.004	Norbert	1.802	Johanna	2.005
Keens	1.162	Sepp-Dieter	1.716	Kemmer		Petra	4.331	Stephan	4.251
Kees	4.170	Kelker	4.690	Edith	1.107	Reimund	1.230	Kern	
Keese	2.401	Kell	1.380	Patricia	2.626	Sigrid	1.103	Anna	2.035
Keesen		Kelle	1.155	Kemmerich		Theo	2.610	Astrid	4.402
Monika	4.512	Kellenter	1.770	Anne	1.408	Tobias	1.057	Günther	1.109
Oliver	3.038	Keller		Petra	1.228	Ulrich	1.570	Klaus Dieter	1.041
Keferstein	2.472	Andreas	2.771	Kemmerling		Verena	2.669	Martin	1.260
Kegel		Beathe	1.380	Hans Josef	1.229	Veronika	4.621	Nina	1.276
Helga	1.356	Claudia	2.667	Monika	2.726	Kemper-Pett	4.385	Kerner	1.175
Steffen	2.064	Clemens	2.021	Wilhelm	2.674	Kempf		Kerp	1.681
Kegler		Dieter	2.230	Kemminer	2.604	Axel	2.610	Kerpen	1.233
Patrizia	2.326	Dietmar	4.120	Kemmler	2.157	Birgit	4.661	Kerper	2.590
Reinhard	1.320	Eva	2.196	Kemna		Doris	1.817	Kerperin	2.565
Kehl	1.042	Gisela	1.160	Heidelore	3.015	Wolfgang	2.658	Kersbaum	4.370
Kehlbreier	2.518	Hartmut	2.700	Peter	3.015	Kempf-Allié	3.045	Kerschgens	1.367
Kehle	2.061	Jochen	1.042	Kemnitz		Kempgens	2.289	Kerschner	1.535
Kehmeier	2.564	Karin	2.230	Axel	1.521	Kempinski	1.160	Kersebaum	3.068
Kehne		Karl-Ludwig	4.130	Werner	1.456	Kempkens	1.157	Kersken	
FriedrW.	2.730	Katja	4.195	Kemp		Kempker	3.005	Klaus	4.091
Michael	2.035	Mechthild	2.195	Petra	4.245	Kempkes		Nils	1.537
Werner	2.062	Michael	1.370	Susanne	4.402	Antonio	4.512	Kerski	4.350
Kehr	3.007	Monika	2.521	Kempa		Christiane	1.326	Kerstan	4.330
Kehren		Ralf	2.196	Gabriele	2.600	Kemter	4.520	Kersten	
Bernd	1.190	Reinhard	1.122	Ulrich	2.600	Kendler	2.085	Jürgen	3.140
Jutta	1.325	Theo	1.160	Kempe		Kendzior	4.513	Wilhelm	2.695
Werner	4.241	Thomas	4.270	Detlev	2.687	Kendziora	2.363	Kerstgens	2.683
Wolfgang	1.065	Uta	2.603	Renate	2.057	Kenfenheuer	3.063	Kersthold	1.801
Kehrmann	1.456	Keller-Karger	5.610		2.687	Kenkmann	1.435	Kerstholt	3.003
Kehse	2.179	Kellerbach	1.588	Thomas	2.154	Kenn		Kerstin	
Keienburg		Kellermann		Kempe-Weidkamp		Mathias	1.816	Anne	2.191
Mechthild	4.961	Angela	4.073		1.380	Monika	1.052	Jürgen	4.380
Wolfgang	4.224	Angelika	1.713	Kempen		Ursel	1.816	Kersting	
Keiffenheim	1.108	Helena	4.224	Edmund	1.356	Kennedy	2.110	Almut	1.370
Keil		Karolin	2.677	Hans-Günter	1.404	Kennemann	2.031	Anja	1.735
Annika	4.075	Stefan	4.221	Michael	1.063	Kensmann	2.205	Bernhard	2.241
Beate	1.484	Stefanie	2.084	Roswitha	4.660	Kensy-Rinas	4.274	Edeltraud	2.022
Britta	1.770	Kellermanns	1.740	Willibert	1.580	Kentemich	4.540	Elisabeth	2.560
Claus	2.079	Kellers	2.196	Kempen van		Kenter		Mathias	2.255
Cordula	1.450	Kellershof	4.540	Caroline	1.266	Heike	2.325	Monika	2.230

	2.437	Susanne	1.001	Kicker	2.265	Kilches	1.490	Kinza	1.196
Renate	1.125	Sven	4.940	Kickhäfer	2.670	Kilger	4.194	Kinzius	4.273
Rita	4.810	Udo	2.071	Kiczka	2.020	Kilian		Kioscha	4.370
Theodor	2.620	Wolfgang	2.196	Kiebel	3.398	Alfred	2.020	Kiparski	2.361
Thomas	4.380	Kessler-Hickey	3.040	Kieckbusch-Kühner		Annette	2.090	Kipar	1.482
Ulrich	2.401	Kestel	3.140		4.249	Raija	1.105	Kipke-Pregitzer	2.045
Ulrike	4.881	Kesterke	1.470	Kiefer		Kilic	4.790	Kipp	
Wilhelm	1.310	Kestin-Furtmann		Alexandra	1.815	Kill		Gabriele	2.590
Wolfgang	2.281		1.175	Björn	1.598	Burkhard	2.655	Georg	1.310
Kersting-Letsiou		Ketelaer	4.250	Günter	2.415	Michael	2.760	Gregor	2.626
	4.252	Kethers	1.117	Rudolf F.	1.445	Killich		Heinrich-Bernh.	
Kertesz	4.252	Ketteler	4.251	Kiefhaber		Klaus	1.586		2.522
Kerutt	2.286	Kettelhoit	2.510	Georg	2.517	Ulrike	1.795	Katrin	2.396
Kerwer	2.160	Kettendörfer	4.040	Martin	2.513	Killing	2.076	Rita	2.705
Kery	1.406	Ketterer	1.484	Kiehl	3.135	Killmaier	1.407	Kippels	
Kerz	1.615	Kettler		Kieke	2.080	Kilmer	4.915	Sabine	1.600
Kesberg	1.250	Bianca	4.240	Kiekenap	1.696	Kilp	4.195	Simone	1.581
Keskin		Horst	1.581	Kiel		Kilpert	1.057	Kippelt	2.669
Almut	2.197	Nicole	4.870	Dietmar	2.565	Kiltz	1.584	Kippenberg	1.690
Sezai	4.513	Silke	4.661	Martin	1.537	Kimmel	4.701	Kippenhan	4.920
Kespe	1.817	Werner	1.160	Reinhold	2.654	Kimmeskamp		Kipping	1.415
Kesper		Ketz	1.228	Ulrich	1.535	Andrea	4.073	Kips	
Hans-Heinrich	3.175	Keuchen	1.529		2.281	Sr. M. Anna-Klara		Christoph	1.845
Tina	4.830	Keuck	1.266	Kiel-Hartfiel	2.121		1.210	Stephanie	2.035
Keßel (Kessel)		Keuffer	2.687	Kieling	4.330	Stefan	1.219	Kirberg	4.831
Gabriele	1.067	Keuler	1.640	Kiem	1.219	Wolfgang	4.276	Kirch	
Monika	1.056	Keune		Kiemes	4.491	Kimmeyer	2.161	Bernhard	1.105
Peter	1.035	Birgit	2.418	Kiemeswenger	1.520	Kimpeler	1.537	Elke	1.696
Winfried	1.115	Marcel	1.286	Kienast	2.746	Kimstädt	1.581	Klaus	1.453
Keßeler (Kesseler)		Keunecke		Kienbaum-Pieper		Kinast	1.108	Ulrich	1.011
Eduard	1.065	Franz-Joseph	2.363		4.220	Kind		Vera	2.361
Georg	1.818	Martin	4.055	Kiencke	1.475	Hans-Werner	1.822	Kirchberg	
Lioba	4.960	Keuntje	2.440	Kiene	1.821	Jürgen	4.761	Ernst-August	4.590
Keßelheim	1.020	Keuper	2.036	Kienecker	2.588	Peter	4.930	Jennifer	2.365
Keßelmann	2.520	Keupers	2.215	Kienecker-Heße	2.291	Ulrich	4.402	Klaus	1.266
Kesselmeier	2.520	Keusch	1.125	Kienel	2.416	Kindas	4.462	Kirchdorfer	1.511
Kessen		Keusekotten	1.081	Kiener	3.010	Kindel		Kirches	1.600
Bernhard	2.266	Keusen		Kieninger	1.802	Anneliese	2.289	Kirchesch	1.385
Bettina	1.453	Eva	1.058	Kienz		Volker	3.175	Kirchgeßner	2.630
Kathrin	1.103	Ulrich	1.506	Friedhelm	2.455	Kinder		Kirchhart	
Philipp	1.453	Keuter		Heidemarie	2.565	Martina	4.830	Gabriele	1.260
Kessen-Hausherr		Judith	2.395	Kieppe-Lecybye	4.361	Sophie	1.341	Karl	1.260
	2.627	Marcel	1.345	Kierdorf		Kindermann		Wilhelm	1.106
Keßenich-Morwinski		Ursula	4.635	Larissa	1.351	Berthold	2.715	Kirchhartz	1.583
	4.245		4.741	Sonja	1.795	Detlef	2.280	Kirchheinner	4.661
Kessens	1.421	Keuthen		Susanne	2.410	Hartmut	2.357	Kirchherr	2.316
Keßler (Kessler)		Bernd	1.001	Kierst	1.211	Kurt	2.472	Kirchhof	
Andrea	2.595	Rosemarie	1.200	Kieseheuer		Marc	4.249	Dirk-Holger	4.950
Angelika	2.736	Kewitz	2.195	Jörg	2.485	Michael	4.470	Erhard	2.638
Carola	1.506	Kexel	2.022	Rudolf	2.455	Otto	2.595	Karin	BRDe
Christel	1.066	Keyhani	4.790	Kiesel	1.530	Kindervater	1.360	Nicole	4.390
Christoph	2.345	Keymer	2.154	Kieserg	2.289	Kindl	1.061	Ute	1.392
Cornelia	1.586	Keyserlingk	2.280	Kieserling	3.170	Kindla-Romeiko	1.115	Kirchhoff	
Daniela	4.072	Khan	2.169	Kieslich	2.040	Kindler		Annette	1.470
Eckhard	2.480	Khanna	1.097	Kiesow		Karla	2.563	Bernd	2.645
Hans-Peter	1.821	Khosrovyar	4.570	Imke	1.551	Wolfgang	2.610	Eva	2.666
Heinrich-Otto	1.186	Khouloki-Schlachter		Klaus	2.057	Kindt	2.603	Felix	4.040
Heinz-Werner	2.085		4.385	Norbert	2.772	Kinert	1.138	Heike	2.445
Johann	1.631	Kian	3.105	Kiessling	1.150	Kingerske	1.275	Heino	1.485
Klaus	2.565	Kibilka		Kießling-Braß	2.056	Kinkelbur	2.270	Lutz	1.050
Linda	1.632	Barbara	4.815	Kietz-Borgwardt	2.326	Kinne		Malte	4.020
Markus	2.471	Heike	2.267	Kietzmann	4.511	Norbert	2.241	Manfred	1.275
Martina	2.286	Kick		Kiewisch	2.627	Ute	2.241	Rolf	4.221
Nicola	2.665	Beatrix	4.830	Kiggen-Freidel	1.058	Kinnen	1.241	Sigrid	2.645
Norbert	3.155	Heribert	2.255	Kikillus	1.124	Kinner	4.520	Thomas	1.118
Peter	1.229	Mathilde	1.710	Kiko	2.745	Kinold	4.445	Werner	1.276
Rainer	2.625	Walburga	1.218	Kikul	2.685	Kinscher	1.218	Kirchhoff-Gerlach	
Sabine	1.004	Kickartz	2.286	Kilbert	1.167	Kintzinger	2.731		1.823

Kirchhübel	2.191	Kiss	1.475	Klaes-Hachmüller		Klask		Klees		
Kirchkamp		Kissels	1.401		1.553	Gisbert	2.153	Frank	1.163	
Angela	4.940	Fritz	4.571	Kläsener		Karola	2.153	Ulrich	1.132	
Ursula	1.131	Lothar	2.503	Cornelia	2.241	Klasmeier		Wolf-Dieter	4.130	
Kirchmann-Wanders		Kißing (Kissing)		Elisabeth	2.170	Kirsten	2.503	Kleff	1.385	
	1.536	Marie-Luise	2.290	Kläser	4.961	Sascha	3.145	Kleffken	3.155	
Kirchmeyer	1.011	Vanessa	3.326	Klaeßen		Susanne	1.210	Kleffmann		
Kirchner		Kißing-Stolz	4.250	Heinz-Josef	2.160	Klaßen (Klassen)		Andrea	4.072	
Alfred	1.561	Kißing-Stolz	4.250	Maren	2.160	Franz-Josef	1.840	Dorothea	2.285	
Bernward	1.823	Kißler	4.571	Klag	1.535	Johann	4.054	Klefisch		
Bruno	4.075	Kißner	4.330	Klagges	4.810	Klassmann	1.575	Brigitte	1.165	
Clemens	1.125	Kistenbrügge	4.831	Klahm	1.191	Klatt		Heinrich	2.156	
Gabriele	1.500	Kisters		Klahold		Annette	2.082	Thomas	1.650	
Jana	2.595	A.	1.265	Iris	2.587	Franziska	1.406	Klehr		
Maria	2.005	Ernst	1.535	Johannes	2.255	Helmut	2.174	Kleiböhmer	2.184	
Monika	2.166	Kisters-Honnef	1.185	Klaholz		Nicole	1.117	Kleibrink		
Paul	1.418	Kitta-Kahlke	3.125	Brigitta	2.173	Rüdiger	2.318	Ursula	2.156	
Silke	2.419	Kittel		Rainer	2.405	Wolfgang	1.600	Uta	2.393	
Tanja	2.120	Andrea-Claudia		Klahr		Klatte	1.586	Kleickmann		
Kirchhübel	1.008		2.470	Bruntje	2.280	Klatz	4.743	Berno	1.725	
Kirfel		Beate	2.100	Martina	1.326	Klaucke	2.323	Holger	2.455	
Anna Maria	1.367	Marion	2.460	Klaissle	1.123	Klauert	2.176	Kleidt	3.165	
Dorothea	1.523	Kittlaus	2.516	Klak	2.083	Klauke		Kleier	2.570	
Helmut J.	1.642	Kittler		Klam	4.140	Berthold	1.711	Kleijnen	4.415	
Johannes	1.583	Andrea	2.670	Klamma	2.085	Johannes	2.620	Kleimann		
Monika	1.435	Dirk	1.815	Klammer	4.251	Susanne	4.690	Andreas	1.095	
Sandra	1.458	Kittner		Klamp		Klaus		Helmut	2.485	
Kirrinis	4.601	Anne-Kathrin	2.515	Gabriele	1.845	Adelheid	1.594	Kleimann-Neubold		
Kirsch		Manfred	2.195	Wolfgang	2.564	Barbara	2.419		2.266	
Christiane	2.056	Kitze	1.419	Klampfl	2.655	Dorothee	1.554	Klein		
Gisela	1.011	Kitzel	1.080	Klamser	1.594	Egon	1.740	Alexander	1.510	
Hans-Georg	1.011	Kitzing	1.561	Klan	4.961	Hennes	4.850	Andrea	1.535	
Maria	4.825	Kitzmann		Klandt	4.870	Heribert	4.653	Angela	1.418	
Rainer	1.412	Elisabeth	2.511	Klanke		Malgorzata	1.375	Antonia	2.514	
Roland	2.095	Ronny	4.248	Heiko	4.401	Paul Friedrich	1.126	Armin	1.575	
Ulrich	3.061	Kiunka	2.500	Stefan	4.304	Ralf-Dietmar	1.081	Astrid	1.353	
Kirschall		Kivilip	4.530	Klann	2.111	Reinhard	2.564	Barbara	1.760	
Ulrike	1.592	Kiwitt	5.610	Klapdohr		Klausdeinken	2.550		2.390	
	2.079	Kiwitter	2.077	Gabriele	2.086	Klausing	2.755	Bernhard	1.068	
Kirschbaum		Kiwitz	4.270	Karlheinz	1.219	Klausmann		Brigitta	1.119	
Anja	1.737	Kiy	2.763	Klapdor	1.575	Ilona	4.920	Bruno	1.575	
Doris	2.683	Kiygi	2.081	Klapheck	2.571	Theo	2.512	Burghart	1.711	
Floor	1.011	Kiyose	1.441	Klappauf	2.100	Klausmeier	2.170	Christoph	2.371	
Tobias	2.405	Kizay	4.961	Klapperich	1.185	Klauß	1.376	Claudia	1.430	
Kirschberg	4.410	Kizilaslan	1.151	Klappert	1.196	Klauwer	1.222	Dagmar	4.330	
Kirschfink	1.003	Kiziltan	1.528	Klappholz		Klawikowski	1.265	Daniela	1.560	
Kirschke	4.951	Klaas		Ingrid	2.589	Klawitter		David	1.520	
Kirschner		Beate	2.058	Ulrike	4.350	Cheryl	2.667	Detlef	1.042	
Dieter	4.242	Dieter	1.790	Klapproth		Steve	2.121	Detlev	1.103	
Harald	1.620	Hans-Dieter	2.550	Marianne	2.157	Kleckers	2.746	Diana	1.185	
Johannes	2.267	Karl	1.586	Werner	2.158	Kleckers-Gebel	1.260	Dieter	4.770	
Rudolf	1.510	Michael	1.819	Klaps	4.945	Kleditz	3.010	Dorothee	1.351	
Kirst	4.091	Klaas-Flemming	4.651	Klar		Klee		Edelgard	4.300	
Kirstein		Klabuhn	2.102	Annette	1.108	Andreas	4.960	Elmar	4.224	
Heike	2.101	Klabunde-Greve		Erich	2.076	Bärbel	4.870	Ernst Rüdiger	1.628	
Joachim	1.645		2.669	Hanns-Joach.	1.593	Daniel	1.380	Erwin	1.107	
Klaus-Peter	1.225	Klack	2.210	Hiltrud	2.176	Detlef	2.610	Eva	1.690	
Kirsten		Kladde	1.130	Therese	2.079	Ursula	2.243	Falko	1.276	
Alfred	1.661	Klähn		Klare		Kleeberg	1.456	Franz-Rainer	3.175	
Doris	2.638	Bernd	1.233	Doris	4.570	Kleedehn-Göllner		Friedhelm	1.680	
Elke	1.123	Christel	2.266	Heinz-Werner	2.726		1.594	Friedrich	2.161	
Michael	4.870	Klaeren		Silvia	4.070	Kleemann		Friedr.-Wilh.	2.658	
Renate	1.224	Horst	4.680	Klaschka	2.495	Helga	2.666	Gerd	1.232	
Kislat	1.600	Susanne	1.506	Klasen		Hermann	2.050	Gudrun	2.326	
Kisker		Kläs		Iris	1.365	Wolfgang	2.145	Günther	1.124	
Joachim	1.162	Carsten	2.517	Klaudia	4.070	Kleene		Hans	1.575	
Lothar	2.503	Hans-Dieter	1.107	Norbert	4.240	Christoph	1.435	Hans-Peter	1.433	
Kison	4.951			Stephan	2.180	Heike	1.151		1.551	

Hans-Rolf	3.175	Klein-Funke	1.320	Marion	1.241	Barbara	2.683	Britta	1.458
Harald	2.064	Klein-Genz	1.153	Kleinefeld	2.161	Christian	4.390	Ursula	4.870
Hartmut	2.627	Klein-Hitpaß	2.513	Kleinegräber	4.330	Jutta	1.699	Kliebisch	
Heidi	1.216	Klein-Höing	3.007	Kleinehollenhorst		Kleistner-Lanwehr		Udo	2.083
Heinr. Wilh.	1.190	Klein-Hoppe	1.210		2.230		4.300	Wilfried	1.290
Heinz-Werner	1.229	Klein-Neuroth	2.726	Kleineidam		Klem		Kliege	2.730
Herbert	1.711	Klein-Reesink	2.705	Felix	2.456	Ralf	1.822	Kliem	
Hermann	4.350	Klein-Ridder	4.330	Wolfgang	2.513	Robert	4.810	Manfred	4.250
Hermann W.	1.600	Klein-Uerlings	1.433	Kleinelanghorst	2.621	Klemann	2.480	Sigrid	2.705
Holger	1.433	Klein-Vehne-Zaib		Kleinemeier	2.396	Klemen	1.402	Klier	
Ildefons	2.621		2.086	Kleinemenke		Klement	2.057	Andreas	1.005
Ina	4.654	Kleinau	4.224	Alfons	2.564	Klemenz		Siegfried	1.150
Inge	1.419	Kleinbauer	4.635	Beate	2.058	Brigitte	4.660	Kliesch	
Ingeborg	3.120	Kleinbrahm	4.661	Kleiner		Peter	4.660	Barbara	1.066
Ingrid	1.406	Kleindiek	2.057	Klaus	3.105	Winfried-Josef	2.033	Bettina	1.715
Jens	3.050	Kleine		Tobias	1.041	Klemisch	BRDe	Klietsch	1.043
	4.415	Bernhard	2.001	Kleinert	2.146	Klemm		Klima-Müller	2.654
Joachim	1.043	Dietmar	1.696	Kleinertz	1.775	Gerald	2.436	Klimek	
Jörg	1.151	Evelyn	1.535	Kleinerüsskamp		Sven	2.620	Bettina	1.067
Johannes	4.510	Gerd	2.732		2.320	Klemme		Brigitte	1.641
Jost	1.403	Gudrun-Veronika		Kleines		Dirk-Erich	2.323	Anneliese	4.300
Jürgen	1.436		4.830	Bärbel	1.005	Thomas	4.180	Claudia	2.730
	6.265	Hans-Jürgen	2.080	Gottfried	2.564	Klemmstein	3.175	Dorothee	1.750
Karin	6.150	Jessica	4.740	Kleinespel	1.053	Klemmt		Klimka	2.715
Karl	2.436	Katrin	1.095	Kleinewalter	2.115	Florian	1.008	Klimm	
	4.491	Monika	2.611	Kleinfeld	1.005	Volker	1.050	Christiane	1.616
Klaus	1.095	Peter	2.190	Kleingarn	1.001	Klemp		Irmgard	1.616
	1.380	Reinhard	3.165	Kleinhans		Christoph	1.417	Klimmek	2.120
Lars	1.775		4.193	Gerhild	1.511	Friedhelm	4.290	Klimpel	1.285
Manfred	3.200	Susanne	2.370	Ludger	2.515	Ulrich	4.249	Klimpke-Weber	2.175
	3.063	Udo	2.210	Kleinheider	1.115	Klempel	4.660	Klin	3.160
Manuela	1.452	Ursula	1.595	Kleinhenz	2.751	Klems	1.010	Klindworth	
Margarete	2.436	Kleine-Boymann		Kleinherbers-Boden		Klemt	1.521	Bernd	2.086
Markus	1.403		4.304		4.961	Klencz	2.462	Gabriele	2.168
	2.102	Kleine-Brüggeney		Kleinholz		Klenke		Kling	1.725
Martin	1.128	Margret	2.215	Monika	1.232	Dörte	2.587	Klingbeil	1.690
Martina	3.105	Wolfgang	2.645	Susanne	4.330	Ingrid	2.770	Klinge	
Michael	1.102	Kleine Büning		Kleinikel	4.695	Klenner		Gunnar	2.158
	4.091	Alois	2.575	Kleinitz		Beate	1.712	Johanna	2.680
Michaela	1.696	Bernhard	2.611	Maria	2.535	Lothar	2.035	Marc	2.040
Monika	1.167	Kleine-Finke	1.320	Ulf	2.480	Ulrike	2.063	Susanne	2.416
Nicole S.	2.160	Kleine-Fraum-	4.272	Kleinjung	2.345	Klenovsky-Mayweg		Klingel	
Nikolaus	2.670	Niehues		Kleinke	2.002		2.765	Harald	3.215
Peter	1.195	Kleine-Grefe	1.265	Kleinmann	4.221	Klens		Rudolf	1.760
	1.593	Kleine Holthaus		Kleinmanns	1.565	Ludwig	2.490	Klingelhöfer	
Petra	1.530		2.670	Kleinöder	5.610	Ulrike	4.091	Heinrich	1.326
	2.670	Kleine-Homann	1.411	Kleinofen	1.616	Klepin		Ralph	1.353
Rainer	1.400	Kleine-Huster	2.040	Kleinschmidt		Siegfried	1.537	Klingelmann	2.060
	4.350	Kleine Jäger	2.618	Antje	2.275	Waltraud	1.537	Klingen	
Ralf	1.541	Kleine-Kreuzmann		Marlies	1.780	Klerks	4.740	Christa	4.245
Regina	2.022		2.730	Michael	4.510	Klesper	2.281	Franz-Josef	1.770
Roland	1.127	Kleine-Möllhoff	1.225	Kleinschnellenkamp		Klesse	1.091	Jutta	3.155
	4.361	Kleine Vennekate			1.150	Klette	1.697	Norbert	3.200
Rolf	2.535		2.157	Kleinsimon	2.564	Kletzin	4.249	Klingenberg	
Sandra	1.775	Kleinebeck-	1.580	Kleinsorge		Kletzing	4.815	Christine	1.482
Thomas	1.525	Lindenberg		Angelika	2.765	Kleuters	1.470	Hildegard	1.320
Ulrich	1.457	Kleinebeckel	1.414	Inkari	2.060	Klevenz	1.233	Klingenhäger	2.056
Ursula	1.600	Kleinebekel	4.330	Jürgen	2.491	Klever		Klinger	
Ute	1.816	Kleinebenne		Jutta	4.690	Alfred	1.426	Amelie	2.770
Ute Maria	1.681	Hermann	2.595	Kleinwegener	2.361	Friedbert	1.585	Arne	2.244
Vera	2.184	Horst	4.790	Kleis		Sonja	1.218	Dorothee	2.452
Viktor	4.271	Ute	2.700	Alfred	1.231	Kleversaat	2.090	Ingrid	4.401
Walter	4.950	Kleineberg		Eckhard	2.120	Klewer-Best	1.616	Renate	1.818
Wilhelm-Josef	4.260	Andreas	1.098	Kleißendorf		Klewitz		Roland	1.433
Willi	2.403	Martina	2.390	Friedrich	2.435	Katharina	1.310	Sabine	2.587
Klein Altstedde	2.613	Kleinebrecht	2.084	Julia	2.437	Otto	2.666	Udo	2.390
Klein-Bösing	1.228	Kleinebreil		Kleist		Kleyboldt	2.153	Wolfgang	4.401
Klein-Debray	1.823	Magnus	1.107	Andrea	2.755	Kleymann		Klingler	1.223

Klink		Klöber	1.823	Kloppert		Valita	1.180	Monika	4.304
Annette	2.267	Klöck	4.910	Gabriele	1.715	Kluft	2.665	Winfried	2.266
Bernhard	1.795	Klöcker		Regine	1.441	Klüting	2.077	Klutzny-Knapp	2.101
Hella	1.036	Ernst	2.072	Klopsch	2.415	Klug		Kluyken	1.168
Marianne	3.160	Jörg	4.130	Klopschinski		Dagmar	1.090	Kmuche	4.300
	4.340	Johannes	2.511	Antje	1.505	Elisabeth	1.629	Kna	2.510
Stephan	3.001	Margrit	1.357	Klaus-Wolfg.	1.211	Hans	1.529	Knaack	1.536
Klinke		Klöckner		Klos	2.062	Hans-Theo	1.437	Knaak	4.141
Dominikus	1.481	Holger	5.600	Klosak-Corres	1.131	Helmut	2.460	Knab	1.642
Hildegunde	2.281	Michael	2.045	Klose		Manfred	4.570	Knabe	3.045
Jost	1.055	Rolf	2.363	Andreas	2.765	Peter	1.175	Knabel-Biener	1.725
Sabine	1.716	Klömmer	1.165	Anne-Bärbel	4.195	Roland	3.215	Knack	2.184
Tobias	4.070	Klömpges-Jäschke		Dieter	2.156	Walter	4.180	Knackmuß	1.819
Klinkemeier	2.022		2.396	Dietmar	1.511	Klug-Knopp	1.523	Knackstedt	4.661
Klinkenberg	4.920	Klöpf	1.385	Gisela	1.699	Kluge		Knäbe	2.451
Klinkenberg-Horward	4.260	Klöpfer	4.180	Joh.-Joachim	2.317	Bernhard	4.571	Knäble	2.771
		Klöppel	4.830	Karin	2.157	Ingrid	1.481	Knäpper	
Klinkenbusch	2.096	Klöppel-Steimel	1.457	Martina	1.819	Katharina	1.005	Christel	2.265
Klinker	2.145	Klöpper		Monika	1.041	Margret	4.490	Matthias	2.511
Klinkertz	4.920	Bettina	4.790	Peter Johannes	2.746	Michael	4.512		2.726
Klinkhammer		Guido	4.440	Steven	2.436	Peter	1.475	Ute	2.651
Dorothee	4.250	Klöpping	2.067	Klose-Wittler	2.732	Robert	3.040		4.370
Horst-Erich	2.246	Klöppinger	4.832	Kloska	4.040	Wolfgang	1.390	Knäuper	2.071
Jürgen	4.870	Klöppner	2.396	Kloß	2.690		4.700	Knake	1.645
Michael	2.425	Klör (Kloer)		Klosse	1.633	Kluge-Bahmer	4.830	Knapheide	2.195
Walter	1.060	Jutta-Maria	2.490	Klosta	1.217	Kluge-Mimmack		Knapowski	
Wolfgang	1.414	Reiner	2.438	Klosterkamp	1.260		1.135	Andreas	1.080
	4.340	Winfried	1.151	Klosterkötter	1.408	Kluger		Astrid	1.080
Klinkmüller	2.083	Klösgen	1.180	Klostermann		Ilse-Lore	2.121	Knapp	
Klinkner		Kloesgen	1.105	Anke	1.818	Thorsten	2.751	Birgit	1.695
Birgit	4.832	Klösges	1.457	Reinhard	2.736	Klugkist	1.102	Christof	1.790
Karin	4.242	Klösters		Klostermeier	2.057	Klugow	2.210	Friedhelm	2.146
Klinkott	1.408	Anne	4.300	Klostermeier-Lüdeke		Klump		Gabriele	2.673
Klinksiek	4.571	Katharina	4.654		2.115	Marie-Luise	4.470	Heribert	2.255
Klinnert	1.840	Klötgen	2.070	Kloten	1.406	Nicole	1.266	Ingrid	2.416
Klinowski		Klötzer	2.356	Klotmann	4.390	Klumpp		Ludwig	2.416
Alexander	4.111	Klötzsch	2.145	Klotz		Gaby	4.462	P. Friedhelm	1.052
Claudia	2.243	Klövekorn	1.591	Torsten	1.345	Jürgen	4.462	Knapp-Trauzettel	
Klipker		Klohoker	4.661	Ulrich	2.630	Klupsch-Sahlmann			1.035
Hans-Joachim	4.440	Kloidt		Klotzek	4.111		BRM	Knappe	
Jürgen	4.130	Doris	2.650	Kloubert	1.233	Klus	4.690	Andreas	2.169
Sabine	4.130	Joachim	2.300	Klouth	1.527	Klusemann		Detlef	1.490
Klippel	1.550	Kloke	1.380	Klowersa	3.040	Hartwig	4.274	Rainer	1.376
Klipper-Joura	1.229	Klomfaß		Klubmann	2.293	Jörg	1.409	Stefan	4.900
Klisa		Andreas	2.520	Kluck	2.396	Klusen		Knappert	2.564
Barbara	2.555	Jürgen	2.520	Klüber		Ingrid	1.528	Knappik	
Bernhard	2.460	Raimund	2.472	Christoph	1.229	Peter	1.530	Helmut	2.275
Ulrich	2.555	Klomp			1.713	Klusmann		Marianne	2.510
Klisch	1.042	Sabine	2.153	Klüber-Figge	4.741	Heinz-Dieter	2.401	Knappmann	1.458
Klissouras	4.570	Wolfgang	1.422	Klück	1.584	Ute	2.340	Knappstein	2.658
Kliszat	2.610	Klonau-Zielinski		Klümpen	1.538	Klußmann		Knapstein	
Klitscher	1.186		4.180	Klümper		(Klussmann)		Stefan	1.042
Klix-Nächilla	4.662	Kloock-Eimermacher		Anna	4.170	Gabriele	2.084		1.157
Klocke			1.041	Christian	2.750	Ronald	2.565	Knau	4.480
Anke	2.587	Kloos		Doris	2.125	Klusmeier	2.604	Knauber	1.190
Daniela	2.260	Günter	1.151	Rolf	1.583	Klute		Knauel	
Hans-Jürgen	2.064	Horst	1.527	Klünker	1.137	Christof	1.600	Bernhard	2.400
Harald	4.760	Peter	4.271	Klüppel		Stefan	2.400	Gisela	2.340
Markus	4.370	Klopffleisch	1.380	Anne	1.117	Kluth		Knauer	
Stefanie	2.595	Klopottek	2.243	Volker	4.020	Elisabeth	1.165	Gert	BRM
Thomas	2.380	Kloppenburg		Klüsener		Gabriele	1.520	Jutta	4.491
Ulrich	1.055	Birgit	4.513	Irene	2.323	Michael	3.105	Monika	4.415
Klockenbusch	2.514	Claudia	2.180	Karl-Heinz	2.685	Petra	1.230	Sabine	4.010
Klockgeter		Hannelore	2.240	Klüsserath	1.741	Kluth-Dzialdowski		Walter	3.025
Christiane	2.275	Ingo	1.217	Klüter			1.350		4.276
Günter	2.611	Michaele	1.310	Cordula	4.245	Kluthe	4.220	Knauer-Romani	1.690
Karsten	2.671	Ulrich	1.690	Reinhold	BRA	Kluttig	2.356	Knauf	
Klodt	1.185	Uwe	2.183	Ulrike	2.400	Klutzny		Georg	1.255

Namenverzeichnis

Kornelia	1.436	Wolfgang	4.141	Knöll-Schütz	1.137	Knufinke-Lütgert		Hartmut	1.325
Michael	3.045	Knier	4.950	Knöpfel			2.280	Heidemarie	1.127
Sebastian	2.173	Knierim		Eckehardt	1.750	Knur		Heike	2.320
Ursula	1.642	Klaus-Peter	1.211	Günter	4.290	Franz-Josef	4.290	Helmut	2.535
Knauf-Blaas	1.056	Ronald	2.081	Knöpfel-Kunz	2.440	Lothar	1.450	Herbert	1.125
Knaup		Theresia	1.216	Knöpper	4.462	Knura	1.760	Inge	2.145
Annegret	4.722	Ulla	1.158	Knörchen	4.260	Knust	2.590	Irene	1.561
Axel	2.290	Kniesel		Knörzer		Knuth	4.875	Irmgard	1.432
Hans-Wilhelm	2.588	Rosemarie	1.537	Marie-Ther.	1.007	Knyn	2.243		4.273
Julia	1.410	Thomas	4.915	Martin	1.003	Kobal	1.163	Joachim	3.063
Monika	2.095	Knigge		Knötgen	1.403	Koball	1.230	Jürgen	1.401
Rainer	2.365	Miriam	1.715	Knof	3.105	Koban-Müller	1.063	Julia	2.115
Stephanie	2.146	Ulrike	2.165	Knoff-Zilger	1.632	Kobbe	4.600	Jutta	2.416
Ute	2.057	Knippenberg		Knoke		Kobé	4.220	Karl-Wilhelm	2.440
Wilhelm	2.535	Christa	2.731	Bianca	1.320	Kober	2.059	Kerstin	1.810
Knaupe	2.451	Guido	1.452	Hildegard	2.115	Kober-Sonderfeld		Klaus	1.586
Knaupp	4.180	Knippenberg-Möbus		Ingrid	2.770		1.231	Klaus Jürgen	2.470
Knauss			2.316	Ludger	2.115	Koberg		Klaus-Peter	2.563
Elisabeth	1.069	Knipping	1.710	Simone	2.590	Gabriele	1.168	Kornelia	2.111
Helmut	4.072	Knippschild	2.110	Werner-Josef	3.007	Günther	2.401	Ludger	2.521
Knebel		Knippschildt	1.201	Knoll		Wolfgang	4.249	Manfred	4.246
Antje	2.487	Knips		Marlis	1.367	Kobiak	2.315	Margarete	1.790
Nina	4.945	Gabriele	4.040	Raimund	2.595	Koblitz-Tank	1.584	Marietta	1.818
Knebel-Jaax	1.681	Ignaz	3.135	Vera	1.537	Kobusch	1.219	Matthias	2.110
Knecht		Marion	2.620	Knollmann	2.700	Kobusch-Klessmann		Mechthild	2.365
Heinz-Josef	1.050	Knispel	2.502	Knoop			2.210	Michael	2.416
Werner	1.052	Knist		Ingrid	2.081	Koç	1.434	Mike Oliver	1.124
Wilfried	4.530	Norbert	1.126	Josef	4.093	Kocak	1.420	Monika	4.635
Knecht-Michels	2.570	Ursula	1.122	Ute	2.168	Kocanis	1.054	Muriel	1.226
Knechtel		Knittel		Knop		Kocar		Nadine	4.540
Martin	1.454	Nicole	1.060	Gudrun	4.242	Karl-Heinz	2.456	Nicole	2.700
Monika	1.457	Reinhard	2.587	Karsten	1.409	Sonja	2.470	Olivia	1.486
Knechten	1.350	Knoben	1.523	Karl-Friedrich	2.710	Kocea	2.100	Peter	1.285
Knechtges		Knoblauch		Martina	4.470	Koch			4.771
Marion	1.486	Gabriela	4.224	Olaf	4.961	Alexander	2.356	Rainer	BRA
Thomas	6.148	Gunther	2.516	Ralf	2.286	Andreas	2.588	Rajka	4.680
Kneer	2.289	Reimund	4.290	Uwe	1.403	Anke	2.726	Reinhard	2.022
Knefel	2.604	Knoblich		Knop-Reinartz	2.243	Anne-Christin	1.060		2.010
Kneip	1.153	Horst	1.510	Knopp		Annedore	4.511	Reinhold	2.471
Knemeyer	2.300	Rolf	2.086	Monika	1.815	Bernd	4.830	Regine	1.588
Knemeyer-Heße	1.840	Ursula	1.485	Ursula	4.512	Bernhard	1.131	Sabine	2.755
Knepper		Knobloch		Vera	4.570		2.690	Sandra	1.255
Bernhard	2.419	Ariane	2.362	Wolfgang	1.815	Berthold	1.370		4.390
Jochen	1.523	Bernd	1.630	Knoppe	2.745	Bettina	2.460	Sebastian	2.521
Siegfried	2.006	Carola	4.513	Knops		Birgit	3.340	Siegfried	4.830
Knettel	4.220	Günther	1.157	Anne	1.725		4.910	Silke	1.218
Kneutgen	1.691	Knoch		Claudia	1.392	Brigitte	1.537	Stefanie	1.006
Knevels	1.822	Friedel	2.176	Knorr	2.158	Burkhard	2.101	Thomas	1.633
Knewitz	2.519	Wolfgang	1.043	Knorreck	1.408	Claudia	1.070		2.326
Knez		Knoche		Knospe	1.818	Daniel	1.229	Tobias	2.677
Anita	2.170	Heinr.-Werner		Knossalla	3.100	Dieter	1.044	Ulrich	1.530
Bianca	2.075		4.250	Knoth		Dolores	1.185		3.220
Knichel		Manfred	1.196	Gabriele	1.711	Eduard	2.077	Ursula	1.044
Christel	1.500	Marita	2.006	Peter	1.500	Egbert	4.590	Uwe	4.303
Karl-Josef	4.491	Martin	2.400	Knothe	1.063	Elisabeth	4.580	Walter	1.137
Katrin	4.722	Monika	2.243	Knubben			4.810	Wilma	3.003
Knickenberg-		Ulf	4.220	Barbara	1.345	Elke	4.390	Wolfgang	2.565
Heimann	2.666	Knocke-Frieg	2.080	Hans-Jürgen	1.770	Elmar	1.725	Koch-Bilstein	1.434
Knicker		Knocks	2.437	Knühl	2.316	Eva Maria	2.671	Koch-Bugrov	4.771
Holger	2.603	Knöbel	1.798	Knülle-Wenzel	2.085	Franz-Josef	1.212	Koch-Dannert	1.822
Simone	4.440	Knöfel		Knümann	4.274	Friedhelm	2.416	Koch-Kutscher	4.580
Knicker-	2.405	Horst	4.495	Knüpling	1.790		4.462	Koch-	1.711
Gummersbach		Markus	3.070	Knüppel		Gerhard	2.771	Marquardt	
Knie	1.640	Ute	1.481	Christoph	2.356		4.130	Koch-Prill	4.815
Kniebe-Bodemeier		Knölke		Gabriele	2.475	Gerlinde	4.192	Koch-Reher	1.695
	2.081	Brunhilde	4.511	Simone	2.587	Hannelore	2.680	Koch-	2.270
Kniep		Werner	1.450	Ursula	2.121	Hans-Joachim	1.408	Rüdingloh	
Hans-Joachim	2.621	Knöll	1.481	Knüver	2.751	Hartmud	2.659	Koch-Wittmann	1.191

Kochann	4.660	Monique	1.097	Volkmar	1.231	Rainer	2.317	Heribert	1.001
Kochinke	2.514	Nadine	1.570	Köllges		Raluca	1.122	Irmgard	1.811
Kochler		Ramona	2.275	Jürgen	4.930	Regina	2.419	Körner	
Birgitta	1.125	Rita	2.400	Melanie	1.200	Reinhard	2.514	Beate	3.307
Erich	1.625	Rolf	1.801	Kölling		Sigrun	2.170	Christof	1.061
Kochs		Uwe	2.472	Agnes	4.743	Ulrike	4.832	Gisela	1.840
Ingrid	1.710	Walter	2.517	Dorothee	1.413	Walburga	2.490	Hendrik	4.350
Julia	1.006	Winfried	2.081	Klemens	1.520	König-Apel	1.817	Peter	1.840
Ulrike	2.100	Köhler-Degner	1.457	Susanne	4.652	König-Nickel	1.445		4.745
Kochsiek	4.555	Köhler-Hötte	4.740	Köllisch	1.736	König-Senger	4.761	Rafael	1.057
Kociszewska	4.051	Köhler-Rabbat	2.435	Köllmann		König-Voigt	1.737	Udo	4.273
Kock		Köhler-Stiefeling		Silke	1.380	König gen. Kersting		Wilfried	1.055
Antonius	2.618		3.075	Susanne	4.180		4.520	Körner-Weinert	2.401
Carsten	2.502	Köhler-Thewes	4.741	Kölln von	2.166	Königer	2.060	Koert	
Claudia	4.192	Köhler-Zang	1.053	Köllner		Königs (Koenigs)		Irene	2.168
Hubert	3.035	Köhling	2.059	Hans-Georg	2.620	Barbara	1.010	Mark-Oliver	2.745
Kocker-Vogt	2.604	Köhn (Koehn)		Jürgen	2.036		2.437	Körtner	4.491
Kocks	4.701	Annegret	1.118	Katrin	1.470	Berthold	1.583	Körver-Buschhaus	
Kocsis	1.122	Christian	1.232	Roswitha	1.380	Herm.-Josef	2.437		1.157
Koczy	4.323	Ludwig	1.118	Kölnberger	2.070	Hans-Peter	2.438	Köser	
Koddebusch		Norbert	1.818	Kölpin		Marie-Luise	1.226	Carsten	1.326
Bernd	2.485	Sabine	1.716	Gerda	1.055	Michael	2.096	Magdalene	1.486
Margret	2.437	Ulrike	4.073	Uwe	1.055	Roland	1.276	Susanne	4.410
Koderisch	2.638	Koehn-Bechtel	1.132	Kölscheid	4.120	Willibert	1.055	Kössendrup	3.140
Koebsel	2.521	Köhne		Kölzer	1.276	Königs-Marticke		Kößmeier	
Köchling		Angelika	2.402	Kömhoff-Paatz	2.630		2.437	Barbara	2.690
Gabriele	2.755	Daniela	3.165	Kömpel	4.380	Königsberger	2.630	Michael	2.639
Inge	2.515	Herbert	2.176	Köneke	2.168	Königsbüscher	1.620	Köstens	
Regine	1.045	Ingo	1.043	Könemann		Königshofen	2.565	Hans-Georg	1.805
Köchling-Graafen		Klaas	2.472	(Koenemann)		Königsmann	2.145	Michael	2.683
	2.570	Michael	1.581	Anette	2.416	Königs	4.390	Koesler	1.135
Köchling-Schulte		Ralf	4.385	Gerhard	2.230	Könker	2.121	Köster (Koester)	
	2.600	Reinhold	2.460	Könen (Koenen)		Könnecke	1.131	Angelika	2.400
Köckert	4.900	Sabine	4.961	Bettina	4.380	Köntges	2.770	Anke	4.900
Köferl	2.170	Thorsten	1.095	Georg	1.391	Koep	2.215	Arnd	2.356
Kögel	3.025	Werner	2.270	Gerhard	1.592	Köper	4.950	Christiane	2.215
Kögler	4.590		2.563	Hans-Josef	1.585	Köpke		Dietmar	1.214
Koehl	3.172	Köhnen		Hans-Peter	1.436	Gitta	4.070	Dirk	2.450
Köhl-Uhrig	2.244	Hermann	1.130	Herbert	3.366	Heike	1.456	Elisabeth	2.586
Köhle		Nicole	1.059	Renate	1.240	Mareike	2.656	Engelina	1.351
Annemarie	2.390	Susanne	2.184	Koenen-Volkmann		Köpnick		Erhard	4.800
Bettina	1.409	Köhnes	1.522		1.796	Britta	3.075	Freimut	4.221
Köhlen		Köhnsen		Könes	1.290	Martina	4.245	Heinrich	2.625
Leonhard	1.025	Astrid	2.520	König (Koenig)		Köppe	1.817	Heinz	4.130
Sandra	1.035	Birgit	2.244	Anja	4.075	Köppeler-Müther		Helga	2.550
Köhler (Koehler)		Köhring	2.280	Birgit	4.780		2.771	Holger	2.571
Andrea	2.288	Kölbel (Koelbel)		Christian	4.950	Köppelmann	2.390	Josef	4.352
	4.270	Thomas	1.505	Claudia	1.216	Köppen		Katarzyna	1.241
Andreas	2.530	Vanessa	1.625	Corinna	1.522	Johannes	4.193	Katrin	1.406
Annika	2.516	Kölber	4.385	Dieter	2.197	Karin	4.091	Luitgard	1.011
Bettina	2.604	Kölblinger		Dirk	4.520	Köpping	1.186	Martin	4.054
Brigitte	4.225	Astrid	3.135	Dorothea	1.699	Körber (Koerber)		Michael	1.413
Christa	1.276	Gerald	3.010	Edith	2.156	Hartmut	1.740	Peter	1.006
Eckart	2.715	Koelen van der	4.249	Franz-Josef	4.300	Jürgen	1.630	Petra	2.665
Elisabeth	1.580	Kölker		Gisela	2.612	Norbert	4.130	Stefan	1.132
Gerhard	1.101	Eugen	2.618	Hans-Georg	2.145	Regine	2.419	Tanja	2.022
Gert	1.823	Ludger	4.950	Henny	4.571	Sabina	1.633		2.400
Johannes	1.045	Tanja	4.600	Ingolf	1.696	Koerdt	2.050	Ursula	1.589
Julia	3.045	Kölking	2.270	Joachim	1.486	Körfer			1.760
Margret	1.422	Kölle (Koelle)		Jochen	1.186	Peter	1.201	Walter	4.380
Marion	1.375	Dorothee	2.070	Karl-Heinz	1.066	René	4.415	Köster-Kaldenbach	
Markus	1.725	Katja	1.041	Marco	2.031	Sarah	1.201		1.690
	2.564	Kerstin	2.500	Maria	1.001	Susanne	1.711	Kösters	
Martin	4.590	Köllen	4.830		2.005	Köring		Anna	2.396
Michael	2.666	Köller (Koeller)		Michael	2.289	Andreas	4.580	Camelia-M.	2.161
	2.161	Birgit	1.796	Michele	1.041	Claudia	2.363	Erika	2.161
	4.440	Ludger	1.233	Monika	4.661	Körling	4.340	Franz	2.071
Miriam	4.905	Martin	2.456	Petra	4.470	Körlings		Ulrich	2.082

Kösters-Eckelmann		Catherine	1.432	Franz-Jos.	1.408	Karin	2.242	Norbert	6.265
	2.183	Klaus-Dieter	4.243	Kolhagen	1.681	Sabine	1.054	Peter	1.118
Köstler	1.119	Ursula	1.128	Kolip	1.220	Komp	2.600	Ursula	1.066
Köth	1.456		1.470	Koliropoulos	2.169	Konarski	2.610	Ute	1.055
Koethe	4.091	Kohls-Bremer	1.419	Kolitschus	1.820	Konda	4.323	Koppatz	1.167
Köther	1.580	Kohlsdorf	1.553	Kolk		Konder	1.520	Koppe	
Kötitz	4.290	Kohn		Elke	2.033	Kondziella	2.654	Maria	1.098
Köttendorf	2.604	Christa	1.127	Stefan	2.590	Kondziolka	4.402	Markus	1.486
Kötter (Koetter)			2.613	Kolk auf'm	2.182	Konermann	3.105	Koppelmann	1.416
Christiane	4.960	Kohnen		Kolk van de	6.270	Konert	2.195	Koppenborg	1.217
Engelbert	2.518	Beate	3.125	Kolkau	2.289	Konieczny	4.151	Koppenhagen	1.506
Hildegard	1.225	Hans-Dieter	2.072	Koll		Konieczny-Böhmker		Kopper	2.666
Horst	4.390	Hans-Willi	1.528	Angelika	1.418		2.620	Koppers	
Maria A.	2.405	Joachim	1.810	Beate-Maria	2.101	Konietschke	2.750	Heinz	1.697
Mario	3.105	Marcus	1.220	Friedhelm	4.961	Konietzko		Rudolf	1.385
Martina	4.513	Marianne	1.190	Jürgen	4.225	Gerd	4.351	Sandra	4.248
Petra	2.175	Kohnert-Vellen		Karl-Reinh.	1.290	Joachim	1.436	Sylvia	1.475
Sebastian	1.554		1.240	Reinhard	2.168	Marianne	2.285	Koppitsch	1.224
Susanne	2.067	Kohnz	2.726	Rudolf	1.681	Konietzni	4.241	Kopplin	1.545
Udo	4.705	Kohorst		Sophie	1.445	Konnemann	2.605	Kopplow-	
Kötters	2.362	Helmut	2.418	Kollan	2.625	Konnertz	2.570	Jochum	1.588
Kötteritzsch	4.273	Margarete	2.417	Kollbach	1.441	Konopatow-Kanitz		Koppmann	1.136
Köttgen-Klambt	1.002	Kohorst-	2.160	Kolle	2.586		3.035	Koppmeier	3.003
Kötting	1.240	Hergemöller		Kollecker-Radix		Konopka	2.165	Kops	4.370
Koetting-Bittner		Kohr	1.241		1.598	Konrad		Kopsan	1.818
	3.040	Kohrs	1.598	Kollek	2.075	Alexander	1.122	Korb	4.250
Kötz	4.130	Kohsen	1.815	Kollenberg	4.580	Hermann	2.600	Korbel	4.304
Kofferschläger	1.305	Kohtes	2.173	Koller		Kristin	2.715	Korbmacher	1.580
Kogel	1.811	Kohues	4.705	Burkhard	4.194	Monika	2.518	Korda	2.170
Kogelheide	2.215	Kohushölter	2.470	Detlef	4.195	Konradi	2.462	Kordaß	2.715
Koggenhorst-Kim		Koitka	1.710	Gabriele	4.190	Konrads		Kordecki	1.627
	4.600	Koj	2.571	Georg	1.190	Astrid	1.119	Kordecki	4.361
Kohaupt	2.588	Koj-Meinerzhagen		Maria	2.153	Johannes	1.010	Kordecki-Paris	2.176
Kohaus	1.216		1.790	Kolletzki	4.304	Norbert	1.119	Kordel	4.815
Kohl		Kok	1.068	Kollien	2.084	Kons	2.455	Kordes	
Andreas	1.545	Kokavecz	1.433	Kolling	1.063	Kontenak	4.210	Eckhard	2.426
Bernhard	2.405	Koke		Kolliniatis	4.111	Kontny	1.241	Gabriele	2.425
Dagmar	4.273	Anke	1.781	Kollmann		Kontomichi-Joost		Olaf	2.056
Hilde	4.555	Guido	2.670	Frauke	1.432		4.951	Uwe	2.637
Paul	2.081	Kokenbrink	4.370	Heike	2.521	Konty	1.420	Kords	1.511
Reiner	1.103	Kokisch	1.036	Karin	2.667	Konze	2.356	Kordsmeyer	1.400
Veronika	2.518	Kokol	1.736	Karl-Bernd	4.195	Konzelmann		Kordt	2.450
Wolfgang	2.326	Kokoschka	2.500	Marlis	4.410	Elke	2.080	Kordwittenborg	2.036
Kohl-Kaiser	2.083	Kokoska	4.580	Kollmeier		Karl-Heinz	1.360	Korell	
Kohlbacher	4.220	Kolb		Alexandra	3.020	Koob-Pegel	2.196	Monika	2.191
Kohle		Anton	1.325	Ingrid	4.462	Koof	1.357	Robert	2.050
Annette	2.586	Hans-Joachim	1.615	Kollmeyer	2.056	Koolen	2.165	Korf	
Jürgen	1.410	Heinz Walter	1.415	Kollner-Gregoire	1.351	Koop	2.630	Benjamin	3.165
Maria	2.750	Tobias	4.225	Kollnot	1.361	Koopmann		Gertrud	4.761
Kohleick	1.106	Kolbe		Kolloch	1.416	Heinrich	2.452	Martin	4.761
Kohlen		Detlef	4.198	Kollotzek	2.158	Ilse-Marie	2.450	Udo	2.340
Andrea	2.570	Harold	4.075	Kolodinski	2.215	Stefan	1.454	Korff	
David	1.300	Marion	4.962	Kolodzie	4.075	Ulrike	4.274	Annemarie	2.746
Kohlenberg	2.323	Peter	4.495	Kolodziej-Bengel		Uwe	4.170	Eckhard	2.710
Kohler	1.640	Walter	4.961		4.380	Koops	2.205	Harald	5.610
Kohler-Mentzen	1.840	Kolbe-Leigh	4.180	Kolodziejczyk	2.151	Kopal-Engeländer		Korfhage	4.210
Kohlgrüber	2.070	Kolberg		Kolpatzeck	4.242		1.790	Korfmacher	
Kohlhaas		Kerstin	2.751	Kolsdorf	1.528	Kopetz	2.095	Franz-Peter	1.580
Lisa	1.400	Markus	2.405	Kolsdorf-Krause	1.070	Kopietz		Petra	1.628
Ulrich	2.285	Kolberg-Böhm	2.370	Kolter	1.240	Annelore	1.455	Korfsmeier	2.518
Kohlhaas-Bembenek		Kolbow	3.731	Koltermann	1.063	Günter	2.487	Korinek	2.480
	1.070	Kolbus		Kolvenbach	1.437	Kopka	1.629	Koring	
Kohlhase	4.540	Heike	2.627	Komander	2.635	Koplek	2.403	Eberhard	4.962
Kohlmann	1.691	Uwe	2.604	Komberg	2.472	Kopmann	2.072	Walter	2.230
Kohlmeyer		Koldehoff	2.603	Kombrink	1.412	Kopner	1.584	Korinth	4.290
Cornelia	2.700	Koletzko	1.122	Kommerscheid	2.452	Kopp		Korioth	1.632
Karl-Christian	1.690	Kolf		Komo	2.315	Annelore	2.245	Korischem	1.740
Kohls		Anna	1.495	Komossa		Horst	1.118	Koritzius	2.173

Korn		Kortmann-Fröhleke		Koth	2.115	Kozlowski		Stefanie	2.571
Christine	4.905		2.588	Koth-Hohmann	2.183	Barbara	1.005	Susanne	1.059
Helmut	2.153	Korun	1.405	Kothe		Jochen	4.141	Ulrike	1.090
Silke	4.513	Korus	2.470	Cristina	2.656	Kozok	1.250	Walter	1.802
Korndörfer	4.251	Kosack	1.350	Jochen	2.770	Kozubek	2.653	Wendy	1.406
Korneli	1.627	Kosak	1.355	Margret	3.075	Kraaibeek		Wolfgang	2.310
Kornfeld	2.058	Kosakowski	3.115	Kotowski-Jensch		Sandra	4.780	Krämer-Jaax	1.560
Korona	2.736	Kosalla	1.006		1.370	Ulrich	2.670	Kraemer-Nickel	1.641
Koropp	1.442	Kosanetzky		Kottenbrock	2.471	Kraatz		Kraensel	2.340
Kors	4.680	Michael	4.910	Kottenhoff		Andrea	1.486	Krätschmer	1.103
Korsch		sonja	4.270	Karin	2.289	Burkhard	2.760	Krätz	1.585
Adelheid	1.616	Waltraud	4.910	Margarete	1.226	Melanie	1.690	Krätzig	2.345
Cornelia	1.340	Kosanke	1.090	Kotter	4.520	Kraaz		Krafft	
Korsten		Kosch	3.160	Kotthaus		Elisabeth	4.900	Eckhard	2.530
Heinrich	4.401	Koschade	1.592	Christel	3.003	Helmut	4.900	Ilka	1.760
Henning	4.247	Koschany	2.170	Eckhardt	2.020	Krabbe		Regina	1.811
Iris	1.616	Koschel	3.115	Jürgen	4.492	Christian	4.300	Kraft	
Silvia	4.274	Koschick	4.290	Michael	1.426	Heiko	2.402	Burkhard	2.022
Simone	1.276	Koschinski	4.277	Sandra	5.610	Ludger	2.001	Claudia	2.416
Korsting-Backe		Koschmieder	2.280	Udo	1.326	Susanne	1.196	Dieter	2.173
	4.249	Kosel	1.510	Walter	1.775	Krabbel	1.125	Eva-Maria	1.305
Korte		Koselitz	2.357	Kotthoff		Krabben	2.071	Gertrud	1.356
Andreas	2.605	Kosfeld	2.715	Bertin	2.023	Krabiell	4.370	Heinz-Jürgen	1.325
Bernd	2.060	Kosiek		Petra	2.154	Krabs	4.075	Judith	2.152
Bernhard	2.512	Brigitte	4.420	Kottig	2.285	Krabusch	2.243	Kirsten	4.905
Bernward	2.750	Elke	2.436	Kottmann		Krach	1.390	Lothar	1.348
Berthold	2.603	Klaus-H.	2.058	Alfred	2.030	Kracheletz	2.613	Martin	4.870
Birgit	2.462	Kosinski		Doris	2.345	Kracht		Melanie	4.074
Björn	4.440	Andreas	2.365	Franz	2.751	Andy	2.502	Rosemarie	1.002
Brigitte	2.565	Bruno	2.725	Jens Peter	4.251	Christoph	2.667	Sabine	1.250
Carl-Dietrich	2.286	Kosky	4.662	Susanne	2.600	Dörte	2.500	Ute	4.290
Heinz-Helmut	2.705	Kosler	4.055	Kottmann-Mehlkopp		Kraeber	1.436	Vera	1.529
Henning	1.097	Koslowski			1.685	Krächter	2.156	Kraft-Skopal	2.570
	4.940	Anja	1.785	Kottmann-Rexerodt		Kraeft	2.083	Krafzik	2.317
Karin	4.440	Dragana	4.248		2.145	Kraegeloh	1.101	Krah	
Karl-Heinrich	2.565	Monika	2.290	Kottowski-Klasner		Krähe-Anton	2.770	Beatrix	4.350
Kathrin	2.603	Kosmala	4.620		1.320	Krähl	2.402	Horst	4.370
Monika	1.190	Kosmieder	2.550	Kottsieper	1.820	Kräling	2.640	Krahau	1.412
Oliver	2.275	Kosocsa	3.007	Kotulla	1.570	Krämer (Kraemer)		Krahé-Feller	1.185
Petra	1.405	Kosok	2.101	Kotzan-Meiwes	2.244	Adelheid	4.570	Anne	5.600
Renate	2.111	Kosow	2.020	Kotzlan-Tetling	4.681	Berthold	1.216	Krahforst	
Rolf	2.075	Koss	2.750	Kotzke-v. Kleinsorgen		Birgit	1.484	Werner	2.326
Korten		Kossak	2.205		2.510		4.745	Krahl	
Matthias	2.170	Kossek	2.545	Kotzur	1.226	Bruno	2.660	Christian	2.154
Ulrike	1.821	Koßmann		Kouker	2.289	Christine	2.491	Claudia	1.631
Korten-Terworte		Gabriele	4.273	Kouri	2.396	Clarissa	4.273	Krahl-Ewers	1.214
	2.651	Klaus	4.960	Kovermann	2.750	Claudia	1.212	Krahn	
Kortenbruck	4.940	Nicole	2.390	Kowalewski	1.436	Daniela	1.042	Benedikt	2.077
Kortenbusch	2.161	Peter	1.101	Kowalewsky	2.121	Dirk	1.341	Dietmar	2.770
Kortendieck	4.091	Udo	1.097	Kowalski		Doris	4.540	Martina	2.081
Kortenjann-Möller		Kossuch	2.240	Birgit	4.690	Edda	1.126	Thomas	3.040
	4.825	Kost		Michael	1.481	Gabriele	1.010	Krahwinkel	4.695
Korth		Bettina	2.082	Valerie	3.063	Gerd	2.612	Kraiczek	2.060
Helen	4.300	Birgit	2.080	Kowalski-	2.150	Gisela	1.586	Kraik	1.003
Julian	4.645	Christiane	2.725	Brummert		Guido	1.051	Kraimann	4.247
Korthals	2.522	Gabriele	2.077	Kowalsky	1.168	P. Gundolf	1.051	Krainz	
Korthas	4.402	Harald	1.798	Kowalzick	1.433	Helmut	1.541	Alexandra	4.054
Korthaus		Karlheinz	1.063	Kowarzik-Vossen		Ingeborg	1.163	Elisabeth	2.660
Kristina	1.127	Rainer	1.051		1.583	Jens	2.655	Emil	2.659
Michael	2.420	Kosten	4.491	Kowertz	1.594	Klaus-Dieter	4.520	Krajewski	
Thorsten	2.080	Koster		Kowol	2.151	Marlies	1.845	Heinrich-J.	3.005
Kortländer	3.155	Cordula	1.629	Kox		Mechthild	BRDe	Manfred	1.710
Kortmann		Renate	3.070	Christa	4.900	Meinhard	1.593	Stephan	1.326
Andreas	1.570	Kostewitz	2.293	Egon	1.528	Michael	1.059	Krajnik	4.247
Ludger	2.511	Kostrzewa		Elsbeth	1.415		2.166	Krakau	
Marcus	4.722	Katja	4.120	Norbert	1.740	Rosemarie	4.070	Dieter	1.260
Margret	2.370	Sabine	1.583	Kozianka	1.535	Silke	4.241	Ursula	1.261
Ulrich	1.241	Kotecki	1.159	Kozikowski	4.570	Stefan	4.960	Kral	2.380

Krali	1.712	Kranert	4.350	Axel	1.470	Anke	1.185	Reinhard	2.475
Krall		Kraney	2.563	Berenike	1.090	Gernot	4.415	Renate	4.120
Thomas	4.220	Kranich	4.415	Bernd	1.066	Jutta	4.540	Silke	3.120
Werner	1.530	Kranke	1.165		4.510	Krauskopf		Kreft-Rücker	2.671
Krallmann		Krantz	4.900	Bernward	1.522	Imme	4.192	Krehl	1.186
Marion	1.554	Kranz		Bettina	1.132	Jörg	1.535	Kreibig	2.405
Thomas	1.265	Christoph	1.001		3.003	Krauß		Kreidt	4.070
Kramann	1.162	Diane	2.627	Brigitte	2.326	Fritz	2.589	Kreienfeld	2.317
Kramarczyk	2.031	Hans-Jürgen	1.591		4.513	Johannes W.	1.326	Kreikenbaum	2.156
Kramarz		Karin	1.001	David	1.015	Konrad	1.116	Kreiling	2.420
Gabriele	1.310	Michael	1.770	Dennis	4.580	Krauße-Ismar	1.241	Kreilmann	2.205
Silke	4.520	Sabine	1.616	Dorothee	1.107	Krauth	1.137	Kreilos	
Kramberg-Schröder		Thomas	4.920	Eckart	1.305	Krautkrämer		Johannes-J.	2.169
	2.150	Udo	4.240	Guido	1.598	Ina	2.300	Jutta	1.228
Kramer		Kranzbühler	1.696	Hans-Jürgen	2.470	Karl-Heinz	2.300	Krein	1.421
Andreas	1.005	Kranzmann	2.058	Helgard	1.185	Krautkrämer-Schlicht		Kreiner	1.355
Anja	1.589	Kranzusch	4.430	Helmut	4.196		4.570	Kreinjobst	2.357
Anke	2.320	Krapp		Holger	2.059	Krautschneider	1.441	Kreis	
Anneliese	2.290	Katharina	3.215	Horst	4.875	Krawietz-Hüll	4.491	Annelie	4.340
Daniela	1.059	Stefanie	2.520	Irene	1.554	Krawinkel		Chris	4.040
Elisabeth	2.438	Ulrich	1.541	Iris	2.771	Georg	1.521	Ellen	4.197
Erich	1.063	Krappen	1.069	Janett	1.063	Uwe	2.255	Heinrich	2.474
Friedrich	1.460	Kraschutzki-	1.186	Janine	2.571	Kray	2.300	Joachim	2.002
	4.810	Schölmerich		Judith	1.003	Krayer	1.025	Jürgen	2.610
Hartmut	2.416	Krasnitzky-Briel		Kaija	2.063	Krebber	4.580	Klaus	1.053
Heidi	4.720		2.659	Karl-Heinz	2.083	Krebber-Hemkes	4.905	Kreisel-Fonck	2.095
Heike	4.740	Kraß		Katja	1.740	Krebbing	1.365	Kreiß	1.696
Helmut	2.625	Herwig	2.081	Kerstin	2.590	Krebel	1.629	Kreiten	4.900
Henning	2.176	Wolfram	2.345	Klaus	2.503	Krebs		Kreitz	
Heribert	2.571	Krasselt-Bacher	3.200	Klaus-Peter	2.405	Christian	2.451	Micha	1.495
Ingrid	3.055	Kraßnigg	1.097	Lothar	4.276	Christiane	2.613	Michael	1.716
Josef	4.111	Krath	1.436	Maria	1.454	Claudia	3.115	Tim	4.304
Jürgen	2.151	Krattinger	2.530	Martina	1.325	Frauke	1.241	Kreitz-Dammer	2.169
Julia	1.680	Kratz		Michael	1.442	Georg	2.240	Krekelberg	4.550
Katharina	1.485	Bianca	1.121	Olaf	1.162	Gernot	1.424	Krekeler	
Katrin	4.930	Gabriele	2.225	Peter	1.436	Indra	2.146	Gesa	2.523
Klaus	3.100	Johannes	4.180	Petra	2.021	Inge	1.061	Marlene	4.195
Manfred	4.780	Stefan	1.796	Rainer	1.450	Kati	3.040	Susanne	2.111
Mirijam	2.417	Steffen	3.055	Ralf	4.170	Marcus	1.285	Krekeler-Elwitz	2.060
Myriam	2.001	Ursula	1.699	Ralph	4.040	Melanie	2.575	Krekler	2.161
Torsten	2.362	Kratzel	1.817	Regina	4.661	Oliver	2.685	Krell	
Kramer-Ahrweiler		Kratzert	4.590	Renate	2.006	Rolf	2.005	Cornelia	1.325
	4.690	Kratzke	2.637	Robert	4.401	Sigfrid	2.036	Robert	1.127
Kramer-Fischer	1.575	Krauel	1.220	Sandor	2.475	Thorsten	1.356	Krell-Berg	4.961
Kramer-Gordziel		Krauledat	1.552	Sandra	1.168	Tobias	4.660	Kremeier	4.630
	1.044	Kraus		Silja	4.771	Werner	2.666	Kremer	
Kramer-Heinrichs		Annette	2.166	Simone	4.580	Wolfgang	4.141	Andreas	1.255
	1.414	Arno	1.460	Susanne	2.280	Krebs von	1.523	Annerose	1.325
Kramer-John	2.246	Bernhard	1.486	Thorsten	1.811	Krebs-Fehr	4.910	Bernd	4.570
Kramer-Rehhahn		Christina	1.300	Ulrich	2.715	Krebs-May	4.875	Birgit	4.070
	2.511	Hanns-Joach.	2.519		4.073	Krebsbach	2.571	Christa	1.137
Kramkowski	1.151	Jutta	1.059		4.242	Krechel		Edda	1.102
Kramm		Kristin	4.875	Ute	4.071	Renate	1.066	Edith	4.340
Erich	2.472	Margarete	4.492	Volker	1.220	Thomas	2.571	Franz Peter	1.528
Nicole S.	1.103	Martin	4.193	Wilfred	1.821	Krechel-Rettig	4.245	Gudrun	4.771
Krammer	1.616	Michael	2.243	Wolfgang	1.600	Krechting	2.680	Herbert	1.102
Kramp		Regine	1.452	Krause-Bartsch	1.645	Kreck	1.413		1.710
Andreas	1.775	Ursula	4.273	Krause-Bours	2.126	Krecklenberg	1.157	Hildegard	4.510
Karin	1.415	Veronika	1.522	Krause-Frischkorn		Kreckwitz	1.414	Holger	1.130
Paul Heinz	3.115	Werner	1.135		2.086	Krefeld	2.640	Hubert	4.073
Krampe	4.250	Wilfried	1.137	Krause-Günther	2.419	Krefis	1.407	Irmgard	1.523
Krampen	2.260	Winfried	2.121	Krause-Hupperich		Kreft		Inga Lena	2.690
Krane	1.101	Wolfgang	1.594		1.527	Andreas	2.637	Lydia	1.801
Kraneburg	1.305	Kraus-Joachim	2.510	Krause-Kleinpaß		Annette	4.951	Matthias	1.201
Kranefeld		Krausch	3.120		4.323	Barbara	2.563	Mechthild	1.220
Bärbel	2.175	Krause		Krause-Kremer	4.831	Jörg-Wilhelm	2.690	Michael	1.355
Theo	4.303	Adolph-Erwin	4.661	Krause-Traudes	2.281	Michael	4.750	Monika	1.432
Kranenberg	1.126	Astrid	4.743	Kraushaar		Natascha	2.181	Peter	1.200

Robert	1.131	Sibylle	1.266	Barbara	1.102	Krischak	4.241	Kröner
Sandra	1.545	Kreuczer	2.401	Bernhard	2.669	Krischer	1.581	Gabriele	2.083
Silke	1.070	Kreuels		Christoph	1.581	Krischker		Renate	2.674
Stefan	1.586	Bernadette	1.241	Claudia	4.440	Kerstin	2.627	Robert	2.165
Ursula	1.008	Hans Thomas	1.743	Enrico	3.100	Marc	4.130	Walter	4.002
Kremer-Grabe	2.396	Til	1.845	Gottfried	1.391	Krisinger	1.561	Kröner-Graw	1.454
Kremer-Mansel	1.500	Kreuer	4.900	Josef	2.495	Krislin	2.595	Krönert	1.529
Kremers		Kreuk	1.770	Monika	1.325	Krispin	4.073	Krönig	1.421
Axel	1.740	Kreul	2.101	Petra	1.725	Krist	2.627	Kröning	1.151
Gabriele	1.823	Kreus	1.007	Rita	2.495	Krister	1.220	Kröning-Reike	2.535
Thomas	4.248	Kreusel	4.075	Sabine	4.445	Kristkoitz	4.510	Kroepsch	3.105
Willi	1.345	Kreuser	1.067	Silke	1.230	Kristall		Kroes-Tillmann	2.511
Kremin-Conrad	2.471	Kreutz		Volker	4.601	Artur	2.470	Kroesen	2.073
Kremling	1.356	Anna	1.436	Wolfgang	2.305	Petra	2.470	Krösmann	1.229
Kremp	2.495	Anne	2.638	Krieger-Heveling		Kristau	1.645	Krötz	1.431
Kremper		Peter	1.115		1.004	Kristek	2.671	Krogull	1.151
Christof	2.285	Thomas	1.007	Kriegeskorte	2.425	Kritzler		Kroh	
Mario	1.481	Ulla	4.493	Kriegesmann	4.073	Herbert-B.	1.107	Gerhard	2.400
Krems	2.502	Kreutzer		Krieghoff-Jüngling		Ulrich	3.075	Karin	2.486
Kremser		Ralph	4.832		4.875	Kriwet	1.805	Krohn	
Sascha	1.170	Sabine	4.100	Kriegler	1.053	Krix	2.267	Hans	2.564
Peter	3.001	Kreutzkamp		Kriegs	4.248	Krobbach		Norbert	4.761
Wolfgang	4.330	Günter	4.940	Kriemelmann	2.281	Hans Erich	1.286	Patricia	1.840
Kremser-	1.523	Kornelia	4.513	Krienen		Jens	1.286	Vera	1.600
Hüttermann		Kreutzmann	2.055	Heinz-Peter	1.125	Kroeber	1.040	Krohn-	2.621
Kremser-Stork	2.179	Kreutzner	1.170	Peter	1.565	Kroeck	2.700	Sundermann	
Krengel		Kreuz	4.350	Kriener	2.560	Kröckel	4.960	Krol	2.522
Andreas	2.031	Kreuzburg	1.230	Krienke		Kröger		Krolak	2.365
Dorothée	4.073	Kreuzer		Jola	1.545	Achim	1.186	Kroll	
Karsten	4.415	Eberhard	2.319	Matthias	1.180	Anja	2.588	Andreas	2.560
Wolfgang	1.412	Klaus	1.640	Kries	1.305		2.630	Birgit Chr.	2.595
Krensel	2.651	Michael	2.244	Kries van	1.511	Cornelia	2.590	Christian	1.810
Krenzer	1.441	Rita	1.775	Kriese	4.832	Dieter	2.230	Dagmar	4.601
Kresin	2.426	Kreuzheck	1.642	Kriesel	4.273	Hans	2.588	Eva	4.385
Kreß (Kress)		Kreuzmann	1.153	Krifft	1.108	Hans-Josef	2.521	Hugo	1.091
Brigitte	2.195	Krewald	1.305	Krigar	2.480	Hartmut	1.131	Irene	1.710
Cornelia	1.691	Krewer	4.250	Krikowski-Martin		Heinrich	2.170	Petra	2.765
Kresse	2.500	Krewinkel	1.431		1.116	Hermann	2.589	Michael	3.035
Kressel	1.642	Krey	1.627	Krimm	1.186	Irmhild	2.165	Silvie	1.008
Kreßner	1.200	Krey-Leiden	1.035	Krimmelbein	2.600	Jovila	4.571	Kroll-Saurbier	1.541
Kreter	2.325	Kreye	1.059	Krimphove-Bauert		Marc	2.563	Krolla	2.115
Kreth	2.503	Kreyenberg	1.167		2.090	Michael	2.746	Krollmann	
Kretschel	4.700	Kreymborg	1.106	Krimpmann		Oliver	2.085	Fritz-Peter	1.511
Kretschmann		Kreysing		Andrea	2.485		2.281	Patrick	1.380
Andreas	1.633	Klaus	2.316	David	2.292	Petra	2.126	Krolop	1.115
Brigitte	1.217	Maria-Elisab.	2.316	Kring	2.654	Reinhard	1.210	Krombach	4.195
Christina	1.680	Peter	2.152	Krings		Thomas	2.560	Krome	
Joachim	4.510	Krick		Anita	4.920	Willy	2.153	Agnes	2.626
Jürgen	1.633	Christof	2.765	Barbara	2.064	Kröger-Bierhoff	2.726	Hans Jürgen	2.166
Michael	4.073	Franz-Josef	2.215	Christiane	1.520	Kröger-Mertens	2.725	Sigrid	2.357
Stefan	1.125	Wolfgang	4.240	Hans-Jakob	1.107	Kröger-Petersen	4.440	Krome-Deblieck	1.098
Kretschmann-	1.131	Kricke	1.137	Hans Joachim	1.063	Kröhne	1.090	Kromer	
Einsfelder		Krickmeyer	4.940	Herbert	1.020	Kröhnert	2.061	Ulrich	1.212
Kretschmar	1.340	Krieckhaus	1.290	Sibille	1.406	Kroeker-Bangemann		Uta	1.212
Kretschmer		Krieg		Theodor	1.305		4.055	Kromus-Schüth	4.810
Detlef	2.326	Isabell	1.123	Werner	1.340	Kröll		Kron	2.180
Frauke	1.798	Johannes	1.434	Wilhelm	1.661	Annette	1.585	Kron-Traudt	2.590
Horst	1.595	Sabine	1.760	Krinke	2.550	Elisabeth	1.713	Kronau	4.905
Rudolf	4.274	Ursula	2.060	Krinninger	1.219	Maria-Ther.	1.436	Kronauer	4.720
Sigried	1.232	Uwe	1.135	Krins	1.458	Krömeke	1.255	Kronbach	4.695
Kretzer		Kriege		Krippendorf	4.962	Krömer (Kroemer)		Kronberg	1.770
Anja	1.460	Margarete	2.286	Krippner	4.512	Doris	1.002	Krone	
Astrid	4.635	Philipp	2.058	Krips		Dorthe	1.452	Annemarie	2.362
Kretzmann	1.260	Susanne	1.798	Georg	2.645	Hannelore	4.221	Wolfgang	1.407
Kretzschmar		Kriegel	2.715	Harald	1.695	Johannes	2.627	Kronemeyer-Engels	
Gaby	1.420	Krieger		Stephanie	1.356	Paul	3.040		2.560
Herbert	2.082	Annette	2.160	Krips-Engelhardt		Ursula	4.960	Kronen	
Kristina	2.683	Astrid	4.630		2.550	Krömker	2.319	Gundula	1.107

Norbert	1.025	Jochen	1.136	Krüsselmann	1.053	Christine	2.589	Kubusch	2.660
Raphael	2.618	Jürgen	1.367	Krüttgen-Montag		David	2.255	Kuch	
Kronenberg			2.451		4.260	Gabriele	2.519	Christel	4.560
Dorothee	1.650		4.180	Kruft	1.421	Hermann	2.291	Peter	4.051
Gisela	4.570	Julia	1.713	Krug		Hildegard	4.660	Kucharczyk	
Werner	1.042	Juliane	4.962	Alfred	2.401	Johannes	2.515	Jürgen	1.510
Kronibus	1.528	Jutta	1.818	Ansgar	4.054	Margret	4.025	Monika	4.402
Kronsbein	1.380	Klaus	2.255	Bernhard	2.471	Martina	1.457	Kucharska-Jansen	
Kronsbein-Riedel		Lydia	1.108	Christoph	4.210		2.604		1.411
	4.243	Manfred	3.038	Gisela	2.726	Michael	2.715	Kucharski	2.267
Kronsfeld	4.074	Marion	1.650	Henning	1.633	Monika	2.061	Kucharzewski	1.432
Kroos	2.060		4.150	Reinhard	1.035	Peter	2.266	Kuchen	1.006
Krooß	4.073	Martin	2.587	Sabine	2.100	Rainer	2.260	Kuchenbecker	
Kropf	1.115	Mechthild	1.367	Ursula	1.415	Rita	2.246	Alexander	2.232
Kropp		Monika	2.674	Wolfgang	4.610	Sandra	1.345	Maj	1.770
Alexander	4.832	Norbert	4.221	Krugmann	3.165	Saskia	2.710	Silke	2.289
Bettina	1.421	Oliver	2.058	Kruhs	4.662	Tessa	2.315	Kuchler	1.551
Eva	1.116	Regina	1.276	Kruk-Heimbach	1.367	Tim	2.023	Kuchs	1.417
Sigrid	4.330	Renate	2.174	Krull		Ulrich	1.116	Kuchta	1.065
Stephan	4.055	Ruth	2.520	Friederike	4.580	Ulrike	2.215	Kuck	
Wilhelm	1.511	Sabine	1.211	Hans-Peter	1.360	Walburga	2.745	Cornelia	1.121
Kroppen	1.270		2.057	Peter	2.357	Kruse-Döblin	2.173	Dennis	3.040
Krosch	4.402	Stefan	1.276	Krumbach	4.260	Kruse-Hartmann		Josef	1.810
Kroschel	1.260		2.474	Krumbeck	4.635		1.554	Sigrid	4.825
Kroschwald	1.713	Thomas	2.620	Krumm		Krusekamp	2.495	Susanne	1.413
Kroseberg	1.150	Ulrich	1.710	Constanze	1.090	Krusel	4.601	Kuckelkorn	1.785
Krosta	2.241	Ulrike	1.132	Gabriele	1.486	Krusemeyer	2.605	Kuckelmann	2.145
Kroth	1.740		2.210	Jens-Christoph	1.218	Krusenotto	4.491	Kuckelsberg	4.380
Krowartz	2.255	Ursula	1.091	Krumme		Kruska	4.662	Kucki	
Kruchen-Berns	4.250		2.275	Ulf	2.390	Kruska-Bludszat		Gerd	1.553
Krucinski	4.511	Ute	4.277	Ulrich	2.502		2.174	Sven	1.220
Kruck		Krüger-Brück	1.126	Krummel		Krutmann	1.415	Kucklick	1.157
Michael	3.307	Krüger-Hanke	2.156	Bruno	1.406	Krux		Kucza	4.390
Thomas	4.111	Krüger-Hasse	2.380	Friedrich	4.195	Friedhelm	2.059	Kuczinna	4.072
Krude		Krüger-Hufmann		Krummenauer	1.357	Heinz Willi	1.415	Kuczmera	2.564
Andreas	2.245		4.720	Krumscheid		Kruza		Kuczynski	3.050
Christina	1.629	Krüger-Kindler	2.345	Erich	4.070	Heinrich	4.241	Kudla	4.680
Eva	1.081	Krüger-Kirdorf	1.125	Ulrike	1.229	Marius	4.072	Küblbeck	4.830
Krückeberg	2.687	Krüger-Lindenblatt		Krumwiede	1.121	Kruzinski-Irle	4.815	Kübler	4.850
Krückels	1.201		1.481	Krupp		Kryscio	1.158	Küch	2.146
Krücker	1.125	Krüger-Lippina	4.210	Dagmar	1.214	Krysmalski	1.551	Küchenberg	1.697
Krügel		Krüger-Senger	1.117	Hartmut	1.108	Krysmanski	1.097	Küchle	4.220
Cornelia	2.318	Krügermann	1.822	Herbert	1.070	Krzemienski		Küchler	4.513
Horst-Dieter	2.195	Krügermeyer-Kalthoff	2.417	Rebecca	1.065	Angelika	4.762	Kück	2.205
Krüger (Krueger)				Sibilla	2.715	Rolf	4.762	Kückmann	2.305
Annemarie	1.132	Krüger-Pukade	2.502	Thomas	4.340	Krzeminski	1.080	Küfer	1.598
Bernhard	4.141	Krüger-Wensierski		Krupp-Gerochristodoulou	1.057	Krzewitza	2.190	Küffer	1.102
	4.462		1.290			Krzonkalla	4.290	Kügler	
	4.462	Krügler	2.419	Kruppa		Ksoll	1.276	Beatrix	2.289
Carsten	2.690	Krühler	2.205	Angela	2.183	Kubach	3.205	Ulrich	2.500
Christa	2.589	Kruel	2.418	Ingrid	2.396	Kuban	4.415	Kühl	
Christel	2.621	Krülls	1.523	Ulrich	4.962	Kubanek-Meis	4.964	Beatrix	1.044
Cornelia	2.260	Krümmel-Seltier		Kruppen	1.069	Kube		Claudia	1.217
David	1.441		3.125	Kruppert	4.771	Birte	1.740	Wolfgang	4.905
Dieter	4.660	Krümpelmann		Krursel	2.570	Gerhard	2.225	Kühle	
Dirk	1.375	Gabriele	2.665	Krusat-Dahmen	1.452	Kubern	1.061	Barbara	2.635
Elfriede	1.345	Thomas	2.666	Krusch	1.153	Kuberski	2.059	Christian	2.154
Erich Edgar	4.580	Krüschedt	1.821	Krusch-Schlüter	2.180	Kubiak		Marcus	2.280
Friedrich	2.067	Krüsemann				Bernd	2.490	Marlies	2.736
Gabriele	2.700	Johannes	2.286	Kruschel	2.215	Margaret	2.570	Kühlem	4.075
	1.003	Martina	2.293	Kruschke	2.157	Kubiak-Kurth	1.162	Kühling	1.581
Gerhard	1.185	Krüsmann		Kruschwitz	3.170	Kubicki	1.008	Kühmichel	4.705
Gudrun	1.119	Gabriele	4.662	Kruse		Kubiczek	4.511	Kühlmann	2.365
Hans	4.850	Peter	2.293	Andreas	2.765	Kubitschke	2.395	Kühn	
Hans-Theo	1.560	Werner	2.326	Arno	1.025	Kubitz		Alfred	1.260
Heinrich	2.417	Krüsmann-Ecker		Arnulf	2.280	Beate	4.630	Annette	4.402
Heinz-Günter	2.614		4.370	Bernd	2.400	Georg	2.420	Christiane	1.090
Irmgard	1.241	Krüssel	1.007	Brigitte	4.951	Kubitza	1.136	Christina	1.820

Christoph	4.276	Künne	1.222	Ursula	2.760	Hartwig	4.740	Kuklinski	4.274
Detlev	2.625	Künneke	2.145	Wilhelm	1.482	Herbert	2.603	Kukuczka	1.220
Franzis	2.181	Künnemann	2.001	Kues	1.155	Hildegard	1.661	Kukulies	4.271
Gudrun	1.115	Künstle	4.190	Küsgen		Maresa	2.772	Kulbarsch	4.961
Günter	1.219	Künstler	1.484	Rita	2.170	Martina	1.821	Kulbarz	1.482
Heiko	1.760	Künzel		Ruth	1.408	Matthias	4.491	Kuld	1.210
Horst	2.518	Angelika	2.085	Ute	1.433	Meike	1.481	Kulik	
Ingo	1.455	Anna-Elisab.	2.291	Veronika	1.433	Michael	1.620	Gerd	4.815
	4.304	Günter	2.288	Küsgens		Monika	4.070	Stefanie	2.255
Rainer	1.525	Norbert	4.330	Uta	1.106	Paul-Jürgen	1.040	Kulka	1.488
Stefanie	1.586	Peter	2.242	Verena	2.305	Rainer	2.176	Kulke	2.725
Tatjana	2.475	Küper		Küßner	1.641	Rolf	2.695	Kulla	1.822
Ulrich	1.348	Annette	2.745	Küster		Ruth	4.245	Kullick	1.020
Ursula	2.168	Günter	2.345	Alexander	1.057	Sven	2.310	Kulling	1.408
Vera	1.002	Heidemarie	4.071	Eva	1.450	Ulrike	1.158	Kullmann	1.736
Kühnast	1.615	Heike	1.845	Gesine	1.475	Ute	2.242	Kullmann-Eickmann	
Kühne		Küppenbender	4.170	Gerd	3.040	Kuhlmann-Gröll			2.365
Claudia	1.594	Küpper		Gisela	2.356		2.522	Kulmann	4.270
Corinna	4.075	Bernd	3.061	Hans-Werner	2.280	Kuhlmann-Nobis		Kulms	2.241
Klaus-Otto	1.055	Christa	1.422	Lutz	1.645		4.440	Kulow	4.900
Marion	4.350	Cornelia	1.220	Monika	1.219	Kuhls	2.320	Kulschewski	1.410
Peter	2.487	Daniela	1.006	Olaf	1.484	Kuhmann		Kumai	2.418
Titus	4.570	Engelbert	1.059	Rita-Maria	1.697	Andrea	2.270	Kumbrink	2.160
Kühne-Franken	1.452	Erhard	2.146	Sandra	4.304	Anja	2.070	Kumfert	2.195
Kühnel		Frank	4.660	Ulrike	2.451	Holger	4.198	Kumm	4.385
Anneliese	1.584	Gabriele	1.159	Küstermann	1.506	Monika	1.138	Kummer	
Cordula	4.630	Helmut	1.107	Küsters		Kuhmann	1.217	Berthold	1.361
Silke	2.225	Herm.-Joseph	1.240	Andrea	1.456	Handabaka		Erich	1.190
Kühnen		Johannes	1.080	Gerhard	1.165	Kuhn		Gerold	1.348
Frank	2.667	Monika	1.500	Hildegard	4.661	Axel	1.137	Matthias	2.452
Hannelore	2.604	Nina	1.069	Hubert	1.020	Birgit	1.432	Wolfram	1.068
Inge	2.085	Petra-Maria	1.006	Matthias	1.255		1.817	Kuna	
Joachim	2.440	Reiner	3.007	Küstner		Boris	2.700	Jörg	2.502
Judith	2.022	Rosina	1.107	Kirsten	1.185	Coletta	2.146	Sebastian	2.603
Klaus	1.196	Stefan	1.713	Uwe	4.225	Dieter	1.490	Kunau-Goertz	4.090
Ursula	1.153	Therese	1.845	Kütemeier	4.130	Elke	1.406	Kund	
Ute	1.551	Küpper-Popp	4.571	Küttner	1.521	Hannelore	2.415	Isabelle	2.006
Kühner		Küppers		Kugel	4.831	Heinz-Jürgen	2.086	Ursula	2.570
Anita	2.659	Brigitta	1.165	Kugelmeier	2.031	Horst-Werner	2.415	Kunert	
Bruno	2.656	Brigitte	1.552	Kugler	2.670	Ilona	2.419	Britta	3.120
Kühnert	1.485		2.571	Kuhl		Jörg	1.422	Christel	4.242
Kühnhenrich	2.150	Christoph	2.530	Agathe	1.061	Klaus-Hellm.	2.415	Günter	2.059
Kühnle		Cordula	2.500	Berthold	4.540	Lilia	1.132	Isabel	4.055
Gerda	2.316	Elke	4.900	Eva	1.482	Markus	1.594	Jutta	2.535
Maren	4.248	Heinz-Gerd	4.900	Karin	4.780	Nadine	1.041	Rainer	2.575
Kühnst	1.250	Heinz-Josef	4.220	Rita	1.661	Petra	2.101	Kunick	2.310
Kühr		Herbert	1.404	Kuhla	1.691	Ralph	4.221	Kunkel	
Georg	1.043	Heribert	1.036	Kuhlbach-Feistel		Ronald	4.304	Jörg	2.514
Rolf	2.125	Renate	4.870		1.801	Thomas	2.673	Karl-Heinz	2.563
Ulrich	4.680	Rolf	1.481	Kuhle	2.635		4.940	Katharina	4.241
Kühsel	1.231	Udo	1.535	Kuhlemann		Kuhn-Ertl	1.153	Martina	2.033
Küke	2.126		1.320	Frank M.	2.059	Kuhne		Theodor	4.290
Kükenthal	1.163	Ursula	1.261	Michael	4.194	Christian	4.771	Kunna	2.360
Külker-Sienknecht			4.723	Ulrike	2.082	Gabriele	2.436	Kunsmann	1.286
	2.638	Vera	1.560	Kuhlen		Kuhnert		Kunst	
Küll	1.441	Küppersbusch	2.355	Irmgard	1.107	Claudia	4.661	Anne	1.583
Küllmer		Küppershans-	4.961	Nicola	1.629	Martina	4.951	Bernhard	2.006
Bettina	1.488	Fudickar		Kuhler	1.155	Olaf	2.176	Gerrit Peter	2.146
Jürgen	4.960	Kürkcü	4.491	Kuhlke	2.365	Ursula	4.390	Manuela	2.180
Külschbach	1.430	Kürschner	1.454	Kuhlmann		Kuhnhenne	4.635	Olaf	3.070
Külshammer	1.051	Kürten (Kuerten)		Alexander	4.520	Kuhnke	1.211	Kunstmann	4.195
Külzer	1.801	Andreas	1.105	Alexandra	2.090	Kuhren	1.175	Kunte	1.385
Kümmler	2.179	Claudia	4.513	August	3.005	Kuhrmann	2.451	Kunte-Aue	1.260
Kümpel	2.746	Dieter	4.170	Bernadette	4.380	Kuhrt	1.661	Kunter	
Kümpers	2.627	Fred	1.325	Edith	2.486	Kuhs	2.396	Nicole	1.102
Künemund	2.565	Hildegard	4.300	Gert	1.552	Kuipers	2.030	Silvia	2.604
Künert	2.555	Martin	1.581	Gudrun	2.317	Kuk von	1.545	Kuntz	3.065
Künkler	2.660	Ulrich	1.185	Hans-Jürgen	3.065	Kuklies	2.267	Kunz	

Alexander	2.393	Kuropka	1.445	Kuschmann		Kwiatek	2.146	Georg	2.611
Beatrix	4.240	Kurpiun	4.111	Andrea	2.620	Kwiatkowski		Wolfgang	1.221
Birgit	2.180	Kursawa		Günter	1.326	Henning	1.006	Läer	2.590
Christa	1.123	Hans-Peter	1.840	Kuschnik	1.165	Ralf	2.487	Lägeler	1.550
Detlef	1.823	Wilhelm	1.685	Kuse	2.670	Kwichonus	2.730	Laenger	4.075
Doris	4.870	Kursawe	1.138	Kusebauch	1.159	Kwirant	1.356	Lämmchen	2.156
Heide	2.083	Kurscheid	2.101	Kusenberg	1.223	Kwoczek	4.660	Lämmel	
Katja	4.960	Kurschildgen		Kusinski	1.042	Kyeck-Janßen	4.070	Gabriele	1.400
Tabea	4.943	Gabriele	1.376	Kusnierek		Kyon	2.101	Uwe	2.500
Wolfgang	2.181	Hans-Klaus	1.375	Franz-Josef	2.181			Laer van	4.274
Kunz-Schulte		Kurschilgen	1.661	Johannes	2.613	**L**		Lätsch	1.421
Claudia	4.495	Kurt	1.123	Kuß (Kuss)		La Torre	4.660	Läufer	
Patricia	4.495	Kurtenbach		Carsten	4.242	Laab	1.821	Josef-Peter	2.101
Kunza	1.160	Peter	BRA	Heribert	4.740	Laabs	2.395	Wiltrud	2.101
Kunze		Ursula	3.210	Norbert	2.356	Laack van	1.432	Lafci	2.450
Anne Kristin	1.457	Kurth		Kußin	6.225	Laackman	2.275	Lafebre	2.627
Annemarie	1.521	Dieter	1.561	Kußma	1.680	Laag	2.637	Lafflör	2.560
Christian	2.771	Hans-Helmut	1.219	Kußmann		Laak te	1.175	Lafond	2.471
Gisbert	2.151	Heike	1.102	(Kussmann)		Laakes	3.012	Lafontaine	1.595
Mike	1.457	Kati	4.700	Alfred	2.437	Laakmann	4.660	Lage zur	1.452
Stephanie	1.405	Klaus-Peter	4.905	Christa	2.565	Laaks	4.270	Lagemann	2.370
Kunze-Hattenhauer		Martina	1.067	Helmut	2.502	Laarmann	2.687	Lager	4.491
	2.595	Ralf	3.007	Marion	4.410	Laatsch		Lagers	4.512
Kunzel	1.737	Ulrike	3.165	Kuster		Barbara	2.293	Lagler-Haese	1.598
Kunzendorf	4.660	Kurtsiefer	3.045	Barbara	1.160	Werner	2.146	Lagoda	1.697
Kunzner		Kurtuldu	4.762	Jens	4.390	Laban	4.304	Lagodzinski	2.063
Birgit	4.662	Kurtz		Peter	1.535	Labenda	1.650	Lagrange	1.061
Detlev	4.601	Bernhard	1.036	Wolfram	1.055	Labeß	2.440	Lahaye	
Kuon	1.160	Manfred	1.801	Kut	1.554	Labion	4.220	Dorothea	1.275
Kupas	4.274	Wolfgang	2.390	Kutemeier	4.430	Laboch	2.364	Marcel	2.316
Kupczyk		Kurtz-Wieseler	4.635	Kuthe	2.550	Labouvie	1.137	Lahg	4.720
Hiltrud	1.435	Kurz		Kuthning	4.150	Labs	1.710	Lahl-Lohmann	3.063
Wolfgang	3.172	Bettina	2.390	Kutkuhn	1.695	Labudda	1.535	Lahme	5.610
Kupczyk-Joeris	1.004	Christiane	1.506	Kutsch		Labuhn	1.380	Lahr	
Kupetz	4.273	Cornelia	1.458	Hans-Dieter	1.290	Labusch		Dorothe	4.402
Kupfer		Dietmar	4.951	Heinz	1.711	Alexandra	1.407	Christian	4.951
Annette	1.200	Ethel M.	1.158	Iris	4.276	Burkhard	2.073	Gerlinde	2.772
Regina	2.166	Lothar	2.626	Marieluise	1.418	Christa	4.111	Lakatsch	4.430
Sandra	4.240	Sylvia	1.583	Oliver	1.090	Thomas	2.319	Lakeberg	4.093
Kupferoth	4.210	Kurz-Leveringhaus		Werner	1.412	Lach	2.514	Lakeit	1.805
Kupferschmidt			2.062	Kutsch-Missal	4.410	Lachenicht	2.380	Lakes	1.750
Andreas	4.250	Kurze		Kutscher		Lachmann		Lalana Cordeiro	2.275
Karin	2.516	Gerald	2.589	Klaus	4.960	Marc	1.537	Lalk	2.402
Kupka	2.195	Manfred	4.640	Rolf	2.063	Renate	2.658	Lalla	1.211
Kupp	1.545	Susanne	2.736	Tamara	1.390	Lachmund	1.520	Lamann	4.705
Kuppe	1.050	Kurzer	2.516	Kutschera		Lachner	4.274	Lambeck	1.585
Kuppels	1.821	Kurzke	2.260	Anne	1.421	Lachnit		Lambergar	1.220
Kupper		Kurzmann	1.222	Eva	2.502	Barbara	2.246	Lambers	2.166
Eberhard	1.356	Kurzrock		Kuttenkeuler	4.495	Jürgen	2.246	Lambert	
	1.760	Jürgen	2.215	Kuttig	1.696	Lackamp	4.690	Brigitte	2.035
Marianne	1.004	Marion	2.215	Kuttner	1.276	Lackmann		Detlev	1.127
Kuppler	2.418	Tanja	1.405	Kutz		Bernhard	1.711	Gerhard	1.061
Kuprat	2.151	Kurzynski von	4.960	Norbert J.	1.400	Franz	2.323	Theodor	2.363
Kuprewitz	2.726	Kus	2.166	Wolfgang	1.451	Hans-Georg	4.915	Verena	1.050
Kupsch	1.250	Kusber	2.181	Kutzer	1.580	Heinrich	4.661	Lambert-Brahms	
Kupschus	4.962	Kusch		Kux	2.288	Markus	1.067		1.137
Kuptz	2.317	Dorothea	1.138	Kux-Bergsch	4.635	Lacombe-Möllers		Lamberti	
Kurbjeweit	1.418	Günther	2.241	Kuxmann	2.056		2.151	Josef	2.023
Kurbjuweit	2.319	Natascha	1.798	Kuypers		Lacourière	2.514	Peter	1.712
Kurczyk		Wilhelm	1.775	Barbara	1.265	Lacroix	4.571	Lamberts-Piel	1.041
Marian	1.522	Kuschel		Manfred	2.560	Ladage	1.090	Lamberty-Freckmann	
Stephanie	1.275	Elke	4.580	Kuzian	1.740	Ladda	2.225		2.589
Kurda	1.226	Friederun	4.762	Kwapis	4.246	Ladda-Wirk	1.598	Lambertz	
Kurella		Gabi	4.831	Kwaschny	2.145	Ladde	2.291	Christine	4.325
Manfred	1.535	Peter	2.565	Kwasny	2.603	Lademann	4.220	Hans Theo	1.525
Petra	1.125	Reinhard	2.765	Kwekkeboom-	4.780	Ladleif	4.331	Hermann	1.220
Kurka	4.220	Kuschewski	2.365	Neuhäuser		Ladurner	1.796	Joachim	1.190
Kurnoth	1.175	Kuschick	4.246	Kweseleit	2.305	Ladwig		Kathrin	2.516

Peter	1.116	Landers		Andreas	1.553	Langehanenberg		Susanne-Brigitte	
	1.588	Gerti	2.021	Angelika	4.700		2.319		4.221
Stephan	4.274	Manuel	2.760	Bärbel	2.630	Langela		Langer-Düttmann	
Till	1.458	Landes		Barbara	2.517	Hans	2.510		2.395
Lambertz-Péresse		Claudia	1.535	Brigitte	1.685	Tatjana	2.669	Langerbeins	4.295
	2.519	Dirk	1.436	Carsten	2.281	Langela-	1.002	Langermann	2.275
Lambrecht	2.426	Landgraf		Christiane	2.651	Bickenbach		Langert	4.951
Lambrechts	2.589	Hans-Peter	4.241		3.007	Langen		Langewand	2.059
Lamek	2.705	Sandra	4.662	Claudia	2.700	Georg	1.588	Langewellpoth	2.361
Lamers		Wolfram	4.815	Claus	2.419	Günther	2.523	Langguth	4.600
Angelika	1.186	Landman	4.695	Detlef	2.176	Julian	2.565	Langhammer	4.054
Anne	1.108	Landmann		Dietmar	2.437	Monika	2.317	Langhanke	2.417
Heike	1.581	Inge	2.174	Dorothea	1.123	Rita	2.671	Langheinrich	1.043
Hilke	1.631	Yvonne	1.680	Elisabeth	2.418	Sabine	1.351	Langhoff	2.600
Manuela	4.248	Landmesser	1.770	Ernst	1.409	Ulrike	1.367	Langhoop	1.127
Norbert	1.685	Landreh	2.317	Frauke	2.450	Langenbach		Langhorst	
Lamers-Etienne	1.042	Landsberg	1.640	Friedrich	4.251	Dorothea	2.040	Jochen	2.677
Lamm		Landsberger	2.100	Gerd	4.410	Gerd	2.650	Martin	2.400
Beate	1.101	Landsch	1.481	Gerhard	2.415	Ingrid	1.170	Langkamp	1.581
Claudia	1.107	Landscheid	4.810	Gudrun	4.445		4.242	Langkitsch	2.451
Lammen	2.512	Landsknecht	2.095	Günter	2.156	Langenbeck-Schwich		Langkutsch-Brömmel	
Lammerich	1.790	Landskröner	3.068	Hans	2.033		4.660		1.796
Lammering	2.667	Landskröner-Braune		Hans-Joachim	1.066	Langenberg		Langmann	2.363
Lammers			2.686	Heike	2.535	Hans	1.097	Langner	
Bernd	3.065	Landt	1.107		4.151	Katrin	1.167	Bernhard	1.560
Dorit	2.627	Landthaler	1.310	Heinz-Friedr.	3.050	Sabine	2.669	Christine	1.529
Jürgen	4.370	Landu	1.690	Hildegard	1.600	Langenberg-Pelzer		Doris	1.126
Markus	2.705	Landvogt	1.785	Horst	5.610		1.356	Frank	1.081
Lammersen	2.586	Landwehr		Jennifer	4.072	Langenbrinck		Lars	2.255
Lammert		Bernhard	1.511	Ilona	4.670	Josef	2.613	Markus	1.406
Albert	1.541	Bettina	1.180	Ingo	2.604	Petra	4.361	Martin	1.628
Burkhard	4.074	Birgitta	2.063	Jens	2.640	Langenbruch		Petra	1.817
Egon	1.223	Eva	4.071	Jochen	2.067	Brigitte	2.523	Ralf	1.575
Gertrud	2.360	Hans-Eckeh.	2.503	Johannes	1.068	Hans-Joachim	1.819	Ruth	3.001
Thomas	1.058	Joachim	2.058		1.415	Langenfeld	2.293	Ute	4.380
Wilfried	1.040	Jürgen	4.580		1.375	Langenhorst		Langner-Rüb	1.051
Wolfgang	1.482	Klaus	2.654	Josefine	1.186	Anne	2.165	Langnickel	
Lammert-Stegner		Veronika	2.520	Kai	4.962	Frank	2.420	Eckart	1.736
	1.535	Landwehr-Gödde		Klaus	1.522	Langenkamp	4.601	Ute	4.380
Lamour	1.200		4.830		2.645	Langenohl		Langrock-Kraß	2.364
Lampa	2.605	Landwehr-Schreyer		Knut	1.010	Bertil	1.090	Langstädtler	3.366
Lampe			1.097	Longinus	4.660	Sigrid	2.451	Langwald	3.040
Birgit	1.805	Lang		Lothar	1.270	Langenscheidt		Lankes	4.510
Hella	2.418	Brunhilde	1.128	Manfred	2.075	Eva-Maria	2.285	Lantermann	1.010
Josef	2.605	Doris	1.401	Matthias	2.613	Laura	2.440	Lantin	
Martin	2.246	Gabriele	1.276		2.611	Langensiepen	1.210	Georg	4.400
Sagitta	1.233	Günther	4.240	Marion	2.395	Langensiepen-	2.415	Kathrin	1.681
Thomas	2.023	Hans-Joachim	4.220	Marlis	4.071	Vonnahme		Lantwin	
Lampe von	4.910		4.274	Meinolf	2.077	Langer		Elisabeth	1.424
Lampen	4.180	Hansjürgen	1.642	Ralf-Detlef	2.512	Bozena	1.035	Thomas	1.415
Lampenscherf	2.621	Hans-Jürgen	2.710	Rudi	1.820	Claudia	2.120	Lanvermann	2.291
Lampertz	1.455	Heidrun	2.650	Ruth	2.161	Eva	4.304	Lanwer	2.270
Lamping	4.880	Heike	4.276	Sandra	2.495	Eva-Maria	2.096	Lanz	1.107
Lamprecht		Julia	4.130	Siegfried	1.126	Hartmut	1.340	Lanze	2.072
Christian	1.168	Karl-Helge	2.671		2.640	Isolde	1.575	Lanzenauer	1.211
Dorit	1.116	Kathrin	2.070	Sigrid	2.415	P. Jürgen	1.052	Lanzerath	1.554
Iris	1.044	Manuela	4.741	Susanne	2.157	Karla	2.535	Laparose	2.436
	3.215	Mechthild	2.151	Sylvia	1.057	Katrin	1.523	Laping	1.645
Lamsfuß-Albert	1.436	Michael	1.442	Ulrich	2.316	Kurt	2.470	Lapczynski	1.380
Lamsfuß-Schenk		Tanja	1.240	Ulrike	1.817	Maike	2.514	Lapornik-Jürgens	
	1.403	Volker	4.242	Ursula	1.233	Marion	4.495		2.318
Land	1.422	Wolfgang	1.470		2.006	Michael	1.741	Lappe-Roreger	2.586
Landau	1.290	Lang-Scheffer	2.061	Wilfried	1.160	Miriam	1.588	Lappessen	1.061
Landefeld-Hütter		Lang-Schmitz	2.510	Lange de	2.435	Notburga	3.045	Larbig	2.705
	2.290	Lang-Thiel	1.162	Lange-Groves	2.715	Patricia	1.043	Larisch	
Landen		Langbein	1.130	Lange-Maischen	2.550	Peter	4.721	Gernod	2.196
Güner	1.137	Lange		Lange-Weber	4.241	Rudolf	2.515	Ursula	4.248
Gunilla	1.150	Albert	1.414	Langede	2.621	Simone	1.070	Larsen	

Karin	4.470	Lauf		Lauscher		Svenja	2.639	Lutz	4.195
Katja	2.288	Angelika	1.505	Karola	4.570	Leder-Franzmeier		Maria	1.633
Karl-Heinz	2.610	Peter	1.286	Martina	1.350		1.421	Rolf	1.002
Norbert	2.288	Laufe-Janßen	1.725	Rudo	4.570	Lederer		Rolf-Johannes	2.763
Larssen		Laufen	1.725	Lauschke-Ehm	1.796	Götz-Reinh.	1.805	Siegfried	2.666
Hans-Dieter	1.823	Laufenberg		Lause	2.486	Marianne	1.823	Ursula	2.690
Ulrike	1.820	Ansgar	1.276	Lausen	3.165	Leduc	1.845	Volker	2.173
Laschewski-Müller		Joachim	1.629	Lausmann	2.396	Ledwinka	2.588		2.225
	1.011	Ulrich	1.529	Lauströer	2.763	Leenders		Wolfgang	1.126
Laser		Laufenberg v.	1.380	Lauterbach		Jan	1.584		4.491
Anke	1.162	Laufenberg-	1.036	Dorit	1.435	Matthias	2.751	Lehmann-Bruch	2.571
Günter	2.073	Pingen v.		Iris	2.651	Ulrike	1.580	Lehmann-Füsting	
Heike	1.845	Laufer		Jörg	1.454	Verena	1.811		1.616
Michael	4.440	Jürgen	4.830	Karin	1.057	Leenen		Lehmann-Greif	1.481
Laska	1.551	Manfred	2.705	Kirsten	4.654	Johannes	1.565	Lehmann-	1.025
Laß	1.191	Michael	1.341	Peter	2.305	Margret	4.900	Kempkens	
Lassaulx v.	4.530	Robert	2.626		4.870	Michaela	2.517	Lehmann-Kirk	1.650
Lassén		Rupert	4.050	Stefanie	1.523	Leenen-Rudolph		Lehmden v.	
Dörte	1.588	Stefanie	1.065	Volkmar	4.252		4.900	Josef	2.730
Udo	4.875	Lauff		Lauterjung	1.696	Leeners	4.180	Petra	4.945
Last		Manfred	4.721	Lauth	1.066	Leeper	4.130	Lehmen-Klett	4.246
Andrea	4.250	Wolfgang	1.817	Lautz	4.073	Leers		Lehmer	2.205
Ralph	1.433	Lauffs	2.265	Lautze		Erika Anita	1.625	Lehmhus	1.810
Lastering	2.197	Laufmöller	4.690	Günter	1.240	Kurt-Jürgen	1.116	Lehmköster	2.183
Laszig	1.186	Laufs		Marlene	1.441	Leeser	4.635	Lehmkühler	
Lathe	1.486	Annette	3.160	Lauven	4.340	Leesmeister	2.772	Gerhard	2.485
Lathe-Schwarz	4.270	Karl-Heinz	1.190	Laux		Leewen van	1.392	Isabel	4.831
Latos	4.910	Laug		Bernd	1.131	Lefering		Sebastian	4.170
Latossek	2.620	Albrecht	2.563	Joachim	4.494	Paula	2.001	Lehmkühler-Grieger	
Latour		Marie-Luise	2.472	Lawrenz	1.801	Rita	4.040		1.529
Andreas	1.796	Lauhoff		Lawrenz-Pollmann		Sandra	1.411	Lehmkuhl	4.277
Ulrich	1.345	Gabriele	3.220		1.125	Legay-Schulz	3.172	Lehmler	1.810
Latta	2.035	Theodor	2.522	Lawrinenko	1.485	Lege	1.191	Lehnardt	1.406
Latz		Lauhoff-Spiegel	2.084	Lax	2.595	Legeit	3.055	Lehne	2.440
Eleanor	1.367	Lauhues	1.406	Laxa	4.430	Legel-Wood	4.402	Lehnen	
Friedrich-W.	2.595	Laumann		Lay	1.355	Legeland			1.419
Heinrich	1.367	Detlef	2.146	Lazar		Elke	4.300	Andre	1.740
Latza	2.438	Hildegard	4.430	Helga	2.587	Gerhard	4.300	Anke	2.750
Latzel	2.005	Jürgen	2.517	Thomas	2.645	Legenhausen	4.741	Heinz-Peter	1.105
Lau		Laumanns	2.073	Ursula	4.248	Legge	2.455	Jürgen	1.070
Burkhard	2.686	Laumanns-Krüger		Lazzaro	1.541	Leggewie	1.050	Markus	4.290
Dajana	1.250		2.630	Le	2.715	Legrum	3.050	Michael	1.345
Ingolf	2.390	Laumen		Lebeau	2.700	Legutke		Thomas	1.811
Sigrid	1.627	Alois	1.190	Leber		Christoph	1.409	Lehnen-Brixius	1.375
Laubach		Britta	1.320	Albrecht	4.721	Ursula	1.091	Lehner	
Herbert	1.525	Hildegard	1.810	Elisabeth	4.721	Leh	1.442	Eva	4.195
Hermann	4.960	Susanne	4.380	Lars	2.035	Lehder	1.122	Walter	2.169
Wolfgang	1.522	Laumeyer	2.120	Leberling	1.631	Lehm	1.506	Wolfgang	2.490
Laube	2.517	Laun	2.495	Lebkücher	2.151	Lehmacher		Lehnert	
Laube-Bruchhausen		Launag		Lebourg		Karl	4.870	Alexander	1.823
	1.058	Angelika	2.260	Christiane	4.950	Silke	1.115	Ralph	4.304
Lauber		Lothar	1.822	Thierry	4.075	Lehmann		Lehnhäuser	4.491
Brigitta	4.242	Laupenmühlen	1.231	Leboutte	4.260	Almuth	1.818	Lehnhardt	1.781
Sabine	2.400	Laupitz	1.553	Lebrun	1.351	Anja	1.119	Lehniger	1.009
Ulrich	4.140	Lauprecht-Busher		Lechky	4.260	Bärbel	2.395	Lehr	4.304
Laubersheimer	2.320		2.280	Lechner	4.290	Barbara	4.323	Lehrmann	2.653
Laudage	2.073	Laurenz		Lechtenberg	4.445	Bernd	1.270	Lehtpere-Murphy	
Laude		Elisabeth	2.305	Lechtenböhmer	4.511	Britta	2.289		1.230
Achim	1.545	Eva-Maria	2.519	Lechtken	3.105	Dorothea	1.222	Lehwald	2.611
Hans	2.610	Laurich	1.214	Ledabil	2.125	Elisabeth	2.086	Lehweß	1.219
Laudert	1.165	Laurischkus		Ledabo	1.136	Elke	2.243	Leib	
Laudick	2.456	Hans-Georg	2.183	Ledendecker	2.121	Frank	2.613	Helga-Christel	1.211
Lauenroth	4.054	Susanne	2.183	Leder		Franziska	4.225	Jochen	1.627
Lauenstein	4.830	Laurs	1.810	Anneke	1.510	Harald	4.304	Leibenger	2.588
Lauer		Lausberg		Britta	4.440	Heike	1.457	Leibfried	1.741
Martina	2.460	Martin	2.110	Jürgen	4.761	Ingeborg	4.270	Leibnitz	1.081
Michael	2.571	Ulrike	2.760	Klaus	1.090	Karl-Heinz	1.630	Leibold	
Lauert	1.598	Lausch	1.625	Peter	2.487	Kerstin	3.145	Georg	1.228

Name	Nr.	Name	Nr.	Name	Nr.	Name	Nr.	Name	Nr.
Jutta	1.002	Leissa	4.224	Lemoine	1.370	Lentzen-	1.380	Jan-Bernd	2.669
Michael	2.456	Leisse	4.380	Lemper	2.520	Burmester		Sabine	2.280
Leibold-	1.218	Leißing		Lempertz	2.050	Lentzen-Gruhn	1.043	Leppkes	1.593
Schuhmann		Doris	2.535	Len	4.570	Lentzsch	1.685	Lepsius	1.589
Leichenich	4.491	Wolfgang	2.535	Lenardt	1.781	Lenz		Lepsius-Bellin	4.221
Leicher	3.170	Leist		Lendeckel	4.252	Andreas	2.571	Lepszy	2.515
Leichinger	2.760	Gerhard	1.351	Lender	1.615	Angela	4.830	Lerch	
Leichsering	1.437	Volker	4.511	Lendermann	2.197	Bernd	1.740	Carolin	1.070
Leichtfuß-Gewehr		Leisten		Lenders	1.010	Boris	2.590	Gisela	2.225
	1.716	Christoph	1.681	Lendzian		Brigitte	1.058	Karl	4.244
Leichtweis	2.145	Franz	1.528	Hans-Jürgen	2.440	Carsten	1.185	Martina	2.083
Leidemann	1.123	Leister		Iris	2.440	Claudia	2.260	Reinhard	3.105
Leidholdt-Otterbach		Hilke	2.638	Leneke	2.736	Frank	1.486	Susanne	2.319
	2.086	Ingrid	2.645	Lenferding	2.320	Hans-Josef	1.430	Ursula	2.241
Leidinger-Katz		Jürgen	2.645	Lengelsen	2.732	Helmut	2.175	Werner	1.097
	2.695	Leister-Tschakert		Lenger	2.300	Karin	4.445	Lercher	1.580
Leidreiter	1.627		4.540	Lengersdorf	1.004	Manfred	1.136	Lerchner	3.205
Leienbach	2.751	Leistner	4.246	Lengersdorf-Roeben		Matthias	1.417	Lerchner-Essmann	
Leiendecker		Leistritz	4.402		1.305	Monika	4.910		4.601
Birgit	2.323	Leiterer	4.491	Lengert		Peter	2.061	Lerner	1.020
Eva	4.951	Leiters	1.159	Hermann-Josef	2.560	Thomas	4.075	Leroff	1.490
Karin	1.130	Leithäuser	1.816	Joachim	1.725	Uwe	4.241	Leroy	4.635
Leifeld		Leithe	3.007	Johannes	3.160	Verena	2.241	Lersch	
Heike	4.910	Leitheiser	2.653	Lengowski	4.195	Werner	1.750	Dunja	4.495
Josef-Wilh.	2.183	Leitholf		Lengsfeld	2.587	Lenz-Leuchter	1.008	Hans-Ludwig	1.650
Leifels		Hans-Otto	4.662	Lengsholz	1.415	Lenze	1.402	Heinz-Walter	1.660
Alfred	4.210	Marion	1.360	Lenhard	6.255	Lenzen		Lesch	2.101
Hans Georg	2.288	Leiting	2.710	Lenhard-Höffe	2.090	Andrea	1.528	Leschinsky	1.090
Mario	2.726	Leitmann	1.529	Lenhardt		Barbara	1.538	Leschner	4.950
Sascha	1.117	Leitsch	1.360	Harald	1.157	Brigitte	4.570	Lesemann	
Leifkes	2.182	Leitzen		Sonja	1.270	Hildegard	5.600	Angelika	1.409
Leimann		Marion	1.105	Lenhart	2.316	Horst	2.380	Cornelia	2.638
Bernd	4.370	Peter	1.553	Lenhartz	4.745	Lutz	1.545	Leskau	4.720
Gudrun	2.183	Leitzgen	1.101	Lenk		Marcelle	1.583	Leske	
Leimanzik-Büker		Leitzke	2.067	Dorothee	2.417	Nicole	1.523	Gisela	1.820
	2.417	Leiwering		Helmut	2.610	Rudolf	1.067	Ralf	4.513
Leimbach	2.521	Brigitte	2.402	Lenk-Löffler	4.277	Stefan	1.521	Lesker	1.006
Leimbach-Rusch		Christine	1.820	Lenkaitis	1.214	Werner	1.455	Lesniak	
	2.620	Leja	2.480	Lenkewitz	3.010	Lenzen-Hoffmann		Eduard	2.156
Leimbrink-Scharpf		Lejeune	1.591	Lennackers			1.190	Elisabeth	2.157
	2.270	Lelgemann	4.600	Klaudia	4.512	Lenzen-	1.001	Lessel	1.433
Lein	4.450	Leliveldt-Stephan		Vera	1.495	Tomberg		Lessing	2.361
Leinders	1.305		1.158	Lennardt	2.685	Lenzenbach	1.170	Leßke	2.445
Leines	1.276	Lemacher-Beer	1.131	Lennartz		Lenzig	1.356	Leßmann	
Leineweber	4.410	Lemanski	1.116	Bergit	1.685	Lenzing	2.395	Helga	1.412
Leineweber-Hamm		Lemberg	2.161	Christian	1.390	Leon	1.790	Jochen	2.156
	2.560	Lembke		Johannes	1.001	Leonard	4.415	Magdalene	1.583
Leinhäuser	4.370	Barbara	2.755	Martin	1.406	Leonhard		Ulrich	2.023
Leinung	4.495	Hans	4.240	Sabine	1.285	Susanne	4.225	Lethaus	
Leinwand-Stickdorn		Lemke		Lennartz-Nouri	2.587	Vera	4.630	Franca	4.601
	4.192	Elisabeth	2.658	Lennertz	1.305	Leonhardt		Friedrich	2.685
Leinweber		Erika	1.433	Lens-Lölsberg	1.433	Ellen	4.073	Helga	2.685
Gabriele	4.290	Hartwig	4.462	Lensbrock	4.945	Eva	4.771	Werner	1.225
Hubert	4.290	Mechthild	2.513	Lenser	4.192	Martina	2.077	Lethen	
Norbert	4.300	Reinhard	1.625	Lensges	1.004	Leopold		Jan	1.015
Leipe	1.212	Renate	1.594	Lensing		Sören	2.660		2.487
Leipelt	1.060	Lemke-Müller	3.135	Beatrix	1.760	Ursula	2.511	Manfred	1.725
Leipholz-	3.172	Lemke-Terjung	4.240	Caroline	1.585	Leoprechting v.	1.488	Tim	1.115
Schumacher		Lemken	1.528	Ina	1.541	Lepartz	4.870	Tobias	2.035
Leipoldt	2.380	Lemm		Martin	2.081	Lepenies	1.290	Letschert	4.240
Leis	1.511	Hendrik	4.660	Werner	2.150	Lepique	2.072	Lettau	
Leiser	2.055	Joachim	1.130	Wilhelm	1.285	Leporin	2.121	Helma	2.363
Leisering	2.462	Lemme	1.541	Lensing-Kruse	3.150	Lepper	2.059	Uta	2.614
Leisgen	1.006	Lemmer		Lenski	2.265	Lepper-Isbein	1.380	Letterhaus	2.152
Leiskau	2.033	Hans-Joachim	1.376	Lente-Lorenzen	2.067	Lepperhoff	1.285	Lettermann	
Leismann		Hellmut	1.818	Lentzen		Lepping		Eva	2.158
Rudolf	2.460	Susanne	1.125	Miriam	1.529	Christoph	1.212	Ulrich	2.588
Stefan	2.035	Lemmert	1.414	Norbert	4.415	Dirk	2.064	Lettgen	

Gisela	1.530	Lexius-Huelsekopf		Beate	2.621	Dietmar	4.630	Lind	1.535
Johannes	1.530		2.665	Stefan	4.248	Wolfgang	1.445	Lindauer	3.035
Lettmann		Ley		Liebing		Liesicke	4.571	Lindberg	1.417
Georg	1.390	Dieter	1.131	Eva-Maria	2.005	Liesmann	2.426	Linde	
Heiner	1.385	Ulrich	2.161	Gerlinde	2.763	Ließem	1.412	Jörg	2.165
Lettner	4.220	Wolfgang	1.631	Hans-Burgh.	1.725	Lieth		Kerstin	4.120
Letz	2.077	Leyck	1.840	Norbert	1.561	Achim	1.415	Thomas	4.054
Letzgus	2.057	Leyckes	1.456	Liebl	1.132	Hans-Jürgen	1.795	Linde van de	1.527
Letzner	4.722	Leydag	2.197	Lieblang	1.376	Liethen	1.458	Linde van der	2.001
Leubner		Leydel	1.224	Liebner	1.380	Lietz		Andrea	2.001
Christina	1.380	Leyen	4.540	Liebrand	2.585	Barbara	1.201	Norbert	2.001
Walter	1.545	Leyen van	4.513	Liebrecht		Rita	1.805	Linde von der	1.050
Leucht	4.960	Leyendecker	4.250	Nina	1.527	Wilhelm	2.365	Lindecke	
Leuchtgens	1.530	Leygeber	1.360	Renate	2.196	Lietzke		Thomas	1.231
Leuchtmann		Leyh	2.173	Liebreich	1.054	Edelgard	1.124	Ulrike	1.600
Maike	4.300	Leyhe	1.409	Liebrich	1.482	Nadine	1.217	Lindemann	
Michael	2.462	Leyk	1.190	Liebs	2.191	Lietzow	1.535	Bernhard	2.266
Leuer	2.650	Lezius		Liebsch	2.671	Lieven	1.276	Elke	2.064
Leuffen	1.361	Heinfried	2.396	Liebscher		Lieverz	1.325	Iris	4.300
Leuftink	2.455	Wolfgang	2.036	Dagmar	2.436	Liewer	1.750	Manfred	4.361
Leugermann	2.420	Libber	3.125	Jörg	2.564	Liewerscheidt		Roswitha	2.455
Leukefeld	1.222	Licandro	2.401	Lieck	1.191	Dieter	1.530	Ruthild	4.462
Leuker	4.900	Lichius	1.370	Liecker	2.230	Ute	1.522	Siegfried	4.761
Leuner	1.170	Lichius-Quitter	1.481	Liedgens	1.419	Ligmann	1.003	Tanja	1.063
Leunig		Lichte		Liedigk	1.645	Ligus	1.290	Linden	
Maria	2.244	Heinfried	2.600	Liedke	4.195	Lihs	2.588	Anja	2.604
Peter	2.241	Matthias	2.196	Liedtke		Lilei	4.401	Britta	1.407
Leunissen	1.006	Stefanie	2.022	Doris	2.750	Lilge		Carmen	1.225
Leusch		Susanne	4.290	Frank	1.151	Hans Gerd	3.105	Claudia	3.155
Heinz	2.076	Lichtenberg		Gabriele	2.690	Jörg	2.064	Ingrid	1.196
Reiner	1.201	Hartmut	1.817	Gertrud	1.486	Lilge-v. d. Driesch		Karl-Josef	1.241
Rüdiger	4.530	Michael	4.771	Jürgen	2.630		1.796	Manfred	4.680
Leuschner		Werner	1.454	Monika	1.410	Lilie	1.275	Marita	1.845
Gerhard	1.223	Lichtenberger	2.063	Liedtke-Müller	2.438	Lilienkamp	2.502	Monika	1.025
Joachim	2.270	Lichtenfeld	2.010	Liefke		Liliensiek		Nicole	4.700
Martin	4.073	Lichtenstein		Jürgen	4.248	Bärbel	2.071	Peter	1.196
Oliver	2.160	Leonard	1.506	Ulrich	4.680	Peter	2.095	Rainer	1.130
Leuthe	4.491	Silvia	1.225	Liefländer	1.080	Lilienthal			2.035
Leuthen	1.530	Thomas	4.761	Liehr		Andrea	1.716	Reiner	1.045
Leuther	4.210	Lichtleitner		Florian	1.220	Doris	1.430	Ulrike	1.741
Leutheußer-de Vries		Matthias	2.502	Yvonne	1.165	Margo	1.741	Ursula	1.845
	2.056	Nicole	2.445	Liekenbrock	2.695	Liljenqvist	2.522	Linden de	1.351
Leuw de	4.832	Lichtner	1.055	Liem	1.818	Lill	1.482	Linden von der	2.674
Levandowski	4.635	Lichtschlag	1.108	Lienekampf		Lillienskiold v.	1.059	Lindenau	
Leven	3.040	Lichtwardt-Zinke		Peter	2.419	Liman	1.165	Manfred	1.484
Leverberg	4.905		1.441	Stefan	2.639	Limbach		Petra	4.831
Leveringhaus	2.686	Lidzba	2.518	Lienemann	1.132	Agnes	1.041	Lindenbaum	4.690
Levetzow v.	1.426	Lieb	4.224	Lienen	3.326	Martin	3.010	Lindenberg	
Levien	4.440	Lieball	2.195	Lienenbecker	1.167	Theodor	1.430	Angela	2.179
Levin	2.180	Liebaug	3.210	Lienenklaus	2.519	Limbeck	1.230	Claudia	4.304
Levkau	2.510	Lieber	1.805	Lieneweg	2.456	Limberg		Dieter	2.166
Lewalder	1.057	Lieber-Kaiser	1.595	Liening	2.416	Andrea	1.481	Rainer	1.690
Lewandowski		Lieberandt	2.160	Liening-Ewert	2.620	Bernd	1.123	Lindenkamp	2.575
Helmut	2.081	Lieberich	1.488	Lier	1.561	Gustav	2.169	Lindenlauf	1.586
Rainer	2.165	Liebermann		Lier van-Busch	1.633	Jürgen	2.081	Lindenmeyer	2.626
Sabine	1.098	Cornelia	2.001	Lierenfeld	1.486	Martin	1.124	Linder	
Lewandowsky	1.822	Hartmut	2.002	Liermann	1.615		1.553	Jürgen	2.555
Lewe	1.716	Liebern		Liersch	2.614	Stefan	1.616	Manfred	2.426
Lewejohann	2.196	Gisela	4.951	Lies	4.410	Limburg	1.528	Lindfeld	2.275
Lewen	1.627	Isolde	2.100	Liese		Limper		Lindheim-Yarwood	
Lewentz	4.690	Volker	2.100	Andreas	2.060	Bernhard	1.456		4.440
Lewicki	2.364	Liebert		Herbert	2.040	Wilfried	4.330	Lindkamp	2.355
Lewin	1.781	Birgit	4.951	Liesefeld	4.945	Limpert		Lindke	1.150
Lewinski	2.175	Klaus-Peter	1.261	Liesen	1.817	Edelgard	4.242	Lindlahr	
Lewis	2.158	Liebertz-		Liesenfeld		Hartmut	4.250	Eva-Maria	5.610
Lewke	3.135	Weidenhammer	1.403	Norbert	1.040	Lin van-Winchenbach		Stefan	1.008
Lexis	1.740	Liebich	4.513	Sabine	4.120		3.065	Ulrich	5.610
		Liebig		Lieser		Linck	2.357	Lindlar	

Name	Nr.	Name	Nr.	Name	Nr.	Name	Nr.	Name	Nr.
Hannelore	1.580	Dieter	1.520	Katharina	1.150	Lobmeyr	1.685	Löhausen	4.530
Rolf	1.580	Esther	4.224	Lippelt	4.120	Lobner	4.720	Löher	1.422
Lindner		Susanne	4.601	Lipperheide	1.052	Lobreyer-Klein	4.660	Löhl	1.168
Annemarie	1.712	Linnartz		Lippert		Loch		Löhmer	
Bernd	2.690	Eva	1.820	Gerhard	2.050	Karl Heinz	3.070	Alfred	4.570
Claus-Jürgen	1.061	Klaus	1.454	Jörg	1.819	Roswitha	1.233	Oliver	1.790
Hans-Georg	2.325	Linnebank	2.665	Klaus	2.670	Lochen		Löhnenbach	1.068
Heinz-Gerd	4.244	Linneborn	6.230	Matthias	1.695	Karl-Heinz	4.723	Löhnertz	1.367
Jürg	1.737	Linnemann		Sandra	4.743	Kerstin	4.111	Löhneysen-Braam v.	
Karin	1.615	Heinz-Gerh.	2.650	Lippert-Schütz	4.054	Marcus	2.060		1.009
Meike	4.151	Maria	1.060	Lipphardt	4.660	Locher	1.798	Löhr (Loehr)	
Michael	1.593	Monika	2.726	Lippka	1.823	Lochmann	2.030	Edgar	1.681
Rolf	1.310	Petra	2.595	Lippmann	2.519	Lochner	1.356	Friedrich	1.436
Theodor	1.538	Sandra	2.515	Lippler	1.431	Lochon-Wagner	2.168	Heike	1.410
Ute	1.059	Thomas	2.010	Lippok	1.011	Lochter	1.376	Karin	2.270
Werner	2.667	Ulrich	1.266	Lippold		Lochthove	1.552	Katja	1.170
Wolfgang	1.775	Linnemöller	2.502	Karl-Joseph	4.360	Lochthowe	2.611	Monika	1.485
Lindscheid	1.231	Linnenbaum	1.433	Torsten	2.215	Lockermann	1.054	Nicole	1.158
Lindstrot		Linnenborn	4.910	Lipprandt	1.430	Lockmann	1.430	Resi	1.641
Frank	4.445	Linnenbrink		Lipps		Locks	4.831	Sabine	2.437
Maren	1.070	Reinhard	2.241	Engelbert	1.255	Lockstedt-Geisler		Verena	1.581
Lindtner	2.760	Siegfried	4.390	Yvonne	1.816		2.050	Löhr-Spelthann	
Lindzus	4.600	Linnepe	4.601	Lips	4.962	Loddenkemper	2.589		1.345
Linek	1.816	Linner	4.700	Liptow	1.575	Lodder		Löhrer	1.011
Linfert	2.079	Linnerz-Anselm	1.043	Lipus	1.640	Barbara	4.920	Löhring	2.072
Lingel-Moses	4.900	Linnow	1.441	Lis	4.741	Ralf Andreas	4.920	Löhrmann	1.225
Lingemann		Linscheid-Burdich		Lischewski		Lodemann	4.743	Loeker	2.152
Anne-Katrin	2.656		1.581	Friedhelm	1.538	Lodenkemper	4.304	Löllgen	1.660
Christoph	4.271	Linse	4.150	Peter	1.520	Loder	2.630	Lömke	2.072
Lingen		Linsel		Lischka	1.437	Lodewigs	2.360	Loenenbach	1.796
Achim	4.075	Fritz	4.635	Lischke	3.040	Lodowicks	2.085	Loenertz	2.325
Heinz	1.357	Knut	4.520	Liske	4.680	Löb	4.513	Lönne	
Lingens	4.830	Linsen	4.571	Liß	2.266	Löbach	1.641	Martin	1.275
Lingens-Leser	1.036	Linsenmaier	1.265	Lisson		Löbach-Frisch	1.061	Annette	2.630
Lingmann	1.185	Linß		Alexandra	1.485	Löbbecke	1.627	Lönne-Wiemann	
Lingnau		Agnes	2.670	Gregor	2.726	Löbbert			
Frank	2.523	Markus	3.115	Lissy	2.195	Arnulf	1.630	Loeper	2.006
Renate	1.305	Linßen (Linssen)		List	2.215	Eckehard	2.470	Löns-Kleine	4.195
Lingner		Hans Josef	1.565	List-Bolduan	1.211	Eva-Maria	1.185	Lönz	3.120
Adelheid	1.380	Irmgard	1.376	Lisztewink	4.290	Ingeborg	2.472	Löpke	
Gert	3.125	Katrin	1.340	Lisztewink-Dietrich		Löber	1.186	Brigitte	2.760
Ortrun	2.055	Marc	1.180		2.665	Löbermann	1.105	Kornelia	1.290
Sabine	1.290	Linz	1.106	Literski	2.173	Löbker	4.491	Löppenberg	1.481
Link		Linzbach	1.061	Literski-Fageolle		Löblein	2.523	Löpsinger	2.390
Anne	1.581	Linzenich			2.145	Löcher	4.662	Loer	
Barbara	4.621	Horst	4.771	Litt	1.105	Löcherbach-Heinke		Karl-Heinz	2.745
Burkhard	4.654	Sr. M. Petra	1.270	Litterscheid	2.621		4.961	Martin	2.460
Dietmar	1.054	Lipensky	4.495	Litterscheidt	2.288	Löcht van de	4.905	Lörcks	2.613
Eva	1.823	Lipinski	1.690	Littke	1.795	Löchte	4.875	Loers	
Frauke	2.196	Lipjes-Türr	3.075	Littmann	1.041	Löchter	2.445	Heiner	1.131
Klaus-Dieter	1.458	Lipka		Littschwager	1.432	Löcke		Monika	1.131
Michaela	2.659	Gernot	1.117	Liu	1.553	Ingrid	2.365	Lörsch	1.810
Sabine	1.630	Karin	1.265	Litz	2.056	Martin	1.351	Lörwald	2.126
Ulrike	4.260	Sabine	1.376	Litze	2.182	Yvonne	1.052	Loerwald-Möller	
Werner	1.795	Stephanie	4.111	Livonius v.	1.275	Löcke-Susca	4.370		2.181
Linke		Ute	2.410	Lob		Löckelt	4.905	Lörx	4.810
Christina	2.292	Lipke	1.261	Gabriele	2.243	Löckmann		Lösch	
Iris	4.832	Lipke-Schlüter	2.230	Heinz Peter	1.415	Marc	1.066	Christine	3.010
Kathrin	2.225	Lipken-Simon	1.505	Lobe		Susanne	1.418	Hans-Jürgen	1.044
Klaus	4.073	Lipkowski	4.270	Kirsten	2.600	Lödding	2.560	Regina	4.832
Marion	2.440	Lipkowski-Sifrin		Stefan	1.400	Lödige	2.255	Löschner	
Markus	1.437		1.593	Lobeck		Lödiger	2.410	Christel	4.073
Naoko	1.162	Lipp		Luise	4.300	Loeff	2.080	Wolf-Hendrik	4.494
Rainer	4.330	Christoph	4.570	Peter	1.811	Löffler		Löschner-Bressem	
Ulrich	1.697	Florian	1.218	Loben	1.070	Claudia	1.102		4.780
Linke-Rauscher	2.630	Lippa	2.083	Lobert	2.611	Dieter	1.380	Löser	2.491
Linkert	1.796	Lippek		Lobgesang	3.140	Klaus-Richard	1.475	Lösken	1.155
Linn		Harald	2.086	Lobin	2.452	Lögers	2.090	Löttgen	

Detlev	2.445	Christine	1.222	Renate	1.486	Bernhard	2.588	Lubeley	2.600
Monika	4.960		4.513	Lommetz	1.685	Dagmar	1.090	Lubetz	4.662
Löttgers	2.530		4.705	Lonczewski	4.951	Gabriele	2.500	Lubienetzki	1.451
Löttrich		Dietmar	2.605	Longen	1.598	Lorf	2.167	Lubitz	1.009
Eduard	2.655	Eva	1.455	Longerich	4.340	Lork		Lubjuhn	1.355
Ursula	2.659	Friedrich	2.665	Longo	1.551	Andreas	4.445	Lubomierski	2.670
Loetz	1.529	Gabriele	1.452	Lonk	2.400	Hans-Günther	2.365	Luca de	2.450
Lövenich (Loevenich)		Gerd	2.005	Lontzen	1.591	Lorke	2.061	Lucas	
Edith	4.570	Hans-Werner	1.232	Loo van de	2.565	Losberg	1.454	Annette	2.290
Elke J.	4.210	Harald	2.535	Loob	2.182	Losch	2.305	Werner	1.310
Markus	1.356	Ingeborg	1.817	Look	4.960	Loseck	3.015	Lucas y Leon	1.065
Ursula	1.200	Iris	1.690	Loos		Losen	1.305	Luchner	1.310
Löw (Loew)		Judith	1.481	Christiane	2.613	Loske		Lucht	
Alexandra	1.081	Klaus-Joseph	1.645	Diana	1.823	Andreas-Michael		Lutz W.	1.005
Hartmut	1.117	Kornelia	1.222	Helga	4.513		1.068	Michael	1.119
Maria-Therese	1.357	Maria-Ther.	1.212	Herbert	2.289	Boris	1.168	Lucius	
Sylvia	1.431	Michael	4.512	Joachim	1.107	Loske-Kautz	1.068	Christiane	4.771
Löwe		Rainer	4.111	Marianne	1.811	Loss		Katja	1.118
Anke	2.057	Renate	2.571	Roland	1.231	Anke	4.240	Luck	2.452
Udo	1.713	Sabine	2.418	Loos-Krechel	1.068	Ingo	1.527	Lucka	2.158
Löwe-Lopez	1.380	Thomas	1.633	Looschelders	4.323	Lossau	2.565	Luckey	4.250
Löwen (Loewen)			4.961	Loose		Losse		Luckfiel	2.595
Anna	4.491	Torsten	1.118	Eva R.	2.563	Bettina	2.435	Luckhardt	4.513
Hanspeter	1.212	Ulrich	4.462	Gerold	1.117	Joachim	2.125	Lucks	1.409
Marina	2.603	Wilhelm	2.325	Hans-Georg	1.580	Peter	1.442	Luczak	
Peter	1.411	Willi	1.081	Jutta	3.061	Lostermann-De Nil		Gerd	2.487
Löwenberg		Lohmar	1.081	Maria	1.780		1.550	Hildegund	4.630
Annette	1.628	Lohmeier		Martin	1.616	Lotfi	3.120	Stefanie	1.710
Walther	1.600	Elsa	4.290	Peter	2.486	Loth	2.545	Ludewig	
Löwenbrück	BRK	Thomas	2.182	Rolf	1.780	Lothmann		Günther	2.732
Löwenstein	4.055	Lohmeyer		Undine	4.960	Josef	1.355	Heike	1.117
Löwer	1.455	Barbara	4.680	Volker	2.305	Wolfgang	1.521	Ludewig-Paffrath	
Löwing	2.425	Monika	2.426	Wolfgang	2.173	Lottermoser	4.250		1.785
Lofink	2.626	Sebastian	4.290	Loosen		Lottes	1.157	Ludewigt	3.025
Loga	2.168	Lohn	1.811	Gisela	1.632	Lottko	1.225	Ludwig	
Logermann	2.244	Lohnherr	3.165	Karin	1.581	Lottmann	2.736	Achim	1.228
Loges	2.270	Lohoff	4.660	Klaus	1.530	Lottner		Astrid	1.454
Logothetis	1.240	Lohr		Loosen-Frieling	1.224	Björn	2.045	Birger	4.074
Loh	1.615	Ingrid	1.380	Lorbach		Herbert	2.410	Brigitte	1.211
Lohage	2.395	Michael	4.590	Gertrud	1.583	Lottum van	2.452	Christine	2.462
Lohaus		Lohr-Jesinowski	4.470	Helga	1.109	Lotz		Claudia	4.830
Bärbel	4.445	Lohrengel		Lo Re		Andrea	1.224	Frank	1.424
Hermann	1.229	Angelika	4.221	Guiseppe	1.117	Angelika	2.280	Friederike	4.951
Johanna	4.690	Volker	4.832	Petra	1.712	Dorothee	1.150	Gisela	1.433
Jutta	2.510	Lohrer		Lordick	4.962	Johannes	1.043	Hans	2.674
Lohbreyer-Humbert		Anke	1.130	Lorek	1.441		1.454	Hans-Joachim	2.515
	2.161	Karl-Heinz	2.057	Loreng	2.667	Lotzkat	2.326		1.416
Lohe		Lohrie	4.580	Lorentz	1.060	Louis	1.561	Heinrich	1.419
Ingeborg	1.356	Lohse		Lorentzen	1.121	Louven	1.535	Hermann	2.190
Katrin	4.111	Bernhard	2.771	Lorenz		Louwen	1.008	Holger	5.600
Lohe von der	1.545	Christiane	2.587	Andrea	1.196	Lovanyi	2.151	Ingeborg	2.393
Loheide		Jürgen	4.350	Annette	4.410	Lowin		Isolde	4.571
Ansgar	2.082	Marianne	2.045		4.940	Corinna	1.627	Jutta	4.705
Frank	2.687	Loi-Bartmann	4.745	Bernd	1.041	Ina	1.737	Kirsten	2.510
Lohest	1.186	Loibl	1.325	Christoph	1.661	Raimund	2.033	Matthias	4.350
Lohkämper-Kolligs		Loick	2.586	Dagmar	4.330	Lowinski		Meinolf	1.053
	4.277	Loigge	1.220	Franz-Josef	1.750	Gerhard	1.231	Michael	1.286
Lohkamp	2.058	Lois	1.260	Harald	4.571	Klaus	1.485	Rainer	2.570
Lohmann		Loitsch	1.821	Max	1.584	Mirjam	1.627	Roswitha	1.157
	1.408	Lojack	2.521	Niels	1.275	Lowinski-Rudolph		Sabine	1.155
Andrea	2.067	Loke	3.005	Sabine	4.540		1.157	Sarah	1.586
Barbara	2.290	Lomberg		Stefan	4.170	Lowis		Sigrid	1.424
	2.560	Julia	4.430	Ullrich	1.445	Brigitte	1.583	Silke	1.588
Birgit	1.007	Marc	1.158	Lorenz-Christmann		Christina	1.357	Stefanie	1.485
	2.152	Rainer	2.070		4.875	Lowis-Auth	1.191		4.295
Burkhard	2.190	Lommel	2.523	Lorenz-	2.225	Lowski	2.084	Thomas	4.830
Christiane	1.103	Lommerzheim		Reißwitz v.		Loxtermann	2.020	Thorsten	2.523
Christina	1.629	Alfred	4.170	Lorenzen		Loy	1.095	Tim	2.022

Name	Number	Name	Number	Name	Number	Name	Number	Name	Number
Volker	2.669	Hildegard	1.065	Lüngen-Steinau	2.472	Albert	2.205	Luttermann	2.514
Ludwig-Brandt	2.286	Lücking		Lünnemann	2.517	Richard	2.555	Luttmann	
Ludwigs		Hiltrud	4.580	Lünstroth	2.502	Lüttringhaus-Engels		Bernd	2.181
Kurt	1.520	Wolfgang	2.666	Lüpke			1.580	Heinrich	2.095
Ulrich	4.073	Lücking-Fallmeier		Holger	1.066	Lützeler	1.109	Ursula	2.170
Lueb	1.124		2.390	Marianne	1.486	Lützenkirchen	1.401	Luttrop-Buss	2.402
Lübbering		Lücking-Reddig	4.762	Lüpken	2.670	Lützig	1.630	Lutz	
Heiner	2.519	Lüdecke	3.135	Lüpsen	1.250	Lützow	1.413	Achim	4.700
Silke	1.186	Lüdeke	2.115	Lürbke	2.736	Lüxmann-Schröder		Andrea	2.471
Lübbers		Lüdemann		Lürbke-Phan	2.390		2.395	Helga	1.482
Bernhard	3.160	Anja	2.160	Lürig		Luft		Monika	1.066
Friedhelm	4.510	Klaus	2.361	Ingrid	4.682	Matthias	2.511		1.356
Holger	2.315	Lüdenbach	1.600	Lars	2.683	Ute	2.511	Peter	1.219
Ludwig	2.514	Lüderitz		Lürken		Luft-Hopterides	4.141	Sibylle	1.457
Markus	1.376	Simone	1.276	Erika	2.072	Luhmann		Lutze	
Lübbert		Wolfgang	1.162	Wolfgang	1.810	Heinz-Bernd	2.170	Anja	1.816
Katrin	1.420	Lüders		Lüers		Regina	2.455	Christiane	4.721
Margret	4.245	Anja	1.310	Colin	2.063	Luhnen		Lutzke	4.390
Stephan	4.274	Jessica	4.170	Sabine	1.163	Bettina	1.041	Lutzmann	1.511
Lübbesmeier	4.580	Lüdinghaus		Lüersmann	1.575	Gertrud	1.455	Lux	
Lübeck	2.090	Klaus	2.705	Luerweg	2.590	Martin	1.488	Daniela	1.591
Lübke		Ulrich	2.145	Lürwer-Brüggemeier		Luhr-Kloos	1.553	Gabriela	4.170
Hans Peter	2.040	Lüdke	3.340		4.740	Luig	1.821	Peter	1.525
Katrin	1.595	Lüdtke		Lüsenbring	1.823	Luimes		Lux-Röttgers	2.736
Silvia	1.452	Doris	1.185	Lüßgen	1.035	Julia	1.416	Lux-Tiemessen	1.553
Valeska	1.240	Norbert	4.220	Lüstraeten	1.712	Michael	1.629	Luxem	1.219
Lübkemann	4.150	Werner	1.053	Lütgebaucks	2.315	Lukannek	1.821	Luyken	1.565
Lübker	2.695	Lueg		Lütgens	3.007	Lukas		Luz	1.011
Lüblinghoff		Iris	2.182	Lüthe	1.711	Barbara	1.341	Luzat	1.811
Annemarie	2.401		2.390	Lütke	2.587	Hans-Willi	4.961	Lyhs	1.550
Eckardt	2.340	Lügger		Luetke-Bexten	2.023	Ingeborg	1.220	Lynch	1.810
Lücht van de	4.224	Gabriela	2.486	Lütke-Börding	2.064	Lucia	2.745	Lyncker	1.107
Lüchtefeld	4.330	Martin	4.401	Lütke-Brochtrup	1.583	Meinolf	4.410	Lyrmann	2.462
Lüchtemeier	4.198	Lühe	2.485	Lütke Hündfeld	2.683	Rainer	1.180		
Lüchow	4.260	Lühker	2.630	Lütke Jüdefeld	2.517	Luke		**M**	
Lück		Lühr	1.286	Lütke-Twehues	2.514	Barbara	1.241	Maag	1.441
Annegret	2.545	Lühring	2.395	Lütke-Wenning	2.096	Michael	1.241	Maahsen	1.001
Bodo	1.537	Lührsen	1.775	Lütke Westhues	2.393	Lukoschek	1.457	Maak	3.038
Heike	2.450	Lüke (Lueke)		Lütke Wöstmann		Lumme	4.240	Maar	1.633
Helmut	2.495	Alfred	2.125		2.687	Lummer		Maas	
Rainer	1.002	Angela	4.960	Lütkebomk	2.710	Ludwig	2.060	Albrecht	2.638
Reinhold	2.095	Christina	1.600	Lütkemeier		Reiner	4.740	Anette	2.245
René	2.080	Cornelia	2.418	Ilona	2.281	Lumpe	2.022	Christoph	2.064
Wilhelm	1.455	Eckhard	2.419	Jörg	2.474	Lungstraß	1.486	Claus	3.125
Lück-Amblank	1.716	Maria	1.361	Lütkemeyer	2.705	Lungwitz	1.457	Frauke	1.407
Lück-Lilienbeck	4.770	Norbert	2.102	Lütkenhaus		Lunkebein	2.575	Henriette	4.720
Lücke		Petra	4.601	Andreas	4.761	Lunte	1.796	Henner	2.161
Albert	2.502	Wolfgang	2.503	Werner	2.470	Luppa	4.600	Hermann	2.611
Astrid	1.127	Lüke-Jung	2.070	Lütkes	2.245	Luque-Ramirez	2.176	Peter	1.053
Jens	2.275	Lüken		Lütkevedder	2.031	Lusch-Wernze	2.655	Rolf	1.645
Katja	1.541	Christiane	2.040	Lütkewitte	2.435	Luschberger	2.057	Sabine	4.580
Norbert	2.402	Joachim	2.654	Lütsch	1.815	Luschnath	4.520	Ulrich	1.760
Olivia	2.725	Thomas	2.671	Lütte	1.593	Lussem	4.210	Ursula	4.662
Paul	1.040	Lükenga	1.696	Lütteken	1.550	Lust	4.571	Maas-Küsters	4.511
Peter	6.225	Lükewille	2.690	Lütten		Luster	2.317	Maas-Ruhweza	2.415
Susanne	2.705	Lüking	2.626	Bettina	1.348	Luthe	1.210	Maasackers	1.123
Lückel		Lüling-Benedix	1.170	Yvonne	1.003	Luthe-Nickolaus		Maasch	4.070
Anja	2.064	Lüllau		Lüttenberg	2.180		2.292	Maasfeld	1.481
Svenja	2.656	Annegret	4.680	Lüttgen	1.367	Luther	1.201	Maasjost	1.115
Lückemeier	4.430	Ingrid	1.131	Lüttgens	1.736	Luther-Haas	2.760	Maasmann	1.098
Lücker		Lümen	2.067	Lüttich	4.600	Luthmann	1.186	Maaß (Maass)	
Anja	1.051	Lümkemann		Lütticken	1.505	Lutsch	1.495	Andrea	2.030
Hermann-Josef	2.671	Hans-Wilhelm	2.061	Lüttig		Lutter		Desirée	1.153
Lückert		Petra	2.419	Bärbel	2.110	Andrea	4.681	Florian	2.266
Elinor	1.128	Lünen von	1.820	Ferdinand	2.380	Christiane	4.470	Heiko	2.115
Wolfgang	2.045	Lüngen		Lüttke	1.157	Irene	1.817	Melanie	3.135
Lückge		Gerd	1.138	Lüttkehellweg	2.115	Manfred	1.005	Michael	3.307
Bernhard	1.052	Thorsten	2.418	Lüttmann		Ulrike	4.197	Udo	4.875

Wilfried	2.168	Hendrik	2.154	Mahnkopf	2.323	Makosch	4.246	Mangels	2.170
Maaßen (Maassen)		Rainer	2.345	Mahr		Makowka	1.553	Mangelsen	4.571
Barbara	1.484	Madueno	2.419	Cornelia	4.301	Makowski-	2.653	Manger	1.796
Frank	4.690	Mäckler	2.247	Maria	1.006	Kleinjohann		Mangesius	2.166
Helmut	1.385	Mädel	2.667	Mai		Makulla	2.318	Mangold	1.356
Hildegard	1.365	Mädler	1.586	Anita	4.721	Makus		Mangold-Wernado	
Kathrin	1.115	Mägerlein	1.015	Bernd	2.452	Christine	2.326		2.225
Katja	1.035	Mähler		Claudia-Hildegard		Hans Dieter	4.780	Mangold-Wettwer	
Mechtild	1.520	Julia	2.082		2.260	Malach	1.592		1.595
Ralf	2.270	Markus	2.006	Kurt	1.760	Malcherek	1.535	Mania	1.699
Renate	1.305	Martina	4.430	Petra	1.222	Malecha	4.260	Manig-Ostermann	
Silke	4.251	Mählmann	1.002	Rüdiger	2.244	Malecki	1.485		2.079
Sr. M. Veronika	2.586	Maelen van der	2.435	Sigrid	2.564	Maler	2.486	Manikofski	1.101
Thorsten	1.565	Mälzig	3.020	Ulrike	2.523	Maletz	4.870	Manitz	2.160
Wolfgang	1.685	Mänz	1.020	Wolfgang	2.462	Malibabo	3.135	Mank	2.318
Maaßhoff		Märker (Maerker)		Mai-Buchholz	1.151	Malik		Manke	
Beate	1.552	Barbara	1.115	Mai-Kellermann	2.082	Christina	2.436	Barbara	2.059
Friedhelm	1.551	Beatrix	4.245	Mai-Schier	2.575	Wolfgang	2.435	Claudia	4.260
Maat	2.166	Ruth	1.340	Maibaum		Malinowski	2.419	Eva-Maria	1.713
Maatz	2.472	Märsch	1.452	Rolf	4.720	Malischewski	5.610	Hubert	2.059
Maaz-Lehmann	2.355	Märte	4.601	Susanne	1.530	Maliske	2.686	Mankertz	1.740
Macaluso	4.350	Märten	2.726	Sylvia	4.091	Malitzki	3.307	Manleitner	4.875
Mac Donald	4.388	Märtens	2.205	Maibücher		Malkus	1.821	Mann	
Mach		Märtin		Norbert	1.103	Mallach	2.230	Anastasia	2.595
Melanie	4.570	Jürgen	2.770	Sigrid	1.325	Mallas	2.064	D.	1.265
Volker	1.680	Stefanie	1.126	Maier		Mallinckrodt v.		Frieder	1.434
Mach-Zupanc	2.170	März-Steinlein	4.054	Birgit	4.241	Peter	1.055	Heinz-Hubert	1.505
Machalet	4.630	Märzhäuser	2.535	Dieter	1.697	Ulrike	2.651	Herbert	4.815
Macharacek	2.445	Mäsch-Donike	1.109	Jürgen	1.370	Mallitzky	4.040	Judith	4.700
Macharaçek	4.430	Mäscher	2.067	Maier-Wehrle	4.832	Mallmann		Karl-Heinz	4.635
Macher-	1.510	Mäsing	2.486	Maik	4.740	Monika	1.699	Petra	4.192
Hauptstein		Mäß	1.432	Mailahn	1.484	Uta	4.221	Mann-Res	4.401
Machill	2.772	Maeße	1.109	Maile	1.522	Mallon	4.662	Mannchen	4.270
Macho	4.370	Maeßen	1.357	Mainka-Schmidt		Malmendier	1.006	Mannebach	2.158
Machocki	4.661	Mäurer	1.743		1.445	Malms		Mannheim	1.426
Macht	2.620	Mävers-Mücke	1.070	Maintz		Dorit	1.570	Mannheims	1.405
Maciejewski	2.071	Maevis	1.105	Angela	1.690	Stefanie	2.285	Mannkopf-	2.210
Maciejok	1.600	Magdeburg	1.433	Mario	1.355	Malmsheimer		Hahn	
Maciey	2.518	Magers	1.045	Mainz		Arne	2.771	Manns	2.121
Maciolek	2.730	Maggioni	2.645	Gottfried	2.096	Henning	2.326	Manns-Brall	1.361
Mack		Magiera		Hans-Heinr.	1.201	Malmström	1.157	Mannsfeld	
Gerd	2.460	André	1.595	Tobias	1.691	Malsch	1.632	Nicole	1.631
Hermann J.	4.690	Dietmar	1.106	Mairath	2.487	Maluche	4.271	Rita	2.690
Peter	2.515	Johann	2.656	Maischak	2.246	Maluck	1.821	Mannsky	1.405
Roswitha	4.940	Katharina	1.261	Maiwald		Malunat	1.785	Manntz	2.215
Simone	1.131	Patricia	3.068	Angelika	2.270	Malycha	2.451	Mansel	1.286
Ulrich	1.691	Ute	4.654	Dirk	2.362	Malz	4.951	Mansfeld	2.410
Mack-Lillig	4.120	Magiera-Rammert		Ina	2.588	Malzahn		Manske	1.633
Macke			2.635	Sibille	1.123	Hein-Peter	1.594	Manß	
Christian	2.210	Magirius	1.431	Maiweg		Stefan	2.266	Klaus	2.614
Michael	1.554	Maglioco	2.319	Hasso	1.822	Tamara	1.231	Rita	2.365
Mackel	2.630	Maguin	4.661	Petra	1.290	Malzan	1.410	Thorsten	2.670
Macken	4.221	Mahkorn	1.044	Maiworm		Malzbender	1.109	Manstedten-Barke	
Mackenbach	1.412	Mahlberg		Michael	4.705	Malzin	4.960		1.589
Mackenthun		Dieter	4.210	Susanne	2.402	Malzkorn	4.220	Manstein von	1.219
Birgit	4.240	Marianne	1.157	Majan-Ruhmann		Mamat		Mantei	4.050
Winfried	1.095	Michael	1.681		4.761	Mammey	2.475	Mantel	1.216
Mackowiak	4.790		1.790	Majert	1.225	Mancoci	4.390	Manten	1.405
Maczey	3.065	Ute	1.760	Majewski	1.511	Mandel		Manthei	1.097
Madden	2.021	Mahle	2.120	Majewski-Schriek		Melanie	1.780	Manthey	
Madel	1.780	Mahler	2.620		4.662	Monika	4.661	Nicola	1.796
Mader		Mahlert	2.771	Major		Mander		Sabine	1.165
Katrin	1.255	Mahlke	1.486	Christoph	2.487	Carmen-Carola	4.410	Susanne	1.410
Ulrich	1.645	Mahlmann		Martina	2.063	Wolfgang	4.410	Mantlik	2.455
Wolfgang	1.261	Friedrich	2.564	Majorek	2.360	Mandt	1.434	Mantyk	1.625
Madré	1.561	Iris	1.430	Majstrak	2.063	Manemann-Kallabis		Manus	1.642
Madsack	4.462	Lena	4.430	Majuntke	4.054		4.710	Manz	1.442
Madsen		Mahn	3.145	Makhloufi	1.456	Mangel	4.221	Manzke	2.022

Name	Value	Name	Value	Name	Value	Name	Value
Manzke-Schröder		Anne	1.004	Martin		Maria	2.586	Mathar-	1.615
	4.722	Jens	1.135	Alexandra	4.661	Norbert	3.001	Schlechtriemen	
Manzo	1.108	Nils	1.770	Christina	2.285	Olaf	2.285	Mathée-Seibt	4.571
Maraite	1.061	Uwe	4.513	Detlef	4.511	Petra	4.192	Mathea	2.365
Marangi	1.255	Markowski	2.165	Dieter	2.425	Rainer	1.430	Matheis	1.091
Maravic von	4.571	Marks			4.492	René	1.138	Mathern	4.075
Marberg	BRM	Johannes	2.462	Friedhelm	1.823	Rita	1.240	Matheuszik	4.730
March	4.250	Martin	4.760	Gertrud	3.070	Ulrike	1.506	Mathey	
Marcinek	1.040	Marksteiner	4.723	Hans-Joachim	2.101	Marxen		Jürgen	2.514
Marciniak		Markus	4.274	Hartmut	1.061	Marion	1.632	Margit	4.721
Anita	2.081	Markussen		Heinz-Gerh.	1.452	Norbert	1.661	Mathia-Goretzky	
Wolfgang	2.666	Michael	3.170	Helmut	2.550	Maryschka	4.721		4.762
Marcinkowski		Susanne	2.586	Irene	1.565	Marz	1.525	Mathiak	
Michael	2.181	Markworth	4.580	Johannes	1.588	Marzinzik	1.218	Ilka	1.025
Ursula	2.160	Marl	2.600	Judith	2.120	Marzouk	4.695	Susanne	1.041
Marcos Cabaños	1.138	Marmann	1.591	Julia	2.637	Masaro	4.745	Mathieu	
Marcus		Marmulla	4.401	Justyna	4.815	Masbaum		Christel	2.001
Harold	1.036	Marnach-Wetzel	1.633	Kornelia	1.817	Gisa	4.900	Erika	1.250
Wolfgang	2.436	Marnowski	4.350	Lore	4.681	Norbert	4.900	Mathy	1.063
Marczoch	2.416	Marold	4.141	Mareile	1.115	Mascher	2.290	Matic	3.120
Marczok		Maron	2.326	Margret	2.101	Maschke	2.062	Matić	2.056
Artur	2.176	Maron-Rüppel	4.722	Peter	1.695	Maschke-Firmenich		Matis	3.150
Patricia	2.145	Maroscheck	4.370		2.111		4.495	Matner	1.353
Marczok-Falter	1.001	Marotzki	4.180		2.380	Maschmeier		Matraka	1.821
Mareczek	1.402	Marpert	2.050	Rainer	2.715	Anne-K.	1.536	Matrisch-Trautwein	
Marek	1.685	Marquardt		Ulrich	2.669	Annette	1.214		2.365
Marek-Phillip	4.273	Annette	1.357	Uwe	4.810	Maschner	1.125	Matschinsky	4.300
Marenbach		Dorothee	2.173	Wolfgang	2.156	Maseizik	1.219	Matschke	
Helmut	1.231	Gabi	4.601	Viola	1.412	Masella	1.370	Helmut	2.073
Stefan	1.495	Gabriele	1.581	Martinez-	3.105	Mashut	2.462	Joachim	4.940
Maresch	1.005	Karl-Günter	2.050	Hernandez		Maslaurz	4.571	Rubina	2.158
Marewski	1.482	Kathrin	1.122	Martini		Masqueliez	2.161	Matsuo	1.151
Marg	2.120	Michael	2.472	Ina	1.737	Massarczyk	2.638	Matt	4.210
Margedant	1.600		2.700	Rosemarie	4.720	Maßbaum		Mattar	1.090
Marget	4.670	Otto-Peter	2.627	Siegfried	4.741	Maria	2.267	Mattel-Pegau	3.205
Marggraf	4.571	Sandra	4.401	Martinson	2.555	Volker	2.196	Mattelé	4.370
Marggraf-	2.115	Timo	4.385	Martschin	2.085	Maßberg		Matteoschatt	1.551
Middelberg		Ulrich	2.075	Martschinke	2.380	Andreas	2.286	Mattern	
Margott	2.197		2.081	Martzog-	1.186	Helmut	1.811	Britta	4.251
Margraf	2.665	Wilhelm	1.357	Apandl		Masseling	4.721	Christina	2.166
Margraff	1.625	Wolfgang	4.491	Maruhn	1.231	Massenbach v.	1.068	Marlies	4.705
Marguth	1.098	Marquaß		Marunski	4.246	Maßenberg	1.845	Reiner	4.390
Marhenke	4.240	Liv	1.139	Marusczyk		Massin	1.741	Stefanie	1.510
Marhofen	3.115	Reinhard	3.007	Karin	1.541	Massing	2.516	Mattes	4.570
Mariaschk	2.115	Marre	2.651	Reinhold	1.541	Maßmann		Mattes-Burchert	1.163
Marienfeld		Marré	1.218	Marwitz	2.360	(Massmann)		Matthäus-Schieweck	
Maik	1.137	Marschall	1.228	Marx		Axel	4.350		4.290
Ulrich	1.139	Marschke	3.105		1.588	Holger	2.146	Matthausen	4.440
Marik	4.761	Marschollek	1.411	Anette	2.667	Ingrid	4.252	Mattheis	2.160
Marin	2.076	Marsden	1.004	Annette	1.816	Ursula	4.070	Matthes	
Marin Y Alarcón	1.220	Marsmann	1.481	Barbara	2.736	Wilhelm	2.345	Axel	1.109
Maring-Böhler	1.426	Marstatt-von Pein			2.651	Winfried	2.345	Helga	1.107
Marinski	4.815		1.351	Bernhard	4.570	Wolfgang	2.471	K.	4.470
Mariot	1.460	Martell		Christian	2.161	Massow	2.585	Monika	1.124
Mariß-Kollmann	2.173	Claudia	1.790	Christiane	2.686	Mastroeli	1.405	Matthes-Lachs	4.635
Marius	1.616	Ingrid	3.210	Christoph A.	2.595	Masuch	3.115	Matthey	2.660
Mark		Marten		Cordula	2.067	Masuhr	1.124	Matthies	
Birgit	4.241	Brigitte	4.180	Dorothea	1.434	Masukowitz	2.589	Barbara	4.570
Hanni Ute	2.362	Christiane	1.801	Eberhard	2.745	Masuth	4.210	Elisabeth	1.054
Marker	4.248	Uwe	4.250	Hans	1.820	Maszuhn	1.219	Matthiesen	1.090
Markert		Marten-Cleef	1.570	Heike	1.070	Matczak	1.325	Matthieu	3.100
Eva-J.	1.627	Marten-Knemeyer		Joachim	1.390	Matenaer	2.096	Mattick	4.240
Hartmut	1.136		2.077	Jürgen	1.061	Matenaers	1.780	Mattieson	1.775
Jörg	1.007	Martenka	2.460	Jutta	2.677	Matern	2.535	Mattiesson	1.817
Markewitsch	1.355	Martens		Karl-Heinz	2.403	Matern-Zinke	2.523	Mattinger	2.565
Markfeldt	4.380	Brigitte	2.062	Ludger	2.570	Materna	2.363	Mattissen	4.470
Markis-Tonn	3.120	Thomas	1.505	Manfred	2.077	Math	2.095	Mattusch	1.802
Markmann		Marth	1.233		3.145	Mathar	1.186	Matull	4.662

Matuszewski
- Heinz 2.611
- Sybille 2.472

Matysiak 1.403
Matz
- Manfred 2.750
- Marie-Luise 1.068

Matz-Schulte 4.400
Matzak 1.650
Matzat 4.780
Matzenbacher 4.323
Matzerat 2.345
Matzke
- Annegret 2.621
- Hanno 2.620
- Jochen 2.057
- Marie-Luise 2.057

Matzkowski 2.267
Matzner 2.471
Mau
- Helga 1.221
- Thomas 1.167

Maubach
- Jochen 1.091
- Regine 1.456
- Rita 1.486

Mauch 2.285
Maudanz 2.519
Maue 1.008
Mauel
- Arno 1.419
- Beate 1.080
- Julia 1.067
- Lutz 1.059
- Stephan 1.107

Mauermann
- Helmut 2.021
- Karl-Heinz 4.273

Maug-Cahais 4.540
Maul
- Helmut 4.072
- Silvia 4.072

Maunz 4.380
Maur 1.451
Maurer
- Alexander 4.270
- Annette 2.183
- Antje 1.060
- Arnold 4.091
- Christiane 1.060
- Eberhard 1.822
- Gabriele 1.550
- Jochen 2.763
- Johann 1.250
- Karin 2.655
- Rolf 1.091
- Susanne 1.691

Maurin 1.460
Mauritz
- Britta 1.020
- Jörg 4.870
- Jürgen 4.402
- Roman 1.132
- Br. Wolfgang 1.348

Maurmann
- Barbara 2.173
- Karl-Heinz 2.760

Mauroschat-Monti 2.770
Maus
- Heinz 4.350
- Ulrich 1.816
- Werner 1.661
- Willi 1.770

Mausbach 2.181
Mausberg
- Gisela 1.775
- Stephan 1.475

Mause
- Christoph 2.490
- Doris 1.211
- Michael 2.022

Maute-Moosbrugger 1.615
Mautsch 4.810
Mauve-Golinja 1.228
Mawick
- Christiane 2.056
- Elke 2.210

Max 1.535
Maxeiner 1.434
May
- Alexander 1.109
- Anette 4.570
- Beate 1.041
- Elmar 2.436
- Gabriele 1.224
- Heike 4.723
- Ingrid 1.816
- Iris 1.090
- Jürgen 5.600
- Martin 4.020
- Michael 4.905
- Monika 1.523

May-Schröder 1.006
May-Waters 1.552
Maybaum
- Heinrich 2.300
- Marta 2.300

Mayboom 1.538
Maydell v. 1.061
Mayer
- Astrid 3.135
- Barbara 2.510
- Beate 4.571
- Carla 2.405
- Carsten 4.745
- Dirk 4.540
- Franz-Rudolf 4.571
- Friedrich 2.090
- Hildegund 2.067
- Stephanie 4.300
- Thomas 1.523
- Tobias 1.442
- Ursula 4.470
- Uta 1.442
- Walter 2.419
- Wilfried 2.588

Mayer-Gürr 2.613
Mayer-Merkl 1.436
Mayer 1.538
- von Wittgenstein

Mayerhöfer 1.138
Maylahn 1.430
Mayk
- Renate 1.231
- Ude 1.224

Mayka 2.400
Mayr
- Manfred 1.695
- Maria 2.073
- Peter 2.360

Mayrhofer-Scharf 2.653
Maywald
- Helga 4.090
- Roland 4.090

Mayweg 2.765
Mazagol 1.351
Mazalla 1.486
Mazer 1.042
Mazuch 1.538
Mazura-Allmann 4.221
McGready 2.710
McGregor 4.491
McNelly 2.183
McRae 1.453
McWilliam 4.223
Mebs 2.310
Mechelhoff 2.510
Mechlinsky 1.815
Mechmann 1.538
Meckbach
- Gerhard 2.165
- Martina 4.495

Mecke
- Barbara 4.070
- Wolfgang 2.680

Mecke-Derix 2.680
Meckel 1.452
Mecking
- Hans H. 4.701
- Johannes 2.070
- Stephanie 1.220

Mecking-Bittel 2.380
Mecklenbeck 1.222
Mecklenbrauck
- Brigitte 4.290
- Uwe 4.040

Mecklenbrauk 4.462
Meder
- Hans-Jürgen 4.670
- Sabine 4.722

Medert 1.631
Medewaldt 4.270
Meding
- Almut 2.355
- Bettina 4.470

Medler 1.585
Meer 2.613
Meerkötter 2.246
Meermann 4.073
Meermeier 2.158
Meermeyer 4.831
Meersmann 1.770
Meese 4.192
Meesker 2.023
Meeth 1.819
Meffert
- Angelika 1.340
- Brigitte 4.512
- Hans-Eugen 1.185
- Hartmut 2.502

Megern van 1.228
Megow 1.500
Mehl
- Bernd 2.410
- Helmut 2.673 4.390
- Thomas 2.288

Mehlan 1.357
Mehler 4.510
Mehlhorn 1.586
Mehlhose 4.580
Mehlich
- Friedrich 4.830
- Maria 2.586
- Monika 1.475

Mehlich-Detering 4.054
Mehlmann
- Ilka 2.061
- Ralf 1.600

Mehmke 4.571
Mehn-Herwardt 1.741
Mehne 1.661
Mehner
- Anja 1.419
- Hans-Christian 1.370
- Michaela 1.168

Mehnert
- Jens 1.066
- Monika 1.068

Mehremic 4.247
Mehren 1.561
Mehrhoff 4.635
Mehring
- Andrea 2.023
- Carola 4.245
- Heinz 2.365

Mehring-Trick 4.741
Mehwald 4.728
Meibeck
- Christa 1.454
- Werner 4.330

Meibrink 1.185
Meiburg-Dickerboom 4.962
Meier
- Andreas 2.401
- Angelika 1.627
- Annegret 2.419
- Bärbel 2.502
- Beate 1.641
- Beatrix 1.155
- Bernhard 2.425
- Brigitte 1.211 2.589
- Britta 2.079
- Christian 2.305 4.304
- Daniela 4.910
- Dieter 2.595
- Elisabeth 2.621
- Frauke 1.201
- Gabriele 1.750
- Gerald 1.482
- Gerhard 1.230
- Gertrud 4.210
- Günter 2.755
- Hakon 4.390
- Heike 2.586
- Heinrich 2.765
- Helmut 1.106 4.580
- Herbert 1.357
- Heribert 1.105
- Hermann 2.101
- Inge 2.456
- Jochen 1.750
- Karin 2.023
- Karlheinz 2.637
- Karl-Heinz 1.229
- Klaus 1.625 1.815
- Magdalene 4.180
- Manfred 1.201
- Marianne 2.618
- Marion 2.503
- Martin 2.502
- Michael 5.600
- Nils 1.780
- Peter 1.642
- Siegfried 4.380 4.720
- Silke 1.153
- Sonja 1.195
- Stefan 2.030
- Stefanie 2.474
- Steffen 1.081
- Susanne 4.960
- Thomas 2.320
- Ursula 1.007
- Ute 1.551
- Werner 1.537
- Wilhelm 2.490
- Wolfgang 2.415 2.635 2.653

Meier-Cordes 2.685
Meier-Götte 2.055
Meier-Kolthoff 2.513
Meier-Limberg 2.418
Meier-Limouzin 2.666
Meier-Nolte 2.085
Meier-Schulz 4.495
Meier-Stier 2.265
Meier-Tokić 2.110
Meier-Trautvetter 1.523
Meierarend 4.276
Meierhenrich 1.798
Meierkord 2.436
Meierotte 3.050
Meierotte 3.050
Meiers 4.380
Meik 2.022
Meile 4.225
Meiling 1.053
Meilinger 1.406
Meilwes 2.062
Meimerstorf 1.175
Meinburg 4.960
Meindorfner 1.725
Meine 1.737
Meine-Falk 1.633
Meinecke
- Andrea 1.432

Susan 1.070
Meinel 2.685
Meinelt 1.510
Meinen
Diana 1.805
Jens 1.805
Meiners
Frerk 2.450
Guido 2.071
Gundula 4.491
Heinz Josef 1.523
Peter 2.565
Meinert
Dieter 2.064
Dirk 1.741
Erika 2.064
Sabine 1.050
Ursula 1.065
Meinertzhagen 1.006
Meinerz 1.593
Meinhardt
Esther 1.580
Frank 4.430
Meinhold
Angelika 4.243
Susanne 2.755
Meinholz 2.057
Meinicke-Wieck 1.640
Meinigke 4.570
Meining 4.870
Meinke 4.961
Meinker 4.304
Meinsen 2.700
Meintrup 2.500
Meirat 1.470
Meiring 2.191
Meis 1.575
Meis-Schrörs 1.580
Meisberger 1.811
Meischen 2.456
Meise
Andrea 2.063
Annemarie 1.196
Barbara 2.300
Günter 2.156
Herbert 2.750
Karin 1.123
Ludwig 2.445
Sylvia 2.058
Ulrich 1.121
Meise-v. Ambüren
1.228
Meiseberg
Dagmar 2.100
Rolf 2.101
Meisel
Burkhard 2.732
Hannelore 2.145
Meisen
Lydia 1.482
Reinhard 1.305
Silke 1.108
Meisen-Hentschel
4.248
Meisenberg
Antonius 1.716
Bruno 1.581
Georg 1.434
Veronika 1.043
Meisig 1.420
Meisner 2.732
Meiß 2.362
Meißel 2.746
Meißner (Meissner)
Adalbert 2.161
Anouschka 4.513
Christian 2.487
Frithjof 2.755
Hans-Frank 2.182
Heidi 2.173
Heinrich 1.360
Herbert 1.421
Kornelia 2.564
Marie-Luise 4.491
Max 4.401
Reinhard 1.585
Roswitha 2.614
Sonja 1.451
1.820
Svetlana 1.290
Thilo 1.353
Ulrich 2.323
Wolf 1.426
Meißner-Watermann 4.780
Meister
Andreas 4.462
Annette 1.067
Bettina 4.520
Brigitte 1.770
Gerborg 3.140
Gudrun 1.276
Jomar 1.432
Kordula 1.823
Meister-Lucht 1.005
Meisterernst
Marten 1.737
Werner 4.180
Meisterjan-Knebel
1.341
Meistermann 2.626
Meiswinkel 1.628
Meitert 2.435
Mekhaiel 2.515
Mekus
Christoph 1.821
Claudia 1.818
Melcher 1.482
Melchers 1.736
Melchior 2.600
Melde 1.527
Melenk 1.495
Meletzus 2.380
Melin 1.320
Melis-Niemeyer 2.289
Melko-Gabler 1.695
Mellenthin 2.266
Melles 1.625
Mellies
Alfred 2.036
Gerhard 4.150
Mellis
Mechthild 1.216
Winfried 1.160
Melliwa 3.105
Mellmann 1.817
Melms 2.763
Mels 2.055
Melsheimer
Anja 1.402
Claudia 1.098
Thomas 1.095
Waltraud 2.182
Meluhn 2.281
Melzer
Andreas 1.090
Beate 1.186
Christa 1.699
Ingrid 4.870
Renate 2.196
Melzner 3.038
Memedoski
Emin 1.222
Mareike 2.266
Memering 2.153
Memmeler 2.765
Memmert 1.432
Mena-Arias 1.430
Mena-Meier 2.436
Mende
Angela 2.040
Anita 2.033
Mendel
Miranda 1.699
Sabine 2.005
Menden 1.160
Mendez Munoz 1.190
Mendla 1.691
Mendzigal 1.450
Menge
Friedhelm 1.068
Günter 2.318
Hans Jochen 1.541
Meinolf 2.169
Ralf 1.690
Menge-Verbeeck
1.351
Mengede 2.073
Mengel
Alexis 4.635
Berthold 2.656
Claudia 2.765
Manuela 2.570
Michael 2.475
Thomas 2.726
Wolfgang 4.762
Mengeler 4.510
Menger 2.190
Mengeringhausen
Cornelia 2.320
Ute 2.151
Menges
Christoph 3.150
Reinhard 2.687
3.035
Ulrike 1.123
Wolfgang 4.221
Mengler
Heike 3.007
Jürgen 2.770
Menke
Bärbel 1.411
Birgit 2.637
Doris 1.132
Elisabeth 2.667
Franz 2.535
Gilbert 4.440
Heinz 2.565
Heinz Joachim 2.485
Jasmin 4.462
Kathrina 1.600
Kristin 2.318
Ludwig 4.274
Manfred 1.412
Rolf 2.417
Ulrich 1.091
Ulrike 1.740
Walburga 2.535
Wilfried 3.040
Wolfgang 2.732
Menke-Betz 4.495
Menke-Koch 2.565
Menke-Pechmann
1.210
Menke-Schomaecker
4.951
Menkhaus
Heinz-Peter 4.470
Torsten 3.035
Menking 1.426
Menn
Dietrich 1.760
Joachim 2.530
Jochen 4.770
Traudel 4.930
Menn-Hilger 1.620
Menn-Ibold 1.696
Mennecke
Ingrid 2.683
Rudolf 2.671
Menneken 4.740
Mennekos
Dirk 4.661
Ruth 4.240
Mennekes-Klahold 4.930
Mennemeyer 1.453
Mennenöh
Margret 2.081
Ulrich 2.725
Mennicken
Eckart 2.772
Georg 4.831
Wolfgang 1.527
Menning 2.266
Menningen 1.560
Menninghaus 2.575
Mensching-Decorde
2.060
Mense
Kathrin 2.174
Lars 2.020
Mense-Frerich 2.732
Mensel 6.145
Mensendiek
Andreas 2.061
Ute 3.100
Mensing
Britta 2.291
Peter 1.584
Wolfgang 2.455
Menski 2.215
Mentel 2.077
Mentgen-Rehsenberg 2.760
Mentjes 1.711
Mentz
Angelika 2.665
Christa 4.495
Ingo 1.351
Katja 1.418
Ursula 1.481
Mentzel
Magnus 1.820
Peter 1.615
Mentzen 1.627
Mentzendorff 2.680
Menz
Heike 1.615
Markus 4.390
Menze
Manfred 2.225
Michael 2.637
Rainer 2.058
Menzel
Angelika 2.168
2.563
Annette 2.246
Brigitte 1.435
Dietlind 2.326
Gerhard 2.270
Hartmut 1.685
Henryk 4.415
Horst 2.244
Jutta 1.057
Katja 4.740
Manuela 1.118
Martina 2.621
Robert 1.103
Rüdiger 3.165
Thomas 4.601
4.700
Wolfgang 1.445
Menzel-Aguilar Cervera 1.805
Menzel-Böcker
1.305
Menzel-Severing
1.691
Menzer 1.375
Menzies-Eßkuchen
2.686
Meppelink 3.035
Merbeck-Khouri 3.200
Merchant 4.130
Merchlewitz 4.300
Merdan 2.244
Merek-Grimm 4.945
Mergard
Georg 1.695
Markus 1.408
Mergelmeyer 1.118
Mergen 3.030
Mergenbaum
Angelika 1.415
Wilhelm 1.415
Merian 1.441
Merk 2.655
Merkel
Diana 1.118

Name	Nr.	Name	Nr.	Name	Nr.	Name	Nr.	Name	Nr.
Doris	2.605	Monika	4.120	Michael	4.274	Meurer-	4.513	Dirk	4.590
Jürgen	2.760	Otto	1.185	Meßy-Kircher	2.085	Neuenhüskes		Edith	4.962
Karola	1.616	Paul-Traugott	2.058	Mestekämper	2.401	Meurers		Ellen	1.615
Klaus-Jürgen	2.595	Rudolf	4.221	Mester	1.403	Irmgard	3.155	Elvira	1.412
Monika	1.162	Sandra	1.081	Mesters		Joh.-Gerhard	1.276	Else-Maria	2.491
Regina	1.222	Stefan	4.240	Ilse	4.762	Oliver	1.450	Ernst Georg	2.491
Walter	1.593	Stephan	1.006	Ruth	2.145	Meurs		Eva	2.590
Wolfgang	4.242		1.699	Metkemeyer	4.790	Heinrich	1.066	Franz	2.241
Ursula	2.326	Thomas	4.380	Mett	2.670	Joachim	1.102	Friedrich	3.031
Merken	4.415	Ursula	1.432	Mette	4.690	Michaele	1.629	Gabriele	4.390
Merkenich-	1.817	Wolfgang	2.290	Mette-Michels	2.516	Meusch	1.103	Gerd	1.628
Schöneich		Mertens-Billmann		Metten		Meusemann	1.109	Gisela	4.440
Merker	BRDü		1.326	Karl	4.654	Meuser		Günter	1.132
Merkle		Mertens-Dahlke		Ulrich	1.058	Christian	1.629	Guido	4.380
Gudrun	2.471		1.270	Mettig	1.641	Markus	1.416	Hans	1.529
Michael	6.165	Mertens-Elm	1.157	Mettler	1.805	Meuter		Hans Jürgen	1.632
Mermet	1.575	Mertes		Metz		Georg	1.600	Hans-Michael	2.001
Merres	1.356	Dorothee	4.300	Hermann	1.380	Jürgen	1.821	Heinz-Friedr.	1.495
Mersch		Mirja	2.181	Kurt	1.020	Marion	1.103	Heinz Werner	1.820
Berthold	2.396	Mertig	1.219	Michael	1.740	Meuwsen	4.470	Helga	4.570
Constanze	2.095	Mertin		Thomas	2.770	Meven	4.540	Hendrik	4.810
Erich	2.205	Inge	1.712		4.635	Mevenkamp		Heribert	1.385
Friedhelm	1.710	Wolf-Arno	2.115	Volker	2.060	Birgitt	2.426	Hildegard	4.571
Gabriele	2.196	Mertins	1.422	Metz-Klein	1.003	Klemens	1.218	Hubertus	4.240
Olaf	4.741	Merwyk van	2.101	Metzelaars	4.270	Mevissen		Ihno	1.434
Roswitha	4.890	Merx		Metzelder	2.612	Claudia	1.151	Ingelore	4.072
Mersch-Hebing	2.072	Alexandra	1.432	Metzen		Helmut	1.007	Irmgard	2.318
Merschaus	2.317	Hans-Peter	1.695	Georg	1.056	Ursula	1.320	Jan Friedrich	2.356
Merschen	1.020	Merz		Nicole	1.190	Mevius	2.587	Jan-Hendrik	1.020
Merschhemke	1.069	Erich	2.560	Metzger		Mewes		Jennifer	4.304
Merschieve	1.276	Joachim	2.760	Elisabeth	4.170	Hans-Detlef	1.560	Jochen	2.120
Mersmann	2.518	Reiner	1.009	Karl Josef	1.007	Jens	1.737	Jörg	2.390
Merta	1.212	Merzbach		Metzig	1.240	Klaus	2.290		4.245
Merten		Bert	1.640	Metzing		Mewes-Heining	1.380	Jörg F.	2.120
Dieter	BRM	Günter	1.050	Hans Jürgen	1.041	Mews-Brötz	4.273	Jörn	4.832
Eva	1.815	Mesch	2.030	Ralf	1.553	Mexner	2.730	Johannes	1.050
Frank	4.445	Meschede		Metzler	4.930	Mey	1.375	Judith	1.035
Horst	2.751	Dieter	4.198	Metzmacher	1.126	Meya		Jürgen	2.440
Maria Anna	2.550	Friedrich	1.840	Metzner		Gudrun	2.063		2.666
Maria-Helene	4.570	Heiner	4.380	Barbara	2.515	Jörg	2.755		4.351
Sabine	1.360	Jutta	4.831	Gabriele	1.044	Meyborg	1.040	Juliane	1.056
Simone	2.326	Kerstin	1.061	Joachim	1.451	Meye	1.401	Jutta	2.285
Merten-Boeßenecker		Klaus	2.320	Manuel	1.775	Meyen	1.600	Karin	1.222
	1.417	Mescher	2.082	Meuers	1.228	Meyenn von	2.061	Karl-Heinz	1.632
Mertens		Meschke	4.700	Meulen van der		Meyer			1.819
Adda	2.745	Meseck	4.950	Christiane	4.222	Andrea	1.594	Kathrin	1.117
Andreas	2.440	Mesenhol	2.085	Katja	2.120	Andreas	4.512	Kerstin	1.470
Angelika	2.515	Mesenhull	1.116	Lothar	1.121	Annette	2.452	Klaus	1.735
Annemarie	2.570	Mess	1.716	Meurel	PA	Ansgar	1.642	Klaus-Peter	2.050
Annette	2.101	Messelken	1.003	Meurer		Axel	1.325	Lars	2.063
Barbara	1.460	Messer	1.414	Carola	2.360	Babette	1.424	Laura	1.457
	2.023	Messer-Geck	2.471	Christa	1.240	Beate	1.529	Lieselotte	2.495
Bernhild	2.487	Messer-Bärenfänger		Friedr.-Wilh.	1.641		2.595	Margot	2.585
Brunhilde	1.241		2.260	Gabriele	1.616	Bernhard	2.715	Maria	4.340
Claudia	2.126	Messerer-Schmitz		Ingbert	1.137	Brigitte	1.098	Marianne	4.743
Danielle	1.561		1.080	Joachim	1.056		2.565	Marie-Luise	1.385
Erich	1.367	Messerschmidt		Karl Peter	2.079		4.240	Marie-Theres	1.275
Frank	1.441	Barbara	2.530	Marianne	4.530	Carelia	1.132	Marina	4.900
Franz	1.561	Friedhelm	1.581	Matthias	4.910	Carola	2.470	Markus	4.870
Georg	1.422	Messing	1.527	Olaf	1.457	Carsten	2.059	Martin	1.353
Hans Günther	1.061	Messing-Fuchs	4.740	Paul	2.030	Christian	2.512		3.050
Hans-Günther	1.158	Messler	4.071	Rüdiger	1.409	Christina	2.637	Michael	1.185
Herbert	1.645	Meßling (Messling)		Simon	1.510	Christine	2.639		1.521
Jürgen	1.529	Burckhard	2.179	Thomas	2.570		4.385		3.030
Klaus	4.270	Daniel	2.157	Ursula	1.822	Christoph	2.410		4.350
	1.052	Diana	2.001	Ute	1.506	Daniel	1.091	Norbert	4.654
Kurt	2.169	Messner		Meurer-Eilermann		Detlef	1.151	Peter	4.385
Manuela	4.680	Hans-Gerd	1.570		1.520	Dietlinde	1.455	Regina	1.320

Name	Nr.	Name	Nr.	Name	Nr.	Name	Nr.	Name	Nr.
	1.475	Meyer zu Selhausen		Imke	4.790	Reinhard	4.040	Mikulski	1.736
Reinhold	2.674		2.771	Isabel	1.441	Ulrich	4.196	Mikulsky	2.445
Renate	1.565	Meyerhöfer	2.680	Karin	4.491	Middendorf-Suing		Mikus-Binkowski	
Robert	1.250	Meyerhof	2.732	Peter	1.541		3.398		2.179
Rudolf	1.435	Meyering		Reinhard	2.184	Middrup-Petrausch		Milbrodt	2.077
	1.713	Regine	1.535	Rita	2.083		4.705	Milchert	4.495
Sandra	2.500	Sven	3.005	Michel-Bainka	4.300	Midik	4.300	Milde	
Sebastian	1.436	Meyers		Michel-Mentzel	1.223	Mie	1.117	Gudrun	4.831
Silke	2.086	Christiane	2.364	Micheleti	4.771	Miebach		Heidrun	2.073
Stefan	2.670	Sandra	1.404	Michels		C. Heinz	4.680	Mildenberger	2.168
Stephan	1.629	Simon	1.357	Astrid	1.106	Franz Josef	1.065	Mildner	1.050
	2.517	Meyers-Portz	1.066	Dieter	2.563	Gabriele	3.035	Miletzki	2.645
Stephanie	2.063	Meyfarth	1.506	Georg	1.069	Gerd	4.402	Milewski-Hermann	
Tanja	2.746	Meyhoefer	2.310	Gisela	1.433	Heribert-J.	1.407		4.720
Thomas	1.102	Meykadeh	1.223	Hans-Jürgen	1.735	Martin	2.244	Milferstädt	4.654
	1.117	Meyn	3.160	Helmut	2.605	Mieczkowski	2.161	Milic	2.291
	1.150	Meyndt	2.210	Ingrid	2.031	Miedza	4.120	Militzer	4.130
	2.673	Meyners	1.040	Jörg	1.680	Miehlbradt	1.453	Millé	2.565
Udo	1.615	Meyring		Katrin	4.790	Miehlisch		Miller	
Ulrich	2.033	Jürgen	2.605	Klaus	1.106	Malte	2.173	Angelika	1.115
Ulrike	1.426	Marion	3.140	Manfred	4.940	Ulrike	3.105	Felicitas	3.175
	2.705	Meywerk	1.536	Marcus	1.367	Miehlke		Nadine	1.615
Ursula	2.275	Mharchi Le	1.690	Maria	1.180	Frank	1.011	Miller-Sonnenberg	
	4.961	Mialkas	1.420	Mario	1.802	Gerrit	2.166		1.138
Wilhelm	1.442	Micha		Wolfgang	1.486	Mielchen-Woköck		Milles	1.481
Wolfgang	2.059	Alexander	1.585	Michelsen	2.635		1.224	Millet	2.669
Meyer-Adams	2.153	Dorit	2.715	Michelsohn	2.355	Mielczarski	2.246	Millies	4.700
Meyer-Andreas	2.243	Franz-Bernh.	2.715	Michelswirth	2.036	Miele	1.132	Millmann	
Meyer-Arend	2.565	Ralf	2.403	Michely	1.370	Mielitz	2.067	Christine	2.520
Meyer-Babucke	4.497	Michael		Michiels	1.270	Mielke		Olaf	1.211
Meyer-Barner	2.765	Helmut	2.512	Michna	4.745	Burkhard	4.660	Millner	2.563
Meyer-Behrendt	1.594	Marianne	1.592	Michnik		Christian	1.223	Milse	2.280
Meyer-Carlstädt	4.040	Wilhelm	2.158	Annelie	4.070	Doris	1.523	Miltz	1.713
Meyer-Eppler	1.660	Michaelis		Uwe	4.070	Frank	1.511	Milz	3.061
Meyer-Evertz	4.570	Eva	1.598	Mickartz	1.135	Tanja	2.772	Milzner	2.244
Meyer-Heymann		Klaus-Peter	2.695	Micke		Mielke-Hölscher	1.456	Mimberg	
	2.230	Mechthild	4.260	Annette	2.455			Marion	5.600
Meyer-Jungkind		Nicole	2.586	Dieter	2.751	Miemczyk	1.490	Michael	4.195
	4.192	Ralf	4.180	Werner	2.770	Mierike	4.252	Mimkes	1.404
Meyer-Kramer	2.085	Sabine	1.650	Micken	1.681	Mierlo van	1.454	Minartz	1.409
Meyer-Moore	2.695	Michajluk	2.022	Mickisch	1.080	Miermann	2.101	Minde van der	2.726
Meyer-Pfeil	1.219	Michalak		Mickler	2.395	Miersch	2.603	Minet	1.580
Meyer-Rieforth	1.594	Rolf-Helmut	2.160	Micus		Mierszchala	3.007	Mingenbach	4.920
Meyer-Schell	4.430	Sabine	1.375	Birgitta	4.830	Mies		Minger	1.404
Meyer-Schrauth	3.135	Michalek	4.224	Elmar	2.173	Bruno	4.248	Minke	1.375
Meyer-Schröder	2.121	Michalik	4.270	Gabriele	1.454	Christiane	1.523	Minkwitz	4.249
Meyer-Schulz	4.073	Michalke-Dauber		Miczka	2.687	Elisabeth	1.485	Minnaert	2.751
Meyer-Schwartzmanns	4.900		1.255	Middeke		Gerhard	1.418	Minnelli	2.166
		Michallik	2.600	Gisela	2.560	Klaus	4.964	Minnema	1.151
Meyer-Schwickerath		Michalowski		Wilfried	2.145	Miess	1.600	Minner	2.031
	3.010	Andreas	4.120	Middel	1.185	Miessen	4.662	Minor	1.712
Meyer-Seeßelberg		Bert	4.741	Middelanis		Mieth	2.677	Minten	4.220
	1.055	Michalski		Karl Hermann	3.100	Miethe		Minzenbach-Stief	
Meyer-Sortino	2.417	Franz	2.289	Maria	2.110	Bärbel	2.627		1.222
Meyer-Stoll	1.475	Johannes	1.685	Middelberg	2.060	Christoph	2.535	Mirabile	4.350
Meyer-Waldow		M. Ulrike	1.210	Middeldorf		Mietz	4.390	Mirbach	
	3.172	Rainer	1.552	Brigitte	1.392	Migas	2.318	Günter	4.920
Meyer-Wiederstein		Thomas	1.460	Eva-Maria	1.376	Migdal	1.195	Hartmut	1.565
	2.666	Michalzik		Hans-Georg	1.840	Mignogna	2.588	Mirche	4.091
Meyer-Wolters	1.415	Kirsten	4.590	Jürgen	4.590	Mihatsch	1.661	Mirgartz	
Meyer auf der Heide		Liane	2.050	Middelhauve	1.043	Mihlan	2.154	Elisabeth	1.001
	4.741	Micheau	2.293	Middelmann	1.408	Mika		Willi	1.055
Meyer zu Bentrup	4.224	Micheel	1.404	Middendorf		Kirsten	4.661	Mirza	1.690
		Michel		Andrea	4.445	Manfred	1.165	Mische	1.225
Meyer zu Hörste	2.695	Andrea	2.085	Ferdinand	2.005	Mikhailopoulo	3.068	Mischel	1.586
		Claudia	1.116	Helmut	2.318	Miklis	4.930	Mischke	
Meyer zu Knolle	2.564	Dieter	2.396	Jörn	1.320	Miklitz	3.210	Astrid	3.115
		Eberhard	2.064	Norbert	3.140	Mikolajcak	2.590	Markus	2.270

Mischler		Boris	3.165	Hans-Herm.	2.059	Moenen	1.775	Holger	1.554
Jutta	2.390	Klaus	2.685	Hans-Jürgen	1.541	Mönig		Ilka	1.426
Michael	2.651	Möckel		Hartwig	2.395	Beate	4.195	Karl	1.266
Mischnat	2.515	Markus	2.605	Heinrich	2.360	Marc	1.040	Karl-Heinz	2.244
Mischor		Stephan	1.053	Heinz-Rudolf	2.173	Moenikes		Katja	2.101
Bruno	4.073	Möcklinghoff	4.180	Ingrid	2.521	Christiane	4.661	Klaus	1.222
Gerlinde	1.231	Mödder	1.437	Jens	4.950	Hiltraud	4.330	Michael	1.436
Misera		Möhle		Joachim	3.155	Mönikes	2.621	Oliver	1.530
Andrea	2.059	Heike	4.055		1.436	Mönikes-Baumhör		Regina	1.817
Manuel	2.495	Katja	2.620	Jörg	1.261		2.586	Reinhold	1.580
Miseré	1.107	Möhlen		Jürgen	2.590	Mönkediek	1.106	Stefan	4.274
Miskiewicz	4.630	Barbara	4.331	Karl-Heinz	2.315	Mönkemeier	1.151	Ulrich	2.772
Mispolet	2.365	Michael	4.330	Katrin	2.040	Mönks		Volker	2.115
Mißbach	1.157	Möhlendick	2.290	Klaus	1.595	Ferdinand	2.058	Wilhelm	1.810
Mistler		Möhlmann	1.593	Lea	1.616	Udo	2.158	Mohr-Frensing	2.280
Frank	1.488	Möhlmeier	2.590	Lothar	2.300	Moennig	4.743	Mohren	
Sabine	1.488	Möhrer	1.080	Manfred	2.586	Moennighoff	2.518	Carola	1.348
Mitchell	2.618	Möhring		Marianne	4.350	Mönning		Hartmut	1.261
Mitgau	2.300	Brigitte	4.831	Martin	2.650	Annette	2.455	Michael	1.588
Mitscherlich	4.512	·Britta	2.695	Michael	3.063	Peter	2.456	Rodolfo	1.190
Mitschke	1.482	Christel	4.620		4.380	Thosten	2.621	Thomas	1.348
Mitschy	2.571	Jessica	1.454	Nicole	4.830	Mönninger	2.611	Ulrike	1.581
Mittag	2.071	Maria	2.589	Norbert	2.160	Mönninghoff	2.396	Wolfgang	1.107
Mittelbach		Markus	1.067	Peter	1.554	Mönnikes	2.587	Mohrhoff	2.673
Michael	1.553	Robert	1.600	Roland	1.551	Mönsters	2.669	Mohrholz	4.111
Wilma	2.075	Möhrle	2.315	Rolf	2.243	Mönter	4.462	Mohring	2.280
Mittelstädt		Möhrs	2.487	Rüdiger	4.513	Mönter-Gesper	4.705	Mohrmann	2.056
(Mittelstaedt)		Moek	2.512	Sabine	4.410	Mörbel	1.712	Mohrmann-Meßing	
Antje	1.355	Mölders		Stefan	2.195	Mörchel	4.276		1.232
Arnim	1.736	Elisabeth	1.845		4.635	Möring	1.431	Moioli	1.452
Doris	4.681	Heinz J.	1.348	Stephanie	2.715	Mörkens	4.260	Mois	4.401
Joan	1.818	Möldgen	1.101	Susanne	1.697	Moers	4.945	Mojsisch	1.320
Mittelstedt	1.091	Mölken van	1.536	Ulrich	2.637	Moersch	1.681	Mokosch	1.781
Mittendorf	2.075	Mölle	1.802	Ulrike	2.520	Mörsen	4.248	Moldenhauer	
Mitterer	1.400	Möllecken	1.450	Walter	4.350	Moertter	5.600	Angela	4.415
Mittrup	3.068	Mölleken		Wilfried	4.070	Mösch	1.340	Anne	4.072
Mitze	4.325	Klaus-Wilh.	4.720	Wolfgang	4.430	Möschel	1.660	Molderings	1.058
Mitze-Baumeister		Petra	4.720	Möller-Eberth	2.150	Moese	1.004	Moldon	4.962
	2.145	Möllemann	1.840	Möller-Fraikin	2.020	Möser		Moldrickx	1.285
Mitzlaff v.	2.604	Möllemann-	2.521	Möller-Weiser	1.420	Andrea	2.325	Molero	1.356
Mladenovic	1.523	Appelhoff		Möllering		Birgit	2.611	Molis	1.043
Mlekus		Möllenbeck		Angelika	1.326	Mathias	1.550	Molitor	
Sigrid	2.563	Christa	1.645	Susanne	4.130	Ulrich	2.612	Bettina	1.196
Wolfgang	2.180	Ursula	4.247	Möllers		Moeske	2.181	Cornelia	1.433
Mletzko	2.096	Möllenberg	1.138	Claudia	2.715	Möwes	2.396	Dorothea	1.615
Mlodoch	1.633	Möllenbrink	2.516	Günther	2.418	Möws	1.551	Friedhelm	2.110
Mlodzian	1.214	Möllenbrock	2.588	Karl-Heinz	4.276	Mogk		Georg	1.103
Mludek	1.310	Möllencamp	2.176	Rudolf	2.161	Jürgen	4.620	Katrin	1.200
Mlynczak	2.290	Mölleney	4.462	Möllhoff	2.620	Ulrike	2.146	Manfred	2.195
Moaté	3.007	Möllenhoff	2.515	Möllmann		Mohar	2.611	Monika	1.490
Mobers	1.520	Möllenkamp		Anne-Susanne	2.750	Mohme	2.033	Peter	1.510
Mobis-Fest	2.170	Martin	2.626	Catrin	4.323	Mohn		Ulrike	1.691
Moch		Nicole	4.290	Dieter	2.611	Almut	1.365	Molke	2.260
Andreas	4.410	Rainer	4.380	Edgar	4.247	Brigitte	4.072	Molkenthin	1.060
Christa	2.111	Möller (Moeller)		Eva	2.715	Jürgen	4.380	Molkewehrum	1.470
Mock		Andrea	2.472	Hanswerner	1.091	Sabina	1.159	Molks	4.054
Edwin	2.205	Arthur	BRA	Jürgen	2.173	Theodor	1.385	Moll	
Petra	4.388	Birte	4.951	Martin	1.091	Wolfgang	2.665	Edelgard	1.454
Mocka	1.424	Christa	2.751	Ulrich	2.560	Mohner	4.073	Günter	1.405
Mockel	1.796	Christine	1.233	Veronika	1.370	Mohns		Gustav	4.240
Moddemann	4.630	Eva-Maria	4.815	Möllmann-Schmidt		Alfred	1.631	Harry	1.102
Modersohn	4.690	Gabriele	2.150		2.460	Helmut	1.823	Heinz	4.550
Modrow	1.221	Gerd	MSW	Möllmanns	1.228	Hildburg	1.598	Isabel	1.102
Möbes	1.716	Gisela	2.565	Möllney	1.510	Mohr		Josef	4.111
Möbius		Günter	2.356	Möltgen		Bruno	1.106	Mareike	1.510
Gesine	2.725		4.170	Helga	1.060	Deborah	1.400	Sandra	1.175
Volker	1.063	Guido	4.635	Michael	4.870	Hans-Norbert	1.625	Wolfgang	1.631
Möbus		Hans-Georg	2.565	Möltner	4.945	Helga	2.246	Mollaoglu	4.071

Namenverzeichnis 843

Mollenhauer	1.060	Moraw	1.380	Mosemann	1.320	Mühlenberg				4.950
Mollner	4.651	Morawietz		Moser		Joachim	1.631	Christiane	2.316	
Mollowitz	1.798	Friedhelm	2.588	Lars	2.086	Kurt	2.625			2.771
Mols		Rudolf	6.265	Peter	1.050	Monika	1.457	Christina	1.006	
Bernd	1.537	Susanne	2.555	Rolf	4.194	Sascha	1.486			1.040
Helmut	1.538	Morche		Moshövel	1.486	Mühlencoert	2.181	Christine	1.200	
Ulrike	4.660	Hans-Jürgen	1.380	Moskaluk	2.175	Mühlenfeld				1.522
Molter	2.063	Uta	2.620	Mosler		Lore	2.440			1.785
Molzberger	1.051	Morell	1.091	Kristina	2.772	Udo	2.210			2.023
Molzen-	1.545	Morfeld	2.438	Peter	1.510	Mühlenhoff		Claudia	1.710	
Liesegang		Morgenstern		Mosner	4.075	Elisabeth	4.390	Clemens	2.400	
Mombartz	1.790	Felix	2.415	Moss		Meike	2.575	Daniela	1.845	
Mombaur	1.560	Hans Joachim	1.286	Günther	1.737	Mühlenschmidt	2.627			2.023
Momma	1.810	Ole	2.319	Vera	1.300	Mühlenschulte	2.750			4.571
Mommertz-Richling		Volker	1.819	Moß		Mühlenstaedt	4.071			4.690
	4.875	Morgenthal	2.166	Hans-Joachim	1.191	Mühlhaus		Detlef	1.570	
Mommsen	2.290	Morgenthaler		Irmgard	1.191	Bernd	1.170	Dieter	2.168	
Mond		Julia	1.128	Moßmann	1.103	Stefan	4.771			4.221
Günter	2.420	Maren	2.055	Mott	1.481	Mühlhausen	2.365	Dietmar	2.570	
Klaus	1.795	Morhenne	2.590	Motte	1.125	Mühlhoff	1.819	Dirk	1.681	
Mondry	1.053	Morie	4.951	Motter-Johnen	1.811	Mülders	1.153	Doris	1.115	
Mondry-Blum	4.745	Morig	1.600	Motzet	1.796	Mülfarth	4.571	Dorothea	2.196	
Moneke	1.066	Moritz		Mourinho	1.735	Mülhausen	1.006	Dorothee	1.240	
Monien	2.291	Alfred-Adolf	2.364	Mrochen-Poth	4.370	Mülheims	1.616	Eckhard	2.320	
Monka	2.420	Bernhard	1.430	Mrotzek	4.875	Müllemeier	1.840			2.604
Monkenbusch	4.330	Elisabeth	1.090	Mrowietz	2.191	Müllenbach	1.052			2.674
Monod	1.565	Geerd	1.823	Much	1.551	Müllenborn	4.075	Eleonore	1.353	
Monreal	1.561	Gunter	1.434	Mucha		Müllender		Elfriede	2.588	
Monschau	1.050	Nino	1.432	Beata	2.745	Christiane	2.472	Elisabeth	1.433	
Monschein	3.105	Patrick	2.452	Constanze	4.224	Frank	2.751			2.230
Montag		Peter	4.240	Muchel	4.247	Kaja	1.357	Elsmarie	2.486	
Birgit	1.541	Rainer	2.292	Muck	1.419	Wolfgang	1.229	Erika	4.195	
Guido	2.102	Moritz v.	2.281	Muckenhaupt	2.425	Müllenmeister	1.385	Ernst-Georg	1.410	
Holger	1.780	Morjan-Drees	1.005	Muckerheide	1.506	Müller (Mueller)		Ernst-Werner	1.008	
Iris	1.594	Mork	1.191	Muders	5.600	Achim	3.398	Eva	2.659	
Judith	5.610	Morkramer	2.435	Mudersbach-	2.071	Alexandra	3.040	Eva-Maria	1.095	
Ludger	4.290	Morlang	4.304	Veuhoff		Alfred	4.340	Falko	1.020	
Michaela	1.485	Morlock	2.102	Mück	1.815	André	2.765	Frank Robert	4.905	
Montanus	2.260	Mormann		Mücke		Andreas	1.441	Frank-Rüdiger	2.710	
Montino	2.585	Felicitas	2.410	Christina	4.274		1.818	Franz-Josef	1.441	
Montkowski		Flavia	2.510	Petra	3.007		2.687			2.614
Elisabeth	1.485	Mornhinweg-	2.565	Martina	1.802		3.165	Franz-Peter	1.036	
Walter	1.485	Olbricht		Roland	1.802	Angela	1.818	Friedhelm	1.592	
Monz	1.581	Morosan-Weskamp		Mückshoff	4.252		4.960	Friedrich	1.115	
Monzel	1.340		2.190	Müdder	4.350	Angelika	1.153	Gabriele	1.286	
Moock		Morr	4.925	Müdders	1.743		1.454			1.433
Ralf	1.591	Morsches	1.043	Müer	2.021	Anke	2.637			2.521
Sven-Olaf	2.674	Morsches-Maaßen		Mügge	2.246	Anna Maria	4.875			4.330
Mooij-Kulschewski			1.043	Mühge-Klepsch	2.680	Anne	1.200	Georg	1.350	
	1.840	Morzeck	4.075	Mühl	4.761		1.817	Gerd Peter	1.190	
Moojer-Rimoneit		Morzfeld	2.085	Mühlbach-Koch	2.530	Annette	4.491	Gerhard	1.575	
	2.175	Mosbach	1.320	Mühlberg		Antje	2.245			4.830
Moore	1.006	Mosblech	1.475	Bärbel	4.570		2.246	Gisela	1.370	
Moore aus dem		Mosch		Eric	1.008	Astrid	1.285			1.821
Leo	2.063	Mechthild	2.588	Petra	2.605	Barbara	2.040	Grischa	1.695	
Marie Luise	2.062	Michael	2.587	Mühle			2.115	Gudrun	2.486	
Moormann		Mosch-Bröker	1.802	Eric	1.455		2.417	Günter	2.289	
Andreas	4.361	Moschet	2.563	Reinhard	1.775	Beate	2.637			4.240
Hubert	4.780	Moschkau	4.192	Mühle-Salm	1.044	Beatrix	1.138	Guido	4.635	
Ruth	1.043	Mosdzien	2.242	Mühlen		Bernd	1.091	Gundula	4.635	
Moos		Mosebach-Garbade		Nicola	2.455	Bernhard	1.505	Gunhild	2.690	
Jürgen	2.685		4.540	Reinhard	1.530		4.246	Hannelore	2.660	
Susanne	2.571	Mosebach-Kaufmann		Mühlen v. z.	1.421	Bettina	1.412	Hans-Georg	1.422	
Moos-Heilen	2.486		1.050	Mühlen z.	1.119	Birgit	1.418			2.659
Mooshage	4.276	Mosel		Mühlenbeck	4.323	Bodo	1.158	Hans-Herm.	1.045	
Morales	4.962	Sabine	2.267	Mühlenbein		Burckhard	2.612	Hans-Jochen	2.371	
Cordoba		Werner	2.246	Reinhard	2.491	Carolin	1.081	Hans-Martin	2.685	
Moravec	1.442	Moseler	2.068	Ute	2.491	Christel	2.460	Hans-Rudolf	4.240	

Namenverzeichnis

Name	Nr.	Name	Nr.	Name	Nr.	Name	Nr.	Name	Nr.
Hans-Theo	1.045		4.410	Stefan	2.288	Müller-Ebert	1.116	Müller-Weege	3.100
Hans-Willi	1.020	Ludwig	2.166	Stefanie	1.165	Müller-Edelhoff	2.686	Müller-Weitz	2.393
Hartmut	1.090	Manfred	2.079	Stephan	1.015	Müller-Edwards	3.030	Müller-Willems	1.130
Hartwig	4.780	Marcus	1.591		1.218	Müller-	1.218	Müllers	
Heiderose	1.795	Mareike	2.267	Stephanie	1.059	Erdmannsdorff	v.	Andrea	4.073
Heinz-Detlev	2.402	Margit	2.396		2.002	Müller-Etzbach	2.495	Manfred	1.241
Heinz-Josef	2.486	Margot	2.666	Susanna	1.691	Müller-Frerich	2.400	Ulrike	1.241
Helga	1.631	Maria	1.424	Susanne	2.660	Müller-Frieding	2.746	Mülot	2.280
	2.036	Marianne	1.040		4.075	Müller-Gamber	1.132	Münch	
Helmut	4.260	Marie-Luise	1.385		4.130	Müller-Gehl	3.020	Bernhard	1.775
Herbert	2.677	Marieluise	2.637	Thomas	2.356	Müller-Goerke	2.058	Christoph	1.320
Heribert	1.550	Marina	4.960		4.510	Müller-Goldkuhle		Dieter	2.487
Hermann	2.563	Marion	1.159	Thorsten	2.515		1.159	Gisela	2.516
Herm.-Josef	1.097		4.370	Timo	1.795	Müller-Gräve	1.042	Heinz	4.270
Herm. Josef	1.616	Martin	4.290	Tobias	2.402	Müller-Große	4.870	Marcus	1.796
Holger	1.409	Marja	1.170	Toralf	2.182	Müller-Hamm	1.044	Paul	1.051
	2.726	Massimo	4.252	Traudel	1.132	Müller-Haselhoff		Petra	4.540
Horst	4.251	Matthias	1.190	Udo	4.401		3.015	Renate	1.588
Horst-Günter	1.107		2.085	Ulrike	2.079	Müller-Haupt	2.179	Stefanie	4.243
Hubert	1.090	Mathias	4.350		5.610	Müller-Heßling	1.424	Thomas	1.421
Ida	2.070	Mechthild	2.512	Ursula	1.150	Müller-Heuser	1.650	Münch-Lasczyk	1.403
Ingrid	1.065	Melanie	1.119		1.588	Müller-Hill	1.426	Müncheberg	4.570
Innig	2.150		1.230		1.711	Müller-Hillebrand		Münchert	1.553
Irmgard	2.589		4.224		1.736		1.380	Münchmeyer	1.137
Irmgard		Melitta	4.224		2.357	Müller-Hoffmann		Münchow	4.960
Isolde	1.822	Michael	1.116		4.720		2.445	Mündelein	4.075
Jan Hendrik	2.030		1.405	Ute	2.111	Müller-Holtermann		Münder	2.627
Jana	2.588		2.746		4.276		2.340	Münker	
	4.390	Mike	4.600			Müller-Huntemann		Beatrix	2.715
Jenny	1.066	Monika	1.116	Uwe	1.228		1.401	Bernd	2.410
Jens	1.818		3.010		2.666	Müller-Immenkamp		Irmgard	1.453
Jessica	2.690		4.220	Vitus	1.125		2.340	Münnekhof	1.135
Joachim	2.715	Nadine	1.695	Volker	1.442	Müller-Innig	2.197	Münnich	1.260
Jörg	2.658	Nicola	2.545	Walter	2.050		2.145	Münnix	1.135
	2.763	Nikolaus	2.077			Müller-Isajiw	2.490	Münster	
Jörn	4.402	Nina	4.661	Wera	4.940	Müller-Ittershagen		Andreas	2.588
Johanna	4.260	Norbert	4.570	Werner	2.710		2.090	Dirk	4.645
Johannes	1.090	Oliver	2.470	Wilfried	2.040	Müller-Keding	1.414	Klaus	3.135
Josef	4.141	Peter	2.103	Wilhelm Josef	1.107	Müller-Lange	1.210	Münsterkötter	2.205
Jürgen	1.523		2.242	Winfried	1.593	Müller-Lemke	4.249	Münstermann	
	1.737		2.360		2.183	Müller-Lommel	4.590	Christiane	1.121
	2.020		2.510	Wolfgang	1.155	Müller-Machalke		Dorothee	1.061
	2.095		2.520		1.162		4.571	Hans	1.545
	2.240		4.040		1.223	Müller-Marsall		Hildegard	1.116
	2.595		4.251		1.600		1.063	Irene	1.151
Julia	2.120	Peter-Axel	1.124		1.680	Müller-Mrowinski		Peter	2.064
Jutta	1.132	Peter-Ulrich	2.730		1.711		1.600	Petra	2.154
	4.240	Petra	2.365		2.512	Müller-Munscheid		Rolf	2.059
Karin	2.370		2.445		3.040		1.054	Stephanie	1.802
Karl	2.736		2.587		4.350	Müller-Nowak	1.200	Münstermann-Lohn	
	3.155	Rainer	1.820	Yvonne	1.630	Müller-Pohl	1.009		2.125
Karl-Heinz	4.771	Regina	4.271	Mueller von	1.695	Müller-Reich	2.726	Münstermann-Wolf	
Karsten	1.408	Reiner	1.095	Müller-Alander	1.426	Müller-Riedel	1.107		1.068
Katharina	1.580		2.145	Müller-Alef	1.691	Müller-Rindfleisch		Münter	
Katrin	1.570	Reinhard	2.495	Müller-Antholz			1.484	Annette	4.290
Kerstin	1.695		1.615	Joachim	2.059	Müller-Ruckwitt		Bernhard	2.395
	2.635	Reinhold	1.057	Lieselotte	2.061		1.421	Isabel	2.410
Kirsten	1.153	Renate	1.594	Müller-	4.870	Müller-Schalljo	4.090	Münzel	2.020
	4.470	Richard	2.485	Apothekers		Müller-Schledorn		Münzer	1.802
Klaus	2.755		2.515	Müller-Aßhauer	2.400		1.310	Münzner	4.195
Klaus Dieter	2.530	Robert	1.190	Müller-Bennent	4.370	Müller-Seisel	1.805	Mürköster	2.590
Klaus-Jürgen	2.360	Rolf	2.659	Müller-Berzinski		Müller-Slanitz	2.058	Mues	
Klemens	2.456		2.686		2.760	Müller-Späth	1.805	Andreas	2.326
Lieselotte	1.020	Ruth	1.453	Müller-Bittner	2.077	Müller-Span-		Kathrin	4.290
Lore	1.594	Sabine	2.173	Müller-Blome	2.612	dick	4.224	Katja	2.393
Lothar	1.210		4.651	Müller-Dahmen	4.660	Müller-Staude	4.221	Silke	1.095
	2.063	Sandra	1.168	Müller-Dewald	1.627	Müller-Verse	1.380	Ursula	2.730
	4.920	Sascha	2.621	Müller-Dick	2.161	Müller-Vogel	1.219		
Ludger	4.410	Solveig	3.061	Müller-Dierks	2.056	Müller-Vorholt	2.686		

Namenverzeichnis

Mues-	1.057	Andrea	1.629	Nachmann	5.610	Nahorski	2.612	Nebe	1.584
Kuttenkeuler		Rainer	1.595	Nachtigall		Nahrstedt	2.291	Nebel	2.175
Mueser	1.170	Musholt	2.040	Andrea	4.070	Nahry	3.010	Nebelung	1.266
Muesmann	2.064	Musialek	4.513	Detlef	4.720	Naique-Dessai	1.053	Nebert	3.040
Müsseler	1.810	Musiol		Manfred	4.072	Najork	2.654	Neckenig	4.010
Müßen	2.555	Heiner	1.790	Ralf	4.075	Nakas	1.150	Necker	1.380
Müssener		Kornelia	4.512	Nachtigäller		Nakel	2.115	Necker-Schleicher	
Jens	2.077	Musolf	4.510	Alf	2.560	Nakis	2.405		1.157
Markus	1.059	Musolff	2.519	Petra	2.621	Nalenz	1.655	Nédélec	1.090
Michael	1.102	Mussa	1.015	Nachtkamp	1.695	Namyslo	2.150	Neder	4.192
Stephanie	2.080	Mußenbrock	2.420	Nachtwey	1.106	Nantke	1.041	Neef	1.798
Müter	2.150	Mussial	4.221	Nacke	2.520	Napiralla	4.511	Neeff	
Müther		Mußler	4.260	Nacke-Peters	2.651	Napiwotzki	1.139	Philipp	1.696
Andreas	4.741	Mußmann	2.146	Nacken		Napolowski	1.270	Susanne	1.695
Elisabeth	1.210	Musso-Roegele	1.040	Jürgen	1.128	Nappo	1.570	Neefischer	2.361
Norbert	4.071	Musterer-Quandel		Thomas	1.530	Narath	2.146	Neelsen	4.690
Müting	2.437		4.248	Ulrich	1.741	Nardmann	2.575	Neemann	2.514
Mugnai	4.745	Mustroph		Nackowitsch	1.681	Nareyeck	1.633	Neerincx	1.391
Muhl	1.537	Claudia	2.516	Nadenau	2.192	Naroska	4.640	Nees	2.121
Muhle	2.305	Heike	4.194	Naderhoff	1.065	Nasaroff	3.100	Neff	2.021
Muhlenbeck	2.610	Mutafoglu	1.216	Nadeschdin	1.210	Nase-Weichbrodt		Nefferdorf	4.370
Muhs	2.010	Muth		Nadidai	4.245		1.790	Neffgen	
Mujan	1.168	Horst	1.196	Nadler		Naß	1.495	Michael	1.401
Mulder	1.325	Josef	2.732	Bernd	2.169	Nasse	1.538	Uwe	1.052
Mulia	1.157	Kerstin	1.117	Marion	1.583	Naßenstein	2.326	Neffke	1.305
Mulorz	1.002	Rolf	2.082	Reinhard	4.945	Nast		Neft	1.560
Multhaup	4.962	Muth-Schween	4.630	Nadorf	3.030	Elisabeth	4.950	Negm	2.626
Multmeier	3.100	Muthke		Nägel	1.424	Rainer	2.325	Negüzel	4.111
Mumm	2.502	Bernd	2.240	Nägel-Harmsen	1.180	Nastold-Schepper		Negwer	1.770
Mumdey	1.785	Gudrun	2.077	Naegele	4.495		3.150	Nehez	2.455
Mund		Muthny	1.716	Nähle	3.105	Natalini	1.117	Nehl	
Detlef	4.160	Muti	4.662	Naendrup	2.669	Nath	1.620	Anna-Maria	2.402
Gerhard	3.010	Mutke	1.195	Näpel	2.006	Nathrath	1.052	Hans-Peter	2.401
Helga	4.722	Mutscher	2.176	Naeve	4.054	Nathues	2.275	Nehling-Weiß	3.068
Ulrike	1.135	Mutschke		Naeven	1.357	Natrup	2.205	Nehls	2.405
Munder	2.658	Heiko	4.870	Naewe	2.585	Nattkämper	2.396	Nehm	
Mundhenke	4.130	Sabine	1.081	Nafzieger	2.291	Nattkemper	2.166	Hildegard	2.588
Mundorf	1.090	Mutters	4.662	Nagat	4.271	Nau		Rolf	2.240
Mundschenk-Kohnke		Mutz		Nagel		Alexandra	4.870	Nehmzow	4.654
	4.276	Dietmar	1.151	Alwin	4.875	Markus	2.340	Nehrig	1.585
Mundt		Michael	4.560	Anke	2.033	Nau-Freyer	4.390	Nehring	
Angelika	4.260	Mutzberg		Axel	4.743	Nau-Wiens	2.771	Kurt-Eberhard	2.158
Helmut	4.721	Jürgen	1.300	Brigitta	2.590	Nauendorf	2.192	Tanja	2.120
Mundt-Krönfeld	1.212	Martina	1.816	Christian	3.105	Naujokat		Nehring-Wilk	1.585
Munkel	1.437	Mutzig	4.700	Christine	1.510	Heidi	1.217	Nehrkorn	
Munsch	4.511	Muvunyi	1.681	Claudia	2.210	Sven	4.495	Claudia	1.699
Muntenbeck-Tullney		Muyzers	1.191	Eckehard	2.120	Uwe	1.218	Stephanie	4.940
	2.241	Muziol-Riedel	1.125	Friedhelm	4.420	Naujoks		Nehrling	1.211
Muntschick		Mychajluk		Hans	1.380	Egbert	2.083	Neide-Kollek	2.079
Alexander	2.603	Dorothee	2.401		1.695	Konrad	1.781	Neider	2.095
Manfred	2.067	Peter	2.022	Heinz	1.591	Marlies	1.430	Neidhardt	4.520
Munzel	4.075	Myriouni	1.119	Jens	2.323	Naumann		Neidhart	4.251
Muranyi	1.691			Kathrin	4.790	Annette	2.613	Neiseke	
Murawski	4.402	**N**		Klaus	2.590	Gabriele	1.211	Christa	2.022
Murdfield	2.626	Naaf	1.326	Nicole	2.357	Lothar	2.763	Herbert	2.022
Murk	1.681	Naarmann	2.357	Rosemarie	2.045	Rainer	1.535	Neisen	1.045
Murken	2.588	Naaß		Udo	2.174	Nauroth	2.571	Neitmann	2.357
Murmann	4.470	Annegret	1.588	Nagel-Beckmann		Nauroth-Jean	2.570	Neitzel	
Murschall	1.420	Herbert	1.091		4.130	Naus	1.065	Loni	1.586
Murzel	1.490	Naatz	3.012	Nagels		Nausester-Hahn	1.419	Manfred	1.584
Muschall	4.130	Nabbe	2.036	Julia	4.722	Nave	2.491	Ulrich	2.685
Muschallik	4.402	Nabbefeld	3.020	Rolf	1.456	Navarrete Navarrete		Neitzke-Roßkothen	
Muschiol	2.550	Naber		Nagelschmitz	1.356		4.192		2.022
Muschiol-Limpinsel	2.179	Andrea	1.370	Nagler	4.512	Navarro-Fernández		Nek van	
		Anke	4.875	Nahberger	1.781		4.830	Ralf	2.176
Muscutt	1.699	Nabers	2.565	Nahl-Höfer	4.570	Nawrath	1.455	Volker	1.810
Musfeld		Nabroth	1.811	Nahlovsky	1.233	Nawrot	3.165	Nelißen	1.044
Andrea	1.629	Nachbarschulte	4.900	Nahmer von der	1.455	Ndolumingo	1.818	Nelius	2.289

Name	Nr.	Name	Nr.	Name	Nr.	Name	Nr.
Nelk	2.191	Michael	3.210	Christoph	2.435	Andrea	1.009
Nelle	3.035	Regina	1.430	Dietrich	2.045	Anita	2.645
Nellen	1.115	Nettelbusch	4.680	Dorothea	4.300	Anja	1.456
Nellen-Bölingen	1.057	Nettelnbreker	2.585	Edgar	2.418		2.726
Nelles		Nettelnstrot	4.705	Ernst-Peter	1.218	Arno	2.020
Hans-Joachim	1.642	Nettersheim	1.561	Eva	4.260	Beate	2.215
Kathrin	4.402	Nettersheim-Bell		Hans Gerhard	6.148	Bernd	1.716
Kornelius	2.677		1.641	Helmut	1.168	Birgit	1.070
Maria	1.069	Nettesheim	1.801	Karl Josef	1.486	Brigitte	1.441
Petra	1.138	Nettingsmeier	4.635	Mechtild	4.930	Christa	2.357
Ralf	1.641	Netz		Sylvia	2.315	Christian	2.452
Reinhold	4.630	Manfred	1.529	Ulrike	1.585	Christine	2.746
Nellesen	2.160	Simone	2.083	Ursula	2.196	Christoph	1.840
Nellessen		Wilfried	2.180	Neugebauer-Müsseler	4.830	Claudia	1.225
Dagmar	1.222	Neu				Corinna	2.380
Horst	3.220	Ansgar	1.058	Neuhalfen	1.150	Cornelia	4.300
Julia	4.111	Brigitte	1.554	Neuhann	1.775	Detlef	4.540
Rita	2.516	Gerhard	4.530	Neuhaus		Dirk	1.355
Nelleßen-Wefers	1.011	Hans-Dieter	1.600	Angelika	1.442	Dorothee	1.431
		Rosemarie	2.293	Anke Chr.	2.345	Ekkehard	2.518
Nellinger	1.640	Wolfgang	4.221	Barbara	2.677	Elke	4.740
Nelskamp	2.073	Neu-Elsberger	1.044	Benedikt	4.180	Ernst	1.437
Nelson		Neu-Huppertz	1.058	Britta	1.822	Friedel Arno	4.440
Andreas	2.410	Neubacher	1.132	Christian	2.635	Gabriele	1.645
Joseph	4.225	Neubarth	4.570	Franz-Josef	2.318	Gerd	2.286
Nemec	1.015	Neubauer		Gregor	4.621	Gisela	1.416
Nemesch		Anca	1.770	Helga	2.603		1.035
Karin	2.285	Knut	1.593	Hildegard	2.241	Gudrun	2.323
Robert	1.127	Renate	2.160	Ingo	2.058	Hans-Peter	4.860
Nemet	4.330	Neubeck	1.345	Iris	1.059	Hans-Ullrich	1.785
Nemetschek		Neuber	2.763		2.062	Heidi	2.357
Antje	1.136	Neubert		Irka	1.750	Helene	3.215
Peter	1.505	Barbara	1.541	Juliane	1.091	Helga	4.370
Nemetz		Brigitte	1.060	Manfred	2.456	Horst	4.761
Helga	4.494	Frank	1.505		2.456	Ingrid	2.401
Volker	1.419	Ursula	1.445		2.061	Jörg	2.063
Nentwig		Neubert-Putkonen		Martin	1.158	Johannes	1.681
Frank	2.010		4.540	Michael	2.058	Jürgen	1.506
Peggy	1.025	Neubold	4.601	Michaela	2.169		4.150
Nepomuck	1.107	Neuburg	1.414	Silvia	1.712	Manfred	1.360
Nerrlich	1.153	Neuen		Thomas	2.215		2.530
Nerstheimer-Hoffmann	1.584	Klaus	1.341	Tim	2.182	Maria	2.751
		Petra	1.713	Ulrich	2.326	Marianne	2.685
Nesemann		Neuenburg	1.650	Ulrike	1.417	Marita	4.410
Markus	1.210	Neuendorf		Werner	2.677	Melanie	2.630
Matthias	2.695	Bärbel	1.442	Wolfgang	2.460	Michael	2.022
Neske	4.510	Barbara	1.798	Neuhausen	4.340	Monika	1.090
Neßbach	4.520	Maria-Ther.	1.105	Neuhauser	1.061	Nicola	1.196
Nesselbosch	2.512	Ute	1.102	Neuheuser	1.108	Petra	2.514
Nesselrath		Neuenfeld	2.315	Neuhof	4.054	Rolf	1.450
Hannelore	1.650	Neuenfeldt		Neuhöffer	1.353	Rosemarie	1.735
Hans G.	1.020	Dieter	1.025	Neuhoff		Silke	1.151
Nesswetha	2.750	Rosemarie	2.403	Jürgen	2.390	Sonja	2.102
Nestler		Neuenhaus	2.650	Klaus	4.940	Stefanie	4.761
Alexandra	1.168	Neuenhaus-Fries		Selma	4.252	Sven	1.535
Bernd	2.550		1.790	Neukäter	1.600	Therese	4.950
Waltraud	1.642	Neuenhofer		Neukam	1.103	Ulrike	1.040
Netkowski		Christa	2.070	Neukirch	4.470	Ute	4.180
Gabriele	2.555	Klaus	1.454	Neukirchen		Walter	2.082
Ulrich	2.420	Neuerbourg	4.495	Günter	1.361	Yvonne	1.697
Nett		Neufeind	4.271	Hermann	1.351	Neumann-Britsch	
Eva	4.961	Neufeld-Busse	2.182	Steffi	2.460		1.001
Thomas	1.591	Neufeldt	4.695	Neukötter	4.740	Neumann-Giese	2.612
Wolfgang	4.401	Neuffer	4.220	Neulen	1.109	Neumann-Jede	2.401
Nett-Jaworek	4.192	Neugärtner	1.185	Neuland-Gleichmar		Neumann-Kaplan	
Nett-Ullbricht	4.330	Neugebauer			4.905		4.071
Nettekoven		Bernhard	2.315	Neumann		Neumann-Schillings	
Hans-Joachim	1.054		4.520	Alexandra	1.159		1.217

Name	Nr.
Neumann-Tacke	
	2.056
Neumeyer	2.726
Neunkirchen	4.910
Neunstöcklin	1.840
Neunzig	1.535
Neuparth	2.438
Neurath-Rautschka	4.276
Neurohr	2.082
Neuroth	
Hans-Leo	1.538
Wolfgang	1.630
Neururer	2.365
Neus	1.819
Neuschäfer	
Christiane	4.141
Knut	2.035
Neusen	2.325
Neuser	
Cordula	4.151
Sabine	2.169
Wilbert	BRA
Neuss	1.036
Neußer	1.630
Neustadt	
Daniel	2.650
Hans	1.437
Neutag	
Martina	4.962
Ralf	1.457
Neutzer	1.131
Neuwerth	1.041
Neuwöhner	2.474
Nevalainen-Giesen	
	1.360
Neveling	
Gisa	1.822
Rolf	1.820
Nevels	1.107
Neven	1.167
Nevries	BRDu
Neweling	
Birgit	2.363
Rainer	1.685
Neye-Wolff	4.195
Neyenhuys	2.361
Neyer	
Claudia	1.600
Verena	2.077
Nezdara	1.696
Neyses	4.242
Nguyen van	4.491
Nick	
D.-Gabriele	4.402
Ingrid	4.295
Nickbakht	2.173
Nicke	1.790
Nickel	
Anita	4.810
Annette	1.433
Artur	4.273
Burkhard	2.192
Mathias	3.061
Natalie	4.830
Siegfried	1.550
Werner	4.831

Name	Page
Nickenig-Heimbach	1.131
Nickola	2.151
Niclauß	1.218
Nicol	4.251
Nicolai Matthias	4.260
Nicolai Nina	1.095
Nicolaisen	2.362
Nicolas	2.380
Nicolaus	1.401
Nicolay	2.564
Nicolin-Sroka	2.590
Nicoll	4.870
Nicolmann	2.064
Niebecker	2.174
Nieberg Carsten	2.002
Nieberg Kristina	1.186
Nieberg Thomas	2.357
Nieberg Roswitha	2.001
Niebuhr	4.151
Niechoj	1.551
Niecknig	1.067
Niedballa	1.580
Niedeggen	1.450
Nieden zur	3.065
Niedenführ	2.062
Nieder Anja	1.697
Nieder Jürgen	3.010
Nieder Marianne	1.801
Nieder Petra	1.598
Nieder-Heistermann	2.746
Niederau	1.007
Niederbichler	2.084
Niederhagen	3.115
Niederhaus	2.056
Niederhausen	2.555
Niederhauser	1.300
Niederheitmann	4.951
Niederkleine	2.120
Niederländer	4.940
Niedermeier	2.669
Niedermeyer Dorit	3.007
Niedermeyer Gundel	2.158
Niedermeyer Sabine	2.503
Niedernolte	4.151
Niederprüm	4.771
Niederwahrenbrock	2.040
Niediek	4.440
Nieding	1.219
Niedler	1.632
Niedrich Jens	1.063
Niedrich Sandra	1.591
Niedtfeld Heidrun	1.285
Niedtfeld Ulrike	2.145
Niedworok Hans-Werner	2.603
Niedworok Thingolf	1.780
Niedzkowski	1.817
Niefindt	1.063
Niegemann	1.052
Niegl	1.661
Niegot	1.160
Niehaus Gisela	2.010
Niehaus Hannes	4.380
Niehaus Heide	4.150
Niehaus Irmgard	2.705
Niehaus Klaus	2.281
Niehaus Markus	1.212
Niehaus Michael	4.741
Niehaus Tanja	1.175
Niehörster	4.300
Niehoff Anton	2.521
Niehoff Claudia	2.175
Niehoff Manfred	2.510
Niehoff	4.260
Niehoff Rolf	1.119
Niehoff Silke	1.527
Nieholt	2.455
Niehsen Franz-Josef	1.020
Niehsen Fred	1.191
Niehues Benedikt	2.001
Niehues Claas	2.611
Niehues Clemens	1.421
Niehues Fokke	1.417
Niehues Franz-Josef	4.690
Niehues Gregor	1.201
Niehues Günter	2.095
Niehues Lore	2.176
Niehues Ludger	2.315
Niehues Reinhard	1.414
Niehues Silke	1.527
Niehues Walter	2.654
Niehus	2.380
Niehus-Berkemann	2.158
Niehüsener	2.243
Niehusmann	2.090
Niekamp	
Niekamp Andrea	2.058
Niekamp Jessica	2.077
Niekämper Martin	1.210
Niekämper Ursula	1.210
Nieke	2.589
Nielebock	2.564
Nielen	1.485
Nielewski	2.731
Nielinger Antje	2.168
Nielinger Horst	2.405
Niemand	2.023
Niemann Anette	1.434
Niemann Berthold	2.396
Niemann Brigitte	2.230
Niemann Christoph	2.588
Niemann Clemens	2.357
Niemann Günter	2.056
Niemann Ingeborg	4.330
Niemann Ingrid	1.231
Niemann Karl-Franz	2.765
Niemann Klaus	4.590
Niemann Manfred	2.626
Niemann Matthias	1.422
Niemann Rolf	2.472
Niemann-Bender	2.763
Niemczyk	1.228
Niemeier Christof	2.436
Niemeier Elke	1.220
Niemeier Vera	2.355
Niemeyer Brigitte	2.687
Niemeyer Claudia	2.595
Niemeyer Gisela	1.460
Niemeyer Herwig	2.405
Niemeyer Wilhelm	2.005
Niemiec	1.241
Niemietz-Bergmann	4.962
Nienaber Bernhard	2.396
Nienaber Daniel	2.063
Nienaber Monika	2.281
Nienaber Otto	4.462
Nienaber Prior	2.396
Nienberg	1.422
Niendieck	4.690
Nienhaus Andreas	1.628
Nienhaus Angelika	2.522
Nienhaus Annegret	2.077
Nienhaus Brigitte	1.375
Nienhaus Gerhard	1.631
Nienhaus Gerda	2.517
Nienhaus Josef	1.455
Nienhaus Olaf	2.440
Nienhaus Willi	1.050
Nienhoff	4.120
Nienhüser Gerda	2.395
Nienhüser Reinhard	2.680
Nienhuysen	4.270
Nienkemper	2.035
Nienstrath	4.075
Nientiedt Charlotte	4.071
Nientiedt Dieter	2.485
Nientiedt Ingeborg	4.073
Nientimp	6.225
Niepelt	1.055
Niepenberg	1.805
Nieragden	1.627
Nierhaus Hans-Werner	1.552
Nierhaus Jochen	1.552
Nierhaus Petra	1.232
Nierhauve	1.058
Nierhoff-Dittmann	1.530
Nierholz	4.248
Niermann Christian	2.732
Niermann Dieter	4.690
Niermann Felicitas	1.616
Niermann Gerd	1.430
Niermann Hans	2.595
Niermann Heinz	3.050
Niermann Jochen	2.611
Niermann Wolfgang	1.136
Niermann-Rossi	3.040
Nies	1.760
Niesel	4.661
Niesen Brigitte	1.441
Niesen Bruno	1.040
Niesen Rolf	1.593
Niesenhaus Berthold	1.230
Niesenhaus David	4.520
Niesert-Kirchhoff	3.055
Niesewandt von	1.422
Nieß	1.414
Nießen (Niessen) Andreas	1.615
Nießen (Niessen) Daniel	3.160
Nießen (Niessen) Detlef	2.571
Nießen (Niessen) Dieter	1.811
Nießen (Niessen) Dirk	2.145
Nießen (Niessen) Gabriele	2.515
Nießen (Niessen) Jutta	1.005
Nießen (Niessen) Karin	1.191
Nießen (Niessen) Maria	4.761
Nießen (Niessen) Marliese	1.451
Nießen (Niessen) Pia	4.900
Nießen (Niessen) Susanne	2.726
Nießen (Niessen) Ute	4.945
Nießen (Niessen) Winfried	2.520
Nießen-Pott	4.055
Niestadtkötter	2.630
Nieswand	1.592
Nieswandt Alf	4.905
Nieswandt Christine	1.233
Nieswandt Michael	2.266
Nieswandt Miriam	1.348
Nieswandt Wilfried	1.230
Nieswandt-Cremer	1.180
Nieth Petra	1.036
Nieth Wilhelm	1.025
Nieto Aguilar	1.351
Nietsch	1.119
Nietsch-Grein	1.537
Nieveler	2.625
Nievendick	2.070
Nieweg	2.260
Nieweler	2.067
Niewels-Becker	2.317
Niewerth Alexandra	1.592
Niewerth Bruno	1.403
Niewerth Helga	2.771
Niewerth Hildegard	2.305
Niewerth Jörg	1.685
Niewerth Jürgen	2.618
Niewerth Julia	4.830
Niewerth Oliver	4.831
Niewöhner	4.247
Nigemeier	4.654
Nigge	4.260
Niggebaum	2.180
Niggemann Anke	1.699
Heinz	2.325
Nina	2.588
Sebastian	2.589
Werner	2.125
Niggemann-Worth	2.605
Niggemeier Holger	4.260
Niggemeier Johannes	4.905
Niggemeier Nicole	4.741
Niggemeier Werner	4.370
Niggemeyer Christoph	1.817
Niggemeyer Monika	1.821
Nijs	1.305
Nikisch	4.810
Niklas	1.285
Niklas-Janas	4.810
Nikolaizik	1.790
Nikolay Matthias	2.183
Nikolay Willi	1.057
Nikoleizig	1.370
Niksch Cornelia	4.771
Niksch Hermann	4.771
Nikulla	3.003
Nikulski Gabriele	2.772
Nikulski Jürgen	2.326
Niland	2.286
Nilges	1.431
Nillies	2.255
Nimptsch	4.090
Ninck Karl-Heinz	4.075
Ninck Marianne	1.593
Nink	4.495
Nischak	2.126
Nischang	1.690
Nising	1.661
Nisters	1.131
Nitsch Alessandra	1.300
Nitsch Beate	1.102
Nitsch Hans	1.400
Nitsch Malte	1.170
Nitsch Torsten	2.184
Nitsch-Kurczoba	1.355
Nitsche Alexander	1.196
Nitsche Gerhard	2.267
Nitsche Jürgen	1.536
Nitschke	1.695
Nittner	4.695
Nitz Gisela	4.962
Nitz Klaus	2.281
Nitz Peter	3.105
Nitz Thorsten	4.075
Nitz-Michel	4.810
Nitzold-Briele	1.391
Nitzsche	4.274
Nitzschner	1.695
Niwa Detlev	2.022
Niwa Ute	2.022

Name	Nr.	Name	Nr.	Name	Nr.	Name	Nr.	Name	Nr.
Nix		Nöller	1.641	Klaus-Peter	4.600	Ulrike	1.760	Ruth	2.058
Christian	1.058	Nöllgen		Ludger	1.260	Nothardt	3.035	Nowotzin	
Heinz	1.520	Claudia	1.401	Marianne	1.536	Nothelfer	2.590	Michael	1.375
Katja	1.011	Friedhelm	1.431	Martin	1.351	Nothen	1.270	Martina	2.670
Sabine	2.651	Günther	1.107		4.496	Nothhelfer	2.514	Noy	4.771
Nixdorf		Nöring	1.067	Matthias	1.485	Nottbeck v.	4.221	Nubling	2.416
Bärbel	1.226	Noeske	4.091		2.310	Nottebaum		Nübel	
Gerd	1.736	Nötges	1.551	Meinolf	3.105	Annelore	1.710	Ariane	1.305
Noack		Nöthe	2.345	Miriam	3.055	Jürgen	1.002	Birgit	2.751
Eva	4.240	Nöthen	2.390	Peter	4.290	Norbert	2.732	Winfried	2.736
Gabriele	1.470	Nöthhorn	4.662	Petra	2.020	Nottebohm	4.240	Nübold	
Hans	1.615	Nöthlichs		Raimund	2.125	Nottelmann		Berthold	2.490
Joachim	1.195	(Noethlichs)		Renate	1.630	Dirk	2.010	Luise	2.490
Kirsten	1.840	Peter	1.060		2.472	Helmut	2.550	Thorsten	1.191
Manfred	1.300	Sarah	1.521		4.070	Nottenkämper	2.518	Nückel	1.131
Noä	1.412	Nötzel (Noetzel)		Sabine	4.130	Nottinger	4.810	Nümann	2.639
Nobbe		Ellen	1.103	Stefan	2.020	Novacescu	1.551	Nünninghoff	
Frank	2.241	Marek	2.393		2.357	Nover		Helga	2.659
Thomas	1.404	Növer (Noever)		Thomas	1.535	Jochem	1.820	Jürgen	2.659
Nobel	2.669	Elisabeth	1.058	Tobias	2.101	Monika	1.592	Nürenberg	
Nobis		Eva-Maria	1.210	Wulf	1.150	Ursula	4.071	Nürnberg	4.915
Adalbert	1.276	Joh.-Wilh.	1.250	Wulf-Otto	2.760	Nover-Schmitz	1.631	Nürnberger	4.943
Gabriele	1.276	Noffke	2.084	Nolte-Meis	4.445	Novotny	1.737	Nüß-Steih	1.390
Helga K.	4.370	Noga	1.775	Nolteculemann	4.330	Novotny-Greven		Nüß van	1.365
Rudolf	1.201	Nogaj	4.832	Nolten	1.190		1.376	Nüsse	4.690
Winfried	4.440	Noguerol	1.421	Nolting		Nowacki	1.457	Nüssel	2.030
Noch	1.486	Noheh-Khan	4.761	Hans	2.440	Nowaczyk		Nüssen	2.077
Nock	4.720	Nohn		Hans-Joach.	2.055	Ursula	4.273	Nüsser	1.056
Nockemann		Christoph	1.255	Hans-Werner	2.356	Walter	1.095	Nüsslein-Eggers	1.066
Helmut	4.961	Dorothee	1.790	Joachim	4.728	Nowadnick	1.186	Nüter	
Stella	2.316	Ruth B.	1.043	Noltze	4.940	Nowag-Schickedanz		Jörg	2.083
Nocker	4.246	Nohren	2.419	Nolzen	4.290		2.242	Maria	2.083
Nocon		Nohse	2.033	Nonn	1.191	Nowak		Nulle	2.157
Ingeborg	2.695	Noirhomme	1.583	Nonn-Ermert	1.640	Andreas	2.417	Nummer	2.157
Peter	2.575	Noje	2.746	Nonn-Hahn	1.160		2.614	Nummert	1.195
Renate	2.005	Nolde	2.031	Nonnemann	1.310	Barbara	1.433	Numsen	1.130
Noe	3.150	Andreas	1.116	Nonte		Beate	2.158	Nuncic-	4.277
Noé	1.127	Michael	5.610	Franz	2.514	Brunhilde	2.418	Wennersbusch	
Noé-Depiereux	1.470	Nolden		Heinz	4.055	Cornelia	4.247	Nunen v.	1.260
Nöcker		Michael	5.610	Nopper	2.082	Dagmar	1.594	Nunez	1.185
Gabriele	2.035	Paul	1.475	Norbeteit	4.340	Engelbert	1.351	Nunez Granados	1.592
Irmgard	1.691	Noll		Nordhaus	2.169	Eva	3.030	Nuphaus	2.438
Tobias	4.245	Angelika	4.832	Nordhausen	2.730	Gabriele	1.822	Brigitte	2.677
Noefer	1.821	Annette	2.290	Nordhaus-Ochs	2.244	Gerhard	1.484	Dankward	2.677
Nöh	1.053	Brigitte	1.432	Nordick	2.179	Irina	4.635	Nurtsch	1.406
Nökel		Clemens	1.586	Nording	4.072	Joachim	1.536	Nusch	1.157
Frank	1.500	Franz-Norbert	1.691	Nordlohne	3.035		1.340	Nuß	2.658
Scarlett	4.512	Olaf	4.771	Nordmann		Jörg	1.135	Nußbaum	
Nöker-Schauerte		Regina	1.053	Beate	4.930	Martina	2.612	(Nussbaum)	
	2.640	Thomas	3.061	Irmgard	2.745	Olaf	4.711	Angelika	3.172
Noël		Vera	2.673	Nordmar-Bellebaum		Sarka	1.255	Friedel	4.190
Berthold	1.681	Noll-Libuda	4.401		2.687	Sigrid	1.266	Helmut	4.220
Monika	1.495	Noll-Preusche	4.870	Nordmeier	1.260	Susanne	1.442	Jens	2.700
Norbert	1.521	Nollmann	2.002	Nordmeyer	4.741	Waldemar	1.214	Markus	4.701
Noél	1.390	Nolte		Nordstern	4.300	Nowak-Borgmeier		Udo	4.241
Nölke		Alexandra	2.393	Nordt	1.481		2.589	Nuxoll	4.370
Andrea	2.474	Annette	2.285	Noreike-Klier	1.341	Nowak-Menze	1.632	Nuy	1.482
Andreas	1.798	Bodo	2.292	Normann	2.362	Nowak-Reeves	4.273	Nuyen	1.131
Arnim	2.673	Britta	2.451	Norpoth		Nowara	1.536	Nuyken	1.632
Herbert	3.165	Christine	1.229	Albert-Leo	1.210	Nowarra	2.356	Nybelen	1.105
Ingrid	2.486	Claudia	2.190	Gisela	2.666	Noweski	2.061	Nyenhuis	2.451
Sigrid	1.550	Clemens Johs.	2.275	Maria-Theresia	1.210	Nowitzki			
Wolfgang	2.745	Detlef	2.152	Norrenbrock	4.222	Sabine	4.120	**O**	
Nölken	1.341	Elvira	1.270	Noske	1.128	Wolfgang	1.713	Obbelode	
Nöll	2.763	Faustinus	1.065	Noss	1.285	Nowobilski	1.697	Jutta	4.330
Nölle	1.490	Gertrud	4.170	Noß	1.760	Nowotnick	2.575	Sabine	2.101
Nölle-Beißel	1.095	Helga	2.050	Nossol		Nowottny		Obdenbusch	
Nölle-Sentob	1.645	Jürgen	1.065	Günter	1.760	Maike	1.063	Helga	1.713

Name	Nr.	Name	Nr.	Name	Nr.	Name	Nr.	Name	Nr.
Horst	1.455	Ochse	1.185	Hans-Wilhelm	4.073	Stephanie	4.249	Olberg	2.031
Obenhaus	4.951	Ockels	1.380	Oelkers		Werner	1.310	Olbertz	4.601
Oberbeckmann		Ocken		Anja	2.183	Offermann		Olbrich	
	3.140	Daniel	2.590	Dagmar	2.361	Andrea	1.550	Alexander	1.553
Oberbrinkmann		Ingo	2.770	Ölkrug	2.475	Günter	1.711	Bernd	2.565
	4.962	Ockenfels		Oellermann	1.815	Hans-Dieter	1.105	Ruth	2.420
Oberberg	1.801	Bruno	1.420	Oellers		Ingrid	4.511	Stephanie	1.805
Oberdörfer	1.139	Nadja	1.581	Bettina	1.486	Toni	1.680	Olbrich-Denhof	
Oberdörster	1.520	Ocklenburg		Gabriele	2.563	Offermanns			1.435
Oberholz		Karola	4.810	Oelmann		Alfons	4.210	Olbricht	
Berta	2.242	Klaus	2.770	Gernot BRA (BRM)		Anneliese	1.011	Bernd	4.721
Heinz-Werner	2.522	Ockler	1.165	Klaus	2.022	Arno	1.811	Klaus-Peter	1.561
Josef	1.117	Ockoniewski	4.274	Oelschläger	2.230	Maria-Theresia	1.122	Olbricht-Cross	2.490
Oberkinkhaus	4.810	O'Cleirigh-	2.502	Oelze		Marlies	4.875	Olczak	1.361
Oberlack	4.224	Flandorfer		Almut	1.583	Michael	1.445	Oldemeier	
Oberlies	1.697	O'Daniel		Kristina	2.280	Peter	1.551	Heike	2.638
Obermann	4.831	Almut	1.054	Önder-Ridder	4.251	Stephanie	1.570	Michael	2.356
Obermayr	1.433	Hildegard	1.432	Öngören	4.180	Ursula	1.420	Oldenbürger	
Obermeier	1.625	Patrick	1.054	Oenkhaus-Weber		Uschi	4.910	Anne	2.160
Obermüller	2.495	Odekerken	1.051		2.035	Wilfried	4.491	Dirk	4.690
Oberndörfer	2.690	Odelga-Luft	2.450	Oenning	1.795	Oguz	2.243	Oldenburg	1.035
Oberpenning		Odenbach	3.050	Oepping	2.755	Ohagen	1.415	Oldendorf	1.045
Carsten	2.370	Odenbrett	1.095	Ören	1.506	Ohla	2.244	Olders-Langert	2.057
Willy	2.121	Odendahl		Örenbas	4.270	Ohlemeyer	2.061	Oldeweme	1.080
Oberpichler	1.233	Daniela	1.351	Oertel		Ohlendorf		Oldiges	2.036
Oberreuter	4.600	Johannes	1.696	Heino	4.680	Anna M.	2.763	Olejniczak	1.054
Oberscheidt	1.553	Udo	4.220	Susanne	1.486	Heinrich	2.082	Olejnik	1.132
Oberscheven	4.252	Odenhausen	2.230	Wilfried	2.491	Ohlendorf-Hirsch		Oles	2.063
Oberschilp	1.392	Odenkirchen	1.020	Oeser	3.068		4.660	Oleszak	2.076
Oberschmidt	2.121	Odenthal		Oest-Bahr	1.741	Ohlenhardt		Olewinski	4.950
Oberstebrink	2.085	Gertrud	1.103	Oesterhoff	2.746	Michael	1.561	Oligschläger	1.355
Oberste-Brink-	2.345	Hans-Michael	1.103	Oesterwind		Monika	1.561	Oliver	1.407
Bockholt		Odenwald	4.960	Gudrun	4.722	Ohler	2.086	Olk	2.285
Oberste Padtberg		Odermann		Rainer	1.326	Ohlerth	1.367	Ollenik	1.224
Gerlinde	1.781	Elke	4.580	Oesterwinter	2.158	Ohletz		Ollonschläger	1.044
Marcus	1.155	Hans-Dieter	2.146	Oestreich		Marietta	4.940	Ollesch	
Oberthür		Oehbecke	2.513	Beate	1.790	Marius	1.157	Gabriele	2.064
Arne	2.445	Oechtering	2.071	Sabine	4.790	Ohlig-Feldmar	1.484	Liane	1.224
Ruth	1.255	Oeding-Erdel	2.522	Oestreich-	1.041	Ohligs	1.740	Ollig	
Obervoßbeck	4.761	Oedinghofen	1.581	Priebe		Ohlrogge	1.845	Elisabeth	1.575
Obiera	1.355	Oeffner	1.661	Oestreicher	2.181	Ohly		Marlene	1.070
Objartel	4.402	Oefner		Oettel	2.073	Irene	2.063	Norbert	1.575
Oblau	2.060	Thomas	4.450	Oetter	2.393	Sybille	2.071	Olliges	2.690
Obliers-Laube	1.484	Wolfgang	3.070	Oettigmann	4.380	Ohly-Ruhbach	2.686	Olligschläger	1.367
Obrecht	4.810	Oehler		Oetzel	2.168	Ohm		Olsberger	2.260
Obsadny	2.145	Karl-Bernd	2.081	Oevermann	2.169	Dietmar	2.590	Olschak	1.186
Obsiadly	3.030	Katharina	4.512	Övermöhle	2.110	Juliane	3.165	Olschewski	
Obst		Wolfgang	4.601	Oevers	1.581	Sebastian	2.426	Karin	1.511
Beate	1.817	Oehm	1.802	Oexmann	2.563	Ohmann	2.563	Marc	2.474
Bernd-Ulrich	2.174	Oehmen	1.159	Özbey	1.625	Ohmes	1.560	Olschowka	1.158
Dieter	2.075	Oehmke	1.060	Özcan	1.595	Ohms		Olszog	1.231
Hs.-Christian	1.370	Oeing	4.380	Özdemir		Antje	2.022	Olszok	1.232
Jeannette	2.486	Oeke	4.350	Elif	1.506	Hans-Josef	2.690	Oltmanns	3.100
Karin	2.270	Oeking		Üdal	4.370	Peter	1.537	Ommen	2.319
Martin	4.430	Brigitte	1.126	Özer	1.061	Reinhildis	3.165	Ommerborn	2.450
Ocak	4.195	Wolf	4.170	Özkan		Ohneiser	2.023	Ommer-Jürgens	4.247
Ochel		Oelbermann	4.070	Ahmet Sener	1.163	Ohnesorge	2.565	Omsels	
Heinz	1.431	Oelbracht	2.627	Fatma	4.570	Ohoven	1.488	Hermann-Jos.	4.512
Monika	1.004	Oelffen v.-Roelen		Öztürk		Ohrem		Karlheinz	1.270
Ochmann			1.135	Filiz	4.251	Christian	1.615	Ondarza v.	1.453
Diana	1.190	Oelgemöller		Hatice	4.220	Elisabeth	1.191	Ong-Brunell	2.080
Elke-Lucia	4.741	Ewald	2.170	Ofers	1.305	Ohrendorf-Weiß	2.659	Ongsiek	2.183
Franz	2.100	Ursula	2.289	Offele-Grüner	2.450	Ohs	1.153	Onigkeit-Neumann	
Verena	2.317	Oelke		Offer		Ohst	1.633		4.070
Ochs		Doris	4.410	Manon	4.054	Ohters	2.096	Onkels	4.415
Christa Maria	1.821	Stefanie	1.402	Martin	1.052	Okon	1.223	Onnen	2.680
Sebastian	1.697	Oelker		Offergeld		Okon-Gerling	4.360	Onnen-Saelens	1.486
Stefan	4.570	Gertrud	2.077	Manfred	1.095	Olberding	2.523	Ontrup	

Brigitte	4.690	Monika	1.040	Detlef	2.660	Felix	2.685	Klaus	2.077
Hans-Joach.	2.361	Ormeloh	2.732	Hans-Peter	4.790	Rüdiger	4.570	Michael	2.763
Onyegbari	1.360	Orschel	2.511	Sandra	1.780	Stefan	4.075	Otterbeck	2.485
Oomen	4.170	Ortel		Ost		Osthues		Otterbein	
Oostendorp	2.475	Rainer	1.650	Joachim	2.452	Gregor	2.520	Bein	4.248
Op de Hipt			2.627	Monika	1.008	Marlies	2.151	Gerhard	2.363
Brigitte	1.055	Ortgies	2.396	Ostach	2.076	Nicole	1.818	Ottermann	
Ines	1.523	Orth		Ostad	2.401	Winfried	2.683	Dominika	1.276
Opalka	1.370	Gerhard	MSW	Ostapp	2.110	Osthus	1.840	Thomas	1.325
Opara	1.186	Harald	1.695	Ostbomk		Ostkamp	2.281	Ottersbach	
Opdenberg		Helga	1.006	Heinz	1.286	Ostkirchen	1.770	Angelika	1.418
Sabine	4.295	Hilmar	2.084	Wilhelm	1.570	Ostländer	2.590	Kerstin	1.632
Ulrich	1.527	Jean Marc	2.120	Osten	1.685	Ostmann	2.082	Otting-Köller	2.050
Opderbeck	1.051	Karin	1.276	Osten v. d.	4.740	Ostwinkel		Ottmanns-Knorr	
Opel			4.870	Ostendorf		Brigitte	2.305		2.150
Alfred	1.780	Marie-Luise	4.071	Bernd	2.486	Corinna	2.677	Ottner	1.737
Claus-Dieter	1.740	Rita	4.654	Carmen	2.687	Jürgen	4.195	Otto	
Opelt	4.295	Orthaus	2.323	Gabriele	1.583	Oswald		Andreas	2.654
Operhalsky	2.355	Orthen		Marlies	4.130	Britta	1.650	Brigitte	2.056
Opfer	4.830	Marika	1.401	Nicolaus	1.436	Elvira	2.146	Christel	4.943
Opfermann		Norbert	1.401	Oster		Hedi	2.215	Daniel	4.073
Josef-Meinolf	2.405	Orthmann	2.451	Achim	2.613	Johannes	4.510	Danielle	2.772
Winfried	1.500	Orths	4.249	Arno	4.160	Michael	1.442	Gerhard	2.101
Ophaus	2.152	Ortlepp	4.701	Beate	1.091	Werner	4.721	Heinrich	1.422
Opheys	1.454	Ortmann		Christoph	1.159	Otero	1.219	Iryna	4.273
Ophoven	2.045	Andrea	4.540	Guido	4.323	Otremba	1.641	Jane E.	2.290
Ophuisen	1.180	Anita	1.456	Osterbrink	2.380	Otremba-	1.035	Joachim	2.587
Ophuysen van	1.740	Bernd	4.790	Osterfeld		Twents		Jürgen	1.750
Opitz		Dirk	2.410	Georg	1.785	Ott			2.243
Anne	1.190	Gerhard	2.620	Marion	1.357	Alfred	4.091	Klaus	1.191
Christa	4.055	Holger	4.245	Michael	3.150	Dagmar	1.437	Kurt	2.380
Gretel	1.002	Hubert	1.351	Osterheider	2.300	Dietmar	2.182	Lothar	1.103
Heidrun	1.003	Klaus	4.831	Osterhoff	2.184	Franz-Georg	2.125	Magdalene	1.091
Matthias	1.005	Susanne	1.231	Osterholz		Helmut	3.135	Marcel	1.740
Monika	1.003	Thomas	1.553	Beate	2.585	Jürgen	4.741	Marita	4.831
Peter	2.416	Tobias	2.181	Gertrud	2.380	Marita	2.316	Markus	2.763
Opladen	1.044	Ortmann-	1.119	Osterholz-Wengel		Rainer	1.124	Martin	1.341
Opora	2.246	Falkenstein			2.380	Stephanie	2.102	Matthias	4.945
Oppel	2.555	Ortmann-	1.250	Osterloh		Ott-Möller	1.115	Michael	4.722
Oppenhäuser	1.418	Müller		Anke	1.424	Otte		Reinhard	2.157
Oppenkowski v.	1.475	Ortmanns		Jan	1.153	Andreas	4.071		4.250
Oppermann		Karin	1.180	Ostermann		Eva-Maria	1.419	Stefan	1.630
Anja	1.823	Peter	1.043	Aloys	2.686	Jürgen	2.243	Stephanie	1.482
Ina	2.685	Ortmeier	2.020	Gabriele	2.745	Michael	4.430	Ursula	1.527
Maria	2.725	Ortner	2.588	Guido	2.393	Petra	1.584	Otto-Dadič	1.482
Oppermann-Gruber		Ortsiefer	1.743	Isabell	1.405	Ulrich	4.130	Otto-Gaede	1.408
	1.158	Ortwein	2.765	Katja	4.741	Uta	2.395	Otto-Hamada	1.117
Opperskalski	1.105	Orzel	1.403	Marina	2.183	Werner	1.091	Otto-Heine	1.060
Opretzka	2.245	Orzessek	2.244	Marita	2.686	Ottemeier	1.592	Otto-Lauscher	4.511
Opterbeck	2.275	Osada	1.130	Michael	1.159	Otten		Otto-Münnich	5.610
Opterwinkel	4.111	Oschilewski	1.780	Silke	1.780	Afra	1.390	Ottofrickenstein	
Orban	1.320	Oselies	1.551	Thomas	2.281	Andrea	1.522		2.630
Orbat	4.300	Oshadnik	1.482	Thorsten	1.228	Bettina	1.103	Ouden den	2.270
Ordowski	1.655	Osieck	1.214	Ursel	2.340	Ernst Otto	1.522	Oueslati	2.120
Oréal	1.405	Oskieski	1.453	Wolfgang	2.101	Gabriele	2.205	Oumard	
Orendi	1.286	Oslender	1.001	Ostermann-Blum		Hans-Peter	1.445	Heike	4.040
Oriwall	4.740	Osmialowski	4.831		4.571	Heino	2.405	Klaus	4.040
Orkisz	1.106	Ospitaletche-	2.305	Ostermann-Fette		Helen	4.120	Ovelhey	1.091
Orlea		Borgmann			2.021	Marianne	2.471	Oven zur-Krockhaus	
Christa	1.565	Ossege	2.518	Ostermeier		Norbert	2.627		2.770
Michael	4.695	Ossenbrink		Kai	2.179	Otten-Frasadakis		Over	
Orlich	2.485	Dieter	2.022	Karl-Heinz	4.661		1.036	Hildegard	1.058
Orlikowski	1.589	Rudolf	2.564	Osterode	1.044	Otten-Rühl	2.516	Renate	4.570
Orlovsky	4.151	Ossendorf		Osterwind	1.325	Ottengraf	1.270	Overath	1.655
Orlowski		Cornelia	4.025	Osterwinter-Porath		Ottensmeier	2.357	Overbeck	
Aloys	1.010	Wolfgang	2.705		4.945	Otter	4.660	Matthias	2.090
Bernd	1.475	Ossey	1.716	Ostgathe	2.077	Otterbach		Peter	4.401
Christa	1.407	Ossig		Osthoff		Imke	2.031	Victoria	3.015

Volker	1.422	Pachurka	1.801	Palm		Helmut	1.535	Pasing	1.437
Overberg	1.485	Pack	1.798	Adelheid	1.711	Wolfgang	2.192	Paske	1.407
Overesch		Packheiser		Beate	1.458	Panzyk	1.035	Paskert	4.370
Barbara	2.395	Gabriele	1.392	Joachim	1.581	Papadopoulos		Paß	1.781
Isabell	4.224	Hartmut	1.392	Kristina	1.126	Abraam	1.041	Pass	1.482
Klaus	2.275	Packheiser-Requardt		Marina	4.961	Marga	1.810	Passadakis	1.191
Overhage	2.460		4.073	Reinhard	1.348	Papajewski	2.059	Passavanti	4.495
Overhoff		Packmohr	1.650	Renate	1.196	Papanikolaou	4.875	Passbach	1.241
Barbara	2.084	Padberg	2.115	Palm-Coenen	1.482	Pape		Paßen	
Frank-Ulrich	1.737	Padel	2.455	Palm-Schrötter	1.380	Anita	2.152	Gabriele	2.169
Marita	4.951	Pähler vor der Holte		Palma		Christian	1.191	Heinz-Gerd	2.705
Overkamp		Annegret	2.639	Birgit	2.519	Christine	4.273	Passerah	2.611
Georg	4.722	Hans-Josef	2.587	Conchi	1.124	Karl-Heinz	2.565	Paßfeld	1.220
Tanja	1.450	Paepenmöller	1.506	Palmen		Marion	2.191	Passiep-Best	1.212
	4.590	Paeske	1.101	Franz-Josef	1.361	Pape-Klasvogt	2.005	Passloer	3.010
Overländer	1.054	Paeßens		Paul	BRK	Papen	4.700	Paßmann (Passmann)	
Overmann		Maria	1.035	Palmen-Lamotke		Papenberg	2.080	Christian	4.290
Alfons	2.535	Wilhelm	1.370		1.411	Papendorf	1.821	Claudia	1.445
Hans	5.610	Päßler (Pässler)		Palmer	4.771	Papenfuhs	4.462	Hans-Peter	1.413
Overmeier	2.179	Karoline	4.350	Palmert	1.642	Papenfuss	2.645	Sandra	4.276
Overmeyer	2.522	Thomas	2.315	Palmes		Papenheim	2.620	Passon	2.319
Overmöhle	2.604	Paetke	2.281	Dieter	2.517	Papierz	4.271	Pastel	4.390
Oversohl	4.415	Paetz		Michael	2.726	Papies	1.225	Pasternak	
Overzier	1.186	Ariane	1.407	Palmowski		Papke	1.633	Arno	4.350
Ovesiek	4.440	Karin	1.810	Christiane	4.590	Papke-Oldenburg		Reinhard	2.370
Ovsyannikova	2.362	Rupert	4.246	Doreen	1.070		4.743	Pastewka	
Owczarski		Pätzold (Paetzold)		Rainer	4.930	Papouschek	1.433	Cornelia	1.068
Christiane	2.470	Hartmut	1.818	Palnau	1.536	Pappas	2.070	Klaus	4.180
Petra	1.725	Joachim	2.523	Palombini von	2.595	Pappe	4.511	Pastille	2.182
Owzarski	2.157	Päuler	2.522	Paluch	2.611	Papperitz	2.474	Pastoor	4.111
Oy von		Paffen		Palutschak	2.395	Pappert		Pastoors	1.630
Ruth	1.588	Horst	1.325	Palzkill	4.570	Annette	2.184	Pastor	
Wolfram	1.417	Norbert	1.305	Pampus		Hildegard	2.640	Heinrich	1.520
Oyen	4.945	Paffrath	2.072	Claudia	2.471	Michael	1.055	Monika	4.571
Oyen-Rademacher		Page	1.536	Hans-Jürgen	2.627	Paprotny	2.491	Pastors	4.192
	1.457	Pagel		Pamukheczi	4.870	Paquet-Durand	2.555	Paswark	1.097
Ozakyay	4.220	Alfred	1.196	Pandorf	1.275	Paraknowitsch	2.086	Patel	1.820
Ozimek	2.056	Dorothee	1.081	Panek		Paravicini	2.516	Pater	4.249
		Renate	1.760	Ilona	1.035	Parchettka		Paternoga	1.217
P		Wilfried	1.412	Jacek	1.442	Norbert	2.486	Paterok	1.392
Paap	4.662	Pagelsdorf	1.286	Margit	1.233	Regina	1.196	Pathak	4.661
Paar		Pagenkopf	2.176	Pangsin	1.415	Parensen	1.412	Patryjas	2.586
Claudia	4.701	Paglasch	4.430	Panhorst	2.055	Parent	1.131	Patt	
Franz	1.484	Pahl	2.323	Paning	4.690	Paris	1.538	Hans	1.067
Paarmann	2.058	Pahmeyer	2.393	Panitzek	2.086	Park-Luikenga	2.514	Volkmar	2.530
Paas		Pajenkamp-Wille		Pankauke	2.746	Parker	4.198	Willi	2.100
Katrin	1.699		4.055	Pankert	1.020	Parnow		Pattberg	4.512
Reinhold	2.772	Pakeiser	2.002	Panknin-Ulmcke		Stefan	1.345	Patten	1.116
Rosemarie	1.685	Palagaschwili	4.252		1.170	Ulrike	1.600	Patting	1.696
Paashaus	1.218	Palali	4.831	Pankoke	2.062	Parohl	2.059	Pattscheck	1.418
Paaß	1.699	Paland		Pankow	1.008	Parreidt	2.345	Patzelt	
Paassens	1.481	Dagmar	1.632	Pannasch	BRDü	Parschau	2.480	Annette	4.920
Paatz		Ralph	1.080	Pannek	BRDe	Parsiegel	1.200	Antje	1.097
Birgit	4.740	Palenberg	2.671	Pannek-Brader	1.310	Parsow	4.760	Christian	1.320
Manfred	4.430	Palitza	1.190	Pannen	4.249	Parthesius	2.626	Dirk	2.417
Pabel	3.010	Palka	4.323	Pannen-Pagels	1.628	Parting	4.001	Eduard	1.097
Pabelick	1.406	Pallasch		Pannenbecker	1.645	Partsch	4.830	Tatjana	1.136
Pabich	1.418	Hans-Jürgen	2.079	Pannenborg	2.085	Partting-Spilles	1.090	Pauck	2.230
Pabst		Martina	4.075	Pannhausen	1.481	Parusel	4.771	Pauels	1.355
Albrecht	1.180	Pallaske		Pannok	2.077	Parussel	4.242	Pauer	
Inga	1.426	Christoph	1.420	Panske	1.370	Pasch		Hans-Gerhard	1.482
Julia	1.699	Jürgen	1.357	Pantel		Kordula	2.503	Sören	1.103
Kerstin	4.111	Pallast	1.340	Iris	2.686	Stefan	2.595	Paufler-Klein	2.340
Pache	2.280	Palleiser	2.002	Roswitha	1.025	Pasch-Caelers	4.695	Pauge	2.523
Pachel		Pallerberg	2.445	Panten		Paschen	2.210	Paul	
Georg	2.040	Pallmer	4.540	Astrid	1.475	Paschke	2.184	Astrid	4.495
Gudrun	3.145	Palluch	2.401	Wolfgang	1.376	Paschkewitz	2.115	Beate	1.260
Pachmur	1.816	Pallutt	2.064	Panzer		Pascual Camps	2.183	Carsten	2.157

Claudia	1.541	Pautsch	2.061	Gabriele	4.720	Perbix	1.650	Klaus-Uwe	2.763
Detlev	4.390	Pautzke	4.300	Silvia	2.512	Perdun	2.510	Marion	2.659
Gottfried	1.453	Pauwels	1.266	Peitzmann	2.064	Peren-Eckert	1.054	Michael	1.600
Karin	1.068	Pauwen	4.832	Peitzmeyer	1.107	Perera	4.905	Paul-Hermann	2.175
Monika	1.580	Pavel v.	4.075	Peix	1.595	Perez-Belmonte	4.248	Ralf	1.345
René	2.310	Pavlu	2.110	Pekel	1.801	Perez-Guembe	1.823	Sabine	1.305
Sabine	2.243	Pawelczyk	1.422	Pelizäus-Hermes		Perez-Hulek	3.061	Thomas	2.503
Simone	3.105	Pawlick	4.762		2.586	Pergande	2.522	Till	1.326
Thomas	1.175	Pawlik	2.316	Pelka	1.191	Perick	2.513	Wolf-Dietr.	1.600
Ulrich	1.127	Pawlisz	2.275	Pelkmann	2.280	Perkons	3.050	Wolfgang	1.775
	4.705	Pawlitzki	1.433	Pelle	3.170	Perlick			4.221
Ulrike	4.762	Pawlitzki-	1.090	Peller	1.157	Adelheid	4.790		4.960
Ursula	4.300	Kolvenbach		Pellinghausen-	2.736	Ines	1.123	Peter-Perret	1.158
Wilfried	2.006	Pawlowski-Grütz		Lindenberg		Permanyer	2.403	Peter-Weihrich	1.137
Paul-Fey	1.630		4.940	Pellka	2.772	Pernau	1.061	Petereit	
Paulat	1.196	Payer	2.080	Pels	1.434	Perner	1.815	Jutta	1.005
Pauleau	1.090	Pazzini	1.455	Pelster		Pernot-Wellen	4.920	Kurt-Jürgen	2.266
Pauler	4.210	Pchalek	1.367	Anke	1.475	Perpeet		Peterhanwahr	2.055
Pauli		Pearson		Christoph	4.380	Marion	1.405	Peterhoff	1.406
Karl-Josef	2.490	David	3.160	Frank	1.353	Theo	1.130	Peterjürgens	2.157
Margareta	3.040	Marion	1.595	Hans-Herm.	2.521	Wolfgang	1.310	Petermann	
Nora	1.310	Pech	5.600	Simone	2.515	Perrey	1.593	Heinz	2.145
Paulick	2.502	Pecher		Peltzer		Perrighey	1.061	Joachim	1.845
Paulmichl	3.015	Klaus	2.120	Hermann	2.070	Perry	1.260	Kay	1.045
Paulner	4.072	Monika	2.725	Susan	1.561	Persaud	1.190	Kerstin	1.419
Paulokat-Helling		Pechtel	1.119	Pelz		Persch		Petermann-Pagener	
	2.380	Pechuel-Loesche		Barbara	4.180	Ruth	1.585		1.615
Paulovič	2.705		1.186	Claudia	1.345	Ulrike	4.945	Petermeier	1.715
Pauls		Pecenka	1.710	Hildegard	2.161	Perscheid	4.260	Petermeyer	1.229
Ariane	4.249	Peckhaus	2.627	Wolfgang	4.388	Perschon	4.001	Peters	
Astrid	1.696	Pees	1.351	Pelzer		Persian	1.801	Andreas	2.480
Brigitte	1.391	Peeters	4.180	Friedrich	1.640	Persicke	2.355	Anke	1.640
Norbert	1.821	Peetz		Irmgard	1.125	Persie	4.831	Annegret	1.224
Stefan	1.007	Erwin	1.681	Johann	1.190	Pertzel	2.626	Aurelia	1.598
Susanne	2.418	Wolfgang	2.645	Manfred	1.355	Pesch		Barbara	2.514
Paulsen		Pegam	2.385	Tanja	1.454	Andrea	1.475	Beate	2.490
Adrian	1.006	Pegel	2.470	Wolfgang	2.176	Andreas	2.215	Bernhard	3.068
Andrea	3.005	Pegels	1.376	Pempera	4.910	Gisela	1.385		3.172
Astrid	3.005	Pehe		Penack	4.540	Isabel	2.102	Christoph	4.323
Lilian	1.006	Karl-Heinz	1.456	Pengelley	3.035	Jessica	2.462	Claudia	2.396
Paulsmann		Martin	1.405	Pengemann	2.625	Lothar	1.310	Cordula	1.060
Doris	2.267	Pehla	1.454	Pennartz	2.005	Manuela	1.741	Detlev	2.101
Siegf.	4.410	Peichert	2.474	Pennekamp		Michael	4.252	Dieter	1.090
Paulun		Peiffer			2.305	Renate	1.211	Dietmar	4.180
Angelika	1.025	Friedhard	2.111	Helga-Maria	2.169	Ruth	3.155		6.135
Rüdiger	1.107	Ursula	1.217	Michael	2.080	Peschel		Dorothee	5.600
Paulus		Peikert		Pennekamp-Barraud		Bernd	1.630	Eckart	1.523
Edith	1.255	Karin	1.060		2.630	Sonja	4.512	Elisabeth	1.081
Hartmut	2.640	Norbert	1.815	Pennemann	1.041	Peschers	4.462	Elke	2.345
Petra	1.811	Peiler		Penner	2.700	Peschke		Gabriele	1.760
Robert	1.615	Gabriele	4.192	Penning	3.210	Alexandra	1.743		4.402
Stephan	4.330	Herbert	2.281	Penning-Will	4.512	Claudia	4.170	Georg	2.651
Ulrich	1.367	Klaus	4.601	Penno	2.545	Gabriele	1.212		2.486
Werner	1.131	Peim	4.245	Penstorf	2.146	Katrin-N.	2.746		1.520
Winfried	1.584	Peine		Pentinghaus	2.158	Peschken	1.458	Gerd	2.450
Pauly		Hubert	1.570	Pentzlin	1.103	Pessies	4.635	Gerhard	2.168
Christina	1.795	Meinolf	2.190	Penz	2.516	Pesth	4.831	Hans	1.453
Helmut	1.052	Wendelin	2.474	Penzel	2.241	Peter			5.610
Paulzen	1.770	Peinelt	4.120	Peper	2.450	Andreas	1.416	Hartwig	1.775
Paumen	1.565	Peinemann	2.182	Peperhowe	2.589	Bettina	1.107	Hauke J.	4.390
Paus		Peinkofer	3.125	Pepin-	1.411	Elisabeth	2.523	Heinrich	1.270
Detlev	2.360	Peisker		Schürgers		Heike	2.291		2.110
Hildegard	4.276	Christa	1.415	Peping		Helga	1.421	Helga	1.270
Lydia	2.471	Gabriele	2.319	Andrea	1.180	Horst	1.118	Helmut	1.691
Susanne	1.219	Peisser		Thomas	1.180	Irmhild	2.126	Herbert	1.523
Pausch	1.285	Peitsch	4.277	Peppersack-Weber		Jan	3.025	Hubert	1.500
Paust	2.022	Peitz			1.485	Karl-Heinz	1.353	Ingeborg	2.585
Paustian	1.560	Christina	2.154	Pepping	2.671	Katharina	2.700	Iris	4.661

Namenverzeichnis

Name	Nr.	Name	Nr.	Name	Nr.	Name	Nr.	Name	Nr.
Jakob	4.054	Thomas	2.655	Pfefferkorn	2.695	Pflug	1.629	Udo	4.771
Jelko	3.065	Uta	2.545	Pfeifer		Pflugmacher	2.210	Wolfgang	4.111
Jenny	2.022	Petrias	2.072	Carmen	1.011	Pförtner		Pickardt	
Jens	1.433	Petrich	2.486	Christian	1.340	Edeltraud	2.715	Eva-Maria	1.592
Joachim	1.122	Petrick	1.155	Dorothea	1.326	Helmut	1.225	Wilhelm	1.592
Jörg	4.720	Petring		Friedrich	2.002	Pförtner-Sohlmann		Pickart	
Jürgen	1.138	Frank	2.687	Joachim	4.821		1.233	Karin	4.170
Jutta	1.107	Ingrid	2.440	Monika	1.500	Pfötsch-Strop	2.588	Roger	4.930
Kathrin	1.261	Werner	2.357	Norbert	2.587	Pfohl	2.680	Pickartz	
Kerstin	1.620	Petring-Laustroer		Paul	1.560	Pfromm	2.153	Alfred-Jakob	1.001
Kirsten	3.040		4.790	Stefan	1.586	Pfund	1.790	Claire	1.091
Klaus	1.224	Petrousch		Susanne	2.656	Pfützenreuter		Heinz L.	3.155
Knut	2.639	Ruth	2.160	Pfeiffer		Günter	2.205	Stephan	1.402
Margret	1.036	Werner	2.160	Angelika	2.495	Monika	4.380	Picker	
	1.795	Petrov	2.260	Christoph	1.103	Pheiffer	1.627	Marion	1.285
Marie-Luise	1.823	Petrovitsch	1.200		2.410	Phiesel	1.090	Ursula	1.056
Martina	2.160	Petrusch	2.286		3.061	Philipeit	4.242	Pickers	
Monika	1.040	Petry		Claudia	2.300	Philipp		Christian	4.170
Morten	1.475	Adolf	4.961		1.109	Angelika	2.240	Magdalena	3.150
Norbert	4.240	Magdalena	2.405	Dietmar	2.345	Anke	1.580	Pickmann	
Oliver	1.224	Sabine	4.445	Doris	4.600	Bärbel	4.620	Christian	4.248
Peter	1.200	Werner	2.730	Franz-Josef	4.761	Barbara	2.215	Martin	1.122
Pia	2.660	Petry-Hanke	2.417	Friedhard	1.175	Claudia	2.289	Pickshaus	2.326
Rainer	2.285	Petrzik	1.711	Inga	1.270	Gerd	2.215	Piecha	1.541
Robert	1.042	Petsa	1.823	Jürgen	2.586	Elke	4.875	Piechatzek	4.495
Rolf	1.040	Petschel	1.433	Kerstin	4.571	Michael	4.761	Piechnik	4.402
Roswitha	1.770	Petschnigg	1.795	Klaus	3.105	Peter	1.353	Piechocki	1.196
Sandra	1.380	Petter	1.224	Lorenz	1.818	Reinhard	4.590	Piechottka	4.273
Silke	1.010	Petzhold-Fischer		Manuel	1.165	Thomas	1.008	Piegeler	4.721
Stefanie	2.654		1.404	Stefan	4.771	Volker	2.730	Piek	1.414
Susanne	1.175	Petzke	1.409	Stephan	1.217	Philipp-Dix	1.009	Pieke	2.035
Udo	2.316	Petzke-Grave	2.420	Tanja	1.091	Philippé	1.580	Piekorz	2.101
Ulrike	2.060	Petzoldt	2.503	Udo	3.040	Philippek	1.350	Piel	
	1.117	Peuckmann		Wolfgang	1.695	Philippen		Andrea	1.050
Ursula	1.053	Heinrich	2.040	Pfeiffer-Meyer	1.520	Jürgen	1.819	Annette	2.075
Virna	2.281	Karl-Heinz	2.611	Pfeil		Stefanie	1.356		4.571
Walter	1.528	Poukei	2.121	Fritz Alex.	2.415	Philipper	2.726	Frank	1.537
Peters-Bukowski		Peukert		Silvia	4.250	Philipper-Herold		Reinhard	1.406
	1.160	Brigitte	1.320	Pfennig			2.083	Wilhelm	2.115
Peters-Hilger	1.710	Doris	4.513	Angelika	4.221	Philippi		Pielen	1.845
Peters-Lapsien	1.056	Peuser	1.348	Burckhard	2.626	Corinna	1.408	Pielhau	2.340
Peterseim	2.670	Peuster	3.045	Lothar	1.820	Katharina	4.130	Pielke	4.722
Petersen		Peuten	1.265	Martin	2.030	Nicole	1.151	Pielorz	2.101
Antje-K.	1.430	Peveling	2.610	Ulrike	2.571	Werner	1.380	Pielsticker	
Barbara	2.586	Pewinski	2.101	Pfennigstorf	2.145	Philipps		Marianne	2.085
Christel	1.795	Pewny	4.930	Pferdmenges		Dorothee	1.633	Michael	2.085
Christine	2.425	Pfänder	1.195	Maren	2.595	Franz-Josef	1.360	Piemontese	2.071
Karola	1.135	Pfaff		Wolfgang	1.696	Klaus	1.530	Piendl	2.732
Reinhold	2.183	Brigitte	1.380	Pfetzing	4.350	Martin	1.760	Piening	2.418
Silja	1.725	Jürgen	1.106	Pfeuffer	1.168		4.055	Piepenbrink	1.486
Sven	1.500	Karla	4.240	Pfiffer	1.650	Phil	4.340	Piepenbrock	1.432
Petersen-Hollmann		Pfahler	2.705	Pfingst-Böhne	4.720	Tilmann	2.731	Pieper	
	4.350	Pfalz	1.345	Pfingsten	2.240	Philippsen	1.586	Alexander	1.222
Pethes	1.785	Pfannkuche	2.230	Pfingsten-Guerrero		Phlippen	1.715	Astrid	3.307
Petig	2.158	Pfannmüller-Kramer			1.445	Piacentini	2.515	Andreas	2.669
Petkewitz	1.585		1.008	Pfingstmann	1.367	Pianka	2.480	Angelika	2.363
Petrak	4.300	Pfannschmidt	2.565	Pfister	1.290	Piaschinski	4.830	Barbara	2.288
Petran	1.426	Pfannstiel	1.554	Pfitzer	2.590	Piaszenski	1.553	Bernd	4.880
Petran-Bitter	1.090	Pfannstiel-Brakmann		Pfitzner		Piatka	4.390	Bianca	4.304
Petrasch			1.054	Brigitte	2.673	Picard		Birgit	2.485
Ingeborg	1.155	Pfanzler	2.671	Michael	2.670	Christine	4.590		2.255
Jürgen	4.244	Pfarr	1.044	Stephanie	1.353	Friederike	2.511	Friedr.-Wilh.	2.610
Petrat		Pfarre	4.072	Pflanz		Pichler	1.401	Gerhard	2.195
Georg	4.410	Pfasinski	4.430	Eleonore	2.401	Pick		Gudrun	1.051
Rüdiger	1.050	Pfeffer		Manfred	2.452	Beatrix	1.616	Harald	1.066
Petri		Christa	4.240	Pfleider	4.070	Carsten	1.485	Harry	1.541
Alexandra	1.661	Marga	1.310	Pflieger	1.486	Heinz-Georg	4.210	Heike	4.870
Johanna	1.170	Stefanie	1.785	Pflüger	1.699	Peter	1.063	Heinrich	1.214

  Heinz-Dieter 2.063
  Heinz-Walter 4.905
  Ines 1.201
  3.220
  Ingeborg 1.266
  Irmgard 2.437
  Jessica 1.290
  Joachim 1.217
  Klaus Jürgen 2.519
  Klemens 1.290
  Li 2.365
  Maike 2.673
  Manfred 2.575
  Meinolf 4.040
  Ralf 4.388
  Siegfried 1.633
  Stephanie 2.060
  Ulrich 3.045
  4.072
  Ulrike 2.079
  Ursula 2.613
  Wigbert 2.603
  Wilhelm 2.655
Pieper-Bruns 2.565
Pieper-Eiselen 2.085
Pieper-Gerloff 1.221
Piepers 1.135
Piepert 4.385
Piepho 2.010
Piepkorn 1.070
Pier 2.396
Pierchalla 4.690
Pieronczyk 4.111
Pierunek 4.962
Pies 1.565
Piesch 2.419
Piesche 1.310
Pieschl
  Lothar 2.435
  Walter 2.045
Piesniak 1.360
Pieta 4.260
Pietig 2.319
Pietralla 4.695
Pietrek 2.471
Pietsch
  Annette 2.771
  Gabriele 1.460
  Hans-Götz 3.125
  Hartmut 4.244
  Luise 2.512
  Susanne 2.512
Pietschmann 1.180
Pietzarka
  Christel 2.175
  Ursula 4.661
Pietzka 2.071
Pietzko 4.680
Pietzner 2.755
Piffko
  Christa 2.101
  Clemens 1.594
Pigulla
  Dirk 2.683
  Kathrin 1.520
Pihava 4.761
Pijahn 2.705
Pilarczyk 1.180
Pilarek 1.098
Pilava 2.101
Pilder 1.801
Pilger
  Christa 1.500
  Hermann 1.040
Pilgram
  Dorothee 2.357
  Elke 1.412
Pilgrim-Sennlaub
  4.950
Pilkmann-Pohl
  4.705
Pill 2.266
Pille-Schowe 2.490
Pilo 4.745
Pils 1.460
Pilters 4.361
Pilz
  Inge 4.130
  Matthias 2.061
  Ulrike 1.007
  Wilma 4.093
  Wulf Ch. 1.490
Pineiro-Aguilera
  4.276
Pingel 4.930
Pingen
  Dorothee 1.454
  Udo 1.452
Pink-Schneider 4.241
Pinner
  Hermann-Josef 1.180
  Rolf 2.165
  Velinka 2.168
Pinter 1.796
Pinzek
  Norbert 1.575
  Ursula Maria 1.581
Piontek 2.245
Piotrowiak 2.456
Pipahl 2.450
Piper 2.210
Pipoh 4.210
Pippberger-Schulz
  2.395
Pipper-Schäfer 2.659
Pippow
  Gertraud 1.224
  Lutz 1.233
Pirags 1.632
Pirch 1.593
Pircher 1.421
Pirkl 4.962
Pirincci 1.486
Pirro 1.760
Piskol 1.414
Pispers 1.523
Pisters-Janßen 1.125
Pistor 4.961
Pithan
  Gerhard 1.592
  Iris 2.452
  Ulrich 2.530
Pitkowski 1.740
Pitsch 1.485
Pitschke 2.585
Pitschke-Kobé 4.220
Pitschner 2.246
Pittel 1.305
Pitters 1.790
Pitters de Perez 2.290
Pittins 4.330
Pittrof 1.125
Pitul 1.457
Pitzer-Prehn 4.241
Pizzo 1.065
Plaar-Legrum 2.736
Plachetka 4.090
Plachky
  Annemarie 2.033
  Beate 2.695
Plack 1.043
Placke 1.422
Pladek-Stille 2.270
Pläsken 2.182
Plaga
  Hannelore 1.138
  Manfred 3.105
Plagge
  Christof 2.614
  Nicole 3.038
  Sylvia 2.325
Plagge-Uhlig 4.580
Plaggenborg
  Karin 1.326
  4.197
Planert 1.229
Planke 3.205
Planken 2.182
Plankermann 1.414
Plaputta 2.100
Plasberg 1.735
Plasger 2.090
Plaß (Plass)
  Astrid 1.506
  Clemens 4.690
  Dorothea 4.740
  Michael 2.356
Plaßmann 2.370
Plaßmeier 2.190
Plate
  Lea 2.243
  Maria-Ther. 4.662
  Susanne 4.743
Platen 4.075
Platen-Schiller 1.743
Plathner 4.761
Plato 2.503
Platt 1.736
Platte
  Hans-Otto 1.737
  Judith 1.550
  Norbert 1.781
  Stefan 2.410
  Ulrich 2.289
Plattfaut-Schumacher
  2.667
Platthaus 2.035
Plattner 1.625
Platz
  Agnes 4.765
  Karl 4.340
  Ulrike 4.240
Platzbecker 1.445
Platzen 4.660
Platzköster 2.715
Plaumann 2.627
Pleger
  Hanns-Eckart 1.132
  Markus 1.385
Pleikis-Zeiske 1.456
Plein 1.523
Pleines
  Ingo 4.875
  Jutta 1.697
Pleines-Hanisch 1.375
Pleis 2.640
Pleitgen 1.521
Pleitner 2.460
Plenge 2.715
Plenge-Rienäcker
  2.360
Plenkers 1.036
Plenter 2.518
Pleschinger
  Eva 1.122
  Johann 1.325
Pless
  Enrique 4.830
  Suse 4.830
Pless von 1.625
Plesser 2.771
Plessing-Mau 2.655
Plett
  Arthur 1.433
  Detlef 4.350
  Michael 2.490
Plettendorff 2.519
Pletz 2.410
Pletziger
  Jörg 1.815
  Marc 4.246
  Winfried 2.490
Pleuger
  Rolf 2.146
  Ulrich 4.590
Plewa 4.111
Plewka
  Hans-Jürgen 2.076
  Michael 2.260
Plewnia 2.174
Pleyer 4.195
Plicht 1.224
Plicht-Engel 1.219
Pliefke 4.961
Plikat-Schlingmann
  2.680
Plinke 2.176
Plischka 1.230
Plischke
  Andreas 4.221
  Berthold 1.781
  Magda 1.781
Pliska 1.376
Plitsch 1.737
Plitt
  Axel 2.486
  Wilhelm 1.054
Plitzko 1.575
Ploch 2.190
Plöger (Ploeger)
  Bettina 2.191
  Dorthe 4.224
  Heike 2.500
  Klaus-Michael 2.523
  Ursula 2.165
  Walter 2.285
Plötze 4.910
Ploghaus 2.474
Ploghöft
  Heiko 4.290
  Ingrid 4.290
Plogmaker
  Monika 4.600
  Reinhard 4.401
Plogmeier 2.126
Plohmann 1.552
Plohr 2.063
Plonka 2.390
Plorin
  Birgit 1.151
  Dieter 1.158
Ploschke 2.590
Plottek-Hiesgen 2.656
Plottek-Lohmann
  1.781
Plucinski 1.185
Pludra 1.437
Plückebaum 1.043
Plücker
  Christiane 4.075
  Dieter 1.530
Plueckthun 1.175
Plümacher 1.123
Plümäkers 1.454
Plümer-Krabbe 2.150
Plümpe 4.050
Plümpe-Messerschmidt 4.721
Plümper
  Martin 2.363
  Michael 1.811
  Sr. Raphaela 2.486
Plüschau 1.097
Plüür-Billen 1.170
Plugge
  Heinz-Jürgen 2.490
  Jürgen 2.410
Plum
  Anke 1.002
  Beate 1.041
  Heinz 1.200
  Karl-Josef 1.401
  Kerstin 4.415
Plumacher 4.495
Plumpe 2.073
Plundke 1.150
Pluta 2.760
Plymackers-Bilo 3.172
Plyn 4.385
Pocha 2.265
Podacker 1.223
Podehl 1.795
Podema 4.930
Podewski 2.626
Podgurski 1.785
Podiwin 2.770
Podlatis 1.097
Podolsky 1.735
Podschwadt 4.248

Podszuweit		Poggemann	2.550	Monika	1.380	Rolf	1.300	Porysiak	2.120
Katja	4.410	Poggenklas	3.145	Ralf	2.523	Polreich		Porzer	1.270
Maik	4.440	Pohl		Renate	2.516	Alexa	2.517	Posanski	2.472
Podzielny	2.179	Andreas	2.487	Pohlmeyer	2.474	Daniel	2.618	Poschen	4.652
Podzus	2.564	Angelika	1.265	Pohlschmidt	2.390	Polt	1.151	Poschkamp	4.241
Pöge	4.652	Annegret	1.008	Pohnke	2.215	Polte	2.670	Poschmann	
Pöhl	2.057	Anneliese	1.222	Poignie	2.763	Poltrock	4.055	Harald	1.007
Pöhlmann		Astrid	1.802	Poischbeg	2.245	Polumski	2.472	Rainer	2.487
Barbara	2.563	Burkhard	2.419	Pokoj	2.075	Pommerening		Walter	2.071
Tanja	2.677	Dagmar	1.138	Pokolm		Burkhard	2.690	Poser	4.963
Pöhner		Daniel	2.639	Birgit	4.635	Ralf	1.585	Poser-Thormann	
Angelika	2.605	Dietmar	2.370	Walter	4.635	Volker	2.061		2.503
Wolfgang	2.495	Engelbert	2.035	Pokorny		Pommerenke	2.110	Posingies	2.518
Pöll (Poell)		Franz	1.460	Peter	2.365	Pompe	1.681	Posner	4.701
Elisabeth	2.289	Friedrich	1.052	Renate	2.241	Pomp	1.220	Pospiech	2.685
Klaus	2.288	Hartmut	2.174	Pokraka	4.330	Pomplun	4.304	Pospischil	1.350
	2.100	Heinz-Günter	2.750	Pokroppa	1.457	Pongratz	2.436	Possekel	
Ulrike	4.810	Ingeborg	2.405	Polakovic	1.550	Pongs		Evelyn	1.453
Pöllen	1.260	Ingo	3.135	Polajner	2.316	Ulrich	1.360	Klaus	1.457
Pönighaus	2.502	Kathrin	1.581	Polan	2.033	Uwe	4.225	Possel	1.042
Pönisch	1.051	Kerstin	4.450	Polanz	2.705	Poniewaß	4.950	Posselt	
Poenisch	2.671	Lieselotte	2.180	Polaschek	4.402	Ponsar	1.421	Bärbel	4.930
Poensgen		Maria	2.514	Polat	2.243	Ponsch	3.210	Brigitte	1.593
Bernd	1.697	Martin	1.103	Polenthon	1.417	Pontius	1.223	Caroline	1.102
Rolf	1.650	Michael	3.070	Polesnik	2.266	Ponto	4.221	Jutta	2.156
Pöpke	4.690	Monika	1.006	Poletta	2.071	Pontzen		Manja	2.081
Pöplau	1.407	Philipp	2.071	Poley	1.265	Alexander	1.522	Posser	4.075
Poeplau	2.085	Robert	1.117	Polifka	2.070	Annegret	3.105	Possmann	1.159
Poeplau-Schirmers		Sabine	4.950	Polixa	2.101	Ponzelar-Warter	1.565	Post	
	2.083	Sandra	2.179	Poljsak	4.290	Pooch	4.830	Hubert	2.731
Pöppelmeyer	2.502	Stefanie	2.595	Polke	1.131	Poorten	1.002	Kornelia	2.490
Pöpperling	1.551	Torben	4.330	Poll		Poos	4.247	Martin	2.022
Pöpping	3.220	Ulrike	1.625	Andreas	1.442	Popella	2.362	Udo	4.940
Pöppler	2.270		1.506	Hellen	2.471	Popis	1.217	Postawka	4.740
Pörings	4.111	Uwe	4.150	Helmut	1.250	Popovič	1.451	Postelmann	1.521
Pörschke	2.057	Walter	1.045	Ulrich	2.242	Popp		Poth	
Pörtner		Wilhelm Josef	2.280	Poll-Wolbeck		Christiane	2.057	Hartmut	4.370
Kerstin	2.565	Pohl-Rinkens	1.261	Friedrich	4.221	Klaus	4.300	Rainer	1.420
Ursula	4.277	Pohland	1.475	Hermann	2.275	Poppe		Theresa	1.356
Poersch	1.775	Pohle		Renate	2.224	Dagmar	4.832	Vera	1.431
Pösche	3.135	Ferdinand	4.401	Pollak	4.252	Jochen	1.790	Poths	1.551
Pöschke	1.630	Gabriele	2.363	Pollak-Jorczik	4.401	Manfred	BRA	Potocnik-Hoffmann	
Poeschl	1.802	Liesel	4.150	Pollak-Vondenb.		Poppek			4.290
Poestges	1.361	Pohlen	1.743	Edle von	4.260	Klaus-Dieter	1.226	Potratz	2.730
Poeten	1.150	Pohlenz		Polland	2.600	Wulf	1.128	Potrykus	1.450
Pöter	2.152	Dagmar	1.010	Pollano	2.067	Poppendieck	1.168	Potschka	1.068
Poethen	1.416	Rosemarie	2.710	Pollerberg	1.095	Poppke		Pott	
Poethke		Pohler	1.697	Pollkläsener	1.798	Babette	1.157	Dagmar	1.696
Elisabeth	2.266	Pohley	1.102	Pollmann		Ilona	1.424	Ellen	2.289
Ulrich	2.266	Pohlhaus		Bastian	1.130	Populoh	2.621	Lorenz	2.270
Pötsch (Poetsch)		Knuth	1.228	Dorothee	2.588	Porada	1.040	Michael	2.110
Bernd	1.696	Ruth	1.530	Hannelore	1.186	Porbeck	2.022	Pott-Franck	1.600
Peter	4.410	Pohlig		Helmut	2.100	Poremba	2.750	Pottebaum	2.725
Poetsch-Nasr	1.231	Christiane	2.182	Kerstin	1.780	Porr	2.610	Pottgießer	
Pötter	2.176	Werner	1.117	Matthias	2.563	Porrmann	2.176	Christa	2.082
Pötters	4.771	Pohlkamp	2.519	Sabine	4.880	Porrozzi	2.451	Nikolaus	4.111
Pöttgen	1.066	Pohlmann		Udo	3.326	Porsch	1.345	Pottgüter	
Pötting	2.062	Andreas	2.555	Werner	1.101	Porschen		Annette	2.437
Pötting-Günther	2.225	Anneliese	2.419	Pollmeier		Dieter	1.190	Andreas	2.225
Pöttker	1.452	Barbara	1.320	Gudrun	4.330	Ulrich	1.650	Winfried	2.021
Pötz (Poetz)			2.059	Ulrich	1.420	Porten	1.361	Potthast	
Erich	1.715	Bettina	1.230	Pollok		Porteous	4.661	Daniela	2.255
Martin	1.404	Christoph	1.523	Gisela	2.436	Porteous-Schwier		Gisela	2.240
Michael	4.272	Franz-Ulrich	1.196	Hannelore	2.064		1.535	Holger	3.105
Pötzel	2.523	Hubert	2.683	Ragna	1.713	Portmann	2.620	Katharina	1.241
Pötzsch	1.484	Kurt	2.419	Polnauer	4.300	Portner	1.226	Ralf	1.630
Poggel	1.066	Margarete	2.550	Polonyi		Portscheller	2.060	Vera	1.350
Poggel-Weber	2.763	Melanie	2.456	Edith	1.616	Portz	1.255	Potthast-Müller	2.665

Potthast-Preßler	2.057	Prapolinat	1.565	Arthur	4.300	Annette	2.005	Helen	3.040
Potthaus	1.300	Prasse-Herberhold		Christine	4.111	Christoph	1.589	Michael	2.745
Potthoff			2.750	Frank	4.247	Elmar	1.224	Prüsener	1.441
Corinna	1.615	Prasser	1.437	Ingo	2.168	Gisela	1.412	Prüß (Prüss)	
Herbert	1.137	Prasuhn	4.743	Jutta	2.700	Heike	2.063	Dorothee	4.385
Katja	2.242	Prasun		Manfred	2.169	Michael	1.481	Sabine	4.961
Maria	2.653	Elisabeth	2.090	Michael	1.421		6.140	Wilfried	4.331
Martin	3.398	Horst	2.405		2.653	Ortrud	2.687	Prüßmeier	2.565
Rudolf	4.290	Pratke	2.326	Sebastian	4.743	Rainer	1.404	Prüßner	4.440
Sigrun	1.008	Prattki	2.023	Ursula	2.318	Stefan	1.442	Prüter-Müller	4.150
Udo	2.437	Prause		Wolfgang	2.195	Susanne	2.613	Pruhs	2.589
Wolfgang	2.061	Helgard	2.390	Preuße		Ursula	1.159	Prumbach	4.245
Potthoff-Münnich		Sabine	1.218	Hans-Helmut	2.502	Prinzen		Prumbaum	1.426
	1.201	Prauss	1.640	Laila	4.580	Heinrich	1.069	Prumbaum-	4.600
Pottkamp	2.500	Prech	1.426	Ursula	2.503	Herbert	4.875	Baune	
Pottmeyer	2.168	Precht		Preußer		Martina	4.920	Prunsche	4.430
Pottschmidt	4.130	Kerstin	2.160	Gerhard	1.407	Prior	1.081	Pruss	1.805
Poulter	1.529	Meike	2.604	Mechthild	2.173	Prisack		Prust	2.062
Pousset	2.266	Preen	1.376	Renate	1.421	Bernadette	1.190	Prystav	1.795
Powalla	1.080	Preetzmann v.	2.345	Preut	4.192	Hans	1.115	Przewoski v.	1.228
Powik		Prehn		Preuten		Prisco	1.420	Przybilla	
Jutta	1.520	Birgitt	4.720	Gerhard	1.341	Prisett	2.590	Andreas	1.117
Martin	1.159	Hartmut	4.241	Henric	2.072	Pritsch	2.436	Beate	2.523
Powroslo	2.081	Preikschat	2.357	Preyer-Albers	1.067	Privou	1.222	Klaus	1.220
Poziemski	2.080	Preinesberger	2.063	Pribanic	3.175	Priwitzer		Przybilla-Ackers	
Poznic-Delhey	4.635	Preis		Pricha	4.051	Gottfried	1.360		2.445
Pracht		Gregor	4.180	Prickartz	4.277	Volker	1.002	Przygode	1.640
Andeas	4.210	Melanie	4.221	Pricken-Ulrich	4.761	Probst		Psarski	BRA
Beate	2.530	Preiser		Pricking	1.580	Harald	4.224	Pscheidl	1.270
Pradel		Jutta	1.592	Pridik-	1.065	Kristina	1.435	Pschibille	3.045
Andreas	2.405	Monika	2.058	Reuschenbach		Prochaska	3.040	Ptok-Hube	2.670
Felix	2.635	Niels	1.554	Prieb	2.680	Prochnow	1.817	Puchbauer	4.740
Frank	1.132	Preising	2.487	Priebe		Prodöhl	2.165	Puchert	
Meinhard	2.438	Preisner	2.400	Claudia	1.432	Pröbsting		Roselies	4.260
Pradella	3.172	Preiß (Preiss)		Melanie	2.175	Hubert	2.472	Stephanie	1.845
Pradier	1.660	Eveline	1.460	Tim	1.170	Stefanie	2.550	Puchmüller	2.730
Prado-Canelo	4.240	Maria-Victoria	1.627	Priebs	1.008	Pröhl	2.410	Puchta	4.920
Präder	1.350	Robert	1.561	Priebus		Proempeler	2.280	Puchtinger	4.832
Präkelt	2.326	Preißler		Dorothee	1.430	Pröpper	2.486	Pudlatz	2.002
Praemassing-Gneist		Beatrix	1.261	Ulrich	1.696	Pröpsting	2.667	Pudleiner	1.456
	1.061	Klaus	2.726	Priemer	2.160	Prösch	2.146	Pühl	2.440
Prag	3.055	Preißner	2.656	Prien	1.580	Pröse	2.197	Pühringer	1.106
Prager		Prell		Pries	2.627	Prohaska	1.750	Pühse	3.100
Françoise	1.401	Elisabeth	2.726	Priesack	2.390	Prokop	1.798	Püllenberg	1.355
Thomas	2.061	Thomas	1.741	Priese	1.223	Proksch	4.249	Pünzeler	1.780
Prahl		Preller	4.241	Priesmann	1.715	Prolingheuer	2.156	Pues	1.583
Robert	2.437	Premer	1.392	Prietsch	2.595	Promer	1.266	Püschl	2.067
Rüdiger	1.570	Prengel	4.224	Priewe	2.183	Proschmann	4.275	Püthe	
Sigrid	4.194	Prenger	1.052	Prigge	1.510	Proske		Gabriele	2.613
Stefan	1.390	Prenntzell	1.551	Prigge-Fiegenbaum		Adriane	1.232	Klaus	2.267
Pralle		Prenting			2.396	Hubert	1.300	Pütter	1.153
Jutta	2.086	Andreas	2.126	Prill		Proß	3.055	Püttmann	
Natalie	2.645	Melanie	2.437	Alfred	4.246	Prost	1.276	Astrid	2.242
Prange		Walburga	1.008	Stephan	1.536	Prott	4.290	Herbert	1.432
Karin	1.715	Prepens	4.270	Prillwitz	2.621	Proy	1.006	Horst	2.485
Stephan	2.345	Prescher		Prillwitz v.		Prüfer		Katharina	1.615
Prangemeier	1.139	Cornelia	2.158	Sybille	1.385	Anette	1.454	Margareta	4.722
Prangenberg		Michael	4.570	Wolfgang	1.266	Jürgen	2.451	Martin	1.116
Birgit	2.669	Pressentin	1.820	Primbs	4.905	Prüfert-Schmitz	1.190		2.246
Heinrich	1.219	Pressler	1.107	Prins		Prühs	1.051	Matthias	1.545
Lothar	1.600	Pretschker-Sarji	1.126	Heike	1.685	Prümen		Thomas	1.210
Pranger	1.695	Pretschner	1.818	Heiner	2.400	Barbara	1.565	Püttschneider	4.440
Pranschke-Mertens		Pretzer	2.445	Robert	1.685	Waltraud	1.740	Pütz (Puetz)	
	1.430	Preu	1.820	Prinsloo	1.405	Prümer	2.292	Astrid	1.054
Prante		Preukschat	2.184	Printz	1.210	Prümm		Brigitte	1.690
Birgit	2.725	Preusker	1.240	Prinz		Angelika	1.401	Carsten	2.416
Christoph	2.726	Preuß (Preuss)		Anita	1.523	Barbara	2.390	Edmund	1.460
Prantschke	1.230	Alexandra	2.285	Anneli	4.800	Prünte		Elke	1.470

Hans-Josef	4.635	Quade	4.350	Quirmbach	1.743	Raddatz-	2.472	Radzwill	1.770
Ingrid	1.570	Quadflieg		Quis-Buchholz	1.401	Moldenhauer		Räber	2.230
Klaus-Dieter	1.223	Eva S.	1.520	Quisbrock	2.639	Radde	3.165	Raeck	1.632
Lars	4.951	Georg	1.105	Quitter	1.040	Rade	1.431	Räck	4.470
Martina	4.091	Marika	1.520	Quodbach	1.414	Rademacher		Räcker	2.437
Michael	4.450	Sebastian	1.436			Almut	1.456	Rädel	
Nicola	1.058	Quaedvlieg-Höhmann		**R**		Barbara	2.156	Gabriele	1.790
Norbert	1.650		2.290	Raab		Beate	2.071	Matthias	1.286
Notburga	1.521	Quak	2.405	Gerhard	2.077	Elisabeth	2.072	Raeder	2.075
Peter	1.661	Quakenbrügger	4.150	Gudrun	4.722	Gabriele	1.452	Räder	2.600
Ute	1.200	Quakernack	2.059	Karl	2.215	Günter	1.450	Rädinghaus-Hippler	
Pützer	4.830	Quandel	1.586	Raabe		Heinrich	2.502		3.040
Pützstück	1.441	Quandt	2.156	Bärbel	4.520	Joachim	2.020	Rädisch	1.325
Puhe	1.151	Quante		Birgit	1.326	Ludger	2.522	Räger	2.300
Puhl	2.115	Clemens	2.255	Marie-Luise	2.317	Monika	1.127	Räke	1.401
Puhlmann	2.064	Jutta	1.219	Torsten	2.166	Norbert	2.067	Räkers	2.627
Puiu	2.571	Quante-Kaczmarek		Raach-Kallmer	2.058	Renate	2.500	Ränsch	2.121
Puke	2.621		2.300	Raak	1.410	Udo	1.131	Raepke	4.040
Pukies		Quasching	1.409	Raasch	2.243	Radensleben	1.380	Räther	1.107
Ursula	1.360	Quaschner	1.009	Raatz		Rader		Raetz	
Volker	1.445	Quast		Bernd	1.798	Christoph	1.380	Elisabeth	1.681
Pullen	1.641	Alfons	3.170	Dagmar	1.482	Ulrike	4.274	Elke	2.590
Pulm	1.481	Lothar	2.316	Roland	2.436	Radermacher		Gisela	4.350
Puls	4.580	Renate	1.326	Raay van	1.098	Elke	1.069	Günter	1.367
Pulte	2.571	Timo	2.426	Rabbe		Ellen	1.220	Klaus	2.486
Pultke	4.743	Quasten	4.920	Monika	2.040	Marga	1.801	Raeune	1.123
Punge	2.715	Quastenberg	4.875	Walter	1.196	Pia	1.107	Räwer	2.620
Pungel	1.433	Quebbemann	4.040	Rabe		Philipp	1.137	Raffel	2.145
Pungs	1.451	Quebe	2.695	Barbara	2.618	Ralf	4.125	Raffelt	
Puntigam	1.412	Queck		Friedhelm	2.390	Ulrike	1.522	Andreas	2.401
Puppel-Wessels	4.540	Adelheid	2.181	Hans Georg	4.745	Radi	2.595	Martin	2.390
Purkl	2.242	Beate	1.520	Klaus	1.431	Radicke		Raffenberg	
Purling-Wittwar	1.210	Dieter	4.600	Petra	4.510	Bernd	1.370	Jens	1.695
		Heinz	1.520	Udo	4.780	Klaus	2.361	Katrin	1.822
Purps		Quecke	1.069	Winfried	3.015	Maren	1.241	Rafferty	4.221
Anne	1.136	Quecke-Twickler	1.003	Rabe-Jeskulke	2.146	Marion	1.645	Rafflenbeul	2.452
Carola	1.220	Quednau	1.553	Rabe-Vollmerhaus		Radig	1.350	Raffler-Spierling	
Pusch		Queiser	3.135		2.145	Radimsky	1.408		4.274
Christina	1.275	Queißer	3.061	Rabeler	1.250	Radine	2.667	Ragalmuto	4.210
Susanne	1.741	Queisler	2.293	Raboncck	2.485	Radinger	2.145	Ragazzi	1.530
Pusch-Kunze	1.051	Quellenberg	2.150	Rabeneick	3.145	Radix	2.160	Ragowski	1.433
Puschmann-Slapa		Quenel	1.276	Rabenow	6.251	Radke	2.690	Raguse	2.183
	1.053	Quentin	1.585	Rabenstein		Radl	1.122	Ragusi	1.006
Puschnerus	2.585	Quentmeier		Anne	4.410	Radler		Rahders	1.015
Puth	4.681	Dieter	4.961	Nicole	2.425	Birgit	1.589	Rahe	2.638
Putsch	2.487	Eveline	2.417	Rabenstein-Stöhr		Günter	1.760	Rahenbrock	
Puttkammer	1.735	Querbach	1.430		1.063	Radloff	2.530	Elisabeth	2.196
Putz	1.157	Querengässer-Shibli		Rabente	1.220	Radmer-Fehrmann		Gunther	2.152
Putze	4.741		1.107	Raberg	2.462		2.176	Rahier	4.635
Putzka	4.940	Querfurth von	1.158	Rabiega	2.166	Radscheid	4.111	Rahlmann	2.755
Puzicha	4.511	Querner	2.364	Rabsahl	2.158	Radtke		Rahlmeyer	4.728
Pyde	2.293	Quernhorst	1.840	Rabsch	1.241	Anke	1.127	Rahmer	2.370
Pyka	2.519	Querns	1.138	Rabus	1.060	Bärbel	2.669	Rahmlow	
Pyschik	1.450	Querüber	2.154	Rachner		Bernd	1.008	Gabriele	1.232
Pytlik		Quick	2.690	Oliver	2.280	Felix	2.503	Reinhard	3.035
Ferdinand	1.416	Quesada-Rettschlag		Wolfgang	4.300	Ingolf	4.743	Rahn	
Markus	1.470		4.790	Rachow	1.628	Jürgen	2.176	Christin	2.215
		Quicker	1.802	Rachuba	2.151	Margarete	1.320	Günter	1.798
Q		Quill	2.153	Rack	1.691	Randolf	4.740	Rahn-Sander	1.081
Quaas		Quinders	4.040	Raczek	5.600	Ursula	2.362	Rahner	
Anke	1.697	Quinez	4.380	Raczkowski	2.085	Werner	2.586	Frauke	2.625
Mario	4.831	Quinkert		Radau		Radvan		Ulrich	1.488
Quabeck	2.645	Elisabeth	4.072	Eckhard	3.165	Florian	1.482	Rahrbach	2.639
Quack		Hildegard	4.271	Maria	2.519	Manfred	1.781	Rahrbach-Sander	
Gudrun	1.715	Maria	4.220	Radau-Webb	2.686	Radziewski v.	2.763		1.535
Irja	1.044	Quint-Hellenkamp		Raddatz		Radzuweit		Rahs	2.072
Karl-Heinz	4.247		2.152	Marion	1.401	Christiane	2.291	Raible	
Norbert	2.175	Quirin	1.061	Michael	2.286	Jürgen	1.225	Silvia	1.040

Name	Page	Name	Page	Name	Page	Name	Page	Name	Page
Ursula	3.035	Rasch		Rathjen	2.621	Verena	4.210	Recter	4.520
Raida	4.530	Christian	2.120	Rathmann		Walter	2.355	Reczio	2.169
Raider		Evamaria	1.266	Rosel	1.043	Waltraut	2.006	Redder	1.122
Dirk	1.818	Marion	1.522	Sabine	2.451	Rauschen	4.700	Reddig	
Donald	1.505	Rebekka	1.360	Ursula	1.080	Rauscher		Alexandra	1.450
Ute	4.223	Rolf	2.240	Rattay	4.111	Christoph	1.090	Barbara	1.222
Raidt	1.132	Rasch-Erb	2.471	Ratte		Dominika	2.436	Stefan	2.319
Raile	1.340	Rasche		Franz-Josef	4.690	Helga	1.126	Werner	2.320
Raillard	2.121	Benita	3.105	Guido	2.614	Rautenbach	2.437	Redecker	
Rainer	1.598	Christian	2.280	Rita	1.002	Rauterberg	2.057	Andrea	2.077
Raiser	2.290	Karl-Heinrich	2.285	Rattmann	1.390	Rauthe	1.326	Wolf-Peter	4.130
Raith	4.180	Konrad M.	2.746	Ratusny	4.695	Rave		Redeker	
Raitz	1.432	Marcus	1.125	Ratzke	4.073	Gerd	1.580	Rudolf	4.620
Rakel	2.246	Maria	2.510	Rau		Josef	2.031	Sabine	2.033
Rakemann		Michael	2.455	Albert	1.091	Raveaux	2.575	Redeker-Borsch	2.183
Marion	2.755	Peter	4.300	Christian	1.007	Raven		Redelbach	4.323
Rainer	2.755	Ulrich	4.741		4.195	Achim	1.128	Redelings	
Rakowski	2.246	Rasche-Hagemeier		Hans Arnold	1.775	Walter	1.645	Helmut	2.618
Rakowsky	4.150		2.595	Hans Jürgen	2.033	Ravlic	2.604	Theo	2.085
Ralle	2.390	Raschik	2.101	Hildegard	1.598	Rawe	2.401	Redemann	1.442
Rama	4.741	Raschke		Jürgen	1.436	Rawert	2.243	Redenius	1.224
Ramacher	1.409	Eva-Christine	1.061		4.304	Rawiel	4.695	Reder	
Ramb	4.881	Robert	1.551	Muriel Ines	1.743	Rawson	2.415	Andrea	1.521
Ramberg	2.151	Sonja	4.249	Ulrich	2.452	Real	2.246	Hans-Gerd	1.628
Rameil	1.445	Raschke-Aarts	2.560	Raubaum	2.667	Rebensburg	1.818	Peter	1.690
Ramhorst	2.082	Raschke-Croft	1.121	Rauber	1.255	Rebohle	2.270	Rediker	2.437
Raming	2.535	Raschkowski	2.450	Rauch		Rebourgeon	2.072	Redix	2.405
Ramisch-Moos	1.528	Raschtuttis	4.300	Hildegard	1.418	Rebstadt	4.705	Redl	4.380
Ramme		Rasek	2.659	Norbert	1.795	Rech		Redlich	
Hildburg	1.816	Raser	1.370	Rauch-Schönhense		Gabriele	1.417	Dieter	3.105
Thorsten	2.586	Rasfeld			3.135	Günter	1.561	Jörg	4.875
Rammelmann	1.117	Jürgen	4.470	Rauchbach		Stefanie	1.119	Susann	1.260
Rammig	2.587	Margaretha	4.277	Bernd	4.274	Verena	4.510	Wilfried	2.658
Rampérez-Carrasco		Raskob		Ina-Maria	2.512	Rech-Rapp	2.625	Wilma	4.326
	2.326	Edeltraud	1.351	Raude	1.416	Rechenberg	1.090	Redlin	2.174
Ramrath	2.640	Michael	2.064	Raudenkolb	1.583	Rechler	1.201	Redmann	1.051
Rams	1.128	Rasmus	1.222	Raue		Rechmann	1.432	Redner	1.155
Rana-Ramos	4.273	Raspel	1.138	Carsten	1.196	Rechner	4.224	Redslob	4.221
Randenborgh v.	1.450	Rasquin	3.307	Karen	1.488	Reck		Redwitz von	1.165
Randerath		Rass	2.205	Monika	2.452	Andrea	4.740	Reeh	4.040
Alfons	2.665	Rassek	1.458	Rauh		Margarete	3.038	Reeke	2.772
Susanne	1.345	Raßmann	2.725	Christof	4.073	Sigrid	4.740	Reelsen	2.126
Ursula	4.570	Rast	1.370	Gabriele	2.620	Reckelkamm	2.058	Reepen	
Randhahn	1.588	Rastedt	4.512	Regina	1.108	Reckendorf	1.305	Maria	1.811
Randzio	2.291	Rastfeld	4.810	Werner	2.318	Reckermann		Wolfgang	1.107
Ranft	2.491	Ratansky	2.318	Rauhaus		Elisabeth	2.627	Rees	
Rankovic	2.326	Ratering		Gerhard	1.823	Johannes	2.627	Beate	4.680
Ransiek	2.120	Frank	1.735	Wolfgang	2.645	Jürgen	2.176	Stephan	1.565
Ranzuch	2.197	Friedrich	2.650	Rauhut		Reckers	3.005	Reese	
Rao	4.662	Ratering-Schmidt		Anke	2.530	Reckert	1.401	Angelika	2.736
Rapp			4.180	Gudrun	4.620	Reckeweg		Hannes	4.951
Elke	1.537	Rath		Petra	4.170	Annelie	4.662	Kathrin	1.685
Erich	1.537	Bernhard	1.680	Raulf		Ralph	1.796	Marc	1.529
Klaus-Peter	2.286	Hannelore	4.761	Barbara	2.115	Recklies	2.361	Norbert	4.511
Matthias	4.073	Jochen	1.233	Detlef	1.736	Reckling	2.393	Reeve de Becker	1.412
Peter	1.485	Karin	1.060	Raupach	1.124	Reckmann		Reffgen	1.418
Sieglinde	1.261	Karola	2.665	Raus		Klaus	2.620	Refflinghaus	2.480
Rapp-Neumann	1.441	Klaus	2.745	Ingrid	2.745	Ulrich	1.422	Refrath	1.690
Rappaport	3.040	Norbert	2.656	Peter	2.745	Reckmann-Bigge		Regel	2.502
Rappard v.-	1.785	Sabine	3.003	Rausch			4.780	Regelmann	
Rappard v.-	1.785	Thomas	1.470	Angela	4.650	Recknagel		Gudrun	3.050
Junghans		Volker	2.180	Axel	1.625	Claudia	2.495	Horst-Günther	2.435
Rappers	4.690	Rath-Arnold	2.755	Ellen	1.581	Julia	4.260	Regenberg	4.620
Rappold	4.790	Rath-Borgelt	2.357	Karl-Alfred	2.503	Reckow-Memmert		Regenbogen	2.355
Rapreger-Wirtz	1.341	Rathenow	1.276	Karl-Heinz	1.107		4.831	Regenbrecht	
Rasbach		Rathert		Michael	2.462	Recksiegel	4.580	Jan	2.281
Stefanie	1.798	Bernd	1.159	Michaela	4.512	Recksiek	2.326	Thomas	1.160
Ulrich	1.485	Hans-Ulrich	2.595	Ruth	4.745	Recksing	1.212	Regenhardt	2.319

Namenverzeichnis

Name	Value	Name	Value	Name	Value	Name	Value	Name	Value
Regenhardt-Fiege	4.662	Reiber		Thomas	4.705	Cordula	2.660	Reiners-Kohl	2.010
		Antje	4.721	Reichold		Siegfried	1.570	Reiners-Strubbe	2.445
Regeniter	2.166	Ariane	1.780	Gesine	1.151	Reimersdahl v.	1.616	Reiners-Zumpfort	
Regenscheit	2.002	Reinhard	4.721	Christoph	4.252	Reimertz	1.201		4.091
Regenstein	4.040	Reibold	1.760	Reichrath	2.589	Rein		Reinersdorff v.	2.355
Regetmeier		Reich		Reichstein	4.072	Elisabeth	2.355	Reinersmann	4.930
Hildegard	2.270	Heiko	1.421	Reichwald	4.054	Siegfried	1.470	Reinert	
Norbert	2.670	Irene	2.530	Reichwein		Reinartz		Felicitas	4.301
Regge	2.245	Konstanze	2.658	Christoph	2.390	Andrea	1.153	Sandra	2.357
Reggentin	1.357	Petra	2.063	Ingeborg	4.470	Christine	1.121	Schalu	3.040
Regh		Silke	4.120	Wolfgang-Joh.	1.155	Claudia	1.554	Reinerth	4.440
Agnes	1.796	Sylvia	2.196	Reichwein-	4.370	Eckhard	1.119	Reingen	1.736
Franz-Josef	1.845	Udo	2.370	Simmchen		Jürgen	4.300	Reinhard	
Regnery	1.550	Ute	2.241	Reick	2.51	Karl-Heinz	2.535	Angelika	1.260
Regnier-Oldiges	1.650	Werner	1.550	Reick-Partenheimer		Stefan	1.175	Brunhilde	2.168
Regniet	2.021	Reich-Geck	4.590		4.074	Ulrich	1.200	Heike	2.640
Reh	1.510	Reichard	1.790	Reicke	2.158	Ursula	4.700	Kirsten	2.315
Rehämper	1.565	Reichardt		Reid	4.571	Ute	1.817	Maria-Christina	
Rehage	2.471	Christoph	2.050	Reidegeld	2.364	Reinartz-Braun	1.348		2.550
Rehagen	4.091	Monika	4.415	Reidick		Reinbacher	1.097	Monika	1.131
Rehbach		Reichart	3.010	Theo	4.276	Reinbold		Reinhards	2.090
Monika	3.045	Reichartz		Ute	2.083	Hermann	4.110	Reinhardt	
Wolfgang	1.695	Peter	1.527	Reidl	2.401	Sonja	4.680	Bernhard	4.961
Rehbein		Katja	1.035	Reidt	4.274	Reinboth	2.230	Dieter	1.421
Elisabeth	1.616	Susanne	3.010	Reiermann	4.740	Reincke	2.036	Dorothea	2.064
Klaus	2.665	Reiche		Reif	1.505	Reinders		Frank	1.419
Uta	1.594	Johanna	2.318	Reifenstein	1.645	Clemens	4.720	Hartwin	2.570
Rehberg		Michael	1.218	Reifers	1.119	Frauke	4.248	Helga	1.490
Harald	2.281	Reichel		Reiferscheid	1.426	Heinz	4.462	Ilona	2.326
Nicole	1.191	Anita	1.220	Reifert	2.730	Kerstin	1.840	Irmgard	4.260
Oliver	2.500	Christa	2.685	Reiffer	1.231	Peter	1.191	Katja	4.491
Rehder		Claudia	1.407	Reifferscheidt			1.645	Knut	1.380
Frank-Dietmar	1.406	Georg	1.822	Jörg	1.357	Susanne	4.661	Michael	1.404
Klaus	1.095	Hans	1.376	Peter	1.255	Yves	1.095	Wolfgang	1.214
Sabine	4.681	Klaus	2.456	Renate	1.445	Reindl	1.410	Reinhart	1.505
Rehe	1.135	Klaus-Martin	1.552	Reiher	2.255	Reinecko		Reinhausen	1.697
Rehefeld	2.281	Kristin	1.320	Reihmann	2.400	Britta	4.210	Reinhold-	1.736
Rehor	2.083	Norbert	MSW	Reihs	2.725	Christoph	2.023	Kunze	
Rehermann	2.605	Sabine	2.436	Reiling		Dörte	2.405	Reinholz	1.380
Rehfus		Svea	1.775	Georg	2.050	Gerda	2.763	Reininghaus-	4.295
Barbara	1.137	Verena	1.633	Joh.-Wolfgang	2.671	Jörg	4.075	Klinkenberg	
Wulff	1.126	Reichel-Wenderoth		Mechthild	2.061	Katja	2.184	Reinirkens	2.082
Rehfuß	1.552		4.951	Werner	2.010	Klaus	4.662	Reinisch	1.126
Rehling	4.210	Reichelt		Reimann		Nicole	2.146	Reinke	2.630
Rehm		Mathias	1.616	Anja	4.273	Norbert	2.086	Reinke-Witzke	2.604
Bärbel	4.274	Sebastian	2.055	Barbara	4.495	Ulrich-Jochen	2.061	Reinkemeier	
Mechtild	2.095	Reichenbach	2.197	Bruno W.	1.061	Reinegger	4.496	Helmut	2.395
Nils	2.604	Reichenbachs	1.130	Dirk	2.150	Reineke		Ulrich	4.401
Rehm-Zillikens	2.115	Reichenbächer		Edith	4.660	Bernward	3.165	Reinkemeyer-Hebel	
Rehmann		Beate	4.540	Hans	1.750	Guido	1.009		4.950
Ellen	2.022	Helmut	1.196	Hedda	1.003	Manfred	4.073	Reinkens	1.390
Hermann	2.680	Reichert		Irina	1.370	Nicole	4.590	Reinking	1.510
Sandra	2.487	Alfons	1.020	Jutta	1.230	Reinemann	4.590	Reinking-Heer	2.356
Rehme-Schlüter	1.600	Annette	4.070	Nadja	2.604	Reinemuth	1.392	Reinlein	1.376
Rehmer	1.588	Friedhelm	2.281	Siegfried	1.232	Reiner		Reinmöller	2.082
Rehms	4.095	Hans Peter	2.362	Reimann-Fischer		Brigitte	1.470	Reinmüller	2.651
Rehmsmeier-	1.410	Peter	2.365		4.570	Margrit	5.610	Reinohs	4.350
Lampa		Sönke	1.420	Reimer		Rita	1.553	Reinold	
Rehn-Schlenkrich		Reichertz	1.594	Gabriele	2.035	Reinermann	2.317	Bernhild	2.225
	2.166	Reichhardt	2.436	Gertrud	4.635	Reiners		Eva	1.696
Rehnelt	2.056	Reichl	1.167	Manfred	1.219	Alexandra	2.715	Gerhard	2.225
Rehring		Reichling		Ulrike	3.007	Gerhard	2.627	Reinschmidt	4.151
Karsten	1.375	Erhard	2.425	Reimer-Bott	2.405	Günter	4.920	Reinsperger	4.390
Monika	1.452	Ulrike	2.470	Reimer-Lehmann		Heidrun	1.538	Reinstädler	2.614
Rehrmann	2.474	Reichmann			1.056	Hubert	4.920	Reintjes	1.527
Rehse	1.275	Elisabeth	2.006	Reimer-Winkhold		Marianne	4.920	Reinwald	1.103
Rehwinkel	1.570	Mechthild	4.193		1.200	Renate	2.121	Reinwardt	1.414
Reibel	1.581	Monique	4.930	Reimers		Veronika	1.716	Reipen	1.275

Name	Nr.	Name	Nr.	Name	Nr.	Name	Nr.	Name	Nr.
Reis		Robert	2.651	Doris	2.179	Retter	2.519	Ute	2.603
Alexander	1.736	Relotius	1.485	Walter	2.077	Rettenmeier	1.219	Werner	1.233
Kristin	2.665	Remberg		Rennschmid	2.085	Retterspitz	3.175	Wolf	1.310
Reis-Wedekind	2.195	Bernd	4.943	Rensch	2.471	Rettig		Wolfgang	2.120
Reisbacher	1.255	Friedrich	4.900	Rensinghoff	3.215	Gabriele	4.273		3.170
Reisberg	2.600	Remen	4.960	Rensinghoff-Menger		Renate	2.035	Reuter-Stewering	
Reisbitzen	1.432	Remest	2.073		2.190	Rettinger	4.241		2.095
Reisch		Remfort	4.555	Rensmann	2.255	Rettkowski	2.326	Reutersberg	1.420
Anette	4.900	Remiz	4.300	Renteln von	4.513	Rettler		Reuther	2.746
Bernhard	3.105	Remke		Rentmeister	4.040	Marianne	4.350	Reuther-Rürup	4.111
Reischert		Hans Dieter	2.455	Rentrop		Winfried	2.426	Reutlinger	4.290
Gabriele	4.247	Kathrin	1.025	Gerlinde	2.480	Retz	1.353	Reuver	2.618
Michael	4.720	Manfred	2.625	Peter	2.395	Reuber		Reuvers	2.667
Reisen-Knappe	1.715	Remmers	4.832	Rentrup-Wintergalen		Barbara	1.054	Revuelta-Cramer	
Reisenauer	4.210	Remmert	4.743		3.050	Edgar	2.655		1.551
Reisener	2.600	Rempel	1.500	Rentsch		Matthias	1.150	Rewer	1.441
Reiser	1.821	Remus		Hartmut	3.035	Rudolf	3.150	Rex	1.402
Reisewitz	1.432	Dieter	2.120	Lydia	1.696	Reucher	4.220	Rey	
Reisinger	1.486	Helmut	2.420	Rentzi	1.043	Reudenbach	2.511	Cornelia	4.270
Reismann		Ludger	1.715	Renz		Reuen	1.551	Manfred	1.456
Anne	2.197	Remy		Alexander	1.250	Reuer	4.180	Monika	2.158
Ulrich	4.510	André	1.535	Katharina	1.710	Reufels		Rey van	1.059
Reisner	3.135	Angelika	3.170	Reinhart	1.122	Hans	1.412	Reyer	1.445
Reiß (Reiss)		Bruno	4.323	Ulrich	2.445	Michael	1.125	Reymer	1.255
Andrea	2.362	Edeltraud	1.640	Renzel	2.715	Reuffer	1.128	Reynders	1.528
Barbara	1.535	Franz	BRK	Renzmann	1.775	Reuffurth-Huppertz		Rheims	
Karl Josef	1.565	Hilke	1.725	Renzsch	3.215		4.875	Birgit	2.072
Sonja	3.200	Jochen	1.002	Rep	1.815	Reufsteck	1.010	Stefan	1.456
Wolfgang	4.720		1.008	Repp	4.910	Reugels	1.261		2.736
Reißer		Renard	1.410	Reppel		Reul		Rhein	2.205
Michael	2.670	Rendel	1.422	Isabel	1.695	Dagmar	4.945	Rheker	2.110
Rita	2.650	Render		Michael	4.520	Johannes	1.190	Rhiel	2.674
Reißig (Reissig)		Annette	2.523	Reppert		Kerstin	1.286	Rhode	2.612
Joachim	2.260	Hermann	3.105	Elke	2.610	Ursula	1.345	Ribbe	4.170
Ralf	2.640	Rengarten v.	1.061	Jürgen	2.611	Reul-Kallenberg	4.271	Ribberts	2.452
Stephanie	2.760	Renger		Reprich	1.819	Reul-Orban	1.583	Ribinski	4.340
Reißlandt	2.077	Matthias	2.191	Requardt	4.440	Reuling	1.633	Ribitzki	3.035
Reißmann	2.517	Ursula	1.454	Resch	4.761	Reupohl	2.281	Richard	2.175
Reißmeier	4.741	Rengshausen	1.160	Rescheleit	1.520	Reusch	4.040	Richard-Soethe	1.098
Reißner	2.420	Renk	1.116	Rescher	3.140	Reuschel	1.802	Richardt	3.120
Reitenbach	2.680	Renkel	2.363	Reschke		Reuschenbach	1.470	Richartz	1.445
Reiter		Renken		Claudia	4.635	Reusrath	1.121	Richarz	1.642
Beate	4.071	Christian	2.669	Dietmar	4.635	Reuß	4.073	Richerdt-Pohle	1.250
Kathrin	2.420	Martina	2.230	Reschner	1.285	Reuter		Richert	
Lydia	1.097	Valerie	2.586	Resing	1.629	Anne	2.605	Franz-Josef	2.612
Paul	2.084	Wiltrud	2.705	Reske		Bernd	1.575	Ingeborg	4.180
Reith		Renker-Eggeler	2.770	Manfred	1.270	Caroline	1.360	Marianne	4.940
Dagmar	3.075	Renkhoff		Martina	2.270	Christoph	2.157	Regine	2.436
Winfried	1.743	Christina	2.183	Sandra	4.680	Edith	1.065	Ulrike	2.325
Reitmeier	1.541	Wilfried	2.180	Resse-Naumann	4.300	Falk	1.802	Richmann	4.495
Reitstetter	2.600	Renne	1.044	Ressel	2.630	Gabriele	2.522	Richter	
Reitze		Rennecke		Reßel	4.040		2.640	Annedore	2.521
Alexandra	1.581	Markus	1.175	Reßel-van Lent	2.751	Hans	2.605	Annegret	2.452
Lars	4.920	Robert	3.025	Reßing	2.073	Heinz	2.653	Annerose	1.375
Reitzenstein	4.830	Rennekamp	2.736	Reßmeyer	1.103	Ingeborg	1.068	Bernd	1.128
Reitzki	2.671	Renneke	4.495	Rest	1.715	Ingo	1.529	Birgit	4.945
Rejeb	1.575	Renneker	2.755	Reszler	1.716	Klaus	2.340	Brigitte	4.390
Rekate	2.022	Renner		Retailleau	1.802	Markus	3.025	Christian	1.222
Reker		Birgit	1.370	Rethmann		Michael	3.012	Christiane	2.090
Brunhilde	2.436	Charlotte	2.244	Franz-Josef	4.705	Michel	1.155	Christoph	1.153
Herbert	2.563	Ulrich	3.165	Vera	2.396	Otto	3.010	Cornelia	2.060
Ludger Karl	2.635	Renner-Haubrock		Rethmeier	1.550	Petra	1.108	Dagmar	4.462
Michael	2.110		4.761	Rethwisch	3.040	Saskia	1.584	Detlef	2.685
Reker-Nass	2.732	Renner-Schäfftlein		Retkowski	2.082	Silke	3.020	Dietmar	4.943
Rellecke	2.285		2.410	Rettberg-Kowalski		Thomas	1.505	Gabriele	4.290
Relleke	2.260	Rennert	PA		4.720	Ulrich	1.132	Gerhard	1.505
Rellensmann		Rennhak	1.353	Rettberg-Rebhan			1.036	Germaine	2.650
Hartmut	4.224	Rennkamp			1.118		2.316	Gisela	2.520

Gottfried	2.563	Sebastian	1.458	Riekena	2.420	Riesterer	1.168	Andrea	2.285
Gudrun	1.410	Ulrich	2.072	Riekenbrauck	2.317	Rieth van de	1.270	Sofia	1.109
Günter	3.007	Werner	2.745	Rieks	4.494	Riethdorf	1.521	Risch	
Hans	4.491	Wibke	1.486	Rieksmeier	2.590	Riethmüller	2.514	Hans Dieter	2.600
Hans-Jörg	1.452	Rickes	4.251	Rieländer	1.061	Riethues	2.605	Kevin	2.031
Helmut	2.715	Rickfelder	1.167	Riemann	4.370	Rietmann	2.001	Rische	2.451
Herbert	1.105	Ricklefs	1.190	Riemen		Rietschel	1.025	Rischer-Ost	2.771
Hermann	2.731	Rickmann		Angela	1.260	Riffarth	1.186	Rischke	
Hildegard	2.355	Esther	1.041	Jochen	1.485	Rimböck	4.905	Dimo-Michael	1.224
Horst	2.126	Martina	4.690	Riemenschneider		Rimpel	2.280	Helmut	4.150
Jens	4.245	Ridder		Barbara	4.810	Rimpler		Risges	1.452
Josefine	2.677	Rolf	1.261	Claus	2.086	Dirk	4.170	Risken	
Jürgen	1.660	Ingo-Joachim	4.950	Irmgard	2.241	Ina	4.722	Inge	BRDü
Jutta	4.093	Ridderskamp	1.553	Monika	4.221	Rincke-Munggenast		Sven	1.554
Karl-Heinz	1.633	Ridlowski	4.601	Riemenschneider-			2.345	Riße (Risse)	
Katrin	2.289	Riebe-Beicht	1.300	Lehrmann	2.462	Rindelhardt	4.705	Adelheid	2.635
Klaus-Peter	2.511	Rieche	2.158	Riemer		Rindfleisch	2.705	Bernd	4.180
Margret	2.160	Riechers		Erik	1.232	Rinek-Polz	4.661	Daniela	2.160
Martina	2.031	Ursula	2.062	Frank	4.195	Ring		Elvira	2.181
Monika	4.243	Uwe	2.061	Jutta	4.963	Asmus	1.445	Erika	1.594
Nicole	1.400	Riechmann		Moritz	2.060	Bernadette	1.633	Gabriele	4.290
Norbert	1.505	Hans-Dieter	2.503		4.390	Erika	2.690	Gerlinde	2.612
	1.452	Wolfgang	2.285	Sabine	2.705	Lothar	2.280	Günther	2.173
	2.695	Rieck	1.641	Ulrike	1.505	Martin	1.266		2.736
Reinhard	4.570	Rieckermann		Wolfgang	1.436	Ringel		Hanno	4.323
Sabine	1.713	Katrin	4.600	Riemer-Gerth	4.350	Christian	2.710	Helmut	4.290
Silke	4.250		1.211	Rienäcker	2.079	Cornelia	2.242	Karl	1.380
Silvia	4.245	Ried	4.249	Rieneckert	1.195	Klaus Heinr.	2.023	Peter	1.390
Stephan	1.003	Riede	1.642	Riensch	2.063	Jochen	1.340	Sabine	2.736
Susanne	1.536	Riedel		Riensche		Maria-Ther.	2.746	Ulrike	4.120
Tanja	1.003	Frank	4.961	Angelika	4.430	Sabine	2.630	Werner	2.745
Udo	1.510	Georg	3.070	Friedr.-Wilh.	2.502	Ringgeler	3.120	Rißen	1.585
Ulrich	2.100	Hans-Eberh.	1.095	Riepe		Ringhoff	1.716	Rißen-Faure	4.249
Ute	2.146	Irene	1.435	Anette	2.061	Ringkamp	1.170	Rissing	2.152
Volker	3.100	Irma	1.535	P. Johanna	1.090	Ringkowski	4.300	Rißmann	2.082
Richter-	1.588	Jutta	2.175	Markus	2.157	Ringler	2.416	Rißmayer	1.190
Hellenschmidt		Klaus	1.405	Monika	2.225	Rings	1.125	Rißmöller	2.058
Richter-Kompker		Nadine	1.103	Riepen		Rinio	1.370	Rist	4.350
	3.100	Regine	1.770	Christian	2.110	Rink		Risters	5.600
Richter-Luck v.	1.691	Walburga	4.300	Matthias	1.250	Claus	1.412	Ristics	4.075
Richter-Schild	4.385	Werner	2.275	Riepenhausen		Elke	4.590	Ristock	2.503
Richterich	1.810	Riedel-Bauer	1.535	Renate	2.125	Matthias	1.222	Ristow	1.736
Richters		Rieder		Ulrich	2.519	Ulrike	2.745	Ritschel	1.186
Helga	2.001	Michael	1.218	Rieping	2.435	Rinke		Ritt	4.831
Sabine	4.850	Ralf	2.153	Ries		Anja	1.500	Ritter	
Susanne	2.620	Riedl	4.945	Heinz-Gert	1.403	Günther	1.097	Andreas	1.108
Richtscheid	1.212	Riedler	2.145	Holger	4.390	Hans Georg	2.081	Anne	1.008
Richtzenhain-Paul		Riedmiller	1.725	Werner	1.180	Heiko	2.121	Armin	1.340
	4.440	Rief		Ries-Sudowe	4.590	Joachim	2.325	Bernd	1.011
Richwin	2.360	Doris	1.116	Riesberg		Kuno	1.716	Carsten	2.520
Richwin-Krause	4.290	Jörg	2.695	Bernhard	2.671	Lars	2.150	Gerd	1.135
Rick		Rieff	4.470	Manfred	2.180	Rinken	1.162	Gerda	1.736
Andrea	1.818	Riege	1.044	Riesche	2.564	Rinkens	1.196	Kirsten	1.550
Peter	1.004	Riegels	1.137	Riese		Rinn	2.120	Nicole	1.195
Rickel	2.685	Rieger		Michael	4.960	Rinne	4.300	Reinhard	2.243
Rickell	1.409	Anni	1.575	Ursula	2.169	Rinnen	4.512	Sabine	4.240
Ricken		Birgit	2.191	Riese-Schwarzer		Rinschen		Stefan	1.735
Lothar	4.920	Ernst	4.245		2.110	Renate	2.280	Ulrich	1.426
Ralf	1.070	Hubertus	4.073	Riesel	2.586	Rudolf	2.588	Yvonne	2.079
Rickers		Michael	2.620	Riesen		Rinß	4.571	Ritter-Osterfeld	2.586
Angelika	4.495	Riegler	4.635	Jutta	2.588	Rintelen	1.126	Ritterbach	1.165
Martin	4.111	Riehl	1.122	Viktor	4.054	Rintelmann	4.491	Rittersberger	4.390
Thomas	1.168	Riehn	1.151	Riesenbeck		Rios Barahona	2.510	Rittich	4.771
Rickert		Riehnhardt	1.584	Bernhard	1.040	Rip	1.011	Rittinghaus	2.418
Hildegard	2.520	Rieke		Helga	2.077	Ripp	1.380	Rittlewski-Flaake	
	3.307	Johann-Chr.	2.393		2.690	Rippchen	1.285		2.665
Marc	1.403	Klara	2.395	Rieske	1.058	Rippel	4.470	Rittner	1.241
Michael	2.520	Klaus	2.410	Riest	2.410	Rips		Rittstieg	4.445

Rittweger		Ulrike	2.575	Röer	2.730	Uwe	1.157	Siegfried	1.066
Edeltraud	1.418	Rodeck	1.230	Roegele	1.040	Verena	1.570	Rössmann	2.612
Hartmut	1.434	Rodefeld	2.604	Rögels	1.530	Römerscheidt	4.961	Rötger	
Ritz	1.743	Rodegro		Röger	1.417	Römgens	4.695	Birgit	4.010
Ritzel	4.072	Mechtild	2.169	Röggener-Drohsel		Römhild	2.590	Dorothea	4.690
Ritzenhofen	2.086	Ulrich	4.415		1.661	Römling	4.771	Röther	
Ritzerfeld	1.007	Rodehüser	4.571	Roegglen	4.700	Römmler	1.625	Jessica	1.106
Ritzka	4.945	Rodekirchen	1.040	Röhder-Zang	2.613	Rönn	1.641	Karl-Josef	1.220
Ritzler	2.169	Rodemeier	1.760	Röher	2.462	Roenneper	MSW	Marita	1.107
Ritzmann	1.127	Rodemeyer	2.255	Röhl (Roehl)		Rönsch	4.390	Monika	3.200
Rivet	1.040	Rodemerk	2.560	Barbara	2.265	Roentgen	1.535	Wolfgang	1.460
Riwotzki	4.950	Rodenbach	1.595	Burkhard	4.740	Röpke		Röthig	1.413
Rix	2.280	Rodenbrock-	2.061	Ernst	4.270	Barbara	1.170	Rötten	2.176
Rixe		Wesselmann		Franziska	2.161	Uwe	1.522	Röttgen	
Rosemarie	4.350	Rodenbücher	1.815	Röhle	1.340	Roer	4.415	Felicitas	1.240
Sabine	2.418	Roder	3.155	Röhling-Schneiders		Roericht	1.232	M.	1.419
Rixfähren		Roderburg	4.003		1.583	Rörig	4.220	Röttger	
Jutta	1.223	Rodermond		Röhlinghaus	2.281	Röring-Sonnenschein		Antonius	2.745
Uwe	1.222	Marianne	1.681	Röhm	4.224		2.705	Christiane	1.326
Rjosk	4.740	Thomas	1.091	Röhner	1.697	Roers		Martina	2.023
Roak	2.280	Rodermund		Röhr		Karl-Heinz	4.510	Michael	1.004
Robach	2.600	Ferdinand	4.249	Franz-Josef	3.140	Walter	1.266		2.705
Robbe	1.380	Jürgen	4.276	Reinhard	2.230	Wolfgang	2.095	Oksana	4.220
Robben	4.380	Katharina	4.276	Röhr-Lammert	2.340	Rösch (Roesch)		Petra	1.495
Robens		Rodina-Roufs	4.570	Röhrens	1.320	Gabriele	1.418	Werner	1.385
Hans	1.108	Rodriguez	1.240	Röhrich		Linda	2.530	Röttger-Giesert	4.273
Marcel	1.385	Rodriguez Creache		Dagmar M.	4.905	Rosemarie	4.660	Röttgermann	4.720
Robert			4.820	Dieter	3.105	Ulrike	2.519	Röttgers	4.072
Günther	2.151	Roeb	4.260	Röhrig		Wolfgang	1.390	Röttges	
Karla	1.356	Röbbecke	2.197	Andreas	1.482	Roeschmann	2.732	Angelika	1.725
Robertz		Röbbert	2.173	Anne	1.061	Rösel		Christian	1.042
Christoph	2.292	Röben (Roeben)		Bernd	1.119	Christina	3.150	Karl-Wilhelm	1.725
Dennis	2.022	Berthold	1.190	Hagen	2.310	Jürgen	1.527	Rövekamp	2.079
Egon	4.494	Edeltraud	1.101	Johannes	1.421	Winfried	2.575	Röver (Roever)	
Ines	2.173	Klaus	4.401	Tanja	1.010	Wolfgang	2.357	Klaus	2.452
Monika	1.470	Röcher	3.007	Röhrkasten	4.304	Rösemeier-Zöll	1.625	Ulrich	1.117
Robie	4.243	Röchter	2.120	Röhrscheid	1.795	Rösen	1.233	Röwe	4.390
Robillard-Geier		Röck	1.585	Röken	BRM	Rösener	2.145	Röwekamp	
	1.818	Röck-Uhlrich	4.513	Rölfing	2.289	Röser		Brigitte	2.635
Robin	2.440	Roeckerath	1.353	Röll		Gottfried	1.041	Dorothee	2.445
Robinson	2.267	Röckers	2.495	Barbara	2.265	Werner	1.561	Roewer	1.167
Robrecht		Röckrath	2.550	Björn	2.639	Rösgen (Roesgen)		Roffia	2.100
Christiane	2.061	Rödder	1.250	Roelle	2.665	Johannes	1.485	Roffmann	1.520
Günter	3.050	Rödding		Röllecke	2.490	Michael	4.571	Rogalla	2.244
Hans	1.640	Carsten	1.620	Rölleke	3.038	Sigrid	1.481	Rogalli	
Roberg	2.452	Irene	1.091	Röllinger	1.011	Rösgen-Tervooren		Birgit	1.821
Roche	1.485	Jens C.	1.585	Roeloffs	4.249		3.045	Winfried	1.821
Rochelt	1.522	Röder (Roeder)		Roelofsen		Rösler (Roesler)		Rogalski	2.687
Rochholl	1.445	Christiane	4.075	Maria	1.553	Axel	1.109	Rogatzki	1.661
Rochholz	4.075	Esther	2.520	Theo	1.392	Bernd	4.695	Roger	1.422
Rochner	2.161	Eva-Maria	1.115	Röltgen	4.962	Dirk	2.288	Rogge	
Rochol	2.095	Evelyn	4.512	Römer (Roemer)		Harriet	4.900	Anke	1.055
Rocholl		Heike	4.224	Carolina	1.584	Hedwig	2.056	Barbara	2.565
Birgit	2.522	Heinz Detlef	2.360	Claudia	4.513	Jochen	2.056	Ina	1.488
Jörg	1.818	Iris	1.119	Cornelia	2.472	Matthias	2.360	Iris	1.583
Rockel		Julia	1.402	Dieter	2.291	Mirja	3.055	Manfred	1.810
Birgit	2.640	Marga	1.695	Eberhard	2.590	Uta	4.661	Martin	4.385
Horst	2.660	Norbert	2.173	Elke	4.193	Rösmann	2.152	Matthias	2.460
Norbert-Wolfram		Reiner	2.515	Ernst-Heinrich	4.820	Rösner (Roesner)		Nadine	1.375
	2.640	Stephanie	1.418	Hans-Herbert	1.823	Anna K.	1.410	Raimund	2.050
Rockhoff	1.453	Udo	4.720	Maria	4.252	Verena	1.005	Stephanie	1.401
Rodax	4.055	Werner	1.696	Patricia	2.266	Volker	2.090	Rogge-Henke	2.650
Roddewig	3.007	Röderer	1.035	Peter	4.722	Rößel	1.458	Roggel	2.726
Rode		Rödig	1.305	Rolf-R.	3.040	Rössing	1.345	Roggenbuck	4.380
Barbara	2.152	Rödiger		Sandra	3.120	Rößler (Roessler)		Roggendorf	
Bernhard	1.060	Andreas	2.160	Sonja	3.120	Birgit	2.063	Bernd	1.109
Klaus	1.217	Franka	2.160	Stephan	1.403		4.130	Daniela	1.641
Monika	4.590	Stephanie	1.151	Theo	1.629	Björn	1.391	Roggenkamp	

Name	Nr.
Barbara	1.080
Markus	1.598
Rebecca	2.604
Roggmann	1.741
Roggow	3.040
Rogowski	2.396
Rohde	
Alexandra	4.380
Andreas	1.090
Anke	2.639
Anselm	2.683
Christa	4.180
Christiane	1.122
Eva	1.600
Gerd	2.417
Gerhard	2.620
Gisela	2.522
Jens	4.180
Joachim	1.822
	4.401
Margarete	1.059
Martina	4.247
Oliver	1.165
Stefan	2.010
Tobias	4.390
Wolfgang	2.610
Rohde-Kage	4.195
Rohde-Kohnen	2.265
Rohe	
Heinz	4.930
Helga	4.475
Katrin	1.212
Marie-Luise	2.400
Mechthild	2.667
Peter	1.345
Wolf-Ulrich	2.485
Rohé	1.011
Rohkrämer	2.523
Rohländer	2.485
Rohleder	
Günter	4.962
Meinolf	4.710
Stefan	2.225
Wolfgang	4.820
Rohlfing	
Ines	4.430
Stefan	2.639
Rohlfing-Wittschell	
	2.673
Rohlfs-Brinkmann	
	2.500
Rohling	2.070
Rohling-Töpper	1.224
Rohlmann	2.451
Rohlmann-Reineke	
	1.261
Rohlof	2.452
Rohloff	2.710
Rohloff-Höhl	1.417
Rohm	1.025
Rohm-Schnak	4.125
Rohmann	
Bernd	4.700
Kerstin	4.555
Wolfgang	2.086
Rohmer	1.452
Rohn	1.035
Rohr	
Bernhard	1.045
Maria	1.285
Rohr-Devaux	1.109
Rohrbach	
Andre	2.416
Barbara	1.696
Dörte	4.073
Ruth	1.150
Rohrbeck	4.430
Rohrig	1.521
Rohrwasser	1.116
Rohs	2.061
Roider	1.042
Roidl	
Eva-Maria	2.318
Ulrich	2.317
Roitzheim	1.560
Roj	4.920
Rojahn	2.590
Rokossa	4.040
Roland	
Christine	1.781
Regine	1.070
Roland-Grützner	
	4.601
Rolenc	1.241
Rolf	
Antje	2.605
Ares	2.690
Bernd	1.385
	2.683
Ingrid	4.940
Juri	2.510
Kornelia	1.736
Regina	1.796
Rolf-Heidemann	3.155
Rolfes	
Angelika	4.130
Frank	2.096
Kristin	2.275
Manfred	1.529
Silke	2.639
Rolffs	1.716
Rolfs	1.095
Roll	
Ernst	2.400
Gerlind	2.400
Torsten	1.458
Rolle	2.585
Rollke	2.677
Rollmann	
Anette	4.695
Frank	1.642
Roloff	2.637
Rolshoven	6.163
Romahn	2.180
Romahn-Vogel	1.195
Romain	1.482
Román Tena	1.232
Romano	4.246
Romanski	
Roswitha	1.068
Sylvia	1.275
Rombach	1.153
Rombeck	
Julia	1.511
Ortwin	2.519
Romberg	
Annegret	2.255
	1.210
Elisabeth	2.588
Nicole	2.022
Romberg-Stewen	
	3.040
Romeiser-Paterok	
	1.392
Romeyk	1.135
Romeyke	2.745
Romfeld	2.570
Romm	3.001
Rommel	1.455
Rommen	
Andre-Hieronymus	
	4.530
Markus	2.523
Rommerskirchen	
Barbara	1.165
Bernd	1.353
Rommerskirchen-	
Lange	1.528
Romoth	2.243
Rompel	4.300
Romweber	2.180
Ronczkowski	2.452
Ronge	
Birger	1.620
Lucia	3.115
Peter	2.073
Thomas	4.300
Ronge-Ferjani	3.010
Rongen	4.790
Ronn-Lükemeier	
	2.603
Ronsdorf	
Ernst	1.541
Ursula	1.541
Ronzon	2.340
Roob	1.450
Rook	3.038
Roos	
Danica	1.585
Gabriele	1.581
Helmut	1.054
Kai	3.045
Kirsten	1.488
Ludwig	1.735
Margarete	4.571
Roose	2.173
Roosen	2.626
Roozen	4.571
Ropers	3.398
Ropertz	4.224
Ropeter	2.700
Ropohl	2.120
Roppel-Gertz	1.123
Roreger	
Annegret	2.585
Meike	2.437
Rosbach	1.716
Roschanski	1.115
Roscheck	1.453
Roscher	
Anita	1.041
Inja	1.821
Rose	
Agnes	1.119
Anke	2.677
Eberhard	4.780
Frank	2.160
Friedhelm	2.290
Gisela	2.022
Heinz-Peter	1.067
Herbert	2.318
Hubertus	4.740
Jörg	1.265
Karin	4.380
Margarete	1.419
Susanne	1.380
Susetta	2.243
Ursula	1.743
Rose de Vries	2.323
Rose-Aprile	4.495
Rose-Storck	1.520
Roselieb	1.186
Rosell Füllgraf	
	2.158
Rosemann	
Barbara	1.217
Indra	4.720
Susanne	3.001
Rosemeyer	2.290
Rosen	
Antje	2.518
Bernd	3.200
Christiane	1.175
Hermann-Josef	2.151
Rosenau	
Sabine	1.616
Ute	1.505
Rosenbaum	
Anja	4.242
Marc	1.025
Silvia	4.210
Rosenbecker	2.356
Rosenberg	
Elke	4.830
Martin	4.491
Sandra	1.818
Rosenberger	4.240
Rosenberry	4.875
Rosenbohm	
Nils	2.595
Veronika	4.052
Rosenboom	1.290
Rosenbrock	1.640
Rosendahl	
Adelheid	2.305
Beate	1.061
Gudrun	1.451
Harald	1.452
Rosenfeld	1.165
Rosenfelder	1.486
Rosengart	2.364
Rosenkötter	4.010
Rosenkranz	
Freia	2.267
Hansjürgen	4.180
Hans-Jürgen	3.172
Joachim	1.101
Renate	2.437
Sabine	1.421
Silvia	4.241
Ulrike	1.061
Wiebke	1.595
Rosenmüller	1.409
Rosenow	1.595
Rosenthal	
Detlef	1.158
Franz	1.042
Hans-Peter	PA
Jasmin	4.513
Lars	1.151
Ulrike	4.570
Werner	1.180
Rosenthal-Becher	
	4.295
Rosier	
Silke	4.192
Susanne	1.102
Rosin	
Bernd	2.426
Magdalene	1.475
Rainer	2.516
Rosing	
Alfred	2.006
Bernd	2.669
Hildegard	2.005
Rosinski-Rhode	4.073
Roskamp	3.003
Roske	1.353
Rosnowski	1.128
Rosowski	
Annika	2.260
Wilfried	2.083
Roß (Ross)	
Clemens	2.710
Heidrun	4.661
Heinrich	2.059
Ingrid	1.458
Marcus	2.665
Martin	2.169
Regina	4.290
Rüdiger	4.193
Ross van	4.580
Ross-Siekmeier	1.500
Rossa	
Almut	2.023
Björn	1.175
Christoph	2.289
Karl	4.870
Peter	2.360
Regine	3.068
Roßbach	
Hans-Gerd	1.185
Tanja	3.063
Roßberg	
Andrea	4.180
Jürgen	4.950
Roßdeutscher	4.815
Rossbach	2.677
Rossi	4.350
Rossien	2.683
Rossig	2.154
Rossig-Stamm	2.086
Rossing-Meinecke	
	1.697
Rossipal	2.059
Roßkothen	4.945
Roßler	1.802
Roßmaier	2.166
Rossmann	2.589
Roßmeyer	1.554

Name	Nr.	Name	Nr.	Name	Nr.	Name	Nr.	Name	Nr.
Rossol	1.650	Rothermund	4.170	Hans-Joachim	4.273	Hagen	4.054	Ralf	2.462
Roßow	4.243	Rothert	2.502	Rubel		Monika	1.042	Rüthemann	
Rost		Rotheut	1.009	Gerda	1.460	Rüddenklau	4.771	Gunnar	2.731
Carmen	4.040	Rothfahl	5.610	Thomas	1.345	Rüdebusch	4.385	Iwona	2.059
Gabriele	1.435	Rothhaas	4.540	Ruben	1.117	Rüden v.		Rüther	
Jürgen	1.214	Rothkamm	2.246	Rubens		Boris	2.370	Anton	2.667
Peter	1.522	Rothländer		Annegret	4.249	Margarethe	1.068	Eckart	4.870
Rosynek	2.245	Axel	3.040	Birgit	4.195	Reinhold	2.125	Egbert	4.290
Roszak	1.481	Michaela	4.295	Ruberg	2.485	Rüdenauer	1.735	Hendrik	1.127
Roszinsky	1.276	Rothmann	1.586	Rubers	1.415	Rüdiger		Johannes	2.168
Roter		Rothstein	2.310	Rubruck	1.042	Maria	4.810	Margit	4.741
Anke	4.340	Rott		Ruch		Tobias	MSW	Stephan	2.503
Matthias	4.340		4.270	Bärbel	2.687	Rüdingloh	2.270	Ralf	2.452
Roterberg	1.050	Elisabeth	2.535	Markus	1.320	Rüffer		Werner	2.050
Rotermund	4.350	Hans	1.640	Wolfgang	1.545	Jens	2.158	Wolfgang	1.710
Roters		Philipp	1.376	Ruckelshauß	1.123	Jens M.	4.741	Rüther-Kluwe	2.588
Elisabeth	2.086	Thomas	1.340	Rud	4.304	Monika	3.398	Rüthers	2.674
Herbert	4.410	Rottenbücher	4.195	Ruda-Dietrich	1.631	Wolfgang	3.145	Rüthing	
Marlies	2.305	Rottenecker	1.224	Ruddat	1.823	Rüffin	2.175	Dieter	2.154
Nicole	2.168	Rotterdam	2.455	Rudel	1.417	Rügemer	2.625	Gabriela	2.170
Rotgeri	2.095	Rottes	1.261	Rudert	1.158	Rügge	4.390	Rütten (Ruetten)	
Roth		Rottgardt	1.370	Rudloff	1.616	Rühl			4.513
Alwin	2.625	Rottgardt-	1.458	Rudnick	2.345	Elke	1.008	Daniel	4.635
Andreas	1.222	Carstensen		Rudnik	2.056	Elmar	4.242	Falko	1.025
Angelika	4.241	Rotthäuser	1.593	Rudolf		Hartwig	1.750	Guido	1.345
Barbara	2.096	Rotthaus	4.330	Bettina	2.456	Josef	1.353	Hans	4.130
Brigitte	1.435	Rotthauwe gen.	1.432	Hans-Jürgen	2.455	Marlen	1.685	Hubert	4.470
Christine	1.106	Löns-Kindhäuser		Mathias	3.007	Pia	4.140	Karsten B.	1.240
	2.081	Rotthoff		Rudolph		Rühl-Bruckner	1.170	Paul	1.522
Claudia	1.437	Peter	4.130	Arthur	1.266	Rühlemann	2.270	Theodor	1.270
Dieter	4.070	Raymund	1.589	Bärbel	4.195	Rüken-Hennes	1.226	Thomas	4.900
Dirk	1.481	Rottinghaus	1.615	Beate	4.790	Rüland	4.260	Vera	1.495
Friedhelm	1.055	Rottjakob-Stöwer		Carsten	4.945	Rümenapp	4.601	Wilhelm	1.219
Georg	1.535		2.225	Henrike	2.290	Rümens	1.275	Rütters	1.392
Hans-Jürgen	1.216	Rottländer		Herrmann	1.357	Rümmler	1.380	Rüttgen	1.041
Hartmut	1.163	(Rottlaender)		Michael	1.406	Rümpel	1.127	Rüttgers	
Hiltrud	4.930	Gottfried	1.060		2.445	Rünker	1.003	Adalbert	1.710
Iris	1.131	Maria	1.475	Petra	1.570	Rüntz	1.412	Axel	1.380
Klaus	2.625	Rottmann		Stefanie	4.570	Rüping		Christiane	1.036
Konrad	1.430	Anne	4.780	Stephanie	4.270	Claus	2.405	Heinz	1.025
Ludwig	2.400	Gerhard	2.750	Werner	1.036	Dirk	4.701	Heinz-Georg	1.432
Martin	1.660	Gesa	1.798	Wolfgang	2.355	Stefan	1.355	Marita	1.117
Monika	1.276	Kirsten-Martina		Rudolphi	2.033		2.150	Rüve	2.625
Ruth-Maria	1.003		2.055	Rudolphi-Thiele		Rüppel	2.081	Rüwald	2.182
Sandra	2.451	Margret	3.038		2.064	Rues	2.472	Ruf	
Stephanie	1.376	Maria	1.802	Rudorf		Rüsche	2.571	Barbara	4.570
Ute	2.033	Martin	2.126	Helmut	1.108	Rüschenbeck	2.520	Christian	1.353
Wolfgang	1.345	Rudolf	4.600	Margret	2.152	Rüsing		Katrin	3.060
	4.705	Sarah	1.821	Rudzio	4.831	Elisabeth	1.775	Sascha	5.600
Roth-Rings	4.741	Ulrich	2.323	Rudzki		Hans-Josef	1.840	Ruffer	1.538
Rothe		Rottstegge	2.455	Doroth.	1.615	Michael	1.210	Ruffert	
Bärbel	4.950	Rotzoll	4.388	Renate	2.588	Oliver	4.197	Dieter	1.275
Hildegard	4.945	Rouenhoff-Miketta		Rüb (Rueb)		Rüsing-Peter	3.045	Jens	1.132
Jennifer	1.128		4.945	Doris	4.091	Rüssmann	1.822	Ruffler	1.802
Lars	2.300	Rougui	1.451	Franz-Josef	2.686	Rüßmann	2.145	Rugenstein	1.127
Peter	1.436	Roussel	2.771	Rübbelke	1.126	Rüsweg-Gilbert	4.250	Ruhe	1.044
Roland	1.500	Rousselle	1.009	Rübel		Rüter (Rueter)		Ruhl	
Wilfried	4.390	Roussos-Tonoli	2.151	Jutta	4.130	Angela	1.221	Klaus	1.123
Rothenberg	4.720	Routh	1.500	Thomas	2.100	Beate	1.630	Sieglinde	2.240
Rothensee	3.205	Rouvray	2.060	Rübenstrunk	4.274	Carmen	2.161	Uta	1.080
Rother		Rox	1.610	Rübo	1.488	Christian	2.210	Ruhland	
Alexander	4.945	Roy		Rübesamen	2.320	Insa	2.436	Marlies	1.820
Angelika	1.391	Christian	2.323	Rübsamen	1.414	Jan	4.330	Michael	1.620
Hartmut	1.391	Herbert	4.601	Rück	2.658	Rüter-Schütte	4.071	Ruhle	1.629
Johannes	2.160	Royer	4.570	Rückamp	4.290	Rüth		Ruhlig	4.741
Rudolf	2.650	Rozmann	2.101	Rückemann	2.215	Maria	2.760	Ruhmann	2.080
Udo	4.880	Rubbert		Rücker	4.120	Markus	2.181	Ruhnau-Yuksel	2.242
Wolfgang	1.529	Edith	1.595	Rückert		Martina	2.687	Ruhrbruch	1.217

Ruhren von der	4.661	Julia	2.700	Klaus	4.350	Sadra-Foschepoth		Salewsky
Ruhs	1.266	Rusche		Ryckeboer	2.365		1.219	Michaela 1.583
Ruhwedel		Elke	2.415	Ryfisch	1.640	Sadrinna	1.222	Petra 1.551
Ernst	2.286	Marion	2.243	Rygol	4.705	Saecker	3.210	Salge
Rainer	1.506	Tanja	1.130			Saeger	1.737	Hans-Joachim 1.455
Ruhwinkel	BRM	Ruschewitz	4.415	S		Säger	4.221	Michael 1.697
Ruiten van	1.196	Ruschhaupt	1.411	Saabel	4.740	Sälzer (Saelzer)		Ulrike 2.230
Ruiters-Nägeler	1.010	Ruschinski	1.554	Saade	2.079	Gerda	2.244	Salgert 4.920
Ruland		Ruschke	2.120	Saadi	2.077	Richard	1.043	Salice-Stephan 3.100
Dorothea	1.261	Ruschkowski	4.860	Saager		Werner	1.505	Salin 2.076
Ralf	1.035	Ruschmeier	3.100	Hans-Dieter	2.671	Sämer	2.340	Salisch 1.163
Rulfs	1.528	Ruschmeyer	1.798	Heinz-Werner	2.523	Sämmer	1.326	Saller 1.541
Rullich		Rusert	1.286	Karin	2.410	Sändker		Salm
Dieter	1.451	Ruskowski		Saake		Annette	4.610	Christina 1.117
Ursula	1.458	Agnes	1.201	Christina	3.172	Heinrich	2.405	Eva 1.052
Rullkötter	2.503	Kurt	1.810	Michael	3.172	Sänger (Saenger)		Salmann 1.290
Rum-Mönikes	4.370	Russ	1.066	Saal		Beate	2.487	Salmann-Tork 4.810
Rumler-Groß	1.697	Rußbild	1.090	Ludger	2.390	Christoph	1.821	Salmen
Rummel	4.350	Russell	2.555	Ralf	1.488	Joachim	1.402	Hans Joachim 2.076
Rump		Russu-Sudeick	2.611	Saalfeld	2.563	Johannes	1.451	Volker 4.520
Birgit	2.180	Rust		Saalmann	2.179	Ralf	4.512	Salmen-Burchhardt
Elke	2.361	Anne	1.801	Saam	2.516	Saerbeck	4.410	2.192
Petra	4.430	Bernd	2.417	Saamer	2.450	Sättler	1.696	Salmen-Reinsch 2.630
Stephanie	1.640	Rusteberg	2.555	Saathoff		Saffer	4.260	Salomon BRA
Wolfgang	1.228	Rustemeier	2.380	Monika	2.440	Sagasser	2.545	Salz
Rumpel	1.588	Rustemeyer		Theodor	2.355	Sagenschnier	4.761	Birgit 1.050
Rumpen	4.247	Dagmar	4.273	Saatjohann	4.780	Sager	2.401	Heinz 1.575
Rumpenhorst		Frank	1.006	Saatkamp		Saget	2.196	Jutta 1.380
Christiane	1.228	Rustige-Canstein		Gerd-Wilhelm	2.095	Saglam	4.601	Rudolf 1.125
Walter	2.316		2.125	Joachim	2.680	Sagorski		Salzberger-Baumm
Rumpf	4.875	Rustige-Meilwes		Saatweber	4.910	Alfred	1.798	1.453
Rumpf-Worthen	1.595		2.595	Sabel		Margarete	1.170	Salzborn- 2.191
Rumpff	2.180	Rutemöller	2.152	Bernhard	1.051	Saher		v. Schwartzenberg
Rumsmölller	1.185	Rutenbeck	2.215	Britta	1.802	Dirk	1.410	Salzburger 2.145
Runck	4.054	Ruth		Rolf	1.416	Ulrike	1.131	Salzwedel
Runde		Annette	2.345	Sabelus	2.625	Sahin	4.242	Bettina 2.082
Christine	2.081	Birgit	1.230	Sabeti	1.711	Sahlmann	2.072	Michael 1.116
Markus	2.036	Peter	2.345	Sablitzky		Sahlmüller	2.625	Stephanie 2.731
Runden	4.745	Ruthe	1.210	Bodo	2.511	Sahm		Samberger
Rundnagel	1.220	Ruthert	1.750	Christel	2.523	Monika	2.317	Gerd 1.436
Runge		Ruthmann		Sablotny	1.529	Paul	2.687	Petra 1.436
Anja	1.458	Birte	1.225	Saborowski		Sahmel	1.536	Sambeth-Sorge 1.594
Martin	2.495	Hans	4.881	Bodo	2.362	Sahre	2.057	Samel
Monika	2.125	Hugo	2.305	Gisela	1.042	Sahrhage	2.120	Barbara 1.392
Rebecca	2.246	Renate	2.195	Rolf	2.071	Saib	1.060	Stephanie 1.121
Rungwerth-	4.512	Sandra	2.182	Saborowski-	2.095	Saint George von		Samii 4.635
Hendricks		Ruthmann-Münch		Dick			2.100	Samland- 4.945
Runkel	1.107		2.319	Sabranski	1.103	Sainte Maréville de		Köhler
Runte	2.687	Rutkowski	2.686	Sach	2.390		2.671	Samlinski 4.224
Runte-Üstün	2.470	Rutner	1.365	Sachau	4.195	Saito	1.123	Sammarro 1.484
Ruoß	4.075	Rutsch		Sachs		Sakowski		Sammet
Rupertus	2.395	Christina	1.402	Annemarie	1.433	Bettina	1.155	Max 3.145
Rupieper	2.715	Holger	4.761	Friederike	2.420	Tanja	1.255	Rolf-Dieter 1.009
Rupp		Werner	2.516	Ursula	1.433	Salamon		Sammiller 4.831
Christa	2.316	Rutte	2.611	Sachse		Jennifer	1.091	Samoyski 4.662
Paul	1.255	Ruttert	2.455	Christian	1.015	Sabine	2.502	Samson 5.600
Ruppert		Rutz	1.069	Dagmar	1.655	Salas Poblete	2.690	Samson-Jansen 2.080
Christina	1.356	Ruwe		Ekkehard	1.820	Salazar-Heister	2.588	Samuel 1.421
Detlev	4.402	Anke	4.130	Sachtleber	1.355	Saloga-Bay	4.195	San Miguel Mattern
Ruppert-Bührer		Cornelia	1.070	Sack	1.226	Salber	1.005	4.055
	4.905	Franz-Josef	2.520	Sackmann		Saleh-Zaki-	1.376	Sanchez-Blanco 2.084
Rupprath	2.585	Monika	2.521	Diana	1.436	Marienfeldt		Sanchez- 2.101
Rupprecht		Wolfgang	4.002	Uwe	1.775	Salentin	1.241	Lorenzo
Margarete	2.073	Rux	2.182	Saddeler	1.159	Salevič	1.418	Sanchez-Martinez
Martin	1.231	Rybak	1.125	Sadler		Salewski		4.771
Rupprich	1.421	Rybarczyk		Andreas	1.650	Kurt	2.345	Sanchez-Penttilä
Ruprecht		Elke	2.095	Vanessa	1.525	Peter	2.095	4.248
Hans Ulrich	1.505	Evamaria	2.161	Sadowski	4.570	Susanne	2.345	Sand 1.390

Sandbote	2.674	Sandschneider	1.495	Guido	4.570	Schaar			3.063
Sanden	1.132	Sandte-Wilms	1.403	Reinhard	1.551	Irmgard	6.160	Beate	2.150
Sander		Sangenstedt	1.340	Sattur	2.179	Klaus	4.220	Bernd	1.442
Adrianne	1.300	Sangermann	2.031	Sauer		Regina	4.274	Birgit	2.195
Annette	2.653	Sangmeister	2.626	Brigitte	1.591	Schaarwächter	4.964		4.915
Bernhard	1.361	Sanhaji	1.541	Cäcilia	1.035	Schabacker	2.687	Bodo	1.712
Birgit	2.613	Sanio	1.043	Cornelia	2.486	Schabel	1.821	Brigitte	1.361
Claus	1.645	Sankowski-	2.245	Frank	1.681	Schaber	4.260	Burkhard	1.538
Elke	4.470	Spitzenfeil		Gabriele	1.320	Schabhüser	1.570		2.660
Gisela	4.680	Sanmann		Ivonne	1.625	Schach		Christian	1.124
Hildegard	1.118	Cai	2.400	Josef	2.215	Günther	2.530	Claudia	1.054
Jürgen	2.645	Gabriele	2.401	Kerstin	1.741	Sabine	2.340		1.275
Jutta	3.398	Sannemann	1.353	Marianne	2.705	Schacher	4.470	Denise	2.438
Kristin	1.006	Sanner		Sylvia	4.340	Schachner	4.271	Dieter	2.639
Kristina	2.514	Birga	1.407	Thomas	1.225	Schacht	2.450	Doris	2.612
Manfred	2.120	Martin	1.735	Wilfried	1.025	Schachtsiek		Dorothea	1.326
Martin	1.450	Sansen	2.102	Yvonne	1.190	Birgit	2.084	Dorothee	1.218
	4.790	Santel	1.404	Sauer-Leptin	4.832	Kristina	1.422	Elisabeth	1.434
Patrick	2.400	Santos	1.231	Saueracker	5.610	Schack		Eva-Maria	1.537
Peter	1.770	Saphörster	2.417	Sauerbier-	4.073	Detlef	2.196	Frank	1.537
	4.462	Sappeur	4.750	Sandführ		Martin	2.340	Franz	4.210
Renate	4.055	Sarafraz	4.430	Sauerbrei	4.722	Schacker	2.059		4.905
Stephanie	2.318	Sarateanu	1.435	Sauerbrey	4.720	Schacknies	4.831	Friedhelm	3.100
Udo	1.266	Sarau	4.920	Sauerland		Schad	1.592		4.740
Ulrike	1.116	Sarholz		Stefan	2.182	Schaddach	1.116	Gabriele	4.245
Walter	4.951	Ulrike	1.275	Ute	2.210	Schade		Georg	2.316
Wilhelm	2.514	Werner	2.487	Sauerländer	2.445	Andreas	4.073		2.325
Sander-Lang	1.430	Sarican	3.035	Sauermann	1.505	Christiane	4.635	Gerhard	1.699
Sandermann	3.050	Saridas	4.300	Sauerwald		Diane	2.438		4.610
Sanders		Saripolat	4.511	Elke	1.043	Dietmar	2.280	Gertraud	4.960
Dörte	4.241	Sarisoy	4.600	Hendrik	2.587	Maik	2.361	Gertrud	2.470
Eva	2.170	Sarlette		Jan	4.740	Monika	2.290	Günter	1.589
Johannes	2.023	Burkhard	1.219	Saulheimer	4.943	Robin	4.074	Hans-Jürgen	1.123
Sanders-Edel	1.345	Raimund	2.267	Saunus	4.252	Sonja	1.565	Hans-Werner	2.452
Sandfort-Korte	2.605	Sarnowski	2.680	Saur	2.179		2.588	Hartwig	2.475
Sandführ	3.105	Sarpong	4.248	Saus	1.445	Schade-Schulz	1.357	Heidelinde	2.380
Sandhäger	2.510	Sarrazin	4.930	Sausel	4.830	Schadowski	1.391	Heidi	1.453
Sandhaus	4.055	Sartisson	2.771	Sauter	1.361	Schaeben		Heinz	1.625
Sandhofe	4.340	Sartor		Sauthoff	4.120	Hans-Gerd	4.650		1.598
Sandhoff	1.823	Hans Joachim	2.763	Sautmann	1.043	Rita	1.522	Helene	1.065
Sandhop	4.410	Roland	1.185	Saviano	1.432	Schäber	4.260	Hella	1.775
Sandkuhl		Sartoris	1.591	Sawal	4.951	Schäberle	4.225	Helmut	1.180
Bernd	2.289	Sartorius	1.710	Sawala	2.100	Schäck		Hildegard	2.215
Gudrun	2.772	Sarver	1.442	Sawallich	4.241	Almuth	4.740	Hubert	1.441
Sandkuhl-Spaude		Sasko	2.075	Sawatzki	1.811	Reinhard	2.587	Ingeborg	1.350
	3.040	Saß	1.233	Sawatzky	4.440	Schädel		Irmhild	4.370
Sandmann		Sass-Blauhut	1.090	Sawitza	2.570	Claudia	2.080	Johannes	1.584
Elisabeth	2.181	Sasse		Sawitzki	2.183	Dörte	4.151	Jürgen	1.360
Gert	2.521	Anette	2.746	Saxer	4.745	Schädiger	1.361		4.240
Hans	2.255	Astrid	2.023	Sayer		Schädle	4.075	Karl-Georg	1.052
Heinrich	1.437	Wolfgang	2.120	Martin	3.172	Schädler	1.356	Kerstin	1.080
Hermann	2.470	Sassen-Breuer	1.641	Sonja	3.040	Schädler-Böhme	1.004		1.697
Julia	2.605	Sassenbach-	4.350	Tim	2.215	Schädlich	1.404	Klaus	1.735
Julia B.	2.275	Oppermann		Sayer-Marx	3.172	Schäfer (Schaefer)		Manfred	2.618
Michael	1.506	Sassenberg	2.513	Sbrzesny	1.551	Alfred	1.351	Margarete	2.680
Petra	2.521	Sassenhoff	2.362	Scanzano	2.056	Alfons	2.070	Markus	2.395
Wilhelm	1.453	Saßenroth	2.772	Scesny-Agha	2.205	Andrea	1.435	Maria	1.210
Wolfgang	2.650	Sassin		Schaa		Angelika	1.735	Marlis	1.481
Sandmeyer	2.630	Horst	1.695	Hermann	2.710		2.491	Martin	2.150
Sandmöller		Monika	4.415	Maria	2.437		4.401		2.550
Hilde	4.831	Simone	4.830	Schaaf		Anja	2.153	Michael	2.640
Michael	4.830	Saßmannshausen		Alfred	1.305	Anke	2.627	Monika	1.195
Sandro	2.182	Gisela	1.361	Erika	4.510	Anna	1.351	Peter	2.145
Sandrock		Markus	2.045	Frieda	1.050	Annette	1.485		1.713
Andreas	3.050	Sasu	1.006	Ina	2.022		1.575	Philipp	1.122
Annkatrin	4.743	Sato	1.061	Liane	4.962	Antje	2.022	Reinhard	2.020
Robert	2.490	Sattler		Waltraud	1.068	Axel	2.121	Rita	1.126
Sandrowski	1.770	Alice	1.042	Schaal	1.625	Barbara	2.316	Roswitha	2.456

Simone	1.137	Schäfertomvasen		Schalk-Trietchen		Scharl	4.662	Bernhard	2.393
	1.527		2.405		2.121	Scharlau	2.395	Dorothee	4.743
Stefan	2.174	Schäffer (Schaeffer)		Schalkamp	2.437	Scharlipp	1.118	Scheding	1.225
Theo	2.700	Christian	2.491	Schall		Scharmann	4.695	Schedler	
Thomas	1.420	Dietmar	2.545	Andrea	1.810	Scharnowski	2.244	Jürgen	4.410
Udo	1.433	Egbert	1.070	Bernd	1.105	Scharpmann	4.180	Wolfgang	1.010
	2.485	Hubert	4.290	Frank	1.261	Scharpff	4.832	Scheel	
Ulrich	1.035	Jürgen	4.072	Marc	1.081	Scharrenbroch		Andrea	1.270
	1.415	Katja	3.068	Schallat	1.286	Anneliese	4.491	Karl-Heinz	1.025
	1.775	Sandra	1.750	Schallenberg	1.070	Petra	1.044	Olaf	1.412
	4.790	Thomas	2.280	Schaller	1.233	Stefanie	4.771	Scheel-Holtmann	
Ulrike	1.010	Vera	1.553	Schaller-Picard		Schasse	2.145		2.157
	2.627	Schäfferling	4.440		1.820	Schassek	1.060	Scheele	
Ursula	4.197	Schäffler	4.030	Schalow		Schaten	3.135	Sr. Innocentia	2.031
Uwe	2.436	Schäfftlein	2.370	Anja	2.156	Schatt	2.040	Karin	1.376
	4.475	Schäfgen	1.641	Anke Iris	2.160	Schattauer		Ursula	2.517
Werner	1.816	Schäfke	2.490	Schalück		Carsten	2.460	Uwe	4.560
	2.370	Schäkel		Andreas	1.059	Karin	1.798	Scheele-v. Alven	
Wolf-Dieter	2.326	Lothar	1.108	Gerhard	1.265	Schattenberg	1.535		2.673
Wolfgang	1.457	Wiebke	4.540	Ursula	2.620	Schattevo	4.960	Scheelje	
	1.535	Schäl	1.490	Schalz	4.762	Schattow	1.305	Ellen	2.064
	2.474	Schaele		Schameitat		Schattschneider	1.486	Johannes	2.280
Schäfer-Goldhorn		Holger	4.512	Anne-Bettina	1.527	Schatz		Scheepers	
	3.135	Karin	1.132	Klaus	1.770	Hansgeorg	2.658	Burkhard	1.353
Schäfer-Jarosch		Schälte	2.205	Schamoni	2.426	Wolfgang	1.123	Roswitha	1.355
	2.020	Schämann		Schank	4.030	Schaub		Scheer	
Schäfer-Kopton		Norbert	2.521	Schankin	BRM	Margot	2.290	Adelheid	2.658
	4.251	Susanne	1.066	Schanowski	1.506	Oliver	1.685	Bernd	1.326
Schäfer-Ludwigs		Schäning	1.482	Schantowski	2.357	Rüdiger	2.266	Hannelore	2.760
	1.475	Schäper		Schanze	1.212	Schaub-Keller	1.820	Heidemarie	1.506
Schäfer-Nolte	2.063	Frank	2.205	Schapeler-Kössler		Schauenburg-	2.077	Henner	2.686
Schäfer-Valdivieso		Hedwig	2.587		2.419	Baumgart		Scheer-Lotfi	4.070
	4.540	Marita	2.006	Schapeler-Schröter		Schauer	2.285	Scheerer	4.520
Schäfer-Zipper	1.053	Norbert	2.125		2.357	Schauerte		Scheermann	2.451
Schäfer-Zurhelle		Schäpers		Schaper		Anja	2.290	Scheermesser	
	1.011	Elisabeth	4.440	Gerda	4.680	Dagmar	1.095	Angela	2.500
Schäferdiek	1.770	Margarete	1.710	Hagon	2.600	Maria-Magdal.	1.600	Ludwig	2.586
Schäferhenrich	4.652	Marianne	2.195	Judith	1.716	Norbert	2.002	Scheferhoff	1.422
Schäferhoff	2.510	Renate	2.001	Karl	4.150	Ulrich	2.640	Schefels	1.713
Schäferjohann		Schäpsmeier	2.230	Kirsten	1.715	Schauorte-Lüke	4.512	Scheffel	
Anke	2.639	Schaer	3.145	Nicole	2.685	Schauf	1.276	Claudia	1.416
Ute	2.653	Schärfer	2.600	Schaper-Bruns		Schaufelberger	1.595	Heidi	4.030
Schäfers		Schätz	4.130		1.167	Schaufenberg	4.323	Scheffels	
Alexander	4.072	Schätzel	2.265	Schaper-Kempen		Schauff		Kerstin	1.285
Angela	1.426	Schaffartzik	1.240		4.661	Andrea	1.845	Rainer	1.760
Christine	2.639	Schaffeld	2.161	Schaperdoth-Buse		Daniel	1.165	Scheffer	
Dietmar	2.125	Schaffer			1.211	Stefan	1.697	Anja	4.130
Elke	2.288	Hannelore	1.131	Schaps	1.545	Thomas	1.356	Anke	2.023
Gerd	4.890	Ilse	1.020	Scharenberg	1.125	Ursula	1.775	Hildegard	2.021
Hans-Achim	2.215	Schaffran	1.819	Scharf		Schaufler	1.821	Jan	2.670
Hans-Gerd	4.741	Schaffrath	1.598	Cirsten	2.241	Schaum	3.007	Marie	2.319
Heidemarie	BRDü	Schaffrodt		Dieter	1.059	Schaumann		Thomas	2.281
Heike	4.741	Dirk	1.222	Kurt	2.075	Friedhelm	2.751	Scheffer-Löchte	1.810
Heribert	1.453	Heike	1.541	Nadja	1.456	Heike	4.511	Scheffler	
Ilka	2.590	Schafhausen	4.190	Sebastian	2.323	Jürgen	2.612	Annelie	2.290
Joachim	1.098	Schafmeister	4.743	Susanne	2.063	Ralf	1.050	Caren	4.221
Margarete	2.325	Schafmeister-Kaiser		Ursula	2.245	Schaumlöffel		Christiane	1.065
Marion	2.191		4.221	Wolfgang	2.480	Andrea	1.805	Marianne	1.616
Matthias	2.393	Schafstedde	2.270	Scharfenberg		Br. Julian	2.490	Wendi	1.629
Peter	1.360	Schaible-Böhm	2.604	Michael	1.485	Schaurer	1.511	Wolfgang	1.127
Petra	1.411	Schakel	4.910	Petra	1.485	Schauß		Scheffner	1.132
	3.007	Schaldach	2.077	Scharfenberger	2.182	Uwe	1.214	Scheffran	4.510
Stefanie	2.154	Schalek	1.003	Scharffe	4.570	Peter	2.401	Scheib	1.212
Ulrich	4.740	Schalenbach	1.053	Scharffe		Schautes	4.570	Scheibe	2.755
Schäferskupper		Schalk		Birgit	1.840	Schawe	2.510	Scheibe-Hopmann	
Beatrix	2.550	Albert	2.063	Ulrich	1.840	Scheben	3.170		2.355
Heinrich	2.096	Helge	2.176	Scharfschwerdt	1.115	Scheck		Scheibel	1.095
		Wilfried	2.086	Scharkowski	1.126	Alexander	4.390	Scheible	3.175

Scheibner	1.620	Schellin	1.475	Schepe	2.390	Wolfgang	1.560	Ulrike	2.243
Scheid		Schellin-Conty	4.055	Scheper-Golombeck		Scheuermann-Giskes		Schielenski	2.565
Klaus	1.641	Schellinger	1.150		4.951		4.960	Schielke	1.592
Rolf	1.413	Schellkes	1.195	Schepers		Scheufen	4.295	Schiemann	2.651
Scheidel		Schellong	2.061	Andreas	2.575	Scheufens	1.008	Schiemanowski	1.593
Brigitte	2.518	Schellscheidt	4.660	Dorothee	1.550	Scheufler	1.580	Schienstock	2.710
Peter	2.305	Schelm	2.480	Friedrich	1.168	Scheulen		Schier	
Wolfgang	4.290	Schelonke	2.588	Maria	2.079	Heike	1.130	Dagmar	1.452
Scheideler		Schelp		Theodor	2.169	Thorsten	1.523	Irmgard	1.310
Bernhard	2.288	Jochen	1.816	Schepp	1.750	Scheumann	2.153	Jürgen	4.224
Elisabeth	2.286	Sabine	2.121	Scheppat	4.242	Scheunemann	2.020	Schierbaum	
Iara	4.440	Ulrich	2.230	Schepper		Scheuren	4.180	Brigitte-M.	2.674
Irene	4.690	Schelte		Beate	2.417	Scheurer	1.011	Frauke	2.165
Wilhelm	4.440	Hans-Georg	1.045	Henrik	1.522	Scheurich		Mich.	1.105
Scheider	1.697	Jens	2.022	Schepsmeier	2.595	Eva	1.575	Sigrid	1.690
Scheidgen		Walter	4.380	Scherb	1.661	Gernot	1.575	Schiereck	4.402
Jürgen	2.082	Schelten	2.205	Scherbarth	1.370	Scheuschner	1.750	Schieren	
Ulrike	2.645	Schemainda	2.455	Scherbaum	2.101	Scheuten	1.122	Bernhard	1.101
Scheidhauer	2.179	Schembecker	2.145	Scherberich		Scheve		Helmut	1.627
Scheidt	1.200	Schemberg		Ute	2.255	Hildegard	1.216	Ludwig	1.305
Scheifers	1.817	Alexandra	1.840	Wilfried	2.535	Peter	1.214	Schierenbeck	
Scheifes	1.167	Sigrid	4.070	Scherenberg v.	4.074	Scheven v.	2.150	Fred	2.564
Scheimann-Kellner		Schelte	1.820	Scherer		Schewe		Lianne	2.076
	4.380	Schemm vom	1.780	Alfons	4.700	Inge	3.040	Schierenberg	5.600
Scheimies	2.728	Schemmerling	1.305	Cornelia	4.055	Jürgen	4.910	Schierhoff	1.821
Schein		Schenck		Franz	1.190	Marion	1.594	Schiering	4.055
Monica	2.323	Dorothea	1.815	Günter	1.052	Martin	2.057	Schiermeyer	
Reinhold	3.010	Matthias	1.815	Hildegard	1.743		2.280	Jörg	2.281
Uta	1.486	Schendel	2.418	Jürgen	1.710	Roswitha	2.060	Regine	4.430
Scheinert	1.630	Schendt	1.250	Kerstin	1.414	Scheytt	4.695	Schierp	1.011
Scheiper	3.050	Schendzielorz	1.051	Marcus	2.022	Schichtel	2.690	Schierwater	2.086
Scheiper-Bunse	4.945	Schenk		Reinhold	1.545	Schichtel-Winkler		Schierz	3.205
Scheipers	1.185	Alfred	1.645	Rolf	4.250		4.251	Schießer	1.750
Scheitenberger	2.281	Burkhard	4.462	Silvia	1.796	Schick		Schiestl	4.242
Scheiter		Friedrich	2.244	Volker	1.633	Andreas	1.402	Schietzel	2.102
Brigitte	1.011	Gudrun	2.361	Walter	4.330	Anneli	1.628	Schiewe	2.010
Renate	1.138	Joachim	1.770		4.390	Gert	1.434	Schieweck	1.050
Scheithauer	1.712	Katharina	2.603	Winrich-Jürgen	1.580	Irmgard	1.105	Schiff	1.345
Scheitinger	1.081	Kurt-Heiner	4.945	Scherer-Ziegler	2.288	Joachim	1.055	Schiffelmann	
Scheitler	1.165	Manfred	1.310	Scherf	2.650	Nicole	1.551	Christine	1.801
Scheitza	2.405		4.330	Scherfer-Grothkop		Schickert	2.390	Stefan	1.589
Scheitzbach	2.603	Margrit	4.462		4.960	Schidelko	1.811	Schiffer	
Scheiwe	1.680	Michael	1.406	Scherff	2.173	Schidzik	1.150	Klaus	4.700
Schelb	3.165		2.145	Scherff-Schröder		Schieb	1.380	Margret	1.615
Scheliga	4.661	Petra	4.195		4.951	Schieb-Niebuhr	1.401	Martin	1.255
Schell		Ruth	1.261	Scherger	4.071	Schieback	2.340	Nadia	1.109
Berthold A.	3.010	Thilo	2.710	Scherl		Schiebel	1.136	Peter	1.781
Christiane	1.091	Ulrich	2.471	Elisabeth-T.	1.615	Schiebler	1.506	Sabine	1.168
Christoph	4.325	Werner	1.015	Michael	1.470	Schieblon	1.713	Tanja	1.167
Friedhelm	1.725	Willi	2.705	Scherler		Schieder	1.069	Walter	2.161
Schell-Koch	1.441	Schenk zu	1.210	Friederike	1.699	Schiedermair	1.412	Willi	1.351
Schellberg	4.170	Tautenburg-Wilms		Helmut	2.260	Schiefelbein		Schiffers	
Schellen	1.007	Schenk-Augenbroe		Jutta	2.760	Roland	4.695	Andrea	4.945
Schellenberg			1.011	Schermaul	2.522	Ursula	2.460	Harald	1.530
Bernhard	4.054	Schenk-Funke	1.219	Scherschenewitz		Schiefer		Schiffl	1.523
Hans-Joachim	1.536	Schenk-Heuser	4.091		4.905	Angelika	2.600	Schiffler	1.130
Ulla	4.073	Schenk-Kurz	2.626	Schertes	1.162	Peter	1.529	Schiffmann	
Schellenburg	4.721	Schenk-Lenzen	3.172	Scherwionke	1.040	Schieferbein	2.671	Annette	2.440
Scheller		Schenke		Scherzenski	4.120	Schieferdecker	1.070	Bettina	1.117
	4.513	Elisabeth	1.041	Schetschok	2.255	Schieferstein	1.375	Raphaela	1.040
Christel	4.721	Günter	4.220	Schetter	1.588	Schiefke	4.271	Schigulski	4.245
Ingrid	1.405	Norbert	2.362	Schettler		Schiek	4.962	Schikorr	2.260
Karin	2.360	Schenkel		Angelika	2.517	Schiel		Schikorra	3.105
Scheller-Krabusch		Jennifer	2.771	Frank	2.281	Heike	1.158	Schikowski	2.355
	2.613	Marie-Theres	1.584	Roland	2.310	Verena	2.590	Schilbach	
Schellhaas	1.040	Rainer	2.030	Scheuble	1.200	Schiele		Stephan	4.225
Schellhase	3.105	Rüdiger	4.402	Scheuer		Bruno	1.710	Ulrich	1.454
Schellhorn	3.340	Schenkmann	4.430	Karin	2.415	Cornelia	1.484	Schilberg	2.095

Name	Nr.	Name	Nr.	Name	Nr.	Name	Nr.	Name	Nr.
Schild		Ute	4.881	Günther	4.760	Denise	1.522	Schlichting v.-	1.801
Gisela	2.060	Schimmele	1.840	Katrin	4.304	Helmut	1.592	Sprengel	
Gottfried	1.561	Schimmer		Ursula	4.410	Jürgen	1.102	Schlie	1.158
Norbert	1.454	Alfred	2.755	Schlabach	1.523	Schleier	1.138	Schlieben	
Wolfgang	2.300	Thomas	2.639	Schlabes-Böttcher		Schleifer	1.005	Nils Helge	1.061
Schild-Stuer	1.454	Schimpf	2.215		2.651	Schleiffer	1.229	Olaf	1.402
Schilde	2.152	Schimpke-Haupt		Schlader-Thouet		Schleiken	4.246	Schliebitz	1.505
Schildgen	1.581		2.440		1.355	Schleime		Schliek	2.270
Schildkamp	4.720	Schimske	4.875	Schlänger	1.585	Berthold	2.426	Schlieper	1.822
Schildknecht		Schindel	1.109	Schlag		Diethelm	2.710	Schlierkamp	
Susanne	2.612	Schindewolf	1.710	Günther	1.070	Schleimer		Claudia	4.192
	2.613	Schindler		Ursula	1.186	Klaus-J.	1.090	Martin	4.762
Schilken	2.291	Alfons	2.240	Wolfgang	1.680	Ute	2.600	Schliffke	1.433
Schill	4.961	Angelika	4.513	Schlager	1.821	Schleisiek	2.035	Schligtenhorst	1.170
Schiller		Bärbel	2.462	Schlager-Fritsch	2.340	Schleithoff-	1.411	Schlimbach	4.832
Christine	2.115	Erika	2.625	Schlageter	4.962	Dammeier		Schlimgen	3.010
Jörg	4.870	Harald	2.260	Schlam	4.660	Schleking	1.575	Schlimm	
Karl-Heinz	4.570	Jochen	1.185	Schlamann		Schlemann-Lammers		Helmut	1.325
Peter	4.390	Jürgen	2.611	Dorothea	2.751		2.550	Reinhold	4.325
Urs	1.020	Lutz	2.181	Hubertus	4.690	Schlemmer	1.405	Schlimmer	2.120
Schiller-Campbell		Mechthild	4.951	Schlammer	1.819	Schlemminger-	4.670	Schlingmann	
	4.240	Sandra	2.197	Schlange	4.495	Fichtler		Erwin	1.696
Schilling		Susanne	1.233	Schlanstein	1.685	Schlenbäcker		Hans-Dieter	2.396
Axel	2.671	Thomas	3.155	Schlapbach	2.436	Bernd	2.674	Margaretha	4.950
Bernd	1.067	Tracey	2.183	Schlapka	2.410	Christiane	2.410	Maria	2.396
Björn	4.247	Wolfgang	1.713	Schlarmann	2.161	Schlender	4.073	Schlingmeyer	2.055
Eberhardt	2.156	Schindler-Horst	2.095	Schlasse	4.943	Schlenger		Schlinkert	
Elisabeth	4.462	Schink		Schlasze	1.353	Andreas	1.415	Eugen	2.315
Falk	2.402	Dieter	1.538	Schlatter	1.326	Bernhard	2.255	Ulrich	2.319
Florian	1.044	Ernst	1.361	Schlattmann		Lars	2.086	Schlinkmann	
Friedel	2.158	Heidemarie	1.025	Michael	1.629	Schlenke		Dietmar	4.950
Günther	1.057	Schinke		Ursula	1.592	Christian	2.190	Hans-Peter	1.067
Herbert	1.351	Simone	1.150	Schlaug	2.275	Heinz-Herm.	2.686	Karin	1.641
Horst-H.	2.210	Ute	2.102	Schlautmann	1.424	Kerstin	2.715	Schlitzer	1.042
Karl	2.605	Schinkel	1.820	Schlebbe	2.281	Reinhard	1.737	Schliwa	4.743
Manfred	2.656	Schinker	1.044	Schlecht		Schlenkermann	4.073	Schlömer (Schloemer)	
Rainer	2.157	Schinkhof	1.588	Claudia	4.247	Schlenker-Zymek		Andrea	1.255
Stefan	2.126	Schins	1.009	Elke	BRA		2.683	Beate	1.061
Ulrike	2.755	Schinzel	BRA	Schlechtingen	4.340	Schlenter-		Christoph	1.095
Schillings		Schipke	4.220	Schlechtriemen		Paßmann	1.054	Claus	2.355
Daniel	1.522	Schipper	2.510	Paul	1.059	Schlenvoigt	2.436	Dirk	2.082
Frank	1.523	Schippers		Rolf	1.300	Schlepper	1.060	Heinz	1.186
Friedegard	4.680	Hans-Joachim	1.020	Schleck		Schlepphorst	4.330	Herbert	1.103
Friedhelm	1.103	Jörg	1.530	Christian	1.592	Schlering-	2.490	Ingrid	4.220
Johannes	1.007	Schippmann	1.223	Karolina	4.680	Bertelsmeyer		Jürgen	6.165
Margaretha	4.910	Schipporeit	4.512	Schlecking	2.176	Schleser	1.240	Peter	1.216
Marianne	1.266	Schirdewahn	1.685	Schledde	2.020	Schlesinger			2.659
	1.365	Schirmer		Schledz	4.304	Claudia	1.401	Philipp	1.102
Sita	1.436	Angelika	2.590	Schlee		Werner	1.818	Pia	4.540
Schillner		Hans-Uwe	2.156	Harald	1.541	Schlesiona	4.401	Wolfgang	1.001
Brigitte	2.637	Herbert	2.165	Rudolf	2.771	Schleusener	2.670	Schlömer-Mosblech	
Petra	2.620	Margret	2.145	Schleef		Schleuter	4.195		1.481
Schillo		Monika	1.458	Ilse	2.270	Schleutermann	1.537	Schlör (Schloer)	
Antje	4.430	Schirmers		Jürgen	2.511	Schlevoigt	2.319	Ursula	1.340
Detlef	4.141	Gerhard	1.325	Schleeger	1.036	Schleyer		Veronika	1.125
Schilmöller	2.480	Monika	1.127	Schlegel		Jochen	1.135	Schlößer (Schlösser)	
Schimankowitz	2.076	Schirp	2.255	Cornelia	1.598	Ruth	1.128	Gerhard	2.150
Schimanowski	1.817	Schirra	1.585	Eva	1.128	Schlicht		Heike	4.875
Schimanski		Schirrmacher		Günter	3.005	Claudia	1.435	Heiko	2.401
Angela	1.570	Burkhardt	1.430	Jens	1.065	Georg	1.627	Herbert	1.560
Cerstin	1.107	Gunnar	1.741	Lothar	4.249	Schlichtenberg	4.198	Raoul	4.540
Rolf	1.523	Helmut	2.165	Susanne	2.393	Schlichter	2.300	Sibylle	2.686
Schimeyer	2.084	Jürgen	4.040	Waltraud	1.490	Schlichthaber	2.355	Susanne	1.484
Schimion	4.220	Schittges	2.182	Werner	2.710	Schlichting		Ute	2.671
Schimke-Kuklik		Schittko	1.060	Schlegel-Friede	2.031	Gerd	4.900	Schlösser-	1.822
	1.220	Schiwy	1.127	Schlehahn	2.603	Marlies	1.326	Flume	
Schimmel		Schkrock	4.210	Schleicher		Sabine	2.063	Schlomberg	2.490
Peter	1.640	Schlaak		Angelika	4.260	Schlichting v.	1.775	Schlomm	1.241

Schlonski	1.345	Monika	2.270	Schmeling-Ahlefeld		Christoph	1.285	Ina	1.460
Schloos	3.065	Thomas	2.355		1.695	Claudia	1.231	Ingrid	1.151
Schloßbauer	4.210	Schlüter-Boström		Schmeller-Agridag			1.699	Irene	2.585
Schlossbauer	1.107		2.500		1.163		2.145	Joachim	1.228
Schlosser		Schlüter-Göldner		Schmelter	1.785		4.070		2.182
Anneliese	1.521		4.390	Schmelter-Schulte			4.304		2.402
Birgit	2.653	Schlüter-Müller	4.095		2.031		4.720	Jochen	2.772
Gernot	1.025	Schlüter-Röttger	4.570	Schmelz		Corie	4.520	Johanna	3.003
Herm.-Josef	1.495	Schlütz	2.455	Jennifer	2.645	Corinna	2.485	P. Josef	1.052
Ina	1.795	Schlumbohm	2.512	Mareike	2.670	Cornelia	4.830	Jasmin	2.460
Kathrin	1.061	Schlummer	2.604	Norbert	1.054	Daniel	2.246	Jürgen	2.666
Schloßhöfer-Wiens		Schlums	1.817	Schmelzer		David	1.123	Karen	1.097
	2.356	Schlupkothen	1.225	Barbara	4.276	Diethard	1.217	Karin	1.697
Schlossmacher	4.950	Schlupp	1.214	Manfred	4.272	Doris	1.003	Karl-Friedrich	2.500
Schlotbohm	3.040	Schlussass	4.390	Martin	1.500	Dorothea	1.090	Karl Wilhelm	1.005
Schlote-Fels	4.510	Schmachtenberg		Schmengler	2.396	Elisabeth	1.123	Karsten	4.662
Schlothauer	2.215		4.700	Schmenk	1.575		2.057	Katharina	1.380
Schlotmann		Schmack	2.405	Schmerbeck	4.370		2.165	Klaus	1.536
Clemens	2.180	Schmackert	2.695	Schmerbitz	4.053		2.345		2.316
Peter	1.175	Schmadel		Schmerling	1.485	Elke	2.357	Klaus-Dieter	2.667
Schlott		Bärbel	2.289	Schmerwitz	1.431	Elvira	1.090	Klaus-Günth.	3.040
Christel	BRK	Winfried	1.641	Schmerz	1.320	Fabian	1.159	Klemens	2.517
Klaus-Dieter	1.376	Schmadtke	4.570	Schmetzke	1.360		1.160	Kristina	4.274
Sebastian	1.750	Schmänk-Strotdrees		Schmid		Florian	1.095	Laura	1.255
Schlottbohm	2.095		2.510	Albert	2.660	Frank	2.062	Laurita	1.118
Schlotte		Schmahl		Albin	1.640		2.400	Leif	2.179
Astrid	1.226	Christian	2.022	Anja	4.385		4.832	Ludger	1.091
Petra	1.353	Johanna	1.151	Antje	1.424	Friederike	4.225	Ludwig	1.195
Schlotter	2.067	Peter	4.940	Bente	2.650	Friedhelm	3.040		3.055
Schlottke	2.083	Schmakeit-Bean	2.522	Ortrud	1.785	Friedrich	1.818	Lydia	4.462
Schlottmann		Schmalbrock	2.161	Robert	2.587		2.266	Manuela	2.357
Dagmar	3.366	Schmalbruch	2.590	Ulrich	2.680	Friedrun	2.081	Maria	1.180
Hans-Wilhelm	4.430	Schmald	1.175	Werner	1.798	Gabriele	1.415		1.455
Schlu	4.091	Schmale		Schmid-Leißler	2.380		2.077		2.486
Schluck-	4.570	Angelika	4.440	Schmidder	1.109		2.410		4.290
Rheinfrank		Esther	1.231	Schmidders	4.511	Georg	1.351	Maria-Ther.	2.022
Schluckebier	4.052	Olaf	4.740	Schmidinger	4.600		1.433	Margarete	4.600
Schludi	3.065	Schmalen	4.260	Schmidt		Gerd	2.245	Mark	2.726
Schlue	4.054	Schmalenbach	1.185	Achim	4.380	Gerhard	2.265	Markus	2.491
Schlücking		Schmalenbrock	4.323	Agnieszka	1.593		4.130		4.248
Antoinette	4.290	Schmalenstroer		Alexander	1.490		4.661	Marten	1.421
Paul	2.485	Siegrid	2.732	Andreas	3.120	Gerhild	4.402	Martin	4.195
Schlünder	4.690	Walter	2.732		4.910	Gero	1.482	Martina	2.518
Schlünz	2.585	Schmalhofer	4.960	Angelika	2.763	Gerrit	4.950		4.705
Schluer	4.740	Schmalhorst	4.330	Annedore	1.180	Gertrud	1.725	Matthias	1.260
Schlüsselburg	1.167	Schmall	1.036	Annette	4.700	Gisela	2.001	Maureen	2.056
Schlüter		Schmalohr	1.583	Arndt	1.798	Gottfried	1.325	Meike	2.653
Adelheid	1.554	Schmalz	1.353	Astrid	1.681	Gudrun	1.250	Meinolf	4.072
Andreas	1.424	Schmalz-Brückner		Barbara	1.108		2.667	Michael	1.823
Antonius	1.069		4.660		2.310		4.741		2.393
Berthold	2.490	Schmalz-Nobbe	4.410	Beate	2.445	Guido	2.318		2.403
Bernhard	4.300	Schmandt	2.618	Bettina	4.832	Hannelore	2.730		2.674
Birgit	1.434	Schmauck-Burgdorf		Birgit	1.600	Hans-Dieter	4.601		4.654
Britta	2.096		1.126		2.486	Hans Peter	4.240	Michaela	1.541
Claudia	4.540	Schmeck	2.045		4.930	Hans-Reinh.	1.817		2.658
Dirk	1.240	Schmedding	1.485	Björn	1.003	Hans-Werner	2.060	Miriam	1.527
Dorothee	2.611	Schmedes	4.661	Bonnie	2.400		2.265	Mirko	1.627
Gerhard	4.273	Schmeding	2.700	Brigitte	2.356	Harald	6.225	Monika	2.588
Gertraud	2.731	Schmedt a. d. Günne		Brunhilde	4.195	Hartmut	1.625	Moritz	1.055
Hans-Joachim	2.614		2.395	Burkhard	2.637	Hartm. Mich.	2.456	Nicola	4.930
Hans-Werner	2.075	Schmees	1.367	Carsten	2.179	Heinr. Joh.	1.367	Norbert	4.570
Hauk	2.502	Schmehl	2.060		2.451	Heinz-Bernd	2.360	Olaf	1.151
Heinz-Georg	2.613	Schmeink		Christel	1.067	Helga	1.595	Oliver	1.057
Helene	2.370	Iris	1.713	Christian	1.217	Helmut	3.065	Paul	1.228
Klaus	2.205	Josef	4.810	Christiane	1.357	Hendrik	2.057		2.745
Lars	2.410	Schmeißer	1.036		3.030	Herbert	4.570	Peter	1.437
Marita	2.180	Schmeja	1.126	Christina	1.595	Horst Peter	1.405		2.085
Martina	1.581	Schmeling	2.660	Christine	2.030	Hubertus	4.462	Peter Hartmut	1.541

Petra	1.422	Schmidt-Flormann		Olga	4.951	Schmitt-Pfeiffer	2.095	Hans-Werner	2.292
Rainer	2.210		1.632	Thomas	4.910	Schmitt-Pitsch	4.242	Harald	1.437
	2.318	Schmidt-Galbenis		Schmiedchen	1.537	Schmitt-Wiemann		Helene	4.654
	2.438		4.273	Schmiedecken	1.127		4.180	Hermann	2.073
Reiner	4.180	Schmidt-Geldermann		Schmiedeke	1.506	Schmitte			4.661
Reinhard	1.760		4.870	Schmiedel		Christine	2.665	Hubert	1.103
	4.590	Schmidt-Gerle	4.180	Friedemann	1.130	Frank	2.270	Ingrid	2.595
Regina	2.426	Schmidt-Grob	1.796	Ilona	4.410	Karl-Heinz	4.111	Irene	1.453
Renate	2.400	Schmidt-Günther		Michael	4.055	Schmitter		Irmgard	1.185
	4.241		1.743	Schmieden	4.570	Jörg	1.404	Joachim	4.415
Robert	1.616	Schmidt-Hagemann		Schmiedeskamp		Klaudia	2.121	Jochem	2.075
Rolf	2.062		2.510	Bärbel	2.673	Schmittmann		Johannes	1.795
	2.096	Schmidt-Henkenius		Bernt	4.055	Erik	4.832	Johannes-Egon	1.414
Rüdiger	4.492		1.535	Schmieding	2.445	Kirsten	1.103	Jürgen	2.023
Sabine	1.136	Schmidt-Hermesdorf		Schmieding-	2.565	Schmitz		Jutta	2.685
	4.350		1.818	Helmbold		Achim	2.603	Karin	5.600
Sandra	1.217	Schmidt-Jahns	2.637	Schmiedinghöfer		Albert	2.585	Karl	2.071
	1.600	Schmidt-Jumpertz			2.326	Alexandra	4.401	Karl Albert	1.052
	2.120		1.696	Schmiedt	1.098	Andre	1.488	Karl Heinz	2.006
Sebastian	1.221	Schmidt-Lange	4.571	Schmiedt-	1.411	Andrea	1.510	Karl-Peter	2.326
Sonja	4.221	Schmidt-Lehr	1.628	Schomaker		Andreas	1.528	Klaus	1.025
Stefan	2.417	Schmidt-Martens		Schmiegel	4.951		4.771		1.220
Susanne	1.845		4.790	Schmiel	4.277	Angela	1.740		1.043
	2.417	Schmidt-Millard		Schmiemann	3.220	Angelika	1.401	Lothar	1.108
	2.451		1.416	Schmiemann-	2.705		1.680	Manfred	1.523
Theodor	2.005	Schmidt-Morsbach		Witsken		Annegret	4.962		1.690
Thomas	1.770		2.513	Schminck		Annette	2.736	Margret	1.690
	2.010	Schmidt-Ostmeier		Anna-Maria	1.750	Ansgar	1.452		3.045
	2.165		2.157	Siegfried	1.158	Astrid	4.252	Maria	2.195
	2.242	Schmidt-Preuß	1.050	Schminke	4.130	Axel	1.660	Marion	1.575
	2.618	Schmidt-Püls	1.820	Schminnes	4.250		4.225	Markus	1.345
Tilo	BRK	Schmidt-Rhaesa		Schmitt		Barbara	1.151	Marlies	1.581
Ulrich	2.565	Juliane	2.418	Angelika	1.424	Beate	1.020	Martin	3.001
	3.105	Philipp	2.419	Armelle	1.255	Beatrice	1.445	Martina	1.456
Ulrike	1.645	Schmidt-Riediger		Berthold	1.760	Bernadette	4.652		1.598
	2.653		2.590	Cornelia	1.840	Bernd	4.832	Michael	1.495
Urs	2.355	Schmidt-Rolfos		Elisabeth	1.699	Bernhard	4.410		2.604
Ursula	2.057		2.061	Gabriele	1.445	Birgit	1.081		3.038
	2.460	Schmidt-Rosner	1.592	Gisa	1.057		1.400	Nadja	1.550
Ute	3.035	Schmidt-Rost	1.785	Gudrun	1.063		2.635	Norbert	2.486
Uwe	4.273	Schmidt-Rümmler		Hans	1.750	Brigitte	4.571	Odilia	1.376
Volker	2.166		1.633	Heiko	1.275	Burckhard	1.422	Oliver	1.400
	2.181	Schmidt-Späing	1.484	Heribert	1.790	Carsten	4.323	Peter	1.276
	2.604	Schmidt-Strehlau		Jutta	2.317	Dagmar	1.616		2.666
Werner	2.125		2.183	Jürgen	1.495		4.491		3.340
	2.255	Schmidt-Timmermann		Klaus	2.403	Dieter	1.068	Petra	1.201
	2.503		2.485	Marianne	1.412	Dietmar	1.570		1.405
	4.091	Schmidtbauer	4.410	Marinus	2.195	Doris	1.741		4.510
Wiebke	1.340	Schmidtberger	4.910	Marko	4.225	Dorit	1.250	Rainer	4.260
Wilhelm	2.021	Schmidthaus	4.832	Markus	1.715	Elisabeth	1.801	Ralf-Peter	4.242
	4.440	Schmidtke		Michel	1.482	Eugen	1.801	Reinhard	1.068
Winfrid	1.822	Carmen	4.762	Monika	4.951	Ewald	1.305		1.275
Wolfgang	1.520	Claus-Dieter	1.780	Peter	1.781		2.605	Resi	1.615
	1.712	Eva-Maria	2.535	Rainer	1.150	Frank	4.635	Rita	2.072
	2.077	Marion	4.705	Renate	1.696		4.491	Rolf	1.551
	2.426	Martina	1.066		2.319	Franz-Josef	1.588	Roswitha	1.135
Schmidt de		Petra	2.059	Ronald	4.221	Franz-Theo	3.007	Sandra	1.117
Angela	1.457	Schmidtlein	1.151	Sebastian	1.150	Frauke	4.961	Sigrid	1.743
Winrich	1.121	Schmidtmann		Simone	1.421	Gabriele	1.068	Simone	2.510
Schmidt van der		Christian	2.750	Stephan	1.067		4.120	Stefan	4.570
	2.156	Peter	4.249	Theo	BRK	Gregor	1.353	Stefanie	2.585
Schmidt-Adler	1.442	Schmidtpeter	3.007	Volker	1.106		2.340	Susanne	1.522
Schmidt-Bernshausen		Schmidtpott	4.430	Wilhelm	2.456	Guido	2.197		2.244
	2.363	Schmidts	1.645	Schmitt-Abendroth		Hannelore	1.401	Theo	1.009
Schmidt-Bodenstein		Schmidtsiefer	2.600		4.940		1.220	Torsten	1.015
	2.095	Schmied		Schmitt-Groh	1.595	Hans	4.325	Ulf	1.061
Schmidt-Dahl	4.091	Astrid	4.220	Schmitt-Knepper		Hans-Dirk	2.656	Ulrich	1.350
Schmidt-Erker	1.400	Bettina	4.323		2.418	Hans-Joachim	1.801		1.565

	2.083	Marius	1.136	Andrea	2.161		2.290	Ruth	1.442
	2.686	Stefan	1.817		2.604	Horst	4.490	Sabine	1.409
Werner	1.522	Stefanie	1.697	Andreas	1.740	Ines	1.790		4.111
	1.260	Schmöle	1.616		1.645	Inga	1.486	Sebastian	1.276
Wilfried	2.635	Schmolke		Angela	3.150	Inge	1.823	Silke	1.500
Wilhelm	2.550	Christiane	4.290	Angelika	1.691	Ingrid	2.475		4.520
Willi	1.760	Philip	1.035	Anne	5.610	Janna	2.670	Stefanie	2.530
Winfried	1.442	Sven	1.822	Annette	2.270	Jeannette	1.127		2.611
	4.661	Schmoll		Arno	1.200	Joachim	1.691	Stephan	1.080
Wolfgang	2.152	Lars	2.325	Axel	1.005		2.435	Steph.-Georg	2.410
	4.920	Ute	1.081	Benno	2.487		3.050	Susanne	1.122
Schmitz-Arenst		Wolfgang	2.086	Bernd	2.290	Jörn	1.102	P. Theo	1.051
Matthias	1.131	Schmoll-Engels	1.598		1.575	Johann	1.286	Thomas	2.653
Petra	1.132	Schmoltzi	1.380	Bernhard	1.625	Josef	2.176	Tim	1.598
Schmitz-Bäumer		Schmuck	1.475	Berthold	2.084	Jürgen	1.340	Ulrich	2.183
	2.585	Schmude	1.565	Birgit	1.351		2.450		2.289
Schmitz-Bergmeier		Schmude v.	4.513	Birgitt	2.659	Julia	1.186	Ursula	1.191
	1.434	Schmücker		Birgitta	4.601	'Jutta	4.961		2.055
Schmitz-Beuting		Annette	4.246	Brigitte	2.683	Karen	1.404		2.627
	4.590	Dorothea	1.712	Britt-Maren	1.633	Karin	4.072		2.618
Schmitz-Dierselhuis		Georg	3.005	Britta	4.520		4.462	Ute	1.453
	1.353	Johannes	4.350	Brunhilde	2.395	Karl-Heinz	1.820		2.077
Schmitz-Elverich		Kerstin	1.796	Christian	1.589		1.116		2.659
	1.798	Margarete	4.790	Christiane	1.125		1.266	Verena	2.031
Schmitz-Flottmann		Rainer	4.960	Christoph	2.654	Katja	1.581	Wolfgang	1.840
	1.551	Reiner	1.040	Claudia	1.011		1.697		2.158
Schmitz-Grieff	1.350	Schmüdderich	4.410		4.141	Kerstin	1.081		2.244
Schmitz-Herscheid		Schmülling		Dennis	1.360		1.385	Wolfram	2.416
	2.319	Anneliese	1.276	Dietmar	1.750	Klaus	2.361	Schneider-Badstieber	
Schmitz-Hofbauer		Heribert	1.276		2.570		4.040		4.273
	1.125	Schmutter	1.402	Dirk	1.057		1.118	Schneider-Bliesner	
Schmitz-Höfs	4.831	Schmutz			1.802		1.122		1.650
Schmitz-Hövener		Helmut	2.215	Edith	1.506	Kristina	4.274	Schneider-Dunio	
	2.731	Wolfgang	4.150		2.650	Kurt	4.462		4.385
Schmitz-Ibeling	4.390	Schmutzer	2.605	Elisabeth	4.494	Lore	1.690	Schneider-Gascard	
Schmitz-Jansen	2.630	Schmutzler		Elke	1.241	Magdalene	1.011		3.135
Schmitz-Kloppenburg		Doris	1.581		1.641	Maria	1.185	Schneider-Haag	3.125
	1.210	Wolfram	1.580	Elmar	1.628		4.274	Schneider-Heuer	
Schmitz-Lanske	1.770	Schnabel		Eva	1.801	Marie-Luise	2.180		2.360
Schmitz-Lauruschkat		Angelika	2.685	Frank	1.820	Martin	BRDü	Schneider-Kirchheim	
	1.600	Dagmar	1.536		2.260	Martina	1.011		1.434
Schmitz-Marx	1.390	Eva	1.157	Franz	2.425	Matthias	4.070	Schneider-Kroll	1.560
Schmitz-Ortmann		Gotlind	2.750	Franz Josef	1.845		4.900	Schneider-Mombaur	
	1.370	Hans Joachim	1.380	Friederike	4.304	Meinolf	2.746		1.699
Schmitz-Otten	1.250	Ingrid	1.380	Friedhelm	1.376	Michael	4.915	Schneider-Musshoff	
Schmitz-Ozdyk	4.870	Jutta	1.348	Friedrich	1.801	Miriam	1.376		1.405
Schmitz-Paul	1.822	Kirsten	1.453	Gabriele	2.289	Monika	1.091	Schneider-	4.445
Schmitz-Pollaert		Sebastian	1.123		4.380		1.541	Olischläger	
	1.484	Torsten	2.670	Georg	1.561		1.696	Schneider-Petzold	
Schmitz-Pütz	1.135	Schnackers-Boes		Günther	2.380	Natalie	2.090		2.656
Schmitz-Reichel	1.376		2.267	Guido	2.275	Nils	1.589	Schneider-Postzich	
Schmitz-Reith	1.405	Schnadhorst	1.817	Hans-Wolfg.	1.405	Olaf	1.426		2.565
Schmitz-Sauermann		Schnalle	1.200	Harald	1.066	Otto	1.103	Schneider-Rösler	
	1.090	Schnapka	1.132	Heide	2.286	Otwin	4.170		4.570
Schmitz-	2.161	Schnapp	4.494	Heike	4.950	Pascale	1.550	Schneider-	4.350
Schlautmann		Schnatmann	2.487	Heinrich	2.146	Patricia	1.150	Schafhausen	
Schmitz-Schmelzer		Schnatz	1.385	Heinz	2.010	Paul	1.403	Schneiderei	
	1.153	Schnautz	1.437		2.560	Peter	1.418	Beate	2.083
Schmitz-Siebertz		Schneckenburger			1.091		3.020	Irmgard	2.006
	1.200		4.402	Heinz-Toni	1.240		2.659	Jan	2.565
Schmitz-Stickelmann		Schneebeck	2.395	Helga	1.790		2.340	Schneiders	
	1.418	Schneege	1.002		1.091	Petra	1.697	Anne	4.962
Schmitz-Wensch		Schneemann			1.790	Reinhard	1.431	Frank	2.245
	1.475	Pamela	4.180	Helmut	2.180		4.741	Hildegard	2.243
Schmitz-Wimmer		Rolf	2.033		3.065	Ria	4.510	Wolfgang	3.061
	1.820	Schnehen v.	4.072	Herbert	2.370	Roland	1.131	Schneiders-Pasch	
Schmitzdorff	2.002	Schneider		Hermann	1.102	Rolf	1.132		1.109
Schmöe		Alfred	1.430	Hildegard	2.286		4.491		

Schneider-Thelen		Schnitzler		Birgit	4.055	Thomas	2.401	Klaus	2.071
	1.640	Dagmar	1.545	Dieter	4.240	Ulrich	2.450	Margit	2.073
Schneider-Wellems		Dorothee	3.340	Schoemberg		Ute	2.326	Michael	2.600
	1.486	Gisela	1.200	Armin	2.059	Wolfgang	2.751	Sigrid	3.220
Schneiderwind	1.535	Helmut	1.743	Erika	2.059	Schoenenbroicher		Schöttler-Claßen	
Schnell		Joachim	1.128	Schömburg	1.216		1.051		1.625
Anke	2.125	Michael	4.600	Schön (Schoen)		Schönenstein	2.288	Schötzau	4.210
Bettina	2.660	Thomas	1.680	Andrea	1.631	Schönenstein-		Schofer	1.845
Christoph	1.005	Ursula	1.200	Bettina	1.457	Buchholz	3.175	Scholand	1.098
Frank	2.710	Wolfgang	2.645	Cäcilie	2.613	Schöner	1.710	Schole	2.150
Jürgen	2.655	Schnober	1.801	Corinna	1.003	Schönert		Scholemann	1.490
Manfred	1.102	Schnocks	1.633	Eduard	1.484	Heinz	1.529	Scholemann-	4.490
Patrick	2.022	Schnöring		Elke	1.482	Markus	4.141	Kersting	
Stephan	2.487	Brigitte	2.180	Hans-Peter	3.030	Schöneseiffen	1.820	Scholich	4.225
Susanne	1.217	Günter	2.180	Joachim	1.699	Schönewald	1.121	Scholkemper	4.241
Schnell-Klöppel	1.232	Schnor	1.151	Katja	1.595	Schöneweiß	1.036	Scholl	
Schnelle		Schnorr		Michael	4.661	Schönfeld		Ernst	1.640
Dirk	1.130	Heinz-Dieter	1.210	Peter	4.761	Eckhardt	1.305	Friedhelm	2.570
Heinrich	1.220	Stefan	4.170	Tina	1.043	Reinhard	2.101	Günther	4.030
Herbert	2.563	Schnückel	2.021	Schoen-Sanders	2.626	Schönfelder		Jutta	1.042
Kristina	1.805	Schnütgen-Pauels		Schönartz	5.600	Barbara	1.592	Udo	1.326
Nicole	1.270		1.097	Schönau	1.220	Ingolf	1.119	Schollas	4.072
Werner	2.435	Schnütgen-Weber		Schönbach	2.030	Maria	2.072	Scholle	
Schnellen	2.165		1.380	Schönbeck	2.695	Schönfisch	1.600	Annette	2.621
Schneller		Schnupp	1.691	Schönberger		Schöngarth		Dietrich	BRM
Dieter	1.158	Schnur	1.815	Bert	4.810	Frank	1.105	Frank	2.725
Gerd	1.631	Schnura	2.687	Dagmar	1.320	Michael	2.595	Hermann	2.080
Schnelting	4.905	Schnurbusch-Jürgens		Enno	1.580	Schönhagen	1.690	Johanna	2.460
Schnepel			2.360	Falk	2.418	Schönhals	3.007	Juliane	2.077
Christian	2.595	Schnurr		Schönberner	1.840	Schönhardt	2.564	Udo	2.050
Roland	2.357	Hartwig	1.715	Schönbohm	2.595	Schönheit	4.304	Scholle-Jochheim	
Schnepper		Otto	1.780	Schöndube	1.052	Schönherr			4.385
Barbara	2.184	Silke	1.128	Schöne (Schoene)		Barbara	2.225	Schollmeyer	2.474
Regina	2.395	Simone	2.571	Beate	2.575	Christian	2.639	Scholte	2.402
Schnermann	1.815	Schnurrbusch	1.486	Bernhard	4.224	Daniela	4.830	Scholten	
Schnetger	1.002	Schobel	1.736	Claudia	2.064	Katrin	2.514	Alfons	1.132
Schnetgöke	1.750	Schober		Franz-Josef	2.665	Rita	1.126	Arnhild	2.452
Schnetkamp	1.713	Birgit	2.440	Gerhard	2.290	Sabine	2.173	Christian	1.550
Schnetker	1.441	Christiana	1.452	Melanie	2.031	Schönhöfer	4.723	Hildegard	1.214
Schnettker	2.715	Gerd	4.790	Verena	1.640	Schönhoff	2.750	Markus	4.445
Schnettker-Floren		Horst	4.195	Schöne-Bake	2.603	Schönig	2.082	Rolf	2.452
	2.746	Ursula	1.357	Schönebeck	1.697	Schöning		Werner	1.391
Schnettler	2.168	Schoberth	1.482	Schoeneberg	2.316	Barbara	1.290	Scholter	1.404
Schnettler-Dietrich		Schoch		Schöneberger	1.627	Eberhard	2.310	Scholtes	4.745
	1.226	Anna-Maria	2.750	Schöneck		Jens	2.326	Scholtheis	1.066
Schneyder	1.009	Klaus-Dieter	1.780	Bernd	4.910	Nicola	2.315	Scholven	2.002
Schnicke		Schock	2.418	Gudrun-V.	2.058	Schoenke	3.140	Scholz	
Benjamin	1.845	Schocke	2.085	Schoenefeldt	2.101	Schönleber	1.056	Andrea	4.695
Josef	1.561	Schockenhoff	2.690	Schöneich		Schönwald		Beate	2.486
Schnieder		Schodlok	1.221	Martin	2.515	Birgit	2.410	Barbara	1.240
Andrea	2.120	Schöddert		Sabine	2.732	Claudia	1.816	Benedikt	4.601
Ingrid	2.230	Jörg	4.385	Schöneis	4.445	Hans	2.658	Brigitte	1.150
Schniederkötter	4.520	Ulrike	1.290	Schönekäs	4.961	Martina	1.170		1.230
Schnieders	2.210	Schöffel		Schönemann	1.535	Petra	4.490	Christoph	2.289
Schnier		Christina	1.816	Schoenemann	1.080	Schönwälder	2.267	Claudia	2.435
Christel	4.130	Oliver	1.816	Schönen (Schoenen)		Schoenwaelder	1.380	Daniel	1.230
Franz-Josef	2.286	Maria	4.141	Christiane	1.004	Schönwitz	1.217	Detlef	1.155
Schniering	1.255	Schöfisch	2.630	Renate	4.210	Schöpe	4.241	Eckhard	2.390
Schniewind	4.945	Schöler		Rita	1.201	Schöpke	BRDü	Ernst-Ulrich	4.600
Schnippe	4.530	Barbara	1.210	Robert	1.255	Schöpper	1.057	Gertrud	1.240
Schnippering	3.007	Burkhard	4.197	Schönenberg		Schoeppe	4.195	Günther	4.513
Schnitger	4.681	Hedwig	4.832	(Schoenenberg)		Schörken	2.241	Hartmut	2.045
Schnittfeld	4.193	Heribert	2.005	Hartmut	2.452	Schörner	2.022	Horst	1.570
Schnittger		Schöler-Kämper	1.811	Inge	4.274	Schörry	1.781	Joachim	2.033
Christoph	2.638	Ilona	5.610	Ingeborg	1.403	Schött		Johanna	4.180
Marion	2.604	Schoeller	1.240	Joachim	2.326	Angela	1.214	Jürgen	4.380
Rainer	2.604	Schöllmann	1.484	Rainer	2.402	Harald	1.226	Jutta	1.681
Schnitzer	1.168	Schömann		Sigrid	2.010	Schöttler		Marie-Luise	1.511

Namenverzeichnis

Name	Nr.
Markus	2.565
Melanie	2.400
Michael	2.362
Monika	4.832
Nicola	2.686
Nicole	2.061
Norbert	2.286
Peter	1.130
Rainer	4.070
Reinhold	1.593
	3.160
Rosemarie	4.350
Roswitha	2.618
Sibylle	1.103
Thomas	1.592
Ulrich	2.056
Ulrike	4.430
Volker	2.700
Wolfgang	2.215
Scholz-Linnert	4.520
Scholz-Mönkemöller	
	1.790
Scholz-Thomas	2.063
Scholz-Tochtrop	2.040
Scholz-Plum	1.004
Scholz-Richter	2.700
Scholzen	
Alfred	1.054
Heidi	1.068
Schomacher	
Almut	1.138
Franz	2.002
Schomaker	
Agnes	2.195
Benno	2.604
Oliver	2.670
Thomas	2.031
Schomaker-Huett	
	1.581
Schomecker	1.781
Schommartz	1.583
Schommers	4.491
Schonauer	3.366
Schons	2.745
Schonwald	2.658
Schoo	2.396
Schoof	4.705
Schoof-Terbrack	4.511
Schoofs	
Anja	1.158
Hildeg.	2.687
Hildegard	1.266
Katja	1.741
Stefan	4.323
Schoop	
Annette	2.260
Christine	2.246
Michaela	1.003
Schopen	
Bert	1.201
Dunja	1.433
Eva	1.059
Hans-Simon	1.420
Lambert	1.201
Marliese	1.680
Schopf	1.716
Schophaus	4.721
Schopp	4.831
Schoppe	
Andreas	1.057
Anika	1.126
Christoph	2.665
Heike	1.057
Rudolf	2.110
Schoppel	2.081
Schoppengerd	4.249
Schopphoff	1.633
Schopphoven	1.525
Schoppmann	
Herbert	2.005
Marita	2.166
Monika	2.550
	1.625
Schoppmeyer	2.395
Schorcht	1.481
Schorlemer	1.190
Schorlemer v.	4.570
Schorlemmer	
Heidi	1.740
Helmut	2.685
Schormann	
Ingrid	1.785
Rainer	1.224
Rolf	BRK
Schorn	
Catrin	2.063
Dagmar	2.438
Hermann-Josef	1.640
Nicolas	1.380
Norbert	1.380
Schorn-Kussi	1.481
Schorowsky	2.246
Schorr	
Peter	1.615
P. Peter	1.348
Wolfgang	1.355
Schorrlepp	1.560
Schortemeier	1.595
Schoschies	1.538
Schoß	2.176
Schoßow	4.248
Schott	
Cäcilie	4.962
Doris	1.101
Heinzgerd	1.780
Ilse	4.940
Schotte	1.418
Schottmeyer	4.252
Schottstädt	2.040
Schoutz	1.055
Schovenberg	
Albert	1.580
Jürgen	1.190
Schowe	2.165
Schraaf	1.435
Schrade	2.196
Schrader	
Hans-Herm.	1.118
Heike	1.594
Horst	4.462
Ilse-Marie	2.230
Ingo	2.191
Robert	4.762
Stephan	2.502
Ursula	1.535
Walter	1.581
Schräder (Schraeder)	
Eva-Maria	1.522
Josef	2.079
Rolf	2.169
Rudolf	3.025
Susanne	4.741
Schräjahr	2.115
Schraer	4.192
Schrage	
Alfons	2.736
Axel	1.408
Sigrid	1.376
Stephan	2.656
Schrama	1.565
Schraml	1.430
Schramm	
Birgit	4.247
Cornelia	2.300
Ellen	1.357
Harald	1.107
Helga	1.811
Ilona	1.760
Johannes	1.486
Judith	1.059
Karl-Heinz	2.184
Lisa	4.601
Norbert	1.811
Petra	1.482
Roswitha	4.380
Sabine	1.426
Wolfgang	4.601
Schramma	2.246
Schrammen	1.226
Schrand	2.510
Schrandt	1.633
Schraven	
Birgit	1.210
Helmut	4.721
Jennifer	1.266
Stefan	1.627
Schray	1.616
Schreck	2.153
Schrecke	1.712
Schreckenberg	
Barbara	2.085
Wilhelm	1.627
Schreer	1.401
Schreiber	
Annette	4.370
Berthold	4.512
Christian	2.565
Christine	4.130
Detlev	2.168
Eva	4.700
Ferdinand	2.705
Gerd	1.541
Gisela	2.760
Heinz	2.402
Hildegard	1.525
Joachim	4.330
Klaus	2.270
	2.340
	2.570
Manfred	2.659
Monika	1.798
Nadine	2.191
Peter	3.105
Ralf	1.053
Reinhard	2.320
René	4.875
Riccarda	1.115
Rüdiger	3.220
Stefan	3.065
Stefanie	1.470
Thomas	1.750
Til	1.780
Tobias	1.811
Schreiber-Bremer	
	1.436
Schreiber-Schatz	
	1.123
Schreier	
Astrid	1.770
Gabriele	4.040
Jürgen	1.250
Viktor	1.406
Schreifels	2.270
Schreinemachers	
	1.305
Schreiner	
Anja	1.741
Barbara	4.141
Katrin	4.540
Peter	4.870
Sabina	2.010
Stefan	4.070
Schreiter	1.598
Schreiter-Waschhof	
	4.761
Schremp	4.470
Schremper	1.417
Schrenk	2.700
Schrepper	
Georg	1.228
Rainer	1.591
Schrewe-Richter	
	2.736
Schreyer	
Barbara	1.020
Maika	1.411
Schrick	
Andrea	4.961
Annegret	1.231
Ernst	1.817
Schricke	1.105
Schrieck	2.486
Schrief	
Barbara	4.771
Cordula	1.575
Ellen	2.305
Schriefer	
Albert	2.050
Carsten	2.317
Hans-Joachim	2.518
Schriek	
Bernhard	2.745
Wolfgang	2.317
Schriever	
Brigitte	2.674
Ulrich	2.674
Schrieverhoff	
Christine	2.470
Jan	4.180
Schrix	1.261
Schröder (Schroeder)	
	4.723
Albert	1.460
	2.635
	2.736
Andrea	2.281
Andreas	1.456
Anna	2.125
Annegret	4.330
Annette	2.355
Arnold	1.495
Bernd	4.951
Bernhard	2.030
Bert	1.240
Berthold	2.022
Burghard	2.370
Christine	2.590
Christof	1.305
Detlef	2.156
Diethard	1.420
Doris	2.289
Elke	1.020
	1.180
Frank	4.390
	4.900
Frank M.	2.022
Friedhelm	4.590
Friedrich	2.061
Gabriele	1.270
	2.635
Georg	1.822
Gerald	2.323
Gerhard	1.588
Gerda	2.603
Gisela	2.005
	2.290
Hannelore	2.600
	4.850
Hans-Werner	2.255
Hans-Willi	2.067
Henning	2.621
Horst-Georg	2.115
Isolde	4.495
Joachim	1.020
Josef	2.751
Jürgen	1.107
	2.280
Jutta	1.770
Karl	1.353
Karl Wilhelm	1.820
Kerstin	4.247
Klaus	1.442
	4.071
	4.530
Klaus-Werner	2.710
Kristina	1.261
Marita	1.598
Markus	2.710
	2.736
Marlis	1.561
Martin	1.589
Michael	1.067
	1.350
	4.930
Norbert	4.960
Oliver	2.613
Oswald	1.367
Peter	1.500
Petra	2.067
	2.588

Name	Nr.	Name	Nr.	Name	Nr.	Name	Nr.	Name	Nr.
Reinhard	3.050	Schroer-Thompson		Martin	4.241	Schülter	1.066	Berthold	1.376
Rolf	4.462		4.661	Michael	2.059	Schümann	2.765	Julia	2.040
Sigrid	2.370	Schrörs (Schroers)		Rainer	1.413	Schümmer	1.380	Rolf	1.631
	2.690	Dorit	1.522	Reinhard	5.610	Schüneke	2.436	Veronika	1.457
Simon	2.611	Marianne	1.525	Rita	1.823	Schünemann		Schüstale	1.750
Stefan	1.690	Tobias	1.840	Stefan	1.595	Gerhard	2.174	Schüth	4.705
	2.763	Yvonne	1.270	Tanja	1.645	Luzia	2.588	Schüthuth	4.330
Stephan	2.267	Schröteler-Kluck		Thomas	1.815	Wolfgang	4.682	Schütmaat	1.266
Stephanie	4.151		1.460	Udo	2.587	Schüngel		Schütt	
Susanne	1.228	Schröter (Schroeter)		Vera	1.051	Anne	2.121	Antonia	1.407
Ulrich	1.020	Angelika	1.785	Walfried	1.520	Bernd	2.120	Dorothee	1.696
	4.961	Annett	2.390	Walter-M.	4.271	Schüngeler		Manfred	1.403
Ulrike	2.210	Brigitte	4.410	Wolfgang	2.687	Gabriele	1.529	Stephan	4.832
	4.300	Christian	4.330	Schuberth		Heribert	1.528	Schütt-Gerhards	1.681
Ursula	1.340	Heike	1.098	Kathrin	1.168	Schüpp	1.691	Schüttauf	1.535
	1.528	Ingeborg	1.010	Michael	4.440	Schüppler	2.750	Schütte	
	2.480	Joachim	2.485	Schubowitz	2.291	Schür	2.612	Bastian	2.485
Uwe	1.232	Karen	4.741	Schuchardt		Schüre	4.072	Bernhard	2.555
Wido	2.241	Kerstin	4.073	Andrea	4.248	Schüren	1.350	Brigitte	1.628
Wilfried	2.363	Norbert	4.680	Christina	4.370	Schürg	3.065	Burghard	4.601
Wolfgang	2.055	Ulrich	2.365	Jill	1.436	Schürhoff		Carla	1.054
Schröder-Harmening			2.425	Ulrich	1.426	(Schuerhoff)		Christa	2.518
	2.064	Wolfgang	3.050	Ursula	1.616	Josef	4.111	Cornelia	2.275
Schröder-Hillebrecht			4.743	Schuchert	1.554	Susanne	2.518	Dominique	2.440
	1.550	Schröter-Heinrichs		Schuck		Schürhoff-Brasch		Friedr.-Wilh.	4.440
Schröder-Kometz			4.570	Helga	1.098		4.915	Gisela	2.656
	1.345	Schröter-Ziemann		Ulrich-Rainer	2.710	Schürholz		Hans-Hermann	4.580
Schröder-Kosche			1.345	Schuck-Schmitz		Bettina	2.146	Jan G.	1.695
	2.491	Schroff	2.305		4.192	Theodor	4.224	Judith	2.588
Schröder-Seifert		Schrogl	1.411	Schucker		Schüring		Jürgen	4.790
	4.661	Schroiff	4.351	Elke	1.580	Dagmar	3.005	Klaus	2.655
Schröder-Unland		Schrooten	1.162	Wolfgang	1.584	Fritz	2.160	Michael	1.221
	4.761	Schroth		Schuckmann	2.627	Jost	1.124		1.737
Schröders	1.520	Detlef	1.102	Schudack	4.246	Marlies	2.614	Lothar	2.725
Schröer		Gunther	1.217	Schübeler-Jannes		Schürkämper	1.040	Petra	4.571
Andrea	4.402	Schrott			1.107	Schürken	1.750	Ulrich	2.059
Anne-Gret	1.490	Franz-Josef	1.106	Schücke	2.503	Schürmann		Walter	4.743
Brigitte	2.670	Georg	2.326	Schücker	1.422	Andrea	1.132	Werner	2.500
Christian	2.687	Schrübbers	1.222	Schücker-Hermanns		Bernd	2.690	Schütte-Appenrodt	
Clemens	3.003	Schruf	2.281		4.510	Bernhard	2.618		1.436
Elisabeth	2.005	Schruff	1.356	Schüffner	1.805		1.066	Schütte-Beckhaus	
Hans-Jürgen	4.810	Schrumpf	5.610	Schüle-Bertenrath		Franz-Georg	2.090		1.640
Herbert	4.830	Schuba			5.600	Franz-Ludger	2.245	Schütte-Finetti	1.418
Ingo	3.038	Elke	4.790	Schüler		Gabriele	1.127	Schütte-Ständeke	
Karl-Heinz	2.513	Volkmar	2.072	Bärbel	4.330	Günter	1.418		2.267
Marion	1.470	Waltraud	1.845	Ellen	2.095	Hanna	2.674	Schütten	4.271
Rainer	4.130	Schube	2.168	Frank	4.130	Henrik	4.260	Schüttenhelm	
Ralf	4.111	Schubert		Kirsten	4.810	Horst	2.230	Julia	1.240
Roland	1.592	Birthe	1.589	Klemens	2.565	Jörg	2.610	Volker	2.763
Rolf	2.305	Brigitte	6.220	Stefan	1.080	Marion	2.755	Schütter	4.272
Silvia	2.495	Christa	1.551	Stephan	2.002	Mireille	2.612	Schüttfort-	2.062
Thorsten	2.405		4.091	Eva-Maria	1.065	Monika	1.126	Hohmann	
Wolfgang	2.745	Detlef	2.590	Schüler-Bendler	1.250	Norbert	1.160	Schüttler	
Schröer-Noack	1.715	Gabriele	1.416	Schülingkamp	4.721	Petra	2.550	Fritz-Peter	1.551
Schröer-Oelgeklaus			4.323	Schülke	4.270	Reinhard	1.805	Hartmut	1.585
	2.625	Imke	1.118	Schüller			2.400	Lutz	4.590
Schröers	1.795	Ines	1.095	Annette	1.067	Richard	2.002	Manfred	1.401
Schrömbgens	1.432	Joachim	2.192	Christine	5.600	Schürmann-Bjelic		Susanne	4.700
Schröper	3.005	Jörg	1.421	Frank	1.155		1.058	Schüttpelz	2.700
Schrör (Schroer)		Kerstin	1.627	Friedrich	1.404	Schürmann-	4.961	Schütz	
Annegret	2.614	Klaus Dieter	3.175	Hans-Wolfg.	2.156	Blenskens		Astrid	2.665
Anne-Gret	1.690	Kristina	2.502	Heinz-Toni	1.054	Schürmann-Preußler		Beate	1.380
Elmar	4.680	Lars	1.420	Irmgard	1.565		1.210	Bernd-Rüdiger	4.130
Gabriele	1.211	Manfred	1.451	Jürgen	1.058	Schürmann-Rotzoll		Bernhard	1.122
Hans-Georg	2.587	Margitta	4.771	Martin	1.743		2.365	Christian	1.455
Karl	4.761	Maria	2.588	Robert	1.565	Schürmans	1.405	Cornelia	2.205
Walburga	1.410	Mario	1.168	Silke	2.491	Schüßler (Schüssler)		Georg	2.456
		Markus	2.168	Stephanie	1.004	Anna	2.205	Gisela	4.091

Name	Nr.	Name	Nr.	Name	Nr.	Name	Nr.	Name	Nr.
Gudrun	2.472	Josef	1.418	Manfred	4.350	Schulte-Kaemper		Schulterobben	5.610
Helmut	2.360	Margarete	1.521	Maren	2.001		2.156	Schultes	1.523
Katharina	1.044		2.045	Maria	3.105	Schulte-Kappacher		Schultheis	
Klaus	2.121	Schuldt		Marianne	1.004		1.219	Gottfried	4.415
Klaus-Henning	1.042	Harald	1.680	Mario	1.615	Schulte-Kemper	4.905	Herbert	2.183
Klaus Peter	3.007	Nicole	1.241	Markus	4.590	Schulte-Kramer	2.071	Schultheiß	2.073
Manfred	4.054	Schulenberg	1.583	Martin	1.815	Schulte-	3.040	Schulting	2.517
Michael	4.513	Schuler	2.522		2.731	Kurteshi		Schultz	
Paul	2.763	Schulert	1.180	Matthias	2.362	Schulte-Laggenbeck		Bärbel	2.230
Ralf	1.552	Schull	4.241	Mechthild	1.002		1.061	Bernfried	4.192
Roswitha	4.900	Schulleri	1.537	Meinhard	2.520	Schulte Ladbeck		Birgit	2.587
Sabine	4.290	Schult		Meinolf	2.111		2.555		4.740
Siegmar	4.520	Ellen	4.662	Melanie	4.601	Schulte-Ludwig	2.517	Eike	1.481
Tobias	2.763	Felicitas	2.425	Michael	2.345	Schulte-Mattler		Elke	1.454
Volker	1.484	Schulte		Monika	4.300		1.380	Johanna	3.045
Schütz-Frericks	1.223	Achim	2.522	Nadine	1.025	Schulte-Nölle	2.059	Petra	2.244
Schützdeller	1.210	Andrea	2.111	Nicole	2.495	Schulte-Nover	1.009	Rainer	1.450
Schützdeller-Cloidt		Angelika	2.184	Norbert	1.217	Schulte-Ortbeck	2.183	Ruth	2.288
	1.210	Anke	4.195		2.653	Schulte-Ostermann		Sebastian	1.421
Schütze		Barbara	2.255	Oliver	2.102		4.600	Schultz-Floric	1.528
Andrea	4.960	Beate	1.167	Otto	2.491	Schulte Osthoff	2.095	Schultz-Meurer	1.405
Friedhelm	BRDü	Bernd	2.621	Peter	4.700	Schulte-Rath	2.653	Schultze	
Marli	2.055	Bernhard	4.741	Philipp	4.900	Schulte-Rudolphi		Antje	2.405
Ute	1.593	Bernward	2.020	Ralf	2.070		1.415	Christel	4.225
Schütze-Rehling		Brigitte	4.220	Reinhard	1.045	Schulte-Rumich	1.434	Hans-Peter	2.176
	1.340		4.303	Relindis	1.211	Schulte-Schmale		Hubertus	2.425
Marco	1.340	Carolin	2.158	Richard	2.040		2.021	Thorsten	2.586
Schütze-Sladek	1.426	Christa	1.403	Rita	1.310	Schulte-Schulenberg		Ulrich	4.961
Schütze-Trautes	1.820	Christina	2.077	Rosemarie	2.270	Franz	2.604	Uta	5.600
Schützendorf	1.432	Christoph	2.031	Rudolf	2.036	Silke	2.503	Ute	2.319
Schützler	1.118		4.249	Ruth	1.224	Schulte-Sprenger		Zwjata	1.007
Schüürmann		Claudia	1.481	Sabine	2.516		1.063	Schultze-Schnabl	
Heinz-Gert	4.721	Dirk	2.031		2.486	Schulte-Steinberg			2.658
Knut	1.484	Doris	2.145	Silvia	2.587		2.175	Schultze-Weltlich	
Marietta	2.275	Ernst	5.610	Simone	1.725	Schulte-Stemmer			4.790
Schüwer	1.615	Ferdinand	1.810	Stefan	2.535		2.179	Schulz	
Schuffert	1.286	Frank	2.485	Thorsten	2.286	Schulte-Strathaus		Alfred Reinh.	1.155
Schug	1.593	Franz-Josef	4.270	Ulrich	2.655		2.516	Andrea	1.796
Schuh		Georg	2.523	Ulrike	1.586	Schulte Terhorst		Angela	1.696
Birgit	2.205	Gordon M.	2.310	Ursula	2.523		2.073	Angelika	2.181
Gesine	4.723	Gundel	2.451		2.522	Schulte-Weßkamp			4.945
Hartmut	4.290	Hans	1.136	Vera	1.488		2.161	Barbara	1.750
Horst	2.364	Heide	1.006		2.604	Schulte Westhoff		Bernhard	2.161
Marlies	2.079	Heike	2.356	Werner	2.365		2.522	Bernhild	4.590
Sabine	4.601	Heinz Jürgen	2.710	Wilhelm	2.405	Schulte-Wörmann		Birte	1.713
Thomas	4.660	Helmut	1.042	Winfried	3.005		2.513	Christian	1.441
Willi	4.091	Hendrick	1.117	Wolfgang	2.319	Schulte-Wülwer			2.402
Schuh-Heieis	1.642	Herbert	3.220		2.064		1.175	Christiane	1.348
Schuhen		Heribert	2.175		4.780	Schulte-Zurhausen		Christine	1.406
Wilfried	1.350	Hermann	2.002	Schulte-Allerdißen			1.009	Claudia-Maria	4.249
Eberhard	2.425	Ilse-Marie	4.462		4.540	Schulte-Zwecker		Clemens	1.615
Sonja	3.170	Ingeborg	1.025	Schulte-Brauer	4.721		4.402	Cordula	1.445
Schuhknecht	1.550	Irmgard	2.654	Schulte-Coerne	2.241	Schulte zu	1.585	Cornelia	1.095
Schuhl	1.285	Isabelle	2.169	Schulte-Curig	2.001	Sodingen		Detlef	2.095
Schuhmacher		Josef	1.530	Schulte-Ebbert	2.470	Schulten		Dieter	1.266
Rolf	2.157		2.438	Schulte-Ertl	1.741	Bernd	1.691	Dietmar	2.083
Sabine	1.417	Jürgen	1.106	Schulte-Feldkamp		Berthold	1.004	Edith	1.340
Schuhmacher-Conrad			4.761		2.746	Birgit	4.252	Friedhelm	2.215
	1.736	Jutta	4.170	Schulte-Fischedick		Christel	2.095	Gerald	2.686
Schuhmachers	1.190	Karin	4.662		1.128	Christiane	1.818	Gunhild	2.418
Schuhmann	1.218	Karl	2.001	Schulte-Gebing	2.736	Georg	1.716	Hans Gerhard	4.761
Schuknecht		Karoline	2.545	Schulte Hemming		Helmut	2.165	Hans Joachim	1.725
Dirk	4.370	Kathrin	4.580		1.228	Jutta	2.516	Hans-Peter	4.780
Johannes	2.126	Kathryn	1.185	Schulte-Herweling		Marius	1.560	Heide	2.658
Schuld		Klaus	2.031		4.247	Martina	4.250	Heinz-Joach.	2.076
Dieter	1.522		4.590	Schulte-Huxel		Monika	1.421	Herbert	2.660
	2.045	Lisa	1.225	Elisabeth	2.161	Schulten-Willius		Hubertus	4.323
Dirk	4.662	Ludger	2.487	Hermann	2.315		1.415	Ingrid	1.405

Joachim	1.811	Melanie	2.523	Hans-Heinz	1.630	Willi	1.350	Timotheus	1.070
	2.169	Rolf	4.350	Harald	2.280	Schumann-Knapp		Schwamborn	
	4.721	Walter	1.002	Heinrich	1.594		2.659	Friedrich	1.818
Judith	1.411	Werner	2.058		4.170	Schumann-Strate		Jörg	3.055
Jutta	1.218	Wolfgang	2.416	Helmut	1.380		1.408	Juliane	1.691
	4.040	Schulze-Ameling		Hildegard	1.743	Schunck		Uta	1.122
Karin	1.066		2.705	Hilke	1.186	Angelika	4.930	Schwamen van	1.628
Karl-Heinz	2.519	Schulze-Bergmann		Hiltrud	1.432	Hildburg	2.340	Schwan	
	4.170		4.740	Huberta	1.300	Hildegard	2.081	Andrea	4.962
Kornelia	4.410	Schulze-Bisping	2.563	Ina	1.107	Jochen	2.356	Daniela	3.038
Manfred	2.500	Schulze-Bramey		Inge	1.250	Monika	1.007	Volker	4.810
	3.015	Petra	4.815	Joachim	2.452	Schunk		Schwan-Storost	1.750
Marcel	1.589	Udo	3.007	Johannes	1.380	Christiane	2.503	Schwane	4.810
Martina	1.080	Schulze-Buxloh		Jürgen	4.401	Margret	1.550	Schwanenberg	2.614
Michael	1.402	Tanja	2.665	Karin	1.631	Schupp		Schwaner	4.771
	2.182	Torsten	2.225	Laura	2.751	Artur	4.070	Schwanitz	
Nicole	1.710	Schulze-Dieckhoff		Manfred	2.316	Ernst	4.511	Anita	1.818
Norbert	2.471		4.513	Martin	4.962	Schuppener		Barbara	1.412
Otfried	4.073	Schulze-Diesel	1.053	Martina	4.513	Christoph	1.435	Heike	4.660
Rainer	1.481	Schulze Eckel	4.700	Mirja	2.154	Helmut	2.416	Schwanke	
Regina	1.453	Schulze Forsthövel		Petra	1.121	Henriette	1.361	Gerd	4.462
Rüdiger	4.091	Christine	2.666	Rainer	2.571	Schurf	1.586	Heinz-Jörg	2.612
Sandra	2.242	Mechtild	2.317	Reinhard	2.356	Schury	4.701	Schwansee	4.247
Sebastian	2.680	Schulze Frenking		Rita	2.523	Schuschel	1.128	Schwantes	
Siegfried	2.073	Heribert	2.519	Rudolf	BRM	Schuster		Brigitte	4.241
Sigrid	2.570	Ulrike	2.519	Sebastian	1.400	Andreas	4.905	Karin	4.245
Sina	2.705	Schulze Havixbeck		Silke	1.593	Axel	4.075	Schwar	2.535
Thomas	2.290	Nina	2.760	Sonja	2.485	Dagmar	1.285	Schwark	2.101
	4.695	Oliver	2.686	Susanne	1.414	Elvira	4.130	Schwarte	
Udo	2.400	Schulze-Icking	3.040		1.775	Friedhelm	2.395	Heinrich	2.555
Ulrike	1.437	Schulze-Kelling	1.630	Ulrich	2.242	Gerda	4.091	Maria	2.683
Ute	2.315	Schulze Lohoff		Ulrike	2.452	Gottfried	1.090	Schwartekopp	2.022
	4.276	Annette	2.082	Ursula	1.125	Helmut	1.681	Schwarthoff	4.635
Werner	2.751	Reinhard	2.654	Ute	2.110	Hildegard	2.665	Schwarting	1.124
	2.076	Schulze Mattler		Wilhelm	1.091	Ina	2.518	Schwartmann	1.736
Wolfgang	1.690		1.581	Willi	1.105	Marita	2.396	Schwartpaul	4.070
	2.611	Schulze Messing			1.276	Wolf-Bernd	1.365	Schwartz	
Schulz-Fincke	2.191		1.650	Winfried	1.402	Schuster-Adelt	2.289	Bernd	1.600
Schulz-Freitag	1.775	Schulze-Rautenberg			2.655	Schutten-Springer		Eva	1.005
Schulz-Herbertz	1.011		4.720	Schumacher-Gerdes			1.168	Heinrich	1.810
Schulz-Keune		Schulze Schwicking			4.290	Schutz	1.817	Helma	4.495
Andrea	1.380		1.453	Schumacher-Hirt		Schuy	1.233	Schwartze	2.765
Kurt	1.400	Schulze Severing			1.450	Schwaak	4.295	Schwartzenberg v.	
Schulz-Koppe	1.436		2.205	Schumacher-	1.560	Schwab			4.740
Schulz-Kössuch	4.300	Schulze-Springer		Menningen		Angela	4.580	Schwartzkopf	4.130
Schulz-Köttgen	1.126		1.224	Schumacher-Zöllner		Marlen	2.345	Schwarz	
Schulz-Krause	1.422	Schulze-Varnholt			2.326	Renate	1.495	Alexander	1.530
Schulz-Marzin	1.098		4.743	Schumachers		Schwabe		Alois	2.156
Schulz-Müller	2.565	Schulze-Vowinkel		Brigitte	1.196	Rainer	2.516	Andreas	1.226
Schulz-Wolff	1.697		2.275	Heike	4.920	Walther	1.660	Angela	1.796
Schulze		Schulze Wettendorf		Manfred	1.109	Schwachenwalde		Angelika	4.661
Andrea	1.414		2.669	Walter	1.196		1.223	Anja	4.242
Anja	4.380	Schumacher		Schumann		Schwacke	1.231	Anneliese	1.470
Anneliese	4.290	Andreas	1.588	Barbara	4.220	Schwaechler	2.305	Caspar	1.433
Axel	1.285	Anja	2.513	Barbara I.	4.905	Schwärzel	4.462	Christian	2.086
Bernward	2.402	Bernd	1.402	Beate	2.181	Schwager	1.490		2.639
Christa	2.086	Birgit	4.540	Bettina	1.600	Schwager-Gomolzig		Christiane	4.192
Christian	2.686	Dagmar	4.590	Brigitte	1.413		1.715	Claudia	1.341
Claudia	2.175	Esther	1.059	Christoph	2.356	Schwagereit	1.454	Daniela	1.451
Cornelia	1.715	Eva	2.168	Frank	2.079	Schwagers		Dieter	1.107
Daniela	1.770	Felix	1.217	Götz	1.008	Thomas	1.081	Dietmar	1.226
Elisabeth	2.156	Ferdinand	2.630	Helmut	4.762		1.370	Ernst-Christian	4.249
Gert	1.475	Frank	2.033	Iris	2.060	Schwagmeyer	1.270	Fritz	BRK
Gudrun	4.601		4.410	Jörg	1.006	Schwahne-Vietze		Gabriele	2.145
Heide	4.300	Frieder	1.432	Klaus Peter	2.503		2.665	Hans-Horst	2.079
Helmut	4.192	Gerd	2.683	Manaela	3.165	Schwaiger	1.770	Hedi	4.831
Ilona	BRK	Gerda	5.600	Michael	2.393	Schwake		Heiner	2.480
Kirsten	1.527	Günter	1.151	Werner	1.057	Maria	2.063	Hildegard	1.201

Ingeborg	1.035	Werner	1.150	Björn	1.409	Schwingel-Schauder		Seeburg	1.505
Ingrid	1.414	Schwedes	4.091	Esenija	1.413		4.662	Seeck	1.406
Joachim	2.445	Schwedler		Schwerdorf-Tilke		Schwingenheuer		Seedorf	1.196
Josef	2.285	Jan Momme	2.300		3.065		4.180	Seeger	
Jutta	1.575	Wolfgang	4.071	Schwerdt	2.755	Schwinn		Anne	2.320
Maike	1.541	Schwedmann	2.522	Schwerdtfeger		Stefan	2.060	Ariane	1.095
Martina	1.690	Schwedtmann	4.248	Gabriele	1.633	Ulrich	2.666	Elvira	4.350
Mechthild	2.126	Schween-Ante	2.655	Hartmut	1.631	Schwinning	3.120	Joachim	4.410
Melanie	4.960	Schweer		Jürgen	4.249	Schwinum	1.136	Ulrich	1.743
Michael	1.108	Ilona	3.366	Petra	2.083	Schwippe	4.462	Wilfried	4.720
Monika	1.715	Tanja	2.005	Schwerdtner	4.440	Schwippert	1.050	Seegers	
Rainer	2.750	Schweers		Schwerdtner v.	4.320	Schwirblat	1.632	Lothar	1.168
Robin	4.243	Bärbel	2.244	Schwerdtner-Kruse		Schwirkmann	4.600	Theodor	2.023
Rosemarie	2.057	Maria	2.456		1.435	Schwirz		Seehase	2.060
Sabine	1.216	Ulrich	2.456	Schwerhoff	2.265	Petra	4.690	Seehöfer	4.273
	4.590	Schwegmann		Schwering		Tasso	4.690	Seekatz	2.286
Sibylle	2.370	Elke	2.605	Andreas	2.169	Schwitalla		Seel	2.705
Silvia	1.488	Jens	2.180		4.410	Gaby	4.075	Seelbach	5.600
Ulrike	4.300	Ruth	2.323	Angelika	1.588	Holger	4.072	Seelbinder	2.079
Ursula	1.408	Schwehn	2.639	Franz-Josef	2.180	Schwitanski	1.270	Seele	1.625
Valerie	4.251	Schweibert	4.495	Ludger	2.315	Schwittlinsky		Seele-Brandt	2.230
Schwarz-Jäger	4.246	Schweicher	2.669	Silke	2.627	Peter	1.190	Seeler	1.840
Schwarz-Sierp	1.068	Schweifels	2.270	Tobias	4.300	Renate	1.345	Seelhöfer	2.120
Schwarzberg	4.951	Schweiger	2.293	Schwermann	1.222	Schwitzner	4.130	Seeliger	
Schwarzburger	4.222	Schweigert	1.067	Schwermer		Schwoebel	1.822	Günther	3.140
Schwarze		Schweihofen	4.055	Thomas	1.736	Schwoll	1.201	Hanna	4.430
Angela	2.604	Schweiker		Manfred	2.169	Schwucht	4.771	Martina	2.361
Anja	2.673	Hans-Herm.	2.605	Schwert		Schwung		Wilfried	1.520
Axel	1.121	Pia-Maria	2.605	Kirsten	2.064	Klaus	2.319	Seelmann	1.255
Michael	2.695	Schweikert	4.571	Ulrike	2.710	Ursula	2.317	Seemann	
Monika	2.090	Schweinoch-Kröning		Schwertner	2.550	Schymalla	2.765	Gesa	1.484
Thomas	2.614		1.594	Schweter	2.401	Schymanski	2.169	Gudrun	1.065
Schwarze-Bartels		Schweisfurth-Kräling		Schwetje	1.261	Schymik		Ines	1.417
	4.330		2.640	Schwettmann	2.175	Andreas	1.551	Ingrid	2.110
Schwarzenberg		Schweitzer		Schwetzel	1.538	Norbert	4.242	Stefan	1.417
Heribert	2.521	Jürgen	2.440	Schweynoch	2.120	Schymura	2.755	Wolfgang	2.190
Inga	3.120	Stefan	1.413	Schwichtenberg	2.181	Schynol	4.180	Secme	4.072
Schwarzenberg v.		Schweizer	1.165	Schwichtenhövel		Scuffil	1.481	Seepe	
	1.616	Schwellenbach	1.091		2.690	Sczepanski	2.126	Gabriele	1.455
Schwarzenhölzer		Schwemer	4.091	Schwickrath	1.551	Sczyrba	4.510	Werner	2.160
	2.176	Schwemmer		Schwiederski	2.101	Sczyslo	1.488	Seesing	
Schwarzenthal		Annette	4.260	Schwieger	2.486	Sderra	2.275	Christa	4.570
	4.571	Bernd	1.001	Schwienheer	2.485	Sebald	2.067	Ralph	1.007
Schwarzer		Schwenen	2.452	Schwier		Sebastian		Seetzen	2.050
Annette	1.059	Schwengelbeck		Hans-Peter	4.430	Antje	1.069	Segato	4.722
Josef	1.715	Andre	4.743	Heinrich	2.500	Bettina	1.159	Segatz	4.071
Michael	1.212	Matthias	2.673	Eckhard	1.817	Brigitte	4.070	Seger	4.191
Stefan	1.070	Schwenger	1.200	Erdmuthe	2.315	Edna	4.570	Segerling	2.360
Susanne	4.771	Schwengler	4.290	Schwieren		Klaus	1.560	Segger	3.398
Schwarzkopf		Schwenk		Achim	1.845	Sebe-Opfermann		Seggern von	1.588
Michael	2.058	Eike	1.495	Anja	1.185		1.044	Seggewies	4.445
Natalia	4.224	Tanja	1.226	Schwiers	1.525	Sechelmann	2.627	Seggewiß	
Winfr.	1.695	Ursula	1.553	Schwierz	2.120	Sechler	1.004	Birgit	2.460
Schwarzpaul	1.351		4.380	Schwietering	1.119	Seck		Johannes	2.073
Schwarzwald	2.674	Wolfgang	4.721	Schwietert	3.007	Paul	4.040	Robert	4.100
Schwarzwald-Dirks		Schwenke		Schwietzke		Reinhard	2.125	Segin	3.155
	1.442	Daniel	4.304	Kurt	2.050	Robert	1.488	Segler	2.033
Schwebke		Günther	4.760	Sibille	2.380	Seck von	2.393	Segschneider	4.170
Reinhard	2.174	Mechthild	2.166	Schwill		Seckler	1.004	Sehlen v.	2.500
Volker	1.625	Schwenker	4.705	Johannes	2.560	Seçme	4.270	Sehlhoff	2.673
Schwechheimer	1.220	Schwenzfeier-Brohm		Birgit	2.080	Sedeit-Fries	2.660	Sehlhorst	2.286
Schwechten	1.551		4.170	Schwind	1.098	Sedler	4.743	Sehmer	1.180
Schweckendiek	2.755	Schweppe		Schwinden	4.570	Sedlmayr	1.040	Seibel	
Schweda	2.165	Susanne	4.192	Schwindt	4.252	Seebach	1.691	Andreas	4.445
Schwede	2.402	Ulrike	4.380	Schwinge		Seeberg-Dutour	2.267	Burkhard	2.658
Schweden		Schweppenstette		Jens	1.538	Seebo		Christina	2.230
Hildegard	1.600		1.790	Norbert	2.243	Eva	1.600	Hanna	2.393
Manfred	1.417	Schwerdfeger		Schwingel	1.405	Rolf	1.740	Robin	2.487

Seibert		Uwe	4.274	Martin	1.357	Jörg	2.061	Jutta	4.590
Adalbert	4.276	Vera	1.691	Monika	4.430	Karin	4.555	Klaus	2.445
Barbara	1.588	Seifert-Rühe	2.082	Wilhelm	2.438	Senska	2.245	Sabine	4.790
Claudia	4.705	Seiffert		Sellmayer	2.512	Sensmeier	2.763	Sewöster	2.057
Petra	3.050	Diemo	1.575	Selms	2.057	Senß	2.705	Sextro	1.155
Seibert-Kemp	1.435	Sylvia	2.487	Selter-Beer	4.197	Sentker		Seyda	2.645
Seibold	3.220	Seiler		Seltier	3.125	Hanne	2.158	Seydaack	4.951
Seibring	4.660	Christiane	2.603	Selting	1.589	Telse	4.277	Seyer	2.565
Seibt	4.243	Elisabeth	2.535	Selz		Sentürk	1.226	Seyfarth	1.410
Seibt-Engbruch	1.801	Gerhard	2.205	Christine	4.661	Seppe	1.005	Seyfert	
Seidel		Ina	4.635	Klaus-Jürgen	4.370	Seppelfricke		Ilse	1.581
Angela	4.720	Ingrid	1.408	Selzer	2.635	Agnes	1.600	Wolfgang	1.101
Bernhard	2.360	Monika	1.056	Semder-Lütz	1.063	Cordula	1.735	Seyferth	2.305
Flora Dott.	1.490		1.645	Semelka	BRM	Septinus	4.875	Seyffart	4.831
Günter	2.730		2.170	Semer	2.486	Sequeira	1.320	Seyhan	1.408
Helmut	4.274	Sylvia	2.181	Semm	4.370	Serafim	2.511	Seym-Born	1.486
Jutta	2.730	Seiler-Lorenz	1.101	Semmel		Serafin	4.492	Seyppel	4.571
Karlheinz	1.817	Seilz	1.153	Roland	2.654	Seringhaus	4.245	Seysen	1.220
Kathleen	4.920	Seim	1.735	Wilburg	2.513	Seroka	2.075	Sgundek	4.940
Manfred	1.458	Seimetz	1.412	Semmerling-Sietz		Serong	6.125	Shepherd	1.413
Markus	1.586	Seine	1.050		4.110	Serowski	2.356	Sherif	4.831
Perdita	2.474	Seinsche	2.655	Semrau		Servatius	1.552	Shimizu-Bethe	1.123
Renate	1.370	Seipel	1.588	Annette	4.690	Servi	1.816	Shittu	1.551
Stephan	2.571	Seipelt	4.272	Arno	2.659	Servos		Sholl	4.945
Thomas	4.960	Seipelt-Höhn	2.420	Nicole	1.629	Dieter	1.051	Shoukry	
Ulrich	2.638	Seipenbusch	2.503	Senderek	4.260	Doris	1.052	Kamal	1.475
Volker	1.421	Seite-Naroska	2.626	Sendes	4.950	Raimund	1.401	Ursula	1.137
Wolfgang	1.095	Seitz		Sendfeld	2.415	Werner	1.660	Siano	3.061
Seidelmann	1.003	Arwed	1.345	Sendker		Serwe	1.690	Sibbel	1.581
Seidelt	4.905	Dieter	1.795	Andrea	2.281	Sestendrup	2.195	Sibbing	2.275
Seidenspinner	4.402	Ela	4.340	Barbara	2.627	Seth	1.458	Siber	1.506
Seidensticker		Franziska	2.161	Sendlak	2.079	Sethe	1.061	Sibille-Ellerbrok	
Barbara	4.055	Ingrid	1.460	Sendlak-Brandt	4.277	Settels	1.353		2.168
Hans-Dieter	3.005	Josefa	2.455	Sendlinger	4.950	Settnik-		Siburg	2.364
Jürgen	2.585	Jürgen	2.456	Sendor	4.224	Schaufenberg	1.390	Sicherl	2.225
Stephanie	4.940	Klaus	1.131	Sendowski	4.401	Setz	4.831	Sick	1.660
Seidenstücker	2.495	Regina	1.125	Sendt	1.159	Setzer	2.370	Sickolmann	
Seidl		Tobias	1.798	Senekowitsch	4.130	Seuberlich	1.553	Heinz-Dieter	1.175
Günther	1.098	Seitzl	1.061	Senf		Seufert		Jörn	1.260
Rolf	1.190	Seiwald	2.318	Hans Werner	2.230	Dietmar	2.243	Sicker	1.137
Seidler		Sojdiju	4.035	Heinz	2.085	Harald	1.805	Sicking	
Elisabeth	1.054	Sekatzek	3.010	Helmut	4.962	Seuffert	1.044	Andreas	4.722
Peter	3.145	Selbach		Mascha	2.401	Seuken		Elisabeth	2.005
Thomas	2.001	Angelika	4.570	Senft	4.721	Martha	1.392	Friedhelm	2.072
Seidlitz	2.240	Eva	1.069	Seng		Werner	1.392	Maria	2.072
Seier-Engmann	2.073	Hans-Ludwig	1.481	Cornelia	1.775	Seuser	1.153	Ursula	1.408
Seifart	2.059	Klaus	1.270	Martin	4.225	Seuthe-Balluff	1.589	Sickmann	2.685
Seifarth	1.407	Martin	1.588	Ulrich	1.159	Seutter	4.054	Sicot	2.751
Seifen	2.513	Rudolf	1.241	Senge	2.750	Sevecke	4.249	Sida	4.600
Seifert		Selbach-Fabry	4.250	Senge-Ballesteros		Severens	1.456	Siddiquie	2.771
Barbara	2.472	Selbitschka	2.061		4.273	Severin		Sidlowski	4.390
Bettina	1.583	Seletzky	1.109	Senger		Antje	1.006	Sidon	1.775
Brigitte	1.453	Selg	1.586	Alexander	2.281	Doris	2.362	Sieb	1.250
Claudia	2.595	Seliger	1.420	Nicola	2.357	Friedr.-Ludw.	2.158	Siebald	
Dietlinde	2.280	Selinski	2.101	Thomas	1.411	Jörg	1.067	Cordula	2.589
Elisabeth	2.590	Selke	2.456	Sengfelder	4.571	Judith	1.210	Torsten	2.291
Erhard	2.639	Sell		Sengör	2.614	Michaela	1.581	Siebe	2.522
Folke	3.105	Detlef	2.326	Sengutta	1.775	Rainer	1.214	Siebel	
Heribert	2.610	Robert	1.051	Senholdt	1.375	Rüdiger	4.243	Heike	4.820
Horst	2.500	Werner	4.940	Senne	2.125	Uwe	1.128	Rolf-Dieter	2.760
Ines	1.353	Selle		Sennewald	2.318	Severin-Hoffmann		Siebel-Lenz	4.831
Ingeborg	1.412	Astrid	2.510	Sennholz			1.655	Siebelink	3.001
Karl-Heinz	2.363	Brigitte	2.600	Klaus	2.687	Severin-Mommers		Siebels	2.035
Margit	4.224	Martin	2.519	Renate	2.180		1.454	Sieben	
Martina	4.249	Sellen	4.570	Sensen	2.151	Sevzik	2.267	Elke	1.255
Rainer	2.240	Seller	2.502	Sensenschmidt		Sewekow	2.059	Gerhard	1.098
Ruth	1.058	Sellheyer	4.905	Bernd	3.065	Sewering	2.435	Helmut	1.090
Uschi	4.072	Sellmann		Brigitte	2.659	Sewing		Johannes	1.437

Name	Ref
Konrad	2.686
Thomas	1.255
Wilfried	1.261
Siebenborn	1.216
Siebeneck	2.405
Siebenhaar	1.790
Siebenhaar-Hage	
	2.111
Siebenkäs	1.044
Siebenkotten	4.654
Siebenmorgen	1.716
Sieber	
Elisabeth	4.815
Matthias	1.341
Randolph	4.661
Rolf	3.040
Sieberg	
Harald	6.210
Maria	4.920
Sieberichs	1.255
Siebers	
Birgit	4.963
Hildegund	2.080
Marlis	4.661
Siebers-Fischbach	
	1.175
Siebert	
Alexander	1.595
Brigitte	4.940
Friedhelm	2.589
Gerhard	1.115
German	2.182
Gudrun	4.695
Marlis	4.540
Martin	1.400
Michael	4.260
Michaela B.	2.745
Renate	2.518
Sandra	4.273
Ulrich	4.120
Wolfgang	4.401
Siebert-Gasper	1.575
Siebertz	
Heinz-Peter	1.036
Hella	1.505
Karin	1.432
Margarete	1.435
Peter	1.506
Renate	1.616
Siebes	1.685
Siebigs	2.621
Siebold	1.560
Siebolds	4.700
Siebrandt	1.820
Siebraße	2.323
Sieburg	
Manfred	1.052
Monika	2.285
Siechau	
Jürgen	2.426
Michael	2.613
Siecken	1.506
Siedenbiedel	4.246
Sieder	
Ellen	2.564
Markus	2.595
Siedlaczek-	
Grüter	2.571
Siefart	
Dietrich	4.491
Hans Ulrich	1.055
Siefert	2.763
Sieg	
Detlef	1.592
Gabriele	4.700
Norbert	2.070
Siegburg	1.065
Siegel	4.380
Siegel-Heßling	2.095
Siegeris	2.658
Siegers	2.076
Siegert	
Axel	1.785
Helmut	4.512
Monika	4.360
Sieghart	1.697
Siegler	
Christian	1.107
Holger	2.455
Siegloch	1.660
Siegmund	
Heike	4.832
Jochen	4.761
Reiner	1.025
Rolf	2.280
Siek	1.007
Sieker	
Irene	4.695
Sabine	2.700
Siekhaus	2.293
Siekmann	
Andreas	2.062
Angelika	2.064
Heinz-Ralph	2.419
Rainer	4.580
Svenja	2.565
Wilfried	2.471
Sieks	1.276
Sieling	
Barbara	2.315
Roland	4.905
Sielschott	1.811
Siemandel	4.273
Siemandel-Feldmann	1.553
Siemann	4.810
Siemes	
Anne	4.221
Luise	1.538
Simone	2.090
Walter	2.653
Siemon	
Christoph	4.130
Susanne	2.355
Siemoneit	1.581
Siemons	
Norbert	1.011
Simone	2.345
Siemsen	4.960
Siepe	
Hans-Joachim	2.310
Rosemarie	1.041
Volker	1.400
Siepelmeyer	2.152
Siepen	4.470
Siepker	2.625
Siepmann	
Adrienne	1.805
Elisabeth	1.403
Elmar	4.290
Katja	2.396
Larissa	4.246
Michael	2.319
Stefanie	2.260
Thomas	4.072
Sieprath	
Ellen	1.103
Peter	1.711
Sierra	
Antonio	4.740
Heike	4.740
Sieveke-Ludwig	2.319
Sieven	1.348
Sieveneck-Raus	4.710
Siever	4.252
Siever-Ludewig	2.310
Sieverding	
Christine	1.186
Judith	2.169
Sievers	
Burkhard	2.190
Esther	2.669
Gerd	2.715
Heike	1.139
Horst	1.118
Marc	1.456
Sievers-Schmitz	1.505
Sievert	
Arnim	4.570
Josef	3.055
Martin	4.304
Nicola	1.805
Nora	2.056
Ulrich	2.419
Uwe	4.601
Siewert	
Burkhard	1.167
Dana	1.456
Henning	2.010
Jürgen	2.516
Sigge	
Joachim	2.435
Ulrich	2.437
Siggemann	4.195
Sigges	
Niklas	2.176
Ursula	4.761
Sigges-Urban	1.805
Sigglow	
Dagmar	2.317
Hans-Herm.	1.106
Sigmann	2.316
Sigov	1.136
Sikora	1.275
Silber-Hain	4.721
Silberbach	
Gerhard	1.521
Ulrike	1.361
Silberhorn	
Christel	1.598
Hermann	4.570
Peter	4.570
Silberhorn-Stade	
	4.571
Silbernagel	1.710
Siller	
Frieder	2.230
Karin	2.230
Sillus	4.590
Silva de	1.436
Silz	
Inga	1.506
Monika	2.763
Simandi	1.392
Simanowsky	
Thomas-E.	1.410
Ursula	1.224
Simanski	2.611
Simberger	1.460
Simini de	2.650
Simkunaite-Folkers	1.413
Simmer	4.192
Simmerock	1.552
Simoes-Paschert	2.677
Simon	
Andrea	2.154
Andreas	1.430
	3.100
	4.323
Anke	1.410
Arnd	4.930
Christa	4.601
Christine	2.677
Dagmar	1.070
Dietmar	2.452
Dittmar	2.168
Frank-Joach.	2.653
Gerd	1.521
Günter	2.067
Hans-Chr.	2.033
Helga	1.770
Helmut	2.656
Hubert	2.022
Ingo	1.041
Jörg	2.730
Johs.-Peter	3.175
Kathrin	1.416
	2.196
Katja	1.261
Klaus	1.630
Malaika	2.452
Manuela	4.323
Marita	4.832
Mathias	1.594
Mechthild	2.153
Monika	2.640
	3.210
Silvia	1.020
Stefan	2.514
Stefanie	1.118
Tanja	4.660
Volker	2.610
Simon-Schaefer	1.115
Simone	4.271
Simone de	4.390
Simonis	
Sabine	1.414
Ursula	1.069
Simons	
Benedikt	1.632
Edda	3.010
Edith	1.411
Ernst M.	1.356
Ewald	1.055
Horst	1.270
Karsten	3.045
Lilo	1.270
Mirco	1.541
Peter	4.210
Ursula	1.255
Simons v. Bockum	
	2.666
Simonsmeier	4.690
Simos	1.305
Sims	4.961
Simshäuser	1.715
Sin	1.150
Sina	1.495
Sinapius	1.066
Sindermann	
Josefine	2.056
Rainer	3.005
Ralf	2.075
Ursula	4.040
Singendonk	4.571
Singenstreu	4.870
Singer	
Godehard	2.110
Katja	1.405
Ursula	1.255
Singer-Rothöft	4.630
Singh	4.141
Sinkovec	2.275
Sinn	2.291
Sinnecker	1.551
Sinning	2.156
Sinofzik-Meehan	
	4.040
Sintzen-Königsfeld	
	2.101
Sinzig-Gruhn	4.370
Sippel	
Diethelm	3.068
Peter	2.293
Sirch	1.484
Sirot	3.010
Sirp	2.300
Sirsch	
Günter	5.610
Wolfgang	1.229
Sistenich	4.241
Sistermann	1.404
Sistig	4.661
Sittard	1.810
Sittel	2.667
Sitter	
Anke	4.512
Peer	1.740
Sittkus	1.598
Sitzler	
Dorothee	2.771
Hermann	3.210
Sitzler-Grefen	
	1.375
Siwek-Gilroy	2.126
Sixt	
Brigitte	1.715
Michael	4.491

Namenverzeichnis 881

Name	Value	Name	Value	Name	Value	Name	Value	Name	Value
Skala	2.426	Lenore	1.115	Cornelia	1.405	Sollwedel-Wilde		Margot	1.805
Skalecki	2.110		1.115	Gabriele	2.323		2.215	Wolfgang	1.392
Skandera	1.650	Smidt		Söller		Solty	2.621	Sonntag	
Skawran-Schölling		Enno	2.270	Alexandra	1.270	Sombeck	2.153	Alfred	1.020
	2.515	Hilke	2.071	Claudia	1.151	Somberg	2.062	Anke	2.083
Skeide-Panek	1.402	Smielowski	2.077	Ilse-Dore	1.506	Somborn	4.601	Gabriele	2.686
Skiba	1.380	Smirek	2.096	Sölter-Jost	1.822	Sombroek	1.351	Hans-Ulrich	2.062
Skibba	1.175	Smit	4.680	Soemer	2.545	Sommer		Heike	4.630
Skibowski	1.750	Smith		Sömisch	2.174	Angelika	1.002	Henning	2.040
Skischalli		Angela	1.710	Söndgen	4.071	Anke	1.365	Johannes	2.364
Gabriele	1.823	Bettina	4.330	Sönksen	1.660		2.669	Lars	1.201
Helmut	1.737	Smitmans		Sönnichsen		Annette	1.535	Raphaela	1.054
Sklarz	1.436	Ernst	1.261	Christiane	4.276	Barbara	2.176	Stephanie	1.119
Skoczek		Mechthild	1.538	Peter	1.162	Claudia	2.289	Wolfgang	1.228
Detlev	2.083	Smits	1.004	Soentgen	4.491	Gabriele	1.570	Sonntag-Freidank	
Eva	2.083	Smitten in der		Söntgerath		Ingrid	1.404		2.687
Skodazek	4.720	Rolf	1.525	Andrea	2.086	Marlene	1.310	Sonntag-Werkes	
Skodowski	2.151	Wilhelm	1.713	Herbert	1.057	Mechthild	4.780		1.520
Skodra	1.180	Smock		Soentken	1.061	Peter	2.291	Sons	
Skopalik	4.945	Annette	2.487	Sörensen	4.301	Petra	2.061	Sandra	4.271
Skorwider	1.535	Wolfgang	2.487	Sörgel	4.410	Renate	1.091	Stefan	1.736
Skotnicki von	1.795	Smode	2.326	Soergel	1.616	Richard	2.491	Sontag	1.632
Skotzke	3.100	Smolarczyk	2.288	Sörries	2.240	Ulrike	2.420	Sontag-Hasler	1.523
Skowronek	4.761	Smolibowski	2.006	Soetekou	1.160		4.780	Sontowski	2.275
Skrbek	2.345	Smolin	2.166	Söthe	4.380	Winfried	1.228	Soost	1.370
Skrodzki		Smolinski	1.360	Soetopo	4.273	Sommer-Klein	4.273	Sopart	2.614
Hans-Helmut	1.823	Smolka		Sofianos	4.072	Sommerfeld		Sopczak	2.083
Werner	2.670	Dieter	1.196	Sohlbach		Hans-Georg	1.741	Sopott	2.630
Skrzipek	1.054	Judith	2.326	Miriam	2.323	Herbert	2.056	Sopp	2.002
Skudelny	2.452	Siegfried	2.310	Wolfgang	2.671	Josef	1.743	Soppa	1.261
Skurak-Althaus		Smolla	4.961	Sohler	2.586	Klaus-Ulrich	2.081	Soppe	2.073
	3.040	Smolorz	1.457	Sohmen	1.775	Sommerfeld-	1.505	Soquat	1.811
Skupin	4.220	Smuda	2.490	Sohn		Bansberg		Sorgatz	2.635
Skuplik	4.690	Smutek	2.603	Annette	2.120	Sommerhoff	2.030	Sorgentini	2.064
Skupski	1.136	Smyhatz-Kloss	1.310	Michaela	4.111	Sommerhoff-Benner		de Saenz	
Skusa	1.122	Smyra	2.456	Sohns	1.810		2.571	Sornberger	1.730
Skwara	1.485	Smyrek	4.720	Solka		Sommerkamp	4.370	Soschniok	1.158
Slach	1.801	Snellmann	1.123	Ilse	1.006	Sommermeyer	2.318	Sosna	4.111
Sladek		Snethkamp	1.629	Matthias	1.241	Sommersberg	1.186	Sossna	2.472
Ingeborg	1.414	Sobala	4.875	Sojčić	2.265	Somorjai	2.281	Sossnierz	2.763
Lore	4.510	Sobanski	2.772	Sojka		Sonanini	1.201	Sostmann	4.462
Slanar	1.266	Sobiech	2.651	Dieter	2.022	Sonderfeld		Soth	1.570
Slapa	1.690	Sobizack	3.061	Hans-Joachim	4.445	Karl-Theo	1.594	Sotiriou	4.511
Slapnik		Sobol-Rump	4.815	Sokhanvar	1.045	Michaele	4.962	Sott	2.243
Martina	3.025	Sobola	1.065	Sokol	4.661	Ulrich	2.161	Soujon	
Reinhard	1.553	Sobolewski	1.822	Sokolski	2.437	Walter	4.110	Edith	1.436
Slawik	1.135	Soboll		Solbach	5.600	Sonderhof	1.405	Ingrid	1.407
Sleegers	1.500	Michael	4.141	Soldan	4.197	Sondermann		Soukane	1.790
Slesiona		Uwe	4.070	Soldanski	2.230	Annette	4.512	Sourek	1.432
Elisabeth	1.445	Sobotka	1.081	Soldierer	4.415	Bernd	2.452	Souren	4.274
Karl-Heinz	1.583	Sobotta	2.060	Soldierer-	1.660	Peter	2.730	Southan	2.604
Slevogt	1.214	Sobottka	4.130	Randelzhofer		Sondern	2.771	Sovuksu	2.267
Sliwa	2.085	Sockoll	2.456	Solf	1.420	Sonnemann	2.305	Sowa	
Slomiany	1.392	Soddemann	1.011	Solfrian-Brinkbäumer		Sonnemeyer		Eike	1.419
Slomka	1.226	Sodemann	4.540		2.077	Elisabeth	2.660	Günther	2.002
Slomski	4.470	Sodies	2.474	Solinski		Jürgen	2.600	Martina	1.355
Slon	2.575	Söbbeler	2.490	Edda	2.445	Sonnen		Stefan	1.591
Slowick	4.762	Söder (Soeder)		Hans-Wilh.	2.445	Christopher	2.436	Sowa-Erling	2.040
Slütter	4.601	Lucia	1.486	Wolfgang	2.470	Günther	1.810	Sowa-Fiedler	1.695
Slupinski	3.220	Stefanie	2.630	Soll		Sonnenberg		Sowa-Winter	1.118
Smeets		Uta	1.241	Daniel	1.616	Friederike	1.108	Sowislo	2.611
Elisabeth	2.401	Söffing	1.620	Erwin	1.629	Heinz	2.603	Sowka	4.880
Francois	2.687	Söhnchen	2.290	Mechthild	1.840	Sonnenberger	1.490	Soyka	
Smerdka	2.182	Söhnen von	1.591	Sollmann		Sonnenschein		Mike	1.117
Smetan	1.351	Söhngen		Kurt	1.219	Bodo	2.291	Ruth	1.340
Smets	3.215	Manfred	1.003	Meinholde	1.231	Brigitte	2.686	Spaan	4.680
Smiatek	2.604	Rolf	4.246	Sollmann-Becker		Gabriela	2.285	Spaan-Eichelberg	
Smidderk		Sökeland			1.796	Günter	1.805		4.276

Späker		Speller	2.151	Angelika	4.277	Dieter	1.006	Dietmar	4.361
Paul	1.212	Spellerberg	4.810	Christine	3.105	Françoise	1.690	Ferdinand	4.510
Silvia	1.212	Spellmeyer	4.780	Dietrich	2.083	Irmtraud	1.690	Gerd	2.410
Spaenhoff	2.685	Spelsberg		Günther	2.168	Uwe	4.570	Heinrich	2.588
Spätling		Bernd	4.601	Heinrich	4.920	Spiluttini	1.561	Jan Oliver	2.158
Martin	4.260	Christel	2.460	Heinz-Ulrich	1.044	Spindeldreher	3.001	Jürgen	2.626
Mechtild	2.175	Gabriele	4.075	Rainer	2.666	Spindeler	1.550	Jutta	1.376
Thomas	1.390	Spelz	1.510	Spiegel-Benkel	1.790	Spinrath		Roland	3.005
Spahn	1.455	Spemes	1.570	Spiegelberg	2.320	Altfrid	1.743		3.100
Spain	2.243	Spengler		Spiegelburg	2.395	Dorothee	4.695	Thomas	4.270
Spallek	2.405	Anne	2.267	Spiegelhauer-Meyer		Spiri	4.125	Sprenger-Franke	
Spanaus	1.454	Eugen	2.613		1.823	Spital	2.305		1.584
Spancken		Gerhard	1.431	Spiegelhoff	1.525	Spittank	4.370	Sprenger-Saal	
Gertrud	1.595	Gisela	2.395	Spiegelmacher	1.052	Spittel	1.380		2.170
Mariluise	1.050	Karolina	4.511	Spieker		Spitzbart	4.961	Sprich	1.057
Spang		Matthias	2.161	Burkhardt	4.660	Spitzer		Sprick	4.330
André	1.411	Petra	4.075	Claudia	3.340	Ingo	2.315	Sprickmann	1.355
Günter	1.408	Simone	1.523	Daniel	2.516	Reinhold	4.700	Sprigade-Hauffe	4.192
Helmut	1.441	Ulrich	4.510	Dorothea	2.486	Sandra	2.033	Spring	1.441
Vera	1.417	Spenn	4.497	Elisabeth	4.249	Ulrike	4.832	Springenberg	4.540
Spangardt	2.316	Spenner		Susanne	1.716	Spitzer-	1.370	Springer	
Spangenberg	1.006	Albrecht	2.371	Spiekermann		Zmijanjac		André	4.390
Spangenberg-Hüshoff		Britta	1.153	Christiane	2.293	Spitzner	2.002	Beatrix	3.045
	1.458	Gabriele	2.419	Elisabeth	2.196	Spix	4.830	Carla	4.875
Spaniol	1.528	Hans-Jürgen	2.225	Gerard	1.139	Spliethoff		Christian	2.320
Spanke		Klaus	2.010	Hans	4.224	Claudia	4.380	Dorothee	2.491
Bernhard	4.540	Walter	2.033	Joachim	2.288	Michael	1.151	Elisabeth	2.415
Gisela	2.182	Spennrath-Werges		Susanne	1.454	Spoden	2.611	Ellen	1.401
Spankeren van	4.330		1.485	Spieler	2.174	Spöhr	1.554	Franz-Josef	2.021
Spannhake	4.091	Spenrath	1.505	Spieles-Küppers	1.550	Spönemann		Ingrid	2.021
Sparla	3.205	Sperber von	1.220	Spielkamp	1.153	Burkhard	2.240	Peter	4.700
Sparringa	2.040	Sperl		Spielmann		Dirk	1.150	Ute Barbara	4.680
Spathmann	2.151	Günter	2.470	Gabriele	2.565	Spohr		Springhorn	
Spatz	1.137	Hartmut	2.660	Michael	1.696	Thomas	2.361	Anette	2.157
Spaunhorst	1.760	Sperlich		Spielmann-Locks		Ute	1.214	Siegfried	2.230
Specht		Michael	1.570		1.541	Sponagel	2.571	Springmann	1.212
Hartmut	1.716	Monika	2.687	Spielmans		Spoo		Sprink	2.690
Irina	2.060	Stephan	2.565	Heike	1.351	Martina	1.006	Sproedt	1.736
Irmela	4.220	Sperling		Jürgen	1.484		4.224	Sprokamp	4.635
Jens	3.020	Gabriele	1.102	Spier	2.589	Sporbert		Sprothen-Scheidt	
Sabine	1.370	Gotthard	4.430	Spierling	2.659	Birgit	1.775		1.165
Waltraud	2.587	Wolfgang	2.317	Spiertz	1.355	Manfred	1.697	Spruch	2.064
Wilfried	2.246	Spernol	1.212	Spies		Sporenberg	2.471	Sprünken	1.840
Specker		Sperz	2.611	Ernst-Ulrich	2.101	Spork		Sprung	
Alexandra	2.361	Speth	4.745	Heinz-Werner	2.063	Karin	2.191	Carola	4.540
Andreas	1.405	Speuser		Marion	2.715	Susanne	4.300	Christoph	3.007
Kristin	2.152	Elke	2.023	Sabine	2.765	Spork-Ierardi	2.660	Heike Iris	4.323
Winfried	2.455	Hildegard	1.255	Spieß (Spiess)		Sporleder		Sprutacz	2.290
Speckmann	2.621	Margarete	1.255	Christel	5.610	Anja	4.170	Sprute	
Specks	1.433	Petra	1.810	Christoph	1.490	Eckhart	4.150	Bernhard	2.565
Speen	1.795	Spevacek	1.350	Margret	2.655	Iris	1.226	Manfred	2.665
Speer	4.745	Spicher		Nicole	1.060	Sposny	2.320	Spruth	2.058
Speetzen-	1.554	Sabine	4.790	Silvia	3.307	Spranke	2.515	Sprzagala	2.184
Schnatmann		Walter	1.488	Spieth	2.286	Spratte	2.181	Spürck	1.025
Spehl	1.660	Spickenbom	2.183	Spikereit	4.251	Sprave		Spurtzen	1.593
Speich		Spicker		Spilker		Harald	4.920	Sroka	2.590
Annette	1.641	Anna-Maria	1.390	Detlef	4.960	Jürgen	2.645	Srol	2.085
Monika	1.261	Friedemann	3.063	Katharina	4.430	Spreckelmeyer	1.416	Staab	4.720
Speichert	4.073	Ina	4.830	Sascha	1.710	Spreckelsen v.	1.805	Staack	4.590
Speidel		Spicker-Wendt	3.063	Spilker-Mutzberg		Spree	2.244	Staacken-Görler	
Hans-Peter	1.470	Spickhoff	2.651		2.357	Spreen	4.430		2.260
Rainer	4.245	Spiecker	1.785	Spiller		Sprekelmeyer	2.160	Staake	1.822
Speight	2.121	Spiedt	2.270	Harald	1.402	Sprengel	4.740	Staas	1.795
Speiser	2.635	Spickerhoff	1.190	Rudolf	2.062	Sprengel-Döing	2.472	Staats	1.106
Speitmann	1.228	Spieckermann		Spillmann		Sprenger		Stach	
Spekker	4.495	Erich	1.594	Jörn	1.040	Birgit	1.266	Karin	4.780
Spell	4.304	Petra	1.058	Peter	2.611	Björn	2.318	Monika	1.216
Spellenberg	2.585	Spiegel		Spillner		Dieter	4.274	Petra	4.300

Rolf	2.265	Stahr	1.300	Starcke	2.362	Ingeborg	2.021	Stegemeier	2.604
Stachowitz	2.005	Staib	2.519	Stark		Steegmanns		Stegemerten	1.796
Stadel	1.553	Staisch	4.720	Dagmar	2.033	Annette	4.590	Stegemöller	4.130
Staden	2.625	Stakelbeck	4.580	Hans	1.405	Fritz	1.537	Stegen	2.281
Stadermann	2.082	Stakenkötter	2.196	Karola	1.415	Steen	2.157	Steger	
Stadler		Stallbaumer	2.062	Michael	1.486	Steenken	1.589	Ursula	2.326
Andrea	1.216	Stallberg	1.326	Nicole	4.905	Steenkolk	2.165	Wolfgang	2.083
Angela	1.151	Stalleicken	1.153	Peter	1.040	Steens	2.150	Stegers	4.771
Dagmar	4.251	Stallmann		Reinhard	2.565	Steentjes		Stegers-Hillebrand	
Jörg	1.218	Harald	4.701	Selma-S.	2.530	Bettina	2.161		4.600
Jutta	2.521	Karen	2.230	Sonja	2.270	Michael	2.161	Stegger	1.413
Stadler-Tegethoff		Karin	2.056	Walter	1.716	Stefener	2.445	Steggers	1.233
	2.255	Stallmeister	2.460	Stark-Bauer	1.066	Stefer	2.067	Steggewentz-Kiewit	
Stadtbäumer		Stalpers	1.117	Stark-Faber	4.761	Steffan	2.686		2.626
Christel	4.831	Stalz	4.380	Starke		Steffen		Steglich	
Nicco	2.170	Stamm		Angelika	2.036	Annegret	2.362	Juliane	1.798
Stäbler	2.160	Anne	1.131	Bernd	2.419	Bernd	2.683	Klaus	1.798
Stäck	4.260	Bernhard	1.131	Birgit	2.575		2.357	Margarete	2.067
Stäcker	2.181	Folker	2.246	Heidemarie	2.621	Caja	1.150	Stegmaier	2.031
Städing	1.801	Harald	1.163	Rainer	2.160	Doris	2.176	Stegmann	
Städter	1.565	Heinz-Jürgen	2.067	Starker	4.830	Erhard	3.160	Anne	1.785
Städtler	4.385	Stammen		Starostik	4.630	Gerlinde	1.260	Holger	2.565
Staege		Heinrich	4.512	Starr		Gisela	2.005	Monika	1.535
Marie Luise	2.169	Markus	2.600	Freia	4.385	Heiko	4.722	Stehle	1.530
Wolfgang	1.781	Rebecca	1.810	Karl-Ernst	4.890	Irmhild	4.380	Stehlgens	1.063
Stäglin	1.453	Stammkötter	1.780	Stasch		Michaela	4.340	Stehling	4.875
Stähle	1.488	Standke		Christian	4.601	Monika	1.226	Stehling-Schröer	
Ständeke	2.166	Frank	1.102	Horst	2.755	Norbert	3.025		2.564
Ständer	2.627	Norbert	4.590	Staschen	1.805	Paul	2.180	Stehmann	4.943
Stärk	2.393	Stanek	1.300	Stascheit-Busch	1.712	Regine	4.130	Stehr	
Stärk-Lemaire	1.432	Stanetzky	1.261	Staszyk	1.691	Renate	1.160	Klemens	2.318
Stäubling	4.491	Stang		Stateczny	4.300	Roswitha	1.357	Peter	1.341
Staggenborg	2.270	Angelika	2.425	Statzner	1.105	Sonja	1.211	Simone-T.	1.095
Staguhn-Alshuth		Erich	2.659	Staubach		Ursula	1.128	Steib	
	1.413	Roman	1.840	Angela	1.780	Steffen-Becker	1.818	Christiane	4.430
Stahl		Stange		Elisabeth	3.040	Steffen-Hofmann		Norbert	4.728
Andrea	3.240		2.146	Stauber	4.120		4.370	Steidel	2.445
Antje-F.	4.661	Brigitte	1.361	Stauch		Steffenhagen	2.751	Steidtmann	2.315
Barbara	1.195	Martha	1.225	Rudi	1.168	Steffens		Steierwald	4.680
Christina	2.518	Martina	2.621	Ulrich	2.040	Bärbel	1.430	Steiff	1.488
Elke	1.713	Stangier-Nüßgen		Staude	1.737	Birgit	2.317	Steiffert	1.265
Erich	1.697		4.870	Stauder		Dagmar	1.250	Steigenberger	2.205
Frank	4.930	Stanic	2.266	Dieter	1.060	Dirk	4.495	Steiger	4.570
Gabriele	2.570	Stanicki	4.072	Inge	1.070	Frank	2.033	Steigerwald	
Helmut	2.456	Staniczek	1.790	Staudt-Taube	4.654	Günter	4.270	Dieter	4.832
Horst	2.102	Stanislawski	2.081	Stauf	1.054	Hannelore	1.436	Marlies	4.832
Jürgen	2.363	Stankewitz	1.098	Stauff	2.005	Harald	1.006	Steigüber	4.270
Nicole	1.044	Stankiewicz	4.040	Stauffenberg	1.625	Hildegard	4.180	Steih	1.390
Paul	2.763	Stanley		Stave	1.228	Isolde	4.260	Steijvers	1.345
Silvia	1.484	Christopher	1.538	Stawinoga	1.435	Johannes	4.300	Steil	
Ulrike	2.515	Ingeborg	1.713	Steber	1.580	Karen	4.695	Cornelia	2.086
Ursula	1.421	Stanski	1.527	Steber-Schulte	5.610	Karl-Gerd	4.295	Doris	4.870
	2.145	Stante-Brauchler		Stec	1.536	Nicole	1.506	Steilemann	1.066
Stahl-Mitscher	1.432		1.810	Stecher		Roswitha	4.295	Steiling	3.050
Stahl-Schulze	2.191	Stanton	1.414	Erich	2.190	Rudi	3.040	Steilmann	
Stahl-Voigt	2.370	Stapp	4.241	Lambert	2.751	Sarah	1.434	Doris	2.243
Stahlberg	2.519	Stapper		Sandra	2.061	Stefan	1.811	Katja	2.630
Stahlhacke	3.125	Erika	1.775	Steckel	4.304	Ute	1.811	Steimel	
Stahlhut	4.430	Hans	1.522	Steckelbach	1.285	Steffes-Mies	1.743	Annegret	2.061
Stahlke	4.495	Ricarda	1.435	Stecker	2.085	Steffes-Walther	1.810	Christian	2.079
Stahlmann		Wolfgang	1.630	Steckhan	2.356	Stege-Gast	1.403	Maria	4.635
Marion	4.130	Stapper-Wehrhahn		Steckstor	4.440	Stegelmann	1.320	Steimel-Hurson	1.059
Torsten	4.875		1.118	Steden	2.289	Stegemann		Steimer	4.221
Stahlmecke	2.677	Stappert	1.010	Stedtler	2.180	Constanze	4.951	Stein	
Stahmer	1.196	Staratschek	1.380	Steeg vom	1.116	Maria	4.722	Alexandra	1.108
Stahn	4.630	Starbaty-		Steeger		Reinhild	2.365	Andrea	1.218
Stahnke-Bartodziej		Stückemann	2.613	Angela	1.802	Robert	2.705	Annegret	2.460
	2.323	Starck	4.700	Bernd	1.420	Torsten	2.627	Annemarie	4.070

Annette	4.070	Angelika	2.667	Winfried	4.290	Steinwender-Willing		Stenzhorn	4.270
Bernard	2.445	Axel	2.667	Steinhüser			1.220	Stepanski	4.831
Christian	1.326	Susanne	2.082	Magdalene	2.357	Steinzen	4.600	Stephan	
Christiane	1.326	Ursula	2.667	Thomas	2.170	Steireif	4.070	Andrea	1.458
Claudia	1.442	Steinbrück		Steinig	4.250	Steiwer	4.570	Birgit	2.318
Clemens	1.025	Christian	3.005	Steinigeweg	4.410	Stell-Schleef	1.285	Christa	1.001
Daniela	1.410	Gertrud	1.063	Steininger		Stella	1.168	Christoph	1.225
Friedhelm	1.151	Steinbrügge	3.010	Rainer	2.550	Stellberg	1.126		1.680
Gisela	2.100	Steinebach-Kelter		Torsten	1.003	Stellbrink	2.440	Dirk	2.356
Günter	4.040		2.530	Steinkamp		Steller	2.325	Klaus	4.249
Hartmut	2.370	Steinecke		Axel	1.523	Stelling	2.530	Marlis	4.111
Heike	1.450	Helga	4.300	Egon	2.362	Stellmach		Martin	1.310
Holger	2.731	Werner	1.175	Hildegard	2.179	Brigitte	4.390	Michael	1.414
Jürgen	1.059	Steinel-Schrenk	1.011	Judith	2.152	Peter	1.713	Monika	1.053
Ludger	1.160	Steiner		Steinkämper	2.393	Stellmacher	2.416	Wilfrid	1.053
Mario	1.376	Beate	1.437	Steinke		Stellmes	2.085	Wolfgang	2.653
Michael	6.105	Ingrid	1.159	Annegret	4.370	Stellpflug	1.798	Stephan-Ragazzi	
Sibylle	2.480	Jutta	1.822	Eckhard	2.169	Stelte	4.304		1.190
Stephan	1.376	Katharina	2.656	Giesela	2.472	Stelten-Busch	4.350	Stephani	4.660
Susanne	4.762	Manfred	1.160	Herbert	1.593	Stelter		Stephoudt v.	1.535
Theodora	4.243	Martin	1.115	Hildegard	1.044	Dietrich	2.146	Stepke	2.436
Ulrich	1.415	Rita	1.241	Oswald	1.044	Jürgen	2.320	Steppan	2.083
	4.352	Steiners	1.103	Susanne	2.471	Martina	1.126	Steppeler	
Veronika	1.560	Steinerstauch	2.081	Ulrich	2.751	Peter	2.455	Martin	4.741
Walter	1.560	Steinert		Ursula	1.710	Rosemarie	1.109	Mechthild	2.491
Wolfgang	2.265	Axel	2.417	Wolfgang	2.563	Steltzer	1.061	Steppler	4.695
Stein vom		Claudia	4.900		2.637	Stelzer		Steppuhn	1.170
Günter	1.775	Georg	4.680	Steinkuhl	2.361	Elisabeth	1.822	Stergiopoulos	1.170
Sigrid	1.697	Maren	2.393	Steinkühler		Norbert	2.571	Sterk	1.436
Ulrike	3.398	Marlies	1.231	Annelie	2.061	Stemann-Droste	2.319	Sterken	4.245
Wolfgang	1.699	Michael	1.059	Heiko	2.061	Stemann-Eisenkolb		Sterly	1.481
Stein-Arians	1.796	Steinert-Schmitz		Steinmaier	1.790		2.514	Stermann	
Stein-Neugebauer			1.391	Steinmann		Stemberg		Arndt	1.451
	4.570	Steinfeld	2.197	Alexandra	1.592	Christian	2.121	Tanja	4.250
Stein-Pacios Prado		Steinfels-Baudet	1.159	Gertrud	1.106	Karl-Heinz	2.751	Stern	
	2.511	Steinfort	1.520	Hartmut	1.412	Pia	2.604	Bettina	1.442
Stein-Sluimer	1.407	Steingröver	4.240	Petra	1.057	Stemberger	1.418	Henning	1.126
Steinacker	2.425	Steinhäuser	1.158	Steinmaßl	1.117	Stemmer		Katja	1.650
Steinbach		Steinhagen	1.661	Steinmeier		Brigitte	4.690	Sternal	4.271
Anja	1.098	Steinhardt		Gottfried	2.210	Monika	2.511	Sternberg	
Gero	1.594	Axel	1.228	Hans-Jürgen	4.790		2.715	Brigitte	1.095
Juliane	1.403	Christa	2.101	Ulrich	2.627	Stemmerich		Mathias	2.674
Peter	2.600	Steinhauer	2.083	Steinmeister	4.943	Hans	2.460	Michael	2.730
Rolf	3.065	Steinhauer-Weingart		Steinmetz		Stefanie	4.040	Sternemann	
Stefan	3.055		1.598	Agnes	1.380	Stemmler	4.290	Marita	2.195
Ulf	4.385	Steinhaus	3.005	Christiane	1.445	Stempel	4.945	Wilhelm	2.456
Steinbach-Ott	2.455	Steinhaus-Walter		Diana	1.781	Stemper	2.293	Sternitzke	4.370
Steinbach-Werner			2.080	Helmut	1.160	Stenau		Sternke	1.660
	1.486	Steinhausen		Susanne	2.056	Bernadette	2.190	Stertenbrink	
Steinbeck		Jörg	2.323	Steinmeyer	2.255	Herm.-Josef	2.190	Johannes	2.605
Bernd	2.020	Karin	1.223	Stender		Stender		Manfred	2.587
Claudia	4.440	Torsten	2.300	Steinmeyer-Bartella		Anne	1.061	Sterz	
Steinberg		Steinhausen-Menn			1.416	Monika	1.631	Dietmar	1.422
Barbara	1.090		1.713	Steinort	1.168	Stenders		Eva	2.517
Bruno	3.001	Steinhäuser	4.249	Steinriede	2.555	Michael	1.536	Sterzenbach	4.470
Dirk	2.745	Steinheuer	1.696	Steinrötter	1.595	Silvia	1.538	Sterzik	1.045
Ernst	2.061	Steinheuser	4.530	Steinrücke		Stenger	1.186	Steuber	
Günter	1.845	Steinhoff		Lothar	2.115	Stengert	1.435	Marianne	4.520
Roland	1.710	Christiane	1.523	Werner	2.736	Stenkamp	1.159	Ursula	4.630
Steinberger		Gerhard	2.195	Steinrücken		Stenke	2.611	Steuber-Muhs	2.010
Ferdinand	1.241	Gisela	1.170	Franz-Josef	2.184	Stenmans	1.780	Steude	
Kata	1.409	Heidemarie	2.173	Wilhelm	2.076	Stenner	2.152	Gabi	4.571
Steinbiß	1.015	Jutta	2.305	Steins		Stenzel		Jochen	4.571
Steinböhmer	2.057	Karl-Hermann	1.063	Antonius	2.588	Detlef	1.553	Steudel	4.741
Steinborn	4.491	Martin	4.881	Karin	2.067	Michael	1.139	Steuer	
Steinbrinck	2.082	Norbert	2.035	Rolf	1.486	Monika	4.170	Annette	1.325
Steinbring	4.905	Peter	2.575	Steinwachs	2.500	Ralph	2.362	Gerd	1.340
Steinbrink		Stephan	4.780	Steinweg	2.686	Wilfried	2.589	Steuernagel	1.482

Name	Value	Name	Value	Name	Value	Name	Value	Name	Value
Steup		Melanie	4.831	Michael	1.101	Stöve	2.060	Stompel-Oles	1.450
Christine	4.120	Stienhans	2.062	Monika	1.535	Stöveken-Flohren		Stoppa	1.081
Elke	1.200	Stienhenser	2.670	Petra	2.451		2.656	Stoppel	2.241
Matthias	4.520	Stienissen	1.224	Rolf-Udo	2.405	Stöwe	1.380	Stops-Unzner	4.900
Steur	2.437	Stier		Stockelbusch	2.590	Stoffel		Storb	1.385
Steutenbach	1.067	Jochen	1.580	Stockem		Kathrin	2.550	Storbeck-Mudrack	
Steuwe		Sigrid	1.250	Gabriele	1.011	Martin	1.641		2.063
Helmut	2.121	Viktor	3.045	Monika	1.219	Wolfgang	1.740	Storch	4.240
Marion	4.130	Stierl-Samans	1.711	Ulrich	4.248	Stoffen	4.951	Storck	
Steveker	1.820	Stiers	1.195	Stockenberg	2.363	Stoffer		Christoph	1.520
Steven		Stierzowsky-Mengel		Stocker	2.772	Claus	2.340	Karin	1.575
Annegret	4.180		2.169	Stockfisch	4.249	Cornelia	2.241	Ulrike	4.130
Heinz-Dieter	2.610	Stiewe		Stockhaus	2.244	Joachim	4.401	Storcks	1.224
Ulrike	1.460	Hans-Ulrich	4.680	Stockhausen		Renate	2.181	Storek	2.316
Stevens		Joachim	1.054	Anne-Marie	1.505	Stoffer-Gnau	1.056	Stork	
Brigitte	2.745	Martin	2.462	Franz Josef	1.725	Stoffers		Andreas	4.790
Peter	1.102	Stiftel-Völker	2.765	Stephan	1.735	Hannelen	2.625	Angela	4.771
Sandra	1.770	Stiglic	2.520	Stockhecke	2.410	Martin	2.006	Heinz-Josef	4.940
Silke	1.410	Stille		Stockhofe	2.225	Susanne	1.005	Henrich	2.181
Wilfried	1.780	Gisela	2.355	Stockhorst	2.095	Stohldreier	1.216	Malik	1.081
Stevens-Banken	1.530	Karl-Ernst	2.058	Stockmann		Stohlmann	2.669	Storm	
Steves	4.653	Ulrich	2.355	Claudia	1.162	Stojke	1.736	Bernd	3.340
Stewart	1.560	Stiller		Ursula	2.205	Stokowy	2.705	Martina	4.170
Stewen		Astrid	2.685	Stockmeier	2.420	Stolberg	1.750	Ruth	4.511
Michael	2.763	Brigitte	1.214	Stockmeyer	2.175	Stolbrink		Ursula	1.785
Roland	3.040	Heide	1.436	Stocks	4.930	Karl	2.002	Storp	1.801
Stibor	1.484	Ines	4.055	Stockschläder	1.157	Klaus	2.618	Storz	2.058
Stich		Jeannette K.	1.220	Stockschläger	4.945	Stollberg-Wolschendorf	2.061	Stosiek	1.195
Nicole	2.267	Martina	2.472	Stockum	4.661			Stosnach	1.408
Peter	4.910	Peter	1.219	Stockum v.	2.160	Stolle	2.275	Stosse	4.681
Simone	2.590	Timo	1.486	Stodden	1.340	Stollenwerk		Stosz	2.183
Stichl	1.009	Stiller-Lüttenberg		Stodollick	4.600	Hans-Willi	4.211	Stotz	4.511
Stichmann			4.273	Stodt	1.737	Mirko	5.600	Stout	2.510
Dieter	2.319	Stillert	4.963	Stöber		Stollorz	1.355	Stoya	4.740
Sabine	4.130	Stillfried	1.191	Dirk	1.261	Stolp	2.082	Stoye	2.612
Stickdorn	2.241	Stilz	1.380	Michael	1.505	Stolper	2.630	Straas	1.403
Stickelbruch	4.120	Stimberg	1.180	Ulrike	4.830	Stolpmann	1.645	Strack	
Stickeler	3.165	Stimpel	2.055	Stöcker		Stolt	3.145	Birgit	1.810
Stickelmann	1.009	Stindl-Schönemann		Angelika	1.805	Stolte		Inge	2.242
Sticklies			2.326	Britta	2.176	Detlef	2.280	Marc René	1.810
Gerd	1.640	Stingl-Klein	1.633	Meike	4.072	Ursula	4.445	Michael	4.210
Sarah	1.068	Stinn	3.040	Rainer	3.040	Stoltefuß	4.462	Stracke	
Stickling	2.006	Stippel	4.072	Stöckler	1.128	Stoltmann-Peters		Agnes	2.315
Sticksel	1.442	Stirba		Stöckmann			1.685	Arnold	2.570
Stiebeiner-Koop	2.179	Marita	1.168	Anne	1.357	Stolz		Christel	4.761
Stiebel	1.290	Norbert	BRDü	Dorothee	2.605	Angela	1.488	Katja	2.183
Stiebitz	4.654	Stirl-Kotzlowski	1.275	Hans-Gerd	4.900	Beatrix	1.125	Michael	3.155
Stief	1.685	Stirnberg		Stöhler	2.305	Christiane	4.741		4.340
Stiefermann	2.513	Heinz	2.671	Stöhr		Jörg-Peter	2.627	Peter	1.522
Stiefermann-Riepe		Ursula	2.083	Frauke	2.345	Johann Josef	1.002	Ulrike	1.436
	2.677	Stirnberg-Langosch		Helmut	1.460	Jürgen	1.190	Wolfgang	1.412
Stiegel	1.407		1.162	Jutta	4.620	Marie-Luise	1.065	Sträßer-Panny	2.521
Stiegemann	2.355	Stitz	2.402	Manfred	2.205	Michael	2.519	Sträter	1.750
Stieger	2.674	Stobbe		Stölb	1.325	Uwe	1.589	Sträterhoff	2.450
Stieghorst	2.673	Dieter	2.315	Stölting		Stolz-Katzke	4.100	Straetmanns	2.058
Stieglitz	2.270	Monika	4.072	Heike	2.058	Stolze		Stragholz	
Stieglitz-Lenfers	1.633	Wolfgang	2.620	Rolf	2.564	Frauke	2.151	Anne	1.090
Stiehler	1.615	Stober	1.170	Stölting-Welzing		Helmut	1.224	Monika	1.418
Stiehm	1.482	Stochay	4.960		2.057	Peter	2.183	Strahl	
Stiehm-Plaar	4.910	Stock		Stöppler	1.070	Stolze-Wichtrup	1.743	Gudrun	2.687
Stiel	1.107	Anja	4.832	Stoer	2.022	Stolzenburg		Monika	1.528
Stieldorf	1.158	Andrea	2.530	Störling	2.070	Kathrin	2.471	Rosemarie	1.058
Stieleke	1.128	Axel	1.741	Störmer	2.360	Ulrike	4.224	Straimer	1.068
Stienecker	1.580	Christian	2.197	Störzer	2.072	Stommel		Strajhar	2.360
Stieneker	2.396	Herm.-Josef	1.586	Stößlein	2.081	Dorit	2.650	Strake	2.639
Stienen		Karsten	3.210	Stöter	1.414	Dorothea	4.274	Strakeljahn	
Astrid	1.105	Margrit	4.440	Stötera	1.010	Elisabeth	1.356	Elke	2.618
Ludwig	4.330	Maria	1.068	Stötzel	2.659	Lutz	2.241	Gerd	1.696

Name	Page
	3.145
Peter	2.230
Renate	1.541
Rita	2.440
Stramm	1.241
Strang	1.415
Strangfeld	2.290
Stranghöner	2.417
Strasburger	2.179
Strasmann	1.818
Straßburg-Mulder	2.395
Straßburger	2.425
Strasser	2.006
Straßfeld	1.408
Strate	4.390
Stratenwerth	1.595
Strathen	1.260
Strathmann	
Margret	1.403
Vanessa	2.673
Strathmann-Goßen	2.266
Stratmann	2.146
Angelika	1.061
Benedikt	1.821
Bernd	3.075
Dirk	4.470
Eva	1.821
Gabriele	4.401
Gregor	2.101
Hans-Georg	1.593
Ina	1.351
Irmgard	2.516
Maik	2.361
Sr. M. Andrea	2.486
Marianne	4.910
Marilis	4.513
Marion	2.710
Petra	1.632
Sabine	1.230
Stefan	2.361
Ulrike	4.513
Veronika	1.058
Stratmann-Kurzke	1.345
Stratmann-Maluck	2.674
Stratmann-Mertens	2.084
Stratmann-Preß	2.715
Strato	4.741
Straub	
Christiane	2.585
Klaus-Dieter	1.798
Marion	1.460
Roland	1.554
Rudolf	1.801
Stefan	2.510
Susanne	1.454
Strauch	
Christian	1.219
Claudia	2.516
Brigitte	4.240
Gerwin	1.506
Lothar	4.740
Silvia	1.456
Stephanie	1.437
Straukamp-Korte	
	1.007
Strauß (Strauss)	
Alrun	1.137
Detlef	4.741
Martin	4.780
Michael	2.081
Peter	4.661
Ralf	1.790
Sigrid	1.131
Ursula	1.036
Winfriede	4.195
Strautmann	
Renate	1.536
Richard	1.458
Strecke	2.627
Strecker	
Arne	2.503
Dorothea	5.600
Streckert	1.325
Streerath	1.350
Streffing	1.790
Strehblow	1.150
Strehl	2.174
Streich	
Annette	4.430
Michael	2.604
Streit	
Helmut	3.366
Jens	1.588
Ursula	1.185
Strelau	1.500
Strelow	4.151
Strelow-Schneider	
	2.056
Stremmel	2.045
Stremmer	
Mirjam	2.686
Paul	2.317
Stremming	4.580
Strempel	1.400
Streppel	4.580
Streppel-Corsini	
	4.590
Streppelhoff	2.281
Stresius	1.545
Streubel	2.364
Strey	2.360
Streyl	
Hendrik	2.516
Markus	2.605
Striak	2.030
Strick	
Andreas	4.571
Hans Josef	1.845
Volker	2.154
Stricker	
Annegret	1.325
Barbara	1.421
Bernhard-M.	4.860
Erich	1.715
Herbert	1.431
Ilka	2.695
Strickling	
Herbert	1.743
Renate	3.038
Strickmann	
Gerhard	2.438
Wulf Seb.	2.215
Striebe	1.530
Striebel	1.470
Striegan	2.260
Striegler	2.184
Striegler-Reinert	
	2.146
Striek	2.246
Striepecke	1.640
Strietholt	4.690
Striethorst	1.592
Striewe	
Jörg	2.639
Juliane	1.521
Striewski	4.831
Strigl	1.510
Strittmatter	1.063
Strobel	
Michael	2.687
Ute	2.610
Strobelt	
Günter	1.355
Katharina	1.355
Strobl	2.056
Stroda	2.410
Ströbel	
Heike	4.275
Katerina	2.440
Ströhmann	4.765
Strömer (Stroemer)	
Gesine	2.418
Holger	1.445
Jochen	1.345
Strößer	1.059
Stroeter	4.248
Strötgen	1.553
Stroff	
Christian	1.437
Wolfgang	4.040
Strohe	
Dorothea	1.115
Heinz	1.457
Strohlos	2.658
Strohmaier	4.180
Strohmayer	
Friedhelm	2.071
Margitta	2.073
Strohmeier	
Achim	1.067
Stephan	3.007
Strohmeyer	
Erika	4.401
Jens	4.273
Strohmidel	2.669
Stroink	2.310
Strombach	2.487
Stromberger	1.043
Stroop	2.588
Stroot	2.280
Stroot-Hruby	4.660
Strophff	4.462
Strotbaum	2.036
Stroth	4.495
Strothe	2.550
Strothkämper	2.195
Strothmann	
Antje	4.330
Claudia	3.145
Strothmann-Peters	
	2.363
Strotkoetter	1.103
Strotmann	
Lars	3.045
Manfred	2.589
Matthias	2.154
Ralf	2.570
Uta	4.072
Strothmüller	2.184
Strototte	2.770
Strott	2.177
Strozycki	4.290
Strozyk	
Anja	2.160
Hans-Ulrich	2.076
Strubbe	
Dieter	2.246
Karl-Heinz	2.121
Strube	
Gabriele	1.460
Gudrun	2.182
Jürgen	1.760
Strubelt	1.430
Struchholz	1.697
Struck	
Christoph	1.153
Elisabeth	1.458
Hans-Erich	1.798
Ilka	2.225
Sylvia	1.435
Strucken	
Stefan	1.796
Tatjana	1.380
Strucken-Paland	
	1.080
Struckmeier	
Eckhard	4.440
Heinz	4.440
Strüber	
Günther	2.057
Irmgard	4.940
Strüwe	2.451
Strugalla	2.760
Strump	4.630
Strunk	
Carla	4.601
Helmut	1.615
Kerstin	1.045
Norbert	2.667
Ursula	2.495
Strunk-Pradel	4.580
Strupat	4.491
Strupkus	1.422
Struppek	4.440
Struß	1.275
Strutz	1.650
Struve	1.400
Struwe	
Barbara	4.242
Elisabeth	1.091
Elke	4.445
Monika	2.627
Simone	2.058
Struwe-Richter	2.115
Strych	1.097
Strzoda	4.240
Stubbe	
Birgit	2.603
Delia	1.470
Judith	2.063
Stuckardt	
Adelheid	4.761
Michael	4.722
Stucke	2.393
Stuckenschneider	2.435
Stuckmann	
Elmar	1.216
Heike	4.390
Stude-Scheuvens	1.785
Studier	1.696
Studt	2.555
Studzinski	1.822
Stübben	1.228
Stübe	1.232
Stüben	1.522
Stüber (Stueber)	
Alke	1.801
Dirk	1.051
Stüber-Najib	4.195
Stübner	2.260
Stück	2.081
Stücke	
Alois	2.246
Reinold	2.125
Stücker	
Birgit	4.055
Katharina	1.055
Stüeken	2.310
Stührenberg	
Anne	1.535
Dieter	3.040
Monika	2.286
Stüker	2.565
Stülpnagel v.	1.132
Stümer	1.063
Stümke	1.006
Stümpel	4.740
Stüper	2.514
Stürtz	
Frauke	1.375
Robert	1.458
Stürze	4.571
Stürzebecher	4.276
Stüssel	
Ralf	2.081
Susanne	4.055
Stüttgen	1.054
Stützer	3.045
Stüve	1.305
Stüwe	
Edeltraut	4.273
Hans	4.390
Ulrich	1.218
Ulrike	2.512
Stuhldreher	
Felicia	1.433
Michael	2.077
Stuhldreyer	2.380
Stuhlmann	
Hans	4.221
Wolf-Dieter	1.630

Stuhlsatz	1.150	Stute-Verscharen		Bernhard	3.145	Switala-Leuchter		Taayedi	2.076
Stuhlträger	1.139		1.080	Suermondt	1.570		1.010	Tabillion-Betsche	
Stuhm	2.600	Stutenbäumer		Sürth-Keller	4.170	Switi	3.050		2.157
Stuhrmann	4.170	Jacques	1.750	Süselbeck	2.518	Swoboda		Tack	
Stuke		Joachim	1.818	Süß	4.240	Beate	2.293	Friedemann	2.655
Antje	4.130	Stutterheim	1.063	Süßbrich	1.455	Rolf	2.361	Rena	1.190
Dieter	4.640	Stuttmann		Süßelbeck	1.627	Swora	1.190	Thomas	1.055
Kerstin	2.589	Barbara	2.605	Süßenberger	1.053	Syben		Tacken	2.006
Rolf	4.720	Eva Maria	1.581	Süsterhenn	4.494	Reiner	1.530	Tackenberg	
Stuke-Wennemann		Stutz	4.170	Suilmann	2.275	Wolfram	1.535	Christine	4.740
	1.505	Stutzkowsky	1.575	Sukowski	2.170		1.536	Holger	2.300
Stukenbrock	2.110	Stutznäcker		Sulk	2.563	Syberberg	1.486	Markus	2.033
Stukenkemper	2.002	Christa	2.160	Sulski	1.043	Syberg-Ulrich	2.169	Rolf	2.564
Stulgies	4.245	Hartmut	2.456	Sult	2.182	Sybert	1.550	Tadday	4.290
Stumborg		Stynen	1.390	Sulzer	2.396	Sydow		Tadic-Dederichs	1.845
Günter	2.196	Subert	2.085	Sumanovic	4.390	Detlef	1.044	Täger (Taeger)	
Petra	2.196	Subroweit	4.475	Sumelka	2.705	Michael	4.681	Beate	1.117
Stumkat	1.097	Suchalla	2.472	Sumik	2.320	Syks	4.771	Katharina	1.470
Stumm	1.201	Suchan	1.081	Summerfield	4.380	Symann	4.540	Tänzer	1.360
Stumm-Laakmann		Suchanek		Sump	2.265	Symons	1.054	Täschner-	2.310
	2.575	Gabriele	3.050	Sumpter	1.052	Syndikus-Freis	1.685	Pollmann	
Stump	2.405	Wolfgang	2.437	Sundag	4.743	Synwoldt	4.323	Taesler	2.055
Stump-Kolkmann		Suchomski		Sunder-Plassmann		Syrek	1.450	Taetz	1.818
	4.721	Sabine	2.715		2.275	Syrig	1.545	Tafel	4.680
Stumpe	1.818	Wolfgang	2.174	Sunderkamp	2.770	Syring		Taffanek	1.326
Stumpf		Suckert	4.180	Sundermann		Rosemarie	4.221	Taflinski	1.598
Christian	2.183	Suckrau	2.460	Christel	2.637	Volker	1.117	Tagaz	1.593
Christoph	1.123	Suckstorff	2.674	Martin	4.074	Syrmoglou	1.521	Take	2.665
Daniel	4.323	Sudbrack	4.491	Stefanie	2.281	Syska	1.695	Talent-Blanke	1.716
Gabriele	1.416	Sudbrack-Kudascheff		Wolfgang	4.560	Szabó	1.320	Talhoff	1.735
Marianne	1.538		1.403		4.580	Szabó-Mashänser		Talkenberg	1.537
Peter	1.615	Sudbrock-Niehues		Sundermeier	2.603		4.055	Tallig	2.503
Reinhard	1.584		2.095	Sunke	2.655	Szabo-Matthias		Tambornino	1.545
Stefanie	4.491	Sudeck	2.120	Suntinger	4.945		4.722	Tamburrino	1.191
Stuppe	2.626	Suden tom	2.637	Suntrop	4.945	Szafranski	2.040	Tamm	2.521
Stupperich	1.530	Sudhoff		Suntrup	2.730	Szameitat	1.736	Tammen	
Stura	2.170	Werner	2.316	Supp	1.631	Szau	1.712	Gerhard	2.071
Sturhann-Lorenzen		Wolfram	1.125	Suren-Vornweg	2.319	Szebrowski	2.360	Rita	1.365
	2.586	Sudholt		Sures	2.210	Szelag	1.712	Tampier	1.820
Sturm		Elke	2.504	Surholt	2.517	Szepan		Taneri	2.516
Christiane	1.822	Stefan	2.690	Surmann	1.595	Jean-Paul	4.141	Tangemann	1.107
Ernst	1.725	Sudkamp	4.875	Surmatz	4.540	Regina	2.715	Tangen	2.395
Gisela	2.190	Sudmann		Surrey		Szepanski	2.180	Tank	1.007
Gudrun	2.190	Jörg	4.251	Inga	1.436	Szigan	3.366	Tankiewicz	1.107
Hans-Joachim	1.490	Rolf	1.798	Wolfgang	4.815	Szmigiel	2.081	Tanneberger	1.158
Johannes	4.722	Sudmeier	1.051	Susen	4.900	Szobries	2.445	Tannert	
Josef	1.270	Süberkrüb	1.356	Sussiek	2.440	Szogs	4.680	Hans-Peter	3.155
Klaus	2.325	Südbeck	2.161	Sussiek-Froese	2.325	Szonn	4.530	Manfred	1.452
Marion	1.589	Südhölter	4.580	Sussdorf	2.502	Szopinski	4.323	Tannhäuser	1.350
Maritta	2.075	Südhölter-	4.743	Sutcliffe	2.243	Szubries	1.392	Tantius	1.595
Martin	4.831	Karottki		Suthe	1.212	Szudarek	1.775	Tanyer	2.656
Petra	1.261	Südmeyer	1.218	Suttmeier	1.795	Szük		Tanzer	1.229
Stefan	4.743	Südtmann	1.580	Suwelack	2.590	Elke	1.616	Tapken	2.275
Ulrike	1.710	Sühl	4.070	Svacina	1.681	Peter	1.436	Tapmeyer	2.700
Sturm-Barzem	4.002	Sühl-Heidl	1.633	Svoboda	1.592	Szünstein	1.214	Tapp	1.680
Sturm-Schubert	1.276	Sülzenfuß	4.630	Swale	4.661	Szurmant	3.100	Tappe	
Sturmberg	1.820	Sümnig	1.781	Swan		Szwierczynski	1.485	Carsten	2.402
Sturms	1.345	Sünderbruch	2.230	Monika	2.096	Szymanski	2.589	Elmar	1.195
Stursberg		Sündermann	2.395	Trevor	2.096	Szymczak	1.736	Georg	2.437
Gunter	1.699	Sünkel		Swenne	4.073	Szymkowiak	1.760	Holger	2.630
Karl	1.632	Frank-Martin	2.530	Swienty		Szymnau	2.685	Katrin	1.390
Michael	4.960	Karl-Heinz	4.440	Jörg	2.360	Szynka	4.943	Maria-Anna	2.437
Stute		Suerbaum-Renner		Silvia	4.111	Szyperski	1.595	Reinhard	2.002
			3.165	Swietkiewicz-Jakobi				Tappe-Klei	2.060
Barbara	1.191	Suerkemper	4.950		2.286	T		Tappel	1.055
Dirk	2.340	Suermann		Swietlik	1.121	Taake		Tappen	1.486
Marita	1.401	Annette	2.437	Swirinski-Kölsch		Gerhard	2.590	Tappenhölter	
Ulrich	2.474	Beate	2.063		2.763	Mechthild	2.586	Isabell	4.402

Werner	4.350	Hans-Jürgen	4.070	Temme-Harmsen		Terbuyken	1.135	Terwolbeck-Tenbrock	
Tappeser		Mila	2.625		1.233	Tercan	4.245		1.275
Barbara	3.155	Vera	1.107	Temmen		Terfloth	2.618	Terzenbach	4.300
Bettina N.	2.059	Wolfgang	1.195	Rudolf	2.535	Terfort	4.380	Teschauer	1.560
Tapper	4.571	Tegtmeier		Sabine	2.072	Terfve-Blank	1.625	Tesche	1.351
Tara-Bartels	2.772	Horst	1.367	Temming	1.080	Terhaar	2.705	Tesching	2.521
Tarbiat	3.120	Michael	4.743	Temminghoff	4.247	Terhardt	4.875	Teschke	1.660
Tarras	1.506	Tegtmeier-Nerlich		Temmler	1.594	Terheggen		Teschlade	2.096
Tarvenkorn	2.270		1.600	Temp	2.071	Wilfried	4.701	Teschner	
Taschner	1.124	Teich		Tempel			1.090	Delia	2.110
Tasçi	1.645	Joachim	4.075	Andreas	4.771	Terhörst	2.267	Katrin	1.260
Tatzel	1.290	Volker	4.220	Gudrun	2.502	Terhoeven	4.660	Marianne	2.179
Tatzki	1.157	Teichert		Helmut	2.495	Terhorst		Renate	1.310
Taube		Angelika	1.482	Ursula	1.488	Christel	1.712	Susanne	1.600
Dorothea	4.600	Monika	1.500	Tenberge			2.654	Teske	2.512
Ute	2.364	Sabine	2.110	Maria	2.270	Daniela	1.108	Tessendorf	2.500
Tauber		Teichert-Wrede	4.720		2.495	Elisabeth	2.495	Tetampel	4.705
Irene Maria	2.565	Teichmann		Sarah	1.223	Evamaria	2.620	Tetling	1.162
Kestin	2.746	Dieter	1.066	Tenbieg	3.145	Hedwig	2.658	Tettau v.	1.595
Taubhorn	2.405	Monika	4.962	Tenbrock		Rita	1.625	Tetz	1.118
Tauchert	2.435	Teigeler	2.440	Jürgen	1.770	Rolf	2.270	Tetzlaff	
Tauer	1.168	Teigelkamp	2.670	Maria	1.743	Wolfgang	4.661	Antje	2.022
Taufenbach	1.442	Teika	4.248	Ulrike	2.650	Terhorst-Schweifel		Dominique	1.436
Tauke	1.505	Teimann	2.170	Tenbrüggen	2.401		2.516	Tetzner	1.300
Tausch	1.025	Teinert		Tenbült		Terhürne	2.705	Teuber	
Tausend	1.594	Christa	2.445	Claudia	2.550	Teriete	2.090	Gabriele	4.495
Tautz		Sonja	4.274	Kirsten	4.470	Terinde	2.451	Gerhard	2.146
Burkhard	2.363	Teipel		Tendahl	2.180	Terjung		Martin	1.538
Florian	4.380	Christel	2.126	Tendler	4.091	Günter	4.250	Susanne	4.962
Isabel J.	2.363	Christina	1.353	Tendyck	3.120	Hans-Jürgen	1.132	Thomas	1.712
Tautzt	2.730		2.310	Tenge		Monika	4.252	Teubert	1.233
Taverner-		Gerlinde	1.725	Kai-Rüdiger	1.053	Terkowsky	2.763	Teubler	1.170
Närdemann	2.033	Heidemarie	1.180	Nicola	2.317	Terlau	2.161	Teubler-Klingel	1.760
Taylor	2.452	Mattias	2.485	Rosemarie	2.055	Terli	1.451	Teubner	1.117
Tebart	1.220	Norbert	1.790	Tenge-Erb	2.587	Terliesner	2.095	Teuchert	1.230
Tebbe		Ralf	1.817	Tenger	1.691	Termaat	2.486	Teudt	1.326
Helga	4.195	Sebastian	1.162	Tenhaef	2.570	Termath	2.513	Teufert	3.165
Rudolf	2.677	Teipel-Bischoff	4.402	Tenhagen		Termeer	3.007	Teupe	1.406
Tebben	2.060	Tekaat	1.510	Andrea	1.405	Termühlen	3.040	Teurer	4.951
Teben	2.160	Tekolf	2.325	Hermann	2.072	Terodde	1.725	Teurich	2.355
Teber	4.380	Tekotte	1.802	Ulrike	4.243	Terrahe		Teurlings	4.323
Tebroke	1.418	Tekstra	2.618	Tenhaken	1.131	Jonas	2.669	Teusch	
Tebrügge	2.426	Tekülve	1.220	Tenhaven	1.158	Kerstin	1.310	Karin	1.660
Tech-Siekaup	2.056	Telaak	1.357	Tenholt	2.153	Terrée-Kriesell	1.630	Maria	1.056
Techen	2.230	Telges	1.221	Tenhonsel	1.629	Terruhn	2.061	Teuscher	2.244
Teckenburg		Telgmann		Tenhumberg	2.265	Terschlüsen	1.376	Teutsch	1.218
Almut	2.230	Anke	2.627	Tenkhoff	PA	Terschluse	2.095	Teves	1.255
Wolfgang	2.595	Bernhard	2.705	Tennagen	4.940	Tersteegen	4.073	Tewes	
Tecklenburg	2.246	Gisela	2.418	Tennstädt	4.790	Terstegen-Berger		Anke	4.380
Teepe		Helga	2.096	Tenschert	2.181		1.820	Hannelore	2.101
Bernd	4.830	Ingrid	2.005	Tensi	2.419	Terstiege	1.091	Heimke	2.420
Hildegard	1.818	Teller		Tenten	1.052	Tertilt	2.515	Helmut	2.462
Reinhild	2.560	Jens	3.115	Tenter	1.168	Tervooren		Kathrin	2.640
Renate	4.440	Simone	1.537	Tentrup	2.620	Hermann-Josef	2.070	Klaus	2.420
Teepker	1.485	Tellgmann	4.410	Tepaße		Klaus	3.045		2.072
Teerling	2.281	Telligmann		David	2.588	Terwald	2.613	Magnus	2.360
Teetz	1.650	Dorothea	2.418	Miriam	2.062	Terwei	4.762	Markus	2.045
Teetzmann	4.323	Heinrich	2.355	Tepe		Terwellen-Prim	4.771	Renate	2.022
Tegeler		Telljohann	2.666	Barbara	1.124	Terwelp	1.781	Tewinkel	1.160
Gerhard	1.785	Tellkamp	3.007	Gerrit	2.515	Terwesten	4.430	Tewocht	2.002
Günter	2.121	Telscher	2.695	Thomas	2.550	Terwey	4.390	Thaddey	2.084
Jana	1.455	Telsemeyer	4.761	Tepel	3.175	Terwiesche		Thaden	4.070
Ulrike	2.157	Temme		Tepper	2.435	Andreas	1.003	Thäle	1.545
Tegelkamp	2.588	Alexandra	2.626	Teptow	3.040	Annelore	4.245	Thäsler	1.455
Tegelmann	4.780	Dorothea	4.330	Terbeck		Terwolbeck	2.002	Thalau	4.670
Tegethoff		Marc	3.038	Jens	2.070	Terwolbeck-Hinkens		Thaldorf	2.710
Barbara	4.070	Ulrich	2.456	Ulrike	3.220		2.002	Thalermann	1.484
Günter	2.255	Ursula	4.055	Terborg	2.180			Thalmann	

Name	Nr.	Name	Nr.	Name	Nr.	Name	Nr.	Name	Nr.
Gerhard	2.070	Christel	1.560	Katja	1.591	Jens	1.098	Renate	1.695
Petra	2.627	Christian	2.005	Kuno	1.170	Walburg	1.815	Thömmes	
Thalmann-Vilter		Doris	1.525	Maike	2.157	Werner	2.153	Anne-Marie	2.611
	1.400	Elisabeth	1.817	Maria	1.170	Thieme-Dressler		Hermann	1.265
Thalmeier	2.356	Gertrud	1.482	Marion	4.513		1.696	Vinzenz	1.190
Thamm		Heinz	1.190	Peter	2.654	Thiemel	1.240	Thöne	
Günter	4.831	Patrick	2.575	Renate	4.271	Thiemeyer		Catrin	4.601
Michaela	2.460	Rainer	1.418	Thomas	1.025	Irmgard M.	3.050	Franz-Josef	4.601
Sascha	1.151	Susanne	4.260	Willibald	2.395	Karl-Josef	2.438	Hans-Georg	4.661
Winfried	4.249	Sylvia	4.900	Wolfgang	4.241	Thien		Nina	2.393
Thanbichler	2.192	Thelen-Daniel	4.495	Thielbeer	1.125	Isabella	4.277	Ricarda	3.175
Thau	1.790	Thelen-Ise	3.125	Thiele		Roderich	1.219	Thöne-Coers	1.770
Thauer	1.432	Thelitz	2.365	Annegret	2.195	Thienel	4.950	Thöneböhn	2.357
Theben	1.405	Thelosen	2.520	Bärbel	1.001	Thienemann	1.127	Thönes (Thoenes)	
Theben-Martin	2.244	Thenen von	1.629	Dagmar	4.195	Thienenkamp	4.273	Alexander	4.075
Thebille	2.726	Theobald		Gerhard	1.737	Thier		Andrea	1.802
Theermann		Margarete	1.410	Heino	4.195	Burkhardt	2.760	Daniela	2.285
Clemens	2.062	Natascha	2.604	Johannes	1.175	Elke	2.345	Doris	2.260
Gertraud	2.323	Peter	4.571	Richard	1.124	Marion	4.470	Dorothea	4.571
Thees	4.380	Uwe	1.186	Wolfgang	4.071	Sandra	2.168	Gabriela	2.535
Theidel	2.495	Theren	1.228	Thiele-Kuchenbuch		Susanne	1.750	Petra	1.565
Theil		Therstappen			4.072	Thierheimer-Nogge		Wilhelm	1.375
Gerhard	1.053	Alfred	3.070	Thiele-Reuter	1.124		1.231	Winfried	2.605
Monika	1.380	Norbert	1.011	Thieleker	4.832	Thierjung		Thönnessen	
Rolf	1.404	Rainer	1.190	Thielemeyer	2.110	Hans-Georg	1.485	Leonhard	1.109
Theile		Theß	1.007	Thielen		Katrin	1.593	Nils	1.475
Sr. Barbara	1.454	Theuer		Bernadette	2.571	Thierkopf	1.069	Stefan	1.417
Ekhard	2.656	Jürgen	1.361	Doris	1.167	Thieroff	2.535	Thoennissen	
Peter	2.571	Stefanie	1.123	Johannes	1.592	Thies		Gabriele	1.230
Theile-Ochel	1.790	Theuerzeit	4.170	Josef	4.323	Anette	1.380	Norbert	1.230
Theile-Sterzel	4.220	Theuke	1.456	Jürgen	1.805	Anne-Katrin	1.286	Thöring	2.150
Theilenberg	1.475	Theuner	1.712	Martin	1.132	Annegret	2.151	Thörner	1.232
Theilmann	1.276	Theunissen	4.244	Thielking		Christa-Gabr.	1.650	Thole	2.605
Theilmeier-Wahner		Theunissen-Kramer		Angelika	4.440	Karin	2.613	Tholen	
	2.520		4.495	Mareike	2.419	Marita	4.073	Anne	1.201
Theine		Theves	1.811	Torsten	2.355	Nicola	1.305	Elisabeth	1.261
	4.513	Thovis	2.090	Thielmann		Stephan	1.036	Friedrich	3.001
Barbara	2.402	Thewissen	1.219	Bastian	2.031	Thiesbrummel		Klaus	2.604
Theis		Theyßen		Dieter	1.490	Karsten	2.310	Renata	4.650
Albert	2.487	(Theyssen)		Herbert	4.661	Norbert	1.229	Tholfus	1.422
Elvira	1.260	Arnd	2.173	Sabine	2.486	Thiesen		Tholuck	1.150
Klaus	4.220	Christin	1.551	Thielmann-Kümecke		Konrad	2.750	Thom	4.040
Manfred	1.107	Friedhelm	2.669		2.401	Peter	1.642	Thoma	1.545
Nikola	1.116	Thiebes	2.285	Thielmann-Töppich		Ralf	4.241	Thomä (Thomae)	
Nina	4.224	Thiede			4.571	Reinhold	4.905	Brigitte	4.495
Willi	1.260	Christian	2.654	Thieltges		Ursula	1.065	Klaus	1.780
Theis-Ehses	1.715	Karl-Heinz	2.627	Gerd	1.275	Thiesmann	2.667	Thomale	2.460
Theisen	2.655	Martin	2.495	Hildegard	1.276	Thiessen		Thomalla	1.170
Theisinger	4.761	Ulrike	1.410	Thiem	3.145	Jürgen	1.390	Thomalla-Pott	2.160
Theiß		Werner	4.440	Thiem-Buschhaus		Peter	1.798	Thomann	
Erika	4.635	Thiedemann	3.007		1.817	Thill	2.393	Claus	1.130
Fabian	4.252	Thieé	4.870	Thiemann		Thillmann	1.418	Hilke	1.470
Gerald	4.370	Thiel		Amrei	2.160	Thimm		Iris	1.523
Sonja	2.076	Andrea	1.616	Andreas	1.098	Barbara	1.153	Thomas	
Theißen (Theissen)		Ann Elizabeth	2.161	Bernd	2.240	Katharina	2.450	Alexandra	1.470
Arion	1.391	Berthold	2.651	Christian	2.418	Volker	1.725	Barbara	2.270
Liselotte	1.241	Birgit	4.075	Gerhard	2.325	Thimm-Brede	1.233	Beate	1.743
Margret	2.281	Christoph	1.840	Heinz	2.102	Thinius	2.035	Christina	1.195
Maximilian	1.545	Claudia	4.645	Horst	2.057	Thißen (Thissen)		Claudia	4.945
Peter	2.436	Eduard	4.350	Josef	2.517	Bärbel	2.770	Erik	1.341
Renate	1.406	Elke	4.962	Jürgen	2.215	Herbert	1.528	Ernst Walter	1.798
Udo	1.527	Eva	4.196	Klemens	4.670	Rolf-Günter	1.270	Frank	2.055
Theissen-Stollewerk		Frank	4.700	Monika	2.730	Wilhelm	2.076	Friederike	2.645
	3.172	Gerburg	2.180	Norbert	2.100	Thodam	4.945	Gabriele	2.732
Theißen-Uhe	4.743	Heribert	2.020	Ursula	2.085	Thöle	2.621	Gerhard	1.536
Thelen		Joachim	1.454	Volker	4.073	Thoelen			3.105
Agnes	1.345	Jürgen	1.801	Wilmar	1.310	Heinz	3.125	Grita	1.053
Barbara	1.715	Julia	1.165	Thieme		Margret	1.641	Hans-Günther	2.153

Hans-Joachim	4.870	Wilfried	2.005	Tielen	4.510	Tillmanns		Cornelia	2.063
Harald	1.616	Thoss	2.535	Tiemann		Annette	2.318	Sonja	1.481
Johannes	1.201	Thouet	1.356	Brigitte	2.182	Barbara	1.191	Titze	
Jutta	1.068	Thrams	2.653	Frank	2.230	Carl-Heinz	2.055	Angela	3.055
Karin	3.140	Thranberend	1.418	Hans-Peter	2.230	Hans-Rudi	2.146	Christina	1.231
Karl-Heinz	2.770	Thrandorf	4.961	Ina	2.513	Ilse	2.168	Jörg	4.940
Kerstin	2.120	Thriskou	2.085	Klaus	2.514	Kerstin	2.326	Oliver	1.511
Manuel	1.165	Thronicke	2.022	Mechthild	1.223	Markus	1.190	Tiwisina-Schlienz	
Peter	2.610	Thüer		Norbert	2.357	Ursel	4.075		4.073
Regina	1.795	Christoph	2.115	Rolf	2.315	Tilly		Tobias	
Rita	3.070	Marlies	1.445		3.003	Christian	2.402	Axel	1.632
	4.832	Thülig	1.067	Tiemessen	1.232	Cornelia	2.110	Christa	1.538
Sabine	1.511	Thümmel	1.484	Tiemeyer		Edmund	2.686	Emil	1.131
Stefan	1.441	Thünchen	1.632	Hermann	2.055	Michaele	1.419	Jörg	1.158
Stephan	6.245	Thünemann		Martin	2.511	Timm		Rolf	1.430
Udo	4.290	Hermann	2.514	Sascha	2.036	Hans-Jörg	1.190	Tober	1.326
Ulrich	2.462	Holger	2.510	Tiemeyer-Schütte		Joachim	4.600	Tobor	1.090
	1.460	Thüner	1.821		2.210	Timmann	1.375	Tocci	1.413
Vera	4.601	Thüning	2.502	Tienken	1.219	Timmer		Tochtrop	1.818
Volker	4.930	Thünken		Tiepelt	4.635	Agnes	1.415	Toddenroth	4.690
Wiethold	2.006	Dieter	4.070	Tiesarzik	1.367	Georg	2.170	Todtenhöfer	1.025
Wolfgang	2.361	Monika	4.070	Tietenberg	1.685	Wolfgang	4.832	Todzy	1.523
	2.645	Ulrich-Ernst	MSW	Tietig	1.044	Timmerbeil	1.325	Többe	2.667
Thomas-	2.300	Thünker	1.066	Tietmeyer		Timmerbrink		Többicke	1.615
Bölsche		Thürwächter	1.002	Nico	2.151	Rudolf	2.270	Tölke	4.249
Thomas-Book	2.472	Thüsing	1.091	Ulrike	2.086	Ursula	2.516	Tölle (Toelle)	
Thomas-	1.168	Thüß	2.730	Tietz	2.653	Timmerhaus		Hans-Peter	2.158
Tecklenborg		Thul	1.481	Tietze	1.020	Friedhelm	2.120	Jörg	2.281
Thomaschky	4.050	Thulke	1.405	Tietze-Feldkamp		Winfried	2.241	Lydia	2.040
Thomassen	1.628	Thumann			2.436	Timmermann		Manfred	5.610
Thomaßen	1.630	Bernd	2.564	Tigges		Angelika	2.588	Töller	4.323
Thome	1.796	Gabrielle	1.845	Andrea	4.635	Cäcilia	1.685	Töniges	
Thomé	1.201	Thume		Hans-Dieter	4.705	Dirk	4.940	Alexandra	1.715
Thome-Meyer	1.405	Christian	1.357	Helmut	1.484	Fritz-Michael	2.020	Anette	2.230
Thomes	2.420	Michael	1.270	Jutta	1.130	Monika	1.416	Tönnessen	1.250
Thommes	4.301	Thummes		Tilch	4.590	Natalie	2.160	Tönnis	2.550
Thoms		Ewald	1.570	Tilgner	2.763	Rainer	2.058	Tönnißen	
Klaus	3.398	Norbert	1.158	Tiling	4.304		4.730	(Tönnissen)	
Markus	4.590	Thunich	1.527	Tilke		Wilhelm	1.376	Klaus	4.662
Wilhelm	4.520	Thunig	1.222	Gilbert	2.575	Timmermann-	2.665	Melanie	1.392
Thomsch		Thurmann		Helmut	4.270	Enderichs		Tönsgerlemann	2.035
Hannelore	2.071	Dagmar	4.513	Sigrid	1.105	Timp	1.385	Töpel	2.181
Karl-Friedrich	2.071	Marita	2.630	Stephan	3.065	Timpe		Töpfer	4.601
Thomsen		Thurn	4.053	Tillen	4.221	Caroline	2.005	Töpfer-Horn	2.215
Claus	2.080	Thurz	1.402	Tillenburg-Köttler		Gina	1.375	Töpken	2.057
Sigrun	1.583	Thus	4.445		1.218	Harald	1.091	Töpler	2.075
Susanne	2.613	Thust	4.722	Tilles	2.437	Timphus-Meier	2.419	Toepper	2.751
Thon		Thye	2.120	Tillkorn	2.560	Tinnemeyer	4.070	Törk	1.594
Hans-Jürgen	1.103	Thyes	5.610	Tillmann		Tipp		Törner	4.111
Joachim	1.001	Thyll	1.361	Anke	1.135	Christiane	1.190	Tofahrn	2.503
Jutta	1.276	Thyssen	1.015	Berno	4.462	Hans	1.523	Tofall	2.587
Nikolaj	2.364	Tiaden	2.174	Charlotte	4.653	Maria	2.289	Tofote	1.068
Thonemann		Tibbe	1.118	Claudia	1.091	Wilhelm	1.530	Tohermes	
Christel	4.590	Tiedau	1.412	Erhard	1.433	Tippelmann	2.100	Gabriele	1.095
Silke	1.488	Tiede	1.490	Günter	2.021	Tippmann		Hubert	4.690
Thora	4.323	Tiedemann		Jürgen	1.043	Anja	4.832	Rainer	2.587
Thorbecke	2.503	Antje	1.404	Klaus-Jürgen	4.053	Frank	1.523	Renate	2.587
Thoring	3.038	Axel	2.183	Marita	4.513	Tirler	2.183	Toholt	1.805
Thorissen	4.295	Christian	2.440	Michael	2.456	Tischer	4.295	Toksoez	1.435
Thormann		Tiedemann-Malek		Thomas	1.455	Tischler	1.712	Tolkien	2.270
Heidje	2.516		2.603	Ulrike	1.821	Tisius	2.588	Tolkmitt	2.765
Katharina	4.240	Tiedge	1.135		2.626	Titgemeyer		Tolksdorf	
Thormann-	1.712	Tiedt	2.102	Wolfgang	1.821	Monika	2.290	Anette	2.246
van de Donk		Tiedtke		Tillmann-Bredehöft		Ralf	1.790	Michael	1.233
Thormeier	3.010	Erika	2.315		1.153	Tittmann		Tolle	4.120
Thorwarth	1.405	Hans-Werner	4.722	Tillmann-Nickel		Bernhard	2.535	Tolles	1.520
Thorwesten		Tieke	2.440		4.191	Wilfried	2.086	Tollkamp	4.224
Hans-Dieter	2.005	Tiel	4.054	Tillmann-Salge	1.455	Titz			

Name	Value	Name	Value	Name	Value	Name	Value	Name	Value
Tolzmann-Chiadzwa		Toups		Leo	4.273	Daria	1.500	Trüschler	1.505
	1.128	Theo	1.505	Peter	1.551	Georg	1.802	Trütken-Kirsch	2.518
Tomainolo	1.802	Werner	1.125	Treek van		Gudrun	4.180	Truetsch	1.066
Tomaske	2.083	Tovar	2.241	Kirsten	4.276	Klaus	2.083	Trump	1.403
Tomaszewski	1.223	Trabandt	1.527	Markus	2.564	Trimpop		Trump-Plum	1.560
Tomberg	1.520	Trabert	2.310	Treel van	1.219	Christiane	1.186	Trumpa	1.442
Tombrink	4.951	Trachte	1.170	Trees-Zabe	4.170	Guido	1.068	Truschkowski	2.603
Tombült	2.653	Trachternach-Höfting		Treese		Trinkel	1.743	Trust	4.075
Tomczyk	1.226		1.442	Detlef	2.340	Trinks	4.415	Trzaska	2.075
Tometten	2.390	Traebert	1.641	Ursula	2.180	Tripke	1.823	Tsakas	1.431
Tomus	2.530	Träger	4.654	Treffeisen	1.137	Tripp	1.743	Tsakmakidis-	1.403
Tonagel		Trafis-Bergmann		Treffert	1.341	Tritz	1.101	v. Neubeck	
Edwin	4.640		4.240	Trefzer	1.538	Troche	2.732	Tsambikakis	1.325
Ulrike	2.126	Tramnitz	1.068	Treger	4.520	Trockel		Tschacher	1.591
Ute	1.690	Trampe	2.604	Treibel	2.760	Jürgen	BRDü	Tschan-Wiegelmann	
Tondorf	2.671	Trams	1.025	Treichel	BRA	Martin	2.402		4.690
Tonhäuser	2.690	Tran		Treimer	1.632	Trockel-Middeke		Tschapek	1.713
Tonn		Birgit	4.401	Treinies	2.405		2.146	Tschauder	1.155
Andreas	2.215	M. Magdalena	1.454	Treitz	4.511	Tröger		Tschentscher	
Annette	4.761	Tranelis	4.273	Trelenberg	2.340	Gert	1.485	Luise	2.285
Bernhard	3.200	Trapmann	4.621	Tremel		Ursula	1.400	Wolfgang	4.402
Christiane	2.063	Trapp		Jan	1.430	Trösken	4.401	Tscherpel	1.650
Cornelius	1.470	Birgitta	1.457	Marc	1.404	Trösser	1.090	Tschernoster	4.401
Monika	1.006	Detlev Bruno	3.010	Trendel	3.007	Tröster	2.725	Tschersich	
Tontsch	2.420	Dorothea	1.422	Trendelberend	1.585	Tröster-Lanzrath		Günter	1.630
Toonen	1.413	Editha	4.540	Trendelkamp	4.601		2.519	Holger	4.040
Tooten-Horstmann		Elisabeth	1.845	Trenkler	2.006	Troge	4.040	Sabine	5.600
	2.156	Josef	4.220	Trenner	1.696	Trojand	1.325	Tschierse	1.441
Toparkus	1.065	Michael	4.385	Trennert	4.771	Trommer	2.001	Tschierske	1.406
Topeters	1.741	Sven	1.409	Trensch	4.960	Tromnau		Tschirbs	2.075
Tophinke	4.195	Ulrike	4.961	Trentmann	4.690	Gesine	4.661	Tschirner	
Tophofen	1.581	Trappmann	2.006	Trentzsch	1.001	Ulrike	4.661	Annegret	2.563
Topmann	4.910	Trapski	1.222	Trepnau		Trompertz	4.494	Günter	2.563
Toporowsky	1.845	Tratnik-Würbel	1.588	Petra	4.810	Trompetter		Tschirnhaus v.	1.586
Topp		Traub		Ulrich	4.925	Claudia	1.175	Tschismar	2.146
Beate	4.601	Erich	1.040	Trepper	4.831	Nicole	1.417	Tschöpe	2.023
Birgit	2.486	Hartmut	1.551	Treptow	1.525	Troost	1.551	Tschötschel	4.762
Doris	4.530	Nicola	1.117	Tresbach	1.216	Trosits	2.560	Tschorn	1.735
Jürgen	2.686	Traubert-Wünsche		Treseler	2.595	Troska-	2.246	Tsironis	1.043
Toppmöller	2.620		3.175	Troske	1.527	Schilling		Tsotsalas	4.220
Torbrügge	4.540	Traud	2.520	Tressel	4.325	Troßmann	1.056	Tubbesing	
Torka	2.001	Trauer	1.275	Tretow	2.683	Trost		Gerd	2.055
Torkler	2.082	Trauerstein	2.772	Tretter	1.415	Claudia	4.940	Sonja	1.266
Tornau-Opitz	2.666	Traulsen	4.590	Trettow	2.067	Cornelia	1.229	Tuchmann	4.075
Tornow		Traunsberger-Knaps		Treude	4.520	Elke	1.130	Tucholski	3.025
Dagmar	2.166		4.071	Trexler	2.020	Hans-Peter	1.055	Tuchscherer	
Elisabeth	1.819	Trauschies	1.451	Trhal	1.186	Manfred	2.316	Andreas	1.775
Tornow-Adam	2.081	Traut	1.565	Trick	2.100	Matthias	4.810	Bruno	1.351
Tornsdorf		Trauth	2.415	Triebel		Regina	2.102	Tucker	
Antonette-M.	2.518	Trautmann	1.155	Anne	2.323	Trostmann	4.170	Anne	3.045
Helmut	2.522	Trautwein		Anne Rose	4.513	Trostorf	1.196	Britta	4.410
Torspecken	2.285	Jürgen	1.191	Eva	2.318	Trotier		Tübben	4.680
Torun-Schneider		Sabine	1.490	Triebkorn	2.081	Cordula	2.293	Tübing	1.125
	4.695	Trawinski	4.462	Triebs	1.710	Peter	2.293	Tück	1.456
Torweihe	4.248	Trawny		Trieps	2.502	Trott		Tückmantel	1.416
Torwesten		Gerhard	2.241	Trier		Susanne	4.743	Tücks	1.710
Elisabeth	2.169	Klaus	2.521	Klaus	3.200	Wolfg. (1.620)	1.775	Tüllmann	
Klaus	2.288	Lothar	2.179	Wolfgang	1.190	Trottenburg	1.122	Georg	2.521
Toschke	2.613	Stefanie	2.082	Tries		Trottmann	1.421	Monika	4.410
Tosstorff	1.050	Wilma	1.160	Hildegard	4.831	Trottnow	2.215	Norbert	1.160
Totaro	4.570	Traxel	2.161	Michael	1.325	Trowitzsch	4.705	Ruth	1.160
Totin	4.494	Trebbe	2.360	Trilck	1.520	Trudewind		Tümmers	
Totti	4.661	Trebing		Triller		Ulrike	4.070	Beate	1.457
Tottmann	4.111	Klaus	2.715	Karin	1.404	Helga	4.870	Claudia	2.183
Totzek-Schlingmann		Nadine	2.658	Rolf	1.233	Trück	1.641	Roswitha	1.360
	2.355	Treder	2.111	Trilling	1.741	Trümner	2.475	Tünsmeyer	
Toulouse-Lingnau		Treeck van		Trillmich	2.057	Trümper-Liekenbrock		Werner	2.589
	1.551	Haydée	1.370	Trimborn			1.414	Ute	2.589

Name	Nr.	Name	Nr.	Name	Nr.	Name	Nr.	Name	Nr.
Tünte	2.225	Tzivras	2.081	Uffmann	2.585	Ulmke	2.605	Unterstenhöfer	1.437
Türck	4.511	Tzschentke	4.470	Uffmann-Bär	1.345	Ulrich		Unthan	2.571
Türk				Ugurel	4.300	Andrea	4.075	Untiedt	2.151
Christel	4.600	**U**		Uhe	4.743	Andreas	1.136	Unverricht	1.155
Christiane	2.210	Ubber	1.040	Uher		Angelika	2.683	Uphoff	
Thomas	4.661	Ubber-Steiger	1.600	Carola	1.525	Brigitte	1.713	Hedda	4.654
Türke	4.415	Ubrig	2.152	Chanelle	1.069	Cornelia	2.772	Ingrid	2.151
Türkgeldi-Rauhut		Ucsnay	1.551	Uhl		Christiane	4.251	Sylvia	4.513
	4.304	Udelhoven	1.690	Rainer	2.157	Gabriele	1.127	Thomas	2.535
Türks	4.695	Uebach	1.615	Verena	4.512		2.715	Wolfgang	2.683
Türnau	1.159	Uebachs	1.736	Uhle	1.276	Gerd	1.305	Uphues	2.153
Türpe	1.285	Uebbing		Uhlenbrock		Herbert	1.391	Upmann	2.671
Tüshaus	2.518	Doris	1.325	Axel	2.030	Irmengard	4.221	Uppenkamp	1.276
Tugemann	2.588	Hugo	1.097	Georg	2.490	Monika	1.411	Urbach	
Tullney	2.246	Ursula	4.220	Karlheinz	3.055	Tammo	2.565	Dirk	1.155
Tulumoglu	1.552	Uebe	1.616	Uhlenbrok	2.033	Thomas	1.405	Wolfgang	1.391
Tumbrink	2.575	Uebel-Lepartz	1.588	Uhlenkotte	4.940	Uwe	1.001	Urbahn	3.135
Tummes	1.482	Ueberberg	1.042	Uhler	1.276	Ulrichs		Urban	
Tuna	3.068	Ueberholz		Uhlig	1.417	Anne	1.380	Albrecht	6.150
Tunaj	1.003	Angelika	1.697	Uhlmann		Gertrud	1.712	Christiane	1.713
Tunc	2.360	Gerd	3.010	Frank	2.621	Ulusan	1.432	Detlef	1.510
Tunn	3.075	Holger	1.697	Jörg	2.480	Umbach	1.290	Heike	1.275
Tuppi	1.642	Markus	1.224	Uhlrich	1.570	Umlauf		Helmut	2.731
Turck	1.640	Petra	1.696	Uhr		Helmut	1.052	Horst	4.380
Turgut	1.162	Uecker	2.521	Dagmar	1.595	Karin	1.452	Ingrid	2.022
Turley	2.085	Ueckermann	2.120	Heike	1.127	Umlauff	1.416	Kathrin	4.943
Turk	1.735	Ueckert	1.781	Uhrig	1.051	Ummen	4.743	Maik	1.411
Turki	2.364	Ueding		Uhrig-Baldzuhn		Ummenhofer	1.341	Margret	3.105
Turner		Kirsten	2.063		2.210	Unal	4.771	Martha	2.111
Martin	1.435	Peter	2.419	Uhrmeister	2.685	Undeutsch	1.415	Stefan	5.600
Sabine	1.410	Werner	1.391	Uhrner-Platen	1.690	Ungar	1.095	Urbaniak	
Turner-Greiß	2.502	Üffing (Ueffing)		Uibel	2.380	Ungelenk	MSW	Michael	2.050
Turová	4.242	Angelika	2.070	Ukatz	1.436	Ungemach	1.365	Renate	2.563
Turowski	4.276	Birgit	1.414	Ukena	4.323	Unger		Ulrike	2.417
Turowsky	2.323	Herbert	1.136	Ukley	2.061	Daniel	1.591	Wolfgang	2.456
Turrini	4.745	Uehlecke	1.219	Ulama	2.589	Hartmut	2.166	Urbaniak-Rieder	
Turwitt	2.316	Ükermann		Ulatowski	3.115	Jürgen	1.592		2.563
Tuschen	3.012	(Uekermann)		Ulber	1.400	Manfred	1.365	Urbanitz	4.720
Tussing-Bendel		Bärbel	2.588	Ulbig	1.541	Martin	1.588	Urbanke	
	2.732	Jürgen	3.038	Ulbrich		Regina	1.109	Axel	2.666
Tuttas	1.795	Uellendahl	1.816	Cornelia	1.380	Ungerland	4.720	Eva	2.246
Twardy	1.629	Uem-Lempert van		Hannelore	2.362	Ungewitter	2.621	Wolfgang	4.300
Twele	2.700		1.417	Ulbrych	4.195	Ungru	2.456	Urbanowski	4.274
Twellmann	4.242	Ünalan	4.210	Ulfkotte	2.160	Unkel		Urbas	1.455
Twelker	2.440	Uennigmann		Uliczka	4.260	Jutta	2.020	Urbat	4.241
Twickler	2.205	Egon	2.736	Ulke	1.414	Martin	2.357	Urbschat	1.486
Twiehaus	1.226	Helga	2.438	Ulland		Mechtild	1.090	Urch	1.221
Twigg-Flesner		Uepping	2.205	Dorothea	4.445	Unkelbach		Urff	1.063
Antje	2.275	Uerdingen	3.045	Heinz	1.175	Thomas	1.481	Urh	3.063
David	2.275	Uerlichs	1.583	Ullenboom	1.225	Wolfgang	2.170	Urhahn	4.151
Twilling	1.790	Uerlings		Ullmann		Unland		Urhahne	
Twirdy	1.061	Peter	1.107	Heike	2.687	Bernhard	4.730	Birgit	1.102
Twittenhoff	4.180	Volker	4.771	Rüdiger	1.820	Norbert	2.095	Holger	2.755
Twittmann		Uerpmann	2.285	Ullrich		Petra	4.680	Urmann	1.737
Claudia	1.475	Uerscheln	6.145	Bernhard	3.135	Unnerstall	2.518	Urmersbach	1.421
Hans	1.223	Uerschels		Charlotte	2.560	Unseld	1.163	Urschel	1.627
Markus	2.215	Christine	1.796	Günter	2.670	Unselt-Koch	2.357	Ursin	1.470
Tworek	4.390	Joachim	1.412	Klaus	2.020	Unser-Heidl	2.637	Usadel-Anuth	1.598
Tychy	2.205	Uesbeck		Klaus-Günter	2.470	Unsin	1.403	Usemann	4.244
Tyczkowski	4.271	Christa-Maria	2.255	Kurt	2.245	Unterberg	1.375	Usinger	1.231
Tylinda	2.120	Klaus	2.665	Meinolf	2.062	Unterbirker	1.470	Uske	4.940
Tylle	2.395	Uessem	4.860	Stefanie	1.160	Unteregge		Usler	2.115
Tymister-Spörl		Üüm van	1.162	Walter	1.009	Klaus	1.592	Ußling	2.603
	1.581	Ufermann		Ullrich-Kreisel	2.658	Sonja	1.233	Ußner	
Tyrichter	1.340	Christine	1.840	Ullwer	2.523	Unteregger	4.590	Jan	4.221
Tysiak-Kramer	2.410	Gerhard	1.536	Ulmer		Untermann	1.127	Ulf	1.435
Tyssen	4.510	Uffelmann	1.138	Nicole	4.810	Untermoser	4.430	Utecht	1.060
Tzimas	3.075	Uffenkamp	2.055	Thorsten	4.950	Unterstein	4.070	Utermann	2.654

Utermöhle	1.020	Vannerum	4.540	Herbert	2.650	Paul	2.275	Wolfgang	1.196
Utermöhlen	4.091	Varbelow	4.780	Norbert	1.060	Verfusz	2.050	Vetter	
Utescher	1.690	Varchmin		Veitisch	1.225	Vergers		Annett	2.565
Uth	3.010	Till	4.055	Veld Op Het	1.300	Klaus	2.490	Annette	1.457
Uthemann	1.485	Ulrike	2.588	Veldhuis	2.081	Thorsten	4.780	Beate	4.530
Uthzerath	1.488	Varga	2.460	Veldscholten	1.228	Vergin	2.061	Dirk	2.656
Utsch	2.452	Varlemann	2.064	Vella	4.251	Verhaelen	1.265	Gabriele	1.581
Uttendorfer	1.130	Varnay		Vellar	4.695	Verhasselt	2.073	Irmhild	1.661
Utz		Angelika	2.545	Veller	2.291	Verheyen		Karl-Richard	3.010
Barbara	6.105	Franz	2.656	Vellguth	2.002	Brigitte	2.161	Vetter-Rehkämper	
	6.160	Varnhorn	1.025	Vellmanns	2.732	Theodor	1.385		1.375
Michael	4.390	Varol	4.304	Velmer	2.182	Verheyen-Göbel	1.007	Vetterlein	4.513
Utzat	4.960	Varwick	2.073	Vels	1.661	Verhoeff	1.525	Vetters	4.580
Utzat-Geisen	4.721	Vasilopoulos-Dirksen		Vels-Singendonk		Verhoeven		Vettier	1.712
Uwer	1.190		1.810		1.266	Barbara	1.510	Vey	
		Vaske	2.260	Velser	1.645	Christoph	1.131	Birgitta	2.520
V		Vaßen	1.132	Velte	1.066	Karsten	1.451	Angelika	2.519
Vaaßen	4.635	Vater	2.157	Velten		Mareile	2.445	Gerd	2.006
Vaerst		Vatheuer		Anni	3.105	Martina	4.323	Jürgen	1.456
Annemarie	1.286	Heike	2.289	Michael	1.211	Ottmar	2.555	Martina	1.153
Hildegard	2.770	Thomas	1.101	Peter	3.068	Ulrike	2.480	Veysey	1.008
Vaeßen	1.811	Vatran	2.656	Renate	1.583	Wilfried	2.435	Vianden	4.211
Vafiadis	3.326	Vatter	2.611	Velthaus	1.255	Verhoff		Vichta	1.097
Vagedes	2.523	Vaupel		Veltin	1.135	Christiane	2.401	Vickus	1.811
Vagt	2.705	Birgit	1.200	Veltmann	2.626	Heinrich	1.367	Victor	4.720
Vahedipour	1.585	Hansjörg	4.246	Veltrup		Verholen		Vidahl	1.255
Vahle		Ingo	4.961	Ulrich	2.270	Michael	1.470	Vidaurre	2.571
Anja	2.090	Klaus	4.246	Ute	2.513	Wilfried	4.271	Viebach	
Anne-Kathrin	1.538	Wiebke	4.350	Venatier	1.380	Verhülsdonk	1.588	Hildegund	1.620
Vahlenkamp	4.580	Vaut		Vences y Fernandez		Verhufen		Martin	1.620
Vahlsing	1.695	Henning	2.085		1.431	Kurt	1.522	Viebahn	
Vahrenhold		Wilfried	1.230	Venghaus	2.357	Monika	1.529	Elke	1.054
Kathrein	2.519	Vauth		Venjakob		Vering	2.610	Klaus-Peter	2.310
Sabine	2.160	Günter	2.603	Brigitte	2.355	Veris	1.045	Nikolaus	1.066
Vahrenholt	2.514	Hermann	4.875	Christian	2.077	Verjans	1.525	Viecenz	1.743
Vahsen		Ursula	4.440	Martin	1.422	Verleger	2.523	Viodenz	2.570
Barbara	1.310	Veber	2.495	Venker	2.671	Vermaasen	4.870	Viefhues	4.380
Bernhard	1.067	Vedder		Venmore	2.170	Vermehr	1.055	Viegener	1.628
Valder	2.079	Beatrix	3.063	Venne		Vermeil	4.870	Viehausen	1.221
Valembois	1.325	Brigitte	1.486	Britta	2.323	Vermeulen	1.365	Viehmann	1.044
Valente	4.075	Silke	4.225	Hubert	2.605	Verpoort	1.627	Viehmeister	1.132
Valentin		Veddermann	1.218	Vennegerts	4.415	Verroul		Viehof	1.432
Heidrun	1.136	Veen		Vennemann		Annegret	1.650	Vielberg-	
Hildegard	1.056	Ansgar	2.671	Herbert	1.641	Edmond	1.044	Martine	4.740
Wolfgang	1.500	Bernhard	2.100	Johannes	2.190	Verse		Vieler	
Valerius	3.045	Eva	2.170	Michael	1.009	Günter	2.290	Beate	4.930
Valk	5.600	Tanja	2.670	Vennemann-Sobanski		Peter	4.930	Birgit	1.351
Valk van d.	1.743	Veen van der	2.240		2.174	Versen	2.156	Gabriele	1.157
Vallana	4.820	Veer	3.038	Vennen	1.802	Versmold	2.575	Helmut	3.165
Vallböhmer	4.462	Veerkamp	2.451	Vens	1.523	Verspai	1.641	Vielhaber	
Valldorf-	4.790	Veh	1.131	Vent	4.570	Verspohl	1.536	Barbara	2.281
Küpperbusch		Vehling	4.430	Venth		Verst	2.725	Rudolf	1.240
Vandenberg	1.201	Vehlow	1.588	André	1.003	Verstappen	1.510	Vielhaber-Behmer	
Vandenbergh		Veiders	1.275	Gustav	1.051	Versümer	4.462		4.277
Axel	1.007	Veiser	1.523	Ventur-Jansen	4.445	Verwey		Vielhauer	
Martina	1.710	Veit		Venz	2.281	Kerstin	2.772	Krimhild	2.677
Vandenbossche	1.432	Cornelia	1.127	Verbeek	1.265	Maike	2.360	Pia	4.390
Vandeneschen-	1.004	Daniel	1.376	Verbeet	1.170	Verweyen-Hackmann		Ulrich	2.340
Reimman		Georg	2.150	Verbocket	1.255		2.522	Viell	1.400
Vandieken	1.811	Jürgen	3.040	Verborg	2.340	Verwiebe	1.450	Viere-Hinse	2.126
Vandré	2.121	Nina	3.007	Verdang		Verwohlt	1.815	Vieregge-Schilling	
Vangelista	1.628	Ralf	1.131	Hubert	1.345	Veselka	1.128		2.603
Vangerow-Hauffe v.		Rudolf	2.075	Kirsten	1.528	Vesper	1.061	Viererbe	
	1.151	Timo	4.513	Verführt	1.232	Vester	4.300	Michaela	2.063
Vankann	1.527	Veith		Verfürth		Vethake	1.781	Thomas	2.755
Vannahme		Anja	1.421	Annegret	1.511	Vette	2.405	Vierhaus	
Elisabeth	4.295	Doris	2.205	Bernd	1.119	Vetten		Angelika	4.830
Verena	2.621	Gabriele	4.247	Dorothee	1.135	Annemarie	4.385	Henning	2.225

Susanne	1.615	Vincon	1.063	Völmicke-	1.434	Vogeshaus	2.001	Karoline	4.654
Theresia	2.151	Vinke		Karrenberg		Voget	1.326	Marko	1.697
Viering		Andreas	1.131	Völzgen	1.052	Vogl	2.471	Monika	4.831
Alexander	1.640	Angela	2.586	Voelzke	2.603	Vogler	1.620	Sebastian	2.555
Sandra	1.716	Brigitte	1.126	Vörding	2.456	Vogt		Sigrun	1.119
Vierling	1.102	Ursula	2.586	Voermanns	1.353	Angelika	1.735	Wolfgang	1.015
Viermann	2.079	Vinkelau	2.168	Vörös-Rademacher		Anke	1.053	Voigt-Bock	1.407
Vierschilling		Vinschen	4.661		BRA	Anselm	2.077	Voiß	1.058
Christoph	2.181	Vis	1.470	Voet van Vormizeele		Beate	2.575	Voit	
Leander	4.690	Viscido	3.001		1.162	Bernd	2.195	Sieglinde	2.289
Vierschilling-	4.380	Viße (Visse)		Vogdt	4.410	Bernhard	1.642	Ulrike	2.765
Dittmann		Hermann	4.721	Vogdt-Tillmann	1.484	Carsten-Frank	2.700	Volbers	
Vierschilling-Heinen		Rita	1.226	Vogel		Christel	1.817	Angelika	2.286
	4.961	Sigrid	4.810	André	1.482	Christian	2.030	Gudula	4.380
Viertel		Vitola	2.524	Angela	1.650		2.659	Volbers-Wagner	
Renate	1.716	Vitt		Antje	1.817	Christiane	1.185		4.195
Silvia	2.058	Brigitte	2.620	Cäcilie	1.796	Christina	4.390	Volbert	2.639
Wilfried	2.121	Willi	2.620	Christine	2.415	Claudia	2.673	Volger	
Vierth-Heitkämper		Yvonne	2.677	Christoph	2.771	Conny	4.195	Angela	1.402
	1.233	Vittoria	1.350	Dankwart	2.057	Eva	1.350	Jörg	1.740
Viertmann	1.276	Vitz	1.565	Elisabeth	1.598	Gabriele	1.408	Judith	1.796
Viess	1.482	Vitzer	4.260	Franz	1.506	Gerhard	4.350	Volk	
Vieten		Vivod	2.101	Gisela	1.241	Gerlinde	3.366	Axel	4.943
Claudia	1.345	Vix-Höschler	1.186	Harald	2.587	Helmut	1.417	Gerlinde	1.121
Jan	3.120	Vleurinck	1.404	Heiner	2.380		2.674	Hans-Dieter	1.091
Volker	4.220	Vliegen	1.581	Imke	1.041	Hannelore	2.005	Maria	1.416
Wienand	1.795	Vlugt van der	5.610	Irmgard	1.002	Hermann J.	2.585	Volkamer	
Vieth		Vochs	1.070	Jan	2.205	Hubertus	2.585	Heidrun	4.701
Eva	1.699	Vocke-Scholz	2.168	Jens	1.506	Joachim	2.059	Tilman	2.420
Herm. Joseph	1.725	Vockel		Jörgen	2.750	Jürgen	1.589	Volke	
Josef	1.186	Birgit	1.775	Karl	1.043	Karin	2.613	Dagmar	2.040
Klaus	4.705	Karin	2.586	Klaus	2.290	Karl Heinrich	1.475	Frank	1.151
Thomas	1.411	Monika	4.740	Lars	1.535	Manfred	1.200	Volkenandt	4.242
Wilhelm	2.050	Vöckel	1.414	Ludwig	1.553	Matthias	1.275	Volkenrath	1.101
Viethen	1.190	Vöhringer	1.168	Martina	2.161	Michael	1.052	Volkery	2.396
Vieting	2.079	Vöing	4.303	Rainer	1.790		4.221	Volkhausen	
Vietor	1.380	Völkel		Renate	1.408	Nadja	1.224	Daniela	4.743
Vietoris	1.270	Christa	1.195	Rolf	1.069	Patrick	1.430	Michael	2.362
Viets		Elisabeth	2.570	Svenja	1.045	Petra	2.095	Volker	4.462
Jochen	3.068	Frank	2.082	Silke	1.755	Reinhard	1.107	Volkmann	
Monika	2.455	Hans-Ulrich	2.600	Sybille	1.506	Rita	4.741	Angela	1.655
Vietze	2.665	Hartmut	2.570	Ulrich	1.625	Stefan	2.472	Daniel	1.042
Vieweger		Joachim	4.520	Ursula	1.107	Thomas	2.230	Joachim	1.655
Cornelia	1.053	Reinhold	2.736		4.197	Veronika	1.553	Udo	2.486
Hans-Joachim	1.661	Renate	1.760	Uta	2.176	Werner	1.554	Ute	2.486
Renate	2.062	Völker (Voelker)		Werner	1.221	Wilfried	1.500	Vera	2.655
Vigano	4.071	Barbara	2.730	Vogelbruch	2.266	Wolfgang	1.003	Volkmann-Killmer	
Vila Baleato	2.154	Bernhard	2.022	Vogelbusch	1.116	Vogt de			1.490
Vilbrandt	4.390	Birgit	1.441	Vogeler	1.240	Hans-Joachim	2.182	Volkmann-Schwinn	
Villain	2.772	Christiane	1.165	Vogelfänger	1.090	Maria	2.310		2.001
Villa-Pinero	2.289	Eike	2.173	Vogelpohl		Vogt-Heinen	1.710	Volkmann-	4.304
Villalonga	4.495	Gerlinde	2.522	Elisabeth	1.365	Vogt-Hense	4.180	Tsaparlis	
Ville-Trapper	1.795	Gretel	1.818	Horst	2.520	Vogts	4.635	Volkmer	
Villegas-Velasquez		Hans Gerd	2.560	Maria	2.512	Vohle	2.677	Katrin	4.350
	2.073	Jessica	4.075	Vogels	4.510	Vohmann	1.424	Hans-Georg	2.210
Villis-Habermann		Martin	2.183	Thorsten	1.357	Vohrmann	2.196	Volks	2.705
	1.255	Okka	1.410	Wolfgang	1.816	Vohwinkel	2.600	Voll	1.584
Villwock		Stefan	4.610	Vogelsang		Voigt		Volland	2.281
Gudrun	1.170	Wibke	2.700	Gabriele	1.007	Anja	4.790	Vollbach	2.190
Werner	1.219	Völkner	2.771	Jutta	1.326	Bernd	4.402	Vollbrecht	
Vilshöver	1.180	Völl (Voell)		Marion	2.512	Christian	3.200	Elke	4.220
Vilter	1.041	Helmut	1.545	Regina	2.654	Christine	2.225	Ralf	1.802
Viltz		Josef	1.541	Sigrid	2.571	Dorothea	4.690	Vollbrecht	2.589
Elke	1.640	Pia	1.545	Thorsten	1.357	Edeltraut	1.696	Vollenbroich	1.353
Peter	1.066	Völler	1.411	Vogelsang-	2.057	Ellen	4.963	Vollendorf-Löcher	
Vincent	3.005	Völlering	2.550	Volkmann		Gottfried	1.592		1.535
Vincentz	1.650	Völpel-Höwner	2.095	Vogelwedde	2.205	Jörg	2.070	Vollert	
Vincenz	4.630			Voges	2.519	Jürgen	3.210	Corinne	4.900

Dirk	1.097	Volpers	1.415	Regina	2.450	Voßen (Vossen)		Waduschat	2.485
Olaf	1.725	Volpert	4.071	René	2.067	Esther	1.740	Wächter	
Volles		Volz		Verena	2.486	Maria-Chr.	2.475	Ariane	2.695
Krista	1.470	Bernd	3.145	Vorwerk-Handing		Voßhage	1.650	Betty	2.161
Rolf	1.137	Marcellus	4.055		2.630	Voßhenrich	2.515	Gert	2.530
Vollmann		Michael	4.700	Vos		Vossiek	2.705	Karin	3.007
Detlev	4.960	Volz-Klocke	2.281	Elisabeth	1.320	Voßkamp	3.165	Stefanie	1.781
Marie Luise	1.691	Vomberg	3.200	Vosberg	4.660	Voßkuhl		Thorsten	2.073
Martin	1.153	Vonau	4.402	Alfons	2.452	Mechthild	2.486	Wädlich	2.686
Micaela	4.950	Vonberg	1.795	Vosen		Norbert	2.486	Waeger	1.405
Vollmann-Honsdorf		Vondenhoff	1.190	Annelene	1.035	Vossmann	2.400	Wägner-Schoisch	
	2.154	Vonderlind	2.002	Joachim	3.070	Voßmerbäumer	4.440		4.722
Vollmar	4.660	Vondracke	BRA	Roland	1.275	Voßmeyer	1.370	Wähler	
Vollmar-Koch	1.796	Vondung	1.735	Wilfried	1.409	Voßpeter-Heitmann		Bernd	4.743
Vollmer		Vonhören	2.565	Voske	2.420		2.057	Brigitte	4.570
Astrid	2.077	Vonhoff	4.073	Voß (Voss)		Voßwinkel	2.491	Wähner	1.661
Beate	2.470	Vonhoft	2.502	Almuth	1.650	Voswinkel	4.771	Wähning	2.445
Bernd	4.762	Vonnahme		Anke	2.763	Vothknecht	2.158	Währich	1.325
Bianca	2.181	Doris	1.325	Barbara	4.271	Vowinkel	4.905	Wälter-Schott	1.136
Doris	1.122	Hubert	1.628		4.690	Vrancken	1.484	Wältring	2.101
Georg	1.052	Thomas	4.055	Claudia	2.176	Vreden		Wäntig	1.353
Hartmut	2.021	Vonnemann	4.695	Dagmar	2.560	Lukas	1.442	Waerder	1.452
Hermann	2.690	Vooren	2.364	Ernst	2.072	Rolf	1.685	Wäschenbach	2.745
Hubert	2.153	Vorberg		Ernst-Wilh.	2.058	Vries de		Waffel	2.480
Jörg	2.671	Dunja	2.022	Franz Bertram	2.520	Ingrid	2.455	Waffenschmidt	2.659
Karen	2.035	Heide	4.249	Georg	2.040	Jürgen	2.564	Wagemann	
Karl-Heinz	2.244	Jörg	1.615	Gernot	1.554	Klaus	4.290	Elisabeth	2.726
Klaus	2.184	Vorbrüggen	1.391	Hans-Jürgen	2.265	Rudolf	2.695	Susanne	4.075
Matthias	4.304	Vordermark	1.210	Harald	2.683	Vroliks	1.095	Wagemeyer	2.452
Michael	3.040	Vorderwülbecke	2.173	Heide	4.705	Vry	2.472	Wagener	
	3.063	Vorfeld		Heinrich	1.593	Vukman	2.165	Andrea	1.400
Sandra	1.056	Berthold	2.732		2.419	Vultée v.	1.585	Christiane	2.587
Stefan	4.511	Jürgen	2.005	Henrike	4.654			Christine	1.116
Sven	1.584	Vorgerd-Schachner		Hermann	2.395	**W**			2.658
Ulrike	1.402		1.226	Hildegard	2.286	Waage	1.441	Dirk	2.690
Vera	2.036	Vorkamp	2.064	Hubert	2.170	Waanders	2.197	Erwin	1.760
Vollmer-Falcmann		Vorkauf	1.585	Juliane	2.575	Waasem		Gerhard	2.450
	4.210	Vorkoeper	2.081	Karl-Wilhelm	1.697	Albert	1.561	Harald	2.770
Vollmerhaus		Vorloeper	3.155	Kay	2.076	Kristina	1.081	Helmut	3.155
Gerd	2.326	Vormann		Kirsten	2.205	Thomas	1.081	Jörg	2.168
Markus	2.600	Barbara	4.771	Kristina	2.595	Waauff-Lethen	1.710	Karl-Heinz	2.173
Vollmert		Irmlind	4.590	Ludger	2.695	Wabbel	2.183	Michael	1.760
Beate	2.005	Thomas	1.632	Maria	2.625	Waber	4.323		2.656
Henning	2.030	Vorneweg		Marlis	2.040	Wache		Oliver	1.820
Josef	1.716	Klaus	2.126	Mechthild	2.022	Gundel	4.192	Silke	1.410
Patrick	2.425	Reinhild	2.126	Meike	2.095	Michael	1.550	Susanne	2.770
Vollmeyer-Helm		Vornholt		Michael	2.765	Wachendorf	1.715	Ulrich	1.505
	1.481	Günther	2.281		1.191	Wachenfeld-Puhl		Wilfried	2.600
Vollus	4.440	Heike	4.054	Michaela	1.453		1.600	Wagenführ	
Volmer		Kurt	1.107	Monika	1.415	Wachholz	3.045	Claus	2.618
Anja	3.005	Maria	2.300		2.315	Wachow	1.090	Michael	1.435
Christa	1.594	Vornholz	3.020	Norbert	1.266	Wachsmuth	2.060	Wagner	
Gertrud	2.460	Vornhusen	2.395		4.690	Wachsmuth-	2.210	Andrea	1.537
Hans	1.151	Vornweg	4.832	Oliver	1.135	Hagemeier		Bernd	2.292
Hans-Georg	1.795	Vorschulze	2.653	Peter	1.633	Wachtel	1.132		4.831
Johannes	2.620	Vorsmann		Raphaele	2.031	Wachten		Bernhard	4.242
Michael	2.674	Barbara	1.170	Regine	4.962	Barbara	1.715	Björn	2.755
Ralf	2.073	Elke	1.537	Rolf	1.737	Hermann	1.435	Brigitte	3.210
Reiner	2.197	Vorst		Stefan	1.195	Paul Georg	1.275	Christa	4.771
Tim	2.084	Cathrin	2.669		2.426	Wachtendonk v.	1.456	Christiane	2.516
Ulrich	3.045	Reinhard	2.161	Thomas	2.040	Wachter			4.430
Volmer-	2.455	Vortmann		Ulrich	1.535	Hans-Joachim	4.248	Claus	2.156
Zurhove		H.-Josef	4.180		2.057	Josef	2.365	Cornelia	2.080
Volmerig	2.241	Hans	2.183	Volker	2.763	Marco	1.699	Dietmar	1.186
Volmering		Helmut	4.273	Werner	1.485	Wacker	2.671	Dora	2.075
Sabine	1.222	Ursel	4.271	Voß-Kadereit	2.326	Wackermann	4.635	Elisabeth	4.540
Sven	2.070	Vorwald	2.587	Voß-Obst	1.260	Wackertapp-	1.055	Friedhelm	1.805
Volmert	2.725	Vorwerk		Vossel	1.061	Finkenrath		Friedrich	1.840

Name	Page	Name	Page	Name	Page	Name	Page	Name	Page
Hannelore	1.435	Heinz-Ulrich	2.362	Walendzik	2.677		1.401	Wamhoff	2.356
	2.522	Markus	1.770	Waletzko	2.361	Anja	2.275	Wand	
Heide	4.270	Reinhart	2.002	Walk	4.512	Birgit	4.340	Adelheid	2.680
Heinz	1.588	Wolfgang	2.685	Walke	2.395		4.870	Christian	1.710
Herbert	1.412	Wahler	2.415	Walkembach		Claudia	2.514	Eberhard	2.605
Holger	2.665	Wahli-Mockewitz		Dorothee	1.441	Gerhard	4.680	Rainer	2.021
Irmgard	1.130		2.670	Norbert	1.340	Gottfried	1.392	Ulrich	2.285
Ines	1.057	Wahlmeyer	2.575	Walter	4.600	Hajo-Marc	2.416	Wandel	
Jan-Claudius	2.620	Wahren	2.033	Walkenhorst		Hans-Jürgen	2.656	Gabriele	1.485
Joachim	4.120	Wahrendorf	4.682	Christine	1.780	Heidi	1.345	Michael	4.243
Johanna	2.660	Wahrmann	2.101	Claudia	2.760	Heinz	2.061	Wandelt	4.195
	4.570	Waid	1.418	Walker		Heinz-Jürgen	1.285	Wanders	
Johannes	1.642	Waidmann	1.101	Hildegard	4.741	Heribert	1.505	Annika	2.152
Jürgen	2.403	Wal van der	2.437	Marie-Louise	4.513	Herm. Josef	2.363	Bernhard	1.781
Maria	4.943	Walbergs	1.528	Walkiewicz	4.370	Iris	1.196	Dirk	4.304
Marianne	3.005	Walbert-Mataré	1.345	Wallach	4.073	Jochen	2.452	Wandolski-	1.550
Marion	2.040	Walbrodt-Derichs		Wallas-Klute	2.695	Jörg	4.180	Uhlenbruck	
Martina	1.170		1.232	Wallasch	1.370	Karl-Heinz	2.035	Wandrey	1.552
Matthias	1.715	Walbröhl	1.640	Wallau	1.150	Maria-D.	3.007	Wandt	1.593
	2.452	Walbröl	1.455	Wallbaum		Marlene	3.010	Wangelin	1.795
Olaf	4.323	Walbrun	1.538	Detlef	4.055	Matthias	1.802	Wangerin	4.160
Ottmar	2.416	Walczak		Ursula	1.475		2.651	Wank	1.408
Petra	1.553	Inge	2.445	Willi	1.575	Olivia	2.160	Wanka	
	4.274	Sigrid	4.950	Wallbaum-Buchholz		Peter	3.398	Elke	1.760
Reiner	3.120	Theo	1.160		4.910	Petra	4.195	Heike	4.075
Renate	1.581	Ulrich	2.565	Wallberg	1.300	Reinhard	2.005	Jürgen	4.075
	2.585	Wald		Wallenfels	2.168	Reinhilde	4.370	Wanke	1.107
Renee	2.438	Bernhard	1.286	Wallgärtner	2.225	Renate	1.430	Wankel	2.318
Sabine	2.315	Heribert	1.642	Wallhorn		Stefanie	1.250	Wanko	4.945
	4.950	Petra	1.575	Beate	1.132		1.627	Wankum	
Simone	3.135	Wald-Gaidetzka	1.690	Norbert	2.101	Stephanie	1.151	Franz	1.629
Stefan	1.160	Waldapfel	2.154	Rainer	1.115	Ulrich	2.653	Hans Willi	4.701
Susanne	1.160	Waldbröl	4.635	Walljasper	2.670	Ursula	2.420	Wannagat	
	4.470	Walde		Wallmann		Wolfgang	4.462	Monika	2.153
Sybille	4.323	Gerhard	2.190	Herm.	2.522	Yvonne	2.690	Ute	4.111
Thomas	1.520	Stefanie	2.590	Peter	1.212	Waltermann		Wannenmacher	4.141
Tilman	2.086	Sylvia	4.242	Wallmeier		Bernhard	2.518	Wanning	
Ulrike	2.360	Walden		Clemens	2.730	Dieter	2.033	Bernhard	4.370
Ursula	4.462	Horst	1.419	Silvia	2.437	Irmgard	1.350	Maria	2.246
Uwe	1.168	Sabine	1.212	Wallmeroth	1.351	Johanna	2.438	Wans	
Vanessa	4.055	Walder	2.215	Wallmichrath	3.120	Thomas	2.205	Gabriele	1.266
Winfried	1.052	Waldera	2.267	Walloch	2.225	Veronika	4.690	Paul	1.385
Wolfgang	1.122	Waldeyer	3.025	Wallos	2.503	Walters		Peter	1.535
Wagner-Bölting	2.603	Waldhausen	1.523	Wallrabe	2.415	Bernhard	2.001	Wanschura	4.111
Wagner-Borgolte		Waldheim		Wallrabenstein	2.625	Heinrich	2.001	Wansleben	
	1.081	Barbara	2.146	Wallrad	2.160	Martin	2.670	Gerhard	1.122
Wagner-Faßnacht		Egbert	4.249	Wallraff		Rosemarie	2.001	Klaus	1.627
	3.045	Waldhelm	2.059	Hans-Peter	1.006	Ulrich	2.001	Wanstrath	1.126
Wagner-Hucke	1.326	Waldherr		Irmgard	1.066	Walther		Wanzek	4.242
Wagner-		Dorothea	2.638	Wallraff-Kaiser	1.070	Gunnhild	2.665	Wappler	2.275
van der Laden	4.722	Franz-Günter	2.638	Wallroth	1.801	Hannelore	4.240	Warchola	1.119
Wagner-Meister	2.760	Waldinger	4.960	Wallstabe	1.690	Helmut	2.695	Warda	2.370
Wagner-Storz	2.055	Waldmann		Walmanns	1.584	Katja	1.135	Wardemann	4.243
Wahl		Anke	1.406	Walminghaus	2.687	Matthias	2.516	Wardenbach	
Annette	2.618	Dirk	4.645	Walmrath	1.011	Michael	1.136	Albrecht	2.638
Burkhard	1.811	Kirsten	1.130	Walory	3.055	Petra	4.961	Marc	4.662
Christine	4.660	Wolfgang	1.195	Walper		Walthier	1.485	Warias	1.232
Ernst-Thilo	2.370	Waldmeier	2.485	Maik	1.570	Walthoff	1.212	Warkalla	1.690
Gerald	2.181	Waldmüller		Stefan	4.635	Waltke		Warland	4.220
Manfred	4.831	Franz	1.790	Walpert	2.173	Dieter	2.230	Warlier	2.669
Reinhard	2.472	Hilde	2.230	Walsch	2.639	Ulrich	2.503	Warmbt	1.370
Wahl-Aust	1.118	Waldner	2.363	Walschburger	1.036	Waluszek	2.086	Warmeling	2.285
Wahlbrinck	2.626	Waldorf	1.419	Walschek	1.043	Wambach		Warmke-Werner	
Wahle		Waldow	2.452	Waltemate		Mechtild	1.191		2.242
Burkhard	2.522	Waldschmidt		Dietmar	4.370	Ralf	1.580	Warnau	1.434
Burkhardt	2.486	Michael	1.795	Susanne	2.033	Wambach-Laicher		Warneck	1.685
Franz	2.490	Ulrike-U.	1.451	Walter			1.481	Warnecke	
Gabriele	2.002	Walendy	2.310	Alfred	1.715	Wamhof	2.281	Ivonne	1.419

Name	Nr.	Name	Nr.	Name	Nr.	Name	Nr.	Name	Nr.
Johannes	2.270	Barbara	2.002	Franz-Josef	1.801	Regina	2.666	Wedde-Prates	1.585
Warneke	2.181	Karl	4.800	Franz-Rudolf	2.765	Reinhold	4.224	Weddemann	2.255
Warner	1.530	Watkins	1.735	Gabriele	2.563	Renate	1.796	Wedding	
Warning		Watrin		Georg	1.105	Rita	1.454	Angelika	1.159
Florian	4.380	Evelyn	1.482		1.553	Rolf	4.470	Magdalena	2.535
Nicole	1.660	Karl-Heinz	1.680	Gerhard	1.433		4.661	Wedegärtner	4.370
Warnke		Renata	2.654	Gisela	2.345	Sandra	2.690	Wedekind	
Günter	2.605	Wattenberg		Günther	2.491	Sigrid	1.528	Dorothée	1.581
Sabine	2.455	Carsten	2.418	Hans-Alois	1.580		2.380	Frank	4.580
Wibke	2.519	Claudia	2.564	Hans-Dieter	2.730	Silvia	1.616	Sylke	4.180
Warnking	2.516	Wattke		Hans Eugen	2.516	Solveig	1.630	Wedeking	2.630
Warrach	1.845	Rainer	4.962	Hans-Joachim	1.165	Stefan	2.095	Wedel	4.151
Warobiow	1.795	Stephanie	1.820		2.260	Stefanie	2.030	Wedell	2.291
Warren	1.424	Watzke	4.662	Hans-Peter	2.715	Stephan	1.365	Wedemeier	2.300
Warrener	4.323	Watzlawik	4.270	Harald	1.431	Stephanie	1.588	Wedershoven	1.520
Warrlich	1.588	Wauer	1.436	Hartmut	4.240	Sylvia	2.033	Wedler	1.116
Warscheid	2.650	Wawer	4.250	Heinrich	2.545	Thomas	2.486	Wedrich	4.250
Wartberg-Keßler		Wawrzinoszek	1.615	Heinz Johann	1.592	Torsten	1.715	Weeber	
	1.821	Wayand	2.380	Helma	4.920	Ulrich	2.190	Karl-Wilhelm	1.815
Wartenberg	2.600	Webbeler		Helmut	1.005		2.240	Klaus	2.405
Warth	3.100	Sebastian	4.380	Ingeborg	4.590	Ursula	1.050	Weege	
Warthmann		Uta	2.575	Ingrid	4.276	Ute	1.226	Bernhard	2.061
Barbara	1.212	Webelsiep	4.960		4.721		3.005	Estelle	2.158
Dirk	1.125	Weber		Ingrid Ch.	2.645		4.821	Katja	1.580
Warthorst	2.318	Alfred	1.430	Irene	4.951	Walburga	2.022	Rita	2.440
Warthuysen	4.260	Almuth	4.071	Jürgen	2.036	Winfried	1.117	Weeke	1.505
Warzilek		Andreas	2.639		2.487		2.165	Weerts	2.605
Jutta	1.553	Anette	1.454	Julia-Maria	1.402		2.455	Wefelmeier	2.154
Reinhard	1.552	Anita	1.475	Karin	2.653	Wolfgang	1.102	Wefer	1.275
Waschescio	2.603	Anja	1.470	Karl-Heinz	2.462		1.415	Wefers	
Waschk	1.528	Annette	1.157		1.167		2.320	Hans-Herm.	1.537
Waschke	4.870		1.220	Katrin	2.165	Weber-Bange	2.020	Marlies	1.725
Waschkuhn	4.370	Arnold	1.025	Klaus	1.409	Weber-Bemmann		Wefers	2.515
Wasel	1.845		6.133	Klaus Jürgen	1.821		1.422	Wefers-Herzogenrath	
Wasem	1.822	Astrid	2.570	Kuno	2.115	Weber-Berkholz	4.830		1.345
Wasen		Barbara	3.105	Kurt	1.815	Weber Brandes	2.523	Wefers-Johnston	
Edith	1.422	Beate	1.594	Ludwig	2.415	Weber-Bremm	1.131		1.641
Markus	1.615		2.126	Luise	1.057	Weber-Henze	2.121	Wefers-vom Berg	
Waskönig-Kessel			2.625	Manfred	4.721	Weber-Hüttenhoff			1.025
	4.860	Bernadette	4.290	Manuela	2.760		4.961	Wege	1.685
Wasmund	1.132	Bernd	2.516	Margarita	1.400	Weber-Kron	4.832	Wegel	2.666
Wasow	4.705		1.218	Margarete	2.503	Weber-Lin	4.580	Wegele	1.600
Wassen	1.815		1.408	Maria	1.200	Weber-Meier	1.593	Wegemann	2.169
Waßenberg		Bernhard	1.552		4.241	Weber-Mück	4.075	Wegen	1.060
(Wassenberg)		Bianca	1.151	Maria-Antoinetta		Weber-Windhoffer		Wegenaer	1.554
Christina	1.320	Brigitte	1.522		1.365		3.150	Wegener	
Ilona	4.241		4.630	Martin	2.255	Wecek-Hambrock		Burkhard	3.340
Nils	1.170	Britta	1.004	Meinolf	2.425		2.654	Edith	1.250
Sabine	4.243	Charlotte	1.175	Michael	1.819	Wechselberg	4.722	Elisbeth	1.361
Ursula	4.243	Christa	1.415		4.274	Weck	4.830	Esther	1.123
Wassenberg-Kummer			1.592	Michaela	2.084	Weck-Speicher	1.025	Heinz-Norbert	4.445
	1.191	Christel	2.174	Mira	4.300	Weckbecker	1.102	Hermann	2.180
Waßenhofen	1.101		4.830	Mirja	2.120	Wecke	2.571	Karl-Heinz	1.615
Waßer (Wasser)		Christiane	4.513	Monika	1.550	Weckenbrock	4.721	Klaus	1.430
Philipp	1.711	Christina	2.570	Nadia	2.589	Weckend-Mertens		Manfred	2.486
Winfried	4.075	Christoph	1.660	Nicola	1.589		1.815	Maria	2.603
Wasserberg	2.357	Christopher	2.765	Nike	4.040	Wecker		Marita	4.330
Wassermann		Corinna	1.123	Norbert	2.190	Helene	3.050	Simone	2.064
Benno	3.040	Detlef	1.233	Oliver	4.660	Reinhold	1.043	Werner	2.291
Jörg	1.818	Dieter	2.305	Otmar	1.715	Rose	4.661	Wolfgang	1.486
Dieter	4.350	Dirk	2.156	Patricia	1.063	Rosemarie	1.043	Wegener-Ewert	2.550
Wassermeyer	1.400	Dorothea	2.620	Paul-Gerhard	1.230	Weckerle	4.430	Wegener-Mürbe	2.055
Wasserscheid	4.224	Edgar	2.545	Peter	1.432	Weckermann		Weglage	
Waßmann	1.690	Elke	4.260		2.565	Hans-Jürgen	2.426	Silke	2.495
Wassong	1.240	Elmar	4.900	Petra	1.290	Norbert	4.761	Ursula	2.205
Wassyl	2.613	Erich	4.290	Pia	2.517	Weckler	1.126	Wegmann	
Waterkamp	4.915	Erika	1.506	Raimund	1.660	Weckwert	4.520	Gerold	2.090
Watermann		Evelyn	4.091	Ralf	4.440	Wedde	1.740	Michael	1.424

Ursula	1.101	Wehrmeyer	3.038	Christian	1.600	Nils	2.630	Weiser
Werner	1.740	Wehrs	1.107	Joachim	4.580	Weinbrenner		Dorothee	1.845
Wilfried	1.305	Wehry		Weigand		Christina	2.511	Engelbert	3.075
Wegmann-Otters		Hans-Joachim	2.535	Bettina	4.910	Friedhelm	2.655	Gabriele	1.107
	2.057	Uta	2.535	Wolfram	3.063	Ursula	1.537	Wolfgang	4.380
Wegmann-Roemer		Weiand-Schneider		Weige	2.059	Weinem	1.632	Weishaupt	
	1.741		1.400	Weigel		Weiner		Christoph	2.170
Wegner		Weibels-Balthaus		Andreas	1.816	Georg	2.036	Gerhard	2.364
Brigitte	2.487		4.248	Babette	1.424	Heike	4.252	Helmut	2.345
Elsbeth	3.045	Weichelt-Hoffmann		Katja	1.286	Weinforth	1.124	Petra	2.285
Hans-Georg	2.100		2.310	Weigeldt	1.063	Weingärtner	1.695	Weiskorn	1.201
Katrin	1.124	Weichert		Weigelt		Weingarten		Weiß (Weiss)	
Lieselotte	2.210	Heike	4.900	Barbara	2.057	Alfons	1.054	Almut	2.340
Lothar	4.705	Jochen	2.390	Christiane	2.180	Cornelia	2.410	Annette-Christa	
Marlies	1.095	Jörg	4.320	Hans-Georg	4.075	Ulfried	2.650		2.100
Michael	4.073	Reina	2.610	Hans-Jürgen	1.583	Weingarten-Dunn		Antje	2.590
Reinhard	2.192	Weichselgärtner	4.180	Karl-Robert	4.493		1.326	Brigitte	2.516
Thomas	4.962	Weick		Manuela	4.930	Weingartner	1.593	Dietmar	4.245
Ulrike	2.286	Doris	4.192	Weigend	4.951	Weingartz	4.091	Friederike	4.961
Wilfried	4.250	Melanie	2.230	Weigert	3.105	Weinhold		Friedhelm	1.043
Wolfgang	1.230	Stephanie	2.061	Weigl	2.426	Andreas	4.513	Gerd	1.218
Wegner-Graf	1.419	Weick-Schulz	4.943	Weigt	2.063	Artur	2.460	Gerhard	2.614
Wego		Weidauer	2.362	Weih	1.697	Weinholz	2.095	Ines	2.010
Brigitte	1.190	Weide	2.062	Weih-Pliquett	2.772	Weinkopf	2.340	Joachim	2.545
Christa-Marie	4.370	Weidemann		Weihermann	3.140	Weinmann	4.621	Jörg	1.495
Hans-Josef	1.190	Angelika	1.419	Weihrauch	4.073	Weinreich		Jörg-Friedrich	2.169
Wehage	1.641	Fr.-Josef	2.031	Weikämper	4.540	Elisabeth-Ch.	1.416	Johannes	4.120
Wehde	2.452	Weiden		Weikamp		Martin	1.615	Jürgen	2.281
Wehland	4.430	Sabine	4.540	Holger	1.385	Thomas	4.245	Karma	4.720
Wehleit	2.418	Silvia Maria	1.407	Jan	1.523	Weinrich		Kerstin	2.763
Wehling	1.588	Weidenhaupt		Weikert		Hans-Jürgen	2.654	Ludmilla	4.741
Wehmeier		Franz-Josef	4.260	Ralf	2.405	Matthias	2.056	Maren	4.494
Annika	2.281	Michael	4.401	Wolfgang	2.683	Monika	1.441	Markus	2.010
Caren	1.320	Thomas	3.020	Weil		Volker	2.356	Marlies	2.471
Wehmeyer		Weidenhaupt-Wirtz		Harry	2.073	Weinsheimer	2.486	Martina	1.470
Beate	1.641		4.540	Jürgen	1.588	Weinspach	1.433	Michael	1.103
Helmut	1.470	Weidert	1.159	Weiland		Weinstock			1.224
Katja	1.139	Weides	2.035	Anette	2.240	Karl-Ernst	1.150		4.653
Wehmschulte	2.036	Weidig	4.370	Bärbel	2.001	Susanne	2.390	Moira	2.045
Wehner		Weidl	2.323	Elke	1.041	Weintz	2.181	Monika	1.015
Anke	4.830	Weidler	1.538	Marion	4.590	Weirath	6.215		2.500
Erhard	1.070	Weidlich		Peter	3.063	Weirauch		Reinhard	2.080
Julia	1.035	Christophorus	2.514	Thilo	1.412	Günter	3.040		2.156
Maria	4.690	Nadja	1.081	Weilemann	2.281	Manfred	3.020	Roland	1.055
Norbert	1.595	Weidmann		Weiler		Weirich		Sieglinde	2.002
Philipp	1.421	Andrea	1.103	Andrea	2.771	Herm.-Josef	1.131	Silke	2.627
Robert	4.271	Petra	2.627	Anke	4.470	Regina	1.581	Simone	4.401
Stephanie	2.168	Reinhard	4.450	Christoph	1.798	Weiring	1.260	Ulf	2.653
Wehner-Eckl	1.500	Weidner		Hans-Otto	1.552	Weiruß	2.152	Ulrich	4.495
Wehnes	1.418	Hans-Georg	2.671	Ingrid	1.054	Weis		Ulrike	1.845
Wehnhardt	2.072	Sabine	2.165	Jörg	4.870	Ernst-Chr.	4.900	Weiß-Dircks	4.380
Wehr		Susanne	4.224	Norman	1.415	Gabi	4.590	Weiß-Müller	1.415
Benedikt	1.553	Wilfried	2.613	Werner	4.270	Robert	2.101	Weiss-Wrigth	1.407
Norbert	3.160	Wolfgang	4.193	Weiling	2.195	Weischenberg	2.750	Weißbach	4.290
Wehren-Zessin	1.128	Weidner-Kien	1.627	Weiller	2.267	Weischer		Weißbrich	1.091
Wehrend	1.211	Weidt	1.553	Weim	2.020	Dirk	2.519	Weißelberg	
Wehres	3.025	Weien	4.243	Weimann	1.552	Marie-Luise	1.411	Janet	2.160
Wehrhahn	1.118	Weier		Weimbs	1.367	Weise		Michael	4.950
Wehrmann		Katrin	2.096	Weimer	1.121	Burghard	1.631	Weißenborn	1.040
Ingeborg	4.513	Kurt	1.640	Wein-Hilgers	3.172	Christa	2.036	Weißenborn	2.589
Inken	4.276	Michael	1.170	Weinand	2.611	Hans-Gerd	1.404	Weißenfels	2.168
Johann	2.361	Sandra	1.403	Weinaug	4.555	Joachim	2.588	Weißenburger	1.044
Manfred	1.060	Therese	1.589	Weinbach		Margrit	1.001	Weißer (Weisser)	
Wehrmann-Horst		Weifenbach	1.116	Horst	1.151	Sigrid	4.951	Klemens	4.276
	2.121	Weiffen		Susanne	1.050	Vera	4.940	Verena	1.442
Wehrmann-Plaga		Achim	1.067	Weinberg		Weisenstein		Weissert	4.120
	2.436	Barbara	1.821	Irmenburg	1.528	Franz-Josef	2.416	Weißig	1.403
Wehrmeister	4.722		4.870	Klaudia	4.900	Hanne	4.513	Weißkirchen	1.101

Namenverzeichnis 899

Weißmann	1.066	Monika	1.003	Christof	1.661	Wengemann	4.040	Werbelow	1.006
Weißphal	2.700	Ute	1.228	Frank	1.527	Wenger	3.150	Werdelmann-	2.715
Weißwange	2.210	Weller-Kasak	1.815	Norbert	1.004	Wenhake	2.645	Bohmann	
Weiterer	4.304	Wellering	2.535	Theo	1.035	Wenigenrath	2.031	Werdelmann-Krüger	
Weitfeld-Kollmetz		Wellermann	1.220	Welting	1.290	Wening	2.670		2.715
	4.832	Wellers	4.072	Welty	4.415	Wenke	2.100	Werden	1.003
Weithöner	2.060	Wellhausen	1.326	Welz		Wenker	4.780	Werden von	1.795
Weitkämper	2.083	Wellhausen-Beer		Antje	2.184	Wenkers	1.735	Werdermann	2.305
Weitkamp			3.035	Martin	1.020	Wenking	2.456	Werdermann-Zeune	
Anja	2.680	Welling		Wolfgang	BRK	Wennekamp	3.205		1.823
Carla	4.330	Claudia	1.457	Welzel		Wennekers	4.323	Weres-Dohmen	1.305
Hans-Jörg	2.063	Gabriele	1.696	Andrea	1.541	Wennemar	1.042	Werfel	
Martin	1.132	Ingeborg	2.588	Annegret	2.621	Wenner		Iris	2.445
Weitner	2.174	Inken	2.205	Dietlinde	3.120	Karsten	1.415	Monika	1.441
Weitz		Klaus	4.220	Manfred	1.150	Susanne	2.626	Peter	2.230
Barbara	4.495	Martin	1.212	Volker	2.627	Wolfram	2.710	Werfling	2.153
Bernhard	4.651		2.100	Wember-Münker		Wennicke		Wergen	
Doris	4.930	Tanja	2.471		2.570	Heike	2.677	Rainer	1.495
Joachim	1.224	Theodor	2.515	Wember	2.175	Rainer	2.340	Ulrike	1.725
Jürgen	4.325	Wellkamp	1.068	Wemßen	1.224	Wenning		Wering-Horn	1.632
Martin	1.415	Wellmann		Wende		André	2.671	Werk	1.697
Reiner	2.656	Astrid	2.083	Franz	2.417	Anke	4.445	Werke	4.323
Rita	4.513	Jutta	1.486	Rolf	1.595	Caroline	2.685	Werker	
Sandra	1.523		4.905	Sonja	4.653	Diana	4.940	Josef	4.510
Thomas	4.151	Udo	1.510	Sylvia	4.513	Elisabeth	2.316	Miriam	2.487
Wilfried	1.811	Wellmann-Hewett		Wende-Dreyhaupt		Frank	4.277	Volker	1.361
Weitzel	4.245		2.281		4.961	Marlies	2.035	Werkmeister	1.106
Weitzel-Schöler	1.430	Wellmanns	2.325	Wendel		Silvia	4.273	Werle	3.165
Weitzen	4.491	Wellmer	1.750	Andreas	1.250	Thomas	2.152	Werlich	4.761
Weitzenbürger	1.770	Wellms	4.945		2.700	Wennmacher	4.513	Wermeling	
Weitzenkorn	4.743	Wellner	1.341	Franz	2.073	Wennmohs	2.083	Alfons	2.205
Weizel	1.233	Wellner-Kick	2.614	Wendeler		Wennowski	1.802	Johannes	2.195
Welbers	4.304	Wellner-Wilkens	2.355	Stefanie	1.435	Wens	2.030	Wermes	1.796
Welder		Wellnitz	2.612	Thorsten	4.635	Wenschkewitz	1.424	Wermescher	1.575
Angela	1.795	Welp		Wenderoth	4.601	Wensierski v.		Wernecke	2.101
Michael	1.795	Ekkehard	4.590	Wendholt	1.819		2.510	Werneburg	1.552
Welge		Nina	1.130	Wendker	2.396	Harald	2.071	Werneke	
Brigitte	1.630	Wiebke	1.415	Wendland		Wensing-Westphalen		Birgitta	2.058
Hilmar	4.832	Welp-Scherer	1.816	Arnold	2.055		1.437	Eva-Maria	2.125
Welke	1.050	Welper		Astrid	2.210	Wenta	2.700	Werneknick	1.276
Wolker	1.552	Gerhard	1.020	Regina	2.246	Wenthe-Kiltz	1.528	Werner	
Well	2.545	Sandra	2.669	Roland	2.605	Wentker	4.690	Angelika	2.063
Well van		Wels	4.290	Ruthild	4.722	Wentzel		Armin	1.537
Sigrid	1.620	Welsandt	1.275	Thomas	2.611	Sabine	4.075	Christiane	2.667
Wolfram	2.571	Welsch		Ulrich	1.798	Stefan	4.075	Detlef	1.340
Welland	2.058	Axel	2.588	Wolfgang	2.246	Thomas	1.594	Elisabeth	2.006
Welle		Christian	1.505	Wendler		Wenz	1.108	Erhard	2.495
Angelika	1.136	Christiana	3.040	Dagmar	4.246	Wenzel		Franz-Josef	1.355
Gabriele	2.059	Daniela	2.156	Gerhard	2.291	Anne	2.755	Gerhard	4.220
Sabine	2.653	Edmund	1.126	Helmut	1.470	Christa	1.157	Gertrud	4.630
Ute	4.741	Ria	1.505	Ingrid	2.560	Dagmar	1.661	Hans	2.362
Wellen		Uwe	4.780	Wendling	4.225	Elke	4.330	Heinz	1.122
Franz-Josef	2.393	Welscher	1.711	Wendroth	4.761	Heidemarie	2.680	Helmut	1.426
Johannes	4.073	Welsing	4.091	Wendt		Inga	1.350	Karl	4.470
Wellenbüscher		Welslau		Egbert	4.323	Jörn	1.551	Karl-Heinrich	4.741
Marcus	2.055	Bruno	2.126	Gernot	4.370	Katrin	1.737	Katharina	1.457
Nicole	2.565	Peter	2.067	Helmut	2.570	Klaus	4.720	Klaus-Jürgen	2.006
Wellenkrüger	2.056	Welter		Kerstin	4.662	Lothar	1.170	Marcus	1.241
Wellenreuther	4.705	Bruno	1.201	Klaudia	1.695	Monika	1.418	Markus	1.781
Wellensiek	4.130	Gabriele	1.801	Wendt-Süberkrüb		Rainer	4.196	Matthias	1.052
Weller		Herbert	4.945		2.365	Sabine	4.273	Monika	1.103
Bettina	4.771	Klaus Jürgen	1.130	Wendt-Taschbach		Stefan	1.168	Peter	2.364
Erwin	4.370	Martina	2.275		4.300	Svenja	2.687	Petra	1.433
Friedhelm	2.120	Saskia	1.451	Wendtland	2.490	Veronika	2.670	Sabine	2.731
Gabriela	2.290	Ursula	1.200	Wendzel	4.945	Wenzel-Ewald	2.390	Sonja	1.151
Gebhard	2.244	Weltermann	4.720	Wenge		Wenzl-Malucha	1.059	Stephanie	4.385
Josef Martin	2.515	Welters		Markus	4.055	Wenzler	BRDü	Tim	2.436
Katrin	1.042	Christian	1.107	Thomas	4.415	Weps	4.250	Ulrich	3.120

Ute	1.661	Ulrich	2.305	Westerheide	2.270	Rüdiger	1.241	Weykam	4.330
Verena	1.001	Ursula	1.525	Westerhoff		Stephanie	2.731	Weykamp	
Vivien	1.043	Ute	1.660	Heinz Bernd	2.151	Ursel	2.517	Maurice	2.067
Volker	1.305	Verena	2.686	Norbert	2.035	Wilhelm	1.195	Richard	2.275
	4.705	Weßel-Janßen	4.950	Westerhoff-Wahler		Westphal-Hamdoun		Sonja	4.323
Wolfgang	4.721	Wesseler	2.746		1.116		1.486	Weyland	
Werner-Tomschi		Wesselink	2.230	Westerkamp		Westphale	4.180	Dorothee	4.072
	1.818	Weßelmann		Christine	1.003	Wetcke	1.006	Michael	1.340
Wernerus	1.011	(Wesselmann)		Wolfgang	1.002	Wetekam	2.715	Weyler	
Werning	4.701	Alfred	2.420	Westermann		Weth	1.007	Monika	1.441
Wernitz	1.565	Bernhard	1.811	Arnold	1.594	Wethkamp		Willi	1.441
Wernsmann	2.174	Joseph	1.115	Bernd	4.430	Roswitha	2.518	Weymann	
Werntgen		Norbert	1.180	Berthold	1.712	Vera	1.054	Jörg	4.225
Gerd	1.554	Sigrid	2.523	Doris	4.210	Wetjen-Fürböck	4.495	Tanja	1.537
Heribert	2.100	Weßelmann-Merschel		Gabriele	4.690	Wetschewald	1.175	Weymer	1.415
Werny	2.126		2.145	Günther	4.192	Wette		Weynans	4.242
Wernze	2.658	Wessels		Hans-Georg	2.173	Klaus-Günther	2.197	Weyrauch	1.130
Werpup	4.662	Cornelia	2.511	Jürgen	2.523	Ursula	4.690	White	2.666
Werres		Dieter	1.615	Jutta	2.570	Wetter		Whitelaw	2.121
Anne	4.210	Friederike	2.275	Kira	2.674	Hannelore	4.780	Wiatowski	1.845
Clemens	2.715	Hans-Friedr.	2.771	Lars	2.621	Olivia	2.001	Wibbe	1.155
Rosa	4.745	Ingrid	2.770	Magnus	4.690	Rolf	1.486	Wibbeke	4.661
Werry-Nikula	1.790	Kerstin	1.475	Maria	2.395	Thorsten	2.001	Wibbing	
Werske	4.111	Klaus	3.398	Peter	4.951	Wetter-Kernder	4.540	Bernd	2.033
Wertessen	3.063	Maren	2.705	Petra	2.600	Wetterling	2.677	Ulrike	2.545
Werth		Stefan	2.085	Ralf	2.380	Wetwitschka	2.125	Wiberny	2.510
Christine	2.560	Stefanie	2.020	Regina	4.550	Wetzel		Wich	1.195
Heinz-Gerd	1.520	Uta	1.275	Rita	2.010	Anja	1.041	Wichelhaus	1.275
Klaus-Helmut	1.122	Wessendorf		Tobias	1.816	Joachim	4.491	Wicher-Hahn	1.819
Stefan	2.450	Elke	2.550	Westermeier		Jürgen	4.111	Wichern	
Werthmann	1.003	Klaus	1.045	Maria	2.417	Michael	2.063	Gerd	1.392
Werthwein	1.816	Stephan	1.485	Stefanie	2.110	Ulfert	1.097	Volker	4.197
Wertschulte-Meißner		Wesser	1.150	Westernströer	2.075	Ute	1.069	Wichert	
	2.665	Wessing		Westerwinter	2.586	Wetzig	2.530	Günther	1.629
Wertulla	2.225	Kirsten	1.385	Westhäuser	1.481	Weufen-Püschel		Helga	1.123
Wertz	2.486	Rudolf	4.270	Westhaus	4.630		1.442	Rolf	1.403
Wery	1.581	Wessinghage	2.686	Westheide	2.102	Weuffen		Wichert-Heuser	1.460
Werzmirzowsky	2.380	Weßler		Westhofen		Gabriele	4.415	Wiching	2.002
Wesbuer	2.031	Alfred	1.795	Hildegard	1.845	Georg	1.417	Wichmann	
Wesche	1.600	Barbara	1.419	Jörg	1.310	Weule	1.506	Anette	4.402
Wesel van	4.720	Weßling (Wessling)		Westhoff		Weuste	4.961	Barbara	2.183
Weser	1.109	Heinz	1.529	Beate	2.225	Weustenfeld	4.645	Heike	1.380
Wesjohann	2.523	Maike	2.610	Berthold	1.020	Weusthoff	2.471	Jochen	2.242
Weskamp	1.165	Meike	2.511	Ludger	2.150	Wewel	4.380	Josef	2.603
Wesker		Viktor	1.229	Markus	1.392	Weyand		Klaus	2.245
Günter	2.001	Werner	2.402	Susanne	2.152	Renate	1.715	Maria	2.715
Heinz	2.275	Wessmann	2.614	Sylvelin	4.771	Tina	1.191	Sabine	4.705
Wesner	2.418	West		Ursula	2.059	Weyel	1.553	Wicht-Theisen	1.760
Wesner-Schöning		Leslie John	2.362	Wilma	1.409	Weyer		Wichterich	1.051
	2.050	Wilhelm	1.097	Westhues	1.340	Bastienne-N.	1.041	Wichtmann	4.961
Weßel (Wessel)		Westarp	2.670	Westhus	2.095	Dieter	2.300	Wichtrup	1.743
Almud	2.565	Westbomke	1.455	Westkämper		Günter	1.406	Wick	
Andrea	2.022	Westbrock		Oliver	2.639	Michael	1.641	Alfred	1.007
Annette	2.225	Bärbel	4.940	Wolfgang	2.060	Nicola	2.683	Volker	2.173
Frank	2.618	Hermann	1.780	Westkämper-Gramm		Ulrich	2.472	Wickboldt	1.224
Günter	2.363	Westefeld	5.610		3.050	Ursula	1.150	Wicke	
Hartmut	4.130	Westen	4.610	Westkamp		Weyer-von-Schoultz		Hubert	1.436
	4.635	Westenfelder	2.064	Norbert	2.700		4.304	Kirsten	1.069
Heinrich	2.485	Wester		Ulrich	2.535	Weyer-Fabrega	1.615	Martin	1.695
Heinz	3.220	Berthold	2.317	Westphal		Weyer-Noll	2.067	Wicke-Kolpatzeck	
Heinz-Ulrich	1.135	Christa	4.771	Alina	1.592	Weyer-Pech	1.821		4.242
Hiltrud	1.795	Hildegard	1.696	Charlotte	4.170	Weyerke	1.583	Wickel	2.410
Matthias	4.430	Stefan	1.310	Christian	2.518	Weyermann	4.695	Wickel-Viehl	2.415
Norbert	4.091	Wolfgang	1.525	Gisela	1.011	Weyers		Wickemeyer	2.210
Peter	1.655	Westerbarkei	2.281	Gunter	1.200	Jens	4.832	Wickenburg	4.402
Petra	1.057	Westerdorf	4.070	Julia	2.516	Sandra	1.219	Wickendick	
Susanna	1.598	Westerhaus	2.241	Marlies	2.695	Sara	1.402	Michael	1.820
Sylvia	2.050	Westerhausen	4.390	Niels	2.519	Waltraud	2.082	Wolfgang	1.650

Wicker-Hosenfeld		Peter	2.031	Wieland-Polonyi		Hubert	2.667	Bernd	1.124
	2.659	Wiedemeyer	2.613		2.326	Kerstin	2.667	Brigitte	1.115
Wickhorst	2.530	Wiedemuth	2.571	Wieler	1.195	Wienicke	4.662	Herbert	1.529
Widekind v.	2.058	Wiedenbach	1.537	Wieling	2.058	Wiening	2.495	Wiesendahl	
Wider	1.421	Wiedenbrück		Wielk	2.245	Wienke		Martin	1.130
Widera		Franz-Josef	2.225	Wielpütz		Martin	4.192	Susanne	1.650
Sandra	2.182	Petra	4.245	Dieter	1.051	Tanja	4.075	Wiesensee	1.585
Sujata	2.452	Wiedenfeld	1.158	Gunther	1.101	Wolfgang	1.010	Wiesenthal	2.317
Ursula	1.470	Wiedenmann	1.441	Wielspütz	2.555	Wienker	2.513	Wieser	
Wieacker	2.471	Wiedenstritt-Ulrich		Wielzarke	2.390	Wienker-Zöfgen	2.603	Andreas	4.530
Wiebe	4.130		1.445	Wiemann		Wierichs		Ruth	2.071
Wiebelhaus	2.023	Wieder	2.480		1.124	Alfred	4.761	Wieskötter	2.613
Wieber	2.176	Wiederhold	3.340	Andreas	4.141	Karl	1.065	Wiesmann	
Wiebke	2.450	Wiederkehr		Frank	4.130	Wierschem		Anette	2.462
Wiebold	2.665	Monika	2.196	Franz-Josef	2.405	Dagmar	1.170	Gabriele	2.005
Wiebusch	2.056	Rolf	2.196	Karl Paul	2.645	Robert	2.610	Renate	1.080
Wiecha	1.817	Wiederrecht-Pfeiffer		Tanja	4.450	Wiertz		Stefan	1.270
Wiecha-Moser	4.662		2.050	Thomas	4.761	Corinna	1.805	Wiesner	
Wiechen	1.815	Wiedey	2.438	Wolfgang	1.421	Hans-Peter	1.801	Ayse	4.250
Wiecher		Wiedner-Schneider		Wiemer		Karl-Walter	1.190	Imke	4.091
Alfons	2.070		1.370	Eva Maria	4.040	Katja	2.673	Kathrin	2.356
Anna	2.073	Wiefels	1.520	Gerhard	4.040	Marie-Luise	1.286	Lutz	3.010
Wiechern	4.072	Wiegand		Wiemer-Hornig	2.656	Wolfram	1.600	Oda	2.667
Wiechers		Andrea	1.376	Wiemers		Wierzchula	2.491	Wiesner-Bette	4.590
Angela	4.304	Aysen	1.690	Annegret	2.161	Wies	4.962	Wiesner-Hagedorn	
Horst	2.521	Gabriele	2.772	Gisela	3.150	Wiesbaum	2.690		1.817
Ralf	4.180	Jens	1.125	Wilhelm	2.726	Wiesbrock-Ruppert		Wiest	1.310
Wieching	1.419	Klaus	4.073	Wiemers-Kaisers			2.001	Wiethaup	
Wiechmann		Margret	1.420		4.250	Wieschermann	1.221	Elmar	2.419
Annette	4.900	Olaf	2.182	Wiemeyer		Wieschhörster	2.520	Vanessa	1.592
Dietmar	1.457	Volker	2.121	Astrid	2.062	Wiese		Wiethaus-Thrän	2.683
Wiechoczek		Wiegand-Claes	2.635	Heinrich	1.633	Alexandra	2.671	Wiethe	4.246
Annetraud	4.741	Wiegandt		Wien-Hochdörffer		Annegret	1.163	Wiethoff	2.084
Rafael	2.165	Dagmar	1.219		2.660	Bernd	BRDü	Wietschorke	1.128
Wiechowski	1.109	Micaela	1.098	Wienand		Brigitte	2.125	Wietzorek	1.453
Wieck	1.402	Wiegard		Helga	1.457	Britta	4.662	Wiewer-Becker	1.191
Wieck v.	2.191	Axel	4.660	Helma	2.736	Cécile	1.212	Wiewiora	2.462
Wiecken	4.075	Martina	4.660	Reinhard	2.736	Christian	1.068	Wigand	4.740
Wieczorek		Wiegelmann		Ursula	4.771		2.126	Wigbels	1.451
Hartmut	1.410	Michael	1.158	Wienbrack	2.495	Christoph	4.072	Wiggen	1.220
Ina	4.494	Peter	2.490	Wieneck	4.900	Detlef	2.726	Wiggermann	2.153
Marlene	1.124	Rudolf	2.491	Wienecke		Georg	2.031	Wiggers	
Matthias	2.182	Wieger-Schlungs		Inge	2.700		4.072	Karlheinz	2.555
Peter	2.086		1.770	Katharina	1.050	Gerhard	1.819	Regina	2.001
Wieczorreck	1.820	Wiegers		Wieneke		Gernot	4.240	Sofia	2.095
Wied	4.221	Anne	2.318	Alexander	2.125	Gertrud	1.160	Ute	1.390
Wied-Bernshausen		Carolin	2.418	Karlheinz	2.191	Heike	4.743	Wiggershaus	1.150
	2.415	Kordula	4.290	Kathrin	2.665	Hendrike	2.361	Wigginhaus	3.100
Wiede	3.015	Paul-Josef	2.291	Wienemann	1.097	Henning	1.570	Wijn de	1.432
Wiedeking		Wiegert	2.401	Wienen		Hubertus	4.462	Wijst v. d.	2.415
Annette	4.040	Wiegmann		Kerstin	1.125	Reiner	1.150	Wijst v. d.-Althaus	
Franz-Josef	2.491	Kay	1.051	Ulrich	1.505	Ulrike	1.160		2.415
Wiedemann		Hans-Gerd	2.079	Walter	4.945	Wiesehöfer	1.004	Wiktor	4.072
Alfons	1.123	Wiegmann-Büscher		Wieners		Wiesekopsieker		Wilberg	2.645
Andreas	1.527		2.357	Andrea	4.705	Bernd	2.417	Wilbers	4.251
	1.642	Wiehagen	2.750	Claudia	2.150	Hans Stephan	2.638	Wilbers-Drerup	1.380
Annette	2.715	Wiehle	2.400	Georg	2.380	Wiesel		Wilbert	
Ellen	2.325	Wiehler	4.951	Marita	2.126	Gertrud	1.405	Lioba	4.243
Gabriele	1.415	Wiehn	3.125	Norbert	4.380	Hans-Josef	1.817	Thomas	1.052
Georg	2.495	Wiek		Wienert	2.417	Renate	1.819	Wilbertz	3.135
Günter	2.587	Dieter	1.097	Wiengarn		Wieseler		Wilbrand	1.122
Heinz-Peter	2.362	Holger	4.120	Diethard	2.705	Annette	2.076	Wilck	2.370
Rafael	1.035	Wielage	4.091	Franz Josef	2.242	Sigrid	1.505	Wilcke	
Stephan	2.635	Wieland		Wienhausen	1.097	Wolfgang	4.635	Hans-Rainer	1.640
Ulrike	4.741	Bodo	4.960	Wienhold	4.340	Wiesemann		Sandra	2.192
Wiedemayer	2.771	Hans-Jörg	1.417	Wienholt	1.163	Bernhard	1.810	Wilckens	1.645
Wiedemeier		Josef	4.276	Wienholz	1.521	Regina	4.180	Wilczek	2.588
Gabriele	2.667	Volker	4.401	Wienhues		Wiesen		Wild	

Edgar	1.486	Wilk			1.355	Andrea	2.570	Frank	2.280
Herbert	1.642	Angelika	2.083	Irmgard	4.130	Hendrik	4.590	Jochen	2.669
Yvonne	4.830	Klaus-Dieter	2.002	Jan	2.340	Willms		Wilting	1.224
Wildberger	1.796	Werner	1.823	Marion	2.317	Astrid	1.137	Wiludda	3.105
Wilde		Wilk-Mergenthal		Markus	1.285	Herbert	4.728	Wilzek	1.159
Birgit	1.697		1.232	Mathias	4.250	Margit	4.370	Wilzer	3.105
Britta	2.075	Wilkat	4.512	Mechthild	2.380	Maria	4.635	Wilzopolski	1.385
Heike	2.010	Wilke		Randolf	2.360	Stephanie	4.661	Wimber	2.317
Martin	2.255	Annett	4.960	Wille-Ihne	1.696	Ulrike	1.360	Wimberger	1.067
Wolfgang	1.551	Brigitte	1.433	Wille-Möller	2.357	Willmund	1.822	Wimking	4.761
Wildeboer	1.162	Dagmar	1.002	Willebrand	1.750	Willnat	1.392	Wimmer	
Wilden		Eva	4.350	Willecke		Willwater	1.775	Katrin	1.057
Bettina	1.481	Gabriele	1.004	Dieter	4.570	Wilm	4.600	Mechthild	1.006
Markus	2.475	Johannes	2.621	Julia	1.592	Wilmer		Mechtild	1.275
Wildenburg	1.036	Judith	2.121	Willeke		Markus	4.900	Regina	1.407
Wildenhues	2.005	Karen	2.639	Christian	1.136	Sonja	3.070	Wilhelm	2.079
Wildenhues-	1.716	Klaus	1.455	Michael	2.560	Susanne	2.680	Wimmers	
Dickmanns		Rainer	1.200	Sonja	2.474	Wilmers	1.785	Irmgard	1.452
Wildermann		Ralf	1.737	Sylvia	4.635	Wilmerstadt	2.685	Ralf	1.175
Alexander	2.612	Rudolf	4.340	Ulrike	2.170	Wilmes		Ulrich	4.510
Jutta	2.513	Tjark	1.801	Willeke-Sump	2.241	Anton	2.726	Wimmershoff	
Wildhage-Erbsland		Walter	1.685	Willems		Claudia	2.125	Daniela	1.168
	2.063	Waltrud	1.740	Anastasia	2.036	Friedr.-Josef	2.726	Manfred	1.408
Wildhagen		Wilke-Borchert	1.130	Elke	1.805	Manfred	1.823	Wimmert	1.486
Bernadette	4.905	Wilke-Brose	2.725	Ellen	4.210	Petra	1.822	Winand	4.765
Susanne	4.111	Wilken		Karin	4.700	Sabine	2.522	Winandy	1.010
Wildhagen-Exner		Angela	4.415	Thomas	1.593	Wilmes-Siebert	1.223	Winante	1.158
	2.462	Anke	2.605	Ute	1.585	Wilming		Winchenbach	2.410
Wilding	2.495	Diana	1.522	Wolfgang	1.435	Ida	2.095	Winchenbach-Scholl	
Wildner	1.375	Gisela	2.519		2.057	Wolfgang	2.515		2.659
Wildoer	2.620	Harald	4.246	Willemsen		Wilms		Winckler	
Wildrath	1.348	Heinz	2.732	Angelika	4.241	Andreas	1.743	Christian	2.020
Wildraut	2.763	Ingrid	4.330	Elmar	1.006	Anna	1.107	Ulrich	2.323
Wildt	2.081	Yvonne	3.105	Fred	1.165	Christopher M.	1.367	Wind	4.073
Wilfert		Wilkenberg	2.773	Herbert	4.323	Dagmar	2.626	Windbergs	1.125
Cornelia	1.130	Wilkening		Rolf	4.662	Diethelm	2.084	Windeln	4.470
Michael	4.220	Horst-Dieter	3.005	Willenbrink		Eckhard	2.760	Winden	4.510
Wilfling	2.495	Renate	4.440	Bettina	2.270	Ellen	2.550	Windgasse	1.820
Wilger	2.275	Wilkens		Birgit	1.412	Heinrich	1.450	Windgassen	
Wilhelm		Jörg-D.	2.357	Willenbrock	4.224	Karl-Heinz	1.743	Andreas	2.215
Annette	1.436	Thomas	2.364	Willermann	2.671	Manfred	1.528	Frank	2.416
Benjamin	1.402	Wilker	2.063	Willert		Martin	2.071	Ulrike	1.058
Christine	4.070	Wilkes		Albrecht	2.153	Regine	1.025	Windhausen	1.685
Gabriele	1.163	Alexander	2.645	Harald	1.593	Richard	1.424	Windhövel	1.740
Hanno	2.154	Rudolf	2.300	Willert-Barth	2.654	Stefan	4.385	Windhoff	1.817
Margarita	1.482	Verena	1.325	Williams	1.009	Theodor	2.173	Windisch	
Margit	4.910	Wilking-Mölders		Willig	2.241	Ursula	1.820	Birgitta	1.091
Maria	2.180		1.390	Willing		Wolfgang	1.421	Maria Theres.	1.043
Peter	2.153	Wilkop	1.412	Matthias	2.416	Yvonne	1.109	Windmann	2.395
Swea-Janina	2.260	Will		Michael	2.070	Wilms-Ernst	6.120	Windmueller	1.453
Tanja	2.565	Beatrix	1.286	Willingshofer	1.355	Wilms-Hemmer	2.243	Windmüller	2.364
Timo	1.011	Gabriela	1.790	Willius	4.870	Wilms-Markett	1.107	Windmüller-Loser	
Ulf	5.600	Karl-Joseph	4.910	Willkomm		Wilmsen			1.400
Ulrike	1.541	Madeleine	1.081	Anton	1.385	Annette	4.513	Windoffer	2.486
Wilhelm-Oczipka		Manfred	4.512	Gisela	1.190	Frank	1.550	Windrath	1.484
	1.711	Michael	1.737		1.261	Wilmsmann	4.910	Windschall	2.588
Wilhelmi		Peter	2.362	Norbert	1.275	Wilmsmeier		Windscheid	4.832
Bernd	1.155	Robert	1.106	Sabine	2.654	Claus-Heinr.	2.625	Windscheif	3.015
Martin	1.822	Thomas	4.304	Willmann		Gerlinde		Windt	2.165
Wilhelms		Udo	4.940	Anne	1.530	(2.535)	2.625	Winekenstädde	
Bernd	2.502	Will-Nieding	4.945	Dirk	2.763	Ute	2.064		2.640
Johanna	2.726	Will-Sand	2.400	Gudrun	1.551	Wilmsmeier-Miele		Wingart	1.740
Julia	2.090	Willach		Michael	2.419		1.132	Wingels-Schmitz	
Karl-Heinz	4.961	Marina	1.760	Wolfgang	1.221	Wilps	1.325		1.810
Michael	1.250	Roswitha	1.690	Willmeroth		Wilsch	4.274	Wingen	1.589
Ute	1.103	Willbrand	1.068	Iris	1.341	Wilsenack	4.249	Wingenbach	
Wilholt-Zepf	1.325	Willcke	1.053	Julia	3.065	Wilshues	2.400	Hans-Otto	4.491
Wilimzig	1.123	Wille		Willmes		Wilsmann		Jürgen	1.380

Name	Nr.	Name	Nr.	Name	Nr.	Name	Nr.	Name	Nr.
Margot	4.570	Winkler		Winterfeld v.		Ulrich	4.093	Wissel-Hingler	4.380
Wingender	1.528	Angela	2.700	Julia	1.584	Wirtz		Wissemann	
Wingenfeld		Christoph	2.192	Cornelia	1.740	Albert	1.353	Friedrich W.	1.790
Daniela	2.077	Claudia	2.415	Wulf	2.035	Alexander	2.340	Michael	1.818
Manuela	2.115	Gabriele	2.270	Winterfeldt	1.627	Andreas	4.680	Wissemann-	1.820
Winiges	2.460	Gotthard	2.072	Winterhoff		Angela	1.486	Hartmann	
Wink		Hans-Peter	1.801	Dirk	2.595	Anton	1.052	Wissen	1.570
Thomas	4.943	Heike	1.157	Hans-Günter	1.250	Bettina	2.763	Wisser	4.630
Willi	1.460	Kirsten	2.687	Wintering	1.220	Brigitte	1.196	Wissing	
Wink-Eidt	4.722	Klaus	4.905	Winterkamp	2.545	Dirk	1.300	Barbara	1.541
Winke		Marion	2.405	Winterlich	1.010	Elke	2.260	Birgit	1.536
Berthold	2.063	Monika	2.519	Winterscheid	1.822		4.661	Heide	4.300
Cora	2.055	Nicole	4.251	Winterscheidt		Elmar	1.625	Hildegard	1.840
Winkel		Nina	2.345	Gabi	4.245	Franz-Peter	1.845	Michael	1.151
Elmar	2.370	Rolf	1.591	Helmut	1.586	Gerlinde	4.385	Nikola	1.116
Helene	4.635	Sandra	1.697	Hildegard	1.241	Gisela	4.900	Tono	1.050
Irena	2.495	Simone	1.211	Wintersohl		Günter	2.763	Wißmach	
Michaela	3.150	Sonja	1.160	Bernd	1.820	Heiner	1.165	Elsbeth	2.600
Wolf-Dieter	2.084	Stefanie	1.409	Cornelia	1.422	Heinz-Peter	1.044	Jürgen	2.600
Winkelbach	2.673	Uli	4.900	Nina	1.620	Jürgen	1.642	Wißmann	
Winkelhag	1.488	Wilhelm	2.361	Ulrich	1.486	Karl	1.565	(Wissmann)	
Winkelhahn	4.195	Winkler-Ernst	4.512	Ursula	1.486	Karl-Heinz	1.020	Bernhard	1.051
Winkelhoch	4.248	Winkler-	1.233	Winterwerb	1.505	Michael	1.594	Ilka	1.128
Winkelhues	2.355	Zimmermann		Winterwerber	2.660		2.230	Joachim	4.191
Winkelhüsener	1.581	Winnands	4.905	Wintgens	1.345	Nicole	4.304	Sonja	4.290
Winkelmann		Winnefeld	2.156	Winz-Luckei	4.630	Otto	1.115	Wistokat	2.517
Angelika	2.612	Winners	1.345	Winzek	3.165	Peter	4.832	Wistuba-Dirksmöller	
Anja	1.585	Winnikes	1.357	Winzen		Torsten	1.640		2.033
Christine	1.106	Winninghoff	2.515	Alexander	1.645	Ulrike	1.456	Wiswedel	1.005
Dirk	4.040	Wins	4.831	Anne	2.671	Wilhelm-Josef	1.528	Wit de	1.355
	4.170	Winsel	4.741	Ute-Marie	1.001	Wolfgang	1.170	Wit-Yokoi de	1.554
	4.247	Winter		Winzenhörlein	2.618	Wirtz-Heinecke	1.009	Witbroek	4.590
Dorothee	4.304	Annemarie	1.520	Winzer	6.225	Wirtz-Kaltenberg		Witczak	2.183
Gerd	1.780	Arthur	2.180	Wiosna			2.157	Witges	1.345
Horst-Uve	4.961	Barbara	2.289	Christiane	1.840	Wirtz-Königshausen		Withake	4.141
Hubert	3.038	Beatrix	2.064	Matthias	4.470		2.396	Witkowski	
Klaus	1.506	Bernd	4.091	Wippermann		Wirwahn	1.631	Berthold	4.951
Marianne	1.433	Elke	2.071	Hubert	1.057	Wisbert	1.433	Rolf	4.300
Martina	1.123	Fleur	2.705	Julia	1.102	Wischer		Witsch	
Olaf	1.216	Frank	4.073	Wippermann-Janda		Friedhelm	2.486	Karsten	2.677
Wilhelm	1.051	Günter	1.020		1.135	Markus	2.158	Reinald	1.090
Winkelnkemper			2.244	Wirausky	2.502	Wischerhoff		Ricarda	1.790
Bernhard	2.415	Hans J.	4.130	Wirges		Manfred	3.025	Richard	1.600
Katrin	2.710	Heinrich	2.168	Christiane	1.453	Oliver	4.380	Sonja	1.224
Winkels		Helmut	1.138	Gisela	1.780	Wischermann-Bolwin		Witt	
Friederike	1.570	Hiltrud	2.513	Wirgs-Sandhövel			1.186	Andreas	1.488
Herbert	1.529	Irene	1.592		1.210	Wischermann-	2.243	Anke	4.304
Ingeborg	1.584	Jan	1.050	Wirk	1.424	Wiesten		Brigitte	1.598
Reiner	2.095	Jörn	1.436	Wirke-Janke	2.687	Wischmann	4.243	Dagmar	4.510
Rita	1.529	Margarete	1.817	Wirkner	4.220	Wischmann-Mies		Ernst	1.588
Thorsten	1.581	Marie-Luise	4.240	Wirkus	2.667		4.722	Evelyn-Rosw.	2.319
Ulrich	2.072	Michael	2.426	Wirkus-Lichte	2.111	Wischnewski		Felix	2.535
Vera-Diana	1.536	Nadja	1.320	Wirmer	4.513	Henrik	1.132	Ingo	4.221
Winkemann	2.600	Regina	4.700	Wirminghaus	4.055	Norbert	1.255	Rainer	1.817
Winkens		Reiner	3.020	Wirth		Wischniewski		Sascha	4.743
Marie-Luise	2.395	Reinhard	1.121	Bettina	2.587	Doris	2.173	Stefanie	3.307
Peter	2.395	Stefan	2.520	Dieter	2.195	Verena	3.035	Ulrich	1.775
Susanne	2.290	Sylvia	1.118	Ernst-Richard	4.340	Wisdorf-Noack	1.420	Uwe	1.795
Winkhaus	1.820	Udo	2.503	Hedwig	1.044	Wiser von	1.290	Verena	2.627
Winkhold-Gallina		Ulrich	2.305	Henriette	3.160	Wiskandt	4.680	Wolfram	4.170
	4.495	Uwe	1.275	Karl	2.535	Wiskirchen	1.035	Witt de	1.511
Winking		Wolfgang	1.265	Rainer	2.520	Wisniewski		Wittazscheck	1.132
Beatrix	1.436	Winterberg		Sabine	1.645	Eva	2.611	Wittbrodt	1.310
Dieter	4.072	Barbara	2.517	Wirth v.	1.357	Norbert	2.614	Wittbusch	
Ingrid	1.224	Franziska	2.772	Wirthmüller	1.561	Peter	1.840	Lise	1.575
Jacqueline	4.072	Winterfeld		Wirths		Rolf	2.291	Wolfgang	1.575
Mechthild	4.600	Christina	2.036	Karola	BRK	Wisotzki	2.590	Wittchow-Höhn	1.416
Wolfgang	2.325	Jens	4.245	Kerstin	1.370	Wispel	1.511	Witte	

Name	Nr.	Name	Nr.	Name	Nr.	Name	Nr.	Name	Nr.
Antonius	2.535	Monika	2.420	Petra	2.285	Wötzel	1.122		2.020
Bärbel	1.223	Wittkampf		Udo	2.176	Wogatzke	1.820		4.221
Burkhard	1.685	Claudia	4.630	Wobbe	4.380	Woggon-	2.267	Maike	1.594
Heinz-Jürgen	2.445	Peter	2.510	Wobbe-Menéndez		Langenbrinck		Marcus	2.396
Hubert	4.450	Rainer	1.600		2.654	Wohlberg	1.241	Matthias	2.480
Kathrin	2.480	Wittke		Wobben	2.071	Wohlecker	1.810	Mechthild	1.230
Klaus	4.300	Gudrun	2.667	Wochnik	1.712	Wohler			4.661
Marc	1.699	Karin	1.003	Wockel	1.823	Hans	5.610	Patricia	1.420
Marlene	1.401	Petra	4.445	Woclawek	3.120	Ursula	5.610	Peter	3.063
Monika	3.140	Swen	2.518	Wodetzki	1.210	Wohlers	2.040	Petra	2.317
Peter	4.250	Wittko-Rohde	1.436	Wodicha	1.775	Wohlfahrt	2.300	Raymund	1.091
Rita	2.522	Wittköpper	2.275	Woehl	2.655	Wohlgemuth	2.075	Reinhardt	4.830
Sonja	1.454	Wittkop	4.771	Wöhleke	1.055	Wohlgemuth-Haddad		Rosemarie	2.255
Tobias	4.380	Wittkop-Kühn	4.462	Wöhler	1.845		4.601	Sabine	2.168
Ursula	1.200	Wittkopp	1.341	Wöhning	1.481	Wohlt			2.305
Witte-Dohmesen		Wittkowski	2.653	Wöhrle	4.250	Anna Maria	4.571	Sebastian	1.266
	4.091	Wittler		Wöhrmann		Klaus	4.030	Sigrid	4.720
Witteborg	4.640	Heinz-Wilh.	2.006	Petra	1.505	Wohlthat		Stephan	1.712
Witteck		Maria	2.210	Olaf	2.755	Astrid	2.169	Susanne	1.616
Klaus	1.420	Wittlinger	1.460	Wölbern	1.218	Petra	2.156		2.036
Torsten	2.418	Wittmaack	1.091	Wölfer		Wohning	1.365	Udo	4.290
Wittek		Wittmann		Beate	1.276	Woidt	4.723	Werner	1.097
Beate	1.228	Daniel	2.210	Britta	1.432	Woidtke	1.380		1.150
Jürgen	1.482	Elke	1.260	Wilhelm	2.152	Woike	1.290	Wolf-Heiland	1.137
Wittelsbürger		Friedel	2.487	Wölk		Woikowsky	4.962	Wolf-Hein	1.159
Dirk	1.822	Georg	1.541	Hartmut	1.260	Woitalla	1.138	Wolf-Krautwald	1.290
Ingrid	1.820	Jutta	2.674	Stefanie	4.270	Woitecki	1.591	Wolf-Nimrichter	
Wittemann	4.721	Martin	2.310	Wölke (Woelke)		Wojciechowski	2.655		1.250
Wittemeier	4.430	Rainer	BRDe	Alexandra	4.093	Woköck	1.593	Wolfer	
Wittenberg	4.380	Susanne	4.905	Gisela	4.093	Wolber		Peter	4.771
Wittenborg	2.023	Wilhelm	2.491	Jens	1.442	Helmut	1.500	Sonja	2.319
Wittenborn	1.553	Wolfgang	1.191	Markus	1.584	Mechthild	1.581	Wolfertz	1.063
Wittenbreder	4.555	Wittmer	1.586	Yvonne	1.402	Wolbert	1.484	Wolff	
Wittenbrink		Wittneben-	1.710	Woelker-van Eyll		Wolcott	1.523	Axel	1.435
Alfons	2.420	Dombrowski			1.050	Wolf		Bärbel	2.669
Bernd	4.195	Wittpahl	1.490	Woelky	4.961	Alexander	2.150	Birgitta	1.255
Brigitte	2.514	Wittrock	1.053	Wöll	4.721	Alexandra	1.128	Carsten	1.615
Cäcilie	2.515	Wittschier	1.801	Wöller	1.214	Alfred	3.145	Christiane	4.743
Sabine	2.650	Wittstamm	1.412	Wöllgens		Andrea	2.001	Claudia	2.057
Ulrike	4.072	Wittstock	1.591	Andrea	1.125		4.247	Evelyn	2.056
Wittenbrock	2.290	Wittwer		Margarete	1.241	Andreas	1.538	Friedhelm	1.431
Witter		Ernst	1.042	Wölz	1.817	Andres	2.585	Hans-Werner	1.101
Florian	1.780	Ute	1.775	Wönicker	4.225	Angelika	2.057	Helmut	2.361
Sonja	4.660	Witulski		Wördehoff	4.075		2.063	Ingrid	2.418
Wittfeld	1.628	Beate	2.061	Wördemann-	2.669	Annette	1.801	Karin	1.226
Wittgen	4.540	Michael	2.061	Czyperek		Beatrix	1.059		4.722
Witthake	2.575	Regina	4.951	Wörmann		Bernd	1.214	Katharina	1.380
Witthoff-Pesker	4.270	Witzani	1.505	Hildegard	3.025		2.325	Liesel	1.811
Witthüser	2.293	Witzel		Ralf	4.580	Christian	1.168	Martina	4.590
Wittich		Georg	4.240	Wörndle	1.523	Dagmar	1.220	Maruth	1.168
Elisabeth	2.502	Melanie	1715	Wörner (Woerner)			1.537	Otto	2.300
Werner	2.415	Witzke		Detlef	1.625		4.192	Peter	2.150
Wittig		Armin	2.604	Thomas	1.195	Dirk	1.340	Regina	1.541
Albrecht	2.611	Jeanine	1.061	Ute	4.654	Dorothea	3.010	Reimund	4.721
Gerhard	1.575	Norbert	2.680	Wörpel		Elke	2.673	Reinhard	3.025
Jürgen	1.219	Witzleben	1.041	Bettina	4.075	Georg	2.575	Tanja	1.168
Peter	1.310	Witzschel	2.010	Wolfgang	4.075	Gerd	4.290	Tobias	1.407
Timo	1.153	Wix		Wörtche	1.045	Günter	2.472	Ulrich	4.260
Viola	2.725	Gabriele	1.067	Wöske	1.127	Hans-Werner	1.537	Uwe	2.451
Wittka	1.650	Guido	1.054	Wöstemeyer	1.561	Heinrich	1.495	Werner	1.527
Wittka-Jelen	1.405	Wizenti	4.111	Wöstenfeld	2.417	Hieronymus	2.191	Wolff-Marzona	2.355
Wittkämper		Wlochal	3.007	Wösthoff		Hildegard	2.021	Wolff-Maurmann	
Ther.	2.125	Wlodarsch-Drexler		Claudia	4.073	Horst Josef	2.760		3.040
Wolfg.	1.456		2.079	Martina	1.097	Jörgen	3.040	Wolff Metternich	
Wittkamp		Wloka	1.061	Wöstmann		Karin-Maria	1.433		1.380
Günter	1.223	Wloskiewicz	1.485	Hermann-Josef	1.380	Karl-Erich	2.570	Wolfrum	1.775
Kerstin	2.685	Wlost	2.472	Helmut	2.006	Karl-Heinz	2.175	Wolfshohl	1.050
Klaus	2.183	Wlotzka		Woestmeyer	1.760	Klaus	1.486	Wolharn	1.690

Wolinski	1.212	Veronika	4.695	Christa	5.600	Hiltrud	1.470	Raphael	6.130
Wolke	2.604	Wilfried	1.565	Katja	1.796	Jessica	4.250	Ronald	1.216
Wollbold	2.516	Woltersdorf	1.403	Klaus-Jürgen	1.435	Wüste	1.716	Silvia	2.755
Wollburg	1.081	Woltery	1.345	Lydia	1.594	Wüstefeld	4.512	Wunschik	
Wolle	4.250	Wolthaus	2.669	Wrede-Kowitzke		Wüsten	4.695	Birgit	1.528
Wollenbecker	4.247	Wolthaus-Damberg			2.400	Wüstenfeld	2.362	Markus	2.426
Wollenhaupt			2.511	Wriedt		Wüstenhöfer	3.065	Wurm	
Helga	2.145	Wolzen	2.205	Ina	2.726	Wüster		Andreas	2.586
Jörg	4.340	Wommer	4.480	Michael	2.474	Gudrun	1.822	Christoph	2.170
Wollenweber		Wonisch	3.100	Wrobel		Svenja	1.816	Kerstin	2.586
Barbara	4.246	Wonka	1.070	Gerhard	1.780	Wüsthoff		Maria	2.586
Ute	4.570	Wonneberger	1.241	Silvia	1.126	Gerhard	1.591	Matthias	1.736
Wolfgang	1.520	Wonnemann	2.151	Wolfgang	4.410	Renate	1.325	Peter	1.127
Wollert	1.151	Woppowa	2.059	Wrobinger	2.361	Wulbrand	2.595		4.590
Wollgarten		Worm	4.681	Wroblewski		Wulf		Wurth	4.270
Günther	1.367	Wormit	1.162	Hans-Joachim	1.210	Andreas	4.111	Wurzel	1.109
Hermann	1.035	Worms		Thorsten	2.361	Anita	2.500	Wutke	4.170
Regina	1.367	Klaus	1.475	Wroblowski	2.605	Friederike	1.818	Wuttig	2.445
Wollmann	4.771	Sabine	1.367	Wrona	4.690	Friedhelm	3.165	Wuttke	
Wollmer-Radix	2.472	Worms-	2.174	Wrublick	1.712	Ulrike	2.305	Andreas	1.196
Wollnik		Eichelsbacher		Wucherpfennig	1.290	Volker	2.072	Bernhard	2.518
Helmut	1.015	Wormuth		Wudtke	1.266	Wulf-Dünner	1.059	Brigitte	5.610
Karin	1.068	Frauke	1.101	Wübbelt	4.832	Wulf-Hussmann	1.411	Cora	2.571
Wollnik-Lück	4.111	Lothar	2.173	Wübbold	2.750	Wulfekammer	4.705	Ernst	1.660
Wollny		Worring	1.660	Wübken	1.481	Wulfen v.	2.605	Ingolf	2.613
Alois	4.240	Wortberg		Wübker		Wulfers	2.325	Kerstin	4.075
Angelika	5.600	Andreas	1.551	Anika	2.357	Wulff		Michael	4.304
Dorothee	1.125	Hans-Werner	1.326	Friedhelm	2.230	Annelie	2.614	Wuwer	4.111
Wollrab	1.241	Wortmann		Wülfing		Elmar	2.640	Wycisk	4.221
Wolny	2.056	Bernhard	2.281	Bettina	4.070	Gabriele	2.022	Wyenbergh v. d.	4.380
Woloszyn	4.072	Christel	4.270	Gerlinde	2.450	Hans-Jörg	2.638	Wyes	
Wolsing		Christiane	2.157	Marion	2.115	Heinz-Dieter	2.023	Cornelia	2.603
Peter	1.697	Dagmar	4.221	Rolf Dieter	1.433	Herbert	2.462	Karl-Heinz	2.603
Ricarda	2.613	Dorit	2.060	Wülfing-Stoll	1.217	Melanie	4.385	Wyhl v.	1.065
Wolter		Elisabeth	1.091	Wülfingen von	1.402	Wilfried	1.823	Wylegala	1.080
Annette	2.060	Elmar	2.760	Wülle	2.486	Wulfheide	2.521	Wylick-Ellers van	
Barbara	1.570	Eva	4.073	Wüller	1.015	Wulfhorst	1.007		1.586
Christel	4.295	Franz-Georg	2.695	Wüllner		Wulfmeier	1.375	Wynands	4.211
	4.920	Friedhelm	2.695	Angelika	4.600	Wulkow	1.103	Wyneken	
Doris	1.629	Günter	2.589	Birgitta	2.736	Wullbrandt	1.821	Barbara	1.820
Gabriele	4.240	Manfred	2.318	Gabriele	1.456	Wullen	1.432	Claus	1.820
George	2.357	Matthias	4.055	Iris	4.073	Wullenkord	4.073	Wynen	3.172
Hans-Winfried	1.570	Rainer	4.390	Manfred	1.408	Wullhorst	1.155	Wypior-Eitelberg	2.179
Heinz	1.240	Wortmann-Hahn		Petra	2.640	Wullkotte	2.503	Wypschlo	2.715
Isa	4.249		1.595	Sabine	1.486	Wullstein	1.481	Wyrsch	
Karl	1.186	Wortmeier	4.462	Wünnemann	4.740	Wulms	1.770	Karl	1.255
Michael	4.830	Woschek	4.240	Wünnenberg	2.210	Wund	2.656	Nikolas	1.004
Michaela	1.241	Woßmann	2.075	Wünnerke	2.210	Wunder	1.103	Wyrwa	2.655
Monika	1.696	Wottawa	2.083	Wünsch	1.040	Wunderlich		Wyrwich-Schmeer	
Nicole	2.402	Woudboer	1.500	Wünsche		Harald	2.183		1.553
Sigrid	1.818	Woudenberg	4.350	Anne-C.	1.580	Horst-Otto	2.371	Wyrwoll	2.610
Wolterhoff	1.044	Wouters	1.357	Harald	1.137	Iris	2.654	Wystup	4.361
Woltering		Wouw van der	2.045	Wünstel	1.522	Miriam	2.415	Wyszynski	1.695
Bernd Uwe	1.165	Wowereit	1.223	Wüppenhorst	3.205	Ursula	1.391	Wyzisk	4.073
Gabriele	2.660	Woydack	2.660	Wüpper	1.065	Wunderlich-Segatz			
Gunnar	2.056	Wozniak		Würbel	2.286		1.170	**Y**	
Ralf	2.520	Isabelle	4.111	Würfels	2.362	Wundram-Stillfried		Yalcin	4.300
Wolters		Jutta	4.290	Würminghausen			1.191	Yannidakis-Hahne	
Christian	1.740	Woznik			2.460	Wunram			1.119
Erika	1.009	Claus-Peter	1.229	Würtz		Holger	2.156	Yildirim	4.270
Heidi	4.832	Gabriele	2.267	Alexandra	2.370	Stephanie	2.157	Yilmaz	1.218
Helmut	1.458	Wozny-Franz	1.097	Burkhard	2.370	Wunsch		Yücel	1.481
Kirsten	2.555	Wranik	1.541	Ulrike	2.390	Alfons	1.410	Yurtman	4.240
Margot	1.470	Wrasmann	1.586	Würz	4.951	Anne-Maria	1.380		
Maria	1.740	Wrastil	4.741	Würzen von	1.410	Barbara	1.417	**Z**	
Sigrid	2.072	Wrede		Wüst		Bernhard	4.491	Zabanoff	2.656
Sylvia	2.680	Alexandra	2.451	Beatrix	1.628	Elmar	4.170	Zabel-Groth	2.674
Ute	4.242	Benedikt	2.640	Hermann	2.285	Jürgen	4.832	Zabinski	1.412

Name	Nr.	Name	Nr.	Name	Nr.	Name	Nr.	Name	Nr.
Zablewski	2.180	Zanzig	4.651	Marion	1.840	Zezelj	4.495	Zieße-Wolf	1.391
Zach	2.565	Zanocco	2.564	Zelinsky	1.419	Zgoda	4.780	Ziesen	1.010
Zacharias		Zapf	2.210	Zeller	1.102	Zhu	1.452	Ziesenß	1.061
	2.289	Zapp	2.426	Zellmer	1.823	Ziaja	1.816	Ziethen	2.156
Anja	2.436	Zappe-Scholz	1.660	Zelmanowski	2.659	Zibell	4.245	Ziffus	
Dirk	2.438	Zaree Parsi	2.160	Zeltwanger	4.930	Zibirre	2.310	Günter	1.041
Klaus	2.585	Zaremba	1.458	Zemann	1.250	Zick	1.585	Hans-Jürgen	2.270
Zacheja-Düvel	2.084	Zarges	2.471	Zemek	1.715	Zick-Hélion	2.291	Ilona	4.246
Zacher	2.318	Zarm	3.115	Zemke		Zickel	1.290	Zigan-Wagner	4.951
Zacher-Renz	4.410	Zarnikow		Herbert	1.232	Zickfeld	2.255	Zigante	4.951
Zachert	1.091	Angela	1.820	Marlies	4.252	Ziebs	3.160	Zigman	1.696
Zachrau	4.513	Stephan	4.274	Zemler		Ziegan	1.821	Zila	1.615
Zänder	1.420	Zarth		Barbara	1.711	Ziegeldorf		Zilius	2.364
Zängler	4.415	Gerlinde	4.875	Claudia	1.128	Heinz	4.350	Zilkens	
Zafirakis	2.085	Valerie	4.304	Wolfgang	1.008	Ingrid	4.350	Jürgen	1.737
Zafiris	1.470	Zaschka	4.323	Zengel-Sellmann		Ziegenbalg	1.696	Udo	1.122
Zagermann	4.370	Zaschke	1.224		2.665	Ziegenbruch	4.075	Ziller	
Zaghini	4.745	Zaspel	1.190	Zengerling		Zieger		Erich	2.293
Zagorski	4.771	Zastera	1.150	Dagmar	2.589	Johannes	1.150	Sandra	2.085
Zagozen	4.273	Zaum	2.416	Michael	2.585	Renate	1.002	Zilles	
Zahalka	4.875	Zauner	2.205	Zenker	1.690	Ziegler		Beate	1.214
Zahn		Zaus-Wildbredt	2.062	Zenner	4.905	Carmen	1.801	Nina	2.671
Deborah	1.081	Zauzig	2.070	Zens		Hildegard	1.210	Zilleßen	4.831
Thorsten	1.139	Zbanyszek	4.323	Hans-Dieter	1.348	Marion	1.661	Zillgen	1.170
Ulrike	2.170	Zbick	1.158	Heike	1.340	Thomas	1.063	Zillien-Wunsch	1.219
Werner	2.158	Zbirovsky-Baumgard		Zens-Hoffmann	1.067	Wulfhart	1.098	Zilliken	4.221
Zahn von	4.491		1.527	Zensen		Ziegler-Fischer	2.002	Zillmer	
Zaika	4.870	Zdebel	4.951	Nicole	1.441	Ziegler-Flory	1.068	Cornelia	2.168
Zajicek	3.030	Zdrallek	1.484	Ralf	1.061	Ziegner	1.770	Wolfgang	2.086
Zakowski		Zech	2.510	Zenses	2.690	Ziel	4.462	Zilske	
Günter	1.625	Zechmeister	2.401	Zenz		Zielasko	1.490	Helmut	4.831
Reinh.	2.180	Zeck	1.233	Armin	2.393	Zielfeld	2.588	Siegfried	1.370
Zakrzewski		Zeddelmann v.	3.007	Michael	2.031	Zielinski		Zimbal	4.491
Birgit	1.390	Zedelius	1.565	Zeoli	1.290	Christiane	1.116	Zimmek	2.050
Wolfgang	1.365	Zeeb	2.440	Zepmeisel	3.100	Hans J.	1.020	Zimmer	
Zalewski		Zeeh	2.006	Zepp	1.641	Martin	1.050	Claus-Peter	2.061
Heike	3.160	Zeglin	2.563	Zeppenfeld		Udo	2.241	Gisela	4.570
Pawel	1.265	Zeh	1.119	Berthold	2.640	Zieliski	1.006	Johanna	1.401
Zalfen	4.415	Zehl	4.570	Nicole	2.153	Zielke		Johannes	2.126
Zalkau	2.611	Zehlius	1.815	Rolf	2.420	Dieter	4.580	Manfred	1.010
Zamorano	1.411	Zeibig	5.600	Zepter	4.070	Heiko	1.132	Martin	2.215
Zamory v.	2.512	Zeidler	1.158	Zerck	1.025	Lutz	1.699	Mathias	2.519
Zampich	1.095	Zeidler-Kipke	2.033	Zerle	2.316	Norbert	1.735	Peter	1.402
Zander		Zeiger		Zerm	4.243	Zielonka			4.705
Anette	1.004	Bruno	1.820	Zernial	2.242	Klaus	4.192	Rudolf	2.151
Claudius	1.138	Claus	1.168	Zernig	1.697	Stefani	2.170	Ursula	2.174
Dirk	1.230	Zeimer		Zernikow	1.586	Wolfgang	4.630	Wolfgang	2.650
Hans	1.220	Edgar	2.100	Zerr	1.481	Zielosko	1.743	Zimmerhof-Elsner	
Harald	1.545	Heide	4.680	Zerres	2.436	Ziem	4.245		2.683
Julius	1.580	Zeise		Zerwas	1.802	Ziemann		Zimmermann	
Monika	2.056	Beate	2.006	Zerweck		Dieter	BRDü	Adelheid	1.367
Thomas	4.251	Christa	1.150	Bruno	1.475		1.136	Adolf	1.770
Walter	1.320	Zeißig-Goldmann		Ulrich	1.625	Ziemann-Heitkemper		Annette	2.361
Werner	1.481		2.022	Zeschke	2.120		2.355	Antje	4.743
Wolfgang	1.458	Zeisler	2.730	Zesling-Schmitz	2.245	Ziemer		Arno	1.581
Zander-Lödige	2.436	Zeiß	1.712	Zessin	4.780	Bastian	2.082	Barbara	1.063
Zanders		Zeit		Zettelmeier		Manuela	2.393	Bernd	1.470
Elisabeth	1.270	Christoph	1.616	Bettina	1.051	Michael	1.588	Bernhard	1.300
Johannes	1.520	Margret	1.091	Christa	1.819	Petra	1.233	Caroline	4.225
Josef	1.103	Zeitz	1.740	Zettner	1.101	Ziemke	1.486	Claudia	2.670
Lilli	1.103	Zejunc	1.633	Zeubitzer	4.571	Ziemons	1.020	Felicitas	1.080
Michael	4.630	Zekl	2.275	Zeuner	2.486	Zienow	2.455	Gerd	1.553
Zangerle	1.416	Zelenka		Zeus	2.674	Zientek	4.415	Gisela	1.200
Zango	4.571	Alexandra	1.200	Zeutschel	4.195	Zierden	2.519	Hans-Ulrich	3.015
Zank	1.482	Götz	1.410	Zeyen		Zierke	1.240	Herbert	1.068
Zank-Zippel	4.370	Zelgert		Maria	1.170	Zierman	4.570	Herta	1.201
Zanke	1.001	Kai	1.407	Rainer	2.084	Ziermann	1.132	Hiltrud	3.015
Zanner	1.817	Marc	1.065	Stefan	1.162	Zieschang	2.660	Holger	1.798

Ingrid	4.248	Zimmermeyer-	2.357	Zitz	1.565	Zsagar	1.101	Zumkier	1.541
Jan	1.627	Gebhardt		Zitzen	4.630	Zschoche	2.771	Zumkley	2.031
Jeannine	1.528	Zimmers	1.250	Zitzler	2.513	Zschocke	2.667	Zupancic	2.071
Jörg	2.156	Zimmler	1.123	Zizka	1.045	Zschocke-Remberg		Zurborn	1.454
Jürgen	4.330	Zimny	2.514	Zmudzinski	1.820		1.105	Zurbrüggen	2.621
Kai	1.740	Zimolong-Kleinken		Zobel	1.785	Zuanel		Zurek	1.255
Karin	4.221		2.611	Zocholl	1.436	Alexander	2.415	Zurheiden	1.219
Klaus	1.406	Zimpel	1.117	Zockoll	1.150	Oliver	2.545	Zurhove	2.110
Kristina	4.512	Zindel	3.038	Zöckler	2.440	Zuber		Zurhoven-Ladenthin	
Ludwig	2.426	Zindler	1.625	Zöhren	1.796	Anna-Lena	1.660		1.065
Maria	2.715	Zingler		Zöller (Zoeller)		Esther	1.380	Zurlo	2.653
Maria-Monika	1.125	Stefan	2.586	Brigitte	4.274	Frauke	1.063	Zurmühlen	
Markus	1.424	Ursula	4.821	Elisabeth	2.732	Brigitta	2.256	Helmut	3.050
Martha	4.832	Zingsheim		Karl-Heinz	1.153	Zuckel	1.162	Silke	4.130
Martina	4.511	Ilona	1.845	Ralf	1.770	Züchner	2.639	Zurth	2.395
Max	1.401	Ulrich	2.600	Reinhard	4.073	Zühlke		Zurwehme	2.673
Michael	2.101	Zinke		Rudolf	2.627	Anke	2.281	Zurwehn	2.085
Mirjam	2.056	Lieselotte	3.040	Walter	1.276	Gudrun	4.722	Zutter	4.276
Monika	1.630	Renate	4.330	Wolfgang	2.745	Horst	2.750	Zvonar	1.052
	4.110	Zinken	1.419	Zöller-Rosendahl	1.056	Sigrid	4.495	Zwadlo	4.170
Norbert	3.115	Zinkernagel	4.070	Zöllner		Zündel-Holzapfel		Zwarsly	2.512
Oliver	1.376	Zinkhöfer	2.062	Birgit	1.690		4.192	Zwering	4.250
Otmar	4.290	Zinn	1.481	Gabriele	2.326	Zündorf		Zwermann	2.645
Peter	1.541	Zinnhardt		Klaus-Jürgen	1.798	Bernward	1.103	Zwetkow-Micha	2.260
Ralf	1.681	Anke	2.182	Martina	1.351	Petra	1.433	Zwick	
Regina	3.075	Rolf	4.951	Thomas	1.713	Rebecca	1.661	Barbara	1.135
Renate	1.125	Zint	2.365	Ute	4.470	Sigrid	1.785	Jutta	2.512
Rita	3.100	Zinzius		Zörner	6.251	Zürker	2.474	Zwicker	
Rolf	4.272	Dieter	4.040	Zohren		Zukunft	4.722	Edna	1.040
Rudolf	1.115	Joachim	1.040	Gerhard	4.273	Zulbeck	4.245	Hans-Georg	4.580
Saskia	1.798	Zipfel	4.771	Klaus	4.661	Zulechner	2.084	Ute	4.130
Stephanie	1.045	Zirbel	4.054	Zoll	2.765	Zulj	1.817	Zwickler	1.270
Thomas	1.025	Zirbes	2.146	Zoller		Zumak	4.270	Zwiebler	1.057
	2.316	Zirden	1.420	Sylvia	4.325	Zumbé		Zwiefka	2.451
Ulrike	2.005	Zirwes		Walter	4.470	Agnes	1.367	Zwielich	2.362
	4.654	Claus	1.436	Zon	1.510	Hildegund	1.581	Zwietasch	1.091
Walter	1.275	Vanessa	1.270	Zons	1.415	Zumbrink		Zwillich	4.870
Werner	4.025	Zirzow	2.057	Zons-Giesa	2.190	Thomas	1.485	Zwingmann	2.565
Wolf-Dieter	6.153	Zischke-	4.240	Zopes	1.415	Volker	2.300	Zwink	2.173
Zimmermann-Buhr		Siewert		Zorn		Zumbrock		Zwirner	1.055
	1.710	Ziskoven	4.225	Harald	4.247	Helmut	BRDe	Zwißler	1.025
Zimmermann-Löhr		Zisowski	2.086	Karl-Friedrich	2.072	Sonja	2.281	Zymny	4.790
	1.421	Zittel	1.710	Zoschke	2.173	Zumbroich		Zysk	1.106
Zimmermann-	2.243	Zitter	2.654	Zotz-Schumacher		Dieter	4.290	Zywietz	1.415
Sutcliffe		Zittermann			1.054	Ruth	2.340	Zywietz-Godland	
Zimmermann-Thiel		Franz-Josef	1.615	Zoubek	2.545	Zumbült	2.002		1.217
	1.845	Hubert	1.107	Zouhri	2.364	Zumdick	2.611		
Zimmermeier	2.160	Zittro	1.150	Zowe	1.816	Zumhasch	2.575		